品格之路

THE ROAD TO CHARACTER

[美] 戴维·布鲁克斯
著

胡小锐
译

中信出版集团 | 北京

献给我的父母

洛伊斯·布鲁克斯和迈克尔·布鲁克斯

目录

推荐序 / III

序言 / IX

第 1 章　人性的曲木　1

第 2 章　坚定信念——罗斯福新政的幕后女英雄　18

第 3 章　自我控制——从暴脾气的火药桶到杰出的美国总统　59

第 4 章　苦难磨砺——用爱和善行去拯救世界的人间天使　93

第 5 章　终生自律——第二次世界大战“胜利的组织者”　133

第 6 章　自我否定的勇气——为终结种族歧视奔走一生的斗士　165

第 7 章　爱的力量——终生都在执着寻爱的女小说家　193

第 8 章　放下自我——把人生搬至更广阔舞台之上的思想者　235

第 9 章 反躬自省——用手中的笔让世界变得更美好的文学家 267
第 10 章 “大我”时代的道德难题 300

致谢 / 337

推荐序
难道我们要把自己当成“物”？

一些似乎很空泛的道理，由戴维·布鲁克斯讲来，便变得生动和深刻了。他的畅销书《社会动物》如此，他的新作《品格之路》亦如此。原因在于他擅长从令人意想不到的角度切入，深入剖析我们的日常生活。在《社会动物》一书中，他探索了爱、性格和成就的潜在逻辑关联；在《品格之路》一书中，他则重点探讨了培养高尚品格的路径。

这并不是一个讨巧的写作主题，很容易流于表面与口号。但布鲁克斯把这样的写作当作一次对人性发出的挑战——既挑战读者，也挑战自己。他设置了一个人生重要的追问：在“简历美德”与“悼词美德”之间，我们该如何跳好这一支平衡之舞？

“简历美德”与“悼词美德”是布鲁克斯的创新名词。他解释道：“简历美德”存在于外部世界，追求的是财富、荣誉和地位；而“悼词美德”存在于我们内心，追求的是友善、勇敢、诚实和同理心。在书中，布鲁克斯通过展现数位伟大的思想家和卓越的领导者的成长之路，试图向读者揭示，他们是如何感知自身的局限性，如何经历的内心挣扎，如何最终铸造出高尚品格的。这些伟大的思想家和卓越的领导者既包括罗斯福新政的幕后女英雄弗朗西丝·帕金斯，美国最杰出的总统之一德怀特·艾森豪威尔，第二次世界大战“胜利的组织者”乔治·马歇尔，也包括为终结种族歧视奔走一生的斗士菲利普·伦道夫与贝亚德·拉斯廷，用手中的笔让世界变得更美好的文学家塞缪尔·约翰逊，把人生搬至更广阔舞台之上的思想者奥古斯丁，以及一生都在执着寻爱的女小说家乔治·艾略特。

这种“简历美德”与“悼词美德”的说法，十分形象，又颇贴合当下的社会现实。简历，从前常常是薄薄一页，如今据说就连孩子幼升小，拿出的简历也抵得过半本书的厚度了。一份精美的简历，笼罩着“美德”的光辉，是一个人引以为豪的东西，是一个人的人生关注，可换来名校的入学资格，可换来就业、晋升的机会。而布鲁克斯的“悼词美德”一说，像极了我们的那句老话——“盖棺论定”。在从前，这简简单单的四个字，自带一股凛冽的气势，往往让人正襟危坐，暗自掂量。害怕自己“盖棺”后被定下不好的“论”，常常是从前的人为人行事不可逾越的规矩，很多事情没有明文规定，但公道自在人心。人们在意这份公道。

但当下，随着简历越来越厚，“悼词美德”却变得越来越遥远了，在“一万年太久，只争朝夕”的现代人眼里，“悼词”既然不能被自己听见，也就可以忽略了。受数千年儒家文化的影响，谁都会说：品重于行，简历上印着的，不过技艺而已，“盖棺论定”的，才是一个人应该珍视与在意的。但每到填写简历时，擅长技能、所获奖项等栏目，即使空白处甚多，人们也总是填得不亦乐乎，甚至常常觉得空白处还不够多。而到了品德描述一栏，绞尽脑汁，也只是写下泛泛如“善良”“尽责”“乐于助人”等词，单薄得很。

嘴上说重视，行动上未必真重视。这样的自相矛盾，这样的不能自圆其说，国人如此，读布鲁克斯的书，方知美国人亦如此。

然而，细想起来，在简历上写下这一个个金光闪闪的技能、奖项、头衔，到底是为了什么？人们既袒露自己又包装自己，面向职场，亮出野心，像盖茨比对着黛西家的绿灯伸出渴望的双手一样，我们带着渴望向着什么伸出了双手？

答案可以有很多，但我想大抵脱不了“成功”二字。虽然这“成功”可以冠以“价值体现”“成就感”等优美词汇——当然，追求成功的人生不可谓不正当，但可惜的是，当下国人对成功的理解是相当狭隘的，在剥离了所有外在的东西之后，我相信，留下的只是显赫的地位和丰富的物质。我的这个理解，大抵是不错的，我有这个自信。

以这样“无情”的视角来看，“简历美德”和一张商品广告纸便相差不远了。“简历美德”的背后，无非是一种贩卖，贩卖的正是我们自己；它遵循的是实用主义逻辑，这是经济学奉行的逻辑——投入，产出，计算收益率。

这样的逻辑背后，人在哪里？

近日，与一位老友聊天。他说自己小时候喜欢打篮球，每次运动之后身体畅快淋漓，并把这种满足和快乐与父亲分享。父亲用充满期待的眼光看着他说：“打篮球是个很好的爱好，不过，现在会打篮球的人太多了，这样你就显不出来了，网球不错……”听完这句话，老友说他感觉身体里流动的能量一下子堵在了心口，愤怒却又无从发泄。

时至今日，老友也已两鬓有白，但这份无声的愤怒竟还未散去，反而郁结在胸。我能理解老友的心情，在老友父亲的价值体系和话语系统中，运动不是为了获得快乐，而是在简历上增加一项特长。但我想对老友说的是：你若是现在的娃儿，这点儿打击实在不算事儿。

在属于老友与我的年代，很多事情尚未发展到夸张、变形的程度。但当下，越来越多的父母把孩子看成实现自身人生目标的“物”，一方面是中国式的育儿焦虑弥漫整个社会，另一方面是父母与孩子、老师与学生之间的冲突时有发生。这一切，源于关系的错位。

哲学家马丁·布伯说，关系分为两种——我与你，我与它。当我放下预期和目的，以我的全部本真与一个人或事物建立关系时，我就会与这个存在的全部本真相遇。这种没有任何预期和目的的关系，即“我与你”的关系。

运动的体验、满足和快乐，这些都彰显了一个生命的存在，而运动带来的功能价值，则是我们头脑里总结出来的“它”。“它”并非不能存在，但“它”是否已经过度膨胀，以至遮盖了“我与你”？

看不到孩子的存在，源于父母在潜意识中亦没有看到自己的存在。在他们视孩子为“物”之前，他们先把自己视为了“物”。他们写下满纸的“简历美德”，希冀在市场上把自己“卖”出一个好价格，却不懂得“知识就是力量，良知才是方向”。

钱理群曾批判，我们的教育正在培养“精致的利己主义者”。无独有偶，曾在耶鲁教了10年书的威廉·德雷谢维奇出了一本书，书名叫“优秀的绵羊”。这个被“赠予”常春藤名校高才生的雅号，并不比“精致的利己主义者”好听多少。

布鲁克斯在书中对西方的传统美德致以崇高的敬意，而中国的士人也有传统的风骨与节操。风骨看不见、摸不着，却着实影响了中国数千年。它是一种理想的道德风范，以之要求自己，何事可为、何事不可为，便是节操的问题了。

历史上有关士人风骨与节操的故事很多，数千年的中国历史，充满了士人被打磨的事实。但这些打磨，似乎无异于中国士人大体上的传统作风，传统士人大都循着“修身、齐家、治国、平天下”的道路艰难前行。“居庙堂之高，则忧其民；处江湖之远，则忧其君。”之所以忧国忧民，是因为以天下兴亡为己任。

这样的传统直至“五四”运动，乃至后来的一段时间，都未曾断过。但现在的大学生，或因从未有过的激烈竞争，很多人根本不会花时间去管学习以外的事。除了拿经验值走人，他们中的一些人并不打算对任何事物做特别深入的了解。他们是实用主义、实利主义、虚无主义教育培育出来的习惯性成功者。

精致的利己主义者，要害在于没有信仰，没有超越一己私利的大关怀、大悲悯，没有责任感和承担意识，必然将个人私欲作为唯一的追求目标。在物化的关系中，生命的底色是恐惧，恐惧“简历美德”还不够厚重、不够炫目。但当下又有多少有着厚重、炫目简历的人，做出了“野蛮”的行为？所谓高学历的野蛮人，不说比比皆是，却也不少见。

一个人究竟要追求什么，要把自己塑造成怎样的人？这不仅是一个人的自我追问，也是一个时代的叩问。

伊曼努尔·康德曾言：“人性这根曲木，决然制造不出任何笔直的东西。”在布鲁克斯看来，高尚品格的锻造之路，始于谦逊，始于人对自身缺点深刻而理性的认识，正因为认识到人性存有天然的缺陷，才知道品格之路也是抗争之路，这种抗争，是与自己天性中的局限性的抗争。

但我想，首先我们得把自己当“人”，把自己的孩子当“人”，把身边的人当“人”，把人当“人”。物化的关系，孕育不出“悼词美德”的高尚，最终也难获幸福。正如布鲁克斯在文末所指出的：“幸福是我们在追求道德目标和培养高尚品格的过程中意外收获的副产品。不过，它也是一个必然结果。”

徐锦江

上海《解放日报》副总编辑

序言
亚当一号和亚当二号

最近，我一直在思考“简历美德”与“悼词美德”之间到底有哪些不同。“简历美德”是你在简历中列出的那些美德，也就是你贡献给就业市场或者有助于你在外部世界功成名就的那些技能。而“悼词美德”则涉及更深层次的内容，是未来人们在你的葬礼上谈论的美德。无论你是否和蔼、勇敢、诚实或忠诚，无论你与人相处得是否融洽，“悼词美德”都存在于你的灵魂深处。

我们大多数人都会说“悼词美德”的重要性超过“简历美德”，但是我得承认，我在很长的时间里，对后者的关注度多过前者。我们的教育体系明显是以“简历美德”为导向的，而对“悼词美德”则有所疏忽。公共场合的对话（包括杂志上的自助贴士、非虚构类畅销书等）也同样如此。我们大多数人对于如何在职场取得成功往往有比较明确的策略，但是在说到品格培养时，却常常语焉不详。

在我思考这两种品格时，有一本书让我受益匪浅，这就是犹太拉比约瑟夫·索罗维奇于 1965 年出版的《有信仰的孤独人》。索罗维奇指出，《创世记》中对上帝造人有两种不同的描述，分别代表我们天性中彼此对立的两个方面，他把这两个方面分别称作“亚当一号”和“亚当二号”。

如果用现代语言重新表述，我们可以说，亚当一号是我们天性中面向职场、有野心的一面；亚当一号是外在的、体现在简历上的天性；亚当一号倾向于建设、创造、生产、发现，追求显赫的地位和功成名就。

亚当二号是内在的天性。亚当二号希望拥有某些道德品质、冷静的思维、坚定的是非观。亚当二号不仅要求我们做好事，而且希望我们成为好人。亚当二号愿意付出亲密无间的爱，为服务他人不惜牺牲自我，在生活中顺从某些超然真理，有强大的号召力，并以创造和发挥自己的潜力为荣。

亚当一号的目标是征服世界，亚当二号则希望遵从感召、服务世界。亚当一号有创造性，因成就而沾沾自喜，亚当二号有时则会为了实现某个神圣的目标而放弃世俗的成功与地位。亚当一号关心事物的作用原理，而亚当二号希望了解事物存在的原因以及我们希望实现的终极目标。亚当一号富有冒险精神，亚当二号则希望落叶归根、享受家庭的温暖。亚当一号的座右铭是“成功”，亚当二号则把人生看成一场道德剧，以“仁慈、爱、赎罪”为座右铭。

索罗维奇认为，我们就生活在这两个亚当的矛盾之中。外在的气宇轩昂的亚当与内在的谦恭低调的亚当不可能水乳交融，因此我们必须不停地进行自我抗争。我们接受的感召指示我们既要同时拥有这两种人格，还必须掌握生活的艺术，在这两种天性的对抗中左右逢源。

我必须补充一点：这种对抗的难点在于，亚当一号与亚当二号遵从不同的生活逻辑。亚当一号（有创造、建设和发现的能力）遵从的是直言不讳的实用主义逻辑，这也是经济学所奉行的逻辑：有投入，就有产出；下了功夫，就必然有回报；不断练习，就会熟练掌握；追求私利和效用最大化；让全世界记住你。

亚当二号的逻辑则正好相反。亚当二号遵从的不是经济学的逻辑，而是道德逻辑：要收获，必先付出；要加强内心的精神世界，必先向外部世界做出某种妥协；要使自己渴盼的事情得以实现，必先战胜你的欲望；成功会导致最可怕的失败——骄傲；失败会带来最伟大的成功——谦虚、学习；要实现自我，必先忘记自我；要找回自我，必先失去自我。

要在亚当一号的职场取得成功，需要培养你的能力；要使亚当二号的道德核心得到发展，就必须与自己的缺点展开斗争。

精明的动物

我们生活在有利于亚当一号的文化之中，却忽略了对亚当二号的培育。我们的社会鼓励我们思考如何在职场上大获成功，然而，一旦谈到如何发展内在的精神世界，很多人就会期期艾艾地无言以对。取得成功与赢得声誉的竞争非常残酷，似乎能吞噬一切。消费者市场鼓励我们在生活中对实际效用斤斤计较，努力满足自己的欲望，而对日常决策中的道德风险置若罔闻。热闹、肤浅的沟通交流不绝于耳，人们很难听见来自灵魂深处的轻声细语。我们的文化教导我们要宣扬、推销自己，要掌握成功所需的技能，却几乎从不鼓励我们谦虚低调、富有同情心、诚实地面对自我，而这些恰恰是品格培养所必需的。

如果你只是亚当一号，那么你已经变身为一只精明的动物，一个狡猾多端、有自卫本能、遵守游戏规则并善于把一切都变成游戏的生物。如果没有亚当二号的一面，你就会花费大量时间培养职业技能，但你无法清楚地知道生活的意义到底在哪里，因此你不知道应该在哪些方面奉献你的技能，也不知道哪一个职业发展方向最崇高或者最适合你。多年之后，你的灵魂深处仍然没有得到开发和组织。你整天忙忙碌碌，却发现生活的终极意义还未实现，你会为此焦躁不安。你在生活中会感到不可名状的无聊，你没有付出真爱，也没有一个为人生赋予应有价值的道德目标。由于内心没有合理的标准，你无法做出矢志不渝的承诺，也不会在遭到众多反对或一系列打击之后仍然坚定不移、不轻言放弃。你会发现自己对他人的意见言听计从，而从不考虑这些意见是否适合你。在评判他人时，你不是依据他们的价值，而是根据他们的能力做出愚蠢的判断。对于品格的培养，你无计可施，因此你的内在世界和外在生活最终都会变成一团乱麻。

本书讨论的是亚当二号，旨在通过分享某些人培养优秀品格的成功经验，向读者指出，几百年来，人们已经开始锤炼自己的道德内核，培育一颗智慧之心。坦白地说，我创作本书的目的也是拯救我自己的灵魂。

我天生有一种流于肤浅的倾向。如今，我是一名权威的专栏作家，我的工作就是滔滔不绝地介绍自己的观点，不仅要表现得信心满满，还要装出一副非常聪明、优秀、权威的模样。为了避免在肤浅的沾沾自喜中虚度一生，我必须比大多数人更加刻苦。同时，我越发清醒地认识到，同很多当代人一样，我在生活中也抱有一种模模糊糊的道德志向——我希望自己成为一个品格高尚的人，也想为更远大的目标而奋斗。但是，由于缺少具体的道德标准，不清楚如何使内在生活更有意义，甚至不清楚如何培养品格，如何使思想有更深刻的内涵，因此，我的这些希望都是非常模糊的。

我发现，如果不有意识地加强对天性中亚当二号的关注，我们就会很容易滑向自我满足的平庸之地。你在评价自己时会过于宽容，纵容自己的欲望，只要没有明显伤害到他人，就不会有所收敛。你认为，只要周围的人喜欢你，就说明你是一个道德高尚的人。长此以往，你将会逐渐沉沦，并逊色于你最初对自己的期望。于是，在实际的自我与期望的自我之间就会出现一条耻辱的沟壑。你发现，你的亚当一号声音洪亮，亚当二号的声音却比较微弱；亚当一号的人生规划清晰明了，而亚当二号的未来模糊不清；亚当一号头脑清醒，而亚当二号恍若梦游。

我在创作本书时，并不敢奢求自己一定能沿着这条品格之路不断前进，但是我希望自己至少要了解这条道路通向哪里，以及其他人是如何走这条路的。

本书阅读导图

本书的结构并不复杂。在第 1 章，我将介绍一种古老的道德生态学，即“人性曲木说”传统。这既是一个文化传统，也是一个知识传统，它要求我们在面对自身的局限性时谦虚低调。但是，这个传统同时还认为，我们每个人都可以对抗自身的缺点和罪责，而且在这种对抗过程中可以培养自己的品格。只要在与罪责和缺点的对抗中取得胜利，我们就有机会在这部道德大剧中扮演好自己的角色。我们可以设定比幸福更崇高的目标，我们也有机会充分利用每一天去培育美德，为服务全世界贡献力量。

接下来，我将结合现实生活来介绍这种品格培养的方法。我会采用写传记的形式，同时也是开展道德教育的形式，来实现这一目的。自普卢塔克开始，德育家就尝试用树立道德模范的方法来传播某些道德标准。仅凭阅读布道书籍或者遵循抽象的规则，亚当二号的生活不可能变得丰富多彩。榜样是最好的老师。只有拥有同情心，同我们崇拜或热爱的楷模（我们会自觉或不自觉地顶礼膜拜并模仿他们的生活方式）接触，我们才能最有效地提高我们的道德修养。

我一直没有真正地理解这个道理。直到有一天，因为觉得课堂上教授的知识很难帮助人们培养出高尚的品德，我特意写了一篇专栏文章来表达我的苦恼，方才豁然开朗。一位名叫戴夫·乔利的兽医给我发了一封电子邮件，直击主题：

> 听课时，学生们会机械地记笔记，因此，培育高尚心灵的方法不可能以类似于上课的方式教授给学生……只有倾尽毕生精力，在内心世界不断发掘、弥合创伤，才能修炼出善心、智慧心……无论是教学、电子邮件还是推特网，都无法完成这个任务。一个人只有做好准备，下定决心去寻找，他才能在自己的内心深处找到它。
>
> 聪明人的做法是将挫败的苦果默默地咽下，以自己的人生经历树立起关爱、发掘与勤奋的榜样，说教在他们的付出中只占非常小的一部分。聪明人要传递的信息就是他们人生的翔实写照。
>
> 千万牢记这一点：一个人本身就是他要传递的信息。之后，经过几代人的努力，所传递的信息不断被完善。但是，随

着时间的流逝，接收这些信息的人已经无法看清最初那位聪明人的身影了。人生远比我们以为的要复杂，即使当我们在痛苦、迷惑的黑夜里摸索时，因与果编织而成的巨大道德网络，也在不断地推动我们，改善我们的行为，让我们变得更好。

这些文字很好地诠释了本书的方法论。从第 2 章至第 10 章，本书介绍了各种各样的人，其中有白人，也有黑人，有男性，也有女性，有信教者，也有不信教者，有爱好文学的人，也有不爱好文学的人。他们都远谈不上完美，但是他们的生活方式已不多见于现世了。他们都清楚自己有哪些缺点，在内心世界发起了针对自身罪责的抗争，并因为表现出一定程度的自尊而变得与众不同。我们之所以会想起他们，最主要的原因不在于他们所取得的成就（有的人的确可能拥有非凡的成就），而在于他们的与众不同之处。我希望他们的榜样作用可以点燃我们心中的热火，引导我们跟随他们的脚步，努力做一个品格更高尚的人。

在最后一章，我还对这些主题进行了概括。首先，我会介绍在当下的文化环境中，要想做一个有品格的人会遇到哪些困难；其次，我会结合人生的一系列具体时间节点，解释“曲木”式人生道路。如果读者对这些高度浓缩的内容不感兴趣，尽可直接跳至本书的结尾部分。

即使在今天，你偶尔也会碰到有非凡内聚力的人。这些人的生活不会支离破碎、杂乱无序，他们的内心世界已经形成了一个统一体。他们沉着稳重、坚定如山，不会因暴风雨而偏离方向，也不会因遭遇困境而崩溃。他们的思想观点前后一致，他们的热心肠值得信赖。他们的美德不是你在时尚的大学生身上看到的那些花季少年所拥有的美德，而是在那些已经有一点儿人生阅历、品尝过酸甜苦辣的成年人身上才会看到的美德。

有时，你甚至不会注意到这些人，因为他们尽管看上去和蔼可亲、心情愉快，但是他们都非常内敛。同那些希望自己对社会有益但不需要向社会证明自己的人一样，他们也具有不爱出风头的美德：谦虚、缄默、节制、尊重、宽容和自律。

他们的品格焕发出高尚之光。面对严厉的质疑，他们温和地回应；遭遇不公平的对待时，他们沉默以对；在其他人试图羞辱他们时，他们能保持尊严；在其他人试图激怒他们时，他们能约束自己。而且，他们总能顺利完成自己的任务。他们在为社会做出牺牲时，总是抱着谦虚的态度，仿佛他们刚刚从杂货店购物归来。他们不会认为自己的工作有多么了不起，不会考虑自己，似乎只会因帮助他人而感到高兴；虽然他们也不是完美无缺的人，但他们知道哪些事需要他们去做，而且真的这样做了。

如果你与他们交谈，你就会越发觉得他们古灵精怪。他们穿梭于各个社会阶层，但是他们好像并不自知。在认识他们一段时间之后，你会发现你从来没有听到他们说大话，也从来没有见到他们自以为是的样子。他们从来不会彰显他们的与众不同与杰出成就。

他们的生活并不是毫无矛盾的平静如水，而是充满了使他们成熟的斗争，他们为解决人生最根本的问题做出了贡献。亚历山大·索尔仁尼琴指出，“善恶的分界线不在于国家，不在于阶级，也不在于政党，而在于我们每个人的内心”。

这些人养成了坚强的内在品格，并达到了一定的深度。等到这种斗争结束时，在这些人心中，对成功的追求就会屈从于对灵魂升华的努力。在花费毕生精力寻求平衡后，亚当一号在亚当二号面前屈服了。我们要寻找的，正是这样一群人。

第1章

人性的曲木

在我居住的城市，本地公共电台每到周日傍晚都会回顾一些昔日的经典节目。几年前的一个星期天，我一边开车回家，一边听着收音机里重播的《御前演出》节目。这是“二战”期间一个面向军队的综艺节目，而我当天听到的那一期是在“对日战争胜利纪念日”（1945 年 8 月 15 日）的第二天首次播放的。

这一期节目的嘉宾有弗兰克·辛纳特拉、玛琳·黛德丽、加里·格兰特、贝蒂·戴维斯等人，他们都是当时显赫的名流，但是令人最难以忘怀的，是节目中表现出来的那种谦虚又不张扬的基调。同盟国刚刚取得了人类历史上最辉煌的一次军事胜利，却没有人为之欢呼雀跃，也没有人为他们搭建凯旋门。

在节目的一开头，主持人平·克劳斯贝就说：“我们似乎只能如此了。此时此刻，我们应该说些什么呢？在寻常的庆祝活动中，我们可以把帽子扔向天空。但在今天这种场合下，这个举动是不合适的。我想，我们唯一能做的就是感谢上帝，感谢这一切都结束了。”接着，女中音歌手莱斯·斯蒂文斯演唱了严肃版的《圣母颂》。随后，克劳斯贝用一句话概括了人们当时的心情，“在我们内心深处，一种谦恭的感觉激荡不已”。

节目自始至终都沉浸在这种情绪之中。演员布吉斯·梅迪斯朗诵了战地记者厄尼·派尔的一篇文章。派尔于几个月前遇难，但他对最终的胜利满怀憧憬，并在一篇文章中探讨了胜利的意义。“如果我们最终打赢了这场战争，取胜的原因绝不是造物主赋予了我们更优秀的品质，而是因为我们的士兵英勇善战，因为苏联、英国和中国人民的努力，因为长期以来的坚持，还因为上天馈赠给我们的各种物资。因此，我希望在庆祝胜利时，我们不仅要感到自豪，更要心怀感激。”

这期节目就是一面镜子，反映了当时大多数美国人的心态。当然，美国各地也有一些气氛热烈的庆祝活动。例如，旧金山的水手们占领了缆车，洗劫了酒品店；纽约市民则在时装区的大街上留下了5英寸[1]厚的彩色纸屑。不过，并不是所有人都感到欣喜若狂。在高兴之余，有的人开始了冷静的思考，心里产生了自我怀疑的情绪。

之所以如此，原因比较复杂。一方面，这次世界大战具有深远的历史意义，无数人为之付出了生命，与之相比，个人的力量显得如此渺小。另一方面，世界大战让全世界人民对人类的残忍程度第一次有了深刻的认识，以投放原子弹的方式结束太平洋战争，让人们意识到，人类研发的武器有可能使这种残忍性变成世界末日般的灾难。在那一周《时代》杂志的社论中，詹姆斯·艾吉指出："胜利的消息传来之后，人们在欣喜若狂、心存感激之余，还感到了悲痛与怀疑。"

然而，《御前演出》节目的谦虚低调反映的绝不仅仅是一种情绪或者风格。这期节目的嘉宾都亲身参与了这次世界大战，并取得了人类历史上最辉煌的胜利。但是，他们没有四处宣扬自己是多么伟大，也没有利用汽车保险杠标贴来纪念自己的丰功伟绩。他们的第一反应就是，提醒自己不可自以为是或自认为比别人高尚。所有人都警告自己，不可沾沾自喜或自我陶醉，凭着直觉，他们抵制住了人类极易过分自爱的本能倾向。

我到家时，那期节目还没结束，于是我把车停在门前的车道上，又听了一会儿。之后，我进了家门，打开电视，电视里正在

1. 1英寸=2.54厘米。——编者注

播放一场橄榄球比赛。四分卫通过短传，将球传给了外接员。外接员刚刚向前推进了两码[1]，就被防守队员成功拦截。而且，电视镜头还捕捉到了这名防守队员自我庆祝的舞蹈动作。现在的职业运动员每当有出色的个人表现时，都会做出这类庆祝动作。

看着电视里这名防守队员的庆祝动作，我的脑海里突然闪过一个念头：在美国打赢第二次世界大战之际，却没有多少人为之欢呼雀跃。

这个反差使我浮想联翩。我想，这可能是某种文化转变的象征，标志着美国文化由"我不比其他人差，也不比其他人强"的谦虚特征向"看看我取得的成就，我真的出类拔萃"式的自我推销风格的转变。这个反差本身并没有多少意义，但它为我推开了一扇门，有助于我了解这个世界中形形色色的生活方式。

"小我"文化和"大我"文化

在收听那期《御前演出》节目之后的几年里，我对节目创作的时代以及当时的重要人物进行了一番研究。这项研究给我的第一个启示就是，我们绝不应该抱有重回20世纪中叶的文化氛围的念头。在当时的文化中，种族主义、性别歧视、反犹太主义盛行。如果回到那个时期，我们现在享有的很多机会将不复存在。那个时期的文化也不像现在这样丰富多彩，而是饮食清淡无味，起居生活千篇一律。此外，那还是一种情感淡漠的文化。父亲通常极不善于向孩子表露自己的爱，丈夫也不愿意深入了解自己的

1. 1码= 0.914 4米。——编者注

妻子。从很多方面来看，现在的生活都优于那个时期。

但是，我也发现，在那个时期，人们大多十分谦虚，有数百年历史的道德生态学鼓励人们不断怀疑自己的欲望，进一步了解自身的弱点，更加坚定地与性格上的缺陷做斗争，并把弱点转化为力量。与之相比，谦虚的态度在当今社会已经较为少见，道德生态学的影响力也日渐式微。我想，秉承这种传统的人，可能不会赞同我们迫不及待、大张旗鼓地分享每一个想法、感受和成就的做法。

在《御前演出》节目播出的那个时期，通俗文化似乎比现在更加含蓄。T 恤上不会印有这样那样的字句，打字机键盘上没有感叹号，人们不会用各种颜色的丝带为身染疾病的人祈福，汽车没有个性化车牌，保险杠上也不会贴有个人宣言或道德宣言式的标贴。人们不会在汽车后窗玻璃上贴上小标签，炫耀自己的大学背景或者去过的度假胜地。在他们眼中，这些都是自吹自擂、自高自大、过分自信的行为表现，会遭到社会的强烈抵制。

演员格利高里·派克、加里·库柏等人，以及电影《天罗地网》中乔·弗雷迪这个角色，在处事上所表现出来的谦虚的风格，体现了当时社会规范的某些特点。富兰克林·罗斯福的助手哈里·霍普金斯在第二次世界大战中失去了一个儿子，在军方高层希望把他的另外几个儿子护送到安全地带时，霍普金斯却拒绝了这项提议。他轻描淡写地指出，不能因为他的一个儿子“在太平洋战争中遭遇不幸”，就给他的其他孩子特殊的对待。在那时，他的这种做法非常普通，并不引人注目。

德怀特·艾森豪威尔的内阁成员一共有 23 人，其中只有农业部部长一人在离任后出版了自己的回忆录，而且这部回忆录言辞谨慎，令读者昏昏欲睡。而里根政府在任期结束之前，30 名内阁成员中就有 12 人出版了回忆录，而且大多在回忆录中自吹自擂。

在那个年代长大成人的乔治·布什竞选美国总统时，反复强调童年生活对他的影响，对于他自己的情况却三缄其口。如果演讲撰稿人在为他准备的发言稿中使用了“我”这个词，他就会毫不犹豫地把它删掉。幕僚们一再建议他：你是在竞选总统，你必须谈论自己的优点。在他们的反复劝说之下，布什接受了他们的建议。但是第二天，他的母亲就给他打来了电话，“乔治，你又在谈论你自己了”。于是，布什的演讲中就再也没有“我”这个字眼了，也没有任何的自我推销。

我在随后几年里收集的一些资料表明，我们的文化在一个非常宽泛的层面发生了变化。早先的文化崇尚谦恭之道，鼓励人们行事低调，而后来的文化则可以被称为“大我”文化，鼓励人们以自我为中心。

这样的资料并不少见。例如，1948—1954 年，几名心理学家对一万多名青少年进行了调查，询问他们是否认为自己非常重要。当时，有 12% 的人给出了肯定的回答。而在 2003 年进行的内容相同的调查中，认为自己十分重要的人的比例远远超出 12%，达到 80%（男性）和 77%（女性）。

心理学家设计了一个自恋程度测试，让人们对照“我希望成为人们关注的中心”“如果我能得到这个机会，就说明我非常厉害，我肯定会炫耀一番”“人们应该为我著书立传”等叙述语句，判断其是否与自己的行为相符。在过去的 20 年中，自恋程度测试的中值上升了 30%，有 93% 的年轻人的测试得分高于 20 年前的分数中值。其中增幅最大的是认同“我与众不同”，“我欣赏自己的容貌”等语句的人数。

除了自恋程度明显上升，人们对名声的渴望程度也显著增强了。过去，在大多数人的人生志向排序中，名声都排在靠后的位置上。1976 年，有一项调查要求人们列出自己的人生目标，结果，在全部 16 项目标中，名声排在第 15 位。而到了 2007 年，有 51% 的年轻人声称，显赫的名声是他们最想追求的个人目标之一。在一项研究中，研究人员请女中学生列出她们希望与之共进晚餐的对象。结果詹妮弗·洛佩兹排在首位，耶稣排在次席，帕丽斯·希尔顿位列第三。接着，研究人员让这些女中学生从给定选项中挑选她们最想要从事的工作。这一次，选择担任名人（如贾斯汀·比伯）助手的人比希望成为哈佛大学校长的人几乎多出一倍。（不过，公正地说，哈佛大学校长本人肯定也更愿意当比伯的助手。）

徜徉在通俗文化之中，我发现“你很特别”“相信你自己”“要真诚地面对自己”之类的建议不绝于耳。皮克斯、迪士尼等公司出品的电影不断地告诉孩子们，他们非常了不起。大学毕业演讲中也充斥着类似的陈词滥调：“让激情引领你不断前进”“要敢于挑战极限”“规划自己的人生旅程”“你如此杰出，应该敢于承担大任”。这些都是培养自信的信条。

2009 年，艾伦·德詹尼丝在一次毕业演讲中说：“我建议你们真诚地面对自己。做到这一点，一切问题都会迎刃而解。”名厨马里奥·巴塔利建议毕业生“始终不渝地坚持自己的真理”。安娜·昆德兰在一次演讲中敦促台下的听众要敢于“遵从你的品格、才智和兴趣爱好，还要认真倾听来自你灵魂深处的空灵的声音，把周围世界散播的含糊怯懦的信息抛在脑后”。

伊丽莎白·吉尔伯特在超级畅销书《一辈子做女孩》（我可能是唯一一个把这本书从头读到尾的男性读者）中写道，上帝通过“发自我内心的我的声音表明了他的存在……上帝存在于你的身体之中，就是与你毫无二致的你自己”。

在对人们教育后代的方式进行了一番反思之后，我发现人们在品行道德方面的这种变化是有迹可循的。比如，早期的女童子军手册反复宣扬自我牺牲与谦虚低调的道德观，同时还告诫她们，迫切希望他人想到自己的强烈欲望是幸福生活的主要障碍。

美国弗吉尼亚大学宗教学、文化学与社会学教授詹姆斯·戴维森·亨特指出，到1980年，子女教育的基本特点就已经大不相同了。《你的重要性无可替代：少女童子军与资深女童子军手册》告诫女孩子们要更加关注自己：“如何进一步了解自己呢？你有哪些感受？资深童子军计划的每一项活动安排都有助于你更好地了解自己。在思考时，把你自己放在中心位置上，深入了解你自己感受事物、思考问题和为人处事的方式。”

甚至在神职人员的布道中也能看到这种转变。乔尔·奥斯汀是当今世界上最受欢迎的牧师之一，他在出版于得克萨斯州休斯敦市的《成为更好的你》一书中指出：“上帝创造你，不是让你成为一个平庸的人，而是希望你能超凡脱俗，成为这一代人不可磨灭的记忆……从现在开始，（你必须坚信）‘命运之神已经选中了我，我必将脱颖而出，取得成功’。”

品格养成之路

在我撰写本书的几年时间里，我不时回想起《御前演出》的那期节目，节目中嘉宾们每一句话所投射出的那种谦恭的品格令我难以忘怀。

谦虚低调的人温和亲切，令人放心，而自我宣扬的人则心理脆弱，令人紧张。怀有谦恭之心，则无须证明自己异于常人，而以自我为中心则会使人目光短浅，过于关注自我，争强好胜，渴望表现自己。谦恭之心会赋予人们愉快的心情，引导他们相互欣赏、建立友谊、心怀感激。坎特伯雷大主教迈克尔·拉姆齐说："以感激之心浇灌的土壤，不会滋生出骄傲的野草。"

从知性方面看，这种谦恭品格同样有令人赞叹的地方。心理学家丹尼尔·卡尼曼指出，我们"对自己的无知视而不见，而且几乎达到了无以复加的程度"。怀有谦恭之心，我们就会知道，有很多东西我们并不了解，还有很多东西我们自以为有所了解，其实是一种曲解或者误解。

谦虚使人聪慧的原因就在于此。蒙田曾经说过："我们可以凭借别人的知识成为学者，但是要想成为智者，就只能依靠我们自己的智慧。"这是因为智慧不是一堆简单的信息，而是一种道德品质，既可以帮助我们了解哪些东西超出了我们的理解范围，还可以在我们懵懂无知、疑惑不解和视野受限时，帮助我们找到解决办法。

我们的天性中有心存偏见、过于自信的倾向，而智者则能在一定程度上克服这种缺点。从完整意义上看，智慧是以远距离视角对自我做出的准确认识，并在人生历程中不断发展——从青春期时的近距离自我观察，逐渐演变为更广阔的全景式观察。你的优点、缺点，你的亲朋好友、各种依存关系，乃至你在社会中扮演的角色都将一览无余。

从道德层面看，谦虚的人也有引人注目的特点。在加强自我修养方面，每个时代都有它特有的做法，都会采用一些独特的方法来培养品格高尚、有深刻思想内涵的人。在那期《御前演出》节目播出的那个时期，人们把扬扬自得、骄傲自大等缺点视若洪水猛兽，他们小心翼翼地检视自己的行为，唯恐沾染上这些坏毛病。

时至今日，我们很多人都把人生看成一次遨游世界、攀爬成功阶梯的旅程。为了不虚度一生，在设定人生目标时，我们所考虑的常常是如何才能在外部世界中有所作为。比如，我们的工作能影响这个世界，我们创建的公司能取得成功，或者我们能为这个社会做出某些贡献。

谦虚的人会把他们的人生比作旅程，除此以外，他们还会使用另一个与内心活动关系更紧密的东西——自我对抗，来形容他们的人生。他们倾向于认为我们每个人都有对比鲜明的两面：一方面，我们才华横溢，另一方面，我们的缺点也极为明显。也就是说，我们每个人都有某些天赋，同时也有某些缺点。如果我们在那些诱惑面前习惯性地不加抵抗，不与自身的缺点展开斗争，我们自身的某些重要品质就会逐渐丧失，我们的品格就无法达到我们期望的标准，甚至遭遇惨败。

对这些人而言，在外部世界取得成功固然重要，但在内心世界与自己的缺点展开斗争才是人生的核心内容。1943 年，深受人们欢迎的牧师哈里·埃默森·福斯迪克在《做一个真实的人》一书中指出："有价值的人生始于与我们自身的对抗。"

谦虚的人会殚精竭虑地发扬自身的优点，战胜自身的缺点，弥补自身的不足。我们总是以自我为中心，这是我们经常面临的一个基本问题。2005 年，戴维·福斯特·华莱士在凯尼恩学院毕业典礼上所做的著名演讲完美地描述了这个困境：

> 我所有的亲身经历都告诉我，我是宇宙的绝对中心，是现存的最真实、最个性鲜明、最重要的人。以自我为中心是人类的一种天然的基本倾向，我们并没有因为这种行为不利于社交活动而经常反思。不过，所有人基本上都是这样做的。这是我们与生俱来的特点：你所接触的世界都在“你”的前后左右，或者“你”的电视上、显示屏上。其他人的思维和感受都得通过这样那样的方式与你交流，而你自己的所思所感才是最直接、最紧要、最真实的。

这种以自我为中心的天性会把我们引向若干不合适的方向。首先，它会激发出我们自私自利、损人利己的欲望；它会让我们产生骄傲的情绪，自认为高人一等；它会让我们对自己的不完美之处视而不见，或者找出辩解的理由，同时夸大我们的优点。在人生历程中，我们大多数人总是喜欢跟他人做比较，认为自己比他人棋高一着：优点更突出，判断更准确，品位更高。我们总是在寻求他人的认同，认为自己已经构建了某种身份，一旦受到任何冷落或者冒犯，我们就会十分反感，心情也变得异常糟糕。

人性中的任性成分会让我们把低层次的爱好置于比高层次爱好更高的位置上。我们都有各种各样的爱好，希望得到自己向往的东西，比如友谊、家庭、受欢迎、地位、金钱等。而且，这些爱好在层次与重要性上彼此不同。我认为，它们在我们心目中的先后次序应该大同小异。我们都知道，人们对父母子女的爱应当高于金钱，人们对追求真理的热爱应该高于受欢迎程度。即便在相对主义与多元主义盛行的今天，各种道德品质在我们所有人心目中的排序也大致相仿，至少在大多数时间里差别不大。

但是，我们对这些爱好的排序其实并不合理。如果你在餐桌上闲聊时将某个人私下告诉你的事情和盘托出，这就说明在你的心目中，你对受欢迎程度的热爱高于友谊。出席会议时，如果你夸夸其谈，而不愿意静心倾听，这就说明你对学习与友谊的重视程度不足，而更关注自己激情的释放。我们在日常生活中大都是这样做的。

对自己的本性持谦恭态度的人都是道德现实主义者。伊曼努尔·康德有一句名言：“人性这根曲木，决然制造不出任何笔直的东西。”道德现实主义者知道人都是由“曲木”制造而成的，信奉人性“曲木”说的人对自身的缺点有深刻的认识，认为品格是在与自身的缺点做斗争的过程中培养而成的。托马斯·默顿认为：“灵魂就像运动员一样，也需要能与之匹敌的对手，通过对手的磨炼、牵引与推动，才能充分发挥潜能。”

从这些人的话语中，我们可以看到他们内心深处的那些斗争。他们在与自私自利以及冷酷无情做斗争时，哪怕只取得了小小的胜利，也会欣喜若狂。如果他们因为偷懒或疲惫而缺席了某个慈善活动，或者没有静静地倾听某人诉说烦心事，他们就会感到无比沮丧。在他们的心目中，人生可能更像一次道德探险活动。正如英国作家亨利·费尔利指出的那样：“只有承认人性有犯错的倾向，而且过失不可能完全避免，我们的人生才不会漫无目的，我们才不会虚度一生。”

我有一位朋友，他在每天晚上睡觉之前都会回顾自己当天犯了哪些错误。他最主要的过失是冷酷无情，这个过失又衍生出其他过失。他每天都要应付很多人，非常忙碌。在人们向他寻求意见或者诉说不幸遭遇时，他有时会心不在焉；有时他关注的不是对方的话，而是如何给对方留下一个好印象。例如，在某次会议上，他考虑得更多的可能不是别人到底在说什么，而是如何引起他们的注意，比如，他可能会口是心非地对他人进行阿谀奉承。

每天晚上，他都会分门别类地整理这些过失，分析经常发生的主要过失以及可能由此衍生的其他错误。然后，他会思考对策，以便在第二天有所改进。到了第二天，他在待人接物时会力求改变。比如，更耐心地倾听别人的话；把关心置于威望之上，更看重高层次的东西。所有人都有不断提高道德修养的义务，我的这位朋友每天都会尽最大努力，力求在这个无比重要的领域取得哪怕一点点的进步。

对人生抱有这种态度的人，不会认为人的品格是天生的或者是自然而然形成的。品格需要我们付出努力，有技巧地加以培养。只有持之以恒，我们才能实现自己的愿望，成为品格高尚的人。只有牢固地树立起道德核心，我们才有可能在外部世界建立不朽功业。如果不具有某种内在的操守，我们最终必将丑闻缠身，甚至众叛亲离。从根本上看，亚当二号是亚当一号的基础之所在。

在上文中，我用到了“斗争”这个词，但是，我们不能把这种与内在缺点之间进行的道德斗争，视为与战争或者拳击比赛相类似的搏斗，后者充斥着武力、暴力和侵略性。道德现实主义者有时也会立场坚定，例如，他们在与邪恶做斗争时永不退缩，他们还会严格自律，防止自己的欲望膨胀。不过，品格的养成并不是一味地追求严酷的磨炼。我们还可以通过关爱，轻松愉快地培养自己的品格。如果我们同品格高尚的人建立深厚的友谊，就可以从他们身上取长补短，学习他们的优秀品质。如果我们深深地爱上了某人，我们就会甘愿为其付出，以期引起对方的注意。欣赏伟大的艺术作品会使我们的情感更丰富，致力于某项优秀的事业会使我们激情四射、精力充沛。

此外，与自身缺点的斗争绝不可能是孤军作战，我们无法单凭自己的努力就实现自我掌控这个目标。个人的意愿、理性、同情心与品格，并不足以长期压制自私、骄傲、贪婪与自欺的缺点，所有人都需要向外界求助，得到包括家人、朋友、先人、规则、传统、制度、典范以及上帝（对信仰宗教的人而言）的帮助。我们需要有人为我们指出错误，提供正确的建议，不断地鼓舞、支持、激励、配合并启发我们。

从这个角度看，人生也具有一定的公平性。在世界各个角落，英雄与笨蛋都同时存在。无论你是在华尔街供职，还是在为贫苦百姓派送药品的慈善事业中奔波，收入高或低，这些都不重要，重要的是你是否愿意同自己展开道德斗争，投身于这场斗争是否令你心情愉快或者富有同情心。费尔利写道："如果我们知道自己会犯错误，知道我们每个人都身处战争之中，我们就有可能像战士那样，带着勇气、激情甚至快意投入这场战争。"亚当一号通过打败他人获得成功，而亚当二号则通过打败自身的缺点来培养高尚的品格。

从谦虚之谷到睿智之峰

本书所谈及的人都有自己独特的人生之路，他们每个人有着各自不同的品格养成之道，但是，其中很多人都表现出了欲扬先抑的规律性：他们必先触及谦虚低调的谷底，然后才能到达高风亮节的巅峰。

品格之路在道德层面常常包含危机阶段、对抗阶段与恢复阶段。在面临严峻考验时，他们对自己的本性突然有了更清醒的认识，以往，无时无刻不在的自我欺骗与自我掌控的幻觉都被扫荡一空。因为爱丽丝是一个很小的孩子，所以她才能进入仙境，同样，如果这些人希望改变自己并登上更高的高度，他们在认识自我时就必须先把自己放在一个很低的位置上。克尔恺郭尔说：“甘愿下地狱，才能拯救心上人。”

不过，他们的人生历程很快就峰回路转了。在谦虚低调的谷底，他们学会了心平气和。只有心平气和，才能看清周围的世界；只有心平气和，才能理解周围的人，接受他们的付出。

一旦做到了心平气和，就意味着他们敞开了心扉，善也随之而来。他们发现，一些他们未曾想到的人也向他们伸出了援助之手；其他人对他们的理解与关心达到了他们之前不敢想象的程度；人们为他们付出的爱甚至让他们感到受之有愧。他们无须苦苦挣扎，因为一双双热情的手正在把他们拉出困境。

因此，在进入谦虚的谷底之后，他们很快就可以回到欢乐与责任的高地。他们再一次投身工作之中，结交新朋友，培养新喜好。他们发现，从严峻的考验开始以来，他们已历经千山万水，在身后留下了长长的足迹。他们不仅得以恢复，还彻底地脱胎换骨。这样的发现令他们大为震惊。于是，他们找到了自己的使命，一如既往地遵从某种责任，义无反顾地追求某种乐趣。从此，他们的生活有了目标。

这条品格之路的每一个阶段都会在人们的灵魂上留下印记。在体验过程中，人们的本性得到了重塑和锤炼。品格高尚的人，有的顾盼神飞，有的心平气和，但他们都有一定的自尊心。自尊不同于自信或自负。自尊的基础不是智商，也不是帮助你考入名牌大学的身体或智力上的各种天赋。自尊不是相互攀比，在某个方面优于他人不会为你赢得自尊。只有你自己取得进步，面临考验时值得他人信赖，遇到诱惑时不为所动，你才是一个有自尊心的人。自尊的来源不是你在外部世界取得的成功，而是你在内心世界取得的胜利。只有内心经受住诱惑、敢于面对自身的缺点、抱着“即便情况更加糟糕，我也能忍受和克服”的态度，你才能赢得自尊。

上文讨论的这种转变有可能是轰轰烈烈的改变，也有可能是缓慢的、润物细无声一般的演变。终其一生，所有人都会在某些时候面临重大的考验，发生某种转变，或顺利成长，或黯然败退。在日常生活中，人们也会不断发现自身的小毛病，或向他人伸出援助之手，或努力改正某些错误。品格就是在戏剧性变化与日常琐事的交替作用下逐渐养成的。

那期《御前演出》节目所展现的不仅仅是某种美学原则或者风格。我越深入研究，就越坚定地认为那是一个道德标准迥异于当下的时期。我对人性及人生的意义有了新的认识，对如何培养高尚的品格、发掘人生的深层次意义也有了新的理解。我不知道在那个时期到底有多少人可以坚守这种道德标准，但是我知道有人的确做到了。对于他们，我怀有崇高的敬意。

我一直认为，我们已在不经意间把这种道德传统抛在脑后了。几十年来，我们的言谈举止以及组织生活的方式都已经发生了变化。我们没有在道德上沦丧，但是对道德标准的表述含混不清；我们并不比历史上其他时期的人更自私、更腐败，但是我们对品格之路的了解不及从前。“曲木”式道德传统（其基础是察觉并勇敢地面对自身的过失）是代代相传的宝贵遗产，使人们更清楚地了解如何培养“悼词美德”，如何培养人性中的亚当二号。如果抛弃这份遗产，那么现代文化必将流于肤浅，在道德领域更是如此。

在现代社会，关于人生的主要谬论是，人们以为亚当一号获得的成就可以让他们产生深刻的满足感。事实上亚当一号的欲望是永远无法满足的，只有亚当二号才可能体验到深刻的满足感。亚当一号以幸福为人生目标，而亚当二号知道仅有幸福是不够的，道德层面的愉悦才是愉悦的极致。在下文中，我将列举若干现实生活中的案例，向大家介绍这样的人生。我们无法回到过去，也不应当有这样的想法，但是我们可以重拾这种道德传统，重新学习这些品格语汇，并在我们自己的人生历程中加以应用。

在塑造自己的亚当二号时，我们不可能照本宣科地采用他人的诀窍，也没有现成的“七步计划”可供参考。但是，我们可以深入研究杰出人物的人生，了解他们在人生历程中表现出来的睿智。我希望你能从下文中总结出几条对你来说非常重要的经验教训，即便它们可能与我的版本有所不同。我还希望通过以下 9 个章节的内容，使我们的人生都会发生一些积极的变化，哪怕只是微小的变化。

第 2 章

坚定信念——罗斯福新政的幕后女英雄

如今的下曼哈顿区华盛顿广场公园，被纽约大学、昂贵的公寓和高端商场所包围。但是，早在1911年，这座公园周围的建筑并不多，北边是上流社会的豪宅，东边和南边是几家工厂，在工厂上班的年轻人大多是犹太移民和意大利移民。身处上流社会的戈登·诺里夫人就住在那片豪宅区，在她的先辈中，有两位是《独立宣言》的签署者。

3月25日，在诺里夫人家中，她刚刚与一些朋友坐下来喝茶，就听到房子外面传来一阵喧闹声。31岁的弗朗西丝·帕金斯是来宾之一，她出生于一个古老的中产阶层家庭，其家族历史有可能追溯至美国革命时期。帕金斯曾经在曼荷莲学院就读，当时在纽约消费者联盟工作，正在为取缔雇用童工制度而四处游说。帕金斯说话时的神态与马克斯兄弟电影中的玛格丽特·杜蒙以及瑟斯顿·豪威尔三世夫人颇为相似，一口与其出身相吻合的上流社会腔调——拖得长长的a，被省去的r，再加上圆唇元音，于是“tomato”在她的嘴里就变成了“tomaahhhto”。

突然，一位男管家冲了进来，说广场附近着火了。女士们就都跑了出去，帕金斯也提着裙摆，迅速往前跑。这场大火是美国历史上有名的三角内衣工厂火灾事件。帕金斯看到大楼的8、9、10层火光四射，几十名工人挤在打开的窗户旁边。当她跑到楼下的人行道上时，那里已经聚集了一群惊慌失措的围观者。

有人看到一捆捆的东西从窗户那儿掉下来。他们以为那些东西都是布匹，并猜测工厂老板正在挽救最贵重的物资。随着掉落的东西越来越多，他们才发现这些“东西”根本不是布匹，而是从楼上跳下来的人。后来，帕金斯回忆说：“当我们跑到那里的时候，人们刚刚开始往下跳。在那之前，他们一直站在窗户旁边，没有放弃等待求援。但是随着火势越来越大，浓烟弥漫，后面的人开始不断往前挤。”

“于是，他们开始往下跳，窗户那里太拥挤了，他们决定跳下去，结果都摔在人行道上。所有跳楼的人都摔死了，那个情景真是太可怕了！”

消防人员拉起了救护网，但是由于楼层太高，在跳楼者体重的作用下，救护网要么从消防人员的手中掉落，要么被跳楼者一穿而过。一位妇女在跳楼前朝着楼下的围观人群倒空了钱包，然后纵身跳下。

帕金斯和她周围的人冲着楼上的人尖声喊道：“不要跳！救援人员就要来了。”事实上，根本没有救援人员。火焰炙烤着工人们的后背，结果，有 47 人跳了下来。一位年轻妇女在跳楼之前，一面拼命做着手势，一面说着什么，但是楼下的人们根本听不清。一位年轻男士体贴地把一位年轻女士扶到窗台上，然后像芭蕾舞男演员一样，把她托起来送到窗外，在碰不到大楼的位置松了手。接着，他又以同样的方式帮助第二位和第三位女士。当第四位女士站上窗台时，这位女士拥抱了他，两人深情一吻。随后，他把她抱起来，送出窗户，松开了手。最后，这名男子自己也跳了下来。在下落的过程中，他的裤子被风鼓起，人们注意到他穿着一双款式新颖的棕黄色皮鞋。一位记者这样写道：“在人们用白布盖住他的脸之前，我看到了他。他是一个真正的男子汉，他已经尽了自己的最大努力。”

火灾是在当天下午 4 点 40 分发生的，起因是 8 楼的某个人将烟头或者火柴扔进了一大堆棉布边角料中，迅速点燃了这堆棉布。

工厂经理塞缪尔·伯恩斯坦在得知火情之后，提起附近几只装满水的桶，倾倒在火堆上，但已于事无补。棉布边角料一旦着火，比纸张引发的火势还要凶猛，而且单单是在8楼，就堆积了大约一吨棉布。

伯恩斯坦还在继续向越烧越猛的火堆上泼水，但此时，大火已经蔓延到悬挂在木质工作台上方的棉布样品上了。伯恩斯坦命令工人们从附近的楼梯井拉来一条消防水龙带，打开阀门后却发现根本没有水压。记录那场火灾的历史学家戴维·冯·德莱尔指出，在火灾刚发生的前三分钟时间里，伯恩斯坦做出了一个致命的决定。当时他有两个选择：救火或者疏散大楼里的500名工人。结果，他选择了与迅速蔓延的大火展开徒劳无益的对抗。如果他选择疏散所有人员，当天可能就不会有人丧生了。

等到伯恩斯坦终于把注意力从那道火墙上移开时，眼前的场景却让他更加吃惊。很多在8楼工作的女工竟然还在慢条斯理地走进更衣间拿外套等个人物品，还有的人正在找计时卡，准备打卡下班。

最后，在10楼的两名工厂老板也获悉了火情，此时大火已经遍及整个8楼，正迅速向10楼蔓延。老板艾萨克·哈里斯的身边围着一群工人，他认为从大火中穿行下楼可能无异于自杀。因此，他大吼了一声："姑娘们，我们去楼顶！赶紧去楼顶！"另外一名老板麦克斯·布兰克已经被彻底吓傻了。他满脸惊恐，一只手抱着他的小女儿，另一只手牵着大女儿，一动不动地站在那里。一名正在撤离的员工看到这个情景，扔下了手里抱着的公司订货簿，来救老板的命。

8楼的工人大多成功地撤离了，但是9楼的工人们直到火势快蔓延过来时才得到警报。他们像惊慌的鱼群一样，慌里慌张地寻找出口。电梯有两部，但是速度太慢，而且拥挤不堪。大楼里没有安装自动喷水灭火系统，只有一个防火梯，但是它已经摇摇欲坠，而且被封堵上了。平时，为了防止盗窃现象发生，工人们在回家之前是要接受搜身检查的。经过精心设计，一些门被锁上了，工人们要出去的话，只能从唯一的出口离开。在被大火包围之后，工人们面对越来越猛的大火与浓烟，他们必须抑制住内心的恐惧，并根据非常有限的信息，孤注一掷地做出生死攸关的决定。

艾达·尼尔森、凯蒂·维纳与范妮·兰斯纳是好朋友，在听到有人惊叫“着火了”的时候，她们正在更衣室里。尼尔森拿定主意之后，朝楼梯井跑去；维纳来到电梯前，看到电梯轿厢正在往下运行，于是她朝着轿厢顶跳了下去；而兰斯纳既没有走楼梯，也没有上电梯，最终未能生还。

为了逃生，大家已经顾不上谦让了。玛丽·布切利后来在回忆这件事时谈到了自己的逃生行为：“我不停地用手推、用脚踢，别人也在推我、踢我。不论遇到谁，我都会把她推倒。”她说的是她的工友们，“我一心想着逃命……在那种情况下，周围一片混乱，要知道，你根本看不清……在混乱之中，你不可能一边逃命，一边还能看清楚。”

约瑟夫·布伦曼是工厂中为数不多的男性之一。一大群女性在电梯前推推搡搡，但是她们大多身材瘦小、体弱无力，他很快就把她们推到一边，挤上了电梯，最终得以脱险。

消防车很快就到了现场，但是消防梯够不到 8 楼，消防龙头喷出的水也只能勉强达到这个高度，给大楼外立面洒上一些水。

“酷刑”的考验

可怕的三角内衣工厂火灾使整个城市陷入了悲痛。人们不仅对工厂老板们的所作所为感到无比愤怒，同时也觉得自己难辞其咎。1909 年，一个名叫罗斯·施奈德曼的俄罗斯年轻移民，曾率领三角内衣等工厂的女工们举行过一次罢工，他们诉求的问题正是导致这次火灾的原因。这座城市一贯对穷人的生活漠不关心，对于示威者遭受工厂保安袭扰一事，人们同样选择袖手旁观。人们以自我为中心、只顾自己逃生、漠视他人痛苦的行为，使所有人都感到深深的不安，在火灾之后，大家便纷纷开始发泄自己的怒气。弗朗西丝·帕金斯回忆道：“所有人都感到很不安。这种情形难以形容，就好像我们所有人都做错了。这种情绪是不应该的，因为我们都很难过，大家似乎都认为‘是我的错！是我的错！’”

在举行了大型纪念游行之后，全市所有有头有脸的人物又举行了一次庞大的集会。帕金斯作为消费者联盟的代表，在台上见证了罗斯·施奈德曼是如何调动听众们的情绪的。施奈德曼说：“如果我站在这里和大家讨论亲密的友情，就是一种背叛，是对那些火灾受害者的背叛。你们是公众当中品行端正的人，但是在考验面前，你们并不合格！”

“以前，宗教裁判所有拷问台、拇指夹，还有利用铁齿施以酷刑的各种器械。我们知道，现在也有与之对应的东西：我们的需求就是铁齿，工厂里那些功能强大、运转速度极快的机械就是拇指夹，一旦着火就会夺走我们生命的危险建筑就是拷问台……”

"市民们，我们现在正在考验你！你可以通过慈善捐赠的方式，为那些失去家人的悲痛的父母与兄弟姐妹捐献几美元。但是，每次工人们从工厂的唯一出口走出来，抗议工作环境让他们无法忍受时，我们却总是听任执法暴力机构对其实施严酷的镇压……现场的各位市民，我无法跟你们谈笑风生。我们已经流了太多的血！"

这次大火及其余波对弗朗西丝·帕金斯产生了深远的影响。在此之前，她虽然也在为维护工人的权利和穷人的利益四处奔走，但她走的一直是一种传统的人生轨迹，追求的目标很可能是一桩传统的婚姻，以及热衷于慈善之举的上流生活。火灾之后，曾经的职业变成了帕金斯的一种使命，道德层面的愤怒驱使她走上了另一条不同的道路。自身欲望与自尊的重要性有所下降，而事业本身则变成她人生的一个中心点。上流社会的进步人士在为穷人提供帮助时总是表现得温文尔雅，竭力保持一种超然的姿态，这些都让她难以忍受。帕金斯一改往昔的柔弱之态，变得坚强起来，她毅然投身于各种政治活动。如果可以阻止三角内衣工厂女工们的悲剧重演，那么她甘愿去冒道德品质染上污点的风险；只要能带来积极的效果，她就愿意做出妥协，与那些腐败的官员打交道。从此以后，帕金斯把自己的余生都奉献给了这项事业。

人生使命的召唤

如今，人们在毕业典礼演讲中经常告诉毕业生们要充分发挥自己的热情，相信自己的感觉，思考并找到自己的人生目标。这些陈词滥调背后的意思是，在思考如何走好自己的人生道路时，最重要的是遵从自己的内心。按照这种思维逻辑，在你风华正茂、刚刚踏入成年生活时，你需要坐下来，静静地进行自我发掘，确定哪些东西对你来说具有重要的价值，哪些东西是你亟须解决的，哪些东西最能激发你的热情。你还要思考若干问题：我的人生目标是什么？我希望自己的人生有哪些收获？哪些东西对我来说具有实际价值而不是仅能取悦我身边的人？

根据这种思维逻辑，我们可以像制订商业计划那样规划人生。首先，对自己的天赋与激情进行一番盘点。其次，设定目标，制定出一些衡量标准，规划如何逐步实现这些目标。再次，确定实现目标的策略，鉴别哪些事情有助于你实现目标，哪些事情看似紧急，但实际上会分散你的注意力。如果你一开始设定的目标切实可行，而且在执行策略时做到了灵活有度，那么你将拥有一个目标明确的人生。威廉·欧内斯特·亨利诗作《不可征服》中有一句诗经常被人们引用，即“我是自己命运的主宰，我是自己灵魂的舵手”，它描述的就是这种人生。

在当今这个讲求个人自主的时代，人们往往就是这样规划自己的生活的。这种生活方式始于自我、终于自我，以自我研究开始，以自我实现结束。这样的人生取决于一系列个人选择。但是，弗朗西丝·帕金斯用另一种在过去更为常见的方法，确定了自己的人生目标。在应用这种方法时，你需要思考的不是“我希望自己的人生有哪些收获”这个问题，而是一系列不同的问题：生活希望从我这里得到什么？我周围的环境对我发出了什么样的号召？

按照这种方法，我们不会规划自己的人生，相反，我们会受到人生的感召。具有重要意义的真谛不在我们的内心，而在我们身外的世界。这种人生观不以独立的自我为起点，而始于你所处的具体环境，以及对世界与自我的认识。世界在你出生之前就早已存在，在你过世之后仍将长期存在；在你短暂的生命周期中，命运、历史、机会、自然进化，或者上帝，将你抛送至某个具体的位置，让你面对具体的难题与需求。你需要完成的工作是厘清若干问题：要让这个环境变完整，还需要增加些什么？哪些东西需要修补？哪些任务亟待我们去完成？小说家弗雷德里克·比克纳曾经说过："何时何地我的聪明才智既可以满足这个世界的根本需要，又能让我发自内心地感到愉悦呢？"

1946年，维克多·弗兰克尔在《活出生命的意义》这部名著中描述了人生对他的使命召唤。弗兰克尔是维也纳的一名犹太裔精神病医生，1942年，纳粹将他逮捕并圈禁在一个犹太人居住区，后来他又被关进了若干个集中营。他的妻子、母亲与兄弟都死在了集中营。在集中营的大多数时间里，弗兰克尔都在修铁路。这与他自己的人生规划大不相同，也与他的激情和梦想格格不入。但是，生活把这桩苦差事强加给了他。他明白，他的人生发展前景取决于他的内心根据所处环境做出的决定。

他在书中写道："重要的不是我们对生活的期望，而是生活对我们的期望。我们不能一味地追问生活的意义到底是什么，而应该停下来好好想一想，该如何回答生活每时每刻给我们提出的问题。"弗兰克尔认为，命运赋予了他一个道德层面的任务和一个知识层面的任务。

他需要完成的道德层面的任务是正确地面对磨难，并从中获益。他无法控制所受磨难的痛苦程度，也无法控制是否以及何时被关进毒气室或被弃尸路边，但在内心深处对这些折磨做出什么反应，是他可以控制的。纳粹分子不断凌辱集中营里的囚犯，试图摧毁他们的人性。有的囚犯屈服了，或甘于堕落，或沉湎于过去的幸福回忆，但是，还有一些囚犯则展开斗争，坚定地维持自己的操守。弗兰克尔认识到："人们可以在这些经历中取得胜利，在内心世界取得大捷。"人们可以通过一些不起眼的行为坚定地捍卫自己的尊严，这些行为未必能改变他们在外部世界中的生活或者最终的命运，但是它们可以强化人们的精神世界。人们可以通过"内心的坚持"，严密地掌控自己的精神状态，有条不紊地捍卫自己的操守。

弗兰克尔说："忍受折磨已经成为一种我们甘之如饴的任务。"在认识到命运赋予自己的任务之后，弗兰克尔很快就理解了人生的意义与最终目标，也清楚地知道战争给他带来了实现人生目标的机遇。有了这些，活下去就变得简单多了。尼采说过："如果一个人知道自己为什么而活，他就可以忍受任何一种生活。"

弗兰克尔的另一项任务是把他所处的环境变成可以奉献给社会的智慧。监狱生活为他从事学术活动提供了一个良机，他可以研究人们在极端恐怖的环境中的变化。他曾和狱友们分享他的研究结果。如果能活着出狱，他还想把这些知识分享给集中营外面的人。

在精神比较好的时候，他会和狱友们聊天，告诉他们要认真对待自己的人生，努力捍卫内心的坚持。他还告诉狱友们不要泄气，多想想自己的心中所爱，要保护、分享、加深对不在他们身边的妻子儿女及亲朋好友的爱，尽管纳粹分子阴谋破坏这些爱，尽管他们所爱的人被关进了其他集中营，甚至可能已经不在人世了。即使身处污秽不堪、死神随时会降临的环境之中，人们仍然有可能保持昂扬向上的精神，“站在狭小的牢房中，我呼唤上帝，无处不在的上帝回应了我”。弗兰克尔认为，人们还可以通过对所爱之人的狂热激情来理解“天使睇视那无限的荣耀，竟至于浑然忘我”这句话的完整含义。

他告诉那些有自杀念头的狱友，生活仍然对他们抱有期望，希望他们未来能有所作为。晚上熄灯之后，他对狱友们说，朋友、妻子、可能活着也可能已经死去的某个人，还有上帝，正在满怀希望地看着他们。弗兰克尔说：“（人生的）终极意义就是履行自己的责任，正确解决遇到的问题，认真完成人生不断赋予每个人的任务。”

很少有人会身处如此恐怖的极端环境之中，但是，我们所有人都会拥有不完全是通过主观努力而获得的天赋、能力、才智和特点。同时，外部环境还会对我们所有人发出某种感召，让我们采取某种行动，面对贫穷、折磨、成家立业的需要，或者争取机会传递某种信息。环境为我们提供了舞台，使我们的天赋有了用武之地。

辨明使命的能力取决于双眼和双耳的健康状况，以及你是否可以敏感地理解环境赋予你的任务。《密西拿》[1]告诉世人：“你没有必须完成这项工作的义务，同样，你也没有拒绝做这项工作的自由。”

1.《密西拿》是解读犹太律法的权威性文集，保留着其口述传统，是《塔木德》的第一部分。——译者注

使命不同于工作

同帕金斯一样，弗兰克尔也有自己的使命。使命不同于职业。人们在选择职业时，看重的往往是就业机会和发展空间，以及职业在经济与心理上有可能给他们带来的益处。如果当前的工作或者职业不合适，那么我们可以重新选择。

使命是无法选择的，使命是一种感召。在使命面前，人们通常觉得自己别无选择，如果拒不接受，他们的人生就会面目全非。

有的人会受到愤怒的感召。弗朗西丝·帕金斯在目睹了三角内衣工厂火灾之后，因这种破坏社会道德体系的事件竟然会不断发生而感到愤怒。有的人会受到某种行为的感召。有一位妇女，在她拿起吉他的那一刻，就知道自己应该成为一名吉他手。有的人会受到《圣经》词句或文学作品的感召。1896 年夏天的一个上午，音乐学者、风琴演奏家阿尔贝特·施韦泽在《圣经》中看到“凡想要保全生命的，必丧掉生命；凡丧掉生命的，必救活生命”这句话时，立刻觉得受到了感召，他放弃了自己成功的事业，改行学医，最后成为一名丛林医生。

受到使命召唤的人不会投身于民权运动、创作伟大的小说或者经营一家非营利性机构，因为这些活动或多或少需要进行一些成本效益分析。献身使命的原因不是效用，而是更深刻、更高层次的考虑，困难越大，人们的决心越坚定。施韦泽说：“打算行善的人绝不可指望有人为他清除前进道路上的障碍，相反，如果有人设置更多的障碍，那么他反而应该冷静地接受。只有在面对障碍时越来越强大的人，才能获得成功。”

我有必要告诉大家，使命感与当代的社会主流逻辑格格不入。

使命不会要求我们努力满足自己的欲望，尽管那是现代经济学家对我们的期望。使命也不会要求我们去追求幸福，如果我们所说的“幸福”指的是心情舒畅、愉快的体验或者成功逃避奋斗与痛苦等。有使命感的人存在的意义就是，完成命运赋予他们的任务。他们会根据这些任务塑造自己，例如，亚历山大·索尔仁尼琴就把自己变成了与苏联独裁者做斗争的工具。他说：“我就是一把被施了魔法的利剑，我自己不需要制订任何计划，也不需要做出任何安排。我只需要猛劈、猛砍，扫除那些污秽力量就可以了。一想到这些，我就感到更幸福、更有安全感了。在我发起攻击时，上帝啊，请不要让我断裂，也不要让我从你的手中脱落！”

肩负使命的人通常不会闷闷不乐，他们为完成使命而参与的活动会给他们带来快乐。在现代人眼中，多萝西·L·塞耶斯是一位著名的侦探小说家，但在她的那个时代，她还是一位受人尊敬的学者和神学家。塞耶斯认为，为社会服务与安心工作是不同的。她说，致力于服务社会的人在工作上都不会取得很好的成绩——无论他们从事的是小说创作还是烤面包的工作，因为他们没有专心致志地思考该如何完成这些工作。但是，如果你安心地工作（尽可能高质量地完成每一项任务），你的工作水平就会不断提高，你会从中获得很大的满足感，最终，你对社会的贡献必然也很大。在那些有使命感的人身上，我们经常能看到全神贯注的神情、认真呈现出的优美舞姿，或者竭力经营好某个组织的迫切愿望。当自身价值通过他们的行为得以完美体现的时候，他们感受到了极大的快乐，这种美妙的体验将艰难险阻带来的所有疲倦感都一扫而空。

促使弗朗西丝·帕金斯树立人生目标的原因有很多，三角内衣工厂火灾是其中最重要的原因之一。火灾在让她感到恐惧和义愤填膺的同时，还让她坚定了自己的决心。这不仅仅是因为有很多人失去了生命（毕竟，逝者已矣），还因为“这次火灾象征着公共秩序不断受到的侵犯”。人作为一种生物，其尊严应当受到尊重，这是人的一项基本权利。但是，人们受到的虐待正在肆意践踏这项权利，正是这种失去尊严的感受帮助她找到了自己的使命。

严格而谦逊的女校教育

1880 年 4 月 10 日，弗朗西丝出生于波士顿的比肯希尔。17 世纪中叶，她的先祖跟随新教徒大迁徙的浪潮来到了马萨诸塞州，之后又在缅因州定居下来。她的先辈詹姆斯·奥蒂斯是一名英雄，在轰轰烈烈的美国独立革命中立下了显赫战功。她的长辈，奥利佛·奥蒂斯·霍华德是美国内战时期的一名将军，后来在华盛顿特区创建了一度只招收黑人学生的霍华德大学。弗朗西丝 15 岁那年，霍华德访问了她的家乡。由于他在战争中失去了一条胳膊，弗朗西丝成为他的抄写员。

几百年以来，帕金斯一家大多生活在缅因州的波特兰市东边，毗邻达玛里斯科塔河，以务农和制砖为业。弗朗西丝的母亲出身于人口众多的比恩家族，从小接受的就是美国北方的传统教育：节俭、认真，甚至过于诚实。到了晚上，弗朗西丝的父亲弗雷德·帕金斯会和朋友们一起，阅读希腊诗歌，朗诵希腊戏剧。七八岁的时候，弗朗西丝就在父亲的教导下开始学习希腊语语法了。她的母亲身材丰满，意志坚定，在艺术方面颇有修为。弗朗西丝 10 岁时，母亲带她去买帽子。当时流行的是装饰有羽毛和丝带、窄窄高高的帽子，但是，她的母亲苏珊·比恩·帕金斯挑选了一顶样式简单的低顶三角帽，戴在弗朗西丝的头上。苏珊随后说的一番话表明她教育孩子的方式与现在大不相同。我们总是告诉孩子们他们非常棒，但是在那个时代，为人父母者更有可能让孩子们去勇敢面对自己的不足与缺点。他们在面对不足与缺点时表现出来的那种诚实和坦率，在我们现代人看来可能是非常过分的举动。

母亲告诉弗朗西丝："宝贝，这顶帽子适合你，你就应该戴这样的帽子。你的脸大，颧骨比额头还宽。太阳穴上方窄，颧骨宽，下巴又很窄。因此，你在选帽子时，一定要选跟你的颧骨宽度差不多的帽子。你绝对不能戴窄帽子，否则会很难看。"

当下，美国北方诸州的文化尽管受到了全球文化的冲击，却仍然保留着它一贯硬朗的鲜明特色。过去，美国北方人一般沉默寡言，独立自主，讲求人人平等。他们在处理情感问题时往往过于粗暴，有时甚至到了冷漠无情的地步，但有时这种粗暴中也包含了一种狂热的爱和温柔。他们对自身的不道德因素有清醒的认识，他们压抑自己的欲望，改正错误，以此来膜拜爱护他们的上帝。他们勤勤恳恳地工作，从来没有任何怨言。

一天傍晚，年轻的帕金斯穿着一套新的晚礼服来到楼下。父亲看过之后，说她穿上这套衣服后有点儿像贵妇人了。帕金斯后来回忆说："即使我真的把自己打扮得很漂亮（请注意，我是说假如），我父亲也绝不会夸赞我，因为说那样的话是不适宜的。"

除了奉行政治自由主义，美国北方人的身上还有一些其他特点，包括大家心目中抱持的社会保守主义。他们在个人生活方面遵循传统、严于律己，同时对社会与政府也给予信任。他们认为，个人应当在集体中履行维护“良好秩序”的义务。即使在18世纪中叶，新英格兰地区的各州、市殖民政府所征收的税赋也是宾夕法尼亚、弗吉尼亚等州殖民政府的两倍。他们还在教育体系中安排了大量有关宗教信仰的内容。350年以来，新英格兰地区的学校质量一直在美国名列前茅，他们在教育上取得的某些成就，在美国至今遥遥领先。

帕金斯的父母想方设法地让她上学，但她的学习成绩向来不好。她在语言文字方面有天赋，凭借一张巧嘴就顺利地从中学毕业了。随后，她来到曼荷莲学院（美国一所知名的文理学院），成为一名1902级的学生。同当时的大多数学院一样，这所学院的规章制度与现在大不相同。如今，学生们在宿舍里的生活基本不会受到监管，他们有按照自己认为合适的方式安排个人生活的自由。而在当时，为了向学生们灌输服从管理、谦虚谨慎、尊重他人等品质，学校制定了各种各样的规章制度，其中有很多在现在看来荒谬至极。帕金斯在曼荷莲学院就读时，学校为培养学生们的遵从意识而制定的规则有：有二年级学生在场时，一年级学生应保持安静以示尊重。在校园中遇到二年级学生时，一年级学生应鞠躬以示尊重。在学年中期考试之前，一年级学生不得穿长裙，不得将头发高盘在头顶。帕金斯经受住了这些苛刻规定的考验以及这种等级划分带来的羞辱，还成为所在班级的一个社交明星，在四年级时当选为年级学生会主席。

现在，老师们往往会发掘学生们身上的特长，并加以培养。而在100年前，老师们往往会在学生身上寻找道德品质方面的缺点，并帮助他们改正这些缺点。拉丁语老师埃斯特·范戴曼认为帕金斯对自己要求不严，学习懈怠。为了帮助帕金斯克服这个缺点，范戴曼强迫帕金斯花大量时间，准确地背诵拉丁语动词时态。她就像部队教官利用强行军来训练部队一样，把背诵拉丁语语法变成了一项对学生的严峻考验。尽管帕金斯经常因为忍受不了挫折与乏味而痛哭失声，她后来却对这种做法表示赞赏，“我平生第一次意识到了品格的重要性”。

帕金斯对历史与文学很感兴趣，但是她的化学成绩十分糟糕。尽管如此，她的化学老师内莉·戈德思韦特仍再三劝说她主修化学专业。戈德思韦特认为，如果帕金斯选择成绩最差的学科作为自己的主修专业，她就会变得更加顽强，在以后的生活中，无论遇到什么困难，她都可以从容应对。戈德思韦特敦促帕金斯，即使选择最难的学科意味着她只能取得平庸的成绩，她也一定要坚持这个选择。帕金斯接受了这个挑战，戈德思韦特也成了她的导师。几年后，帕金斯在学校的校友季刊上写道：“大学生们应该关注自然科学的课程，因为这些课程可以锻炼、完善你们的人文精神。通过这些课程，你们还可以学会如何处理各种实际问题。”

有些学校必然会在学生们的人生道路上留下永恒的印记，曼荷莲学院就是其中之一。与现代大学不同的是，曼荷莲学院并不是单纯地从亚当一号的认知层面进行自我定位的。它的目标不仅是教会学生们如何思考，帮助学生们就自己的假设提出疑问，还包括在更宽广的层面上成功地发挥一所大学应有的作用：帮助青少年成长为成年人。曼荷莲学院反复强调自我控制的重要性，帮助学生们不断发现和培养新的爱好。为了激发学生们内心的道德激情，曼荷莲学院告诉她们，每个人都身处一张由善与恶织成的网中，人生就是与这些强大的力量之间进行的一场漫长而痛苦的斗争。它还告诫学生们：尽管风平浪静的生活可能不需要拼搏，但真正有益的人生之路是在困境中不断奋斗；只有经常遭受折磨，不断检验道德勇气，经常受到反对和嘲笑的人生，才是最有价值的人生；坚持奋斗的人必定要比追求愉悦的人幸福。

曼荷莲学院教导学生们，在这场斗争中，能成为英雄的不是那些追求荣誉、自我标榜的人，而是那些克制自己、接受感召并承担艰难使命的人。学院竭力杜绝学生们滋生理想主义思想倾向，对她们一时的同情心爆发以及做出牺牲之后产生的自满情绪提出批评，鼓励她们做到持之以恒。学院反复强调，服务社会并不是某种出于善念的行为，而是因为被赋予生命所必须付出的回报。

学院还教给学生们具体的方法，引导她们走上持续服务社会的英雄道路。几十年来，曼荷莲培养了几百名女学生，在伊朗西北部、南非的纳塔尔和印度西部的马哈拉施特拉邦从事传教和服务工作。学院创建人玛丽·莱昂鼓励学生们“做没人做过的事，走没人走过的路”。

1901 年，曼荷莲迎来了新的校长玛丽·伍利。她是布朗大学的第一批女毕业生之一，也是一名《圣经》研究学者。她在《时尚芭莎》杂志上发表了一篇题为“女性大学教育的价值”的文章，道出了该校在道德领域的远大抱负。伍利说：“教育的主要目标是培养品格，有洞察力的人必然能做到泰然自若。”现在，“泰然自若”这个词多指社交场合的风度。但在当时，它指的是心态稳定、平衡等更深层次的品质。“不具备这些品质，就说明你不太善于保护自己。即使你有积极的动力、远大的志向和真才实学，也难以实现自己的人生目标。”

曼荷莲学院的主要教学内容是神学理论、耶路撒冷及雅典的经典著作。学生们需要从宗教信仰中汲取关爱与同情等伦理道德，还要从古希腊人与古罗马人身上学习那种无论遇到什么困难都英勇无畏、永不退缩的品质。伍利在《时尚芭莎》上发表的那篇文章中引用了希腊斯多葛学派哲学家埃皮克提图的一句话："一个人只有生活在伟大真理与永恒法则的光辉之下，同时受到远大理想的指引，在受到社会冷遇和忽视时才能保持耐心，在受到人们的交口称赞时才不会飘飘然和忘乎所以。"后来，帕金斯与伍利成为好朋友，她们的友谊一直持续到伍利去世。

帕金斯上大学期间正赶上社会福音运动的高潮期。包括沃尔特·劳申布施在内的运动领导者，受到城市化与工业化的影响，拒绝接受在众多上流社会教堂中盛行的那种针对个人开展的私密性宗教活动。劳申布施认为，仅仅消除个人心中的罪孽是不够的，因为除了这种罪孽，还存在超个人的罪孽，即滋生压迫与苦难的邪恶制度与社会结构。社会福音运动的领导者号召信徒们通过投身于社会变革来检验和净化自己。他们提出，真正的基督徒不应独自祷告、忏悔，而应该甘于牺牲，在实际生活中团结那些生活贫困的人，还要参加大规模的运动，为修复上帝留在地球上的国度贡献力量。

作为学生会主席，帕金斯帮助年级确定了座右铭——"要坚定信念"。这句话选自《哥林多前书》，在最后一次祷告会上，帕金斯向全年级同学朗读了完整的句子："教友们，你们的努力上帝不会视而不见，因此你们要坚定信念，不可动摇，积极投身到为上帝服务的工作之中。"

出于性别和身份地位的原因，帕金斯在上大学之前已经接受过谦虚低调做人的教育。上大学之后，曼荷莲学院选择了她和其他女生，教育她们做一名英雄。不过，曼荷莲所采取的教育方式出乎我们现代人的意料，它没有告诉帕金斯她很优秀、有成为英雄的潜质，而是迫使她面对自己的缺点，竭力贬低她，让她自己奋发向上，摆脱困境。初到曼荷莲学院的时候，帕金斯还是一个能说会道、惹人喜爱、身材娇小的女孩，但在毕业之时，她已经满怀投身于社会服务的热情，而且明显与入学时不同了。来曼荷莲学院参加弗朗西丝·帕金斯毕业典礼的母亲惊愕地说："我都无法认出我的女儿了。真让我难以置信，她简直就是另外一个人。"

孤独却不妥协的英雄人生

帕金斯知道，她所憧憬的是一种永不妥协的英雄人生。不过，在毕业之后，为了在人生舞台上找到一个具体角色，她颇费了一番周折。她没有从事社会福利工作方面的经验，所有的福利机构都不愿意雇用她。她曾经在伊利诺伊州莱克福里斯特市的一家高级女子学校任教，结果发现这份工作无法激发她的热情。之后，她到了芝加哥，与赫尔馆建立了工作联系。

赫尔馆是一个睦邻组织，创建人之一的简·亚当斯是美国当时著名的社会改革家。赫尔馆的宗旨是为女性提供一系列新职业去服务社会，比如，在贫富人口之间建立联系，重构被工业化的喧嚣破坏殆尽的社区意识。在伦敦的汤恩比馆中，一些有钱的男大学生不仅彼此之间举行联谊会，还与贫穷的学生一起举行类似的社交活动。赫尔馆就是仿效汤恩比馆成立的组织。

在赫尔馆中，有钱的女性与那些贫穷的女性和女工待在一起，为后者提供指导和帮助，并实施一些能改善后者生活的项目。赫尔馆提供就业培训、儿童保健、银行储蓄服务、英语教育，甚至还提供艺术培训。

现在的人在讨论精神生活时，如果遇到难以回答的问题，可能就会用社区服务做借口。不久前，我遇到了一所著名私立高中的负责人。在谈到这所学校如何教导学生培养品格时，她答非所问地告诉我，该校学生花费了大量时间参加社区服务活动。也就是说，尽管我问的是有关内心世界的问题，她回答的却是外部世界发生的事情。她似乎认为，如果你特意花费时间来辅导贫困家庭的孩子，你就会成为一个品格高尚的人。

现实情况正是如此，由于道德语汇上的不足，众多有远大道德追求、迫切希望帮助他人的人，往往把道德问题转换成资源分配问题。例如，如何才能为最多的人提供服务？怎样做才能充分发挥自己的作用？我怎么利用自己美好的人生去帮助那些运气不如我的人？一旦道德问题被转换成这类问题，情况就会变得更糟。

不过，赫尔馆的氛围大不相同。这里的组织者掌握了一些特别的方法，一方面帮助那些为贫困者提供服务的人培养品格，另一方面也让那些贫困者有所收获。与众多同时代的人一样，亚当斯甘愿把自己的毕生精力奉献给“为需要的人提供服务”这项事业，但对同情心这种品质很不以为然。她认为同情心往往只会让人们对贫困者产生某种情怀，但并不会带来任何实际效果。她还认为，有钱人因为参与社区服务活动而以善人自居，是情感上的利己主义污点，对此她也无法接受。纳撒尼尔·霍桑说过：“仁慈是骄傲的孪生兄弟。”对于那些在服务对象面前摆出高人一等姿态的人，亚当斯是无法容忍的。

与所有成功的援助机构一样，亚当斯也希望她的员工热爱自己的工作，乐于提供服务。与此同时，她还希望他们能控制好自己的情绪，坚决摒弃一切自认为高人一等的心态。赫尔馆建议社会服务工作者把自己摆在比较低的位置上。在调查每个服务对象的真实需求时收起个人的同情心，以科学的方法耐心细致地展开调查。社会服务工作者要像现代社会的管理咨询师那样，制订可选方案，友好地提供建议，绝不能把自己的观点凌驾于服务对象的决定之上。赫尔馆的宗旨是让贫困者自行决定人生道路，而不是变成他人的附庸。

亚当斯通过观察发现，很多人在刚毕业时精力旺盛、意气风发，但到了 30 岁时就变得暮气沉沉、玩世不恭，当年的抱负也已烟消云散。即使在今天，这种现象也俯拾即是。亚当斯在她的回忆录《在赫尔馆的二十年》中写道，学校教导学生们要把社会利益置于自身利益之上，但是毕业之后发现，他们需要照顾好自己，要稳定下来过好婚姻生活，或许还要经营好自己的事业。尽管年轻女性想要匡扶正义、救苦救难，却被告知要压抑这种想法。亚当斯说："在女孩们的人生中，某个应有的重要内容被剥夺了。她们因受到重重限制而郁郁寡欢，她们的长辈却不了解这种状况。这样的悲剧应归咎于我们所有人。"在亚当斯眼中，赫尔馆不仅是一个为穷困者提供帮助的场所，更是富有者完成高尚使命的一个平台。亚当斯说："行为的最终结果取决于行动者的想法。"

帕金斯尽量腾出时间参加赫尔馆的活动，刚开始通常是在周末，之后她待在赫尔馆的时间不断增加。在她最后离开赫尔馆的时候，她对数据收集的重要性有了更加科学的认识，学会了如何了解贫困生活的概貌，同时她也变得更加勇敢了。之后，她来到费城，加入了她的校友创建的一个社会服务机构。一些冒牌的职业介绍所有时会利用毒品或者武力，诱骗或胁迫移民妇女进入寄宿公寓卖淫。帕金斯只身前往这种职业介绍所，通过直接面对皮条客，揭露了其中三家的真面目。1909 年，积累了一定的工作经验的帕金斯来到纽约，加入了弗洛伦丝·凯利领导的美国消费者联盟。在帕金斯的心目中，凯利就是一个英雄，不断鼓舞她前进。帕金斯对凯利有过这样的评价："她脾气暴躁，意志坚定，毫无温柔可言。无论是在生活上还是在工作中，她都像一名传教士，不怕牺牲，勇于付出。她感情丰富，笃信宗教，不过在情感表达上经常不依常规。"在消费者联盟工作期间，帕金斯四处奔走，游说人们取缔雇用童工等罪恶行径。

在纽约的那段时间里，帕金斯还在格林尼治村结交了一群放荡不羁的朋友，包括杰克·里德（后来参加了俄国革命）、辛克莱·刘易斯（曾经半开玩笑地向帕金斯求婚）和罗伯特·摩西（当时是反主流文化分子，在成为纽约市的一名高级工程师之后却以盛气凌人闻名）。

内敛的"半个面包女孩"

通过在曼荷莲学院、赫尔馆得到的锤炼，帕金斯的内心越来越坚定，同时，她追求理想和事业的热情也越来越高涨。在目睹三角内衣工厂火灾的那一刻，这两个方面更促使她发生了显著的蜕变。

美国驻联合国大使萨曼莎·鲍尔敏锐地发现，有的人投身于某项事业是一种"孤注一掷"的行为。也就是说，他们是在用自己的名声和身份进行博弈。他们希望通过积极参与这项事业来了解自己，验证他们的感情、身份与自豪感。火灾之后，帕金斯并没有进行这种“博弈”活动，而是来到奥尔巴尼市，试图说服州议会通过安全生产法。她把纽约上层社会的偏见抛在脑后，还摈弃了进步主义政治的温文尔雅。只要能取得进展，她甚至愿意做出更大的妥协。她的导师阿尔·史密斯是纽约政界的一颗新星，他告诉帕金斯，那些彬彬有礼的进步人士很快就会对所有事业失去兴趣，要想取得实际效果，必须与那些肮脏的议员和粗鄙的政客合作，讲求实际，放弃个人的纯洁性。帕金斯发现，在一个堕落的社会里推行善举，经常是只有那些“有污点”的人才能为她提供帮助。到了奥尔巴尼后，她开始与坦慕尼协会这个政治机器开展密切的合作。

帕金斯在奥尔巴尼还学会了如何和年长的男子打交道。一天，她正在州议会大厦等电梯，举止粗鲁的小个子参议员休·弗劳利从电梯里走了出来，与她进行了一番推心置腹的交谈。他一面详细地介绍了一些幕后谈判的细节，一面又抱怨自己被迫参与了一些可耻的活动。他自哀自怜地说：“你知道，每个人都是有母亲的，同样，所有的事情也都是有根源的。”

帕金斯把这件事收进了她的那个“男性心理”文件夹，对她而言这是一堂效果显著的政治课。“从这件事上我发现，男性在看待政治生活中的女性时，会把她们与母亲的身份联系起来。99%的男性都了解并且尊重他们的母亲，从生命伊始他们就会本能地抱有这种态度。因此，我可以充分利用这一点来实现我的目的。我在穿着打扮、言谈举止等方面都要加以注意，争取让他们在看到我时会不自觉地想到自己的母亲。”

帕金斯那年33岁，容貌年轻，但绝算不上漂亮。在那之前，她的衣着都是当时流行的式样，但在那件事之后，她开始注意自己的着装，竭力把自己打扮成一个母亲的形象。她穿着灰黑色长裙，系着白色蝴蝶结，戴着珍珠项链和黑色三角帽，举手投足间俨然一副贵妇模样。新闻界注意到了她的这一变化，又因为她可以影响大约60名州议员，便开始称她为“帕金斯妈妈”。虽然她很不喜欢这个称呼，但这个办法确实有效。为了赢得身边年长男性的信任，她竭力弱化自己的女性特质和身份特征。在女性无须压抑自己的现代社会，这种策略不大可能获得成功，在20世纪20年代却行之有效。

帕金斯所做的工作有很多，例如，她竭力游说通过议案将周工作时间限制在54小时以内。为了赢得操纵政党活动的大佬们的支持，她努力与他们建立良好的关系。这些大佬绞尽脑汁，利用各种手段蒙骗她，但她仍然得到了一些普通议员的支持。一位名叫蒂姆·沙利文的“大个子”议员私下告诉她：“我小时候家里很穷，我姐姐小小年纪就必须去工作。听了你的话，我为那些辛苦工作的贫困女孩感到难过。我希望能帮她们一个忙，同时也能帮你一个忙。”

在每周54小时工作制的议案进入最终投票环节时，那些议员将罐头生产这个情况最恶劣但政治影响最大的行业剥离了出去。在此之前，支持这项议案的积极分子活动了几个月的时间，主张不能将任何行业剥离出去。他们强调，所有行业，特别是罐头制造业，都必须涵盖在内。在这个关键时刻，议会里两派僵持的局面把帕金斯推到了风口浪尖。是接受这个不尽如人意的议案，还是断然拒绝，她必须立刻做出决定。她在消费者联盟的同事们强烈建议她不要接受，但她觉得有半块面包总比没有好，于是她告诉那些议员，她愿意支持这项议案。她说：“这是我的使命所在。我愿意承担所有责任，即使因此走上断头台也绝不会后悔。”众多进步分子勃然大怒，但她那个注重实效的导师弗洛伦丝·凯利则完全支持她的这个决定。从此以后，无论是在公开场合还是在个人生活中，人们都把帕金斯称为“半个面包女孩”，意指她愿意接受周围环境的赠予而且不在意数量的多少。

就在这段时间，她结识了保罗·威尔逊。威尔逊是一个出生于富裕家庭的进步分子，相貌英俊，担任纽约市改革派市长约翰·珀罗伊·米切尔的助手。他爱上了帕金斯，并慢慢地俘获了她的芳心。帕金斯在给威尔逊的信中说：“在你来到我身边之前，我与世隔绝，在阴冷的孤寂中瑟瑟发抖……你以雷霆之势闯入了我的心房，我再也不会让你离我而去。”

他们的恋情给人一种很奇怪的感觉。帕金斯写给威尔逊的情书非常浪漫，激情四射，表达了诚挚的爱。但是，在和朋友、同事相处时，她沉默寡言，而且几十年之后，她竭力否认自己曾经坠入爱河。1913 年 9 月 26 日，他们在下曼哈顿的格雷斯教堂举行了婚礼。他们没有邀请朋友出席，甚至没有告知他们要结婚的消息。虽然他们通知了各自的家人，但是通知的时间非常晚，以至他们都来不及出席婚礼。帕金斯可能是独自一人在韦弗利广场的公寓里穿上新娘礼服的，甚至还是步行前往教堂的。婚礼的见证人是当时正好在场的两个人。婚礼之后，他们没有安排午宴，就连茶点也没有。

后来，在谈到为什么决定结婚时，她冷静的话语不带有任何感情，仿佛说的是看牙医的事。几十年之后，帕金斯说：“那时候，我还有一种新英格兰人的自豪感，并不急于结婚。说实话，我有点儿勉强。我已经不是一个少女了，而是一个成年女性。我不想结婚，我更喜欢一个人生活。”但是，身边的人总是问她什么时候结婚，于是她决定改变这种状况。她想：“我很了解保罗·威尔逊，我喜欢他，我喜欢与他和他的朋友待在一起。或许，我可以和他结婚，从此以后就不用再考虑这个问题了。”

婚后生活的头几年，他们相对来说还是比较幸福的。他们住在华盛顿广场的一套有品位的联排住宅里，与三角内衣工厂火灾发生时帕金斯喝茶的地方相距不远。威尔逊在市长办公室上班，帕金斯则继续从事社会服务工作。他们的家变成了当时政治活动积极分子们的一个聚集地。

但是不久之后，情况就开始变得糟糕起来。约翰·米切尔在竞选中失败了，而威尔逊与一位上流社会女士的婚外情也让帕金斯感到无比愤怒。帕金斯觉得婚姻生活让她感到压抑，便向威尔逊提出分居。她在给威尔逊的信中说：“我犯了一些十分糟糕的错误。现在，我已经大不同于以前了，工作效率低下，精神生活也变得非常苍白。”

后来，她怀孕了，并且生下了一个男孩，但是这个孩子很快就夭折了，帕金斯的内心无比悲痛。此后，帕金斯担任了妇产中心协会的执行秘书。妇产中心协会是一个志愿者组织，其宗旨是降低产妇与婴儿的死亡率。帕金斯还有一个女儿，她给女儿取名为苏珊娜。

帕金斯希望再生一个孩子，但 1918 年，威尔逊表现出了精神不正常的迹象。他不能忍受任何压力，似乎患上了躁狂抑郁症。帕金斯说：“他的情况总是起伏不定，有时情绪低落，有时又激动无比。”从 1918 年开始，他们彼此融洽相处的时间就已经非常少了。威尔逊在一次躁狂症发作期间投资了一个淘金计划，结果赔光了他的所有积蓄。有时，帕金斯甚至害怕与他独处，因为威尔逊的身体要强壮得多，而且发怒时常常会对她施以暴力。在随后的几十年时间里，他大多是在收容所里度过的。即使回到家里，他也无法承担任何家庭责任。他请了一名护士（被委婉地称作秘书）来照料他的生活。帕金斯的传记作家乔治·马丁写道：“他逐渐变成了一个微不足道的人。和他说话时，帕金斯总是一副高高在上的姿态，不再把他摆在对等的位置上。”

新英格兰人沉默寡言的特征在帕金斯身上得到了体现。她把那次家庭财产损失称作“这一事件”，同时她知道，她得找份工作来维持全家人的生活。她认为这些“事件都没有那么重要。我不会过分计较，更不会精神崩溃”。她小心翼翼地把自己的个人生活保护起来，尽量不引起公众的注意。她的这种心态，在一定程度上似乎受到了美国北方人教育子女的方式的影响，但她的内敛也与她的人生观及信仰有关。她觉得个人情感十分复杂，不宜到处宣扬。如果她生活在现代社会，习惯于宣扬个人生活的文化肯定会让她茫然无措。

社会批评家罗切尔·古尔斯坦称，人生哲学有两种倾向——沉默党和暴露党，两者之间一直缠斗不休。沉默党认为，人类内心世界的情感比较柔弱，一旦暴露于大庭广众之下，必然会受到腐蚀，甚至丧失人性。而暴露党则认为，任何秘而不宣的东西都是不可靠的，将一切公之于众，并展开热烈讨论，人生才会更加精彩。帕金斯显然是一名沉默党人，她和其他沉默党人都认为，个人感觉中所有复杂、微妙、矛盾、荒谬和神秘的内容，一旦被四处宣扬并用简单的词句加以归纳，就会流于平庸。与点头之交或者根本不认识的人过于亲密，将会有害无益。在信任和亲密的氛围中，珍贵的情感很容易暴露出来，然后遭到践踏。因此，私密的东西就应该秘而不宣。在为穷困弱小者提供服务和保护方面，帕金斯是充分信任政府的，但是，如果政府践踏个人的隐私权，她就会感到无比厌恶。

奉行这种人生哲学是要付出代价的。帕金斯不善于反省自我，不善于经营亲密关系，而且她奉行的个人生活也不那么幸福。如果她的丈夫不是精神病院的长期病号，那么很难想象她的生活会是什么样的。不过，我们可以想象，她服务社会的使命显然占用了常人用于经营私密关系的精力与才智。她就是为这一使命而生的，她既不擅长爱与被爱，也不会装出一副小鸟依人的样子。就连她对女儿的照料也像是一种道德改良运动，最终还起到了反作用。弗朗西丝·帕金斯严于自律，对她的女儿也抱有同样的期望。

但是，她的女儿苏珊娜继承了父亲的狂躁脾气。苏珊娜 16 岁那年，帕金斯开始为罗斯福政府工作，因此她搬到了华盛顿，从此以后，她们共同生活的时间就非常少了。苏珊娜的一生遭遇了好几次严重的抑郁症，她的丈夫明目张胆地搞婚外恋。20 世纪 40 年代，苏珊娜就已经有点儿嬉皮士的行事风格了，而嬉皮士这个词还要过 20 年才会粉墨登场。她参加了各种各样的反主流文化团体，迷恋罗马尼亚雕塑家康斯坦丁·布朗库西，还故意做出一些令上流社会目瞪口呆和让她的母亲尴尬不堪的事情。有一次，帕金斯邀请苏珊娜出席上流社会的一个活动，并告诉她衣着要得体。结果，苏珊娜穿了一件艳丽惹眼的绿色长裙，头发乱糟糟地在头顶堆成一团，头发上、脖子周围还装饰着鲜艳夺目的花。

帕金斯承认："我逐渐相信自己是导致丈夫和女儿精神崩溃的祸根。尽管我知道这是一种病态心理，但我还是感到害怕，心情也轻松不起来。"苏珊娜一直没有工作能力，只能靠帕金斯来生活。帕金斯77岁时把她在纽约的那套房租管制公寓转让给苏珊娜，才解决了女儿无家可归的问题。此外，帕金斯不得不找了一份工作，赚钱帮女儿偿付账单。

每一种美德都可能有与之相依相随的缺点，而与内敛这种美德相伴的则可能是冷漠疏远这个缺点。由于帕金斯不愿意把自己柔弱的一面展露给亲近的人，因此，虽然她一心扑在社会服务的使命上，但在私底下，她还是不可避免地感到孤独。

男性世界中的女斗士

纽约州州长阿尔·史密斯是赢得帕金斯爱戴的第一个政界人物，也是她最爱戴的人。他诚实可靠，平易近人，而且十分健谈。帕金斯在政府工作期间崭露头角的第一个机会就是史密斯给她的。史密斯安排她到负责管理整个"帝国州"[1]工作环境的工业委员会工作，这份工作在给了她8 000美元的不菲年薪的同时，也让她置身于大罢工与劳资纠纷之中。她不仅是男性世界中为数不多的一名女性，而且她所在的还是男性世界中最具男性特色的地方。她经常前往工厂区，处理激烈的劳资纠纷，在精力旺盛的工人组织者与意志坚定的企业管理人员之间斡旋。她在回忆往事时，

1. 在美国建国初期，纽约州的经济及工业发展迅速，因此赢得"帝国州"的别称。——译者注

并没有用勇敢或者义无反顾这类词语来自吹自擂。对她来说，这只不过是一份需要完成的工作。在介绍自己的人生历程时，她经常使用“一个人”这个词。虽然有时她也会说“我这样做……”，但她更常用的表达是“一个人这样做……”。

我们现代人可能会认为这个表达有点儿夸张、生硬，但是帕金斯这样说的目的其实就是避免使用第一人称代词。她想告诉大家，在那种情况下，任何有教养的人都肯定会和她一样义不容辞地去做同样的事。

20 世纪早期，帕金斯在奥尔巴尼工作期间与富兰克林·德拉诺·罗斯福共事过。她对罗斯福的印象并不是很好，觉得他比较肤浅，还有点儿自大。罗斯福说话时习惯头向后仰，当选总统后，这个动作却成为他自信、乐观豁达的标志。不过，当时的罗斯福还很年轻，帕金斯认为他的这个动作给人一种目空一切的感觉。

罗斯福患上脊髓灰质炎后，从帕金斯的生活中消失了。等他重新出现时，帕金斯觉得他变了。罗斯福闭口不提自己生病的事，但是帕金斯觉得，这次生病让罗斯福“改变了他之前略显傲慢的态度”。

一天，重新参加政界活动不久的罗斯福准备发表演讲。坐在台上的帕金斯看着罗斯福吃力地走上演讲台，放在演讲台上的双手抖个不停。帕金斯意识到这个动作十分糟糕，当他从台上走下来时，她必须安排人去遮挡住罗斯福抖动的双手。在罗斯福结束演讲之际，帕金斯示意站在她身后的一名妇女，与她一起快步走向罗斯福。她们表面上是向罗斯福表示祝贺，实际上是要用裙子遮挡住他的双手。在之后的多年时间里，这个做法成了一种惯例。

帕金斯对罗斯福在接受帮助时表现出来的感激与谦虚的态度

大加赞赏。她说："一些杰出的牧师曾经说过，谦虚是最大的美德。现在，我开始明白他们的意思了。如果你无法理解这个道理，上帝就会让你受辱，帮你理解这个道理。只有这样，人们才会成为真正伟大的人。富兰克林·罗斯福就是在不断完成使命的过程中逐渐向谦虚低调、品行端正的品格靠拢，最终成为一个伟大的人。"

罗斯福当选纽约州州长之后，邀请帕金斯担任工业委员会主任。帕金斯不知道自己是否有能力管理好一个机构，因此她对是否接受这一任命心存疑虑。她在给罗斯福的一个便笺中写道："我认为我擅长的可能是政府的司法与立法工作，而不是行政管理。"在罗斯福发出这个邀请的当天，帕金斯恳请罗斯福再用一天的时间重新考虑，同时听一听其他人的建议。她说："如果有任何人认为你对我的这项任命欠妥，或者会让政府领导人难办，我们就当它没有发生……我不会告诉任何人，你也不用左右为难。"

罗斯福回复道："应该说，你的这种态度非常好，但我是不会改变主意的。"任命一位女性担任这样一个重要的职位，对罗斯福来说是乐见其成的，而且帕金斯的确是社会服务的一个榜样。传记作家乔治·马丁说："作为一名行政官员，她的表现相当不错，堪称优秀；作为一名法官或立法者，她也十分杰出。她具有法官的气质，在所有场合下都能敏锐地关注公平性。她乐于接受新思想，同时，她始终牢记法律的道德目标是维护人类的安康。"

罗斯福当选总统之后，邀请帕金斯出任劳工部部长。这一次，她还是没有欣然接受。由于在总统过渡期间关于她可能获得部长提名的谣言不断出现，帕金斯给罗斯福写了一封信，称她希望那些谣传都不是真的。她写道：“你曾经说过，报纸上 80% 的关于内阁职位的预测都不正确。我写这封信的目的是让你知道，我真心希望报纸上关于我的传言就属于那 80% 的不正确预测。你令人愉快的来信让我兴奋不已，但是，出于对你本人以及美国利益的考虑，我认为你应该从某个工人组织之中直接遴选合适的人员担任此职，以切实履行将劳工纳入总统委员会这一原则。”她还简要地谈及她在家庭生活方面所面临的问题，并提出这些问题可能也是一个不利因素。罗斯福用一张小纸条回复了帕金斯，上面简要地写明了他的意见：“你的建议我已考虑，不予同意。”

祖母曾经告诉帕金斯，如果有人为你打开了一扇门，你就应该走进去。因此，帕金斯回复罗斯福，她同意出任劳工部部长，但要满足她的几个要求：同意她进入内阁，罗斯福必须承诺通过一系列社会保险政策，包括大规模失业救济、大型公益工作计划、最低工资标准法、老年保险社会保障计划、废除雇用童工制度等。罗斯福回答说：“我敢肯定，你会就这些问题不停地在我耳边唠叨。”帕金斯没有否认。

在罗斯福的整个总统任期内，只有两个人始终担任他的高级助手，帕金斯便是其中之一。她是捍卫罗斯福新政的一个永不疲倦的斗士，在建立社会保障制度的过程中发挥了重要作用，同时她还是推动民间资源保护队、联邦工程署、公共工程局等多项新政的重要力量。她说服政府通过《公平劳动标准法案》，为美国制定了第一部最低工资标准法和第一部加班法，她还建议联邦立法机构就童工与失业保险等问题制定相关法律。“二战”期间，她抵制征召妇女入伍，因为她认为安排妇女接手男性应征入伍前负责的工作，从长远来看对女性更有利。

帕金斯非常善于领会富兰克林·罗斯福的意图。帕金斯在罗斯福去世之后写作的传记《我眼中的罗斯福》，是迄今为止对罗斯福性格特点把握得最敏锐的著作之一。帕金斯在这本书中指出："（罗斯福做出的所有决策都体现了一个特点，那就是）他认为人类的所有判断都不应成为定论，只要在今天看来是一个正确的决策，就可以勇敢地实行，即使效果不佳，明天仍然可以做出修改。"罗斯福不是一位设计师，而是即兴表演家。他走出一步，然后调整，再走出下一步，然后再调整。这样，重大的变化就会逐渐浮出水面。

帕金斯接着写道："（随着这种心路历程不断发展，）与其说罗斯福是一名工程师，还不如说他是一个工具，如果用以色列先知的标准来看，他就是上帝的工具。今天的预言家们对他太不了解了，我们只能通过心理学来解释他的这种思想。"

对于这样一位经常改变主意、听到不同意见就调整方向的人，帕金斯想出了一个妥善的应对之策。每次去见罗斯福总统之前，她都会准备一个一页纸的备忘录，粗略地列出他可能采纳的方案。通常，他们会讨论这份备忘录，然后罗斯福提出他的倾向性意见。接着，帕金斯就会要求他确认："你是否授权我执行这个方案？是否确定？"

他们会再稍加讨论，然后帕金斯第二次请罗斯福确认自己的决定："你确定你要选第一个方案吗？你会选择第二个或者第三个方案吗？你是否清楚这个方案将关系到我们下一步的行动，还会让我们站到某些人的对立面？"帕金斯这样做的目的是让这个决定深深地印在罗斯福的脑海中。之后，她还会第三次询问罗斯福是否清楚地记得这个决定，是否了解他将要面对的反对意见：

“就这样吗？你有没有改变主意？”

在帕金斯遇到麻烦时，罗斯福并不总是挺身而出去支持她。作为一名十分老练的政客，罗斯福不可能总是为下属考虑。内阁中支持帕金斯的成员不是很多，原因之一就是她在开会时总是表现出某种倾向性。此外，帕金斯也不受媒体欢迎。由于十分重视个人隐私，而且在涉及其丈夫的问题时总是讳莫如深，因此她与记者们的交往不是很融洽。她总是对记者们保持着高度的警惕性，记者们对她的态度也不是很友好。

几年之后，在工作的重压下，帕金斯感到筋疲力尽，她的声望也每况愈下。她两次向罗斯福递交辞职信，但都被拒绝了。罗斯福诚恳地说：“弗朗西丝，你不能辞职，现在这个时候你可不能一走了之。我找不到合适的人选，而且换成任何其他人，我都不习惯。现在你肯定不能走！你什么都不要说了，接着干！你一定能胜任这份工作。”

1939 年，帕金斯遭到了弹劾，事情的起因是旧金山的一次大罢工。这次罢工的领导人是一名叫作哈利·布里奇斯的澳大利亚籍码头工人，反对他的人说他是共产主义者，并要求美国政府以从事颠覆活动的罪名将他驱逐出境。苏联解体之后，一些公开的文件表明他们的怀疑是正确的。布里奇斯的确是苏联共产党的特工，代号是罗西。

但是，当时的人并不清楚这个情况，因此由劳工部负责启动的驱逐听证程序一拖再拖。1937 年，对布里奇斯不利的新证据浮出了水面，劳工部便于 1938 年启动了驱逐听证程序。但是，这一程序受到法庭判决的阻挠，并最终上诉至最高法院。在一再受阻的情况下，反对布里奇斯的人（包括一些商业团体与竞争联盟的领导人）被彻底激怒了。

帕金斯首先遭到了这些反对者的猛烈攻击：劳工部部长为什么要袒护一名颠覆分子？一位国会议员指控她本人就是俄罗斯籍犹太人，并且是一名共产党员。1939 年 1 月，新泽西州的 J · 帕内尔 · 托马斯对她提出了弹劾，媒体的报道铺天盖地地袭来。此时，富兰克林 · 罗斯福本来可以帮她辩解，但由于他担心自己的名声可能会受到牵连，因此没有向帕金斯伸出援手。帕金斯在国会的盟友也大多保持沉默，妇女俱乐部联合会同样拒绝为她辩护。大多数人都认为她是一名共产主义者，没有人愿意因为帮助她而惹火上身。此时，只有坦慕尼协会的那些政客还坚定地站在她的身边。

帕金斯没有退缩。她的祖母经常告诉她："(在遭受社会灾难的打击时，)所有人都应该若无其事地沉着应对。"后来，帕金斯也谈到过那段经历，从她略显别扭的措辞中不难看出某些问题。她说："当然，如果那时候我掉一滴眼泪，或者稍稍失去信心，我就会崩溃。我们新英格兰人就是这样，一旦流泪或者失去信心，就会崩溃。正直诚实的品质，以及在个人遭遇困境或者受到某种影响时保持头脑清醒、做出决定并采取行动的能力，是帮助我在上帝的指引下独立自主地完成善举的核心驱动力。一旦崩溃，这种驱动力就会烟消云散。"

换句话说，帕金斯清楚自己身上存在某种脆弱性。如果她不咬牙坚持，她就会彻底崩溃。帕金斯经常去马里兰州凯登斯维尔的万圣修道院，每次都会在那里待两三天时间，每天参加 5 次祷告会。在修道院里，她的饮食非常简单，每天要做的事就是照料花园里的植物。大部分时间里，她都会保持沉默。修女来她的房间拖地时，有时需要在她的身边绕着拖，因为她正跪在地上祈祷。她的这个习惯保持了许多年。甚至在遭遇弹劾危机期间，帕金斯只要有空就会造访修道院。她在给朋友的一封信里写道："我发现保持沉默是世间最美好的事情之一。它能使人清心寡欲，免受无聊的世界、新的评论、隽语箴言以及棘手挑战的影响……我真的感觉自己受益匪浅。"

帕金斯还认真思考了一个她一度认为无关紧要的问题：送鞋给贫困者这一行为的初衷到底是什么，是为了帮助这个贫困者，还是因为受到了上帝的感召？帕金斯认为答案应该是后者。贫困者在接受帮助时很少会表示感谢，如果你希望在情感上立刻得到回报，那么你很快就会心灰意冷。但是，如果你是因为上帝的感召才做这件事的，你就永远不会泄气。心怀使命感的人，并不需要很多的积极刺激，也不需要每个月或者每年都有所回报。受到感召的人之所以从事某项工作，并不是因为这项工作可能会产生的成果，而是因为这项工作本身就是一个善举。

1939 年 2 月 8 日，帕金斯终于站在了指控她的人面前，出席众议院司法委员会针对弹劾她的条款的表决会议。帕金斯做了一个很长的发言，详细列举了政府部门针对布里奇斯采取的行政程序、理由以及采取进一步行动所面临的法律限制条件。对手们向她提出了各种问题，有的表示怀疑，有的则是赤裸裸的无情打击，不一而足。在遇到恶意指控时，帕金斯总是要求对手重复他们提出的问题，因为她认为没有人能无耻到再次污蔑毁谤她的程度。虽然她看上去形容憔悴、疲惫不堪，但她的表现给司法委员会留下了深刻的印象。

当年 3 月，司法委员会最终宣布针对帕金斯的弹劾条款证据不足。司法委员会宣布她是清白的，但给出的调查报告含糊其词，语焉不详，而媒体也几乎没有任何报道，帕金斯的名声沾上了永久的污点。由于无法辞职，她在政府部门又待了 6 年时间，主要从事幕后工作。面对所有这些，她做到了坚忍克己，既没有在公开场合失去分寸，也没有自哀自怜。在政府的工作任期结束之后，有人邀请她写回忆录，为自己的遭遇进行辩解，但她婉言拒绝了。

“二战”期间，帕金斯出任美国政府的纷争调解专家。她敦请罗斯福采取措施，向欧洲犹太人施以援手。她发现，联邦政府的某些行为已经开始侵犯个人隐私权和公民自由权，这引起了她的警觉。

1945 年，罗斯福去世。尽管杜鲁门总统邀请她到民事服务委员会就职，但帕金斯最终还是决定从内阁脱身。帕金斯拒绝写回忆录，却出版了一本关于罗斯福的传记。这本书大获成功，不过其中涉及她本人的部分非常少。

直到晚年，帕金斯才真正享受到了一些个人乐趣。1957 年，一位年轻的劳动经济学家邀请她到康奈尔大学讲课，报酬是每年一万美元。早在几十年前，帕金斯担任纽约州工业委员会主任时的薪酬就已经有这么多了。不过，她真的需要这笔钱来支付女儿的心理保健费用。

刚到伊萨卡市的时候，帕金斯住的是公寓旅馆。后来，她应邀搬进了特柳赖德会馆的一间不大的屋子。特柳赖德会馆类似于大学联谊会组织，服务对象是康奈尔大学最有天赋的学生。收到这样的邀请，帕金斯非常高兴，她告诉朋友：“我觉得自己就像新婚之夜的新娘一样！”在那段时间里，她经常与那里的男生一起喝波旁威士忌酒，对他们无时无刻不在播放的音乐她竟然也没有觉得难以忍受。她经常出席会馆的周一例会，尽管她很少在会上发言。她还买了很多本《智慧书》——这是17世纪西班牙耶稣会牧师巴尔塔沙·葛拉西安写的一部劝诫之作，教导人们在权力的殿堂中遨游时如何保持正直之心——送给这些男孩子。她成为年轻教师艾伦·布鲁姆的好朋友，布鲁姆后来因为写了《美国精神的封闭》一书而声名显赫。有的男生一直不明白，这样一位身材瘦小、彬彬有礼而且和蔼可亲的老太太，为什么能完成如此重要的历史任务呢？

帕金斯不喜欢乘坐飞机，她宁愿独自一人乘坐公共汽车。有时，想要邀请她出席一个葬礼或者发表演讲，需要通过四五个人才能联系上她。她尽可能地销毁与她有关的文字资料，以免将来有人利用这些文字资料为她著书立说。她出门时总是把遗嘱放在手袋中，万一遭遇不幸，“不会引起任何麻烦”。1965年5月14日，85岁的她在医院去世，无人陪伴。特柳赖德会馆的几名男生做了她的护柩人，其中包括后来在里根政府与布什政府任职的保罗·沃尔福威茨。牧师朗读了《哥林多前书》中的“要坚定信念”这段文字，60年前，帕金斯在曼荷莲学院毕业典礼上朗读的也是这一段文字。

帕金斯一生遭遇了无数的困难，包括患有精神病的丈夫与女儿，只身一人在男人的世界中闯荡时的独立无援，几十年的政坛倾轧，以及媒体的负面报道。然而，从大学年刊的照片上看，她是一个娇小可爱，甚至有点儿羞怯的女孩。从她敏感脆弱的表情中我们很难预见到，这样一位女性竟然能在这么多的困难面前做到岿然不倒。

不过，帕金斯在与这些困难做斗争的过程中取得的成就，也同样让人难以想象。她改正了人生早期的拖拉懒惰、巧舌如簧等缺点，锤炼出了钢铁般的意志，为全身心投入人生使命奠定了基础。在为事业四处奔走时，她不惜把自己摆在很低的位置上。她勇敢地迎接每一个新的挑战，做到了她的座右铭所说的坚定不动摇。正如基尔斯廷·唐尼在帕金斯传记的标题中所说的那样，帕金斯就是“新政的幕后女英雄”。

一方面，帕金斯是当今人们所熟悉的自由主义活动家，热情洋溢，激情四射；但是另一方面，她的激进中还掺杂了一些传统主义、犹豫不决和清教徒式的敏感性。她在政治与经济领域大胆泼辣，但是在道德方面又趋于保守。她在生活细节方面特别自律，以免染上自我放纵、自命不凡的毛病。此外，她还对自我标榜一直保持敬而远之的态度，直到她生命的终结。她端正的品行与内敛不张扬的特点保护了她的个人生活，同时也使她与公众的关系变得很糟糕，却对她接受感召、履行使命大有裨益。

与其说帕金斯选择了这样的人生道路，不如说这是她欣然接受使命召唤的结果。欣然接受使命召唤的人不会走上自我实现的道路，而是会心甘情愿地放弃最珍贵的东西，通过忘却自我、淹没自我来确立目标，并借助这个目标来规划自己的人生方向、实现自己的价值。完成这样的使命，几乎总是需要人们付出毕生的时光，投身历史的进程之中，通过完成历史使命为生命之短暂做出补偿。1952年，雷茵霍尔德·尼布尔有过这样一段论述：

> 一切有追求价值的目标，仅用一生的时光是无法实现的，因此我们必须用希望来拯救自己。所有的真善美在某个历史瞬间都不可能让人们完全理解其意义，因此我们必须用信念来

拯救自己。无论我们的品德如何高尚，不借助外力，我们都将一事无成，因此我们必须用爱来拯救自己。判断某种行为是否高尚，我们与朋友或者敌人的标准都会有所不同，因此我们必须用爱的终极形式——包容，来拯救自己。

第 3 章

自我控制——从暴脾气的火药桶到杰出的美国总统

1862 年，艾达·斯托弗·艾森豪威尔出生在弗吉尼亚州谢南多厄河谷的一个有 11 个孩子的家庭。从某种意义上讲，她的童年生活就是由一连串的灾难构成的。在她很小的时候，联邦士兵闯入了她的家乡，追捕她两个十多岁的哥哥。这些士兵威胁要烧毁谷仓，并在城里和周围的乡村大肆掠夺。艾达快 5 岁时，她的母亲去世了。11 岁那年，父亲也辞别了人世。

亲友们从四处赶来，分别收养了他们兄弟姐妹。把艾达养大成人的是一个大家庭。在这个家庭中，艾达需要在厨房打下手，做各种各样的糕点和肉食。此外，她还要完成缝补衣袜的工作。不过，她没有因此伤心，也不觉得自己可怜。从一开始，她就充满了朝气和活力，面对困难毫不退缩。她是一个孤儿，需要没日没夜地干活。但是在人们的记忆中，她就是一个假小子，精瘦结实，一点儿也不害羞，经常跟别人借马骑，有一次还从马上掉了下来，摔断了鼻梁骨。

当时，女孩们读完了八年级通常就不再上学了，但艾达与众不同。在十三四岁时，她仅用了 6 个月，就背熟了 1 365 节《圣经》经文。读完八年级之后，她劲头十足，希望从亚当一号与亚当二号两个方面来提高自己。有一天，收养她的那家人外出了，留她一个人在家。她收拾好自己的物品，溜出了门，步行来到弗吉尼亚州的斯汤顿市。她在那里住了下来，找了份工作，还成了当地高中的一名学生。那一年，她 15 岁。

毕业之后，艾达当了两年老师。21 岁时，艾达继承了一笔 1 000 美元的遗产。她用其中的 600 美元（相当于今天的 10 000 多美元）购买了一架乌木钢琴（这架钢琴是她一生当中最珍贵的财产），剩余的钱则用于求学。她搭乘一辆西进的门诺大篷车（尽管她并不是门诺派教徒），来到了堪萨斯州莱康普顿的莱恩大学，与她的哥哥住在一起。虽然莱恩大学的名头响当当，但是在艾达入学那年学校只招收了14名新生，并且安排他们挤在一栋住宅楼的门厅里上课。

艾达学习的是音乐专业。根据学校员工们的回忆，艾达并不是最聪明的学生，但是她勤奋好学、刻苦钻研，成绩十分优秀。同学们认为她爱交朋友、乐观豁达，并推选这位快乐的女生在毕业典礼上致辞。在莱恩大学上学期间，她结识了戴维·艾森豪威尔。戴维表情阴郁、固执己见，与她的性格正好是两个极端。但令人费解的是，他们两人竟然相爱了，而且携手走完了一生。尽管艾达有大量指责戴维的理由，但是在他们孩子的记忆中，两人之间从来没有发生过激烈的争执。

他们把婚礼地点定在一个兄弟会教堂，兄弟会是基督教的一个小的正统流派，信奉衣着朴素、节制、和平等。在经历了少女时代的胆大妄为之后，艾达潜心过起了严谨但不苛刻的生活。兄弟会的女性在穿着宗教服装时要戴软帽，然而有一天，艾达和她的一位朋友决定以后再也不戴这种软帽了。结果，她们在做礼拜时遭到排斥，被迫坐在后排。但最终她们还是取得了胜利，虽然没戴软帽，但被大家再次接受了。艾达是一个忠诚的信徒，但在实际生活中她兴趣广泛，还富有同情心。

戴维与一位名叫弥尔顿·古德的人合伙，在堪萨斯州阿比林市附近开了一家商店。后来，商店经营失败，戴维告诉家人古德把商店的钱席卷一空，并携款逃走了。事实上，这是戴维为了挽回颜面而撒的一个谎，而他的家人似乎都信以为真。戴维·艾森豪威尔性格孤僻、不易相处，这次生意失败的原因可能是他放弃了这笔生意，或是与他的生意伙伴发生了争吵。之后，戴维只身前往得克萨斯，把两个儿子留给艾达，一个尚在襁褓之中，另一个还未出生。历史学家简·爱德华·史密斯认为："戴维放弃那家商店并抛下怀孕妻子的决定令人难以理解，因为他既没有工作，又没有一技之长。"

最终，戴维在一个铁路工地上找了一份体力活。艾达也来到了得克萨斯，在铁路边的一个窝棚里搭建起他们的家。就是在这个窝棚里，德怀特出生了。艾达28岁那年，他们的人生跌至谷底，除了24.15美元现金和留在堪萨斯的那架钢琴，他们一无所有，而且戴维根本没有养家糊口的能力。

这时候，艾森豪威尔家族向他们伸出了援手，给戴维在阿比林的一家乳品厂找到了一份工作。戴维一家搬回了堪萨斯，再次过起了中产阶级的生活。艾达生育了5个儿子，他们后来都取得了令人瞩目的成就，而且极为尊敬自己的母亲。德怀特评价母亲，称艾达是他"认识的人中最令人敬佩的一个"。在晚年的回忆录《在悠闲时刻讲给朋友们听的故事》中，德怀特向人们表露了他对母亲的崇拜之情，尽管在语言上有所保留。"即使对于一位短暂造访的陌生人而言，除了从不动摇的宗教信念和严格自律的个人行为，她的平静、她发自内心的笑容、她一视同仁的温柔，以及一如既往的宽容，也是那么令人难以忘怀。而对于有幸在她的呵护下长大的几个儿子而言，这些记忆就更加难以磨灭了。"

艾森豪威尔一家从来不喝酒、打牌或者跳舞。尽管艾达待人热情，德怀特的父亲戴维却沉默寡言、严肃刻板，因此家庭成员之间通常不会很明显地表达彼此的关爱之心。不过，艾达对孩子的教育非常尽心，督促他们阅读并悉心辅导。德怀特对阅读充满了热情，通过阅读历史书，他了解了马拉松战役和萨拉米战役，还认识了伯里克利、塞米斯托克利斯等英雄人物。此外，对他产生深远影响的还有艾达那充满活力、诙谐风趣的人格魅力，以及她娓娓道来的人生格言："上帝负责发牌，我们负责打牌"，"要么葬身浪底，要么激流勇进"，"要么幸存下来，要么一命呜呼"。每天，在全家祷告、诵读《圣经》时，兄弟五人轮流完成朗读任务，如果朗读时结结巴巴，就会被剥夺朗读资格。尽管德怀特后来并不信教，但是他对圣经中的内容非常熟悉，可以轻松地背诵。虽然艾达本人是一个虔诚的信徒，但她坚定地认为宗教观是个人选择问题，不能强加给他人。

在德怀特·艾森豪威尔竞选美国总统期间，阿比林被描绘成诺曼·罗克韦尔笔下的田园式乡村。实际上，剥去覆盖在表面的厚厚一层体面与礼仪，就会发现阿比林正面临着一个非常残酷的现实。阿比林已经由新兴都市演变成《圣经》地带[1]中的一个城市，从举止轻浮的妓女转变成一本正经的女学究，而且中间没有任何过渡阶段。在严格的清教主义影响下，维多利亚时代的道德观得到了进一步加强。一位历史学家称，奥古斯丁主义来到了美国。

据德怀特后来估算，母亲艾达照顾5个儿子的那栋房子的面积大约为833平方英尺[2]。在艾达的教育中，节俭是必不可少的，自律也是每天必讲的内容。在现代医学问世之前，利用锋利工具干重体力活时，一旦出事，造成灾难性后果的可能性就会很大。

1.《圣经》地带，指美国南部新教教义极具影响力的地区。——译者注

2. 1平方英尺≈0.093平方米。——编者注

有一年，由于蝗虫泛滥，谷物生长遭到了破坏。十几岁的德怀特腿部受伤感染，不时陷入昏迷，但由于不愿看到自己的足球生涯就此终结，他拒绝接受医生的截肢建议。他让他的一个兄弟守在门口，防止医生趁他睡着时为他实施截肢手术。还有一次，德怀特在照料 3 岁的弟弟厄尔时，不小心将一把打开的小折刀落在了窗台上。厄尔爬上椅子去抓小刀，结果小刀脱手，插进了他的一只眼睛，导致这只眼睛失明。这件事让德怀特终生负疚。

常见的儿童夭折问题在历史上对文化与信仰的影响作用非常显著，值得我们进一步研究。儿童夭折通常会让人们发现，痛苦离我们并不遥远，生命非常脆弱，有些困难无法克服。在艾达失去了儿子保罗之后，她的宗教信仰发生了改变。她后来皈依的那个流派倾向于以更有人性、更具同情心的方式来表达自己的信仰，是宗教流派“耶和华见证人”的前身。后来，德怀特·艾森豪威尔的第一个儿子杜德·德怀特（家里人称呼他“艾基”）也过早地离开了人世，这件事给他之后的人生蒙上了一层阴影。几十年之后，艾森豪威尔在书中写道：“这是我人生中最失望、最痛苦的时刻，我永远也无法忘怀。1920 年圣诞节后的那个漫长、不幸的日子恍若昨日，每当我回想起那一天，甚至在我写到这里的时候，那种失去孩子的痛苦就会袭上心头，让我揪心不已。”

这种脆弱性与冷酷无情要求我们在这一生当中必须做到一定程度的自律。如果一次疏忽就可能导致一场灾难，社会又没有有效的灾难防御体系，死亡、干旱、疾病或背叛也随时有可能气势汹汹地朝我们袭来，那么品格与自律就是我们应对这一切必须具备的首要条件。所谓人生，就是在困难重重的险滩上，利用自制、内敛、节制、自我谨慎架设起社会风气之桥，把各种危险降至最低。在这种社会文化中，对于债务、婚外生育等可能导致人生面临更多危险的任何事物，人们都会深恶痛绝，而对于有可能增强适应能力的那些活动，他们则兴致盎然，而且乐此不疲。

艾达·艾森豪威尔的几个孩子都非常珍惜受教育的机会，但是与现在相比，当时社会对教育的重视程度要低得多。在1897年与德怀特一起上一年级的200个孩子中，最终只有1/3的人与德怀特一起从中学毕业。由于没有学位也有可能找到体面的工作，因此人们都不太看重学习成绩。对于保持长期稳定的生活与获得成功等人生目标而言，更重要的是稳定的习惯和工作能力，以及察觉并克服懒惰、放任自流等坏习惯的能力。在那样的社会环境中，严谨的职业道德的确比聪明能干更重要。

艾森豪威尔10岁那年的万圣节，他的哥哥们得到允许，可以出门玩“不招待就捣蛋”的游戏。然而在那个年代，万圣节去邻居家索要小礼物的活动比现在要危险。德怀特想跟哥哥们一起玩，但父母说他还小，不能参加这样的游戏。他一再请求，父母也没有答应他。看着哥哥们都离开了家，他的怒火一下子爆发出来。他一面号啕大哭，一面冲进前院，对着一棵苹果树拳打脚踢，把一双手打得皮开肉绽、血肉模糊。

父亲一把揪住他，用一根胡桃树枝条狠狠打了他一顿，然后命令他上床睡觉。大概一个小时之后，德怀特还躺在床上哭泣，母亲走了过来，她没有说话，只是坐在德怀特床边的椅子上，安静地晃动着身体。最后，她引用了《圣经》上的一句话：“治服己心的，强如取城。”

她一面给他的伤口上药、包扎，一面告诫他要对心中的怒气与仇恨保持警觉。她告诉德怀特，仇恨是没有任何意义的，只会给自己造成伤害。她说，跟所有兄弟相比，他最需要学习如何控制情绪。

76岁那年，艾森豪威尔在书中写道："那次交谈是我一生中最珍贵的记忆之一，我经常会想起母亲的那番话。当时，愤怒的我觉得她好像一口气说了好几个小时。但是，现在看来，整个过程大概也就15~20分钟吧。不过，她至少让我意识到自己错了，然后我就安然入睡了。"

治服己心这个观念在艾森豪威尔童年时期的社会道德体系中占有非常重要的地位。这个观念的理论基础是，人的本性从深层次看具有两面性，一方面腐朽堕落，另一方面又得到了上帝的眷顾。我们的人性一方面会诱使我们犯下自私、欺骗与自我欺骗等罪，但是另一方面又会促使我们追求超然与美德。人生的精髓就是品格，即一系列铭记于心并严于自律的习惯，以及持之以恒、一心行善的意念。治服己心这个观念认为，亚当二号的培养是亚当一号发展壮大的必要基础。

"罪"的观念必不可少

今天，"罪"这个词已经不像以前那样具有令人胆战心惊的影响力了，而是经常被用在谈论口腹之欲的场合。在日常对话中，人们一般不会具体地谈及某一种罪。我们甚至很少谈及人类犯下的罪恶，即使偶尔涉及，也大多是针对社会结构方面的问题，诸如不公平、压迫、种族歧视等现象，而不会触及深层次的人性问题。

出于这样或那样的原因，我们已经抛弃了罪这个观念。首先，我们背弃了人性邪恶观。在18世纪乃至19世纪，很多人真心信奉古老清教徒祷文“然而我是有罪的”对自我的阴暗评价：“永恒的父，你的善万世永存，而我却是那么卑鄙无耻、愚昧无知”。这种评价太阴暗了，现代人根本无法接受。

其次，人们在很多场合都会使用“罪”这个词来讨伐享乐行为，包括性与娱乐给人们带来的那种健康的愉悦感。罪已经变成为毫无乐趣可言、吹毛求疵的生活进行辩解的托词。它还被用来压抑肉体的愉悦感，并通过夸大手淫的危害性来恫吓年轻人。

再次，“罪”一词还遭到了一些人的滥用。一些自以为是的人在冷冰冰地指责他人时，经常会使用这个词。H·L·门肯曾经说过，这种人只要听说某个地方的某个人心情愉快，就会认为这个人有不道德的行为，并准备对其施以惩戒。一些青睐专制粗暴的家长式作风的人也经常使用这个词。他们认为，必须防止孩子走上腐化堕落的道路。还有一些痴迷于磨难的人也经常使用这个词，这些人认为，只有毫不留情的自我伤害才能帮助自己培养善念和高尚的品行。

实际上，“罪”与“使命”“灵魂”一样，是我们不可或缺的一个词，必须反复加以强调，并且要不断赋予它新的含义。在后面的章节中，将出现很多诸如此类的词。

罪是我们思想中必不可少的组成部分，第一个原因在于它的存在可以提醒我们注意道德问题在人生中的重要性。我们试图化繁为简，将一切事物变成确凿无疑的脑化学变化，将行为变成大数据能捕捉到的集体本能，以“错误”、“过失”或者“缺点”等与道德之间没有关联性的词语来替代罪。但是，无论我们怎么努力，人生最重要的部分都是个人责任问题以及在道德层面如何选择的问题：是做一个勇敢、诚实、有同情心、忠诚的人，还是做一个怯懦、不诚实、冷酷无情、不忠诚的人？现代文化试图以过失或感觉迟钝来替代罪，或者彻底摒弃“美德”“品格”“邪恶”“缺德”等词语，这并不意味着道德在人生中的重要程度有所降低，而是我们的语言过于肤浅，导致人生不可或缺的道德精髓变得晦涩难懂。同时，这还说明我们在考虑和讨论这些选择时头脑并不清楚，因此在日常生活中，我们对道德风险的认识越来越不足。

罪是我们思想中必不可少的组成部分，第二个原因在于罪是共有的普遍现象，而过失不过是单独的个别现象。每个人都会犯各种各样的错误，所有人都无法摆脱自私、轻率等罪的影响。罪被深深地烙在人性之中，而且代代相传。我们所有人都是罪人，只有意识到这一点，我们才会对其他罪人怀有强烈的同情心。需要提醒大家注意的是，罪是共有的普遍现象，摆脱这个困境也需要所有人的共同努力。我们以社区和家庭为单位，携手与罪做斗争。在其他人与他们的罪做斗争时，我们施以援手，并通过这种方式与我们自己的罪做斗争。

罪是我们思想中必不可少的组成部分，第三个原因在于它从根本上讲是正确的。说一个人有罪，并不是指这个人品行堕落，而是说这个人与我们所有人一样，在人性上有某种缺陷。我们的行为经常与我们的内心所想不一致；我们心中会存有某种不该有的念头；我们都不希望自己冷酷无情，但有时候我们确实是铁石心肠；没有人希望欺骗自己，但我们总在强词夺理，为自己的行为辩解；我们都不希望给别人带来痛苦，但我们经常会不假思索地出口伤人，然后暗自后悔；我们都不想因袖手旁观而犯下不作为之罪，但所有人都会像诗人玛格丽特·威尔金森说的那样，因为“没有尽力做到尽善尽美”而沦为罪人。

我们的灵魂确实有这样或那样的“污点”。驱动我们创建新公司的豪情壮志有可能把我们变成追求物欲、盘剥他人之人；促使人类生儿育女的欲望有可能导致为人所不齿的通奸行为；引导人们大胆创新的自信心有可能把人们引向自我崇拜、自高自大的歧途。

罪不是恶魔，而是一种反常的倾向性：我们因为急功近利而本末倒置，这往往会把事情弄得一团糟。如果罪反复发生，就会演变成对某种低级趣味的痴迷。

换言之，罪的危险性在于它的自我生长能力。如果星期一你在道德上做出了一个小小的让步，那么到了星期二，你很有可能再次做出某种妥协，而且让步的幅度要大于星期一。如果某个人对自己撒谎，很快他就无法区分自己是在说假话还是在说真话。一旦受到自哀自怜的侵扰，人们就会把自己摆在受害者的位置上，这种心理会像愤怒、贪婪一样，迅速吞没周围的一切。

人们不大可能一下子就滑进罪的深渊，而是要先穿过一扇扇门。例如，他们心中有怒气却没有加以控制，他们迷上了饮酒却没有采取措施，他们在同情心方面表现不当却没有引起警觉。堕落会导致进一步的堕落，罪本身就是罪施加给我们的惩罚。

罪是我们思想中必不可少的组成部分，第四个原因在于如果没有罪，品格培养的办法就会土崩瓦解。从远古时代开始，人们就因为在外部世界做出的伟大创举而建立了自己的荣耀，与此同时，通过与内心的罪做斗争，他们还成功地培养了高尚的品格。人们之所以稳重可靠、心态平和，有自尊的资本，是因为人们击败了内心的恶魔，或者说，至少他们与这些恶魔进行了斗争。摒弃罪这个概念，我们就无法了解这些品格高尚的人到底在与什么做斗争。

与罪斗争的人知道，生活中的每一天都充斥着道德问题。我认识一位公司老板，每每有人来他公司求职时，他都会向求职者提出一个要求："请描述一个说真话却遭到伤害的亲身经历"。他的真实意图是了解这些求职者对各种喜好在优先程度上的排序是否合适，以及他们是否能将对真理的追求置于职业之上。

在堪萨斯州阿比林这样的地方，如果在罪的深渊中越陷越深而没有受到任何质疑，就可能在现实世界导致灾难性的后果。懒惰会造成农场歉收，暴食、酗酒会破坏家庭，淫欲会让年轻女孩堕落，虚荣会带来过度消费、债台高筑乃至破产等后果。

在阿比林以及与之类似的地方，人们不仅对罪有清醒的认识，对罪的类型以及相应的防范措施也非常了解。有些罪好像凶残的野兽，如生气和淫欲，在与这些罪做斗争时，人们必须养成自我控制的习惯。有些罪好像一个个污点，例如嘲笑与不尊重，我们只能用宽恕、道歉、悔恨、补偿、免罪，才能彻底将其清除。还有一些罪，例如盗窃，就像债务一样，我们必须偿清对社会的亏欠才能予以消除。至于通奸、贿赂与背叛等，与其说这些罪是刑事犯罪，不如说它们是叛国行为，因为它们会破坏社会秩序。只有通过重新构建社会关系与相互信任，社会才能逐渐恢复和谐的氛围。自大、骄傲等罪的根源在于对社会地位与优越性的不当追求，唯一的应对之道是把自己摆在低于常人的位置上。

换言之，早期的人们继承了大量的道德语汇和一整套道德工具。所有这些都是先辈们历时数百年、一代一代传承下来的有实际意义的遗产。就像学习使用某种语言一样，人们也可以把这些遗产应用到他们正在亲身经历的道德斗争之中。

关注习惯和爱的力量

艾达·艾森豪威尔风趣、热情，但是她坚决抵制各种堕落行为。她禁止在家里进行跳舞、打牌、饮酒等活动，原因在于她认为罪有很强的危害性。既然自我控制的作用很容易消退，那么避免诱惑发生而不是在诱惑到来之后加以抵制，其防范效果肯定要好得多。

在孩子们长大成人的过程中，她为他们奉献了无尽的爱，给了他们无穷的温暖。孩子们惹麻烦时，她的容忍程度高于现代社会的父母们，但是她也明确要求孩子们必须从一点一滴做起，不断培养自我控制的习惯。

如今，如果我们说某个人很压抑，那么这往往是在批评这个人紧张拘谨，或没有真正地了解自己的情绪。这是因为我们生活在一种鼓励自我表现的文化之中，我们往往信任内心深处的那些冲动，而不信任外部世界中努力压抑这些冲动的力量。但是，在早期的道德环境中，人们不信任的往往是自我内心的那些冲动，他们认为那些冲动可以通过习惯加以限制。

1877 年，心理学家威廉·詹姆斯写了一篇题为“习惯”的短文。他在文中指出，如果希望过上体面的生活，就需要把你的神经系统变成你的盟友而非敌人；还需要认真培养某些习惯，使之成为一种自然而然的本能。詹姆斯说，在培养某个习惯（例如饮食结构的调整或者不说假话）的起始阶段，你就要“尽可能地意志坚定、态度坚决”，要把新习惯的培养看成人生中的大事。如果新习惯尚未在你的生活中根深蒂固，你就“决不能容忍例外发生”。自我控制方面的一次疏忽，就会让你的努力功亏一篑。接下来，你必须抓住一切时机来锤炼这个新习惯，每天不计回报地做一些自律练习，以人为的规定作为自己的行动指南。“这种苦修就像给仓库买保险。在购买保险时，保险费不会给购买者带来任何即时的好处，甚至有可能永远也不会产生任何收益。但是，如果真的发生了火灾，他支付的这笔费用就会帮助他摆脱困境。”

尽管方式有所不同，但威廉·詹姆斯与艾达·艾森豪威尔反复强调的其实是同一个意思，即长期保持好的行为习惯。耶鲁大学法学教授安东尼·T·克龙曼说过，所谓品格，就是“由各种性情（包括习惯性情感与欲望）构成的稳定整体”。总的来说，他的观点与亚里士多德大同小异。行为得当，终将成为高尚的人；改变自己的行为，终将改变自己的思想。

艾达始终认为，就餐时遵守餐桌礼仪，做礼拜时着节日盛装，守安息日、写信时使用正式用语以示尊重，拒绝大鱼大肉、杜绝铺张浪费，等等，都是从小处践行自我控制的行为，具有非常重要的意义。如果你是一名军人，就应该保持军装整洁、把皮鞋擦亮。如果你是一位家庭主妇，就应该把家收拾得井井有条。这些外在的自我控制行为，虽然不是惊天动地的大动作，却需要经常践行。

当时的社会文化也认为，体力劳动是品格培养的熔炉。阿比林市的所有人，无论是企业主还是农民，每天都会从事体力劳动，包括给车轴上润滑油、铲煤、从煤灰中筛出没烧尽的煤块等。艾森豪威尔小时候住的地方没有活水源，因此孩子们的家务活从清晨就开始了。他们5点起床，从井里打水，生火做早饭。每天他们都很忙碌：为在乳品厂工作的父亲送去热腾腾的午饭，喂鸡，每年要装多达500夸脱[1]的水果罐头，在洗衣日煮烫衣物，种植玉米来换取零花钱，家里铺装水管时完成挖掘工作，城里通电时自行完成自家的室内布线工作，等等。德怀特童年时期的成长环境与当下的很多孩子截然不同。现在的孩子基本不需要从事德怀特当年必须完成的体力劳动，但是，那时候的孩子在干完家务活之后，可以去树林里游玩，也可以去城里逛逛，而现在的孩子则没有这种自由。德怀特被分派了大量的工作，与此同时，他也享有去城里游玩的自由。

德怀特的父亲戴维·艾森豪威尔严格地克制自己，过着淡然无味、毫无乐趣的生活。他是一个固执僵化、没有激情、循规蹈矩的人，他谨小慎微、力求做到品行端正的态度令人印象深刻。破产之后，他生怕背上债务，担心自己的品行沾上哪怕是小小的污点。在他出任自家公司的经理时，他要求员工每个月都必须把工资的10%存起来。员工们要么把这10%的工资存进银行，要么投资股市，还必须向他报告。他每个月都会把员工们的报告记录下来，如果他对某个员工的报告感到不满意，就会解雇他。

他似乎从来都没有放松过，也绝不会带孩子们打猎，或者跟他们一起玩。他的儿子埃德加后来回忆说："他是一个不懂得变通的人，有一套严格的规则。在他眼中，生活是一件非常严肃的事。他也确实是那样生活的，还会进行适当的反思。"

艾达则与他不同，她的嘴角总是挂着微笑。在适当的场合，

1. 1夸脱（美制湿量）≈0.946升。——编者注

她经常违反自己的道德观，干一些上不了台面的事，甚至小酌一杯。品格的培养，绝不可能单凭自我控制、习惯、工作与自我否定。对于这个道理，艾达似乎知之甚详，而她的丈夫却完全无法理解。这是因为理性与意志的力量太薄弱了，不可能每一次都击败欲望。个体即便非常强大，也无法做到自给自足。要打败罪，你还需要外界的帮助。

艾达对孩子们品格的培养也有柔情的一面。爱是我们天性所遵从的法则，在艾达心目中，爱还是培养品格的一个工具。这种柔性品格培养策略的核心理念是，我们不可能每次都成功地抵制住欲望，但是我们可以关注更高层次的爱，从而改变我们的欲望，并对欲望进行重新排序。关注对孩子的爱，关注对祖国的爱，关注对贫困者和受压迫者的爱，关注对家乡或母校的爱。为这样的爱而做出某些牺牲，是非常美好的行为。为你所爱的人做出贡献，会让你心情舒畅。由于你迫切希望看到你所爱的事物蓬勃发展，因此，即使为之付出很多，你也会很高兴。

只要坚持这样做，你的行为很快就会大为改观。一心一意爱自己孩子的父母，愿意做孩子的司机，日复一日地接送他们上学和放学，会熬夜照看生病的孩子，在孩子遇到危险时，愿意放弃一切去拯救他们。有爱的人愿意做出牺牲，愿意把生活看成一种奉献，受到罪的诱惑的可能性也会小一些。

艾达的例子说明，严格而不失友善，自律而不忘付出爱心，在了解罪的同时付之以宽恕、慈爱、仁慈，是完全有可能做到的。几十年后，德怀特·艾森豪威尔在做总统就职宣誓时，艾达让他把《圣经》翻到“历代志下”第 7 章第 14 节：“这称为我名下的子民，若是自卑、祷告，寻求我的面，转离他们的恶行，我必从天上垂听，赦免他们的罪，医治他们的地。”与罪斗争的最强大利器是在生活中保持心情愉快、充满爱心，是你对待工作的方式，无论这份工作能否为你赢得声望。曾经有人说过，上帝青睐的是副词，是你为人处事的方式。

学会控制自己的情绪

有的人本身不信教，却坚信宗教信仰有益于社会。德怀特似乎就是这样一个人，没有证据表明他对上帝的恩典有明确的认同感或者有赎罪的宗教观念。但是，他不仅继承了母亲爱唠叨的天性，还接受了她认为天性需要不断被压制、被征服的观点。不过，他的这些信念都没有披上宗教的外衣。

德怀特天生就桀骜不驯。在阿比林市市民的记忆中，童年的德怀特参与了一连串的群殴事件。在西点军校上学期间，他不服从管理，有逆反心理，经常干坏事，还养成了赌博、吸烟、目中无人等缺点。毕业时，他的纪律得分在全部 164 人中排在第 125 位。有一次，由于在舞会上的行为过于放肆，他受到了降级处罚，从中士降为列兵。从军期间，他的手下甚至学会了观察和预测他何时会暴跳如雷。例如，如果他露出某种表情，就表明他马上要爆粗口。由于艾森豪威尔的坏脾气随时都会爆发，因此“二战”期间，一位记者给他起了个绰号：“暴脾气的火药桶先生”。他的助手布莱斯·哈洛回忆：“他就像一个贝西默炼钢炉。”他的战时医生霍华德·斯耐德注意到，在艾森豪威尔发脾气之前，“他两侧太阳穴上的动脉弯弯曲曲，就像蚯蚓一样凸出来”。他的传记作家埃文·托马斯在书中写道：“德怀特的怒火让他的手下心惊胆战。”艾森豪威尔的预约登记秘书汤姆·斯蒂芬斯发现，他心情不好时经常会穿褐色衣服。因此，这位秘书经常透过办公室窗户观察艾森豪威尔，然后向其他人发出警报：“注意，总统穿的是褐色衣服！”

与大多数人相比，德怀特在性格上的两面性更为明显。他常常使用部队里咒骂的词语，但他从来不会在女性面前骂人。如果有人说淫秽的话语，他会掉头就走。在西点军校时，他因为习惯性地在走廊吸烟而遭到训斥。“二战”接近尾声时，他每天要吸4包烟。但是，有一天他突然戒烟了。他说：“我直接给自己下达了一个戒烟的命令。”1957年，他在国情咨文中说：“自由已经被定义成践行自律的机会。”

他内心承受的痛苦有时甚至会达到令人头皮发麻的地步。“二战”快结束时，他一身病痛。到了夜晚，他要么双眼盯着天花板，忍受失眠与焦虑症的煎熬，要么一边喝酒、吸烟，一边又因为咽喉感染、肌肉痉挛、血压骤升而痛苦不堪。但是，他的自我控制能力也非常强大。他的面部表情非常丰富，生来就不善于掩饰自己的情感。然而，他每天都会伪装出一副信心满满、十分放松的样子，还会表现出农家孩子爱唠叨的天性。逐渐地，人们开始认为他有一种阳光、孩子气的脾性。埃文·托马斯在书中写道，德怀特曾经告诉孙子戴维：“（我的微笑）并不是出于某种阳光、乐观的心理，而是因为曾经被西点军校的拳击教练击倒在地。那位教练说：‘被击倒之后，如果你不能面带微笑地爬起来，你就永远无法打败你的对手。’”德怀特认为，要统领军队、打赢战争，他必须表现出可以轻松解决一切问题的自信心。他说：

我下定决心，在公开场合一定要注意自己的言行举止，要让人们知道我心情愉快并且坚信会取得胜利。至于悲观情绪和灰心丧气，即使我真的有这些感受，我也会在孤枕独眠时把它们留给我自己。为了把这种信念转变成确定的结果，我采用的策略是通过对全体将士身体的关心，使这种信念在全军范围内尽可能地流传开来。我努力面带微笑去接见从将军到列兵的每一个人，拍拍他们的肩膀，认真听取他们反映的问题。

他想出了一些发泄真实情绪的办法，例如，他会在日记里把冒犯他的人记下来。在感到仇恨汹涌而来时，他不会让自己失去理智。他在日记里写道："不能在怒气面前俯首称臣。如果生气的话，就没有办法冷静思考了。"他有时还会采用另一种发泄情绪的方法，即把冒犯者的姓名写在纸上，然后扔进废纸篓中。艾森豪威尔的感情非常丰富，但他不会真实地表露出来，而是像他母亲那样，用一系列人为的限制手段，把这些感情掩盖起来。

做一个服从组织安排的人

1911年6月8日，艾达送德怀特离开阿比林，前往西点军校。她仍然是一位热情的反战主义者，坚定地反对士兵的使命，但是她告诉自己的儿子："这是你自己的选择。"她回到家后把自己关在卧室里，透过门缝，其他几个孩子听到她在房间里抽泣。后来，弟弟弥尔顿告诉德怀特，这是他第一次听到母亲哭泣。

1915年，德怀特从西点军校毕业，随后在"一战"的阴影下开始了他早期的军旅生涯。他在学校里学习的是作战技术，因此他从不认为作战行动的目的是终结战争。在军旅生涯的早期，他没有走出过美国的国门，所接受的任务都是训练部队、指导橄榄球队和完成后勤保障工作。他四处游说，希望自己可以上战场。1918 年 10 月，28 岁的他终于接到了将于 11 月 18 日去法国作战的命令。但是战争在 11 月 11 日就结束了。对于艾森豪威尔来说，这是一次沉重的打击。他在给一名同僚的信中抱怨道："我想，我们的余生都得不停地解释我们为什么没有参战了。"接着，他一反常态，立下了一个没有任何限制条件的誓言："我以上帝的名义发誓，从此以后我要大出风头，弥补这次的遗憾。"

他的这个誓言没有立即得以实现。1918 年，在接到部署通知之前，他被提拔为中校。自此以后，直到 1938 年，他才再次迎来晋升的机会。有大量军官在战争中得到提拔，但在 20 世纪 20 年代，军队的规模不断缩小，是美国社会的一个边缘化职业，因此军官获得晋升的机会很少。他在军队的发展停滞不前，他的几个兄弟却在军队之外的职业舞台上高歌猛进。在德怀特 40 多岁时，他是艾森豪威尔家族的男子里成就最不起眼的一个，没有人认为他会有一个远大的前程。

在两次世界大战的间隔期，德怀特是一名步兵军官、橄榄球教练和参谋，并断断续续地在步兵坦克学校、指挥与参谋学校以及军事学院学习。他偶尔会因为所在机构的官僚主义作风而大发雷霆，他认为这种作风扼杀了他的发展机遇，剥夺了他施展才华的空间。但总的来说，他的情绪控制得很好，没有做出什么过激的行为。一直遵从艾达行为准则的他，轻松地接受了军队的行为准则，把自己变成了一个典型的服从组织安排的人。为了集体的利益，他把自己的欲望摆在了较低的位置上。

他在一部回忆录中写道，30 多岁时，他已经掌握了“军队生活的基本原则——士兵的正确位置就是上级命令他驻守的位置”。对于上级分配给他的非常普通的任务，他说：“我发现，私下里发发脾气，然后冷静下来完成手头的工作，是最好的应对之策。”

作为一名参谋（这绝不是一个令人向往的职位），艾森豪威尔通过学习掌握了做好团队与组织等相关工作的程序，还洞悉了在组织内健康发展的秘密。他说：“每到一个新的基地，我首先会了解这支部队中谁最强、谁最能干，然后我会抛弃自己的想法，在能力范围内推行他认为正确的做法。”后来，他在回忆录《在悠闲时刻讲给朋友们听的故事》中写道：“自始至终你都要想方设法与那些知识比你渊博、能力比你强、眼光比你精准的人建立密切的联系，并尽可能地向他们学习。”他对计划的准备工作及随后的调整都抱有极大的热情。他经常说“计划并不重要，但是计划制订工作重于一切”，或者“我们可以重视计划的制订，但绝不要盲目地相信计划”。

同时，他对自己也有了深入的了解。他经常随身携带一首诗歌：

取一只水桶，装满水，
把手放进水中，直到水浸没手腕。
把手拿出来，桶中的水少多少，
就意味着人们对你的思念有多少……
这个有趣的例子告诉我们：
做事要尽自己最大的努力，
你可以感到自豪，但要记住，
地球离开谁都照样转！

人生是一所完美的学校

1922年，德怀特·艾森豪威尔受命来到巴拿马，到第20步兵旅就职。在巴拿马度过的两年时光，帮助德怀特完成了两件大事：第一，在第一个儿子艾基夭折后，他可以换一个生活环境。第二，他结识了福克斯·康纳将军。历史学家简·爱德华·史密斯说："福克斯·康纳天性低调，沉着冷静，言辞温和，注重礼仪，温文尔雅。作为一名将军，他还喜欢阅读，有渊博的历史知识，对军事人才有敏锐的鉴赏力。"康纳的言行举止中绝没有任何矫揉造作的成分。从康纳身上，德怀特学到了一条人生箴言："对工作一定要认真对待，但绝不要自视甚高。"

福克斯·康纳是谦恭型领导者的完美代表。艾森豪威尔说："在所有令我无比崇敬的领导者身上，我都看到了谦虚低调的品质。我本人也有一个信念：在亲自挑选的下属犯错误时，每个领导者都应该放下身段，公开承担责任；在他们取得胜利时，则应公开授予荣誉。"艾森豪威尔评价："（康纳）是一名脚踏实地、注重实际的军官，无论是与地方权贵在一起，还是在军队同僚面前，他都能挥洒自如。他不摆架子，我从未见过像他这样开诚布公的人……多年来，他一直深受我的爱戴。我对他的这份感情，是包括我的亲友在内的任何人都无法相提并论的。"

康纳还激发了德怀特对经典著作、军事战略和世界事务的热爱。艾森豪威尔称，他在康纳手下服役的那段经历就像"在攻读军事学与人文学科的研究生，在一位深谙人性的导师的耳提面命之下，取得了丰硕的成果……这是我人生历程中最有意义、最受益匪浅的（一段时光）"。一次，德怀特儿时的玩伴爱德华·"斯韦德”·黑兹利特来到了巴拿马。他发现艾森豪威尔“把营房装有百叶窗的2楼走廊改装成了一个简陋的书房，里面摆放着图板和书籍。闲暇时，他就会来到这里，重新推演历史上的经典战例”。

与此同时，德怀特还在兴致勃勃地驯服一匹名叫“布莱基”的马。他在回忆录中写道：

> 我们常常因为一个后进的孩子已经没有进步的希望，一只笨拙的动物已经没有任何价值，一片贫瘠的土地已经没有任何用处而将其放弃。通过与布莱基相处，以及早些时候在柯特营与那些所谓的能力不足的新兵们相处，我明白这是一个被过度使用的借口。尽管那个遭遇困境的孩子有可能长成为一名优秀人才，那只动物有可能在经过训练后让人对其有所改观，那片土地有可能再次变成沃土，但我们还是选择了放弃。在很大程度上，这是因为我们不愿意耗费时间与精力去证明我们的观点是错误的。

根据康纳将军的安排，艾森豪威尔到堪萨斯州利文沃斯堡的指挥与参谋学校学习。毕业时，他的成绩在全班245名军官中排在第一位。同布莱基一样，他也不会被淘汰。

1933年，作为史上最年轻的学员之一，艾森豪威尔从军事学院毕业之后，受命担任道格拉斯·麦克阿瑟将军的私人助理。在随后几年里，艾森豪威尔跟着麦克阿瑟在菲律宾工作，他们的任务是帮助这个国家取得独立。道格拉斯·麦克阿瑟是一个非常做作的人。虽然德怀特对麦克阿瑟心怀尊敬，对于他的矫揉造作却无法接受。他认为“（麦克阿瑟）是高高在上的贵族，而我只不过是一介平民”。

艾森豪威尔在麦克阿瑟手下服役期间，他的脾气遇到了最大的挑战。他们狭小的办公室彼此相邻，中间只隔了一扇板条门。艾森豪威尔回忆说：“他叫我去他办公室时，只需抬高嗓门喊一声。他坚决果断，风度翩翩，还有一个让我一直惊讶的习惯——在回忆往事或者讲述一件事时，只要提到他自己，他都会使用第三人称。”

德怀特希望不再做参谋工作，并且多次提出申请。但是麦克阿瑟每次都拒绝了他，他认为德怀特只不过是一名小小的陆军中校，能完成的最重要的任务就是他现在在菲律宾做的这份工作，其他任何工作都不能与之相提并论。

德怀特非常失望，但他在麦克阿瑟身边又继续待了6年，默默无闻地干着落在他肩头的越来越多的计划工作。德怀特在麦克阿瑟面前仍然毕恭毕敬，但是，麦克阿瑟把自己置于体制之上的做法让他感到十分厌恶。在麦克阿瑟做出了一次令德怀特耿耿于怀的极端自我主义行为之后，艾森豪威尔终于在自己的日记里爆发了：

> 8年来，我兢兢业业地为他工作。他公开发表的每一句话都是我写的，我还帮助他保守秘密，防止他闹笑话，把自己的兴趣埋在心底，去干他感兴趣的事。结果，他竟然莫名其妙地对我大发雷霆，这简直太不可思议了。他想要的是高坐在王座之上，接受身边一帮专家的阿谀奉承，而在他的脚底下，一大群奴隶正在人们看不见的地牢中，为他赶制出他需要公之于众、代表他的杰出思想成果的东西。他就是一个傻瓜，更糟糕的是，他恶心至极。

艾森豪威尔在工作中既忠心耿耿，又谨小慎微。他总是设身处地想上级之所想，按时、高效地完成本职工作。因此，他所服务的对象（包括麦克阿瑟）最后都会提拔他。在第二次世界大战期间，艾森豪威尔的人生遭遇了重大的挑战，但是他善于压抑内心情感的能力帮助他顺利渡过了难关。他一生的挚友乔治·史密斯·巴顿面对战争会感到一种罗曼蒂克式的激动，而在艾森豪威尔的眼中，战争只不过是让他煎熬的一个艰巨任务罢了。他知道，他更应该关注战争中那些寡淡无味的东西，而不是一心想着英雄壮举带来的美妙感觉和激动之情，因为前者才是取得胜利的关键。尽管有的人可能让你难以忍受，却必须与之建立同盟。建造足够多的登陆艇，是成功完成两栖突击的必备条件，但是，后勤保障同样必不可少。

艾森豪威尔是一名深谙指挥之道的战时指挥官。为了让国际盟友团结协作，他在遭受挫折后忍气吞声；为了促成几支貌合神离的军队并肩作战，他用雷霆手段对民族偏见加以阻止，尽管他本人同样认同这些观点。他将胜利归功于他的下属，并在一封报文中心甘情愿地将失败归咎于自身。报文的内容是一份备忘录，如果诺曼底登陆失败，他就准备将其公之于众。他这样写道："我们的登陆行动失败了，我已经下令撤退。我是在充分考虑所收集情报的基础之上，做出在此时、此地发起进攻的决定的。所有部队，包括空军和海军，都非常英勇，不怕牺牲。如果这次行动有任何过失或者错误，由我个人承担全部责任。"登陆成功之后，这封没有发出的报文成为世界历史上最著名的报文之一。

艾森豪威尔的这种自我约束、自我调节的生活方式也有其不足之处。他不是一个有远见、有创造性的思想家。在指挥打仗时，他算不上一个伟大的战略家。作为总统，他对当时正在萌芽的重大历史潮流（从民权运动到麦卡锡主义的威胁）毫无察觉。对于这些抽象的事情，他从来都不擅长。在有人对乔治·C·马歇尔将军的爱国主义大加攻讦时，德怀特·艾森豪威尔没有为他辩护。这件不光彩的事后来让他无比遗憾，也深感羞愧。由于这些人为的自我限制行为，他在应该热情洋溢时却有可能过于冷静，在应该彬彬有礼地展现浪漫的一面时，却有可能不留情面地强调实际效果。在战争快结束时，艾森豪威尔处理他与凯·萨默斯比之间关系的方式尤其令人反感。萨默斯比一直为艾森豪威尔工作，有传言说她对艾森豪威尔还产生了爱慕之心。即使在艾森豪威尔的人生面临最大困境之际，她也没有离开。但是，艾森豪威尔甚至没有向她道别就抛弃了她。一天，萨默斯比发现自己的名字被从艾森豪威尔的出行名单上划掉了。后来，她收到德怀特在陆军官方信笺上写的一张冷冰冰的便条："以这种方式结束一段对我来说异常珍贵的感情，我相信你能理解我本人是多么痛苦。但出于某些原因，我不得不做出这样的决定……我希望你能经常给我写信，无论何时，我都希望知道你过得怎么样。"他已经非常善于压抑自己的情感了，在那一刻，他更是没有表露出一丝同情心，也没有一点儿余情未了的痕迹。

艾森豪威尔也知道自己的这些缺点。有一次，在提到他心目中的英雄乔治·华盛顿时，他说："我经常奢望上帝能赐予我像他那样对大事的把握能力、意志力，以及真正伟大的思想与精神。"

不过，对有些人来说，人生就是一所完美的学校，从中可以学到生活中需要的东西。艾森豪威尔从不招摇，但成年的他有两个得益于家庭教育并经过他自己多年刻意培养而成的引人注目的特点。他的第一个特点是，他建立了第二个自我。现在，我们往往生活在本真之中，认为“真实的自我”才是最自然、最纯粹的。也就是说，我们每个人都有一种真诚的生活方式，而且我们在生活中都应该忠于内心中那个真实的自我，而不应屈从于外界的压力。虚伪的生活方式会在内在本真与外界行为之间划出一条鸿沟，是一种欺骗、狡诈、弄虚作假的行为。

而艾森豪威尔遵从的是另外一种人生哲学。他认为，由于构建自我的原材料良莠不齐，因此讲求谋略是人的天性。这种天性需要压制成型、精雕细琢，而且往往需要加以限制，而不是四处炫耀。人的性格特点是后天培养的产物，真实的自我并非最初的天性，而是在天性的基础上经后天构建而成的结果。

艾森豪威尔在待人处事上并不坦诚，而是竭力隐藏自己内心的想法。他把这些想法记录在自己的日记里，包括一些严厉的指责。在提到参议员威廉·诺兰时，他这样写道：“就他而言，‘你到底有多蠢’这个问题似乎没有固定答案。”但是在公开场合，他则披上和蔼可亲、乐观豁达的外衣，表现出农家孩子般的亲和力。作为总统，如果有利于履行自己的职责，他甚至不惜装疯卖傻。为了掩盖自己的真实意图，他宁愿装出一副窘迫无语的样子。小时候，他学会了压抑自己的怒气，成年之后，他又学会了掩饰自己的野心与能力。他对古代历史知之甚详，特别崇拜古雅典领导者塞米斯托克利斯的领导艺术，却从不表露这一点。他不愿意表现得比常人聪明，也不愿意让别人觉得他比普通的美国人更优秀，而是努力营造出一副头脑简单、知识贫乏但是受人喜爱的形象。作为总统，他经常指导关于秘密事务的具体部署，并就下一步如何进行做出明确具体的指示。然而为了掩饰自己的意图，他会在新闻发布会上拼命糟蹋英语这门语言，或者装出一副这个问题对他而言过于高深的样子："这个问题太复杂了，像我这样不够聪明的人完全无法理解"。他不在乎人们是否会认为他非常愚蠢。（因此，我们知道他不是一个地道的纽约人。）

德怀特简单纯朴的形象其实是他的一种策略。他去世之后，曾担任副总统的理查德·尼克松回忆道："（德怀特的）复杂与狡猾程度远远超出大多数人的想象。我这里说的'复杂'与'狡猾'不带有任何贬义。在考虑问题时，他从不会不知变通地一条道走到黑，而是从两个、三个，甚至四个角度认真思考……他头脑敏捷，思路清晰。"艾森豪威尔高超的扑克牌技艺也备受称道。埃文·托马斯说："德怀特喜欢遮遮掩掩的内心特点被他爽朗的笑声遮盖得严严实实。他令人尊敬，但偶尔又令人费解，他表面上和蔼可亲，内心却常常气如斗牛。"

有一次，在新闻发布会即将召开时，新闻秘书吉姆·哈格蒂对艾森豪威尔说，台湾海峡的局势越来越微妙了。德怀特笑着告诉他："别担心，吉姆。如果有人问我这个问题，那么我会含糊其词地回答，让他们摸不着头脑。"果然，记者约瑟夫·哈施提出了这个问题。艾森豪威尔和蔼地回答道：

> 关于战争，我有两点认识：战争中最有可能变化的因素是人性的日常表现，而唯一不变的因素则是人性。此外，每一场战争的发生及其进程都会让你大吃一惊……因此，我认为你只需耐心等待，说不定哪一天某位总统就需要做出这个头疼的决定。

托马斯在传记中写道："（新闻发布会结束之后，）艾森豪威尔自己开玩笑说，他给记者们出了个难题，他们得考虑怎么向他们的读者解释他这番话的意思。"

德怀特的双重天性让人们很难真正了解他。约翰·艾森豪威尔告诉传记作者埃文·托马斯："如果你想了解我的父亲，那么我不会妒忌。因为我也搞不明白他到底是一个什么样的人。"艾森豪威尔去世后，有人问他的遗孀玛米是否真正了解她的丈夫。玛米回答："我想可能谁都无法了解他吧。"不过，艾森豪威尔正是借助自我压抑的做法，很好地控制住了自己本能的欲望，完成了上级与历史赋予他的使命。他看似纯粹简单、开诚布公，但是他的这种纯粹富有高度的艺术性。

中庸之道的真谛

德怀特·艾森豪威尔的第二个特点是中庸。随着他步入成年期，这一特点也日臻成熟。

人们通常对中庸的含义有所误解，我有必要先进行一些澄清工作。中庸并不是简单地在相互对立的两极之间找到中间点作为自己立场的机会主义，不是对一切都无动于衷的那种泰然自若，也不是没有情感冲突或竞争性思想的温和性格。

恰恰相反，中庸的基础是清楚地认识到矛盾不可避免。如果你认为整个世界一团和气，你就没有必要保持中庸了。如果你认为你的所有个性都能和谐相处，你就无须犹豫不决，大可径直去争取自我实现和成长的机会。如果你认为所有的道德价值观都指向相同的方向，只要心无旁骛地沿着一条道路前进，所有的政治目标就能同时实现，那么你也无须坚持中庸，你需要做的就是尽快找到通往真理之路，然后义无反顾地走下去。

世间万物不可能都做到和谐相处，这是中庸之道的理论基础。政治有可能是彼此对立的合法利益之间的竞争，哲学有可能是相互斗争、半真半假的陈词之间的矛盾，个性有可能是有价值但是彼此不相容的优点火并的战场。哈里·克劳在他的杰作《论中庸》中写道："导致灵魂存在根本性不同的根源在于，我们对中庸的需要程度不同。"例如，激情为艾森豪威尔提供动力，而自我控制则对他实施监督。对他来说，这两种特点既不是全然无益，也不一定会发挥积极作用。出于正义感的怒火有时会驱使他维护正义，有时又会导致他闭目塞听。他的自我控制能力可以帮助他履行职责，但有时也会让他麻木不仁。

坚持中庸之道的人拥有无数彼此对立的能力，他们既有随时爆发雷霆之怒的可能性，又有追求稳定秩序的强烈愿望；在工作中能做到有理性的自律，玩乐时又能纵情狂欢；有坚定的信念，但有时又会陷入忐忑不安的疑虑之中；既体现了亚当一号，又兼顾了亚当二号。总之，他们能左右逢源，进退自如。

坚持中庸之道的人可以带着这些分歧与对立倾向，踏上自己的人生旅程。但是，要想生活中不出乱子，他们必须找到一系列平衡点，处理好众多的对立关系。中庸者追求的目标永远都是，针对当时的具体情况做出一系列的临时性安排，帮助自己在安全的愿望与冒险的渴求之间取得平衡，处理好自由与约束之间的关系。中庸者知道，针对这些冲突并不存在一成不变的终极解决办法。在涉及重要事务时，他们绝不会只遵循一个原则，也不会只考虑某一种观点。调控管理就像在暴风雨中驾驭船只：船向右舷倾斜时，你需要把船上的重物搬到左边，船向左舷倾斜时，你需要把重物搬到右边。也就是说，你需要针对具体情况不断调整，最终才能达到不偏不倚的平衡状态。

艾森豪威尔凭借直觉就洞悉了这个道理。在他的第二个总统任期内，他在给儿时的玩伴斯韦德的信中若有所思地写道："也许，我就像一条正在遭受风浪肆虐的船：尽管时不时地需要调整航向，很费力，速度也非常慢，但是仍然没有沉入水底，并且正大致沿着事先规划好的航线不断前进。"

据克劳观察，中庸者知道自己不可能随时保持平衡。彼此对立的善念之间会产生冲突，因此你必须接受一个事实：献身于某一个真理或者某一种价值观，过着单纯、完美的生活，这是你永远都无法实现的梦想。中庸者对于在公共生活中取得的成就并不抱过高的期望，因为无时不在的矛盾绝不允许存在某个终极方案，可以干净彻底地解决所有问题。要享有更多的自由，就要付出放纵的代价；严加管束，又要付出牺牲自由的代价。这样的妥协是无法避免的。

中庸者唯一的希望是后退一步，仔细研究相互对立的观点，找出各自的长处，然后对自己的品格加以调整。中庸者清楚，平等与成就、高度集权与权力下放、秩序与自由、集体主义与个人主义，它们彼此之间的冲突永远都不会停歇。没有任何终极方案可以解决这些冲突，中庸者也不会做这种努力。他们只希望实现一种与当前需要相吻合的平衡。他们认为，没有哪一种政策会永远正确（这个道理似乎显而易见，但是一个又一个民族的意识形态盲从者公然不把它放在眼里）。中庸者并不看重抽象的计划，但是他们知道立法工作必须符合人性的意愿，还要符合他们所在的环境。

要做到马克斯·韦伯所说的集激情与冷静于一身，唯一的方法就在于严格的自律。他们希望自己对目标的实现充满激情，但在如何实现这些目标的问题上，他们又希望能做到深思熟虑。最优秀的中庸者拥有热情洋溢的灵魂和足以驾驭这份激情的品格，他们对狂热行为心存疑虑，因为他们连自己都不信任。他们不相信一飞冲天的激情和大胆鲁莽的行为，因为他们知道政治人物良莠不齐，但是品格低下者的恶劣程度比品格高尚者的高尚程度尤甚，也就是说，如果没犯错误，那么领导者将为社会做出贡献，但是一旦犯错，他们造成的后果就会更加严重。因此，小心谨慎的态度是必要的，这说明他们意识到智慧的基础是有局限性的。

在艾森豪威尔时代，甚至之后的多年时间里，仍然有很多人认为艾森豪威尔就是一个爱读西部小说、情感匮乏的傻瓜。一直等到他内心的煎熬为人们所理解之后，他才得到历史学家的认可。在总统任期快结束时，他在一次演说里谈到了实践中的中庸之道。时至今日，人们仍然认为他的这次演说是对中庸之道的一个完美诠释。

在德怀特发表这次演说时，美国政治乃至美国公共道德观，正处于一个至关重要的节点上。1961年1月20日，约翰·F·肯尼迪发表了总统就职演说。作为文化观念发生转变的一个标志，这次演说的目的是为美国社会指出新的发展方向。肯尼迪说，一个世代、一个时代就要结束了，新的世代即将“重新开始”，随之而来的将是“新的努力”和“新的法治世界”。他认为未来充满无限的可能性。他大声宣布：“人在自己血肉之躯的手中握有足以消灭一切形式的人类贫困的力量。”他号召人们放手行动，“我们将付出任何代价，忍受任何重负，承担任何艰辛”。他号召人们对问题不应采取容忍的态度，而应该终结它们，“让我们携起手来，一起去探索星球、治理沙漠、消除疾病”。这次演说是一个无比自信的人发自内心的声音，它鼓舞了全世界成千上万人的信心和斗志，并为从今以后的政治修辞定下了基调。

然而，就在三天之前，艾森豪威尔发表了一次演说，宣扬的恰恰就是肯尼迪认为的正在退出历史舞台的那种世界观。肯尼迪强调有无限的可能性，而艾森豪威尔则对骄傲自大发出了警告。肯尼迪对勇气大加颂扬，而艾森豪威尔则为小心谨慎送上了赞美之词。肯尼迪敦促美国要敢于冒险、大胆前进，而艾森豪威尔则号召要平衡发展。

艾森豪威尔在演说中反复提到“平衡”一词，指出在考虑轻重缓急时需要平衡一系列相互冲突的问题，包括“私有经济和公有经济之间的平衡，发展的代价和希望之间的平衡，必要的和想要的之间的平衡，我们作为一个国家的基本要求和国家赋予个人的义务之间的平衡，现阶段的行动和国家未来利益之间的平衡等。精准的判断有助于实现平衡和进步，反之，必将导致失衡和挫折”。

艾森豪威尔告诫美国人民不可相信那些权宜之计。他说，“有的行动看上去气势恢宏，但是需要付出昂贵的代价”，美国人民千万不要相信“这些行动有解决现阶段所有困难的魔力”。他还告诫美国人民要警惕人性的弱点，尤其要抵制住短视与自私心理的诱惑，“不可有得过且过、为贪图舒适安逸而掠夺未来珍贵资源的冲动”。他回忆了自己童年时代的道德标准，并提醒美国人民，如果我们“透支子孙的物质财富，就必然会损害他们的政治和精神财产”。

在演说中，他还对权力的过度集中提出了警告，指出不受监督的权力可能导致美国蒙受灭顶之灾。首先，他告诫人们要防备军事工业综合征——“大量永久性军火工业”。其次，他告诫人们要警惕“科技精英”，因为这些受到政府资助的专家手握权柄，有可能抵制不住诱惑，妄图从全体美国公民手中篡权。同建国先贤一样，艾森豪威尔的政治理念也对权力不受监督时的行为持不信任态度。他在字里行间传达了一个观点：在大多数情况下，领导者在继承先辈的遗产之后，如果能对这些遗产加以管理利用，那么相对于破旧立新者，他们将取得更大的收获。

这次演说其实是一个从小就被教育要抵制冲动诱惑的人，在接受了生活的洗礼之后发出的心声。在洞悉人类所具备的能力之后，艾森豪威尔坚信人类本身就是造成问题的一个原因。他经常告诉他的顾问：“既然错误无可避免，那我们就想办法慢慢去犯错吧。”他相信，与其在不合适的时间草率行事，不如深思熟虑之后再做决定。几十年之前，他的母亲和他从小接受的教育，就已经让他明白了这个道理。这种人生道理的核心不是自我表现，而是自我控制。

第4章

苦难磨砺——用爱和善行去拯救世界的人间天使

1906年4月18日晚上，8岁的多萝西·戴伊正待在加利福尼亚州奥克兰市的家中。

同往常一样，多萝西已经做完了睡前祷告，她是家中唯一一个严守教规的人。她后来说，对宗教的虔诚让她自己“既感到无比厌恶又为之骄傲”。几十年后，她在日记里写道，她小时候经常能感受到一个无处不在的精神世界。

就在这时，周围的一切开始摇晃起来。在“隆隆”声刚刚响起的时候，父亲就冲进了孩子们的卧室，抱起多萝西的两个弟弟，向前门跑去。母亲也从多萝西的怀里一把抱起她的小妹妹。显然，父母都认为多萝西能照顾好自己，因此把她一个人丢在那儿，跟铜床一起前后晃动。多萝西觉得，就在旧金山大地震发生的那个晚上，上帝找到了她。她回忆说：“地面剧烈摇晃，我们家的房子就像一艘船，航行在咆哮的大海中。”她听见屋顶水箱里的水正在噼啪作响。此时，她感觉“上帝化身为一股巨大的力量，伸出一只手来帮助我这个没有人爱的子民”。

等到周围安静下来，她的家里一片狼藉，地上到处都是碗碟的碎片，还有书本、吊灯以及从天花板和烟囱掉落的碎块。整个城市也变成了废墟，一副百废待兴的模样。但是几天之后，湾区的民众就团结起来了。多萝西在几十年之后的回忆录中写道：“在这次危机中，人们相互关爱，就像基督教徒那样团结在一起。我不由得想，在遭遇困境时，如果人们能心甘情愿地彼此关心，一视同仁地付出自己的同情心与爱心，会怎么样呢？”

在那次危机中，她感觉上帝并非那么遥不可及，还体会到贫穷、孤独、惨遭遗弃的滋味。此外，她还领悟到相互关爱、同甘共苦可以让孤独的心灵充实起来。在与那些急需帮助的人携手共渡难关时，这种感觉更加明显。作家保罗·埃里说："这件事预示着她一生的命运。"

戴伊从小就充满热情、富有理想，与乔治·艾略特的小说《米德尔马契》中的女主人公多萝西娅的天性相同，都对理想的生活充满向往。她对一帆风顺的幸福生活不感兴趣，不愿意享受友谊与成就带来的一般乐趣。艾略特在小说中写道："这一点儿微不足道的燃料，在她的烈焰吞噬下，顷刻之间便会化为乌有。她的内心自有一种动力，在它的驱使下，她追逐着永无止境的完美，探求着永远没有理由厌弃的目标，让自身的不幸融化在自身以外的永生的幸福之中。"戴伊向往的是精神世界的英雄主义，以及一个她可以为之牺牲的崇高目标。

一个15岁女孩的远大志向

地震发生之前，多萝西的父亲是一名记者，但由于报社的印刷厂在地震中变成了废墟，他丢掉了这份工作。全家的财产也在断壁残垣之中化为乌有，戴伊体验到了家道中落的贫穷滋味。父亲带着全家搬到了芝加哥，之后便开始埋头写作，但他的书稿最终也没能出版。他生性冷淡、多疑，禁止孩子们擅自离家，也不允许他们邀请朋友来家中做客。在戴伊的记忆中，星期天的晚饭总是笼罩着令人郁闷的沉静氛围，除了咀嚼声，再也听不到其他声音。母亲竭尽全力维持这个家庭，但她不幸地遭遇了4次流产。一天晚上，她歇斯底里地爆发了，砸碎了家里所有的碗碟。第二天，恢复正常的她跟孩子们解释说："昨天我失去了理智。"

搬到芝加哥后，戴伊注意到，自己的家不像周围的家庭那样温馨。她说："我们从来都不会手挽手。我周围的朋友，无论是意大利人、波兰人，还是犹太人，个个都精神饱满，在不经意间流露出对彼此的爱意，而我们一家人却总是沉默寡言、离群索居。"因此，她总是和邻居们一起，去做礼拜、唱颂歌。到了傍晚，她经常跪下来，把她的虔诚信仰灌输给妹妹。"我长时间的祷告经常让妹妹痛苦不堪。我会跪在那儿，直到膝盖疼痛难忍、全身都快冻僵了才站起来。而妹妹总是请求我上床睡觉，让我给她讲故事。"有一天，戴伊与好朋友玛丽·哈灵顿聊到了一位圣徒。在后来写回忆录时，戴伊怎么也想不起来她们聊的是哪位圣徒，但她仍然记得自己当时的感受："我觉得自己充满了追求崇高目标的热情，一想到我即将投身于这样高尚的活动，我的心都快跳出来了。《圣经》中的一段经文经常会出现在我的脑海里。很自然地，我劲头十足，一想到可能会在精神探索活动中有所收获，我就激动不已。"

那时候，父母不需要为孩子们安排娱乐活动。在戴伊的记忆中，她和朋友们在海滩上玩耍的时光是那么幸福美好。他们会在小溪里钓鳗鱼，还会跑到沼泽旁边，把一个废弃的窝棚想象成世外桃源。此外，那些无聊得令人难以忍受的日子也让她记忆深刻。尤其是在漫长难熬的暑假开始之后，为了消磨时光，她总是不停地做家务活儿，还读了很多书，包括查尔斯·狄更斯、埃德加·爱伦·坡的作品和托马斯·厄·肯培的《效法基督》。

随着青春期的到来，戴伊感受到了异性的吸引力。这让她兴奋不已，但从小接受的教育告诉她，性是危险的，也是邪恶的。在她 15 岁那年的一个下午，戴伊带着幼小的弟弟去公园玩儿。那天的天气非常好，周围的世界呈现出一派生机勃勃的景象。

公园里应该还有一些男孩子，因为在她随后写给好友的一封信里，她说她的“内心产生了一种邪恶的战栗感”。然而，她又从道德角度对自己的这种感受进行了严厉的指责：“被情爱迷惑得神魂颠倒是不对的。对于情爱的所有感受与渴求都是性的欲望。我想，人到了这个年龄也许都会这样吧。但是，我认为这是不道德的。这是肉体的欲望，只有对上帝的信仰才是精神上的追求。”

在她的那部杰出的回忆录《漫漫孤寂》中，多萝西将这封信的好几个长段落摘录其中。其中一段是：“我是多么弱小啊。我的自尊心不同意我写这些，因为这些文字会让我面红耳赤，但是那种原始的爱又总是袭上心头。这是对肉体的渴求，我知道，如果无法摈弃所有罪，我就无法进入天国。”

这封信的字里行间表现出来的，是一个少年老成的人才会有的自我关注，以及按部就班的自以为是。她已经建立起了基本的宗教概念，但是还没有理解人性与慈悲的含义。不过，她在精神上还为自己设立了一个远大的志向：“如果我进一步减少阅读，这种不安情绪也许就会消失吧。我正在看陀思妥耶夫斯基的书。”她决心与自己的欲望展开斗争：“只有同罪进行艰苦的斗争，并消除这些罪，我们才能体验到上帝赐予的欢乐与和平……要消除我身上的罪，我还需要做大量的工作。我一直在努力，保持高度警惕，不停地祈祷，尝试克服所有生理诱惑，以获得心灵的净化。”

《漫漫孤寂》一书付梓出版时，戴伊已经五十多岁了。她在回忆录中承认，那封信“到处充斥着炫耀、虚荣和虔诚。我想表达的是我最感兴趣的东西，是灵与肉的矛盾，但在自我意识的影响下，我骗自己说我正在从事文学创作”。不过，从这封信中可以看出戴伊的一些性格特点：她对纯洁的向往，严于自我批评的姿态，乐于为崇高事业献身的愿望，重视困难磨炼、不贪图安逸的志向，以及虽然可能遭遇失败、进行苦苦挣扎，但上帝最终会帮助她摆脱困境的信念。正是由于这些性格特点，戴伊后来成为20 世纪最鼓舞人心的宗教人物和社会服务工作者。

一段不堪回首的生活

由于拉丁语和希腊语成绩优秀，戴伊获得了大学奖学金，全校获此殊荣的学生只有 3 个。进入伊利诺伊大学后，戴伊通过帮人打扫卫生、熨烫衣物赚取住宿费和伙食费，学习成绩处于中游。在选择参加学校的各种活动时，她毫无计划性，只要是在她看来会让生活变得波澜壮阔的活动，她都积极地参加。她申请加入写作俱乐部，写了一篇文章介绍一连三天不吃饭的感受，就被俱乐部录取了。她还加入了社会党，与宗教彻底决裂，并竭尽所能惹恼那些去教堂做礼拜的人。戴伊认为，甜蜜的少女时代已经过去，到了向社会宣战的时候了。

在伊利诺伊大学待了两年之后，18 岁的戴伊认为大学生活不能满足自己的需要，于是她搬到了纽约，开始了写作生涯。她在这座城市里漂泊了几个月，内心感到无比孤寂：“在这座拥有700 万人口的大城市里，我举目无亲，没有工作，过着与世隔绝的生活。城市喧嚣背后的沉静让我喘不过气，找不到人倾诉心声的压抑感让我觉得嗓子紧巴巴的，心头也堵得发慌。我真想大哭一场，发泄自己内心的孤独。”

在这段孤独的日子里，她从纽约贫民的生活中得到了一种不同于芝加哥生活的体验，而这一发现点燃了她的怒火。后来，她在书中写道："人们必须先经历某些相似的体验，然后才会发生转变，得出一个观点、想法、欲望、梦想、憧憬。没有憧憬的话，人就会走向灭亡。十几岁时，我读过厄普顿·辛克莱的《屠场》和杰克·伦敦的《路》，从此以后我对贫困者产生了深厚的感情，希望自己永远与这些贫困者，以及全世界的劳动人民站在一起，同甘苦、共患难。与此同时，我还接受了工人阶级肩负着救世主使命的观点。"当时，俄国的局势引起了人们的关注。俄国作家的作品在精神领域充分激发了人们的想象力，俄国革命也让激进的年轻人更加狂热，对未来满怀希望。在这种狂热的驱动下，戴伊最亲密的朋友蕾娜·西蒙斯前往莫斯科追求美好的未来。然而，几个月之后，她一病不起，在莫斯科告别了人世。1917年，戴伊出席了一场庆祝俄国革命打响的集会。在兴奋之余，她觉得人民大众即将迎来他们的胜利。

后来，戴伊终于在《号召报》找到了一份工作，周薪为5美元。她的任务是报道劳工暴乱和工厂工人的生活。报社的工作非常繁忙，今天要采访列夫·托洛茨基，明天又要采访一位百万富翁的管家，她只能被动地应付，根本没有时间思考。

尽管算不上唯美主义者，而更接近于激进分子，戴伊却与一群放荡不羁的文化人趣味相投，其中包括批评家马尔科姆·考利、诗人艾伦·泰特和小说家约翰·多斯·帕索斯等。她与激进作家迈克尔·戈尔德建立了深厚的友谊，他们经常沿东河散步，愉快地讨论阅读心得和各自的梦想，一谈就是几个小时。兴起时，戈尔德偶尔还会用希伯来语或意第绪语高歌一曲。戴伊与剧作家尤金·奥尼尔的关系也较为密切，尽管这是一种柏拉图式的关系。

戴伊为孤独、宗教及死亡等问题所困扰时，会向奥尼尔倾诉。戴伊的传记作家吉姆·福里斯特在书中说，奥尼尔喝醉后，有时会因为害怕而瑟瑟发抖，戴伊就会把他扶到床上，抱着他，直到他睡着。奥尼尔曾经向戴伊求欢，但她拒绝了。

戴伊为工人阶级的不公平待遇感到愤愤不平，不过在她人生历程中占据最重要地位的还是她内心深处发生的巨变。她更加如饥似渴地阅读，尤其是托尔斯泰和陀思妥耶夫斯基的作品。

现在，我们很难体会那个时代的人对待小说阅读的严肃性（至少戴伊等人是非常严肃的）。他们把重要的小说作品当作智慧之书，认为杰出作家的深邃见解是值得继承的启示。一旦在书中发现一个有深刻内涵的英雄人物，他们就会在自己的生活中将其奉为榜样。可以说，阅读在戴伊的生活中有着不可或缺的地位。

今天，再也没有多少人把作家看作圣人、把小说看作一种启示了。在试图了解自己的思想时，很多人放弃了文学，转而把认知科学当作一个有力的武器。不过，戴伊认为，陀思妥耶夫斯基的作品“触及了她的灵魂深处”。她说：“《罪与罚》中的年轻妓女为对罪的感悟比她还深刻的拉斯柯尔尼科夫朗读《新约全书》的场景，短篇小说《诚实的小偷》，长篇小说《卡拉马佐夫兄弟》中的若干段落，德米特里在狱中说的话，以及《宗教大法官》中主人公的传奇故事，都为我的人生指明了方向。”其中最让戴伊醉心不已的场景是“佐西马神父热情洋溢地称赞兄弟之情进而激发出对上帝的爱”。她说：“他对爱的皈依感人至深，小说对宗教的描述对我的后半生产生了深远的影响。”

这些俄国小说似乎已经成为戴伊真实生活的蓝本，而不是简单地一读了之的东西。戴伊经常喝酒，是酒吧的常客。据马尔科姆·考利称，流氓恶棍都喜欢她，因为她比他们酒量都好。不过，从戴伊单薄的身体看，这个说法不大可信。她的生活中还发生过一些乱七八糟的悲剧。她有一位名叫路易斯·霍拉迪的朋友，因为吸食海洛因过量，最后死在她的怀中。她在回忆录中说，她经常因为住所无法通风、气味恶臭而搬家。不过，虽然她勇于自我批评，但某些混乱的生活情况仍然没有公开。例如，她没有坦承自己的滥交行为，而是称之为“探索”，并含糊其词地将其归咎于“罪造成的悲哀和罪引发的难以言传的枯燥乏味”。

1918 年春，一场致命的大流感席卷全世界，纽约也未能幸免。(1918 年 3 月—1920 年 6 月，流感夺走了 5 000 多万人的生命。)作为一名志愿者，戴伊在金县医院从事护理工作。她每天早晨 6 点上班，工作 12 小时，负责更换床单被套，倒便盆，为病人注射、灌肠、清洁等。医院实行的是准军事化管理。护士长进入病房后，护士们必须立正站好。戴伊回忆说：“我非常喜欢这种有秩序、有纪律的生活。而我以前的生活似乎毫无规律可言，也没有任何意义。在医院工作的这一年，我收获颇丰。我意识到自我管理、自我约束是世界上难度最大的几件事之一。”

在医院工作期间，她结识了一位名叫莱昂内尔·莫伊斯的报社记者，并与他建立了狂热的性关系。春心荡漾的戴伊在给莫伊斯的信中说：“你太强壮了。我深深地爱上了你，因为你如此强壮。”戴伊怀孕了，莫伊斯让她去做流产手术，戴伊也没有反对(她的回忆录同样没有提及此事)。一天夜里，遭到遗弃的戴伊打开了公寓里热水器的煤气阀门，试图自杀，结果被邻居及时发现并获救。

戴伊在回忆录中写道，医院的工作让她看到了太多的苦痛，以至最后都麻木了，而且由于太忙，她无法挤出时间写作，因此她放弃了这份工作。她没有提及她答应了伯克利·托比的求婚，嫁给了这位来自美国西北部、年龄比她大一倍的有钱男人。两人一起去欧洲旅游，可是回到美国之后戴伊就离开了他。由于她对自己利用托比完成欧洲游的做法感到难为情，因此她在回忆录中撒谎说自己是独自出游的。关于这件事她告诉记者德怀特·麦克唐纳："我觉得自己是在利用他，我非常惭愧。我不想在回忆录中写下让我感到惭愧的那些事。"

戴伊还有两次被捕的经历，这对她的人生产生了非常关键的影响。第一次是在 1917 年，当时戴伊 20 岁，罪名是政治激进分子。此前，她一直在为争取女性权益而奔走，因为在白宫门前举行主张妇女参政的抗议活动而被捕，与其余抗议者一起被判处 30 天监禁。入狱之后他们又开始绝食抗议，戴伊在饥饿的折磨下，很快就陷入了深度抑郁。刚开始时，她与其他抗议者团结一致，但后来她觉得这种抗议活动是不对的，没有任何意义。她说："我丧失了全部的原则性，也不希望自己那么激进了。我觉得自己深陷黑暗与孤独。付出艰辛却徒劳无功，面临痛苦却无能为力，而权势一再取得胜利，这些都让我感到十分不安。邪恶的力量获胜了。我是那么微不足道，满脑子都是自欺、自傲、不切实际和虚伪的想法，因此我遭到了正义的谴责与惩罚。"

服刑期间，她申请到了一本《圣经》，埋头苦读，狱友们还向她介绍了连续 6 个月被关在坚固的牢房中的经历。她说："了解到人类在彼此倾轧中无所不用其极的事实之后，我的心灵受到重创，永远也无法恢复。"

戴伊反对不公平现象，但是她没有找到一个可以对她的这个立场加以指导的超验框架。即便是在当时的条件下，她似乎也已经下意识地感觉到，如果缺少信仰的支持，那么她的激进主义行为必将失败。

1922 年，25 岁的戴伊第二次入狱，这次被捕的经历对她情绪的打击更加严重。当时，她与一位吸毒成瘾的朋友一起住在贫民窟的公寓里。这栋大楼的居民中，既有妓女，也有激进组织——世界产业工人组织的成员。警察为了抓捕颠覆分子，搜查了这个地方。他们以为戴伊和她的朋友是妓女，便把她们抓了起来。在收监之前，还勒令衣衫不整的她们站在大街上示众。

戴伊认为自己的行为不检点是造成这个悲剧的原因之一。她把这次经历看成对自己浮躁人生的惩罚：“现在不论以什么罪名指控我，对我造成的伤害都比不上当时我的羞愧与悔恨之情，不仅因为我当时被警察逮捕、示众、遭到谴责和公开的羞辱，还因为我认为自己罪有应得。”

这些经历促使戴伊进行了深刻的自我反省与自我批评。多年之后，戴伊在回顾往事时，对自己的这段不平静的生活没有给出积极的评价。她认为，这种不经过全面的考虑就试图自行判断善恶的行为，体现了她内心的骄傲。“那时，这种无视法律、声色犬马的生活在我眼中就是完美无缺的生活。我对法律有逆反心理，认为法律的作用就是压迫人们。强者可以按照自己的意愿制定法律，随心所欲地享受生活，善恶对他们没有任何约束力。善是什么？恶又是什么？暂时把良知抛在脑后不难做到，在发泄肉体之欲望时，才不会管那些法律呢。”

不过，戴伊并不是一味地沉迷于肤浅的恋情、滥交、肉欲和私利，精神上的饥渴促使她不断做提出严厉的自我批评。在形容这种饥渴时，她用的是“孤独”这个词。对很多人而言，这个词意味着内心感到孤单。戴伊的确是孤单的，而且这种感觉让她深受煎熬。不过，戴伊的“孤独”还表现在精神上的孤立。她觉得，只有找到某个超验性的事业或活动，她才会真正安静下来。她无法接受肤浅的生活，无法满足于享乐、成功甚至奉献，而是希望全身心地去追求某个神圣的目标。

发现爱与神圣的使命

为了找到自己的使命，20 多岁的戴伊做了各种各样的尝试。她试图从政治上找到出路，于是参加了各种抗议与游行活动，但这些活动的效果并不理想。与弗朗西丝·帕金斯不同，戴伊无法接受政治中相互妥协、追逐私利、灰色调以及肮脏龌龊的勾当，她想要的是全心全意为实现某个纯洁的目标而奋斗。她以自我批评的视角，对自己人生早期的激进行为进行了回顾：“我不知道自己那时候对穷人的爱，以及希望为他们提供服务的心愿是否真诚……我参加抗议活动，被捕入狱，奋笔疾书，对其他人施加影响，其实都是为了在这个世界上留下自己的印迹。这些行为包含了太多的野心勃勃和追逐私利的成分。”

接下来，戴伊走上了文学创作的道路，把她的那段混乱的生活写成了小说，题目叫作“第十一个处女”。纽约的一家出版社同意出版这本书，一家好莱坞电影公司以 5 000 美元的价格购得此书的版权。但是，这也无法满足戴伊心中的渴盼。后来，她因为感到难堪，甚至试图把市面上的书全部买回来。

戴伊认为爱情有可能满足她内心的渴盼。她爱上了一位名叫福斯特·巴特曼的男子，他们没有结婚，而是一起住在戴伊用写小说的收入在斯塔滕岛上购买的房子里。在回忆录《漫漫孤寂》中，戴伊浪漫地称福斯特是一位无政府主义者，具有英国血统，还是一名生物学家。然而，真实情况远没有那么浪漫。福斯特只是一名制作量具的工厂工人，他从小在北卡罗来纳长大，毕业于佐治亚理工学院，对激进的政治活动感兴趣。不过，戴伊对他的感情是真挚的。他的信念、追求信仰的执着以及对自然的热爱，都让戴伊为之倾倒。即便他们在一些基本问题上的分歧非常明显，戴伊仍然想嫁给他。当时，戴伊对福斯特热情如火，被福斯特迷得神魂颠倒。在一封她去世之后才被公开的信中，她这样写道："我对你的渴望带给我的是痛苦，而不是愉悦。我热切地希望得到你，即使给我整个世界，我也不愿意放弃你。如果看不到你，我宁愿死去。"1925 年 9 月 21 日，戴伊给与她分居的福斯特写了一封信："我给自己缝制了一件非常漂亮的新睡袍，带有蕾丝边，很性感，还有好几条新裤子。你看到后肯定会非常喜欢。我十分想念你，每天夜里都会梦到你。如果我的梦能跨越我们之间的距离，进入你的心扉，我想你肯定会无法入睡。"

戴伊与福斯特躲在斯塔滕岛上，阅读、聊天、做爱，过着世外桃源般的生活。读到这里，你肯定会觉得他们就像众多刚刚坠入爱河的年轻情侣一样，正在搭建谢尔顿·范傲肯笔下的"熠熠生辉的堡垒"——与外界一墙相隔、自成一体的花园，并准备躲在其中培育他们纯洁的爱情。但是，这座"熠熠生辉的堡垒"还是无法满足戴伊的渴望。尽管与福斯特在一起，两人也在沙滩上留下了一串串足印，但是戴伊还有一些愿望没能得到满足，比如，她想要个孩子。她认为如果没有孩子，家就显得太空了。1925

年，28 岁的戴伊怀孕了。得知这个消息后戴伊异常激动，但是福斯特的反应不同。作为一个所谓的激进分子和生活在现代社会的人，他没有把生儿育女看成自己的责任，也根本不想遵守资产阶级的婚姻制度——他永远都不会娶戴伊。

怀孕期间，戴伊考虑到既有的对分娩过程的描写大多出自男性之手，便决定改变这个状况。分娩之后不久，她写了一篇文章，介绍自己的分娩经历。后来，这篇文章被刊登在《新群众》上。

> 我的身体仿佛在承受地震与烈火的煎熬，灵魂则变成了成千上万人惨遭屠戮的战场。在这痛苦的炼狱中，我听到医生嘀咕了些什么，然后护士也嘀咕了些什么。接着我看到一片炫目的白光，我知道乙醚终于开始发挥作用了。

女儿塔玛的降生，让戴伊充满了感激之情："他们把孩子放到我怀中的时候，我感到创造生命给我带来的狂喜，即使创作出最伟大的小说、交响乐、油画或雕塑，其喜悦之情也远不能与之相比。孩子出生之后，我经常感到无与伦比的爱与欢乐正在朝我袭来。因此，我必须表达我的崇敬与仰慕之情。"

但是，她应该感谢谁、敬仰谁呢？在散步时，她发现自己情不自禁地开始祈祷，真实地感受到上帝无处不在。她不方便跪地祈祷，但感激、赞美与顺从上帝的话会脱口而出。散完步后，她的心情会变得愉快。

戴伊并不是在回答上帝是否存在的问题，而是意识到了超越自我的存在。她开始相信，在意志之外，还有某种东西会影响她的人生。如果激进主义者渴望得到的是一种主张权利、强调自我掌控的生活，那么她的生活就属于顺从的类型，上帝是她人生的掌控者。戴伊发现,“崇拜、敬仰、感激、祈祷是人们可以做到的最崇高的行为”。女儿的出生，使戴伊找到了自己生活的中心点，也找到了自己的人生使命，从而结束了放荡不羁的生活。

戴伊的信仰并没有一个明确的表现形式。她不去教堂做礼拜，也不愿意接受宗教理论和传统教义。但是，她觉得自己已经成为上帝的信徒。她问福斯特:“世间万物那么美好，如果没有上帝，这一切怎么可能存在呢？”

后来，罗马天主教引起了她的注意。不过，吸引她的不是天主教的历史，不是教皇的权威，也不是天主教的政治地位和社会地位。她对天主教的理论一无所知，而且她认为天主教是一个落后的教派，在政治上比较反动。让她对天主教产生兴趣因素是人，是受她照顾和服务的天主教移民在贫困交加的情况下表现出来的尊严、集体主义精神和对穷困潦倒者的慷慨大方。戴伊的朋友们告诉她，信仰上帝不一定要加入某个宗教组织，特别是像罗马天主教这样落后的教派。但是，曾经身为激进主义者的戴伊认为，她应该密切联系那些正在受苦受难的人，加入他们的行列和宗教组织。

戴伊认为，天主教已经把众多贫困的城市家庭组织起来，并得到了他们的拥护。每到星期天、瞻礼日，在欢乐或悲痛时，他们就会像潮水一样涌向教堂。她希望皈依天主教可以帮她过上井然有序的生活，也可以帮助规划她女儿的人生。她说:“我们都渴求秩序,《约伯记》把地狱描绘成一个杂乱无序的地方。我认为,‘隶属于’某个教派将为（塔玛的）人生带来秩序，而这正是我的生活所缺失的。”

与年少时相比，信仰给成年之后的戴伊带来了更多的温暖与欢乐。戴伊对16世纪西班牙神秘主义者、圣女大德兰非常感兴趣，因为她的经历与戴伊非常相似：深受宗教信仰影响的童年，因为觉得自己罪孽深重而惴惴不安，在上帝面前偶尔感受到性爱带来的狂喜，以及希望改革人类制度、帮助贫困者的强烈愿望。

大德兰过的是清心寡欲的生活。睡觉时，她只盖一条毛毯，修道院里没有取暖设备，只有一个房间里有一只炉子。她每天都不停地祷告、修行，不过，她在精神生活方面并不压抑。大德兰进修道院那天穿着大红裙子，她一边拍着响板一边翩翩起舞，让其他修女都目瞪口呆，这给戴伊留下了好印象。大德兰担任修道院院长期间，如果手下的修女心情抑郁，她就会安排厨房为她们做牛排。大德兰说，生活就像“在一家不舒服的小旅馆里度过的夜晚”，因此我们不妨想办法为生活添加一点儿乐趣。

戴伊准备信仰天主教，但在与她关系密切的人中，没有哪位是虔诚的天主教徒。于是，她在街上找到一位修女，向她求教。这位修女发现戴伊对天主教教义几乎一无所知，她狠狠地批评了戴伊，但还是对戴伊的加入表示欢迎。从此以后，戴伊每周都会去做礼拜，虽然有时候她不想去，但她还是坚持去了。她问自己：“在去做礼拜和按照自己的意愿行事这两个选项中，我应该选哪个呢？”她认为，虽然星期天早晨看报纸会让她更加愉悦，但她还是倾向于去做礼拜，而不是随心所欲。

戴伊选择信奉上帝，这意味着她与福斯特的感情最终会走向破灭。福斯特信奉科学，怀疑一切，凡事都以经验为准。他信念坚定地在物质世界里奔前程，而戴伊则深信是上帝创造了这个世界。

他们的分道扬镳是一个比较漫长的过程，也很痛苦。一天，福斯特在饭桌上问戴伊：她是不是神经错乱了？是谁把她推向了天主教这个过时、落后的组织？是谁躲在她的人生阴暗处并以这种方式带坏了她？在戴伊的那些激进主义好友中，也有不少人不断地问她同样的问题。

这些声色俱厉的问题让戴伊吃惊不已。最后，她平静地说："是耶稣，我想是耶稣基督让我信奉天主教的。"

福斯特脸色煞白，一言不发地坐在那里，怒视着戴伊。戴伊问他，他们是不是可以更深入地讨论宗教问题。福斯特没有回答她，他也没有点头或摇头。他只是把双手扣在一起，放在桌子上。这个动作让戴伊想起了学校里那些坐得端端正正、希望得到老师表扬的孩子。几秒钟，福斯特举起扣在一起的双手，猛地捶到桌上，碗碟被震得东倒西歪。戴伊十分害怕，她担心福斯特会失去控制，打她一顿。不过，福斯特并没有打她，而是站了起来，跟戴伊说她的精神有问题。然后，他绕着饭桌走了一圈，走出了家门。

但是，这样的矛盾并没有终结他们之间的爱，或者说强烈的欲望。戴伊仍然央求福斯特娶她，做塔玛名正言顺的父亲。即使在宣布结束与福斯特的关系之后，戴伊在给福斯特的信中仍然写道："每天夜里我都会梦到你，梦到我躺在你的怀里，梦到你吻我。这样的梦既是一种折磨，又是那么甜蜜。你是我在这个世界上最爱的人，但是我无法放弃我的宗教信仰。如果违背信仰，我必将痛苦无比。"

出人意料的是，多萝西·戴伊对福斯特的爱却为自己打开了信仰的大门。这份爱打破了裹在她身上的坚壳，把她内心最柔软、最敏感的部分暴露给了其他人，这让她深受启发。戴伊说："正是通过一段完整的爱，包括肉体与灵魂上的爱，我才逐渐了解了上帝。"年少时期的戴伊常常把世界分割成肉体与灵魂这两个彼此对立的部分，而现在她对世界的理解更成熟了。

走上信仰天主教之路

戴伊皈依天主教是一个枯燥乏味的过程，毫无乐趣可言，因为她一如既往地严格要求自己。她无时无刻不在进行自我批评，质疑自己的动机与行为是否合适。以前的她是一个激进主义者，皈依天主教之后，她仿佛变成了另一个人，按照新生活的要求全身心地投入宗教信仰。一天，在步行前往邮局的路上，戴伊脑子里充斥着对自己信仰的鄙视："满足感已经让你分不清东南西北了。你就像牛一样，没有自己的思想。祈祷对于你来说，就是人民的鸦片。"她在脑海里不停地重复着"人民的鸦片"这个说法，她边走边想，最后终于弄明白了。她之所以祷告，不是因为想逃避痛苦，而是因为她要感谢上帝赐予她幸福。

1927 年 7 月，她安排塔玛接受了洗礼。在随后举行的派对上，福斯特带来了他捕捉的龙虾。但是，他们很快就发生了争执。福斯特告诉戴伊，他再也无法容忍这些乱七八糟的东西了，说完就拂袖而去。

1927 年 12 月 28 日，戴伊正式加入了天主教。不过，她并没有因此得到安慰："我没有感受到平和、欢乐，也不相信我的所作所为都是正确的。这些只不过是我必须做的事或者必须完成的任务。"在完成洗礼、补赎、圣餐等仪式的过程中，她觉得自己就是一个伪善者。她装模作样地跪下来，脸上没有任何表情。她有点儿害怕，既害怕有人看到自己，又害怕自己会抛弃穷困者，转而投身于被历史击败的阵营，加入有权有势的精英分子的机构。她问自己："你对自己有信心吗？为什么要参加这种装模作样的活动？这种行为到底有什么意义？"

在之后的岁月里，戴伊仍然不停地进行自我批评，怀疑自己的信仰是否真诚，是否有实际意义。"我想，自从皈依天主教之后，我在工作方面几乎一无所获。我太过关注自我，没有一点儿集体意识！整个夏天，我一直在安静地看书、祈祷。一想到我的兄弟们都在顽强地拼搏，而且是为他人谋幸福，而不是为自己谋福利，我就觉得我只关注自己的这种生活方式实在是罪孽深重。"

选择了信仰宗教，就等于选择了一条艰辛的人生道路。人们常说，宗教可以帮助人们减轻生活的压力，因为宗教会给人们一个无所不知的慈父，不断地安慰人们的心灵。不过，戴伊的经历显然有所不同，她感受到的是一种自我矛盾，类似于约瑟夫·索罗维奇在其著作《犹太法之人》的一个著名脚注中描述的那种自我矛盾。我把这条脚注加以简化，摘录如下：

> 普世思想认为，宗教体验是宁静有序的，充满了温情与体贴。对于心怀怨恨的人来说，它是被施了魔法的溪流，而对于陷入困境的人来说，它是安详宁静的水域。"从田野回来累昏了"的人，刚刚摆脱人生中各种战争纷乱的人，从满眼尽是怀疑、害怕、矛盾与争论的尘世中走来的人，迫不及待地投入了宗教的怀抱，就像一个紧紧抱住妈妈的孩子，"把头枕在她的大腿上"，让受到失望与苦难打击的心灵得到抚慰。从浪漫主义运动伊始，直至它最终在当代人的意识中表现出来

（真是一个悲剧），在这个过程中，卢梭的思想产生了深远的影响。因此，宗教团体的代表人物往往会用五彩缤纷、眼花缭乱的色彩，把宗教描绘成充满诗情画意的世外桃源，一个简单、完整、宁静的国度。从本质上看，这种思想是不正确的，具有欺骗性。人类心目中那种尤为深刻、无比崇高、包容世间万物的宗教意识，其实并没有那么简单，给人的也未必都是抚慰。

恰恰相反，这种宗教意识非常复杂、苛刻、含混不清。当你觉得它复杂时，你就会认为它非常伟大。信教者会有意识地对自己严加指责，使自己的内心充满悔恨之情；在评判自己的欲望和渴求时十分严格，但与此同时，又让自己沉迷于这些欲望。也就是说，他们一方面贬低自己的性格特点，为摆脱这些缺点做徒劳无功的挣扎；另一方面他们又让自己屈从于这些缺点。他们处于精神危机之中，在超自然的旋涡中沉浮不定，在肯定与否定、自我贬低与自我欣赏的矛盾中摇摆不定。宗教从一开始就不是一个对情绪低落、陷入绝望的人施以恩惠与仁慈的避难所，也不是为失望者准备的魔法溪流，而是由人类意识构成的湍急的激流，藏有各种各样的危险、苦痛与磨难。

刚皈依天主教时，戴伊结识了三名女性。她们都坠入了爱河，但没有与自己的情人同居，尽管她们很想过未婚同居的生活。看到这三名矢志克己的女性，戴伊突然觉得“天主教真的很有意义，充满吸引力……看着她们与道德问题及生活的原则斗争，她们的形象在我眼中一下子高大起来”。

戴伊每天都早起参加弥撒仪式，跟修女们一起祷告。她严守戒律，诵读《圣经》和《玫瑰经》。此外，她还参加斋戒仪式，向神父忏悔。

就像音乐家练习指法一样，这些仪式也有可能变成一种例行性行为。但是戴伊发现，即使有时候觉得它们枯燥无味，这些例行性行为也是必要的。“如果没有这些仪式，特别是圣餐（也称作‘主的晚餐’），我想我肯定无法坚持下去……参加这些活动，有时并不是出于我的某种需要，或者怀着感恩的心高高兴兴地参与其中。38 年来，我几乎每天都参与这些仪式，你可以称之为例行性行为，但是这种例行性行为对我而言就像吃饭喝水，每天都必不可少。”

这些仪式为她的人生建立了一个精神上的中心，使她之前的那种支离破碎的生活逐渐变成了一个井然有序的整体。

建立一个人人向善的社会

在戴伊 30 多岁的时候，大萧条气势汹汹地袭来了。1933 年，她创办了《天主教工人报》，试图把无产阶级动员起来，并利用天主教社会训导的力量，建立一个倡导人人向善的社会。这已经成为一场运动，而不仅仅是办一张报纸了。他们挤在下曼哈顿的几间破破烂烂的办公室里，而且都不领薪水。三年之后，报纸发行量就达到了 15 万份，读者遍及全美 500 个教区。

报社设有一个施舍处，每天为多达 1 500 人免费供应早饭。他们资助建立了多家“好客之家”，留宿无家可归的穷人，1935—1938 年，累计为近 5 万人提供救助。此外，戴伊和同事们还组织、鼓励人们在美国各地及英国建立了30多家“好客之家”。经过一番努力，他们在加利福尼亚、密歇根、新泽西等地创建了农民公社，并激励他们坚持下去。他们也组织人们参加游行示威等活动。所有这些努力的目的就在于把人们聚拢起来，抵御自人类存在伊始就挥之不去的孤独感。

在戴伊看来，分歧——不论是人们与上帝之间还是人们彼此之间——都是有罪的；而和谐是神圣的，是人与人之间以及精神与精神之间的融合。《天主教工人报》发挥了强大的融合作用。它不仅是一家报纸，还是一个积极分子援助机构；它不仅出版宗教出版物，还发出了经济变革的倡议；它不仅涉及精神生活，还与政治激进主义有联系；它在贫富之间架起了沟通的桥梁，在神学与经济学之间、对物质的关注与对精神的追求之间、肉体与灵魂之间建立了联系。

戴伊坚持认为，只有激进主义才能触及社会问题的根本。报纸宣扬的是天主教，戴伊信奉的却是人格主义哲学，该哲学断言每个人都有依照上帝的形象创建的人格。作为一名人格主义者，戴伊对“大”心存疑虑，无论是大政府还是大企业，甚至“大慈善”的概念都引起了她的怀疑。她总是敦促同事要“立足于小事”，从居住的地方开始，解决身边的那些小而具体的问题；帮助与你并肩工作的人缓解压力；帮助你眼前的人填饱肚子。人格主义哲学认为，我们每个人都应该生活简朴，帮助兄弟姐妹获得所需，与人分享欢乐与痛苦，因为这是我们深层次的个人义务。人格主义者应该用他的健全人格为另一个拥有健全人格的人提供服务，要做到这一点，他们必须身处小型组织之中，还必须建立亲密的联系。

在剩余的人生中，直至1980年11月29日告别人世，戴伊一直是一名天主教信徒，为办好报纸殚精竭虑，还为穷人和精神有障碍的病人提供面包和汤水。她创作了11本书和1 000多篇文章。那时候没有计算机与复印机，为了把报纸寄给订户，报社的员工每个月要用打字机打出成千上万个地址标签，记者们还要亲自上街卖报。戴伊觉得，仅仅对穷人表示关心是不够的，“我们必须与他们住到一起，分担他们的痛苦。我们不能顾及自己的隐私，还要放弃身体、思想和精神上的安逸”。她不仅离开了自己舒适的家，前往收容所和“好客之家”照顾那里的人，还搬进了“好客之家”，与被收容者住在一起。

戴伊的工作似乎永远都忙不完。她要不断地准备咖啡和汤，筹钱，为报纸撰写文章。一天，戴伊在日记里写道：“早饭是一片厚厚的干面包，还有一杯口感很差的咖啡。我口述了12封信。我的脑子里一团糨糊，身体虚弱得无力爬楼梯。我本来准备卧床休息一天，但我不停地告诉自己，出问题的是我的精神状态。周围一片凌乱，到处都是噪声和人，我实在打不起精神去考虑内心孤独和为穷人服务的问题了。”

有时候，我们会认为，圣人或者接近于圣人的那些人，都在更高层次的精神王国之中，过着惬意悠闲的生活。但是实际上，他们的生活常常并不悠闲，甚至不如常人。他们涉世更深，被缠在周围的人带给他们的那些肮脏无比的实际问题中。戴伊和同事们住在没有供暖设施的房间里，穿着人们捐赠的衣物，没有工资。大多数时间里，戴伊思考的并不是宗教理论，而是如何避免一个又一个经济危机，或者如何安置需要帮助的人。1934年，她在日记里记录了她一天之中完成的一系列宗教事务和尘世俗事：起床，做弥撒，为工作人员准备早饭，回复信件，记账，阅读文学作品，写一些励志的文字用于油印、分发。之后，一位工作人员来找她申领一名12岁女孩的坚信礼服装，一位皈依者来找她交流宗教心得，一位志在引发当地居民心中仇恨的法西斯分子来找她，一位学艺术的学生带着女圣徒锡耶纳的凯瑟琳画像前来找她。就这样，她接待了一个又一个来访者。

这种生活与德国医生、传教士阿尔贝特·施韦泽笔下的非洲丛林诊所非常相似。他的诊所没有雇用理想主义者，也没有聘请自认为对社会做出了贡献而志得意满的人，更没有招揽一心要“干一番事业”的人。他只需要那些态度严肃认真、安于本职工作、对服务他人永远不会厌烦的人。施韦泽说：“一个人只有把自己的喜好看成一种并不包含任何不寻常成分的理所应当的事物，认为自己并没有做出任何英雄壮举，而是在头脑清醒的情况下满怀热情地履行了一种责任，他才有可能成为社会所需要的精神先驱。”

戴伊生性并不善于社交，而是具有作家的性格特点，有点儿冷淡，经常渴望独处。但是，她几乎无时无刻不在强迫自己与人相处。在需要帮助的人中，有些人有精神问题，有些人酗酒成瘾，有些人粗鲁无礼，满嘴脏话，经常与人发生口角。不过，戴伊总是强迫自己坐在桌边，全心全意地为他们服务。某个人有可能喝醉了，说话语无伦次，但是她会静静地坐在那儿，认真倾听。

她会随身带着笔记本，以便在闲暇时写点儿东西，要么是给自己看的日记，要么是给别人看的报纸专栏文章、小品文和报告。看到别人身上的罪，她就会思考自己是否也有罪。有一天，她在日记里写道：“醉酒以及随后发生的罪都无比丑陋，表明这个可怜的罪人十分不幸，因此我们不能对他加以批评和指责，这一点非常重要。在上帝的眼中，那些隐藏得很深、不易察觉的罪肯定要严重得多。我们必须尽可能地发挥我们的意志力，付出更多的爱，用爱将所有人团结到一起。从他们身上，我们可以清楚地看到自己身上那些极其可怕的罪，我们应为此感到悔恨，并将它们拒之门外。”

尽管她采取的都是一些善举，但是她时刻保持警惕，防止自己在精神层面骄傲起来，或者产生自以为是的感觉。她说：“有时候，在饥饿之人不绝于耳的感谢声中，我发现自己干得越来越起劲，迅速为他们端上一碗又一碗汤，送去一盘又一盘面包，几乎停不下来。就像饥肠辘辘的人渴望得到面包一样，我也急切地渴望得到人们的感谢。他们的感谢让我特别高兴。”戴伊认为，骄傲这个罪就潜伏在我们身边，在慈善这间大房子中，有太多可以藏匿骄傲情绪的角落。因此，为他人提供服务，将会面临巨大的诱惑。

苦难也是一种礼物

作为一名年轻女性，戴伊过的是陀思妥耶夫斯基笔下的那种生活。即使在满脑子都是上帝时，她也会饮酒，生活中还会经常出现各种不正常的问题。但是，据保罗·埃里称，她的内心生活并不是陀思妥耶夫斯基式的，而是更接近于托尔斯泰的描述。她并不是一头在周围环境的驱使下落入苦难陷阱的困兽，尽管她也饱受痛苦的磨难，但这是她一心向往的自主选择。在生活中，大多数人总是不停地追求安逸舒适（经济学家称之为“私利”，而心理学家则冠之以“幸福”)。戴伊却与众不同，为了满足自己对孤独的渴求，她选择了一条满是苦恼与困难的道路。她在一家非营利组织工作，并不是单纯地想成名，而是为了在生活中践行《福音书》，尽管这意味着牺牲与痛苦。

大多数人在思考未来时，都梦想自己的生活会越来越幸福。不过，在人们回忆那些成就自己的重要往事时，他们通常不会讨论是否幸福的问题。具有重要意义的通常是那些严峻的考验，虽然大多数人的初衷是追求幸福，结果他们却因为经历苦难而得到了锻炼。

有时候，为了成为一个有内涵的人，特立独行（甚至是一意孤行）的戴伊会想方设法让自己饱经苦难。她可能跟我们所有人一样，也认为所谓的有内涵的人，都会经受一个或几个痛苦时期的折磨。但是，她似乎在苦心孤诣地追求这种痛苦。对于生活中可能会带来尘世幸福的正常乐趣，她唯恐避之不及，对克服困难、为他人服务的道德英雄主义行为，她却趋之若鹜。

对我们大多数人而言，苦难从本质上看与高尚毫无关系。失败有时候就是失败（不会把我们变成下一个乔布斯)，同样，苦难有时候也具有破坏性，需要迅速摆脱或加以处理。除非与某个远大的目标有关，否则苦难会让人退缩甚至崩溃。如果不把苦难看成复杂过程的一个环节，我们就会缺失信心，陷入虚无主义和悲观绝望的境地。

不过，有的人将自己所经受的苦难与更远大的目标联系起来，从自己的痛苦中看到别人的痛苦。很明显，这一举措使他们的品格更加高尚。重要的不是苦难本身，而是他们体验痛苦的方式，就像富兰克林·罗斯福在患上脊髓灰质炎后变得更深沉、更富有同情心一样。通常，肉体痛苦或社会苦难可以帮助人们以旁观者的身份，对他人正在忍受的痛苦感同身受。

苦难的第一个重要作用是帮助你更深入地了解自己。神学家保罗·蒂利希指出，遭受苦难的人可以透过日常生活的琐事，发现之前对自己的认识是错误的。创作伟大音乐作品的痛苦，永失所爱的悲痛，会击穿他们之前所认为的灵魂底层，到达一个新的境界。然后，新的苦难又会打破这个新境界，到达更新的境界，如此不已，直至触及灵魂最深处。

苦难可以打开自古以来就被隐藏起来的痛苦世界的大门，让那些遭到禁锢的可怕体验和曾经犯下的可耻错误暴露在光天化日之下。在苦难的驱动下，有的人忍住痛苦，对自己的灵魂进行了一番小心翼翼的检视。不过，它也让人们愉快地感受到自己距离真理又近了一步。苦难的乐趣就在于，它让我们透过事物的表面，触及其本质，从而为我们带来现代心理学家所谓的“悲观现实主义”这种准确描述事物的能力。为了让自己在他人眼中不是那么复杂，我们在谈及自己时，总会找出一些令人易于接受的理由为自己辩解，或者进行一番非常简单的描述，但这些努力在苦难的作用下都化为泡影。

苦难能帮助人们更准确地看到自身的局限性，了解哪些是他们可以控制的，哪些是他们无法控制的。一旦进入灵魂深处，来到自我探究的孤独世界，人们就会发现自己无法左右那里发生的一切。

同爱一样，苦难也能打破自我控制的假象。在经受苦难时，人们无法让自己不痛苦；在所爱之人去世或离开之后，人们也不可能抑制住思念之情。后来，情绪逐渐稳定下来，悲痛之情有所缓解，但这样的恢复过程同样不受个人控制，它仿佛是某个自然过程或者天意的一部分。当今社会的奋斗文化是，一切成功都依赖于负责努力与自我控制的亚当一号。对于身处其中的人来说，苦难可以帮助他们学会独立，让他们感受到生活的不可预测性，精英分子掌控一切的目标是一种幻想。

令人奇怪的是，苦难让人们学会了感恩。在平常的日子里，我们把得到的爱看作自我满足的理由（我应该得到这些爱），但在经受苦难时，我们就会发现这些爱并不是我们应得的，而且我们应该因为得到这些爱而感恩。骄傲的人不懂得心怀感激，而谦虚的人知道自己得到的关爱并非理所应当。

在经受苦难时，人们还会产生被上帝选中的感觉。亚伯拉罕·林肯终生遭受抑郁的折磨，后来又因为无法避免内战而痛苦不堪。但是，当他意识到自己只是在上帝的授意下完成某个崇高任务的一个微不足道的工具时，他就从痛苦之中解脱了。

一旦产生这种感觉，深陷困境的人就会认为自己受到了上帝的召唤。他们无法掌控局势，但也并非孤立无援。他们无法决定苦难的发生，但他们可以参与其中，对上帝的感召做出回应。他们认为，对上帝的感召做出积极的响应，是一个压倒一切的道德责任。在苦难刚刚开始的时候，他们可能会问“为什么是我”或者“为什么如此邪恶呢”，但是，他们很快就会意识到，他们应该问的问题是：“如果我面临苦难，成为邪恶势力的牺牲品，我应该怎么做呢？”

在面临严峻考验时，这些人会觉得自己已经超越了个人幸福这个层面，达到更深层的境界。他们不会说：“好了，我已经与丧子之痛斗争了很长时间，现在，我应该弥补自己在享乐方面的不足，多参加派对，好好娱乐一番。”

对这类痛苦的正确反应不应该是愉悦，而应该是看到其神圣的一面。我指的不是宗教所说的神圣性，而是把这些痛苦看成道德叙事的组成部分。在不幸发生时，努力补救，把它变成一件神圣的事，促使自己与更多的人友好相处，并采取符合道德需求的牺牲性服务行为。如果在丧子之后设立基金，就会影响到许多人的生活，包括那些素未谋面的人。苦难还让我们看到了自己的局限性，敦促我们透过各种意想不到的关系看待生活，这正是苦难的神圣性。

经历苦难之后的恢复过程不同于生病之后的康复过程。很多人在经受苦难之后，不仅所受的痛苦有所减轻，而且整个人都脱胎换骨了。他们无视个人效用逻辑，行为看似前后矛盾。他们的各种充满爱心的承诺常常会带来苦难，但他们不仅没有退缩，反而更加坚定地投身其中。即使承受最糟糕、最痛苦的结果，有的人仍然会竭力改掉自己的弱点，随时准备抚慰别人。他们怀着更强烈的感激之心，以更饱满的热情积极地投身到艺术创作、爱的付出以及承诺的践行之中。

于是，苦难变成了一种礼物，与传统上被称作幸福的礼物明显不同。幸福令人愉悦，而苦难则助人培养品格。

收获的荣誉和付出的代价

几十年来，多萝西·戴伊的事迹被广为传颂。她不仅是天主教社会训导的捍卫者，更是一个活生生的榜样，鼓舞了几代信奉天主教的人。从根本上看，天主教社会训导认为每一个生命都有相同的尊严，无家可归的吸毒者与成就显著的人的灵魂同样宝贵。它还坚信上帝对穷人怀有特殊的爱。《以赛亚书》称“真正敬拜上帝的人是为正义而努力，关心的是穷人和受压迫者。”这条教义着重指出我们同属于一个人类大家庭，要相亲相爱、融洽相处。戴伊就是根据这些原则，建立了自己的精神世界。

《漫漫孤寂》自 1952 年出版，就非常畅销，至今已加印多次。在她的事迹广为人知后，很多人慕名而来，登门拜访。这个现象本身对戴伊的精神世界构成了挑战。她说：“人们不停地说我们的工作是多么美好，我的耳朵里充斥着这些声音。很多时候，我们的工作其实并没有他们想象的那么美好。我们需要加班，身体疲倦，心情急躁。有的人不喜欢排队，骂骂咧咧。我们的耐心几乎耗尽，就快控制不住自己了。”她担心这些人的崇拜会让自己与同事堕落，与此同时，她还感觉到了孤独。

由于身边随时都围着一群人，戴伊经常觉得自己所爱的人被隔离在外。她的家人无法理解她对天主教的虔诚，与她的关系有所疏远。在与福斯特分手之后，她再也没有爱上其他男人，过着单身生活。她说：“清晨醒来，我总是希望有一张脸贴在我的胸口，有一只胳膊搂住我的肩头。多年之后，这种感觉才慢慢消失，但失落感一直都在。这就是我付出的代价。”她认为自己必须付出这种代价，忍受孤独，守住贞洁。没有人知道其中的原因。

由于居住在“好客之家”，还要到处做训导，戴伊陪伴女儿塔玛的时间很少。1940 年，她在日记中写道：“每天我都辗转反侧，难以入睡。我非常想念塔玛，一到晚上我就很悲伤，而到了白天，我就不那么难过了。每个夜晚我都感到孤独和痛苦，但到了白天，我就会再次坚强起来。我会虔诚地去完成每一项工作，在欢乐与平和之中继续坚持下去。”

她是一位单亲妈妈，同时还是一个复杂多变的社会运动的领导人。她经常出差，有很多人都曾受到她的委托去照料塔玛。她常常觉得自己是一个非常失败的母亲。塔玛小的时候，就生活在《天主教工人报》这个大家庭中，稍大以后就去了寄宿学校。16岁时，塔玛爱上了一位名叫戴维·亨尼西的《天主教工人报》志愿者。但戴伊认为塔玛还没到结婚的年龄，便要求塔玛在一年之内不要给戴维写信，收到戴维的来信也不要拆开，而是直接退回给他。同时，戴伊也给戴维写信，告诉他不要去找她的女儿，但是戴维根本没看这些信，而是直接退回给戴伊。

通过不懈的坚持，塔玛和戴维终于在1944年4月19日举行了婚礼，并且得到了戴伊的祝福。那一年，塔玛18岁。婚后，塔玛和戴维搬到了宾夕法尼亚伊斯顿的一个农场，塔玛生下了她的第一个孩子（她一生一共生了9个孩子）。塔玛与戴维的婚姻持续到1961年年底，以离婚收场。戴维长期失业，精神也出了问题。塔玛离婚后又搬回了斯塔滕岛，住在报社附近。在人们眼中，塔玛性格温柔，待人热情，不像她母亲那样致力于精神世界的追求。塔玛从未想过去改变别人，而是无条件地爱着他们。2008年，塔玛在新罕布什尔州去世，享年82岁。塔玛一直积极致力于社会服务工作，但她与母亲待在一起的时间非常少。

关爱每一个需要帮助的人

既要满足各种需要，又要完成使命，在成年之后的大部分时间里，戴伊都忙碌个不停。有时，她甚至想离开报社。她说：

“《天主教工人报》的工作让我苦不堪言，我觉得自己就要死了。我在报社工作，是希望通过我的笔和我的嘴来做宣传，而不是来这里忍受痛苦、走向死亡的。”她也想找个地方躲起来，到医院做女工，找个房子住下来，最好就在教堂隔壁。“在城市中一个偏僻的角落，与穷人一起生活、工作，学习祷告，学习忍受苦难，学习安静地生活。”

最后，她决定继续留在报社工作。她在报社周围建起了一系列社区，包括“好客之家”与农民公社，并从中找到了家的感觉，也体验到了欢乐。

1950 年，她在一篇专栏文章里写道：“写信有助于同社区居民沟通。我们可以通过写信来安慰你们，帮助你们，为你们提供建议，而你们则可以通过写信来寻求我们的安慰与帮助。这是人类彼此沟通的一种手段，可以传达我们相互间的关爱之心。”

喜好独处的天性与希望同他人交往的内心渴盼，一起构成了戴伊分裂的自我。她经常会谈到这个话题，谈到自己与之斗争的经历。她说：“在人世间，我们都必然会感到孤独。解决这个问题的唯一办法就是加入社区，大家一起生活、工作、分享，敬仰上帝，关爱我们的兄弟并与他们紧密团结在一起。这样，我们才能向上帝证明我们的爱。”在《漫漫孤寂》的结尾部分，戴伊声嘶力竭地表达了自己的感激之情：

> 我发现自己无比开心，就像不能生育的妇女突然拥有了孩子一样。笑口常开并非易事，因此我们有义务让人们感到开心。《天主教工人报》最重要的特点是什么？有人说是贫穷，还有人说是社区，这表明我们再也不是孤身一人。不过，正确的答案应该是爱。用佐西马神父的话说，爱有时非常残酷，

令人害怕。但是，我们对爱的推崇已经经受住了火的考验。我们只有彼此关爱，才能爱上帝；只有相互了解，才能付出爱。掰饼时，我们知道上帝就在那儿；掰饼时，我们知道对方就在我们身边，我们再也不是孤身一人。天堂是一场盛宴，人生也是如此。即使只有一块饼，只要有人与我们为伴，我们也会觉得这就是一场盛宴。

从局外人的角度来看，戴伊从事的似乎就是现代人所谓的社区服务工作，比如端汤送水、安排住所。但是，与现在的众多善行相比，戴伊的出发点与目标明显相同。

天主教工人运动希望可以减轻穷人所受的苦难，但这并不是该运动的主要目的，也不是它的组织原则。它的主要目的是以树立榜样的方式告诉人们，如果基督教徒严格按照福音书所要求与倡导的方式生活，那么整个世界会呈现出什么样子。该运动不仅希望帮助穷人，还想要帮助服务对象摆脱绝望。戴伊在日记中写道：“晚上不洗澡，带着一身汗臭味上床睡觉。没有任何隐私可言。但是，耶稣基督出生在一个马槽里，马厩很不卫生，臭气熏天。既然圣母马利亚都能够忍受，我为什么就做不到呢？”

根据记者伊莎依·施瓦茨的记录，对戴伊来说，“只有与上帝相关，行为才会具备重要性”。每次她把一件衣服送给某个人，就是在以行动祈祷。戴伊认为，“发放少量救济物资的慈善行为”是对穷人的贬损与不尊重，她对此深恶痛绝。在她的心目中，每种服务行为都是在穷人和上帝面前摆出的低姿态，都是在满足自己内心的需要。戴伊觉得有必要“将贫穷内化成私德”，把贫穷当作一种与其他人交流、缩小与上帝之间距离的方法。如果把社区服务与祷告割裂开来，就等同于背弃了社区服务旨在改变生活状态的目标。

阅读多萝西·戴伊的日记时，她经受的那些孤独、苦难和痛苦往往让人难以置信。上帝真的要求她经历如此多的苦难吗？她真的放弃了太多尘世间的简单快乐吗？从某种意义上讲，可能的确如此。但是，换个角度看，这可能也是我们过于依赖她的日记和她留下的文字材料而形成的不准确的印象。同很多人一样，戴伊在日记中的情绪也比她在日常生活中更加消极。心情愉快时她不会写日记，而是沉浸在那些让她愉快的活动之中。她在考虑问题时会写日记，从而记录下给她造成痛苦的根源。

日记会给人们造成戴伊饱受磨难的印象，而口头回忆则会让人们以为她一直被儿孙、亲密好友、崇拜者和关系亲近的社区居民包围。戴伊的一位崇拜者玛丽·莱斯罗普说："她非常善于营造亲密友谊，她的每一段友谊都不同寻常，而且她的朋友非常多，包括爱她的人和她爱的人。"

还有的人回忆说，戴伊对音乐和声色犬马的生活情有独钟。凯瑟琳·乔丹说："多萝西对美的理解非常深刻……在她听歌剧（戴伊喜欢用收音机收听都会歌剧）时，我经常打断她。走进她的房间，我总能看到她如痴如醉的表情。她经常说：'记住陀思妥耶夫斯基说过的话——美将拯救世界。'我们都能看出来，她是真的信奉这句话。她从来不区分自然与超自然。"

到1960年时，戴伊与福斯特·巴特曼分开已有三十多年了。二人分手后不久，福斯特就与一位名叫纳内特的女性同居了。后来，这个纯真、可爱的女人患了癌症。福斯特为此拜访了戴伊，请戴伊照料即将离开人世的纳内特。戴伊不假思索就同意了，之后的几个月里，戴伊每天都会花大量时间在斯塔滕岛上陪伴纳内特。她在日记里写道："纳内特度过了一段艰难的日子，她不仅面临死亡的压力，还要忍受全身的疼痛。她躺在床上哭泣，令人心碎。除了默默地陪在她身边，其他的事我无能为力。我告诉她，我没有办法安慰她，在苦难面前，人们唯一可以做的就是保持沉默。她痛苦地回答：'是的，死亡的沉默。'我说，我来给你念《玫瑰经》吧。"

感情细腻的人在其他人遭遇痛苦时都会像戴伊这样做。在某些时候，我们也会受人之托去安慰正在遭受痛苦的人。面对这样的情况，很多人不知道该做些什么，有些人却深谙此道。首先，他们会到现场提供宗教服务。其次，他们不会胡乱比较。因为每个人经历的严峻考验都不相同，因此不应该与其他人做比较。再次，他们会做一些实事，比如做饭、打扫卫生、洗毛巾等。最后，他们不会竭力减轻他人正在忍受的痛苦。他们不会虚情假意地安慰别人，不会说经历痛苦本身是一件有益的事，不会想方设法地寻找渺茫的希望。相反，他们会像所有的智者一样直面悲剧和痛苦，奉行消极的积极主义。他们不会四处奔走，试图解决某个没有办法解决的难题。他们会鼓励他人有尊严地面对自己的苦难，而他们只是坐在那里，作为一个简单、直接、讲求实际的人，陪伴遭受苦难的人度过痛苦、黑暗的漫漫长夜。

与戴伊不同的是，福斯特在面临考验时表现得非常糟糕。他经常一个人走掉，让戴伊和另外一个人照料纳内特。戴伊在日记中写道："福斯特非常悲伤，坚决不同意陪着纳内特。纳内特整天都很伤心，她的腿肿得很厉害，胃也严重胀气。今天晚上，她不停地哭喊着说她已经受不了了。"

戴伊发现，她一边要与纳内特一起经受苦难，一边还要平息对福斯特的怒气。她说：“他总是从她的身边逃走，我已经失去耐心了。他的自哀自怜，他的哭哭啼啼，都让我难以忍受，我必须咬紧牙关才能坦然面对他。这是他对疾病和死亡无限恐惧的表现。”

1960 年 1 月 7 日，纳内特请求接受洗礼。第二天，她离开了这个世界。戴伊还记得她临终前几个小时的情景：“在经受了两天的痛苦之后，纳内特于今天上午 8 点 45 分离开了人世。她说，就算被钉在十字架上也不会这么痛苦。她一边举起胳膊一边说，只有被关在集中营里的人才会经受这样的痛苦。在一次不是很严重的胃出血之后，她安静地死去，脸上还带着一丝平静祥和的微笑。”

心怀感恩行至人生的巅峰

在激进主义于 20 世纪 60 年代末兴起的时候，戴伊积极参与了和平运动以及那个时代的多个政治活动。不过，在对待生活的基本方式上，她与那些激进主义者有着极大的不同。激进主义竭力鼓吹解放、自由与自治，而戴伊则四处宣扬服从、劳役与自我妥协。她无法接受对露天性行为与不检点行为的赞美之词。有的年轻人喜欢用纸杯装圣餐酒，她对此非常反感。她与反主流文化格格不入，对那些有叛逆精神的年轻人颇有微词：“这些叛逆行为让我十分怀念顺从的品质，我非常渴望这种品质的回归。”

1969 年，她在一篇日记里表示，某些人建议在建造社区时不再遵守天主教千年不变的戒律，这让她无法接受。戴伊很清楚天主教有不足之处，但她也知道保持这些训导的必要性。而她身边的激进主义者只看到了缺陷，一心想要推翻一切。她说：“就好像突然发现父母也经常犯错的青少年一样，他们在震惊之余，希望抛弃家庭的各种规矩，投身于‘社区’之中……有人把这些青少年称作‘年轻的成年人’，但是在我看来，他们只是还没有长大的青少年，满脑子都是浪漫主义思想。”

在好客之家，戴伊每天都要面对各种各样的苦难。年复一年，她变成了一个现实主义者。她在一次采访中说：“我无法容忍浪漫主义，我希望自己成为一个有宗教信仰的现实主义者。”在她看来，身边的那些激进主义者的行为大多过于随便，并且对自身过于宽容。为了参加社区服务、践行自己的信仰，她已经付出了沉重的代价——与福斯特之间的爱情走到了尽头，家人也疏远了她。她说：“对于我而言，基督不是用30个银币就能交换的，我付出的是自己的心血。在这个市场上，我们都需要付出昂贵的代价。”

尽管她身边的人都在赞美自然和自然人，但是戴伊认为自然人是不道德的，只有压抑他们与生俱来的那些欲望，才能获得救赎。她说：“只有‘剪枝’，我们才能茁壮成长，但这个过程会让人感到痛苦。不过，不道德被道德取代，信奉基督，成为一个新人，在这个过程中，这样或那样的痛苦都是无法避免的。尽管我们的生活可能枯燥乏味，但我们在精神世界中健康成长，一想到这些，我就抑制不住自己兴奋的心情！”

20世纪60年代末，“反主流文化”这个词经常出现，但只有戴伊才堪称反主流文化的真正代表。她不仅反对当时主流文化的价值观（商业主义，对成功的推崇），而且反对媒体常常颂扬的伍德斯托克的反主流文化（唯信仰论，对个人解放的强烈关注，主张“做自己的事”）。从表面上看，伍德斯托克的反主流文化似乎在反对主流的价值观，但是随后的几十年已经证明，它其实是“大我”文化的另一个版本。资本主义与伍德斯托克关注的都是自我解放与自我表现。在商业社会，人们借助购物与形成自己的“生活方式”来表达自我，而在伍德斯托克文化中，人们通过摆脱限制、歌颂自己的方式来表现自我。资产阶级的商业文化有可能与20世纪60年代的波希米亚文化相投，原因就在于两者都支持个体的解放，鼓励个体根据自我满足的程度来评价自己的生活。

戴伊的生活与他们形成了鲜明的对比。她追求的是对自我的放弃，最终实现对自我的超越。戴伊晚年时期偶尔会出现在谈话类电视节目中。她出席这些节目，并且在节目中表现得泰然自若，有一个简单而直接的原因。从《漫漫孤寂》以及她的其他作品可以看出，戴伊践行的是公开忏悔的原则（这种做法从一开始就引起了人们的兴趣）。她开诚布公地谈论自己的内心世界（弗朗西丝·帕金斯和德怀特·艾森豪威尔从来都不会这样做），反对遮遮掩掩的做法。不过，她的忏悔并不仅仅是以揭示自己的内心世界为前提的。伊莎依·施瓦茨认为：“忏悔的目的是通过具体例子揭示普遍真理。通过反省以及与神父的交流，忏悔者基于自身经历完成对自己人生的超越。所以说，忏悔是一种通过私德的培养来完成公德建设的行为，原因在于，对个人决策的反思有利于我们更好地理解人类面临的问题，以及人类正在进行的斗争（人类本来就是由成千上万正在与自己的决策做斗争的人组成的）。”此外，戴伊的忏悔行为还跟神学有关。她的目的其实并不是理解自己和人类，而是理解上帝。

毫无疑问，戴伊从来就没有真正做到心如止水，也没有实现自我满足。在她日记的最后一页夹着一张卡片，上面写着叙利亚圣厄弗冷的忏悔祷告词，开头几句是："啊，主，我生命的主宰。求主带领我远离懒惰与怯懦，消除我对权力的渴望，让我不再虚度光阴，陷入无意义的闲谈。求主赐予我，你的仆人，贞洁、谦卑、耐心与爱。"

但是，她用一生的时间搭建了一个稳定的精神世界。她为其他人提供服务的行为增强了她内心的稳定性，而这种稳定性是她在早年生活中所缺少的东西。她还充满了感激之情，她选择的墓碑铭文非常简单："DEO GRATIAS（承神之佑）"。暮年的她结识了哈佛大学儿童精神病学家罗伯特·科尔斯，两人成为无话不谈的密友。戴伊告诉科尔斯："我的人生就快结束了。"多年来，她一直坚持写作，打算写回忆录是一个再自然不过的想法。据戴伊介绍，那天，就在她坐到桌边准备动笔写作时，发生了一件令她意想不到的事：

> 我准备回忆往事，回想主赐给我的这一生。前些天我拟了个题目——一生的回忆，我准备回顾自己的一生，写下一些最重要的事。结果，事与愿违，我坐在那儿，却不由自主地想到了 1 000 多年前主来到人世间的事。于是我告诉自己，我人生最幸运的地方在于，主在我的心中停留了那么长的时间！

科尔斯写道："我能听出来她的声音有点儿哽咽，随后她的眼睛也湿润了，但是她很快又开始谈论她对托尔斯泰的热爱，好像她正准备切换到这个话题。"那个时刻代表着一个平静的高潮。

在完成了许许多多的工作和做出了巨大的牺牲之后，在为改变这个世界付出了那么多的努力之后，惊涛骇浪终于过去，迎来了一片祥和的宁静。亚当一号在亚当二号面前轰然倒下，孤独消失了。在自我批评与奋斗的一生到达巅峰时，她收获的是满心的感激。

第 5 章

终生自律——第二次世界大战“胜利的组织者”

乔治·卡特利特·马歇尔出生于1880年，他的童年是在宾夕法尼亚的尤宁敦度过的。尤宁敦是一座产煤的小城，人口约为3.5万，当时正在经历工业化改革。乔治的父亲是一位成功的商人（乔治出生那年，他35岁），在这座小城有一定的影响力。最高法院大法官约翰·马歇尔是他们家的一个远亲，马歇尔这个古老的南方家族让乔治感到骄傲。乔治的父亲为人有点儿拘谨，在家里尤其如此。

乔治的父亲在中年时出售了家中的煤炭生意，转而投资弗吉尼亚州卢瑞岩洞附近的一个房地产开发计划。结果，这个计划破产了，他20年的积蓄全部付诸东流。他不得不从外面的世界回到家中，靠整理宗谱打发时间。家庭的经济状况就此变差。晚年的乔治·马歇尔仍然记得，那时他们经常去旅馆的厨房讨要剩饭剩菜，主要是拿来喂狗，但偶尔也会用来做成炖菜。乔治说："这种痛苦、耻辱的经历，是我童年生活中的一片阴影。"

童年的马歇尔并不是那么聪明活泼。9岁时，父亲把他送到当地的一所公立学校上学。校长李·史密斯教授对他进行了分级面试，为了测试马歇尔的智力水平与学前教育情况，校长问了他若干简单的问题，但是马歇尔一道题也不会。在父亲的注视下，他一边支支吾吾，一边不安地扭动身体。在他后来率领美国陆军经受住第二次世界大战的考验、出任国务卿并赢得诺贝尔和平奖之后，马歇尔仍然记得这段往事。在父亲面前出丑，让他感到无比尴尬，而他的父亲也因为难为情而"坐立不安"。

马歇尔的学习成绩很差。他对各种类型的公开发言心存恐惧，担心被其他同学嘲笑。他还非常害羞，这为他招致了更多的失败与羞辱。他在晚年回忆道："我不喜欢上学，我连差生都不如。我甚至不配当一名学生，我的学习成绩实在太糟糕了。”于是，他开始调皮捣蛋，四处惹祸。有一次，妹妹玛丽嘲笑他是“班上最蠢的学生”，结果，当天晚上她就在床上发现了一只青蛙。如果有他不喜欢的人来他家，他就会趁客人们不注意时，从屋顶向他们头上投水弹。不过，他拥有不错的创造力。他亲手制作了一只木筏，运送女生过河，还因此小赚了一笔。

小学毕业之后，他希望向他最喜欢的哥哥斯图尔特学习，去弗吉尼亚军事学院上学。后来，在接受杰出的传记作家福里斯特·波格的访谈时，马歇尔回忆起哥哥那番令他无比痛苦的话。

> 我请求家人同意我去弗吉尼亚军事学院上学，无意间听到斯图尔特同母亲的谈话。他正在竭力劝说母亲不要同意我去那所学校上学，理由是我会让整个家族蒙羞。他的这番话让我深受触动，比所有老师还有父母给我的压力都大。我立刻下定决心，一定要让斯图尔特意识到自己的狂妄。后来，我终于超越了我的哥哥。那是我第一次超过他，而且我从中明白了不少道理。我之所以迫切渴望自己获得成功，是因为我听到了哥哥的那番话。它对我的职业发展产生了一种心理效应。

取得杰出成就之后仍然不骄不躁的人都有这样的特点：他们并不是很聪明，也没有惊人的天赋。白手起家的富翁们在大学时的平均成绩大约处于B以下的水平。但是，在他们人生的某个关键时刻，有人指手画脚说他们的某项计划实在太愚蠢，于是他们决定用实际行动来证明这些家伙说错了。

马歇尔并非完全没有得到家庭的温暖与支持。尽管父亲不断地对他感到失望，但是母亲非常喜欢他，给了他无条件的爱与支持。为了让他上大学，她卖掉了家里仅有的不动产，包括她想要用来盖房子的尤宁敦市区的那块地。在学校和家里受到的羞辱让马歇尔明白了一个道理：他的天赋不足以支持他的人生步步高升；要想有所发展，就必须依靠磨炼、坚持和自律。来到弗吉尼亚军事学院之后（似乎他没参加入学考试就被录取了），他发现这里的生活与纪律正是他向往的。

1897 年，刚刚进入弗吉尼亚军事学院的马歇尔被学院的南方传统吸引。学院的道德文化融合了若干古老的传统，包括注重服务与礼貌的骑士精神、对情绪实行自我控制的节制观以及古典的荣誉观。学校里富有南方骑士精神的英雄人物的事迹俯拾即是。比如参加过美国内战并在学院担任过教授的"石墙"杰克逊将军，1864 年 5 月 15 日在谢南多厄河谷战役中列队出击并打退北方军队的 241 名学员（其中有的学员只有 15 岁），还有南方联盟的罗伯特 · E · 李将军。

弗吉尼亚军事学院教导马歇尔要学会崇拜英雄，要在心中树立一位英雄榜样，并通过合适的方式向榜样学习，把他变成自我评判的标准。而在不久前，社会上还兴起了一股嘲弄英雄名不副实的风潮。即使在今天，"不崇拜偶像"这个词也经常被用来赞扬某人。但是，在年轻的马歇尔所处的社会里，人们更加重视崇拜意识的培养。罗马传记作家普卢塔克从事创作的原因是，他认为杰出人物的故事可以提升活着的人的志向。托马斯 · 阿奎那认为，想要拥有一个有品位的人生，眼睛就不能只盯着自己，而更应该关注我们的楷模，尽可能地模仿他们的行为。哲学家阿尔弗雷德 · 诺思 · 怀特海指出："如果不习惯性地想象伟人的品德，德育就不可能取得理想的效果。”1943 年，理查德 · 温 · 利文斯通在他的著作中指出：“人们往往以为道德败坏是品格缺陷导致的，其实一个更主要的原因在于，他们心中的楷模不够完美。我们能察觉其他人（偶尔也包括我们自己）在勇气、勤奋、坚持等方面的不足，并且认为正是这些不足导致了最终的失败。但是，我们忽视了一个更微妙、更严重的缺陷，即我们的道德标准出了问题，我们根本没弄明白善的真实含义。”

通过培养崇拜楷模（包括对古时候的英雄、对长者、对现实生活中的领导者的崇敬）这个习惯，教师不仅可以让学生理解“伟大”的含义，还有可能培养出一位受人崇敬的人才。行为正派不仅指一个人清楚哪些行为是正确的，还应该有动机，即驱使自己行善的那种情感。

在军校上学期间，马歇尔听到了许多故事，有的是虚构的，有的充满传奇色彩。故事的主人公都是历史上的英雄，包括伯里克利、奥古斯都、犹大 · 马加比、乔治 · 华盛顿、贞德、多莉 · 麦迪逊等。弗吉尼亚大学教授詹姆斯 · 戴维森 · 亨特曾经指出，宗教信仰并不是品格培养的必要条件，“但必须相信某一条真理。这条真理在意识与生活中必须具有神圣的地位，被视为不可违背的权威性，同时还必须利用道德社会里制度化的习惯予以加强。因此，品格抵制私利，反对投机取巧。丹麦哲学家索伦 · 克尔恺郭尔说，品格‘铭刻于心’，深入灵魂，原因毫无疑问就在于此”。

就学术水平而言，弗吉尼亚军事学院算不上一所优秀的学校，马歇尔的成绩也很一般。但是，它帮助马歇尔在心目中树立起神圣不可侵犯的英雄榜样，还帮助他养成了制度化的自律习惯。成年之后的马歇尔在各个方面都表现出力争完美的强烈欲望。他绝对会因为一些“小事”而烦恼，这跟我们现在司空见惯的建议正好背道而驰。

弗吉尼亚军事学院还教导学生们要学会放弃，在享受愉悦时要懂得抓大放小。在这所学院里，聚集着一群家境优越的年轻人，他们来到这里的目的是让自己变得更加坚强。他们放弃家庭提供给他们的奢侈生活，希望在这里习得应对生活中各种挑战的能力。马歇尔不畏艰辛，如饥似渴地学习和吸收这种苦修文化。一年级的学生在睡觉时，宿舍的大玻璃窗必须完全打开，如果他们在冬夜醒来，那么甚至有可能发现自己已被冰雪覆盖。

马歇尔在去弗吉尼亚军事学院报到的前一周患了伤寒症，他不得不比其他学员晚一周到校。一年级新生的日子本来就非常难过，而马歇尔苍白的脸色与北方口音还招致高年级学员不怀好意的目光。因为有点儿塌鼻梁，他被人戏谑地称为“北方老鼠”“哈巴狗”。“老鼠”马歇尔每天都要干很多又脏又累的杂活，打扫很多次厕所。据他对这段经历的回忆，他从来没有因为这种际遇而生出反抗的念头，也没有心怀愤恨。他说：“我想，对于这类事情，当时的我应该比很多孩子都更冷静豁达吧。我把这些视为我的分内工作，尽量心平气和地看待它们。”

在被戏称为“老鼠”后不久，马歇尔遭受了学院里经常发生的一种羞辱。他被迫赤身裸体地保持蹲坐的姿势，屁股正下方有一把尖刀，它被插在地板上的一个洞里。这个考验叫作“蹲马步”，是新生必过的一关。在一群高年级学员的围观之下，他咬紧牙关，尽量不让自己的屁股碰到刀尖。但是后来他实在坚持不住了，但他没有径直坐下去，而是倒向了一边，他的右臀部被划出了一个很深的伤口。即使在当时，如此残忍的羞辱方式也是违反学院规定的，高年级学员急忙送他去医护中心治疗，还很担心他会向学院告发这件事。但是，马歇尔并没有告发他们，他保持缄默的做法立刻赢得了大家的尊重。他的一位同班同学说："从此以后，再也没有人关注他的口音了。哪怕他胡说八道，大家也会接受。他彻底地融入了集体。"

马歇尔在弗吉尼亚军事学院的学习成绩并不优秀，但是他在训练、内务、组织、自我控制与领导水平等方面表现突出。他深谙训练美学，动作到位、军姿挺拔、敬礼动作标准有力、目光平视前方、军容整洁，仪容仪态是内在自制力的外在表现。在一次橄榄球比赛中，他的右臂韧带严重拉伤，但他拒绝去看军医，理由是"（过两年）它自然就好了"。弗吉尼亚军事学院学员的日常生活有一个特点，即不断地向上级敬礼。由于马歇尔的右臂无法自如地抬至眉毛上方，因此在这两年里，他肯定因此吃了不少苦头。

这种刻板的礼节如今早已不再时尚。我们的仪容举止远比那时候自然、放松，生怕给人造成矫揉造作的印象。但是，马歇尔的军营生活表明，伟大都是后天造就的，而不是天生的，训练可以把一个人变成一个伟大的人物。变化是由外及内的。只有通过训练，我们才能学会自我约束；只有通过培养谦恭有礼的习惯，我们才能成为一个有教养的人；只有克服心中的恐惧，我们才能生出勇气；只有通过控制面部表情，我们才能严肃起来。行为是美德之母。

重要的是，不能让即时情绪主导我们的行为，要减少短时情绪的影响。我们可能会感到害怕，但是不能让恐惧心理影响到我们的行为。我们可能想吃糖，但是必须学会压制这种欲望。具有坚忍克己美德的人认为，对于情绪，我们不应该信任，而是应该怀疑。情绪会夺走你的力量，因此不可信任欲望、怒气，就连伤心和悲痛也要防范。用我们看待火的态度来看待这些情绪：它们在严格控制之下是有益的，但如果不加控制，它们就会变成一种破坏力量。

持这种态度的人随时会用端庄得体筑成一面防火墙，来控制自己的情感，由此产生了要求严格的维多利亚礼仪；为了消除自身的弱点，他们严格控制情感表达的方式，由此产生了彼此之间复杂、正式的称呼方式。持这种态度的人（马歇尔毕生都是）表情都很严肃，从不做作。马歇尔曾经嘲笑道格拉斯·麦克阿瑟将军和乔治·S·巴顿将军的举止像拿破仑或希特勒那样不自然，而且几乎到了夸张的程度。后来，这两位将军成了马歇尔的同事。

马歇尔的一位传记作家在书中写道："马歇尔的内在气质属于易于改造的类型。他由最初的强烈控制型转变为自我控制型，他会根据自己的欲望把一些限制强加在自己身上，有的限制第一次出现时，他自己都觉得难以忍受。而且，这个转变过程有时还比较粗暴。"

马歇尔不风趣，情感不丰富，也不喜欢表现自己。他不愿意写日记，因为他认为写日记有可能导致他过分关注自己和自己的声名，以及后世对自己的看法。1942 年，他告诉罗伯特·E·李的传记作家道格拉斯·索撒尔·弗里曼，在平时，写日记的行为有可能导致"自我欺骗或者决策时的犹豫不决"，而在战时，他必须一心一意地关注"取胜这件正经事"。马歇尔从来没有过写自传的念头,《星期六晚邮报》曾出价 100 多万美元，邀请他讲述自己的往事，但他婉言谢绝了这个提议，因为他不想让自己和其他将军感到尴尬。

弗吉尼亚军事学院的总体训练目标是，教导马歇尔如何在有约束条件的前提下行使权力。权力是品行的放大器，它会使粗俗的人更加粗俗，使有控制欲的人有更强烈的控制欲。地位越高，敢于说真话、直言不讳的人越少。因此，必须及早养成自我控制的习惯，包括对情绪的控制。马歇尔后来回忆说："我在弗吉尼亚军事学院学习的主要内容是自我控制、自我约束，我满脑子都是这些。"

在学院的最后一年，马歇尔被任命为队长，这是学院可以授予的最高军衔。他在校 4 年从来没有被记过，练就了严肃、威严的仪容（这一直是他人格的一个标志）。在所有与军人相关的领域里，他的表现全都出类拔萃，而且是班级中毫无争议的领导者。

弗吉尼亚军事学院的校长约翰·怀斯在推荐信中以该校特有的语气对马歇尔取得的成就大加赞赏："多年来，（马歇尔是）这座加工厂生产的最适合制作火药的原材料。"

年纪轻轻时，马歇尔就养成了一个令军界普遍赞赏的清醒头脑。西塞罗在《图斯库勒论辩》中写道："一个人，如果可以通过始终如一的自我控制做到心如止水，学会知足，既不会在逆境中妥协，也不会在战斗中崩溃，既不会因为生理欲望而冲动，也不会因为情绪激动而迷失，那么无论这个人是谁，他都是我们要找的智者和幸福的人。"

极其漫长的晋升之路

成功人士在刚刚步入职业生涯时，在他们的人生中总会有一个非常有意思的时刻。马歇尔的这个时刻发生在弗吉尼亚军事学院里。

为了进入美国陆军，他需要得到政治支持。于是，他来到华盛顿，未经预约就出现在白宫。来到二楼后，一名接待人员告诉他，径直闯进去并见到总统是不可能的。但是，马歇尔尾随一群人偷偷地溜进了椭圆形办公室。等那些人离开之后，他向麦金莱总统报告了自己的情况。没有人知道麦金莱是否介入了这件事，1901年，马歇尔获准参加陆军的招新考试，并于1902年收到了委任状。

同艾森豪威尔一样，马歇尔也是大器晚成。虽然他尽职尽责，也干过服务工作，但晋升得并不快。他是一名出色的助手，他的上级有时候为了留住他，不惜阻止他走上指挥岗位。一位将军说："马歇尔最适合干参谋工作。我认为，无论是教学还是实践，美国陆军中肯定无人能与他匹敌。"军队里的幕后工作十分乏味，后勤工作尤其如此，但他在这方面表现出色，没有人愿意安排他去前线。39岁时，他参与"一战"的服役年限已经接近尾声，可他还只是一名临时中校，而很多担任战斗指挥官的年轻军人的级别已经超过了他。这让他感到无比痛苦。

不过，他各方面的技能也在日渐提高。在利文沃斯堡进修时，为了摆脱糟糕的学习成绩，他开始了自学。随后，他跨越美国南部和中西部前往菲律宾，担任工程技术军官、军械官、营区军需主任、营区给养员以及做其他一些不重要的参谋工作。每天，他都要做许多琐事，成绩却微不足道。不过，他对细节的关注与持之以恒让他日后获益匪浅。后来，马歇尔回忆说：“真正伟大的领导者会克服一切困难，而大大小小的战役无非是需要克服的一堆困难而已。”

他的自尊心也得到了升华，“你越不赞同上级制定的政策，越要下大力气落实这些政策”。传记作家已经把他的生活翻了个底朝天，却没有找到他在道德方面任何明显的不足之处，这确实令人震惊。他的很多决策虽然不是很明智，但他从来没有通奸、出卖朋友、恶意撒谎的行为，也没有让他自己和他人感到失望的行为。

尽管迟迟没能晋升，马歇尔却因组织管理方面的才干而名声远播。然而，这并不是他军旅生涯的最闪亮之处。1912年，他在美国组织实施了涉及17 000名官兵的作战行动。1914年，在菲律宾的一次演习训练中，他有效地指挥4 800人的入侵部队，利用高明的战术，成功地击败了防守部队。

“一战”期间，马歇尔在美国远征军第一步兵师担任师参谋长的助手。这是美国陆军派遣到欧洲战场的第一个师，当时负责在法国作战。与许多参战的美国人相比，马歇尔目睹了更多的作战行动，躲避了更多的子弹、炮弹和毒气攻击，这与人们普遍相信的说法正好相反。他的任务是帮助远征军师部及时获取有关前线补给、阵地及人员士气等方面的情报。他多次前往法国前线，进出战壕，询问并记录士兵们迫切需要解决的问题。

安全返回指挥部后，他需要向参谋长报告前线情况，并着手为下一个去前线大规模接送兵员的行动制订计划。在一次作战行动中，他完成了将前线的60万人、90万吨物资弹药由一个区域运送至另一个区域的组织工作。这是战争中最为复杂的后勤工作，而马歇尔的表现堪称传奇，这为他赢得了一个暂时性的绰号——“巫师”。

1917 年 10 月间，美国远征军高级指挥官“黑桃杰克”约翰·潘兴将军来到了马歇尔所在的部队。潘兴对部队糟糕的训练情况与表现非常失望，并对马歇尔的直接上级威廉·赛伯特将军及两天前刚刚到任的参谋长进行了严厉的批评。当时还是一名上尉的马歇尔认为，这正是他实施所谓的“牺牲式打法”的有利时机。于是，他走上前，试图向潘兴将军解释当时的情况，但怒不可遏的潘兴转头就走。就在这时，马歇尔做出了一个有可能断送自己前途的举动——他一把抓住潘兴的胳膊，不让他离开，而且历数了潘兴本人的司令部在诸多方面的不足，包括补给不及时、部队配置不当、汽车运输能力欠缺，以及其他方面的许多不容忽视的问题。他的这番充满激情的言辞令潘兴将军目瞪口呆。

现场一片寂静，所有人都被马歇尔的无礼举动吓住了。潘兴目不转睛地盯着他，然后用戒备的语气说道：“嗯，你应该感谢我们出了这些问题。”

马歇尔毫不退缩：“是的，将军。但是我们每天都会遇到问题，而且问题还不少。因此，我们必须利用晚上的时间解决所有问题。”

潘兴没有说话，气冲冲地走了。马歇尔的同事们都向他表示感谢，同时也提醒他，他的军旅生涯很可能就此结束。结果，潘兴不仅没有刁难马歇尔，反而记住了这位年轻人，把他调到自己身边工作，并成为他最重要的导师。

在接到前往肖蒙的美军总部参谋部就职的信件时，马歇尔有些失望，因为他一直渴盼得到一个负责指挥打仗的职位。不过，他还是收拾好行李，与相处一年多的战友们道了别。在完成战争调查报告的空当，马歇尔一反常态地写了一段伤感的文字，描述他和战友们离别的情景：

> 面对与我在法国亲密相处一年多的战友们，我的内心很难保持平静。我们就像一群囚犯，审判我们的法官以及我们所面临的磨难，似乎让我们紧密地联系在一起。现在，我仿佛还能看到他们都站在城堡的大门口。在我坐进凯迪拉克汽车的那一瞬间，他们那些友好的玩笑和深情的道别都深深地印在我的脑海里。我发动了汽车，几乎不敢想何时何地还能再见到他们。

6 天之后，第一步兵师参加了大反攻行动（这次行动将导致德军的撤退）。在 72 小时之内，当时送别马歇尔的大多数人，还有第一步兵师所有的校级军官、营级指挥官和 4 名中尉都未能幸免，他们要么战死，要么受伤。

1918 年，马歇尔差一点儿就能在法国被晋升为准将。可是，战争结束了，等到他最终得到第一颗将星时，是在漫长的 18 年后。他回到祖国，来到华盛顿，在潘兴手下做了 5 年的文书工作。他服务过好几位上级，但几乎没有得到任何晋升。虽然如此，马歇尔却始终兢兢业业地做着自己的本职工作，为他所在的机构——美国陆军提供服务。

人与机构之间的承诺

如今，我们很难遇到有机构思维的人。我们生活在一个机构焦虑症流行的时代，人们往往不信任大型组织。这一方面是因为我们见过大型机构失败的情景，另一方面是因为在“大我”时代，我们总是把个人放在第一位。我们往往更倾向于随心所欲、自由来去、自主选择的生活方式，而不愿意在某些政府机构或其他组织面前丧失个人身份。我们认为不断跳槽到适合自己需要的企业，这才是最丰富、最充实的个人生活。我们觉得人生的真谛就存在于这些自我创造的行为、我们制造或催生的事物，以及我们不断做出的选择之中。

没有人愿意成为言听计从的“组织的一分子”。我们青睐初创企业、颠覆者和叛逆者，而机构中长期从事改革与修复工作的人却往往受到冷遇。年轻人认为，大问题可以通过网络化的方式，组织一批小型的非政府机构和社会企业加以处理，等级森严的大型机构已经过时了。

这种思想对机构的衰落起到了推波助澜的作用。编辑蒂娜·布朗曾经说过，如果我们教育所有人在思考问题时都要跳出条条框框，那么可以肯定的是，这些条条框框将会腐败变质。

像马歇尔这样有机构思维的人，其心态与我们大不相同。拥有机构思维的人认为，最基本的现实是社会，即一系列长期存在、超越世代的机构。人并不是出生于空地或者社会白板上，而是出生于一系列永久性的机构中，包括军队、宗教组织、科研机构，或者从事某个具体的职业，成为一名农民、建筑工、警察或者教授。

人生不是在空地上行进，而是要把自己交付给某些机构。这些机构在你出生之前就已经存在了，在你死后也不会消失。人生就是要接受已死的人留下的礼物，继续保护、改进某些机构，并将这些机构交给下一代。

每个机构都有某些规则、义务，以及判断优秀与否的标准。新闻业要求记者必须养成在心理上与被报道对象保持距离的习惯；科学家发明的某些研究方法要能逐步产生和检验知识；教师应该对所有学生一视同仁，为了帮助学生成长而不懈努力。随着我们投身于机构之中，我们就真正地长成了我们自己。机构不仅可以帮助我们构建灵魂，扫清向善道路上的障碍，还会引导我们走上某些已经过时间考验的路线。加入某个机构之后，我们就不会感到孤单，因为我们被纳入了一个超越时间的社区。

正因为有了这种范围感，机构主义者会对那些先于他们进入该机构的人，以及机构的规则产生深深的敬意。某个行业或者某个机构的规则，与提示我们做某事时如何取得最佳效果的实用性贴士不同，因为它们会被深深地镌刻在践行者的个人身份之中。教师对教育行业的承诺、运动员对运动项目的承诺、医生对医疗卫生行业的承诺，即使它们对灵魂造成的损失大于它们所带来的益处，也不是可以轻言放弃的个人选择。这些承诺将塑造一个人的人生及其发展方向，与寻找自己的使命一样，这些承诺也有某个超越一生的目标。

人的社会职能定义了他的身份。人与机构之间的承诺更像一种契约，是代代相传的遗产，也是需要偿还的债务。

技术性任务——比如说做木工——富有超越该任务本身的深刻含义。在很长一段时间里，你对所在机构的投入要多于你的所得，但是该机构可以为你提供一系列有利于你的承诺，让你在这个世界上找到安全的栖身之所，还会教给你方法，让你焦虑不安、需求不断的自我平静下来。

马歇尔在规划自己的人生时，顺应了所在机构的需要。在20世纪，很少有人能像马歇尔那样，对机构深怀敬意。即使与他同时代的人，即使对他非常了解的人，也大多远不及他。另外，包括艾森豪威尔在内，几乎所有人在与马歇尔相处时，都会多多少少感到不自在，坚定的自我否定与自我控制让他表现出拒人于千里之外的冷漠姿态。只要穿上军装，他就绝不会放松对自己的要求，也不会同他人亲近。面对任何情况，他都能泰然处之。

痛失一生挚爱

马歇尔也有自己的私生活，但是他的私生活与他的工作没有任何交集。今天，我们把工作带回家做，用自己的手机回复工作邮件。但是对马歇尔来说，处理公事时的情感与模式不同于私事，因此公事与私事是两件不相干的事。在一个无情的社会中，家庭就是天堂，妻子莉莉是马歇尔家庭生活的中心。

在弗吉尼亚军事学院学习的最后一年里，乔治·马歇尔向伊丽莎白·卡特·科尔斯（朋友们都叫她莉莉）求婚。马歇尔常冒着被开除的风险，趁着夜色偷偷地跑去与她相会。马歇尔比莉莉小6岁，毕业班里有好几名同学，还有年纪比他大的军事学院毕业生（包括马歇尔的哥哥斯图尔特）都曾使出浑身解数，试图赢得莉莉的芳心。莉莉是一个漂亮的黑美人，刚刚当选为列克星敦小姐。他回忆说，“我坠入了爱河”，那是一种矢志不渝的爱。

1902 年，马歇尔从军事学院毕业后不久，他们就举行了婚礼。能赢得她的芳心，马歇尔觉得这是天大的运气，从那以后，他一直对此心怀感激。他对莉莉的态度可谓殷勤周到，始终如一。婚后不久马歇尔发现，妻子因为甲状腺有问题导致她的心脏极为脆弱，终生都得接受治疗，是一个半病废者。生孩子对莉莉来说非常危险，因为她稍一用力就有可能猝死，所以他们不敢冒这个险。不过，马歇尔对妻子的爱与感激越来越深了。

马歇尔乐此不疲地围着莉莉转，为她送上小惊喜、赞美之词和贴心的慰藉，在任何细节上都从不马虎。就算她不小心把帆布刺绣篮子落在楼上，她也无须亲自去拿，因为马歇尔永远都是甘于为他的夫人服务的骑士。有时候，莉莉会既生气又想笑地看着他献殷勤，觉得自己并没有他想象的那样弱不禁风。然而，能照顾好莉莉，显然让马歇尔感到无比快乐。

1927 年，莉莉 53 岁，她的心脏问题进一步加重了。马歇尔把她送到沃尔特·里德医院就诊，8 月 22 日，她接受了手术治疗。随后，她的身体开始慢慢好转。马歇尔驾轻就熟地给予她无微不至的照料，莉莉似乎也正在康复中。9 月 15 日，医生告诉她第二天就可以出院回家了。她坐下来，准备给她的母亲写一个便条。她刚刚写完“乔治”这个单词，就突然倒下，猝然离世。医生说，这是她听到可以回家的消息后心情激动导致的。

当时，马歇尔正在华盛顿的军事学院给学员上课。一名警卫打断了他，请他去接电话。他们两人一起走进一间小的办公室，马歇尔拿起话筒，听完后他的头伏在了桌子上。警卫问他是否需要帮助，马歇尔用平静、正式的语气回答说：“不需要，斯洛克默顿先生。我刚刚收到消息，我妻子本来打算今天来我这里，结果她却不幸过世了。”

严肃正式的遣词造句，想起警卫姓名前的迟疑（马歇尔不善于记名字），都表明马歇尔无时无刻不在控制自己的情感和约束自我。

妻子的离世给了马歇尔沉重的打击。他在家里各处都摆放上妻子的照片，以便他随便走进哪个房间，她都能看到他。莉莉不仅是他亲爱的妻子，还是他最信任的知己，甚至是唯一的知己。只有她真正了解他肩负的重担，并且和他一起咬牙承受。突然之间，噩耗从天而降，他变成了孤零零的一个人，生活也仿佛失去了目标。

曾经失去妻子和三个女儿的潘兴将军写来了吊唁信。马歇尔在回信里表达了对莉莉的强烈思念：“26 年的相濡以沫（我自始至终就不是很明白男女之间的这种感情）戛然而止，我必须尽最大努力，对人生前景做出自我调整。如果我之前加入过俱乐部，或者与喜欢运动的人有密切往来，或者我正在学习某项运动，或者接到了需要全身心投入的紧急任务，那么我现在的日子肯定会好过一些。不过，我会找到办法改变这种状况的。”

莉莉的死改变了马歇尔。曾经沉默寡言的他现在变得温和了，也愿意与人交谈了，似乎是为了让客人多待一会儿，以排解他的寂寞。随后几年里，从他的书信来看，他变得更加关心别人，敢于公开表达自己的情感。尽管他一心一意地在陆军服役，而且有好几次因忙于工作而感到筋疲力尽，但他从来都不是工作狂，而是力争做到张弛有度。工作到傍晚，他会稍事休息，做园艺或去公园骑马散步。只要有可能，他就会鼓励甚至命令下属学习他的工作方法。

注重隐私，践行礼节

马歇尔十分重视个人隐私。也就是说，在区分公事与私事、关系亲密的人与关系一般的人方面，他比许多现代人都严格得多。在他信任有加、感情深厚的小圈子里，他经常侃侃而谈，言语诙谐有趣。而在面对大多数人时，他总是彬彬有礼，表现出一种矜持含蓄的风度。在与人交往时，他几乎从来不直呼对方姓名。

他对待隐私的态度，与脸书和 Instagram（一款图片分享社交应用）时代的隐私观完全不同。在对待隐私问题上，他与弗朗西丝·帕金斯有共通之处。从根本上看，他们都认为只有经过长期的互动，彼此间产生信任感，才能慢慢地突破亲密区域的防线。个人隐私不应当出现在网络上或谈话中，也不应该出现在博文里。

马歇尔在社交场合的彬彬有礼与他的内心世界是相对应的。法国哲学家安德烈·孔特–斯蓬维尔认为，有礼貌是高尚品德的先决条件，“道德就好比灵魂表现出来的礼貌、内心世界的礼节和对待责任的态度”。只有不断践行礼仪，我们才会为他人着想。

马歇尔一贯倾向于为他人着想，但是拘谨僵硬的社交风格使他很难与他人建立起亲密的友谊。他强烈反对人们搬弄是非、传播流言蜚语，也不喜欢与人发生暧昧不清的关系（艾森豪威尔长于此道）。

马歇尔早期的传记作者威廉·弗莱依在书中写道：

> 马歇尔是一个长于自控、严于自律的人。这类人可以从自己的内心找到做事的动力并得到回报，他们无须外界督促，也不需要有很多人为他欢呼雀跃。他们过着孑然一身的生活，

不需要像大多数人那样借助广泛地交流思想、分享感情来释放自己。虽然自给自足，但是他们的生活并不完整。如果运气好，那么他们可以在一两个人的帮助下使自己的生活变得完整。通常，这样的人不会超过两个：一个是让他们敞开心扉的爱人，还有一个是让他们敞开思想的朋友。

杀伐决断的改革者

终于，马歇尔接到了一个需要他投入全部精力的任务，可以让他暂时摆脱悲痛。1927 年年底，他受邀担任佐治亚州本宁堡步兵学校项目的负责人。马歇尔在礼仪方面趋于保守，但在作战方面绝不是一名传统主义者。他认为陆军中盛行着令人窒息的传统主义，因此他一生都在努力地改变这一局面。在本宁堡的 4 年时间里，他的努力给军官培训项目带来了革命性的巨变。由于很多在“二战”中发挥重要作用的军官都是在他负责本宁堡步兵学校期间接受那里的培训的，因此，从这个意义上说，他的努力也让美国陆军发生了翻天覆地的变化。

前人留给马歇尔的授课计划有一个荒谬可笑的前提：参加作战的军官拥有关于敌我双方阵地的完整情报。而马歇尔在派遣部队执行作战行动时，根本不配发地图，或者配发已经过时的地图，并且告诉军官们，在实际作战中，地图要么缺失，要么毫无价值。他告诫军官们，决策的内容非常重要，做出决策的时机也同样重要；实施及时的平庸方案，效果也要强于实施不及时的完美方案。在马歇尔来到步兵学校之前，教授们会在教学之前先写好教案，上课时就简单地照本宣科。马歇尔严禁采取这种教学方法。他把补给系统操作指南从120页精简至12页，目的是使平民部队的训练简单易行，同时授予指挥链后端更多的自主权。

尽管他取得了成功，也完成了这些改革，但他的晋升速度并没有因此加快。然而，进入20世纪30年代后期，法西斯的威胁越来越明显，个人功劳的重要性也日益凸显。马歇尔终于得到了一连串的晋升，超越了级别高于他但不受青睐的人，并最终来到华盛顿，跻身权力中枢。

诺曼底登陆战役的无冕之王

1938年，富兰克林·罗斯福召开内阁会议，讨论美军的建设战略。罗斯福认为，下一次大战的决定力量将是空军和海军，而不是地面部队。他在房间里踱着步，征求大家的意见，与会的人纷纷表示同意。最后，他转向马歇尔，问这位新上任的陆军副参谋长："乔治，你也同意我的看法吗？"

马歇尔回答说："不好意思，总统先生，我完全不赞同你的观点。"接着，他为陆军进行了辩解。罗斯福对此似乎非常吃惊，并结束了这次会议。从此以后，罗斯福再也没有冒昧地对马歇尔直呼其名。

1939年，陆军参谋长即将离任，罗斯福需要另觅良才担任这一要职。当时，马歇尔的资历排在第34位，最后的竞争发生在他与休·德拉姆之间。德拉姆是一位极有天赋的将军，但也有点儿骄傲自大。为了得到这个职位，他组织了一场阵容奢华的竞选运动，邀请人们写信支持他，同时还安排人在媒体上发表有利于他的文章。马歇尔拒绝开展竞选活动，而且坚决反对其他人为自己组织这类活动。不过，他在白宫的几位好友确实发挥了关键作用，其中最重要的就是哈里·霍普金斯，他是罗斯福的亲信和新政的设计者之一。最终罗斯福选择了马歇尔，尽管两人并无私交。

战争中总是会发生一连串的失误和挫败。第二次世界大战刚开始的时候，马歇尔知道他必须毫不留情地赶走不称职的人。此时，他已经再婚了。马歇尔的第二任妻子凯瑟琳·塔珀·布朗曾是一位非常有魅力的演员，个性坚强，举止高雅。婚后，她一直陪伴在马歇尔身边。马歇尔告诉她："感情对我来说太奢侈了，我可以拥有的只是冷静的逻辑推理能力。感情是别人的事，我不能生气，生气会带来致命的后果，让我筋疲力尽。我的头脑必须时刻保持清醒，绝不能出现疲态。"

淘汰人员的过程是非常残忍的，马歇尔结束了好几百名军官的军事生涯。一位高级军官被淘汰之后，他的妻子说："马歇尔曾经是我们的好朋友，但他断送了我丈夫的前途。"一天晚上，马歇尔告诉凯瑟琳："不停地说'不'，让我烦透了，我感到筋疲力尽。"随着大战临近，受命组建陆军部的马歇尔说："说清楚人们在哪儿出了问题，不是一件容易的事……我每天都需要面对各种各样的情况，解决各种各样的难题，而且我必须搞定其中困难的部分。"

1944 年，在伦敦的一次新闻发布会上，马歇尔的表现堪称经典。他走进会场的时候没带任何文件，而且允许每名记者提一个问题。在记者们提出了 30 多个问题之后，马歇尔详细介绍了战争的形势。他视野开阔，不仅介绍了战略目标，还说明了技术细节。每说几句话，他就会从容不迫地将视线移到另一个人身上。

40分钟之后，他说完了，并对记者们表示了感谢。

在第二次世界大战中，涌现出一批深受电影界欢迎的将军，例如麦克阿瑟、巴顿，但是大多数将军，例如马歇尔、艾森豪威尔，却没有得到电影界的好评。这些人只善于做精确细致的组织工作，却不善于吸引公众的眼球。马歇尔讨厌拍桌子骂人的将军，喜欢穿简单朴素的军装。而今天的将军们则更加青睐装饰复杂的军装，还有那些像商标一样佩戴在胸前的勋表。

在这段时间里，马歇尔赢得了令人羡慕的名声。哥伦比亚广播公司战地记者埃里克·赛瓦莱德的评述，可以代表当时人们对马歇尔的普遍看法："他块头很大，虽相貌普通但才智过人，拥有超级天才的记忆力和基督教圣徒的操守。他驾轻就熟的自我控制能力让所有人自惭形秽，他无私奉献的责任感完全不受公众压力与私交的影响。"众议院议长萨姆·雷伯恩认为马歇尔是唯一一个影响力不弱于国会的美国人："我们面前的这个人从来不会说谎。"杜鲁门政府的国务卿迪安·艾奇逊说："在所有人的记忆里，马歇尔将军最令人难忘的就是他的无人可匹敌的节操。"

但是，他的节操并没有立刻赢得所有人的赞赏。他同大多数军人一样藐视政治。一次，他去面见罗斯福总统，向他报告北非登陆战役的作战计划已经准备完毕。总统紧扣双手做了个模拟祷告的姿态，然后说："请在选举日之前实施这个计划。"这个举动让马歇尔十分反感，终生难忘。后来，马歇尔的副参谋长汤姆·汉迪在接受采访时说：

> 如果有人认为马歇尔将军平易近人，那就大错特错了。因为他不仅不好相处，有时还会非常严格。但是，他有非凡的影响力，在英国人面前和美国国会中尤其如此。罗斯福总统也

会因此妒忌他。我想，马歇尔之所以有如此大的影响力，根本原因在于，他们知道马歇尔不会有任何卑劣或自私的动机。英国人清楚，他不会帮美国人说话，也不会偏向英国人，而是想方设法尽快打赢这场战争。国会清楚，马歇尔说话一向直来直去，没有任何政治目的。

经典的马歇尔时刻出现在战争中途。那时盟军正在准备实施进入法国境内的“霸王行动”（诺曼底登陆的行动代号），但是总司令的人选还没有确定。马歇尔希望自己能出任这一职务，人们也普遍认为他是最合适的人选。这将是有史以来最为大胆的一次军事行动，其指挥官将为人类社会做出突出的贡献，并因此名垂青史。盟军的另外两位领导人丘吉尔和斯大林告诉马歇尔，他定会得到这份差事，艾森豪威尔也认为马歇尔会得到这份差事。罗斯福知道，如果马歇尔向他提出这个要求，他就只能同意。马歇尔的名望很高，绝对可以担此重任。

但是，罗斯福想要马歇尔留在华盛顿附近，而“霸王行动”的指挥官需要前往伦敦。罗斯福也许认为马歇尔的个性可能过于严肃，而“霸王行动”的指挥官同时还要管理政治同盟，迟早需要打温情牌。于是，不同意见一时间争论得沸沸扬扬。几名参议员认为华盛顿需要马歇尔，因此他不能离开华盛顿去伦敦担任总司令，而躺在病床上的潘兴将军则请求罗斯福安排马歇尔到战场上指挥作战。

尽管如此，大家依然认为马歇尔十有八九会成为这次行动的指挥官。1943 年 11 月，罗斯福前往北非，他对艾森豪威尔说：“你我都知道美国内战最后几年担任参谋长的人是谁，但是很少有其他人知道……我不希望50年之后几乎无人知道乔治·马歇尔是谁，这也是我想让乔治担任这次重大行动的指挥官的原因之一。我觉得他有资格作为一名伟大的将军在历史上占有一席之地。”

尽管有此言论，但罗斯福仍然心存疑虑。他说：“对于一支即将取得胜利的队伍而言，更需要小心行事。”于是，他派哈里·霍普金斯去打探马歇尔对这次任命的看法。马歇尔告诉霍普金斯，他一直是为了荣誉而服役，因此他不会提出任何要求，“心平气和地接受总统做出的任何决定”。几十年之后，在接受福里斯特·波格的采访时，马歇尔对此做了解释：“我下定决心，不能给罗斯福总统造成任何麻烦。在这个问题上，不能让总统受到任何约束，要让他做出他认为最符合（美国）利益的决定……在其他战争中经常会发生将个人感受置于国家利益之上的事，我真心希望我们可以避免这种错误。”

1943年12月6日，罗斯福把马歇尔请到自己的办公室。罗斯福没有直奔主题，而是先说了几件无关紧要的事。在两人尴尬地待了几分钟后，罗斯福问马歇尔他是否想当总司令。如果马歇尔回答“是的”，他就很有可能得偿所愿。不过，马歇尔仍然不希望自己影响总统的决定，他请罗斯福选择他心目中的最佳人选。马歇尔强调，他个人的感受不应当影响到总统的决定。他一再拒绝表现出自己在这个问题上的倾向性。

罗斯福看着马歇尔说：“是这样的，如果你离开华盛顿，我觉得我以后都无法安然入睡。”然后，两人就陷入了沉默。过了好一会儿，罗斯福才说：“就让艾森豪威尔去吧。”

此时马歇尔的内心肯定十分痛苦。接着，罗斯福又请马歇尔把这个决定传达给盟军，他的这个做法多少有失风度。作为参谋长，马歇尔亲自书写了这道命令："兹决定自即日起任命艾森豪威尔将军担任'霸王行动'总司令。"他非常慷慨地保存了这张纸，并将它送给了艾森豪威尔。"亲爱的艾森豪威尔，我想你可能希望保留这张纸作为纪念。在昨天的会议快结束时，我赶忙写了这道命令，总统立即就签署了它。乔治·卡特利特·马歇尔。"

这是马歇尔整个职业生涯中最令他失望的一件事，原因是他不愿意表达自己的要求。不过，这就是他的人生准则。

欧洲战役结束之后，作为胜利的征服者回到华盛顿的是艾森豪威尔，而不是马歇尔。不过，马歇尔仍然感到无比自豪。约翰·艾森豪威尔无法忘记父亲回到华盛顿时的情景："只在那一天，我才看到马歇尔将军完全放松下来。他站在艾克的身后，一边躲避摄影师的闪光灯，一边满面笑容地看着艾克和玛米，就像一位慈祥的父亲。那天，乔治·马歇尔的举止和神态完全不像平常那样冷静严肃。随后，他离开了，让艾克在剩余的时间里出尽风头。艾克在车队的护卫下乘车驶入华盛顿的大街，前往五角大楼。"

丘吉尔在给马歇尔的私人信件里写道："这些伟大的军队是你创建和组织的，并受到了你的鼓舞，可不幸的是，指挥他们的机会却没有落到你头上。"

一个拥有伟大灵魂的领导者

战后，马歇尔打算退休。1945年11月26日，五角大楼为他举行了一个简单的退休仪式，马歇尔从陆军参谋长的位置上退役。随后，他驱车前往他与凯瑟琳在弗吉尼亚利斯堡购置的多多纳庄园。走在阳光明媚的院子里，夫妇二人对悠闲的退休生活充满了向往。晚饭前，凯瑟琳准备上楼休息一会儿，就在这时，她听到电话铃响了。一小时之后，她走下楼，却发现马歇尔脸色灰白地躺在躺椅上，正在听收音机。收音机里正在播放美国驻中国大使刚刚辞职，以及乔治·马歇尔答应总统接任该职务的新闻。电话是杜鲁门总统打来的，他请马歇尔立刻出发去中国。凯瑟琳说："唉，乔治，你怎么能答应呢？"

这是一份出力不讨好的差事。他和凯瑟琳在中国待了14个月，试图通过谈判结束中国国民党与共产党之间不可避免的内战。在回国的航班上，时年67岁、第一次未能完成重大任务的马歇尔再次接到总统的电话，对方请他出任美国国务卿。马歇尔又一次接受了总统的请求，在这个新的岗位上，他制订了马歇尔计划（尽管他在提到这项计划时总是使用它的正式名称——欧洲复兴计划），罗斯福总统希望马歇尔名垂青史的愿望终于实现了。

之后，马歇尔还担任过其他一些职务，包括美国红十字会主席、国防部部长、伊丽莎白二世加冕典礼的美国观礼团团长等，他的人生也经历了高潮（赢得诺贝尔和平奖）和低潮（在乔·麦卡锡及其盟友发起的仇恨运动中，他成为攻击对象）。每当有新工作摆在他面前时，马歇尔都认为自己有义务接手这份工作。在他做出的决定中，有的非常高明，有的则非常糟糕，例如，他反对以色列建国。他从来不会拒绝上级交给他的任务，即使是他不想接受的任务。

有些人自从一出生似乎就觉得活着是一件值得感恩的幸事。他们了解代与代之间的传承，清楚前辈们不仅给他们留下了遗产，还给他们留下了必须完成的义务和一系列跨越时间界限的道德责任。

对这种态度最具代表性的表述是美国内战早期一位名叫沙利文·巴卢的军人于第一次布尔朗战役前夕写给妻子的一封信。巴卢是一名孤儿，他深知从小失去父亲的痛苦。但是，他在信中告诉妻子，他愿意战死沙场以报答先烈们给他的恩典：

> 如果必须为国战死沙场，那么我已经准备好了……我知道，政府取得胜利是当前美国文明的全部希望。对于那些为了革命甘洒热血的先烈，我们亏欠他们太多。我愿意——我真心愿意——抛弃今生所有的欢乐，为维护政府和弥补对先烈们的亏欠做出自己的贡献。
>
> 但是，我亲爱的妻子，我知道在抛弃我的欢乐的同时，我也几乎抛弃了你全部的欢乐，留给你的将是一生的操心与悲伤。在自己饱尝多年身为孤儿的痛苦之后，我现在又不得不将这枚苦果留给我心爱的还没有长大的孩子们。我的决心之旗在微风中平静而骄傲地飘扬，而我却因为对你们的爱——对我亲爱的妻子和孩子们无限的爱，以及我对国家的爱——正在做着痛苦而无益的挣扎，这是软弱的表现还是可耻的行为？
>
> 莎拉，我对你的爱永世不灭，就像坚韧的绳索将我们紧紧地绑在一起，除了全能的上帝，没有人能将我们分开。然而，我对国家的爱如同强劲的风，不可抗拒地将我连同这锁链一起裹挟到了战场之上……我知道，我对神圣的上帝只有一个小小的请求，却听到有人在我耳边低语——或许是风将我的小埃德加的祈祷声传过来了吧——告诉我将会平平安安地回到我所爱的人身边。但是，亲爱的莎拉，如果我不能回到你身边，你一定要记住我非常爱你。战场上，即使我只剩下最

后一丝气息，我也会轻唤你的名字。

第二天，巴卢参加了布尔朗战役，不幸身亡。同马歇尔一样，他也认为如果不履行承诺和报国义务，就不可能实现自己的抱负。

我们所处的社会十分重视个人幸福，并认为在实现自己希望的同时没有遭遇挫折就是幸福。但是，古老的道德传统并没有消亡，千百年来它仍然在传承，鼓舞一代又一代人。马歇尔生活在一个有飞机和原子弹的世界里，在很多方面却受到古希腊和古罗马道德传统的熏陶。他的道德结构源于荷马重视勇气和荣誉的经典道德观，以及强调道德自律的斯多葛学派。到了晚年，他受古雅典人伯里克利的影响更大，伯里克利是品格高尚或者有伟大灵魂的领导者的典型代表。

古希腊黄金时代品格高尚的领导者对自身品德的评价很高，也很准确。他认为自己与身边的大多数人属于不同的类别，因为上天把一个异常好的运气赐给了他。由于他持有这种观点，因此他和身边的人相处得并不融洽。对于除几个亲密好友之外的人而言，他有可能给人一种孤单、超然、矜持、令人难以接近的感觉。他在生活中总是表现出有所保留的友好，对人和善，但从来不会坦露内心的感受、想法和恐惧。他小心翼翼地掩盖自己的缺点，强烈反对依赖别人。正如罗伯特·福克纳在《伟大的理由》一书中所说的那样，高尚的领导者在集体活动中表现得并不是很活跃，不善于团队合作，也不是一名优秀的团队成员。“他不会放下身段去做普通的工作，如果在这项工作中他不是主角，他就更加没兴趣了，互利互惠也不能激发他的兴趣。”他乐于伸出援助之手，却以接受帮助为耻。亚里士多德曾说，高尚的领导者“无法让自己去迁就他人”。

品格高尚的领导者不具备正常的社交圈。许多有远大抱负的人因为自己崇高的目标而放弃了友情，与他们相似，品格高尚的领导者心中总是残存着悲伤的情绪。他绝不会容忍自己因为愚蠢或简单的理由而感到幸福，也不会让自己游手好闲。他就像大理石一样冰冷无情。

品格高尚的领导者在自己天性的感召之下，希望可以造福于他的人民。他为自己设立了更高的标准。高尚的品格只有在公共生活与政治世界中才能得到真正的体现。只有政治与战争才是足够大、足够重要而且竞争足够激烈的舞台，可以号召人们做出最大的牺牲，同时还可以甄别出最有天赋的人。根据这个标准，独自战斗在商业世界和个人世界中的人，其重要程度远不及在公共舞台上博弈的人。

在伯里克利的时代，人们认为拥有伟大灵魂的领导者应该稳重沉着，比荷马史诗中脾气暴躁的英雄更明智，更严于律己。最重要的是，人们认为他可以为公众谋求大幸福，在危险来临前能及时拯救他的臣民，或者改造他们，以适应新时代的需要。

有伟大灵魂的人未必是君子（他不一定总是和颜悦色、富有同情心、体贴入微、令人愉快），但他一定是一个伟大的人。他经常因做出突出贡献而获得殊荣。希腊哲学思想的普及者依迪丝·汉密尔顿认为，有伟大灵魂的人“在这个为他提供施展空间的世界里，以优秀的品格为标准，行使重要的权力”，从而创造出一种不同于常人的幸福。

1958 年，马歇尔为了治疗脸上的一个囊肿，住进了沃尔特·里德医院。看到他衰老的容貌，来医院探视他的教女罗斯·威尔逊感到很震惊。

马歇尔告诉罗斯："我现在终于有时间回忆往事了。"接着，他回忆起小时候同父亲一起乘雪橇去尤宁敦的情景。罗斯说："马歇尔将军，我很遗憾你的父亲生前不知道他有一个多么伟大的儿子。否则，他一定会引以为豪。"

"真的吗？"马歇尔说，"我相信，如果他不是那么早去世，那么他肯定会赞同我的做法。"

马歇尔的身体越来越虚弱，他的病情似乎引起了全世界的关注。温斯顿·丘吉尔、戴高乐、毛泽东、蒋介石、德怀特·艾森豪威尔、铁托和蒙哥马利都发来问候电报，普通百姓的信也纷至沓来。艾森豪威尔三次去医院探视马歇尔。杜鲁门和时年 84 岁的温斯顿·丘吉尔也亲自前往医院探望。当时，马歇尔正处于昏迷状态，丘吉尔只能站在病房门口，看着昔日老友瘦弱的身体，感伤不已。

1959 年 10 月 16 日，在 80 岁生日即将到来之际，马歇尔永远地离开了人世。他以前的副参谋长汤姆·汉迪将军曾问过关于他的后事安排问题，但马歇尔打断了他的话："这件事你就不必过问了，我已经安排好了。"马歇尔去世之后，他的遗嘱得以公开。这是一份不寻常的遗嘱："我的葬礼要像美国陆军为祖国光荣尽职的普通军官的葬礼一样，一切从简，切忌铺张，不需要盛典。葬礼的参加人员仅限亲属。最重要的是不得声张。"

根据马歇尔生前的明确指示，他的葬礼没有采取国葬仪式。他的遗体没有停放在国会圆形大厅里，而是在国家大教堂伯利恒祈祷室里停放了 24 小时，以便好友前往吊唁。出席葬礼的有马歇尔的亲属、几名同事和战时为他服务的理发师尼古拉斯·J·托泰罗（曾经在开罗、德黑兰、波茨坦以及五角大楼为马歇尔理发）。随后在弗吉尼亚州阿灵顿的梅尔堡，人们依据《共同祈祷书》中的“死者葬礼仪式”标准，为马歇尔举行了一个简短的安葬仪式，甚至没有致悼词的环节。

第6章

自我否定的勇气——为终结种族歧视奔走一生的斗士

在《御前演出》节目播出的那个时代，美国最重要的民权运动领袖是阿萨·菲利普·伦道夫。伦道夫是号召并组织非洲裔美国人游行示威活动的领袖人物，曾面见过总统，他的名声与道德权威对民权运动产生了深远的影响。

1899 年，伦道夫出生在佛罗里达州杰克逊维尔市附近的一个地方。伦道夫的父亲是非洲卫理圣公会的一名牧师，但是教堂付给他的薪酬非常少，他的大部分收入来自做兼职裁缝和肉贩。伦道夫的母亲也是一名裁缝。

伦道夫不信教。他回忆说："我父亲宣讲的是一种种族主义宗教。他经常跟教徒们讲他们的社会状况，总是提醒他们记住非洲卫理圣公会是美国境内的第一个黑人激进组织。"老伦道夫还经常带着两个儿子出席黑人的政治会议，并把他们引荐给黑人中的成功人士。他喋喋不休地给他们讲历史上的黑人楷模的故事，包括克里斯珀斯·阿塔克斯、纳特·特纳、弗雷德里克·道格拉斯等。

虽然伦道夫一家人生活贫困，但深受尊敬。他们把屋子收拾得一尘不染。他们固守传统，讲求得体、自律、礼貌。伦道夫的父母吐字非常清晰，他们要求伦道夫说话时要字正腔圆。

面对羞辱性的种族歧视，他们以与物质条件不相称的方式，颇有绅士风度地坚守道德修养。传记作家杰维斯·安德森在书中描写老伦道夫时说："（他的）绅士风度绝对是靠自己的努力形成的。在礼貌、谦恭、得体等价值观的引导，以及宗教仪式和社会服务的鼓舞之下，他尽心竭力，希望以此赢得尊严。"

在学校里给伦道夫上课的是两名白人女教师。为了让黑人穷困儿童有受教育的机会，她们从新英格兰地区来到南方。伦道夫评价她们是“有史以来最令人敬佩的两位老师”。莉莉·惠特尼小姐主教拉丁语和数学，玛丽·内夫小姐主教文学与戏剧。伦道夫身材高大，体格健壮，是棒球高手，却喜欢上了莎士比亚的戏剧，而且这个爱好一直伴随着他。伦道夫妻子人生的后几十年时光都是在轮椅上度过的，每天伦道夫都会朗读莎士比亚的作品给她听。

大多数人都会受到环境的影响，但伦道夫的父母、老师和他本人成功地超越了环境。与周围的人相比，他们在修养与礼仪方面总是出类拔萃，而且远比其他人自尊自重。伦道夫毕生都保持着端正挺拔的身姿。他的同事、劳工运动领袖C·L·德勒姆斯回忆说：“伦道夫无论是坐下还是走在路上，身体都是笔挺的，你很难看到他懒散的样子。无论身处多么愉快的场合，放眼望去，你都会看到伦道夫岿然挺立的身影。”

他说话时声音轻柔、低沉、平静，带有波士顿上层社会和西印度群岛的口音。他的语调抑扬顿挫，仿佛是在诵读《圣经》。他还经常使用“verily”（真的）“vouchsafe”（赐予）这些传统的词语。

无论是微不足道的个人行为，还是摒弃某种不良习惯的重要行为，只要有向懒散或者道德惰性发展的苗头，伦道夫就会通过持之以恒的自我约束加以抵制。走在路上，经常有女性主动和他搭讪，而伦道夫总是温柔地婉拒，令他的下属惊叹不已。后来，德勒姆斯告诉一位传记作家：“我觉得，历史上还没有哪个人能像他那样受到那么多女性的欢迎和主动追求。这些女性都非常漂亮，她们在遭到拒绝时个个垂头丧气。我目睹这些女人千方百计地引诱他，可他总是说‘对不起，我今天忙了一天，已经很累了。

再见’。有时我甚至想对他说：‘你不是在开玩笑吧？’”

伦道夫不支持自我标榜的做法。他有时会在写作中使用严厉的语气，甚至引发争论，但除此以外，他很少批评别人。他的礼貌和礼节往往拒人于千里之外，即使是贝亚德·拉斯廷这位与他关系亲密的同事也都称呼他“伦道夫先生”。他对金钱的兴趣不大，认为奢侈的生活会导致道德败坏。伦道夫晚年时在全世界都享有盛名，但是他每天仍然乘公交车下班。一天，他在进家门时遭到了抢劫。结果，劫犯们只在他身上找到了1.25美元现金，而且没有手表和珠宝之类的东西。有人准备通过捐赠的方式筹钱为他改善生活，但他断然拒绝了。他说：“你肯定知道我手头没钱，而且也不擅长赚钱。但是，为给我和我的家人筹钱而专门组织一次捐款活动，我绝对不同意。有的人命中注定要过穷日子，我就是其中之一，对此我毫无怨言。”

他所拥有的这些品质——他的永不变质，他的沉默与拘谨，尤其是他的自尊自重——意味着没有人可以羞辱他。他的反应和内心状态完全取决于他自己，而不是种族歧视，也不是后来将他团团包围的阿谀奉承。伦道夫的重要价值在于他为民权运动的领导者树立了榜样。他浑身上下洋溢着自我克制的光芒，和乔治·马歇尔一样，他也在这个世界上拥有一大批心怀敬畏的崇拜者。专栏作家穆雷·凯普顿认为：“如果你不认识阿萨·菲利普·伦道夫，那么你很可能不会认为他是20世纪最伟大的美国人之一。但是，如果你认识他，你就不会有一丝怀疑。”

伦道夫在生活中面临的主要挑战是：如何带领和组织有缺点的人，并将他们变成一支变革的力量？如何将权力握在手中而又不会因为权力而堕落？即使所从事的是20世纪最高尚的运动之一——民权运动，伦道夫等领导者仍然充满自我怀疑，认为必须防范自己的行为散漫和罪孽，即使在跟不正义的行为做斗争，也仍然有可能犯下可怕的错误。

《出埃及记》让民权运动领导者心惊肉跳是有原因的。书中的以色列人不能做到同舟共济，而且目光短浅、任性乖戾。他们的领导者摩西温顺、消极、管理不力，总认为自己不能胜任这项任务。民权运动的领导者们必须解决摩西领导艺术所面临的难题：如何调和激情与耐心、收权与放权、践行慈善与自我否定之间的矛盾？

要解决这个难题，需要拥有某种公益心。今天，我们说某人有“公益心”，指的是这个人愿意为了公众的利益而收集请愿书、组织游行示威并发出自己的声音。但在以前，公益心是指某人为了让群体达成一致意见，使同床异梦的人凝聚成一个整体，而甘愿控制自己的激情、调整自己的观点。现代人认为有公益心是指坚持自己的主张，而在历史上，它是自我管理、自我控制的一种形式。言语不多有时甚至有点儿冷冰冰的乔治·华盛顿是这种公益心的代表人物，伦道夫也是，他既有政治激进主义的特点，又有个人传统主义的特点。

伦道夫的顾问们有时会因为他过分讲礼貌而不胜其烦。贝亚德·拉斯廷告诉穆雷·凯普顿：“他在做事的时候经常会因为讲礼貌而束手束脚……有一次，我为此跟他发牢骚时，他告诉我：‘贝亚德，我们对待所有人都必须有礼貌。现在就是学习讲礼貌的好时机。我们一旦养成了这个好习惯，就必须把它表现出来。’”

踏上组建工会的漫漫征程

1911年4月，在三角内衣工厂火灾事件发生一个月之后，刚刚参加工作的伦道夫从佛罗里达搬到了纽约市的哈勒姆区。他积极参加戏剧社团的活动，吐字清晰、仪表堂堂，差点儿就成了一名莎剧演员，不过被他的父母制止了。他在纽约城市学院进行过短期学习，期间他如饥似渴地阅读了卡尔·马克思的著作。他协助创建了好几份激进的杂志，把马克思主义引入了黑人社区。他在一篇评论中评价俄国革命是"20世纪最伟大的成就"。他反对美国参加"一战"，因为他认为这场战争的唯一目的就是为军火等产业谋取利益。他竭力反对马库斯·贾维的"重返非洲"运动，以至于有位匿名的敌人给伦道夫寄来一只盒子，里面装有一张威胁性的字条，还有一只断手。

他因为违反反煽动叛乱法而被逮捕，而他的个人生活则进一步接近中产阶级水平，他也更讲求诚实正直。伦道夫的妻子温文尔雅，出身于哈勒姆的一个显赫家庭。星期天下午，他们会兴致勃勃地参加每周一次的散步活动。散步的人们都衣冠楚楚——穿高帮鞋、拿手杖、别襟花、戴漂亮的帽子，沿着莱诺克斯大道或者135大街漫步而行，沿途不时与其他人打招呼、寒暄。

到20世纪20年代早期，伦道夫已经开始涉足劳工运动的组织工作。他协助成立了6个小型工会，把从事服务工作的人以及其他对社会不满的群体组织到一起。1925年6月，几名普尔曼卧车服务人员找到了伦道夫，他们希望在他的带领下建立工会组织。普尔曼公司制造了一些豪华的卧车，出租给铁路公司使用。车上有穿制服的黑人为乘客提供服务，包括擦皮鞋、换床单、送饭菜等。美国内战结束后，普尔曼公司的创始人乔治·普尔曼认为刚刚被解放的奴隶是一支温顺听话的劳动力大军，便雇用了其中的一些人来从事这些服务工作。早在1909年，这些卧车上的服务人员就想建立工会组织，但是他们的努力被公司挫败了。

伦道夫接受了这个挑战。在随后的12年时间里，他想尽一切办法，试图建立卧车服务人员工会，迫使普尔曼公司做出让步。当时，工人们只要稍稍沾上工会活动，就有可能丢掉饭碗或者挨打，伦道夫只好跑遍美国各个角落，努力说服人们加入工会。他的主要工具就是他的态度。一位工会成员后来回忆道："他抓住了你的心，让你感觉只有使劲挣扎才能摆脱他。他给你的感觉就像主的门徒对主的感觉。你当时可能体会不到，但是回到家之后，你就会想起他说的话，愿意成为他的追随者。最后，你会决定加入工会。"

尽管伦道夫的说服工作进展缓慢，但是在4年时间里，工会成员增加到了近7 000人。伦道夫发现，普通工人仍然觉得自己应当对公司忠诚，因此，当他批评公司的时候，他们还是会生气。考虑到这些工人不认可他对资本主义的笼统批评，伦道夫改变了策略，转而号召他们为争取尊严而展开斗争。他还下定决心，拒绝接受同情工人运动的白人的所有捐赠。他想把黑人组织起来，依靠自己的力量赢得胜利。

就在这时，经济大萧条袭来了。为了打击工人运动，普尔曼公司宣布解雇或者用解雇来威胁所有主张罢工的员工。1932年，工会成员的人数降到了771，还被迫关闭了9个城市的办事处。因为没钱付房租，伦道夫和工会总部的工作人员被赶了出去。伦道夫的工资从每周10美元下降为零，一贯皮鞋锃亮、衣冠楚楚的他变得衣衫褴褛、光鲜不再。堪萨斯城、杰克逊维尔等城市的工会积极分子甚至惨遭毒打。1930年，奥克兰市的一位名叫戴德·摩尔的工会拥护者在临死前写了一封信，他在信中坚定地表示：

> 我背靠着墙，站不起来，我就要死了。但是，我不是在为自己战斗，而是为12 000名卧车服务人员和他们的孩子战斗。我就要饿死了，但是我没有改变主意，因为黑夜过去就是白天，我们终将胜利。告诉你们那里的所有工人，他们应该像紧跟耶稣基督一样，紧跟在伦道夫先生身后。

非暴力不合作运动的坚定倡导者

新闻界与宗教界的黑人认为工会的攻击性过强，因此反对工会运动。纽约市市长菲奥雷洛·拉瓜迪亚为伦道夫提供了一个年薪7 000美元的市政府职位，但遭到了后者的拒绝。

1933年，富兰克林·罗斯福当选美国总统，美国劳工法有所修改，社会潮流也发生了变化。但是，公司管理层仍然无法心平气和地坐下来，与黑人服务员及其代表进行平等谈判，因为他们难以接受这是解决劳资纠纷唯一的办法。直到1935年7月，公司与工会领导才第一次坐在芝加哥的一个房间里，开始劳资谈判。两年后，他们终于达成了第一个协议。公司同意将工人的月工作时间由400个小时降至240个小时，并把每年的薪酬福利总额增加125万美元。20世纪的一场最漫长、最艰苦的劳资斗争就此落下了帷幕。

此时，伦道夫已经成为全美最著名的组织工会运动的非洲裔美国人。在果断放弃了青年时期信奉的马克思主义之后，他通过一连串残酷的斗争，利用几年时间将几个苏联人控制的组织逐出工会运动。20 世纪 40 年代初，美国发布了战争动员令，一个新的针对黑人的不公平现象又出现了。为建造飞机、坦克和舰船，工厂开始陆陆续续地招收工人，但他们不招黑人。

1941 年 1 月 15 日，伦道夫发表了一个游行声明。如果这个问题得不到解决，那么他将号召黑人到华盛顿举行大游行。他宣布："我们致力于为美国的黑人公民争取到工作和为国战斗的权利。"他组建了华盛顿游行委员会，预计可以召集一万，甚至两三万名黑人（这个数字并没有夸张的成分），到国家广场进行抗议游行。

很有可能发生游行的消息引起了美国领导人的关注。罗斯福请伦道夫到白宫会面。

见面后，罗斯福说："你好，菲尔[1]。你在哈佛大学读书时是在哪个班？"

伦道夫回答："总统先生，我从来没上过哈佛大学。"

"我以为你上过哈佛大学呢。不管怎么说，我们还是有相似之处的，我们都强烈关注人类和社会正义。"

"是的，总统先生。"

罗斯福一连讲了几个笑话和几件政界逸事，伦道夫终于忍不住打断了罗斯福的话："总统先生，时间过得很快。我知道你很忙，不过，我想和你讨论的是黑人在国防工业领域的就业问题。"

罗斯福说自己会给一些公司老板打电话，敦促他们雇用黑人。

1. 菲利普的昵称。——编者注

伦道夫说："我们希望你能更进一步，采取一些具体措施……比如，发布总统令，要求这些工厂同意招收黑人。"

"菲尔，你知道我不能这样做。如果我为你们发布总统令，就会有许许多多团体要求我为他们发布总统令。无论如何，我不能采取任何具体措施，除非你们取消这次游行。这样的问题不应该用这种小题大做的方式解决。"

"对不起，总统先生。这次游行不能取消。"伦道夫郑重宣布将有10万人参加游行，他把数字夸大了一些。

罗斯福提出了异议："你们不能组织10万黑人到华盛顿游行，否则有可能会造成人员伤亡。"

伦道夫没有接受罗斯福的反对意见，两人的谈话陷入了僵局。这时，参加这次会面的拉瓜迪亚市长插话道："很显然，伦道夫先生不打算取消这次游行。我建议为此制定一个法案。"在距离预定的游行日期还有6天时，罗斯福签署了第8802号总统令，禁止国防工业对黑人采取的歧视行为。尽管民权运动领导人希望借此机会推动其他目标的实现，例如消除美国军队中歧视黑人的现象，但是伦道夫不顾他们的强烈反对，取消了这次游行。

战后，伦道夫还为争取工人权益、废止种族隔离政策而不断努力。他的强大影响力一直都得益于他在为某个目标而奋斗时表现出来的道德操守，他让人为之倾倒的魅力，以及他不受腐蚀的榜样作用。不过，在行政管理方面，他做不到一丝不苟，也很难把所有精力都集中到一件事上，因为身边的人对他不加掩饰的崇拜很有可能会对组织效能构成威胁。一位外部分析人员在分析1941年华盛顿游行的相关组织工作时说："人们对伦道夫先生的领袖崇拜已经达到了不健康的程度，全国办公室的情况更糟糕。

这种状况会产生干扰作用，使他们无法制定巧妙合理的策略。”

但是，伦道夫还为民权运动做出了一个非常重要的贡献。20世纪四五十年代，一些人坚定地支持非暴力不合作运动，并以此作为推动民权运动的策略，伦道夫就是其中一员。受圣雄甘地和一些早期的劳工运动策略的影响，他于1948年协助组建了“反军队种族隔离非暴力不合作联盟”。大多数既有的民权运动团体都提倡教育、调解，反对对抗、争论。但是，伦道夫并不赞同，他主张静坐和“祈祷抗议”。1948年，他告诉参议院军事委员会：“我们将要开展的是一次非暴力（运动）……我们将勇敢面对暴力，面对恐怖主义，面对一切不愉快的后果。”

这种非暴力策略的基础是高强度的自律与克己，这也是伦道夫毕生践行的品质。在他的助手中，有一个人对伦道夫产生了影响，同时他也受到了伦道夫的影响。这个人就是贝亚德·拉斯廷，他的年龄比伦道夫小得多，但是在他的身上，我们同样可以看到他的导师拥有的许多品质。

贝亚德·拉斯廷的童年是在宾夕法尼亚州的西切斯特县的祖父母家度过的。直到长成一个小伙子，他才得知自己一直叫姐姐的那个人竟然是自己的母亲。因为酗酒，他的父亲住在城里，但是在拉斯廷的生活中没有他的一席之地。

在拉斯廷的记忆里，他的祖父“是有史以来腰杆挺得最直的人，而且从没有刻薄粗暴的举止”。他的祖母从小就是一个贵格会教徒，还是全县第一批上中学的黑人女性之一。通过她的言传身教，贝亚德认识到沉着镇定、自尊自重、自律自控的必要性。祖母最喜欢的一个座右铭是“人不能控制不住自己的脾气”。他的祖母还开设了一个《圣经》夏令营，每年贝亚德都会参加这个以阅读《出埃及记》作为重点活动的夏令营。他回忆说："我祖母深信，在解放黑人这个问题上，我们从犹太人的经历中可以学到的东西，要远远多于《马太福音》《马可福音》《路加福音》《约翰福音》给我们的启示。"

上高中时，拉斯廷是一名运动健将，还会写诗。同伦道夫一样，他说着一口地道的英语，常常让第一次见到他的人觉得他非常傲慢。他的同班同学都嘲笑他自尊心过强，其中一位同学回忆说："他说话就像在朗诵《圣经》里的诗篇，有诗人布朗宁的味道。"高中一年级，他在学校的演讲比赛中获奖，成为40年来首名获此奖项的黑人学生。毕业那年，他进入了县橄榄球队，还代表全班同学在毕业典礼上致辞。他喜爱戏剧，还有莫扎特、巴赫、帕莱斯特里纳等人的音乐作品。乔治·桑塔亚纳的小说《最后的清教徒》是他最爱看的书之一，独自一人时，他也会阅读威尔·杜兰特夫妇合著的《世界文明史》。他声称："美轮美奂的画作会让你眼前一亮，而阅读这本书会让你的心为之一振。"

中学毕业之后，拉斯廷来到俄亥俄州，进入威尔伯福斯大学，后来又到宾夕法尼亚州的切尼州立学院就读。上大学期间，他发现自己是一位同性恋者。不过，这一发现并未导致他的情绪出现较大的起伏（他是在一个宽容的家庭氛围中长大的，他终生都是同性恋者，而且他没有刻意掩盖这个事实），却促使他搬到了纽约，因为纽约至少有地下同性恋文化，而且对同性恋的抵触情绪也略小一些。

来到哈勒姆之后，拉斯廷迫不及待地同时选择了多个发展方向。他加入了若干左翼组织，也从事志愿者工作，帮助伦道夫做"华盛顿游行"的组织工作。他还加入了天主教反战组织"调解协会”，并迅速成为这个组织的一位明星人物。从事反战活动非常适合拉斯廷，既让他的内在品德得到了培养，还为他从事社会变革活动提供了方法。培养内在品德意味着要压抑个人的怒气和心中的暴力倾向，拉斯廷说：“要减少社会中的丑恶现象，唯一的办法就是减少你内心的丑恶念头。”关于反战主义，他在一封写给马丁·路德·金的信中指出：“（反战主义）有两个支柱。第一个支柱是连续的抵抗，对作恶者不断施压，让他们喘不过气来。第二个支柱是反战主义惩恶扬善的作用。正是由于有这种作用，非暴力不合作运动才可以解决我们内部漠然处之的问题。”

从二十五六岁开始，拉斯廷就一直在美国各地演讲，激发人们对“调解协会”的热情。他发起的持续性“公民不服从”活动，使他成为反战与民权运动界的一个传奇人物。1942 年，他在纳什维尔乘坐公共汽车时，坚持坐在白人区。司机报警之后，来了 4 名警察。在警察殴打他时，拉斯廷采取了甘地的非暴力不合作的做法。“调解协会”的成员戴维·麦克雷诺兹后来回忆道：“他不仅是协会里最受欢迎的演说家，在制定策略方面也是一个天才。‘调解协会’准备把贝亚德培养成美国的甘地。”

1943 年 11 月，拉斯廷接到了入伍通知，但是他决定予以拒绝。而且，作为一名有良知的反对者，他宁愿进监狱，也不愿意去一个乡村劳改营。在当时的美国联邦监狱里，每 6 名囚犯中就有一人是政治犯，这些政治犯视自己为反战主义和民权运动的急先锋。被关进监狱之后，拉斯廷对监狱中的种族隔离政策进行了激烈的反抗。就餐时，他非要坐到“白人就餐区”；放风时，他会跑进监狱分区中的“仅限白人”区。有时候，他会因此与其他犯人发生冲突。一次，一个白人囚犯走到他身后，用拖把柄猛击他的头部和躯干。拉斯廷再次摆出甘地的非暴力不合作姿态，只是不断地说："你不能打我，"最后，拖把柄都折了。拉斯廷的手腕骨折，头部也留下了瘀伤。

拉斯廷的事迹很快就越过了监狱的高墙，传到了新闻界和激进分子的耳中。在位于华盛顿的联邦监狱管理局中，以局长詹姆斯·贝内特为首的大小官员把拉斯廷归到了黑帮教父阿尔·卡彭所属的类别，并称他为"臭名昭彰的犯人"。正如传记作家约翰·德埃米利奥所说的那样："在拉斯廷 28 个月的监禁期内，贝内特收到无数来信，有他的手下因为不知道如何对付拉斯廷而写给他的求助信，也有关注拉斯廷在狱中待遇的人写来的信。这些信让贝内特烦恼不已。"

自我放纵的惨重代价

拉斯廷虽然表现英勇，但他也有一些傲慢、失控、鲁莽的行为。1944 年 10 月 24 日，在认识到自己的错误之后，他给监狱看守写了一封信，对在一次纪律听证会上的行为表示歉意。他在信中说："我没有控制好自己的脾气，行为粗鲁无礼，对此我深感惭愧。"他在性生活方面也有不检点的地方。拉斯廷是同性恋者，在当时，同性恋是不敢公开的，因为公众不认可同性恋行为。但是，拉斯廷在寻找性伙伴时毫无顾忌。无论是在入狱前还是入狱后，他在巡回演讲的过程中都会引发一连串的诱奸事件。一位与他长期保持性关系的情人抱怨说："回家看到他与另外一个人发生性关系，这对我来说并不是一件趣事。"在监狱中，他对自己的性癖好也毫不掩饰，有好几次被发现与其他犯人发生性关系。

最后，监狱当局只好召开纪律听证会。至少有三名犯人作证，说他们目睹了拉斯廷与其他犯人的性行为，拉斯廷对此矢口否认。监狱当局宣布，他们将对拉斯廷实施单独关押，以示惩罚。

这件事很快就传到全国各地的激进分子耳中。有的支持者在听说拉斯是同性恋者之后感到不安，但拉斯廷对这件事从不隐瞒。他们之所以不安，主要是因为拉斯廷的这些丑闻一旦被公开，他在严于自律等方面的模范作用就会受到影响。这场运动号召领导者要平和、自制、自我净化，而拉斯廷却心怀怒气、傲慢、不严谨、自我放纵。“调解协会”的领导人、拉斯廷的导师A·J·马斯特给拉斯廷写了一封语气严厉的信：

> 你的所作所为是有罪的，是严重的不当行为。对于一个担任领导职务并且（从某种意义上讲）应该力争做到率先垂范的人来说，这种行为必须受到严厉的谴责。此外，你还欺骗了所有人，包括自己的同志和最忠诚的朋友，你与勇敢面对真实自我的境界相去甚远。你过去和现在的自我根本不值得尊敬，你必须毫不留情地舍弃羁绊你面对自我的一切东西。只有这样，在历经烈火、各种痛苦以及谦卑的考验之后，才会诞生一个真实的自我……你应该牢记《圣经·诗篇》第51章的教诲：“神阿，求你按你的慈爱怜恤我——求你将我的罪孽洗除净尽，并洁除我的罪……我向你犯罪，惟独得罪了你，在你眼前行了这恶……神阿，求你为我造清洁的心，使我里面重新有正直的灵。”

后来，马斯特又写了一封信，告诉拉斯廷他反对的不是同性恋，而是他的淫乱行为：“肆无忌惮、没有约束的性关系，实在是太可怕也太可耻了。”即使是想法天马行空、创作欲望强烈的艺术家，也要接受严格的约束。同样，恋人们要实现“自律、自控、相互了解”的目标，也必须控制好自己的性冲动。

针对淫乱这种行为，马斯特在信中接着写道：“淫乱是对爱情的嘲讽和否定。如果爱情有深刻的内涵，代表超乎寻常的了解和生命力的交换，那么爱情怎么可能在人数都无法确定的多个人之间发生呢？”

对于马斯特的严厉指责，拉斯廷最初并不接受，但是，经过几周的隔离关押之后，他最终屈服了，并给马斯特回了一封语气诚恳的长信：

> 在我们的种族运动即将取得胜利之际，我的行为却错误百出……我滥用了黑人们对我领导能力的信任，使他们对非暴力不合作运动的道德基础产生了怀疑。我的行为还伤害了全国各地的朋友，我让他们失望了……我就像战斗中蓄意暴露我军阵地的陆军上尉，是一名叛徒……一直以来，我对“自我”想得过多，考虑的都是我在这场伟大斗争中发挥的作用、付出的时间和精力，以及我的声音、能力和甘当非暴力不合作运动先锋的意愿。但是，我没有谦恭地接受上帝的恩赐……现在，我终于明白,（我的这些行为）导致我骄傲自大，使我失去战斗力，变得虚伪，终将走向失败。

几个月之后，在拉斯廷的祖父弥留之际，他获准在一名监狱看守的监视下回家看望祖父。在回家的路上，拉斯廷碰到了海伦·温尼莫尔。温尼莫尔也是一名激进主义者，是拉斯廷的老朋友。她表达了对拉斯廷的爱慕之情，并且表示希望成为他的终身伴侣，或者至少可以为他打掩护，让他可以继续他的工作。拉斯廷给和自己长期保持情人关系的男友戴维斯·普拉特写了一封信，简要地说明了温尼莫尔的提议。他还在信中引用了温尼莫尔的部分原话：

> 我相信，一旦获释，你将在服务和拯救世人的事业中发挥巨大的作用。我还相信，你当前急需的是真正的爱、真正的理解和信心。因此，尽管羞于启齿，但我还是要告诉你，我可以给你爱，愿意陪你经历风风雨雨，并倾我所有让你心中的善开花结果。人必须看到自己心中潜藏的善，并通过自己的行为展现上帝的荣耀。贝亚德，这就是我能给你的爱。我之所以愉快地把它奉献给你，不是为了我自己，也不是为了你一个人，而是为了让你的操守恩泽全人类。

温尼莫尔的提议让拉斯廷深受感动："我从未听过女性发出这样无私的爱情宣言。这是我接收到的最简单、最完整的爱情邀约。"虽然他最终还是没有接受温尼莫尔的爱情邀约，却把它视为上帝发出的一个信号。一回想起这次谈话，他就感到"一种远胜于理解的愉悦，指明正确方向的亮光，新的希望，突如其来的重新评价，照亮我前进道路的灯"。

拉斯廷发誓要约束自己的傲慢行为，克制对激进主义活动造成伤害的愤怒情绪。他还对自己的性生活进行了反思，并在心里接受了马斯特对他淫乱行为的指责。拉斯廷努力维护他与戴维斯·普拉特之间的情人关系，希望建立一种真正的爱情关系，以此来抵御情欲与淫乱行为的诱惑。

直到1946年6月，拉斯廷才重新获得自由。之后，他再次积极地投身到民权运动之中。在北卡罗来纳州，他和一些激进分子一起坐在种族隔离式公共汽车的前部，结果遭到殴打，还差一点儿被处以私刑。在宾夕法尼亚的雷丁，因为旅馆接待员拒绝为他安排房间，他坚持要旅馆经理向自己道歉。在明尼苏达的圣保罗，他采用了静坐的方式迫使旅馆给他安排房间。在从华盛顿开往路易斯维尔的火车上，由于服务员拒绝为他提供早餐服务，他就坐在餐车里不走，一直到午饭时间。

有一次，阿萨·菲利普·伦道夫取消了一个非暴力活动，拉斯廷对他的导师提出了严厉的批评，认为伦道夫发出的声明不过是“满口假话的推诿之词”。但是，他很快就为自己的行为感到惭愧，而且在接下来的两年时间里，他尽量逃避与伦道夫接触。两人终于见面时，拉斯廷感到“局促不安，胆战心惊地等着伦道夫的怒火”。结果，伦道夫却一笑了之，两人之间的友谊继续保持下来。

拉斯廷继续在全世界做巡回演讲，再一次成为非暴力运动的明星。但是，每到一个地方，他仍然乐此不疲地色诱男性。最后，普拉特将他赶出了他们同居的公寓。1953 年，他在应邀前往帕萨迪纳演讲时再次被捕。凌晨 3 点多，他正在车里与两名男性发生性关系，结果被两名警察当场抓获。

他被判处 60 天监禁，他的名声从此一落千丈，被迫脱离了他之前参加的所有激进主义组织。他想去一家出版社担任宣传人员，却遭到了拒绝。后来，一位社会工作者建议他到一家医院去清扫洗手间和大厅。

一条充满意外的道路

在丑闻缠身的情况下，有的人就此沉沦，一蹶不振；有的人则放下包袱，从头再来。拉斯廷认为，他适合扮演的新角色是退居幕后为民权运动服务，而不再抛头露面。

慢慢地，他又投身到民权运动当中，不过，他不再是一位声名显赫的演讲家、领导人和组织者。在大多数时间里，他都在默默无闻地从事幕后工作，把所有的荣誉都让给其他人，例如他的好友兼门生马丁·路德·金。他为金代笔，通过金之口传播自己的想法；把金介绍给劳工领袖，敦促他不仅要谈论民权事务，还要探讨经济问题；指导金开展非暴力不合作运动，学习甘地的哲学观点；还以金的名义组织了一个又一个活动。拉斯廷在蒙哥马利公车罢乘事件中发挥了重要作用，金写了一本书介绍这次事件，但拉斯廷要求金删除所有提及他的部分。如果有人请他在代表某种立场的公开声明上签名，他通常会予以拒绝。

虽然已经退居幕后，拉斯廷却仍然面临危险。1960 年，牧师亚当·克莱顿·鲍威尔（后来是纽约市的国会议员）公开宣称，如果金和拉斯廷不接受他在某个策略问题上的要求，他就会指控他们之间有不正当的性关系。伦道夫认为这项指控明显不实，因此敦促金支持拉斯廷，但是金犹豫不决。拉斯廷提出他将从南方基督教领导会议中退出，他以为金不会同意他的辞职要求，而金却平静地同意了，这令拉斯廷惊愕不已。金还开始在个人生活方面疏远拉斯廷，他不再请拉斯廷帮自己出谋划策，而是偶尔给拉斯廷写一封内容空洞的短信，以掩盖自己决定疏远他的事实。

1962 年，拉斯廷 50 岁，此时的他几乎可以说是一个默默无闻的人。在主要的民权运动领袖中，对他支持力度最大的是伦道夫。一天，他们坐在哈勒姆的某处，伦道夫回忆起“二战”期间他计划在华盛顿举行但最终未能实现的那次游行。拉斯廷立即察觉到，实现伦道夫的那个梦想、在华盛顿组织一次大规模游行的时机成熟了。他认为，南方的游行和抗议活动已经动摇了旧秩序的基础，约翰·肯尼迪的当选又使华盛顿再次成为一个重要阵地。因此，这是组织大规模游行、迫使政府采取某种行动的有利时机。

起初，“城市联盟”“全国有色人种协进会”等主要民权运动组织对拉斯廷的建议持怀疑态度，有的甚至坚决反对，他们不希望激怒立法者和政府官员。此外，民权运动组织内部也在一些基本问题上意见不一致，不仅在策略制定上争论不休，而且对道德与人性的理解也存在非常大的分歧。

正如戴维·查普尔在他的著作《希望之石》中所说的那样，民权运动几乎已经一分为二了。其中一个是美国北方的民权运动，参加者都接受过良好的教育，大多持乐观的历史观和人性观。他们毫不怀疑地认为历史之弧正在冉冉升起，人类社会正在按部就班地积累科学与心理知识，创造更大的繁荣，制定进步的法律，正在由野蛮社会缓缓地进化为礼仪之邦。

他们认为，种族偏见毫无疑问违背了美国的建国纲领，因此，民权运动积极分子的主要任务是唤醒人们的理性和人性中好的一面。随着教育水平不断提升，人们的自觉性不断加强，经济繁荣的机会不断增加，越来越多的人将会逐渐意识到种族偏见是错误的，种族隔离是不公正的，于是他们就会站起来与之做斗争。教育、经济繁荣与社会正义将携手发展，所有好的方面都将融洽地彼此加强。

这个阵营中的人大多认为，寻求达成一致意见、彬彬有礼的对话，比对抗、挑衅、诉诸政治力量的效果好。

查普尔认为，民权运动的第二个阵营起源于《圣经》预言的传统，他们的领袖，包括金和拉斯廷，经常引用《耶利米书》和《约伯记》中的观点。他们认为，在这个世界上，正义正在遭受苦难，非正义却十分盛行，行善未必能成功。从人性的本质上看，人是有罪的。如果非正义的行为能让人获利，他们就会为这种行为披上合理合法的外衣。即便你能让他们知道这些是不公正的行为，他们也不会放弃自己的特权。即使是站在正义一方的人，也可能因为自以为是而沦丧，把一个大公无私的运动变成服务于自己虚荣心的工具。这些人无论握有多大的权力，无论有没有权力，都有可能因为权力而堕落。

金宣称宇宙中的邪恶力量是“非常猖獗的”。他说：“肤浅的乐观主义者不愿意面对生活中的现实情况，也只有他们才看不到这个明显的事实。”现实主义阵营大多是由南方人和信教人士组成的，他们对北方人相信渐进式自然进步的观点嗤之以鼻。金认为：“时局的残酷逻辑已经证明这种乐观主义是不可信的。人类不仅没有在智慧与正直等方面取得他们言之凿凿的进步，反而面临迅速沦丧的风险，不仅有可能沾染兽性，而且他们有预谋的残忍性甚至是连猛兽都不曾有过的。”

现实主义阵营的成员认为，乐观主义者奉行偶像崇拜，但他们崇拜的是人，而不是上帝。即使他们崇拜的是上帝，那个上帝也只不过是将人类特点发挥到极致的上帝。因此，他们过高地估计了人类的善心、理想主义与同情心的威力，也过高地估计了自己高尚的意图的威力。他们对自己过于纵容，因为自己的美德而骄傲，而对对手的能力掉以轻心。

伦道夫、金和拉斯廷对民权运动都持有这种更严肃的观点。种族隔离制度的捍卫者们不会主动放弃，怀有善念的人在自身面临危险的情况下也不会欣然采取行动。民权运动的积极分子不能依靠自己的善念或者意志力，因为善念与意志力常常会把他们的事业引入歧途。要想取得进展，不仅需要参与进来，还必须以自身的幸福、自我实现，甚至有可能是自己的生活为代价，名副其实地投身于这项运动。这种态度自然可以大大增强他们的决心，这是尘世中的那些乐观主义者无法比拟的。查普尔指出："民权运动积极分子从不开明的资源中汲取力量，增强自己的决心，而这些正是开明者所缺少而且急需的。"《圣经》的预言不能保护这些现实主义者免受苦难，却告诉他们这些苦难虽不可避免，但可以救赎。

这种态度造成的一个结果是，这些信奉预言的现实主义者会变得更富挑衅性。他们认为，既然人在本性上是有罪的，那么很明显，仅凭教育、提升自觉性和增加机会，不可能完成变革任务；把信念寄托于历史进程、人类的各种制度或者人的善心也是错误的。正如拉斯廷指出的那样，美国黑人"对中产阶级抱持的长远性教育文化改革的观点心存畏惧和不信任感"。

相反，只有不断施压、强迫，才会产生变化。也就是说，这些恪守《圣经》的现实主义者遵从的不是托尔斯泰的做法，而是甘地的观点。他们不相信仅靠忍气吞声，或者仅凭友情和爱就可以赢得他人的心。非暴力主义为他们准备了各种各样的策略，帮助他们保持不断进攻的势头，不断发起抗议、游行、静坐等行动，迫使对手采取某些措施。借助非暴力主义，恪守《圣经》的现实主义者会更具侵略性，以毫不留情的方式揭露敌人内心的邪恶，通过他们的罪来讨伐他们。既然敌人愿意接受邪恶的事物，他们就利用这个特点来迫使敌人做出邪恶的事情。有人认为，要打破现实，极端行为必不可少。拉斯廷也赞同这个观点，他认为耶稣“通过坚持不懈的狂热的爱，直接对维持社会稳定的支柱发出了致命一击”。或者就像伦道夫说的那样：“我觉得扰动并永久打乱美利坚通过吉姆·克劳法建立的种族隔离制度是我的道德义务。”

即使开展这些运动是伦道夫、拉斯廷等民权运动激进分子最意气风发的时刻，他们也仍然没有忘记，他们有可能因为自己的侵略性行为而面临道德沦丧的危险。在这些最美好的时刻，他们知道自己有可能犯自以为是的错误，因为他们的事业是正义的；当事业进展顺利时，他们可能会自鸣得意；在群体对抗时，他们有可能心狠手辣，产生小集团意识；在他们利用宣传手段动员追随者时，他们有可能过于教条、过于简单；随着听众的增加，他们有可能更加自命不凡；随着矛盾激化和对敌人仇恨的加深，他们有可能会变得越来越无情；在向权力靠拢的过程中，他们有可能做出让道德沾上污点的选择。他们对历史改变得越多，染上骄傲习气的可能性就越大。

在性生活方面肆意而为的拉斯廷把非暴力主义看作一种可以帮助抗议者约束自己、抵制堕落的手段。按照这个观点，非暴力抗议活动要求持续不断的自我控制，这与常见的抗议活动有所不同。信奉甘地主义的抗议者绝不可以大打出手，在面对危险时必须保持镇定、积极进行沟通，必须用爱来对抗可恨之人。要做到这些，就必须严格控制好自己的身体，小心翼翼地走到危险的环境中，双手抱头，迎接雨点般的击打；还必须控制好自己的情绪，抑制怒气爆发的冲动；不以怨念而以宽容对待所有人。最重要的是，在面对苦难时，还必须做到欣然接受。金认为，长期以来，人们已历经无数苦难，但是，如果他们不想再受到压迫，他们就必须忍受更多的苦难。他说："忍得无妄之难，方可获得拯救。"

非暴力主义是一条充满意外的道路：弱者通过忍受苦难可以获得胜利；受压迫者要想击败压迫者，就不可以还击；站在正义一方的人有可能因为自以为是而道德沦丧。

与那些认为周围世界已经堕落的人相比，这种逻辑正好相反。在20世纪中叶的思想家当中，与这种充满讽刺意味的逻辑联系最为紧密的当属雷茵霍尔德·尼布尔。伦道夫、拉斯廷和金等人思考问题的方式与尼布尔相同，并且深受他的影响。尼布尔认为，由于人生来有罪，因此人本身就是一个问题。人的行为发生在意义的框架之中，而这个框架过于庞大，人们根本无法理解。我们不但对行为导致的一系列后果无法理解，甚至连我们自己的冲动源自何处也不知道。尼布尔反对现代人在良知方面的漫不经心，以及在道德问题上的自满情绪。他提醒读者，我们的品德绝没有自己想象的那么高尚，我们的动机也不像我们认为的那样纯洁。

尼布尔认为，在承认自身存在缺点、德行有瑕疵的同时，我们仍然有必要采取侵略性行动，与邪恶、非正义做斗争。我们也必须承认自己的动机不纯，无论获取、运用了哪些权力，我们最终都会让自己的德行沾上污点。

冷战期间，尼布尔指出："为了保护我们的文明，我们采取并且必须继续采取使道德遭遇危险的行动。我们必须运用手中的权力，但是，我们不能认为一个国家在行使权力时可以做到完全没有私心，也不能因为某种程度的利益和激情就沾沾自喜，因为利益和激情会导致赋予权力合法性的正义沦陷。”

他还说，在行动中，人人都需要有一颗白纸般纯洁同时又无比精明的心。最令人意想不到的是，“如果我们真像自己标榜的那样纯洁，就不可能拥有高尚的品德”。如果我们的德行没有一点儿瑕疵，我们在行使权力时就不可能得到好的结果。但是，如果我们在自我否定的基础上运用某种策略，就可以在局部取得胜利。

为实现社会公平的梦想奋斗一生

拉斯廷与伦道夫试图利用“华盛顿游行”团结民权运动领袖的努力遭到挫败。但是，1963 年春，在亚拉巴马州伯明翰市发生的抗议活动改变了这一局面。全世界的人都目睹了伯明翰警察用警犬驱赶年轻的姑娘们，用高压水枪攻击小伙子们。这些推动了肯尼迪政府的民权立法准备工作，也告诉所有的民权运动参与者，在华盛顿举行大规模游行的时机已经成熟了。

作为游行的主要组织者，拉斯廷满心希望能担任正式的负责人。但是在一次重要会议上，全国有色人种协进会的罗伊·威尔金斯提出了反对意见：“他身上的污点太多了。”金犹豫不决，最后伦道夫站了出来，说他愿意担任游行的负责人。如果他担任负责人，他就有权任命一个副手，他会选择拉斯廷。除了没有负责人这个头衔之外，拉斯廷可以履行负责人的所有职责。就这样，伦道夫有策略地驳斥了威尔金斯的意见。

拉斯廷负责游行的所有相关事务，包括交通运输、如厕设施、发言人的人选安排等。为了避免与华盛顿警察产生对抗，他组织了一批不当班的黑人警察，并让他们进行了非暴力抗议的相关训练。游行时，这批警察将站在游行队伍的外围，防止冲突发生。

在距游行还有两个星期时，支持种族隔离制度的参议员斯特罗姆·瑟蒙德在参议院发言，严厉抨击拉斯廷是一个性变态者，他还在国会议事录中引用了帕萨迪纳警方出具的犯罪记录。约翰·德埃米利奥在他的传记作品《迷失的倡导者》中指出，经过这件事之后，拉斯廷立刻成为美国曝光率最高的同性恋者之一。

伦道夫迅速站出来为拉斯廷辩护："我惊愕地发现，在这个国家，竟然有人披着基督教的道德外衣，肆意破坏人类礼仪、隐私、谦虚等最基本的道德底线，只为了实施迫害行为。"由于距离游行只剩下两周时间了，其他的民权运动领袖没有别的选择，只能支持拉斯廷。如此看来，瑟蒙德的指责反而帮了拉斯廷一个大忙。

游行前的那个星期六，拉斯廷发表了最后声明，概述了游行中要严格控制侵略性行为的政策。他宣布："这将是一次有秩序而不屈从的游行，是一次令人自豪而不自大的游行，是一次非暴力而不缺乏勇气的游行。"游行当天，伦道夫率先发言。接着，约翰·刘易斯发表了充满激情、富有侵略性的演讲，使无数在场的人激昂起来。在马哈丽亚·杰克逊唱了一首歌之后，金发表了他的著名演讲——"我有一个梦想"。

在演讲的结尾，金引用了一首古老的黑人圣歌："终于自由啦！终于自由啦！感谢全能的上帝，我们终于自由啦！"之后，担任仪式主持人的拉斯廷登台，请伦道夫再次出场。伦道夫带领所有参与者宣誓：“我发誓，在赢得胜利之前，我不会停止斗争……我以我的肉体、灵魂发誓，我将不惜牺牲自己，借助社会正义实现社会公平。”

游行结束之后，拉斯廷与伦道夫碰了个头。拉斯廷后来回忆道：“我对他说：‘伦道夫先生，你的梦想似乎已经实现了。’这时，我看到眼泪从他的眼睛里涌出来，顺着脸颊流淌下来。这是我唯一一次看到他无法控制自己的情感。”

在生命的最后几十年里，拉斯廷独自一人，努力开辟自己的抗争之路。他在南非为终结种族隔离制度而奋斗；1968 年，纽约市爆发了一次教师大罢工，他为那里的民权组织加油、打气；为了捍卫取消种族隔离制度的理想，他还与马尔科姆 · X 等更激进的民族主义者展开了论战。到了晚年，他终于过上了平静的个人生活，与一位名叫瓦尔特 · 内格勒的男性建立了长期恋爱关系。拉斯廷几乎从来不公开谈论自己的私生活，但是，有一次在接受采访时他说：“最重要的是，经过多年寻觅，我终于与一个人建立了稳定、长久的关系。我们在所有方面都拥有共同点。”

阿萨 · 菲利普 · 伦道夫与贝亚德 · 拉斯廷的故事告诉我们，在一个堕落的世界里，有瑕疵的人是如何行使权力的。他们都深刻了解社会与个人的罪，并在此基础上形成了彼此相似的世界观，认为人生处处都有黑暗的角落。他们都成功地（伦道夫一战成名，而拉斯廷则耗尽了毕生时光）构建了包容所有喧嚣与冲动的内心世界。他们发现，他们可以借助自我付出，引导人生规避最糟糕的发展趋势，以间接的方式与罪行做斗争。他们的仪态庄重严肃，在为人处事方面显得有侵略性。他们知道，想要实现显著的变化，靠花言巧语是行不通的。与社会的罪行做斗争，需要有人用力砸开那扇门，与此同时，这些人还必须认识到，他们的勇敢行为并不值得人们顶礼膜拜。

这种权力哲学观适合那些内心既有坚定信仰又敢于自我否定的人。

第7章

爱的力量——终生都在执着寻爱的女小说家

乔治·艾略特写过这样一段话："我认为人的一生应该扎根于家乡，这里不仅有亲人的殷殷之情，还有那熟悉的山山水水，辛勤劳作的男女老少，始终萦绕耳边的乡音。即便未来见多识广，家乡留给你的这些早期记忆也将一直在你心中占有一席之地，并且是那么清晰，不会有一丝模糊。"

她的家乡位于英格兰中部的沃里克郡，那里地势平缓、气候温和、风景秀丽。在离她家比较远的地方，既可以看到连绵起伏的农田，也可以看到灰尘蔽日的煤矿。新旧经济的冲突给维多利亚时代留下了鲜明的特色。艾略特生于1819年11月22日，那时她的姓名是玛丽·安·伊万斯。

她的父亲本来是一名木工，但因为他严于自律，又善于捕捉机会，因此成为一名成功的地产商，赚了不少钱。艾略特非常崇拜父亲，成为小说家之后，她以父亲的特质（实用的知识，从书本外得到的智慧，对工作的执着奉献）为基础，创作了好几个深受欢迎的角色。父亲去世后，她保留了父亲的金丝边眼镜作为纪念，并提醒自己不可忘记父亲敏锐的观察力和世界观。

玛丽·安长大成人之前，她的母亲克里斯蒂安娜的身体在大多数时间里都不是很健康。生下玛丽·安一年半之后，她失去了一对双胞胎儿子。她把剩下的孩子都送去寄宿学校，以免自己因照顾孩子而吃苦受累。玛丽·安似乎对失去母爱反应非常强烈，据传记作家凯瑟琳·休斯称，"她引人注意和自我惩罚的行为常常惹人生气"。表面上看，她比较早熟，意志坚定，有点儿不讲道理，不愿意跟其他孩子待在一起，而更愿意跟在大人后面。但事实上，她的内心非常渴望得到他人的关爱。

由于渴望关爱，害怕遭到遗弃，这个小姑娘将自己的注意力转移到了哥哥艾萨克的身上。哥哥从学校回到家，她就会跟在他身后，刨根问底地打听他的生活。有那么一段时间，哥哥对她的爱有所回应，两人在草地上、溪流边度过了愉快的“点滴时光”。但是，随着艾萨克渐渐长大，他在得到一匹小马驹之后，就对有点儿缠人的妹妹失去了兴趣，把眼泪汪汪的她甩在了一边。这种对爱的热切盼望以及遭到男性的拒绝，构成了她人生前30年的主旋律。她最后一任丈夫约翰·克罗斯说：“从早年起，她就急切地想要找到一个能把她视为自己生命的全部意义的伴侣。她的一生，她的道德发展过程，都鲜明地表现出了这一特点。”

1835年，她的母亲患了乳腺癌。从5岁时就开始上寄宿学校的玛丽·安被叫回家照顾母亲，当时她16岁。没有资料表明母亲最终去世是否令她悲痛万分，但她的正式教育就此终结。她就像父亲的代理妻子一样，开始履行照料家庭的职责。

在《米德尔马契》一书那篇著名的前言中，艾略特描写了众多年轻女性心中感觉到的使命危机。她说，这些年轻女性的心中充满了渴盼和激情，希望把自己的精力奉献给某个有重大价值、气势恢宏、意义非凡的事业。在道德想象力的驱动之下，她们希望在有生之年谱写出弘扬正义的壮丽诗篇。她们“在内在动力的驱使下”，追逐着“永无止境的完美，探求着永远没有理由去厌弃的目标，让自身的不幸消融在自身以外的永生的幸福中”。但是，维多利亚社会并没有为她们提供多少施展身手的机会，导致她们的“善良心愿无从实现，她们那博爱的心灵、阵阵的叹息，也只得徒唤奈何，耗损在重重阻力中，而不是倾注在任何可以永垂不朽的事业上”。

这种道德上的激情和对精神世界完美主义的追求，为玛丽·安提供了源源不断的动力。从十几岁到二十出头，她笃信宗教，过着类似于修女的生活。那个年代，宗教正在经历一场大骚乱，科学开始指出上帝造人说的漏洞。无宗教信仰的扩散使道德面临困境，致使很多维多利亚时代的人迫不及待地遵从严格的道德戒律，尽管他们对上帝是否存在的怀疑正在日益加深。一些信教的人做出各种努力，希望为宗教信仰带来生机。约翰·亨利·纽曼和牛津运动试图让圣公会重新回归天主教，恢复对传统的尊重与中世纪的礼仪。福音派信徒则四处传播宗教信仰，举行更有感召力的宗教仪式，强调个人祷告、个人良知以及个人与上帝之间的直接关系。

十几岁时，玛丽·安狂热地迷上了宗教，这个自以为是、尚显稚嫩的小姑娘表现出了宗教信仰中不讨人欢喜的一面。在她的信仰中，自我赞赏的成分居多，而人道主义同情心则略显不足。她放弃了阅读小说的习惯，因为她认为在道德上态度认真的人应该关注现实生活，而不是一个想象的世界。她发誓戒酒，并且作为家庭的照料者，她还要求家人也戒酒。在衣着打扮上，她以清教徒的标准严格要求自己。尽管音乐曾经给她的生活增添了无限欢乐，但是她决定以后除了在做礼拜时，不听任何音乐。在社交方面，她经常对粗俗的人性表示强烈反对，随后就开始抽噎。她在给朋友的信中说，在一次派对上，“舞会上令人难以忍受的嘈杂声”让她无法“保持笃信基督教的新教徒应当保持的品质”。后来，她患上了头疼的毛病，经常变得歇斯底里。并发誓要坚决抵制“有碍高尚品格的一切诱惑”。

戴维·赫伯特·劳伦斯曾经说过：“这一切都是乔治·艾略特开创的，她是把情节发展寓于心理描写的第一人。”十多岁时，玛丽·安的生活就像一部通俗剧，孤芳自赏，内心充满了痛苦，不断地挣扎，默默地忍受。她希望过一种受难、屈从的生活，但与此同时，她去除了一切与严厉的大框架不相称的有人性、温柔的内容，以做作的方式对自己加以限制。她的行为中充满了爱，但是她的目的与其说是成为一名圣徒，不如说是希望人们把她当作一名圣徒来顶礼膜拜。她在这一时期写的书信，表现出一种痛苦的卖弄式的自我意识，甚至她早年写的一首质量不高的诗也是这样。"啊，圣徒！我是否可以承受这无比荣幸、无比崇高的名称，我是否有信心站在圣徒之列，即便位于末席！"传记作家弗雷德里克·R·卡尔的话可以代表一般性的观点："在1838年，年近19岁的玛丽·安除了才智出众，简直令人难以忍受。"

值得庆幸的是，她漂泊不定的思想绝不可能长时间地偏安一隅。她头脑聪明，准确地认知自己对于她来说绝不是一件难事。她在一封信中写道："我感觉自己身上的罪是最有破坏力的那种，同时也是导致众多罪的根源所在。这种罪就是野心，即希望得到周围人的尊重，它是一种永远也无法满足的欲望。我所有的行为似乎都是以此为中心的。"在某种程度上，她认为自己在公开场合表现出来的自以为是，其实是为了博取他人注意力的一种表演。此外，她很想体验长时间给自己强加精神束缚的感觉，对知识充满渴求，无法容忍阅读面狭窄，这些也是她不受欢迎的原因。

她仍在继续阅读《圣经》集注，但与此同时，她还在学习意大利语和德语，阅读华兹华斯和歌德的作品。她的阅读范围还延伸到了浪漫主义诗歌，包括雪莱和拜伦的诗作，尽管这两位诗人的生活肯定不会遵从她的信仰的限制。

她也阅读科学著作，包括约翰·普林格尔·尼科尔的《太阳系的现象与秩序》，查尔斯·莱尔的《地质学原理》（这部著作为达尔文提出进化论铺平了道路）。当时，基督教徒也纷纷著书立说，捍卫《圣经》的上帝造人说。这些人的书，玛丽·安也没有错过，不过它们在她身上产生的效果却违背了作者的本意。由于作者在书中对科学新发现的驳斥不能令人信服，玛丽·安心中的怀疑反而进一步增加了。

1841 年，21 岁的玛丽·安购买了查尔斯·亨内尔的《基督教起源探究》，这本书对她产生了深远的影响。亨内尔对《福音书》进行了一一分析，希望确定哪些内容是事实，哪些是人们后天润色的结果。最后，他认为没有充足的证据可以证明耶稣来自上天，施行过神迹，或者曾经死而复生。亨内尔认为，耶稣是“被狡猾的牧师与残忍的士兵杀死的一位品德高尚的改革家、圣人”。

在这段时间里，玛丽·安几乎无法找到与她智力水平相当的人一起讨论阅读的内容。为此她还造了一个词——“non-impartitive”（无从分享），来描述她接收到信息之后无法通过对话加以消化吸收的窘境。

后来她了解到，亨内尔最小的妹妹卡拉就住在她家附近。卡拉的丈夫查尔斯·布雷是一个成功的丝带商，曾经写过短文“必然性哲学体系”，介绍自己的宗教观。布雷认为，宇宙遵从上帝规定的亘古不变的规则，但是上帝并不会出现在这个世界中。人有责任去发现这些规则，并根据这些规则改造世界。布雷相信，人应该少花些时间祷告，多花些时间进行社会改革。布雷夫妇都是头脑聪明、智力发达、思想不受传统束缚的思想家，在自己的人生历程中经常会打破传统。他们没有离婚，但是查尔斯与家里的厨师生了 6 个孩子，卡拉则与爱德华·诺埃尔关系亲密，甚至可能是性伴侣。诺埃尔是拜伦勋爵的亲戚，自己有三个孩子，在希腊还有一处房产。

可能是为了将布雷夫妇拉回正统基督教的怀抱，玛丽·安通过朋友介绍，认识了布雷夫妇。但是，这个目的（如果她真有此想法）没有实现。在玛丽·安进入他们的生活之前，她本人的信仰就已经发生了变化。布雷夫妇认为玛丽·安与他们志同道合，他们一起频频出现在社交场合，也为终于找到智力水平与自己相当的朋友而暗自高兴。她并不是因为布雷夫妇而背叛基督教的，但是他们确实起到了催化作用。

随着玛丽·安对宗教的怀疑逐渐加深，她的人生也开始遭遇无穷无尽的麻烦。她的父亲、家人，乃至整个上流社会都在疏远她，她找到如意郎君的难度也大大增加。在那个时代，持不可知论者将遭到社会的排挤。但是她力排众议，勇敢地坚持自己的感觉和想法。她在信中向朋友倾诉："我真希望自己参加了那场致力于将真理的圣墓从侵占者的手里夺回来的圣战。"

从这句话可以看出，在玛丽·安即将背弃基督教时，她并没有放弃对宗教的忠诚。虽然她对基督教的教义与耶稣的神圣地位有所怀疑，但她并没有怀疑上帝的存在，甚至可以说是深信不疑。她之所以站在现实的立场上反对基督教，是因为她不喜欢过于抽象或者捕风捉影的事物，而且她事先查阅了详尽的资料。但是，她的反对并非冷酷无情，也没有借助干巴巴的推理。她对生活充满了世俗的爱，如果有人认为这个世界从属于另外一个遵从不同规则的世界，那么她根本无法接受这个观点。她认为，只要自己在道德上做出正确的选择，过一种有德行、行为严谨的生活，那么无须屈从，就能够蒙受天恩。在这种哲学观的引导下，玛丽·安为自己以及自己的行为戴上了一副沉重的锁链。

1842年1月，玛丽·安告诉父亲，她再也不会和他一起去做礼拜了。据一位传记作家称，她的父亲听后非常生气，冷冷地从她身边走开了。在父亲看来，玛丽·安不仅没有把父亲和上帝放在眼里，而且她的这个选择将使家庭蒙羞，并最终遭到社会的唾弃。在她拒绝做礼拜之后的第一个星期天，玛丽·安的父亲去教堂做了礼拜。他在日记里轻描淡写地写了一句话："玛丽·安没去。"

随后几周，玛丽·安开始了所谓的"圣战"，在家里与父亲展开正面对抗。父亲不再与她接触，却在不同的方面对她进行了回击，比如，他请亲朋好友劝说玛丽·安参加宗教活动。他们警告她说，哪怕只是为了谨慎起见，她也应该去做礼拜；如果她不听劝告，她的一生将穷困潦倒，遭到排挤和孤立。这些话听起来合情合理，但对她没有任何效果。父亲还邀请牧师和一些知识渊博的学者，通过摆事实、讲道理的方法，告诉她基督教的教义是正确的。他们来到玛丽·安的身边，苦口婆心地劝说她，却被玛丽·安一一驳倒。他们用来证明自己观点正确的那些书，玛丽·安不仅全都看过，还有自己的见解。

最后，父亲决定搬家。如果玛丽·安根本嫁不出去，那么家里购置大房子帮她寻觅佳婿的做法就毫无意义了。

玛丽·安给父亲写了一封信，试图重启对话。她首先阐明了自己不信基督教的理由，她认为《福音书》里的事迹"有真有假"。她告诉父亲："这些教义，我认为是耶稣本人的道德教化。尽管我赞赏、珍视其中的很多内容，但是我认为这些都是以耶稣的生活为基础的。它将严重损害上帝的荣耀，对个人与社会幸福将产生极为恶劣的影响。”

玛丽·安说，装模作样地遵循自己认为有害的教义，是一种彻头彻尾的伪善行为。她在信中写道，她希望能跟父亲一起生活，但是，如果父亲希望她离开，“那么我可以心情愉快地满足你的愿望，同时还会对你一直以来给予我的悉心照料与关爱心怀感激。我在不经意间让你蒙受了许多痛苦，如果为了惩罚我，你决定停止对我未来生活的各种支持，转而帮助你认为更应该得到你帮助的其他孩子，那么，我不但不会有任何怨言，还会愉快地接受。”

在她步入成年后，她不仅准备放弃全家人的信仰，而且做好了放弃遗产、丈夫和前途，离开家孤身一人闯荡世界的打算。最后，她用一个爱的宣言结束了这封信：“作为一名得不到任何人支持的女性，我最后一次为自己辩解。如果我曾经爱过你，那么这份爱现在还在，如果我曾经努力地遵守造物主制定的规则并毫不犹豫地履行自己的责任，那么这个决心现在还在。明白了这一点之后，即使所有人都反对我，我也问心无愧。”

如此年轻的一名女性写出这样一封内容深刻的信，的确引人关注，而且后人会发现这封信提及的很多特点在乔治·艾略特的身上都有所体现：对学术的高度忠诚，苦守良知的强烈愿望，勇敢面对社会压力，必要时做出艰难选择以锤炼品格的欲望，一点儿自负，好出风头的习惯，以及希望得到爱的强烈愿望（但是，她的行为使这个愿望难以实现）。

几个月之后，父女俩和解了。玛丽·安同意跟随父亲去做礼拜，但条件是父亲和其他人都必须接受她不是基督徒、不相信基督教教义这一事实。

人们也许会认为这是一种投降的做法，其实并不完全是。玛丽·安的父亲肯定意识到自己对女儿的做法过于残忍，因此他改变了态度。与此同时，玛丽·安也认为自己在表达反对意见时过于强调自己的感受，并因此感到后悔。她发现，自己竟然因为成为丑闻的中心人物而受到全市人民关注暗自高兴，她为自己给父亲造成的痛苦后悔不已。

此外，她认为自己毫不妥协的立场有自我纵容之嫌。不到一个月后，她又写了一封信，向朋友坦承对自己“在理智与情感两个方面的草率”深感遗憾。她说，如果稍动点儿脑筋、对自己的言行加以控制，就完全有可能避免与父亲冲突，她为此感到非常后悔。她认为自己确实有固守个人良知的义务，但在处理自己的冲动时也要兼顾对其他人、对整个社会的组织结构的影响，这是她应该履行的道德义务之一。在玛丽·安·伊万斯变成小说家乔治·艾略特之前，公众普遍认为她是一名赤裸裸的哗众取宠的人。到中年时，她信奉的是社会向善论和渐进主义，认为对人性与社会的改革应循序渐进，不可能一蹴而就。可以看出，她经常根据自己的信念做出勇敢、激进之举，但是她同样认为社交礼仪的细节与传统具有重要意义。她认为，社会之所以是一个整体，是因为人们被置于同一个道德世界，个人的意愿受到了无数的约束。她相信，如果人们都坚持自己的个人愿望而不做出任何妥协，就有可能在身边引发一股自私自利的不良风气。她把自己激进的人生道路隐藏在体面的陷阱之下，变成了一个相信仪式、惯例和习俗的勇敢无畏的自由思想家。与父亲之间的那场“圣战”，给她上了重要的一课。

没过几个月，玛丽·安就与父亲和好如初。在“圣战”结束7年之后，她的父亲去世了。玛丽·安在一封信中表达了对父亲的崇敬，并在道德层面捍卫了他的地位："没有父亲，我会变成什么样呢？我想我的道德底蕴可能就不会完整。昨夜，我仿佛看到由于缺少那些限制因素的净化作用，我开始耽于尘世的肉欲，变得无比邪恶。这实在是太可怕了。"

极度渴盼得到他人的关注和爱

玛丽·安在智力方面已经趋于成熟，青少年时期的广泛阅读为她积淀了丰富的文化知识，同时也培养了她的观察与判断能力。在思想方面，她正处于人生的中间阶段，正在由自我关注的青少年向成年人转变，其标志就是她变得非常善于设身处地地考虑他人的感受。

但是，在情感方面，她的情况依然十分糟糕。32岁时，她的圈子里流传着一个笑话，即玛丽·安见到谁就会爱上谁。总的来说，她的这些感情有一个规律。由于渴望爱情，她经常会不顾一切地爱上某位男性，通常是一位已婚或是出于其他原因不可能爱上她的男性。这位男性被她的谈吐折服，因此对她的关注会有所回应。而她却会误以为这种接触是爱情，并全情投入，希望两个人的爱情可以填补她内心的空虚。最后，这位男性会拒绝她或者逃之夭夭，或者他的妻子会迫使玛丽·安放弃。玛丽·安则会以泪洗面，或者因偏头痛发作而采取不良行为。

如果玛丽·安是一位传统意义上的美女，那么她的爱情突袭行动有可能会结出硕果。但是，当时年轻英俊的亨利·詹姆斯评价道，"她的相貌之丑陋让人难以忘却"。一连串的男性在面对她肥厚的下颚和不好看的长脸时，都无法做到泰然自若，不过优秀的人最终还是能看出她的内在美。1852 年，美国人萨拉·简·利平科特说，她们的对话使玛丽·安的面容产生了神奇的变化："第一次看到伊万斯小姐咄咄逼人的下颚和闪烁不定的蓝眼睛时，我觉得她实在是相貌平平。她的鼻子、嘴巴和下巴都不是我喜欢的类型，但是，在聊到兴头上时，她的脸变得容光焕发，甚至整个人的相貌都发生了变化，她难得一见的笑容更是有一种难以形容的甜美。"

男人闯进她的世界，玛丽·安坠入爱河，最后男人离开了。这样的情节不断上演。她先是分别与一位音乐教师和作家查尔斯·亨内尔发展了炙热的爱情，后来，她又和一位名叫约翰·西伯瑞的年轻人纠缠不清。西伯瑞希望当一名牧师，正在学习相关的知识。他对玛丽·安的爱没有反应，但是在几次交谈之后，他放弃了牧师这个职业，尽管他没有其他的谋生手段。

之后，她迷上了一位身高 4 英尺[1]、名叫弗朗索瓦·达尔伯特·杜拉迪的已婚中年艺术家，她的狂热程度令对方感到不安。有一次，她对一位男性（这一次她喜欢上的确实是一位单身汉）一见钟情，但第二天她就对他失去了兴趣。

朋友们有时会邀请玛丽·安到家中小住，不久之后，她就会与这个家庭里的父亲发生某种充满激情的亲密关系。罗伯特·布拉班特的年纪比玛丽·安大得多，是一位有教养的医生。他允许玛丽·安出入他的图书馆，并邀请她与他的家人一起生活。不久之后，两人就彻底纠缠在一起了。玛丽·安在写给卡拉的信中说："这里就是我的小天堂，布拉班特医生就是我的大天使。因

1. 1 英尺 = 0.304 8 米。——编者注

为时间关系，我不能一一介绍他迷人的品质。我们一起阅读、散步、聊天，和他在一起，我永远都不会感到厌倦。”布拉班特医生的妻子很快就采取了果断行动，提出要么玛丽·安搬出去，要么她自己离开这个家。玛丽·安只好不光彩地走了。

最奇怪、最复杂的局面出现在《威斯敏斯特评论》（玛丽·安为这份期刊撰稿，并担任编辑）发行人约翰·查普曼的家中。玛丽·安搬过来时，查普曼已经和妻子、情妇住在一起了。不久之后，这三个女人就开始上演争宠大战。艾略特的传记作家弗雷德里克·卡尔说，他们体现出乡村家庭闹剧的所有特点：门“砰”的一声关上，两个人偷偷溜出去散步，受伤的感情，眼泪汪汪或者怒气冲天的场景。如果某一天过于风平浪静，查普曼就会挑起事端，把某一位女性写给他的情书拿出来，给另一位女性看。最后，妻子与情妇结成同盟，一起对抗玛丽·安。于是，玛丽·安再一次在流言蜚语中离开了。

传记作家们普遍认为，由于玛丽·安缺少父母的爱，因此她一辈子都在拼命挣扎，希望能填补内心的那片空白。但是，我们也能从中看出自恋的痕迹，看到她对自己的爱情、高贵气质以及激情流淌的感觉充满迷恋。她把自己的生活变成了一部戏剧，全身心地投入其中，纵情享受人们的关注，对自己在情感方面的得心应手，以及自己发挥的重要作用感到沾沾自喜。如果人们把自己看成他们小宇宙的中心，那么他们常常会因为自己可怕但又令人感到愉悦的遭遇而欣喜若狂。如果人们把自己看作广袤世界的一分子、漫漫历史中的一个瞬间，他们就不大可能产生这种感觉。

玛丽·安写过这样一段文字：“要成为一个诗人，必须有一颗敏感的心。不仅可以随时洞察事物的细微变化，而且可以迅速感知一切。因为洞察力只是一只训练有素、善于在感情之弦上弹出各种声调的手，而在这颗敏感的心里，认识可以立即转化为感觉，感觉又像一种新的认知器官，为我们送来新的认识。”玛丽·安就拥有这种敏感的心，她的感觉、行为与思想融为一体，不分彼此。但是她找不到人来寄托自己的激情，也没有办法对自己的激情加以约束和限制。

爱是能战胜一切的终极真理

1852 年，32 岁的玛丽·安爱上了哲学家赫伯特·斯宾塞。这是她有生以来结识的唯一一个智力水平与她接近的男性。他们一起看歌剧，还经常一起聊天。斯宾塞喜欢与她相处，但是无法克服自己的自恋情结，也无法接受她丑陋的容貌。几十年之后，斯宾塞写道：“外貌不吸引人是致命的缺陷。尽管理智告诉我应该爱上她，但是本能让我望而却步。”

当年 7 月，她给斯宾塞写了一封大胆而诚恳的信：“熟知我的人说过，如果我彻底地爱上某个人，那么我的整个人生将完全取决于那份感情。我发现，他们说的是对的。”她恳请斯宾塞不要抛弃她：“如果你跟其他人在一起，那么我肯定无法活下去。但是，在这之前，只要你在我身边，我就有勇气付出努力，让我的人生变得有价值。我不要求你做出任何牺牲，我会保持心情愉快，绝不会让你生气……如果你将我从患得患失的恐惧中解救出来，你就会发现我很容易满足。”

最后，她用一个华丽的句子把这封信推向了高潮：“我想，从来没有哪位女性给你写过这样的信。但是，无论那些庸俗的人怎么看我，我都不会有一丝一毫难为情。因为理智和良好的教养告诉我，我值得拥有你的尊敬和柔情。”

这封信既有低声下气的恳求，又包含着强烈的自信，是艾略特人生之路发生重大转变的一个标志。在断断续续地经历了多年的感情挫折之后，她的内心变得刚强起来，终于可以发表维护自己尊严的宣言了。我们也许可以把这个时刻视为艾略特发挥能动性的时刻。在这一刻，她再也不像以前那样，因为空虚而失去生活的目标，而是按照自己内心的标准去过自己的生活，并逐渐培养出驱动自己人生所需要的激情和能力。

这封信还是未能解决她所面临的问题，斯宾塞拒绝了她的爱。她依旧缺乏自信，对自己的写作尤其如此。但是，她的精力越来越旺盛，内心的力量也不断增强，有时还表现出令人惊讶的勇气。

对很多人来说，这种能动性有可能会来得特别晚。有时候，我们会发现那些穷苦之人就缺少这种能动性。在生活遭遇经济问题、武断的老板或常见的混乱状况之后，他们有可能对投入决定产出的理念失去信心。即使我们制订计划帮助他们改善生活，他们也无法充分把握这个机会，因为他们缺少自信心，难以掌控自己的命运。

而在那些幸运儿，尤其是那些年轻的幸运儿当中，我们可以看到，许多人从小就被灌输了不达目的誓不罢休的想法。他们有可能积极主动、非常忙碌、没有时间休息，但他们的内心常有消极被动、失去控制的感觉。因为引导他们人生方向的是他人的期望、外界的标准和对成功的各种定义，而所有这些并不真正适合他们。

能动性不会自动产生，它需要人们的努力推动才会出现。它也不仅仅是行动的信心与动机，而是通过某些铭记于心的标准来引导行为。能动性时刻可能发生在任何年龄阶段，也可能永远不会发生。艾略特与斯宾塞在一起的时候，开始表现出情感能动性的迹象，但是直到她认识乔治·刘易斯之后，她的能动性才真正产生。

人们总是从乔治·艾略特的角度来讨论她对乔治·刘易斯的爱，认为伟大的爱情使她不再是一个自我关注、绝望的女孩，还给她带来了她渴盼的爱情、情感支持和安全感。不过，我们同样可以从刘易斯的角度来讨论他们的这段感情，因为在他从破裂人格发展为完整人格的过程中，这段感情发挥了核心作用。

刘易斯的家族关系十分混乱。他的祖父是一名喜剧演员，一生结了三次婚。他的父亲在利物浦同一名女性结婚后有了 4 个孩子，然后离开了这个家，与伦敦的一名女性组建了一个新家庭，又有了三个儿子，之后他去了百慕大，再也没有露面。

刘易斯出生在一个比较贫穷的家庭里，长大后他前往欧洲求学，并接触了斯宾诺莎、孔德（当时，他们在英格兰几乎默默无闻）等欧洲大陆知名学者的思想。回到伦敦之后，他靠写作谋生。只要有人付钱，无论让他写什么内容他都会接受。当时的社会已经开始推行专业化和认真负责的职业精神，因此，作为一名提供肤浅的临时性写作服务的人，他受到了冷遇。

美国女权主义者玛格丽特·富勒在托马斯·卡莱尔的家中参加派对时认识了刘易斯，认为他是一个“诙谐有趣的法国人，稍显轻浮，知识浅薄却灵活机智”。大多数传记作家都持同样的看法，认为他是一个投机取巧者和机会主义者，能说会道，但是说的话大多比较肤浅，是一个不太可靠的文字工作者，因此对他不屑一顾。

但是传记作家凯瑟琳·休斯比较欣赏刘易斯，而且她的理由似乎也比较充分。她认为，在一个不苟言笑、自尊自重盛行的社会里，刘易斯却非常风趣，而且笑口常开。当时的社会对不属于英国的事物往往持怀疑态度，刘易斯却对法国人与德国人的生活了如指掌。他发自内心地欢迎各种不同的观点，愿意将遭到忽视的思想家带进公众的视野。在严苛的维多利亚时代，人们大多不愿意表露自己的思想，而刘易斯却是一位自由思想家，充满了浪漫气息。

刘易斯长相丑陋（在伦敦名人中，他是相貌不及乔治·艾略特的唯一一人），但是在与女性聊天时，他能做到安然若素，而且能敏锐地把握对方的心理。这个特质让他受益匪浅。23 岁时，他娶了一位名叫艾格尼丝的年轻美貌的 19 岁少女。他们的婚姻表现出了自由思想的现代特点，在前 9 年里，他们都对婚姻非常忠诚，但此后情况就截然不同了。艾格尼丝与一位名叫桑顿·亨特的男子长期保持着性关系，而刘易斯并不反对艾格尼丝的这种行为，唯一的条件是她不可以为亨特生孩子。可是后来，艾格尼丝真的为亨特生了几个孩子。为了不让这些孩子被人嘲笑为私生子，刘易斯把他们领回家，对外称他们是自己的孩子。

在结识玛丽·安时，刘易斯正处于和艾格尼丝分居的状态（不过，他可能认为自己还会搬回去住，他和艾格尼丝的婚姻在他去世之前也会一直合法有效）。他认为自己正处在“枯燥乏味、无所事事的人生阶段”。他说：“我放弃了所有理想，有一天没一天地混日子。但是，每天的烦心事仍然无穷无尽。”

与此同时，玛丽·安也感到无比孤独，不过她已渐趋成熟。她在写给卡拉·布雷的信中说："我的麻烦纯粹是心理方面的——对自我的不满足，渴盼做一些有价值的事情。"她在日记里引用了女权主义作家玛格丽特·富勒的话："我可以驾驭自己的聪明才智，却无法驾驭生活！唉，生活！主啊，难道我就永远不能拥有甜蜜的生活吗？"

不过，已经30多岁的她再也不像以前那样纠缠于自己的问题了：年轻时，人们总觉得自己面临的那些问题是大事。世界为我们的人生准备了一个快速延伸的舞台，如果遇到阻挠，那么我们有权利破口大骂，我年轻时也是这样。但是，至少我们已经发现，这些在我们心中占据重要地位的事情，其实不过是玫瑰花瓣上的小水珠，到了中午就消失得不见踪影了。我的这番话不是矫揉造作，也不是多愁善感，而是每天都会让我受益的一点儿心得。"

1851年10月6日，刘易斯与玛丽·安在一家书店邂逅了。此时，玛丽·安已经搬到伦敦，并且是《威斯敏斯特评论》的匿名撰稿人（后来，她成为编辑）。他们有相同的人生经历，都与赫伯特·斯宾塞建立了亲密的友谊。

刚开始时，玛丽·安对刘易斯没什么印象，但是很快她就在写给朋友的信中称她发现刘易斯"亲切、有趣"，让"我不由自主地喜欢上了他"。刘易斯似乎也非常了解这位刚刚结识的女性所具备的特点。尽管刘易斯在生活的其他方面总是漂移不定，但自从与这位后来改名为乔治·艾略特的女性厮守之后，他就变得异常坚定，十分值得信任。

他们之间的书信都没有被保存下来。一方面是因为他们写给对方的信本来就不多（他们大多数时间都待在一起），另一方面是因为艾略特不希望后世的传记作家研究他们的私生活，也不愿意让人们发现她的那些令人钦佩的小说所掩盖的其实是一颗容易受伤的心。因此，我们对他们两人爱情的发展过程一无所知，不过我们知道，刘易斯正在逐渐俘获玛丽·安的芳心。1853年4月16日，玛丽·安给朋友写了一封信："刘易斯先生亲切友善、殷勤体贴，在遭到我无数的痛骂之后，他赢得了我的尊重。同许多人一样，他比看上去的要优秀得多。他有感情、有良知，不过这些都隐藏在他轻浮的面具之下。"

刘易斯可能在某个场合向玛丽·安介绍了自己破裂的婚姻和糟糕的私生活，对生活中的各种复杂情况颇为熟悉的玛丽·安可能不会对此感到震惊。他们或许还进行了大量的思想交流，他们都喜欢阅读斯宾诺莎、孔德、歌德、路德维希·费尔巴哈等人的著作。而且，玛丽·安当时正在翻译费尔巴哈的《基督教的本质》。

费尔巴哈在书中提出，虽然当前这个时代已经不再信仰基督教，但是基督教伦理道德的精髓仍然有可能得以保留，而爱可能是实现这一目的的有效途径。他认为，通过与所爱之人的爱情与性行为，人类有可能实现超越，从而击败人性里的罪。他在书中这样写道：

> 那么，人在面对自己与完美自我不统一的情况，察觉到自己的罪，以及意识到自己的存在毫无意义而心神不宁时，有什么办法可以把自己解救出来呢？他怎样才能避免罪孽的致命伤害呢？唯一的办法就是，把爱视为最高、最终极的力量和真理；不仅要把上帝看作标准、知性的道德人，还要把上帝看作一个慈爱的、温情的甚至有个人感情的人（也就是说，

对个体怀有同情心）。

由于思想相投，玛丽·安与刘易斯坠入了爱河。在他们相识之前的那些年里，他们被相同的作家吸引，他们写作的主题有重合的部分，他们抱着同样强烈的热情追逐真理，他们都不是基督教的信徒，而且他们都认为以爱与同情心为基础的道德可以取代基督教教义。

爱可以升华人的灵魂

我们无从了解他们的心灵碰撞出火花的情景，但是我们知道与他们类似的人是如何坠入爱河的，他们相爱的过程有帮助于我们了解玛丽·安与刘易斯的情感历程。类似的爱情中最著名的应该是英国哲学家以赛亚·伯林与俄罗斯诗人安娜·阿赫玛托娃的爱情了。一夜之间，他们的心就走到了一起，为我们呈现了一部特殊的爱情剧。

这部爱情剧发生在 1945 年的列宁格勒（现圣彼得堡）。阿赫玛托娃比伯林大 20 岁，是俄国革命之前就已成名的伟大诗人。从 1925 年开始，苏联政府严禁她发表任何作品。1921 年，她的第一任丈夫因遭到错误的指控被判处死刑。1938 年，她的儿子被逮捕入狱。阿赫玛托娃在监狱门外等了 17 个月，希望得到儿子的消息，结果却一无所获。

伯林对阿赫玛托娃不是很了解，但当时他正好来到列宁格勒，一位朋友提出为他引荐阿赫玛托娃。这位朋友带着伯林来到阿赫玛托娃的公寓，在那里，伯林看到了一位美丽与影响力不减当年，但是在暴政与战争的摧残下身心俱疲的女性。他们最初的谈话有点儿拘束，话题主要是战争的经历和英国的一些大学。其间，其他客人一个个地离开了。

到了午夜，只剩下他们二人，相对坐在房间的两侧。阿赫玛托娃谈到了她的少女时代、婚姻状况和丈夫的冤死。她又声情并茂地背诵了拜伦的《唐璜》。伯林被深深地打动了，为了掩饰自己的情绪，他转过头望向窗外。她接着朗诵她自己写的诗，中间还停下来讲述了她的一位同事因为这些诗被处死的事。

到凌晨4点的时候，他们开始讨论一些伟人。他们对普希金和契诃夫的看法一致，伯林喜欢屠格涅夫令人轻松的聪明才智，阿赫玛托娃欣赏陀思妥耶夫斯基那包含了强烈愤怒之情的文字。

他们的谈话不断深入，彼此敞开了心扉。阿赫玛托娃承认了自己的孤独，表露了自己的激情。他们阅读同样的书，了解对方所了解的东西，知道彼此的追求。他的传记作家迈克尔·伊格纳季耶夫写道：“那一夜，（伯林的人生）第一次与心平气和的完美境界如此接近。”等到他终于回到宾馆时，已经是第二天上午11点了。他扑倒在床上，高呼：“我恋爱了！我恋爱了！”

伯林与阿赫玛托娃那个夜晚的促膝谈心是一种完美的交流。交流的双方都认为，最值得注意的知识并非隐藏在数据之中，而是隐藏在伟大的文化作品之中，隐藏在人类继承的道德、情感和既有的智慧仓库之中。在这次交流中，学术上的一致性演变成情感的融合。伯林与阿赫玛托娃能够展开这种有深远意义的对话，原因是他们一直在坚持阅读。他们认为，要体验丰富多彩的生活，我们就必须听一听其他人的妙计，读一读他们的大作。两个人在精神领域都雄心勃勃，他们的共同语言是比我们更了解我们自己的天才的文学作品。

他们的爱情是志同道合的爱的完美代表。这种志同道合的爱需要很多巧合才会发生，即使发生，一生也只有一两次机会。伯林与阿赫玛托娃感觉他们珠联璧合，是天造地设的一对。他们有很多共同点，他们的相处是那么和谐，一夜之间，两个人内心的戒备就完全消失了。

如果你读过阿赫玛托娃描写那个夜晚的诗，你就可以肯定他们发生了性关系。但是，伊格纳季耶夫说他们几乎没有身体接触。他们主要就学术、情感和精神等方面进行了交流，是一种既有友谊又有爱情的交流。人们常说，朋友肩并肩地对抗世界，情人则面对面地生活。伯林与阿赫玛托娃的这次交流似乎二者兼备，他们不仅分享思想，而且增进了对彼此的了解。

对于伯林而言，那个夜晚是他人生中最重要的时刻。阿赫玛托娃正在忍受苏联政府的迫害。苏联政府认为她的丈夫是英国间谍，将她从作家联盟除名，并把她的儿子关进监狱。尽管内心无比凄苦，但是阿赫玛托娃仍然十分欢迎伯林来访，给了他热情洋溢的评价，并且描绘了那个神秘的夜晚。

艾略特与刘易斯的爱也有强烈的学术因素和情感因素在其中。他们都认为爱是一种道德力量，可以使人的思想得到升华，让人们在考虑问题时兼顾他人的利益，并且有助于他们培养乐于奉献的伟大品质。

的确，仔细研究情感最浓时的爱情，我们就会发现爱情经常会通过几个方面改造我们的灵魂。首先，爱情让我们学会谦恭。它让我们明白，我们连自己也无法控制。大多数文化和文明都借助神话或者传说，将爱情描绘成一种外部力量（神或者恶魔）。

这种力量一旦进入人的身体，就会停留在那里，然后全面改造人的内心世界。爱情还被描绘成一种令人愉悦的疯狂，难以控制的火焰，美妙绝伦的狂热。爱情是不能培养的，我们只能不由自主地“坠入”爱河。爱情是一种原生事物，显然也是属于我们自己的一种事物。由于无法规划、安排或支配爱情的惊人力量，因此我们对爱情总是心存敬畏。

爱就像一支入侵的军队，提醒你你的身心不是由你说了算。它一点儿一点儿地征服你，重新安排你的精力分配、睡眠规律、聊天内容，甚至你的注意力。谈恋爱时，你会情不自禁地想起你所爱的人。在人群中穿行时，没走几步，你就会在恍惚间看到她的身影。你的情绪会跌到低谷，明知道可能微不足道或者是错觉的小问题也会让你痛苦不堪。爱情是最强大的军队，因为没有任何力量可以与之抗衡。当爱情的入侵只进行到一半时，被侵入的那个人会盼望着被爱情俘虏，虽然无比害怕，却只能束手待擒。

爱是一种屈服。你把内心最脆弱的部位暴露出来，放弃了自我做主的幻想，你的脆弱性和希望得到支持的欲望会慢慢呈现出来。艾略特曾经写道：“对大多数女性来说，男性那坚实的臂膀似乎拥有神奇的吸引力。女性需要的不是身体上的帮助，而是得到帮助的感觉，以及不是由她身体发出但属于她的所有力量。这种感觉能够满足女性想象力的持续需要。”

爱的基础是人们心甘情愿地表现出脆弱性，而且爱会加剧这种脆弱性。爱之所以有强大的力量，是因为坠入爱河的人都会毫不掩饰地坦露自己的内心，而另一方则会毫不犹豫地迎上去。意大利小说家塞萨尔·帕韦塞说：“如果有一天，你把自己的弱点暴露在某个人面前，而那个人并没有利用你的弱点来彰显自己的力量，就说明你将得到爱神的眷顾。”

其次，爱可以让我们不再以自我为中心。爱可以引导我们摆脱自恋的自然状态，爱让他人的形象栩栩如生地投射到你的心中，并且让他人的形象比你自己的形象更加生动。

热恋中的人可能会以为自己追求的是个人幸福，这是一种错觉，他追求的其实是与另外一个人的融合，如果这种融合与个人幸福相矛盾，那么他很有可能会选择融合。肤浅的人生活在自我的狭小世界里，而恋爱中的人则会发现，最丰富的世界不在于内心，而在于他们的身体之外，在他们所爱之人的心中，在他与所爱之人同甘共苦的过程中。成功的婚姻是经过50年的对话之后，两个人的思想与心灵越来越近，直至融为一体。爱情的表现形式是同欢笑、同流泪，最后还会告诉对方：“我已经变成了你。”

很多人通过观察发现，在爱面前，给予与接受之间不再那么泾渭分明。由于恋爱双方的自我已经不分彼此地融合在一起，因此相较于接受，对所爱之人的给予更令人愉悦。蒙田说，接受所爱之人的礼物其实是送给对方的一个终极大礼，可以让他体验到给予的乐趣。说恋爱中的人慷慨大方或者没有私心是没有任何意义的，因为陷入热恋中的人在为所爱之人付出时，同时也是在为自己付出。

在他的那篇谈论友谊的著名散文中，蒙田描述了深厚友谊或者爱改变自我界限的作用：

> 这种友谊没有模式可以参考，只能自己摸索。这不是一种、两种、三种、四种、一千种特别的要素，而是所有这些要素混合而成的一种说不清道不明的东西，它攫住了我的全部意志，使我的意志浸入并融合在它的意志中；它也抓住了它的

全部意志，使它的意志浸入并融合在我的意志中，如饥似渴，心心相印。我所谓的“融合”是千真万确的，我们不再有任何属于自己的东西，也分不清是它的还是我的。

再次，爱还会给人输入诗人的禀赋。亚当一号希望根据实用的计算结果去规划人生——体验尽可能多的乐趣，防范痛苦和伤害，让一切都在掌控之中。亚当一号希望你冷静地权衡风险和回报，寻找机会实现自己的利益，并作为一个自给自足的单位走完自己的人生道路。亚当一号会计算成本与收益，并精心制定人生战略。他希望你与世界保持在触手可及的距离之内。但是，爱意味着要放纵自己，让这种有魔力的思维方式驱动自己。

爱会让人连续体验到成百上千种之前不曾有过的细微感觉，就好像人生画卷的另一半第一次在你面前展开一样，让你感受到狂热的崇拜、希望、怀疑、可能性、害怕、狂喜、嫉妒、痛苦……

爱是顺从，而不是决定。爱要求你不惜任何代价，像诗人那样拜服在某种神秘力量的面前。爱让你在思考问题时不考虑条件，毫无保留地将你的爱全盘托出，而不是像挤牙膏一样一点儿一点儿地付出。司汤达说过，爱让你的视野一片清明，所爱之人宛若熠熠生辉的珠宝。在你的心目中，她拥有别人所没有的神奇魔力；在你的心目中，爱情之花第一次绽放的地方具有其他人无法察觉的神圣意义；日历上标记的第一次接吻、第一次示爱的日期也显得很神圣。你的情感很难用文字来描述，只有通过音乐、诗歌、眼神和身体接触才能准确地传递。你们互诉衷肠的言辞是那样幼稚，以至你们不敢告诉其他人，否则会让别人觉得你们太愚蠢了。

你爱上的那个人可能不是对你来说最有利用价值的人，不是非常富有、非常受欢迎、人缘非常好的人，也不是职业前景最被人看好的那个人。亚当二号爱上的人具有鲜明的特点，除了内心的和谐、启迪、欢乐、激动，没有别的原因，爱上一个人只是因为他就是他，她就是她。此外，爱情肯定不会追求效率。令人奇怪的是，阻碍反而有利于爱情的成长，而谨慎却未必能赢得爱情。我们可能曾经警告过两个正在热恋的人要谨慎考虑结婚的问题，因为我们认为他们在一起不会幸福，但是热恋中的人已经陷入了神奇的思维模式，无法像正常人那样看待问题。而且，即使他们可以做出调整，他们可能也不会这样做，因为他们宁愿不幸福地待在一起，也不愿意分手去过各自的幸福生活。他们是在相爱，而不是在买股票，诗人的特质（一部分是理智，一部分是迷人的情感）会引导他们做出自己的决定。爱情是一种有诗意的需要，既存在于比逻辑与推断高的层面上，又存在于比逻辑与推断低的层面上。

因此，爱激发了精神意识。精神意识是意识的一种变化形式，势头强劲、压倒一切，同时又热情洋溢。在恋爱状态下，很多人都有可能遇到某个神秘时刻，感受到一种超出人的层面的、无法用言语形容的神秘意识。他们的爱情散发出纯真爱情的微弱光芒，纯真爱情不同于普通人的爱情，而是来自某个超然的领域。这种感受稍纵即逝，是一种强烈而欢快的神秘体验，让我们超出熟知的范围，窥见无尽宇宙的一点儿真容。

诗人克里斯蒂安·威曼在他的杰作《我的光明深渊》中写道：

所有真实的爱（母亲对孩子的爱、丈夫对妻子的爱，以及朋友之间的爱）都包含着一种过量且蠢蠢欲动的活力。而且，这种活力不是简单地从一个人身上移动到另一个人身上，而是通过他们移动至另外一些东西上。（斯宾塞·里斯说："现在，我明白了，他爱我越深，我就越发热爱我们这个世界。"）正因为如此，在面对这种爱（我指的不仅仅是爱情，事实上，我指的主要是其他类型的爱，是那些更加持久的关系）时，我们有可能感到迷惑、震惊。因为它希望超越自己的极限，它在我们心里大声疾呼，希望我们帮助它超越它的极限。

对于很多人而言，无论他们是否信仰宗教，爱都可以帮助他们超越认知的界限，窥见某些未知的领域。从更实际的意义来说，爱开垦了人们的心灵。对爱的渴望使我们的心灵更加开放、自由。爱就像铁犁一样，翻开坚硬的土壤，让种子发芽、成长。它碾碎了亚当一号赖以生存的硬壳，暴露出亚当二号的松软沃土。我们注意到，一个人的爱会激发另一个人的爱，一个人的爱会增强另一个人的能力，这种现象一直都存在。

自我控制就像肌肉，如果在一天当中经常使用，那么到了晚上，你就会筋疲力尽，自我控制的强度再也比不上白天。但是爱恰好相反，爱得越深，你能付出的爱就越多。在第二个、第三个孩子出生之后，你对第一个孩子的爱并不会因此减少。爱自己家乡的人也会更爱自己的祖国，爱越用越多。

爱会让人性情温和。我们都知道，在相爱之前，人们冷漠麻木，满怀戒心。但是在受到甜蜜的爱的刺激并进入恋爱状态之后，他们的行为就会发生变化，就像被削掉皮的水果一样，露出甜美的果肉。因此，他们更加害怕，也更容易受到伤害，但是同时，他们也变得更和善，更愿意奉献自己的人生。莎士比亚是这方面当之无愧的权威，他曾经写过这样的诗句：“我给你的越多，我自己也越富有，因为这两者都没有穷尽。”

爱还能推动人们奉献自己。如果开始时爱是自上而下的，挖掘自我脆弱的一面，毫不掩饰地暴露自己，那么结束时它就是自下而上的，激发出人们的活力，唤起他们奉献的愿望。恋爱中的人会买小礼物，会不顾交通拥堵去机场接自己的爱人。爱意味着一次又一次在半夜醒来哺乳，年复一年地教育孩子。爱意味着在战斗中为了战友甘冒生命危险，甚至牺牲自己的性命。爱使人变得高尚，还会发生其他改变。只有在相爱的状态下，一个人才会按照另一个人所希望的方式生活；只有在爱的承诺中，人们才更有可能超越利己主义逻辑，无条件地奉献自己。

你偶尔还会遇到心灵超凡脱俗的人，这样的人已经尽情享受过最激情、最狂热的爱。他们一度狂热地爱着某个人或某个事物，现在这份爱虽然已经不像以前那么狂热了，但是它非常稳固、愉快、不可动摇。他们甚至不计任何回报，只是自然而然地付出自己的爱。这种爱是馈赠式的，而不是相互的。

乔治·刘易斯对玛丽·安的爱就是这种。因为爱对方，他们双双发生了变化，变得更加高尚，不过刘易斯的变化更加显著。他公开赞扬玛丽·安超凡脱俗的才智，并且通过鼓励与诱导的方式小心翼翼地呵护着这份才智。在他为数众多的书信和其他表达中，他把自己摆在较低的位置上，同时把玛丽·安摆在心中最高的位置。

一个了不起的爱的承诺

刘易斯和玛丽·安的同居决定具有非常深远的意义。尽管刘易斯与妻子艾格尼丝已经分居，而且后者还怀上了另一个男人的孩子，但刘易斯是法律认定的已婚男子。如果艾略特和刘易斯结为夫妇，在世人眼中，他们就犯下了无耻的通奸罪。上流社会将对他们关上大门，家人将与他们断绝关系，他们将会遭到社会的流放，尤其是艾略特。艾略特的传记作家弗雷德里克·卡尔指出："包养情妇的男人被称为花花公子，而被男人包养的女性则被叫作淫妇。"

然而，到了1852年冬天，艾略特似乎已经认定刘易斯就是她的灵魂伴侣。1853年春天，他们有了与社会决裂、彼此厮守的念头。同年4月，刘易斯的精神崩溃了，伴随着眩晕、头疼和耳鸣等症状。那时，艾略特正在翻译费尔巴哈的作品。刘易斯认为，从真正的意义上讲，婚姻的本质不是法律上的某种规定，而是道德上的一种协议。刘易斯的这种看法可能推动艾略特做出了这样一个判断：和刘易斯与他分居的法定妻子之间的协议相比，她与刘易斯之间的爱情是一种更真实、更高层次的协议。

最终，她必须判断到底哪种联系对她最有意义。结果，她认为爱情肯定会胜过社会关系。后来，她在一封信里这样写道："迈出这一步之后，我认真考虑了后果。我做好了被所有朋友抛弃的心理准备，而且我既不会因此生气，也不会感到痛苦。因为我决定托付终身的这个人，是一个正确的选择，他值得我为他做出牺牲。我唯一担心的是，人们是否会正确地看待他。"

所有的爱都有狭隘性，是为了某一个选择而放弃其他选择。

2008年，利昂·维瑟提耶在卡斯·桑斯坦与萨曼莎·鲍尔的婚礼祝酒词中把这个问题说得非常透彻。

> 成为新郎、新娘的人已经通过爱情发现了幸福的狭隘性。爱情是对幸福规模的革命，是对人的重要性的调整；既是私密的，又是特定的；它的对象具体而明确，要么是这个男人与那个女人，要么是那个男人与这个女人。爱情宜深不宜滥，宜厮守不宜分离，宜轻松获取不宜勉强为之……爱情不关心或者不应关心对方以往的经历，也不应受到它的影响。爱情是一个轻松而牢固的庇护所：当夜幕降临、不见一丝光亮时，只有一颗心会帮助你驱赶恶魔，或者与你一起迎接天使。至于总统是谁，没有人会关心。同意结婚，就是同意被人真正地了解，这预示着一种不妙的前景。因此，人们只好寄希望于爱情可以修正印象不佳的问题，可以催生必不可少的谅解。选择婚姻就是选择暴露自己，我们有可能成为配偶心目中的英雄，但是不大可能会受到配偶的崇拜。

当做出那个决定时，艾略特的思想似乎处于一种骤变的状态，她知道自己的人生即将进入一个不可逆转的新阶段。她似乎认为，到目前为止，她所做出的一系列决定都是有问题的，而现在到了把全部希望寄托于一个正确选择的时候了。她就像W·H·奥登在他的著名诗作《毫不犹豫地跳出来吧》中说的那样，“勇敢地跳了出来”。

> 危险的感觉肯定不会消失，
> 因为这条道路很短，而且陡峭，
> 虽然看上去似乎非常平缓，

你可以观望，但最终还是得勇敢地跳出来。

意志坚强的人在睡梦中也会感伤，
会像傻瓜一样触犯规章，
有可能消逝的不是习俗，
而往往是内心的畏惧……

我们认为适合穿着的衣服，
可能既不实用，也不便宜，
只要我们愿意像绵羊那样温顺，
而且绝口不提那些消失的东西……

在万丈深渊般的孤寂下面，
亲爱的，那是我们存身的床，
虽然我爱你，但你还是得勇敢地跳出来，
我们必须从自以为安全的美梦中醒过来。

1854年7月20日，艾略特来到伦敦塔附近的一个码头，登上了前往安特卫普的“雷文斯本”号。她和刘易斯决定远赴国外，共同生活。她把自己的这个选择，写信告诉了几位朋友，为了让朋友们接受这个事实，他们宣称这次出游是同居生活的预演，但实际上他们已经决定共度余生。对他们俩而言，这是一个非常勇敢的行为，也是对爱情做出的一个了不起的承诺。

他们的选择非常正确，因为它拯救了他们的人生。他们携手周游欧洲，大部分时间是在德国境内。欧洲的优秀作家和学者对他们表示了热烈的欢迎。玛丽·安非常愿意以刘易斯夫人的身份公开露面："我一天比一天幸福，而且我发现家庭生活越来越愉快，让我每天都有新收获。"

但是，回到伦敦之后，他们遭到了潮水般的谩骂，而且自此以后，艾略特的社交生活再也没能摆脱这种局面。一些人以竭力贬低她为乐，咒骂她是偷情狂、家庭破坏者、荡妇。还有人认为，虽然刘易斯的婚姻实际上早已名存实亡，他们走到一起也是因为彼此相爱，但是，人们仍然不能认可他们俩的这种关系，因为人们担心这种关系有可能诱导其他人在道德上放纵自己。一位之前就认识艾略特的人对她的头颅进行了一番骨相学研究，然后宣布说："我们都觉得这是耻辱，都为之深感焦虑。我想知道伊万斯小姐有没有精神病家族史，因为她的所作所为好像是一种病态的异常举动。"

艾略特毫不退缩地坚持自己的选择。尽管她决定与刘易斯一起生活是一种离经叛道的行为，但是她信奉传统的婚姻形式和婚姻制度，因此她坚持以刘易斯夫人的身份出现在人们面前。她的极端行为是环境作用使然，但是在道德和人生观方面，她仍然坚持走传统的道路。因此，她和刘易斯在生活中分别扮演着传统意义上妻子和丈夫的角色。她有时会感到悲观，但是刘易斯乐观豁达，风趣幽默，积极参加社交活动。两人一起散步、工作、阅读，过着热情、稳重、充实的生活。后来，艾略特在小说《亚当·比德》中这样写道："两个人的人生交织在一起，同舟共济，相依共存，并在对方的灵魂深处留下一段无声、难言的记忆，有这般情感，夫复何求？"

与刘易斯共同生活导致艾略特失去了许多朋友。她的家人疏远了她，她哥哥艾萨克尤其不理解。但是，正是因为流言蜚语，他们对自己与世界有了更加深刻的认识。他们总是紧张不安，小心翼翼地分辨人们是在羞辱还是在肯定自己。由于他们的行为违背了社会传统，因此他们必须更加小心谨慎。公众的敌意刺激了他们，使他们更强烈地意识到社会力量的强大。

艾略特一直对其他人的情感生活十分敏感。她总是如饥似渴地阅读，接受各种思想，了解不同的人。人们发现她的洞察力十分惊人，仿佛具有某种魔力。在她与刘易斯引起公愤的欧洲之旅过去几个月后，她似乎终于接受了自己禀赋异常的事实，并逐渐形成了一个稳定而独特的世界观。造成这个变化的原因可能是，她终于可以自信地面对这个世界了。她的人生历经多次徒劳的挣扎，艾略特把最后的希望寄托在刘易斯身上。她为此付出了可怕的代价，忍受了烈火般的洗礼，不过，她最终还是到达了成功的彼岸，尽管这个过程比较缓慢。收获了令她心满意足的爱情之后，她认为自己的所有付出都是值得的，正如她在《亚当·比德》中所说的："毫无疑问，极度的痛苦有可能帮助我们完成这项历时多年的工作，而且在经历了烈火般的洗礼之后，令我们惊奇或同情的事物将与之前有所不同。"

因爱而生的女小说家

很早以前，刘易斯就开始鼓励艾略特写小说了。他不确定她是否善于小说的情节设计，但是他知道艾略特在描写人物与塑造性格方面是个天才。此外，小说的稿酬更高一些，而他们在经济上一直捉襟见肘。因此，他敦促艾略特："你一定要尝试写本小说。”1856年9月的一个上午，艾略特正在思考小说创作的事，她的脑海里突然蹦出一个小说的标题：“阿莫斯·巴顿牧师的悲惨命运”。刘易斯立刻表现出极大的热情，“这个题目太棒了！”他脱口而出。

一周之后，艾略特把写好的第一部分读给刘易斯听。听完之后，刘易斯就发现艾略特是一位天才作家。艾略特在日记里写道：“我们俩都激动得哭了。随后，他走过来，一边吻我一边说：‘我觉得在你的作品中，哀婉悲怆强于趣味性。’”两人都认为玛丽·安将成为一位伟大的小说家，但为了掩藏自己引起公愤的身份（至少暂时不让人知晓），她决定采用乔治·艾略特这个笔名。刘易斯本来怀疑艾略特不善于描写人物对话，结果这反而成为能充分展现她的天赋的一个领域。刘易斯还怀疑她不一定善于设计情节，但他也相信艾略特有自己的办法。

不久，刘易斯就成为艾略特的顾问、经纪人、编辑、公关人员、心理治疗师和写作指导老师。他发现艾略特的才华远远胜过他，他必将生活在她的阴影之下，但是他毫不介怀，反而发自内心地为她感到高兴。

到1861年，从艾略特简短的日记可以清楚地看出，刘易斯密切地参与到艾略特的小说情节设计工作中。白天，艾略特潜心写作，到了晚上，她会把写好的部分读给刘易斯听，而且刘易斯是一位善于鼓励她的听众。“我读了……小说开头的几幕，他听了之后非常高兴……之后，我又把写好的第9章大声朗读给乔治听。令我惊奇的是，他竟然完全赞同……他就是上帝赐予我的第一个祝福，并且使我有可能收到其他祝福。无论我写的是什么，他听了之后都会发表自己的意见。”

为了找到合适的出版商，刘易斯接触了一个又一个编辑。刚开始的几年里，他谎称乔治·艾略特是一位神父的笔名。在真相大白之后，他又想方设法保护玛丽·安免受批评。即使在艾略特被公认为当代最伟大的作家之一后，他也总是十分留意报纸上的报道，如果哪篇文章中提到玛丽·安却没有对她大加恭维，他就会把那篇文章剪掉。刘易斯的想法很简单："永远不告诉玛丽·安别人对她的书是如何评价的，无论他们的评论是好是坏……我想让她尽可能地集中精神写作，不因为公众的评论而分心。"

生活在一起之后，乔治·刘易斯和玛丽·安仍然不时受到疾病与抑郁症的袭扰，但总的来说，他们是幸福的。他们在那些年里写的书信和日记都表露出对快乐与爱情的肯定。1859 年，刘易斯在写给朋友的信中说："我又欠了斯宾塞一个大大的人情。我是通过他才了解玛丽·安的（了解之后就爱上了她），自此之后，我就获得了新生。我的成功、我的幸福全都要归功于玛丽·安！愿上帝保佑她！"

6 年后，艾略特这样写道："在一起之后，我们都比以前幸福。我亲爱的丈夫给了我完美无缺的爱情，帮助我扬长避短，为此我十分感激他，而且我更加坚信他就是上帝赐给我的最重要的祝福。"

她的杰作《米德尔马契》描写的主要是不成功的婚姻，但在她的其他小说中，我们经常能看到幸福的婚姻和夫妻之间相濡以沫的感情，这与她和刘易斯的生活非常相似。她的一个小说人物说："我从来没有这样喜欢责备一个人，这通常是一个丈夫所具有的特点。"艾略特在给朋友的信中这样写道："我一天比一天幸福，我的家庭生活也越来越愉快，让我每天都有新收获。爱、尊重、智识上的共同点与日俱增，我平生第一次产生了这样的想法：‘这是多么美好的时光啊！让它更长久一些吧！’”

艾略特与刘易斯感到了幸福，但他们的生活并非一帆风顺。首先，生活中不如意的事总是接踵而至。刘易斯与艾格尼丝的一个患有绝症的儿子找到了他们，他们一直照料他，直到他去世。其次，经常发作的偏头痛和晕眩表明他们的健康状况不佳，还患有抑郁症。尽管如此，他们仍然希望成为更有道德、更有学问的人。1857年，在意识到自己的生活中既有欢乐又有志向之后，艾略特写道：“我非常幸福，因为生活给了我至高无上的祝福，仍然有一个人给了我完美无缺的爱情与同情，并且激励我积极向上。因为我自己人性上的缺陷以及一些外部原因，我在以往的岁月里经受了一些可怕的痛苦。我认为所有这些痛苦的经历，都是让我在离开人世之前从事某项特殊工作所做的准备。这样的祝福令我欣喜不已。”

艾略特还写道：“冒险不存在于周围的外部世界，而在于我们的内心世界。”

随着年龄增长，她的爱越发强烈，年轻时的自我关注对她的影响力也日渐减弱。写作令她无比痛苦，每写一本书，她就会遭受焦虑与沮丧的折磨。她经常感到绝望，在重新燃起希望之后又再次陷入绝望。她杰出的写作才能来自她细腻丰富的情感、敏锐的洞察力和严于自律的思想，因此她必须亲身体会悲欢离合的感觉，才能写出深入细致、洞察人心的作品。每写一本书，就仿佛经历一次分娩过程，这令她痛苦万分、筋疲力尽。而且，同大多数从事创作的人一样，她也得忍受这个行当中的不公平待遇。作者分享自己内心深处最细腻、最敏感的东西，而读者却站在远处观望，因此作家们能得到的回应往往是一片沉默。

她反对循规蹈矩，她的写作天马行空、无迹可寻。她在《弗洛斯河上的磨坊》中称，她鄙视“把格言挂在嘴边的人”，因为“我们的生活无比复杂，用格言引导我们是行不通的。而且，如果让这些条条框框束缚住自己，就无法感受到神通过我们日益增强的洞察力、同情心赐予我们的动力与启示”。

她的作品从来不讲大道理，不同年龄段的读者在进入她创造的世界之后也会得到不同的启迪。丽贝卡·米德说：“我觉得《米德尔马契》培养了我的品格，它已经与我的经历、承受力融为一体了。在我年轻时，它鼓励我勇敢面对背井离乡的烦恼；如今我步入中年，这本书又告诉我，家乡不仅是我们小时候生活，长大后又离开的一个地方，它还有其他深远的意义。”

艾略特创造的是属于她自己的内心世界。她是一名现实主义者，不关心是否崇高或是否有英雄气概。她笔下的人物常常有不同的结局。如果因为一些抽象、极端的想法而排斥混乱不堪的日常生活环境，他们往往就会犯错误；如果立足家乡和现实情况，遵守家乡与家庭的具体生活习惯，他们就会茁壮成长。艾略特认为，智慧源自对现实、事物本身以及自己的研究，而且必须做到始终如一，注意力高度集中，不受抽象概念、模糊情感、思绪跳跃或者宗教遁世观念的影响。

她在《亚当·比德》中写道：“在现实世界中，先知、惊世骇俗的美女、英雄并不多见，因此我不能把所有的爱与崇敬都奉献给他们。我要从芸芸众生中找出在日常生活中与我们朝夕相处、为数不多的优秀人物，然后谦恭有礼地向他们奉献我无尽的爱与敬意。”

她在《米德尔马契》的结尾热情讴歌了那些在生活中默默无闻的人：“但是，她对周围人的影响，依然不绝如缕，不可等闲视之，因为世上善的增长，一部分要归功于那些微不足道的行为。你我的遭遇之所以不致如此悲惨，一部分也要归功于那些不求闻达，忠诚地度过一生，然后躺在无人凭吊的坟墓中的人们。”

同情心在艾略特的道德观念中占有非常重要的地位。在经历了过度关注自我的青少年时期之后，她培养出了令人吃惊的同情心，可以敏锐地洞察他人的想法，并从不同的角度去观察、理解、同情他人。正如她在《米德尔马契》中所说的那样：“如果心灵深处没有对他人的直接同情来发挥制约作用，那么所有的一般性原则都有可能危害我们的道德观念。”

随着年龄的增长，她开始倾听别人的意见。因为她在与其他人相处时会投入强烈的情感，因此他们在生活中经历的那些事情、感情都会留存在她的记忆之中，而且她有着过目不忘的记忆力。尽管她本人的婚姻幸福美满，她的那本最伟大的小说却描写了一连串不幸福的婚姻，而且这些描写都是言之有物、有感而发的。

艾略特在《米德尔马契》中写道：“每一个界限都既是结尾，又是开端。”即使对最不值得同情的角色，她也充满了同情心，例如爱德华·卡索邦这个枯燥乏味、爱炫耀学问的自恋狂（后来他慢慢地意识到了自己的自命不凡）。在她入木三分的笔触下，缺少同情心、不善于交流，尤其是在与家人相处方面表现出来的这些缺点，在她书中的多个故事里被比喻成牢固的道德监狱。

道德天使张开了她的翅膀

艾略特是社会向善论者。她不支持大幅度的变革，而支持日益改进、细水长流、稳定具体的改变。同历史的进程一样，持之以恒、“润物细无声”是品格培养的最佳方式。

她的创作目的是缓慢、稳定地影响读者的内心生活，培养他们的同情心，改善他们理解他人的能力，同时稍稍丰富他们的阅历。从这个意义上讲，她的父亲以及他所代表的谦恭的人生观一直存在于她的心中。在小说《亚当·比德》中，她热情地赞扬了家乡人：

> 他们当中很少有天才，大多是勤恳诚实的普通人，但是他们都积极向上，用他们所掌握的技能，尽心尽力地完成摆在他们面前的各项任务。虽然他们在家乡之外的地方默默无闻，但你很可能会发现他们的名字与某段路况很好的道路、某栋建筑、矿产品的某种应用、农耕方法的某次改进、针对教区不正之风的某个改革措施紧密地联系在一起。而且在离世之后，他们的名字还会向下流传一两代人。

她笔下的很多角色，尤其是《米德尔马契》中极具魅力的多萝西娅·布鲁克这个人物，步入成年之后，在道德方面都有非常远大的志向。他们希望像圣女大德兰那样成就至善，但是他们既不了解至善的含义，不清楚他们可能需要完成什么样的使命，也不知道该如何完成。他们的注意力都集中在可望而不可即的纯洁理想上。艾略特生活在维多利亚时代，支持人们提高道德修养的观念，但是她在自己的小说里对那些无比崇高、超自然的道德目标提出了批评。这些道德目标过于抽象，很容易变成不现实的幻想，多萝西娅就是一个典型的代表人物。艾略特认为，对道德最有效的改革应立足于当前，而且指引改革方向的不应该是笼统的仁慈之心，而应该具体到个人的真实情感，因为只有具体的目标才会产生效果，一概而论常会导致怀疑和幻想。对艾略特而言，神圣并非遥不可及，而是隐身于尘世的事务之中。比如，婚姻在对人们加以约束的同时，还为人们每天做出自我牺牲、无私奉献的行为提供了大量切实有效的机会。神圣也可以来自工作，存在于高质量地履行日常工作的态度之中。艾略特充分发挥了道德想象力——责任感、奉献的需要、消除自私心理的强烈愿望等，并且付诸具体行动，使之切实有效。

艾略特告诫我们，我们改变他人的程度和改变自己的速度都是有限的。在人生很大一部分时间里，我们都需要容忍他人的缺点和自身的罪，甚至在我们不急不躁、充满爱心的时候也是如此。她在《亚当·比德》中写道："所有这些人，你不能让他们的鼻子更挺直，不能让他们的头脑更灵活，不能改变他们的性情，而只能不加改变地全盘接受。正是这些人（你在人生旅途中与他们擦肩而过）需要你的容忍、同情和爱心；这些多少有点儿丑陋、愚蠢、反复无常的人，一旦做出善举，你就应该不吝给予他们赞美之词。你应该对他们满怀希望，还要尽可能地有耐心。"这是她道德观念的精髓。说起来容易，真要付诸行动却并非易事。她努力做到有容人之心，但同时又不失严格、认真。她有爱心，同时又善于做出自己的判断。

人们经常用一个词来评价艾略特的作品："成熟"。正如弗吉尼亚·伍尔芙所说的那样，艾略特的作品都是适合成年人阅读的文学作品，从更高、更直接，同时也是更英明、更善良的角度去看待人生。例如，她写过这样的句子："人们颂扬各种勇气，唯独不敢颂扬为最亲密的朋友主持正义的勇气。"这也许是她最成熟的一个观点吧。

一位名叫贝茜·雷纳·帕克斯的女性认识了年轻的艾略特之后，在她写给朋友的信中说，她不知道自己是否会喜欢这个人（当时艾略特的名字还是玛丽·安·伊万斯）。"我根本不知道你和我是否会喜欢她，是否会和她成为朋友。如果她在道德上有较高的追求，单凭这一点就应该得到我们的喜爱，但是从她给我的印象还看不出她有这样的追求。我认为她定会有所改变。大天使需要很长时间才能展开翅膀，但是一旦展开翅膀，他们就会瞬息万里。伊万斯小姐要么没有翅膀，要么她的翅膀正在慢慢长大。我认为后者的可能性更大。"

玛丽·安·伊万斯在经过很大一番周折之后才变成了乔治·艾略特。她必须克服以自我为中心的心理，培养善意的同情心，最终这个成熟过程取得了满意的结果。尽管她从来没有摆脱抑郁症以及对自己作品质量的担忧，但是她能考虑、感受到他人的思想和感情，践行所谓的"容忍责任"。她一生忍辱负重，终于在生命走到尽头之前受到了大天使般的颂扬。

在这个漫长的过程中，她对乔治·刘易斯的爱发挥了至关重要的作用。这份爱使她沉静下来，给了她鼓舞，帮助她修身养性。从她的每部作品的献词就可以看出他们的爱情硕果累累：

> 《亚当·比德》（1859 年）：谨以本书献给我亲爱的丈夫乔治·亨利·刘易斯。如果没有他的爱为我的人生浇灌幸福，本书永远不可能成稿。

《弗洛斯河上的磨坊》(1860 年)：献给我亲爱的丈夫乔治·亨利·刘易斯。这是我的第三本书，写于我们共同生活的第 6 个年头。

《罗慕拉》(1863 年)：这是作者——一个忠诚的妻子献给丈夫的书。他完美无缺的爱是她的洞察力和力量的源泉。

《费利克斯·霍尔特》(1866 年)：在婚姻步入第 13 个年头之际，谨将本书献给我亲爱的丈夫。13 年来，我越来越深刻地认识到自己的不足，但是我们之间越来越浓的爱情给了我安慰。

《西班牙吉卜赛人》(1868 年)：献给我亲爱的丈夫，我对你的爱与日俱增。

《米德尔马契》(1872 年)：谨以本书献给我亲爱的丈夫乔治·亨利·刘易斯。写于我们天佑之合的第 19 个年头。

第 8 章

放下自我——把人生搬至更广阔舞台之上的思想者

公元354年，奥古斯丁出生于塔加斯特城（现在位于阿尔及利亚境内）。他出生时，罗马帝国已经摇摇欲坠，但看上去还是万世不朽的模样。他的家乡靠近帝国的边缘，距海岸线200英里[1]，这里的宗教信仰非常复杂，既有罗马异教，又有狂热的非洲基督教。奥古斯丁的前半生一直处于个人抱负与精神本质的冲突之中。

奥古斯丁的父亲帕特里修斯是地方议员和收税员。在他的供养下，全家人过着中等偏上的生活。帕特里修斯是唯物主义者，没有精神世界的追求，他希望才华横溢的儿子能超过他，在事业上取得辉煌的成绩。一天，他在公共浴室里看到了青春期的儿子，就拿他的阴毛（也可能是生殖器）开了个低俗的玩笑，结果伤害了奥古斯丁的感情。后来，奥古斯丁郁闷地写道："他在我身上看到的都是一些肤浅的东西。"

奥古斯丁的母亲莫妮卡一直是历史学家（以及心理分析学家）关注的人物。一方面，她语言粗俗，没有文化，抚养她长大成人的那个教堂有点儿原始，被当时的人看不起。她每天早晨都会虔诚地参加宗教仪式，吃饭时会坐在坟墓上，做梦之后就会找人帮她解梦。另一方面，她有很强的人格力量，一旦拿定主意就不会轻易改变，态度之坚决令人吃惊。她在社区里颇有影响力，经常扮演调停人的角色。她从不听信谣言，有一种令人敬畏的威严感。据杰出传记作家彼得·布朗称，她经常用辛辣的讽刺评价那些不光彩的人或事。

整个家庭由莫妮卡负责打理。她经常纠正丈夫的错误，当他有不忠行为时，她会耐心地等在外面，然后再严词谴责。她对儿

1. 1英里≈1.609千米。——编者注

子的爱，以及她希望帮助他规划人生道路的渴望，有时甚至到了令人难以接受的程度。奥古斯丁承认，她和其他母亲一样，也希望守在儿子身边，掌控儿子的生活，只不过她的这种愿望更加强烈。她警告奥古斯丁要远离其他女人，防止她们诱惑他结婚。作为成年女性，她生活的重心就是照料儿子。如果奥古斯丁朝着她所信仰的基督教方向发展，她就会对儿子宠爱有加；但如果他稍有偏离，她就会勃然大怒，哭个不停。后来，奥古斯丁加入了一个遭到她反对的哲学流派，结果她命令他不准出现在自己面前。

28 岁那年，奥古斯丁已经是一位颇有建树的成年人，但他还是不得不采用欺骗母亲的办法，才登上了离开非洲的轮船。他告诉莫妮卡自己要到码头去送别一位朋友，然后就带着情人和儿子，偷偷地上了一条船。据奥古斯丁称，船开动之后，他看到母亲在岸边一边哭泣，一边打着手势，不由得“心如刀绞”。不出所料，她随后也来到欧洲，赶走了他的情人，还安排他娶了一位年仅 10 岁但继承了大笔遗产的小女孩。她的真正目的是迫使奥古斯丁接受洗礼。

奥古斯丁知道母亲的爱凸显出很强的占有欲，但他无法置之不理。作为儿子，他比较敏感，害怕遭到母亲的反对。即便在成年之后，他仍然为母亲的气魄与明白事理的头脑感到自豪。他高兴地发现，母亲甚至能跟上学者与哲学家的思路。他知道，母亲因为他而吃的苦，比她让他吃的苦多，甚至比她为她自己吃的苦还要多。他说：“她深深地爱着我，在我的思想最终成形的过程中，她忍受的痛苦远远多于她生育我时肉体所承受的痛苦。所有这些，我无法用语言来表达。”在忍受痛苦的过程中，她疯狂地爱着自己的儿子，悄悄地靠近他的灵魂。尽管她的严厉几乎令奥古斯丁难以忍受，但与母亲言归于好、进行精神交流的那些时光也给奥古斯丁留下了无比甜蜜的回忆。

欲望与才智之间的较量

奥古斯丁从小身体就不好，7岁时患有严重的胸痛，步态看上去就像一个中年人。他的学习成绩非常优秀，但与老师、同学相处得并不是很好。他对学校教授的课程感到腻烦，而且憎恨以体罚为主要手段的学校纪律。只要逮住机会，他就会逃课，跑到市里去看异教徒的斗熊和斗鸡表演。

虽然还没有成年，但奥古斯丁已经因为经典世界与犹太-基督教义的理想相互冲突而不胜烦恼。正如马修·阿诺德在《文化与无政府状态》一书中所指出的那样，古希腊文化的主导思想是意识的自发性，而在所谓的希伯来文化中，主导思想则是良心的严格性。

也就是说，受古希腊文化影响的人在看世界时，看到的都是事物的本质，他们会认真研究那些优秀、美好的事物。他们以一种灵活、轻松的心态去接触世界，“消灭自己的无知，看清事物的本质，发掘事物所蕴藏的美，这是古希腊文化呈现在人性面前的一个简单而又诱人的理想”。古希腊文化呈现出一种“虚幻的安逸、清明和光芒”，充满了“甜蜜和光明”。

与之相反，希伯来文化则会“抓住普世秩序的某些明显暗示，然后以无与伦比的热忱潜心观察它们”。因此，受古希腊文化影响的人害怕错过人生的任何阶段，他们牢牢地把控着自己的人生方向。而受希伯来文化熏陶的人则关注更高层次的真理，忠实地遵守一个永恒的指示："自我征服、自我奉献、弃个人意愿而遵从上帝的意志、顺从，是该文化的基本思想。"

与古希腊文化不同的是，受希伯来文化熏陶的人在处世方面不是很自在。由于他们意识到了自身的罪孽，因此他们在通向完美的道路上遇到了重重困难，正如阿诺德所说："对于一个道德失去活力的社会而言，基督教提供了一个在神的感召下自我牺牲的壮观景象；而对于一个不愿意放弃任何机会的人而言，信仰基督教则意味着他要放弃一切机会。"

从表面上看，在奥古斯丁生活的那个时代，统治者是半神化的皇帝。他们高高在上，令人敬畏，被皇宫里的谄媚者称作"世界光复者"，是"战无不胜"的。奥古斯丁接受了斯多葛学派的哲学观教育，向往过平心静气、压抑情感、自得其乐的生活。他推崇维吉尔和西塞罗，他说，"因为听多了异教徒的神话，我的两只耳朵都发炎了，而且越挠越痒"。

到十几岁时，奥古斯丁似乎已经确定自己将会前途似锦了，他说，"人人都说我是一个前途光明的小伙子"。他的表现吸引了本地贵族罗马尼亚努斯的注意，罗马尼亚努斯同意赞助这位年轻人去外地求学。奥古斯丁迫切希望得到人们的认可和推崇，名垂青史这一经典的梦想让他魂牵梦绕。

17 岁那年，为了继续自己的学业，奥古斯丁来到迦太基。他在属灵回忆录《忏悔录》中暗示，当时的他欲火中烧。在谈到求学的那段时光时，他说："我来迦太基，是因为我对风流韵事充满了向往。"到了迦太基之后，他心中的欲火并没有就此熄灭。据奥古斯丁自己形容，他就是一个极度兴奋的年轻人，血管里流淌的都是激情、爱欲、嫉妒和渴望。

> 我还没有爱上什么人，但我渴望爱，并且由于内心的渴望，我更恨自己……我追求的是爱与被爱，如果能进一步享受所爱者的肉体，就更甜蜜了……我冲向爱，甘愿成为爱的俘虏……我愉快地戴上了苦难的枷锁，我知道，猜忌、怀疑、忧惧、愤恨、争吵肯定会像一根根烧红的铁鞭，朝我抽打过来。

很明显，奥古斯丁是历史上最难伺候的“男朋友”。他说他爱的不是一个人，而是被人爱的前景，他关心的只是他自己。在《忏悔录》第8卷中，奥古斯丁深刻地剖析了他对情感如痴如醉的渴求。

> 我并没有被他人的意志束缚，而我自己的意志却像铁链一样，紧紧地捆绑着我。因为意志败坏，遂生情欲，顺从情欲，渐成习惯，习惯不除，便成为自然。这一环一环彼此相扣，把我紧紧捆住，成为意志的奴隶。

在奥古斯丁的心中，他一方面积极追求尘世肤浅的愉悦，另一方面又不愿意沉湎于这种欲望，因此他必须直接面对这一矛盾。他的欲望与才智彼此冲突，他能构想出更加纯洁的生活方式，但是他无法把这种构想变成现实。于是，他感到焦躁不安，茫然无绪。

从他这部充满激情的著作来看，奥古斯丁与沉迷于性欲的卡利古拉有些相似。1 000多年以来，很多人在读完《忏悔录》之后，认为奥古斯丁的这本书其实主要写的是性。事实上，没有人清楚奥古斯丁到底有多么疯狂。从他在那些年里取得的成就来看，他似乎是一个勤奋好学、有责任感的年轻人，在大学里的学习成绩也非常优秀。毕业后，他先是在迦太基从事教学工作，随后又在多份不同工作中都表现优异。之后，他搬到了罗马，最后又来到真正的权力中心——米兰，并在瓦伦提尼安二世的皇宫里找了一份工作。他与一名女子同居了 15 年（这是当时的习俗），生了一个孩子，而且没有任何不忠行为。他潜心研究柏拉图和西塞罗。如果说他有罪在身，那就是他经常去剧院看戏，以及偶尔会调查做礼拜时邂逅的女性。总的来说，他风华正茂，事业有成，是当时的常春藤盟校毕业生，以及罗马帝国晚期的精英之一。按照亚当一号关于职业的论述，奥古斯丁堪称积极向上的典范。

年轻时，奥古斯丁加入了摩尼教这个非常严格的哲学流派，跟一群头脑聪明、意志坚定、深信自己掌握了终极真理的年轻人在一起。

摩尼教徒认为世界一分为二，一个是光明王国，另一个是黑暗王国。在他们看来，所有的善与所有的恶都势不两立，在两者发生冲突的过程中，有的善会陷入黑暗的围困，纯洁的精神也有可能受困于肉体凡胎。

作为一个逻辑体系，摩尼教也有自身的优势。首先，摩尼教认为上帝是站在善这一边的，因此，绝不可以怀疑邪恶是上帝造成的。其次，摩尼教在人们犯下恶行之后帮助他们开脱：这不是我干的，我在本质上是向善的，这是黑暗王国借我之手干的。正如奥古斯丁所说的那样："摆脱罪恶感，在行恶之后无须承认，这让我在骄傲之余感到无比高兴。"最后，一旦接受了摩尼教的思想，就会发现这是一套非常缜密的逻辑体系，可以通过单纯的逻辑推理解决宇宙中的所有问题。

摩尼教徒们常常有高于一般人的优越感，此外，他们在一起时感到非常快乐。奥古斯丁念念不忘他们在一起“聊天，欢笑，听取不同意见，分享措辞优美的书，认真、热烈地讨论，在达成一致前提出不同意见，轮流当老师，因某人缺席而难过后又因为他的回归而开心的场景”。他们通过苦修为自己的恶行赎罪，实行禁欲主义，只吃特定的食物。他们尽可能不接触生肉，将烹饪等脏活交给“听道众”来完成（奥古斯丁就干过这样的差事）。

古典文化强调在辩论中击败对手，展示自己在修辞方面的高超技艺。强于理性而感性稍逊的奥古斯丁发现，他可以借助摩尼教的辩论方式轻松地击败对手：“我在辩论中经常超水平发挥，击败那些不会辩论却又试图在辩论中捍卫自己信仰的基督教徒。”

不及乞丐幸福的宫廷演讲家

总的来说，奥古斯丁正在实现古罗马人的梦想，但是他本人并不幸福。他感觉自己的内心世界被割裂得面目全非，精神力量也失去了寄托，正在逐渐消失。亚当二号的生活一团乱麻，他在《忏悔录》中写道：“我颠沛流离，我将自己倾泻而出，于是我沸腾着，朝各个方向流淌。”

奥古斯丁在一个年轻得令人吃惊的年纪就获得了终极成功，他应邀到皇宫做演讲。他发现，自己的演讲空洞无物，纯粹是在卖弄语言技巧。他编造谎言，只要这些谎言足够高明，人们就会相信他。他的人生中没有任何东西值得他倾注爱心，也没有任何东西值得他为之付出最热烈的爱，“我因缺少精神食粮而饥肠辘辘”。对赞誉之词的渴望不仅没有给他带来欢乐，反而令他束手束脚。他对别人的草率观点兴致勃勃，哪怕是最轻描淡写的批评也让他如临大敌，他也不放过任何可以让他飞黄腾达的机会。这些追名逐利的疯狂行为导致他的生活失去了平静。

在现代社会，许多年轻人对错失机会深感恐惧，他们也必然像奥古斯丁一样茫然无措。因此，这些年轻人自然迫切希望抓住每一个机会，尝试每一种体验，攫取面前的每一种美味，购买货架上的每一件商品。所有看上去激动人心的事，他们都担心自己会错过。但是，这样做只会让他们疲于奔命。更糟糕的是，他们拼命追逐一切，贪婪地尝试所有体验的做法，导致他们无暇关注自身。这样的生活方式会促使你变成一个精明的战术家，做出一系列小心谨慎的承诺，但你不会尽全力去实现这些承诺，也不会全心全意地追求某个更有意义的目标。这样做的结果是在真正的良机尚未到来而不是良机的机会接踵而至时，你无法做到岿然不动。

奥古斯丁发现自己越来越孤立。如果你在安排自己的生活时只考虑自己的意愿，其他人就会变成你实现自己愿望的工具。在你冷静的头脑里，世间万物皆可被你利用。如同工作中的同事会被你视为你职业发展的垫脚石一样，陌生人会被你当作推销的对象，配偶则被你看作爱情的提供者。

我们用“lust”（淫欲）一词来表示性方面的欲望，但它还有一个更广的含义，即私欲。真正的爱情会让一个人愉快地为所爱之人奉献，而私欲则是一种索取。受私欲支配的人亟须其他人帮助填补内心的空虚感。但是，由于他不愿意诚心诚意地为他人奉献，不愿意与他人建立融洽的关系，因此他在情感上的空虚感永远无法消除。私欲始于空虚，也终结于空虚。

奥古斯丁曾经把他那维持了15年之久的事实婚姻称作“情欲的廉价交易”，但是，他和他的情人之间不可能没有一点儿感情。像奥古斯丁这样情感丰富的人，很难想象他能轻松地放下一段维持了15年的亲密关系。他爱他们的孩子，对于阶级地位低于自己的情人，他也曾经在《论婚姻的益处》一文中对她坚定的性格进行了间接的颂扬。为了让奥古斯丁迎娶一位门当户对的富家小女孩，莫妮卡赶走了他的情人。奥古斯丁似乎为此感到非常痛苦，他说：“这位与我共同了生活15年的女性，曾经把所有的一切都寄托在我身上，却被视为妨碍我婚姻生活的一个障碍，并被赶出了家门。我的心受了伤，不停地流血。”

为了自己的社会地位，奥古斯丁舍弃了这位不知名的女性。她和他们的儿子一起，被送回了非洲。据说，她发誓终身不嫁。被选中成为奥古斯丁正式妻子的是一名年仅10岁的女孩，由于她离法定结婚年龄还差两岁，于是奥古斯丁在这段时间里又与另外一名女子建立了性关系，以满足自己的生理需要。在这个问题上，他选择放弃自我牺牲的承诺，为社会地位与成功让路，这是他一生惯常的做法。

一天，他在米兰散步时看到一名乞丐。这名乞丐显然刚刚美餐了一顿，而且喝了酒，正心情愉快地跟别人开着玩笑。奥古斯丁发现，尽管自己整天辛勤工作，还要想着这样那样的事情，但是这位无所事事的乞丐比自己更幸福。他认为，可能是因为自己有更高的追求，所以才感到痛苦。可紧接着，他又否定了自己的想法。他觉得真正的原因是他和那名乞丐一样，追求的也是尘世间的乐趣，只不过他没有找到罢了。

到二十八九岁时，奥古斯丁的生活已经一团糟了。他生活清苦，得不到所需要的任何营养。他有自己的欲望，尽管这些欲望没有给他带来幸福，但他仍然没有放弃。这到底是为什么呢？

面对这个困境，奥古斯丁开始寻找自身的原因。我们可能会认为，如果某个人因为发现自己是一个以自我为中心的人而感到害怕，那么他肯定会立刻采取措施，朝着忘我无私的方向改变自己——忘记自己，关注别人。不过，奥古斯丁采取的第一个措施是，以类似于科学考察的方式研究自己的思想。他对自己的灵魂进行了彻底的挖掘，在当时很难找到一个人可以在这个方面与他匹敌。

他发现，自己的内心有一个无法控制的广袤宇宙。他研究自我的深度与复杂程度可以说是前所未有的："在同一个灵魂中，怎会分列着轻重不等、各式各样的爱好呢？人心真是一个无底的深渊！主啊，你知道一个人有多少头发，可是比起计算人心的情感活动，计算头发还是容易得多！"这个广袤的内心世界参差多变，而且很难掌控。他看到了细微感知的轻盈舞步，感觉到在意识之下还有一个深不可测的空间。

这些发现激起了奥古斯丁浓厚的兴趣，大脑超越时空的记忆力令他尤为好奇。"即使我置身于黑暗与寂静之中，我也能随意回忆起各种颜色。即使我不嗅闻花朵，仅凭记忆也能辨别百合与紫罗兰的香气。"记忆的力量令他震惊：

> 我的天父，记忆的力量真是，太伟大了！但记忆力只是我的能力之一，是我天性的一部分，至于完整的我，就更无从捉摸了。那么，我的心灵是否太狭隘呢？它不能收容的东西将被安放到哪里？是否不容于身内，便安放在身外？身内为何不能容纳？这些问题真让我百思不得其解！

通过这次对自己内心世界的考究，奥古斯丁至少得出了两个重要结论。首先，他发现，人先天的品质是好的，但是他们后天被罪引上了歧路。一直以来，奥古斯丁热切地希望得到某些东西，例如名声、地位，这些东西让他郁郁寡欢，但他无法放弃。

如果听之任之，我们的天性也会走上歧途。无论是在自助餐厅的甜点区还是在午夜酒吧里，我们明知道自己应该选什么，最后却做出了其他选择。正如《罗马书》所说："故此，我所愿意的善，我反不作。我所不愿意的恶，我倒去作。"

奥古斯丁若有所思地自言自语道："人是多么神秘啊！"他有自己的意愿却不能付诸实施，他清楚长远利益所在，却被短时的诱惑遮蔽了双眼，他折腾不休，却把自己的人生弄得一团糟！因此，他最后得出结论：人自身就是个问题，我们绝不能信任自己。他在书中写道："躲在暗处的自我让我深感不安。"

微不足道的不当行为何以引发犯罪

在《忏悔录》中，奥古斯丁以自己年少时的一个毫无意义的恶作剧为例，说明了这个现象。16岁那年的一个无聊的傍晚，他和伙伴们在四处游荡时突发奇想，决定去附近的果园里偷梨。他们不饥渴，不需要用梨卖钱，那些梨也不是特别美味。他们只是为了好玩，把偷来梨给猪吃。

回想起这种毫无意义、品德低下的行为，奥古斯丁震惊地说："我竟然想要偷窃，而且真的这样做了，不是因为饥饿或者贫穷，而是由于厌倦正义，受到了罪恶的驱动……罪恶是丑陋的，我却爱它。我爱堕落，我爱我的缺点，不是爱缺点的根源，而是爱缺点本身。我这个丑恶的灵魂，不是在耻辱中追求什么，而是追求耻辱本身。”

普通读者往往会感到疑惑，不知道奥古斯丁为什么会在《忏悔录》中拿一个青少年的恶作剧大做文章。但是在奥古斯丁眼中，这种微不足道的不当行为，恰恰是道德败坏的表现。我们不停地采取这些微不足道的不当行为，已成为我们生活中沾沾自喜的一件事。

奥古斯丁站在更高的高度，认为滑向不道德的爱和罪的倾向是人的重要特性。我们不仅会犯罪，而且对罪怀有一种奇怪的迷恋之情。如果听说某个名人被丑闻缠身，结果却发现这只是一个谣言，那么我们多少会感到有点儿失望。如果让一些可爱的孩子自行其是，用不了多久他们就会惹麻烦。（英国作家G·K·切斯特顿发现，在一个天气晴好的星期天下午，一些孩子会因为无聊、焦躁而折磨一只猫。他认为通过这种行为可以了解罪的真实情况。）

即使是亲密的友情，如果不受更高层次的使命感的约束，也会发生扭曲。偷梨的故事同时还是一个交友不慎的故事，奥古斯丁意识到，如果没有和朋友们在一起，那么他可能不会去偷梨。因此他们偷梨的行为是受到了朋友之间相互欣赏的怂恿而做出的。因为担心自己被朋友们排除在外，所以我们心甘情愿地去做某些不应该做的事情。如果没有正确目标的引导，群体有可能比个体更加野蛮。

奥古斯丁挖掘自己的内心世界得出的第二个重要结果是，人的思想从不进行自我控制，而是无限地向外延伸。其中不仅有奥古斯丁发现的堕落，还包括至善的暗示、超越的感觉、情绪、想法和感受等。或者我们可以理解为，奥古斯丁的思想进入并欣然接受了物质世界，但是接下来，他的思想又展翅高飞并超越了物质世界。

雷茵霍尔德·尼布尔说，奥古斯丁对记忆力的研究使他“认识到人的精神在深度和高度两个方面都达到了永恒，同时他还认识到，这种垂直维度对理解人类的重要性，超过了形成一般性概念所需的推理能力”。

人们在试图了解自己时，却发现自己被引向了万能的上帝，甚至可以在自己的脑海里——在上帝创造的一个小小的部件里，感受到上帝的存在和他创造的永恒。很多年以后，C·S·刘易斯给出了一个与之相关的论述：“在自我深处的僻静之所，有一条道路通向外面的世界，直达某个以纯粹客观的形式出现的事物，而且我们无法通过任何感官、生理或社会需要、想象或者大脑活动去识别这个事物。”我们所有人都必须遵守这个永恒的客观秩序，我们在了解个人的人生时也不能将它从中剥离出来。罪（偷梨的欲望）似乎可以在人性与每个个体中通行无阻，而与此同时，对高尚品质的向往、积极向上以及对善和有意义的生活的追求是人类共同的特点。

因此，人们只有通过研究超越自己的作用力才可以了解自己。奥古斯丁探索了自己的内心世界，初步了解到某些普适性的道德观点。他立刻意识到，他可以想象至善至美的境界，但是他无法达到。

尼布尔说过：“人这种个体无法自给自足。人性必须遵循的法则是爱，也就是依照他生命的神圣本源与核心意志建立起来的人与人之间的和谐关系。如果他试图充当自己的生命本源与核心意志，就会破坏这个法则。”

改善并提升人生的质量

于是，奥古斯丁开始改造自己的人生。他的第一步是退出摩尼教，他不再认为世界可以泾渭分明地分成善和恶这两种力量。与之相反，每一种美德都有与之对立的邪恶，例如，自信与骄傲，诚实与粗暴，勇气与鲁莽等。伦理学家、神学家刘易斯·斯梅兹借用奥古斯丁的思想来形容我们内心世界的本质：

> 我们的内心世界并没有白天黑夜交替出现的情况，而是分成一片光明和一团漆黑两个区域。在大多数情况下，我们的灵魂存在于阴影之中；我们生活在边界线上，黑暗世界阻挡了照向我们的光，在我们的内心投下一片阴影……我们不知道何时何地光明消失而阴影出现，或者阴影消失而光明出现。

奥古斯丁还认为，摩尼教受到了骄傲心理的影响。用一种普适性的封闭模型来解释现实问题，这种做法满足了他们的虚荣心，使他们误以为自己在学术上无所不能。但是，奥古斯丁认为，这会导致他们对神秘事物缺少热情，在面对“使人的心灵更加深邃”的复杂情况和情感时，他们也不能放下自己的架子。他们不缺理性，独缺智慧。

奥古斯丁从此开始了游移不定的生活。他希望追求真理，但又不想放弃在职业、性等尘世事物上的追求。因此，他希望继续沿用旧的方法，却取得更好的结果。他之前野心勃勃的精英生活一直建立在一个核心假设的基础之上，即你就是自己的人生舵手。

现在，他将继续以此为指引，开始改造自己的生活。世界具有延展性，可以任由你改造。要想提高人生的质量，你只需更加努力，或者在意志力、决策能力方面下功夫。

如今，很多人在重新规划自己的人生时，也多多少少采用了这种方法，仿佛是在完成家庭作业或者某个学习任务。他们静下心来思考，阅读诸如《高效能人士的七个习惯》一类的自助书，学习更有效的自我控制技巧。他们甚至照搬他人升职、求学的经验，试图通过阅读某些书籍、定期参加宗教仪式、在精神方面践行自律（如定期祈祷）、完成精神上的家庭作业等方法来征服自己，并建立与上帝的联系。

不过，奥古斯丁最终意识到，循序渐进地改造自己是行不通的。他断定，旧的方法不可能真正地提高他的人生质量，因为这种方法本身就存在问题。他以往的人生所面临的关键问题是，他认为人生的方向掌握在他自己手中。但是，如果你认为你是自己人生之舟的船长，你就会与真理渐行渐远。

自行掌握人生方向无法保证获得高质量的人生，首要的原因是你不具备这方面的能力。精神世界广袤无边、无从了解，仅凭一己之力，你永远也无法了解自己；你的情感变化莫测、异常复杂，仅凭一己之力，你无法安排好自己的情感生活；你的欲望无穷无尽，仅凭一己之力，你不可能满足这些欲望；自我欺骗的影响力非常大，即使对自己，你也几乎不会完全坦诚以待。

此外，世界如此复杂，命运如此不确定，你不可能有效地控制他人或环境，因此你自己的命运你也不可能全权做主。你借助理性的力量所建立的智力系统或模型，不足以帮你准确地理解周围的世界和预测未来。你的意志力也不够强大，无法成功地约束你的欲望。如果你真的拥有无比强大的意志力，你的新年愿望就不会不了了之，节食计划已经成功，书店里也不会有琳琅满目的自助书了，因为只需购买一本，就能帮你实现愿望。你可以采纳这本书中的建议，解决生计问题，然后其余的自助书就全部变成了废纸。但事实上，自助书越来越多，恰恰说明这些书很少能发挥作用。

奥古斯丁认为，这些问题的根本原因在于，如果你认为自己可以制订有效的拯救计划，相信自己可以担任人生之舟的船长，你就会犯骄傲这个罪，而且会越陷越深。

骄傲是什么？如今，“骄傲”这个词也有积极的含义，指对自己和与自己有关的事物所产生的非常满意的感觉。当它表示贬义时，是指自我膨胀、言必称“我”、自吹自擂。但是，这些并不是骄傲的核心含义，而只是它的一种表现形式。

还有一种观点认为，骄傲就是把成就视为幸福，以工作衡量自身价值。骄傲的人相信，凭借自己的努力，就可以实现自我。

骄傲有可能披上得意忘形的外衣，唐纳德·特朗普不可一世的行为就属于这个类型。这个人希望人们认为他高人一等，希望被列入 VIP（重要人物）名单。与人说话时，他总是自吹自擂，并且希望从对方的眼睛里看到自己高高在上的形象。他认为，这种高人一等的感觉能让他心安。

这种骄傲比较常见，但是，我们还能看到一些自尊心不足的人表现出另外一种形式的骄傲。他们认为自己的潜力没得到充分发挥，觉得自己毫无价值，想要躲起来疗伤。我们通常不会认为他们有骄傲心理，但是从根本上看，他们确实染上了骄傲这个毛病。他们同样把幸福与成就相提并论，只不过他们给自己打的分数是“D—”，而不是“A+”。他们也常常有唯我主义的表现，只不过他们是自哀自怜、自我孤立，而不是自大自满、自吹自擂。

骄傲是极度自信与极度焦虑的混合体，这是骄傲的一个重要的矛盾性。骄傲的人从表面上看独立、任性，实际上情绪不稳定，极易发怒。骄傲的人试图借助赢得名声的方法获得自尊，但这也意味着他的身份认同必须依赖于爱嚼舌根、立场不坚定的大众。骄傲的人有很强的竞争力，但总有人比他更强。在这场竞赛中，竞争力最强的人制定标准，其余的人则必须达到这个标准，否则就会出局，因此他们被迫像偏执狂一样追逐成功。这样一来，每一个人都不可能有安全感。就像但丁说的那样，“激情四射，仿佛一团怒火在内心燃烧”。

由于急切地盼望得到赞誉，骄傲之人的言行举止有时就像跳梁小丑：他们用来粉饰自己的言辞骗不了任何人，他们把浴室装饰得金碧辉煌却无人喝彩，他们把名人挂在嘴边，而周围的人却无动于衷。奥古斯丁认为，每一个骄傲的人都“听从自己的意见，取悦自己，在自己眼中是一个非常了不起的人物。但是，他们其实是在取悦傻瓜，因为取悦自己的人本身就是一个傻瓜”。

牧师、作家蒂姆·凯勒曾经指出，骄傲具有不稳定性，因为在面对自负的骄傲者时，其他人会有意或无意地压抑自己的尊敬之心。于是，在发现自己的感情不断受到伤害之后，骄傲的人也会不停地粉饰自己。取悦自己的人花费无数精力，在脸谱网上贴出靓照，努力装出一副幸福的样子。

奥古斯丁发现，要解决自己的问题，他必须以超出自己想象的力度去改变自己，同时放弃从自己身上找到解决办法的想法。

奥古斯丁在书中写道，上帝让他的生活充满痛苦与不满情绪，是为了让他皈依上帝。"随着年龄的增长，我越发感到空虚，我只能用双眼去看，却无法用头脑去想。"他还说过一句非常有名的话："我们的心烦躁不安，只有在你的怀抱里才会平静下来。"

在奥古斯丁满怀豪情壮志的那些年里，他所经受的痛苦（至少他自称遭受了痛苦）不仅是那些以自我为中心、情绪不稳定的人常会遭受的痛苦，深切地感受到有一种更好的生活方式（如果他能找到这种生活方式）也给他带来了痛苦。其他皈依者说过，他们对上帝深信不疑，即使没有发现上帝的踪迹，他们也会有上帝只是暂时不在的感受，而这种感受就是上帝存在的证据。奥古斯丁懵懵懂懂地意识到需要满足什么条件才能让自己的心情平静下来，但他无动于衷，这样的表现的确反常。

要让支离破碎的生活重新变得有条理，让一个机会主义者变成一个有献身精神的人，就需要牺牲某些可能的机会。在这种情况下，奥古斯丁同我们大多数人一样，也不希望放弃那些让他心情愉快的选择。而且，自然倾向驱使他认为，如果能够满足更多的欲望，就可以平息自己的焦虑。因此，他的人生仿佛走钢丝，一边是他害怕为之奉献的宗教生活，另一边则是他深感厌恶却不甘放弃的尘世生活。他命令自己离开人生的中心位置，让上帝取而代之，但这个命令很快又被他自己否决了。

他担心自己的名声受损，还担心失去性生活，因为他觉得虔诚的信徒应该不近女色。他后来回忆道："我内心的矛盾不过是庸人自扰。我心中热爱的是幸福生活这个概念，却对现实的幸福怀有畏惧之心，因此我追求幸福生活的方式就是对它敬而远之。"

面对这个问题，他的主要原则就是一个"拖"字：让我做一个品德高尚的人吧，但不是现在。

在《忏悔录》中，奥古斯丁描绘了他决定不再拖延时的情景。他坐在院子里，听朋友阿利皮乌斯讲埃及的僧侣舍身供奉上帝的故事。这让奥古斯丁感到十分惊讶：化外之民竟然会有那样的惊人之举，而受精英教育的人满脑子考虑的都是自己。“我们是怎么了？”奥古斯丁怒吼道，“那些没有学问的人都已经行动起来，到达了天堂，而我们满腹经纶，却不思进取，一味沉迷于血肉之躯的享受之中。”

这番言辞激烈的自我否定与自责让阿利皮乌斯目瞪口呆，一句话也说不出来。奥古斯丁站了起来，在院子里大步流星地走来走去。阿利皮乌斯也站了起来，跟在奥古斯丁后面亦步亦趋。奥古斯丁感觉自己的内心深处有一个声音正在呐喊，要他结束这种自我分裂的生活，不再摇摆不定。他一手扯着自己的头发，一手拍打前额，之后又双手紧扣，弯下腰拍打膝盖，就好像上帝在责打他，在用“严肃的爱”、恐惧悔恨的鞭子抽打他。他自言自语道：“快快解决吧！快快解决吧！”

但是，尘世的欲望不打算轻易放过他。他的脑海里蹦出一些念头扯着他：“你打算把我们抛开吗？你再也不愿意体验我们带给你的乐趣了吗？”奥古斯丁不由得迟疑起来：“没有这些乐趣，我真的能活下去吗？”

这时，纯洁庄严的节制观念出现在他的脑海里。在《忏悔录》中，奥古斯丁把它比喻成一位女性——“节制”女士，但“节制”女士并不是一位清教徒式的苦修女神，而是一位儿女成行的俗世妇人。她没有放弃尘世的欢乐与性生活，而是有更好的方法。她向奥古斯丁介绍那些为了信仰带来的乐趣而放弃俗世乐趣的年轻男女，然后问他：“他们能做到的，难道你做不到吗？

为什么你非要特立独行呢？”

奥古斯丁听后羞愧无比，不过他仍然没有下定决心。“巨大的风暴来了，带着倾盆大雨。”为了独自大哭一场，他再次站了起来，从阿利皮乌斯身边走开。这一次，阿利皮乌斯没有跟着他。奥古斯丁来到一棵无花果树下，躲在那里痛哭。这时，他听到邻近一所房屋里有一个孩子的声音（他分不清是男孩还是女孩的声音）在反复唱着：“拿着，读吧！拿着，读吧！”奥古斯丁立刻下定了决心，他打开一本《圣经》，默默读着他最先看到的那一节：“不可荒宴醉酒。不可好色邪荡。不可争竞嫉妒。总要披戴主耶稣基督，不要为肉体安排，去放纵私欲。”

奥古斯丁感觉有一道恬静的光射到他的心中，驱散了阴霾。在那一瞬间，他的意愿发生了改变，想要放弃尘世有限的乐趣，为基督而活。在舍弃了他一度害怕失去的那些东西之后，涌上心头的是一阵愉悦。

不出意外，他立刻找到莫妮卡，把所发生的一切都告诉了她。可以想象，莫妮卡肯定因为上帝回应了她毕生的祷告而欢呼、赞美。奥古斯丁这样写道：“你使我转变而归向你……你把她的哀伤转变为喜乐，这喜乐远胜于她所期望的含饴弄孙之乐。”

上述的这一幕其实并不是一种皈依，因为在这之前，奥古斯丁已经是一名基督徒了，而且在这之后，他也没有立刻全面了解基督教的教义。在经历了这一幕之后，奥古斯丁开始拒绝一系列的欲望和乐趣，转而追求更高层次的欢乐和愉悦。对他而言，这是思想境界的提升。

人生之旅的舵手

尽管奥古斯丁的这次思想境界的提升似乎与拒绝性欲有关，但并不仅限于此，它还关乎对自我修养观念的拒绝。亚当一号所遵循的基本原则是，只要努力就肯定有回报。也就是说，如果你尽心尽力地做好自己的事情，而且没有违反规则，这就是你能过上好生活的原因。

但是，奥古斯丁认为这个观点并不完整。他并没有逃避尘世事务，而是将自己的余生积极地投入到政治事务之中，并参与了那些野蛮，有时甚至很残酷的公开辩论活动。不过，他在公开场合的所作所为都是以完全顺从为前提的。他认为，内心的快乐无法通过自身的能动性和行为来实现，只有顺从上帝、敬仰上帝才可以获得。因此，你必须放弃（至少要压抑）想凭一己之力取得成功的想法、志向和愿望，承认上帝才是你人生之旅的舵手——上帝已经为你制定好人生规划，准备好你人生中应当追求的真理。

而且，上帝已经为你的存在提供了正当的理由。在一生当中，你可能会有被审判的感觉，认为自己只有努力工作、取得成就、名留青史，才会得到有利的判决结果。有时，你提供的证据有利于你为自己的价值进行辩护；而有时，你提供的证据则有利于人们指控你毫无价值。但是，正如蒂姆·凯勒所说的，审判已经结束了。在你开始进行自我陈词之前，判决就已经做出了。耶稣代替你接受了审判，承受了死刑。

想象一下，如果你目睹你最爱的人因为你犯的罪而遭到惩罚，被钉在十字架上，那么你会有怎样的心情？在基督教徒的眼中，这个场景只是耶稣为你所做出牺牲的缩略版。正如凯勒所说："上帝把基督的完美表现归功于我们，好像这些都是我们自己的表现，他还把我们纳入了他的大家庭。"

詹妮弗·赫特在她的著作《假装的美德》中说，我们都有一种任性固执的心态，"上帝希望送给我们一个礼物，我们却希望掏钱购买"。我们一如既往地想要通过工作与成绩来获得救赎和价值，但是，只有举白旗投降，允许天恩渗透你的灵魂，你才会真正地获得救赎和价值。

这暗示了一种顺从的姿态：双手外展，高高地举过头顶，头向上仰，眼睛盯着天空，心平气和、不急不躁却又满怀激情地等待着神的救赎。奥古斯丁希望你采取这种姿态，而它的前提是你意识到自己的需求以及自身的不足。能够把你的内心世界安排得井井有条的只有上帝，而不是你；能够引导你的欲望、调整你的情感的也只有上帝，而不是你。

对奥古斯丁以及此后的基督教思想而言，这种姿态源于人们在感知到令人畏惧、无所不在的上帝后所产生的谦卑感与罪孽感。当你每天都会不由自主地想到自己一团糟的内心世界时，谦卑感可以把你从要求自己必须优于常人的可怕压力中解救出来，它会改变你视线的方向，把我们通常俯视的东西提升到较高的高度上。

从人生早期开始，奥古斯丁就一直想方设法爬到更高的位置上。他离开塔加斯特，前往迦太基、罗马，最后来到米兰，就是为了进入社会地位更显赫的圈子和找到更杰出的伙伴。就跟现在一样，在那个时代，所有人在阶级差别的驱动下，都有很强的进取心。但是根据基督教教义，崇高并不存在于声望和骄傲之中，而是存在于平常心与谦卑感之中；存在于洗足礼中，而不存在于凯旋门中。欲窥崇高境界，必先谦虚恭敬；谦虚恭敬者，必入崇高殿堂；欲腾空而起，必先屈膝弯腰。奥古斯丁说道："有谦虚，就必有雄伟庄严；有弱点，就必有强大力量；有死亡，就必有蓬勃生机。如果希望得到己之所欲，就不可鄙视己之不欲。"

这种保持谦卑心的英雄不会反对赞扬所带来的愉悦感，但是，你为自己挣来的微薄荣誉并不足以体现你作为人的基本价值。上帝拥有无所不能的才智，因此对于上帝而言，最聪明的诺贝尔奖得主与最愚钝的傻瓜也只是智力水平不同而已。最重要的是每个人都是平等的。

基督教教义要求人们摈弃主人向仆人发号施令的盛气凌人，代之以自下而上、甘愿服务的姿态。尘世的成就与公众的赞誉未必是坏事，但是要知道，取得这些成就、赢得这些赞誉时我们所在的地方，只不过是我们人生旅途中的一个歇脚之处，而不是最终目的地。如果以不道德的手段在这里获得成功，就有可能导致终极成功变成镜花水月，而且，与他人展开竞争是不可能帮助我们实现终极目标的。

奥古斯丁认为，人作为独立的个体，单凭一己之力是不可能生活美满的，因为他们无法掌控好自己的欲望。只有遵从上帝的意志，他们才能找到秩序和合适的爱。这并不意味着人一定是可悲可怜的，人只有投入上帝的怀抱才能获得安宁。

从天而降的爱的恩典

奥古斯丁还在另一个重要方面对自我修养的准则提出了质疑。

在奥古斯丁看来，人们得到的与他们应当得到的并不相称，否则，人生就会像地狱般可怕。实际上，人们得到的远远多于他们应得的。上帝赐给我们的恩典就是他不计功过的爱。上帝赐给我们恩典，并不是因为我们在工作上表现优秀，或者为子女、朋友做出了巨大牺牲，这份恩典只是一份无偿的礼物。

要想得到这份礼物，你需要满足两个条件。首先，你不能认为自己可以挣得这份礼物。你必须放弃精英分子的想法，以为自己可以通过努力得到上帝的奖赏。其次，你必须敞开怀抱，做好得到这份礼物的准备。你不知道这份恩典何时会落到你的头上。但是，那些敞开了怀抱并对恩典十分敏感的人已经证明，他们在非常偶然的情况下或在最需要的时候得到了上帝的恩典。

保罗·蒂利希在其文集《根基的动摇》中写道：

当我们陷入巨大的痛苦与不安时，当我们的人生掉入无聊、空虚的黑暗低谷时，当我们因为自己的存在、麻木、软弱、敌意、迷失方向、不够沉着而感到无比厌恶时，当长期渴盼的完美生活年复一年地不见踪影时，当旧的欲望几十年如一日地统治我们的内心时，当绝望摧毁了所有的快乐与勇气时，恩典突然从天而降，落在了我们头上。在恩典降临的那一刻，有时我们黑暗的内心世界会有一道光波闪现，仿佛有一个声音在告诉你："你被接纳了，被一个比你伟大的存在接纳了。你现在还不知道他的名字，也不要问，以后你或许就会知道。现在你什么也不要做，或许以后你会有大量的事情要做。不要搜寻，不要有任何动作，也不要想任何事情，你只需要知道你已经被接纳的这个事实即可。"当这种情况发生时，我们就会感受到恩典。得到恩典之后，我们的善不一定比以前多，我们的信仰也未必比之前更加坚定，但是，一切都改变了。在那一刻，恩典征服了罪，和解填补了疏远的空洞。这种体验不需要你在宗教、道德或者智力上满足任何先决条件，你唯一要做的就是接受恩典。

在主流文化中，因和善、风趣、有魅力、聪明或者体贴而获得爱的故事屡见不鲜，我们甚至已经习以为常了。相比之下，不做任何努力就会得到从天而降的爱，似乎难以想象。但是，一旦你接受自己已被接纳的事实，获得这种爱并付出回报的强烈欲望就会在你的心头产生。

如果你疯狂地爱上了某个人，那么你自然会每时每刻都想取悦她，给她买礼物，站在她的窗外傻傻地唱歌。同样，那些获得恩典的人也想取悦上帝，愉快地接受可能会让上帝高兴的任务，不知疲倦地做着他们认为可以让上帝荣耀的工作。他们希望站起来迎接上帝的爱，而这个欲望可以让他们充满力量。

当人们准备接受上帝的爱时，他们心中的欲望就会慢慢地发生改变。在做祷告时，他们之前想得到的是他们认为可以给自己带来愉悦感的东西，而从这一刻起，取而代之的是他们认为可以让上帝感到高兴的东西。

因此，对自我的终极征服不是通过自律或者在内心进行一场可怕的战争等方式实现的，而是需要放下自我，与上帝建立联系，去做那些在获得上帝的爱之后我们应该做的事情。

在这个过程中，我们的内心会发生变化。总有一天，你会发现，你的内心世界已经变得井然有序了，你整个人都与以前不同了。这并不是因为你遵从了某种道德规范，也不是因为你严格要求自己或者养成了某些习惯，而是因为你对自己的爱重新做了安排。正如奥古斯丁一再强调的那样，你变成了自己所爱的人。

由此，我们对行为的动力有了一种不同的理解。概括起来讲，奥古斯丁的这个转变过程源于他对自己广袤的内心世界的探索。这种由内而外的探索可以帮助你意识到外在真理和上帝的存在，让你变得谦卑，摆出虚心接受、放空自我的姿态，从而为接受上帝的恩典做好准备。上帝的恩典会让你无比感恩，激发出你以爱来回报、以付出来回报以及取悦上帝的欲望。这种欲望进而会唤醒你内心的巨大动力，多年以来，无数人因为想取悦上帝而干劲儿十足。与金钱、名声和权力等带来的巨大动力相比，这种动力毫不逊色。

这一观点的高明之处在于，随着人们对上帝的依赖性日益增强，他们的内在动力与行动能力也将不断增强。依赖性带来的不是被动性，而是动力与成就。

一切都归于寂静

在院子里有所顿悟之后，奥古斯丁的生活并没有就此安宁下来。因为他猛然发现自己的罪并没有就此消除，自己的那些不合适的爱也没有就此消失。传记作家彼得·布朗说："过去的经历有可能并不遥远，那些强烈、复杂的情感虽然已离我们而去，但透过刚刚萌生的、依然比较单薄的新感觉，我们还能依稀看到前者的轮廓。"

在奥古斯丁撰写《忏悔录》（从某种意义上讲，这是关于他在这次顿悟之前的人生的一部回忆录）时，他没有把这部著作看作对往事的回忆，而是希望通过重新考虑这些往事，来应对自己人生的低潮。布朗认为：“他必须改变对自己的看法，并在此基础上考虑自己未来的人生。他过去的人生在那次顿悟时达到了巅峰，而且在此之前，他一直对皈依基督教寄予厚望。因此，除了重新解读过去的人生，他还能通过其他办法正确地了解自己吗？”

奥古斯丁提醒信徒们，他们的人生并不是以他们自己为中心的。物质世界十分美丽，有待他们去品尝、享受，但是，只有以接受上帝恩赐给他们的超然的爱为前提，才能最大限度地体验到这个世界带给他们的愉悦感。在祷告与冥想时，奥古斯丁对这个世界的赞美甚至已经超越了这个世界。比如，在一篇非常优美的冥想文中，奥古斯丁问道：“我爱我的天父，究竟爱的是什么？”

> 我爱的不是容貌的秀丽，不是暂时的荣耀，不是粗俗之人喜好的光明灿烂，不是各种歌曲的优美旋律，不是花卉膏沐的芬芳，不是甘露乳蜜，不是乐于接受拥抱的肉体。我爱我的天父，并非爱以上种种。我爱天父，爱的是另一种光明、饮食、拥抱，以及我内心的光明、音乐、馨香、饮食、拥抱。他的光明照耀我的心灵而不受空间的限制，他的音乐不随时间而消逝，他的芬芳不随气息而散失，他的饮食不因吞啖而失去美味，他的拥抱不因久长而松懈。我爱我的天父，就是爱这一切。

这表明，奥古斯丁把人生搬到了一个更广阔的舞台之上。神学家丽萨·弗拉姆说过：“谦虚是通过以其他主体为中心的行为了解自我的一种美德。”

在院子里的那次顿悟后，奥古斯丁勉为其难地继续教授他不再相信的修辞学。一个学期的授课工作结束之后，他带着母亲、儿子和一群朋友去米兰的一位朋友家（这位朋友的妻子是一个基督教徒），在他家的别墅里住了5个月。他们举行了一系列学术讨论会，其实更像是一群学者围绕某些高深的问题展开的集体冥想。其间，奥古斯丁发现他的母亲莫妮卡的天赋足以跟得上他们的交谈，有时甚至还可以主导他们的谈话。他为此感到非常高兴，决定返回非洲，避开尘世，与母亲一起祈祷、冥想。

一行人开始了他们的南行之旅。据传记作家们的考证，他们走的是在两年前奥古斯丁的情妇被送回非洲时的路线。结果，由于遇到军事封锁，他们刚刚走到奥斯蒂亚就没办法继续前行，并停留下来。一天，奥古斯丁一边看着窗外的院子（他的很多人生大事似乎都发生在院子里），一边与母亲聊天。那一年，莫妮卡56岁，她感觉到自己时日不多。

在回忆自己与母亲的那次谈话时，奥古斯丁说他们同时感受到“肉体感官的享受不论如何美妙，所散发的光芒不论如何灿烂，都不能与他们当时的生活相比”。不过，当母子俩的亲密谈话涉及上帝时，他们“神游物外，甚至凌驾于日月星辰丽天耀地的苍穹之上”。然后，经由这些物质的东西“我们来到了灵境，继而超越并进入了纯粹的精神世界”。

在回忆录中，奥古斯丁用了一个很难翻译或理解的长句。在某些译本中，“hushed”（寂静）一词在这个句子中反复出现：肉体的烦恼归于寂静，江河湖海与空气的喧嚣归于寂静，一切梦幻、一切想象、一切言语、一切动作都安静下来，已经过去的一切归于寂静，自我在超越自我之后也归于寂静。母子俩不由得惊呼：

“我们不是自我创造出来的，而是永恒存在者创造了我们。”说完之后，他们的声音也消失于寂静之中，“只有创造者在说话，不是通过其他人，而是通过他自己的声音”。奥古斯丁和莫妮卡听见上帝的“声音并非出自尘间的喉舌，不经由天使的传播，不借助空中霹雳的响声，也不使用晦涩难懂的比喻”，而是“他自己”的声音。在一刹那的觉知之后，母子俩不由得发出了一声感叹。

奥古斯丁通过这个长句描述了一个不断提升的完美时刻：寂静……寂静……寂静……寂静。世界上所有的喧嚣都归于寂静，随后赞美创造者的欲望占据了他们的内心。接着，就连这赞美声都归于寂静，然后是听见永恒智慧（奥古斯丁称之为“令人快乐的深邃的奥秘”）的幻想。我们可以想象，母子俩肯定会因为心灵的碰撞而无比快乐。经过多年的眼泪与怒气、自律与逃避、破裂与和解、追求与操控、友谊与斗争之后，他们终于携起手来，一致对外。在冥想他们所爱的到底是什么的过程中，他们共同进退，步调一致。

莫妮卡告诉奥古斯丁：“我的孩子，对我而言，此生已无可留恋……之所以要暂留世间，只是想让你在我去世之前成为基督教教徒。天父的恩赉已经超出我本来的愿望。”

要被治愈先要被打破，正确的次序是由内及外。C · S · 刘易斯认为，如果你参加派对时希望给人们留下一个好印象，那么结果很有可能事与愿违，除非你还考虑到了房间里的其他人。如果你在艺术创作伊始就想努力创作出一件有独创性的艺术品，那么最后的成品很有可能并不具有独创性。

内心的平静也具有同样的特点。如果从一开始就希望实现内心的平静，产生一种神圣感，那么很有可能会事与愿违。只有将注意力集中在外界的某个事物上，你才会获得意想不到的成功；只有集中精力追求更大的目标，成功才会作为忘我状态的副产品不期而至。

对于奥古斯丁而言，这个变化具有重要的意义。仅有知识还不足以保证安宁与善，因为知识不会为行善提供动力，只有爱才会催生善行。我们不会因为获取了新信息而行善，我们不会因为知道善是什么就去行善。上学时，学校应该教你如何付出爱。

几天之后，莫妮卡一病不起，9 天后便去世了。她告诉奥古斯丁，对她而言，是否回非洲家乡安葬已经不再重要，因为对于上帝而言没有远近之分。她还告诉奥古斯丁，在他们经受磨难时，她从来没有听到上帝对自己横加指责。

在她死亡的那一刻，奥古斯丁弯下腰，为她合上双眼。“巨大的悲痛涌上心头，化为泪水。”在那一刻，虽然奥古斯丁还没有完全脱离斯多葛学派，但他仍然觉得应该控制自己，不可哭泣。“在意志力的作用下，我站在那里，没有哭泣。我的内心异常难受，因为我从此失去了她给我的巨大安慰。我的灵魂受到重创，我的人生支离破碎，因为她的人生和我的人生曾经合而为一。”

奥古斯丁的朋友们围拢在他的身边，他在努力地抑制悲痛的心情：“我为深受人类情感的影响而无比惭愧……我感觉到另一种痛苦，有双重痛苦在折磨我。”

奥古斯丁洗了个澡，让自己从悲痛的状态中平静下来，然后上床睡觉。睡醒之后，他觉得好多了。“然后，我又逐渐回想起我与‘你’的侍女之间的感情，想到她与我说话时的爱与真诚。而现在她已溘然长逝，我忍不住在‘你’面前想到她而为她痛哭，想到我自己而为我自己痛哭。”

在莫妮卡生活的那个时代，罗马皇帝统治着欧洲，理性主义人生观统治着人们的思想。奥古斯丁在书中以母亲为例，描写了信仰与纯粹理性主义、精神上的残酷无情与尘世间的雄心壮志之间的对抗。在他的后半生，作为一名主教，他要么在抗争、布道、写作，要么在抗争、辩论。他实现了自己年轻时追求的目标，不过这个过程出乎人们的意料。起初他相信可以控制自己的人生，但后来他被迫放弃这个信念，并放下身段、敞开心扉、摆出谦卑的姿态。之后，他尽可能地敞开怀抱，以承接上帝的恩典并心怀感激。这是一种前进–后退–再前进、生–死–复活、下降–触底–一飞冲天的人生模式。

第9章

反躬自省——用手中的笔让世界变得更美好的文学家

1709年，塞缪尔·约翰逊出生于英国的利奇菲尔德。他的父亲是一位生意做得并不成功的书商，他的母亲虽然没有文化，却认为丈夫的地位与自己不相称。约翰逊回忆道："我父母的婚姻生活不怎么幸福。他们很少交谈，因为父亲不能容忍别人对他的事情指手画脚，而母亲不识字，她对生意也知之甚少，因此她的话语中充斥着牢骚、担心和怀疑。"

约翰逊从小就身体羸弱，大家甚至为他的顺利出生而感到吃惊。出生后不久，他就被交给奶妈喂养，结果奶妈的乳汁让他感染了淋巴结核，导致他一只眼睛永久失明，另一只眼睛弱视，一只耳朵失聪。后来，天花又在他的脸上留下了永久的疤痕。为了给他治病，医生在没有使用麻醉药的情况下给他的左胳膊施行了切开术。在随后的6年里，他们利用马鬃让切口保持打开状态，并定期挤出他们认为是致病原因的液体。此外，他们还切开了约翰逊的颈腺。由于这次手术做得非常马虎，在约翰逊的左脸上留下了一道深深的疤痕，从耳朵一直延伸至下巴部位。这些疤痕伴随着他，直到他走完自己的一生。因此，从外表上看，约翰逊体型庞大、相貌丑陋、满脸疤痕，就像一个魔鬼。

面对疾病缠身的状况，约翰逊与之展开了猛烈的抗争。一天，在放学回家的路上，他发现自己看不见路边的排水沟。由于担心会掉到沟里，他趴在地上，一边观察路缘石，一边小心翼翼地朝前爬行。一位老师走过去想要帮助他，他却勃然大怒，把她赶走了。

约翰逊认为慢性病患者易于养成自我放任的毛病，因此他一直小心地提防着。他在晚年时说过："生病会让人的自私自利心理急剧膨胀，遭受痛苦折磨的人往往向往安逸。"沃尔特·杰克逊·贝特认为，约翰逊“本着严格要求自我、全面履行个人责任的态度”直面疾病缠身的困境。他还说：“让我们尤为感兴趣的是，当他还是一个年幼的孩子时，他很快就发现自己的体质不同于常人，并且早早地开始摸索独立的人生道路，肆意地把将伴随他一生的身体残疾问题抛在脑后。”

约翰逊接受的教育细致深入，要求极严。通过学校课程，他接触到了奥维德、维吉尔、贺拉斯和雅典文化。从文艺复兴时期开始直至20世纪，这些一直是西方教育的核心内容。他还学习了拉丁语和希腊语。学生们在学习中稍有懈怠就会挨打，老师会命令孩子们趴在椅子上，然后用教鞭狠狠地抽打他们，嘴里还念念有词：“今天我打你，是为了防止你日后走上绞刑架。”后来，约翰逊对于体罚提出了不同的看法。但是他也认为，与心理压力与情感操控（现在的家长在教育子女时经常使用的手段）相比，棍棒还是仁慈得多。

自学在约翰逊的教育中发挥了不可替代的作用。虽然他从来不喜欢上了年纪的父亲，但是父亲的藏书他一本不落地看完了。他如饥似渴地阅读游记、浪漫小说和历史书，江湖游侠的英雄故事他更是读得津津有味，爱不释手。9岁时，他开始读《哈姆雷特》。当读到鬼魂出现的那一幕时，他害怕得要命，发疯一般地跑到大街上，确认自己还活在这个世上。他的记忆力极强，祷文只需读一两遍，余生都能倒背如流。他似乎有过目不忘的本领，晚年的他在聊天时经常提及他几十年之前读过的不知名作者的作品。小时候，父亲常带他去赴宴，向宾客炫耀儿子的背诵能力，但父亲的虚荣心让年幼的约翰逊极为反感。

约翰逊19岁那年，母亲继承了一笔数额不大的遗产，但是足够支付他在牛津大学一年的学费。约翰逊抓住了这次机会，满怀自信与豪情壮志，来到牛津大学。他那时对名声充满了渴望，还憧憬着“荣誉接踵而至的美好未来”。但是，由于他已经习惯了独立的自学生活，同时感觉到自己在经济与社会地位上不及同学，因此他无法很好地适应牛津大学的各项规章制度。面对这些懒散的管理制度，他不是温顺地全盘接受，而是粗暴、嚣张地予以抨击。他后来回忆说：“那时候的我疯狂、粗暴，人们都以为我无忧无虑，其实我无比苦恼。我因为贫穷而感到痛苦，而且我已经下定决心，利用自己的学问与才智打开一片新天地。因此，我藐视一切权力。”

作为一名优秀的学生，约翰逊赢得了人们的认可。他将亚历山大·蒲柏的一首诗翻译成拉丁语，得到人们的交口称赞，就连蒲柏本人都说约翰逊的译文与原作相比难分伯仲。但是，约翰逊也有桀骜不驯、粗暴无礼和懒散的毛病。他告诉导师，他不去上课是因为他更喜欢滑雪。他喜欢断断续续的工作方式，而且一生如此。他可以连续几天懒散地坐在那儿，什么也不干，两只眼睛盯着时钟，却不知道究竟几点了。在任务快到截止日期时，他会突然风风火火地行动起来，不需要打草稿就能写出一篇杰作。

在牛津大学上学期间，约翰逊随大溜，开始信奉基督教。有一天，他坐下来阅读威廉·劳的神学著作《呼召过圣洁生活》。他回忆道：“（我原以为）这是一本枯燥乏味的书（这一类书通常如此），甚至有可能嘲笑它，结果却发现劳比我高明。自从我学会理性探究的方法以来，这是我第一次认真地思考宗教问题。”同约翰逊后期在道德方面的论述一样，劳的这本书内容翔实具体，有很强的实际意义。劳通过虚构的人物对忽视精神需要的几种人进行了讽刺，他强调追名逐利的行为无法填补人们心灵的需要。基督教并没有真正地改变约翰逊，却使他的特点越发鲜明：严密防范自我纵容的毛病，在道德方面严格要求自己。

在清楚地了解自己的智力水平之后，约翰逊认真研读了《圣经》中那些关于天才的寓言故事，看到“又恶又懒的仆人”因为没有充分发挥上帝赐予他的才智而被“扔进外面的黑暗里，任由他在那里痛哭流涕、咬牙切齿”，他深受启发，终生引以为戒。约翰逊的天父不仅爱他、为他治疗创伤，更会对他提出严格的要求。在他的一生中，他不断地接受审判，在了解自身不足的同时胆战心惊，唯恐遭到天谴。

在牛津大学学习了一年之后，约翰逊花光了所有的钱，只好狼狈地回到利奇菲尔德。有一段时间，他可能患上了严重的抑郁症。他的传记作者詹姆斯·博斯韦尔这样写道：“他觉得自己被一种可怕的疑心病缠住了，经常生气、烦躁、不耐烦，而且感到灰心、沮丧、绝望。对他而言，活着是一件非常痛苦的事。”

为了不让自己闲下来，约翰逊经常进行 32 英里的远足。他可能有过自杀的打算，他似乎完全不能控制自己的肢体动作。在众多现代的医学专家看来，他的那些痉挛症状与肢体动作似乎是抽动秽语综合征的临床表现。他经常扭绞着双手，身体来回晃动，以一种无法控制的奇怪方式摇晃着脑袋，还会发出一种奇怪的口哨声。在街道上行走时，他会用手杖敲出各种奇怪的节奏；在走向房间的过程中，他会数步数，如果数错了，他就会折回去重走一遍。同他一起吃饭简直是一种折磨，他总是狼吞虎咽，嘴巴里塞满食物，食物常会掉落在他无比邋遢的衣服上。小说家范妮·伯尼这样形容他：“（他的）脸十分难看，动作笨拙，举止怪异到超乎你的想象。他的双手、嘴唇、双脚、膝盖总是无法控制地痉挛，几乎从不间断，有时甚至会抽搐起来。”陌生人在酒馆看到他，都会误以为他是村子里的白痴或精神病人。而这时，他会突然大段大段地朗诵用渊博的学问与典故装点得花团锦簇的文章，让对方目瞪口呆。他似乎非常享受这种效果。

约翰逊的痛苦伴随他很多年。他当过老师，但是由于身体痉挛，学生们嘲笑他，而不是尊重他。一位历史学家说，他创办的那所学校“可能是教育史上最不成功的私立学校”。26岁那年，他与46岁的伊丽莎白·波特结婚，在许多人看来，他们是特别奇怪的夫妇。传记作家们一直不知道该如何形容波特（约翰逊叫她特蒂）。她是貌美如花还是形容憔悴？待人接物时她是明达还是轻浮？波特值得赞许的地方就在于，她透过约翰逊丑陋的外表看到了他伟大的未来，约翰逊值得称赞的地方则是他对波特的忠诚终生不渝。他是一位温情脉脉、讨人喜欢的情人，富有同理心和爱心。但是，结婚之后，他们过了多年的分居生活。约翰逊办学校用的是波特的钱，结果打了水漂儿。

30岁之前，约翰逊的生活无异于一种灾难。1737年3月2日，约翰逊与他以前的学生戴维·加里克（后来成为英国历史上最著名的演员之一）一起前往伦敦。约翰逊在格拉布街附近安顿下来，靠写作谋生。他的作品涵盖所有内容和文体，包括诗歌、戏剧、政论、文学批评、趣闻逸事、随笔等。雇用文人往往只能勉强糊口，生活杂乱无序，苦不堪言。一位名叫塞缪尔·博伊斯的诗人把他的所有衣物都送进了当铺，他坐在床上，身上除了一床毯子不着寸缕。他在毯子上挖了一个洞，将胳膊从洞里伸出来，然后把纸铺在膝盖上写诗。如果他写的是一本书，他就会在写好前几页之后把它们当掉，以便填饱肚子，再接着往下写。虽然约翰逊从未沦落到那样的悲惨境地，但是在大多数时间里，尤其是一开始的几年，他也仅能勉强度日。

然而，就在这段时间里，约翰逊完成了新闻史上最了不起的伟业之一。1738 年，英国下议院通过了一项法律，规定公开发表议会言论的行为是“对议会权力的侵害”。于是，《绅士杂志》决定将这些议会言论稍做修改，以虚构报道的形式发表，以便让公众了解议会中发生的事情。在两年半的时间里，约翰逊是他们的专用作者，尽管他只去过一次议会。负责提供消息的人会告诉约翰逊有哪些人发言、他们发言的顺序、立场以及理由，然后，约翰逊就发挥想象，写出一篇篇雄辩的发言稿。这些发言稿都写得非常好，以至没有哪位发言人不愿意将它们归入自己的名下。至少在接下来的 20 年里，人们一直以为这些都是真实的议会发言稿。直到 1899 年，一些优秀演讲集中还收录着这些发言稿，并且署名作者不是约翰逊，而是所谓的发言人。一次，约翰逊在晚宴上听到有人在极力称赞老威廉·皮特的一个演讲，便说了一句：“那篇演讲稿是我在埃克塞特大街的阁楼里完成的。”

约翰逊总是需要自谋出路的生活方式与我们现代人相似，但议会发言在他的那个时代显得过于特立独行。他没有从事农业、教育等稳定的职业，又远离家庭，过着居无定所的生活，因此他不得不做一名自由职业者，靠自己的聪明才智谋生。他的命运，包括经济保障、社会地位、友谊、作为一个人应有的观点与价值，全部取决于他脑海里灵光一现的创意和想法。

德语中有一个词可以形容这种状况，即 Zerrissenheit，它大概的意思是“四分五裂的状态”。这是内在连贯性缺失的表现，如果一个人生活艰辛，发展方向不确定，就有可能出现这样的状况。克尔恺郭尔称之为“对自由的迷茫”。当人们因失去外在约束而为所欲为，同时还面临无数的选择时，如果没有极强的内在连贯性，他们的人生就会四分五裂，失去方向。

约翰逊的本性使他内心的矛盾越发激烈。博斯韦尔说：“他在言行举止方面（包括说话、饮食、阅读、爱、生活方式等）无比暴躁。”而且，他的很多特点还会相互冲突。由于受到痉挛等病症的折磨，他无法完全控制自己的肢体；由于患有抑郁症及情绪不稳定，他无法完全控制自己的思想。他有强烈的社交欲望，一生都惧怕孤独，但是，他被迫为之的文字工作要求他远离人群，安静地写作。他的婚姻生活有名无实，而他的性冲动又非常强烈，因此他的一生都在与所谓的“有害思想”进行搏斗。此外，他很难长时间集中注意力。他坦承：“几乎没有一本书我能从头读到尾。这些书大多令人厌烦，我没有办法全部读完。”

与此同时，约翰逊还因为自己丰富的想象力而苦恼。对于生活在后浪漫主义时代的我们而言，想象力常常意味着一种天真纯洁的能力，可以增强我们的创造力，让我们看到美好的前景。但是，想象力让约翰逊爱恨交加。对他而言，午夜时分是最可怕的时刻，因为他的想象力让他不胜烦恼，他感受到黑夜的恐怖，嫉妒他人的成就，感叹自己毫无价值的人生，还会对肤浅的赞誉之词产生不切实际的期盼。约翰逊消极地认为，想象力会让我们对婚姻等人生阅历充满幻想，在这些幻想破灭之后，给我们留下无尽的失望。想象力是造成疑心病、让我们杞人忧天的原因，它让我们妒忌别人的成就，还让我们幻想击败对手的情景。想象力使我们无穷的欲望变得非常简单，让我们以为它们可以轻松实现。

即使在取得成就之后，由于它让我们想到还有未竟之业等待我们继续完成，因此愉快的心情会大打折扣。它让我们不要满足于当前的愉悦，而是迫不及待地迎接未来生活中的各种可能。

由于想象力不受控制，约翰逊一直情绪低落，并感到迷惑、害怕。他认为，我们所有人都与堂吉诃德有点儿相似，同自己想象的恶人搏斗，生活在自己幻想的世界而不是现实之中。约翰逊的思想总在变化，而且经常自相矛盾。他在一篇题为“冒险家”的散文中说：“当别人的观点与我们不一致时，我们没有理由惊讶或生气，因为我们自己的观点也经常不一致。”

在心理恶魔面前，约翰逊并没有一味地顺从，而是进行了还击。他生性好斗，斗争的对象包括其他人和他自己。一次，一位编辑指责约翰逊浪费时间，身高马大、孔武有力的约翰逊一把就把那位编辑推倒在地。他说：“他傲慢无礼，所以我揍了他。我还告诉他，他是一个傻瓜。”

在他的日记里，随处可见自我批评与发誓要更好地安排时间的字眼。1738 年，他写道：“啊，主啊，让我弥补那些在懒惰中虚度的光阴吧。”1757 年，他写道：“万能的主啊，让我改掉懒惰的毛病吧。”1769 年，他写道：“我决定，同时也希望自己能在 8 点钟起床，并逐步提前到 6 点钟。”

一旦克服了懒惰的毛病并提起笔，他就会文思泉涌，一口气完成 12 000 个单词或者 30 页的写作任务。在这种时刻，他每小时可以写出 1 800 个单词，也就是每分钟写出 30 个单词。有时，送稿件的人就等在他旁边，约翰逊每写完一页，这个人就会把这页稿子送给负责印刷的人，约翰逊根本来不及修改。

约翰逊的传记作家沃尔特·杰克逊·贝特为我们提供了一则

有价值的信息：尽管约翰逊作为自由职业者写出了数量惊人的优秀作品，但是在头 20 年里，这些作品都没有署他的姓名。这既是他自己的决定，也是格拉布街出版界当时的规章制度要求的。即使进入中年之后，约翰逊仍然没有任何值得他自己引以为豪的壮举。他碌碌无为，焦躁不安，心情也十分糟糕。用他自己的话说，他的人生一度“极为不幸”。

我们对约翰逊的了解几乎全部来自博斯韦尔的权威著作《约翰逊传》。博斯韦尔是一位享乐主义者、教士助手，直到约翰逊年老之后才与他结识。博斯韦尔笔下的约翰逊从来没有遭遇过不幸，而是一个快乐、风趣、完美无缺、令人肃然起敬的人物。从博斯韦尔的描述来看，约翰逊在一定程度上已经实现了和谐统一的状态。但是，这种和谐统一是约翰逊自己营造出来的。通过写作和思考，他建立了一个和谐的世界观，并不折不扣地实现了内在连贯性。于是，他变成了一个值得信赖的人。

约翰逊还利用手中的笔为读者服务，提升他们的修养。约翰逊说过：“让世界更美好，是作家永恒的责任。”到成年时，他已经找到了履行这个责任的办法。

从矛盾和悖论中获得新知识

他找到了什么样的办法呢？同我们一样，他也不是凭借一己之力履行这个责任的。同讨论其他所有内容一样，在讨论品格时，我们大多会强调个人的作用，但是品格的形成也离不开我们周围的人。在约翰逊成年之时，英国涌现出了一批作家、画家和学者，包括亚当·斯密、乔舒亚·雷诺兹、埃德蒙·伯克。他们才华横溢，都是常人远不能及的天才。

他们都是人本主义者，他们的知识来自对西方文明经典著作的深入阅读。他们都是英雄，不过不是战场上的英雄，而是以知识为武器的英雄。人类虚荣与任性的本性往往会导致自我欺骗，但是他们抵制住了这种倾向，并睁大双眼，希望看清楚周围的世界。他们寻求的是有实际意义的道德智慧，希望自己成长为一个有操守、有追求的人。

约翰逊是他们之中最典型的代表人物。传记作家杰弗里·迈耶斯认为，约翰逊“是一个矛盾体。他有时懒散，有时充满活力；有时极富侵略性，有时和蔼可亲；有时愁云惨雾，有时谈笑风生；有时明晓事理，有时丧失理智；有时因宗教而感到欣慰，有时因信仰而不胜烦恼”。据詹姆斯·博斯韦尔的描述，约翰逊就像罗马角斗场里的角斗士，同内心的冲动展开了殊死搏斗。“角斗场中的那些野兽非常疯狂，试图踩着他的身体冲出场外。在一番搏斗之后，他把这些野兽赶回了兽笼。但是，由于他并没有杀死它们，这些野兽仍然会攻击他。”整个人生中，他在学术上表现出了阿喀琉斯式的坚韧，在信仰上又像拉比、牧师和毛拉那样富有同情心。

约翰逊处理人情世故的工具无外乎他仅剩的那只眼睛（尽管视力较弱），与他人的对话和他手中的那支笔。作家通常不会因为道德品格出众而为人所知，但是约翰逊的美德多多少少与他的写作有关。

约翰逊的工作地点是旅馆和咖啡馆。虽然身材臃肿、仪容不整、相貌丑陋，但他特别喜欢交际。在与人聊天的同时，他还在思考，并不时地说出一些道德箴言和俏皮话。可以说，他兼具马丁·路德和奥斯卡·王尔德的特点。小说家、剧作家奥利弗·哥尔德斯密斯说过：“和约翰逊争论是没有意义的。即使手枪哑火，他也能用枪托击倒你。”为了让论战更有趣，约翰逊无所不用其极，甚至会在辩论过程中彻底改变自己的立场。他的很多名言似乎都是在旅馆聊天时脱口而出的，或者是经过润色却让人们以为他是随口说出来的。“爱国主义是流氓无赖们最后的藏身之地……能否给穷人提供像样的生活条件，是对文明社会的真正考验……知道自己两周后将会被绞死，能有效地促使一个人集中注意力……如果你厌倦了伦敦，你就厌倦了生活。”

他的写作风格具有流畅对话中“你来我往”的特点。他先提出一个观点，然后提出一个与之相对的观点，之后又提出一个与第二个观点相对的观点。上述那些被争相引用的格言，经常会让人们误以为约翰逊在表达观点时语气都非常肯定。他通常会采用对话式的写作体裁，先提出话题，例如打扑克牌，再列举相关的优缺点，然后暂时性地选择一个立场。从他对婚姻的论述可以看出，他每提出一个好的方面，就会再提一个坏的方面。“我在笔记本中画了一张女性优缺点表格，列出了与每一个优点相关联的所有缺点，以及与每一个缺点相关联的所有优点。我认为风趣就是挖苦，宽宏大量就是傲慢专横，贪婪者常节俭，而无知者好奉承。”

约翰逊信奉二元论，认为只有矛盾、悖论和嘲讽才能表现现实生活的复杂程度。他不是理论家，因此对立（看似不相干而实际上彼此联系密切的事物）对于他来说不难接受。文学批评家保罗·福塞尔指出，他的文章中充斥的“但是”“然而”已经成为他的作品必不可少的组成部分，反映了他的部分感悟。要理解其中的意义，你必须从多个视角看清所有相互矛盾的部分。

我们肯定可以想象到约翰逊经常漫无目的地四处闲逛，就像想方设法打发时间的人一样，也会做一些无伤大雅的傻事。有一次，约翰逊听说某个河段淹死过人，他立刻跳了进去，看自己能否逃生。还有一次，他听说如果装填的弹丸过多，枪就有可能炸膛，约翰逊立刻拿来一支枪，在枪管里装进7颗弹丸，然后朝着墙壁开火。

约翰逊彻底地融入了伦敦的生活。他采访过妓女，还与诗人一起在公园里露宿。他认为，独自一人探索并不是获取知识的最佳方法。他还指出："幸福无法通过自省获得，只有借鉴他人的经验才能得到。"他利用肉眼可以观察的现实世界来检验自己的观察结果，从而间接地了解自己。他认为："如果哪一天没有收获新知识，我就会觉得自己在虚度光阴。"他害怕独处，总是最后一个离开酒吧。他宁愿与酒肉朋友理查德·萨维奇在大街上彻夜游荡，也不愿意回家之后独自忍受可怕的孤独。

他说："从普通平民的生活状态可以窥见一个国家的真实状况。要了解一个民族的风俗习惯，最适合的场所不是教授文化知识的学校，也不是华丽气派的宫殿。"约翰逊与各个阶层的人都能打成一片。到了晚年，他经常收留流浪者。面对显贵，他有时取悦他们，有时又会冲撞他们。在约翰逊历尽艰辛完成了他的那部伟大的字典之后，查斯特菲尔德勋爵试图把赞助人的功劳归为己有，结果约翰逊写了一封世界上最著名的抗争信，拒绝了勋爵迟到的赞助要求。在信的最后，约翰逊这样写道：

勋爵阁下，有的人眼见落水者在拼命挣扎而无动于衷，却等他安全上岸之后，才多余地伸出"援手"，难道这就叫赞助人吗？拙作蒙阁下抬爱，本属美意一桩，奈何来得太迟。如今，我心灰意冷，无意消受厚爱；孑然一身，无人分享成功；而且我已经略有薄名，不敢再有其他奢望。

把不足之处变成长处

约翰逊认为，人类社会的主要问题不可能仅通过政治手段或者改变社会环境来解决。我们都知道，他是一组著名对句的作者："人的忍耐力强大无比，法律与权贵的影响不值一提。"他既不是形而上学者，也不是哲学家。他爱好科学，但他认为我们最应该关注的并不是科学。他不相信学究们在"空谈"的乌烟瘴气中完成的研究，对于试图用某一个逻辑结构解释所有存在的学术体系，他更是极度怀疑。他率性而为，游走于各处，仿佛是一位知识渊博的多面手，试图将不同领域连接到一起。约翰逊赞同这样的观点："只能应对某一类问题，或者只能在某一个部门任职的人，很少是社会急需的人才，甚至有可能永远不受欢迎。而知识面宽的人常常占有优势，并且春风得意。"

约翰逊不相信神秘主义。他通过阅读历史与文学作品以及直接观察建立起来的人生哲学的基础扎实，关注的焦点也一直是他所谓的"活生生的世界"。据保罗·福塞尔观察，对于决定论，约翰逊一概持否定态度。他不认为人的行为会受到不带有任何感情的意志力的影响，总是用挑剔的眼光密切关注每个人的特别之处。拉尔夫·沃尔多·爱默生认为，"拯救灵魂不能批量地进行"，约翰逊也坚定地认为，每个人都具有神秘的复杂性和内在的尊严。

总的来说，约翰逊是一名实至名归的道德家，他认为大多数问题都是道德问题。他在著作中指出："社会的幸福取决于美德。"与同时代的其他人本主义者一样，他也认为人类的基本行为就是在道德问题上绞尽脑汁的决策行为，而且，文学是改善道德水平的一支重要力量。文学不仅可以给人提供新信息，还可以传递新体验；文学不仅可以拓展人们的意识，还可以为评估活动提供一个平台。此外，文学还可以借助愉悦感实现一定的指导意义。

现在，很多作家仅仅从美学的角度来看待文学，而约翰逊则把它视为道德培养的伟大事业。他认为作家应当激发人们"对道德的热情和对真理的信心"，而且希望他自己可以发挥这样的作用。他还说："让世界更美好，是作家永恒的责任。"福塞尔说："那时候，在约翰逊的心目中，写作同基督教的圣事一样神圣。圣公会教义问答手册中对圣事的定义是：'那内在而属灵恩典的外在而可见之记号'。"

在那个时代，很多文人因生活所迫，专门替人写文章赚钱。但是约翰逊非常重视写作质量，尽管他也为钱写作，而且写作速度非常快。他追求的理想是对文字的绝对忠诚，"诚实是迈向伟大的第一步"是他的座右铭之一。

他认为人性既可恨又可怜。古希腊有个说法，认为狄摩西尼如果不结巴，就不会成为伟大的雄辩家，或者说他之所以是一名伟大的雄辩家，恰恰是因为他结巴。在缺点的刺激下，相关技能反而得到了完善。英雄常常可以把自己的不足之处变成自己的长处，约翰逊因为自己的那些缺陷而成长为一名伟大的道德家。他逐渐意识到自己无法彻底消除这些缺陷，自己的人生经历不会变成人们常讲的美德战胜恶行的故事，充其量是瑕不掩瑜的人生的一个注脚。他用文字告诉人们，他并不奢望彻底消除那些缺陷，而希望找到能应对这些缺陷的方法。他认识到这种抗争将永远不会结束，因此他对他人的缺陷怀有同情之心。他是一名道德家，一名有爱心的道德家。

治疗悲伤和消除妒忌的良药

塞缪尔·约翰逊散文的主题包括负疚、羞愧、沮丧、无聊等，我们从中可以清楚地看出他正在承受哪些折磨。据贝特观察，约翰逊在《漫谈者》发表的一系列散文中，有 1/4 的主题涉及妒忌。约翰逊知道自己特别容易因为别人的成功而发怒："人类最主要的错误是对生活中被赋予善的条件感到不满。"

约翰逊在智力上得到的补偿是清晰的思维。正是由于思路明确，他的很多论断被人们广泛引用，其中很多都反映了他洞悉人类不可靠性的敏锐视角。

· 天才很少会沦落，除非自身原因导致。

· 无所事事时不可独处，独处时不可无所事事。

· 有的人，我们非常希望与之断交，却不希望对方与我们断交。

· 所有的自我谴责都是间接的自我表扬，目的是表明自己非常宽容。

· 人类最大的美德在于抵制冲动的本性。

· 公立图书馆最有力地反映了人类愿望的虚幻性。

· 自夸敢于向自己敞开心扉的人非常少。

· 完成一篇稿子之后读一读，如果觉得哪一段文字写得尤其好，就把它删掉。

· 每个人都自然而然地相信自己可以坚守所下的决心，除非经过很长时间并反复验证，否则他不会相信自己非常愚蠢。

借助道德散文，约翰逊为世界制定了秩序。为了客观地观察世界，他必须让自己平静下来。当人们感到沮丧时，他们常常觉得一种涉及方方面面却难以言状的悲伤征服了自己。不过，约翰逊直接以痛苦为目标，通过仔细分析、深入研究，消除了它所产生的部分影响。在讨论悲伤的那篇散文中，他指出，大多数激情都会驱使你采取行动，而这些行动最终会让激情烟消云散。饥饿会引发进食行为，害怕会让人逃跑，淫欲会诱使人们发生性行为。但悲伤是一个例外情况，悲伤不会引导你实施自我治疗行为，而是会愈演愈烈。

原因在于悲伤是“沉迷于过去而没有展望未来的思想状态，对某个事物的不切实际、连续不断的期望，对已经失去的欢乐或财物的令人苦恼、烦闷的渴盼”。许多人在生活中谨小慎微，以躲避悲伤的袭扰。还有许多人勉为其难地参加社交活动，希望可以缓解悲伤对他们的影响。凡此种种，均遭到了约翰逊的否定。相反，他提出建议：“治疗悲伤的安全性较高的常规良药是就业……悲伤是一个个新想法在流经我们身体时给灵魂留下的锈蚀，是人生因为停滞不前而生出的脓疮，通过运动和锻炼就可以治愈它。”

约翰逊还利用他的散文来演练自我对抗。福塞尔说：“对于约翰逊而言，人生就是战斗，战斗就是道德。”在写散文时，约翰逊经常直接以自己的烦恼为题，如绝望、骄傲、对自己与众不同的渴盼、无聊、贪吃、负疚感和虚荣心。他从来没有幻想通过说教来帮助自己培养美德，但是他可以设计、制定意志力训练方案。例如，在刚刚步入成年时，他不断遭到妒忌的袭扰。他了解自己的天赋，也知道在自己失败的同时，别人却取得了一个又一个成功。

为了消除妒忌之心，他想出了一个办法。他说，他一般不相信以恶制恶的策略，但是妒忌的危害极大，因此，以任何一种品质来取代它都是值得的，他选择了自我肯定。他告诉自己，妒忌他人就是承认自己的不足，与其屈服于妒忌，不如强调自己的长处。当受到妒忌的诱惑时，他就敦促自己多想想自身的优势所在。

随着他对基督教的信仰不断加深，他开始竭力推崇仁慈与宽容这两种品质。世界充斥着罪与悲伤，因此“所有人都不值得妒忌”。每个人的人生都麻烦不断，由于欲望总是超前于现实，用美好的幻想折磨人，因此，没有人会在取得成就之后真正地感到欢欣鼓舞。

约翰逊对随笔作家约瑟夫·艾迪生有过一番评论：“他的眼睛容不得沙子，对任何不对或者荒谬的事都非常敏感，而且会毫不犹豫地予以揭发。”其实，这番评论也同样适用于他自己。

通过不断观察、反省，约翰逊的人生真的发生了一些变化。年轻时的约翰逊体弱多病，心情沮丧，一事无成，但是到中老年时，他在尘世取得的成就不仅赢得了人们的赞誉，而且被人们奉为拥有伟大灵魂的人。一个在童年时期尝尽痛苦的人，为什么可以用容忍和宽容的眼光来评判这个世界呢？传记作家珀西·黑曾·休斯顿为我们解释了其中的原因：

他的灵魂已经变得无比刚强。以往的可怕经历放射出自信与洞悉一切的光芒，直射人的深层次动机，指引他去破解人类行为的各种疑难问题。在深切地了解到人类的渺小和人类知识的局限性之后，他心满意足地把神秘的终极原因归属于强于自己的力量。因为上帝的意图神秘莫测，所以他人生早期的目标是寻找那些可以帮助他为迎接主的慈悲做好准备的规则。

约翰逊苦苦思索，最后，他对这个复杂的、有缺陷的世界的信念终于稳定了下来。为了看清事物的真实面目，他严格地要求自己，认真地进行自我批评，并对道德问题充满热情。

坦诚面对自己的缺点和痛苦

在理解约翰逊借助道德探究进行自我塑造的方法时，我们可以将他与另外一位伟大的、深受人们喜爱的16世纪法国作家米歇尔·德·蒙田做比较。我的学生黑利·亚当斯说，约翰逊就像东海岸的说唱歌手，热情、认真、好斗，而蒙田则好比西海岸的说唱歌手，虽然他也关注现实问题，但是比较放松、稳健、阳光。作为作家，蒙田比约翰逊更伟大，他的优秀作品开创并确定了散文这种体裁。在蒙田的一生中，他对道德问题的态度与约翰逊一样认真，对了解自己、追求美德的决心也与约翰逊一样强烈。约翰逊通过直接攻击和认真不懈的努力，尝试改造自己，而蒙田则以更加轻松愉快的态度面对自己与自己的缺点，并以自我认同和乐于自我完善的愉快姿态来追求美德。

蒙田的童年生活与约翰逊大不相同。他出生在波尔多附近的一个庄园里，他家非常有钱，并且颇有名望，蒙田自出生之日起，就成了全家人心目中的宝贝。他的父亲（蒙田认为他是天底下最优秀的父亲）亲自制订了一份人本主义培养计划，按照名门望族的教育标准抚养蒙田，包括每天早晨用乐器演奏出优美的音乐来叫蒙田起床。父亲希望把蒙田培养成一个有文化、全面发展的绅士。蒙田毕业于一所名声显赫的寄宿学校，后来到市政府工作，成为当地法院的一名法官。

蒙田的生活非常惬意，但他生活的那个时代并不平静。当时法国国内发生了一系列的宗教战争，作为一名公职人员，他经常需要做调解工作。38岁时，他辞去了这份工作。他决定回到庄园里，一边做学问，一边悠闲地生活。约翰逊在格拉布街上一边享受丰富多彩的酒吧生活，一边写作，而蒙田则把自己锁在自家塔楼的图书馆中，在装饰着古希腊、古罗马和《圣经》格言的大房间里埋头创作。

蒙田最初打算研究古罗马和古希腊的经典作家（普卢塔克、奥维德、塔西佗等），并从宗教信仰中获取知识（至少在公众眼中，他是一名正统的罗马天主教徒。但是，由于他倾向于研究现实而不是抽象问题，因此他从神学中汲取的学识似乎没有从历史中得到的多）。他认为自己可以就战争和政府政策写一些有见地的文章。

但是后来，他的思想发生了一些变化。同约翰逊一样，步入中年的蒙田也怀疑自己的人生出现了某些重大错误。在辞职并开始反思人生之后，他发现自己的内心无法平静下来，支离破碎，甚至变成了一团糨糊。他用从水面反射到屋顶的摇曳不定的太阳光来形容自己浮躁的想法，在他的脑海里，各种各样的念头和感悟层出不穷。

蒙田感到万分沮丧，用文字描述了他的痛苦遭遇。他写道："不知为何，我的内心中有两个自我。"他感觉自己的想象如同脱缰的野马，难以控制。"我无法静下心来思考，思绪飘移不定，仿佛醉汉一般踉踉跄跄……我描述的不是现在的情形，因为它已经成为过去……我必须把描述的事物与时间结合起来，因为我的想法正在不断变化。"

蒙田发现，自己的想法的确难以控制，控制自己的身体也不是件轻而易举的事。他甚至因为自己的生殖器而感到绝望："在我不需要它时，它蠢蠢欲动，令人厌烦；在我需要它时，它却按兵不动，令人恼火。"而且，经常违背他意志的不仅仅是他的生殖器。"请大家想一想，我们有哪个身体部位不是经常违抗我们的意志而自行开始或停止发挥它的功能的呢？"

写作是一种自我整合的行为。蒙田认为，人们之所以狂热、暴躁，大多是因为他们无法掌控自己难以捉摸的内心世界。试图借助外在手段实现内心宁静并与自己和解的人，通过不懈地追求世俗的辉煌成就和永恒的荣耀而取得了丰硕的成果。他说："没有人能真正了解自己，因此所有人都选择了其他目标，迫不及待地冲向未来。"蒙田决定通过散文写作来深入了解自己，为内心支离破碎的自我建立秩序，使其平静下来。

约翰逊与蒙田都希望实现深刻的自我意识，不过他们采取的方法不同。约翰逊描写其他人和外部世界，希望以此实现自己内心的平静。有时，他会替他人撰写传记，字里行间却隐隐表露出他自己的特点，甚至让人误以为这其实是他的自传。蒙田的切入点则正好相反，他描写的是他本人以及他对事物的反应，希望借助自我反省来找到所有人的共性。他认为："每个人都是人类整体状况的缩影。"

约翰逊的散文给人一种颐指气使的感觉，而蒙田的写作风格则较为谦虚，给人一种不确定、迟疑不决的感觉。两人都不强调条理性，文章没有明确的逻辑结构。蒙田会先提出一个论点，几个月之后，如果他想到某个与之相关的论点，就会潦草地写在页边，并在最终稿里纳入这个论点。这种随意的方式掩盖了严肃的写作态度，他的作品看似轻松随意，但是对于写作，他一直秉持严肃认真的态度。他知道自己的文章新颖，因为其内容全都是真实的自我揭示，以及对道德生活的展望。他知道自己正在创造一种塑造人物的新方法，而且男主人公对自己的了解诚实客观，同时还不失同情心。尽管他抱持一种无忧无虑的态度，但要完成写作任务并非易事，"只有让灵魂疲于奔命，我们才会知道自己经常犯错误"。写作不仅是为了扩充自己的知识，在内心嬉戏打闹，博取名声、引起关注或者获得成功，写作的真正目的是与自己抗争，开启一个有条理、严于自律的人生。"精神的伟大不在于向上和向前的驱动力，而在于让我们知道如何使自己具有条理性，如何约束自己。"

蒙田希望借助自我了解、自我改造来解决自己的道德问题。他认为，实现这种形式的自我对抗，甚至比成为亚历山大大帝或苏格拉底式的人物还难。后者身处公众视野里，可以得到荣誉和名声的奖励，而试图诚实地了解自我的人则需要离群索居，默默无闻地工作。"每个人都可以在人生舞台上扮演一个正人君子，但是在私下里，在内心中，在可以为所欲为而且不会暴露的时候，仍然能做到循规蹈矩，这便是道德的极致了。"

由于感觉到内心深处的斗争与自尊更加重要，因此，在尘世事业风生水起的时候，蒙田决定隐退，转而勇敢地面对真实的自我。多少年来，他在自我对抗过程中表现出来的那种沉稳的姿态，让许多人为之倾倒。他勇敢地面对自己不尽如人意的地方，而且不加辩解。在大多数情况下，对于自身的缺陷，他微笑面对，坦然处之。

他把自己摆在一个低却安全的位置上。他承认自己身材矮小，缺乏吸引力。如果他和仆人们一起骑马出行，别人根本看不出他的主人身份。如果他的记忆力不佳，他会向你坦承；如果他玩象棋或其他游戏的水平不高，他会向你坦承；如果他阴茎短小、年老体衰，他也会向你坦承。

他发现自己同大多数人一样，有点儿贪财，“扪心自问，我们就会发现，我们内心中生机勃勃的那些欲望，在大多数情况下都需要牺牲他人的利益才能得到满足。”他认为，我们为之奋斗的目标大多是短暂的，而且非常脆弱。哲学家有可能创造出史上最伟大的思想，但是只要患有狂犬病的狗咬他一口，他就会变成一个胡言乱语的白痴。蒙田说：“即使登上全世界最高贵的宝座，不靠自己的屁股，也无法坐稳。”这个论断足以让所有骄傲的人低头自省。他还说：“倘若别人像我一样注意审视自己，就会像我一样发现自己极端空虚、无聊。我不摆脱自己就不可能摆脱空虚，我们每个人都被无聊和空虚淹没了。谁意识到这一点，谁就会受益匪浅。但是，我不知道他们是否已经意识到了。”莎拉·贝克韦尔在她的著作《蒙田别传》中指出，他的最后一句话“但是，我不知道……”最能体现蒙田的特点。

一天，他带着一群仆人骑马出行。突然，其中一个人骑的马狂奔起来，冲撞到蒙田身上。蒙田被撞飞到离马有十步远的地方，手脚张开躺在地上，人事不省，仿佛死去了一般。仆人们吓坏了，赶紧抬起没有任何意识的蒙田，回到庄园。之后，蒙田慢慢苏醒过来。仆人们把他当时的反应告诉了他，很明显，他的身体非常痛苦。然而，蒙田内心的感受却大不相同。他回忆道："我感到无比快乐，无比平静。"他甚至感到"在疲倦中慢慢逝去"是一件愉快的事，他觉得自己好像躺在一块魔毯上，非常舒适地飘浮在空中。

蒙田想，外在表象与内在体验是多么不同啊！从这件事中他得到了一个积极乐观的经验，即人们无须考虑如何死亡的问题。"如果你不知道会如何死亡，那么你无须担心。造物主会在现场给予你全面的指导，'他'会帮助你完美地解决这个问题，因此你无须费脑筋考虑这个问题。"

蒙田的秉性似乎可以简化为一个方程：低调、准确地看待自己的天性+对稀奇古怪的宇宙万物感到好奇=平静沉稳、安宁的心。贝克韦尔说，蒙田"获得了解放，从此无忧无虑"，进入了不以物喜、不以己悲的境界。他开创了一种以优雅淡定为特色的散文体裁，他还试图让自己也变得像这种文体一样沉着冷静。有一次，他写了这样一句话："我只希望自己更加无动于衷，更加放松。"显然，这句话并不完全可信。他还说："我尽量避免自己受到责任义务的约束。"我们可以从他的一篇又一篇散文中，看到他努力用意志力促使自己降低自我接纳的标准："我可能在总体上希望自己是另一个样子。我对自己不满意，祈求上帝让我脱胎换骨，并宽恕我天性的软弱。然而这种心情似乎不能被称为后悔，同样，遗憾自己生来既不是天使又不是加图的心理也不能被称作后悔。我的行为有其准则，符合我的身份和地位。我已尽我所能。”他用一个口号提醒自己：“我会克制自己。”

他的阅读速度较慢，因此他只关注几本书。他有点儿懒，因此他放松对自己的要求。（约翰逊通过充满激情的说教实现自我完善，但是蒙田不愿意这样做。约翰逊在道德问题上十分苛刻，而蒙田也与他不同。）蒙田的思想天马行空，因此他喜欢从多个不同的角度看待问题。每个缺陷在给你造成麻烦的同时，也会给予你一定的补偿。

感情强烈与自我要求严格的人都不喜欢蒙田，他们认为蒙田的情感寄托过于狭隘，他的志向不够远大，他的稳定生活枯燥乏味。然而，他们难以驳斥他（因为他的写作不遵循传统的逻辑结构，因此难以找到攻击点），但他们断定蒙田作品中充斥的怀疑主义与自我接纳必然导致他自鸣得意，甚至还隐约有虚无主义的味道。于是，他们把蒙田贬斥为情感疏远、逃避矛盾的人。

这种观点有一定道理，如果蒙田知道，那么他肯定也会表示赞同。“我发现，当痛苦占据心头时，与其强行消除这种感觉，不如尝试改变它，因为后一种方法更简单快捷。我通常会用一种相反的感觉来替代痛苦，即便做不到，我也会代之以不同的感受。这样做可以给人安慰，消除、驱散痛苦。既然无法战胜痛苦，我就努力摆脱痛苦，同时我还会注意保护自己。我的办法很灵活。”

蒙田的例子告诉我们，如果我们把期望值降至切实可行的程度，大多数情况下我们都会得到愉快的结果。但是，蒙田不仅是16世纪的一个拥有庄园、在沙滩上懒洋洋地晒太阳的人，有时他还会故意装出一副无动于衷的样子，甚至常常把自己强烈的希望掩藏起来。实际上，他对优质生活和完美社会也抱有幻想。志向远大的人把自己的愿望建立在终极救赎或终极正义的基础之上，而蒙田依托的却是友谊。

他的那篇讨论友谊的散文是他所有文章中最令人感动的一篇。蒙田写这篇文章的目的是颂扬他与艾蒂安·德拉博埃西缔结的深厚友谊（艾蒂安在两人相交5年之后去世）。他们都是作家、思想家，用我们今天的话说，他们是真正的灵魂伙伴。

在这样的友谊中，意志、思想、观点、财物、荣誉、生活，乃至一切，都是共享的。“我们的灵魂紧密相连，能感受到彼此之间强烈的感情，并借助这份感情感知对方心灵深处的秘密。我不仅十分了解他，而且对他的信任胜过自己。”蒙田认为，要建设完美社会，必须大力倡导这种友谊。

培养优秀品格的两种方法

蒙田和约翰逊都是杰出的散文家，都善于灵活转换观察视角。从某种意义上看，两人又都是人本主义者，都勇敢地拿起了文学这个工具，怀着一颗谦虚、同情和仁慈的心，去探索他们认为人类可以理解的伟大真理。两人都试图借助散文准确地表现生活的无序性，并在内心世界里建立秩序和纪律。不过，约翰逊的情感极为强烈，蒙田则较为温和；约翰逊严格要求自己，蒙田则力求平静，以令人啼笑皆非的方式实现自我接纳；约翰逊的一生充满了挣扎与痛苦，蒙田则以微笑面对人生的瑕疵；约翰逊探索世界以实现自我成长的目标，而蒙田则研究自己以期看清世界；约翰逊生活在一个物欲横流、竞争激烈的城市里，是一名要求极高的道德家，希望点燃道德的烈火，煽动有抱负的资产阶级关注终极真理；蒙田则生活在乡下，他的出现有助于平息内战与宗教激发的狂热情绪；约翰逊想让人们变成英雄，蒙田则对那些试图摆脱现实的羁绊、上升到更高高度的人充满担心，害怕他们最终会坠入深渊。

我们每个人都可以考虑一番，想想自己更像蒙田，还是更像约翰逊，应该选择谁作为自己的榜样。就我个人而言，我认为约翰逊通过不懈的努力，把自己培养成一位无与伦比的伟人，他更适合有活力的世界。蒙田心境平和，部分原因是他家境殷实，有稳定的工作，可以随时辞职躲进自己舒适的庄园里。最重要的是，约翰逊知道品格的雕琢需要无情的锤炼。面对物欲的阻挡，必须有强大的内在驱动力，还要勇于披荆斩棘、阔步前进。在遭遇现实世界中的极端事件时，必须勇于对抗，而不是落荒而逃。蒙田天性和善，或许他可以通过和风细雨式的观察，成功地塑造自我。但是，如果我们采取蒙田的方法，则大多会流于平庸，对自己也会过于宽容。

一个善于观察的杰出思想家

1746 年，约翰逊签署了一份编纂英语辞典的合同。在他的内心世界渐趋平静的同时，他的语言水平也日渐提高。法国科学院在 17 世纪曾经启动过类似的项目，40 名学者耗时 55 年，终于编出了一部辞典。而约翰逊一行 7 人只用了 8 年时间就完成了同样的任务。他为 42 000 个单词下了定义，为了解释这些单词的用法，他引用了大约 116 000 个例句，此外，还有 10 万条例句最终没有被采用。

为了解释单词的用法，并配以合适的例句，约翰逊仔细研读了可以找到的所有英语文献。他把这些内容都抄录在纸条上，然后分门别类地加以整理。这项工作单调乏味，约翰逊却从中发现了价值。他认为这部辞典将为国家做出贡献，也会让他自己平静下来。他“满怀着美好的憧憬”开始了这项工作。他说：“虽然我对它的期望值不高，但它绝不会让我失望。我被这项工作的前景吸引住了。虽然这项工作不是一个伟大壮丽的工程，但它很有价值；虽然它不足以给我的人生带来令人妒忌的荣誉，但它能帮助我保持内心的纯真；虽然它不会唤醒我的激情，但它也不会让我卷入论战，不会诱惑我对别人横加指责，打扰他们平静的生活，也不会因为受到奉承而让自己的生活激起波澜。”

在编纂这部辞典期间，约翰逊的妻子特蒂去世了。由于身体欠佳，她的酒瘾一年比一年厉害。一天，她因病卧床不起，躺在楼上。突然，门外有人敲门，女佣应门之后，告诉特蒂，她和前夫生的儿子来找她了。他已经成年了，自从特蒂与约翰逊结婚之后就与她疏远了，多年来从未看过她。听说儿子站在门外，特蒂赶紧穿上衣服，冲下楼去找他。但是他已经离开了，从此以后特蒂再也没有见过他。

特蒂的离世让约翰逊深受打击，他以各种各样的方式缅怀自己的妻子。“让我按照对她承诺的那样开始并完成自我改造……今天是特蒂的忌日，我眼含热泪，整天不停地祷告……我决定在特蒂的棺木旁下定决心……想到特蒂，我亲爱的特蒂，我不由得眼泪汪汪。”

这部辞典使约翰逊成了名人，虽然没有给他带来巨额财富，但也让他的生活有了经济保障。他成为英国文学界的一位重要人物。然而，同以前一样，他还是整天混迹于咖啡馆与小酒馆。他加入了俱乐部，定期同一群学者、艺术家朋友聚在一起吃吃喝喝，讨论问题。在英国历史上，这个圈子成员的知名度可能是空前绝后的，除约翰逊外，还包括政治家埃德蒙·伯克、经济学家亚当·斯密、画家乔舒亚·雷诺兹、演员（约翰逊曾经的学生）戴维·加里克、小说家兼剧作家奥利弗·哥尔德斯密斯和历史学家爱德华·吉本。

在公众场合，约翰逊的社交对象都是达官显贵与知识分子，但是在个人生活中，他交往的却是那些穷困潦倒的人。一个由穷人和被边缘化的人构成的奇怪群体一直住在他家，其中包括一个获得自由的奴隶、一个贫穷的医生和一个双目失明的女诗人。一天晚上，他看到一个生病的妓女虚弱地躺在大街上，然后他就把这个妓女背回了家，还给她安排了住处。然而，这些受惠者不仅彼此之间打斗不停，他们与约翰逊也不能友好相处，把他家弄得乌烟瘴气、鸡飞狗跳，约翰逊却不愿意把他们赶走。

他还帮助朋友写了数量惊人的文稿。这个宣称“除非为了赚钱，否则傻瓜才会从事写作”的人却写了成千上万页文稿，而且分文不取。一位82岁的物理学家曾经花了好多年的时间，试图找出一种在海上航行时更有效的确定经度的方法，可是他的研究毫无进展。约翰逊十分同情这位老人，于是开始学习航海知识与老人的航海理论，然后以这位老人的名义写了一本题为“一种尝试确定海洋经度的方法”的书，只是为了在这位老人在生命走到尽头时，让他感受到自己的思想将永存于世。约翰逊的另外一位朋友是29岁的罗伯特·钱伯斯，他当上了牛津大学法学院的教授。遗憾的是，钱伯斯既不是著名律师，也不擅长写作，约翰逊便同意帮他撰写法学课讲义。约翰逊一共帮钱伯斯写了 60 次课的讲义，内容长达 1 600 多页。

约翰逊的写作热情一直保持到他临终前。在 68 岁到 72 岁之间（在当时，70 岁已经算高龄了），他完成了《诗人传》一书的写作，全书包括 52 名诗人的传记，总计 37.8 万字。豁达似乎是蒙田思想成熟的标志，而约翰逊从未达到这个境界，也没有练成平静、矜持的心态（其他人身上表现出来的这个特点令他钦佩不已）。在约翰逊的一生中，绝望、沮丧、羞愧、自虐、负疚等感觉交替出现，周而复始。老年时，他请朋友为他准备一把锁，留着等他发疯后需要限制身体自由时使用。

不过，在生命的最后几年里，约翰逊毫无疑问地拥有了博大精深的学问。他的晚年是与他的朋友、传记作家博斯韦尔一起度过的。约翰逊成为有史以来最健谈的名人，可以就任何主题，针对任何场合，滔滔不绝、妙语连珠地发表长篇大论。他的那些观点并非脱口而出，而是一生辛勤思考的产物。

此外，在看待问题时他的观点从来不会前后矛盾。他知道自骄自大、以自我为中心、自我欺骗等问题将不断发生，而且，他自己的叛逆精神也起到了积极的作用。从童年到上大学再到成年，他一直对权威有一种本能的反感。利用这种叛逆精神，他同自己的本性、同外在与内在的邪恶以及自我展开了斗争。

与自我的斗争是他获得救赎的手段。他表现出了一种不同的勇气，即诚实的勇气（蒙田也表现出了这种勇气）。他认为，如果文字工作者发自内心地遵循道德规范，那么文学的表现力就有可能战胜恶魔。真理是他挣脱束缚的工具。贝特说："约翰逊经常谈到人类所能感受到的各种焦虑与恐惧。他的文字揭开了表象，直达本质。我们常常发现，威风的狮子皮下面其实是一头驴子，甚至是一个木头架子。因此，我们在阅读约翰逊的作品时，常常会不由自主地大笑起来，部分原因是我们感到如释重负。”

约翰逊把所有问题都视为道德冲突，它们既是我们完善自我的良机，也有可能让我们堕落或后悔。他的话，即使是那些非常有趣的话，也抱有自我完善的目的。步入老年之后，他回忆起自己年轻时遇到的一件事。他的父亲让他去尤托克西特市的集市广场照看他家的书摊，结果，看不起父亲的约翰逊没有答应。年老之后，一直为这件事感到惭愧的约翰逊特意来到尤托克西特集市广场，在父亲书摊的原址驻足。他说：

> 那次拒绝源于我内心的骄傲，留给我的却是痛苦的回忆。几年前，我希望补救这一过错。于是，在一个风雨如晦的日子里，我来到尤托克西特集市广场，长时间站在那里，任由雨水将我淋湿……我站在那儿，悔恨交加，希望可以以此赎罪。

约翰逊从未取得辉煌的成就，但是他突破了支离破碎的本性对自己的限制，并构建了一个更加稳定的自我。2012年，亚当·高普尼克在《纽约客》杂志撰文指出：“他通过对自己的攻击，实现了自我的回归。”

约翰逊75岁那年，死神正在悄悄地走近他。他非常担心自己死后会下地狱，便在手表上写下“黑夜来临”的字样，提醒自己不要犯罪，以免在最后的判决中受到惩罚。但是，这种担心仍然萦绕在他的心头，而且非常强烈。博斯韦尔记录了约翰逊与他的朋友的一次对话：

> 约翰逊（神情郁闷地）：我担心遭天谴的人当中有我。

亚当斯医生：你所说的遭天谴，指的是什么？

约翰逊（急切地大声说道）：下地狱，接受永恒的惩罚。

在他生命的最后一周，医生肯定地告诉他，他即将离开人世。约翰逊请医生停止对他使用鸦片，因为他不希望“以一种白痴的状态”去见上帝。为了排出脓液，医生要切开他的双腿。约翰逊大声说：“切深一些，切深一些，我只希望能延长寿命，而不在乎疼痛，因此你无须担心。”后来，为了更快地排出脓液，约翰逊拿起剪刀，扎进自己的大腿。他面对死亡时的宣言与他的人生态度一致：“我可以被打败，但我绝不会投降。”

现在，约翰逊被人们奉为人类智慧的代表人物。尽管年轻时思想不稳定，但是后来，他多种多样的才智凝聚在一起，形成了一种才能，即以兼顾理智与情感的方式去看待和判断世界。特别是到了晚年，他的不同作品之间的界限越来越模糊。日记上升到了文学的高度，传记里蕴含着关于伦理道德的思考，神学研究里充斥着对现实生活的建议。因此可以说，他变成了一个全方位的思想家。

这一切都建立在他强烈的同情心的基础之上。从出生开始，他就遭受身体上的折磨。从十多岁开始直至青年时期，由于命运给予了他一副丑陋的外貌，他遭到了社会的排挤。他似乎一直无力改变身体上的缺陷，但他仅凭辛勤工作，就成功地把身体上的残疾与缺陷变成了优势。对于一个不断指责自己懒散的人而言，能这样辛勤地工作确实不容易。

他不停地斗争，在对处世之道有重要意义的方面从不妥协。他在一篇散文里写道：“同困难做斗争并成功征服这些困难的人是最幸福的人。而有能力战胜困难，但是整个人生波澜不惊，没有任何成功或功劳值得炫耀，回顾往事时发现自己毫无价值的人，其幸福程度不及前者。”

约翰逊不停斗争的目的，就是坚定地维护自己的诚实品质。维多利亚时期的作家约翰·拉斯金说过：“在这个世界上，人类能完成的最伟大的事情就是观察，再以一种简单朴素的方式说出看到的东西。我越想越觉得拉斯金的话很有道理。好几百个能说会道的人当中才会有一个善于思考的人，而好几千个善于思考的人当中才会有一个善于观察的人。”

约翰逊之所以善于写警句和简练的论文，是因为他对周围的世界特别敏感。此外，这还得益于他对自己的怀疑——对自己动机的怀疑，看穿自己的文过饰非，嘲笑自己的虚荣，告诉自己并不比其他人聪明。

约翰逊去世之后，全英国人民都深切地哀悼他。威廉·杰拉德·汉密尔顿说：“他的身后是一个断层，不能也无法被填平。约翰逊已经故去了，像他这样的人再不可求，没有人可以与约翰逊相提并论。”汉密尔顿的这番话被人们广泛引用，它准确地表达了约翰逊的成就，以及他去世后留下的空白。

第 10 章

“大我”时代的道德难题

1969年1月，两名伟大的橄榄球四分卫约翰尼·尤尼塔斯与乔·纳马斯，正站在第三届“超级碗”赛场两侧的边线上，即将开始对垒。他们都是在宾夕法尼亚西部的钢铁城市里长大的，但是年龄相差10岁，而且他们成年后生活在不同的道德文化之中。

尤尼塔斯的童年是在强调不出风头与战胜自我的道德文化中度过的。5岁那年，他的父亲去世了，他的母亲接手管理他家的运煤处生意，监督着唯一一名司机的工作。尤尼塔斯念的是要求严格、固守传统的天主教学校。那里的老师对学生要求较高，极为严厉，甚至非常暴力。粗暴专横的巴里神父亲自给学生们发成绩单，他会一边把成绩单扔给一个个孩子，一边毫不留情地说：“总有一天你会成为一名优秀的货车司机，你未来要去挖沟渠。”他的这些“预言”令孩子们胆战心惊。

宾夕法尼亚西部的橄榄球运动员们常以吃苦耐劳而自豪。在中学球队里当四分卫时，尤尼塔斯体重66公斤，几乎每场比赛都会受伤。他生活的核心内容就是打橄榄球，每次比赛之前他都会去做礼拜，对教练也是言听计从。被圣母大学拒绝之后，尤尼塔斯去了路易斯维尔大学，在这所以篮球见长的大学里继续当橄榄球队的四分卫。他曾经得到匹兹堡钢人队的短期试用机会，但很快就被淘汰了。之后，他一边在一个建筑队工作，一边参加半职业橄榄球比赛。其间，他幸运地接到了巴尔的摩小马队的加盟邀请电话。于是，他加入了小马队，并把他早期的职业生涯奉献给了这支屡尝败绩的球队。

尤尼塔斯并没有在美国国家橄榄球联盟（NFL）一夜成名，但是他的球技逐渐成熟，同时他还帮助队友不断取得进步。职业生涯趋于稳定之后，他在马里兰州陶森市购置了一套错层式房子，还在哥伦比亚集装箱运输公司找了一份周薪 125 美元的长期工作。他脚穿一双黑色高帮运动鞋，双腿内弯，佝偻着背，一脸沧桑感，再加上理着平头，给人一种朴实无华的印象。从他随队征战的照片看，他穿着一件有领扣的白色短袖衬衫，打着一条黑色窄版领带，就像一个 20 世纪 50 年代的保险推销员。乘汽车和飞机出行时，他和队友们几乎总是穿同样的服装、留同样的发型，还经常凑到一起打桥牌。

尤尼塔斯不爱出风头，行事低调。他说："我一贯认为，职业球员的生活肯定会有点儿乏味。无论比赛输赢，我在走出球场之前，都会先想好一些无聊的话，以便应付（媒体提问）。"他对球队和队友们都非常忠诚。在全队集中听取战术安排时，他会对着跑错路线导致球队失利的接球手大吼："如果你不吸取教训，我再也不会传球给你。"但是比赛结束后，他会对媒体说："这是我的错，给他传球时传过了。"这是他面对记者时常挂在嘴边的一句话。

尤尼塔斯对自己的橄榄球技术充满信心，但是在比赛时，他并不会因此自鸣得意。NFL 电影公司的史蒂夫·萨博尔对尤尼塔斯的职业态度深有体会："我的职责是歌颂这项运动。由于受浪漫主义影响，我总是从电影创作的角度去看待橄榄球。我考虑的不是比分，而是赛场上的拼搏状况，以及在电影中应该使用什么样的配乐。但是，在遇到尤尼塔斯之后，我发现他与所有这些都格格不入。对他来说，参加橄榄球比赛与水管工铺设水管没有任何不同。他是一个诚实的人，忠诚于他的工作。除此之外，其他一切都无法激发他的兴趣。他看上去一点儿也不浪漫，但他才是真正的浪漫主义者。"同打棒球的乔·迪马吉奥一样，尤尼塔斯在一个崇尚谦虚的时代，以一种特殊的方式成为体育界的英雄。

纳马斯是尤尼塔斯的同乡，但比后者小 10 岁，而且成长的道德文化环境也有所不同。乔·纳马斯是一位引人注目的明星，他常穿白色的鞋子，留着一头飘逸的中长头发，是球队取胜的砝码。与“百老汇乔”待在一起，就意味着欢声笑语不断。他身穿价值 5 000 美元的皮大衣，留着连鬓胡须，一副花花公子的样子，无论在赛场内外，他都是人们关注的焦点。他根本不在乎别人的眼光，至少在口头上如此。1969 年，他通过刊登在《纽约》杂志上的那篇名为“属于纳马斯的夜晚”的著名文章告诉记者吉米·布雷斯林：“有的人不喜欢我的形象，认为我过于时髦。但我本来就不是一个刻板的人，我喜欢追赶潮流。我不知道这是对还是错，但这才是真实的我。”

纳马斯在宾夕法尼亚西部的贫穷童年生活与尤尼塔斯的差不多，但是他后来的人生与尤尼塔斯完全不同。纳马斯 7 岁时，父母离异，他以镇定冷酷的姿态反抗来自他的那个移民家庭的管束，整天在台球室里晃荡，穿着詹姆斯·迪恩式的皮夹克，走起路来大摇大摆。

纳马斯在橄榄球方面的天赋令人瞠目结舌。他误以为马里兰州位于美国南方，想去那里上大学，但是他的高考分数太差，只好去亚拉巴马大学就读。大学期间，他成为美国最优秀的大学四分卫之一。他以巨额签约金签约加盟纽约喷气机队之后不久，收入水平就远超所有队友。

他个人的品牌效应甚至超过他的球队。他不仅是一位橄榄球明星，在生活方面也是潮流引领者。他挑战了过时的男子汉气概理念，为连袜裤做广告代言人。他在单身汉公寓里铺的6英寸地毯人人皆知。在他的带领下，人们普遍接受了用“foxes”（狐狸）这个词来形容女性的做法。他把自传的题目定为“我迫不及待地期待明天，因为我一天比一天好看”，换作约翰尼·尤尼塔斯的话，他绝对不会选择这样的传记题目。

在纳马斯成名的时候，新新闻主义正在挣脱旧式新闻报道的束缚，纳马斯成为其理想的采访对象。他似乎缺少沉默寡言的基因，在比赛前夕，他经常一瓶接一瓶地喝着苏格兰威士忌，并接受记者的采访。他公开夸奖自己是一名伟大的运动员，而且相貌英俊。他的自我表扬已经到了毫无顾忌的程度。1966年的一个晚上,《星期六晚邮报》的一位记者在科帕卡巴纳跟拍纳马斯时，发现他在浴室里对着镜子里的自己大喊：“乔，你是全世界最帅的男人！”

纳马斯极度重视独立自主，因此他不想对任何女性做出郑重的承诺。他是现在的所谓“勾搭文化”的创始人。1966年，他告诉《体育画报》的记者：“伙计，我不是那么喜欢约会，要知道，我更喜欢不期而遇的邂逅。”从他身上我们可以看到正在席卷美国的自治精神潮流。他说：“我认为我们不应随意干涉他人的生活，除非他会伤害到其他人。我觉得我的所作所为没有问题，不会影响任何人，包括与我约会的那些女孩。你看，我喜欢与人和平共处，从不讨厌任何人。”

纳马斯为职业运动员的生活开创了一种新的模式：创建个人品牌，无私地支持球队和队友。通过这种模式，明星运动员表现出了自己充满活力的个性。

道德文化的变迁

文化不仅会发生一些肤浅的变化，也有可能在深层次发生某种变迁。散文家约瑟夫·艾普斯坦年轻时发现，在杂货店里，香烟被摆放在开放式货架上，避孕套则被放在柜台后面。现在，当我们走进杂货店时，会发现避孕套占据了开放式货架，而香烟则被放在柜台后面。

传统观点认为，由尤尼塔斯式的谦虚向纳马斯式的傲慢的转变发生于20世纪60年代后期。其大致发展过程为："最伟大的一代"首先登上历史舞台，他们勇于牺牲，不爱出风头，关心社会；之后登场的是20世纪60年代的人和"婴儿潮一代"，他们自恋，喜欢自我表扬，自私自利，道德观念不强。

但是，这个观点与事实并不相符。这个转变过程的真实情况是：从《圣经》时代开始，便有了一种道德现实主义传统，即崇尚谦虚品质的"人性曲木"说。这种传统或者世界观，竭力强调罪与人性的弱点。其代表人物有摩西（这位性格温顺的人却成为一个民族的领袖）和《圣经》中的大卫等（他们都是伟大的英雄，但缺点也非常明显）。《圣经》中的这种形而上学主义后来在奥古斯丁等基督教思想家的身上得到了体现。奥古斯丁强调罪，拒绝世俗的成功，认为我们必须接受上帝的恩典。随后，这种道德现实主义又在塞缪尔·约翰逊、米歇尔·德·蒙田和乔治·艾略特等人本主义者的身上得到了体现。他们强调我们的知识有限，难以了解自己，必须经过长期的辛勤工作才能养成美德。艾略特写道："我们大家生来就处在道德愚昧的状态中，以为世界将哺育我们至高无上的自我。"此外，它还在不同的时间、以不同的方式体现在但丁、休谟、伯克、雷茵霍尔德·尼布尔和以赛亚·伯林的思想中。所有这些思想家都认为我们个人的理性力量是有限的，同时，他们还对抽象思维和骄傲心理表示怀疑，并强调我们每个人的天性都有局限性。

有的局限性涉及认识论。理性有其欠缺的一面，而世界又非常复杂，我们无法真正掌控世界，也不能全面了解自己的真实情况。有的局限性涉及道德。我们灵魂的瑕疵会导致我们染上自私和骄傲等毛病，不同层次的爱还会导致我们舍本逐末。有的局限性涉及心理。我们的内心也存在分歧和矛盾，大脑中的冲动有很多都是下意识的，我们对此只有模糊的感知。有的局限性涉及社会问题。我们人类不会自我充实，想健康发展就必须依靠他人、组织或者上帝。局限性是“人性曲木”说的一个重要组成部分。

18 世纪前后，道德浪漫主义成为道德现实主义的对手。道德现实主义强调内心的脆弱性，而让-雅克·卢梭则把关注的目光投向了我们内心中的善。道德现实主义不信任自我，而信任自我以外的制度和风俗；道德浪漫主义相信自我，而怀疑外部世界的传统。道德现实主义相信后天因素、文化和谋略，而道德浪漫主义相信先天因素、个人和以诚待人。

这两种文化一度并存于社会，两者之间的对峙与对话极富创造力。除了在艺术领域，道德现实主义几乎全部占据上风。如果你出生于 20 世纪初的美国，那么在成长过程中，影响、熏陶你的就会是由道德现实主义的语汇汇编而成的注重实效的世俗和宗教类型。在帕金斯的成长过程中，对她产生影响的语汇是使命，以及压抑自己的某些感受以便为更伟大的事业做出贡献。伴随艾森豪威尔成长的语汇是击败自己；戴伊年轻时学到的语汇是简单、贫困与顺从；马歇尔学会了从机构的角度考虑问题，目的是把自己奉献给一个超越生命的组织；伦道夫和拉斯廷学会了保持沉默和自律的逻辑，为了发起那场伟大的民权运动。这些人虽然不知道自己正在践行某些现实主义传统，但是他们的一言一行、一举一动，无不受到它的影响。

不过，随后道德现实主义轰然倒塌，它的语汇与思维方式也被人们遗忘了。道德现实主义与道德浪漫主义之间的平衡被打破了。一种道德语汇就此消失，随它而去的是一种塑造灵魂的方法。这个转变过程并不是发生在20世纪六七十年代，尽管这一时期的浪漫主义呈现出一派繁荣昌盛的景象。其实，早在20世纪四五十年代，这个变化就已经发生了，抛弃道德现实主义的是“最伟大的一代”。

到1945年秋，全世界人民已经在贫困和匮乏的境况中煎熬了16年之久，首先是大萧条，然后是战争。他们急切地渴盼放任、享受、改善生活、享受生活，因此，他们一头扎进商店，疯狂购物，消费品与广告自然受到了他们的欢迎。冷战之后，人们都希望摆脱自我克制的镣铐，忘记罪、堕落的天性等令人沮丧的话题，把对纳粹大屠杀和战争的恐惧抛在脑后。

战争结束后，只要是乐观向上、积极看待生活和各种机遇的书，人们都会争相阅读。1946年，拉比约书亚·罗斯·李普曼出版了一本题为“通往内心安宁之路”的书，敦促人们抛弃自我压抑的想法，转而培养一种新的道德理念。他认为，人们应当“爱自己……不应为内心的冲动而感到害怕……尊重自己……信任自己”。李普曼深信，每个人心中都有无限的善：“我相信人的潜力是无限的，只要加以适当的引导，就几乎不存在他无法完成的任务、无法掌握的工作、无法实现的爱。”他的观点打动了读者，这本书跻身《纽约时报》畅销书榜，并在榜首停留了58周时间。

同一年，本杰明·斯波克出版了他的那本著名的育儿指南。在这本内容充实、经常受到诋毁的著作中，作者提出了十分乐观的人性观（在早期版本中更加明显）。斯波克说，如果孩子偷窃，你就应该送给他一件与他所偷物品类似的礼物，让孩子知道你关心他，“他合理的心愿也应该得到满足”。

哈利·奥弗斯特里特的《成熟的思想》进一步发展了斯波克的观点，于1949年出版后受到了热烈欢迎。奥弗斯特里特认为，圣徒奥古斯丁等人强调人性中的罪，是把“上帝赐予我们人类的自尊心拒之门外”。对内心软弱的关注，会导致人们“不相信自己，甚至妄自菲薄”。

1952年，诺曼·文森特·皮尔开创性地写了一本乐观向上的书《积极思考的力量》，并在书中鼓励读者抛弃头脑中的消极想法，成就伟业。这本书在《纽约时报》畅销书榜上的停留时间长达令人瞠目结舌的98周。

随后，人本主义心理学在卡尔·罗杰斯等20世纪最有影响力的心理学家的引领下粉墨登场。这些人本主义心理学家抛弃了弗洛伊德悲观的无意识概念，对人性给予了很高评价。罗杰斯认为，最主要的心理问题在于人们对自己的爱不够深，因此心理疗法掀起了自我怜爱的热潮。罗杰斯指出：“人的行为具有高度的理性，在微妙复杂而井然有序的过程中，朝着正在努力实现的目标前进。”他还说，最能表现人性的词语是“积极，向上，有建设性，现实，值得信任”。人们无须同自己做斗争，他们只需敞开心扉，解放自己的内心，内心中自我实现的驱动力就会发挥作用。自我怜爱、自我称赞、自我接纳，都是通向幸福的路径。只要“能自由地触及内心的评估过程，我们的行为就可以实现自我提升。”

人本主义心理学的影响几乎涉及所有学校、课程、人力资源部门和自助书籍。很快，学校的墙壁上便到处可见“IALAC”（我很可爱，而且我很能干）的标语，自尊运动从此拉开了序幕。时至今日，我们现代人在交谈时都会沉浸在这种浪漫主义的幻想之中。

崇尚自尊的文化

道德文化之间的交替并不是一味地从高尚的自我抑制到堕落的自我放纵的转变。每种道德文化都是对当时问题的集中反应。在维多利亚时代，人们在宗教信仰方面有所减弱，因此，作为补偿，他们在道德品质方面就有所加强。而到了 20 世纪五六十年代，人们面临的又是一系列不同的问题。由一种道德文化向另一种道德文化的转变，是人们针对不断变化的环境做出的反应。由于正统的真理彼此之间的关系并不和谐，因此无论好或不好，每种道德文化的侧重点都会有所不同，于是，某些美德赢得了人们的好感，某些信念被人们推崇，而某些重要的真理和伦理道德都在不经意间被人们遗忘了。

20 世纪五六十年代发生的那次道德文化的转变，使人们越来越推崇骄傲与自尊。这次转变产生了很多的积极效果，比如，解决了很多不公正的深层次社会问题。在那之前，很多社会群体——尤其是妇女、少数群体和贫困人群——都被视为下等人，饱受羞辱，导致他们过分地看低自己。推崇自尊的文化则鼓励这些受压迫群体相信自己，眼界放得更宽，志向树立得更远大。

例如，很多女性所接受的教育要求她们应该无条件地顺从和服务社会，甚至达到了自我贬损的程度。凯瑟琳·格雷厄姆的一生就很好地诠释了为什么众多女性热烈欢迎由谦虚低调向自我表现的道德文化转变。

凯瑟琳的童年是在华盛顿特区度过的。她出生于一个从事出版业的殷实家庭，就读的学校是玛黛拉女子中学。该中学是一所较为开明但强调贵族气质的私立学校，向学生们灌输的都是"历经苦难，方能成就高贵品质"之类的格言。在家里，父母亲对她和她的姐妹们有绝对的支配权。她的父亲为人冷淡，难以接近，她的母亲则要求她和她的姐妹们达到思特福德式妻子的标准。多年以后，她在那部杰出的自传中写道："我觉得，我们可能都认为自己没有达到她期望的标准，她在我们脑海里种下的不安全感与不自信，久久难以消除。"

那时，人们要求女孩们做到安静、内敛、不犯错误。因此，凯瑟琳小时候经常进行痛苦的自我反省："我有没有说错话？我穿的衣服有没有问题？我漂亮吗？这些问题无时无刻不在我的脑海里盘旋，令我备感压抑。"

1940 年，凯瑟琳与菲利普·格雷厄姆举行了婚礼。格雷厄姆风度翩翩，诙谐风趣，但性情有点儿反复无常。他似乎有些蔑视妻子的观点与能力，有时甚至毫不掩饰自己的这种态度。凯瑟琳回忆说："我越来越觉得自己生活在他的阴影之下，成为他的附庸，而且这种感觉越来越真实。"格雷厄姆多次发生婚外情，凯瑟琳发现之后，十分悲伤。

1963 年 8 月 3 日，患有抑郁症的格雷厄姆自杀身亡。6 周之后，凯瑟琳被推举为《华盛顿邮报》的董事会主席。起初，她认为自己只是暂时性地代替亡夫担任此职，最终她会把这个职位交给自己的孩子。她咬紧牙关，接受了这一重任，先是接手了管理工作，随后又接手其他工作，结果发现自己完全能够胜任。

随后的几十年里，周围的环境鼓励凯瑟琳坚定信心，充分地发挥自己的才能。就在她接掌《华盛顿邮报》的同一年，贝蒂·弗里丹出版了《女性的奥秘》一书，对卡尔·罗杰斯的人本主义心理学进行了声援。格洛丽亚·斯泰纳姆随后出版的《发自内心的革命》一书也十分畅销。当时声名显赫的专栏作家乔伊丝·布拉泽斯博士直言不讳地宣扬这一思潮："至少在某些场合，女性应该把自己放在首位。社会迫使女性相信，在考虑自己的需要之前，应先考虑丈夫和子女的需要。社会告诉男性，把自己放在首位是人性的需要，却从未对女性进行过同样的教育。我不鼓励自私自利，我在这里讨论的是女性人生的基本需要。你不仅需要决定生几个孩子，还需要决定与什么样的人交往，以及如何与家人相处等。"

对自我实现、自我尊重的强调，为成千上万名女性创造了坚持己见、坚定信念、获得身份认同的机会。凯瑟琳·格雷厄姆最终成为世界上最令人钦佩、最有影响力的出版人，她把《华盛顿邮报》做成了一家影响力显著而且利润颇丰的全国性报纸。在水门事件中，她挺身而出，勇敢地面对尼克松率领的白宫和滥用特权风暴，为鲍勃·伍德沃德、卡尔·伯恩斯坦以及其他报道这一事件的记者提供了坚强的后盾。虽然她从未克服自己的不安全感，但她成功地树立了一个令人钦佩的形象。她的自传是一部非常优秀的作品，朴实无华但不失坦诚，令人信服却没有一丝自哀自怜和矫揉造作的感觉。

同众多女性和少数群体一样，凯瑟琳·格雷厄姆也需要一个更高大、更准确的自我形象，从“小我”向“大我”转变。

本真文化

对人性与人类生活状态的基本假设，随着“大我”时代的到来也发生了变化。在过去60年里出生的任何人，都有可能受到哲学家查尔斯·泰勒所谓的“本真文化”的影响。这一思想的基础是一种浪漫主义理念，它认为自我的深处有一个金光闪闪的身影——天性中存有善念的真实自我，值得信任，可以接触，并为你提供建议。你的个人感受是判断对错的最佳标准。

按照这种理念，你应当信任自己，而不应产生自我怀疑。你的欲望是在你内心深处帮助你判断对错的使臣。如果内心感觉良好，你就知道自己的行为没有问题。那些你自己制定或者接受并且让你感觉良好的规则，都是有效的处世良方。

泰勒在描述这种文化时说：“只有恢复与自我之间的本真性道德接触，才能救赎我们的道德社会。”我们必须遵从那个发自内心的声音，而不可与这个正在堕落的世界同流合污。泰勒指出：“这个世界上肯定有一种属于我的为人之道。我受到感召，要以这种方式走完我的人生道路，而不是模仿其他任何人……否则，我就会错失人生的意义，与属于我的做人之道失之交臂。”

我们可以借助自我解放与自我表现来了解更早的自我斗争传

统。道德权威不再存在于某些外在的、客观的善中，而存在于每个人特有的原始自我之中。作为判断对错的标准，个人感受得到了更多的重视。我知道我的行为是正确的，是因为我的内心十分和谐。如果我觉得内心受到威胁，或对自己不够真诚，那么我知道肯定有什么地方出了问题。

在这种思想体系中，罪并非在每个人的自我之中，而存在于外部社会结构之中，以及种族主义、不平等现象和压迫之中。要改造自己，你先要学会爱自己，真诚对待自己，不可怀疑自己，不可与自己抗争。在《歌舞青春》中，一位角色这样唱道："答案都在我的心中，我唯一需要做的就是充分相信自己。"

经济技术的进步加速了这种以"大我"为最终目标的学术与文化转变。现在，我们所有人都生活在一种技术文化之中。很多排斥高科技的人担心社交媒体会对社会文化产生灾难性的影响，而我并不这样认为。因为没有证据证明人们在技术的诱导下放弃了现实生活，转而投入虚构的网络世界。但是，当前的道德生态学抬高了人性中强调"大我"的亚当一号，而贬低谦虚的亚当二号。究其原因，信息技术在三个方面产生了一定的影响。

首先，社交媒体使人们交流的速度与信息量都有所增加，这导致人们更难听到来自内心深处的平静柔和的声音。纵观人类历史，我们发现，只有在静修时，或在离群索居时，或在平静地交流时，人们才能更清楚地了解自己内心深处的感受。如今，这样的平静时刻已经很少见了，智能手机就在你伸手可及的地方。

其次，社交媒体为我们提供了一个更加以自我为参考的信息环境。人们有了更多的工具和时机，可以创造出为自己量身定制的文化和心理环境。拥有现代信息技术之后，一家人即使身处同一个房间，也可以在各自的电子屏幕上尽情观看不同的节目、电影或玩各种游戏。在《小城名流》刻画的大众传媒世界中，每个人都是配角。而在根据自己的需要，用程序、应用软件和网页搭建而成的自媒体太阳系中，每个人都是占据中心位置的太阳。雅虎在一次广告宣传活动中信誓旦旦地宣布："互联网现在已经拥有了自己的个性，它就是你！" Earthlink 公司（一家网络服务提供商）的广告语是："Earthlink 网络以你为中心。"

第三，社交媒体会助长我们四处宣扬的个性。在意社会认可是我们的天性，社交网络让我们参加一场异常激烈的"战斗"，以"喜好"为通用手段，去赢取他人的关注。人们有更多的机会完善自己，可以借鉴名人的各种特点来管理自己的形象，通过"阅后即焚"照片分享应用去抓拍最有感染力、最能取悦世人的照片等。在社交网络中，人们都变成了个人品牌的管理者。他们可以利用脸书、推特、文本信息和 Instagram，创造出一个虚构的外在自我，以乐观向上、朝气蓬勃的形象，在一个小圈子里成为明星，如果运气好，还可以在更大的圈子里出尽风头。社交媒体达人往往耗费大量时间，以漫画的形式，为自己设计一个比真实自我更幸福、更上镜的形象。人们不由自主地会拿自己与别人精心设计的古怪形象做比较，然后不可避免地感到失落。

精英制度下追名逐利的我们

精英制度让人们坚信每个人的内心世界都非常美好，同时还助长了自我扩张的势头。如果你的年龄超过 60 岁，你就是竞争激烈的精英制度的产物。就像我一样，你肯定一直在为取得成功而努力，试图产生某种影响力，或取得尽可能大的成绩。这意味着你经历了很多竞争，非常关注个人的成就，比如，上一所好大学，找到一份好工作，不断向着成功迈进。

这种竞争压力意味着我们都必须在外在的亚当一号身上投入更多的时间、精力和注意力，向着成功的巅峰不断攀爬，同时它也意味着我们只能把较少的时间、精力和注意力放到内在的亚当二号身上。

我在自己身上发现了某种精英心态，它存在的基础是浪漫主义传统中的自信和自我表扬式的洞察力，但这同时也让我缺少诗意，灵魂无法得到净化。我还发现，这似乎不是我一个人特有的现象。如果说道德现实主义者把自我看作需要驯服的猛兽，“新时代”（20 世纪 70 年代）的人把自我视为现实世界中的伊甸园，那么生活在精英制度的高压之下的人则更有可能把自我看成需要加以培养的人力资源储备库，其中有需要谨慎有效地加以培养的各种才智。因此，在精英制度下，决定自我的是任务和成就，自我跟才能有关，而与品格无关。

苏斯博士在 1990 年出版的《哦，你要去的那些地方！》一书中淋漓尽致地揭示了这种精英心态，这本书曾在《纽约时报》畅销书榜上排名第五，至今仍然是大受欢迎的毕业礼物。

这本书讲的是一个小男孩的故事。有人告诉他，他拥有所有必需的才能与天赋，而且有选择自己人生道路的终极自由。“你有头脑，也有脚力，想去哪儿就可以去哪儿。”人们还告诉他，他的人生目标就是满足自己的欲望。“独自上路，你自持自知，路在何方，你自己做主。”男孩在生活中遇到的挑战大多是外在的难题，他追求的人生目标全都是亚当一号的人生目标。“名声！你想多出名，就会有多大的名气。”他人生的终极目标是成功，即对外在世界产生不可忽视的影响力。“你会成功吗？当然会！你的成功率高达 98.75%。”这个成功故事里的主角其实就是你。“你”这个其貌不扬的词在整个小故事里出现了 90 次。

在这本书中，小男孩完全独立自主，可以按照个人意愿做出任何决定。他认为自己非常棒，可以通过努力和成功来证明自己拥有优秀的品格。

精英制度具有无穷的活力，它会以各种方法（无论好坏）为人们排座次，还会对品格、文化和价值观造成某种微妙的影响。以优秀品格为基础的激烈竞争机制，会不断驱动人们考虑自己的利益，培养自身的技能。工作成为评估你的生活质量的决定性标准，尤其在你找到了一份工作并因此步入社交生活时更是如此。这种竞争机制潜移默化地将某种功利主义的衡量方法灌输给了所有人，促使我们把所有场合（派对、晚宴等）和所有认识的人都视为提升地位、推动职业生涯发展的工具。人们更有可能以经济思维来思考问题，言必谈机会成本、可量化性、人力资源、成本效益分析，甚至在考虑如何打发个人时间时也是如此。

“品格”一词的含义一直在变化。现在，它不再强调无私、慷慨、自我牺牲等有可能妨碍我们追名逐利的特点，而强调自我控制、勇气、适应能力、顽强等有助于我们功成名就的特点。

精英制度希望你在看待自己时不要谦卑，而要表扬自己，相信自己能得到应该得到的东西（只要这些东西是有价值的）。精英制度希望你维护自己的利益并宣传自己，希望你展示并赞许自己的成就。如果你能证明自己具有优势（比如，你可以用肢体动作、说话方式或穿衣风格证明你比周围的人更聪明、更时髦、更有成就、更老练、更有名气、更熟悉电脑、更新潮，等等），成就评估制度就会给予你奖励，激励你变成一只精明的动物。

为了更快速地爬上成功的巅峰，这只精明的动物已经简化了体内的人性。他小心翼翼地管理自己的时间和情感，曾经充满诗意的事情，例如上大学、遇到一位心仪的对象，或者与雇主建立雇佣关系，现在都充满了职业的味道。这个人、这个机会或者这种体验是否对我有益？在某项任务或者某种爱上投入触及灵魂的情感是要付出代价的。如果致力于某一个重大事项，就会在其他重大事项上失去选择权，你很可能会因此患上“错失焦虑症”。

由“小我”文化向“大我”文化的转变并没有任何不妥，但它超出了应有的限度。强调限制与道德斗争的现实主义传统被边缘化，抛在一边。这件事的始作俑者是繁荣发展的浪漫主义积极心理学，社交媒体打造个人品牌的思想紧随其后，推崇激烈竞争的精英制度则给其最后一击。随后，登上历史舞台是着力打造外在的亚当一号而忽视内在亚当二号从而导致不平衡局面的道德生态学。在这种文化中，评判人的标准是他们外在的能力和成就。因此，忙碌的节奏受到了人们的欢迎，每个人都说自己很忙。我的学生安德鲁·里夫斯说过，这种文化让所有人都产生了一种不切实际的期待，认为人生是一个线性发展过程，一个个小的进步自然会累积成最后的成功。它还鼓励人们“见好就收”，只要按时完成工作就可以了，对任何任务都不用全情投入。

这种传统可以告诉你怎样才能出人头地，但它不会鼓励你去思考这样做的原因。至于在面临不同的职业发展道路或使命感时该如何选择，如何选出最符合道德标准、最有价值的方案，它却几乎无法给出任何有益的指导意见。它鼓励人们变成寻求认可的机器，以外界的赞誉作为衡量人生的标准——如果人们都喜欢你或肯定你，那么你所做的事情肯定是对的。精英制度本身就存在自相矛盾的地方。它鼓励人们充分发挥自己的能力，但它会导致道德能力的弱化，而在找出有意义的人生发展方向时，道德能力必不可少。

当父母对子女的爱变得有条件时

在某些情况下，精英制度的功利性、工具性心态有可能会严重扭曲父母与子女之间的关系。下面，我仅从一个方面为大家说明这个问题。

如今，父母养育子女主要呈现出两大特征。第一个特征是，父母对子女的表扬已经达到了史无前例的程度。多萝西·帕克曾经俏皮地说，美国儿童不是被父母抚养长大的，而是被父母用食物、住所和掌声激励长大的。现在，这种情况更加明显。孩子们被不断告知，他们有多么与众不同。1966 年，只有 19% 的中学毕业生的平均成绩是 A 或 A–，而到了 2013 年，根据加州大学洛杉矶分校对大一新生所做的调查，得到 A 或 A– 成绩的中学毕业生的比例为 53%。在赞誉之词的包围之下，年轻人都树立了宏伟的志向。安永会计师事务所的一项调查发现，有 65% 的大学生想要成为富豪。

第二个主要特征是，孩子们受到的磨炼也达到了史无前例的程度。父母——至少是受过良好教育、经济条件良好的父母——在培养子女的能力、敦促子女学习等方面花费的时间远远多于过去的父母。哈佛大学的理查德·默南发现，与 1978 年相比，父母们每年在每个子女的校外辅导课程方面的投入增加了5 700美元。

更多表扬、更多磨炼这两大趋势交织在一起，产生了一个非常有趣的结果。孩子们享受着父母的爱，但这种爱是有方向性的。父母用爱去浇灌孩子，但这不是简单的爱，而是英才教育式的爱，掺杂着望子成龙的欲望。

在表达自己的爱时，有些父母不知不觉就会有所侧重，希望把孩子的行为引导到他们认为能取得成就、过上幸福生活的方向上去。如果孩子学习刻苦，取得第一名，上了一所有影响力的大学，或者加入了某个荣誉团体（在当今的学校,"荣誉"一词往往意味着成绩名列前茅），父母就会十分高兴。父母的爱变成了视孩子表现而给予的爱，不再是一句简单的"我爱你"，而是"如果你能站在我为你选择的人生道路上，我就会爱你，毫不吝啬地表扬你、关心你"。

20世纪50年代的父母更希望他们的孩子听话，而民意调查显示，现在的父母更希望孩子多为自己考虑。不过，他们希望孩子听话的欲望也没有消失，而是被隐藏了起来，从直截了当的制定规则、训斥、奖惩变为半遮半掩的赞同或不赞同。

当孩子的表现令父母失望时，这种视孩子表现而给予的爱有可能会受到影响。父母很可能不会承认这一点，但只要爱是有条件的，就必然会受到负面因素的影响。有条件的爱会让孩子们担心能否顺利地得到父母的爱，也让人们担心年轻人能否找到一个绝对安全的地方，放下所有伪装，诚实地做回自己。

一方面，父母与孩子之间的关系可能比以前更加亲密。面对周围这种无所不在的唯成就论，尽管孩子们心中存有疑虑，但他们还是接受了这种方式，因为他们希望得到他们所爱的成年人的认可。

另一方面，有的孩子以为这种与自己的表现关联在一起的爱是本来就应该有的状况。不知不觉地，不起眼的赞同与反对就深深地融入了父母孩子的交流之中。孩子们越来越肯定地认为，要得到父母的爱，就必须有某种表现。因此，他们心中会产生巨大的压力，担心他们会失去自己最看重的关系。

有的父母不自觉地把抚养子女视为艺术品创作，运用心理和情感工程技术对孩子加以雕琢。这其中有父母的自怜情绪，认为自己的孩子必须上大学，孩子的生活必须让父母拥有某种身份地位，孩子的表现必须让父母感到高兴。因为如果感到不一定能得到父母的爱，孩子们就会越发渴望得到这份爱。这种有条件的爱就像硫酸，会腐蚀孩子们内心的各种标准，导致他们在关于自己的兴趣、职业、婚姻乃至人生方方面面的问题上，无法做出自己的决定。

父母–子女关系的基础理应是无条件的爱，这是无法用金钱购买也不可能通过努力赚取的礼物。它不属于精英制度的逻辑体系，而是最接近于上帝恩典的人类情感。这种关系应该遵从亚当二号的道德逻辑，但它遭到了亚当一号世界中成功压力的袭扰，其结果就是在社会的各个角落，有很多孩子受到了深深的伤害。

漠视道德难题的时代

尽管这种由浪漫主义文化、高科技与精英制度构成的环境并没有把我们变成一个道德败坏的野蛮民族，却让我们更难清楚地表述道德问题。我们很多人都对辨别是非和培养品格有本能的认识，但是这种认识非常模糊，也不会通过缜密的思考去寻找合适的方法。我们对外在的、跟职业相关的事情了如指掌，但对内在的、涉及道德的事情不甚了了。维多利亚时代的人们在谈到性的时候往往羞于开口，同样，我们在谈及道德问题时也常常遮遮掩掩。

这种文化转变也改变了我们。首先，我们变得更关注物质利益。现在的大学生们更加看重金钱与事业。加州大学洛杉矶分校的研究人员每年都会在全美大一新生中做抽样调查，分析他们的价值观与人生追求。1966 年，80% 的新生迫切希望建立有意义的人生观。而今天，有同样追求的大一新生不到 40%。1966 年，42% 的新生说拥有大量财富是一个非常重要的人生目标。到 1990 年，74% 的大一新生抱有这样的想法。经济上有保障，曾经是位居中游的价值观，现在却被视为首要目标。换言之，1966 年，大一新生们认为他们至少应该表现出一副有人生观、有追求的样子，而到了 1990 年，他们认为已经没有这个必要了，完全可以坦诚地说出自己最感兴趣的就是金钱。

我们这个社会更重视的是个人主义。如果你足够谦虚，认为你自己的力量太弱，不足以战胜你的缺点，你就会选择依靠外界的帮助来弥补自身的不足。但是，如果你非常骄傲，认为最可靠的答案来自你自己，以及发自你内心的那个声音，你就不大可能与其他人打成一片。几十年前，人们在被问及愿意与其分享一切的亲密好友的人数时，调查人员得到的答案通常是四五个，而现在的常见答案仅为两三个，一般朋友的人数则是以前的两倍。现在有 35% 的老年人说他们长期感到孤独，而 10 年前，这一比例仅为20%。与此同时，社会信任度也有所下降。对于调查人员提出的“一般而言，你认为大多数人是可以信任的，还是在与人交往时你会尽可能小心呢”这个问题，在20世纪60年代初，绝大多数人认为人是值得信任的，到了20世纪90年代，认为人不可信任的人数比持相反观点的人高出20个百分点，而且这个差距还在逐年增加。

人们的同理心也有所减弱，至少从他们自己的回答来看是这样。密歇根大学的一项研究发现，在感知他人感受方面，现代大学生的得分比20世纪70年代的大学生低40%，而且，自2000年起，得分下降的速度更快。

社会公共用语的道德标准也降低了。谷歌的词频统计工具Google Ngrams可以通过扫描几十年以来的各类报刊、书籍等出版物，统计不同单词在出版物中的使用频率。你可以输入某个单词，查看多年来该单词的使用频率。几十年来，“自己”“个性化”“我排第一”“我可以自己搞定”等与个人有关的单词和短语的使用频率急剧上升，而“社区”“分享”“联合”“公益”等与集体有关的单词的使用频率则急剧下降。与经济和商业有关的单词使用频率上升，而与道德及品格培养有关的单词使用频率则有所下降。在整个20世纪，“品格”“良知”“美德”等单词的使用频率都在下降，“勇敢”的使用频率下降了66%，“感激”下降了49%，“谦虚”下降了52%，“亲切”下降了56%。

亚当二号类词汇的使用频率下降，进一步加剧了道德标准下滑的程度。在崇尚道德自治的现代，每个人都需要建立自己的世界观。如果你是亚里士多德，那么你也许可以做到这一点，否则，你可能很难完成这项任务。2011年，圣母大学的克里斯蒂安·史密斯在他的著作《迷失在转型中》中谈到了美国大学生的道德生活。他让一些大学生描述他们最近遇到的道德难题，结果，有2/3 的大学生不会描述道德难题，或者所描述的根本就不是道德难题。例如，有一位大学生说，他最近遭遇的道德难题是，在把车放进停车场之后却发现自己没有足够的零钱。

史密斯和他的合著者说："我们询问的道德难题有很多种，但是在这之前，对这些问题非常关心，甚至多少有点儿关心的大学生并不多。"而且，这些大学生不知道道德难题是由两个合理却彼此冲突的道德标准引起的，他们误以为道德问题就是内心感觉是否良好、情感是否舒适的问题。某位大学生的回答非常具有代表性："我的意思是，一件事是对是错，关键要看我有什么样的感受。但是，每个人的感受都各不相同，因此，我无法代表任何人就对错发表意见。"

如果你认为终极神谕是你内心的真实自我，那么你可能会变成唯情主义者，你判断对错的依据是你内心的感受。你也有可能会变成相对主义者，你内心的真实自我无从判断对错，也没有道理可讲。你还有可能变成个人主义者，因为终极裁决者是你内心的本真自我，而不是任何外在的社会标准。当然，你再也无法接触到讨论这些问题时所必需的道德语汇。而且，你的内心世界会变得更加波澜不惊，既没有令人欢欣鼓舞的顶峰，也不会有令人沮丧绝望的深渊，道德决策只不过是绵延起伏的小山丘，根本不会激起你多大的兴趣。

一度被道德斗争占据的心理空间，逐渐被以取得成功为目标的斗争占领，道德主义被功利主义替代，亚当二号则被亚当一号取代。

重新实现外部世界与内心世界的平衡

1886年，列夫·托尔斯泰发表了著名的中篇小说《伊凡·伊里奇之死》。这部小说的主人公伊凡·伊里奇是一位成功的法官。一天，他在自己精美漂亮的新房子里挂毯子，结果重重地栽了下来。起初，他以为没什么事，但是后来他的嘴里出现了一种怪味道，并且病倒了。最后，他知道自己虽然才45岁，但即将离开人世。

伊里奇的一生颇有成就，他一直在追逐上层社会的生活。托尔斯泰告诉我们，伊里奇“能干、乐观、厚道、随和，又能严格履行他自认为应尽的责任。他心目中的责任就是达官贵人们公认的职责”。换言之，他是当时的道德生态学和社会身份体系的成功产物。他有一份不错的工作，也小有名气。虽然他的婚姻枯燥乏味，但他很少跟家人在一起，而且已经习以为常了。

伊里奇希望把自己的心态调整到出事之前的状态，但是由于死神正在迅速逼近他，他的头脑里不时闪现出一些新的念头。他想起自己的童年，觉得童年生活特别幸福，但当他回想成年以后的生活时，他觉得很不满意。他匆匆忙忙地步入了婚姻的殿堂，整个过程就好像一场梦。年复一年，他脑子里想的都是拼命赚钱，可是回头再看，他觉得自己在职业上取得的那些成功似乎根本不值一提。“是不是我的生活有些什么地方不对劲？”他忽然想道。

整个故事阐述的是上与下的概念。他在外部世界爬得越高，他的内心就沉得越低，他感觉自己以前的生活就像“一颗掉落的石头，下降的速度越来越快”。

他忽然回想起他以前有过冲动，试图反对社会认可的善和体统。不过，这种冲动非常微弱，很难察觉，因此他并没有付诸行动。现在他意识到“他的职责、他的生活、他的家庭、他的追求，这一切可能都不对劲。他试图为这一切辩护，却发现没有什么可辩护的”。

在贬斥伊凡的亚当一号生活时，托尔斯泰可能有点儿过激了，伊凡的亚当一号生活并非毫无价值。但是，托尔斯泰刻画的绝对是一个内心世界一片空白，直到临死前才有所改观的人。在生命的最后时刻，这个人终于窥见了他早该知晓的道理。“他掉进深渊。在深渊的底部有一道亮光……就在这时，伊凡·伊里奇掉了下去，看见了光。他领悟到，他的生活过得不对劲，但还可以纠正。他问自己：‘什么才是对的’，然后便一动不动地等着听答案。”

我们很多人的状况都与伊凡·伊里奇相似，也认识到我们所在的社会体系会迫使我们过一种有缺憾的生活。不过，我们有纠正的时间，伊里奇却没有。关键的问题在于，我们应该如何纠正。

答案肯定是逆着文化盛行之风而行，加入反主流文化阵营。要过上体面的生活，要锤炼灵魂，我们可能必须承认，尽管鼓励“大我”的做法是有必要的，可以解除我们思想上的束缚，但是目前的做法过犹不及了。我们的发展失去了平衡，因此，我们可能需要让一只脚踏进关注成就的世界，同时让另一只脚踏进反主流文化的阵营。我们应该在亚当一号与亚当二号之间再次实现平衡，明白亚当二号总体说来比亚当一号更重要的道理。

培养优秀品格的15条行为规范

每个社会都有自己的道德生态。道德生态就是一系列标准、假设、信念和行为习惯，以及一系列自然形成的制度性道德要求。道德生态鼓励我们成为某种类型的人。如果你的行为与社会的道德生态保持一致，人们就会对你笑脸相迎，你也会受到鼓舞，再接再厉。任何特定时刻的道德生态都不可能赢得所有人的尊重，总会有人反对它、批评它或者对它冷眼旁观。但是，每种道德生态都是由当时的社会问题引发的集体反应，并影响到社会中的所有人。

几十年以来，我们满怀着对内心深处那个散发着金色光芒的自我的信任、以“大我”为中心建立起来的道德生态，引发了自恋与自我吹捧的热潮，促使我们把注意力集中在人性中的亚当一号上，而对亚当二号视而不见。

多年来，我们在不经意间把反传统的道德现实主义（我称之为“人性曲木”说）抛在脑后。要想恢复平衡，重新找回亚当二号，培养“悼词美德”，我们就必须把道德现实主义重新拾起，并用它来指导我们的行为。我们可能需要以道德现实主义为基础构建道德生态，并在此基础上回答以下问题：我的人生方向在哪里？我是谁？我的天性是什么？天性如何锤炼才会日益完善？哪些美德亟须发扬光大？哪些缺点最需要小心防范？在抚养孩子时，如何才能真正了解他们？在他们踏上漫漫的品格之路时，我能给出哪些有实际意义的建议？

写到这里，我发现对道德现实主义传统的论述散布于全书的多个章节，因此有必要加以归纳。下面，我用列清单的形式进行集中论述，尽管清单的形式很有可能使这些理论看起来过于简单，但它们构成了谦虚的行为规范，这是我们在生活中应当不断遵循的标准。

1. 生活的目的不是幸福，而是神圣。我们日复一日地寻找快乐，但在我们的内心世界，人类被赋予了道德想象。所有人追求的不仅是人生的快乐，还有人生的目标、正义与美德。约翰·斯图尔特·穆勒说过，人有随时提高道德标准的责任。以不断完善灵魂为中心的人生最有意义，支撑这种人生的是合乎道德标准的快乐，是道德斗争取得胜利后随之而来的无言的感激和平静的心情。有意义的人生才是永恒的，包括一系列的理想和一些为实现这些理想而奋斗的男女老少。从本质上看，人生不是一枕黄粱，而是一部道德剧。
2. 漫长的品格之路始于我们对自己天性的准确把握，其中最重要的就是认识到我们都是有瑕疵的。我们天生就有自私与过于自信的倾向，常常把自己看作宇宙的中心，觉得万物都在围绕自己运转。我们下定决心去做一件事，结果我们的行为却与决心正好相反。我们知道生活中有哪些东西具有重要的意义，却不断追逐那些肤浅、无意义的目标。此外，我们经常过高地估计自己的能力，失败后又拼命找借口推脱责任。我们所知有限，却总以为自己学富五车。我们经常屈从于眼前的欲望，尽管我们知道自己应该追求的是长远目标。我们想当然地以为，社会身份和物质财富可以满足我们的精神与道德需要。
3. 尽管我们并不完美，但是我们也有得天独厚的优势。我们的内心一分为二，这种分裂状态既令人担忧，又令人高兴。我们会犯罪，但是我们也知道自己犯有哪种罪，会因为犯罪而感到羞耻，还可以战胜各种罪。我们有时软弱，有时坚强，有时束手束脚，有时自由自在，有时目光短浅，有时高瞻远瞩。因此，我们有能力与自己做斗争。在与自己做斗争时，有的人即使被送上良知的拷问台，承受各种折磨，但只要还有一口气在，就会越发坚强。为了内心世界的胜利，他们甘愿牺牲俗世的成功，凡此种种都体现出一种英雄气概。

4. 在与自己的缺点做斗争时，谦虚是最重要的美德。所谓谦虚，就是准确地评估自己的天性和自己在社会中的位置。谦虚会告诉你，在与自己的缺点做斗争时，你是不可能获胜的一方。谦虚会告诉你，单凭你个人的才智，你是无法完成这项任务的。谦虚会告诉你，你并不是宇宙的中心，而是在为一个更宏大的秩序奉献你的力量。

5. 骄傲是最危险的恶习。骄傲让我们对自己天性的分裂状态视而不见，对自己的缺点视而不见，让我们误以为自己非常优秀。骄傲使我们过于自信，过于保守。骄傲使我们难以展现自己柔弱的一面，难以得到所需要的爱。骄傲有可能使我们变得冷酷无情、残忍粗暴。由于骄傲，我们总希望证明自己比周围的人更加优秀。骄傲还会欺骗我们，让我们认为自己就是生命的创造者。

6. 一旦生存的必需条件得到满足，防止犯罪、培养美德的努力就会占据我们人生舞台的核心位置。在重要性或者剧烈程度上，没有任何外在矛盾可以与内心世界针对自身缺点展开的战斗相提并论。与自私、偏见、不自信等缺点的斗争为人生赋予了意义，并对人生产生了深远的影响，其重要性超过外在世界中出人头地的人生之旅。与罪的斗争是一个非常重要的挑战，它可以保证我们不虚度光阴。在做斗争时，我们可能非常严肃，也可能心情愉快，而斗争的过程有可能非常顺利，也有可能十分艰苦。与缺点做斗争时，我们常常需要做出取舍，考虑哪些方面需要发扬，哪些方面需要加以限制。与罪和缺点做斗争的目的不是“赢”，因为我们永远无法取胜。我们做斗争的目的是逐步完善自己。至于你是在对冲基金公司工作，还是在一家慈善机构为穷人服务，这些都不重要，因为无论在哪个领域，都有可能出现英雄，也都有可能出现蠢材。最重要的是你是否愿意参加这场斗争。

7. 品格是在内心世界与缺点及罪做斗争的过程中形成的一系列倾向、欲望和习惯。通过无数次微不足道的自我控制、分享、服务、友谊、有品位的享乐等行为，你会变得更加自律、体贴、有爱心。如果你在做决策时严格自律、关心他人，某些倾向性就会慢慢地铭刻在你的大脑中，久而久之，你的欲望与行为就不大可能出现问题。如果你做出的决定都比较自私、残忍或者没有条理，那么长此以往，你的内心世界就会堕落、变化无常或者混乱不堪。只要产生了卑鄙的念头，哪怕你没有伤害到任何人，你的内心世界也会受到玷污。某些抑制行为，即使别人都看不见，也有可能让你的内心世界为之一振。

如果你不采用这种方式，持之以恒地培养你的品格，那么你的生活迟早会变得一团糟，你也会论为激情的奴隶。但是，如果你习惯性地严于律己，你就会成为一个忠诚可靠的人。

8. 把我们引入歧途的欲望、担心、虚荣、暴饮暴食等，对我们的影响较为短暂，而构成品格的勇气、诚实、谦虚等对我们的影响则较为长久。有品格的人可以长时间坚守某个人生发展方向，无论艰难险阻，都会一如既往地热爱他人、事业和使命。在理智方面，他们始终坚信一系列基础真理；在情感方面，各种各样无条件的爱在他们周围编成一张纵横交错的网；在行为方面，他们长期从事那些就算花一辈子时间可能也无法完成的任务。

9. 没有人可以凭一己之力成为自己的主宰。个人的意志、理性、同情心和品格不足以长期压制自私、骄傲、贪婪和自我欺骗的缺点。每个人都需要借助外部力量，比如上帝、家庭、朋友、祖先、规则、传统、制度和榜样，实现自我救赎。要取得斗争的胜利，你必须有丰富的感情，依靠外在的力量来抗衡你内心的力量，借助文化传统的力量滋养你的心灵，培育某些价值观，让你知道在某些情境中会有什么样的感受。我们在做斗争的过程中，还要与那些正在同自身缺点做斗争的其他人联合起来。在我们之间，并不存在明确的分界线。

10. 最终拯救我们的是上天的恩典。我们同缺点的斗争之路常呈“U”形。在日常生活中，一个突如其来的变化（要么是势不可当的爱情，要么是失败、疾病、失业或者命运的转折），就会让你的人生方向发生变化，因此，你的人生轨迹会呈现出“前进—后退—前进”的特点。后退时，你接受自己的需要，同时交出自己获得的荣誉。你敞开心胸，恩典从天而降。这些恩典可能是亲朋好友的爱，可能是陌生人出乎意料的帮助，也可能是命运的恩赐。它们承载着同样的信息，即你被认可了。你无须在绝望中徒劳挣扎，因为有一双双手在支撑着你。你无须为得到一席之地而努力挣扎，因为你得到了认可，受到了欢迎。你只需接受自己已被认可的事实即可。当我们的灵魂充斥着感激之心时，我们便会产生为他人服务、回报社会的欲望。

11. 击败缺点常常意味着让自己安静下来。只有让自己安静下来，让自我的声音不再喧扰，你才能看清周围的世界。只有让自己安静下来，你才能敞开心胸，从外界得到所需要的力量。当斗争出现起伏时，只有让自己安静下来，你才能保持心境的平和。在与缺点做斗争时，需要养成不出风头的习惯（内敛、谦虚、顺从于更大的目标），还要学会尊敬他人、崇拜他人。

12. 智慧始于谦虚。世界异常复杂，而个人的理性犹如沧海一粟。通常，我们都无法理解事件错综复杂的来龙去脉，甚至连我们自己无意识的思想也无法彻底掌握。对于抽象推理以及试图在所有条件下应用普适性规则的行为，我们理应表示怀疑。但是多年以来，我们的祖先已经储备了大量全面而且有实际意义的智慧、传统、习惯、礼仪、道德情操和惯常做法。谦虚的人有非常敏锐的历史意识，他满怀感激地默默汲取适合自己的智慧、行为规则和大量无法言传的感受，并在紧急情况下加以运用。这些经验可以根据不同的情况给他切实有效的提示，鼓励他养成习惯和美德。谦虚的人知道，经验是比理性更优秀的老师。他还知道智慧不同于知识，智慧是一群人理性的汇聚，在缺少可用的知识时可以指导我们的行为。

13. 只有以职业为中心，才有可能拥有美好的生活。你如果试图通过工作来满足自己的需要，就会发现你的抱负和期望永远无法实现，你也永远不能得到满足。如果你服务的对象是社会，你就会不停地考虑人们是否感激你。但是，如果你把工作视为一种基本需要，全神贯注于工作的质量，那么最终你会发现，你正在间接地为你自己和整个社会服务。在寻找合适的职业时，不能只考虑自己内心的激情，还要考虑外在的需要，考虑人生对我们提出了什么样的要求。想一想，你发自内心喜欢的活动，能帮你解决任何问题吗？

14. 高明的领导者总是顺应人性的要求，而不会忤逆它的意愿。他知道，同他领导的那些人一样，自己有时候也会自私自利、心胸狭隘、自欺欺人。对于那些怀有雄心壮志的人，他宁愿做出一些要求不多但是不轻易变化的安排。为了让机构的基础保持稳定，他宁愿选择持续不断、细水长流、日积月累式的变革，而不愿意采取突如其来、大刀阔斧式的手段。他知道，公共生活就是半真半假的“真相”之间、合理性与利益之间的对抗，领导艺术的目标是在彼此矛盾的价值观和目标之间取得合情合理的平衡。他就像一个平舱工，为了让脚下的这条船平稳地行进，他会根据情况的变化，不停地调整压舱石的位置。他知道，在政治与商业领域，天堂与地狱之间的界限更加分明。高明决策产生的积极效果并不足以抵消糟糕决策产生的消极影响。因此，明智的领导者就像一位忠心耿耿的管家，希望能把一个更好的机构交给继任者。

15. 与缺点、罪做斗争并且进展顺利的人，不一定会变成富人或名人，但他肯定会成熟起来。成熟与才干无关，与那些帮助你在智商测试中取得优秀成绩、跑得飞快或者举止高雅的心理或身体方面的天赋也没有关系。成熟与否，不在于你在某个方面是否出类拔萃，而在于你是否取得了进步，在面临考验时是否值得信赖，面对诱惑时是否岿然不动。成熟不会发出耀眼的光芒，促使人成熟的也不是有助于你出人头地的那些特点。成熟的人找到了人生目标，他的心境稳定和谐，烦躁不安已经成为过去，对人生意义与目标的困惑也烟消云散。成熟的人有稳定的是非标准，因此他在做决策时不会考虑崇拜者是否会支持，以及贬损者是否会反对。他无数次拒绝，目的就是抓住为数不多、让他无法拒绝的机会。

在通往美丽人生的道路上蹒跚前行

本书中的人物各有各的人生方向，也各有各的特点。奥古斯丁、约翰逊等人习惯内省，而艾森豪威尔、伦道夫等人则没有这个特点。为了实现理想，帕金斯等人忍辱负重，接受了政界的龌龊行径，而戴伊等人不仅行善举，而且有善心，希望自己的人生如白玉般无瑕。约翰逊、戴伊等人对待自己非常苛刻，认为必须严格克服自身的缺点，而蒙田等人乐于接受自己，以轻松愉快的心态面对人生，相信人生的基本问题都会迎刃而解。艾达·艾森豪威尔、菲利普·伦道夫和帕金斯等人性格略显孤僻，不喜欢与人交往，不善于表达自己的情感，而奥古斯丁、拉斯廷等人从不掩饰自己的情感。戴伊等人因宗教而获得新生，艾略特等人因宗教而受到伤害，而马歇尔等人不信教。奥古斯丁等人放弃了能动性，听任命运的恩典降临在自己头上，而约翰逊等人牢牢把握住自己的人生方向，通过努力锻造了自己的灵魂。

即使同样是信奉道德现实主义传统的人，也会在气质、技术、策略和品位等方面存在诸多不同。赞同“人性曲木”说的两个人，在处理具体问题时也有可能方法各异。在遭遇痛苦时，我们应该甘之如饴还是尽快摆脱呢？写日记会帮助我们实现最大程度的自我认知，还是会导致令人心神麻痹的自我放纵呢？我们应该内敛还是应该表现自己呢？我们应该自己掌控人生还是寄希望于上帝的恩典呢？

即使生活在相同的道德生态环境中，人们也可以开辟出独特的人生道路。但是，本书讨论的所有人都是从面对自己内心深处的脆弱性开启自己的人生之旅的，他们耗费了毕生精力，希望能克服内心的脆弱。约翰逊心乱如麻，在暴风雨中飘摇不定。拉斯廷空虚无聊，沉湎于滥交。马歇尔小时候是一个令人担忧的小男孩。艾略特因为缺少爱而不顾一切。然而，每个人又因为自身的缺点而获得救赎。他们与缺点做斗争，并借此机会培养出美德。为了在宁静平和与自尊自重的天空中翱翔，他们先放下身段，沉入谦虚的谷底。

我在这里告诉大家一个好消息，即使性格有缺陷，也无关紧要，因为所有人都不是完人。罪与缺陷会伴随我们一生。我们都在跌跌撞撞地蹒跚前行，而生命的美与价值就在这个的过程中产生。我们承认自己步履蹒跚，随着时间的流逝，我们的步伐会渐趋稳重。

走在人生的道路上，步履蹒跚者不时失去平衡，或者摔一个趔趄，或者双膝跪地。但是，步履蹒跚者敢于诚实面对自己不完善的天性、错误和缺点，从不掩饰，也没有任何顾忌。

谦虚可以帮助我们了解自己。如果我们敢于承认自己搞砸了，或者认识到自己有严重的缺点，就等于为自己找到了一名强劲的对手，我们必须全神贯注，只有竭尽全力才能打败他、超越他。

正是通过这样的斗争，步履蹒跚者才日趋成熟。每个缺点都为我们发起战斗提供了一个机会，它让我们的人生变得有条理、有意义，让我们变成一个更好的人。在与罪搏斗时，我们相互倚重。步履蹒跚者伸出胳膊，随时帮助他人，也随时准备接受他人的帮助。他充分地展现出自己脆弱的一面，需要得到他人的关爱，同时他也十分慷慨，愿意毫无保留地付出自己的爱。如果我们没有罪，我们就可能成为孤独的阿特拉斯。但是，步履蹒跚者需要的是群体：他的朋友陪着他，同他聊天，为他提供建议；他的祖先为他留下各种各样的榜样，供他模仿或借鉴。

步履蹒跚者以自己微不足道的人生为起点，全身心地追求任何个人都无法企及的高尚理想与信念。有时他会无法坚持自己的信仰或决心，但他随后会忏悔，并采取补救措施，从头再来。因此，即便遭遇失败，他也不失尊严。胜利总是沿着相同的轨迹不期而至：从落败，到承认失败，再到救赎；先来到异象谷的谷底，然后一飞冲天，登上心仪已久的高地。这是一条通向美丽人生的谦卑之路。

每次搏斗都会让人更加结实、深刻，并神奇地把缺点变成快乐。步履蹒跚者追求的不是快乐，快乐是他们在追求其他目标时意外收获的副产品。不过，它也是一个必然结果。

在生活中与他人相互倚重，并充满感激、尊敬和崇拜时，就会感受到快乐。在按照自己的意愿追随比自己重要的人、思想和承诺时，就会感受到快乐。在感受到自己被人认可和接纳时，就会感受到快乐。在道德高尚的行为中，我们可以感受到雅致的快乐，它让其他所有快乐都相形见绌。

只要愿意放下身段，不断学习，人生就会越来越美好。随着时间的推移，他们的步伐越来越稳定。最终，当外在的抱负与内心的愿望实现平衡，当亚当一号与亚当二号形成合力，当终极宁静朝他们袭来，当道德本性与外部技能在一个重要任务中携起手来，这时，他们的心灵就会得到净化。

欢乐不是他人赞誉之词的产物。欢乐源源而来，不需要你为之努力，也不受你左右。在你意想不到的时候，欢乐会不期而至。在那一瞬间，你会明白你的使命和你所追求的真理是什么。此时，你可能不会激动得不能自已，也不会有如奉纶音、天花乱坠的感觉，但是你会产生一种满足、平和的感受，感觉一切都归于寂静。这种欢乐时刻就是美丽人生给我们的祝福和留下的印记。

致谢

从我动笔写作本书之日起，安妮·C·斯奈德就开始与我合作，并在我写作本书的头三年时间里，和我一起品尝了创作的酸甜苦辣。我本打算写一本关于认知与决策的书，但是在安妮的影响下，我最终决定探讨道德与精神生活这个主题。安妮多次与我讨论写作素材，凭借自己深厚的知识储备为我筛选参考书目，对我在阅读每一本回忆录时的肤浅思考提出疑问，从而使整个创作过程有了质的飞跃。她热情奔放的散文写作能力和敏锐的观察力是我无法企及的，但我成功地借鉴了她的许多观点。同时，她那高贵典雅、道德严谨的生活方式令我仰慕不已。如果本书中的某些观点比较重要，那么这些观点很可能来自安妮的建议。

阿普丽尔·劳森陪我走完了后面 18 个月的创作历程。阿普丽尔是我的报纸专栏编辑，在我写作本书的过程中，她一如既往地提供了大量中肯的建议。生活中的很多难题我都能理解，但是，她那么年轻，却拥有如此丰富的真知灼见，对他人生活理解得如此透彻，给出的建议如此大胆而有价值，我可能永远也无法理解她是怎么做到的。

我在耶鲁大学的学生坎贝尔·施内布利–斯旺森帮助我完成了资料收集、资料核实和思路整理工作。她有惊人的洞察力、判断力和工作热情，她不仅改善了本书的文字质量，还充实了本书的内容。我迫不及待地想看到她功成名就。

三年来，我在耶鲁大学授课时，多多少少介绍了本书的一些观点。上课的学生也同我一起认真思考了本书的主题，并在课堂上和“The Study”酒店的酒吧里给我提出了深刻的意见和建议。因为有他们，我每周的头两天都充满了欢声笑语。我在耶鲁大学的同事吉姆·莱文森、约翰·加迪斯、查尔斯·希尔和保罗·肯尼迪欢迎我加入他们的小圈子，我要特别感谢他们。耶鲁大学的一位老师布莱恩·加尔斯滕，认真阅读了我的大部分书稿，并帮我厘清和拓展了思路。耶鲁大学和惠顿学院的很多老师都聆听了我对本书的介绍，为我提供了大量反馈意见和建议。

我和威尔·墨菲已经在兰登书屋合作出版了两本书。作为一名编辑，威尔为我提供了难以想象的帮助，而作为作者，我却是绝无仅有的特例，对他的出版社赞不绝口。我很庆幸自己遇到了一个优秀的图书出版团队，他们热情、专业，并大力支持我的工作，尤其是本书的宣传主管伦敦·金，她是我合作过的最优秀的宣传人员。谢丽尔·米勒与我一起构思本书的写作大纲，选择书中应该讨论的人物。凯瑟琳·凯茨与劳伦·戴维斯帮我收集了很多重要资料，并提出了宝贵的建议。

很多朋友的热心帮助令我无比感激。布莱尔·米勒通读了本书的书稿，在我有需要的时候鼓励我，为我提供了大大小小的建议。她具有惊人的判断力，善于在人物与思想之间建立联系，她尽最大努力把人们在现实世界中遇到的日常问题归类整理到对应的道德问题中。布莱尔以注重实效同时不失理想化的方式为贫困人群提供服务，她鼓励我写出了一本对人有价值的书，不仅介绍一些哲学或者社会学的大道理，还要能指导社会服务工作。

我的父母迈克尔·布鲁克斯和洛伊斯·布鲁克斯，仍然是我最好、最严厉的编辑。皮特·维纳尔不停地为我提供意见和建议。

尤瓦尔·莱文的年龄比我小很多，却成为我的良师益友。科尔斯顿·鲍尔斯阅读了本书关键章节，并始终在道德与感情方面给予我支持。戴维森学院的院长卡罗尔·奎林在应该如何理解奥古斯丁以及其他人物方面提供了大量有益的帮助。一些神职人员和信徒在我人生的关键时刻帮我渡过难关，他们是斯图尔特·麦卡尔平与西莉亚·麦卡尔平夫妇，戴维·沃尔普、梅厄·索洛维奇克、蒂姆·凯乐和杰瑞·鲁特。从上大学开始，我的经纪人格伦·哈特利和林恩·楚就一直与我保持着深厚的友谊。

世事变迁，常常会发生我们意想不到的转折。我的前妻萨拉一直在悉心地照料我们的三个孩子。现在，这三个孩子，乔舒亚、娜奥米和阿龙，已经远离父母，去游历世界。从他们身上我可以看到任何父母都希望自己的孩子能够拥有的品格：勇气、创造力、诚实、刚毅、仁慈和爱心。

图书在版编目（CIP）数据

品格之路 /（美）戴维·布鲁克斯著；胡小锐译
. -- 北京：中信出版社，2021.4
（中信经典丛书 . 007）
书名原文：The Road to Character
ISBN 978-7-5217-2978-8

Ⅰ. ①品… Ⅱ. ①戴… ②胡… Ⅲ. ①认知心理学—通俗读物 Ⅳ. ① B842.1-49

中国版本图书馆 CIP 数据核字（2021）第 048926 号

品格之路
（中信经典丛书 · 007）

著　　者：[美] 戴维 · 布鲁克斯
译　　者：胡小锐
责任编辑：王一琳
出版发行：中信出版集团股份有限公司
（北京市朝阳区惠新东街甲 4 号富盛大厦 2 座　邮编　100029）
承 印 者：北京雅昌艺术印刷有限公司

开　　本：880mm × 1230mm　1/32　　印　　张：116.5　　字　　数：2798 千字
版　　次：2021 年 4 月第 1 版　　印　　次：2021 年 4 月第 1 次印刷
京权图字：01-2016-2627
书　　号：ISBN 978-7-5217-2978-8
定　　价：990.00 元（全 8 册）

扫码免费收听图书音频解读

社会动物

THE SOCIAL ANIMAL

[美] 戴维·布鲁克斯
著

佘引
译

严冬冬
校译

中信出版集团 | 北京

目录

序言 / III

第 1 章　决定相爱　1
第 2 章　经营婚姻　25
第 3 章　亲子世界的交流　33
第 4 章　探索与认识世界　50
第 5 章　童年世界的快乐与痛苦　65
第 6 章　高中时代的社交与学习生活　83
第 7 章　埃丽卡的人生起点　114
第 8 章　学会自我控制，找到人生方向　134
第 9 章　大学生活：找到通往成功的路径　154
第 10 章　智商不足以决定一切　184
第 11 章　创业成功的关键　201
第 12 章　哈罗德的人生规划　217
第 13 章　从工作伙伴到亲密爱人　236
第 14 章　职业生涯遭遇新的危机　255
第 15 章　理性动物还是社会动物？　276

第 16 章　一次扭转乾坤的会议　299
第 17 章　婚姻遭遇危机以后　315
第 18 章　凭道德感完成自我救赎　329
第 19 章　近距离体验激烈的总统大选　353
第 20 章　政府应该做些什么　375
第 21 章　退休后的生活可以更精彩　405
第 22 章　生命的终结之旅　435

致谢 / 455

序言
潜意识的成功力量

这将会是你读过的最快乐的一本书。本书介绍了两位活得很充实的成功人士，他们拥有令人向往的职场生涯，赢得了朋友的尊重，而且为自己生活的社区、所在的国家和全人类做出了显著的贡献。

令人惊异的是，这两位主人公并不是那种生下来就出类拔萃的高智商天才。他们的确在“学术能力评估测试”（SAT）和智商测验之类的评估中取得过马马虎虎的成绩，但他们在身体和思想方面都没有表现出任何天赋异禀的迹象。他们的长相还算顺眼，但算不上出众。他们喜欢打网球、徒步旅行，但他们在高中时代并不是同学和朋友们公认的运动健将，也没有人断定他们能够在某些领域取得伟大的成就。然而，最终他们拥有了成功的人生，认识他们的人都觉得他们是上天垂青的幸运儿。

他们到底是怎样取得成功的？他们拥有经济学家所谓的“非认知性技能”，此类技能包括所有无法被轻易辨认和测量却能让人生活幸福、事业有成的潜在特质。

一方面，他们的性格很好。他们精力充沛，诚实坦率，值得信赖。在遭遇挫折时，他们会坚持不懈地尝试，也肯承认错误。他们拥有充足的自信心来应对风险，也具备足够的诚信来持守承诺。他们尝试发现和弥补自身的不足，为自己的过错赎罪，并且拥有足够的自控力，以免因一时的冲动而做出恶劣的举动。

另一方面，他们也拥有另一种同样重要的能力——“街头聪明”。他们善于对人物、情境和观点做出解读。如果让他们面对一大群听众，或者将堆积如山的文件、报告摆在他们面前，他们直觉就能告诉他们该怎么办——什么行得通，什么行不通，怎样做能取得丰硕成果，怎样做只是白白浪费时间。他们在社会生活中游刃有余的技巧，就像娴熟的水手在大海中导航的技巧一样。

古往今来，教导人们如何取得成功的书籍不计其数，但这样的书籍往往只描述了生活的粗浅表面。它们会介绍成功人士选择了什么样的大学就读，学习了哪些职业技能，怎样理性地做出决策，具备哪些人际交往的技巧。这样的书籍往往聚焦于成功的外在表象：智商、金钱、名望或者举世瞩目的成就。

这本书所探讨的是更深层面的东西。书中的故事强调了内心领域所起到的作用——情感、直觉、偏见、盼望、基因倾向、性格特征和社会规范在潜意识领域中的影响。该领域的各种因素最终形成了人的个性，使“街头聪明”不断发展完善。

我们正生活在一个意识变革的时代。在过去几年里，遗传学家、神经科学家、心理学家、社会学家、经济学家、人类学家和其他领域的专家在研究人类成功的内在机制方面已经取得了突飞猛进的成就。他们的一个核心发现就是，影响人们活动最主要的因素并不是意识层面的思维，而是潜意识层面的思维。

潜意识并不是孑遗器官，需要我们去征服它才能做出明智的决定。潜意识也并非见不得光的阴暗黑洞，充斥着被压抑的性欲。相反，潜意识是思维的主要组成部分，绝大部分的选择以及许多给人留下深刻印象的思维活动都发生在潜意识当中。这些潜藏在意识之下的进程正是造就成就的原因所在。

在《我们是自己的陌生人》（*Strangers to Ourselves*）一书中，来自弗吉尼亚大学的蒂莫西·威尔逊提出，人的思维在任何时刻都能同时接纳多达1 100万条信息。然而，即便按照最乐观的估计，人也只能有意识地关注这些信息中的40条而已。威尔逊写道："部分研究人员甚至提出，几乎一切思维活动都是在潜意识中进行的，所谓'意识'或许只是一种幻觉。"或者说，意识所起到的作用只不过是在为潜意识的所作所为寻找解释而已。

包括威尔逊在内，这本书提到的绝大部分研究人员都没有深入到这种地步，但他们的确相信，意识之外的心理活动能够形成我们的思想见解，影响我们的判断抉择，塑造我们的性格特质，为我们提供生存发展的技巧。耶鲁大学专家约翰·巴奇认为，就像伽利略"将地球从宇宙中心这一特殊位置挪开"一样，这场心理学革命已经"将意识从人类行为中心这一特殊位置挪开"了。这本书也会告诉你，意识并不是日常生活的核心。书中的故事会为你指明一条更深层次的成功之道，同时也会重新定义成功的概念。

充满情感的潜意识世界

尽管人类是通过科学手段才认识了自己的内心领域，但这片领域并不是枯燥刻板的，而是充满了情感的魔力。如果说针对意识的研究更偏重于理性与逻辑分析，那么针对潜意识的研究就更偏重于情感与感性认识。如果说表层思维偏重于个体力量，那么深层思维则偏重于人际关系的力量。如果说表层思维渴求地位、金钱与喝彩，那么深层思维则渴求和谐与关爱——当人们为考验、目标和爱而全心投入时，自我意识就会悄然消散。

如果把意识比做站在指挥台上的将军，置身于世界之外来观察世界，以线性思维和语法逻辑来分析事物，那么潜意识就好比数以百万计的侦察兵，散布在世界之中，不断发回潮水般的信号，引发瞬时响应。他们与周围环境之间没有距离，完全融合在环境当中。他们的活动范围十分广泛，也会渗透到别人的思维、情境和观念之中。

这些侦察兵为事物涂抹上情感的意味。当偶尔遇到老朋友时，潜意识就营造出亲切的暖流；当不慎陷入黑暗洞穴时，潜意识就营造出恐惧情绪；当面对美丽的风景时，潜意识就营造出轻松愉快的感觉。洞察智慧令人高兴，感知不公产生义愤。每种感觉都有着特殊的含义、质感和力量，使思想里充满着感受、刺激、判断和欲望等反应。

这些信号并不足以控制我们的生活，但它们足以塑造我们的世界观，如同精神层面的“全球卫星定位系统”（GPS）一样引导我们，让我们跟随既定的轨迹前行。如果说如将军一样的意识凭借数据思考，用规范的书面语说话，那么如侦察兵一样的潜意识就将情感具体化，使用小说、诗歌、音乐、图片、祷告和神话作为表达形式。

我并不是一个轻易表达感情的人，我妻子很清楚这一点。或许你也听说过这样一个心理学实验：把中年男人的大脑跟脑电波扫描仪连接起来，让他们观看恐怖电影，然后向实验人员描述对自己妻子的感觉。仪器显示出他们在这两种状态下的脑电波图形一致——无论在看恐怖电影还是想到妻子时都处于深深的恐惧中。我很理解这种感受。尽管如此，但如果你忽略了我们心中爱慕、恐惧、忠诚与反感的情感波动，就忽略了内心最基本的领域，忽略了那些足以决定你想要什么、怎样观察这个世界、如何进取、如何坚持克制的心理过程。所以，我会从内心活动的角度出发，介绍两位幸福的主人公。

写作本书的首要目的

我希望通过这本书让你了解到，当我们的生活处于充裕状态，情感受到恰当的滋养与指导时，我们的潜意识系统是什么样子的。通过上千个现实案例，我会试图阐明意识和潜意识是如何互相影响和配合的，意识“将军”是如何“训练”潜意识“侦察兵”并听取其汇报的。从另一个层面阐释丹尼尔·帕特里克·莫伊尼汉的观点，即人类进化的核心真理在于潜意识进化的重要性。人性的核心真理在于意识可以影响潜意识。

我写这本书首先是因为，迄今为止，尽管很多来自不同领域的研究人员都对潜意识展开过研究，但他们的工作成果往往互不相关，成了学术上的一个个孤岛。我会试图把他们的学术成果融会贯通，以便进行全面的叙述。

其次，我会尝试展示此类研究对我们理解人类本性的方式所造成的影响。脑科学研究或许不会创造出全新种类的哲学，却可以为某些备受质疑的哲学观念提供有力的佐证。当今一些研究结果提醒我们，情感比纯粹的理性更为重要，社会关系比个体选择更为重要，性格比智商更为重要，灵活应变的有机系统比线性呆板的机械系统更为重要，群体智慧比个体思考更为重要。简而言之，强调理性逻辑的“法国式启蒙运动”失败，强调感性认知的“英国式启蒙运动”获胜。

再次，我会尝试分析这些研究结果所带来的社会、政治和道德方面的影响。弗洛伊德首次提出“潜意识”的概念，对文艺评论、社会思潮甚至政治分析都产生了巨大的影响。我们现在可以更加准确地描述潜意识的概念，但这些新的研究结果还未给社会思潮带来广泛影响。

最后，我将试图对抗当前西方文化中的一种偏见：意识决定论。意识往往并不会注意到更深层次发生的事情，以为自己就是主角，可以处理一切事情，尽管这些事情并不是它所能控制的。它所创造出的世界观只强调它能理解的那些要素，却忽略了其他部分。

我们习惯了按照这种狭隘的方式描述我们的生活。柏拉图认为只有理性才是人类大脑中的文明因素，只要理性抑制住大脑中野蛮原始的情感，我们就应该感到高兴。理性主义者认为理性就是智慧的最高层次，人只要用理性克服不良癖好和迷信，就能获得心灵的解放。19 世纪末出版的《化身博士》（*Dr. Jekyll and Mr. Hyde*）一书集中阐明了这样的观点。主人公的正面人格——科学天才“杰克尔博士”（Dr. Jekyll）代表了他的意识，而主人公的负面人格——野蛮、残忍的“海德先生”（Mr. Hyde）则代表了他的潜意识。

这样的荒谬学说并不少见，其中一些已经销声匿迹，但人们仍然普遍不了解潜意识对自己日常生活的影响。学校招生时仍然靠智商测验而非实践能力来评价应试者。诸多学术领域仍然把人类当成理性的、可以实现效率最大化的机器。现代社会已经异化为一个巨大的机器制造车间，向人们灌输难懂的生存技能，却忽视了培养人们的道德观和情感能力。孩子们接受严酷的训练，以应对无数次考试。然而，对于像跟谁结婚、跟谁交朋友、喜爱什么、憎恶什么、如何克制冲动这样真正重要的人生决定，他们几乎只能靠自己慢慢领悟。我们善于谈论物质激励，但不善于谈论情感和直觉。我们善于传授技术技能，但对于像性格这样更加重要的东西，我们几乎不曾谈及。

写作本书的另一个目的

新的研究成果让我们能够更加充分地了解自己，但我承认，本书之所以引述这些研究成果，只是为了回答更为具体的问题。我的职业是政治与政策评论员。最近几十年间，美国重大政策的结果往往令人失望。自 1983 年以来，美国政府一再改革教育体制，然而在无数激励机制的诱惑下，仍然有超过 1/4 的高中生选择辍学。我们努力减少种族歧视，让黑人能取得跟白人一样的成就，但结果却事与愿违。我们让更多的年轻人有机会读大学，却不明白为什么有相当多的大学生最终无法毕业。

我们使出浑身解数来遏制日益蔓延的不平等现象，刺激经济流动性，为孩子健康成长而遏制单亲家庭潮流，避免因党派立场导致的派系纠葛影响政治局势，改进经济结构以避免经济危机。近年来，俄罗斯尝试培育真正的自由市场经济，中东地区尝试民主政治，非洲努力刺激经济发展，而这些努力大多以失败告终。

这些失败都具有相同的特征：建立在对人类本性过于粗浅的认识之上。许多政策仅仅是基于非常粗浅的人类行为模型，其中相当一部分是由只关心可以定性测量的特征与关联的书呆子们提出的。立法者会投票通过这样的政策，尽管他们几乎对人类行为的深层根源毫不了解。执行这些政策的官员对人类的了解也仅限于“什么是无法让步的底线”以及“什么是可以讨价还价的条件”，所以这些政策会失败，以后的政策还会失败，除非相关人士能够更加深刻地认识人类的本性。

关于两个人的成功故事

为了阐明潜意识能力究竟是如何发挥作用的，这些能力在恰当的情境下如何让人取得成功的，我会跟随让 - 雅克 · 卢梭的足迹阐述这些问题。早在 1760 年，卢梭就完成了代表作《爱弥儿》，这本书旨在论述人类应怎样接受教育。卢梭不是把自己局限在对人性的抽象描述中，而是塑造了一个名叫爱弥儿的主人公，并且为爱弥儿设计了一位导师，借助两人之间的关系来展示幸福具体是什么样子。这种独创性的模式让卢梭大有发挥空间，可以将文章写得兴味盎然，描绘出普遍趋势是如何影响个人生活的。

虽然我根本比不上卢梭的才气，却可以借用他的方法。为了阐明新近的科学发现在现实生活中的意义，我塑造了两个主人公——哈罗德和埃丽卡，借助这两个人的言行来展示人生的变化过程。整个故事以当代社会为背景，也就是 21 世纪早期，因为我希望描述当前人类生活方式的不同侧面。我会在同一个时代内描述主人公的整个人生轨迹：出生、上学、交友、恋爱、工作、成功以及老去。我会通过这些情节来描述基因对个人生活的塑造作用、大脑生化反应的机制，以及家庭结构和文化范式对个人人生道路的影响。简而言之，我塑造这两位主人公，是为了搭建起具体与抽象之间的桥梁。

关于交流的故事

哈罗德和埃丽卡经历着人生的磨炼，逐渐变得成熟、睿智，这是本书中的故事之所以如此让人愉悦的原因之一。这是一个关于人类发展进步的故事，是两位主人公继承双亲与祖辈的优良传统，经历考验与磨炼，最终决定相守一生的故事。

这也是一个关于交流的故事。当你深入地看待潜意识时，会发现人与人之间的区别开始变得有些模糊，那些构建我们思维的过程在人与人之间是相通的。我们之所以成为现在我们这样的人，在很大程度上是因为别人成为现在他们那样的人。

作为会思考的个体，我们与其他动物截然不同，因为我们拥有理智天赋。罗丹的著名雕像《思想者》就表现出了这种人类气质——手托下巴、独自沉思。事实上，我们远胜于其他动物更重要的原因是，我们拥有非凡的社会技能，包括教育、学习、同情和沟通，以及文化与制度的缔造、复杂社会精神结构的构架等。我们是谁？我们就像思想感情的核心交通枢纽，亿万种感觉、情绪和信号每时每刻都汇聚在这里。我们是信息中心，尽管对具体过程并不太了解，但我们还是有能力对交通状况进行疏导——转移注意力，做出选择与承诺。当我们的交流网络足够完备时，我们才能够真正拥有自我。我们寻求更深入、更彻底的沟通，这是我们最关注的事情。

因此，在开始讲述哈罗德和埃丽卡的故事前，我希望先向你介绍一对真正的伴侣，道格拉斯·霍夫施塔特和卡罗尔·霍夫施塔特。道格拉斯·霍夫施塔特是印第安纳大学的教授，与夫人卡罗尔真心相爱。他们经常推掉宴会的邀请，自己在家做饭，饭后一起洗碗，反思不久前两人之间的对话。

不幸的是，卡罗尔因脑瘤去世了，当时他们的两个孩子分别只有5岁和2岁。几周后，道格拉斯偶然看到卡罗尔的照片，于是在自己的著作《我是一个奇异的环》（*I Am a Strange Loop*）里写道：

> 我凝视着她的照片，感觉自己似乎就在她眼睛深处，突然我泪流满面，自言自语道："那不就是我嘛！那不就是我嘛！"这句话勾起了我很久以前便有过的种种想法，我觉得我们夫妻俩的灵魂已经融为一体，我们灵魂的核心内容是对孩子们未来的希望与梦想。我觉得我们的这些想法并不是孤立的，而是充满默契的，我们已经做到了心心相印，正如我在结婚生子前所朦胧憧憬的那样。我意识到，尽管卡罗尔已经去世，但她心灵的核心部分并没有因此完全丧失，它深植于我的大脑中。

古希腊人常说："痛苦是通往智慧的必经之路。"妻子去世带给道格拉斯的痛苦，让他产生了特殊的感悟。作为科学家，他每天都在反复证明这一点。感悟的核心内容在于，在我们难以察觉的潜意识领域中，存在着一些能够在人生旅途中引导我们的观念和情感，这些观念和情感会通过友谊和爱情传导。潜意识并不是充满原始本能冲动的领域——充满了痛苦和恐惧，而是灵魂得以碰撞、交汇、升华的领域。潜意识会自动收集悠悠岁月里积累的人类智慧，承载着全人类的灵魂。本书无意涉及神学领域的问题，但如果造物主的确存在，那么他肯定也存在于潜意识领域之中，让大脑产生感情，让爱引发神经元的重组。

潜意识是冲动的、情绪化的、敏感且不可预测的，它有着自身的不足，需要克制和监管。不过，它也可以大放异彩。它可以处理海量数据，做出勇敢、创新的决策。最重要的是，它具备惊人的交流能力。人们的潜意识都是外向的，它希望人们开朗、健谈，在工作、恋爱、家庭生活、社交中多多交流。它希望让人处于更广泛的人际关系中，因为这是人类获得成功所必需的。它渴望和追寻着爱，追寻着如同霍夫施塔特夫妇那样的共融。在人能够拥有的所有幸福当中，爱与共融是最美妙的一种。

第 1 章

决定相爱

繁荣与萧条交替循环的经济危机周期定律再度发挥作用，挤兑狂潮与华尔街大崩盘的场景再度上演，“稳健派人士”随之再次成为成功人士的典范。稳健派人士并不是依靠投机对冲基金暴富的，也不是依靠其他类型的金融炒作手段致富的，他们是脚踏实地一步步努力攀登上成功精英的阶梯的。他们在上学时就是优等生，早已建立起稳固的社会关系，按部就班进入不错的公司，有可靠的医疗保险和投资计划。财富就像雪花一样轻轻飘落在他们的肩头。

在美国西部的城镇，你可以时常见到典型稳健派人士的饭局。其中一位刚刚从中国回来，刚独自骑车 500 公里支持对抗乳糖不耐受症公益活动，这会儿他暂时停下来参加一家企业的董事会议。他有着中性的帅气，比米开朗琪罗的大卫像稍胖，头发乌黑。你要是在洛杉矶街头看见他，肯定会打听：“那个一脸明星相的帅哥是谁？”他的两腿自然交叉着，极其修长，好像根本就没有粗壮的大腿，而是由两段纤细的小腿连接而成。

他的声音温柔无比，就像穿着丝袜踏过波斯地毯时发出的柔美之声——他的沉着、冷静简直让奥巴马总统相形见绌。他在参加克林顿夫妇举办的“克林顿全球名流慈善聚会”时与他的妻子相识，当时两人发现彼此都戴着同一款支持“无国界医生组织”的手环，都在同一个教练那里学习瑜伽，都曾经在上学时拿过“福尔布赖特奖学金”，获奖时间不过相距两年而已。他们真是天造地设的一对，或许他们最大的分歧就是日常锻炼项目的不同。由于某些原因，今天上流社会的男士主要锻炼下半身肌肉，倾向于跑步、骑车等项目，而上流社会的女士往往尽力锻炼自己的躯干、上臂和前臂，以便她们可以在整个夏季都能穿着无袖礼服，还能使出“徒手碎大石”的绝招。

这位“优雅型”先生与这位“健美型”女士结婚了，婚礼是由比尔·盖茨夫妇主持的。婚后他们很快就生育了三个完美的孩子：天资聪颖、有同情心、有艺术天赋。跟绝大多数上流社会家庭的孩子一样，这些孩子擅长小众运动项目。几百年前，知识精英们发现自己在橄榄球、棒球和篮球等方面无法取得好成绩，于是就向印第安人学习了曲棍球，总算又创造出自己可以主宰的运动项目了。

孩子们在环境单纯、学习氛围浓厚的中学里表现出色，假期则在德国的科学实验室里度过。等他们读到高三，父母跟他们谈话，严肃提醒他们已经到了阅读《经济学人》的年龄。他们去那些拥有不错运动团队的名牌大学求学，比如杜克大学、斯坦福大学，然后开始了令父母都为之骄傲的职场生涯，比如先跳几年芭蕾舞，再摇身一变成为世界银行的首席经济学家。

稳健派人士走进一个房间的时候，往往会让其他人感到自卑。由于他们的真诚、谦虚和友善，这种效应被明显放大了。他们最大的消遣就是邀请你跟他们一起共度周末。你需要在周五下午抵达他们的私人机场与他们碰面。他们或许只携带了一个手提袋，因为作为私人飞机的主人，他们实在不需要考虑自己携带行李的问题。

如果你接受了这样的邀请，那么最好随身揣上几块压缩饼干，因为这些新时代绅士们信守的生活原则可能会让你饿个半死。他们的原则很简单：选购耐用品时无比奢侈，购买消耗品时能省则省。他们会邀请你乘坐价值数百万美元的“湾流 5 号”私人飞机，却给你吃从街头连锁店买来的已经不再新鲜的火鸡三明治；他们会让你住在有 9 间卧室的别墅里，但里面的家具都是从超市买来的。到了周六，他们提供的午餐就像是“减肥餐”——4 片生菜叶涂上 3 克金枪鱼做成的沙拉，因为他们认为每个人都应该像他们一样按照健康减肥标准进食。

豢养体型庞大的大狗，在稳健派人士圈内已经成为时尚，而且他们喜欢把这些庞大如熊的猎犬以简·奥斯丁作品里的人物命名。这些大狗就像圣伯纳犬和迅猛龙的杂交品种，会懒洋洋地把大嘴搭在桌子上甚至路虎车的顶上。至于周末活动的安排，则是以长时间的剧烈运动为主，主人偶尔会停下来兴致勃勃地询问客人对全球经济情况的看法，或者吹嘘一番自己跟鲁珀特·默多克、沃伦·巴菲特、谢尔盖·布林等名流的往来。到了晚上，主人会带客人吃着冰激凌散步，到旁边的度假胜地逛一圈。街上的人们如果认出主人，或许会不由自主地鼓掌表示敬意。稳健派人士到这种地方来，只是为了感受一下他人羡慕自己的氛围。

初次见面时的第一印象

盛夏的一天，在这样一个度假胜地，一男一女初次碰面。他们都近而立之年，即将成为本书男主人公哈罗德的父母。你首先需要了解的是，这两个后来成为父母的人虽然善良，但也有点儿肤浅，尽管他们的儿子以后会才智非凡、雄心勃勃、见识广博。他们都是被稳健派人士热情邀请到这里来度假的，自己也希望有朝一日成为成功的稳健派人士，只是现在已经被弄得疲惫不堪。他们各自跟其他年轻职场人士住在不同的宾馆，只是碰巧因为一位朋友安排的午餐聚会才偶然相遇。

他叫罗伯，她叫朱莉娅，两人是在餐厅门口初次见面的。两人看见对方时都自然地露出了笑容，心灵深处某种原始的冲动似乎被触发了。他们分别打量着对方。作为男人，罗伯可以用肉眼观察到很多细微的特征，因为早在古老的更新世时期，人类的男性祖先就需要勇敢面对一个令人困惑的事实：女人在排卵期并不会像雌性动物一样在外貌上有明显的变化。从那时起，男人就要学会辨别配偶处于可繁衍期的方法。

所以罗伯投向朱莉娅的目光就是在搜寻那些细微特征，取向正常的男人看到女人时多少都会如此。戴维·巴斯采访了 37 个不同群体中的上万个男人，最后发现全球男人公认的“女性美”标准几乎一致。几乎来自所有地区的男人都看重光滑细腻的皮肤、丰厚圆润的嘴唇、飘逸有光泽的长发、端正对称的脸蛋、较短的下巴和人中，而且认为女人的最佳腰臀比例约为 0.7。一项对数千年来绘画作品进行的研究发现，这些绘画作品中所有美女的腰臀比例都接近 0.7。《花花公子》杂志封面兔女郎的腰臀比例也趋近这个数值，尽管她们整体上往往显得过于丰满。以骨感著称的模特崔姬，其腰臀比例是 0.73。

罗伯喜欢他所看到的她。他模模糊糊地感觉到她的举止非常端庄文雅，充满了自信。他喜欢她脸上洋溢的笑容，潜意识注意到她的眉毛微微下垂。控制眉毛的肌肉叫“眼轮匝肌”，它不可能被有意地操控，所以眉梢下垂就意味着这笑容是真诚的而不是伪装出来的。

罗伯觉得她总体上算是一位非常有魅力的异性，并且潜意识里清楚有魅力的人通常能挣到令人瞩目的高工资。

罗伯也喜欢她的胸部曲线，这是发自本能的欣赏。他大脑深处某些地方存储的知识提醒他，乳房不过就是一种身体器官，由皮肤和脂肪组成的器官。然而他却无法按照那种方式来思考，他在日常生活中时不时就会注意到周围女性的胸部曲线。只要在白纸上画一条类似的曲线，就足以吸引他的注意力。看到像“奶子”这样的粗俗词汇，他会感到烦恼不已，因为这个丢人现眼的词汇根本不配用来描述如此神圣的事物。当女人们使用这个词的时候，他更认为这是在有意嘲弄他内心对乳房深深的眷恋。

当然，女性的乳房进化到现在这样大，本来就是为了挑逗起这样的反应的。除此之外，我们找不到女性的乳房比其他灵长类动物的乳房大这么多的原因，母猿就是平胸的。女性的大乳房并不会在哺育下一代时提供更多的乳汁。它们如此硕大并不是因为营养学的缘故，而主要是为了向男性的大脑发送原始本能的性挑逗信号。相比于身材普通、脸蛋诱人的异性，男人们通常更喜欢身材诱人、脸蛋普通的异性。大自然绝对不会迁就艺术，但的确能创造出艺术品。

在遇到她未来的另一半时，朱莉娅表现得更加平静。这并不是因为她明知面前的这个男人热情似火，却并不心动。女人对男人产生以身相许的念头时瞳孔会放大。女人更偏爱容貌端正、比自己年龄略长、略高大强壮的男人。根据这些标准以及其他潜在标准，她未来的孩子父亲还算合格。

但是，按照女人的天性和她从小所接受到的教育准则，她应该保持矜持，不能随便相信男人。全人类中有89%的人不相信一见钟情，她正是这种人。此外，她更在乎未来配偶的身份而不是外貌。一般而言，女人不容易像男人那样被外貌引诱，这种特征几乎让色情行业损失了整整一半的潜在市场。

这是因为尽管更新世时期的男人可以通过一眼就能看出的生理特征来选择配偶，但更新世的女人却面临着更为复杂的问题。人类婴儿需要被抚育好些年才能学会自力更生，而在史前环境中，无助的单身母亲并不具备获得充足食物来养活全家的能力。她不可以仅仅为了性生活来选择对象，而必须考虑到伴侣的陪伴及其对家庭的帮助。直到今天，当女人看上潜在的对象时，她的交往计划仍然比男人要慢一拍。

这就是男人总是更急于上床的根本原因。一项曾多次重复进行的简单研究证实了这一点。研究人员雇用一个风姿绰约的女人去勾引男大学生，主动向他们提出上床的要求。研究数据表明，通常会有75%的男大学生同意这样做。而当研究人员雇用一个玉树临风的男人去勾引女大学生，同样主动向她们提出上床的要求时，没有任何一位女大学生同意。

女人这样小心谨慎是有充足的理由的。尽管绝大多数男人是有性能力的，但如果让他们长期持续地履行这种义务，他们总会从强悍无比退化到心有余而力不足，其间往往会有较大的变数。男人很容易沾染上吸毒、酗酒等恶习，容易因争强斗狠而被谋杀，也容易抛弃子女一走了之。尽管男女两性中都有让人失望的“浑蛋”，但男人当中的“浑蛋”更多。女人早已了解到不能仅仅依靠第一印象，必须在长期交往中评估对方的可信赖程度和社会生存智慧。

所以当罗伯寻找乳沟的时候，朱莉娅正在寻找对方值得信赖的迹象。她并不是有意这样做的，千万年积累下来的基因本能和社会文化已经让她不再轻信他人。

约克大学学者玛丽昂·伊尔斯和埃尔文·希尔弗曼的研究表

明，女人对场景细节、房间里物品摆放位置等内容的记忆力比男人强 60%~70%。在过去几年里，朱莉娅已经逐步学会按照自己的观察能力对男人进行分类，挑选出其中有潜力成为自己配偶的那些人，不过她的某些选择标准很特殊。她回绝了总是穿着博柏利（Burberry）品牌服饰的男人，因为她不愿意一辈子老是生活在从领带到雨衣都印着同样图案的环境中。她可以一眼辨认出口吃的人，这些人使得她心灰意冷。她对喜欢喷香水的男人的看法就像丘吉尔对纳粹德国的看法——必须把对方踩在脚下，不然就会被对方卡住脖子。她绝不会跟戴着与运动有关的饰物的男人来往，因为她认为她的男朋友不应该把德瑞克·基特那样的球星看得比她还重要。尽管会做饭的男人越来越受欢迎，但她并不希望跟任何在厨艺方面超越她的男人发展认真的两性关系，也不指望另一半会在吵架后魔术般地拿出法式干酪来讨她欢心。她不喜欢被人操控的感觉。

她就这样不动声色地瞄着从人行道上走来的罗伯。来自普林斯顿大学的珍妮·威利斯和亚历山大·托德罗夫通过研究发现，人只需要观察 1/10 秒就可以对他人的可信赖程度、能力、进取心和可爱程度做出快速判断，这样产生的第一印象往往能够准确预示双方在接下来的几个月当中给彼此的感觉。人们很少修正别人在自己眼中的第一印象，只会越来越让自己相信那是准确的。在另外一项研究中，托德罗夫让受试者瞟一眼正在竞选某个职位的两位候选人的照片，请他们预测谁会在竞选中胜出。结果，70% 的受试者可以正确地预测出结果。

借助她自己的瞬间判断能力，朱莉娅认为罗伯足够英俊，而且人很幽默。罗伯在潜意识里想象着她赤裸的样子，她却在潜意识里给罗伯套上衣服。他穿着棕色灯芯绒长裤（这是美国西部居民标志性的衣着），搭配了一件深紫与褐紫色交错的套衫，凑到一起让他活像一个优雅的茄子。他的脸颊看起来有棱有角，但并不显得轻浮，这意味着他会越来越显示出成熟的气质，最终或许退休后能成为老人院里最有魅力的老伯。

罗伯身材高大，这有着实实在在的意义。研究结果表明，在当今美国，人的身高每增加1英寸[1]，平均年薪就能提高整整6 000美元。他还流露出沉着、淡定的气质，这意味着他在日常生活中一般不会跟伴侣大吵大闹。在她的第一印象中，他看上去像是有福气的幸运人士，内心深处并没有潜藏着深深的伤痕，他的伴侣不用帮他掩饰伤痕，也不用害怕因触及伤痕而惹恼他。

不过当这些积极正面的判断汇总起来时，朱莉娅的心意突然改变了。她知道自己最不受人欢迎的特点便是吹毛求疵、自作聪明的倾向。有时她正跟某个再正常不过的男人在一起，突然就会开始暗地里挑剔对方。她变身为尖酸刻薄的多萝西·帕克尔，而男伴则被她损得无地自容。

朱莉娅内心开始对罗伯挑刺儿了。它提示她，罗伯是那种以为别人不会关心自己的鞋子是否干净的人，他的指甲修剪得不够整齐。更严重的是，他是一个单身汉。朱莉娅认为单身汉总归是轻浮的，然而她又从来不跟已婚男人约会，这意味着她可以毫不犹豫爱上的男人极少。

《纽约时报》撰稿人约翰·蒂尔尼曾经提出这样的观点：许多单身人士饱受“缺陷思维”的困扰，这种潜意识机制会立刻开

1. 1英寸≈2.54厘米。——编者注

始挑剔潜在伴侣的缺点。蒂尔尼发现，一个英俊、聪慧的男人老是被异性发“好人卡”，因为他从来不会注意到自己的外套肘部肮脏无比。一个女人可以在大型律师事务所担当合伙人，却没法被心仪的对象看成终身伴侣，因为她总是念错大文豪歌德的名字。

朱莉娅很自然地陷进了科学家所谓“男人都是猪猡”式的偏见当中。女性的潜意识往往会如此看待社交场合——认为所有男人与异性来往的目的都只是猎艳交欢而已。她们就像过度敏感的烟雾探测器，宁愿高度警觉地误解异性，即便出错但自己起码安全，总比过度信任对方而惨遭侵犯要好。而男人的偏见则与女人的正好相反，他们总以为异性也有与自己交欢的兴趣，哪怕对方其实毫无此类冲动。

在眨几下眼的时间里，朱莉娅心中的期待与怀疑已经反复交战了好几个回合，遗憾的是，交战结果似乎对罗伯越来越不利。她内心的苛刻倾向为此欢欣鼓舞不已。然而幸运的是，罗伯走过来主动打了招呼。

初次约会，互生好感

命运的安排让罗伯和朱莉娅现在已经彼此动心了。尽管你或许听过截然相反的两个人坠入爱河的故事，但在通常情况下，人们还是会爱上与自己相似的人。海伦·费舍尔在《最新恋爱心理学》(*The New Psychology of Love*)中写道：“绝大多数男人和女人会爱上与自己同种族、同社会阶层、同信仰、同教育和经济背景，在外貌特征、智力水平、政治态度、人生愿景、价值观、兴趣爱好以及社交和沟通技巧等方面也与自己相似的人。”甚至有证据表明，人们愿意挑选鼻子与自己的一样宽、双眼间距与自己的相当的对象。

这种模式的副产物之一是，人们会在不经意间选择居住在自家附近或者在生活某些方面与自己存在交集的对象。20 世纪 50 年代的一项研究表明，在俄亥俄州哥伦布市领取结婚证的所有新婚夫妇当中，54% 的夫妇初次约会时双方家的距离在 16 个街区以内，37% 的夫妇初次约会时双方家的距离在 5 个街区以内。在大学里，学生们更习惯于跟居住在同一个走廊或同一栋宿舍楼内的朋友来往。因为熟悉会产生信任。

罗伯和朱莉娅很快发现了彼此之间的许多相同点。他们的卧室内贴着同样的爱德华 · 霍普的海报，他们曾经同时前往同一家滑雪场度假，他们的政治观点相似，都喜欢看电影《罗马假日》，对《早餐俱乐部》里的角色有着相同的看法，甚至都错误地认为谈论自己如何喜爱伊姆斯牌座椅和蒙得里安的画作是有教养的表现。

除此以外，他们都善于品评最普通的东西，例如汉堡包和冰茶。追忆高中时代的生活时，他们都会夸大自己当年的知名度。他们曾经去过同一家酒吧，观看同一支摇滚乐队的同一次巡回演出。这简直就像是两幅相同的拼图，把它们拼合到一起才发现它们令人震惊地吻合。人们总是高估自己跟别人日常生活的差别，所以这两位感觉自己仿佛遭遇了一系列的奇迹，这些巧合让他们两人之间的关系充满了“缘分天注定”的意味。

他们也在下意识地探测对方与自己的智力相容性。戈弗雷 · 米勒在《求偶思维》(*The Mating Mind*) 中提出，人们往往会选择与自己智力水平相近的配偶，而最简单的判断智力水平的方式就是考察对方的词汇量。智商仅有 80 的人们会了解“布”“巨大”“隐瞒”之类的词语，但不会关注“宣判”“消费”“贸易”一类的词语。智商达到 90 的人们了解“宣判”“消费”“贸易”一类的词语，但不会了解“委派”“深思”“勉强”一类的词语。人们会在潜意识中借助双方所了解的词汇量来判断对方的智商水平，并且会改变自己的说话方式以迎合对方的层次水平。

侍者来到他们桌前，他们各自点了饮料，然后是午餐的食物。我们可以随心所欲地点菜，却不能随心所欲地选择自己喜欢什么，这也是生活中的基本事实之一。对食物的偏爱是在潜意识当中形成的，这使得罗伯喜欢解百纳红酒而不喜欢美乐红酒。不幸的是，朱莉娅要了一瓶解百纳红酒，因此罗伯不得不选择了一瓶美乐红酒以示品味的区别。尽管食物着实糟糕，但这顿午餐的经历非常不错。罗伯之前从未来过这家餐厅，但他俩共同的朋友对自己的判断力相当自信，强烈建议他们选择这里。事实上，这家餐厅的沙拉难吃得超乎他们的想象。朱莉娅对此有所预感，所以她点了容易吃完的开胃菜和不太考验厨艺的主菜。然而罗伯却点了一份沙拉，菜单上看起来很不错，实际上完全是用摊开的绿色大叶蔬菜做成的，若想塞进嘴里，必定会弄得满脸都是沙拉酱。或许是为了怀念 20 世纪 90 年代的烹饪风格，他点的主菜是三层牛排、土豆和洋葱的混合物，看起来就像《第三类接触》（*Close Encounters of the Third Kind*）里外星异形的指挥塔，咬一口就像从拉什莫尔山掀开一片岩层那样费劲。

但这些都不重要，因为罗伯和朱莉娅这回当真一见钟情了。两人用餐的时候，朱莉娅讲述了自己的个人经历——她的成长过程，她在大学时对交流的兴趣，她身为公关人员的工作经历，她在工作中遇到的挫折，她对将来建立自己的公关公司和采用病毒式营销的深谋远虑。

当朱莉娅讲起自己的人生目标时，她不由自主地靠向罗伯。她快速地小口喝水，像花栗鼠啃松果一样迅速，以便自己可以一直滔滔不绝地讲下去。她的热情富有感染力，“这份事业可以越做越大！”她热切地说，“这足以改变一切！”

90% 的情感交流并不是借助语言来完成的。肢体语言是潜意识领域的语言，不但可以用来表达感情，还能用来激发感情。有时，无意间做出的动作会让我们的内心为之一振。罗伯和朱莉娅舔舔自己的嘴唇，身体前倾以靠近对方，不时斜瞟对方一眼，把潜意识领域中用来调情的动作全都做了一遍。不知不觉中，朱莉娅把头歪到一旁，这是女性激起对方兴奋的信号：微微抬起头并且露出脖子。如果此刻有面镜子出现在她的面前，她肯定会大吃一惊，因为她此刻就像在模仿玛丽莲·梦露一样挑逗对方——拂着自己的秀发，抬高胳膊整理头发，高高挺起胸脯。

朱莉娅还没有意识到自己有多么喜欢跟罗伯交谈。不过，连侍者都已看出他俩脸红发烫，并且为此庆幸不已，因为初次约会的男人都会慷慨大方地付小费。几天后，他们开始各自回味这顿午餐的重要性。在以后的整整 10 年当中，朱莉娅一直记得这顿午餐的所有细节，甚至包括罗伯居然吃光了面包篮里的面包。

这足以成为他们百谈不厌的话题。

甜言蜜语是谈情说爱的“燃料”。动物在求爱过程中往往会跳起舞蹈，人类则选择通过交谈来求爱。戈弗雷·米勒指出，绝大多数成年美国人的词汇量在 60 000 个左右，为了建立起这样规模的词库，孩子必须在 1 岁半到 8 岁之间每天学习 10~20 个单词。

事实上，最常用的100个单词已经足以应付60%的交谈。最常用的4 000个单词可以应对98%的交谈。那么为什么人们还需要另外学习多达56 000个单词呢？

米勒认为，人们学习这么多单词是为了更有效地吸引和辨认潜在的对象。按照他的计算，如果一对夫妇每天交流2小时，期间每秒钟平均说出3个单词，在怀孕前经历3个月的性生活（在史前时代的稀树草原上，这是相当正常的情况），那么这对夫妇在成功怀孕之前交谈时会用到100万个单词。这样的词汇数量着实庞大，带来了不少触怒、惹烦和打扰对方的机会，足以让这对夫妇互殴、讲和、探讨和磨合。如果一对夫妇经历了这种喋喋不休的争执后还能待在一起，那么他们便具备长期待在一起养育孩子的可能性。

哈罗德的父母不过是初次见面，交谈时用了几千个单词而已，在他们漫长的一生中还有千百万的单词要说，不过他们这样的确是个很好的开始。如果你听从那些思想落伍的人的说法，就会误以为女人比男人更喜欢浪漫。事实上，大量证据表明，男人更容易坠入爱河，也更容易相信真正的爱情会天长地久。这一晚上和之后几个月里的交谈，其实主要是为了让朱莉娅放下戒心。

假如罗伯的老朋友们遇到他，恐怕都认不出他来了。他侃侃而谈自己的社会关系网。他似乎完全忽略掉了自己健美的身材，虽然他的朋友们都知道他可以持续好几分钟欣赏自己的前臂。所有玩世不恭的迹象都消失得无影无踪。虽然男人通常会在交谈时花2/3的时间来谈论自己，但是跟朱莉娅交谈时，他当然是以她的话题为核心了。戴维·巴斯的调查表明，无论男人还是女人，最希望从自己性伴侣那里得到的东西莫过于亲切的关爱。在求爱期，人们会向对方毫无保留地展示自己的同情心，以证明自己可以关爱对方。约会的男女之所以会积极地逗小孩、小狗玩，就是为了证明这一点。

当然，人们在选择对象时还会有一些好像不太见得光的盘算。就像经验丰富的股民一样，人们会在潜意识中用可预测的方法估算未来的收益，为自己的市场价值寻求最大的回报。

男人越有钱，他在挑选对象时就越倾向于更加年轻的女人。女人越漂亮，她在挑选对象时就越倾向于更加有钱的男人。女人的魅力等级可以用来精确估计她丈夫的年薪。

在某方面存在缺陷的男人可以凭借其他方面的优势来弥补这种缺陷。几项针对网恋的研究表明，只要收入足够高，矮个子男人可以成功约会的女孩数量也会远远多于高个子男人。京特·赫奇、阿里·赫塔苏和丹·艾瑞里计算过，如果身高 167 厘米的男人的年薪比身高 185 厘米的男人多 17.5 万美元，那么他俩能约会的女孩数量一样多；美国黑人如果比各方面条件与他相当的白人每年多挣 15.4 万美元，那么他俩在情场上会打个平手。（女人往往比男人更不愿意接受跨种族的约会对象。）

罗伯和朱莉娅就是在潜意识里进行着这类盘算——判断收入与容貌的比率，计算社会资本的平衡度。每个信号都表明他们俩真的很般配。

做出一生中最重要的决定

人类文明存在的目的，在很大程度上是为了克制人们本能的欲望。求爱期的紧张感，来源于放慢节奏的需求与性本能的急迫之间的矛盾。罗伯和朱莉娅此时都经受着本能冲动的煎熬，而又害怕说出太过露骨的话语。求爱成功的人必须具备调整双方节奏的能力。在彼此了解和克制自己的过程中，两人的关系并不一定能够达到默契。在交往过程中，两人之间含蓄的规则会逐渐建立起来，这些规则会指导他们彼此交往的方式。

法国作家司汤达下过这样的结论："爱情所能提供的最大幸福正是两人初次牵手时的触感。"哈罗德的父母在牵手时正忙于交谈，结果当时的场面不像是交谈倒像是在给宠物狗梳理毛发。当他俩进餐结束站起来时，罗伯很想把手放在朱莉娅细嫩的背部皮肤上，揽着她走到门口，但又担心她不喜欢这种含蓄的性挑逗行为。朱莉娅有点后悔自己带来了那个巨大的手提包，里面装了书、手机、传呼机，或许还能装下一辆电动自行车。她早晨出发时担心自己要是带一个小点儿的包来，或许看上去就像是来约会的，结果她在吃或许是平生最重要的一顿饭时，居然带着不合适的包！

他俩走出餐厅后，罗伯终于牵住了朱莉娅的手，她带着信任的微笑看了他一眼。他们路过一家家高档文具店，不知不觉中已经像真正的恋人那样走路了——身体距离很近，欢喜地看着前方。朱莉娅觉得跟罗伯在一起很舒服。在整个午餐过程中，他一直目不转睛地看着她——当然这并不是电影《迷魂记》当中吉米·斯图亚特所扮演的侦探暗中监视金·诺瓦克扮演的女主角时的怪诞眼神，而是安宁平和的眼神，让她不由自主地被吸引住了。

当罗伯顺利地把朱莉娅送回她的轿车旁边时，他实际上已经开始瑟瑟发抖了。他的心怦怦直跳，呼吸异常急促。他感觉自己在刚才的午餐中备受她闪动的目光所激励，所以表现得格外诙谐幽默。他的内心充满了模糊的情感，但他自己并不能完全理解。突然，他鼓足勇气厚着脸皮问朱莉娅，她是否愿意第二天与他再度约会。她同意了。他不甘心只是跟她握手道别，但接吻的时机还不成熟。所以他用力握了一下她的手臂，给她一个贴面礼。

他俩正处于近似拥抱的状态，同时也静静地感受着来自对方的爱情气息。他们体内皮质醇水平不断下降。在这种情况下，嗅觉的作用至关重要。丧失嗅觉的人比丧失视力的人更容易遭受情感衰退的困扰，这是因为嗅觉是一种有效的体验情感的方法。在蒙内尔中心进行的一项实验中，研究人员要求受试者无论男女都在胳膊上面缠好网垫，然后让受试者集体观看恐怖电影或喜剧电影。接下来，研究人员让另一批受试者闻这些网垫，结果发现，这些人能够判断哪些网垫上面留有欢笑的气味，哪些网垫上面留有恐惧的气味，女性判断的准确率远远高于男性。

在两人交往了一段时间之后，罗伯和朱莉娅开始接吻，品鉴彼此唾液中携带的遗传信息。根据克劳斯·韦德凯德在洛桑大学进行的一项著名研究，女人更容易被那些DNA中所含的白细胞抗原与她们自身情况差异最大的男人所吸引。互补的白细胞抗原编码被认为可以让后代拥有更完备的免疫系统。

在生物化学本能和潜意识情感的引导下，罗伯和朱莉娅都认为这是他们人生中最重要的一次交往。事实上，初次约会的两个小时是他们一生中最重要的两个小时，因为就人的终身幸福而言，选择结婚对象无疑是最重要的决定。在初次认识的当天下午，他们就开始考虑终身大事了。

午餐的气氛令人愉快。不过，他们刚刚经历的也是一场彼此间的智力测试，学术能力评估测试与之相比就像小孩过家家一样。

他们在刚刚过去的120分钟里都表现出了得体的社交技巧。他们互相展示了机智、殷勤、情感共鸣、老练和把握时机的能力。他们遵守了自己所属社会群体的约会准则。他们各自做出了数千次关于对方的评判。他们对于情感反应的评判是如此微妙，连最精密的仪器也无法测量。他们能够领会对方无声的肢体语言——一颦一笑，暗送秋波，插科打诨，欲言又止。他们审视和过滤对方的优缺点，评估对方与自己的表现。每过几分钟，他们都允许对方再迈近一步，两人也越来越心心相印。

这一系列心理活动之所以看似轻松，只是因为地球漫长的生命进化历史已经为这一刻做好了准备。罗伯和朱莉娅根本没必要像学习代数课程那样学习如何做出这些决定。这些心理活动都是在无意中通过潜意识完成的，表面看起来毫不费力，因为它们发生得很自然。

到目前为止，他们仍旧不能用语言表达他们得出的结论，因为他们的感受还没有汇聚成理智层面的信息。但是，恋爱的选择已经从他们的内心深处涌现出来，这不像是他们做出了决定，更像是决定选择了他们。对于彼此的欲望已经生成，或许他们各自需要冷静片刻，才能意识到他们已经悄然对彼此做出了承诺。科学家布莱斯·帕斯卡早就注意到，人们的行事方式并不是大脑能够完全理解的。

然而，这就是人们做出决策时的心理机制，这就是我们了解自己需要什么的方式——并不仅限于婚姻伴侣的选择，生活中许多其他重要方面也是如此。决定爱谁并不是某种另类的决策过程，更不是日常生活中偶然发生的浪漫插曲。决定爱谁是我们一生当中最为郑重其事的决策，因为它几乎影响到我们一生中所有其他方面的决定，从选择吃什么菜到选择职业，无所不包。决策过程从本质上来说是一种情感过程。

爱的角色

我们对自身认识的革命性变化是以极为离奇古怪的方式发生的。一位名叫埃利奥特的男士的遭遇让人类取得了突破性的科学进展，帮助我们了解了情感与决策的相互作用，他的故事已经成了大脑研究领域最著名的传说之一。因为脑瘤，埃利奥特的大脑额叶受损。他原本是个聪明、信息灵通、善于交际的人，能够苦中作乐。然而在手术之后，埃利奥特在日常生活中开始出现难以自理的情形。每当他试图完成一件事时，必定会忽略其中最重要的部分而被琐碎细节牵制。在工作中，他的任务本来是给报告归档，但最后他却坐下来开始阅读报告内容。为了制定归档制度，他会一整天冥思苦想。他会花好几个小时选择午餐地点，最后还是不能做出决定。他参与愚蠢的投资计划，以至于损失了毕生积蓄。他与妻子离婚，然后又不顾全家人的反对开始了新的婚姻生活，不久后再度离婚。简而言之，他已经无法做出明智的选择了。

埃利奥特去找一位名叫安东尼奥·达玛西奥的科学家寻求治疗，达玛西奥对他进行了一系列测验。测验表明，埃利奥特拥有超常的智商，对数字和几何图案有着惊人的记忆力，善于在信息不够完备的情况下做出合理的预估。然而，在两人长时间的对话过程中，达玛西奥发现埃利奥特从未流露出任何情感，即使在叙述自己一生中最悲惨的经历时也不动声色。

达玛西奥向埃利奥特展示了许多血腥、残忍、令人痛苦的图片，包括地震、火灾、意外事故和洪水引发的灾祸。埃利奥特知道自己原本应该对这些图片做出什么样的情感反应，但他的确无法体会到任何情感。达玛西奥开始研究，试图弄明白埃利奥特所缺乏的情感在他的种种失败决策当中起到的作用。

进一步的一系列测验显示，埃利奥特在做出决定时能够想象不同的选项会带来什么样的结果，也懂得两种道德取向之间的冲突。简而言之，他具备在一系列复杂的可能结果当中做出选择的能力。

事实上，埃利奥特无法做到的事情就是选择本身。他无法为不同的选项赋予不同的价值。达玛西奥写道："在他的决策视野中，所有选项的重要性都是完全相同的。"

达玛西奥的另一个研究对象也出现了同样的情形。这也是一个因脑部损伤而丧失情感表达能力的中年男子。在安排下一次就诊时，达玛西奥提供了两个日期供他选择。这个中年男子掏出自己的记事本，开始详细地列举出这两个日期各自的情况，分析了十几分钟，列举出所有可能的冲突，考虑这两个预选日期当天可能的天气情况，还分析其他约定与这次会面的冲突程度。"我努力克制自己，强迫自己不要敲桌子提醒他停下来。"达玛西奥写道。他和别的研究人员就站在那里，观察研究对象的思考过程。最终，达玛西奥还是不得不打断这位沉思的来访者，在两个日期中指定了一个让他务必再来。中年男子毫不犹豫地回答"就这样吧"，然后起身离开了。

"这种行为很好地说明了纯粹理性的局限性。"达玛西奥在他的著作《笛卡尔的错误：情绪、推理和人脑》中写道。这两个例子表明，缺乏情感会导致毁灭性和危险性的行为。缺乏情感的人不会过上极端理性、合乎逻辑、井井有条的生活，他们的生活会很荒谬。在极端情况下，缺乏情感的人会表现出反社会的人格，对野蛮行为熟视无睹，完全无法感知别人的痛苦。

通过总结类似经验，达玛西奥提出了他的独创理论，将其命名为“躯体标记假说”，用来阐释情绪在人类认知中的作用。这一理论的部分观点引发了争议——科学家们尚未对大脑与身体之间相互作用的密切程度达成共识——但他的核心观点在于，情感是我们判断事物价值的依据，在潜意识中指导着我们，为我们的人生导航，避免做出可能带来痛苦的行为，致力于完成可能带来成就感的任务。“躯体标记并不会直接替我们做出决定，而是着重突出某些选项（危险的或合适的）以便于我们选择，在我们做出选择后迅速忽略其他选项。你可以将它视为一种自动判断选项是否合格的机制，无论你是否希望如此，这一机制都会主动评估你所面临的可预期的、各种不同的关于未来的场景。不妨把它看成一种专门制造偏见的机制。”

在日常生活中，我们随时都要接受数不胜数的外界刺激，包括声音、景象、气味和动作，简直是一团乱麻。而在这令人眼花缭乱的混乱当中，大脑和身体的某些部分通过交互作用组成了一套“情感定位系统”。正如开车时用到的全球定位系统一样，这套情感定位系统会帮你判断你当前面临的局势，把它与记忆中的庞大数据进行比照。当它发现你当前的行为会带来好的或者坏的结果时，就会进行确切的判断，赋予人物、地点或情境特定的感情色彩（例如恐慌、激动、钦佩、厌恶等），暗示你做出反应（微笑或保持严肃，凑近对方或赶紧闪人等），从而为我们的日常生活导航。

假设有人在跟你进餐时突然抚摸你的手，你的思维会立刻开始搜寻之前遭遇过类似场景的记忆。或许你记得在电影《卡萨布兰卡》里，亨弗莱·鲍嘉曾经这样摸过英格丽·褒曼的手。或许你多年前曾在高中时体验过这样的约会场景，甚至你会立刻回忆起母亲牵着你的手带你去吃麦当劳的场景。

你的思维在不停地分类和解码，身体随之做出响应：心跳开始加速，肾上腺素浓度上升，脸上流露出微笑。身体和大脑不停发出信号，经过错综复杂的循环再激发出新的信号。思维与身体不可能截然分开——笛卡儿的错误在于认为灵肉可以完全分离。思维和身体借助复杂的反应和逆反应网络彼此相连，通过反馈作用赋予事物情感价值。你的手感受到的触碰已经被赋予了一层意义——令人愉快、开心。

片刻之后，另一种循环开始了，这是大脑中进化较快的部位与进化缓慢的部位之间的反馈回路，前额叶皮质便是进化缓慢的部位之一。这种信息流的速度要缓慢一些，但更加精细，可以分辨之前那套系统所做出的各种反应（“从桌子对面伸过来的手并不像母亲的手，更像是我向往的性伴侣的手”），也可以发出警示让你停住（“如果我抬起这只手亲吻它，这会让我很开心，但是我记得过去这样做的时候会吓到别人”）。

另一位该领域的专家约瑟夫·勒杜认为，事情进展到这一步时，人们的反应在很大程度上仍然是在潜意识里发生的，并没有浮现在意识层面。手的触感被感知和再感知、分类和再分类。身体已经做出了反应，计划已经酝酿出来，反应性的行动已经准备好，这一切都是眨眼之间就在潜意识里完成的。而且，这样的过程并不只是在约会和牵手时才发生的。当人们在超市里挑选食物时，在人才市场浏览不同的职位招聘时，这一过程都会发挥作用。情感定位系统会赋予不同的可能性一种情感价值。

最后，当这些复杂的反馈进程通通结束时，它们产生的最终愿望才会浮现到意识层面——选择某种食物，从事某份工作，握住某只手，抚摸某个人，跟某个人共度一生。这些愿望来自心灵深处，或许只是并不明智的一时冲动。情感有时会让我们变得理智，有时则会让我们误入歧途。它不会操控我们的思维，它可以被掩饰，但它的确会推动和引导我们的行为。正如勒杜所写的那样："大脑状态和身体反应是情感的基本元素，而意识层面的感觉则是锦上添花的装饰，就像蛋糕上的糖霜。"

对决策过程的深入认识让我们可以领悟到一些道理。理性和情感并不是彼此分离、彼此矛盾的。理性建立在情感的基础之上，需要依靠情感才能发挥作用。情感赋予事物价值，理性则在情感评估出的价值基础上做出选择。人类思维表面上看来是注重实际的，正是因为思维的深层面是浪漫的。

进一步而言，思维或者说自我并不是单独的事物。思维是无数彼此平行的复杂进程的统称。人的大脑中并没有一位虚拟的统治者在发号施令，各种进程和可能性也不会汇聚到一起排队等候决策。相反，正如诺贝尔奖得主杰拉尔德·埃德尔曼所描述的那样，大脑更像是一个生态系统，一个无比复杂的联合网络，各种刺激、模式、反应和感知都是通过这一网络跟大脑的不同部位进行各自的交互作用，为了得到一部分的控制权而彼此竞争。

我们更像是漫无目的的游荡者，而不是心有定论的决策者。在 20 世纪，人们往往把决策当作时间轴上某一个点的事情，先是搜集相关的事实、条件和证据，然后立刻做出决定。事实上，更准确的说法是，我们是社会背景之中的朝圣者。我们路过充满各种人与可能性的环境，在漫步过程中，我们的思维会进行难以计数的价值判断，这些判断汇集起来，就形成了我们的目标、抱负、梦想、欲望和处理事情的方法。要想活得开心，就要训练情感发出正确的信号，并且对这些微妙的信号保持敏感。

罗伯和朱莉娅很明显不是接受了世界上最好教育的人，也不是思想最深刻的人，但他们知道怎样去爱。当他们坐在餐厅里，越来越多地关注对方时，他们的情感迅速生成指导性的信号和一系列的细微决策，从而重塑他们的生活方向。"一切信息处理都是感性的，"肯尼思·多尔格写道，"在信息处理过程中，情感是驱使、组织、增强和削减认知活动的能量源泉，同时也是认知活动的体验和表现。"

罗伯和朱莉娅互相赋予了对方价值。他们感觉到自己在强烈的快乐情感中随波逐流，任凭这情感潮流把他们带到他们一心想去的地方。这可不是朱莉娅初次看见罗伯时她内心的苛刻倾向想要的结果，这结果是依据另一套规则做出的有力而全面的评价。朱莉娅首先坠入了爱河，然后再慢慢编出她被吸引住的理由。从那天开始，她与罗伯开始一起漫游在新的人生道路上，这条人生道路会给他们的生命带来无尽的益处。

第2章

经营婚姻

在婚后头几个月里，罗伯和朱莉娅过着极其快乐的生活，不过就像所有新婚夫妇一样，他们也需要面临磨合问题，需要将两人的个性习惯一点点地拼成一幅完整的生活蓝图。在步入婚姻时，他们的潜意识深处都已经为婚后生活勾勒出了自己的蓝图。现在，他们的生活联结到一起了，却发现两人心中的蓝图并非完全相符。他们的分歧并不算大，不过他们之前确实没有考虑到双方之间原来还存在这么一些细微的区别。

新婚夫妻的磨合之道

朱莉娅觉得餐具用过后应该立刻放进洗碗机清洗，而罗伯习惯把餐具丢在水槽中，到晚上再一股脑儿洗干净。朱莉娅在使用卷筒纸时习惯沿顺时针方向抽纸，而罗伯家里卫生间的卷筒纸都是沿逆时针方向被抽出的。

对罗伯来说，起床后阅读晨报是一件应该独自一人完成的事情，就算两个人挨在一起也应该默不作声各看各的。朱莉娅习惯把阅读早报当成家庭内部的交流机会，觉得一家人应该借此谈论和分享各自对全球态势的看法。罗伯去便利店总是购买加工过的半成品——意大利饺、冷冻比萨饼和蛋饼。朱莉娅总是购买鸡蛋、白糖和面粉一类的原料，而罗伯很惊讶尽管她花费了200美元购物，回家后却仍然无法马上吃上晚餐。

这些差异并没有真正困扰他们，因为他们还处于婚姻的初期阶段，有充足的时间去协调。在这种模式下，他们为全新的相互依存的生活而缓慢、慎重地彼此适应着。

首先是新鲜感阶段，他们会把双方各自带进对方生活的全新习惯看成新鲜有趣的事情。例如，罗伯为朱莉娅对袜子的依恋着迷。她愿意配合他能想象出来的任何做爱方式，只要允许她穿着袜子就行。她可以浑身滚烫、气喘吁吁、热情似火，但血液循环似乎到达不了她的双脚。如果当真去脱她的白色短袜，就会跟试图抢走美国全国步枪协会（NRA）会长的来复枪一样——因为你必然会碰到她冰凉、僵硬的脚趾。

朱莉娅从未遇到过每次去药店都要买牙膏的人。罗伯每周都要买一盒牙膏，就像火星人马上就要为抢夺佳洁士牙膏而入侵地球一样。此外，她也觉得他的兴趣爱好很有意思。罗伯对千里之外发生的事情有着浓厚的兴趣，尤其关心那些比赛结果，却对任何直接触碰他的情感和内心世界的事件无动于衷。他似乎缺乏关注焦点的能力。

他们逐渐发展到磨合期的第二阶段，开始认真面对双方相处的问题。危房难立稳。罗伯和朱莉娅都下意识地领悟到，对方在婚姻初期阶段所表现出来的一些似乎有趣可爱的怪癖——朱莉娅习惯每天早上6点准时打开笔记本电脑，罗伯在面对任何家务劳动时都要伪装成"无助的小朋友"以便推给朱莉娅——迟早会在这股新鲜劲儿消失后激起对方的怒火。

因此，他们开始逐渐在心里列出对方需要改变的行为习惯。不过，他们足够小心敏感，不会冲动地直接发起攻击。他们知道激进要么导致愤怒的反弹，要么带来长期消极对抗的情形。要想改变他人的习惯，只能慢慢来。

在最初几个月里，朱莉娅全神贯注地观察着罗伯，为他表现出来的行为模式而惊叹不已，就像珍·古道尔观察黑猩猩一样。这个男人对手工奶酪或者别的微妙口味毫无兴趣，然而只要把他带到距离健身器材商店150米之内的地方，他就会一下子对带有自动捡球功能的室内高尔夫球设施着起魔来。他觉得自己喜欢整洁，但他心目中的整洁就是把所有堆在桌面上的杂物全都塞进最近的空抽屉里。装配东西的时候，他从来不会事先考虑把零件装在哪里，而是直接行动，干到一半再花好几个小时弄清楚什么东西应该装在哪里。他自以为比所有橄榄球队的主教练都高明，却意识不到把鞋子放在去卫生间的必经之路上，夜间去卫生间时会被绊倒。

还有那天晚上电影票的事情。有一天，罗伯下班回家路过一家电影院，发现那里正在播放他想看的一部新片，而且当时还有空位。罗伯心血来潮地买了一张电影票，这对他来说真是轻车熟路，毕竟以前他单身时总这样做。接下来，他打电话给朱莉娅，说他已经发短信找了一帮好友陪他看这部电影，所以他会很晚才回去。他的语气相当轻松随意，所以当电话另一端的朱莉娅语气冷若冰霜时，他确实大吃一惊。朱莉娅的呼吸声令他毛骨悚然，就像是一个人正在努力克制自己不要用斧头砍人的冲动时发出的呼吸声。事实很明显，他那天晚上压根儿就不应该去看电影而撇下她独自在家。显然这种随心所欲的举动不应该再成为他的生活常态了，婚后生活不仅仅是少年时代的延伸，还包括了协作完成家务和履行两性义务。

她向罗伯解释这些事情的口吻，就像在给一个笨拙的学龄前儿童解释问题……他的生活现在已经不同了，他应该为更高层次的承诺、共同的人生规划努力，那种无忧无虑、只考虑自己、觉得“一人吃饱全家不饿”的想法应该被抛到九霄云外了。

一旦罗伯的潜意识里真的发生了这种思维模式的转变，夫妻关系就会发展得相对平稳一些。两人都坚守“门罗主义”原则，把自己生活中的一部分习惯当成底线，表明一旦对方干涉自己底线内的习惯就等于侵犯了自己。双方都对自己为了对方利益而做出的让步感到沾沾自喜。每一次罗伯记得用完马桶后把马桶盖拉下来时，他都欣赏着自己的无私风度。每一次朱莉娅陪他看动作电影并假装自己也喜欢看时，她都感觉自己像特蕾莎修女一样为爱奉献、牺牲。

这样一来，他们就逐渐开始了家庭劳动的分工，双方都愿意在自己感兴趣的领域做主。罗伯以某种方式掌握了度假旅行的决定权，因为他内心深处认为自己在游玩远足领域是个天才，就像罗伯特·李将军在军事领域是个天才一样，他的智慧足以应对航班取消、机场发生骚乱或者宾馆没预定上等意外状况。这意味着朱莉娅必须接受他已经规划好的“死亡行军”般的度假计划——早起后游览6座葡萄园后再吃午饭。不过，对她来说，这总比让导游陪伴、自己从网上订酒店要好。与此同时，朱莉娅主导了日常生活的方方面面。既然两人一起到时髦家居卖场闲逛时，罗伯根本不愿意花心思鉴别商品的档次，那么在最终做出采购决策时，他显然不掌握话语权。

婚姻关系的满意度通常呈现为U形曲线。夫妻双方在结婚头几年都处于非常开心的情绪中，之后他们感觉到的满意度不断下降，在子女进入青春期时降到最低点，然后随着他们的退休再度回升。刚刚结婚的罗伯和朱莉娅的确非常开心，而且显得彼此相当般配。他们在婚后大多数日子都会履行夫妻义务。

新生命的孕育

他们结婚大约半年后的一天，朱莉娅和罗伯起得比较晚，走到一家离家不远的餐馆吃了早午餐。然后他们去购物，顺手买了几个三明治，坐在公园的长椅上边休息边吃三明治。他们感受着周围的一切：手里面包的触感，捡起石子丢进池塘的感觉。朱莉娅心不在焉地看着罗伯，他正在用一把塑料小刀刮三明治上的芥末。她的意识在给他讲故事，但她的潜意识渐渐有了性兴奋。罗伯在听她说话，但他自己都没有意识到的是，他正注视着她脖子上的一小块褶皱。

他的内心深处已经产生了性欲，如果能找到一片合适的灌木丛，他巴不得立刻在这里就跟她交欢。人们过去曾争论过男人和女人是否拥有同等程度的性欲，但是通常来说，两性在这方面有很大的差别。男人的性欲通常是持久稳固的，只有在察觉伴侣进入月经期时会减弱一些。对脱衣舞表演俱乐部所做的调查发现，女性舞者收到的小费会在月经期间猛跌 45%，尽管具体原因尚不明确。

那天在公园里，罗伯从身体到灵魂都想拥有朱莉娅。这不仅仅是繁衍本能的反应。罗伯的内心中存在着各种障碍，使得他难以表达自己的感情。他的感觉的确在那里，但这感觉潜伏在他内心的某个地方，令他难以捕捉和理解。即使在能弄清楚自己的感觉时，他也难以用言语表达出来。不过在做爱过程中，他内心的障碍会自然而然地消失。在一波一波释放的激情中，他的意识似乎进入了云雾之中。他不再能感知周围的环境，也不在乎别人怎样看待他。他对朱莉娅的感情完完全全浮现出来，他可以直接感受到自己的情感，并且毫不忸怩地表达出来。之前，他们有时候做爱只是匆匆行事，朱莉娅只不过是顺水推舟答应他，这不足以让他的情感宣泄出来。但当两人都享受着释放激情的过程时，罗伯体验到了毫无阻碍宣泄出来后融合的快乐，这才是他真正渴求的。有句经典的话说，“女人因爱而性，男人因性而爱”，这说法并非没有道理。

朱莉娅的欲望更为复杂，就像一条支流繁多的河流。跟绝大多数女人一样，朱莉娅对性的兴趣是由当前她身体里的睾酮水平和血清素代谢决定的。这会受到她的身体劳累程度、心情、午餐时与伙伴的对话等因素影响，还会受到那些她根本意识不到的感受——一件艺术品、旋律或者一片花园——的影响。朱莉娅喜欢观察男性躯体、女性躯体或者介于二者之间的任何东西。像大多数女人一样，她即使在看到动物交配时都会有性冲动，尽管她的理智会告诉她这样很不雅。

跟罗伯相比，朱莉娅的性偏好受文化环境影响的程度更深。无论男人接受了何等程度的教育，他们偏好的性行为方式都大体相同，而女人的性偏好则会因为教育水平、文化背景、社会地位而彼此迥异。跟学历较低的女人相比，学历较高的女人更容易接受口交、同性性交和其他非常规形式的性活动。有宗教信仰的女人会表现得比没有宗教信仰的女人更加矜持，但有宗教信仰的男人和没有宗教信仰的男人却没有太大的区别。

据说，女人在做爱前 24 小时内任何跟性有关的体验都算是前戏。那天傍晚，他们看了一部电影，喝了点红酒，不久后就开始进入正题，先是玩耍式的，然后越来越激情洋溢，逐渐达到高潮。

性高潮不是一种条件反射，而是一种感觉。它由一系列越来越激烈的身心回路反应启动。触摸和感受让他们的身体释放出更多的多巴胺、催产素等化合物，这些化合物让他们的身体更加敏感，最终达到高潮时，仿佛脑海中闪现绚烂的烟火绽放的情形。有的女人只需靠在脑海里保持特定的念头就能达到性高潮，有些脊髓受损的女人只需耳朵受到刺激就能达到性高潮，另一些女人尽管性器官因受损而丧失了感觉，但仍能接受刺激而达到性高潮。中国台湾的一个女人在刷牙时会感受到大脑颞叶处于紧张状态，伴随着强烈的性高潮。拉马察德兰在加州大学圣迭戈分校对一个脚部截肢的男人进行研究时发现，截肢之后，那个男人大脑中对应那只脚的区域平时无事可做，由于大脑具有非常强的可塑性和适应性，来自阴茎的感觉蔓延到了空闲的大脑区域，让这个男人感到他的性高潮来自已经被截掉的脚。

做爱过程中，罗伯和朱莉娅的身体和心灵都在有节奏地颤抖着。朱莉娅的心理特征让她很容易达到高潮——愿意放弃对自己思维的掌控，可以被催眠，在做爱时无法控制想法——这一次，她感觉自己又一次朝着正确的方向进发了。几分钟后，他们的大脑额叶暂停工作，触觉则变得前所未有的灵敏。他们失去了残存的所有自我意识——时间观念、自己与对方身体的界限。就连触目所及的也变成了各种颜色的抽象小块。双方都达到了满意的高潮，结果就是孕育一个新生命。

第3章

亲子世界的交流

即使在接近30岁时，朱莉娅心底那个“春游少女”式的人格也仍然活跃着，随时都有可能出现。在工作日认真负责、雄心勃勃的她会在周六晚上让自己都市泡吧女的内心释放出来，无忧无虑地嬉戏一番。她仍然认为身穿奇装异服、言谈粗鲁、买醉狂欢、涂抹红唇、挥舞皮带，这些如同雷帝嘎嘎（Lady GaGa）崇拜者一般的作为是勇气的表现。她仍然认为露出乳沟意味着她能控制自己的性特征，认为大腿上的黑丝袜是对身材有信心的标志。她在聚会中是娱乐达人，在喝酒比赛和与同性朋友接吻这样的事情上总是一马当先。在深夜喝醉的人群中间，她经常处在离滥交只有一步之遥的境地，不过她从未失身。

直到她怀孕后很久，她内心深处才开始产生为人母的想法。如果要让她变成一位合格的母亲，那么刚刚在她的子宫中孕育出来的哈罗德可得着实努力一番了。

他很早就开始了这样的努力。孕育期间，哈罗德的大脑每分钟都会新增25万个脑细胞，最终出生时脑细胞数量已经超过了200亿个。他的味蕾很快也开始工作，因此他在子宫里就能够根据身体四周羊水或香甜或充满蒜味的味道来判断母亲的午餐吃的是什么。当羊水中甜的成分变多时，他会吞咽得更多。到第17周，他已经可以感觉到周围的子宫环境。他开始触摸他的脐带，有时会把手指捏在一起。这时，他对外面的世界也变得更加敏感了。5个月大的胎儿已经能够因为痛觉而退缩。如果有人用强光手电照射朱莉娅的腹部，哈罗德能够感知到光线并且躲开。

在孕期的最后3个月，哈罗德在做梦，至少他的眼球运动方式与正在做梦的成年人一样。正是在这样的时间点上，他“改造母亲”的机制开始运作了。哈罗德还是一个胎儿，几乎不存在任何被我们称为意识的思维活动，但他已经开始倾听和记忆母亲的声音。出生后，婴儿在听到母亲的声音时会用力吮吸乳头，而听到其他女人的声音时只会轻微地吮吸乳头。

他不但倾听声音，还记忆母亲说话的节奏和模式。法国婴儿的哭声与德国婴儿的哭声不同，因为他们在母亲体内已经熟悉了母亲那轻快的法语音调了。北卡罗来纳大学教授安东尼·J. 迪加斯帕和他的同事们曾进行过这样一项研究：让一些孕妇连续几周给胎儿读《帽子里的猫》(*The Cat in the Hat*)。胎儿们熟悉了这个故事的音调模式，结果当出生后再次听到这个故事时，他们吮吸奶嘴的动作明显要比听到其他故事时更加平静、更有节奏。

哈罗德在子宫里度过了 9 个月，一直在生长发育，而后他在晴朗的一天出生了。尽管他现在拥有了更好的视角来观察世界，但出生这件事情在他的认知能力发展过程中并不算是特别重要的事件。

现在他可以真正开始改造母亲了，消灭掉“泡吧女”朱莉娅，打造出“超级老妈”朱莉娅。首先他必须制造出一系列彼此联系的纽带将两人紧紧相连，取代其他所有的纽带。出生几分钟后，他已经被裹在毯子里放在母亲胸前，成功变身“微型纽带制造机”，而且已经准备好了一整套技能来跟自己所爱的人建立联系。

1981 年，安德鲁·梅尔佐夫开辟了婴幼儿心理研究的全新时代。当时他在一个仅出生 42 分钟的新生女婴面前咧嘴吐舌头，而她居然也咧开嘴对他吐舌头。新生女婴之前从未看到过舌头，但似乎能凭直觉知道她面前这个汇聚着各种奇形怪状的物体是一张人脸，中间闪动的那个小东西是舌头，这张脸后面是一个生物，那舌头肯定不是她的，而她自己也有一个类似的小东西可以动一动作为回应。

这个实验在许多不同年龄段的婴儿身上重复了许多次，研究人员自此开始寻找和研究婴幼儿的其他能力，结果的确有了新的发现。人们曾经认为婴儿就像一张白纸，不过随着研究人员调查范围的扩大，他们越来越发现，婴儿在出生时的认知水平和出生后最初几个月学到的内容足以让他们惊讶不已。

早在出生之前，我们就已经继承了丰富的知识和模式，那是悠久岁月里无数人类思维的结晶。来自进化历史长河中的信息被我们称为基因，流传了成千上万年的信息被我们称为信仰，流传了成百上千年的信息被我们称为文化，流传了几十年的信息被我们称为家庭，而近几年、近几月、近几天甚至近几小时出现的信息被我们称为教育和建议。

其实，这些都是信息。信息流从早已故去的祖先那里传到我们这里，再经由我们传到尚未出生的胎儿那里。大脑能够适应这条充满了湍流和支流的知识长河，在河水中如同鳟鱼一样自如。我们的思想深受这拥有漫长历史的信息之河的影响，我们当中没有人能够与它完全割裂，创造出完全属于自己的思想。即使刚刚诞生的婴儿也拥有这样丰厚的遗产，同时也被赋予了吸取更多知识的能力，未来还会为这漫长的信息之河做出回馈或贡献。

尽管还不具备独立的自我意识，但新生儿哈罗德已经拥有了让朱莉娅迷恋他的全套技巧。首先是他的外貌，哈罗德的脸蛋拥有可以自然地吸引母爱的全部生理特征：大眼睛、高额头、小鼻子和小下巴，这些生理特征会自然引起人类内心深处的喜爱之情，无论它们是出现在婴儿脸上，还是米老鼠和外星人的脸上。

其次，他还拥有凝视的能力。哈罗德躺在朱莉娅旁边，不停地盯着她的脸。几个月后，他学会了掌握时机——什么时候看着朱莉娅以吸引她的视线，什么时候转过脸去，什么时候又看她让她再度被吸引过来。他会凝视着她，而她也会以凝视来回应。很快，他就能从许多人的面容中认出母亲的面容，更长时间地盯着她而非别人。他能分辨出开心表情和伤心表情的区别。他逐渐精通于阅读表情，可以注意到眼睛和嘴巴周围肌肉运动的细小差别。6个月大的婴儿能认出不同猴子的不同表情特征，尽管在成年人看来它们的表情都是一样的。

再次，他也拥有触摸的能力。哈罗德感觉到一种本能的渴望，那就是尽可能多地触摸母亲的身体。哈利·哈洛设计的著名猴子实验表明，为了接触到皮肤，甚至接触到与皮肤同样可以令他们感到柔软温暖的毛巾，出生不久的小猴子宁愿放弃食物。它们之所以这样做，是因为对于小猴子的生存和成长而言，身体接触跟食物营养同样重要。这种触摸同样也改变了朱莉娅的生活。人类皮肤包含两种神经感受器，其中一种将信息传送到大脑中的感觉皮层，以便辨认和操控物体；另一种则负责激活大脑中负责社会交流的部分。这是一种身体与身体间的交流形式，会产生激素和化合物的激流，使得血压下降，形成超然的幸福感。哈罗德躺在朱莉娅的胸口，吮吸着她的乳头，营造着持续而亲密的血脉相连的感觉，这会刺激他的脑细胞生长。同时，朱莉娅感到她之前从未想象过的深深的满足感。有一次，她竟然产生这样的念头："我为什么还需要性生活呢？这样的感觉更让人满足啊！"这个念头居然会出现在这个在上大学时被同学们选为"最可能出演情色视频《狂野女孩》"的女人的脑海里。

或许最有效果的还是体味。哈罗德闻上去美妙无比。他那发烫的小脑袋散发出的微妙香味深深吸引了朱莉娅，让她产生她以前从来没有想象过的血脉相连的感觉。

最后一种能力是模仿。哈罗德开始模仿朱莉娅。几个月大的时候，他就会跟随朱莉娅的张嘴动作咧开自己的小嘴。当她来回摇头时，他也跟着摇头。不久，他就可以模仿她做手势了。

在凝视朱莉娅的眼睛时，在触摸她的皮肤时，在模仿她的手势时，哈罗德开始了“类对话”（protoconversation），这是情感、情绪和反应在潜意识层面的交流。朱莉娅发现自己也在配合这一交流过程，凝视儿子的眼睛，让他咧开嘴，让他摇头。

不久以前，某大学心理学专业的一个班级利用“类对话”的原理，把他们的任课教授捉弄了一番。学生们事先约定：当教授在教室的左侧讲课时，大家就一起聚精会神地听课；当教授在教室的右侧讲课时，大家就表现得心烦意乱。在上课过程中，教授不知不觉地越站越靠左，最后几乎退到了门外。他不知道他的学生们在干什么，只是觉得站在房间的这一侧会感觉好很多。他的行为正是受到了这种无形的社会引力的影响。

当然，朱莉娅和哈罗德之间的“类对话”比这要深刻得多。哈罗德继续稳固而坚决地让“改造母亲”的机制保持运转，一周又一周，一月又一月，摧垮她的心理壁垒，重塑她的性格特点，让她每时每刻都想着自己，逐渐改变她的本性。

生活完全被打乱了

朱莉娅原本的人格自然会反抗，你得理解她的抗争精神，她绝不会毫无反抗就向这个新生命投降。

在哈罗德一周岁前的绝大多数时候，朱莉娅会坐在婴儿房角落的一张椅子上给他喂奶。在为哈罗德举行的派对上，她的朋友们送给了她一些哺育孩子所需的用品，尽管这些朋友们中只有极少数自己哺育过孩子。她得到的礼物包括用于监控婴儿状态的报警器和摄像头、空气净化器、“小爱因斯坦”活动模型、除湿机、电子相框、刺激地毯，手摇拨浪鼓以及有助于舒缓心情的海涛声制造机。她就坐在这一堆小玩意儿中间给儿子喂奶，就像电视剧《星际迷航》里的柯克船长坐在“企业”号太空战舰的控制椅上。

在哈罗德出生大约 7 个月后的一个晚上，朱莉娅坐在椅子上，哈罗德趴在她的胸前。在夜光灯照耀下，周围一切都很安静。表面看来，这幅充满母爱的场景就像田园诗般平和、美丽——母亲正在哺育她的孩子，母子浑身洋溢着爱和甜蜜。然而，如果你当时能够偷听到朱莉娅的心声，就会吃惊地发现，她心里居然在说：“救救我！救救我！有人能帮助我吗？”

在这糟糕的时刻——身心俱疲、饱受压迫、备受冒犯的时刻，她恨透了这个小东西。他靠可爱、诱惑的花招进入了她的内心，一旦成功立足，他就像粗暴的统治者一样把她心中的其他想法全都踩在脚底。

他既是可爱的丘比特，又是小号的纳粹突击队士兵。这个贪婪的小浑蛋什么都想要。哈罗德限制了她的睡眠时段，占据了她全部的注意力，让她没法自由洗澡、休息甚至上卫生间。他控制着她的思想、她的外貌、她的喜怒哀乐。朱莉娅苦不堪言，根本没法抵抗。

婴儿平均每 20 秒钟就会要求成人以某种形式表达对他的关注。初为人母的女人在孩子一周岁前会丧失大约 700 个小时的睡眠，婚姻满意度会随之骤降 70%，而抑郁症风险则会增长一倍以上。任何最细微的不舒适感都会导致哈罗德发出刺耳的尖叫，让他的母亲歇斯底里地哭泣，令他的父亲恼怒、痛苦。

那天晚上，朱莉娅筋疲力尽地坐在椅子上，一边哺乳她的小婴儿，一边考虑自己已经变成胖子这个可怕的事实。她的脑海里涌现出很多阴暗的念头。她意识到自己永远不会恢复到当年穿着紧身裙的漂亮模样，也没法像过去一样，一想到什么不着边际的事情就立即去做。她完全被卷入了上流社会母亲们的意见战争当中。她已经接触过那些虔诚信仰母乳喂养的母亲，那些喜欢纠正她抚养方法的母亲，还有那些自怨自艾、整天抱怨自己丈夫和父母不够负责的母亲。她不得不参与到这些枯燥乏味的谈话当中，而且正如吉尔·利波尔所言，这些谈话都是翻来覆去的，毫无新意。母亲们都想要宽恕，父亲们都想要喝彩。

她或许只能跟曾经令她非常快乐的社交生活说再见了。她已经预见到了未来的阴暗无光——准备孩子在学校吃的午饭便当，反复训诫、管教孩子，做链球菌化验，治疗耳部感染，时常祈祷能有空闲的打盹儿时间，更不要提生育男孩的女人的预期寿命会变短，因为男孩分泌出的睾酮会影响母亲的免疫系统。

母亲与婴儿间的非语言交流

接下来，或许就在愤懑和沮丧的念头闪过脑海之后仅仅一秒钟，朱莉娅向后倚靠在椅背上，把哈罗德举到自己面前。然后哈罗德会再次趴回她的胸前，用他的小手抓住她的乳头，接着吃奶。欢乐和感恩的泪水慢慢从她的眼眶里涌出。

肯尼斯·凯耶指出，在所有哺乳动物的幼崽中，人类婴儿是唯一一种习惯于断断续续吃奶的：先吮吸几秒，然后含着乳头暂停一会儿再吃。凯耶认为，这种暂停的意义在于引导母亲轻轻摇晃婴儿。当婴儿刚出生两天时，母亲每次应该摇晃他 3 秒钟。而当婴儿出生几周后，母亲每次只需要摇晃他 2 秒钟。

这样的机制使得朱莉娅和哈罗德保持着芭蕾舞般的节奏。哈罗德停下来，朱莉娅就摇晃他；哈罗德又停下来，朱莉娅再摇晃他。这是一种交流。随着哈罗德逐渐成长，这种节奏还要继续。他看着母亲，母亲也看着他。他们的亲子世界由此组成。

母亲和孩子之间的这种节奏会像音乐一样不断演化。并非天生歌唱家的朱莉娅发现，自己往往会在最古怪的时刻唱歌给儿子听，大多数是电影《西区故事》里的插曲。每天早上，她会用缓慢、夸张、吟咏般抑扬顿挫的语调，把《华尔街日报》中所有跟美国联邦储备委员会相关的报道读给儿子听，世界各地所有文化背景中的母亲都是用这样的语调跟婴儿讲话的。

几个月过去了，她偶尔会对哈罗德进行模仿训练。她在脸上伪装出某种表情，让哈罗德来模仿，直到他看上去像某个名人为止。皱眉，她就可以让他看起来像墨索里尼；咆哮，她就可以使得他看起来像丘吉尔；咧开嘴表现得惊恐不已，她就可以使得他看起来像杰瑞·刘易斯。有时他的微笑会让她稍微有点紧张，他流露出心照不宣的狡猾笑容，就像大学里那些在她的浴室里偷偷安装摄像头的小流氓一般。

哈罗德是如此依赖自己跟母亲之间的联结纽带，以至于如果两人之间的交流节奏被打断，他的整个世界都有可能轰然坍塌。科学家们为此设计了一个名为“静止面容”的实验。他们要求母亲暂时停止与婴儿间的交流，流露出茫然而被动的表情。婴儿会为此感到极度不安，出现紧张、哭泣和焦急的反应。婴儿会持续不断地努力，试图重新吸引母亲的注意，但如果仍然得不到回应，他们就会同样变得茫然而被动。这是因为婴儿是通过观察别人脸上的表情（这种表情通常可以反映婴儿的情绪）来调整自己的内心状态的。

哈罗德和朱莉娅之间的交流会像交响乐一样持续下去，直到朱莉娅精疲力竭为止。哈罗德的能量受控于她的能量，哈罗德的思维基于她的思维。

在9个月大时，哈罗德仍然没有任何自我意识。他在许多方面能力有限，但他已经做到了那些生存发展所必需的事情。他已经让自己的思维和母亲的思维交织在一起，而他自己的能力将会通过这种联系得以培养出来。

人们有时会把婴儿的成长比做植物的生长。给种子施肥，植物就会逐渐茁壮生长。然而，人不是这样的，哺乳动物的大脑只有在能够与其他同类沟通时才能发育。对老鼠进行的实验表明，经常被母鼠舔舐照料的幼鼠，大脑中会生成更多的突触结点。跟母鼠分离24小时的幼鼠所丧失的脑细胞，比始终在母鼠身边的幼鼠所丧失的要多出整整一倍。在有趣环境中长大的幼鼠，神经突触比在普通笼子里长大的幼鼠多25%。人类也是一样，情感流露会通过某种神秘的方式带来生理上的变化。

早在20世纪30年代，斯克尔斯就曾对一些孤儿院中被人领养的智力有缺陷的孤儿展开过研究。4年后，比起未被领养的智力缺陷孤儿，他们智商的增幅平均高出50点。值得一提的是，被领养孤儿的智商并不是因为辅导和教育而提升的。领养他们的母亲们同样有智力缺陷，本身也在福利院里居住，是母亲的爱和关注使这些孩子的智商得以提升的。

现在，只要朱莉娅走进房间，哈罗德就显得兴高采烈。这的确是一件不错的事，因为朱莉娅为照顾他已经快要崩溃了。她已经好几个月没睡好了。她曾经认为自己比较爱整洁，但现在她的房间就像是被蛮族洗劫后的罗马城的一角。从她上次说出一句插科打诨的俏皮话到现在的这段时间，已经足够罗斯福总统实施他的“新政”了。然而每天早上，哈罗德都会露出灿烂的笑容，开始度过自己新的一天。

有一天早上，朱莉娅忽然意识到自己比世界上任何人都更了解哈罗德。她知道他在哪些方面需要她，她了解他在适应环境转变时遭遇的困难。然而她悲伤地感觉到，他似乎渴望着与她建立某种她永远无法提供的联系。

他们俩其实还从来没有过对话，因为哈罗德不会说话。他们主要是通过触摸、泪水、视觉、嗅觉和笑容来了解对方。朱莉娅一直觉得意义和概念必须通过语言来表达，但现在她已经意识到，人与人之间不用借助语言就能进行意义丰富的交流。

镜像神经元与模仿能力

哲学家们一直在争论人类彼此理解的机制。有些人认为我们都是谨慎的理论家，首先做出关于别人行为表现的各种假设，然后通过观察来验证这些假设。按照这样的理论，人们好像是理智的科学家，总在不断地察明迹象，检查结果。的确有足够的证据表明，这种“假设检验”是我们相互了解时会用到的方法之一。然而目前绝大多数研究表明，另外一种机制占据了更大的比重：通过模仿他人，我们让自己站在他人的立场来换位思考，以理解他人的感受。按照这种解释，人们并不是随时对同类进行评判的冷漠理论家，而是无意识方法论的执行者，依靠分享或是模拟周围人们的反应来了解他人。我们之所以能够在社会环境中正常生活，是因为我们可以部分地渗透到彼此的思维中，从而理解对方——有些人更擅长这个，另一些人则差一些。我们会通过自己去了解他人，同时也会通过感受他人的内心活动来塑造自己。

1992 年，意大利帕尔马大学的研究人员在研究猕猴的大脑时注意到一种奇怪的现象。当猕猴看到研究人员剥开并吃掉花生时，它的脑电波会出现一种刺激信号，跟它自己剥开并吃掉花生时一样，尽管它只是站在那里旁观而已。这表明猕猴会自动模拟从别的生物身上观察到的心理活动。

于是，镜像神经元理论应运而生。该理论认为，我们大脑里的镜像神经元会自动模仿和再现周围其他人的心理模式。镜像神经元本身跟别的神经元并没有特别的不同，不同之处在于它们彼此间的连接方式，似乎这样的连接方式可以让它们执行深层次模仿的任务。

近几年来，镜像神经元已经成为神经科学领域最热门、最充满争议的话题之一。部分科学家认为镜像神经元与基因相似，对它的研究会彻底改变我们对人类思维如何应对外部体验、如何向他人学习、如何与他人交流等问题的理解。另一些科学家则认为镜像神经元的概念被极度夸大了。他们指出，镜像神经元这个概念本身有可能是误导性的，因为它暗示模仿能力包含在个体神经元当中，而非包含在大脑神经网络当中。不过，双方都认同这样的观点：猴子和人类的大脑拥有进行深度模仿的自动机制，大脑可以通过这种方式越过个体之间的空间距离分享心理过程。正如马可·雅科博尼观察到的那样，人们可以感受到别人的体验，就像这体验发生在他们自己身上一样。

帕尔马大学研究室里的猕猴不仅会模仿它们所观察到的行为，而且似乎还会下意识地评估这些行为背后潜藏的意图。研究人员拿起有水的玻璃杯时，它们的大脑会立刻做出反应；而当研究人员拿起空玻璃杯清洗时，它们的大脑毫无反应。当研究人员假装做出捡葡萄干的动作时，它们的大脑没有反应；当研究人员真正捡葡萄干时，它们的大脑就会做出反应。当它们看到研究人员撕纸时，它们的大脑神经元会按照某种独特的模式被激发；而当它们看不见研究人员撕纸的过程，只能听到撕纸声时，其大脑神经元也可能按照同样的模式被激发。换句话说，猕猴并不是人们所认为的那样，只会“有样学样”地模仿动作。它们的大脑对某种行为做出的反应与该行为的意图密不可分。我们有时会假设“感知某种行为”和“对行为做出评估”这两种心理过程是不相关的，然而在这一例子中，感知和评估是混杂在一起的，共用同样的体系和脑神经网络模式。

自从进行这些实验以来，包括雅科博尼在内的许多科学家相信他们已经找到了人脑中的镜像神经元。人类的镜像神经元帮助人们解读行为的意图，跟猕猴的镜像神经元不一样，人类的镜像神经元甚至可以模仿那些还没有被探测出意图的行为。当女人看见别人用两根手指夹起高脚酒杯时，她的大脑反应模式跟她看见别人用两根手指夹起牙刷时的反应模式并不一样。她的大脑在看到别人说话时会做出一种反应，看到猴子叽叽喳喳时则会做出另一种反应。

当人们观看电影当中的追逐场面时，除非场面不够刺激，否则他们会做出仿佛自己正在被人追赶的反应。当人们观看情色电影时，除非不够暴露，否则他们会有仿佛自己正在做爱的反应。当哈罗德看见朱莉娅充满爱意地盯着他时，他的大脑内或许正在再现她的大脑活动，让他了解到爱在心中的感觉和作用是怎样的。

哈罗德会成长为一个技艺高超的模仿者，而这将从各个方面帮到他。杜克大学心理学教授卡罗尔·埃克尔曼所做的研究表明，越经常玩模仿游戏的孩子越早学会流利地说话。塔尼亚·沙特朗和约翰·巴格发现，经常互相模仿的两个人会更加亲昵，反之亦然，亲昵的两个人会经常互相模仿。许多科学家都认为，下意识地分享他人大脑思维的能力是情感共鸣的基石，而人类正是通过情感共鸣形成了道德。

无论科学最终怎样解释镜像神经元，这一理论都为我们提供了一种理解人与人之间交流的手段，特别是亲子之间的交流联系。思维具有强烈的渗透性。人们的大脑会互相影响，形成循环。同样的思想和感觉可以出现在不同人的思维中，形成看不见的交流网络。

笑是一种本能的社交方式

又过了好几个月，这一天，朱莉娅、罗伯和哈罗德正坐在一起吃晚饭时，罗伯无意间把一个网球扔在饭桌上，哈罗德被逗得咯咯直笑。于是罗伯再扔了一次网球，哈罗德的嘴巴张得大大的，眼睛笑得像弯弯的新月，身体颤抖不已，眉心的皮肤笑得皱了起来，他的笑声回荡在房间里。罗伯把网球捡起来举在饭桌上方，他们一起一动不动地坐在那里，期盼地等待着。然后罗伯用力一扔，让网球反弹了好几次，哈罗德再一次开心地笑起来，笑声甚至比刚才还大。他穿着睡衣坐在那里，小手一动不动，只是笑个不停。罗伯和朱莉娅也跟他一样大笑不已，甚至笑出了眼泪。罗伯反复扔球，哈罗德就充满期待地等着它再次落下，在看见它弹起时发出开心的尖叫声。他不停抬头，舌头抖动着，欣喜的眼神在父母之间转来转去。罗伯和朱莉娅配合着他一起尖叫，声音跟他的声音混杂在一起。

捉迷藏、在地板上摔跤、挠痒痒，这样的时刻是他们育儿经历中最开心的时候。有时朱莉娅会把头搁在婴儿床上，嘴里叼着一小块毛巾，哈罗德会把毛巾拉出来，再开心地试图将它塞回去。重复这种结果可以预料的开心事让他非常兴奋。这类游戏让他产生了熟练掌握某些事情的感觉，他开始理解世界上各种事情的模式了。这样的游戏也让他体会到与父母进行完美的同步沟通的感觉，对于婴儿来说，再没有什么感觉比这更美妙了。

人类会大笑是有原因的，大笑极可能早在人类发明出语言以前就存在了。马里兰大学学者罗伯特·普罗万发现，人们在与他人相处时大笑的可能性是独处时的30倍。当人们彼此间具有情感联系时，笑声就会更多。令人惊讶的是，在谈话过程中，说话者发笑的可能性比听众要高46%，而且让他们发笑的原因并不一定是自己说出的诙谐句子。导致说话者发笑的句子中只有15%可以被认为是有趣的。当人们觉得自己需要以相通的方式对他人的积极情绪做出反应时，笑声就如同肥皂泡般出现在谈话之中。

某些笑话具有反社交的属性，经常会受到自闭症患者的青睐，例如双关语。不过，绝大多数笑话都具有强烈的社交属性，可以应对社交中不恰当的情况。笑是人们用来构建联系、掩饰社交中的尴尬、让气氛更加融洽的语言。当人们开怀大笑时，笑是好的；当一群人嘲笑一个人时，笑是不好的。然而，笑和团结始终如影随形。斯蒂芬·约翰逊曾写道："面对幽默时，笑并不是人们的本能生理反应，如同疼痛导致皱眉、寒冷导致发抖一样。笑是一种本能的社交联系形式，而幽默则是利用了这种形式。"

一夜又一夜，哈罗德跟他的父母会试图迎合彼此的节奏。有时他们会失败，罗伯和朱莉娅无法进入哈罗德的思维，找出抚慰他的痛苦的办法。有时他们成功了，这时笑声便是他们获得的奖赏。

如果你非要问哈罗德从哪里来，我们可以从生物学上给出答案，解释受孕、怀孕和出生的过程。不过，如果你真正想解释哈罗德的本性——或者任何人的本性——究竟从哪里来，你就不得不承认，这首先来自哈罗德和他父母之间的联系。这联系之中包含了某些特质，当哈罗德成长到开始形成自我意识时，这些特质会成为他的个性特征，即使他跟父母分开也会在他身上体现出来。换句话说，人们不是先成长发育再创造联系的，而是生来就置身于跟父母和祖先的联系之中，是这些联系造就了他们的人格。再换句话说，大脑不过是单独一个人颅骨里的一堆神经组织，而思维只能存在于网络之中，是大脑之间相互作用的结果。不要把思维跟大脑弄混了。

诗人塞缪尔·泰勒·柯勒律治曾经说过："在自我意识形成之前，爱就开始了，而且最初的爱是对别人的爱。婴儿首先从母亲的模式中辨认自我的模式，几年后才会逐渐在自己身上认出自我。”

柯勒律治描述了他的孩子3岁时半夜惊醒并呼唤母亲的情景，“碰碰我，只要用手指头碰碰我就好。”小男孩恳求道，他的母亲很惊讶。

“为什么？”她问。

“我不在这里，”小男孩哭道，“碰碰我，妈妈，这样我就可以在这里。”

第 4 章

探索与认识世界

自第一眼看到母亲的那一刻起，哈罗德开始了他的一生。不过很快，贪得无厌的物质主义也开始在他身上显现出来。他的渴望对象并不是保时捷和劳力士。一开始，他对条纹和黑白格子情有独钟。随后，他开始喜欢上各种物体的边——盒子的边、架子的边。他紧盯着那些边，就像杀人狂查尔斯·曼森紧盯着警察一样。

随着时间的推移，他逐渐开始喜欢上了盒子、轮子、摇铃和小杯子。他成了一个优秀的“水平测量员”，坚信所有物体都应该待在最低的水平面上。盘子从桌子上被拿到地板上，书从书架被拿到地板上，吃了一半的意大利面盒子从它们的储藏室牢笼中解放出来，回归它们自然的栖息地——厨房的地板上。

令人高兴的是，处于这个阶段的哈罗德既修习心理学，也修习物理学。他的两项主要任务是向他的母亲学习，以及了解东西是如何掉在地板上的。他常常看着母亲以确定她在保护他，然后再去寻找可以推倒的物品。他有着艾莉森·哥普尼克、安德鲁·梅尔特佐夫和帕特里夏·库尔所说的“解释性动机”。哈罗德会长时间坐在那里，试图把几个不同大小的盒子放进另一个盒子里，当这些盒子终于套在一起时，他又会摇身一变成为击球手“桑迪·柯菲克斯”，把它们“打飞”到台阶下面去。

他在探索和学习，但在人生的这一阶段，哈罗德的思维过程是完全不同于你我的。小孩子看上去似乎并不具备能够观察自身的自我意识。他们大脑前部的执行控制区域成熟得比较缓慢，所以哈罗德基本不能进行可控的自我导向式思考。

这意味着他的内心深处并不存在他自认为是“自己”的自我意识。他不会有意识地想起过去，也不会有意识地以一个逻辑清晰的时间轴把过去的行为与现在的行为联系在一起。他不会记得之前的想法，或是他学习事物的过程。直到 18 个月时，他还无法通过镜子测试。如果你把一张便笺贴在一只成年黑猩猩或海豚的额头上，这些动物在照镜子时会知道便笺在它们自己的头上，然而哈罗德缺乏这种自我意识。对他来说，这张便笺是在镜子里的某个生物的头上。他在识别其他人方面做得很好，但他还不能识别自己。

甚至直到 3 岁，孩子们似乎都不会形成自觉地集中注意力的概念。当没有任何外在事物吸引他们时，他们会认为思维是空白的。当你问学龄前儿童，他们所看到的一个成年人是否正集中注意力观察什么东西时，他们看起来并不理解你在说什么。当你问他们是否能够长时间什么也不想，他们会回答“能”。正如艾莉森·哥普尼克在《孩子如何思考》一书中所写的：“他们并不理解思考能够简单地遵循内心体验的逻辑，而并非一定要在外部触发。”

哥普尼克指出，成人具有探照灯一般的意识，会将注意力指向特定的位置。而哈罗德跟所有的孩子一样，具有哥普尼克所谓的“灯笼意识”，它向外发散至各个方向，是一种针对一切事物的生动的全景意识。孩子就像兴高采烈地沉迷于 360 度环形全景式电影一样。数以百万计的事物如狂轰滥炸般吸引着他们的注意力：这里有个形状有趣的东西！那里还有一个！有盏灯！有个人！

即使这些描述也不足以描绘此刻哈罗德意识的古怪之处。关于灯笼的比喻似乎意味着哈罗德正在解读和观察着世界，而且身为观察者必须置身于观察对象之外。不过，用“观察”来形容哈罗德的行为是不恰当的，因为他沉浸其中，他被吸引到那些唤起他注意力的事物上。

学习识物

在人生的这一阶段，哈罗德必须以最快的速度学习尽可能多的内容。他的任务在于弄清他所生存的环境类型，绘制出一幅心理地图为他导航。有意识的、定向的学习并不能帮助他快速地完成这一任务，但潜意识沉浸其中则可以做到这一点。

童年期的大部分时间——甚至是人生的大部分时间——我们都在把千百万种的刺激整合到经验模型中，这些模型被用于生活中的预测、解释和导航过程。约翰·鲍尔比写道：“我们在生活中遇到的每一种情境，都是由我们关于世界、关于我们自身的典型模型来解释的。我们通过感官获得的信息是经由这些模型得以筛选和解释的，信息对于我们、对于我们所关心的事物的意义是经由这些模型评估的，行动计划的构思和执行也是经由这些模型进行的。”这些模型是内心世界的地图，决定了我们如何观察世界、为事物赋予什么样的情感价值、我们需要什么、如何反应，以及我们能够以怎样的精确度预测接下来要发生的事。

哈罗德正处在绘制心理地图最关键的时期。伊丽莎白·斯贝尔克认为，婴儿出生时就通晓了关于世界的核心知识，这些知识使他们在完成绘制心理地图的任务时能够占据良好的出发点。婴幼儿知道滚动的球将会持续滚动，如果球滚到某样东西的后面，它会从另一端出来。6 个月时，他们就能分辨有 8 个点的纸和有 16 个点的纸的区别。他们能识别出这些，尽管他们并不知道如何数数。

不久以后，他们就会表现出令人印象深刻的解码行为。梅尔特佐夫和库尔给5个月大的婴儿播放无声录影带，录影带中播放了一张说着“啊”或“咦”的脸，然后再播放这两种声音的录音。5个月大的婴儿能够准确地将声音和脸进行配对。

如果对着8个月大的婴儿读不同的音节组合，例如“啦-嗒-嗒”或“咪-啦-啦”，婴儿能在两分钟内找出其中隐含的组合规律（ABB）。婴幼儿能够利用一种非常复杂精密的统计方法理解语言。当成人说话时，不同词语的发音混合在一起，但婴幼儿能够从中分辨“pre”的发音之后有很大概率会跟着“ty”的发音，所以“pretty”是一个词。“ba”之后也有很大概率跟着“by”，所以“baby”是一个词。婴幼儿能够进行如此复杂的概率计算，尽管他们的意识几乎还没有觉醒。

独一无二的神经元网络

哈罗德的大脑神经元总数在1 000亿个以上。当哈罗德开始认识世界时，每个神经元都会生成分支，与其他神经元形成联结。两个不同神经元分支联结的地方被称为神经突触。哈罗德正在快速生成这样的联结。科学家计算过，人类从在子宫内第2个月到2岁生日之间，大脑平均以每秒180万个的速度形成神经突触。大脑制造突触是为了储存信息。我们知道的一切事物都蕴藏在神经联结网络当中。

到两三岁时，哈罗德的每个神经元平均会形成15 000个联结，尽管其中不常用的会逐渐消退。哈罗德的大脑最终会含有多达100万亿~500万亿个，甚至1 000万亿个神经突触。如果你想弄清楚哈罗德的脑细胞间形成联结的潜力，不妨这样考虑一下：仅60个神经元相互联结的可能性就多达10^{81}种（1后面跟着81个零）这一数字相当于已知宇宙中粒子总数的10倍左右。杰夫·霍金斯提出了另一种想象大脑的方法：设想一个足球场上堆满了意大利面，然后把它缩小到人的颅骨大小，那么它的复杂程度仍远远不如大脑神经元的分布。

在《婴儿床上的科学家》(*The Scientist in the Crib*)一书中，哥普尼克、梅尔特佐夫与库尔对神经元相互联结的过程作了巧妙的描述："这就像当你经常用手机给邻居打电话时，你们的房子之间就自动出现了一条电缆。一开始，细胞会试图与尽可能多的细胞形成联结，就像电话推销员打电话给每个人，希望有人应答一样。在另一个细胞做出回应，且回应的频度和程度足够时，一条更为稳固的纽带便形成了。"

这里我想暂停一下，因为突触形成的过程是"哈罗德究竟是谁"这个问题的核心部分。千百年来，哲学家们一直在探索人类对自我的定义。究竟是什么使一个人在经历日复一日、年复一年的变化后还是他自己而不会变成别人？是什么整合了每个人生命中所有不同的想法、行为和情绪？真正的自我究竟在哪里？

答案的一部分就在突触联结的模式之中。当我们看到苹果时，关于苹果的感官知觉（它的颜色、形状、触感、气味等）被转译入神经元相互联结形成的整体网络中，网络中的神经元会共同激发。这些激发或者说电化学冲动并非集中于大脑中某一个单独对应苹果的区域，跟苹果有关的信息分散于广阔的复杂网络中。在一项实验中，猫被教会从一扇标记有特定几何图形的门后寻找食物。这个几何图形在分布于猫脑中的500多万个细胞中触发了与学习相关的反应。另一项实验表明，辨别“P”与“B”两个字母发音的能力需要脑中多达22个区域的参与。

当哈罗德看见狗时，神经元网络会被激发。他看见的狗越多，相关神经元间的联结就变得越密集、越高效。看见的狗越多，关于狗的神经元网络就变得越快速复杂，人也就越善于识别狗的总体特点和不同狗之间的差异。通过努力、练习和经验，人们可以增进神经网络的精密程度。小提琴手跟左手相关的大脑区域具有密集的神经元联结，因为他们在演奏时频繁地使用左手。

你具有与众不同的签名，与众不同的笑容，在淋浴后用一种与众不同的方式晾干自己，这是因为你多次完成过这些活动，大脑中与之相对应的神经元网络形成了非常密集的联结。你可能会按从A到Z的顺序背诵字母表，因为通过背诵，你在大脑中建立了这种顺序的模式。你可能感到从Z到A反着背诵字母表非常困难，因为这一顺序还未通过经验予以强化。

因此，我们每个人都拥有独一无二的神经元网络，它会随我们生活中的各种情况形成、固化和随时更新。回路一旦形成，同样的回路在将来受到激发的机会就增加了。神经元网络包含了我们的经验，并据此指引我们未来的行为。它包括了我们每个人在世界上独特的生存方式，我们行走、说话和反应的方式。它是我们的行为所遵循的模式。大脑是生活的记录者，神经联结网络是习惯、人格和偏好的生理表现，而你则是大脑中的物质网络所显现出的精神实体。

看起来简单实际上复杂的想象力

当哈罗德看到母亲微笑时，神经元突触会以特定的模式激发，而可怕的卡车声则会使他的神经元突触以另一种模式激发。当他蹒跚地四处探索世界时，也在逐渐形成他的思维。5 岁左右的一天，他绕着屋子奔跑，做了一件令人惊讶的事情。他尖叫着："我是老虎！"开玩笑地猛扑在朱莉娅的身上。

这好像是一件很简单的事情，所有小孩子都会做。毕竟，当我们想象真正高难度的思维活动时，往往会想到像计算 5 041 的平方根这样的事情（答案是 71）。说"我是老虎"，看起来很简单。

然而，这只是一种假象。任何廉价的计算器都能计算平方根，但没有任何简单的机器能够完成"我是老虎"这句话所包含的富有想象力的构想。没有任何简单的机器能够将两种复杂的构想，如"我"（一个小男孩）和"老虎"（一种凶猛的动物）混合到一个单一而条理清晰的句子中。然而人类的大脑能够轻易地完成这项极为复杂的任务，而且完全不用进行意识层面的思考，以至于我们甚至察觉不到这有多困难。

哈罗德会这样说，是因为他具备归类能力和通过归类建立联结的能力——将一个事物的要旨叠加在另一个事物的要旨之上。如果要求一台高端电脑找到房间的门在哪里，它必须计算房间中的所有角度，然后查找与内存中已经输入的门的形状和比例相符的物体。由于门的种类非常多，电脑在理解"门"是什么意思时会遇到困难。但对哈罗德或任何一个人而言，这是很简单的事。我们在头脑中储存了关于房间的模糊模型，而且我们大体了解门在房间中的位置，通常完全不需要刻意思考就能找到它们。我们聪明是因为我们能够模糊思考。

我们审视世界中的各种不同模式，形成相应的要旨。一旦我们创建了某种要旨，也就是神经元激发的某种模式，就能利用它完成很多事情。我们可以提取狗的要旨，然后回想储存于脑海中的温斯顿·丘吉尔的要旨，接着我们就能想象狗发出温斯顿·丘吉尔的声音。（如果这条狗是斗牛犬，两种神经模式之间已有部分重叠，那么我们可以说“这条狗有几分像他”。）

这种混合神经模式的活动就是想象。它看起来简单，但其实很复杂。它包括提取两种或更多并非同类的事物，在脑海中将它们混合在一起，创造出根本不存在的第三种事物。吉尔斯·福肯尼尔和马克·特纳在《我们思考的方式》（*The Way We Think*）一书中写道：“创建一套完整的网络，包括了建立心理空间、跨空间配对、有选择地倾向于某种混合、定位共享结构、回溯输入数据，重新构建输入和混合内容、对混合物本身进行各种操作等一系列内容。”这仅仅是开始。如果你爱好极为错综复杂且有时不知所以地推理文字，可以去阅读那些致力于弄清楚想象过程中事件具体顺序的科学家们的著作，在他们的术语中，想象的过程又被叫作“双域整合”（double-scope integration）。

无论如何，哈罗德在这方面是个小恶魔。在5分钟之内，他可以是一只老虎、一列火车、一辆汽车、他的妈妈、一场暴风雨、一幢建筑或一只蚂蚁。在大约4岁时，他曾连续7个月认定自己是出生于太阳的太阳生物。他的父母试图让他承认他是出生于医院的地球生物，但他拒绝承认这一点，以至于朱莉娅和罗伯开始怀疑，或许是他俩得了妄想症，而不是哈罗德。

实际上，他只是在自己的混合过程之中迷失了。再长大一点，他创造了H星球，一个专门为哈罗德而建立的完整星系（研究者称这种情况为“架空世界”）。在H星球，每个人都叫哈罗德，且全都崇拜H星球的国王，也就是哈罗德本人。人们在H星球吃特殊的食物——主要是棉花糖和M&Ms牌巧克力，从事特殊的职业——大多是各种专业运动员。H星球甚至有自己的历史，也就是那些他幻想出来的事件，它们也像真实世界的历史一样被郑重其事地记录下来。

在生活中，哈罗德自始至终都十分善于整合、概括和讲故事。如果测量哈罗德天生的信息加工能力，会发现他稍微高于平均水平，但没什么特别的。然而他具有辨明本质、玩转神经模式的神奇能力，这意味着他非常善于创建现实模型和可能的“替代现实”模型。

有时我们认为想象是很容易的，因为孩子们比成人更善于运用它。实际上，想象是非常费力并且非常实际的。那些拥有想象天赋的人会说：“如果我是你，我会这么做……”或者他们会想：“要是我尝试那种方法，事情或许会更快做完。”这类双域整合和反事实方面的能力在现实生活中非常有用。

故事里的世界与现实世界

4~10岁期间，哈罗德会坐在餐桌前，突然插话，重复一些电视对白的片段或广告词，而且这些话往往恰到好处。他可以恰当地使用难懂的词，虽然当你稍后问他这些词的含义时，他无法有意识地定义它们。他可能随意哼起保罗·麦卡特尼的歌和电影

《翼》（*Wings*）的一小段插曲，并且这样做完全符合当时的情境。人们会惊讶地看着他问："这孩子心里有个小老头吗？"

事实上，哈罗德的大脑里并没有隐藏的成年人，只有一个小小的模式合成器。罗伯和朱莉娅安排他的生活。他们日复一日地保持同样的生活模式和同样的期望，这些习惯在他大脑中建立了特定的基础结构。在这种次序、规律和纪律的基础上，哈罗德的大脑会进行大胆的冒险，以不可思议的方式将原本差别很大的事物联系在一起。

罗伯和朱莉娅本该为他的想象力感到高兴，但哈罗德面对现实生活时似乎遇到了困难。他们看到别的孩子安静地握着婴儿车扶手，在杂货店的过道来来回回走。哈罗德不这么做，他总是乱动乱抓，让人不得不抱着他或是看着他。别的孩子在幼儿园会遵从老师的指导，但哈罗德不能安心完成任务，他总是跑去做他自己的事情。罗伯和朱莉娅会因为他的突然情绪爆发和闹脾气而精疲力竭，尽管他们试图让他变得规矩一点儿。在飞机上，他是个令人头疼的孩子，在旅馆也令他们感到尴尬。在家长会上，连老师们都说，管理哈罗德占用了他们太多时间。他似乎从不听话，从不遵从教导。朱莉娅在书店里翻看育儿指南，越看心越沉重，怀疑自己养育了一个典型的多动症孩子。

哈罗德上幼儿园时的一个傍晚，罗伯经过他的房间，看见哈罗德在地板上爬来爬去，周围全是塑料小人。他的左侧是一群穿绿衣服的小兵，右侧是一群乐高小海盗，还有一排乱七八糟的风火轮车挡在前面。哈罗德在中间忙来忙去，将达斯·维达小人转移到敌后，压倒了一个不知状况的特种部队士兵。一小队士兵遭遇了风火轮车的攻击并被击退。哈罗德的声音随着战斗的进行而时起时落，不停地进行实时报道，描述战事进展，偶尔还发出“这群人疯了”的低吼。

罗伯在门口站了大约10分钟，看哈罗德忙于他的表演。哈罗德抬头看了他一眼，又回到了战斗中。他激动地对一只毛绒猴子进行了鼓舞士气的演说，激励一块5厘米高的塑料要有勇气，安抚被撞的汽车，斥责一只毛绒乌龟。

他的故事里有将军和士兵，妈妈和爸爸，牙医和消防员。他似乎从小就很清楚这些不同的社会角色意味着什么样的行为模式。在有的游戏里，他扮演一名武士；在另一个游戏里，他是个医生；再换一个游戏，他又成了厨师长——想象扮演这些角色的人们如何思考，由此形成了关于其他人思维方式的看法。

哈罗德的许多故事都是关于他未来的生活以及他如何赢得尊敬和荣誉的。罗伯、朱莉娅和他们的朋友会幻想财富和舒适的生活，而哈罗德和他的伙伴则幻想荣誉。

一个周六的下午，哈罗德邀几个伙伴来家里玩“角色扮演”的游戏。他们跟他那些玩具一起待在他的房间里。哈罗德宣布他们是消防员，于是他们就想象房子着火了，并寻找工具应对这一情况——一根软管、一辆卡车、一堆斧子。每个孩子都在小主人的故事中为自己安排了一个角色。罗伯偷偷地走进来，站在门口观察。令他懊恼的是，哈罗德是个小拿破仑，命令他的客人们谁该去开车、谁该搬软管。他们会进行严肃、复杂的磋商，讨论在他们想象出来的世界里该做什么、不该做什么。即使在这个想象中的世界里，显然仍有必要制定规则，他们花了这么多时间讨论规则，让罗伯深刻地感觉到：规则比故事情节本身更重要。

罗伯注意到，每个男孩都设法坚持己见，整场游戏有典型的故事情节，从平静到危急再到平静。首先他们演出了欢乐的一幕，然后某件恐怖的事情发生了，使得他们群情激昂，共同对抗威胁。然后，在胜利之后，他们又恢复了早先感人的宁静。每个故事都会以“一切都变得更好”的胜利结局，每个参与的人都获得了声望和荣誉。

在花了大约20分钟像本杰明·斯波克一样旁观孩子们的游戏之后，罗伯决定参与其中。他在孩子们中间坐下，抓起一些小人，加入了哈罗德的队伍。

这是个严重的错误，这就像一个普通人抓起篮球，非要跟洛杉矶湖人队打场临时比赛一样。

在成年后的生活中，罗伯善于进行某种特定类型的思考，心理学家杰罗姆·布鲁纳称其为“例证性思维”。这种思考模式由逻辑和分析构成，内容包括从具体情境中抽离以组织事实、演绎一般原理和提出问题。

但哈罗德和他的伙伴们所玩的游戏是依靠另一种思考方式，布鲁纳称之为“叙事性思维”。哈罗德和他的伙伴们现在已经成为农场上的一群农夫，正打算开始做如下事情——骑马、系绳子、修建房子和玩耍。随着故事的发展演变，故事线索中什么行得通、什么行不通会自然浮现出来。

牛仔们一起去工作，然后他们开始争吵。牛丢了，栅栏修起来了。龙卷风过境时，牛仔们团结起来，当危险过去后他们又各自为营。

接着侵略者来了。叙事性思维是一种神话般的模式，它包含了例证性思维通常不包含的一个方面——关于善与恶、神圣与亵渎的方面。有这种思维模式的人不仅会讲故事，而且会为故事所引发的情感和道义赋予含义。

孩子们以警告和恐惧对侵略者做出反应。他们在地毯上匍匐前进，将他们的塑料骑兵排成行以抵御入侵者，他们叫嚷“敌人太多了”，看来败局已定。然后，哈罗德拿出了一匹巨大的白马，比他们正在玩的其他玩具大10倍。“这是谁？”他喊着，然后自己回答：“是白马王！”于是他攻入侵略者之中。其他孩子中有两个调转枪头，开始把侵略者猛投向白马。末日战争爆发了。白马碾压着侵略者，侵略者也打伤了白马。不久，侵略者全阵亡了，但白马也牺牲了。他们将一块布盖在它的身上并举行了悲痛的葬礼，白马去了天堂。

罗伯感觉自己就像跟一群瞪羚玩耍的疣猪。孩子们的想象力在尽情跳跃，他的思维完全跟不上。他们看到善与恶，而他只看到塑料和金属。5分钟后，他们高涨的情绪让他头痛，他无力再继续了。

罗伯很可能曾经有能力完成这样的脑力活动，但后来他逐渐成熟了。他能更好地集中注意力，但他不能再像以前孩提时代那样把古怪的想法整合到一起了。他的思维不再能够从一个主题跳跃到另一个主题上。后来，当他告诉朱莉娅他无法像哈罗德那样天马行空时，她简单地回答：“也许他长大后就不会这样了。”

罗伯努力想认同这一点。至少哈罗德的故事总是以快乐的结果收场。丹·麦克亚当认为每个孩子都会形成自己的叙事风格，这将影响他们未来的人生。孩子们逐渐接受了任何事都将以或好或坏的方式结束的假设（究竟是好还是坏取决于他们的童年经历）。他们接受了这样的故事基础：目标将会达成，伤痛将会愈合，和平将会重建，世界将会被理解。

到了睡觉时间，哈罗德在房间里跟他想象的角色们谈话。他父母的卧室在楼下，他们听不清他在说什么，但能听到他的声音随着故事情节而忽高忽低。他们会听到他有时平静地解释着什么，有时发出警告，有时召集他想象中的朋友们。他正处于罗伯和朱莉娅所说的“雨人”模式，迷失在他自己想象的广阔世界中。他们不知道哈罗德到底何时才会开始成为人类的一员。而在楼上，在教导毛绒猴子的过程中，哈罗德逐渐睡去。

第 5 章

童年世界的快乐与痛苦

在哈罗德上小学二年级时，有一天朱莉娅把他从游戏室叫到餐桌旁，告诉他该写作业了。哈罗德把他逃避写作业的整整一套技巧都卖弄了一遍。首先他告诉她，老师没有布置任何作业。当这个谎言被戳穿时，他告诉她作业已经在学校完成了，之后又是一连串越来越不可信的辩白：他已经在校车上写过作业了，他把作业本落在学校了，作业太难了以至于老师告诉全班同学不需要完成，无法完成作业是因为老师没有教过涉及的内容，下周不用交作业，他可以明天再写，等等。

晚间祷告结束以后，他被要求去前厅取回他的书包。他带着犹如即将被处决的杀人犯前往刑场一般的表情去了。

哈罗德的书包简直是一部反映男孩子兴趣的百科全书。他书包里的东西，跟依次挖开不同地质年代的岩层一样，时刻都能给人带来新奇感。你会发现吃剩的椒盐脆饼、果汁盒、玩具车、扑克牌、PSP 游戏机、胡乱涂鸦的纸片、旧作业、低年级时的课程表、苹果、砾石、报纸、剪刀和铜管。这样一个书包的容纳能力或许跟一辆大众牌轿车差不多。

朱莉娅从一片狼藉之中抽出了哈罗德的作业夹。据说历史总是反复轮回的，看着作业夹的装订方式就知道这句话是对的。在某些年代，三环活页夹是最流行的时尚；在另外一些年代，双面硬纸板文件夹独领风骚。世界上伟大的教育家们争论各种装订方式的优点，同时他们的偏好似乎又遵循某种占星周期交替轮回。

朱莉娅找到了他的作业单，心情很沉重，她意识到，接下来的 65 分钟将耗费在只需要花 10 分钟的作业上。作业的要求极少——哈罗德仅仅需要一个鞋盒、6 支彩笔、工作用纸、一块三脚展示板、亚麻籽油、乌木、一只三趾树懒的脚指甲和一些发光的胶水。

朱莉娅隐隐怀疑已由杜克大学学者哈里斯·库珀所做的研究证实：小学生写多少作业跟他们在考试和其他成就测验中的水平基本没什么联系。她也怀疑作业的磨难是为了别的目的——说服父母们相信他们的孩子接受了恰如其分的严格教育；引导孩子像精神彻底崩溃的行尸走肉一样面对未来的生活；或者更积极些，引导孩子们养成今后生活可能需要的学习习惯。

无论如何，朱莉娅既然已经陷入了处于她这一社会阶层的每个母亲都倍感无奈却不会放弃的亲子生活，就只能为接下来的贿赂和哄骗做好准备。在接下来的几分钟里，她向哈罗德提出了一系列的诱惑——金色的星星、小糖果、宝马汽车玩具——这一切都是为了让哈罗德写作业。当这些做法宣告失败时，她会使出威胁手段——威胁剥夺哈罗德看电视的权利，拿走所有电脑游戏盘和录影带，把他从她的遗嘱受益人中剔除，把他关在一个硬纸盒里，除了面包和水以外不给他任何东西吃。

哈罗德可以抵制所有这些诱惑和威胁，或许因为他还不能权衡长期痛苦与短期不便之间的利弊，或许因为他知道妈妈从来没有剥夺他看电视的权利的意图，毕竟这会将她自己置于整个周末都不得不取悦他的境地。

无论如何，朱莉娅终于让哈罗德在餐桌旁坐下来开始写作业了。她转身去取杯水，7.82 秒以后，哈罗德递给她一页纸表明作业已经写完了。朱莉娅看了一下作业纸，上面大约有三四个难以辨认的符号，可能是某种古代梵语。

这标志着晚间重写作业阶段的开始，朱莉娅要求哈罗德必须慢慢地、小心地、尽可能用英语完成作业。哈罗德列举了他那套习以为常的抗议说辞，然后就陷入了另一轮痛苦挣扎之中，朱莉娅知道他得这样挣扎15分钟才能调整好心态。在哈罗德投降并进入安静写作业的状态之前，似乎她和他之间必须经历内讧和抗议的阶段。

关于此类情境的一种流行观点认为，哈罗德的自由正被文明的荒谬、苛责所粉碎。童年的单纯和创造力正被焦虑社会所冲击和束缚。人类生来原本是自由的，却被套上了规矩的枷锁。

然而朱莉娅看着她的儿子，确实没法感觉到无人监督的哈罗德、不写作业的哈罗德、没人控制的哈罗德是真正自由的。那样的哈罗德会被某些哲学家称颂为天真与快乐的缩影，但实际上只会被他自己的冲动所囚禁。无组织的自由只是它自己的奴隶。

哈罗德想要写作业，他想要成为一个好学生，让他的老师和爸爸妈妈高兴，但他就是做不到。不知怎么回事，他克制不住自己，所以书包里才乱七八糟，生活也一团乱麻。坐在桌旁，他就是控制不住自己的注意力。水槽边发生了什么事，他马上想要去弄清楚。某个游移不定的念头驱使他走向冰箱，或是拿起咖啡机旁的一个信封。

不仅不自由，哈罗德现在还是他自己思维的受害者，每个突如其来的想法都会分散他的注意力，他不能控制自己的反应。他足够聪明，能感觉到自己正在逐渐失控。他无法逆转自己内心中越来越多的混乱，所以他感到挫败，认为自己很糟糕。

坦白地说，某些晚上朱莉娅也会失去耐心，让事情变得更糟。她不再跟哈罗德兜圈子，而是直截了当地命令他专心做完作业。为什么他无法完成这些简单的作业？既然他知道怎么做，作业内容对他来说是轻而易举的事。

她的命令从来都不见效。

不过，朱莉娅还有别的方法。她在少女时代经常搬家，随之而来的是频繁转学，有时她在结交新朋友方面会遇到麻烦。每到这样的时候，她就会依赖母亲的陪伴。母女两人长时间一起散步，一起外出喝茶，她的母亲原本因为在新的邻里关系中没人聊天而感到孤独，在这种时候也开朗起来。她会告诉小朱莉娅她在新环境中的焦虑，她喜欢的和不喜欢的，她错过的和期望的。当母亲以这种方式开诚布公交谈时，朱莉娅感到自己享有了某种特权：尽管她只是个小女孩，但她已经有机会接触到成人的观点。她感到自己已经被许可进入一个特殊的领域。

朱莉娅的生活跟她母亲的相当不同，在很多方面要轻松得多。她在一些无意义的事情上耗费了大量的时间——采购会客室用的毛巾，关注娱乐八卦，但她的内心深处仍然保留着“这样做行得通”的记忆。朱莉娅有时会与哈罗德分享她自己的特别经历，尽管她并不会意识到自己在这样做，甚至不会意识到她正在重复她母亲的行为。通常当她和哈罗德都焦躁不安或者遇到困难时，她会发现自己开始谈论年轻时的冒险经历，她给予他进入她的人生的特权。

一个特别的晚上，朱莉娅看见哈罗德一个人孤单地待着，跟外界刺激和内心冲动搏斗。她本能地将他拉向自己，让他稍微走进自己的人生。

她给他讲了个故事，那是她大学毕业以后跟一帮朋友开车穿越整个美国的旅行经历。她描述了那次旅行的美妙，他们在哪里度过了一个又一个夜晚，如何穿越阿巴拉契亚山，穿越平原，又如何穿越落基山脉。她描述了清晨醒来看到远处的群山，然后驱车下山，却几个小时都到不了山脚的经历。她还讲到公路旁边的凯迪拉克车队。

她这么做的时候，哈罗德全神贯注地看着她。她带着尊重对待他，让他进入最神秘的区域——她人生的隐藏地带，在他出生前就已经存在的一片地带。他的时间界限隐隐约约地被拓宽了，他获得了与母亲的少女时代、她的成熟、他的孕育、他的成长、此时此刻以及他未来的探险经历有关的微妙暗示。

朱莉娅一边说一边收拾厨房。她清理了台面，移走一整天堆积的盒子和零散的信件。哈罗德朝她倚过来，仿佛走路走到口渴之后找她要杯水一样。在这几年间，哈罗德已经学会如何借助母亲来组织自己的思维，在这次随意的交谈中，他又一次开始这样做。

朱莉娅瞥了一眼哈罗德，注意到他把铅笔叼在嘴里。他并不是真的要咬它，只是轻轻地叼着它，当他思考事情时会不自觉地这么做。突然间，他看上去更愉快并且精神更集中了。朱莉娅用她的故事激发了他的某种潜力——关于平静和自我控制的隐藏记忆。她的谈话内容吸引了他，他目前单凭自己还没法进行这样的谈话。结果就像奇迹一般，哈罗德很快顺利地写完了作业。

当然这并非奇迹。发展心理学家们早有定论，父母用不着成为杰出的心理学家就能成功教育好孩子。他们不需要成为极有才华的老师。大多数借助知识卡片、特别训练和家庭教师试图将孩子打造成完美成就机器的父母根本不会如愿以偿。相反，父母们只要对孩子足够好就行了。他们需要给孩子提供稳定的、可预料的生活节奏。他们要能与孩子的需求合拍，将鼓励与处罚相结合。他们要让孩子能够跟他们建立在面对压力时可以依靠的牢固情感纽带。他们要随时以身作则，成为孩子应对世上难题的现实参考，从而使孩子能够在头脑中形成潜意识模型。

童年期的依恋关系影响人的一生

社会学家一直在努力了解人类的成长机制。1944年，英国心理学家约翰·鲍尔比在一组少年犯中做了一项名为“44个少年犯”的研究。他注意到这些男孩中有很大一部分小时候曾被遗弃，需要忍受愤怒、羞辱和没有存在价值的感觉。“母亲离开是因为我不够好。”他们会这样解释。

鲍尔比注意到，这些男孩压抑自己的感情，用别的策略来应对被抛弃的感受。他的理论是孩子最需要安全与探索：他们需要感受到他人的关心与爱，但他们也需要走进外面的世界并学会照顾自己。鲍尔比认为这两种需要有时是矛盾的，但也彼此联系。一个人在家庭中感觉越安全，就越有可能勇敢地冒险，去探索新事物。正像鲍尔比自己所阐述的：“从摇篮到坟墓，如果我们的人生是由一系列或长或短的冒险组成的，并且每一次都是从我们所依恋的人提供的牢靠基础出发，那么我们会无比快乐。”

鲍尔比的工作让人们开始改变对童年和人性的思考方式。在他开始研究之前，心理学家们一直倾向于研究个体行为而非人际关系。鲍尔比则强调，孩子与母亲或主要照顾者间的关系，对孩子看待自己和这个世界的方式起到了强有力的塑造作用。

在鲍尔比的时代之前，甚至之后的一些年里，许多人只关注人们有意识的选择。他们假设人们先是观察简单的世界，然后做出复杂而困难的决定。鲍尔比则关注我们大脑中的潜意识模型，是它首先组织了我们的感觉。

例如，假设某个婴儿出生时就具备易怒的天性，但他足够幸运，有一位能读懂他情绪的母亲。当他需要拥抱时她就拥抱他，当他想被放下时她就放下他，当他需要刺激时她就给予刺激，当他需要安静时她就停止刺激。婴儿了解到自己存在于自己跟别人的对话之中，开始将世界看成是一系列连贯的对话。他发现，如果他发出信号，这些信号很有可能被接收到。当他遇到麻烦时，他会学着求救。他会形成一整套关于世界如何运转的设想，而在他跟外面的其他人接触时，就会依靠这些设想（无论它们被证实还是会被推翻）行动。

出生于和谐人际关系网之中的孩子，知道该如何加入陌生人的谈话、如何解读社交信号。他们把世界看成一个开放的地方。出生于险恶人际关系网之中的孩子会变得充满恐惧、内向孤僻或是充满侵略性。他们经常感受到威胁，即使实际上并不存在威胁。他们可能无法解读信号，或是不觉得自己是个值得别人倾听的人。这些在潜意识中构造现实的行为，决定了我们会看到什么、关注什么、最终会做什么。

鲍尔比的学生玛丽·安斯沃斯指出，如果将孩子与依恋对象隔离，强迫孩子独自探索世界，即使只是几分钟，孩子也会面临决定性的关键时刻。安斯沃斯设计的“陌生情境测试”就是为了研究安全与探索之间的这种转变。在测试中，安斯沃斯把幼儿（通常为9~18个月大的婴儿）及其母亲安排在一间塞满玩具的房间里，吸引幼儿去探索。然后，一个陌生人进入房间，母亲将幼儿交给陌生人照管。然后母亲会回到房间里，再与陌生人一起离开，只留下幼儿一个人。最后，陌生人会回来。安斯沃斯与她的同事近距离观察这些幼儿的反应：当母亲离开时他们抗议的程度如何？当母亲回来时他们如何反应的？他们对陌生人如何反应？

在接下来的数十年里，世界各地的研究者们对成千上万的孩子进行了陌生情境测试。大约 2/3 的孩子当母亲在测试中离开时会哭一会儿，当她回到房间时则会冲到她身边，这些孩子属于“安全型依恋”。大约 1/5 的孩子在母亲离开时不会有任何明显表现，母亲回来后也不会匆匆扑向她，这些孩子属于“回避型依恋”。还有一些孩子并不会表现出前后一致的反应，当母亲回来时他们可能冲向她，但当靠近她时也可能生气地捶打她，这些孩子被认为属于矛盾或紊乱的依恋类型。

这些分类像所有试图对人进行分类的方法一样具有局限性。尽管如此，但通过大量的理论研究，心理学家们的确已经对依恋的作用有了一定的认识，总结出了所谓的“依恋理论”。该理论探索不同类型的依恋与不同的养育方式之间的关系，以及童年期依恋对于整个人生历程中的各种关系和成就的影响。研究人员发现，即使幼儿 1 岁时的依恋类型，也跟他们长大后在学校如何表现、如何开展人生、在此后的人生中如何培养人际关系有较大的相关性。尽管婴儿时期的一项测试结果并不能决定一生，没有人在童年就注定是某种命运，但这些研究的确为于某些内心模型的工作方式提供了信息，这些模型由亲子关系所创造，之后则发挥着引导人们生活的作用。

安全型依恋的孩子拥有与他们的需求相协调、能读懂他们情绪的父母。他们的母亲会在他们害怕时安抚他们，在他们高兴时与他们愉快地玩耍。这些孩子并不一定拥有完美的父母或是完美的亲子关系。孩子并不是脆弱的。尽管父母会把事情搞砸、发脾气，有时会忽视孩子的需求，但如果照顾方式大体上是可靠的，那么孩子仍然会因他们在场而感到安全。经验表明，养育孩子的正确方式并不是唯一的。即使父母对孩子采取严厉的惩罚措施，只要孩子认为自己跟他们的对话是连贯且可以预测的，那么孩子对父母的依恋仍可能是安全型依恋。

当父母与孩子们达到如此程度的和谐时，大量的催产素将会流入他们的大脑。一些科学家把催产素称为“合群神经肽”。当人们享受亲密的社会关系时，当母亲分娩或给孩子哺乳时，当相爱的两个人在性高潮之后相互注视着对方的眼睛时，当朋友或亲人拥抱时，催产素水平都会急剧上升。催产素给予人们强烈的满足感，也可以说，催产素是使人们联结在一起的自然方式。

安全型依恋的孩子通常比较善于应对有压力的情境。明尼苏达大学教授梅根·冈纳所做的一项研究表明，如果你给 15 个月大的安全型依恋的孩子打针，他会因为疼痛而哭喊，但他体内的皮质醇水平并不会升高。非安全型依恋的孩子可能哭得同样大声，但他们不太可能伸手去触摸照顾者，而且他们的皮质醇水平更可能迅速上升，因为他们习惯于感受更多的外界压力。安全型依恋的孩子倾向于在学校和夏令营中结交更多的朋友。在学校，他们知道如何利用老师和其他成年人获得成功。他们不会觉得被迫要依靠和接近老师，也不会克制自己故意远离老师。他们在建立联系和解除联系方面非常自如。他们在一生之中通常更为诚实，因为他们觉得没多大必要靠说谎来夸大自己。

回避型依恋的孩子的父母通常孤僻、内向，他们不能很好地与孩子进行交流，或是难以有融洽的情绪体验。有时他们能说出合适的话语，但他们的话语并未伴随着传达情感的肢体语言。作为回应，他们的孩子形成了认为必须自己照顾自己的内心模型。他们学会了不依赖他人。在陌生情境测试中，当他们的母亲离开房间时，他们并不会抗议（至少没有明显表现），即使他们心率的加快表明他们内心其实相当激动。当被单独留下时，他们并不会哭喊，而是继续单独玩耍与探索。

更大一点时，这些孩子表面看上去似乎表现出了令人惊讶的独立与成熟。在学校的头几个星期，他们的老师对他们的评价比较高。但事实会逐渐表明，他们并不会跟朋友和成年人发展亲密的关系。他们忍受着更深程度的慢性焦虑，在社交中缺乏信心。阿兰·斯鲁夫、拜伦·埃格兰、伊丽莎白·卡尔森和安德鲁·柯林斯合著的《人的发展》（*The Development of the Person*）一书中，有一段关于回避型依恋的孩子走进教室的描述："他的路线是一系列之字形，就像帆船逆风航行的轨迹一样。最后他终于绕到离老师比较近的地方，然后转过身背对着她，等着她先叫他。"

回避型依恋的孩子长大后通常想不起太多的童年往事。他们可能会笼统地描述童年，但极少能回忆起强烈的情绪体验。他们在发展亲密关系方面经常遇到障碍。他们可能擅长逻辑讨论，但当话题转变到情绪上，或是被要求展现自我时，他们就会表现得非常不自在，只有在独自一人时，他们最为放松。日内瓦大学学者帕斯卡·维特卡经过研究得出结论，回避型依恋的成年人在参加社交活动时，大脑的奖励区域会显现出更低的激活程度。当他们 70 岁时，独居的概率是一般人的 3 倍。

矛盾或紊乱型依恋的孩子的父母通常都喜怒无常。他们这一分钟还在，下一分钟就不见了。他们可能在一个小时内过度干扰孩子，然后又冷漠地疏远孩子。这些孩子难以建立稳定的工作模型，他们会同时有奔向父母和逃开父母的强烈愿望。当他们被放置在吓人的陡坡边缘上时，就连仅 12 个月大的孩子也不会像安全型依恋的孩子那样期望母亲来解救他们。他们的目光会投向别的方向。

更大些时，这些孩子比其他孩子更令人担心。他们更容易感受到威胁，而且难以控制自己的冲动。这种压力造成的影响可能是长期的。即使在抵消了其他因素的影响之后，在缺少父亲的家庭中长大的女孩仍旧会更早开始月经周期。一般而言，紊乱型依恋的孩子更容易在青春期滥交，在 17 岁之前有更高的概率患上精神疾病。来自不稳定家庭的孩子的大脑体积更小，神经联结也更加稀疏，因为童年的精神创伤性刺激阻碍了神经突触的形成。

当然，这一切并不是说早期的依恋能够决定人生的全过程。孩子长大成人后的生活并不是完全由依恋类型决定的，其中的部分原因是一些人似乎非常有抵抗力，让他们可以克服早期的缺陷（在童年遭受性虐待的人之中，大约有 1/3 的人在成人后并未表现出因此受到了严重影响）。另一部分原因则在于生活的复杂性。对母亲不够依恋的孩子，可能会遇到一个可以依赖的老师，或是一位教会他如何与他人交往的阿姨。一些孩子具备“利用”他人的能力，如果父母不是合格的依恋对象，他们就会吸引别的人作为依恋对象。然而，早期对于父母的依恋确实会开启一条通道，促进孩子形成用于认识世界运作方式的潜意识工作模型。

许多研究追溯了早期依恋类型对人们整个人生过程的影响。例如，研究人员发现回避型依恋的孩子在德国孩子中所占的比例比美国的要高，而日本孩子中属于紊乱型依恋的比例更高。最令人印象深刻的研究之一是在明尼苏达州进行的，在斯鲁夫、埃格兰、卡尔森和柯林斯所著的《人的发展》一书中总结了这项研究的结论。

斯鲁夫和他的小组在30年间追踪了180名孩子和他们的家庭。他们在这些孩子出生前约3个月开始测试，评估他们父母的个性，之后一直从生活的各个角度以各种方法对他们进行观察、测量和检验，并且始终坚持用多个严格的独立观察者。

研究结果并没有推翻常识，而是以令人印象深刻的方式进一步强化了常识。首先，研究表明大多数因果关系是从父母指向孩子的。显然，容易发怒或患疝气病的孩子较难形成依恋，安静开朗的孩子更容易形成依恋，然而关键因素还是在于父母的敏感度。爱好社交、具有互动型人格的父母更容易培养出安全型依恋的孩子。与自己的父母拥有良好关系的父母也易于培养出安全型依恋的孩子。敏感的父母能够稳固地与难以相处的孩子建立联系，克服遗传缺陷。

研究也表明，人们的成长过程是连贯的。在某一年被评估为安全型依恋的孩子，在下一年也倾向于表现为同样的类型，除非有某些可怕事件的干扰，例如父母中一方的死亡或家庭暴力。“总体而言，我们的研究强有力地支持了童年期经验对人一生的影响”，研究人员在书中写道。早期的敏感照顾会让孩子在之后的人生阶段里更容易具备一定的生活能力。

除此之外，研究还表明依恋类型与孩子在学校里的表现具有较强的相关性。一些研究者认为，只要他们测量一个孩子的智商，就能轻易地预测这个孩子在学业上将达到什么程度。斯鲁夫等人的研究则表明，社会和情感因素同样具有强大的影响力。依恋的安全等级和照顾者的敏感程度与孩子全学年的阅读和数学成绩具有相关性。非安全型依恋的孩子在学校更有可能出现行为偏差。那些在6个月时由独裁、干扰性强且捉摸不定的父母照顾的孩子，在学校中更可能难以集中注意力，或是更好动。

通过观察孩子42个月时受到照顾的情况，斯鲁夫等研究人员能够以77%的准确度预测哪些孩子将在高中辍学，引入智商和成就测验数据并不能提高这一预测的准确度。能够完成学业的孩子通常知道如何与老师和同学建立联系。在19岁时，他们会表示自己至少有一名“特别”的老师“站在自己这一边”。那些辍学的孩子通常不知道如何与成年人建立联系，其中大多数孩子表示自己没有“特别”的老师，而且“当他们被问到这一问题时，往往会露出迷惑不解的表情”。

童年时期的依恋类型也有助于预测一个人未来人生中其他关系类型的情况，特别是浪漫感情关系。通过依恋类型，研究人员可以比较准确地预测孩子们在学校里是否会成为领导者，也可以预测孩子们在青少年阶段的自信程度、社交参与度以及社交能力。

当这些孩子长大成人，自己有了孩子时，他们也倾向于重复父母的行为。大约有40%的小时候遭受过虐待的父母会虐待他们自己的孩子，而童年受到良好照顾的母亲几乎全都会全心照顾她们的孩子。

斯鲁夫和他的小组观察了孩子与父母一起玩游戏、设法解答特定谜题的过程。20年后，他们发现，当年的孩子们——现在已经是父母了——还会与他们自己的孩子玩同样的游戏，有时连结果都非常相似，正如他们在一个案例中所描述的：

“当埃利斯陷入难题时，他向母亲寻求帮助，她抬头看着天花板。当他最终设法解决了问题时，他的母亲说：‘现在看看你是多么固执啊。’20年后，当埃利斯看着自己的儿子卡尔与同样的难题斗争时，他笑了，并摇了摇头。稍后，他假装从盒子里往外拿糖果来逗弄孩子，在孩子冲向他试图拿糖果时扔掉它。当他不得不替卡尔解决问题时，他说：‘这不是你做的，是我做的，你不像我这么聪明。’”

因害怕而哭泣的男孩

如果你把哈罗德当作成年人问他，他属于何种依恋类型，他可能会告诉你他属于安全型依恋。他记得快乐的假日时光，以及自己与父母之间的关系。这的确是真的，大多数时候，他的父母符合他的要求，使得哈罗德形成了安全型依恋，成长为一个性格开朗、信任他人的男孩。他知道自己过去曾经被爱，所以假设自己将来也会同样被爱。他对社交活动有极大的渴望。当事情出错时，当他陷入某种自我厌恶的情绪中，他并不会非常压抑或是疯狂地发泄。他积极地跟别人交往，期望他们会欢迎他融入他们的生活，并且帮助他解决问题。他与人交谈并寻求他们的帮助。当他进入一个新环境，他相信自己会交到新朋友。

但现实生活从来不能被完全简化为单一的类型。哈罗德也会遭遇某些可怕的事情，或是发现他的父母不能理解他的某些需求。他们对他所经历的一些事没有任何经验，仿佛他具有他们所缺乏的一种隐藏的精神层次，才会体验到他们不能理解的恐怖事情，以及他们无法分享的强烈愿望。

在哈罗德7岁时，他突然开始害怕星期六。他在清晨醒来，意识到父母晚上将会外出，过去他们几乎一贯如此。随着时间的推移，他努力告诉自己当父母外出时他不能哭。下午，他向上帝祈祷："上帝啊，请别让我哭，请别让我哭。"

他会到后院去看蚂蚁，或在楼上房间里玩玩具，但厄运的念头从未远离。他知道父母晚上外出是正当的，男孩子应当勇敢地接受这一点，不应该为此哭泣。可他也知道这是一条他无法遵守的规定，无论他多么努力。一周又一周，当父母关上门离开时，他会流下眼泪，跌跌撞撞地朝他们离开的方向跑去。多年以来，保姆们一直得抓他、拉他、抱他才能把他弄回来。

他的父母告诉他要勇敢，要像个大男孩。他知道自己应该遵守这一规则，也接受它，而且他也相当清楚自己这样做很不光彩。世界上的男孩好像只有两种：父母外出时不会哭泣的男孩，以及他——一个做不到他应当做到的事的人。

罗伯和朱莉娅尝试了各种办法避免这种崩溃。他们提醒哈罗德，他每天离家去上学也是独自一人，并不会因此害怕或感到不安。然而，这解不开哈罗德的心结，他知道自己即使拼命想要顺应父母的意思，也仍然会哭、会犯错。

一天下午，罗伯发现哈罗德在房子里鬼鬼祟祟地走动，打开每一盏灯，关上每一扇橱门。"我们离开后你很害怕吗？"他问。哈罗德的回答当然是"不害怕"，但实际上他很害怕。罗伯决定带着他在房子里进行一次小旅行，告诉他没什么可怕的。他们走进每个房间，罗伯让他看每个房间是多么空。罗伯将这些空荡荡的小房间视为一切安全的证明，而哈罗德则将空旷的房间视为某种无形的邪恶正潜伏在那儿的证据。"看见了吗？没什么可担心的。"罗伯说。而哈罗德则认为这是大人们看到真正可怕的东西时说的话，他闷闷不乐地点头。

朱莉娅让他坐下来，告诉他她希望他勇敢一些。她说他每周六夜晚的吵闹越来越让人无从下手。这句话的措辞导致了童年那种搞笑式的误解。哈罗德以前从未听过“无从下手”这样的表达方式，他以为父母对他哭泣的惩罚是要砍掉他的双手。他想象某个又高又瘦的男人穿着长大衣，留着凌乱的长发，迈着高跷一样的腿拿着大剪刀冲进来。几个星期前，他就曾断定——同样是以只有一个孩子能真正理解的糊涂理由——之所以当父母离开时他会哭泣，是因为他吃东西太快了。而现在他即将失去他的双手，他想到血从他的手腕向外喷，想到如果用两段残肢吃饭还能不能吃得太快。当朱莉娅耐心地与他说话时，所有这些景象都闪过他的脑海，于是他向她保证绝不会再哭。就像一位新闻秘书，他知道在公众场合他必须重复官方说辞，但他内心知道自己肯定会哭。

晚上即将到来时，他听到母亲的吹风机的声音——末日临近的信号。炉上的水烧开了，是为给他做通心粉和奶酪准备的。负责照顾他的保姆来了。

罗伯和朱莉娅穿上外套走向门口。哈罗德站在大厅中，胸腔和胃里传来一阵震颤。然后他感觉到自己的躯干正在起伏，他努力想控制。泪水从他眼睛里涌出，尽管他假装这泪水并不存在，却开始感觉到鼻子发痒、下巴颤抖。然后，他感觉五脏六腑搅成一团。他因哭泣而抽搐着，泪水溅落在地板上，他并不试图隐藏它们，或是抹去。这一次他并没有移动双脚奔向父母，他只是一个人站在门厅里独自颤抖着。父母站在门口，保姆在他身后。

“我很坏，我很坏。”他想。他充满了羞愧感。他是哭泣的男孩。在混乱之中，他弄错了因果关系：似乎父母离开是因为他的哭泣。

他们走后几分钟，哈罗德从床上拿起毯子，把毛绒玩具堆在自己周围，用这些东西建成了一座堡垒。孩子们会把情绪投射到他们最喜欢的毛绒玩具上，用成人们跟宗教偶像沟通的方式与它们沟通。多年以后，他会回忆起欢乐的童年，但他的童年其实也交织着痛苦的别离、混乱、误解、创伤和谜题。这就是所有的自传都是不充分的原因——人们永远无法捕捉自己内心的乱流。这也是自我认识都是有限的原因，只有少数不寻常的人能够察觉自己的童年期经历在大脑中建立模型的方式。此后的人生中，我们会编出各种各样的故事和理论，试图解释自己内心深处所发生的神秘事件，但在童年时期，世界的神秘性仍然鲜活生动，有时这种神秘性会伴随恐怖的力量爆发。

第 6 章

高中时代的社交与学习生活

受大家欢迎的、漂亮的和活跃的孩子是遭受残酷虐待的主角。在易于受人影响的童年时期，他们被强行灌输了一大堆他们自己都无法顺利复述出来的丑小鸭故事。他们被迫忍受没完没了的迪士尼电影，这些电影告诉他们真正的美丽在于内心。在高中，最有趣的老师喜欢那些头脑聪明的学生，这些学生因为对社会的愤慨而变得野心勃勃，周六晚上有时间坐在家里培养讨大人们喜欢的对迈尔斯·戴维斯或卢·里德的兴趣。毕业之后，那些漂亮的、受欢迎的学生几乎没有什么美好前途，多半只能充当地方天气预报员或游戏节目主持人之类的社会角色，而那些不讨人喜欢的学生却能努力赶超众所周知的当代巨头，诸如比尔·盖茨、谢尔盖·布林之类。简直就像是《圣经》中说“落后的将领先”，极客将主宰地球。

然而，天性活泼的哈罗德对于自己的受欢迎程度和帅气外形并不感到有压力。他很早就开始蹿个子，初中时就已经成了运动场上的明星。后来，别的孩子开始在个头和能力上赶超他，但他仍然以赢得尊重与服从的自信纵横全场。他和他那帮细腰宽肩膀的朋友们以吵闹闻名。声音似乎从他们的毛孔向外发散。他们穿过走廊时会大声呼喊相互致意。如果手上拿着一个水瓶，他们会兴高采烈地在餐厅里扔来扔去，别人只能小心躲避。他们对漂亮女生说黄色笑话，吸引一些男老师变成兴奋的旁观者，让低年级学生们陷入窥淫、恐惧的泥坑。他们很开心，因为他们知道尽管没人公开说出来，但他们才是这所学校的王者。

哈罗德与他的朋友们身体接触较多，但很少彼此对视。他们要么在摔跤和推搡，要么热衷于所谓的勇猛竞赛。有时候，他们全部的友谊纽带好像只是建立在“阴囊”这个词的滑稽使用上，他们跟女生在一起时也是满嘴脏话。哈罗德成功地跟一些可爱的女生约会，这些女生是埃及、伊朗和意大利后裔，还有的来自有英国血统的清教徒家庭。有时他简直像是按威尔·杜兰特和艾瑞儿·杜兰特撰写的《文明史》(*Civilizations*)来选择约会对象的。

然而，他还是相当受大人们喜爱的。与朋友在一起时他会满嘴脏话，但在父母和有教养的大人面前，他会假装成从未经历过青春期一样，说话做事都显得乖巧。跟许多青少年不同，他有时相当敏感多变，甚至似乎真的会为抵制全球变暖的宣传所打动，而这是老师和辅导员最喜欢看到的。

哈罗德所在高中的结构就像一个人的大脑，它具有执行功能。在这一例子里是校长和老师们，他们表面上维持了学校的运转，但私底下，在储物柜之间和走廊里，大脑真正的神经活动正在进行；纸条、口水、好感、拒绝、友谊、敌意和流言。学校里大约有1 000名学生，所以就有1 000 × 1 000种人际关系，这才是高中生活的真相。

那些高管相信，学校的存在是为了完成某种有利于社会的信息传输过程——内容通常包括公告栏上的科研项目。然而事实上，高中其实是一部社会分类机器。高中存在的目的是为了使年轻人认识到他们能够融入社会结构的哪一部分。

穆扎费尔·谢里夫于1954年主持了一项著名的社会科学实验。他召集了22名来自俄克拉何马州的小学男生，把他们带到强盗洞国家公园的露营地。他将这些11岁男孩分成两组，孩子们分别给自己起名为响尾蛇组和鹰组。一周的隔离之后，研究小组在两组间安排了一系列竞赛游戏。麻烦立即出现了。响尾蛇组将他们的旗插在“他们的”棒球场守场员的位置上，鹰组撕碎并烧毁了它。

比赛成了争斗的导火索。响尾蛇组突袭了鹰组的小木屋，破坏了他们的财产，偷走了一些衣物。鹰组拿着棍棒突袭了响尾蛇组的驻地。当他们返回时，他们为不可避免的反击做好了准备。他们将石头放进短袜，这样可以给敌人以迎头痛击。

两个组形成了彼此对立的文化。响尾蛇组说脏话，鹰组禁止说脏话。响尾蛇组行为粗俗，鹰组组织了祈祷活动。这一实验的结论后来又为许多别的实验所验证：人们具有组成团队的倾向，即使是以最为独断专横的特征为基础，而当多个团队彼此临近时，冲突就会发生。

在哈罗德的高中，没有人把石头放在短袜里。在那里，生活的主要斗争形式是赢得赞誉。学生们不可避免地分裂为各种派系，每个派系都有自己潜在的行为模式。流言被用来告诉派系中的每个人应当如何表现，也被用来羞辱违背规则的人。流言是团队建立社会准则的方式。传播流言的人通过证明他对准则的超然理解获得地位和权力，倾听的人则接收到关于可以怎么做、不可以怎么做的有价值的信息。

最初，哈罗德主要在乎的是如何成为他这一派系中的优秀成员。社交生活对他旺盛的精力来说很有吸引力，害怕被拒绝是他主要的焦虑来源，理解经常变化的派系规则是他所面临的最大认知挑战。

如果被迫将一整天时间耗费在餐厅和走廊那种高强度的社交活动中，学生们将会筋疲力尽。幸运的是，校方安排了休息时间，也就是上课时间。在此期间，学生们能让大脑得到休息，从社交压力中抽身喘口气。虽然大人们表面上似乎无法理解这一点，但学生们正确地了解到，社交活动是他们高中阶段在道德方面最重要的事情，也是在智力上要求最高的事情。

校园中的社交高手

有一天午饭时间，哈罗德停下来观望学校餐厅。他的高中生活很快就要结束了，他想要铭记这个场景。他观察着周围高中生活的原始结构。学生们来来往往，但餐厅的地理位置是恒定不变的。不知从何时开始，这个学校的贵族，也就是他现在所属的派系，总是坐在这个餐厅中央的桌旁。优等生坐在窗边，爱看电影的女生靠着门，满脸粉刺的摇滚青年在附近满怀希望地等待着。伪嬉皮士们坐在奖杯展柜旁边。普通学生坐在公告栏一侧的桌子旁，更左边的是那些边缘团体：大麻旅和太平洋恶棍——这些亚裔美国孩子假装未写作业。

哈罗德与每个团体中的两三个人在脸谱网（Facebook）上互为好友，因为他的合群使他成了“贵族团体”派到学校其他团体当中的外交大使，他大部分的午餐时间都是在餐厅里四处走动，跟各色人等相互问候。读高一时，他会向任何一个邻近的人伸出友谊之手，但是到了高二、高三，他已经与他的团体紧密地联系在一起了。作为毕业班学生，他发现自己正在从团体中脱离出来，这既是因为跟同一批老朋友在一起的厌倦感，也是因为他的身份已经确立，可以享受跟各种类型的人打交道的感觉了。

当他在餐厅里四处闲逛时，你可以看出他姿态的变化，当他进入某个团体的领域，马上就会融入那个团体的社交模式。他跟优等生们在一起时会流露出焦虑情绪，这些人除了善于学习学校课程之外没有多少长处，并且总是忙着要去别的什么地方。他搂着黑人团体领袖的腰，开了个跟种族有关的玩笑，这样的玩笑足以让所有成年人感到紧张，但黑人学生们并不介意。只能在储物柜旁地板上吃午饭的高一新生温顺地围绕着他，因此他也变得温和起来。那些涂着眼线、盛气凌人的傲慢女孩见他过来，也少见地露出高兴的笑容。

“真正的伟人是让每个人都感觉伟大的人。”英国作家切斯特顿这样写道。哈罗德在他走过的每个地方都洒下一小滴欢乐。当一群学生围坐一圈，低头静悄悄地互发短信时，哈罗德会突然出现，他们所有人都会高兴地抬起头。“你好呀，市长！”在哈罗德继续往前走之前，他们中的一个人会这样喊起来，因为哈罗德在午饭期间的巡视已经出名了。

社会能力不等于学习能力

哈罗德具备一种能力，只要扫视房间，就能自动辨认出 100 种细微的社交动态。我们都有自己的识别面孔的方式。例如，大多数人会一下子注意到人群中红头发的人，因为我们会自然地被不寻常的事物吸引。大多数人会认为长着大眼睛和圆脸盘的人比自己更为虚弱且更为顺从。（或许是代偿原因，在第二次世界大战和朝鲜战争中，娃娃脸士兵比健壮的士兵更可能因英勇而获得奖赏。）

哈罗德靠直觉就知道哪些团体允许药物滥用，哪些不行。他能辨认哪些团体能忍受成员收听乡村音乐，哪些会把这种行为当成是象征意义的亵渎。他能说出每个团体中一个女生每年可以跟多少男生交往而不会被认为是放荡：在一些团体中最多3个，在另外一些团体中最多为7个。

大多数人会不自觉地假设他们所不属于的团体比他们所属的团体更为同质化。哈罗德能从内部观察各种各样的团体。当他跟某个团体的成员坐在一起时，他不仅能看出团体里成员的特点，而且能猜到他们中有谁想离开这个团体，加入优等生或运动员团体。他能感知到任何一个团体里谁是领导者，谁是弄臣，谁又担当着调解人、冒失鬼和谦虚听众的角色。

他能在任何一个女生3人组中分辨出谁担当着什么样的角色。正如小说家弗兰克·波特曼观察到的那样，3人组是高中女生关系中的自然单位。女生1号是人气最高的；女生2号是她的密友；而女生3号是比较不引人注意的一个，是另外两个女生展现同情心的对象。短时间内，1号和2号会在化妆和穿着方面帮助女生3号，并且设法把她们某个比较没有吸引力的男性朋友介绍给她。但最终1号和2号会向人显示她们自己与3号相比是多么受欢迎，她们对她的刻薄将变得越来越明显，直至最终摒弃3号，换一个新的女生代替她。这些女生3号们从来都不会有充分的集体意识团结起来，运用她们联合的力量摆脱这种压迫。

哈罗德具有令人印象深刻的社交意识。可是当他从大厅步入教室时，他身上会发生一种难以察觉的转变。哈罗德在走廊里觉得一切尽在掌控之中，但在教室里，他没法对学习内容有同样程度的掌控。他的社交天赋似乎不能带来优异的学习成绩。事实上，我们用于社会认识的大脑区域不同于我们用于考虑物体、抽象概念以及其他事实的大脑区域。威廉姆斯综合征患者具有超群的社交技能，但在处理其他事务时会表现出严重的缺陷。戴维·凡·鲁依的著作指出，一个人只有不超过5%的情绪感知能力能够用认知层面的智商来解释。

坐在教室里等待上课的时候，哈罗德会失去他在走廊里所拥有的控制一切的感觉。他仔细审视坐在教室前排的尖子生们，认定自己并非其中之一。他可以得到B+的分数，在课堂讨论中说出建设性的言论，但他很少能给出让老师们为之兴奋的答案。哈罗德不知何时下了这样的结论：他在学校课程方面并不算差劲，但也绝不算聪明——尽管如果你问他聪明是什么意思时，他也没法给出准确的答案。

多愁善感的英语老师

哈罗德坐下来，准备上英语课。说实话，他有几分喜欢他的英语老师，这让他有点儿尴尬，因为她并不是他喜欢的类型。

泰勒女士在她读高中时并不喜欢运动员类型的男生，因为她更像是敏感的艺术家类型。她的个性形成过程符合汤姆·沃尔夫提出的高中对立面准则：我们在高中时期都会进入社交圈子，并且强烈地意识到哪种类型的人是我们的社交同盟，哪种类型的人是站在我们对立面的死敌。即使在成年后，我们也会对高中时期处于自己对立面那种类型的人怀有某种敌意。

泰勒女士就是这样，注定了永远属于敏感艺术家类型的阵营，反对运动员类型的阵营。她属于淡漠的观察者阵营，反对无知且精力充沛的阵营。她属于“比你更多愁善感”阵营，而不是“比你更受欢迎”阵营。这意味着她总是会纵容她自己高人一等的情绪存在，不幸地，这也意味着任何时候，就算她没有特别能吸引人注意的情绪剧本，她自己也会设法编造一个。

刚成年的时候，她先后尝试过阿兰妮丝·莫莉塞特、朱厄尔和莎拉克劳·克兰的类型。她参加游行，宣扬环保，参与抵制婚前守贞的活动。每逢舞会、婚礼、毕业周之类的大事件，她肯定满腹愁绪，似乎只有这样才能让她在狂欢的浅薄人群中间显得卓尔不群。她在别人的年鉴上写下伤感到令人尴尬的留言，还时常引用赫尔曼·黑塞和卡洛斯·卡斯塔尼达的诗句，尽管她那些同龄人根本没听说过这两位作家。她似乎有一种本事，把每件事都搞得过分郑重其事。

但她还是长大了。她在大学里抽烟，这算是一件她可以做的、既没有激情又愤世嫉俗的事情。她也参加了好几年的“为美国而教”活动，见识了人的生活可以糟糕到什么地步，这让她顾影自怜的程度多少有点减轻。

当哈罗德遇到她时，她已经接近 30 岁了，成为一名英语老师。她听费斯特、耶尔·内姆和“拱廊之火”乐队的歌。她读戴夫·艾格斯和乔纳森·弗兰岑的书。她对洗手液和健怡可乐上瘾。她的头发很长并且不修边幅，以表明她并不追求所谓的事业发展。她喜欢丝巾，喜欢亲手动笔写信。她家的墙壁上贴满了各种各样的格言，甚至她家的写字台上都贴着格言，这些格言的内容印证了理查德·利文斯通的观点：“有人喜欢把道德的失败归咎于性格的缺陷，然而更多的时候，这是因为没有恰当的目标。”

如果她没有被高中英语课程内容所束缚的话，或许还有可能成长为一个正常人。在高中学习的几年时间里阅读《一个人的和平》、《麦田里的守望者》、《人鼠之间》、《萨勒姆的女巫》、《紫色》、《红字》和《杀死一只知更鸟》之类的书是一回事，而不得不日复一日、年复一年地教授这些书是另一回事，没人能这样做而又丝毫不受影响。

它们对她进行了洗脑。不久之后她就断定，自己的终身天职是深入探查学生们的内心世界，辨别他们的核心渴望，并以文学作品中的某一段与之相匹配，以便让他们的生活发生特别的改变。她会在走廊里拦下学生，强塞一本书到他们手里，并以颤抖的声音告诉他们："你不是孤单的！"

这些学生中有许多根本就没有考虑过自己是不是孤单的问题。但泰勒女士或许是根据她自己的生活猜测，每个拉拉队长背后、每个乐队成员背后、每个奖学金获得者背后都有一段暗自绝望的人生。

所以她提供书籍作为拯救他们的方法。她将书本视为逃脱孤独、跟那些思考者交流的途径。"这本书拯救了我的人生。"她会在课后以耳语的方式逐一告诉她的学生们。她会邀请他们加入被高中阅读书单拯救的那些人的行列。她会提醒他们，当时局黑暗时，当痛苦难以忍受时，至少还有霍尔顿·考尔菲德伴随他们走过这段路。

然后她就会扬扬自得。她会被自己感动得热泪盈眶。她的灵魂会受到感召。有时只要看着她这种甜得发腻的状态就足以使一个正常成年人患上糖尿病。不过，关于泰勒女士的另一项事实是不可否认的：她是个伟大的老师。她的情绪化完全是为了触及学生的心灵，而措辞生动或者沉默寡言的老师都无法做到这一点。多愁善感的特征使她难以融入成人的群体，不过，这使她成为学校里的超级明星。

青春期的思维构建

泰勒女士与一部分老师一样，认为学校是构建在对人类错误认识的基础之上——把学生的大脑当作空箱子，需要靠学校课程往里面填充信息。

她无法忘记这一事实：别人总是比我们所了解的更加古怪、更加复杂。她的学生们正处于青春期，他们的大脑正在经历巨变，几乎就像是第二次婴儿期。随着青春期的开始，人们进入了无情修剪神经突触的阶段。这种巨变的结果是，青少年心理能力的提升并不是线性的。一些研究表明，14 岁的青少年识别他人情绪的能力还不如 9 岁时的水平，要恢复到之前的水平，他们还需要再经过几年的成长和磨炼。

当然，激素水平的迅速变化也是青少年时期的特征之一。女学生的脑垂体在青春期会突然进入活跃状态。如同童年早期一样，雌激素在她们的大脑中泛滥，这种泛滥导致了批判思维能力与情绪敏感度的突然飞跃。一些女孩会突然对光线和黑暗变得敏感。由于激素水平的变化，她们的情绪和感知能力随时都在变化。

例如，在一个十几岁女孩月经周期的前两个星期，快速上升的雌激素水平会使大脑变得躁狂和警惕。而在接下来的几个星期里，黄体酮会让大脑平复下来。劳安·布里曾丹写道，如果你告诉一个青春期女孩她的低腰牛仔裤太低了，她有时并不会理你，“但在她月经周期中的一天告诉她这句话，她就会理解成你说她放荡，或是说她太胖了以至于穿不下这条牛仔裤，即使你根本没有这种意思。这就是她的大脑对你的评论的解读方式”。

由于激素类型的不同，男孩和女孩开始对压力呈现出不同的反应。女孩们更多地对人际关系压力做出反应，而身体里睾酮含量是女孩10倍多的男孩们则会对针对其地位的攻击做出反应。二者都有可能在最不合适的场合突然爆发，而在另一些时候则变得惊人地笨拙。泰勒女士总是在思考，为什么她的学生们普遍没法在镜头前自然地微笑。或许是由于害羞，他们只能摆出令人不舒服的皮笑肉不笑的表情，好像他们想上厕所一样。

她总是认为当她试图教英语时，她班上的每个男孩都在背地里想着手淫，她班上的每个女孩私下里都感到孤独和与世隔绝。

每当泰勒女士看着班级里的众多面孔时，总会提醒自己不要上了学生们的当，虽然他们面无表情，其实他们的内心一片混乱。当她将某一信息呈现在一个学生面前时，那孩子的大脑并不会用很容易理解的方式来吸收它。正如约翰·麦迪纳所写的那样，这一过程“更像是一台没盖盖子却仍在运转的搅拌机。当信息进入大脑时，会被切割成细微的碎片，在我们思维内部溅得到处都是”。她会提醒自己：“别以为他们的思维多么有条理。”她最多只能将学生们身上已经存在的旧模式与她设法教授的新模式相混合。作为一名年轻的老师，她偶然发现一本书《鱼就是鱼》。书中的主角是一条与青蛙交朋友的鱼，这条鱼让青蛙描绘陆地上的生物。青蛙答应了，但鱼无法真正理解它在说什么。鱼想象中的人类是用尾鳍走路的鱼，鸟类是长着翅膀的鱼，母牛是长着乳房的鱼。泰勒女士的学生就是这样的，他们拥有由经验形成的模型，会用这模型来重塑她所讲的内容，得出他们自己的版本。

不要认为青少年明天思考的方式跟今天思考的方式相同。一些研究者过去曾认为人们具有不同的学习风格——有些人右脑占优势，有些人左脑占优势；有些人是听觉学习者，有些人是视觉学习者。不过，几乎没有任何可靠的证据可以支持这一观点。相反，根据实际场合，我们会在不同的学习方法之间来回切换。

当然，泰勒女士想要传授知识，传授可以通过考试来检验的知识。然而在几个星期之内，学生们就会忘掉他们在课堂上学到的90%的知识。成为一名老师的意义并不仅仅在于传授具体的知识，更在于塑造学生们感知世界的方式，帮助学生理解一门学科的规律。做到了这一点的老师才会被学生记住。

她跟学生之间的关系更像是师傅跟徒弟之间的关系。潜意识学习的很大一部分是通过模仿来完成的。她通过某个具体问题展示一种特定的思考方式，希望学生们能够参与到思考的过程之中。

她强迫他们犯错。做错事的痛苦和更正错误所需的努力创造了一种情绪体验，这有助于加深记忆。

她设法让学生探寻自己潜意识中的想法。她认为构建思维的过程并不是像砌墙一样从无到有的过程，更像是发现那些已经存在于潜意识中的想法的过程。她要求孩子们尝试不同的思维方式，看看哪种更加合适。

她也强迫他们工作。尽管她多愁善感，但她并不主张“学生只应该遵从他们天生的好奇心”这一看法。她布置他们不想做的作业，她安排频繁的测验，因为她凭直觉知道为了应对考试而回忆知识的行为能够强化相关的大脑神经网络。她推动他们成长，她情愿被他们憎恨。

泰勒女士的目标是把她的学生们变成自学者。她希望让学生们体验到，探索和发现能够带来快乐的感觉——当你努力工作受了些苦后，终于获得成功时的那种狂喜。她希望学生们能够对这样的过程着迷。她的这种教育方式终将让他们成为自己的老师，这就是泰勒女士为她的职业所构想的壮观景象。

高中生活与古希腊世界

哈罗德在头几周觉得泰勒女士很荒唐，但在不久后就觉得她是他永远难以忘怀的人。一天下午，当哈罗德上完体育课去吃午饭时，最重要的时刻到来了。泰勒女士埋伏在走廊里，紧靠着储物柜，穿着土黄色外衣以隐藏自己。她看见她的猎物以正常速度接近，她以专业的沉着和耐心跟踪了他几秒钟，然后当走廊的人群散开、哈罗德孤身一人时，她发起了突然袭击。她将一本薄薄的书按在哈罗德手里，“这将使你成为伟大的人！”她激动地说，然后立刻离开了。哈罗德看着手里的书。这是一本旧书，名叫《希腊精神》，作者是埃迪斯·汉密尔顿。

哈罗德会永远记得那一刻。后来他才知道《希腊精神》被古典学者批得一无是处，但在高中时代，这本书向他敞开了一个新世界。这是一个既陌生又熟悉的世界。哈罗德发现了一个由战斗、竞赛、团队和荣誉组成的古希腊世界。他发现这个世界跟他自己的世界不一样，勇气是最受推崇的优点之一，勇士的怒火可以推动历史，人们充满鲜明的个性色彩，醒目地生存着。在哈罗德生存的环境里，几乎没有什么能帮助他展现他的男子汉气概，但古希腊为他提供了表达的方式和规程。

埃迪斯·汉密尔顿的书使他体验到了一种从前没有经历过的、与古老而深远的事物相联系的感受。汉密尔顿引用了希腊悲剧作家埃斯库罗斯的一段话：“神规定学习的人必须忍受痛苦，甚至在我们睡觉时，这种无法忘记的痛也在不停地敲击着我们的心，而且尽管这违背我们的意愿，学习也会伴随神的极大恩泽带给我们智慧。”哈罗德不能完全理解这段话，但他感觉到它具有令人印象深刻的力量。

他读完汉密尔顿的书，又去找其他人的书来读，探寻那种跟贯穿人类历史的神秘事物彼此联系的感受。他过去一直是用专业学生的标准来学习和关注知识，目标是考进他可以在聚会上自豪地提及的大学。但现在，他开始以不同的方式理解希腊，渴望探索重要的真理。他根据自己的需求去阅读这些书。他接下来又开始阅读通史，观看关于古希腊生活的电影（大部分很糟糕），例如《斯巴达 300 勇士》和《特洛伊》。在这所流行时尚的高中里，他却沉迷于荷马、索福克勒斯和希罗多德。

泰勒女士愉快地关注着这一切。有一天他们在自习课碰面，开始制订学习计划。

一切开始得很自然，在一间普通教室的荧光灯下，她和哈罗德坐在课桌旁，虽然稍微有点儿挤到腿，但也不碍事，他们开始制订计划。哈罗德决定（或者说被哄骗）把到目前为止他还不够了解的古希腊生活作为毕业论文的题目，而泰勒女士将担任他的指导老师。所以当她兴奋地讲解论文项目时，哈罗德坐在那儿聆听。她的热情具有感染力，与她面对面谈话很有趣。关于学习效果的研究已经发现，效率最高的学习来自面对面的辅导，效率最差则是跟着录像带或录音磁带学习。另外，一位聪明、有吸引力的年长女性与他谈论极其有趣的神秘事件，对他来说是件诱人的事。

泰勒女士对哈罗德的看法是，他是一个受大家欢迎的、活跃的、有些理想主义的高中男生。她在课堂讨论中注意到了这一点——他渴望崇高，希望成为超越普通生活事物的一部分。泰勒女士起初赠予哈罗德那本汉密尔顿的书，是因为古希腊人能唤起男孩们对于伟大的想象，而这样做似乎能激励他们。她建议哈罗德在撰写毕业论文时将古希腊生活与高中生活的某些角度相联系。泰勒女士坚定地相信，当两个截然不同的领域在一个人的大脑内碰撞时，就像两个星系在宇宙空间合并，创造力就是这样出现的。她也坚信，每个人都应该有两种职业，两种看待世界的观点，每种都能让人从独到的角度理解另一种。就她而言，白天她是一名老师，晚上是一名不成功但不太在乎自己是否成功的歌手兼歌曲创作者。

第一步：读5本书

哈罗德课题研究的第一步是获取知识。泰勒女士吩咐他坚持阅读关于古希腊生活的书籍，并向她提交已经读过的5本书的清单。她并未给他安排有条理的课程，她希望他以成年人对一个内容感兴趣而找书的方式去寻找这些书籍，例如通过浏览亚马逊网站或书店，借助口碑或偶然发现它们。她希望他通过不同类型的书籍和不同类型的作者获得信息，这样他的潜意识会积极地将所有信息编排在一起。

在第一阶段，即使哈罗德的研究有些片面也无关紧要。本杰明·布卢姆已发现，教育不必立刻显现出效果："学习第一阶段的效果似乎是使初学者感到难以理解、迷惑和着迷，并使初学者需要和向往更多的信息和经验。"只要哈罗德感到好奇，享受探索的过程，他就会逐渐养成对古希腊生活的兴趣，建立起关于雅典人和斯巴达人如何生活、斗争和思考的基础知识。这些实在的知识将像钩子一样发挥作用，接下来所有的教学都将与之挂钩。

人的知识并不像存储在电脑内存里的数据。当数据库的内容太多时，电脑并不会变得更善于记住事情。人脑中的知识是有活力的。人们在某一方面拥有了一定的知识之后，在这方面获取更多知识、回忆他们所学的内容时就会越来越快、越来越好。

在一项实验中，三年级小学生和大学生被要求记忆一系列卡通角色。小学生在记忆方面做得好得多，因为他们对这一主题内容更为熟悉。在另一项实验中，一组学习能力较差的8~12岁孩子与一组具有正常智力水平的成年人被分别要求记忆一系列流行歌手的名字。再一次，年轻的“学习能力较差者”做得好得多。核心知识提升了他们的表现。

泰勒女士正帮助哈罗德储存核心知识。哈罗德一有机会就阅读关于古希腊人的资料，在家里读，在公车上读，在晚餐后读。这样的阅读的确很有效果。许多人认为阅读是一件应该在特定地方进行的事情，但大量研究表明人们在不停变换阅读环境时能更好地储存信息。不同的背景能够刺激大脑，创建更为密集的记忆网络。

几周之后，他带回了已经读过的5本书——介绍马拉松与温泉关之战的历史，伯里克利传记，奥德赛的现代译本，以及一本比较雅典与斯巴达的书。这些书让他对古希腊的生活、价值观和世界观形成了一幅整体图景。

第二步：培养专业技能

在第二个环节，泰勒女士赞扬了哈罗德的勤奋。研究者卡罗尔·德维克发现，当你赞扬学生的勤奋努力时，可以使他勤奋。被表扬的学生愿意承担有挑战性的任务，并将失误看作努力过程的一部分。而当你赞扬学生聪明时，则会暗含“成就是与生俱来的”之意。被表扬的学生会想要持续表现得聪明。他们不太可能尝试有挑战性的事物，因为他们不想因犯错而表现得愚蠢。

接着，泰勒女士要求哈罗德回顾到目前为止他所阅读的一切书，从最先让他了解古希腊生活的埃迪斯·汉密尔顿那本书开始。泰勒女士要哈罗德整合一下他学到的知识。人类的大脑从意识层面接收知识，并将其转化为潜意识层面的知识。第一次驾车时，你不得不有意识地考虑每一个步骤，但在几个月或几年后，驾驶几乎是下意识进行的。学习的过程包括了解陌生和反常的事物，例如阅读和代数，然后把它们吸收到潜意识之中，最后加以整合。这样可以解放意识以用于新事物。阿尔弗雷德·诺斯·怀特黑德将这一学习过程视为进步的原理：“我们不用考虑就能执行的操作数量的增加，提高了文明的程度。”

整合是通过重复达到的。哈罗德借助书籍所完成的第一次旅程，可能已经让他了解到他的主题，但在第二次、第三次和第四次的旅程中，他会开始深入牢固地确立这一主题。泰勒女士上百次地告诉她的学生，在考试前连续 5 个晚上重复地翻看一些材料，比一个晚上临时塞满一整个学期的内容要好得多。（无论她多么经常地重复这一点，这似乎是她的学生永远无法自动吸收的内容。）

泰勒女士要求哈罗德找回他最佳的学习节奏。孩子在游戏室里本能地知道如何去探索：先从母亲开始，然后勇敢地出发去寻找新玩具；回到母亲身边寻求安全感，再继续勇敢地出发，如此反复。

高中以及再往后的学习过程也遵循这样的规律。《聪明的世界》（*Smart World*）作者理查德·奥格尔把这一过程总结为“达到”与“重复”：从一个领域的核心知识出发，向外探索并学习新事物，然后返回并重新整合已经了解的新片段，再次外出探索然后返回。来来回回，一次又一次。正如奥格尔所主张的，太多的“重复”会把人限制在狭隘的常规中，太多的“达到”则会让努力毫无成果。泰勒女士希望哈罗德能够自然而然地找到最合适的节奏。

当她吩咐哈罗德再次阅读所有书籍时，他开始呻吟起来。他以为回顾并阅读已经读过的书肯定会让他无聊得发疯。他震惊地发现，第二次从头到尾地阅读时，书的内容似乎变得不同了。他注意到完全不同的观点和论证过程。他曾经深有感触的句子现在看起来似乎完全没有意义，他起初忽视的句子看起来却具有决定性意义。他曾写的旁注现在看起来极其肤浅，让他尴尬不已。不是书变了，就是他自己变了。

当然，这一切都是因为他已经进行了更多的阅读，已经在潜意识中重组了信息。由于一系列内部联结，跟主题相关的新知识似乎变得重要，而曾经看起来有吸引力的旧知识则变得似乎很平凡。他已开始以不同的方式承载知识，并以新的方式看待它。他已开始具备一些专业技能。

哈罗德并非古希腊历史方面真正的专家，当然也不足以准备应对牛津大学的入学考试，但他已经越过了专业知识的门槛。他已经开始明白，学习并不是完全线性的。当你开始以不同的方式考虑及理解某一领域时，必然会有突破的时候。

理解这一点最简单的方法是仔细观察国际象棋大师所具备的专业技能。在一项调查中，研究人员以大约 5~10 秒一次的频率，向一系列棋艺高超棋手和一系列非棋手展示了一连串棋局。每个棋局包括 20~25 个棋子，看上去仿佛真的对弈过程一样。参与者稍后被要求回忆布局情况。大师能够回忆起每个棋局中的每个棋子，一般选手则只能回忆出每个棋局中平均四五个棋子。

象棋大师并非比其他人更聪明。智商并不能决定一个人的国际象棋潜力。象棋大师也并不是拥有令人难以置信的记忆力。当棋子被随机摆放，显得不像真正的棋局时，大师并不比其他任何人记忆得更准确。

不，象棋大师能很好地回忆比赛棋局的真正原因是，在这么多年的学习之后，他们会以不同的方式看待棋局。当普通选手看见棋局时，他们看到的是一堆孤立的棋子。当大师们看见棋局时，他们看到的是棋子的排列。在他们眼里，棋子不是一页纸上的一串字母，而是词语、段落和故事。故事比一串单独的字母更易于记忆。当内部联结使小的片段信息转变为更大规模的网状信息时，专业技能就形成了。学习并不仅仅在于积累事实，更在于内化信息片段间的关系。

每个领域有其自己的结构、目的、组织原则和复发方式，简而言之，它自己的范式。一个领域的专家已经吸收了该领域的范式结构，并且知道如何操作。经济学家像经济学家一样思考，律师像律师一样思考。一开始是专家决定进入一个研究领域，但很快这一领域就会进入他们的内心，他们跟分析对象之间不再有内外之隔。

所以专家并不会对一个主题思考得更多，反而会思考得更少。他们不必考虑一系列可能的结果，因为他们具有该领域的专业知识，能够预知事物会如何匹配在一起。

第三步：写日志

泰勒女士的第三步是协助哈罗德将关于古希腊生活的潜意识了解以文字的形式表达出来。在几个星期的阅读和几个星期的重读之后，她开始让他写日志，在日志里记录他关于古希腊生活和他自己高中时光的想法。她要求他放开束缚，听从潜意识的想法，暂时不考虑自己所写的内容如何、是否恰当。

她遵循的基本规则是，学生坐下来开始写论文时，应该已经完成了论文的75%。在开始构思以前，他应该经过很长的一段酝酿期，以不同的方式和心态审视材料。他应该给自己的大脑足够的时间，以不同的方式将事物联系起来。他应该去想别的事情，然后在某一刻顿悟。实际上，大脑不需要多少有意识的推动就能完成这一过程。大脑是一部预言机器，总是自动设法抛开数据建立模型。电话仅能传输话语中10%的语调，然而任何孩子在电话线的另一端都能轻易地在脑海中生成说话人的形象。大脑可以不费力而且很好地完成这样的事。

泰勒女士要求哈罗德写日志，是因为她想让哈罗德尽可能顺畅自然地找出深藏于潜意识中的知识。她希望他能进入出神状态，把他已经形成的直觉转化为语言。她信奉乔纳·莱勒的格言：“你知道的比你了解的更多。”她想让他学会以貌似随意而浪费的方式思考问题，因为大脑在心不在焉时往往是最高效的。

哈罗德将一辈子保留这份日志，虽然他一直在考虑烧毁它，免得让他的后代看见他的青春期冥想。他在纸的中心写下一个词，然后在它周围潦草地写下一堆闯入他脑海的主意和想法，有时某个不经意的想法会成为这一堆内容的中心。

他写了很多关于古希腊英雄的激情的内容。他将阿喀琉斯的怒火与他自己在各种情境中的怒气相比较，似乎他自己的英雄特质还略胜于阿喀琉斯。他写了很多关于勇气的内容，并摘抄了一段埃迪斯·汉密尔顿对于埃斯库罗斯的描写："生活对他而言是一场冒险，确实危险，但男人生来并不是为了待在安全的港湾里的。"

他描写骄傲时摘抄了埃斯库罗斯本人的一段话："一切骄傲都将以泪水收场。神会让人们为过分的骄傲付出沉重的代价。"他故事中的英雄通常是他自己，他认为自己比别的同学们感受到的更多，并且理解得更深刻。在他的最佳状态下，关于古希腊的文字确实使他得以提升，让他体验到自己与久远的年代和长眠的男男女女彼此联系的深刻感受。一位斯巴达老师自夸说："我使光荣的事情变得让孩子愿意接受。"这种联系激励了哈罗德。一天深夜，当他阅读伯里克利的葬礼演讲并撰写相关的日志时，他体验到了沉迷于历史中的感觉。他开始分享古希腊人对于生活尊严和意义的感受。他也开始评论与联想，特别是在日志的后几段。他写了一段关于好战的阿喀琉斯与敏锐的奥德修斯之间差异的文章。他开始注意到他与古希腊人不同的方面。在一些章节里，古希腊人似乎完全没有同情心，这让他非常费解。他们特别善于展现好胜的特质，例如寻求荣誉。他们不擅长展现同情怜悯的特质，例如对那些遭受苦难或有需要的人伸出援助之手。他们看起来缺乏恩泽的意识，尽管神的恩泽甚至会给予那些不值得的人。

几周之后，泰勒女士要求读一读哈罗德的日志。他并不愿意分享，因为他的很多私密想法都写在日志里。如果是与男老师在一起，他绝不允许自己暴露弱点。但他信任她，允许她花一个周末把他的日志带回家阅读。

日志内容近乎精神分裂的特点给她留下了深刻的印象。有时哈罗德以自命不凡的巨人的语气描写，有时又像个孩子。他时而愤世嫉俗，时而文思巧妙，时而有条有理。罗伯特·奥恩斯坦曾写道："思维像轮盘一样转动，从一种状态转动到另一种状态，从紧急情况到休眠期，从快乐到忧愁。当它在不同状态间变换时，会选择哪些思维适合哪一种状态。"

日志里似乎并不只有一个哈罗德，而是十几个不同的哈罗德，当泰勒女士翻开每一页时，她不确定她会找到哪一个。没有人告诉她如何应对学生个体思想的多样性，"你该怎么面对一个班的人格分裂症患者，他们就在你眼前不停地蜕变和重组？"泰勒女士问自己。不过她也感到很兴奋，这样的事情若干年才会发生一次——让一名学生接受她的建议，产生如此之大的飞跃。

第四步：完成论文

几周之后，泰勒女士确定哈罗德已准备好继续前进到第四个阶段，也就是最终阶段。最优秀的学习者在开始撰写论文前，首先要花时间进行信息编码。而哈罗德现在已经花费了数月时间对信息进行编码和再次编码，是时候提出讨论并归纳观点了。

哈罗德在他的一篇日志里绘制了一幅图画，命名为“毕业舞会上的伯里克利”。画中一个穿着希腊式长袍的男子，被一群穿着燕尾服和礼服的孩子围在中间。泰勒女士建议他用这幅画的标题给论文命名。她注意到哈罗德在日志中交替着记录他对古希腊的研究和高中生活，但是创造力来自两种彼此不一致的知识网络的混合。她希望他把对古希腊的想法和对自己的看法整合到一起。

哈罗德坐在家里，面前的地板和床上铺满了书和日志。如何将所有这些内容转化为一篇12页的论文？他读着自己的旧日志，其中有些内容让他有点尴尬。他翻了翻几本书，同样没什么想法。他给朋友们发短信，玩了几个单机游戏，浏览脸谱网，又回头翻书。他不停地打断自己的思路，再重新开始。人们在执行任务时如果被打断，就需要多耗费50%的时间才能完成任务，而且会多犯50%的错误。大脑不能很好地同时执行多项任务，它需要连贯的思路，在不同的激发网络之间连贯地转换。

问题在于哈罗德并没有掌握他的资料，而是被资料控制了。他从一项事实跳到另一项，并没有找到把它们组织起来的整体方案。他现在有点儿像所罗门·舍雷舍夫斯基，这位生于1886年的记者拥有惊人的记忆力。在一项实验中，研究者向舍雷舍夫斯基展示了一个由30个字母和数字组成的复杂方程式，写在一张纸上。然后他们把这张纸放在一个盒子里，封存了15年。当他们拿出这张纸时，舍雷舍夫斯基能准确地回忆出方程式的内容。

舍雷舍夫斯基能够回忆，却不能提取记忆。他的生活中有大量的随机事件，但他无法将它们组织为可重复的模式。最终他甚至无法搞清隐喻、明喻、诗歌乃至复杂句子的意思。

哈罗德也有点儿处于这样的僵局，尽管程度没有这么严重。

当他考虑与高中相关的知识时，运用的是某种特定范式。当他考虑与古希腊相关的知识时，运用的是另一种范式。这两种范式无法契合在一起。他没有任何可用于论文的核心论点。作为一个正常的 17 岁的孩子，他决定抛开论文去睡觉。

第二天晚上，他关掉了手机和电脑，下定决心集中注意力，让自己远离网络生活的数据迷雾，取得一些实实在在的进展。

他没有直接开始动笔，而是回顾了《伯罗奔尼撒战争》里记载的伯里克利在葬礼上的演讲。阅读经典作品的好处在于，更容易让思维进入活跃状态，而在哈罗德读过的所有书中，这篇演讲最能激发他的想象力。例如，伯里克利歌颂了雅典人的文化："我们崇尚美丽的事物，但是没有因此而变得奢侈；我们崇尚智慧，但是没有因此而变得柔弱。我们把财富当作可以适当利用的东西，而没有把它当作可以夸耀自己的本钱。至于贫穷，谁也不必以承认自己的贫穷为耻，真正的耻辱是为避免贫穷而不择手段。"

哈罗德被感动了，精神层次得到了提升。感动他的与其说是演讲的内容，不如说是崇高的语调和英雄气度。随着演讲的精神进入他的思维，他的情绪改变了。他开始思考英雄主义，思考那些通过英勇斗争获得不朽荣誉、贡献生命为国家服务的男男女女。伯里克利对这些杰出人物的歌颂，为他提供了可以效仿的模式。

哈罗德开始考虑他知道的不同类型的古希腊英雄：战争狂人阿喀琉斯；寻求回到家庭和妻子身边的聪明领袖奥德修斯；在温泉关舍生取义的莱昂尼达斯；通过欺诈和操纵拯救了国家的提米斯托克利；将生命奉献给真理的苏格拉底；绅士与政治家伯里克利。

接下来的几个小时里，哈罗德考虑了伟大人物的这些不同表现。他凭直觉知道，论文的关键就在于比较这些伟大人物的不同风格，找到其中相同的线索。他的潜意识告诉他，他已经踏上了正确的道路。他感觉答案似乎就在舌尖，随时都可能喷涌而出。

自他开始撰写论文以来，他的注意力第一次真正地集中在手边的任务上。他重新翻开手边的书和日志，寻找不同类型英雄主义的例子。他被史蒂文·约翰逊所谓的“迟钝的直觉”主导了。他有一种模模糊糊的感觉：他正朝着正确的方向前进，但会遇到阻碍，绕许多个圈子，直到解决方法闯入他的脑海。

我们总是被各种各样分散注意力的信息所困扰。然而在激发状态下，哈罗德把跟古希腊英雄主义无关的一切想法排除在外。原本会干扰他的音乐仿佛被调成了静音。声音和色彩都消失了。科学家们称此为“准备阶段”。当大脑专注于一件事时，其他区域（例如视觉皮层和感知区域）会变得迟钝。

接下来的一两个小时里，哈罗德对自己施加压力，试图撰写出一篇同时关于古希腊和当代英雄主义的论文。他关注的范围已经缩小，但仍没有形成单一的论点。所以他再次浏览他的书和日志，看看是否会突然形成某个观点或论点。

这是艰难且令人沮丧的工作，就像接连去推一连串门，等着打开其中一扇。然而，那些闯进哈罗德大脑的模式没有一种能概括他的思维。他开始记笔记。当他产生一种想法时，会看到零散的一页纸，意识到几个小时前他就有过相同的想法，而他已经忘记了。为了突破短期记忆的限制，他开始分类整理笔记和日志，在地板上堆成几堆。他希望整理过程能给他带来一些灵感。他将关于勇气的笔记放在一堆，关于智慧的笔记放在另一堆，但随着时间过去，这些分类方式开始显得有些太过主观了。他让自己放松，有时候答案似乎就在几毫米以外，触手可及。他会跟随某种直觉，某种来自潜意识的细微信号，但他仍没有任何整体概念。哈罗德已经“到达”但还没有“重复”。陷入僵局让他感到疲倦。

他再次收工，上床睡觉，这是他能做的最明智的事。科学家们对于睡眠的作用争执颇多，但许多研究者都坚信，大脑在人睡眠时会巩固记忆，整合白天学到的知识，强化由前一天的活动导致的大脑变化。德国科学家简·博恩向一组人出了一系列数学问题，要求他们发现解决问题的规则。在解题期间睡了 8 小时的人，其解决问题的可能性比一直不停努力解题的人要高一倍。罗伯特·斯提克戈尔德和其他人的研究表明，睡眠至少能提高 15% 的记忆力。

哈罗德睡醒后躺在床上，看着窗外的阳光穿过树梢投射进来。他漫无目的地想着，想着他所处的时代、他的论文、他的朋友以及一连串杂乱无章的事情。在这样的清晨时分，人们的大脑右半球通常很活跃。这意味着他的思维处于漫游状态，而非牢牢地聚焦于一件事，他的思维状态是漫不经心的。接着一件事情发生了。

如果此刻科学家将他的大脑接通电极，会注意到他的右脑发出的 α 波激增。伦敦大学的乔伊·巴特查里亚发现，这样的激增通常出现在人们顿悟解决谜题的方法之前 8 秒左右。按照马克·让毕曼和约翰·考尼尔斯的说法，在顿悟发生前 1 秒内，加工视觉信息的区域会变得迟钝，将分散注意力的事物排除在外。在顿悟前 300 毫秒，γ 波会达到峰值，这是最高频率的脑电波。右耳上方的右侧颞叶会变得非常活跃。让毕曼和考尼尔斯认为，正是这一区域将来自不同大脑区域的信息片段整合到一起的。

哈罗德体验到了他的顿悟时刻。他的眼睛睁大了。他瞬间感受到强烈的喜悦。是的，就是它！他的思维已经跃过了虚无的空间，用新的方式整合了他的想法。他瞬间知道自己已经解决了问题，他已经有了论文的主题，尽管他暂时还不能真正说出解决办法是什么。原本没法整合的模式仿佛突然整合到一起了。这是一种感觉而不是念头，一种近乎宗教联系的感觉。正如罗伯特·伯顿在《人类思维中最致命的错误》（*On Being Certain*）中所写的："了解、正确、确信和确定的感觉并不是故意做出的结论与有意识的选择，它们是我们的一种心理感觉。"

他的顿悟是关于动机的。为什么阿喀琉斯要用他的生命冒险？为什么温泉关的人们要牺牲自己的生命？伯里克利为自己和雅典寻找什么？哈罗德在学校里为自己寻找什么？为什么他想要他的团队赢得全州锦标赛？

所有这些问题的答案都在于他偶然读到的一个希腊语单词：thumos。哈罗德周围的人们都有一系列为社会所认可的动机：赚钱、取得好成绩、进入一所好大学。然而，这些动机不能解释为什么哈罗德要做他所做的事，为什么古希腊英雄要做他们所做的事。

古希腊人拥有另一种动机结构。Thumos 是对于认可的欲望：渴望你的存在为人们所认可，不仅现在被认可，而且永远被认可。这个词意味着对永久声望的追求——赢得他人的钦佩，也值得人们钦佩，这比单纯的"出名"更加深刻。哈罗德的文化背景中并没有一个词能描述这种欲望，但 thumos 很好地解释了他的这种感觉。

在一生之中，他一直玩着想象的游戏。他想象自己作为一个男孩赢得了世界职业棒球大赛，掷出了完美的传球，从险境中拯救了他最喜欢的老师。在每一次的幻想里，他的胜利都会为家人、朋友和周围的世界所见证。这种孩子气的想象是 thumos 的产物，对于认可与联合的渴望，让关于金钱和成功的其他动机黯然失色。

Thumos 的世界更像是一个英雄的世界，而非哈罗德看到的这个资产阶级和野心家的世界。在他所生活的现代世界，人与人之间的联系被认为是最原始、最低级的：所有人类发源于共同的祖先，共同拥有某些原始的特征。但古希腊人倾向于相反的假设：人类在最高层次上是统一的，一个人的本质距离理想程度越近，就越接近统一的人性。Thumos 就是人提升到这种高度的驱动力，是关于成功的梦想：一个人自身最优秀的一切与宇宙间永恒的一切完美地融为一体。

哈罗德的顿悟在于把古希腊的词汇——thumos、arete（勇气）、eros（爱）——应用到他的生活之中。他把两个不同的观念空间整合到一起，让古希腊世界更容易理解，也让他自己的世界充满英雄气概。

他开始奋笔疾书，写下关于论文的摘要，描述 thumos 的驱动力，以及希望得到认可的驱动力在高中生的各种行为中发挥的作用。他用新的方式将原有的信息整合到一起。有时他感觉好像是论文自己在撰写自己，文字自动奔涌而出。当他深深地沉浸在撰写中时，几乎感觉自己并不存在，只有任务存在。它发生在他身上，而非因为他才发生。

编辑和修订论文仍旧不是容易的事，但文章毕竟有了。泰勒女士为这一成果而高兴。尽管文中有些地方稍显偏激，有些部分过于直白，但在每一段中都可看出哈罗德的狂喜。撰写这篇论文的过程教会了他如何思考。他的洞察力让他可以用新的方式理解自己和他人的世界。

思维方式的内化与自动化运用

泰勒女士引导哈罗德在潜意识中反复思考，使意识和潜意识得以合作——首先掌握核心知识，然后加以理解，再理顺它，接着加以巩固与整合，一次又一次地回忆，直到某种魔法般的顿悟突然进入他的意识，最后运用顿悟得出结论。这一过程并不简单，然而每次努力、每次挣扎和挫折都会把哈罗德内心世界的构建工程向前推动一步，到最后，他完全是以新的方式看待周围的世界。正如数学家亨利·普因卡尔所观察到的："在久为人知的事实之间……有一种毋庸置疑的亲近关系，尽管人们往往觉得它们之间毫无联系。"哈罗德已经不必再努力向周围的世界表达自己 thumos 这样的特质了，这些特质已经成为他思维中的自动化模式，以及他感知新情境的方式。

当他在幼儿园和小学一年级时，哈罗德需要努力学习如何阅读，但后来他就可以自如地阅读了。突然之间，阅读不是将词语拼凑起来，他能够专注于其中的意义。作为一个高中毕业班的学生，他用同样的方式内化了某些古希腊式的思维，而现在他随时都能自动将其运用到生活之中。

他会去上大学，按照要求上课，但他知道这些课程仅仅是学习的第一阶段。他必须耗费晚上的时光，在日志中写下漫无目的的想法。他会坐在地板上整理他的思路。有时他不得不面对烦恼和挣扎，也有些时候，在淋浴或走路去商店时，灵感的突然闪现会让一切都变得大不相同。这种方法将让他逃离被动的常规学习方式，使他建立起灵活的思维机制，不是被限制在先天的轨道上，而是可以在不同的视角之间来回跳跃，针对新情境运用不同的模式，看看什么能起作用而什么不起作用，哪些相互协调而哪些不协调，什么可能出现于现实的迷雾中而什么不可能出现。这将是他通往智慧与成功的路径。

第 7 章

埃丽卡的人生起点

埃丽卡的一生跟哈罗德渊源颇深，然而她与他的出发点却截然不同。在 10 岁那年，埃丽卡险些被捕。

那年她跟母亲搬到母亲某位朋友在公租房社区中的一间公寓。新社区中有一所名为“新希望”的公办民助学校，校舍是新的，篮球架是新的，美术室也是新的。学生们都穿着紫红色和灰色相间的校服，看上去优雅漂亮。埃丽卡对这所学校心驰神往。

母亲带着埃丽卡来到社会福利机构，足足在走廊里等了一个小时后，才被工作人员告知埃丽卡想上新希望学校的打算只能是一个梦想，理由是她不具备社区的合法居留资格。

这些社区工作人员对他们平日里接触到的一个个不切实际的要求不胜其烦，为了使自己的工作轻松些，他们养成了粗暴而专横的讲话方式。他们的视线总是聚焦在眼前的文件上，对从门口涌进来的诉求者只会敷衍了事。他们张口闭口一派官腔，没人能听得懂，所以没人能提出异议。他们下意识的第一反应永远是说“不”。

母亲们在这种人人都穿着职业正装的办公室里面通常很不自在。多数的情况下，她们不明白那些工作人员所说的话，又生怕暴露出她们对规定知之甚少的窘态。为了掩饰自己的忐忑不安，她们只能表现出一脸的冷漠和阴沉。大多时候，她们会接受工作人员随便给出的裁决，然后黯然转身回家。她们更情愿事后编造一些理由，向朋友们解释自己所受的委屈。

埃丽卡的母亲也是如此。她和埃丽卡 3 个月前就搬到了这个社区，但在这里并没有合法身份。她们住的是朋友的公寓，埃丽卡的母亲并不想因为埃丽卡上学一事惹来事端，更不想冒被驱逐而无家可归的风险。当工作人员一再宣称埃丽卡无法在学校片区上学的时候，埃丽卡的母亲站了起来，准备转身而去。

埃丽卡却拒绝接受这一裁定。她已经能够想象母亲在回家的公车上的样子——咒骂着工作人员，发泄着本应在社区办公室里就该发泄出来的怨气。更过分的是，这位工作人员简直就是个浑蛋——她嚼着口香糖，流露出轻视她们的神情，视线几乎没有从眼前的文件上移开过，更别说跟母女俩有什么目光接触了，她连笑都懒得笑。

当母亲站起身来正要离开的时候，埃丽卡紧抓着椅子倔强地说："我要去新希望学校。"

"你在这一片区没有合法的居留资格，"工作人员又重申了一遍，"你没有待在这儿的许可。"

"我要去新希望学校。"埃丽卡没有争辩，也没去说出什么道理，只是气愤地觉得母亲不该就这样认输。母亲变得有些惊慌，恳求埃丽卡跟自己一道离开。可埃丽卡不愿走，并越发抓紧了椅子。母亲试图用力将她拖走，可她就是不肯松手。母亲不想使场面难堪，于是隐忍着怒火，表面温和地低声劝她离开。可埃丽卡就是不愿让步。母亲猛拽了她一把，椅子被掀翻了，而埃丽卡仍紧抓着椅子，倒在地上。

"需要我叫警察吗？"工作人员鄙夷地嘟囔了一句，"还是说你们想到街对面去？"街对面是青少年拘留中心。

埃丽卡继续坚持着，不一会儿便来了三四个人将她拖拽了起来，其中还包括保安之类的人。"我要上新希望学校！"埃丽卡哭喊着，脸上满是泪水，充满了愤怒。他们最后放开了她，那名保安模样的人还在厉声责骂她。之后，母亲将这个气坏了的小姑娘带回了家。

母亲并没有责怪埃丽卡，甚至对此事缄默不提。在回家的路上，她们就这样一直保持着安静。当晚，母亲在水池里为埃丽卡梳洗了头发，母女俩还亲热地聊起了旧时的往事。

埃丽卡的母亲艾米在她的家族中算是最落魄的一个。她的父母从中国移民来到美国，她其他亲戚的境遇还都不错，但是艾米长期受复发性的躁狂抑郁症的困扰。当她精神好的时候，她会热情高涨，活力四射。20 岁出头的时候，她曾在几所不同的学院、培训学校和学习中心分别度过了几个月，并成为一名医疗技术人员。艾米还曾怀抱着成为一名 IT 行业人员的梦想学习过电脑软件。她同时打两份工，坚持努力工作，她说她的这股韧劲源于祖辈是农民的血统。

在那些还算风光的日子里，她曾带着埃丽卡去高档餐厅吃自助餐，为她添置新衣服、新鞋子。艾米也试图让女儿的生活过得滋润些。她指导埃丽卡如何穿衣，告诫她哪些朋友不可以来往（她绝大多数朋友都不行——他们身上带有病菌）。她会给埃丽卡指定一些课外读物，让埃丽卡在学习方面超过别的孩子。艾米甚至还拿出压箱底的毛笔，教埃丽卡练习中国书法，“书法会改变你的思考方式。”她对埃丽卡这么说。此外，埃丽卡还被母亲要求上了几年的滑冰课。

但是艾米也有状态不好的时候。短短几天里，她会从彪悍能干的女强人变成百无一用的废物，让埃丽卡不得不担当起母亲的角色。酒瓶、奶油罐子、大麻和吸剩的可卡因粉末在家中随处可见。艾米懒得洗澡，也不愿喷香水，浑身臭气熏天，屋子里乱作一团。在埃丽卡还是个婴儿的时候，艾米抑郁时就会将可乐倒入她的奶瓶里，好让埃丽卡停止哭闹。等埃丽卡稍大一点的时候，艾米就喂她麦片当作晚餐。她们会一连几天只吃从廉价便利店里买来的腊肠。埃丽卡 9 岁的时候就学会了叫出租车，好把母亲送去急诊室救治，而她还得撒谎骗大家说母亲不过是心悸而已。埃丽卡也学会了如何在黑暗中生活，因为母亲会把家里的窗帘用胶带固定在窗框上。

在这段日子里，埃丽卡的父亲从未来过。她父亲是个墨西哥裔美国人（父母的遗传基因赐予了埃丽卡出众的美貌），他英俊潇洒，性情开朗，却很不靠谱，他脑子里根本没有“事实”这个词。如果他酒后驾车撞上了消防龙头的话，他就会捏造出一个夸张的故事，声称他的车子是被狂飙的公车撞成那个样子的。在陌生人面前，他总能为自己的人生经历编造出一些新的故事。他说的谎如此不堪一击，连幼小的埃丽卡都能一眼看穿。

更夸张的是，他总是谈论他自己的自尊，这份自尊使他放不下脸来从事任何服务性质的工作，也使得他在艾米盛气凌人时仓皇遁逃。他曾消失过几个星期、几个月，然后再带着一大堆婴儿尿布露面，即使在埃丽卡已经五六岁的时候。他来了又走，走了又回来，还一直抱怨艾米和埃丽卡花掉了他所有的钱。

而埃丽卡却不恨他，并不像她的有些朋友仇恨他们行踪不定的父亲那样。当她父亲来看她们的时候，他总是那么风趣而慈爱。他和他的父母、兄弟、堂兄弟姐妹的关系亲密，而且也让埃丽卡融入这种大家庭的氛围当中。他还带着埃丽卡和她诸多同父异母的兄弟姐妹们外出野餐，参加派对。爸爸为埃丽卡感到自豪，他向大家夸耀埃丽卡是多么聪慧。他没有进过监狱，也从未打骂过埃丽卡，不过，他很不成熟。他会一时兴起许诺，但又从来不保证任何事情。

埃丽卡的父母都非常疼爱她。一开始他们想结婚，建立一个传统的家庭。依照一项针对脆弱家庭的研究结论，90% 的同居伴侣在小孩出生后都会有结婚的打算。然而埃丽卡的父母是个典型案例，最终他们没有结婚。根据该研究的结论，只有 15% 有意结婚的同居伴侣会在孩子出生一年内结婚。

埃丽卡的父母没有结婚的原因有很多。几乎没有任何社会压力要求他们结婚。他们彼此之间并不完全信任对方。他们办不起那种风风光光的婚礼。他们害怕离婚，害怕离婚会给各自生活圈子带来痛苦。最重要的是，美国社会的“文化传送带”在他们这一代断裂了。在美国，至少在过去的几十年里，人们普遍认为有孩子的伴侣应该结婚——这是他们长大成人过程中不可或缺的一点。而这种生活模式却没有传承下来，至少在某些亚文化中没有传承下来。结婚曾经被认为是顺理成章的决定，现在则需要有意做出这样的决定。婚姻不再是默认的选择，而是需要特殊的动力。埃丽卡的父母从来没有过这种动力。

埃丽卡一家的经济状况如何？可以说每个月都不一样。在她母亲有收入而父亲也在身边时，她生活得如同中产阶级家庭的千金小姐。但在另外一些时候，她们又会逐渐陷入贫困之中，只能重新回到原来那种混乱不堪的社区中生活。可能上个月她们还住在治安良好的社区中，下个月却因交不起房租而不得不在别的社区勉强寻找栖身之处，而那些地方往往都比较荒芜，高犯罪率令人担忧，而且还得同三教九流的人为邻。

用小小的塑料袋装着家当无奈离开，与中产阶级般的安逸生活告别，又得挤在亲戚朋友简陋的屋子里凑合几晚；不情愿地来到某个单亲家庭居多的社区，第一次走进那个破旧的、空空如也的、将会成为她们新的临时居所的房间……这些画面，埃丽卡一辈子都抹拭不掉。

新社区里的就业形势更严峻，收入更少。那里的男人也不多，因为很多人都因犯罪被抓进了监狱。那里的治安更是差得惊人。不一样的不仅仅是这些外部环境，人们的思维模式和生活习惯也甚是不同。

居住在贫困社区中的人们和其他人一样，希望能够拥有稳固的婚姻、不错的工作和井然有序的生活，但是他们却陷入了物质贫乏和精神压力的怪圈。经济上的不充裕改变了他们的信念，而破罐破摔式的信念只会导致他们的钱袋更瘪。这种精神和物质相互影响的恶性循环造就了他们独特的心态。这里的人们往往没什么远大的志向，有的甚至根本没有志向可言。一些人丧失了掌控自己命运的信心，还有些人明知某些决定会造成极其长久的恶劣影响，但还是做出了这样的决定。

这种社区中的很多人都被工作和压力搞得精疲力竭。许多人缺乏自信，但又装出一副自信满满的样子。许多人殚精竭虑，困扰着他们的危机接踵而至。而且，还有更糟糕的情况。埃丽卡认识的一个15岁女孩因为觉得受到了伤害，在一时冲动下杀害了一个同学，同时也彻底毁了自己的一生。这件事深深地触动了埃丽卡，她从那时起便下定决心，在这样的生活环境中永远不可以示弱，永远不可以让步妥协，永远不可以被别人欺负。

为了应对这种混乱状况，母亲们组成了一个互助网络，互相提供照看小孩、食品以及其他方面的服务。虽然她们在这一网络中互帮互助，但是她们几乎被整个世界遗弃，没有政府的救助，也没有像样的工作。她们对外界持强烈的怀疑态度，这主要源自她们吃一堑长一智的经验。她们怀疑所有人都一心想从她们身上揩油：每个店员都想骗她们的钱，每个社区工作者都想从她们身上捞取好处。

简而言之，每一个存在共同认知的社区都有各自不同的行为准则和约定俗成的社交规范，包括走路、打招呼、对待陌生人以及看待未来的方式。埃丽卡在两种不同的文化氛围中应对自如，至少表面看起来是这样的。这就像是突然从一个国家移居另一个国家一样。在中产阶级的国度里，人们的生活相对安稳；而在贫穷的国度里，人们的生活比较混乱无序。在中产阶级的国度里，孩子们都会被送入大学；而在贫穷的国度里则不会如此。

家庭成长环境对孩子的影响

宾夕法尼亚大学学者安妮特·拉鲁是研究美国不同社会阶层中不同家庭环境的学术泰斗。她和她的研究助手花了 20 年的时间，坐在起居室地板上、汽车后座上观察不同家庭的生活方式。拉鲁发现，教育程度较高的父母和处于社会底层的父母培养子女的方式相去甚远，甚至根本就不具有可比性，在理论和模式上都截然不同。

父母教育程度较高，比如哈罗德，其在一种被拉鲁称为“协同培养”的氛围里成长，他会被带着参加大量有家长监管的活动，并随父母到各处游历。父母深层次地参与到孩子成长的各个方面。他们经过一致努力，为孩子创造源源不断的学习感知体验。

这一步骤是非常费神费力的，有关家庭作业的争吵就是最常见的例子。但是在这种教育方式下成长的孩子懂得在由有序机构组成的世界中如何应对。他们知道如何与大人们闲谈，如何在人群前表现，如何与人进行眼神交流，给人留下良好的印象。这些孩子有时甚至还懂得把行为与结果联系起来。

当拉鲁向那些处于社会底层家庭的父母展示教育程度较高的父母所采用的日程表时，那些父母们对此大为震惊，他们认为处于这种环境中的孩子们一定很难受。拉鲁发现，社会底层家庭养育孩子采取的完全是另一套方法。在这些家庭中，成人世界与孩子们的世界有着更刻板的划分。父母们通常认为孩子长大成人后的麻烦就已经够多了，于是他们让孩子独自去安排他们自己的闲暇时间。拉鲁观察到，一个小女孩希望母亲用盒子帮她建一个玩具屋，但她母亲立刻拒绝了她，没有一丝内疚，因为玩耍时光是属于孩子们的，在她母亲的眼里显得无关紧要。

拉鲁通过观察发现，社会底层家庭的孩子们显得更加无拘无束，也更有活力。他们与家族其他成员之间的联系更加紧密。因为他们的父母不能经常带着他们参加活动，所以他们闲暇时比较自由。他们可以到户外活动，和在社区里闲晃的一大群小朋友们玩耍。这些孩子在玩伴方面没有特定的偏好，他们可以和各个年龄段的孩子玩。他们也很少因为闲着无聊而抱怨。他们甚至在拿冰箱里的食物前也要先征得母亲的许可。“孩子哭哭啼啼这种在中产阶级家庭很普遍的事，在工人家庭和贫困家庭中却很少发生。”拉鲁如此写道。

哈罗德的童年符合拉鲁所讲的第一种类型。埃丽卡的童年生活由于太过复杂，使得她介于两种类型之间——她时而受到母亲的溺爱，时而又像没有母亲一样，面对着一个需要她照看、需要她从崩溃边缘拉回来的病人。

社会底层家庭的养育模式虽然有很多优点，但在这样家庭中成长的孩子在适应现代经济体制方面往往不会那么如鱼得水。首先，他们没有被培养出良好的口头表达能力。艾尔瓦·诺曾写道，语言“是一种分享的文化方式，仅能被置身于某种特定文化形态系统中的人所解读”。埃丽卡的家庭像大多数工人阶级家庭一样，成员间很少交谈。拉鲁写道：“这类家庭的谈话量彼此不同，但总体上是远远少于中产阶级家庭的。”

哈罗德的父母在他身边一直不断地唠叨。在埃丽卡的家里，电视几乎从未关过。埃丽卡的母亲总因为太过疲劳而无暇跟埃丽卡进行孩子般幼稚的交谈。科学家们对中产阶级家庭和社会底层家庭中的交谈量做过精确的计算。一项由堪萨斯大学的贝蒂·哈特和托德·瑞斯里所做的著名研究指出，孩子 4 岁的时候，成长在贫困家庭的孩子比来自中产阶级家庭的孩子要少听到 3 200 万个词。平均每个小时里，中产阶级家庭的孩子会听到 487 句话，而在靠补助金维生的家庭环境中成长的孩子只能听到 178 句。

这不仅仅体现在数量上，还体现在语气的感情色彩上。哈罗德不管做什么事都能得到赞许，每一点微小的成绩都被父母兴高采烈地拿来赞美，以表扬他非凡的能力。而埃丽卡所听到的差不多褒贬参半。哈罗德的父母经常不断地出题来考他，跟他玩一些无足轻重的游戏，假装用攻击性的话语来刺激他回击。他们还不停地向他解释，为什么他们会做出某些决定，为什么会给他强加某些约束限制，而哈罗德可以自由地同他们争论，指出他们这么做不对的理由。哈罗德的父母也会纠正他的语法，等他参加标准化考试时，他已经没必要专门学习语法规则了。他总是一开口便说出最佳的措辞。研究屡屡表明，语言环境上的差异会对智商和学习成就造成影响。

简而言之，哈罗德的父母并不仅在经济上满足他，还将生活习惯、知识和认知特征传授给了他。哈罗德算得上世袭精英阶层的一分子，而这个阶层的自我强化方式就是通过先天的遗传基因与一代又一代的勤奋努力。

埃丽卡并没有这些无形的优势，她生活的环境要混乱得多。宾夕法尼亚大学学者玛莎·法拉的研究发现，贫困家庭孩子的压力激素分泌量要比中产阶级家庭孩子的多，这种激素会对包括记忆、图形辨识、认知控制（对明显的错误答案给予否定的能力）以及语言流畅表达能力在内的多种认知能力造成影响。贫困家庭的孩子成年后不怎么和亲生父母共同居住。对小型哺乳动物的研究表明，在神经调控方面，在缺失父亲的环境下长大的动物比拥有父亲的动物发育要相对迟缓，而且易冲动。这并不仅仅是金钱和机遇的缺乏。贫穷和家庭破裂能够改变人的潜意识，改变人对未来与世界的感知和理解方式。

日积月累后，这些差别的影响是显而易见的。来自最贫困社区的学生获得大学学位的比例为 8.6%，而来自富人社区的孩子获得大学学位的比例则为 75%。诺贝尔经济学奖获得者詹姆斯·赫克曼的研究表明，50% 的收入不平等是由一个人 18 岁时所体现出的特征决定的。这些差异大部分都与潜意识的能力相关，包括态度、感知力和社交准则。这会使来自不同成长环境的孩子之间的差距迅速拉大。

改变环境从而摆脱贫穷

当埃丽卡上8年级的时候——不是在那所新希望学校，而是一所老式的公立学校，两位来自“为美国而教”组织的成员在附近创办了一所新的公办民助高中，简简单单地取名为“学园”。这所学校原本打算招收那些从新希望学校毕业的孩子，校风也与新希望学校很贴近——学生们都穿校服，纪律严明，开设特殊课程。

创办人对于贫穷有自己的一套理论：他们不知道导致贫穷的原因。他们认为，贫穷是制造业工作岗位减少、种族歧视、全球化影响、文化传播、运气不佳、政府政策不利等上千种因素共同作用的结果。然而他们也得出了一些有用的结论，他们认为不单是他们自己，别人同样不清楚导致贫穷的原因是什么。他们坚信所有试图找出能够使孩子们摆脱贫困的症结的努力都是徒劳，因为贫穷并不是某个单独的症结造成的。他们认为，如果你想摆脱祖祖辈辈贫困的状态，你就得同时处理好所有的事。

当他们开始筹建这所学校的时候，曾试图发起一次募捐动员会，但后来却因为绝大多数募捐者对此一无所知而不了了之。然而，发起这次动员会的初衷始终在他们心头萦绕——贫穷是一种突发体系。

纵观人类历史，人们总是想通过解构性的推理来试图理解他们所处的世界。换言之，人们更倾向于将事物分割成若干部分，看看每一部分的作用是什么。正如艾伯特–拉斯洛·巴拉巴西在《链接》一书中所写的：“化约主义是20世纪科学研究的主要推动力。它认为，为了理解自然，我们必须将其组成部分——

解读。在人们的设想中，一旦我们了解了各个部分，就可以很容易地抓住整体事物的要领。各个击破，细节决定成败。因此数十年来，我们一直致力于通过世界的每个组成部分来了解整个世界。我们研究原子和超弦理论以了解宇宙，研究分子以探究生命，研究个体基因以弄清复杂行为，研究先知以理解风潮和宗教的根源。”这种思考方式使得人们认为自己能够通过逐一剖析组成部分的方法来搞清问题，能够仅仅通过调查某人的遗传基因或后天特征就知道他的个性。这种演绎模式是意识认知的特长，这种认知是线性且理性的。

这种方法的弊端无法解释动态复杂性，而动态复杂性恰恰是人类、文化和社会的关键特征，所以近年来，突发体系模型得到了更为广泛的接受。当将不同的组成元素合在一起，并产生出比其总和还要大的结果时，突发体系便应运而生了。换个角度来说，一个体系中的各部分相互作用，而这种相互作用又会触发某种全新的内容产生。举例来说，诸如空气和水等对人而言是没什么伤害性的事物，通过某种特定的相互作用方式结合后，就会形成飓风。若干音节结合后形成的故事，讲述起来绘声绘色，而任何一个音节都无法产生这样的效果。

突发体系并不依赖于某个中央控制者。相反，相互作用的模式一旦建立，就会反过来对体系各部分的行为产生影响。

就拿蚂蚁来说，群居的蚂蚁会不经意发现一处新的食物来源。没有一只蚂蚁会“发号施令”，命令全体进行重组以便采集食物；对一只蚂蚁而言，这只不过是它觅食途中意外发现的新食粮。之后，它身边的其他蚂蚁会发现它爬行方向的改变，而这些蚂蚁身边的其他蚂蚁又会察觉它们爬行方向的改变，不一会儿——按照史蒂文·约翰逊的说法“局部信息会成为群体智慧”——整个蚂蚁群就有了一条传递采集食物信息的信息高速通道。变化会在整个群体中迅速地扩散开，蚂蚁群会为了利用新的情形而对自身的思维进行重构，而这种改变并非意识所致。不过，当新的局面出现并成为一种习惯确定下来之后，未来的蚂蚁便会不约而同地遵守。

突发体系可以让习惯祖祖辈辈地传承下去。斯坦福大学学者黛博拉·戈登的研究表明，如果你将若干蚂蚁放在一个大型的塑料托盘上，它们会组建起一个群体。它们会为死去的蚂蚁建造坟墓，而这些坟墓会建在离蚂蚁群尽可能远的地方；它们还会建起垃圾场，同样会建在离群落尽量远的地方。没有哪一只蚂蚁会打破这种布局。事实上，每只蚂蚁对这些整体布局或许都毫不知晓，它们只是在重复习惯性的路线。少数蚂蚁开辟了路线后，其他蚂蚁便会跟随，整个群体也将会迅速建立起全新的行为模式。这种行为模式一旦建立起来，蚂蚁群将会世世代代地把它传承下去，这种智慧也将传承下去。一旦建立起来，“先例”就会对蚂蚁群后来的表现产生一定的影响。

突发体系随处可见，大脑就是一个例子。神经元个体不会容纳信息——比如苹果的概念——但是千百万个神经元激发所形成的图形会使苹果的概念在头脑中浮现。基因遗传也是一种突发体系。多种不同的基因与多种不同的环境经过复杂的相互作用之后，某种特性——比如进攻性——就会显现出来。

婚姻同样是一种突发体系。弗朗辛·克拉格斯布伦观察到，当一对夫妻走入婚姻诊疗室的时候，意味着病人有 3 个——丈夫、妻子以及婚姻本身。婚姻是夫妻之间所发生的一切事情的鲜活记录，当婚姻这种全新的模式确定下来并渗入夫妻二人的思想之后，它便会开始影响他们各自的行为举止。尽管婚姻是存在于夫妻之间的，但它却具有它自己的影响力。

文化也是一种突发体系。没有什么人能够完全代表美国、法国或中国式的文化特征，没有哪个独裁者能规定某种文化中人们的行为模式。当千百万人的行为和关系形成之后，就会产生规律性；一旦出现这些行为习惯，未来的人们也会下意识地将之传承下去。

"学园"的两位创始人认为贫穷也是一种突发体系。生活在极度贫穷状态中的人们处于复杂的、没有人能真正看清和理解的生态系统中。

2003年，弗吉尼亚大学学者埃里克·特克海默发表了一项研究报告：在贫穷环境中长大的人们智商相对偏低。记者们通常会接着问他，如何提高贫困孩子的智商呢？"老实讲，我认为任何环境因素都不应当为贫穷的不利影响负责，"他在后续的研究报告中写道，"在贫穷的环境中，没有哪种单独的事物能让贫穷产生不利影响。"

特克海默花了几年时间试图弄清楚，"在贫穷环境中成长"的哪些因素会造成最负面的结果。他能够容易地得出贫穷造成的最终结果，但当他尝试衡量特定变量的影响时，却发现任何单一变量都不是决定结果的因素。特克海默运用元分析的方法，对43项针对认知缺陷儿童成长环境的研究结果进行了仔细比对，然而这些研究都未能证明任何特定变量所起的作用，尽管所有变量综合在一起后的结果十分明显。

这并不意味着我们在减轻贫困的不良影响方面无计可施。它告诉我们的是，不要将这些影响分解为一个个构成部分去研究。贫穷是一种带有整体性的突发体系，它有其自身的影响。正如特克海默所说的："任何行动自由的人的复杂行为都不是由一系列叠加的原因引起的。任何重要的结果，比如青春期的失足行为，都是无数因素相互作用造成的，而每一种因素又有无数的潜在影响，涉及无数的环境复杂因素，更不要提各种环境影响相互制约，它们与基因的无数种影响又会发生交互作用。"

对于科学家来说，这种情况导致了特克海默所谓的"悲惨前景"。我们不可能界定和澄清人类行为的成因，或是弄清这种或那种行为的根源。人们可以指出某些具有突发体系性质的情况，例如贫困或是单亲家庭，大约会对处于该情况中的人群造成什么样的影响。当然，人们也有可能指出该情况中事件A与事件B之间的关联，而且这些关联也是非常有意义的。但是，要想解释A如何导致了B的发生则很困难，可能性非常小。因果关系在"悲惨前景"中变得模糊了。

"学园"创办人的信条是：要着眼于整体文化，而非贫困的具体部分。没有哪种特定的干预措施能够以连贯的方式彻底改变一个孩子或是一个成年人的生活，但是假如你能让一个人置身于一种新文化、一种新的关系网的包围之中，那么他们将会吸收新的思考和行为习惯，尽管这种吸收的方式是你永远无法测量和理解的。当你把这样的人放在新的、更加丰富的文化环境中时，最好还是保证这样的文化环境能够持续下去，因为如果他们退回到原先那种文化环境的话，已经取得的绝大部分成果都会付诸东流。

"学园"的两位创始人发现，他们创建的不只是一所学校，更是一种反主流文化。他们的学校将会为社会底层家庭的孩子们营造出一种充满成就感的氛围。这氛围不可能跟他们原本的生活文化彻底对立，不然他们只会抵触它。但是它会一再强调那些让“学园”的两位创始人——医生和律师的儿子——能够考进大学的社会规范、生活习惯以及信息。他们会直截了当地指出，我们生活在一个不平等而且两极分化的社会里，贫困家庭的孩子跟中产阶级家庭的孩子相比，所需援助和支持的类型并不相同。

说得冠冕堂皇些，他们创办的是一所“不受父母干扰”的学校，也就是说他们会让来自贫困家庭的孩子跟他们父母无意识灌输给他们的文化相隔绝。社会学家詹姆斯·科尔曼发现，父母和社区环境对个人成就的影响比学校更加突出。“学园”的创办人希望他们的学校不仅成为教授孩子们数学和英语的课堂，更能成为孩子们的社区和家园，成为引领孩子们通往大学、摆脱贫困的阶梯。

在突发体系中，想找到任何问题的“根源”都是非常困难的。不过这样的体系也有一个优点：尽管一系列负面因素会带来负面结果，但一系列正面因素会带来正面结果。当你处于积极的文化氛围中时，随着各种积极因素之间的相互作用和相互增益，总体的积极影响将会是滚雪球式的。

埃丽卡没有道理不去这所学校里读书。当埃丽卡上 8 年级的时候，她的个头已经更高，也出落得更加漂亮，但是依然很倔强。她心中有深深的不满。她会对母亲大声喊叫，但又对她爱得死去活来，这种复杂的纠结心理是无人能体会的。埃丽卡在街上会跟她的同伴们争吵，有时甚至打架。在学校，她既是个成绩优秀的好学生，也是个令老师头痛的惹事精。在某种程度上，埃丽卡认为生活就是一场战斗，于是她以一种好战的角度来看待问题，结果总是无缘无故地与人结怨。

有时她会对那些试图帮助她的人恩将仇报。她清楚自己这样的行为是很恶劣的，也知道这样是不对的，但她就是不能自已。当她望向镜中的自己时，会对自己重复她的格言“我是个强大的人”。她告诫自己要仇视这所她其实并不仇视的学校，告诫自己要厌恶这个她确实有点儿厌恶的社区。这就是她真实的特质。埃丽卡不知怎的明白，她无法单靠自己做出转变。她不能待在现在这样的环境中，单凭个人意愿的力量改变她的未来。如果再待下去，她总是会被同样的情绪暗示所支配，她的觉醒在这些暗示面前不堪一击。

不过，她可以做出一个决定——改变她的环境。如果她能改变自己所处的环境，或许就能受到另一种情绪暗示和潜意识文化影响的支配。改变环境要比改变秉性容易得多。改变环境之后，新的情绪暗示和文化影响就可以自动发挥作用了。

埃丽卡 8 年级的第一个学期几乎全都花在了打听“学园”的情况、跟学生们交谈、询问她的母亲和老师的情况上面。2 月的一天，埃丽卡得知“学园”的全体校董将参加某个会议，于是她依照自己小斗士的心态做出决定，一定要让校董们允许她到这所学校上学。

埃丽卡趁一群学生从后门走出去上体育课的时候，偷偷地溜进了“学园”，一路来到会议室，敲了敲门就走了进去。好几张桌子拼放在房间中央，周围坐着大约 25 个大人，“学园”的两位创办人坐在离她最远的一侧。

“我想来你们学校上学。”埃丽卡大声说，让房间里所有人都能听到。

“你是怎么进来的？”坐在中间的一个大人质问道。

“明年我可以来你们学校上学吗？”

一位创办人微笑说：“你知道，我们这里有一套抽签系统，如果你输入你的名字，那么4月份的时候会通过抽签……”

“我真的很想来你们学校上学。”埃丽卡打断他的话，把自己反复琢磨了几个月的话一股脑儿地说了出来。“我10岁的时候想去新希望学校念书，结果他们不收我。我跑去社会机构找那里的工作人员，可他们还是没有录取我，最后他们动用了3名警察才把我弄出去。现在我已经13岁了，我学习刻苦努力，成绩优秀，也知道什么样的行为举止算是得体。我觉得我够资格来你们学校就读，不信的话你们可以去问任何人，我还有推荐信。”埃丽卡掏出一张活页纸，上面有老师们的签名。

“你叫什么名字？”那位创办人问。

“埃丽卡。”

“你知道，我们在这方面是有相关制度的。很多人都愿意来‘学园’读书，所以我们就采取了最公平合理的方式——每年春季抽签录取。”

“你这是在找借口回绝我。”

“你和别人一样，机会平等。”

“你就是在找借口回绝我。我要来这所学校上学，我要上大学。”

埃丽卡再也没说什么，只是一言不发地站在原地。她下定决心，这次要把她弄走得派更多的警察才行。

坐在创办人正对面的是一个极胖的男人。他是一个做对冲基金交易的经理人，拥有数十亿的身家，热衷于投资教育事业。他非常聪明，但又保持着谨小慎微的社交风格。他从口袋里拿出一支笔，在纸上写着什么。他抬眼看了看埃丽卡，然后把纸折好，顺着桌面推给桌子对面的创办人们。创办人们打开纸条看了看，上面写着：“在那该死的抽签上动动手脚。”

两位创办人沉默了一会儿，交换了一下眼神。最后，其中一位抬起头来，声音低沉地问道：“你刚才说你叫什么来着？”

“埃丽卡。”

“听着，埃丽卡，我们学校有我们学校的规矩，这套规矩是人人都得遵守的。我们照章办事，我们得做到纪律严明——绝对的严明。所以这话我只说一次：假如你把今天跟我们谈话的事情告诉任何人，我会亲自把你从学校里踢出去。你听明白了吗？”

“明白了，先生。”

“那就在纸上写下你的名字和地址，放在桌子上。我们 9 月再见。”

胖男人从椅子上吃力地站起身来，为埃丽卡递上了他的笔和一个小本子。除了在电视上看过外，埃丽卡还没见过如此精美的笔。她写下了自己的名字和地址，为了保险起见，她还留下了自己的社保号码，然后才离开。

埃丽卡走后，满屋子的校董们面面相觑。等了一会儿，大家在确定埃丽卡走远了之后，那个做对冲基金交易的胖男人才咧嘴笑了起来。房间里的所有人顿时笑作一团。

第 8 章

学会自我控制，找到人生方向

"学园"确实让埃丽卡感到非常惊讶。首先，这里的课程排得满满当当。每天的课程从早晨8点一直到傍晚5点，周六也不休息，即使是在暑假的时候也要加课几个星期。学习成绩不及格的学生要花比其他学生多一倍的时间来学习，即便是中等生也要花费比其他学生多一半的时间来学习。其次，学校里面应有尽有。这里有英语和数学课程——每天的英语课都要分成两节来上。除此之外，学校还开设了卫生诊所，提供心理咨询服务，学校负责学生全天的饮食，还会组织晚间活动。

更令她惊讶的是学校对行为习惯的强调。"学园"从最基本的小事抓起：教学生们在与人谈话的时候如何目视对方，在课堂上如何起立发言，表示赞同的时候如何点头，第一次与人会面的时候如何和人握手。埃丽卡和她同学的第一节音乐课完全是用来学习如何排队走进教室，如何落座的。入学后的最初几周里，学生们要学习如何走到礼堂，如何拿书，如何在撞到别人时说"对不起"。老师教导他们说，如果他们能先做好这些小事，那么日后更大的事情会更容易做好。中产阶级家庭的孩子们在父母的言传身教下，早已自然而然地养成了这些礼数。而对于"学园"里的许多孩子而言，这些东西还需要从头学起。

同样令她惊讶的还有学校里的合唱。每一天的课程都是从被称为"全校集体时间"的合唱活动开始的。所有学生齐聚在体育馆内，一起打着拍子合唱，合唱内容包括《尊敬歌》，分声部演唱《知识就是力量》，还有《大学颂歌》——学生们大声地喊出一连串著名大学的名字，发誓一定要考入这些学校。每当这种动员大会结束的时候，体育老师就会向学生们喊话："你们为什么来到这里？"学生们回答："为了接受教育！""你们怎么才能学习好？”“要刻苦努力！”“你们要怎么做？”“努力奋斗！”“你们该怎么做？”“严格要求自己！”“你们将来的出路是什么？”“考入大学！”“为什么？”“要掌握自己的命运！”“你们打算怎么考上大学？”“靠努力！”“努力换来什么？”“努力换来一切！”

每个班级都有自己的毕业时间，这指的是他们4年后从大学毕业的时间，而不是他们从“学园”毕业的时间。每间教室都有一个特殊的编号，但不是像“215教室”或“111教室”这样的编号，而是那间教室授课老师当年就读的大学名字：密歇根大学、克莱蒙特大学、印第安纳大学、韦尔斯利大学等。大学就像是极乐世界，是这些学生将来总有一天会加入的上层圈子。

在课堂上，埃丽卡学到了很多她不曾了解的知识，比如泰国和古巴比伦的人们过着怎样的生活。她每6个星期要参加一次考试评估，以让学校检验她的学习进度。如果她的考试成绩足够优秀，就会被授予“模拟奖学金”，可以用来“购买”假期和免费到野外旅行的机会。她最喜欢上的课是管弦乐，在课上她可以学习乐谱，尝试演奏《勃兰登堡协奏曲》。第二个学期的时候，她登上了学校的光荣榜，这意味着她可以穿蓝色衬衫去上学，而不再穿统一的白色校服。埃丽卡第一次在全校大会上穿上蓝色衬衫的那一刻，是她生命中最值得骄傲的一刻。

放学后，埃丽卡会去打网球。她过去从未参加过任何正规的体育运动，甚至从未拿过球拍。前几年，有两位黑人网球明星为“学园”捐款，在学校后面修建了4座网球场。每天都有教练来这里教授网球，埃丽卡决定加入球队。

埃丽卡在课堂上是个严谨的学生，在网球场上更是相当勇猛。自从迷上网球，她每天下午都要花几个小时对着墙壁练习击球。

在家里，她房间的墙上贴满了网球海报。她通过世界网球明星们的出生地和各项比赛的举办地来学习地理知识。在“学园”的头两年里，她的生活几乎都是围绕网球展开的。

在埃丽卡看来，网球承载着非常宏大的意义。沃尔特·李普曼曾经写道：“一个人的最高需求在于，认定他自己是某种宏大而有序的存在的一部分。这高于一切基本的生存需求，高于对一切其他需求的满足，高于饥饿、爱、快乐和名利，甚至生命本身。”在几年的时间里，网球成了埃丽卡对自己身份认同的核心。

埃丽卡身体强健，速度也快。在她狂热喜爱网球的这两年里，她相信网球可能会开启她的幸运与成功之门，尽管她从未向别人承认过这一点。她想象自己站在温布顿赛场上的模样，她仿佛看到了自己在法国网球公开赛上的身影，她看到了她自己以榜样的身份荣归母校，向学弟学妹们讲述自己是如何一步步迈向成功的场景。

埃丽卡将电子邮箱地址设为“tennisgirl 1”（女子网球头号选手）。她的网络登录密码与网球有关，笔记本上也满是有关网球的涂鸦。日复一日，她从教练那里学习技巧，浏览关于网球的网站，观看电视上的网球比赛。她的技巧日渐提高，但是她在比赛的时候常常带着怒气，这令她周遭的人都有点儿害怕。她在大部分的生活领域中都表现得坚毅果敢、认真严谨，但她并不是一个性情暴躁的人。然而在赛场上，她却对所有的人和事都表现得急不可耐。她在球场上从来不说话，更不会与她的搭档开玩笑。当她获胜的时候，她周围的人都会松一口气；当她输球的时候，大家都会对她避而远之。如果她在球场上发挥得不好，那她一整天都会郁郁寡欢。

起初，教练称她为“小麦克”，因为她在作风上颇似约翰·麦肯罗。有一天，埃丽卡的脾气把所有人都吓到了。那是她高二那年的春天，她跟“学园”的球队在郊区的一所中产阶级子弟学校里打球。埃丽卡是球队里的二号种子选手，下午较晚的时候，她被安排打一场单打比赛。她的教练在场外观看她的第一个发球局时，马上有一种不妙的预感。埃丽卡第一次发球就出界了，第二次发球也触网了。等到她零比三落后的时候，她已经彻底乱了阵脚。在网前截击时，她的肩膀张得很开；在发球时，她的手臂又蜷缩不展。她发出去的几乎全是侧边球，球满场乱飞，就是落不进对手的场内。

她的教练劝她从1数到10，放松心情，让自己冷静下来。但埃丽卡只是像一头野兽一样盯着教练，眉头紧锁，一脸的愤怒和沮丧。她像木桩一样立在那里等待对方发球，注意力与其说是集中在球上，不如说是集中在她自己的挫败感上。她打出的球不是触网就是出界，每失一球她都要冲自己怒吼一句：“该死！”

教练开始连珠炮般地给埃丽卡提建议，要她保持肩膀收缩，加快速度，尽力投球，多在网前截击。但她似乎陷进了某种恶性循环，根本无法自拔。她用尽全力挥拍击向每一个球，每一次失误似乎都会使她更加怨恨自己。她开始自暴自弃，把球打到球场后面的围栏上，甚至对原本可以一搏的接球也放弃了尝试。她在换场的时候狠狠地跺了一下脚，把球拍扔到了椅子下面。在又一次糟糕的击球后，她索性抡起球拍扔到了护栏上。教练冲她吼：“埃丽卡！再这么耍小孩子脾气的话就给我滚出去！”

埃丽卡以一记发球直接得分回击了教练的指责，并回瞪了他一眼。她接下来的发球打进了对方场内，却被判出界。“你他妈的疯了吗？”埃丽卡厉声叫道。比赛停了下来，埃丽卡把手里的球拍用力地摔在地上：“你他妈的疯了吗？”她冲出了拦网，看上去一副“挡我者死”的样子。她的对手、边裁和队友全都向后退缩着，被她的怒气吓得闪到一旁。

埃丽卡知道她此刻的行为是不妥的，但她感觉很棒。她有种想要一拳把人揍扁，揍得对方满脸是血的冲动。她看到人们紧张地躲避她的样子，心中顿时涌现出了某种权力与控制他人的快感。她想找个人来羞辱一番。

让人感觉很漫长的几秒钟过后，仍没有人敢上前来。最后，埃丽卡冲出球场，一屁股坐在椅子上，埋下了头。她抱怨着除了自己以外的所有人，世界上所有那些浑蛋，球、球拍和她的对手都成了她怨恨的对象。最后，她的教练走了过来，一脸愤怒，和她一样。教练抓住她的手臂命令道：“你别待在这儿了，走吧。”

埃丽卡使劲甩开了教练的手：“你他妈的别碰我！”不过，她还是站起身来，抢在教练前面朝着巴士的方向走去。她一拳砸在巴士的金属车壳上，用力地跺着脚，上了车。她把自己的东西朝车上信手一扔，自己坐在后排座位上。她独自坐了一个半小时，直到其余的比赛全部结束。乘车回学校的过程中，她一言不发地闷坐在那里。

那天下午，埃丽卡根本听不进任何人的话。她没有丝毫悔意，也不害怕自己会在“学园”或是家里惹上麻烦。她顽固不化，有人试图跟她交谈的时候，她就大发脾气。

球队回到学校后，每个人都在谈论埃丽卡在球场上的疯狂举动。第二天，“学园”停了课，学校管理者们只有在出现严重问题的时候才会这么做。所有的课程都取消了，学生和老师们聚集在体育馆里，召开关于体育道德的大会。没人提到埃丽卡的名字，但所有人都知道这是因她而起的。老师和学校管理者们把埃丽卡拉到一边，好话歹话说了半天，但埃丽卡一句都没有听进去。

“兰花儿童”的反常性情

到了第二天晚上，埃丽卡开始意识到自己究竟做了些什么。她把脸埋在枕头里，失声痛哭，屈辱感和羞耻感不断地翻涌。

在埃丽卡这个年纪时，埃丽卡的母亲艾米已经完全不是女儿的对手了。她性格并不坚强，但她理解人有时候那种莫名其妙失控的感觉。她不知道是不是她直接将某些基因遗传给了女儿，致使那些继承于她的不良品质即将掩盖埃丽卡的所有优点。

她不知道这件事究竟只是埃丽卡青春期浮躁的表现，还是注定伴随她女儿一辈子的性格特征。所有人都会继承祖辈对于意外和压力的本能反应能力，即所谓的“战或逃反应”。有些人在压力和痛苦面前从小就偏向于采取逃避的态度，另一些人——比如埃丽卡——则会选择战斗。

有些新生儿比其他孩子更容易受到惊吓。当遇到陌生的情况时，他们的心率和血压比其他孩子上升得更快，身体反应也更加剧烈。心理学家杰罗姆·凯根和他的同事们曾于1979年以500名婴儿为对象做过一系列的陌生情境刺激试验。约20%的婴儿大声痛哭，这类婴儿被归为“高度反应”类型；另有40%的婴儿几乎没有任何反应，这类婴儿被归为“低度反应”类型；其他的婴儿介于这两者之间。

又过了10年左右，凯根对同一批孩子们进行了另外一项旨在诱发焦虑的试验。“高度反应”类型的孩子当中约有 1/5 仍对压力反应强烈，“低度反应”类型孩子中约有 1/3 仍然表现得很平静。大多数的孩子已经长大了，反应介于两者之间。只有极个别的孩子会从“高度反应”类型转为“低度反应”类型，或是从“低度反应”类型转为“高度反应”类型。

换句话说，孩子出生时就带有一定的性情。然而，这样的性情并不会限制人一生的轨迹。爱德华·威尔逊认为，天生的性情是一种约束。埃丽卡像所有的孩子一样，出生时就具有一定的秉性，无论是高度紧张还是异常镇定，是天生开朗乐观还是本性孤僻阴郁。她的性格会随着她的生活而改变，具体取决于经验会在多大程度上改变她的思维，但这种改变的程度具有一定的局限性。她可能会从高度精神紧张变得性情温和，但她的性格很可能不会从一个极端转往另一个极端。基本的性情状态一旦形成，她的情绪将会在此状态上下波动。她可能会因中了彩票大奖而兴奋几个星期，但一段时间后，她将回归到基本状态，她的生活并不会因为赢得大奖而变得更加幸福。反之亦然，她可能会因为痛失丈夫或朋友而悲伤难受，但在这些伤痛过后，她仍然会回归到基本状态。

艾米很担心埃丽卡内心里燃烧着危险的火苗。早在埃丽卡更小的时候，她的情绪波动就比多数孩子要明显。遇到意料之外的事情时，她的惊吓反应似乎非常强烈（易受惊吓的人在生活中更容易焦虑和恐惧）。一些研究人员将孩子们分为“蒲公英儿童”和“兰花儿童”两类。相较而言，“蒲公英儿童”的脾气性情更为平和，也更加坚强。无论他们置身何处，都能够很好地成长，就像随风飘到哪里都能扎根的蒲公英一样。“兰花儿童”则变化不定，处于合适的环境中时可以健康成长，处于不适的环境中就可能“衰败”。埃丽卡就是一株在成功与衰败之间摇摆不定的“兰花”。

艾米坐在那里揣测着埃丽卡的未来，深深的担忧让她脑海里一片空白，就像所有青春期孩子的家长一样。她自己小时候也是这样的孩子，她会在面对挫折时过度地自我保护，会将正常的情况误解为威胁，会为子虚乌有的事情生气，会因为别人的无心之举感到受了冒犯，会把世界想象得比实际情况危险得多。

生活在慢性压力中的人们，大脑的海马体细胞会遭受损伤，从而导致记忆丢失，特别是美好的记忆。他们的免疫机能会降低，骨骼中的矿物质含量也会减少。他们体内更容易囤积脂肪，特别是在腰腹部周围。他们会患上各种各样的慢性综合征。一项针对工程师的研究表明，当工程师面对压力极大的工程项目，在 6 个月内连续每周工作 90 个小时后，他们体内的皮质醇和肾上腺素含量会升高，这两种物质都与压力有关；即使在项目结束后他们获得四五个星期休假的情况下，皮质醇和肾上腺素水平仍然会在 18 个月内居高不下。压力的影响具有持久性和侵蚀性。

那天夜里，在那场糟糕的球赛结束 30 个小时之后，艾米仍然不知道她怎样才能缓解女儿的压力和羞愧。她只能坐在那里，手放在埃丽卡的背上，试图用这种可怜的方式帮女儿渡过难关。大约一刻钟后，母女俩都有些烦躁不安，于是她们站了起来，开始准备晚餐。埃丽卡做了沙拉，艾米从储藏室里拿了些意大利面。母女两人一起做着晚餐，手头的活计让她们的心情逐渐平静下来。埃丽卡正在切西红柿，她忽然抬起头来问母亲：“我为什么不能控制自己？”

这其实是一个相当重要的问题。安吉拉·达克沃思和马丁·塞利格曼的研究表明，自我控制能力对高中生的总体表现、就学情况和学习成绩的影响是智商的两倍。尽管另一些研究者质疑这样的结论，但是毫无疑问，自我控制是人生有所成就的关键因素之一。

“那感觉就好像我根本不是我自己，”埃丽卡后来有一次跟母亲谈起这件事时说道，“就好像有个愤怒的陌生人劫持了我的身体。我不知道这个人从哪里来，也不明白她在想什么。我害怕她会再回来，做出什么可怕的事来。”

先别着急吃棉花糖

曾任教于斯坦福大学、现任教于哥伦比亚大学的沃尔特·米舍尔于1970年左右发起了一项在现代心理学中非常著名也非常有趣的实验。他让一组4岁孩子坐在一个房间里，并把一块棉花糖放在桌子上。他告诉孩子们，他们可以马上吃桌子上的棉花糖，但他要出去一下，如果谁能在他回来之前不吃棉花糖，他就会给谁两块棉花糖。在实验录像中，你可以看到米舍尔离开房间后，孩子们坐立不安，踢着腿，把自己的眼睛遮起来，在桌子上撞自己的头，努力控制自己不去吃摆在他们面前的棉花糖。有一天，米舍尔用奥利奥饼干代替了棉花糖，结果一个孩子拿起了桌上的饼干，偷偷地把中间的奶油夹心吃掉后，再将饼干小心翼翼地放回原处。（这个孩子现在可能已经成了一名美国参议员。）

这个实验得出的更重要的结论是：相对于那些忍了一小会儿就开始吃棉花糖的孩子们，那些忍了几分钟也没吃的孩子在日后上学时的表现更好，更不容易惹是生非，上中学时的社交能力也相对较强。在 13 年后的学术能力评估测试中，那些可以忍耐 15 分钟不吃棉花糖的孩子的成绩，要比那些只能忍耐 30 秒的孩子的成绩高出 210 分以上。（棉花糖测试竟然比智商测试更能准确预测 4 岁孩子们长大后的学术能力评估测试成绩。）20 年后，这些更能忍耐的孩子们大学毕业率要高得多；30 年后，他们的收入也要高得多。而那些迫不及待就将棉花糖吃掉的孩子们，日后的犯罪率相对而言要高得多，也更容易遭受毒品和酗酒成瘾等问题的折磨。

棉花糖测试要求孩子们在短期冲动与长期奖励之间做出抉择，实验结果可以衡量孩子们是否能够控制自己的冲动。幼年就学会控制自己冲动的孩子在学校和生活中都表现得很优秀，而那些不能控制自己冲动的孩子在学校里会遭受无休止的挫折。

拥有良好冲动控制能力的孩子往往是在井然有序的家庭中长大的。在他们的成长过程中，特定行为的结果是可预见的。他们具有一定程度的自信，认为自己能够在要做的事情上取得成功。无法抗拒棉花糖诱惑的孩子们通常生在混乱的家庭中，他们不太会顾及行为与后果的关系，也不太会应对那些近在眼前的诱惑。

不过，实验最关键的结论还在于发现了什么样的策略行之有效。那些表现不佳的孩子们将他们的注意力都放在了棉花糖上。他们认为如果他们一直盯着棉花糖的话，就可以在某种程度上控制自己吃棉花糖的欲望。那些能够等待的孩子们将自己的注意力从棉花糖上转移开来，他们假装棉花糖不是真的，不在桌子上，或者根本就不是棉花糖。这样的孩子具备调整注意力的技巧。

在后来的实验中，米舍尔告诉孩子们想象在棉花糖的周围有一个相框的样子——想象他们看到的只是一张棉花糖的图片而已。

被传授了这种技巧的孩子相比那些不具备这种技巧的孩子平均能够多忍耐 3 倍的时间。而当孩子们被要求想象他们面前的棉花糖只是一团蓬松的云朵时，他们的等待时间将会更长。通过自己的想象力，孩子们可以将棉花糖视为各种不同的东西。他们使自己远离棉花糖，在头脑中触发跟棉花糖不一样的、没那么有吸引力的感受。那些能够控制自己冲动的孩子会用冷静的方式看待棉花糖，而那些控制能力不强的孩子在棉花糖面前则表现得很狂热：他们看到的只是棉花糖美味可口的诱惑。当他们大脑中对棉花糖狂热的网络被激活时，就会一发而不可收，他们没法不将棉花糖塞进嘴里。

棉花糖实验表明，自我控制能力并不意味着通过坚定的意志力来抑制内心的冲动。意识并没有足够的力量和意志力来直接控制潜意识，必须要靠触发技巧。在任何时候，人脑中都存在着正在潜意识层面运行或可以在潜意识层面运行的活动。自我控制与自我约束能力良好的人能够形成一些习惯和策略，触发那些能够使他们以有效的、富有远见的方式感知世界的潜意识活动。

重新认识性格与行为的关系

人类的决策过程分为 3 个基本步骤。首先，我们会感知到某种情况；其次，我们用理性来判断这种或那种行为是否符合我们的长远利益；再次，我们用意志力来执行我们的决定。几百年来，学者们提出过许多与性格有关的理论，随之也出现了许多种培养青少年性格的方式。在 19 世纪，大多数的性格培养理论都着眼于决策过程中的第三步——意志力。维多利亚时代的道德学家们对“适当行为”的认识几乎照搬了水利学的概念：内心的冲动就像狂野的洪流，而作风正派的人们总是用自己坚定的意志力去抵御它、压抑它、控制它。

到了20世纪，大多数的性格培养理论都着眼于决策过程中的第二步——用理性来权衡利益。20世纪的道德学家们强调利用各种技巧提高觉悟，提醒人们不良行为所导致的长期风险。他们提醒人们，不安全的性行为会导致疾病、意外怀孕以及其他不良的后果，吸烟可导致癌症，通奸会导致家庭破裂，说谎会使人对你失去信任。他们的想法是，当你指出人们的愚蠢行为后，人们就会有足够的动力停止这样的行为。

理性的判断力和意志力在道德决策和自我控制方面的确非常重要，然而这两类性格培养理论的实际效果都非常一般。你可以告诫人们不要吃炸薯条，可以给他们看介绍肥胖症风险的小册子。你可以对人们进行说教，促使他们实现自我控制，从而不去吃炸薯条。当人们处于饱腹状态的时候，绝大多数人都会发誓绝不再吃炸薯条。然而，当人们进入饥饿状态的时候，原本下定的决心就会动摇，导致他们拿炸薯条来充饥。大多数人减肥失败的原因在于理性和意志力作为意识层面的力量不够强大，不足以抑制潜意识层面的冲动。

这一现象不仅对吃炸薯条成立，对影响力更加重大的事情也同样成立。传教士们虽然苦口婆心地批判通奸的罪恶，但是对于那些通奸的人们似乎并没有什么影响，甚至某些传教士自己也是通奸者。成千上万的书籍痛斥着贪婪的罪恶，但每隔几年贪婪都会发展成自我毁灭性的社会潮流。人们几乎普遍认同物质上的消费不会带来愉悦和满足的道理，但还是有千百万的人甘做信用卡的奴隶。大家都明知杀人是不对的，但种族灭绝的事情还是时有发生。恐怖分子们会说服自己，滥杀无辜是一种正义的行为。

几十年来，人们一直努力向毒瘾者提供有关毒品危害的信息，向青少年们宣传无保护的性行为的风险，告诫学生们辍学的不良后果。然而研究结果清楚表明，信息本身并不能有效地改变人们的行为方式。例如，2001 年一份针对 300 余项性教育课程的调查表明，这些课程对受教育者的性行为或避孕手段没有造成任何明显的影响。课堂教学和旨在提升学生在性方面意识的研讨会对潜意识层面的冲动几乎没有任何直接效果，说教布道也没有什么成效。

证据表明，理性的判断力和意志力就像肌肉，但不是那种特别发达的肌肉。某些时候，在恰当的情境下，它们能够抵御住诱惑，控制住冲动。但在许多情况下，它们的力量实在太薄弱了，完全不足以实现自律，人们只是在自欺欺人。

19 世纪和 20 世纪的性格培养理论之所以具有如此的局限性，是因为它们都建立在同样的基础假设之上：决策过程中的第一步——感知——是一种相对简单的过程，人们需要采取的行动主要在于计算自己该做什么，用意志力支配自己去做这些事情。

然而今天的心理科学已经证明，这样的假设是错误的。事实上，第一步是决策过程中最重要的步骤。感知并不仅仅是“客观”感受某种情况的简单过程，而是一种需要思维和技巧的过程。感知和评估并不是彼此独立的，而是相互关联且基本同步的。近 30 年来的研究表明，有些人在感知方面比别人更有技巧。那些品性良好的人要么是靠自己，要么是在别人的教导下学会了用正确的方式看待各种情况。当他们以正确的方式看待某种情况时，就会引发潜意识中的一整套判断与反应网络，让自己倾向于以某种特定的方式行事。这会让他们的理性和意志力更容易发挥作用，引导他们做出恰当的行为。

例如，有些学生走进教室的时候，对老师并没有发自内心的尊重。当他们生气或沮丧的时候，就会诅咒老师、无视老师、羞辱老师，甚至会对老师拳脚相加。另一些学生则对老师有着发自内心的尊重。他们自然而然地懂得，自己应该服从老师——包括在老师面前该做哪些事情，不该做哪些事情。他们可能也会生气或恼怒，但他们不会在课堂上任由这些感情表现出来，他们绝不会在课堂上大喊大叫、骂骂咧咧，或是殴打老师。如果有人在他们面前这么干，他们会表现得非常震惊。

而这种发自内心的尊重又是从何而来的呢？为什么后一类学生只要看到老师，就会自然做出某些特定的反应呢？或许答案深陷在“悲惨前景”之中，或者说在潜意识的暗河之中，永远无法为我们所知晓。不过我们可以说，这些学生在之前的生活中或多或少都有过某些经历。或许他们先是对父母尊重，然后再逐渐扩展为对权威人物的普遍尊重。或许他们从别人对待老师的方式中学会了某种行为模式。或许他们关于课堂上的行为养成了某些习惯和准则，所以把不符合这些习惯与准则的行为当作不可接受的。在无数这类影响的作用下，他们形成了某种特定的感知模式和世界观。他们学会了用这样的方式看待老师之后，就绝对不会想到往老师脸上挥上一拳——除非是在漫无边际的幻想中，而他们也知道这样的幻想永远不会成为现实。

同样，正直的人学会了用某种特定的方式看待别人的财物，这种方式让他们不容易产生偷盗的倾向；他们学会了用某种特定的方式看待枪支，这种方式让他们不容易滥用枪支；他们学会了用某种特定的方式看待女孩，这种方式让他们不容易虐待她们；他们学会了用某种特定的方式看待真相，这种方式让他们不容易撒谎。

这种“学习如何观察”的模型强调，性格的形成并不是一朝一夕的事情。性格是千千万万种彼此相互作用的因素日积月累形成的结果。这一模型强调社会环境对性格的影响。单靠自己培养自我控制的能力是非常困难的（如果你身处一个全是胖子的环境中，那么你也很难保持苗条）。它也强调细小的重复性行为的影响，这些行为可以重组大脑的基本运行机制。细节习惯和适当的礼仪能够改进人们看待世界的某些积极方式。良好的行为能够加强大脑中的某些网络。亚里士多德在这方面的见解非常正确：“美德是最先通过把它们付诸行动而获得的。”匿名戒酒协会的口号“假装这样做，直到你真的能做到”用更加实际的方式解释了这一观念。弗吉尼亚大学学者蒂莫西·威尔逊的表述则更为科学化：“社会心理学界普遍公认的原理之一，就是行为的改变往往先于态度和感情的变化。”

训练自我控制与自我调节的能力

在那次脾气爆发后的一段时间里，大家看埃丽卡的眼神都怪怪的，埃丽卡自己也觉得怪怪的。时间匆匆流逝，一晃几个月就过去了。“学园”的生活意味着遵守上千条琐碎的规章制度：食堂里，在所有人落座之前不能开始吃饭；始终要把餐巾放在膝盖上；老师走进房间时一定要起立；穿校服时不能嚼口香糖，即便是在步行回家的路上也不行——这不是“学园”的学生应有的行为。

和绝大多数同学一样，埃丽卡逐渐习惯了这些琐碎的规章制度。她发觉自己在言语措辞方面发生了变化，特别是当她同陌生人交谈的时候。她发现自己的身体姿势也发生了变化，简直开始有了些军人般的气质。

这些规章制度几乎都涉及自律，包括推迟满足感和对自我控制能力的训练。埃丽卡当然并没有从这个角度考虑过这些。作为一名学生，这些规章制度只是她日常生活的一部分而已，但它们对她的在校生活、家庭生活甚至网球场上的生活都产生了深远的影响。

高三那年，埃丽卡对网球已不再那么痴迷，但她仍旧养成了为每场比赛做好心理准备的习惯。她采用的方式可以称为“间接自我控制论”：通过对细小琐事的调控来触发对重要大事的正确反应。

她在比赛前会坐在椅子上，脑海里反复回忆着电影中那些飞行员的声音，他们总是在对讲机中保持着沉稳平静的说话语调，这语调会让她进入恰当的精神状态。然后她会重复一些技巧和习惯，每场比赛前都是这样：总是将她的水瓶摆放在球网附近的同一位置上；总是把球拍放在椅子下面，总是同一面朝上；总是在手腕上佩戴同样两条不搭配的吸汗巾；走进球场时每一步都踩在线上；每次发球前都用右脚正对着发球位置；总是考虑能不能连续5次直接发球得分。如果实际上觉得自己没法直接发球得分，那就假装自己能够做到。当身体“假装”出某种状态足够久时，思维也会开始采取这样的态度。

一旦站到了球场上，埃丽卡就会严格遵守她给自己定下的规矩。她的世界上只有两个地方：球场上和球场外。在球场外，埃丽卡会回顾过去，展望未来；而在球场上，她考虑的只有眼前的比赛。她在准备发球的时候只想三件事：旋转、落点和速度。如果她发觉自己在想别的事情，她会后退一步，拍几下球，然后再继续比赛。

埃丽卡不允许自己理会对手的状态，也不允许自己理会边裁的存在。她的表现只取决于球离开她的球拍时的状态，别的事情都不在她的控制范围之内。她自己的个性、她的天赋、她的自我和自我价值通通不是重点，赛场上的重点只有一个，那就是打好比赛。

通过把比赛当作重心，埃丽卡可以让意识层面的自我平静下来。她可以引导自己的注意力离开她自己——她的期望、她的紧张、她的名气——而进入到忘我的比赛状态当中。她可以让自己不去想太多，因为想得太多是球场上的大忌。她可以全身心融入打球的过程，可以回到无数个小时一遍又一遍地重复同样的动作、让某个招式深深印入脑海的练习场景之中。当她这样做的时候，总能表现出超凡的自我控制力，再没有什么可以对她造成干扰。

进行网球、棒球或足球之类的比赛时，运动员的大脑需要执行感知、再感知与修正的复杂循环过程。罗马萨皮恩扎大学学者克劳迪奥·德尔·佩西奥的研究表明，在从事困难的任务时，明星运动员事实上比普通人更加冷静。他们对执行这类任务早有心理准备，因此所要花费的脑力远远少于一般人。他们对比赛过程的了解也更加清晰。同样来自这所大学的萨尔瓦托雷·阿格奥蒂曾安排一群篮球球员和非篮球球员观看罚球视频，球从球员的手上飞出的一刻就戛然而止，运动员们需要猜测球到底有没有投进。篮球运动员们的猜测比较准确，因为他们对于投球时手部和肌肉的运动谙熟于心，并且能够重现罚球的场景，仿佛他们自己就是那个罚球的球员一样。总而言之，专业运动员和非专业运动员的运动体验完全不同。

埃丽卡的自我调节在 95% 的时候都能发挥作用。高三那年，她的困扰少了许多，球技也有所长进。不过她偶尔也会失去冷静，似乎她心中愤怒的恶魔挣脱了锁链，马上就要开始为非作歹。

对于这种情况，她同样有应对的办法。她会一边想着自己的愤怒，一边对自己说："这不是真正的我，这只是我体内的一种体验而已。"她会想象一片茵茵草地，草地一边是代表她愤怒的恶狗，另一边则是连续赢得了 5 场比赛的网球选手。她想象自己从恶狗那边走远，逐渐来到网球选手这边。

她试图在自己与世界之间建立起恰当的联系。她所进行的自我监督练习被丹尼尔·西格尔称为"心灵窥视"。她提醒自己，她可以决定究竟让哪个内在的自我主宰她的行为。她要做的就是将她的注意力只集中在某种内在的性格特征上，而不允许别的性格特征浮现出来。这并不是容易的事。有时，集中注意力需要极大的精力才能做到。不过这的确是可以实现的。威廉·詹姆斯是最早认识此类决定所牵涉的内在心理过程的学者之一："你能在多大程度上拥有你主观上向往的生活，完全取决于与这种向往相反的念头能够获得多少注意力……因此，对注意力的控制是意志力的基本体现。"那些拥有掌控注意力的习惯和策略的人，可以掌控他们自己的生活。

随着埃丽卡渐渐长大，她越来越擅长将注意力从某种冲动转移到别处，激发大脑中的不同模式。埃丽卡这株兰花看起来很可能就要美丽绽放了。

人生梦想被点燃了

经过在“学园”的几年学习，埃丽卡已经换了一个人。不好的一面是，她现在和她的老朋友们甚至父母都有些疏远，他们认为埃丽卡是走火入魔了。而好的一面是，她发现了自己应该做什么样的工作。

一天，一位西班牙裔中年女士到“学园”参观。这位女士筹建了自己的餐饮公司，在全美各地都有连锁餐厅。她身材瘦削，一身保守的西装打扮，举止非常沉稳。埃丽卡完全被她迷住了。她能够想象出一条路，由自己目前的生活通往像这位女士一样的生活。毕竟，这位女士也曾在这条路上走过。

埃丽卡心中突然燃起了成为企业领袖的强烈愿望。在很短的时间里，她就从一个普通勤勉的学生变成了一个雄心勃勃的女孩。她买了一本管理日志，用不同的色块划分每一天的各项任务。她的衣橱也逐渐变了样。原来的衣服是如此大方简洁，让她看上去就像一个贫民版的多莉丝·戴。她不知从哪里搞来了一整套旧办公桌椅，并开始把她的课业任务归纳分类。她仿佛一下子彻底变成了瑞士人的作风：一丝不苟、纪律严明、斗志昂扬。她的雄心烈火已经被点燃，从这一天开始，再也停不下来了。

第 9 章

大学生活：找到通往成功的路径

研究人员对人类雄心壮志的成因进行了多年的探索。他们已经发现了一些雄心勃勃的人共有的特征，而埃丽卡身上就具有许多这样的特征。

具有强大驱动力的人们往往会被一种深切的危机感困扰。历史学家们早已注意到，在那些最杰出的作家、音乐家、艺术家和领导者当中有相当多的人，在 9~15 岁之间曾有过父母一方早逝或遭到父母一方抛弃的经历，其中包括华盛顿、杰斐逊、汉密尔顿、林肯、希特勒、甘地和斯大林等伟人。埃丽卡的父母尽管还健在，但在情感层面，她母亲时不时会消失；而在现实层面，她父亲时不时会消失。在她的意识中，生活总是不安定的，除非她可以竭力使自己置身于世界某个安全的地方，否则一切都有可能在顷刻之间毁于一旦，这正是她与其他许多雄心勃勃的人的相似之处。

雄心勃勃的人往往会遇到某个已经功成名就的、与自己相似的人。他们可能来自同一个地方，拥有同样的种族背景，或是彼此间存在着某些别的关联。那些成功人士会为他们指引方向，点燃他们内心的希望。

令人称奇的是，效仿的本能往往是在不经意间被激发出来的。几年前，杰夫·科恩与格雷格·沃尔顿这两位研究学者让耶鲁大学的学生们阅读了一位名为南森·杰克逊的优秀数学家的简短传记，但他们对传记中的一个关键细节做了改动。这两位研究人员把杰克逊的生日改为与阅读这份履历的一部分学生的生日相同。然后，科恩和沃尔顿给所有学生出了一些数学题让他们作答，结果发现那些读到杰克逊的生日与自己生日相同的学生努力解题的时间比别的学生多 65%。这些学生被自己跟杰克逊之间突如其来的亲缘感所鼓舞，认为自己在数学方面也会取得卓越的成就。

雄心勃勃的人往往在早年就显现出一些才华，令他们与众不同。但这种才华并不见得有多么惊人，也许只是在他们读五年级时比别的同学演讲口才好一些，或是在自己居住的小镇上数学学得最好。但是这已经足够了，这样小小的成绩已经成为他们自我身份认同的关键所在。

有抱负的人往往对加入上层社交圈怀有一种憧憬。世俗偏见认为，雄心勃勃的人总是要超越他们身边的人，努力做得比别人更好。然而事实上，雄心勃勃的人努力的目标，往往是为了加入某个专属的圈子或是团体。

埃丽卡在“学园”与那位西班牙裔餐馆老板的邂逅让她树立起了一种坚定的信念——一切皆有可能。于是她开始去报摊买《快公司》、《连线》和《彭博商业周刊》等杂志。她幻想自己在一家刚起步的小公司工作，为了共同的事业与一帮人一起打拼。她会把杂志中刊登的那些豪华派对和家庭聚会的广告剪下来，贴满她的房间。这些画面就是她向往的目标，她总有一天也要拥有这样的生活。

埃丽卡的老师表扬她是一个勤勉的人，对她的高效和细致也赞不绝口。她开始觉得自己确实可以有一番作为。

加里·麦克弗森于1997年对157名随机抽选的儿童进行了一项研究，他要求这些孩子每人挑选并学习一种乐器。有些孩子后来成为很优秀的音乐家，另一些孩子则半途而废。麦克弗森对这两类人的特征分别进行了研究，结果发现智商并不足以预测哪些孩子会成为音乐家，听觉的灵敏度、数学技能、家庭富裕程度和节奏感所起到的作用也都不明显。最具有预测性的因素是麦克弗森在要求学生选择乐器时问他们的问题："你认为你会持续练多长时间？"那些认为自己持续时间不长的孩子们后来不太精通乐器，而那些计划练习几年的孩子后来都取得了一定的成功，至于那些说"我想成为一名音乐家，我一辈子都要演奏音乐"的孩子在日后则取得了突飞猛进的发展。孩子们在第一节课上形成的自我身份认同感，正是让他们日后得以突飞猛进的动力。这是他们对未来自我的展望。

所谓的"天才"都是后天努力造就的

有些人似乎仍旧生活在浪漫主义的年代，他们倾向于相信天才是某种神圣火花的产物。在他们看来，古往今来出现过的那些圣人——但丁、莫扎特、爱因斯坦——才华禀赋远远超过了一般人所能理解的程度，以至于能够直接跟超越人类的真理建立联系，世人需要对他们表以虔诚和敬畏。

不过，我们当然是生活在科学的年代。人们已经对早年名家们的成就进行了大量的研究，并将研究结果收录编撰在册，著成了诸如《剑桥专才训练手册》之类的书籍。目前普遍的看法认为，天才并非天生的，而是需要后天培养的，即便是莫扎特早期的才华也不是某种超自然的天赋。尽管莫扎特的确在很年轻的时候就已经成为一名非常优秀的音乐家，但跟今天最优秀的儿童音乐家相比，青少年时代的莫扎特并不能算非常优秀。

莫扎特所拥有的，是自古以来很多早早表现出惊人天赋的表演者们身上都曾体现出来的东西——与生俱来的大量练习，长时期集中注意力，以及在成人后提升技艺的决心。莫扎特在青少年时代就进行过大量的练习，很早就积累到了一万多个小时的练习量，之后又在这一基础上继续进步。

最新的研究表明，“天才”们获得成功的方式在某种意义上是平凡的、大众的，甚至是有点清教徒禁欲式的。“天才”与取得杰出成就的普通人之间，区别并不在于某种神圣的火花，而在于究竟能否随着时间的推移而逐渐提高水平。佛罗里达大学的安德斯·埃里克森通过研究证明，有意识的练习是取得成就的关键。顶级表演者在严格磨炼自己演奏功夫方面花费了更多（乃至多得多）的时间。埃里克森指出，顶级表演者将自己的演奏水平提升至优秀级别的过程中所付出的时间，是一般表演者将自己的演奏水平提升至合格级别所付出时间的 5 倍左右。

卡内基－梅隆大学学者约翰·海耶斯对 500 多首杰出的古典音乐作品进行了研究，发现其中只有 3 首是作曲家在职业生涯前 10 年内发表的，而剩下所有的作品都是在作曲家们十多年坚实稳定的创作基础之上创作出来的，只有在坚持了如此长时间的创作之后，他们才可能为世人贡献传世佳作。这一规律也同样适用于爱因斯坦、毕加索、艾略特、弗洛伊德和玛莎·格雷厄姆。

而这并不仅仅是花费多少时间的问题，在这些时间内进行了怎样的练习也同样重要。平庸的表演者可能会以最令自己舒服的方式练习，而伟大的成功者们则会采取最为严谨且强调自我批评的方式。他们常常将曲子分为一个个细碎的部分，就每一个细节进行一遍又一遍的推敲。在草山音乐夏令营，学生们会花 3 个小时来反复练习一页乐章的内容，并将以正常节奏 1/5 的速度演奏。如果周围的人们还能分辨出音乐的调子，就说明他们的速度还不够慢。在斯巴达克网球俱乐部，学生们会进行无球集训，对球技的点点滴滴进行一一推敲。

本杰明·富兰克林自己引导自己养成了这样的写作习惯：每天阅读《观察家》杂志上的一篇文章，这是他那个时代文笔最好的杂志；在另一张纸上记下关于文章中每一个句子的笔记，然后将这些笔记打乱顺序放在一旁，几个星期后再把它们找出来，试图按照正确的顺序排列笔记内容，并利用它们复原杂志的原文。富兰克林通过这样的方式学会了把握文章架构。当他发觉他所使用的词汇比《观察家》杂志的作者们逊色之后，就将重心转移到了遣词造句方面。他将每篇文章一句句地译成诗歌，几个星期后再尝试把诗歌还原为文章。

丹尼尔·科伊尔在他的著作《一万小时天才理论》中指出："每项技能都是记忆的体现。"要缔造内在的思维架构，需要大量的刻苦努力。大脑研究在这方面所揭示的结果，刚好跟传统的成就道德标准不谋而合。

执行力和组织力是企业家成功的关键素质

课堂作业成了埃丽卡高中时期的生活框架，这激发出了她的一些内在天赋。并不是某一位特别的老师改变了埃丽卡的生活，而是"学园"的氛围在秩序性、纪律性和规律性等方面对她的行为习惯产生了潜移默化的影响。埃丽卡喜欢将她的作业按顺序安排，她喜欢绘制检查表，每完成一项任务就从表上划去一项。如果你在埃丽卡高中毕业时问她觉得自己最明显的特质是什么，她会告诉你："我是一个井井有条的人。"她总是迫切地希望能够正确地处理事情，而这也使得她被商务界所吸引。成功人士往往期盼找到可以尽情施展自己的才华、自己能够如鱼得水的环境。

我们都知道那些拥有超凡魅力的商界领袖，他们就像骑在马背上的英雄一样带领着我们在商场上拼杀。然而大多数企业领导者并不属于这种类型，而是为人冷静沉稳、纪律严明、坚毅果敢。埃丽卡想要成为的正是这样的领导者。

2009 年，史蒂芬·卡普兰、马克·克莱巴诺夫与莫滕·索伦森进行了一项名为"首席执行官的魅力和能力哪个更重要"的研究。他们对 316 位企业老总进行了详细的个性评估，同时也对他们所在公司的业绩进行了研究，发现并没有哪种个性类型可以直接带来经商层面或任何其他层面的成功。但他们发现，注重细节、持之以恒、办事高效、一丝不苟和长时间工作的能力是与成功关联最密切的特性。换句话说，组织能力和执行能力是最关键的。

这一研究结果跟过去几十年积累的大量研究成果不谋而合。吉姆·柯林斯在他的畅销著作《从优秀到卓越》中指出，许多最杰出的首席执行官都不是夸夸其谈的空想家。他们为人谦逊，处事低调，努力勤勉，坚决果敢。当他们发觉自己擅长某件事情时，就一遍遍地把这件事情做到最好。他们并没有在激发自己的内在潜能方面投入大量精力，他们所追求的是纪律严明和办事高效。

同年，莫雷·巴里克、迈克尔·芒特与蒂莫西·贾奇针对商业领袖进行了一项大规模调查。他们也同样发现，性格是否外向、是否平易近人、对新事物是否持包容的态度等因素，与这些老总们的事业能否成功之间没有关联。促使他们成功的最重要因素是稳定的情绪和敬业精神——为人可靠、做事有计划性，并能够持之以恒。

这些性格特点与受教育程度并无多大关系。那些获得了法律或工商管理硕士学位的首席执行官并不比那些只有本科学历的领导者强。这些性格特点跟薪酬和奖金多少并没有直接的联系，也跟名声大小和受认可程度无关。一项由乌尔丽克·马耳曼德尔与戈弗雷·泰德进行的研究表明，老总们越是出名，获得的奖项越多，他们的办事效率反而越低下。

埃丽卡梦想的并不是光鲜浮华的生活，真正让她如饥似渴的是控制力。她最为看重的是持久性、秩序，以及对细节的关注。

文化圈子不同，思维方式各异

有许多时候，人的思维会在潜意识层面徘徊不前。高三那年，埃丽卡发现自己莫名其妙地陷入了一场旋涡。她发现来自家庭、家族和族群的原始召唤一阵阵向她袭来，用从未有过的方式令她身陷其中。

这些复杂的情况是在她最初决定到丹佛大学就读时初露端倪的。如果光凭她自己的学术能力评估测试成绩，她恐怕没机会迈入丹佛大学的大门，是她的背景在其中起了关键作用。

当丹佛大学的录取通知书寄达的时候，埃丽卡非常开心，但她的开心方式与哈罗德所属的那个社会阶层的人截然不同。埃丽卡从小生长在弱肉强食的艰难生存环境中，所以对她而言，这张录取通知书不是什么美好人生的荣誉标志，不是她母亲可以贴在车窗外炫耀的贴纸，而是人生中下一场战斗的开始。

埃丽卡将录取通知书分别拿给父亲和母亲看后，整个家族就乱套了。别忘了，埃丽卡的家庭背景有些复杂，她有一半墨西哥血统和一半中国血统。她背后是两个庞大的家庭，每一方都需要她花精力应对。

在某些方面，这两个家庭是一样的：两边的家庭成员们都对他们的亲属极为忠实。当世界各地的人们被问及对“无论父母的优点与缺陷如何，你都必须永远爱他们并尊重他们”这句话的看法时，95% 的亚洲人和 95% 的拉美裔人都表示同意，相较之下，只有 31% 的荷兰人和 36% 的丹麦人赞同这一观点。

埃丽卡父母双方的大家庭都会在星期日下午到公园举办大规模的野餐活动，尽管食物不同，但气氛是相似的。祖父祖母或外公外婆坐在树荫下的蓝色折叠椅上，孩子们则聚在一起玩耍。

但是双方之间也存在着差异——一些难以言喻的差异。每当她试图解释自己的墨西哥和中国亲属之间的差异时，总是以陈词滥调的种族差异理论收场。她父亲的大家庭成员都是西班牙语电视频道“联视”的忠实观众，他们喜欢踢足球、跳梅伦格舞，爱吃米饭、豆类食品和猪蹄，会庆祝墨西哥独立日。而她母亲这边的大家庭则爱吃炒菜，信奉古老的传说，作息规律，爱好书法，喜欢说一些古老的谚语。

然而真正重要的是那些无处不在而又难以捉摸的差异。他们做的饭菜各不相同，你在门口就会闻出这些味道的不同。亲戚们会用各自的方式讲不同的笑话：埃丽卡的墨西哥亲戚们会开玩笑说他们做什么事都很拖拉，她的中国亲戚们则会把某位粗俗的表弟随地吐痰这种事当作笑话来讲。

埃丽卡在父母双方的大家庭中会表现出不同的个性。当她与父亲一方的墨西哥亲戚们在一起的时候，她和大家会更亲近，说话的声音更高，肢体动作也会更加随意。而当她和母亲一方的亲人们在一起的时候，则会表现得更加恭敬，在饭桌上递盘子的时候会更积极。在和父亲一方的亲人们一起吃饭的时候，埃丽卡很挑食，但在和中国亲戚们一起吃饭时，她不管是什么都能吃进肚子里。身处不同家庭氛围中的她所表现出的心理年龄也不一样。在她父亲一方的亲戚家里，她的行为举止就像一个完全成熟的女子，而在她母亲一方的亲戚家里，她则仍像一个孩子。即使在多年以后，当埃丽卡已经结束了学校的课程，开创出了自己的一番事业时，只要她回到这种大家庭的环境中拜访亲友，就会立刻变回她之前少女时代的那种个性。“一个人的自我认知有多少种，他就有多少种社交形象，而且他会在头脑中不断地对这些形象进行变换。”威廉·詹姆斯曾经这样写道。

丹佛大学的录取通知书为两个家族带来了困扰。在所有人都为埃丽卡能考入这样一所高等学府而开心的同时，他们的这种骄傲却又充满了独占性的欲望，在两边家人的欢欣雀跃之下，包藏着需要花很长时间来化解的猜疑、恐惧和怨恨。

早在埃丽卡进入“学园”就读的时候，她父母双方亲属之间的裂痕就已经有所显现。“学园”会在潜意识层面向你灌输某些看法，让你觉得你自己才是你的全部事业所在，你的人生目标就是要实现你自己的能力，你要对自己负责，成功是个人的成就。而她的大家庭成员们并不一定认同这些看法。

埃丽卡父亲一边的亲戚们对她的性格已经发生的诸多变化颇有戒心。就像大多数墨西哥裔美国人一样，这些亲戚们已经融入了美国的主流生活当中。在美国生活达 30 年的拉丁裔人士中，多达 68% 的人都拥有自己的家。到第三代人的时候，60% 的墨西哥裔美国移民在家中只用英语交流。但埃丽卡的这些拉丁裔亲戚中受过高等精英教育的人却寥寥无几，于是他们怀疑——或许这样的怀疑不无道理——如果埃丽卡去了丹佛大学，那么她将不再真正属于他们这个大家族了。

他们对文化上的界限非常敏感。在他们自己的世界里，他们拥有深刻丰富的传统和文化。在他们眼中，任何处在这种文化界限之外的东西都没有什么底蕴，一切外界的文化都是浅薄的，在精神意义上毫无价值可言。他们不理解，为什么还有人会接受那样的文化环境熏陶？

埃丽卡母亲一边的亲戚同样担心她会不知不觉地陷入某种道德沦丧的环境中。他们希望埃丽卡能够功成名就，但必须是在家庭的影响范围和影响力之内取得她自己的成就。

他们开始向埃丽卡施加压力，让她选择一所离家近的大学，不要到像丹佛大学那么有名气的学校去读书。埃丽卡试着向他们解释这其中的差异，试着解释上一所竞争力强的大学会多么有帮助。而亲戚们似乎无法理解这一点，无法体会她对离开这里、依靠自己的努力拼搏一番的憧憬。埃丽卡开始认识到，虽然她和这些家人们的样子很相像，她也很爱他们，但她对现实的认识跟他们有着微妙的区别。

京都大学的北山忍、斯坦福大学的黑兹尔·马库斯、密歇根大学的理查德·尼斯贝特等学者花了多年时间研究亚洲人与西方人在思考和感知方面的不同方式。尼斯贝特研究工作的核心包括一个著名的实验：他分别向美国人和日本人展示一张鱼缸的照片，并要求他们描述他们所看到的东西。在无数次实验中，美国人总是描述鱼缸中那些最大、最突出的鱼类，而日本人对鱼缸中的场景和水、岩石、气泡以及植物等背景元素的描述则多出60%左右。

尼斯贝特的结论是，就整体而言，西方人往往狭隘地专注于个人行动，而亚洲人更看重背景和人际关系。他认为，至少自古希腊时代至今，西方人的思想主要强调个人的行动、永久性的性格特征、形式逻辑和明确划定的类别。而在更长的时间里，亚洲人的思想强调的是背景、人际关系、和谐、矛盾、相互依存以及环境影响。尼斯贝特写道："因此，对亚洲人而言，世界是错综复杂的，它由连续的物质组成，要以整体而非部分的方式来看待和解读，而且要服从集体，不能仅仅遵从个人的支配控制。"

这一结论显然有些笼统，但尼斯贝特与许多其他研究人员已经通过令人信服的实验结果和观察，让结论变得更加丰满、翔实。说英语的父母在和他们的子女交谈时会强调名词和类别，说韩语的家长则强调动词和关系。在被要求对一段表现机场繁忙场景的视频进行描述时，日本学生比美国学生更关注背景中的细节，描述得更好。

如果将画有鸡、牛和草的图片展示给美国学生和中国学生看，并要求他们对这些进行分类，那么美国学生普遍将鸡和牛归为一类，因为它们都是动物；而中国学生更容易将牛和草归为一类，因为牛要吃草，它们之间存在着关系。如果要求6岁儿童描述他们一整天的生活状态，那么美国孩子在描述过程中提及自己的次数通常是中国孩子的3倍。

这方面的研究实验多种多样。当向实验对象展示一段母亲和女儿争论的对话时，美国的受试者往往会在母亲或女儿之间选择一种立场，评判孰是孰非。中国受试者则更倾向于指出母女二者各自的对错。当被问及他们自身时，美国人往往夸大他们的与众不同之处和过人之处，而亚洲人则夸大他们的共同特点和相互依存的方式。当被要求从3台电脑——一台拥有比较大的内存，一台拥有比较快的处理器，另外一台则在这两方面都处于中等水平——中进行选择时，美国消费者往往先判断自己最看重哪种性能，然后再选择该方面性能最突出的一台。而中国消费者倾向于选择两方面性能都处于中等水平的电脑。

尼斯贝特还发现，中国人和美国人看待世界的方式也不一样。拿欣赏《蒙娜丽莎》这幅画作来说，美国人会花很长时间欣赏蒙娜丽莎的面部，而中国人的视线会在人物面部和背景之间不停地转换，这样使得他们对画作的欣赏角度更为全面。另一方面，独立的研究表明，相对而言，东亚人更不容易区分惊讶与惊恐、愤怒与厌恶这些表情，因为他们较少留意嘴部周围的表情。

埃丽卡的墨西哥亲戚和中国亲戚并不能告诉你，文化对他们具体产生了什么样的影响。但他们的确明白，从某种意义上说，他们家族中的人拥有一种独特的思维方式，而这种思维方式体现了他们的某些价值观，并使他们取得了某些成就。对他们而言，抛弃这样的文化就等同于精神灭亡。

来自朋友和家人的阻力

埃丽卡两边的亲戚们都极力主张她在家附近读书。如果是在哈罗德的社会圈子中，任何孩子都会对这样的建议置之不理。当然，哈罗德必然会离家去上大学。对他圈子中的人来说，个人成长才是最关键的。但对于埃丽卡所在文化圈子的人而言，家庭胜过一切。埃丽卡发现，她跟家人之间的联结早在她做出选择之前就已经存在了，而且亲戚们的观念早就对她产生了潜移默化的影响。

除此之外，还有她童年时代的那些朋友。许多她来往最久的朋友们都拒绝接受“学园”所倡导的那一套价值观。他们在文化观上和埃丽卡走的是不同的路，他们追求的是光鲜亮丽而又有些痞气的生活。他们自觉或不自觉地让自己置身于主流文化之外，甚至跟主流文化背道而驰。这些孩子——无论他们是白皮肤、黑皮肤、棕色皮肤还是黄皮肤——把世界划分为枯燥乏味、令人压抑、愚蠢呆板的白人文化，以及魅力、性感、危险而酷的黑人说唱文化。他们把文化上的归属感看得比他们自己未来的收入水平还重要（或者说，这只是他们不想动脑筋思考的一种借口）。在任何情况下，他们总是站在反主流文化的一面，无论他们的穿着打扮、走路的方式、坐姿还是他们与身边大人相处的模式，这一切都让他们成为同龄人崇拜的对象，但也成了他们在高中里成绩不佳的原因。出于“自尊”考虑，他们粗鲁地对待所有可能帮助他们的大人们。他们对埃丽卡说，傻瓜才会去那间乡村俱乐部，到那儿的话人人都会瞧不起她。他们告诉她，她会穿着大学预科生的粉红色上衣和卡其色短裤，邋里邋遢地回到社区里来。他们很想成为有钱人，但又对富人非常仇恨。埃丽卡知道这些人是在半开玩笑，但她还是为此而深感烦恼。

在毕业前后的几个星期里，埃丽卡回想着自己的生活，她只能勉强记得自己花在学习上的那些时间。在她的记忆中，历历在目的是那些和朋友们在大街上、操场上闲逛的经历，是她最开始约会的场景，是在仓库后面的那次酩酊大醉，是在男孩女孩俱乐部里玩跳绳的快乐时光。尽管埃丽卡努力试图从这个地方走出去，但她发现自己还是深爱着这里，正因它是如此粗俗质朴，她才爱得越发深刻。

高中毕业后的那年夏天，本应是放松和庆祝的时间，但埃丽卡会永远把它当作“本真”之夏铭记于心。她的朋友们称她为“书呆子”，或者干脆叫她“丹佛佬”，冲她说些“嘿，过来，丹佛佬！你是不是在双打比赛中迟到了”之类的话。

因此，埃丽卡在那年夏天抽了比往常任何时候更多的烟，结识了更多的男生，听了更多的李尔·韦恩的歌和更多的墨西哥音乐，从而表现出一副“我并没有被外面的文化影响”的样子。她在家里跟母亲相处得并不愉快，在外面有时会一直玩到凌晨 3 点，有时临时决定在别人家里过夜，直到第二天中午才回家露个面。她的母亲不知道自己是否还有控制女儿的权力，毕竟埃丽卡已经 18 岁了，但是她却比以往任何时候都更加担心女儿。她对女儿的期待突然之间濒临崩溃，诸如开枪杀人、毒品犯罪之类的可怕事情似乎随时会在女儿身上发生，仿佛街头文化重新又向她的女儿伸出了魔爪，会葬送她的前程。

一个星期天的下午，埃丽卡回到家时，发现穿戴整齐的母亲正一脸盛怒地站在门口。埃丽卡曾答应母亲会早点儿回家，这样她们就可以一起去参加家庭野餐会，但她将这回事忘得一干二净。当母亲提醒她时，埃丽卡变得怒气冲冲，一脸埋怨地跑回房间去换衣服。母亲厉声朝她喊道：“你总没时间陪我，却有时间跟那帮地痞流氓混在一起！”埃丽卡不知道母亲是从哪里听来的“地痞流氓”这个词。

参加家庭野餐会的亲戚共有 20 多位，包括埃丽卡的姨妈、舅舅、表兄弟姐妹和外公外婆等。他们都非常高兴能见到埃丽卡和她母亲。大家轮流拥抱她，还有人给埃丽卡递上了一杯啤酒，这可是之前从不曾有过的。野餐会上欢乐不断，大家大声谈笑着，讲着各种各样的故事。像往常一样，埃丽卡的母亲渐渐被淹没在人群中，她是这个家庭中令人失望扫兴的一员，所以总被大家遗忘在某个无声角落，但她看起来还是一副跟大家其乐融融的样子。

大约过了 3 个小时，家族中的年长者们聚在几张桌子旁，孩子们依旧在四周嬉闹玩耍。一些舅舅姨妈们开始谈论起埃丽卡去丹佛大学读书的事情。他们开导埃丽卡说，别的那些像她这么大的孩子都在当地的学校上学。他们向埃丽卡解释中国人的处世方式、他们的家族事业，以及亲戚之间相互借贷的债务。他们向她讲述他们的成就和他们的生活。随着时间流逝，他们渐渐开始给她施加压力。不要去丹佛，留在这儿吧，这里的前途将无限光明。他们甚至没有遮掩，直接催促埃丽卡做出决定，“你是时候该回归到我们当中了。”一个舅舅这么说道。埃丽卡只是双眼呆呆地盯着她的空盘子，你的家人——他们是任何人都无法替代的，眼泪开始在她的眼眶里打转。

这时一个平静的声音从桌子的另一端传来：“都别烦她了。”说话的是埃丽卡的母亲。桌旁的人们陷入了沉默。艾米显得如此紧张却又如此愤慨，以至于她接下来说的内容根本算不上是一场演说，只是一大堆前后不连贯的话：“埃丽卡学习那么辛苦……上大学是她的梦想……她有去丹佛念书的权利……你们谁也没看见她每天刻苦学习到深夜的样子，你们谁也不知道她克服了多少困难，你们谁也不了解家里发生了什么事。”最后，艾米望着周围的亲戚们说：“我这辈子从来都没有如此地期望过，就让埃丽卡去丹佛上学吧。”

艾米的这番话并没有让所有的讨论平息下去。舅舅们仍旧觉得埃丽卡不应该去丹佛上学，他们仍然在那里高声斥责着。然而埃丽卡心中的天平已经重新倾斜了。她的母亲为了她挺身站在了家人的面前。埃丽卡重新树立起了坚定的信念，只要她下定决心，就没有什么能再让她改变。

在丹佛大学的文化资本积累

即便如此，离开这里也不是那么容易。想要彻底摆脱你的童年，永远都不是件容易的事。1959年，当时13岁的伊娃·霍夫曼全家从波兰移居到加拿大。波兰在她的脑海深处留下了永远无法抹拭的记忆。“那个我童年时代生活的国家始终活在我的心中，那是一种爱的体现。”多年后成为作家的霍夫曼如此写道，“我的语言、认知、声音和性情都是在它的环境下养成的，它使我的生活绚丽多彩，它教会了我如何面对现实中的困苦，它就像我的初恋一样。那些爱是我永远都无法在别处重拾的。没有哪种地理环境、没有哪种空气中的薄雾可以像我第一眼见到的那些一样，生动地活在我的心中，令我全身心地、毫无保留地爱上它。”

埃丽卡还是在9月初去了丹佛，在那里为自己找了间宿舍。

丹佛大学这样的高等学府中充满了不平等。在名义上，不论申请人的家境如何，学校的大门向所有人公平敞开。他们会为那些付不起学费的学生提供慷慨的经济资助。而实际情况是，那些非社会中上阶层的人早已被淘汰在这场竞争之外。为了满足入学要求，学生们需要大大提升他们的文化修养，而那些能够在家中阅读，拥有家庭教师、教练和课外督导的学生，从一开始就占据了巨大的优势。

丹佛大学给了埃丽卡一个接近富人、了解他们之间如何相处的机会。她学会了这些人的社交方式，如何与人寒暄问候，如何跟人上床，当这种文化圈子里的男生想和你上床时会说哪些话，当这种文化圈子里的女生想回绝追求者的时候该怎样讲。丹佛大学就像是一个文化大熔炉。埃丽卡当初来的时候还不明白这句话，但她在丹佛大学收获了一种被伟大的社会学家皮埃尔·布迪厄称为“文化资本”的东西——那些可以使你融入上流社会的品位、观点、文化参照以及交谈风格。

事实上，让埃丽卡感到震惊和缺乏信心的并不是这些学生的富有。她发现自己很看不起那些弄坏自己的宝马车后第二天就能让家人送来一辆捷豹的人。真正使她震惊的是同学们的知识。埃丽卡在“学园”里刻苦努力学习，为自己能够考入丹佛做准备，而她的同学们从他们出生之时就已经开始做准备了。他们去过阿金库尔战役的遗址，游历过中国，某年夏天还去过海地的学校支教。他们知道劳伦·白考尔，知道F·斯科特·菲茨杰拉德在哪里上过学。他们好像知道教授提及的每一个人、每一件事。当教授谈起莫特·萨尔或汤姆·莱勒的时候，他们全都会心一笑。他们知道如何组织论文的结构，而埃丽卡对此一窍不通。当她看着眼前的这些同学，再想到那些在商场里打工、在大街上闲逛的社区朋友时，埃丽卡觉得她的朋友们和这些丹佛同学的差距不仅仅是大学的4年，他们将永远落后于人。

埃丽卡选修了经济、政治科学和会计类的课程。当有客座讲师造访的时候，她就会到商学院去旁听。埃丽卡非常讲求实际，她听的课都是她认为会对自己有实实在在帮助的，但是这些课程也对埃丽卡造成了一些困扰。在某些课堂上，埃丽卡得知，从经济学和政治学的角度来说，所有人类都是大同小异的，无论文化差异如何，如果你将一定的诱惑摆在人们面前，无论他们的文化背景如何，都会做出可预见的受法律制约的理性的反应。

而这正是社会科学之所以是一门科学的原因。如果行为不受普适规律制约的话，就没有量化标准模型可言了，而这门学科也将失去其前瞻性意义。那样的话，一切都将模糊茫然，人们的主观性只能受环境驱使。

在埃丽卡的成长环境中，很多人面对诱惑的反应方式并不像教授所讲的那样具有可预见性。在利益面前，她的许多朋友纷纷选择从高中退学。他们中的很多人总会做出一些莫名的决定，或是因为毒瘾、精神疾病以及其他原因而无法做出决定。此外，文化差异在她的生活中确实产生了异乎寻常的影响。在她看来，真正重要的是人要有自知之明。人们对自我的定义会在很大程度上影响他们所处的环境，以及他们应对环境的方式。而她所学习的课程似乎对这一方面只字未提。

所以尽管埃丽卡已经制订了很好的计划，但她还是被另一种学术领域吸引。她并没有放弃所有的工商管理预科课程，但她觉得这些课程还不够。她发现自己完全为人类学着迷。她想要研究文化之间的差异，想要研究不同的文化会发生怎样的冲突。

乍一听，这样的研究方向对于一个雄心勃勃想要有所成就的学生而言未免太过不切实际了。不过，埃丽卡拿出她一向的作风，迅速为之制订了战略性的计划。她的全部生活一直都处于各种文化冲突当中——墨西哥文化与中国文化的冲突、中产阶层文化与社会底层文化的冲突、贫民窟文化与“学园”文化的冲突、街头文化与大学文化的冲突。她已经知道不同的文化汇合到一起将会产生怎样的结果。在这个越来越全球化的社会中，这一门知识可能哪天就会派上用场。在大学里，她会学到一些公司如何营造成功的企业文化，另一些公司为何会在这方面失败。她还会学到那些全球化的大公司如何应对文化多样性的问题。在遍地是工程师和金融人士的商业世界里，对文化的了解会成为她独特的优势。社会上总是需要这样的人才。毕竟，人们认识几个出身于贫民窟的、拥有中墨两种文化背景的女版“拼命三郎”呢？

智慧生物以思维构建世界

几百万年前的地球，还是动物们徜徉天下的时代。正如迈克尔·托马塞洛所提出的，诸如猿之类智商较高的动物其实很擅长针对常见问题提出创新性的解决方案，但它们却不擅长将自己所发现的方法传授给后代。除人类之外的动物似乎不会产生教学的冲动。你可以教一只黑猩猩学习手语，但黑猩猩不会将手语教给它的同伴或它的孩子们，从而让它们可以使用手语进行交流。

而人类则不同。人类生活真正开始的时间比别的动物要晚得多。人类拥有一套需要传授的复杂技艺系统，所以在出生后的几年中单凭自己的能力是无法生存的。杰出的人类学家克利福德·格尔茨指出，人是一种“未进化完全的动物，这是区分人类和非人类的最清晰明了的特征”。格尔茨认为：“人类和非人类之间最大的区别，与其说是人类具有更强大的学习能力（虽然人类的学习能力确实很强），不如说是人类需要学到更多的、更特殊的事情才能够维持最基本的生活。”

人类之所以取得成功，是因为人们有能力发展出先进的文化。文化是一种集习惯、行为、信仰、观点和应变能力于一体，能够规范并指导人们生活的事物。文化能够传达各种各样的实际问题解决方案，包括如何避开有毒植物、如何组建成功的家庭结构等。罗杰·斯克拉顿的研究表明，文化也可以“培养”人的情绪。文学、节日、符号和艺术作品中暗含着许多往往会被人们忽视的信息，这些信息教人们如何去感受，如何去回应，如何分辨其含义。

每个人的思想都无法完全独立处理自己所遇到的无数转瞬即逝的刺激信息。我们之所以可以在这个世界上自如地生活，是因为我们都被限定在文化的框架当中。我们能够对种族文化、制度文化、区域文化进行吸收，让它们代替我们进行大部分的思考。

人类的杰出之处并不在于天才们创造的个人化的辉煌业绩，而是一群人创造出的指引后人思想的精神框架。任何一个人都不可能制造出一架现代化的飞机，但是继承了前人智慧的现代化企业是可以设计出飞机并将之制造出来的。

“在我们建造的‘设计者环境’中，人类的理性已经远远超出了人类大脑自身运算能力的限制范围。”哲学家安迪·克拉克写道。克拉克接着指出，与其他动物不同的是，人类有能力将推论加以细化——将知识的主体包含在社会体系之中。

克拉克认为，人类的大脑“和其他动物以及自主机器人身上各种零散的、有特殊用途的、以行动为主导的器官或部件并没有多大的区别。但我们人类在一个关键方面做得很好，这就是我们擅长构建物质和社会世界，以使我们在杂乱无章的资源包围中做出复杂且协调一致的举动。我们用智慧构建我们的环境，这样就能使我们在随后的过程中不必太伤脑筋就可以顺利取得成功。我们的大脑使世界变得更加智能，这样我们就可以过上安逸舒适的生活！换个角度来看待这个问题：人类大脑加上外部世界的规范最终构成了一种智能的、理性的推理引擎，我们称之为‘思维’。这样一来，我们人类就成了智慧生物，世界在很大程度上也成了我们思维的一部分”。

能够孕育进步与成功的文化

埃丽卡选修了社会学、心理学、历史、文学、市场营销和行为经济学的课程。任何她认为可能会对她了解人类思维的共同框架有所帮助的学科，她都会选修。

所有文化都具有一定的共性，存储在我们的遗传基因中。人类学家告诉我们，所有文化都会对颜色加以区分。任何文化中首先都会出现代表黑白两色的词汇，而当某种文化需要一个词汇来代表第三种颜色时，红色永远都是不二的选择。所有人类表达恐惧、厌恶、快乐、蔑视、愤怒、悲伤、骄傲和羞愧的面部表情都基本相同。天生失明的儿童表达感情的面部表情和视力正常的儿童没有什么不同。所有人类都将时间分为过去、现在和未来。几乎所有人都对蜘蛛和蛇等生物心怀恐惧，至少在最初是这样的，因为这些生物对于石器时代的祖先们来说是危险可怕的。所有的人类社会都会形成自己的艺术，都对强奸和杀戮行为不予认同——至少是在理论上。他们都梦想和谐，崇拜某种神明。

唐纳德·布朗在他的著作《人类共性》(*Human Universals*)中罗列了世界各地人们的共性特征，这些特征简直不胜枚举。所有的孩子都害怕陌生人，都从小就喜欢糖水胜过白开水。所有人都喜欢故事、神话和谚语。在所有社会中，男性参与群体暴力的程度都要甚于女性，旅行离开家乡的距离也要远于女性。在所有社会中，丈夫的平均年龄都要比妻子大。世界各地的人们都以威望来划分等级，都将世界划分为自身所在的群体和外部群体。这些倾向都存在于比人们的意识更深层次的地方。

不过，没有人生活在全球性的"普适文化"中。人们只生活在特定的文化里，彼此之间各不相同。德国人创作的剧作以悲剧或不幸结局收场的比例是美国人创作的剧作的 3 倍。印度和巴基斯坦的半数民众称他们可以完全不为了爱情而结婚，而持有相同观点的日本民众只占 2%。近 25% 的美国人说他们经常会害怕在社交场合说错话，而有同样担心的日本人的比例达到 65%。克雷格·麦克安德鲁和罗伯特·埃杰顿合著的《醉酒行为》(*Drunken Comportment*)一书中指出，在一些文化当中，醉酒的男性会变得很好斗，但对处于另一些文化中的男性来说，这几乎是不可能发生的事。在一些文化中，醉酒的男性会变得更加风流，在另一些文化中的男性却不然。

来自佛罗里达大学的研究人员观察了世界各地不同城市中夫妇喝咖啡的行为。在伦敦，夫妻喝咖啡时很少互相触碰；而在巴黎，每次喝咖啡时，夫妻间平均会有 110 次触碰；在波多黎各的圣胡安，夫妻间喝咖啡时触碰的次数多达 180 次。

尼古拉斯·克里斯塔基斯和詹姆斯·福勒在《联系》(*Connected*)一书中指出，有 10% 处于工作年龄的美国人患有背部疼痛的病症，而在丹麦和德国，这个比例则分别高达 45% 和 62%。在一些亚洲国家，患有背部疼痛的人的比例非常低，但很多人患有

“恐缩症”，这是一种男性心理疾病，患病的男子担忧自己的阴茎会萎缩。治疗方法包括令患者家庭中一名可信任的成员每天24小时抓住其阴茎，直到患者消除焦虑为止。

如果你在美国北部的街头撞到某人，他血液中的睾酮含量不会明显上升；如果你在荣辱文化盛行的美国南部街头撞到某人，那人血液中的皮质醇和睾酮含量将会急剧飙升。在南方城市的地名中，类似“枪”之类字眼的出现频率是北部城市的两倍，比如佛罗里达州的冈伯特（Gun Point），字面意思是“枪点”。而在北方城市的地名中，类似“喜悦”之类字眼的出现频率是南部城市的两倍以上。

像语言这样的文化架构可以改变人们看待世界的方式。澳洲原住民的母语古古伊米德希尔语（Guugu Yimithirr）是世界上的几种地理语言之一。该语系的人们不会说“抬起你的右手”或“后退”，而会说“抬起你北边那只手”或“向东走”。讲地理语言的人们往往有着惊人的方向感，他们总是能分辨出哪个方向是北，即使在山洞里也是如此。一位来自墨西哥的讲策尔塔尔语（Tzeltal）的人，在被蒙住眼睛并原地转了20圈的情况下，仍然能够毫不费力地分辨出东西南北。

通过这样的方式，文化在我们的大脑中留下了一些模式的烙印，同时将脑中的其他内容清空。由于埃丽卡在美国长大，她对俗气的东西有一种敏锐的感觉，尽管她还不能很清楚地描述俗气感形成的原因。她的大脑充满了道格拉斯·霍夫施塔特所谓的“舒适却无法界定的抽象模式”，这是由她成长的文化环境所植入的，将她的想法组织成了像烂人、公平竞争、梦想、愚蠢、怪人、酸葡萄、目标以及你和我这样的概念。

埃丽卡了解到，文化不是口味风格一致的食谱，每一种文化都有其内在的争论和紧张关系。阿拉斯戴尔·麦金太尔指出，每一种重要的文化都包含一连串的冲突，允许人们的行为发生分歧。在全球化的时代中，文化是不会彼此融合的，它们似乎只会距离彼此越来越远。

埃丽卡还了解到，并非所有的文化都是平等的。她知道自己本来不应该这样想。她在丹佛大学已经待了足够长的时间，知道她“应该”认为所有的文化都是美妙的，都有独特的魅力。但埃丽卡并不是曾在郊区高中里读书的富家子弟，她不能认同这样的废话。她需要知道成功和失败的原因是什么。她纵观世界，也遍读历史，希望能在其中探寻到对她有所助益的线索和经验教训。

她发现斯坦福大学教授托马斯·索维尔曾撰写过《种族与文化》《移民与文化》《征服与文化》等一系列书籍，书里面写的正是她想知道的。埃丽卡知道她本来不应该赞成索维尔的看法。她所有的老师都反对索维尔的观点，但是索维尔的描述与她每天看到的世界却是如此地吻合。“文化间不存在值得歌颂的、完全一成不变的‘差别’，”索维尔写道，“各种文化作为或好或坏的做事方式互相竞争——这里说的好坏不是站在某种客观立场上评判的，而是处于某种文化中的人们在处理现实生活中的各种问题的过程中评判的。”

埃丽卡注意到，一些群体似乎会胜过其周围的同类群体。海地和多米尼加位于同一个岛屿上，但多米尼加的国内生产总值比他们的邻居海地高了近4倍。多米尼加人的预期寿命要比海地人多18年，识字率也比海地人高出33%。20世纪上半叶，犹太人和意大利人同时居住在曼哈顿的下东区，但犹太人崛起的速度要迅猛得多。

她注意到，无论身在何地，某些群体都能使自己成为赢家。世界各地的黎巴嫩人和古吉拉特族印度人，不管处在何种社会环境当中，也不管周围的条件如何，都能成为成功的商人。1969年，斯里兰卡的泰米尔少数民族学生占全部自然科学类在校大学生的40%，包括工程专业大学生的48%和医学专业大学生的49%。在阿根廷，名人录上的成功商业人士中有46%的人出生于其他国家。智利有75%的大型产业企业的高层人士要么是移民，要么是移民的子女。

在美国的学校里，华人孩子的成绩总是名列前茅。孩子们刚进幼儿园的时候，华裔儿童的认字母和其他前期阅读能力要比拉丁裔儿童强，几乎相差4个月的水平。在高中阶段，华人孩子比一般的美国学生更偏向于选修那些要求较高的课程，每天晚上也会做更多的功课。如果他们的成绩低于A–的话，在家里就更有可能受到责罚。在针对25~29岁人群的调查中，亚裔美国人的大学毕业率约为54%，而土生土长的美国白人的大学毕业率则为34%。

这些文化上的差异可以导致惊人的不平等。亚裔美国人的预期寿命为87岁，相比之下，美国白人的预期寿命为79岁，而非洲裔美国人则为73岁。在经济陷入困境的密歇根州，亚裔美国人的预期寿命为90岁，美国白人的平均预期寿命为79岁，非洲裔美国人的平均预期寿命为73岁。亚裔美国人的收入水平和教育程度也要高得多。生活在新泽西州的亚裔美国人，平均预期寿命比居住在南达科他州的美国印第安人要长26岁，获得大学以上学位的概率是后者的11倍。

埃丽卡也注意到，在某些文化中，腐败之风比其他文化更为严重。雷蒙德·菲斯曼和爱德华·米格尔在针对腐败文化的研究中利用了一项自然实验。直至 2002 年，纽约市的外交官都可以免遭停车罚款。菲斯曼和米格尔对 1 700 名领事人员及其家属进行了数据分析，观察哪些人动用了自身的免罚款职权，而哪些人没有。他们发现，国际透明列表中腐败指数排名靠前的国家的外交官们都攒下了大量未缴的罚单，而那些腐败指数排名较低的国家外交官几乎一张都没有。1997~2002 年，每位科威特外交官平均有 246 张停车违章罚单，来自乍得、埃及、尼日利亚、苏丹、莫桑比克、巴基斯坦、埃塞俄比亚以及叙利亚的外交官们的违章罚单数量同样多得令人难以置信。与此同时，来自瑞典、丹麦、日本、以色列、挪威和加拿大的外交官们名下却连一张罚单都没有。即便是在远离祖国的异国他乡，各国外交官们仍依照自己头脑中的本国文化规范行事。这些表现并不受收入、年龄或任何其他可评测的因素影响。

总之，埃丽卡发现，某些文化比别的文化更能适应现代化的发展。在一节课上，埃丽卡被指定阅读由劳伦斯·哈里森撰写的《自由主义的核心真理》一书。哈里森在书中提出，那些身处“倾向进步”（Progress-Prone）文化之中的人认为他们可以掌握自己的命运，而身处“抗拒进步”（Progress-Resistant）文化之中的人则更倾向于听天由命。身处倾向进步文化中的人们认为，财富是人类创造力的产物，是可以源源不断被创造出来的；而在身处抗拒进步文化中的人们看来，一切都将保持现状，永不改变。

哈里森指出，身处倾向进步文化中的人们认为活着是为了工作，而在身处抗拒进步文化中的人们看来，工作是为了活着。前者乐于分享他们的价值观，他们更具竞争力，更加乐观，更加看重整洁和守时，并且非常重视教育。他们并不把家庭看作充满敌意的世界中的避风港，而是将家庭看作通向更宽广的社会之路。他们会感到内疚，会为发生的事情承担责任。他们不倾向于对外宣泄自己的情绪，也不会去指责别人。

埃丽卡相信，文化背景对人们的决定和行为的影响作用要远远超过大多数经济学家或大多数商界领袖所意识到的程度。这才是她需要努力的地方。

成为社交网络中的黏着剂

在大学后期，埃丽卡在笔记本电脑里为自己创建了一份备忘录。她试着把她在学习文化差异的过程中总结出来的心得与规律归纳出来。她写给自己的第一条格言是“要以网络的形式思考问题”。

埃丽卡并不像马克思主义者那样，认为社会是由阶级来定义的。社会同样不是由种族身份来定义的，也不像部分经济学家和社会自由主义者们想的那样，是丑陋不堪的利己主义者的集合体。相反，埃丽卡自己总结认为，社会是由各种网络分级组成的。

当她无聊时就会坐下来，开始绘制她和朋友之间的网络图。有时，她把某个朋友的名字写在纸的中央，然后在这个人和与之相关联的所有主要人物之间画上线，从中就可以看出这个人与他人的关联程度。如果她头天晚上跟朋友们出去过，可能就会绘制一张可以反映朋友圈里社交关系网的图出来。

埃丽卡相信，通过这些关联和背景，她可以更好地了解别人。

她训练自己养成这样的思维习惯，把人当作一种嵌入式的生物，人们所做的决定都来源于他们所处的特定思维环境。

“成为社交网络中的黏着剂。”埃丽卡在她的备忘录中接着写道。她看着那些网络图的时候会问自己：“这些人际关系的连接线是由什么组成的呢？”在某些特例中是爱，但对于绝大多数的工作群体和社会群体来说，连接他们的并不是爱，而是信任。

信任是一种具有情感特征的习惯性的互惠行为。当两个人开始交流与合作，并慢慢发现他们可以依靠对方时，信任就出现了。不久后，彼此建立了信任关系的双方变得不仅愿意与对方合作，而且还可以为彼此做出牺牲。

信任可以减少摩擦，降低交流成本。人们在充满信任的团体中可以更随意地活动，彼此更协调。在相互信任的文化中生活的人们会形成更多的社会组织，参与股票市场的比例也更高。这种文化背景下的人们能够更容易地组织并运作大型企业。由此可见，信任可以创造财富。

埃丽卡注意到，不同的社区、不同的学校、不同的宿舍和不同的大学中存在着不同程度、不同类型的信任关系。爱德华·班菲尔德在经典研究报告《落后社会的道德基础》（*The Moral Basis of a Backward Society*）中指出，意大利南部的农民极其信任自己的家人，但对亲属以外的人却常常持强烈的怀疑态度，这使得他们很难建立起规模超过家庭单位的社会团体或企业。德国和日本的社会信任程度则较高，这使得他们能够建立起密切合作的产业公司。美国是一个自我认定为主张个人主义的集体主义社会。如果你要求美国人形容他们的价值观，他们会给你比地球上任何其他国家都更偏于个人主义的答案。然而，如果你实际观察美国人的行为的话，就会发现他们会发自本能地互相信任，并且会自发组建各种团体。

埃丽卡下定决心，她绝不会在一个人们互不信任的地方工作。当她开始工作的时候，就会让她自己成为联系人们的黏着剂。她会组织大家外出郊游，让人们建立彼此间的信任。她会成为人们之间信息的传播者，在工人之间搭建起连接的桥梁。如果她周围的人们各自画一张自己的生活网络图，埃丽卡希望每一张图上都能有她的身影。

埃丽卡那天写给自己的最后一条格言是“包容一切思想”。她注意到，最伟大的艺术家们往往融合了理查德·奥格尔在著作《智能世界》(*Smart World*) 中所谓的“两种精神世界”。毕加索继承了西方艺术的传统，但他也醉心于非洲艺术中的面具作品。这两种理念融合之后，就产生了《亚威农少女》这幅名作，并使毕加索天马行空般的创作灵感得以迸发。

埃丽卡下定决心，她要永远努力立足于两种精神世界的交汇点。在组织里，她会尽量选择跨部门的职位，或是填补两个不同部门间空缺的工作。芝加哥大学的罗纳德·伯特提出了“结构洞”(Structural Holes) 的概念：在任何社会中都存在着以完成某些任务为目标的大批人群，但是在这些人群之间存在着没有人也没有结构的洞。在这些地方，思想会停止流动，团体的不同部分之间会产生隔阂。埃丽卡打算在这样的洞中找到自己的位置，成为不同人群之间的桥梁——碰触那些原本跟其他人群相隔绝的人群，让他们的观念跟别人的观念融合到一起。在充满不和谐的网络与文化的世界中，埃丽卡会找到她自己的命运和角色。

第 10 章

智商不足以决定一切

还没等埃丽卡去找工作，工作就主动找上门来了。招聘人员从她还在读大三时起就一直追随着她，而她就像维多利亚小说中的女继承人一样避开他们，小心地保护着自己，等待着合适的追求者。

她走马灯般应付着来自金融类企业的邀请，也曾一度认真考虑过加入某家技术类企业，但最终选择在一家顶尖咨询公司开始她的职业生涯。这家公司为她提供了选择的余地。她可以选择加入该公司的某个“职能能力群组”或是某个“客户产业群组”。实际上这并不算是什么选择，因为她根本不知道这两个部门分别是做什么的。

她选择了一个职能能力群组，因为这名字听起来似乎酷一点，然后开始在一个名叫哈里森的男人手下工作。哈里森每周召集组员开3次会，讨论他们正在做的研究项目。这些会议并不是在中间设有麦克风的桌子旁举行的。哈里森聘请了一位室内设计师，让其按自己奇特的想法建造了一个与众不同的会谈空间。他的团队成员们会来到一片宽敞开放、看起来像是大起居室的区域，各自坐在有垫子的矮椅上。

这种布置原本是为了让员工更加随意，允许组员们自动组合成更小的群组，但实际上不但没有达到这样的效果，反倒使组员们彼此回避。他们会在上午10点进入房间，把咖啡和文件丢在地板上，自己坐在椅子里，稍微调整姿势让身体歪着。椅子会大致围成一个圈，不过某个人会看着窗户，另一个人则盯着墙上的一件艺术品，还有的人或许会对着门。组员们可以这样愉快而且富有成效地连续交谈一个小时，彼此间根本不会有任何眼神接触。

哈里森大约35岁，面色有些苍白，块头偏大但并不健壮，人相当聪明。“你最喜欢的幂定律是什么？”他在埃丽卡刚开始参与这类集体会议时问她，她确实不知道那究竟是什么意思。

“幂定律是指比例恒定不变的多项式，例如齐波夫定律。”埃丽卡后来得知，齐波夫定律的含义是，在任何语言中，最常见的词出现的频率刚好是次常见的词出现频率的2倍，这一规律对于更加不常见的词同样适用，包括最不常见的词。在任何一个大的国家，最大城市的人口会是次大城市人口的2倍，并以此规律延续下去。

“或者是克莱伯定律！”另一位同事插话道。克莱伯定律指出，任何动物的个体大小与新陈代谢之间都具有恒定的关系。小动物的新陈代谢更快，大动物的新陈代谢更慢。如果你把所有动物的个体大小与新陈代谢速度的比率标示在同一张图表上，会发现它们形成了一条直线，从最小的细菌到最大的河马。

整个房间突然热烈地讨论起幂定律来。除了埃丽卡之外，每个人都有自己特别喜欢的一条幂定律。埃丽卡感觉自己在这些家伙身边真是显得令人震惊的迟钝，但她很高兴能够有机会与他们一起工作。

每天的会议都是一场新的智慧火花碰撞会。组员们坐在椅子上，会议越来越久，最后，他们几乎是平躺在椅子上，胳膊交叉在身前。几乎每场会议都会伴随着一次智慧的爆发。有一天，他们花了整整一小时来争论，当一个人在玩“刽子手”游戏时，“爵士”算不算得上是所有可能的词语中最好的选择。

“设想一下，怎样给莎士比亚戏剧配上类似罗伯特·鲁德伦姆式惊悚故事的标题？”有一天，某个同事提出了这样的问题。

“里亚托的审判。”有人立即建议说。

“埃尔西诺的动荡。”另一个人叫道。这个标题对应的是《哈姆雷特》。

“邓斯纳恩的再造杯。”有人喊道。这个标题对应的是《麦克白》。

这些人好像在会走路前就已经被认定是天才了，他们每个人都像是大学竞技场上的才子或者辩论能手。哈里森曾经提到过，他从医学院辍学是因为觉得学习内容太简单了。如果某人提到在另一家公司有人很聪明，他会反问道：“他是否像我们这么聪明？”埃丽卡跟自己打了个赌：哈里森一旦提到了某个人的名字，却没有立刻指出这人是否曾上过哈佛、耶鲁或麻省理工学院，那他每停顿一秒，她就允许自己吃一颗 M&M 巧克力。

除此之外就是沉默。一旦他们不再激烈地讨论方法和资料数据，整个团队就沉默着坐在那里——每次可能持续数秒或数分钟。对于习惯了城市喧嚣的埃丽卡而言，这简直就是一种折磨。她笔直地坐在自己的椅子里，盯着自己的脚尖，默默地对自己反复念叨着咒语：“我不会打破这沉默，我不会打破这沉默，我不会打破这沉默。”

埃丽卡想知道，这些天才怎么能这样无声无息地坐着。或许这只不过是因为组里绝大多数都是男同事，少数几位女同事在过去几年里已经学会了适应这种男性文化。当然，埃丽卡在成长过程中一直认同这样的流行观念：男性不如女性善于沟通和投入感情。大量科学证据都支持这一点。男婴比女婴更少与母亲进行眼神接触，并且子宫里的睾酮水平在孕期的头 3 个月越高，婴儿在出生后与母亲进行眼神接触的频率就越低。剑桥大学的西蒙·拜伦-科恩对关于男性沟通与情感的研究文献进行过总结，得出的结论是：男性对系统更为好奇，对情感则不太感兴趣。大体而言，他们更愿意按照规则来分析无生命的物体是怎样拼凑成一个整体的，女性则通常是更优秀的情感共鸣者。在“根据部分线索猜测某人情绪状态”的实验中，女性表现得更好。她们在语言记忆和口语表达流畅度方面通常更为优秀。她们并不一定比男性说得更多，但她们在谈话时更善于轮流表达和倾听，并且也更可能谈论其他人，而男性则更可能谈论自己。处于有压力的情境下时，女性更可能寻求他人的帮助。

埃丽卡过去也曾经参与过以男性为主的小组讨论，但讨论过程并不像现在这样。这种文化很特别，它是自上而下的。哈里森已经将社交方面的窘境转化成了某种形式的力量。他变得越是神秘，每个人就越不得不注意他。

他每天都吃同样的午餐：奶油干酪橄榄油三明治。当他还是个男孩时，他就创立了一个方程式帮助他预测赛狗比赛的冠军，而现在他的职责则是找出隐藏的模式。“你读过公司报告中的脚注吗？”当小组有了一位新客户时，他悄悄地问埃丽卡，“他们马上就要体验到转型时刻了。”她仔细翻遍了报告脚注，却完全不明白他在说些什么。

他经常连续好几个小时研究图表——股价、可可的年度生产水平、天气情况以及棉花产量。

他会给人以极其深刻的印象。客户们敬佩他，即使他们并不喜欢他。当他在场时，连首席执行官们都变得谦卑起来。每个人都相信，哈里森看完一页的数字就可以告诉他们，5 年后他们将会破产还是快速发展。哈里森自己也颇为自信。他表现得对很多事情都有把握——事实上是一切事情——但他最有把握的还要数两件事情：他真的很聪明，而世界上的大多数人并不聪明。

有几年时间，埃丽卡很喜欢与这个人一起工作，哪怕他有那么多古怪的习惯。她喜欢听他谈论现代哲学。他对桥牌兴趣浓厚，热爱任何具有固定规则的智力游戏。有时，她会帮助他将他错综复杂的洞察与发现用通俗易懂的语言表达出来。不过，她逐渐开始注意到一些事。他的部门做得并不是很好。报告很出色，但业绩太差劲了。虽然会有新客户来，但他们很少能留住。客户会在特定项目方面参考这个小组的意见，但从不会选择他们作为值得信任的长期顾问。

埃丽卡耗费了多得惊人的时间才最终认清这个事实，但是一旦认清，她就开始以一种不同的、更具批判性的眼光来看待这个小组。她意识到，尽管会议无休止地进行，却几乎没有一点儿实质性的争论。相反，每个人只不过是带来各种各样的琐碎信息，以证实哈里森多年前编纂的理论。埃丽卡觉得自己好像是在观看侍臣们给国王带来糖果，然后围观他当着所有人的面尽情享用。

哈里森最喜欢的口头禅是："这就是你必须知道的一切！"他会针对复杂的情况做出一些尖锐而精辟的评论，然后就大声喊出这句口头禅。埃丽卡意识到，哈里森的评论并不是每次都能涵盖"你必须知道的一切"，但是只要他喊出这句话，谈话就算是结束了。

除此之外，还有当年那个模型。许多年以前，哈里森曾经通过重组一家银行取得过巨大的成功。他在整个银行业成了一个传奇人物。现在每当有银行来找他时，他就会设法再次移植这个模型。他在大银行和小银行、城市银行和乡村银行都尝试过。当他试图在别的国家移植这个模型时，埃丽卡尽力贡献她在文化领域拥有的专业知识。一次会议上，她试图解释由彼得·霍尔和戴维·索斯基开创的“资本主义分类法”。她提出，不同国家的文化具有不同的动机系统，并且这些动机系统与该国的权力体制和经济体制之间存在不同的关系。德国具有紧密联系的制度，例如工会。德国的劳动力市场使得雇主难以雇用和解雇雇员。这样的制度意味着德国擅长改良性的革新——此类稳定的革新常见于冶金业和制造业中。美国则具有松散的经济网络，雇用、解雇劳动者以及成立新的企业都较为容易。这使得美国擅长彻底的变革，在软件与技术行业中，此类快速的模式转换经常出现。

哈里森一摆手否定了她的建议。他认为，不同的国家擅长不同的事情是因为不同的政府规章制度，改变这些规章制度就足以改变文化。埃丽卡试图证明，规章制度发源于更经久、更深入的文化，但哈里森已经转移话题了。埃丽卡是一名有价值的员工，但她还没有聪明到值得他不厌其烦地跟她争论的程度。

哈里森并不仅仅这样对待她，他也以同样的方式对待客户。他忽视那些不符合他思维体系的争论。他要求他的团队准备长篇报告，在报告中有理有据地批评各行各业的专业人士，仿佛关于这些行业，他们要比专业人士还懂得多。他们故意将报告写得晦涩难懂，以显示他们的“专业”水平。他们不明白不同公司具有不同的风险承受度。他们不明白，某位首席财务官或许正陷于与某位首席执行官之间的权力斗争，而他们应该小心地避免使这位首席执行官陷入更加困难的境遇。潜在的办公室政治斗争当然不会暴露到让他们这些外人无法忽视的地步，而他们对于情景的准确模拟尝试总有可能以失败告终。对埃丽卡而言，只有当哈里森和他的团队做出了某些令人难以置信的不得体举措时，这一天的工作才算是完整的。在她供职于这家公司的最后5个月里，她每天回家时都在思考同一个问题：这样聪明的一个人怎么会如此愚蠢呢？

成功不是光有高智商就行的

这其实是个颇具揭示性的问题。哈里森已经围绕对智商的尊崇形成了一整套生活方式，乃至影响了整个职业生涯。他通常会基于智力水平雇用员工，基于智力水平与别人交往。他告诉客户，他将提供一个由常春藤联盟高校毕业生组成的小组来帮助客户解决问题，从而给客户留下深刻的印象。

在某种程度上，哈里森对于智力的笃信确有其合理性。几十年来，研究者们已经对智商进行了颇为广泛的研究，对它了解甚多。一个人在童年时获得的智商分数在很大程度上可用于预测他/她成年后的智商分数。在某种智力技能方面表现良好的人，很可能在其他许多方面也表现良好。在言语推理方面表现确实优秀的人，很可能也善于解决数学问题和阅读理解，虽然他们可能在其他智力技能方面表现得没那么好，例如记忆辨认。

人在智商测验中的表现会受到遗传因素的显著影响。一个人母亲的智商分数是跟他/她智商分数相关性最大的单个预测指标。高智商的人在学校及类似学校的环境中表现得更好。正如迪恩·哈默和彼得·库普兰所指出的："在一项又一项的研究中，智商一直都是学校成绩的最佳预测指标。"

如果你想要领导一家企业，智商超过100很可能会有助于你实现目标。如果你想从事原子物理领域的研究工作，智商超过

120 很可能会有助于你实现目标。

但是，哈里森对于智商的强调确实也存在着若干问题。首先，智商具备令人惊讶的可塑性。环境因素在影响智商水平时可以扮演重要的角色。在弗吉尼亚州爱德华王子县进行的一项针对黑人孩子的研究表明，每错失一年学校教育，他们的平均智商分数会减少 6 分。父母的关注似乎也会对孩子的智商有所影响。兄弟姐妹中，老大的智商往往会比老二的高，而老二的智商又往往会比老三的高。不过，一旦他们的出生日期之间存在 3 年以上的间隔，这种效应就会消失。这方面的理论认为，母亲们与第一个孩子交谈得更多，并且会使用更为复杂的句子。当她们在较短间隔内接二连三地生育孩子时，她们不得不分散注意力才能顾及每个孩子。

关于智商可塑性最清晰的证据是弗林效应。1947~2002 年，发达国家的智商水平以每 10 年增长 3% 的速度稳定上升。这一效应在各个国家、各个年龄段以及大量不同环境中被反复观测到，并且已经成为"环境会影响智商"的可靠证据。

有趣的是，智商测试的各部分分数并没有出现一致的增长。2000 年参与智商测试的人在词汇和阅读理解部分的表现，普遍并不比 1950 年参与智商测试的人好多少，但他们在回答那些用于测试抽象推理能力的问题时表现要好得多。詹姆斯 · R · 弗林写道："今天的孩子们更加擅长当场解决问题，不需要事先学会解决问题的方法。"

弗林的解释是，不同的年代会激发不同的技能。19 世纪的社会激励人们具备更丰富的具体思维能力，而当代社会则激励人们具备更丰富的抽象思维能力。因为遗传基因的作用而善于进行抽象推理的人越来越多地使用这种技能，所以在这方面表现得越来越好。他们的遗传能力在社会经验的作用下成倍增长，结果就是智商越来越高。

尽管如此，一旦脱离了学校环境，智商就不再是一项非常可靠的成就预测指标。在消除其他因素影响的情况下，拥有高智商的人未必会拥有更和睦的人际关系与更美满的婚姻状况。他们在养育孩子方面并不能做得更好。在《智力手册》（*Handbook of Intelligence*）的一章中，佛罗里达大学学者理查德·瓦格纳调查了智商与工作成就间的关系后得出结论："智商只能造成大约4%的工作成就差异。"在这本手册的另一章中，约翰·迈耶、彼得·萨洛维和戴维·卡鲁索得出结论，智商对成功人生的贡献最多可以达到20%。就连这样的数字也包含着较大的不确定性。正如理查德·尼斯贝特所阐述的那样："天性将这一切的作用搅在一起，即使多重回归方法也无法将它们分开。"不过，专家们普遍认为，只要忽略掉某些相当明显的关联（比如聪明人更容易成为数学家），那么智商和人生成就之间实际上只有非常松散的联系。

"特曼研究"是一项著名的纵向研究，该研究追踪了一组具备极高智商的学生（他们的智商都不低于135）。研究人员期望这些聪明的年轻人继续拥有杰出的职业生涯。他们做得不错，其中绝大多数都成为律师或公司高管。但这群人里没有任何一位成为超级明星，也没有出现普利策奖或麦克阿瑟奖章的获得者。梅丽塔·奥登于1968年完成的跟进研究表明，受试者中那些看起来做得最好的人只拥有略高于其他人的智商。他们真正的特点是有高尚的职业道德，是那些在童年时就表现出强大进取心的人。

一旦一个人的智商越过120的门槛，更高的智商与更杰出的成就之间就几乎不存在任何关系了。从理论上来说，智商达到

150 的人比智商为 120 的人聪明得多，然而这多出的 30 分几乎不能在这些人的人生成就当中产生任何可测量到的有利影响。正如马尔科姆·格拉德威尔在《异类》一书中所揭示的那样，获得诺贝尔化学奖或诺贝尔医学及生理学奖的美国人大多数并未进过诸如哈佛和麻省理工学院之类被公认为只招收优秀学生的一流大学。他们的确进入了那些还算好的大学——罗林斯学院、华盛顿大学、格林内尔学院。如果你的聪明程度足够让你进入一所还算好的大学，那么你的聪明程度就足以让你有所成就，即使是在化学和医学研究这样的学术领域。你并不一定非要属于全人类中智商最高的那 0.5%。俄亥俄大学学者杰伊·扎戈斯基曾针对 7 403 名美国年轻人进行过一项“全国青少年纵向调查”，结果表明，积累大量财富与高智商之间没有任何相关性。

哈里森的错误在于，他将智商等同于思维能力。事实并非如此：智力仅仅是思维能力的一部分，而且并不是最重要的部分。在智商测验中得分高的人擅长于逻辑、线性以及计算类的任务，但是如果想要在现实世界中表现出色，还必须依靠特定的性格特征和特质。这就好像一名士兵可能拥有相当强壮的身体，如果你让他参加只考察俯卧撑和引体向上的能力测验，他可能会做得非常好。但是除非他拥有勇气、自律、技巧、想象力，反应迅捷，否则他在混乱的战场中还是难以生还。同样，一位思想者可能非常聪明，但除非他拥有诸如坦诚、严谨和公正这样的道德优点，否则他也可能没办法在现实生活中获得成功。

在《超越智商》一书中，基思·斯坦诺维奇列举了一些会影响人们现实成就的心理特质：“在下决心之前先收集信息的倾向，在得出结论之前先寻求不同观点的倾向，在回答问题之前先进行广泛思考的倾向，将个人观点用证据进行证明的倾向，在采取行动前考虑未来结果的倾向，在做决定前明确衡量情境优劣的倾向，以及寻求微妙之处和避免绝对主义的倾向。”

换而言之，思维能力和心理特质之间存在着巨大的差异。心理特质类似于道德品质，它由经验和努力铸就而成，铭刻在思维内部。

钟与云的差别

科学作家乔纳·莱勒有时会提醒他的读者们，卡尔·波普早就提出了“钟与云”之间的差异。钟是简洁、有序的系统，可以用还原性方法进行界定与评估。你能够拆开一个钟，测量每个部分，并了解它们是如何组装在一起的。云是不规则的、动态的、异质性的。一片云并不容易研究，因为它每秒都在改变。形容它的最佳方法是叙述而非数字。

正如莱勒所注意到的那样，当今的研究往往陷入这样的诱惑里：研究人员试图把每种现象都假设为一个钟，用机械工具和规律对它加以评估。智力研究的情况就是这样。研究人员已经花费了大量的时间来研究相对来说稳定且可计量的智商，却几乎没花多少时间去研究像云一样的心理特质。

纯粹的智力在你解决那些已被精确界定的问题时很有用，而心理特质则有助于弄清你面临的问题是什么类型，你应该使用哪种规则去界定它。正如斯坦诺维奇所注意到的那样，如果在人们思考问题时，将解决这个问题所需要遵守的规则告知他们，那么智商较高的人比智商较低的人做得更好。但如果不把规则告知他们，那么智商较高的人未必会做得更好，因为“寻找能够解决问题的规则”而后“诚实地评估该问题的情况”属于心理活动的范畴，与智商关系不大。

思维能力与心理特质只是略微相关而已。正如斯坦诺维奇表述的那样：“根据对数以千计的受试者进行的各种研究得到的结果，智商分数与一些思维特质（例如开放性思维的活跃度、对认知的需求等）只具有中等到较弱的相关度（通常低于 0.3），而与另一些特质（例如认真、好奇心、勤奋等）的相关度则接近于零。”

许多投资者的智商都相当高，却由于对自己的智力过分自信而表现出自我破坏的行为。1998~2001 年，共同基金“第一手技术价值”创造了 16% 的年总投资回报率，然而参与这只基金的个体投资者却在这段时间平均损失了 31.6% 的财富。为什么？因为这些天才们认为他们能够在恰当的时候进出基金市场，结果错失了重要的上涨时期而被卷入了毁灭性的下跌时期。这些相当聪明的人的投资业绩相当差，还不如一直淡漠而笨拙地长期持有基金的人。

另外一些在智商测验中得分较高的人无法稳定地掌控工作。芝加哥大学学者詹姆斯·赫克曼等研究人员对高中毕业生和从高中辍学但通过了“普通教育水平考试”的人的工作情况进行了对比。通过了该考试的高中辍学者跟没有继续上大学的高中毕业生一样聪明，但他们比高中毕业生赚得少。事实上，他们平均每小时的工资居然比未通过该考试的高中辍学者的工资还低，因为他们往往更缺乏诸如自我激励、自我约束一类“非认知性品质”。他们更可能跳槽，就业率比高中毕业生的就业率更低。

在智力成就的最高层次上，智商分数几乎根本无法用来区别天才和平庸之辈。最伟大的思想者似乎拥有某些超越了狭义理性思维范围的特殊思维能力。他们的能力是不固定的，完全像云一样。例如，爱因斯坦似乎是一位具备绝佳科学或数学智力的典型人物，但他其实是通过想象的、视觉的和身体的感受来界定问题的。“当我写下或说出那些可以用人类语言表达的词汇时，它们似乎并未在我的思维机制中起到任何作用。”他曾这样告诉雅克·阿达玛。相反，他表示他的直觉能够提供“特定符号与或多或少清晰的图像”，他可以熟练地控制与组合它们。“就我的情况而言，以上所提及的要素属于视觉感受，甚至部分属于肌肉类型的感受。”爱因斯坦曾这样说。

“我只能以图像的形式进行思考，”物理学家兼化学家彼得·德拜声称，“就像我能亲眼看到我所思考的内容一样。”他说，当致力于研究一个问题时，他会看到模糊的图像，并且开始设法在头脑中逐渐弄清楚这些图像。当问题最终大致解决后，他就会以数学的形式来清晰地表述这些图像。还有一些人借助听觉来思考，练习将特定声音与特定想法相关联。另一些人则在思考时更加融入情绪。“你必须借助你的感觉，”德拜解释说，“来理解碳原子到底想要干什么。”

智慧并不包括对特定事实的了解或对某一领域知识的掌握。它包括了知道该如何对待知识：自信但不能太过自信，敢作敢为但又脚踏实地。它是坦然面对反证的勇气，是感受已知世界之外广阔空间的意愿。哈里森在这些性格特点上没有任何一样能达到较高的标准。

辞职并创立自己的咨询公司

埃丽卡待在一间人人都拥有聪慧大脑的办公室里，然而这帮聪明人却找不到完成他们手头工作的正确办法。几个月过去了，她对他们的缺点越来越不耐烦，越来越为他们经常错失机会、反复重蹈覆辙的行为感到失望。在这里，正如她在新生活中经常体验到的那样，埃丽卡感到自己像是半个局外人。或许是因为她的成长经历是如此与众不同，或许是因为她的肤色不同，或许是因为其他原因，反正她似乎更加能意识到生活不合理、黑暗和糟糕的一面。一天，当她感到彻底没辙时，她半开玩笑地认定，她降生在这个世界上是为了执行一项上帝的使命：帮助这个白人拯救他自己。

全能的上帝是一位喜欢做实验的神祇，所以他才让那些居住于大都市近郊的上流中产阶层的孩子们降生在这个世界上，经历吃白面包的中学生活、穿着运动服的大学生活和轻呷一口淡啤酒的商学院生活，然后被随意丢入喝瓶装水的美国企业里。除了偶尔在公路休息站逛逛商店以外，他们永远不会接近现实世界。假如每个人都生活得像他们那样文明友好，那么他们思考的方式就有意义。假如一切都是简单且有序的，他们就能在从学校学到的准则中生存。

然而，在绝大多数情况下，这个世界并不是简单友善的，而他们只是天底下最单纯、最缺乏世故的人而已。他们会贸然轻信伯尼·麦道夫式的阴谋，掉进次贷抵押以及他们完全不懂的金融衍生产品的陷阱中。他们每一次都会沦为犯傻的企业经营风潮和经济泡沫狂热症的受骗者。他们在迷雾中徘徊，被他们所不能理解的深层推力弄得东倒西歪，精疲力竭。

幸运的是，上帝具有拯救一切的无限怜悯，所以派了一个穿着紧身纱质衣服、身材瘦小的华裔与墨西哥裔混血女孩来拯救这些无辜的人。这位态度坚决、不肯轻易就范、超级有条理的“人形记事本”会将这些被过度保护的人群从类似“六大处理技巧”的幻灯片的重重幻境中解救出来，引导他们进入现实的底层世界。上帝在混乱与污秽中养育了这位女仆，在她的血液里注入了足够的知识、积极性和嫉妒，以将这个白人从他那种盲目安逸的状态之中解救出来，帮助他认清真正驱动思维的隐藏力量。上帝已经赐予了她足够的力量和恶劣态度，让她可以挑起作为一名黄棕肤色女性的重担，为拯救地球铺平道路。

几个月过去了，埃丽卡变得越来越不耐烦，越来越难以忍受团队的思维方式。她在夜里长时间地散步，想象如果她管理着自己的部门或公司的话会做些什么，边走边将她的想法输进 iPhone 的备忘录。每当这样散步时，她都会感到几乎达到了欢快状态，仿佛她注定要做某些伟大的事。她认识到，她的想象力已经远远超越了她现在的工作。她停不下来，没有回头路了。

埃丽卡开始考虑创立自己的咨询公司。她决定冷静地权衡这样一种冒险行为的利弊，但由于超前的念头，她从一开始权衡时就怀有偏见。她夸大了有利条件，忽视了不利因素，严重轻视了创业的艰难。

埃丽卡告诉哈里森她打算离开。她在自家饭厅建立了新公司的世界业务总部。她狂热地工作着，如果有人看到准要惊讶不已。她打电话给每位老顾问、客户和联系人。她几乎不睡觉，满脑子都在想着她能为这个公司做些什么事情。她会坐下来提醒自己，她需要找准自身的精准定位，但她欲罢不能，各种各样的想法在她脑子里不停地冒出来。她感到自己的思想处于解放状态，用不着遵循别人的思想轨迹。她将要创立一家与众不同的咨询公司，这家公司将会对人性有着最为深刻的认识。它不会把人们当作数据点，而是会将他们视为有棱有角的特殊生物。她非常确信自己一定会成功。

第 11 章

创业成功的关键

早在古埃及法老王执政的时代，某个不知名的商人偶然发现，只要他控制店里的商品布局，就可以轻而易举地操控顾客的潜意识。后来的商人们一直在追随他的足迹。例如，杂货店通常会让顾客们首先来到果蔬区。杂货商们知道，那些首先购买健康食品的顾客将感到精神振奋，因而会在稍后的购物之旅中购买更多的垃圾食品。

杂货商们明白，烘焙食品的香味会刺激人们的购物行为，所以他们往往每天早晨在店铺前用生面团烘烤自己吃的面包，让面包的香味一整天都弥漫在店铺内。他们明白音乐也能激起人们的购物欲。英国的研究者们已经发现，当商店内播放着法国音乐时，法国酒的销量将突飞猛进，而当播放德国音乐时，德国酒的销量则会增加。

在大型百货中心，接近出入口的商店通常客流量较少。人们还没有完成从外界进入购物世界内部的心理转换，因此他们几乎注意不到入口的几家店面。在百货公司，女鞋区通常紧挨着化妆品区，这样当店员到后面去找合适号码的鞋子时，不耐烦的顾客可能会四处逛逛，顺便找一些她们稍后可能想试用的化妆品。

顾客们往往认为放在陈列架右侧的商品比放在左侧的质量更好。蒂莫西·威尔逊和理查德·尼斯贝特将 4 双同一款式的女式连裤袜放在桌上，要求消费者对它们进行评价，结果发现越靠右的连裤袜得到的评价越高。40% 的消费者对最右侧的连裤袜评价最高，31% 的消费者对右起第二双连裤袜的评价最高，17% 的消费者对右起第三双连裤袜的评价最高，而仅有 12% 的消费者对最左侧的连裤袜评价最高。除了一位消费者（她是一名心理系学生）以外，所有消费者都否认位置会对她们的选择造成影响，而没有任何人注意到这些商品是完全一样的。

在餐馆里，人们吃多少取决于多少人与他们一起进餐。独自一人吃饭时吃得最少。与另一个人一起吃饭会比一个人用餐时多吃 35%。人们在 4 人聚会时会多吃 75%，而在 7 人或更多人的聚会时则会多吃 96% 以上。

销售人员也已经注意到人们拥有两套品位体系，一套决定他们想要立刻用到的东西，而另一套决定他们想要将来用到的东西。例如，当研究者们询问消费者想要租哪些电影留着以后看时，他们通常挑选《钢琴课》这样的艺术电影。而当他们被问及今晚想看什么电影时，他们会挑选《阿凡达》这样的大片。

甚至那些置办大宗物件的消费者通常也不知道他们想要什么。房产经纪人中间流传着这样的警句：“买房者会撒谎。”因为人们在搜索的房子与他们最终选择并购买的房子一点儿都不一样。建筑商知道许多人在踏进门的最初几秒内就做出决策了。加利福尼亚一家名为“最佳太平洋海景之家”的建筑商把高端房屋的结构布置成这样：消费者一走进房子就能在主楼层透过窗户看到太平洋，透过连接到地下一层的开放式楼梯的缝隙则可以看到游泳池。在两层都能随时看到水的视野让这些价值 1 000 万美元的房屋卖得更好，而进一步的深思熟虑也变得不那么重要了。

人生中的重要一课

埃丽卡热爱此类隐藏模式（像大多数人一样，她认为它们只对别人成立，对她自己并不成立）。她认为，她可以通过收集这些无意识行为模式的资料来创办她的咨询事业，特别是那些与文化差异密切相关的模式，然后再将这些信息卖给那些需要咨询服务的公司。

她开始收集非洲裔美国消费者、西班牙裔消费者、沿海消费者和内地消费者的相关信息。她对社会上层与中下层消费者间的差异特别好奇。在整个人类历史中，富人一直比穷人的工作时间更短，但在上一代人中间，这一趋势已经转变。人们对于休闲的态度也发生了转变。中下阶层消费者在周末想要看电视、看电影、玩游戏，这样他们能够放松，而富人想要读书、锻炼、养生，这样他们能提升自我。

埃丽卡整理出一堆关于这些消费趋势的分析数据，并准备将她的材料投递给潜在的客户。从一开始，创办这项事业就比她预计的更困难。她写信给她认为会用得上这些材料的公司，打电话给她曾遇到过的管理人员，跟他们的助理周旋。几乎没有人给予她任何反馈。在她自己创业的头几个月，埃丽卡的性格改变了。最初她还有人们通常的需求——食物、水、睡眠、情感、娱乐等。现在她只有一项需求：客户。每一次的思考，每一次的餐会，每一次的偶然会面都要围绕这一需求展开。她每天都焦急地想要更加富有效率地工作，但她越焦急，就越显得没有效率。她陷入了焦虑的恶性循环。她每天晚上都想好好睡一觉，但她越想睡，实际上就越睡不着。她固执地努力吸收新信息，但她越是狂热地奋力吸收新知识时，实际上记住的知识越少。

埃丽卡一直是个“夜猫子”。大多数人在上午最为清醒，大约10%的人最清醒的时段在中午左右，但大约20%的成年人在下午6点以后最清醒，这帮人就是所谓的“夜猫子”。然而在她人生的这段时期，埃丽卡晚间的清醒状态转变成了整晚的失眠。之前，时间之河平静缓慢地流，但现在它就像激流般咆哮着。当她驾车驶进加油站时，总会默默地计算着在油箱被加满之前，她可以通过黑莓手机发送多少封电子邮件。每次在电梯前等待时，她都会从口袋中拿出手机开始编辑短信。她在办公桌旁吃饭，这样当她吃饭时也能发邮件。电视和电影退出了她的生活。她的脖子和后背开始酸痛。早上她会盯着前一晚自己写下的乱七八糟的草稿，完全无法辨别它们。

她做着自己从未想过会做的事——冷不防地给潜在客户打电话，然后默默地忍受他们的蔑视。她当初是怀着成功的梦想开始这份事业的，但当它真正开始后，她的前进动力主要来自对失败的恐惧。她想象着一旦创业失败，她会从朋友和同学们的脸上看到怎样的表情。她也想象着不得不告诉母亲自己已经破产的尴尬场面。正是这些恐惧驱使着她继续前行。

从进入那所名叫“学园”的高中时起，她就一直是个奋发向上的人，但现在她变成了一个疯狂痴迷于细节的人。她把想法和建议写在小装订本上送给潜在客户。如果本子上某一页放错了位置，如果塑料螺旋中有一个弯曲了，她就会立刻进入“焦灼状态”。世界上的其他人可以缺乏激情，但她不能。

埃丽卡对她的产品充满信心。她相信日常知识中存在着潜在的趋势，只要让客户认识到这些潜在的趋势，她就能改变世界。她将帮助客户用更为深刻的方式感知现实，用全新的力量去提供服务并获得成功。但在她的前进道路上埋伏着好几处路障。当她谈论文化时，她的潜在客户并不知道她说的是什么。他们大概知道文化很重要，他们带着崇敬的心态使用“企业文化”这个短语，但这个概念在他们心中并没有实际的含义。他们已被训练成能够熟练操作电子数据表格和数字的人，他们没法让自己十分严肃地看待社会学和人类学的门类。对他们而言，这些东西就像试图制造空气一样。

此外，当埃丽卡谈到不同种族的文化时，他们会立刻觉得很诧异。这个华裔与墨西哥裔混血女孩正在叙述的是黑人与白人、住在城里的犹太人与住在乡下的新教徒之间不同的购物偏好。然而绝大多数白人主管从小就被有意地训练成了绝口不谈任何种族话题的人：绝对不要对某个民族、某个地域的人群进行概括性的描述，绝对不要评论某个少数民族，而且看在上帝的分上，绝对不要在公开场合就此类话题发表任何意见！因为，这等于毁掉自己的整个职业生涯。当听到克里斯·洛克讲述关于种族的笑话时，他们也会笑。当埃丽卡提到文化差异时，他们也会倾听。但除非他们亲身面临有关种族偏见的控告，遭遇带有种族歧视色彩的诉讼和抵制，否则他们绝对不会在任何时候谈论这些事情。当埃丽卡要求他们思考有关种族与文化的问题时，他们心中会突然恐慌，产生逃离房间的强烈念头。

埃丽卡的不走运之处还在于，她偏巧在“神经制图者”们最甚嚣尘上的时候启动了她的公司。“神经制图者”是指那些随身携带着色彩斑斓的“功能性核磁共振成像”（fMRI）脑部扫描图、富有魅力的神经科学专家，他们从一场商业会议跑到另一场商业会议，承诺自己可以通过揭示神秘的神经元公式来帮助客户销售掉更多厕纸或能量棒零食。

典型的神经制图者是个一米八高、剃着光头、外形冷酷的专业学者。他穿着鹿皮夹克、牛仔裤和靴子踱进营销会议。他戴着摩托车头盔，简直像是电影《火爆浪子》里的那位神经科学专家再世。他身后跟随着芬兰电视台的摄像工作组，他们忙于制作关于他生平与想法的纪录片，而他自己则一边伸手挡住永远别在运动衫上的项链式麦克风，一边向他的客户低声说着虚假的亲昵话。

他的幻灯片报告看上去精彩绝伦，就像是华美的诗篇。他将从一系列视觉幻想开始，例如向大家展示两个看起来完全不一样的桌面，然后告诉大家这两个桌面的大小和形状完全相同，或是让大家看一张错觉图片，体验图片里的老太太突然变成一位戴着帽子的漂亮女士的奇妙感受。等他演示完这些幻灯片时，商人们几乎都啧啧称奇，这甚至比他们在外面的贩卖区得到的免费钥匙扣和大手提袋更酷。

然后他点开功能性核磁共振成像扫描图，开始谈论左右脑的差异和他关于爬行动物性脑神经冲动的理论。在这滔滔不绝的演讲之中，某些深入的内容会涉及严肃的科学，但它完全淹没在光鲜亮丽的幻灯片之中。脑扫描图真是太棒了！他把大脑各部位比喻成俄亥俄州地图的圆形版本，随着扫描图的切换，他也越来越兴奋。看，喝一小口百事可乐使得大脑前部——对应着克利夫兰、阿克伦和坎顿一带的区域——亮起来了。看！菲多利炸薯条使曼斯菲尔德周围的区域亮起来了，同时哥伦布附近也有一些活动迹象！再看一下，当你给人们看一幅联邦快递的广告图片时，大脑会发生什么变化。代顿市变成了橙色！托莱多市变红了！

他声称，早餐麦片粥确实可以使大脑中前端皮层兴奋起来。观看勒布朗·詹姆斯的广告会使大脑腹外侧运动前皮质迸发似火的热情！他告诉每个人，你们应该让自己的商标镌刻在人们的大脑腹侧纹状体里！你们必须得找到能吸引住顾客的办法！

这是富有吸引力的科学！这可不是埃丽卡关于文化的含糊言

论。这是由价值千百万美元的机器产生的图像，你可以看到它们的色彩，测量它们的形状。神经制图者们都有他们独家专利的“神经聚焦观察系统”，或是“神经架构网络产品策略服务”。他们能准确地指出纯粹的大脑实质要素，从而解开销售密码！管理者们当然喜欢这样的服务，而当埃丽卡每次进去推销她的服务时只会碰一鼻子灰。她的潜在客户更愿意相信那些能将他们背外侧额叶前部活动用鲜绿色表现出来的人。埃丽卡已经跟不上市场营销的新潮流了。

有一天，埃丽卡正在向一家汽车零件公司的首席执行官推销她的专业知识，大约10分钟后，他打断了她，“你知道，我尊重你，我们俩是一样的，”他说，“但你让我开始烦了。我完全没法找到自己跟你提供的东西之间的关系。”

埃丽卡想不出任何反驳的话。

“你为什么不尝试一种不同的方法呢？不要告诉我你能提供什么，为什么你不问我需要什么呢？”埃丽卡不知道他是否是在对她下逐客令，他继续说道：“问我是什么让我不快乐，问我是什么让我晚上睡不着，问我希望有人为我分担哪部分工作，这不是关于你的，这是关于我的。”

埃丽卡意识到这并不是随口说辞，而是她人生中的重要一课。她并没有把任何东西销售给那个人。她迷茫地离开了他的办公室，思维处于混乱之中。但这次会面确实改变了一切。自此以后，她的方式就变成了“我将做你需要的任何事”。她会找到一种方式，利用她的方式来解决客户抛给她的任何问题。她会来到他们面前说：“您想要我做什么？我能为您做些什么？”

一天，埃丽卡独自外出散步，从头到尾把这件事思考了一遍。

她在贩卖文化分类方面失败了。她并不想加入神经制图者的行列，因为她注意到他们通过科学归纳出来的建议实际上相当陈旧。她能提供些什么呢？

她从未考虑过退却。正如宾夕法尼亚大学的安吉拉·达克沃什所说，成功的人倾向于找到某个遥远的目标，然后在任何情况下都努力追寻目标。那些在不同爱好间频繁转换的人更难在其中任何一方面表现得很优秀。学校要求学生们在一系列学科上都取得优异成绩，但生活建议人们去寻找他们将会永远追随的唯一一项爱好。

用行为经济学来包装产品

埃丽卡认为她需要用某个特定领域的专业知识来应对客户的问题。她需要某种跟她在文化方面的兴趣和深层决策行为都有关联的知识体系，而且它必须能被市场所认可。她必须找到某种表达方式——某种人人通晓且科学的表达方式——来描述消费者心理学，让商人们能够理解它。结果她发现了行为经济学。

在过去10年间，一群经济学家试图把认知科学揭示的新内容运用到自己的研究领域中。他们的主要论点是，古典经济学对于人性的部分看法甚至大部分看法都是错误的，这极大地吸引了埃丽卡。古典经济学所设想的人性是沉稳、睿智、冷静的，永不被任何事物所惊扰。这样的人可以通过头脑中的一系列无比精准的模型纵览这个世界，预知下一步将要发生什么。他的记忆力好得令人难以置信，能够想到无数的决策选项并权衡每一项的利弊，能够准确地知道自己想要什么，从不在两种矛盾的需求间摇摆不定。他总会寻求效用的最大化（无论内容是什么）。他的社会关系都是有条件的、契约性的、暂时性的。如果一种关系不能给他带来最大化的利益，那么他将立刻转向另一种关系。他具有完美的自我控制力，并且能够克制可能阻止他参与竞争的冲动。他不会被情绪左右或为群体思维所禁锢，只会在动机的基础上做出决策。

古典经济学家也承认这种人实际上并不存在，但他们的论点是，这种夸张的假设足够接近现实，以致他们能够在此基础上建立起准确预测真实人类行为的模型。更重要的是，这种假设使他们得以建立缜密的数学模型，这成了他们的天赋在经济行业的表现方式，使他们得以将经济学从像心理学一样的“软”学科转变成了像物理学一样、严谨、实际的硬学科。这允许他们提出各种公式来主导行为研究，运用数字的强大力量。正如米歇尔·沃尔德鲁普所说：“理论经济学家运用起他们的数学才能来，就像森林里的成年牡鹿使用它们的鹿角，与其他牡鹿争斗并取得支配地位。一只不使用鹿角的牡鹿什么都不是。”

行为经济学家认为，这种假设并不够准确，不足以对真实事件进行可靠的预测。丹尼尔·卡尼曼与阿莫斯·特沃斯基两位心理学家是这方面的先锋人物，后来他们的见解逐渐为理查德·塞勒、森德希尔·穆拉伊纳丹、罗伯特·席勒、乔治·阿克尔洛夫和科林·凯莫勒等经济学家所接受。这些学者们对潜意识认知进行了研究。理性是受情绪限制的，人们在运用自我控制力时会遇到许多困难。他们会用具有偏见的方式看待世界，会深深地受到情境的影响，并且容易陷入集体思维。最重要的是，人们不会考虑未来，只满足于眼前，不追求未来的繁荣。

正如丹·艾瑞里在《怪诞行为学：可预测的非理性》中所写的那样："如果我要从这本书所介绍的研究中总结一条经验，那就是我们只不过是游戏中的小卒而已，我们在很大程度上无法理解影响全局游戏的力量。我们通常会认为自己正坐在司机的位置上，对于我们所做的决策和我们人生的方向具有最终控制力。然而遗憾的是，这样的观念更多的是来源于我们的希望——我们想要如何看待自己——而非现实。"

行为经济学家认为，像公平这种看似不着边际的直觉具有强大的经济影响力。薪资标准并不只是由市场能够承受的程度决定的。人们要求看起来公平的薪资，管理者们在设定薪资标准时也需要将这些道德上的直觉考虑进去。

行为经济学家寻找着真实的人类与理想的"理性人"之间的区别。人们会受到攀比压力、过度自信、懒惰与自我欺骗的影响。人们在购买电器时往往会为延长的保修期额外付款，尽管这些保修条款几乎根本不值这样的价钱。纽约的健康官员认为，如果他们将各种食品的热量信息贴在快餐店的餐牌附近，人们可能会受此鞭策吃得更健康。实际上，进餐者在看到这些信息后反而会摄入更多的热量。

古典经济学家经常将经济学看作一种趋于均衡的科学，但行为经济学家更容易分析非理性思维在信心、信任、害怕与贪婪方面的变化会如何导致经济泡沫、企业倒闭与全球化危机。一些行为经济学家声称，如果古典经济学之父对人类思维的内部运作机制的了解程度跟我们今天的了解程度一样，他们压根不会创立现在这个样子的经济学领域。

行为经济学更能解释埃丽卡每天看到的现实，她也立即认识到这一领域提供了一种方式，让她可以描述思维的隐藏过程，美国各大公司里的工商管理硕士毕业生们对这种描述语言都很熟悉。

在她的内心深处，埃丽卡的思维方式并不像行为经济学家那样。她首先看到的是文化，她将社会看作一个由各种复杂的、活生生的关系所组成的有机体。行为经济学家可能会关注行为，但他们仍是经济学家。这意味着他们会承认古典经济学家所忽略的复杂性和错误，但他们仍然相信人类的错误是可预测的、系统的、可以用数学公式表达出来的。埃丽卡怀疑他们只不过是换汤不换药而已。如果他们承认行为并不是受规律所支配的，而是不可预测的，无法用数学模型来捕获，那他们就不再是经济学家了。他们的文章将不会被经济学杂志刊载，他们也不会被邀请去参加与经济学相关的会议。他们将不得不把办公室迁进心理学院系，这将让他们在学术界的地位急转直下。

行为经济学家需要伪装他们所研究的仍是严谨、实际的学科，而埃丽卡也是这样。她的客户们尊重科学，他们受到的训练同样让他们把社会当成一部机器。如果她必须得采用他们的某些思维模式才能使他们听从她，那就这样吧。

埃丽卡决定不将咨询公司建立在文化分类的基础上，因为市场对此没有准备，而是建立在行为经济学的基础上，这目前代表着热门需求。

可预测的非理性行为

埃丽卡阅读了主流行为经济学家的著作。他们说，在每一个选择背后都有着一座选择的建筑，即一套帮助人们构建决策的潜意识结构。这种选择的建筑经常以启发的形式出现。大脑会存储某些“如果……那么……”式的因果规则，它们会在特定的情境下被激活，在合适或近乎合适的情境下被提出并加以运用。

例如，一种感知会触发一连串的想法，从而改变行为。如果要求受试者们阅读一系列与“上了年纪”模糊相关的词汇（“结束”“佛罗里达”“古代”），当他们离开实验室时，他们会比进来的时候走得更慢。如果让他们阅读一组与“进攻性”模糊相关的词汇（“粗鲁”“讨厌”“侵入”），在他们认为实验已经结束后，他们在谈话中将会更快地打断别人。

如果你在人们参加某项测验或训练之前给他们讲有关卓越成就的故事，他们的表现会比你没给他们讲这些故事时更好。你只要在一句话中用到“成功”“优秀”“成就”这些词，他们就会做得更好。如果你向他们描述大学教授应该是什么样子，他们在知识测验中就会表现得更好。反之，如果你故意采用负面模式，他们会表现得很差。如果在非洲裔美国学生即将参加测验之前刻意提醒他们是非洲裔美国人后，他们的分数会比你不提醒他们时低得多。在一次实验中，亚裔美国女人在参加数学测验前被提醒她们是亚裔人士后，结果她们的成绩变得更好。当她们被提醒是女人后，结果是成绩变得很差。

启发能以各种方式运作。在一项实验中，一部分受试学生被要求写下他们手机号码的前 3 位数字，随后整组学生都被要求猜测成吉思汗的逝世年份。那些写下数字的学生们更可能猜测他生活在公元纪年的第一个千年之内，死亡年份为 3 位数。这种启发模式叫作锚定。

参照。没有任何一段信息是在孤立情况下被加工的。心理模式具有传染性，一切事物都是在与其他事物的比较中受到评判。把一瓶价值30美元的酒放在一堆9美元的酒中间，它看起来就很昂贵，但把它放在149美元的酒中间，它看起来就很廉价（这就是酒店要储备那些实际上几乎没有任何人购买的超级昂贵的酒的原因）。布伦斯威克一家出售台球桌商店的经理进行了一项测试。第一周，他先向顾客们展示了定价329美元的最廉价台球桌，随后逐步介绍更贵的台球桌。在那一周内，购买台球桌的顾客平均花费是550美元。第二周，他先向顾客们展示了价值3 000美元的最昂贵台球桌，随后再介绍成交价低于这个价格的台球桌。在那一周内，顾客平均花费的金额高达1 000美元。

决策框架。每项决策都处于特定语境的框架之内。如果外科医生告诉病人治疗可能有15%的失败率，病人可能会拒绝治疗，但如果他告诉他们治疗有85%的成功率，他们就会倾向于接受治疗。如果杂货店的顾客看到货架上有某种他喜欢的汤罐头，他可能拿起一两罐放在推车里。如果旁边贴着“每人限购12罐”的促销广告，那么他可能拿四五罐放到推车里。丹·艾瑞里叫学生写下他们社保号码的最后两个号码，随后要求他们为一瓶酒和其他商品竞价。社保号码尾号较大的学生（在80~90之间）对一款无线键盘的定价平均在56美元，而社保号码尾号较小的学生（1~20）出价平均在16美元。尾号较大的学生比尾号较小的学生出价要高216%~346%，因为他们潜意识将自己的社保号码尾号当成参照框架。

期望。人的思维会创造“将会发生什么”的模型，它粉饰了人们对“实际发生了什么”的认识。如果你给人们一支乳膏，并告诉他们它能够减轻疼痛，你就是在给这些人一种期望。人们会真的感觉疼痛缓解了，即使这支乳膏只是普通的护手霜。当人们拿到处方止痛片时，那些被告知止痛片价值 2.5 美元的人比那些被告知止痛片价值 10 美分的人更倾向于感觉疼痛缓解了（虽然事实上所有药片都是安慰剂）。正如乔纳 · 莱勒所言：“他们认为自己心想事成了。”

惰性。思维是认知方面的吝啬鬼，它不想消耗心理能量，所以人们都有维持现状的倾向。美国教师退休基金会为大学教授提供了一系列针对退休金账户的资产分配选项。研究表明，这些计划的绝大多数参与者在他们的职业生涯中从未更改过分配方式，他们只是坚持他们签订合同时第一次选择的选项。

性兴奋状态。人们思考的内容取决于他们的精神状态。南非一家银行与哈佛大学经济学家森德希尔 · 穆拉伊纳丹合作进行了一项实验，观察何种类型的贷款函最有效。他们寄出了贴有不同照片的不同函件，同时也寄出了提供不同贷款利率的不同函件。他们发现贴有微笑女性照片的信件在男性中反响特别好。微笑女性的照片使男性客户的贷款需求量提升了 5%，跟将贷款利率降低 5% 的效果一样。

艾瑞里在男性分别处于性兴奋状态和非兴奋状态时询问他们一系列问题。在非兴奋状态下，53% 的男性说他们与讨厌的人在一起也能享受性生活。在兴奋状态下，77% 的人说他们能够如此。在非兴奋状态下，23% 的人说他们会想象与 12 岁的女孩发生性关系。在兴奋状态下，46% 的人说他们会想象如此。在非兴奋状态下，20% 的人说在约会对象拒绝后仍会试图与她发生性关系。在兴奋状态下，45% 的人说他们会试图如此。

厌恶损失。损失金钱带来的痛苦比赢得金钱带来的愉悦感更多。丹尼尔·卡尼曼和阿莫斯·特沃斯基询问人们是否会接受某种赌博行为。他们发现人们只有在可能赢得 40 美元时才会接受可能输掉 20 美元的赌博。由于厌恶损失，相较于卖掉下跌的股票，投资者们更愿意卖掉上涨的股票。他们之所以做出自我毁灭性的决策，是因为他们不想承认损失。

寻找事业上的合作伙伴

埃丽卡逐渐学会了一套新词汇来定义潜意识层面的偏见。然而，行为经济学家在校园里做的研究并不能自动转变为咨询顾问在会议室里做的工作。埃丽卡需要找到一种方法把研究转化成有用的建议。

几个星期的时间，随着她的存款逐渐减少，埃丽卡在备忘录上记下该如何进行这样的转化。记完之后，她从头到尾读了一番，意识到这完全不是她擅长的事。她需要聘请某些真正擅长出主意的人，某些能找到方法把学术成果运用于真实世界的人。

她四处询问。她询问咨询界的朋友们。她群发电子邮件，在脸谱网上贴了一则告示。最终，通过一个朋友的朋友，她听说一个年轻人很有想法，是个可用之才，并且她应该能雇得起他。这个年轻人的名字当然就是哈罗德。

第 12 章

哈罗德的人生规划

在他人生的前 18 年里，哈罗德始终过着高度程式化的奋发图强的生活。早在孩提时代，他就接受严格监管、精准训练和深度辅导。他的目标早就被清晰地标明了：在各种考试中取得好成绩，在球队的首发阵容里占据一席，让大人们满意。

泰勒女士为他的生活提供了一个很有意思的建议——对宏大理论的喜爱。哈罗德发现自己非常喜欢世界史理论，尤其是那些视野宏大的理论。有时他会沉迷于各种各样的想法当中，只有用捕虫网敲打他才能让他清醒过来。

在迈入大学的校门后，哈罗德又有了新的发现。他可以成为一个令人感兴趣的人。大学生活可以分成截然不同的两个世界。在白天的学习世界里，学生们与成年人交流，努力为自己的简历积攒条目，博导师欢心。哈罗德在这个世界里并不杰出，他周围的同学们总是在谈论他们有多少学习任务要完成。

然而，在夜生活世界中，同学们伴随着打击乐狂舞乱叫，互相嘲讽冒犯，说着带色情意味的笑话。在这个世界里，尘世的成就完全被抛诸脑后，只有那些最风趣幽默的人才能成为社交明星。

哈罗德和他的朋友们都拥有出色的艺术品位。他们都能够靠说反话、模仿别人的愚蠢言行、嘲弄别人、自嘲、说后现代主义的冷笑话来营造出欢乐的气氛。他们说的话永远都不能用字面意思来解释，一个人进入他们那个社交圈的程度取决于他对他们的谈话所流露出的讽刺意味的了解程度。

哈罗德和他的朋友们能够在其他人之前找到 YouTube 网站上最残忍、最有趣的视频。他们争论“科恩兄弟”系列电影的水准和《美国派》系列电视剧的文化意义。他们有一阵子为“开放源代码软件运动”这种全新的社会组织形式感到着迷。他们激烈地讨论着，布拉德·皮特和塞巴斯蒂安·荣格尔谁的走红程度才算恰到好处？他们喜欢那些谈论起来很有趣、听起来却没那么有趣的音乐——思辨意味十足的“新家庭音乐”和体现自我意识苏醒的“复古电子爵士乐”。他们月复一月地浏览着完全与学习内容无关的互联网信息，培养种种怪异的偏执情绪。他们都对激进的荷兰道路工程师汉斯·蒙德曼颇感兴趣。

早几代人的时候，大学校园里的前卫人士们讨论的是宝琳·凯尔的影评和英格玛·伯格曼系列电影的意义，不过哈罗德和他的朋友们认为技术带来的社会变革将会比艺术和文学作品所带来的社会变革更加深刻重大。他们先后用上了 iPod、iPhone 和 iPad，看样子如果苹果公司可以制造出 iWife（“数字妻子”），他们就会在产品发布当天跟“她”结婚。他们不仅总是最先拥有新产品，也总是最先将新产品丢到一边，一旦新产品从时尚产品变成大众消费品，他们的兴趣就会消失得无影无踪。他们中学时就已经告别了脖子上戴钛项链的时代，大学时厌烦了各种稀奇古怪的装置。他们嘲笑那些在宿舍里安装口香糖机的年轻人，然而当哈罗德看到有位朋友把一辆机场常见的手推车改造成家用酒柜时，他仍然感到这非常有趣。

哈罗德在艺术品位竞赛里表现不错，但总的来说，他在他的舍友面前相形见绌。在最初申请宿舍时，他就被告知将与一位成绩不佳但在学术能力评估测试中拿到了高分的学生合住一屋。当他第一次走进大学宿舍时，这位名叫马克的舍友已经待在里面了。马克正挥汗如雨地收拾着杂物，他穿的那件无袖衬衫很像马龙·白兰度在电影《欲望号街车》里穿的无袖衬衫。

马克来自洛杉矶。他身高 1.88 米，身体健壮，黝黑，长相英俊。他的胡子看起来像是有好几天没剃过了，头发总是蓬松杂乱，看上去就像来自“艾奥瓦州作家工坊”的一位敏感、容易冲动的作家学徒。为了在深夜即兴锻炼身体，马克在房间里放置了滑梯，还把自己的床架带到了宿舍里——因为他觉得单身汉应该花钱买一副足够好的床架。

为了玩得开心，马克愿意冒着丢人现眼的危险，给自己的生活安排一系列如同歹徒一般的冒险活动，有计划地制造突如其来的刺激场面。在大学一年级，他就随随便便地决定参加“金手套拳击锦标赛”，把自己打扮成“犹太杀手”的样子。他决定不为参加比赛而刻意去训练，只是用博客记录自己参与拳击比赛的体验而已。当他在比赛场地现身时，陪同他的是一群打扮成殡葬师并且抬着棺材的女孩。他仅在 89 秒内就被一个真正的拳击手击倒了，不过这并没有妨碍他的故事登上当地各家电视台的新闻。

这个月，马克试图参加《美国偶像》节目选秀，下个月他就参与风筝冲浪运动，最终在冲浪时结交了一位 NBA 球队老板。他在脸谱网上有 4 000 个好友，外出的夜晚他总会花很多时间来回复留言，如同变戏法般在各种各样的社交场合中周旋。他声称自己生活在“激烈的世界”当中，总是处于不断寻求刺激和美好记忆的状态。

哈罗德一直没有搞清楚应该多么认真地对待他的舍友。马克会为了自己的恶趣味在宿舍里贴上条幅，例如“前进！成为专业的性工作者”一类略带讽刺意味的话。他列出了各种稀奇古怪的清单：他已经睡过的女人，他已经见过裸体的女人，揍过他的人，本不该做社区服务却宁愿去做社区服务的人。有一天，哈罗德拿起马克离开宿舍时扔下的一本有关男性健康的出版物，看到马克在一篇介绍“鳞片状脱皮”的文章旁写下了似乎郑重其事的旁注：“如此真实……一点没错！”

从前哈罗德是领导者，现在他是跟随者。如果把马克比做伟大的富翁盖茨比，那么曾经一度表现得如此自信的哈罗德就是故事讲述者尼克·卡拉威。哈罗德在他的青葱岁月对马克的狂躁活力感到惊奇不已，同时也追随着马克并分享他的喜悦。

作家安德莉亚·唐德利提出，人分为“提问者”和“猜想者”两种。提问者在提出要求时完全不会感到不好意思，也不在意对方的回答是否会伤害到自己的自尊。他们能够在整整一周时间内以客人自居。他们找别人要钱、借车、借游艇甚至借女朋友。他们不会因为自己的过度索求而内疚，也不会在被拒绝时翻脸不认人。

猜想者讨厌向他人寻求恩惠，在拒绝他人的请求时则会感到局促不安。唐德利写道，在猜想者主导的文化中，除非人们确认对方会同意，否则绝对不会轻易提出要求。当然你也不会直接拒绝他人的请求，而是会寻找借口委婉拒绝。每个提出或接收到的请求都充满了情感和社交方面的极大危险。

马克生活在提问者主导的文化中，而哈罗德生活在猜想者主导的文化中。这偶尔会导致他俩之间出现些许摩擦。有时哈罗德甚至会考虑买本专门讲述如何帮助自己的书籍——这类书专门教猜想者如何像提问者那样去思考和生活——但他从来没有把这个想法付诸实施过。毕竟，对于一个19岁的男孩来说，马克这样的舍友拥有令人难以抗拒的魅力。马克总是那么快乐，总是那么让人感动，总是那么搞笑。他就是充满青春朝气的阳光男孩的典型代表。大学毕业后，马克开始了宏大的全球旅行计划，无忧无虑地快活着，根本不在乎自己应该如何规划接下来的人生道路。早在青春期的初始阶段，他就认定自己是命中注定的“游戏人生鉴赏家”。他会关注电影、电视、音乐、时尚或者别的领域，在这个对他充满感激的世界里展示他那讨人喜欢的品位。

“嗨！沉思者！”毕业前某一天，马克对着哈罗德喊道。“沉思者”是他给哈罗德取的绰号。“在我环游世界的这段时间里，你愿意跟我合租一套公寓吗？”于是在接下来的几年里，哈罗德就这样跟总是不在屋子里的马克合租了一套公寓。马克的卧室会连续空好几个月，偶尔他也会轻松愉快地回来一趟，和哈罗德讲述他跟欧洲大家闺秀的罗曼史以及他的探险故事。

哈罗德继续上学，获得了全球经济和国际关系学位，也逐渐掌握了如何在面试中表现出众的技巧。他不再在面试时显得礼貌、恭敬、庄重，反倒会表现出与他的日常性格完全相反的性格——他大大咧咧的一面。那些已经被招聘工作烦透的面试官总是相当喜欢他，至少那些他真心应聘的公司的面试官确实如此。

大学毕业后，哈罗德一度受到改良社会思潮的影响，度过了一段近似“维和部队”的时期。他为“社会变革行动”和“全球意识与共识基金会”工作，之后又在一家由一位昔日摇滚明星发起、以分发清洁饮用水为宗旨的非政府组织里混成了高级会员。对这样的民间慈善事业感到厌倦之后，他开始涉足新的领域，开始了他作为一名助理编辑的生涯。他为《公共利益》、《国家利益》、《美国利益》、《美国展望》、《外交政策与外交事务》和《国家事务》等杂志采编稿件，这些稿件通常充满了完全自相矛盾的内容：实用的理想主义、追求道德的现实主义、寻求协作的单边主义、聚焦的多边主义、单极防御的霸权主义等。这些稿件都是执行编辑委托他来处理的，而执行编辑们自己已经因为需要持续不断地奔波报道达沃斯论坛之类的重大会议而累得筋疲力尽。

这样的工作听起来很有趣，但它们往往需要花费大量时间去收集繁多的背景资料。哈罗德在上大学时曾经连续几年参加专业水平的研讨班，讨论托尔斯泰、陀思妥耶夫斯基和“邪恶”的问题。在毕业后他则连续几年忙于使用佳能复印机来复印各种资料。

他站在复印机旁，努力撑着，以免被复印机指示灯发出的绿光催眠。他明显意识到，自己已经成了信息化时代的复印机操作员。他工作过的社会组织和杂志社都是由大腹便便的中年人负责的，那些中年人的工作有一定的保障，在社会上有自己的地位。跟他处于同样地位的一大帮人只是年轻的临时工而已，招募他们的主要目的似乎不过是为了帮忙检验新闻素材的真实性，以及营造紧张的气氛。

他的父母越来越着急，因为儿子毕业好几年来似乎一直在外漂泊无依。哈罗德自己的精神状态更为复杂。一方面，他并没有感受到任何特殊的压力，并不想循规蹈矩地按照老套的生活方式安定下来，也不想成家立业。他的朋友们也没有人这样做。跟他相比，他们的生活方式往往更加随意一些——在二十多岁的大好年华当几天老师，打几天零工，做几天酒吧服务员，他们似乎总是在不同的城市间迁徙，对性的态度开放且随意。年轻人把大都市当成了职场生涯的更衣室。他们在二十多岁时前往大都市，不过是为了尝试各种不同的职业而已。然后，一旦真正认识了自己，他们就离开大都市。38% 的年轻美国人表示他们想要到洛杉矶生活，但只有 8% 的中年美国人有同样的想法。哈罗德的朋友们或许会在旧金山待上一年，下一年再前往华盛顿谋生。一切都在改变，只有他们的电子邮件地址保持不变。

另一方面，哈罗德迫切想了解自己到底应该做什么来度过一生。他梦想着响应某种特定的召唤，这种召唤不但会结束他的不稳定生活，还会赋予他的生命以重大意义。他渴望着某种主旨的出现，把他人生中的一件件事情连接起来，抹掉他对生活中事情前后毫无关联的不快感受。他梦想着某一天会有一位世人皆知的导师倾听他的疑问，挥手让他坐下，告诉他应该怎样活下去，为他解释应该这样生活的理由。但是，他期盼的摩西般的导师并没有出现。这样的人当然不可能出现了，因为人只有靠从事一份工作才能发现它是否是自己命中注定的职业。人们只能尝试不同的生活方式，等待适合自己的那一种生活方式出现，除此之外别无他法。

在此期间，哈罗德发现自己正在以他并不喜欢的方式发生着变化。他逐渐形成了一种基于理智和谄媚之上的人格。他还没有达到事业有成的地步，但他至少能够因自己的理智感到心情愉悦。他观看那些嘲笑事业有成但生活失败的名人的喜剧节目，这些节目的目的就是为了缓解年轻人对境遇的焦虑。

同时，他也可以变身为无耻的马屁精。他发现自己会打扮成精神抖擞的样子去参加鸡尾酒会，因为这可以给上司留下好印象。他发现，人在职场中地位越高就越渴求别人的奉承，以维持心理平衡。他逐渐变得很善于奉承上司。

哈罗德还发现，只要在晚上和同伴们喝酒消遣时尽情地调侃、嘲笑上司，那么在白天工作时奉承上司的行为就会被同伴们接纳。那些大学生活过得一塌糊涂的人们让他感到惊讶，他们在 4 年的大学生涯中离群索居，观看情景喜剧，如今却成了好莱坞名噪一时的年轻制片人。成年人的世界似乎神秘而荒谬。

人生中的奥德赛时期

哈罗德正处于这一代人所必须经历的一段全新的人生时期，它被称为“奥德赛时期”。过去人生往往被分成 4 个时期——童年、青春期、成年和老年，现在则至少可以分为 6 个时期——童年时期、青春期、奥德赛时期、成年时期、活跃退休期和老年时期。奥德赛时期就是人在青春期和成年时期之间徘徊的那段岁月。

以下 4 种成就标志着成年时期的来临：从父母家里搬走、结婚、成家和经济独立。1960 年，30 岁的美国人当中有 70% 同时完成了这 4 件事，而到了 2000 年，30 岁的美国人当中只有不到 40% 完成了这 4 件事。在西欧，人们越来越晚进入成年时期的趋势更早出现，能够在 30 岁时真正成年的人占的比例更小。

一系列数据已经足以向我们证明奥德赛时期的存在，这些数据来自布鲁金斯学会科学家威廉·贾尔斯顿的研究，以及杰弗里·延森·阿内特的《长大成人》、罗伯特·伍斯诺的《婴儿潮之后》(*After the Baby Boomers*)、约瑟夫·艾伦和克劳迪娅·艾伦合著的《逃离无尽的青春期》等学术著作。

在世界各地，越来越多的年轻人选择非婚同居并推迟结婚。在 20 世纪 70 年代早期，仅有 28% 的美国人在结婚前有过同居生活。到了 20 世纪 90 年代，65% 的美国人曾经婚前同居。1980~2000 年，法国、德国、荷兰和英国年轻人的初婚年龄增长了五六岁之多。在短短 20 年间，人类的生活方式就发生了如此惊人的变化。1970 年，25 岁的美国人当中仅有 25% 从未有过婚史，而到了 2005 年，25 岁的美国人当中已有 60% 从未有过婚史。

伍斯诺的著作表明，在发达国家生活的人们会在学校里待得更久，花很多的时间来接受教育。2000 年高校毕业生取得学位需要耗费的时间是 1970 年高校毕业生所耗费时间的 1.2 倍。

这些变化是由好几种相互关联的现象所引起的。人们的预期寿命更长，因此有更多时间来选择自己的人生方向。社会经济体系变得更加复杂，可供选择的职业也更加种类繁多，所以人们必须花费更多的时间来选择适当的职业。社会结构变得更加层次分明，所以人们需要花费更多的时间来寻找合适的心理定位。女人普遍接受比以前更好的教育，而且更可能承担全职工作。1970 年，只有 26% 的美国女人会每年工作 50 个星期。2000 年，每年工作 50 个星期的美国女人的比例上升到了 45%。在这些参加工作的女人当中，不少人想要或者觉得应该推迟结婚成家的计划，直到她们在职场上有所成就。

最后，年轻人对成年时期的态度也显得相当矛盾。阿内特指出，年轻人喜欢成年时期安全稳定的状态，却不愿意陷入日常的琐碎生活中。他们不愿意约束自身，也不愿意放弃实现自己的梦想。

这些变化深远地影响着哈罗德和他的同龄人想象自己人生道路的方式。前几代人认为年轻人应该先结婚，夫妻俩结伴同行安身立命，但与哈罗德社会地位相当的年轻人现在对此有着完全不同的看法。现在的年轻人首先要安身立命，等到自己能够安稳度日并且承担得起婚礼的开销时，才会想到结婚。

哈罗德和他的朋友们并不是叛逆青年。总的来说，他们仍然想要安稳的婚姻生活，希望生育两个孩子，拥有一套郊区的房子和稳定的收入。跟过去的数代人相比，现在这一代人更倾向于认为父母应该为孩子牺牲自己的幸福。然而，现在的年轻人成长在和平年代并且（绝大部分）拥有安乐幸运的生活，所以他们令人吃惊地坚信自己拥有足够的能力来实现梦想。今天，在 18~29 岁的美国人当中，96% 的人赞同这样的论断："我坚信总有一天我会实现一生中想实现的目标。"他们对自己的独特个性有着相当执着的热情，甚至到了疯狂的程度。1950 年，对一组青少年进行的性格测试——询问他们是否认为自己是一个重要的人时，12% 的受试者认为自己是。20 世纪 80 年代晚期重复这一测试的时候，80% 的受试者都认为自己是。

尽管哈罗德假定一切最终都会好起来，他还是发现自己生活在一个并不够制度化的世界里。由于奥德赛时期还是个新概念，所以还没有浮现出为它赋予结构的社会群体和风俗习惯。哈罗德不属于任何宗教团体（跟 20 世纪 70 年代的年轻人相比，现在的年轻人参与宗教活动的可能性少了很多），不拥有任何明显的族群身份。他对世界的看法并不是由某份特定的地方报纸或某个意见领袖所塑造的（他上网）。他的世界观并不会受到任何诸如经济危机、第二次世界大战一类的重大世界历史事件的影响。他甚至没有受到严重经济压力的影响。如今，18~34 岁的美国人平均每年会收到来自父母的 38 000 美元的资助，哈罗德也依靠父母的部分金钱资助来负担房租。

他生活在宏伟的社会场景里，周围却几乎没有护栏。有些日子，他觉得自己正在等待一系列看法、习惯和目标在自己的思维中沉淀下来。社会批评家迈克尔·巴罗尼认为，美国正在涌现出令人印象比较深刻的20岁年轻人和令人印象相当深刻的30岁年轻人。巴罗尼提出，沉重的压力和抉择会敲打开放的、无人监督的二十多岁年轻人，把他们变成崭新的、更好的另一种人。

哈罗德并不确信这一点，因为他似乎花了相当多的时间躺在一个朋友家中的破沙发上玩《使命召唤7：黑色行动》。不过，至少他确实有过一些相当快乐的时刻，而且他确实有一群好朋友。

朋友圈的快乐生活

男人最初的岁月和父母一起度过，成家后的岁月和妻子一起度过，而中间的岁月则是和朋友们一起度过的，哈罗德就有这样一群朋友。这群朋友都是同他一样处于不稳定状态的年轻人。他们的年龄在22~30岁之间，其中的核心分子是他的大学同学，他还会在职业生涯中挑选出一些值得交往的朋友，将他们吸引进来，所以现在他的这个朋友圈一共有大约20个年轻人。

他们中的绝大多数人会每周在一家本地餐馆聚餐一次，马克回来时也会参与进来。他们组织了一支垒球队，其中一些人也时常聚在一起打排球。他们会在感恩节和圣诞节聚餐，安慰那些无法回家跟亲人过节的朋友。他们会借钱给有需要的朋友，开车送朋友到机场，帮助朋友租卡车搬家。他们彼此间提供传统社会里的大家族成员互相之间会提供的各种服务。

哈罗德确信，他所在的朋友圈里藏龙卧虎，包括了诸多颇具天赋的天才人物，而且这些人配合得恰到好处。其中包括一位创作型歌手、一位住院实习医师和一位从事平面造型设计的艺术家。即便那些从事着枯燥工作的年轻人也拥有特殊的才能——制作热气球、挑战极限运动或是参与智力竞答节目。这个朋友圈里有一条非正式的禁令，那便是异性间不能在圈内约会，但是如果双方都确实真诚地对待对方的话，那就可以无视这一禁令。

在这段时期，哈罗德的生活中最令他振奋的事情便是参与朋友圈的闲谈。这帮年轻人可以花费好几个钟头来谈论咖啡馆、酒吧和聚会，复述《我为喜剧狂》节目里的妙语，抱怨老板，传授面试技巧，严肃地讨论诸如“40 岁以上的人是否应当在非锻炼场合穿运动鞋”一类的问题。他们会有令人捧腹大笑的怀旧对话，回忆“当年谁在上学时曾经吐到了谁身上”的陈年往事。他们煞有介事地互相传递着看起来很深刻的有哲理的句子，比如“你难道不认为自恋是我最有趣的特点吗”之类的纸条。如果有人能够在不花钱的前提下想出有创意的、好玩的事情，他们就把科利·多克托罗小说里的“名声货币”（Whuffies）奖励给他。他们花费大量时间讨论一些核心问题，比如说他们当中有谁聪明或者坚决到了足以在现实世界中成功的地步。

研究人员在过去几年间已经做了大量工作来分析社交网络。事实证明，几乎所有事情都是有传染性的。如果你的朋友们极度肥胖，那么你也很容易极度肥胖；如果你的朋友们总是愉快开心，那么你也很容易愉快开心；如果你的朋友们抽烟，那么你也会抽烟；如果你的朋友们觉得孤独，那么你也会觉得孤独。事实上，尼古拉·克里斯塔基斯和詹姆斯·福勒发现，配偶的肥胖程度对一个人造成的影响远远不如朋友的肥胖程度造成的影响大。

坦白地说，哈罗德喜欢跟这群朋友一起消磨时间，主要原因就是他不用担心这种谈话起到任何实际作用。感受到自己融在这个群体当中，这对他来说就足够了。跟朋友更长久地待在一起意味着更能感觉到自己还活着，此外并没有什么更深层次的目标。他们会待在一起，七嘴八舌地交谈几个小时。他们经常去跳舞。绝大多数社会当中都存在着某种特定形式的集体舞蹈，现代美国社会已经丢弃了许多类型的集体舞蹈（方阵舞蹈和其他一些有特色的舞蹈除外）。如今，绝大多数舞蹈出现在伴侣之间，作为性生活的前戏。但是当哈罗德所在的朋友圈聚会时，他们会聚在一家酒吧或一套公寓里，然后乱哄哄地跳舞——这群人并不会配对或者按节奏跳舞。他们在人群中走来走去，互相挑逗，无论男女，然后再移动到别的地方。这种舞会没有任何特殊含义。它不是为了追求异性，也不是为了勾引异性，它不过是朋友们在一起时发泄充沛精力的举动而已。

怎样才算幸福的人生？

有一天，准确地说是在一次连续 48 小时的聚会之后，宿命干预了哈罗德的生活。当时他和马克以及朋友圈的部分成员待在一家以运动为主题的酒吧里，观看世界杯比赛。比赛逐渐进入高潮阶段，还剩下最后几分钟，突然马克用胳膊肘碰了碰他的肩膀，将刚才突然涌现的念头告诉他："嗨，你愿意搬到洛杉矶，和我一起成为电视节目制片人吗？"

哈罗德盯了他一秒钟，然后继续看比赛。"你真的仔细考虑过这件事吗？"

"我没必要仔细思考，这是我命中注定的，这是我天生就应该去做的。"比赛进行得更加激烈。酒吧里的其他人都在尖叫，而马克则向哈罗德描述他们或许即将要面对的生活。首先要制作一些毫无价值的电视节目——或许是电视购物节目或者警察局宣传片，接下来拿着钱休息几年享受人生，然后再制作一些更正经的节目，接下来在世界各地投资房产并更加幸福地享受人生，最后制作一些能通过美国HBO有线电视网播出的经典作品以改变整个世界。按照马克的描述，从事这份工作好处多多，不仅可以赚得盆满钵满，拥有完全的创作自由，而且永远没必要被某件事、某个项目或某个创意所束缚。这是完美的自由生活。

有趣的是，哈罗德毫不怀疑马克能够做到他打算做的一切。马克拥有一种曾被哈罗德称为“与社会同步肤浅”的特质，也就是说，马克的肤浅想法总是能够迎合市场，在市场能够承受的范围内。他从来没有被太复杂或太前沿的事情诱惑过。他喜欢的东西，大众普遍都会喜欢；他厌恶的东西，大众普遍都会厌恶——至少他的想法和那些为了前半夜看电视、周末晚上看电影而活着的人一样。

然而，哈罗德还是提出了不同的意见。“这可不是合适的生活方式。”他回答道。辩论就这样开始了。这场辩论其实早已注定了，早在几年前哈罗德第一次走进大学宿舍见到马克时就是这样。马克与哈罗德的根本分歧在于究竟是注重自由还是承诺，认为无拘无束的生活更幸福还是稳定的生活更幸福。

马克申明了自己的立场，然后哈罗德也申明了自己的立场，两人的立场都没有任何独特新颖之处。马克描绘出一幅充满刺激和娱乐的人生蓝图——周游世界、尝试新鲜事物。他把这样的人生和那些苦闷单调的中年人的人生相比，后者每天去干同样的工作，每天下班后面对妻子，用酒精麻醉自己入睡以度过安静无望的生活。

哈罗德则站在另一边。他描绘出一幅由情感关系和稳定纽带联结而成的人生蓝图——邀请老朋友共进晚餐，抚育逐渐成年的孩子，成为家乡和社区的关键人物。他也把这样的生活跟追求浮华、肤浅的人的人生做对比，后者只能拥有逢场作戏的露水姻缘，表面上拥有华丽的奢侈品，实际上并没有固定的积蓄，最终不得不度过悲伤孤独的晚年。

这场辩论其实由来已久——这正是《在路上》和《生活多美好》这两部电影之间的辩论。在一定程度上，社会科学可以对这样的辩论进行裁决。实际数据比较倾向于哈罗德的立场。

近年来，研究人员花费了大量时间来调查人们幸福的原因。他们的调查方式大多是首先询问人们是否幸福，然后逐一寻找答案与他们日常生活其他因素之间的相关性。这种方式似乎不太可靠，但它的结论却出乎意料地一致和可信。

研究人员首先发现，金钱与幸福之间的关系是复杂的。生活在较富裕国度的人们往往更幸福，较富裕的人们往往比贫穷的人们更幸福，但这种关联并不是一成不变的。它取决于人们怎样定义幸福，这正是专家们争辩的关键话题。正如卡罗尔·格雷厄姆在《这个世界幸福吗》（*Happiness Around the World*）一书中所描述的，认为自己幸福的尼日利亚人所占的比例跟认为自己幸福的日本人所占的比例相当，尽管日本的人均国内生产总值几乎是尼日利亚的 25 倍之多。对自己生活感到满足的孟加拉人所占的比例居然是对自己生活感到满足的俄罗斯人所占的比例的 2 倍。过去 50 年中，美国人的普遍生活标准急剧提升，但这并没有让美国人的普遍幸福感急剧提升。美国社会变得比过去更不公平，但这种不公平并没有对国民的幸福感带来明显影响，甚至对穷人都影响不大。

彩票中奖会让人短期内幸福感爆棚，但它几乎不会带来任何长期影响。从底层奋斗到中产阶层的幸福感要远远大于从中产阶层奋斗到上流社会的幸福感，幸福感曲线会变得越来越平坦。尽管人们在中年时期最容易晋级提升，他们还是普遍感到不幸福。人们在 20 多岁和 60 多岁时最幸福，这时他们的职业生涯要么尚未起步，要么已经告一段落。尤其重视物质享受的人比不重视物质享受的人更容易感到不幸福。

研究人员的下一个明确发现是，人们不善于判断什么会让自己幸福。人们往往高估了工作、金钱和房产的价值，却低估了亲密关系和艰巨考验的重要性。普通美国人认为，如果一年可以挣到超过 9 万美元的收入，他们就可以“实现所有梦想”，但有证据表明他们的这种认识是错误的。

如果说金钱和幸福之间的关联是复杂的，那么社交网络与幸福之间的关联则并不复杂。一个人社交网络中的朋友间的感情越深厚，他就越容易感到幸福。拥有长期稳固婚姻生活的人比没有经历过长期稳固婚姻生活的人更幸福。一项研究表明，结婚所产生的精神收益相当于每年多挣 10 万美元。另外一项研究表明，参加朋友圈每月一次的聚会所产生的幸福感相当于工资翻番。

在一年中拥有稳定性伴侣的人比经常更换性伴侣的人更幸福。有更多朋友的人感觉生活压力更小而且活得更长。性格外向的人比性格内向的人更幸福。丹尼尔 · 卡尼曼、艾伦 · 克鲁格、戴维 · 施卡德等学者的研究表明，绝大部分能够提升幸福感的日常活动——例如做爱、下班后联谊、与朋友共进晚餐——都带有社交性质，而能够降低幸福感的日常活动——例如上下班——则往往是独自一人进行的。最有助于提升幸福感的职业带有社交性质（业务经理、理发师、健康顾问或护理师），而最可能降低幸福感的职业要么带有反常社交性质（妓女），要么是远离社交的（机器操作员）。

罗伊·鲍梅斯特对以上迹象做出了这样的总结："一个人究竟是拥有良好的人际关系网络还是孤身一人，会强烈地影响这个人的幸福感程度，其影响力远远超过任何其他因素。"

在这场以"应该怎样生活"为主题的人生辩论中，马克引用了那些为自由自在、开辟崭新人生喝彩的电影和摇滚歌曲，哈罗德则表示这些电影情节和歌词不过是为迎合青少年而刻意安排的营销策略而已。他认为成年人应该期待两件事，这两件事正是他自己所期待的：首先，他认为应该拥有幸福的婚姻。如果一个人拥有幸福的婚姻，那么无论这个人在职场生涯中遭遇多少挫折，都会保持相当幸福的状态。如果一个人拥有失败的婚姻，那么无论这个人在职场生涯中取得何等成就，都不会感到非常幸福和满足。

之后，哈罗德表示他希望能找到某项使命，让他可以全身心投入其中，无论是工作还是兴趣爱好。他想象自己会为此真正地努力工作，经受挫折和坎坷，最后凭借自己的汗水和辛劳换来成功和他人的认可。

他知道这两个目标或许彼此冲突。婚姻会占据他完成使命的时间，而使命也会占据他与亲友相聚的时间。他不知道如何妥善处理这些问题，但是这两者都是他想要的，而且它们都与马克感兴趣的随心所欲、走马观花式的人生观格格不入。哈罗德成长于当代美国文化环境中，40 多年来，这种文化一直称颂个性解放的个人主义与自我实现。但是哈罗德意识到，他需要的是更多的团结、联系和交融。他不能独自表现出完美的自我，只有与其他人一起努力才能做到这一点。

命运安排的浪漫邂逅

生活总是充满了稀奇古怪的巧合。你或许会耗费好几个月寻找一份好的工作，却在一天之内就找到了两份。你或许会花费很多年来寻找灵魂伴侣，却发现自己同时被两个人吸引住了。哈罗德跟马克的这次辩论算是结束了他的这段人生历程，第二天他就收到了另一份工作邀请。一段全新的人生历程在他面前展开了。

这份工作邀请是以电子邮件的形式发来的。这是一个午餐邀请，来自一个名叫埃丽卡的女人，她是他一位朋友的朋友。她说她正在寻找能够帮她忙的人，她觉得他或许是合适的人选。哈罗德在脸谱网上查看她的资料，看到了一个身材娇小、魅力十足的拉丁亚裔混血女人。哈罗德并不知道该怎样与她工作，不过他不介意去了解她。哈罗德回复了埃丽卡的邮件，并且表示他很愿意与她共进午餐。他假装对工作很感兴趣，但他的脑海里浮现的是各种各样的浪漫幻想。

第13章

从工作伙伴到亲密爱人

哈罗德和埃丽卡第一次会面是在一家星巴克咖啡店，她把面试安排在了那里。她确保自己会先到达店里，以便在这次会面中以主人自居。他来时身着正装，却背着一个双肩包，这让她有点儿不高兴。她先前已经叫了杯咖啡放在桌子上等他，他坐下便开始作自我介绍。看起来他似乎充满活力而且令人愉快，但依照她的喜好来说，他的言行举止还是有些过于随意。

“我们以后再闲聊吧。”大约一分钟后，埃丽卡打断了他的自我介绍，“我先向你介绍一下我吧。”随后她快速概括了一下她的生活，又介绍了她成立的那家顾问公司。对于她迄今所经历的种种困难，她直言不讳：“我需要一个能够深入研究行为经济学及类似领域，并且能够从中找出独特营销模式的人——这个人要开发一系列工具来帮助我满足客户的需求。”她说得很快，因为她感到不舒服并有些紧张——尽管她永远也不会承认这一点。

哈罗德几乎可以称得上是个面试专家。他参加过许多面试，消除尴尬气氛的技巧可谓炉火纯青。但这一次他没能用上这些技巧，相反，他因为她急促且追求高效的腔调而变得有些生硬与忙乱。尽管如此，他还是喜欢上了她。她的背景和她倔强而迫切的态度令他着迷。在整个会面的过程中，她并没有问他10年后希望做什么，或者任何其他毫无用处的烂问题，这一点尤其让他喜欢。

她的问题明确且切合实际。他是否知道丹尼尔·卡尼曼是谁？（不知道。）他做过哪些研究项目？（他夸大了他在项目中的职责范围，但说得并不多。）他是否做过事实核查？（做过。）直到最后她才问了几个非常规的问题，比如让他描述他大学的校园文化，问他觉得为一份政策性的杂志工作和为一家营利性公司工作有何不同。

整个面试过程只有25分钟。她雇用了他。谈到薪水时，他要求年薪5.5万美元，她则告诉他公司每年将支付6万美元的报酬给他，并且会随着公司业绩的增长而增加。

她没有办公室，所以他们每周3次在她的厨房里见面，剩下的时间他就在家工作。为了使厨房看起来有点专业氛围，她几乎把厨房空了出来，还紧紧锁上了通向卧室的门。哈罗德在冰箱门上看不到冰箱贴，也看不到任何她朋友或者家人的照片。不过，她的刀叉和餐盘给他留下了深刻的印象。哈罗德至今还用着大学时候买来的餐具——同一个装盘子的架子、6个盘子、一个从啤酒商那里免费弄来的开瓶器，而和他年龄相仿的埃丽卡却拥有一个成年人所应有的厨房用具。

他无法接触到公司运作的某些环节。她从来不让他和潜在客户见面。他不知道安排一次会面需要多少工作量。通常她只是给他发封邮件，告诉他一家潜在客户的名称，他们希望解决的问题的性质，以及赢得这家客户青睐需要做的事情的清单。随后哈罗德便一头扎进他的研究中，白天睡觉晚上工作，之后去她家里一趟，汇报他的发现。她会用中国茶和胡萝卜切片来招待他，态度友好却又有意和他保持距离。

公司的业绩开始好转，提案和研究项目络绎不绝。有一家公司希望找到某种方法来消除其工程师和销售团队之间的隔阂。另一家公司想要找到向年轻人推销银行业务的途径。埃丽卡会把她想要的东西告诉哈罗德，并给他一些该从哪里获取信息的小提示。他和她在一起时感到舒适，并且也喜欢这份工作。如果说在哪一段时期他们的关系突飞猛进的话，那就是在整理报告的时候。

埃丽卡首先会锁定一家客户，然后与他们进行一系列的会面。她会派哈罗德去做某项研究。他会写一堆笔记，然后她会根据这些笔记草拟一份报告给客户。哈罗德三分之二的工作都是做研究和做笔记，但更重要的另外三分之一的工作则是检查她草拟的报告，并加以改进。

当他们第一次坐在一起整理报告的时候，埃丽卡几乎感激得哭了出来，因为哈罗德通过阅读她的文字就能弄清楚她真正要表达的内容。当他对她的草稿做出评价的时候，埃丽卡觉得他完全领会并且深深理解了她的意思。哈罗德可以抓住某个想法的细节，被它深深地吸引。他会就她的部分草稿滔滔不绝地说下去，让她感觉自己真的是个明星。他会在某些章节下面画上 3 条着重线，用崇拜的眼神望着她，仿佛很震惊于她竟然能写出这样的句子。写得不好的部分，他也会视之为金矿，只是尚未开采而已。埃丽卡倾向于堆砌一些含糊不清的华丽辞藻，以掩饰自己脑子里拿捏不定的概念。哈罗德则会把这些通通清除干净，把没有实际意义的章节大刀阔斧地砍掉，然后再填补漏洞。他逐渐训练出了用她的风格写作、用她的风格思考的能力，经他整理过的报告能使她在他人看来要比真实的她更加聪慧。他是个了不起的编辑。自我意识的升华和用别人之名来写作，都让他感到快乐。

6 个月后，他们已经开始用他们自己的一套暗号来交流了，仅用几个字母便能指代接下来需要做的工作。在给他的回复中，她变得放松了下来，偶尔会讲几个笑话。“我实在是做不了这件事。”有一次她写道，这样的话对她来说完全是在示弱。如果发现新情况，他就会按捺不住兴奋，马上打电话给她。有时他们会外出吃鸡翅并一起整理报告。有一次，当她在外地会见一个客户的时候，他在发给她的邮件末尾附上了3个字“我想你”，她则用她的黑莓手机回复道：“我也想你。”

那时她并没有想找个男人，而哈罗德也不是她期望与之相恋的那种人。他没有她那么坚韧，也不能在职场中取得一番伟大成就。他是那种她能够完全掌握的男人。但经过这几个月，她发现自己对他动了真感情。他是个真正的好人，打心底希望她能够成功。

一天下午，在紧张的工作之后，哈罗德提议出去骑自行车散散心。埃丽卡已经好多年没骑过车了，也没有自行车。哈罗德说他们可以借用他室友的。于是他们开车去了他的公寓，这是埃丽卡第一次来到这里，她见到了素未谋面的哈罗德的室友，一个身材魁梧、非常迷人的男人。借了车之后两人便一起骑着出去了。埃丽卡身穿运动服，而哈罗德穿的只是普通的短裤和一件运动衫。哈罗德大度地将稍微不那么老土的那个自行车头盔给了她。他们大约骑了10英里，当然在山路上埃丽卡加速超过了他，以显示她有这样的能力。当他们骑上一段可以俯视湖水的陡坡时，埃丽卡又一次开始全力冲刺，开心地大笑着把他抛在身后。然而仅仅过了30码[1]，哈罗德就像风一样从她身旁闪过。他不仅仅超过了她，他迅速掠过她的身边，让她看起来简直像在往后退。他的脸上洋溢着灿烂的微笑，令她几乎无法呼吸。她以前从不知道他有着这样的力量。

哈罗德在山顶停了下来，看着她气喘吁吁地往上骑。当她把自行车并排停在他旁边，和他目光相交的时候，他依然咧着嘴灿

1. 1码≈0.9144米。——编者注

烂地笑着，她也在喘息之余大声地笑着。埃丽卡比以往任何时候更深切地望着他的眼睛，从中她看到了他所喜欢和珍视的一些东西：夺旗橄榄球游戏，装满伟大著作的双肩背包，还有因她和他共同的事业而产生的兴奋。

两个人在山顶跨在自行车上并排站着，眺望着山下宜人的美景，埃丽卡把手递到哈罗德的手中。哈罗德惊讶于她的手摸起来如此结实有力，又是如此妙不可言。

热恋中的情侣

几周后的一天，哈罗德独自坐在他的公寓里，觉得他的生活实在是太顺利了。所有人在生活中都会有一台功能全开的“地位声纳”相伴。我们发出测量自我地位的连续波段，接收一系列积极或消极的回馈信号，这些信号综合起来就定义了我们的社会地位。哈罗德环视着他的复式公寓。“叮”，一个正面信号回来了——他喜欢开阔的空间和高高的天花板。哈罗德继续沉思。“叮”，一个负面信号回来了——他应该更频繁地前往健身房了。哈罗德看着镜子中自己的脸。“叮”，一个中性信号回来了——他的颧骨毫无棱角，但是长得还不算难看。

地位声纳整天都在嗡嗡作响，在思维中制造一连串正面、负面和中性的信号，给我们带来幸福、焦虑或者疑惑。大多数时候，地位声纳甚至不是一个有意识的过程，只不过是我们生活的背景音而已。马克告诉过哈罗德，在生活的大部分时候，我们都在尽可能多地获得正面信号，同时使负面信号的数量最小化。生活的大部分内容就是对这些信号进行一系列的修正，以使其总体看来是正面的信号。

问题在于，没有任何人的地位声纳是精确的。有些人是自大者，他们自欺欺人地夸大自己在社会上的地位。他们只有6分，却以为自己能打8分，当他们想要和9分的女人约会而被拒绝时就会变得不知所措。另一些人是自卑者，他们永远不会去尝试应聘那些他们完全有资格胜任的工作，因为他们觉得自己在竞争中肯定会失败。

最成功的人是适度的自大者。他们将正面信号的数量最大化以培养自信心，这样一来负面信号看起来就真的没那么重要了，从而也就消除了令人麻痹的自我怀疑。

经过了上千年的男权社会，男人成了自大狂。一项由伦敦大学学院教授阿德里安·弗海姆进行的全球调查表明，所有地方的男人都高估了他们自己的智商。另外一项研究表明，95%的美国男性都认为他们的社交技能高于社会平均水平。女性则更容易自卑，女性平均会将她们的智商低估5分。

哈罗德的地位声纳就像是一块精心打造的瑞士手表。像大多数快乐的人一样，哈罗德通过意图来评判自己，通过行为来评判他的朋友，通过犯下的错误来评判他的对头。叮叮的声音还在继续着，不断有正面信号闪现。

当哈罗德想象自己和埃丽卡在一起的时候，正面信号就会像汹涌的激流一般奔腾起来。著名作家司汤达早在多年前就观察到，每个人的第一次伟大的爱情都会为野心所驱使。哈罗德不只是因为埃丽卡这个人而感到兴奋。令他感到兴奋的是这个进取心十足、白手起家的女孩的整个气场。他只要想到他们可能会一起去的地方就兴奋不已。他想象过他们在一起，在晚宴派对上打情骂俏，就像莎士比亚剧作《无事生非》中的比阿特丽斯和本迪克一样。

然而，在更深的层面，某些事情正在发生。哈罗德一辈子都生活在某种特定的层面，但现在他发现了更深层次的冲动。就好像你一辈子都生活在某幢房子里，地板上却突然打开了一扇门，你掉进去才发现下面一直都别有洞天，接着又发现还有另外一层，一层接着一层。正如马修·阿诺德在诗歌中描述的那样：

在我们自称我们感觉到的
浅的溪流之下，
涌动着悄无声息的水流。
我们以为它与表层同样轻柔，
但是它强劲、神秘而深邃，
是我们真切感受的主要源泉。

哈罗德如果不想念埃丽卡的话，连5分钟都坚持不下去。如果他一个人走在街上，每过几个街口他都会以为自己在人群中看到了埃丽卡的脸。他很少吃东西，也不再关心他的朋友。哈罗德的全部情绪都被调动了起来。以前令他感到厌烦的事情如今变得让他高兴，曾经惹他生气的人们看起来也变得亲切友好。当小燕子找到了伴侣，它们就会在超负荷的兴奋状态下疯狂地拍动翅膀，从这根树枝飞到那根树枝上。哈罗德现在就有这样强烈的干劲，他甚至能够整夜不眠，不间断地工作。

他的思绪追忆着自埃丽卡把手递进他手中至今的若干珍贵片段——在她的公寓里共进中式晚餐，他们第一次做爱。当他在外面跑步的时候，他会虚构出情节缜密的幻想，内容永远都是他极有英雄气概地将她从危难中救出（跑步可能会刺激大脑分泌某种重要的化合物，正是这种化合物诱发了这类白日梦般的空想）。

他有时也会被失去她的恐惧所淹没。一首由19世纪夸扣特尔印第安诗人所写的诗恰如其分地勾画出了哈罗德甜蜜而热烈的感情的破灭：火焰从我的身体里穿过 / 那是因爱你而生的痛楚 / 痛楚从我身体里穿过 / 带着我对你的爱 / 我对你的爱与疾病一同吞噬着我的身体……我对你的爱和痛楚犹如沸腾的岩浆随时将迸发开来 / 你曾说过的话，我记忆犹新 / 我无时无刻不惦记着你对我的爱 / 你对我的爱把我撕成了碎片。

费比·加涅和约翰·莱顿的研究表明，95%处于热恋状态的人会认为当前的伴侣无论长相、智力、热心还是幽默感都在平均水平之上（然而谈到前任恋人的时候，他们都认为对方死板、情绪变化无常，而且总体上令人厌烦）。哈罗德亦是如此。这时他采取了自欺欺人的方式，认为埃丽卡在所有方面都完美无缺。

哈罗德正经历着被司汤达称为“结晶化”的状态。在随笔散文《爱》中，司汤达描述了奥地利萨尔茨堡附近的一座盐矿，盐矿的工人们会将去掉叶子的树枝扔进废弃的矿区。两三个月后当他们把树枝重新捞出来的时候，会发现树枝上满是亮晶晶的钻石般的晶体，简直美得让人难以置信。“我所谓的‘结晶化’，”司汤达写道，“是一种精神过程，能够从发生的一切事情中提取心爱的人一切完美的新证据。”

这就是潜意识的侦察兵们所执行的任务：它们赋予人、场所和物体一层情感意义，它们赋予我们所爱之物闪烁的、不可抗拒的光芒。它们诱使哈罗德更加深爱埃丽卡，这意味着他对其他女人兴趣索然，这意味着他的梦里只有埃丽卡一个人。

爱是一种动机

如果你问哈罗德，埃丽卡给他什么感觉，他可能会告诉你，他感觉仿佛有某种外来的无法抗拒的力量主宰了他的生命。

现在他终于理解了异教徒为何会将爱视为一位神祇。这种感觉的确就像是某种超自然的力量进入了他的思想，并将之彻底重组，从而让他上升到了某种更高的领域。

匪夷所思的是，如果你看到哈罗德处于这种迷恋状态时的大脑，你并不会发现有什么独立的有魔力的兴奋点。海伦·费舍尔对热恋中的人的大脑活动所进行的研究揭示，实际上，大脑中某些看似平淡无奇的区域在人体验到强烈浪漫的感觉时最为活跃，包括尾状核和腹侧背盖区等区域。尾状核可以帮助我们完成单调的工作，它能够保留肌肉记忆，因此我们才会记得如何打字或者骑自行车。它整合了大量的信息，包括童年记忆在内。

但尾状核和腹侧背盖区也是大脑“犒赏系统”的一部分。它们能够产生功效强大的化学物质，比如能够引起专注、探索性的渴望和强烈欲望的多巴胺；由多巴胺衍生出能够刺激人产生高兴、精力充沛、失眠和食欲不振等感觉的去甲肾上腺素，以及能够引发性冲动和兴奋情绪的天然安非他命类物质苯乙胺等。

费舍尔在她的《我们为何相爱》（*Why We Love*）一书中写道：“尾状核帮助我们侦测并识别犒赏内容，区别对待不同的犒赏，选择特定的犒赏，预测和预期某种犒赏的发生。它会让我们产生获取某种犒赏的动机，并打算采取特定的行动去获取该种犒赏。此外，尾状核还跟注意和学习的行动有联系。”

换句话说，爱并非与日常生活无关。它是欲望大家庭的一分子。纽约大学石溪分校学者亚瑟·亚伦提出，根据功能性核磁共振成像仪对大脑进行扫描的结果，初次陷入热恋中的人的大脑在某些方面与正在吸食可卡因的人的大脑相似。神经科学专家亚克·潘克塞普认为，鸦片成瘾模拟的是爱人彼此相处时的感受。在这两种情况下，人们的生活都会受到欲望的主导。随着抑制作用的消除，人们想要得到的东西变得让人沉迷其中。

亚伦认为爱并不是一种类似幸福或悲伤的情感。爱是一种动机状态，它能够引发各种情感，从极度愉悦到痛苦不堪。恋爱中的人拥有最迫切的野心，尽力想要达成某种目标。恋爱中的人处于需求状态。

到现在为止，哈罗德还没有明显的野心，但他已经为某种深切而强大的力量所左右了。在《会饮篇》中，柏拉图将爱情描述为把被分成两半的一个人重新结合为整体的尝试。确实如此，哈罗德的爱使他感到不完整。甚至在他们吵架的时候，就算是痛苦地和埃丽卡在一起也比他一个人幸福地生活要好很多。即使不做别的任何事情，他也要将他们之间的藩篱拆除，让他们的灵魂融合在一起。

融合的渴望

沃尔弗拉姆·舒尔茨是剑桥大学的神经科学家，为了探明帕金森症的原因，他对猿猴进行过研究。他把苹果汁喷到猴子的口中，此时可以观察到它们大脑内多巴胺神经细胞的小规模活动。喷了几次之后，他注意到，多巴胺神经细胞恰恰在果汁到达之前就开始活跃起来了。他设计了一项实验，每次在喷果汁之前都给出一个声音信号。这样几次之后，猴子们发现在喝到果汁之前会有一个声音信号，于是它们的神经细胞在听到声音信号时就开始活跃，而不是在喝到果汁的时候。这就难住了舒尔茨和他的同事：为什么这些神经细胞不是简单地只对犒赏本身（果汁）产生反应呢？

瑞德·蒙塔古、皮特·达延和泰伦斯·谢诺沃斯给出了一个关键性的答案。神经系统更加偏向于犒赏预测，而不是犒赏本身。大脑整天都在构建预测模型，例如某种声音信号意味着即将喝到果汁。当这些模型中有一个能够精确地预测现实的时候，大脑就会体验到一点犒赏的兴奋，至少是令人欣慰的安宁。当模型与现实相冲突的时候，大脑则会感到紧张和担心。

蒙塔古认为，大脑的主要作用就是建模。我们不停地在大脑中构建小的预测模型，以帮助我们预测未来：如果我把手放在这里，那么这件事就会发生；如果我笑，那么她就会笑。假如我们的模型与实际发生的事情相吻合，我们会体验到一点甘露般的甜头；如果不吻合，那就麻烦了，大脑不得不弄明白究竟出了什么差错，并将对模型进行调整。

这种功能是欲望的基本组成结构之一。每天，我们的大脑都会根据储存在里面的工作模型生成预测模型。内部模型常常与外部世界产生冲突，于是我们努力构想出能够帮我们理解世界的各种概念，或者改变自己的行为以更好地与世界融洽相处。当我们掌控了某种处境或者某些任务时，大脑会产生愉悦的波动。这样的波动并不是在一成不变的融洽生活中就能产生的，否则的话，我们的大脑就能一辈子处于这种愉悦的波动中了。事实上，只有在紧张被消除的时候，波动才会产生，所以幸福的生活有着它循环往复的节奏：从困难到融洽，从困难到融洽。这一切都受到迷恋、渴望内外部模式相吻合的驱使。

这种对融洽或者迷恋的渴望，会通过平凡小事体现出来。比如当人们完成一个填字游戏时，或者当他们坐下来发现桌子布置得井井有条，恰恰符合他们“就该如此”的标准时，人们就会体验到一丝愉悦。

迷恋也能通过古怪的方式体现出来。人们会本能地被熟悉的事物吸引。例如，纽约大学布法罗分校学者布雷特·佩勒姆通过实验揭示了一些貌似奇怪的情况：名叫丹尼斯（Dennis）和丹尼丝（Denise）的人更有可能成为牙医（dentist）；名叫劳伦斯（Lawrence）和劳里（Laurie）的人更可能成为律师（lawyer）；名叫路易斯（Louis）的人极可能会搬到圣路易斯州（Saint Louis），而名叫乔治（George）的人则可能会搬到佐治亚州（Georgia）。这些都是人们生活中最重要的决定，却被他们出生时父母偶然起的名字的发音，以及发音与自己名字相似的事物或多或少地影响了。

迷恋驱使我们在职场中也追求精益求精。有时，当我们专注于某些工作的时候，思维和外部世界之间的障碍就开始消失了。有经验的马术师的训练和他训练的马动作能协调一致。木匠和他手中的工具会合二为一。数学家会沉迷在他所要解决的问题中。在这些令人赞叹的时刻，内外部的模型会开始融合，达到彼此和谐的境界。

迷恋在精神上驱使着我们。我们都喜欢别人说我们是多么正确（某些广播中和电视上的专家借助恭维听众或观众的办法赚得盆满钵满）。当某种恰当的理论恰好落到实处时，我们都会感受到愉悦与兴奋。我们都喜欢跟周围的环境相处融洽的感觉。正如布鲁斯·韦克斯勒在《大脑与文化》一书中讲述的那样，我们耗费前半生努力构造与世界相符的内在模型，然后花后半生的大部分时间调整世界，使之符合我们的内在模型。很多酒吧的深夜纠纷都是因为某人试图让别人用跟他相同的眼光来看待世界。国家之间的冲突并不仅仅是因为领土、财富和利益问题，许多时候都是为了迫使对方用本国的眼光来看待世界。有些国家间的冲突之所以根深蒂固，就是因为双方都想让对方接受自己的历史观。

绝大多数人重返儿时的家或者他们的思维模型第一次被锻造的地方时都会被深深打动。当我们重返我们成长的地方时，我们最注重的是一些细节——那家药店依然如儿时一般静静地伫立在老地方，公园的篱笆也是原来的模样，还有冬日太阳的角度，我们曾走来走去的人行横道等，都一如既往。我们并非因为它们的价值（比如“那条人行横道是最好的人行横道”）而深爱这些小细节。大脑为儿时的家涂抹上了一层特别的感情色彩，因为这些是我们所熟知的模式。著名作家路易斯曾注意到：“小孩会喜欢上一个坏脾气的老花匠，而老花匠对此却浑然不觉，还会在小孩竭力想要和他打招呼的时候避开。花匠必须是一个‘老’花匠，他要‘一直’都在那个老地方——‘一直’代表了短暂且似乎难以追忆的孩提时代。”

迷恋的渴望在人们感到自己与自然和上帝相融合的神圣时刻显得最为深切，这时人们的灵魂会受到鼓舞，一种与宇宙浑然一体的感觉在心中弥漫。

最重要的是，人们寻求对彼此的迷恋。在出生后两周内，婴儿在听到别的婴儿痛苦叫喊时就会哭，但在听到自己哭声的录音时却不会。1945 年，澳大利亚医生雷妮·施皮茨对一家孤儿院进行了调查研究。这家孤儿院本身非常注重清洁卫生，每 8 个婴儿都有一个护士照顾。婴儿们的饮食得到了精心的安排，但为了尽量减少与细菌的接触，他们整天都没有人陪。基于同样的原因，婴儿床之间也被帘子隔开了。尽管具备了所有这些卫生防护措施，孤儿院里仍有 37% 的婴儿在两岁之前就夭折了。孤儿院忽略了生存必需的一种非常重要的东西——情感上的接触。

人们会被与自己相似的人吸引。当我们遇见陌生人时，我们会立刻开始依照对方的行为采取与之相应的行为。拳王阿里堪称有史以来最快的拳手，平均花 190 毫秒就能找出对手的防守漏洞并开始进攻。而大学生平均只需要花 21 毫秒就开始不自觉地使自己的动作与朋友的动作同步。

朋友之间在深入对话的时候会模仿彼此的呼吸模式，而被要求去观察对话者的人则会开始模仿对话者的肢体语言，模仿得越像，他们对对话者之间的关系理解得越深刻。在信息激素作用的更深层面上，在一起生活的女人月经周期往往会趋于一致。

神经科学家马可·亚科波尼提出，"感应"这个词的语气强烈程度已经不足以描述这些思维过程的作用了。当我们感知到别人的快乐时，我们就会跟他一起笑，仿佛那是我们自己的快乐。当我们看到别人的痛苦时，哪怕只是在荧幕上，这痛苦也会反射到我们的大脑里，尽管稍微减轻一些，却也犹如我们自己的痛苦。

"当你的朋友成为你的好朋友时，原本与友谊无关的所有关于他的事情都变得熟悉和可爱起来。"路易斯这样写道。他继续阐述说，朋友之间的爱"除了爱所慷慨赋予的责任之外，无须承担任何其他责任，几乎彻底摆脱了嫉妒，并且无须考虑爱与被爱的双方是否具备资格，它超越了一切，是精神与心灵上的爱，它是我们人类所能想象到的天使之间的爱”。

人们一旦在某个团体里产生归属感，就会有一种强烈的直觉要求他们遵守这个团体的行为规范。所罗门·阿希做过一项著名的实验：让受试者看到长度明显不同的 3 条线，然后让一群人把受试者围起来（这些人秘密地为阿希工作），这群人坚持认为这些线都一样长。面对群体的压力，70% 的研究对象至少有一次顺从了大家的意见，说这些线长度相同。仅有 20% 的研究对象拒绝认同这个显而易见的谎言。

迷恋、爱与幸福

学校里并不教授融合、寻求迷恋、交朋友等能力，但有了这些才意味着幸福的生活，而不幸的生活则是由于缺乏这些。

埃米尔·迪尔凯姆举例证明，社会联系匮乏的人更容易自杀。在《爱与生存》（*Love and Survival*）一书中，迪恩·奥尼什对人的寿命进行了调查，得出了这样的结论：独居者过早死亡的概率是社会参与度高的人的 3~5 倍。

另一方面，迷恋会产生一种无与伦比的提升感。1941 年，历史学家威廉·麦克尼尔参加了美国陆军。很快，与战友一起行军的动作便开始改变他的自我意识：

“语言不足以确切表达这种训练中长时间步调一致的运动所引发的情感。这让我感受到了无处不在的幸福：一种奇怪的自我提升的感觉，向外膨胀的感觉，超脱生活的感觉——全都是因为参与了集体活动。”

数百万的士兵在战争中因为他们所感受到的与同伴之间的情感联系而舍生忘死，甚至献出了他们的生命。这种感觉往往让家庭在无论面临何样的艰难险阻都能保持完整无缺。社会生活也是被这种感觉的低一级版本紧密地联系起来的，也就是我们所说的“信任”。对于我们大多数人来说，对迷恋最强烈的渴望就是我们跟某个特别的人合二为一的强烈愿望——爱。

这种动力，这种对融合的渴望——是个永无止境的过程——建模、调整、建模、调整——引领着我们不断前进。

爱欲让我们在一起

如今当我们听到“爱欲”这个词的时候，我们想到的是清清楚楚的、与他物完全不相干的一件事情——性爱。在书店里，色情书籍跟其他书籍分开摆放。但这种对爱欲的理解是狭隘的，是我们从以性为中心的文化中继承来的。在古希腊人看来，爱欲并不仅仅是对性高潮、性行为甚至传宗接代的渴望。希腊人认为爱欲是一种广泛的、对与美和卓越的事物融合的渴望。

被性欲所驱使的人想要跟对方做爱直到高潮，但被爱欲驱使的人想要的是更多的融合。他们想要分享相同的情感，去同样的地方，感受同样的愉悦，在他们的大脑里复制同样的模式。阿兰·布鲁姆在《爱与友谊》一书中写道：“动物有性欲而人类有爱欲，如果没有这种区别，任何精确的科学都不可能出现。”

有时人们说神经科学正在摧毁灵魂和精神，因为它将所有的东西都拆解成了神经元、突触和生化反应。但事实上，正是神经科学使我们看到了真真切切的爱欲，帮助我们认清了朋友和爱人行为模式之间的互动。

哈罗德和埃丽卡从未像他们最初相爱的几周里那样充满活力。一个下午，他们坐在哈罗德家里的沙发上看一部老电影。“我了解你。”在一阵沉默之后，埃丽卡凝视着哈罗德的双眼说。又过了一小会儿，她便趴在哈罗德的胸膛上睡着了。哈罗德继续看着电影，并把她的头稍稍挪动了一点，让他感觉舒服一些。这时她发出了轻柔的鼻息声。

然后，哈罗德用手轻抚她的秀发和脸颊。她的呼吸随着他抚摸的节奏时快时慢，但她始终闭着双眼，没有挪动身体。哈罗德从未注意过她的睡相。他对电影兴致全无，只是观察着她睡觉的样子。

他把她的胳膊抬起来放在他的脖子上。她嘛了一下嘴，依然熟睡着。然后他把她的胳膊放回她的身体一侧，她又依偎回他的怀抱里。于是他便凝神看着她，凝视着她的胸部随着呼吸起伏，一种保护欲淹没了他，“记住这一刻。”他心里想着。

并非一切都是完美的。他们发现仍有一些根深蒂固的、无意识的顾虑阻碍着他们最想要追寻的融合。他们之间仍旧存在着摩擦和冲突。

对迷恋的渴望并不能自动产生完美的浪漫或是全世界的和谐。我们耗费生命中的大部分时间试图使别人接受我们的模式，同时尝试避免别人让我们接受他们的模式。在更广泛的尺度上，人们不只是彼此相连，还相互竞争。我们彼此相争以赢得能帮助我们跟他人建立联系的声望、尊重和关注。我们努力超越彼此以赢得对方的肯定。这就是我们复杂游戏的逻辑。

但哈罗德和埃丽卡体验到了某种世俗的魔力，特别是在最初的 18 个月里。他们一起吃饭、工作和睡觉，几乎在所有的方面都能完美融合。他们体验到了同步性，那是所有伟大爱情表白的本质："爱你？我就是你。""我们是一个整体，血肉相连，失去你就是失去我自己。"

第 14 章

职业生涯遭遇新的危机

埃丽卡的事业蒸蒸日上，她的家却变得混乱。她和哈罗德在两人 28 岁的时候成立了这家咨询公司。随后的几年事事顺心，他们在这几年里积累了不少客户，雇用了 8 个新员工，配置了新电话和漂亮的打印机。他们的时间都花在了业务咨询上，无论白天还是夜晚，甚至还搭上了周末。偶尔他们还能挤出一些时间出去旅行，跟朋友小聚，两个人享受烛光晚餐，但他们绝不会有空整理家务或者收拾他们买的房子。一切都开始显现出破败的迹象。如果灯泡坏了，好几个月都不会换新的，埃丽卡和哈罗德在这期间都学会了在黑暗中穿行。楼下的有线电视欠费了，他们俩却都没时间打电话给有线电视公司。地毯污迹斑斑，窗户裂开了，院子里的排水沟积满了枯黄的树叶……他们适应了周遭的种种阻碍，甘愿以家庭生活的混乱为代价换取事业上的成就。

然而，大约过了 4 年，公司开始分崩离析。经济衰退袭来。虽然办公楼和员工还是老样子，人们却不像原先那样积极了。不久前大家还都豪气冲天地说什么面临风险迎难而上之类的话，现在却都被吓得灰溜溜地夹起了尾巴。聘请咨询公司曾被看作一家想要长远发展的企业必须做的事，如今却被视为无用的奢华之举。客户们纷纷跟埃丽卡的咨询公司终止了合同。

许多朋友从埃丽卡的生活中消失了。他们都是埃丽卡的客户，有的和她一起打过网球，有的和她结伴旅行过，甚至有的人还到她家里做过客。她曾为他们所在的公司提供过咨询服务，她与他们之间的信任和友情一度那么真真切切。

但当合同终止的时候，她与他们的友谊也就结束了。埃丽卡发现再也没有人回复她那些妙趣横生充满嘲讽的电子邮件，也没有人回她的电话了。这并不是因为人们不再喜欢她，他们只是不想伤害她。他们停止了跟她的合作，又不想亲口告诉她，以免给她带来痛苦。于是他们索性退出了她的生活。埃丽卡开始意识到善意背后的虚伪。客户们所谓的不想给她带来伤痛，事实上不过是不愿陷入一场不愉快的对话罢了。这只是出于怯懦，并不是真的体恤。

办公室变得冷冷清清。埃丽卡的无助让员工们看得难受。她不能流露出任何恐惧，但他们都能感受到她内心的不安。“任何事情都没有结束，直到最后一刻。”她会对员工们这样说，神情冷静而坚定。然而，公司仍然迟迟没有资金到账。银行也不高兴了。她的信用贷款额度被削减了，她不得不用信用卡来支付员工工资，还要苦苦哀求新客户给她些事情做。

最后，最大的合同也没了。她打电话给对方的首席执行官求他续约。她很少会表现得如此脆弱，她的全部工作都押在这通电话上了。然而那位首席执行官与其他客户一样编了一个善意的谎言。他表示，他只是暂时不需要和埃丽卡合作了，大约一年内他就会重新联系埃丽卡，以便继续合作。他说了一大堆类似的承诺。可是她无法开口告诉他，她的公司失去这个合同就撑不过一个星期了。他的话等于宣判了她的公司的死刑，然而当她挂上电话的时候，她发现自己并没有颤抖，也没有喘不过气来。“这就是失败的感觉。”她想。情绪上的影响在大约一小时后才显现出来。她一个人躲进洗手间，一边抽泣一边呕吐。她想回家爬到床上待着。

在这一周结束的时候，她召集了她的员工们。他们围坐在会议室里，假装镇定地相互开着玩笑。埃丽卡环视着这些马上就要失业的人：总是拿着笔记本电脑的汤姆，他会一字不漏地把听到的重要事情录入文档；思维极度活跃的宾，她总是一句话刚说了一半就跳到下一句；埃尔西，她总是那么不自信；艾莉森，她为了省钱跟室友睡在同一张床上；还有艾米里奥，他把解酸药片藏在电脑上面的格子里。他们稀奇古怪，让你难以想象。

在这样的危难时刻，她变得出奇地平静。她告诉大家她别无选择，只能关掉这家公司。一切都过去了，她破产了。她说国家的整体经济走势偏离了方向，这不是任何人的错。她说得太久了，脑子里不由自主地开始浮现出那些或许本来应该换个方式去做的事情。她内心中还有某种东西在抵触“不是任何人的错”这样的想法，想要明确地指出究竟是谁的过错，不管是否公平。然后她开始复述古老的企业家格言：并不存在失败，这不过是学习成长过程中必经的一步。没有人会因此而感到安慰。

随后的几周她还有些事做，卖掉办公室的易耗品，写几封邮件，但在这之后就再也无事可做了。这感觉居然令人如此无所适从，让埃丽卡感到震惊。她一辈子都在工作，如今却突然掉进了一个没有道路可走的世界。

她曾经以为自己或许能享受片刻的平静，但事实上她的感觉糟糕透顶。“在人类的一切渴望和需求中，没有什么能够比对锻炼和受雇的渴望更加持久，更加无法让人满足，”哲学家大卫·休谟写道，“而且这种渴望好像是我们所有感情和梦想的基础。”

她开始崩溃。几周后，她甚至难以组织语言表达自己的观点或者编写备忘录。她整天都感觉筋疲力尽，尽管事实上她从来没有做过什么事情。她渴望能有机会克服一下困难，让她忙起来。

终于，她开始重新打理日常生活。很久以前她就是一家健身房的会员，但她几乎从来都没有去过，因为她过去一门心思想要拯救她的公司。如今她开始疯狂地健身。每天早晨她打扮得整整齐齐地去星巴克坐着，带着她的公文包、电话和手提电脑。和有工作的人在一起真是件痛苦的事情，就好像她是健康王国里唯一的病人，是个被放逐的人。她看着成群结队的上班族啜饮着咖啡，不假思索地拖着沉重的步伐返回办公室。他们还有任务等待着他们去完成，而她没有。她出没于不同的星巴克咖啡店，这样就没有人能轻易看出其实她没有其他地方可去。

在为《大西洋月刊》撰写的一篇论文中，唐·佩克总结了关于失业心理成本的研究结果。长期失业的人远比一般人更容易抑郁，这种影响甚至会持续到多年以后。在接下来的人生岁月里，这些人会更加依赖工作，并且更加害怕承担风险。他们更容易酗酒并殴打配偶。他们身体的健康状况会逐渐恶化。在 30 岁左右失业的人，平均寿命要比从来没有遭遇失业的人少一年半。部分研究人员还发现，长期失业造成的心理影响等同于丧偶。

埃丽卡和哈罗德的关系也经受着考验。哈罗德从小到大一直认为人的价值取决于人自身，而埃丽卡却认为人的价值取决于人的所作所为。哈罗德总是看到什么感兴趣的事情就能高兴地投入进去，他把失业后最初几周的时间都用来读书了。埃丽卡则需要不断向上爬，需要承担使命。哈罗德愿意接受任何看起来有趣的工作，不久他就成了某个历史协会的项目负责人。埃丽卡需要一份能够使她再度成为支配者的工作。她会坐在星巴克里，给她的老朋友们打电话，试图找个副总裁以上级别的工作。然而，几乎从来没有人回复她，很快她也就对此不抱什么希望了。她开始考虑再次创业，开个奶茶冰激凌加盟店、蒙古烤肉店、家政中介公司，甚至涉足辣白菜批发行业。这可不是她以前考虑过的职业道路。

几个月后，一个朋友告诉她，一家名叫 Intercom 的电网公司正在招人帮他们作战略规划。她一度讨厌这家公司，因为他们的服务很差，维修人员缺少培训，客户支持的效率也很低，就连他们的首席执行官也是出了名的独断专行。当然，现在这些都无关紧要，她提出了求职申请。

面试官让她等了很久，温和却高高在上般地招呼她。"在我们这里工作的员工都是全世界最聪明的人，"他对她说，"每天到这里来工作是件愉快的事，就像《出类拔萃之辈》里写的那样。"

埃丽卡心想，这个家伙是不是根本就没看过那本书里关于越南的描写。

当然，他随后就开始吹嘘他自己。"我有责任让自己遵循最完美的标准，我有责任让自己创造卓越。"这显然只不过是公司宣传活动中经常出现的漂亮口号罢了。面谈继续进行，他似乎变成了一部行业套话复读机。"每天结束的时候，我们努力不把事情弄得复杂，而是寻求最好的共赢态势。"他告诉她。看起来，这家公司的人们似乎总能直率地进行深入对话，避免繁文缛节。他们追求最高效率的执行力，通过协同配合直接一对一地满足客户需求，以便迅速完成关键任务，并以此作为公司的核心竞争力，谋求高水准蓝海级别的行业地位。

埃丽卡坐在那里，脸上挂着微笑。她显得热情十足，似乎相当盼望得到这份工作。她有意放低了自己的姿态。当他问她在公司想做什么的时候，她只是说了些套话，又把问题抛给了他。

他说一周内给她回电话，但电话打来时已经是两周以后了。在这期间，她的电话保持振动模式，不管是真的还是她幻想的，只要有一丁点儿动静，她就忍不住抓起电话看看。最后电话终于打来了。他们给她安排了后续的面试，又过了大约一个月左右，她重新成了有工作的人。公司给了她一间漂亮的办公室。她开始参加各种会议，发现周围尽是些自大狂。

自负是人类的本能

人类的思维是一台自负的机器。意识相信是它自己完成了那些它其实并没有去做的事情，还会虚构出各种故事，造成它似乎能控制许多事情的幻象。90% 的司机认为他们的驾驶技术超出平均水平，94% 的大学教授认为他们的教学能力超出平均水平，90% 的创业者认为他们的新公司会成功，98% 参加学术能力评估测试的学生认为自己的领导技能达到或超出平均水平。

大学生们普遍会高估他们得到高薪工作、出国旅行以及成年后不离婚的可能性。买衣服的时候，中年人总觉得自己应该能够轻易减掉几磅肉，因此选择买号码偏小的衣服，即使在他们这个年龄段的人绝大多数会逐年发胖。参加美国职业高尔夫球巡回赛的高尔夫选手预测他们 70% 的 6 英尺推杆球会一杆落洞，然而事实上只有 54% 的球在这个距离内能一杆落洞。

这种自负有各种各样的表现形式。人们往往高估他们控制自己潜意识倾向的能力。他们花钱成为健康俱乐部的会员，却没有足够的意志力持续参加俱乐部的活动。人们会高估他们对自己的了解程度。宾夕法尼亚州有一半的学生声称，如果有人胆敢当着他们的面发表性别歧视言论，他们一定会严词反驳。当研究人员暗中安排这样的事情发生时，只有 16% 的人真正提出了反驳。

人们会过高估计自己知道的事情。保罗·索梅克与爱德华·鲁索设计了一份调查问卷，衡量公司总经理们对自己所在行业的了解程度。广告行业的经理们回答说他们有90%的把握保证自己是对的，事实上他们当中有61%的人答错了。计算机行业的经理们自认有95%的把握答对，事实上他们当中有80%的人答错了。鲁索和索梅克一共对2 000多人进行了该项测试，发现其中99%的人都高估了自己。

人们不仅仅高估自己已经知道的事情，还会高估自己能够知道的事情。生活当中总有一些领域（比如说股票市场）太过复杂随机，以致我们没有一丁点儿把握来预测任何短期事件。但这似乎对人们的实际行为没有任何影响，整个股票交易行业都表现出了这一点。布拉德·巴贝尔和特伦斯·奥登分析了66 000单亏损的股票交易，发现大部分交易都是最为自信的股票交易者进行的，并且表现低于市场平均水平。

人们因自己的好运气而陶醉。麻省理工学院教授罗闻全通过研究证明，当股票交易者经历了一连串的好日子之后，他们的大脑会分泌多巴胺，从而造成过度自信的错觉。他们坚信自己凭借深谋远虑赢得了这一良好机遇，自以为看透了市场，致使他们对潜在的危险视而不见。

人们还会高估对做出决定的诱因的理解能力。他们编造故事来解释自己的行为，即使他们对真实的过程一无所知。人们会做出决定，之后再欺骗自己，杜撰自己做出这个决定的合理原因，努力向自己证明在当时的情境下作出这样的决定是恰当的。哈佛大学的丹尼尔·吉尔伯特提出，我们有一种心理免疫机制，它能够夸大那些证明我们正面品质的信息，忽略那些会让我们怀疑自己的信息。在一项研究中，如果受试者被告知他的智商测试成绩很糟糕，那么他会花多得多的时间去阅读报纸上那些揭露智商测试缺陷的文章。如果他的主管对他评价不错，那么他会更有兴趣去阅读那些描述他的主管相当聪明、具备极强洞察力的评估报告。

自信跟实际能力并没有多少关系。大量研究表明，跟那些能够表现得更好的同事相比，缺乏竞争力的人往往更容易夸大自己的能力。一项研究显示，在逻辑、语法和幽默感测试中分数较低的人尤其容易高估自己的能力。很多人不仅仅缺乏竞争力，他们还拒绝承认自己是多么无能。

所以确实可以说，人类通常是自负的。但埃丽卡在 Intercom 公司的同事们不仅习以为常，而且也不避讳在别人面前炫耀自己。他们的首席执行官布莱思·塔戈尔特总想着随意更改已经成形的组织架构，每到一家公司，他就向根深蒂固的官僚主义和“陈旧思想”宣战。结果，他的改革热情时常演变成对经验丰富的经理们和久经时间检验的惯例的公然藐视。他会在午夜时分发布通知，而这些内容常常只是他头脑一热想出来的，这会在所有部门引起混乱。他遵循着听起来很美妙但通常与现实生活无关的格言和规则。他会在花了数周才准备好的报告会上不耐烦地坐下，然后心不在焉地评论：“我觉得这些想法真是不值一提。”随后在助理们的哄笑声中，他把大家丢在那里扬长而去。

他迫切地希望被人们看作英雄式的改革家，于是他带领公司进行了一系列的兼并重组，进入没人熟悉的市场和领域。公司的组织架构变得太过臃肿而难以管理，为了寻求最新最前沿的技术，他还不得不忍受着复杂得让人摸不着头脑的财务审批手续和组织架构图。

每次开会时，他总是最先发言。他是如此固执，以至于在他说完后没有人愿意挑战他或质问他。与此同时，公司高管层鼓励各业务部门进军新领域，进行多样化经营。根据他们的理论，在很多不同的市场领域投放大量的产品似乎就能帮助公司规避风险。然而实际情况却是，他们涉足的领域越多，对各个领域的关注和了解也就越少。这种策略给予负责交易的经理们更多的权限，却把一生都专注于特定市场、对特定市场如何运作了如指掌的技术产品经理们边缘化了。

比起研究怎样改进产品，公司花费更多的时间来管理它的组织结构。为了找到比较各个产品部门业绩的方法，经理们设计出了貌似客观的成功标准，而这些评估体系跟长远发展几乎没有什么关系。经理们耗费了更多的时间试图弄明白他们如何才能玩转这些评估体系，而不是去想如何才能实实在在地可持续发展下去。

经首席执行官授权，财务部门也开始研究晦涩难懂的风险管理机制，这对极少数自称理解这些机制的人来说似乎很高明，却让现实中的风险分析变得一塌糊涂。埃丽卡注意到，没有人在表格中用不同颜色标注出预测数据。在其他任何一家公司，历史数据都会显示在白色的背景上，而预测数据则用黄色背景或者下划虚线加以区分。而这些家伙简直是一群浑蛋，他们对他们的预测能力如此自信，以至于懒得去做这种区分。他们深陷于大男子主义的文化中，根本不会承认他们对有些事情一无所知。

奇怪的是，公司越来越多元化，管理层却变得越来越因循守旧。他们遍布世界各地的办公室里充斥着大量来自各个领域的员工。或许你会认为这样的人员结构能够孕育多样化的想法和期望，并且足以让这些观点和期望处于均衡状态。然而一次又一次，即时沟通和基于这种沟通的即时评判滋生了从众心理和让人惊异的智力趋同文化。他们一次又一次在面对同样态势时做出同样错误的判断和处理。也许这就是整个公司（或者全世界经济）都依赖于“用黑莓手机立刻做出决定”的商业文化时必然会发生的事情。

当这一切正在发生的时候，公司董事长和首席执行官仍在绘声绘色地鼓吹公司的成功。在电话会议、销售会议以及自我吹捧的公司培训会上，吹嘘着本公司是美国最伟大的公司，甚至是世界上最具有创新精神的公司。

所有这些事情中，最让埃丽卡感到沮丧的就是：在这么多的会议上，她没办法提出任何补充意见。她并非看不到公司存在的巨大问题，但她周围的同事们似乎全都是大怪兽，不能像正常人一样讨论分析问题。埃丽卡有着自己看待事情的方式和谈话风格，其中强调的是文化、社交生活和心理学。她认识的所有新同事看问题的方式都跟她不同，他们的想法是基于收集大量的数据、设计策划方案和构造系统而产生的。这两种模式看起来毫不相干。

也许是在某所商学院里，也许是在别的地方受到的培训，反正这群浑蛋确实接受过某种方法论的训练。训练结果是他们试图将管理变成科学，他们尝试研究各种机构，有些人研究“动态系统理论”，有些人研究“六西格玛质量管理分析”、“田口方法”或者“质场分析”。还有人研究“发明式问题解决理论”，这是一种由俄罗斯人发明的基于建模方法的培育创新力的技术。此外还有“企业业务流程再造理论”，埃丽卡在维基百科网站上搜索过这种理论，根据该词条引用的一本管理学书籍介绍，企业业务流程再造能够“提升实时生产系统和全面质量管理的效果，把过程导向作为战略性工具，并基于过程导向来组织核心竞争力。这一过程需要聚焦于核心商业流程，在拓展流程蓝图的同时，应用实时生产系统和全面质量管理‘工具箱’中的特定技术作为实施的手段”。

埃丽卡读到过类似的句子，或者在会议上听到过，但对于它们如何能应用于实际问题中，她完全没有头绪。这些声音只是在她耳边回响。公开引述这些理论的人似乎很看重精确性和明确性。他们寻求符合科学的原则，但这些行话好像并没有什么成效。

理性主义思想的繁荣

当然这些管理方面的事件并不是偶然发生的。约翰·梅纳德·凯恩斯写过这样一段著名的话：“注重实用性的人以为自己能够免受任何理性思维的影响，其实他们不过是某些已故经济学家的奴隶而已。”埃丽卡如今的同事们则是另外一种古老哲学传统的奴隶，这种传统就是理性主义。理性主义把人类历史当成一个以逻辑意识的发展为主线的故事，将之视为一场理性、高层次才能、情感、本能与动物性之间的角逐。根据这个历史故事的乐观版本，理性逐渐战胜了情感，科学逐渐取代了神话，逻辑逐渐战胜了激情。

这种历史叙事观通常从古希腊开始讲起。柏拉图相信灵魂可以分成三个部分：理智、激情和欲望。理智追求真理和对于整个人类来说最好的东西，激情追求认可和荣耀，而欲望则追求基本的快感。对于柏拉图来说，理智如同一名车夫，需要驾驭两匹水火不容的野马。“如果大脑中能够带来秩序和哲学的元素占了上风，”柏拉图写道，“那么我们就能过上幸福和谐的生活，成为我们自己的主宰。”

按照这种叙事观，在古希腊和古罗马，理智派取得了大跨度的进步，但在罗马衰落之后，激情派又重返江湖。欧洲跌进了黑暗时代，教育遭受重创，科学止步不前，邪教异端横行。直到文艺复兴时期，随着科学和会计学的发展，才出现转机。到了17世纪，科学家和工程技术专家们创造了新形式的机器，同时也发明了思考社会的新方法。伟大的研究者们开始尝试剖析和理解他们的世界。“世界是一台机器”的比喻开始取代“世界是一个活着的有机体”的比喻。社会常常被看作一个钟，它的内部有数百万的零部件在运转着，而上帝则是神圣的钟表匠，是这个精巧的理性宇宙的创造者。

培根和笛卡儿这样的伟大人物创造了一种全新的思考方式——科学方法。笛卡儿试图重新定义“人类理解”的概念。他从零开始，有逻辑、有意识地逐步对每个命题进行分析，找出哪些是真实确凿的。他在逻辑的基础上重建了人类理解。培根声称，在这个科学的时代，思想不能“自然而然地发展起来，它每一步都要受到正确的引导”。这就需要一整套“确定的计划”和一种全新的、可信的方法论。

在这种新的思考模式下，哲学家和科学家必须改变偏见、习惯和固有的信念。他们必须在他们所要探究的主题上保持冷静，摒弃任何激情。问题必须被分解成相互独立的部分。他们必须有意识、有方法地推进，从问题中最简单的元素开始，一步一步地朝复杂集合的方向前进。他们必须发明一种科学的语言，以避免普通语言的含糊和混乱。这种方法的目的是对人类行为进行概括，如同法律条款般，最终获得确切的结果——真理。

科学方法为那些一度由推测和直觉占据的领域带来了严谨，在物理、化学、生物和其他自然科学领域，结果好得让人惊叹。

偏理性主义的技术也不可避免地被应用于研究与“组织社会”相关的学问，让社会领域的进步得以像科学领域的进步一样让人印象深刻。法国文艺复兴时期的哲学汇集成了一本伟大的百科全书，试图在单独的一本参考书中组织起人类所有的知识。迪马瑟在百科全书中宣称：“理性在哲学家心目中的地位就像恩典在基督徒心目中的地位。恩典驱使基督徒行动，理性则驱使哲学家行动。”

几个世纪以来，社会科学家们尝试着创建一门关于人性的科学。他们努力创造能够允许他们预测和塑造人类活动的模型。政治学家、国际关系教授和其他领域的专家开发出了各种复杂的模型。管理顾问们进行了各种实验，以便更好地理解管理企业的学问。政治围绕着各种抽象的思想体系和宏观的机制被组织起来，这些机制将所有的事物联系到一起，成为逻辑上一致的一整套信条。

思想的这种理性模式无处不在，看起来既自然又不可避免。理性主义的传统确实很有诱惑力。它承诺带来准确性，这样就可以把人们从模糊性和疑惑所导致的焦虑中解救出来。人们对于人性的感知似乎受到了自己所处时代主流技术的影响。在机械时代及随后的工业时代，把人看作机器是再自然不过的事情，把有关人类理解的学问当成跟工程技术和物理学类似的东西也是司空见惯的想法。

在 19 世纪和 20 世纪，理性主义更加声势浩大，但它确实存在着一些局限和偏见。这种思维模式是化约主义的，它将问题拆分为彼此分离的部分，无视自然形成的系统。这种模式就像盖伊·克拉克斯顿在著作《恣意的心智》（*The Wayward Mind*）里描述的那样，重视解释甚于观察。人们花更多的时间解决问题而不是观察情况。它是目标明确的，而不是轻松随意的。它更加重视能够用文字和数字表达出来的知识，而不是那些无法用这样的方式表达的知识。它追求能够在各种场合下普遍应用的规则和原理，却轻视了特定场合的重要性。

更重要的是，理性主义的方法建立在一系列假设之上。它假定社会科学家能够消除感情和潜意识的偏见，客观地从外部看待社会。

它假定推理的过程完全或者至少在一定程度上受到意识的支配。

它假定理性独立于情感和欲望，并且比这两者更加强大。

它假定感知是一面清晰的透镜，给观察者提供直观可靠的视角。

它假定人类行为遵循类似于物理定律的规则，只要我们能够理解它们到底是什么。公司、社会团体、国家、宇宙——这些都是宏大的机器，在不变的因果模式下运作。自然科学是行为科学应当效仿的榜样。

最终，理性主义出现了极端的形式。科技革命带来了科学主义。埃尔文·克里斯托将科学主义定义为"对理性的强调"。科学主义采用了理性主义的调查原则，毫无限制地拓展它们，将所有不符合公式的因素通通排除在外。

在过去的几个世纪里，对纯理性的过度信仰造成了大量的严重错误和灾难。在 18 世纪末，法国革命者以在理性主义的土壤上再造世界为名，把社会当作洪水猛兽。社会达尔文主义者幻想自己已经发现了人类进化永远不变的法则，这些法则可以确保适者生存。在弗雷德里克·泰勒的影响下，公司领袖们试图将工厂里的工人变成超级高效的齿轮。在20世纪，共产主义者试图从社会层面上对整个民族进行改造，打造出一类全新的人，比如“新苏维埃人”（New Soviet Man）。在西方，勒·柯布西耶和整整一代的建筑师们意图将城市改造成理性的机器，而实现目标的方式就是拆掉现存的街区，用多车道的高速公路和跟老城区隔绝的对称住宅工程取代它们。来自发达国家的技术人员试图在第三世界推行大规模的开发计划，却无视当地的具体情况。大银行和中央银行的金融分析家自以为已经了解了经济周期的规律，创造出了“大稳健”（Great Moderation）时期。

简而言之，这种理性主义的方法孕育了很多伟大的发现，但当它被用来解释或者组织人类世界的时候，就暴露出了它的一种核心局限性。它非常重视意识认知——你可以称之为二级认知，因为它看得见，可以量化，以某种形式出现，可以被理解。然而，它无视潜意识的影响——你可以称之为一级认知，因为它像云一样是非线性的，难以捉摸而且无法以公式来表达。理性主义者往往倾向于忽略或者轻视无法用他们的方法论量化计算的信息。

莱昂内尔·特里林在《自由主义的想象》一书中分析了问题所在。他指出，随着政治活动或者商业活动“趋于组织化，它会倾向于选择更容易受到组织感知的情感和品质。随着它执行积极正面的任务，它也会下意识地把它的世界观局限在它能够处理的范围里，并且下意识地倾向于发展那些能够让它的局限性显得合理的理论和法则，特别是在跟人类思维本质有关的方面”。结果，“它越来越趋向于否认情感和想象。而且，为了表明它对思维力量的信心，它倾向于用局限的、机械性的方式来理解思维的概念”。

理性主义只关注意识，假定意识就是一切。它不能承认潜意识过程的重要性，因为一旦踏入阴暗无底的潜意识洪流，一切对于规则性和可预测性的希望都会烟消云散。理性主义者获得了权力和声望，因为他们被认为已经掌握了关于人类行为的科学。一旦这门科学被推翻了，他们的威望也就荡然无存了。

在过去的半个世纪当中，理性主义在经济领域的地位越来越得以彰显。经济学最初并不是纯理性主义的学问。亚当·斯密认为人类行为受到道德情操和寻求别人赞赏、让自己配得上别人赞赏的欲望驱使。托尔斯坦·凡勃伦、约瑟夫·熊彼特和弗雷德里克·哈耶克借助语言而不是公式来表达自己的看法。他们强调，经济活动是在普遍不确定的情况下进行的。想象同理性一样能够引导人们的行为。当人们突然以截然不同的方式看待相同的情形时，可以体验到非连续的思维模式变换。凯恩斯认为经济学是一门道德科学，现实无法用数学这样的普适法则来概括。他写道，经济学“涉及的是自我省察和价值观……它涉及动机、期望和心理上的不确定性。人们必须时刻注意避免将物质看作恒定和同质的”。

但在20世纪的发展历程中，经济学逐渐被理性主义精神所支配。物理学家及其他硬科学领域的科学家们取得了巨大的成果，研究社会科学的科学家们也试图在严谨度和学术声望方面与他们并驾齐驱。著名经济学家欧文·费雪在一个物理学家的指导下完成了博士论文，后来又参与了用杠杆和机泵组建一台机器以说明经济运行原理的工作。保罗·萨缪尔森将热力学中的数理原则应用到了经济学中。在金融方面，伊曼纽尔·德尔曼原本是个物理学家，但他后来成了一名金融师，在导数模型的开发中起到了核心作用。

尽管数学模型确实是理解经济行为很有价值的工具，但它们也像是透镜，过滤掉了人性的某些方面。这些模型都基于这样的假设：人的行为基本上是有规则可循并且可预测的。正如乔治·阿克尔洛夫和罗伯特·席勒提到的那样，他们假设“个体感觉、观念和热情的差异在总体中无关紧要，经济事件是由令人费解的技术因素或者难以捉摸的政府行为所导致的”。

很快，经济学家们开始排除其他一切因素，单纯强调金钱动机。“经济人”同社会人、心理人、伦理人和空想人分离开来，结果只剩下一幅勉强描绘人类本性的简笔画。

危机已经到来

塔戈尔特和他的团队并不研究人类的认知历史。理性主义只不过是弥漫在他们呼吸着的空气中，悄无声息地塑造着他们的观念和方法论。理性主义的思想无处不在，无论是他们的大学经济学课程、商学院的战略课，还是他们每天所读的管理学书籍。正是这种思想让他们只把能够放到幻灯片里的东西才看成是有用的信息。

随着经济衰退的持续和加深，埃丽卡眼看着他们做出了一系列糟糕的决策，几乎把公司彻底摧毁。他们被迫削减成本，于是首先取消了任何可能促进私人关系建立的做法。例如，他们从网站上删掉了公司的电话号码，从而导致有问题的客户几乎没办法打咨询电话找人沟通。他们取消了所有用来增进同事感情的内部聚会。他们缩减了办公场地的面积。那些工作了几十年才拥有一间独立办公室的员工们，如今却发现自己不得不待在令人精神崩溃的小隔间里。当管理团队公布新办公室的安排示意图时，它看起来是如此高效，谁都想不到实际结果居然是这样。

吉姆·柯林斯认为，组织机构的衰败就像是患上疾病。公司似乎表面上看起来运作正常，但其内部已经危机四伏了。只要患上疾病，公司就会遵循某种特定的步骤衰败下去，直到最终灭亡。如果他的看法确实合理，那么这家电网公司几乎是同时经历了所有这些步骤。

一开始，Intercom 公司的高管们对经济衰退感到非常兴奋。“在中国，‘危机’这个词同时还意味着‘机遇’！”他们这样彼此鼓劲儿，把营收波动看成尝试各种实验的号令。他们发起了一场过激的重组改革。他们撤掉了各个职能部门的负责人，转而任用新人。他们提出了一种叫作“蛙跳式增长”的新长期发展策略。他们不惜一切代价推动公司的增长，向那些据说能达到 10% 增长率的领域砸钱，撤销了那些只能勉强维持的部门。“我们不能再奢侈地重复那些我们之前做过的事情了，”塔戈尔特在会议上大声嚷嚷着，“我们要撕掉剧本，重新思考。”

很快，公司进行了更多的兼并。塔戈尔特厌倦了经营一家电网公司，于是收购了一家有线电视网络公司。现在他可以和明星们混在一起，可以出席各种晚宴并谈论黄金时段的节目安排。他懒得去想一家提供技术服务的公司是否能够真正地和一家与艺术相关的公司融为一体。

他们还兼并了别的公司——一家生物科技公司和一家在网上销售器材的商店。埃丽卡看着她的同事们被交易的欲望冲昏了头脑。每次兼并之后，胜利的捷报都会在办公室间传来传去。这次交易使得我们能够“取得双倍的成果……彻底改造我们的公司……我们迈出这一步便彻底改变了全局……这是真正的转变……现在我们拥有了革命性的新产品，它预示着新时代的到来……今天我们见证了新的黎明和全新的开始”。每笔交易都被看作将公司从泥潭中拯救出来的灵丹妙药，但随着时光的流逝，公司仍然深陷泥潭，而且承担了更多的债务。

一切新事物被打造得光鲜亮丽，而旧事物则被抛弃。老的供货商被抛弃，承包商被克扣，老员工被告知要拿更少的薪水干更多的活儿。月复一月，弱者不断地被丢进水里，幸存下来的人则更紧地抓住船舷，公司的大部分员工都处于这种担忧的状态。士气受到重创，客户参与度也急剧下降。每当坏消息传来的时候，人们会试图找出谁该对此负责，却总是没法确定到底该谁负责。每一个决策都是由各级委员会层层审批通过的。当所有人都对此负有责任的时候，就没有人负责了。

埃丽卡目睹着公司的溃败。她曾经经历过自己创建的公司破产，那或多或少是无法避免的。现在她将要成为资本主义历史上最糟糕可耻的商业惨败案的当事人之一。在这之后谁还敢雇用她呢？

月复一月，公司的财务状况越来越糟糕。有一天她参加了一个会议，会上公布了一组新的收益数据。“你肯定是弄错了。”塔戈尔特的一个跟屁虫说。埃丽卡听到一声情不自禁的叹息。别人似乎都没有注意到，只有埃丽卡一等到合适的时机就连忙转过头去，想看看是谁发出的叹息声。那是一个有着双下巴的老人，他的头发已经花白，穿着一件白色的短袖衬衫，扎着一条红蓝相间的棱纹平布领带。她在很多次较为重要的会议上都见过这个人，却从来没有听他说过任何话。她盯着他看。他眼睛低垂，盯着自己那双肉乎乎的手。然后他抬起头跟她四目相接。他使了个眼色，她转过头去。

会议过后，她跟着他走过过道，终于追上了他。“你感觉怎么样？”她试探性地问。他只是疑惑地看着她。

“真可悲。”最终，她小声说了一句。

“太可悲了，谁能想到能这么可悲呢。”他回答道。

于是“女武神计划”（Project Valkyrie）由此诞生了。

那个老人名叫雷蒙德，已经在 Intercom 公司工作了整整 32 年。他们没办法解雇他，因为公司里除他以外已经找不到任何一个精通技术的员工了。但他们把他调到一个远离决策层的职位上，之后他便落到了天天帮别人收拾烂摊子的地步。通过他，埃丽卡才知道原来公司里还有别人像她一样对这种状况充满厌恶。他们秘密地成立了一个异见组织。他们通过私人电子邮件传递秘密消息。最初他们不过是发发牢骚互相抱怨一下，后来他们便开始计划。埃丽卡说服了他们，让他们相信这攸关大家的生死存亡。如果公司完蛋了，他们也都没有好下场。如果公司完蛋了，那么他们贡献了毕生精力来打造的这一切都将土崩瓦解。他们当然不会袖手旁观等着灭亡。大家肯定还能做点儿什么。

第 15 章

理性动物还是社会动物?

埃丽卡每天都被塔戈尔特和他的追随者们弄得胆战心惊。晚上，有时直到深夜，她会回到家里向哈罗德倾诉。哈罗德也没有什么具体的商业建议能帮上她的忙。几年来，他已经远离商业领域了。但是他确实努力尝试提供一些建议，帮助她解决她所面临的难题。

如今哈罗德已经成了历史协会的资深工作人员。他最初为展览活动编写“观众须知”小册子，现在已经被提拔到管理层，负责协调和组织展览事宜。历史协会是一个乏味的陈旧社团，成立于19世纪，它的仓库里堆积着无数的文物。闲暇时，哈罗德会到储藏文物的地下室打发时光，在旧盒子和旧纸堆里翻来翻去。有时，他会进入地下室中的密室，协会最珍贵的宝贝都藏在这里。

在这些珍宝中，最重要的是林肯遇刺那天福特剧院的一个女演员穿的裙子。在林肯被暗杀者的子弹打中后，她立刻冲进了总统的包厢。在人们为林肯处理伤口时，她把他的头垫在她的裙子上。裙子上印有鲜艳夺目的花朵，上面沾有林肯的鲜血。

到协会上班后不久，有一天哈罗德独自来到密室，戴上白手套，小心翼翼地把裙子从盒子里拉出来。他温柔地把它横放在膝盖上。虔诚的感觉蔓延至他的全身，那种感觉实在难以言表。或许可以借用历史学家约翰·赫伊津哈的话来描述它：“这是一种与过去直接相通的感觉，与对艺术最纯净的享受同样深刻；这是一种几近欣喜若狂的感受，我感到自己似乎不再是自己，而是像空气一样在周围的世界弥漫开来；我感到自己触摸到了事物的本质，感到自己通过历史感受到了真实。”

当沉迷于这些文物中时，哈罗德仿佛穿越时间到了另一个年代。随着他在协会工作得越久，他变得越沉迷于过去。他会组织关于某个时代的展览——维多利亚时代、美国独立革命时期，或者更早以前——他还会在 eBay 网上购买那个时代的小版画、报纸和别的小玩意儿。他握着它们就会想起那些曾经摸过它们的手。他会透过放大镜盯着它们看，试图穿越时光。

进入他的办公室犹如回到了某个已经逝去的时代。除了笔记本电脑和书籍，这里没有任何东西是在哈罗德生活的时代制造出来的——无论家具、笔、版画、半身铜像还是毯子。也许哈罗德没有想过要真的生活在武士时代或者贵族时代，但那些古老的典范让他兴奋不已——古希腊的荣耀、中世纪的骑士精神、维多利亚时代的绅士范儿。

有一次展览结束后，一个出版商注意到哈罗德写的展览小册子，就让他写一本电报发明者萨缪尔·摩尔斯的传记。此后，哈罗德便以两年一本的速度开始写作历史书和传记，虽然不是畅销书，但卖得还不错。他永远不会成为戴维·麦克卢那样的大腕。出于某些原因，他从来没有选择拿破仑、林肯、华盛顿、富兰克林·罗斯福这样的大人物作为写作对象。他只是专注于让人钦佩的、学识渊博的男男女女，潜移默化地为读者们提供榜样，教他们如何去生活。

在埃丽卡和塔戈尔特斗争得不可开交的时候，哈罗德正在创作一本关于英国文艺复兴的书。他在描绘大卫·休谟、亚当·斯密、埃德蒙·伯克以及其他主导了18世纪英国思潮的思想家、政治家、经济学家和演说家们的众生相。一天晚上，他跟埃丽卡讲述了法国启蒙运动和英国启蒙运动的差异，因为他认为这可能对她的工作有所帮助。

法国的启蒙运动是由笛卡儿、卢梭、伏尔泰、孔多赛等思想家所领导的。他们是勇于与迷信和封建斗争的哲学家，力求将世界展现在理性的光辉之下。受科技革命的启发，他们对个人理性可以检测错误并通过逻辑获得普遍真理的能力深信不疑。塔戈尔特和他的团队便是法国启蒙运动通俗化的产物。

但是，哈罗德告诉她，几乎同时还有另一种启蒙运动在进行。英国启蒙运动的领袖们承认理性的重要性。他们不是反理性人士，但他们认为纯粹的理性有其局限性，是次要的。大卫·休谟写道："理性是且只能是感情的奴隶，除服务并顺从于感情之外，永远不可能自诩有别的功能。""一般来说，我们都是缺乏教养的人，"埃德蒙·伯克断言，"我们不敢让人们依靠自己的理性去生活和交往，因为我们发觉个人思维里的理性成分太少。"

法国启蒙运动的领袖们看重逻辑、科学和普遍真理，而英国启蒙运动的领袖们强调情操的力量。实际上，英国启蒙运动的成员关于人性的观点植根于这样的想法：行为在很大程度上是由潜意识，也就是一级认知所塑造的。在职业生涯的早期，埃德蒙·伯克写过一本关于美学的书——《关于我们崇高与美观念之根源的哲学探讨》。他发现人类能从中发现美的事物之间有大量的共性。人类并不是空白的黑板，等着被教育填满。他们生来就带有某种偏爱、性情和反感，也是被如此培养成人的。"早在认识还没来得及加入或是反对它们时，感觉和想象就迷住了灵魂。"他写道。

在法国启蒙运动者们看来，自主的个体们因共同利益形成社会契约，而英国启蒙运动者们强调，人生来便具有社会意识，一种在意识水平之下起作用的意识。人生来就有"同胞之谊"的观念，一种对他人痛苦和喜悦感同身受的本能。他们受被赞美和变得值得被赞美的渴望所引导。这些作者们声称，道德感源自这些有一定意识的感情，而不是抽象律法派生出的逻辑产物。

法国启蒙运动的继承者们倾向于将社会及其组织看作等待拆解重组的机器，而英国启蒙运动的继承者们则倾向于将它们看作有机体，是活着的无穷复杂的关系网络。在他们看来，将问题分解成零散的部分往往是错误的，因为从你所研究的事物之间的关系属性中才能发现真理。事物的背景很关键。抽象的普遍原则往往不值得信任。比起普遍性原则，历史先例往往更能起到指导作用。

英国启蒙运动者们对改变和改革进行了严格的区分。改变是一种工程过程，它会替换组织的基本性质。改革是一种医学过程，它通过修复创伤和重申本质对本质进行保护。哈罗德试图解释英国启蒙运动的方式能够如何帮助埃丽卡理解塔戈尔特的失误，并让她考虑用其他方式来解决问题。

聪明又糊涂的潜意识

事实上，纯粹理性和与之相对立的直觉与情感之间的争论，乃人类有史以来最古老的辩题之一。人类知识的发展史一直是在理性主义与浪漫主义之间徘徊，或者如阿尔弗雷德·诺斯·怀特黑德所言，在头脑简单和思维混乱的时代徘徊。在头脑简单的时代，理性主义思想者简化人类的行为以适应严格的数学模型。在思维混乱的时代，直觉主义领导者和艺术家大行其道。有时想象太过丰富，有时太过理性。

过去30年间发生的认知革命为这些古老问题提供了新的诠释。新发现有力地表明，比起法国启蒙运动者的视角，英国启蒙运动者关于人性的看法更加准确。法国启蒙运动的思想家们设想我们是“理性动物”，认为我们与其他动物的区别在于我们具有逻辑思维能力。19~20世纪的马克思主义者和其他人设想我们是“物质动物”，认为我们是由物质条件所塑造的。然而，英国启蒙运动的思想家们将我们描述为“社会动物”，这才是正确的。

但这又提出了新的问题：一级认知的过程很重要，但它们具体能聪明到什么程度？我们该信任它们到什么程度？

在许多年前，这样的问题不值一提。在那个时代，感情和激情被看作兽性的、没有约束的、原始的——就像杰克尔博士变成的海德先生。但现在我们知道，它们实际上要精妙复杂得多。我们所缺少的就是对潜意识的优点和缺点的公允阐述。

一些研究者认为不论其价值如何，潜意识更像是原始动物或者未成熟的孩子。在《助推》一书中，当时任教于芝加哥大学的两位作者理查德·泰勒和卡斯·桑斯坦认为，二级认知就像斯波克先生——成熟、深思熟虑而且富有远见；一级认知就像是霍默·辛普森——一个任性、不成熟的糊涂虫。当闹钟在凌晨5点钟响起时，成熟的斯波克知道他最好赶紧从床上爬起来，但霍默只想把东西扔得到处都是。

虽然这种看待一级认知的视角很糊涂，但其中也包含着某种真理。潜意识确实是主观的。它将信息看作动态而不是静态的。当信息进入大脑时，并不会立刻被整整齐齐地归类，似乎会被挪来挪去。与20多岁的年轻人相比，70多岁老人的回忆过程所激活的大脑区域并不相同，而且显得更加分散。回忆并不真的是重新提取信息，而是对信息进行重组。后来发生的事情能够改变你对以前所发生的事情的记忆。因为这一原因以及诸多其他原因，我们潜意识的信息提取系统相当不可靠，这一点早已众所周知。

在美国挑战者号航天飞机爆炸后的第二天，乌尔里希·奈瑟尔要求一个班里的 106 名学生写下他们听到消息时的确切位置。两年半之后他再问他们同样的问题，这一次，25% 的学生给出的答案与之前截然不同，半数学生的答案中出现了明显的错误，只有不到 10% 的学生还能准确地记得些什么。这也是导致人们在证人席上回忆数月前目击的犯罪过程时会犯错的部分原因。1989~2007 年，美国有 201 名囚犯在用了 DNA 证据之后被无罪释放。在这些囚犯当中，77% 的人都是因错误的目击证词而蒙冤入狱的。

潜意识对当前环境也十分敏感——当前的感觉能够影响所有的精神活动。由多伦多大学学者泰勒·施米茨进行的研究表明，在心情好的时候，人们的周边视觉会变得更强。在另一项实验中，一组作为受试者的医生被分发了一小包糖果，另一组人什么都没有得到。之后研究者要求他们看同一个病人的病历并作出诊断。得到糖果的医生比没有得到糖果的医生更快发现了患者的肝病。

关注幸福感的研究人员到处询问人们，他们是否觉得自己的生活幸福。研究表明，在阳光普照的日子里，人们更可能回答说自己的生活整体上是幸福的；如果在阴雨天提问的话，潮湿的天气会改变人们对自身状态的整个观感。（然而，当你要求人们有意识地考虑当天天气状况的影响时，这种影响就消失了。）

在一项巧妙的实验中，研究人员让年轻男子步行穿过加拿大不列颠哥伦比亚省一座摇摇欲坠的桥。当他们的心脏还在因为危险的桥而怦怦直跳的时候，一个年轻女子走过来让他们填写调查问卷，并以进一步研究为借口把自己的电话号码告诉了他们。在桥上遇到她的男子当中，65% 的人过了桥后打电话约她。而坐在长椅上的男子中，只有 30% 的人随后给她打了电话。过桥的男子因为摇摇晃晃的桥而激情四射，他们却把这种兴奋归功于在桥上遇见的女人。

这里就涉及了即时犒赏的问题。潜意识是冲动的，它现在就想要好的感觉。毕竟，一级认知之所以进化出来是为了保护我们免受即时痛苦的影响，即时痛苦就是类似遭遇狮子攻击时可能会感知到的那种痛苦。

因此，我们也许意识到了减肥的长期愿望，但我们现在还是想吃面包圈。我们也许知道客观看法的重要性，但我们仍然喜欢听到有人对我们的看法表示肯定。棒球赛中，甲方的球迷百分之百相信他们支持的球队能打出本垒打，而乙方球迷则不以为然，开心地认为甲方马上就会出局。亨利·戴维·梭罗写道：“我们只能听到并领悟我们已经了解了一半的东西。”

除此之外还有模式化的问题。潜意识能找出模式，甚至在模式根本不存在的情况下也能臆想出模式，并借此形成各种模糊的概念。例如，很多人相信篮球比赛的投手会经历连续得分和连续失手的阶段。他们发现了这种模式。然而大量研究表明，美国职业篮球联赛（NBA）中并没有体现出这种模式。一个已经连续命中两个球的投手在第三次投球时失手的概率与根据他的职业生涯命中率所推测出的结果一致。

人们也能很快形成彼此认知的模式。在一项研究中，受试者被要求猜测某个人的体重。当你告诉他们这个人是卡车司机的时候，他们猜得偏重。当你告诉他们这个人是舞蹈演员的时候，他们猜得偏轻。大多数人，无论多么善良，无论出身于哪个种族，在潜意识里都隐藏着种族偏见。为了完成“隐含工程”（Project Implicit）涉及的某个项目，来自弗吉尼亚大学、华盛顿大学和哈佛大学的心理学家实施了成百上千次测试，要求受试者浏览一组快速闪过的白种人或黑种人的面部照片并指出其中潜在的联系。项目的最终研究成果表明，90% 的人在潜意识中存在偏见。类似的研究还表明，对年长人群的潜意识偏见更为严重。

此外，潜意识非常不擅长思考数学问题。例如，考虑一下这个问题：你花了 1.10 美元买了一支笔和一叠纸。如果你买纸比买笔多花了 1 美元，那么买笔花了多少钱？一级认知想要告诉你买笔花了 10 美分，因为它以无声而愚蠢的方式把这些钱分成 1 美元和 10 美分两个部分，而真正的答案是你买那支笔只花了 5 美分。

由于这种倾向的存在，人们非常不擅长估量风险。一级认知会对罕见且严重的威胁产生深深的恐惧，却忽略了日常生活中无处不在的威胁。人们害怕飞机，即使人人都知道汽车旅行更加危险。人们害怕链锯，即使每年因游乐设施受伤的人数比因链锯受伤的人数多出 10 倍以上。

总的来说，潜意识在决策时存在某些严重的缺陷。所以说，塔戈尔特和他的追随者们能够进入大学和商学院是有原因的，他们能够掌握分析数据的系统方式也是有原因的。然而所有事情都有其两面性。有的东西用一级认知就能够看清，而二级认知却不能。说潜意识确实很厉害，也是有一定道理的。

直觉的神奇力量

首先，意识过程建立在潜意识过程之上。没有潜意识就谈论理性思考是没有意义的，因为二级认知是从一级认知获取资料、目标信息和指导信号的。如果一个人想要好好发展，就必须把这两个系统集合起来。进一步来讲，潜意识的确比意识更强大。一级认知可以利用广泛的内含的记忆系统，而二级认知却非常依赖运行中的记忆系统，也就是那些在任何时刻都存在于意识中的信息。潜意识由很多不同的模块所组成，各个模块都有其独立的功能，然而意识只有一个单独的模块。一级认知的运算能力要强得多。即使意识发挥了其最大潜力，潜意识的运算能力仍然比它强大 20 万倍。

此外，一级认知的许多缺陷都是它的优点的副作用。潜意识对环境非常敏感。的确，对环境的敏感有时候非常重要。潜意识将信息视为动态而不是静态的。的确，有时我们会陷入模棱两可的处境，此时灵活多变就非常有用。潜意识很快就会做出概括并投射模式。的确，如果不依赖概括和模式，日常生活就不可能顺利进行。潜意识可能会模糊不清。的确如此，但是我们生命中大部分时间都是在不确定性中度过的，所以拥有能够处理不确定性的思维过程是非常实用的。

如果你想弄明白潜意识每天完成的工作有多难，不妨从一些最基本的事情开始。潜意识通过“本体感受”，也就是所谓的“第六感”，来探测你身体各部分的位置。乔纳森·科尔医生记录了伊恩·沃特曼的案例。沃特曼的神经遭受创伤，丧失了部分的潜意识感知能力。经历了多年艰难的练习，沃特曼学会了用有意识的思考来感知他的身体。他费尽力气重新学会了走路和穿衣，甚至是开车。一天晚上他站在厨房里时突然停电了，这就出了问题。他看不到自己的手脚在哪儿，因此也就无法控制它们。他倒在地上，身体蜷成一团。

这种与身体感知相关的潜意识能力不容忽视。身体以各种各样奇怪的方式传达思考所不可或缺的信息。如果你正在向人们照本宣科地讲述来自书中的某个论点，那些反对这个观点的人会把胳膊往外推，而那些赞同这个观点的人的胳膊会往里收。如果把大脑放在某处的一个罐子里，切断它和运动功能的联系，它就无法工作了。

即使没有意识的任何协助，潜意识也能够完成复杂得让人难以置信的任务。我们需要有意识地专心学习驾驶，但一旦我们掌握了这种技能，相关知识就会被输送到潜意识中，让我们再也不用有意识地注意路况，而是可以一边听收音机、和乘客聊天或是啜饮咖啡，一边开着车向前行驶。大多数人甚至连想都不用想就会有礼貌地对待陌生人，避免不必要的冲突，避免因不公正待遇而感到痛苦。

潜意识是临场表现能够达到巅峰状态的原因。当初学者学习新东西时，大脑活动会很频繁。而高手在潜意识状态下做这件事时，大脑的波动微乎其微。高手思考得更少时，表现得更好。当他达到巅峰状态的时候，他大脑里的自动中心控制着他的一举一动。体育解说员会说他是“下意识地”发挥出巅峰水平。如果当时他有意识地想着如何挥动高尔夫球杆或是如何唱咏叹调，他很可能就做得没那么好。正如乔纳·莱勒观察到的那样，他会“因思考而停滞不前”。

除此之外还有感知能力。潜意识在接收信息的同时，会瞬间对其进行解释和组织，有一个初步的理解。它将各个不连续的信息片段联系起来，置于同样的环境下。盲视是能够说明潜意识感知能力的最有力的例子之一。大脑视觉中枢受到损伤（此类损伤常常由中风引起）的人无法有意识地看到东西。但当荷兰提尔堡大学学者比阿特丽斯·德·格尔德要求一位遭受此类损伤的患者通过杂乱拥挤的廊道时，患者竟然轻巧地沿之字形走过长廊，绕过障碍物到达了另一端。当科学家拿着画有各种图形的卡片在盲视患者面前快速晃过的时候，患者竟能以令人惊讶的准确度猜中卡片上的图形。当视觉意识丧失的时候，潜意识就开始起作用了。

这些感知技巧非常微妙，令人惊讶。很多养鸡场雇用专业的鉴别师，他们看一眼新孵出的小鸡就能辨别出公母，而在未经训练的人看来，这些小鸡没什么不同。经验丰富的鉴别师一个小时能看 800~1 000 只小鸡，并确定它们的性别，准确率高达 99%。他们是怎么做到的？他们自己也说不出来。公鸡和母鸡就是不一样，而他们一看就能知道。

在一项很多研究者都进行过的实验中，受试者被要求关注在屏幕 4 个象限间跳来跳去的字符 X。X 的运动由比心算还难的复杂公式控制，下一个 X 出现的位置受到前面出现过的一系列 X 的位置影响。受试者猜中 X 位置的概率要高于纯粹的偶然性，而且会随着他们参加测试时间的延长而更高。研究者中途改变公式后，受试者的表现会变差，尽管他们自己并不知道为什么。

对在伊朗和阿富汗执行任务的美军士兵进行的研究表明，某些士兵扫视屏幕、发现微小线索的能力要比其他人强——这样的线索可能是一块凸出来的石头，一堆看起来奇怪的垃圾，后面可能隐藏着定时炸弹。美军中尉爱德华·蒂尔尼并不明白自己是怎么知道某辆车里会藏有炸弹的，然而他决定立刻做出规避动作因此保全了性命。“我的身体突然间一凉，你知道，那就意味着感觉到了危险。”他对《纽约时报》记者本尼迪克特·卡雷伊如此描述当时的感受。

在一项著名的研究中，安东尼奥·达玛西奥和汉娜·达玛西奥与同事们要求受试者玩一种牌类游戏。他们发给受试者每人2 000美元，让他们从4组牌里选牌。如果他们抽到好牌则赢钱，抽到坏牌则输钱。这4组牌数目相当，其中两组牌中特别好的牌稍微多一些，另外两组中不好的牌稍微多一些。到了第50轮，许多受试者都宣称，比起别的组来，他们更“喜欢”某一组，但他们说不出来为什么。而刚到第10轮时，当把手伸向更容易拿到坏牌的那堆牌时，某些敏锐的受试者就已经开始微微出汗了。

潜意识思维的另一个重要作用就是，它具备构建内隐观念的能力。瑞士医生爱德华·克拉帕雷德以他的一位健忘症病人为对象进行了一项小实验。以前每次去看这位病人时，医生都会作自我介绍。有一次，他在手里藏了一根别针，握手时别针刺破了她的手。下一次他去看她时，她还是没有认出来他是谁。他不得不从头到尾再介绍一遍自己。她表示很高兴“认识”他，但当他伸出手来像往常一样想要和她握手的时候，她却拒绝了。她已经下意识地将他的手和疼痛联系了起来。

这种内隐性质的学习渗透在生活的各个方面。例如，没有任何计算机功能强大到能够接住飞来的棒球。它需要去计算太多的轨迹，才能使手套恰好放在球将会落地的那个精确点上。但就连10岁的小孩也能学会能够使人接住棒球的内隐规则。如果向你扔过来一个球，你会以某种角度观察这个球。你在跑向球的落地点时会保持你看球的角度不变。如果角度变小，你会加速；如果角度变大，你会减速。这种内隐规则会引领你到达球的落地点。

这种积累内隐启示的能力也适用于比棒球更重要的事。潜意识似乎会以两种方式对信息进行编码。一种方式被科学家们称为“逐字编码”，它力图对事件中所有发生的细节进行记录；另一种方式则被称为“模糊路径理论”，该理论认为潜意识还会试图推导出要旨，对某个事件进行非精确性描述。这些要旨可以被提炼出来，应用到以后发生的类似的事件中。如果你每次参加葬礼都想起以前所有葬礼上你的行为的确切细节，你就会无休止地纠缠于这些无用的细节。然而，如果你记得葬礼上行为举止的要旨——穿什么衣服，怎么走路，说话用什么样的语调，你就会大概知道什么样的行为能够为社会所接纳。

内隐观念和既有模式组织了你的世界，对你生活中正常活动的进行至关重要。它能告诉你参加聚会时最可能遇见什么样的行为，去参加《星际迷航》放映会《圣经》学习小组或者摇滚音乐会最可能遇见什么样的人。潜意识通过归纳法来理解世界。

借助对这些灵活工具的合理运用，潜意识非常擅长解决复杂问题。通常情况下，意识更善于解决涉及少许变量或选择的问题，而潜意识更善于解决涉及很多可能性和变量的问题。意识更善于在因子已经明确的情况下解决问题，而潜意识在所有因子都尚不明确时表现更加出色。

在一项实验中，阿姆斯特丹大学学者艾普·狄克思特修斯和罗兰·诺格伦与同事们给受试者提供了一组关于 4 个不同公寓的复杂数据链，共由 48 项信息组成。其中一个公寓比其他 3 个更加方便和吸引人（关于它的描述很正面，而对其他公寓的描述或负面或兼而有之）。受试者被分成3组。研究者要求其中一组立刻选出最好的公寓，第二组有几分钟思考时间，第三组也有几分钟思考时间，但在此过程中会始终受到另一项无关任务的干扰。

受干扰的第三组中，59%的人选择了最好的公寓；有充足时间、可以凭借意识做出选择的第二组中有47%的人选择了最好的公寓，立刻做出选择的第一组中只有36%的人选择了最好的公寓。当第三组受试者受到干扰时，他们的一级认知过程已经在高速运转了。因为他们之前就在依靠一级认知的卓越处理能力，所以能够兼顾所有变量做出整体最优选择。而凭借意识做出选择的人们则往往会挑出有限的几个因子，无法对整体信息进行处理。立刻做出选择的人做得最差，这说明了重要的一点，那就是潜意识思考不同于仓促的思考。如果留出时间来思考，那么一级认知能够比二级认知做得更好。

蒂莫西·威尔逊进行过一项后来为狄克思特修斯所重复的实验，实验中他让学生们从5张不同的艺术海报中选出一张喜欢的，然后过一段时间再次调查学生们是否仍然喜欢他们当初的选择。调查发现，几周后，曾经被要求"请深思熟虑再选择"的人最不喜欢他们最初的选择，而瞄上一眼就做出决定的人仍然表示最喜欢他们原来的选择。狄克思特修斯和他的同事随后在宜家家居进行了这一实验，得到了相同的结果。家具选择是最考验消费者认知能力的选择之一。经过较少思考就选定要买的家具的人要比那些反复思考才决定购买的人更加开心。而在附近一家销售更简朴家具的家具商场里，依靠有意识的思考做出决定的人要更加开心。

潜意识是天然的探测器。意识思维往往会按部就班，专注于少量核心事实和原则，而潜意识思维则往往通过联系的过程，对狄克思特修斯所谓的“大脑中幽暗又落满灰尘的角落”进行探索。因此，一级认知能产生更多创造性的联结和不太可能出现的平行性结果。潜意识能够处理多得多的因子，它很自然地对进入视野的各种因子的重要性进行衡量。在意识忙于其他事情的时候，潜意识总是在不知疲倦地运转着。很多平行过程同时发生，试图将新的问题与旧的模型对应起来，或者努力对问题的各部分进行重组，直到它们形成和谐的整体。潜意识在共鸣和隐喻中寻找各种联系、模式和相似性。它运用了全套的心理学工具——包括情感和生理感觉。

我们常常认为一级认知是大脑中比较原始的部分，是人类与动物共有的，而二级认知是在离现在更近的时候慢慢进化而来的，它将人与动物区别开来。但早在1963年，乌尔里希·奈瑟就曾提出过一个引起广泛关注的看法——或许是我们潜意识思维的复杂化才让我们成为人类：

> “值得注意的是，在解剖学中，人类的大脑似乎是某种发散的系统，其中多种过程得以安然进行。在这方面，它不同于低等动物的神经系统。我们的假设可以引出一种激进的提议，那就是人类思维与低等动物思维最关键的区别并不在于是否拥有意识，而在于容纳意识之外的复杂过程的能力。”

因为谦逊所以机智

直觉和逻辑相伴而生。问题是，我们如何使这种伙伴关系保持有条不紊的状态，如何判断什么时候应该依赖一级认知而什么时候应该依赖二级认知，如何使二者之间的交互条理化？研究还没有为此提供明确的答案，但它确实指明了我们应该持有的态度——承认思维在制定行为策略时存在着诸多缺陷。

当哈罗德试着用他对英国启蒙运动的研究成果来帮助埃丽卡思考她的问题的时候，他强调了英国启蒙思想的一个核心概念：认识论的谦逊（Epistemological Modesty）。认识论的研究内容是我们究竟是如何知道我们所知道的东西的。认识论的谦逊则意味着知道我们究竟知道多少、能够知道的有多少。

认识论的谦逊是一种生活态度，这种态度建立在清楚我们并不了解自己的基础之上。我们思考、相信的大部分内容都无法有意识地加以省察。对我们来说，我们自己就是最深邃的奥秘。

我们不了解自己，同时也难以完全了解别人。在小说《激进派菲利克斯·霍尔特》（*Felix Holt, the Radical*）中，作者乔治·艾略特让读者们想象，假如一场象棋比赛里的所有棋子都有自己的感情和思想，那么这将会是一场怎样的象棋比赛呢？你不但不能确认对手的棋子在想什么，也不能确认你自己的棋子在想什么。作者认为，如果在这场游戏中你非得依赖数学谋略，那么你没有一点儿机会胜出，而这场想象中的比赛要比我们在真实生活中进行的比赛简单得多。

既然不能完全理解别人，我们也就没法真正了解情况的本质。任何事件都没法孤立于它在历史进程中的地位之外而得到理解——这里说的“历史进程”包括了之前发生过的无穷无尽的事件、微不足道的原因，以及用可见和不可见的方式影响到该事件的各种环境。

然而这种谦逊的态度并不一定会带来消极影响。认识论的谦逊是一种行为意向。有这种意向的人认为，智慧源于我们对自身无知的觉悟，我们能够设计出行为习惯、解决办法和程序步骤，以便在一定程度上弥补我们的知识局限性。

谦逊的意向从承认“不存在解决问题的唯一方法”开始。对定量化理性分析的依靠确实很重要，但这样的分析只能让你得知部分事实，而非全部。

例如，如果有人问你应该在春季的哪一天种植玉米，那么你可以去咨询一位科学家。你可以计算气候模型，参考历史数据，找出各纬度和海拔位置最适宜的温度区间和播种日期。另一方面，你也可以去问农民。北美洲流传的民间谚语说，人们应该在橡树的叶子长到像松鼠耳朵那么大的时候种植玉米。在任何年份，无论天气如何，这个法则都能指导农民找到正确的日子。

这是另外一种类型的知识。它源于对各种动态数据的整合。它需要经过一定的时间，由一种具有联想性质的才智仔细地观察，自由地想象，将可能情况与不可能情况以及各种可能情况之间的区别进行比较，以找出事件演变中的一致性与规律。

谦逊的人同时运用这两种方法和更多的方法。谦逊的人懂得不去依靠单独一种范式。他所知道的大部分内容都是经由漫无目的、长期而艰苦的过程才积累起来的。

谦逊的人有耐心。他的做事方法可以用小虾虎鱼的行为来比喻。虾虎鱼是一种生活在浅水里的小鱼，退潮的时候，它们的栖息地就只剩下小水塘和水坑。然而这种鱼能够非常精准地跳过石头和干地，从一个水塘跳到另一个水塘。它们是怎么做到的？在跳起来之前，它们也看不到干涸区域有多大，或者下一个水塘在哪里。如果你把一条小虾虎鱼放在它不熟悉的环境里，它根本就不会跳。

这是因为虾虎鱼会在涨潮的时候四处游动，了解环境，在头脑中储存了一幅幅地图。这样一来，等到退潮的时候，它们已经将已知的周围环境状况归纳成了一幅思维地图，这样它们就会下意识地知道哪片隆起在退潮的时候是干的，哪片洼地会被填满水。

人类也擅长这种貌似漫无目的的知识积累。从人类首次探索地貌、感知危险或机遇时开始，我们的种族已经繁衍了 9 万代人。当探索新环境或者访问新国家时，你会像婴儿一样敏锐地注意所有事情。一样又一样的东西吸引着你的眼球。

只有当你真的身临其境时，这种求知若渴的接纳能力才会显现出来。当你阅读关于某个地方的文字介绍时，并不会有类似的感受，只有当你来到现场、融入其中的时候，才会产生这样的感受。如果你没有真正到过那个地方，你就不会了解它。如果你只是研究那些数字，你就不会了解它。如果你还没有习惯那些人，你就还不了解它。正如日本的谚语所说："不要去研究什么事情，要去习惯它。"

当你真正身临其境时，你就会沉浸在铺天盖地的细节里，千万种感受会淹没你。在远古时代，当人类漫游者看到新环境中的小溪时，他脑海中的景象就会被蒙上一层让人愉悦的色彩。当他看到茂密的森林或者陡峭的山涧时，他脑海中的景象会与恐惧一点点联系起来。

大脑想要迅速地判断它所感受到的所有细节，用某种理论将这些新信息归档。人们厌恶不确定性，急于做出判断。柯林·卡梅雷尔通过研究发现，当人们玩牌类游戏的时候，如果不让他们计算胜出的概率，他们大脑中以恐惧为导向的中心就会被激活。

他们会努力得出个什么结论以摆脱恐惧，任何关于游戏模式的结论都可以，只是为了摆脱恐惧。

但漫游者能够忍受不确定性的存在。聪明的漫游者会拖延和自我约束，运用约翰·济慈所说的“消极能力”，这是一种存在于“不确定性、神秘和怀疑之中的、不会执着于追求事实和理由”的能力。

新环境越复杂，漫游者就越需要依靠耐心。环境越混乱无序，他的观点就变得越宽容。他不仅会意识到自己的无知，同时也会意识到这种无知给他造成的影响。他知道他的大脑会抓住最先了解的少量数据，以之为基础形成普遍理论，这是抛锚过程的谬误；他知道他的大脑会试图将其他事件中的教训强行应用于最近获得的经验之中，这是可用性的谬误；他知道他来到这个地方，脑子里带着固有的关于如何生活的模式，而他还试图使他在这里所见到的东西与这些固有模式保持一致，这是归因的谬误。

他防范着自身的这些弱点。他关注他的感受。他进行试探性的概括和分析，专注于新的感觉。他继续四处漫游和学习，把信息深深印在脑海里。他在玩耍，学学这个，看看那个。他先是看到新环境的局部，然后慢慢地摸索着到达它的另一边。他在新环境中遇见谁，就会在自己的大脑里模仿谁的行为和思维方式。他开始按他们的方式走路，模仿他们的笑容。他发现了他们日常生活的模式，那些甚至连他们自己都没有察觉到的模式。他的大脑自然开始思考他们生活的外部特征——他们的珠宝饰物、穿戴和值得回忆的片段——和他凭直觉察觉到的他们内心的希冀和目标。

同时，一级认知还在不停歇地运转，整合数据，用它自己的方式探查相似性和规律。它梳理着对新环境的感觉：光线如何照进来？人们如何相互问候？生活的节奏怎样？潜意识不仅仅在尝试辨认单个的人，还试图找出这些人之间相互联系的模式。他们在工作中合作得有多密切？他们之间共守的不言自明的对权威和个性的看法是什么？重点不仅仅是要描述河里的鱼，还要描述水的属性。

在某个时候，漫游者的脑海里会出现片刻的平静，互不相干的观察结果整合成紧密联系的整体。漫游者开始预测人们将如何讲完他们要说的话。他脑子里现在有了地图，他想象的轮廓和新环境的现实轮廓达成了一致。有时可以逐渐获得这种同步性，有时则会灵光乍现，地图一下子变得清晰可见。经过这样的时刻之后，大脑会以一种全新的方式重新理解所有原有的信息。过去看似无限复杂的事物如今看起来简洁明了。

最终——并不是很快，而是需要经过数月甚至数年的费力观察，包括一无所获和折磨人的冗长时期——漫游者会获得古希腊人称之为"机智"的状态。这是在一级认知和二级认知间的对话中产生的智慧状态。

"机智"很难用言语来表述。"机智"的人拥有关于现实的独特思维地图。他拥有一系列将活动和现状组织起来的隐喻。他已经掌握了一系列的实用技巧，使得他能够期待变化。

他既理解问题的一般属性，又理解其特有属性。机械师能够理解所有汽车的一般特性，也能够很快大体了解一辆具体的汽车。"机智"的人知道何时该运用标准操作程序，也知道什么时候要打破规则。"机智"的外科医生对某类程序特别敏感，能感觉到其在哪些阶段会出现什么错误。亚洲的食物中，有的配方会要求厨师在油快要着火的时候放调味料。"机智"的厨师知道油在某种变化即将发生时的特点。

哲学家以赛亚·伯林在他的名篇代表作《刺猬与狐狸》(*The Hedgehog and the Fox*)中讨论托尔斯泰的段落里详细地描述了“机智”的概念。他认为，达到机智的状态“无法依靠专门的调查和发现，只能依靠对人类生活和经验的某些特点的特殊感悟，这种感悟不一定是明确或者自发的”。

他继续写道，我们人类一辈子都生活在各种事件的洪流之中，这就是我们存在于其中的基质。“我们不会也无法从外部观察它，无法识别、测量和试图控制它，甚至不能完全察觉到它，因为它与我们的经验结合得太紧密了”。它是“如此紧密地与我们的所作所为交织在一起，以至于无法将我们的所作所为从其中提取出来，也无法把它作为研究对象用科学解析的方法来观察。它——我们生活在其中的基质——决定了我们最恒定的分类标准，关于事实和谎言、现实与现象、好与坏、重要与不重要、客观与主观、美与丑、动与静，以及过去、现在与未来”。

“然而，尽管如果没有（也不可能有）某些外部的制高点（因为不存在‘外部’)，我们就无法分析这种基质，但仍然有些人能够更深刻地意识到他们自己或别人生活中这些被‘遮盖’的部分的特征和趋势；尽管他们无法描述它，但他们比那些忽略这无处不在的基质（‘生活洪流’）或从表面看待它的人认识得更加深刻。此外，还有一些人试图借助适用于解决表面现象、适用于处理我们日常体验中相对容易察觉或容易控制的部分的工具——科学或玄学——来分析这种基质，于是他们创立了荒谬的理论，但在实践中遭遇了失败”。

伯林得出结论，机智“不是科学知识，而是一种对我们偶然被放入其中的基质轮廓的特殊敏感性；它是一种能力，使我们在生活中不致触犯某些既无法改变也无法全面描述和计算的永久性条件和因素；它是一种在没有科学原则可用的时候能够被经验原则——在农民和其他‘简单的人们’中流传的古老智慧——引导的能力。这种无法表达的对宇宙本源的理解是‘真实感’，是如何生存的‘知识’”。

一天晚上，哈罗德把这篇由伯林撰写的文章读给埃丽卡听，尽管这篇文章很抽象，埃丽卡很疲倦，哈罗德也不知道她到底能理解多少。

第 16 章

一次扭转乾坤的会议

一天上午 11 点 45 分，雷蒙德与埃丽卡来到员工食堂开始共进午餐（这一天雷蒙德起得很早，但由于埃丽卡的原因，他同意改变平时吃午餐的时间，提前 45 分钟吃午餐）。不久以后，其他有类似想法的人都改变了吃午餐的时间，以便能够同他们共进午餐。几周之内，在 12 点以前来员工食堂一角共进午餐的人数就增加到了二三十个。

这群人分属不同的年龄段，聚在一起确实有些怪异。其中包括埃丽卡的一帮朋友——30 多岁的人——以及雷蒙德的一帮 50 多岁甚至 60 多岁的老朋友。在绝大多数时候，他们的闲聊内容都围绕着塔戈尔特最近一段时间的各种愚蠢行为。有一天，公司宣布暂时停止招聘，“那不可能行得通，”雷蒙德微笑着评论道，“人们只会聘请临时工和实习生，并一直留着他们。我们过去常常让实习生在这里工作 5~10 年。如果你把他们当作实习生来雇用，就可以一直给他们发薪水，而又用不着提交任何表格，所以停止招聘完全没有实际意义。”

雷蒙德出生在明尼苏达州北部的一个大牧场，一辈子都没有赶上过时尚潮流。如果把他的一生拍成电影，那么吉恩·哈克曼应该被邀请来扮演他。

他和埃丽卡之间很快默契地形成了劳动分工。他负责观察塔戈尔特和他的管理团队是如何把事情搞糟的，而她则密谋掀起一场变革。如果让他自己决定，雷蒙德情愿整天冷眼旁观，对正在发生的一切给出酸溜溜的评论，但是埃丽卡想要采取行动。塔戈尔特一直在摧毁别人建立起来的一切。她的人生还有好几十年，她可不想这么早就眼睁睁地看着自己的前途化为乌有。她自己的创业尝试已经失败了，现在她被这家大公司聘来帮助它发展，如果它又毁于一旦，那么谁还敢再雇用她呢？此外，另外一些来自内心深处的东西也激励着她。从少女时代开始，她就深深感受过被轻视的滋味，无论她和母亲走到什么地方，那里总有浑蛋认为她们压根儿不配得到她们在那里找到的任何东西。如今，她只要想到自己每天在这群被教育过度的傻子们面前委曲求全，就会满腹不平，甚至在深夜被气得醒过来。

每天她都会敦促雷蒙德："我们得着手做些事！我们不能只坐在这里谈话。"最终他同意了她的想法，至少在某种程度上。

雷蒙德每天都吃自带的舌泥三明治，配上一瓶奶油苏打水。他同意他们应该汇总出一份完善的议案，该议案应该包括公司或许会尝试的另一套策略。但雷蒙德提出了几项规定："第一，不要暗中密谋。我们的一切行动都要光明正大，开诚布公。第二，不要计划搞政变。我们的目标不是希望公司有人事变动，我们只是提供关于总体经营战略的建议。第三，我们要一直给予管理层帮助。我们绝不会质疑任何人的能力。我们只是尽力向他们提供建设性的备选方案。"

埃丽卡认为他只是不愿意赤裸裸地宣称夺权而已。他的说法显得很委婉，但实际上他们要做的事情跟夺权没有任何实质区别。很难想象塔戈尔特会变成那种能够采纳雷蒙德所提出的策略的人。改变策略就意味着人事变动。但如果雷蒙德必须遵循这几项规定，让他能够觉得自己并没有违背某些诠释"忠诚"的传统道德规范，那么埃丽卡也可以理解他。

他们开始汇总那些可以拯救公司的建议。他们确实开诚布公地做着这件事，聚会地点就在员工食堂，而参与者自然就是"早午餐俱乐部"的成员们，大家这样称呼自己，是为了纪念雷蒙德提早进餐的安排。

他们几周来都致力于完善这份他们将要提交的议案，而埃丽卡对雷蒙德领导这个团队的方式极其感兴趣。首先，他似乎将大部分的时间都用来谈论他自身的缺点。“对不起，我很容易受到那些会分散注意力的事情的影响。”每次讨论前，他都会关掉手机并且这样说。事实上，没有任何人类的大脑能很好地避免受到那些会分散注意力的事情的影响，但雷蒙德足够明智，能够意识到这一点。“对不起，我真的不善于归纳问题。”他在某次讨论中插话道。事实上，大多数人的思维在处理可视图像时都比处理抽象概念时更为灵活，但雷蒙德足够灵敏，能够认识到这一点。“我们现在能设计一下议事日程吗？”他会说，“我的思维不断偏离主题。”事实上，大部分人每次思考某个想法时仅能保持全神贯注的状态 10 秒，但雷蒙德足够聪明，能够考虑到他需要借助某种外界安排才能保证一直遵循特定的思考顺序。在每次午餐开始时，他会写下一张需要讨论的事件清单，然后不停地浏览这张清单。

雷蒙德对于自身缺点的认识是非常透彻的。他知道他在同时比较两个以上选项时会有困难。如果你给他 3 个选项，他就糊涂了，所以他会把多个选项组合为二叉树，每次只进行二选一的比较，然后再进行进一步的比较。他知道他喜欢听到肯定自己观点的证据，所以他要求埃丽卡和其他人首先向他提供反面证据，而不是把它隐藏起来。他知道他在任何情境下都倾向于小心谨慎地处理问题，所以在论证小心谨慎的处理办法之前，他会强迫自己先总结一下足够冒险的处理办法的利弊。

早午餐俱乐部的计划是总结出 8~10 条能够呈送给董事会与管理团队的策略建议。他们每次专注于其中一条建议，在午餐时围坐在一起讨论。他们的大多数时间并没有真正花在构思新想法上。正如雷蒙德在很久以后的某天晚上向埃丽卡解释的那样，大多数商业会议并不是致力于制订出全新的计划，它们的目标是调动与会管理人员的思维，让他们采纳某种基本的处理方法。

“有人觉得这样有问题吗？”当他们正讨论一套新的雇佣制度时，雷蒙德有一次这样问道。事实上，思维善于检测自身的错误。20 世纪 90 年代初期，德国多特蒙德大学的迈克尔·法尔肯斯坦注意到，当受试者无意中错按下原本不应该按到的键盘按键时，他额叶中的电位会下降大约 10 微伏。曼彻斯特大学的帕特里克·拉比特发现，在输入错误字符时，人们敲击键盘的力度比输入正确字符时要稍微小一些，似乎大脑在最后一秒钟会无意识地试图阻止错误。换句话说，通过一系列复杂的反馈机制，大脑能够在犯错的同时认识到错误。通常情况下，如果你在考试时突然内心有所触动，觉得你写出的答案是错误的，那么你不妨改变答案，因为大脑能够在犯错的同时认识到错误。许多研究都表明，那些回头检查并改掉自己所怀疑的答案的人往往能够在考试中得到更高的分数。雷蒙德是在要求人们敏锐地感知大脑内部涌动着的这些微妙的报警信号。

有时埃丽卡会对他感到非常恼火。整个团队通常会为自己的工作设定时间表，大约给每项建议预留 3 天时间来讨论。此时他们正在就某项提议进行第 3 天的讨论，并且即将敲定这项建议，不料雷蒙德突然改变立场，开始陈述一项与他们刚商定的建议完全不同的提议。“你恰好提出了完全相反的观点。”埃丽卡恼怒地喊道。

“我知道。我的一部分人格认可那一点，另一部分人格认可这一点。我只是希望让我处于精神分裂状态的所有人格都能够发表自己的见解。”他开玩笑地解释道。事实上，研究人员已经发现，这种热衷于所谓“辩证式思维引导”的人通常比不这么做的人考虑得更周全。这会让人投入到内心的自我辩论中，比较一种冲动与另一种冲动。

最终，当辩论结束时，早午餐俱乐部都会进行表决。当一项建议得到认可后，雷蒙德总会拿起写着建议的纸，微笑着宣布：“好，这是一次高尚的失败！”

当他第一次这样说时，埃丽卡并不明白他的意思，于是雷蒙德解释道：“伟大的商业智者彼得·德鲁克说过，他所观察到的大约 1/3 的商业决策最终被证明是正确的，另外 1/3 最终被证明是仅有极小影响的，而最后 1/3 最终被证明是完全失败的。换句话说，我们所做出的商业决策至少有 2/3 的概率是错误的或大部分是错误的。我们认为这些都是伟大的决策，因为我们想认为我们自己是伟大的。我们想要保护自己的自尊心，所以我们宁愿自欺欺人地捏造出让自己满意的想法。然而真相却是，人生总是会不断地失败。我们仅仅是通过一系列受控的错误而前进。每一步都是部分性的失败，需要下一步来矫正。不妨把它看作走路，每一步你都在转动身体时失去平衡，而后你会迈出另一条腿来支撑。”

晚上回家后，埃丽卡把雷蒙德这天所做的事情告诉了哈罗德。哈罗德只见过雷蒙德几次，一次是在野餐会上，一次是在公司员工聚会上，但他觉得雷蒙德让他想起了自己以前认识的一个在闹市区剧院工作的木匠。那个木匠总想待在剧院里，但他绝不是真的想成为演员。他在高中时曾尝试过，但在舞台上演出让他感到不舒服。所以他成为一名舞台工作人员。他喜欢剧团的团队精神，乐于为整部作品贡献力量，同时他也享受着这种感觉：他往往比那些被自己的自负所蒙蔽的导演和明星更了解剧院。哈罗德的看法是，雷蒙德属于那种热爱运作事物的人。但他怀疑，当改变的时机到来时，雷蒙德绝不会真正想要挑战塔戈尔特的地位。他永远不会想要走上历史舞台，在拯救公司的戏剧中扮演主角。

埃丽卡并不是如此肯定。每天她都看到人们怎样在食堂里围绕在他的周围。他身上有许多不同的个性，离奇地混杂在一起。他非常谦虚，但也极其固执。人们通常认为谦虚的人也必定容易被说服，但有时雷蒙德却会显得极其倔强、固执。他将专业技能建立在对自身无知的深刻认识之上，但他相当自信。

回归核心业务，企业再造卓越

早午餐俱乐部的系列讨论越来越得到公司各部门中层人员的关注。公司里的许多员工充满渴求地看着雷蒙德和埃丽卡，希望这些唱反调的人能将他们从困境中拯救出来。塔戈尔特和他的团队也开始关注这帮人，但是对他们相当轻视，认为他们只是由不守规矩的失败者和失意者组成的乌合之众。

此时此刻，埃丽卡的主要问题是人微言轻，没有在公开场合提出建议的机会。早午餐俱乐部已经整理好了他们的建议。他们制作了一份长达 25 页的会议纪要，这份纪要囊括了他们的集体智慧，但他们没有什么好的方式来展示它。她可以按照正常流程将它提交，但它肯定会被管理层抛到脑后，被埋在文件堆里。她可以将它泄露给商业杂志，但那就违反了雷蒙德“不要暗中密谋”的规定。

幸运的是，上帝提供了机会。这一天，消费者新闻与商业频道（CNBC）的一位谈话节目主持人吉姆·克拉默宣称 Intercom 将会变得一文不值，他竟然拿出他们制造的一个电缆箱，在空中将它击碎，试图把碎片冲进他早已放在台上的抽水马桶里。

这样的演示通常并不会对股价造成巨大的影响，但这一次它触动了投资者敏感的神经。第二天，持股人纷纷抛售 Intercom 股票。几年前曾高至每股73美元的Intercom股票，一天之内就从每股 23 美元跌到每股 14 美元。

塔戈尔特觉得他应该站出来面对这场风暴，并且很自然地断定，他的一场公开演讲就足以让投资者重拾信心。他主持了他所谓的“紧急高层会议”。他邀请了执行委员会与董事会的全体成员，并在互联网上直播这场会议，让华尔街的分析师们也能够看得到。“我们想要说话，但也会聆听意见。”塔戈尔特在主持这场会议时说，“我想要介绍我们的计划，但也想听听你们的顾虑和想法。这是一个正在学习中的组织，我们将并肩向前。”这正是埃丽卡所需要的邀请。她告诉雷蒙德，他应该在会议上站起来，介绍他们的建议。雷蒙德要么是被她的建议吓坏了，要么是实在太聪明了，总之他回答说，只有埃丽卡也站起来帮助他，他才会这样做。

会议在闹市区的一家剧院里召开。塔戈尔特和他的团队坐在舞台上，舞台上的灯光照着他们，而台下则一片黑暗。这是因为他们希望让台下所有人自觉地当听众。“我想让你们知道，我对于公司当前的处境感到非常高兴，”塔戈尔特开始吹嘘，“我一直能够敏锐地感觉到业绩是如何增长的，而且我确信本公司正处于业绩即将呈现指数级增长的临界点上。我们有全美国最好的管理团队、最好的工人以及最好的生产线！所以我每天都带着极大的热情投入工作。

“接管本公司以后，我就着手开始做一件重要的事情，那就是使这里成为顶级的成长型公司。我认识到原有方法不再有效。我们必须得打破陈规，不断追求改变，通过打破游戏规则获得突破性增长。这就意味着彻底变革价值链，撼动僵化的标准操作流程。我们不能再有放松的奢侈念头，不能只是等着学习其他公司的成功经验。

“当我们开始迈出这勇敢的一步时，我们自始至终都了解，外界可能难以理解这一战略。我们了解，外界的评头品足或许将会误导那些不理解我们所担负的任务的人。可能有些批评者是善意的，只不过他们站在自身的立场看待问题，没有长远的眼光。不过，我们对自己要做的一切自有权衡。今天我在此告诉大家，我们已经达到或是超越了我们所制定的每一项指标。我们的变化比预想的更快，改革比预想的更好。我们没有忽视任何东西。在面对公司所面临的问题时，我们投入了一切。我们满怀激情开拓进取，尝试着一切可以帮助公司发展的策略。我们正处于爆发性增长的边缘。

“我一直都善于领会其他人的想法，我知道你们中的某些人很担心。但我在此告诉你们，当改革完成时，你们将会看到我们的整套计划是何等精细。很快我们就会开始采取另外若干步骤，这将使我们更加深入到规划当中，更加深入到不断增长的市场与社会网络当中。这些成果将会给公司带来彻底的变革。我们将超越近期的技术，引领整个产业的改变。我们即将开始一番引人瞩目的努力，改组公司，重塑我们的地位。”

他继续在这个方面说了一段时间，随后几位支持他的委员会成员站起来，展示了一些投影图与增长数字。

报告结束时，所有人都摸不着头脑。每个人以前都听过这些承诺，然而承诺中的好事并没有发生。但人们仍然想要相信，塔戈尔特很富有感召力，他的团队成员都很聪明。听众们对他的梦想并不感兴趣，但也没有敌意。大家都没有清晰的目标。

雷蒙德在过道里的一个麦克风前站起来。“打扰一下，我能提些建议吗？”

“当然可以，雷。”塔戈尔特回答。雷蒙德从来没有被人用这样套近乎的昵称叫过。

“我能到那上面说吗？”雷蒙德指着舞台上的演讲台。

“当然可以。”

雷蒙德做手势邀请埃丽卡与他一起到台上去。埃丽卡涌起一阵“冒名顶替被抓现行”的可怕感觉，但仍走上台去。

“塔戈尔特先生，我猜您已经知道了，我们一些老员工和一些年轻员工在过去几周里围坐在一起，集思广益，希望提出一些可能会对您的工作有帮助的建议。我们并不能接触到您所掌握的大量信息，所以我们的主意或许是欠考虑的、不可行的。而且，很可能您已经考虑过其中的每一项。

“不过，我们关注的话题之一在于，我们想更加清楚地知道这家公司究竟是干什么的。它过去曾是一家电网公司。我们铺设电缆，我们将电缆埋在地下，再连接到人们的家里。我们是一群机械师，我们开发新技术，维持设备正常运转。这就是我们的本职工作。这让我们为在这里工作感到自豪不已，公司也慢慢形成了不成文的行动准则。我不知道现在我们的本职工作是否仍旧如此清晰。我们似乎正在同时执行上千个不同的任务，涉及上千种不同的行业文化。当我开始在这儿工作时，本公司的目标就是成为最优秀的电力网络供应商，而不是单纯以收益状况来衡量我们的发展水平。当然，我不确定这二者是不是相同的。

“我知道我这么说听上去像个怀念过去岁月的老糊涂。当年我来到公司时，公司负责人还是约翰·科赫，我在他的管理下开始了工作。你们很多人都不知道有过这样一个人，但我还记得他，虽然那时我只是个新人。他从公司基层一步步晋升到首席执行官的职位，而不是‘空降’来一步登天的角色。他开的车、他的穿着打扮和言谈举止都令人感到亲切——与我们开的车、我们的穿着打扮和言谈举止都很相似。他应该赚得比我们任何人都多，这是毫无疑问的，但是他也跟我们这些人拿着同样的薪水，而不是领着跟与普通工人工资相比有天壤之别的首席执行官的薪水。当谈到科赫时，你会有这种感觉：当你跟他完成同样的工作时，你们会以同样的反应方式来应对各种事务。他清楚外面大街上的每个工人是否能干。

“科赫并不会预先制订宏伟的计划，他只会不断地调整经营策略。他总是用‘管家职责’这个词来描述他的领导风格。他继承了某些伟大的传统，他自己小心地保护它。他想要确定自己没把事情搞砸。我记得他过去常常遵从彼得·德鲁克的老一套建议。每次他做出决定时，他都会写下备忘录，记录下他此刻对未来发生的事情的展望。9个月以后，他会再次阅读备忘录的内容，试图弄明白他当时是怎样犯下错误的。他想尽可能多地从每次失误中吸取教训。”

雷蒙德继续说了好几分钟，一直是这种怀旧的口吻。他所说的话没有一句是公然批评塔戈尔特和他的团队的。他不断为自己这种回顾过去的伤感表示歉意。他不停地说，时间总是无情地流逝，人们每次回家时面对的情况都和离家时不一样，Intercom 公司当然也无法回到过去。然而，公司过去曾有过蓬勃上进、上下同心的企业精神，而现在这种企业精神已经荡然无存，今昔对比确实太过于鲜明了——这种对比太让人痛心了，根本没办法忽视。

埃丽卡试图接过话茬儿来，继续渲染雷蒙德营造的这种怀旧的氛围。这不是她平常的风格。在通常情况下，她喜欢表现得像那种穿着紧身白衬衣的泼辣女强人，但现在雷蒙德已经确立了更加平静、温和的基调。

她说，她曾经和一群工作搭档围坐在一起，进行头脑风暴式的讨论，她希望他们的部分想法或许能够对塔戈尔特和他的团队有一定帮助。她从谈论营收状况开始发表意见："我们用现金来支付账单。当银行存款足够多的时候，我们就能承受一两次意料之外的动荡。"但在过去的几年里，她观察到，公司已经耗尽了现金储备。员工们或许会产生这样的看法：现在的公司领导层认为现金是为胆小鬼准备的，负债则是敢于进取的信号。在过去的几年里，公司进行了一项又一项收购，最终累积了一大堆债务。

接着她谈到了公司结构。整个公司的结构显得如此复杂，很难说清到底谁该负责什么事情。公司里几乎没人会在工作时间表示"我对某事负责"，因为在所有事务里，责任都被分散到各个部门当中去了。她说，早午餐俱乐部提出了几个想法，可以简化这样的结构。

然后她谈到了战略。她暗示说，公司可能正处于自我毁灭性的过度活跃状态。那些靠赛马赚钱的人并不会每场赛马赌局都下注。事实上，他们很少下注，只有在他们认为自己能够洞察当前局面，并且这种洞察力能给他们带来好处时才会下注。沃伦·巴菲特过去常说，他一生之中所赚到的绝大多数财富来自几次决断，总共还不到10次。其中包含的道理是，领导者们应该预料得到，他们在整个职业生涯当中只有极少几次机会能表现出良好的洞察力，而当他们并不具备那样的洞察力时，他们不应该轻易做出决策。

随后她分析了公司的利润流。她指出，公司业务中与电网有关的部分仍旧发展得不错，只不过别的业务累积了太多债务，完全掩盖了这部分业务的成果。或许现在正是时候，公司应该改弦更张，重新将主要精力投入这项它最擅长的核心业务之上。

减少远程电话会议，致力于让人们面对面交谈，这或许是个好主意。绝大多数交流都是借助姿势而非言语进行的。人们很难通过观看显示屏上的信息来理解他人，或是分享想法与计划。她补充说，让更多的人以她所谓的“多范式小组”模式来协同工作，或许是个好主意。让不同小组的人从不同的视角看待同样的问题。首先，人类早已进化为适合参与较小规模的团队协同工作。事实上已经有大量证据表明，在大多数时候，集思广益取得的结果会比个人考虑的结果更好。在一项研究中，75%的小组成功解决了一项名为“沃森选择任务”的复杂卡片问题，相比之下，只有9%单独思考的受试者最终解决了这一问题。其次，当你让人们看待同样的问题时，他们会采用不同的分析模式。如果你仅仅依赖于一种模式，你会倾向于片面地曲解事实，让它符合你的模型。

“这家公司的员工们彼此间并不认识。”她补充说。她提起了她刚加入公司时发生的一件事，当时她与一位工作搭档一起去吃午餐。她提到了自己认识的其他一些同事，问他是否认识他们。他答道："不认识，我在这里才工作10年，我认得的同事并不多。"

她说，人们每天来上班时，并不会把他们的自我丢在家里。"尽管那会看起来愚蠢而且荒谬，不过我觉得这里的许多人都愿意在周五下班后参与特别的活动。我们可以把食堂变成沙滩，在那里进行沙滩聚会游戏。我们可以一起打垒球和排球。球场将会孕育很多友谊。"

埃丽卡继续这样说下去。她谈到了公司会议纪要（高管们应该总是把问题阐述清楚，告诉大家他们为什么想要做到某些事，而不是只要求下属做这些事）。她评论了公司即将正式推行的新雇佣流程（就连职位较低的人也会被烦琐的面试过程浪费大量的精力）。她谈到了导师制度，因为任何工作中的大多数重要技能都是内隐的，不能通过机械的教学手段来传授，只能通过分享与示范来传授。她建议，如果经理们能够在紧急关头帮助公司挽回损失、获得收益，那么他们应该赢得奖金，这样人们就能看到漂亮地完成一项工作后的即时回报。她描述了一些旨在重塑公司品牌的想法。在过去的几年里，Intercom公司试图让自己扮演一家类似通用电气或花旗集团的大型跨国企业，但在客户参与度方面有所下降。或许公司应该再次像过去那样坚定团结、激情四射。过去公司曾经分发过冰箱贴，而现在它则赞助高尔夫锦标赛。有些事已经改变了。

雷蒙德和埃丽卡并没有说很久，总共大约15分钟。然后他们把他们所写的会议纪要交给塔戈尔特，就坐下了。其他一些同事也站起来轮流发言。有些人很气愤地批评了管理层的表现。有些人说了奉承话。会议实际上并没有达成任何结果。股票分析师只听了塔戈尔特的报告，并没有听到后来所说的任何话。那天下午他们将 Intercom 的股价评级下调了一级。至于员工和董事会成员，他们并没有立即信服雷蒙德和埃丽卡所说的话，并没有冲上台将他们奉为国王与女王，也没有在辱骂声中将塔戈尔特赶出公司。不过，他们确实赞许地点了头。他们确实接纳了这样的意见：公司过去曾经很辉煌，但它随意扩张、挥霍，忽视了自身的核心竞争力。随着岁月的流逝、股票的持续下跌、债务的持续累积、新的收购举措未能阻止公司继续衰败，公司的氛围也慢慢地改变了。

众多员工和股东曾一度认为塔戈尔特是一位商界明星，他加盟公司是为了帮助扭转一切局面。后来，他们认为他是个好心人，只是在适应新行业时有些困难。再后来，随着时光流逝，关键股东和董事会成员认定他是个自恋且喜欢自吹自擂的人，他更在意的是他自己的个人形象，而不是他应该全力以赴为之服务的公司。随着人们有了这样的认知，另一个结论随之出现——公司这次应该从内部聘请一位领导者，这位领导者必须完全了解公司，能够带领公司寻回它曾经拥有的辉煌。公司需要的是恢复元气，而不是改革。

这样一来，他们理所当然地想到了雷蒙德。当扮演主角的时机已经成熟时，雷蒙德并没有退缩。尽管从来没有期待过自己能够成为本公司的首席执行官，他还是接下了这项工作。而且，他或多或少地取得了成功。他并不是那种适合登上《福布斯》杂志封面的首席执行官，但他重建了信任和信仰。他削减了不为核心业务服务的那些部门，提拔了几位有专业技能的员工，让人们意识到那种穿着白色短袖衬衣、戴着落伍于时代 10 年之久的老套眼镜的人并没有什么不光彩的。公司慢慢稳定下来了。

几年后，雷蒙德退休了。董事会又从外面聘请了一位首席执行官。他做得不错，坚持了 6 年。在他的任期结束之后，董事会决定从内部选出下一任首席执行官，经过一番马基雅维利式的考虑之后，他们决定提拔埃丽卡。她就任时已经 47 岁了。她一直在雷蒙德身旁学习，就像雷蒙德过去在科赫身旁那样。她并没有对公司进行变革，或是有任何勇敢的突破，但在她的任期内，公司不断发展，总能适应新的挑战。她热爱公司，采取与公司传统并行不悖的方式使它焕然一新。

第 17 章

婚姻遭遇危机以后

在大多数夫妻关系的演化过程中，双方都不得不经历从“激情热恋”到“平淡温情”的转变。“激情热恋”出现在双方关系最令人陶醉的初期阶段，“平淡温情”则是随后更为平静的状态，有更多的满足感，像朋友一样的状态，以及平淡的快乐。

有些夫妻无法经受这样的转变。联合国总结过 1947~1989 年来自 58 种不同社会的数据，结果表明离婚率普遍会在婚后第 4 年达到顶峰。不过多年以来，哈罗德和埃丽卡的关系一直保持得不错。在两人婚后第 12 年左右，埃丽卡接替了雷蒙德的职位，成为 Intercom 的首席执行官，而哈罗德则一直沉迷于过去几个世纪的世界，撰写他的书稿。接下来的 10 年里，相比彼此间的紧密结合，他们耗费了更多的时间专心致志地完成各自的工作。他们每个人都花费了大量的时间在工作上，都有自己深爱的事业，而生活中大多数事情，他们都忽略了，包括他们相互交流的能力。

两人都取得了一定的事业成绩，有资本稍微休息的时候，才发现他们之间已经不再有过去所设想的那么多的共同点了。这并不是说他们会吵架。他们只是转向了不同的兴趣和不同的关注范围。

在数年的自我提升与努力奋斗之后，他们已经厌倦于向他人屈服让步了。劳安·布里曾丹在她的著作《女性的大脑》(*The Female Brain*) 中写道，通常中年女性“会变得不太担心自己是否能够取悦他人，现在她只想要取悦自己……随着她的雌激素水平下降，她的催产素水平也会下降。她对情绪的微妙之处不太感兴趣；她不太在乎是否能保持平和的风度；而且在重复她之前做过的事情时，甚至跟朋友们聊天时，她会感到毫无乐趣可言，因为她的体内不再产生大量的多巴胺。在照顾自己的小孩时，她的体内也不再会产生令人平和的催产素，于是她越来越不关注他人的需求”。而男人则更不用提了，在婚姻中，即便他到了 50 岁，他也肯定不会突然变得更有教养或更容易沟通。

埃丽卡在商界已经成为一位小有分量的明星级人物。Intercom 公司已经复苏，利润越来越稳定。她参加一场又一场的会议，为钦佩她的听众们做报告，而每当回家看到哈罗德穿着短裤和运动衫坐在电脑前小口吃饭时，她总是有种失落感。他们的人生已经各自形成了不同的形态。埃丽卡喜欢忙个不停，她的日程表上排满了会议、午餐会和各种约定。哈罗德喜欢一个人待着，探索早期的历史年代，他的日程表上没有任何安排。埃丽卡全身心地投入到担任企业领导者的艰巨使命里，哈罗德越来越沉溺于由他的书、那些久远的人物和历史文献组成的世界。

对埃丽卡而言，哈罗德那些讨人喜欢的特征现在似乎开始逐渐变成他性格缺陷的标志。他习惯把袜子落在走廊里，这难道不是自私和自恋的标志吗？他不刮胡子就出去，这难道不是极度懒惰的标志吗？而对于哈罗德而言，他有时会对埃丽卡强迫自己去讨好任何可能帮助 Intercom 公司成长的人的行为感到恐惧。当她拉他外出参加招待会和聚会时，她总是在 10 分钟内就离开他。他必须被动地加入某些毫无意义的谈话中，而当他无聊地四处张望时，她或许正站在几米远处与某位首席执行官说笑，而她很可能曾经私下表达过她对这个人的厌恶。他有时会被她为获得成功而做出的妥协感到愤怒。她有时会被他本能的被动态度激怒，他总是以装模作样的自矜态度来掩饰这种情绪的被动。

威廉·詹姆斯曾说过：“智慧的艺术就在于明白自己应该忽

略什么。”在过去的几年里，埃丽卡和哈罗德可能已经忽略了对方的缺点，但现在他们开始抱着蔑视的态度默默地观察对方。

随着时间的流逝，他们逐渐丢掉了诚恳交谈的习惯，甚至不再注视对方的眼睛。晚上，她会在房子的一角打电话，而他在房子的另一角坐在笔记本电脑前。在他们刚结婚的时候，“分享一切”是他们的生活习惯，而现在，“什么也不分享”同样已经成为他们的生活习惯。有时埃丽卡会想要和他交流一些想法，但现在他们的关系当中已经存在着一种不成文的约定。如今，直接闯进他的办公室向他谈起充满激情的想法或古怪的事情或许并不合适。

当她对他说话时，哈罗德似乎根本没有听进去。埃丽卡可能每隔一周就会再次提醒他，让他不要忘了他答应过参加某些聚会或者完成某些任务。“你从来没告诉过我那些事情。”他往往会不高兴地回应。

“哪有！我告诉过你。我们说过这件事，你只不过没听我说。”她回答。

“肯定是你想象的，我们从来没有说过这件事。”他们都表现得理直气壮，但在内心深处，他们都怀疑自己是否失忆了。

婚姻专家约翰·格特曼提出，在健康的夫妻关系中，配偶间相互做出正面评价与负面评价的比例是5 ∶ 1。哈罗德和埃丽卡并不接近这条标准。他们之间的关系甚至完全无法以此来衡量，因为他们并没有对另一半发表过多少评论，无论正面的还是负面的。他们都有点想回到过去，那时他们坦率交流、彼此相爱，但现在他们都害怕自己贸然尝试表达好感可能会被粗暴地拒绝。所以他们之间的距离越来越远了。随着他们的关系逐渐恶化，他们会将这种恶化归咎于对方的性格缺点。他们都幻想或许有一天他们能够遇见一位婚姻顾问，而这位顾问会彻底地支持自己，指出这一切完全应该归咎于另一个人。

在工作和参加晚宴时，他们仍然表现得很恩爱，他们料想没有任何人能够推测到他们的家庭生活出现了怎样的问题，但实际上并非如此。当哈罗德在聚会时给大家讲故事时，一等到他讲完，埃丽卡会立刻脱口而出："真正发生的事不是那样的。"每个人都能感觉到她语气的刺耳。

他们都变得非常忧伤。埃丽卡在用吹风机吹干头发时会哭起来。她扪心自问，如果需要放弃所有事业上的成功才能换取家庭的快乐，这样的交换是否值得。哈罗德有时会看见年龄跟他相仿的夫妻十指相扣外出散步，而现在对他来说，如此温馨的场面是难以想象的。对哈罗德与埃丽卡而言，幸福与满足感主要来源于工作成就，而这远远不够。哈罗德并不会自杀，但如果有人告诉他他患了致命的疾病，他感觉自己会平静地面对这一现实。

越来越远的两个人

哈罗德与埃丽卡的关系是完全不合逻辑的。他们都想要修复自己的婚姻，然而他们都陷在恶性循环之中，其中包括孤独。那些感到孤独的人倾向于更有批判性地对待周围的人，所以他们会严苛地看待其他人，而这样就会变得越发孤独。除此外，他们都感到悲伤。两个人都感到情感上的脆弱，都觉得与对方在一起没有任何乐趣，于是出于某种生存的情绪本能，两个人都退缩到离对方更远的地方。还有宿命论，那些认为没什么可做的人会变得越发消极沮丧。

哈罗德在这一阶段发胖了，特别是腰部周围，这个部位通常是与压力相关的脂肪堆积的地方。他喝了太多的酒。依照他的习惯，他将悲伤转换为一个哲学问题。他沉迷于清心寡欲的斯多葛派哲学，他的结论是人们降生在地球上并非为了快乐。他告诉自己，人生就应该是充满苦难的，而且如果把他的婚姻排除在外，那么他的人生应该算是很不错了。他尽量让自己对家里所发生的事无动于衷。

埃丽卡对照她取得的成就来看待她坎坷的婚姻。或许哈罗德忌妒她的成就。或许他感到丢脸，想要把情绪发泄在她身上。在他们刚结婚时，他是他们中更加有教养的那个，但现在她更加善于处世。她是得到大部分关注的那一个。她是耀眼的明星。跟一个如此缺乏雄心壮志的人结婚似乎是个错误，现在她为年轻时的轻率行为付出了代价。她下意识地想让自己从生活的困扰中摆脱出来。她在家的时间更少了，即使当她在家时，也渐渐变得更为漫不经心，免得受到伤害。

人们一般认为，中年期的离婚通常首先是由男人提出的。他们找到了年轻貌美的第三者，于是出轨。事实上，在 50 岁以上夫妇的离婚事件当中，65% 以上的离婚要求是由女人提出的。她们感到不再需要丈夫——她们承担了琐碎的家务，履行了家庭义务，无微不至地照顾他们，付出了感情和关怀，却得不到任何回报。所以埃丽卡也开始用她深谋远虑的战略眼光来考虑前景，考虑离婚可能给她和哈罗德带来的后果。他们能够好聚好散地离婚，而不会打得头破血流吗？

是时候离婚了吗？

一天，在为一件小事争吵之后，埃丽卡告诉哈罗德她一直在寻找公寓。或许是时候离婚了，她把理由分析给他听。她观察到，他们现在已经朝离婚的方向走了很久了。早在10年前，离婚的可能性就在她脑海里闪过。她希望他们从未结过婚。没有任何证据表明他们有扭转这一局面的可能。

当这些话从她嘴里滔滔不绝地说出时，她感觉自己仿佛正迈过悬崖边缘。当然现在已经没法再回头了。她的思绪跳转：如何向她的亲戚和同事们解释离婚，如何再次开始约会，他们应该怎样对外正式公布离婚的原因呢？

哈罗德并没有感到震惊或是惊讶，但他并没有按照逻辑迈出下一步。他并没有开始谈论他们应该做什么。他并没有说请律师，或对如何分割他们的财产提出任何建议。他只是倾听她所说的，然后谈起了请他们联系过的维修工人上门服务的事情，随后就去厨房拿苏格兰威士忌了。

在接下来的几周里，就好像什么都不曾发生过一样。他们回到了各自的轨道。然而哈罗德确实感到他心中的构造板块似乎在挪动。一个人内心的想法会发生变化，即使生活一切照旧。

几周后的某一天，哈罗德正在一家比萨店独自吃午餐。他透过窗户望着街对面的校园，那里有几百个小学生在户外的柏油路上活动。他们有的匍匐，有的奔跑，有的攀爬，有的摔跤，有的打闹。真是令人惊奇：你只不过将孩子们放在一块空旷的平地上，而他们就会将它变成一场快乐的嘉年华。

当他们结婚后，哈罗德曾设想他和埃丽卡自然会有小孩。他认识的所有家庭都有，但埃丽卡在头几年是那么忙，时机从来都不对。有一次，大约在他们结婚后的第 5 年，他只不过以正常的聊天方式提及他想要孩子的愿望，“不，不是现在！”她朝他喊道，“不要再突然跟我提这样的事情了！”

他感到震惊，不知究竟是怎么回事。她气愤地去了办公室。

那是他们唯一一次就这个话题进行交流。这是他们生活中最重要的话题之一。这是他们最重要的分歧，是潜伏在他们之间的一个炸弹，他们从未再次谈起这个话题。

哈罗德每天都在考虑孩子的事情，但他已经很害怕再次提起这件事。他不愿跟埃丽卡发生冲突，他知道自己不可能在跟她进行的意志对抗中获胜。他想当然地以为，凭借他的被动态度，他或许可以让她改变主意。想必她会了解他想要孩子的想法，对他感到同情，最后决定要孩子。

她已经意识到他性格里“被动进攻”的一面，这使她很反感。他内心深处对她不跟他商量就单方面决定不要孩子的鲁莽行为感到愤怒。这是他们生活中最重要的选择之一，而她甚至从未考虑过跟他商量。

他经常回忆他们关于这一问题的简短交流。他不知道是什么激发了埃丽卡的强烈反应，或许她的童年给她留下过某种创伤，或许她曾发誓永不将孩子带到这个世上，或许她对工作太过投入，或是缺乏某种母性的本能。有时他想要强迫她生孩子，但他知道不能以强迫的方式将孩子带到这个世上。

然而他仍然会盯着孩子们看。在中年忧郁症发作的时候，他望着坐在飞机上的小宝宝，偷偷观察他们的小手和小脚。他注意到蹒跚学步的小孩跟他们的爷爷一起外出——这些老人们笨拙地试图喂他们吃东西，推着他们到处走。他望着人行道上成群的孩子们，他们相互开着玩笑，快乐地沉浸在自己的世界里，完全不在意冷热或者他们自己膝盖上的伤痕。在他愤怒的时候，他将妻子不要孩子的想法视为冷酷、不具备生育能力、自私、肤浅地热衷于工作等性格缺陷的标签。在这些时候，他看不起她。

匿名戒酒聚会带来了内心的改变

哈罗德几年以来一直有轻微的抑郁症状。他继续写他的书，组织他的展览，但工作赢得的赞誉不知怎的开始使他沮丧。公众的赞赏跟他内心的孤独形成了鲜明的对比。

他的婚姻处于休眠状态。他没有孩子。他并没有积极参与某种政治性或慈善性的事业。他没有任何能够为之牺牲的目标，没有任何能够全身心投入的兴趣。当然，埃丽卡总在他身旁，仿佛他的陪衬一样。他逐渐开始鄙视她的偏执和干劲儿，同时也为自己似乎缺乏这样的能量与渴望而感到悲哀。

他在睡觉前总是喝酒，但在这段时间，他在白天早些时候就开始喝酒。苏格兰威士忌成了他的咖啡因。他的大脑大部分时候都感到疲倦而迟钝，但如果他喝了一杯威士忌，就会有一刻的清醒，这时各种想法会涌现在他的脑海里，一切都再次变得鲜明、清晰。然后，当然一切又会变得模糊，而他则会陷入一种虚幻般的情境里，这总比什么也感觉不到要好。

大多数时候，哈罗德会喝下一瓶威士忌的1/3。他在早晨醒来时会发誓改变生活，但酒瘾影响了他的学习能力。酒鬼和其他成瘾者知道他们在做什么，但似乎无法将知识内化为永久的生活经验。一些研究者认为，他们之所以缺乏这种能力，是因为他们前额皮质层的神经可塑性遭到了破坏。他们已经无法从错误中习得经验了。

有一天，哈罗德有了一种灵感。它非常像许多年前埃丽卡想要上“学园”读书的那天出现的灵感。哈罗德意识到他无法靠自己改变酗酒的习惯，但他可以将自己置于某种可能触发改变的环境中。他决定去参加一次匿名戒酒聚会。

这对他这样一个不合群的人而言很困难。然而有一天，他发现，在一片供小孩们玩耍的曲棍球场旁边，就有一个房间正在召开这样一次匿名戒酒聚会。他走进去，发现自己处于跟他体内所有冲动完全背道而驰的情境之中。

哈罗德一辈子大部分的时间都跟那些富足且接受过良好教育的人们待在一起，而在这儿，他忽然必须跟办事员、销售员和巴士司机待在一起（事实上，这里的巴士司机数量多得令人吃惊）。哈罗德已经习惯于生活在他自己的世界里，但在这里，他被迫与其他人建立深入的伙伴关系。哈罗德在推崇自尊自立的文化中长大，但在这里，他被迫放弃一切，承认自己的软弱和无能。哈罗德已经好几年没有从错误中吸取过教训了，但“12 步戒酒法”把他的错误抛给了他。他不得不一次次战胜自己。哈罗德在这几年间已经变得相当世俗，但一种模糊的宗教信仰弥漫在这个团体里。这里的人并不单单告诉他要戒酒。这种聚会并不只是适可而止的尝试，以解决酗酒这个单独的问题。他们鼓励他净化心灵，重新接触他内心最深处的隐秘之所。如果他最终改变了他的整个生活方式，那么戒酒只会是一种让他高兴的副产物而已。

哈罗德阅读了 12 步戒酒法，保留着聚会中的硬币，但真正挽救他的还是聚会团体里的人们。匿名戒酒协会对大多数人并没有效果。研究人员一直不能预测谁能从协会中获益而谁不能。他们甚至不能在“这种方式是否比别的方式好”或“这种方式有没有效果”等方面达成一致意见。

这是因为研究人员没办法把不同协会团体中的伙伴关系简化成通用公式，无法对它进行跨群比较，更不能通过一项社会科学实验来加以提炼。事实上，关键就在于匿名戒酒协会团体中伙伴关系的质量。哈罗德参与的这个团体的精神核心有 3 个人，其中一位是体重严重超标、热爱歌剧的女士，一位是摩托车修理工，还有一位是银行家。他们在一起已经将近 10 年了，营造出了团体的基调。他们不接受任何没有意义的东西。这个团体里曾有一位少年因滥用抗抑郁剂而猝死。他们帮助每个人克服精神创伤。团体里总会有些人跟别人长期不和，领导者们强行要求他们遵守行为准则。哈罗德变得非常佩服他们，开始把他们当作自己的行为榜样。

好几个月里，哈罗德几乎每天都去参加聚会，此后他偶尔会去一次。要说这个团体改变了他的生活，这或许有些夸张。准确地说，他发现跟他们相处是非常值得的。团体里有些人很自恋，许多人不成熟，许多人严重地搞砸了他们的生活。每一次聚会，他们都强迫他谈论自己。他越来越清醒地意识到自己心中的痛苦需求。他发现自己尊重那些不如自己高雅、不如自己有教养的人，他唤醒了自高中时期就处于蛰伏状态的某种情绪，他变得更能意识到自己精神世界的变化。

他并没有戒酒，但现在晚上 11 点前他绝不喝酒。真正改变的是他的本能。不知在什么时候，他无缘无故地变得过度敏感。

一旦接触到痛苦的信号，他就会立刻退缩。他避开任何可能引起他内心痛苦的情境。他逃避任何可能激起愤怒、伤害和不愉快的对抗。现在他没那么害怕了，他可以直面这些隐藏的幽灵，他不必活在对悲伤与伤害的恐惧里。他知道他能够面对它并且活下来。

露营活动唤起了生活的激情

他对“化装露营”活动的投入完全出于偶然。一位朋友想去康涅狄格州探望他在那里担任夏令营管理员的女儿，于是就问哈罗德是否愿意搭便车与他一起去。他们在康涅狄格乡下离开了公路，穿越一条很长的泥路，沿途经过田野与池塘。他们偶然遇到了一群手挽着手的 9 岁女孩。哈罗德迷恋地看着她们，这些日子他常常这样盯着孩子们看。他的朋友将车停在一幢小木屋附近，之后和他走下山坡，到了一个狭长的湖岸边。湖面大约长 1 英里，周围环绕着群山，山上郁郁葱葱。遥望四周，他们看不见房屋或是公路。这片营地似乎与世隔绝，孤单地处于荒野当中。

夏令营同时为富人和穷人服务。有些孩子来自曼哈顿的私立学校，另外一些孩子是凭借在布鲁克林或布朗克斯的学校里获得的奖学金来这里游玩的。随着时间的流逝，哈罗德将会意识到，这个夏令营是他所知道的唯一真正具有内在完整性的机构。

他注意到的第一件事是这里的硬件设施似乎都已经很老旧了。像这样的通用型营地在专业化的时代面临着严峻的挑战，如今大多数父母会首选能够让孩子学到专业技能的方案——计算机夏令营、音乐夏令营、棒球夏令营。

这里的时代精神似乎也跟主流文化相对立。这个地方似乎有一种嬉皮士的氛围。在来到夏令营的第一天，哈罗德就看见管理员与孩子们一起唱20世纪60年代流行的歌——《神龙帕夫》和《一个锡兵》。哈罗德也看了几场篮球赛，出人意料，他们的水平很高。他经常看到孩子们发生身体接触。营员和工作人员就像非洲黑猩猩一样嬉戏打闹。他们全都懒洋洋地相互倚靠着，将头发编成麻花辫，笑闹着扭作一团。他们在湖区扮演马可·波罗。

他遇见了夏令营的负责人，他看到哈罗德的目光中闪动着喜悦，于是问他是否有时间在这里担任志愿者。那年夏天，哈罗德又去了这个营地两次，帮忙做些零活儿，比如在跳方块舞时照看孩子们。整个冬天，他为建设游泳码头募集资金。第二年夏天，他在周末来访并协助翻修了步行小路。一天，他看到了一场垒球比赛。孩子们在篮球方面水平不错，但在垒球方面却很糟糕。有些人从未学过掷球。哈罗德做了一个垒球教学计划，甚至为此组建了一个指导联盟。

8月初，负责人问他是否能腾出5天时间，协助领导一场沿康涅狄格河顺流而下的独木舟旅行。参与此次旅行的有15个十多岁的少年、两名大学生管理员以及哈罗德，他比参与这次旅行的其他所有人都年长30岁以上，但他在队伍里过得如鱼得水。

他们顺着河道划桨时，他会组织各种小竞赛。他教他们唱歌，从他们那里了解到有关凯蒂·佩里和雷帝嘎嘎的信息。晚上，他们开始喊他"老爸"，并以青少年那种诚挚的、略带沉重却坦率的方式，对他诉说他们的问题——关于他们的恋爱、他们父母的离婚，或是他们对长辈期望他们做什么事的困惑。他们信任他，这让哈罗德非常感动。他全神贯注地倾听。孩子们似乎对权威人物非常崇拜。他原来以为，当孩子们诉说他们的问题与恐惧时，老师和其他专业人士知道该怎样回答。至少他确实不知道。

独木舟旅行的最后一整天都是很艰苦的。他们全天都在划桨对抗强风。哈罗德告诉孩子们，当他们成功到达目的地后，他们就可以拿出所有的剩余补给，开始一场食物大战。当他们到达最终的露营地时，孩子们抓起了各种生活必需品，在数分钟内就开始相互泼溅。花生酱在空中飞溅。每个人都被果冻弄脏了衬衣。做蛋糕的面粉被和成了面糊，又变成不规则的圆球。孩子们、夏令营管理员们和哈罗德都躲在树后，用夹肉面包条组织伏击，抵挡由橘子果汁粉形成的暴风雪。

当战役结束时，他们从头到脚都是黏糊糊的东西。他们握起手，排成一排跳进河里冲洗。然后他们上岸换了衣服，点燃火把。哈罗德在这场旅行中没有带酒，那天晚上很晚才清醒而快乐地回到他的帐篷。他躺在睡袋里，感到精疲力竭而又无比幸运。情绪的转变速度之快是很有意思的。在一瞬间，他心中的某些东西转变了。他突然想哭。

在他整个成年人生中，他从未哭泣过，除了偶尔在黑暗中看到电影以悲剧结束时。这一次他也没有真的哭出来。他感受到胃肠深处的震颤，感受到眼睛背后的压力，但实际上并没有眼泪流出来。他产生了一种想象自己正在哭泣的古怪感觉：他正在上方漂浮，瞥见自己缩在睡袋里啜泣。

随后它就过去了。他思考着自己营造出来的生活，想象着假如当初自己更开朗一些，并且拥有更多的热情和更大的勇气，那么现在他营造的生活会是什么样子。最后，他睡着了。

第 18 章

凭道德感完成自我救赎

埃丽卡从来没见过酒店走廊里的所有人都对着隐藏的对讲机讲话的景象。她来到了纽约抛物线豪华酒店的顶层，从这里可以俯瞰中央公园。离开电梯的时候，她看见保镖们跨过大厅对面的一扇扇门，表情冷漠地互相看着，偶尔对着对讲机讲几句话，更新日程信息。在这里入住的有沙特亲王、俄罗斯寡头和中国的亿万富翁，每人的房间外都站着一群肌肉结实的随从，这既可以炫耀排场又便于保护主人。

酒店礼宾员领着埃丽卡来到她的总统套房，这个套房被奇怪地命名为印度套间。礼宾员像太监在天子面前那样卑躬屈膝、诚惶诚恐，领着她走进了一个陈设讲究的房间，这里比她儿时居住的整套公寓还要大四五倍。整个房间完全像是拉尔夫·劳伦的私人天堂一样——这里有巨大的英式胡桃木镶板，各式各样用大石头砌成的壁炉，散落在壁龛周围的英国俱乐部常用的椅子，以及摆放在角落里的巨型大理石棋桌。浴室里居然安排了两个可以洗鸳鸯浴的浴池，让入住者可以在其中一个浴池里洗头，在另一个浴池里护养皮肤。她在复杂精巧的套房里徘徊，流露着难以置信的诧异神情，心里揣摩着屋里没有鳟鱼游弋的溪流之类的事情。

礼宾员殷勤得有些过分了。在某些高档消费环境中，礼宾员和服务生会对你的每个需求过度服务，他们为你做得越多，你的生活反而会变得越不方便。你每喝一口咖啡，他们都会殷勤地跑来为你续杯，结果你不得不再次往咖啡里加糖加奶，以维持适宜的口感。当你想要穿外套的时候，却发现连夹克都被他们拿去洗了。这一次，礼宾员坚持要为埃丽卡拿行李，帮她的电脑连接好无线网，埃丽卡几乎想掏出高压电眩晕枪把这个家伙轰走。

这一切都是东道主的精心安排，这个东道主被她称为“假想先生”。多年以来，她一直通过商务杂志的封面专题关注着这个人的事业，后来当他们在一次慈善活动上偶遇时，他主动邀请她加入他的董事会。

假想先生对埃丽卡表现出异乎寻常的兴趣，经常约见她，真诚地咨询她的意见，甚至还在圣诞节送她礼物。每年圣诞节，他都会给他最亲近的朋友们寄一个装满了礼物的巨大盒子，盒子里的礼物可能有笔记本电脑、自命不凡的私人传记、摩洛哥羽绒被套、堪称古董的威尼斯版画以及其他各式各样的奢华物件，这些东西彰显了他的品位和鉴赏力。

假想先生运营的业务是全球性的，有一定历史渊源。他在伊利诺伊州南部的荒郊白手起家，现在已经将自己塑造成了主宰宇宙的总裁。他身高一米八五，两鬓斑白，有时出现在马球场上，有时主持慈善活动。

他的座右铭是“永远不要像雇员一样思考”。似乎从很早的时候开始，他就坚信他将会拥有和管理一家大公司。他在大学里就开始了他的商业生涯，用巴士把学生们送到劳德代尔堡度过春季假期。几十年后，他已经收购了无数企业，包括一家他自己担任总裁的龙头航空公司，但他似乎也要花不少时间忙于各种活动：在马特宏峰顶摆姿势拍圣诞照，谈判购买欧洲顶级足球俱乐部，出席为支持儿童糖尿病研究而举办的但丁歌剧《地狱》慈善义演活动，与他 5 个完美的儿子奇普、瑞普、迪普、必普和利普一起出席 F1 方程式赛车。

假想先生没法安静地坐下来。他的一举一动都表现出他相信自己是蒙受上帝特殊照顾的宠儿。他研究肯尼迪总统的照片，花大量的时间在镜子面前模仿当年在 1 000 码距离之外开枪刺杀总统的那个“命中注定的人”凝望的眼神。然而每隔几分钟，他都会情不自禁地大笑起来，好像没法相信他自己正过着如此奇迹般的人生。这就像是看着“小鬼阿丹”每隔几分钟就惊醒，发现自己成为罗马教皇一样。

他在参加“阿斯彭战略”和“三边委员会”时有一天的空闲时间，所以他邀请埃丽卡前来进行咨询。每年他都会把航空公司的发展目标写到一张纸上，这次他想让埃丽卡帮他决定哪些需要优先考虑，哪些暂时不必考虑——升级网上购票流程、改革雇员健康保险金计划、更换首席财务官，或者减少美国中西部地区北端的航班数量。将埃丽卡安排在这个套间里下榻，是他过于殷勤的待客风格的典型表现之一。

他们就在她的套房里进餐，因为假想先生认为他自己太有名了，到楼下用餐的话会被那些慕名而来的追星族们打扰得没办法专心吃东西。他订了“俄罗斯河谷”牌红酒，还配了来自葡萄牙的薄脆饼，在这一过程中，他表现出了让埃丽卡心烦不已的洞察力——就像是过分炫耀自己的品位。他们谈到了企业使命，也谈到了中国的人民币问题、风力发电、瑜伽、曲棍球，以及他对主角在最后死掉的小说的热爱——他把这样的小说称为罗伯特·乔丹式的经典。

尽管这是一次商务午餐，埃丽卡还是任由卧室门敞开着。她任由鞋子从自己脚上滑落，用穿着袜子的脚在地毯上拨弄着它们。她有点儿被这个男人迷住了。两人在谈话的时候都会紧张地轻敲手指。让她在那天夜里跟他同床共枕的并不是她婚姻的焦灼状态，也不是她内心深切的孤独。她这样做的主要原因是与一个出现在《福布斯》杂志封面的男人发生关系的新鲜感，以及体验这种她会永远回味的事情的兴奋感。

如果说她对这位假想先生还有更深一层的渴望的话，那就是她过去曾经有过的幻想：成为新闻头条夫妻档的一员，与另一半互补，就像企业界中的弗朗西斯·斯科特和塞尔达。

他们的午餐持续了两个小时。他最后用他的虔诚展开了对她的攻势。当他们在客厅里站得很近时，他告诉她，她是他最珍视的咨询顾问。他继续说，珍视程度略次于已经指点了他35年的神父。通过这位神父，假想先生开始在天主教慈善机构、哥伦布骑士会、罗马教皇基金会和其他一些天主教团体里活跃起来。这真是他的典型做法：为了与一个已婚妇女上床，他居然大谈特谈他对梵蒂冈教廷做出的贡献。他并不觉得自己是一个会按照常理出牌的人。

埃丽卡借助自己的肢体语言表示，她是他唾手可得的猎物，而按照他的原则，假想先生自然不会让任何一个机会从身边溜走。

为自己的出轨行为感到羞愧

几年之后，当她看到他的脸出现在《福布斯》封面上的时候，她对自己这段私通的插曲只是一笑了之。但是，在发生这一切后的当天晚上，她的感觉却大不相同。

性本身无关紧要，确实无关紧要，只是不需要任何反响的动作而已。但是当他离开这里大约一个小时后，她感受到一种奇怪的感觉。她的五脏六腑仿佛正在崩塌。在那天的商务晚宴上，来自心底的痛苦慢慢地向她袭来，当她独自回到套房中的时候，这种感觉忽然变得鲜明起来，就像是最锋利的刀刺穿了她。她痛苦地弯下了腰，瘫坐在椅子上。她最后终于意识到，这是自我憎恨、羞愧和强烈的厌恶感。那一夜，她感受到了各种各样的酸楚和苦痛。所有一切都涌入脑海，不仅包括当天下午发生的出轨事件，还有她以往生活中的种种可怕瞬间。她的悔恨开始翻腾，她无论如何都没法让它消退。

在晚上最黑暗的几个小时里，她稀里糊涂的。她发现自己拍击着床垫，摔打着枕头，直起身后再狠狠地躺在床上。她发现自己在剧烈的痛苦中大声呻吟。她在房间里绕来绕去，突然冲到厨房里打开了几瓶苏格兰威士忌，但是它们太微不足道了，完全起不到减轻痛苦的作用。她并不是害怕被捉住。她甚至都不害怕任何可能的后果。在她人生的这一阶段，她不会感觉到上帝的存在或者畏惧上帝的惩罚。她甚至不觉得“罪行”这个词能够描述这场风暴。这仅仅是痛苦，一种只要她呆滞困倦、脆弱无比后睡上几个小时熬到第二天就能用别的情绪取代的痛苦。接下来的几天里，她的情绪全都毫无掩饰。她听着汤姆·威兹的哀伤音乐。她在飞回家的途中完全无法集中精神来工作，只好阅读福克纳的小说打发时间。她之后再没跟人发生过婚外性行为，仅仅是这样做的念头就让她的内心立即充满了强烈的憎恶感。

道德感是一种直觉反应

按照传统的说法，埃丽卡是向自私与短视的欲望屈服了。在她内心的激情和脆弱感的作用下，她背叛了自己在婚礼那天向哈罗德许下的誓约。

这种传统的理解方式是建立在某种关于人类思维的民间智慧

的基础上的。这种民间智慧认为，道德抉择的核心内容是影响力的斗争。斗争的一方是自私和本能的激情，另一方是理性的影响力。理性用逻辑来评估情形，运用相关的道德原则解决道德困惑，找出适当的行动方针。然后，理性会利用意志力试图控制激情。当我们表现得让人钦佩时，理性会征服激情，控制意志。用南希·里根的话来说，理性只是“说不”。当我们表现出自私和短视的行为时，我们要么没有运用理性，要么任凭激情压倒了它。

在这种观念里，作为二级认知的意识是英雄，而作为一级认知的本能则是坏蛋。前者站在理智和道德一边，后者站在激情、罪恶和自私一边。

但这种比喻并不符合埃丽卡从她跟假想先生的越轨行为中感受到的真实体验。埃丽卡在不知不觉中出轨，之后为此承受痛苦，但这并不是因为她屈从于一时的激情，事后才冷静地意识到她亵渎了自己的原则。事实上，当她那天晚上在床上不断自责时，她的内心涌动着强烈的激情，比她被引诱犯下过错时更加强烈。这并不是因为她后来有意识地对她的窘境进行了理性思考，并且冷静地再次反思了她的决定。她的感觉根本就不是这样的。悔意是莫名其妙地找上她的，跟出轨行为一样神秘莫测。

埃丽卡的真实体验并不像是一场关于理智与激情之间斗争的戏剧。准确地说，当假想先生来到房间里站在她面前时，埃丽卡对这种情况是一种感觉，而她根据这种感觉采取了行动。然而到那天夜里，对当时情况的另一种感觉突如其来地淹没了她。一种情绪替换了之前的那一种。

她几乎觉得她是两个不同的人：一个以略显迫切激动的方式来看待出轨的引诱，而另一个则将这件事视为耻辱。这正像《圣经·创世记》所描述的那样：亚当和夏娃被驱逐出伊甸园后，他们睁开眼睛看见了彼此不加遮掩的身体。晚些时候，她看着她自己，没办法解释自己的行为："我当时到底是怎么想的？"

此外，和假想先生一同犯下的过错已经给她留下了某种精神创伤。在随后的几年里，当类似的情形再度发生的时候，她甚至都不用考虑该如何回应。根本没有诱惑需要她来抵御，因为只要想想再度出轨的事情，她心中就会产生痛苦和厌恶的感觉——就像一只猫本能地避开烫伤过它的火炉一样。埃丽卡并不是因为对自己的了解而变得更高尚了，她只是对这种特定的情形做出了全然不同的反应而已。

埃丽卡的体验表明了理性主义的民间道德理论当中存在的诸多问题。首先，就像埃丽卡当晚在痛苦中做出的各种疯狂举动那样，我们大多数的道德判断并不是冷静、理性的判断，它们往往直接来自心灵深处，而且常常是狂热的反应。我们每天都会对各种行为做出瞬间的道德评估，并不会真正思考自己为什么会这样评估。我们看见不公现象就会义愤填膺，我们看见慈善举动就会感到温暖。

弗吉尼亚大学学者乔纳森·海特提供了许多足以证明这种即时道德直觉发挥作用的例子。想象一个男人从杂货店买了一只活鸡，通过刺穿它来体验到性高潮，然后烹饪并且吃掉它；想象让你吃掉自己死去的宠物狗；想象让你用本国国旗擦自己的马桶；想象一对兄妹在结伴旅行途中决定在具备安全措施的条件下发生性关系，他们对此很享受，但是决定绝不再这样做。

海特通过一系列的研究表明，绝大多数人对于这些场景有着很强的直觉（以及负面）反应，尽管他们从来没有因其中任何一种场景受到过伤害。通常情况下，海特的研究对象无法解释清楚，为什么他们觉得这些东西如此令人反感或是不安，他们只不过是感觉到反感和不安。这是潜意识的召唤。

此外，如果强调二级认知的理性主义的民间道德理论是正确的，那么我们就应该认为那些整天进行道德理性思考的人会更加高尚。研究人员也对此进行过专门的研究。他们发现，思考道德理论和做出道德举动之间几乎没有任何相关性。迈克尔·加扎尼加在《人类》（*Human*）一书中写道："很难在道德理性和像乐于助人这样的积极高尚行为之间找到任何相关性。事实上，绝大多数的研究至今都没有揭示出类似的相关性。"

如果道德理性思考能让人有更多的道德举动，那么不那么情绪化的人应该更加有道德才对。然而在某种程度上，事实可以说正好与此相反。乔纳·莱勒指出，绝大多数人在目睹别人承受苦难时，或是在阅读描述谋杀或者强奸案的报道时，会感受到一种发自肺腑的情绪反应。他们手心出汗，血压猛升。然而，另外一些人却没有任何情绪反应。这些人并不是超越理性范畴的道德家，而是精神变态者。精神变态者似乎不会因别人的痛苦而产生任何情绪。你向他们展示死亡和苦难的恐怖场景，他们也无动于衷。为了得到他们想要得到的东西，他们会不遗余力地制造出最恐怖的灾难。一项针对虐妻狂的研究表明，当这些男人变得更有攻击性的时候，他们的血压和脉搏竟然会下降。

最后，如果理性思考能产生有道德的行为，那么能够得出道德结论的人应该能够基于这些普适性的道德法则，在各种各样的情境下运用他们的知识。然而在现实中，我们很难发现这种知行合一的情况。

一个世纪以来的无数实验表明，人们的实际行为并不受那些在各种情境下始终如一的个人性格特征所支配。20 世纪 20 年代，耶鲁大学心理学家休·哈茨霍恩和马克·梅在实验中设置了一系列的情境，给予一万名小学生随意撒谎、欺骗和偷盗的机会。绝大多数学生会在一些情境下撒谎，而在另外一些情境下则不会。他们的撒谎次数与任何可衡量的个人性格特征或者道德理性评估都不具有相关性。近年来的更多研究也揭示了同样的模式。那些在家里平常表现得不诚实的学生未必会在学校里表现得不诚实。在工作时勇敢的人可能在教堂里非常怯懦。在阳光灿烂的日子表现得友善的人可能会在天气转阴、他们感到闷闷不乐时变得冷酷无情。行为并没有表现出某些研究人员所希望证明的所谓“跨情境稳定性”。相反，情境似乎对人的行为有着更强大的影响力。

与生俱来的对错感

理性主义者对于人类道德架构提出的假设正受到一种更倾向于直觉主义的观点的挑战。这种直觉主义的观点认为，道德生活的中心是情绪和无意识的直觉，并不是理性；它强调道德反应和与之相伴的个人选择；它强调感知在道德决策过程中扮演的角色比逻辑推理更重要。在这种直觉主义的观点中，主要矛盾并不是理性与激情之间的矛盾。相反，决定性的斗争发生在一级认知水平，即潜意识领域之内。

这种观点最初发源于“我们生来就都带有深层次的自私动机”这一论点——所谓自私动机是指拿我们所能拿的东西、夸大我们的地位、显得比其他人优越、比其他人有权力、满足我们欲

她就赋予了人类使同胞高兴的原始欲望，以及对冒犯同胞的本能厌恶。她教会他们为同胞喜欢的事情感到高兴，为同胞不喜欢的事情感到痛苦”。

这些社会性情绪是人类具备的彰显道德的成分，甚至早在我们还非常小的时候就具备了。耶鲁大学教授保罗·布鲁姆等人进行了一项实验：向婴儿展示一幅图像，画面中一个人正努力爬山，另一个人试图帮助他，而第三个人则试图阻挡他。在 6 个月大时，婴儿就表现得偏爱助人者，不喜欢阻挡者。一些表演还具有第二幕内容：阻挡者受到惩罚或者奖励。在这种情况下，相对于奖励阻挡者，8 个月大的婴儿更倾向于惩罚阻挡者。布鲁姆说，这些反应表明，人们从很小的时候就具有基本的正义感了。

没有人教孩子们要求自己受到公正的对待，孩子们会鲜明地反对自己遭受的不公正，并且只要他们能够交流就会开始这样做；没有人教我们钦佩为集体牺牲的人，这种对责任的赞赏是举世皆然的；没有人教我们鄙视某个背叛的朋友或对家庭与部落不忠的人；没有人教孩子分辨“不要伤害”这样的道德准则与“不要在学校嚼口香糖”这样的非道德准则之间的差异。这些偏好同样源于我们的内心深处。正如我们拥有一套与生俱来的情绪机制帮助我们爱与被爱一样，我们也拥有一系列与生俱来的情绪使我们反对违背社会承诺的人，赞同强化社会承诺的人。世界上不存在赞赏人们临阵脱逃的社会。

父母和学校确实会强化这些道德，但正如詹姆斯·威尔逊在他的著作《道德感》（*The Moral Sense*）中主张的那样，这些教导是建立在预先准备好的基础之上的。正如孩子们天生准备好了学习语言、依恋父母一样，他们也准备好了一套特定的道德成见，它们能被改进、塑造、发展，但永远无法被彻底取代。

像这样的道德判断——赞赏那些忠于事业的人，蔑视那些背叛伴侣的人——是瞬间发生的、情绪化的。它们包含了细微的评估。如果我们看到有人因失去孩子而悲痛万分，我们会涌上同情与怜悯。如果我们看到有人因失去玛莎拉蒂跑车而悲痛万分，我们则会产生蔑视之感。瞬间的同情与复杂的判断完全纠缠在一起。

正如我们在这个故事中经常看到的那样，感知行为是一个复杂的过程。它不仅会采集一个场景的信息，而且几乎会立刻自发衡量它的意义，对它进行评估，并由此产生某种情绪。事实上，今天的许多科学家认为，道德知觉与审美或肉欲知觉非常相似，它们都是从大脑的许多相同区域传出的。

想想看，当你把一种新的食物放进嘴里时会发生什么。你不必刻意判断它是否令人厌恶，你就是知道。当你看到风景时，你不必判断风景是否美丽，你心里就是知道。道德判断的方式在某些方面与之相似。它们是一种快速的直觉评估。荷兰马克斯·普朗克心理语言学研究所的研究者们已经发现，所有可评估的感觉，甚至包括对于安乐死之类复杂问题的感觉，都能在受试者读取信息后的200~250毫秒内被检测到。你不必考虑厌恶、羞愧、尴尬，或者应不应该脸红，它自然就发生了。

事实上，如果我们需要依赖刻意进行的道德推理才能做出最基本的决策，人类社会将会变成一个相当可怕的地方，因为这种理性的携带能力实在太差了。托马斯·杰斐逊在数百年前就预见到了这一点：

“多亏制造我们的造物主没有让我们的道德准则成为科学的话题，否则他就会成为一个可怜的笨蛋。世上存在一个科学家，就存在数千个不是科学家的人。这些人会变成什么样子呢？人类注定是为社会而生的。因此，他的道德是为了这一目标而形成的。他天生具有仅仅与此相关的对错感觉。这种感觉差不多是天性的一部分，正如听、看、触摸所获得的感觉一样，它是道德的真正基础。”

因此，让我们与其他动物分离开来的并不仅仅是理性，还有情绪的高级特性，尤其是社会性道德情绪的高级特性。

道德感的触发与道德习惯的培养

一些研究者认为，人类具有广泛适用的移情感觉，它以某种灵活的方式使人类倾向于与他人合作。然而大量证据表明，人们生来就具有一定的道德基础，一系列由不同的情境所触发的道德感。

乔纳森·海特、杰西·格雷厄姆和克雷格·约瑟夫曾将这种基础比作味蕾。正如人类的舌头能感知甜、咸等不同味道一样，道德也能感知不同的典型情境。正如不同的文化基于几种共同的口味发明了不同的菜肴那样，不同的文化也各自定义了对于美德和恶行的不同理解，这些理解基于几种共同的关注点。

学者们在这些模型的准确结构上并未达成一致意见。海特、格雷厄姆和布莱恩·诺瑟克定义了5种道德关注：首先是对公正与互惠的关注，包括公平与不公平对待的问题；其次是对伤害与关心的关注，包括同情与关心他人所受的痛苦折磨等情况；再次是对权力与尊重的关注。人类社会有自己的等级制度，当人们怀着崇敬去看待的人或事（包括他们自己）没有被尊重时，他们会以道德的谴责作为回应。

第四种关注是对纯洁与厌恶的关注。厌恶模块可能最初是从我们对有害或不安全的食物产生的反感中发展而来的，但它经过演化具备了道德成分——驱使我们远离所有类型的有害物质。研究者们问宾夕法尼亚大学的学生们，假如他们穿上希特勒的毛衣会感觉如何？他们说那会让他们感觉很恶心，仿佛希特勒的恶行是一种能够传染到他们身上的病毒。

最后一种关注颇具争议，那就是对集体内部与忠诚的关注。人类分别组成不同的集体。他们能够感觉到同一个集体成员的内在忠诚度，无论其成为该集体成员是多么偶然的事情；而对那些违背忠诚法则的人，他们则感到厌恶。人们能够在短至 170 毫秒的时间内分辨出属于自己所在集体和属于另一集体的成员。这些集体划分层面上的差异能够触发大脑内不同的活动模式。当高加索人和中国人看到他们集体的成员忍受痛苦时，他们大脑中的前扣带皮层会活跃起来，但当他们看到其他集体的成员正忍受痛苦时，那里的活跃性会微弱得多。

按照直觉主义的观点，潜意识是各种冲动争夺支配地位的竞技场。这里有深层的利己直觉，也有深层的社交与道德直觉。社交冲动与反社交的冲动会发生竞争，社交冲动也常常会跟其他冲动发生矛盾。同情与怜悯可能会压倒刚毅、坚韧与强劲的意志。勇气与英雄主义的美德可能与谦逊和认可的美德相冲突。合作的美德可能与竞争的美德相冲突。我们的各种美德并不能彼此融洽地归入同一个互补的、逻辑的系统。我们可以用许多不同的方式对同一种情境进行观察与思考，而它们在根本上并不能彼此兼容。

这意味着，生活的困境并没有任何一个单独的正确答案。在启蒙运动的鼎盛时期，哲学家们试图打造道德的逻辑规则基础，让它们能够像逻辑拼图一样拼凑到一起。然而那是不可能的，因为人类生活本身就具有复杂且不兼容的特性。大脑适应的是堕落的世界，不是和谐完美的世界。每个人都包含着许多个道德自我，由不同的情境所激活。我们都拥有许多种人格。

但我们确实有强烈的冲动，想要尽可能表现得更有道德感，在我们被人质疑是否有道德感时为自己辩解。具有普遍的道德感并不意味着人们总是或者经常以良好高尚的方式行动。这更加关系到我们对善行的钦佩而不是我们自己的善行，更加关系到我们的判断而不是我们自己依照这些判断生活的能力。然而我们确实具有深层次的动机，想要成为和被看成是有道德的人。

理性主义的观点建议我们，为了变得更有道德感，我们应该进行哲学思考。而直觉主义的观点则建议我们彼此互动。我们很难甚至不可能在独自一人的状态下变得更有道德，但在过去几个世纪里，我们的祖先设计出了各种各样的习惯和实践方式，可以帮助我们强化我们的直觉，引导我们形成道德习惯。

例如，在健康的社会中，日常生活是由细微的礼节构成的：女性通常优先离开电梯，餐叉通常放在左手边。这些礼节可能看起来很琐碎，但它们促使我们做到自我控制。它们重新架构我们大脑中的网络，并使之得以加强。

此外还有交谈。即使在闲谈时，我们也会亲切地谈论那些符合我们的道德直觉判断标准的人，对那些不符合这些标准的人则报以冷酷态度。我们说长道短，设定数以百万计的小标签来界定什么行为值得效仿，什么行为应该避免。我们讲述那些违背集体规则的人的故事，这既是为了强化我们彼此间的关系，也是为了提醒自己想想那些把我们联系在一起的标准。

最后，还有那些受组织规则影响的思维习惯。在人生的过程中，我们会经历各种各样的组织——首先是家庭和学校，随后是职场或行业组织。每一个组织都具有特定的规则和义务，告诉我们如何做应该做的事。它们是直达我们内心深处的外在因素。新闻业强加给记者们一些习惯，以帮助他们跟被采访者保持心理距离。科学家们对研究人员这个社会群体负有义务。在吸收这些我们身在其中的组织规则的过程中，我们成为我们。

组织是在我们出生前就存在的概念，在我们离开后仍然会继续存在下去。人性可能会保持不变，即使经过久远的年代；但组织会发展进步，因为它们是来之不易的智慧宝库。种族之所以进步是因为组织的进步。

组织成员非常崇敬那些在他们之前来到这里并建立了他们目前正遵守的那些规则的人。“在接受规则时，”政治理论家休·赫克洛写道，“组织成员将自己看作欠了某些东西的债务人，而非被欠了东西的债权人。”

当精神损耗超过精神获益时，老师与教育行业之间的关系、运动员与所从事的运动之间的关系、农夫与田地之间的关系都不是可以轻易逆转的选择。在相当长的时间里，你往组织投入的东西都比你从组织中收获的东西要多。组织之所以如此有价值，就是因为它们不可避免地会与我们融为一体。

2005 年，瑞尼·桑德伯格被推举进入了棒球名人堂。他当时的演讲就是一个很好的例子，可以让我们体会那些由对某个组织的热爱所定义的人是怎样说话的：“每当我踏上球场时，我都心存敬畏，那是尊重。有人教导我，永远不要对你的对手、你的队友、你的团队或你的经理失礼，永远不要不尊重你的队服。打一场好球，就像你以前曾经这样做过一样。打出一个好球，寻找三垒手，准备好跑垒。”

桑德伯格挥手指了指在他之前进入名人堂的那些人：“这些端坐在台上的人并没有为我们其余的人铺平道路，让选手们每次比赛结束时都可以孤注一掷地把球打出去，忘记如何让一个奔跑的选手移位到三垒。这对他们、对你、对我们从小到大所参与的垒球比赛都是失礼的。”

“许多人说这份荣誉为我的职业生涯赋予了某种意义，但我并不是为了这样的意义而付出努力的。我打好比赛并不是因为看见了隧道尽头等待着我的奖励。我打好比赛是因为这是我应该做的，打好比赛，带着尊重去比赛……如果说这给什么人赋予了意义，那就是教会我比赛的人们……他们做了他们应该做的，而我做了我应该做的。”

道德观的强化

直觉主义的观点强调了源于潜意识深处的道德行为，但这并不是决定论的观点。在潜意识力量的混乱争斗中，直觉主义者仍然为理性和反思保留了空间。他仍然为个人责任保留了空间。

的确，这种新版本的个人责任跟过去理性主义者的道德概念中所谓的“责任”并不相同，后者在很大程度上依赖于逻辑和意志。直觉主义观点中的责任可以借助两种比喻来说明。首先是肌肉的比喻。我们生来就拥有特定的肌肉，每天去体育馆锻炼可以让这些肌肉更加发达。与之类似，我们生来就具有道德“肌肉”，定期训练可以让这些道德“肌肉”更加发达。

其次是照相机的比喻。哈佛大学教授约书亚·格林尼注意到，他的照相机具备自动模式设置功能（“人像”“动作”“风景”），按照预设值来调整快门速度与光圈。这些自动设置功能快速高效，但它们并不是非常灵活。所以有时候格林尼会弃用自动设置功能，切换到手动模式——自己设置快门速度和光圈。手动模式的速度更慢，但能做到自动对焦状态下可能办不到的事。格林尼认为思维与照相机相似，也具备自动的道德关注，但在紧要关头，它们能够被更加缓慢的有意识的反思过程替换掉。

换句话说，即使自动反应扮演着如此重要的角色，我们也可以选择把自己置于能够加强道德水平的环境之中。跟与在夜总会或与流氓混在一起的人相比，选择从军或去教堂的人会对世界做出不同的反应。

我们可以选择做这些有服务性质的小事，塑造自己的思维，为需要做出较大牺牲行为的时刻做好准备。

我们可以选择如何度过自己的一生。我们出生在我们不能选择的文化、国家和语言环境之中。我们生来带有某些特定的大脑化学物质和遗传倾向性，这些是我们无法控制的。我们有时会陷进我们所憎恶的社会环境之中。但在所有这些我们不能控制的事物中，我们确实可以在某种程度上控制自己的人生轨迹。我们确实具备有意识的发言权，可以主动选择用什么样的方式去感知一切。

我们有能力改变那些泯灭人性的行为，或是做出闪耀着人性光辉的事。在第二次世界大战期间，勒妮·林登伯格是一个生活在波兰的犹太小姑娘。有一天，一群村民抓住了她，打算把她扔到井里。一位碰巧听到这个消息的农妇走上前来对他们说：“她毕竟不是一条狗。”村民们立即停止了他们正在实施的暴行。林登伯格的生命被挽救了。这并不是一场关于“杀人好还是不杀人好”或“杀犹太人好还是不杀犹太人好”的道德争论。农妇只不过是让村民们以新的方式来看待林登伯格而已。

我们有能力改变那些宣布自己无罪却把一切都归咎于别人的阴谋的行为。另一方面，即使在最糟糕的情境下，我们也有能力选择追求精神境界的提升。“我很高兴命运如此严酷地打击我。”一个年轻女人在临死前这样对维克多·弗兰克尔说，当时他们正被关押在纳粹集中营的囚室里。“在以前的生活中，我被宠坏了，从未认真考虑精神世界的意义。”她说。她指着从自己的铺位望向窗外可以看到的一截树枝，描述了在苦难中它对她“说”的一切，“它对我说，‘我在这儿——我在这儿——我是生命，永恒的生命’。”这是一个将生活挫败转变为丰盈的精神世界的故事。这不同于其他人在这种环境下或许会做的事。

按照乔纳森·海特的说法，潜意识情绪具有至高的影响力，但并不是独裁者。理性并不能独自发挥作用，但它能够凭借稳定而细微的影响来推动情绪的变化。正如有些人开玩笑说的那样，我们可能并不拥有自由意志，但我们有不做某件事的自由。我们不能产生道德反应，但我们可以阻碍甚至克服某些冲动。直觉主义的观点从“人们具有做好事的内在动机”这一乐观信念开始，与“道德感彼此矛盾，且需要与更加自私的动机相竞争”这一悲观信念契合。

然而让直觉主义真正成为完整理论的是这样的观点：道德

感服从于意识的反思与改进。哲学家简·贝克·艾尔斯坦回忆道，当她还是一个上主日学校的小女孩时，她和她的同学会唱一首简短的赞美诗："耶稣爱小孩 / 世界上所有的孩子 / 无论他们是黄皮肤、黑皮肤或白皮肤 / 在他眼里，他们都很宝贵 / 耶稣爱世界上的小孩。"这首歌并不是艾尔斯坦现在在芝加哥大学研究的内容，但它在观察人性方面的确早早地给她上了具有深远影响的一课。

找回自我，回归生活轨道

埃丽卡的家庭并不完美。她的母亲被恶劣的境遇折磨。大多数时候，她的亲戚都是些令人厌烦的傻瓜，但他们把家庭神圣、祖国神圣、工作神圣的感觉深深地烙印在了她的脑海中。这些想法慢慢扎根于她的心中。

随着埃丽卡逐渐长大，她进入了一个不同的世界。她过去的一些存在方式开始蛰伏——这种情况有利有弊。每过一天，她都会变得稍微有些不同，改变的方式通常是表面上的——例如她穿衣和谈话的方式——但有时也会是深层次的。

如果你询问她如何看待过去的价值观，她会告诉你她当然仍然抱持着它们。但事实上，它们在她头脑里已经变得没有那么神圣了。某种运筹帷幄、精于算计的心态已经弱化了她的亲戚们曾试图以散乱的方式灌输给她的那些信念。

当她发现自己跟假想先生在酒店里共处时，她还没意识到她已经变成了另一个人。决定跟他发生关系的那一刻并不是她的道德大厦真正坍塌的那一刻。在那一刻，她甚至根本没有做出决定的感觉。那只是潜意识长期转换过程的高潮。她从未有意识地抗拒自己过去的价值观。如果你问她，她可能会激烈地加以否认。但在潜意识领域争夺影响力的竞赛中，过去的那些存在方式已经不怎么突出了。埃丽卡已经变成了一个更为肤浅的人，与她性格最深处的潜在趋势失去了联系。

在随后的几周里，当她回忆起这件事情时，她才如梦初醒般意识到，自己真的有可能已经变成了一个自己都感到陌生的人。看来如果想要坚守自己的立场，就必须要始终处于警戒状态，并找到某个能试图从外部观察自己的视角。

她以一个故事引以为戒。那是一个关于流浪与救赎的故事——关于一位女士漫不经心地迷失了方向，需要靠某些方法让自己与真实、令人崇敬的事物联系在一起的故事。她需要改变自己的生活，寻找一座教堂，寻找一个社区团体和一份事业，最重要的是要改善她的婚姻，让她自己由一系列的道德承诺维系着。

她总将自己看作霍雷肖·阿尔杰故事里常提到的那种手忙脚乱的年轻女孩。但在她经历过的一段时期里，她的探索使她耗尽了自我。她现在要让自己回到正确的位置，驶向更好的海岸。

这个自我救赎的故事帮助埃丽卡重塑关于自我的看法。它帮助她建立起完整性——把内心的理想与自发的行为整合到一起，它帮助她成熟。成熟意味着尽可能理解你自己头脑中活跃着的不同性格和模式。成熟的人就像河面上的向导，他在荡舟越过激流的时候会说："没错，这些地方我以前就来过。"

在接下来的几个月里，埃丽卡再次发现了她对哈罗德的爱，她无法想象前一段时间自己到底是怎么想的。他绝不会成为假想先生那种举世瞩目的大人物，但他谦逊、善良而且富有好奇心。由于他特殊的好奇心和研究热忱，他投身于最重要的探索之中——探索生命的意义。这样的人值得别人跟他亲密相处，何况他已经是她的了。在这许多年的历程之中，他们已经纠缠在一起，他们的关系可能不会一直富有激情、刺激和推动力，但这就是她的生活。任何问题的答案都应深入到生活之中去寻找，而非试图逃离到假想的国度中。

第19章

近距离体验激烈的总统大选

在一场竞选集会的后台，哈罗德和埃丽卡夫妇第一次见到了这位将来会成为美国总统的男人。在那段时间里，他还在为赢得本党总统候选人的提名而努力。他已经连续给埃丽卡打了好几个星期的电话，目的是邀请她加入竞选团队。他的手下之前已经花了好几个星期寻找女性、少数族裔人士和具备丰富从商经验的人士出任团队的高级职位，以帮助他赢得竞选。埃丽卡正好全部符合这三项标准。于是，理查德·格雷斯先生几乎每天都会打电话给她，进行45秒的游说——以他亲昵的语气和一贯的奉承口吻夸张地劝说和恳求她。“怎么样啊，妹妹？你决定好了吗？”就这样，她发现自己终于在哈罗德的陪伴下来到了这里，待在一间紧挨着人潮涌动的体育馆的高中教室里。他们被安排在这里与他见面，观看这场集会，然后钻进大篷车里跟他交谈，前往下一场竞选活动会场。

大约有30个人小心翼翼地在这间教室里漫无目的地乱转，他们并没有去碰旁边的曲奇饼干或可乐。突然，一阵急促的脚步声传来，接着他就出现了，光芒四射。埃丽卡习惯了在电视上看到他，以至于见到本人时她感到有点晕头转向，似乎她看到的是高清电视里面的他，而不是真正见到了活生生的他。

格雷斯是一个伟大民族幻想的缩影——身材颀长、小腹平平，上身穿着闪闪发亮的白衬衫，下身是宽松的带褶长裤，复古发型，长相酷似格里高利·派克。他身后跟着他那个以狂野闻名的女儿——那个放荡的小美女，她如今的胡作非为应该归咎于她的童年缺少父母照顾。他们后面站着一帮丑小鸭式的助理。这些助理们有着跟格雷斯相同的爱好和密不告人的野心，但他们一个个都大腹便便、头发稀疏、无精打采。这样一来，他们就注定只能扮演在别人身边暗中搬弄是非的谋士角色，而格雷斯则可以成为政坛小白脸。因为这些微不足道的遗传差异，他们只能一辈子充当大厅观察员，而他则可以拥有成功的一生。

格雷斯眼睛一瞥，立刻就发现这间教室是上生理健康课用的，墙上贴着男性和女性的生殖系统解剖结构图。他脑海里并没有产生哪怕一点点有意识的困扰，只有微不足道的一点想法提醒他，他可不能让别人拍下自己站在子宫和阴茎挂图前的照片。于是他踱到教室的另一侧。

他已经整整6个月没有独处过了。在过去6年当中，他一旦踏入某个房间就会成为房间里所有人的关注焦点。他已经脱离了平常的现实生活，现在只是靠乌烟瘴气的竞选为生，以人际关系为食，就像其他人靠食物和睡眠生存那样。

他踱步在教室里走来走去，浑身充满了能量和肾上腺素。在一连串简短的寒暄中，他向4位参加过第二次世界大战的退伍老兵代表、两个受宠若惊的获奖学生、6个本地捐助者和一个当地官员投去救世主般的微笑。他知道怎么控制自己的步伐节奏，如同跑动的后卫一样：交谈、大笑、拥抱，却绝不停止行进。一天之内，他会经历上千次这种貌似亲密无间的邂逅。

人们告诉他那些最惊人的事情。“我爱你。”“我也爱你。”“给他一击，再狠点儿！”“我会把我孩子的生命托付给你。”“能给我5分钟的时间吗？”“能给我一份工作吗？”他们把最糟糕的患病遭遇告诉他，他们希望把书、艺术品和信函赠送给他。有些人只是拽着他的胳膊，整个人就酥软成一团。

他听任自己陷入每15秒就会发生一次的人际交流之中，放任他那剃刀般锐利的感觉去观察每个人的嘴唇动作和眼神，察觉他们的想法并做出反应。每个人都能得到他的同情和抚慰。他触摸着手臂、肩膀和臀部。他时时刻刻都会有一副和蔼、怜悯的神情，从来都不会表现出不耐烦。只要相机出现，他就会用手臂环抱着每个在他旁边摆好姿势的人。这些年来，他已经熟知地球上所有种类的即时成像相机的特性，一旦摄影者操作失误，他就会给出耐心的建议，告诉他们应该按下哪个键，按下以后应该等多久。在说这些话的时候，他仍然保持着刚才脸上堆出的那种笑容，就像一个专业的腹语表演者。他能把注意力转化成能量。

最后，他走到了埃丽卡和哈罗德站着的地方。他给了埃丽卡一个拥抱，向哈罗德抛出一个专为他这样的随行家属预备的狡猾笑容，然后就把他们带入了他伟大光环的笼罩之中。在教室里其他人的面前，他兴高采烈，慷慨激昂。在他们面前，他表现得内敛、沉稳和自信。“我们等会儿再细聊。”他在埃丽卡耳边轻轻说道，“你们能来，我非常高兴……非常高兴。”他抛给她一个严肃、会心的眼神，然后迅速地用手掌扶住哈罗德的后脑，同时凝视着他的眼睛，就像他俩是一起策划阴谋诡计的同伙。之后他便离开了。

他们听见体育馆里传出一阵狂喜的欢呼，于是就凑过去看那里的情况。上千人冲着他们的英雄欢呼，朝他挥动手臂，跳跃着，狂呼不已，还举起手机拍照。他脱掉外套，沉浸在他们的拥戴之中。

政治演说的结构非常简单：前12分钟讲“你”，后12分钟讲“我”。前半部分，他谈论着听众们的共识、他们的理想价值观和大家联合起来构建这一宏图伟业的绝佳方式。他站在那里并不是为了教育他们，也不是为了和他们辩论。他只是说出他们的心声，把他们的希望、担忧和欲望说出来，宣称他与他们处境相同、心心相连，表示他想成为他们的亲朋好友，尽管他比他们聪明、帅气得多。

在前12分钟里，他就这样讲述着他们的生活。这些话他已经说过上百次了，但是他仍然会在紧要的时刻暂停，仿佛某种情绪突然闯进了他的脑海。他给予他们一个为自己的想法鼓掌喝彩的机会，“这场竞选是关于你的，是关于你为这个国家所做的贡献”。

如同大多数政界精英一样，格雷斯试图在“他的支持者想要听到什么”与“他认为他们需要听到什么”之间找到一个折中点。他们都是偶尔关注政治的普通人，他努力去尊重他们的看法，理解他们的热情。与此同时，他觉得自己是个真正的政治书呆子，他最喜欢的事情就是跟一大群专家一起埋头钻研某个议题。他试图让这两种想法在能接受的范围内自由对话。他偶尔会允许自己不遗余力地迎合大众，说出那些半真半假的话，博得全场欢呼。毕竟，他是家喻户晓的名人，而且他必须要赢得数以百万计的选票。但是为了他自己的自尊心，他也会努力隐藏真实想法。由于他习惯了众人的奉承，那些迎合大众的想法总是威胁着要抹杀他的真正想法。

在后一半的演讲时间里，格雷斯转到了讲述“我”的部分。他尽力向他的听众展示，他拥有这个国家在这个历史节点上最需要的性格特质。他谈论他的父母，他是卡车司机和图书管理员的儿子。他提起他父亲的工会成员身份。按照所有候选人都必须遵循的惯例，他明确表示，他的人格品质在他初次考虑参与政治活动以前就已经定型了——主要是由他服兵役和失去亲姐姐的经历塑造的。他讲述了生命中的所有事实，这些措辞当然是半真半假，不过由于他重复说这些话的次数太多，他自己也记不清真实情况究竟是什么样了。他的童年和年轻时代的经历只不过是他可以一辈子利用的竞选剧本而已。

“自我界定”是每场竞选的精髓，格雷斯坚持讲他的故事，这个故事被他的某个幕僚称为“汤姆·索亚式的成长”。他描述他在美国中西部小镇从小长大的故事，他风趣幽默的恶作剧，以及他对外面广袤世界和其中的不公正现象中学到的教训。他展现出在更单纯的岁月里养成的更健康的习惯，他的高尚品性，以及他的常识判断力。

演讲的最后一段内容是“你我在一起”。他讲了一段趣闻：他曾经与一位聪慧的老太太见面，她给他讲的故事恰巧验证了他竞选纲领里的每一条政策要旨。他告诉他们，他们会一起去占领满是钻石的宝地，他们将在旅途的尽头看到物产丰饶的花园，在那里，内心的冲突会被安详和快乐所取代。听众中没有任何一个人真的认为政治竞选能创造出这样一个乌托邦世界，但对于美妙世界的幻想足以暂时把他们生活中的紧张压力一扫而空。他们热爱格雷斯，因为他给了他们这样的幻想。当他结束演讲时，他们鼓掌欢呼，整个体育场都沸腾起来了。

一次感人至深的竞选演讲

格雷斯的某个助理走过来，把埃丽卡和哈罗德带进一辆大篷车，埃丽卡坐在中间的座位上，哈罗德坐在后排。格雷斯表现得非常冷静，仿佛他刚参加的是一场沉闷的季度财务报告会。他跟身边的一个助理交流了一下接下来的行程安排，接受了一家广播电台的3分钟电话采访，随后把注意力转移到坐在他身旁的埃丽卡身上。

“首先我想提出我的邀请，”格雷斯说，“我手下有精通政治的人和擅长出谋划策的人，但是我手下没有能够让整个竞选团队运转起来的一流人物。这是我希望你做的事情——担任我竞选团队的首席运营官，在我赢得大选入主白宫以后继续在这个职位上协助我。”

如果没有准备好接受他的邀请，埃丽卡是不会上车的。她当然接受了这个职位。

“太棒了！现在你被任命为首席运营官了。我想为二位介绍一下你们将要踏入的领域。哈罗德，我尤其想要告诉你，因为我读过你的著作，我觉得你会发现自己进入了一片奇特的崭新领域。

“我首先要说，参与这项事业的任何人都没有权利诉苦。我们选择它，它会给予我们快乐和奖赏。然而，只有赢得了竞选，你才能服务大众。要想赢得竞选，你必须把自己变成一个特殊的物种。你必须做一些你从来都没想过自己会做的事情。你必须把你的自尊搁置一旁，乞求金钱和优待。你必须不停地讲话。走进一间教室就开始讲话，参加一场集会就开始讲话，与支持者见面就开始讲话。我把这叫作‘重度话痨症’——讲话讲到逼疯自己。

“要讲什么？你要无休止地谈论你自己。我的每次演讲都是在说自己。我参加的每个会议都是关于我自己的，每篇摊在我面前的文章都是描述我的。当有一天他们也开始写你的时候，这些都会在你身上发生。

“与此同时，这也是一项团队活动。孤掌难鸣，这意味着你有时必须克制个人的想法和说辞，去谈论、去相信那些对本党和团队有益的事情。你必须跟那些你不太喜欢的人成为同仇敌忾的战友，如果你给自己一分钟时间思考这件事，或许就会对他们产生反感。你不能离你所属的党派和你所服务的人民太远。你不能过早就提出正确意见，或者动不动就表现得很有意见。你必须支持那些你其实反对的事情，有时还要反对那些你其实认为是正确的事情。你必须假装出一副只要成功当选，你就能控制一切、改变一切的模样。你必须假装你们的团队神话是真的。你必须假装别的团队都是彻底邪恶的，会毁掉整个美国。任何不符合这些规则的言论都会被视为影响党内团结的威胁，并且事实上的确有这样的威胁。

“你生活在厚厚的茧里。我曾读过一篇很棒的文章，写的是一只虱子的生活。这只虱子只能对三种刺激物做出反应：皮肤、温度和毛发。这三样东西构成了虱子的整个‘客观环境’。对任何单个的生物而言，‘客观环境’就是指跟它有关的周围环境。当你身处竞选活动中时，你的客观环境就开始逐渐收缩，并且变得疯狂。你会被要求疯狂地关注一些突然出现的毫无头绪的事情。到了第二天，你又要彻底忘掉这些事情。你会发现自己上网观察 22 岁年轻人的博客动态，观看他们录制分享的竞选活动视频——这帮年轻人之前从未关注过竞选，不具备历史常识，也不具备敏锐而持续的注意力。因为他们在场，你永远也不能随口说出任何未经充分准备的看法。你永远也不能当众尝试表达突如其来的念头。

“所有这些都威胁着你坦诚面对自己、清晰看待世界、遵循为人真诚的底线。然而我们忍受着这出荒诞剧，因为别的任何生活方式都没法带来如此重要的影响。当你跟我一起进入白宫的时候，你会比过去任何时候更忙，每个决定都会是至关重要的。一旦我们入主白宫，我们就再也不用如此过分地迎合公众的喜好了。我们将能够领导和教育公众。到那时候，你绝对不会想要抽出时间去做别的事情，而且你肯定也抽不出时间。

“一旦我们入主白宫，我们就不会计划打出一垒打，我们要打出全垒打。我拒绝做一个怯懦的总统，我要成为一个伟大的总统。我有天赋，我对政治领域的了解比这个国家里其他任何人都要深远广博。我拥有超越其他任何政界人士的出色的政治胆略。我的态度是，‘我来主导这场比赛，把球给我’。”

那些不受格雷斯的魅力影响，在远处观察他的人们，听到这一小段演讲或许会产生复杂的感受，但是埃丽卡和哈罗德却深深为他的魅力所吸引。在那一刻，他们觉得这是他们这辈子听到过的最感人至深的一次演讲。他们觉得这展现了他杰出的自我意识、惊人的智慧和卓尔不凡的责任感。他们几分钟前才开始参与他的事业，而现在他们已经陷入了对这场事业突如其来的热爱之中，特别是埃丽卡，这项事业在接下来的 8 年里让她殚精竭虑。

你会把选票投给谁？

哈罗德之前从来没有认真地关注过竞选，从未接触过内部表决和秘密策略纪要。几天之后，埃丽卡差不多已经全身心投入到竞选团队之中，但是哈罗德还没有进入状态，他主要做的就是观察和思考。格雷斯的顾问们最基本的观点分歧让他印象深刻。一些人认为竞选活动的关键一步就是向选民做出利益承诺，向选民许诺各种实惠政策，保证他们的生活会更美好，他们就会用他们的选票来回馈你。好的政策可以赢得好的回报。

另一些人觉得竞选活动最关键的是煽动情绪——在竞选团队与选民之间建立起血脉相连的情感纽带；通过描述未来图景激发希望；传递“我跟你一样，我对事物的反应和你的反应一样，我会成为你所希望的那样”之类的信息。政治的首要任务并不是保卫利益，而是维系情感。

基于自身的背景和终身从事的职业，哈罗德站在持有后一种看法的人的一边。在当前这场棘手的党内候选人提名之争中，格雷斯的主要对手是新英格兰作风强硬的地方长官托马斯·加尔文。他俩的施政策略基本上相同，所以这场竞争就变成了一场社会身份的较量。格雷斯是一个卡车司机的儿子，然而他却以诗人般热情奔放的风格参与竞选，所以他成了充满理想主义、受过良好教育的阶层支持的候选人。在一次次预选当中，他在拥有大专院校文凭的阶层当中获得的支持率始终领先对手25个百分点以上。在前10轮预选当中，他的每一场竞选集会似乎距离某所大学的教务长办公室都不到50码远。他不仅向选民们提供上任后即将启动的改革措施清单，还提供各种体验。他给人们以希望而不是恐惧，主张统一而不是纷争，主张智慧而不是鲁莽。他传递的核心信息是：“生活如此多姿多彩，我们拥有无限可能。只要扔掉过去的镣铐，我们就能迎接辉煌的明天。”

加尔文的家族在美国已经定居了300年，但他依然是个好斗恋战的人。他将自己定位为一个斗士，会为选民们的利益而抗争。他的竞选团队大肆渲染家族忠诚、团结友爱、并肩作战、彼此守护和宁死不屈的理念。时间一周周过去，每天都会传出加尔文独自一人前往酒馆或者工厂的照片。人们常常看到他身穿一件法兰绒衬衣，坐在小型货车的副驾驶座上，抿一口威士忌来提神。他传递的核心信息是：“这是一个腐朽的世界，普通人饱受不公平的待遇。他们需要一个将坚强和忠诚置于独立和理想之上的人。”

这两位候选人的方法并不算细致，但每种方法都在某种程度上发挥了作用。在一次次预选中，加尔文在工人阶层当中都能赢得大幅度领先的支持率，而格雷斯在城市、富裕人群聚居的城郊和大学城则能赢得更多的支持。从全美范围来看，格雷斯在沿海地区广受支持，加尔文则在南部和中西部的农业区和昔日的工业重镇广受支持，特别是那些苏格兰人和爱尔兰人已经定居了几百年的地区。在康涅狄格州，格雷斯在绝大多数英格兰后裔于17世纪建立的城镇都赢得了领先的支持率。而加尔文赢得领先支持率的绝大多数城镇都是19世纪之后迁徙到美国的移民定居点。尽管这些模式已经有几个世纪的历史了，但是它们仍影响着选举。随后几周，竞选活动似乎没有什么意义了。人口统计学分析足以代表命运。在工人阶级人口众多的州，加尔文赢得领先支持率；在受过良好教育的阶层人口众多的州，格雷斯赢得领先支持率。

哈罗德对这些深层次的群体文化差异着了迷。他认为，党派就像其他组织机构一样，可以分割为不同的亚文化群体。这些亚文化群体之间不存在明显的敌意；一旦最终本党的提名候选人被推举出来，他们就会团结一致。尽管如此，但处在不同社会阶层，尤其是不同教育层次的人们，其潜意识看法并不相同。一个好的领袖应该具备哪些特征？他们生活在一个怎样的世界里？对此他们各自形成了不同的共识。他们对正义、公平、自由、安全和机遇的定义并不相同，尽管他们自己都意识不到这种不同。

选民们会形成极其复杂的心理地图，即便拥有这些心理地图的人对它们也不太了解。他们从候选人身上接收到数以百万计的微妙信号——这些信号来自肢体语言、遣词造句习惯、面部表情、决策的优先顺序以及人生经历的细节。选民们在这些信号的基础上通过某种方式形成了自己的情感归属。

哈罗德在竞选活动中看见的真实情况绝对不符合理性主义者的政治模型，他们以为选民们会仔细考量候选人的许诺，投票给能提供更多为他们利益服务的政策的候选人。相反，真实情况更符合社会身份模型。人们拥护那些似乎充满了他们所喜欢、尊敬的人的党派。

政治学者唐纳德·格林、布拉德利·帕姆奎斯特和艾瑞克·施克勒在他们的著作《党派的心灵智慧》（*Partisan Hearts and Minds*）中指出，大多数人要么从父母那里继承党派归属关系，要么在成人早期阶段形成拥护某个党派的立场。一旦到了中年，很少有人会更改党派。甚至像世界大战、水门丑闻之类的重大历史事件都不会导致许多人更改党派。

格林、帕姆奎斯特和施克勒继续阐述说，当人们选择自身的党派归属时，他们并不是通过比较不同党派的政治纲领、弄明白哪个党派更符合大众利益来做出选择的。大量调查数据显示，对于党派的忠诚更像是对宗教教派或者社会俱乐部的忠诚。人们早就在大脑里形成了思维定式，认为民主党人应该是这副样子，共和党人应该是那副样子，而他们自己则会被那些跟他们相似的人组成的党派所吸引。

一旦形成这种归属感，人们就会调整自己的哲学观和对现实的感知，跟本党其他成员形成越来越密切的联系。明尼苏达大学学者保罗·戈伦利用调查数据长期追踪同一批选民。按照传统模型，那些重视“机会均等”的人似乎会成为民主党人，而那些重视“有限政府”的人似乎会成为共和党人。然而实际上，你会发现人们首先成为民主党人，然后越来越重视机会均等，或者他们首先成为共和党人，然后才越来越重视有限政府。党派归属感通常会形成价值观，而价值观不会使人们产生党派归属感。

党派归属感甚至会影响人们对于现实的感知。1960年，安格斯·坎贝尔等人发表了他们的经典著作《美国选民》（*The American Voter*）。他们在这本书里宣称，党派立场就像一个过滤器。某个党派的忠诚成员会有意过滤掉那些与本党认同的世界观不一致的事实，夸大那些能够印证本党认同的世界观的事实。这些年来，一些政治学者曾批判过这种言论，然而越来越多的研究者都得出了与坎贝尔相同的结论：人们的认知会因为党派立场而产生明显的偏见。

例如，普林斯顿大学政治学者劳瑞·巴特尔斯公布了在里根和克林顿的总统任期结束后收集的调查数据。1988年，调查人员向选民们提出的问题是，他们是否认为美国的通货膨胀率在里根总统任期内下降了。事实上，通货膨胀率的确下降了，从13.5%跌落到4.1%。然而在强硬派民主党人当中，只有8%的人相信通货膨胀率确实下降了。超过50%的民主党人相信，通货膨胀率在里根的任期内上涨了。强硬派共和党人则对经济形势有着更加乐观而精准的感知，他们当中47%的人说通货膨胀率下跌了。

克林顿的总统任期结束后，调查人员向选民们提出了一个类似的问题——美国在过去的8年当中是如何进步的。这一回，共和党人的态度较为消极，民主党人则更加乐观积极。巴特尔斯由此总结出，在人们怎样看待世界这一点上，党派忠诚度具有渗透性的影响，能够强化和夸大共和党人与民主党人之间的意见分歧。

有些人相信，这些认知缺陷可以用更好的教育来消除，但是事实似乎并非如此。查尔斯·塔伯和米尔顿·洛基在纽约大学石溪分校进行的研究显示，受过良好教育的选民或许在大多数情况下更加偏向于正确观点，但是他们仍旧会在相当多的时候犯错。跟那些受教育较少的选民相比，他们更不愿改正他们的错误观点，因为他们非常自信，觉得自己对每件事的判断都是对的。

这项研究给人留下的总体印象是，人们对候选人的寻找是一种涉及审美的寻找——寻找最符合自己审美标准的候选人。有些看上去并不重要的突发事件会影响选民的投票决定。我们之前曾经提到过，阿莱克斯·托多罗夫等研究人员在普林斯顿大学向受试者展示了参加竞选的候选人的面部黑白照片。他们询问受试者，哪位候选人看上去更能胜任（这些候选人对于受试者来说都很陌生）。

那些被受试者评选为“看上去更能胜任”的候选人，确实在竞选中获得了更大的成功：他们当中参与美国参议员席位竞选的人赢得了72%的席位，参与美国众议员席位竞选的人赢得了65%的席位。受试者能够惊人地预言出竞选获胜者，即便他们只看过这些候选人一眼而已。该结果已经在全世界范围内得到了反复验证。在一项名叫“看上去像赢家”的研究中，查普尔·劳森和加布里埃尔·伦茨让来自美国和印度的人们快速浏览在墨西哥和巴西竞选公职的候选人的照片。尽管存在种族和文化差异，但美国人和印度人却能够在“哪些候选人更加令人印象深刻”这一点上达成共识，他们也能凭借外貌偏好以令人吃惊的准确率预测墨西哥和巴西的竞选结果。

由康奈尔大学的丹尼尔·本杰明和芝加哥大学的杰西·夏皮洛合作完成的一项研究表明，受试者只需要观看各个候选人现场演讲的10秒静音视频片段，就可以大致准确地预言竞选结果，然而一旦把声音调大，预测准确率就会下降。乔纳·伯格等研究者在斯坦福大学进行的一项研究表明，投票点的选址也会影响选民们的决定。跟前往其他投票点的选民相比，前往设立在学校的投票点的选民和前往放置了学校实景照片的投票点的选民都更倾向于支持提议为增加教育经费而增收税款的候选人。

这些研究中有一部分是在实验室里进行的。在真实的竞选活动里，竞争月复一月无休止地进行。选民们每分钟、每小时、每天、每周、每个月都会做出快速评判，他们的即时感知逐渐积聚到一起，形成复杂的评估网络。

尽管投票者的选择是基于情感的，但这并不意味着投票者是愚蠢或是缺乏理性的。由于潜意识过程要比意识过程更快、更复杂，这种直觉式的选择往往是非常精密深入的过程。关注一场政治竞选活动时，投票者既是理性的又是直觉的。这两种认知模式是相互沟通、相互影响的。

牵一发而动全身的竞选辩论

在党内预选的最后时刻，格雷斯击败了加尔文。在本党成员当中，跟格雷斯属于同一类型的人比跟加尔文属于同一类型的人要多。他最终赢得了本党的总统候选人提名。几个月里，一切竞争都会得到谅解，本党的两大阵营会并肩携手与另外一个党派对抗。他们因为全新的敌我划分而变得团结一致。

大选的规模会更庞大，不过在表面上看来却更加愚蠢。预选好比是一个大家庭内部的竞争，大家彼此都非常了解。但大选是跟另外一个党派的对抗，几乎没人认识另一边的任何人。“另外一方”就像是来自于另外一个太阳系的外星生物，让人更容易做出最坏的猜测。

格雷斯竞选团队的总体看法是，那些执行另一方竞选活动的人都是彻底邪恶的，同时又像魔鬼一样聪明。格雷斯阵营里的人们认为，本方由于内部辩论而存在分歧（因为他们的聪明才智和独立思考的立场），然而另一方却因为集权主义立场同心协力、精益求精（因为他们像克隆人一样一致）；本方思维活跃但易起纷争，而另一方缺乏思想却纪律严明。

到了秋天，竞选活动就像赶场，打一枪换一个地方。格雷斯会在一个又一个的机场停机坪上举行选民集会，尽量在每天都能占领更多的电视竞选市场。竞选团队绝大多数内部纷争的主题似乎都是怎样合理安排诸多电视摄像机的机位，以及把它们安置在怎样的高度。

候选人发表着相互诋毁的言论，这些言论通过黑莓手机迅速传播开来。媒体持续追踪报道，告诉公众谁在本周、本日甚至本小时内取得了阶段性的竞选胜利，尽管这些胜利对于整场选举来说可能并没有什么实际意义。格雷斯的支持者们开始两极分化。一位美国联邦参议员可能今天会登上格雷斯竞选团队的专用包机，为志在必得的胜利而欢欣鼓舞。第二天，这位参议员可能又会回到飞机上，为不可避免的失败而伤心绝望。

格雷斯周围到处都是教他遣词造句的顾问们。“绝对不能提

‘家庭’，要说‘工薪家庭’”，“不要说‘花费’，要说‘投资’”，这些微妙的用词改动专门用来煽动起选民们完全不同的联想。

竞选活动中最重要的部分发生在远离候选人的地方——设计电视广告的顾问们中间。他们设计的广告节目需要面对那些平时并不关注政治的选民们，这些选民们对哪位候选人代表哪种立场的理解可能从头到尾都是错误的。

古怪的话题会在两党竞选中成为猛烈炮轰对方的主题。格雷斯和他的对手花费了一周时间兴师问罪，声称对方是导致儿童肥胖的罪魁祸首，但最终大家仍然搞不清楚，到底是他们当中的哪一方导致儿童肥胖，哪一方又能够想出办法来解决这个问题。黎巴嫩爆发的一场无关紧要的危机让美国大选突然进入了紧要关头，双方都表达了强硬态度和解决问题的决心，并指控对方的叛国行为。小规模的丑闻层出不穷。格雷斯阵营里的人们被对方不慎外泄的备忘录内容给彻底激怒了，那里面居然包括“如何彻底把他们干掉”这样的句子。然而，他们对本党内部出现的类似词句却完全无动于衷。

整个进程看上去愚蠢又肤浅，哈罗德无法对聚集的人群视而不见。每场竞选活动都充满了真正的激情——成千上万的选民，有时甚至是好几万的选民，用他们的呼喊声表达对格雷斯的支持，满怀着狂热的希望。

哈罗德从他对生活的感悟中得出了一个结论：所有竞选活动中的琐事其实都是触发器，它们能够在人们的大脑中触发深层的连锁反应。格雷斯会花上一个小时在国旗工厂里拍照。这种举动看上去愚蠢至极，但是不知怎的，他抱住无数面美国国旗的一幕却能触发一系列的潜意识关联。有一天，他们让格雷斯坐在一把椅子上，他就这么在纪念碑谷公园举行了一场集会，这里可是约翰·韦恩等人拍摄西部片的现场。这手法如此俗不可耐，不过，它激发起了另外一系列的潜意识关联。

竞选活动的管理者们完全不知道他们究竟在做什么。他们被暴风骤雨般的无意义的数据包围着。他们要弄各种花招，想知道哪些最能讨好投票人。他们会在巡回演说中加入一个新句子，在格雷斯把这句话说出口的时候观察在场的人们是否会不自觉地点头。如果是这样，那么这句话保留；如果不是这样，那么就把它删掉。

全体选民似乎拥有一个隐秘的G点，顾问们就像是试图触摸到它的笨手笨脚的情人。双方竞选团队在税务方案的细节上争论不休，但是这场论战并不是真正关于税务法规的，而是关于某一套间接涉及的更深层次的价值观。候选人争论的都是物质层面的东西，因为它们易于谈论和理解，但是他们辩论的真正主题却是精神和情感层面的：我们是谁，我们应该成为什么样子。

在一次飞行途中，哈罗德试图向格雷斯和埃丽卡阐述他对竞选活动的看法，例如，关于能源政策的每种立场，其实是为了强调某种自然、社会和人类发展价值观的一种方式。立场只不过是美德的触发器。格雷斯疲倦不堪，没办法听懂哈罗德在说什么。在巡回演说间隙，他似乎处于某种“关机”状态，大脑会暂停思考。埃丽卡坐在哈罗德旁边，在她的黑莓手机上敲敲按按。经过一阵沉默之后，格雷斯会露出一副精疲力竭的样子说：“要不是我们正身处这场竞选活动的风口浪尖上，它真的会非常有意思。”

哈罗德继续关注着一切。我们已经知道，他主要是一个观察者。他看到，辩论的本质被掩盖在两个对立阵营之间你来我往的攻击态势之下，只会被含蓄地表达出来。辩论的本质涉及国家精神的深层次内容，并且以重要的方式将选民划分开来。

辩论与领导者的性格有关。格雷斯的对手自吹自擂，说他可以迅速做出决定，因为他信任自己的胆识，会立刻采取行动。他（公然撒谎）宣称，他不会浪费时间阅读权威论著和报纸。他把自己描绘成一个在思想和行动方面都正直、坦率的人，珍视那些美德：对朋友的忠贞不贰、面对敌人顽强不屈、快速的决断力。

另一方面，格雷斯则明显展现出了一些有深度的领导者特征。他把自己定位成那种博览群书、探讨问题透彻、能够理解细微情况和区别的人。他被认为是警觉、理智、深思、冷静的人。有时候，他在采访中给人留下他学富五车的深刻印象，尽管他实际上并没有读过那么多书。就这样，在这场狂热的竞选活动中，领导者的理想性格便有了两种定义。

辩论还聚焦于国民的基础道德观。如果想要预测某个选民会支持还是反对格雷斯，最简单的方式就是询问他去教堂参加礼拜的次数。每周都会去一次甚至更多次的人更倾向于投票反对他。而那些从来都不去教堂的人更倾向于投票支持他，尽管格雷斯自己是一个虔诚的、定期去教堂的人。

然而不知怎的，两个候选人、两个党派之间的竞争让二者分别落在了某一条半明半暗的道德分界线的两边。一边的人们更倾向于强调上帝在人类事务中扮演着积极的角色，另一边的人们却不那么愿意相信这种说法；一边的人们更倾向于谈论顺从上帝的意愿和上帝定下的道德准则，另一边的人们却不那么愿意谈论这些事情。

辩论还论及地理因素、生活方式和社会群体。生活在人口密集地区的人会更倾向于支持格雷斯，生活在人口稀少地区的人则会支持格雷斯的竞争对手。这两类人对于私人空间、个人自由和公共责任问题似乎有着不同的看法。

每天，格雷斯的民意测验专家们都会带来划分全体选民的新方法。热爱涉及引擎的运动（譬如摩托车、汽艇、雪地汽车）的人会反对格雷斯，喜欢无引擎休闲运动（譬如徒步、骑车、冲浪）的人会支持他；桌面整洁的人会反对格雷斯，桌面一团糟的人会支持他。

有趣的是，所有的事情都彼此关联。生活方式的选择关联到政治选择，政治选择关联到哲学选择，而哲学选择又跟宗教和道德选择密不可分，等等。竞选活动从未直接接触到人们的神经链条，但它们的确发送出微弱的暗号，以此触发着思维网络。

有一天，格雷斯的竞争对手去打猎。这样的行为也能触发选民们的思维网络。打猎意味着枪支，枪支意味着个人自由，个人自由意味着传统社会，传统社会意味着保守的社会价值观，保守的社会价值观意味着对家庭的重视和对上帝的敬畏。第二天，格雷斯在慈善厨房给穷人们舀汤。这次造访慈善厨房意味着慈爱，慈爱意味着同情，同情意味着对社会公正的渴求，对社会公正的渴求意味着对那些在生活这场大游戏中失败的人们的理解，对那些在生活这场大游戏中失败的人们的理解意味着他的政府会更加关注并促进社会平等。候选人需要做的只是在思维网络当中触发第一步。选民们会自动做完剩下的一切，接收他们发出的信号。

有些时候，哈罗德观察着竞选活动，思考着这究竟有什么意义。尽管有这么多琐事和表演成分，它还是强调了人生中的基本选择，尽管只是在潜意识层面上这样强调一下。哈罗德有时会认为，政治是一项高尚的事业。不过，在另一些时候，他只想呕吐。

成功入主白宫

一直困扰哈罗德的事情是：多数投票者都持中立立场，而且都性情温和。然而政治价值观并不是抽象地体现出来的，而是在竞选活动的背景中表现出来的，竞选活动造就了政治观点的表达方式。

竞选活动的结构设计是为了让一个原本温和的国家变得两极分化。党派由许多小团体组成，学者权威也由许多小团体组成。美国存在着两个巨大的观念领域，一个是民主党的观念领域，一个是共和党的观念领域。双方在大选当中真正的争夺目标就是，今后 4 年里哪一种道德范式将会支配美国。这是一个非此即彼的选择，那些并不属于任何一种主流观念领域的选民们只能被迫做出选择。竞选活动引领着原本稳健节制的国家，把它变成了一个内部彻底分裂成两派的国家。

哈罗德一周又一周地眼看着格雷斯被本党的观念所吞没。他的思想深处还保留着离奇的、与众不同的观点，但是在最后一搏的狂乱状态中，他彻底被群众、本党机构和捐赠者们的想法吞没了。如果你在最后几周里基于格雷斯的言论来评价他，你会断定他并不是一个人，而是党派立场活生生的化身，一个产生于历史并超越了个体思想的化身。

在整个竞选过程中，格雷斯唯一始终保持的品质就是平衡感。他从不丧失冷静，从不谩骂他的助理，从不惊慌失措。他永远是房间里最冷静的人，用他冷静的影响力将人们吸引过来，这一点从未改变过。哈罗德有时会在最富有挑战的情境下观察格雷斯，心中想着“优雅的人就该是这副样子”。

即使在大选投票日当天，格雷斯都保持着冷静。他似乎代表着秩序和可预见性，他赢得了人们的信任。这一点，再加上推动他竞选活动的经济新闻和另一些历史上的偶然，终于把他推上了巅峰。在大选投票日的晚上，哈罗德看到格雷斯露出了笑容，但并没有捕捉到他的得意神色。他知道他一定会赢，他从念 4 年级的时候便知道了。他从未怀疑过上天赐予他的命运。

那一晚，真正让哈罗德惊讶的人是埃丽卡。在最后几周里，她已经完全投入到竞选活动的工作之中，到了筋疲力尽的地步。那天深夜，告别本党人士回到他俩下榻的酒店房间时，他看到她坐在扶手椅上啜泣。他走到她身边，坐在椅子扶手上，把手放在她的后颈上。

在这样的时刻，埃丽卡总会想到她的人生旅程。她想着她的祖父偷偷摸摸地穿越美国与墨西哥的边境线，她的外祖父从中国远渡而来。她想念她跟母亲一起生活过的公寓，那里的门永远都关不上，因为门被重新粉刷过无数次，已经比门框宽了。她想起母亲曾经拥有的希望和梦想，以及她有时感觉到的自轻自贱。然后她带着一点点骄傲和更多的惊讶想到了白宫，她很快就会在那里开始工作。她想到了竞选活动令人惊讶的激烈程度，还有她对那些推动她的上司入主林肯曾经待过的办公室的选民们心怀的热爱。她身后是数百年的历史，数代的祖先、工人和父母们，那些人全都没有过机会享受成为国家高层的特殊荣幸，而这样的殊荣现在已经摆在了她的面前。

第 20 章

政府应该做些什么

华盛顿市有着这样一个特殊的十字路口，十字路口的每个角落都活跃着一个智囊团。这里有关注外交政策的智囊团，有关注国内政策的智囊团，还有关注国际经济走势的智囊团以及关注日常管理事宜的智囊团。许多人认为这里是地球上最乏味的地方。

助理研究员们聚集在咖啡店里，商讨着如何让美国公共事务有线电视网（C-SPAN）报道他们的上司计划在明年春天举行的主题为“北大西洋公约组织将何去何从”的研讨会。初级研究员们一般会拼车前往美国国会，慷慨地同意在小组讨论会上互相助阵。而高级研究员们，比如说美国某个联邦行政部门的前任副部长，则会忙于参加一种只有在华盛顿才会举办的活动，那就是“无权人士午餐会”：两个过去非常有影响力的人聚在一起用餐，顺便进行没有任何重要意义的交谈。与此同时，他们还必须应付自己因愤怒而产生的种种情绪，这种愤怒源自美国的中上层人士，这些人拿着体面的薪水，却不得不把60%的税后收入用于支付子女就读私立学校的高昂学费。他们几乎剩不下什么钱花在自己身上，这导致了他们自怜自艾的状态。

当埃丽卡离开他身边，前往白宫充当幕僚长的副手时，哈罗德也加入了这群狂热兴奋的讨论者当中，成了罗伯特·科尔曼手下的公众政策领域特别研究员。科尔曼是个身高一米四七的投资银行家，却已经娶到了第五位身高一米八的妻子（也就是说，他所有妻子的身高加起来足有9米多高），他觉得如果他能被常常邀请去白宫参与国务，那么美国的大部分问题肯定就能迎刃而解。

哈罗德发现自己周围都是一群在制定政策方面无足轻重的家伙，他们通通有情感回避型人格障碍。这些人曾经在大学里经受痛苦煎熬，好不容易拿到了各种资格证书，建立起他们严谨治学的威信，然后聚集在这个地方，就像不慎飞到了美国加州南部卡皮斯特拉诺小镇的燕子一样。在这个地方，性欲被严重压抑，娱乐就不用提了。如果在这里参与了4场权益改革会议，那么你甚至会发现你的童贞已经神奇地恢复了。哈罗德注意到，他的新同事们都非常友善而且出奇地聪明，但是他们陷在中上阶层人士特有的社会地位竞争之中。作为法学院的毕业生，他们嫉恨商学院的毕业生；作为华盛顿人，他们嫉恨纽约人；作为研究政策的书呆子，他们忌恨天生就有一副好相貌的人。他们都购买了诺迪克径赛品牌的健身设备，把家里原本作为小孩娱乐区的楼梯间塞得满满当当，但是他们在锻炼时小心翼翼，绝对不会练到身形健美的地步，因为一旦如此，他们就永远不会在国会预算办公室里受到认真地对待。

哈罗德隔壁的办公室有一个被阶级观念毁掉了政治前途的人。那个人在职业生涯的最初阶段忙于根据事业成就来定义自己。他练就了一身足以让他扶摇直上的社会技能：假装自己跟某些人关系亲密，擅长记住他人的名字，表现出令人印象深刻的恭顺态度。他成功当选美国联邦参议员，逐渐精通了“全球胡话”的各种习语——连续几个小时自命不凡地阐述那些由技术革新、环境破坏、基础道德价值滑坡引发的全球重大事件和革命趋势。他赢得了声誉，获得了美国参议院外交委员会主席的职位，也在人们常谈论的未来有望成为美国总统的明日之星行列。

然而在此之后，命运就开始跟他开起了残酷的玩笑。已经人到中年的他意识到身为参议员的地位还不够显赫，并且他非常孤独。有些参议员一旦进入国会，就开始建立自己的友谊圈。事实上，一项由凯瑟琳·浮士德和约翰·斯科沃茨进行的研究表明，美国参议院内部的友谊圈跟一群母牛凭借互相舔舐建立的群体网络在结构方面令人惊异地类似，但是这个可怜的家伙从未建立起这样的友谊圈。他把他毕生的精力都用于建立垂直的人际关系网，跟那些地位高于他的人来往；他并没有花时间去建立横向人际关系网，去跟那些年龄相当、地位相近、有潜力成为真正伙伴的人来往。他在公众领域越是成功，在友谊方面的无所建树就越令他痛苦。

危机随之而来。或许在族群里占主导地位的雄性大猩猩并不会由于自怜自艾而在半夜失眠，理由是“没有人了解真正的我”。但是，哈罗德隔壁的这位同事却竭尽全力想摆脱自己内心的痛苦。经历了数年的压抑，他终于拥有了相当于6岁儿童的人际交往技巧。当他试图建立起友谊时，他的表现就像一只圣伯纳犬在尝试法式接吻。他显得傲慢专横，过分热情，急于求成。晚宴上，某位再正常不过的年轻女性正坐在那里，突然就会发现他的舌头凑到了她的发际。到了中年时期，他终于认定，他的内心确实也有和他人一样的情感，于是他就尝试着释放出来，结果发现这样的举动等同于自我毁灭。

令人尴尬的丑事不断浮出水面。应召女郎们在媒体上爆料，每一个人都讲述了有趣的故事。美国参议院道德规范委员会因为他的事情召开了听证会。深夜档搞笑电视节目拿他的事情开涮。这个曾经志在出任总统的人只得提交辞职申请。如今他跟哈罗德在同一个智囊团里共事，两人每天下午坐在一起闲聊来打发时间。

缺少人情味的政府政策

哈罗德同样注意到，广义科学文化领域的某些观点几乎完全无法渗透到政策制定领域。他发现，无论左翼还是右翼，政策制定领域中的人们都采纳了同一套假设。他们都持有个人主义的世界观，都倾向于假设社会是自主个体之间订立的一种契约。他们都促使那些旨在扩展个人选择余地的政策获得议会的表决通过。他们都不重视社会和公共关系、地方组织和潜存的规范。

保守派政治活动家信奉市场领域的个人主义。他们激烈反对任何试图影响个人经济选择的政府政策。他们采纳能最大限度保证经济自由的政策规定：更低的税率，让人们能够保留和使用更多的私有钱财；私有化的社会保险机制，让人们能够更方便地支配自己的养老保险金；教育券计划，让父母们可以挑选孩子就读的学校。

自由主义者信奉道德领域的个人主义。他们激烈反对任何试图影响人们在婚姻、家庭结构、女性角色定位、生育和殡葬事务等方面的选择权的政府政策。他们拥护那些旨在最大限度保证社会自由的政策。他们认为，在堕胎、安乐死以及其他问题上，每个人都应该有自主决定的自由。政治活动家团体应该维护每个被指控犯罪的人的权利。宗教应该以孤儿院或者专用活动场所的形式存在，严格地与公共场所分隔开，以免影响个人的是非观。

左翼和右翼的个人主义倾向分别导致了一次成功的政治运动——一次发生在20世纪60年代，另一次发生在20世纪80年代。就目前这代人来说，无论当权者是谁，社会主流价值观的风向都倾向于自主独立、个人主义和个体自由，而不是结社来往、社会责任和公共关系。

哈罗德还发现，他的新同事们都抱持物质主义的心态。在面对任何社会问题时，自由主义者和保守主义者都倾向于在经济层面做出解释，试图靠花钱来解决问题。有些保守主义者为了帮助人们修复婚姻关系而主张对有小孩的人降低征税标准，为了降低城市贫困人口数量而主张设置低税率的经济特区，为了改善教育体系现状而主张对办学机构实施特惠政策。自由主义者强调财政收支的另一面——支出项目。他们试图争取更多的资金来修缮学校，扩大助学金覆盖面，以提升公民接受大专院校层次教育的比例。双方都认定改善硬件设施和解决问题直接相关，但都忽视了人们的性格、文化背景和道德品行这些因素。

换句话说，他们把亚当·斯密的观点割裂开了。斯密写了著名的《国富论》，在书中描述了经济活动和“看不见的手”。他还写了另一本著作《道德情操论》，在书中描述了同情和对尊重的潜意识渴望对个人的塑造作用。斯密认为,《国富论》所描述的经济活动是建立在《道德情操论》所描述的理论基础之上的。但是近几十年来,《国富论》变得非常著名，而《道德情操论》仅仅被人引用，却从未被人应用。持主流思想的人重视第一本书，但并不知道该怎样理解第二本书。

哈罗德发现，华盛顿的高层职位往往被那些研究军事或金融的人所占据。那些研究战争、预算和全球金融状况的人如同巨人一般趾高气扬，但是那些研究家庭关系、早期儿童教育和公共关系的人却饱受冷遇，如同参加学生联谊会的矮胖宅男一般。你不妨试一下，在人群中把一个美国联邦参议员拉到旁边，尝试跟他谈论母子关系对于未来人类发展的重要性。这个参议员或许会宽容地看着你，表情仿佛你正在为一家专门收养遗弃幼犬的集体救助饲养场募捐。他很快就会走开，去跟别人讨论一些更严肃的话题——税率议案或者国土安全协防条约之类的问题。

政治家们自己是社会性非常明显的动物。他们利用卓尔不凡的情感触角在世界上导航，但是一旦开始思考政策，他们就可以完全忽略自身具备的情感天赋。他们机械地思考，只考虑那些能够被严格量化、汇总到拨款议案内的因素。

群体孤独与社会信任感的缺失

哈罗德相信，这样的思想态度已经导致了一系列灾难性的政策。这些政策带来了各种各样的糟糕影响，其根本原因是相同的。它们采用积极的方法重新分配了已有的硬件资源，然而它们也以并非故意的毁灭性方式侵蚀了社会关系的基础。

一部分过错源于左翼阵营的政治主张。20 世纪 50 年代至 60 年代，心怀善意的改革者们注意到了那些充斥着破旧廉价公寓的老社区，于是发誓要用光鲜的住宅新区工程取代它们。这些老旧的社区或许疏于维护，但是它们仍然保持着守望互助的传统和社区联系。当它们被摧毁并被新区工程取代时，人们的生活只是在物质层面有所改善，在精神层面却变得更糟。这类住宅工程越来越像被原子弹轰炸后的荒原，变得完全不适合人类居住。

20 世纪 70 年代，福利政策侵蚀了家庭的基础。政府提供的救济金支票改善了被救济家庭的物质生活条件，然而在文化传统分崩离析的时期，这些支票也导致那些寂寞的年轻女孩未婚生育，从而破坏了维持家庭完整的习俗和仪式。

另外一些政策性的失败源于右翼阵营的政治主张。在美国政府逐步解除经济管制范围的时期，沃尔玛这样的大型连锁超市随意扩张，导致私人开设的小商店大量消失，而这些小商店曾经帮助居民们建立起来的友谊和社区网络也随之消失。全球金融市场的一体化导致大银行的分支机构取代了小规模的地域银行，对当地情况了如指掌的本地银行家被千里之外一群疯狂的交易员所取代。

类似的情况在世界各地都发生着。精通自由市场经济理论的专家们在前苏联解体后大量涌进俄罗斯。他们针对私有化进程提出了堆积如山的建议，但这些建议当中几乎没有一条跟如何建立公共信用机制、法律和秩序有关，而这些东西恰恰能孕育出繁荣昌盛的国家。在出兵伊拉克时，美国官方认为只要该国的统治者和权力机构发生改变，他们就可以轻而易举地重建一个崭新的国家。然而，他们显然忽略了一点：持续了数十年的暴政已经在伊拉克文化中深深扎了根，包括潜藏在表面之下的憎恨——这些很快就会酝酿出一场种族屠杀。

哈罗德继续罗列着失败政策清单：放松金融管制是因为假定政府用不着保护全球商人免受情绪传染的影响；经济特区是基于这样的假设——只需要在城市的老旧居民区降低税率，当地经济必定会繁荣；设立奖学金项目是为了降低大专院校的辍学率，然而关键问题并不在于贫困大学生缺少资金援助，事实上因为纯经济原因不能完成学业的学生仅占辍学学生总数的 8%。更重要的原因是学生在情感上脱离了学校，同时又缺乏理论储备，然而这些因素却难以得到主流思想的认可。

简单地说，政府试图推动物质发展，但是最终却弱化了物质发展的基石——社会和情感的发展。政府并不是让社会交往变得更加少的唯一原因。文化革命已经摧毁了传统习俗和家庭结构。经济革命已经让孤立的大型购物中心和连锁商店取代了传统的闹市区。信息革命已经让人们开始通过社交网络在世界各地寻找志趣相投的同伴，取代了每周召开面对面例会的社团组织。然而在所有这些改变中，政府政策都不知不觉地发挥了作用。

罗伯特·帕特南在《独自打保龄：美国资本社会的衰减》等著作里分析认为，这一切的结果就是社会资本的急剧缩减。人们之间的关系变得更加松散，维持自我约束、重视他人、社会同情等习惯的人际关系网失去效力。这些影响有时对于受过良好教育的人具有解放意义，毕竟他们占据着社会资本，可以探索关系松散的新世界。但是这些影响蹂躏着那些缺乏此类资本的人，尤其对那些没怎么接受过教育的人而言更是如此。家庭结构开始崩塌，非婚生育数量飙升，犯罪率上升，对组织和制度的信任土崩瓦解。

美国政府不得不介入其中，试图恢复秩序。如同英国哲学家菲利普·布朗德所论述的那样，个人主义者的革命并未打造出宽松自由的社会，他们打造出来的是一个破碎的社会，政府则在尝试填补由社会崩坏造成裂痕的过程中不断扩张权力。在任何社会当中，非正式的社会约束因素越少，正式的公权力的管控范围就越广。英国犯罪率直线上升的结果就是全国添设了 400 万个安保监控摄像头。邻里关系越来越淡漠，国家福利强势介入，进一步吸收或者取代残存的社会扶助机构。逐渐倾斜的市场不再受到传统和非正式标准的制约，而由政府介入来发挥监督作用。布朗德写道：“看看我们造就的这个社会：我们是一个两极对立、官僚集权的国家，这个国家管理的是一群越来越碎片化、缺乏力量、彼此隔绝的公民。”

没有了健康的社会结构，政治局面会趋向于两极对立。某一党派会代表国家权力，另一党派则代表市场利益。执政党尝试着把权力和金钱集中到政府手里，在野党则努力将这些东西转化为票证或者其他市场机制。两个党派都会忽视和遗漏其中的公民生活结构。

在社交匮乏的国家，很多人开始围绕着政治派系构建他们的个人身份。他们没办法跟别的任何东西建立起稳定的联系。政客和演说家们利用精神真空，将党派变成教派，要求和鼓励成员对群体绝对忠诚。

一旦政治成为某个身份群体对抗另一个身份群体的争夺竞赛，折中妥协的可能性就不复存在了。一切都变成了“我这种人”和“你那种人”之间的地位之争。甚至一个小小的让步也会被视为道德意义上的投降。那些试图逾越党派分界线建立社会关系的人都将被驱逐。在政客们中间，对党派的忠诚完全盖过了对于议会这样的公共机构的忠诚。政治不再是平衡协调机制，而是对荣誉和群体至高权力的争夺。面对党派的丑行，公众对政府和政治制度越来越不信任。

在人与人关系紧密的社会中，人们能够看见逐渐形成的组织结构链条，它们把家庭和邻里、邻里和乡镇、乡镇和地方社团、地区社团和全国性社团、全国性社团和联邦政府联系在一起。在结构松散的社会中，这样的链条已经遭到破坏，关联意识也随之遭到破坏。整个国家似乎立刻变得陌生与不友好。人们不再相信本国政府具备在绝大多数时候做出正确决定的能力，开始对他们的国家领袖产生怀疑和负面的看法。

人们不再为兄弟情谊所束缚，也不会偶尔响应为集体牺牲的要求。“先人一步不吃亏”的玩世不恭的思想盛行。最终结果就是国家财政赤字的飙升，公众不愿为了承担财政责任而接受提高税率、削减预算等措施。双方都不相信对方能够信守承诺。两党都不相信对方能真诚地做出同心协力的牺牲举措。没有了社会信任感，政治制度退化成了一场野蛮的推搡比赛。

假如政府推行柔性政策会怎么样？

哈罗德相信，认知革命具有足够的潜力，能够驳倒那些个人主义的政治哲学见解和基于它们的施政方法。认知革命已经表明，人类本身是从人际关系中显现出来的。一个社会的健康程度是由其内部各种人际关系网的健康程度决定的，而不是由它允许个人选择最大化的程度所决定的。

因此，个人自由不应该是政治的根本目标，政治活动的终极目标应该是社会的特性。政治、宗教和社会组织结构都影响着人们的潜意识选择结构，从而影响人们的行为。它们既能创造出健康向上的社会环境，推动人们做出有道德的选择，也能创造出病态堕落的社会环境，推动人们做出不道德的选择。理性主义时代把个人利益的最大化放在政治思想的核心位置，但哈罗德相信，下一个时代将会把社会关系网络的健康放在政治思想的核心位置。这个时代以经济建设为中心，而下一个时代将以社会和谐为中心。

他希望，以社会和谐为中心的思想发展趋势将会让有关性格和美德的交流重新回到政治生活的核心领域。政府决策者可以把救济金发放到贫困地区，但是没有能够培育自我控制能力的文化土壤，贫困地区就不会因此变得更有活力。政府决策者能够提升或降低税率，但是没有信任和自信，创业团队就难以形成，人们也不愿意彼此投资。政府决策者能建立起选举制度，但是没有认真负责的选民，民主制度就无法焕发光彩。在花了一辈子时间设计和编写公共政策之后，犯罪学家詹姆斯·威尔逊终于悟到了这一核心真理："从根本上说，在几乎每一个公众关注的领域，我们都寻求引导人们做出有道德的行为，无论他们是青少年学生、申请公共援助的人、违法犯罪者，还是选民和公务员。"

哈罗德已经把本杰明·迪斯雷利的另一条格言贴在了墙上："人类的精神本质比法令和宪章更加强大。不承认这一点的政府根本无法维持统治，不从这一点出发的法规无法持续推行。"

每件事情都可以从特性上找到缘由，这意味着每件事情都可以归结到社会关系，因为社会关系造就了性格。人生和政治活动之所以如此艰难，是因为理解社会关系是最重要的，同时也是最困难的。

简而言之，哈罗德进入了公共政策的领域，发现该领域里的人们习惯使用生硬、机械化的术语来思考。他想，如果他将情感和社会视角融入其中，那么应该能产生一些积极影响。

哈罗德努力探寻他自己的基本构想可以在政治和政策领域造成什么样的影响。他开始哀叹"社会主义"一词已经被人使用过了。其实，某些生活在19世纪和20世纪、自称为"社会主义者"的思想家根本就不是真正的社会主义者，他们是统计主义者，他们把国家看得比社会更重要。

真正的社会主义应该把社会生活放在第一位。他想象，认知革命可以培养出更多共产主义式的政治风格，经济共同体将会成为关注的焦点。来自不同阶层的人们是否能意识到他们都处在共同的事业中，抑或是阶层之间的鸿沟太宽了？共同的文化将会成为关注焦点之一。社会的核心价值能否得到表述和增强？它们能不能在国家的组织结构中被反映出来？新移民能否成功融入社会之中？在哈罗德想象出来的政治领域里，保守派会一再强调，要改变国家的文化和人们的个性是非常困难的。自由派则会坚决主张，我们仍必须用实用主义的方式放手一搏。两派都会用充满手足情谊的口吻表达观点，激励大家团结一致达到目标。

哈罗德并不真正明白，他究竟应该自称为自由派还是保守派。他的指导原则之一源于丹尼尔·帕特里克·莫尼汉的格言：“保守派信奉的核心理念是，决定社会成功与否的是文化而不是政治；自由派信奉的核心理念是，政治可以改变文化，以避免被它自己破坏。”

不过他明白，他在华盛顿的职责就是向这里的人说明，文化和个性真的会塑造行为，而且政府能够用有限的方式来塑造文化和个性。国家权力就是火焰——在受控状态下能带来温暖，火焰越猛烈就会变得越危险甚至致命。在他看来，政府不应该控制人们的生活，这样只会削弱公民的责任心和道德水准，但是政府可以影响公民生活的环境。在某种程度上，政府可以滋养能够培养公民间手足般情谊的环境，它可以影响公民的精神气质。

政府需要做些什么呢？首先是执行国家的基本任务，建立秩序和安全的基本框架——抵御来自外界的入侵，调控经济活动以惩罚掠夺者，保护穷人权益，惩治犯罪，维护法律规章，提供基本水平的社会保障和公共秩序。

其次是缩减那些会削弱文化和个性的项目。社会结构建立在“努力就会有回报”这一观念之上。然而现实常常是，政府会扶助那些并不努力的人。这样做的初衷有时是好的（原有的福利制度并不鼓励人们工作），有时是不好的（说客们努力争取特殊拨款、减税优惠和津贴，让他们自己的公司能够确保收益，不必通过市场经营活动来挣钱）。这些项目削弱了社会信任，打击了公众信心，把努力和回报分离开来，污染了社会环境。它们传递出这样的信息：“体制是有问题的，社会是腐败的。”

然而哈罗德认为，在适当的领导下，政府可以扮演更有建设性的角色。就像多年以前的集权政治下会出现顺从的国民一样，分权式的社区自治政体下会出现活跃的、愿意积极合作的公民。创造了城镇中心闹市区的基础设施项目能够巩固社会关系，同时也能刺激城镇发展。公办民助学校能够吸引家长们聚集到一起。那些活跃范围扩至校园之外的大学会成为市民和创业者们的聚集地。国家服务项目让人们超越阶层界限团结在一起。公众投资、地方管理的社会创业基金鼓励市民采取行动，推行社区服务项目。简单公平的税收政策能够唤醒人们的活力，使人们干劲十足，社会性得以增强，以及鼓励创造性的破坏。

亚里士多德曾写道，立法者驯化公民。无论有意还是无意，立法者总会鼓励一些生活方式，诋毁另外一些生活方式。管理国家的才能不可避免地等同于掌控心灵的才能。

诸多社会问题的根治方法

哈罗德开始在政策杂志上发表系列评论，阐述他倡导的柔性施政方法在真实世界当中可能的意义。他的所有评论都针对一个共同的主题：潜意识关系的断裂如何成为诸多社会问题的根源，而政府应该如何行动才能修复这些社会结构中的创伤。

他把那些与情感和人际关系的世界相距甚远的领域作为出发点。他的第一篇评论谈论的是全球恐怖主义。许多评论员一开始都假设恐怖主义是贫穷和经济机遇匮乏的产物，恐怖主义问题的根源在于物质基础。然而，对恐怖分子个人背景情况所做的研究已经证明，根据一个数据库提供的结果，75% 的反西方恐怖分子来自中产阶级家庭，63% 的反西方恐怖分子甚至读过大学。恐怖主义问题是社会性的问题，而不是与物质相关的问题。正如奥利弗·罗伊所说，恐怖分子跟任何特定的国家或者文化之间并无联系，他们往往是陷入了古代传统和现实生活之间的无人地带。他们编造出某种自欺欺人的传统信仰，试图给他们的现实生活赋予意义。他们进行激烈的圣战，因为它能给他们带来归属感。在加入恐怖组织之前，他们普遍不是政治积极人士，但他们正在寻找一些不同寻常、能为他们的生活赋予某种形式与目标的信条。如果想要阻止人们选择恐怖主义的极端生活方式，就必须找到另外一些适合他们的生活目标，让他们可以通过另一条人生道路获取成就感。

哈罗德之后的一些评论涉及军事战略，以及推崇暴力的“男子汉气概”的实质。哈罗德描述了在伊拉克和阿富汗的美军军官是怎样得出“尽可能多地杀戮坏人不可能平息叛乱”这一结论的。他们领悟到，通往成功的唯一途径是一种被称为“硬币”的反叛乱战略，这种战略首先需要赢得当地民众的信赖。美国陆军和海军陆战队的士兵们发现，仅仅攻占一个村庄是远远不够的，他们必须长期驻守在村庄，这样村民们才能感到安全。他们不得不建立学校、医疗站、庭院，挖用以灌溉农田的沟渠，他们不得不重新召集本地议事会，把权力授予村里德高望重的长老们。只有当这类乡村建设活动进行得很好的时候，当地社会才足够强大并有凝聚力，能够向美军士兵们提供有关敌人的情报，帮助他们击退敌人。哈罗德指出，尽管战争是最强硬的政治活动，却需要依靠最柔软的社会技能——倾听、理解、建立信任。在这样的战争中，胜利并不在于杀死了多少敌人，而在于建立了什么样的社区。

他的下一篇评论讲述的是全球艾滋病防治政策。西方已经在这个课题上投入了大量的精力，也研制出了能够治疗艾滋病的药物。但是，如果人们继续可能染上这一疾病的不当行为，这些药物的效果会非常有限。

哈罗德指出，仅靠技术知识并不能改变人们的行为。提高防范意识很有必要，但还远远不够。调查显示，在那些严重遭受艾滋病折磨的国家，绝大多数人了解 HIV 病毒的危险性，但是他们还是会以各种方式尝试高度危险的性行为。提供避孕套很有必要，但也远远不够。这些国家里的绝大多数人都可以获得避孕套，但是这并不意味着他们会使用避孕套，正如上升或者趋于平稳的传染率数据所证明的那样。经济发展很有必要，但也远远不够。那些传播疾病的主要人群——通常是矿工或者卡车司机——往往是相对富裕的。提供卫生保健设施很有必要，但也远远不够。哈罗德描述了纳米比亚一家医院的情况，那里有 858 个女患者正在接受治疗。经过好几年的努力后，医生仅仅成功地邀请到她们男性伴侣当中的 5 人来进行体检。尽管这是关乎生死的严肃问题，但那里的男人还是不会去医院看病。在他们的文化中，男人不会靠近医院。

哈罗德走访了纳米比亚的一个村子，那里所有的中年人都因罹患艾滋病而死。孩子们看护他们的父母，直到把父母安葬为止。然而，这些孩子会重复演绎所有导致他们父母死亡的相同危险行为，无视所有最原始的生存本能。他指出，这些行为发生的原因无法用任何逻辑来解释，也无法用一般意义上的理性利己主义原则来解释。真正能改变人们行为的方式并不应仅仅聚焦于逻辑和利己主义，而是尝试改变他们的整个人生模式。它们并不是仅仅试图改变人们的决定，让人们选择安全的性行为，它们试图培养出道德崇高、不容易受到诱惑的人。这些活动通常是由宗教领袖领导的，这些布道的男人和女人用对与错、善与恶的语言来讲述道理。他们以“天经地义”的表达方式来宣讲和引导这些活动。他们谈论着救赎和《圣经》中的道德观，让人们在更宽广的范围改变对生活的看法，更安全的性行为只是这种改变的副产物之一。

这是一种技术知识并没有涵盖的表达方式，这是由长辈、邻居、彼此知道姓名的人们所使用的表达方式。哈罗德指出，西方在 HIV 病毒和艾滋病的防治上已经投入了海量的药物和技术，但是在道德和文化知识方面的努力还远远不够，而只有道德和文化知识才能够改变生活、观念和道德，从而改变行为的潜意识基础。

随后，哈罗德开始关注离家更近的地方。他描述美国各地的城市远郊建设如何破坏了社区关系。他指出，20 世纪 90 年代，开发商们在城市远郊修建了大量的住房设施。在那些日子里，如果你问买房安家的业主接下来想要什么，他们会回答“高尔夫球场”——这是身份地位的象征。然而如果 10 年后你再去问业主们想要什么，他们会回答“社区中心”“咖啡店”“徒步旅行小道”“健康会所”。这些人已经矫枉过正了。他们搬到城市匆忙扩展出的辽阔远郊区，去追寻他们自己的美国梦。他们把“实现自己的美国梦”等同于“拥有大房子”，但是他们失去了生活在人口更加密集的地区时的社会关系网。市场已经对这种情况做出了部分回应，伪造的都市街景开始出现在杂乱无序的人口稠密区，那里的人们可以在人行道上漫步，可以在路边的小餐馆吃喝。

发展教育来解决社会不平等问题

哈罗德最大的研究项目是关于社会流动性的。他研究的基本前提是，在过去的几十年中，学者们花费了太多的时间思考全球化——商品和思想的全球性流动问题。他认为，全球化并不是驱动改变的核心过程。根据美国劳动统计局提供的官方数据，在21 世纪的前 10 年当中，美国所有的裁员行为只有 1.9% 是由离岸的外包活动引发的，尽管这些活动成了人们谈论和关注的焦点。按照哈佛大学商学院教授潘卡基·格玛沃特的说法，全球 90% 的固定投资都是在美国本国内部进行的。

哈罗德认为，改变的真正动力是认知负荷的变化。在过去几十年里，技术和社会的变革已经对人们的认知提出了越来越高的要求。如今的人们被迫要吸收和加工一套极其错综复杂的信息流阵列，被迫在更加复杂的社会环境中导航。这一切同时发生在本土和国际领域，即使人们撕毁所有已经签署的自由贸易协议，这一切仍旧会继续上演。

全球化的范式强调了这样的事实：信息可以在瞬间走完

24 000 公里的距离。然而认知负荷的范式承载着这一漫长行程当中最重要的也是最后几厘米的距离——人的眼睛、耳朵和大脑里形形色色区域之间的距离。人通过什么样的方式来感知信息？个人是否真的有能力去理解信息？他是否接受过训练，懂得如何利用信息？信息会引发怎样的情绪和想法？是否存在着能够歪曲或强化信息理解方式的文化假设？

认知负荷的这些变化已经带来了很多广泛的影响。它已经改变了女人的角色，她们现在可以在脑力劳动的竞技场里与男人平等竞争。它已经改变了婚姻的类型，男人和女人现在都更加倾向于寻找在智力、才能方面彼此匹配和互补的异性伴侣。它已经形成了“选同型婚配”，例如接受过高等教育的人们会互相吸引和结婚，教育程度欠缺的人们同样会互相吸引和结婚。它也已经制造了不断加深的不平等现象，以至于整个社会被划分成两个族群——一个族群具备足以驾驭当前环境的潜意识技能，另一个族群则根本没有机会获得这种潜意识技能。

在过去的几十年里，“教育溢价”（education premium）呈现出稳定的增长趋势，接受过更高层次教育的人会得到更优厚的经济回报。有人主张，读大学在 20 世纪 70 年代并不具备任何经济学意义。上过大学的阶层和没上过大学的阶层之间的收入水平差距并不大。到了 20 世纪 80 年代初期，“教育溢价”开始出现，而且这种趋势从未停歇。如今，知识创造财富。拥有硕士学历的美国人的家庭年收入中位数为 93 000 美元，本科学历的美国人的家庭年收入中位数为 75 000 美元，高中学历美国人的家庭年收入中位数为 42 000 美元，而从高中辍学的美国人的家庭年收入中位数仅有 28 000 美元。

此外，即使是在上层社会，明星效应也依然存在。拥有独特智力才能的人最受珍视，他们的薪资也高不可及。仅仅接受过良好、体面的教育以及拥有易于替代的智力特征的人只能变成普通劳动力。他们的薪资增长缓慢，甚至停滞不前。

这些智力才能趋向于通过家庭一代代往下传承，最终形成了世袭的精英阶层。虽然今天的情况并不像20世纪50年代那样极端，当时一个人是否出生于一个传统的、先祖可追溯到“五月花号”乘客的新教徒家庭至关重要。但是，个人的家庭背景现在仍然相当重要，可能比过去任何时候都要重要。出生在年收入90 000美元家庭的孩子到24岁时有一半的机会能够从大学毕业；出生在年收入70 000美元家庭的孩子有1/4的机会能够从大学毕业；出生在年收入45 000美元家庭的孩子有1/10的机会能够从大学毕业；出生在年收入30 000美元家庭的孩子只有1/17的机会能够从大学毕业。

精英大学成了特权的堡垒。安东尼·卡内瓦莱与斯蒂芬·罗斯研究了美国排名前146位的大学，发现其中只有3%的学生来自经济状况处于美国社会底层1/4的家庭，而76%的学生来自经济状况处于美国社会顶层1/4的家庭。

健康的社会应该是富于流动性的社会，应该让每个人都拥有过上美好生活的机会，应该让每个人都有理由去奋斗，应该让人们为他们的所作所为承受相应的境遇起落。然而尽管人类已经进入了认知时代，各国社会仍然出现了各种独特的不平等形式，并且这些不平等形式深深地植入人们的脑海中，它们比古代封建社会的阶级划分更加微妙，但几乎同样严酷与不公。

哈罗德指出，大多数国家都尝试过努力克服不平等问题，并在努力过程中花费了大量金钱。美国已经花费了上万亿美元试图弥补白人学生和黑人学生之间的成就鸿沟。排除通货膨胀因素后，1960~2000 年，美国在每个小学生身上投入的公共教育经费实际上比最初增长了 240% 之多。大多数大学都提供了慷慨的助学金计划，其中最富有的一些大学，例如哈佛大学，甚至宣布完全免除那些来自年收入低于 60 000 美元家庭的学生的学费。美国政府提供了足够的资金来推行扶贫项目，每年向每个穷人发放 15 000 美元的现金支票。如果根据这个项目做一番简单推算，那么抚养两个小孩的失业母亲每年可以获得 45 000 美元的现金支票。

但是，金钱不能解决不平等问题，因为金钱并不是这个问题的决定性根源。这个问题属于意识与潜意识发展的领域。只需要对比自己和埃丽卡的成长过程，哈罗德就能认清这一点。一些孩子生活在鼓励个人技能发展的氛围中——关于他们未来梦想的书籍、讨论、阅读材料、提问和谈话——而另一些孩子却生活在混乱的氛围中。如果你给富人区幼儿园的孩子们讲一个故事的部分内容，那么大约 50% 的孩子都能预料到即将发生的情节。如果你给穷人区幼儿园的孩子们讲同样的故事片段，仅有约 10% 的孩子能预料到故事的进展态势。构建预测未来模型的能力对于未来的成功至关重要。

在认知时代真正到来之前的 1964 年，在人口统计学方面，富裕家庭和贫困家庭非常相似，这意味着处于不同收入水平线上的孩子们在成年时拥有相似的前景和才能。然而，随着对智力水平的要求不断提高，鸿沟开始形成，接受更高层次教育的孩子跟接受较低层次教育的孩子开始在完全不同的情境下成长。接受更高层次教育的孩子生活在良性反馈的回路之中。高水平的技能和稳定的家庭环境能够引导他们获得物质上的成功，而物质上的成功意味着更容易获得稳定的家庭生活、高水平的技能和更多财富。接受较低层次教育的孩子生活在恶性反馈的回路之中。低水平的技能和破裂的家庭会给他们带来经济上的压力，而经济上的压力意味着更容易出现家庭破裂的情况、更难以获取技能、更难以获得财富。

今天，接受过大学教育的人和未接受过大学教育的人生活在不同的家庭环境之中。超过 2/3 的中产阶级家庭的孩子都是在完整的家庭中成长的，而在同样情形下成长的贫困孩子却少于 1/3。在社区学院就读的学生大约一半都有过怀孕或者使人怀孕的经历。伊莎贝尔·索希尔计算出，如果今天的家庭结构与 20 世纪 70 年代的家庭结构相同，那么贫困率应该会比当前的实际贫困率下降 1/4 左右。

在生活态度方面，同样巨大的鸿沟也已经形成。罗伯特·普特南指出，接受过大学教育的人更容易信任他们周围的人，更容易坚信自己能够掌控自己的命运，更愿意采取实际行动来实现他们的人生目标。

处于这道分界线两侧的人需要的往往是同样的东西。接受过更高层次教育的人和接受过较低层次教育的人都趋向于想在稳定的双亲家庭中生活。他们都趋向于想获得大学学位，让他们的子女能够超越他们。接受过更高层次教育的人只不过是拥有更多的情感资源，可以真正实现他们的这些梦想。如果你在生育孩子前结婚，读到高中毕业，而且找到了全职工作，那么你有 98% 的可能性不会生活在贫困当中。但是，很多人连这些都实现不了。

随着哈罗德对贫困、家庭破裂和其他跟社会流动性有关的话题的研究越来越深入，他有时只想抓住人们的肩膀摇晃他们，告诉他们要去做那些应该做的事情：勇敢地参与求职面试；参加早已注册报名的学术能力评估测试；为了通过期末考试而努力学习，能顺利毕业。不要仅仅因为工作单调乏味或者家里某个微不足道的变故就辞去工作。他知道，在某种程度上，除非人们坚持为自己的决定负责到底，为了达成他们的目标持续不断地工作，否则就不存在任何能代替个人职责的东西，更不存在任何成功的前景。

然而他也知道，仅仅向人们宣扬自力更生的意义是没有任何益处的。积极的生活状态需要依靠那些让有意识的成功成为可能的潜意识技能。没有学习到这些潜意识技能的人们会发现，他们更难以适应工作的习惯性节奏，在工作日每天早上按时出发，舟车劳顿去面对他们并不喜欢的工作内容。他们难以礼貌地对待会把他们逼疯的老板，难以微笑面对遇到的每一张新面孔，更难以在经历情绪变化甚至个人危机时摆出始终如一的淡然表情。他们难以养成对自身能力的基本信心——认为自己能够塑造自己人生历程的信心。他们更不容易相信“有因必有果”的说法，不容易相信如果他们现在做出牺牲，将来就会得到好的结果。

除此之外，不平等问题本身也会产生心理效应。在《公平之怒》一书中，理查德·威尔金森和凯特·皮克特提出，处于较低的地位会让人感受到沉重的压力，精神压力倍增。不平等和被排斥的感受会引发社会性的痛苦，而社会性的痛苦会带来更多的肥胖问题、更糟糕的健康状况、更少的社会联系、更严重的沮丧和焦虑情绪。例如，威尔金森和皮克特引述了一项关于英国公务员的研究报告。有些公务员拥有较高的社会地位，在日常工作中承受着较大的压力；另一些公务员则拥有较低的社会地位和较小压力的工作。你可能会认为，那些在日常工作中承受较大压力的人应该会更容易罹患心脏病、胃肠病和普通疾病。事实上，那些工作压力较小的人，健康状况反而更加糟糕。较低的社会地位导致人们付出额外的代价。

在哈罗德提出的柔性政策方案中，他把信心放在那些能够重塑人们内在思维模式的项目上。如果你像哈罗德一样认为追求成就的价值观在一些低收入社区并不能代代相传，那么你也只能想办法向那里的人们灌输这种价值观，除此之外别无选择。这意味着你不得不略微表现出家长式的作风。如果父母不能给孩子灌输追求成功的价值观，那么教会和慈善团体应该尝试这样做。如果连这些机构也无能为力，那么政府应该尝试介入其中，帮助人们获得跻身中产阶级所必需的三样东西：婚姻、高中学历和工作。

"我们都需要被鞭策、激励才会去做一些能够改善我们长期生活状态的事情，不管是吃正确的食物，还是为退休生活储蓄养老金，"罗恩·哈斯金斯和伊莎贝尔·索希尔在他们的著作《创造一个有机遇的社会》（*Creating an Opportunity Society*）中如此写道，"即使低收入家庭也不例外。"没有任何一项单独的政策能够培养人们的这些潜意识技能。促进人力资本发展的政策就像是营养物质，必须持续不断地让人们汲取。但是哈罗德的确看到了一系列能够为那些跟社会流动性的阶梯相隔绝的人们提供帮助的政策。

最大的影响来自对年轻人的关注。詹姆斯·赫克曼提出，养成学习习惯的人更爱学习，技能会催生新的技能，所以在孩子们身上投资会比在年长一些的人身上投资更容易产生显著成效。父母培训班教导年轻母亲该如何照顾她们的孩子。高品质的早期教育项目可以对儿童成长产生持续性的效果。当孩子们从高品质学前班升入常规小学就读时，智商增益有时会消失，但是社会和情感技能似乎并不会消退，而是会产生持续性的增益效应——更高的毕业率和更好的发展。

诸如“贫民窟儿童区”一类注重提升社区完整性的尝试，取得了最令人印象深刻的成果。这些项目的成功让许多类似的项目涌现出来，这些项目的设计目的都是为了把年轻人置于追求更高成就的文化环境之中。“知识就是力量”（KIPP）项目中的学校，以及其他追求实际效应的学校，极大地影响了学生的前途。像埃丽卡曾经就读过的“学园”一样，这些学校带给学生们一种全新的生活方式，这种生活方式比他们从前习以为常的生活方式更加严格、有序。

在任何一间教室里，最重要的事情都是师生关系。小班教学可能会收到更好的效果，然而与其给小班配备一些不合格的老师来滥竽充数，还不如改成大班教学，确保所有老师都是合格的。让老师们有充裕的收入，可以让才华横溢的老师更愿意留在学校上课。学生们能够从他们最喜爱的老师那里获得最好的学习效果。导师项目也能建立起社会关系。如果学生在人生道路上有幸遇到了一个经常引导和鼓励他们的重要人物，他们就更少考虑从高中或者大学辍学。纽约城市大学推行了一个名为“尽快去做”（ASAP）的项目，该项目包含了强有力的导师计划，似乎确实提升了学生的毕业率。

第一代的人力资本政策为人们提供了前往学校和培训设施的渠道。第二代的人力资本政策应该帮助人们培养在这些地方取得成功所必备的习惯、知识和精神特征。如果只是让学生有机会去社区大学上学，当他走进校园时却发现入学条件莫名其妙、辅导员粗鲁无能、注册手续令人困惑、重点课程已经满员、毕业条件严苛得不可理喻，那么这当然是远远不够的。这些障碍会让缺乏社会资本的学生感到挫败。所以第二代人力资本政策必须对人生的隐性课程和显性课程投入同样的关注。

权力有限但活力十足的政府

哈罗德越是花更多的时间思考政治问题，试图形成一套主导性的哲学，他就越发意识到，个人发展和社会流动性是他所构想的伟大社会的核心元素。社会流动性能够让人们的眼界更开阔，让人们看到更多的机遇和完全改观的人生。社会流动性能够削弱阶层间的冲突，因为没有人被限定在其出生的社会阶层里度过一生。社会流动性能够释放创造的能量，解决不平等的问题，因为没有任何人的身份地位是永久不变的。

哈罗德发现他自己生活在一个由两种主流政治运动所推动的国家里。其中一种是自由主义者主导的政治运动，他们认为政府可以加强平等。另一种是保守主义者主导的政治运动，他们认为限制政府可以加强自由。但是在历史上还存在过第三种政治运动，那便是认为权力有限但活力十足的政府可以增强社会流动性。这种政治运动发源于几百年前加勒比海的一个小岛上。

在 18 世纪，有这样一个小男孩，他住在加勒比海的圣克鲁瓦岛上。他的父亲在他 10 岁的时候抛弃了他，他的母亲在他 12 岁的时候死在他身边的床上。他被一个表亲收养，而这个表亲不久便自杀了。他剩余的亲人就只有一个姨妈、一个叔叔和一个奶奶。不幸的是，他们都在几年间相继离世。最后，遗嘱认证法院没收了他从母亲那里继承的少得可怜的遗产。就这样，他和他的兄弟沦为一贫如洗、无依无靠的孤儿。他就是亚历山大·汉密尔顿。

17 岁时，亚历山大·汉密尔顿经营着一家贸易公司。24 岁时，他成了乔治·华盛顿的参谋长和战争英雄。34 岁时，他创作的 51 篇论文被收录进《联邦党人文集》(*The Federalist Papers*)，同时他也是纽约最知名的律师。40 岁时，他辞去了美国财政部部长的职位，但他一直是公认的美国历史上最成功的财政部部长。

汉密尔顿创建了一种政治传统，来帮助像他一样努力奋斗的年轻人。他希望创造一个能让努力奋斗的年轻人充分发挥天资与才能的国家，这些年轻人的劳动可以让这个国家变得伟大。"向人们的勤奋天性敞开大门、唤醒他们努力的景象，都会为人们的努力增添新的活力"。

"唤醒""努力""活力"，这就是汉密尔顿的用词风格。他努力扶持那些用于激发这种驱动力的政策。当很多人对制造业心存怀疑、相信只有农业能够造就美德和财富时，汉密尔顿捍卫工业和技术变革；当商人和金融市场一度被拥有种植园的寡头集团蔑视时，汉密尔顿支持充满活力的资本市场搞活整个国家；当国家经济命脉分裂成由各地大地主操控的地方经济命脉时，汉密尔顿努力粉碎地方垄断的局面，打造新的机遇。他将美国独立战争的遗留债务转变成国债，创立了资本市场，把美国经济整合成更有竞争力的统一交易体系。他相信政府应该努力培育竞争，以达到增强市场活力的效果。

在 19 世纪早期，亨利·克雷和辉格党人继承了汉密尔顿的衣钵，他们致力于修筑运河、铁路以及其他国家基础设施，从而创造了更多的机遇，建设整个国家。一个年轻的辉格党人亚伯拉罕·林肯继承了这份事业。跟汉密尔顿一样，林肯也出生在贫穷的家庭中，满怀雄心抱负。林肯发表了大量涉及劳动和经济领域的演讲，比他发表的涉及奴隶制度的演讲还多。他努力创造一个鼓励自我改造、拥抱工作福音的国家。

“我相信，人生的价值在于改善自身的条件。”他在 1861 年一场面向移民的演讲中说道。在他的领导下，美国南北战争时期的联邦政府统一了货币，通过了《宅地法案》、《赠地大学法案》和铁路法规。制定这些政策是为了赋予美国人开放的视野和公平的机会，以此传播企业精神，增强社会流动性，建设更美好的国家。

继承这一传统的下一个伟大人物是西奥多·罗斯福。他也同样相信，竞争具有塑造个性的力量，竞争能够赋予人们他在 1905 年总统就职演说中歌颂过的那些美德——精力充沛、自力更生、开拓进取。

罗斯福同样也相信政府有时候必须扮演积极的角色，鼓励人民努力，给予每个人公平竞争的机会。他写道：“国家的真正作用在于，当它干预社会生活时，它应该创造出更公平的竞争机会，而不是抹杀竞争机会。”

汉密尔顿的主张在上百年里一直主导着美国政治，但是到了 20 世纪，它逐渐销声匿迹。20 世纪最重要的政治辩论主题是政府的规模。汉密尔顿的主张在这一辩论中被冷落了。

然而哈罗德相信，现在是时候恢复这种政府权力有限但活力十足的政治传统了——只需要对它进行两步升级。过去的汉密尔顿主义者生活在认知时代之前，当时努力奋斗的年轻人需要达到的精神层次还相对较低。这种情况现在已经改变，所以在恢复这种旨在增强社会流动性的政治运动时，发起人必须妥善应对更复杂、多元化的社会和信息环境。此外，汉密尔顿、林肯和罗斯福能够假设社会和道德资本处在较高的水平上。他们理所当然地假设公民在关系紧密的社区中生活，这些社区由容易理解的行为准则、道德共识和约束性惯例所界定。今天的领袖没法再做出这样的假设。社会和道德资本已经遭受了多年的侵蚀破坏，如今需要重建。

在华盛顿生活的几年时间里，哈罗德一直大力提倡汉密尔顿式的解决方案和第二代人力资本政策。他并没有提出一种所谓的意识形态，用来定义优秀的政府应该是什么样子。世界本身是极其错综复杂的有机体系，没法用意识形态来定义。世界充斥着难以觉察的、互相制约的潜在影响因素，根本不允许过于自信的政府按照预先设计好的理想计划重塑新局面。

他也不会用英雄主义的态度去看待政治领导阶层。哈罗德构建的理想图景严格限制了政府能做什么、应该做什么。英国哲学家迈克尔·奥克肖特曾经对政治家的傲慢心态提出过颇有益的警告，他说道："政治活动就像人们在无边无际的海洋中航行，既没有海港这样的避难所，也没有可抛锚停靠之地；既没有起航的位置，也没有指定的目的地。人们追求的就是保持船身平稳漂流，海是同伴也是敌人。航海技术的内容就是利用传统行为方式的资源，将任何充满敌意的逆势转化为顺势。"

每当思考政府问题时，哈罗德总是尽力提醒自己，我们知道和能够知道的东西是多么有限，我们对于权力的欲望和做好事的愿望是多么容易让我们忽视自身的局限性。

但是他和大多数美国人一样相信进步。因此，尽管他本能地嫌恶影响社会基本属性的变革，但他对变革的热忱淹没了这种嫌恶。

他把那几年时间全都用来撰写论文，用他的政策建议不断抨击这个世界。似乎并没有多少人赞同他的观点。有一位《纽约时报》专栏作家的观点与哈罗德出乎意料地相似，还有几个人与他们志同道合。他仍然坚持不懈，认为他对事情的绝大部分看法都是对的，总有一天别人也会得出他现在得出的结论。卡尔·马克思曾经说过，约翰·弥尔顿用春蚕吐丝般的方式让自己的本性逐渐显现出来，从而创作出了《失乐园》。哈罗德似乎也是这样，在身处智囊团的这些年当中，他感觉自己活得非常充实。埃丽卡有时会一连消失好几周，有时他也会为此感到不悦，但他觉得他正在为世界做贡献。他确信，无论他那“社会主义”式的方法如何改头换面，总有一天会给世界带来深远的影响。

第 21 章

退休后的生活可以更精彩

每年冬天，世界各地的伟大或杰出人士都会在瑞士的达沃斯相聚，参加在那里举办的世界经济论坛。在会议进行的那一周，达沃斯每天晚上都会举办无数的聚会。参加一般聚会的人羡慕能参加档次较高聚会的人，而参加档次较高聚会的人羡慕那些能参加核心聚会的人。这三类不同层次的聚会所邀请的嘉宾名单逐渐趋向高层——一般聚会的参与者往往是经济学家和知识分子，而越是接近核心聚会，参与者的权力和名望就越发显赫，专业知识却越发匮乏。

最核心的聚会由社交界的顶级名流参与，这些人包括前总统、内阁部长、央行行长、世界级大亨以及安吉丽娜·朱莉级别的娱乐圈巨星，他们聚在一起闲聊。毫无疑问，这个聚会是所有聚会当中最无聊的一个。跟任何地方的社交圈一样，达沃斯的社交圈由一群富有趣味但缺乏安全感的人组成，这些人努力想挤进由那些乏味无趣却安稳满足的人组成的圈子。

在几十年成功的商界生涯和8年越发显赫的公共服务生涯——包括出任格雷斯总统首个任期中的“白宫办公室副主任”，以及他第二个任期中的“商务部长”——之后，埃丽卡赢得了在达沃斯参与社交圈核心聚会的资格。她是那种会被邀请参加最高层、最枯燥聚会的人。

已经退休的她现在正为一些举足轻重的委员会效劳，帮助他们处理棘手问题——财政赤字、核扩散、跨大西洋联盟和未来的全球贸易协定。她不是那种听到“本次会议开幕”的声音就会笑容满面的人，但她已经成了一位经过千锤百炼的参会者，能够忍受那些显赫人物单调乏味的陈词。她已经成了委员会里世界各国诸多前任领导人的朋友和熟人，他们每年都要在达沃斯、杰克逊霍尔、东京等地参加聚会，对那些当权者因为目光短浅视而不见的迫近危机表明严重关切的立场。

起初，埃丽卡在跟那些前总统和国际知名人士聊天时会感到紧张害羞，但这种敬畏很快就消失得无影无踪。如今，她只是把这样的集会看成是在又一个国际度假胜地接触到同一个熟悉的关系网而已。某位前任部长是因丑闻而辞职的，某位前任总统的执政生涯完全失败，某位前任国务卿已经被粗暴地夺走了权力。每个人都避免提及他人的隐痛，在他们共同忍受的这个颠沛流离的世界中，一切都已经被宽恕了。

那么他们会谈些什么呢？这恐怕会让阴谋家觉得做了一场最糟糕的噩梦。根据泄露出来的消息，当负责全球最重要组织机构的人们聚到一起时，他们真正想谈论的话题只是高尔夫球、克服时差的方法和胆结石。白天的时间在对贸易保护主义的威胁装腔作势的重视当中被浪费掉了，晚上的聚会则往往涉及与前列腺有关的热烈讨论。这些集会都奉行“皇研所准则”（Chatham House Rule），这意味着不允许任何人讨论真正有趣的话题。晚间交谈的亮点便是偶尔流传出的有关幕后人士白痴行为的传言。

为了让参加晚餐的客人们开心，前任领导人们必然会准备好各种各样的幕后故事。一位前总统讲述说，他曾经在普京面前吹嘘他驯养的狗多么强悍，结果等到下一次莫斯科首脑会议时，普京在午餐时带来了 4 尺罗威勒犬，并且向他夸耀说它们“比你的狗更大、速度更快、更壮”。一位前国家安全顾问接过话，说一个国家的领导人曾经偷走了他的戒指。在参加某次会议时，他戴着他的西点军校毕业纪念戒指，那个国家领导人要求看一看并且把它戴在自己的手上，然后在他俩说话时敏捷地把它摘下放进了自己的衣服口袋里。为了让戒指物归原主，两国外交部门发生了争吵，但对方就是不给。另一位前总理回忆，他曾经在白金汉宫参加了一次鸡尾酒会，顺便悄悄窥视聚会场所周围的私人住宅区，结果不幸被英国女王抓到并责骂了一通。这些故事总是能令人开心，同时也让人觉得全球事务好像是掌握在一群三年级小学生的手里。

虽然如此，埃丽卡还是喜欢这种混乱的活动。她认为尽管这些委员会里的人相当无聊，但他们确实干了些实实在在的好事，而且她也很享受可以经常窥探到全球事务内部运作情况的快感。她经常在参加一些冗长的会议时靠在椅背上袖手旁观这一切，想知道这些男男女女是怎样跻身全球顶级精英的行列的。他们并不具备独特的天才，没有特别深厚的知识底蕴，也没提出过创造性的主张。如果非要归纳出他们的共同特征的话，那就是他们都具有把问题简单化的才能。他们有能力应对复杂的情况，用简单的方式捕捉问题的核心。他们一确定问题的核心所在，就会让整个问题的本质显而易见，但不知为什么在此之前却没有人能够想出简化问题的办法。他们指出问题的实质，让忙碌的人们能够解决问题。

至于埃丽卡自己，她的地位几乎登峰造极。她已经取得了某种程度上的显赫地位，走到任何地方都会被看成是一个重要的人。陌生人会走过来，表示自己很荣幸见到她。这本身并不会让她感到高兴，但这确实意味着她不再为多年来驱使她奋发向上的雄心壮志和焦虑情绪所折磨了。她发现，认可和财富并不会带来幸福，但它们可以帮你消除忧虑，让你不再因为缺乏它们而又渴望拥有它们而烦恼。

埃丽卡仍然把自己当成那个有进取心的年轻女孩，当她意外地在镜子中看到自己的面容时，她会惊讶地发现这已经不是一张 22 岁少女的脸，而是一张老太太的脸。这样的发现让她感到震惊。

如今，她听不清声调高的女性声音，在喧闹的聚会上甚至听不清任何人的说话声。有时候，她必须先用双臂支撑着她的身体，才能从椅子里站起身来。她的牙齿颜色变得更深，牙龈也开始萎缩，使得牙齿暴露出来。她改吃较软的食物（下颚周围的肌肉会在衰老过程中丧失 40% 的咬合力）。

此外，当她下楼梯时，她开始紧紧握着扶手。她听说一些年龄更大的朋友曾经从楼梯上失足摔下来，导致臀部受伤（其中 40% 的人最终必须聘请家庭护理，20% 的人从此丧失了行走能力）。她也开始每天定时吃一大堆药丸，并且还收购了一家生产这些药丸的厂商。

埃丽卡觉得她有些跟不上当前的文化潮流了。她已经分不清近几拨崭露头角的年轻演艺明星究竟谁是谁了。流行音乐时尚不断更替，但都不能真正引起她的关注。

另一方面，埃丽卡认为人到晚年的她可以对自己进行更加实际的评估，似乎她已经达到了宠辱不惊的精神层次，以至于能够客观地看待自己的缺点。就这样，成功带给了她前所未有的谦逊心态。

她看过的许多书籍和戏剧都把人的老年期描述成丧失自我照顾能力的阶段。在莎士比亚的剧本《皆大欢喜》里，闷闷不乐的孤僻哲人杰奎斯把老年期描述成“第二个童年期，但更容易健忘”。20 世纪中期的发展心理学家们通常把老年期看成是人的衰退期。人们相信，老人会慢慢地与生机勃勃的世界分离开来，为死亡的来临做好准备。人们不指望老人身上还能发生任何新的变化。弗洛伊德写道："大约在 50 岁的时候，心理过程的灵活性，即心理治疗必须依赖的根本性质，通常会丧失掉。老人无法再接受教育了。"

但埃丽卡并没有感觉到任何这样的迹象，而且年代更近一些的研究确实也证明，老年人完全有能力继续学习和成长。人的大脑一辈子都可以创造出新的联结，甚至新的神经元。虽然部分心理过程——比如记忆力、忽略干扰的能力、迅速解决数学问题的能力——明显会发生退化，但其他心理过程保持如常。当许多神经元细胞死亡、大脑不同区域之间的许多联结中断时，老年人的大脑能够重新改组，弥补这些由衰老导致的影响。老年人的大脑或许需要更长的时间才能取得同样的结果，但最终通常能够解决问题。一项针对航空管制员的研究表明，30 多岁的空管在记忆力方面明显优于岁数较大的同事，但在出现紧急情况时，60 多岁的空管照样能够出色地解决问题。

从数十年前持续至今的一系列纵向研究表明，退休生活比我们想象中的要更加乐观、顺心。这些研究并没有用"投降"这样的词来描绘老年阶段，甚至连"安详"都没用过。它们将老年阶段看成一个新的成长时期——而且它们还没有谈起那些把即将到来的死亡当作理由，开始参加飞行跳伞活动的"超级老人"。

绝大多数人声称他们会随着年龄的增长变得更幸福。这或许是因为随着年龄的增长，人们会越来越少地关注那些负面的情感刺激。斯坦福大学的劳拉·卡斯滕森通过研究发现，年龄较大的人能够更好地保持心态平衡，能更快地从负面事件的影响中恢复。

麻省理工学院的约翰·加布里埃利通过研究发现，老人大脑的杏仁体在观看有正面寓意的图片时会保持活跃状态，而在观看有反面寓意的图片时处于不活跃状态。他们下意识地学会了积极感知的能力。

随着人们年龄的增长，性别角色开始融合。许多女人学到了刚毅自信，而许多男人学到了情感协调。人们已经形成的个性往往会变得更加鲜明。加州大学伯克利分校学者诺玛·哈恩组织过一次跟踪期长达50年的研究，从受试者年少时就开始研究，最终得出了这样的结论：受试者会随着年龄增长而变得越来越外向、自信和热心。

人们会不会随着年龄增长变得更加睿智？目前并没有证据支持这种说法。现有的试图对“智慧”（社交见识、情感见识和信息知识的综合）做出评估的实验表明，人们在这方面的得分在老年时期会达到最高。人们往往会在中年时期开始得到实验的较高评分，然后一直保持到75岁左右。

不过“智慧”是一种难以通过简单实验体现出来的特质，埃丽卡觉得她在“伪退休”时期学到了她在中年时期完全不具备的技能。她觉得自己更加善于从不同的角度来看待问题了；更加善于仔细观察当前局势，不会再贸然得出结论了；更善于分辨暂时的信心和坚定不移的信念之间的区别。也就是说，她更善于准确地看待她自己的思维海洋了。

只有一种感觉是她很少体验到的——生命力焕发的感觉。在职业生涯的早期，她经常应邀飞到洛杉矶，入住客户提供的套房，咯咯笑着浏览满屋的奢华装饰。在那些日子里，她习惯于出差时在酒店再多住一天，给自己留一天时间参观附近的博物馆和历史景点。她还记得自己围绕着格蒂中心和弗里克艺术和历史中心独自散步，感受着艺术带给她的感动。她回忆起情绪高涨带给她的特殊活力——胳膊下夹着一本小说在威尼斯整夜游荡，在查尔斯顿的古旧宅邸里漫步。这样的事情渐渐就不再发生了。她在旅途结束时不再预留一天用来观光——她再也没那么多的空闲时间了。

随着事业压力越来越大，她的文化活动不断减少。她对诗歌、艺术和戏剧的品位逐渐从造诣深厚的水准下降到平庸水准，甚至毫无水准可言。“当我们50岁时，”宾夕法尼亚大学心理学家安德鲁·纽伯格写道，“我们不太可能唤起那些年轻时经历过的巅峰或超升体验。相反，我们更倾向于那些更微妙的精神体验，以及基本信念的升华。”

此外，埃丽卡的工作也让她的生活变得越来越平淡。她在组织和执行方面有着惊人的天赋，这种天赋在她的人生旅途中牵引着她成为首席执行官和政府高官，驱使着她被各种各样的事务所淹没。

多年来，她的熟人越来越多，但她真正的朋友却越来越少。“格兰特纵向研究”表明，童年时代遭受忽视的人，到了老年更容易缺少朋友（内心的工作模型终生潜伏着，最终在合适的时机浮现出来）。埃丽卡并不孤单，但有时在人群中时她会觉得自己很孤独。她周围总是有大量的泛泛之交，却没有一个她可以全身心投入的密友圈子。

换句话说，随着时光流逝，她变得越来越肤浅。她在公共领域非常活跃，但在个人生活中却漫不经心。在整个职业生涯中，她始终忙于改变她的思维，以便尽可能地帮助自己取得职业成就，但等到她最后实现了在世界范围内功成名就的目标时，她发现自己的思维已经不足以让她满意了。

她步入退休生活后常常感到自己麻木不堪，这让她困扰不已。她仿佛体验到了一场之前从未注意过的大战，浅薄与深刻之间的大战。多年以来，浅薄的力量一直在稳步推进。

然后，生活即将结束的景象——死亡，离开人世，最终时刻——开始出现在她的脑海里。埃丽卡认为她或者哈罗德不会很快就故去。（当然不会。他俩都很健康，并且各自有活到了 90 多岁的近亲。尽管亲人长寿并不意味着自己就能长寿，这两件事情之间几乎毫无相关性。）

尽管如此，她的老熟人们还是以稳定的速度渐渐离开人世。如果她愿意的话，可以在互联网上查到她这个年纪的人的发病概率——跟她一样大的老太太有 1/5 患有癌症，1/6 患有心脏病，1/7 患有糖尿病。这有点儿像生活在战争年代。每隔几周，她所在的社交团体里总会又有一位成员永远地离开了他们。

这种情况带来了双重影响，既令人恐惧，又令人奋起。（她似乎永远都生活在复杂的情绪状态中。）死亡如同洪水一般将她包围，改变了她感知时间的方式。埃丽卡心中逐渐生成了一种跃跃欲试的想法。退休可以让她从浅薄的力量中解脱出来。她可以设计自己的精神大餐，让各种各样的影响和事件进入她的大脑。她能够转而思考深层次的话题。现在她可以踏上荣耀之旅了。

她必须给自己写下一份生命清单。在生命最后的篇章里，她想要活得更加精彩。她拿起一本记事簿，记录下她生活中的各个领域：反思、创造力、社交、亲密关系和服务。在每个领域当中，她都列举出了与之相关的想要做的事情。

她想要编写一本简要的回忆录；她想要掌握某种崭新的艺术

形式，完成一些困难的事情，学到某些技能；她想成为某个女性朋友圈中的一员，每年跟她们聚在一起说笑、吃喝、分享人生；她想要找到某种教育年轻人的方法；她想要知道树木的名称，这样当她路过森林时就能知道自己到底看到了什么；她想追根究底，搞清楚自己到底是不是信仰上帝。

正念冥想所带来的情感体验

在退休后的最初几个月里，她有一股冲动，想跟过去的老朋友重新建立联系。她并没有跟当年在“学园”的任何一位同学保持联系，而她在大学时代的朋友们也已经远离了她的生活圈。但脸谱网能帮助她弥补这些遗憾，几周之内，她就跟好些几十年没见过的老朋友通过电子邮件联系上了。

重温这些过去的友谊令她出乎意料地开心。这些联系激活了她内心中某些早已休眠多年的东西。她发现大学时的舍友之一、出生于美国南部的米茜居然就住在她家附近，两家相距还不到 40 公里。于是两人约了个日子共进午餐。埃丽卡和米茜在大三时住在同一间宿舍，不过她们之间并不算特别亲密。当年埃丽卡疯狂地忙着做兼职，身为医学预科生的米茜则一天到晚泡在图书馆里。

米茜还是那么瘦小。她的头发已经花白，但她的皮肤还很光滑。她毕业后成了一位眼外科医生，结婚成家，后来接受双乳切除手术并康复，比埃丽卡早几年退休。

两人共进午餐时，米茜兴奋地描述了近几年来深刻地改变了她的生活的一项爱好——正念冥想。埃丽卡感到自己的心往下一沉，猜测会听到那种印度贫民窟里常见的瑜伽和灵修之类的故事，以及米茜是如何重新找回了自我——总之是常见的那一套“新时代”式的胡言乱语。上大学时，米茜是她们中间最坚信科学的一个，现在她似乎已经彻底变了。然而米茜谈论她冥想经历的方式仍然跟多年前她谈论作业课题的方式一模一样，带着同样的冷静和严谨。

“我上身挺直，盘腿坐在地上，”米茜说，“首先我要专注于自己的呼吸，想着呼气和吸气的动作，感觉到身体的实际呼吸节奏逐步接近这种预想。我感觉到自己的鼻孔一开一合，胸部一起一伏。然后我把注意力集中在一个单词或短语上。我不用一次次地重复念叨它，只需要一直在脑海里想着就好，如果我发现自己有些走神，就让心神重新集中起来。有些人会考虑‘耶稣’、‘神’、‘佛祖’或‘我主’之类的词语，但我只不过选择了‘潜入内心’。

“然后我让体验自然地发生，同时观察什么样的感觉、观念和画面会涌入我的大脑。这就像是静坐在那里，让各种想法在意识里浮现。我往往一开始就会失去关注的焦点，我发现自己正在考虑家务活，或者必须回复的电子邮件。这时我就得重复之前预设的短语。大多数情况下，过不了多久，外部世界就开始消退到阴影里。我甚至不需要再在心里复述那个短语了。我不知道该怎样描述这种感觉。我开始意识到了我的意识。

“我的身份，我的‘自我’都消退了，我沉浸在从内心深处冒出的感知和感觉当中。我的目标是不加评判地迎接它们的到来，不去解读它们。把它们当成朋友一样，用微笑迎接它们。我的一位老师把这种情况比做看着云朵从山谷上空飘过。意识一缕缕地飘过，不断被新的意识和新的心理状态代替。我似乎成功接触到了一直存在但我们通常无法感知的进程。

“我并不能很好地用言语来描述这种体验，因为它比语言的层次更深。当我试图描述它时，它会显得如此无趣，听起来不过像一个概念。但当我真的处在这种状态时，就不存在陈述者，不存在翻译者，不存在词句。我并不能真的意识到时间。我并不是在给自己讲述自己的故事——我心中的解说员似乎消失了。只有各种感受在发生着。这样说有意义吗？”

显然米茜已经找到了直接感觉到一级认知的办法。

“当我结束冥想回到现实中时，我发现自己改变了。我可以从新的角度观察世界。丹尼尔·西格尔说过，这就好像之前你一直拿着手电筒穿过夜晚的森林，只看到被照亮的风景。当你突然关掉手电筒，你的眼睛就会逐渐开始适应黑暗，忽然间，你会发现自己可以看得到周围的全部景象。

“我以前以为我的情感就是我自己，但我现在可以用某种方式观察到它们在我心中升降和浮动的过程。你会意识到，你原本以为是你自己身份的东西其实只不过是你的体验，它们只是流经你身心的感觉而已。你会开始发现，你所习惯的感知方式不过是无数视角之中的有限几种而已，你还可以用许多别的方法观察世界。这就是佛教徒所说的‘初心’。你会重新像婴儿一样观察世界，同时意识到所有的一切，而不必做出有意识的选择和解释。”

米茜一边轻快地叙述着一切，一边享用着她面前的沙拉，叉起一根芦笋。她对于正念冥想的描述表明，通过正确的训练，人们确实可以潜到意识之下，瞥一眼潜意识的领域。普通的意识或许只能看清电磁波频谱上很狭窄的一段颜色光谱，然而或许人们可以拓宽视野，突然看清现实世界其他的内容。

事实上，神经科学专家——他们当中大多数是脚踏实地的人——对各种类型的冥想实践非常尊重。

那些狂热的信徒们长期以来所描绘的奇特景象和超自然体验，现在已经被证明并不仅仅是幻想。他们并不是因为癫痫发作而神志不清。人们似乎天生具备一种特殊的能力，只要超越感知的通常界限，就能体验神圣的境界，感受崇高的时刻。

安德鲁·纽伯格发现，当某些佛教僧侣或天主教修女进行深层次的冥想或祈祷时，他们大脑当中负责界定自己身体范围的部分——顶叶的活跃性会下降。他们会体验到对无限空间的感知。随后的研究表明，当五旬节派基督徒口述神谕时，他们的大脑也会发生变化，这种变化尽管内容不同却同样显著。五旬节派基督徒并不会体验到在宇宙中迷失自我的感觉，他们的顶叶活跃性并不会下降；然而在另一方面，他们的确能体验到记忆功能的暂时衰退，以及情绪和感觉活动的暂时增强。纽伯格写道："在五旬节派教会的传统中，冥想的目标是得到体验的转化。信徒并不是试图让旧的信仰变得更加坚定，而是试图开放思维，让新的体验变得更加真切。"不同的宗教实践会产生不同的大脑状态，每一种都符合相应宗教的教义。

大脑扫描并不能证明上帝究竟是否存在，因为这些扫描不会揭示究竟是谁设计出了大脑的结构。它们不会揭开最伟大的谜题，也就是意识的谜题——情感究竟如何重塑大脑中的物质，大脑中的物质究竟如何造就精神和情感。但它们确实表明，善于冥想和祈祷的人的确可以重塑他们的大脑。通过将注意力转移到内心，深入观察潜意识领域里发生的事情，让意识过程和潜意识过程彼此统一，这确实是可行的。某些人把这种状态称为"智慧"。

米茜边吃沙拉边时不时抬起头，确认埃丽卡没有流露出觉得她已经疯了的表情。她尽管就事论事，但也澄清了这些体验对她而言的意义。她不断为自己描述当中的不足之处道歉，为她无法用语言表达“用整体性而不是化约性的方式感知事物”以及“拓展意识”的感觉而道歉。她并不是一边小口啜饮着有机胡萝卜奶昔一边谈论这些。她并没有变成又一个小野洋子。她是个退休的外科医生，仍然在兼职工作，开着耗油的越野车，午餐时会喝点白葡萄酒。她只是找到了一种科学上说得通的方式来接触更深层次的认知。

午餐结束时，她询问埃丽卡是否愿意参加她的下一次练习，尝试一下正念冥想。埃丽卡听到自己说：“不用，谢谢，这真的不太适合我。”她也不知道自己为什么会这样回答。她非常厌恶直接窥探自己内心的做法。在她的一生中，她总是在朝外看，试图观察外面的世界。她的人生是动态的，不是宁静的。事实上，她害怕直接察看自己的内心，那就像是她不想趟进去的一池浑水。如果她想要活得更加精彩，那么她必须找到另外的办法。

从文学和艺术中寻找快乐

在接下来的几个月里，埃丽卡变得就像一只“文化秃鹫”——她带着贪婪的饥饿感和她特有的动力，一头扎进艺术领域之中。她阅读了不少介绍西方绘画史的书籍。她买了一些诗集，自己每天晚上入睡前都会躺在床上翻看。她买了一套刻在 CD 盘上的古典音乐教程，边开车边听。她又开始跟朋友们一起参观博物馆。

像绝大多数人一样，人生已经给予了她一种类型的教育。她从小学读到了大学，她学习各种各样的管理学课程，在职业生涯中更换了不少工作，学到了各种各样的技巧，她已经具备了一定的专业素养。

但现在她开始经历第二种教育。这种教育属于情感教育，与感觉的方式和内容有关。第二种教育和第一种教育的原理并不一样。在第一种教育中，需要掌握的信息会大大方方地出现在受教育者面前。教育过程是直接的，会有老师为大家解释那些需要学习的内容，然后每个人都通过努力来理解它。

第二种教育并不包括任何确定的课程表或者需要掌握的技能清单。埃丽卡只是徘徊在一堆资料中间，寻找那些她喜欢的东西。学习不过是她寻求快乐过程中的副产物。信息并不是直接灌输进她的脑海，而是透过窗户上的裂纹、透过地板上的缝隙、透过她思想的通风口渗进她的脑海中。

埃丽卡阅读了《理智与情感》、《好兵》以及《安娜·卡列尼娜》，发现自己会被里面的人物触动，模仿他们的思维状态，发现了新的情感表达方式。这些小说、诗歌、绘画作品和交响乐从来都不会直接描述她的生活。没人会写关于退休后的首席执行官的诗歌。然而，最重要的是这些作品中表达的情感。

在《文化评估》（*Culture Counts*）一书中，哲学家罗杰·斯克鲁顿写道："华兹华斯诗作《序曲》的读者会学习到，如何借助自己的纯粹愿望让大自然显得栩栩如生；伦勃朗名画《夜巡》的观赏者会感受到民兵团体的傲慢，以及市民生活的淡淡忧伤；莫扎特交响乐《朱庇特》的听众会感受到如同开闸洪水般涌来的快乐和创造力；普鲁斯特的读者会被引导着回顾令人心醉的童年时代，了解到那些快乐的日子中包含着对人生悲凉经历的预测。”

即便在她这把年纪，埃丽卡还是逐渐学会了用新的方式感知各种事物。就像在纽约、中国或者非洲居住可以给予你某种观察世界的视角一样，在小说家的世界里花费时间也可以让你体验到他们独特的视角。

经过反复尝试，埃丽卡发现了自己的爱好。她过去以为自己喜欢印象派绘画艺术作品，但现在它们无法再触动她，或许她太熟悉印象派的作品了。另一方面，她为文艺复兴时期佛罗伦萨的画家以及伦勃朗刻画人物相貌时那种普通、会意的配色风格所吸引。每一幅画都能调谐她的内心，仿佛调谐一个有无数根弦的乐器。有些时候，她能体验到纯粹的快乐，感觉到自己心跳加速、激动得颤抖——比如当她站在一幅油画前面，发现了一场新的艺术展、一首新诗歌的时候。有一段时间，在她阅读安东尼·特罗洛普的作品时，她可以感受到作品中表达的情感，她感同身受。“我所有的并非一具冷漠的躯壳。”沃尔特·惠特曼如此描述自己的身体，埃丽卡开始理解他的意思了。

欣赏和享受艺术的本能

埃丽卡在艺术方面的体验正是我们在本书中介绍过的各种类型感知的缩影。观察和倾听是厚实、有创造性的过程，并不仅仅是被动的接纳。

例如，当你听音乐时，声音在空气中以每秒 340 米的速度传播，碰撞你的鼓膜，在你耳朵里的细小软骨中产生一连串的振动。这些振动传导到耳蜗内的薄膜，在那里转化为微小的电荷，最终回荡在你的大脑里。也许你并没有任何正统的音乐知识，但在你的整个一生中——从被母亲有节奏地拍打哄着睡觉开始——你一直都在潜意识层面构建着关于音乐的工作模型。你一直在学习怎样发现节奏模式，怎样预期接下来会发生什么。

听音乐涉及一系列关于未来的复杂计算。如果之前的几个音符符合模式 Y，那么接下来几个音符很可能符合模式 Z。正如乔纳·莱勒在著作《普鲁斯特是个神经科学家》中论述的那样："尽管人的本能在很大程度上决定了我们怎样倾听音符，最终我们还是只有经过指导才能听得懂音乐。从长度 3 分钟的流行歌曲到长度 5 小时的瓦格纳歌剧，文化创造出来的音乐作品教我们期待某些特定的音乐模式，随着时间的推移，这些音乐模式最终会被储存在我们的大脑中。"

当音乐符合我们的期待时，我们会感到源源不断的安慰和快乐。有些科学家认为，人处理某条信息的过程越顺利，就越会因此感到开心。当一首歌、一个故事或一种观点与大脑内部工作模型的关联达到"彼此迷恋"的地步时，这种同步性就会让人产生一种幸福感。

然而人脑中的熟悉感与新奇感也始终处于紧张状态。经过进化，大脑已经可以检测到连续发生的变化，因为能够理解出乎意料的情况而感到快乐。所以我们也会沉醉于那些音乐，它们先勾起我们的期望，然后我们发现这种期望并不会实现，但我们仍会感到快乐。正如丹尼尔·列维京在《大脑对音乐的痴迷》(*This Is Your Brain on Music*)一书中表述的那样，《飞越彩虹》(*Over the Rainbow*)这首歌的前两个音符呈现出不和谐的 8 度音阶，以引起我们的注意，而其余的部分则小心地把我们引入更加传统、更有安抚性的套路中。莱纳德·迈耶在《音乐的情感和意义》(*Emotion and Meaning in Music*)中展示了贝多芬是如何创作出清晰的节奏与和声模式，再熟练操控着它进行各种变化，保证绝不出现完全重复的情况。生活就是改变，幸福的生活就是一系列温柔、刺激、旋律美妙的改变。

人在观赏画作时也遵循着类似的过程。首先，思维需要在脑海里创作出这幅画作。也就是说，双眼会分别快速对画作的表面进行复杂的扫视，然后把扫视结果混合起来，在大脑皮层内部重建整幅画面。每一幅画面总有一部分区域是思维无法看见的，因为每只眼睛中部视神经连接到视网膜的部位都会出现盲点。大脑基于自己的预测结果把这些盲点填补上。与此同时，思维把已有的概念加入画面里。例如，它会加入颜色。根据照明环境和其他因素，画面的各个位置会反射出处于各种能量级别、波长各不相同的光波，然而人的思维却会借助内部模式建立起“画作表面颜色恒定”的印象。如果思维不能给事物指派恒定的颜色，那么世界将处在混乱的变化当中，人们将很难从环境里推断出任何有用的信息。

人们目前尚不了解思维到底是怎样创造出“颜色恒定不变”的假象的，但这一现象似乎与光波比例有关。想象一下黄色、蓝色、紫色围绕着绿色表面的情况。大脑会理解绿色部分反射出来的波长和黄色部分反射出来的波长之间的比例是恒定的。大脑即使在不断变化的条件下也可以为事物指派恒定的特性。伦敦大学学院教授克里斯·弗利什写道：“我们对世界的感知是刚好符合现实的幻想。”

在创作画作时，思维也在对它进行评估。大量研究表明，绝大多数人都具有同样一些品位。正如丹尼斯·达顿在《艺术本能》（*The Art Instinct*）一书里所描述的那样，世界各地的人们往往受到类似主题的绘画吸引——具有开阔空间、水流、道路、动物和少数几个人的风景画。为了深入发掘这种嗜好，一种新潮的家庭手工业逐渐成长壮大。进化心理学家们主张，世界各地人们都喜欢的这类风景画代表了非洲的稀树大草原，那里是人类文明的发源地。人们普遍不喜欢看到令人生畏的茂密植被，以及无法觅食的广袤沙漠。人们喜欢生长在空旷地表的茂盛草丛，其间最好还点缀着高矮不等的树丛、水流以及种类繁多的鲜花和果树，而且至少在一个方向上能够不受阻碍地看到地平线。一些评论家指出，肯尼亚人看到哈得孙河流域的照片时，会觉得那里比自己的家乡还美丽。评论家们认为，这是因为纽约州哈得孙河流域的风景更像更新世年代的非洲稀树大草原，而今天肯尼亚的非洲稀树大草原比当年要干旱得多。

在更广泛的意义上，人们喜欢分形样式，那些在不同水平上会重复的形状。大自然充满了各种各样的分形样式：彼此呼应的山峰，树的枝叶，白杨林，有支流的河流。人们喜欢温和的不太复杂的分形样式。科学家甚至已经找出办法来测量分形密度。迈克尔·卡扎尼加用这个例子描述测量分形密度的过程：首先想象你被要求在一张纸上画一棵树。如果你让纸保持空白，那么这张纸的分形密度就是 1；如果你画出一棵枝叶茂盛的树，使得整张纸完全变黑了，那么这张纸的分形密度就是 2。人们通常喜欢分形密度在 1.3 左右的样式——有点复杂，但又不会太复杂。

埃丽卡在观赏维米尔、凡埃克和桑德罗·波提切利的作品时用不着考虑分形样式。这正是问题的关键所在，她的欣赏是下意识的，她只是站在那里享受乐趣。

自己动手创作艺术品

过了一段时间，埃丽卡决定创作自己的艺术作品。她尝试了摄影和水彩画，但发现自己在这些方面兴趣不大，也没有什么才能。有一天，她偶然看到了一块外形美观的木头，并把它雕刻成了一块小小的切割垫。她把它放在家里，每天使用它，这让她感觉相当满足。接下来的几年间，只要手还能够干活，她就会用木头制作简单的家居用品。

她每天早上会在游泳池里游泳，游完泳就出门散步，下午时再回到她自己修建的小作坊里。美国国家心理健康研究所老龄化研究中心创始人吉恩·科恩认为，活动的持续性比活动本身更为重要："换句话说，一家连续好几个月或好几年定期聚会的读书俱乐部能够给会员们带来更深切的幸福感，远远超过会员们参与同样多次数的电影、讲座或郊游之类的一次性活动所获得的幸福感。"

在雕刻木头的过程中，埃丽卡发现她正在学习一整套知识和技能。她需要观察面前的木头——不是观察木头的普遍特征，而是针对具体的这一块木头。她必须根据它的纹理来判断，它能够用来制造何种家居用品——例如餐巾容器、书架或是桌子的一部分。

起初，她的进展有些缓慢，但她会走进商店和工艺品集市，观察工匠们是怎样工作的。她并不喜欢手工艺制作活动"真实"的整体气氛，但她喜欢工艺制品本身，喜欢将它们拼凑到一起的过程。随着观察和实践，她越来越深谙此道。她慢慢找到了雕刻木制品门路，包括各种感觉和它们的姿态。她惊讶地发现自己居然也有了独特的风格。她也不知道这是怎么回事，她不过是摆弄着各种各样的东西，直到它们看起来顺眼为止。

一次又一次，埃丽卡尝试去做太多的事情。尽管她已经步入晚年，她还是低估了这些活动需要花费的时间。但她也发现自己对自己的某些作品感到不满意，而且她享受这种不满意的感觉。她似乎瞥见了自己想要制造出的理想物品，然后就会反复地精雕细琢，尽管无法完全消除真实物品与她心中理想物品之间的差距。虽然始终达不到她想要的效果，她还是努力追寻这样的完美。她现在能够理解马瑟·普鲁斯特在临终前的行为了：他躺在床上向家人口授一篇小说的某些段落。他想修改一段描写小说中人物临终前感受的内容，因为他总算了解到弥留之际的感觉到底是怎样的了。

灵感来了又消失了。在连续工作好几个小时后，她觉得自己的大脑逐渐干涸，仿佛可乐里的碳酸气泡已经全部浮出水面，可乐因此变得乏味。她变得笨拙、懒惰与无趣。在另一些时候，她会在深夜醒来，确信她知道了解决某个问题的方案。科学家亨利·庞加莱有一次上公交车时，突然想到了他一生当中遇到的非常难的数学题的解决方案，答案就突然出现了。后来他写道："我继续论证，但我感觉到了那种确定无疑。"埃丽卡有时在停车或沏茶时也能体验到类似的小小启示。

跟所有的艺术家和工匠一样，她是灵感的玩物。创造力似乎发生在一个她无法控制的隐秘世界里。诗人艾米·洛威尔写道："想法常常会无缘无故地出现在我的脑海里，比如'青铜马'。我意识到马是一种适于用诗歌描述的对象，之后就没有去有意识地深入考虑这件事。但我已经把这个想法扔进了潜意识领域里，就像把信件扔进了邮箱。半年后，诗歌的词句开始浮现在我的脑海中，整首诗——按照我自己习惯的说法——就在‘那里’。”

埃丽卡学到了一些小技巧，可以让潜意识里那个无法触及的创造力火炉燃烧得更旺。正如华兹华斯所说，艺术是凝固的情感。埃丽卡必须让自己处于情感能够显现出来的状态下。她会去看一场令人兴奋的戏剧，或者爬山，或者阅读悲剧剧本。等到她的心受到了刺激之后，她必须放松下来，将内心涌起的情感表达出来。

随着日渐老去，她发现自己需要长时间无人打扰的独处时光，让她的意识慢慢放松下来，顺从内心深处的想法。一点点打扰就可能毁掉她一整天的精神状态。

她发现自己的最佳创作状态最可能出现在上午和傍晚时分。她会戴着耳机收听舒缓的古典音乐，让自己放松下来。她需要坐在靠近窗户的位置，要能看见遥远的地平线。不知为什么，她在朝南的餐厅里才能找到最佳创作状态，而在她的工作室里却找不到。

她还学习到，当你尝试全新的事情时，最好先不顾错误快速做一遍，再反复做。在一些非常罕见的宝贵时刻，她甚至感受到了运动员和艺术家们所谓“身心合一”的感觉。她心中的那个叙述声音沉默了，她忘却了时间，工具似乎在引导她，她与她的创作合为一体了。

她通过这一切能获得什么呢？这有助于改善她的大脑吗？目前确实已有证据表明，参加艺术培训的儿童会有细微的智力提升。另外一些证据表明，学习音乐和戏剧类课程似乎有助于提升社交技能。但这些结果并非完全可信，单单是聆听莫扎特的音乐、参观博物馆并不会让人变得更聪明。

埃丽卡的创造力会让她更长寿吗？确实略有影响。大量证据表明，精神刺激可以延长寿命。即便在控制其他因素影响的情况下，拥有大学学位的人也比没有大学学位的人活得更久。拥有大学学位的修女会活得更久，即便她们在成年后的生活方式与那些没有学位的修女完全相同。在青春期掌握词汇量越多的人，越不容易在晚年患上老年痴呆症。加利福尼亚州进行的一项研究表明，跟不参加艺术活动的中老年人相比，参加艺术活动的中老年人更少求医问药，并且通常拥有更好的健康状况。

然而创造力带来的真正奖励是精神上的。据说人们寻求精神疗法的原因有两种，要么需要收心（他们的行为过于飘忽不定），要么需要放松（他们太压抑）。埃丽卡需要的是放松。阅读诗歌、参观博物馆和雕刻似乎都能让她放松下来。

当她放松时，她表现得更有耐心，更像一位漫游的探索者。马尔科姆·格拉德威尔在一系列研究的总结报告中写道，在青年时代就取得成功的艺术家往往是概念论者。像毕加索一样，他们一开始就确立了他们想要达成的目标，然后努力去实现它。而那些在晚年才取得成功的艺术家往往是探索者。像塞尚一样，他们一开始并没有确立清晰的目标，而是经历了不断尝试和挫败的过程，最后才在这一过程的引领下找到目标所在。

这一过程并不一直都是被动且风平浪静的。1972年，伟大的艺术史学家肯尼斯·克拉克以他所谓的“老年风格”为主题写了一篇随笔。通过对整个艺术发展史，特别是对米开朗琪罗、提香、伦勃朗、多纳泰罗、特纳和塞尚的回顾，他相信自己已经发现了许多伟大的老年艺术家之间的共性："某种与世隔绝的感觉，某种神圣激情的感觉，发展为我所谓的'超越性的悲观'；某种对理性的不信任，某种对本能的信仰……如果我们从更加专注于风格的视角来考虑老年风格艺术，我们就会发现某种对现实主义的回避、某种对已有技巧的期盼、某种对完全和谐的处理方式的渴望，仿佛画作是一个有机体，所有的组成部分都分享着整体的生命活力。"

埃丽卡显然并不具备这些大师的天赋，也没有体验到他们的那种内心动荡。但她的确有一个心愿，想要在人生的最后几年努力一把，为自己制造出一些惊喜。埃丽卡发现，艺术可以让她触及自己的内心深处。艺术家们挖掘出许多人埋藏在内心深处的粗糙情感，让它们形之于外，使所有人都能看到。他们表达出了全人类的集体情感智慧。他们维持着各种精神状态的鲜活，并且将它们传播给一代又一代的人们。"因此，我们传承着文化，"罗杰·斯克卢顿写道，"就像我们传承着科学和技术一样：保留某种知识形式，防止它从此在世界上消失，这对我们个人来说并没有好处，但对人类来说颇为有益。"

旅行的意义与旅途的收获

退休几年后的某个夏天，哈罗德和埃丽卡开始了一生中最完美的度假旅行。他们走遍了法国各地，观赏那些气势雄浑的大教堂。哈罗德已经为这次旅行预先准备了好几个月，了解各大教堂的修建历程以及中世纪的历史，就像他在学校里所做的那样。他把自己正在读的书中的某些章节复制到他随身携带的平板电脑中。

他还规划了行程，为整个旅程撰写了叙述提纲。他的提纲很像以前他上班时经常做的工作报告，只是这份提纲的讨论主题变成了建筑学和骑士制度，而且在他发言时，他们或许正在步行经过小镇和教堂。

哈罗德并没有花费很多时间去记忆国王们的名字，或是著名战役的过程。他的操作方法是基于他的假设：每个团体、每个时代都会自然而然地产生独特的象征系统——建筑物、组织机构、教诲、实践和故事——然后人们就不假思索地生活在这些象征符号的道德和智力结构中。因此，当哈罗德谈到中世纪的生活时，他不过是在设法捕捉那个年代人们的感觉而已。按照他自己的说法，他描述的并不是鱼，而是鱼游弋的水域。

哈罗德喜欢这种富有教育意义的旅行。他能够触摸和感受到过去——一幢古旧建筑物在阳光下的阴影，一座发霉的城堡，从城堡的缝隙里瞥见的森林。随着这些提示进入他的脑海，他可以在想象中进入过去的年代。

他们路过了卡昂、兰斯和沙特尔。他们肩并着肩走路，哈罗德轻声介绍着他从书中读到的信息，同时也享受着向她介绍这些的乐趣。“当时的生活条件更加恶劣，”他有一次说，“当时夏天酷热而冬天严寒，并且没有多少措施来解决这样极端的气候问题。当时的光明与黑暗、健康与病患都会出现极端的情况。地区之间的行政边界是随意的，并且会因为国王或领主的死亡而改变。政府是基于习惯法、罗马法和教会法而混合组织起来的大杂烩。某一年或许能有好的收成，下一年则会有大饥荒发生。这个镇子一片繁荣美好的景象，邻镇则处于饥荒状态。1/3 的人会在不到 14 岁时死去，人均预期寿命只有 40 岁，所以当年并没有多少能够让事情平息下来的 40 多岁、50 多岁或者 60 多岁的人。”

“因此，与今天的我们相比，当时人们的情绪更为高涨。每逢节日，他们都醉得一塌糊涂，以此种方式来欢庆，我们现在很难体会到他们那种欢乐。另一方面，他们也可能体验到攫住思维的恐惧，我们只是记得在童年时期会有类似的感受。他们能够在这一刻享受温柔的爱情故事，在下一刻就为乞丐被肢解的场面欢呼。他们对于泪水、痛苦和色彩本身的认识似乎更加鲜明。他们的心理工具箱当中似乎并不存在我们认为理所当然的一些调节观念。他们并没有‘能力下降’的想法，也不认为智障人士或许不应该为自己的行为承担完全责任。他们并没有‘司法可能出错’的概念，也不认为罪犯应该受到改造而不是惩罚。对他们来说，一切都是极端的——有罪或无辜，拯救或诅咒。”

当哈罗德说着这些话时，他与埃丽卡正路过沙特尔附近的村庄，朝当地的大教堂走去。他们路过了一片开了很多咖啡馆的广场，当时哈罗德正在描述着 12 世纪法国人的生活状态。那些中世纪的古人居住在肮脏污秽的环境里，却向往着理想的世界。他们制定了有关骑士风度和宫廷爱情的繁缛规矩。他叙述着当时错综复杂的利益规则，这些规则支配着宫廷的日常生活。他描述着当时各种各样的仪式，介绍当时要求人们宣誓和举行其他神圣仪式的诸多机构，以及当时庄严的盛装巡游：每个人都可以在巡游中找到自己的位置，并且穿上颜色、质地与社会地位相匹配的衣服。

“这几乎就像他们正在为自己演一场宏大的戏剧。这几乎就像他们把短暂而肮脏的现实生活变成了一场梦。”哈罗德继续描述着。他说，当年的竞技比赛原本应该是程式化的，但在现实中往往沦为混乱的群殴场面。当年的爱情原本应该也是程式化的，但在现实中往往是野蛮的强奸。在想象中，中世纪生活的方方面面都如同神话一般理想，但在现实中到处都是堕落和腐朽的景象。

“当年的人们对美丽有着惊人的渴望，对上帝和理想世界有着惊人的虔诚。正是那种惊人的虔诚以某种方式制造出了这些伟大的建筑。”哈罗德一边叙述，一边举起手指着沙特尔大教堂。他描述了当年的贵族和农民是如何自愿参与修建这座大教堂的。当年整个村庄的百姓甚至会集体迁移到离修建大教堂的镇子更近的地方，以便参与建造这高耸在茅草棚屋之上的宏伟建筑。

他讲解着窗饰所体现出的复杂而重复的模式，拱门重复的规律，以及数不清的重复的石头褶皱。他们花了一个小时观察大教堂的西面，追寻着中门上象征三位一体的符号，以及门楣上方雕刻的耶稣像与黄道十二宫和每个月农业劳动内容的标志之间的联系。哈罗德尽可能地描述着这些似乎无穷无尽的象征符号和意义，它们当年肯定是像雨点一般落在那些文盲朝圣者的头上，在他们的头脑里触发一串串的关联与敬畏。

走进大门后，他介绍了教堂创新设计的壮观之处。在12世纪之前的历史中，建筑物看起来让人心生敬畏但很笨重。在这里，他们建造了一些设计精巧，毫无笨重之感的建筑物。他们使用石材打造出了神圣的感觉。“人们可以通过感知升华到神圣的沉思状态。”首任修道院院长苏格尔曾这样写道。

哈罗德喜欢这样的讲解。他对这次担任导游的经历非常享受，其享受程度是前所未有的。在一些奇怪的场合，当他谈论这样或那样的历史时，会发现自己受到了莫名其妙的触动。他开始相信，几个世纪以前的人们在神圣的事物上投入了更多的精力。他们花费了更多的时间来修建神圣的场所，举办神圣的仪式。他们建造了通往更加纯粹的生活方式的大门。哈罗德被这些古老的建筑和大门——遗址、教堂、宫殿和圣地——深深地吸引住了，它们的魅力远远超过任何现代建筑或是活着的城市。尤其是在欧洲，他把城市划分为两种：法兰克福那样的城市是活着的，而布鲁日和威尼斯那样的城市是死了的城市。他更喜欢死了的城市。

在沙特尔大教堂内待了大约一个小时以后，哈罗德和埃丽卡离开教堂，打算走路回去吃晚餐。跟进来时一样，他们经过教堂西面的出入口，看到门口两侧摆放着一系列雕像。哈罗德对这些雕像一无所知。它们或许是教堂的年长神职人员、古代的捐助者、学者或英雄的雕像。埃丽卡出人意料地停下来看着它们。它们的躯干部位都被雕成了拉长的圆柱体，披着优雅的雕花纹路长袍。它们的手势都很相似，一只手下垂到腰部，另一只手抓住脖子旁边的某些东西。而真正引起哈罗德注意的，是这些雕像的脸。

他们在旅途中看到的一些雕像都不是某个具体人物的雕像。艺术家并没有试图表现某个人的面部表情，而是把雕像的脸处理成了象征符号。然而这些雕像表述的都是真实、变化多端、拥有鲜活灵魂的人。它们的脸上分别表现出无私、超脱、坚忍和默许的表情。它们是艺术家基于亲身体验创作的一套作品，反映出了一系列独特的希望和理想。尽管一整天的行走让哈罗德相当疲倦，但他在凝视这些雕像的脸颊和眼神时还是感到了一丝寒意。他有一种感觉，似乎它们看见了他，同情他，并且和他互相凝视着。历史学家有时会谈起历史研究的狂喜时刻，当这样的时刻如魔法般降临到他们身上时，无数个世纪的时光间隔似乎消失了，他们惊讶地感觉自己能够直接触碰久远的过去。哈罗德现在就有着类似的感觉，埃丽卡看到他满面红光。

这是精彩的一天，也是辛苦的一天。当夜幕降临时，他们来到一家餐馆，在那里享受了漫长而快乐的一餐。中世纪人们眼中那个魔幻般的世界给埃丽卡留下了深刻的印象。对于我们来说，夜空不过是由遥远的燃烧火球和无穷无尽的宇宙空间组成的。然而对于他们来说，夜空中充满了活生生的生物和魔法。大教堂的石头和森林里的树与幽灵、鬼怪和各种神圣存在交相共鸣。大教堂不仅仅是建筑物，它们更像是精神发电厂，天堂与地球交汇的地方。埃丽卡注意到，当时的人们似乎非常渴望神话。他们把希腊、罗马、天主教和异教的神话混合到一起，忽略它们各自的内部逻辑，让一切都变得栩栩如生，甚至连圣人的遗骨都拥有魔法力量。似乎每一种物质都是由特定的精神存在结晶而成的，每一件有美感的东西同时也是神圣的。相比之下，今天的世界似乎只是魔法消失后的世界，她暗暗叹息。

哈罗德提到了他在旅途中收获的乐趣。不知为什么，只有在他把知识传授给别人时，他才会感觉知识在他心里是活生生的。最后他若有所思地说，或许他错过了最适合他的职业——成为一名导游。埃丽卡充满激情地看了他一眼："你真的想当导游吗？"

那天晚上，他们酝酿了一个计划。哈罗德将开始尝试当一名导游，每次带领一小群文雅的旅行者。或许他们每年会策划 3 次这样的旅行。他首先需要花几个月来研究整个旅程的背景资料，就像他这次研究中世纪历史那样，然后再带领旅行团前往法国、土耳其或者以色列。他们会跟旅行社签约，所以不必为具体的行程安排操太多心。埃丽卡可以承担其余的工作事务。这将会是他们退休后运营的小企业。埃丽卡觉得他们跟那些提供类似旅游服务的校友会组织相比完全有竞争力，因为他们跟客户之间的关系更加亲密。他们的业务主要建立在他们的朋友圈基础上，这样游客们在报名参加团队之前基本都已经彼此相识了。

这几乎就是他们接下来 8 年生活的主要内容。他们建立了一家名为“带你前往那里”的旅行社，让游客们感觉是在人类文明进程中旅行，同时又能住在舒适的宾馆，享用葡萄酒。他们会在家里准备好几个月，哈罗德会埋在书堆里做准备。接下来，他们会带着旅行团出游两周，访问希腊或其他一些可以体现人类文明历程的地方，享受一个富有教育意义的假期。哈罗德很享受这种旅行，对他来说，为旅行做准备的过程比旅行本身更加有趣。埃丽卡每年都要体会 3 次这种高强度的学习体验。当她参与旅行时，时间似乎过得很慢。她会注意到上千样新奇的事物，仿佛她皮肤上的毛孔全都舒张开来。

埃丽卡在这一生中还从未真正放松过。她一直不停地努力、工作、取得成就，但这样的努力令她开心。对于一辈子都在拼搏和攀登的人来说，这样的旅行是纯粹的享乐。

第 22 章

生命的终结之旅

人们很难确切了解，这些日渐衰老的成功人士是从什么时候开始迷恋上登山的。假如你在科罗拉多州的著名旅游城市阿斯彭郊外徒步行走、骑车或是越野滑雪，或许会听到身后传来的巨大气流声，似乎一架 F-18 战斗机正在向你冲来。当你转过身时，会发现这不过是一个被弹力登山服包得严严实实的人。他多半是一位声名显赫的老人，决定在退休后进行一场健身圣战。因为他年过七旬，所以他的身躯已经开始萎缩了，现在那套弹力登山服里面包裹的身体或许只有 147 厘米、43 公斤重，但仍然结实硬朗。他会风驰电掣般朝你冲过来，手腕和脚踝上捆着沙袋，爬满皱纹的小脸上满是坚强的决心。你爬到山腰时很可能已经气喘吁吁，而这位高龄的超级登山爱好者却泰然自若地从你身边超过，如同袖珍版的钢铁侠一般。

这些老家伙们已经在他们尝试过的其他一切事情上取得了成功，所以他们干脆决定冲着死神说一声“去你妈的”。在更早的时候，他们 6 岁时就开始当报童，22 岁就挣到了第一笔百万美元的家产，还先后娶了好些美女，使得他们家族的遗传基因发生了奇妙的改变：他们的祖母长得像恐龙，而他们的孙女却长得像乌玛·瑟曼。

在退休后追寻永恒青春的征途上，他们会聘请个人教练，加入健身训练营，大部分时间都待在位于度假胜地的别墅里，研究摄入能量、素食烹饪、骨髓保养等方面的策略。他们到 70 岁时会开始玩风筝冲浪，到 75 岁时会参加攀登乔戈里峰的登山队，到 90 岁时还能大口喘着气坚持高强度的训练，连健身教练都必须累到冠心病几乎发作的地步才能跟得上他们。

他们拥有足够的时间、财富和精力做到这一切，因为他们已经进入了他们的“夕阳青春期”。当雄心勃勃的人们挣到了一大笔钱，然后退休住进高档度假社区时，他们就进入了全新的人生阶段。现在他们拥有足够的财富、时间和积极的心态，可以把他们 18 岁时梦想的那些东西变成专业追求。他们实际上已经没有了当年那样充沛的精力，但在短暂的爆发期，他们的激情活力还能像他们的白金信用卡一样坚挺。他们跟那些度假社区中的名流人士打成一片——乔治·汉密尔顿、凯文·科斯特纳和吉米·巴菲特。他们跟年轻女服务员调情却惨遭失败，然后回家陪伴正在当家做主的妻子。在几十年前结婚时，妻子算是他们的战利品，但现在她们已经年过五旬，变成当代美国常见的那种老怪物了。整容外科技术似乎在越靠下的部位效果越好，所以她们几乎有着赛琳娜·威廉姆斯的腿，但她们的脸颊却如同《豚鼠特攻队》里的豚鼠，她们的嘴唇肿胀得像枕头一样。

关心教育逐渐变成了一种时尚，所以这些老家伙当中的许多人会有 3 处住宅、6 辆车、4 个情妇，并且赞助成立 5 所学校。他们也会花费大量时间彼此加强联系。如果你去布里奇汉普顿、阿斯彭或者马里布之类的度假胜地，你就会在傍晚看到一群群身材健美的老年人在人行道上结伴而行，一同前往小餐厅。

他们当中没有人真的想去小餐厅，因为那里的菜肴他们并不熟悉。然而他们受到某种原始的新城市主义力量所左右，作为现代都市中精于世故的人，他们只能忍受无休止的小吃的考验。他们和参加他们餐会的所有人都不得不花 90 分钟在旧式油炸馅饼、蒜泥蛋黄酱鱿鱼、墨鱼藏红花炒饭和从加纳利群岛直接空运来的烤辣椒中挣扎，最后做出选择。他们既不会期待这些食物，也不喜欢它们的味道，但他们必须忍受下去，因为这种餐饮文化是他们所在文明中的奥秘之一。

在前往厄运般的小餐厅的阴暗路途上，这群人偶尔也会焕发出男子汉式的轻率，一种奇怪的转变会在他们当中发生。按照人性的规律，把越多的男人聚集成快乐的一群，其中每个人的样子就会越像唐纳德·特鲁普。他们本来就具有某种男性特有的“光合作用”机能——能够将“阳光”转化为自我欣赏。在这种复杂的以自我为中心的规则的指导下，他们会更加自鸣得意，不经意间表现出自己最引以为豪的一面。

在其他情况下，这些人是慈爱的祖父，迫不及待地想讨论自己正在斯坦福大学就读的后裔入选交换生计划前往柬埔寨的事情。但当这群上层资产阶级人士在心理动力学的驱使下聚到一起时，他们会光脚踩着运动凉鞋大踏步前进，完全变成了他们自己尚未成熟时的样子。他们放开嗓门，气喘吁吁，开怀大笑。他们似乎变成了老年版的不良青年，歇斯底里般地吹嘘和炫耀着他们的男子汉气概。他们似乎患上了某种形式的老年痴呆症，把一切都忘掉了，除了自己的勃起能力。

活在过去的回忆中

退休后，埃丽卡和哈罗德在阿斯彭买了一套房子，作为他们的第二个家。他们在这里度过夏天，也会在圣诞节前后的几个星期来这里度假。他们进城时会遇到那些大声喧哗、痛饮狂欢的老家伙，但他们的生活跟那些人完全不同。他们也取得了所谓的成就，但他们的成就也跟那些人完全不同。他们在不知不觉当中创造了一种“反主流文化”。他们并不是有意识地拒绝了主流富人所选择的生活方式，他们只是忽略了那种生活方式而已。他们以完全不同的方式生活和思考，这让他们的生活形成了完全不同的、更加深沉的样貌。他们对人类心灵的源泉有着更为深刻的认识，当你偶然遇到他们时，他们的生活会给你留下深刻的印象。

在夏日的午后，他们会坐在前门廊处的靠背沙发椅上，面对着门前湍急奔流的小河，偶尔向乘着独木舟漂过的人们挥手致意。哈罗德会阅读他最爱的严肃的非文学类著作，埃丽卡会看小说或是打瞌睡。当她睡着时，哈罗德会注视着她。随着她日渐苍老，她身上的中国血统特征越发明显，而且她越来越瘦小。哈罗德会想起他之前读过的一个由马克·萨尔兹曼写的故事。故事讲的是一个中国人学英语的事。有一天，老师问这个人："你一生中最幸福的时刻是什么？"这个人停顿了好一会儿，然后尴尬地笑着告诉老师，他的妻子有一次去北京旅游，吃到了美味的北京烤鸭，之后经常向他讲述这段经历。故事的结尾是："他不得不说，他一生中最幸福的时刻便是她去北京旅游并吃到北京烤鸭的那一刻。"

哈罗德会回想他自己的人生，试图把它挤进这个故事的框架里。他会记得埃丽卡曾经因为入选学校的光荣榜而得到过一件蓝色衬衫，并且为此骄傲不已。每当她迎接公司里新来的年轻实习生，或是被邀请在公司或者学校的庆典上讲话时，她都会谈起这段往事。这些年来，他已经听她提到这件蓝色衬衫的故事好几百次了。第一次听到这个故事是在他俩第一次共进晚餐时，那时她年轻美丽，人生才刚刚开始。等她到了稳重成熟的中年阶段，经常被人约见或是宴请时，她还是会经常提到这个故事。而现在，当她年迈、身体萎缩、满脸皱纹时，她仍然会提到这个故事。他感觉，如果他说他一生中最幸福的时刻便是她在认识他之前入选光荣榜、赢得了一件蓝色衬衫的时刻，那也不是完全没有道理的。

在这样的午后时光里，他们会谈论一些事情，有时会在谈话时喝一杯酒——哈罗德或许会喝两三杯。在接近傍晚的时候，埃丽卡会站起来给哈罗德披上一件毛衣，然后去厨房做晚饭。他们习惯早早就吃晚饭。哈罗德会坐在那里看日落。

他们的旅游公司运转了大约 8 年时间，但最终他们不得不放弃了它。哈罗德的膝盖开始变得不灵便，然后是髋关节和一辈子都容易患上肌腱炎的脚踝。他现在很大程度上已经丧失了活动能力，必须借助双拐才能笨拙缓慢地行走。他再也不会去打网球或是高尔夫球了，再也不能随心所欲地起床穿过房间了。

他的身体机能正在全面退化。近年来，他每年都会因为各种各样的原因住院。有些人随着衰老会越来越瘦削、衰弱，而他由于行动困难而变得沉重、圆润。在他步入晚年的最初几年里，他发现自己开始需要越来越多的帮助，就连他以前毫不迟疑就能完成的动作也做不了，有时甚至连下床、离开椅子都很困难。埃丽卡会抓住他的手，身体向后倾斜，就像水手倾斜身体拉拽船帆一样，用力扶他站起来。

然后，随着身体状况的进一步恶化，他变得随时需要帮助。哈罗德被“囚禁”在他的靠背椅上。他前后 3 次受到抑郁情绪的困扰，因为他意识到他不再是这个星球上生机勃勃的一员，只是一个正在逐渐腐朽的旁观者。一连几个月，他每天晚上都睡不着觉，在近乎疯狂的状态下想象着即将发生的恐怖事情——外科医生打开了他的胸腔，他因喉咙充血而窒息，他逐渐丧失说话能力、思维能力以及四肢的触觉、视觉和听觉。

他再也不能参加聚会和社交活动了，他只能在家里靠墙坐着。另一方面，他的妻子和护士们认真、耐心地照顾着他，这样的关怀超乎他的想象。她们的努力让他更加感激，因为他明白自己已经永远无法报答她们了。他不得不放弃他身为男人的骄傲，放弃他以自我为中心的态度和对人生的掌控感，完全依赖于她们的护理和爱护。一开始，适应她们的爱护并不是件容易的事。她们的关心让他变得任性且易怒，但她们耐心十足的爱护逐渐抚慰了他。最终，他的身体状况稳定下来，他的情绪也逐渐振奋起来。

他坐在自家的门廊前，看着门外的大自然：天空、山脉、树、水和阳光。研究人员们已经发现，阳光和大自然的美丽景色确实可以对人的心态和情绪产生深远的影响。住在高纬度地区的人们看不到足够明亮的阳光，他们罹患忧郁症的可能性比住在低纬度地区的人们高得多。同样，住在山脉西侧的人们也更容易罹患忧郁症，因为那里太阳由于被山体挡住而升得更晚。跟按照正常作息时间上班的人相比，总是上夜班的人更容易患上乳腺癌。研究人员还发现，跟住在无法看到自然景观的病房里的病人相比，住在能够看到自然景观的病房里的病人会康复得稍快一些。在意大利米兰进行的一项研究表明，住在朝东病房里的双相抑郁症患者平均要比住在朝西病房里的双相抑郁症患者早出院 3.5 天。

哈罗德发现他可以独自玩一个小游戏。他可以坐在门廊前，观察草地上长出的一朵小花。他专心致志地观察着花瓣，感受它们的美丽。然后，他抬头眺望远方终年积雪的群山。突然间，他的心中会涌现一种完全不同的感受，包括敬畏、崇拜、顺从和崇高的感觉。只要坐在那里，他就可以交替体验到美丽和雄壮。

他喜欢这些伟大的景象，它们让他感受到崇高，让他感到自己跟无处不在的神圣秩序保持着联系，自己是某种宏大整体的一部分。跟处于城市环境中的人们相比，在自然环境中的人们在与工作记忆和注意力相关的测试当中可以取得更好的成绩，他们的心情也处于更好的状态。哲学家查尔斯·泰勒写道："大自然吸引着我们，因为它在某种程度上与我们的感觉相协调，所以它能够反映和增强我们已经感受到的情绪，甚至可以激发原本处于蛰伏状态的情绪。大自然就像一架巨大的钢琴，任我们弹奏抒发出至高的情怀。我们依靠它来唤醒和永葆我们心中最美好的部分，就像依靠音乐一样。"

青山绿树组成的风景抚慰着他，使得他更加愉快，但它们无法真正让他感到满足。有人曾说，大自然只是宗教的铺垫，但并不是宗教。

哈罗德许多时候都处在痛苦之中。在这些可怕的时刻，他的大脑充斥着疼痛的感觉，就像整个容器充满了气体一样。他几乎无法回忆起不疼痛时的生活是什么样的。然而当疼痛消失后，他又无法回忆起疼痛是什么样的。他心中只剩下"疼痛"这个冷冰冰的概念。

大多数时候，哈罗德会回想起形形色色的人们。一幅幅栩栩如生的画面在他脑海中掠过——一个童年玩伴拿着她的玩具汽车坐在雪地里，父母带他去看新家的样子，一个办公室同事在洗手间的水池边洗脸——但他的记忆中也存在着神秘的缺口。他发现自己已经无法回忆起跟父母坐在一起吃饭的场景了，尽管这样的场景肯定曾经反复发生过很多次。

哈罗德发现自己的记忆像是一串串的。他回忆起自己 4 年级时在一次躲球游戏中成功接住球的瞬间。这使得他联想到他当年的老师，他对她颇有好感。他能感受到她的存在，但已经忘记了她的面容。她留着一头乌黑亮丽的长发。她长得挺高的，至少看起来是这样。他只记得她温婉的气质和他当时对她的感受，其他的一切都已淡忘。

哈罗德会让埃丽卡把那些看起来普普通通的旧盒子拿过来，里面装着几十年来他们保存的各种物品，包括照片、文件和记录，他会翻弄盒子。早在年轻的时候，他就懂得只把那些与快乐记忆有关的东西保留下来，于是那些糟糕的时刻都消逝了。

他在旧盒子里翻找时似乎有点神志不清。或者是喝醉了，因为他又恢复了年轻时白天喝酒的习惯。他百感交集，他发现他还能一字不差地背诵当年那些诗歌。关于奥运会、选举和国家大事的画面在他的脑海中接连涌现出来。他可以在想象中重温某个年代的生活——当时人们的发型，当时人们常说的笑话。

他无所事事地坐在靠背椅上消磨时间。心理学家曾经对一组思维控制有障碍的老年人进行过研究，这些人总是会在谈话中不知不觉跑题。心理学家将这种现象称为“跑题赘言”。哈罗德也受到了这种病症的困扰，只不过是在他的内心里。这一秒，他可能回想起年轻时冲浪的经历；下一秒，他又回忆起上周开车外出的感受。

有一个古老的寓言说，和尚离开寺院去森林里散步，停下来倾听一只可爱的小鸟的叫声。当他回到寺院时，发现那里面目全非，只有一群陌生人，原来他已经离开 50 年了。在某些日子的午后，哈罗德感觉自己的时间表似乎错乱了。

记忆让他感觉自己重新焕发了活力。1979 年，心理学家艾琳·朗格进行了一项实验，她将位于新罕布什尔州彼得布罗镇的一处老旧修道院用20世纪50年代常见的各种道具进行了一番装饰，然后邀请七八十岁的老人们去那里待上一周。他们观看当年爱德·苏利文主持的节目，打开收音机收听纳京高的歌，讨论1959年在巴尔的摩小马队和纽约巨人队之间进行的美国橄榄球锦标赛决赛。一周结束后，这些人的体重平均增长了1.36公斤，并且看起来更年轻了，他们的关节更为灵活。他们的听觉和记忆力都有所提升，其中63%的人在智力测试中表现更好。这类实验的意义更偏于提示性而非科学性，但哈罗德沉浸在过去的记忆中时的确会感觉更好。疼痛减轻了，乐趣更多了。

思考人生的终极意义

哈罗德花了很多时间回忆他的青春岁月，特别是他16岁左右的时光。研究人员将这段时期称为“记忆高峰”，因为跟其他时期留下的记忆相比，青春期晚期到成年期早期之间留下的记忆往往会更加栩栩如生。他不知道自己的记忆能够准确到怎样的程度。

“格兰特纵向研究”项目专家乔治·瓦埃兰特曾寄给一位年老受试者一份有关他早年生活的调查报告，目的是核对事实，结果收件人把报告退了回来，并且坚持认为“这份报告寄错人了”。他完全无法回忆起任何当年被记录下来的跟自己生活相关的信息了。另一个参与纵向研究的受试者从小就遭受父母的虐待，这一切悲惨遭遇都有据可查。但在70岁的时候，在他的记忆中，他的父亲是“居家好男人”，他的母亲是“世界上最善良的女人”。

哈罗德同样也体验到了某种消极的享受。在一辈子的准备和建设工作之后，他终于可以从担忧未来的压力中解脱出来了。“那一天会是多么快乐，”威廉·詹姆斯写道，“当我们不再努力变得年轻——或是苗条。”

即便已经处于年迈的状态，哈罗德仍然受到某种意识层面的不满的困扰。像我们绝大多数人一样，他不假思索地把人生看成是一个需要回答的问题，而不仅仅把人生看成一系列事件与体验的总和。人生的终极意义是什么呢？哈罗德坐在门廊前，把拐杖靠在椅子旁边，在他人生的迟暮年华开始思考自己这个人存在的意义，试图总结出一个答案。

维克多·弗兰克尔在他的名著《活出生命的意义》中写道：“对人生意义的寻求，是人一生中最主要的动机。”他引用了尼采的说法：“一个知道‘为什么’生活的人几乎可以忍受一切‘怎么样’。”不过接下来弗兰克尔提出了非常关键的一点：试图抽象地思考人生的总体意义是徒劳无益的。只有在一个人的实际生活具体情境中，才能分辨出这个人的人生意义。他在纳粹集中营里写道：“我们首先要自己认识到这一点，然后还要去教育那些绝望的人：其实我们对生活的期望并不重要，更重要的是生活对我们的期望。我们必须停止询问人生的意义，开始回答人生日复一日、每时每刻对我们的询问。我们的回答不能由语言和思考组成，而应该由正确的行为和正确的举止组成。”

哈罗德开始回顾他身为儿子、丈夫、业务顾问和历史学家的一生，同时也揣测着生活会对他提出怎样的问题。他寻找着可以被定义为他这一生的天职或使命的事物。他原以为这件事轻而易举，但他越急于找到他人生当中的关键事物，寻找过程就显得越困难。如果诚实精准地研究他的人生，就会发现它其实是由一系列零散的事件组成的。有时候他完全以金钱为价值导向，有时候他并非如此。有时他雄心勃勃，有时他并不是这样。在某些年份他以学者的面目示人，而在另一些年份他以商人的身份面对公众，那么在这些假面具之下，真实的他到底是哪一个呢？欧文·戈夫曼在《日常生活中的自我呈现》一书中认为，人们由表及里全都是一层层的假面具。

科学家和作家们常常试图用特定的图式来描述人生的演变。亚伯拉罕·马斯洛把人的需求定义为几个层次——生理需求、安全需求、社交需求、尊重需求和自我实现。但是近年来的大量研究已经动摇了这种将人生分割成如此整齐划一的图式的观念，揭示出真实的人生并不像马斯洛描述的那样简单且有层次。有时哈罗德会感觉自己失败了，断定人生是不可了解的。就拿买车这样简单的事情为例，他选择一辆车究竟是根据它的外形，根据《消费者报告》上其他使用者的感受，根据他自己试驾时的感受，根据这辆车会给他的社会地位带来的提升，还是根据经销商给出的价格折扣？这一切肯定都起到了一定的作用，但他无法确切地界定它们各自发挥作用的比例。在那些肯定对他的选择产生了影响的因素和他实际做出的选择之间，存在着一片模糊的阴暗地带。

“哪怕通过最严密的审查，我们也永远无法完全了解行为背后的隐秘因素。”哲学家康德曾经这样写道。如果买车的过程是这样，那么追求人生宏伟目标的过程肯定更是如此。如果哈罗德真正了解自己，那么他就应该能够预测出自己在下一年里想要得到的东西，然而他完全不相信自己能够做到，甚至连预测自己下个月想要得到的东西都不行。如果哈罗德真正了解自己，那么他就应该能够描述出自己具备的某些出色之处，然而他并不相信自己能够准确地说出来。人们通常会极大地高估和误解自身的能力。许多研究表明，人对自身特点的估计和别人对自己特点的估计往往相去甚远。

哈罗德坐在那里，试图思考自己的人生，但几秒钟后他就会发现，他实际上是在思考自己认识的人、体验过的事物。有时他会想起曾经在工作中完成的某些项目，或者跟某位同事大打出手的情景。他感觉到自己就像是把这些场景串联起来的人。但是，当他只想单独思考自己一个人——自己到底是谁以及为什么活着时，他的脑海没法生成出任何清晰的概念。他仿佛只是一个幻象，在他不经意瞟过时，这一幻象显得活灵活现，但在他集中注意力观察时，它却消失得无影无踪。

他的一些朋友用典型的故事来描述自己的人生。其中一个是白手起家的穷孩子，最终由赤贫跻身巨富阶层。另一个是突然受到圣灵感召而蒙恩得救的罪人。还有一个在人生旅途中逐渐改变了对一切事情的看法——他在错误的森林中起程，最终找到了真理之光。

丹·麦克亚当斯在《自我救赎》(*Redemptive Self*)一书中提出，美国人特别容易把自己的一生总结为救赎的故事。他们曾经错误地迈上了苦难的歧途，但接下来他们遇到了人生导师，或者认识了妻子，或者前往一家基金会工作，或者做了别的什么事情，然后就得到了救赎。他们被从错误中拯救出来，踏上了正确的光明大道。从那一刻起，他们的人生就有了目的。

当哈罗德回顾自己的人生时，他发现自己的人生无法塞进任何一个这样的故事框架里。随着自我剖析过程的继续，哈罗德感到极度悲伤，因为意识到自己没法在最终大限到来之前达到目的了。某些心理学家鼓励患者坐在椅子上反躬自省，但有大量证据表明，这种沉思往往是有害的。当人们抑郁时，他们会选取生活中那些消极的事件和感受，将注意力集中到它们之上，让相关的神经网络变得更加强势、更占据主导地位。弗吉尼亚大学学者蒂莫西·威尔逊在《我们是自己的陌生人》一书中总结了好几个实验的结果并指出，沉思会使抑郁的人更加抑郁，分心则能让他们不那么抑郁。沉思者会陷入自我挫败的负面思考模式中，在解决问题的任务中表现得更糟，对自己的前途做出更加黯淡的预测。

有时，哈罗德觉得自省似乎完全是一件徒劳无益的事情。“跟我对自己房间的认识相比，我对自己的认识简直是少得可怜，”弗朗兹·卡夫卡曾经写道，“我们根本无法像观察外部世界一样观察内心世界。”

生命的最后时刻

一个夏末的下午，哈罗德坐在阿斯彭家中的门廊旁，凝视着门口的小河。他听到埃丽卡正在她楼上的办公室敲打着键盘。他的大腿上搁着一个布满划痕的金属盒子，他正在翻阅盒子里的文件和照片。

他偶然看到了他自己多年前的一张照片。拍照时他大约 6 岁左右。他穿着一件海军风格的横条纹厚呢短外套，正站在一个金属滑梯顶端，集中注意力盯着脚下的滑道，准备从上面滑下去。

“现在的我跟那个男孩有什么相同之处呢？”哈罗德扪心自问。没有任何相同之处，除了那就是他自己之外。他的知识水平、经济状况、生活经验和外貌都不一样了，然而某种东西曾经存在那个孩子体内，现在也仍然存在他的体内。那是一种本质，虽然它也会随年龄的增长而改变，但它永远不会从根本上变成另外的事物。哈罗德决定把这种本质称为他的灵魂。

他猜想这种本质会以神经元和突触的形式表现出来。他生下来时就拥有某些特定的神经联结，而且由于大脑在不断地记录一生当中的感受，所以他一直在缓慢地形成新的神经联结。然而哈罗德不由自主地想，这一切实在是太神奇了。这些神经联结是情感制造出来的。大脑不过是身体里的一块肉，但从它内部的亿万次脉冲中却浮现出了精神和灵魂。他想，一定存在着某种至高无上的创造能量，这种能量可以把爱转换为神经突触，把神经突触转换为爱。上帝的手一定就在那里。

哈罗德看着照片中的男孩紧紧抓着栏杆的手，还有他脸上的表情。哈罗德没必要去想象男孩当时的情感和恐惧，因为在某种程度上，他仍然能直接体验到当年的感受。他用不着重新构建那个男孩看待世界的方式，因为在一定程度上，他仍然保留着这种看待世界的方式。那个男孩恐高而且晕血，他生活在爱当中，但常常感到孤独。那个男孩已经拥有了一片隐秘的领域，一些个性特征和反应，它们会在他人生的不同时期成长、成熟、维持、褪去、消亡。那片隐秘的领域就是他，当年如此，现在也如此。

那片隐秘领域的一部分是从他与父母之间的关系中生长出来的。他的父母并不是有史以来最深沉的人。他们花了太多时间在商业世界里拼搏，一心追求外在和虚荣。他们永远无法真正满足他最深层次的需求，但他们确实是好人，确实爱着他。很可能是他们当中的某一个把他带到了游乐场，拿着相机拍下了这张照片，并且将它保存起来，让哈罗德现在还能看到它。这张照片在拍摄时具有某种情感，被保存时也具有某种情感，当哈罗德现在注视着它，想象他的母亲或是父亲按动相机快门时，它同样具有某种情感。这样的循环仍然出现在岁月当中，代代相传。

灵魂在这种情感的循环中浮现出来。这些循环是短暂脆弱的，也是永恒不朽的。即使在今天，一些休眠着的小细胞依然停留在他的大脑里——埋藏在思维深处的情感和恐惧可以潜伏好几十年，再在恰当的条件下突然被唤醒。在他的一生中，父母当年对他那些微不足道的成就做出的反应——那种美妙的感觉——一直激励着他。他那工薪阶层出身的祖父母从未感觉自己真正为美国中产阶层所接纳，仿佛他们只是托孩子的福处在阶层边缘，这种不安全感一生都徘徊在他的心头。当年上学时他在食堂里跟朋友们勾肩搭背，让朋友们倚靠在他身上，这种同伴之间的友情在他的一生中始终给予他力量。早年的社交关系预示着晚年的长寿和健康。

哈罗德尝试理清这一团乱麻般的联结、这片潜意识的领域，但他失败了。对待这片领域的正确态度只有惊奇、感恩、敬畏和谦逊。有些人自以为能够主宰自己的人生。有些人相信自我不过是一艘没有动力的木船，需要由舵轮旁的船长来驾驶。但哈罗德已经认识到，他的意识的自我——他脑海里的那个声音——更像是侍从而不是主人。它在隐秘的领域中产生，它的存在是为了滋养、编辑、约束、照料、精练和深化内心深处的灵魂。

在他的整整一生中，直到这一刻，他一直在猜测自己的生活最后会是什么样子。但现在，故事已经结束了。他知道自己的命运，他不再承担未来的重负了。他脑海里存在着对死亡的恐惧，但也存在着这样的认知：他这辈子真是格外幸运。

他退后一步，问了自己一些问题，用来评估他自己的人生。

每个问题都会立刻产生它自己的感觉，所以他甚至没必要把答案用语言表达出来。他有没有让自己变得更加深刻？在即时通信的文化环境里，活得浅薄实在太容易了，但他有没有在重要的事物上花费时间，培养自己最重要的天赋呢？这个问题提得不错，因为尽管他从来没有成为先知或圣人，但他确实阅读过严肃的书籍，讨论过严肃的话题，尽他所能尝试灌溉璀璨缤纷的内心世界。

他有没有为人类的知识长河做出贡献，为未来的后代留下精神财富呢？这个问题让他感觉不那么愉快了。他曾经试图发现新事物，写过论文，也做过演讲，但他更应该算是一个观察者而不是行动者。很长的一段时间，他都随波逐流，在各种各样的兴趣之间飘忽不定。在另一些时候，他退缩了，不愿承担人生竞技场上的风险和打击。他并没有做到他本来可能做到的一切，为后人提供宝贵的馈赠。

他有没有超越尘世的领域？没有。他一直觉得，有些东西超越了科学所能理解的范畴。他不知怎的一直相信，超越时间和空间的上帝是存在的，但他从来没有虔诚信奉过宗教。他过着世俗的生活，而且令人遗憾的是，他从来没有体验过神圣的超脱感。

他曾经爱过吗？是的。在他的成年生涯中，对那个身为他妻子的好女人的赞赏和挚爱始终如一地持续着。他知道，她并没有回馈给他同等的挚爱和忠诚。他知道他一直活在她的阴影中，他们的人生道路一直在追随她所取得的成就。他知道，她有时候会对他失去兴趣，他们的婚姻生活中有过一些孤独的年头，但现在这些对他都不重要了。最终，他还是能够跟她白头偕老，能够为了她牺牲自己，这又是人生的一份馈赠。现在，他风烛残年，她对他的关怀和照料足以报答他曾经做过的一切。即使他们的婚姻生活只有这一个月，他失去了行动能力，而她仍用上千种方式关怀着他，那么他的人生也是值得的。随着剩下的时间不断变少，他对她的爱一直在增多。

就在这时，埃丽卡来到门廊旁，问他是否需要她把晚餐端过来。“哦，已经到了该吃晚餐的时候了吗？”他问道。

她说是的，她打算从冰箱里拿出一些冻鸡肉和薯条来做饭。她回到了房间里，哈罗德又回到了自己的遐想当中。随着他继续回顾自己人生的不同场景，生活对他提出的那些问题——以及他对那些问题的看法——开始变得模糊，他剩下的只有知觉，就像在观赏音乐会或看电影一样。他的自我意识逐渐褪去了。这就像是他小时候待在自己的房间里，只顾全神贯注地推着玩具卡车转圈，沉迷在伟大的冒险当中。

埃丽卡回到门廊，惊慌中扔掉了她端着的托盘，尖叫着冲向哈罗德，抓起了他的手。他的身体已经倒下去了，一动不动。他的头耷拉到胸口，嘴里流出了唾液。她盯着他的眼睛，这几十年来她已经习惯盯住这双眼睛了，但这双眼睛没有丝毫反应，虽然他还在喘气。她打算起身跑去打急救电话，但哈罗德握紧了她的手。她回过身来看着他的脸，泪如雨下。

哈罗德已经失去了意识，但他还没有死。一幅幅图景闪进他的脑海里，就像睡着之前的几秒钟那样。它们以混乱的方式彼此更替着。在他失去了自我意识的状态下，他并不像先前那样看待它们。他以一种用言语无法表达的方式来看待它们。我们或许可以说，他是在用整体性的方式看待它们，不知怎的在瞬间就能感觉到一切。我们可以说，他用印象性的方式参与到它们之中，而不是分析性的方式。他体会到的是存在感。

尽管我写下这段话时不得不把它分成一个又一个句子，但哈罗德此刻的体验并不是这样的。他的脑海里浮现出一个个场景：少年时代骑车经过的小路和当时看到的山峰，和母亲一起做作业，在高中玩橄榄球时的一次成功回抢，他所做的演讲，他听到的恭维，他做爱的经历，他读过的书，以及某种新想法让他为之激动的时刻。

片刻间，他的意识似乎马上就要重新恢复了。他可以感觉到埃丽卡正在旁边哭泣，他心中也充满悲伤。他思维中的旋涡仍然与她共鸣着，这些旋涡从她的意识跃入了他的潜意识。范畴模糊了，温情失控了，他再也不能集中注意力了，而他进入别人灵魂的能力却增强了。此时他与她之间的联系是直接的，再也没有分析、保留和雄心壮志，再也不会盼望未来或是回溯过去，只有我和你。一种统一的存在，知识的更高级状态，灵魂的契合。在这一刻，他不再提出关于人生意义的问题，而是得到了答案。

哈罗德完全进入了隐秘的领域，然后他永远地失去了知觉。在他生命的最后时刻，一切界限和特征都消失了。他再也不能运用自我意识的能力，但也永远摆脱了自我意识的束缚。他曾经被赐予了意识，让他可以借此指导自己的人生，滋养自己的内心生活，然而代价便是他意识到自己将会死去。现在他连这种意识都失去了。他已经无法注意到任何事情，他进入了无法表达的领域。

如果我们能知道这是否意味着他也进入了上帝的国度——天堂的话，那一定是很有意思的事情，但这个问题的答案并没有传回给埃丽卡。他的心脏继续跳动了几分钟，他的肺仍然在吸入和排空气体，他的大脑仍然在发送出脑电波。他做出一些姿势和抽搐动作，医生们会把它们称为是不由自主的，但在此时此刻，它们比任何其他姿势和动作都更能被深刻地感觉到。其中一个动作是长时间紧握的手，埃丽卡认为这意味着告别。

一开始存在着的，到最后也仍然存在：那些一团乱麻般的知觉、感受、动力和需求，我们简单地把它们统称为“潜意识”。这团乱麻并不是哈罗德的“下层部分”，并不是某种应该被抑制或者克制的次要特性。这是他的精神核心——难以领会，无法理解——却至高无上。哈罗德在一生中已经取得了一项重要的成就，他已经构建起了一种观点。别人把生活看成一场由理性机器进行的象棋竞赛，而哈罗德把生活看成灵魂之间永无休止地互相渗透的过程。

致谢

你永远不会知道事物是怎样汇集到一起的。自从大学毕业以来，我一直对以人类思维和大脑为主题的研究很感兴趣。然而我只能对该领域浅尝辄止，因为我必须将主要精力投入我的日常工作——写以政治学、政策、社会学和文化等内容为主题的评论文章。然而随着时光流逝，这种念头一直挥之不去。致力于研究人类思维和大脑的研究人员取得了一个个令人惊奇的成果，揭示出我们究竟是谁，然而这些研究成果并没有在更广泛的文化领域中产生足够的影响。

撰写本书就是为了尝试造成这样的影响。在写作过程中，我尝试着将枯燥的科学结论和心理学研究成果与社会学、政治学、文化评论和文学结合起来。

无须任何人提醒，我明白这是一次冒险的尝试。对于人类思维的研究尚未进入成熟阶段，许多发现都还颇有争议。当新闻记者试图把专业人士得出的复杂结论用简单的方式介绍给大众时，当然会很容易忽略掉结论当中的某些微妙细节，甚至忽略掉那些专业人士觉得至关重要的细节。此外，专业人士对于包括我在内的所有新闻记者都有着本能的厌恶——我们拥有像《纽约时报》、美国公共电视广播网络、兰登书屋这样的平台，经常会试图用简短的一页甚至一段文字来概括他们一辈子的研究成果。

尽管如此，我还是认为值得这样冒险，因为近30年来的思维与大脑研究所揭示的内容确实至关重要，它们确实应该重塑我们对政策、社会学、经济学和日常生活的认识。我试图在描述这些发现时避免在科学上冒险，我试图只叙述那些已经得到一定程度认同的发现，即使关于它们还存在一些争议（这样的争议永远都会存在）。我明白自己并不是一个有着深厚科学素养的作家。我并没有尝试描述大脑到底是怎样工作的，我也没有胆量去阐述某种特定的行为到底是由大脑的哪些区域经过怎样的复杂过程决定的。我只不过是试图描述这些研究工作具有的广泛意义。

我根本没有办法把这本书写得尽善尽美，达到让所有研究人员都满意的程度，但我至少试图尽可能把最初得出重要结论的科学家们的名字记录下来。我尽可能地引用他们的原始描述文字，以便有兴趣的读者可以阅读原始材料，进行独立思考，得出自己的结论。此外，我还需要向许许多多帮助我确定写作主旨和写作风格的人们致谢。

南加利福尼亚大学的杰西·格雷厄姆纠正了本书中科学方面的错误。他的妻子萨拉·格雷厄姆从文学角度审阅了本书。《位于易撞毁角落的房子》（*The House on Crash Corner*）一书的作者、心理学家明迪·格林斯坦审阅了绝大部分底稿，哥伦比亚大学的沃尔特·米歇尔也审阅了一部分底稿，这两位专家都提出了至关重要的建议。在美国企业研究所工作的《纽约时报》前记者谢丽尔·米勒给予我极大的帮助，她帮助我搜集资料，编辑校对，核查数据，她的出众智慧和卓越能力有口皆碑。我的父母迈克尔·布鲁克斯和洛伊斯·布鲁克斯也阅读过书稿，并且提出了很多编辑方面的意见，他们遵循着对我一贯严格要求的完美主义标准。我在《纽约时报》的工作搭档戴维·莱昂哈德也提出了宝贵的反馈意见。

与多位专业研究人员的交流让我受益匪浅。在此我感谢弗吉尼亚大学的乔纳森·海特、加利福尼亚大学的安东尼奥·达玛西奥、加州大学圣巴巴拉分校的迈克尔·卡扎尼加、宾夕法尼亚大学玛莎·法拉赫、弗吉尼亚大学的蒂莫西·威尔逊以及其他为我讲解诸多相关研究领域成果的专家们。我还要感谢美国社会情感神经科学学会、边缘科学社、邓普顿基金会、神经与社会科学中心等组织负责人的支持，他们允许我参加相关领域的科学研讨会，并且介绍我结识相关领域的专家们。

本书英文版编辑威尔·墨菲才华横溢，给予我源源不断的支持和鼓励。我的私人助理格伦·哈特利和莉恩·朱总是对工作充满热忱。我的媒介助理比尔·利通读了文稿并且提出了真知灼见。我也深深地感谢我在《纽约时报》的同事们——莱罕·萨拉姆、丽塔·科甘松、阿里·舒尔曼和安妮·斯奈德——的帮助。为了给本书取个合适的标题，我参考了大约 2 400 万位网友的意见，为此我要感谢帮我收集网友反馈的琳达·雷斯尼克和约西·西格尔。

当然，我也需要感谢我的孩子，约书亚、娜奥米和亚伦。最后我郑重地感谢我的妻子萨拉。她可以证实，我之所以想要撰写这本关于情感和感受的书，并不是因为我天生善于表达自己的情感和感受，而是因为我天生不善于表达。

图书在版编目（CIP）数据

社会动物 /（美）戴维 · 布鲁克斯著；佘引译 . --
北京：中信出版社，2021.4
（中信经典丛书 . 007）
书名原文：The Social Animal
ISBN 978-7-5217-2978-8

Ⅰ . ①社… Ⅱ . ①戴… ②佘… Ⅲ . ①成功心理–通
俗读物 Ⅳ . ① B848.4

中国版本图书馆 CIP 数据核字（2021）第 048943 号

社会动物
（中信经典丛书 · 007）

著　　者：[美] 戴维 · 布鲁克斯
译　　者：佘引
校　　译：严冬冬
责任编辑：石钰艳
出版发行：中信出版集团股份有限公司
（北京市朝阳区惠新东街甲 4 号富盛大厦 2 座　邮编　100029）
承 印 者：北京雅昌艺术印刷有限公司

开　　本：880mm × 1230mm　1/32　　印　　张：116.5　　字　　数：2798 千字
版　　次：2021 年 4 月第 1 版　　印　　次：2021 年 4 月第 1 次印刷
京权图字：01–2021–3563
书　　号：ISBN 978–7–5217–2978–8
定　　价：990.00 元（全 8 册）

服务热线：400–600–8099
投稿邮箱：author@citicpub.com

反脆弱

ANTIFRAGILE

THINGS THAT GAIN FROM DISORDER

[美] 纳西姆·尼古拉斯·塔勒布
（Nassim Nicholas Taleb）
著

雨珂
译

中信出版集团 | 北京

献给

莎拉·约瑟芬·塔勒布

目录

章节概要与阅读导图　V

前言　XI

第一卷　反脆弱性：介绍

第一章　达摩克利斯之剑和九头蛇怪 / 3

第二章　随处可见的过度补偿和过度反应 / 15

第三章　猫与洗衣机 / 32

第四章　杀死我的东西却让其他人更强大 / 47

第二卷　现代化与对反脆弱性的否定

第五章　露天市场与办公楼 / 69

第六章　告诉他们我爱随机性 / 91

第七章　天真的干预 / 104

第八章　预测是现代化的产物 / 132

第三卷　非预测性的世界观

第九章　胖子托尼与脆弱推手 / 141

第十章　塞内加的不利因素和有利因素 / 152

第十一章　千万别嫁给摇滚明星 / 162

第四卷　可选择性、技术与反脆弱性的智慧

第十二章　泰勒斯的甜葡萄 / 177

第十三章　教鸟儿如何飞行 / 194

第十四章　当两件事不是“同一回事”时 / 212

第十五章　失败者撰写的历史 / 230

第十六章　混乱中的秩序 / 260

第十七章　胖子托尼与苏格拉底辩论 / 270

第五卷　非线性与非线性

第十八章　一块大石头与一千颗小石子的区别 / 291

第十九章　炼金石与反炼金石 / 319

第六卷　否定法

第二十章　时间与脆弱性 / 343

第二十一章　医疗、凸性和不透明 / 377

第二十二章　活得长寿，但不要太长 / 402

第七卷　脆弱性与反脆弱性的伦理

第二十三章　切身利害：反脆弱性和牺牲他人的可选择性 / 423

第二十四章　给职业戴上伦理光环 / 464

结语 / 481

后记　从复活到复活 / 485

章节概要与阅读导图

第一卷　反脆弱性：介绍

第一章　解释为什么我们在课堂上会忽略“反脆弱性”一词，脆弱性—强韧性—反脆弱性就好比达摩克利斯之剑—凤凰—九头蛇怪。领域依赖性。

第二章　我们在哪里发现了过度补偿的问题。除经济学之外，对某事的痴迷是最具反脆弱性的。

第三章　有机体和机械体之间的区别。

第四章　整体的反脆弱性往往取决于各组成部分的脆弱性。为什么死亡对生命来说是必要的？错误会使集体受益。为什么我们需要冒险者。谈谈现代化迷失的要点。向创业者和冒险者致敬。

第二卷　现代化与对反脆弱性的否定

普罗克拉斯提斯之床。

第五章　从两兄弟的状况看不同种类的随机性。瑞士何以不受从上而下的控制。平均斯坦与极端斯坦之间的区别。城邦制国家、由下至上的政治体系，以及市政噪声的稳定效用。

第六章　喜欢随机性的系统。解释了为稳定有机体和复杂的系统（政治、经济等）而进行过度干预所产生的影响。唯知识论的缺陷。美国的外交政策与伪稳定。

第七章　概述天真的干预和医源性损伤，它们是现代化的产物中最容易被忽视的。噪声和信号，以及对噪声的过度干预。

第八章　预测是现代化的产物。

第三卷　非预测性的世界观

第九章　胖子托尼对脆弱性有敏锐的嗅觉，尼罗的长时间的午餐，揩脆弱推手的油。

第十章　特法特教授拒绝服用他自己开的药，我们以塞内加和斯多葛学派为切入点，解释为什么一切反脆弱性事物所拥有的有利因素大于不利因素，因此总是能从波动性、错误和压力（基本非对称性）中受益。

第十一章　什么可以混合，什么不可以混合。生活中的杠铃策略有助于任何事物从脆弱转变为反脆弱。

第四卷　可选择性、技术与反脆弱性的智慧

偏爱秩序的教育与偏爱无序的创新之间的矛盾。

第十二章　泰勒斯与亚里士多德，可选择性的概念，它允许你不知道发生了什么事情——因为概念混淆，它一直被人误解。亚里士多德如何忽略了这一点。私生活中的可选择性。在什么条件下自由探索优于设计制作。理性的漫游者。

第十三章　增长背后的不对称回报，除此之外，别无其他。苏联–哈佛派谬见，或教鸟儿如何飞行的效应。副现象。

第十四章　绿色木材谬误。认识论和试错之间的矛盾，以及在整个历史中的作用。知识能否创造财富，如果

能，那么是哪些知识？当两件事情不是一回事时。

第十五章　改写技术的历史。在科学领域，历史是如何被失败者改写的，我是如何在自己的工作中看到这一点的，以及我们如何推而广之。生物学知识是否伤害了医疗技术的发展？运气的隐性作用。什么成就了一位优秀的创业家？

第十六章　如何对付足球妈妈？漫游者的教育。

第十七章　胖子托尼和苏格拉底的辩论。为什么我们不能做我们无法解释的事，为什么我们要解释我们所做的事情？酒神式思维。愚蠢的人和不愚蠢的人的处世之道。

第五卷　非线性与非线性

第十八章　凸性、凹性和凸性效应。为什么规模会带来脆弱性。

第十九章　炼金石。深入了解凸性。房利美是怎么破产的。非线性。识别脆弱性和反脆弱性的启发法。凸性偏见、詹森不等式，以及它们对无知的影响。

第六卷　否定法

第二十章　新事物狂热征。通过否定法展望未来。林迪效应：旧事物比新事物多存活的时间与旧事物本身已存活的时间成正比。恩培多克勒的瓷砖。为什么非理性认知比理性认知更具优势。

第二十一章　医疗和非对称性。医疗问题的决策规则：为什么病得很重的人有凸性回报，而健康的人有凹性效应的风险。

第二十二章　减法医疗。介绍个体与环境的随机性之间的匹配性。为什么我不想永生。

第七卷　脆弱性和反脆弱性的伦理

第二十三章　代理问题是脆弱性的转移。切身利益。信守承诺，或言行一致。罗伯特·鲁宾问题、约瑟夫·斯蒂格利茨问题和阿兰·布林德问题，都关乎代理问题与过滤性选择问题。

第二十四章　伦理倒置。群体会犯错误，而个人可能知道真相。人们是如何陷入一些观念中而不可自拔的，以及如何让他们获得自由。

结语

后记　尼罗动身去黎凡特观摩阿多尼斯复活的庆典时，发生了什么事？

前言

如何爱上风

风会熄灭蜡烛，却能使火越烧越旺。

随机性、不确定性和混沌也是一样，因此你要利用它们，而不是躲避它们。你要成为渴望得到风儿吹拂的火。这总结了我对随机性和不确定性的明确态度。

我们不只是希望从不确定性中存活下来，或仅仅是战胜不确定性。除了从不确定性中存活下来，我们更希望像罗马斯多葛学派的某一分支一样拥有最后的决定权。我们的使命是驯化、主宰，甚至征服那些看不见的、不透明的和难以解释的事物。

那么，该怎么做呢？

反脆弱性

有些事物能从冲击中受益，当暴露在波动性、随机性、混乱和压力、风险和不确定性中，它们反而能茁壮成长和壮大。不过，尽管这一现象无处不在，我们还是没有一个词能够用来形容脆弱性的对立面。所以，不妨叫它反脆弱性（antifragile）吧。

反脆弱性超越了复原力或强韧性。复原力能让事物抵抗冲击，保持原状；反脆弱性则让事物变得更好。它具有任何与时俱进事物的特质：进化、文化、观念、革命、政治制度、技术创新、文化和经济的成功、企业的生存、美食食谱（比如，鸡汤或加入一滴干邑葡萄酒的鞑靼牛排），还有城市、文化、法律制度的兴起、赤道雨林的生长和细菌耐药性的提升等。反脆弱性决定了有生命的有机体或复杂体（比如人体）与无生命的机械体（比如办公桌上的订书机）之间的区别。

反脆弱性偏好随机性和不确定性，这意味着——这一点非常关键——它也偏好错误，准确地说是某一类错误。反脆弱性有一个奇特的属性，它能帮助我们应对未知的事情，解决我们不了解的问题，而且非常有效。让我说得更直白些：由于有了反脆弱性，我们做的要比我们想象的更好。我宁愿做愚钝但具有反脆弱性的人，也不做极其聪明但脆弱的人。

我们不难发现周围存在一些偏好压力和波动性的事物，如经济系统、你的身体、你的营养（糖尿病和许多类似的现代疾病似乎在很大程度上源于饮食缺乏随机性，即缺乏偶尔挨饿带来的压力）、你的心灵，甚至还有极具反脆弱性的金融合约——它们本质上就是要从市场的波动中获益。

反脆弱性使我们更好地理解了脆弱性。正如不减少疾病我们就无法改善健康，不减少损失我们就无法增加财富，反脆弱性和脆弱性是同一波谱上的不同波段。

非预测性

掌握反脆弱性的机制后，我们就可以在充满不确定性的商业、政治、医学和整个生活中（在未知因素占主导地位的地方，在随机性、不可预测性、不透明性或不完全理解性占主导的情况下）做出非预测性决策，建立一个可以提供广泛指导的系统。

弄清楚什么是脆弱的，比预测会对其造成伤害的某个事件是否会发生要容易得多，脆弱性是可以衡量的，但风险是无法衡量的（除了赌场，或者自称“风险管理专家”的人）。这为我所说的“黑天鹅”问题提供了一个解决方案，因为我们原本就不可能计算出重要的罕见事件的风险，也无法预测其何时会发生。但事物对波动性所致危害的敏感性是可观察的，这比对造成危害的事件进行预测更容易。因此，我们建议颠覆我们目前的预测、预言和风险管理方法。

在每一个领域或应用方面，我们都提出了通过降低脆弱性或利用反脆弱性，从脆弱性走向反脆弱性的规则。而且，我们几乎总能使用一个简单的不对称测试来检测反脆弱性和脆弱性：从随机事件（或一定冲击）中获得的有利结果大于不利结果的事物就是反脆弱的，反之则是脆弱的。

剥夺反脆弱性

最重要的是，如果反脆弱性是所有幸存下来的自然（和复杂）系统的特征，那么剥夺这些系统的波动性、随机性和压力源反而会伤害它们。它们将会变弱、死亡或崩溃。我们一直在通过压制随机性和波动性来削弱经济、我们的健康、政治生活、教育，甚至几乎所有的东西…… 正如在床上躺一个月（最好是手上有一本未删节版的《战争与和平》或者《黑道家族》全部 86 集的碟片）会导致肌肉萎缩，复杂系统在被剥夺压力源的情况下会被削弱，甚至被扼杀。现代的结构化社会大多正以自上而下的政策和机制（被称为“苏联－哈佛派谬见”）伤害着我们：它们的所作所为实际上侵犯了系统的反脆弱性。

这是现代化的悲剧，正如极为焦虑、过度保护子女的父母。那些试图帮助我们的人往往会对我们造成最大的伤害。

如果说一切自上而下的东西都会使我们变得脆弱，并且阻碍反脆弱性和成长，那么一切自下而上的事物在适量的压力和混乱下反而能够蓬勃发展。发现（或创新，或技术进步）的过程本身就取决于能增进反脆弱性的自由探索和积极的冒险，而非正规的教育。

以牺牲他人的利益为代价获利

社会最大的脆弱性制造者和最大的危机制造者，正是那些置身事外、不承担后果的人。一些人以牺牲他人利益为代价获得反脆弱性，也就是说，他们从波动性、变化和混乱中获得有利结果（或获得收益），而将他人暴露在损失或伤害的不利因素下。这种以别人的脆弱为代价获取自身反脆弱性的行为是很隐蔽的——由于苏联－哈佛派知识分子圈无视反脆弱性，因而此类非对称性（到目前为止）很少有人能够识别，更别提传授了。

此外，我们发现在2008年金融危机期间，由于日益复杂的现代制度和政治事务，这些“危及他人的重大风险”很容易被隐瞒。过去，甘冒风险的人才能位高权重，他们必须为自己的不当行为承受损失，而英雄则是那些为了他人的利益承受损失的人，如今，情况却完全相反。我们正目睹一群反面“英雄”人物的涌现，他们多为政府官员、银行家，或者只知道借他人名气自抬身价，参加达沃斯论坛的成员，以及权力过大的学者。这群人不会承受真正的损失，也不受问责制的约束。他们将整个系统玩弄于股掌之上，而公民却要为其买单。

历史上从未有过如此多的非冒险者，也就是施加重大控制力而个人却不承担风险的人。

他们忘记了一条最主要的道德法则：你不应该为了获得反脆弱性，而利用别人的脆弱性。

“黑天鹅”问题的解决方案

我想快乐地生活在一个我不了解的世界里。

“黑天鹅”事件可能会造成广泛、严重的后果，其是不可预知的不定期发生的大规模事件。某些观察者完全没有预料到它们的发生，这种人通常被称为“火鸡”，因为他们对这些事件完全没有预期，并会受到这些事件的伤害。我已经说过，历史其实大部分源于“黑天鹅”事件，但我们关心的却是如何微调我们对普通事件的了解，因此我们不断地开发模型、理论或表述方式，可是，这些东西不可能跟踪“黑天鹅”事件，或者衡量这些冲击的发生概率。

“黑天鹅”事件绑架了我们的思维，让我们感到自己“差不多”或“几乎”预测到了它们，因为它们都是可以进行回溯性解释的。由于存在可预测性错觉，我们没有意识到这些“黑天鹅”事件对生活的影响。现实生活远比我们记忆中的生活更加错综复杂——我们的头脑倾向于将历史以更平稳和更线性的状态呈现出来，这导致我们低估了随机性。一旦我们看到随机事件，就会心生畏惧并反应过度。在逃避这种恐惧以及对秩序的渴求中，一些人类建立的系统往往会打乱事物的隐性逻辑，或者打乱不那么明显的逻辑，结果导致“黑天鹅”事件的发生，而人们从中几乎得不到任何收益。你寻求秩序，得到的不过是表面的秩序；而你拥抱随机性，却能把握秩序、掌控局面。

复杂系统内部充满难以察觉的相互依赖关系和非线性反应。“非线性”是指当你把药品的剂量增为两倍，或将工厂的员工数量增为两倍时，所得效果并非初始效果的两倍，而是要么更多，要么更少。在费城待两个星期的愉快指数并不是待一个星期的两倍——对此我深有体会。把反应绘制成图的话，你得到的并不是一条直线（“线性”），而是一条曲线。在这种环境下，简单的因果关系错位了，通过观察单个部分是很难看清整个局势的走向的。

人造的复杂系统往往会引发失控的连锁反应，它会降低甚至消除可预测性，并导致特大事件。因此，现代世界的技术性知识可能会不断地增加，但矛盾的是，它也会使事情变得更加不可预测。现在，由于人为因素的增加，以及我们逐渐地远离先祖和自然的模式，加上林林总总的设计复杂性削弱了强韧性，“黑天鹅”的影响因而进一步加强了。此外，我们成了一种新型疾病的受害者，即新事物狂热征，它使我们建立起在面对“黑天鹅”事件时会表现得极其脆弱的系统，却自以为实现了所谓的“进步”。

“黑天鹅”问题有一个恼人方面，这实际上也是一个很核心的并在很大程度上被忽略的问题，即罕见事件的发生概率根本是不可计算的。我们对百年一遇洪灾的了解远低于 5 年一遇的洪灾，其模型的误差在涉及小概率事件时会成倍增长。事件越罕见，我们越难以追踪，对其发生频率的了解就越少。然而，事件越罕见，参与预测、建模和在会议上用花哨的演示文件陈述其计算方程式的“科学家”们却显得越有信心。

得益于反脆弱性，大自然是管理罕见事件的最好专家，也是管理“黑天鹅”事件的高手；几十亿年来，它成功地演变进化到今天，而无须任何由常春藤盟校培养出来的，并由某个研究委员会任命的主任给出命令和控制指令。不仅仅是“黑天鹅”事件的解决方案，了解反脆弱性还会使我们从理智上不那么害怕接受一个事实：“黑天鹅”事件对历史、技术、知识以及所有事情的发展来说都是不可或缺的。

仅有强韧性还不够

大自然不只是“安全”的，它还能积极地进行破坏和更替、选择和重组。每当随机事件发生时，仅仅拥有“强韧性”显然还不够好。从长远来看，哪怕只有一点点瑕疵的东西也会被无情的岁月摧毁，但我们的地球却已经运转了大约40亿年，很显然，仅仅依靠强韧性是完全无法办到的：你得需要多完美的强韧性才能阻止一个裂缝最终引发整个系统的崩溃。鉴于不可能存在这样完美的强韧性，我们需要一个能够不断利用（而非逃避）随机事件、不可预测的冲击、压力和波动实现自我再生的机制。

从长远来看，反脆弱性往往能从预测误差中受益。如果根据这个理念下结论，那么很多从随机性中受益的事物如今应该主宰世界了，而受随机性伤害的事物应该消失了。嗯，其实现实也确实如此。我们一直有这样的错觉，认为这个世界的运转有赖于规划设计、大学研究和政府机构的资金支持，但是我们有显著——非常显著——的证据表明，这只是一个错觉，我称这种行为为"教鸟儿如何飞行"。技术是反脆弱性的结果，是冒险者们通过自由探索和反复试错产生的，但这些籍籍无名的小人物的设计过程却大多不为人所知。许多东西都是由工程师和能工巧匠们发明的，不过，历史却是由学者撰写的，我希望我们能修正对增长、创新以及诸如此类事情的历史诠释。

（某些）事物的可预测性

脆弱性是相当容易衡量的，但风险却很难衡量，尤其是与罕见事件相关的风险。[1]

我说过我们可以估算甚至衡量脆弱性和反脆弱性，但我们无法计算风险、冲击和罕见事件的发生概率，无论我们有多么复杂、成熟的模型。如今，我们实行的风险管理仅仅是对未来发生事件的研究，只有一些经济学家和其他狂人才会做出有违经验事实的断言，称能够"衡量"这些罕见事件未来的发生概率，当然也会有愚蠢的人听信他们，而无视经验事实与此类断言的历史准确率。但是，脆弱性和反脆弱性是一个物体、一个茶几、一个公司、一个行业、一个国家、一个政治制度当前属性的一部分。我们可以识别和看到脆弱性，甚至在很多情况下还可以测量它，或者至少能以较小的误差测量相对脆弱性，而对风险的测量相比较而言（到目前为止）则并不可靠。你没有任何可靠的依据证明某个未来的事件或冲击的发生概率比另一个事件更高（除非你喜欢自我

1. 除了赌场和一些界定狭窄的领域（人为的情况和结构）。

欺骗），但你能很有信心地说，当某一事件发生时，某一个物体或结构比另一个物体或结构更脆弱。你很容易判断出，在温度突然变化的情况下，你的祖母要比你更脆弱；在发生政变时，一些军事独裁国家要比瑞士更脆弱；在危机来临时，银行比其他部门更脆弱；在发生地震时，一些建造结构不牢固的现代建筑要比古老的查特雷斯大教堂更脆弱。关键的是，你甚至可以预测哪一个人会存活更长的时间。

我无意讨论风险（这涉及预测，又很局限），我主张使用脆弱性的概念，它不带有预测性，并且与风险不同，它是一个有趣的词，可以描述一个与其完全相反的不受局限的概念：反脆弱性。

衡量反脆弱性有一个使用精简规则的极佳方式，它使我们能够跨领域（从个人健康到社会建设）地识别反脆弱性。

在实际生活中，我们已在不知不觉中探究了反脆弱性，并有意识地抗拒它，特别是在知性世界中。

脆弱推手

我们的想法是，不要去干扰我们不明白的事情。但是，有些人的主张却恰好相反。脆弱推手属于那些通常西装革履，甚至周五也会如此穿着的人，他们是听到你的笑话后依然冷若冰霜的人，而且由于常常坐在桌前办公，或乘坐飞机、研读报纸，他们年纪轻轻就会颈椎有恙。他们经常参与一种奇怪的仪式，这种仪式通常被称为“会议”。除了这些特质，他们还默认看不到的东西就是不存在的，或者他们不理解的东西就是不存在的。从根本上说，他们往往将未知的一切误认为是不存在的。

脆弱推手往往深陷苏联－哈佛派谬见，即不科学地高估科学知识的能量。秉持这种谬见的人就是所谓的天真的理性主义者、合理化者，他们有时也被叫作合理理性主义者，因为他们认为事情背后的原因是可以自动显现的。我们不要混淆“合理化”与“理性”这两个概念——它们几乎完全相反。在物理学之外的复杂领域里，事物背后的原因往往很难让我们看清，对脆弱推手来说更是如此。自然事物可不会在用户手册里宣传自己，但这个特性并不构成障碍：根据他们脑中对“科学”的界定，一些脆弱推手会聚在一起写用户手册。

正是因为这些脆弱推手的存在，现代文化对生活中神秘的、难以解释的、尼采称为“酒神式思维”的事物越来越倾向于选择无视的态度。

或者我们可以把尼采的话翻译成不那么具有诗意的，但仍然非常有见地的布鲁克林白话，也就是本书人物胖子托尼所称的“骗局”。

总之，脆弱推手（医疗、经济、社会领域的规划者）会促使你卷进政策和行动等各类人为的事情之中，这些事情带给你的利益虽小但是能看得到，而副作用可能十分严重却看不到。

我们可以看到，医学界的脆弱推手会否认人体自愈的自然能力，而进行过度干预，给病人开可能有严重副作用的药物；政策脆弱推手（干预主义者和社会规划者）把经济误当作需要他们来修理的洗衣机，结果反而把经济搞垮了；心理学脆弱推手用药物治疗孩子，以“提高”他们的智力并“稳定”他们的情绪；足球妈妈脆弱推手；金融界脆弱推手让人们使用“风险”模型却破坏了银行系统（他们还会再次使用它们）；军事脆弱推手搅乱了复杂系统；预测脆弱推手则让你冒更大的风险。脆弱派的例子可谓数不胜数。[1]

事实上，政治话语中往往缺乏一个概念。政治家在他们的演讲、目标和承诺中往往着眼于“复原力”“强韧性”等保守概念，却从未提到反脆弱性，并且在此过程中遏制了成长和发展的机制。我们发展到今天，并非得益于复原力这样局限性的概念，更非得益于政策制定者，而是得益于一些甘愿冒险、甘愿承担失误后果的人，他们是值得社会去鼓励、保护和尊重的人。

简单的地方更复杂

与人们的观点相反，一个复杂的系统并不需要复杂的管理机制和法规，以及错综复杂的政策。事实上，越简单越好。复杂机制会导致意想不到的连锁反应。由于缺乏透明度，干预会导致不可预测的后果，接着是对结果中“不可预测”的部分致歉，然后再度出手干预来纠正衍生影响，结果又派生出一系列“不可预测”的反应，每一个都比前一个更糟糕。

然而，在现代生活中，简单的做法一直难以实现，因为它有违某些努力寻求复杂化以证明其工作合理性的人所秉持的精神。

少即是多，而且通常更有效。因此，我会制定极少量的技巧、指令和禁令来说明，如何生活在一个我们并不明白的世界里，或者，更确切地说，如何才能不害怕周旋于我们显然不明白的事情之中，以及更重要的是，我们应该以什么样的态度与这些事情共舞。我们怎么才能正视自己的无知，不因作为人类感到羞愧，而

1. 哈耶克并没有将价格形成机制的想法应用到风险和脆弱性的讨论中。在哈耶克看来，政府官员效率低下，但还称不上脆弱推手。本讨论以脆弱性和反脆弱性为切入点，可以看作价格形成机制的一个衍生讨论。

是感到积极和自豪？但是，这可能需要我们做出一些结构性的改变。

我建议我们制定一个路线图以修正我们的人造系统，简简单单地让一切顺其自然地发展。

但简单并非那么容易达到。史蒂夫·乔布斯就认识到：“你必须努力理顺你的思维，才能使其简单明了。”阿拉伯人用一句话来形容清晰明了的散文：没有清晰的理解，就写不出清晰的文章。

启发法是经验法则的简化，它使事情变得简单而易于实施。其主要的优点是，使用者知道它们是不完美的，只是权宜之计，因此，他们很少被这些启发法的力量愚弄。一旦我们忘记这点，这些经验就会陷我们于危险之中。

关于本书

发现反脆弱性这一想法的过程也是非线性的。

有一天，我突然意识到，脆弱性——事实上它仍缺少技术性定义——可以被表述为不喜欢波动性的事物，而不喜欢波动性的事物往往也不喜欢随机性、不确定性、混乱、错误、压力等。想想那些脆弱的东西，比如，观察一下你家客厅里的物体，如玻璃相框、电视机，更便于拿来说明的例子是橱柜里的瓷器。如果你给它们贴上“脆弱”的标签，那么你一定希望它们能处于一个和平、宁静、有序和可预测的环境中。一个脆弱的物体可能无法从地震或者你好动的侄子的拜访中受益。此外，不喜欢波动性的事物往往也不喜欢压力、伤害、混乱、事故、无序、“不可预测的”

后果、不确定性，以及十分重要的时间。

反脆弱性的定义从一定程度上讲是从脆弱性的明确定义中推导出来的。反脆弱性的事物喜欢波动性等，也喜欢时间。事实上，非线性能够帮我们做出有效的和有用的判断：一切做出非线性反应的事物在某个随机性压力下要么是脆弱的，要么是反脆弱的。

奇怪的是，虽然脆弱的事物厌恶波动性，厌恶波动性的事物又都很脆弱，但这个明显的特性却完全被排斥在科学和哲学话语之外，完全被排斥。研究事物对波动性的敏感度是一个陌生的工作，我成年后的大部分时间，大概有 20 年左右，都用于此，我在下面会对此做进一步解释。我这个职业的关注点是识别“喜欢波动”或“厌恶波动”的事物，所以我要做的就是将这个理念从我一直从事的金融领域扩展到不同领域——从政治学到医学再到晚餐计划，并将其应用到在不确定性下进行决策的更广泛的情境。

与波动性相关的职业有两类。第一类包括学者、报道作家与评论员，他们研究未来事件，并撰写图书和论文；第二类是实践者，他们不研究未来事件，但是会尝试了解事物对波动性的反应（但实践者往往忙于实践，无暇著书立说或演讲授课，也不关心方程式、理论或者学术委员会颁发的荣誉会员称号）。这两类人之间的差异非常集中：正如我们所看到的，了解某个事物是否会被波动性伤害（是否脆弱）要比预测有害事件的发生（比如会发生超大规模的“黑天鹅”事件）更容易。但是，只有实践者（或者做事情的人）才能自然地领会这一点。

（相当快乐的）混乱家庭

让我们来进行一个技术性评论。我们一直在说，脆弱性和反脆弱性意味着从与波动性相关的某些东西中获得潜在的害处或益处。某些东西指的是什么呢？简单地说，就是广义的混乱家庭的成员。

> 广义的混乱家庭（或群体）：（1）不确定性，（2）变化性，（3）不完美、不完全的知识，（4）机会，（5）混沌，（6）波动，（7）混乱，（8）熵，（9）时间，（10）未知性，（11）随机性，（12）动荡，（13）压力，（14）错误，（15）分散的结果，（16）无知。

不确定性、混乱和未知性是完全等价的：反脆弱性系统（在某种程度上）从上述所有事物中获益，而脆弱的系统则会从中受损，即使一些哲学家会告诉你："它们显然不是一回事。"这些哲学家虽然身处不同大学的不同教学楼，但你会发现他们有一个共性，即他们一生中从未承受过真正的风险，或者更糟糕的说法是，他们从未真正生活过。

为什么会提到时间呢？时间在功能上与波动性相类似：时间越长，发生的事件就越多，也更混乱；如果你可以承受有限的伤害，对小错误具有反脆弱性，那么时间会带来最终令你受益的错误或反错误。这就是你的祖母称为经验的东西。脆弱的东西则会被时间击垮。

只有一本书

这使得写作这本书成为我的核心工作。我只有一个核心想法，每次都带着它走向下一步。最终这一步——也就是这本书——更像是一个大的跳跃。我与我的"实践自我"（我作为实践者的灵魂）重新连接起来，这将我从事实践工作与“波动性研究”工作的整段历史，与我对随机性和不确定性的知识和哲学兴趣结合起来，而在此之前这两者各行其道。

我出版的几本书并非针对各类主题所写的有起始日和到期日的独立文章；相反，它们就好像从一个核心概念延伸出的互不重叠的章节，是一系列关注同一类主题的文集，内容涉及不确定性、随机性、概率、混乱，以及如何生活在一个我们不明白的世界，即一个充满看不见的元素和属性，以及随机性和复杂性的世界；也就是说，如何在不透明的情况下做决策。这里的规律是，随机抽取一本书（比如本书）的某一章节，再抽取另一本书（如《随机漫步的傻瓜》）的某一章节，两者之间的距离应该与一本厚书之间各章节间的距离一样。这一规律使得这一系列文集的内容能跨越不同领域（科学、哲学、商业、心理学、文学、自传等）被整合在一本书中，而不会变得杂乱无章。

所以，本书与《黑天鹅》一书的关系是：尽管两本书的出版时间有先后（事实上，这本书进一步推进了《黑天鹅》中的概念，自然地得出了既定结论），但本书更像是主体，而《黑天鹅》如同备注—— 一种理论备注，甚至可能是一份初级的附录。为什么呢？因为《黑天鹅》是为了说服我们重视一种可怕的情况，并努力解决它。而本书的起点是，人们并不需要认识到：（1）“黑天鹅”主宰着社会和历史（以及人类，因为通过事后的理性化推断，人类认为自己能够理解“黑天鹅”）；（2）我们并不知道发生了什么，特别是在严重的非线性情况下。让我们直接讨论实践问题吧。

没有胆量，就没有信念

为符合实践者的精神，本书的写作规则如下：我对我所说的全部负责。

本书中的每一个句子都是我用自己的职业知识写就的，我只写了我做过的事情，我建议他人承担或规避的风险也是我一直承担或规避的风险。如果我错了，那么首先受到伤害的便是我自己。我在《黑天鹅》中已经对银行体系的脆弱性提出警告，并打赌它会崩溃（尤其是当我的观点无人理会时）；如果不这么做，我会觉得自己是不道德的。这种个人约束应该被用于各个领域，包括医疗、技术创新和生活中的简单事务。这并不意味着一个人的个人经验就足以构成推导出理念结论的充分样本，只是说，一个人的个人经验是其观点的真实性和真诚性的背书。经验是不会受过滤式选择的影响的，而研究工作却会受影响，尤其是所谓的“观察性”研究，因为存在大量的数据，研究者在观察过去的模型时会陷入叙述谬误的陷阱。

此外，在写作过程中，如果我不得不在图书馆搜寻写作主题，并将其作为写作的一部分，那么我会觉得这是堕落和不道德的。这条标准可以作为一种筛选方式，并且是唯一的筛选方式。如果主题无法引起我的兴趣，不足以让我出于自己的好奇心或自己的目的独立进行图书查阅，且以前也从没有这样做过，那么我就根本不应该写它。这并不意味着图书馆（实体和虚拟的）一无是处，而意味着它们不应该是任何想法的起源。学生付学费在大学里写有关某个主题的论文时，必须从图书馆获取知识，作为自我提升的一种练习；一个专业人员则靠写作获得报酬，他写的东西也会被他人认真对待，因此他应该使用一个更有效的筛选方式。只有经过提炼的想法，即那些经过长久的时间积淀仍留在我们脑中的想法才是可以接受的，它们也大多是来自现实的想法。

现在是时候重振一个不为人熟知的哲学概念了，那就是信念承诺，它要求我们摒弃空头支票，秉持某一个信念，并甘愿为其承担风险。

如果你看到了什么

现代社会已经用法律条文取代了道德，但法律有可能被一个高明的律师玩弄于股掌之上。

因此，我要揭示某些人是如何进行系统“套利”的，他们更确切地说是转移了脆弱性，这无异于盗取了反脆弱性。我会对此类人直言抨击（对于诗人和画家，我们在此不予考虑，这种豁免是出于一种道德责任）。我揭露脆弱推手依据的第一条伦理原则是：

如果你看到欺诈而不揭露欺诈，那么你就是同谋。

对傲慢者友好无异于对友好者傲慢，对任何邪恶行为宽容无异于纵容这种行为。

此外，许多作家和学者在酒后都会私下里说些与他们在论文著作中所写的完全不同的实话。他们写的东西确确实实是假的、杜撰的。许多社会问题都来自“其他人都是这样做的”这种论点。所以，如果在喝下3杯黎巴嫩白葡萄酒后，我私下称某人是危险的，是受伦理指责的脆弱推手，那么在写作本书时，我也有义务剖析他的行为。

在其他人尚未发声之前率先用文字公开揭露某人或某个机构

的欺诈行为是需要付出一定的成本的，但这种成本不足以成为拖延揭露行为的借口。数学科学家伯努瓦·曼德布罗特在阅读《黑天鹅》的校样后，打电话给我平静地说："我应该以什么语言跟你说'祝你好运'呢？"结果证明，我不需要任何好运，我对各种各样的攻击具有反脆弱性：核心脆弱推手代表团对我的攻击越多，我的理念就传播得越广，因为这会促使人们阅读我的观点。现在，我只是后悔没有进一步直言不讳。

妥协就是纵容。现代格言中我唯一遵循的就是乔治·桑塔耶拿所说的：人只有在以不折不扣的诚意评判世界、评判他人的时候……才能获得切切实实的自由……这不只是一个目的，也是一项义务。

消除僵化

第二条伦理原则。

我有义务让自己经受科学程序的检验，这只是因为我要求别人也做到这一点，别无其他目的：当我阅读医学或其他科学的实证声明时，我希望这些声明能够先经过同行审查机制，也就是一种事实检查机制的审查，这样，我使用的方法的严谨性就能得到检查。另外，逻辑性陈述，或由数学推理支持的观点，则不需要经过这样的审查：它们可以而且必须站得住脚。所以，我还在专业学术杂志或网站上发布这些书的技术性注释（这些注释仅限于需要证明的陈述或更详细的技术性论据）。但为了真实性，也为了避免追逐名利（把知识储备变成一场体育竞赛是对知识的贬低），我禁止自己出版这些注释以外的任何东西。

在做了20多年交易员和商人后，我开始从事一个"陌生的职业”，踏入人们所说的学术圈。不得不说，其实这就是生活中反脆弱性概念背后的驱动力，也是自然和非自然的异化之间的区别。商业是自然的、有趣的、惊险的、生动的，而目前专业化的学术则与这些沾不上边儿。那些认为学术界“更安静”，因此我将从动荡而冒险的商业生活过渡到平静舒缓的学术环境的人可能要吃惊了：在商业世界中，新的问题和恐慌每天都会出现，取代和消除前一天的棘手问题、怨恨和冲突。用一根钉子取代另一根钉子，你会惊异于怎么会有这么多种不同的钉子。但是，学术界（尤其是社会科学领域）则不同，学者们好像总是互不信任；他们生活在琐碎的执着、嫉妒和冰冷的仇恨中，龃龉会发展成为积怨，随着时间的推移，在这种整天与电脑屏幕打交道的孤独中和不可改变的环境中，他们越来越僵化。更不要提我在从商的时候从未见过的那种妒忌程度……我的经验是，金钱和交易净化了关系；而“认可”和“信用”等概念和抽象的事物则围绕着学者们，一种没完没了的竞争氛围就此形成。

商业、公司、黎凡特露天市场（虽然没有大规模的企业）是激发人们最优秀才华和品质的场所，它们能促使大多数人更宽容、诚实、有爱心、信任他人和豁达。作为我家乡为数不多的基督教成员，我可以保证，商务，特别是小买卖，是通向宽容的门，也是唯一的一扇门，在我看来，它是通往任何形式的宽容的门。它胜过理性化举措和讲座，就像任何具有反脆弱性的自由探索，它能产生的错误很小而且会被迅速遗忘。

我希望能对自己身为人类感到高兴，希望生活在大家都热爱自己命运的环境中，但在我进入学术界之前，我从来都没想到，这就是商业（与孤独的学术生涯结合）的一种形式。生物学作家和自由主义经济学家马特·里德利让我领会到，我骨子里腓尼基商人（或更确切地说，迦南人）的特质才是我才华的真正源头。[1]

组织结构

本书由7卷组成。

为什么要分“卷”呢？小说家和散文家罗尔夫·多贝利在阅读我的“道德标准”和“否定阐述法”两个章节后的第一反应是，每章都可以独立成书，并作为短篇或中篇论文发表。那些负责写图书内容简介的人得为这本书写4~5个独立简介。但是，我认为这些章节不能被独立看待；它们每个都谈到一个核心观点的应用，或对其进行深入探讨，或将其推广到不同领域：进化、政治、业务创新和科学发现、经济学、伦理学、认识论和普通哲学。所以，我希望称它们为“卷”，而非“章节”或“部分”。“卷”对我来说不是能给予读者一种阅读体验的加长版的杂志文章；对于

1. 再次重申，这不是复原力。我习惯了每次会议演讲结束后都面对这样的提问：“那么，强韧性和反脆弱性之间的差异是什么呢？”或更无知的，甚至更恼人的提问：“反脆弱性不就是复原力吗？”对我的答案，他们的反应通常是——大叫“啊！”并摆出一副“为什么你不早说呢”的表情（当然，我在前面已经说过了）。即使是最早引用我写过的有关界定和识别反脆弱性的科学论文的人也完全忽略了一点：将反脆弱性与强韧性混为一谈，而且这还是一位仔细研读了我的定义的科学家。所以，这值得重新解释一下：强韧性或复原力在波动性和无序性面前既不会受损也不会受益，而反脆弱性则会从中受益。但我们需要一些努力来让这个概念深入人心。人们口中的许多强韧或坚韧的事物仅止于强韧或坚韧，殊不知，比之更强的叫作反脆弱性。

那些为了从文章中引用观点而阅读，而非出于享受和好奇而阅读，也不是仅仅因为喜欢而阅读的人来说，他们一定会感到沮丧，因为他们无法快速浏览书稿并用一句话做总结，再将这句话与他们熟知的一些现有话语相联系。此外，本书与教科书的写法截然相反——它混合了自传式的反思、比喻，还有更多的哲学和科学调查。我用我的整个灵魂和我在冒险业务中获得的所有经验来写概率的问题；我以我得到的所有教训来写这本书，因此我的想法与自己的经历是分不开的。这种个人文集的形式非常适用于谈论不确定性这类话题。

本书顺序如下。

前言以表格的形式介绍了“脆弱类—强韧类—反脆弱类”三元结构，为世界万物在脆弱性频谱上的位置绘制了一幅完整的地图。

第一卷为“反脆弱性：介绍”，提出了事物的一个新属性，讨论了进化和有机体是最自然的反脆弱性系统。本卷还分析了群体反脆弱性和个体脆弱性之间的权衡。

第二卷为“现代化与对反脆弱性的否定”，描述了当我们遏制系统（主要是政治系统）的波动性时，会发生什么情况。该卷讨论了所谓集权制国家这个发明，以及治疗者所造成的伤害，也就是那些试图帮助你的人最终却严重地伤害了你。

第三卷为“非预测性的世界观”，介绍了胖子托尼和他对脆弱性的直观检测，并提出了罗马哲学家和行动者塞内加著作中根深蒂固的根本非对称性。

第四卷为“可选择性、技术与反脆弱性的智慧”，呈现了世界的神秘特性，分析了事物背后为何总是有某种非对称性，而不是人类的“智慧”，以及可选择性是如何推动人类进化的。这与我称为苏联－哈佛派的理念完全相反。胖子托尼与苏格拉底就我们怎么做无法解释的事情进行了辩论。

第五卷为“非线性与非线性”，阐述了炼金石及其对立面：如何将铅变成黄金，以及将黄金变成铅。其核心技术性内容由两章构成（这是本书的技术性支柱），这两章剖析了脆弱性（它是非线性的，更具体地说，具有凸性效应），并显示了某类凸性战略的优势。

第六卷为“否定法”，显示了减法较之加法所呈现的智慧和有效性（“无为”胜过“有为”）。介绍了凸性效应的概念。当然，第一个应用领域就是医疗领域。我只从认识论和风险管理方法的角度来看医疗领域，这是一个全新的视角。

第七卷为“脆弱性与反脆弱性的伦理”，从脆弱性转移的角度讨论伦理，即是否一方获得了利益，而另一方受到了伤害，并指出这一问题的产生源于没有“切身利益”。

这本书分为三个层面。

首先是文学和哲学表述，以比喻和图表来说明问题，尽可能少用或不用技术性论点，我仅在第五卷借助技术性讨论阐述了凸性论点。（已经领会文章主旨的读者可跳过这些，因为我在其他地方也提炼了这些观点。）

其次，使用了图表和更多的技术性讨论，但没有复杂的推理。

最后，本书提供了更详细论据的数据，均以技术性论文和笔记的形式呈现（千万不要将我的图表和比喻误当作证明；请记住，个人随笔并非科学文件，但科学文件就是科学文件）。所有这些数据集中在一起，就像一本可以自由取阅的电子图书。

三元结构，或根据三个特性绘制世界万物的分布图

现在，经过一定的努力后，我们的目标是用一条线索将读者脑中看似割裂的元素联系起来，如老加图、尼采、米利都的泰勒斯、城邦制度的效力、手工业者的可持续性、发现的过程、不透明的片面性、金融衍生品、抗生素的耐药性、自下而上的系统、苏格拉底过度理性化的倾向、教鸟儿如何飞行、新事物狂热征、达尔文的进化论、詹森不等式的数学概念、可选择性和选择权理论、古人的启发法、约瑟夫·迈斯特和埃德蒙·伯克的作品、维特根斯坦的反理性主义、经济机构的欺骗性理论、自由探索和反复试错、恐怖组织成员的死亡进一步加重了恐怖主义阴霾、手工业者行会的辩解、中产阶级的道德缺陷、古老的方法（和营养学）、医源性损伤的概念、宏伟事物的光荣概念、我对凸性理念的痴迷（以及我对凹性的恐惧）、2008 年的银行和经济危机、对冗余的误解、游客和漫游者之间的区别等等。所有这些要用单独的，我确信也是简单的一条线索串联起来。

怎么串联呢？我们可以先看看事物（几乎所有相关的事物）如何被划归为三大类，也就是我所说的三元结构。

三元结构的组合

在前言中我们看到，我的想法是关注脆弱性，而不是预测和计算未来的概率。脆弱性和反脆弱性是一个频谱上不同波段的概念，我们的任务是绘制一幅风险地图。（这就是所谓的“现实世界的解决方案”，虽然只有学者和其他非现实世界的运营商才会使

用“现实世界的解决方案”这种表达方式，而不是简单的“解决方案”。)

三元结构根据特征将事物分为三类（见表 0-1）。

脆弱类　强韧类　反脆弱类

回想一下，脆弱的事物喜欢安宁的环境，而反脆弱的事物则从混乱中成长，强韧的事物并不太在意环境。请读者思考一下三元结构的定义，看看如何在各个领域中应用这一理念。简单地说，在特定主题下，当你讨论一个事物或一个政策时，你的任务是考虑应该将其划归为三元结构中的哪一类，以及你做什么才能改善其情况。例如，中央集权制国家归属于三元结构的最左边，即脆弱类；而城邦制国家的分权式系统则归属于最右边，即反脆弱类。通过了解后者的特性，我们可以远离大国的那种不良的脆弱性。再来看看错误。在左栏的脆弱类中，错误是罕见的，但是一旦发生，后果就是极其严重的，也是不可逆的；而右栏的错误则是微小和良性的，甚至是可逆的，并能被迅速克服。它们还含有丰富的信息。因此，自由探索和反复试错的某些系统会具有反脆弱性的属性。如果你希望拥有反脆弱的特质，那么将自己置于“喜欢错误”的情况下，也就是“厌恶错误”的右边，你应当乐于犯众多的小错，承受小的伤害，我们将这个过程和方法称为“杠铃”策略。

我们再来看看健康问题。加法都归于脆弱类，减法则归于反脆弱类。通过试错的方式减少所服药物，或其他一些非自然的压力源，比如谷元粉、果糖、镇静剂、指甲油，或类似的物质，会比服用更多药物更加具有强韧性。要知道，这些药物都有未知的副作用，尽管药厂声称有“证据”或“伪证据”来证明它们的效力。

读者可以看到，这一分类图可以不受限制地应用到各个领域和人类的追求中，如文化、卫生、生物、政治制度、技术、城市组织、社会经济生活，以及读者或多或少直接感兴趣的其他事物上。我甚至还将做决定和漫游者都放入了这张图中。因此，一个简单的方法可以引导我们了解基于风险的政治哲学和医疗决策。

行动中的三元结构

请注意，脆弱类和反脆弱类是相对的而不是绝对的。在三元结构表右栏的事物总是比左栏的事物有更强的反脆弱性。例如，技术工人比小企业更具反脆弱性，而摇滚明星比技术工人更具反脆弱性。债务总是将你置于三元结构的左栏，使你的经济状况濒临崩溃。而且，事物的反脆弱性一般以某个压力水平为限。对肌体的打击往往会让身体受益，但以一定程度为限，被人从“巴别塔”上扔下来可不会让身体受益。

黄金强韧性。中间一列的“强韧类”并不等同于亚里士多德的“黄金平衡点”（通常被错贴上“黄金均值”的标签）。比如，慷慨是挥霍和吝啬中间的平衡点——可能是这样，但并不一定。反脆弱性一般都是我们想要的，但也并不总是如此，因为在有些情况下，反脆弱性的成本极高，非常高。此外，我们也很难说强韧性一定是我们想要的——引用尼采的话来说，长生不老简直是要人命的事。

最后，读者在了解这个新词后，希望从中得到的东西可能会过多。如果反脆弱性的指定范围相当模糊，仅针对某些伤害或波动，并只能确保在一定风险范围内发挥作用，那么这种反脆弱性同时也具有脆弱性。反脆弱性是针对一个给定情况而言的。一个拳击手的身体可能是强韧的、硬朗的，并通过一场场的赛事不断变得更好，但是，他被女友甩了之后，却成了一个感情脆弱、容易流泪的人。而你的祖母可能有着或者曾经有过相反的特质——身体虚弱，但是个性强硬。我还一直记得黎巴嫩内战中一个鲜明的形象：一名身材瘦小的老太太，一名寡妇（总是身着黑衣），厉声训斥在一场战斗中震碎她家窗户玻璃的敌方士兵。他们用枪指着她，只要一颗子弹就能要了她的命，但他们显然被她震住了，吓得退缩了。她与拳击手的情况恰恰相反：身体脆弱，但性格坚强。

现在，让我们看看这个三元结构表。

表 0–1　核心三元结构：在风险下的三类状态

	脆弱类	强韧类	反脆弱类
希腊神话	达摩克利斯之剑，坦塔罗斯之石	凤凰	九头蛇怪
纽约和布鲁克林的都市生活	约翰博士	尼罗·图利普	胖子托尼，叶夫根妮娅·克拉斯诺娃
“黑天鹅”	受负面“黑天鹅”事件影响		受正面“黑天鹅”事件影响
企业	纽约：银行体系		硅谷：“快速失败”“保持愚蠢”
生物和经济系统	有效，优化	冗余	遗传密码的简并（功能冗余）
错误	厌恶错误	错误只是信息	喜欢错误（因为它们很微小）

（续表）

	脆弱类	强韧类	反脆弱类
错误	不可逆的、严重（但罕见）的错误，崩溃		产生可逆的小错误
科学 / 技术	指导性研究	机会主义研究	随机自由探索（反脆弱的自由探索和反复试错）
二分法	研究事件，衡量它们的风险，事件的统计特性	研究事件的风险，风险的统计特性	修正风险敞口
科学	理论	现象	启发法，实用技能
人体	衰退，“老化”，骨骼肌衰老	产生毒物而免疫，恢复健康	毒物兴奋效应，过度生长
思维方式	现代	中世纪的欧洲	古代地中海地区
人际关系	友谊	亲缘关系	痴迷
古代文化（尼采）	阿波罗	狄俄尼索斯	阿波罗和狄俄尼索斯的综合体
伦理	弱的	高贵	强的
伦理	未涉及切身利害	切身利害	躬身入局
监管	章程规则	原则	德行
系统	集中的随机性源		分散的随机性源
数学（函数）	非线性—凹性，或凹性—凸性	线性，或凸性—凹性	非线性—凸性
数学（概率）	左偏（或负偏态）	低波动性	右偏（或正偏态）
期权交易	做空波动性	平滑波动	做多波动性
知识	显性	隐性	带凸性的隐性
认识论	正确和错误		愚蠢的人和不愚蠢的人
生活和思维	游客，个人的和智力的		拥有一个大型私人图书馆的漫游者

（续表）

	脆弱类	强韧类	反脆弱类
财务依赖性	公司雇佣关系，受贪欲诱惑的人	牙科医生，皮肤病学家，缝隙市场工作者，微薄工资赚取者	出租车司机，技术工人，妓女
学习	课堂	现实生活，学习是痛苦的	现实生活和图书馆
政治体系	集权制国家，集权式		城邦制国家，分权式
社会体系	意识形态		神话
	后农业社会的现代化定居模式		游牧部落和狩猎部落
知识	学术界	专业知识和技能	博学
科学	理论	现象学	循证现象学
心理健康	创伤后应激障碍		创伤后成长
做决策	基于模型的概率决策	基于启发法的决策	凸性经验法则
思想者	柏拉图，亚里士多德，阿威罗伊	早期斯多葛学派，尼可米迪亚的曼多斯，波普尔，伯克，维特根斯坦，约翰·格雷	罗马斯多葛派，尼采，黑格尔，雅斯贝尔斯
经济生活	经济理论膜拜者	人类学家	宗教
经济生活（对经济生活的影响）	官僚		企业家
声誉（职业）	学者，企业高管，教皇，主教，政治家	邮政雇员，卡车司机，列车长	艺术家，作家
声誉（阶级）	中产阶级	最低工资人员	吉卜赛人，贵族，古人

（续表）

	脆弱类	强韧类	反脆弱类
医药	正面阐述法，加法式处理法（给药）		负面阐述法，减法式处理法（减少消费物品，如香烟、碳水化合物）
哲学 / 科学	理性主义	经验主义	怀疑，减法式经验主义
	可分离的		整体论的
经济生活		所有者经营	
金融	期权空头		期权多头
知识	正面科学	负面科学	艺术
压力	长期压力		急性压力，加上一段时间的复苏
做决策	"有为"的艺术		"无为"的艺术（被忽略的机会）
文学	电子阅读器	书本	口述传统
商业	行业	小企业	技术工人
食品	食品公司		饭店
金融	负债	权益	风险资本
金融	公共债务	没有救助的私人债务	可转债
一般情况	大型	小而专	小而不专
一般情况	单一模式		杠铃模式
冒险	马科维茨	凯利定律	运用有限赌注的凯利定律
法律体系	成文法，法典		习惯法，平衡法
监管	法规实施细则		启发法监管
金融	银行，经济理论专家管理的对冲基金	对冲基金（部分）	对冲基金（部分）

（续表）

	脆弱类	强韧类	反脆弱类
商业	代理问题		负责人经营
噪声—信号	仅有信号		随机共鸣， 模拟退火算法
模型错误	在错误下呈凹性		在错误下呈凸性
教育	足球妈妈	街头生活	杠铃模式，父母的图书馆，街头斗殴
体格训练	有组织的体育活动， 健身器材		街头斗殴
都市生活	罗伯特·摩西， 勒·柯布西耶		简·雅各布斯

第一卷

反脆弱性：介绍

本书前两章介绍并阐述了反脆弱性。第三章介绍了有机体与机械体之间，比如你的猫和洗衣机之间的差别。第四章简述了某些人的反脆弱性是如何产生于其他人的脆弱性的，以及为什么错误会让一些人而非另一些人受益。这类事情就是人们所说的进化，有关进化的著作可以说是汗牛充栋。

第一章

达摩克利斯之剑和九头蛇怪

- 请砍我的头。
- 眼中的色彩通过什么魔法变成口中的色彩。
- 如何在迪拜举重。

生活中的一半事物未被命名

设想一下，你到邮局去给远在中西伯利亚的表兄邮寄一箱香槟酒作为礼物。为避免包裹在运输途中受损，你通常会打上“易碎”或“小心轻放”的红字钢印。那么我问你，你是否思考过“易碎”的反义词是什么?

几乎所有人都会回答，“易碎”的反义词就是“强韧”“坚韧”“结实”，诸如此类。但是强韧、结实的物品虽不会损坏，但也不会变得更牢固，所以你无须在装有它们的包裹上写任何字——你何曾见过哪个包裹上用粗重的绿色打上“牢固”两字?从逻辑上说，与“易碎”包裹截然相反的包裹上应该标注“请乱扔乱放”或者“无须小心”的字样。包裹里的东西不但不会受损，还会从颠簸和各类撞击中受益。总而言之，对“易碎”的包裹来说，最好的情况就是安然无恙；对“牢固”的包裹来说，安然无恙是最好的，这也是保底的结果。因此,“易碎”的反义词是在最糟的情况下还能安然无恙。

我们之所以将此类包裹冠以“反脆弱性”之名，是因为《牛津英语词典》中找不到一个简单的非复合词来描述“脆弱”或“易碎”的对立面，不造新词难以准确地表述这一概念。或许，我们通常并未意识到“反脆弱性”的存在，好在它天生就是我们祖先行为的一部分，是我们生物机制的一部分，也是所有迄今能生存下来的系统的普遍特征。

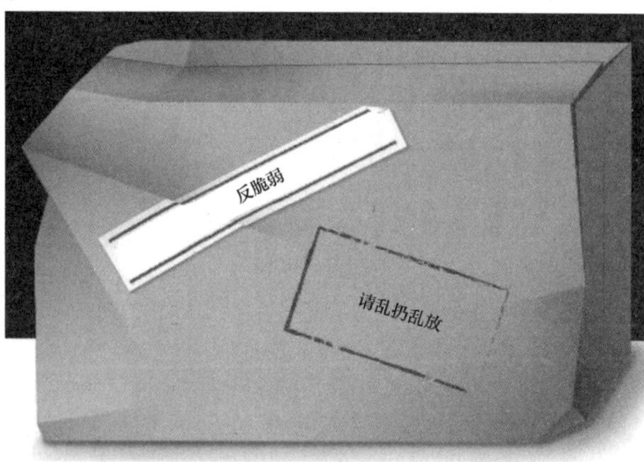

图 1-1　邮寄包裹的人在包裹上写上了“请乱扔乱放”的字样，主动要求制造压力和混乱

要了解这个概念在我们头脑中有多么陌生，不妨在你的下一次聚会、野餐、游行前的集会上问上一圈，看看有多少人了解“脆弱”的反义词（不要忘记反复说明你指的是确切的反义词——具有截然相反的特征和结果）。你听到的答案除了“强韧”可能还有坚不可摧、结实、牢固、复原力强、坚固、防某些东西（比如防水、防风、防锈）——除非他们听说过本书。事实上，不仅是个人，许多学科领域也未将此概念弄清楚。这是我看到的所有同义词和反义词字典普遍犯的错误。

换种方式来看，由于正面的反义词是负面，而不是中性，因此正脆弱性的反义词就是负脆弱性（所以我们称其为“反脆弱性”），而不是强韧、坚固、坚不可摧等中性词。事实上，用数学公式来写，反脆弱性其实就是在脆弱性前面加了一个“负号”。

这个盲点似乎普遍存在，在我们所知的主要语言，无论是在现代语、古语、口语还是在术语中，都没有“反脆弱性”一词。甚至俄语（苏联时期）和标准的布鲁克林英语似乎也从未提到“反脆弱性”一词，而是将其与强韧性等词混为一谈。

可以说，我们生活中的一半事物——非常有趣的一半事物——都还没有被妥善命名。

请砍我的头

如果我们没有一个统一的词来描述反脆弱性，那么我们可以通过一个神话来说明问题，即用一个很有说服力的隐喻来表现历史的智慧。有一则流传于罗马的古希腊神话，说的是西西里岛的暴君狄俄尼索斯二世命令阿谀奉承的朝臣达摩克利斯参加奢华的宴会，但在他的头上悬着一把剑——剑是用马尾上的一根毛悬于房梁之上的。要知道，马尾毛在压力下终会被扯断，接下来的一幕无疑是鲜血四溅、惨叫惊天，还有古代的救护车火速赶来。达摩克利斯是脆弱的——那把宝剑当头落下只不过是时间问题。

还有一则古代传说，是希腊流传的古闪米特族和埃及传说，说的是凤凰这种传说中身穿霓裳羽衣的鸟儿。每次它被焚毁，都会从灰烬中重生，并恢复到新生的状态。凤凰正是我的家乡贝鲁特的古代象征。根据传说，贝鲁特斯（贝鲁特的历史名）在其近500年的历史中曾被摧毁7次，也重建了7次。这个传说还是可信的，因为我自己就见证了它的第8次重建。当时我已到了懂事的年龄，残酷的内战将贝鲁特中区（贝鲁特斯古城）第8次彻底摧毁，而后，我也亲眼看到了该城的第8次重建。

重建后的贝鲁特新城比以往更美了。有趣也很有讽刺意味的是，在公元551年的贝鲁特大地震中被埋葬的罗马法学院在这次重建过程中也被挖掘了出来，这就好像是历史的一个赏赐（当然，其间不乏考古学家和房地产开发商的公开对骂）。贝鲁特城不是凤凰，但它印证了存在超越“强韧”的概念。这就引出了第三个神话隐喻：九头蛇怪。

在希腊神话中，九头蛇怪是一种住在阿尔戈斯附近勒拿湖中的生物，长着数不清的头。每次有一个头被砍，就会重新长出两个头来，其危害可想而知。九头蛇怪就是反脆弱性的代表。

达摩克利斯之剑代表了权力和成功带来的副作用：只要你想掌握重权就不得不面临这种持续的危险，因为定有人会积极致力于推翻你的统治。就像悬在达摩克利斯头上的剑一样，这种危险将是无声的、无情的、突如其来的。它会在长时间的平静后突然降临，也许是在人们习惯于甚至忘记它的存在时出其不意地降临。当你拥有更多的东西以致失败的成本更高时，“黑天鹅”事件便会与你不期而遇。这或许是成功（成长）的成本，或许是对你过分辉煌的一个不可避免的惩罚。到头来，重要的还是悬挂宝剑的那根马尾毛的牢固度，而非享用盛宴的人的财富和权力。不过，幸运的是，对那些愿意倾听忠言的人来说，还是有机会的，因为有些弱点是可以识别、可以衡量，也是可以追踪的。关键在于，在很多情况下，我们是可以衡量那根马尾毛的牢固度的。

此外，想想这种荣衰会给社会带来什么样的影响。达摩克利斯之剑落下后，享用饕餮美食的宾客倒下了，随之将产生所谓的连带损害，危及他人。这就好像一个大型机构的崩溃将会对社会造成影响一样。

复杂精密的机制，特别是某些类型的精密机制，也会带来脆弱性，从而使社会受到“黑天鹅”事件的伤害。由于社会往往会从复杂性中受益，于是便出现了越来越“尖端”的精密机制，社会的专业化程度也越来越高，但恰恰因为这样，社会也变得更加脆弱和更易崩溃。考古学家约瑟夫·泰恩特就对这一理念进行了出色且令人信服的阐述。不过，事情并非如此，只有那些不愿多迈出一步来了解事实真相的人才会这么认为。为了对抗成功带来的脆弱性，你需要更高的强韧性，甚至更高的反脆弱性。你需要成为凤凰，或者是九头蛇怪，否则达摩克利斯之剑便会当头落下。

命名的必要性

我们知道的事情其实比我们认为的要多，比我们能说清楚的更是多得多。我们正式的思维体系总是诋毁自然，我们对反脆弱性也没有一个正式的称呼，而且我们对这一概念总是充满抵触情绪，但这一切并不意味着我们的行动也忽略了这一概念。从我们的行为中反映出的感觉和直觉，会超越我们的所知和所记，以及我们的讨论和课堂内容。我们将用否定法专门对这一点进行充分的讨论，就目前而言，请先接受这一奇怪的现象。

在《通过语言的玻璃》一书中，语言学家盖伊·多伊彻表示，许多原始族群虽然并非色盲，却只能用语言描述两三种颜色。但是，在一个简单的测试中，他们却可以成功地将绳子与相应的颜色匹配。他们能够识别组成彩虹的各种色彩之间的差异，但他们却没有相应的词语来描述这些色彩。所以，这些族群虽然在生理上并非色盲，在文化上却是色盲。

这其实与我们在思想上而不是在生物机制上，选择无视反脆弱性的存在是一样的。要了解思想与行动上的差别，只要想想，你在阐述时可能需要使用“蓝色”这一名称，但你在选出这一颜色时并不需要。

长期以来，很多我们非常熟悉的颜色都没有名称，西方文化的主要文献也没有相关记载，这一点可能并不为人所知。包括希腊和闪米特族在内的古地中海文化的文献中，也只有极少量的词语被用来描述黑暗与光明之间的过渡色。荷马及其同时代的人所用的色彩词语仅限于三四种主色调：黑色、白色，以及组成彩虹的一些不确定的颜色，这些颜色常被纳入红色或黄色的范畴。

我联系了盖伊·多伊彻。他非常慷慨地给予我帮助，还向我指出，古希腊文中没有一个词是用来表述蓝色这种基本颜色的。古希腊文中缺少“蓝色”一词的事实解释了为什么荷马会反复使用“酒暗色的大海”这种对读者（包括我）来说令人费解的词语。

有趣的是，英国前首相威廉·格莱斯顿在19世纪50年代最早发现了这一现象，他因此遭到不少记者不公正且轻率的辱骂。格莱斯顿是一个博学的人，他在换届的间隙洋洋洒洒写了1 700页研究荷马的著作。在著作的最后一个章节中，格莱斯顿揭示了古代色彩词汇有限的原因，他将现代人对色彩更多细微差别的感受力归因于一代代人对眼睛辨色能力的培训。但是，无论不同时期的文化中有关色彩的词汇有何变化，人们在生活中总是能够识别色彩的细微差别，除非他本身就是色盲。

格莱斯顿在许多方面都令人叹服。除了他的博学、他的人格魅力、他对弱者的尊重以及他充沛的精力这4个极具吸引力的特征（对弱者的尊重仅次于他的学术勇气，对其读者来说他对弱者的尊重是他第二个极有吸引力的特征），他还表现出了非凡的先见之明。他认识到了他那个年代的人不敢想象的事实："伊利亚特"实际上源自真实的故事（当时特洛伊城尚未被发现）。此外，他的著作更有预见性也更为重要的一点是，他坚持平衡财政预算的观点。如今，财政赤字已被证明是社会和经济系统脆弱性的主要来源。

反脆弱性的原型

下面，我们会提到两种初级的反脆弱性的概念，它们有自己的名称。这两种初级概念涵盖了一些特殊情况。反脆弱性还有一些较温和的形式，仅限于医疗领域。这两种概念有利于我们开启对反脆弱性的阐述。

传说小亚细亚本都国王米特拉达梯四世在其父被暗杀后被迫

东躲西藏，其间由于持续用药而摄入了尚不致命的有毒物质，随着剂量逐渐加大，竟炼成了百毒不侵之身。后来，他将此演化为一项复杂的宗教仪式。但这种对毒性的免疫力后来也给他带来了麻烦，由于“抗毒能力增强”，他曾试图服毒自杀却难以做到，后来只得要求一位盟军的军事指挥官杀死他。

这种对毒药免疫的方法被称为米特拉达梯式解毒法，得到了古代著名医生塞尔索斯的追捧，一个世纪后在罗马甚为流行，一度还给尼禄皇帝弑母的企图增加了难度。尼禄一心想杀害他的母亲阿格里皮娜，戏剧化的是，她是卡里古拉的姐姐，更戏剧化的是，据说她还是哲学家塞内加的情人。然而，知子莫如母，尤其是尼禄还是阿格里皮娜唯一的孩子，因此阿格里皮娜预测到了儿子的行为。再者，阿格里皮娜对用毒也略知一二，因为至少有一任丈夫是被她用毒药毒死的（我说过，事情相当戏剧化）。因此，在怀疑尼禄会杀害自己后，她便采用了米特拉达梯式解毒法，使自己对儿子的下属所能搞到的任何毒药都产生了免疫力。但是，与米特拉达梯一样，阿格里皮娜最终死于冷兵器之下：她的儿子（据说）派刺客杀害了她。这则故事为我们提供了一个小小的但很有意义的教训：人再强壮也不能抵御一切。即使 2 000 年后也没有人能发现一种可以让我们在刀剑的杀戮中变得更为强大的方法。

让我们这样界定米特拉达梯式解毒法：如果人们不断地接受小剂量的某种物质，那么随着时间的推移，就会对额外的或更大剂量的同类物质逐步产生免疫力。这是在疫苗接种和药物过敏测试中使用的方法。这还不能称作完全的反脆弱性，其仍处于较温和的强韧性阶段，但已经逐步接近反脆弱性了。我们已经得到了一个暗示：一旦被剥夺摄取毒物的权利，我们将变得脆弱，强韧化的道路常始于一点点的伤害。

现在考虑这样一种情况，摄取一定剂量的有毒物质使你变得更为强壮，即在强韧性的基础上更进一步。药理学家创造的毒物兴奋效应一词指的就是小剂量的有害物质实际上有利于机体健康，其能起到药物的治疗作用。一点点的危害，只要不是很多，只会造福于机体，使其成为更好的整体，因为这点儿危害会触发一些过度反应。当时的人们更愿意将其解释为“危害的作用与剂量相关”，或者“药物的作用与剂量相关”，而非“从危害中受益”。科学家们的兴趣在于剂量与反应之间的非线性关系。

古希腊人熟知毒物兴奋效应（不过就像蓝色一样，他们能意会却不能言表）。直到 1888 年，德国毒物学家雨果·舒尔兹才对这一效应进行了“科学”的描述（虽然仍未对其命名），他发现，小剂量的毒药能够刺激酵母发酵，而大剂量的毒物则会造成伤害。还有一些研究认为，蔬菜的好处可能并不在于提供我们所说的“维生素”，或像其他一些试图自圆其说的理论阐述的那样（也就是说，这些理论说出来貌似有理，却并未经过严格的实证论证），而是在于以下事实：植物往往用体内的毒素来保护自身免遭伤害并抵御食草动物的侵害，如果我们摄入适当数量的植物，那么这些毒素可能会刺激我们的肌体发展——这与上文的故事一脉相承，再次强调了有限的低剂量毒素有益健康。

许多人声称，（永久性或偶发性地）限制卡路里的摄入量，能够激发健康肌体的反应和交换，从而带来诸多益处。在实验动物身上，我们已经看到了这种做法延长寿命的可能性。相较于实验而言，人的寿命更长，因此要验证这种做法能否延长我们的预期寿命颇有难度（甚至测试对象可能会比研究人员活得还要久）。但至少看起来，限制卡路里的摄入量能使人类活得更健康（也可能提高他们的幽默感）。由于卡路里摄入过多会产生危害，我们可以这样理解偶尔限制卡路里摄入量的方法：定时摄入过量食物对你有害，因为其剥夺了人类的饥饿压力源，从而可能阻止人类的肌体充分发挥其潜力；而毒物兴奋效应所做的就是重新确立人类饥饱的自然剂量。换句话说，毒物兴奋效应才是常态，缺乏毒物兴奋效应则对我们有害。

20 世纪 30 年代后，毒物兴奋效应在学术界逐渐失去了原有的分量，感兴趣和热衷于相关实践的人变少了，因为有些人错误地将其归类为顺势疗法。实际上，这是很不公平的，因为这两者的机制截然不同。顺势疗法依据的是其他原则，如细小的高度稀释的病源介质（小到难以察觉，因而也不能引起毒物兴奋效应）有助于治愈我们的疾病。顺势疗法并无实证做后盾，其测试方法在当今属于替代医学，而毒物兴奋效应作为一种现象，背后却有充分的科学证据。

更重要的一点是，我们现在可以看到，剥夺系统的压力或重要的压力源并不一定是好事，甚至可能是非常有害的。

领域独立就是领域依赖

系统可能需要一些压力和刺激，人们可能会在某一个领域体会到这一观点，但在其他领域却全然忽略了。所以，我们可以看到我们思维的领域依赖性，所谓“领域”就是某一类别的活动。有些人可以在某一个领域，比如医疗领域，很好地理解某一想法；但在另一个领域，比如社会、经济、生活领域，却未必能理解同一个想法。或者他们虽然在课堂上理解了某一想法，但在更为复杂的社会大课堂中却不能理解。不知道为什么，人类总是无法脱离他们通常熟悉的环境来理解事物。

我有一个有关领域依赖性的生动例证，在迪拜某家酒店的车道上，一位看上去很像银行家的人让一个穿制服的看门人扛行李（即使只有蛛丝马迹，我也可以迅速告诉你谁是银行家，因为我对他们很敏感，他们甚至能影响我的呼吸）。大约 15 分钟后，我看到这位银行家在健身房里锻炼自由举重，他试着用哑铃来模仿自然运动，就好像拎着行李箱在那里晃动一样。由此看来，领域依赖性甚为普遍。

此外，问题不仅仅在于米特拉达梯式解毒法和毒物兴奋效应在医疗领域内为人所知，但在其他领域，比如社会、经济、生活领域却不为人所知。即使在医疗领域，你也会在某处意识到它们，在别处又忽略了它们。同一个医生可能先是建议你做适当的运动"增强体质"，几分钟后又因为你身体的一个小小的感染给你开抗生素药物，目的是让你"不生病"。

再举一个领域依赖性的例子：如果问一个美国公民，一个具有相当独立性的半政府性质的机构是否有权控制其管辖领域内的汽车、报纸和马尔贝克葡萄酒的价格（且不受美国国会干预），他一定会愤怒地跳起来，因为这似乎违反了这个国家所倡导的每一项原则。好，那么你问他，这类政府机构是否有权控制外汇，主要是美元兑欧元以及兑蒙古图格里克的汇率。他会做出相同的反应，告诉你：这里不是法国。然后，你可以委婉地提醒他，美联储的功能正是控制和管理另一种商品的价格，即所谓的贷款利率，也就是经济体的利率。自由党总统候选人罗恩·保罗因为建议取消美联储，以及建议限制其作用而被称为“怪人”。但他要是建议设立一个机构来控制其他商品的价格，那他也会被称为“怪人”。

想象一下，一个人很有学习语言的天赋，但无法将一种语言环境下的概念转移到另一种语言环境下来理解，因此每学习一种新语言，他就需要把“椅子”“爱”“苹果派”等概念重新学习一遍。他没法同时认出“house”（英语）、“casa”（西班牙语）或“byt”（古闪米特语）。在某种程度上，我们都有类似的障碍，当同一种思想在不同的背景中出现时，我们就无法辨识了，就好像我们注定要被事物最表象的东西，比如包装、漂亮的礼品袋等蒙蔽一般。这就是为什么我们在反脆弱性很明显，甚至太明显的地方，却看不到它。我们很少将成功、经济增长或创新理解为对压力的过度补偿，我们也从未看到其他地方出现这种过度补偿。（领域依赖性也解释了为什么许多研究人员一直未能意识到，不确定性、不完全理解、混乱、波动性之间存在着密切关系。）

这种无法跨领域理解事物的情况是人类固有的缺陷，只有当我们努力克服和突破这一障碍时，我们才能开始获得智慧和理性。

让我们进一步讨论过度补偿的问题。

第二章

随处可见的过度补偿和过度反应

- 在希思罗国际机场的跑道上写作容易吗?
- 设法让教皇将你的书列为禁书。
- 如何殴打一位经济学家（但不要用力过猛，足够让自己进监狱即可）。

有一天，我坐在美国政府顾问和决策者戴维·哈尔彭的办公室里，我发现了自己的领域依赖性。在听说我对反脆弱性的看法后，哈尔彭告诉我一种被称为创伤后成长的现象，这是与创伤后应激障碍相对立的一种现象，指的是人们在受到过去事件的伤害后重新振作并超越自己。我此前从未听说过这种现象，惭愧的是，我也从未努力思考过它的存在：虽有少量相关文献材料存在，但在一个狭小的学科领域外鲜有人宣传。在我们的知识体系以及所谓的习得词汇中，我们听到的更多是更耸人听闻的创伤后应激障碍，而非创伤后成长。但从“磨炼性格”这样的表达中，我们可以看到这一概念早已存在于通俗文化中。同样意识到这一点的还有古地中海的经典作品和我们的老祖母。

知识分子往往关注的是随机性（脆弱性）带来的负面反应，而非正面反应（反脆弱性）。这不仅仅发生在心理学领域，它随处可见。

你怎么创新？首先，尝试惹上麻烦。我的意思是严重的但并不致命的麻烦。我认为（这并不是一种推测，而是一种信念），创新和成熟源自最初的创新必要性，却超越了满足这种必要性的状态（最初发明或发明尝试带来的意外副作用）。自然，经典思想中也不乏这方面的思考，比如有一句拉丁谚语说的就是艺术家成长于饥饿之中。这种观点在古典文学中无所不在：古罗马诗人奥维德就认为困难唤醒了天才，用布鲁克林英语翻译出来就是“当生活给了你一颗苦果……”

对挫折的过度反应所释放出来的多余能量成就了创新！

来自古人的这种思考，比它表面看上去更博大精深。它在许多层面上与现代的方法和创新思路大相径庭，因为我们往往倾向于认为，创新来自体制的资金支持，并通过规划——或者把员工送到哈佛商学院，由知名的创新与创业学教授（他从未有过什么创新）进行培训，或聘请顾问（他也从未有过什么创新）——来实现。这是一个谬论。只要从现在开始注意，从工业革命到硅谷的诞生，是那些从未受过高等教育的技术人才和创业者对各类技术飞跃做出了绝大部分的贡献，你就会明白我的意思。

然而，尽管反证的例子无处不在，我们也很容易从古人（或祖母）那里免费汲取智慧，但现代人却仍试图依赖舒适、安全和可预测的环境进行创新，而不能接受“必要性确实是发明之母”

的理念。

很多人，像伟大的罗马政治家监察官老加图[1]，就将安逸——几乎任何形式的安逸——视为通向堕落的道路。他不喜欢所有轻易就能获得的东西，因为他担心这样会削弱意志。而且，他担心这种弱化意志的事件影响的不只是个人层面：事实上，整个社会都会堕落。想想看，在我写这些文字时，我们正生活在债务危机中。整个世界空前富裕，也承受着空前沉重的债务，人们靠举债生活。历史表明，对社会来说，我们越富有，就越难量入为出。富足比贫困更难对付。

航空领域最近出现的一个现象是，自动化飞机的出现大大地降低了飞行员面临的挑战，使得飞行对他们来说太舒服了，甚至舒服到了危险的地步。如果老加图地下有知，也一定会会心一笑的。由于长期缺乏挑战性，飞行员的注意力和技能逐渐钝化，而且真的酿成了机毁人亡的惨剧。问题的部分原因在于 FAA（美国联邦航空管理局）的一项规定，该规定敦促航空业提高飞行的自动化程度。但是，令人欣慰的是，FAA 最终想通了这个问题，它最近发现，飞行员往往“将太多责任转移给了自动系统”。

如何在赛马比赛中取胜

有人说，好马与劣马一起赛跑，最终会越跑越慢，而与更优秀的对手比赛则会越战越勇，并一举夺魁。压力源、反毒物兴奋

1. 老加图就是《随机漫步的傻瓜》一书中提到的将哲学家驱逐出罗马的那位政治家。

效应与挑战的缺乏都会导致应激反应不足，从而降低最佳表现的水准。波德莱尔的诗中有这么一句话：“信天翁巨大的翅膀阻碍了它的飞行。”——许多人的微积分成绩要比另一些人的微积分成绩更好。

过度补偿机制往往隐藏在最不可能的地方。长途飞行后最好去健身房锻炼以消除疲劳，而不是坐下来休息。此外，还有一个众所周知的小伎俩，如果你急着要完成某事，不妨将其交给办公室里任务最繁忙的（或第二繁忙的）那个人去做。大多数人的空闲时间都会被浪费掉，因为空闲时间会让他们无所事事、懒惰、无心向学，而一旦忙起来，他们往往就会在其他任务上也更为积极。过度反应在这里再次显现。

我在讲课的过程中发现了一个陷阱。会议组织者一直告诉我，演讲者说话的声音要响亮，应学会像电视播音员那样用假声说话，甚至可以在舞台上跳舞以博得眼球。有些出版社还把作者送到“演讲”学校进行培训——当第一次有出版社建议我这样做时，我当即决定换一家出版社出版我的书。事实上，我觉得演讲的时候最好轻声细语，而不是声嘶力竭。最好稍微降低音量，不那么响亮。还在交易所当交易员（就是在连续竞价中，那些站在拥挤的场内大声呼喊和尖叫的疯狂的人）的时候我就意识到，音量大小与成交顺序恰好相反：与黑手党老大一样，最沉默寡言的交易员才是最强大的。每个人都应该有足够的自我控制能力，让观众必须努力才能听清，这有助于让观众切换到积极的思维模式。人们曾对这种注意力反论做过一点点调查：“言语不流畅”的效应是有实证证据的。精神集中可以帮助我们进入更高的思维层面，激活更具活力、更善于分析的大脑机器。管理学大师彼得·德鲁克和精神分析学家雅克·拉康在各自的研究领域内都有大量拥趸，而他们的讲话风格却与那些装腔作势的演讲家或者长期受训的电视播音员截然相反。

过度反应机制或类似的机制会使我们在有一点点背景噪声的地方更好地集中精力，就好像对抗这些噪声的行为可以帮助我们集中注意力。想想看，人类总有一些不可思议的能力，比如从欢乐的气氛中洞察不和谐的声音，在喧哗声中辨识不一样的信号。因此，我们天生具备过度反应的能力，有时我们还需要一些噪声。像许多作家一样，我喜欢坐在咖啡馆里写作，正如他们所说，这是为了躲避干扰。只要想想我们一些人的睡前嗜好便不难理解了：有些人喜欢听着树叶的沙沙声或海涛声入眠，现在甚至还有用来帮助人们睡得更酣的制造“白色噪声”的电子产品。这些小小的干扰就像毒物兴奋效应一样，但过了一定的临界点则适得其反。虽然我并没有尝试过，但我敢肯定，在希思罗国际机场的跑道上是很难写出一篇文章的。

以冗余的形式呈现的反脆弱性反应

那次伦敦之行中，我听到“创伤后”一词后顿时灵感一现。我突然意识到，反脆弱性的毒物兴奋效应其实只是某种形式的冗余，由此所有与大自然有关的想法融会贯通在我的脑子里。这些都是冗余，大自然喜欢反复印证自己。

层层冗余正是自然生态系统集中管理风险的显著特征。我们人类有两个肾脏（甚至会计师也不例外），额外的器官——许多器官还有额外的容量（比如肺、神经系统、动脉机制），然而，人天生却不喜欢冗余——人类历来喜欢欠债，这与冗余完全相反

（将 5 万美元闲钱存入银行，或者更好是将钱藏在床垫下，这就是冗余；欠银行同等数额的资金，即欠债，就是冗余的对立面）。冗余这个词很不明确，因为如果不发生意外的话，它似乎就是一种浪费。然而，意外通常会发生。

另外，冗余不一定无用，它可能非常有用。例如，如果你为了保险起见在仓库中储备了多余的货物，比如化肥，之后恰好化肥生产国发生动荡，因而化肥短缺，那么你可以以高溢价出售多余的库存。或者，如果你有额外的石油储备，你也可以在油荒时获取高额利润。

现在，事实证明，同样的逻辑也适用于过度反应：它就是某种形式的冗余。九头蛇怪长出的另一个头是额外的，也就是看似多余的，其与人类的肾脏没有什么不同，与承受额外压力的额外能力也没什么区别。如果你误吞了 15 毫克的有毒物质，你的肌体可能会变得更加强壮，为对抗 20 毫克或更多的毒物做好准备，其副作用就是使你的整体变强。你能承受的这 5 毫克额外的毒与你贮藏的其他重要或必要的物品，比如存在银行的闲钱，或者存储在地下室的食物，并没有什么不同。让我们回到创新的驱动力上：从挫折中产生的强于常人的动力和意志力也是额外的能力，与储备的额外食物无异。

一个过度反应的系统一定会采用超额模式，建立额外的能力和力量，预期更坏的结果，对有关危险发生概率的信息做出反应。当然，从机会主义的角度说，这种额外的能力或力量本身也可能是很有用的。我们看到，冗余是机会主义，所以即使在没有危险的情况下，这种额外的力量也能带来一定的益处。告诉你碰到的下一个 MBA（工商管理硕士）分析师或商学院教授，冗余不是防御性的，它更像是投资，而不是保险。再告诉他们一句，他们认为“低效”的事物往往是非常有效的。

事实上，我们的身体会通过一种非常复杂的方式洞察周围的一切可能性，其评估风险的能力远远强于我们的智商。举一个例子，风险管理专业人士往往通过回顾历史来推断所谓的最糟情境，并据此估计未来的风险，这种方法被称为“压力测试”。他们往往将历史上最糟糕的经济衰退、最惨烈的战争、最不利的利率波动或最高的失业率用于对未来最糟糕形势的精确估计。但是，他们从来没有注意到以下矛盾：这个所谓的最糟形势将超越当时历史上最糟的形势。可是，这个关键的逻辑却被忽略了。

我把这种心理缺陷称为卢克莱修问题，因为拉丁诗人兼哲学家卢克莱修写道，只有傻瓜才会认为世界上最高的山峰就是他亲眼所见的最高的那座。我们往往将此生所见的辉煌视为这世间的最高成就。而且，我们这样做已经有几千年的历史了。在法老时代的埃及（这恰好是第一个由官僚完全自上而下管理的国家），文员们会跟踪尼罗河的最高水位标记，并据此估计未来河水泛滥的最坏情况。

在 2011 年的海啸中，经历灾难性事故的福岛核反应堆又是另一个例证。它是以能承受历史上最强震级的地震为标准建造的，建造者并没有想过更糟的情况，也没过想过历史上那次最糟的地震本身也是突如其来、没有先例的。同样，美联储前主席艾伦·格林斯潘博士在向美国国会的致歉声明中道出了他的经典语句：“这以前从来没有发生过。”可是，大自然与脆弱的格林斯潘不同，它总是能够为从未发生的事情做好准备，总是能够未雨绸缪。[1]

如果前一段历史是人类为生存而战的话，那么下一段历史就轮到大自然了。你的身体比你对未来更具预测性。想想我们是如何训练举重的：身体会过度反应和过度准备，以应对压力（当然，以生理极限为限）。通过这种方式，身体才能变得更强壮。

我对金融危机影响的看法散播开后，我受到各种各样的威胁，《华尔街日报》甚至建议我“雇几个保镖”。我试图告诉自己，别担心，保持冷静，这些威胁只不过来自几个心怀不满的银行家；不管怎样，人总是先看到自己的财务遭受重创，然后才会在报纸上读到这些新闻，这个顺序不会颠倒。我本来并未将他人的建议放在心上，可到了纽约或伦敦的时候，我简直不敢放松，即使喝了甘菊茶后也无法放松。我开始觉得自己在公共场所简直有了妄想症，总是会仔细审视周围的每一个人，以确定自己是不是被跟踪了。

我开始认真考虑雇用保镖的建议，但我发现，与其雇用保镖，倒不如自己变成一名保镖，或者看起来像一名保镖，后面这个主意更吸引我（也经济得多）。我找到了莱尼，外号“蛋糕”的人。他是一名教练，体重约280磅[2]，晚上他还兼职做保安。他的绰号和体重源自他对蛋糕的偏爱。“蛋糕”莱尼起码在5个邮政区域内都是体格最有威慑力的人，而且他已经60岁了。因此，我并未跟着他学习，而是看他训练。他进行的是最高重量级别的训练，并极为推崇这种训练方法，因为他发现这是最有效和最省时

1. 这一结论并未通过实证检验：我们可以从历史事件预测极端事件的发生吗？通过简单测试就能证明：对不起，不可能。

2. 1磅≈0.45千克。——编者注

的方法。该方法包括在健身房内先利用一小段时间专注于打破过去的举重纪录，也就是你曾举起过的最大重量，就像最高水位标记一样。这种锻炼以尝试超越纪录一两次为限，而不是把时间花在无聊而耗时的重复尝试上。这种训练让我想到了自然的举重方式，而且这符合循证文献：全力以赴做到极致，随后将剩余时间用于休息和享用巨无霸牛排。如今，我进行极限训练的时间已经有 4 年了，我很惊喜地看到，我的生理状况在预期超越过去最佳状态的过程中不断改善，直至到达极限。

在把 330 磅重的器械举起（模拟将石头抬至齐腰平）后，我会去休息，而且确信我的身体已经预测到下一次我可能需要提起 335 磅的重量。我在公共场所的妄想症逐渐消失了，我恢复了冷静。锻炼的好处还不只这些，我还意外地获得一项好处。每次我在肯尼迪机场的候车区门口被那些执意要载我的豪华计程车司机骚扰时，我便会平静地告诉他们："离我……远点儿！"之后他们就会落荒而逃了。但是，这也有一些严重的缺陷：在一些读者见面会上，有些读者实在难以接受一个长得像保镖一样的知识分子——知识分子要么瘦骨嶙峋，要么肥胖臃肿（当他们穿着斜纹软呢外套的时候尤为明显），但他们实在不应该看起来像个屠夫。

再说一些可以让达尔文主义者好好动动脑筋的事，这是一位风险分析师、我最喜欢的调侃对手（也是我的朋友）阿伦·布朗告诉我的："健康"一词本身可能就相当不准确，甚至含糊不清，而"反脆弱性"超越了一般的健康状态，这帮助我们澄清了概念的混淆。什么是"健康"？是身体状况根据过去的特定环境进行调节，还是进一步针对预期的高压或更高强度的环境进行调节？许多人会选择第一种适应能力，而忽略反脆弱性的概念。但如果以数学方式写下自然选择的标准模型，他们会看到过度反应效应，而不仅仅是维持“健康”状态。[1]

即使是研究了创伤后成长背后的反脆弱性反应，并展示了相关数据的心理学家，也未必能完全理解这一概念，因为他们在选择用词的时候，很容易会将其与“复原力”混为一谈。

论暴乱、爱和其他意料之外压力受益者的反脆弱性

一旦一个人能努力克服领域依赖性，那他就能看到，过度反应的现象无处不在。

那些了解生物领域细菌耐药性的人，却完全不理解塞内加在《宽恕》一书中就处罚的反效应所写下的格言。他写道：“重复处罚虽然压制了某些人的仇恨，却激起了所有人的仇恨……就像树木修剪后会再抽出无数新的枝条一样。”事实上，革命正是在压迫中孕育的，杀害几名示威者只会让更多的人站起来反抗。一首爱尔兰革命歌曲就饱含这层寓意：

你的堡垒筑得越高，我们就越有力量。

某些时候，人也会异化，被愤怒蒙蔽双眼，在愿意为事业牺牲生命（虽然他们并不一定视其为牺牲）的一些人的英雄主义感

1. 让我们制定一个简单的筛选法则：一个物种的所有成员都要有40厘米长的脖子才能生存。经过几代繁衍后，幸存的该物种的脖子平均都超过了40厘米。（用更专业的话说，受制于某一承受界限的随机过程的可观察均值将高于该界限。）

染下而热血沸腾，甚至渴望能有幸成为烈士。政治运动和叛乱具有高度的反脆弱性，愚蠢的行为就是试图用暴力压制它们，而不是想办法操控它们、以退为进，或找到更精明的策略，就像赫拉克勒斯杀死九头蛇怪一样。

反脆弱性唤醒了肌体的应激反应，并对压力和伤害做出了过度反应，如果这样界定反脆弱性，那么在经济生活之外你能看到的最具反脆弱性的事情莫过于难以泯灭的爱或恨，即对于距离、家庭矛盾以及压抑爱憎情绪的企图等做出的过度反应。文学作品中充斥着似乎违背自己的意愿（可以这么说）而为反脆弱性的激情所困扰的角色。在普鲁斯特的长篇小说《追忆似水年华》中，斯万这位社会关系复杂的犹太艺术品经销商爱上了奥黛特——一个荡妇，一个被“包养”的女人、交际花；奥黛特对他的态度极其恶劣。但是这种难以捉摸的行为令他痴迷，他甚至不惜降低身份以争取与她相处更长的时间。斯万对奥黛特表现出了明显的依恋，甚至跟随她与其他男人幽会，无耻地躲藏在楼梯间等待，这当然使她对待他的态度更加难以捉摸。据说，这个故事来自普鲁斯特本人与其（男）司机之间的感情纠葛。我们也可以以迪诺·布扎蒂的半自传小说《某种爱的记录》为例，这个故事讲的是一位人到中年的米兰人爱上了——当然，是意外地——一个晚上兼做妓女的舞者。这位舞者当然对他很不好，敲诈他、利用他、欺骗他，可是，她越是这样对待他，他越是愿意接受这种虐待，以满足自己与她在一起的那点儿反脆弱性的渴望。但是，故事有个大团圆的结局：在传记之外的现实生活中，布扎蒂在 60 岁时与一个 25 岁的年轻女人阿尔梅里亚结婚了，这个女人以前是舞蹈演员，看似就是故事中主人公的原型，布扎蒂婚后不久便去世了，而阿尔梅里亚则很好地履行了守护其文学遗产的责任。

虽然像卢克莱修（本章前面提到的那位哲学家）那样的作者也痛斥人对爱的依赖，以及爱对人的桎梏和异化，并把这当作一种（可预防的）病，但他们最终不是对我们说了谎，就是对自己说了谎。这或许是传说：卢克莱修这位一贯反对爱情的卫道士也陷入了（反脆弱的）爱情中，并且到了无法自拔的地步。

与折磨人的爱情一样，一些想法也是如此具有反脆弱性，你越是试图摆脱它们，陷得就越深，越痴狂。心理学家曾揭示了试图控制思想的过程有多荒谬：你越是试图控制你的想法，你的想法越能控制你。

请将我的书列为禁书：信息的反脆弱性

信息是具有反脆弱性的，湮灭信息的努力比宣传信息的努力更能增强信息的力量。一个典型的例子是，许多人越是为自己辩解，结果越糟。

老谋深算的威尼斯人，知道如何通过故意隐藏信息来促进信息的传播。你可以尝试一下下面这个传播消息的实验：告诉别人一个秘密，并强调这是一个秘密，恳请对方“千万不要告诉任何人”，你越是强调这是一个秘密，它传播得越快。

大家都知道在早期，书籍和想法都具有反脆弱性，它们都因遭查禁而广为传播，借用罗马帝国皇帝马可·奥勒留（同时也是一位斯多葛学派作家）的话：“有了障碍物，烈火才烧得更旺。”这就是禁书的吸引力，它们在禁令面前显示出了反脆弱性。我在孩提时代读的格雷厄姆·格林的第一本书就是《权力与荣耀》，我选择它并非出于其他原因，只因它出现在梵蒂冈的黑名单中

（也就是遭禁了）。同样，十几岁时，我又如饥似渴地开始阅读美国作家亨利·米勒的书——他的主要著作一年内销售了100万册，这都是因为这些书在23个州遭禁，《包法利夫人》或《查泰莱夫人的情人》的情况也是如此。

一本书遭到批评，实际上说明它引起了真实的、毫不虚假的关注，表明它不是一本无聊的书，要知道，无聊是一本书最致命的缺陷。让我们想想安·兰德现象：她的书《阿特拉斯耸耸肩》和《源泉》被数百万人阅读，或者我们可以说，这本书的畅销多归功于那些粗暴阴损、试图抹黑她的评论。一阶信息关乎强度，所以重要的是评论家花了多少心思来试图阻止其他人阅读此书；或者用生活中更常见的例子来说，重要的是你花了多少心思来贬损某人，而不是你具体说了什么。所以，如果你真的希望人们读一本书，就告诉他们这本书被“高估了”，同时别忘了带上一丝气愤的语调（要获得相反的效果，则采用认为书“被低估”的态度）。

巴尔扎克曾讲述女星如何贿赂记者（常用实物贿赂）来撰写吹捧她们的评论，但聪明的女星往往让记者写些负面评论，因为这会让观众对她们更有兴趣。

我刚刚买了汤姆·赫兰德写的一本有关伊斯兰教兴起的书，购买的唯一原因就是他遭到了格伦·鲍索克这位赫赫有名的罗马黎凡特地区历史“活教材”的攻击。在此之前，我以为汤姆·赫兰德只是一位通俗读物作家，所以从未将其放在心上。我甚至都没有去阅读鲍索克的评论。因此，这里有一个简单的经验法则（启发法）：要评估某项研究的质量，只要看作者对于批评最猛烈的人或者批评最轻的人的公开的书面回应。

批评本身就是对压制的反脆弱性反应，错误的发现者乐意看到被批评者的反击，以验证一些想法。据说让·弗雷龙是一位善妒的思想家，与一般善妒的思想家一样有着平庸的思想，但他却因激怒了原本老于世故的伏尔泰，促使后者写下许多针对他的讽刺诗，从而在思想界占据了一席之地。伏尔泰自己也是一个钻营的人，非常擅长挑衅别人，并从其反应中受益，但当轮到自己时，他却忘记了这个规律。伏尔泰的魅力也许就在于不知道该如何保存他的智慧。因此，同样的隐性反脆弱性可以从我们对思想和人的攻击中反映出来：我们害怕这种攻击，也不喜欢负面曝光，但是如果你能挨过这种诋毁，那么将大大受益，只要当事人看上去动机充分并足够气愤——就像你听到一个女人在一个男人面前说另外一个女人的坏话（反之亦然）。这里有一个显而易见的选择性偏见：他为什么要攻击你，而不去攻击别人，其他人也有可指责之处，难道不值得攻击吗？由于反脆弱性的存在，他攻击或诋毁你的努力反而使你出了名。

我的曾外祖父尼古拉斯·戈恩是一个老谋深算的政治家，尽管树敌颇多（其中最知名的就是他的克星，我在塔勒布家族这边的高祖父），但是他却成功地长期把持政坛宝座，并大权在握。当我的外祖父，即尼古拉斯·戈恩的大儿子开始从事行政工作，并有望从政后，他的父亲在临终前把他叫到面前说："我的儿子，我对你很失望，我从未听到外界对你的指责。你已经证明了自己根本无法激发别人对你的嫉妒。"

换份工作

正如前面我们所看到的关于伏尔泰的故事，你不可能杜绝别人的批评；如果批评伤害到你，就远离它。比起控制你的声誉或公众的看法，换份工作要容易得多。

声誉受损的影响力在互联网时代是不可控的，如果某些工作和职业很容易令声誉受损，那么这些工作不值得做。你不会想“控制”你的名声吧，你无法通过控制信息流实现这一点。相反，你要努力改变你的风险敞口，比如，让自己置身于一个不因声誉受损而被影响的位置，甚至置身于一个能从信息的反脆弱性中受益的位置。从这个意义上说，一个作家是具有反脆弱性的，但我们在下文将看到，大多数现代职业通常并非如此。

我在米兰试图向卢卡·弗罗芒托，我的意大利出版商解释反脆弱性（借助于大量的肢体语言和手势）。我在那里的原因部分是我馋莫斯卡托甜酒，部分是要出席一个会议，会上的一位主讲嘉宾是著名的脆弱推手经济学家。所以，在突然想起自己是一个作家后，我向卢卡提出了以下的思维实验：如果我公开打败了经济学家，那么在我身上会发生什么样的事（除了引发一次公开的审判，并使公众对脆弱性和反脆弱性的概念产生极大兴趣）？你知道吗，这个经济学家的脸实在不讨人喜欢，我看到这张脸就忍不住想揍他，就像你看到奶油馅煎饼就忍不住想咬一口一样。他想了想……他不太可能喜欢我这样的做法，但是，你知道，这对图书销售来说并非坏事。作为一个作者，如果我没法登上晚报的头版，那么我的书的销量会很差。几乎没有任何绯闻会伤害一个艺术家或作家。[1]

假设我的公司在伦敦证券交易所上市，我是公司的一名中层职员，属于没什么机会穿休闲衣服，总得穿西装、打领带（甚至在海滩上）的那类人。如果我攻击那些脆弱推手会发生什么？我的被解雇和逮捕记录将永远困扰着我。我将成为信息反脆弱性的彻底受害者。但对于收入接近最底层的人，比如一个建筑工人或出租车司机来说，其对声誉的依赖性并不强，因此可以自由地发表自己的意见。如果说艺术家具有反脆弱性，那么底层劳动人民就具有强韧性，而申请过抵押贷款的银行中层员工则是脆弱性的极致代表。事实上，银行中层员工完全是当前价值体系的奴隶，在这种体系的诱惑下甚至可能被腐蚀灵魂——因为他们太迷恋每年去巴巴多斯度假的福利了。在华盛顿工作的公务员也是一样。教你一个简单的直接启发法（如其定义所说，这就是一个简单的启发法）来检测一个人声誉的独立性和强韧性。除了少数例外，我们看到，那些不修边幅的人往往在声誉上具有强韧性，甚至反脆弱性；而那些胡子刮得干干净净，甚至在海滩上也得衣冠楚楚的人则极易受到有关他们的信息的影响。

大企业和政府似乎并不明白信息的反作用力，事实上，信息有能力控制那些试图控制它的人。如果你听到一家公司或一个负债累累的政府表示要“重新注入信心”，那么你应该知道它是脆弱的，注定要失败。信息是无情的：召开新闻发布会来“安抚”投资者，反而会吓跑投资者，并引发死亡螺旋或银行挤兑。这就

1. 法国人中有许多作家的成名得益于他们的犯罪记录，其中包括诗人尤萨、作家吉恩·杰内特等等。

是为什么作为所谓的财政保守主义的坚定支持者，我执着地反对政府负债。如果没有债务，你就不会关心你在经济圈内的名声。事实上，只有当你不在乎你在经济圈内的名声时，你才有可能赢得良好的声誉。正是因为诱惑，人们才会将最多的钱借给最不需要的人。

在更多的领域内，我们都忽视了信息的反脆弱性。如果在古代，我通过格斗击败了对手，我就伤害了他、削弱了他的力量，也许可能会永远地消灭了他，同时在这一过程中我也得到一些历练。但是如今，如果我在网络和期刊上对其发起了一连串的信息攻击，我很可能会帮助了他，却伤害了自己。

所以，我想用一个现象结束这一部分的内容。我们常看到一种令人费解的现象，即给我们带来最大利益的并不是那些曾试图帮助我们（比如提供“建议”）的人，而是那些曾努力伤害我们但最终未能如愿的人。

下一步，我们将着重探讨偏好压力的事物和厌恶压力的事物之间的核心区别。

第三章

猫与洗衣机

- 压力就是知识（反之，知识也可以是压力）。
- 有机体与机械体。在现代化主宰了 200 年后，现在该唤醒我们体内的野性了。

我们在此不妨做一个大胆的猜想，任何有生命的物体在一定程度上都具有反脆弱性（当然，反过来说并不成立，有反脆弱性的物体并不一定都有生命）。生命的奥秘似乎就在于这种强韧性。

自然界，或者生物界，通常同时具备反脆弱性与脆弱性，这取决于变异源（以及变异范围）的不同。拿人类来说，人体可以从压力源的刺激中受益（变得更为强壮），但以一定程度为限。比如，定期给骨骼施以一定的压力有益于骨密度的增加，这一机制被命名为沃尔夫定律，源自 1892 年德国一位外科医生写的相关文章。但是诸如盘子、汽车或其他非生物体则不具备这种特征，也就是说，它们可能很强韧，但并不具备内在的反脆弱性。

非生物体，也就是没有生命力的物体，在压力下往往会衰竭，或者折损，鲜有例外。我见过的一次例外，出现在 2011 年一位名为布伦特·卡里的研究生写的一份实验报告中。他的报告阐述了碳毫微管综合材料在某种排列方式下将产生合成材料原本没有的自我强化反应，这种反应“与生物体结构中出现的内在自我强化反应类似”。这项实验跨越了生物体与非生物体之间的界限，因为它有助于开发适应力更强的承重材料。

我们可以将这一区别视为生物体与非生物体之间的界限。人造物品只有提高反脆弱性才能用作生物组织，这本身就已经彰显了有机体与机械体之间的区别。你的房子、你的食品加工机、你的电脑桌，最后都会坏掉，而不会自我修复。它们可能会随着时间的积淀看上去更有品位（比如手工艺品），就好像你的牛仔裤越穿反倒越时髦一样，但最终它们都难逃时间的摧残，即使最坚固的材料最后也将破败不堪。你的牛仔裤穿破后可能看上去更时髦、更别致了，但是其材质并未变得更加结实，也不能自我修复。让我们想象一下，会不会有一种随时间的流逝而越用越结实，还能自我修复和自我改良的材料呢？[1]

人类虽能自我修复，但最终也难逃死亡的厄运（顺利的话，能将基因、书籍或其他信息流传后世，当然，这一切都另当别论）。但是，衰老现象一直被人误读，对衰老的解释充斥着精神上的歧视和逻辑上的谬误。我们观察过老年人和他们衰老的过程，

1. 换种方式来看：机器会因低水平压力而受损（材料疲劳），而有机体则会因缺乏低水平压力而受损（毒物兴奋效应）。

因此我们将衰老视为肌肉的松弛、骨骼的脆弱、智力的退化，开始懂得欣赏弗兰克·辛纳屈的音乐也是衰老的标志之一，此外还有其他种种退化迹象。但是，这些无法自我修复的现象在很大程度上是功能失调造成的——不是由于压力太大，就是由于恢复的时间太短。我所说的功能失调是指一个人的功能与环境随机性的结构（用更专业的话来说，就是它的“分布或统计学特征”）之间的错配。

我们所说的“衰老”是功能失调和老化的结合，但看上去这两者是可以区分开的——老化可能无法避免，但也是不应该避免的（否则将与生命的逻辑相悖，这一点我们将在下一章详述）；但是，功能失调是可以避免的。衰老很大程度上源于对舒适生活的误解，是一种文明病：一心想越活越长寿，可是不知为什么却越来越多病。在自然的环境下，人们会死，但是不会衰老，或者衰老的时间很短。比如，现代人的血压指标一般会随着年龄的增长而恶化，但是在狩猎采集者的身上则看不到这个现象，除了他们终老前的一小段时间。

现代人那种人为的衰老，正是压抑生命内在的反脆弱性的结果。

复杂系统

对有机体—机械体二元论的认识有助于我们培养一种直觉，以区分上述这两种不同现象，但是我们还可以做得更好。许多事物，比如社会、经济活动和市场活动，以及文化行为显然是人为的，却能够自主地发展，形成一种自我组织的机制。严格说来，它们未必是生物组织，但它们与生物体却有着某种程度的相似，也就是说，它们能够繁衍和复制——只要想想谣言、观点、技术和企业就知道了。它们更接近于猫，而非洗衣机，却往往被人们误归为后一种类别。据此，我们可以将有机体和机械体之间的区别推而广之，更有效的是，它可以用于区别非复杂系统和复杂系统。

能够做出简单反应的人造机械或工程装置固然不简单，但还称不上“复杂”，因为其内部各部分的相互关联度还不够高。你按下按钮，比如，按下电灯开关，灯就亮了，这是一个确切的结果，不存在模棱两可的现象。但是在一个复杂的系统内，各部分之间的相互关联度却非常重要。你需要从生态学的角度来考虑：如果你消灭了某种动物，那么你打乱了食物链——捕食者将饿死，而被捕食者的数量则会大涨，从而导致生态系统陷入困境，并引发一连串的副作用。在迦南人、腓尼基人、罗马人，以及后来住在黎巴嫩山上的居民的杀戮之下，当地的狮子灭绝了，山羊因而过度繁殖，这些羊啃食树根，使得山区树木大规模消失，这个结果是人们没有预料到的。同样，如果你关闭了纽约的一家银行，那么在从冰岛到蒙古的广大区域将发生剧烈的连锁反应。

在这个复杂的世界里，“因”的概念总是非常模糊的：要么几乎不可能确认，要么无法真正界定。我们曾说我们完全可以忽略报纸上对各类事件原因的剖析，这里又提供了一个佐证。

压力源即信息

因此，这些复杂系统（各部分的关联如蛛网交织）的核心就是，它们通过压力源或者借助压力源，向其组成部分传递信息：

你的身体之所以能够获知有关周围环境的信息，并非源于你的逻辑机制、智慧、推理能力或计算能力，而是压力通过你的激素或者我们尚未发现的其他信息传导机制向你传递的。正如我们所见，如果你（短期）受雇于钢琴搬运公司，你的骨头在重力之下会变得越发强韧。如果你在接下来的圣诞节假期去零重力的空间站度假或花了很多时间骑自行车，那么你的骨头就会变得脆弱（很少有人知道这件事）。如果整个夏天你都在苏联式的合作农场劳动，那么你的手掌一定会起茧。你的皮肤在冬天会变白，到夏天又会变黑（特别是生活在地中海地区的人，但如果你是爱尔兰人或非洲人，或生活在其他四季变化不明显的地区的人，那么你的肤色变化不会太大）。

此外，错误及其后果也是一种信息。对小孩子来说，疼痛是唯一的风险管理信息，因为他们的逻辑推理能力尚不完善。复杂系统的运转完全倚仗信息。传递周围信息的渠道有很多，往往不是眼睛所能发现的。这就是我们所说的因果隐蔽性：我们很难看到从原因到结果的明确指向，这让许多传统的分析方法与标准化逻辑完全失效。正如我所说，具体事件的可预测性是很低的，因为存在这种因果隐蔽性。不仅如此，由于因果的这种非线性关系，人们往往需要比常规系统更高的透明度来洞察因果，但可惜，一切都隐藏在不透明的状态中。

图 3-1 可以说明为什么我对骨骼“情有独钟”。在印度、非洲和美国的传统社会，我们常常看到头顶水罐或重物劳作的人，他们的骨骼也反映了上述规律。早期还有一首情歌唱的就是一位头顶重物的美丽女人。这种压力对健康的益处胜过增强骨密度的药——但是，这种治疗方法显然会对制药企业的利润造成冲击。

图 3-1　头顶着重物工作的人

让我们再来谈谈骨骼的问题。我对骨骼非常感兴趣。下面我将要讨论的观点旨在说明，我们更应该通过提重物而非使用健身器来强健骨骼。我对骨骼的热衷始于哥拉尔德·卡森缇及其同事 2003 年在《自然》杂志上发表的一篇论文。传统理论认为，衰老导致骨骼老化（骨密度下降，骨骼变得更加脆弱），就好像激素只有单向的传导关系（女性在绝经期容易患上骨质疏松症）。正如卡森缇与其他致力于此类研究的专家所言，反之亦然：骨密度的下降和骨骼健康状况的恶化也会引发衰老和糖尿病，男性则会丧失生育能力和性功能。我们不能割裂复杂系统中的任一因果关系。此外，有关骨骼的故事以及对相互关联性的误解反映出，缺乏压力（压力在此是指让骨骼负重）可能导致衰老，一个迫切需要压力的反脆弱性系统如果长期缺乏压力源反而会变得更加脆弱，关于这一点我们将在第二卷中讲述。莱尼的练习法，也就是我在上一章观察并尽力模仿的方法，似乎不仅关乎肌肉强化，还关乎骨骼强化——他对这一机制并不了解，却根据启发法发现，承受压力对他的系统起到了一定的积极作用。图 3-1 中的女人正是因为一生都在头顶重物劳作，因此有着非常健康的身体和优美的体态。

反脆弱性的产生是有条件的。压力源的刺激频率非常重要：人类在急性刺激下会比在慢性刺激下表现得更出色，尤其是在急性刺激后经历较长的恢复期，这将使得这些压力源成为信息的传导渠道。比如，看到一条蛇从我的键盘中爬出来，或者一个吸血鬼进入我的房间，都会使我产生强烈的情绪波动，随后，我当然需要足够长的舒缓期（伴着甘菊茶和巴洛克式的音乐），来重新控制自己的情绪，这会对我的健康有利，当然，前提是我经历了一番艰苦的甚至英雄式的激战后，战胜了蛇或吸血鬼，并在我亲手击毙的袭击者身边拍一张照片留念。

这样的压力源肯定比一个温和但连续不断的压力源有益，后者大多是让你在生活中感到压抑的东西，包括按揭贷款、税务问题、因拖延报税而产生的内疚、考试压力、琐碎事务、电子邮件回复、填写表格、每天上下班的通勤等等。换句话说，这是文明带来的压力。事实上，神经生物学家表明，第一种类型的压力源是必要的，而第二种类型的压力源对人的健康却是有害的。要想知道不给人以恢复时间的低水平压力源的害处，只要看看过去的某种水刑：水滴连续滴在你头上的同一位置，而不给你任何喘息的机会。

事实上，赫拉克勒斯控制九头蛇怪的方法就是对蛇头被砍下后的脖颈伤口进行灼烧，阻碍蛇头的再生，从而抑制反脆弱性发挥作用。换句话说，他干扰了恢复的过程。

表 3–1 显示了两种类型的压力源之间的区别。请注意，在机械体和有机体之间还有一些过渡类型，虽然它们往往会被归入机械体或有机体的范畴。

表 3–1　机械体或有机体（生物体或非生物体）[1]

机械体，非复杂系统	有机体，复杂系统
需要持续修复和维护	自我修复
厌恶随机性	喜欢随机性（小幅变化）
无须恢复	在受压后需要恢复
相互依赖性低或没有	相互依赖性高
压力导致材料疲劳	缺乏压力导致萎缩
常用导致老化（损耗）	闲置导致老化
在冲击下会反应不足	在冲击下会反应过度
时间只会带来老化	时间带来老化和衰老

1. 弗拉诺·巴罗维奇在读到本章时致信给我补充道：“机械体：使用的过程中会出现损耗；有机体：不使用时会出现损耗。”还需注意，所有有生命的物体都需要压力源，但所有机器都需尽量减少压力，我们将在后面的章节中再谈及这一点。

读者可以在本书第二卷中了解到实施自上而下管理的政治制度（或类似的复杂系统）所面临的核心问题。脆弱推手们错误地将经济视为需要每月定期维护的洗衣机，或者将你身体的特征与光盘播放器的特征混为一谈。亚当·斯密本人就将经济比喻为一个上了发条就能持续运转的手表或时钟。但我可以肯定，他在思考经济运行时并不会将其与手表或时钟的运行原理联系起来，他更倾向于将经济视为有机体，只是缺乏一个理论框架来进行恰当的表达。亚当·斯密深谙复杂系统的不透明性，以及系统内各部分的相互依存关系，否则，他不可能发明“看不见的手”这一概念。

但是，唉，柏拉图还不如亚当·斯密，柏拉图宣扬的是众所周知的“国家之船”的比喻，他将国家比作一艘海军舰艇。当然，舰艇需要船长的操控。他最终认为，适合做船长的唯一人选就是具有哲学思维的国王、一位拥有绝对权力的仁慈明君，其也是世界上一切美好良善的化身。我们时常听到有人喊“谁在统治我们”，就好像这个世界真的需要有人来统治一样。

均衡，不再均衡

社会科学家常用术语“均衡”来形容对立势力（比如供给方与需求方）之间的平衡，因此，小小的干扰或如钟摆那样的偏移，都会招致相反方向的调整，从而令其恢复稳定。总之，这被认为是经济调整的目标。

深入探讨一下这些社会科学家给我们指出的方向，我们就会明白，这样的目标可能是行不通的。复杂性理论家斯图尔特·考夫曼就用均衡的概念对表 3–1 进行了明确区分。对非有机体、非复杂体来说，例如，桌上摆放的某个物体，均衡状态（根据传统定义）就是静止状态。而对有机体来说，这种意义上的均衡只发生在其死亡的时候。让我们来看看考夫曼所用的一个例子：拔掉灌满水的浴缸缸底的塞子，一个漩涡开始形成，并会持续一段时间。这种类型的情况离所谓的“均衡状态”可能“差远了”，但有机体和动态系统似乎都处于这样的状态。[1]对它们来说，正常状态离不开一定的波动性、随机性，信息的连续交换，以及压力，这也解释了为什么波动性一旦被剥夺，它们就会受到伤害。

针对儿童的犯罪

我们不仅厌恶压力，也不理解压力，殊不知，彻底消除波动和变化只会危害生命、生活、科学和智慧。

每当我想到美国高中年龄段以上的人口中有 1/10 的人在服用某种抗抑郁药，如百忧解，我就会感到万分愤怒和沮丧。确实，当你经历情绪波动的时候，你还得找出理由解释为何不服用某些药物。当然，在严重的病理情况下，你确实需要服药，但我的悲伤，突如其来的焦虑，实际上是智慧的第二来源——甚至是第一来源。天一下雨我就变得倦怠无力，随着雨点开始敲击窗户，奏出魏尔伦笔下秋天的《哽咽》，我就更容易陷入冥想，写作速度越来越慢。有时，我会陷入诗意的忧郁状态，用葡萄牙语说就是 saudade，或者土耳其语中的 hüzün（源自阿拉伯语中表示悲伤的

1. 这些所谓的“耗散结构”是由物理学家利亚·普里高津发现的，其与简单的均衡结构完全不同，是一种在永久非平衡条件下进行能量和物质交换而形成并延续的状态。

词语）。而其他日子里，我则更积极，更有活力——我会少写作，多走路，做做其他事情，与研究人员争论，回复电子邮件，在黑板上画图表。我是不是也该变成毫无情绪困扰的蔬菜或快乐的白痴？

如果20世纪就有百忧解，那么波德莱尔的“脾气”，埃德加·爱伦·坡的情绪，西尔维亚·普拉斯的诗，以及许多其他诗人的悲叹，所有这些有灵魂的东西，都将了无声息……

如果大型制药公司能够消除季节的变换，它们可能就会这样做——当然，目的是获得利润。

还有另外一种危险：除了伤害孩子，我们还会危害社会和我们的未来。旨在减少儿童生命中的变化和波动的举措也会降低我们这个所谓的“伟大的全球化社会”中的多元性和差异性。

受到翻译的惩罚

压力源的另一个被遗忘的特征隐藏在语言习得中。我从未见过有人是通过教科书，从语法开始学讲母语的，也没有人会接受双季度考试的测试，系统地将词语嵌入所学的语法规则中。你学习一种语言的最佳方式应该是在一个多少有些压力的情况下，特别是在表达某些迫切需求的情况下（比如在热带地区享用晚餐后产生内急时），借助于困境，在反复的错误中进行学习。

我们学习新词并不需要死记硬背，而是需要利用另一种方式——与人沟通，我们不得不揣测他人的心思，而暂时把害怕犯错误的心理放到一边。但是，成功、财富和科技却使得这种习得模式愈加难以推行。几年前，当我还籍籍无名时，国外的会议组织者根本不会给我分配能在脸书（Facebook）上用英语讨好人的

“旅行助理”，所以我被迫学会自己照顾自己，就这样，我靠着用手比画和不断的试错（就像孩子那样）学会了外国词汇——不靠设备，不靠字典，什么都没有。而现在，我享受的特权和舒适服务——我确实无法抗拒这些舒适的服务，却令我遭到了惩罚。这个惩罚就是，一个能说流利英语的人，举着一块把我的名字拼错的牌子，在机场迎接我，没有压力，没有歧义，没有任何从丑陋的教科书上看到的俄语、土耳其语、克罗地亚语或波兰语。更糟糕的是，这个人虚情假意、油滑谄媚，这种低三下四的啰唆比时差还令我头疼。

然而，学习一门语言的最好办法可能就是在国外被“囚禁”一段时间。我的朋友乍得·加西亚由于一种无中生有的疾病而被迫在莫斯科的一家医院隔离区待了一段时间，由此他的俄语水平得以提高。这是一种狡猾的医疗绑架，在苏联统治结束后的混乱时期，医院通过强迫旅客住院来敲诈他们，除非他们支付大笔金钱来销毁他们的“病史”。乍得原本只能勉强说几句俄语，在关押期间他被迫苦读托尔斯泰的著作，因而扩大了自己的俄语词库。

观光化

我的朋友乍得从混乱中受益，而这种混乱由于现代病“观光化”的出现而日益罕见。这就是我认为现代生活将人视为洗衣机的一个佐证，好像人只能按照详细的用户手册做出机械的反应。我们用系统性的方法清除事物的不确定性和随机性，以便在最细节的层面确保高度的可预测性，其目的就是获得舒适性、便利性和效率。

游客与冒险家或漫游者的关系，就像观光化与生活的关系一样。它包括将各类活动，而不仅仅是旅游，转换为演员的脚本。我们将看到，观光化是如何通过吸尽最后一点儿不确定性而阉割了喜欢不确定性的系统和生物体，同时还给它们获益的错觉的。需要对此负责的包括教育体系、对功利性科学研究的资助、法国的中学毕业会考、健身器材等。

此外，还有电子日历。

但更糟糕的观光化是，我们现代人的生活要受到诸多条条框框的约束，即使是我们的休闲时光：周五晚上的歌剧、某个晚上的聚会、约好参加的活动、提前准备好的笑声。再次叹息，我们住在“金色”的监狱里。

这一“目标驱动”型态度深深地伤害了内在的自我。

对机遇的秘密渴望

这让我们看到了随机性的本质。如果你不是一台洗衣机或一座布谷鸟钟，换句话说，如果你还活着，你在内心深处就会喜欢一定程度的随机性和混乱。

随机性会给人一种浮想联翩的感觉。我们喜欢温和的（以及高度文明的）博弈世界，从博彩体育，到在下一次拉斯韦加斯之行中屏住呼吸掷骰子。我自己在写这些段落时，也尽量避免受控于一个精确的和明确的计划，而是从未知的内心深处汲取灵感，写出让自己感到惊喜的文字。写作的价值就在于它能给予我们一种冒险的刺激感，这就是为什么我喜欢写书而不喜欢写专栏文章。即使撇开庸俗的编辑不谈，写专栏文章本身也足以让我厌烦得要死。而且，值得注意的是，如果作者的写作过程极其无聊，那么他写出来的作品也一定会让读者感到极其无聊。

如果我能预测我未来每一天的轨迹，那么我会感觉自己身体的一部分已经死了。

此外，随机性是真实生活中不可或缺的一部分。在我们先祖的栖息地，人类会受到自然环境的刺激，恐惧、饥饿、欲望等最原始的感受会激励我们探索并适应周围的环境。想想看，如果一个啼哭的孩子被压在车下，你可能会不假思索地就将汽车抬起来；或者如果你看到一头野兽穿过了公路，你也会立即撒开腿拼命逃跑。拿这些对比一下你按预定计划于下午 6 点去健身房，在被私人教练折腾一番后感到的那种沉重和劳累——当然，除非你迫切地需要让自己看起来像一个保镖。再想想，环境的随机性是多么容易让我们少吃一顿饭——仅仅因为食物匮乏，而约束自己执行一个 18 天的节食计划却是那么困难。

世界上有那么一种人，对他们来说，生活就是某种项目。在与他们交谈之后的几个小时内，你都会感觉很不舒服，生活开始变得像寡淡无味的食物。我是一个寻求刺激的人，我有一个刺激探测器，它似乎与我的无聊探测器很匹配，就好像我们天生配备着一个过滤器，天生厌恶无聊。我们先祖的生活中没有作业，没有老板，没有公务员，没有学业成绩，没有与院长的谈话，没有拥有 MBA 学位的咨询顾问，没有日程表，没有申请表，没有去新泽西的旅程，没有语法难题，他们也不用与让自己感到厌倦的人说话；生活充满了随机的刺激，所有事情，无论好坏，都与工作无关。[1]危险当然有，但你不会感觉无聊，从来不会。

最后，存在变动性（随机性）的环境不会将我们置于慢性应激损伤的风险中，这一点与人类设计的任何系统都不同。如果你走在坑洼不平的天然地面上，行走中没有任何两步是完全相同的，这与消除了随机性的健身器械完全不同：健身器械强迫你无休止地重复同样的运动。

现代生活充斥着原本可以避免的慢性应激损伤。

接下来，让我们看看进化的过程，大自然才是伟大的反脆弱专家。

1. 卢梭和霍布斯都不是这么说的，诚然，生活也许是"残酷和短暂"的，但是，将承受早期人类生活中看似艰苦的方面看作避免现代生活折磨的必要代价是一个严重的逻辑错误。我们没有理由不希望同时从两个时代的优势中受益。

第四章

杀死我的东西
却让其他人更强大

- 对某人而言具有反脆弱性的东西，对其他人而言则是脆弱的。
- 我们何时发现了我们想得太多、做得太少。
- 失败是为了他人的成功。
- 终有一天，你会收到感谢信。

反脆弱性的层级

本章内容是有关错误、进化和反脆弱性的，不过有一个问题：它主要是关于其他人的错误——某些人的反脆弱性需要牺牲他人的利益来换取。在一个系统中，为了其他单元或者整体的利益，往往有必要牺牲某些单元——脆弱的单元或者人。每个新创企业都是脆弱的，但这提高了整个经济的反脆弱性，是个人创业者的脆弱性和他们必要的高失败率成就了生生不息的创业精神。

由于存在多个层级和层次，反脆弱性变得更复杂，也更有趣了。天然有机体不是单独存在的终极单元，它总是由子单元组成的，而它本身也可能是更大集合体的子单元。这些子单元可能会相互竞争。以一个行业为例，餐馆往往是脆弱的，它们会相互竞争，但正因如此，当地的餐馆集群才具备了反脆弱性。如果个别餐馆的竞争能力强，永远不会倒闭，那么整体餐饮业务将陷入停滞或衰退：所提供食物的味道不会好过食堂的饭菜——我是指苏联式的食堂饭菜。此外，它还会受制于系统性短缺，时不时地遇到严重危机或陷入需要政府救市的境地。所以，餐馆的质量、稳定性和可靠性无不取决于餐馆本身的脆弱性。

因此，一个系统内部的某些部分可能必须是脆弱的，这样整个系统才能具备反脆弱性。或者有机体本身是脆弱的，但它遗传给新生命的基因编码却具有反脆弱性。这一点千万不能小觑，因为这正是生命进化背后的逻辑。这一理论同样适用于创业者和个体科研人员。

此外，我们在之前的内容中提到了“牺牲”。非常遗憾，自己的错误往往只会让他人或集体受益，好像个人天生就该为了更崇高的利益而非自己的利益犯错。事实上，我们在讨论错误时并未考虑到这层含义，也没有看到脆弱性的转移。

进化和不可预测性

我说过米特拉达梯式解毒法和毒物兴奋效应的概念都属于“原始”反脆弱性的范畴，是反脆弱性的初级概念：它们听上去甚至有点儿幼稚，现在我们需要改进，甚至超越这些概念，从而将一个复杂的系统作为一个整体看待。毒物兴奋效应是一种隐喻，而反脆弱性是一种现象。

首先，米特拉达梯式解毒法和毒物兴奋效应都是较弱的反脆弱性的表现形式，事物从波动、意外或伤害中获得的益处有限，如果使用剂量超过限额，其保护或有益作用就将逆转。毒物兴奋效应只能接受一点点混乱，或者更确切地说，它需要一点点混乱。关于混乱，最有意思的是，缺乏混乱是有害的，这一点我们可能无法直观地理解——我们的头脑不太容易理解复杂的反应（我们的思维模式是线性的，而对毒物剂量做出的反应则是非线性的）。我们的线性思维不喜欢细微差别，而更倾向于将信息简化为“有害”或“有用的”。

其次，这是一个核心弱点：我们从外部观察有机体，并将其视为一个整体。事实上，任何物体都可以做更深入的细分。

反脆弱性有更强的形式，其与超越毒物兴奋效应范畴的进化有关——事实上与毒物兴奋效应非常不同，甚至相反。它可以被描述为伤害兴奋效应——在伤害的作用下反而愈加强大——如果我们从外表而不是从内部来看的话。另一种反脆弱性会进化，通常在信息层面出现——基因也是一种信息。与毒物兴奋效应不同，单元并不因应激反应而增强，相反，它会死亡；但是，它完成了一种利益输送；其他单元生存了下来，而那些幸存单元的特征改良了集合体，这种改进在教科书或《纽约时报》的周二科学版上通常被“进化”一词笼统地加以概括。因此，这里的反脆弱性不是指有本质缺陷的有机体的反脆弱性，而是指它们的遗传代码的反脆弱性。遗传代码是不会真正关心其所在单元本身的利益的，恰恰相反，它会破坏周围的许多东西。罗伯特·特里弗斯就意识到了基因与生物之间的竞争关系，并提出“自私的基因”这一概念。

事实上，进化最有趣的一面是，它非常依赖反脆弱性，它喜欢压力、随机性、不确定性和混乱——而个体生物则相对脆弱，基因库正是利用冲击来确保优胜劣汰，从而提高整体的适应力的。

由此可见，大自然和个体生物之间存在着一定的紧张关系。

一切生物或者本质上类似于有机体的事物的生命都是有限的，它们最终都会死亡——玛土撒拉虽活了 1 000 年也难逃一死。但它们通常会在繁殖后代后死亡，后代身上的遗传密码与上一代不同，信息得到了改进。玛土撒拉的遗传信息如今仍留存在大马士革、耶路撒冷，当然，还有纽约市布鲁克林区。大自然的成员一旦不再具有生育能力，用处就不大了（特殊情况除外，在群居动物中，比如人群和象群，祖母通常要帮助其他家庭成员抚育后代）。大自然更喜欢在信息层面，也就是通过遗传密码让游戏继续下去。因此，有机体需要死亡，以确保大自然的反脆弱性——大自然是投机的、无情的、自私的。

我们来进行一个假想实验，想象存在一个不死的有机体，它自产生后就无到期日。为了生存，它需要完全适应环境中发生的所有可能的随机事件和所有未来的随机事件。但一个讨厌的问题是，随机事件就是随机的，它不会提前宣告它的到来，让有机体做好准备，并进行调整以抵御震荡。对于一个不死的有机体来说，预适应所有随机事件是非常必要的。等一个随机事件真的发生时就已经来不及反应了。因此，有机体必须做好准备承受任何冲击，否则就只能与生命说再见了。我们的身体在做出应激反应时，往往会稍稍反应过度，但这还不够，人们终究无法预测未来。我们可以准备好应对下一场战争，但不一定能打胜仗。事后调整，无论多快，都会慢一拍。[1]

由此可见，为了永生不死，有机体需要完美地预测未来——近乎完美也是不够的。但是如果有机体只有一次有限的生命，并且在代际延续的时候能够进行修正，那么它不需要预测未来的情况，而只需要对事物应该朝哪个方向发展有个极为模糊的概念。事实上，即使是模糊的方向也没有必要预测。每一个随机事件都会通过生态变异带来自己的解决方案。就好像大自然每走一步都会进行自我改进，并随时调整其战略。

从经济和体制生活的角度来考虑这个问题，如果由大自然来负责运行经济，它就不会不断地拯救生活在其中的生物，使它们永远活着，也不会有常设的政府和预测部门试图掌控未来——它不会让美国管理和预算办公室的骗子犯下这样傲慢的认知错误。

如果我们将历史视为类似于自然的复杂系统，那么，我们将看到，与自然一样，它不会让某个帝国永远统治这个星球——即使从巴比伦王国、埃及王国到波斯王国再到罗马王国，每一个超级大国都相信自己的统治将长盛不衰，并让历史学家将这一结论

1. 我们现在对适应性标准为什么与概率无关的问题进行一个技术性评论（已经理解的和不喜欢技术语言的读者可跳过余下这段注释）。随机过程的特征就是在任何 t 期间不可能预测到任何 t 期间之后（任何大于 t 的期间）发生的事件，因此反应会具有一定的滞后性，不可压缩的滞后性，这被称为非预测性策略，这是随机集成的要求。滞后时间的不可压缩性是核心及不可避免的问题。生物体只能有非预测性策略——因此大自然只能是不可预测的。这并非小问题，甚至概率专家，比如以斯特拉托诺夫维奇及其集成方法的使用者为代表的俄罗斯学派也没有弄清这一概念，他们陷入了常见的心理误区，认为未来会给我们发送一些我们能够观察到的信号。希望如此吧。

载入史册。但是，受制于随机性和不可预测性的系统，一种超越“强韧性”的机制出现了，其见机行事，自我改造，结果整个群体和物种都在不断变化。

“黑天鹅”管理细则：自然（以及类似自然的系统）喜欢有机体之间存在的多样性，而不是一个不朽的有机体内部存在的多样性，除非你将自然本身视为一个不朽的有机体，就像斯宾诺莎的泛神论，亚洲的多神论，克吕西甫或爱比克泰德的斯多葛派哲学一样。如果你碰到一个研究人类文明的历史学家，请向他解释这一点。

让我们来看看进化是如何从随机性和波动性（当然以一定程度为限）中受益的。系统中的噪声和干扰越多（当然，以一定程度为限，那些导致物种灭绝的极端冲击除外），优胜劣汰、适者生存的效应就越明显，随机突变在决定下一代特征的过程中发挥的作用就越大。假设某个生物体孕育了 10 个后代。如果环境是完全稳定的，所有这 10 个后代都将继续繁衍。但是，如果环境存在不稳定性，5 个后代被淘汰（它们可能比存活下来的兄弟姐妹们要脆弱），那么，在进化理论中被认为更优质的那些后代将继续繁衍，基因将经历一轮优胜劣汰。同样，如果由于偶然的随机性自发突变，后代中出现了变异，即复制遗传密码的过程出现差错，那么最优质的个体将繁衍后代，以提高物种的适应力。因此，进化得益于两种随机性：突变的随机性和环境的随机性——这两种随机性均通过类似的方式，使幸存的下一代的特征发生变化。

即使某个物种因某种极端事件完全灭绝，这也没什么大不了的，因为它是整个游戏的一部分。这仍然是进化的作用，因为存活的物种是优胜劣汰的结果，它们从消失的恐龙手里接管了这个世界——进化不是服务于一个物种，而是服务于整个自然。

但要注意，进化与随机性一样，也以一定程度为限。[1] 如果一场灾难毁灭了整个地球上的所有生命，那么，最适合生存的生物也无法生存。同样，如果随机性突变的发生频率过高，那么最适合生存的基因也可能无法延续，反而可能因一个新的突变而逆转：正如我不断重复的，自然在一定范围内是具有反脆弱性的，但这一范围的临界点非常高——相当于无数次的冲击。就算核武器消灭了地球上大多数的生命，但它并不会消灭所有生命，一些老鼠或者细菌终究会从某个地方，也许从海洋深处冒出来，然后故事重新开始，只是故事里没有我们，当然也没有美国管理和预算办公室。

因此，从某种程度来说，毒物兴奋效应体现为生物个体从直接危害中受益，进化则发生在个体生物在外来伤害中灭亡，而将利益转给其他存活下来的有机体和未来的后代时。

为了说明为什么有机体能借助伤害进化（再次强调，以一定程度为限），让我们来看看抗生素耐药性的现象。你越是努力杀灭细菌，幸存的细菌就越顽强——除非你能够完全消灭它们。癌症治疗也是一样：能够在化疗和放疗后生存下来的癌细胞往往繁殖得更快，并会占据那些较弱癌细胞被杀死后留下的位置。

1. 强烈的反脆弱性源于对波动性的无穷热爱——其益处极大，几乎没有边界。但这只能存在于人为的、人造的生活中，如经济合同、文化产品，而不存在于自然的过程中。

有机体即群体，群体即有机体

以群体而非个体的眼光看事物，以及“有利于后者的必然有害于前者”的想法是我在读了安托万·当尚有关反脆弱性的著作后萌发的。安托万·当尚之前是一位物理学家，之后转行成为遗传学家。他认为，我们在分析时需要考虑一个事实，即有机体不是孤立和独立的，而是有层次和等级的。如果用群体的眼光看问题，你就不能再将“毒物兴奋效应”和“米特拉达梯式解毒法”视为反脆弱性的特征。为什么？再解释一遍这些概念，你就可以理解了：毒物兴奋效应是反脆弱性的一个比喻，此时，有机体直接从伤害中受益；而在进化过程中，在等级链条上高于某个生物体的其他生物体将从前者的损坏中受益。从外部来看，这似乎是毒物兴奋效应，但从内部来看，却有赢家和输家。

这种层级是如何运作的呢？一棵树有许多分枝，这些分枝看上去就像小树；而大树枝又有很多较小的分枝，看上去像更小的树。这就是所谓“分形自相似”的体现。分形自相似是数学家伯努瓦·曼德布罗特发现的形态。很多事物都有类似的层级结构，但我们只从外部看到了顶层。细胞是由众多细胞间的分子构成的，有机体则由众多细胞构成，物种又由众多有机体构成。有些物种的强化机制来自其他物种的牺牲，有机体的强化又需以某些细胞的死亡为代价，以此类推，无论最顶层还是最底层的层级，无不遵循这一规律。

举例来说，如果你每天摄入少量的有毒物质，那么根据当尚的理论，使你机体更健康的机制就是你的系统内部的进化，即坏的（弱的）蛋白细胞被更强壮也更年轻的细胞取代，而更强壮的细胞将会逃过一劫（或一些类似的运作）。当你禁食的时候，坏的蛋白质将首先被分解，并通过你自己的身体再生，这个过程被称为细胞自噬。这是一个纯粹的进化过程，自然选择、优胜劣汰。即使你不接受某些生物学理论（如蛋白质老化与细胞自噬），你也会相信，有机体内部的生存压力，在有机体遭受外部压力时，有助于其整体的改善。

错误，谢谢你

现在让我们来探讨“错误”这一问题，以及为什么有些人的错误会对他人有利。

我们可以这样简单地描述脆弱性、错误和反脆弱性之间的关系。当你脆弱的时候，你往往倾向于墨守成规，尽量减少变化——因为变化往往弊大于利。这就是为什么脆弱的事物需要明确的预测方法，反过来说，预测体系带来的只能是脆弱性。如果你想做出改变，并且不关心未来结果的多种可能性，认为大多数结果都会对你有利，那么你具有反脆弱性。

另外，如果能够理性地进行试错，将错误当作一种信息源，那么，你会发现试错过程中出现的随机要素其实并没有那么随机。如果每次试错都能让你了解到什么是行不通的，渐渐地，你就接近有效的解决方案了——这样，每一次努力都变得更有价值，更像是一笔支出而非一个错误。当然，在此过程中你将不断地有所发现。

从他人的错误中学习

但要记得，本章的主要内容是层次、单元、层级和分形结构，以及单元与其子单元之间的利益差异。因此，我们往往会从别人的错误中受益——遗憾的是，受益人不是那些犯错误的人。在适当的情况下，我们可以将压力视为信息。对具有反脆弱性的事物来说，错误带来的损伤应该小于收益。当然，我们谈论的是一些而非所有的错误，那些尚不至于摧毁系统的错误有助于防止更大的灾难。工程师兼工程历史学家亨利·佩特罗斯基提出了一个无懈可击的观点。如果“泰坦尼克号”没有遭遇那次众所周知的致命事故，我们将会不断地建造越来越大的远洋客轮，而下一次的灾难将是更大的悲剧。因此，船上乘客实际上是为更大的利益做出了牺牲，他们挽救的生命数量将超过逝去的生命数量，这是毫无争议的。“泰坦尼克号”的故事充分地说明了系统利益与对部分个体的伤害之间的区别。

福岛核危机的故事也是一样的，我们可以肯定地说，我们通过这一事故觉察到了核反应堆的问题（以及小概率事件的威力），从而避免了更大的灾难。（请注意，天真的压力测试和依赖风险模型的错误，如今已显而易见；但是与经济危机一样，没有人愿意听取警告。）

每一次飞机失事都让我们离安全更近一步，因为我们会改进系统，使下一次的飞行更安全——失事人员为其他人的总体安全做出了贡献。瑞士航空 111 号航班、环球航空 800 号航班，以及法国航空 447 号航班都以它们的牺牲促进了系统的改进。但这些系统之所以善于吸取教训，是因为它们具有反脆弱性，它们本身就能够利用微小的错误改进自身。但是，经济崩溃就不一样了，因为经济系统的反脆弱方式与我们到目前为止所论及的方式并不相同。为什么？我们知道，每年有成百上千的航班在空中往返，一架飞机坠毁并不会牵连其他飞机，因而，错误的影响有限，错误的原因也相当明确。然而，全球化经济体系却是以一个整体在运作：错误会快速传播，并愈加复杂。

再次强调很重要的一点是，我们所谈论的是局部而非整体的错误，是微小的而非严重的和毁灭性的错误。这有助于我们将好的和坏的系统区分开来。好的系统，如航空业天生就会有些彼此独立的小错误，或者彼此负相关的错误，一个错误的发生会降低未来出现事故的概率。这是区分反脆弱性环境和其他脆弱性环境（在“地球是平的”的时代，内部高度相关的现代经济生活）的一种方式。

如果说每一次飞机失事都降低了下一次事故的发生概率，那么每一家银行的崩溃却会提高下一家银行崩溃的概率。要建立一个理想的社会经济系统，我们必须消除第二种类型的错误，即容易蔓延或传染的错误。我们再以大自然为例。

自然是在非系统性的错误中学习和改进的。比如我在正常状态下，在搬石头的过程中犯了错，我受了点儿小伤，那么下一次为了免受皮肉之苦，我一定会从中吸取教训，毕竟，那才是忍受疼痛的目的。再来看美洲豹，它的动作敏捷优雅，奔跑起来宛如一曲大自然交响乐，它并不需要哪个私人教练指导怎样以“适当的方式”把鹿叼到树上。人类的建议可能对一些人造运动有效，比如网球、保龄球或射击等，但对自然运动却不起作用。

一些企业也很看重自身的错误。专注于承保巨灾风险的再保险公司（保险公司找它们“再保险”那些无法分散的风险），往往会在灾难或给予其重创的尾部事件发生之后做得更好。如果它们幸存下来并做好了充分准备（很少有公司针对此类意外风险制订应急计划），它们就可以通过大幅提高保费来弥补先前的损失——因为客户在灾难后会过度反应，纷纷购买保险。它们声称不知道再保险的公允价值，即合理定价，但它们肯定知道，这个价格在压力很大的状态下一定被高估了，这足够让它们在很长一段时间里赚钱。它们需要做的就是确保自己的错误足够小，以便生存下来。

怎样成为特蕾莎修女

变化导致错误，也会增强适应性，它还会让你知道谁是你的朋友。你的失败和成功都将向你传递信息。但是，有时（当然这是生活中积极的一面）只有在你的错误伤害到某些人后，你才会了解他们的个性——有些人在原谅我的过失时所表现出的宽容，确实令我吃惊。

当然，你也会从别人的错误中学习。你可能永远不会知道某些人是什么样的人，直到他们有机会违反道德或伦理规范。我记得我高中时有一个同学，一个女孩，看上去和气诚实，她是我童年时代反唯物主义空想家群体中的一员。结果，我却意外地了解到，和她天真无邪的面容相反，她并未成为特蕾莎修女或罗莎·卢森堡那样的女性，她为了嫁给富豪而抛弃了她的第一任丈夫，而在那个富豪第一次陷入财务困境时又抛弃了他，找了另外一个更富有、更有权势的（也更慷慨的）情人。在一个没有那么多诱惑的环境下，我（或者可能她也是）一定会把她误认为是一个空想家和圣女。社会的一些成员——那些没有与她结婚的人——获得了有价值的信息，而其他人——她伤害的人——则付出了代价。

此外，我对失败者的特征描述就是，失败者往往在犯错后不内省、不探究，觉得难堪，听不得批评，试图解释自己的错误而不是用新的信息丰富自己，并开始新的历程。这些人往往视自己为某个大阴谋、糟糕的老板或恶劣天气的“受害者”。

最后，我还有一个想法。犯过罪的人要比那些从来没犯过罪的人更可靠。犯了很多错误（当然，同样的错误不会犯一次以上）的人要比那些从来没有犯过错的人更可靠。

为何整体厌恶个体

我们看到，由于层级的存在，反脆弱性在生物界中起到了很大的作用。有机体之间的竞争有利于推动物种的进化：我们体内的细胞会相互竞争；在细胞内部，蛋白质会相互竞争，以此类推。让我们将其应用到人类的活动中。经济也分为类似的层级：个人、技术工人、小公司、企业中的部门、企业、行业、区域经济，最后也是最顶层的是整体经济。你也可以将其细分为更多层级。

要让经济具有反脆弱性，并经历所谓的进化，每个独立的企业都必须是脆弱的，并暴露于风险之中——进化需要有机体（或它们的基因）死亡，并被其他有机体取代，以实现整体改善，或淘汰适应力不如其他有机体的生物。因此，较高层级事物的反脆弱性有赖于较低层级事物的脆弱性，或者较低层级事物的牺牲。每天早上你用你家的高级咖啡壶煮咖啡时，你正受益于某些企业家的失败，或者脆弱性——他们的产品没有击败你厨房台面上摆放的那个更胜一筹的产品。

再看看传统社会，它也有类似的层级：从个人、直系亲属、大家族、部落，到同乡、民族、种族。

虽然在蚁群中，牺牲的必要性是显而易见的，但我敢肯定，商人们对这种为了经济的更大利益而“献身”的理念并没有兴趣。因此，他们一定更关注为自己寻求反脆弱性，或至少一定程度的强韧性。但这与集体利益，或者整体经济利益并不兼容。因此，我们发现了一个问题，加总（整体）的特征与各部分的特征并不相同——实际上，整体更希望局部受到伤害。

冷酷无情便是进步的引擎，承认这一点可能会让你感到沮丧。

那么，现在的解决方案是什么呢？可以说没有解决方案，或者没有一个可以让大家皆大欢喜的方案，但是有一些方法可以尽量减轻伤害。

现在的问题比你想象的更严重。人们去商学院是为了学习如何管理好企业，同时确保企业的生存，但经济作为一个整体并不希望这些企业继续生存，而希望它们积极地冒险，并为各种可能性所蒙蔽。各个行业都会从一个个失败中实现改进。自然和类自然的系统需要单个经济主体过度自信，即高估其业务成功的机会，而低估其业务失败的风险，只要其失败不至于影响他人。换句话说，局部而非整体的过度自信有利于这些系统的健康发展。

我们看到，餐饮业之所以效率很高，恰恰是因为餐馆都是脆弱的，每分钟都有餐馆破产，而企业家往往忽视了这种可能性，因为他们总认为自己会战胜困难。换句话说，一些被低估的风险甚至是自杀式风险，有利于经济的健康，只要不是所有人都承担了同样的风险，而且这些风险的大小和影响范围都非常有限。

现在，正如我们看到的，政府正通过救市措施破坏这一模型。政府通常会扶植一切规模大到不得不救助的企业，以避免危机蔓延至其他公司。这恰恰与健康的冒险行为相左，后者是将脆弱性从集体转移至不适合生存的公司。人们很难认识到，真正的解决方案是建立这样一个系统：在这个系统中，没有一家公司的倒闭会连累其他公司，因为接二连三的失败正是为了维护整个系统的稳健。

杀不死我的，会杀死其他人

现在是时候揭穿一个神话了。

作为反脆弱性的倡导者，我需要提醒大家不要产生错觉，即在不存在反脆弱性的情况下，误以为看到了它。我们可能误将系统的反脆弱性视为个体的反脆弱性，而事实上，系统的反脆弱性是以牺牲个体为代价取得的（这是毒物兴奋效应和自然选择之间的差异）。

尼采有句名言："杀不死我的，只会让我更强大。"这可能很容易被误解为意指米特拉达梯式解毒法或毒物兴奋效应。当然，它很有可能确实是指两种现象之一，但它也可能意味着"杀不死我的，并未使我变得更强大，但它让我幸存下来，因为我比别人更强大；由于它杀死了别人，也就是消灭了弱者，我们种群当前的平均素质变高了"。换句话说，我通过了结业考试。我已经在之前有关因果关系假象的文章中讨论过这个问题，当时是针对一篇报刊文章而发的评论，该文章声称，新的黑手党成员、苏联流亡者"在被关到古拉格后反倒越发强壮了"。由于古拉格的监禁生活让身体较弱者纷纷殒命，活下来的都是身体强壮的人，因此人们会产生集中营让被关押者更强壮的错觉。有时候，我们在看到人们从考验中生存下来，而且幸存人群比最初人群的身体更强壮时，便会臆想这种考验对他们大有裨益。换个角度说，考验只能说是一场无情的考试，失败者只有死路一条。我们可以看到的是，脆弱性（或者反脆弱性）从个体传递到我先前所讨论的系统上。让我换种方式来阐述，幸存的种群显然比最初的种群更强大——但这不是从个体层面上来说的，因为弱者都死了。

为了改善系统，有人付出了生命的代价。

我和我们

这种个体利益和集体利益之间明显的紧张关系在历史上算是件新鲜事：在过去，个体几乎与这一问题无关。为了本集团的利益而牺牲的理念支撑着英雄主义：它使部落受益，但对于在战争中死亡的个人则意味着损失。英雄主义的本能以及为了集体利益牺牲个人利益的理念在自杀式炸弹袭击者身上得到极端的呈现。这些即将赴死的恐怖分子会陷入一种类似欣喜若狂的恍惚中，在这种情绪的驱动下，他们甚至对自己的死亡无动于衷。有人说自杀式炸弹袭击者之所以义无反顾，是因为他们认为死后能进入伊斯兰天堂，这简直是一个谬论。人类学家斯科特·阿特兰曾指出，黎凡特地区的第一个自杀式炸弹袭击者是一个希腊东正教背景的革命家（与我的背景相同），而并非穆斯林。

我们身体里就像有一个开关，每当我们参与集体舞蹈、大规模骚乱或战争时，这个为了集体利益而扼杀个体的开关就自动开启了。你会产生从众心理，成为艾利亚斯·卡内蒂所称的“应和节拍悸动的人群”的一部分。在下一次的街头骚乱中，当你对政府部门的恐惧在团体的狂热情绪中烟消云散时，你会得到一种不同的群体体验。

现在，让我们概括一下这些观点。如果能置身事外地看待这个世界，就能看到人与自然之间的紧张关系——一种在脆弱性的权衡中形成的紧张关系。我们看到，自然希望的是其本身作为整体能够生存下来，而不是每一个物种都能生存下来，每一个物种也希望其中的个体是脆弱的（特别是在繁衍之后），以便整个物种进化和选择。我们看到，脆弱性从物种到个体的转移对其整体的生存是必要的：物种具有潜在的反脆弱性，因为脱氧核糖核酸（DNA）将被永远传递下去，但各物种的成员却无法永生，它们随时准备着牺牲，在现实中，它们的牺牲就是为了成就集体的利益。

反脆弱性和伪反脆弱性。有些关于健身和自然选择的理念让我甚为反感，这让某些章节的写作过程变得相当痛苦——我讨厌自然选择的冷酷，讨厌大自然的无情和不忠。我讨厌以对他人的伤害为代价来换取进步的理念。作为一个人文主义者，我反对建立在个体牺牲基础上的反脆弱性系统，因为如果你遵循这些理论，那么个人将变得无关紧要。

启蒙运动的一大贡献就是将个体置于更重要的位置，其权利、自由、独立、“对幸福的追求”（不论“幸福”具体指什么），以及最重要的隐私都得到了保护。尽管拒绝反脆弱性，但启蒙运动及在此基础上建立的政治体制（多少）将我们从长期主宰历史的社会、部落、家族的桎梏中解放了出来。

传统文化是以集体为单位的，而且大家会认为，集体可能会因为个人的行为受到损害。比如，如果哪一家的女儿未婚先孕，或者某个家族成员卷入了大规模的金融诈骗和庞氏骗局，或者更糟糕的是，某成员在大学里讲授诸如金融经济学等夸夸其谈的学科，那么其家族的名誉会受损。这种传统甚至延续到了启蒙运动之后，即使在 19 世纪末 20 世纪初都还非常常见。比如，法国的农民会用他所有的积蓄来为远方的表亲还债，这样做只是为了保存大家族的尊严和名誉——它被认为是一种责任。（我承认我自己也做过类似的事，就在 21 世纪。）

显然，为了个体的生存，系统也必须存在。因此，在这个相互依存的复杂世界里，人们在宣扬其中一方利益的合理性而贬低另一方的利益时还需小心行事。[1]

在意大利黑手党或者西西里黑手党中，所谓的“君子”就是被警察抓到后，无论怎样威逼利诱都会选择保持沉默而不出卖朋友的人，他们宁愿坐牢也不愿意做出伤害其他成员的事情。在这里，集体（黑手党）的利益高于个人利益。而让黑手党遭受重创的是，最近几代成员更倾向于为自己考虑。（请注意，黑手党中的“荣誉”仅限于这种内部的团结，而在其他场合，他们会说谎，干的也不是什么光荣的事，他们还善于放冷枪，而这在地中海东部地区会被认为是最纯粹的懦夫行为。）

同样，人类也是以自我为中心的，为了人类的生存，我们不得不牺牲其他物种，不顾生态的脆弱性。我们认为人类的利益高

1. 许多人认为自己的死亡是最糟糕的“黑天鹅”事件，其实并非如此。除非研究现代经济学走火入魔了，否则，一般人都会明确同意他们的死亡，加上自己亲人的死亡，再加上人类的终结，将是一个比自己的死亡可怕得多的糟糕结果。回想一下我对复杂系统的评价。我们仅仅是一条巨型生物链的一部分，我们既要担心自己也要担心系统，还要考虑如何保存这条生物链上的各个环节。

于自然的利益；为了保护个体，我们可以容忍一些系统的低效和脆弱，殊不知，让大自然牺牲太多最终很可能伤及我们自己。

我们看到了集体和个体之间的利益权衡。如果不打破个体的利益，整个经济体就无法生存；过度的保护是有害的，为了个体的利益制约进化的力量似乎毫无必要。但是，我们可以保护个体不被饿死，并提供一些社会保障，给予他们尊重或者更多，我们将在下文进一步阐述。

美国创业者日

同时，如果作为一个空想家（确实如此），我会痛恨我所明白的这些道理，但我认为希望还是存在的。

英雄主义以及它所赢得的尊重是社会对于那些为了他人而承担风险的人所做出的一种补偿。创业就是一个高风险、英雄式的活动，其对经济的增长，甚至仅仅是生存来说都至关重要。

从认识论的角度来说，它也必然是集体主义的：其旨在促进知识的发展。有些人虽然什么都没有得到，无名无利，却为别人贡献了最好的知识，即有关“无为”的知识（什么是不可行的）。他是这个过程的一个重要部分，他自己失败了，把好处留给了他人，更糟糕的是，他还未必能获得他人的尊重。[1]

对于因过度自信而创业开餐馆，随后惨遭失败的人，我根本不会记得他给整个餐饮业带来了什么好处，不会想到在我享受美食时，他大概只能吃金枪鱼罐头。

1. 一位叫让 – 路易斯 · 雷奥尔特的记者写道：“我已经注意到，人们越是用抽象的概念赞颂创业者，他们越会轻视在实际生活中遇到的创业者。”

为了促进进步，现代社会应该像纪念牺牲的士兵一样对待破产的创业家，也许不用给予那么多的荣誉，但应该基于完全相同的逻辑给予他们认可（创业者仍然活着，却被贴上了道德败坏、欺世盗名的标签，如果他生活在日本，这种情况更甚）。这个世上不存在“失败的战士”的概念，无论他是牺牲了还是活着（除非他做出了懦夫的行为），同样，也不存在失败的创业者或失败的科研人员这种说法。但这个世界上存在着成功的胡说八道者、成功的伪哲学家、成功的评论员、成功的顾问、成功的说客，或成功的商学院教授，而他们根本不承担个人风险。（请原谅我这么说。）

心理学家将“过度自信”列为一种疾病，认为过度自信可能会让人们在创业的过程中被成功的可能性蒙蔽。但请注意，为了他人的利益而承担风险的英雄式良性行为（比如反脆弱性的案例），与更肮脏的现代模式、涉及负面“黑天鹅”事件（比如过度自信的“科学家们”计算的有关福岛反应堆的风险概率）的行为大不相同。在前一种情况下，过度自信是一件好事，因此不应该被遏制。

只要比较一下创业者与公司内墨守成规、谨小慎微地等待升迁的经理人就知道了，后者几乎很少冒险。

在如今的全球化和互联网时代，我们越来越多地看到伊拉斯谟所称的“大众的忘恩负义”。

我梦想的解决方案是，我们设立一个美国创业者日，并为其写就以下感谢词：

> 你们中的大多数人将遭受失败、轻慢和贫困，但是我们非常感谢你们为全球经济的增长与他人脱贫而承担的风险和做出的牺牲。你们正是反脆弱性的来源。美国感谢你们。

第二卷

现代化与对反脆弱性的否定

正如波德莱尔的诗歌《信天翁》所述，注定要在天上飞翔的鸟儿如果被困在地上，就只能显得笨拙可笑，因为它的羽翼反而使它步履艰难。波动性一词源于volare，它在拉丁文中是“飞”的意思，这真是非常贴切。剥夺政治（及其他）系统的波动性会对它们造成损害，这种行为可能会引发连锁反应，导致更大的波动性。

本书第二卷将阐述否认毒物兴奋效应所产生的脆弱性、有机体的自然反脆弱性，以及我们是如何出于良好的意图，挥舞着自以为是的指挥棒而对系统造成伤害的。我们力求减少社会和经济制度的压力和随机性，将它们塞入普罗克拉斯提斯的温暖舒适，但最终却贻害无穷的现代化的床上，结果这些系统变得愈加脆弱。

普罗克拉斯提斯是希腊神话中的旅馆老板，为了让旅客的身高刚好符合床的长度，他会砍掉高个子的脚，而把矮个子的腿拉长。他想让床的尺寸与旅客的身高完全吻合。

正如我们在第三章中所看到的，将有机体视为一台简单的机器，无疑只能得到一种简化的、近似的或是残缺的结果，这就跟普罗克拉斯提斯之床差不多。而我们做这些事情的时候往往还踌躇满志，因为我们深感“修复”的紧迫性，结果便是在对随机性的恐惧和对一帆风顺的憧憬中将我们要修复的东西一一摧毁。[1]

第二卷还将讨论人类和自然力量之间的竞争，一些反脆弱性系统对波动性的渴求，以及我们在消除社会、政治和其他系统中的波动性的同时，是如何让它们更易遭受“黑天鹅”事件的攻击的。

1. 用线性来简化和代替非线性时，简化失败会造成最大的损害。这才是最罪恶的普罗克拉斯提斯之床，也是一切问题的根源。

第五章

露天市场与办公楼

- 红白两派人士都前往苏黎世。
- 战争并非监狱。
- “火鸡”计划受阻。
- 记住我们都处于极端斯坦中。

两种职业

让我们来看看约翰和乔治这对儿孪生兄弟的命运吧，他们都出生于塞浦路斯，目前都住在大伦敦地区。约翰 25 年来一直在一家大银行的人事部门任职，负责全球员工的调动和外派；乔治是一名出租车司机。

约翰拥有一份完全可预测的收入（或者他是这么认为的），他享有福利和4个星期的带薪年假，以及因在公司效力25年而被授予的一块金表。每个月，约翰都要存 3 082 英镑到英国国民西敏寺银行的支票账户。部分是为了偿付他在伦敦西区房子的抵押贷款，部分是为了支付公用事业费和买羊奶酪的费用，剩下一点点作为自己的积蓄。约翰过去常常在人们还在睡懒觉的周六的清晨早早起床，心情愉悦地告诉自己“生活是多么美好”，直到他在金融危机发生后意识到自己即将被裁员。作为人力资源方面的专家，他见多了即将退休的员工被辞退，他们漫长的职业生涯就此终结，再也不能回归职场了。

乔治与他的哥哥住在同一条街上，驾驶着一辆黑色的出租车。为了获得这张执照，乔治花了 3 年时间努力记住大伦敦地区的街道和公路，这也扩展了他的大脑额叶，给了他在路上搭载乘客的权利。乔治的收入存在极大变数。运气好的日子，他能挣几百英镑，运气不好则入不敷出，但是，年复一年，他的平均收入与他哥哥的收入相差无几。到目前为止，在乔治 25 年的职业生涯中，他只有一天是一笔生意都没做成的。由于收入的起伏很大，乔治总是抱怨自己的工作没有哥哥的工作稳定，但实际上这是一种错觉，因为乔治的工作其实更稳定一些。

这就是生活中的核心错觉，即认为随机性是有风险的，是一桩坏事，消除随机性，就可以消除风险。

技术工人，比如出租车司机、妓女（一个非常非常古老的行业）、木匠、水管工、裁缝和牙医，他们的收入有一定的波动性，但他们的职业对于“黑天鹅”事件，也就是能够完全切断一个人收入来源的事件，有着强大的抵御能力。他们的风险是显而易见的。他们与公司雇员不一样，后者一般不承受波动性，因而如果接到人事部的解雇电话，他们只会大感意外。雇员的风险是隐性的。

多亏收入的波动性，技术工人这类职业才带有一点儿反脆弱性：小的变动促使技术工人不断地从环境中学习，并在持续的压力下保持竞争力与适应力。请记住，压力就是信息：技术工人由于有持续的压力而不断获得调整的机会。此外，他们还有机会获得一些意外的礼物和惊喜，以及可以自由选择——这可是反脆弱性的一大标志，我们将在第四卷对此进行讨论。乔治已经习惯了每隔一段时间就接到一个离谱的预约电话，对此他有权利拒绝，比如在上次冰岛火山爆发的恐慌中，当英国航运交通完全关闭时，一个富有的老太太要求他开车送她到法国南方参加一个婚礼，往返行程有 2 000 英里[1]。同样，一个妓女说不定有机会遇到一个极其迷恋她的富翁，他可能会赠送她一颗非常昂贵的钻石，甚至向她求婚，而且看上去她不用等多久就可以继承那个富翁的遗产了。

乔治的工作时间完全由自己决定，直到不想工作为止（许多人到 80 岁了还开出租车，主要是为了消磨时间），因为乔治是自己的老板，而他的哥哥在 50 多岁时却失业了。

这两种收入波动之间的差别也存在于政治系统中——事实上，正如我们在接下来的两章中将看到的，这种差别还见于生活的方方面面。人为消除随机性所带来的结果相当于约翰的收入：清晰、稳定，但很脆弱。这样的收入经受不住大的冲击，随时可能变成零（如果约翰出生在一些福利型国家的话，他可能还能领到一些失业救济金）。自然随机性带来的结果更像乔治的收入：经得起非常大的冲击，但也必须承受每天的波动性。此外，请注意波动性有助于改善系统（因此才会出现反脆弱性）。如果出租

1. 1 英里 ≈1.609 千米。——编者注

车司机或妓女在一个星期内的收入不断减少，他们无疑会得到有关周围环境的信息，比如他们应该去这个城市里客户常去的地方；如果他们约有一个月的时间没有收入，他们会更新自己的技能，另谋出路。

此外，对自雇人士来说，一个小的（非致命的）错误可以传递宝贵的信息，引导其采用更合适的方法。可是，对于约翰那样被他人雇用的职员来说，犯下的错误会被永久记录在人事部门的档案中。约吉·贝拉说过："我们犯了错的错误。"——对约翰来说，所有的错误都是错的错误。自然偏爱小的错误（没有这些小错，遗传变异是不可能完成的），但人类却不喜欢错误，因此，当你依赖于人的判断时，你就只能任凭厌恶反脆弱性的心理偏见摆布。

所以，唉，人类害怕第二种波动性，我们试图努力保护系统却无知地弱化了系统，或者泯灭了它们的反脆弱性。换句话说（这一点值得我们在每次出现这种情况时再三强调），这种规避小错误的方法将导致下一次犯的错误更加严重。

集权制大国类似于约翰的收入，而城邦制模式犹如乔治的收入。约翰有一个大雇主，乔治则有许多小雇主，后者可以选择最适合他的最佳雇主，因此，在任何时候都有"更多选择"。事实上，表面上看起来很稳定的其实很脆弱，而给人以脆弱假象的其实很强大，甚至具有反脆弱性。

你在一个系统中看到的波动性越多，其实它越不容易遭遇"黑天鹅"事件。现在，让我们用瑞士的故事来探讨这种理念在政治制度中是如何体现的。

列宁在苏黎世

最近，我在苏黎世一家由咖啡馆改建的高档餐厅里细究了一份高价菜单，菜单上标注的饭菜价格至少是美国同等质量饭菜价格的 3 倍。最近的全球金融危机让瑞士比以前更像一个避风港，而这推动其货币大幅升值，可以说，瑞士是全球最具反脆弱性的地方，它从世界其他地方遭受的冲击中受益。我的朋友——一位作家告诉过我，当年列宁住在这里时，曾在这个咖啡馆里与达达主义诗人特里斯坦·查拉下棋。是的，就是那位后来被称为列宁的俄国革命家弗拉基米尔·伊里奇·乌里扬诺夫，他曾在瑞士小住过一段时间。列宁绘制了以中央集权的方式自上而下建设伟大的现代主义国家的宏伟蓝图，也可以说他进行了一次最大的人类实验。

瑞士的各大主要城市，如苏黎世、日内瓦、洛桑都留下了政治流亡者的踪迹：从被穆斯林驱逐的伊朗王室，到执行“B 计划”的最新非洲当权者，甚至伏尔泰都曾在瑞士隐居过，他住在费内靠近法国边境的日内瓦郊区（当时此地还未加入海尔维第共和国）。深谙“狡兔三窟”之道的伏尔泰在惹恼了法国国王、天主教会或其他当权者后，就会逃到费内躲起来——人们通常不知道的是，伏尔泰还常常因为经济原因躲到这里。伏尔泰是一个白手起家的富裕商人、投资者和投机交易商。值得一提的是，他的大部分财富都源于他在压力下产生的反脆弱性，他在早年流亡时期就开始了财富的积累。

因此，与伏尔泰一样，来到瑞士的流亡者的流亡原因有很多。比如出于财务安全方面的考虑从动乱地区逃到瑞士的流亡者，他们的特征很容易识别：昂贵而单调的衣服、平淡的谈吐、做作的举止，以及昂贵的（华丽的）手表，换句话说，他们都是非伏尔泰式的流亡者。像许多有钱人一样，他们觉得自己有权自娱自乐。这些无趣的人与其说是为自己寻找庇护，倒不如说是为他们的资产寻求庇护。一些政治人物可能更愿意逃往法国或英国以躲避他们本国政权的压迫，因为法国和英国周六的夜晚要热闹得多，但是他们的活期存款账户肯定开在瑞士。从经济角度看，瑞士是全球最具强韧性的地方，而且好几个世纪以来都是如此。

形形色色的人带着他们的钱包，来瑞士寻求庇护、安全和稳定。但是，所有这些难民都没有注意到一个显而易见的现象：这个世界上最稳定的国家竟然没有一个政府，并且它没有因为没有政府而不稳定，相反，它之所以稳定正是因为它没有政府。随便找一些瑞士公民来说说他们知道的总统的名字，他们通常说得出法国或美国的总统，但自己国家却没有总统。瑞士的货币体系运作良好（在写本书时，该货币体系被证明是最安全的体系），但相对于其货币发行量，其央行规模却很小。

在瑞士避难的那些政客在图谋重掌政权时，他们是否认识到了这种无政府状态呢？他们是否承认，自己之所以能在瑞士逗留，就是因为这里没有政府，并且就此接受城邦制或无政府的政体呢？门儿都没有。

当然，说瑞士没有政府也并不完全正确。事实上，瑞士是没有强大的中央政府，或者我们通常意义上的“政府”。这个国家完全是自下而上地由自治市或区域行政区（称为“州”）治理着，它就好像是有准主权的迷你国家所结成的联邦。这里充满波动性，居民们会为喷泉或其他鸡毛蒜皮的事情进行争吵。在瑞士，生活不一定会很愉快，因为有些邻居实在爱管闲事，这形成了一种自下而上的专政，虽然不是自上而下的，但仍然是专政。但是，这种自下而上的专政抵御了乌托邦式浪漫主义的侵入，因为任何宏大的想法都不会在这样一个庸俗的氛围中产生——只要在日内瓦老城区的咖啡馆里待上半天，尤其是周日的下午，你就能了解，这里的生活有多么慵懒：没有任何宏伟的思想和抱负，一切都是微不足道的（一个著名的讽刺说法是：瑞士最大的成就是发明了布谷鸟钟，而其他国家则产生了伟大的作品——这种说法很好，只是布谷鸟钟并不是瑞士发明的）。但是，这样的系统却在每一个层面上产生了稳定性，虽然是极其沉闷的稳定性。

还要注意的是，在瑞士，在整个日内瓦，在苏黎世的部分地区（市区），尤其是在格斯塔德和圣莫里茨等滑雪胜地，我们都能看到浮华得令人生厌的场景，这绝非该国所努力打造的，也并非其所负使命的一部分，而是成功带来的结果，因为瑞士吸引着丑陋的富商和避税者。

请注意，这是最后一个不是由中央政府统一管理的主要国家，它是众多小城邦的集合，这些小城邦按照自己的方式管理着它们的国家。

自下而上的变动

我所说的这种自下而上的变动或噪声，指的是在自治市内部发生的政治波动，以及日常事务中的小争端和摩擦。它不具有规模可变性，换句话说，如果扩大其规模，比如将一个社区的居民人数扩大 100 倍，那么你将看到截然不同的情况。一个大国的运作方式与一个大自治市的运作方式不可同日而语，这就好像一个婴儿的行为举止与小个子成人的行为举止肯定大不相同。这种差异是定性差异：社区人数的增加改变了各方关系的质。回想一下前文我们说过的非线性。如果实体中的人数变成原来的 10 倍，其原来的特征也必定会改变：你会看到一种转型。在这里，对话从平凡但有效的方式转向抽象的数字，可能更有趣，也更学术，但是却不那么有效。

自治市之间会有领地纷争，自治市内部也不乏内讧，但就是这种人与人之间的争斗，凝聚形成了一个相当良性和稳定的国家。我们看到，瑞士就好像乔治的收入，之所以稳定是因为在每个层面上都有变动和噪声。出租车司机每天的收入不稳定，但每年的总收入却相差不大，同样，瑞士在整体上保持着稳定性，因为各州集合在一起，产生了一个稳健的系统。

人们处理地方事务的方式与他们处理巨大的、抽象的公共支出的方式有很大的不同：我们自古就生活在家庭和部落中，能够很好地管理这些小的社会单元。[1]

此外，生物学能对自治市环境起作用，但对一个更大的系统却不起作用。一国政府竟然会丝毫没有羞耻感（也不会脸红），而这些本应是对过度开支或者在越南滥杀无辜的恶行所做出的正常的生理反应。与他人的眼神交流会改变一个人的行为。但是，对于一台安装在办公桌上的处理器来说，数字只是数字。周日的早晨你在教堂看见的一些人会为自己的错误感到内疚，也会对错

1. 在此，我绕过了一个经济学话题，即实行自治的城邦制国家是否充满了经济活力——经济活力是亨利·皮雷纳和马克斯·韦伯以一种浪漫的方式所鼓吹的概念。从数学角度来说，我的观点是：一群半独立的、形形色色的小单元组成的集合，在风险特征上与一个巨型单元是不同的。

误负起更大的责任。在小规模的、局部的范围内，他的身体和生物反应都会引导他避免对别人造成伤害。但是，在一个很大的范围内，“别人”只是一个抽象的概念；由于缺乏与相关人员的社会接触，他们更容易被公事公办的思维方式而非自己的情绪左右，也就是说，只根据数字、电子表格、统计数字，以及其他理论去做事。

当我向我的合著者马克·布莱思表达这样的想法时，他脱口而出一个显而易见的事实：“自治市里根本出不了所谓的大人物。”

“小”在其他许多方面都表现出了一种美。事实上，“小”汇总起来（也就是小单元的集合）比“大”更具反脆弱性——事实上，大的东西注定要分崩离析，这是一个数学属性，稍后我们还会解释，但可悲的是，这种现象似乎普遍见于大公司、大型哺乳动物以及大政府。[1]

有关抽象的事物还有另一个问题，也就是心理上的问题。我们人类对所有不具体的东西都嗤之以鼻。我们可能更容易被身边哭闹的婴儿，而非客厅电视播放的外地或外国成千上万濒死的人影响。灾难在一些情况下是悲剧，但在另一些情况下只不过是一些统计数据。我们的情绪能量让我们无视事件发生的概率，而媒体让事情变得更糟，因为媒体会利用我们对逸闻趣事的痴迷、对耸人听闻事件的渴求来影响我们，并因此产生了很大的不公平。如今，每 7 秒钟就有一个人死于糖尿病，但媒体更愿意报道被飓

1. 我们常会听到对规模不同的国家的政体进行比较的辩论，比如比较新加坡和马来西亚。这种辩论让人苦恼，因为单元的规模大小其实比系统更重要。

风掀掉屋顶的灾难受害者。

现在的问题是，官僚机构的建立使得公务员都在抽象的理论基础上做决定，同时却误以为他们是在以合理的、负责任的方式行事。

另外，再来看看恼人的游说者吧，这个群体在自治市或小区域中是无法立足的。由于权力（部分）集中在布鲁塞尔的欧盟委员会，欧洲人痛苦地发现，这些游说者为了某些大公司的利益而操控民主制度。只要能影响布鲁塞尔的一项决定或法规，游说者便能得到一大笔钱。这比在自治市获得的回报大得多（成本却很低），因为在自治市议会上需要一大批游说者，才有可能说服与所在社区的利益密不可分的选民。[1]

规模效应的另一方面表现为：小企业一般是不太可能雇用游说者的。

这种自下而上的效应，在法律中也很常见。意大利政治家、法律哲学家布鲁诺·莱奥尼就认为，基于法官审判的法律（由于有多样性）要比明确而僵化的法典更具强韧性。你可能认为，法官的判决简直像买彩票，但是，它确实有助于防止大规模的错误。

我用了瑞士的例子来展现政治制度的自然反脆弱性，以及如何通过管理噪声来实现稳定。我们应该建立一个机制，让政治体

1. 值得庆幸的是，由于辅助性原则的确定，欧盟在法律上免于过度集权化管理：各项事务都可以由能够实行有效管理的尽可能小的单元进行处理。这个概念源于天主教教会：从哲学的角度来说，一个单元不需要很大（如国家），也不能很小（如个体），而应介于两者之间。这是一个极具哲理的概念，尤其从第四章所说的脆弱性的转移以及规模带来脆弱性的角度来考虑。

制遵循自然的发展进程，而不是限制这种自然进程。

请注意瑞士的另一个特征：它也许是历史上最成功的国家，但一直以来，它的高等教育水平都要比其他富裕国家低。它的系统，比如银行系统，即使在我工作的时代，也都是基于学徒模式的：其更接近职业培训而不是理论学习。换句话说，是基于工艺和技术诀窍而非书本上的知识。

远离极端斯坦

现在，让我们来看看这一过程的技术方面，从统计学角度来看人类干预事件波动性的效果。这种自下而上的波动和自然体系的波动有一个明确的数学属性。它产生了一种被我命名为平均斯坦的随机性，而非无法控制的极端斯坦，前者包含众多看似非常可怕，但是汇总后便相互抵消的变化（随着时间的推移，或者将自治市集合起来形成较大的共和国或实体），后者在大部分时间内非常稳定，但偶尔会陷入重大混乱状态，也就是说其暗含会产生严重后果的错误。前者是波动，后者是跳跃。前者充满许多小的波折，而后者则不规则地进行突变。正如司机的收入与银行职员的收入。两种随机性存在质的区别。

平均斯坦包含很多变化，但没有一个是极端变化；极端斯坦的变化不多，但都是极端变化。

我们再换种方式来理解这种差异：你的卡路里摄入量属于平均斯坦。如果你将一年内消耗的卡路里加总，即使不把你故意多算的减掉，你也会看到，没有哪一天消耗的卡路里量在总量中占据较大比重（最多占比 0.5%，或者不超过 5 000 卡路里，而你一年消耗的热量可达 80 万卡路里）。因此，一些异常的、罕见的事件从总体和长期的角度来说，都只能起到无关紧要的作用。你不可能在一天内让体重翻番，甚至一个月、一年也无法实现这一目标——但是，你的财富净值可能在很短的时间里增长一倍或减半。

比较另一种情况，如果你销售图书，那么你会看到，一半以上的销售额（甚至 90% 的利润）往往来自最畅销的 0.1% 的图书，在这种情况下，例外事件，也就是千里挑一的事件，占据了主导地位。这与金融问题和其他经济问题一样，往往属于极端斯坦，就像历史总是以突变和跳跃的方式，从一个状态跳到另一个状态。[1]

图 5-1 说明了反脆弱性系统在被剥夺了自然变动（主要归咎于天真的干预）后，会受到什么样的伤害。除了自治市的噪声，这个逻辑同样适用于：在无菌环境中生活一段时间后走出来的孩子，一个自上而下力求政治稳定的系统，价格管制的影响，以及一家公司的规模优势，等等。我们从一个充满可控波动性的稳定系统（平均斯坦）[接近统计意义上的“钟形曲线”（属于高斯或正态分布一类）]，切换到一种具有高度不确定性，以跳跃方式运动，被称为“长尾”的系统。长尾是极端斯坦的代名词，指的是一些发生概率很低的事件，但这些“尾部”事件却拥有巨大影响力。第一个系统（图 A）虽有波动，起起伏伏，但不会沉没。第二个系统（图 B）没有显著波动，但会因偶发的动荡而急速沉没。从长远来看，第二个系统更为动荡，起伏惊人。如果限制第一个

1. 当随机性以及一些小的经常性的政治混乱分散在为数众多的小单元里，我们得到的是第一种类型，也就是和缓的平均斯坦。当随机性集中起来，我们则会得到第二种类型，也就是诡谲的极端斯坦。

系统，我们往往会得到第二个系统。

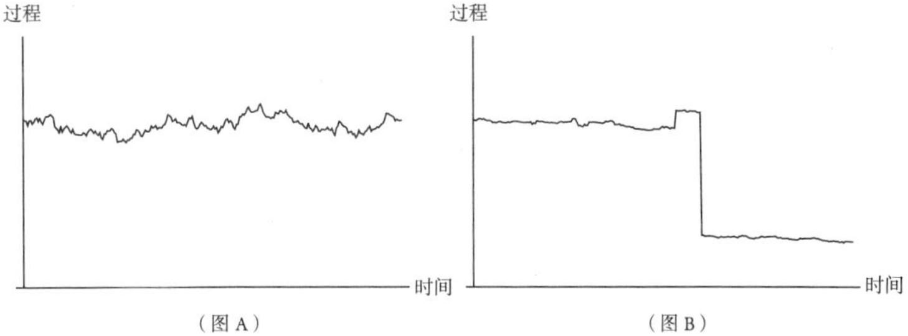

图 5–1　稳定系统与跳跃性系统中变动的对比

注：该图对比了自治市的噪声或露天市场分散的变动（图 A）与集中管理或人为管理的系统（图 B）的情况，或者，对比了一个出租车司机的收入（图 A）与一个银行职员的收入（图 B）的情况。图 B 显示了急转直下式的变动，或者从“黑天鹅”到“黑天鹅”的过程。人类的过度干预会使系统从平均斯坦转向极端斯坦。这种效果在所有受到约束的系统中都很常见，比如健康系统、政治系统、经济系统，甚至也存在于不同的人类情绪中。创业者驱动的硅谷（图 A）和银行系统（图 B）也存在这种差别。

还要注意在极端斯坦中，可预测性是非常低的。在图 B 这种随机性呈伪稳定状态的情况下，错误看似很少发生，但一旦发生就会造成严重后果，且常常具有毁灭性。其实，正如我们将在第四卷阐述的一个论点所示，由于上述特性，做事时如果拘泥于计划、不善变通就必然失败——鼓吹规划有助于企业发展简直是胡说八道，事实上，这个世界太随机、太不可预测了，我们怎么可能基于未来的波动性制定政策？生存取决于适应性和环境条件的相互作用。

重大的“火鸡”问题

现在让我从有关“长尾”和极端斯坦的图表和技术术语回到

我的黎巴嫩口语。在极端斯坦下，人很容易被过去事件的特性愚弄，并坚信一个完全过时的故事。看看图 5-1 中的图 B，在走势急转直下之前，人们很容易相信当前的系统是安全的，尤其是当系统从图 A 带有“可怕”的明显波动的随机性状态切换到了看似更安全的图 B。波动性似乎是下降了，但事实并非如此。

一只火鸡被屠夫喂养了 1 000 天，它每天都向其分析师求证，屠夫对自己的爱的“统计置信度与日俱增”。屠夫会将火鸡一直饲养到感恩节的前几天，随后，重要的日子就来临了，当然，这一天对火鸡来说绝非好日子。所以，只有在看到屠夫的意料之外的行为时，火鸡才会转变自己的信念——而此时，正是其“屠夫爱火鸡”的信念被强化到极致之时，它认为自己的生活“平静如

图 5-2　一只火鸡在使用过去的“证据”进行“严谨”的未来预测，而无视感恩节的来临

水”，未来前景一片光明。但问题是，这种意外就是一种“黑天鹅”事件，当然这只是对火鸡而言，并非对屠夫而言。

从火鸡的故事中，我们可以看到所有有害性错误的根源：将缺乏证据证明存在危害视为有证据证明不存在危害。我们将会看到，这种错误在知识界极为普遍，在社会科学领域也根深蒂固。

因此，在生活中，我们的任务就是“如何不让自己成为火鸡”，或者如果可能的话，争取获得与火鸡相反的特征，也就是获取反脆弱性。要想“不做火鸡”，就要了解真正的稳定和人为的稳定之间的差异。

读者很容易想象，波动性被压抑了的系统在爆炸后会发生什么。我们有一个恰当的例子，2003 年当美国突然推翻萨达姆·侯赛因和他的政权时，阿拉伯复兴社会党遭到取缔。当时有超过 10 万人死亡，10 年后，伊拉克仍是一个烂摊子。

1.2 万年

我们一开始以瑞士的例子展开讨论，现在，让我们稍微向东推进一点儿。

在很长一段时间里，也许是从陶器出现之前的新石器时代直到现代的 20 世纪中叶，黎凡特北部（大约是今天叙利亚和黎巴嫩的北部）都是人类历史上最繁荣的地区。这段时间长达 1.2 万年，相比之下，英国只繁荣了三四百年，斯堪的纳维亚半岛到现在只繁荣了 200 年。地球上很少有地方能够持续繁荣，或者达到历史学家所说的“长期”繁荣。其他城市的经济起伏不定，但是阿勒颇、埃米萨（今日的霍姆斯）和劳迪西亚（今天的拉塔基亚）却保持着相对富裕。

黎凡特北部自古以来就是商人和农场主的聚居地，这里商人众多是因为该地恰好是丝绸之路上的一个枢纽，农场主众多是因为地中海大部分地区，特别是罗马的小麦都是该地供应的。该地区在分裂之前出了好几代罗马皇帝和天主教神父，以及30多位希腊语言作家和哲学家（其中包括柏拉图学院的多名负责人），此外还有史蒂夫·乔布斯的祖辈。乔布斯这位具有远见卓识的美国计算机行业创业者给我们带来了苹果电脑，而我正是用苹果电脑敲出这些文字的（你可能正在用苹果平板电脑阅读它们）。我们从关于罗马时期的记录中了解到了黎凡特的自治情况，它是由当地的精英管理的，奥斯曼帝国后来也保留了这种分权式的治理方法。

随后发生了两个事件。首先，在第一次世界大战后，黎凡特北部地区的一部分被分割，并纳入新创建的国家——叙利亚，而其他部分如今则是黎巴嫩的一部分。这整个区域原本都属于奥斯曼帝国，一直以准自治区的方式运行，奥斯曼人与之前的罗马人一样，也允许地方精英管理当地政务，只要上缴足够的税赋即可，奥斯曼人自身则全力以赴应对战争。奥斯曼式和平与以前的罗马式和平一样，有利于商业的发展。合同签订后就必须执行，这是政府最有用的功能。在最近的一本怀旧之作《黎凡特》中，菲利普·曼塞尔记录了地中海东部的这些城市是如何以城邦制的形式运作的，它们与欧洲腹地形成鲜明对比。

在叙利亚统治之后的数十年内，现代化的阿拉伯复兴社会党进一步执行乌托邦政策。但在阿拉伯复兴社会党开始实行中央集权统治和执法后，阿勒颇和埃米萨立即衰落了。

阿拉伯复兴社会党根据其“现代化”计划所采取的举措之一，就是取缔了古老的乱糟糟的露天集市，取而代之的是焕然一新的现代化办公楼。

效果立竿见影，一夜之间，商人家庭纷纷逃往纽约和新泽西州（主要是犹太人）、加利福尼亚州（主要是亚美尼亚人）和贝鲁特（主要是基督徒）。贝鲁特的氛围有利于商业发展，而且黎巴嫩是不受任何真正的中央政府管制的一个规模较小、温和、松散的国家。黎巴嫩的规模之小令其很适合成为一个自治市，事实上，它的规模还不如一个中等规模的都市。

战争还是监狱，或者两者都选

然而，尽管黎巴嫩具备了所有恰当的条件，但这个国家的管理却过于松散。允许巴勒斯坦各派别都拥有武器这一政策引发了各派之间的军备竞赛，而这个国家还在坐观事态的升级。松散的管理有利于国家的活力，但黎巴嫩太过松散了，过犹不及。这就像允许纽约的每一个黑手党头目都组建一支比美国参谋长联席会议领导下的军事力量更强大的军队（试想一下，黑手党教父约翰·戈蒂掌握导弹会怎么样）。因此，1975 年，黎巴嫩爆发了激烈的内战。

我祖父的一个朋友讲过一句话，让我非常震惊。那个人是一位从复兴党政权下逃离的富有的阿勒颇商人。黎巴嫩内战爆发后，我的祖父曾问过那个朋友为什么不回阿勒颇，他的回答很明确：“我们阿勒颇人宁愿打仗也不愿意蹲监狱。”我开始以为这位商人的意思是士兵会把他抓进监狱，但后来我意识到，这里的“监狱”指的是政治和经济自由的丧失。

经济生活似乎也更喜欢战争而非监狱。大约一个世纪前，黎巴嫩和叙利亚北部的人均财富（经济学家所说的国内生产总值）相差不大——文化、语言、种族、食物，甚至笑话都差不多。除了黎巴嫩呈现完全松散的状态，而叙利亚有复兴党的“现代化”法规制约，一切都没有什么不同。但是，尽管黎巴嫩内战造成人口锐减和严重的人才外流，使得国家的财富水平倒退了几十年，当然，还有各种各样的混乱和动荡，但如今黎巴嫩仍保持着相当高的生活水准，其财富是叙利亚的3~6倍。

这一点也没有逃脱文艺复兴时期意大利著名的政治思想家马基雅弗利的眼睛。让－雅克·卢梭引用他的话语写道：“马基雅弗利写道，在谋杀和内战中，我们的共和国更为强盛，而公民也学到了美德……微小的骚动和焦虑滋养了灵魂，让物种繁荣的不是和平，而是自由。”

罗马式和平

中央集权制国家在历史上并非新事物。事实上，在古埃及就存在过非常类似的体制。但是，那是历史上的一个孤立事件，而且它并未持续很长时间：在来自小亚细亚的猖狂、野蛮的侵略者的猛烈战车（简直是一个撒手锏）的进攻下，埃及的高压政治开始瓦解。

古埃及王朝并不是以帝国的方式治理国家，而是采取集权制统治，这两者是相当不同的，正如我们所看到的，它会产生不同类型的变化。集权制国家依赖于中央集权官僚制度，而帝国，如罗马帝国和奥斯曼王朝，则更依赖于当地的精英，事实上帝国允许城邦繁荣发展并保留一定的有效自治权——对和平更有利的是，这些自治是商业自治，而不是军事自治。在现实中，奥斯曼帝国为这些属国做的一件好事是，避免它们彼此交战，这就消除了军事竞赛的诱惑，促使它们繁荣兴旺；无论这个系统从表面上看是何等不公平，但它毕竟让当地人更关注商业而不是战争。也就是说，这防止了它们自相残杀。戴维·休谟在《英格兰史》中就主张国家要小，因为大国更容易受到战争的诱惑。

显然，无论是罗马还是奥斯曼帝国，允许当地自治并非因为它们喜欢别人享有自由，它们这样做是为了便利。帝国的运作方式（主管某些事务）与半独立的区域自治（允许区域处理自己的事务）的结合，要比强行推行统一主权的中央集权制国家更具稳定性。

有些国家虽然也实行中央集权制，比如古代埃及，但在实践中它们与罗马帝国和奥斯曼帝国的治理方式差别不大，不同的是前者通过供养文士集中了智慧，通过文官制度垄断了知识。我们中的一些人可能会记得那些没有互联网，没有电子监控税单的年代。在电报、火车和后来的电话构成的现代通信网络建立之前，国家不得不依靠信使传递信息。因此，当地的统治者往往要负责大量事务，虽然他未必有相对应的官衔。建立中央政府的国家在经济体中一直只占 5% 的比例，直到近代，而如今，欧洲的这一比例已经升至原来的 10 倍左右。此外，当时的政府被战争牵扯了大量精力，因而不得不将经济事务留给商人。[1]

1. 需要注意的是，人们开始用一个新词“巴尔干化”来形容由分散的国家所造成的混乱，就好像分裂本身就是一件坏事，就好像巴尔干问题还有什么好的解决方案，可是，却没有人使用“赫尔维蒂化”（赫尔维蒂是瑞士的古国名）来形容瑞士这种松散治理的成功。

有战争或没有战争

让我们来看看在集权制国家德国和意大利建立（这被称为“重新统一”，就好像这些国家在过去的岁月中也曾形成过一个明确的整体）之前的欧洲。在这些浪漫的实体创建之前，欧洲大陆上的国家如细胞一样分裂繁衍、形态不定，大小城邦混战不止、分分合合。比如，历史上热那亚和威尼斯绝大部分时间都在争夺地中海东部和南部地区，就像两个妓女为抢夺人行道上的地盘撕扯。城邦混战也有好处：小国很难应付一个以上的敌人，因此战争促使各国忽敌忽友。城邦之间时常出现关系紧张的局面，但是不会酿成重大后果，就像英伦三岛的雨，淅淅沥沥，连绵不断，偶尔引发的洪水也从未大到不可收拾的地步，远比长期干旱后的强降雨容易应对。换言之，这就是平均斯坦。

19 世纪后期，集权制就如传染病一样蔓延开来，结果在这些集权制国家间爆发了两次世界大战及其余波：受害者超过 6 000 万（也可能是 8 000 万）。有无战争的区别变得巨大，呈现显著的割裂。这与产业界向“赢家通吃”的模式转换并无差异，即少数事件居于主导地位。城邦的集结如同我们早先提到的餐饮业：动荡不定，但你永远不会看到一个大规模的餐饮业危机——这一点与银行业很不相同。为什么？因为它是由大量独立而相互竞争的小单元构成的，这些小单元靠一己之力并不足以危及整个系统，或使其从一种状态进入另一种状态。随机性被分散而不是被集中在一起。

有些人陷入了幼稚的“火鸡式”思维，认为这个世界变得越来越安全了，并天真地把它归功于神圣的“国家”（尽管自下而上管理的瑞士才是全球暴力事件发生率最低的地方）。它好比说，核弹更安全，因为它们爆炸的机会较小。世界各地的暴力行为越来越少，但是战争的潜在危害却更大了。20 世纪 60 年代，当美国对苏联的核战争几乎一触即发时，我们是那么接近毁灭性的灾难，真的很近。当我们观察极端斯坦的风险时，我们并未看到什么证据（证据往往来得太迟了），但我们要看的是潜在的危害：这个世界从未像今天这样那么容易遭受重创，从来没有。[1]我知道，我很难向天真的数据驱动型人士解释，风险存在于未来，而不是过去。

混乱的多民族帝国，也就是所谓的奥匈帝国，在一战后就消亡了，一同消亡的还有其邻国及对手奥斯曼帝国（其实在很大程度上，奥匈帝国与奥斯曼帝国是姊妹国，这一点不要告诉它们），取而代之的是政权鲜明统一的集权制国家。奥斯曼帝国消亡后，剩下来的一些民族结合在了一起，效法瑞士，成立了土耳其，却没人发现其中格格不入的地方。维也纳则被纳入了奥地利，而除了正式的官方语言，它们并无共通之处。想象一下，将纽约市迁至得克萨斯州中部，并仍称其为纽约会怎样。维也纳的犹太作家斯蒂芬·茨威格，是当时世界上最有影响力的作家，他在凄美的回忆录《昨日的世界》中表达了他的痛苦。维也纳与文化各异的众多城市，如亚历山德里亚、士麦那、阿勒颇、布拉格、塞萨洛

1. 更严格地审视一下数据，并根据未知数据做适当调整，我们会发现，能够摧毁地球的战争与统计数据所显示的完全一致，甚至都不是一个“偏值”。正如我们所见，本·伯南克也被他自己的“大稳健”的构想蒙蔽，这仍是一个“火鸡式”问题：一个从顶部施压以压制波动性的流程会迷惑他人。有些人，比如斯蒂芬·平克就误读了统计过程的本质，因而坚信金融领域也存在类似于“长期稳健”的状态。

尼基、君士坦丁堡（现在的伊斯坦布尔）、的里雅斯特等捆绑在一起，上了集权制国家这个普罗克拉斯提斯之床，而其公民则纷纷陷入对过去年代的怀旧情绪。由于无法面对失落感，也无法融入其他地方，茨威格后来在巴西自杀。我第一次读他的传记时，自己也正陷于一个类似的情境，一种身体和文化上的流亡，因为当时我所住的黎凡特的基督教世界在黎巴嫩战争中分崩离析，我想，如果茨威格去了纽约的话，也许他现在还活着。

第六章

告诉他们我爱随机性

- 极端斯坦下的麦克斯韦。
- 喂驴的复杂机制。
- 维吉尔说做，现在就做。

在前一章，我们主要阐述了约翰（脆弱的银行员工）与乔治（相对具有反脆弱性的出租车司机）的风险特性截然不同。同样，集权制管理系统的风险特性也不同于自治市混乱管理系统的风险特性。第二种风险由于具有一定程度的波动性而产生了长期的稳定性。

电磁学理论的集大成者詹姆斯·克拉克·麦克斯韦针对高压严控将如何导致事与愿违，甚至全线崩溃，进行了科学的论证。“调节器”这个奇妙装置的功能就是通过补偿突然发生的变化，来控制蒸汽机的速度。其目的是稳定蒸汽机，这一点它显然做到了，但矛盾的是，有时候它自己却会导致蒸汽机产生一些反复无常的行为，甚至崩溃。事实上，轻度控制是最有效的；严密控制会导致机器过度反应，有时甚至会使机器崩溃。在于1867年发表的一篇名为“论调节器”的著名论文中，麦克斯韦通过对调节器的行为建模，以数学方式论证了严格地控制蒸汽机的速度将引发不稳定性。

值得注意的是，我们可以将麦克斯韦严谨的数学推导以及有关严控的危险推而广之，从而揭开伪稳定和隐性的长期脆弱性的真相。在市场上控制物价，或者消灭投机者这些所谓的“噪声交易者”以及他们所带来的温和波动，会给人以稳定的错觉，殊不知，由此形成的平静期却可能被激烈的起伏打断。由于人们不能适应波动性，因此，他们将最轻微的价格变化也归咎于内幕消息或系统状态的变化，继而引起恐慌。如果一种货币从来没有发生变化，那么微小波动会让人以为世界末日来临了。因此，一定程度的混乱反而有助于稳定系统。

事实上，给人一点点困惑有益无害——对你有好处，对他们也有好处。让我们看看在日常生活中这一点是如何体现的，想象一个非常守时和行为可预测的人，他每天晚上6点准时回家，15年如一日。你甚至可以根据他到家的时间来校准你的钟表。但如果哪天他哪怕只迟到了几分钟，他的家人一定会因此感到焦虑。而一个行程表波动性稍大，因而行为不太可预测的人（比如他到家时间前后总有半小时波动），则不会让其家人焦虑。

变化也可起到大清洗的作用。小森林的定期火灾清洗了这个系统中最易燃的树木，令其没有机会继续生长。而系统性地预防森林火灾以确保“安全”的措施，却将导致下一场火灾造成的破坏更加惨重。出于同样的原因，稳定并不利于经济的发展：由于缺乏挫折，企业在长期的稳定繁荣中变得非常脆弱，隐藏的脆弱性在平静的表象之下暗暗积聚，因此，将危机延后并非良策。同样，市场缺乏波动性会导致隐性风险肆意增长。市场规避动荡的时间越长，当危机真正来临时，损失就越惨重。

这种稳定带来的不利影响可以通过科学的建模清楚明了地呈现，但是我在做交易员时，就听人说过，交易老手（而且是经验丰富的老手）会使用一种启发法：当市场创下“新低”，也就是跌至许久不遇的低谷时，人们会争相“割肉”逃离市场。不舍得割肉的则会遭遇更大的损失，乃至陷入深渊。一个你多年，比如两年都未见过的市场低位（我们将其称为“两年来的新低”）会比“一年来的新低”导致更多损失。老手称之为“洗牌”，在这种情况下，“菜鸟”会被排挤出局。“菜鸟”显然是那些脆弱但不自知的人，他们被一种虚假的安全感蒙蔽。当许多这样的意志不坚者纷纷出逃时，市场崩盘就发生了。一个持续波动的市场不会让人们长时间处于没有任何“洗牌”风险的平静期，但这也防止了那种摧毁性的市场崩盘。

正如一句拉丁语谚语所说：浮而不沉。

饥饿的驴

到目前为止，我们的论点是，阻止一个反脆弱性系统出现随机性，并不总是一个好主意。现在，让我们看看一些以添加随机性为标准操作方法的情况，因为随机性作为一种必需燃料，是反脆弱性系统必不可少的。

一头又饥又渴的驴刚好站在距离食物和水一样远的地方，由于在先喝水还是先吃草这两个选择间难以取舍，它不可避免地死于饥渴。但如果它被随机地往水或食物的方向推了一步，问题就解决了——驴子得救了。这个假想实验是由中世纪的哲学家让·布里丹提出的，所以这个实验被命名为“布里丹之驴”。除了复杂的哲学理论，布里丹的另一个贡献就是引入了思维实验。当某些系统陷入危险的僵局时，只有随机性才可以解救它们，给它们自由。你可以看到，如果缺乏随机性，驴子必死无疑。

将随机性噪声注入系统以改善其功能的想法，已在各个领域得到了应用。通过一个被称为随机共振的机制，我们可以在背景中添加一些随机性噪声，从而使你听到的声音（比如音乐）更加真切。前面我们看到，过度补偿的心理影响会帮助我们在一片噪声中捕捉信号；但在这里，我们讲的不是系统的心理特性，而是物理特性。微弱的求救信号，弱得很难被远程接收器收到的信号，在存在背景噪声和随机干扰时反而更易被听到。往信号中添加随机性电子噪声会将信号的音量提高到检测临界值之上，在这种情况下，随机性是最高效的，而且是完全免费的。

再来看看冶金工业中的退火工艺，这是一种使金属更强韧、质感更均匀的技术。它需要给材料加热并控制其冷却过程，以改变晶体的大小，减少瑕疵。正如“布里丹之驴”一样，热量导致原子脱离最初的位置，随机地在高能状态下漫游；冷却则给予它们更多的机会，寻找新的、更好的结构。

当我还是一个孩子的时候，我通过观察父亲看到了另一种版本的退火效应。我的父亲是一个固守习惯的人，每天一回家就摆弄他的木制晴雨表。他会轻轻地敲击晴雨表，看看这个自制的天气预报表会显示什么读数。敲击晴雨表产生的压力会让指针松动，并使其找到真正的平衡位置，这是一种原始的反脆弱性系统。在冶金技术的启发下，数学家们发明了一种名为模拟退火算法的计算机模拟法，这为我们解决问题带来了更普遍和优化的解决方案，这种解决方案只有随机性才能提供。

随机性在搜索工作中也起到了作用，有时甚至比人更管用。纳森·梅尔沃德让我注意到1975年发表于《科学》杂志上的一篇很有争议性的论文，文章称随机钻探比当时所用的所有搜索钻探法都更高效。

而且，具有讽刺意味的是，波动往往被斥为混乱，但经历着波动的所谓的混乱系统却可以通过随机性保持稳定。我看过一个怪诞的随机效应展示，这是一位在读博士生做的。他先是让球在表面呈稳定性波动的桌上乱跳，这些稳定的冲击让球跳得杂乱无章。然后，就像变戏法一样，他动了一个开关，球的跳跃立刻变得有序而规则。更神奇的是，这种从混乱到有序状态的变化并非通过消除混乱达成的，而是通过添加随机性，也就是完全随机的低强度冲击达成的。我看完这个美妙的实验后兴奋极了，简直想大声地告诉街上的每一个陌生人："我爱随机性！"

政治退火

我们在现实中很难向人解释，压力与不确定性在生活中对我们大有裨益，所以你也可以想象，如果这样向政治家解释会出现何种情况。殊不知，政治领域恰恰是最需要一定剂量的随机性的地方。

我曾读过一个电影剧本，这个剧本改编自一个寓言，非常具有想象力。故事发生在一个完全由随机性统治的城市里，统治者隔一段时间就会随机地给他的臣民分配一个新的角色。比如，屠夫将成为一个面包师，面包师将成为一个囚犯。最后，人们奋起反抗统治者，要求将稳定确定为公民不可剥夺的权利。

我马上想到，一个截然相反的寓言应该这么写：不是统治者随机分配公民的工作，而是让公民随机分配统治者的角色，也就是通过抽签的方式来指定统治者，当然公民也可以随机解雇他们。这类似于模拟退火效应，而且效果也毫不逊色。我们发现，实际上古人——又是那些古人！——已经意识到这一点：雅典议会的成员是通过抽签的方式决定的，这一方法是为了保护整个系统免于退化。幸运的是，现代政治制度也对这种效应进行了研究。在计算机模拟实验中，亚历山德罗·普卢基诺和他的同事们发现，在议会中加入一些随机选定的政治家反而有助于促进议会制度更好地发挥作用。

或者，有时系统会从不同类型的压力中受益。对伏尔泰来说，最好的政府就是间或玩弄政治暗杀伎俩的政府。弑君的效果类似于敲击木制晴雨表，以使其更好地工作。这产生了一些往往很有必要的重新洗牌，而且是从来没有主动要求过的洗牌。顶层出现的真空引发了退火效应，促使新领导人出现。社会早亡率的下降对我们来说当然是好事，但它剥夺了自然管理下的优胜劣汰。谋杀是黑手党接班的标准程序，最后一次众所周知的退火行动是约翰·戈蒂在纽约牛排馆门口谋杀前任黑手党教父后顺理成章地成为新的头领。而在黑手党之外，比如老板和董事会成员，他们的在位时间更长，这是在许多领域都存在的一个事实，比如首席执行官、终身学者、政治家、记者。看来，我们需要随机抽签来决定他们的去留，从而打破僵化的局面。

不幸的是，你不能随机决定政党的存留。如今，在美国困扰人们的并非两党制，而是为什么永远是这两个政党进行角逐，它们的系统内不存在内嵌的到期日。

最后，古人多少是在逆境下完善随机抽签的方法并将其融入占卜的。这些抽签的目的实实在在地是要挑选出一个随机的解决方案，但又不用自己做出决定，并终身承担该决定带来的后果。你按照神的指示行事，那样就不用揣摩自己的真实意图了。有一种方法被称为“维吉尔卦”，即把命运交托在诗人维吉尔的史诗中，其方法是随机打开维吉尔的《埃涅阿斯纪》，将第一时间读到的话语作为自己的行动指南。你应该使用这样的方法来推动每一项棘手的业务决策。我会不断地强调这一点，直至声嘶力竭：古人开发了隐秘而复杂的方法和技巧来探索随机性。举例来说，实际上我在餐馆里也尝试过随机点餐法。菜单冗长复杂，往往置我于被心理学家称为“选择的暴政”的境地中，使我每次做完选择心里就有一种不安的感觉：自己其实应该点其他菜品。因此，我尝试盲目地、系统地跟随餐厅中最胖的那个人点菜；如果没有这样的人，我就随机地从菜单上选择，根本不看菜名，心安理得地让太阳神帮我选择。

一枚名叫“稳定性”的定时炸弹

我们看过一种说法：缺乏火灾会让高度易燃物质越积越多。每当我告诉人们，政治动荡乃至战争的缺乏，将导致破坏性力量在平静的表面下逐步积聚时，他们总是万分震惊和愤怒。事实上，我认为这用简单的推理就能证明，在缺乏危机的情况下，隐藏的风险会逐步积累，因为人们倾向于将越来越多的风险隐藏在统计分布的“尾部”，事实上，这提高了我们遭受罕见恶性事件打击的风险。

（小规模）战争能拯救生命吗？

反启蒙运动的政治哲学家约瑟夫·德·迈斯特曾说，冲突强化了国家的力量。这样的说法极具争议性——战争不是好事，而且，作为残酷的文化战争的受害者，我可以证明战争的恐怖。但是，迈斯特指出了一个基于给定事件分析损失，而忽略故事中其余部分的错误，我觉得这个推论很有意思，也很奇妙。更有意思的是，人们往往不太容易往相反的方向看，比如他们发现了只专注眼前利益的错误，却忽视了仅考虑长期利益的副作用。因为我们往往只将伤亡视为损失，却没有考虑到下一步会发生什么——这一点与园丁不同，园丁们深知，修剪枝叶会让树长得更好。

同样，和平——某种强迫的、受限的、非自然的和平——在生活中也可能导致人们付出昂贵的代价：只要想想，在近一个世纪的相对和平后，欧洲在极度自负中遭受了一战的打击，与此同时，全副武装的集权制国家先后崛起。

再次申明，我们都热爱和平，都期盼经济和情绪的稳定，但并不希望到最后才发现这是一场骗局。每个新学年开始，学生们都会接种疫苗（也就是给自己注入一点儿伤害，以增强免疫力），但为什么我们不将这一机制运用到政治和经济领域呢？

要告诉外交政策制定者的话

概括地说，人为地压制波动性不仅会导致系统变得极其脆弱，同时，系统也不会呈现明显的风险。我们说过，波动性就是信息。事实上，这些系统往往过于风平浪静，而其表面之下却暗流涌动。虽说政治领导人和经济决策者的公开意图是通过抑制波动来稳定系统，但往往适得其反。这些人为制约的系统更容易招致“黑天鹅”事件的光临。这样的环境最终会遭遇重创，与图 5–1 所示的情况一致，在每个人都因适应了多年的稳定期而放松警惕后，灾难往往会不期而至，其带来的损失将远超不稳定状态所带来的损失。事实上，灾难爆发前的潜伏期越长，对经济和政治系统造成的伤害就越大。

通过寻求稳定来实现稳定（忘记第二步）的做法，是经济和外交政策中常见的骗局。这种例子不胜枚举，比如 2011 年前的埃及腐败政府，美国之所以支持了它 40 年，就是为了“避免混乱”，其副作用是滋生出一小撮以“超级大国”为后盾的特权掠夺者——这与银行家们利用“大而不倒”的理论诓骗纳税人，从而为自己谋取高额奖金如出一辙。

在写本书时，沙特阿拉伯是最让我焦虑和忧心的国家，这是一个标准的由强权自上而下强制推行的稳定模式，代价是牺牲全部可能存在的道德和伦理美德——当然，也牺牲了稳定本身。

这个与美国“结盟”的国家是一个摒弃宪政的君主制国家，但这还不算是道德败坏。7 000~1.5 万名王室成员主宰着这个国家，他们过着纸醉金迷的奢侈生活，而这与支撑其先祖来到这里的纯化论伊斯兰教义完全背道而驰。其间的矛盾显而易见：这个古板的沙漠部落的合法性源于其教派所传递的克制隐忍、苦行禁欲的教义，但由于有了“超级大国”撑腰，其后人却开始花天酒地、寻欢作乐——它的国王高调地四处旅行度假，随从可以塞满 4 个大型喷气式客机。他们的行为完全背离了祖先的训导。如今，沙特王国的王室成员积累的财富大部分都锁进了西方的保险箱。如果没有美国，该国早就掀起了推翻政权的革命，革命会带来一些动荡，但也许到现在该国已经恢复了一定程度的稳定。也就是说，防止噪声的举措从长远来看却使问题变得更糟。

沙特王室和美国“结盟”显然是为了确保稳定。但这是什么样的稳定？我们还要混淆这个概念多久？其实,“多久”是无关紧要的，看看图 5-2，这就好像是贷款，最终你还是得偿还。同时，这里还涉及伦理的问题（我留待后文再讨论），特别是某些诡辩，比如有人找到一个“为了什么”的理由来违反原本并不允许违反的道德准则。很少有人意识到，伊朗人之所以憎恨美国是因为美国——一个民主国家——在这里安插了一个君主，一个实施高压统治的伊朗国王，他大肆掠夺这个国家，却给予美国进入波斯湾的“稳定”权力。今天，伊朗的神权体制在很大程度上是这种高压统治的结果。我们需要学会思考连锁反应以及副作用。

更令人担忧的是，一直以来，尤其是“9 · 11”恐怖袭击事件之后，美国的中东政策不适当地聚焦于镇压任何或所有的政治波动，同时还打着镇压“伊斯兰激进主义”的旗号——这是几乎每一个政权都用过的伎俩。且不说杀死伊斯兰激进分子反而促使他们的队伍扩大，事实上，西方与阿拉伯国家缔结的联盟迫使伊斯兰激进主义者隐匿，而这反倒强化了后者的力量。

美国的政策决策者该明白了，他们越是为了稳定而插手干预其他国家的内政，越会造成更多的不稳定因素。或者，我们也该减轻政策制定者在政策事务中的作用了。

生活秘籍之一：没有波动，就没有稳定。

在这里，我们把什么叫作现代化？

我在这里对现代化的定义是：人类大规模地治理环境，系统性平整世界的凹凸不平，以及控制波动和化解压力。

现代化就是系统地将人类从充满随机性的生态环境中驱逐出去，包括物理的、社会的，甚至认识论的生态环境。“现代”并不只是像社会学教科书所定义的那样指中世纪、土地改革，以及封建社会结束后的那个历史时期。它更是指以理性化（天真的理性主义）为标志的一个时代的精神，它依据的理念是，社会是可以理解的，也是可以设计的，由人来设计。这种理念诞生了统计学理论，以及可憎的“钟形曲线”。也是这种理念的引导，诞生了线性科学以及“效率”的概念或优化的概念。

现代化是普罗克拉斯提斯之床，有利有弊——它是对人性的一种削弱，目的是增强效率和效用。它在某些方面确实有效，普罗克拉斯提斯之床并非总会起到削足适履的作用，有些也带来了益处，但非常罕见。

想想看，布朗克斯动物园里的狮子生活在舒适和可预测的环境中（周日的下午，游客们总会蜂拥而至，以一种好奇、敬畏和怜悯的心态来看它），而它在野外的兄弟们则是自由的。曾几何时，在足球妈妈们的黄金时期到来之前，孩子们也是自由放养的。

我们正在进入现代化的新阶段，其标志包括游说者，责任非常非常有限的公司，MBA，骗局，世俗化（或者重新创造一种新的神圣价值，比如以旗帜代替祭坛），税务官，对老板的恐惧，周末在有趣的地方度假（平时在公认的不那么有趣的地方工作），区分“工作”和“休闲”(虽然在来自更明智时代的人看来，这两者并无区别)，退休计划，对这个现代化定义持反对意见的好辩的知识分子，刻板的思维，归纳推理，科学哲学，社会科学的发明，光滑的地面，自以为是的建筑师，等等。暴力从个人层面转向国家层面，金融违纪行为也是。当然，所有这些的症结就在于对反脆弱性的否认。

我们有一种叙述依赖性，总要为行动和冒险做出合理的解释。公营企业员工和官员，甚至大公司的员工，只能做符合某些叙述的事情，这与以追逐利润为目标的企业大不相同。请记住，当你有叙述的需要时，你得为“蓝色”命名，但在行动中则不需要。缺少了“蓝色”这个词，思想家会遇到麻烦，但实干家不会。（我曾经费尽心思向知识分子解释实践在知识方面的优越性。）

现代化扩大了轰动信息和重要信息之间的差距——在一个自然环境下，轰动必定要有引起轰动的理由；而如今，我们依赖新闻媒体来捕捉娱乐信息和逸闻趣事等本质上无关紧要的事情，甚至还有闲情逸致去关心远隔万水千山的一些人的私生活。

过去，在我们尚未充分认识反脆弱性、自我组织、自我愈合等概念的时候，我们已经懂得尊重这些特性，并构建了许多信念，旨在管理不确定性，以及在遭受不确定性的冲击后存活下来。我们将生活的改善交给神“代理”。我们可能不认为，万物可以在没有“代理人”的情况下照顾好自己。但是，代理人是神，不是从哈佛大学毕业的掌舵者。

因此，集权制国家恰好出现在代理人的角色从神转移到人类自身这一进程中——集权制国家的故事就是人类的错误被集中和放大的故事。现代化始于国家对暴力的垄断，而终结于国家对财政不负责任的垄断运营。

接下来，我们将讨论构成现代化核心的两个要素。第一，天真的干预，以及对原本应该任其独立发展的事物强行纠偏而产生的成本（参见第七章）。第二，我们不再相信上帝或大小神明能够管理未来事件，却代之以一种更具宗教激进主义色彩的信念：无条件地相信科学预测，不管在什么领域；我们热衷于将未来浓缩于数字的运算之中，不论其可靠还是不可靠。因为，我们已经成功地将宗教信仰转化为对任何伪装成科学的理论或结论的轻信（参见第八章，作为向第三卷的过渡）。

第七章

天真的干预

- 用切除扁桃体的手术来打发时间。
- 可以留给明天做的就不要今天完成。
- 革命发生之后才来预测革命会爆发。
- 扑克牌 21 点游戏给我们的教训。

让我们通过一个例子来说明人们这种认为必须“做些什么”的观点。20 世纪 30 年代，在 389 名接受纽约市医生检查的儿童中，174 名被建议切除扁桃体。剩下的 215 名儿童再次经医生检查后，又有 99 名被认为需要进行手术。剩下的 116 名儿童又被带去看医生，其中 52 名也被建议做手术。注意，扁桃体炎发病率为 2%~4%（今天，不是当时，而且那时候手术的风险比较高），每 1.5 万名进行手术的患者中就有一人会死亡，两相比较，你就可以理解这种医疗方式的收益和损害之间的平衡点了。

这个故事让我们见证了概率杀人的现象。对于每个遭受一场不必要手术的孩子来说，你可能就此缩短了他的预期寿命。这个例子不仅让我们意识到了干预所带来的伤害，更糟糕的是，它展示了人类是多么缺乏在损益之间寻找平衡点的意识。

让我们将这种“提供帮助”的冲动称为天真的干预。接下来，我们将考察它的成本。

干预和医源性损伤

扁桃体切除手术给那些实际上不必做手术的儿童带来了伤害，而这项手术给其他一些儿童带来的所谓康复的益处却被大肆鼓吹。这种净亏损或超过治疗益处的损害（通常被隐藏或延迟）被称为医源性损伤，从字面上来看就是“治疗师所造成的”损害，iatros在希腊语中是治疗师的意思。我们将在后文指出，每次你去看医生并接受治疗，你都要承担治疗损害的风险，这与我们权衡其他利弊的方式一样：概率收益减去概率成本。

一个典型的医源性损伤的例子是，乔治·华盛顿总统在1799年12月死亡，我们有足够的证据表明，他的医生使用了当时的标准疗法，包括放血（放掉5~9磅血），而这在很大程度上导致或至少加速了他的死亡。

治疗师的伤害风险可不可以忽略取决于你如何衡量它，在青霉素诞生之前，药品在很大程度上是弊大于利的，接受医生的治疗反而会提高你的死亡概率。但是一个显著的事实是，似乎随着时间的推移和知识的增长，医源性损伤在逐步增加，并在19世纪后期的某个时候达到高峰。感谢现代化，正是“科学的进步”，让诊所取代了家庭治疗，并导致死亡率直线上升，当时的人们被认为染上了“医院热”——难怪莱布尼茨曾称这些医院是“死亡的温床”。死亡率上升的证据显而易见，因为所有的受害者都聚集到了一类地方：人们在这些医院中纷纷死去，而不进医院的人却能活下来。曾因遭受很大不公平待遇而出名的奥匈帝国医生伊格纳兹·塞梅尔维斯观察到，在医院死于分娩的妇女数量甚至高于在大街上分娩的妇女。因此，他将职业医生称为罪犯——他们也确实如此。那些导致患者死亡的医生不能接受塞梅尔维斯的言论，认为他的观察“没有理论依据”。塞梅尔维斯因而陷入了抑郁状态——无力阻止那些装作救死扶伤的职业医生谋杀病人，所以痛恨医院。最后，他被送进精神病院，并在那里去世，具有讽刺意味的是，他的死因就是他自己所说的“医院热”，一种他一直在警告人们警惕的疾病。

塞梅尔维斯的故事是可悲的：一个人为挽救他人而说出了真相，却遭到惩罚、羞辱，甚至杀害，最糟糕的惩罚莫过于他在风险和不公平面前的无助。但是，这个故事也有积极的一面——真相终于大白，他的使命获得了回报，虽然是迟到的回报。最后的一个教训是，人们不应该指望在揭示真相后获得鲜花和掌声。

在会产生医源性损伤的领域中，医疗领域的情况还算相对较好——也许是唯一情况较好的领域。我们看到了问题，因为它获得了关注和处理。事情如今已逐渐得到了控制，只不过我们还要承受“做事的代价”：在美国，医疗失误导致的死亡率仍是车祸死亡率的3倍（医生所接受的数据）到10倍。人们普遍认为，医生误诊（不包括在医院交叉感染的风险）导致的死亡率超过任何单一癌症所导致的死亡率。医疗机构所使用的决策方法仍然无视适当的风险管理原则，但是，尽管其对风险的态度非常幼稚，医疗领域还是在不断进步。我们更应该担心的是制药公司、游说者和特殊利益集团引诱人们接受过度治疗的倾向，以及由此产生的一些隐性的甚至不能算作“错误”的伤害。制药业隐匿医源性损伤，并将它们分散出去，而且这种情况还在加剧。外科医生给病人截肢时选错了腿，或者手术时切错了肾，再或者病人死于药物反应，这些无疑是医源性损伤的典型例子。但是，当你因一种无中生有或杜撰出来的精神疾病，比如注意缺陷多动障碍、抑郁症等，给孩子用药，而不是打开桎梏他们的枷锁，其长期的危害是不可想象的。医源性损伤会因所谓的“代理问题”而进一步加剧。代理问题通常也被称为“委托代理问题”，它是因一方（代理人）的个人利益与使用其服务的另一方（委托人）的利益相脱节产生的。代理问题常见于股票经纪人和医生的身上，他们的最终利益是自己的支票账户，而不是你的财务或健康状况，他们给你的建议也仅仅是出于他们自己的利益考虑。当然，代理问题也可以从为“自己的政治生涯”奋斗的政治家身上看到。

首先，不要造成伤害

医学上关于医源性损伤的认识最晚始于公元前 4 世纪，“以不伤害病人为前提”是古希腊内科医生希波克拉底提出的第一原则，并被写入“希波克拉底誓言”，成为每个医生在执业前都必须念的誓言。医学界花了 24 个世纪才开始妥善执行这一绝妙的理念。尽管“不伤害”说了那么多年，“医源性伤害”一词却只是在近期，也就是几十年前才出现的——在已然造成了那么多伤害之后。我自己就不知道这个确切的术语，直到作家布赖恩·阿普尔亚德把这个词介绍给我（我曾用“有害的意想不到的副作用”来描述这个概念)。因此，让我们把医疗领域留到十几个章节之后再讨论，并将这个诞生于医学领域的概念运用到生活的其他领域。由于不干预意味着没有医源性损伤，因此我们说，伤害源于否认反脆弱性——我们总有这样的错觉，即认为人类总是有必要做些什么才能让万物正常运转。

要让人们广泛地认识医源性损伤是一项艰巨的任务。医源性损伤的概念在医学界之外几乎不为人所知（就算在医学界，这个词也是经过了很长时间才得以普及的)。与“蓝色”一词本来没有名称一样，给某样东西命名显然有助于人们对它的认知。我们将把医源性损伤的概念推广至政治学、经济学、城市规划、教育及更多领域。在尝试与这些领域的顾问和学者讨论这些问题时，他们没人知道我在说什么，或者没人认为自己可能成为某种伤害的罪魁祸首。事实上，当你与持怀疑态度的人讨论这一问题时，他们往往会认为你是在“反对科学的进步”。

但是，其实这个概念在一些宗教文献中可以找到。《古兰经》就写道：“自以为正确的人其实偏离了正轨。”

总而言之，任何遭受了天真的干预，或者只是一般干预的领域，都会产生医源性损伤。

医源性损伤的对立面

虽然我们现在有一个词可以用来描述试图帮助别人却造成伤害的情况，但我们却缺少另外一个词来阐述相反的情况，即试图伤害别人结果反倒提供了帮助的情况。请记住，攻击反脆弱性系统就会导致与预期相反的结果。例如，黑客的进攻会使系统更加强大。或者以安·兰德的例子来看，持续的激烈批评反而让一本书的知名度更高。

无能是具有双面性的。在梅尔·布鲁克斯自编自导的电影《制作人》中，两名纽约剧院的戏剧编剧惹上了麻烦，起因是他们的新剧成功了，而不是像预期的那样失败了。他们把一部百老汇戏剧同时卖给了多个投资者，他们的计划是，在该剧失败后把多余的投资资金据为己有。因为如果该剧失败，投资人将不会得到任何回报，他们的诡计也不会被戳穿。但问题是，虽然他们竭尽所能地呈现一部糟糕的戏剧——这部剧被称为“希特勒的春天”，但由于他们不按常理进行编剧，他们炮制出的戏剧效果反而极为有趣。在证券交易所，我也常常遇见这种讽刺的事情：一个家伙不满自己的年终奖金数额，因此用雇主的钱下很大的赌注——结果却赚了一大笔钱，比他特地这样做赚的还多。

也许资本主义背后的支持理念就是一种会得到意料之外但也并非意想不到的后果的反医源性损伤效应：这个系统将个人追求私利的目标（确切地说，不一定是良好的目标）转化为对集体有利的结果。

更高层面的医源性损伤

由于缺乏对医源性损伤的认知而受影响最大的两个领域是社会经济生活和人类的身体（正如我们在塞梅尔维斯的故事中所见）。这两个领域一直以来都是低能力和高干预并存的领域，人们往往无视自发运作和痊愈的存在，更别提自我成长和改进了。

正如我们在第三章中所看到的，有机体（生物或者非生物的）和机械体之间是有区别的。一个以工程为导向的人往往会将在周围看到的一切问题都视为工程问题。这在工程领域是一件非常好的事情，但如果是猫出了问题，最好请一名兽医而非电路工程师来治疗，更好的方法是，让宠物自行痊愈。

表 7–1 罗列了各个领域内一系列旨在“改善问题”的尝试及其后果。请注意一个显而易见的事实：在所有例子中，这些做法都在否认反脆弱性。

表 7–1　各领域中让系统变得更为脆弱的干预及其产生的影响

领域	干预的例子	医源性损伤的成本
医疗健康	过度治疗 否定人体的随机性，追求稳定进食、恒定温度等 增加而非减少药物	脆弱性 医疗错误 身体更弱（但寿命更长）的人类，更有钱的制药公司，对抗生素产生耐药性的细菌
生态	对森林火灾的微观管理	日益恶化的总风险——更大的“森林火灾”
政治	中央计划 美国“为了稳定”而支持腐败政权	信息不透明 革命之后的混乱
经济	“不再有繁荣与萧条的循环”［格林斯潘（美国），工党（英国）］，大稳健（伯南克） 国家干预 优化 为罕见事件定价的错觉，风险价值法，规模经济的错觉，无视二阶效应	脆弱性 危机一旦发生，影响更大 对亲政府的老牌公司的支持压制了新创企业的发展 易受攻击，伪效率 大问题爆发
商业	积极的建议（江湖骗术），关注收益而不关注风险（规避风险）	骗子牟利 公司破产
都市	城市规划	市场衰败，市中心没落，犯罪率提高
预测	无视过去糟糕的预测历史，仍企图预测“黑天鹅”事件（第四象限）	隐性风险（人们根据预测结果行事，结果将冒更大的风险）

（续表）

领域	干预的例子	医源性损伤的成本
文学	编辑试图修改你的文字	讨好读者的，更具《纽约时报》风格的商业化文字
子女教育	足球妈妈（或爸爸），消除孩子生活中的所有随机性	孩子思维的观光化
教育	整个概念建立在干预的基础上	荒谬——儿童思维的转型
科技	新事物狂热征	脆弱化，异化，钝化
媒体	高频率的无趣信息	噪声 / 信号筛选机制被打乱、干预

鲸鱼能像鹰一样飞吗?

社会科学家和经济学家的头脑中并没有关于医源性损伤的知识，他们当然也不知道该如何称呼它，当我决定教学生认识经济和金融模型中的错误时，没有人把我或者我的想法当真，偶尔有人试图与我争辩，也只是要求我说出“理论依据”（这就像塞梅尔维斯的故事一样），却从未意识到，我所针对和讨论的正是理论的错误，或者不考虑理论的潜在误差所产生的影响，就盲目地使用理论的情况。

其实，拥有理论是一件非常危险的事情。

我们当然可以脱离理论进行严谨的科学研究。科学家们所称的现象学就是指对实证规律性的观察，其并无明确的理论支持。在我的三元结构中，我将理论归入“脆弱类”，将现象学归入“强韧类”。理论是极其脆弱的，它们兴起又消亡，循环往复；现象学则更经得起推敲，我不相信人们会意识不到，现象学是

“强韧的”、可用的，而理论往往言过其实，对物理学领域之外的决策并无助益。

物理学享有特权，它是一个例外，这使得其他学科模仿它就如同鲸鱼想要像鹰那样飞翔。在物理学领域，随着理论的发展，误差越来越小，所以，说“牛顿错了”显然很抓眼球，是一些耸人听闻的科学小报的绝好素材，但最终这只是捏造事实。更中肯的说法是：“牛顿的理论在某些特定情况下并不准确。”牛顿力学原理的预测力极强，除了当物体在以接近光速的速度运动时，不过你不会指望自己在下一个假期的旅途中达到这个速度吧？我们也经常在一些头版头条上看到虚假信息，声称爱因斯坦有关光速的理论是“错误的”，而用以证明他错了的工具是那么复杂且适用条件苛刻，以至他们所阐明的观点在或近或远的未来对你我来说都无关紧要。

另一方面，社会科学理论却似乎多有分歧。在冷战期间，美国芝加哥大学推崇“自由放任”理论，莫斯科大学所讲授的却正好相反——但两国大学的物理系所讲授的内容即使不是完全相同，也大体一致。这就是为什么我把社会科学理论放在三元结构图的左栏，因为对现实世界的决策来说，它们超级脆弱，在风险分析方面也不稳定，说它们是“理论”实在让人感觉不妥。在社会科学中，我们应该称这些阐述为“幻想”，而不是理论。

我们必须构建一种方法来处理这些缺陷。我们不可能再等上 24 个世纪。在医学领域，医源性损伤会因人口基数大而分散（因而是平均斯坦），而社会科学和政策所带来的医源性损伤则不同，由于权力的集中，其产生的伤害可以一举摧毁我们所有人（也就是极端斯坦）。

不要什么事情都不做

2007年经济危机的主要来源就是，超级脆弱推手艾伦·格林斯潘（回顾历史，他无疑是最高级别的创伤源了）旨在消除“经济繁荣与衰退的周期”的各项举措，这些举措导致所有风险藏于地下且不断积聚，最终摧毁了经济，引发了“医源性损伤”。最让人郁闷的是，格林斯潘竟然还是一名自由主义者，表面看来他本该确信经济应该按照自己的方式运转。人啊，总是在无休止地愚弄自己。脆弱推手戈登·布朗领导下的英国政府，也运用了同样天真的干预工具。布朗是启蒙运动的支持者，他的宏大抱负之一就是“消除”经济周期。脆弱推手布朗同样也是一个“医源性损伤”大师，虽然未必能与格林斯潘平起平坐。目前，布朗正在向世界宣扬他的“道德的”和“可持续的”金融——但他实行的偏偏是信息技术集中政策（导致巨额的成本支出和实施的延迟），而非借助于分权化的小单位来推进经济发展，这已被证明难以扭转局面。事实上，英国医疗卫生服务部门的原则是，某个偏远地区医院的一枚别针落地的声音也应该让白厅（伦敦地区政府大楼集中的建筑群）听到。我们将在第十八章对集中的风险进行技术性评论。

这些旨在消除经济周期的努力，是所有脆弱性的根源。正如森林里的小火灾会烧掉森林中的可燃材料一样，经济中的小伤害也会尽早地淘汰弱势企业，让它们“尽早失败”（从头再来），并尽量减少对系统的长期损害。

当某人负责主管某件事时，就会有道德问题出现。格林斯潘的行为是有害的，即使他知道这一点，并且选择无为而治，但要为这种行为辩解也必须有点儿英雄主义气概，因为在这样一个民主国家，人们总是迫不及待地承诺能拿出比其他人更好的业绩，而不管实际的延迟成本如何。

天真的干预在各个领域都很普遍。正如扁桃体切除手术一样，如果你向文字编辑供稿，他会提出一些修改建议，比如每页约修改 5 个地方。好，接受他的“修改”建议，把这个文稿提交给另一个干预率（编辑往往有不同的干预率）差不多的文字编辑，你会看到，他也会提出差不多同样数量的修改提议，有时甚至与前面一位编辑的修改建议相悖，需要把前一位编辑修改的地方再改回来。再找第三个编辑，情况也是一样。

顺便说一句，有些人在某个领域干预过多，但在其他领域却又干预太少，文字编辑是一个再恰当不过的例子。在我的写作生涯中，我多次注意到，那些过度编辑文稿的编辑往往会遗漏真正的错别字（反之亦然）。有一次，我从《华盛顿邮报》撤回了我写的文章，因为通篇文章都经过了完全没有必要的编辑，仿佛每一个字都被词库中的词替换了。我转而将该文投给了英国的《金融时报》,《金融时报》的编辑只做了一个修正：把 1989 年改成了 1990 年。《华盛顿邮报》做了那么多努力，却漏掉了这唯一重要的地方。正如我们将看到的，干预耗尽了我们的精神和经济资源；当最迫切需要它们时，人们却又无从寻找（小心事与愿违：不管需要做什么事，小政府最终可能都更有效，具有讽刺意味的是，较之大政府，缩小了规模和管辖范围的小政府反而更强大）。

非天真的干预

请允许我在此告诫大家，不要误解本书所传递的信息。我的论点并不是反对干预，事实上，我用上面的例子揭示了，我同样担心在需要干预的时候我的干预却不足。我只是提醒大家注意天真的干预，以免因为对其危害缺乏认识而盲目接受它。

可以肯定的是，我要传递的信息起码在一段时间内会被人误解。我写过《随机漫步的傻瓜》一书，其中的信息与这里提到的相关，即我们倾向于低估随机性在人类生活中的作用，我将此概括为“比你想象的更随机”，但是媒体传递的信息却变成了“这完全有赖于随机性”或者“这完全有赖于该死的运气”，这种断章取义是普罗克拉斯提斯之床的又一种写照。在接受电台采访时，我试图向记者解释这两句话之间的细微差别，结果却被告知，我说得“太复杂”了。所以我干脆拂袖而去，让他们自己去收拾残局。令人沮丧的是，那些犯下这样错误的人都是受过教育的人，他们是记者，被委以向我们这些“门外汉”阐述这个世界的责任。同样，在这里我要说的是，我们需要避免对系统的自然反脆弱性，即对它们自己照顾自己的能力视而不见，并克制自己拒绝给它们自然发展的机会的冲动，以免伤害到它们，让它们更为脆弱。

正如我们在过分热心的编辑身上所看到的，过度干预一定与干预不足并行。事实上，和医疗领域一样，我们倾向于在一些收益小（而风险大）的领域实施过度干预，而在有必要干预的时候（如紧急情况）却干预不足。因此，我在这里的观点是，赞成某些领域的坚定干预，如生态领域，或限制大公司造成经济危机和道德风险。

我们应该控制什么呢？通常说来，通过干预来限制（公司、机场或污染源的）规模、集中度和速度都有利于降低“黑天鹅”风险。这些行动有助于消除医源性损伤，但是，我们很难说服政府限制其规模。例如，自 20 世纪 70 年代以来就有人认为，对高速公路限速（并切实执行）能极大地提高交通安全性。这应该是可信的，因为交通事故的风险往往随着车速的提高而陡然（非线性）上升，而人类天生并不具备这种直觉。有人喜欢驾驶着大型汽车在高速公路上横冲直撞，这显然会危及你的安全，在大型汽车撞到你的敞篷跑车之前，有必要及时制止它——或者换种结果，让这个人而不是你最终退出基因库。速度来自现代化，而我总是怀疑其具有来自后自然时代的、隐藏的脆弱性——我们将在第十八章和第十九章提供技术性支持证据。

但是，我也接受相反的论点，那就是管理街道的交通标志似乎并不能降低风险；街道上有了标志，司机们就会比较容易掉以轻心。实验表明，当人们将控制权拱手让给系统时，警觉性就会降低（这是缺乏过度补偿的又一个例证）。驾驶员需要由危险感带来的紧张和压力帮助提高他们的注意力和风险控制力，这不是加强外部监管可以替代的——例如，管制行人过马路要比允许行人随意穿马路导致的死亡人数更多。一些自由主义者使用了荷兰的一个小镇德拉赫滕的案例来说明问题，这里进行过一个假想实验：所有的道路标志都被拆除了。但这种放松管制的做法反而改善了交通安全状况，这证实了人们注意力系统中反脆弱性的作用，展示了它是怎么被危险性和责任感激发的。因此，许多德国和荷兰的城镇都开始减少路标。我们在第二章讨论飞机的自动化飞行时，其实就谈到了德拉赫滕效应。但我们要小心的是，不可扩大德拉赫滕效应的应用范围，因为这并不意味着消除所有社会规则有助于效率的提高。正如我刚才所说，在高速公路上限制开车速度对应的是另一种情况，而且它的风险是不同的。

可惜的是，我很难将有关脆弱性和反脆弱性的想法放入当前美国的政治体系，也就是两党制中。在大多数时间里，美国的民主党阵营偏好超级干预、无条件调控和庞大的政府，而美国的共和党阵营则偏爱大公司、无条件放松管制和军国主义，两者对我来说都是一样的。在债务问题上，它们的立场更是毫无区别，双方都倾向于鼓励公民、公司和政府负债（这带来了脆弱性，扼杀了反脆弱性）。我相信无论哪个政党上台，其市场和政府都会愚蠢地招致“黑天鹅”的攻击——而大自然则不会，这是因为它的构造以及更古老的市场模式（如露天市场），完全不同于我们现在所拥有的。

让我再简述一下我对干预的认识。我的主要提议是形成一套系统性准则，以决定何时进行干预，何时让系统自行运作。我们可能需要通过干预来控制现代化的医源性损伤，尤其是对环境的大规模破坏和潜在（虽然并不明显）伤害的高度集中，这些事情造成的局面往往在我们意识到时已经不可收拾了。我在此表达的并非政治理念，而是风险管理理念。我不属于哪个政治派别，也从未效忠于某个特定政党，我只是想以恰当的方法引起我们对危害和脆弱性的关注，以确保我们不会摧毁这个星球和我们自己。

赞美拖延——像费边社那样

在一个专业化的社会中，干预有愈演愈烈的趋势，但是干预还有一些欺骗的成分在里面。强调为他人做了什么远比强调帮助他人避免了什么更能让人感恩戴德。当然，与奖金挂钩的绩效制度进一步加剧了这一问题。我回顾了一下历史，想找到那些因为“无为”而成为英雄的人，但事实上，很难找到这样的人。一名医生克制了给病人背部开刀的冲动（这可是一台价格不菲的手术），而给病人自行痊愈的机会；另一名医生故意让手术显得不可缺少，让病人感觉动手术会更放心，其结果是病人面临手术风险，医生却获得巨大的经济回报。这两者相比，后者将名利双收，甚至开得起劳斯莱斯轿车。企业也是一样，企业经理人努力避免公司发生损失，自己却不会得到回报。事实上，在"黑天鹅"的世界中，真正的英雄是防止灾难发生的人，但是，当然，因为灾难没有发生，他的义举也无人认可，更别提拿到奖金了。我会在第四卷深入探讨这一问题，我将探讨伦理道德、奖金制度的不公平，以及这种不公平如何被复杂性放大了。

但是，古人似乎总是比我们现代人更有智慧，而且是简单得多的智慧：罗马人尊敬懂得抵制和推迟干预的人。费边·马克西姆斯将军有一个绰号叫"拖延者"。虽然汉尼拔有明显的军事优势，但费边通过避免和延缓交锋几乎把汉尼拔逼疯了。汉尼拔的军国主义恰恰就像某种形式的干预（这点很像小布什，只有一点例外，汉尼拔实际上会亲身作战，而不是在舒适的办公室里开会），与"拖延者"的智慧相对立。

英国有一个非常聪明的革命社团发起了一项政治运动，这个社团被称为费边社，它是根据"拖延者"费边命名的，其主旨就是抓住一切机会拖延革命。费边社成员包括乔治·萧伯纳、威尔斯、伦纳德·伍尔夫和弗吉尼亚·伍尔夫夫妇、拉姆齐·麦克唐纳，甚至有一段时间伯特兰·罗素也参与其中。现在回想起来，这是一种非常有效的策略，不是实现自己的目标，而是接受一个事实，他们的目标就是转移对方的目标。拖延可以让事件自行发展，让积极分子有机会在制定不可逆的政策之前改变想法。

拉丁语中有一个谚语："欲速则不达。"罗马人不是唯一尊重自愿放弃行动的古人。中国的思想家老子也创造了无为（消极成就）的学说。

很少有人知道，拖延是我们的自然防御本能，是让事情顺其自然地发展并发挥其反脆弱性的本能，它源于某些生态或自然的智慧，结果也并不总是坏的。在生存层面上，这是我们的身体自然地反抗任何强加的桎梏和束缚的方式，这是我们的灵魂在与现代化的普罗克拉斯提斯之床做斗争。当然，在现代世界中，我不能推迟纳税申报，但是，我可以推迟一个小病的就医时间，或者推迟一篇文章的写作时间，直到我的身体告诉我，我已经准备好了。通过这种方式，我可能在使用一个非常强大的自然过滤器。我只在自己有写作欲望的时候写作，而且只写我喜欢讨论的主题，要知道，读者可不是傻瓜。所以，我往往用拖延的方式等待内心的自我呼唤，用这种慢慢进化而来的本能来抵抗对我写作的任何干预。然而，一些心理学家和行为经济学家却似乎认为，拖延是一种疾病，是需要纠正和治愈的。

由于拖延的好处并未得到充分证明，因此，有人将其与柏拉图讨论的意志力薄弱，即一种缺乏自制力的表现联系起来，还有人认为它与一种被称为缺乏意志的"病理"相关。我相信制药公司也许有一天会为此研制出某种治疗药物。

拖延的好处，同样适用于医疗程序：我们看到，拖延可以避免你犯错，因为它给予自然按自己的规律行事的机会，要知道，自然比科学家更不容易出错，这是一个令人尴尬的事实。研究"非理性"的心理学家和经济学家并没有意识到，在没有生命危险的情况下，人类有一种拖延的本能。如果看到狮子走进我的卧室或邻近的图书馆起火，我是绝不会拖延的。如果受伤严重，那么我不会拖延就医。此时，我遵循的是非自然的职责和程序。有一次，我背部受伤，却将手术一拖再拖，后来，我去阿尔卑斯山远足度假了一次，之后又进行了一段时间的举重锻炼，结果我的背部竟自行痊愈了。我的自然本能让我推迟了一次可有可无的手术，并将侵害我身体反脆弱性的风险降至最低，而这些心理学家和经济学家却要我扼杀自己的这种本能（内在激励机制），泯灭身体的反脆弱性。由于拖延源于我们的自然意志，其传递了我们自身动力不足的信息，因此解决方案就是换个环境或者换份工作，让自己不要那么纠结或者压抑。很少有人能够领会这样的逻辑，人们应该过一种视拖延为有益工具的、基于自然风险进行决策的生活。

其实，我写这本书的时候也运用了拖延的方式。如果我在一个章节上一再拖延，那么它肯定会被淘汰。这只是简单的道德问题：如果我在写一个话题时感觉不到一点儿自然冲动的话，那么我为什么要写出来糊弄人呢？

用我的生态学推理来说，一个人做事拖拖拉拉不是因为他不理性，而是因为他身处的环境不合理。称这个人不理性的经济学家和心理学家，其实才是不理性的。

事实上，人类是非常不擅长过滤信息的，特别是短期信息，而拖延则是帮助我们筛选信息的较好方式，它能使我们避免由于冲动而轻信某个信息，我们下面还会就此做出详细讨论。

“自然主义”的概念现在有点儿混乱。哲学家常提到一种被称为“自然主义谬误”的错误，这一概念暗指自然的事情在道德上并非正确，这一点我也同意，我们将在第四章讨论将达尔文的自然选择应用到现代社会的问题，以及保护一些失败者的必要性，这些都与自然的意志相悖。但问题是，现在有些人在道德以外的领域滥用自然主义谬误的概念，比如在一个人有所怀疑的时候，便误认为他过于依赖自然主义本能。不管你怎么批驳，在涉及风险考量时，这一谬论并不成立。时间是考察脆弱性的最佳测试，它包含了大量的混乱无序，自然是目前为止唯一能在时间的磨砺下堪称“强韧”的系统，但一些哲学家却不了解，风险和生存的问题比哲学问题更关键，那些人最终应该退出基因库——真正的哲学家都同意我的陈述。还有一个更糟糕的谬论：人们会犯相反的错误，认为自然主义就是谬论。

大规模的神经过敏

想象一下，我们一般印象中的神经过敏者——长得瘦削，整张脸看起来扭曲着，说话语调时高时低。每当他试图表达自己的意思时，脖子便不自觉地开始扭动。每次脸上长颗粉刺，他的第一反应就是臆想自己患了癌症，而且是致命的癌症，癌细胞已经扩散到他的淋巴结。他的疑心病还不仅限于身体健康方面：他的生意一旦遭遇小挫折，他的反应就好像自己肯定破产在即了。在办公室里，他会关注每一个可能的细节，系统性地小题大做。这个世界上你最大的噩梦可能就是与他同坐一辆车赶赴一个重要约会，结果却遭遇了堵车。“反应过度”这个词就是为他而造的，他不仅是有反应，而且是反应过度。

将神经过敏者与不动声色的人比较一下，后者有临危不乱的能力，这被认为是领导者、军事指挥官或黑手党教父的必要素质。这样的人不会一有风吹草动就乱了阵脚，他在困境中的自我控制力让你叹服。要知道什么是沉稳、冷静和深思熟虑的声音，只要听听对“公牛桑米”萨尔瓦托·格拉瓦诺的采访，他曾参与谋杀了 19 人（都是匪徒火拼）。他说话慢条斯理，就好像讨论的问题“没什么大不了的”。但是，这类人只有在必要时才会做出反应；他要么不生气，一旦生气可谓雷霆震怒，每个人都得小心，这类人与神经过敏者完全不同。

现代化的发展为我们提供了大量的信息，这些信息却把人类从从容镇静的那类人变成神经过敏的人。出于讨论的目的，我们暂且把从容镇静的人视为懂得对真实信息做出反应的人，而把神经过敏的人视为会对噪声做出反应的人。两类人之间的差异让我们看到了噪声和信号之间的差异。噪声是你应该忽略的，而信号才是你需要注意的。

事实上，我们在本书前几章已经零散地提到了“噪声”的问题，现在是对其进行准确阐述的时候了。在科学上，噪声已经超出了实际声音的范畴，被用来概括性地指代没有任何目的、不起任何作用的随机信息，你需要清除噪声，以正视听。噪声包括一条加密信息里的完全没有意义的元素（它们只是一些用来迷惑间谍的随机字母），以及打电话时听到的嘶嘶声（你总是要尽力避免它，以专注于对话）。

因个人能力或智力的欠缺无法区别噪声和信号，往往是过度干预背后的原因。

杀人的合法方式

如果你想加速一个人的死亡，就给他请一位私人医生。我的意思并不是为他提供一个蹩脚的医生，而是给他钱让他自己选择中意的医生——什么样的都行。

这也许是唯一可能合法的杀人方式了。我们可以从扁桃体切除手术的故事中看到，更多的数据使我们进行干预的意愿更强，导致我们的行为更像一个神经过敏的人。罗里·萨瑟兰曾向我暗示，给员工配备私人医生实际上会使他们更容易受天真的干预的影响，也更容易遭受医源性损伤：医生需要证明他们无愧于你付的钱，也要向自己证明，自己还有那么一点儿职业道德，这靠“无为”是不足以体现的。事实上，歌手迈克尔·杰克逊的私人医生被起诉的理由就相当于过度干预，即扼杀了病人的反脆弱性（法院得花些时间才能熟悉这个概念）。你有没有想过，为什么国家元首和非常富有的人虽能方便地获取医疗保健服务，却并不比普通人活得更久呢？嗯，看来这正是过度服用药物和过度获取医疗服务的后果。

同样，那些在公司里制定政策的人（如脆弱推手格林斯潘）由于有一个先进的数据采集部门的支持，因此得到了很多“及时”的信息，结果却往往反应过度，将噪声当作信号，格林斯潘甚至会关注克利夫兰真空吸尘器销售状况的波动，“以便掌握经济的确切走向”，当然，他的微观管理将美国经济拖入混乱的泥潭。

在商业和经济决策中，对数据的依赖导致了严重的副作用。由于互联网的发展，数据空前丰富，你在数据中陷得越深，错误数据的比例就越高。我们很少讨论关于数据的一个事实，即大量数据实际上是有害的，即使是中等数量的数据也是有害的。

前两章的内容展示了如何使用和利用噪声和随机性，但噪声和随机性也可以使用和利用你，特别是在完全不自然的情况下——依靠网络或者媒体获取大量数据的情况下。

你会发现，你越频繁地寻找数据，你找到的噪声（而非被称为信号的宝贵数据）的比例就越高，噪声－信号比也就越高。噪声和信号的混淆并非心理问题，而是数据本身所固有的问题。假设你每年查看一次数据，比如股价、你岳父工厂生产的化肥的销售情况，或符拉迪沃斯托克的通胀数据，再假设你观察数据得到的噪声－信号比为 1 ∶ 1（一半噪声，一半信号），这意味着，大约有一半的变化是真正的变化，而另一半的变化来自随机性。这个比例是你每年观察一次数据得到的比例。但如果你每天查看一次同样的数据，那么你得到的将是 95% 的噪声和 5% 的信号。如果你观察数据的频率以小时为单位，就像如今人们整日被新闻和市场价格变动的信息包围一样，那么这个构成就是 99.5% 的噪声和 0.5% 的信号。也就是说，噪声的数量是信号的 200 倍以上——这就是为什么爱听新闻（除非有非常重要的事件发生）的人离愚蠢的人也就一步之遥了。

看看报纸产生的医源性损伤。报纸每天都需要用一堆新闻填满各个版面，尤其是其他报纸也会报道的那些新闻。事实上，要把事情做对，它们就要学会在缺乏有意义的信息素材时保持沉默。报纸篇幅有些时候写两行就够了，而必要时则可以写上 200 版——与信号的强度成正比。不过，当然，报纸要赚钱，因此需要向我们出售垃圾信息，而垃圾信息无疑会引发医源性损伤。

这个故事还可以从生物学的角度来看。我一直在重申，在一个自然的环境中，压力源就是信息。因此，信息过多意味着压力将超过反脆弱性的临界点。在医学上，我们发现绝食有助于人们自我康复，因为这使人们免于因摄入食物而分泌过多的激素。激素会将信息传递给我们身体系统的不同部分，但激素过高会导致生物机能的紊乱。就像接收过多新闻会产生问题一样，过多信息有害无益——每日接收过多的新闻和摄入过多的糖都会让系统紊乱。在第二十三章中我会阐述，太多的数据（特别是无效的数据）将导致统计数据毫无意义。

现在，让我们再从心理层面梳理一下：我们不是天生就明白上述道理的，所以我们会在情绪上对噪声反应过度。最好的办法是只看重大的数据或条件的变化，而忽略小的变化。

正如我们不太可能将一头熊误认为是一块石头（但有可能将一块石头误认为是一头熊），任何一个理智、头脑清楚、不人云亦云、不会淹没在数据中的人，是绝不可能将一个重要信号、一个攸关生死的信号看成噪声的，除非他急于求成、过度敏感，而且神经过敏，从而被其他信息干扰和迷惑了。重要的信号总有方法触动你。在扁桃体切除手术的故事中，最好的筛选方式就是只给病得很重、经常喉咙发炎的孩子做手术。

媒体激发的神经过敏

媒体及其添油加醋描述的逸闻趣事传递了数不胜数的噪声，由此，我们越来越多地生活在虚拟的现实中，与真实的世界隔离。距离一天天拉远，我们对此的意识却一天天变得淡薄。想想，美国每天有 6 200 人死亡，许多人都死于可预防的疾病。但媒体只报道最耸人听闻的事件（如飓风、离奇的意外、小型飞机的坠毁），而这给了我们越来越扭曲的风险现状。在古时候，逸闻趣事都是信息，但今天不再如此。同样，在向我们提供解释和理论的过程中，媒体制造了一种认识世界的错觉。

记者对事件（和风险）的理解都是事后的，就好比登机后再安检，或者像古人说的战争结束后再派援军。由于领域的依赖性，我们总是忘记对照现实世界来查看我们心中对世界的认识。因此，我们生活在一个越来越脆弱的世界，同时却认为它越来越容易理解了。

总而言之，减轻干预的最好方法是限量供应信息，并以尽可能自然的方式来获取信息。这在互联网时代是很难让人接受的。我很难向人解释，你获得的数据越多，了解的情况就越少，导致的医源性损伤也越多。如今，人们仍抱有“科学”就意味着更多数据的错觉。

国家无能反而更好

事实往往是，只有国家的无能才能帮助我们摆脱中央集权和现代化的桎梏——实现反医源性损伤。富有真知灼见的作者德米特里·奥尔洛夫阐述了苏联那种低效落后、无意识重复栽种的粮食生产模式是如何在苏联解体后帮助人民逃避灾难，最终促进了国家稳定的。斯大林想按自己的主张规划农业，却导致了饥荒。他和他的继任者从来没有成功地提高过农业的“效率”，即实现耕种的集中和优化，就像今天的美国一样，所以，苏联每一座城市的周边都种植着主要的粮食作物。这当然提高了成本，因为苏联无法从专业化中受益。但就是这种缺乏专业化耕种的局面使人们在国家机构严重解体的情况下也能获取各种粮食。你可以想象一下，如果美国（或欧洲）出现食品供应中断事件会发生什么情况。此外，由于苏联住宅建设效率低下，因此家族三代往往都住得很近，关系也很亲密，人们彼此邻近、互通有无。他们的纽带异常牢固，这可与社交网络不同，他们会给饥饿的朋友送食物，也希望当自己陷入困境时，有些朋友（不一定是他们帮助的那个朋友）能够帮助他们。

自上而下管理的国家即使想帮助人民也并不一定能实现，我们接下来还会看到另一个体现国家无能的益处的故事。

法国比你想象的更乱

下一步，我们将颠覆一种观点，即认为法国治理得好是因为它是一个由笛卡儿式的理性主义者自上而下管理的国家。

过去20年来，我一直在疑惑，为什么由一个超级政府自上而下领导的法国，能在那么多领域内都运行良好。这毕竟是让-巴普蒂斯特·柯尔贝尔领导过的国家，这个伟大梦想家的思想渗透到了国家的诸多方面。事实上，目前法国的文化是超级干预式的文化，其理念可以说是“即使东西没坏，也要好好修理它”。看起来法国在诸多领域远超其他国家，所以，法国是不是可以用来证明，通过严格管理让都市井井有条的中央官僚机构事实上有利于发展、幸福、卓越的科学和文学、宜人的气候、地中海地区多样化的植物、高大的山脉、优越的交通、迷人的女郎，还有令人垂涎欲滴的美食？但直到阅读格雷厄姆·罗布的《发现法国》，我才发现一个重要的事实，这让我用全新的视角来看这个地方，并查找文献来修订有关这个国家的故事。

这个故事实际上我们并不陌生：法国的集权制在很大程度上是象征性的，虽然路易十四、拿破仑的征战，以及茹费理的国家教育计划无不希望一统该国。早在1863年，法国人并不说法语（只有1/5的人说法语），该国有多种语言和方言（一个离谱的故事：1904 年的诺贝尔文学奖得主是法国人弗雷德里克·米斯特拉尔，但他写作时用的却是普罗旺斯语，一种法国南部的语言，如今已经没有人会说这种语言了）。这个国家缺乏语言的融合，就像该国五花八门的奶酪一样（据说这里有 400 多种奶酪），这从一定程度上显示了集权制管理方式在这个国家实行的难度。由于缺乏种族或语言的维系，这里只不过是国王或没落贵族的资产。这里的道路极其崎岖，大部分地区游客都无法进入。收税很危险，需要坚忍的精神和智慧的手段。事实上，这个国家是逐步被巴黎"发现"的，在很大程度上还是在北非和其他殖民地建立之后被发现的。在一本很有意思的大部头著作《叛逆的法国》中，历史学家让·萨科指出法国的叛乱文化博大精深，从历史上看，这可以算作法国真正的全国运动。

巴黎本身几乎不受法国控制——它的情况不比不听巴西中央政府号令的被称为"野花"的里约贫民窟好多少。"太阳王"路易十四把政府搬到了凡尔赛宫，以逃避巴黎的民众。直到奥斯曼在 19 世纪 60 年代拆除了廉价公寓和狭窄的街道，修建了大道，并允许警察控制人群后，巴黎才变得容易控制。实际上，法国的核心就是巴黎，政府对法国其余地区并不十分在意。这个国家曾经历过长期规划和修建道路、铁路系统、公立学校和电视网络的"5 年计划"，之后才实现了集权制管理，这也是拿破仑一统江山的梦想。这个梦想的实现始于战后的戴高乐时期，到 20 世纪 70 年代的瓦勒里·吉斯卡尔·德斯坦统治时期才算完成，而随后分权化又开始了。我们可以说，法国可能受益于这 20 年左右的中央集权统治，但我们同样也可以认为，它得益于这样一种皆大欢喜的情况：大政府刺激了经济增长，而且其没有存在过长时间，因而未引起反作用。

瑞典和大政府

除了法国，我不能理解的还有瑞典和其他北欧国家，比如丹麦，它几乎成了大政府高效治理的代名词，因为该国的经济大部分是国有的。世界上怎么会有像丹麦这种在庞大的政府的治理下还能够幸福的国家（假如幸福是可衡量和美好的）呢？是因为这些国家的面积比纽约都会区还小吗？我始终百思不得其解，直到我的合著者、政治学家马克·布莱思告诉我，这种叙述是错误的：瑞典的故事与瑞士如出一辙（只不过这里的气候更糟，也没有好的滑雪胜地）。仔细看看，该国政府就像一个税收机构，但收来的钱是由各市自己支配的，用于开展各市认为必要的技术培训，以满足工人的个人需求。该国的经济精英们比在其他大多数民主国家拥有的自由更多，远远超出外国人对中央集权制国家的预期。

此外，在冷战结束时，大约在 1990 年，瑞典和其他北欧国家经历了严重的经济衰退，但令人钦佩的是，它们实施了财政紧缩政策，有效地规避了 20 年后汹涌来袭的金融危机的冲击，这是我们能够受益于混乱状态的又一个例证。

将催化剂与起因混为一谈

受到压制时，渴望自然波动性的系统最终会崩溃，这是不可避免的结果，因为它们是脆弱的。我们从未将失败视为脆弱性的结果，相反，此类失败往往被我们说成预测错误的结果。可是，如果大桥有一个摇摇欲坠的沙柱，那么把这座脆弱的桥梁的倒塌归咎于最后一辆通过的卡车是十分不明智的，更愚蠢的是试图提前预测哪辆卡车会将大桥压垮。然而，这种事情我们已经做得够多了。

2011 年，美国总统巴拉克·奥巴马将政府未能预测到当年春天在埃及爆发的革命一事归咎于情报失误，却独独忽略了这一点，即正是在统计“尾部”中的那些被压制的风险产生了作用，而不是他们没有看到最后一粒沙子的落下。我们可以对经济进行类比，2007—2008 年的金融危机开始后，许多人认为，如果能够预测到次贷危机（他们认为，似乎是次贷危机触发了金融危机）就能够避免金融危机。这根本不可能，它们本来就是一回事，前者并不是后者的根本原因。同样，奥巴马之所以指责“情报失误”导致他的政府未能预测到埃及的起义，是因为其对复杂系统和糟糕政策有误解。超级大国在这个故事中就是一只“普通的火鸡”。

奥巴马的错误说明人们很容易在因果关系链条上产生错觉，也就是将催化剂当作起因，并以为大家可能知道哪些催化剂会产生哪些影响。所有观察者，尤其是卷入其中的观察者，都没有预测到埃及最近的那次动荡。因此，指责美国中央情报局或一些情报机构，与花钱资助它们来预测这些事件一样，都是很不明智的。政府浪费了数十亿美元，试图预测相互依赖的系统所产生的事件，因而在个体层面上，无法通过统计手段去探寻真相。

大多数对埃及骚乱的解释都把催化剂和起因混淆在了一起。以 2011 年的“阿拉伯之春”为例。我们一开始将突尼斯和埃及的骚乱归因于大宗商品价格的上涨，而不是令人窒息和不得人心的独裁统治。但是，巴林和利比亚是富裕国家，还是买得起进口粮食和其他商品的。此外，几年前大宗商品出现过更离谱的涨价，却未引起任何暴乱。我们的逻辑即使是抚慰一下民众，我们的关注点也错了。我们要研究的是系统和它的脆弱性，而非单个事件，这与物理学家所称的“渗透理论”一样，即应该研究岩层的随机性特征，而不是研究岩层单一要素的特征。

桑提亚集团是向美国政府销售预测分析的合同商之一（也就是未能对埃及革命的发生提出预警的公司），该集团的马克·阿多拉希安指出，在埃及的问题上，政策制定者应该“把这想象成拉斯韦加斯的赌局。在扑克牌21点游戏中，如果你的表现比一般人强上4%，那么你能赚大钱”。但是这个比喻很有欺骗性，与我反对的所有东西一样。要知道，在埃及骚乱的问题上，没有什么“强上4%”的说法。这不仅是在浪费钱，更是在错误的焦点上建立虚幻的自信。很明显，情报分析师与未能预测到经济危机的风险管理系统犯了同样的错误，并且为其失败提供了相同的借口。政治和经济“尾部”事件是不可预测的，它们的发生概率是无法科学地衡量的。无论花费多少研究经费，预测革命的发生概率与计算牌面都不是一回事，人类永远无法把政治和经济置于扑克牌21点游戏那有规律可循的随机性中。

第八章

预测是现代化的产物

- 绝对不要用法语大吼大叫。
- 布雷女士越来越受到尊重。
- “黑天鹅”的领域。

2009 年秋天，我去韩国参加会议，与一群西装革履的业内精英坐在一起。在一次分组讨论上，我与加藤隆俊同组，他当时是一个强大的国际机构的副总经理。在小组讨论之前，他用演示文件（PPT）简略地演示了他和他的部门对 2010 年、2011 年、2012 年、2013 年和 2014 年的经济预测。

那时我还没决定去爬山，他以布道式的、慢条斯理的语速和一种让人自惭形秽但又绝不侮辱人的语气阐述着观点。听着加藤的发言，我无法控制自己，竟然在 2 000 名韩国人面前勃然大怒，我愤怒得几乎开始用法语吼叫了，完全忘了此时的我身处韩国。

我跑到讲台上，告诉观众，下一次再有哪个西装革履的人在他们面前预测未来某日将发生的事情，他们应该先让他展示一下他过去的预测业绩——比如他在 2008 年和 2009 年（金融危机发生的那些年）之前的四五年，也就是 2004 年、2005 年、2006 年和 2007 年是怎么预测未来的。然后，他们就能够证明，深受尊敬的加藤先生和他的同事们，说得客气一点儿，并不太擅长预测业务。事实上不仅是加藤先生，我们预测政治和经济领域的显著罕见事件的成功历史几乎是空白的，或者就是空白的。我在现场即兴提出了我的解决方案。我们不能把预测失误的人关进监狱，也无法阻止某些人要求进行预测，但我们可以告诉人们不要聘请一个承诺未来会发生某事的人。"我只希望能生活在一个不受加藤先生等人的预测伤害的世界。这样的世界有一个特性，就是强韧性。"

我的关于脆弱类—强韧类—反脆弱类的三元结构理论，最初就是在那里萌发的，随之作为预测方法的替代物，成为解决令我沮丧的问题的工具。

布雷女士有了竞争对手

我之所以如此愤怒，是因为我意识到，预测并非中性事物。它会带来医源性损伤，对冒险者造成实实在在的伤害，就好像用蛇油膏来代替癌症治疗方案，或者像乔治·华盛顿那样进行放血治疗。这方面我们不乏证据。心理学家丹尼尔·卡尼曼不停地告诫我，不要对有名望、受尊敬（目前受尊敬）的人大发雷霆，这与我温文尔雅的知识分子身份不符，他这么说当然没错。但他给我展示的医源性损伤的证据，让我的沮丧感和愤怒感越发强烈。我们有充足的实证研究结果表明，向一个人提供随机性的数据预测会提升其遭遇风险的概率，即使他知道这些预测是随机性的、完全不准确的。

我总是能听到对预测者的抱怨，但是显然很少有人采取下一个步骤：避免预测带来的医源性损伤。我们理解保护儿童安全的道理，却不懂得保护自己免受傲慢的预测者的伤害。

预测

强韧和具有反脆弱性的系统不必像脆弱的系统一样精确地理解这个世界，它们不需要预测，这让生活变得简单许多。让我们看看冗余是一种多么缺乏预测性，或者更确切地说，预测性更低的行为模式，借用一下第二章的说法：如果你把多余的现金存入银行（再加上储藏在地下室的贸易品，如猪肉和豆泥罐头，以及金条），你并不需要精确地知道哪些事件可能会陷你于困境。这些事件可能是一场战争、一场革命、一场地震、一次经济衰退、一场疫情、一次恐怖袭击，或者新泽西州的分裂等，但你并不需要做太多的预测。负债的人由于自己的脆弱性，预测的精准性更高一些。

增加或减少了几颗坏牙

你可以比你想象的更有能力控制脆弱性，让我们分三点详述：

（1）洞察（反）脆弱性，或者嗅到它的气息非常容易，我们将在下面几章关于胖子托尼的故事中看到，这比预测和了解事件的动态发展容易得多，所以我们肩负的整个任务简化为一个核心原则，即怎样做才能将预测错误的危害最小化（收益最大化），也就是（我再三强调的）让事情不会因我们的错误而搞砸，甚至反而能从我们的错误中受益。

（2）我们暂时并不想改变现在的这个世界（就把这事交给苏联－哈佛派空想家和其他一些脆弱推手好了），首先我们应该让事物在缺陷和预测错误面前变得更加强韧，甚至能够利用这些错误。也就是说，从柠檬里榨出柠檬汁。

（3）至于柠檬汁，历史看起来就好像是一个榨柠檬汁的过程。反脆弱性则是事物在所有压力之母——时间——的推进下向前发展的必要条件。

此外，事件发生后，我们不应埋怨我们没有看到事件的临近（比如海啸、“阿拉伯之春”或者类似的骚乱、地震、战争或金融危机），而是要想想为什么我们不理解其（反）脆弱性：“为什么我们建立起的这些事物在此类事件面前如此脆弱？”没有看到海啸或经济事件还是情有可原的，但是我们建造的事物如果无法抵御这些灾难，就是不可原谅的。

此外，由于天真的乌托邦主义，或者无视历史，我们无法依靠理性的方式消除导致社会脆弱性的贪婪和其他人类的缺点。几千年来，人类一直在进行这样的努力，却毫无效果，无非增加或减少了几颗坏牙，所以我们最不需要的就是更危险的道德说教（那些会引起你长期肠胃不适的东西）。相反，更明智（实用的）的行为是让世界能够抵御贪婪的影响，甚至让社会能从人类的贪婪和其他缺点中获益。

尽管坏消息有很多，但我们看到，核电行业内的人似乎已经成为少数意识到问题所在并由此推导出逻辑结果的人了。在福岛第一核电厂事故发生后，这些明智的核电公司不是怪罪于预测的失败或灾难的概率，而是意识到，它们应该集中精力应对失败引发的风险——减少能够或不能够预测的失败的影响。这种做法引导它们建立足够小、埋入地下足够深，并有足够多保护层的反应堆，这样一来，即使发生事故也不会影响我们——这个教训的代价或许过于昂贵了，但好过什么教训都没吸取。

再举一个例子，这次是在经济领域，1991 年的预算赤字问题发生后，瑞典政府将工作重心转移到全面财政责任上，这使得它对经济预测的依赖程度大大降低，也使其得以摆脱后来的危机影响。

不要成为"火鸡"

任何人，只要没喝酒，就能清醒地知道，我们可以把一个人、一个家庭、一个带有小型市政厅的村庄送上月球，并预测行星的运动轨迹，或量子物理最微小的影响。但是，政府虽然建立起了同样复杂的模型，却不能预测未来的革命、危机、预算赤字，或气候变化。甚至连几个小时后的股市收盘价也无法预测。

显而易见，这是两个不同的领域，其中一个我们可以（在一定程度上）进行预测，而另一个领域（所谓的"黑天鹅"领域），我们大概只能留给火鸡和火鸡化的人了。这两个领域之间的界限是显而易见的（对非"火鸡"来说），犹如猫和洗衣机之间的区别。

社会、经济和文化生活恰恰处于"黑天鹅"领域，而物理世界则离这个领域较远。此外，我们的意图是区分两个领域，在第一个领域中,“黑天鹅”事件无法预测而且后果严重，而在第二个领域，那些罕见事件并不十分紧要，要么是可以预测的，要么后果并不严重。

我在前言中提到，“黑天鹅”领域中的随机性是无法追踪的。我会一再强调这一观点，直至声嘶力竭。这种局限性是数学的局限，就是这么简单，在地球上你没办法绕过这些局限。不可测量和不可预测的将永远不可测量和不可预测，不管你招募了多少俄罗斯和印度的博士来帮助你做这项工作，也不管我会因此收到多少封仇视我的邮件。在“黑天鹅”领域内，总是有知识无法达到的极限，无论统计学和风险管理科学发展到如何复杂的程度。

我在此并不是要断言，我们不可能了解这个领域的任何事情——这种普遍怀疑论在历史上已经有太多的哲学家提出过，包括塞克斯都·恩披里柯、阿尔加惹尔、休谟与许多怀疑论者和怀疑经验主义者，我只是将其形式化和现代化，并作为我反“火鸡”论的背景和注释。所以，我的工作只是阐述我们在哪些地方需要持怀疑态度，在哪些地方则不必如此。换句话说，我们的重点是走出该死的第四象限——第四象限是我给“黑天鹅”领域起的科学名称，指的是我们可能遭遇罕见而无法预测和估量的“尾部”事件的高风险领域。[1]

现在，更糟糕的是，因为现代化的发展，极端斯坦的影响力不断增强。赢家通吃的效应正在加剧：一名作者、一家公司、一个观点、一名音乐家、一名运动员或享誉全球，或默默无名。这导致了可预测性的进一步恶化，因为社会经济生活中的一切如今都是由“黑天鹅”主宰的。我们的复杂性不断地让我们超越自己、超前发展，由此创造出的事物却越来越超出我们的理解与掌控。

不再有“黑天鹅”

与此同时，在过去的几年中，在发现“黑天鹅”的概念后，世界开始走向另一个方向。机会主义者开始使用更为复杂的模型来预测、预知、预言“黑天鹅”。然而，我们要再次强调，答案很简单：少即是多。让我们继续阐述（反）脆弱性的话题。

1. 一个关于象限的技术性较强的注释。我们将风险敞口和随机性的类型组合起来可以得到 4 个象限：平均随机性，对极端事件的风险敞口低（第一象限）；平均随机性，对极端事件的风险敞口高（第二象限）；极端随机性，对极端事件的风险敞口低（第三象限）；极端随机性，对极端事件的风险敞口高（第四象限）。在前 3 个象限中，具备或缺乏知识所招致的错误无关紧要。“强韧化”是从第四象限向第三象限转移时对风险的修正。

第三卷

非预测性的世界观

欢迎各位读者，我们现在开始讲述非预测性的世界观。

在第十章中，我们将呈现塞内加的斯多葛学派，这是我们理解反脆弱性的起点，反脆弱性的应用将从哲学和宗教领域延伸到工程领域。第十一章引入了杠铃策略，解释为什么混合高风险和高度保守行动的方法明显优于简单的中等风险的方法。

首先，我将以我的两个朋友的故事作为第三卷的开端，他俩从识别脆弱性和利用脆弱推手的弱点中获得了极大乐趣，甚至以此为生。

第九章

胖子托尼与脆弱推手

- 用嗅觉识别脆弱性。
- 很难与人共进午餐。
- 快速打开信封。
- 从新泽西的视角重新认识世界。
- 海水变得越来越深。

懒惰的朋友

在 2008 年经济危机爆发之前，尼罗·图利普和托尼·德贝内代托（人们称托尼为“胖子托尼”，或者正式一些的说法是“发福的托尼”）之间的关系，可能很难向局外人解释。

尼罗生活中的主要活动就是读书，间或做一些杂事。而胖子托尼读的书很少，以至有一天，当托尼提到自己想写回忆录时，尼罗不禁开玩笑道：“如果你要写出这本书，那么你写的书恰好比你读过的书多一本。”而胖子托尼早就料到尼罗的态度，于是拿尼罗的话反驳他："你不是说过，你如果很想读一本小说，就会写一本小说。"（尼罗曾经援引英国首相兼小说家本杰明·迪斯累里的话，虽然迪斯累里喜欢写小说，却不喜欢阅读它们。）

托尼在布鲁克林长大，后来搬到新泽西州，他说话的口音跟你想象的一样。由于不必花很多时间去看书（而且对他来说是"无用的"），以及对按部就班的办公室工作极为反感，胖子托尼在大部分时间里什么事情都不做，偶尔会做做生意。当然，他不会忘记大吃大喝。

午餐的重要性

虽然他们周围的大多数人都在努力抗拒各式各样的不成功表现，但尼罗和胖子托尼却有一个共同点：他们害怕无聊，尤其是害怕一早起床脑袋空空，无事可干。因此，他们在那场经济危机爆发之前聚在一起的最直接原因就是"共进午餐"。如果你生活在像纽约那样生机勃勃的城市，又天生个性友善，那么你很容易找到一些意气相投的人一起吃晚饭，并以一种几乎完全放松的方式谈论一些比较有趣的话题。但要找人一起吃午饭就十分困难了，尤其是在如今这样的高就业率时期。当然，要在同一家公司找个同事共进午餐并不难，但是相信我，你不会想接近这些同事的。他们每一个毛孔中都渗透出液态的压力激素，一旦把话题从他们所谓的"工作"中岔开，他们就会显示出焦虑情绪，或者刚谈得兴起，他们就会说一句"我得走了"或者"我在下午2点15分还要开会"，马上让你觉得扫兴透了。

此外，胖子托尼在某些地方赢得了尊重。尼罗深思熟虑的哲学成就掩盖了他的社会地位，连服务员都对他视而不见，而胖子托尼则不同，他在意大利餐馆一出现就会受到热烈的欢迎。他进入餐馆后，餐馆服务员和员工热烈地欢迎他。据说餐馆老板还热情地拥抱了他，饭后，老板（有时还有他的母亲）在门口目送着托尼离开，还送上礼品，比如家酿的格拉巴酒（或者其他没有标签的瓶装液体）、更多的拥抱，以及下个周三再来吃精选午餐的邀请。

因此，当尼罗人在纽约时，就不必再为午餐而焦虑了，因为他总能找到托尼相伴。尼罗可以在健身俱乐部与托尼见面，在那里，我们的两个主角会做3项“全能运动”（桑拿浴、按摩浴和蒸汽浴），随后，他们会出发去某个餐馆，享受老板的热烈欢迎。因此，托尼曾对尼罗说，尼罗晚上对他来说“没什么用”——因为他可以找到更好的、更幽默的、更多意大利血统的新泽西朋友，他们与尼罗不同，他们可以给托尼带来一些“有用的”主意。

图书馆的反脆弱性

尼罗过着一种混合的（临时的）禁欲生活，每天尽量在晚上9点钟上床，冬天甚至睡得更早。当人们在酒精的作用下开始向陌生人谈起自己的个人生活，或者更糟的是，开始口若悬河地阐述他们形而上学的理论之前，尼罗就早早地离开了聚会的人群。尼罗更喜欢在白天活动，尽量在清晨的阳光温柔地透进卧室的窗帘，在墙上留下斑驳的光影时起床。

尼罗的时间都用于从网络书商那里订购图书了，当然他也常常阅读书籍。在结束像水手辛巴达和威尼斯旅行者马可·波罗经历的那种动荡的冒险生活之后，他最终开始享受宁静而慵懒的时光。

尼罗是审美疾病的受害者，穿着拖鞋的人、电视明星、银行家、政治家、来自新泽西州的富人（如胖子托尼）、坐游轮的富人（在威尼斯停留，还穿着拖鞋）、大学管理者、拘泥于语法的人、攀龙附凤的人、流行歌手、衣冠楚楚的销售员或商人，都会引起他的反感，甚至恐惧。至于胖子托尼，令他觉得反感的东西完全不同：他最讨厌徒有虚名的人，也就是事无巨细都要插手但往往错过事情本质（自己却意识不到）的人，因为他们说的话永远都不着边际、不知所云，无法切中要害。

胖子托尼能够敏锐地嗅到脆弱性的气息，这一点毫不夸张。托尼声称他可以通过走进餐厅的某个人的步伐看出他是一个怎样的人，而且基本上每次都能猜中。但是，尼罗注意到，胖子托尼在与首次见面的人交谈时，往往会非常接近他们，并用鼻子嗅来嗅去，就像一只狗，对于这个习惯，托尼自己都没有觉察到。

尼罗加入了一个60人组成的志愿翻译协会，这些人曾为法国出版社翻译过若干从未发表的希腊语、拉丁语或亚拉姆语（古闪米特语）的古代文献。这个团体以自由主义为原则，其规则之一就是，不要在辩论中仗着大学里的头衔和名誉倚老卖老。另一个规则就是，每年必须在巴黎参加两个“庄严”的纪念日，一个是11月7日的柏拉图祭日，另一个是4月7日的阿波罗诞辰日。尼罗还参加了当地的一个举重俱乐部，他们每个周六在一个经过改装的车库里聚会。这个俱乐部的成员主要是纽约的门卫、搬运工，还有一些一到夏天就穿着无袖T恤衫到处闲晃的人。

唉，无所事事的人总是无法驾驭内心的不满和好奇，并因而成为它们的奴隶。尼罗越是清闲，越是觉得有必要填补自己的自然兴趣（也就是希望了解更多的东西）中的缺憾，减少浪费的时间。而且尼罗还发现，越是深入地研究某事，越是觉得有必要深入了解此事。借用威尼斯的一句谚语就是，越是深入海底，海就越深。

好奇心是具有反脆弱性的，就像上瘾一样，你越是满足它，这种感觉就越强烈——书籍有一种神秘的传播使命和能力，这一点对于整个房间满是图书的人来说并不陌生。尼罗在写作的时候就处于1.5万册图书的包围中，同时还因为不知如何丢弃每天订购图书拆封后留下的各种空箱和包装材料而颇感苦恼。最能给尼罗带来阅读快感，而不仅仅是知识的书籍就是医学文献，对这些书，尼罗有着天生的好奇心。这种好奇心源于他与死神的两次遭遇，第一次是癌症，第二次是直升机坠毁，从这两次遭遇中，尼罗意识到技术的脆弱性与人体的自愈力。因此，他会花些时间阅读医学教科书（不是论文，而是课本），或者一些专业文章。

尼罗曾正式接受过统计学和概率方面的课程学习，他将其作为哲学的一个特殊分支看待。他倾其一生在写一本哲学类的技术类图书，名为“概率论与形而上学”。尼罗总是每写两年就放弃写作计划，过了两年恢复写作计划。他认为概率的常用概念过于狭窄，不足以表达在现实世界的生态体系中进行决策的真实本质。

尼罗很享受在古老的城市中徜徉，随身不携带任何地图。他用以下方法弱化自己的游客身份：他在一个地方待上足够长的时间后才会选择下一个目的地，这就给他的旅行日程注入一些随机性，当然，旅行社也被他气得发疯。比如，如果他在萨格勒布，那么何时启程前往下一站就取决于他在萨格勒布的心态。从很大程度上来说，吸引他前往下一站的是那些地方的气味，气味是无法通过旅游产品广告传递的。

如果在纽约，那么大多数情况下尼罗都会端坐在靠窗的写字台前，恍惚地看着哈得孙河对岸的新泽西州，并提醒自己没住在那儿是多么幸福的一件事。因此，尼罗对胖子托尼说的“我对你没什么用”这句话是双向的（也并非外交辞令），但正如我们将看到的，这句话并不正确。

愚蠢的人和不愚蠢的人

2008 年经济危机爆发之后，尼罗和胖子托尼显然有了更多的共同点：他们都预测到愚蠢的人的脆弱性会造成危机。他们在一起的原因是，他们都相信，如此严重的、以滚雪球的方式和前所未有的规模摧毁现代经济体系的危机是注定要发生的，原因就在于那些愚蠢的人。但是，我们书中这两位主角可是来自两个完全不同的思想流派。

胖子托尼认为，那些书呆子专家、行政管理人员，特别是银行家，才是最愚蠢的人（虽然在那时，许多人都认为他们是天才）。而且，更重要的是，胖子托尼认为，他们整体比个体更愚蠢。胖子托尼天生就有一种能在这些愚蠢的人失败之前就识别出他们的能力。胖子托尼就是靠这个能力赚钱的，同时，正如我们所看到的，他过着一种悠闲的生活。

尼罗的兴趣与托尼类似，只是看上去更知性一些。对尼罗来说，建立在自以为理解了事件发生概率的错觉之上的系统注定要崩溃。

因为赌的是愚蠢的人们的脆弱性，所以胖子托尼和尼罗赢得了反脆弱性。

托尼从危机中大赚了一笔，他的积蓄从七八千万美元一下子上升到了两三亿美元——当然，不能让托尼大赚一笔的事情对他来说都是“空谈”。尼罗也赚了一些钱，虽然金额远低于托尼，但令他满意的是，他赢了——正如我们所说，他已经在财务上实现独立，对他来说，赚钱就是浪费时间。坦白地说，尼罗的家族财富在 1804 年达到巅峰，所以他不像其他探险者那样具有社会不安全感，钱对他来说不可能是社会地位的象征——目前来说，博学更重要，等到年老时，博学就会成为智慧。如果你不需要的话，多余的财富，无异于沉重的负担。在尼罗的眼里，没有比过度精致更可怕的了——无论是衣服、食物、生活方式还是举止，而且财富是非线性的。钱一旦超过了一定数量，就会将人们的生活无限复杂化，让我们不得不忧虑我们在某国房产的看守人是否玩忽职守，以及惹上诸多随着财富增长而成倍增加的麻烦。

我们将在第七卷中从道德层面讨论对愚蠢的人们的失败下注的问题，但是这分为两种思路。对尼罗来说，应该先警告大家切勿成为愚蠢的人，而托尼反对这种想法。“你会被人耻笑的，”他说，“会被人当作胆小鬼。”基于口头警告的系统，将主要由不承担风险却信口雌黄的人所主宰。这些人不会给予你和你的想法任何尊重，除非你拿了他们的钱。

此外，胖子托尼坚持认为尼罗对战利品的物理形态的看法过于死板，比如我们所说的银行账户对账单，它与你所买商品的经济价值，乃至你的购买能力，都毫无关系，它只是商品的象征性价值。托尼能够理解为什么尤利乌斯·恺撒要不惜一切代价地把他的战俘——高卢叛乱的领导人韦森盖托里克斯押送到罗马，并令其戴着铁镣游街示众，这样做只是为了用实实在在的血肉之躯来昭示他的胜利。

我们之所以需要将重点放在行动上，避开言辞，还有另一个原因：依赖于外部的认可有损健康。人们在给予认可时是残忍和不公平的，所以最好跳出这种游戏。在别人的态度面前保持强韧性。尼罗曾经与一位有传奇地位的科学家交友，对这位科学巨匠无比尊重。虽然这个人几乎是其所在领域中最知名的人了（在他人的眼中），但他还是每周花时间查询自己在科学界所处的地位。哪个作者要是“没有引述”过他的文章，或者哪个委员会把他从未得过的奖授予某个他认为不如他的人（哼，就那个骗子！），他都会义愤填膺。

尼罗认识到，不管他们对自己的作品有多么满意，这些依赖于文字的“大人物”都被剥夺了托尼所拥有的那份宁静。一旦他人得到了赞美而自己却没得到，或看似不如他们的人从他们手里夺取了赞美，他们就会受到伤害，变得脆弱。所以，尼罗对自己承诺，要通过一个小小仪式来逃离这种模式，以防哪一天自己也一不小心染上这些“大人物”的恶习。尼罗在与胖子托尼“对赌”中获得的战利品，除了一辆新车（宝马迷你轿车）和一块价值 60 美元的斯沃琪牌新手表，还有一笔天文数字的投资基金，基金对账单中有一张是每月从新泽西州的某个地方发出的，其他 3 张则来自海外各国。再说一遍，重要的不是钱的数额，而是其行为本身——对账单上的钱即使是现有数额的 1/10，甚至 1/100，其效果也是一样的。这样，通过打开那个装着对账单的信封，尼罗就会忘记是否被人认可的问题，然后继续过他的日子，不再理睬那些残忍而不公平的人所说的话。

但如果遵照这种道德观，那么得出的结论便是，即使信封里装的对账单表明的是亏损，尼罗也应该有种自豪和满足的感觉。一个人所受的尊重是与他为了自己的理念而承担的风险（换言之，就是他面对着多少不利结果）成正比的。总而言之，尼罗相信博学、美学和冒险，除此之外，别无其他。

至于他的投资基金，为了避免慈善陷阱，尼罗遵从胖子托尼的系统性捐款原则，但绝对不向直接索要捐赠的机构捐款。尼罗也从来没有给过任何慈善组织一分钱，除了那种由不领薪水的志愿者组成的慈善团体。

孤独

再说两句尼罗的孤独。对尼罗来说，在 2008 年经济危机前的黑暗日子里，孤零零地与自己的理念相守，有时让他感觉非常痛苦，尤其是周日的晚上，他不禁怀疑自己是不是做错了，或者这个世界出了什么问题。与胖子托尼共进午餐就像是口渴后看见了水源，他焦虑的心情马上得到了缓解，他意识到自己没疯，或者至少不是自己一个人疯了。外界有些事情出了问题，可是他没有办法说给别人听，尤其是那些自认为聪明的人。

想想看，在涉足经济活动的近 100 万专业人士中，无论他们是在政府（从喀麦隆到华盛顿特区）、学术界、媒体、银行、企业中工作，还是为个人需求进行经济和投资决策，只有少数人看见了危机的到来——预测到其破坏程度的人就更少了。

即使是那些看到危机即将到来的人，也没有任何一个人意识到，这场危机正是现代化的产物。

尼罗站在纽约前世贸中心附近，他可以看到，对面那些高楼大厦中进驻的大多数是银行和经纪公司，每天有数百人在楼里跑来跑去，仅仅是他们往返于新泽西的通勤，便会耗费 10 亿瓦的能源，消耗掉数百万个奶油奶酪面包圈，胰岛素反应（在理论上）刺激着他们的动脉，他们通过说话、交流、写文章制造出千兆字节的信息。但他们根本不知道：所有这些都只是噪声而已。

确实是噪声：被浪费的努力、不和谐的声音、缺乏美感的行为、增加的熵值、导致纽约经济区局部升温的能源产量，以及把会蒸发的泡沫视为“财富”的错觉。

你可以把书摞起来，堆成一座大山。可惜的是，对尼罗这位专家来说，不管这些书的内容是什么，无论是关于概率、统计还是数学模型，也不管是否有证据，所有的一切都如空气一般。就算你花了 3 300 万个小时，也就是差不多 9 000 年的时间读完了哈佛大学图书馆社会科学分区[1]中近200万本书和研究论文，你所学到的东西还不如跟胖子托尼吃几顿饭学到的多。

让我们来谈谈一个骗局。

非预测者能够预测什么

胖子托尼不相信预测。但他进行了一个庞大的预算预测，让某些人——那些预测者——相形见绌。

这难道不是自相矛盾的吗？在研讨会上，尼罗常常会遇见来自美国圣塔菲研究所的物理学家，他们笃信预测，使用新奇的预测模型，但同时，他们根据预测模型所进行的商业交易却屡次失败——而胖子托尼，这个不相信预测的人，却从预测中发了大财。

1. 社会科学图书馆中唯一的例外是少数几个认知科学领域内的文献，其中一些确实有用。

通常说来，你无法准确地预测未来，但你可以预测到，那些依靠预测行事的人往往会承担更多的风险，遇到一些麻烦，甚至可能失败。为什么呢？因为预测者在面对预测误差时是脆弱的。过于自信的飞行员最终会导致机毁人亡，而数据预测则导致人们承担更多的风险。

胖子托尼是具有反脆弱性的，仅仅因为他与他那些脆弱的手下败将有着相反的命运。

胖子托尼使用的模型很简单。他识别脆弱性，在脆弱事物的崩溃上下注，之后就开始对尼罗发表长篇大论，在社会文化问题上与尼罗相互攻击，或者反驳尼罗对新泽西生活的冷嘲热讽。然后，在他下注的事物如期崩溃后，大赚一笔，接着，他便去享用午餐。

第十章

塞内加的不利因素和有利因素

- 如何在听取建议之后活下来。
- 一无所失或一无所得。
- 下次沉船时该怎么做。

在胖子托尼出生前的几千年里，还有一个人解决了反脆弱性的问题，他也是意大利半岛的儿子。除此之外，他还比胖子托尼更聪明，擅长用出色的散文来阐述自己的大道理。此外，在现实世界中，他做得也毫不逊色——事实上，他的生意比胖子托尼做得还要成功，而且他的知识水平也绝不输给尼罗。这个人就是斯多葛学派哲学家塞内加，我们早先提到过他，据称，他还是尼禄母亲的情人（当然，实际上并不是）。

他用斯多葛派哲学解决了反脆弱性的问题，以及三元结构之间的关系问题。

这是真的吗？

卢修斯·安内乌斯·塞内加是一位哲学家，同时也是罗马帝国最富有的人，他的财富部分得益于他的经商头脑，部分是因为他曾担任充满传奇色彩的尼禄皇帝的导师。尼禄皇帝就是我们在前文中提到的企图弑母的那个人。塞内加笃信斯多葛主义，同时也是斯多葛主义的一位优秀的诠释者。他的著作深深地吸引了我和听了我的推荐而阅读其书的朋友们，因为我们感觉到他的每一句话都是真心说给我们听的；他身体力行，专注于斯多葛主义的实践，甚至细化到如何旅游、在自杀时（他曾奉命自杀）如何控制自己，或者如何面对逆境和贫困，以及更关键的是如何理财。

因为塞内加专注于引导人们的实际决策，因此一些学者称其思想不能上升到理论或哲学层面。然而，他的评论者中没有一位能够洞察到塞内加对“非对称性”的看法，这种看法不但是本书的核心，也是生活的核心，是强韧性和反脆弱性的关键。真的没人认识到。我的观点是，决策过程中所用到的智慧比书面知识重要得多——不仅仅在实践层面，也在哲学层面。

其他哲学家在做事的时候，总是以理论指导实践。亚里士多德在打算提供实用性建议时，以及几十年前柏拉图向统治者（尤其是锡拉库扎的统治者）宣传他的治国思想时，都采用了这种方式，但不是效果不佳，就是造成了灾难。要成为一个成功的哲学家之王，最好一开始就成为一个国王，而不是一个哲学家，正如下面这个当代故事所讲述的。

现代决策理论的拥趸，同样也是遵循了以理论指导实践的单向模式。非常典型的是，他们热衷于解决最复杂的，但他们的理论却最不适用的问题，还美其名曰“讲究科学”，下面一则故事就很能说明问题。这个故事说的是特里法特教授（名字是化名，因为这个故事可能是杜撰的，但根据我的经验，他的故事非常典型）。特里法特教授是决策理论领域中“被引述率很高”的一位学者，是主流教科书的编撰者，他也参与开发了大而无用的“理性决策”理论，这个理论充斥着许多大而无用的“公理”和“伪公理”，以及更大并且更无用的概率论和伪概率论。特里法特教授当时在哥伦比亚大学任教，正在纠结于是否接受哈佛大学的聘书去那里任教——许多谈论风险的人一生所遭遇的最大的风险也不过如此。一位同事建议他使用备受注目的高端学术技术，比如“期望效用最大化”方法来解决问题，并提醒他：“你总是在写这些东西。”特里法特气愤地回答说：“别闹了，这可不是开玩笑！”

相比之下，塞内加所关注的只是他“当真的事”。他曾在一次海难中侥幸活了下来，而其他家庭成员则不幸丧生，事后，他给他的朋友们写了一些实用的建议。最后，当他奉命自杀时，他也出色地以有尊严的方式遵照自己文章中所阐述的原则结束了生命。哈佛经济学家的著作，只有写论文的人才会去读，写论文者写的书又只有准备写论文的人去读，并最终（很可能）被无情地湮没在历史的长河中。而塞内加写的著作，仍为两千年后现实世界的人所传阅。

让我们来探讨塞内加所传递的思想。

生活中不利因素较少的事物

让我们先来看看以下这个矛盾。我们介绍过，塞内加在罗马帝国是最富有的人，财富共计 3 亿迪纳里（我们可以做个比较，大约在同一时期，犹大仅仅为了30迪纳里——相当于一个月的工资——就出卖了耶稣）。如果一个人一方面写了贬低物质财富的文章，一方面又坐拥几百张象牙材质桌腿的木桌，那么这些文章可能不那么令人信服了。

文献中对斯多葛学派的传统理解大多是，他们无视命运的捉弄（以及秉持宇宙和谐的思想，在此我不做赘述），始终贬低世俗的财富。斯多葛学派的创始人芝诺在遭遇海难（在古代文献中有很多关于沉船的记载）后称自己十分幸运，现在了无牵挂，可以全身心地研究哲学了。而在塞内加遭遇不幸事件后，其作品中也反复出现一个关键短语：一无所失。斯多葛主义让你渴望灾难的挑战，而且斯多葛学派看不起奢华，塞内加曾这样描写一个过着奢华生活的家伙："事实上，他负债累累，无论他欠的是另一个人的债，还是命运的债。"

这样看来，斯多葛学派是具有纯粹的强韧性的：对外部环境——无论是好还是坏——都具有免疫力，不因命运的决定而变得脆弱，因而它是强韧的。随机事件无论如何都不会影响我们（我们太强大了，以至不会失去什么，同时也没有贪婪到想从中获利），所以我们在三元结构中属于中间的一类。

如果我们直接阅读塞内加的书，而非通过评论者的文章去了解，就会学到完全不同的知识。塞内加的斯多葛主义在命运面前实际上具有反脆弱性。不仅没有被命运打倒，反而能从中获益。

诚然，正如上文所述，塞内加写文章的目的是宣扬他的哲学，他试图坚守斯多葛学派：斯多葛学派关心的并非收益和好处，因此在字面上它并不属于反脆弱性这个层面，它只是降低了哲学层面的脆弱性，并赋予人对命运的控制力。但是，这里也有一些评论家完全忽略的东西。如果财富是负担，是完全没有必要的，那么拥有它又有何意义呢？为什么塞加内又要拥有那么多的财富？

我在第二章中提到一些心理学家，他们只关注创伤后的危害，却忽略创伤后的成长，同样，知识分子也不相信反脆弱性的概念，对他们来说，世界止步于强韧性。我不知道为什么，总之他们不喜欢反脆弱性。这使他们逃避去相信塞内加希望从命运中获益，当然，他们的想法也没有错。

让我们先来学习塞内加是如何缓解不利局面的，这也是斯多葛学派的标准原则——建立强韧性，避免情绪的伤害，摆脱三元结构的左栏，等等。然后，我们将展示他如何真正地提出了反脆弱性。之后，我们将在第十八章和第十九章中，把他的方式扩展成为洞察反脆弱性的一般性方法。

斯多葛学派的情绪强韧法

成功带来了非对称性：你现在失去的远远多于你得到的。因而，你会显得脆弱。让我们回到达摩克利斯之剑的故事。对他来说，没有什么好消息，只有接二连三的坏消息。当你成为富翁后，失去财富的痛苦要远超你获得额外财富的喜悦，于是，你开始生活在持续的情绪威胁下。富有的人容易受财富所累，因为他的财富会控制他，让他失败，导致他应激激素中的血清浓度升高，降低他的幽默感，甚至可能引发鼻尖上长出汗毛等诸如此类的不良反应。塞内加认识到，财富会让我们担心不利因素，因此，依赖于它会让我们自己背上沉重的负担。更糟糕的是，依赖于具体情况（或者具体情况带来的情绪），会让我们成为身外之物的奴隶。

古人非常熟悉这种好与不好的效果，以及益处与害处之间的非对称性。我在李维的文字中发现了这样一句话:“坏事对人的触动远大于好事。”李维写下这句话的时间比塞内加早了半个世纪。古人——主要得益于塞内加的思想引导——远远走在了现代哲学家与特里法特之类决策理论家的前面,后者只是围绕“风险(或亏损)厌恶”的概念打造他们的理论,而古人的思想更深邃、更实用,超越了庸俗治疗学的范畴。

让我用现代术语来复述这一概念。拿你可能失去更多,得到更少的情况举例。如果给你一笔财富(比如1 000腓尼基舍客勒),你并不会感觉得到了很大好处,但是如果失去同等金额的财富,你却会感觉受到了更大的伤害,那么你处于非对称之中。这不是一个好的非对称:因为你变得很脆弱。

塞内加用以对抗这种脆弱性的实用性方法就是,通过心理练习来弱化财产在心目中的地位,这样,当损失发生时,他就不会受到刺激,这是从外界环境中夺回个人自由的方式。比如,塞内加常在旅行时随身带着遭遇沉船的风险时可能会用到的东西,包括一块可以铺在地板上睡觉的毯子,因为当时的旅馆很少(当然我也需要阐明,由于当时的背景使然,他在旅行中还有一两个奴隶跟随左右)。

为了表明这具有多么明显的现实意义,下面我将展示我是如何应用这种斯多葛主义夺回对生活随机性的心理控制力的。我一直讨厌受雇于人,讨厌依赖别人随机的意见来工作,尤其是大公司的许多行为都违背了我的道德标准。除了8年的受雇工作生涯,我一直享受着自雇的状态。但是,在这之前,在我的最后一份受雇用的工作中,我在找到新的职位前写了一封辞职信,并把它锁进抽屉,然后就感觉到一种自由感,尽管我还得上班。同样,在做交易员时，我也会做一种类似的精神运动，这种职业充斥着高度的随机性，给我带来持续的心理伤害。因此，我就假设每天一大早，最糟糕的事情就已经真实地发生了，那么剩下的时间我会感觉好受一些。其实，这种把精神调节到应对“最糟情境”状态的方法比一些心理治疗方式更管用，因为它让我承担的这类风险的最糟情境是清晰和明确的，其伤害是有限的和已知的。但当一切都很顺利时，我们便很难坚持这种淡化式精神训练法，而此时恰恰是我们最需要这种训练方法的时候。此外，我偶尔也会按照塞内加的方式，在不舒服的环境中旅行（虽然我不像他还有一两个奴隶跟随左右）。

知性的生活关乎如何进行情绪定位，以消除伤害的刺激，正如我们所看到的，方法就是淡化你所拥有的东西在你心中的地位，这样任何损失都不会给你带来伤痛。世界的波动性也不能给你带来负面影响。

驯化情绪

这样看来，斯多葛主义的主旨就是驯化情绪，而不一定是消除情绪。它不是要把人类变成植物，而是将他们对情绪的关注转移到对产生情绪的核心根源的关注上，同时使他们保持对情感的掌控力。在我看来，现代的斯多葛主义践行者就是能够将恐惧转化为谨慎，将痛苦转化为信息，将错误转化为启示，将欲望转变为事业的人。

塞内加提出了借助于一些有效的小技巧来妥善掌控生命和控制情绪的完整培训计划。罗马时代的斯多葛主义者已经懂得采用一些小技巧来避免自己被愤怒冲昏头脑，从而做出伤害别人，乃至将来可能后悔的事情，比如遏制自己在奴隶犯错的时候打他的冲动。现代人可能不一定认为这个决定有多么伟大，但是请想想，在那个时代，就连原本做事深思熟虑的哈德良皇帝也在愤怒失控的情况下戳瞎了一个奴隶的眼睛。而当哈德良的怒气消退后，他深感后悔，但造成的后果已经不可挽回了。

塞内加也为我们展示了一种社会行为，即对善行进行投资。我们可能会被剥夺一些东西——但是，善行和美德是不会被剥夺的。

如何成为主人

到目前为止，塞内加的故事已经众所周知了，我们也已经学会了从三元结构的脆弱类转移到强韧类了，但是，塞内加的理论更进了一步。

塞内加说过，财富是聪明人的奴仆，愚笨者的主人。因此，他打破了一个斯多葛学派的传统习惯，即保留了所有有利的因素。在我看来，如果以前的斯多葛主义者声称他们宁愿贫穷也不愿富裕的话，那么我们需要对他们的态度表示怀疑，因为这可能只是空谈。由于当时大多数人都是穷人，因此他们需要一些说辞来解释他们的处境（从米利都泰勒斯的故事中，我们就认识到了“酸葡萄”的概念——这种认知游戏实际上就是让自己相信，你摘不到的葡萄就是酸的）。塞内加是用行动来表达自己想法的人，我们也不能忽视他保留着所有财富的事实。关键是，他表现出对财富的喜爱，却未让财富伤害到他。

塞内加甚至在他的《论恩惠》一书中概述了他的战略，并用“簿记”一词来明确指出，这是一种成本效益分析：“收益的簿记很简单，先将它们全部计为支出，有人如果归还了，就确认为利得（我强调这点）；如果无人归还，那么我也不认为这是损失，就当是我送给他了。”这是道德式记账，不过也算是记账。

这样，他对命运要了个花样：保留好的，剔除坏的；舍弃不利，留住有利。可以说，他自私地将伤害从命运中消除，同时又以非哲学的方式留住了好处。这种成本效益分析不太符合我们对斯多葛学派的了解（研究斯多葛主义的人似乎希望塞内加和其他斯多葛主义者，都像研究斯多葛学派的人一样思考）。这实际上是一种有利与不利结果的非对称形式。

其实，这就是最纯粹的反脆弱性。[1]

基础的非对称性

让我们用一个规则总结塞内加的非对称性。

我之前阐述的理念是，财富会让我们在逆境中损失更多。如果在命运安排的事件中，你失去的比得到的更多，那么你便处于一种非对称，而且是不利的非对称状态。这种非对称非常普遍，让我们来看看它是如何给我们带来脆弱性的。

让我们回顾一下第一章提到的邮包：它不喜欢被晃动，也讨厌混乱家族的各个成员，因此它是脆弱的（很脆弱，因为不管遇到什么事它都会一无所有，因此是非对称的）。而具有反脆弱性的邮包在摇晃中得到的比失去的更多。最简单的判断测试：如果

1. 有些人认为，斯多葛学派的创始人芝诺对物质财富完全持反对态度，对此我有一些不同的信息：我意外地发现了有关他从事海上业务融资活动的记载，他是投资者之一，这种活动可能并非那些反对财富的空想家所喜欢参与的。

我“一无所失”，我获得的只有利益，那么我是具有反脆弱性的。

表 0–1 中各个领域和方面的三元结构都可以用这些术语来解释，事实上所有事情都可以这样加以解释。

要知道为什么非对称性能像波动性一样带来回报，只要想一下，你如果失去的比得到的少，有利因素比不利因素少，你就会喜欢波动性（波动性总体来说会给你带来好处），因而你也是反脆弱的。

因此，我的工作就是用基础非对称结构将以下 4 个要素联系起来。

> 脆弱性意味着失去的比得到的更多，意味着不利因素比有利因素更多，即等于（不利的）非对称性。
>
> 反脆弱性意味着得到的比失去的更多，意味着有利因素比不利因素更多，即等于（有利的）非对称性。

如果潜在收益大于潜在损失，那么你对波动源具有反脆弱性（反之亦然）。

此外，如果潜在的有利因素多于不利因素，那么你可能会因为波动和压力不足而受到伤害。

现在，我们怎么把增加有利因素、减少不利因素的概念付诸实践呢？我想，从下一章的杠铃策略中可以找到答案。

第十一章

千万别嫁给摇滚明星

- 关于欺骗丈夫的精确准则。
- 杠铃策略介绍。
- 将外交官转变为作家，或者反过来。

杠铃（或双峰）策略是一个实现反脆弱性，并向三元结构的第三类转移的方法。一夫一妻制中的妻子通过嫁给会计师再与摇滚明星偷情的方式实现这一转变。作家如果白天能从事一个与写作活动无关的闲职，他就会写得更好。

破损的包裹无法恢复原状

迈向反脆弱性的第一步就是减少不利因素，而不是增加有利因素。也就是说，通过降低自己暴露于负面“黑天鹅”事件的概率，让反脆弱性顺其自然地发挥作用。

降低脆弱性不是可有可无的选择，而是一种强制性要求。这听上去可能显而易见，但似乎总是被忽略。因为脆弱性会带来严重的后果，就如同患上绝症。一个在恶劣的环境中破碎的邮包不会在恢复适当条件后自我修复。与齿轮不可逆转的特征类似，脆弱性造成的损害也是不可逆的。重要的是选择的路线与事件发生的顺序，而不仅仅是目标——科学家们称其为路径依赖性。这个特性可以这样表述：你先动肾结石手术然后麻醉身体的治疗方式，与你先麻醉身体再动手术的治疗方式是不同的。你在吃饭时先享用咖啡和甜点，最后喝西红柿汤的感受与以相反的顺序进餐的感受也是不一样的。这种路径依赖的观点帮助我们简化了我们的方法：我们很容易识别脆弱性，并把它置于三元结构的脆弱类中，而不看其潜在的益处，因为破碎的东西将永远破碎。

这种路径依赖性带来的脆弱性往往被商人们忽视，这些习惯于静态思维的人往往认为，他们的主要任务是产生利润，而生存和风险控制等是之后或许会考虑的问题。这些商人忽略的是：较之于成功，生存的逻辑优先级别更高。要赚钱，最好先考虑生存问题。

在考虑与速度和增长（也就是任何与运动）相关的概念时如果不考虑脆弱性，那就是毫无意义的空谈。请想一下，如果有人想在纽约市以每小时 250 英里的速度开车，那么他肯定哪儿都去不了，因为这根本就不可能，所以它的有效速度等于每小时 0 英里。我们需要关注有效的而非名义上的速度，这一点显而易见，但是社会政治话语往往会掩盖这个基本的问题。

由于路径依赖性的存在，经济增长不再能摆脱经济衰退的风险，金融回报不再能摆脱终端损失的风险，“效率”也没法摆脱事故的风险。“效率”本身的概念因此变得毫无意义。如果一个赌徒最终面临爆仓（失去赢得的一切）的风险，那么其策略的“潜在回报”就是无关紧要的。多年前，一所大学的研究员对我吹嘘说，他们捐赠基金的收益率约为20%，但他并没有意识到，这些回报率是具有脆弱性的，很容易变成灾难性的损失，果然，某年因为经济不景气，他们所有的账面收益都化为乌有，甚至危及了大学的日常运转。

换句话说，如果某个事物是具有脆弱性的，那么它破碎的风险会导致你做的任何旨在改善它或提高它的“效率”的工作都变得无关紧要，除非你先降低它破碎的风险。罗马作家普布里亚斯·塞勒斯认为，你无法既仓促又稳妥地做好任何事情。

至于国内生产总值的增长，我们可以很容易地通过增加未来几代人的债务负担来实现，但未来的经济很可能因为还债的压力而崩溃。国内生产总值的增长与胆固醇一样，都是脆弱的普罗克拉斯提斯之床。正如对一架坠机风险很高的飞机来说，“速度”多少毫无意义，因为我们知道它有可能无法到达目的地，而具有脆弱性的经济增长也不能被称为经济增长，这一点政府尚未理解。事实上，即使在工业革命的黄金年代，经济增长也是非常温和的，人均增长率不到1%，然而正是和缓的增长将欧洲推上了主宰全球的巅峰。尽管速度较慢，但这种增长却是稳扎稳打的强韧性增长，完全不同于如今各国蛮劲儿十足的增长率竞赛——就像刚学会开车的少年疯狂飙车一样。

塞内加的杠铃

这启发我们找到了杠铃式解决方案——针对不确定性的所有解决方案，都是以杠铃的形式呈现的。

杠铃的意思是什么？我用杠铃（一个杠轴，两端加重，供举重者使用）来将极端情况分隔开。在我们的语境中，杠铃策略不一定是对称的，只是说，它由两个极端条件组成，中间空无一物。你也可以用更技术性的语言称其为双峰策略，因为它有两个截然不同的模式，而不是单独的中庸模式。

起初，我用杠铃来形象地描述在某些领域采取保守策略（从而在负面的“黑天鹅”事件面前保持强韧性），而在其他领域承担很多小的风险（以开放的姿态迎接正面的“黑天鹅”事件）的双重态度（有利于获得反脆弱性）。一面是极端的风险厌恶，一面是极端的风险偏好，而不采取“中等程度”或“温和”的风险态度，因为模棱两可的态度实际上是骗人的把戏（人们一般都明白“高风险”和“零风险”的概念，但是中等风险则有很大的迷惑性，因为它受巨大的测量误差的影响）。但是，得益于它的结构，杠铃策略能够降低不利风险，也就是能消除毁灭性风险。

让我们从普通金融学中举个例子，普通金融学是最容易解释的，但也是被误解最多的。如果你90%的资金是以现金形式持有（假设你不会受通货膨胀的影响），或以所谓的“保值货币”的形式储存的，而剩下10%的资金则投资于风险很高或极高的证券，那么你的损失不可能超过10%，而你的收益是没有上限的。如果某个人将100%的资金都投入所谓的“中等”风险的证券，那么他很可能由于计算错误而承受毁灭性的风险。因此，杠铃策略解决了罕见事件的风险不可计量且易受错误估计影响的问题，也就是说，金融杠铃策略的最大损失是已知的。

反脆弱性是积极主动和保守偏执的组合——消除不利因素，保护自己免受极端伤害，同时让有利因素或正面的“黑天鹅”事件顺其自然地发挥效用。我们已经看到塞内加的非对称性：要让有利因素大于不利因素，只需要减少极端不利因素的侵害（情绪伤害），而不是改善中间因素。

杠铃策略可以指任何由截然不同的两类方案组成，并且舍弃了模棱两可的中间路线的策略，它往往会形成一种有利的非对称性。

要了解杠铃策略和非杠铃策略的区别，我们还可以想想餐厅的上菜顺序，比如它会先上三分熟的有机菲力牛排和色拉（佐以马尔贝克酒），等你用毕，再上一道芝士蛋糕（加麝香）。饭店绝不会在接受你的订单后，把蛋糕和牛排切成小块，扔进发出巨大噪声的食物打磨器打成泥。要知道，那种“中间路线”就跟这种把食物打成泥的做法没什么两样。还记得第九章吗？尼罗一般只与看门人和学者打交道，很少理睬中庸之辈。

在高风险的情况下，与其让飞机上的所有成员保持“谨慎的乐观”，或者介于两者之间的其他态度，我宁愿空乘人员保持最大限度的乐观，而飞行员保持最大限度的悲观，甚至过度焦虑。

会计师与摇滚明星

生物系统中就充满了杠铃策略。以交配方式为例，我们将这种方式称为 90% 的会计师加 10% 的摇滚明星的模式（我只是客观陈述，而不是纵容这种方式）。在动物王国的一些单配制的物种（包括人类）中，女性往往会嫁给类似会计师，或者从事更无聊职业的男性，比如经济学家，因为这些男性能够给她们提供稳定的生活，而作为其双重战略的一部分，她们偶尔也会与摇滚明星偷情。这样，她们控制了自己的不利因素，同时通过配偶外交配的方式为后代获得了基因优势，或给自己找了乐子，又或者两者兼得。她们出轨的时点似乎也并非随机性的，往往与高概率的受孕期对应。我们在所谓的单配制鸟类的雌性中看到了这样的证据：它们很享受这种偷情模式，大约 1/10 的后代来自其原配之外的异性。这种现象是真实存在的，但解释它的理论有所不同。进化理论家声称，女性既要经济和社会的稳定，也要为孩子争取良好的基因。但是，中庸之辈身上不可能同时具备所有这些美德（能提供优良基因的人可能并不稳定，反之亦然）。为什么鱼和熊掌不可兼得？为什么不能同时拥有稳定的生活和良好的基因？但也有另一种理论认为，她们就是想要寻欢作乐——或者过一种既稳定又快乐的生活。[1]

回顾一下第二章的内容，要刺激过度反应，就得提供一定的伤害和压力。也就是说，让孩子们玩点儿火，但不要过头，好让他们从伤痛中吸取教训，这是为了他们自己未来的安全考虑。

这也意味着让人体验一些（但不是太多）压力，以唤醒他们的潜力。但同时，他们也需要得到保护，以免受到严重危险的伤害——你要忽略小的危险，专注于保护他们免受严重伤害，请注

1. 我们可以为这样的杠铃策略找到证据，但其背后的理论并不明确——进化论喜欢叙述，而我更喜欢证据。我们不知道，动物界的配偶外交配是否确实促进了适者生存。因此，杠铃策略——嫁个会计师然后偷情——的存在可能并不一定是为了改良物种，而仅仅是为了找乐子。

意，只需关注严重伤害。这种策略可以应用到社会政策、医疗保健和更多的领域。

我们在古人的传说中也发现了类似的想法，意第绪谚语中就有“做最坏的打算，最好的情况总能水到渠成”一说。这句话听起来平淡无奇，但事实上并非如此：只要观察一下就知道，人们往往做最好的打算，而希望侥幸逃脱最坏的结果。我们有充分的证据证明，人们反感小的损失，但对非常严重的“黑天鹅”风险（他们往往会低估）却毫无反应，因为他们往往会为小的可能的损失投保，却忽略大的罕见的损失。

远离黄金中间地带

现在，让我们继续探索杠铃策略。这世界上有很多中间地带并非“黄金地带”，因此完全适用杠铃策略（最大限度的安全加上最大限度的投机）。

让我们以文学家为例，这是所有职业中最无法妥协、最具投机性、要求最高、风险最大的职业。法国文学家和其他欧洲文学家都有一个传统，就是谋一份闲职，比如最无职业压力的公务员：不需要动多少脑筋，但很稳定，这种低风险的工作在你离开办公室之后就不会再牵扯你的精力，所以下班后，这些作家就利用业余时间写作，根据自己的标准写任何他们想写的东西。在法国作家中，学者的人数非常少。而美国作家则不同，他们往往都从事媒体或学术工作，这使得他们受制于系统，也破坏了他们的写作灵感，从事学术研究的人还生活在持续的焦虑和压力下，这确实严重地干扰了他们的灵魂。美国作家写的每一行文字都遵循着别人的标准，就如妓女一样，抹杀了内心深处真实的感受。而另一方面，从事闲职兼写作则是一个相当有效的模式，仅次于享有经济上的独立性，甚至比享有经济上的独立性更强。例如，伟大的法国诗人保罗·克洛岱尔、圣琼·佩斯和小说家司汤达都是外交官；许多英国作家都是公务员，特罗洛普是邮递员，卡夫卡受雇于保险公司。更有趣的是，斯宾诺莎是镜头制造商，因而他的哲学完全不受任何形式的学术思想的侵蚀。当我还是一个十几岁的少年时，我就认为从事真正的文学或哲学职业的自然方式，就是像我的许多家庭成员一样，以懒散的、令人愉快的、要求不高的外交家为职业。奥斯曼帝国的传统是启用东正教徒作为使者或大使，甚至外交部部长，这个传统一直为黎凡特地区所保留（我的祖父和曾祖父就曾担任外交部部长），只不过后来势头转变，开始对基督教少数派不利了。我则成了一个交易员，但也能在空余时间里从事写作，读者可以看到，我写作完全按自己的意愿。杠铃式商人－学者模式是很理想的，从下午三四点我离开办公室到第二天上班的这段时间，我都会将白天的工作抛诸脑后，完全自由地从事我认为最有价值和最有趣的工作。而当我试图成为一个学者时，我却感觉自己就像一个囚犯，被迫服从别人的那种不严谨的、自我宣传的计划。

职业也是可以分阶段的：先做非常安全的工作，随后从事投机性较强的工作。我的一位朋友就曾为自己找了一份非常安全的工作——图书编辑，他也被认为是一名非常优秀的编辑人员。然后，在工作了10年之后，他离职从事一个投机性很强、风险很高的职业。这也是切切实实的杠铃模式：如果他投机失败，或无法实现预期的满意度，他完全可以回归老本行。这就是塞内加选择做的：他起先过着非常活跃的、充满冒险的生活，随后哲学式地隐退，开始写作和冥想，而不是从事混合这两种工作的“中间”模式的工作。许多像蒙田一样从“行动者”变成“思想家”的人，也采取了这种阶段性的杠铃模式：先是埋头行动，随后埋头思考。

如果我不得不上班的话，我认为最可取的（痛苦也较少的）就是高强度地工作一段非常短的时间，然后什么都不做（假设就是真正意义上的什么都不做），直到我完全恢复，并期待重来一次，而不是像日本人那样从事那种低强度、无休止、缺乏睡眠保证、乏味的工作。主菜和甜点还是需要分开的。

事实上，乔治·西姆农，这位20世纪最多产的作家之一，一年只有60天的时间用来写作，其余300天则“什么都不做”。但是，他出版的小说超过了200本。

驯服不确定性

我们将会在本书的剩余章节中看到，很多的杠铃策略都具有同样的非对称性，在风险面前，它们会给我们提供同样的保护，并帮助我们利用反脆弱性。它们看起来非常相似。

让我们选取一些事例来管中窥豹。在个人风险方面，你很容易通过消除任何领域的致命性风险而将自己置于杠铃结构之中。我个人就对某些风险非常谨慎，同时在其他的风险上又非常冒进。我的规律是：不吸烟、不吃糖（尤其是果糖）、不骑摩托车，不在城市以外的地方骑自行车——或者更广泛地说，不在没有道路的区域，如撒哈拉大沙漠里骑车，不与东欧的黑社会有瓜葛，不上一架不是专业飞行员（除非有副驾驶）开的飞机。但除了这些，我可以承担各种形式的职业和个人风险，尤其是那些不会给我带来任何终极伤害的风险。

社会政策往往保护弱势群体，同时让强者各尽其职，而不会帮助中间阶层巩固其特权，因为这样会阻碍进化，造成各种经济问题，最终还会给穷人带来最大的伤害。

在英国成为一个官僚国家之前，它呈现出一种两极分化的杠铃结构，一端是冒险家（从经济和物质上而言），另一端是贵族。贵族除了保持某种谨慎的态度，其实没有扮演重大的角色，而冒险家则在各国间游走，寻找贸易机会，或待在国内修补机器。但是，现在的伦敦则充斥着追逐奖金的资产阶级精英。

我的写作方法如下：一方面，我写任何人都能读懂的散文；另一方面，我写技术性论文，不会写介于两者之间的文章，如记者访谈、报纸文章、署名评论等非出版社要求的文章。

读者可能还记得我在第二章中提到的训练模式：练习举起你能承受的最大重量的器械，随后什么都不做，这与健身房中许多人以较低强度锻炼很长时间的模式很不相同。我所说的训练模式，辅以毫不费力的长时间散步，构成了锻炼的杠铃策略。

更多的杠铃策略：做一些疯狂的事情（偶尔砸坏家具），就像希腊人在饮酒讨论会进行至后半场时所表现的那样，而在更大的决策上保持“理智”。阅读无用的娱乐杂志，以及经典书籍或复杂的著作，但不要读平庸的书籍。与大学生、出租车司机和园丁，或最优秀的学者交流，但不要和庸庸碌碌但野心不小的学者交流。如果你不喜欢某个人，要么随他去，要么击垮他，不要只是停留于口头攻击。

所以，请记住，随机性的杠铃策略会通过减轻脆弱性、消除伤害导致的不利风险来增强反脆弱性，也就是减少不利事件带来的痛苦，同时确保获得潜在收益。

再回到金融投资上，杠铃策略并不一定是以部分投资于抗通胀的现金、部分投资于投机性证券的形式呈现的。任何消除毁灭性风险的策略都属于杠铃策略。具有传奇色彩的投资者拉伊·戴利奥送给进入投机性赌局的人一条铁律：“确保发生不可接受情况（毁灭或灾难）的概率为零。”这样的铁律也让我们看到了杠铃策略的身影。

还有一个观点来自罗里·萨瑟兰：英国对因酗酒患上小病的人的建议是，将每天的饮酒量缩减到一定克数以下。但其实，最优化的策略是每周戒酒 3 天（给肝脏一定的休息时间），而在其他 4 天的时间内自由饮酒。这个观点与其他杠铃策略背后的数学推导，我们将在之后阐述詹森不等式时进行讨论。

三元结构的右栏，反脆弱类的大多数项目都有杠铃结构，这是必要条件，但并非充分条件。

因此，正如斯多葛主义关乎情绪的驯化而非消除，杠铃策略也力求驯化而非消除不确定性。

第四卷

可选择性、技术与反脆弱性的智慧

现在让我们来谈谈创新、选择和可选择性的概念。如何进入无法穿透的事物内部，并彻底主宰它、征服它。

你真的知道要往哪里去吗？

圣托马斯·阿奎那所著的《神学大全》这类里程碑式的书，已经不复存在了。所谓大全，就是对特定学科的一个全面阐述，同时也摆脱了之前的权威所规定的结构——所以是超越教科书的一类书。至于这本大全，它的主题是神学，也就是涵盖所有哲学性的东西，但同时它也对所有与其论点有关的每一类知识体系进行了评论。它在很大程度上指导着中世纪人们的思想。

这与主题简单的封闭式题材书籍大不相同。

博学者对反脆弱性的诋毁在《神学大全》一书中得到了淋漓尽致的体现，其中有一处是这么说的："代理人若非为了一个明确的结果是绝对不会行动的。"换句话说，代理人应该知道行动的方向，这是一个源于亚里士多德目的论的观点。每个人，包括斯多葛主义者，但不包括怀疑论者，都在思想上倾向于目的论，但在行动上并没有表现出这种倾向。顺便说一句，阿奎那引述的并不是亚里士多德的话语，他称后者为哲学家，他所引述的是亚里士多德思想在阿拉伯的集大成者、哲学家伊本·鲁西德，即阿维罗伊的话。阿奎那称其为评论家。评论家对这个世界造成的伤害可不小。西方思想在很大程度上受阿拉伯思想的影响，这一点远超我们的认识，而中世纪后期的阿拉伯人已成功地摆脱了中世纪的理性主义。

整个思想传承都植根于这句话："代理人若非为了一个明确的结果是绝对不会行动的。"这就是人类最普遍的错误所在，再加上两个或两个多世纪对无条件科学认知的错觉，这个错误就越发复杂了。同时，这个错误也将导致人们陷入最脆弱的状态。

目的论谬误

我们在此所说的目的论谬误，是指你有个错觉，以为自己确切地知道将来的方向，而其他人过去所取得的成功也源于清楚地知道自己的方向。

一个理性的漫游者与观光客不同，他在旅途的每一步都可能导致他修改日程安排，这样他就可以根据新的信息制订计划，就像尼罗在旅途中尝试练习的依靠嗅觉的引领一样。如果根据新的信息，该计划不再有效，那么漫游者也不会固守原有的计划。观光客，不管是真正的还是比喻意义上的观光客，都抱有目的论错觉；他们假定愿景的完整性，并将其锁入一个难以修订的计划，而漫游者却会持续地，最关键的是，合理地根据他获得的信息修订他的目标。

我们有一个小小的警告：无论在生活还是事业中，漫游者的机会主义都是很管用的——但这不包括私人生活和涉及其他人的事务。在人际关系中，与机会主义相反的是忠诚，一种高尚的情操——但这需要人们在正确的地方进行足够的投资，也就是长期致力于维护人际关系和道义。

你可能认为，你确切地知道自己要去往哪里，并认为你今天会知道你明天的偏好。这个谬误还有一个关联谬误，即你认为其他人也知道他们要去往哪里，而且如果你问他们，他们一定会告诉你他们想要的是什么。

千万不要问别人他们想要什么，或者他们想去哪里，又或者他们认为他们应该去哪里，最糟糕的问题是，他们认为自己明天会渴望什么。那位电脑创业者史蒂夫·乔布斯的力量正源于不信任市场研究和焦点小组（这些都基于问人们他们想要什么），而是跟随自己的想象。他的理念是，人们根本不知道他们想要什么，直到你提供给他们。

一个人如果能够改变一种行动，就意味他有改变的选择权。选择权，以及可选择性，即选择权的特征，是第四卷的主题。可选择性可以带我们去很多地方，从根本上说，选择权能让你具备反脆弱性，它帮助你从不确定性的积极面中受益，同时也使你不因其消极面而经受严重的伤害。

美国的主要资产

正是可选择性促进了事物的运作和成长，但不是所有人都明白这一点。很多人痛惜美国正规教育的水平之低（比如以数学成绩来衡量）。然而，这些人没有意识到，许多创新都是在这里诞生，而被其他地方模仿的。但这些并不归功于大学，大学所获得的赞美远多于它们实际的贡献。

与工业革命中的英国一样，美国的优势体现在冒险和运用可选择性方面，这是一种卓越的能力，即参与到合理的试错活动中，失败了也不觉得耻辱，而是重新来过，再次失败，再次尝试。而现代日本则恰好相反，失败给人带来耻辱，这导致人们想方设法地隐藏风险，不管是金融风险还是核电风险；创造很小的收益，却要坐在火药桶上，这种态度与他们尊敬失败英雄的传统，以及虽败犹荣的观念，形成了奇怪的对比。

第四卷将根据这一思路自然地得出结论，并将用证据证明（从中世纪的建筑、医学到工程和创新），也许我们最大的资产就是我们最不信任的东西：某些风险承受系统的内置反脆弱性。

第十二章

泰勒斯的甜葡萄

- 起而行，而非坐而谈。
- 免费选择权的概念。
- 哲学家可以被称为暴发户吗？

亚里士多德的《政治学》中有一则关于苏格拉底之前的哲学家和数学家泰勒斯的故事。这个故事在书中占了不到半页的篇幅，但既阐述了反脆弱性的概念，又贬低了这个概念，并向我们介绍了可选择性。这个故事的一个显著特点是，它让我们看到，亚里士多德这位在各个时代都称得上是最有影响力的思想家，并未理解他自己所说的这个故事的核心问题。他的追随者也是如此，特别是在启蒙运动和科技革命之后。我这么说并非要贬低伟大的亚里士多德，而是为了表明这样一种观点，即智力有时会让你低估反脆弱性，忽略可选择性的力量。

泰勒斯是一位哲学家，来自小亚细亚半岛的沿海城市米利都，是一位讲希腊语的腓尼基裔爱奥尼亚人。与某些哲学家一样，他喜欢自己从事的工作。米利都是一个重要的贸易港，这里的重商主义精神通常归功于在这里定居的腓尼基人。但是，泰勒斯作为一名哲学家则是典型的囊中羞涩之人。他听腻了生意伙伴讽刺他所说的“有能力的人从商，其他人研究哲学”的话，于是就做了一件惊人的事：他支付了一笔首付款，以很低的租金租用了米利都和希俄斯附近的所有橄榄油压榨机的季节性使用权。当年橄榄大丰收，因而，人们对橄榄油压榨机的需求大幅增加，他让压榨机所有者按照他开出的条件转租机器，从中大赚了一笔。随后，泰勒斯又回到了哲学的世界中。

泰勒斯的收入或许不足以让他成为巨富，但足以向别人，也向他自己证明一点——他想做就能做到，而且他真正地将财富抛诸脑后，不受财富的限制。这笔财富足以让你获得财富所带来的大部分优势（最重要的优势之一就是独立性，以及只关注你所感兴趣的事情），并且你还不受其副作用带来的影响，比如你不必参加需要穿正装的慈善活动，不必被迫听别人对大理石改造房屋的礼节性描述。财富最糟糕的副作用，就是它给受害者带来的社会关系，因为住大房子的人往往会与其他住大房子的人交往。除了实现了一定程度的富裕和独立，绅士们往往不再风度翩翩，他们的谈话也变得越来越无趣。

泰勒斯的故事有许多寓意，且都与非对称性（以及反脆弱性回报的构成）相关。最普遍的寓意可以用亚里士多德的叙述来表达：“虽然仍是冬天，但他根据自己的天文学知识观察到，第二年一定是橄榄作物的丰收年……”因此，对于亚里士多德来说，原因显然在于泰勒斯的渊博知识。

真的是因为渊博的知识吗?

事实上，泰勒斯是利用了自己对某种知识的缺乏，也就是非对称性的神秘特征。这个非对称性的关键恰恰在于，他并不需要了解太多的天文学知识。

其实他只是很简单地和别人签订了一份合同，这份合同就是以非对称性为原型的，它也许是你能找到的唯一纯粹的显性非对称性。事实上，这是一份期权合同，买方“有权利但没有义务”，而卖方则是“有义务而没有权利”。在橄榄油压榨机的使用需求激增的情况下，泰勒斯有权利——但没有义务——使用机器，而卖方则负有提供机器的义务，但没有其他权利。泰勒斯为这一特权付出了很小的代价，损失有限，而获益可能很大。这可能是人类历史上第一个有记录的期权。

期权就是反脆弱性的一种代表。

期权与非对称性

橄榄油压榨机的故事比在象牙材质桌腿支撑的桌子上写作的塞内加早了 600 多年，也比亚里士多德的时代早了 300 年。

第十章中的公式是：反脆弱性等于获得的比失去的更多，等于有利因素比不利因素更多，即等于（有利的）非对称性，也等于偏好波动性。如果决策正确所得到的利益大于决策错误所受到的伤害，那么从长远来看，你将从波动性中受益（反之亦然）。只有当你一再为购买期权支付太多钱时，你才会受损。但是，在泰勒斯的故事中，他显然做了一笔好买卖——但我们将在第四卷余下的部分看到，我们不需要为自然和技术创新带给我们的期权买单。金融期权可能是昂贵的，因为人们知道这是期权，有人出售期权并收取费用，但大多数有趣的期权却是免费的，或者至少价格是低廉的。

最重要的是，当我们知道自己以低廉的价格买入时，即当非对称性对我们有利时，我们不需要知道发生了什么事情。进一步引申：当我们有一定的优势时，我们并不需要完全了解某一事物。可选择性带来的优势就是当你正确时，你会获得更大的收益，这使你不必每次都正确。

甜葡萄选择权

我所说的期权与我们日常生活中所说的选择权没有什么不同——选择较多的度假胜地更容易提供符合你品位的活动，而选择较少的度假胜地则可能经营失败。所以，对于选择更多的度假胜地，你需要的信息比较少，也就是需要的知识比较少。

在泰勒斯的故事中，还有其他隐藏的选择权。如果能明智地运用财务独立，就可以变得更加强韧，它会为你提供更多选择权，并让你做出正确的选择。自由就是终极选择权。

此外，除非你面对选择权和各种选择，否则你将永远不了解自己以及自己的真正喜好。回想一下，生活的波动性能为我们提供有关别人与自己的信息。许多人变成了穷人并非自己所愿，他们只有编造出一个故事，声称是他们自己选择成为穷人的，才能让他们变得强韧，就好像他们有选择权一样。当然，有些人确实有选择权，但更多人没有选择权，他们只不过编造了一个结果。就像《伊索寓言》中的酸葡萄心态：说服自己相信自己摘不到的葡萄就是酸的。散文家蒙田将泰勒斯的故事视为对酸葡萄免疫的故事：你需要知道，你不喜欢追求金钱和财富是因为你真的不喜欢它，还是只是在为你的无能找借口，故意说财富不是好东西，比如它对你的消化系统或你的睡眠不利。因此，我们的故事凸显了泰勒斯自己对生活的选择权——他是真心想要追求哲学，他本来有很多选择。而且，这点值得一再强调，任何选择如果赋予你的有利因素超过不利因素，那么它是反脆弱性的矢量。[1]

泰勒斯自己赚钱资助自己的哲学研究，成了自己的赞助者，这也许是我们可以达到的最高境界：同时实现财务独立和拥有知识生产力。他现在有了更多的选择权。他无须告诉别人——那些为他提供资助的人——他去向何方，因为他自己也许也不知道要去往哪里。多亏选择权的力量，他也不必知道他的方向。

接下来的一些小故事有助于我们进一步了解可选择性的概念——类似期权的收益和情况的特征。

伦敦的一个周六傍晚

伦敦的一个周六下午，我又要面对一个主要压力源：今晚去哪儿。我喜欢参加聚会，喜欢聚会上的意外发现（去聚会有可选择性，对于希望从不确定性中受益并尽量避免不利因素的人来说，参加聚会是最好的建议）。我最怕独自一人在餐厅一边吃饭，一边重读西塞罗的《图斯库兰讨论》中的相同段落。这本书刚好能放入口袋，所以我随身带着它长达 10 年时间，每次一个人

1. 我认为富裕（不仅仅是实现财务独立）的主要好处是能够鄙视有钱的人（也就是那些聚集在炫目的滑雪胜地的人），并且不是出于酸葡萄心态。事实上，如果这些人不知道你比他们更有钱，那么你的心态更甜蜜了。

吃饭时就拿出来读读（大约每年读3页半）；如果接到电话，我的恐惧感就会减轻些。有一次，有个人——算不上我的亲密朋友——听到我在城里，就邀请我到肯辛顿参加一个聚会，但并未跟我敲定此事，只是说“你愿意的话欢迎光临”。参加聚会总比我独自吃饭、看书好得多，但参加聚会的人不是很有趣（许多居住在城市或在金融机构工作的人都鲜有情趣，讨人喜欢的就更少了），我知道我可以有更好的打发时间的方法，但我不确定我能否做到。也就是说，我可以多打几个电话：如果我可以找到比肯辛顿聚会更好的去处，比如与任何一个我真正的朋友一起吃饭，那我就会这么选择。否则，我就搭出租车去肯辛顿。摆在我面前的是一个选择，而不是一种义务。因为这不是我求来的，所以我不会有任何成本。我面对的不利因素很小，其实，不存在任何不利因素，但有利因素则有很多。

这是一个免费的选择权，因为我并未为这一特权付出真正的成本。

你的租金

第二个例子：假设你是纽约市租金管制公寓的正式租客，房间四周满是书籍。你拥有的选择权是：想住多久就住多久，但你并没有义务这样做。如果你决定要搬到蒙古的乌兰巴托，并在那里开始新的生活，你只要提前几天通知房东，道别后就可以离开了。但是，房东却有义务让你以可预测的租金永久性地住在那里。如果城市租金大幅上涨，房地产市场出现了泡沫式膨胀，你将在很大程度上受到保护。相反，如果租金大幅下跌，你可以轻而易举地换套更好的公寓，甚至购买新的公寓，并获得每月还款额很低的抵押贷款。

让我们再次考虑一下非对称性。你将从较低的租金中受益，同时又不受高租金的影响。为什么会这样？还是因为你拥有选择权，而不是义务。从某种程度上说，不确定性增加了这种特权的价值。如果你的未来面临着高度的不确定性，比如房地产价值可能大幅下跌，也可能大幅上涨，那么你的选择权将变得更有价值。不确定性越大，你的选择权就越有价值。

而且这是个嵌入式选择权，因为你无须付出成本就获得了这个特权。

非对称性

让我们再次看看泰勒斯故事中的非对称性，以及任何选择权的非对称性。在图 12-1 中，横轴表示榨油机的租金，纵轴表示泰勒斯获得的相应利润。图 12-1 显示了非对称性：在这种情况

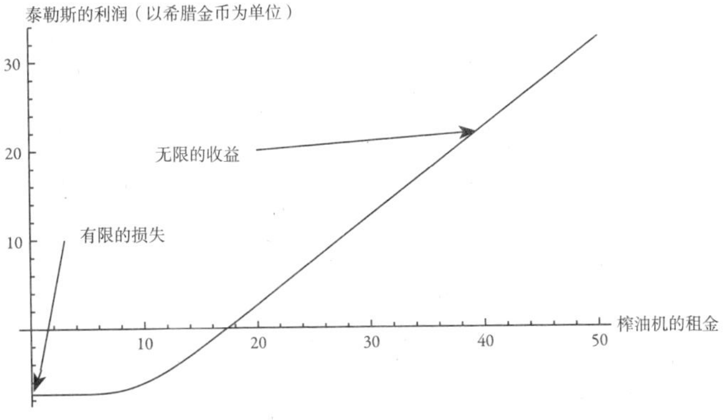

图 12-1　泰勒斯的反脆弱性

注：他付出的很少，潜在收益却很大。我们可以看出有利因素与不利因素之间的非对称性。

下，一种方式下的回报（你如果是对的，就会大赚一笔）大于其他方式（如果你错了，你只是小赔一点儿钱）。

图 12–1 的纵轴代表橄榄油压榨机租金的函数（从期权中获得的收益）。所有读者都需要注意图中的非线性（非对称性，有利因素多于不利因素；非对称性是一种非线性形式）。

喜欢分散的事物

选择权的一个属性是：它并不关心平均结果，而只关心有利因素（因为不利因素并不会超过某一界限）。通常，作家、艺术家，甚至哲学家的作品只受到少数人的喜欢比有大量人欣赏更好。不喜欢他们作品的人数无关紧要，因为不存在买书的对立面，也不存在足球比赛出现负分的情况，图书销售没有负值，这让作者具备一定的可选择性。

此外，如果其支持者既热情又富有影响力，那么会带来极大的帮助。比如维特根斯坦，他被很多人认为是一个疯子、一个异类，或者只是一个胡言乱语的哲学家（他自己名下几乎没有任何作品出版），但是这些人的意见无足轻重，因为维特根斯坦有一些狂热的追随者，其中包括赫赫有名的伯特兰·罗素和凯恩斯。

除了书籍，想想这个简单的启发法：你的作品和思想，无论是在政治、艺术或其他领域，都不受大部分人的认可（甚至有人极其反感），但却有一小撮极为忠诚和热心的拥趸，这种情况较之百分之百的人都觉得你的思想可以接受或勉强值得称道，哪种情况对你更有利？当然是前一种。选择权喜欢分散的结果，而不太关心平均值。

另一个不关心平均值而更关心平均值两边分散情况的行业就

是奢侈品行业——珠宝、手表、艺术品、热闹地段的昂贵公寓、昂贵的收藏品红酒、美味的农场益生菌狗粮等。这样的企业只关心最富裕人群的钱袋。如果西方国家的人们的平均年收入为5万美元，而且不存在贫富差距，那么奢侈品销售商将无法生存。但如果平均值保持不变，而社会的贫富差距明显增加，一些人的收入高于200万美元，甚至有些人的收入可能高于1 000万美元，那么奢侈品企业将拥有大量的客户，即使在统计平均收入时这样的高收入有可能被众多低收入人群抵消。收入分布曲线的较高端“尾部”，即极端部分，受不平等程度变化的影响比受平均数变化的影响更大。它从分散的数据中受益，因而是具有反脆弱性的。这就解释了为什么伦敦市中心的房地产价格泡沫是由俄罗斯和阿拉伯海湾的贫富不均决定的，完全独立于英国的房地产走势。某些卖给富人的房屋，每平方米的均价是几个街区之外建筑物均价的20倍。

哈佛大学前校长拉里·萨默斯由于解释不清自己的一个类似观点而陷入麻烦，并在沸沸扬扬的争议之后丢了工作。萨默斯想说的是，男性和女性的智商相当，但男性人口的变化和分散程度更高（波动性更高），因而最不聪明的男人和最聪明的男人的数量都很多。对萨默斯来说，这解释了为什么在科学界和知识界，男性的比例都更高（在进监狱或破产的人中，男性的比例也更高）。成功科学家的数量取决于“尾部”效应，即极端情况，而不是平均情况。正如选择权并不关注负面结果，作者也并不在意不喜欢他的读者。

目前，没有人敢说出一些显而易见的事实：社会增长可能不会像亚洲模式那样来自平均水平的提高，而是来自“尾部”人数的增加，也就是少量或极少量的冒险者，这些人疯狂地坚持自己的主张，拥有被称为想象力的罕见能力与被称为勇气的罕见品质，同时他们也是实干派。

泰勒斯主义和亚里士多德主义

现在，让我们说些哲学理念。正如我们在第八章前半部分所探讨的“黑天鹅”问题，决定论者关注的是回报，也就是行动的结果（因此包括非对称性和非线性效应）。亚里士多德主义者关注的则是正确与错误，换句话说，他们关注的是原始逻辑，两者之间的交叉比你想象的要少。

亚里士多德犯了一个错误，他认为了解某个事件（未来的作物收成或榨油机的租金，即横轴所显示的数据）和从中赚钱（纵轴所显示的数据）是同样的事情。但在这个案例中，由于存在非对称性，所以这两者是不同的，图表显示得非常清楚。正如胖子托尼将在第十四章中说的：“它们不是一回事。”

变得无知

如果你有“可选择性”，那么你不太需要智力、知识、洞见、技巧，或者脑细胞中的那些复杂事物。因为你不必每次都正确。你所需要的只是不做不明智的事情，以免伤害自己（比如忽略某些事情），随后就能在有利的结果发生后乐享收益了。（关键是你的评估并不需要预先进行，只要在结果发生后进行即可。）

这个属性允许我们变得无知，或者允许我们获得比知识所能带给我们的更多的收益。我称之为炼金石，或者“凸性偏差”，这是詹森不等式的数学属性产生的结果。其中的机制我们将在第五卷用技术性内容加以阐述，但现在请你记住，进化可以产生令人惊讶的复杂而精密的事物，不必拥有智慧，只需要可选择性和某些自然选择过滤机制，再加上接下来要探讨的随机性即可。

大自然与选择权

法国伟大的生物学家弗朗索瓦·雅各布将自然生态系统中的选择权概念（或类似选择权式的特点）引入了科学领域，这就是试错的概念，法语称为“拼装”。拼装是一种接近“调试”的试错形式（如图 12–2 所示），即尝试通过回收利用原本可能被浪费掉的材料来完成你想做的事。

雅各布认为，即使对于子宫里的婴儿，大自然也知道如何选择：大约 1/2 的胚胎会自发性流产，这比按蓝图设计完美的婴儿要容易得多。大自然只需要保留符合标准的事物，或者遵循加州式的“及早失败”规律——大自然有选择权并能够善用它。大自然比人类更了解可选择性，当然也比亚里士多德更了解。

大自然懂得善用可选择性，它展示了如何以可选择性替代智慧。[1]

在试错过程中我们会犯小错误，却能获得大收益，我们不妨称其为“自由探索”（tinkering）。事实上，有一个词可以更准确地描述这种积极的非对称性，那就是凸性，我们将在第十八章中深入阐述。

1. 我们将把自然视为一种模型，来展示它优良的运转表现为何来自可选择性，而不是智慧，但千万不要落入自然主义谬误：道德规范则不必源自可选择性。

图 12–3 最能说明加州式规律，以及史蒂夫·乔布斯在一次著名的演讲中所表达的观点："求知若渴，虚心若愚。"乔布斯的意思大概是："在疯狂之余保持理性，在看到有利机遇时及时抓

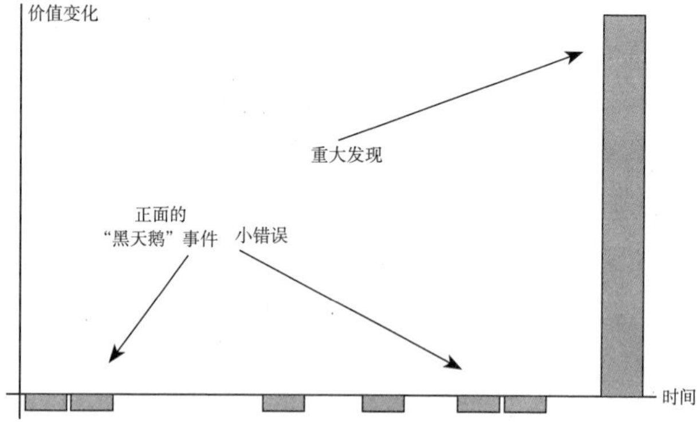

图 12–2 快速失败模型

注：这是一种与期权类似的试错机制，又名凸性自由探索。在这一机制下，错误的成本低，最大损失是已知的，而潜在回报则是巨大的（无限）。正面"黑天鹅"事件的一个重要特征：收益是无限的（这与彩票不同），或者更确切地说，其界限是未知的，但错误所带来的损失则是有限和已知的。

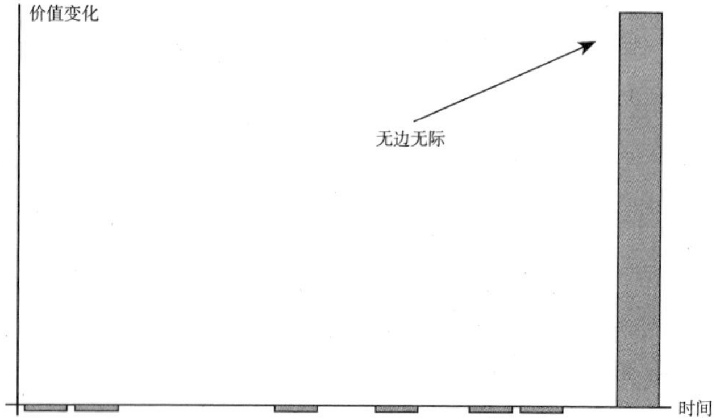

图 12–3 在极端斯坦下的快速失败模型

住。”任何试错都可以被视为一种选择权，只要你能够识别有利的结果并利用它就可以了。

理性

具体来说，我们可以这样描述选择权：

选择权 = 非对称性 + 理性

理性就是你知道要保留好的，抛弃坏的，知道如何获取利润。正如我们所看到的大自然，它有一个过滤机制来保留优质婴儿、舍弃缺陷婴儿。反脆弱性和脆弱性之间的区别就在于此。脆弱的事物没有选择权，而具有反脆弱性的事物需要选择最好的，即做出最佳选择。

大自然最美妙的特性就是，它在做选择以及为自己挑选最有利的东西时表现出的理性——这多亏了进化中的测试过程。与害怕尝试新事物的研究员不同，非对称性对于大自然而言意味着选择的机会。大自然就是这样逐步进化的——生物系统会锁定比前一个状态更好的状态，这就是我早先所说的路径依赖性。在试错过程中，其理性之处就在于不拒绝显著优于从前拥有的东西的新事物。

正如我所说，在商业上，人们会付费购买通过合同约定和安排的选择权，因此明确的选择权往往价格高昂，就像保险合同。但因为我们的头脑中存在领域依赖性，所以我们在其他地方认不出它来，而在这些地方，这些选择权的价格被低估或者根本没有定价。

我是在沃顿商学院的金融课上了解到选择权的非对称性的，

这决定了我的职业生涯，而且我立即意识到，连教授本人也没有认识到这一特性。简单地说，他没有注意到期权的非线性与可选择性来自某种非对称性的事实。这又可以归咎于领域依赖性：在教科书没有明确指出非对称性的其他领域，教授便忽略了——他当然能够从数学角度理解可选择性，但在方程式之外的情况下，他却未必了解可选择性。教授从未将试错视为选择权，也从未将模型误差视为负权。具有讽刺意味的是，30 年后，许多讲授期权课程的人还是不了解非对称性。[1]

选择权往往会隐藏在我们不希望它隐藏的地方。我想再说一遍，选择权不仅受益于可变性，也会从小成本的错误中受益。因此这些错误就类似于选择权——从长远来看，幸运的话，错误会带来收益；不幸的话，错误会带来损失。这正是胖子托尼所运用的工具：某些模型只有不幸的错误，特别是衍生金融产品模型和其他脆弱的工具。

让我吃惊的是，人类往往对这些选择视而不见。我们将在接下来的章节中看到，这些选择权明明就存在于肉眼可见的地方。

生活就是长伽马

真的，存在于肉眼可见的地方。

我的朋友安东尼·格利克曼原是犹太教的拉比和《犹太法

1. 我通常不太愿意谈及我从事期权交易的职业生涯，因为我担心读者会将我的想法与金融，而不是更多科学领域的应用结合起来。每当我用源自金融衍生品的技术性思维与人交流时，人们总是误以为我在讨论金融问题，这让我感觉非常生气——要知道，我只是在运用一些技术，一些能够融会贯通的技术而已。

典》学者，后转行做期权交易员，然后又做回了拉比和《犹太法典》学者（到目前为止）。一天，在讨论了可选择性如何适用于我们周遭的一切后，又或许在我针对斯多葛主义发表了长篇大论后，他冷静地宣布："生命就是长伽马。"（根据专业术语，"长"表示"受益于","短"表示"受损于"，伽马则是期权非线性的名称，因此"长伽马"表示从波动性和可变性中受益。安东尼甚至将他的邮件地址设为：@longgamma.com。）

大量学术文献都在试图说服我们，拥有期权是不理智的，因为有些期权定价过高，确切地说，根据商学院那种不考虑罕见事件发生概率的风险计算法，它们被认为定价过高。此外，研究人员还经常以所谓的"低胜算偏见"或彩票效应来告诫人们，因为在赌场上，人们往往会寻求超乎自己能力的目标，并在获胜希望渺茫的那一方身上下注。这些结论当然是披着科学外衣的胡说八道，他们是一群不愿承担风险的人，一提到风险，他们就只会想到赌场。经济学家对不确定性的态度也是如此，他们往往将生活的随机性错当作赌场中容易跟踪的随机性，我将此称为"游戏谬论"［ludic fallacy，ludic 一词是从希腊语 ludes（游戏）演化而来的］——这也是我们在第七章中玩扑克牌 21 点游戏的玩牌者身上看到的错误。事实上，根据彩票定价过高的事实来批评所有对罕见事件的投注是非常愚蠢的，就像你不能因为从长远来看赌场总是从赌徒身上赚钱，而批评所有的冒险活动，因为你忘记了，我们之所以存在于这个世界上也是因为赌场外的冒险行为。此外，赌场上投注和买彩票的奖励上限往往是已知的，而在现实生活中，可能的收益往往无边无际，这两种情况之间的差异非常显著。

承担风险不是赌博，可选择性也不是买彩票。

此外，这些所谓的“低胜算偏见”论点都是可笑的过滤性选择论点，即专挑与自己有别的事情讲。如果让你列举历史上创造财富最多的企业，你会看到，它们都有可选择性。遗憾的是，有些人还有从别人那里或从纳税人那里窃取选择权的可选择性（我们将在第七卷有关伦理的章节中阐述），比如公司的首席执行官凭借其地位掌握有利因素，却从来不受不利因素的影响。但是在美国历史上，最大的财富创造企业首先来自房地产行业（投资者相当于持有选择权，因为他们的风险由银行承担），其次是技术行业（其收益几乎完全依赖于试错）。此外，具有负可选择性（不具有可选择性）的企业，如银行，通常业绩比较糟糕：银行定期就会因陷入困境而失去先前所赚的每一分钱。

但是，在推动大自然和科学技术两大领域进化的可选择性面前，这些可选择性都相形见绌了，我们将在第四卷后半部分阐述科学技术领域的可选择性。

罗马政治偏好可选择性

当人有充分的理性时，就可以做出更好的选择，即使政治制度也可以遵循一种合理的自由探索形式：罗马人的政治制度就是通过自由探索，而不是现成的“道理”发展的。波利比奥斯在他写的《历史》一书中就比较了古希腊立法者莱克格斯和具有实践精神的罗马人。莱克格斯构建了自己的政治制度，“从未经历过逆境的教训”，而几个世纪后的罗马人却有更多经验，这些经验“不是靠任何逻辑推理过程得来的，而是在与逆境和麻烦的斗争中总结出来的，因而他们总是能凭借从灾难中获得的经验做出最佳选择”。

下一步

让我总结一下。在第十章中，我们已经看到了塞内加的观点中嵌入的基本非对称性：有利因素超过不利因素。本章进一步细化了这一观点，并通过选择权的形式呈现这种非对称性，因为选择权赋予人获取有利因素而不受不利因素影响的机会。选择权就是反脆弱性的武器。

本章和第四卷的另一观点是，选择权可以替换知识，其实我不太明白什么叫作贫瘠的知识，因为人的知识必然是模糊和贫瘠的。所以，我做了一个大胆的推论（我将在接下来的几章提供有说服力的论据），即我们以为靠我们的技能成就的许多东西其实大多来自选择权，而且是被妥善运用的选择权，很像泰勒斯的案例，也很像自然选择的情况，而不能归功于我们自认为掌握的知识。

其中的含义绝不平凡。如果你认为是教育为你带来了财富，而不认为教育是财富的结果，或者认为明智的行为和发现是明智的思想的结果，那么你一定会大吃一惊。让我们来看看这是一种什么样的惊奇。

第十三章

教鸟儿如何飞行

- 轮子终于问世。
- 胖子托尼的原始想法。
- 核心问题是，鸟儿写的著作比鸟类学家少得多。
- 将愚蠢与智慧结合，而不是反过来做。

让我们来看一个滚轮旅行箱的故事。

只要出远门，我几乎每次都会随身携带一个大型的滚轮旅行箱，里面装的大多是书籍。箱子非常重（我旅行时喜欢阅读的书碰巧都是精装书）。

2012 年 6 月，在纽约肯尼迪国际机场外，我一边拖着我常用的那个装满书籍的笨重旅行箱，一边看着箱子底部的轮子和顶部的金属手柄，我突然回忆起过去，同样在这个机场里，我必须提着装满书的行李，几步一歇，让乳酸流出我酸痛的臂膀。我请不起搬运工，即使我请得起，这么做也不会让我感到舒服。我在这个机场来来往往已经30年了，我的伙伴也从没有滚轮的旅行箱变为装了滚轮的旅行箱，两者的对比相当诡异。这让我意识到，我们是多么缺乏想象力：我们早就懂得把我们的行李放在带轮子的推车上，却没有人想到直接把轮子安装在旅行箱上。

你能够想象从轮子的发明（我们认为是由美索不达米亚人发明的），到它在旅行箱上的奇妙运用（由毫无特色的工业园区内的某家旅行箱制造商生产的），两者之间隔了将近6 000年吗？还有像我这样的旅客花费数十亿小时，费力地拖着旅行箱，通过站满粗鲁海关人员的通道。

更糟糕的是，这发生在我们把人类送上月球的40年之后。想想看，把人送上太空是多么复杂的一件事，但与我手臂的酸痛、腰部的疼痛，以及磨得生疼的手掌和站在漫长走道上的无助感对比一下，它对我生活的影响完全可以忽略不计。事实上，我们这里谈论的滚轮旅行箱虽然很重要，但仍是微不足道、非常简单的产品。

但是，这一产品是事后看来才显得微不足道的，事前则不然。所有那些才华横溢的人，那些不修边幅、不远千里赶赴会议，来讨论哥德尔猜想、黎曼猜想、夸克的人，都不得不提着他们的旅行箱穿过机场航站楼，却没有人考虑过这样一个微不足道的运输问题。（我们说，知识型社会总是会对“复杂的”衍生工具给予奖励，这与从不对简单的头脑做出惩罚形成了对比。）即使这些才华横溢的人决定用他们那过度发达的头脑来解决这么一个明显和琐碎的问题，他们也可能一无所获。

由此可见，我们是如何规划未来的。人类缺乏想象力，甚至不知道明天的重要事情到底会是什么。我们使用随机性来帮助自己一点点地发现新事物——这就是反脆弱性如此必要的原因。

轮子本身的故事甚至比旅行箱的故事更令人惭愧：不断有人提醒我们，轮子不是美索不达米亚人发明的，但事实上就是他们发明的。美索不达米亚人发明了轮子，但这些轮子只安装在他们给儿童做的小玩具上。这跟旅行箱的故事如出一辙：玛雅人和萨巴特克人并没有实现将轮子运用到实际生活中的这一飞跃。在建造金字塔时，他们耗费了大量的人力、物力和汗水在平地上运输巨大的石板，虽然此时用手推车和马车来运输是再合适不过的了。他们甚至懂得把石板放在滚木上来运输，可同时，他们的小孩子已经拉着滚轮玩具在灰泥地上玩耍了（或许他们的小孩子也不玩滚轮玩具，可能这种玩具的唯一用途就是用于陪葬）。

蒸汽机的故事也很相似，希腊人实际上早就制造出了可操作的蒸汽机，其遇热会旋转，当然，它只是用来娱乐的：希腊的发明家、亚历山大港的希罗描述过这一装置。但直到工业革命时期，我们才发明出这个早已被发明出来的工具。

正所谓伟大的天才只是找寻到了前辈的足迹，实用性的创新只是践行了祖辈的理论。

在发现和应用的过程中，总有一些事情是在不知不觉中逐渐完成的，这就是人们通常所说的进化。我们受制于或小或大的意外变化，这种意外性比我们承认的更常见。我们常常说大话，但几乎没有任何想象力，除了少数富有远见的人似乎意识到了可选择性的存在。我们需要一定的随机性来帮助我们解决问题，可能还需要加上双倍的反脆弱性。随机性在两个层面起到了重要作用：发明层面和应用层面。第一个层面并不令人惊讶，虽然我们常常会小看机会的作用，特别是我们自己在发现问题时。

但我花了毕生时间探索应用层面：应用并不一定能紧跟发明，它也需要视运气和情况而定。医学史上就充斥着一些奇怪的序列，一种治疗方法出现之后很久才被实际应用——就好像这两者是完全独立的事情，后者比前者还要困难，并且是困难得多。把某样东西推上市场需要与众多事情抗争。唱反调的人、管理人员、徒有虚名的人、形式主义者、无数琐碎的细节，这些就足以将你淹没，更何况在这些情况下你自己往往也会泄气。换句话说，你得识别你是否掌握了选择权（我们再次犯了无视选择权的毛病）。这时，你需要有足够的智慧认识到你手上掌握的是什么。

半发明状态。有一类东西我们可以称为处于半发明状态，从半发明到发明往往需要实现真正的突破。有时候，你需要一个富有远见的人来探索一项发明的用途，这个愿景可能只有他能找到。以电脑鼠标，或所谓的图形界面为例——多亏了史蒂夫·乔布斯，这些才应用到了你的台式电脑和笔记本电脑上——只有他心怀人机交互的愿景，随后又将声音加入进来。正如乔布斯所说，这些事情“就在那里盯着我们”。

另外，最简单的“技术”，或者甚至不是技术，只是一些工具，如轮子，却似乎推动了整个世界的发展。尽管我们这么赞誉它们，但我们所说的这些技术却有非常高的死亡率，这点我将在第二十章中详述。试想，在过去3 000年的时间内，或者更早，从希克索斯人发明攻击武器，西罗绘制设计图纸以来，在人类设计的所有交通工具中，个人交通工具仅限于自行车和汽车（以及两者之间的几个变种）。即使在此期间，技术的发展也是时进时退的，总体趋势是更自然和更强韧的取代了技术性的。在阿拉伯人入侵，并在黎凡特推广使用骆驼之后，诞生于中东的轮子就消失了，居民认为骆驼更强壮，从长远来看也比轮子这一脆弱的工具更有效。此外，一个人可以控制6只骆驼，但却只能驾驶一辆马车，这种反技术发展的趋势从经济上说也更加合理。

再谈少即是多

当我凝视一个陶瓷咖啡杯时，我意识到脆弱性有一个非常简单的定义，由此引出一个非常简单和实用的启发法：一项发明越是简单和明显，我们就越不容易通过复杂的方法将其弄明白。最关键的是，我们只能通过实践来揭示其意义。我感觉滚轮旅行箱就是对我们最大的嘲讽。有多少类似的简单、平凡的启发法正在那儿看着我们和嘲笑我们？

轮子的故事也说明了本章的一个主旨：政府和大学在推动创新和发明方面的贡献非常少，原因除了令它们盲目的理性主义，还有它们总是喜欢寻找复杂的、耸人听闻的、有新闻价值的、有故事性的、科学主义的和宏伟的东西，却很少关注旅行箱的轮子。我意识到，简单很难给人戴上桂冠。

注意时间差

正如我们在前面所看到的泰勒斯的故事和轮子的故事，反脆弱性（多亏了试错的非对称效应）可以取代智慧，但某些智慧还是必要的。从我们对理性的讨论中可以看到，我们需要的只是有能力认识到我们当前掌握的优于过去所掌握的，换句话说，就是能够认识到选择权的存在（或者像生意人说的那样“行使选择权”，即充分利用比过去更优的、有价值的替代方案，并从中获利，这是唯一需要理性发挥作用的部分）。从技术发展史来看，反脆弱性会赋予我们使用选择权的能力，但并不保证我们就能使用它：它可能近在咫尺却未被发现。我们看到了轮子的发明及其应用之间的时差，医学研究人员往往称这种滞后为“转换时滞”，即正式发现和首次应用之间的时间差，它在很大程度上是人们过度关注噪声以及学术兴趣导致的，孔托普洛斯－约安尼季斯和她的同行们已经发现，现在，这种时间差正在拉长。

历史学家戴维·伍顿提到，发现细菌消毒法与将细菌视为致病原因之间存在两个世纪的时间差，细菌导致腐败的理论发现和消毒法的发明之间存在 30 年的时间差，而消毒法的诞生和药物治疗的出现之间也有 60 年的时间差。

但是，情况也可能变糟。在医学界的黑暗时代，医生曾经非常依赖于一些天真的理性主义想法，比如必须平衡身体的体液，疾病被认为源于某些不平衡，根据这些想法所衍生出的一系列治疗方法被认为是恢复身体平衡的必要手段。诺加·阿利卡在她写作的有关体液的书中写道，自从威廉·哈维在 17 世纪 20 年代证实了血液循环系统的存在后，你也许会预期关于体液平衡的理论和相关做法应该已经消失。然而，人们却继续关注精气和体液，静脉抽血（放血术）、灌肠剂（对此我不想多做解释）、泥糊剂（在发炎的组织上敷上一块潮湿的面包或一勺麦片粥）等等仍然出现在医疗中，如此又延续了几个世纪，直到巴斯德研究所提出证据表明细菌是导致这些感染性疾病的罪魁祸首。

现在，作为一个怀疑经验主义者，我不认为抵制新技术必然是非理性的行为：如果你认为我们对事物的看法不完整，那么静待时间的验证也许是一个有效的方法。这就是自然主义的风险管理法。然而，如果旧的技术不仅不自然，而且明显有害，或者向新技术转换（比如带滚轮的旅行箱）显然能消除旧技术的副作用，那么死守着过时的技术就是彻底的非理性了。拒绝推陈出新是一种彻头彻尾的无能和犯罪（因为我一直认为，消除一些非自然的东西从长期来看没有副作用，它通常能使我们免受医源性损伤）。

换句话说，我不认为抗拒这些发现的应用是明智的；或者用某种难以言传的智慧和风险管理态度来诠释这种抗拒，这显然是错误的。它解释了为什么长期以来专业人员都缺乏英雄主义，而显得分外懦弱：很少有人愿意为了改变而危及自己的工作和声誉。

找寻与错误如何能成为投资

试错法有一种人们还未理解的首要价值：它其实不是随机的！由于可选择性的存在，它需要一定的理性：它需要你以一定的智慧来识别有利的结果，以及知道该放弃什么。

为了让试错过程不完全是随机性的，你需要保持理性。如果你在客厅寻找不知道放到哪里去的钱包，那么在采用试错法时，理性的做法就是，同一个地方不必寻找两次。这样，在找寻过程中，每一次尝试、每一次失败都能提供额外的信息，每一个信息都比前一个信息更有价值，因为你越来越清楚，哪些方法是无用的，或者在哪些地方不可能找到钱包。在一个你确切地知道自己要找寻什么的环境中，每次尝试都会使你更接近那个东西。我们从失败的尝试中能够逐渐摸索出正确的方向。

我可以用格雷格·斯德姆的故事来说明问题。斯德姆擅长从海底打捞失踪多年的沉船。在2007年，他将他（当时）最大的发现称为“黑天鹅”，意指发现意外横财。他的发现确实相当可观，那些贵金属在今天可能价值10亿美元。他的“黑天鹅”是一艘西班牙护卫舰，其名为“梅赛德斯圣母号”。1804年，该船在葡萄牙南部海岸被英国人击沉。斯德姆被认为是捕获有益的“黑天鹅”的代表，他的做法可以说明，这样的找寻是一种被高度控制的随机形式。

我曾与格雷格·斯德姆碰过面，并分享了我的想法：他的投资者（就像我当交易员时的投资者）基本上没有意识到，对一个寻宝人来说，所谓的“坏”光景（只有开支而没有发现）并不意味着灾难，这与有稳定现金流收入的人（如牙医或妓女）不同。由于一些心理上的领域依赖性，人们对于花钱购买的办公家具，不会有“损失”之感，而认为这是投资，但他们却将寻宝成本视为“损失”。

斯德姆的方法如下所示。他先对可能出现沉船的海域进行广泛分析。这些数据会被整合进一张详细标明各海域藏宝概率的地图。然后，他会设计搜索区域，并规定，必须确定某片海域真的没有沉船之后才能转移到下一个发生沉船概率较低的海域。这看上去很随机，但实则不然。这与你在房间寻找东西没什么两样：每一次搜索都使得成功的概率更大，但前提是你可以肯定你搜索过的区域中不可能藏有你要找的东西。

有些读者可能对沉船的寓意不太感兴趣，可能认为这些珍品是国家的，而不是私人的财产。那么让我们换个领域。斯德姆使用的方法同样适用于石油和天然气的勘探，特别是未开发的海洋深处。两个领域的区别只有一个：在搜寻沉船时，收益以船上的宝藏价值为限，而在搜寻油田和其他自然资源时，收益可能是无限（或上限很高）的。

最后，想想我在第六章讨论的随机钻探法，以及该法是如何优于那些定向勘探技术的。这种由可选择性驱动的搜寻方法并不是愚蠢的随机方式。由于可选择性在其中起作用，随机勘探法提供了容易处理和可望获得成果的随机性。

创造性和非创造性破坏

经济学家约瑟夫·熊彼特认识到了广义的试错法会产生错误，却不怎么理解非对称性（从第十二章开始，我们也一直称其为可选择性）的概念。熊彼特意识到，有些事情需要毁灭才能促进整个系统的改善，这被称为创造性破坏，它是由哲学家卡尔·马克思等人发展出来的，也是尼采所发现的一个概念。阅读熊彼特的著作我们可以看出，他并未从不确定和不透明的角度去思考。他完全执着于干预主义，抱着政府可以通过法令推动创新的错觉，对此我们将在下文进行反驳。此外，他也没有理解进化性紧张层叠的概念。更为关键的是，他和他的批评者（那些认为他不懂数学的哈佛经济学家）都忽略了具有非对称效应（可选择性）的反脆弱性，因而也忽略了炼金石，而这才是发展的动力。可以说，他们错过了一半的人生。

苏联–哈佛鸟类学系

现在，由于大量的技术知识实际上来自反脆弱性、可选择性的试错法，因此某些人和机构试图向我们（和自己）隐瞒这一事实，或贬低它的作用。

让我们来看看两种类型的知识。第一类不完全是“知识”，其模糊的特性让我们很难将其与定义严格的知识联系起来。这是一种我们无法用明确和直接的语言表达的做事方式——有时我们称其为否定法——但是，我们却切切实实地身体力行，而且做得很好。第二类更像我们平常所说的“知识”，它是你在学校里学会的东西，是你用来获得分数的东西，它可以写成文章，可以解释，可以做学术，可以理性化，可以形式化，可以理论化，可以苏联化，可以官僚化，可以哈佛化，也是可以证明的。

天真理性主义的错误导致我们高估了第二类知识，即学术知识在人类社会中的作用和必要性，同时也使我们低估了无法成文的、更复杂、更直觉式的或更依赖于经验的那类知识。

事实上，那些可以解释的知识在生活中扮演的角色是微不足道的，这一点儿都不好笑。我们找不到任何证据来反驳这一点。

我们很可能认为，技能和想法都来自书籍、思想和推理，殊不知，它们实际上是通过反脆弱性的实践方法获得的，或者是自然产生的（通过我们与生俱来的生物本能）。我们无视这一点，我们脑中的一些概念让我们在这一点上受骗了。让我们来看看下文。

我最近查了技术的定义。大多数课本将其定义为科学知识在实际项目中的应用，这让我们相信，知识主要或完全是从高高在上的“科学”（以一群姓名前面带有头衔的传教士般的人物组成的团体为中心）流向下层的实践（由缺乏知识成就，无法跻身那群传教士式的人物中去的不学无术者执行）。

因此，在文库中，知识的产生流程被描述为：基础研究产生出科学知识，继而产生技术，后者进入实际应用，从而推动经济增长并产生其他看似有趣的事物。“投资”基础研究产生的回报将被继续用于投资基础研究，公民将会逐渐富裕，并享受知识带来的福利，比如沃尔沃汽车、滑雪度假、地中海美食，以及在群山迤逦、维护良好的国家公园中展开漫长的夏季徒步旅行。

这就是根据哲学家弗朗西斯·培根命名的所谓的“培根线性模型”，我更习惯用科学家特伦斯·基利为该模型编制的表达式（最重要的是，这位科学家作为一名生物化学家，是一位实践型科学家，而不是科学史学家）：

学术→应用科学与技术→实践

虽然这种模式在某些非常狭窄（但被高调宣传）的领域内十分明显，比如原子弹制造。但据我观察，在大多数领域内，我们看到的正好相反。或者，至少这种模式并不一定正确，更令人震惊的是，我们没有有力的证据来证明它是正确的。可能学术确实有助于科学和技术的发展，而科学和技术的发展反过来又推动了实践，但这一切却是以无意识的、非技术的方式进行的，我们将在下文详述（换句话说，所谓的定向研究很可能是一种假象）。

让我们回到鸟类的比喻。想想下面这件事有没有可能发生：一群如僧侣般神圣的人（来自哈佛或类似的地方）给鸟类上课，教它们如何飞翔。试想一下，一群60多岁身穿黑色长袍的秃顶男人，说着英语，满口专业术语，写下很多方程式。鸟儿果然飞了起来。完美的证明！这些卫道士赶忙冲回鸟类学系去著书写报告，声称这只鸟是听了他们的话飞起来的。一个无可辩驳的因果关系推论。哈佛鸟类学系成为鸟儿飞行不可缺少的要素，它会得到政府为其贡献所拨的研究经费。

数学→鸟类飞翔和羽翼扇动技术→（忘恩负义的）鸟类会飞

但鸟类却写不出这样的论文和著作，因为它们只是鸟类，所以我们没法得到它们的证词。同时，这些“传教士”还向根本不了解哈佛开设鸟类飞翔课程之前的状况的下一代推广他们的理论。如此一来，没有人会讨论鸟类不需要这种课程也能飞行的可能性，也没有人有任何动力观察，有多少鸟儿在飞行时并不需要这些伟大的科学机构的帮助。

上述的内容虽然看上去很可笑，但问题是，换个领域会让它看起来合情合理。很显然，我们从来不认为鸟类学会飞行得归功于鸟类学家的成果，如果有人确实持有这种观点，那么他们也很难说服鸟儿相信。但为什么当我们把这里的“鸟儿”替换为“人类”，说人类之所以会做事是学者授课的结果，你却觉得没问题呢？一旦和人类扯上关系，事情立刻变得令人困惑了。

所以，这种错觉日益蔓延，政府拨款、税收、华盛顿逐渐膨胀的官僚机构都加入帮助鸟儿飞得更高的活动中。而当人们开始削减这项资金时，问题来了，一连串杀害鸟类（因为没有帮助它们飞行）的指控接踵而至。

意第绪说过：“学生很聪明，受称赞的却是老师。”这些有关贡献的错觉大多来自证实谬误：历史属于那些会写历史的人（不论是赢家还是输家），这一事实已然可悲，但更糟糕的是，写这些文字的人虽会提供证实事实（也就是行得通的事情），却没有呈现一个完整的画面告诉我们哪些事实行得通，哪些事实行不通，由此让我们形成了第二种偏见。比如，定向研究会告诉你哪些项目依靠资金资助成功了（如艾滋病治疗药物或一些现代药物的研制），但不会告诉你哪些项目不成功，所以你会形成基金资助项目比随机项目更有成效的印象。

当然，医源性损伤也是不可能出现在这种讨论中的。不会有人告诉你，教育在哪些方面给你带来了伤害。

所以，我们对可能的替代流程或者该流程的作用视而不见，即无视以下循环：

> 随机自由摸索（反脆弱性）→启发法（技术）→ 实践与实习（反脆弱性）→启发法（技术）→实践与实习……

与上述循环并列的还有一个循环：

> 实践→学术理论→学术理论→学术理论→学术理论……当然有一些例外，一些意外的遗漏，但这其实少之又少，并被过度宣传，过度推广

现在，最重要的是，通过观察哈佛开设飞行课程和鸟类研究课程之前的情况，人们可以洞察所谓的培根模式中的这一骗局。这是我在从波动性的践行者转为研究者的过程中无意发现的（这确实是意外），多亏了一些事件的幸运转折。但在此之前，让我来解释一下副现象和教育的方向。

副现象

苏联–哈佛派谬见（给鸟类开设飞行课，并相信这些课程正是这些鸟类具备精湛的飞行技能的原因）属于一种被称为副现象的因果错觉。这种错觉是什么？当你站在船上的驾驶台或者舰长室里的一个大罗盘前时，你很容易形成一种印象，以为罗盘在指引船只行进的方向，而不仅仅是反映船只前进的方向。

给鸟类上飞行课的效应就是相信副现象的例子：我们看到富裕和发达国家的学术研究水平很高，这让我们不加批判地认为，研究能创造财富。在一个副现象中，当你看到A时通常都会看到B，所以你很可能认为，是A引起了B，或B导致了A，这取决于文化架构或者当地记者认为哪种解释更合理。

我们很少有这样的错觉，即看到男生大多留短发就认为头发的长度决定性别，或者戴上领带就能成为一名商人。但是，我们却很容易陷入其他的副现象，特别是当一个人被淹没在新闻驱动的文化中时。

人们很容易误认为副现象会引发社会行为，事后又为行为寻找合理化的解释。独裁者——就像一国政府——会觉得自己是不可缺少的，因为其他的替代方案我们不容易看见，或者被特殊利益集团隐藏起来了。例如，美联储会给经济带来巨大破坏，但人们仍旧确信它的有效性。人们害怕替代方案。同样，在医源性损伤极度泛滥的年代，医疗仍被视为是不可或缺的。

贪婪是罪魁祸首

每当经济危机发生时，贪婪很容易被当作罪魁祸首，这留给我们一个印象，即如果我们可以找到它的根源并将它从生活中连根拔出，那么经济危机会被消灭。此外，我们倾向于认为贪婪是新生事物，因为那些肆虐全球的经济危机是新近发生的。始于2008年的危机被解释为“贪婪”的产物，而不是源自系统的脆弱性，这让我们一厢情愿（再次）地做起了消除贪婪的乌托邦之梦。这是一个副现象：贪婪比系统的脆弱性更古老。自有人类历史以来，就有贪婪存在。维吉尔口中“对黄金的贪婪”以及“贪婪是邪恶的根源”（源自拉丁版的《圣经·新约》）都是20个世纪以前的说法了，我们知道贪婪的问题已经延续了多个世纪，尽管我们在之后发展出了各种各样的政治体制，却一直找不到解决良方。将近一个世纪之前出版的特罗洛普的小说《我们的生活方式》对贪婪之风复苏的抱怨，与1988年我听到的对“贪婪的年代”的痛斥，以及2008年的对“贪婪的资本主义”的声讨如出一辙。贪婪总是以惊人的规律性反复被人视为新的与能够消除的东西。消灭贪欲不过是一个类似普罗克拉斯提斯之床的方法；我们很难改变人类，所以应该建立一个对抗贪婪的系统，却没有人想到这个简单的解决方案。

同样,“缺乏警惕”也往往被视为错误的根源（正如我们将在第五卷中所看到的法国兴业银行的故事，其根源其实是规模和脆弱性）。缺乏警惕不是一个黑手党头目死亡的原因，他死亡的原因是树敌太多，而解决方案就是多交朋友。

揭穿副现象的真面目

通过观察事件的先后顺序，看看某件事是否总是发生在另一件事之前，我们往往就可以从文化话语和意识中挖掘出副现象。这是由已故的克莱夫·格兰杰改良的一种方法。格兰杰本人是一位儒雅的绅士，是当之无愧的经济学界的“诺贝尔”，而瑞典银行为纪念阿尔弗雷德·诺贝尔设定的奖项却大多给了一群脆弱推手。格兰杰的方法是科学哲学家唯一可以用来建立因果关系的严谨的科学技术，因为现在他们通过观察事件的顺序就可以推断出（如果还不能测量的话）所谓的“格兰杰原因”。在有副现象的情况下，你最终看到的是A和B在一起。但是，如果你通过考虑顺序来优化你的分析方法，从而引入一个时间维度——A 与 B 谁先发生——并分析证据，那么你会看清 A 是否真的会造成 B。

此外，格兰杰还提出了研究差异的伟大构想，也就是说研究 A 和 B 的变化，而不仅仅是 A 和 B 的当前状态。虽然我不认为格兰杰的方法可以使我相信“A 导致 B”，但它肯定能帮助我揭穿假的因果关系，并帮助我确定“B 导致 A 的说法是错误的”，或者事件顺序的证据不足。

理论与实践之间的重要区别恰恰在于对事件顺序的洞察。如果生活是向前的，而记忆是往后的，那么，正如叔本华观察到的，书籍会加剧这种效果——我们自己的记忆力、学习能力和本能都有内含的顺序。毫无亲身经历的人站在今天的时点上回顾过去，往往会在因果关系上产生错觉，主要体现为打乱了事件本身的顺序。现实生活尽管存在很多的偏见，但不像历史文献那样充满颠倒和扭曲。不堪的历史，充满了谎言，充满了偏见！

我们来看一个揭穿因果把戏的例子：我还没有去世，但已经可以预见有人会对我的作品大肆扭曲。将来的作家读了我的书，会先推导我的观念的出处，并据此发展出自己的理论，就好像人人都要先读书，然后才会有想法，人们却不曾想过，或许应该反过来努力寻找支持自己想法的书来看。因此，一名叫作阿纳托尔·卡里兹基的记者在我 2001 年出版的书《随机漫步的傻瓜》中看到了伯努瓦·曼德布罗特对我的影响，虽然当时我根本不知道曼德布罗特是谁。道理很简单：他看到我们的思想在某个领域的相似性，并根据我们的年龄大小，立刻得出了错误的推论。他没有考虑到，志同道合往往是交朋友的前提，知识结构的相似会拉近两人的关系，而不能反过来推导。这让我非常怀疑在文化历史书中常常读到的师生关系：也许所谓的师生只是志趣相投之人。

“净挑好的来说”（或证实谬误）

想想看各国的旅游宣传册：你完全可以预期，其呈现给你的图片会比你实际看到的景色好看得多。其偏差或差距（当然由于常识，人们会自行修正这一误差）可以这样来衡量：旅游手册展示的国家，减去你亲眼所见的这个国家。这种偏差或小或大。我们对商业产品也会做出这样的修正，不会过分信任广告。

但在科学、医学和数学领域，我们却不修正这样的偏差，出于同样的原因，我们也并不关注医源性损伤。在某些地方，我们被复杂性欺骗了。

在研究机构的报告中，人们可以有选择地报告能证实其想法的事实，而不会透露与其想法相悖或者无法证明其想法的事实。正因为如此，人们对科学的认识才会被误导，因而相信高度概念化的、脆弱的、纯化的哈佛方法。而统计研究往往因受这些片面性的影响而失真。这是我们应该相信证伪理论而非证实谬误的另一个原因。

因此，像政治家一样，学术界人士也会堂而皇之地告诉我们，他们为我们做了什么，而不会告诉我们，他们没做什么，从而显示出他们的方法是多么不可缺少。这种事情发生在生活的方方面面。交易商会向人们炫耀他们的成功，这样人们就会相信他们有多聪明，而不会去探究他们隐藏起来的失败。至于学术研究，几年前，弦理论的发明者、伟大的数学家迈克尔·阿蒂亚来到纽约，为总部设在黎巴嫩的数学研究中心筹集资金。在演讲中，他列举了有益于社会和现代生活的数学应用，如交通标志。这很好。但是，数学的应用在哪些方面使我们陷入了灾难（如，在经济学和金融学中，数学几乎摧毁了整个系统）？有没有数学无法覆盖的领域（我们将在下文讨论）？这让我想到做一个不同的项目：找到数学无法产生益处且造成危害的领域。

“净挑好的来说”有可选择性：说故事（并出版）的人的优势在于能够展示用于证实的例子，而完全忽略其他情况——事实上，波动性和分散性越大，其成功的例子就越吸引人（其失败的例子也更惨痛）。有些拥有可选择性的人（有权挑选自己要讲的故事的人）只会报告最符合其目的的东西。把故事好的一面呈现出来，把糟糕的一面隐藏起来，只要能打动听众就行了。

真实的世界依赖于反脆弱性的智慧，但是没有一所大学会承认这一点——就像干预主义者从不接受事情没有他们的介入也可以改善的事实。让我们回到认为大学能够创造财富、促进社会中有用知识的增长的观点，其中存在着因果关系的错觉，现在是戳穿它的时候了。

第十四章

当两件事不是“同一回事”时

- 绿色木材就像另一个“蓝色”。
- 我们在哪里寻找发现的箭头。
- 将伊拉克置于巴基斯坦中。
- 普罗米修斯永不回头。

我的这些文字写于思考知识箭头的最佳地方。这个地方就是阿布扎比—— 一个从沙漠中崛起的，有丰富石油储备的城市。

每次见到这些靠政府石油收入资助建立的超大型大学的建筑我都会感到反胃，这些国家的人似乎认为，只要聘请名牌大学的教授，并将他们的孩子送入学校（或者等他们的孩子产生上学的欲望，因为阿布扎比的许多学生来自保加利亚、塞尔维亚，或马其顿，他们都能获得免费教育）就能将这些石油储备转化为知识了。更妙的是，政府可以用一张支票，把整所学校从海外进口过来，如巴黎大学和纽约大学（还有其他更多大学）。这样，再过几年，社会成员就能从巨大的技术进步中受益。

如果一个人相信大学知识能产生经济财富，那么这确实是一个合理的投资。但是，这一信念更多地来自迷信，而非经验主义。还记得第五章有关瑞士的故事吗？它是一个正规教育水平很低的地方。我不知道我之所以对其反感是不是因为感觉这些政府的钱花得很冤枉——它们被骗取了资源，一部分钱落入了西方大学行政管理者的口袋。这些政府的财富来自石油，而非来自行业知识，所以我敢肯定，它们在教育上的支出将毫无效果，它们只是在进行资源的大规模转移（或者应该说是强迫它们的公民靠大自然赚钱，从而伤害了反脆弱性）。

压力在哪里？

阿布扎比模式中似乎缺少某种东西，我们从中看不到压力。

在对干预主义的讨论中，我们看到某些系统是如何在缺乏压力的情况下被削弱，而在遭受压力时变得更为强大的——一个典型的例子就是人体。我们必须回到古代才能找到能概括这一发展原则的有智慧的人——现代人总是有严重的智慧领悟障碍。回想一下塞内加和奥维德的话，他们认为，精明源于需要，成功则来自困难。事实上，源于中世纪的很多类似的话已经融入我们的日常用语，比如“需要是发明之母”（选自伊拉兹马斯的书）。但是，最经典的格言还是来自公元前1世纪的罗马作家、著名格言大师普布里亚斯·塞勒斯的格言：“贫困带给人经验。”这一表达和理念出现在众多经典作家的著作里，包括欧里庇得斯、忒奥克里托斯、普劳图斯、阿普利乌斯、芝诺比厄斯、尤维纳利斯，当然，现在它被称为“创伤后成长”。

我认为，古老智慧的运作方式与阿布扎比的情况完全相反。我在黎凡特的故乡阿密欧村在战争期间遭到洗劫，居民被迫背井离乡，流亡到世界各地。25 年后，这里重新焕发活力，以惊人的速度恢复往日的繁华：我的房子在战争中被炸毁，但新修建的房子面积比以前更大。我的父亲在向我展示了在乡间如雨后春笋般冒出的小别墅，并表示了他对这些新贵的不满后，平静地告诉我：“你也一样，如果你一直住在这里，现在也会成为海滩边游手好闲的人，阿密欧的人只有在动荡的日子中才能成就自己。”这就是反脆弱性。

为了学习而学习

现在，让我们来看看表明因果箭头方向的证据，也就是说，看看靠课堂学习而增长的知识是否能够带来经济繁荣。严谨的实证调查显示——这在很大程度上归功于兰特·普里切特，以及后来的一位世界银行的经济学家——没有证据表明提高教育的整体水平就能够提高国家的收入水平。但我们知道，反过来说这句话倒是真的，即财富的积累推动了教育的发展——这不是一种错觉。我们并不需要借助世界银行的数据，我们仅坐在扶手椅上就可以推断出这个结论。让我们弄清楚箭头的方向：

教育 → 财富和经济增长

或者：

财富和经济增长 → 教育

证据很容易检验，它们就在我们眼前。只要看看在既富裕教育水平又达到一定程度的国家中，哪一个条件在另一个条件之前即可。以流氓经济学家张夏准强而有力的“少即是多”式的论点为例。1960年，中国台湾的识字率比菲律宾要低得多，人均收入也只有后者的1/2；而今，前者的人均收入是后者的10倍。同期，韩国的识字率要比阿根廷低得多（后者是世界上识字率最高的国家之一），人均收入是后者的约1/5；而今，前者人均收入是后者的3倍之多。此外，在同一时期，撒哈拉沙漠以南的非洲国家显著地提高了识字率，但生活水平却不断下降。这样的例子还有很多（普里切特的研究非常全面），但我不知道为什么没有人意识到这个简单的真理，以及为什么人们会被随机性效应愚弄：将仅仅存在相关关系的事物视为存在因果关系，也就是说，从富有国家受教育水平高的现象就立刻推断教育会使一个国家繁荣，甚至不去检验一下这个观点。这里又牵扯到副现象的问题。（这种错误的推理有点儿一厢情愿的味道，因为教育被认为是“好事”。我不懂为什么人们不对国家的繁荣与颓废之类的“坏事”做副现象的联想，并从中推导出颓废或者其他财富病也会产生财富。）

当然，我的意思不是说，教育对个人来说是没有用的：教育可以为我们的职业生涯带来有用的文凭，但这种效果在国家层面上将被冲淡。教育可以稳定家庭各代人的收入。一个商人赚了钱，那么他的孩子可以上巴黎大学，成为医生和法官。家庭之所以能维持财富，是因为文凭帮助家庭成员在祖辈的财富耗尽后还能长久地处于中产阶层。但是，这些影响对国家并无益处。

很多人仅仅因为没有先进的知识很难想象微软或英国航空航天公司会出现，就推导出更高的教育水平将带来更多财富的观点。

艾莉森·伍尔夫批驳了其中的逻辑。“这种让政治家和评论员如此着迷的简单的单向关系，即投资教育就能促进经济增长，根本不存在。此外，教育部门越大越复杂，并且与生产力之间的关系也越不明显。”与普里切特类似，伍尔夫观察了埃及等国家的情况，并展示了为什么教育水平的巨大飞跃并没有转化为受人注目的国内生产总值增长，从而使国家在国力排行榜上显得重要一些。

这种说法并不是反对为降低人民的分配不均，让穷人有机会接触优秀的文学作品，比如狄更斯、雨果和朱利安·格拉克的作品，或在贫穷国家中争取妇女的平等、自由等崇高目标，而采用政府资助教育的政策。但是，我们不应该在这些事情上以“促进增长”或“财富”为借口。

有一次，我在一个聚会（聚会真是一个体现可选择性的好地方）上遇到了艾莉森·伍尔夫。当我让她向其他人解释资助正规教育的效果并不明显的证据后，有一个人对我的怀疑论感到非常沮丧。伍尔夫指着满屋子聊天的人回答道：“真正的教育就是这样的。”我不是说知识不重要，在这个讨论中我怀疑的是商品化的、预先包装与粉饰过的知识，也就是在公开市场上能买到的并用于自我推销的东西。此外，我想提醒读者，学问和有组织的教育不是一回事儿。

再说另一个在聚会上发生的故事。有一次，在一个正式的时尚晚宴上，有个人在一次简短发言中对美国的教育程度表示了遗憾——陷入了一种对美国数学成绩落后带来的恐慌中。虽然我同意他的其他意见，但我还是觉得有必要澄清一点。我打断了他，并声称美国的价值观是承担凸性风险的，而且我很高兴我们现在的文化与直升机妈妈时代的文化已经不同了。我的话让所有人都惊呆了，有的人感到困惑，有的人不敢苟同但也不发表意见，只有一个人对我表示了支持。后来我知悉，她是纽约市学校系统的负责人。

另外，请注意，我不是说大学不生产知识，或对经济增长毫无益处（当然不包括那些令我们倒退的标准经济学和其他迷信），我要说的是，它们的作用被过分夸大了，学校似乎仅凭肤浅的印象建立起了错误的因果关系。

晚餐的最佳搭档

除了稳定家庭收入，教育还有诸多好处。教育可以让人成为举止更得体的晚餐伙伴，这一点不可忽略。通过教育来改善经济的想法还是比较新颖的。早在50年前的英国政府文件中，就出现了与我们今天的教育目标不同的目的：改善价值观，培养好公民，促进“学习的内在价值”，而不是经济增长（那时，他们还没有那么愚蠢），艾莉森·伍尔夫也提到了这一观点。

同样，在远古时代，学习只是为了学习，其目的在于使人成为一个好人、一个值得交谈的对象，而不是增加城市里戒备森严的金库中的黄金存量。坦率地说，创业者，特别是科技行业的创业者，并不一定是吃晚饭的最佳伙伴，他们在本职工作上做得越好，就越不是晚饭的好伙伴（当然也有一些例外）。我记得我在以前的公司招聘人时会用一个启发法（“如何区分那些去博物馆欣赏塞尚画作的人和那些关注垃圾桶的人”）：谈话越有趣，越有文化的人，越是会以为自己在实际事务中效率较高（一些心理学家称之为晕轮效应，即人们错误地认为他们在某些方面的技能，比如，滑雪的技能一定能转化为管理陶器作坊或银行部门的技能，或者一个优秀的棋手在现实生活中也可以是一个很好的战略家）。[1]

显然，将做事的技能等同于谈话的技能是不严谨的。谈到优秀的实务工作者，我的经验是，他们有时可能是我们完全不能理解的——他们无须花费很大力气去把他们的见解和内部的条理以优雅的风格说出来。创业者往往是实干家，而不是思想家，实干家重行动，而不是语言，因此用谈吐来衡量他们未免不公平，甚至是错误的，是彻头彻尾的侮辱。技术工人也是如此，我们应该以他们的产品，而不是表述能力来衡量他们的手艺——实际上，他们很容易产生错误的观点，这些错误的观念会产生副作用（反医源性损伤），促使他们做出更好的产品，所以一切又有什么关系？另外，对于政府工作人员，由于缺乏衡量成功的客观标准与市场力量，他们往往会因肤浅的外表和优雅的“晕轮效应”而当选，副作用是变得更加擅长交谈。我敢肯定，与一位联合国官员共进晚餐一定比与胖子托尼的某个亲戚或者一位痴迷于电路设计的计算机创业者更容易找到有趣的话题。

让我们深究一下这种想法的错误。

绿色木材谬误

在为数不多的有真知灼见的金融书中，有一本名为“损失100万美元教会我什么”的书描述了主人公的一大发现。主人公提到了一位名叫乔·西格尔的做“绿色木材”生意做得相当成功的人。绿色木材指的是刚砍下的木材，被称为“绿色”是因为木

1. 晕轮效应很大程度上是领域依赖性的对立面。

材还没有干，但是，此人竟然一直以为“绿色木材”就是漆成绿色的木材！就是这样的一个人竟将买卖绿色木材当作自己的职业！此外，此书还详细阐述了是什么导致了商品价格的波动和下跌。

这位成功的木材专家不仅不懂诸如“绿色”等关键问题，他还对很多外行人认为并不重要的木材知识了如指掌。我们认为什么都不懂的人，可能未必那么无知。

事实上，预测木材的订单流量与这个行业所使用的日常用语以及外行人心中的重要细节毫无关系。在某个领域工作的人并不受制于一系列考试，他们之所以受到雇用与伶牙俐齿毫无关系。进化不依靠叙述故事，只有人类才需要；进化也不需要为“蓝色”指定一个称谓。

因此，让我们将这种情况称为“绿色木材谬误”：人们将一种必要知识（木材的绿色）的来源错当成另一种来源，后一种来源对外行人来说，更不可测、更难捉摸、更难阐述。

我的理性世界因此被粉碎，就好像我学习的一切不仅是无用的，还是一个规划缜密的骗局。当我第一次从事衍生品交易或“波动性”职业（我善于应对非线性）时，我专注于汇率，这是我学习多年的领域。当时我不得不与外汇交易员共事，但这些人对技术性金融工具远不如我那么熟悉，他们的工作仅仅是货币买卖。货币兑换是非常古老的行业，有着悠久的传统和技艺，耶稣的故事就已经提到了兑换银钱的事。从声名显赫的常春藤盟校来到这样的环境中，说实话我有一点儿震惊。你可能认为，专门从事外汇交易的人一定了解经济、地缘政治学、数学、货币的未来走势，以及各国货币的价差，又或者他们会努力研读各类研究院发布的印刷精美的经济学报告。你可能会联想到戴着领结在周六晚上听歌剧，吃饭时有葡萄酒侍酒师战战兢兢地在一旁服务，周三下午练习探戈，或者说一口标准英语的光鲜的都市金领。可是，你完全错了。

我做这份工作的第一天，因为发现真实的世界与我想象的完全不同而大为震惊。外汇交易员最初主要由新泽西 / 布鲁克林的意大利裔构成。这些人大多是市井平民，在银行办公室从事外汇往来业务起家，随着市场扩张，甚至膨胀，他们的生意越做越大，加之货币汇率的自由浮动，他们慢慢成为货币交易商，并在该行业中崭露头角，从而繁荣发达。

与我谈话的第一位专家是一个名叫巴索的人，他穿着手工制作的布莱奥尼西装。有人告诉我，他是世界上最大的瑞士法郎交易商，是他所处时代的传奇——他曾预测到 20 世纪 80 年代的美元大崩溃，并控制了巨额的头寸。但通过与巴索的简短谈话，我发现他竟然不知道瑞士在地图上的位置——与我一样愚蠢，我以为他是瑞士裔意大利人，但是他竟然不知道瑞士还有说意大利语的人，他也从未去过瑞士。当我意识到他并非交易员中的特例时，我开始害怕我将眼睁睁看着这些年接受的正规教育在眼前蒸发。从那一天开始，我停止阅读经济报告。在这个“去知识化”的过程中，有一阵子，我甚至对知识性的东西感到恶心，事实上，我可能到现在都没有恢复过来。

如果纽约是蓝领阶层的发源地，那么伦敦则是次蓝领阶层的发源地，在这方面伦敦甚至更成功。交易员们是纯粹的东伦敦人，甚至与说标准英语的阶层格格不入。他们是市井平民，带有自己独特的口音，使用自己的一套数字系统。比如，5 在他们口中是“高迪瓦小姐”或“叮”，15是一个“海军准将”，25是一匹“小马”。我学习东伦敦语主要是为了沟通：在与同事喝酒时使用。当时，伦敦的交易员几乎每天都在午饭时喝得醉醺醺的，特别是周五纽约证券交易所开市之前。“喝杯啤酒会让你变成一头狮子。”一个交易员在开市之前匆匆喝完他的酒之后，这样对我说。

最热闹的场景莫过于从扬声器中听到纽约本森赫斯特的居民和东伦敦的经纪人跨大西洋的对话了，尤其是当布鲁克林的家伙们还企图带上一点儿东伦敦腔（这些东伦敦人有时候说不出标准英语），以便让对方听懂他在说什么。

这给我上了一课，让我知道，经济学家所说的价格与现实不是一回事儿。一个数字可能是另一个数字的函数，但是这个函数太复杂，很难用数学方法表示出来。它们的关系中可能存在可选择性，这是那些不擅长理论阐述的人所深知的东西。

胖子托尼是怎么致富（以及变胖）的

在科威特战争之后，胖子托尼成了（真正的）胖子托尼，他变得更有钱且体重更重了（仍旧是这个顺序，即先富有，然后变肥胖）。1991年1月，美国袭击了巴格达，拯救了被伊拉克侵占的科威特。

社会经济中的每一个聪明人都有自己的理论、运气与好坏年景，诸如此类。但托尼除外，他甚至不知道伊拉克在哪里——它是摩洛哥的一个省，还是东巴基斯坦某个流行辛辣食物的酋长国？托尼也不知道伊拉克人吃什么食物，所以那个地方对他来说并不存在。

他只知道愚蠢的人是存在的。

如果你向当时任何一个聪明的“分析师”或新闻记者打听，他一定会预测，战事一旦爆发，油价就会上涨。但是，托尼恰恰对这种因果关系不以为然。所以，他反向打赌：如果人们都对战争推高油价的情况做好了准备，那么油价必定会据此做出调整。战争可能会导致石油价格上涨，但这种情况不会发生在预订好日期的战争中——因为价格会根据预期进行调整。“我们一定会看到石油跌价的。”托尼说。

听听战争期间的新闻就知道，油价果然从每桶 39 美元左右狂跌近一半，但托尼的 30 万美元的投资却已经升值到 1 800 万美元。“人的一生中只有少数几次你绝对不能错过的机会，”他后来在与尼罗共进午餐，试图说服尼罗对金融体系的崩溃投注时说道，“千载难逢的投机机会来找你了，不要以为关注新闻就能找到机会。”

请注意胖子托尼的重要陈述：“科威特和石油不是一回事儿。”这是有关我们“混为一谈”概念的重要场景。对托尼来说，这个局面利大于弊。

事实上，因为油价大跌，许多人连自己的衬衫都输掉了，虽然他们正确地预测到了战争的爆发。他们简单地认为战争和石油涨价是同一件事。但事实是，石油囤积太多，库存太多。我记得，我当时曾到一个大基金经理的办公室转悠，墙上挂着伊拉克地图，他的办公室简直像作战指挥部。这个基金小组成员对有关科威特、伊拉克、华盛顿和美国的情况都了如指掌，只除了一个非常简单的事实，那就是战争与石油没有一丁点儿关系——它们不是一回事儿。他们做了大量分析，但这些分析并无意义。当然，这个基金经理在石油价格下跌后惨赔，据我所知，他后来去法律学校读书了。

除了看问题要排除叙述性谬误，我们还要接受另一个教训。大脑中装满太多复杂的技巧和方法，往往会使人忽略基本的东西。但是，现实世界中的人是绝对不能忽略这些事情的，否则他们会遭遇失败。与研究人员不同，他们被置于生死存亡的境地，而不只是面临一个难题。所以，少即是多：一方面，研究得越多，越容易忽略基础但根本的事情；另一方面，行动能将事情剥茧抽丝，直至剩下尽可能简单的模型。

混为一谈

当然，生活中很多事情都“不是一回事儿”。让我们归纳一下混为一谈的情况。

这种“不是一回事儿”的教训是相当普遍的。如果你有可选择权，或一些反脆弱性，而且能够识别有利因素大、不利因素小的赌博机会，那么你所做的跟亚里士多德认为你会做的事情毫无关系。

世界上存在着某种东西（在此指感觉、思想、理论）和某种东西的函数（在此指价格、现实或一些真实的东西）。混为一谈的问题就是指错把一个当作另一个，从而忘记了存在“函数”的情况，而事实上函数有不同的特性。

某种东西和某种东西的函数之间的非对称性越大，两者之间的差异就越大。最后，它们之间可能会毫无关系。

这看上去微不足道，却有重大意义。科学——不是“社会”科学，而是智能科学——往往能领会它。摆脱混为一谈问题的人中有一个人名叫吉姆·西蒙斯，这位伟大的数学家设计了一台巨型机器来进行跨市场交易，并因此赚了大钱。这台机器能够仿效次蓝领人士的买卖方式，因此统计显著性高于地球上任何一个人。他声称自己从来不雇用经济学家和金融人士，而只雇物理学家和数学家。这些物理学家和数学家懂得模式识别，能洞察事物的内在逻辑，又无须创立学说。他也从不参加经济学家的讲座或阅读他们的报告。

伟大的经济学家阿里尔·鲁宾斯坦就领会了绿色木材谬误——需要很大的智慧和诚实才能看清这个问题。鲁宾斯坦是博弈论领域的领军人物之一，博弈论涵盖了假想实验；他也是你能在咖啡馆里遇到的最杰出的专家，他在世界各地进行思考和写作。鲁宾斯坦拒绝声称他的有关理论问题的知识可以——由他——转化为任何直接实用的东西。对他来说，经济学就像寓言，寓言作家需要激发人们思考，或许也能间接启发实践，但肯定不能指导或决定实践。理论应该与实践保持独立，反之亦然——我们不应该把经济学家从校园里请出来，并把他们放在决策者的位置上。经济学不是一门科学，不应该为政策建言。

在鲁宾斯坦的回忆录中，他讲述了自己如何试图让黎凡特露天市场的一个小贩在讨价还价的过程中应用博弈论的概念，而不是应用祖传的技巧。但鲁宾斯坦所提议的方法并未给双方带来一个可以接受的价格。随后那小贩告诉鲁宾斯坦："我们一代又一代的人都在用我们的方式讨价还价，你为什么尝试改变它？"鲁宾斯坦坦言道："听到这话，我羞愧地离开了他。"在这个地球上，我们所需要的只是在这种职业领域多两个像鲁宾斯坦那样的人，那样地球上的一切都会变得更好。

有时，即使经济理论很有意义，其应用也不能用某种模型，采用自上而下的方式来推行，所以我们需要有机的自我驱动式试错法来让我们实现对经济理论的应用。例如，让李嘉图（以及之前）的经济学家如此着迷的专业化概念，在由政策制定者强制实施后，却把国家弄得一团糟，因为它使经济体更容易出错。但通过进化的方式逐步地实施后，它却非常有效。这是经济学家可以启发我们怎么做，却不应该指手画脚地告诉我们怎么做的另一个例子。

叙述与实践（实践是很难叙述的重要事情）之间的差异主要在于可选择性——这种可选择性往往会被忽略。“正确的事情”通常是反脆弱性带来的回报。我的观点是，去学校上学非但没让你了解可选择性，反而让你学会了无视可选择性。

普罗米修斯和埃庇米修斯

希腊传说中有两个泰坦人兄弟，他们是普罗米修斯和埃庇米修斯。普罗米修斯的意思是“先知先觉者”，而埃庇米修斯的意思是“后知后觉者”，就像有人以事后叙述的方式寻找解释过去事件的恰当理论，并导致回溯性失真。给人类带来火种的普罗米修斯代表人类文明的进步，而埃庇米修斯则代表思想落后、墨守成规和缺乏智慧。埃庇米修斯接受了潘多拉的礼物，一个大盒子，结果造成了不可逆转的后果。

可选择性是普罗米修斯那类人所拥有的，而叙述性则是埃庇米修斯那类人所拥有的——一个犯下的是可逆转的和良性的错误，另一个则象征打开潘多拉的盒子后无可挽回的严重后果。

我们必须借助机会主义和可选择性来闯荡未来。在第四卷中，到目前为止我们已经看到了可选择性可以成为做事的替代性方式，拥有很大的力量，因为利多弊少的非对称性造就了它的某些重大优势。它是驯化不确定性，并在不了解未来的情况下理性行事的方式——唯一方式，而依赖于叙述的方式则完全相反，因为你会被不确定性驯服，并往后倒退。你不能天真地用过去来预测未来。

这让我们看到了行动与思想之间的差异。这一点从知识分子的优越地位来看，是很难理解的。约吉·贝拉说道："从理论上说，理论和实践之间是没有差异的；但实际上，这种差异是存在的。"到目前为止，我们已经熟悉了知识总是与脆弱性相关的论点，并了解了一种与自由探索相冲突的方法。我们将选择权视为反脆弱性的表达。我们将知识分为两类——正式的知识和胖子托尼式的知识，后者深深地扎根于试错和冒险带来的反脆弱性中，采用的是含有更少不利因素的杠铃策略，即一种去知识化的冒险形式（或者更确切地说，一种独特的知识方式）。在一个不透明的世界里，这是唯一可用的方式。

表 14–1 总结了叙述和自由探索之间的各个对立特征，也就是以下 3 章的主题。

表 14–1　目的论和可选择性之间的区别

叙述性知识	反脆弱性：可选择性驱动的自由探索和试错法
讨厌不确定性（在变化面前极为脆弱，对过去有着火鸡式的误解）	驯服不确定性（对未知具有反脆弱性）
回顾过去，用过于牵强的理由解释过去	展望未来

（续表）

叙述性知识	反脆弱性：可选择性驱动的自由探索和试错法
埃庇米修斯	普罗米修斯
目的论的行动	机会主义的行动
观光客风格	漫游者风格
脆弱、天真的理性主义	强韧的理性主义
心理上安逸	心理上不安逸，但有刺激感和冒险感
凹性（可知的收益，未知的错误）	凸性（已知的小错，巨大的潜在收益）
受制于“火鸡”问题（将缺乏证明某事的证据错当成存在否定某事的证据）	可以从愚蠢的人和“火鸡”问题中受益
受制于副现象和绿色木材谬误	避免了绿色木材谬误
在实验室和物理科学之外学术的唯一机制	实践的唯一机制
叙述是认识论的	叙述是工具性的
必须借助于一个故事	不必依赖于故事——叙述可能只是为了激励
领域有限，行动范围锁定	领域宽广，行动范围开放
需要了解事物的逻辑	不用太了解，只需具备比较两类结果的理性（行使选择权）
不能从炼金石（詹森不等式，参见第十九章）中受益	依赖于炼金石

这并不意味着自由探索和试错法就不需要叙述：它们只是不过度依赖于叙述，以证明自己的真实性——叙述不属于认识论的范畴，而是工具手段。例如，宗教故事作为叙述，可能没有价值，

但它们可以帮助你做一些你一般不会做的具有凸性和反脆弱性的事，比如降低风险。英国的父母在孩子不守规矩或不吃晚饭的时候，会用一些虚构的故事来控制他们，比如波尼（拿破仑·波拿巴）或一些野生动物可能会来把他们带走。宗教也往往采用同样的方法，来帮助成年人摆脱麻烦或避免债务。但是，知识分子倾向于相信自己，他们把自己的想法看得太重了，这是非常危险的。

想想根植于传统的启发法（经验法则）所扮演的角色。简单来说，就像进化对个体产生了作用，它对这种代代相传的不言而喻、无法解释的经验法则也产生了作用——卡尔·波普尔称之为进化认识论。但是，让我稍稍改变一下波普尔的思想（事实上改变得相当多）：我认为这种进化不是关乎思想之间的竞争，而关乎基于这些思想的人和系统之间的竞争。一种思想之所以能够幸存，不是因为它在竞争中胜出，而是因为持有这种思想的人幸存了下来！因此，你从你的祖母那里学到的智慧（依据实证经验的，因此也是科学的）要远远优于你从商学院获得的经验（当然也更便宜）。但让我感到悲哀的是，我们离我们的祖母越来越远了。

专家问题（专家知道的东西很多，但比他自认为的要少）往往会带来脆弱性，而承认无知则会带来相反的效果。[1]专家问题将你置于非对称性错误的一边，针对这一点让我们检测一下有关风

1. 过度自信导致我们对预测过度依赖，从而引发借款行为，以及杠杆的脆弱性。此外，有大量证据表明，经济学或金融学博士学位导致人们建立更加脆弱的投资组合。乔治·马丁和我列出了所有参与基金管理的主要金融经济学家，计算了破产基金的数量，并观察到，这种基金破产的情况在金融学教授中发生的比例更高——其中最著名的就是长期资本管理公司，它雇用了诸如罗伯特·默顿、麦伦·斯科尔斯和黄奇辅等脆弱推手。

险的问题。当你显得脆弱的时候，你需要知道的信息比你在具备反脆弱性时需要知道的更多。相反，当你以为你知道的信息比你实际知道的要多时，你（在错误面前）就是脆弱的。

我们之前发现的证据表明，课堂教育并不会带来财富。事实是有钱之后，人们才会接受教育（一种副现象）。同样，接下来让我们看看，反脆弱性的冒险——而不是教育和正式的、有组织的研究——是如何在很大程度上促进了创新和增长的，而教科书撰写者却掩盖了这一事实。这并不意味着理论和研究不起作用，只是说明我们被随机性愚弄了，乃至高估了冠冕堂皇的理论所起的作用。我们将看到经济思想以及医学、技术和其他领域历史学家的虚构行为，而这样的行为，往往以系统性的方式，贬低实践者，并使其陷入绿色木材谬误。

第十五章

失败者撰写的历史

– 鸟儿可能会聆听。

– 将愚蠢与智慧结合，而不是反过来做。

– 我们去哪里寻找发现的箭头。

– 试错法的证明。

由于一系列的偏见，历史学家格外青睐副现象和其他虚幻的因果关系。要了解技术的历史，你需要非历史学家的人士或思维框架正确的历史学家来说明，历史学家必须通过观察科技是如何形成的发展出自己的观点，不能只读相关的叙述。我前面提到了特伦斯·基利，他是一个实践科学家，揭穿了所谓的线性模型的神话。[1]一个重视实践的实验室科学家或工程师一定会关注现实生

1. 戴维·埃杰顿称，所谓的线性模型在20世纪初并没有多少人相信。只不过我们现在认为，当时我们相信的目的论科学拥有至高无上的地位。

活中的生产，比如医药创新或者喷气发动机的制造，因此可以避免陷入副现象，除非他在开始实践之前就已经被洗脑了。

作为目击者，我见过的很多证据都足以证明，有些结果与学术科学毫无关系，它们是自由探索推动进化的结果，只不过被人披上了“学术”的外衣，被冠以“学术”之名。

早在我知道表 15-1 的结论之前，也就是其他学者揭穿教鸟儿如何飞行的效应的真相之前，我就注意到了这个问题，1998 年的某一天，我与当时健在的弗莱德一同在芝加哥的一家餐厅用餐，弗莱德是一位经济学家，但也是一名真正的、善于思考的绅士。他在当地一家证券交易所担任首席经济学家，当时他需要给一些新的、复杂的金融产品提出建议。由于我对此颇有研究，并

表 15-1　各个领域教鸟儿如何飞行的效应：教科书归因错误的实例

领域	鸟类飞行课上鼓吹的起源及发展	真实的起源及发展
喷气式飞机	物理学家（被斯克兰顿揭穿）	不了解“为什么会这样”的自由探索式工程师
建筑	欧几里得几何和数学（被博茹昂揭穿）	启发法和秘诀（协会）
控制论	诺伯特·维纳（被明德揭穿）	程序员“维基方式”
衍生工具公式	布莱克、肖尔斯、脆弱推手默顿（被豪格和塔勒布揭穿）	交易员和执业者，雷格诺德、巴舍利耶、索普
医药	生物学理解（被一系列医生揭穿）	运气、试错、其他医药的副作用，有时甚至是有毒的（芥子气）
工业革命	知识的增长、科学革命（被基利揭穿）	冒险者、业余爱好者
技术	正式的科学	技术、商业

就所谓非常复杂的“奇异期权”出版了一本教科书，因此他希望我给他一些意见。弗莱德认为，对这些产品的需求将非常大，但他有点儿不明白，“那些交易员如果不懂吉尔萨诺夫定理的话，该如何处理这些复杂的奇异期权”。吉尔萨诺夫定理在数学上非常复杂，在当时只为少数人所知。可是，我们谈及的是场内交易员（正如我们在上一章所见），他们肯定会把吉尔萨诺夫当作某种伏特加品牌。做交易的人通常没有受过很多教育，如果他们能正确地拼出自己所在街道的地址，那么可被视为教育程度过高了。弗莱德抱有一种纯粹的副现象的印象，认为交易员要确定期权价格，肯定数学学得很好。事实上，在听说这些深奥的定理之前，我就已经通过试错法和听取有经验人的意见，摸清如何进行这种复杂的交易了。

然而，我突然意识到一件事。没有人担心那些不懂空气动力学定理或不会解运动方程式的孩童学不会骑自行车。那么，为什么弗莱德不能把这个观点从一个领域转移到另一个领域？难道他没有意识到那些只需对场内供需做出反应、只知道努力赚钱的芝加哥场内交易员根本不需要了解吉尔萨诺夫定理，就像黎凡特露天市场的开心果小贩不需要懂得解一般的平衡等式就能为自己的产品定价一样？

有一分钟的时间，我怀疑自己是生活在另外一个星球上。或者弗莱德的博士学位和研究生涯导致他无视常识，或奇异地丧失了这种常识——又或者，缺乏常识的人才有动力和兴趣在经济学的虚幻世界中追求博士学位。这是不是选择性偏见？

我觉得我有了一个新发现，并感到非常兴奋，但也意识到，如果要寻找一个人帮我证实这个观点，那么他必须同时是一个实践者和一个研究者，而且是先进行实践再开始进行研究的。这样的人我只认识一个，也就是从交易员改行做研究员的埃斯彭·豪格，豪格也曾观察到相同的机制。像我一样，豪格在交易所工作了一段时间后继续求学并获得博士学位。我们一拍即合，马上开始就期权定价公式的来源展开了调查：人们以前用过类似的公式吗？它是源于我们能够驾驭的学术公式，还是源于试错法驱动的（如今的学术界大大地剥夺了试错的机会）反脆弱性进化过程？我在芝加哥做场内交易员时就注意到了一些蛛丝马迹，比如我观察到，资深交易员都拒绝接触数学公式，他们使用简单的启发法，并声称"有本事的人可不用表格"。这里的"表格"指的是电脑中输出的复杂公式和计算。然而，这些人生存了下来。他们的定价比那些公式计算出来的还要精准且有效，最佳价格往往一目了然。比如，他们的定价考虑到了如何应对极端斯坦和"长尾"，而这些情况往往是标准公式所忽略的。

豪格感兴趣的问题有时与我不同：他着迷于金融课题，希望能收集金融从业者过去写的论文。他称自己为"收藏家"，甚至以此作为自己的签名，因为他还收集了一些写于第一次世界大战之前的有关期权理论的文章和著作，由此我们对历史有了一个非常准确的了解。让我们兴奋的是，我们的证据一再证明，交易员的推理比公式有效得多。他们的推导方式比公式的出现早了至少一个世纪。至于这些方式的来源，当然是源于自然选择、生存智慧、师从经验丰富的从业人员，以及自身的经验。

> 交易员的交易→交易员发现技术和产品→学术界的经济学家发现公式，并声称交易员在使用它们→新的交易员相信了学者的话→事情搞砸了（因为理论引起的脆弱性）

我们的研究论文完稿近 7 年后才得以在一本经济学学术杂志上发表，在此之前，出现了一个奇怪的现象：它成为经济学历史上下载次数最多的论文，但在前几年却几乎无人引用。没有人想蹚这趟浑水。

实践者是不写文章的，他们只会放手去做；飞鸟本就会飞，但那些教导它们飞行的人，正是写故事的人。所以不难看出，历史实际上是由失败者撰写的，他们有大把的时间，学术地位也得到了维护。

最具讽刺意味的是，我们无意中获得了如何炮制思想叙述的第一手材料，因为我们有幸看到了另一次公然的知识偷窃。当时，受人尊敬的《计量财务百科全书》邀请我们发表作为期权从业者的观点。所以，我们将我们的上一篇论文结合自己的体验写了一篇文章。让我们大吃一惊的是，杂志历史版的编辑——巴纳德大学的一位教授竟然擅自修改我们的阐述，结果正好被我们发现。这位经济思想史学家改写我们故事的举动削弱甚至扭曲了我们的观点，他改变了知识形成的箭头方向，这就是科学史的形成过程。这个人坐在巴纳德大学的办公室里，对我们作为交易员的所见所闻指手画脚——竟然要求我们按照他的逻辑推翻我们亲眼所见的东西。

此外，只要在思想史中运用些许逻辑和实证思考，摆脱教育的洗脑，就可以注意到类似的反知识形成过程。例如，脆弱推手、伯克利教授马克·鲁宾斯坦在他写于 20 世纪 90 年代末的书中，将 20 世纪 80 年代（当时我刚从事交易员工作）金融从业者非常熟悉（而且往往以更复杂的形式呈现）的技术和启发法归功于金融学教授所发表的文章。

不，我们并不是把理论付诸实践。我们是在实践中创造理论。这就是我们的故事，读者很容易从这个故事和类似的故事中推断出，大家普遍混淆了这两者的关系。理论其实是问题解决后的产物，但不能反过来说。

显而易见的证据

我们发现，工程师也被历史学家“挟持”了。

就在这个令人作呕的事件发生后，我以我与豪格合写的有关教鸟儿飞行的观念在金融领域的体现的论文为基础，在伦敦经济学院的社会科学研讨会上做了演讲。当然，我遭到了诘问（但那时我已经身经百战，懂得如何应对经济学家的诘问了）。可是随后，惊喜发生了。在会议快结束时，会议的组织者告诉我，恰好一周以前，罗格斯大学教授菲尔·斯克兰顿以同样的故事做过一次演讲，只不过不是关于期权定价公式，而是关于喷气式飞机。

斯克兰顿表明，我们是通过一种完全以试错法为基础的试验性方式来建造和使用喷气式飞机的，没有人真正理解喷气式飞机的有关理论。飞机建造者需要那些知道如何制造部件来让发动机工作的工程师。理论是后来形成的，而且是以很蹩脚的形式形成的，用以满足那些喜欢纸上谈兵的人的兴趣。但是，你在有关技术的历史书籍上是不可能读到这些的：我的儿子念的是航天工程专业，他就根本不知道这些事情。斯克兰顿是一个彬彬有礼的人，他关注的是创新过程一片混乱的情况，“这与我们熟悉的分析和综合性创新方法大相径庭”，就好像后者才是常规，但显然不是这样的。

我开始寻找更多的例证，技术历史学家戴维·埃杰顿告诉我的故事简直让我震惊万分。我们都认为控制论（它带来了网络空间中的“网络”）是由诺伯特·维纳在1948年发明的，但是工程历史学家戴维·明德却揭穿了这一谎言。他指出，维纳只不过是阐述了在工程领域早就实行多年的反馈控制和数位运算的概念。然而，人们（甚至今天的工程师们）都误认为这一切应归功于维纳的数学思考。

然后，我突然想到了以下观点。我们的几何学习都是基于教科书上的公理，比如欧几里得的《几何原本》，并倾向于认为，正是得益于这样的学习，我们今天才会建造出从楼房到教堂这些有着美丽的几何形状的建筑，如果不这么想的话真是不应该。所以我立即推测，古人之所以对欧几里得几何学和其他数学感兴趣，是因为他们已经在使用这些方法了，他们也许是通过自己的自由探索和经验知识推导出这些方法的，否则他们实在没必要关心书本知识。这与轮子的故事类似：是否记得希腊人在工业革命前两千年就已经发明和研制出蒸汽机了。现实中行得通的事物往往源于实践，而不是理论。

现在，让我们看看周围的建筑物：从金字塔到欧洲美丽的教堂，它们在几何结构上显得如此复杂。所以，一个骗局出现了，它使我们倾向于相信，是数学让我们建造出了这些美丽的建筑，当然我们总能找到一些例外，比如金字塔，因为它们早于欧几里得和其他希腊理论家带来的更正式的数学思想。一个事实是，建筑师（或所谓的大师）通常依靠灵感的启发、经验法和工具工作，而且几乎没有人懂任何数学——根据中世纪科学史学家居伊·博茹昂的记载，在13世纪之前，整个欧洲不超过5个人知道如何进行除法计算。建筑师不必了解我们今天所用的方程式就能弄明白材料力学，他们建造的建筑物大部分都屹立至今。13世纪的法国建筑师维拉·德·奥内库尔用皮卡文（法国皮卡第地区的语言）记笔记，还画了很多图，以说明教堂是如何建造的：他们依靠的是实验启发法、小技巧和规则，后来由菲利布特·德洛尔姆在其建筑论著中列举阐述。例如，一个三角形可视为一匹马的头。与理论相比，实验能使人更谨慎。

此外，我们相当肯定，罗马人——这些令人钦佩的工程师在建造水渠的时候并不懂数学（罗马数字使定量分析很难进行）。否则，这些工程将不复存在，因为数学的一个明显的副作用是促使人过度优化，并偷工减料，从而造成脆弱性。只要看看新工程比老工程质量差，就可以明白这一说法了。

让我们来看看维特鲁威写于欧几里得《几何原本》出现约300年后的《建筑十书》，该书被誉为建筑学《圣经》。该书并未涉及多少正式的几何理论，当然也没有提到欧几里得定理，大部分内容都关于启发法，就好像师父指导徒弟一样。（值得注意的是，他提到的主要数学结论就是毕达哥拉斯定理。当时他惊讶地发现，“不用工匠的工具也能”画出直角。）在文艺复兴之前，数学只用于智力测验。

现在我要谈的并不是落后于实用技术的理论或学术科学。有些理论或学术科学的最终用途（不是一些肤浅的用途），是从科学直接衍生出来的——研究员乔尔·莫基尔所称的“认知基础”，或命题式知识，即一种包含理论和实证发现，并形成某种规则说明，用以产生更多的知识和更多的应用（他认为）的形式“知识”库。换句话说，一个可衍生出其他理论的理论体系。

但是，让我们不要做愚蠢的人：如果相信莫基尔先生的说法，我们可能会试图通过学习经济地理学来预测外汇价格（我很想把他介绍给绿色木材专家）。虽然我接受认知基础的概念，但我质疑它在科技史中扮演的真正角色。我们看不到有证据证明它发挥了强有力的作用，我等待有人给我提供证据。莫基尔和这些观点的拥趸并没有提供证据表明它不是副现象，他们似乎也不了解非对称效应的影响。可选择性在这里扮演什么角色呢？

师徒之间会有一整套知识技能的传承，而且这种传承方式让等级成为筛选过程中的一种工具，或者使某种职业更受人尊敬，又或者提供其他类似的帮助，但绝对起不到系统性的作用。而知识的作用之所以会被高估，是因为它们被过度宣传了，可见度很高。

这与烹饪一样吗？

烹饪似乎是人们依赖可选择性的完美体现。你所添加的配料如果与胖子托尼的味蕾相符，就皆大欢喜，但如果不符，就要忘记它。我们还通过“共同创作”的实验开发了一套食谱。这些食谱的开发完全没有考虑对味蕾所起的化学作用，也没有运用任何的“认知基础”以从理论中推导出理论。没有人会被过程欺骗。正如丹·艾瑞里观察到的，我们无法根据营养标签倒推食物的味道。在这里，我们可以看到古人的启发法起了作用：一代代的集体自由探索成就了食谱的演变。这些食谱是扎根于文化的。厨艺学校完全采取学徒制。

另一方面，我们的纯物理学，基于理论来推导理论，并运用一些经验验证。在这里，“认知基础”就可以发挥一定的作用。希格斯玻色子的发现，就是一个完全通过理论推导来找到粒子的现代案例。爱因斯坦的相对论也是如此。在希格斯玻色子之前，基于少量现有外部数据探索未知的一个经典例子是，法国天文学家勒威耶通过周围行星的运动推导出了海王星的存在。而当该行星真的被观察到时，他甚至拒绝看它，因为他对自己的计算结果非常笃定。这些是例外情况，而且往往发生在物理学和其他所谓的“线性”领域，在这些领域，误差源于平均斯坦，而不是极端斯坦。

现在让我们把烹饪的观念当作一个平台，来探究其他的领域：有没有类似烹饪的活动呢？我们审视一下各领域的技术便会看到，事实上，它们更像烹饪而不是物理学，特别是复杂领域的技术。

连今天的医学也保留了学徒制的传承模式，理论科学仅作为背景知识，使医学看起来像是科学。如果离开了学徒制的传承模式，那么一定是以证据为基础的“循证”方法，其对生物学理论的依赖较少，而对经验规律的依赖较多，这种现象我在第五章中已经做了解释。那为什么各类科学都会经历兴衰，而技术却能保持稳定呢？

现在，人们可以看到基础科学可能发挥的作用，但其与基础科学诞生时的初衷可能并不一致。让我们以电脑的一连串意想不到的第一阶段用途为例。离散数学学科属于基础科学，源于命题式知识，其最终推动了计算机的诞生，或者至少历史是这么说的（而且，当然要提醒“净挑好的来说”的读者：我们需要考虑没有任何实用性的理论知识体系）。但是，起初，没有人知道怎么处理这些装满电路的巨大箱子，它们既笨重又昂贵，除了数据库管理，在其他方面几乎没有用处，只是比较善于处理大量的数据。这好像是人们出于对技术的狂热而需要发明的一种应用。婴儿潮时期出生的人会记得那些神秘的打孔卡片。后来又有人引入了控制台，使用键盘，在电脑屏幕的辅助下输入信息。这当然推动了文字处理技术的诞生，计算机也因适用于文字处理而迅速发展，特别是在 20 世纪 80 年代早期微电脑诞生后。这种电脑用起来很方便，但直到其他一些意想不到的应用融入进来，它才真正发挥了自己的效用。现在到了第二阶段，也就是互联网时代。互联网是在罗纳德·里根沉迷于与苏联冷战的时代，由美国国防部旗下的一个研究部门美国国防高级研究计划局开发的。其初衷是建立一个强大的军事通信网络设备，从而让美国在全面军事攻击中能够生存下来。这当然是一个好主意，但个人电脑配上互联网则给我们带来了社交网络、破碎的婚姻、更多的书呆子，让一个后苏联时代的人产生了社交障碍，连配偶都找不到。这一切都得益于里根的反核和平运动中美国纳税人的钱（或者预算赤字）。

所以，现在我们所看到的是向前发展的箭头，而且一往无前。尽管科学在计算机的发展旅程中还是有作用的，毕竟计算机技术在许多方面都得依靠科学；但是，学术科学绝对无法预设计算机的发展方向，事实上，学术科学是一个在不透明的环境中受制于机会性的发现。计算机的发展史上写满了大学辍学生和早慧的高中生的名字，每一步都充分显示出发展的自主性和不可预测性。我们看到的一大谬论，就是使整件事听起来具有不合理性——这个不合理性就在于，当一个免费的选择权交到我们手上时，我们却熟视无睹。

我们从一位睿智的观察家李约瑟的作品中就能看出，中国可能是一个很有说服力的故事，李约瑟揭穿了不少西方观点的谬误，他看到了中国科学的力量。尼达姆的传记作家西蒙·温彻斯特曾引用了汉学家伊懋可对这一问题的描述，原因在于中国没有拥有，或者不再拥有他所说的“欧洲人自由探索、改良改进的狂热”。因此，虽然中国人拥有发明纺纱机的所有技术，却“没有人去尝试”——这是知识阻碍了可选择性的另一个经典例子。中国可能需要一个像史蒂夫·乔布斯那样缺乏大学教育却积极进取的人，利用天时、地利完成时代的使命。我们将在下一节看到，正是这种不墨守成规的实干家推动了工业革命的发生。

我们会研究两个案例，第一个是工业革命，第二个是医学。首先让我们揭穿关于工业革命的一个因果迷思，即对科学在其中的作用的过度渲染。

工业革命

知识的形成，甚至理论的形成，都需要一些时间，需要你忍受枯燥的学习，并牺牲做其他轻松工作带来的自由。只有这样，你才能摆脱类似新闻工作的压力，那种文章发表后就等待它过时消亡的现代学术风气。要知道，那只会生产肤浅的知识，就像在纽约市唐人街上买的冒牌手表，你明知道它是假的，但看起来却像真的。19世纪至20世纪，技术知识和创新有两大主要来源：业余爱好者和英国教区的牧师，这两种人都处于杠铃策略之中。

我们发现，英国教区牧师的研究贡献高得不成比例。英国教区的牧师通常生活无忧，博学，住着大房子或至少是舒适的房子，有人帮助打理家务，一年四季都有好茶供应，还有充裕的自由时间。并且，当然，他们有可选择性。他们可以说是有知识的业余爱好者，牧师托马斯·贝叶斯（就是贝叶斯概率的发明者）和托马斯·马尔萨斯（马尔萨斯人口理论的提出者）是其中最著名的。但还有更多令人惊喜的故事，这些都被编入了比尔·布莱森的《家》一书。作者发现，因创新流芳百世的牧师和传教士人数是科学家、物理学家、经济学家，甚至发明家人数的10倍。除了刚才提到的两位巨匠，我可以随口报出一连串乡村牧师的贡献：牧师埃德蒙·卡特赖特发明了动力织机，对工业革命做出了贡献；牧师杰克·罗素培育了梗犬；牧师威廉·巴克兰是第一位权威的恐龙研究学家；牧师威廉·格威开创了现代考古学；牧师奥克塔维厄斯·皮卡德·坎布里奇是最权威的蜘蛛专家；牧师乔治·加勒特发明了潜艇；牧师吉尔伯特·怀特是他那个时代最受尊敬的博物学家；牧师伯克利是研究真菌的顶尖专家；牧师约翰·米歇尔协助发现了天王星，可以说，这样的例子不胜枚举。需要注意的是，正如我与豪格的论文中所述，有组织的科学往往倾向于忽略“非我发明”的东西，所以，我们所知道的有关业余爱好者和实干家所做贡献的例子肯定比实际的要少，因为某些学者可能会将前辈的创新据为己有。

让我再来说说诗意的方面。自主的学术研究往往也能带来美学享受。很长时间以来，我都在我书房的墙上挂着雅克·勒高夫写下的一段话。勒高夫是法国伟大的中世纪研究家，他认为文艺复兴源于独立的古典文学研究者，而非专业学者。他检视了这段时期的油画、素描和文艺表演，比较了中世纪的大学成员及古典文学研究者的截然不同之处：

> 一个是被学生如众星捧月般包围着的教授，一个是形影相吊的学者，他坐在宁静而偏僻的房间里，无拘无束地在宽敞舒适的空间里任由思想如天马行空般驰骋。在这里，我们看到

的是人声喧嚣的学校，乌烟瘴气的教室，以及工作场所中对美的冷漠。

而在那里，一切井然有序、清新美妙。

安详、静谧而愉悦。

至于其他的业余爱好者，有证据表明，他们与狂热的冒险家和私人投资者一起，揭开了工业革命的序幕。我们提到的基利并非历史学家，幸运的是，他也不是经济学家，在《科学研究的经济规律》一书中，他质疑了传统的“线性思维”（认为学术科学推动了技术的发展）——对基利来说，大学的繁荣得益于国家财富的积累，但反过来说则不成立。他甚至进一步声称，这如同天真的干预措施一样，会产生“医源性损伤”，甚至导致负面影响。基利指出，在许多国家，政府的干预方式是通过征税来为科研提供资金，这样就导致了私人投资的减少和转移。比如在日本，经济产业省（管理技术和投资的部门）就有着惊人的投资历史。我并非利用基利的想法来支持某个反对科研资助的政治计划，而只是想说明在发现重要的事物时，因果关系并不像一般人认为的那样。

让我们重新温习一下，工业革命源于“技术人员建立起技术”，或者基利所说的“业余爱好者的科学”。再以蒸汽机为例，这个发明比任何东西都能代表工业革命。正如我们看到的，亚历山大的希罗早就绘制出了制造蒸汽机的蓝图，但此后大约 2 000 年，没有人对该理论感兴趣。因此，是实践和重新发现让人们对希罗的蓝图产生了兴趣，而不是相反的情况。

基利提出过一个有说服力——非常有说服力——的论点，即蒸汽机是基于已有的技术，而且是由没有受过教育的、经常闷头自己干的人发明的。这些人善于运用实践常识和直觉来解决困扰着他们的机械问题，而他们提出的解决方案也往往能带来明显的经济回报。

让我们再来看看纺织技术。同样，根据基利的观点，这个引导人类飞跃进入现代世界的主流技术的诞生与科学几乎毫无关系。他说："1733 年，约翰·凯伊发明了飞梭，推动了织布的机械化，1770 年，詹姆斯·哈格里夫斯发明了珍妮纺纱机，正如它的名字所示，它推动了纺纱的机械化。纺织技术的发展，加上瓦特和保罗的发明（纺纱机，1758 年）及阿克赖特的发明（水力纺纱机，1769 年），预示着工业革命的腾飞，但这些都与科学无关，它们是基于试错法和一心想提高工厂生产力及利润的熟练工匠，在实验基础上的经验性发展。"

戴维·埃杰顿通过一些调研质疑了学术科学和经济繁荣之间的联系，以及人们过去相信的"线性模型"的观念（学术研究是技术的源头）。19 世纪至 20 世纪的人们，没有那么容易上当受骗；但今天的我们却相信，那时的他们相信线性模型，其实他们并不相信。事实上，在 20 世纪之前，学者们大多是教师，而非研究人员。

现在，与其通过阅读一个学者的著作来判断他是否可信，不如看看他的批评者是怎么说的——他们往往会发现他最糟糕的论点。所以，我找到了基利的批评者，或者反对他意见的人的观点，我们想看看他们的评论中有哪些值得思考的细节，以及他们的批评集中在什么地方。除了乔尔·莫基尔的一些评论（正如我所说，他尚未发现可选择性）以及一个经济学家的攻击（鉴于经济学家的贬值，他的评论也无足轻重），针对基利的主要反对意见，我们是在一本由政府资助的有影响力的杂志《自然》上看到的，基利所用的数据被批评是来自政府资助的机构，比如他反对依靠财政支持科研的论点就引用了经济合作与发展组织（OECD）的数据。到目前为止，还没有任何实质性的证据表明基利是错误的。但是，既然提到证据，就让我们来看看证据：没有任何证据表明，与其观点对立的论文具有正确性。这类观点很大程度上如同宗教信仰：无条件地相信有组织的科学的力量，这几乎取代了对有组织宗教的无条件信仰。

政府应该把钱花在非目的论的自由探索上，而非科研上

请注意，我并不相信上述论点在逻辑上会引导我们认为政府不应该花一分钱。我的论点针对的是有目的的发明创造，而非一般的科研。我们必须找到有效的支出方式。在一系列恶性循环的影响下，政府已从研究中得到了巨大的回报，但与其最初的预期相比已经大打折扣——看看互联网就知道了。此外，再回顾一下我们用于军事领域创新的开支，以及医疗方面的开支。你会看到，这些职能部门在开展研究时目的性过强（尤其是日本的），许多大公司的情况也是如此。大多数大型公司，如大型制药公司，都是自己创新路上的敌人。

以缺乏实用价值的基础科研为例，其研究经费和资金一般直接给予个人，而不是项目，而且是少量给予研究人员。在加利福尼亚花费了很长时间观察风险投资家的科学社会学家史蒂芬·夏平称，投资者往往把钱投给他们看中的企业家，而不是某个创意。决策在很大程度上就是一种观点，并根据“你认识谁”和“谁说了什么”得以强化，用风险投资家的专业术语来说，你应该把赌注投给骑师，而不是马匹。为什么呢？因为创新是需要灵感的，你需要具备像漫游者般的能力，随时抓住突然出现的机遇，而不是墨守成规地行事。夏平让我们看到，重大的风险投资决策往往是在没有制订真正的商业计划的情况下做出的。因此，如果决策前他确实进行了“分析”的话，那么这种分析一定是自由探索的和实证性的。我自己也曾花了一些时间在加利福尼亚州与风险投资家交往，目的是投资自己，我可以证明，这的确是墨守成规的做法。

很显然，钱应该投给自由探索者，你信任的那些积极进取的探索者才会帮助你获得期权收益。

现在，让我们在这个段落中用统计参数进行一下技术性阐述。研究带来的回报往往源于极端斯坦：它们遵循的是统计分布的幂律，由于可选择性的存在，这里有近乎无限的上升空间，但下跌空间有限。因此，研究的回报与试验次数，与非试验花费的开支存在线性关系。让我们回过头去看看图 12–3，赢者回报惊人，没有上限，而正确的方法需要某种形式的“广种薄收”。也就是说，正确的策略是采用“1除以 n”或者“1 / n”的模式，将资金尽可能多地分散在众多尝试中：如果你面对 n 个选择，那么对所有选择进行等量投资，也就是在每个试验上进行少量金额的投资，但投资的项目有很多，比你愿意投资的项目还要多。这是为什么？因为在极端斯坦下，在某个创意上进行少量投资总好过错过这个创意。正如一个风险投资家告诉我的：“回报收益是如此之大，你简直不能错过任何一个可能的创意。”

医疗领域的案例

与技术不同，医疗拥有驯化运气的悠久历史。它现在已经接受了实践中的随机性，但并不是那么情愿。

医疗数据使我们能够评估目的论研究相对于随机性发现的成效。美国政府为我们提供了理想的数据：美国国家癌症研究所的活动。这一机构源于20世纪70年代早期尼克松发起的“向癌症宣战”运动。实习医生和研究员默顿·迈尔斯在他绝妙的著作《现代医学的偶然发现》中写道：“在20多年的时间里，筛选了超过14.4万种植物萃取物（代表约1.5万个物种），其中没有一种植物类抗癌药物能够通过审批。这种失败与20世纪50年代的一种从植物中萃取的抗癌药物形成鲜明对比，这种抗癌药物是长春花生物碱，它是偶然被发现的，而不是定向研究的成果。”

约翰·拉马蒂纳在离开制药公司后曾对制药业内幕进行过爆料，他用统计数据显示，在学术研究对药品研发的贡献问题上，民众的看法与真相之间存在差距：10种药物中有9种是私营企业研制的。就连靠财政资助的美国国立卫生研究院也发现，市场上销售情况比较好的46种药物，其中只有3种与政府资金赞助有关。

我们还没有谈到这一事实，即癌症治疗药物一直源于其他学科研究。在寻找非癌症类药物（或非癌症类的非药物）的过程中，你发现了你并不需要寻找的东西（反之亦然）。但有趣的是，当一个学术研究者最初发现一个结果时，他可能会忽略这个结果，因为这不是他想找的——学者总是喜欢遵循一个计划。用选择权打个比方：尽管选择权很有价值，但他并未行使选择权，严格来说，这违反了理性（无论你如何定义理性），就像某个贪婪的人在自己的花园里发现了一大笔钱却不捡起来一样。迈尔斯显示，发现的成果往往在事后会被归于某项学术研究，从而进一步强化我们的错觉，这与教鸟儿飞行的效应如出一辙。

在某些情况下，由于发现的来源是军事活动，因此我们不知道到底发生了什么。让我们以迈尔斯的书中讨论的癌症化疗法为例，1942 年，一艘携带芥子气的美国船只驶离意大利巴里后遭到德军轰炸。结果这种气体神奇地治愈了患有白血病的士兵（清除了体内白细胞），由此化疗的研究得以展开。但是，芥子气被《日内瓦公约》禁止，因此这个故事变成了机密——丘吉尔清除了英国所有文件中相关的记录，而在美国，相关信息也被掩盖了，但对氮芥效应的研究并未被禁止。

杰姆斯·勒法努是一位医生兼医学作家，他曾写道，治疗的革命，或者战后时期大量有效治疗方法的涌现，并不是由任何主流的科学洞见推动的，来源恰好相反。"医生和科学家们认识到，没有必要详细了解误差的任何细节，合成化学会随机地带来医生们找了几个世纪都没有找到的医疗方法。"（他以格哈德·多马克找到磺胺类药物为例。）

此外，我们对理论的了解，用莫基尔的话来说，即认知基础的提高，与新药数量的减少同步，这也是胖子托尼或做绿色木材买卖的那个人想告诉我们的。人们可能会说，容易出成果的项目已经越来越少了，但我从其他地方获得的更多线索（例如人类基因组项目的成效，以及过去 20 年在研究支出日益增加的情况下医疗研究的滞后）表明——在复杂领域，知识或所谓的"知识"阻碍了研究的发展。

或者，从另一个角度来看，研究食材的化学成分，既不会让你成为一个好厨师，也不会让你成为一个更专业的品尝师——甚至可能会让你在这两方面都变得更糟。（对主张目的论的人来说，烹饪是微不足道的知识。）

你可以列一张药物清单，看看有多少药物是通过“黑天鹅”方式诞生的，有多少是按设计研发出来的。我本来想编制这样一份列表，直到我意识到显著的非对称性，即以目的论的方式发现的药物太少——主要是抗艾滋病类的药物。设计师药物有一个主要特性：它们是按设计研发出来的（因此，是以目的为导向的）。但看起来好像我们没有能力在设计一种药物的同时，考虑到其潜在的副作用。因此，设计师药物的未来就存在一个问题。市场上的药物越多，它们之间相冲的可能性就越大，因此，一种新药就很可能会与市面上已有的药物相冲。如果市面上有 20 种不相关的药物，那么第 21 种药物诞生时，我们就需要考虑它与之前 20 种药物的相互作用，这或许没什么大不了的。但如果有 1 000 种药物，那么当最新药物问世时我们就需要预测它与这 1 000 种药的相互作用。而事实上，今天市场上有成千上万的药物。另外有研究表明，我们可能低估了目前已在市场上销售的药物之间的相互作用，真正安全的药物的数量可能只有 1/4，所以，如今可用药物的基数应该是减少而不是增加的。

医学领域存在明显的转移现象：可能为了某种目的而发明出来的药物，却在其他地方发挥了作用，这就是经济学家约翰·凯伊所称的间接发明，比如阿司匹林的用途就曾多次变更；犹大·福克曼关于限制对肿瘤的血液供应（血管生成抑制剂）的理论推动了黄斑变性治疗（贝伐单抗，俗称阿瓦斯汀）的诞生，效果比原先预料的更好。

现在，与其列出一份清单（太不体面了），我还不如推荐读者读一些书，除了迈尔斯的书，还有克劳德·波宇昂和克劳德·莫内雷的书《美妙的机会：药物发展史》，以及李杰的《笑气、伟哥和立普妥》。

马特·里德利的反目的论观点

伟大的中世纪阿拉伯语怀疑论哲学家阿尔加惹尔，曾批评阿威罗伊的理性主义和目的论。阿尔加惹尔提出了一个有关扣针的著名比喻，现在人们都错误地认为这个理论是亚当·斯密提出的。扣针不是由某一个人独自制作出来的，而是由 25 个人共同生产出来的，这是“无形的手”引导下的合作。没有任何人知道如何单独生产扣针。

在怀疑论信仰主义者（有宗教信仰的怀疑论者）阿尔加惹尔的眼中，知识不是掌握在人类的手中，而是掌握在上帝的手中，亚当·斯密称之为市场规律，而一些现代理论家将其理解为自我组织。如果读者想知道为什么信仰主义在认识论上相当于对人类知识进行彻底否定，同时认可事物的隐性逻辑，只要用上帝来替换自然、命运，以及任何无形的、不透明的、不可企及的力量，就能得到相同的结果。事物的逻辑在我们的掌控之外（在上帝、自然或自发力量的手中）。由于如今没有人与上帝有直接的沟通，即使在得克萨斯州，上帝和不透明的力量之间也没有多大差别。没有任何一个人对事物的整体发展流程有任何了解，这才是最重要的。

得益于生物学的研究背景，作家马特·里德利拿出了更有力的论据。人类和动物之间的区别在于是否具备协作、参与经营、提出意见、相互配合的能力。合作能带来爆炸性的利益，即数学上所说的超叠加功能：一加一超过二，一加一加一远远超过三。这是纯粹非线性的爆炸性利益——下面我们将详细说明它是如何从炼金石中受益的。最重要的是，这是一个有关不可预测性和“黑天鹅”事件影响的论点：由于你无法预测合作，也不能指导合作，因而你无法看到世界的发展方向。你所能做的就是创造一种有利于合作的环境，为繁荣奠定基础。

值得注意的是，如果用阿尔加惹尔的观点多做一些哲学性的探讨，我们可以看到宗教是如何降低我们对人类理论和代理人的依赖的——从这个意义上说，亚当·斯密与阿尔加惹尔的观点重合了。因为对亚当·斯密来说，看不见的手是指市场，而对阿尔加惹尔来说看不见的手就是上帝。人们可能很难理解，从历史来看，怀疑论者大多是对专业知识持怀疑态度，而不是对诸如上帝等抽象主体表示怀疑，而且所有伟大的怀疑论者大都信仰宗教，或者至少是亲宗教的（赞成其他人信仰宗教）。

公司目的论

我在商学院读书的时候，很少去听所谓的战略规划的讲座。因为这是必修课程，我偶尔会去上课，但我根本不想听老师说了什么，甚至连书也不买。学生们有个共识，我们知道那是胡言乱语。我通过玩弄复杂的逻辑游戏迷惑了教授，从而通过了管理学的必修课，而且我认为仅参加必要的课程就行了，多上一门课都是对自己智商的亵渎。

公司都热衷于制订战略计划。它们需要花钱来弄明白自己究竟该走向何方。然而，没有证据表明，战略规划起到了作用——否定其作用的证据倒有很多。管理学者威廉·斯塔巴克已经发表了多篇论文来反驳规划的有效性——规划使公司无视选择权，因为它的行动方针已经过于僵化以至无法把握稍纵即逝的机遇了。

几乎所有管理理论，从泰勒主义到所有的生产力故事，经实证检验后，都被证明是伪科学——与大多数的经济理论类似，它们都经不起验证。马修·斯图尔特是读哲学出身的，但后来成了管理顾问，他在《管理咨询的神话》一书中揭秘了一个令人厌恶的也很可笑的故事。这与银行家在利己目的的驱动下所使用的方法类似。亚伯拉逊和弗里德曼在他们的经典著作《杂乱并非无章》中也揭穿了许多整齐、清晰的目的论方法。事实证明，战略规划只不过是像迷信一样的胡言乱语。

不管是理性的还是机会主义的商业转移现象，下列公司可以告诉我们其中的真相。可口可乐起初是一种医药产品。蒂芙尼珠宝公司是做文具生意起家的。在上面的两个例子中，公司的前后业务还算有关联，但看看下面这个例子：制造出第一个导弹制导系统的雷神公司本来是一个冰箱制造商，而创办人之一正是范内瓦·布什，他构建了我们早先看到的目的论科学线性模型。再看更离谱的例子：曾经的顶级手机制造商诺基亚，是从造纸起家的（还做过一段时间的橡胶鞋）。杜邦，现在是一家以特富龙不粘锅、可丽耐台面和耐用的卡夫拉纤维闻名的企业，但它最早其实是一个经营炸药的公司。雅芳化妆品公司，一开始只是一个挨家挨户推销图书的公司。最令人吃惊的是，奥奈达银器本来是搞社区宗教崇拜的，但出于监管合规的要求，它需要以合资公司的名义为掩护。

反“火鸡”问题

现在，让我们看看我所说的事情背后的一些理论——统计报表认识论。下面的讨论将表明，未知的、你看不到的事情在某些情况下可以带来好消息，在另一些情况下则会带来坏消息。在极端斯坦下，情况会变得更加侧重某一边。

重复一遍（重复是必要的，因为知识分子往往很健忘），将缺乏证明某事的证据错当成存在否定某事的证据，这一简单的观点意味着：对反脆弱的事物而言，好消息从过去的数据中是找不到的，而对于脆弱的事物而言，坏消息倒是很罕见。

想象一下，你带着一本笔记本去墨西哥，希望根据你和你随机遇到的人的交谈推断出该国的人均财富。但可能的情况是，如果样本中没有卡洛斯·斯利姆，你就得不到什么有价值的信息。在100多万墨西哥人中，斯利姆的财富（我估计）比墨西哥底层7 000万~9 000万人的财富加起来还要多。因此，除非你选择5 000万人作为样本，并且将“罕见的事件”纳入其中，否则你就会低估这个国家的财富总量。

还记得之前的图表中那来自试错法的收益吗？当你致力于自由探索时，你会犯很多小错误，承受很多小损失，随后你会偶尔发现一些非常重要的东西。这种方法从外部来看可能令人讨厌——它隐藏了自身的优点，而不是自身的缺陷。

> 在反脆弱性的情况下（正面非对称性，正面“黑天鹅”事件），比如在试错法中，样本记录往往会低估长期平均值，隐藏起自身的优点，而不是掩盖自身的缺陷。

回想一下我们的使命“不要成为火鸡”。我们要记住的是，长期受“火鸡”问题影响的人往往会低估不利事件的数量——简单来说，罕见的事件总是罕见的，而且在过去的样本中往往找不到，鉴于罕见事件几乎总是负面事件，我们头脑中呈现的常常是比现实更乐观的画面。但在反“火鸡”问题中，我们看到的恰好是其镜像，是相反的情况。在正面非对称性的情况下，也就是在反脆弱性的情况下，“看不见的”事物是正面的。因此，“经验证据”往往会忽略正面事件和低估总收益。这也是一个问题。

至于经典的“火鸡”问题，规则如下：

在负面对称的脆弱情况（“火鸡”问题）下，样本记录往往会低估长期的平均值，它会隐藏其缺陷，而展示其优点。

这样的结果让生活变得更简单。但是，因为标准方法并不考虑非对称性，这使得研究了常规统计数据却对这一主题没有深入研究的人（只是在社会科学中提出理论或教导学生）会错误地理解“火鸡”问题。我发现了一个简单的规律，即在哈佛大学任教的人对这一问题的理解往往不如出租车司机或不懂得机械式推导方法的人（这是一个简单的启发法，可能是错的，却很有效，我是在哈佛商学院聘用脆弱推手罗伯特·默顿为教师的时候注意到的）。

因此，让我们来看看有多少哈佛商学院教授配得上这个称号。在第一个案例中（忽视正面非对称性的错误），一位叫加里·皮萨诺的哈佛商学院教授写了一本有关生物技术潜能的书，在书中他就犯下了初级的反“火鸡”错误，他没有意识到，在一个损失有限而潜在利益无限的正业中（与银行恰好相反），你看不到的东西可能很重要，但其踪迹却被掩埋在历史数据之中。皮萨诺写道："尽管一些生物技术公司取得了商业上的成功，整个行业也实现了惊人的增长，但大多数生物技术公司根本没有任何利润。"这可能是正确的，但是据此进行的推断却是错误的，甚至可能是落后的，原因有二，而且由于其后果的严重性，重申一下我的逻辑是有帮助的。首先，在极端斯坦下，"大多数公司"都没有利润——罕见事件占据主导地位，少数公司创造了全部利润。不管他是什么意思，由于存在我们在图 12–3 中所见的非对称性和可选择性，现在下结论可能为时过早，所以他最好去写一个伤害较小而且可能让哈佛商学院的学生更感兴趣的主题，比如怎么写一个有说服力的 PPT 演示文稿，以及日本和法国之间的管理文化的差异。再说一遍，他那有关生物技术投资的潜在回报微薄的判断可能是正确的，但不能基于他所展示的那些数据来推断。

为什么皮萨诺教授这类人的想法是危险的？重要的并不是它会阻碍生物技术的研究，而是这种错误会遏制经济生活中具有反脆弱性特征（以技术术语来说，"右偏"）的一切事物，它会使人们因偏好"肯定正确"的事物而变得脆弱。

值得注意的是，另一位哈佛大学教授肯尼斯·福鲁特犯了同样的错误，但是所犯错误完全在相反的方向上，也就是负面非对称性。在观察再保险公司（对灾难性事件提供保险保障的公司）时，福鲁特认为他发现了偏差。相比其承担的风险，再保险公司赚了太多的利润，因为灾难发生的频率往往低于模型中所反映的频率。但他忽略了一点，即灾难只会给它们带来负面的影响，而且往往淹没在历史数据中（再次说明，它们极为罕见）。记住"火鸡"问题。要知道，仅仅一个事件——石棉负债，就让劳埃德保险公司完全破产，失去了几代人积累的财富。

我们再来看看这两种截然不同的回报，一种是“左边受限”（损失有限，如泰勒斯的赌注），一种是“右边受限”（收益有限，如保险公司或银行等）。其中的区别至关重要，因为生活中的大多数情况不是属于第一种就是属于第二种。

失败七次，加上或减去两次

让我暂且停一停，根据本章到目前为止的内容来总结一些规则：（1）寻找可选择性，事实上，根据可选择性对你要从事的业务进行排名；（2）最好选择有开放式的而非封闭式的回报的业务；（3）切勿以商业计划为投资对象，而是以人为投资对象，寻找一个在其职业生涯中能够换 6 种或 7 种，甚至更多种工作的人——这是风险投资家马克·安德森运用的方法，以人为投资对象，有助于我们对商业计划书之类的文字叙述产生免疫力，这样做才可以确保提高你的强韧性；（4）不管你的业务是什么，请确保你选择了杠铃策略。

江湖郎中、学者和爱出风头的人

我以一个令人遗憾的笔调来结束本章：我们对帮助我们走到现在的许多人都是忘恩负义的。

我们的生活中交织着我们对凸性自由探索、反脆弱性，以及如何驯服随机性的诸多误解。医学上有一类人被称为经验评判者，或者经验怀疑者、实干家，差不多就是这些称谓，我们无法罗列他们的名字，因为他们并未留下许多作品。他们的研究已经从文化意识中被销毁或隐匿，或者从档案中遗失了，而有关他们的记忆也被历史严重地扭曲了。正统的思想家和理论化的理论家经常写书；凭直觉行事的人往往都是实践工作者，他们大多满足于做令人兴奋的事，赚钱或赔钱，以及在小酒馆里聊天。他们的经验往往被学者们正式化，事实上，写历史的人是那些想要你认为推理可以垄断或近乎垄断知识生产过程的人。

因此，最后要说的一点是有关那些被称为“江湖郎中”的人。有些人确实是江湖郎中，其他人稍好些，一些人根本不是江湖郎中，还有许多人处于是与不是的边缘。很长时间以来，正式医生不得不与众多哗众取宠的家伙、江湖郎中、庸医、巫师和术士，以及各式各样没有行医执照的从业者竞争。有些人是流动行医的，从一个镇子走到另一个镇子，在大型集会上为病人问诊。他们会一边动手术，一边不停地念咒语。

这类人包括一些医生，他们从来没上过阿拉伯语理性学院，没有在小亚细亚的希腊语世界中成长过，后来也没有进入阿拉伯语学校受过教育。罗马人是反理论的务实一族；而阿拉伯人喜欢所有有关哲学和“科学”的东西，并把此前籍籍无名的亚里士多德推上了神坛。例如，我们对尼科美迪亚的曼诺多图斯的经验怀疑主义学派知之甚少，而对理性主义者盖伦却很熟悉。对阿拉伯人来说，医学是一种学术追求，是建立在亚里士多德的逻辑和盖伦的方法论基础上的，他们憎恶经验。[1] 执业医生则是另一类人。

对医疗行业的监管，无疑是出于经济利益的考量，因为来自

1. 一个很容易被忽视的问题是，阿拉伯思想偏好抽象思维能力和最理论层面的科学——崇尚极端理性，远离经验主义。

经验主义者的竞争使正规医疗机构的收入下降。所以，难怪这些非正规行医者都被归为盗贼，我们可以从伊丽莎白女王时期的一篇论文确认这一点。论文的题目很长，“简述伦敦实证者被观察到的用于掏空可怜病患钱包的若干手段”。

“江湖郎中”被认为是经验主义者的代名词。“经验主义者”往往依靠试验和经验来确定哪些是正确的。换句话说，通过试错法和自由探索。他们被认为是劣等的——无论从职业、社会地位还是智力层面来说，他们仍然被认为不够“聪明”。

但幸运的是，经验主义者享有广泛的民众支持，也不会被根除。你看不到他们的著作，但他们在医学史上却留下了难以磨灭的印记。

现代化带来了医学的学术化与制度化，从而引发了医源性损伤的初次大爆发，直到最近这种情况才开始扭转。此外，从历史的角度来看，正式的学者并不比那些所谓的江湖郎中更高明，他们只是将欺骗行为掩藏在看似更有说服力的理性之下。他们只是有组织的骗子。我希望能够改变这种局面。

现在，我同意，没有通过学术界审查的大部分执业医生是流氓、江湖郎中、庸医，甚至比这些人更糟。但是，我们不要轻易下错误的结论。形式主义者为保护自己的地盘，一直在玩一种逻辑游戏，即如果非学术类行医者中存在庸医，那么非学术类行医者就都是庸医。他们现在还是这么做的，而事实上，说“不严谨的都是非学术的”（假设你是愚蠢的人，你就会相信这一点）并不意味着“所有非学术的都是不严谨的”。“合法”的医生和其他行医者之间的争论就相当具有启发性，尤其是当你注意到，医生们总是在偷偷地（不情愿地）仿效其他行医者所开发和推广的补救措施和治疗方式。出于经济利益的考虑，医生不得不这样做，他们受益于非正规行医者的集体试错结果。这一过程推动了治疗方法的应用，如今已经融合到正式的医疗中。

现在，读者们，让我们花一分钟的时间对这些人表达一下自己的敬意。想想看，那些推动了历史发展的人却遭到我们忘恩负义的对待，不受我们尊重，甚至我们都不知道他们是英雄。

第十六章

混乱中的秩序

– 下一次街头斗殴发生在哪里？
– 如何摒弃商品化与观光化。
– 聪明的学生（以及相反的学生）。
– 漫游者如同选择权。

让我们继续讨论目的论和无序——这次是在私人生活和个人教育方面。接着是一段自传体短文。

生态与游戏

正如我们在第七章中看到的那个人，他用扑克牌 21 点做了一个常见但错误的类比，我们发现有两个领域存在：一个是游戏领域，牌局就像游戏，事先会明确游戏规则；另一个是生态领域，在这里我们不知道规则，不能孤立地看待变量，就像在现实生活中一样。由于一个领域内的技能无法转移到另一个领域，这促使我对从课堂上学习的任何技能，或者任何以非生态形式掌握的东西普遍心存怀疑，我更相信从街头斗殴和现实生活中学到的东西。

没有任何证据显示，下棋有助于增强你在其他方面的推理能力——即使是那些能够与一群人玩盲棋游戏的人，在记忆棋盘之外的东西时，也不会强于普通人。我们接受游戏的领域特定性，但事实上，这些游戏并不是真的为了培养你的生活技能而设计的，将游戏技能转化为生活技能，难免会遭受严重损失。但是，我们发现很难把这个教训运用到从学校所学的技能上，也就是我们很难接受一个关键事实：从课堂上学习的东西只能留在课堂上。更糟糕的是，课堂学习甚至会带来可觉察的危害，一种从未有人讨论过的医源性损伤如下：劳拉·马尔格隆给我看过她的博士生吉特·乌尔姆的一项研究结果，该研究表明，儿童在学了算术之后其计算能力会立即下降。当你问孩子 15 根柱子之间有多少间隔时，那些不懂算术的孩子都能琢磨出答案：14 个。而学习了算术的学生则感到困惑，并常常给出错误的答案：15 个。

足球妈妈的观光化

生物学家和知识分子威尔逊曾经被问及，什么是儿童发展的最大障碍，他的回答是足球妈妈。他并没有用普罗克拉斯提斯之床的概念，但他完美地诠释了这个概念。他的理由是，足球妈妈们压抑了儿童的生物自卫本能，以及他们对自然生物的爱。但这个问题的涉及面可能很广，足球妈妈们试图从孩子们的生活中消除试错和反脆弱性，使他们远离生态模式，而将他们改造成按照预设的现实模式（符合足球妈妈的想法）行事的书呆子。就这样，孩子们成了好学生，但也成了书呆子，也就是说，这些孩子就像是计算机，除了计算速度慢了一些。此外，他们完全没有受过任何关于处理模棱两可情况的训练。作为一个经历过战争的人，我不相信结构化的学习，其实我相信的是，一个人只要有一个私人图书馆，并花费时间漫无目的地（但理智地）遨游在我们随机学到的知识中，即使他不上学也可以成为一个智者，而不会成为书呆子。如果我们遵循正常的秩序，我们就需要一些随机性、混乱性、冒险性、不确定性、自我发现、非致命的挫折等来让生活变得更有意义，这总好过整日离不开排得满满的日程表和闹钟的、自以为是的、结构化的、虚伪的、低效的首席执行官式的生活。这些人连休息的时间也要仔细算好，分秒必争，就好像他们的生活永远夹杂在各种约会中。现代化的使命，看起来是压榨出生活中的每一滴可变性和随机性（正如我们在第五章看到的），但结果却具有讽刺意味，因为这只不过徒增了世界的不可预测性，就好像机会女神无论如何都会掌握最后的话语权一样。

只有自学者是自由的。而且，不只是在学习的问题上——那些摒弃按部就班的生活方式的人，也摒弃了观光客般的生活方式。按计划生活就像把随机性放入一个盒子——在超市6号走道金枪鱼罐头旁边的那种盒子——这是一种异化的生活。

如果你想了解当前的现代主义论点是多么乏味苍白（了解你存在的这个世界的优先次序），不妨想想野外的狮子和人工饲养的狮子之间的不同。人工饲养的狮子寿命更长，从技术上说，它们更加富有，生活更有保障，如果这些是你所注重的生活标准的话……

像往常一样，古人，比如塞内加，就洞察到这个问题（以及其间的差别），用他的话来说："我们不是为了生活而学习，只是为了学习而学习。"让我感到震惊的是，这句话竟然被美国许多大学曲解并篡改成自己的座右铭："我们不是为学校学习，而是为人生学习。"

生活中的大部分矛盾就发生在一个人（比如决策者）试图通过弱化和脆弱化来激发理性的时候。

反脆弱性的（杠铃式）教育

有一件事治愈了我的教育后遗症，并让我对标准化教育持怀疑态度。

虽然我拿了学位，但我还是认为自己是一个纯粹的自学者。

我的父亲在黎巴嫩以"聪明学生学生聪明"而著称，这个称号当然是玩了一个文字游戏，因为在阿拉伯语中"聪明学生"就是 taleb nagib，而我父亲的名字则是 Nagib Taleb 。当年我的父亲在黎巴嫩高等学校的毕业考试中以最高分名列榜首时，报纸就是这样报道他的。他有幸代表全黎巴嫩的毕业生做毕业致辞，各大报纸都以头版头条宣传他的成绩，并用他的名字做文章，好像是这个名字注定了他的命运——"聪明学生学生聪明已经毕业"。我父亲的学习生涯非常艰难，因为他读的是精英学生读的耶稣会学校。"耶稣会学校的使命是通过每年的层层筛选，培养出能够治理该地的官员。"该校的成就超出了其目标，因为除了造就一批全球法语文凭体系下的最高分（即使是在战争年代），该校也培养出了众多世界一流的学生。耶稣会学校还剥夺了小学生的课余时间，也有许多学生自愿退学。你可以想到，有一个全黎巴嫩毕业生代表的父亲，我应该不排斥学校。确实也是如此。但我的父亲自己似乎并不重视学校教育，因为他并未把我送进耶稣会学校——这让我得以摆脱他所经历的一切，也让我得以在其他领域寻找自我实现的途径。

近距离地观察我的父亲让我认识到，一个毕业生代表意味着什么，一个聪明学生意味着什么，在大部分的情况下它们都有非常消极的意味。聪明学生一般无法理解，他们的聪明会让他们无视一些东西。当我在交易所工作时，这个念头就一直萦绕着我。在证券交易所时，大部分的时间里我就坐在那里等待事情的发生，这就好像人们在酒吧里闲坐，或黑手党“四处溜达”。我学会了怎样挑选那些在坐着什么也不做的情况下，有能力和别人打成一片的人。我以人们的周旋能力为筛选标准进行选择，好学的人一般不善于与人周旋：他们需要有一个明确的任务。

我在 10 岁时就意识到，好成绩在校外不像在校内那么受欢迎，因为它们会带来一定的副作用。有得必有失。实际上，我的父亲一直在向我暗示好成绩所带来的问题：当时他们班上成绩最差的一个学生（具有讽刺意味的是，刚好是我在沃顿商学院的同学的父亲）结果成了一个白手起家的商人，是迄今为止他们班上最成功的人（他有一个巨大的游艇，上面醒目地刻着他的名字的首字母）；还有一个差生靠从非洲进口木材大赚了一笔，40 岁前就退休了，成为一个业余的历史学家（主要研究古地中海的历史），并进入政界。虽然我的父亲似乎并不重视教育，却重视文化或金钱——他鼓励我去寻求这两样东西（我最初寻求的是文化）。他总是对学者和商人很感兴趣。

我的想法是在公开市场上展现一丝不苟的态度。这使得我专注于思考一个聪明的“自学者”需要成为怎样的人：一个自学成才的人不同于用填鸭式方法教出来的人，后者用黎巴嫩方言来说就是“填鸭”，他们的知识仅限于课堂教材。我意识到，这两类人之间的区别不在于他们在官方的本科课程学习上的差异，每个人都知道这种差异即使很小，也会被分数放大，他们之间的真实差异实际上存在于课堂之外。

在一个结构化的环境中，有些人可以比别人更聪明——其实学校就有选择性偏见，因为它喜欢在这种环境中反应更快的学生，喜欢搞竞争，却以牺牲学生在校园外的能力为代价。虽然我还不熟悉健身运动，但我的想法是，那些使用昂贵的现代健身器材来增强力量的人，虽然可以举起很重的杠铃，消耗掉很多卡路里，锻炼出令人艳羡的肌肉，但是他们却无法搬起石头，他们在街头斗殴中会被那些在混乱的环境中磨炼过的人打得头破血流。使用健身器材的人的力量有极端的领域特定性，但他们能发挥作用的领域在健身这个组织化程度极高的框架之外根本不存在。事实上，他们的力量与过分专业化的运动员一样，是畸形发展的结果。我认为，这与那些被选为尖子生，只努力在少数科目上取得高分，而不是按照自己的兴趣爱好发展的人是一样的：只要让他们稍微远离一下他们的研究领域，你就能看到他们是如何丧失信心和一味抗拒的。（就像企业高管之所以被公司选中，是因为他们忍受无聊会议的能力，许多人被选为尖子生也是因为他们专注于枯燥教材的能力。）我曾与许多据称专门从事风险和概率研究的经济学家进行讨论：稍微远离他们狭隘的专业领域（但仍在概率的学科范围内），他们就溃不成军了，就好像一个健身老手被职业打手教训了一顿之后哭丧着脸。

再次声明，我不完全是自学成才的，因为我确实获得了学位。不过，我确实是杠铃式自学者，因为我在学校只学极少的必要知识，能通过考试就行，有时偶然也会得高分，或者偶尔得低分。但是，我贪婪地博览群书，我最初关注人文学科，后来又涉猎数学和科学，现在对历史感兴趣——这些都是课堂外的知识，可以说我是远离健身房的人。我发现，不管我选择什么学科，都可以深入而广泛地阅读，以满足我的好奇心。而且，我可以利用人们后来称为注意缺陷多动障碍（ADHD）的特性，以自然的刺激作为深入学习的主要动力。就像企业要有价值就必须无为而治一样。一旦在看某本书或研究某个课题时感觉无趣，我就会转移到下一个目标，而不是完全放弃阅读——当你只读学校教材时，一旦觉得无趣，你就会有一种完全放弃的念头，什么也不想做，或者干脆逃学来让自己摆脱这种沮丧。所以，我的诀窍是，你可以厌倦读一本特定的书，但不要厌倦阅读这个行为。这样，你所阅读并消化的知识才能快速增长。随后，你就会毫不费力地发现，书中自有黄金屋，就像理智但没有设定方向的试错研究所能带来的那样。这与选择权相同，失败了也不要停滞不前，必要时向其他方向摸索，跟随那种广阔的自由感和机会主义的引领，试错就是一种自由。

我承认，在写这篇文章时，我仍在使用试错的方法。避免无趣是唯一值得推荐的模式，否则生活也太不值得过了。

我的父母在贝鲁特最大的书店有一个账号，所以我在那里差不多可以无限量地挑书。图书馆的书与学校教材之间存在很大的差异，因此我意识到，学校简直就是一个阴谋：通过把知识压缩到少数作者写的教材之内，剥夺了人们博览群书的权利。我从

13 岁左右开始就养成了记录阅读时间的习惯，一周会阅读 30~60 个小时，这个习惯我已经保持了很长时间。我读了陀思妥耶夫斯基、屠格涅夫、契诃夫、波舒哀主教、司汤达、但丁、普鲁斯特、博尔赫斯、卡尔维诺、塞林、舒尔茨、茨威格（不喜欢）、亨利·米勒、马克思·布洛德、卡夫卡、超现实主义作家尤涅斯库、福克纳、马尔罗（还有其他野外冒险家，如康拉德和梅尔维尔，我读的第一本英文书是《白鲸》）和类似的文学作家的作品，其中很多人的文字非常晦涩，还有黑格尔、叔本华、尼采、马克思、雅斯贝尔斯、胡塞尔、列维–斯特劳斯、列维纳斯、肖勒姆、便雅悯，以及类似的哲学家的作品，因为他们拥有著作不被列入学校课程的崇高地位，而且我坚决不看学校规定的书籍，所以迄今为止我没有读过拉辛、高乃依和其他无聊作家的书。有一年夏季，我决定在 20 天内读 20 本左拉的小说，每天读一本，最后我成功地做到了，虽然付出了很大的代价。我还读了马克思所著的书，也许是参加了一个组织促使我开始研究马克思主义。我对黑格尔的了解主要是通过亚历山大·柯热夫的作品间接得到的。

当我 18 岁决定到美国时，我买了几百本英语书开始了我的阅读生涯（从特罗洛普到伯克、麦考利、吉本、阿娜伊丝·尼恩和其他一些丑闻缠身的畅销书作家），我开始不去上课，并保持每周 30~60 个小时的阅读时间。

在学校里，我发现只要你用词华丽、优美、确切（虽然有可能仍不足以表达主题），并保持一定的连贯性，那么你写了什么便是次要的问题，因为考官从中看到了你的风格和严谨。而当我十几岁就开始发表文章后，我的父亲就彻底不管我了，他的唯一要求就是“不要被学校开除”。这里又是一个杠铃策略——在学校里只求通过考试，把时间都花在阅读自己感兴趣的书上，不期望从学校里得到任何东西。后来，我因为在一次学生骚乱中袭警而被关进监狱，我的父亲好像是不愿意管我了，让我随心所欲地行事。我二十几岁就赚到了钱，尽管那时候我的祖国正硝烟弥漫，而且当年物质比较匮乏。我的父亲认为我拥有的一切全归功于他，因为是他允许我拓宽知识面，让我与他那种知识背景狭隘的人不同的。

当我在沃顿商学院读书时，我发现自己想专注于与概率以及罕见事件相关的工作，我痴迷于概率和随机现象，我还隐约感觉到统计学教授也无法解释的统计学教材里面的某些缺陷——教授们忽略不讲的东西反而吸引了我。我意识到某个地方一定有骗人的东西存在，比如“六西格玛”管理（对非常罕见事件的计量）就被严重错误地计算了，我们找不到他们计算的依据，但是我无法明确表达我的想法，即使表达了这种想法，也有人会用我看不懂的复杂的数学运算来羞辱我。我明确地看到了概率的局限，但无法用语言表达这个观点。所以，我去书店订购了（当时还没有网络）几乎所有以“概率”或“随机”为标题的书。连续几年，我除了这类书什么都不看，不看课堂教材，不看报纸，不看文学书，什么都不看。我躺在床上只看这类书，如果遇到不能马上理解的内容或者感觉有点儿无聊了，我就阅读另一本书。我一直在订购这类书。我渴望深入了解小概率的问题。这真的毫不费力，并且是我的最佳投资——原本的风险竟然变成了我最了解的主题。5 年后，我准备好了开启人生的新航程，现在我以研究小概率事件的方方面面为职业重心。如果我是通过接受学校教育了解这一主题的，也就是接受预先设置好的知识包，那么我一定会被洗脑，认为不确定性是某种只能在赌场中看到的东西。来看看一个不是书呆子的人是怎样应用数学的：首先，发现问题；其次，找出适用的数学解决方案（就像人习得语言一样）。而不是在真空中通过研究定理和虚拟的例子去学习，然后，改变现实，让它看起来像那些例题。

20 世纪 80 年代的一天，我与一位取得巨大成功的著名投机商共进晚餐。他一语中的地表明："人们了解的很多东西其实都不值得去了解。"

迄今，我仍然本能地认为，宝贵的知识，也就是你从事某一职业所需了解的知识，一定不在数据库中，所以要尽可能地远离中心。在学校被灌输的东西，我已经忘光了；而自己决定读的东西，我仍然记得很牢。追随自己的爱好来选择阅读的重要意义，莫过于此。

第十七章

胖子托尼与苏格拉底辩论

- 孝与不孝。
- 胖子托尼不喝牛奶。
- 别忘了让诗人解释他们的诗歌。
- 神秘主义的假哲学家。

胖子托尼认为，我们完全有理由处死苏格拉底。

我们将在本章完成叙事、可理解的知识，与更加晦涩、完全由实践者摸索出来的知识之间差异的讨论——表 14-1 中的两栏区分了可叙述与不可叙述的行动。我们有种错误的想法，即认为事情背后总有一个你可以找到的理由，而且我们会很容易理解这些理由。

事实上，在生活中最严重的错误莫过于将不可叙述的事物误认为是愚蠢的东西——这是尼采最终得出的结论。在某种程度上，这种错误酷似火鸡问题：将我们没有看见的东西疑为不存在，这与将缺乏证明某事的证据错当成存在否定某事的证据如出一辙。

自从哲学的黄金时代开始，我们就陷入了绿色木材谬误——我们看到亚里士多德对泰勒斯成功故事的错误诠释。现在，让我们把目光转向最伟大的导师苏格拉底。

《欧蒂弗罗篇》

柏拉图主要通过一个人的口来表达自己的见解，那个人无疑成了历史上最有影响力的哲学家，他就是雅典的苏格拉底——现代意义上的第一位哲学家。苏格拉底没有留下自己的作品，所以我们主要是通过柏拉图和色诺芬来了解他的。而且，类似于胖子托尼的情况：亲自指定自己的传记作者，但那位传记作家只顾满足自己的写作计划，因而扭曲了托尼的性格，并加上了自己的见解和观念。所以我敢肯定，柏拉图笔下的苏格拉底深深地烙上了柏拉图的印记，而不是一个真实的苏格拉底。

在柏拉图记录的一次对话（《欧蒂弗罗篇》）中，苏格拉底在法院外等待审判（在这次审判中，苏格拉底最终被判处死刑）时，当时的一位宗教专家兼半个预言家欧蒂弗罗与他攀谈起来。苏格拉底开始解释，关于他被人在法院指控的“活动”（腐蚀青年，介绍新神而抛弃旧神），他不但没有收取费用，还十分乐意向前来聆听的人付酬。

而苏格拉底发现，欧蒂弗罗来法院则是准备指控其父犯了故意杀人罪，这是一个不错的谈话引子。于是苏格拉底开始质疑，指控自己的父亲犯杀人罪是否符合欧蒂弗罗的宗教职责。

苏格拉底使用的技巧是，先从一个论点出发，让谈话者同意一系列的陈述，然后告诉他，他所认同的这些陈述与他最初认同的那个论点并不同，从而使其意识到自己并不清楚这一切。苏格拉底使用这个技巧主要向人们展示了，他们的思考是多么缺乏清晰的逻辑，他们对自己日常运用的概念了解得多么少，以及他们多么需要哲学来帮助他们厘清思路。

《欧蒂弗罗篇》中，欧蒂弗罗用“孝顺”一词开始了与苏格拉底的对话，将他起诉他父亲的行为描述为孝顺的行为，所以给人的印象是，他是出于宗教的孝行才起诉自己的父亲的。但是，对于“孝顺”的概念，欧蒂弗罗不能拿出一个让苏格拉底满意的定义。苏格拉底一直纠缠着这个可怜的家伙，因为他无法对孝顺进行明确的界定。对话继续围绕着更多的定义进行（什么是“道德感”），直到欧蒂弗罗找了一个礼貌的借口跑开。对话结束得很突然，但给读者留下的印象是，这个对话可以一直延续到今天：25 个世纪以后，我们也并未接近最终答案。

让我们来重新开启这段对话。

胖子托尼对话苏格拉底

如果是胖子托尼的话，他会怎么对付那个无情的雅典人的盘问？现在读者们已经熟悉胖子托尼的性格了，作为一个思维实验，让我们看看如果胖子托尼和苏格拉底见面的话，会有一个怎样的对话，当然，我进行了适当的翻译。

显然，这两个人物之间有许多相似之处。两个人都有空闲时间，可以无休止地享受休闲生活，只不过对托尼来说，空闲时间是富有成效的见解带来的结果。两个人都喜欢争论，都在寻求积极的对话（而不是进行看电视或听音乐会这种被动的活动），这是他们娱乐的主要来源。两人都不喜欢写作，苏格拉底排斥写作的原因是，一旦变成文字，这些内容就定型了，不可改变了，而实际上对他来说，答案从来不是最终的和固定的。因此，什么都不应该被记录下来，哪怕只是刻在石头上也不合适。在《欧蒂弗罗篇》中，苏格拉底还吹嘘了一下他的祖先雕刻家戴达罗斯：他的雕刻总是栩栩如生。当你与戴达罗斯的雕像说话时，它仿佛会回应你，这与你在纽约大都会艺术博物馆看到的那些雕像可不同。而托尼不喜欢写作则有其他原因，而且也没什么不光彩的：他在布鲁克林贝里奇上高中时，差点儿因为多门功课不及格而退学。

但这两个人的相似之处也仅限于此，不过这对他们之间开展对话来说已经足够了。当然，我们可以想象，当尼罗告诉胖子托尼，面前的这个人就是最伟大的哲学家苏格拉底的时候，托尼一定会有些吃惊。据说苏格拉底的外表看起来可能并不讨人喜欢。苏格拉底一再被描述为大腹便便，四肢瘦弱，眼凸鼻塌，面容憔悴，甚至可能有体臭，因为据说他洗澡的次数没有同时代人的那么多。你可以想象胖子托尼一边用手指着苏格拉底，一边嘲讽道："你看，尼罗，你想让我跟这个……谈话。"不过也有可能出现相反的情况，也有传闻称苏格拉底气度不凡，有着一种非凡的自信和平静的心态，会使一些年轻人感觉他"很帅"。

尼罗能够肯定的是，胖子托尼起初会设法接近苏格拉底，通过嗅觉形成对苏格拉底的看法——正如我们所说，胖子托尼根本没有意识到自己有这样的习惯。

现在假设苏格拉底问胖子托尼如何定义孝顺。胖子托尼肯定会不知所云——胖子托尼知道苏格拉底不仅免费与人辩论，还愿意向与他谈话的人付酬，所以胖子托尼会说，一个人不应该与一个准备付钱给他的人争辩。

但是，胖子托尼在生活中的力量来自他从来不会让别人来构建问题的框架。他跟尼罗说过，问题的答案永远根植于问题之中，千万不要直接回答一个对你来说毫无意义的问题。

胖子托尼说："你让我界定哪些特征使人有孝顺和不孝的区别。我是不是真的需要回答这个问题，才能行孝道？"

苏格拉底说："如果你根本不懂'孝顺'的含义，而只是假装知道它的意思，那么你怎么能准确地使用这个词呢？"

胖子托尼说："我是不是必须能用直白野蛮的非希腊英语或纯粹的希腊语来解释这个词，才能证明我知道和明白它的意思？我不知道如何表述它，但我知道它是什么。"

毫无疑问，胖子托尼会进一步牵着雅典的苏格拉底的鼻子走，然后成为构建问题框架的那个人。

胖子托尼说："告诉我，老伙计。一个婴儿必须对母亲的乳汁进行定义才能懂得他需要喝母乳吗？"

苏格拉底说："不，他不需要。"

胖子托尼说（重复柏拉图记录的对话中苏格拉底使用的相同模式）："我亲爱的苏格拉底，狗需要界定他的主人才能忠诚于他吗？"

苏格拉底说（很疑惑有人会问他这个问题）："狗……有本能，它并不思考它的生活，它并不探索它的生活。我们可不是狗。"

胖子托尼说："我同意，我亲爱的苏格拉底，狗有本能，我们不是狗。但是，我们人类难道与其他生物之间的区别那么大，乃至完全被剥夺了引导我们做并不了解的事情的本能吗？我们是不是必须将生活限定在只能用布鲁克林英语回答的事情上？”

还没有等苏格拉底回答（只有傻瓜才等待答案，问题不是为了答案才设计的）。

胖子托尼又说：“那么，我的好苏格拉底，为什么你认为我们需要了解事情的定义呢？”

苏格拉底说：“我亲爱的巨无霸托尼，我们说话的时候需要知道我们谈论的是什么。哲学的全部理念就是应当寻求反思和理解我们在做什么，探究我们的生活。浑浑噩噩地生活可不值得。”

胖子托尼说：“问题是，我可怜的古希腊人，你在扼杀我们知道但不一定能够表达的事情。如果我告诉一个学骑自行车的人，他只要知道骑车背后的理论就行了，那么他骑车时一定会摔下来。你总是通过咄咄逼人地问问题来迷惑和伤害他们。”

然后，胖子托尼带着假笑，得意地看着苏格拉底，非常平静。

胖子托尼说：“我亲爱的苏格拉底……你知道他们为什么要把你处死吗？那是因为你让人觉得盲目跟随习惯、本能和传统是愚蠢的事。你有时可能是正确的，但是，你可能会让他们对自己一直做得很好的事情感到疑惑。你正在摧毁人们对自己的理解。你拿我们对某些事情的无知来取乐。而且，你没有答案可以给他们。”

定义性知识的优越性

你可以看到，胖子托尼一语击中了哲学的核心，正是因为苏格拉底的影响，今天的哲学提出的主要问题是：“什么是存在？”“什么是道德？”“什么是证明？”“什么是科学？”“这是什么？”“那是什么？”

我们在《欧蒂弗罗篇》中看到的问题，贯穿于柏拉图所写的各种对话中。苏格拉底倾其一生寻求的是对事物本质的界定，他没有关注事物属性的描述，以帮助人们认识事物。

苏格拉底甚至质疑诗人，认为他们对自己作品的了解并不比大众读者更多。柏拉图在《申辩篇》中记录了对苏格拉底的审判，苏格拉底讲述了他是如何仔细盘问诗人却一无所得的：“我从他们自己的作品中挑选了一些辞藻华丽的段落，并要求他们解释其中的含义。谈到这一点我几乎很惭愧，但我仍必须说，在场的任何人对于这些诗歌的评论绝对不会比这些诗人逊色。”

对定义性知识的重视导致柏拉图得出了这样的结论：如果你不能认识事物的形式，你就不能说你了解事物，因为任何事物都是以定义来说明的。如果我们不能根据特殊性来界定虔诚，那么就让我们从普遍性开始，因为其中包含了特殊性。换句话说，如果你不能根据地形绘出地图，那么就根据地图造出地形。

我们也要为苏格拉底辩护一下，他的问题带来了一个重大的结果：如果他无法定义某个事物是什么，至少他能确定某个事物不是什么。

误将难以理解当作愚蠢

在胖子托尼之前，当然也有很多先驱质疑过苏格拉底。有些先驱的名字我们并没有听说过，这可能是因为哲学的崇高地位，以及哲学通过基督教和伊斯兰教融入日常实践的方式。这里的“哲学”指的是理论化和概念化的知识，也就是所有我们可以写下来的知识。因为，这个词以前在很大程度上指的是我们今天所称的科学——自然哲学，用理论来说明自然，洞察它的逻辑。

在现代世界中，年轻的尼采针对这一点展开了猛烈的攻击，虽然这一切披上了文学辩论的外衣，尼采谈论的是乐观和悲观，其中夹杂着对“西方”、“典型的希腊人”和“德国的灵魂”是什么意思的幻觉。年轻的尼采在20岁的时候就写了他的第一本书《悲剧的诞生》。他研究了“科学密教者”苏格拉底的“使得存在看起来能够被理解”的说法。尼采不可思议的文字揭示了我所提出的愚蠢的人的理性主义谬误：

> 或许——因此苏格拉底应该自问——有些事情我不能理解，但这不一定表示我是无知的，也许这是逻辑学家尚未涉猎的一个智慧领域呢？

“有些事情我不理解未必表示我无知”，这也许是尼采所在的时代最有力的一句话——我在前言中说过与之类似的话，在界定那些将不理解的事物误当作不合理的事物的脆弱推手时。

尼采对苏格拉底所说的真理极为反感，主要原因在于这种对真理的探求很大程度上是为了推广对事物的理解，因为苏格拉底认为，对于恶事，人们不会明知故犯——这个观点在启蒙运动时期影响了无数思想家，比如孔多塞，他们认为，真理是实现善的唯一和充分条件。

而这个观点正是尼采所斥责的：知识是万能的，错误是邪恶的，因此科学是一个让人感到乐观的产业。这种科学乐观主义的说法激怒了尼采：这等于利用推理和知识来为乌托邦效力。人们在讨论尼采时，往往忘记了他所说的那些乐观主义和悲观主义的区别，因为所谓的尼采式悲观主义分散了我们的注意力，使我们没有注意到他想要表达的要点：他所质疑的正是知识的善。

我花了很长的时间才搞清楚尼采在《悲剧的诞生》一书中谈到的核心问题。他看到了两股力量：太阳神阿波罗的精神和酒神狄俄尼索斯的精神。一种是可衡量的、平衡的、理性的，充满了逻辑和自我约束。另一种则是黑暗的、本能的、野性的、未驯服的、难以理解的，源自我们不为人知的另一面。古希腊文化代表了这两者的平衡，直到苏格拉底对欧里庇得斯的影响导致天平在很大程度上倾向于阿波罗，从而扼制了狄俄尼索斯的力量，并导致理性主义过度膨胀。它相当于通过注入激素破坏你身体中自然的化学作用。有太阳神而没有酒神，就像中国人常说的，有阳无阴、阴阳失调。

尼采作为思想家的力量给我带来了更多的惊喜：他琢磨出了反脆弱性。虽然许多人都（错误地）将“创造性破坏”的概念归功于经济学家约瑟夫·熊彼特（怪不得一些深刻的洞见会出自经济学家），正如我们所看到的，更博学的人则将其归功于卡尔·马克思。然而，其实是尼采第一个创造出了这个词来形容狄俄尼索斯的，他称其为“创造性破坏”和“破坏性创造”。尼采确实以自己的方式想出了反脆弱性。

我拜读了两遍尼采的《悲剧的诞生》，在第一遍阅读时，我还是一个懵懂的孩子。在第二次阅读时，在对随机性做出思考后，我突然意识到，尼采还理解某些他在自己的作品中都没有明确指出的东西：知识的增长，或任何事情的发展，都离不开狄俄尼索斯。由于我们有可选择性，到了某些时候我们可以选择的一些事物就会显现出来。换句话说，它可以是随机自由探索的源泉，而阿波罗则是选择过程中的理性部分。

让我再把大人物塞内加抬出来，他也提到过酒神与太阳神的特性。他曾在一本著作中将人类的倾向阐述得更为淋漓尽致。如果用神（他称为“命运”，将它等同于各种成因的相互作用）来表述，他提到了3种象征。首先是葡萄酒酒神黎伯特，其代表喧闹的力量，亦即尼采提到的狄俄尼索斯：赋予生命生生不息的能力；其次是大力士赫拉克勒斯，其代表着力量；再次是墨丘利，其代表（对塞内加同时代的人来说）手工艺、科学和理性（类似于尼采所指的阿波罗的特性）。塞内加的描述比尼采更丰富，他将力量作为另外一个维度纳入进来。

正如我所说的，早前有各种各样的人都对柏拉图和亚里士多德将“哲学”作为理性主义知识的观点进行了批判，不过这些人的名字你不一定能在资料中找到，因为他们大多被遗忘了，或者很少在资料中被提及。为什么这些人会被忘记呢？由于结构化的学习喜欢贫乏死板、容易传授的天真的理性主义，而不喜欢内涵丰富的经验主义，正如我所说，那些攻击学术思想的人在历史舞台上并没有留下多少声音（我们将看到在医学史上，这一现象是非常显而易见的）。

有一位比尼采更有才能也更开明的古典学者，他就是19世纪法国的思想家欧内斯特·勒南。除了当时常用的希腊和拉丁语，勒南还懂得希伯来语、阿拉姆语（叙利亚）和阿拉伯语。在对阿威罗伊的抨击中，他表达了一个著名的观点，即从定义上说，逻辑排除了细节，而由于真相只存在于细节中，因此，“在寻找道德和政治科学中的真相时”，逻辑只是“无用的工具”。

传统

正如胖子托尼所说，苏格拉底被处死是因为他破坏了在雅典政府眼里无可置疑的东西。事物过于复杂，乃至无法用言语表达，如果什么都要用语言表达出来就磨灭了人性。有人，比如在绿色木材案例中，可能关注的是正确的事情，但我们却不够聪明，没能意识到这个问题。

死亡和牺牲成了很好的营销手段，特别是当一个人在面临命运的审判还能坚持自己的意见时。英雄往往是一个充满知性信心和自尊的人，死亡对他来说微不足道。我们听到的有关苏格拉底的叙述都让他以英雄的姿态出现，这大多归功于他的死亡和他以一种哲学的方式献身。但是，仍有一些古典批评者认为，苏格拉底摧毁了社会的基础——那种由长者传递的，我们可能因不够成熟而没有资格质疑的启发法。

我们在第二章提到的罗马思想家老加图就对苏格拉底极为反感。老加图也像胖子托尼那样实事求是，但他比托尼具有更高的公民意识、使命意识、尊重传统的意识和恪守道德的意识。他也对希腊的事物很反感，这从他对哲学家和医生的反感中就可以看出——正如我们将在后面的章节中看到的，这种反感在现代有充分的理由。老加图坚信民主，这使他相信自由和传统规则，害怕暴政，他曾这样评价苏格拉底（普鲁塔克曾引用他的话）：“苏格拉底是一个强大的蛊惑者，他想让自己成为国家的主宰，以摧毁习俗，怂恿公民持有与法律和秩序相反的意见。”

因此，读者可以看到，古人是如何看待天真的理性主义的：天真的理性主义削弱而非促进了思想，因此只会带来脆弱性。他们了解，一知半解一定有危险。

除了古人，其他许多人也在捍卫并邀请我们尊重这种不同的知识。首先是爱尔兰政治家和政治哲学家埃德蒙·伯克，他批驳法国大革命破坏了“长期积淀的集体理性”。他认为，激烈的社会变化可能将我们暴露在不可预见的后果之下，因此他主张在社会体系中进行小规模的试错实验（实际上就是凸性的自由探索），同时对复杂的、传统的启发法保持尊重。此外，还有20世纪的保守主义政治哲学家和历史哲学家迈克尔·奥克肖特，他认为，传统汇总了历史所积淀的集体智慧。持同一思想的还有约瑟夫·德·迈斯特，我们在上文介绍过他的思想。他是一位说法语的保皇党和反启蒙运动思想家，对革命的弊病大胆直言，并认为人有堕落的本性，必须用独裁手段加以压制。

显然，维特根斯坦在现代反脆弱思想家中是数一数二的，他对无法用文字表达的思想有着深刻的洞见。在所有的思想家中，他是最了解绿色木材问题的人，他可能是有史以来第一个对用语言表达意思的能力表示怀疑的人。此外，这个家伙还是一个圣人，他牺牲了自己的生命、友谊、财富、名誉，他的一切的一切，只是为了哲学。

我们可能会认为，弗里德里希·哈耶克将被归入反脆弱性、反理性主义那一类。他是20世纪反社会规划的哲学家和经济学家，反对的理由是定价系统通过交易揭示了社会中隐含的信息，而这些信息是社会规划者无法获得的。但是，哈耶克没有意识到，可选择性可以替代社会规划者。从某种意义上说，他相信人的智慧，但那只是一种分散的或集体的智慧，他并未认识到可以替代智慧的可选择性。

人类学家克洛德·列维–斯特劳斯发现，不识字的人也有他们自己的“具体性科学”，这是一种从事物及其替代物的角度来思考他们所在环境的一种全面的思考方法，这种感性方法的质量并不一定比我们的许多科学方法低，相反，在许多方面它与我们的方法同样丰富，甚至更丰富。同样，这又是绿色木材谬误。

最后，我们要说说当代政治哲学家和散文家约翰·格雷，他反对人类的傲慢，也反对启蒙运动是万能的这种普遍观点，他将某些思想家归为启蒙运动的保守主义思想家。格雷反复说明，我们所说的科学进步可能只是海市蜃楼。当他与我和作家布赖恩·阿普尔亚德共进午餐时，我预先准备了一些想讨论的话题，并提出了自己的主张。让我感到惊喜的是，这是我一生中最有收获的一次午餐。共同的思想让我们三个人心照不宣地在很多理念问题上达成共识，并开始讨论应用的问题——一些世俗的问题，比如如何用贵金属取代我们目前持有的货币，因为贵金属不是政府所拥有的。格雷曾经在哈耶克办公室的隔壁工作，并告诉我哈耶克是个相当沉闷的人，他缺乏趣味性——因此缺乏可选择性。

愚蠢的人和不愚蠢的人的区别

让我们回头讨论炼金石。苏格拉底关心的是知识，但胖子托尼不是这样，他根本不知道什么是知识。

对托尼来说，生活中亟须区别的并非真与假，而是谁是愚蠢的人，谁不是。在托尼的眼中，事情总是相对简单的。在现实生活中，正如我们在塞内加的思想和泰勒斯的赌注中所看到的，风险比知识更重要，决策的影响将超越逻辑。教科书中的“知识”忽略了一个方面，即隐性利益的非对称性，就像平均数的概念一样。关注行动的回报，而不是关注世界的结构（或理解“真”与“假”），已在很大程度上在思想史上被忽略了。这非常糟糕。回报，即你发生了什么（从中获益或受害）永远是最重要的事情，而不是事件本身。

哲学家谈论真与假。真正过日子的人谈论报酬、威胁和后果（风险和回报），也就是脆弱性和反脆弱性。有时，哲学家和思想家总是将真理与风险及回报混为一谈。

让我进一步阐释我的观点，真与假（我们所谓的“信仰”）在人类的决策中扮演着糟糕的、辅助性的角色。起主宰作用的是真与假所带来的回报，而这几乎总是非对称的，一个结果会比另一个结果更大，也就是存在积极和消极的非对称性（脆弱性和反脆弱性）。下面，让我进行解释。

脆弱性，而非概率

我们在乘客登机前要进行安检，看他们是否携带了武器。我们是不是认为他们是恐怖分子？这当然是不可能的，因为他们不太可能是恐怖分子（只有极低的概率）。但是，我们还是要对他们进行安检。因为这里存在非对称性。我们感兴趣的是回报和后果，因为如果假定为真（他们是恐怖分子），那么我们得到的回报将会很大，相比之下，安检的成本很低。你认为核反应堆有可能在明年爆炸吗？当然不会。但是，你的防御工作是为了应对这一假定为真的情况，所以你要投资数百万美元采取额外的安全措施，因为我们在核事件面前是相当脆弱的。再举一个例子，你是否认为随便吃药会伤害你？当然不。那你会马上服下这些药吗？不，不，不！

如果你坐下来，用笔记下过去一周所有的决定，或者如果可以的话，记下你一生中所有的决定，那么你会认识到，几乎所有的决定都具有非对称性的收益，一种情况造成的结果大于另一种。你的决定主要基于脆弱性，而非概率。换句话说，你的决策主要基于脆弱性，而不怎么取决于真 / 假。

让我们再来讨论一下在现实世界中做决策时，仅判断真 / 假的不足之处，特别是当涉及概率时。所谓真或假相当于概率的高或低，也即科学家们称为“置信水平”的东西。一个结果的置信水平是 95%，意味着该结果错误的概率为 5%。那么，这个概念当然不适用，因为它忽视了规模的影响，要知道即使是小概率的极端事件也能带来十分糟糕的结果。如果我告诉你，某些结果的置信水平是 95%，你会非常满意。但是，如果我告诉你，这架飞机安全飞行的置信水平为 95%，你会如何反应？即使是有 99% 的置信水平也不行，因为 1% 的坠机概率将带来可怕的结果（如今，商用飞机的坠机概率为几十万分之一，而且还在降低，正如我们所见，每一个错误都有助于整体安全性的提高）。因此，再说一遍，概率（真 / 假）在现实世界中并不重要，重要的是事件带来的影响。

你一生中可能做了上亿个决定。你计算过所做决定的概率吗？当然，你在赌场中可能会考虑概率，但在其他情况下则很少这样做。

事件与风险的混淆

这又将我们带回了绿色木材谬误。一个“黑天鹅”事件和它如何影响你——对你的财务状况和情绪的影响，或者它所造成的破坏——并不是“同一回事儿”。问题的根源在于人们的标准反应。每当我们指出预测者的预测失误，他们的回答通常是“我们需要更精确的计算”，以更好地预测事件、找出概率，而不是更有效地“调整你的风险敞口”，并了解如何摆脱困境。宗教和传统的启发法比天真的伪科学更管用。

第四卷小结

除了医疗实证，本节希望能给那些在历史长河中受到不公正对待的特立独行的“异端”分子、工程师、自由创业者、创新艺术家和反学术的思想家正名。他们中的一些人有很大的勇气——不仅有大胆提出自己想法的勇气，还有接受自己生活在一个他们不明白的世界里的勇气。而且他们乐在其中。

本节的结论认为，你的行动往往比你倾向于相信的更加明智，也更加理性。我在这里所做的只是揭穿了“教鸟儿飞行”这种副现象和“线性模型”，这不需要特别的知识或智慧，只需在进行选择时保持理性。

请记住，没有经验证据表明，如今所宣传的有组织的研究能够带来大学所承诺实现的成就。苏联–哈佛派观念的推动者从不使用可选择性，或二阶效应——在他们的叙述中可选择性的缺乏，导致他们对技术科学的作用产生错误的看法。他们需要改写技术的历史了。

接下来会发生什么事？

我上次见到艾莉森·沃尔夫时，我们讨论了有关教育与对教育的学术贡献的错觉这个可怕的问题，常春藤大学已经在新一代亚洲人和美国上流阶层的眼中逐渐被提升到了奢侈品的地位。哈佛大学就像是路易·威登包或卡地亚手表一样。中产阶层的父母背上了沉重的负担，他们不得不把储蓄中越来越大的份额送入这些机构，也就是把他们的钱转移给行政管理人员、房地产开发商、教授，以及其他人。在美国，越来越多的学生贷款自动转移给这些“抽租者”。在某种程度上，这与诈骗没有区别：人们需要一个“名牌”大学来给自己镀金；但是我们知道，集体社会不是靠有组织的教育来推进的，情况正好相反。

沃尔夫要求我写信告诉她我对未来教育的看法——因为我告诉她我在这个问题上的态度还算乐观。我的答案是：骗局永远是脆弱的。哪一个骗局在历史上能够永远持续下去？时间和历史终将揭穿脆弱性的真面目，对此我很有信心。教育是一个持续膨胀而不受外部压力约束的机构，终有一天它会崩溃。

接下来的两卷——第五卷和第六卷，将讲述脆弱性事物的崩溃指日可待的观念。第五卷将展示如何发现脆弱性（以更技术性的方式），并将说明炼金石背后的机制。第六卷则基于这样的概念：时间更容易抹去一些东西，而不是构建一些东西，时间也更容易摧毁脆弱的事物——无论是建筑还是理念。

第五卷

非线性与非线性

现在让我们来看看另一段自传体式的文字。查尔斯·达尔文在《物种起源》的历史部分中提到他的想法往前发展的历程，并称：“希望大家容许我在这里写下这些个人的思维细节，我之所以要讨论它们是为了表明，我不是草率地做出决定的。”说目前反脆弱性没有准确的词和概念来表达，也没有实际的应用，并不十分确切。我和我的同事对反脆弱早就有一个概念，只是连我们自己都不知道。而且，很久以前我就拥有这个概念了。所以，我人生的大部分时间都在思考同样的问题，有时是刻意地思考，有时是无意地思考。第五卷将探索这一心路历程，以及和反脆弱相关的概念。

阁楼的重要性

在 20 世纪 90 年代中期，我悄悄地将我的领带扔进了纽约 45 大街和公园大道街角的垃圾桶。我决定花几年的时间，把自己锁在阁楼上，我试图把自己内心深处的想法表达出来，构建我所谓的“隐性的非线性”及其影响。

其实我的想法尚未成形，只是一种方法而已，因为我始终无法捕捉更深层次的核心思想。但是，使用这种方法让我写出了近

600 页的有关管理非线性效应的论文，包括图表和表格。回想一下，我在前言中提到,“非线性” 是指反应并不呈一条直线。在本卷中，我会进一步探究它与波动性的关系，很快我们就能弄明白这个问题。我还深入探索了波动性的波动性，以及诸如此类的高阶效应。

在阁楼上的那种孤独的探索，使我写了一本书，名为“动态对冲”，主题是“管理和处理复杂的非线性衍生风险的技术”。这本技术性著作，真的是从头讲起，在写作的过程中，我本能地意识到，文章宗旨远远比我在工作中所用的那些有限的例子重要得多，而我的职业为我开始思考这些问题提供了完美的平台，但我太懒惰，也太传统了，不愿意冒险做进一步探索。这本书至今仍是我最喜欢的作品（在本书之前），我非常怀念在那个寂静的纽约阁楼里度过的两个寒冬，只有照在雪地上的明媚阳光，温暖着我的房间和写作项目。一连多年，我的头脑中就只有那一本书。

在此过程中，我也遇到了一件很有趣的事情。有人误将我的书稿交给 4 个评审，他们都是学术界的金融经济学家，而不是“金融工程师”（在金融领域运用数学模型进行量化分析的专家）。送审书稿的编辑对这两类专家的区别不是很清楚。有趣的是，这 4 位学者都退回了我的书稿，但他们给出了 4 种完全不同的理由，各自的论点完全没有重合。金融从业者和金融工程师对学者们的评论一向不以为然。但让我吃惊的是，如果我错了的话，那么他们应该以相同的理由拒绝我。这是反脆弱性在发挥作用。当然，后来出版商意识到了这个错误，并把书提交给量化分析专家评审，最后这本书终于得见天日。

生活中削足适履的典范莫过于简化非线性事物，使之呈现出线性——这种简化扭曲了事实。

当我开始关注与不确定性相关的问题后，我对风险非线性特征的兴趣逐渐减退，因为前者在我看来更需要智慧和哲学思维，就像我们探索随机性的本质，而不是事物对随机事件的反应一样。当然，也可能是因为我搬家了，不住在那个阁楼上了。

但是，一些事件的发生将我第二次带回离群索居的生活。

2008 年经济危机爆发后，与记者的接触让我经历了一段地狱般的生活。我突然遭遇去知识化，被抹黑，被拉出我的处所、推到公众面前成为公共商品。当时我还没有意识到，让媒体和公众接受一些概念是多么难，比如，学者的工作就是忽略不重要的时事，致力于写书而不是写电子邮件，不用抛头露面到处演讲；他有更重要的事情要做，比如早上躺在床上看书，在窗前的写字台上写作，长距离散步（慢慢地走），喝浓咖啡（上午）、甘菊茶（下午）、黎巴嫩葡萄酒（傍晚）和马斯喀特酒（晚饭后），更长时间的散步（慢慢地走），与朋友和家人争论（但不要在早上），睡前阅读（再次），不要为了陌生人以及互联网上没读过你的书和理念的人去反复修改自己的书和想法。

然后，我选择了远离公众生活。当我终于重新控制了我的日程安排和我的大脑，从灵魂深处的伤害中复苏，学会了使用电子邮件过滤器和自动删除功能，并重新翻开生活的新篇章后，命运女神也给我带来了两个新的想法，我突然觉得自己十分愚蠢，因为我意识到，它们一直存在于我的大脑里。

显然，非线性效应分析工具的使用相当普遍。遗憾的是，直到我这个钟情甘菊茶的孤独慢行者开启新生活后的某一天，当我看着一个瓷杯子时，我才意识到，我周围的一切非线性事物都可以用我前一次闭关写作时所想到的同一种测试技术来识别。

我将在接下来的两章中阐述我的发现。

第十八章

一块大石头与一千颗小石子的区别

- 如何用一块石头惩罚人。
- 我的飞机提前降落了（只有一次）。
- 为什么阁楼总是很有用。
- 除非你有一把吉他，否则避免去希思罗国际机场将有重大益处。

图 18–1　推销员以凹性姿态（左）和凸性姿态（右）敲门

注：这张图呈现了两种非线性形式；如果推销员是“线性”的，他就会挺直身体站立。本章将改良塞内加的非对称性，说明一种姿态（凸性姿态）是如何代表了各种形式的反脆弱性，而另一种姿态（凹性姿态）如何代表了脆弱性，以及通过评估推销员站得有多驼背（凸性）或者有多弯（凹性），我们可以轻松识别甚至衡量脆弱性。

在看着瓷杯子时我注意到，它不喜欢波动、变化或行动。它只是想静静地被放置在书房静谧的环境中。意识到脆弱性，是因为我发现瓷杯对影响它的波动性缺乏抵抗力，很容易受伤害，这一发现令我十分尴尬，因为我研究的就是波动性和非线性之间的联系，我知道，这是一个很奇怪的研究领域。所以，让我们从结果开始谈起。

发现脆弱性的简单法则

犹太文学中有一则故事，可能源自早年近东口口相传的民间故事，说的是一位国王对他的儿子大发雷霆，发誓要用大石头压死儿子。可冷静下来后，他意识到自己遇到了麻烦，国王一言九鼎，食言未免有损权威。于是，国王的智囊团想出了一个解决方案。他们把大石头碎成小石子，随后就用这些石子投向国王顽劣的儿子。

1 000 块小石子和同等重量的大石头之间的区别，是说明脆弱性源于非线性效应的一个有力例证。再次强调一下，“非线性”是指反应无法直接估计的、不呈直线分布的效应，所以如果你将药的剂量加倍，药效可能大大高于两倍。如果我朝一个人的头上扔了一块重达 10 磅的石头，它造成的伤害要高于一块 5 磅重的石头所造成伤害的两倍，更远高于一块 1 磅重的石头所造成伤害的 5 倍。道理很简单：如果你画一个坐标，纵轴表示伤害的大小，横轴表示石块的大小，那么这根线一定是曲线，而不是直线。这是非对称性的表现。

其实，我们可以通过简单的方法来识别脆弱性：

对于脆弱的事物来说，冲击带来的伤害会随着冲击强度的提高而以更快的速度加剧（直到达到某一水平）。

该示例在图 12–1 中也展示过。比如，你的车是脆弱的。如果你驾驶它以每小时 50 英里的速度撞到墙上，造成的伤害会大于时速 5 英里所造成伤害的 10 倍，也就是说时速 50 英里所造成的危害是时速 5 英里所造成危害的 10 倍以上。

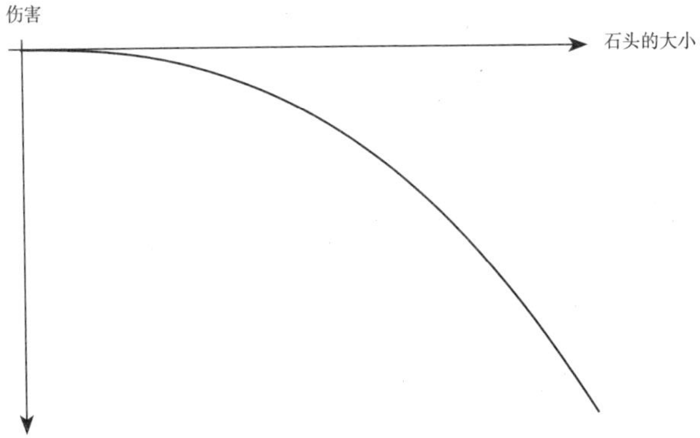

图 18–2　一块大石头与一千颗小石子的区别

注：石头带来的伤害是石头大小的一个函数（在一定限度内）。石头重量每增加一个单位，危害就增加一个单位以上。这里的“非线性”显而易见（伤害曲线是往里弯的，垂直坡度越来越陡）。

再举些其他的例子。一次喝 7 瓶葡萄酒（波尔多），然后在剩下的 6 天里只喝纯净水与柠檬汁的危害，比每天喝一瓶葡萄酒、连喝 7 天（倒在杯子里，每餐喝两杯）更严重。每杯酒带来的伤害都要比前一杯酒的伤害更大，所以你的生理系统对酒精呈现出脆弱性。让一个瓷杯从1英尺[1]高的地方落到地板上的结果，比让它从1英寸[2]高的地方落下所造成伤害的12倍还严重。

从一个30英尺高的地方跳下的危害是从3英尺高的地方跳下所造成危害的10倍以上——实际上，30英尺似乎是自由坠落导致死亡的临界点。

请注意，这是我们在前两章中看到的非对称性的简单扩展，我们曾用塞内加的思想引发了有关非线性的讨论，现在将进一步深入探讨。非对称性必然是非线性的。它带来的弊远大于利，原因很简单，其强度提高带来的伤害远比强度等量降低带来的益处要大。

为什么脆弱性是非线性的？

让我来解释一下核心论点——为什么脆弱性一般都是非线性的，而不是线性的？答案是我在看到瓷杯时感悟到的。这与生存概率的结构相关：对于一个尚未受到损害的事物（或存活的生物）而言，一块巨石产生的伤害要远大于1 000块小石子，即一件罕见的严重事件的影响将远超较小冲击的累积影响。

如果一个人从0.03英尺的高度往下跳（很小的冲击力）造成的损害与从3英尺的高度跳到地上的损害呈线性关系，那么这个人会因为累积伤害而死亡。其实，我们用简单的计算就可以表明，几个小时内他会因为接触物体，或者在客厅里走来走去而死亡，因为这样的压力因子不计其数，而且它们造成的影响十分可

1. 1英尺≈0.305米。——编者注

2. 1英寸≈0.025米。——编者注

观。如果脆弱性源于线性，那么我们可以马上看到结果，因为它造成的后果不是物体损坏就是人死亡，所以我们完全可以排除这种可能性。那么，接下来我们要思考的就是：脆弱的事物往往当前是完好无缺的，但其受制于非线性影响，而且极端或罕见事件因为大力（或高速）所造成的冲击比微小（或低速）所造成的冲击要少见。

我将这个概念与“黑天鹅”、极端事件相关联。普通事件比极端事件要常见得多。在金融市场中，每天发生的波幅为 0.1% 的波动数量至少是波幅超过 10% 的波动数量的 1 万倍。地球上每天大约发生 8 000 次微震，也就是说，每年可能有 300 万次低于里氏 2 级的微震，它们是完全无害的。但强度等于或高于里氏 6 级的地震，就会登上新闻版面了。再以瓷杯等物体为例，它们经历过很多次敲击或碰撞，比如每平方英寸承受 1/100 磅冲击（这个数据是我随意定的）的次数比每平方英寸遭受 100 磅冲击的次数多出 100 万次，所以它不会轻易破碎。相应地，人类也对许多小的偏差，或者幅度非常小的震荡的累积效应免疫，这意味着与严重的冲击相比，这些温和的冲击对我们的影响非常小（非线性的小）。

让我再说一次我以前说过的准则：

> 对于脆弱的物体而言，温和冲击的累积效应低于等量的单一严重冲击所造成的单一影响。

这让我看到了一条规律：极端事件对脆弱事物的伤害程度远高于一系列温和事件造成的伤害——再没有其他办法可以界定脆弱事物了。

现在，让我们把这一论点反过来，来考虑一下反脆弱性。反脆弱性也是根植于非线性与非线性反应的。

对于反脆弱物体来说，在一定限度内，冲击越强，益处越大（相应地，伤害也更小）。

举一个简单的例子，这是练习举重的人从启发法中得到的。还记得第二章我模拟保镖训练的故事吗？我只关注我可以举起的最大重量。一次举起 100 磅带来的好处要比分两次、每次举起 50 磅带来的益处更多，当然，也比一次举 1 磅、举上 100 次的益处多。这里的益处是从举重者的角度来说的：提升了体质和肌肉紧实度，使自己看上去更魁梧，更有威慑力，但这与跑马拉松的耐力和能力是否增强无关。增加的 50 磅重量发挥了更大的作用，因此我们看到的是非线性效应（也就是我们将看到凸性）。每增加 1 磅就会带来更多的好处，直到接近极限，也即举重运动员所说的“淘汰”线。

现在，只要注意这条简单的曲线所涉及的范围就可以了：它对我们看得见的几乎所有东西都会产生影响，包括医疗错误、政府规模，以及创新等任何与不确定性有关的东西。它有助于建立第二卷中有关规模和集中度的论点背后的技术性支持框架。

何时微笑，何时噘嘴

非线性分为两种：如国王和儿子的例子所展现的凹性效应（曲线向内），或者相反的凸性效应（曲线向外）。当然，也有混合情况，即兼具凹性效应和凸性效应。

图 18–3 和图 18–4 显示了简化的非线性：凸性效应和凹性效

应分别像微笑和噘嘴。

图 18-3　两种非线性：凸性效应（左）和凹性效应（右）

图 18-4　微笑

注：这是了解凸性效应和凹性效应的更好方式。曲线外凸看起来像一张笑脸，而曲线内凹则看上去像在噘嘴。凸性（左）是具有反脆弱性的，而凹性（右）是脆弱的（负凸性效应）。

我用“凸性效应”来指代这两种状态以简化我们的用词，即称一个为“正凸性效应”，另一个为“负凸性效应”。

为什么凸性效应和凹性效应具有非对称性呢？简单地说，如果你从一个给定变化中获得的利大于弊，那么你由此绘制的曲线就是凸性的；反之，就是凹性的。图 18-5 从非线性的角度再次表述了非对称性。它也显示了数学的神奇作用，使我们能以同样的方式处理鞑靼牛排、创业精神和财务风险：如果在前面画上负号，那么凸性曲线就变成了凹性曲线。比如，胖子托尼从一项交易中获得的收益恰恰与银行或金融机构完全相反：每当银行和金融机构受损，胖子托尼便会赚得盆满钵满。当一天的交易结束时，利润和损失就像镜子内外的一对儿镜像，其一是在另一个前面加上负号。

图 18–5 也说明了为什么凸性效应喜欢波动性。如果你从波动中赚到的钱比你失去的要多，那么你会喜欢更多的波动性。

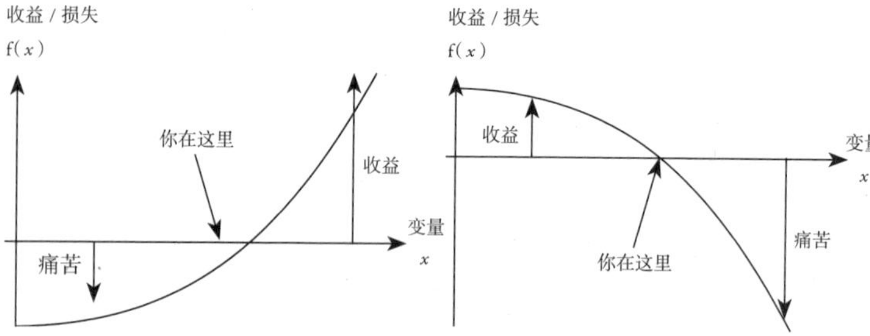

图 18–5　痛苦多于收益，或者收益多于痛苦

注：假设你从“你在这里”这一点开始，在第一种情况下，当变量 x 增加，即在横轴上向右移动，获得的收益（纵轴）将大于向左移动所遇到的损失。该图说明了正面非对称性（左图）会带来凸性效应，而负面非对称性（右图）会带来凹性效应。再说一遍，当变量在两个方向产生同等幅度的偏差时，凸性效应带来的收益会大于其损失，而凹性效应带来的收益则会小于损失。

为什么凹性会受黑天鹅事件的伤害？

现在让我们来看看这一辈子都萦绕在我脑海中的想法，我从来没有意识到这个想法能以图形的形式被如此明确地表达出来。图 18–6 显示了意外事件及其所致伤害的影响。风险的凹性越大，来自意外事件的伤害就越大，而且大得不成比例。因此非常大的偏差会招致一个大得不成比例的影响。

接下来，让我们用这个非常简单的技术来识别三元结构中的脆弱性及其位置。

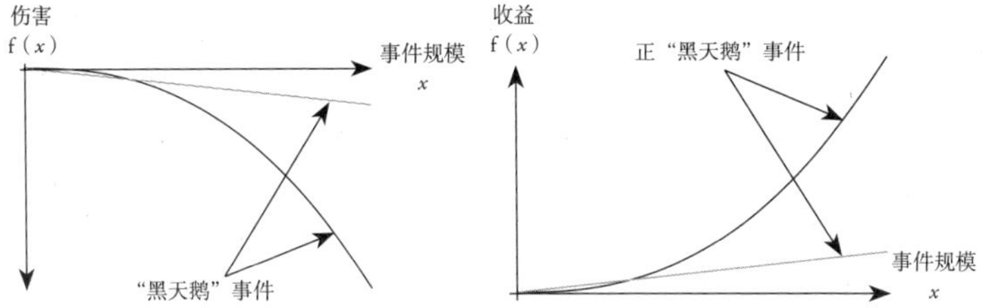

图 18–6　两类风险，一种是线性的，一种是非线性的

注：左图显示的是负凸性，也就是凹性，右图是正凸性。突发事件会对非线性产生不成比例的严重影响。事件越严重，两类风险所致影响的差别就越大。

纽约的交通

让我们把"凸性效应"运用到我们身边的事物上。交通是高度非线性的。如果我要乘白天的航班从纽约飞到伦敦，我需要在早上 5 点左右（是的，我知道）离开我的住处，26 分钟后我便可以到达美国肯尼迪国际机场的英航航站楼。在这个时间段，纽约几乎是一座空城，与平时大不相同。如果我 6 点离开我的住所去赶一班稍晚一点儿的飞机，路上花费的时间几乎与赶乘之前的航班没有什么区别，至多路上的车多了一些。高速公路上再增加一些车也几乎不会对交通产生什么影响，或影响很小。

接着，一件神秘的事情发生了——汽车数量增加 10% 后，花费在路上的时间猛增了 50%（我用的是近似数）。请看凸性效应的作用：道路上的汽车平均数对行车速度来说并不重要。如果前 1 个小时有 9 万辆汽车行驶在路上，下 1 个小时有 11 万辆汽车行驶在路上，那么汽车行驶的速度远比平均每小时有 10 万辆汽车时要慢。请注意，行车时间是负数，我把它当作成本计算，就像费用一样，交通时间增加是一件坏事。

所以，出行成本在高速公路上汽车数量的波动性面前是脆弱的，它不那么依赖平均数。每增加一辆汽车，都会使交通时间增加很多。

这暗示了当今世界的一个核心问题，也就是那些致力于创建“高效”和“优化”系统的人对非线性反应的误解。例如，欧洲的机场和铁路负荷都很重，因为它们似乎过于高效了。它们以接近最大容量的负荷来运行，导致冗余和闲置容量很小，因此成本很低。但是，只要乘客数量稍微增加，比如由于一个小小的乘客滞留问题导致航班增开 5%，机场就会陷入混乱，乃至让怨声载道的旅客在机场过夜，唯一的安慰就是听一些流浪者用吉他演奏法国民歌。

接下来，我们可以看看这个概念在整个经济领域的应用：中央银行可以印钞票，它不停地印，却毫无效果（但中央银行自称这种措施是“安全”的），随后，印钞票的活动“意外”地引发了通货膨胀。许多经济成果都因凸性效应被完全消除——好消息是，我们知道这是如何引发的。可惜的是，政策制定者的工具（和文化）都过度依赖于线性，而忽略了那些隐藏的效果，他们称之为“近似”。但是，当你听到有人谈论“二阶”效应时，你就会明白，凸性效应会导致近似结果根本无法代表现实情况。

在图 18–7 中，我绘制了一条假设性的曲线，代表行车时间对汽车数量的反应。请注意图中曲线是向内弯曲的。

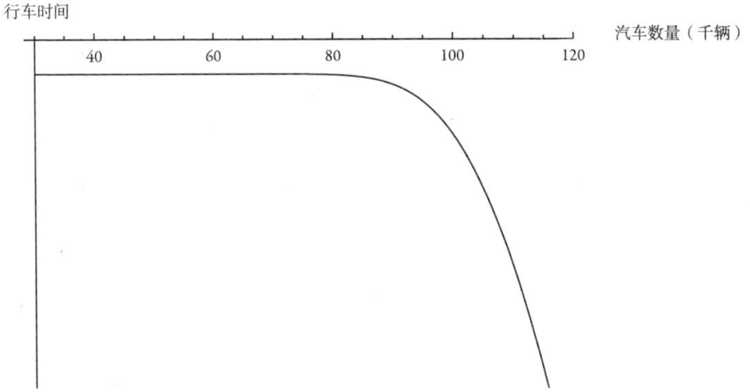

图 18-7　行车时间与汽车数量的关系

注：该图显示，我到肯尼迪机场的行车时间在超过某一点之后，对路上的汽车数量呈现非线性反应。行车成本曲线朝内弯曲（形成凹性效应）不是一件好事。

有人打电话给纽约市政府官员

关于凸性效应加上对大偏差的错误预测，是如何影响一个过度优化的系统的，我有一个恰当的例子来说明。这是一个简单的故事，说的是纽约市官员低估了封闭一条路对交通拥堵造成的影响。这个错误是非常普遍的：一些细微的变动就会给超负荷运转的系统（因此也是脆弱的系统）带来严重的后果。

2011 年 11 月一个星期六的晚上，我开车到纽约市与哲学家保罗·博格西恩见面，然后去一个村庄共进晚餐——平常开车 40 分钟就能到达。具有讽刺意味的是，我与博格西恩见面是为了谈谈我的书——就是你现在看的这本书，尤其是我对系统中冗余功能的理解。我一直提倡在人们的生活中增加冗余元素，我也一直在向他和其他人吹嘘，自从我 2007 年立下新年决心以来，我从来没有在任何事情上迟到过，哪怕是一分钟（嗯，差不多）。回想一下第二章我宣传冗余性的积极立场。这样的个人自律迫使我做什么事情都会考虑缓冲时间，我会随身携带一个笔记本，在等待别人的时候记一些名言警句，如今我已经记了满满一本了。这还不算我在书店读书时做的笔记。或者，我也可以利用这些时间坐在咖啡厅里，阅读平时不愿查阅的电子邮件。最妙的是我心里一点儿压力也没有，因为我不用担心迟到。这样的自律的最大好处是，它可以防止我把一天都塞满约会（通常情况下，约会既无用处也不令人愉快）。其实，根据我的另一条自律规定，我一般不预先安排约会（除了听讲座），因为在日历上框定约会日期会让我感觉自己就像一个囚犯，不过这是另外一回事了。

当我于晚上 6 点左右到达市中心时，交通已经很拥堵了，几乎完全停滞。到了晚上 8 点，我的车只行驶了几个街区。所以，即使我有“冗余缓冲”也没法让我再保持到那时为止尚未被打破的新年决心了。然后，在调试了一番我好久不用的收音机后，我才了解到发生了什么事：纽约市政府批准一家专业电影公司使用第 59 号街桥，因为政府方面认为在星期六这样做不会有问题。但正是这个小小的交通问题最后却因为乘法效应而演变成一场混乱。纽约市政府原本以为只会让交通拥堵几分钟的事情最终升级了两个数量级，堵上几分钟变成了堵上几个小时。简单地说，原因就在于纽约市政府没弄明白非线性关系。

这正是效率的核心问题：此类错误会如滚雪球般，经过数倍放大，而且其效应只往一个方向发展，即错误的方向。

更多就是不同之处

还有一种看待凸性效应的直观方式：考虑规模扩大的特性。

如果遭遇某事的风险加倍，那么它导致的伤害是否会大于两倍？如果是的话，那么这一定是脆弱性的情况。否则，你就是强韧的。

安德森已经在他的题为“更多就是不同之处”的论文中恰当地表达了这一点。科学家们研究复杂性时发现的所谓“新兴属性”，就是指增加单元所导致的非线性结果，因为加总的单元越多，其和就变得与各组成部分越不同。只要看看巨石与小石子的区别就知道了：小石子加总起来的重量与巨石差不多，形状也大致相仿，但两者毕竟是不同的。同样，我们在第五章看到，一个城市不是一个村庄的扩大版，一个大公司也不是一个小企业的扩大版。我们也看到了平均斯坦如何因为随机性变化而成了极端斯坦，一个国家如何不是一个大村庄，以及规模和速度带来的改变。所有这些都说明了非线性的作用。

“平衡膳食”

忽略隐性维度（可变性）的另一个例子：如今，苏联－哈佛派的美国卫生部门告诉我们，每天要摄入定量的营养物质（总热量、蛋白质、维生素等），还就每个种类给出了建议摄入量。每种食品都有一个“每日允许摄入比例”。除了这些建议的依据总体缺乏严谨的实证，这一公告还有一个草率的地方：坚持要求定期摄取。这些建议营养政策的人都没有认识到，每天“稳定”摄取卡路里和营养成分，确保膳食构成的“平衡”和规律性，与不规律或随机地摄取这些营养（比如一天摄入大量的蛋白质，另一天绝食，第三天又大吃大喝）所产生的效果并不一定相同。

这相当于否认毒物兴奋效应，即偶尔缺乏某些营养，可以产生轻微的压力。很长一段时间以来，没有人尝试探索膳食摄取在时间分布上的可变性——二阶效应——是否与长期的膳食构成同样重要。现在的研究也开始关注起这样一个简单的问题。事实证明，食物来源的变化和生理反应的非线性，对生物系统来说至关重要。在星期一一点儿不吃蛋白质，随后在星期三进行补充会带来不同的——更好的——生理反应，这可能是因为某种营养的缺乏相当于形成了压力，从而激活了促进营养物质（或类似物质）吸收的后续机制。直到最近，几个（相互无关联）的实证研究才发现，科学研究完全忽略了凸性效应，而宗教、古人的启发法和传统则并未忽略这一点。如果说科学家对凸性效应有所了解的话（正如我们所说的领域依赖性，医生就像举重运动员，对剂量变化所带来反应的非线性也多少有点儿了解），那么凸性效应这一概念本身似乎已完全从他们的语言和方法中缺失了。

跑步，而不是步行

再举一个例子，这次说的是从变动中受益的情况，即正凸性效应。以两兄弟卡斯托和波吕丢克斯为例，他们需要到一个地方。卡斯托像散步一样步行了20分钟后到达目的地。波吕丢克斯出发前花了14分钟玩手机，看最新的娱乐新闻，然后用时6分钟跑完了相同路程，与卡斯托同时抵达。

因此，两人在相同的时间内，以相同的平均速度走完了相同的距离。卡斯托是一路散步过来的，相比以百米冲刺的速度奔跑的波吕丢克斯，他不会获得健康的益处和力量的增强，因为健康的益处对速度（在一定程度上）呈现凸性。

这种运动的观念是基于人体能从面对锻炼压力所产生的反脆弱性中获益的理念，正如我们看到的，各类运动无不在利用凸性效应。

小的可能是丑陋的，但肯定不那么脆弱

我们经常听到这样的表述："小即是美。"这种理念很有说服力，很有魅力，许多观点在它的基础上提出——但这些观点十之八九充满故事性、浪漫情怀或存在主观色彩。让我们在"脆弱性等于凹性，等于不喜欢随机性"的理论框架下，看看我们该如何衡量"小"的效应。

如何忍痛

当一个人别无选择，不得不采取一些行动，而且是不计成本地采取行动时，忍痛行为就发生了。

你的伴侣要就其德国舞蹈史的博士论文进行答辩，而你需要飞到马尔堡去见证这个重要的时刻，会见家长，并正式订婚。你住在纽约，花 400 美元买到了一张飞往法兰克福的经济舱机票，你因为买到特价机票而兴奋不已。但是，你需要经伦敦转机。到达纽约的肯尼迪国际机场后，你得知到伦敦的航班被取消了，机场方面给出了由于天气问题造成了旅客滞留的回答。希思罗国际机场的脆弱性由此凸现。你可以赶上到法兰克福的最后一个航班，但现在你需要额外支付 4 000 美元，这是你买到的特价机票票价的近 10 倍，而且必须抓紧，因为剩下的票不多了。你暴怒、大声叫骂、责怪自己，虽然父母教你要节俭，不过此时，你还是乖乖地掏出 4 000 美元。这就是忍痛。

忍痛会因规模加大而恶化。规模大的东西，面对某些错误时容易受到伤害，特别是在可怕的忍痛情绪下。随着规模进一步增大，其代价会非线性地增加。

要了解规模大小是如何成为一个障碍的，只要想想为什么人们不会养一头大象当宠物就知道了，无论你对这种动物有什么样的感情。如果你的家庭预算增加后确实能负担得起买一头大象，你也真的买了一头大象放在你的后院，只是一旦发生水荒，忍痛效应就产生了，因为你没有选择，只能掏出钱来买水，每多买1加仑[1]的水，你的成本就更高一些。这是十分脆弱的情况，是规模过大导致负凸性效应的例子。意外的成本在总数中的占比大得惊人。而如果你养的是一条狗或一只猫，那么忍痛效应不会带来如此高的意想不到的额外成本——其开支在总成本中的占比是非常低的。

尽管我们在商学院都学过“规模经济”的概念，但是在有压力的情况下，规模却会让你受伤害。在艰难的情况下，规模大并非好事。一些经济学家一直在思考，为什么企业合并似乎并未发挥整合优势。合并后的单位规模更大了，因此实力更雄厚了，根据规模经济的理论，它也应该更加“高效”才对。但是，数据表明，企业合并后最好的情况也只是企业收益与以往持平——这种情况我们早在1978年就看到了，当年理查德·罗尔就提出了“傲慢假说”，认为公司合并是不理性的行为，因为合并的历史一直不佳。30多年后的今天，最近的数据仍然证实了公司合并的历史不佳，也证实了某些傲慢的经理人似乎忽略了合并交易带来的糟

1. 1加仑≈3.785升。——编者注

糕的经济状况。规模中有些东西对企业是会产生害处的。

与把大象当宠物饲养的想法一样，大公司必须忍痛承担高昂的成本（相对规模而言）。规模带来的收益是可见的，但风险是隐蔽的，而一些隐蔽的风险似乎给公司带来了脆弱性。

大型动物，如大象、蟒蛇、猛犸象和其他大型动物往往灭绝得更快。除了在资源紧张时会产生忍痛效应，还存在机械方面的考虑。在外界冲击面前，大型动物比小型动物表现得更脆弱——这是巨石与小石子的区别。总是走在别人前面的贾里德·戴蒙德在《为什么猫有 9 条命》这篇文章中就悟出了这种脆弱性。如果你将一只猫或一只老鼠从其自身高度数倍的地方抛下，它们通常还能生存。相反，大象则很容易摔断四肢。

魔鬼交易员科维尔和小科维尔

让我们来看一个普通金融领域内的案例，该领域中的参与者都非常擅长犯错误。2008 年 1 月 21 日，法国兴业银行在市场上匆忙抛出近 700 亿美元的股票，进行大规模的“贱卖”。当时市场不是很活跃（被称为“疲软”），因为当天是美国的马丁·路德·金纪念日，全球股票市场走势急剧下降，暴跌近 10%。低价出售股票给该银行造成近 60 亿美元的经济损失。它不得不忍痛抛售，别无选择，只能把销售变成低价抛售。因为在上周末，法国兴业银行发现了一件欺诈案。公司一名无耻的后台员工杰洛米·科维尔竟然拿公司的巨资在市场上冒险，并将这些风险敞口从主机系统上隐藏了起来。法国兴业银行别无选择，只能立即出售这些连它都不知道自己拥有的股票。

现在，让我们看看规模带来的脆弱性。如图 18–8 所示，损失是销量的函数。低价抛售价值700亿美元的股票导致了60亿美元的损失。但如果抛售量是该规模的1/10，即70亿美元，那么该银行不会有任何损失，因为市场将吸收这一数量的股票，不会产生恐慌，甚至都没有人会注意到这一抛售动作。因此，这一情况告诉我们，如果我们没有建立起这么大规模的银行，也没有雇用像流氓交易员科维尔那样的员工，而是建立了10个小规模的银行，每家银行都雇用了一个“小科维尔”，并且这10个流氓都随机地进行一些流氓交易，那么这10家银行的总损失会微乎其微。

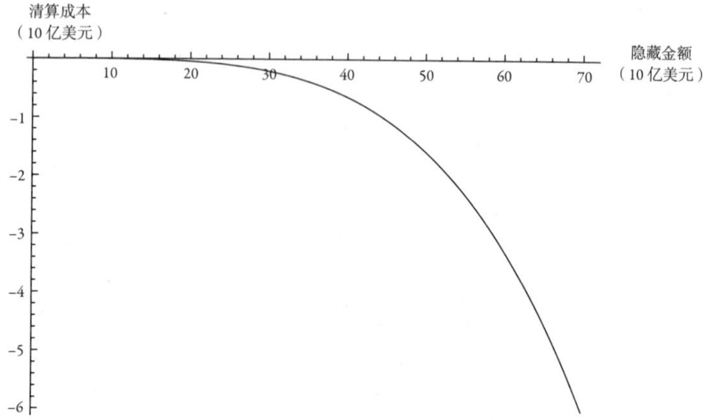

图 18-8　小的可能是美的，其脆弱性也肯定更小

注：本图显示交易成本是错误规模的函数：交易成本呈非线性增长，我们从中可以看到超级脆弱性在哪里。

在科维尔事件发生的几个星期前，一家法国的商业学校聘请我在布拉格召开的法国兴业银行高管会议上，陈述我对“黑天鹅”风险的看法。在银行家的眼里，我就像混在一年一度前往麦加朝圣的穆斯林中的耶稣会传教士一样——他们的金融工程师和风险管理人员都非常痛恨我，鉴于他们配备了同声传译设备，我很后悔自己没有坚持说阿拉伯语。我谈的是为什么常用的伪风险管理技术（也就是我所说的，通常用来衡量和预测事件发生概率的方法）从来没有奏效过，以及我们应该如何把重点放在脆弱性和杠铃模式上。在演讲的过程中，我受到了科维尔的老板和他的同事——风险管理部负责人的严厉诘问。我讲完之后，每个人都不理我，好像我是火星人，场上陷入了“谁把这个家伙带来的”的尴尬局面（我是受学校而不是银行邀请来的）。唯一对我友好的人是法国兴业银行的董事长，因为他把我误认成其他人了，并且根本不知道我在讲什么。

我回到纽约后不久，科维尔交易丑闻爆发，读者可以想象我当时的心情。出于法律原因，我不得不保持静默（我确实是这样做的，除了偶尔几次说漏嘴）。

显然，将问题归咎于风险控制不佳、资本主义制度太糟糕，以及法国兴业银行缺乏警觉，根本就是错误的。事实并非如此。原因也不在于我们通常所责怪的“贪婪”问题。事实上，这主要归咎于规模，以及规模所带来的脆弱性。

请读者谨记一块巨石和同等重量的许多小石子之间的差异。科维尔的故事很能说明问题，因此我们可以归纳并发现其他领域的同样问题。

在项目管理中，本特·弗林夫伯格根据确凿证据表明，项目规模扩大将带来不良后果，而且项目延误造成的成本在总预算中的占比会增高。但这里有一个值得关注的细节：重要的是项目各部分的规模，而不是整个项目——有些项目可以进行分割，有些项目却不行。桥梁与隧道工程得进行整体规划，因为它们不能被分割成小部分，它们的成本超支比率会随着工程规模的扩大而显著提高。道路修建则不同，它可以分割成小段工程同步进行，没有严重的规模效应，因为项目经理不会犯大错，即使犯错也有调整的机会。小型工程中的错误不会很大，不会因忍痛效应造成严重的成本损失。

规模带来的另一个问题：大公司的错误最终往往会危及邻里。尽管业界宣称建立大型超市连锁店有诸多优势，但我还是提出了反对意见。曾经有一家超大型商店要收购我住所附近的整片社区，这引起一片哗然，因为它将改变社区的人文特色。赞同这一观点的人认为此举能够振兴这一区域，但我提出了以下反对理由：万一该公司倒闭（统计数据表明，大象型公司最终往往会倒闭），我们的社区可能将变成巨大的战区。这是英国高级政策顾问罗翰·席尔瓦和史蒂夫·希尔顿用以支持小商户的论点，也就是“小即是美”的理念。只计算收益而忽略失败的概率是完全错误的。

如何逃出电影院

让我们再举一个例子来说明有关忍痛效应的成本：想象一下人们是如何逃出电影院的。一有人喊“起火啦！”你马上就会发现，可能有十多个人在和你争夺同一个逃生出口。所以，剧院的脆弱性与大小相关，因为逃生的人越多，创伤越大（这种非对称的伤害就是负凸性效应）。1 000 人在 1 分钟内逃出（或试图逃出）剧场与同样数量的人在半小时内离场是不一样的。不熟悉这种概念的人可能会天真地优化一个地方的规模（比如希思罗国际机场），并忽略在正常情况下顺利运行与在压力情况下混乱运行的区别。

现代经济促使人们追求优越的生活，促使人们修建规模越来越大的剧院，但这些剧院安全出口的数量却极少。如今，在建电影院、剧院和体育场馆时我们不再犯这样的错误了，但我们还会在其他领域，比如自然资源和粮食供应方面犯同样的错误。只要想想，2004—2007 年，小麦的净需求只小幅上升了 1% 左右，小麦的价格却大幅增长了两倍。

瓶颈是所有忍痛效应的源头。

预估与预测

为什么飞机不能提前抵达

让我们像往常一样从运输问题开始讨论，并发散到其他领域。游客（通常）不喜欢不确定性——特别是在他们安排好日程表后。为什么？因为这是一个单向的影响。

我经常搭乘伦敦到纽约的同一航班，飞行时间约 7 个小时，足够看完一本薄书，外加与邻座寒暄几句，再吃一顿有葡萄酒、斯蒂尔顿奶酪和饼干的简餐。我记得有几次航班提前大约 20 分钟到达目的地，但也有几次航班延误了两三个小时才到，我还碰到过延迟了两天多才到达目的地的情况。

因为旅行时间不会真的为负值，因此不确定性往往造成延误，即飞行时间经常意外增加，但几乎从来不会减少。或者，飞机有时可能会提前几分钟到达目的地，但延误的时间却有可能是几个小时，两者明显不对称。任何意外、任何冲击、任何波动都更有可能延长飞行时间。

这在某种程度上也解释了时间的不可逆性，如果你认为混乱的程度往往会随时间的推移而提高的话。

现在，让我们将这个概念应用于项目。就像飞行中增加不确定性后，航班往往会晚点，而非提前到达一样（这些物理定律是如此普遍，甚至在俄罗斯也不会改变），当项目中增加了不确定性，那么竣工的成本往往会更高，时间也会更长。这适用于许多情况，实际上适用于几乎所有的项目。

我过去对这一问题的解释是，心理偏见是人们低估随机结构的背后原因——项目之所以花费了更长的时间，是因为原来的估计过于乐观。对于这种偏见，也即过度自信，我们不乏证据。决策科学家和商业心理学家对被称为“规划谬误”的概念进行了理论化，他们试图从心理因素的角度解释，项目花费的时间往往会比预期的更长，并且很少提前完成。

但令人困惑的是，在过去的约一个世纪里似乎并不存在这样的低估，虽然我们面对的是同样的人类：他们具有相同的偏见。一个半世纪以前的许多大型项目都是按时完成的，今天我们所看到的许多大型建筑和纪念碑不仅在外观上比现代建筑更宏伟，而且往往是按时竣工，甚至提前竣工的。其中不仅包括帝国大厦（仍然屹立在纽约），还有建于 1851 年世界博览会之前的伦敦水晶宫，该建筑是维多利亚时期的标志性建筑，是根据一名园丁的想法设计的。举办博览会的伦敦水晶宫从提出概念到盛大开幕只花费了短短 9 个月的时间。该建筑的外观如同一座巨大的玻璃房，长 1 848 英尺，宽 454 英尺，整体结构由铸铁框架组件搭建，所用玻璃也几乎全部产自伯明翰郡斯梅西克地区。

我们往往会忽略一个明显的问题：水晶宫建造项目没有使用电脑，零部件的生产供应商离得不远，加入供应链的企业也不多。此外，当时并没有讲授所谓的“项目管理”之类的知识的商业学校。当时也没有咨询公司。代理问题（我们定义为代理人与客户之间的利益分歧）并不突出。换句话说，这种经济模式比现在的更线性、更简单。而在当今社会，我们看到的更多是非线性，也即非对称性和凸性效应。

随着复杂性的提升、各部分之间相互依存度的提高、全球化的推进，以及被称为“效率”的这种让人们违背规律行事的野蛮概念的出现，“黑天鹅”效应势必增强。对了，咨询师和商学院的出现也加剧了这一趋势。一个地方出现问题就可能导致整个项目停顿——项目最薄弱的一环往往决定了项目的成败（一种负凸性效应）。世界变得越来越难以预测，我们越来越多地依赖于错误的高科技技术，这些技术的相互影响很难估计，更不用说预测了。

信息经济可以说是罪魁祸首。本章前面提到的桥梁和道路工程专家之一本特·弗林夫伯格，就让我们看到了信息经济的另一面。成本超支与工期延误的问题在使用信息技术的情况下会更趋严重，因为项目的成本超支大多源于电脑系统规划的工程——我们最好重点关注这些项目。但是，即使在不太涉及信息技术的项目中，延误现象也很严重。

道理很简单：负凸性效应又一次成为罪魁祸首，这是直接和明显的原因。错误会以非对称的方式影响你，如同我们上文所讲的搭乘飞机旅行一样。

讨论“规划谬论”的心理学家很少真正认识到，这从本质上说并非一种心理问题，或人为错误的问题，而是项目的非线性结构造成的问题。正如时间不能为负，为期 3 个月的项目不能在零时间或负的时间内完成。因此，在从左到右的时间轴上错误会作用于右端，而不是左端。如果不确定性是线性的，那么我们将看到一些项目提前竣工（就像我们有时会到得很早，有时会很晚）。但事实并非如此。

战争、赤字和赤字

据估计，第一次世界大战实际上只持续了几个月的时间，但它结束时，法国和英国早已负债累累。撇开所有的恐怖、痛苦和破坏不谈，它产生的财务成本至少是最初人们估计的 10 倍。第二次世界大战也是如此，它加重了英国的债务负担，使其负债累累，而美国则成为英国最大的债权国。

在美国，最好的例子仍然是伊拉克战争，据小布什和他的朋友们预估，战争的花费可能为 300 亿 ~600 亿美元，而到目前为止，考虑到所有的间接成本，战争花费可能已经剧增到了 2 万亿美元以上——间接成本大幅增加，美国社会产生爆炸式的连锁现象，结果只会产生更高成本。又是复杂性加上非对称性（再加上诸如小布什这类人）的作用，引发了错误的爆炸性恶化。

军队的规模过于庞大，成本超支的情况将大到不成比例。

但是战争——以及 20 多倍的成本计算错误——仅仅说明美国政府低估了爆炸性非线性（凸性效应）的作用，以及为什么政府不配拥有任何财政大权或重大决策权。事实上，政府根本不需要战争就能将我们拖入赤字困境：低估项目成本是造成当代 98% 的项目超支的痼疾。政府总是在完成项目后告诉我们开支超过了预算。于是，我针对政府制定了一条黄金法则：不准借钱，强制实现财政平衡。

强调“效率”的地方偏偏缺乏效率

我们可以很容易看到脆弱性导致的成本膨胀，甚至凭肉眼即可看见。如今，全球性危机的成本是20世纪80年代危机成本的3倍以上，这还是经通货膨胀调整后的数据。颇有远见的极端事件研究员丹尼尔·扎登韦伯前段时间指出，这一效应似乎正在加剧。经济可能变得越来越“高效”，但脆弱性将导致错误的成本更高。

如今的证券交易所是从过去的“公开喊价”行为演变而来的，当时疯狂的交易员们在一个露天市场面对面地用叫喊和咆哮来报价，闭市后则一起去喝酒。而现在的证券交易所用电脑替换了交易员，这带来的看得见的好处微乎其微，却招致了极大的风险。如果说交易员造成的错误还是可控的和分散的，那么计算机系统造成的错误则如脱缰野马——2010年8月，一台电脑的错误导致了整个市场崩溃（“闪电崩盘”）；2012年8月，当本书英文版付诸印刷时，骑士资本集团的电脑系统出现故障，其后果是该集团每分钟损失1 000万美元，总共损失了4.8亿美元。

天真的成本效益分析会带来伤害，这种效应当然也会随着规模的增长而膨胀。例如，在过去，法国专注于发展核能，因为它似乎是“干净”且便宜的。在计算机屏幕上显示的也是“最优”能源。然后，2011年的福岛核泄漏事件敲响了警钟，法国意识到，它还需要额外的安全措施，于是赶紧增加这些措施，而且不惜任何代价。这从某种意义上来说与我前面提到的忍痛效应相仿：他们被迫投资，而不管代价多大。这种额外的安全措施成本高昂，而这些额外的费用并未被纳入他们最初做决定时所做的那种在电脑上看起来很不错的成本效益分析。因此，当决定选择一种燃料来源或另一种燃料来源，或进行类似的比较时，我们没有认识到，模型的误差对一边的影响可能会大于另一边。

污染和地球遭受的伤害

由此，我们可以制定一个简单的生态政策。我们知道化石燃料是以非线性的方式产生危害的，而且这种危害是凹性的（少量的化石燃料没什么危害，但是大举燃烧化石燃料却会对气候产生破坏性影响）。虽然在认识论层面，由于不透明性，我们不一定都相信人为原因造成气候变化的观点，但这并不妨碍我们进行生态保护，我们可以根据这些凸性效应来制定防止污染的风险管理规则。简单地说，就像对待规模的问题一样，分散污染源。10个不同污染源造成污染的总危害比一个污染源带来的等量污染的危害要小。[1]

让我们来看看我们祖先所用的更贴近大自然的机制——调节集中效应。现代人到商店常常会购买相同的商品，比如金枪鱼、咖啡或茶、大米、意大利干酪、解百纳葡萄酒、橄榄油，以及其他在我们看来不容易替代的商品。现代人所固有的习惯、文化传染的黏性，以及工厂生产的僵化，使得我们过度使用某些特定的商品。这种集中化消费是有害的。比如，过度消费金枪鱼可能会

1. 波动性和不确定性是相同的，正如我们在无序家族表中所看到的。因此，要注意不确定性的提高将对脆弱事物造成伤害。

伤害其他动物，扰乱生态系统，并导致物种的灭绝。这种危害不仅会呈非线性上升，而且一旦发生，就会导致价格不成比例地飙升。

在同一个问题上，我们祖先的做法则不同。珍妮弗·邓恩是一位研究狩猎－采集者的专业研究人员，她考察了记录阿留申人（北美原住民部落）的行为的相关证据，在这方面我们的数据充足，覆盖范围达5 000年之久。这些证据显示，他们在狩猎行为上缺乏集中性，总是变换狩猎对象。他们不像现代人那样有顽固而僵化的生活习惯。每当一种资源不足时，他们便会变换资源，就好像在保护生态系统一样。所以，他们懂得凸性效应，或者，他们的行为表明他们了解凸性效应。

请注意，全球化促进了集中化趋势的蔓延，就好像整个世界成了一个只有狭窄出口的巨大房间，所有人都争相涌向同一个出口，于是便产生了大量伤害。正如当今几乎每一个孩子都读《哈利·波特》，都使用脸书（Facebook）一样，每个富裕起来的人都会参加相同的活动，购买相同的商品：他们喝解百纳葡萄酒，希望去威尼斯和佛罗伦萨旅游，梦想在法国南部购置第二套房产。这使得旅游景点变得不堪重负：7月去威尼斯旅游你就能体会到。

财富的非线性

我们当然可以将当今全球化带来的脆弱性归咎于复杂性的提高，各国的相互关联和文化传播导致经济变量的波动造成比以前更严重的影响——这是世界向极端斯坦转变的典型现象。但是，这里还有另外一个因素，即财富。财富意味着“更多”，而由于非线性效应，“更多”将带来巨大差异。财富更多会导致我们更容易犯更严重的错误。正如投资上亿美元的项目要比投资500万美元的项目更加不可预测，也更可能超支，日渐富裕的世界也因更高的不可预测性和脆弱性饱受困扰。这一切都是增长造成的——在国家层面上需归咎于各国极力追逐的国内生产总值的增长。即使在个人层面，财富也意味着更多的麻烦，我们用于缓解财富带来的并发症的精力可能比追求财富所花费的还要多。

小结

最后我想这样总结本章的内容：不管在什么领域，从瓷杯到组织，到政治制度，再到公司的规模，或机场航班的延误，脆弱性总是隐藏在非线性中。此外，我们的发现可能会被视为我们反对赤字。想想与飞机延误或项目超支完全相反的情况，即可以从不确定性中受益的情况，我们发现的事情呈现出与我们所看到的脆弱的、厌恶随机性的情况截然相反的镜像。

第十九章

炼金石与反炼金石

- 他们告诉你何时会破产。
- 黄金有时就是一种特殊的铅。

在我费了九牛二虎之力把前面章节的概念向你们阐述清楚之后，读者们，现在轮到我放松一下，以技术性的语言来阐述问题了。也就是说，本章将对前面的概念做进一步深化，内容也将更为深奥，已经明白前几章内容的读者可以跳过本章。

如何识别谁将破产

让我们来看一种识别脆弱性（反炼金石）的方法。我们可以通过政府资助的抵押贷款巨擘房利美的故事来说明。这家公司最终轰然倒塌，给美国纳税人造成数千亿美元的损失（具体数字还在计算中）。

2003年的一天，《纽约时报》的一位记者亚历克斯·贝伦森来到我的办公室，他带来了一份有关房利美的秘密风险报告，这是一位内部人士给他的，也是一份直击风险计算方法核心的报告，只有专业人士才能看出其中的端倪——房利美用自己的方法进行风险计算，并向任何需要了解此项情况的人披露信息，无论是公众还是其他人。但是，只有深谙其道的人才能让我们看到该方法的本质，看到风险是如何计算的。

我们阅读了报告，简单地说，某个经济变量的上升将导致巨大的损失，而其下降（朝相反的方向运动）则会带来少量的利润。该变量如果进一步上升将导致更大的额外损失，而进一步下降带来的利润也将更小。这看起来与图18–2中石头的故事别无二致。危害的加剧是显而易见的——事实上是很可怕的。所以，我们立刻看出了房利美的毁灭是不可避免的：它面临的风险显示出严重的凹性效应。就像图18–7中的交通：损失随着一个经济变量的偏离而加剧（我甚至都不需要了解是哪个经济变量偏离了，因为在这么大规模的一个变量面前呈现脆弱性，意味着其在所有参数面前都是脆弱的）。我承认我有点儿情绪化，没有凭借我的大脑去思考，我甚至在了解我看的数据是什么之前就感觉到一阵痛惜。这是所有脆弱性之源，感谢贝伦森，感谢《纽约时报》刊登了我的关注。之后开始有人抹黑我，但这没什么大不了的。因为当时我还将该公司的几个关键人物斥为骗子，但并未引起他们太大的反应。

最关键的是，非线性更容易受到极端事件的影响——没有人对极端事件感兴趣，因为他们普遍对其有抵触心理。

我不停地告诉任何听我说话的人，包括偶然遇到的出租车司机（好吧，几乎是对每个人都说了），我告诉他们房利美公司正“坐在火药桶上”。当然，爆炸不是每天都发生的（就像豆腐渣工程式的桥梁也不是马上就会坍塌的），所以人们始终说我的看法是错误的和毫无根据的（他们的论点大多是该公司的股票还在上涨）。我还推断其他机构，包括几乎所有的银行，也存在同样的问题。在审视了类似机构后，我意识到这个问题非常普遍，我意识到银行系统的彻底崩溃是必然的。我非常肯定自己再也看不下去了，于是我重返市场，对“火鸡”们进行报复。这就像《教父》第三部中的一段台词：“正当我以为自己可以置身事外时，他们却把我拉了回来。”

有些事情的发生就像早被命运安排好了一样。房利美破产了，一同破产的还有其他一些银行，只是破产所花的时间比预期的长了一点儿，但这也没什么大不了的。

在这个故事中，愚蠢的地方在于，我没有看到金融脆弱性和一般脆弱性之间的联系——我也没有使用“脆弱性”一词。也许是因为我没有看到太多瓷杯。但是，多亏了我在阁楼上的写作时光，我对脆弱性与反脆弱性有了衡量标准。

这一切都可以归结为以下内容：搞清楚我们的错误计算或错误预测总体说来是否弊大于利，以及伤害加剧会导致什么后果。就像国王和他儿子的故事一样，一个 10 磅重的石头所造成的伤害是 5 磅重石头所带来伤害的两倍还多。这种伤害加剧的趋势意味着一块大石头最终将砸死人。同样，大的市场偏差最终也会毁灭一家或多家公司。

每一次，当我意识到脆弱性直接源于非线性和凸性效应，以及凸性是可衡量的，我都会兴奋不已。检测伤害是否加剧的技术适用于任何需要在不确定条件下做决策的情况，以及风险管理。虽然在医学和技术上这是最有趣的部分，但我们迫切需要将其运用于经济领域。所以，我建议国际货币基金组织（IMF）使用一种脆弱性的度量方式，以取代其现今明知无效但仍在使用的风险度量方式。大多数风险管理人士都因他们的风险管理模型的糟糕表现（或者随机表现）而感到失望，但他们不喜欢我以前的立场——不要使用任何模型。他们需要一些替代性的工具。现在，新的风险度量工具出现了。

因此，这里有一些可以使用的技术，实际上是被我称为脆弱性（和反脆弱性）检测启发法的一种简单启发法，工作原理如下。比如，你要检测一个小镇是否过度优化了。如果你测量到，当车流量增加 10 万辆时，行车时间会增长 10 分钟。但是，如果车流量继续增加 10 万辆，行车时间会增长 30 分钟，那么这种加剧恶化的行车时间显示，镇上的车太多了，交通非常脆弱，必须减少车流量以缓解加剧恶化的情况（我再次强调，加剧恶化就是凹性，或者负凸性效应）。

同样，政府赤字在经济状况的变化面前显现出尤为明显的凹性。比如，失业率每增加一单位的偏差——尤其是当政府负债时——都会让赤字增量恶化。公司的财务杠杆也有同样的效应：你需要借越来越多的钱，以实现同样的效果。这如同一个庞氏骗局。

脆弱公司的经营杠杆也一样。营业额增加 10% 带来的利润增加额，低于营业额下降 10% 带来的利润减少额。

这就是我在宣布备受推崇的房利美正在走向坟墓时直觉上所使用的技术——我们也很容易从中得出一个经验法则。我向国际货币基金组织建议的方法极其简单。事实上，这个方法看起来太简单了，所以“专家”的初步反应就是，这“不足为奇”（这些人以前从来没有发现过这些风险，学者和定量分析师们往往会蔑视他们一看就懂的东西，而且会被他们想出来的理念激怒）。

基于人们应该利用别人的愚蠢找乐子的黄金原则，我邀请我的朋友拉斐尔·杜尔迪与我合作，一起把这个简单的想法用最深奥的数学推导和（一个专业人士）半天才能弄明白的高深莫测的定理来表达。拉斐尔、布鲁诺·迪皮尔和我在近20年的时间里都在不断地讨论为什么所有事情都涉及风险——真的是所有事情，这个理念站在期权专业人士的制高点上是可以被更严谨和清晰地证明的。拉斐尔和我设法证明了非线性、对波动性的厌恶与脆弱性之间的联系。令人惊讶的是，正如我们已阐述的，如果你能用一些复杂的方式与深奥的定理来表达一个本来简单易懂的想法，即使这些复杂的方程式严格说来并不严谨，人们也会对其非常重视。结果不出所料，人们对我们的理念做出了积极反应，并告诉我们这个简单的检测启发法非常“明智”（说这些话的人，正是本来认为这个方法不足为奇的那些人）。唯一的问题是，数学只是附加上去的。

正面模型与负面模型的误差

现在，来谈谈我真正的特长所在：模型的误差。

在从事交易业务时，我犯过很多执行上的错误。比如，我本来要买1 000股某只股票，结果第二天发现，我买了2 000股那只股票。如果股价上涨，那么我会得到可观的利润，否则，我将遭受巨大的损失。因此，从长远来看这些错误是中性的，因为它们会对你产生两个方面的影响。它们增加了变数，但不影响你的总体头寸走势。它们不能被片面地认定为好或者坏。而且由于规模不大，这些错误仍可以控制——你进行了很多的小型交易，因此错误也都很小。在通常情况下，到了年底，这些错误用业内人士的话说就是被“冲销掉了”。

但是，我们建立的大多数东西却不是这样的，而且错误是和具有脆弱性的事物相关的，其会产生负凸性效应。这一类错误都有一个单向的结果，也就是负的结果。比如航班往往会延迟到达，而非提前到达；战争往往会变得更糟，而不是变得更好。正如我们看到的有关交通的例子，路上的变数（现在称干扰）往往会增加从南肯辛顿到皮卡迪利广场的行车时间，而不可能缩短这一时间。有些东西，如交通，很少遇到等量的正干扰。

由于这种差错给人们带来的更多是伤害而不是益处，因此，上述片面性会导致我们低估随机性及其带来的危害。即使从长远来看，随机性来源的变化在某个方向上与在另一个方向上一样多，但它带来的危害将远远超过收益。

所以，我们可以通过3个简单的区别来划分事物——这也是三元结构的关键：喜欢干扰（或错误）的事物、对干扰（或错误）持中性态度的事物，以及厌恶干扰（或错误）的事物。到现在为止，我们已经看到，进化的过程是喜欢干扰的；探索发现的过程是喜欢干扰的；一些预测会受到不确定性的伤害；此外，就像驾车出行一样，你总是需要留出一定的缓冲时间。航空公司一般都会考虑到这点，但政府在估算赤字时却对此不做考虑。

这种方法是非常普遍的。我甚至将它用在福岛式计算上，并意识到，它对小概率的计算能力是多么脆弱——事实上，所有的小概率在差错面前都是非常脆弱的，我们所做假设的一个微小变化就可以大幅提高事情的发生概率，使其从百万分之一上升到百分之一。事实上，概率往往都只有实际值的万分之一。

最后，这个方法可以向我们显示，经济模型所用的数学在哪里是假的——或者，哪些模型是脆弱的，哪些不是脆弱的。只需对假设进行一个小小的变更，然后看看影响有多大，以及这种影响是否会持续加剧。如果影响加剧，就像房利美的案例一样，那么意味着依赖于该模型的人会在"黑天鹅"效应影响下遭受毁灭之灾。非常容易。我现在可以说的是，经济学与计量经济学课程教授的很多东西，包括公式，都应立即被摒弃，这就解释了为什么经济学在很大程度上是一门骗人的学科。脆弱推手，总是带来脆弱！

如何失去祖母

接下来，我将解释下面的非线性效应：在这种情况下，平均数，也就是一阶效应根本不重要。这是进入炼金石讨论之前的第一步。

常言道：

如果一条河的平均深度是4英尺，就千万不要过河。

你刚刚被告知，在接下来的两个小时内，你祖母所在地的平均温度非常宜人，约为26摄氏度。很棒，你想，26摄氏度对老人来说很适宜。由于你读过商学院，所以你是一个关注“大局”的人物了，这个摘要信息对你来说是再合适不过了。

但我们还有第二组数据。事实证明，你的祖母第一个小时处于零下8摄氏度的环境中，而在第二个小时处于60摄氏度的环境中，平均温度则是非常理想的地中海式温度，也就是26摄氏度。因此，这样看来最后你肯定会失去你的祖母，你需要为她举办一个葬礼，而且你还有可能继承她的遗产。

显然，温度相对于26摄氏度的偏离程度越高，伤害就越大。正如你看到的，第二组数据，也就是有关温度变化的信息，要比第一组数据更重要。如果一个人在变化面前是脆弱的，那么平均数的概念就是没有意义的——温度的偏差远比平均温度重要。你的祖母对温度的变化和天气的波动是脆弱的。让我们将第二组数据称为二阶效应，或者更确切地说，叫作凸性效应。

平均数的概念可以是良好的简化信息，也可以是削足适履的典型。有关平均温度为21摄氏度的信息其实并没有简化你祖母的处境。这是一条被塞入普罗克拉斯提斯之床的信息，也是科学模型常犯的错误，因为模型从本质上来说就是现实的简化。但是，你总不会想让这种简化歪曲真实情况，以致带来伤害吧。

图19–1显示了祖母的健康在温度变化面前的脆弱性。如果我用纵轴计量健康，用横轴计量温度，那么我会得到一个向内弯曲的曲线——一个“凹”型，或者负凸性效应。

如果祖母的反应是“线性”的（呈直线，而非曲线），那么26摄氏度以下的温度带来的伤害会被温度升高后带来的好处抵消。但事实是，祖母的健康程度一定会有个最高值，因为她的健康状况不可能随着温度的升高一直改善下去。

在我们接下来讲述更一般的属性之前，先记住以上这些信息。就祖母的健康对温度的反应来说：（1）其反应是非线性的（不是一条直线，不是“线性”的）；（2）曲线过度向内弯曲；（3）反应越是非线性，平均数的相关性就越低，围绕平均值保持稳定的重要性就越高。

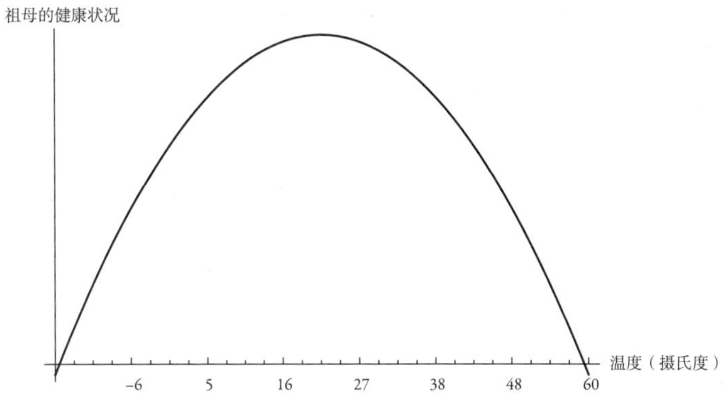

图 19–1　超级脆弱性

注：健康作为温度的函数所呈现的曲线是向内弯曲的。零下 8 摄氏度和 60 摄氏度的结合对你祖母健康状况的影响比始终维持在 26 摄氏度要糟糕得多。事实上，平均温度为 26 摄氏度的几乎任何温度组合都比始终维持在 26 摄氏度要糟糕。该图显示了凹性效应或者负凸性效应，即曲线向内弯曲。

现在来谈炼金石

许多中世纪的人一心想寻找炼金石。我们有必要记住，化学一词是从炼金术而来的。炼金术的本质就是从物质中寻找化学力量，炼金师主要致力于通过嬗变法将金属变成黄金，从而创造价值。炼金术的重要力量来自炼金石，许多人为之着迷，包括阿尔伯特·马格纳斯、艾萨克·牛顿、罗杰·培根等学者和一些并非学者的伟大思想家，比如帕拉塞尔苏斯等。

嬗变法被称为最伟大的作品，不容小觑。我真的相信我将讨论的这个操作（基于可选择性的一些属性）是最接近炼金石的本质的。

以下注意事项能使我们了解：

（1）混为一谈问题（误将石油价格上涨归因为地缘政治，或者误将赢钱的赌博归功于良好的预测，而不是收益和可选择性的凸性效应）的严重程度。

（2）为什么任何具有可选择性的事物都具有长期优势，以及如何来衡量它。

（3）以上两点合并：混为一谈和可选择性。

回想一下我们在第十八章中讨论的交通问题，第一个小时有 9 万辆汽车，后一个小时有 11 万辆车，虽然平均每个小时是 10 万辆车，但交通压力将不断加大。另外，假设在两个小时内，每小时都有 10 万辆车通过，那么交通将保持畅通，行车时间也不会很长。

汽车数量是某种东西，也是一个变量；交通时间是该变量的函数，而函数的行为与变量的行为，正如我们所说的，“不是一回事”。在这里我们可以看到，由于非线性，某个变量的函数与某个变量的行为会有很大差别。

（1）非线性越强，变量的函数与变量本身的行为差异就越大。如果交通是线性的，那么先是9万辆车，然后是11万辆车，与始终是 10 万辆车这两种情况下的交通时间不会有什么区别。

（2）变量越不稳定，即不确定性越强，则函数与变量本身的区别就越大。让我们再想想平均汽车数量的问题。函数（交通时间）更取决于围绕平均数的波动性。如果车流量分布均匀，则交通情况就会缓解。对于相同的平均值，你可能更喜欢一直保持 10 万辆车的情况，而先是 8 万辆车，然后是 12 万辆车的情况将比先是9万辆车，后是11万辆车的交通情况更糟。

（3）如果该函数呈现凸性（反脆弱性），那么变量函数的平均值将比变量平均值的函数要高。这就是炼金石，如果函数是凹性的（脆弱性），那么情况则相反。

让我们来看一个例子，假设我们讨论的函数是平方函数（数字乘以本身）。这是一个凸函数。拿一个传统的骰子（6 面），掷到几点，你的回报就是几点，也就是你获得的收入与骰子显示的数字相等——掷到 1 点，那么你的收入就是 1，掷到 2 点，你的收入就是 2，最高的收入是 6，如果你能掷到 6 点的话。那么预期（平均）收益的平方就是 $[(1+2+3+4+5+6)\div 6]^2=3.5^2$，即 12.25。因此，收入平均值的函数等于 12.25。

但是函数的平均值的计算方法如下：拿每种收益的平方和 $1^2+2^2+3^2+4^2+5^2+6^2$ 除以 6，就得到了函数的平均值 15.17。

所以，既然平方函数是凸函数，那么收益平方的平均值就比平均收益的平方要大。在这里，15.17 和 12.25 之差就是我所说的反脆弱性的隐性利益——这里有 24% 的差异。

这里面有两个偏见：一个是基本的凸性效应导致人们误将某样东西的平均值（这里是 3.5）的特点，和某样东西的凸函数平均值（这里是 15.17）混为一谈；第二个偏见比较复杂，是误将函数的平均值当作平均值的函数，这里是指误将 15.17 当作 12.25，后者代表可选择性。

如果我们的收益是线性的，那么我们在 50% 以上的时间内都不能犯错，而如果我们的收益是凸性的，我们不能犯错的时间就要少得多。反脆弱性的隐性利益在于，你犯的错可以多于随机性错误，而且你最后仍能得到出色的业绩。这里少不了可选择性的力量——变量的函数是凸性的，所以你可以在犯错的情况下仍有不错的收益——不确定性越高越好。

这就解释了我说过的话，你可以愚蠢，但只要具有反脆弱性，你的表现仍然会很好。

这个隐性的“凸性偏见”源于一个叫作詹森不等式的数学属性。这恰恰是有关创新的论述中被忽略的一个概念。如果你忽略了凸性偏见，那么你忽略了让这个非线性的世界运转的一个重要因素。然而，这一概念确实被我们忽略了，这是事实，很抱歉。

如何化金为土：反炼金石

让我们看看相同的例子，只不过这次是平方根函数（与平方函数恰好相反，它是凹性的，但其凹性要小于平方函数的凸性）。

预期（平均）收益的平方根是$\sqrt{(1+2+3+4+5+6)\div 6}$，等于$\sqrt{3.5}$，约 1.87。也就是说平均值的函数约等于 1.87。

但是，函数的平均值的计算方法如下。取每种收益的平方根之和除以 6，$(\sqrt{1}+\sqrt{2}+\sqrt{3}+\sqrt{4}+\sqrt{5}+\sqrt{6})\div 6$，这就是收益平方根的平均值，也就是说该函数的平均值等于 1.80。

两者的差额就是所谓的“负凸性偏见”（或者，如果你是一个挑剔的人，我们也可称其为“凹性偏见”)。脆弱性的隐性伤害是，你的预测需要比随机预测的结果好得多，你得知道你要往哪里去，才能抵消负面影响。

让我总结一下我的论点：如果你拥有有利的非对称性，或正凸性（选择权是特例），从长远来看，你会做得相当不错，在不确定的情况下表现优于平均水平。不确定性越强，可选择性的作用越大，你的表现就越好。这个属性对人生来说非常重要。

第六卷

否定法

还记得吗？曾经我们并未给“蓝色”命名，但仍然生活得很好——在很长一段时间里，我们从文化角度来说是色盲。在第一章我们生造了“反脆弱性”一词，在那之前我们也从未对这一概念进行命名，但是各类系统在没有人为干预的情况下都能有效地依赖它。世界上有很多东西都没有名称，无法被直接描述，无法被人类的语言捕捉，或者被我们狭隘的思想理念理解，但我们知道它们。我们身边所有重要的东西几乎都很难用语言来形容——事实上，越强大的事物，越是难以用语言进行描述。

但是，如果我们不能准确地表达某个事物，我们至少可以描述它不是什么——这是一种间接而非直接的表达。“否定法”所关注的就是无法直接用语言描述的事物，该词源自希腊语 apophasis（通过否定而得知）。在神学领域，最初否定法正是人们为了避免直接描述事物而衍生出来的，这主要是为了遵从神学传统，尤其是东正教传统。否定法并不试图表达神是什么——这些都留给了具有科学主义思维的当代思想家和哲学家。它只是表明上帝不是什么，通过排除法来向目标推进。这个想法主要与神秘神学家“亚略巴古的伪狄奥尼修斯”有关，他是近东的一位隐士，名叫狄奥尼修斯，他写的《神秘神学》论文博大精深，但在很长一段时间里，人们却将他与雅典最高法官狄奥尼修斯相混淆，后者在听了使徒保罗的布道后皈依基督教。这也是那位神学家名字前被冠以“伪”的由来。

新柏拉图主义者都是柏拉图思想的追随者，他们关注的主要是柏拉图思想的形式，即那种具有独特的自我存在的抽象事物。伪狄奥尼修斯是新柏拉图主义者普罗克洛斯的学生，而普罗克洛斯则是西里阿努（另一个叙利亚柏拉图主义者）的学生。普罗克洛斯被人提及最多的就是他反复强调的一个比喻，即雕像都是通过做减法一步步削减冗余而成型的。我经常读到用以下这个杜撰的双关语表达的该理念的较新版本。教皇问及米开朗琪罗，他成为天才的奥秘是什么，尤其是他如何雕刻出了大卫雕像这个被视为所有杰作中的杰作的雕像。米开朗琪罗的回答是：“这很简单，我只是剔除了所有不属于大卫的部分。”

由此，读者可能认识到杠铃模式背后的逻辑：有必要先清除脆弱性。

骗子在哪里？

回想一下，干预主义者专注于正向行动——也就是放手去做。就像正向的定义一样，有所作为受到我们的原始心灵的尊重和赞美，从而引导出天真的政府干预行动，结果带来了灾难，继而引发人们对天真的政府干预的广泛抨击。然而，不作为或放弃做某些事情，却很少被纳入考虑或成为我们使命的一部分。表 7–1 显示，这种效应广泛地存在于从医药行业到商业的许多领域。

我一生都在使用一个简单但非常有用的启发法：骗子是可以识别出来的，他们都会给你正向的意见，而且只有正向的建议，他们会利用我们对所谓秘籍的轻信和热衷，听他们一说，我们顿时会觉得某件事再明白不过了，后来，在你忘了它们时，那样的感觉也随风而逝。只要看看那些教你“如何做”的书吧，这些书常常以“___ 的十大秘籍”为题（你可以在横线上填上致富、减肥、交友、创新、当选、健美、寻偶、经营孤儿院等）。然而实际上，人们是通过负向方法寻求成功的，这也是进化过程的选择：下棋高手通常通过不输棋而取胜；人们通过避免破产而致富（尤其是当别人破产时）；宗教大多制定了许多禁忌；生活的经验主要是关于我们应该避开什么事。只要采取一小部分措施，你便能有效面对大部分风险。

此外，在大多数充满高度随机性的情况下，人们无法真正判断一个成功的人是否确实有能力，或者一个有能力的人是否能够成功，此时我们很容易被随机性欺骗，但我们几乎总是能够预测到相反的情况，即一个完全没有能力的人终将失败。

减法知识

谈到知识时，上述规律同样适用。对知识最大、最有力的贡献在于消除我们认为错误的东西，即采用减法认识论。

在生活中，我们通过拒绝受骗来提高反脆弱性。在《神秘神学》中，伪狄奥尼修斯并没有使用这些确切的字眼，没有讨论反证，也没有形成很清晰的想法，但在我看来，他琢磨出了减法认识论和知识的非对称性。我把对抽象形式的偏爱，那种让我们无视现实的混乱，并导致“黑天鹅”效应的理论形态和共性称为“柏拉图主义”。我意识到世界存在非对称性。如果把柏拉图思想以相反方式呈现，如负共性，我会真心相信柏拉图主义。

因此，我主张的认识论的核心宗旨如下：我们对错误的事情的了解远胜于正确的事情，或者就脆弱/强韧的分类来说，负向知识（什么是错的，什么不起作用）在错误面前比正向知识（什么是正确的，什么起作用）更强韧。鉴于我们今天所知的知识可能被证实是错误的，但是我们今天认为是错误的知识则不可能变得正确，至少不那么容易，因此，我们通过减法获得的知识远远比通过加法获得的知识多。如果我发现了一只黑天鹅（注意是真的天鹅），我就可以肯定地说“天鹅都是白色的”这一论断是错误的。但是，即使我从来没有见过一只黑天鹅，我也不可以说上述论断是正确的。再说一遍：一个小小的例外便可以推翻一个论断，因此，虽然我们不能确定某个事物就是什么，但证伪总是比证实更容易找到依据。

在我们这个时代，该想法往往与哲学家卡尔·波普尔联系在一起，我还一度误以为波普尔就是这一理念的创造者（尽管他是另一个更有说服力的想法的提出者，即人们从根本上说无法预测历史的发展过程）。后来我发现，这一理念可以追溯到很久远的时代，它是东地中海后古典主义时期医学怀疑经验主义学派的核心理念之一。19 世纪的法国学者重新发现了这些作品，由此将这一理念传播开来。证伪的力量在我们推进硬科学发展的过程中，并不罕见。

正如你所见，我们可以将此与正向（加法）和反向（减法）的一般知识架构联系起来：负向知识更为强大。但它并非十全十美。波普尔就遭到哲学家的批评，他的证伪法被抨击过于严苛、明确、黑白分明。我们没有办法一口咬定，因为不可能弄清楚试验没能产生预期的结果是因为工具出错、运气不佳，还是科学家造假，以此“证伪”理论。比如，你看见了一只黑天鹅，这肯定能推翻所有天鹅都是白色的论断。但是，如果你已经喝了不少黎巴嫩葡萄酒，或因为上网时间太长而产生幻觉了呢？如果这是一个漆黑的夜晚，所有的天鹅这时看起来都是灰色的呢？但是，让我们这么说吧，在一般情况下，失败（和证伪）比成功和证实能带来更多信息，这就是为什么我说反向知识“更强韧”。

现在，在开始写这部分的内容之前，我花了一些时间梳理波普尔的所有作品，我想知道为什么这么一个热衷于证伪法的伟大思想家却根本没有意识到反脆弱性的理念。在波普尔的著作《历史决定论的贫困》中，他提出了预测的局限性，书中提到我们要对未来情况做出可接受的描述是多么不可能。但他忽略了一点，如果让一个无能的外科医生给大脑动手术，那么你可以很有把握地预测，这将造成严重的伤害，甚至是病人的死亡。然而，这种对未来的减法描述与其证伪理念是完全一致的。他对理论证伪的目的就在于打破对该理论原有用途的设想。

在政治领域，一个好的体制就是有助于社会淘汰坏人的体制，它不必考虑做什么事或者由谁执政。因为一个坏人造成的伤害可能大于一群好人所做出的集体努力。乔恩·埃尔斯特更进一步，他最近写了一本书，书名相当生动，叫作“防止恶作剧”，该书对负向行动的阐述基于边沁的理论：“立法者的工作限于防止一切有碍他们（议会成员）的自由和智慧发展的事件发生。”

如我们预期的那样，通过负向知识获取成功是古典智慧的一部分。对阿拉伯学者兼宗教领袖阿里·本·阿比－塔利卜来说，与一个无知的人保持距离相当于与一个聪明的人为伍。

最后，让我们来看看史蒂夫·乔布斯说过的一个现代化的版本：“人们认为关注某事意味着赞同你所关注的事。但其实并非如此。这意味着你要对上百个其他的好主意说不。你必须仔细挑选。实际上，我对自己未曾做过的事情与对自己已经做过的事情同样感到自豪。创新就是对 1 000 个理念说不。”

再谈杠铃模式

减法知识也是一种杠铃模式。更重要的是，它是凸性的。了解什么是错的会给你带来强韧性，不了解则带来脆弱性和投机性，但不必因此而害怕，你要设法确保自己在错误的情况下也不会受到伤害。

现在，让我们谈谈在“少即是多”的理念中否定法的应用。

少即是多

在决策过程中，“少即是多”的想法可以追溯到斯佩诺斯·马克瑞戴克斯、罗宾·道斯、丹·戈尔茨坦和捷尔德·盖格瑞泽，他们各自在不同的情况下发现，简单的预测和推断法要比复杂的方法好得多。他们的简单经验法则当然并不完美，但他们也从不以完美为目标。秉持理性的谦逊，放弃复杂的目标，便可以产生强大的效果。戈尔茨坦和盖格瑞泽两人创造了“快而俭”的启发法，以帮助人们在时间、知识和计算能力都有限的情况下做出正确的决定。

我意识到，“少即是多”启发法在两个方面与我的发现不谋而合。其一是极端效应。在有些领域，罕见的事件（我再说一次，它们或好或坏）起到了不成比例的重要作用，但我们却往往会忽视它们，因此，关注如何利用此类罕见事件或如何避免其发生将大大地改变我们的风险值。如果只需担心“黑天鹅”风险的话，生活就会轻松很多。

“少即是多”已被证明是相当容易被发现和应用的，其在错误和变化面前具有“强韧性”。也许大部分问题都不可能有一个容易识别的原因，但往往会有一个简单的解决方案（不是所有问题，但这已经够好了），这样的解决办法是可以立即识别的，有时直接就能看出，而不用复杂的分析与十分脆弱、容易出错、追根溯源的复杂办法。

有些人还知道80/20法则，该理念是维尔弗雷多·帕累托在一个世纪前发现并推导出来的：在意大利，20%的人拥有80%的土地，或者80%的土地为20%的人所掌握。而在这20%的人中，20%（总样本人口的4%）又拥有其中约80%的土地（总样本土地的64%）。最后，我们看到，不到1%的人口拥有样本土地总量的约50%。这就描述了赢家通吃的极端斯坦效应。这些效应非常普遍，存在于从财富分配到每个作者的图书销量等各个方面。

很少有人知道，我们在许多事情上正逐渐从 80/20 变成更为不均衡的 99/1，比如，99% 的互联网流量都是不到 1% 的网站创造的，99% 的图书销量是不到 1% 的作者贡献的……我就不再举更多例子给你添堵了。当今几乎所有东西都有赢家通吃的效应，包括伤害和收益的来源。因此，正如我将说明的，对系统进行 1% 的改善可以降低 99% 的脆弱性（或增加反脆弱性），只需几个步骤，很少的几个步骤，并且往往是以较低的成本，就能使事情变得更好、更安全。

例如，少数无家可归的人会耗费国家财政中相当大的一部分，这让我们很容易看出从什么地方着手可以节省开支。公司中的少数员工会导致最多的问题，败坏整体风气，或者公司的大多数问题是少数员工导致的，因此辞退这些员工是很好的解决方案。少数客户为公司带来了大部分的收入。对我的诽谤中有 95% 都来自 3 个固执的人，他们都代表着相同的失败原型（我估计其中一人写了近 10 万字来抨击我——他需要写越来越多的文字，并在我的作品和个性中找到越来越多值得批评的东西，才能实现相同的效果）。当涉及医疗保健时，伊齐基尔·伊曼纽尔指出，1/2 的患者花费了不到 3% 的医疗费用，而 10% 的重患者却花费了总医疗费用的 64%。本特·弗林夫伯格（第十八章）谈“黑天鹅”管理理念时指出，公司成本超支主要归咎于大型技术项目，这意味着，我们需要做的不是无休止地讨论和撰写复杂的论文。

正如俗语所说，只要倒出你鞋子里的小石子就可以了。

在一些领域，比如房地产领域，问题和解决方法被简明扼要地归纳为一个启发法，或者一个经验法则，即寻找 3 个最重要的特征：选址，选址，还是选址，其他的问题被认为无足轻重。这句话当然不太正确或者并不总是正确，但它显示出了我们需要关注的核心问题。

然而，人们却认为自己需要更多的数据来“解决问题”。我曾经在美国国会公开反对一个为危机预测项目融资的议案。相关人员无视一个矛盾的现实，即我们从未有过比现在更多的数据，但我们的预测能力却比以往任何时候都弱。更多的数据，如过马路时注意周围人眼睛的颜色可能会让你无视路上的大货车。当你过马路时，你应该去掉数据，把注意力从其他任何东西转移到最根本的威胁上。正如保罗·瓦莱里曾经写道：“人们得忽略多少东西才能让自己有效地行动。”

有说服力和自信的学科，例如物理学科，往往很少使用统计数据来支持本学科的论点，而政治学和经济学虽然从未产生过值得一提的东西，却充斥着复杂的统计和统计“证据”（你知道，一旦你揭开面纱，证据就不是证据了）。科学上的这种情况与侦探小说相类似，不在场证据最多的人结果往往是有罪的。你也不需要收集很多数据来批驳经济学充斥着统计数据的大量论文：“黑天鹅”事件和“尾部”事件（这些事件是不可预测的）主宰着社会经济世界的简单论点，已足以驳斥统计数据的效用了。

我们还可以从以下实验中找到少即是多的证据。克里斯托弗·查布利斯和丹尼尔·西蒙斯在他们的著作《看不见的大猩猩》中写道，在看一场篮球直播比赛时，如果过于关注细节，比如计算传球数，那么人们可能会完全无视一只步入球场中央的大猩猩。

我发现，我一直凭直觉在使用“少即是多”的理念，将其作为决策的一种辅助手段（而不是把一系列的优点和缺点并列呈现在电脑屏幕上去做对比）。举例来说，如果你做某事（如选择一位医生或兽医，雇用一个园丁或雇员，与一个人结婚，或者去旅行）的理由超过一个，那就不要做。这并不意味着一个原因比两个原因更好，只是说，如果你通过努力想出一个以上的原因，你实际上正在试图说服自己做一些事情。必须做的决定（在错误面前是强韧的）不需要一个以上的原因。同样，法国军队也有一个常用的启发法，他们拒绝以一个以上的理由请假，比如祖母去世、染上感冒病毒，以及被野猪咬伤。如果有人以一个以上的论点来攻击一本书或一个理念，你就能知道这不是真的，没有人会说："他是一个罪犯，他杀死了很多人，他的餐桌礼仪不好，而且有口臭，驾驶技术也非常糟糕。"

我经常关注我所说的柏格森剃刀法则："一个哲学家应以一个理念，而非多个理念扬名。"（这个理念不一定源于柏格森，但确实非常有效。）法国散文家和诗人保罗·瓦莱里曾经问爱因斯坦，他是否会拿着一个笔记本，随时记下自己的想法。"我从来没有想法。"爱因斯坦回答道（但其实他只是没有无足轻重的想法）。因此，让我们记住这个规律：如果某人的简历很长，请直接忽略他。在一次会议上，朋友邀请我与一位成就卓著、广受欢迎的人共进午餐，他的简历显示"他几乎做完了别人两三辈子才能做完的事情"，我选择婉拒，宁可与学员和舞台工程师同坐一桌。同样，当有人告诉我，一个人写了300篇学术论文，获得了22个荣誉博士学位，却没有任何值得称道的贡献或个人观念时，我会对这种人敬而远之。

第二十章

时间与脆弱性

- 预言与知识一样，是减法，而非加法。
- 林迪效应，或旧的事物如何战胜新的事物，特别是在技术方面，不管加利福尼亚的人会怎么说。
- 预测者不是一个值得推荐和让人自愿投身的职业。

反脆弱性意味着旧的事物要胜过新的事物，而且是远胜新的事物，这可能与我们的直觉不符。不管某些东西看起来多么符合你的想法，它的叙述多么好或多么坏，时间更了解它的脆弱性，并会在必要时毁掉它。在这里，我要揭示一种现代病，它与干预主义有关，被称为新事物狂热征，它带来了脆弱性，但我认为这可能是可以治愈的，只要你有足够的耐心。

能生存下来的事物必然是满足了一些（通常是隐性的）目的的，时间能够看到这些目的，但我们的眼睛和逻辑思维能力却无法捕捉它们。在本章的内容中，我们将使用脆弱性的概念作为预测的核心驱动力。

回想一下基本的非对称性：具有反脆弱性的事物受益于波动和混乱，而脆弱的事物会因此受伤害。但是，时间与混乱是一样的。

从西蒙尼德斯到詹森

为了练习脆弱性和反脆弱性之间的区别使用，我们来扮演先知的角色，了解一下为什么预测者并非一个很好的职业选择，除非你的脸皮够厚，有很好的朋友圈子，很少上网，有一个藏有一整套古老谚语书的书架，如果可能的话，还能够从预言中获取个人利益。我们从预言的历史记录中看出：在被证明正确之前，你会遭到唾骂；在被证明正确之后，你会遭到一段时间的仇视；或者更糟的是，由于追溯失真，你的想法会显得“不足为奇”。胖子托尼专心求利的做法，远比求名更具说服力。这种情况一直延续到现代：20 世纪持有错误观念的知识分子仍然是时髦的偶像，他们的书仍在书店货架上销售，而那些看清问题所在的知识分子，比如政治哲学家雷蒙·阿隆，则在被人肯定见解正确之前和之后受尽冷落。

现在闭上眼睛，试着想象你的未来环境，例如 5 年、10 年，或 25 年后的环境。在很多情况下，你的想象力会把新的东西注入其中，这就是我们所说的创新、改进、尖端技术和其他庸俗与陈腐的商业术语。我们将看到，这些常见的关于创新的概念不只是在美学上令人厌恶，从经验和哲学上来说也只是一些无稽之谈。

为什么？在很多情况下，你的想象力会为当前的世界添加一些东西。很抱歉，我会在本章告诉你，这种方法完全是落后的方法：根据脆弱性和反脆弱性的概念，严格来说，正确的想象就是从未来中排除或削减不属于未来的东西，即采用否定法。脆弱的事物终将破碎，幸运的是，我们可以很容易地分辨出哪些东西是脆弱的。正“黑天鹅”比负“黑天鹅”更不可预测。

公元前6世纪，古希腊诗人西蒙尼德斯说过：“时间有撕碎一切的锋利牙齿。”这或许开创了西方文学感叹岁月无情的传统。我可以追溯大量优雅的古典主义表现文学，从古罗马诗人奥维德（“时间吞噬一切”）到同样诗意的20世纪俄裔法国女诗人爱尔莎·特丽奥莱（“时间燃尽了，却没有留下任何灰烬”）。当然，谈这些难免让我们诗兴大发，所以我现在正哼唱着一首根据法文诗改编的歌曲，歌曲名为“时间流逝”，歌中唱道：“时间是多么善于消除一切，甚至悲伤的记忆。”（虽然它并未提到，在这个过程中时间也会消除我们。）现在，由于已经认识了凸性效应，我们可以运用一点儿科学方法来自己分类，判断哪些东西应该会被无情的时间迅速吞噬。脆弱的事物终将破碎，幸运的是，我们能够搞清楚什么是脆弱的。甚至我们认为具有反脆弱性的事物也终将破碎，只是那在很长一段时间以后才会发生（酒的年头越久越醇，但也仅限于一定程度；如果你把它放在一个火山口，那么情况就不是这样了）。

前一段第一句引述的西蒙尼德斯的诗句，还有下一句：“连最坚固的东西也不例外。”所以，西蒙尼德斯其实对强韧性已经有了一个粗略的实用性理解，即最牢固的东西更难被时间吞噬，因此也将是最后一个被吞噬的。当然，他没有想到的是某种东西具有反脆弱性，因此永远不会被吞噬。

现在，我坚持认为，通过否定法进行预测是唯一有效的方法：用其他方法来预测不可能不在某些地方遭遇“火鸡”问题，特别是在今天我们生活的复杂环境中。我不是说不会出现新的技术——某种新事物肯定会在一段时间内十分风靡。当然，脆弱的事物都会被其他东西替代。但是，这个“其他东西”是不可预测的。你心目中的那项技术，不会是成功的技术，无论你认为它多么恰当和适合——恕我直言，都只是你的一厢情愿而已。

回想一下，最脆弱的就是建立在可预测性基础上的预测，换句话说，那些低估“黑天鹅”事件的人终将被淘汰。

可以肯定的是，易于遭遇“黑天鹅”事件的事物最终将被历史吞噬，因为时间将提升该事件的发生概率，从这个意义上说，长期预测要比短期预测更可靠，这是一个有趣的明显矛盾。但换一种思路，一般预测（不涉及当前已确认为脆弱的事物）的准确度则随时间而降低。由于存在非线性，时间越长，准确性下降得越快。你对计算机工厂的销售量或者大宗商品供应商的利润所做出的 10 年期预测的错误率，是一年期预测错误率的上千倍。

学习做减法

想想在过去的一个半世纪里所做的未来预测，就像儒勒·凡尔纳、赫伯特·乔治·威尔斯、乔治·奥威尔在文学小说中所表达的，或者像部分科学家或未来学家说过的，但如今已经被人遗忘的一些对未来的叙述。值得注意的是，目前似乎主宰着世界的工具，如互联网，或者更为普通的事物，如第四卷提到的装在旅行箱上的轮子，却完全未能从这些预测中寻到踪影，但忽略这些并非其主要的错误所在。问题在于，几乎所有想象出来的事情都从来没有发生过，除了一些被宣传过度的故事（如亚历山大港的希罗发明蒸汽机的故事，或者达·芬奇发明装甲车的故事）。我们的世界看起来与他们的世界太接近了，比他们想象或希望想象的更接近。但我们往往无视这样一个事实——我们一直在预测一个高度科技化的未来，似乎没有纠偏机制可以让我们认识到这一点。

这里可能存在一个选择性偏见：那些致力于描述未来的人往往会患上新事物狂热征（不治之症），一切只是因为他们喜欢现代化。

今晚，我将在饭馆约见朋友（这个小酒馆的历史至少有25个世纪）。我会徒步去那里，穿的鞋子与5 300年前奥地利阿尔卑斯山冰川中发现的木乃伊穿的鞋子几乎没有区别。在餐厅里，我使用银器，这是源于美索不达米亚的技术产物，堪称“尖端技术应用”，因为它帮助我有效地“对付”面前的羊腿——把它切开而不会烫伤手指。我会喝点儿酒，这种饮料已经被人饮用了至少6 000年。酒会被倒入玻璃杯中，我的黎巴嫩同胞声称玻璃杯是腓尼基祖先发明的，如果你不同意这一说法，我们也可以说玻璃物体被当作装饰品出售至少有2 900年的历史了。吃完主菜，我将享用一个“较为年轻的技术产物”——手工奶酪，相对于那些制造工艺几个世纪不变的老技术产物而言，这项新技术产物的价格却更高。

如果有人在1950年预测这样一个小聚会，他想象中的东西将大为不同。所以，感谢上帝，我不会穿着用闪亮的合成纤维制成的太空服，吃着营养优化药片，通过屏幕与我的晚餐伙伴交流。事实上，我的伙伴还会对着我的脸喷出通过空气传播的细菌，因为他们没有生活在银河系某个偏远的人类殖民地。食品烹饪还是会沿用一种非常古老的技术（火），以及一些自罗马时代就没有很大变化的厨房用具和器械（除了其所用的一些金属的材质）。我会坐在一个（至少）有3 000年历史的家具上，它俗称椅子（如果有任何区别的话，那就是它远不如埃及祖先的椅子那么华丽精致）。我也不会坐着会飞的摩托车去饭馆。我会徒步走过去，如果快要迟到了，我会乘坐一辆出租车赶过去，这也是出现一个世纪之久的技术了，开车的很可能是一位移民——而一个世纪前，巴黎街头就常常可以看到移民（多为俄罗斯贵族）驾驶代步马车，这与如今柏林和斯德哥尔摩（伊拉克人和库尔德难民）、华盛顿特区（埃塞俄比亚的博士后学生）、洛杉矶（喜欢音乐的亚美尼亚人）和纽约（各国移民）的情形一样。

戴维·艾杰敦表明，21世纪初，我们生产的自行车数量是汽车数量的两倍半，而且大部分的技术资源都被用在维护现有设备或改进旧技术上（请注意，这不是中国才有的现象，西方各大城市都在积极努力地成为“自行车友好城市”）。还有，一个最为重要，但被人们讨论次数最少的技术产物莫过于避孕套了。具有讽刺意味的是，它看起来最不像一项技术产物，它经历过许多有意义的改进，目的主要是让它越来越不引人注意。

所以，最重要的错误在于：当被要求想象未来时，我们倾向于拿当下作为基准，然后加入新的技术和产品，以及其他我们认为合理的事物，尽管这只是在过去的发展格局上进行生硬的添加和篡改以杜撰出一个未来。我们还根据自己对当下状况乌托邦式的幻想来描画未来的社会，这在很大程度上是受自己的意愿推动

图 20-1　庞贝古城中发现的炊具与当今（装备精良的）厨房中的用具几乎没有差别

的——除了少数被称为灾难预言者的人，实际上未来世界中主要栖息着人类的欲望。所以，我们倾向于将未来过度技术化，并低估将轮子装在旅行箱上这类似乎毫无技术含量的事情，而此类发明在下一个世纪仍可能被众人忽略。

我还要谈谈人们无视过度技术化的现象。离开金融界之后，我开始参加一些时尚的研讨会，参加会议的人员是尚未致富和已经富足的技术人员以及新兴的技术知识分子。最初，我很高兴看到他们都不戴领带，因为生活在一群整日戴着领带、衣冠楚楚、面目可憎的银行家中间，我误以为不戴领带的人一定不是徒有其表的人。然而，这个看似丰富多彩，用各种光鲜的电脑形象和花哨的动画渲染的会议却令人失望。我知道我不属于这里。我并不只是不赞同他们这种对未来做加法的方式（不是从命运中减去脆弱性，而是增加脆弱性），也不是因为他们固执的新事物狂热征导致他们无视其他的机会。我花了不少时间才认识到这个原因：他们极其欠缺优雅。技术思想家往往有一种“工程思维”——不太客气地说，他们有自闭症倾向。虽然他们通常不戴领带，却显示出书呆子的所有气质——主要是缺乏魅力，对事物而非人感兴趣导致他们往往忽视自己的外表。他们喜欢精确，却牺牲了实用性，而且他们通常缺乏文学素养。

这种缺乏文学素养的情况，实际上是对未来缺乏判断力的一个标志，因为它通常伴随着对历史的贬低，这是无条件求新的副产品。除了科幻小说这一孤立而狭窄的领域，文学大多关乎过去。我们不会通过中世纪的教科书来学习物理学或生物学，但我们还是会读荷马、柏拉图，或者相对现代的莎士比亚的作品。我们说到雕塑的时候不得不提及菲狄亚斯、米开朗琪罗，或伟大的卡诺瓦。这些都存在于过去，而不是未来。只需踏进博物馆，你内在的审美思维就与这些古人相通了。无论是有意识还是无意识，你往往都会学习并尊重历史知识，即使你未必赞同。而过去的历史，如果妥善处理，正如我们将在下一节看到的，能比现在更好地预测未来。要了解未来，你并不需要技术自闭症患者们所用的术语，也不必痴迷于“尖端技术”，以及诸如此类的东西。你只需要做以下工作：对过去保留一些尊重，对历史记录保留一些好奇，对老人的智慧保留一丝渴求，并掌握“启发法”的概念，这些不成文的经验法则对生存起到了决定性作用。换句话说，你将被迫重视能世代流传、能幸存下来的东西。

最理想的技术

但是，通过自我削减的方式，技术便可以消除不良技术带来的影响。

技术的巅峰状态，往往是在我们看不到它的时候。我相信，当一项技术取代了有害的、不自然的、不友好的，最重要的是天生脆弱的旧技术时，它就给我们带来了最大的效益。许多留存到今天的应用都成功地打破了现代化，特别是20世纪的实利主义的有害影响：徒有其表、高高在上的人占据了大型跨国官僚企业；孤立的家庭和电视机形成单向关系，人们居住在远离市区的、出行需靠汽车的社区里，人际关系变得更加孤立；国家占据主导地位，特别是建立了边境管制的军国主义的集权化国家；强大媒体对思想和文化的破坏性专政；骗人的经济管理机构对经济思想的出版和传播的严格控制；大公司企图控制已受到互联网威胁的市场；被网络摧毁的看似强大的企业，等等。现在，你再也不必在听到“按1为英语”后，在系统中排队等着一位粗鲁的接线员帮你预订塞浦路斯的蜜月行程了。在许多方面，虽然仍不自然，但互联网还是消除了我们身边一些更不自然的元素。例如，消除了纸质文件，与纸质化办公的时代相比官僚主义这个现代化产物日渐式微。如果有一点点运气，计算机病毒会清除所有的记录，帮助人们摆脱他们过去的错误。

即使是现在，我们也正在用技术来扭转技术。还记得我说过，我走进餐厅穿的鞋与前古典主义时期人们在阿尔卑斯山发现的木乃伊所穿的鞋子没有多大的区别。制鞋行业花了几十年开展“工艺设计”，希望制造出完美的步行鞋和跑步鞋，该行业通过各种形式的“支持”机制和材料为鞋子增加减震气垫，现在却开始向我们出售让脚摆脱束缚、回归光脚感受的鞋子了——希望鞋子不要那么显眼，它们的功能只是保护我们的脚免受伤害，而不是指示我们该怎么走路（那曾经是我们对鞋子使命的现代主义诠释）。从某种程度上说，我们买到的是古代狩猎采集者脚上的老茧硬皮，我们可以穿着它在大自然中漫步，然后在重新回到文明社会时脱下它。穿这种鞋走在大自然中，就好像在三维世界里又唤醒了一个新的维度。而普通鞋子则感觉像脚的石膏铸模，把我们与环境分离开来。此外，新型的鞋子也不失优雅：它的技术在鞋底上，而不是在鞋面上，鞋底可以既结实又很薄，从而使脚可以贴地行走，就好像赤脚走路一样——我发现我最好的一双鞋是在巴西买到的意大利款式的鹿皮鞋，我既可以穿着它在石头路上跑步，又可以穿着它去餐厅吃午饭。

其实，也许这些制鞋公司应该只卖给我们增强型防水袜（这正是阿尔卑斯山的古人所穿的），但这可能不会给它们带来很多利润。

平板电脑（特别是 iPad）的一大用途是，它允许我们回归巴比伦人和腓尼基人的写作方式——在平板上写东西（最初古人就是在石板上记事的）。现在，人们可以通过手写，或更准确地说，通过手指书写的方式来进行记录——用手写可要比通过键盘等介质进行记录舒服得多。我的梦想是，终有一天可以通过手写的方式记录所有事，就像现代化之前几乎每一位作家做的那样。

因此，技术的自然特性，可能就是被自身替代的。

接下来，我要说明为什么未来大多存在于过去之中。

越活越年轻：林迪效应

现在让我们来谈谈更具技术性的内容，此时我们有必要做一个区分，即将会自然消亡的（如人类、单个事物）与不会自然消亡的（可能永生的）事物区分开来。不会自然消亡的事物不像有机体那样受到不可避免的到期日的约束。会自然消亡的事物通常是一个物体，而不会自然消亡的事物在本质上富含信息。单独的一辆汽车是会自然消亡的，但是汽车作为一项技术已经存在了约一个世纪（而且，我们推测应该还能存在一个世纪）。人类会死亡，但他们的基因代码则不一定会消亡。图书本身是容易腐烂的，比如某个版本的《圣经·旧约》，但其内容不会消亡，因为它们可以在另一本书中得到表达。

让我先用黎巴嫩方言来表达我的想法。当你看到一个年轻人和一个老人，你可以自信地判断，年轻人的剩余寿命一定比老人的更长。但对于不会自然消亡的事物，比如一门技术，情况就不同了（如表20–1所示）。我们可以看到两种可能性：要么两者预计都有同样长的剩余寿命（其概率分布的情况被称为指数分布），或者老技术的预期剩余寿命要比新技术的更长，与它们的当前相对寿命成正比。也就是说，如果老技术已存活了80年，而新技术存活了10年，那么老技术的预期剩余寿命将是新技术的8倍。

现在，根据事物属于哪一类，我做出以下提议（基于伟大的伯努瓦·曼德布罗特对林迪效应的诠释）：

> 对于会自然消亡的事物，生命每增加一天，其预期寿命就会缩短一些。而对于不会自然消亡的事物，生命每增加一天，则可能意味着更长的预期剩余寿命。

表 20-1 不同领域的“老”事物和“新”事物比较

相对预期剩余寿命	领域	概率分布
新事物的预期剩余寿命比老事物的更长	会自然消亡的：人类和其他动物的寿命	高斯分布（或接近高斯分布，属于同一类别的分布）
新事物与老事物的预期剩余寿命相等	不会自然消亡的：物种的寿命	指数分布
林迪效应：老事物的预期剩余寿命比新事物的更长，与它们的当前年龄成正比	不会自然消亡的：知识性产品的寿命，类属的寿命	幂律分布

因此，一项技术存活的时间越久，其预期剩余寿命就越长。让我来说明一下这个观点（人们第一次总是很难理解它）。比如，我已知的唯一信息是，一位男士已经 40 岁了，我想预测他能活多久。我可以用保险公司所用的那种精算表，看看经年龄调整后的预期剩余寿命，该表预测他还能存活 44 年。明年，当他 41 岁时（或同样，我也可以以同样的方式来精算另一个当前 41 岁的人的预期寿命），他还能存活 43 年。因此，每过一年，他的预期剩余寿命将缩短大约一年（实际上，比一年要少，因此，如果出生时他的预期寿命是 80 岁，那么当他到 80 岁时，他的预期剩余寿命不会是零，而是还有 10 年左右）。

不会自然消亡的事物，情况则相反。为了方便理解，我在这里将数据简化一下。如果一本书已经出版发行了 40 年，我预计它可以再发行 40 年。但是，主要区别在于，如果它又存活了 10 年，那么预计它会再发行 50 年。简单地说，作为一项规律，它告诉你为什么已经存在了很长时间的事物不会像人类那样“老化”，而是会越来越“年轻”。每过一年，只要该事物没有灭绝，它的预期剩余寿命就会翻番。这也是强韧性的一个指标。一个物体的强韧性与它的当前寿命成正比！

物理学家理查德·哥特应用了似乎完全不同的推理来说明：我们以任何随机选择的方式观察到的事物可能既不处于其生命的开端，也不处于其生命的尾声，而最有可能处于生命的中间。有人批评他的论点相当不完整，但他在检验其论点时也验证了我刚才提到的问题，即一个事物的未来预期寿命与它过去的寿命成正比。哥特在某一天（1993 年 5 月 17 日）列了一张百老汇的演出表，并预测，上演档期最长的那出戏剧将经久不衰，反之亦然。他的预测被证明有 95% 的准确度。孩提时期，他就参观过大金字塔（5 700 年的历史）和柏林墙（12 年的历史），并正确地猜到，前者会比后者留存的时间更长。

事物预期寿命的相对比例无须明确检验，这是"赢家通吃"效应在寿命方面的直接显现。

当我提出这个想法时，我通常会犯两个错误——人们很难掌握概率的概念，尤其是当他们上网时间过长时（他们并非沉迷于互联网，而是人类天生就不容易理解概率）。第一个错误常见于我们目前认为是低效和垂死技术之类的事物的反例，例如固定信号塔、印刷报纸和装着纸质报税收据的柜子。很多新事物狂热征患者会被我的这些论点激怒。但我的论点不是针对所有技术，而是针对技术的寿命，这只是从概率导出的平均数而已。如果我知道一个 40 岁的人患上了致命的胰腺癌，我将不再使用无条件的保险表来估计他的寿命，认为他还能像同龄的健康人那样再存活 44 年的观点是错误的。同样，某些人（技术专家）认为我的观点是在暗示，目前还不到 20 年历史的互联网将只剩下 20 年的寿命——但我的观点实质上针对的是平均而非所有情况。但总体来说，一项技术的历史越长，它的预期存活时间越长，对这一论点的肯定性也将越强。

请记住以下原则：我不是说所有的技术都不会老化过时，只是说，那些容易过时的技术，实际上已经被宣判了死刑。

第二个错误是相信采用了“年轻”的技术，你行动起来就可以像“年轻人”一样。这揭示了一种逻辑错误和心理偏见。它歪曲了一代代人不断贡献所累积的力量，使人产生一种幻觉，即新一代的贡献要远胜老一代——而事实上，从统计数据来说，“年轻”的技术几乎毫无作为。许多人都犯了这个错误，但最严重的当数最近我看到的一个愤怒的“未来派”咨询师，他指责那些还在采用“老古董”技术的人（他其实比我的年纪还大，像大多数我知道的技术迷一样，看起来病恹恹的，他有着典型的梨形身材，下巴和脖子之间看不到明显过渡）。我不明白为什么一个人喜欢历史悠久的东西，就会表现得像“老古董”。这么说的话，我的行为举止在喜欢古典文化（“更老的”）的时候就要比在喜欢“更年轻”的中世纪题材的时候更像“老古董”。这种说法是错误的，就好像说人吃牛肉就会变成牛一样。它实际上是一个比吃什么变什么的推论更糟糕的谬论：技术很大程度上是一种信息，而不是一个实体，它不会像人类一样发生肌体的老化。比如轮子是不可能经历退化的，从这个意义上来说，它是不会变成“老古董”的。

给特定人群的行为贴上“年轻”或“年老”的标签，是一种更危险的做法。大家如果不看网络上那种高调宣传的、精心包装的 18 分钟的宣传片，而是关注生活中十几岁和二十几岁的青年人（他们手中也许掌握着通向未来的钥匙），你们就会换种思考方式。许多进步都来自年轻人，因为他们有相对不受系统束缚的自由与采取行动的勇气，而年长者则多囿于生活而失去了这些品质。但是，年轻人提出的想法大多都是脆弱的，不是因为他们年轻，而是因为大多数未经历练的想法往往是脆弱的。当然，很多人之所以吹嘘“未来主义”理念是因为宣传过去的理念赚不了那么多钱，新技术当然比较容易振奋人心。

我收到一封来自苏黎世的保罗·杜兰的有趣的信，他想知道，如果我们不知道21世纪需要哪些技能的话，我们又该如何教会孩子21世纪的生存技能呢？——实际上，他想到了被卡尔·波普尔称为历史主义错误的重大问题的优雅的应用。我的回答是，让孩子们多读经典著作。未来包含在过去之中。其实有一个阿拉伯谚语就是这么说的：没有过去的人就没有未来。

一些心理偏差

接下来，我要提出一个受随机性效应愚弄的应用。信息有一个讨厌的特性：它会将失败隐藏起来。很多人在听到有人炒股致富，在街对面买了一套豪宅的成功故事后，会被吸引进入金融市场——但实际上，有关失败的信息都被掩藏起来了，我们没有听到它们，所以受投资者的误导而高估了成功概率。这一规律同样适用于小说的写作：我们没有看到过绝版的精彩小说，我们只是认为，销量高的小说写得都好（不管你怎么理解），那么写得好的小说也一定销量高。实际上，我们混淆了必要条件和因果关系：因为所有幸存的技术都有一些明显的优点，这促使我们相信，所有能带来明显好处的技术都将留存下来。我会把那些深奥难懂、有助于生存的特性留到后面的章节进行讨论。但在这里，请关注导致人们相信某些技术的“威力”及其主宰世界能力的心理偏见。

另一种导致我们过分宣扬某种技术的心理偏见，来自我们只关注动态而非静态的事实。最典型的例子莫过于这种偏见在有关财富问题上的反映，这是由心理学家丹尼尔·卡尼曼和阿莫斯·特韦尔斯基发现的。（他们发现，人类的大脑喜欢最轻松的方式，并会因此陷入一些误区。他们开创了一种对人们的偏见进行分类和绘图的模式，以反映人们对随机结果的认知和在不确定情况下做决策的感受。）你对某人说“你损失了1万美元”，会比你告诉他“你的投资组合的价值原本是78.5万美元，而现在是77.5万美元”更让他心烦。我们的大脑偏好走捷径，局部的变化总是比全局更容易被大脑注意（和存储），需要的内存空间也更小。这种心理启发法（通常，我们自己也意识不到它的运作），即以变化取代整体的错误是相当普遍的，甚至很容易被观察到。

首先，我们对变化的注意，远远多过重要但不变的事物。我们对水的依赖要超过对手机的依赖，但因为水不会改变而手机一直在变，因此，我们很容易将手机发挥的作用想象得比它们的实际作用更大。其次，因为新的一代人更积极地开发技术，我们注意到他们尝试了更多的东西，但我们忽略了这些技术的应用通常并不长久。大部分“创新”是失败的，就像大多数图书都滞销一样，但这不应妨碍人们去尝试。

新事物狂热征和跑步机效应

比如，你开着你买了两年的日本汽车在高速公路上行驶，并被一辆看上去明显不同的同一品牌最新款汽车超过。那辆车看起来明显更好。它的保险杠稍微大一些，尾灯也更宽一些。这些外观上的细节变化（或许还有一些隐藏的技术改进）并不显著，除此之外，这辆车看起来跟你的车是一样的，单就外形来看，你就是感觉它更好。你看着那辆车的尾灯想，你也应该换辆车了。在卖掉自己的汽车后，还得多支付约 1/3 的钱——所有这些都是因为这些小小的变化（主要是外观上的）。但换汽车与换电脑相比，成本还算小——一台旧电脑的回收价值微乎其微。

比如你用的是苹果电脑。这是一个星期前你刚刚买的一台新款电脑。在飞机上，坐在你旁边的人从他的手提包里掏出了一台旧电脑。它虽然与你的电脑同属一个系列，但看起来感觉更差些——机身较厚，屏幕清晰度也不够。但是，你忘记了当年你也曾买过一台同一型号的电脑，你因此还兴奋了好一阵子。

手机也是一样，你会看不起那些携带笨重的老款手机的人。但就在几年前，你还认为它们又小又光鲜呢。

所以，在这么多技术驱动型的现代化事物的包围下（包括滑雪板、汽车、计算机以及计算机程序），我们似乎更关注不同版本之间的区别而非共性。我们甚至会迅速厌倦我们所拥有的东西，并不断寻找升级版。之后，期待另一个“改进版”的新产品。这种购买新产品，最终又对其失去新鲜感（尤其是与更新的东西比较时），并期待购买更新款产品的冲动被称为“跑步机效应”。读者可以看到，这与前一节提到的人们更容易注意变化的心理偏见的诱因是一样的：我们会关注变化，并对没有变化的某些事物和某类商品感到不满。丹尼尔·卡尼曼和他的同事在研究被他们称为享乐体验的心理时，对跑步机效应进行了调查。人们在获得一个新的物品后，开始会感觉兴奋，随后又会迅速恢复常态。所以，当你进行“升级”后，你会对技术的变化感觉非常满意。随后，你会很快习惯这一变化，并开始寻找新事物。

但我们对古典艺术、老式家具——总之不归于技术一类的事物，似乎就没有这种跑步机效应。比如，你在同一间屋子里挂了一幅油画，还摆了一台平板电视。这幅油画绘于近一个世纪以前，呈现的是经典的佛兰德风景：佛兰德阴暗的天空、雄伟的树木，以及平凡但宁静的乡村景色。我敢肯定，你不会急于对你的油画升级换代，但你的平板电视机却有可能很快被你捐献给某个爱肾基金会的地方分会。

我们的饮食也是如此，想想看我们还在尝试仿效 19 世纪的晚餐习俗。因此，世界上至少有一个领域并不是我们力求处处优化的。

我写这本书时一开始是用手写方式，用的是一支陪伴我多年的钢笔。我并不计较我的笔的新旧程度。它们中好多支都非常古老，少说也有好几十年的历史了，其中一支（最好的）我用了至少 30 年。我也不在乎纸张的微小变化。我喜欢使用克莱枫丹品牌的纸张和笔记本，它们从我童年时期起就没有大的变化——如果说有什么变化的话，那就是它们的品质下降了。

但是，当我要将草稿转录成电子文档时，我就开始担心我的苹果电脑可能不是最好的工具。我不知从哪里听说的，新版电脑的待机时间更长，因此我打算不久后，在我产生购买冲动时对我的电脑升级换代。

注意，我们在技术领域和现实生活领域对事物的看法呈现出奇怪的差异。每当我搭乘飞机，坐在一个用电子阅读器阅读企业家常读的垃圾文章的企业家旁边时，企业家总是忍住不拿他的电子阅读器与我阅读的纸质图书进行比较，并对我的书嗤之以鼻。据说，电子阅读器的“效率更高”，它承载的是书的内容，是企业家称为信息的东西，而且携带更方便，他可以在他的设备里下载能装满一个图书馆的书籍，还可以“优化”利用他打高尔夫球的空闲时间。我从来没有听任何人说过电子阅读器和实体书的重大区别，比如气味、质地、尺寸（书是三维的）、颜色、翻页的能力、与电脑屏幕相比的手感，以及导致我们的阅读感受莫名不同的隐性特征。讨论的重点往往是两者的共性（这个奇妙的设备多么像一本书）。然而，当他将他的电子阅读器与其他电子阅读器比较时，他却会睁大眼睛盯住那些微小的差异。正如黎巴嫩人与叙利亚人相遇时，他们会关注各自的地中海东部方言的细微差异，但是当黎巴嫩人与意大利人相遇时，他们都会关注彼此的相似性。

有一种启发法可以帮助我们对这些物品归类。首先是电子开关。任何东西，只要上面带有“开”和“关”的按钮，空乘人员就会对我大叫，让我关掉。这种东西必然属于某一类（但反之则不然，因为许多没有开关按钮的物品也深受新事物狂热者的喜爱）。对于这些物品，我会关注它们的差异，加上新事物狂热征。但是，让我们看看艺术品（属于另一类）与工业产品的区别。艺术品都会被创作者注入自己的感情，而且容易让人满足——我们不会像看待电子产品那样，带有一种感觉不尽完美、有待改进的挑剔心理。

此外，技术性的东西往往都很脆弱。我们对艺术家的作品很少产生跑步机效应，这些东西都带有一定的反脆弱性——比如，我脚上这双手工制作的鞋子得耗费鞋匠好几个月的时间才能制作完成，而带“开关按钮”的物品往往没有这种补偿性的反脆弱性。

但是对于有些东西，我们倒是希望多一点儿脆弱性，这就引出了我们对建筑的讨论。

建筑和不可逆转的新事物狂热征

有一些建筑师之间的进化战争，逐渐演变成了一种复杂的新事物狂热征。现代主义建筑与功能主义建筑的一个问题是，其实体不够脆弱、不易打破，因此，这些建筑物就只能矗立在那里，折磨着我们的感官——你没法预测它们什么时候会最终消失。

顺便说一句，城市规划显示出了自上而下效应的核心特点：自上而下通常是不可逆的，所以错误往往根深蒂固，而自下而上则是逐步渐进的，创造和破坏同步进行，虽然创造的步伐会稍微快一些。

此外，无论是城市还是楼房，只要是以自然的方式发展的，就都具有分形的特征。就像一切生物和有机体一样，如肺或树木，它们以自我引导的形式生长，同时驯服了随机性。什么是分形？回忆一下我们在第三章讲的曼德布罗特的洞见：“分形”既需要杂乱的延伸扩展，也需要自相似性（曼德布罗特喜欢用“自仿性”的概念），如树木会生出很多枝条，每个枝条看起来都像一棵小树，枝条上又生出更小的枝条，看起来仍与整体相仿，就像稍加修饰但仍识别得出的整体。这些分形基于嵌套模式重复的规律，产生了某种丰富的细节。分形需要一些杂乱的表象，但是你会有一些方法来识别其杂乱背后的规律。大自然中的一切从本质上来看都是分形结构——杂乱、富含细节，但是遵循一定的模式。

相比较而言，有序则属于我们在学校学习的欧几里得几何：简化了形状，但失去了丰富的内涵。

可惜的是，当代建筑都是有序的，虽然有时它们会显得怪异。但是，自上而下进行的创造通常都是死板的（不具有分形结构），看上去死气沉沉。

有时候，现代主义会拐弯走上自然主义之路，然后停在那条路上。建于20世纪初的巴塞罗那高迪建筑就是从大自然和其他丰富的建筑形式（巴洛克式和摩尔式建筑）中汲取灵感而建造的。我曾参观过那里的一个房租管制公寓，感觉就像进了一个修缮过的洞穴，它充满了丰富、杂乱的细节。我甚至相信，我前世就是住在这样的环境中的。丰富的细节却能促进内心的平静，这是非常微妙的事。可惜的是，高迪的概念后来除了催生非自然和幼稚的现代主义建筑雏形，并未继续发展：此后，现代主义结构趋向于光滑有序，完全脱离了分形结构的无序。

我写作时喜欢面朝树木，并且，如果可能的话，尽量看向长着野生蕨类植物的无人管理的花园。但是，棱角分明的白色墙壁却让我感觉紧张。自第二次世界大战以来建造的几乎所有东西，都有一种不自然的有序结构。

对于一些人来说，这些建筑物造成的危害不仅限于审美层面——许多罗马尼亚人就对独裁者尼古拉·齐奥塞斯库破坏传统村庄，代之以现代高楼的做法极为不满。新事物狂热征和独裁成为一个爆炸性的组合。在法国，一些人将移民骚乱归咎于住房工程中的现代建筑。正如记者克里斯托弗·考德威尔对现代这种不自然的生活状况的描述："勒·柯布西耶将房屋称为'居住的机器'。我们现在看到，法国的住房项目已经成了疏离人际关系的机器。”

简·雅各布斯是纽约的城市活动家，以其英雄般的政治风范力抗建筑和城市规划层面的新事物狂热征。痴迷于现代化城市梦想的是罗伯特·摩西，他改善纽约的方式是将大片住宅夷为平地，然后修建大型公路和高速公路，这种方式严重破坏了自然秩序，造成的罪孽甚至超过奥斯曼。我们在第七章中看到，奥斯曼在 19 世纪拆除了巴黎周边的一整块地区，以腾出空间修建“格兰大道”。雅各布斯反对一切高层建筑，因为它们扭曲了城市生活的体验，城市生活原本应该是在大街小巷中品味的。此外，雅各布斯还反对罗伯特·摩西修建那么多公路，因为这种交通引擎会吸干城市的生命——对她来说，城市应该致力于为行人服务。我们又一次看到了机器和有机体的二分法：对雅各布斯来说，城市是一个有机体，但对摩西来说，城市则是一台需要改良的机器。事实上，摩西还计划将西村夷为平地；多亏了雅各布斯的四处请愿和不懈的反对，这一地区——曼哈顿最漂亮的一片地区——才得以完好无损地保留下来。有人可能想给摩西正名，因为不是所有他主张的项目都是邪恶的，有些可能给人带来了益处，比如有了高速公路后，对中产阶层来说去公园和海滩就容易多了。

回想一下我们对自治市特点的讨论，这些自治市并没有变得更大，因为规模越大，问题会变得越抽象，而抽象不是人性可以妥善管理的。同样的原则也适用于城市生活：社区就像村庄，需要保持村庄的特征。

最近，我在伦敦遇上了一次交通堵塞，你会听到有人说，这种行驶速度相当于一个半世纪前的速度，或者更慢。我花了将近两个小时才从伦敦的一头到达另一头。当我堵在路上，跟（波兰）司机似乎无话可谈时，我也在想奥斯曼是否真的是不正确的，如果伦敦也有奥斯曼之流把大批社区夷为平地，拓宽道路来疏导交通，这个城市是否会变得更好。直到我突然意识到，实际上，与其他城市相比，伦敦交通如此繁忙，是因为人们想住在这里，而且对他们来说，住在这里的益处超过成本。伦敦超过 1/3 的居民都是在外国出生的，而且，除了移民，地球上最富有的一群人最初也是在伦敦市中心的临时住所里发迹的。缺少街道，缺少占主导地位的政府可能正是这个城市的魅力之一。没有人会在巴西利亚购买临时住所，因为这个城市是从无到有，从地图上竖立起来的，完全自上而下的城市。

我也查阅了如今巴黎最昂贵的街区（如第六郡或圣路易斯），它们都是 19 世纪翻新工程中被遗漏的地区。

最后，我认为下文是对目的论设计的最好反驳。建筑物自诞生后常常会出现变化，就好像它们需要缓慢地进化以与周围变化的环境相契合：它们会改变颜色、形状、窗户和特征。斯图尔特·布兰德在他的书《建筑物如何进行学习》中刊出了照片，显示建筑是怎样随时间而改变的，就好像它们需要蜕变成识别不出的形状——奇怪的是，这些建筑自兴建之时，就从未考虑未来改变的可选择性。

落地窗

我提出的对建筑现代主义的怀疑不是无条件的。虽然大部分建筑元素都带来了不自然的压力，但是某些元素还是有所改善的。例如，在乡村的环境中，落地窗能让人们最大限度地接触大自然——在这里，技术再次呈隐性状态。过去，窗户的大小需根据散热方面的考虑来决定，因为窗户隔热性能差，热量会迅速从窗户散掉。但是，今天的材料使我们摆脱了这样的限制。此外，为应对大革命后开征的门窗税的情况，许多法国建筑的窗户数量非常少。

穿起来无拘无束的鞋让我们能够感受到地面，正如奥斯瓦尔德·斯宾格勒所说，现代科技可以使我们扭转文明从植物走向石头（也就是从分形走向欧几里得数学）的这一趋势。我们现在正从光滑有序的石头回归丰富的分形和自然。曼德布罗特在一扇俯瞰树林的窗前写道："我是那么渴望分形的唯美，其他的选择都是不可想象的。"现代技术使我们能够与大自然融合，不只是一扇小窗户，面向郁郁葱葱的茂密森林的一整面墙都可以是透明的。

公制度量

国家追求新鲜事物的一个实例是：公制度量运动，也就是使用公制来取代"古老"的度量，理由是为了提高效率——这样做"理由充分"。这一逻辑可能无可挑剔（当然，直到有一个更好的、不那么幼稚的逻辑取而代之，就像我在这里想尝试的一样）。让我们来看看，在这个问题上理性主义和经验主义之间的差异。

沃里克·凯恩斯与简·雅各布斯很相似，他在法庭上据理力争，为英国市场上的农民们争取继续以磅为单位销售香蕉和类似商品的权利，因为他们拒绝使用更"理性"的公斤。公制度量诞生于法国大革命，是乌托邦式情绪的产物，其中包括把冬季的月份名称改为雪月、雨月、风月，以描述性的方式说明天气，还有将一周改为10天，以及类似的天真想法。幸运的是，改变时间的计划失败了。然而，虽然几经周折，公制度量还是被广为推行，但在美国和英国，旧制度量的地位仍然难以撼动。1832 年，在希腊独立 12 年后，法国作家埃德蒙德访问了希腊，他记录了农民们如何饱受公制度量的折磨，因为这对他们来说太不自然了，因而他们继续坚持使用奥斯曼帝国时代的度量标准。［同样，由于对阿拉伯字母实行“现代化”，读起来像词语一样容易记忆的闪语词序（ABJAD, HAWWAZ）被排成逻辑顺序（A-B-T-TH），结果导致阿拉伯人背诵字母的能力大大降低。］

但很少有人意识到，自然形成的度量体系背后自然有其逻辑：我们使用的英尺、英里、磅、英寸、弗隆、英石等计量单位都是古人直觉的产物，我们使用它们只需付出最低的认知努力。而且，所有文化都有一些类似的度量方法，即用实物去衡量每天遇到的事物。比如，公尺无法与任何实物匹配，但英尺却有相匹配的东西。我可以轻易地想象“30 英尺”的长度。再看英里，该词源于拉丁文 *miliapassum*，意思是走 1 000 步。同样，1 英石（14 磅）与什么相对应呢……当然，是石头。1 英寸对应的是一个拇指的长度。1 弗隆的距离是人们一口气可以冲刺的距离。1 磅源于 libra，就是你能想象的双手可以捧得住的重量。回想一下我们在第十二章说的泰勒斯的故事，我们用到了舍客勒这一度量单位：在闪米特人 - 迦南人的语言中，这个词的意思是“重量”，其具有实体方面的内涵，与磅类似。这些单位出现在我们祖先的生活中绝非偶然——而数字系统本身与我们的 10 根手指也存在对应关系。

当我写这些文字时，毫无疑问，一些每天晚餐吃 200 克煮熟的肉类和喝 200 厘升的红酒（这是有益于其身体健康的最适当的量）的人，正在计划促使“效率”更高的公制度量深入其成员国的乡村。

把科学变成新闻

因此，我们可以把脆弱性和强韧性的标准应用到信息的处理方面——这种情况与技术类似，脆弱的东西就是经不起时间考验的东西。所以，最好的过滤性启发法，就是看图书和科学论文的流传年数。刚出版一年的图书通常是不值得一读的（它具有“流芳百世”的质量的概率非常低），不管炒作得多么厉害，或者它们看上去多么“惊世骇俗”。所以在选择读什么书时，我以林迪效应为指导：已经流传10年的书将再流传10年；流传了2 000年的书还将流传更长时间，以此类推。许多人认识到了这一点，但并未将其应用到学术工作中。学术工作的许多现代实践，与新闻工作没有多少区别（除了偶尔的原创作品）。学术工作因为有寻求关注的倾向，所以很容易受制于林迪效应：想想看，数以百万计的论文不管在出版时如何大肆宣传，本质上都只是噪声。

判断科研成果或新的“创新”是否真的是突破，问题在于我们需要去看相关观念的所有层面——而且仍有一些迷惑需留待时间去解决。很多人像老鹰般盯着癌症的研究成果，我却喜欢引述下列事实：曾有段时间，犹大·福克曼的研究工作令大家兴奋不已。福克曼认为，人们可以通过抑制血液供应治愈癌症（肿瘤需要营养，而且往往会制造新的血管，就是所谓的新生血管）。这个想法表面上看起来无可挑剔，但大约15年之后，我们得到的唯一显著成果是找到了缓和黄斑变性的方案，这与癌症完全无关。

同样，看似无趣而可被忽视的结果，在10年之后却可能被证明是行业的突破。

所以，时间可作为噪声的清洁剂，把所有言过其实的作品都扔进垃圾桶。有些组织甚至把此类科学生产变成了廉价的观赏性竞技运动，比如评选出直肠肿瘤领域或诸如此类的子学科下的“十大热门论文”。

用“科学家”取代上文中所说的“科学成果”，我们也常常会看到相同的新事物狂热征。对“40 岁以下”的明日之星科学家的授奖简直是种病态行为，这种病蔓延到了经济学、数学、金融学等领域。数学领域比较特别，因为其成果的价值我们是可以马上看到的，所以对该领域我就不做批评了。但对于我很熟悉的领域，比如文学、金融、经济等领域，我则非常肯定，向 40 岁以下的人授奖恰恰是其价值最好的反向指标（这很像交易员们屡试不爽的经验：出现在杂志的封面或者被《从优秀到卓越》等书誉为“最佳”的公司往往最终业绩不如预期，做空它们的股票一定会让你赚得盆满钵满）。设置这些奖项最糟糕的后果是，将没有获奖的人置于不利地位，从而将这些领域降级成为竞技场。

如果我们要设奖的话，就应该为“流传百年以上”的成果设奖：人类花了 140 年来验证朱利·荷纽的贡献，后者发现了可选择性，并从数学的角度将其绘制了出来，同时他还发现了我们所称的炼金石。但是，他的作品多年来一直默默无闻。

现在，只要看看你高中和大学时感兴趣的基础教材——任何学科都可以，你就会同意我所说的科学领域充满噪声的观点。随机翻开一个章节，看看其中的观点如今是否仍然重要。哪些观念有点儿枯燥，但仍然具备现实意义，或者非但不枯燥，还很重要。它们可能是著名的 1215 年《大宪章》（英国历史）、恺撒的《高卢战记》(罗马历史)、对斯多葛学派的历史介绍(哲学)、量子力学概论(物理),或猫与狗的基因树(生物学)。

现在,请尝试找到5年前有关某一受关注主题的随便一场会议的会议记录。你可能会发现,它与5年前的新闻没有多大区别,甚至可能更无趣。因此,从统计上来看,出席一个会议可能与买一张彩票一样浪费时间,且回报很小。一篇论文在5年后仍然重要且有趣的概率不超过万分之一。由此可见科学的脆弱性!

与一名高中老师或者不成功的大学教授的谈话,可能也比最新的学术论文更有价值,而且这种谈话会较少地遭到新事物狂热征的侵蚀。我最酣畅的一次哲学交流是与一位法国的公立中学教师进行的,他热爱哲学,但没有兴趣靠写论文投身这个行业(在法国,他们在高中的最后一年教哲学)。不管在哪个领域,业余爱好者往往都是最优秀的,如果你能够接触到他们的话。与业余爱好者不同,职场专业人士奢谈知识就好像妓女奢谈爱情。

当然,你可能会幸运地在一些地方遇到一些有真才实学的人,但总体来说,在最好的情况下,与学者谈话就像与管道工谈话一样,有时候情况更糟,他们就像喜欢聊娱乐新闻的看门人:他们所聊的话题不外乎一些无聊的人(其他学者)和其他琐事。当然,顶尖科学家的谈话有时会令人着迷,这些人积累了渊博的知识,对他们来说,谈论某个相关话题游刃有余,因为这些主题与他们的整个研究领域密切地联系在一起。但是,这些人在这个世界上已经太罕见了。

我想用以下故事来结束本章。我的一个学生(他偏偏是学经济学专业的)问我应该根据什么原则来选择可读的书。“尽量不要读过去20年里出版的书,除了不是写过去50年历史的历史书。”

我脱口而出，而且颇有些不耐烦，因为我最讨厌这样的问题，“你读过的最好的书是什么”或“你能否列出十佳图书”。我心目中的“十佳图书”的书名在每个夏末都会改变。另外，我一直在推荐丹尼尔·卡尼曼的书，因为他的著作很大程度上是其34~40年之前的研究心血经过精心筛选和现代修订后的呈现。我的建议似乎是不切实际的，但是，经过一段时间，这位学生形成了一种阅读亚当·斯密、马克思和哈耶克等人原著的习惯，因为他相信这些书即使到他80岁的时候也会时常被引用。他告诉我，在定下这个图书选择规则后，他意识到他的同龄人读的往往都是最新但很快就会过时的书。

应该会消失的东西

2010年，《经济学人》杂志邀请我参加一个专栏的写作，主题是想象2036年的世界。由于《经济学人》杂志知道我一向拒绝预测未来（从《黑天鹅》一书中得出的结论），因此他们的意图是把我当作反方作者，让我驳斥那些数不清的想象性预测，以实现对立观点的“平衡”，因此，他们满心认为，我会像平时那样生气、不屑和气急败坏地进行驳斥。

结果，两个小时的散步之后，我一气呵成地写了一系列的预测，并将文稿发给编辑，他们着实吃了一惊。他们可能首先想到的是，我跟他们玩了一个恶作剧，或者某个人误收了他们的邮件，于是冒充我写了回信。在概述了脆弱性和非对称性（在错误面前呈凹性）后，我解释说，我预测未来还可以看到靠着一整面墙的书架、被称为电话的装置、手工业者的崛起等等。我的预测是基于这样的理念：大多数存活了25年的技术应该还能再存活25年——再次声明，我指的是大多数，不是全部。但脆弱的事物将消失，或者被削弱。现在，让我们看看什么是脆弱的。大的、优化的、过度依赖于技术的东西。脆弱的事物过度依赖于所谓的科学方法，而不是经时间验证的启发法。今天的大型公司到那时应该都消失了，因为它们将规模视为自己的实力，结果却被规模所误：规模之所以是公司的敌人，是因为它会导致公司在“黑天鹅”面前呈现不相称的脆弱性。城邦制国家和小型公司更容易在未来幸存，甚至茁壮成长。集权制国家、印发货币的央行，以及那些被称为经济部门的机构，名义上可能仍然存在，但它们的权力将被严重侵蚀。换句话说，我们在三元结构图“脆弱类”一栏中所看到的东西将消失——取而代之的是其他脆弱的事物。

先知与现在

针对事物的弱点提出警告（减法式预言），更接近传统意义上先知发挥的作用：警告，而不一定是预测，并在人们拒绝接受的情况下预测灾难的发生。

先知的传统工作，至少在地中海东部地区，并不是展望未来，而是谈论现在。先知会告诉人们该怎么做，或者在我看来，更可靠的方法是告诉人们不该做什么。在近东的一神论传统中，无论是犹太教、基督教还是伊斯兰教的先知们，其主要工作是避免会众放弃唯一真神，而加入崇拜偶像的异教徒行列，以致引来灾难。先知是与唯一真神有着直接沟通，或者至少可以领会神的旨意的人——更重要的是，他要对他的教徒发出警告。闪米特人的先知，被称为 Nevi 或 nebi（希伯来原文），在发音上与阿拉姆语和阿拉伯语在发音上的细微差别相同，主要是指能与上帝沟通并传达上帝旨意的人——‘nab’在阿拉伯语中的意思是“新闻”（其最初的闪语词根 nabu 在阿卡迪亚的意思是“召唤”）。早先被翻译成希腊文时为 pro-phetes，意思是“代言人”，这在伊斯兰教中被保留下来，因为先知穆罕默德就有双重角色，一是代言人，一是信使。代言人和信使角色之间还有一些细小的等级差别。单纯做预测工作的人仅限于占卜者，或者会运用占卜术的各类人等，比如《古兰经》和《圣经·旧约》中不受人喜爱的“占星家”。迦南人的神学和各种探索未来的方法同样混乱，但先知仅指与唯一真神打交道的人。

在地中海东部地区，先知并不是让大家特别羡慕的人。正如我在本章开头所说，他们很难受人欢迎：耶稣在提到以利亚的命运时（以利亚警告会众不得敬拜巴力神，但具有讽刺意味的是，他又不得不到敬拜巴力神的西顿寻找慰藉）宣称：没人能在自己的土地上成为先知。而且先知的使命并不一定是人们自愿承担的。想想耶利米充满了悲叹的生活（《旧约·耶利米哀歌》），耶利米有关灾难和监禁（及其原因）的令人不快的警告，使他不那么受人欢迎，可以说他恰好是“棒打信使”和“真相带来仇恨”的体现。耶利米遭到了殴打、惩罚、迫害，并成为无数阴谋（其中涉及他自己的兄弟）的受害者。在一些杜撰的故事中，他最后甚至在埃及被人用石头砸死。

在闪米特北方，在希腊的传统文化中，我们发现了同样的信息，那些对现实发出警告的人，以及那些能够理解别人所不理解的事情的人，遭受了同样的惩罚。例如卡珊德拉，当神殿的蛇清理了她的耳朵后，她开始听到一些特别的信息，获得了预言的天赋，同时却背负着不被人相信的诅咒。提瑞西阿斯因为泄露了诸神的秘密而失明，并变身为女人——但作为弥补，雅典娜舔了他的耳朵，使他听得懂鸟儿歌声中的秘密。

回想一下我们第二章提到的，我们无法从过去的行为中学习的现象。学习时缺乏递归思维，也就是缺乏二阶思维的问题是：如果那些传递一些从长远来看有价值信息的人在过去的历史中受到迫害，人们就会预期，应存在一个纠错机制，使聪明的人最终从这类历史经验中吸取教训，而传递信息的那个人也终将得以正名。但是，事实并不是这样。

缺乏递归思维的情况不只出现在预言中，也出现在其他的人类活动中：如果你认为别人没想到的某个新创意，也就是我们常说的“创新”，行得通而且会有很好的效果，那么你会预期别人也能够接受它，不用考虑太多别人的看法就能眼睛雪亮地捕捉到新创意。被视为“原创”的东西，往往是根据当时是新的但如今已经不新的东西设计的，因此对许多科学家来说，成为“爱因斯坦”就意味着要解决一个与爱因斯坦解决的问题相类似的问题，但实际上，当年爱因斯坦解决的也根本不是标准问题。成为物理学领域的爱因斯坦这个理念本身，也不具有原创性。我在风险管理领域发现过类似的错误，因为科学家们总试图以标准的方式创新。数量金融学界的人只是将过去伤害过他们的事件认作高风险事件（鉴于他们对“证据”的关注），而没有意识到，在这些事件发生之前，完全没有先例和衡量标准。我个人曾努力劝他们摆脱固有的思维，以二阶思维模式来考虑问题，但是我没能说服他们——我也曾努力让他们认识脆弱性的概念，但同样没有成功。

恩培多克勒的狗

在亚里士多德的《大伦理学》一书中，有一则有关苏格拉底之前的哲学家恩培多克勒的可能是杜撰出来的故事。有人问恩培多克勒，为什么狗总是喜欢睡在同一块瓷砖上，恩培多克勒回答道，这条狗和这块瓷砖之间应该有一些相似性（其实这个故事甚至可能被杜撰了两次，因为我们也不知道《大伦理学》是否就是亚里士多德本人写的）。

想想狗和瓷砖之间的匹配性。这是一种自然的、生物的、可解释的或不可解释的匹配性，由于长期循环出现而得到了肯定，并取代了理性主义。回过头来看看历史事实就知道了。

这便让我能够对本章所做的关于先知的讨论下一个结论。

我认为，那些人类的技术，如幸存下来的写作和阅读技术，就像瓷砖之于狗，是自然的朋友之间的匹配，因为它们对应着我们内心深处的一些东西。只有经得住时间考验的东西，才是属于我们永远需要的东西。

每当我听到有人试图将一本书和一个电子阅读器做比较，或者试图比较某种古老的东西和某种新技术时，各类“意见”就冒出来了，仿佛现实只关心意见和叙述一样。其实，我们的世界中深藏着秘密，我们只有通过实践才能发现它们，而意见或分析是无法全面捕捉这些秘密的。

当然，秘密只有随时间的流逝才会逐渐为人所知，谢天谢地，它只能等待时间来发现。

什么是没有意义的

让我们再深入了解一下恩培多克勒的狗这则故事：如果某个东西对你来说没有任何意义（比如宗教——如果你是一个无神论者的话，或者某些不合理的古老习惯或做法），如果这个东西已经存在了很长一段时间，那么，不管你认为它合理还是不合理，你都可以预期它还会存在更长的时间，比那些预言它会死亡的人存活的时间更长。

第二十一章

医疗、凸性和不透明

- 他们所说的无证据。
- 医疗让人更脆弱，然后又试图救人。
- 牛顿定律或证据？

医学史主要是有关行动与思考之间的对话，以及如何在不透明的情况下做决策的故事，而且这些内容大多有据可查。在中世纪的地中海地区，迈蒙尼德、阿维森纳、阿哈威，以及诸如胡乃因·伊本·易斯哈格等叙利亚医生都身兼哲学家和医生两种身份。医生在中世纪犹太人世界里被称为哈基姆，意思是“聪明人”或“智慧的执行者”，是哲学家或拉比的近义词（hkm 这一词根在闪语中是“智慧”的意思）。甚至在更早的年代，也有一群深受希腊文化熏陶的人活跃在医学和哲学实践的中间领域——伟大的怀疑论者和哲学家塞克斯都·恩披里柯本人就是怀疑经验主义学派的医生。经验基础医疗的先行者尼科米底亚的曼诺多图斯也是如此，稍后我们会对他们做更多阐述。这些思想家的作品，或者留存至今的作品，对我们中那些不相信夸夸其谈的人来说，也是令人耳目一新的。

本章我们要说一些简单的内容，例如简单的决策法则和启发法。当然，我们要采用否定法（剔除不自然的）；我们只寻求能够带来非常大的健康收益（比如，救人一命），或者收益明显超过其潜在危害的医疗技术，如毫无疑问必须动的手术或必须服的救命药物（青霉素）。这与政府干预是一样的。这是泰勒斯模式而非亚里士多德模式，即根据收益而非知识来做决策。因为在这些情况下，医学具有正向的非对称性（凸性效应），其结果不太可能产生脆弱性。否则，在某种药物、流程，或营养和生活方式带来的收益很小的情况下，比如那些仅照顾到舒适性的情况，我们可能就会受骗（将我们置于凸性效应的错误一面）。其实，我和拉斐尔·杜尔迪在我们有关风险检测技术论文（第十九章）中所开发的定理有一个意外的收益，即建立起以下事物之间的联系：风险或剂量反应的非线性与潜在的脆弱性或反脆弱性。

我还将问题扩展到了认识论的层面，并制定规则来界定什么才算得上证据：半杯水究竟应被视为半空的还是半满的，在有些情况下，我们关注的是证据的缺乏，而在另外一些情况下，我们关注的是证据。在某些情况下，我们有确凿证据，在其他情况下，则完全没有证据——这取决于风险状况。以吸烟为例，在某个阶段，吸烟被认为能带来一些小收益，比如快感，甚至健康（确实，人们曾认为这是一个好东西）。它的危害是几十年之后才被发现的。然而，如果当时有人对吸烟表示质疑，他听到的将是千篇一律的幼稚而学术化的伪专家式回应："你有证据表明吸烟有害吗？"（这与"有没有证据表明污染有害"等回应如出一辙。）像往常一样，解决这个问题的办法很简单，拓展一下否定法和胖子托尼的"别当愚蠢的人"法则：非自然的东西需要证明其利益，但自然的事物则不需要——根据我们早先阐述的统计原理，大自然比人类更少让我们上当。在一个复杂的领域，只有时间——很长的时间——才能成为证据。

对于任何决定，未知事物对一种事物的影响总是大大超过另一种事物。

这种"你有证据吗"的谬论是将存在证明无害的证据与缺乏证据证明有害混为一谈，与我们将 NED（缺乏证据证明存在某种疾病）曲解为有证据证明不存在某种疾病的情况相类似，与将缺乏证明某事存在的证据视为存在证明某事不存在的证据相类似。这种错误往往会影响受过教育的聪明人，就好像教育使人们更倾向于以证实思维做出反应，因而更容易陷入简单的逻辑误区。

回想一下，在非线性情况下，简单的"有害"或"有益"的陈述都会失灵：关键在于剂量。

如何在急诊室中辩论

有一次散步的时候，我的鼻子受伤了。当然，这是出于培养反脆弱性的考虑。我试图走在坑洼不平的路面上，以此作为我进行反脆弱性训练的一部分，这部分是受卢瓦克·勒科尔的影响，他笃信自然运动的益处。这种运动是令人振奋的，当我将这种自然地表与人行道和公司办公室的地面相比时，我觉得世界更丰富、更分形了，而后者给我的感觉更像监狱。遗憾的是，我携带的东西可没有那么古老，我带了一部手机，它可不管我是否在散步，就蛮横地响了起来。

在急诊室，医生和工作人员坚持认为应该“冰敷”我的鼻子，也就是在鼻子上贴一个冰敷贴。在忍受痛苦时，我突然意识到，我的肿痛并不是跌倒直接造成的。这是我自己的身体对伤害做出的反应。在我看来，压制大自然所设定的反应简直就是对它的亵渎，除非我们有充分的理由这么做，并以恰当的实证检验来说明人类可以做得更好，举证是人类的责任。所以，我含糊不清地问急诊室医生，他是否有任何统计证据来证明冰敷我的鼻子有益，还是说，这只是一种天真的干预方式。

医生的回答是：“你的鼻子肿得有克利夫兰那么大了，你现在感兴趣的竟然是……数字？”我记得我从他语焉不详的回复中听出，他没有答案。

实际上，他确实没有答案，因为一碰到电脑，我就可以确认，没有令人信服的实证证据表明冰敷有利于消肿。至少，对于并不威胁病人生命的肿胀情况，冰敷很少奏效，至于威胁到病人生命的肿胀，冰敷显然也没有用。医生的头脑中充斥着纯粹骗人的理性主义，只有不够聪明的人才会相信这些理论，此外，他们还推崇干预主义，这种需要“做些事情”的理念的缺点我们相当清楚，那就是会对尚未观测到的事物进行诋毁。这种缺陷不仅限于我们对肿胀的控制：这种凭空捏造的做法困扰着整个医学史，当然，还有其他很多实践领域。研究人员保罗·米尔和罗宾·道斯开创了对“临床”和精算（统计）知识之间的冲突进行分类收录的传统，通过这种方式，我们可以检查有多少被专业人士和临床医生当真的事情实际上并不准确，也并不符合实证证据。问题是，这些研究人员并不清楚谁应该承担提供实证证据的责任（天真或伪经验主义和严格的经验主义之间的差异）——事实上，医生有责任告诉我们为什么退烧是好的，为什么在展开一天的活动之前吃早餐是有益健康的（没有任何证据），或为什么给患者放血是最好的选择（他们已经停止这样做了）。有时候，我发现，当他们防御性地说“我是一个医生”，或者反问“你是医生吗”的时候，他们自己对治疗也没有什么把握。更糟糕的是，有时另类医疗领域的人会写信给我表示同情和支持，我还不得不去邮局取他们的信，在此我申明：本书的方法是正统、严谨、科学的，对另类医疗明确表示不赞成。

医疗护理的隐性成本主要在于拒绝承认反脆弱性，但其危害可能并不限于医疗方面，还有我们所说的“文明病”，它源于人们力求过安逸的生活，但结果却损害了身体健康，因为安逸本身就会使人脆弱。本章剩下的内容将关注具有隐性负凸性效应（收益小、损失大）的具体医学案例，并对医源性损伤的概念进行重构，与我提出的脆弱性和非线性概念关联起来。

医源性损伤的首要原则：经验主义

医源性损伤的首要原则是：我们不需要找到证明受到伤害的证据，才能宣称某种药物或者不自然的肯定疗法是危险的。回想一下我先前对“火鸡”问题的评论，危害在于未来，而不是狭义上的过去。换句话说，我们需要经验主义，而非天真的经验主义。

我们已经看过了有关吸烟的论点。现在考虑一下吃人造脂肪，也就是反式脂肪的冒险历程。人类不知怎么学会了制造脂肪产品，在这个伟大的科学主义时代，人类确信他们可以做得比大自然更好。不是与大自然一样好，而是更好。化学家认为，他们能生产一种从各个方面来看都要优于猪油或黄油的脂肪替代品。首先，它更方便，人工合成的产品，如人造黄油，放在冰箱里很长时间仍能保持柔软，所以你无须边听收音机边等待它融化，你可以把它从冰箱取出后立即涂在面包上。其次，它是经济的，因为合成脂肪是从蔬菜中提取的。最后，也是最糟糕的是，反式脂肪被认为是更有益健康的。它得到了非常广泛的使用，出于某种原因，在一直食用动物脂肪几亿年之后，人们突然开始变得怕吃脂肪了（特别是一些所谓的“饱和脂肪”）。今天，反式脂肪被广泛禁用，因为它危及生命，是造成心脏疾病和心血管疾病的元凶之一。

再举一个例子说明这种致命的、骗人的（使人脆弱的）理性主义，让我们来看看沙利度胺的故事。这种药物本来是用于减轻孕吐的，结果却造成了胎儿畸形。另一种被称为己烯雌酚的药物则会不知不觉地损伤胎儿，导致女婴成年后容易患上妇科癌症。

这两个错误已经非常明显，因为在这两种情况下，益处似乎是显而易见且直接的，虽然这种益处很小，而伤害则会滞后多年显现，至少得 3/4 个世代后才会出现。那么，下一个要讨论的问题就是举证责任，因为你很容易想象，那些捍卫这些治疗方式的人会立即提出异议：“塔勒布先生，你的陈述有何证据呢？”

现在我们可以看清其中的模式了：从成本效益的角度来看，医源性损伤通常源于一种危险的情况，即其中的益处很小，但可见，而成本非常大，但滞后和隐性。当然，潜在成本远远超过了累积收益。

医源性损伤的第二原则：非线性反应

医源性损伤的第二原则是：它是非线性的。我们不应该让基本上健康的人去冒险；但是，那些被认为处于危险之中的人，则应该冒更大的风险。

为什么我们需要集中精力治疗更严重的疾病，而非无关紧要的小病？让我们看看这个显示非线性（凸性效应）的例子。如果你患有轻度高血压，也就是血压稍微高于“正常血压”，则你从某种药物中受益的概率接近5.6%（18人中只有一人能从治疗中受益）。但是，当血压被认为处于“很高”或“严重”的范围时，服药的受益概率分别为26%和72%（从治疗中获益的人分别约占1/4和2/3）。因此，治疗的益处相对症状呈现凸性（根据病症的严重性，服药的益处会不成比例地上升，即加速上升）。但想想，医源性损伤对哪类病症都应该是恒定的！在你病得很重的情况下，服药的益处比医源性损伤要大，而在症状轻微时，其益处则相对较小。这意味着，我们需要重点关注重病症的情况，而忽略——我说的是真的忽略——病情并不严重的情况。

这里的论点是基于有条件生存概率的结构，这与我们在证明对瓷杯的损害为什么必须是非线性的结构相类似。想想看，即使面对少数的条件变化，大自然也必须通过无数次自然选择和自由探索才能为我们找到生路。在当下我们可以获得的12万种药物中，我很难通过正向描述法确定一种能使健康人士的身体状况"更健康"的药品（如果有人告诉我有这样一种药，我会怀疑它会引发尚未发现的副作用）。每过一段时间，我们就会推出一种提高机体性能的药物，比如类固醇，但最后发现这只不过是金融界人士早就知道的事情："成熟"市场中没有免费的午餐，看似免费的午餐背后必定隐藏着风险。当你认为你已经找到了免费的午餐，比如，类固醇或反式脂肪这种看似没有明显缺点且有益健康的食品时，那么很有可能它们在什么地方已经挖了一个陷阱。其实，在我做交易员的时候，我们把这种交易叫作"愚蠢的交易"。

我们始终找不到能让我们在健康的状况下无条件地增强体质（或无条件变强壮）的药品，原因很简单，从统计数据来看，大自然本应该找到这种神奇的药丸。但是，鉴于某种疾病是罕见的，而且人病得越重，大自然越不可能自己找到解决方案。所以说，偏离正常值 3 个单位的情况会比正常情况罕见 300 多倍，偏离正常值 5 个单位的情况则比正常情况罕见 100 万倍以上！

医学界还没有为医源性损伤的非线性收益建模，或许他们口头上这么做了，但我至今未在任何一篇正式的论文中见过，因而这也未被纳入进行概率调整时所用的决策方法（在下一节我们将看到，极少有人使用凸性偏见）。甚至医学界对风险进行的似乎也是线性推导，而这种方式会导致低估和高估伤害的程度——一篇关于辐射效应的论文写道："目前，使用中的标准模型应用的是线性度量，其将高剂量辐射致癌的论断推广到低剂量电离辐射的情况。"此外，制药公司迫于财务压力必须寻找疾病并满足安全分析师的要求。它们一直千方百计地在健康和更健康的人中寻找疾病，游说监管机构对病症重新分类，它们调整了销售技巧，怂恿医生过度开药。所以现在，如果你的血压处于“正常范围”的上端，你就不再是“血压正常”，而是“高血压前期”了，即使你还未出现任何症状。如果重新分类能带来更健康的生活方式，让我们通过强韧的否定法变得更为健康，那么重新分类也无可厚非——但是这样做的目的，通常是增加用药。

我并不是对药品的功能和肩负的使命持消极态度，实际上，我只是反对这种商业模式：即使从自身的利益考虑，它们也应该关注重症疾病，而不是对病症进行重新分类或唆使医生开药。事实上，医药企业对医生起的是干预作用。

让我们换一种方法来看，受到医源性损伤的是病人，而非治疗本身。如果病人濒死，那么所有投机性治疗方法都是值得鼓励的，什么都可以尝试。反过来，如果病人几近健康，那么大自然才是真正的医生。

医疗中的詹森不等式

炼金石说明了风险的波动性比风险的平均值更重要——两者的区别就是“凸性偏见”。如果你对某种事物具有反脆弱性（具有凸性），那么最好它是随机分布的，而不是定期供应的。

我发现很少有医学论文将凸性效应应用于医疗问题，尽管在生物学里，非线性反应无处不在。（我已经很宽容了，其实，我发现只有一篇论文在一处明确应用了詹森不等式——多亏了我的朋友埃里克·布里斯——这也是唯一正确应用该不等式的论文，所以，在听到我对结果非线性的阐释后，回应“我们都知道……”的只是庸医而已。）

值得注意的是，凸性效应在选择权、创新、任何具有凸性的事物上，都以完全相同的方式运作。让我们将其应用到……我们的肺部。

以下内容具有技术性，不感兴趣的读者可以跳过。

患有各种肺部疾病，包括患急性呼吸窘迫综合征的人，都曾被迫戴上呼吸器。因为人们相信，最好保持恒定的压力和换气量——稳定性似乎总是不会出错的。但是，患者的反应却与压力呈现非线性关系（起初显示凸性效应，压力超过一定值后则呈现凹性效应），患者在这种规律性下反而痛苦不堪。此外，患有严重肺部疾病的患者不能长时间承受高压——但同时，他们又需要很大的换气量。布鲁斯特和他的同事想出了一种不定时分配高压、其他时间里则保持低压的方法，这使他们能够在平均压力不变的情况下给患者提供更多的换气量，从而降低患者的死亡率。这样做的一个额外好处是，偶然的压力增强有助于打开萎缩的肺泡。其实，我们的心肺在健康时就是这样工作的：空气流量始终是变化的，夹杂有“噪声”，从来都不是稳定的。人类对肺部压力有反脆弱性，而这直接源于肺部的非线性反应，正如我们所见，在一定剂量范围内，一切具有凸性的事物都有反脆弱性。布鲁斯特的论文通过了实证验证，但其实在这个案例中，连实证都是不必要的：你不需要实证数据来证明，一加一等于二，或者概率相加等于 100%。

营养分析师们似乎并未探讨过随机摄入卡路里和稳定摄取营养之间的区别，这个问题我们放到下一章再进行讨论。

做“实证研究”却不使用凸性偏见等非线性效应模型，就好像不直接使用牛顿的方程式，而对每一个从树上掉下来的苹果进行分类，并将这一行为称为“实证研究”一样。

埋藏证据

现在，让我们了解一些历史背景。医药误导了人们这么长时间的原因是，它的成功被大肆地宣传，而它的错误则被隐藏了起来——就像被埋藏在历史坟墓中的许多其他有趣的故事一样。

我无法抗拒以下对干预性偏见（产生负凸性效应）的阐述。20 世纪四五十年代，许多儿童和青少年接受了放射线治疗法，以治疗痤疮、胸腺肿大、扁桃体发炎等。除了甲状腺肿大和其他晚期并发症，接受这种放射性治疗的病人中约有 7% 的人在 20~40 年后患上甲状腺癌。但是，让我们不要急着摒弃辐射，如果它是来自大自然的话。我们对一定剂量的辐射水平（也就是自然的辐射水平）必定是有反脆弱性的。这种小剂量的辐射甚至可以防止来自更大剂量辐射的伤害和癌症，因为我们的身体会对辐射产生某种免疫力。谈到辐射我突然想到，几乎没有人知道，为什么过去几千年来我们人类的皮肤一直暴露于阳光下，现如今却突然需要防晒了，是不是因为大气发生变化了，晒太阳变得对我们有害了呢？还是因为如今人类生存的环境与皮肤的色素不相匹配了，或者更确切地说，是防晒产品的制造商需要赚取利润呢？

没完没了的“火鸡”现象

在天真的理性主义驱动下，试图战胜自然的企图数不胜数。这些人总是意图以一阶学习方式来“改善”周围事物，也就是禁止使用会造成伤害的药物或疗程，但没有人意识到，我们可能会在其他地方再犯同样的错误。

以他汀类药物为例。他汀类药物通常用于降低血液中的胆固醇，但是这里面存在非对称性，而且是很严重的非对称性。我们需要连续5年治疗50个高风险患者，才能避免发生单一的心血管疾病。他汀类药物可能会损害不是病得很重的人，对这些人来说，服药的益处很少或完全不存在。短期内，我们无法得到其隐藏危害的证据（我们需要很多年才能收集到证据，就像前文提到的吸烟的案例），此外，如今主张定期服用这些药物的说法，往往存在一些统计错觉，或者统计操纵（制药公司所使用的实验似乎总是在利用非线性，并将重症患者与症状较轻的患者混为一谈，除此之外它们还假定健康人的公制“胆固醇”等于100%）。他汀类药物没能应用医源性损伤的第一条原则（看不见的伤害），此外，它们确实降低了胆固醇，但作为一个人，你的目标不是降低某一个指标，以便得到一个可以通过学校测试的分数，你是为了更健康。此外，现在还不能确定，人们力求降低的这些指标究竟是不是某种疾病的根源或者反映——就像给婴儿塞一个奶嘴能让他停止哭闹，但不会清除他闹情绪的根源。由于法律的复杂性，以降低某个指标为目的的药物损害尤其大。医生总会有开出这些药物的诱因，因为万一患者心脏病发作，他会因玩忽职守遭到起诉；但相反的错误却不会遭到惩罚，因为副作用往往不被视为是这种药物造成的。

天真的干预问题混合着干预偏见，也会出现在癌症检测的过程中：人们明显偏向于赞成治疗，即使它带来了更多的伤害，因为法律制度往往赞成干预。

外科手术。历史学家指出，在很长一段时间内，外科手术的历史记录要好于药物，这是对可见结果进行必要的严谨检验后得到的证明。考虑一下，当你给受了严重创伤的患者进行手术，比如取出子弹或将内脏推回原位时，医源性损伤就降低了；手术的弊小于利，因此呈现正凸性效应。与一般的药物干预不同，很难说大自然会在这方面做得更好。外科医生曾经是蓝领工作者，或者更接近手工业者而离高科技较远，因此他们并不认为自己有责任去追求理论。

内科医生和外科医生这两种职业在专业性和社会性上都保持着相互独立，前者是艺术，后者是科学，因此一种是基于理论的，确切地说，是基于人类的一般理论的，而另一种则是一门基于经验启发法的手艺。外科医生的主要责任是应对紧急情况。在英国、法国和意大利的一些城市，外科医生行会往往与理发师行会并在一起。因此，苏联－哈佛派的外科手术曾长期受结果可视性的制约——你是骗不了你的眼睛的。由于很长一段时间里，人们动手术时不用麻醉剂，因此他们不需要过多的理由来解释为什么他们选择“无为”而宁愿顺其自然。

但是，由于出现了麻醉剂，如今手术的障碍要小得多——外科医生现在也需要读医学院了，不过学习的理论少于中世纪的巴黎大学或博洛尼亚大学。相较之下，在过去，放血是外科医生没有任何反诱因就会执行的少数手术之一。比如，近代通过背部手术来治疗坐骨神经痛的做法通常是无效的，甚至还会带来损害。有证据表明，6年后，这样的手术平均来看相当于什么都没做，所以背部手术给我们带来了一定的潜在损失，因为每种手术都可能带来风险，比如麻醉会对脑部造成损伤、医疗失误（医生伤及脊髓），或感染医院细菌。然而，腰椎间盘融合手术等脊柱手术如今仍被普遍实施，这主要是因为它对医生来说非常有利可图。

抗生素。每当你服用抗生素时，你就相当于在一定程度上帮助细菌突变。同时，服用抗生素还会损伤你的免疫系统。你改变了身体对细菌的反脆弱性。解决方案当然是只在用药益处很大时才服用抗生素。卫生或过度的卫生，也有相同的效果，特别是在人们每次接触外界后都用化学物品来清洁双手的情况下。

我们可以列举很多得到验证的和潜在的医源性损伤的惨痛例子（对危重病人之外的患者来说弊大于利，不管这样的弊端是否已被验证）：消炎药伟克适造成的副作用是延后引发心脏问题；抗抑郁药（在不必要情况下的使用）；减肥手术（取代了超重糖尿病患者的饥饿疗法）；可的松；用消毒剂清洁产品可能导致自身的免疫性疾病；激素替代疗法；子宫切除术；不是绝对必要的剖宫产；给婴儿装耳蜗管；前脑叶白质切除术；补铁；对大米和小麦进行漂白，这被视为进步；防晒霜，可能会造成某种伤害；卫生（过分卫生，会因拒绝毒物兴奋效应，即我们自身的反脆弱性，而使你变得脆弱）；我们摄取益生菌，因为我们不再吃足量的“脏东西”了；来苏水等消毒剂杀死了那么多“细菌”，使得儿童发育中的免疫系统被剥夺了必要的锻炼机会；口腔卫生，我不知道用沾满化学物质的牙刷刷牙是否主要是为了给牙膏行业制造利润——牙刷是普通之物，而使用牙膏可能只是为了对抗我们消耗的非自然产品，如淀粉、糖、高果糖玉米糖浆，说到这，高果糖玉米糖浆也是新事物狂热征的产物，是由喜爱技术的尼克松政府赞助开发的，到头来不仅要补贴玉米种植户，也给消费者造成了伤害；2 型糖尿病患者的胰岛素注射治疗是基于这样一种假设，即糖尿病的危害来自血糖，而非胰岛素抗性（或别的与它相关的东西）；豆浆；地中海居民和亚裔喝的牛奶；海洛因，我们可以想见的最危险的上瘾毒品，其发展成为吗啡替代品用作止咳药，不会有吗啡的成瘾副作用；精神病治疗，特别是儿童精神病治疗——但对它的危险性我想我不需要再说了……就此打住。

再强调一遍，我这里的陈述都是以风险管理为基础的：如果一个人的病情十分严重，就无须担心医源性损伤了。只有边际案例才会有危险。

我到目前讨论的情况都是很容易理解的，但有些应用却更为微妙。例如，与我们最初感觉的“合理性”相反，目前还没有明确的证据表明，无糖的甜味饮料会因不含卡路里而帮助你减肥。但整整 30 年之后，我们才开始质疑。不知道为什么，那些建议喝这些饮料的人都认为，根据物理定律（对热力学的幼稚的阐释），我们发胖的原因就是摄入了过多的卡路里，这个理由足以说明问题，无须做进一步的分析了。当然，这个理由在热力学上确实没错，就像简单机器会对能源有所反应，却没有回馈，比如燃油汽车。但是，这个理由在食品方面不成立，因为食物不仅是一种能源来源，它也传达了有关环境（如压力）的信息。摄入食物与人的活动相结合，会刺激激素分泌（或类似的传达信息的东西），导致你渴望消耗能量（因此渴望吃其他食物），或改变身体燃烧能量的方式，不管它是需要保存脂肪还是燃烧肌肉，反之亦然。复杂的系统有反馈回路，因此你“燃烧”什么取决于你消耗了什么，以及你是如何消耗的。

大自然的不透明逻辑

在写这些段落的时候，生物学家克莱格·文特尔正致力于创造人造生命。他进行了实验，并在一篇题为“创造化学合成基因组控制的细菌细胞”的著名论文中进行了阐述。我对克莱格·文特尔非常尊重，我认为他是这个世界上最聪明的人，而且是一个完全意义上的“实干家”，但给容易犯错的人类这样的权力，无异于给小孩一捆炸药。

如果我没有理解错的话，对于神造论支持者来说，这应该是对上帝的一种侮辱；但是，对进化论支持者来说，这无疑也是对进化的一种侮辱；对于像我和我的同事这样的怀疑主义者来说，这是对人类智慧的一种侮辱，是所有“黑天鹅”风险的起源。

请允许我在这里用一段文字再强调一下我的论点，以使其更清晰。进化是靠无定向的、凸性的自由探索或试错来推进的，因此本质上是强韧的，因为它能从连续的、重复的、细小的、局部的错误中获得潜在的随机收益，而人们开展的自上而下的科研过程却完全相反：这是一种伴有负凸性效应的干预，即暴露于大量的潜在错误中而只能获得一些很小的收益。人类理解复杂系统（生物、经济、气候）的风险记录一向少得可怜，再加上回顾时对事实的歪曲（我们只能在损害发生后理解风险，但接下来却继续犯错误），现在没有证据可以让我相信，我们的风险管理能力增强了。在上述特殊案例中，由于错误的可扩大性，你面对的是最不可预测的随机性。

简单地说，人类不应该玩火自焚（比如去研究原子弹、金融衍生品，或者创造生命的工具）。

有罪还是无罪

让我换个角度阐述上文中的最后一点。如果大自然中有什么事情你不理解，那么它在超乎你理解能力的更深层面上一定是合理的。所以，自然生物有其自身的逻辑，远远优于我们所能推导的逻辑。就像法律上的二分法：无罪推定（在被证明有罪之前，我们是无罪的），与有罪推定（在被证明无罪之前，我们是有罪的）。让我这样表述我的准则：大自然的行为背后有其严密的逻辑，直到你能够证明事情并非如此；人类和科学的行为有其缺陷，直到你能够证明并非如此。

让我们暂时先别提证据这一话题。如果你想谈论“统计显著性”，那么地球上没有什么比大自然更接近“统计显著性”了。我们从大自然的发展史，以及从纯粹的统计学角度梳理一下大自然从“黑天鹅”事件中幸存下来的大量事例，就能看出这一点。因此，要推翻大自然，我们需要拿出令人信服的充足证据，而不是像一般那样反过来做。可是，从统计上看，打败自然十分艰难——正如我在第七章讨论拖延时所写的，当涉及道德而不是涉及风险管理时，我们很容易陷入自然主义谬误。

请允许我再次驳斥以“证据”的名义，侵犯逻辑的严重性。我不是开玩笑：当我质疑某种不自然的治疗方法，比如冰敷时（读者在前文已经看到，我质疑是因为这种方式缺乏严格的实证和风险管理），我被反问“你有证据吗？”，这让我极为震惊。过去，许多人都被反问：“你有证据表明反式脂肪是有害的吗？”他们被要求出示证据，但这显然是不可能的，因为这个危害要过几十年才能显现。这样诘问的人往往都是聪明人，甚至是医生。因此，如果（目前）地球的居住者想要做出违背自然的事情，那么他们也必须出示这样做可行的证据，如果他们能做到的话。

一切不稳定或易碎的物品，都很有可能被打碎。此外，大自然各组成部分之间的互动会以合理的方式进行调节，以使整个系统永续生存。因此，这个磨合了千百万年的机制所诞生的，一定是强韧性、反脆弱性和局部脆弱性的奇妙结合，局部的牺牲是为了让整个自然更好地运作。我们牺牲自己是为了让基因留存，就好像用我们的脆弱换取了它们的生存。我们会衰老，但是在我们的肉体之外，基因会永远年轻，而且越来越适应新的环境。小规模的破碎永远存在，这往往是为了规避影响广泛的大规模灾难。

生物学的无罪辩护：现象学

我已经解释过，现象学比理论更强有力，可以帮助我们制定更严格的政策。让我在此详细说明。

我在巴塞罗那一间健身房健身时，旁边恰好有一位咨询公司的高级合伙人，这种职业的本质就是编造一些叙述和天真的理性主义建议。像很多减肥的人一样，那个人对其减肥过程也津津乐道——谈论减肥的理论总是比坚持减肥要容易。那个人告诉我，他不相信推崇低碳水化合物的阿特金斯或杜坎减肥法，直到他听说了“胰岛素”的运作机制，并被说服开始进行这种减肥疗程。然后，他减了 30 磅——我们看到，在采取任何行动之前，他需要等待某个理论来说服自己。尽管早有实证证据表明，有人通过不吃碳水化合物，但不改变其总的食物摄入量（只改变食物组成）的方法减了 100 磅！我与该咨询师的想法完全相反，我认为这种“胰岛素”理论只是一个脆弱的理论，但现象，即实证效果，却是真的。让我介绍一下后经典主义时期的怀疑经验主义。

我们天生容易受理论的愚弄，但理论诞生又消亡，而经验却总能经受时间的考验。解释总是在变，在历史发展的过程中不断地变化（原因在于因果的不透明性和原因的隐蔽性），因而人们慢慢地养成了一种无明确理论支持就不能形成观点的习惯，但经验却能保持不变。

正如我们在第七章看到的，被物理学家称为过程的现象就是一种实证表现。以下面这个循证陈述为例，如果你正在锻炼肌肉，那么你可以吃得更多，而不会让更多脂肪囤积在腹部，也就是说，你可以大快朵颐而无须购买新的皮带。在过去，对此进行理性化解释的理论是："你的新陈代谢加快了，因为肌肉运动会燃烧卡路里。"而如今我会听到："你将对胰岛素更敏感，也不容易储存脂肪。"胰岛素理论，其实应该说是伪胰岛素理论；新陈代谢理论，确切地说应该是伪新陈代谢理论；未来可能会出现另一种理论和另一种物质，但实际上效用仍将保持不变。

下面这句话也是一样：举重能增加肌肉量。过去人们常说，举重会造成"肌肉微撕裂"，肌肉愈合后会增大，而今天，一些人讨论的则是激素信号或基因机制，明天他们还将讨论别的东西。但效应永远存在。

当涉及叙述时，大脑似乎是理论家加骗子的最后一个阵地。把某种神经加进某个领域，突然之间人们就会对它肃然起敬，认为它变得更有说服力，因为这给了人们因果关系更强的错觉——但是大脑太复杂了，它是人类解剖学上最复杂的部分，也是最容易受到欺骗性因果关系影响的部分。克里斯托弗·查布利斯和丹尼尔·西蒙斯让我关注到我一直在寻找的证据：任何理论只要在大脑回路中找到依据，就似乎更加"科学"、更有说服力，即使它只是随机性地与心理、神经等相关。

但是，这种因果关系深深扎根于以传统方式缔造的医学。阿维森纳在他的《医学规范》中写道："我们必须知道健康和疾病的原因，如果我们要使医学成为科学的话。”

我写的是与健康有关的事情，但我不想依靠超过最低要求的生物学知识（不是在理论意义上）来阐述健康，我相信我的强项就在这里。我只是想尽可能少地了解生物学，以便让我不会无视经验的规律性。

因此，适合一个企业的运作模式应该是在理论的变化面前保持强韧性的模式（让我再说一遍，我对大自然的顺从完全是以统计和风险管理为基础的，即仍然基于脆弱性的概念）。医生兼医学作家詹姆斯·勒法努曾表明，我们对生物过程理解的增强伴随着药品开发的减少，就好像理性主义理论蒙蔽了我们的双眼，成为某种障碍。

换句话说，生物学中也存在绿色木材问题！

现在，让我们来谈谈古代和中世纪的医学历史。传统上，从医者通常被分成3种：理性主义者（基于预设的理论，需要全面理解事物的存在原因）、怀疑经验主义者（拒绝理论），以及方法论者（他们相互传授一些简单的医学启发法，完全不理会理论，并且寻找更加务实的方法，成为经验主义者）。虽然他们之间的差异可能因分类而显得过分夸大，但是我们还是可以看出，这3种从医者并不是完全不同的，他们的起点不同，这取决于他们最看重什么：有的以理论为起点，其他的则以证据为起点。

自古以来，3种人之间的紧张关系一直存在——而我自己则坚决地站在维护经验主义者的阵营中。经验主义作为一个哲学学派在古代晚期已经被埋没了，我一直在试图让一些经验主义者的思想焕发新的活力，比如克诺索斯的埃奈西德穆、老底嘉的安提阿哥、尼克米迪亚的曼诺多图斯、塔尔苏斯的希罗多德，当然还有塞克斯都·恩披里柯。经验主义者在面对与过去看到的不完全相同，哪怕是几近相同的情况时也会坚称“我不知道”。方法论者在比较类似情况时不会如此苛刻，但也会非常谨慎。

古人更刻薄

医源性损伤的问题古已有之，一直以来，医生们都是人们的笑柄。

马提亚尔在他的讽刺短诗中，让我们看到了他那个时代人们对医疗专家问题的看法，“我认为迪奥鲁斯是一名医生，不是看护——但在他看来，两者好像没什么不同”，或者“我本来没感觉不舒服，斯马奇，但现在（在你服侍之后）就感觉生病了”。

在希腊语中，pharmakon 这个词是很模糊的，因为它可能指代“毒药”，也可能指代“治疗”，而且其还被阿拉伯医生哈威用作双关语，以警告医生不要造成医源性损伤。

当一个人将正面结果归功于自己的技术，将失败归咎于运气时，归属问题便产生了。早在公元前 4 世纪，尼古克里就声称，医生总是在成功时急于邀功，在失败时责怪客观条件或者找一些外部原因。约 24 个世纪后的心理学家重新发现了这一规律，并认为这一现象普遍存在于股票经纪人、医生和公司管理人员身上。

我还听过一则古老的逸事：奄奄一息的皇帝哈德良不断地呼喊说，是他的医生杀害了他。

蒙田是古典智慧的集大成者，他的《随笔集》中充满了奇闻逸事：有人问一位古斯巴达人，为什么他能活这么久。这个人回答是“忽略医药”。蒙田也觉察到了代理问题，或者，为什么医生最不关心的就是你的身体健康：“古希腊的讽刺作家曾说，没有医生会因朋友的身体健康而感到开心，就像没有士兵会因城市久无战事而高兴。”

如何开药给一半的人吃

可以回想一下，我们说过一个私人医生会怎样置你于死地。

我们从祖母的故事中看到，我们的逻辑推理（但直觉式行动不是这样）很难区分平均数与我们观察到的其他更丰富的特性。

有一次，我在朋友的乡间别墅参加一个午餐会，有人拿出了一个手持式血压测量工具。我经不住诱惑，就测量了一下动脉血压，竟然略高于平均值。参加午餐会的人中刚好有一位医生，他为人非常友好和善，他马上掏出一张纸，给我开了一些降压药——我随后把这张纸扔进垃圾桶了。后来，我买了同样的测量工具，并发现，我的血压要比平均值低得多（也就是说健康状况更好了），只是偶尔会蹿升。总之，血压会呈现一些波动性，就像生活中的一切。

这个随机变异往往被误认为新信息，从而导致我们出手干预。让我们做一个假想实验，不需要假设血压和健康之间有任何联系。此外，假设“正常”血压是某个既定的已知值。以一群健康人为样本，假如由于随机性，这些人在1/2的时间里的血压将高于正常值，而另外1/2的时间里，其血压低于正常值。因此，去医院就诊的话，他们遭遇血压“高于正常值”的警报的概率约为50%。如果医生在患者血压高于正常值的日子里主动给他们开药，那么一半的人将处于服药的状态。请注意，我们可以很肯定地说，他们的预期寿命会因不必要的治疗而缩短。当然，我在这里简化了情况，精明的医生都能够意识到测量值的易变性，并在情况不严重的时候不开药（虽然他们很容易落入陷阱，而且并不是所有的医生都很精明）。但是，这个假想实验可以显示，经常看医生，尤其是在疾病并不危及生命，或并未给你带来不适的情况下——就像你频繁查看信息一样——是有害的。这个例子也向我们展示了第七章所说的例子，即由于对噪声的反应过度，私人医生最终导致病人一命呜呼。

这可能比你想象的更严重：医学似乎很难理解样本的正常波动，有时，它很难区分“统计显著性”和“显著性”之间的区别。某种疾病可能会稍微缩短你的寿命，但是却显示出“很高的统计显著性”，导致人们产生恐慌情绪，而实际上所有这些研究可能只是在说，它们以“显著的统计边际”证明，在某些情况下，比如 1% 的情况下，患者有可能受到伤害。换句话说，效用的大小、效果的重要性不是根据所谓的“统计显著性”来定的，这种东西往往会欺骗专家。我们需要看的是病症轻重，也就是血压与正常值相比高出多少，这可能会影响你的预期剩余寿命，以及所导致结果的严重性。

为什么这件事很严重？如果你认为统计学家真的理解现实生活中（“大世界”，而非教科书中的“小世界”）复杂环境下的“统计显著性”，那么我要揭示一些让你吃惊的事实。卡尼曼和特韦尔斯基指出，统计人员在现实生活中也会犯错误，忘记他们是统计学家（我提醒读者，思考总是需要付出努力的）。我的同事丹尼尔·戈尔茨坦和我针对数量金融工程师做了一些研究，发现他们中绝大多数人不明白他们在几乎每一个方程式中都会用到的一些基本概念，如“方差”或“标准差”的实际影响。最近，埃姆雷·索耶尔和罗宾·贺加斯开展的一次成功的研究表明，计量经济领域中的许多专家，在把他们制造的数据应用到实践中时会犯一些严重的错误——他们的方程式是正确的，但他们在现实应用中却犯了严重错误。他们几乎总是低估随机性和结果中的不确定性，而且我们还只是在谈论统计学家所犯的诠释错误，尚未谈及统计数据使用者，如社会科学家和医生所犯的诠释错误。

可惜的是，所有这些偏差都会使人们采取干预行动，而不是放弃行动。

此外，我们现在知道，厌恶脂肪的热潮和标榜“不含脂肪”的口号，其实都源于一个初级错误，即我们误读了一个回归结果：当某个效应是两个变量共同作用的结果（在这里就是碳水化合物和脂肪）时，人们有时却会将结果只归因于其中一个。肥胖其实是脂肪和碳水化合物共同作用的结果，但许多人却错误地将问题归咎于脂肪，而不是碳水化合物。此外，揭示了统计数据误读现象的伟大的统计学家戴维·弗里德曼与其合著者非常有说服力地指出，大家执着地认为盐和血压之间存在的关联，其实这根本没有统计学依据。这种关联或许在高血压人群中可以看到，但这更像是例外而非常规情况。

医学中的“严谨数学”

我们可能会嘲笑社会科学中隐藏在虚构数字背后的骗局，但你可能也会好奇，为什么在医学领域没有发生这种事？

实际上，糟糕的观点（和隐藏的观点）显示，数学在医学领域也愚弄了我们。人们付出了很多已被人遗忘的努力，企图将医药数学化。曾有一段时间，医药还从物理科学中衍生出解释模式。乔瓦尼·博雷利在《运动的动物》一书中，就将人体比喻成有生命的机器——因此，我们可以应用线性物理的规律。

让我重申一次，我并不是反对理性化的习得话语，只要它在错误面前不是脆弱的即可。我是第一个和最后一个哲学家－概率论者与决策者的混合体，而且我永远不会将哲学家－概率论者与决策者分离开来，所以我始终是混合体，无论是早上我喝古老的咖啡饮品的时候，中午我和朋友共进午餐的时候，还是晚上我随手拿本书上床睡觉的时候。我反对的是天真的理性化、虚假的习得话语、深陷绿色木材问题的论述——仅仅着眼于已知的，而忽略未知的。同样，在衡量未知的重要性问题上，我也不反对运用数学。实际上，本章及下一章的论点都基于概率数学，但这不是数学的理性主义应用，而且在很大程度上能帮助我们检验，有关疾病的严重性和治疗强度的两种陈述之间是否存在公然的矛盾。另外，在社会科学中运用数学无异于采用干预主义。那些在工作中天天使用数学的人，除了在有用的地方使用数学，也倾向于在每个地方使用它。

使用这种较为复杂的理性主义的唯一条件是：相信自己并不拥有完整的信息，而且行为也要符合这一点——要更成熟，你必须接受你并非无所不知的事实。

下一步

本章介绍了凸性效应的概念和医疗领域的举证责任，以及对医源性损伤的风险评估。接下来，我们要看凸性效应的更多应用，并将否定法视为生活的严谨方法。

第二十二章

活得长寿，但不要太长

- 星期三和星期五，加上东正教四旬期。
- 根据尼采和其他人的说法，如何获得永生。
- 或者，为什么以及何时你会考虑，不求活得更久。

预期寿命和凸性

每当你质疑医疗领域的某些方面，或者无条件的技术“进步”时，总有人马上诡辩道：“我们可比前几代人活得时间更长。”需要注意的是，有些人还提出了一些更愚蠢的论点，认为主张回归自然就意味着回到“茹毛饮血”、寿命极短的时代，却没有意识到这相当于说，吃新鲜食品而非罐装食品即意味着摒弃文明、法治和人文主义。因此，有关预期寿命的论点有很多微妙的差别。

人类预期寿命的增加是许多因素结合的后果：卫生、青霉素、犯罪率的降低，以及挽救生命的手术的出现，当然，也归功于一些医学执业者对危重病患生命的拯救。我们活的时间更长，这是由于那些患了致命疾病、病情严重的患者能从医药和治疗中受益，因为此时的医源性损伤非常低。正如我们所看到的，这属于凸性效应的情况。所以，如果因为医疗能帮助我们活得更长，我们就推断说所有的医疗护理都能使我们的寿命更长，那是严重的错误。

此外，考虑到“进步”的净效果，我们需要从医疗带来的收益中扣除文明病带来的成本（原始社会没有心血管疾病、癌症、龋齿、经济理论、酒吧音乐和其他现代疾病），肺癌治疗的进步需要与吸烟的效果相抵消。从研究论文中我们可以估计，医疗实践也许确实使人类的平均寿命延长了几年，但是，这在很大程度上仍然取决于病情的严重性（癌症医生的预先干预肯定对可治愈的癌症病患产生了积极的作用，但是私人医生的干预却明显带来了副作用）。我们需要考虑到医源性损伤（也可以说医疗）在很多情况下（凹性效应的情况，这种情况我们很容易看到）减短了预期寿命的令人遗憾的事实。我们还收集到一些医院罢工期间的数据，在罢工期间医院只做几台手术（为最危急的患者），其他可推迟的手术则一律被推迟。我们发现，在这些情况下，患者的预期寿命延长了，或者至少没有缩短，当然这取决于你站在辩论的哪一方。此外，更重要的是，许多能被推迟的手术后来在医院恢复正常工作后都被取消了——这些证据足以说明大自然的工作被一些医生“抹黑”了。

另一个受随机性愚弄导致的错误是，直到20世纪之前，人类出生时的预期寿命都只有30岁，所以我们就认为，那时候的人只能活30年。要知道，寿命的分布是极不平衡的，许多人在出生和童年时期就夭折了。有条件的预期寿命其实是很长的——只要想想，古代人往往都是死于外伤就知道了。也许，法律的执行对人类寿命延长的贡献比医生还大——可以说，寿命的增长与其说源于科学的进步，还不如说源于社会的进步。

作为一个案例研究，让我们来看看乳房X光检查。现已证明，让超过40岁的妇女每年做一次乳房X光检查，并不能增长其预期剩余寿命（这已经是最好的情况了，这种检查甚至有可能导致她们的寿命缩短）。虽然在接受过乳房X光检查的女性中，乳腺癌导致的死亡率下降了，但其他原因造成的死亡率显著提升。我们可以从中发现简单可测的医源性损伤。医生只要看到肿瘤，就会不可避免地想要做些会带来伤害的事情，如手术、放疗、化疗，或同时进行，也就是说，医生会进行比肿瘤更有害的干预。心生恐慌的医生和病人很容易跨越一个平衡点：对不致命的肿瘤进行治疗会缩短病人的生命，因为化疗是有害的。我们对癌症的恐惧已经到了疑神疑鬼的地步，但回顾一下逻辑链，我们可以看到一种错误的逻辑，这被称为“肯定后件”谬误，即“以果证因”。即便所有那些因癌症早逝的人得的都是恶性肿瘤，那也不意味着所有恶性肿瘤都会致人死亡。同样，聪明的人也不会根据“所有克里特人都是骗子”的条件来推断说，所有骗子都是克里特人，或者根据所有银行家都很腐败的条件推断出，所有腐败的人都是银行家。只有在极端情况下，大自然才会允许我们打破这种逻辑，做出“肯定前件”的决策，以帮助我们生存，过度反应可以让我们的祖先在他们的生存环境中受益。

对类似乳房X光检查问题的误解引发了政治家的过度反应

（这是我主张通过下放重要的决策权，以使社会免受立法者的愚蠢影响的另一个原因）。希拉里·克林顿就是这样一名不开化的政治家，她竟然声称，批评乳房 X 光检查的实用性无异于杀害妇女。

我们可以将乳房 X 光检查的问题推广到无条件的实验室测试中，以发现偏离正常的值，并采取措施“治愈”它们。

减法使你的寿命增长

现在，在仔细查看了我的朋友斯佩诺斯·马克瑞戴克斯的数据后，我做出以下推测。斯佩诺斯是一位统计学家和决策科学家，我们在前几章介绍过他，他是第一个发现统计预测方法具有缺陷的人。我们估计，削减一定金额的医疗开支（将削减范围限于并非迫切需要进行的外科手术和治疗上）有助于延长大多数富裕国家人民，尤其是美国人的寿命。为什么？让我们进行一个简单的基本凸性分析，简单地考察有条件的医源性损伤：对轻度患者进行治疗的错误会将他们置于凹性状况。现在看起来，好像我们非常清楚该如何去做。只要将最严重的病情设为医疗干预的门槛即可，因为在这种情况下，医源性损伤的影响是非常小的。我们甚至应该提高这方面的开支，而减少非必要手术的支出，这可能会使情况变得更好。

换句话说，我们应该向后推理，即从医源性损伤出发来考虑选用何种治疗方法，而不是背道而驰。只要有可能，就用人类的反脆弱性来替代医生。但是，在其他情况下，则不要抗拒积极的治疗。

让我们来看看否定法的另一种应用：花更少的钱但活得更长，

这是一种减法策略。我们看到，医源性损伤源自干预偏见，肯定法，或者想要“做些什么”的倾向，导致了我们上述的所有问题。在此还是让我们应用否定法：消除某些东西可能是非常有效的行动（在实证上也更严格）。

为什么？消除一些没有经过进化历练的事物有助于降低“黑天鹅”这种极端事件的发生概率，同时使人类有机会得到改进。如果人们能够改进，我们可以相当确信，它将在很大程度上消除看不见的副作用。

因此，在医学领域应用否定法会带来许多隐性收益，比如，劝人不要吸烟似乎是过去60年中最大的医学贡献。德吕恩·布奇在《医药的真相》一书中写道：“吸烟的害处大致相当于战后发展起来的每一种医学干预所带来的益处的总和……戒烟带来的好处大于治愈每一种可能的癌症所带来的利益。”

像往常一样，古人也有智慧之言。正如昆图斯·恩纽斯写道：“好，主要是因为缺乏坏的缘故。”

同样，幸福最好用否定的概念来阐释，非线性在此也适用。现代的幸福研究人员（他们通常看起来很不幸福）往往都是从心理学家转行成为经济学家（或反过来）的，他们给我们讲幸福学，就好像我们知道幸福是什么，知道它是不是我们应该追求的东西一样。而且他们讲这些时，并不会使用非线性和凸性效应。事实上，他们应该教我们了解什么是不幸福（我这么推测是因为那些讲授幸福学的人看上去并不幸福，而那些教授不幸福的人看上去却很幸福），让我们对不幸福了解得更多，“追求幸福”并不等于“避免不幸福”。我们每个人肯定都知道，是哪些原因让我们不快乐（例如，出版社的编辑、通勤、异味、疼痛、在等候室里看到的某本杂志等），也知道我们应该如何去做。

让我们探究一下古老的智慧。普罗提诺写道："有时候缺乏营养会让机体恢复。"古代人很相信洁净身体的必要性（洁净的一种方式是，往往造成伤害但也经常有益的放血）。萨勒诺医学院的养生法则是：愉悦的心情、充足的休息，以及适当缺乏营养。

有一则关于蓬波尼乌斯·阿提库斯的故事，他是西塞罗的亲戚和书信的收信人，这则故事似乎是杜撰的，但还是很有趣。蓬波尼乌斯由于身患绝症而非常痛苦，他试图通过绝食结束自己的生命和痛苦，最后却痊愈了。根据蒙田的记录，蓬波尼乌斯恢复了健康。尽管我知道这个故事可能是杜撰的，但我还是要用它举例，原因很简单，从科学的角度来看，延长人类寿命的唯一方式就是限制卡路里摄入量，我们在实验室动物身上似乎已经证实了这一方式对疾病治疗和寿命延长的效用。但是，正如我们将在下一节中所见，这种限制不必是永久性的，只要我们偶然节食（当然有点儿痛苦）即可。

我们知道，在许多情况下我们可以通过为糖尿病患者制定非常严格的饥饿式疗法，来刺激他们的肌体系统，从而治愈糖尿病——事实上，我们很久以前就经由启发法推导出了这一治疗机制，因为西伯利亚早就有使用饥饿疗法的机构和疗养院了。此外，有资料表明，英国40%的癌症通过否定法就可以消除（只要想想阻止人们吸烟的益处就知道了）。

还有人证明，很多人因摒弃祖先的生存环境中不存在的食物而受益：比如糖和其他以不自然的形式存在的碳水化合物、小麦制品（患有腹腔疾病的人尤其不适合吃，但实际上几乎所有人都不能适应这一人类食谱中的新成员）、牛奶和其他奶制品（非北欧血统的人没有乳糖耐受性）、苏打水（包括无糖型和普通型）、葡萄酒（亚洲血统的人在历史上不太接触葡萄酒）、维生素药片、食品添加剂、头痛药和其他止痛药。对止痛药的依赖鼓励人们不再使用试错法来寻找头痛的根源，原因可能是缺乏睡眠、颈脖肌肉僵硬，或者压力过大。止痛药纵容人们以削足适履的方式毁灭自己。但实际上要解决这些问题并不难，只要扔掉医生给你开的药物，或者最好是远离医生，正如老奥利弗·温德尔·霍姆斯所说："把所有药物都倒进大海对人类会更好，只是鱼类要遭殃了。"我的父亲是一位肿瘤科医生（他也做了些人类学研究），他就是根据这样的信条把我抚养大的（虽然在实践上没有完全遵从，但他经常把这些话挂在嘴边）。

而我呢，我抵制任何在古地中海地区找不到的水果（我这里只代表"我"自己的立场，以显示我并未将我的观点狭隘地推广给其他人）。我拒绝任何没有古希腊或希伯来文名称的水果，如杧果、木瓜，甚至橘子。橘子在后中世纪相当于糖果，它们在古地中海地区并不存在。很显然，葡萄牙人在果阿邦或其他地方发现了甜柑橘树，之后便开始培育越来越甜的果子，就像现代的糖果公司那样。即使对于在商店看到的苹果，我们也得留心：原本苹果不是很甜的，是水果公司培育出了这么甜的苹果——在记忆中，我童年时代黎凡特地区的苹果都带点儿酸涩的味道，脆脆的，而且比美国各大商店中有光泽的、据说能够让你远离医生的苹果小得多。

至于饮料，我的原则是不喝少于 1 000 年历史的饮料——因为人体对古老饮料的适应性已经过测试。我只喝酒、水和咖啡，不喝软饮料。也许最可能带有欺骗性的有毒饮料就是我们让可怜无辜的人们在早餐桌上喝的橙汁了，但同时我们却通过营销手段说服他们这是“健康的”。（除了因为早年我们祖先吃的水果没有那么甜，还因为他们从来不会在摄取碳水化合物的同时摄入大量的纤维。吃一个橘子或苹果，在生物学上与喝橘子汁或苹果汁并不等效。）从这个例子中我得出一个规律，被称为“健康”食品的东西一般都不健康，就像“社交”网络阻碍了人类的正常社交，“知识”经济也往往是无知的一样。

我还想补充一点，根据我自己的经验，在消除了一些恼人的刺激物后，我的健康状况实现了一次飞跃：这些刺激来自出版社编辑、早报（只要提到诸如托马斯·弗里德曼、保罗·克鲁格曼等脆弱推手，我心头就会涌上一股无名之火）、老板、通勤、空调（不过供暖装置不在此列）、电视节目、纪录片制片人发来的电子邮件、经济预测、股市消息、健身房的“力量训练”器械等等。

金钱的医源性损伤

我们追求财富的方式完全将反脆弱性拒于千里之外，只要看看吃着火腿加奶酪的法式面包的建筑工人要比享用米其林三星级餐厅套餐的商人看上去更快乐，你就会明白了。努力工作之后，食物似乎美味得多。罗马人有一个奇怪的财富观：任何有“软化”或“镇静”功能的东西都被视为不良事物。说罗马人颓废是有点儿夸张，历史总是喜欢夸张的故事，其实罗马人不喜欢舒适的生活，因为了解它的副作用。闪米特人也一样，他们分裂为城市居民和沙漠部落，城市居民对他们的文化源头始终抱有挥之不去的怀旧之情，而沙漠文化则充满了诗意、骑士精神、冥想、粗犷的故事、简朴，以及对城市舒适生活的抗拒，因为后者往往与身体和道德的堕落、流言蜚语和颓废的精神相关。城里人重返沙漠以求心灵的净化，就像基督在朱迪亚沙漠苦熬40日，或圣马克在埃及沙漠中开启了禁欲主义的传统。曾经有段时间，黎凡特地区流行起了修道生活，也许最令人印象深刻的就是在叙利亚北部的一根圆柱上坐了40年的圣西蒙。阿拉伯人也保留了这个传统，舍弃财物，前往寂静、贫瘠、空旷的地方。当然，还有强制禁食，这个稍后再谈。

需要注意的是，医源性损伤是富裕和复杂，而非贫困和单纯造成的结果，而且是知识不完全的产物，而非完全无知带来的恶果。因此，这种抛弃所有走进沙漠的想法，是一种相当有效的否定法式减法策略。很少有人认为，钱也有它自己的医源性损伤，某些人失去财富只会让他们的生活更简单。所以说，只要做得正确，生活贫困一点儿也并非完全没有益处。我们需要现代文明中的很多元素，比如法律制度和急诊室手术。但想一想，我们如何从减法的视角，通过否定法来变得强韧，变得更好：不要防晒霜，不要墨镜（如果你的眼睛是棕色的话），不要空调，不要橘子汁（它们只是水而已），不要光滑的地面，不要软饮料，不要复杂的药丸，不要嘈杂的音乐，不要电梯，不要榨汁机，不要……我还是打住吧。

我的朋友阿特·德·凡尼极力实践古人的生活风格，他如今70多岁了，身体依然很健朗（远比年轻30岁的人更健康），看看他的照片，再看看那些梨状体形的亿万富翁——鲁珀特·默多克、沃伦·巴菲特，或其他同年龄段的人士，我总是禁不住冒出一些想法。如果真正的财富是高枕无忧、问心无愧、相互感恩、远离嫉妒、胃口良好、肌肉强健、精力充沛、经常开怀大笑、从不独自用餐、用不上健康课程、适当的体力劳动（或有些爱好）、良好的排便、不用开会、偶尔来点儿惊喜，那么做减法（消除了医源性损伤）将更有效。

宗教和天真的干预主义

宗教有它的无形目的，超越缺乏想象力的科学主义和科学至上的认同——事实上，宗教的目的之一就是保护我们免受科学主义的伤害。我们看到，许多坟墓上的铭文记述了人们在求医未成、求神成功了之后，为他们崇拜的神建造喷泉甚至庙宇的故事。事实上，我们很少看到宗教在约束干预偏见及其医源性损伤方面给我们带来的积极意义：在很多情况下（病情轻微），任何使你远离医生、选择无为策略（因此给予大自然发挥作用的机会）的事情都是有益的。所以，在病情轻微的情况下去教会（或阿波罗神庙）肯定是有帮助的，这里的病情轻微是指没有重大创伤，只是有些小恙，因为在这些情况下（也就是在负凸性效应的情况下），医源性损伤的风险要高于治疗带来的益处。我们在庙宇中看到很多诸如“阿波罗救了我，我的医生试图杀了我”之类的铭文，这通常都表明病人希望将自己的财富捐赠给寺庙。

在我看来，在人性深处，我们知道什么时候需要寻求宗教的安慰，什么时候需要回到科学思维上来。[1]

1. 我试图避免讨论宗教的心灵慰藉效应。

如果今天是星期三，那么我必须吃素

有时候，研讨会的主办单位为了准备晚餐，会提前寄给我一张表格，询问我的饮食要求。有些甚至要提前半年确认。过去，我的回答一般是，我拒绝食用猫、狗、鼠和人类（特别是经济学家）。今天，随着我个人的进化，我真的需要弄清楚那天是星期几，从而决定我当天是应该吃素，还是吃大牛排。怎么决定呢？只要看看希腊东正教的日历就行了，它会显示哪些天需要禁食。这会让一般的会议组织者感到迷惑，不知道应该将我分到“原始阵营”还是“素食阵营”（“原始阵营”的人们都是肉食动物，他们认为古代狩猎–采集者的饮食结构多肉、多动物脂肪，所以他们也要效法，而素食者则不吃动物制品，甚至不吃黄油）。我们在下文将进一步阐述，除偶然情况外，为什么上述两种分类都犯了天真的理性主义错误（除了宗教或精神方面的原因）。

我相信宗教的启发法，并盲目地接受其所有规则（作为一名希腊东正教教徒，我偶尔也会禁食一次，因为这实际上也是游戏的一部分）。宗教的作用之一就是驯服过于丰盛的生活所带来的医源性损伤——禁食会让你放下你饭来张口的权利意识。但还有更微妙的地方。

凸性效应和随机营养

回想一下，我们在讨论肺部呼吸器时提到的詹森不等式的实践影响：不规律在某些领域是有其益处的，规律性有时也有其危害。在詹森不等式适用的地方，不规律反而可能是一剂良药。

也许我们最需要的是随机性地少吃几餐，或至少避免稳定的饮食。我们可以在两个地方发现忽视非线性的错误，一是在摄取食物的成分方面，二是在食物摄取的频率方面。

摄取食物的成分方面的问题如下所述。人类被认为是杂食性动物，与非杂食性哺乳类动物，如牛、大象（草食动物）和狮子（吃猎物，一般是食草动物）不同。但是，这种杂食性能力的发展是为了适应多元化的、充满意外和无序的环境，以及不同的食品供应来源，而非杂食性能力则是为了适应非常稳定的栖息地环境，这里没有突变，也没有更复杂环境中的更多出路。所以，功能的多样化一定是为了应对环境的多样性与结构的多样性。

请注意人体构造的微妙之处：牛和其他草食动物在食物摄取上的随机性比狮子要小得多；它们稳定地进食，但需要付出更大的努力来代谢所有这些营养成分，因此它们每天要花费好几个小时吃东西，更不要说站在那里吃草是多么无聊了。狮子则不同，它需要依靠更多的运气，它的捕食成功率并不高，只有不到20%，但是一旦捕食到猎物，它便能快速而轻易地摄入它的猎物通过艰苦和枯燥的进食工作所积累的所有营养成分。因此，我们可以从环境的随机结构中总结出以下原则：当我们吃素时，我们就需要稳定地摄取食物；当我们吃肉时，我们可以更随机地进食。因此，从统计上说，我们也应该随机消耗蛋白质。

所以，如果你认为我们需要“均衡”的营养组合，同时马上假定我们每餐都需要这样的均衡，而不是连续几餐才取得均衡，那么你的想法是错误的。假设我们需要一定量的营养，比如一定量的碳水化合物、蛋白质和脂肪，那么，每餐都摄取这些营养，比如经典牛排、沙拉和新鲜的水果，与在连续的几餐中分别摄入这些营养的效果存在很大区别。

为什么？因为匮乏会形成一种压力源——我们都知道系统先

遭受压力后又得到充分恢复，会产生什么结果。这里我们又看到了凸性效应的作用：在一天之内3次摄入蛋白质，每次剂量相当于平时的一日剂量，接下来两天则不摄取任何蛋白质，这种进食方法在生物上的效用绝不等价于每日“稳定”摄取适量的蛋白质，如果我们的代谢反应是非线性的话。事实上，这样做应该有一定的好处——至少我们的生理构造是适应这种方式的。

我推测，事实上，不仅仅是推测：我有足够的理由相信（我有非线性的影响和大自然的逻辑做后盾，还有实证证据的支持），我们对食物的摄入和成分的随机性是有反脆弱性的——至少在某个范围，或者某些日子是这样的。

对凸性偏见的一个公然否定，就是所谓的克里特岛（地中海）饮食理论，这类饮食引发美国开明阶层开始改变自己的饮食习惯：远离牛排和土豆，而青睐烤鱼搭配沙拉和羊奶酪。但是这个理论公然不顾凸性偏见，说法如下：有人看到克里特人大多很长寿，于是对他们的饮食进行了归类，然后推断——这可真够幼稚的——他们更长寿得益于他们吃的食物种类不同。可能这是真的，但发挥了主导作用的二阶效应（食物摄取的多样性）却被机械的研究人员忽略了。事实上，人们过了很久才注意到，希腊东正教要求每年进行多达200天的禁食（根据当地文化的严苛程度而定），而且都是艰苦的斋戒。

是的，艰苦的斋戒，就像我现在所感受到的那样。我写这些文字时正值东正教四旬期，在这40天内，我们几乎不可以吃任何动物制品和甜食，一些非常虔诚的教徒甚至连橄榄油也不碰。禁食有几个层级，我一般以中等严格的层级为准，这段时间的生活是很不容易的，这也是禁食的目的。我刚在黎巴嫩北部地区度过了漫长的周末，这里是我们家祖辈生活的村庄，位于希腊东正教教区一个被称为库拉河谷的地方。这里传统的“素斋”可谓登峰造极，具有极大的想象空间：黎凡特的羔羊肉饼是用植物和豆子代替肉类做成的，肉丸是用未发酵的棕色小丸子在扁豆汤内做成的。值得注意的是，虽然禁止吃鱼，但大多数时候，贝壳类食物还是允许食用的，这可能是因为这类食品不被认为是奢侈品。日常饮食中某些营养元素的缺乏，在日后可以大量地补回来。我会在我能够吃鱼的日子里，补偿我这些天因少吃鱼而缺少的被研究人员（目前）称为蛋白质的东西，当然我也会在复活节狼吞虎咽地吃羊肉，随后再大量食用高脂红肉。现在，我就非常渴望在胖子托尼经常光顾的餐厅吃上一块牛排，而且毫无疑问要超大份的。

这就是禁食的压力所带来的反脆弱性，它使我们所渴望的食物品尝起来更美味，也能使我们的肌体系统产生更多的快感。禁食后进食的感觉与吃喝过量的感觉完全相反。[1]

如何吃掉自己

我很好奇，为什么人们认同锻炼的压力对身体有益，但却无法推此及彼地认识到，一定的食物匮乏也会产生相同的效果。在我写这本书时，科学家们正在探索偶尔不吃部分或全部食物所带来的影响。不管如何，都有证据显示，我们在约束的压力下只会

1. 过度丰盛带来的主要疾病常为食欲不振（生物学家目前称为受体钝化）。塞内加说过：“对一个生病的人来说，蜂蜜的口味会更好。”

变得更加体力充沛和健康。

我们可以看一下生物学研究，不是为了从理性主义的角度进行总结或使用，而是为了验证人类对饥饿的反应：人体机制会因食物匮乏而被激活。我们曾对一群人做过实验，显示出饥饿——或者某类食物匮乏——会对人类产生积极的作用。研究人员可以通过细胞自噬机制对此进行理性化解释，当外部资源匮乏时，你的细胞将开始自噬，或者分解蛋白质，重新合成氨基酸，为构建其他细胞提供原料。一些研究人员（目前）认为，自噬带来的“吸尘器”效应就是长寿的关键——但我关于大自然的想法与他们无关：我将在下文进一步表明，偶尔的饥饿会给健康带来益处，但仅此而已。

我们对饥饿的反应（也就是我们的反脆弱性）被低估了。我们一直在告诉人们，吃一顿丰盛的早餐才足以支持他们应对一整天的操劳。这对于无视实证的现代营养学家来说可不是新理论了——比如在司汤达的不朽著作《红与黑》中，我就看到了这样一段对话，主人公于连被告知“今天的活儿很重，要干到很晚，所以，让我们好好吃这第一顿午餐来增强体力吧”(当时法语将早餐称为“第一顿午餐”)。首先，将谷物和其他类似食材作为早餐主食的想法正逐渐被证明有害于人类健康，我不知道为什么过了这么长时间才有人意识到，这种非自然的想法需要进行测试。其次，测试表明，这种方式是有害的，或者吃早餐并不能带来什么好处，除非你在吃早餐前已经辛苦工作过。

让我们记住，我们最早可不是从送餐员手上获取食物的，在大自然中，我们必须费些力气才能弄到吃的。狮子要靠狩猎才有食物，它们可不是为了取乐而去狩猎的。因此，在人们还没有辛苦工作之前就供应食物，无异于迷惑了他们的身体信号系统。我们有充分的证据表明，间歇性（只能间歇性）地剥夺食物可以对许多肌体功能产生有益的影响——比如瓦尔特·隆戈注意到，集中营的囚犯们在食物限制的第一阶段反而很少生病，进一步限食才会导致他们的崩溃。瓦尔特·隆戈做了实验后发现，老鼠在饥饿的初始阶段能承受高剂量的化疗。科学家们也常常说，饥饿会导致基因对一种被称为蛋白质的基因进行编码，从而带来延年益寿等功效。人类的反脆弱性往往会在饥饿的压力下通过某些基因的升级显现出来。

再次强调，宗教的斋戒仪式比你表面上看到的更有深度。实际上，这些斋戒仪式是将非线性带入我们的饮食，从而与生物的特性相匹配。

剥夺步行

天真的理性主义还有另一个危害来源。正如长久以来，人们都在试图缩短自己的睡眠时间，因为它在世俗的逻辑里似乎毫无作用；很多人认为步行也是无用的，所以他们更愿意使用机械运输（汽车和自行车等），并在健身房里进行锻炼。而当他们步行时，他们却要做那种臭名昭著的“快步行走”运动，有时还要在胳膊上负重。他们并没有意识到，出于一些他们尚不清楚的原因，以没有压力的速度轻松地行走是很有益的——或者，我推测，对人类是必要的，就像睡眠一样必要，可是到了现代化的某个时点，由于无法合理化，所以人们试着将它缩减。现在，且不论轻松步行是否与睡眠一样必要，但因为在汽车出现之前，我们的祖先在大多数时间里都是步行（以及睡觉）的，因此我决定在一些医学杂志也开始接受这些想法并提出医学杂志推荐者们口中的“证据”之前，按古人的逻辑行事。

我想永生

我听到的都是如何活得更长久、更富有，当然，还有拥有更多的电子产品。自古以来，人们相信降临到我们身上最糟糕的事情就是死亡，我们并不是这么认为的第一代人。但对于古人来说，最坏的结果不是死亡，而是死得不光彩，甚至只是平庸地死去。对一个典型的英雄来说，在养老院的床上奄奄一息，只有一个粗鲁的护士照顾你和一堆管子从你的鼻孔插进、拉出，显然不是什么有吸引力的终极生活目标。

当然，我们也有一种现代化的错觉，即我们应该尽可能长地活下去。在这样的想法中，好像我们每个人都是终极产品。“我”作为一个个体的存在可以追溯到启蒙运动时期。但是，这个概念是脆弱的。

在此之前，我们是现在的群体和未来子孙的一部分。现在和未来的群体都会利用个体的脆弱性来强化自身。人们勇于牺牲、寻求殉道、为集体献身，并因这样的做法而感到自豪，他们的努力是为了造福子孙后代。

可悲的是，当我写这些文字时，我们的经济体系却导致子孙后代不得不背负沉重的公共政府债务，以及资源的枯竭和环境的灾害，以满足安全分析师和银行机构的要求（再一次看到，我们无法将脆弱性与道德问题分开）。

正如我在第四章所述，虽然基因是具有反脆弱性的，因为它本身就是信息，但基因的载体却是脆弱的，而且需要维持这种脆弱性，以使基因变得更强。我们活着就是为了产生信息或改善信息。尼采说过一个拉丁双关语——子女和书籍，这两类信息都是可以世世代代流传的。

刚才，我还在读约翰·格雷的精彩著作《不朽委员会》，书中谈到了在后宗教时代，人们尝试利用科学来实现永生的故事。我对笃信人类永生潜力的“少见”的思想家，如雷·库日韦尔所做的努力深感厌恶——就像任何一个古人一样。请注意，如果我要找到一个“反我”，即地球上与我的想法和生活风格截然相反的人，那么非雷·库日韦尔莫属了，他不只是患上了新事物狂热征。我建议从人们的饮食（生活）中剔除令人不快的元素，而他却致力于加入这些元素，比如一天要吃 200 粒药丸。除此之外，这些尝试永生的努力还激起了我深深的道德方面的反感。

这种袭上心头的深深厌恶，与我看到一个 82 岁的阔老头身边环绕着一群 20 多岁的“辣妹”情妇（通常是俄罗斯人或乌克兰人）时的感觉是一样的。我在地球上不是为了永生，不是为了苟活。在第四章我们说过，系统的反脆弱性来自其组成部分的死亡——而我只是被称为人类的这个更大体系的一部分。我来到这个世界是为了最后能够为集体利益，为繁衍后代（为他们今后的生活做好准备，并为他们提供生活所需的给养），或最终为了书籍而像英雄那样死去——说到底，我的信息，也就是我的基因或我的反脆弱性，才是应该寻求永生的东西，而不是我。

最后，我会释然地说再见，在圣塞格鲁斯墓地举办一个体面的葬礼，就像法国人说的，腾出空间给其他人吧。

第七卷

脆弱性与反脆弱性的伦理

现在让我们谈谈道德问题。由于不透明性和新发现的复杂性，人们可以隐藏风险、伤害他人，同时逍遥法外。医源性损伤往往带来滞后和无形的后果。我们很难看到其中的因果关系，因而也很难理解到底发生了什么事。

在这种认知的局限性下，只有切身利害才能真正缓和脆弱性。近 3 700 年前，《汉穆拉比法典》就提供了一个简单的解决方案。该解决方案在近代却越来越多地遭到抛弃，因为我们染上了新事物狂热征，摒弃了对古代简单解决方案的欣赏。现在，我们需要了解一下这一解决方案为何可以历久弥新。

第二十三章

切身利害：反脆弱性和牺牲他人的可选择性

- 让空谈变廉价。
- 看看战利品。
- 公司的随机怜悯行为？
- 预测和反预测。

本章我们将要讨论，在只有部分人受益而其他人会受害的情况下，我们会陷入什么样的境地。

现代化的最严重的问题在于，脆弱性和反脆弱性从一方向另一方的恶意转移，也就是说，只有一方受益，而另一方却（不知不觉地）受害。随着伦理与法律的逐渐割裂，这种情况日益严重。其实这种情况以前就存在，但在当今尤为严重——现代化将其很好地掩藏了起来。

这当然是一种代理问题。

代理问题当然是一种非对称性。

我们正面临着一种根本性的变化。想想比较古老的社会，也就是那些幸存下来的社会。我们和那些社会中的成员之间的主要区别就是英雄感的消失；尊重（以及权力）逐渐远离了那些为他人背负风险的人。因为英雄主义与代理问题正好完全相反，它是指有人选择为他人承担对自己不利的状况（冒生命危险，或伤害自己，或者在较温和的情况下吃一点儿亏）。而我们目前的情况刚好相反：权力似乎转移到银行家、企业高管（不是创业者）和政治家手上，这些人从社会中窃取了免费选择权。

英雄主义并不只关乎暴乱和战争。让我们来看一个与代理问题相反的例子：孩提时代，我就对一位老奶奶从车轮下舍身救下一个孩子的故事印象深刻。我觉得没有比为了拯救他人而献身更光荣的事情了。

换句话说，这就是所谓的牺牲。"牺牲"这个词与神圣一词相关，属于圣洁的境界，区别于世俗的世界。

在传统社会中，一个人所能获得的尊敬与他（或她，人们对女人在这方面的期待更大或大得多）的价值取决于其愿意为他人承受损失的多少。最英勇无畏的人将在社会中占据最高层级：骑士、将军、指挥官。即使是黑手党头目也承认，这样的层级结构使他们最容易受到竞争对手的重击和政府的严惩。这同样适用于圣人，他们放弃和贡献了他们的生命以造福他人，比如帮助弱者、贫困者和无依无靠的人。

表 23–1 列出了另一个三元结构：一类人不付任何成本，但能从其他人身上获益；一类人既不从别人那里受益，也不伤害他人；最后一类人则愿意为了别人而受到伤害、做出牺牲。

表 23-1　伦理与基本非对称性

没有切身利害	有切身利害	为了他人的利益而投入成本，或者言行一致
（保留有利因素，将不利因素转嫁给他人，以他人的利益为代价获得隐性选择权）	（自己承担损失，自己承担风险）	（替别人或者为了共同价值观而承担损失）
官僚	市民	圣人、骑士、勇士、战士
信口雌黄	只做不说	要么不说，说则一言九鼎
咨询师、诡辩家	商人、正业人士	先知、哲学家（前现代意义上的）
企业	手工业者	艺术家、某些手工业者
公司高管（虚有其表）	创业家	创业家 / 创新者
理论家、数据收集者、观察性研究者	实验室和现场实验	自行其是的科学家
集权制政府	城邦制政府	自治市政府
编辑	作家	伟大的作家
做“分析”和预测的记者	投机者	愿意冒险去努力揭发（强大的机制或公司的）骗局的记者
政治家	活动家	反叛者、异议者、革命者
银行家	交易员	（他们不会参与庸俗的商业活动）
脆弱推手约瑟夫·斯蒂格利茨博士	胖子托尼	尼罗·图利普
风险贩卖者		纳税人（并不情愿在游戏中投入灵魂，但他们是受害者）

让我跟随自己的心绪，从最右边的第三列开始讲，也就是讨论英雄和勇士。事实上，社会的强韧性，甚至反脆弱性，都有赖

于这些人：我们之所以今天还能生活在这个世界上，就是因为某些人在某个阶段为我们承担了风险。但是，勇气和英雄主义并不等于盲目的冒险，也绝不等同于鲁莽。我们知道，确实有些人因为无视风险、低估失败的概率而表现出一种伪勇敢。我们有充分的证据表明，这些伪勇敢的人在真正的风险面前会表现得异常懦弱或者过度反应；这和勇敢恰好相反。对斯多葛学派的人来说，审慎是勇气（战胜自己冲动的勇气）的固有要素，普布里亚斯·塞勒斯有一句格言——当然，除了他还能有谁——“审慎被视为普遍意义上的勇气”。

英雄主义随着文明而进化，从黩武时代发展到现在。最初，在古典主义时期之前，荷马式的英雄主要需具备搏杀的勇气，因为当时的一切都需要依靠搏斗来争取。在古典主义时期之后，对伟大的古斯巴达国王阿格西劳斯来说，真正的幸福是在战争中牺牲，很少或者没有任何东西可以与之相比。但是对于阿格西劳斯来说，勇气已经从纯粹的武术竞技演变成更宏大的东西。我们常常在忘我的行为中看到勇气，比如一个人准备为了他人和集体的利益牺牲自己，这是利他主义的一种表现。

最后，诞生了一种新形式的勇气，即柏拉图笔下的苏格拉底式勇气，这已经成为最高形式的荣誉，也是现代人对勇气的定义：勇敢地站起来支持一个想法，并在激动的状态中享受死亡，只因为获得了为真相而死的权利或站起来维护自己价值观的权利。在历史上，没有人比为维护自己的观点而公开提出反对意见，乃至付出自己生命的两位思想家更有威望了，这两位思想家都来自地中海东部：一个是希腊人，另一个是闪米特人。

当我们听到幸福是根据经济或其他微不足道的物质条件来定

义时，应该停下来思考一下。你可以想象，每次听到有人宣扬与英雄主义毫无关系的“中产阶层价值观”时，我就觉得极其厌烦。得益于全球化和互联网，这个所谓的“中产阶层价值观”已经传递到了英国航空能够轻松抵达的任何一个地区，原本被高贵的阶层所深恶痛绝的东西如今却被大肆推崇：为银行或烟草公司“卖力工作”；勤奋地阅读报纸；服从大多数（但不是所有）的交通规则；被某种企业结构束缚；一味听从老板的意见（因为工作记录都由人力资源部门保存）；遵守法律；依赖股市投资；去热带地区度假；住在郊区（以抵押贷款购房），养着一条非常漂亮的狗，星期六的晚上品酒消遣。取得一些成功的人便能跻身年度亿万富翁排行榜，期待在他们的化肥销售额遭到来自中国的竞争对手的挑战之前，能在榜上多逗留一段时间。他们将被称为英雄，而不是幸运儿。此外，如果说成功是随机获得的，那么有意识的英雄主义行为就不是随机的。自称“合乎道德的”中产阶层可能会为烟草公司工作——多亏他们高明的诡辩，这样做也能自称道德。

每当我在华盛顿特区，离星巴克咖啡馆或购物商场几步之遥的地方看到一个坐在电脑后面的书呆子入迷地玩着电脑游戏，模拟摧毁一个遥远地方的一整座营区，随后又跑到健身房去“锻炼”（并将自己的文化与骑士或武士文化相提并论），我就更为人类的未来忧心忡忡。技术助长了怯懦……这些都是相互关联的：社会之所以变得脆弱，是因为存在一些没有骨气的政治家、一些害怕民意的逃避者，以及只会编故事的记者，这些人导致了爆炸性赤字和代理问题的进一步复杂化，只因为他们希望粉饰短期内的业绩。

这里我还要提出一个免责声明。表 23–1 并不意味着那些心口合一的人必然是正确的，或者为捍卫自己的观念而死就一定意味着这个人是有利于我们其他人的：许多怀着救世情怀的空想主义者也造成了相当多的伤害。此外，悲壮的死亡也并非必不可少：很多人坚持在日常生活的点点滴滴中与邪恶做斗争，但这并没有让他们看上去像英雄；他们甚至更多地感受到社会的忘恩负义，而更亲善媒体的伪英雄，却在社会上受到热捧，殊不知，这类人是不可能流芳百世的。

有的人只能被称为半个人，不是说他没有观点，而是说他不敢为之冒险。

伟大的史学家保罗·海恩在最近的研究中表明，有人说古代的角斗士是被迫成为角斗士的，这简直是一个天大的迷思。其实，他们大多数是自愿成为角斗士的，目的是获得成为英雄的机会，他们愿意冒着生命危险去赢得一场战斗，即使失败，也要在世人面前彰显自己是如何荣耀地死去的，毫无畏惧——当一个角斗士战败时，观看的人群将决定他是否应该被饶恕。观众们并不喜欢非志愿者，因为他们没有将灵魂投入决斗。

关于勇气，我学到的最宝贵的一课，来自我的父亲——孩提时代，我就非常钦佩我父亲的学问，但并未对他过分崇拜，因为学问本身并不能使你成为一个真正的男子汉。我的父亲有着强大的自尊心，他要求别人尊重他。黎巴嫩战争期间，他曾经受过一个在道口盘查的民兵的侮辱。他拒绝服从对方的指令，民兵对他不敬的态度使他非常生气。当父亲开车离开后，一名枪手对着他的背部开了一枪。在他的余生中，这颗子弹就一直留在他的胸部，所以每次进入机场候机楼时，他都必须携带 X 光片。这为我设置了非常高的门槛：除非努力进取，否则尊严将一文不值。

我从这种古老的文化中学到的就是气度的概念（亚里士多德伦理学中的一个术语），一种庄严感，它后来被基督教中叫作“谦逊”的价值观取代。在罗马语中它没有对应的词，在阿拉伯语中，它被称为不妄自菲薄。如果你勇于承担风险，有尊严地面对自己的命运，那么你做什么都不会贬低自己所做的事情；如果你不承担风险，那么你做什么都不会使自己伟大。如果你承担风险，那么，那些不承担风险的人带给你的侮辱只不过如同牲畜的吠叫：你不可能因为狗朝着你狂吠而感觉受到了侮辱。

汉穆拉比

现在让我们来看看表 23–1 中的各项元素，并将（不利与有利因素之间）基础的非对称性融入我们今天要讲的主题：伦理。只有商学院教授和类似的一些脆弱推手才会割裂强韧性和增长，而我们绝不会将脆弱性和道德分开讨论。

有些人以牺牲他人的利益为代价获得了选择权或可选择性，而后者还不自知。

转嫁脆弱性造成的影响变得越来越强烈，因为现代化使越来越多的人出现在了最左栏——成为反英雄式人物。许多职业和工作（大多伴随着现代化而诞生）受到影响，变得更具反脆弱性，但是以让我们陷入脆弱性为代价——比如享有终身职位的政府雇员、学术研究人员和记者（不戳破神话的那种）、医疗机构、大型医药公司等等。现在，我们怎么解决这个问题呢？像往常一样，我们总是能从古人身上借鉴经验。

《汉穆拉比法典》距今已有3 800年的历史了，其认识到有必要重建脆弱性的非称性，其中有一段话是这么写的：

> 如果一个建筑师建造了一所房子，如果房子倒塌了，并导致屋主死亡，那么造房子的建筑师应被处死。如果导致屋主的儿子死亡，那么建筑师的儿子应该偿命。如果造成屋主的奴隶死亡，那么建筑师应该赔偿屋主一个同等价值的奴隶。

看起来，3 800年前的法律比我们今天的法律还要先进。这个法典的整体思想是，建筑师对房屋的情况要比安全检查人员了解得更多，尤其是在地基存在看不见的问题方面——所以，最佳的风险管理规则就是让建筑师自己控制风险，因为，如果房子在建好后倒塌，那么地基是隐藏风险的最佳地点。汉穆拉比和他的顾问们非常了解小概率风险的特征。

很明显，该法典的目的不是进行回溯性惩罚，而是从一开始就设定反诱因，防止一个人在履行其职责的过程中伤害到别人，从而挽救他人的生命。

当涉及小概率的极端事件，也就是"黑天鹅"事件时，这些非对称性尤为严重，因为这些事件非常容易被误解，而它们的风险也是最容易隐藏的。

胖子托尼有两个启发法。

第一，千万不要登上没有飞行员的飞机。

第二，确保飞机上还有一个副驾驶。

第一个启发法解决的是奖励和惩罚之间的非对称性，或个体之间脆弱性的转移。拉尔夫·纳德有一条简单的准则：对战争投赞成票的人需至少有一个后代（子辈或孙辈）参加战斗。罗马人要求工程师必须在他们建造的桥下待上一段时间——这一要求真应该应用到当今的金融工程师身上。英国的做法更进一步，甚至要求工程师的家人与工程师一起在建成后的桥梁下待一段时间。

对我来说，每一个决策者都应该“在游戏中投注”，以免依赖他的信息或意见的人可能受到伤害（不要出现这样一种情况，即促成入侵伊拉克恶行的人自己却毫发无损）。此外，任何进行预测或经济分析的人都应该拿出东西作为赌注，因为别人的利益有赖于这些预测的准确性（再说一遍，应该责成进行预测的人承担风险，因为对我们来说，这比其他任何形式的人造污染都更有害）。

我们可以从胖子托尼的启发法中推导出大量的启发法，尤其是如何减少预测系统的弱点。只要预测者在游戏中没有投注，即不涉及其切身利益，那么对他人来说这个游戏就是危险的，就像没有工程师睡在现场的核电站。

第二条启发法是说我们需要建立冗余、安全边际，避免优化，以减轻甚至消除我们的风险敏感度中的非对称性。

本章的其余部分将介绍一些综合征，当然，还有一些古老的补救办法。

空谈者的免费选择权

第一卷结尾称，我们需要把创业者和风险承担者置于金字塔的顶端，而不管他们“失败”与否，除非他们在承担个人风险时还将他人置于风险之中；学者、空谈者和政客则都应该被置于金字塔的底端。但问题是，现在社会做的事正好相反：赋予空谈者免费的选择权。

对尼罗来说，胖子托尼从冲向逃生出口的愚蠢的人身上牟利，这相当不妥。从他人的不幸中受益——不管这些人是多么可憎——绝非高尚的生活态度。但是，托尼承担了一定的风险，而且一旦结果不利就会招致伤害。胖子托尼没有代理问题，这使得他这样做合情合理。因为如果情况相反将带来更糟糕的问题：有些人只会空谈、预言、纠结于理论。

事实上，投机性的冒险不仅应该被容许，还应该被强制要求。不承担风险就不要发表意见，当然，没有人在承担风险时不期望得到回报。如果胖子托尼有自己的意见，那么出于道德上的原因，他就需要承担相应的风险。正如他们在森赫斯特所说的，你如果有自己的看法，你就必须这样做。否则，你就不会持有真正 8 的意见。如果你看到某个人并不为自己的观点承担任何风险，那么请将他归入一个特殊阶层，也许得比普通公民还低一层。评论家的地位也应低于普通公民。毕竟，普通公民至少还得面对发表观点所带来的不利因素。

所以，与知识分子和评论员这种高高在上、高枕无忧的社会群体的整体观念相反，我在这里要说的是，如果你只是信口雌黄，言行不一，不承担受损失的风险，不在游戏中下注，不拿自己的任何利益冒险，那么是极不道德的。如果你表达的意见可能伤害到别人（依赖于这些意见的人），但你自己却不用承担任何责任，这公平吗？

但是，这是信息时代。转嫁脆弱性的影响可能贯穿整个历史，只是如今由于现代化带来的相互依赖性的增强，这种影响变得更为严重了。如今的知识分子远比以前更为强大和危险。所谓的“知识世界”会导致知识和行动的分离（同一个人不是既懂得知识又知道行动），并导致社会的脆弱性。怎么会这样？

在过去，负起责任的人才享有特权——除了少数知识分子，他们服务于封建领主，或在某些情况下，为国家效力。如果你想成为一个封建领主，那么遇到事情你就是第一个赴死的。想要打仗，那你得先上战场。让我们不要忘记美国《宪法》所说的：总统即三军总司令。恺撒、亚历山大、汉尼拔都亲自上战场——据李维所说，汉尼拔总是第一个冲入战区，最后一个撤出。乔治·华盛顿也亲自上战场，不像罗纳德·里根和小布什，他们只会一边玩游戏，一边谋划如何威胁他人的生命。即使是拿破仑也要亲自承担风险，他现身战场的威慑力相当于增派一支2.5万人的军队。丘吉尔也表现出令人赞叹的战斗勇气。他们全身心地投入，为各自的信仰而战。你所处的位置决定了你必须冒的风险。

请注意，在传统社会，那些承担风险的人即使失败了，也比那些无须面对风险的人拥有更高的地位。

预测系统这种极端愚蠢的事物再度让我情绪激动。比起启蒙运动时期之前，我们可能有更多的社会正义，但也出现了比以往更多的可选择性的转移——一种明显的退步。请允许我解释一下。这种伪知识必然会转向空谈。学者、顾问和记者的话在涉及预测时，可能只是空话而已，不能兑现，也没有确凿证据。文字总有这样的特性，其不是最正确的，却是最迷人的——或者，那些能拿出最冠冕堂皇的说辞的人才会获胜。

我们在前面提到，虽然政治哲学家雷蒙·阿隆的预测能力不凡，他说的话听起来却索然无味，而那些错误百出的预言家却活得很精彩。阿隆的生活平淡无奇：尽管他有先知般的洞见，但他生活得像一个税务会计师，而他的敌人，比如，让 - 保罗·萨特却过着奢华的生活，尽管每次预测几乎都会出错，甚至还以一种极其懦弱的方式容忍了德军的占领。懦弱的萨特看上去风度翩翩、令人着迷，而且他的书一直流传至今（请不要将他归为伏尔泰学派，他根本不是伏尔泰学派的一员）。

在达沃斯，我一看到脆弱推手记者托马斯·弗里德曼就深感厌恶，正是他那篇颇有影响力的报纸专栏文章煽动引发了伊拉克战争，而他并未因此付出任何代价。真正让我感觉不舒服的原因可能不仅是我看见了一个我认为非常邪恶和有害的人，我只是因自己看到了错误却无能为力而感到难过，这是一种生理反应。以巴力神的名义，这是有罪的，有罪是我无法容忍的。古地中海道德观中还有一个核心要素：对普布里亚斯·塞勒斯来说，不阻止犯罪的人便是帮凶。（我在前言中也说过我自己的一个类似观点，在此我需要重复一下：如果你看到欺诈现象却隐瞒不报，那么你也是一个骗子。）

托马斯·弗里德曼对 2003 年美国入侵伊拉克的战争负有一定责任，但是他不仅没有因此受到惩罚，还继续为《纽约时报》写专栏，混淆无辜者的视听。托马斯·弗里德曼得到并保留了有利因素，却让别人遭受了不利因素。一个有论点的作家可以比连环杀人犯伤害更多人。我用他来举例，是因为这个问题从本质上说是他在一个复杂系统内推广了对医源性损伤的误解。他提出了“地球是平的”这一理念，却没意识到，全球化带来了脆弱性，导致了更多的极端事件，而且需要大量的冗余来确保其有效运行。美国入侵伊拉克也犯了同样的错误：在这样一个复杂的系统里，结果的可预测性是非常低的，所以从认识论上说，入侵伊拉克是极不负责任的做法。

大自然和我们祖先的系统都是建立在惩罚措施之上的：任何人都没有永恒的免费选择权。如果有人蒙着眼睛驾驶校车，因而发生意外，他要么就以古老的方式退出基因库，或者，出于某种原因，他并未在事故中受到伤害，那么他将受到足够的惩罚，并被禁止开车载人。但问题是，记者托马斯·弗里德曼仍然在开车。对社会造成伤害的舆论制造者并未受到惩罚，这是一种非常糟糕的教训。2008 年的危机之后，奥巴马政府充斥着蒙着眼睛开车的人，造成医源性损伤的人还得到了升迁。

事后预测

言语很危险：事后预测者总是在事情发生后对其进行解释（因为他们的工作就是空谈），好让自己看上去总是比预测者聪明。

由于事后扭曲，有些人当然没有事先看到事件来临，却记得他们想过那件事产生的影响，而且会设法说服自己，是他们预测到了这些事件，随后还要说服别人相信这一点。每个事件发生后，事后预测者的人数总是多于真正的预测者。比如，人们每次洗澡时都会产生一个想法，但没有得出合乎逻辑的结论，鉴于很多人都会洗很多次澡，比如每天两次（如果还包括健身后或与情妇交欢后洗澡的话），那么他们将会拥有一个巨大的想法库。他们不会记得他们过去在无数次沐浴中产生的想法，要么是噪声，要么与观察到的现状相矛盾——但由于人类渴望自我一致性，他们将保留曾经想过的、与他们认知的现状相符的那些要素。

所以，那些骄傲、夸夸其谈的舆论制造者将最终赢得辩论，因为他们是写文章的人，而由于阅读他们写的文章而陷入麻烦的愚蠢的人，以后还会再次阅读这些文章以寻求未来的指导，然后再次惹上麻烦。

过去是流动性的，充斥着选择偏见和不断修正的记忆。愚蠢的人有一个核心特征，那就是他们永远不会知道，他们之所以容易上当是因为他们的思维局限。（即便如此，人们还是震惊于以下事实：即便勉强预测到2007—2008年脆弱性危机的预测者，也比随机预测到这次危机的人少得多。）

非对称性（事后预测者的反脆弱性）：事后预测者可以采用过滤式选择法来挑选他们的意见为人接受的例子，并将失误的预测抛入历史的垃圾堆。这是一个免费选择权，对他们来说是这样；我们却必须为它付出代价。

由于脆弱推手有选择权，所以他们个人具有反脆弱性，波动通常对他们有利：波动性越强，他们越显得聪明。

但是，一个人究竟是不是愚蠢的人，只要看看实际记录和行动就知道了。行动是对称性的，不允许过滤式选择，因此消除了免费选择权。当你看到某人行动的实际历史记录，而不是他在事件发生后发表的想法，事情就一目了然了。选择权消失了。现实消除了不确定性、不精确性、模糊性，以及让我们显得更聪明的心理偏见。错误的代价是昂贵的，它不再是免费的，但是做对则能带来实际的回报。当然，我们还可以做其他测试来评估生活的组成部分：通过人们自己的投资来判断其决策。你会发现，很多人声称已经预测到了金融体系的崩溃，但其投资组合中却不乏金融公司。事实上，他们无须像胖子托尼和尼罗那样从事件中"获利"，以显示他们不是愚蠢的人，他们只要避免不受这些事件的伤害，就已足够。

> 我希望预测者每犯一次预测错误，就在身上留下一条明显的疤痕，而不是将错误带来的成本分摊给整个社会。

你不能只是坐在那里抱怨世界。你需要主动迎接挑战，战胜困难。托尼坚持要尼罗定期看看实际的战利品（比如银行账单），这是很正确的。这些获利，正如我们所说，与财务价值没什么关系，也与购买力无关，只是象征性的价值。我们在第九章中看到，恺撒不惜代价地将成为战俘的高卢叛乱领导人韦森盖托里克斯带到罗马游行。无形的胜利是没有任何价值的。

讲得唾沫横飞的人出头了。纵观历史，从来没有像现在这样，只说不做的人越来越多，并发挥着更大的作用。这是现代主义和分工的产物。

记得我说过，美国的实力在于承担风险并庇护冒险者（正确的冒险，比如高失败率的泰勒斯式冒险，具有长期可选择性的冒险）。但是很抱歉，我们正在不断远离这个模式。

斯蒂格利茨综合征

有一件事比托马斯·弗里德曼的问题更为严重，这个人的话是某个行动的导火索，但他自己对此却完全不负责任。

我称这种现象为“斯蒂格利茨综合征”，名称来自一位所谓的“睿智的”学术经济学家约瑟夫·斯蒂格利茨。下面，我们来分析一下这种现象。

还记得第十九章的脆弱性检测，以及我对房利美最终厄运的固执己见吗？幸运的是，我为我的观点在这场游戏中下注了，虽然遭到了诋毁。2008年，毫无疑问，房利美破产了，我再说一遍，这导致美国纳税人损失了数千亿美元——整体来看，含有相似风险的金融体系遭受了重创。整个银行系统也面临类似的风险。

但是，大约在同一时期，约瑟夫·斯蒂格利茨与他的两名同事——奥斯泽格兄弟（彼得·奥斯泽格和乔纳森·奥斯泽格），也在观察房利美。他们在一份报告中评估说："根据历史经验，对政府来说，政府支持企业债券的潜在债务违约风险实际为零。"[1] 据说，他们还进行了情景模拟，但没有看到明显问题。他们还表示，违约概率被认为"小到难以检测出来"。正是这样的观点，对我来说，也只有这样的观点（知识分子的傲慢加上自认为了解罕见事件的错觉）造成了经济中罕见事件风险的积累。这正是我努力对抗的"黑天鹅"问题，是我们都应该规避的福岛问题。

但更经典的是，2010年，斯蒂格利茨以"我早就告诉过你们"的姿态写了一本书，书中声称，他已经"预测"到了2007—2008年爆发的经济危机。

看看社会赋予斯蒂格利茨及其同事们的这种异常的反脆弱性。事实证明，斯蒂格利茨不仅不是危机的预测者（以我的标准来看），反而是导致这些事件、导致小概率风险不断累积的部分原因所在，但他竟然丝毫没有觉察到这一点！一个学者从不记得他自己的意见，因为他无须对此承担任何风险。

从本质上说，当人们拥有这种能让他们在期刊上发表论文，却降低了人们的风险意识的奇怪技能时，他们就变得十分危险了。

1. 这里的政府支持企业就是指房利美和房地美，它们都在这次危机中破产了。

因此，造成问题的经济学家可以在危机后进行事后风险预测，继而扮演理论家，对事件的来龙去脉进行分析。难怪我们会有更大的危机。

我的核心观点是：如果斯蒂格利茨像商人一样，让自己的切身利益与自己的预测挂钩，那么他将血本无归、一无所有。或者，如果他在大自然中，那么他的基因会因此灭绝——对概率产生这种误解的人终将从我们的基因库中被淘汰。让我觉得恶心的是，政府却还雇用了他的一个合著者。

我其实并不情愿用斯蒂格利茨的名字来命名这种综合征，因为我觉得他已经是最聪明的经济学家了，就理论化的知识来看，他已经非常优秀了，只是他对系统的脆弱性没有认识。而且斯蒂格利茨代表了经济界对小概率事件有害且错误的理解。这是一种严重的疾病，它解释了为什么经济学家会将我们带入万劫不复之地。

斯蒂格利茨综合征对应于一种过滤式选择，这是最糟糕的，因为一个人犯了过错却不知道他在做什么。在这种情况下，这个人不仅不能识别危险，还会促使危险发生，事后他还要让自己以及其他人相信相反的事情，即他预测到了危险，并警告人们要防范风险。这相当于将卓越的分析能力、无视脆弱性、选择性记忆，以及缺乏切身利益集于一身。

斯蒂格利茨综合征 =（可能出发点是善意的）脆弱推手 + 事后过滤式选择

我们还可以看到其他一些因为缺乏惩戒而产生的教训。但斯蒂格利茨综合征是最严重的一种纯纸上谈兵式的学者综合征（除非他们心口合一）。比如，许多学者在一篇论文中提出一种观点，在另一篇论文中又提出另一种观点，却没有因为第一篇论文中的错误观点而遭受惩罚，好像他的论点只需贯穿于一篇论文，而无须在不同的论文间保持一致。当然，这无可厚非，因为人总是要发展的，会推翻早年的一些想法，但如果是这样，早先的这些“成果”就应该停止传播，并被新的观点替代，就像用新的修订版取代之前的版本一样。但是现在，惩罚的缺失使得他们获得了反脆弱性，而社会却为他们的错误付出了代价。此外，我不怀疑斯蒂格利茨的诚意，或者不尽如人意的诚意：我相信他真的认为他预测到了金融危机。所以让我重述一遍这个问题：人们拥有惩罚豁免权带来的问题是，他们能以过滤式选择的方式从他们过去许多自相矛盾的言论中挑选一种，最终说服自己相信自己才智过人，并成为在达沃斯论坛上大放厥词的嘉宾。

我们都知道庸医和蛇油推销者会带来医源性损伤，但此类人多少有些自知之明，被捉住后大多老实认罪。可是，这个世界上还有一种更为恶劣的医源性损伤是由专家造成的，他们依仗自己备受推崇的地位在事后声称，他们早就对伤害发出过警告。由于这些人并不知道是他们自己造成了医源性损伤，因此他们还用医源性损伤来医治医源性损伤。然后，局面便一发不可收拾。

最后，我看到，解决伦理问题的方案其实正是解决斯蒂格利茨综合征的良策，这个方案就是：

> 不要询问任何人的意见、预测或建议。只要问他们的投资组合中有什么或者没有什么就行。

此外，我们现在知道，许多无辜的退休人员就是因为一些无能的评级机构而受到伤害的——无能似乎还不足以形容这些机构。相当多的次级抵押贷款都是被“AAA”评级粉饰过的有毒垃圾。要知道，AAA 级意味着安全性接近政府债券。无辜的人们就这样被误导着将自己的储蓄投了进来——此外，监管者还要强迫投资经理使用评级机构的评估。但是，评级机构却受到了保护：它们发布评级就像媒体一样高调，却丝毫不负有媒体揭露欺诈行为的那种崇高使命。他们受益于保护言论自由的《美国宪法第一修正案》。言论自由是美国人根深蒂固的习惯，对此我毫无异议。我只是想卑微地建议：人们可以说任何他们想说的话，但是他们的投资组合得与之相符。而且，当然，监管机构不应该充当脆弱推手，认可他们的预测方法，因此认可他们的垃圾科学。

心理学家捷尔德·盖格瑞泽有一条简单的启发法。不要问医生你该做什么，而是问医生，如果他处于你的情况下，他会做什么。你会很惊讶地看到其中的差异。

频率的问题，或如何辩论才会失利

回想一下，胖子托尼只希望“大赚一笔”，而非“证明自己正确”，其中的要点是有统计区别的。让我们暂时重新回到泰勒斯和亚里士多德的区别上，看一下观点的演变。频率，即一个人有多少次是正确的，其实在现实世界中无关紧要，但这一点只有实践者而非空谈者才能明白。从表面上看，正确的频率确实非常重要，但这只关乎表面问题，通常说来，脆弱性带来的有利因素很少（有时没有），而反脆弱性几乎不会带来任何不利因素。也就是说，在脆弱性的情况下，一个人捡了芝麻，却丢了西瓜，而在反脆弱性的情况下则是丢了芝麻，得到了西瓜。因此，在反脆弱性的情况下，你可能在很长时间内反复失败，但不会遭到很大的损失，只要碰巧做对一次就可以大赚，而在脆弱性的情况下，一次损失就可能让人一蹶不振。

因此，如果你投注赌金融机构的投资组合会亏损，那么，你在2008年的毁灭性灾难到来之前，可能会损失一些小钱，就像尼罗和托尼一样。（请再次注意，站到脆弱性的对立面会使你更具反脆弱性。）你错了许多年，只对了一两次，但你损失很小，获利却很大，所以你会比反其道而行之的人成功得多（实际上，那种方式只会让他们破产）。你会像泰勒斯那样赚很多钱，因为赌脆弱性的崩溃会给你带来反脆弱性。但是，仅仅是口头上“预测”到了事件发生的人，往往会被记者认为“错了很多年”“大多数时间都是错误的”。

如果我们数一下舆论制造者的“正确”和“错误”，我们会发现，正误比例并不重要，因为我们需要看最终结果。鉴于我们不可能马上看到结果，因此我们现在处于进退两难的境地。

让我们再以创业家为例。创业家常常是错的，会犯很多错误。但他们是凸性的。所以，重要的是成功后能获得什么回报。

让我重新梳理一遍。现实世界中的决策，也就是放手去做，属于泰勒斯式做法，而用言辞去做预测，则是亚里士多德式做法。正如我们在第十二章讨论的，决策的一面带来的后果远大于另一面——尽管我们没有证据表明某人是恐怖分子，但是我们还是要查看他们是否携带了武器；我们不认为水是有毒的，但我们还是要避免贸然去喝不明来源的水；对狭隘地采纳亚里士多德逻辑的人来说，这样的行为看上去非常荒谬。用托尼的话来说，愚蠢的人总是力图证明自己正确，而聪明人则力图赚钱。或者：

愚蠢的人总是力图赢得辩论，而聪明人则寻求获利。

再换句话说：辩论失利未尝不是一件好事。

错误的理由，正确的决定

从更广的范围来看，比如在大自然中，意见和预测根本无关紧要，生存才是最重要的。

让我们来看一个进化论的观点。这似乎是一个最不起眼的、有利于由个体实干家（亚当·斯密所说的“冒险者”，而非中央规划者和官僚机器）驱动的自由企业和社会的论点了。我们看到，官僚（不论是在政府还是大公司中）往往置身于这样一种奖惩系统中，它基于叙述、言论、他人意见，以及工作评估和同行审核，也就是我们所说的营销。这是亚里士多德式的做法。然而，生物界是靠生存，而不是意见和“我曾预言”“我曾告诉过你”等发展的。进化不喜欢“证实谬误”这种社会特有的通病。

经济界也应该如此，但是经济机构搅乱了一切，让愚蠢的人也有机会发展壮大——它们通过纾困和中央集权阻止了进化。需要注意的是，从长远来看，社会和经济往往会以意外、突变和跳跃这些恶劣的方式完成进化。

我们前面提到卡尔·波普尔的进化认识论观点，由于不是一个决策者，因此他误以为思想必须依靠相互竞争来实现进化，错误较少的思想则在任何时代都能存活下来。他忽略了一点，那就是存活下来的不是思想，而是有着正确思想的人，或者建立了正确启发法的社会。不管观点对错，引导人们做了正确事情的人或团体才能幸存。卡尔·波普尔忽略了泰勒斯效应，事实上，没有害处的错误想法也能生存。建立了错误的启发法，但是在犯错时伤害很小的人也能生存。即使是“不理智”的行为，如果无害，也可能是好的行为。

让我举一个例子来说明，一个错误的观念是怎样有助于生存的。在你看来，下面哪种做法比较危险：把一只熊误认为是一块石头，还是把一块石头误认为是一只熊？人类不太会犯第一个错误，我们的直觉会让我们对发生概率最小的危害做出过度反应，并对某一类错误的形态信以为真——那些看到像熊的石头而做出过度反应的人具有生存优势，而那些犯相反的错误的人则将被基因库淘汰。

我们的使命就是，让我们不要信口雌黄。

古人和斯蒂格利茨综合征

让我们来看看古人是如何很好地理解斯蒂格利茨综合征，以及相关综合征的。事实上，他们有相当复杂的机制来应对代理问题，无论是个人还是集体（隐藏在集体背后的循环效应）。之前，我曾提到罗马人会要求工程师在他们自己修建的桥梁下待一段时间。照此看来，他们很可能会让斯蒂格利茨和奥斯泽格睡在房利美这座桥梁之下，并退出基因库（这样他们就不会再伤害我们了）。

罗马人针对今天很少有人想到的情况，甚至有着更强有力的启发法，有效地解决了博弈论问题。罗马士兵都被迫签订了战斗誓约，承诺在兵败的情况下接受惩罚——这是军人和军队之间阐明了有利和不利因素的协议。

假设你我在丛林中遭遇了一头小豹子或其他野生动物。通过联手抗击，我们可能会战胜它——但是，我们每个人单独作战一定是无法取胜的。现在，如果你选择逃跑，那么你需要做的就是跑得比我快，你无须跑得比动物更快。因此，对那个跑得最快的人来说，最优选择就是逃跑，而跑得最快的人是最懦弱的，另一个人则成为动物的美餐。

罗马人通过称作“十选一”的方法，来打消士兵做懦夫并伤害他人的动机。如果一个军团兵败，而且被怀疑是懦弱造成的，那么 10% 的士兵和指挥官就会被处死，通常是由随机抽签决定的。“十选一”的方法就是 10 个人中处死一个，该词在现代语言中已经没有这个意思了。“十选一”（或者类似的数）是一个神奇的数字：处死的人超过 10% 会削弱军队的力量；而处死的人太少，则无法消除懦弱的现象。

这个机制一定对懦弱行为起到了很好的威慑作用，因为我们并不常看到这一处罚的执行。

英国人也用过一个类似的机制。海军上将约翰·拜恩被军事法庭判处死刑，因为他被发现未能“尽最大努力”在 1757 年梅诺卡岛之战后防止梅诺卡落入法国人之手。

烧毁船只，背水一战

利用一个人内心的代理问题，可以超越对称性：不给战士任何选择，看看他们能有多大的反脆弱性。

公元 711 年 4 月 29 日，指挥官塔里克率领一小支阿拉伯军队从摩洛哥穿越直布罗陀海峡进入西班牙。登陆后，塔里克放火烧掉了船只。然后，他发表了著名的演说，在我的学生时代，每一小学生都会背这篇演说，意思如下：你的身后是海，你的面前是敌人。你们知道敌我悬殊之大。你所能依靠的就只有手中的剑和心中的勇气。

塔里克和他的军队就这样控制了西班牙。类似的故事贯穿着整个历史，从800年后征服墨西哥的科尔特斯到800年前锡拉库萨的统治者阿加索克利斯——具有讽刺意味的是，科尔特斯是向南进发的，路线正好与塔里克的方向相反，他是登陆非洲与迦太基人作战的。

所以，千万不要把你的敌人逼到死路上。

诗可以杀死你

问一个通晓多国语言，包括阿拉伯语的人，谁是世界上最杰出的诗人——不管哪种语言——我想他很有可能认为这个人是生活在大约1 000年前的阿姆塔纳比。阿姆塔纳比的诗作对读者（听者）而言简直有一种催眠的效果，只有普希金在俄语读者中的魅力能与之相媲美。问题是阿姆塔纳比很清楚这一点，他的名字的字面意思就是“他认为自己是一个先知”，这或许是他过于自我膨胀的体现。要了解他有多么高调，我们不妨读读他的一首诗，这首诗说的是他的诗歌如此强大，“即使盲人也可以阅读”“聋人也可以听到”。但话又说回来，阿姆塔纳比是真正的行动者，是难得一遇的、全情投入的、愿为诗歌献身的诗人。

就在刚才那首自负的诗中，阿姆塔纳比通过对语言魔力的精彩展现宣称，自己不仅是一位光芒四射、家喻户晓的伟大诗人（这一点我认为他说得没错）——他懂得“马、晚上、沙漠、笔、书”，而且他的勇气甚至赢得了狮子的尊重，除此之外，他还始终践行言行一致的原则。

可以说，诗歌让他付出了生命的代价。因为阿姆塔纳比在他的一首诗中诋毁了一个沙漠部落（当然，这是他的典型性格），因而遭到追杀，并在他旅行的途中被对方找到了。阿姆塔纳比寡不敌众，他做了理性选择，赶紧逃跑，这本没有什么可耻的，但是他的同伴开始在他的身后吟诵起“马、晚上……”结果，阿姆塔纳比转过身来，对抗追杀他的部落族人，从容赴死。就这样，1 000 年以后，我们仍记得阿姆塔纳比是为了避免因逃跑而辱没自己名誉从容赴死的诗人，当我们背诵他的诗时，我们知道他践行了自己的诺言。

我在童年时期特别崇拜法国冒险家和作家安德烈·马尔罗。他的著作充满了他自己的冒险经历：马尔罗没毕业就辍学了，但他博览群书，20 多岁时就远赴亚洲探险。西班牙内战期间，他成为一名活跃的飞行员，第二次世界大战期间又成为法国地下抵抗组织的活跃成员之一。他后来变得有点儿喜欢言过其实，总是夸大他与某位伟人或政治家会面的事。他简直无法忍受一个知识分子当作家的想法。他与海明威不同，后者塑造的都是虚拟人物，而他写的都是真事。而且他从来不愿意谈论琐碎的事。马尔罗的传记作家写道，当其他作家在讨论版权和版税时，他总是会将话题转移至神学（据称，他说 21 世纪要么是宗教兴盛的世纪，要么是宗教绝迹的世纪）。马尔罗去世的日子，是我最悲伤的时刻。

绝缘问题

我们的系统并不激励研究人员成为马尔罗。据称，伟大的怀疑论者休谟会将令他怀疑或感到焦虑的事情锁进哲学的柜子里，然后去爱丁堡与朋友聚会（虽然他对聚会的态度是非常……爱丁堡式的）。哲学家迈尔斯·布恩耶特将这个问题命名为“绝缘问题”，尤其是针对某些在一个领域感到怀疑，在另一个领域却不怀疑的人。他举了一个哲学家的例子，此人对时间的真实性感到很疑惑，但是他还是申请了科研经费，在次年的休假期间研究时间的哲学问题，而毫不怀疑次年终将到来的现实。对布恩耶特来说，哲学家“能将他普通的一阶判断与他的哲学思维隔离开来”。对不起，布恩耶特教授，我同意，哲学是唯一不需要与现实连接起来的领域（还有一个临近领域，纯数学）。不过如果是这样的话，不如把它当作一种室内游戏，给它重新取个名字……

同样，捷尔德·盖格瑞泽公布了哈里·马科维茨的一个更为严重的绝缘问题。后者开创了所谓的“投资组合选择”法，并因此获得瑞典中央银行奖（被称为“诺贝尔经济学奖”），就像默顿和斯蒂格利茨等其他脆弱推手一样。我有一段时间称它为骗人的噱头，因为它除了学术认可外不具备任何效用，只会招致灾难。当然，脆弱推手马科维茨教授并未将他的方法应用于自己的投资组合，他不得不依赖更成熟的（更易于实施的）出租车司机所用的方法，与曼德布罗特和我提倡的方法更接近。

我相信，迫使研究人员尽可能咽下自己所酿的苦酒可以解决一个严重的问题。让我们用以下这个简单的启发法——声称自己的想法可用于现实世界的科研人员，是否确实将他的想法应用到了日常生活中？如果是这样，那么不要小瞧他。如果不是，那么不要理他。（如果这个人做的是纯数学或神学研究，或教诗歌的，那么没有问题，但如果他从事的是实用性研究，那么要警惕了。）

这让我们不得不提到第十章与塞内加形成鲜明对比的特里法

特式虚假行为，也就是实干者相对于空谈者。记得吗？当有人让特里法特把他的方法应用于现实生活中时，他说："这回可是来真格的！"我当时还说过，风险需要你用行动而不是用空谈去解决。

同样，当我遇到一个研究幸福学的学者，我也应用了这种方法来评估他，即忽略他写了什么，而关注他做了什么。他的观点是，赚钱超过 5 万美元的人再多赚一点儿也不会给他带来任何幸福感——他赚的钱是大学教授的两倍，因此从他的逻辑推断，他不用再拼命多赚钱了。而根据他发布在"引用频率很高的论文"中的那些"实验"，他的论点表面看上去也非常可信——虽然我对"幸福"的概念，以及对现代社会"寻求幸福"的那种世俗的诠释并不特别感兴趣。所以，我像一个白痴一样相信了他的话。但大约一年以后，我听说他马不停蹄到处演讲赚钱。这对我来说，是比他的论文被引用成千上万次更充分的证据。

香槟式社会主义

这是绝缘问题的另一个典型案例。有时一个人的"言论"与其生活的隔离是显而易见的：一些人希望其他人过某种生活，但是自己却并不喜欢这种生活。

千万不要听信一个从来不放弃自己的财富或者从不践行他希望别人追求的生活方式的"左翼"人士。法国人所说的"鱼子酱式左派"，或者是被盎格鲁－撒克逊人称为香槟式社会主义者的人就是那些崇尚社会主义，有时甚至是共产主义意识形态，或一些倡导节俭的政治制度，却公开过着奢靡生活的人。他们往往靠继承下来的丰厚财产过活，从没有意识到其中的矛盾之处——他们自己的生活方式正是他们希望别人避免的。这与追逐女色的教皇，比如约翰十二世或波吉亚没什么区别。真正的矛盾有时会达到荒诞不经的地步，比如法国总统弗朗索瓦·密特朗在就任社会党第一书记时，其就职典礼被弄得简直像法国君主盛大的加冕仪式。更具有讽刺意味的是，他的死对头——保守党的戴高乐将军，却过着一种旧式的简朴生活，连袜子都是他的妻子帮他缝补的。

我亲眼看到过更糟糕的情况。我以前遇到过一个客户，一个似乎很有社会使命感的富裕人士，他试图说服我为一位提倡提高税收的选举候选人捐款。出于道德考虑，我拒绝了。但我认为那个人堪称英雄，因为如果那位候选人胜出，那么他自己税赋的增加额也将相当可观。但是一年后，我发现该客户因为卷入一宗巨大的逃税案而接受调查。原来他只是希望其他人能缴付更多的税款。

过去几年里，我与活动家拉尔夫·纳德建立了友谊，并在他的身上看到了与上文所说的截然不同的特质。他除了表现出惊人的个人勇气和对诋毁完全漠视，还堪称言行一致的典范。就像圣人一样心口合一，可以说他是一个凡世的圣人。

心口合一

有一类人摆脱了官僚－记者式的“谈论”：他们不仅说到做到，还心口合一。

想想看先知们。预言是对信念的承诺，仅此而已。先知不是第一个产生某个想法的人，他是第一个相信这个想法的人，而且始终相信。

第二十章讨论了预言（正确的预言用的是做减法的方法）和

认知脆弱性。但是，有切身利害（并接受不利结果），是区分真正的思想家和事后“谈论”者的关键，后者能从回溯中获益，但离到达预言家的级别还有一步之遥。因此，正如我所说，如果在经济危机之前，许多人都产生过你在洗澡时产生过的斯蒂格利茨式想法，即想到过危机发生的可能性与合理性，但是又拿不出像他们在危机发生后拿出的那么多的证据，那么他们就称不上是预言家。这里涉及承诺问题，或哲学家所称的信念承诺，这是一种对信念的保证，在胖子托尼和尼罗眼里，这需要转化为行动。Doxa 在希腊语中的意思是“信念”，但与“知识”（认知）不同，它需要的不仅仅是口头上的承诺。要了解这一点，只要想想在希腊东正教中它带有赞颂的意义，你就明白了。

顺便说一句，这个概念也适用于各种形式的思想和理论：理论背后的主要人物、所谓的理论创始人，应该是一个相信这个理论、以之为信念，并愿意以昂贵的代价承诺秉持这一信念、确保其自然得出结论的人，而不一定是在喝甜酒时第一个提出这一概念的人。

只有真正相信的人，才能避免最终自相矛盾，并且陷入事后预测的错误。

选择权、反脆弱性与社会公平

股市展开了有史以来规模最大的反脆弱性转移，原因在于这场游戏中恶性的不对称式投注。我这里说的不是投资，而是目前的体系，将投资包装成“上市公司”的股票，允许经理人在这个系统中耍花招，当然，他们还能比真正的冒险者，也就是创业家们赢得更多的威望。

代理问题的典型案例就是雇用职业经理人来管理一个不属于他的企业，与企业主自己经营企业并不相同，在前一种情况下，除了企业主，职业经理人无须向任何人汇报数据，出了问题也不必担责任。职业经理人在企业中享受绩效激励，却没有惩罚措施——这一点大众并不是很清楚，他们一直以为，经理人得到了恰当的“激励”。不知道为什么，这些经理人都被储户和投资者赋予了免费选择权。而我最担心的就是不由企业主自己经营的企业中的经理人问题。

当我写这本书时，美国股市已经导致退休人员在过去 12 年里损失超过 3 万亿美元，相比他们把钱留在政府货币市场基金里而言——我这只是保守估计，实际上两者的差距甚至更大。而在股市中持有不少股份的职业经理人，得益于股票期权的非对称性，赚取了近 4 000 亿美元。他们就像泰勒斯，牺牲了可怜的储户，自己却大赚一笔。更离谱的是银行业的命运：银行的损失已经远远超过了它们有史以来赚到的利润，但它们的经理人却领取着数十亿美元的薪酬——损失由纳税人背负，好处却落入银行家的口袋。旨在矫正问题的政策最后却伤害了无辜的人，而银行家们则在圣特罗佩的游艇上喝着夏季葡萄酒。

这种非对称性是显而易见的：波动性有利于经理人，因为他们获得了结果的积极面——收益。我想说的是（唉，几乎所有人都忽略了），他们注定能从波动性中获益，而且波动性越强，越有利于这种非对称性。因此，他们是反脆弱性的。

要了解反脆弱性是如何转移的，我们可以看两种情境，在这两种情境下，股市波动的平均水平不变，但路径不同。

路径 1：股市上涨了 50%，然后回跌，抵消了之前的所有收益。

路径 2：股市保持横盘。

很明显，在路径 1 的情况下，波动比较大，对经理人来说更有利可图，他们可以兑现他们的股票期权。因此，股市走势越陡，越有利于经理人。

当然，社会群体——这里指退休人士——则只能获得结果的另一面，即损失，因为他们的资金都流入了银行及银行家的口袋。退休人员的损失大于收益。社会群体弥补了银行家的损失，却没有从后者那里得到任何回报。如果你不将这种反脆弱性的转移视为盗窃行为，那么你的脑子肯定有问题。

更糟糕的是，整个体系被称为以“激励”机制为基础，而且是与资本主义相适应的——在该机制下，管理者的利益与股东的利益保持一致。这是什么样的激励？只有有利因素，没有不利因素，因此根本没有反诱因。

罗伯特·鲁宾的免费选择权

美国财政部前部长罗伯特·鲁宾大约 10 年内从花旗银行赚到了 1.2 亿美元的奖金。该机构的风险被隐藏起来，财务报告数据显得非常好……直到它们露出真面目（典型的“火鸡”问题）。花旗银行崩溃了，但鲁宾的钱还是留在了他的口袋里——由于政府接管了银行债务以帮助银行重建，因此实际上是纳税人在对鲁宾进行追溯性偿付。这种偿付方式非常普遍，成千上万的高管都享受到了。

这就像一个建筑师明知地基有风险，还隐瞒风险，自己兑现了大额支票后离开，同时由于受到复杂的法律制度的保护，他对之后楼房的坍塌不负一点儿责任。

有人建议执行“收回条款”，以此作为一项补救措施，也就是在发生后续失败的情况下，责令当事人偿还过去获得的奖金。具体操作如下：经理人不能立即兑现他们的奖金，他们只能在3~5年之后，在不造成任何损失的情况下兑现。但是，这并不能解决问题：经理人仍享有净收益，没有净损失。任何时候，他们自己的净财产都没有受到威胁。因此，该系统仍然包含很大程度的可选择性和脆弱性的转移。

这同样适用于管理养老金的基金经理，他们也不会遭遇任何不利因素。

但是在历史上，银行家们曾经受到《汉穆拉比法典》式的约束。西班牙加泰罗尼亚的传统做法，是在银行门前砍下银行家的头（银行家们通常会在失败不可避免之际选择跳楼自杀，但至少有一名银行家是被行刑的，这个人是弗朗西斯科·卡斯特罗，于1360年落得这样的下场）。在现代，只有黑手党执行这类做法，以消除免费选择权。1980年，“梵蒂冈银行家”、意大利安保信银行的首席执行官罗伯托·卡尔维在该银行破产后，跑到伦敦避难，随后死在那里。最初被认为是自杀，就好像意大利不再是一个结束自己生命这种戏剧化行为发生的好地方。但最新的证据表明，他的死亡并不是自杀，而是黑手党因他亏损了他们的钱而给他的惩罚。拉斯韦加斯的创业先锋巴格西·西格尔也有同样的命运，他因对黑手党投资的赌场经营不善而遭到谋杀。

在一些国家，如巴西，即使在今天，顶级银行家也要无条件地以自己的资产来承担经营责任。

哪一个亚当·斯密？

许多支持大公司的“右翼”研究人员，常常喜欢援引亚当·斯密这位著名的“资本主义”守护神的话——其实亚当·斯密并未讲过“资本主义”这个词——他们从来不读亚当·斯密的著作，或者他们仅选择性地利用他的著作为自己服务——如果亚当·斯密地下有知，一定不会同意自己的理念以这些方式被呈现。

在《国富论》第四卷，亚当·斯密对只赋予某些人利益但不令其承担损失的想法，持非常谨慎的态度，并对股份制有限责任公司表示了质疑（现代有限责任公司的前身）。他没有领悟到反脆弱性转移的概念，但已经很接近了。而且他（差不多）觉察到了将企业交予别人打理，相当于飞机上缺少飞行员所带来的风险管理缺陷：

> 怎么促使经理人在管理他人的钱财而非自己的钱财时，尽心尽力呢？相信公司的董事都想过这个问题，但是，你却不能指望这些董事像私营合伙制公司中的创始人监控自己的合作伙伴那样，以一种焦虑与警惕的心态监控职业经理人。

此外，亚当·斯密甚至怀疑它们的经济表现，他写道：“从事外贸业务的股份制公司在竞争中很少能够打败私营公司。”

让我阐述得更清晰些：无论是在“资本主义”体制，还是你希望的任何经济体制下，你所需要做的就是将三元结构中最左栏的人数保持在最低水平。没有人意识到苏联体制的中心问题是，它把每个负责经济生活的人都置于极其脆弱的左栏。

反脆弱性与大公司的伦理

你有没有注意到，大公司总是卖给你垃圾饮料，而手工业者卖的多为奶酪和葡萄酒。反脆弱性往往从小的公司转移给最大的公司——直至后者倒闭。

商业世界的问题在于，它只能通过加法（肯定法），而不是减法（否定法）来运转：医药公司不会从你降低糖分摄取的行动中受益，健身俱乐部运动器械的制造商不会从你搬运石头和在岩石上行走（不带手机）的决定中获益；股票经纪人不会因你将资金投入你眼见为实的投资物上（比如你表弟的餐厅或你家附近的一栋公寓楼）而获益；所有这些公司都必须制造“收入增长”，以符合坐在纽约办公室里的那些思维迟钝——或者在最好的情况下——思维略显迟钝的 MBA 分析师的分析。当然，他们最终会自取灭亡，但这是另一个话题。

现在让我们看看可口可乐、百事可乐等公司，我相信读者在读这本书的时候，这些公司应该仍然存在——但这是非常不幸的。这些公司做的是什么生意？卖糖水，或者卖糖水替代品，这是给你的身体输入令生物系统紊乱的东西，会导致糖尿病，并让一些生产商在生产代偿性药物的过程中赚得盆满钵满。大企业向你出售自来水肯定赚不到钱，生产葡萄酒也赚不到钱（葡萄酒似乎是证明手工业经济优越性的最好证据）。但它们会用一些愚弄消费者的庞大营销工具和一些宣传口号，或者诸如此类的东西来包装美化自己的产品。我不知道为什么我们用以反对烟草公司的理由，却不适用于所有其他试图向我们兜售不利于我们身体的商品的大公司。

历史学家尼尔·弗格森和我曾在纽约公共图书馆的一个活动中，与百事可乐的主席有过一次口舌之战。这是有关反脆弱性的一次很大的教训，因为弗格森和我都不关心她是谁（我甚至都不想劳神知道她的名字）。作家是具有反脆弱性的。我们两个人都完全没做准备（甚至连一张纸的演讲稿都没有），然后她就带着一群助理人员出现了，从他们打印出来的厚厚的资料可以判断，他们大概对我们进行了彻底的研究，甚至包括我们的鞋码（我在演讲者休息室里看到一名助理正在研读一份带有我丑陋照片的资料，那张照片是在我痴迷于骨骼问题并开始进行举重练习之前拍的）。我们可以说任何想说的话，不会有任何损失，但她却必须坚守自己公司的路线，以免安全分析师发布糟糕的报告，导致公司股价在年终分红之前下跌 2 美元 30 美分。此外，根据我与公司高管打交道的经历，从他们愿意花费数千小时出席沉闷的会议或者阅读糟糕的备忘录就可以看出，他们不太可能表现得多么聪明。他们不是创业家，只是演员而已，并且是华而不实的演员（商学院更像是表演学校）。有些真正聪明或者自由的人在这种机制下可能早就崩溃了。所以，弗格森马上洞察到了她的软肋，并立即攻其要害：她挂在嘴上的说辞是她雇用了 60 万名员工，极大地促进了社会就业。弗格森立即做出反驳，揭露了她的宣传实质——事实上，这原本是马克思和恩格斯提出的——大型官僚机构仅凭借自己的“大雇主”身份就控制了国家，并通过牺牲小企业的利益从这种环境中攫取利益。所以，雇用了 60 万员工的公司就可以被允许破坏公民的健康而不受惩罚，并从纾困保护中获益（就像某些美国的汽车公司），而理发师或出租车司机则不享受这种惩罚豁免权。这样真的公平吗？

我由此突然想到了一条规律：除了毒贩，小公司和手工业者卖给我们的往往是健康食品，那些似乎是自然的和我们自发性需要的东西（制造者对他们的产品都抱有问心无愧的自豪）；大型公司（包括制药巨头）可能做的却是批发医源性损伤的生意，赚走我们的钱，还给我们带来伤害，可由于有一大帮说客，它们劫持了这个国家的舆论。此外，任何需要营销的东西似乎都带有副作用。你当然需要广告公司来说服人们相信，可乐能给他们带来“幸福”——这招还真的很管用。

当然，也有例外，我们看到有着手工业者的灵魂，甚至艺术家灵魂的企业。罗翰·席尔瓦曾提到，史蒂夫·乔布斯甚至希望苹果产品的内部构造看起来也和外表一样美观，虽然这部分客户看不见。只有真正的手工业者才会这样做——有自尊的木匠会觉得内外做工不同的橱柜简直就是赝品。这又是冗余的一种形式，具有审美和伦理方面的回报。但是，在这个被高调宣传的、实质上却被完全误解的所谓高效的企业全球经济中，史蒂夫·乔布斯是一个罕见的例外。

手工业者、市场营销和交付最便宜的产品

我们来谈谈手工业者的另一个属性。通过广告和市场营销宣传的东西中，没有我特别喜欢的，比如奶酪、酒、肉类、鸡蛋、西红柿、罗勒叶、苹果、餐厅、理发店、艺术、图书、酒店、鞋、衬衫、眼镜、裤子（我的父亲和我在贝鲁特已经使用了三代亚美尼亚的裁缝了）、橄榄、橄榄油等。这个规律也同样适用于城市、博物馆、艺术品、小说、音乐、绘画、雕塑（我曾经痴迷古文物和罗马头像）。这些东西在某种意义上说都经过了“营销”，通过

营销让人们意识到它们的存在，但是我不会听了营销宣传便马上去使用这些产品，我更相信口碑这种强有力的自然宣传方式。实际上，这也是唯一的过滤器。

那种根据给定规格提供最廉价产品的机制，渗透到了你在货架上看到的任何东西中。当公司卖给你被它们称为奶酪的东西时，它们有充分的动机为你提供制作成本最低的一块橡胶，里面含有适当的成分，所以还是可以称其为奶酪，它们还会做足功夫研究如何欺骗你的味蕾。其实，它们不仅有这种动机，在结构上也注定极其善于生产符合给定规格的最廉价的产品。商业书籍也是一样：出版商和作者都想抓住你的注意力，把他们可以找到的最易过时的新闻信息凑成一本勉强可以被称为书的东西。这就是优化在最大化（形象和包装）或最小化（成本和努力）等方面的作用。

我上面说过，软饮料公司的营销目的是最大限度地迷惑消费者。但凡需要大力度营销的产品，不是劣质产品就是邪恶产品。把某个事物吹嘘得比实际上好得多是很不道德的。你可以让其他人知道一个产品的存在，比如一个新的肚皮舞腰带，但我不知道为什么人们没有意识到，从定义上说，需要营销的东西一定是劣质的，否则就无须为它做广告。

营销是一种糟糕的方式，而我则依靠我的自然主义和生态本能进行选择。比如，你在乘船游览的过程中碰到一个人。如果他开始吹嘘自己的成就，告诉你他有多么富有、魅力过人、才华出众、富有名望、肌肉发达、教育良好、行事高效，还有其他优点，你会怎么做？你肯定会跑掉（或把他介绍给另一个爱说话的人，借机摆脱他们两人）。事实上，如果由其他人（最好不是他的母亲）来夸赞他或许效果更好，如果他个人谦逊一些也不会让人反感。

其实我说得并不过分。我写这本书时，无意中听到一个绅士在英航班机上与乘务人员的谈话（一开始谈的是是否喜欢在咖啡中加奶精和糖），不到两秒钟他就向乘务人员提及自己是诺贝尔医学奖和“生物学”奖得主，还是某个著名的皇家学院的院长。乘务员不知道诺贝尔奖是什么，但仍表现得很有礼貌，所以他不停地重复着“诺贝尔奖”，希望能让她明白。我转过身，认出了他，他马上像泄了气的皮球。常言道，服务员面前难做伟人。超越了传达信息目的的营销，是不安全的。

我们都认为，常常自吹自擂的人多么令人反感。那么公司呢？我们为什么不反感那些宣传自己有多么伟大的公司？这种冒犯我们感官的行为，往往分为三个层级。

第一级，轻度冒犯：公司无耻地进行自我宣传，如英航班机上的那个家伙，这只会伤害它们自己。第二级，更严重的冒犯：公司试图给自己戴上最荣耀的光环，隐藏起它们产品的缺陷——仍然没什么害处，因为我们往往能预料到这一点，并仍然依赖于其他用户的意见。第三级，更严重的冒犯：公司试图利用我们的认知偏见和我们的无意识联想为它们卖的产品营造出一种假象，这是非常隐蔽的。比如，它呈现出一位牛仔在夕阳下悠闲地抽着香烟的充满诗意的画面，迫使你将特定产品与一些浪漫时刻联系起来，其实从逻辑上讲，这两者根本没可能联系到一起。你寻求的是一个浪漫时刻，而你得到的却可能是癌症。

看来，公司制度正推动企业逐步进入第三个层级。资本主义问题的核心在于——再说一遍，不要再拿亚当·斯密说事了——企业的问题与个人的问题不同。一个公司没有自然伦理，它只服从于资产负债表。问题是，它的唯一使命是符合证券分析师的标准，而后者本身也多为江湖骗子。

（上市）公司不会感到羞耻。而人类则会受制于一些生理的、自然的道德约束。

公司不会觉得遗憾。

公司不会有荣誉感，虽然其宣传文案中往往会提到“自豪感”。

公司也不愿意慷慨付出，它只接受利己的行为。试想一个出于好意单方面取消应收账款的公司，会发生什么？但是，这在人类社会中却是行得通的，我们会随机看到人与人之间，有时甚至是与陌生人之间的慷慨行为。

所有这些缺陷都是缺乏切身利害的结果（无论是文化，还是生物系统）——这种非对称性会损人利己。

现在，这样的系统应该趋于崩溃。事实也确实如此。俗话说，你无法愚弄太多人太长的时间。但问题是，这样一个系统的崩溃对职业经理人来说不会有太大影响，因为代理问题，他们的目标只是自己的个人现金流。

总而言之，企业是如此脆弱，长期来看，它终将不堪代理问题的重负而轰然倒塌，与此同时，经理人却能大口吃肉，却只给纳税人留点儿骨头。如果不是因为强大的游说机器，企业早就崩溃了：它们劫持了这个国家来帮助它们为消费者的消化系统注入含糖饮料。在美国，大型企业控制着一些国会议员。这样的做法牺牲了我们的利益，推迟了公司的死亡。

阿拉伯的劳伦斯或迈耶·兰斯基

最后，如果你不得不在流氓的承诺和公务员的承诺之间做出选择，那么选择前者吧。任何时候，机构都是没有荣誉感的，个人才会有荣誉感。

在第一次世界大战期间，劳伦斯，绰号阿拉伯的劳伦斯，与阿拉伯的沙漠部落达成协议，后者同意帮助英国抵抗奥斯曼帝国，劳伦斯则承诺回报给他们一个阿拉伯国家。由于沙漠部落也没有更好的选择，因此他们兑现了自己的承诺。但是殊不知，法国和英国政府在 1916 年签订了一个秘密协议《赛克斯 – 皮科协定》，瓜分阿拉伯地区。战争结束后，劳伦斯回到英国，据说他倍感挫折，当然，仅此而已。但它留给我们一个很好的教训：永远不要相信一个没有自由的人所说的话。

另一方面，流氓的最大资产就是“一言九鼎”。据说，“与著名流氓迈耶·兰斯基握个手，价值比一大群律师共同撰写的最缜密的合同还要高”。事实上，他把西西里黑手党持有的资产和负债都记在了脑子里，还有他们的银行账户，没有留下一笔账户记录，留下的只有他的荣誉。

作为一名交易员，我从来不放心与机构“代表”做交易：场内交易员都会受他们的债券约束，在我超过 20 年的漫长职业生涯中，我从没见过一个自雇交易员不守信用的。

只有荣誉感才能促进商业的发展。任何商业都是如此。

下一步

我们看到，由于对反脆弱性（以及非对称性和凸性）的误解，某些阶层的人会使用隐性选择权来损害集体的利益，却不会让别人意识到。我们也看到了解决方案在于强制他们付出切身利益。下一步，我们将看看另一种形式的可选择性：人们如何以过滤式选择法挑选某些道德规范来使自己的行为合理化。或者他们如何利用公职来满足个人的贪欲。

第二十四章

给职业戴上伦理光环

- 奴隶们是如何夺权的。
- 清除懦弱。
- 这山望着那山高。

人类历史上，从未出现过以下这种严重的冲突。假设法学博士约翰·史密斯先生受聘担任华盛顿特区烟草行业的说客。我们知道这一行业干的是以营利为目的的杀人勾当（如果通过禁烟来禁止该行业的存在，那么一切通过医学来解决的问题将成为一个注释，由此我们可以看到减法的威力）。问史密斯的亲戚（或朋友），他们为什么可以容忍这件事，而不是排斥他或责备他，或在下一个家庭葬礼上无视他。答案很可能是“每个人都需要谋生”——因为他们害怕某一天，也会落入同样的境地。

我们需要测试箭头的方向（使用我们在讨论教鸟儿飞行的时

候所用的相同逻辑）：

道德（信念）→职业

或者：

职业 →道德（信念）

在胖子托尼与苏格拉底辩论之前，尼罗很好奇第一轮交锋会是怎样的情景。毕竟他们俩相隔了 25 个世纪。找出我们的实体环境中最让苏格拉底吃惊的元素，可不是一件容易的事情。胖子托尼对尼罗的历史知识并不看好，却还是问了这个问题，尼罗的投机性答案是："可能是奴隶的消失。"

"这些人从来没有自己做过哪怕是很小的一件家务事。因此，你可以想象苏格拉底小腹凸出，双腿细长，正想着仆人在哪里。"

"但是，尼罗 · 图利普，我们周围仍然有奴隶呀，"胖子托尼脱口而出，"他们往往戴着被称为领带的玩意儿，来显示自己和别人不一样。"

尼罗说："聪明的先生，有些戴领带的人是非常有钱的，甚至比你还有钱。"

托尼说："尼罗，你真愚蠢。不要被金钱愚弄，这些只是数字而已。自由是一种精神状态。"

富有但不独立

有一种现象被称为跑步机效应，与我们在第二十章中看到的新事物狂热征情况类似：为了停留在同一个地方，你需要赚越来越多的钱。贪婪是具有反脆弱性的，但贪婪的受害者则不然。

再回到相信财富使人更加独立的愚蠢问题上。我们不需要更多的证据，只要看看现在发生的事情就可以了：回顾历史，我们从未有过像今天这样丰富的物质生活。我们也从未像现在这样负债那么多（对古典主义学者来说，负债的人是不自由的，是被奴役的）。“经济增长”也不过如此。

在地方的层面，看起来好像我们通常要在一定的环境中建立人脉，因此就像在跑步机上跑步。当你越做越好，你搬迁到康涅狄格州的格林尼治去住，隔壁有一栋价值 2 000 万美元的豪宅，主人肯花 100 万美元开生日派对，相比之下你就是一个穷人。你越来越多地依赖于你的工作，尤其是当你的邻居在华尔街获得了一大笔由纳税人支付的巨额奖金时。

这类人就像希腊神话中的坦塔罗斯，受制于一个永恒的惩罚：他站在果树下的一潭水边，每当他试图摘下树上的果子，树就移开，每当他试着掬水喝，水就退去。

现代人就处于这样一种永恒的折磨中，而罗马人则规避了这种社会跑步机效应：他们的社交生活很大部分发生在领主和权势地位较低的门客之间，后者受前者的慷慨庇护，与前者同桌吃饭，并在遇到麻烦的时候依靠前者的帮助。那时没有公益事业，也并没有教会来分发善款：一切都是靠个人自发行动开展的（我前面提到过的塞内加所写的书中谈的就是人在这种情况下的个人义务）。领主们与其他有权势的领主很少来往，就像黑手党教父除了自己的组织成员也不太与其他黑手党教父交往。在很大程度上，这也是我的祖父和曾祖父的生活方式，因为他们是当地的地主和乡绅，权力伴随着保护圈子内亲属的责任。乡下的地主须时不时“开门迎客”，免费让人们尽情吃喝，分享自己的财富果实。另外，宫廷生活则导致了腐败——来自各地的贵族在那种奢华面前变得卑微，他将面对穿着更加华丽、观点更为睿智的人，这种压力让他抬不起头来。在都市里失去地位的人，在乡下却能保有身份。

你不可能信任一个站在跑步机上的人。

专业人士和集体

人经过一个阶段的知识灌输后，便可以迅速成为一种职业的奴隶，甚至他对任何问题的观点都变得以利己为目的，从而对集体来说不再可靠。这是希腊人对专业人士有意见的原因所在。

我的第一份工作是为华尔街的一家公司干活。上班几个月之后，总经理就召集我们并对我们说，公司需要为某些政客的竞选活动捐款，“建议”我们捐出占我们收入一定比例的资金。这些政治家被誉为“好人”。所谓“好人”，是指他们的观点有利于投资银行的业务，他们会推动保护该行业的立法。要是我曾经这么做了，我从道德层面上就再也没有资格表达“为公众服务”的政治意见了。

在一个争论了几个世纪的故事中，雅典人迪玛德斯谴责一个卖殡葬用品的人，理由是他只能从死人身上获利。蒙田重新讲述了塞内加在他的书中所提出的观点，称如果这样的话，我们就有义务谴责每一种职业。因为商人要靠年轻人的挥霍，农夫要靠昂贵的粮食，建筑师要靠建筑物倒塌，律师和司法人员则靠诉讼和人们之间的争斗才能获益，医生不会因他人健康（甚至他的朋友们的健康）而高兴，士兵不希望他的国家和平，等等。而且，更糟糕的是，如果我们能够进入人的内心世界，窥探到他的真实想法和动机，我们会看到他的意愿和希望几乎总是寄托在牺牲他人的利益上。

但是，蒙田（和塞内加）又有点儿矫枉过正，过于推崇利己思想，而忽略了一些非常核心的东西。他们显然认识到，经济生活并不一定依赖于利他动机，而且集体的运作方式不同于个人。考虑到塞内加和蒙田分别比亚当·斯密早1 800年和300年，因此我们应该佩服他们的思想，即对不诚信之人的憎恶。自亚当·斯密以来，我们已经知道，集体不要求个人的仁慈，因为自私是成长的驱动力。但是，这并不会使人们认为，个人有关集体的所有思考都是不可靠的。因为在一个集体中，个人与他人的利益是密切相关的。

除了切身利益的问题，蒙田和塞内加还忽略了一个问题，他们认为个人可以划清与公共事务的界限。他们忽略了代理问题，虽然这个问题自古以来就一直存在（《汉穆拉比法典》中的黄金法则就是用以解决这一问题的），但并非他们意识中的一部分。

这里的重点不是说靠某个职业谋生，从本质上说就是有罪的，相反，这里的问题是，当人们处理公共事务与涉及其他人的事宜时，他们自然而然就变得可疑了。根据亚里士多德的定义，自由人就是一个可以自由发表意见的人——这是能够自由支配时间的副产品。

从这个意义上说，自由只是真心诚意表达政治意见的问题。

希腊人把世界分成3种职业——手工业者、武士和农民。后两类人从事战争与耕种，称得上绅士，主要是因为他们不谋私利，不与集体利益相冲突。但是，雅典人鄙视手工业者，也就是那些躲在暗室里制作物品的工匠——通常都是坐着干活。在希腊将军色诺芬看来，这种工作将导致工匠的体质退化、意志衰弱，剥夺了他们关心朋友和城邦的时间。狭隘的工艺将人困于制造车间，令其只关心自己的福利；而战争和耕种则赋予人更广阔的视野，令人们更关心他们的朋友和城邦。色诺芬认为，农业是其他一切技能的生母和养母。(古人没有企业，如果色诺芬活到今天，他会将这种不信任从手工业者转移到企业员工身上。)

阿拉伯文和希伯来文中有一句古话："自由之手就是度量之尺。"但是，自由的定义还未能被人理解：谁有自主意见，谁就是自由的。

在梅特涅看来，人文始于贵族阶层。在亚里士多德看来也是一样，但形式不一样，在20世纪英国人崛起之前，人文始于闲散的自由人。并不是说不用工作，只是意味着不依赖工作来获得个人和情感认同，当然，梅特涅认为工作是可做可不做的，更像是一种爱好。在某种程度上，你的职业无法像你的其他特征，比如你的出身（但也可能是别的什么）那样能够对你进行有效界定，正是对金钱不在意的态度让米利都的泰勒斯能够度量自己的诚意。对于斯巴达人来说，人文完全关乎勇气。而对于胖子托尼来说，人文始于"自主"层面。

自主的思想在我们这位肥胖的朋友眼中，要比在我们思想前辈的眼中民主得多。它只意味着你是自己意见的所有者。它与财富、出生、智慧、长相、鞋码无关，而与个人勇气相关。

换句话说，对胖子托尼来说，这是对自由人的一个非常具体的定义：自由人不会被强迫做他本不愿意做的事情。

考虑一下，从雅典到布鲁克林之间对自由的认识差距：如果对希腊人来说，只有能自由支配自己时间的人才会有自由的观点，那么对胖子托尼和尼罗来说，只有有勇气的人才敢于自由地发表意见。人的懦弱是天生的，不是后天养成的。不管你给他们多少独立性，不管他们多富有，他们始终都是懦弱的。

让我们看看抽象的现代主义集权制国家和地方政府之间的另一个差异。无论是在一个古代的城邦制国家，还是在一个现代化的市镇，羞耻感都是对违反道德行为的惩罚——这增强了对称性。放逐和流亡，或者更糟糕的，被人排斥都是严重的处罚——人们不太愿意搬迁，也把背井离乡视为可怕的灾难。而在较大的组织，如庞大的集权制国家里，由于缺乏面对面交往的机会，社会的道德根基缺失，羞耻感不再有道德层面的约束能力。因此，我们亟须重建这种根基。

除了耻辱，还有在一定环境中的友谊、社交，也就是成为兴趣和集体不同的某个群体中的一员，等等。伯罗奔尼撒战争中的英雄克里昂，就倡导人们在处理公共事务时应铁面无私，不讲交情——由此，他付出了代价，遭到了一些历史学家的辱骂。

一个简单但比较过激的解决方案是：任何从事公共服务的人，不应随后从任何商业活动中赚取比薪水最高的公务员的收入更多的钱。这就像是自愿给自己设定上限（有利于阻止人们利用公职作为临时信用凭证，然后去华尔街赚取数百万美元）。否则，神职人员都想挤进政府。

正如克里昂因他的行动遭到谩骂，在现代世界中，那些做了正确事情的人却遭遇了反代理问题：你为公众服务，却因此遭到诋毁和骚扰。活动家和倡导者拉尔夫·纳德就遭到了众多诽谤和斥责，很多诽谤都来自汽车行业。

道德与法律

我一直为没有及早地揭穿下面这个骗局而颇感惭愧。（正如我所说，如果你看到欺诈……）让我们暂且称之为艾伦·布林德问题。

故事发生在达沃斯论坛会议茶歇时的一次私人闲聊期间。我记得闲聊的话题本来是关于如何拯救世界不受道德风险和代理问题的伤害。但谈话被美国联邦储备银行的一位前副主席艾伦·布林德打断了，他试图向我推销一种特殊的投资产品，可以合法蒙骗纳税人。这种产品可以帮助高净值投资者规避有关存款保险额度的规定（当时的限额为 10 万美元），从而受益于近乎无限额的存款保障。它的操作方式是，投资者存入任何金额的资金，布林德教授的公司会将其分割为较小的金额并投资到银行，从而规避了存款保险限额的规定，这些账户看起来都像单独的账户，但实际上获得全额保险。换句话说，这将使超级富豪们通过骗取政府资助的免费存款保险来欺骗纳税人。是的，欺骗纳税人，而且是以合法的手段。还有，是在享有内部人优势的前政府官员的帮助之下。

我脱口而出："这不是很不道德吗？"我得到的回应是"这是完全合法的"，接着，他又补充了一句更罪恶的话，"我们的员工中有很多曾经是监管官员"。他的话意味着：（1）合法的就是道德的；（2）前监管官员比普通公民更有优势。

很长一段时间，也就是两三年后，我才对这件事做出反应，对此进行公开谴责。布林德肯定不是背离我的道德理念的最糟糕的案例，他之所以激怒我可能出于两个原因，一是他以前的公职身份，二是达沃斯论坛是为了拯救世界不受邪恶力量的影响（我当时还向他陈述了有关银行家如何牺牲纳税人的利益来冒险的观点）。但我们在这里看到的，是人们如何利用公职从公众身上合法获利。

告诉我你是否理解了这个问题的本质：受雇于公民，理论上应该代表公民最佳利益的前主管官员和公务员，可以利用他们的专业知识和在工作中积累的人脉，在加入私营企业（律师事务所等）之后从系统的缺陷中牟利。

进一步想想吧：法律规定越复杂，社会网络越官僚，就有越多深谙系统漏洞和缺陷的主管官员从中受益，因为他们的主管优势将是其专业知识的凸性函数。这是一种特权，是以牺牲别人为代价获得的非对称性。（请注意，这种特权正在整个经济中蔓延。丰田汽车公司就曾聘请美国前主管官员，利用他们的“专业知识”来处理汽车缺陷调查案。）

现在到了第二阶段——情况变得更糟。布林德和哥伦比亚大学商学院院长合写了一篇专栏文章，反对政府提高个人存款保险额度。显而易见，这篇文章的意思是，公众不应该享有布林德的客户所享受的无限保额。

对此，我有几句评论。

首先，法律规定越复杂，业内人士越容易找到套利的机会。这里，我们又可以看出启发法的优势。2 300页的法规在我看来抵不上几条《汉穆拉比法典》。厚厚的法规对前主管官员来说简直就是一座金矿，他们有足够的动机赞成复杂的法律法规。我们再次看到，内部人是“少即是多”原则的敌人。

其次，在一个复杂的系统中，法律法规的字面意思与实质意思之间的差异很难让人辨识。也就是说，技术性的、复杂的、非线性的环境比只涉及少数变量的线性环境更容易受人操纵。法律和道德之间的缺口，同样如此。

再次，在非洲国家，政府官员会明目张胆地受贿。在美国，如果被业界看好，那么政府官员往往会得到银行的承诺，比如在退休后到银行挂职，一年获得 500 万美元的薪水，这种受贿的方式很隐蔽，从不会对外界公开。而针对这些行为的法规往往都是轻描淡写的。

关于艾伦·布林德问题，最让我感到不安的是那些听到我谈论此事的人的反应：人们认为，一位前任官员利用以前的职位为自己"牟利"是很自然的事——哪怕是牺牲我们的利益。谁不喜欢赚钱呢？这就是他们的观点。

拿诡辩当作可选择性

你总是可以找到一个论点或合乎道德的理由在事后捍卫你的观点。这种观点非常靠不住，为了避免过滤式选择，你应该在行动之前，而不是行动之后提出合乎道德的准则。你要防止牵强附会地用你编造的故事为你的行为辩护——很长一段时间以来，"诡辩"这种就决策中的细微差别进行争论的艺术做的就是此事，即想方设法地为你所做的决定辩解。

让我先界定一下欺诈性意见。很简单，就是一个既得利益者将自己的利益泛化为公共利益。比如，理发师宣称理发是为"人类的健康"着想，或一个枪支游说团体声称持有枪支"对美国人民有利"，他们提出的意见只是为了其本人的利益，但他们却将自己粉饰成了为集体的利益而呼吁。换句话说，看看他们是不是在表 23-1 的左栏？同样，艾伦·布林德写文章反对普遍提高存款保险金额，不是因为他的公司将失去生意，而是出于公共利益的考虑。

但其实，我们有一个很容易实施的启发法来判断他们的真实意图，问一个简单的问题即可。有一次我在塞浦路斯参加一个研讨会的晚宴，另一个演讲嘉宾是来自一所美国大学的塞浦路斯教授，他的专业是石化工程，他慷慨激昂地斥责气候活动家尼古拉斯·斯特恩勋爵。斯特恩是与会嘉宾，但他缺席了晚宴。我不知道事情的来龙去脉，但我能看到这里显然发生了“缺乏证明某事存在的证据”与“证明某事不存在的证据”混为一谈的现象，于是我为素未谋面的斯特恩开始与这位石化工程师争辩起来。石化工程师说，我们没有证据表明，化石燃料对地球造成了危害，但是他在语义上做了转换，这使得他的话等于说，我们有证据表明化石燃料没有危害。他说斯特恩推荐的保险是无用的，这促使我马上跳起来质问他，他自己是不是也曾为并未发生过的事件投保了车险、医疗险和其他保险。我开始向他阐述我的想法，比如我们正在做一些对地球来说前所未有的事情，举证责任应该由那些打破了自然生态系统的人来承担，大自然比他知道得更多，而不是更少，还有其他一些源自本书的想法。但是，这就像与辩护律师对话一样——他们只会诡辩，却丝毫没有接近真相。

然后，一个启发法浮现在我的脑海里。我偷偷地问坐在我旁边的主持人，这个人从他的论点中是否能获得任何利益：结果我发现，这位石化工程师与石油公司颇有渊源，他是这些公司的顾问、投资者和咨询师。我立刻失去了与他说话的兴趣，也不想费神与他在别人面前辩论——他的话毫无价值，只是胡言乱语而已。

请注意这与切身利害观点的关系。如果某人有一个观点，比如银行系统非常脆弱，应该会崩溃，我希望他能根据他的观点进行投资，这样，在他的听众受损时，他也会受损——这就像一个表明他不是信口雌黄的信用凭证。但如果是有关集体福利的一般性陈述，就不需要这样的投资。这就是否定法。

我刚才呈现的是合乎道德的可选择性机制，根据这一机制，人们应该依据自己的信念采取行动，而不是根据行动选择自己的信念。表 24–1 比较了各种职业与道德的反差。

表 24–1　职业与行动比较

机会主义者（以道德感粉饰其职业）	从不玩伪道德游戏
淘金者	妓女
钻营关系网之人	社会活动家
妥协	不妥协
“来帮助你的”人	博学者、艺术爱好者和业余爱好者
商人、专业人士（古典主义时期）	地主（古典主义时期）
员工	手工业者
研究院或大学的学者、领取研究经费的研究人员	镜片制造者、大学或中学的哲学老师、独立学者

这里存在一个反布林德问题，即所谓的“不利证据”的问题。你应该更重视提供不利于自己的证据的证人和意见。提倡饥饿疗法和通过否定法治疗糖尿病的大型制药公司的药剂师或高管，要比支持大量吃药的药剂师或高管可信得多。

大数据与研究者的选择权

本节有点儿技术性，不感兴趣的读者可以跳过本节，不会有任何损失。可选择性无处不在，有一种过滤式选择破坏了整个科研精神，让丰富的数据变得对知识生产极其有害。更多的数据意味着更多的信息，这句话并没有错，但是也意味着更多的虚假信息。我们发现，越来越少的论文会再版重印，许多教科书，比如心理学课本，早就需要重新修订了。至于经济学，还是别提它了。你很难信任许多统计导向的科学——尤其是当研究人员承受压力，必须为了自己的职业发表论文时。然而，这一切却打着“推动知识进步”的旗号。

回想一下副现象的概念，这是现实生活和图书馆之间的区别。与那些看到真实事件的发展过程，以观察现实生活的一般顺序看历史的人相比，从图书馆的角度看历史的人一定会看到更多具有欺骗性的关系。他会被更多的副现象欺骗，其中之一便是多余数据而非真实信号带来的直接结果。

我们在第七章讨论了噪声的产生。在这里，它构成了另一个严重问题，因为研究员与银行家一样，也是有选择权的。研究者得到利益，而真理却蒙受损失。研究人员手里的免费选择权在于他能够挑选任何能够证实其观点，或展现出良好结果的统计数据，而抛弃其余部分。一旦他获得了他认为正确的结果，他就有权选择停止研究。此外，他还能找到统计关系——欺骗性的东西浮出表面。数据有一个特定属性：在大型数据集内，大的偏差很大程度上源于噪声而非信息（或信号）。

以下两种医学研究是有区别的：（1）观察性研究，研究人员主要在他的电脑上观察统计关系；（2）双盲队列实验，以模拟现实生活的方式来挖掘信息。

前者，也就是在计算机上进行观察，会产生各种各样的结果，而根据约翰·约安尼季斯的计算，十有八九的结果是虚假的——但这些观察性研究却频频见诸报纸和一些科学期刊。值得庆幸的是，这些研究并未被美国食品及药品监督管理局（FDA）接受，因为该机构的科学家深谙研究内幕。我和积极反对虚假统计数据的斯坦·杨，在《新英格兰医学杂志》上看到一篇声称其统计数据具有显著性的研究，而这些结果在我们看来其实随机性很强。我们致信该杂志表达我们的意见，结果却石沉大海。

图 24–1 显示了一些潜在的虚假统计关系的数量正在不断激增。我们的想法如下所示：如果我有一组 200 个随机变量，彼此完全无关，但在统计运算中几乎不可能找不出某种高度相关的关系，比如相关度达 30% 的情况，但是，这完全是虚假的。我们有技术来控制这种过滤式选择（其中一种方法被称为邦费罗尼校正法），但即使用了这种方式也没法抓住那些弄虚作假的人，就像监管机构无法阻止内部人欺诈一样。这就解释了为什么在破译人类基因组约 12 年之后，我们也没有发现多少具有统计显著性的东西。我不是说数据中没有信息：但问题是，这如同大海捞针。

即使实验也可能因偏见而受影响：研究人员有动机选择那些与其寻求的观点相符合的实验结果，而隐藏失败的结果。研究人员还可以在得到实验结果后拟定一个假说，再将假说套用在行为上。不过，这个偏见的影响要比前者稍小。

受数据愚弄的效应如今愈演愈烈。有一个被称为“大数据”的讨厌现象，研究者们将过滤式选择用到了大数据中。现代化提

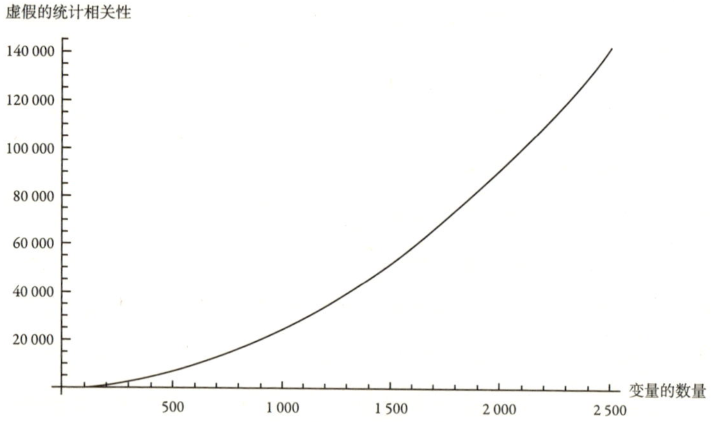

图 24-1　大数据的悲剧

注：变量越多，“老练”的研究员手中的显著相关性越多。虚假相关性的增长比信息增长得更快，数据因而呈现出非线性（凸性）。

供了太多的变量（但每个变量的信息却太少），而虚假统计关系的数量增长要比真实信息快得多，因为噪声是凸性的而信号是凹性的。

我们将越来越多地看到，数据只能真正提供以否定法界定的知识——它可以有效地用于揭穿，而非确认某种观点。

遗憾的是，我们很难得到资金支持来重制和驳斥现有的研究。即使能找到融资，也很难找到敢做的人：重制研究成果不会让任何人成为英雄。因此，我们会因对实证结果（除了那些以否定法界定的知识）不信任却又无计可施而寸步难行。回到我说过的业余爱好者和悠闲喝茶的英国牧师的浪漫想法上：专业研究员往往相互竞争以“找到”统计关系。而科学绝非一种竞争，它不可以用排名来表现——我们可以看到这样一种系统最终将如何崩溃。知识必定不能容忍代理问题的存在。

集体的专制

集体而非个体犯错是有组织的知识的标志，也是反对此类知识的最好论据。我们常常听到人们以“因为大家都在做”或“别人就是这么做的”来为自己辩护。这可不是小事：在一个人的情况下，如果感觉做某事很傻，人们就不会去做，但是在一群人的情况下，他们却会参与这样的傻事。而这正是学术界亵渎科学的原因所在。

有一次，一位美国马萨诸塞州大学的博士生克里斯·S.来告诉我，他相信我有关“长尾”的观点，以及我对当前风险管理方法的质疑，但是，这些无法帮助他获得一个学术职位。“每个人教的和论文中所用的，是另一套理论。”他说。另一位学生解释说，他希望在一所好大学中谋职，这样他就可以挣钱养家糊口，但他以专家证人的身份做证说，他们不会相信我的强韧性风险管理的观点，因为“每个人都使用那些教科书”。同样，我曾受邀到一所大学教标准风险管理法，对这种在我看来纯粹是江湖骗术的东西，我拒绝了。作为一个教授，我的责任是以牺牲社会帮助学生找到工作，还是履行我的公民义务？嗯，如果是前者，那么这些经济学院和商业学校就犯了严重的伦理错误。因为这些有害的理论已经广泛渗透到了生活中，这就是经济中充满了明显的谬论——经科学验证的谬论——却还没崩溃的原因。回想一下，教授们在教你那些摧毁了金融系统的内容后却不受惩罚，致使欺诈得以延续。各个科系都需要教学生某些知识，以便让他们获得就业机会，即使教的都是无用的知识——这让我们被困在一个无限恶性循环的系统中，大家都知道这些材料是错误的，但没有人有足够的自由或足够的勇气来对此做些什么。

问题在于，在这个世界上最可以使用“其他人都这么认为”作为论点的最后一个地方是科学：科学应该让论点本身站得住脚，被经验或数学证明为错误的论点就是毫无疑问地错了，即使有 100 个“专家”或 3 万亿条反对意见来支持它也没有用。而且，用“其他人”来支持自己的论点其实意味着这个人或组成“其他人”的整体很无用。

但好消息是，我相信，一个有勇气的人能击败一个由懦夫组成的团体。

在这里，我需要再次申明，我们需要回顾历史来寻找解决方案。历史非常清楚责任分散的问题，古人认为随大流做恶事，以及为迎合众人做伪证都是无可置疑的罪行。

在结束第七卷之前，我有一个想法。每当我听到有人说“我是道德的”，我就不由得紧张起来。每当我听到谈道德的课程，我就更加紧张。我想要的只是消除可选择性，消除以牺牲他人利益来获取反脆弱性的行为。这个简单的方法就是否定法。其余的顺其自然就可以了。

结语

就像往常结束一段旅程一样，我在一家餐馆的桌子上看着整部书稿。有一位带有闪米特文化背景的人让我解释一下，为什么我的书通篇只有一个主旨。这一次是一个叫沙伊·皮尔佩尔的人，他是一位概率论者，20 年来我与他每每见面就要做一番平心静气的促膝长谈，从不闲聊。现在，已经很少能找到这样有足够的知识和自信直击事物本质，而非吹毛求疵的人了。

就我的前一本书，他的一位同胞问过我同样的问题。那时我还得好好地想一下才答得出来。而这一次，我却不费吹灰之力就有了答案。

很显然，沙伊自己在提问的同时就已经概括出了答案。实际上他认为，所有真实的想法都可以提炼成一个核心问题，而某些具体领域内的绝大多数人因为专业分工和虚有其表而完全忽略了这一问题。一切宗教律法都可以归结为一条黄金法则的细化、应用和诠释，即“己所不欲，勿施于人”。这就是我们看到的《汉穆拉比法典》背后的逻辑。这里的黄金法则是真正的精华，而不是普罗克拉斯提斯之床。核心论点从来都不只是理论概括，它更像一台引擎。

沙伊挖掘到了核心：一切都会从波动性中获得收益或遭受损失。脆弱性就是波动性和不确定性带来的损失。放在桌子上的玻璃杯是很怕波动性的。

在加缪的小说《鼠疫》中，有一个人物花了大半辈子为他的小说寻找一句完美的开篇句。一旦他找到了这句话，那么余下的部分就如泉水般从泉眼里汩汩而出。而读者要理解和读懂第一句话，则必须看完整本书。

我看了一眼手稿，平静中带点儿兴奋。书中的每一个句子都是本书核心思想的推导、应用或解释。一些细节和延伸出来的内容可能有悖常理且描述详尽，尤其是当涉及在不透明的情况下做决策时，但最终一切都源于本书的主旨。

我们请读者做同样的事。环顾四周，看看你的生活、环境中的事物、你与他人的关系、其他的实体。为简单起见，你可以在书中的任何地方，用混乱集群中的其他文字取代波动，让内容更加清楚，实际上这没有必要——在正式表述时，它们都是符号而已。时间是具有波动性的。教育，从塑造性格和个性、获取真正知识的意义上说，是喜欢无序的，贴标签式的教育和教育者则对无序深恶痛绝。有些事情会因为错误而失败，有些则不会。一些理论会土崩瓦解，而其他理论则不会。创新恰恰是从不确定性中获益的东西；而有的人还会坐等不确定性，并用它作为原料，就像我们的猎人祖先。

普罗米修斯偏爱无序，而埃庇米修斯则憎恶无序。我们可以根据无序的风险和对这个风险的偏好，将人们及其经验的质量加以区分：斯巴达士兵不同于博客作者，冒险家不同于文字编辑，腓尼基商人不同于语法教师，海盗不同于探戈教师。

每一件非线性的东西，不是凸性，就是凹性，或两者兼具，这取决于压力源的强度。我们看到凸性与对波动性的偏好之间的联系。所以，所有事物都在一定程度上喜欢或讨厌波动性，每一样东西都是如此。

多亏了凸性或加速和高阶效应，我们才可以识别什么东西喜欢波动性，因为凸性是偏好无序的反应。由于能够识别凸性，我们才建立了抗“黑天鹅”系统。了解了伤害的凸性与大自然自由探索的逻辑，我们就可以就哪方面我们面对着不透明性，我们可能会犯哪些错误等做出决定。伦理在很大程度上是关于被窃取的凸性和可选择性的。

以更加技术性的语言来说，我们可能永远不会了解 x，但我们可以考虑 x 的风险，用杠铃模式来解决问题；即使 x 仍然大大超出我们的理解，我们也可以控制 x 的函数，也就是 $f(x)$。我们可以不断地改变 $f(x)$，直到我们用一种机制让我们对其感到放心。这种机制就是凸性转换，是杠铃模式的一个比较时髦的名字。

这个主旨梗概也告诉你，脆弱性在何处取代了真相，为什么我们会对孩子撒谎，为什么人类在被称为现代化的这个大事业上会不必要地超前。

分散式随机性（相对于集中式）是必要的，而非可有可无的：所有大的事物都憎恶波动性。所有快的事物也一样。大且快的事物是面目可憎的。现代的事物往往都不喜欢波动性。

本书提出的三元结构向我们指出，这个世界不希望我们了解它，它的魅力就来自我们无法真正了解它，在这样的世界中生活，我们应该做些什么呢？

玻璃杯是死的东西，活的东西才喜欢波动性。验证你是否活着的最好方式，就是查验你是否喜欢变化。请记住，如果不觉得饥饿，山珍野味也会味同嚼蜡；如果没有辛勤付出，得到的结果将毫无意义；同样，没有经历过伤痛，便不懂得欢乐；没有经历过磨难，信念就不会坚固；被剥夺了个人风险，合乎道德的生活自然也没有意义。

最后，再次感谢读者阅读本书。

后记
从复活到复活

一切都是主动脉瘤造成的。

尼罗在黎凡特参加希腊爱神阿多尼斯去世一周年的纪念活动和重生庆典。这是一个哀悼的季节，常常听到妇女的哀号，随后则是欢庆复活的典礼。尼罗看着大自然从温和的地中海冬天中醒来，当山上融化的雪水充盈着江河溪流，河面便常常泛起微红，那是腓尼基的神被野猪咬伤后流下的血。

年复一年，大自然就在生物从复活走向复活的过程中不断演进。

这时候，托尼的司机打来电话。司机的名字也叫托尼，被称为托尼司机，他假装自己是一个保镖（实际上从体格上看，他更像受托尼保护的人）。尼罗从来不喜欢他，对他总是有种莫名的不信任，所以听到托尼去世的消息时，尼罗有点儿不知所措。拿着电话沉默时，他觉得自己有点儿同情司机托尼。

尼罗被指定为托尼遗嘱的执行人，这使他一开始非常紧张。他感到莫名其妙地恐惧，因为他感觉托尼的智慧会在某个地方露出巨大的破绽。但是结果尼罗发现，没什么大事，那是完美无瑕的遗产，当然也没有债务，分配得相当保守而且公平。有一些钱被周到地留给了一个女人，可能是一个妓女，托尼对她有些反脆弱性的迷恋，当然另一个事实是，她比托尼的妻子年长，吸引力也不及后者。所以，没什么大不了的事。

除了死后的恶作剧。托尼遗赠给尼罗共计2 000万美元，由他自由支配花在……一项秘密任务上，当然很高尚，但很秘密。而且，很模糊很危险。这是尼罗从托尼那里得到的最好的恭维：他信任尼罗能够洞悉他的心思。

而尼罗确实做到了。

图书在版编目（CIP）数据

反脆弱 /（美）纳西姆 · 尼古拉斯 · 塔勒布著；雨珂译 . -- 北京：中信出版社，2021.4

（中信经典丛书 . 007）

书名原文：Antifragile: Things That Gain from Disorder

ISBN 978-7-5217-2978-8

Ⅰ . ①反… Ⅱ . ①纳… ②雨… Ⅲ . ①世界经济－通俗读物 Ⅳ . ①F11-49

中国版本图书馆 CIP 数据核字（2021）第 048931 号

反脆弱

（中信经典丛书 · 007）

著　　者：[美] 纳西姆 · 尼古拉斯 · 塔勒布
译　　者：雨珂
责任编辑：许艳辉
出版发行：中信出版集团股份有限公司
（北京市朝阳区惠新东街甲 4 号富盛大厦 2 座　邮编　100029）
承 印 者：北京雅昌艺术印刷有限公司

开　　本：880mm × 1230mm　1/32　　印　　张：116.5　　字　　数：2798 千字
版　　次：2021 年 4 月第 1 版　　印　　次：2021 年 4 月第 1 次印刷
京权图字：01-2009-2009
书　　号：ISBN 978-7-5217-2978-8
定　　价：990.00 元（全 8 册）

服务热线：400-600-8099
投稿邮箱：author@citicpub.com

扫码免费收听图书音频解读

情商

为什么情商比智商更重要

EMOTIONAL INTELLIGENCE:

WHY IT CAN MATTER MORE THAN IQ

[美] 丹尼尔·戈尔曼
著

杨春晓
译

中信出版集团 | 北京

一个人的成功：

1% 的智商 + 99% 的情商

献给塔拉——情绪智慧的源泉

全球畅销书《情商：为什么情商比智商更重要》

（*Emotional Intelligence*：*Why It Can Matter More Than IQ*）

· 1990 年，美国耶鲁大学的萨洛维和新罕布什尔大学的梅耶提出了“情商”的概念。

· 美国哈佛大学心理学教授丹尼尔 · 戈尔曼在系统研究情商的基础上写出了惊世巨作《情商：为什么情商比智商更重要》。这本书出版后即在美国企业界与教育界掀起一阵情商旋风。

· 接下来数年时间里，“情商”概念横扫全球，《情商》一书也被翻译成数十种文字，影响了数代人！该书成为 20 世纪最具影响力的话题书籍之一，也被公认为帮助我们认识自我潜能、获得成功的重量级好书！

·《情商》一书雄踞美国《纽约时报》畅销书排行榜前 10 名达半年之久，连续畅销 10 年，全球销量超过上千万册！

· 丹尼尔 · 戈尔曼经过 10 年的思考与实践，在第 1 版的基础上再度推出了《情商》(10 周年纪念版)，和前一版本相比，10 周年纪念版内容更为全面，针对性及震撼力更强。

· 著名实业家李嘉诚提出了“用智商解决问题，用情商面对问题”的商界新理念。越来越多的企业界人士意识到，培养员工的情商和赚钱同样重要。

· 在中国，“情商”概念一直长盛不衰。在学校教育中，越来越多的老师和家长发现培养孩子的情商与培养孩子的智商一样重要。同样，在职场中，越来越多的白领阶层发现“情商”是调节心理脆弱、抑郁、压力过大等状态的最佳方式。

· “中信版《情商》”是中国大陆发行的唯一以“情商”命名的中文简体版，畅销上百万册，开启了全民“悦读”情商的盛宴。

一定要阅读《情商》的十大理由

· 不懂情商的人，其身心是不健全的。

·《情商》是帮助你认识自我潜能、获得成功的重量级好书！

·《情商》是改变你我以及后代未来的人生必修课。

· 情商是一种基本生存能力，它决定你其他心智能力的表现。

· 在事业取得成功的过程中，20% 靠的是智商，而 80% 要靠其他因素，其中最重要的是情商，良好的情商是你获得职场成功的基本素质。

· 情商就是管理情绪的能力，人的情绪失控会导致诸多麻烦，你迫切需要提升自己的情商水平。

· 我们每天都在与人交流，处理各种人际关系问题，而拥有良好的情商是改善一个人人际关系的重要条件。

· 当一个人面临工作压力、家庭变故、突发事件时，良好的情商是妥善处理这一切的必备素质。

· 当你面对悲伤、失恋、离婚等诸多生活中的不如意时，你更需要情商来调适自己的身心健康。

· 提升情商，使我们能够用有限的知识去运作无限的世界，更适合当前压力过大的生存环境。

目录

推荐序 1 / III

推荐序 2 / VII

推荐序 3 / IX

《情商》（10 周年纪念版）序 / XIII

初版序　亚里士多德的挑战 / XXIII

第一部分　情绪大脑

第一章　情绪的功能 / 3

第二章　情绪失控 / 14

第二部分　情商的本质

第三章　愚蠢的聪明人 / 35

第四章　认识自己 / 50

第五章　激情的奴隶 / 62

第六章　主导性向 / 87

第七章　同理心的根源 / 107

第八章　社交艺术 / 124

第三部分　情商的运用

第九章　亲密敌人 / 145

第十章　用心管理 / 166

第十一章　心与药 / 184

第四部分　机会之窗

第十二章　家庭熔炉 / 211

第十三章　精神创伤和情绪再学习 / 224

第十四章　性格非命运 / 242

第五部分　情绪素养

第十五章　情绪盲的代价 / 259

第十六章　情绪教育 / 292

附录 1　什么是情绪 / 323

附录 2　情绪心理的特征 / 326

附录 3　恐惧的神经回路 / 333

附录 4　W.T. 格兰特财团：预防项目的活跃因素 / 337

附录 5　自我科学课程 / 339

附录 6　社交与情绪学习：效果 / 341

致谢 / 349

国际标准情商测试题——测测

你的情商是多少 / 353

注释 / 359

推荐序 1

大人如何同小孩沟通？第一抱起来，第二蹲下去，第三用他的语言，第四教他说大人的话。我的一个学生是位年轻的父亲，女儿三岁，哭着要带米老鼠玩具去幼儿园，说米老鼠是她的弟弟，自己在家会害怕。但是幼儿园不允许孩子们带自己的洋娃娃，这位父亲知道要用孩子的逻辑去思考孩子的问题，用孩子的语言与她沟通。他跟女儿说："你的弟弟几岁啦？"女儿说："一岁。"爸爸说："一岁的娃娃能上幼儿园吗？应该让谁看着呀？"女儿回答："不能去幼儿园，要妈妈看。"爸爸说："把弟弟放在家里让妈妈看着，晚上回来再陪弟弟好不好？"女儿回答："好。"

这个案例说明如何通过移情换位消除沟通差距。大家都懂情商，就可以消除沟通差距了。

1990 年梅耶和萨洛维的论文第一次提出"情绪智力"的概念，1995 年戈尔曼写出了畅销书《情商》，到 2005 年畅销 10 年。戈尔曼教授实现了从象牙塔里的知识到现实实践的转换，使得学者的研究成果能够推动社会文明的进步，有利于营造和谐的氛围，造福人类，而不仅仅是学者自己的智力游戏。

1997 年该书被引进中国，并且畅销中国，从而使中国的大众认识了情商，也推动中国学者开始在中国环境下进行深入和拓展性的研究。1999 年我开始研究情商与领导力的关系，并且在国家自然基金的支持下提出了和谐领导力体系：自己与自己和谐、自己与他人和谐、个人与组织和谐。这三个层次的和谐分别用三本专著实现：《阳光心态》《情商与影响力》《以价值观为本》。我十分感谢戈尔曼教授开拓性的工作，为我的研究和应用开创了广阔的天地，也让我有机会用思想造福中国大众。

情商就是管理情绪的能力。人体就如同一驾马车，马车由马来拉动，人体由情绪推动。控制马的工具叫作缰绳，管理情绪的工具叫作情商。如果拉车的马受惊失控，马车就会翻车，车毁人亡。如果人的情绪失控，人就会生病、发疯、自杀、杀人。由此可知提升管理情绪的能力多么重要。

戈尔曼把情商概括为以下 5 个方面的能力：（1）认识自身情绪的能力；（2）妥善管理情绪的能力；（3）自我激励的能力；（4）认识他人情绪的能力；（5）管理人际关系的能力。我把这 5 个能力简单归纳成：认识自己、管理自己、激励自己、认识别人、管理别人。同时，我提出了情商树的概念：树根是情商得以提出的基础理论，树干就是情商，树冠就是 5 个能力。

广为接受的观念是一个人的成功遵循 20/80 法则，即 20% 取决于智商，80% 由其他因素决定，其中最重要的是情商。护士与医生相比，情商更重要；中学老师与大学教授相比，情商更重要；幼儿园老师与中学老师相比，情商更重要。也就是说，同人打交道的人情商要高，同事情打交道的人智商要高。

2010 年，首个《中产家庭幸福白皮书》在沪出炉，由中宏保险启动。本次调查历时两个月，覆盖全国 10 个省及地区，35 个城市，共有 10 万人参与活动，总结出了影响家庭幸福的前 5 个因素，分别是健康、情商、财商、家庭责任以及社会环境。家庭成员缺乏情商，会不断产生摩擦，导致家庭如同地狱。有情商的家庭充满和谐的空气，其乐融融。

医学数据表明，人的疾病75%由情绪引起，经常保持愉悦的心情可以增寿5—7年。

情商对于个人的人生成功、职场顺利和家庭幸福都是至关重要的。根据戈尔曼的研究，童年、青少年时期的家庭环境和教育对于一个人情商的培养十分重要，奠定了一生幸福的基础。所以，情商教育越早越好，要融入幼儿园、小学、中学的教学过程中，这就首先要求提升教师的情商，使他们在从事教育的同时也完成对人的教化。

这个世界不缺教育，缺教化；不缺教师，缺圣人。天职司覆，地职承载，圣人教化。教师提升情商，拥有阳光心态，才能够同时完成教书和育人的工作，既传授知识又完成美德教育，这是关系千秋万代的事情。知识的作用有两个：一是教人做事，二是教人做人，学校教育既要教人做事，又要教人做人。否则，一个没有情商的人一旦走向社会，又没有自我教育能力，就如同孤魂野鬼一样，粗糙地吞噬和谐文化，自己是“祥林嫂”，也给别人带来无尽的折磨，只会成为社会不和谐的根源。

根据我的研究，成人仍然可以通过培训极大地提升情商和改善生活质量。我在清华大学经济管理学院进行MBA（工商管理硕士）的情商与领导力教学时，每个班级开课之前都用情商量表测试学生情商的现状，在课程结束后再用同一个量表测试，发现培训后学生的情商确实提高了。

受到情商教育的经理人和企业有以下情况发生：人际摩擦较少，家庭和谐增加，婆媳关系改善，母女父子关系融洽，年轻人变得孝顺，老人变得快乐，年轻的父母会变成优秀的父母。离婚的会后悔，想离婚的不离婚了，有抑郁倾向的人摆脱了抑郁，有抑郁症的人配以药物迅速康复。

当社会越来越复杂，年轻人大学毕业就可能成为新的社会底层的时候，以升学为主导的应试教育有失偏颇，在基础教育阶段引入适应社会的情感教育，对人的一生会有很大的帮助。戈尔曼的著作以丰富的案例和翔实的数据说明了，许多疾病、酗酒、吸毒、犯罪、摩擦、冲突、家庭不和谐、职场不顺利等不如意的事情，都与情绪管理有关。可以说，一个人遇到的几乎所有问题都与情绪管理不当有关。

职场上的人 70% 不快乐，90% 的人郁闷，90% 的人是“祥林嫂”，90% 的人讨厌办公室文化，90% 的人处于亚健康状态，抑郁症患者每年增加 1.3%。今天的人可能什么都不缺，唯独缺少快乐。物质在丰富化，心灵却在沙漠化。建筑越来越坚固，人却越来越脆弱。这就是数字化时代，人造数字，数字压垮人。

中国人急需情感教育，有能力的有识之士可以开发情感教育这块处女地，而且早一步海阔天空，晚一步追悔莫及。

智商高，情商也高的人，春风得意。智商不高，情商高的人，贵人相助。智商高，情商不高的人，怀才不遇。智商不高，情商也不高的人，一事无成。

当中信出版社委托我作序的时候，我十分高兴。我热情地向中国的读者推荐戈尔曼的《情商》。因为年轻时知道了终身受益，年老时知道了悔恨终生。

提升情商，使得我们能够用有限的知识去运作无限的世界，更适合当前压力过大的生存环境；有助于我们获得阳光心态，缔造和谐快乐，享受幸福人生。

吴维库

清华大学经济管理学院教授

推荐序 2

《情商》是一本影响力很大的书。它真的能让人相信，要想成功，情商比智商更重要。

对我们华人来说，这真是晴天霹雳。多少年来我们一直认为最重要的是读书，好成绩、进名校才是成功之路。但由于情商的冲击，我们开始注意到热忱的态度、自信、沟通、人际关系才是成功的推动力。怪不得这本书在有华人的地方销量都那么高。

那么情商是什么呢？

有些人以为情商高就是不发脾气。不发脾气当然好。你看，证严法师不就说过，愤怒是短暂的疯狂吗？但情商不只是不发脾气而已。

情商高的人会激励自己。在遭遇挫折、陷入低潮的时候，他会提醒自己要面对，要站起来，未来还大有可为，可能会变得更好。因为自己有这个优点、那个长处，因为自己做成过某件事、克服过某项困难，所以一定做得到。情商高的人通常积极向上。

情商高的人也会激励他人。他会赞美周围的人，他会肯定他的家人、同事、朋友。别人跟他在一起常常会有一种重要感。

其实，你很容易知道某人的情商高不高，因为情商高的人常常面带笑容，充满热忱。

照这样看，在家庭、公司、社会中，情商都很重要。情商高的人夫妻关系、亲子关系好；他们在公司能得到同事和客户的配合与支持；他们的朋友较多。怪不得情商高的人比较容易成功。

黑幼龙

卡内基训练大中华地区负责人

推荐序 3

众人眼中智商很高的优秀学生，申请美国大学时一败涂地，被很多大学拒绝；思维敏捷、工作努力的研究生，与导师关系紧张，以致无法获得学位；抱怨处处遭遇“不公”的留学生，终日郁郁寡欢，生活中充满阴影。反之，看似智商平平的学生被名校录取，到美国后如鱼得水，天天快乐舒心，学成后不仅找到好工作，而且事业蒸蒸日上。

让人大跌眼镜的类似例子在现实中绝不罕见。从 1986 年开始，我在美国大学工作了 21 年，接触了许多学生和学者，既有改革开放后的第一批留学人员，也有一批批的大中学生。几年前，我来到北京开展美国留学咨询服务，更是遇到了几代学生和准留学生及其家长们。我发现，他们是否快乐幸福，学业与事业是否成功，与他们的情商多少有点儿关系。

不久前，我和几位同事到大连做留学演讲，在一家五星级宾馆办好住宿登记手续，将行李交给门童后到房间等候。谁知半天不见行李送到房间，到前台一查，方知我们的行李与一个旅行团的行李一起，被装上了一辆正在开往机场的大巴。我的助理和门童急忙打了一辆出租车，一小时后在机场找回了行李。当天我们的计划多少受了些影响。门童满脸尴尬，吓得和经理一起连连赔不是。我轻松地安慰门童，诚恳地对经理说，是我没有交代清楚，千万不要难为门童。后来，我不仅收到了酒店的道歉信，还附带一瓶红酒和一篮水果。那两天，我们进进出出，与门童、经理以及前台的其他人员多次碰面，总是受到既尊敬又亲密的迎送，使我们那两天的心情轻松愉快。如果我当时没有同理心，没有控制好情绪，大发脾气，那么不仅双方尴尬，于事无补，而且多少还会影响当天下午演讲的心情。

生活中不时会碰到类似的影响情绪的小事，很多人都有“心情影响工作”的体验。但是，人们通常不会把“心情”与“情商”联系起来，也不知道如何运用调节情绪的小技巧。丹尼尔·戈尔曼博士15年前在出版本书首版时用了《情商：为什么情商比智商更重要》的书名。它暗示我们，事业成功与否在某种条件下与情商高低有很大的关系，了解情绪的机理与掌握调节情绪的技巧非常重要。

跨时代的各类学生中，不乏头脑聪明、学业成绩优异、各具特长的优秀人才，但是他们人生不快乐，事业无成。相反，有不少“智商平平”的人生活幸福，事业有成。我确信，一个人的幸福、成功与否很大程度上与他掌握自己和他人情绪进而运用社交技巧的能力有关。

长久以来，学习成绩、在校考试排名以及竞赛得奖等一直是我们评判学生优秀与否的首要标准。这些成绩好、排名高、竞赛得奖多的学生被认为具有高智商，他们的未来被普遍寄予很高的期望。正统的教育体系给他们规范了每天10小时的课内课外学习时间，期望长达12年的基础教育能够使他们成长为高智商的接班人。可惜，情商，这个被丹尼尔·戈尔曼博士认为比智商更重要的教育内容基本上被完全忽视了。

虽然情商一词近年来为越来越多的人所知晓，但很多人对“情商”并没有正确深刻的科学认识。丹尼尔·戈尔曼博士通过无数个发生在我们身边的、能与读者产生共鸣的小故事，讨论人类情绪的产生，以及不同的情绪控制所产生的结果，把深奥的情商理论变成了人人可以理解，并且可以轻松掌握的人生技巧。

目前，国内关于情商教育的普及远远不及欧美国家。近年来，随着情商研究的不断发展，美国教育者开始注重情商教育。在美国的很多学校里，“社交与情绪学习”已经成为重要的课程，这些课程和相关的活动能够提高人们与人交往的能力。

心理对人的健康有影响，情商对人的发展至关重要。情商每天都在影响着人类的生活，以及诸多社会关系，如同事之间、家庭成员之间、朋友之间、师生之间的关系等。情商不仅应在教育领域占有一席之地，对学生的性格培养及学习成绩有促进作用，而且在商业和日常生活中，情商所起的作用也不容小觑。

究竟什么是情商、情商的本质及应用具体指的又是什么？相信大家在本书中都可以找到清楚的答案。本书具有很强的可读性，适合各个年龄层的读者，无论是青少年学生，还是专业白领人士，都会发现这本书的诸多益处。丹尼尔·戈尔曼不仅在书中科学系统地阐述了情商的机理、本质和应用，更可贵的是，他运用了大量的典型实验及案例，借助浅显易懂的语言，清晰地解释了情商这一心理学中的深奥概念，让我们轻松学会提高情商的知识与技巧。

读完这本书，我的第一反应是，我应该向每位员工送上这本书，并且让大家好好补上这一课。我期待，读了这本书，大家可以天天保持乐观情绪，与人有效沟通，保持和谐的办公室人际关系。这样，我们的事业一定会有更大的发展！

高燕定

燕定美中教育创始人、“哈佛”爸爸

《情商》（10周年纪念版）序

1990年我在《纽约时报》担任科学记者的时候，偶然在一本不太知名的学术刊物上看到新罕布什尔大学约翰·梅耶和耶鲁大学彼得·萨洛维两位心理学家撰写的文章，他们在文章中第一次提出了“情绪智力”的概念。

当时人们一致认为，智商超群是卓越人生的衡量标准。不过对于智商是天生的还是后天习得的仍然存在争议。情绪智力的出现，促使人们重新思考什么是人生成功的要素。受此启发，我在1995年写作了《情商》。与梅耶和萨洛维一样，在“情绪智力”的概念之下，我综合了大量科学成果，把各个原本独立的科学分支统一起来，不仅探讨了相关科学理论，还介绍了一些激动人心的科学进展，比如研究人脑情绪调节问题的新学科情感神经科学（affective neuroscience）的初步成果。

记得10年前《情商》出版之前，我曾有过这样的想象：如果有一天我无意中听到两个陌生人闲聊时说起“情商”，而且都明白它的含义，那么我就算是把“情商”成功普及到我们的文化中去了。当时我的想象力真是有限啊。

“情绪智力”通称为情商（EQ），现在几乎无处不在，甚至出现在最令人意想不到的地方，比如卡通漫画《呆伯特》（*Dilbert*）和

《比比这个针头》(*Zippy the Pinhead*)，以及《纽约客》杂志罗兹·查斯特（Roz Chast）的专栏漫画。我还见过号称能够提高儿童情商的玩具，征婚广告有时也以情商为卖点吸引求偶者。我甚至在一家酒店的房间里看到过一瓶洗发水，瓶身印着关于情商的妙语金句。

情商的概念已经传播到世界上每一个角落。有人告诉我，"情商"已经成为德语、葡萄牙语、汉语、韩语和马来语等不同语言中的一个词语［即便如此，我认为用"情智"（EI）作为"情绪智力"的简称比用情商（EQ）更为准确］。我常常收到世界各地不同职业人士的咨询邮件，比如保加利亚的博士研究生、波兰的老师、印度尼西亚的大学生、南非的咨询顾问、阿曼的管理学专家、中国上海的企业高管等。印度商学院的学生阅读情商与领导力方面的资料，阿根廷一位首席执行官向别人推荐我后来写的情商与领导力方面的著作。来自基督教、犹太教、伊斯兰教、印度教以及佛教的宗教学者也写信告诉我，情商的概念与他们的信仰观有很多共鸣之处。

最让我高兴的是，情商受到教育者的欢迎，他们发起了"社交与情绪学习"（SEL）项目。1995 年我写作《情商》的时候，面向儿童的情商项目屈指可数。10 年后的今天，社交与情绪学习项目已经覆盖了全世界几万所学校。目前美国很多地区把社交与情绪学习列为学校的必修课程，规定学生必须掌握这种不可或缺的生活技能，学生的情商竞争力必须像数学和语文那样达到一定的水平。

比如，伊利诺伊州制定了详细而全面的社交与情绪学习能力标准，覆盖从幼儿园到高中的各个年级。小学低年级学生要学会识别和准确表述自身情绪，并了解情绪如何引发行为。小学高年级开设同理心课程，要求儿童根据非言语线索识别他人的感受。在初中阶段，学生应当学会分析哪些东西会造成压力，哪些东西能激发出最佳表现。高中的社交与情绪学习技能包括通过有效的倾听和交谈解决冲突，防止冲突升级，并协商出双赢的解决办法。

从世界范围来看，新加坡很早就开展了社交与情绪学习项目，马来西亚、中国香港、日本和韩国的一些学校也是如此。在欧洲，英国走在前列，另外十几个国家的学校也引进了情商教育。澳大利亚、新西兰以及拉美、非洲的一些国家紧随其后。2002 年联合国教科文组织向全球 140 个国家的教育部发布了实施社交与情绪学习的十大基本原则，开始在全球范围推广社交与情绪学习。

在一些国家和地区，社交与情绪学习已经成为一把无所不包的“保护伞”，囊括了性格教育、预防暴力、预防毒品、反校园暴力及加强学校纪律等项目内容。社交与情绪学习的目的不仅是在学生中消除这些问题，还要净化校园环境，最终提高学生的学习成绩。

1995 年，我提出初步证据，证明社交与情绪学习对于提高儿童学习能力、预防暴力等问题起到了积极的促进作用。现在我的观点得到了更加科学的证明，帮助儿童增强自我意识和自信心，调节负面情绪和冲动，培养同理心，不仅能改善儿童的行为，还可以明显提高学习成绩。

这一结论是近期研究人员对一项大型社交与情绪学习项目进行全面评估、综合分析之后得出的，该项目涉及 668 人，从学前儿童到高中生都有。罗杰·魏斯伯格（Roger Weissberg）是这项大型研究的发起人，同时也是芝加哥伊利诺伊大学“学术、社交与情绪学习协同作用”机构的负责人。这家机构是向世界各地的学校推广社交与情绪学习项目的先驱。

该研究发现，学生成就测验分数和平均学分绩点表明，社交与情绪学习项目对他们的学习成绩起到了很大的促进作用。在参与社交与情绪学习项目的学校，50% 的学生成绩得到提高，38% 的学生平均学分绩点有所提高。社交与情绪学习项目还使校园环境变得更安全，学生不良行为平均减少 28%，终止学业的学生平均减少 44%，其他违纪行为平均减少 27%。与此同时，学生出勤率有所提高，63% 的学生明显表现出更积极的行为。在社会科学研究领域，对旨在改变行为的项目来说，取得这些效果非常了不起。社交与情绪学习项目兑现了先前的承诺。

1995 年，我指出社交与情绪学习的成效还在于它可以塑造儿童发育中的神经回路，尤其是大脑前额叶皮层的执行功能。前额叶皮层负责管理工作记忆（working memory）——我们在学习时用到的记忆，以及抑制破坏性的情绪冲动。目前我的观点已经得到初步的科学证实。华盛顿大学是社交与情绪学习项目 PATHS 课程的发起机构之一，该校学者马克·格林伯格（Mark Greenberg）研究指出，针对小学生的社交与情绪学习项目能提高学生的学习成绩，这主要归功于注意力和工作记忆（前额叶皮层的主要功能）的改善。研究结果充分说明了神经可塑性，即通过反复经验塑造大脑，是社交与情绪学习的一大优势。

最令我惊讶的是情商对商界的冲击，尤其是在领导力和员工发展领域（成人教育的一种形式）。《哈佛商业评论》把“情商”形容为“打破范式的创新观点”“近10 年来最有影响力的商业思想之一”。

来自商界的溢美之词往往属于跟风行为，并没有真实可靠的根基。不过，众多科学研究的发现，为情商应用提供了坚实的数据基础。依托于罗格斯大学的“组织中的情商研究学会”（CREIO）有力地促进了情商的科学研究，其合作机构包括美国联邦人事管理处和美国运通公司等。

全球性商业机构现在已经习惯把情商作为招聘、擢升和培训员工的标准。比如，“组织中的情商研究学会”的成员单位强生公司发现，在世界各地的分支机构中，被认为有高度领导潜力、处于职业生涯中期的员工，与不被看好的同级员工相比，前者的情商竞争力要远高于后者。“组织中的情商研究学会”一直致力于这方面的研究，为希望提升能力以实现商业目标或完成使命的企业提供了切实的指导。

1990年梅耶和萨洛维的论文第一次提出“情绪智力”的概念，当时没人能预见到这个学术领域在15年之后居然得到了蓬勃发展。1995年，我基本上找不到情商方面的文献资料，而现在从事情商研究的人员越来越多，研究发现硕果累累。据统计，目前美国论文数据库收录了700多篇研究情绪智力的博士论文，还有更多的文章处于写作过程，更别提专家教授们未被收录的研究成果了。

情商的学术发展很大程度上要归功于梅耶和萨洛维，以及他们的研究伙伴、企业咨询顾问戴维·卡鲁索（David Caruso）。他们为情商的科学化孜孜不倦，创立了科学的情商理论，提出了精确的测量标准，为情商研究确立了无懈可击的学术标准。

推动情商研究走向繁荣的另一股力量来自鲁文·巴昂（Reuven Bar-On），他目前任职于得克萨斯州立大学休斯敦医学院。他工作充满活力，提出了独创的情商理论，很多研究人员在其启发之下采用了他开发出的测量标准。巴昂还推动了情商学术著作的发展，他参与编辑了包括《情商手册》在内的一些图书，这些学术著作对情商研究的发展起到了关键作用。

情商研究在不断地发展，但同时也遭到了某些故步自封的人类智力研究学者的反对，“智商是衡量人类潜能的唯一标准”这一观点的支持者的反对尤为激烈。尽管如此，情商研究始终充满了活力。哲学家托马斯·库恩（Thomas Kuhn）认为，任何重要的理论模式都应当通过更严格的实验来验证，以不断修正和完善。情商研究正是处于这种阶段。

情商研究目前主要有三种模式，另外还有几十种理论。每种模式分别代表了不同的研究取向。萨洛维和梅耶模式受到一个世纪以前智商研究范式的影响，属于传统的智力研究。鲁文·巴昂提出的模式以其幸福研究为基础。我的模式侧重于工作和组织领导力的表现，融合了情商理论和近几十年个体竞争力的模型研究。

遗憾的是，对《情商》的误读造成了一些迷思，我希望在这里及时澄清。首先是流传甚广的谬误，比如“情商对成功的贡献率为80%”，这纯属无稽之谈。

这种误解起源于“智商对事业成功的贡献率约为20%”的说法——它本身就是一种推测。这种推测说明成功的主导因素还没有得到明确，需要寻找智商之外的其他因素填补空白。但这并不代表情商就是余下的这80%的因素，成功的影响因素非常广泛，除了情商之外，还包括财富、家庭教育、性格以及莫名其妙的运气等。

约翰·梅耶及其同事指出：“对于不成熟的读者，所谓成功还有80%的未知因素，意味着也许存在一个迄今为止被人忽略的变量，而它才是人生成功的真正主导因素。这种愿望是良好的，但一个世纪以来的心理学研究表明，没有哪一种变量具有如此大的作用。”

第二个普遍误解是对《情商》副标题“为什么情商比智商更重要”的过度渲染，比如在学习领域。当没有严格的条件限制时，这种说法不能随便乱用。尤其极端的是，有人认为在所有领域“情商比智商更重要”。

情商比智商重要的领域主要是智力与成功关联度相对较低的“软领域”，比如在情绪自我调节和同理心能力比纯粹认知能力更为突出的领域。

一些智力受到局限的“软领域”恰好对我们的生活非常重要。首先是健康（详见第十一章），紊乱的情绪和不良的人际关系是疾病的诱因。现在有很多研究证实，能够更加平和、自觉地控制情绪的人，往往拥有独特、显著的健康优势。

另一个领域是爱情和人际关系（详见第九章）。众所周知，聪明绝顶的人可能会干出非常愚蠢的事。第三个领域是顶尖水平的竞技（本书没有提到），比如世界级的体育赛事。一位执教美国奥林匹克运动队的体育心理学家告诉我，在顶尖水平的竞争环境中，每个运动员的练习时间都长达上万个小时，成功与否取决于运动员的心理素质。

关于企业领导力和职业的研究要相对复杂一些（详见第十章）。智商的高低能够非常准确地预测企业员工是否符合某一特定岗位对认知能力的要求。成百上千项的研究表明，智商能够预测个体可以胜任哪个级别的岗位。这一点没有疑问。

但对于一群智力符合职业要求的储备人才，智商无法预测谁会成为最优秀的领导者。部分原因在于“地板效应”，处于特定职业或大型组织顶级梯队的人才，均已通过了智力和专业技能的筛选，在这种高水平的团队，高智商成为“入门”能力，员工需要达到一定的智力水平才能参与竞争。

我在 1998 年出版的《情商 3：影响你一生的工作情商》（*Working with Emotional Intelligence*）[a] 里提到，相对于智商或技术能力，情商往往是一种“鉴别性”的竞争力，它能很好地预测在一群非常聪明的人当中，谁最有领导能力。看看全球各家机构列出的明星领导人竞争力的单项决定因素，你会发现职位越高，智商和技术能力指标的重要性就越低。（对于低端工作，智商和技术能力指标的重要性会更加明显。）

2002 年我与理查德·博亚特兹（Richard Boyatzis）和安妮·麦基（Annie Mckee）合著的《情商 4：决定你人生高度的领导情商》（*Primal Leadership:Learning to Lead with Emotional Intelligence*）一书中，更全面地发展了这一观点。在最高层次，领导力的竞争力模式通常包含以情商

a. 丹尼尔·戈尔曼“情商”系列书均由中信出版社出版。——编者注

为基础的各项能力，贡献率为 80%~100%。一家全球执行力研究公司的研究主管指出，“首席执行官受聘是因为智力和商业才能，解聘是因为缺乏情商”。

我在写作《情商》时把自己定位为科学记者，旨在向读者介绍心理学的一个重要发展趋势，尤其是新兴的以情绪为研究对象的神经科学。随着研究的深入，我回到自己的老本行心理学，对情商模式进行研究。写作《情商》以来，我对情商的研究一直在不断地发展。

我在《情商 3：影响你一生的工作情商》中提出了一个扩展框架，描述了自我意识、自我管理、社会意识及人际关系管理能力等情商的基础要素如何转化为职业的成功。为此，我借鉴了哈佛大学心理学教授、我的研究生导师戴维·麦克莱兰（David McClelland）关于“竞争力”（competency）的概念。

情绪智力决定了我们学习自控等基础能力的潜能，而情绪竞争力（emotional competence）代表我们掌握的这种潜能在多大程度上转化为职业能力。比如要熟练掌握客户服务或团队合作的情绪竞争力，必须具备情商的基础能力，尤其是社会意识和关系管理能力。情绪竞争力是一种习得的能力，具有社会意识或关系管理的技能并不代表个体掌握了熟练处理客户关系或解决危机所需要的额外知识，只说明个体具备了掌握情绪竞争力的潜能。

基础的情绪智力对于特定竞争力或工作技能是必要但不充分的要素。认知模拟使学生具有出色的空间想象能力，但他可能从来没有学过几何，更别提做建筑师了。同样的道理，一个人可能具有很强的同理心，但处理客户关系很糟糕——原因在于他没有掌握客户服务的竞争力。

1995年，我介绍过佛蒙特大学心理学家托马斯·阿肯巴克（Thomas Achenbach）发起的一项研究。他从全美挑选了 3 000 多名具有人口统计学代表性、年龄从 7 岁到 16 岁的儿童，由他们的家长或老师对其情绪状况进行评估。研究数据显示，从 20 世纪 70 年代中期到 20 世纪 80 年代中期的十多年间，美国儿童的情绪幸福指数呈现明显的下降趋势。这些儿童的困扰和问题更多、更严重，比如孤单、焦虑、不服管教和爱发牢骚等。(不管总体趋势如何，个体之间的差异总会存在，有些儿童会成长为出色的人才。)

1999 年，研究人员对另外一组儿童进行评估，数据显示他们的情绪指数比 20 世纪 80 年代后期有了明显的改善，尽管如此，还是没有回升到 20 世纪 70 年代中期的最高水平。没错，总体上父母仍然喜欢抱怨孩子，担心他们受到外界的“不良影响”，家长们的牢骚似乎比以前更多了，但儿童情绪指数的总体趋势是明显向上的。

坦白地说，我对此感到不解。我曾经推测，当代儿童无形中成为经济和技术进步的受害者，他们情商低下，原因在于他们的父母比起前几代人工作的时间更长，人口流动性的增加切断了他们与大家庭的联系，而且他们的“空闲”时间过于刻板和有组织性。要知道，情绪智力传统上是通过日常生活得到传承的，比如和父母、亲戚相处，自由随意地玩耍，但现在的年青一代已经失去了这些机会。

此外，他们还受一些技术因素的影响。现在儿童独处时间之长在人类历史上前所未有，他们要么上网，要么看电视。这等于为前所未有的大规模自然实验创造了机会。这些精通技术的儿童，长大后与他人相处时会不会像与电脑相处那样自在？我对此很怀疑，儿童沉迷于虚拟世界，会削弱他们与人相处的能力。

这就是我的论据。最近 10 年经济和技术的发展趋势并没有发生变化，但是谢天谢地，孩子们反而有所进步。

一直从事该项研究的托马斯·阿肯巴克推测，美国 20 世纪 90 年代的经济繁荣同时提升了儿童与成人的情商。在这期间，美国就业率上升，犯罪率下降，意味着儿童受到了更好的教育。他认为，如果社会遭遇严重的经济衰退，那么儿童的情商将会退化。至于这样的情况是否会出现，只有时间才能证明。

情商在广泛的领域中迅速成为重要的议题，对其进行任何预测都是很困难的事情，不过我愿意对情商领域的未来提出几点希望。

当前主要是特权阶层，比如企业高管及私立学校的学生，能够享受到提高情绪智力的收益。如果贫困社区的学校引进社交与情绪学习，那么当地的很多儿童也能从中受益。但我希望情商教育更加民主化，惠及边缘群体，比如贫困家庭（这种家庭的儿童更易受到情绪的伤害）以及监狱犯人（尤其是少年犯，如果他们控制愤怒、自我意识和同理心的能力得到增强，那么这将会大有裨益）。在情商方面向他们提供恰当的帮助，会让他们的生活得到改善，所处的社会环境也会更加安全。

我还希望情商研究的广度能够得到进一步拓展，从关注个体的能力转移到关注人际互动的效果，不管是一对一的交流还是较大规模的互动。以新罕布什尔大学心理学家凡尼沙·杜鲁斯凯特（Vanessa Druskat）为代表的团队情商建设研究，正是情商研究广度拓展的表现之一。我们在这方面还可以大有作为。

最后，我希望有一天情商得到普遍的理解，我们不需要特别提起它，因为它已经和我们的生活融为一体了。在这种情况下，社交与情绪学习成为所有学校的课程。同样，自我意识、控制破坏性情绪和同理心等情商特质成为职业约定俗成的要求，成为员工聘任和提升的标准之一，尤其是领导力的必备素质。如果情商成为衡量人类素质的基本要素，影响力和智商一样广泛，那么我相信，我们的家庭、学校、行业和社区会变得更有人情味、更生机勃勃。

初版序　亚里士多德的挑战

任何人都会生气——这很简单。但选择正确的对象，把握正确的程度，在正确的时间，出于正确的目的，通过正确的方式生气——这不简单。

——**亚里士多德，《伦理学》**

纽约8月一个闷热得难以忍受的下午，蒸笼般的天气让人闷闷不乐、浑身难受。我从麦迪逊大道坐公共汽车回酒店。上车时，中年黑人司机对我露出热情的笑容，友好地打招呼："嗨！你好吗？"我吃了一惊。公共汽车在闹市区拥堵的车流中慢慢蠕动，黑人司机像对我一样向每一位上车的乘客热情地打招呼。他们都和我一样吃惊，但由于天气让人情绪低落，几乎没人搭理他。

汽车爬出拥堵的闹市区进入郊外住宅区之后，车上发生了缓慢但奇妙的变化。黑人司机自说自话般地给乘客介绍起沿途的景致，比如那家商店在大甩卖，这家艺术馆有一个很棒的展览，街头那家电影院刚上演的电影。他一路讲个不停，有趣极了，他快活地和我们分享大都会的多姿多彩，感染了所有乘客。乘客下车时卸下了上车时沉默的外壳，黑人司机大声说："再见，祝你愉快！"每位乘客都报以微笑。

这一幕留在我脑海中快20年了。我在麦迪逊大道坐车那天，刚刚拿到心理学博士学位，但是对于公共汽车上奇妙的变化，当时的心理学研究还是一个空白点。心理学对情绪机制几乎没有任何研究。不过我想象得到，那种欢乐情绪的传播如同病毒一样，从车上的乘客蔓延扩散到整个城市，那位黑人司机就像城市的和平缔造者，拥有巫师一般的魔力，让原本闷闷不乐的乘客愉快开朗起来。

不过，本周报纸上的内容却与此形成鲜明对照。

在当地一所学校，一位9岁的男童把油漆倒在学校的课桌、电脑和打印机上，并蓄意破坏学校停车场里的一辆汽车。他这样做的原因是一些三年级的同班同学称他为“小宝贝”，他希望以此改变同学对他的印象。

一群年轻人在曼哈顿一家说唱俱乐部外消磨时间时无意中发生冲撞，最后演变为打群架，其中一名肇事者手持点38自动手枪向人群开枪射击，导致8人受伤。报道称，本来是小小的疏忽，却被误认为侮辱行为，最后演变成枪击事件，这种现象近年在美国有愈演愈烈的趋势。

据报道，在12岁以下的被杀害儿童当中，有57%是被他们的父母或者继父母杀死的。在将近一半的案件中，父母声称他们“只是想教训一下孩子”。家长殴打儿童致死的原因是他们挡住了电视机、哭闹或者弄脏纸尿裤。

一名德国少年因谋杀5名土耳其女子受审。他趁受害人熟睡时放火烧死了她们。该少年是新纳粹组织成员，他把自己失业、酗酒和倒霉等问题归咎于外国人。他用低不可闻的声音恳求道：“我一直后悔不已，我非常羞愧。”

我们每天都会看到关于这种恶性事件的新闻报道，恶性的情绪冲动在我们周围肆意蔓延。新闻报道反映了在更大的范围内，我们及周围人群的生活中潜藏着情绪失控的危险。面对这股飘忽不定的潜流，没有人能够独善其身，它以这样或那样的方式影响着所有人的生活。

近10年来，这样的新闻频频见诸报端，我们的家庭、社区以及公共生活当中情绪失调、绝望和肆无忌惮的现象越来越多。近些年社会逐渐被越来越严重的愤怒与绝望笼罩，父母双双在外工作、放学后独自回家的“钥匙儿童”，被迫留在家中与电视为伴，境况凄凉。还有儿童被遗弃、被忽视和受虐待，遭受“恨铁不成钢”的家庭暴力。情绪危机四处蔓延，全球范围内情绪抑郁的人数不断攀升，攻击行为大大增加：青少年带枪上学、高速公路上的交通事故演变为枪杀案、心怀不满的被辞退员工对前同事大开杀戒等。情绪虐待、驾车枪击事件以及创伤后应激障碍，在过去 10 年全都变成了司空见惯的词语，时下的问候语也从欢快的“祝你愉快”变成了暴躁的“让我开心”。

《情商》的目的在于把情绪这种说不清的东西说清楚。作为一位心理学家，同时也是《纽约时报》从业十多年的记者，我一直在关注非理性领域的科学发展。从这个角度出发，我重点关注两种截然相反的趋势，一是描述危机重重的公共情绪生活，二是提供有用的补救方法。

探索的时机

在过去 10 年，坏消息层出不穷，但与此同时，关于情绪的科学研究也经历了空前的繁荣。其中最令人振奋的是人脑运行机制的研究，新的脑成像技术等突破性方法为科学家对人脑一探究竟提供了可能。人类历史上第一次解开了长久以来的人脑之谜：个体在思考与感觉、想象与做梦的时候，人脑这团精密的细胞集合体是如何工作的。随着神经生物学的迅猛发展，我们比以往任何时候都更加清楚地了解大脑较为原始的部位情绪中枢的运作机制，它使我们发怒或流泪，既能挑起战争也能激发爱情，可以产生积极影响也可以起到破坏作用。情绪运行与失控机制研究得到了前所未有的发展，为化解人类公共情绪危机提供了新的良方。

我不得不等到有关科学研究成熟之后，才动手写作《情商》。科学见解姗姗来迟的原因主要是过去这些年的研究一直忽略了情感在人类心理生活中所占的一席之地，心理科学的情绪研究是一块未被开发的广袤大陆，实在令人吃惊。心理自助书籍趁机填补了这种空白，这些书籍的出发点是好的，但它们顶多是以临床的观点为基础，基本上没有什么科学依据。现在科学的发展终于能为这些复杂的、离理性最远的精神问题提供权威的解释，为人类心灵拼出比较清晰的图像。

科学家描绘的情绪地图对智力认识比较狭窄的人提出了挑战，他们认为智商由基因决定，后天经验难以改变，我们的命运基本上由智商潜能所决定。这种观点忽略了更有挑战性的问题：我们能改变什么，让我们孩子的生活更美好？比如在某些情况下，高智商的人表现不佳，智商一般的人却表现出色，到底是什么因素在起作用？我认为很大原因是被称为“情绪智力”的系列能力，包括自控力、热情和坚韧的品格，以及自我激励的能力等在起作用。我们把情绪技能传授给儿童，使他们更好地发挥由先天基因决定的智力潜能。

除了这种可能性，我们还面临道德上的迫切性。当代社会结构正在以前所未有的速度瓦解，自私、暴力和卑鄙无耻似乎正在腐蚀我们公共生活的美德。情绪智力的重要性体现在感情、性格和道德本能的联系上。越来越多的证据表明，生活中最本质的道德立场来源于基础的情绪能力。对个体来说，冲动是情绪的媒介，所有冲动都起源于最终表现为外在行动的情感爆发。容易冲动的人缺乏自制力，在道德上是不完整的。控制冲动的能力是意志和性格的基础。同样的道理，利他主义的根源是同理心——具有理解他人情绪的能力；如果我们对他人的需要或绝望缺乏感应，那就谈不上关怀。如果我们被问及时代最需要的两种道德立场是什么，那就是自我克制和同情心。

我们的旅行

为了更好地理解我们自身生活以及周围世界中复杂的情绪现象，在本书中，我的作用就像一位导游，带领读者纵览有关情绪的科学发现。旅行的终点是理解情绪的含义，明智地处理情绪问题。这种理解本身在某种程度上是有用的，就像物理学量子水平的观测器会改变被观测物体一样，观察情感的世界同样会产生这种效果。

旅行的第一站是参观人脑情绪构造的新发现，以此解释我们生活中最难以理解的感性压倒理性的时刻。人脑结构的相互作用控制了人的愤怒与恐惧、激情与喜悦。理解了这些，我们就会知道情绪的习惯可以破坏我们最良好的意愿，同样也可以克制更有破坏性或者自我打击的情绪冲动。更重要的是，神经科学的研究发现使我们认识到塑造下一代情绪习惯的关键时机。

旅行的第二站，即本书的第二部分关注的是天生的神经系统是如何对所谓的“情绪智力”产生作用的。比如，能够控制情绪冲动，理解他人内心最深处的感受，熟练地处理人际关系。这些罕见的本领用亚里士多德的话来说，就是“选择正确的对象，把握正确的程度，在正确的时间，出于正确的目的，通过正确的方式生气”。（对神经科学细节不感兴趣的读者可以直接跳到本部分。）

广义的智力模式把情绪置于众多生存潜能的中心。本书第三部分分析了情绪智力的关键作用：情绪智力如何维持我们最重视的人际关系，即如果人们没有情绪智力，人际关系就会受到破坏；对事业成功起到关键作用的情绪智力，正在受到市场力量前所未有的重视；有害的情绪对身体健康的危害与二手烟无异，情绪平衡是我们健康和幸福的保证。

人类基因遗传赋予每个个体一系列的情绪设定值，从而决定了个体的性格气质。不过人脑的神经回路具有很强的可塑性，性格不是先天决定的。本书第四部分介绍我们童年时期在家庭和学校中获得的情绪经验塑造了情绪的神经回路，从正面或负面影响了我们情绪智力的基本技能。这说明影响我们生活的最基本的情绪习惯是在童年和青少年的关键时期确立的。

本书第五部分探讨了成年以后无法控制情绪的人将会面临什么样的危险，情绪智力的缺失会增加一系列的风险，比如沮丧、焦虑、暴力、饮食紊乱和滥用毒品等。同时，具有先见之明的学校会向儿童传授情绪与社交技能，确保他们的生活走向正轨。

本书中最令人困扰的研究数据也许来自一项由父母和教师参与的大型调查，该调查表明在全球范围内，当代儿童比上一代更容易遇到情绪困扰问题，他们更孤单和沮丧，更愤怒和任性，更紧张和容易焦虑，更冲动和具有攻击性。

至于解决之道，我认为这取决于我们如何让年青一代防患于未然。现在我们对儿童的情绪教育放任自流，这会导致更具灾难性的后果。其中一个解决办法是重新审视学校教育学生的方法，在教学中把头脑和心灵结合起来。我们旅程的终点是参观旨在教授儿童情绪智力基本技能的创新课程。人类的情绪竞争力包括自我意识、自我控制、同理心，以及聆听、解决危机和合作的艺术等，可以预见，总有一天，这些重要的内容将会成为学校教育的必修课。

亚里士多德在《伦理学》中对品德、性格和幸福人生进行了哲学思考，他提出的挑战是明智地处理我们的情感生活。我们的激情如果运用得当就会充满智慧，激情可以指引我们的思想、价值观以及生存，但激情又很容易受到扭曲。亚里士多德认为，问题不在于情绪，而在于情绪的恰如其分以及情绪的表达。问题是我们应该怎样将智慧赋予我们的情绪，使我们的生活环境更文明、公共生活更和谐。

第一部分

情绪大脑

第一章

情绪的功能

用心去看才看得清楚，本质的东西用肉眼是看不见的。

——圣埃克苏佩里，《小王子》

美国全国铁路客运公司的一辆列车在路易斯安那州贝奥县失控撞击铁路桥后冲进河里，昌西一家三口正好在列车上。昌西夫妇的女儿安德烈亚由于脑瘫常年坐在轮椅上，夫妇俩把全部精力都用来照顾11岁的女儿。我们想象一下昌西夫妇生命的最后一刻。当河水不断涌进正在下沉的车厢时，他们首先想到的是他们的女儿。为了让安德烈亚获救，他们竭尽全力把她推出了车窗。安德烈亚被救援人员救了上来，昌西夫妇却随着车厢沉入了水底。[1]

昌西夫妇在最后一刻竭力挽救女儿的生命，这种伟大的举动体现了人类不可思议的勇气。毫无疑问，亲代为子代牺牲的现象在史前时期以及人类有历史记载以来一再出现，如果放眼更加漫长的人类进化过程，那么这种现象更是数不胜数。[2]从进化生物学的角度来看，亲代的自我牺牲是为了“成功繁殖”，即把自身的基因传递给未来的世代。不过对危急关头奋不顾身的父母来说，这一切都是出于爱。

从情绪的功能和潜能角度分析，舍己为女的故事表明了无私奉献的爱以及各种情绪在人类生活中的作用。[3]这说明我们最深层的感受、我们的激情和渴望是最根本的向导，人类得以生存和延续很大程度上要归功于情绪对人类行为的影响力。情绪的力量非常强大，只有强烈的爱——挽救爱女的迫切感，才能让父母克服自身的求生欲望。从理性角度看，他们的自我牺牲是非理性的，但从感性角度看，牺牲是他们的唯一选择。

在人类进化过程中，情绪为什么在人类心理中发挥了核心作用呢？社会生物学家对此提出了感性压倒理性的观点。他们认为，情绪指导我们迎接困境或重任的挑战——这些挑战和任务往往过于重大，无法交由理智单独处理，比如危险、痛苦的损失、百折不挠坚持目标、建立人际关系、组建家庭等。每一种情绪相当于一种独特的行动准备，指导我们按照过去被证明行之有效的方法，去处理人类生活中反复出现的挑战。[4]情绪对行动的指导作用在人类进化历史上不断重复出现，情绪就像一个根植于人类神经系统的指令体系，成为人类心灵固有、自动的反应倾向，对人类生存具有重大的意义。

分析人类本性时无视情绪的力量是一种可悲的短视。当代科学研究发现并肯定了情绪对人类生活的重要意义，人类自称“智人”（homo sapiens）和会思考的物种，却没有正确认识到这一点。我们根据经验知道，在进行决策和行动时，感觉的作用等于甚至常常超过思维的作用。我们过于强调以智商为衡量标准的纯粹理性在人类生活中的价值和意义。不管怎样，当情绪占据支配地位时，智力可能毫无意义。

当激情压倒理智时

这是一个由误会酿成的悲剧。14岁的玛蒂尔达·克雷布特里本来想和她父亲玩一个恶作剧。她的父母外出拜访朋友，凌晨一点才回家。玛蒂尔达计划在那时突然从壁橱中跳出来，大叫一声。

可是鲍比·克雷布特里和他太太以为玛蒂尔达当晚不在家里，而是和朋友们待在一起。鲍比进屋时听到一些声响，于是他抄起一把小口径手枪，走进玛蒂尔达的卧室一探究竟。这时玛蒂尔达突然从壁橱中跳出来，鲍比朝女儿的脖子开了枪，她在 12 个小时之后死亡。[5]

恐惧是人类进化的情绪遗产，恐惧促使我们保护家人免遭危险，也正是这种冲动促使鲍比·克雷布特里拿起手枪，在屋里搜索潜伏的入侵者。恐惧使鲍比在没有看清对象之前，甚至在听出他女儿的声音之前就开了枪。进化生物学家认为，恐惧的本能反应已经在人类神经系统中打下了深深的烙印，这是因为在漫长而关键的史前时期，这种本能反应对人类具有生死攸关的意义。更为重要的是，本能反应还关系到人类进化的主要任务，即繁衍后代，让后代继承这些基因倾向——可悲的是，正是恐惧的本能反应酿成了克雷布特里一家的悲剧。

尽管在漫长的进化过程中，人类的情绪起到了重要的指引作用，但随着文明社会的迅速发展，缓慢的进化过程已经跟不上现实的步伐。实际上，最早的法律和道德宣言，比如《汉穆拉比法典》、希伯来人的《十诫》和阿育王的诏书等，可以被视为对人类情绪进行约束、控制和教化的尝试。正如弗洛伊德在《文明及其不满》中指出的那样，社会必须从外部强加一定的规矩，以克制人类随意泛滥的内在情绪。

尽管受到社会的约束，但激情压倒理智的现象还是时有发生。人类这种固有的本性来源于心理的基础构造。从情绪基础神经回路的生物设计机制来看，人类与生俱来的生物构造是在过去 5 万个世代被证明行之有效的机制，而不是在过去 500 个世代，更不是在过去 5 个世代才确定的。缓慢而精妙的生物进化力量塑造了人类情绪，这一过程已经经历了 100 万年；而在最近的 1 万年中，尽管人类文明迅速发展，人口从500万膨胀到50亿，但这期间在人类情绪生物机制上几乎没有留下任何痕迹。

不管怎样，我们对他人的评价以及自身的反应不仅受到理性判断或个体经验的影响，还取决于远古祖先的遗传。正如克雷布特里一家的遭遇那样，有时候生物遗传会导致悲剧。总而言之，我们常常会遇到后现代的困境，而我们用于应对困境的情绪机制却是更新世[a]的产物。这种困境正是本书的中心议题。

驱动力

早春的一天，我开车经过科罗拉多一个山口的高速公路，一场突降的暴风雪挡住了我的视线，我根本看不清前面的汽车，飞舞的雪花白得耀眼。我把脚踩在刹车上，焦躁不安，甚至能听到心跳的声音。

后来焦虑发展成完全的恐惧：我把车停在路边，等待暴风雪过去。半个小时之后，暴风雪停了，能见度有所恢复，我重新开车上路，但只行驶了几百米就被迫停车了。有辆汽车撞上了前面缓慢行驶的汽车，救护人员正在抢救后面这辆车上的乘客。高速公路由于交通事故而造成堵车。假如我不顾暴风雪继续开车，很可能会撞上它们。

那天我出于警觉的恐惧很可能救了自己一命。就像野兔一看到狐狸的脚印就吓得半死，或者像原始哺乳动物躲避食肉恐龙一样，内心的感觉驱使我把车停下，集中注意力应对即将来临的危险。

所有的情绪在本质上都是某种行动的驱动力，即进化过程赋予人类处理各种状况的即时计划。情绪（emotion）的词源来自拉丁语“motere”，意为“行动、移动”，加上前缀“e”含有“移动起来”的

a. 更新世也称洪积世（公元前180万年至公元前1万年），这一时期绝大多数动植物属种与现代相似。——译者注

意思，这说明每一种情绪都隐含着某种行动的倾向。情绪导致行动，这在动物或儿童身上表现得最为明显。情绪是深层的驱动力，在广义的动物世界中，只有在“受教化”的成年人身上，情绪与反应存在很大偏差的现象才会经常出现。[6]

情绪引发的独特生物学特征显示，情绪体系中的每一种情绪均扮演独特的角色（参阅附录1，详细了解“基本”情绪）。得益于新的人体和大脑检测方法，研究者在每种情绪导致不同类型反应的驱动机制方面发现了更多的生理学证据。[7]

· 人在生气的时候，血液会流到手部，以方便抓起武器或攻击敌人，同时心率加快，肾上腺素激增，为强有力的行动提供充沛的能量驱动。

· 人在恐惧的时候，血液会流到大块的骨骼肌，比如双腿，以方便逃跑，而且面部会由于血液的流失而发白（因此会有血“变凉”的感觉）。与此同时，也许是因为需要考虑是否应该躲藏，身体有那么一瞬间会呆住不动。大脑情绪中枢的回路释放出大量使身体保持警觉的激素，人的感觉变得敏锐，为行动做好充分的准备，同时集中精力分析当前的威胁，更有效地评估即将采取的行动。

· 人在快乐的时候，主要的生理变化是负责抑制负面感觉及提升可用能量的大脑中枢活跃度增强，而产生忧虑情绪的大脑中枢趋于平静。不过此时生理状态保持静止，不会产生特殊的变化，身体复原的速度要快于悲伤情绪引起的生理变化。这种特征使身体能够得到正常的休息，同时为即将面临的任务以及朝着目标努力储备充足的热情和力量。

· 人在坠入爱河的时候，会唤起温柔的感觉和性满足，同时还会唤起副交感神经——这和人在恐惧或生气时“战斗或者逃跑”

的行动生理模式截然相反。副交感神经模式俗称“放松反应”，此时身体处于平静和满足的状态，易于合作。

- 人在吃惊的时候，眉毛会往上挑，使视野更加开阔，同时允许更多的光线射向视网膜，从而捕捉更多关于意外事件的信息，以便准确分析当下的情况，确定最佳行动方案。
- 人在厌恶的时候，面部表情在全世界几乎都是一样的，而且传递的是同样的信息：吃到或者闻到让人很难受的东西，或者类似这样的经历。厌恶的面部表情——上唇撇向一边，鼻头微微皱起，达尔文认为这是人类的一种本能反应，为了不吸入有害气体而屏住呼吸或者吐出有毒的食物。
- 悲伤的主要作用是帮助个体适应重大的损失，比如亲人的死亡或者极大的失望。悲伤会降低生命活动的能量和热情，尤其是娱乐活动或者享乐。随着悲伤情绪的加深，并慢慢滑向沮丧，人体的新陈代谢就会减缓。这种内在的收缩为个体创造机会哀悼损失或者幻灭的希望，领悟损失对人生的影响，并且在能量回升之后开始新的生活。能量的降低还可以把哀伤而脆弱的原始人类留在家的附近，也就是留在更安全的地方。

我们的生活经历和文化进一步塑造了这些行为的生理倾向。比如，失去爱人令人悲伤和痛苦，这在全世界都是一样的。但我们如何表达痛苦——在私底下如何展现或者克制情绪，受到文化的影响，在我们的生命中哪些人是值得哀悼的“爱人”也由文化来定义。

在漫长的进化过程中，人类情绪反应被塑造成形，相对于人类有历史记载之后的大多数时期，当时的状况要严峻得多。在这一时期，很少有婴儿能活到童年期，能活到30岁的人更是少之又少，凶猛的肉食动物随时出没，反复无常的干旱和洪涝灾害导致饿殍遍野。但随着农业的出现以及原始人类社会的形成，人类的存活率开始发生急剧变化。在过去1万年间，这种现象在全球范围内出现，人类生存危机的压力慢慢减轻了。

生存的压力曾经使人类的情绪反应对于生存至关重要，当这种压力消退时，人类部分情绪的吻合度也出现了问题。在远古时期，“一触即发”的愤怒对人类有着生死攸关的意义，但对当代13岁的儿童来说，获得“一触即发”的自动化武器经常会引发灾难性后果。[8]

人的两种心理

一位朋友曾向我讲述离婚的痛苦经历。她的丈夫爱上了一位比她年轻的女同事，突然说要离开她，与女同事同居。在接下来的几个月里，这对怨偶就房子、钱和孩子的监护权展开了痛苦的角力。几个月后的现在，这位朋友说单身生活对她更有吸引力，她很高兴能自由自在地活着。她说：“我不再想着他了。我真的不在乎。”但她说话的时候，眼睛里泛着泪花。

闪过泪光的瞬间很容易被人忽略。泪水汪汪的眼睛表示她很悲伤，这和她口头上说的刚好相反，我们这种同理心的领会是一种解读行为，这和从字里行间解读文字的意义一样明确。一种是情绪心理的行为，另一种是理性心理的行为。实际上我们有两种心理，一种用来思考，一种用来感觉。

这两种完全不同的认知方式相互作用，共同构建了我们的心理生活。理性心理是我们通常能够意识到的理解模式，具有清醒的意识，会思索。除此之外还有另外一种认知系统：冲动、有力，有时没有逻辑可言，即情绪心理（请参阅附录2，了解情绪心理的特征）。

这种感性与理性两分系统类似于我们常说的“心”和“脑”的区

别。我们对于内心认为某件事情是对的，与通过理性思考得出正确的结论，二者的信服程度是不同的，前者要更加笃定一些。理性和感性对心理的主导比例是一个平稳的梯度，感觉越强烈，情绪对心理的主导作用就越强，理性的作用就越弱。这种影响机制很可能源于千万年的进化优势，情绪和直觉能够指导我们在危急关头做出即时的反应——在这种形势下，停下来思考应该如何行动很可能会让我们丧命。

情绪和理性这两种心理在大部分情况下能够和谐共处，它们不同的认知方式相辅相成，为人类在世界上生存提供指引。情绪和理性心理通常处于某种平衡状况，情绪袭来，要求理性心理采取行动，理性心理则斟酌、有时甚至否定情绪的指令。当然情绪和理性心理是半独立的体系，我们接下来会谈到，它们各自如何反映独特而又相互关联的大脑神经回路运行机制。

在大多数情况下，这两种心理的相互协调简直是巧夺天工，感觉对思维必不可少，思维对感觉也是如此。不过一旦激情超过平衡的临界点，情绪心理就会占上风，压倒理性心理。16世纪的鹿特丹人文主义学者伊拉斯谟曾经描述过理智与情感永无休止的纷争：[9]

> 众神之王朱庇特赋予人们的激情多于理智——两者的比例大概是24 ：1。为了制衡理智的单极力量，他扶植了两个暴君：愤怒和贪婪。理智与这两股联合力量对抗的胜算如何，看看人类在日常生活中的表现就一清二楚了。理智只好使出了最后一个招数，不断强调道德规范，直至声音沙哑。而愤怒和贪婪则让理智见鬼，而且越来越吵闹和嚣张，直到最后理智筋疲力尽，放弃，投降。

大脑的发育

考察人脑的进化过程可以帮助我们更好地理解情绪对理性心理潜

在的控制作用，以及情感和理智容易打架的原因。人脑由细胞和神经液组成，重约三磅[a]，是进化过程中人类的近亲——其他灵长类动物大脑的三倍。经过几百万年的进化，人脑自下而上生长发育，由较低级和较原始的部分发育进化出较高级的神经中枢。（人类胚胎的大脑发育大致重演了这一进化过程。）

大脑最原始的部分是包围在脊髓顶端的脑干，所有具备不止一个最微型神经系统的生物都有脑干。位于大脑最下端的脑干主导呼吸、人体其他器官的新陈代谢等生命基本功能，同时控制刻板反应和动作。脑干没有思考或学习的功能，它只是一个预先设定程序的自动调节器，旨在维持身体的正常运转，并做出确保生存的反应。这种大脑统治了爬行动物时代，不妨想象这个画面：一条吐着信子的蛇面对攻击的威胁发出“咝咝”的声音。

脑干是大脑最原始的部分，也是情绪中枢的起源。经过几百万年的进化，情绪中枢进化成会思考的大脑，即“新皮层”，这层充满皱褶的灯泡状器官位于大脑的最外层。思考脑从情绪脑进化而来，这一现象很能说明思维和情感的关系；情绪脑的出现要早于思考脑。

人类情绪最早起源于嗅觉，更准确地说是起源于嗅叶，即接收并分析气味的细胞。每一种活的个体，无论是好吃的还是有毒的，无论是性感的伴侣，还是天敌或者猎物，都携带着一种独特的分子标签，可以在风中传播。在原始时期，嗅觉对生存无疑具有至关重要的意义。

原始的情绪中枢从嗅叶开始进化，最终发育成足以环绕脑干顶部的构造。在最初的阶段，嗅觉中枢由分析气味的神经元薄层组成，其中一层细胞接收闻到的气味，并进行分类：好吃的或者有毒的，交配对象、天敌或者猎物。第二层细胞通过神经系统向身体发出反射信号

a. 1 磅 = 0.453 6 千克。——编者注

采取行动：吞咽或者呕吐，接近、逃跑或者捕捉。[10]

最早的哺乳动物出现之后，情绪脑新的关键神经元层也形成了。情绪脑的新神经元层包围着脑干，看起来就像是被人咬了一口的面包圈，脑干正好安放在中空的底部。由于这部分大脑环绕并包裹着脑干，因此又被称为“边缘”（limbic）系统，“边缘”一词来源于拉丁语“limbus”，意为“衣领”。这一新的神经区域为大脑的指令系统添加了恰当的情绪。[11] 当我们渴望或愤怒的时候，坠入爱河或因恐惧而退缩的时候，正是受到了边缘系统的控制。

边缘系统进化出了两个强有力的工具：学习和记忆。这种革命性的进化使得动物的生存抉择更加明智，而且能更好地适应变化的要求，而不是一味地做出相同的自动反应。如果某种食物会让人生病，人们下次就不会再吃。什么能吃、什么不能吃依然主要由嗅觉决定；嗅球和边缘系统之间的联结组织现在负责辨别各种气味，比较当前的气味与以前的气味，区别好的气味与不好的气味。这个功能是由“嗅脑”（rhinencephalon）完成的，“嗅脑”的字面意思是“鼻子脑”，属于边缘系统神经网络的一部分，也是思考脑新皮层最基础的系统。

大约在 1 亿年前，哺乳动物的大脑发生了生长突增。原先薄薄两层皮层——这部分的功能是计划、理解感受、协调行动——的顶部，出现了几层新的大脑细胞，从而形成了大脑的新皮层。和最初的两层大脑皮层相比，新皮层具有异乎寻常的智能优势。

“智人”的新皮层比其他任何物种的都要大得多，这正是人类所独有的。新皮层是思想的所在，它包含综合和理解感觉的神经中枢。新皮层还使我们的思考伴随着某种感觉，而且使我们对观点、艺术、符号和图像等产生感觉。

在进化过程中，新皮层具备的精妙调节功能使生命机体在趋利避害方面具有巨大的优势，而且更有可能向后代遗传包含同样神经回路的基因。新皮层具有制定策略、做出长远计划和其他谋略的功能，这是生死攸关的优势。除此之外，艺术、文明和文化的繁盛也都是新皮层结出的硕果。

大脑新皮层还为情绪生活增添了色彩。比如爱情，边缘结构能够产生愉悦的感觉，即激发性欲的情绪。而新皮层的出现及其与边缘系统的联系，使得母亲与孩子的联系更加紧密，这种联系是家庭单元的基础，母亲负有长期抚养孩子的义务，从而使人类的发展成为可能。（没有新皮层的生物缺乏亲子感情，比如爬行类动物，幼崽孵化出来之后必须躲藏起来，防止被亲代吞噬。）人类父母对孩子的保护会一直持续到孩子成年，横跨漫长的童年期——儿童的大脑在这期间继续发育。

从爬行类动物到恒河猴，再到人类，其大脑新皮层的质量依次增加，大脑神经回路的相互联系也呈几何式增长。联系的次数越多，可能反应的范围就越大。新皮层使情绪生活更加微妙和复杂，比如对自身感觉产生感觉的能力。灵长类动物的新皮层与边缘系统比其他物种要发达得多，其中要数人类的最为发达。这表明人类能够对情绪产生更为广泛的反应，而且更加微妙。野兔和恒河猴对恐惧有一套有限的典型反应，但人类拥有更发达的新皮层，它的指令系统要细致得多——包括打电话报警。社会系统越复杂，这种弹性处理就越重要。因此，没有哪一种生物比人类更加复杂。[12]

新皮层虽然是大脑的高级中枢，但并不能控制全部的情绪生活。对于心灵至关重要的问题——尤其是情绪的紧急状况，新皮层需要服从边缘系统。由于大脑的高级中枢发源于边缘系统，或者说扩展了边缘系统的功能范围，情绪脑在神经结构中扮演着关键的角色。情绪脑是新大脑发育的基础，情绪区域通过神经回路与新皮层的所有部分产生了千丝万缕的复杂关系。因此，情绪中枢对包括思考中枢在内的大脑其他部分的运作具有强有力的影响。

第二章

情绪失控

生活对理性的人来说是喜剧，对感性的人来说是悲剧。

——霍勒斯·沃波尔

1963 年 8 月的一个炎热午后，小马丁·路德·金牧师在华盛顿民权大游行中发表《我有一个梦想》演说的同一天，一个刚刚刑满释放的偷窃老手理查德·罗伯斯打算重出江湖。他以前是个瘾君子，为了满足毒瘾入室偷窃 100 多次，曾被判 13 年有期徒刑。罗伯斯后来坦白，他本来想金盆洗手，但他要供养女友和三岁的女儿，实在缺钱。

他在那天闯入了纽约上东区的一间寓所，房主是两位年轻的女子，21 岁的《新闻周刊》研究员珍妮丝·威利和 23 岁的小学老师艾米莉·霍弗特。罗伯斯本来以为白天无人在家，却没想到威利在家。罗伯斯用刀威胁她，并把她绑了起来。罗伯斯正要离开的时候，霍弗特回来了。为了安全脱身，罗伯斯一不做二不休，把她也绑了起来。

罗伯斯在多年之后回忆往事，他说在绑霍弗特的时候，威利警告他，他逃不了，她记得他的样子，会协助警察把他抓捕归案。罗伯斯本来想干完这票就洗手不干了，听到威利的警告，他突然陷入恐慌，完全失去了控制。被愤怒和恐惧淹没的罗伯斯，抓起汽水瓶把两个女人砸晕，然后用菜刀对她们一通猛砍。罗伯斯在25年之后悲恸地说："我当时疯了，头都炸开了。"

罗伯斯至今还在为那失控的几分钟懊悔不已。在我写这本书的时候，他已经在狱中待了30多年，被外界称为"职业女性杀手"。

罗伯斯在顷刻之间的情绪爆发叫作神经失控。有证据表明，在神经失控时，边缘脑的神经中枢宣布进入紧急状态，召集大脑的其他部分服从其紧急调度。神经失控发生在顷刻之间，激发及时的行动反应，这时掌管思考的新皮层根本来不及全面观察当前的形势，更无从判断行动的正确性。神经失控的特征是在失控过去之后，失控者根本不知道自己到底怎么了。

情绪失控导致"职业女性杀手"惨案的发生，但情绪失控绝对不是孤立、可怕的偶然事件。普通人情绪失控其实经常发生，虽然形式一般不会如此可怕，但强度也许毫不逊色。回想你上一次"失控"时的情形，比如对家人或者陌生的出租车司机大发脾气，而在发作完之后，你经过思考和反省，发现似乎没有生气的道理。这种情况多半就是情绪失控，这种"神经接管"的现象发生在边缘脑的神经中枢杏仁核。

当然，不是所有的边缘系统神经失控都是破坏性的。如果某人听到一个笑话突然发笑，那么这种情绪爆发也属于边缘系统的反应。在极度欢乐的时刻，人们也会出现情绪失控。丹·詹森历经数次冲击奥运金牌的痛苦失败之后（他曾发誓为他死去的姐姐夺取金牌），最终获得了1994年挪威冬奥会1 000米速度滑冰的金牌，他的妻子由于兴奋过度失去知觉，不得不送到滑冰场的急救医生那里治疗。

激情中枢

人类的杏仁核位于脑干顶部、环状边缘系统底部附近，呈杏仁形状，是一个组织复合体。杏仁核分为两大核群，左右脑各一个，分别位于头颅内侧。与进化过程中人类近亲——其他灵长类动物相比，人类的杏仁核相对较大。

海马体和杏仁核是原始“嗅脑”的两个重要部分，嗅脑在进化过程中的作用是唤起皮层和新皮层。现在这些边缘结构负责大脑学习和记忆的大部分功能，杏仁核则是情绪事务的专家。假如杏仁核与大脑其他部分的联系被隔断，就会导致个体无法判断事件的情感意义，这种情况有时被称为“情感失明”。

失去情感的判断，社会交往就会失控。有位年轻人为了控制严重癫痫发作，通过手术去除了杏仁核。在这之后，他对人群完全失去了兴趣，宁愿独自坐着，与世隔绝。尽管他的谈话能力完全没有受到影响，但他已经认不出原本亲密的朋友、亲戚，甚至他的母亲，他们因为他的冷漠痛苦不堪，他却无动于衷。切除杏仁核之后，这个年轻人似乎失去了识别所有感觉的能力，也失去了对感觉的任何感觉。[1]杏仁核如同情绪记忆的仓库，也是意义本身的仓库，没有杏仁核的人生相当于被剥夺了个人意义的人生。

杏仁核不仅与情感有关，所有的激情也都取决于杏仁核。杏仁核被切除或受到伤害的动物，不会感到恐惧和愤怒，失去了竞争或合作的紧迫感，对于自身在社会秩序中所处的位置也不再有任何认知，也就是说，感觉变得迟钝或消失了。流泪是人类特有的情绪信号，由杏仁核及其附近的扣带回所控制。被拥抱、抚摸或者安慰可以舒缓大脑的这个区域，使人停止哭泣。假如没有杏仁核，我们就不会流出伤感的泪水来舒缓情绪。

第一个发现杏仁核在情绪脑神经中的关键作用的是约瑟夫·勒杜克斯（Joseph LeDoux），他是纽约大学神经科学研究中心的神经科学专家。[2] 他与其他新生代神经学家运用创新方法和技术进行研究，把大脑运行机制的研究提高到前所未有的精确程度，从而解开了前几代科学家认为难以捉摸的心灵之谜。勒杜克斯对情绪脑神经回路的研究，确立了杏仁核行动中枢的地位以及其他边缘结构的独特作用，颠覆了长久以来神经学科对大脑边缘系统的认识。[3]

勒杜克斯的研究解释了在思考脑（即新皮层）决策之前，杏仁核如何控制我们的行为。杏仁核的工作机制及其与新皮层的互动是情绪智力的核心。

神经警报

情绪对心理生活的影响最难以理解的地方在于，我们会突然爆发出狂热的行为，但尘埃落定之后，我们又为此而后悔。问题是我们为什么这么容易失去理性。举个例子，有位年轻女子驾车两个小时来到波士顿，和男友共进早午餐，并打算一起消磨一整天。用餐时，男友送给她一幅从西班牙带回来的罕见的美术作品，这是她期待了好几个月的礼物，但她并没有高兴多久。她提议两人用餐后去看一场她期待已久的电影，但男友说他要练习垒球，不能陪她一整天，这让她大感意外。她又伤心又怀疑，泪水夺眶而出，她站起来离开了餐厅，而且在一时冲动之下，把那幅作品扔进了垃圾桶。几个月之后，她回想起这一幕仍懊悔不已，她后悔的不是离开餐厅，而是失去那幅作品。

杏仁核作为行动中枢，在冲动的情感压倒理智之时起到关键作用。接收到输入的感觉信号之后，杏仁核就会扫描每一种应对烦恼的经验。杏仁核在心理生活中处于强有力的地位，类似于心理哨兵，它质疑每一种处境、每一种认知，此时大脑中会出现一类最原始的问题："我讨厌它吗？它会伤害我吗？我害怕它吗？"假如答案是肯定的，或者在当前时刻趋于肯定，杏仁核就会做出即时反应，就像神经警报一样，向大脑的各个部分发出危机信号。

在人脑的构造中，杏仁核相当于一家警报公司，操作员随时待命，一旦家庭安全系统发出遇险信号，就立即向消防队、警察局及邻近社区发出紧急警报。

一旦收到警报，比如恐惧，杏仁核就会向大脑各主要部分发出紧急信息，促使身体分泌"战斗或逃跑"的荷尔蒙，驱动运动中枢，同时激活心血管系统、肌肉以及内脏器官。[4]与杏仁核联结的其他神经回路还会指挥身体紧急分泌出大量的去甲肾上腺素，提高大脑关键区域的反应能力，使感觉更加敏锐，确保大脑时刻保持警觉。杏仁核还会向脑干发出附加指令，使个体面部流露出恐惧的表情，冻结肌肉当前进行的无关活动，使心跳加速、血压升高、呼吸减缓。此外，杏仁核还会发出指令，密切留意恐惧的来源，让肌肉准备采取相应的行动。与此同时，大脑皮层的记忆系统开始启动，检索与当前紧急状况相关的知识，优先于其他无关的思想。

这个过程只是生命机体在杏仁核指挥之下协调变化的一部分（想了解更多细节，请参阅附录3）。杏仁核起到了集结大脑各个区域的作用。杏仁核拥有神经联结的延伸网络，这使它在发生情绪危机时能够指挥和驱使大脑其他的很多区域——包括理性脑。

情绪哨兵

我的一位朋友向我谈起在英格兰一家河边餐厅吃早午餐的经历。他用完餐后，沿着通往运河的石阶散步，突然发现一个女孩死死盯着河面，吓得面无人色。他在不明就里的情况下跳进了河里，连外套和领带都来不及脱掉。在跳进河里之后，他才意识到那女孩惊慌失措的原因是有个小孩失足掉进了河里——他正好去搭救小孩。

是什么促使他在不明就里的情况下跳进河里？答案就在于他的杏仁核。

勒杜克斯的研究揭示了人脑的构造赋予杏仁核情绪哨兵的地位，使其可以控制整个大脑，这是近 10 年情绪研究领域最有力的发现之一。[5]他的研究显示，从眼睛或耳朵输入的感觉信号首先到达大脑的丘脑，然后通过一个单独的突触传到杏仁核；丘脑发出的第二个信号则传到新皮层，即思考脑。信号的分叉使杏仁核能先于新皮层做出反应，而新皮层在通过多个层次的大脑回路对信息进行充分分析之后，才能全面掌握情况，并最终做出更加精准的反应。

勒杜克斯的研究对理解情绪生活具有革命性的意义，他第一个发现了感觉的神经通道可以绕过新皮层。与杏仁核直接联结的感觉包括我们最原始和最强烈的感受，这种神经回路在很大程度上解释了感性压倒理性的力量。

神经科学的传统观点认为，眼睛、耳朵和其他感觉器官将信号传送到丘脑，然后再传到新皮层处理感觉的区域，感觉信号在这里集合成我们所感知的具体对象。这些信号按照意义进行分类，因此大脑能够辨认每个对象以及它所代表的意义。传统理论认为，信号是从新皮层传送到边缘脑，然后由边缘脑发出准确的反应指令，并传送到整个大脑以及身体的其他部位，这一过程占用了很多甚至大部分的时间。但勒杜克斯发现，除了有一束较大的神经元联结丘脑和新皮层之外，另外有一束较小的神经元直接联结丘脑和杏仁核。这条更小、更短的通道类似于神经的后院小巷，使杏仁核能够直接接收某些感觉信号，并在新皮层接收全部信号之前做出反应。

这一发现颠覆了杏仁核必须完全依赖于新皮层传送的信号，然后再形成情绪反应的理论。在一条平行的反射通道联结杏仁核和新皮层的同时，杏仁核可以通过另一条紧急通道激起情绪反应。杏仁核可以促使个体立即行动，新皮层的反应则稍有滞后，但掌握的信息更加全面，可以为行动制订出更加精确的计划。

勒杜克斯对动物的恐惧进行了研究，据此推翻了盛行一时的情绪通道理论。他在一个关键的实验中，破坏了老鼠的听觉皮层，然后把老鼠放在伴随着电击的声音环境中。虽然老鼠的新皮层接收不了声音信号，但它们很快就懂得害怕这些声音。有所不同的是，声音在这种情况下直接从耳朵传送到丘脑，再传到杏仁核，这一过程跳过了其他所有更高层次的神经通道。简而言之，老鼠无须任何高级皮层的活动就学会了情绪的反应：杏仁核独立地感知、记忆和指挥老鼠的恐惧情绪。

勒杜克斯告诉我："情绪系统可以不依赖于新皮层自动做出反应。有些情绪反应和情绪记忆可以在完全没有任何意识和认知参与的情况下形成。"杏仁核具有储存记忆和指令反应的功能，我们可以在清楚认识到原因之前采取行动，原因就在于从丘脑到杏仁核的神经捷径完全绕过了新皮层。这条捷径使得杏仁核类似于情绪印象和记忆的知识库，但我们对此没有充分的认识。勒杜克斯认为，杏仁核对记忆的潜在作用可以解释一个惊人的实验。在这个实验中，人们眼前快速闪过各种奇形怪状的几何图形，速度快得没人意识到有东西在他们眼前闪过，但在后来的选择中，人们表现出了对那些闪过的几何图形的偏好。[6]

视觉信号首先从视网膜传到丘脑，信号在这里被翻译成大脑的语言。然后大部分信息传到视觉皮层，视觉皮层负责分析和评估意义与精确的反应。假如这种反应与情绪有关，就会传到杏仁核，从而激活情绪中枢。但有少部分原始信号以更快的速度从丘脑直接传到杏仁核，从而激发了更加迅速（当然不那么精确）的反应。因此，杏仁核能在皮层中枢对情况进行全面理解之前引发情绪反应。

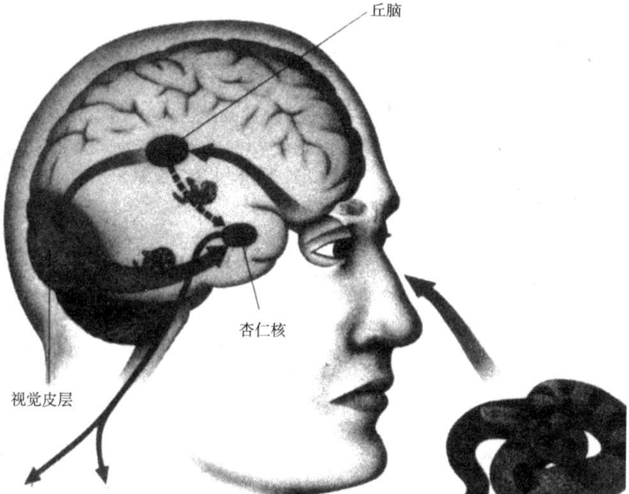

还有研究显示，在我们进行感知的最初几毫秒时间内，我们不仅在无意识地理解这个对象，还在决定我们是否喜欢它。这种“认知的无意识”表明我们的意识不仅在辨认看到的东西，还会对其产生看法。[7]我们的情绪独立于理性脑产生见解，有着自身的“心理”。

情绪记忆的专家

这种无意识的看法源于储藏在杏仁核中的情绪记忆。现在，勒杜克斯和其他神经学专家的研究似乎表明，长久以来被认为是边缘系统关键结构的海马体，主要参与记录和理解感知模式，而不是情绪反应。海马体的主要作用是提供与背景有关的鲜明记忆，这对情绪的意义非常重要。海马体可以辨别不同的意义，比如待在动物园里的熊和闯进你家后院的熊，两者的意义是不一样的。

海马体记忆的是纯粹的事实，而杏仁核则保留了伴随事实的情绪“味道”。比如我们尝试在双车道高速公路上超车，却差点儿与对面开来的车迎头相撞，海马体会记住这件事情的细节，比如我们当时是在哪条公路，和谁在一起，对面那辆车的样子等。杏仁核却会在事件发生之后，我们再次在相似情况下准备超车时，在我们体内激发焦虑情绪。正如勒杜克斯所说的那样：“海马体对你认出表姐的脸起到关键作用，而杏仁核则会提醒你不是真的喜欢她。”

人脑通过一种简单而精妙的方式使情绪记忆产生一种特殊的潜能：机体的神经化学警报系统能在生命面临威胁的紧急关头，主导身体做出“战斗或逃跑”的反应，同时还会把这一时刻深深刻入记忆。[8]在应激状态下（或者在焦虑甚至极度喜悦兴奋的情况下），神经从大脑迅速传递到位于肾脏上方的肾上腺，促使其分泌肾上腺素和去甲肾上腺素，这些激素遍布全身，主导机体为紧急状况做好准备。这些激素激活了迷走神经的接收器。在肾上腺素和去甲肾上腺素的激发下，迷走神经携带大脑指令，对心脏进行调节，同时把信号传回大脑。杏仁核是大脑接收这些信号的主要场所。杏仁核的神经元被输入信号激活后，继而向大脑其他部分发出信号，使个体加深对当前情况的记忆。

这种杏仁核唤起似乎把情绪唤起特别强烈的大多数时刻嵌入了记

忆。因此我们更有可能记得第一次约会是在哪里，或者听到“挑战者号”航天飞机爆炸消息时正在做什么。杏仁核唤起的程度越强，记忆就越深刻，那些最令我们害怕或恐慌的生活经历是我们最难以磨灭的记忆。这说明大脑实际上有两个记忆系统，一个用来记忆普通的事实，另一个用来记忆刻有情绪印记的事实。当然，这种情绪记忆的特殊系统非常符合生物进化的原理，确保动物对使它们感到危险或愉悦的事物留有特别鲜明的记忆。不过情绪记忆也有可能对当前情况产生误导。

过时的神经警报

机体神经警报的一个缺点是，杏仁核发出的紧急信息往往（至少有时候）是过时的，尤其是在流动性极大的当今社会。作为情绪记忆的仓库，杏仁核扫描以往的经验，对当前情景与过往情景进行比较。杏仁核的比较方法是联想式的：如果当前状况的某个关键要素和以前的相似，它就会产生“匹配”的判断——这就是神经回路反应比较草率的原因，它在全面确认情况之前就采取了行动。它粗暴地命令我们按照很久以前形成的思维、情绪和反应来处理当前的状况，过去的情况和当前的情况也许仅有几分模糊的相似，但这种相似性已经足以促使杏仁核拉响警报。

有一位前任军队护士在战时曾经护理过很多惨不忍睹的伤员，为此精神受到了严重的创伤。很多年后，她在家中打开储物柜，发现她的孩子把一个恶臭的纸尿裤藏在里面，这阵恶臭再次激起了她的回忆，她突然被害怕、厌恶和恐慌的混合情绪吞没了——这正是她以前在战场上的反应。只要当前有一些偶发因素与过去的危险相似，杏仁核就会拉响警报。问题在于，尽管这些带有情绪印记的记忆拥有激发危机反应的力量，但是过时的记忆同样会引发过时的反应方式。

很多潜在的情绪记忆可以追溯到人生的最初几年，体现于婴儿与照料者之间的关系，情绪脑在这种时刻做出的反应就会更加不准确，尤其是对于被殴打或彻底忽略等创伤事件更是如此。在人生早期，个体的其他大脑结构，尤其是主宰叙述记忆的海马体以及负责理性思维的新皮层，还没有得到完全的发育。杏仁核和海马体共同作用于记忆机制，它们单独储存及检索各自特有的信息。在海马体检索信息时，杏仁核负责判断该信息是否带有情绪印记。不过相比之下，杏仁核在婴儿大脑中成熟得很快，它在婴儿出生时就已接近完全成形了。

一直以来，精神分析思想的基础原则认为，人生早期的人际互动塑造了一整套以婴儿与照料者相处时的协调和不适为基础的情绪经验。勒杜克斯后来对杏仁核在童年期扮演的角色进行了研究，为上述原则提供了支持。[9]勒杜克斯认为，以婴儿与照料者的互动模式为基础的情绪经验影响深远，但又很难从成年生活的角度来理解，原因在于它们储存在杏仁核里，模糊粗糙，无法用语言描述，就像主导情感生活的草图。由于这些早期的情绪记忆在婴儿能够用语言描述自身经验之前就已经形成，因此当这些情绪记忆后来被激发出来时，我们找不到匹配的思想来清晰地描述这种控制我们的反应。我们对情绪爆发困惑不已的一个原因在于，它们往往可以追溯到我们人生的早期阶段，在那个阶段，我们常常感到困惑，而且无法用语言进行理解。我们也许会出现混乱的感觉，却无法用语言来回忆这种感觉。

迅猛而草率的情绪

大约凌晨三点，我听到有个大型物体重重地撞破了我卧室远处角落上方的天花板，阁楼里的东西全都掉进了房间。我立刻从床上跃起，跑出房间，担心整块天花板会陷落下来。然后，意识到安全之后，我警觉地窥视卧室，看看是什么引起了这场事故，结果发现我以为是天花板陷落的声音其实是一堆摞起来的箱子跌落的声音，我妻子在白天的时候把这些箱子从衣帽间整理出来，堆在墙角。没有东西从阁楼掉下来——根本就不存在阁楼。天花板完好如初，我也一样。

我在半梦半醒之间从床上跃起——假如天花板真的掉下来，我可能会免于受伤——这正是杏仁核的力量，在紧急关头，它促使我们在新皮层全面记录当前状况之前采取行动。从眼睛或耳朵到丘脑再到杏仁核的紧急通道起到了关键作用，它为在紧急关头采取即时行动节省了时间。不过这条从丘脑到杏仁核的通道只能携带少量的感觉信息，大部分信息还是要取道新皮层。因此，杏仁核从快速通道接收到的信号充其量只是一种粗糙的信号，刚好能够引起警觉。勒杜克斯指出："你无须确切知道它是什么，就可以判断它可能有危险。"[10]

这条直接的神经通道节省的时间对大脑来说具有重要意义，它以毫秒为单位计算。老鼠的杏仁核能在感知的 12 毫秒之后开始反应，而丘脑–新皮层–杏仁核通道的传输时间大约是前者的两倍。尽管目前还没有对人脑进行类似的实验，但两者的时间比例大体应该一样。

从进化的角度看，直接的神经通道对于物种的生存具有非常重大的价值，使得生命体能在关键的几毫秒之内快速应对危险。也许正是这几毫秒无数次挽救了哺乳动物原始祖先的生命，因此现在每一种哺乳动物的大脑中都存在这种进化安排，当然也包括人类。实际上，对人类来说，由于这条神经通道基本上只在出现情绪危机的时刻开通，它对人类心理生活的作用可能相对有限。但它对鸟类、鱼类和爬行类动物的很多意识反应是至关重要的，因为这些生物的生存依赖于时时刻刻辨别天敌或猎物。勒杜克斯说："哺乳动物这种原始、次要的大脑系统相当于非哺乳动物主要的大脑系统。它为激发情绪提供了快速通道。不过它又是一种快捷而粗糙的过程，神经细胞反应很快，但不甚精确。”

对松鼠这种动物来说，反应不精确并没有太大的问题，顶多是过于注重安全，比如一旦察觉凶猛敌人可能出没的迹象就立即逃走，或者发现食物的线索就立即扑上去。但在人类的情感生活中，这种不精确可能会对我们的人际关系产生很糟糕的后果，我们也许会像松鼠一样扑近或逃离错误的事物或人。（比如，女服务员无意中瞥见一个有着一头又密又卷的红头发的女人，吓得把一套六头餐具打翻在地——女服务员的前夫就是为了这样一个女人而离开了她。）

这种初始的情绪错误的基础是出现在思想之前的感觉。勒杜克斯将其称为“前认知情绪”（precognitive emotion），即个体没有对感觉信息进行全面的分类整理，将其整合成可以辨认的对象，而是基于感觉信息的片段和神经的细枝末节做出反应。这种感觉信息的形式很粗糙，神经的反应很草率，有点儿类似《猜歌名》的游戏节目，游戏者不是根据几个音符对旋律进行快速判断，而是根据试探性的前奏获得整体的感知印象。一旦杏仁核检测到感觉模式的输入，就会立刻得出结论，在得到全面的证据确认（或者任何形式的确认）之前就引发行动。

难怪我们对于爆发性情绪的阴暗面了解如此之少，尤其是在情绪失控的时候。杏仁核在新皮层了解情况之前，像精神错乱一样爆发出愤怒或恐惧的反应，原因在于原始情绪的爆发不仅独立于而且先于思想的产生。

情绪管理员

我有位朋友，她 6 岁的女儿杰西卡第一次在小伙伴家过夜，说不清是妈妈还是女儿更加紧张。妈妈尽量不让杰西卡知道她很紧张，当天接近午夜的时候，妈妈正要准备上床睡觉，电话铃声突然响起，她的焦虑在此时达到了最高峰。她立刻扔掉牙刷，冲向电话，心一直怦怦跳个不停，脑海里浮现出杰西卡痛苦的样子。

妈妈抓起话筒，对着话筒脱口而出：“杰西卡！”电话那头却传来一个女人的声音：“哦，我好像拨错号码了……”

听到这里，妈妈恢复了冷静，礼貌地问：“你要拨什么号码？”

杏仁核能主导个体首先做出焦急、冲动的反应，而情绪脑的其他部分可以纠正这种反应，使其更为恰当。大脑调节杏仁核激荡的开关位于通往新皮层主要神经通道的另一端，在额头内侧的前额叶里。个体害怕或愤怒时，为了更加有效地处理当前的情况，必须抑制或控制感觉，或者在需要对情况进行重新评估、做出完全不同的反应时，如同担心的妈妈接电话时的反应一样，此时前额叶皮层就开始活动了。大脑新皮层的这一区域通过调节杏仁核以及其他边缘区域，使个体情绪冲动时的反应更加深思熟虑或恰当准确。

前额叶区域通常从一开始就控制我们的情绪反应。请记住，从丘脑输出的大部分感觉信息不是传到杏仁核，而是传到新皮层及其接收和分析感知对象的神经中枢，由前额叶对输入信息以及个体的回应进行协调。前额叶是计划和组织对目标做出反应（包括情绪反应）的地方。在新皮层，一系列交错层叠的神经回路对输入信息进行记录、分析和理解，然后由前额叶指挥做出反应。如果这个过程涉及情绪反应，那么仍然是由前额叶指挥，它与杏仁核以及情绪脑的其他神经回路协同工作。

这一过程可以辨别情绪反应，是一种标准的安排，但在遇到重大情绪危机时例外。一种情绪激发后，前额叶立即根据风险收益比对大量可能的反应进行演算，以评估最佳反应。[11] 对动物来说，即判断什么时候攻击，什么时候逃跑。至于对人类……同样是什么时候攻击，什么时候逃跑——除此之外还包括，什么时候安抚、劝服、博取同情、激发内疚感、发牢骚、虚张声势和蔑视等，总之情绪诡计花样百出、应有尽有。

以大脑意义上的时间单位来衡量，由于新皮层涉及更多的神经回路，其反应速度要慢于情绪失控机制。同时，新皮层的判断也更加准确和周全。我们为损失感到悲伤，获胜后感到高兴，或仔细琢磨别人的言行之后感到受伤或者生气，这都是新皮层在起作用。

和杏仁核一样，如果没有前额叶的参与，我们的很多情绪生活就会黯然失色。如果我们不知道应该对某事做出情绪反应，那我们就不会有任何情绪。前额叶对情绪的作用在 20 世纪 40 年代受到神经病学家的质疑，当时出现了一种不顾后果、完全被误导的精神疾病外科治疗方法：前额叶切除手术，即（通常是随意地）切除部分前额叶或者切断前额叶与大脑下半部分的联系。在心理疾病的有效治疗方法出现之前，额叶切除手术很受欢迎，被认为是减轻情绪困扰的良方——只要切断前额叶与大脑其他部位的联系，病人的困扰就可以解除。不幸的是，这种手术的后遗症是关键的神经回路被破坏，病人的大部分情绪活动似乎随之消失了。

情绪失控大体涉及两种机制：一是杏仁核的触动，二是保持情绪反应平稳的新皮层无法激活，或者新皮层动员起来应对情绪的紧急状况。[12] 在情绪失控的情况下，理性脑听命于情绪脑。前额叶皮层在行动之前评估反应并有效调控情绪的一个途径是减缓从杏仁核和其他边缘中枢发出的激发信号，这有点儿像父母劝阻冲动的孩子——对想要的东西不能硬抢，而是要礼貌地提出请求（或者等待）。[13]

这种压抑情绪的“关闭”键很可能位于左前额叶。神经心理学家研究部分前额叶受伤病人的情绪后发现，左前额叶的一个功能是控制不愉快的情绪，相当于神经恒温器。右前额叶是恐惧、攻击等负面感觉产生的地方，而左前额叶则通过压抑右前额叶来抑制这些原始情绪。[14]比如在一群中风病人当中，左前额叶受到损害的病人很容易出现过度紧张和恐惧的情绪，而右前额叶受到损害的病人则表现出“过度欢乐”。在神经测试时，他们不时地和周围的人开玩笑，非常放松，很明显并不在乎自己的表现如何。[15]有一个快乐丈夫的例子：一名男子由于大脑畸形，通过手术切除了部分右前额叶，他的妻子告诉外科医生，手术后他性情大变，不容易伤感了。妻子还很高兴地表示，她的丈夫变得更加深情了。[16]

总之，左前额叶可能是能够关闭或至少抑制所有强烈负面情绪起伏的神经回路的一部分。杏仁核通常扮演紧急激发器的角色，而左前额叶则是大脑中“关闭”负面情绪的神经部分：杏仁核提出动议，前额叶应对处理。这种“前额叶–边缘组织”的联结对心理生活的关键作用绝不限于修正和调节情绪，它们在指导我们进行人生重大决策方面也起着必不可少的作用。

情绪和思维的协调

杏仁核（以及相关的边缘结构）和新皮层的联结是头脑与心灵、思维与感受之间战争或缔约的博弈中心。这一神经通道揭示了情绪对有效思维起到的关键作用，有效思维包括明智决策和保持思维清晰两个方面。

举一个情绪破坏思考的例子。神经学家用“工作记忆”这个术语来描述对完成给定任务或问题所必需的、储存于大脑的事实的关注能力，这些事实可能是从多个角度考量得出的理想房屋的特征，也可能是考试时推理题的基本要素。前额叶皮层是负责工作记忆的大脑区域。[17]不过由于前额叶与边缘脑之间存在着神经回路，焦虑、愤怒等强烈情绪的信号会制造神经静电，从而破坏前额叶保持工作记忆的能力。这就是我们悲伤时不能好好思考的原因，也是持续的情绪困扰造成儿童智力缺陷、损害学习能力的原因。

这些缺陷有时比较微妙，智商测试未必能够发现，不过它们可以通过更有针对性的神经心理学测量方法发现，同时在儿童持续的焦虑和冲动性上有所体现。比如，经过神经心理学测试后发现，智商超出平均水平但学习成绩差的男学童的额叶皮层功能受到损害。[18] 同时，他们还表现出冲动和忧虑，经常惹是生非——这说明他们的前额叶无法控制边缘组织。尽管他们具备不错的智力潜能，但这些儿童很有可能遇到学习成绩差、酗酒和犯罪等问题。原因不在于他们的智力有所欠缺，而是他们控制情绪生活的能力出现了问题。智商测试只涉及新皮层区域，而控制愤怒和怜悯等情绪的情绪脑与新皮层在一定程度上是分离的。这些情绪的神经回路是由童年期的经历塑造的，但我们甘冒风险，在智商测试时完全忽视了童年期经历的影响。

我们再看看情绪在最“理性”的决策过程中的作用。艾奥瓦大学医学院神经学专家安东尼奥·达马西欧（Antonio Damasio）博士在一项对理解心理生活影响深远的研究中，仔细分析了“前额叶–杏仁核”通道受损病人的受影响情况。[19] 这些人的决策能力出现了严重缺陷，但他们在智商测试或其他认知能力测试中并没有表现出任何退化。尽管他们的智力没有问题，但他们在工作和私人生活当中所做的决策非常糟糕，就连面对“什么时候预约”这种简单的决定也犹豫不决。

达马西欧博士认为，他们难以决策的原因在于无法进行情绪学习。我们从生活中获得的喜欢或厌恶的经验储藏在杏仁核里，作为思维和情绪的交会点，前额叶–杏仁核的联结通道是通往这个知识库的关键门户。如果新皮层与杏仁核的情绪记忆切断了联系，那么无论新皮层如何冥思苦想也难以触发与以往经验紧密相连的情绪反应，此时每件事情都处于灰色的中立地带。一种刺激，无论是最喜欢的宠物还是讨厌的熟人，都不会再引发喜爱之情或者厌恶之情。由于无法获得储藏在杏仁核中的情绪知识，这些病人已经“忘记”了以往所有的情绪体验。

这种研究结果使达马西欧博士持有反直觉的立场，他认为感受对理性决策来说不可或缺，感受为我们指明了正确的方向，干巴巴的逻辑在此时可以发挥最佳效果。世界常常给我们出各式各样的选择题（你应该采取什么投资方式为退休储蓄？你应该和谁结婚？），生活赋予我们的情绪知识（比如一次蹩脚的投资或者痛苦的分手记忆）示意我们首先排除一些选择，突出另一些选择，从而帮助我们形成合理的决策。达马西欧博士认为，情绪脑正是以这种方式与思考脑共同参与推理的过程。

因此，情绪对理性有着重要意义。在感觉与思维共舞时，情绪无时无刻不在引导我们进行决策，与理性脑通力合作，令思维本身有效或者失效。反过来，思考脑在情绪中扮演执行官的角色，当然情绪失控或者情绪脑蔓延的时刻除外。

从某种意义上说，我们有两个大脑、两种心理，以及两种不同的智力——理性智力和情绪智力。我们的行为由两者共同决定，智商和情商同时在发挥作用。实际上，没有情绪智力，思维就无法达到最好的效果。边缘系统与新皮层、杏仁核与前额叶通常互为补充，相辅相成，都是我们心理生活的真正伙伴。如果它们彼此合作愉快，情绪智力和理性智力就能双双得到提高。

这种观点彻底改变了推理与感觉相互冲突的传统看法。我们并不是要像伊拉斯谟说的那样，抛开感性，拥抱理性，而是要找到两者的平衡点。传统范式认为理性应当超脱于感性的约束，而新范式却要求我们使头脑和心灵保持和谐。我们在生活中要有效地做到这一点，首先必须更加准确地理解情绪的意义。

第二部分

情商的本质

第三章

愚蠢的聪明人

中学物理教师戴维·波洛格鲁图到底为什么被他的得意门生用菜刀砍了一刀，至今仍众说纷纭，以下是被广泛报道的事实。

> 杰森是佛罗里达州科勒尔斯普林斯中学高中二年级全优生，考入医学院是他的梦想。他想考的不是普通的医学院，而是哈佛大学医学院。他的物理老师波洛格鲁图在一次测验中给他打了80分，仅仅是“良”。杰森认为这个分数会使他的哈佛梦泡汤，于是他带着一把菜刀来到学校。杰森在物理实验室与波洛格鲁图发生了争执，他用刀砍中了老师的锁骨，后被人制服。
>
> 法官认为杰森无罪，因为他在事件当中暂时失去了理智。由四位心理学家和精神病学家组成的小组宣誓做证，认为杰森在争执时精神处于失常状态。杰森声称他因为分数问题本来准备自杀，他去找波洛格鲁图是想告诉他，他因为分数过低想自杀。波洛格鲁图则讲述了不同版本的故事：“我认为他想用那把刀要我的命”，因为杰森对分数感到非常愤怒。

杰森后来转学到一家私立学校，两年后他以班级最好成绩毕业。一般情况下，如果每门功课的分数都是“A”，那么平均学分绩点为4.0，但杰森由于修满了足够的高级课程，把平均学分绩点提高到了4.614，这个成绩比“A+”还要高。杰森以最高荣誉毕业，他的物理老师戴维·波洛格鲁图却在抱怨杰森从来没有为自己的攻击行为向他道歉甚至负责。[1]

问题是智力如此超群的人怎么会做出如此没有理智、如此愚蠢的事情呢？答案在于，学业智力与情绪生活关系不大。我们当中最聪明的人可能会由于肆无忌惮的激情和不加克制的冲动而在阴沟里翻船，高智商人士的私生活很可能一团糟。

心理学的一个公开秘密是，成绩、智商或者 SAT[a] 分数等智力指标尽管流行甚广，但这些因素其实难以准确地预测成功人生。当然，如果将群体作为一个整体考察的话，那么智商和生活环境有一定的关系：智商非常低的人往往从事低下的工作，而高智商的人通常会获得高薪，不过这并不是绝对的。

“智商等于成功”定律有很多例外，例外的情况甚至多于符合定律的情况。在成功人生的决定因素当中，智商最多有 20% 的贡献率，其余 80% 由其他因素决定。正如有人提出的，“一个人在社会中的最终地位，很可能是由社会阶层、运气等非智商因素决定的”。[2]

尽管理查德·赫恩斯坦（Richard Herrnstein）和查尔斯·默里（Charles Murray）的著作《钟形曲线》（*The Bell Curve*）认为智商处于首要地位，他们也不得不承认这一点。正如他们指出的那样，“一位 SAT 数学得 500 分的大学新生最好不要把心思放在当数学家上面，相

a. SAT 即 Scholastic Assessment Test，是美国高中生进入大学的标准入学考试。——译者注

反，如果他想自己开公司、竞选参议员或者成为百万富翁，他就不应该轻易放弃梦想……他的其他人生特质从整体上削弱了测验分数和这些成就之间的关联”。[3]

我关注的是关键的“其他特质”，即情绪智力。这些能力包括自我激励、百折不挠；控制冲动和延迟满足；自我调节情绪和防止负面情绪影响思维能力；以及富有同理心和充满希望。智商研究经历了近百年的历史，研究者人数众多，情绪智力却不一样，这是一个全新的概念。目前为止，没有人能准确地说明情绪智力对个体之间的差异会产生多大的影响。不过有研究数据表明，情绪智力的影响很大，有时甚至大于智商的影响。有人认为后天经验或教育对智商不会有很大的影响，而我会在第五部分介绍关键的情绪竞争力其实可以在童年期进行学习和改进——如果我们愿意为此付出努力。

情绪智力与命运

我在安默斯特学院有个同班同学，他在入学前的SAT考试和其他成就测验中获得了5个800分的满分。尽管他智力超群，但他大部分时间都在玩乐，夜夜通宵，经常逃课睡到中午。他花了将近10年的时间才拿到学位。

我们很难用智商解释前途、教育及机会大体均等的人为什么会走向不同的人生。20世纪40年代就读于常春藤联盟学校的学生的智商分化程度要高于现在的学生。有研究者对当时的95名哈佛大学学生进行了跟踪研究，发现他们进入中年后，在学校分数最高的学生较之分数较低的学生，在薪水、工作效能或地位方面并没有显示出特别的成功。高分学生对生活的满意度不是最高的，对友谊、家庭和爱情的幸福感也不是最强烈的。[4]

此外，研究者还对 450 名男孩进入中年后的情况进行了类似的跟踪研究。这些男孩大多数是移民的儿子，有 2/3 来自依靠福利救济生活的家庭。他们在马萨诸塞州的萨默维尔长大，当时这个地方被称为“枯萎的贫民窟”，离哈佛大学只有几个街区的距离。其中有 1/3 的男孩智商低于 90。但研究再次证实，智商与这些人的工作表现或日后的生活没有太大的关系。比如，7% 智商低于 80 的人在 10 年或更长时间里处于失业状态，不过 7% 智商高于 100 的人也出现了同样的情况。当然，在他们 47 岁时，智商与其经济水平总体上有关联（总是如此）。不过他们在童年期表现出来的各种能力，比如应对挫折、控制情绪以及合群等，会导致更显著的差异。[5]

我们不妨再来看看目前正在进行的一项研究，对象是 1981 年毕业于伊利诺伊州多所高中的 81 名告别演说者或毕业典礼致辞者，这些学生当然是所在学校平均学分绩点最高的人。他们在大学的表现依然很好，学习成绩优秀，但到了将近 30 岁的时候，他们取得的成就仅为中等水平。在高中毕业 10 年之后，他们当中只有 1/4 的人在所在职业领域处于同龄人的最高水平，很多人表现得并不是很好。

波士顿大学教育学教授凯伦·阿诺德（Karen Arnold）是追踪告别演说者的研究者之一。她解释道：“我认为我们发现了‘尽职的人’，即知道怎样在体制内取得成功的人。但告别演说者所面临的困难肯定是和其他人一样的。能够担任告别演说者，意味着他们的学习成绩非常出色，但你不能据此判断他们如何应对风云变幻的生活。”[6]

这就是问题所在。学业智力并不意味着个体对生活的变化所制造的混乱或机会做好了充分的准备。高智商也不是财富、名望或幸福的保证，我们的学校和文化过于关注学习能力，忽略了情绪智力系列特质（有些人可能称之为性格）对个体同样有着极大的影响。情绪和数学或阅读一样，在这个领域，个体的处理能力有高下之分，而且同样要求具备一系列独特的竞争力。个体在这些方面的纯熟程度是理解一些人获得成功而同等智力的另一些人却走进死胡同的关键。情绪潜能（aptitude）是一种元能力（meta-ability），它决定着个体包括纯粹智力在内的其他技能的发挥程度。

当然，通往成功的道路有很多，潜能发挥作用、得到回报的领域也有很多。在越来越以知识为基础的社会，技术技能（technical skill）肯定是其中之一。有一个儿童笑话："傻瓜在 15 年之后会变成什么？""老板。"即使是"傻瓜"，其情绪智力在职场环境中也会产生额外的优势，这一点我会在第三部分详细讨论。很多证据显示，擅长处理情绪的人，也就是能很好地了解并控制自身感受的人，以及那些懂得并能有效处理他人感受的人，在人生的任何领域都具有优势，不管是在爱情和亲密关系中，还是在办公室政治中，他们都能领会决定成功的潜规则。情绪技能出色的人在生活中也更有可能获得满足，由于掌握了提高自身效率的心理习惯从而效率更高。不善于控制情绪的人，常常会经历内心的斗争，从而损害其专注工作和清晰思考的能力。

不一样的智力

在偶然的观察者眼中，4 岁的朱迪在一群相处融洽的小朋友当中像个局外人。玩耍的时候，她畏缩不前，游离于游戏的边缘，而不是冲在前面扮演主角。但实际上朱迪非常善于观察幼儿园社会关系，她也许是小朋友当中最善于理解他人情绪波动的人。

朱迪的老师把这群 4 岁大的孩子召集在一起玩所谓的"课堂游戏"，此时朱迪的老练才充分显示出来。课堂游戏实际上是一个社会感知度的测试，游戏道具是一个复制朱迪所在幼儿园的玩具小屋的模型，以及贴有小朋友和老师大头照的图片。朱迪的老师让她安排每位小朋友到玩具屋里他们最喜欢的地方玩耍，比如艺术角、街角等，结果朱迪的安排完全正确。老师又让朱迪给每位小朋友安排他们最喜欢的小伙伴，朱迪居然能把整个班级的好朋友准确配对。

朱迪的表现显示她对自己班级的社交地图有着非常清晰的认识，这种感知程度对 4 岁的孩子来说非常了不起。这种能力将会使朱迪今后在任何注重“人际技能”的领域成为耀眼的明星，比如销售和外交领域。

朱迪出色的社会感知能力在小小年纪就被开发出来，这得益于她在艾略特·皮尔森幼儿园受到的训练。这家幼儿园坐落在塔夫斯大学校园，旨在开发多种智力课程。“多彩光谱项目”当时正在该校开展。多彩光谱项目认为，传统的学校只注重“读写算”教育，但人类的能力范围远远超过狭窄的“读写算”。包括朱迪身上所体现出来的社会感知能力在内的诸多能力，可以通过教育得到培养，而不能被忽略甚至压制。学校如果鼓励儿童全面发展各种能力，从而帮助他们在将来取得成功或实现目标，就可以转变为人生技能的教育场所。

推动多彩光谱项目的梦想家是哈佛大学教育研究所心理学家霍华德·加德纳（Howard Gardner）。[7] 加德纳告诉我：“是时候扩大对才能的认识了。教育对儿童发展最重要的一项贡献是引导他们找到最能发挥所长的领域，使其在该领域获得满足感和竞争力。我们完全没有认识到这一点。相反，我们让每个人接受教育，如果你成功了，你就最适合做大学教授。我们一直以来都用这种狭隘的成功标准来评价个体。我们应该少花点儿时间对儿童进行排名，多花点儿时间帮助他们识别并培养自身的天赋和能力。通往成功的道路有很多条，引导人们走向成功的能力也有很多种。”[8]

如果说有谁看到了传统上对智力理解的局限性，这个人就是加德纳。他指出，智商测试的历史始于第一次世界大战，当时有 200 万美国人参加了第一次大型的智商笔试，并被划分为不同的类别。这种测试最早由斯坦福大学的心理学家刘易斯·特曼（Lewis Terman）发起，从而开启了长达数十年、被加德纳称为“智商的思维方式”的时代，即“人聪明与否是天生的，后天无法改变，智商测试的作用在于告诉你是聪明还是不聪明。美国大学录取考试SAT正是基于同样的理念，即单一的潜能可以决定你的未来。这种思维方式影响了全社会”。

加德纳于1983年出版的《心境》（*Frame of Mind*）是一部影响深远的反智商宣言。该书认为，人生成功的关键不是取决于某一种独占性的智能，而是取决于范围更加广泛、包含7种关键变量的多元智能。加德纳列举的多元智能除了语言和数学逻辑这两种标准的学业智力之外，还包括优秀艺术家或建筑师所拥有的空间智能、体现为优秀舞蹈家的肢体柔韧性和优美性的身体运动智能，以及莫扎特或马友友那样的音乐智能。此外还包括加德纳称之为“人事智能”的两种智能：一是人际智能（interpersonal intelligence），比如伟大的心理学家卡尔·罗杰斯和世界级领袖小马丁·路德·金那样的智能；二是内省智能（intrapersonal intelligence），一方面体现为西格蒙德·弗洛伊德那样卓越的洞察力，另一方面则没有那么显赫，体现为个体生活与真实感受协调一致所带来的内心满足。

加德纳智能理论的关键词是“多元”，它打破了智商作为单一的、不可改变的智力因素的标准概念。加德纳智能理论认为，从我们进入学校就开始操控我们命运的各种测验，无论是决定我们读技校还是上大学的成绩测验，还是决定我们可以上哪一类大学的SAT考试，全都建立在对智力局限认识的基础上，这种认识完全忽略了对人生的影响力超过智商的各种技能和能力。

加德纳认为，“7”只是体现智能多样性的任意数字，事实上没有哪个神奇的数字能够概括人类智能的多元性。加德纳及其研究伙伴一度把智能从原来的7种扩展为20种。比如把人际智能细分为4种独特的能力：领导力、培养人际关系和维持友谊的能力、解决冲突的能力以及前文中朱迪所表现出来的出色的社会分析能力。

相对于标准化的智商而言，智能多元化理论深化了我们对儿童的能力和成功潜能的认识。参与多彩光谱项目的学生，同时按照一度被誉为智商测试黄金标准的斯坦福-比奈智力量表以及加德纳智能光谱的衡量标准进行测试，所得的两种结果没有显著的联系。[9]智商最高的5名儿童（从125到133）在光谱测试的10种能力方面拥有不同的表现。比如，在智商测试为“最聪明”的5名儿童中，1名在三个领域表现出色，3名在两个领域表现出色，而另外那个“聪明”的孩子在光谱测试中只表现出一种出色能力。这些能力是分散的：其中4个孩子的能力是音乐，2个是视觉艺术，1个是社会认识，1个是逻辑能力，2个是语言能力。这5个智商最高的孩子没有一个在运动、数字或者机械方面表现出色，实际上运动和数字是其中2个孩子的弱项。

加德纳的结论是斯坦福-比奈智力量表并不能预测儿童在光谱测试中的出色表现。另一方面，光谱测试的分数为家长和教师提供了清晰的指导，即这些孩子对哪些领域有自发的兴趣，以及在哪些领域拥有出色的表现。出色的表现可以激发孩子对该领域的热情，将来有一天会引导他们从优秀走向卓越。

加德纳智能多元化的思想还在不断地发展。在他的理论出版十多年后，他对人事智能进行了简要的概括。

人际智能是指理解他人的能力：什么因素可以激发他们，他们如何工作，如何与他们进行合作。成功的销售人员、政治家、教师、临床医生以及宗教领袖都很有可能成为拥有高度人际智能的人群。内省智能是一种内向的、相互关联的能力，即塑造准确、真实的自我模式，以及应用这种模式有效应对生活的能力。[10]

加德纳后来还提出，人际智能的核心包括“准确识别及回应他人情绪、气质、动机和欲望的能力”，而自我认识的关键内省智能还包括“正视及辨识自身感受，并以此引导行为的能力”。[11]

斯波克与“Data”：光有认知还不够

在加德纳智能多元化的理论中，有一种人事智能虽然被广泛提及，但对它的研究少之又少，那就是情绪的作用。正如加德纳告诉我的那样，其中的原因也许在于他的研究背景主要是心理的认知科学模式，因此他对智力的理解偏重于认知，即理解自身及他人的动机和工作习惯，并以此指导生活以及与他人相处。不过就像在身体运动领域，身体运动能力的表现形式是非语言的，情绪的世界同样也超出了语言和认知能够到达的范围。

尽管在加德纳的人事智能描述当中，对情绪的作用及情绪管理技能还有待深入探讨，但加德纳及其研究伙伴在智能研究中并没有过多关注情绪的作用，而是更加注重情绪的认知研究。这种也许是无意的研究倾向，使得情绪这片富饶的海洋还有待开发。正是情绪的兴风作浪，使我们的内心世界和人际关系变幻莫测、波涛汹涌，而且常常难以解释。同时，情绪内在的智力以及向情绪注入智力这两个问题也未被触及。

加德纳对人事智能认知因素的强调，反映了影响其观点的心理学的时代精神。心理学在情绪领域对认知因素的过分强调，部分原因在于心理科学的怪癖。在20世纪中叶，心理学被以心理学家斯金纳为代表的行为主义学派主宰，斯金纳认为只有行为才可以从外部被客观观察，因此行为研究可以保证科学的准确性。行为主义心理学家统治了所有心理生活的研究，包括科学的禁区——情绪研究。

后来，随着20世纪60年代末“认知革命”的到来，心理学的研究焦点转向心理如何接收和储存信息，以及智力的本质，但情绪研究仍然属于禁区。认知科学家的传统观点认为，智力需要对事实进行冷静而又顽固的处理。我们可以从《星际迷航》中找到这种超级理性的原型——斯波克先生，他只认干巴巴的信息，从不掺杂情感。超级理性认为情绪在智力当中没有一席之地，而且情绪只会搅乱我们心理生活的图像。

赞同这种观点的认知科学家很容易把心理的运行模式看成像电脑一样，而忘记了在现实中，人脑的“湿件”[a]（wetware）就像一片泥潭，充满了错综复杂、不停搏动的神经化学物质，完全不像整洁有序的硅晶片可以对心理发出指令。在认知科学家中盛行的心理处理信息模式没有意识到，理性受到感性的指引或者控制。从这一点来说，认知模式对心理的认识存在很大的局限，不能解释狂飙突进式的情感冲突和激发会为理性注入新的活力。为了坚持自己的观点，认知科学家不得不忽略这种心理模式与他们个人的希望和恐惧、婚姻中出现的争吵以及对同行的妒忌之间的联系，即抹杀了情感给生活带来的趣味以及紧迫感，而且忽视了情绪无时无刻不在（巧妙或蹩脚地）影响信息的处理过程。

认知科学家认为的“个体的心理生活和情绪关系不大”这种偏颇的观点，影响了过去80年的智力研究，不过这种状况随着心理学开始承认情感对思考的关键作用而逐渐得到改善。与《星际迷航：下一代》中斯波克式的角色“Data”有点儿类似，心理学开始意识到情绪对心理生活的影响，情绪既有益又有害。正如“Data”最终（惊恐地，

a. 计算机术语，计算机工程师把电脑硬件和软件之外的“人脑”称为湿件。——译者注

如果他能感受到惊恐的话）领悟到的那样，他用冷静的逻辑无法找到恰当的人性化解决方法。人类的情感是人性的最佳体现，“Data”知道自己缺少了关键的东西，他试图去感受。“Data”想拥有友谊和忠诚，但他和《绿野仙踪》中的铁皮人一样没有心。“Data”缺乏情感所带来的抒情感受，他可以用高超的技艺弹奏乐器和写诗，却感受不到艺术的激情。我们从“Data”对渴望的渴望可以看出，人类心灵的更高价值——忠诚、希望、奉献和爱——被冷冰冰的认知科学完全抹杀了。情绪丰富了人类心灵，不考虑情绪的心理模式是不完整的。

加德纳的智能理论强调的是与情绪有关的思想或元认知（metacognition），而不是情绪本身。当我向他提出这个问题时，他承认自己习惯于从认知的角度看待人类智能，但他又告诉我：“我最初写人事智能方面的文章时，实际上谈到了情绪，特别是在分析内省智能的时候——内省智能的一个要素就是情绪的内向性。个体接收到的内在感受信号对人际智能必不可少。但随着实践的发展，智能多元化理论开始更加关注元认知（即对自身心理过程的意识），而不是对情绪能力进行全面探讨。”

即便如此，加德纳也承认情绪和人际关系能力在杂乱无章的生活中非常重要。他指出：“很多智商高达 160 的人为智商只有 100 的人工作，因为前者内省智能低下，而后者内省智能高超。在日常生活中，没有哪一种智能比人际智能更加重要。如果你缺少人际智能，你就不知道该和谁结婚，该做什么工作。我们要在学校里培养孩子们的人事智能。”

聪明的情绪？

为了全面理解我们的孩子需要什么样的训练，我们必须认识一下与加德纳持相同意见的其他学者——最知名的心理学家彼得·萨洛维和约翰·梅耶。他们详细描述了向情绪注入智力的多种途径。[12] 他们的努力并不新鲜，近年来，即使是最狂热的智商理论家偶尔也会试图把情绪纳入智力研究的范围，而不再把“情绪”和“智力”看成是一对固有的矛盾。因此，在 20 世纪 20—30 年代大力推广智商理论的著名心理学家 E. L. 桑代克（E. L. Thorndike）在《哈泼斯》杂志撰文指出，情绪智力的一个方面——社会智力，即理解他人以及巧妙处理人际关系的能力，本身就是智商的一个方面。当时其他心理学家对社会智力的看法更为偏激，将其视为一种操控他人的技能，即让他人按照你的想法行事，不管他们愿不愿意。但这些社会智力的相关理论并没有对智商理论家产生很大的影响，1960 年美国还出版过一本关于智力测试的教科书，声称社会智力是一个“无用的”概念。

但人事智力不会被忽略，主要原因在于它符合直觉和常识。比如，耶鲁大学心理学家罗伯特·斯腾伯格（Robert Sternberg）要求人们形容“聪明人”，结果，实用的人事技能被认为是主要的特质。斯腾伯格在进行更多的系统研究后，回到了桑代克的结论：社会智力不仅有别于学业能力，而且还是决定个体在实际生活中具有杰出表现的重要因素。比如在实用性智力当中，在工作场所很有价值的是敏感性，高效的经理人员可以凭借这种能力接收到心照不宣的信息。[13]

近年来，越来越多的心理学家开始得出相似的结论，他们同意加德纳的观点，以语言和数学技能为主要内容的传统智商观点过于狭隘，在智商测试中获得高分最多能反映出个体学业出色或能够胜任教授，但越来越难反映个体学业之外的人生道路。包括斯腾伯格和萨洛维在内的心理学家对智力有着更充分的认识，他们试图重新定义成功的决定因素。这种研究重新回到了“人事”或情绪智力重要性的方向。

萨洛维及其研究伙伴约翰·梅耶给出了情绪智力的详细定义，他

们把情绪智力扩展为5个主要领域：[14]

1. 了解自身情绪。自我意识，即感受发生时能够识别到感受的发生，是情绪智力的基石。我们在第四章将会看到，时刻监控情绪的能力是心理领悟（insight）及自我理解的关键。如果无法注意到自身的真实感受，我们就只能听命于感受的操控。对自身情绪更加确定的人对生活有更强的掌控能力，他们更加清楚自己对和谁结婚或从事什么样的工作等个人决定的真实感受。

2. 管理情绪。恰当地处理情绪是一种建立在自我意识基础上的能力。第五章将会介绍自我减压，摆脱过度焦虑、阴郁或易怒情绪的能力，并说明缺乏基本情绪技能的后果。情绪调节能力差的人常常受到痛苦情绪的困扰，而那些情绪调节能力强的人则可以更快地从生活的挫折和烦恼中恢复。

3. 自我激励。第六章将会介绍，为实现目标进行情绪控制，是集中精神、自我激励和控制以及创造力的关键。自我控制情绪即延迟满足和抑制冲动，这是所有成功的基础。个体如果能进入全神贯注的“涌流”（flow）境界，就会有出色的表现。拥有这种技能的人不管从事什么工作，都会更加高产和高效。

4. 识别他人的情绪。同理心是基本的“人事技能”，同样建立在自我意识的基础之上。第七章将探讨同理心的根源、情绪“失聪”的社会成本，以及同理心激发利他主义的原因。微妙的社会信号显示了他人的需要或欲望，有同理心的人对这些社会信号的协调性更强。他们擅长从事护理、教书、销售和管理等职业。

5. 处理人际关系。人际关系的艺术属于管理他人情绪的一部分。第八章将考察社交竞争力的因素以及具体的技能。社交竞争力可以提高个体的受欢迎程度、领导力和人际交往的有效性。善于处理人际关系的人在任何需要良好人际互动的领域都会有出色的表现，他们是社交明星。

当然，每个人在上述领域的能力表现大相径庭。比如，有些人也许很善于化解自身的焦虑，但不擅长安慰他人。决定我们能力水平高低的基础毫无疑问是神经系统，但人脑有很强的可塑性，并且具有持续的学习能力。情绪技能低下可以得到弥补，情绪智力的每个领域在很大程度上代表了个体的习惯和反应，通过有效的努力，个体的习惯和反应就可以得到改善。

智商与情商的纯粹类型

智商和情商这两种竞争力因素不是相互对立的，而是相互独立、相辅相成的。每个人的智商和情商高低程度各不相同，但是所谓高智商但低情商的人（或低智商但高情商的人）其实是比较罕见的——尽管我们有这样的刻板印象。智商与情商的某些方面其实存在着微弱的关联，尽管微弱得可以认为它们大体上是独立的。

与常见的智商测试不同的是，目前我们还没有单独的、用纸笔答题的情商测试来给人们的情商打分，这种情商测试也许永远都不会出现。我们对情商的各个要素进行了大量研究，其中一些要素，比如同理心，可以通过对个体完成任务的实际能力进行抽样来测验，比如让受测者看录像，根据他人的面部表情来识别情绪。加利福尼亚大学伯克利分校的心理学家杰克·布莱克（Jack Block）运用他称之为“自我复原”(ego resilience）的测试方法（包含主要的社交和情绪竞争力，与情商的测试方法近似），对两种理论上的纯粹类型——高智商的人和高情商的人进行了对比研究。[15] 两者的差异非常显著。

高智商纯粹类型（即不考虑其情商）接近于漫画中对知识分子的

描述，在理性王国如鱼得水，在人际社会则四处碰壁。这种类型的男女只有微小的差别。高智商男性的典型是智力活动的兴趣和能力很广泛。他野心勃勃，工作有效率，刻板乏味，顽强不屈，而且对外界的议论毫不在意。他还喜欢批评，自视甚高，过分讲究和拘束，对性和感官体验感到不自在，不善表达，感情超然，沉稳冷静。

与之形成鲜明对比的是，高情商男性热爱社交，外向乐观，不容易受到恐惧和焦虑的困扰。他们乐于为他人或事业奉献，具有很强的责任感和道德感，富有同情心，对他人关怀备至。他们的情绪生活很丰富，但又恰如其分，他们对自身、他人以及所处的社会感到很自在。

纯粹的高智商女性理所当然地对智力很有自信，能够流畅地表达自己的思想，注重与智力有关的问题，对智力和审美拥有广泛的兴趣。她们往往比较内向，容易焦虑，凡事想得过多，容易产生内疚感，而且不愿意公开表达她们的愤怒（不过她们会间接地表达）。

高情商女性则正好相反，她们总是过于自信，喜欢直接表达情感，自我感觉良好。人生对她们来说充满了意义。和高情商男性一样，她们外向，热爱交际，并会恰当地表达自己的感受（而不是突然爆发情绪，事后感到后悔），善于处理压力。她们热爱社交生活，很容易结交新朋友；她们对自身感到很自在，感官体验很轻松，态度自然，而且毫不讳言。与纯粹高智商女性不同的是，她们很少感到焦虑或内疚，或者很少陷入沉思难以自拔。

上述描述显然都是极端的例子，每个人的智商和情商高低程度都有所不同。不过我们可以据此清楚地观察到每个方面都会对个体的素质产生独立的作用。每个人都不同程度地同时具有认知和情绪智力，两者融为一体。但是相对而言，情绪智力对个人的全面发展所起到的作用更为显著。

第四章

认识自己

日本有个古老的传说。有一次，一位好斗的武士质问一位禅师，让他解释何为极乐世界、何为地狱。禅师叱责道："粗鄙之辈，何足论道！"

武士感到受了侮辱，暴跳如雷。他从刀鞘中拔出长刀，吼道："如此无礼，我杀了你！"

禅师平静地回答："彼为地狱。"

武士突然领悟到，禅师所说的地狱指的是他受到愤怒的控制，于是立刻平静下来，把刀插回刀鞘，向禅师鞠躬，感谢他的点拨。

禅师又说："彼为极乐世界。"

武士顿悟到自身情绪的波动表明了情绪失控与意识到被情绪控制之间的天差地别。苏格拉底的警句"认识自己"，揭示了情绪智力的基石——意识到自身情绪的发生。

乍看之下，我们的情绪似乎很明显，但细细琢磨就会发现，我们常常没有意识到我们对某个事物的真实感受，或者到了后来才恍然大悟。心理学家创造了“元认知”和“元情绪”（metamood）两个术语，它们分别用来指代思考过程的觉知以及对自身情绪的觉知。我更喜欢使用“自我意识”（self-awareness），它包含了对内在心理状态持续关注的意思。[1]这种自省的意识心理，是对包括情绪在内的体验本身的观察和研究。[2]

这种意识的本质类似于弗洛伊德所说的“均匀悬浮注意”（evenly hovering attention），这是他向心理研究人员提出的分析或治疗主张。“均匀悬浮注意”指的是心理研究人员不偏不倚地关注进入意识层面的东西，充当一个目击者，保持兴趣，但不做出反应。有些心理分析师把它称为“观察自我”，即心理分析师在病人讲述病情以及对病人培养自由联想的过程中监控自省的自我意识能力。[3]

这种自我意识似乎需要激活新皮层，尤其是语言区域要进行相应的协调，识别并准确陈述唤起的情绪。自我意识不是注意力被情绪挟持，对感知对象做出过度反应和夸大，相反，它是一种中立模式，即使在情绪爆发的时候也保持自省。美国作家威廉·斯泰隆（William Styron）在描述自己的重度抑郁症时，曾经形容过类似的心理官能，那感觉“如同被第二个自我陪伴左右——它像一个幽灵般的旁观者，完全没有同伴的那种精神错乱，而是带着好奇不动声色地观察自己同伴的挣扎”。[4]

自我观察发挥到极致，可以让个体冷静地意识到自身激烈狂暴的情感。自我观察的最低限度是，稍微远离体验，发展出一条平行的“后台”意识支流：悬浮于意识主流的上方或者旁边，意识到正在发生的状况，而没有被吞没或者迷失。这就好比你对某人勃然大怒，或者你在发怒时还出现了自省的想法“我感到了愤怒”，这两者之间的区别。从意识的神经机制角度来看，这种心理活动的微妙转换很可能表明新皮层的神经回路正在积极地调节情绪，这是获得控制的第一步。情绪的意识是情绪竞争力的基础，诸如情绪自控等其他竞争力因素都是建立在这个基础之上的。

曾经与耶鲁大学的彼得·萨洛维共同提出情绪智力理论的新罕布什尔大学心理学家约翰·梅耶，把自我意识概括为“同时意识到自身的情绪以及自身对该情绪的想法”。[5] 自我意识可以是一种对内心状态不做反应、不做判断的关注。不过梅耶发现，意识的敏感性也有可能不那么冷静中立。从我们的典型想法可以得知，情绪的自我意识包括“我不该这么想”，或者“我要想些开心的事情”，而比较压抑的自我意识则表现为，当遇到极为困扰的事情时，个体会掠过“不要再想了”的想法。

个体意识到某些感受与采取行动改变这些感受，两者有着逻辑上的区别，但是梅耶发现出于实用性的目的，两者通常会一起发生。比如，觉察到不快情绪就意味着要摆脱这种情绪。但是觉察情绪与努力避免冲动行事并不是一回事。当我们看到一个孩子生气并要打他的小伙伴时，我们说“住手！”也许会制止他打人，但他的情绪难以平复。这个孩子耿耿于怀，想着他发怒的原因：“他偷了我的玩具！”他的怒火并没有消退。自我意识对强烈、有害的情绪会产生更为强大的影响。个体如果意识到“我感到愤怒”，就会获得更大程度的自由，不仅可以选择停止行动，而且增加了不同的选择，即努力放下情绪的包袱。

梅耶发现人们处理情绪的方式五花八门。[6]

· 自我意识。在情绪发生的时候有所意识的人通常比较善于处理自身的情绪生活。他们对情绪有着清晰的认识，有助于其他人格特质的发展。他们熟悉并确定自身的心理限度，心理健康状况良好，往往对人生比较乐观。这种人在陷入负面情绪时，不会作茧自缚，能够迅速地摆脱这种情绪。总而言之，他们对情绪的关注有助于自身的情绪管理。

· 吞没。这种人的情绪主宰了一切，他们常常感到被情绪吞没，无力逃离。他们反复无常，意识不到自身的情绪，迷失于其中而不自知。因此，他们很少会努力摆脱负面情绪，无法控制自身的情绪生活，经常感到压抑和情绪失控。

· 接受。这种人通常很清楚自己的感受，也往往接受这些感受，因此不会试图做出改变。这种类型还可以细分为两种：一种是经常有好心情的人，他们没有动机改变这种状况；另一种是容易心情不好的人，他们虽然很清楚地知道自己的感受，却采取放任自流的态度，不采取任何措施改变负面情绪。后面这种模式常见于陷于绝望的抑郁症患者。

热情和冷漠

想象有那么一刻，你正坐在飞机上从纽约飞往旧金山。一路的旅程很舒适，但在经过洛基山的时候，飞机广播里突然传出飞行员的声音："女士们，先生们，飞机前方将会遇到气流，请回到座位并系好安全带。"不久后，飞机遇上气流不断颠簸，其剧烈程度是你从来没有经历过的——飞机一会儿高一会儿低，一会儿向左一会儿向右，如同在大海中漂浮的气球。

现在，你会怎么反应？你是把头埋在书本或杂志里，或者继续看电影，完全不理会气流的影响，还是找出紧急情况提示卡，复习注意事项，或者观察乘务员是否出现惊慌的神情，或者紧张地听着飞机引擎的声音，看是否出现异常？

我们在此时的自然反应，表明了我们在困境之中偏好的注意力立场（attentional stance）。这个发生在飞机上的小插曲其实是美国天普大学心理学家苏珊娜·米勒（Suzanne Miller）进行的一项心理实验，目的是评估人们在危急关头是倾向于保持警惕，密切关注困境之中的每一个细节，还是尽量分散自己的注意力，转移视线。对待困境的这两种不同的方式导致了个体体验自身情绪反应的不同结果。对困境"置身事中"的人，非常注意观察周围环境，这无意中提高了他们的反应强度——在失去冷静的自我意识时情况尤其如此，结果是他们的情绪更加紧张。而那些"置身事外"的人则通过各种方式分散注意力，较少关注自身的反应，因此，他们即便没有降低反应本身的强度，也会把情绪反应的体验最小化。

从极端来说，这表明情绪的意识对于某些人是无法抗拒的，而对于另一些人却几乎没有任何影响。举例来说，有一天晚上，有位大学生发现宿舍起火，他用灭火器把火扑灭了。一切似乎很平常——只不过这个学生在出去拿灭火器到回来灭火的整个过程中是走而不是跑。原因何在？他没有意识到这是紧急状况。

这个故事是伊利诺伊大学香槟分校心理学家爱德华·迪纳（Edward Diener）告诉我的，他目前正在对个体体验自身情绪的强度进行研究。[7]在迪纳收集的研究案例当中，大学生灭火的案例非常突出，这是迪纳见到的情绪强度最低的案例之一。这个学生本质上是一个没有激情的人，他对生命感觉很少甚至毫无感觉，即使面对火灾也是如此。

与此相反的是，我们来想象一下另外一个极端的例子。有一次一个女人弄丢了最喜欢的钢笔，居然心烦意乱了好几天。还有一次，她看到一家昂贵女鞋店大降价的广告，于是兴奋不已，立刻放下手头的工作，跳进汽车，驱车三个小时赶到这家位于芝加哥的女鞋店。

迪纳研究发现，不管是积极情绪还是消极情绪，女性的情绪体验一般要比男性强烈得多。除去性别差异，情绪关注度越高的人，其情绪生活也会越丰富。一方面，情绪敏感性较高的人，即使是很小的事情也会引发情感风暴，当然结果有好有坏；另一方面，那些处于另一个极端的人，即使在最直接的环境下也很难体会到任何感觉。

没有感觉的人

加里激怒了他的未婚妻艾伦，因为尽管他聪明、体贴，还是一位出色的外科医生，但他的情绪一片空白，他对任何情绪表达都无动于衷。加里谈论科学和艺术时可以眉飞色舞，但一谈到感觉——即使是对艾伦的感觉，他也哑口无言。尽管艾伦努力从加里身上发掘热情，但加里总是无动于衷。在艾伦的坚持下，加里去看心理治疗师，他告诉治疗师："我天生不会表达感情。"在被问到情绪状况时，他补充说："我不知道该说些什么，我没有强烈的感觉，不管是积极的还是消极的。"

加里的冷漠打击了艾伦，加里向心理治疗师承认他不能与周围的人公开地谈论自己的感觉，因为他不知道自己有什么感觉。他接着坦白，他没有愤怒，没有悲伤，也没有欢乐。[8]

加里的治疗师认为，情感空白让加里这种人黯然失色，平淡乏味，"他们让人觉得乏味，这就是他们的妻子让他们接受治疗的原因"。加里的情感贫乏正好说明了精神病学家称之为"述情障碍"（alexithymia）的现象。在希腊语中，"a"代表"缺乏"，"lexi"代表"言语"，"thymos"代表"情绪"。述情障碍就是指个体缺乏用语言描述感觉的能力。他们似乎也缺乏感觉，但实际的原因可能在于他们无法表达情绪，而不是完全没有情绪。[9]这种现象最初被注意到是因为有心理分析家发现有些病人无法用心理方法进行治疗，因为病人声称没有感觉、没有幻觉，他们做的梦也是没有色彩的。总而言之，他们没有可以谈论的内心情绪。述情障碍的临床特征包括描述感觉有困难——不管是自己的感觉还是他人的感觉，而且关于情绪的词汇极其有限。[10] 此外，他们还很难将各种情绪以及情绪与身体感觉区分开来，所以他们描述忐忑不安的感觉时可能会说，心跳加速、出汗、头晕，他们不知道他们其实是感到了紧张。

哈佛大学精神病学家彼得·西弗尼奥斯（Peter Sifneos）博士在1972年提出“述情障碍”这一概念，他这样描述有述情障碍的人：“他们给人的印象是与众不同、格格不入，好像来自完全不同的世界，却生活在被情感主宰的社会。”[11] 比如，有述情障碍的人很少哭，不过一旦他们哭出来，他们的泪水就很丰富。如果别人问流泪的原因，那么他们还是会感到困惑。一个有述情障碍的病人看了一场电影，电影讲述的是有个生了8个孩子的女人得了癌症即将死去。这个病人看完后很伤心，在哭泣中入睡。病人的治疗师问她伤心是不是因为电影让她想起了她死于癌症的妈妈，病人坐着一动也不动，表情很困惑，陷入了沉默。然后，治疗师又问她当时有什么感受，她说她感到“糟糕”，但除此之外再也讲不清楚了。她又补充，她有时会哭起来，但自己也不知道为什么而哭。[12]

这正是问题的症结所在。述情障碍的人并不是没有感觉，而是他们不会表达——尤其是无法用语言准确地表达自身的感觉。他们完全不具备情绪智力的基础技能——自我意识，即意识到情绪的发生。人的感觉是不言而喻的，这个常识在述情障碍的病人身上失效了，他们找不到情绪的线索。当某事或某人触发了他们的感觉，他们对这种体验感到困惑和压迫，想方设法加以避免。他们的感觉令他们如坠云雾，正如看电影哭的那个病人说的那样，他们感觉很“糟糕”，但难以准确地表达到底是哪一种糟糕的感觉。

病人对情绪产生最根本的困惑，常常会导致这样的问题：他们抱怨自己的身体出现了这样或那样的毛病，但其实他们是受到了情绪的困扰。精神病学家把这种现象称为“躯体化”（somaticizing），即把情绪的不适误认为是身体的不适。“躯体化”和精神躯体性疾病还不一样，后者指的是情绪问题引发了真正的身体问题。实际上，精神病学家对述情障碍感兴趣是为了把这种人从求医病人中清除出去，因为他们往往会耗费医生大量时间，而最后毫无结果——他们其实是在为自己的情绪问题寻求医学的诊断和治疗。

目前没有人能确切地解释引发述情障碍的原因。西弗尼奥斯博士指出其原因可能在于人脑边缘系统与新皮层（特别是语言中枢）的分离，这个见解与我们对情绪脑的认识非常吻合。西弗尼奥斯博士指出，患有严重癫痫的病人为减轻症状通过手术切断边缘系统与新皮层的联系之后，就会变得情绪贫乏，如同述情障碍的人一样，无法用语言来表达感觉，突然失去了多姿多彩的生活。总之，尽管情绪脑的神经回路可以按照感觉进行反应，但新皮层无法辨别这些感觉，并用语言进行描述。亨利·罗斯在他的小说《就说是睡着了》（*Call It Sleep*）里描写过语言的力量，“如果你能用语言来形容你的感觉，你就拥有了它”。也就是说，述情障碍的困境在于，无法用语言来形容感觉就等于没有产生过这种感觉。

赞美直觉

艾略特的额头正后方长了一个肿瘤，肿瘤有一个小橙子那么大，后来医生为他做手术，把肿瘤完全切除了。尽管手术很成功，但在这以后，熟悉艾略特的人都说他不再是以前的他了——他性情大变。艾略特曾经是一位成功的企业律师，但他现在不能继续做这份工作了。他的妻子也离开了他。他把积蓄都浪费在了毫无回报的投资上面，只好寄宿在他哥哥的家里。

艾略特的问题有一个令人困惑的模式。从智力上说，他和以前一样聪明，但他不会支配时间，迷失于琐碎的细节，他对事情似乎失去了轻重缓急的感觉。别人的批评没有丝毫作用，他把后来从事的一份法律工作也丢掉了。扩展的智力测试显示艾略特的心理官能没有问题，他不得不向神经病学家求助，试图找到可能导致他出现问题的神经学原因。否则人们会根据他的表现认为他是装病逃避责任的人。

艾略特咨询的神经病学家是安东尼奥·达马西欧。达马西欧震惊地发现，艾略特的心理知识体系缺少了一个要素。虽然他的逻辑能力、记忆力、注意力和其他认知能力都没有问题，但他实际上对发生在他身上的事情没有感觉了。[13] 更令人震惊的是，艾略特可以完全不动感情地讲述自己悲惨的生活，好像面对过去的损失和失败，他只是一个旁观者——对于生活的不公平，他没有丝毫的遗憾或悲伤，沮丧或愤怒。艾略特对自己的悲剧没有感到痛苦，达马西欧听了他的遭遇后比他本人还要难过。

达马西欧认为，艾略特对情绪没有意识的根源是肿瘤切除手术，医生在给他切除脑部肿瘤的同时把部分前额叶也一起切掉了。手术切断了情绪脑的低级中枢——尤其是杏仁核及相连的神经回路，与新皮层思考中枢的联系。艾略特的思维如同一台电脑，他在决策时可以精准地计算每一个步骤，但他无法为不同的可能性赋予不同的价值。每一个选择对他来说都是中立的。据达马西欧推测，艾略特问题的症结是推理过于客观，他几乎无法意识到自己对事物的感受，因此他的推理出现了问题。

艾略特的情绪障碍还体现在人际交往领域。达马西欧想和艾略特预约下一次治疗的时间，结果一团糟。对于达马西欧提出的每一个时间建议，艾略特总是能够找到肯定和否定的理由，他无法从中进行选择。在理性的层面上，反对或接受每一个可能的预约时间都有非常充分的理由。但艾略特搞不清楚自己对每个时间的感觉，他根本就没有偏好。

艾略特无法决策的案例说明，情绪感受对生活中数不胜数的个人选择起着导向性的关键作用。强烈的感觉可以破坏理性，对感觉没有意识也会带来破坏作用，尤其是在衡量影响我们人生基本方向的重要决定的时候，比如从事什么样的职业，继续维持一份安稳的工作还是跳槽到风险更高但更有趣的地方，和谁约会或结婚，在哪里居住，租哪间公寓或买哪处房子等人生中的诸多问题。面对这些问题，我们光凭理性难以做出决定，还需要直觉，以及由过去的经验累积而成的情绪智慧。要决定和谁结婚或应该信任谁，乃至从事什么工作，仅仅以程式化的逻辑为决策基础是行不通的。在这些重要的领域，没有感觉辅佐的理性相当于睁眼瞎。

在这种重大时刻，指导我们进行决策的直觉信号表现为边缘系统驱动、由内脏分泌的激素，达马西欧将其称为“体细胞制造器”（somatic makers），按字面意思理解为“直觉”。体细胞制造器类似于自动警报，通常会对特定行为过程的潜在危险发出警报。体细胞制造器不仅促使我们避免根据往日经验做出选择，还提醒我们留意黄金机会。在这种时候，我们通常不需要记起形成这种负面感觉的特定经验，只需要接收到潜在行为可能有危险的信号。一旦我们出现这种直觉，就可以更有信心，立即停止或者继续这种想法，也就是减少部分选择，保留更易把握的决策。总而言之，个人选择合理化的关键是与我们的感觉协调一致。

了解无意识

艾略特情绪变成空白的故事说明了人们对自身情绪的感受能力是不一样的。根据神经科学的逻辑，假如神经回路的缺失会导致某种能力的失常，那么对于大脑未受损的普通人，同一神经回路的相对强弱就会导致这种能力处于不同的水平。前额叶神经回路对情绪协调产生作用，这意味着由于神经病学的原因，有些人可能会比其他人更容易捕捉到恐惧或欢乐的情绪，因此这些人对情绪的自我意识也就更加强烈。

个体心理内省的能力可能也取决于同一神经回路。有些人天生对情绪心理的特殊符号模式比较适应。诗词歌赋、寓言故事以及暗喻和明喻，全都体现着心灵的语言——情绪。梦境和神话也符合情绪心理的逻辑，松散的联想决定了流线型叙事。天生与自己的心灵之声——情绪的语言——协调一致的人，不管是小说家、作曲家还是心理治疗师，都更善于表达情绪。内心的协调令他们更加擅长表达“无意识的智慧”，即我们从梦境和幻觉中所感受到的意义，揭示我们最深层愿望的符号。

自我意识是心理领悟的基础，这是很多心理治疗师致力于加强的官能。霍华德·加德纳的内省智能模型实际上源于心理机制的伟大揭秘者弗洛伊德。弗洛伊德明确指出，很多情绪是无意识的，我们体内激发的感受不一定被意识觉察。这一心理学原理得到了实验的证明，比如，关于无意识情绪的实验发现，人们对没有意识到的自己曾经见过的东西会形成明确的喜好。所有的情绪都可以是——而且经常是——无意识的。

情绪的心理开端通常在个体自觉意识到感受之前出现。例如，向怕蛇的人出示蛇的图片，尽管受测者表示没有感到任何恐惧，但他们皮肤上的感受器探测到有汗液渗出，这是焦虑的表现。甚至在这种情形下——蛇的图片飞快地从受测者眼前掠过，他们没有清楚地意识到自己看到的是什么东西，更别提感到害怕，但他们还是出汗了。前意识情绪持续累积，最后变得足够强烈，就会进入意识层面。因此，情绪有两种层面，有意识的和无意识的。情绪一旦进入意识层面，就会被前额叶皮层接收。[14]

情绪在无意识的层面引而不发，这会对我们的感知和反应产生重大的影响，尽管我们根本不知道情绪在起作用。打个比方，有个人一大早就被一个粗鲁的家伙惹恼了，在接下来的几个小时里都很容易生气，他对别人的无心之失大做文章，动不动就发火。他也许根本没有意识到自己一直处于易怒的状态，如果别人向他指出这一点，那么他会感到吃惊。尽管他觉察不到，但正是这种愤怒情绪导致了他的生硬反应。不过这种反应一旦进入意识层面，也就是说，一旦被新皮层接收，他就可以重新评估这些情况，决定摆脱早上遗留的不快情绪，改变自己的表现和心态。通过这种方式，情绪的自我意识为另一种基本的情绪智力——摆脱不良情绪的能力——奠定了基础。

第五章

激情的奴隶

你这样一个人……
受到了命运的打击和奖赏，
却回敬以同等的感激……
赐给我一个不为激情所奴役的人，
我会把他藏于心的最深处，
对，心里的心里，
就像我对你一样……

——哈姆雷特对他的朋友霍拉旭如是说

自柏拉图时代以来，自制克己，面对命运之神的打击，安然经受住情绪的风暴，避免沦为“激情的奴隶”，一直被认为是一种美德。古希腊语将其称为“sophrosyne”，用希腊学者佩奇·杜波依斯（Page DuBois）的话来解释即“生活的关怀与智力，调和的平衡与智慧”。罗马人和早期基督教堂将其称为“temperantia”，即“节制”，对过度情绪的克制。节制的目的是平衡，而不是压抑情绪，因为每一种情绪都有其价值和意义。没有激情的人生如同苍白的荒原，与生活的多姿多彩切断了联系。不过，正如亚里士多德所说的，我们需要的是恰当的情绪，对环境恰如其分的感知。情绪过于模糊，就会产生乏味和隔离；情绪失去控制，过于极端、持续时间过长，就会变成一种病态，比如常态性抑郁、过度焦虑和愤怒，以及躁狂症等。

事实上，控制我们的负面情绪是保持情绪健康的关键。情绪过于极端——过于强烈或持续时间过长——会破坏情绪的稳定性。当然，并不是说我们只应该感受一种情绪。随时保持快乐，就像20世纪70年代在美国盛行一时的笑脸徽章一样平淡乏味。苦难对创造性和精神生活有很多积极的意义，苦难可以安抚灵魂。

情绪无论低潮还是高潮都给人生增添了趣味，不过高低起伏需要保持平衡。在心灵的方程式中，积极情绪和消极情绪的比例决定了人的幸福感——至少有一项关于情绪的研究得出了这个结论。在这项研究中，几百位男性和女性携带着传呼机，传呼机会随机提醒他们记录当前的情绪状况。[1]并不是说人们需要避免不快的情绪以保持愉快，而是如果狂风骤雨般的情绪不受控制，就会扰乱所有愉快的情绪。患有严重躁狂或抑郁的人，如果有相同程度的喜悦或快乐时光与之抵消，那么他们依然会感到幸福。有关研究还证实了情绪智力独立于学业智力，个体的学习成绩或智商与其情绪健康没有关系或者关系很小。

就像我们的脑海中仿佛总会有某些人在窃窃私语，情绪也有类似念念有词的现象，比如在早上6点或晚上7点提醒某人记录其情绪状况，他通常总是处于某种情绪状态。当然，在任意两个早晨，他的情绪可能会非常不一样，不过假如以几周或几个月为周期来考察人的情绪，往往可以反映受测者总体的幸福感。对大部分人来说，极端强烈的情绪相对比较罕见，大部分人的情绪状态都处于灰色的中间地带，情绪过山车只是产生了轻微的摇晃。

不过，管理情绪类似于全天候的工作。我们的很多活动——尤其是闲暇时的活动——都是在尝试管理情绪。我们选择的各种活动或消遣，比如看小说或看电视，都是让自身情绪放松的方法。舒缓情绪的艺术是基本的生活技能，约翰·波尔比（John Bowlby）和D. W. 温尼科特（D. W. Winnicote）等精神分析派学者认为它是最重要的心理分析工具之一。有关理论认为，情绪健康的婴儿将学会按照照料者安慰他们的方式来舒缓自己的情绪，这样他们的情绪脑就不容易出现大的波动。

我们知道，人脑的构造决定了我们通常无法或很难预知我们在什么时候会情绪失控，也无法预知这种情绪是什么。不过我们至少可以判断这种情绪会持续多长时间。普通的悲伤、焦急或愤怒不是问题，假以时日，这些情绪通常都会慢慢过去。假如情绪极度强烈，挥之不去，超出了正常范围，它们就会滑向可怕的极端——慢性焦虑、失控的暴怒、抑郁等。如果情绪发展到最严重的程度，我们就需要通过药物或心理疗法加以控制，甚至双管齐下。

在这种时候，情绪自我调节能力的一个标志是，在情绪脑持续波动的强度达到需要借助药物克服的程度时，个体对此能够有所意识。比如，2/3 饱受躁郁症困扰的人从来没有因为情绪障碍的问题接受过治疗。锂合物或新的药物可以阻止麻痹性抑郁症的特征周期，麻痹性抑郁症常常与混合了躁狂欣快和极度愤怒的躁狂症交替发作。躁郁症的一个问题是当患者处于躁狂状态时，他们常常会过于自信，认为自己不需要任何形式的帮助，完全不顾后果的严重性。精神病类药物可以有效治疗重度情绪障碍，帮助患者更好地管理生活。

如果谈到克服正常范围之内的负面情绪，我们就只能留给自身的机制处理了。可惜的是，我们自身的情绪调节机制并不总是有效的——至少这是华盛顿天主教大学心理学家黛安·泰斯（Diane Tice）的研究结论。她调查了 400 多位男女，研究他们规避负面情绪的方法及其有效性。[2]

不是人人都同意“应当改变不良情绪”这个哲学上的假设。泰斯发现，被调查者当中有 5% 的“情绪纯化论者”（mood purists），他们表示从来不会试图改变情绪，他们认为所有情绪都是“自然的”，不管有多么不愉快，都要把情绪表达出来。研究还发现有人出于实用目的，经常性地主动陷入不快情绪。比如医生需要故作严肃，把坏消息告诉病人；社会活动家出于斗争的需要，对不公正现象义愤填膺；甚至还有一个年轻人怒火中烧，帮助弟弟反抗校园暴力。有些人对情绪调节表现出积极的实用主义态度，比如收账员为了恐吓欠债人而装腔作势。[3]不过这种故意培养不良情绪的情况属于少数，大多数人抱怨的是受到情绪的摆布。人们摆脱不良情绪的方法五花八门。

解析愤怒

假设你在高速公路上行驶，有辆车超车时差点儿与你“亲密接触”，情况非常惊险，你当时的想法是“疯子！”接下来如果你还有更多气愤和报复的想法，这就会极大地影响愤怒的走向。“他差点儿撞到我！混账东西，我不能轻易饶了他！”你双手紧紧握住方向盘，手指关节发白，就像紧紧捏住对方的喉咙一样。你的身体蠢蠢欲动，准备战斗而不是逃跑，你在颤抖，前额冒汗，心脏狂跳，面部肌肉拧成一团。你想杀了那个家伙。然后，刚刚死里逃生的你把车速放慢，如果后面另外一辆汽车向你鸣笛，那么你还会把怒火发泄到那个司机身上。这种情况很容易引发过度紧张，鲁莽驾驶，甚至高速公路枪击案。

假如你对超车的司机抱以宽容的态度，那么愤怒就会走向相反的方向：“也许他没注意到我，他这么不小心总是有原因的，比如要赶去医院。”你用宽容或至少开放的心态来平息怒气，防止愤怒情绪愈演愈烈。正如亚里士多德的挑战“恰当”生气所提醒我们的那样，问题在于我们生气时总是会失去控制。本杰明·富兰克林说得好：“生气总是有理由的，但很少是出于正当理由。”

愤怒的类型多种多样。我们对司机粗心驾驶危及我们的生命感到愤怒，杏仁核很可能是在瞬间点燃怒火的主要火种源。而新皮层，即情绪神经回路的另一端，则可能负责激发精心策划的愤怒，比如头脑冷静的报复行为或者对不公平、不公正现象的义愤。按照富兰克林的说法，这种深思熟虑的愤怒“很少是出于正当理由”，或者至少表面看来如此。

在人们希望逃避的所有情绪当中，愤怒似乎是最难妥协的。泰斯发现，愤怒是最难以控制的情绪。事实上，愤怒是最有诱惑性的消极情绪。自以为是的内心独白在一旁煽风点火，使发泄怒火获得了最令人信服的理由。和悲伤不同的是，愤怒可以激发活力，甚至令人振奋。愤怒带有诱惑和劝服的力量，这可以解释一些观点盛行的原因，比如愤怒无法控制或无论如何不该控制，发泄怒火对情绪“净化”大有裨益等观点。还有一种相反的观点认为愤怒完全可以防止，这也许是对上述两种观点的反击。我们只要认真阅读有关研究发现就会知道，所有对于愤怒的常见态度不是纯粹臆测就是误入歧途。[4]

持续生气既会对愤怒起到火上浇油的效果，也可能是平息怒火最有效的途径之一，即瓦解最初燃起怒火的信念。我们对惹我们生气的事情琢磨的时间越长，为生气捏造的“正当理由”和“自我辩护”就越多。耽于沉思会让怒火燃烧得越来越旺，但从不同的角度看问题则可以熄灭怒火。泰斯发现，以更积极的态度对处境进行重构是平息怒火最有效的途径之一。

怒火“攻心”

泰斯的发现与亚拉巴马大学心理学家道尔夫·兹尔曼（Dolf Zillmann）的研究结论一致。兹尔曼进行了一系列漫长而细致的实验，对愤怒和暴怒的模式进行精确的测量和剖析。[5]在“战斗或逃跑”反应模式中，愤怒起源于“战斗”的一端，因此兹尔曼发现愤怒的起因通常是感到有危险也就不足为奇了。感到危险不仅表现为直接的人身威胁，更常见的情况是自尊或尊严受到了象征性的威胁，比如被不公正或粗鲁地对待，被侮辱或被命令，或者追求重要目标时受挫。个体对危险的知觉起到边缘系统触发器的作用，边缘系统的激发会对人脑产生双重效应。一是释放出儿茶酚胺，使能量得到爆发性的迅速提升，用兹尔曼的话来说，足够应付“一次充满活力的行动过程”，“比如战斗或逃跑”。儿茶酚胺的能量提升可以持续数分钟，使身体在此过程中做好充分的准备，根据情绪脑对对方实力的估计，开始一场恶战或逃之夭夭。

与此同时，另一波由杏仁核激发的涌动传递至神经系统促肾上腺皮质的分支，为行动准备创造振奋精神的整体背景，这一过程持续的时间比儿茶酚胺的能量提升要长得多。总体的肾上腺和皮质兴奋可以持续数小时甚至数天，使情绪脑为唤起做好特殊准备，并为随后的迅速反应奠定基础。一般来说，促肾上腺皮质唤起所导致的“一触即发”的状况，可以解释人们在已经被其他事物刺激或惹恼的情况下很容易愤怒的原因。所有类型的应激都能引发肾上腺皮质唤起，降低发怒的门槛。因此，辛苦工作一整天的人，特别容易被家里的事情激怒，比如孩子太吵闹或把家里弄得乱七八糟。在正常情形之下，这些家庭琐事不足以引发这个人的情绪失控。

兹尔曼通过精心设计的实验得出了这些结论。比如在一个典型的研究中，他让实验助手对受测者冷嘲热讽，以此激怒他们。接着让受测者看一部喜剧或悲剧电影。然后为受测者提供了报复实验助手的机会，即让受测者对实验助手进行评估，让受测者以为该评估结果将决定实验助手是否被聘用。受测者报复的强烈程度与他们看电影时导致的情绪唤起程度成正比，看了悲剧电影的人会变得更加愤怒，他们给实验助手打出了最低的分数。

怒上加怒

有一天我在商场目睹了一出常见的家庭剧，而兹尔曼的研究似乎可以解释其间发挥作用的心理机制。超市过道的尽头传来一位年轻妈妈努力克制的声音，她冲着她的儿子说了三个字：“放、回、去！”

“我想要！”儿子在哀叫，紧紧抓着忍者神龟玩具盒不放。

“放回去！”妈妈怒气冲冲，提高了声音。

这时候，坐在妈妈购物车里的小宝宝嘴里吮的果冻条掉了出来，摔在地上，妈妈大叫道：“够了！”暴怒之下，她打了小宝宝一巴掌，把大儿子手里的玩具抢过来，一把塞到最近的货架上，然后把他拦腰抱起，冲到过道尽头，购物车惊险地摇摇晃晃，小宝宝哭个不停，大儿子的脚悬空了，他抗议道：“放我下来，放我下来。”

兹尔曼发现，当个体已经处于烦躁的状态时，就像那位妈妈一样，一旦被某种东西触发了情绪失控，不管是愤怒还是焦虑，情绪强度都会特别大。人在发怒时，这种机制就会产生作用。兹尔曼把升级的愤怒视为“连续的激怒，每次激怒都会引发兴奋性反应，慢慢才会消散”。在此过程中，每次连续的激怒或觉知都会成为由杏仁核驱动的儿茶酚胺的迷你触发器，每一次都建立在前一次荷尔蒙动量的基础之上。第二波在第一波平息之前到来，随后第三波又席卷而来，一波接着一波，每一波追逐着前一波的尾巴，迅速提升了个体生理唤起的水平。在逐步累加的过程中，后面想法引发愤怒的强度要比最初想法引发的强度猛烈得多。怒火一重高过一重，情绪脑不断升温。最后由于不受理性约束，个体很容易怒火冲天。

在这种时候，人们不肯宽容，也没有办法晓之以理。他们满脑子都在想着报复和复仇，对可能导致的后果视而不见。兹尔曼认为，愤怒的人“无法用认知进行引导”，最后只能依靠最原始的反应，高水平的情绪兴奋“助长了力量和无坚不摧的幻象，容易引发攻击行为”。

边缘系统的冲动占据了上风，人类残忍行为最原始的经验成为行动的指南。

愤怒镇静剂

兹尔曼通过对愤怒机制的分析认为，有两种主要的途径可以消除愤怒。一种是控制和质疑触发愤怒的想法，原因在于该想法是对确认和助长第一把怒火的交互作用的原始评估，也是对后来继续煽风点火的再次评估。时机很重要，在愤怒周期中，越早进行控制就越有效。事实上，缓和性信息如果在愤怒表达之前出现，就可以完全终止愤怒。

兹尔曼的另一个实验证实了懂得平息愤怒的重要性。在实验中，一位粗鲁的男实验助手（兹尔曼的研究助理）侮辱并激怒了正在进行骑自行车练习的受测者。后来受测者获得机会对粗鲁的实验助手实施报复（和前述实验一样，他们给实验助手差评，他们以为该评估结果将用于判断实验助手是否胜任工作），他们的行为是出于报复的快感。不过在另一个版本的实验中，在受测者被激怒之后、实施报复之前，另外有个女实验助手跑了进来，她对那位挑衅的实验助手说大厅有电话找他。男助手离开时对女助手讽刺了一番，但女助手欣然面对，并在他走后向大家解释，男助手压力很大，他对即将到来的毕业答辩感到紧张。在这之后，生气的受测者本来有机会对男助手实施报复，但他们选择了不报复。相反，他们对他的困扰表示了同情。

缓和性的信息让个体对激发愤怒的事件进行再次评估。不过这种缓和具有特定的有效时机。兹尔曼发现，它对一般水平的愤怒可以发挥很大作用，但对高水平的暴怒就没有什么影响，原因在于他所说的“认知失能”（cognitive incapacitation）现象，也就是说，个体无法继续正常思考。如果人们处于极度愤怒的状态，只想着“实在太糟糕了！”或者用兹尔曼的话来说，“最粗俗的语言”，他们就会忽视缓和性信息。

冷静

在我 13 岁的时候，有一次我非常生气，离开了家，发誓再也不回来了。那是一个美妙的夏日，我沿着一条迷人的小路走了很远。渐渐地，周围的寂静和美丽使我冷静下来，几个小时以后，我懊悔地回家了，心里的不快烟消云散。从那以后，我一生气就尽可能这么做，我发现这是最好的疗法。

上述这段受测者的叙述见于 1899 年的研究，这是关于愤怒最早期的科学研究之一。[6] 这种方法至今仍是消除愤怒第二种途径的一种模式：身处不可能进一步引发愤怒的环境，等待肾上腺涌动逐渐消失，生理水平恢复平常。也就是说，在生气时摆脱对方。在冷静期，生气的人可以寻找其他分散注意力的事物，使逐步升级的敌对想法及时刹车。兹尔曼发现分散注意力是扭转情绪非常有效的方法，原因很简单，我们在高兴时很难保持愤怒。当然关键在于首先让生气的人冷静下来，然后才有可能高兴起来。

兹尔曼对愤怒升级及平息途径的分析，可以解释黛安·泰斯关于人们日常消除愤怒方法的研究。消除愤怒的一个相当有效的方法是在冷静期独处。很大一部分男性的做法是驾车外出，研究者由此发现了开车可以让人停止愤怒（泰斯还告诉我，因此她开车更加小心）。另外一种更加安全的方法是散步，积极的运动同样有助于平息愤怒。深呼吸和肌肉放松等方法也有作用，这也许是因为这些活动改变了身体的生理水平，使身体从愤怒的高唤起水平转变为低唤起水平，也许还因为放松活动分散了个体对愤怒的注意力。积极的运动平息愤怒也是同样的道理，运动过程中身体处于高度活跃水平，运动停止后身体就恢复到低水平。

不过，假如生气的人在冷静期对触发愤怒的一连串想法一直耿耿于怀，冷静期就不会产生作用，这是因为每一个愤怒的想法本身就是火上浇油、使愤怒不断升级的微型触发器。分散注意力的作用在于阻止一连串的愤怒想法出现。泰斯在调查人们应对愤怒的方法后发现，分散注意力一般来说有助于平息愤怒，看电视、看电影、阅读书籍等活动可以阻止愤怒的想法最终演变为暴怒。泰斯还发现，放纵自己购物或吃东西等方法没有太大的效果，在购物中心闲逛或者吞下一块巧克力蛋糕的时候，实在是太容易继续保持愤怒的想法了。

除此之外，杜克大学精神病学家雷德福·威廉姆斯（Redford Williams）还发展了其他消除愤怒的方法，他致力于帮助充满敌意的人群控制自身的易怒倾向，这种人患心脏病的风险很大。[7]他推荐的方法之一是运用自我意识在愤怒或敌意想法刚刚萌芽时就把它们遏制住，并且把它们写下来。一旦愤怒的想法通过这种方法得到控制，个体就可以对它们进行质疑和再次评估，不过兹尔曼发现，这种方法在愤怒升级为暴怒之前比较有效。

宣泄谬论

有一次我在纽约市坐出租车，一个横穿马路的年轻人挡在出租车前面，等待前方车流过去。出租车司机急于发动汽车，鸣笛示意年轻人不要挡道。年轻人回敬的是怒目而视以及一个下流的手势。

出租车司机嚷道："不要挡路！"同时踩下了出租车的油门和刹车，汽车发出吓人的声响。面对人身威胁，年轻人脸色阴沉地移到一边，刚好能让出租车过去，然后在出租车慢慢融入车流时用拳头猛击出租车。出租车司机对那个年轻人发出一连串的咒骂声。

出租车继续向前开，司机脸上的表情仍然非常愤怒，他告诉我：

“你不能受这气，你要骂回去——至少你会好受些！”

心理宣泄，即把愤怒发泄出来，有时被认为是处理愤怒的方法。流行的理论认为，“这会让你好受些”。不过兹尔曼的研究发现心理宣泄没有效果。有关的研究始于20世纪50年代，当时的心理学家开始通过实验测试心理宣泄的效果，经过一次又一次的实验，他们发现让愤怒得到宣泄对平息愤怒几乎没有任何作用（当然，由于愤怒的诱惑本质，宣泄可以使人感到安全）。[8]宣泄怒火在一些特定的条件下也许能起作用，比如直接对引起愤怒的目标当事人进行宣泄，宣泄的时候保持克制，或者宣泄对他人造成“恰当的伤害”，改变其恶劣行径，而且不引发报复。不过由于愤怒的煽动性，做起来要比说起来难得多。[9]

泰斯发现，宣泄愤怒是平息怒火最糟糕的方法之一。愤怒的爆发通常会唤起情绪脑，使人感到更加愤怒，而不是减轻愤怒。泰斯发现，人们对触发他们怒火的人大肆发泄的时候，愤怒的连锁反应延长而不是终止了愤怒的情绪。更加有效的方式是首先冷静下来，然后用更有建设性或自信的口吻，与对方面对面地解决争端。有一次我听到佛教大师邱阳·创巴仁波切在回答怎样才能最好地处理愤怒时这样说：“不要压制，但也不要放纵。”

舒缓焦虑：我在担忧什么？

噢，不！消声器听起来不对劲……我要拿到修理店去？……这费用我可负担不了……我必须从杰米的大学基金里面拿钱……我承担不了他的学费怎么办？……上周学校通报的成绩很差……他成绩下降，上不了大学怎么办？……消声器听起来不对劲……

这种就是围绕着无聊的情节剧不停打转的忧虑心理，一会儿担心这个，一会儿担心那个，最后又回到最初的担忧。忧虑是所有焦虑的核心。上述案例来自宾夕法尼亚州立大学心理学家莉莎白·勒默尔（Lizabeth Roemer）和托马斯·博尔科韦茨（Thomas Borkovec）关于忧虑的研究，他们把忧虑从神经质的艺术提升到科学领域。[10]当然，如果忧虑有作用就不会成为问题，对一个问题反复琢磨，进行建设性的反思，看起来可能像忧虑，但会产生解决方法。事实上，忧虑的基础是对潜在危险的警惕，这在进化过程中无疑具有生死攸关的意义。恐惧激发了情绪脑，由此导致的忧虑把注意力集中到当前的威胁上，迫使大脑思索如何进行处理，并暂时忽略其他事情。从这个意义上说，忧虑是对可能发生的坏事及其应对策略的一种预演，忧虑的目的是在危险出现之前进行预期，针对生存危机想出积极的应对措施。

问题在于慢性、反复的忧虑，这种忧虑循环往复，而且永远无法得出积极的解决方案。关于慢性忧虑的研究表明，慢性忧虑具有轻度情绪失控的所有特征：忧虑似乎没有任何由来，而且无法控制，并引发持续的焦虑感，理智无法推倒忧虑的城墙，忧虑者对其所忧虑的事物抱着一成不变的看法。如果同一个忧虑循环不断强化和持续，这就会导致全面的神经失控，产生焦虑障碍，比如病态性恐惧、妄想症、强迫症、惊恐发作等。在不同的焦虑障碍中，焦虑表现出不同的特点，比如在病态性恐惧中，焦虑集中于可怕的处境；在妄想症中，焦虑表现为防止某些可怕的灾难事件；在惊恐发作中，焦虑集中于害怕死亡或者受到潜在的袭击。

所有症状的共同特征是忧虑失控。举个例子，一位接受妄想-强迫障碍治疗的妇女，她在醒着的大部分时间里必须实施一系列的“仪式”：每天洗几次澡，每次 45 分钟；每天洗手 20 多次，每次 5 分钟。她在就座之前必须用酒精对椅子消毒，她也不会触碰孩子或者其他动物——她认为“太脏了”。这些强迫症状的根源是她对细菌的病态恐惧，她一直担心如果她不进行清洁或消毒，就会得病和死亡。[11]

一位被诊断为“一般性焦虑障碍”（持续忧虑的精神病学术用语）的妇女，在治疗师要求大声讲述忧虑一分钟时这样回答：

> 我也许做得不对。这太假了，不是真实东西的象征，我们必须得到真实的东西……如果我们得不到真实的东西，我就不会痊愈。假如我不会痊愈，那么我永远不会快乐。[12]

这段描述生动地反映了何为关于忧虑的忧虑，患者根据要求进行一分钟的忧虑陈述，在短短数秒钟之内，忧虑就升级为一生的大灾难：“我永远不会快乐。”忧虑通常会遵循这种路径，自我陈述从一个忧虑跳到另一个忧虑，而且常常会演变成大灾难，想象可怕的悲剧即将发生。忧虑基本上是由大脑的听觉神经而不是视觉神经表达出来的，也就是说，用言语而不是用影像表达出来，这一事实对控制忧虑很有意义。

博尔科韦茨及其研究伙伴在试图研究失眠症疗法时开始了对忧虑本质的研究。其他研究者认为，焦虑有两种表现形式：一种是认知层面的，或者说忧虑的想法；另一种是肉体层面的，即焦虑的生理症状，比如流汗、心跳加速或肌肉紧张等。博尔科韦茨发现，失眠症患者的主要困扰不是身体唤起，事实上，使他们失眠的是令人烦扰的想法。失眠症患者是慢性忧虑者，不管多么犯困，他们也无法停止忧虑。帮助他们入睡的一个可行方法是让他们摆脱忧虑的情绪，把注意力集中于通过放松方法产生的身体感觉。简而言之，转移注意力就可以停止焦虑。

然而，大部分忧虑者似乎做不到这一点。博尔科韦茨认为原因在于来自忧虑的部分补偿作用把忧虑习惯高度强化了。忧虑似乎也有积极的一面：忧虑是应对潜在威胁和危险的途径。忧虑的积极作用在于对危险进行预演，并思考应对方法。可惜忧虑并不能很好地发挥这种作用。忧虑，特别是慢性忧虑通常不会带来新的解决方法和看待问题的新角度。相反，忧虑者通常只是反复地琢磨危险本身，沉浸于与危险有关的恐惧之中，这种想法一成不变。慢性忧虑者忧虑的事情很多，但大部分基本上不可能发生，他们把常人根本注意不到的危险强加到自己的生活中。

不过有的慢性忧虑者告诉博尔科韦茨，忧虑对他们有用，他们的忧虑会自我保持下去，忧心忡忡的想法无限循环。忧虑怎么会导致精神上瘾呢？博尔科韦茨指出，奇怪的是，忧虑习惯能够起到和迷信一样的心理强化作用。由于人们所担心的大部分事情实际上发生的概率非常小——比如爱人死于飞机失事、破产等，因此至少对于原始的边缘脑，忧虑带有些许神秘的色彩。忧虑就像一道可以驱赶预期邪恶的护身符，如果一直念念有词就可以防止危险发生，因此在心理层面受到欢迎。

忧虑的作用

她因为出版社的工作从美国中部搬到了洛杉矶。但不久之后那家出版社被收购，她失去了工作。她转而做自由撰稿人，这是一份不稳定的工作。她发现自己不是为工作忙得焦头烂额，就是没有足够的钱支付房租。她常常要把时间花在接听各种电话上，而且第一次失去了医疗保险。没有保险尤其让人烦恼，她开始为自己的健康担忧，每次头痛都怀疑是脑子长了肿瘤的信号。无论她开车到哪里，总会想象自己出车祸。她常常长时间迷失于忧虑的幻想，不能自拔。不过她又说，她觉得自己好像对忧虑上了瘾。

博尔科韦茨由此发现了忧虑的另一个出人意料的好处。当人们沉湎于各种担忧的想法时，他们似乎没有留意到由忧虑引起的焦虑的主观感受，比如心跳加快、冒汗、颤抖等。随着忧虑的持续，部分焦虑似乎被压制了，起码从心率来看是这样。这个过程大概是这样的：忧虑者注意到某样东西，这引发了他们对潜在威胁或危险的想象，这种想象中的灾难反过来激发了轻微的焦虑情绪。忧虑者陷入持续的负面想法，每一种想法总会引发另一种担忧；忧虑者的注意力持续被“忧虑号”思想列车裹挟而去，对于忧虑想法的关注使他们忽略了对灾难的原始想象——本来正是这种想象引发了焦虑。博尔科韦茨发现，想象对生理焦虑的触发作用比思想要强烈得多，因此忧虑者沉浸于忧虑的想法可以排斥对灾难的想象，从而部分缓解焦虑的感受。也就是说，忧虑唤起了焦虑，但在中途也缓解了焦虑，与此同时，忧虑在某种程度上加深了。

不过，如果慢性忧虑表现为刻板僵化的想法，而不是实际解决问题的创造性突破，那么同样也会产生适得其反的效果。思想僵化不仅体现为忧虑的内容，实际上这种忧虑纯粹是或多或少、简单重复的同一种想法。在神经学层面，我们似乎也可以观察到皮层僵化，即情绪脑失去了对不断变化的环境做出弹性回应的能力。简而言之，慢性忧虑只在某些方面起到一定的作用，对更加重要的其他方面却不起作用，它可以减缓焦虑，但永远也解决不了问题。

慢性忧虑者无法做到的一件事情是遵循别人最常说的忠告：“不要担心”(或者更糟糕的是“别担心，高兴些”)。由于慢性忧虑只是杏仁核低层次的发作，它们往往不受约束。慢性忧虑的本质是一旦它在大脑中生根发芽，就很难斩草除根。不过博尔科韦茨通过大量实验发现，一些简单的步骤可以帮助慢性忧虑者控制忧虑的习惯。

第一步是自我意识，尽可能在忧虑情绪刚出现时就把它控制住，最理想的时机是在灾难的想象触发“忧虑-焦虑循环”的同时或者紧随其后。博尔科韦茨用这种方法来指导忧虑者，首先教他们监控焦虑的线索，尤其要学会识别引发忧虑的情景，或者最初引发忧虑的念头或想象，以及伴随焦虑出现的身体感觉。通过练习，人们可以在焦虑循环的开始阶段识别忧虑。人们还可以学习放松方法，在意识到忧虑产生后加以运用，并且每天都进行练习，以便在需要的时候派上用场。

不过放松方法本身是不够的。忧虑者还需要积极主动地质疑忧虑的想法，如果做不到这一点，那么忧虑循环还是会卷土重来。因此，第二步就要对这些想法采取批判的立场：可怕的事情真的有可能发生吗？只有一种方法甚至没有方法阻止事情的发生吗？可以采取哪些建设性的措施？一直忧心忡忡真的有用吗？

警觉与合理怀疑主义的共同作用，也许可以对引发低级焦虑的神经激活起到急刹车的作用。主动产生这种想法可以使神经回路做好充分的准备，抑制边缘系统忧虑情绪的驱动；与此同时，积极放松身心，防止情绪脑向全身传递焦虑的信号。

博尔科韦茨指出，这些方法相当于筑起了一道与忧虑不兼容的心理活动的屏障。假如任由忧虑一再重复、不受质疑，忧虑就会产生劝服的力量。想出一系列同样有道理的论点，质疑忧虑的想法，可以防止忧虑的想法被个体信以为真。即使是忧虑严重到需要接受精神病学诊疗的人，也可以通过这种方法改变忧虑的习惯。

另一方面，对于过度忧虑并发展成病态性恐惧、妄想-强迫障碍或者恐慌障碍的人，求助医学打破焦虑循环是明智之举——这其实也是一种自我意识的信号。当然，为了降低药物治疗停止后焦虑障碍复发的可能性，这些人还需要通过治疗对情绪神经回路进行二度训练。[13]

管理忧郁

悲伤通常是人们想尽力摆脱的一种情绪。黛安·泰斯发现，人们逃避忧伤的方法五花八门。当然，不是所有的悲伤都应该逃避，忧郁和其他类型的情绪一样，有其内在的好处。由损失所导致的悲伤具有某种好处：悲伤会降低我们对娱乐和休闲的兴趣，使我们把注意力集中于损失，并削弱开始新尝试的能量——至少暂时如此。简而言之，悲伤相当于碌碌人生中的一种反省性撤退，让我们暂时停止追求，哀悼损失，认真思考其中的意义，最后进行生理调节并展开新的计划，让生活继续下去。

损失有一定的好处，完全的抑郁则没有。威廉·斯泰隆传神地描述了"这种疾病的很多可怕表现"，包括自我憎恶、无用感、"阴郁无趣"——"阴沉沉蜂拥而来包围全身，感到害怕、疏离，最重要的是令人窒息的焦虑"。[14] 理性层面的表现是"疑惑、无法集中精神以及记忆力下降"，而在后期，他的心理"被反常的扭曲占据"，"感觉我的思想过程卷入了难以名状的毒潮，而这股毒潮淹没了人生的一切欢乐"。生理层面的表现是失眠，冷漠得像行尸走肉，"感觉麻木、衰弱，尤其是莫名其妙的虚弱"，伴随着"躁动不安"。然后是失去快感，"就像其他所有感觉一样，食物变得没有味道"。最后是希望的消失，"持续的恐惧"令人绝望，真实得如同身体的疼痛，这疼痛如此难以忍受，自杀似乎是唯一的出路。

在严重抑郁状态下，生活陷于瘫痪，不会出现新的开始。抑郁的种种症状显示了被束缚的人生。对斯泰隆来说，药物或者治疗不能起到任何作用，唯有时间的流逝和医院的庇护能够最终消除绝望。不过对于大部分人，尤其是症状没有那么严重的人，精神疗法可以起到作用，药物也可以奏效——百忧解是当下流行的抗抑郁药物，除此之外还有十多种化学药物可以起到缓解作用，尤其是对于严重抑郁。

我在这里关注的重点是更加常见的悲伤，其上限严格来说是“临床症状不明显的抑郁”，也就是说一般的忧郁。人们可以自行应对这种绝望，前提是内心的恢复能力够强大。可惜的是，人们经常运用的一些策略的效果可能适得其反，使人感觉比以前更加糟糕。其中一种策略是独处，人们在情绪低落时往往如此。然而，这种方法在很多时候反而增添了悲伤的孤独感和疏离感。这可以部分解释泰斯的发现——战胜抑郁最流行的方法是社会交往，比如外出就餐、打球或看电影等，总之是和朋友或家人一起从事某项活动。如果社交的净效应可使个体摆脱悲伤心理，那么这种方法就行得通。不过，如果个体在社交场合仍然对不快的事情念念不忘，那么社交反而会延长他的悲伤情绪。

事实上，决定抑郁情绪持续或者消除的主要因素之一是沉思的程度。对抑郁的忧虑似乎会使我们的抑郁更加严重，持续时间更长。对于抑郁，忧虑表现为多种形式，它们全都关注抑郁本身的某些方面，比如我们感觉多么厌倦，我们多么无力或缺少激励，或者我们的成果多么可怜。这种反思通常不会带来任何可以解决问题的具体行动。研究抑郁者沉思行为的斯坦福大学心理学家苏珊·诺伦-霍克西玛（Susan Nolen-Hoeksma）指出，其他常见的忧虑包括“孤立自己，并想到自己的感觉有多么糟糕，担心配偶可能因为你的抑郁而抛弃你，以及困惑自己今晚是不是会再次失眠”。[15]

抑郁者有时会为沉思行为寻找借口，表示他们在试图“更好地理解自身”，但实际上，他们只是沉湎于悲伤的感觉，而没有采取任何可以真正化解悲伤的措施。因此，在治疗中深刻反思抑郁的成因，如果能够由此获得认识或行动，从而改变抑郁的诱发条件，这就会产生极佳的效果，但是被动沉湎于悲伤只会让事情更加糟糕。

沉思还会造成更令人抑郁的状况，从而使个体抑郁的程度增强。诺伦-霍克西玛以一个女推销员为例进行说明。该推销员陷入了抑郁，整日为此担心，以致没有时间进行重要的业务拜访。她的销售业绩因此下降了，她感到自己一无是处，这加重了她的抑郁。不过，假如她以尽量分散注意力的方式来对待抑郁，她也许会尽情投入业务拜访，使自己摆脱抑郁的情绪。这样她的销售业绩就不太可能下滑，完成销售任务的经历也许会让她树立自信心，在一定程度上减缓抑郁。

诺伦-霍克西玛发现，相对于男性，女性在抑郁时更加容易陷入沉思。她认为，这至少可以部分解释为什么被诊断为抑郁的女性数量是男性的两倍。当然还有其他因素在发挥作用，比如女性更加容易向他人诉说自己的抑郁，或者生活中有更多让人郁闷的事情发生。而男性很可能用酒精来掩饰自己的抑郁，酗酒的男性数量大约是女性的两倍。

一些研究发现，旨在改变这种思维模式的认知疗法在治疗轻度临床抑郁方面能够起到与药物同等的效用，而在预防轻度抑郁再次发作方面的效果要优于药物。对抗轻度抑郁有两种特别有效的方法。[16] 一是学会质疑沉思的核心想法，探究这些想法的合理性，并得出更加积极的替代想法；二是有意识地安排愉快的、转移注意力的活动。

转移注意力能够发挥作用的一个原因是抑郁的想法往往不请自来，悄悄潜入个体的心理。尽管抑郁者试图压抑自己的抑郁想法，但他们没有更好的替代想法。一旦抑郁的思绪出现，它就会对一连串的联想产生强大的磁力。举个例子，抑郁者在还原被打乱的句子时通常会组合出消极的信息（“未来一片黯淡”），而不是乐观的信息（“未来一片光明”）。[17]

抑郁自我保持的倾向甚至会让人们所选择的消遣方式黯然失色。研究者向抑郁者提供了一系列愉快或沉闷的方式，使其不再想着悲伤的事情，结果抑郁者大多选择了忧伤的活动。这个研究是得克萨斯大学心理学家理查德·温斯拉夫（Richard Wenzlaff）发起的，他发现抑郁者需要通过特别的努力才能把注意力转移到令人愉快的事物上，而且还需要注意，不能选择诸如催泪电影、悲情小说等会让情绪再次低落的东西。

情绪提振法

想象在一个大雾天气里，你在一条不熟悉的又陡又弯的路上开车。突然一辆车在你前面几英尺[a]的地方从另一条车道冲出来，距离太近，你无法及时停车。你猛踩刹车，但车还是擦到了那辆车的侧面。就在玻璃破碎、金属拧成一团、火花四溅之前，你看到那辆车上坐满了孩子，那是一辆幼儿园的班车。碰撞之后的突然沉默被一片哭喊声打破了。你奋力跑向那辆车，看到一个个孩子一动不动地躺着。你对悲剧的发生感到万分的懊悔和悲伤。

在温斯拉夫的实验中，他用这个揪心的故事扰乱受测者的情绪。然后，要求受测者尽量不去想这一幕悲剧，并在9分钟之内把自己的思绪记录下来。每当痛苦的场景呈现在脑海中，他们就会记录下来。随着时间的推移，大部分人越来越少回想起悲伤的场景，但容易抑郁的受测者的回想次数会随着时间的推移呈现出显著的上升趋势，他们甚至会在想其他事情的时候间接想起该场景。

此外，抑郁倾向的受测者还会用其他令人困扰的想法来分散注意力。温斯拉夫告诉我："思想不仅通过内容，还通过情绪与心理发生联系。人们在情绪低落时，更容易产生一系列消极情绪。容易抑郁的

a. 1英尺 =0.3048米。——编者注

人往往会在这些思想之间建立很强的联系，因此某种负面情绪一旦触发，负面想法就很难压制。具有讽刺意味的是，抑郁者似乎喜欢用一个抑郁想法摆脱另一个抑郁想法，而这只会激发更加消极的情绪。”

有理论认为，哭泣也许是降低产生忧伤的大脑化学物质水平的自然方式。哭泣有时候可以终止悲伤，但也会让人一直对绝望的理由念念不忘。所谓“哭也有好处”的想法是错的，哭泣使人们越来越陷入沉思，只会延长悲伤的感觉。转移注意力可以打破持续悲伤的想法。有一种主流理论认为，电休克疗法对最严重的抑郁症有效的原因在于该疗法导致个体失去了短期记忆——病人忘记了伤心的理由是什么，因此感觉好多了。悲伤的种类五花八门，黛安·泰斯发现，为了摆脱悲伤，很多人会从事阅读、看电视和电影、玩电脑游戏和智力游戏、睡觉和做白日梦（比如计划一次奇妙的旅程）等转移注意力的活动。在温斯拉夫看来，转移注意力最有效的活动莫过于能够转变情绪的活动，比如看激烈的体育赛事、滑稽的电影以及鼓舞人心的书。（注意：有些转移注意力的活动反而会延长悲伤。关于过度看电视人群的研究表明，这些人在看完电视之后通常会比看电视之前更加郁闷！）

泰斯发现，有氧运动是摆脱轻度抑郁以及其他消极情绪最有效的方法之一。不过要注意的是，运动提振情绪的方法对很少外出活动的人最为有效。对于平常喜欢运动的人，运动改变情绪的作用在他们开始形成运动习惯时最明显，事实上，他们在停止外出运动时会感到不快。运动有效的原因在于它可以改变情绪激发的生理状态，抑郁是一种低度唤起的状态，而有氧运动能使身体高度唤起。同样的道理，放松活动可以使身体处于低唤起状态，因此对于高度唤起的焦虑效果很好，但它摆脱抑郁的效果就不那么明显了。每种方法都是为了打破抑郁或焦虑的循环，它们产生效果的原因在于改变大脑的活跃水平，阻止大脑活动与此前控制大脑的情绪状态产生呼应。

通过享受或感官愉悦使自己高兴起来是消除抑郁的另一种流行方法。人们在低落时舒缓情绪的常见方法有洗热水澡、吃喜爱的食物、听音乐或做爱等。给自己买礼物或者大吃一顿，这种摆脱坏心情的做法在女性当中尤其流行，购物甚至在商场只逛不买也可以。泰斯对大学生的研究发现，把吃东西作为缓解悲伤的方法的女性数量是男性的 3 倍；另一方面，情绪低落时借助酒精或毒品的男性数量则是女性的 5 倍。用过量进食或酗酒的方式缓解悲伤情绪很容易适得其反——吃得太多会使人后悔，而酒精是中枢神经的抑制剂，只会令抑郁更加严重。

泰斯认为，改变情绪更为有效的方法是取得小小的胜利或获得简单的成功，比如把堆积已久的家务活儿做完或完成其他有待解决的任务。同样的道理，提升自我形象也能让人快乐起来，即便是外表的改变也可以发挥作用，比如穿衣打扮或者化妆。

除了治疗之外，对抗抑郁最有效的一种方法是从不同的角度看待问题，又称“认知重建”（cognitive reframing）。一段感情关系结束了，自然令人感伤，如果你产生类似“我会永远孤单下去”这种顾影自怜的想法，那么这肯定会加深绝望的感觉。不过，回过头来想一想，这段感情并没有那么美好，你和恋人也有格格不入的地方——也就是说，用不同的眼光看待感情的结束，以更加积极的态度坦然面对，这就是缓解悲伤的方法。同样的道理，癌症患者如果能够想到其他患者的情形更加糟糕（“我也不是太糟糕，起码我还可以走路”），那么不管他们自身的情况有多么严重，情绪都会比较高昂；而那些把自己和健康人相比的患者则最为抑郁。[18] 这种“比下有余”的想法，对情绪的提振作用非常令人吃惊，突然之间，那些令人沮丧的东西看起来也没有那么糟糕。

另外一种提振情绪的有效方法是帮助有需要的人。抑郁起源于对自身的沉思和关注，因此，如果我们对他人的痛苦感同身受，对他人伸出援助之手，那么这将会使我们摆脱对自身的痴迷。泰斯的研究发现，投身于志愿者工作，比如辅导童子军、充当大哥哥、给无家可归者送食物等，是改变情绪最有效的方法，同时也是最罕见的方法之一。

最后，有些人还可以求助于超然的力量，从悲伤情绪中解脱出来。泰斯告诉我："如果你对宗教很虔诚，那么不妨进行祈祷。祈祷适用于缓解所有情绪，对抑郁尤其有效。"

压抑者：积极的否定

"他踢了室友的腹部……"这是句子的开头部分，结束部分是"其实他只不过想开灯"。

尽管有点儿难以置信，但把攻击行为转化为无心之失，这种转换起源于体内的压抑。造句者是一名大学生，他自愿参与压抑者研究，压抑者即习惯并自动阻止自身意识受到情绪干扰的人。在造句实验中，这名学生被要求以"他踢了室友的腹部……"为开头，完成句子的后半部分。其他测试显示，这种心理回避的行为反映了受测者整体的生活模式，即压抑大多数的不安。[19]研究者最初认为压抑者是无法感知情绪的体现——也许是"述情障碍"的近亲，但最新的理论认为这种人擅长调节情绪。他们似乎擅长缓冲消极情绪，他们看起来甚至没有意识到消极的一面。研究者通常把这种人称为"压抑者"，也许把他们称为"镇定者"更确切一些。

华盛顿天主教大学心理学家丹尼尔·温伯格（Daniel Weinberger）是这项研究的主要参与者。该研究表明，压抑者尽管看起来冷静沉着，但他们有时候会不知不觉地出现生理波动。在造句实验中，研究者对受测者的生理唤起水平进行监控。压抑者表面的平静掩饰了体内的兴奋，在遇到暴力室友之类的句子时，他们表现出了焦虑的全部迹象，比如心跳加快、流汗、血压升高等。但是在被问到时，他们表示感到很平静。

愤怒、焦虑等情绪的持续压抑并不罕见。根据温伯格的研究，6个人当中就有一个呈现出这种特征。从理论上讲，儿童学会处变不惊的方式有很多。其中一种是困境之中的自保策略，比如儿童的父母是酗酒者。另外，有些儿童的父母本身就是压抑者，他们树立了面对负面情绪保持乐观或沉着的榜样，或者说这种父母把压抑的个性遗传给了孩子。压抑者进入成年期后，在压力之下他们变得冷静沉着，不过研究者迄今还不清楚这种模式是如何形成的。

问题是，这些人实际上有多么镇定和冷静。他们真的意识不到情绪不安的身体信号，还是在故作冷静？温伯格的早期合作伙伴、威斯康星大学心理学家理查德·戴维森（Richard Davidson）通过一项巧妙的研究找到了答案。戴维森向“镇定者”提供一些词语，让他们进行随意联想。大部分词语是中性的，有少数几个词语包含敌对或者性的意味，结果发现几乎所有人都会对此感到焦虑不安。受测者的身体反应显示，他们对于这些别有意味的词语出现了困扰的生理信号，尽管他们试图对引起不安的词语进行净化处理，把它们与比较纯洁的词语联系起来。比如当看到“仇恨”这个词语时，他们可能就会联想到“爱”。

对于右利手的人，处理消极情绪的关键中枢位于右半脑，而主管语言的中枢位于左半脑。戴维森的研究正是利用了这一点。一旦个体的右半脑识别出令人不安的词语，它就会通过位于大脑两个半球纵裂底部的胼胝体，把信息传递到语言中枢，语言中枢作为回应辨认出该词语。戴维森借助精心设计的透镜，使词语只落在受测者的半边视觉区域。由于视觉系统神经绊网的作用，如果词语落在视觉区域的左半边，对不安极其敏感的右半脑就会首先识别出来。如果词语落在视觉区域的右半边，它就不会被理解成不安的信号，而是直接传到左半脑。

如果词语被传递到右半脑，镇定者就需要一个时间差来做出反应——不过只有在词语包含不安意味的情况下才会出现这种现象。他们对中性词语的联想不会存在时间差，只有在词语传递到右半脑而不是左半脑的情况下才会出现时间差。简而言之，他们的镇定似乎是由于某种神经机制在起作用，神经机制延缓或干扰了不安信息的传输。也就是说，他们对不安情绪的无意识并不是假装的，而是他们的大脑把这种信息屏蔽了。说得更准确些，由于左前额叶的作用，愉快的感觉覆盖了不安的感觉。戴维森在测量受测者前额叶活动水平时意外发现，前额叶对“愉快中枢”左半脑的活跃度具有决定性的作用，而对消极情绪中枢右半脑的影响则没有那么明显。

戴维森告诉我，这种人“凡事总是朝好的方向想，乐观向上”，“他们否认受到压力的困扰，而且在坐着休息并联想到积极感觉的时候，出现了左额叶激活的模式。这种大脑的激活也许是他们自我感觉良好的关键，尽管他们基础的生理唤起看起来很紧张”。戴维森认为，大脑激活，即用积极的态度应对令人困扰的现实需要能量。生理水平的不断唤起也许是由于神经回路需要持续努力以保持积极的感受，或者压抑甚至阻止消极的感受。

总之，镇定是一种乐观的否定和积极的分离，而且很可能是在创伤后应激障碍引发的严重分离状态下，神经机制发生作用的一种信号。戴维森指出，在单纯涉及镇定的情况下，“这似乎是情绪自我调节的一种成功策略”，不过要以牺牲自我意识为代价，而且代价几何尚属未知。

第六章

主导性向[a]

曾经有一次我被吓傻了。那是在大学一年级的微积分考试中，我没有好好学习过这门功课。在那个春日的早晨，我来到教室，好像末日即将降临，心情格外沉重不安。我在那个教室上过很多次课。但是在那个早晨，我透过窗户看不到教室里面的任何东西，甚至看不到教室。我的眼睛只盯着跟前的一块地板，找了一个靠门的位子坐下。我打开蓝色封面的试卷簿，耳边响起心脏“怦怦”狂跳的声音，胸口一阵阵紧张。

我快速地浏览了一遍试题。毫无希望。我盯着试卷足足看了一个小时，想象即将承受的可怕后果。这种想法萦绕在我的脑海中，挥之不去，恐惧和颤抖紧紧缠绕着我。我一动不动地坐着，就像中了毒箭的动物在奔跑途中突然僵住了。最让人震惊的是，在那个可怕的时刻，我的大脑一片空白。在那一个小时里，我没有尝

a. 性向意为潜在的能力倾向。——译者注

试着答题，也没有做白日梦，只是被吓傻了，一心等待痛苦的折磨结束。[1]

这段由恐惧引发的痛苦折磨是我的亲身经历。时至今日，它对我来说仍然是负面情绪破坏心智最有说服力的证据。现在我认为，这段痛苦经历很有可能是情绪脑压倒思考脑，甚至导致思考脑瘫痪的证明。

教师们对情绪不安干扰心理状况的严重程度并不陌生。焦虑、愤怒或者抑郁的学生无法学习，处于这些情绪状态的人无法有效地接收或处理信息。我们从第五章了解到，强烈的消极情绪使个体过于关注自身，妨碍个体把注意力转移到其他事物上。事实上，情绪病态化的表现之一是情绪的侵扰性很强，可以压制其他一切思想，并持续妨碍对当前其他任务的关注。正在经历离婚痛苦的人，或者父母在闹离婚的儿童，他们的思想无法长期集中于相对不那么重要的日常工作或者学习。对于临床诊断为抑郁的患者，自怨自艾、绝望感及无助感压倒了其他一切想法。

如果情绪破坏了注意力的集中，被认知科学家称为“工作记忆”的心理能力——对与当前任务相关的所有信息的记忆能力——就会随之瓦解。消耗工作记忆的因素可能平淡无奇，如电话号码的数字组合，也可能复杂精巧，如小说家构思的故事情节。工作记忆在心理世界发挥着重要的执行功能，使其他智力活动成为可能，比如表述一个句子或辨析高深的逻辑命题。[2] 前额叶皮层执行工作记忆的功能，别忘了，前额叶皮层还是感受和情绪交会之处。[3] 如果在前额叶皮层会合的边缘系统神经回路受到负面情绪的束缚，后果之一就是影响工作记忆的有效性——我们无法保持思路清晰，就像我在可怕的微积分考试中所经历的那样。

另一方面，我们来看看积极动机的作用，比如热情和自信等情绪对于提高成绩的引导作用。对奥林匹克运动员、世界级音乐家以及国际象棋大师的研究发现，他们共同的特质是鼓励自己不断坚持常规训练的能力。[4] 成为世界级选手所需要达到的水平在不断地提高，如今严格的常规训练越来越多地要从童年开始。在 1992 年奥运会上，年仅 12 岁的中国跳水运动员所投入的全部训练时间，相当于美国 20 岁出头的跳水运动员的训练时间——中国的跳水运动员从 4 岁就开始接受严格的训练。同样，20 世纪最出色的小提琴家在 5 岁左右就开始学习乐器；国际象棋世界冠军开始学习下棋的平均年龄是 7 岁，而那些只在国内赛事中获得名次的人，开始下棋的平均年龄是 10 岁。提前起跑意味着始终领先，柏林顶级音乐学院最拔尖的小提琴学生虽然才 20 岁出头，但其累计的练习时间已经超过一万个小时，而处于第二梯队的学生平均的练习时间只有 7 500 个小时。

在一群能力大体相当的人中，有些人从激烈的竞争中脱颖而出，处于最拔尖的水平，关键在于他们很早就开始年复一年地进行艰苦的常规训练。坚韧不拔的毅力来源于情绪特质——面对挫折满腔热情，持之以恒，这比其他任何东西都重要。

抛开其他内在能力不谈，激励对人生成功的促进作用突出体现为美国亚裔学生在学校和职业领域的出色表现。通过全面的考察，有证据表明美国亚裔儿童的平均智商要比美国白人儿童高 2~3 分。[5] 根据职业划分，比如在法律和医学领域，亚裔美国人的智商还要高得多，其中日裔美国人的平均智商为 110，而华裔美国人的平均智商为 120。[6] 原因很可能在于，亚裔儿童在进入学校之初就比白人儿童用功。斯坦福大学社会学家桑福德·多恩布什（Sanford Dorenbusch）研究了一万多名美国中学生，发现亚裔学生做功课的时间比其他学生多 40%。“大多数美国家长愿意接受孩子的弱点，强调孩子的长处，亚裔家长的观点则不同，他们认为如果你成绩不好，就应该悬梁刺股，一直学到深夜，如果还是不行，就要闻鸡起舞，早早起来学习。他们相信任何人只要足够努力就能取得好成绩”。简而言之，强烈的工作文化伦理转化成高度激励、热忱和坚持不懈的精神——这正是情绪的优势所在。

情绪可以阻碍也可以促进我们的思考、计划、为长远目标坚持训练以及解决问题等诸多能力，情绪确定了我们发挥各种内在心理能力的潜能界限，从而决定了我们的人生表现。我们对所从事的工作充满热情和快乐，甚至感到适当的压力并从中受到激励，这些积极的情绪促使我们获得成功。从这个意义上说，情绪智力是一种处于主导地位的性向或潜能，它从正面或者反面深刻地影响了其他所有能力。

冲动控制：软糖实验

假设你现在只有 4 岁，有人向你提出一个建议：如果你等他办完事回来，你就可以得到两颗软糖的奖励；如果你不等他回来，就只能得到一颗软糖，不过可以立即得到。这对任何一个 4 岁的孩子来说无疑都是重大的考验，是冲动与抑制、本我与自我、欲望与自控、满足与延迟进行内部斗争的一个缩影。软糖实验的结果非常明显，不仅可以直观地反映孩子的性格特征，还可以预示孩子日后的人生轨迹。

也许没有比抗拒冲动更基本的心理技能了。抗拒冲动是所有情绪自控力的根源，这是因为情绪的本质决定了所有情绪都会导致某种行动的冲动。别忘了，“情绪”的本意是“移动”。遏制行动的冲动、压抑早期行动的能力，在大脑功能层面可能表现为抑制边缘系统向运动皮层传输信号，不过目前这种转换机制还有待深入研究。

对 4 岁孩子进行考验的软糖实验，在某种程度上揭示了抑制情绪并延迟冲动的能力的重要性。这项研究始于 20 世纪 60 年代，由心理学家沃尔特 · 米歇尔（Walter Mischel）在斯坦福大学的一所幼儿园发起，参与者主要是斯坦福大学教职工及研究生的孩子。研究从受测者4岁开始追踪到他们高中毕业。[7]

选择等待的孩子，必须等上漫长的15~20分钟，实验人员才会回来。为了压制内心的挣扎，他们用手捂住眼睛，避免面对软糖的诱惑，或者把脑袋贴到手臂上，自言自语，唱歌，动手动脚，玩游戏，甚至睡觉。这些勇敢的小朋友得到了两颗软糖的奖赏。其他那些容易冲动的小朋友，在实验人员假装有事离开房间之后，在几秒钟之内就拿了一颗软糖。

软糖实验的预言作用在12~14年之后变得非常清晰，即在同一批孩子进入青春期的时候。立即兑现的小朋友与延迟满足的小朋友在情绪和社交方面显示出了极大的差异。4岁时就能抗拒诱惑的小朋友进入青春期后更有社交竞争力，做事有效率，坚定自信，更善于应对生活的挫折。他们出现精神崩溃、被排挤，遇到压力退缩不前或惊慌失措的可能性较小；他们勇于接受挑战，面对困难也不会放弃，而是继续坚持；他们自强自信，值得信赖和依靠；他们凡事主动、全心投入。十多年以后，他们在追求目标时仍然能够延迟满足。

大约1/3选择立即拿软糖的孩子则较少具备这些品质，反而存在比较多的心理问题。在青春期，他们更有可能被认为害怕社会交往；顽固倔强、优柔寡断；容易气馁；觉得自己“差劲”或者无用；遇到压力就退缩或者停滞不前；爱怀疑，抱怨“得到太少”；容易猜疑和嫉妒；脾气暴躁，过分敏感，容易和他人争吵或打架。在经过这么多年以后，他们还是不会延迟满足。

俗话说“三岁看大”，小时候体现在小事上的特质在个体进入成年期后会演化成各式各样的社交与情绪竞争力。延迟冲动的能力是很多活动的基础，从节制饮食到考取医学学位无不如此。有些孩子年仅4岁就掌握了这种基础的能力，他们可以识别延迟会获得回报的社会情景，经受得住眼前的诱惑，转移注意力，同时为了目标——两颗软糖——进行必要的忍耐。

更令人吃惊的是，在受测儿童即将高中毕业的时候，研究者再次对他们进行评估，发现4岁时能耐心等待的人与随心所欲的人相比，前者在学校的表现要出色得多。根据受测儿童父母的评估结果，他们学习成绩更优秀，更善于用语言表达自己的想法，做事更理性，注意力更容易集中，更会制订并贯彻计划，并且更有学习的欲望。最令人吃惊的是，他们SAT考试的分数要高得多。1/3在小时候忍不住立即拿软糖的孩子，他们语文的平均分数是524分，数学的平均分数是528分；而1/3等待时间最长的孩子，他们这两门功课的平均分数分别是610分和652分——总共有210分的差异。[8]

分别让年仅4岁的儿童接受延迟满足的软糖实验和智商测试之后，软糖实验对受测儿童日后SAT成绩的预测作用是智商测试的两倍。只有在儿童学习识字之后，智商测试对SAT成绩的预测作用才会超过软糖实验。[9] 这表明除了智商之外，延迟满足的能力对个体智力潜能的影响非常大。（童年期控制冲动的能力差也是个体日后行为不端的一个有效预测手段，其预测作用同样比智商测试显著。）[10] 第五部分将会论述，有人认为智商无法改变，因此智商代表了儿童人生潜能的界限，但我们有大量的证据表明，诸如冲动控制和准确领会社会情景等情绪技能可以通过学习获得。

进行软糖实验研究的沃尔特·米歇尔提出了“目标导向、自我施加的延迟满足”这个蹩脚术语，他想表达的也许是情绪自我调节的本质，即为了达到目标控制冲动，不管目标是发展事业、解方程式还是争夺体育赛事冠军。米歇尔的发现证实了情绪智力作为元能力的作用，情绪智力是我们运用其他心理能力成败与否的决定性因素。

负面情绪，负面思维

> 我很担心我儿子。他刚开始在大学橄榄球队打球，他一定会受伤的。看他打球真让我揪心，我不敢再去看他比赛了。我不去看他打球，他肯定会很失望，不过我实在是受不了。

说这番话的人正在接受针对焦虑的心理治疗。她意识到自己的忧虑影响了正常的生活。[11] 可是在她要做个简单决定的时候，比如是否去看儿子打球，她就会被可怕的想法包围。她无法做决定，过分忧虑压倒了她的理智。

我们知道，忧虑是焦虑对所有心理活动产生破坏效应的核心所在。当然，从某种意义上说，忧虑是一种矫枉过正的反应——对预期威胁进行过度热心的心理准备。如果这种心理预演成为一成不变的常态，牢牢抓住个体的注意力，阻止个体把注意力转移到其他事物上，那么忧虑就会演变成严重的认知障碍。

焦虑会损害智力。比如，空中交通管制员的工作任务复杂，智力高，压力大，几乎可以肯定患有慢性重度焦虑的人无法胜任工作。对参加空中交通管制岗位培训的 1 790 名学生的研究发现，焦虑的学生更易失败，即使是智力测试成绩非常优异的人也不例外。[12] 焦虑还会影响所有类型的学习表现：对超过 36 000 人进行的 126 项不同的研究发现，越容易焦虑的人，学习成绩越差，任何方法的测量结果都一样——比如测试分数、平均学分绩点或者成就测验。[13]

研究者要求有焦虑倾向的人执行一项认知任务，比如把模棱两可的物体划分为两类，然后讲述分类时的心理活动，结果发现负面的想法——比如“我办不到”、“我对这种测试不在行”等——最直接地妨碍了他们的决策。事实上，研究者还要求用于对照研究的一组非焦虑者刻意担忧 15 分钟，结果他们完成同一任务的能力陡然下降。如果在任务开始之前，焦虑者用 15 分钟时间进行放松，降低焦虑水平，他们就不会出现问题。[14]

理查德·阿尔珀特（Richard Alpert）在 20 世纪 60 年代首次对考试焦虑进行了科学的研究。他向我坦言，他上学时神经很紧张，考试成绩常常很糟糕，他由此引发了研究兴趣。不过阿尔珀特的同事拉尔夫·哈伯（Ralph Haber）却发现，考试前的压力可以让他考得更好。[15] 他们的研究以及其他研究显示，有两种焦虑的学生：一种被焦虑影响了考试成绩，另一种在压力之下仍然表现出色，也可以说由于焦虑而表现出色。[16] 考试焦虑的复杂之处在于，担心考试成绩的焦虑在理想状态下可以激励哈伯这样的学生努力复习功课，考出好成绩，但会妨碍另外一些人取得成功。对于阿尔珀特这种过度焦虑的学生，考前焦虑破坏了他们清晰思考和记忆的能力，降低了学习效率，而考试时的焦虑还会扰乱心智、影响发挥。

人们考试时忧虑越多，成绩就会越糟糕。[17] 忧虑是一项认知任务，个体如果把心理资源用于忧虑，就分散了用于处理其他信息的心理资源。也就是说，如果我们一直在担心考试失败，那么我们用于思考和答题的注意力就大大减少了。结果忧虑变成了自我实现的预言，迫使我们朝着它预测的方向越陷越深。

另一方面，善于控制情绪的人可以利用预期的焦虑，比如即将到来的演讲或考试，激励自己做好充分准备，从而取得满意的结果。心理学经典文献用倒 U 型来描述焦虑与表现（包括心理表现）的关系。倒 U 型的顶点对应着焦虑与表现的最优关系，适度的神经紧张激发了优异的表现。如果焦虑过少，在图形上表现为倒 U 型的左边，个体就会对考试漠不关心或者没有动力付出足够的努力；如果焦虑过多，在图形上表现为倒 U 型的右边，就会破坏任何努力的尝试。

轻微的情绪高涨——心理学上称之为“轻度躁狂”——似乎对作家及其他要求思路清晰、想象力丰富的创造性职业最为理想，这种状态接近于倒 U 型的顶点。不过假如这种欣快症不加控制，发展成完全躁狂，个体的情绪在躁狂与抑郁之间来回变换，那么这种心理波动就会使思维涣散，影响正常的创作能力——尽管在这种状态下思维能够自由流淌，但由于过于涣散，无法组织出任何作品。

如果能一直保持好心情，个体灵活思考、处理复杂问题的能力就会增强，无论是智力方面还是人际交往方面的问题，都会更容易找到解决方法。这说明启发个体思维的一个途径是给他们讲笑话。大笑和情绪高涨一样，能使人们的思路更加开阔，联想更加自由，甚至能使人们注意到平时可能忽略的人际关系——这种心理技能不仅对创意很重要，对识别复杂的人际关系和预见特定决策的结果也很重要。

在要求用创造性思维解决问题的时候，大笑一场对智力的促进作用最为惊人。有研究表明，刚刚看完喜剧录像带的受测者能够更好地完成心理学家用于测试创意思维的智力游戏。[18] 受测者得到蜡烛、火柴以及一盒大头针，他们的任务是把蜡烛固定在软木墙上，而且燃烧时烛泪不能滴到地板上。大多数接受任务的人犯了“功能性固定”的错误，他们用常规的方法使用那些工具。但是刚刚看完滑稽影片的人——与其他看完关于数学或运动的影片的人相比——更容易发现装大头针的盒子的特殊用法，想出很有创意的解决方法，即把盒子钉到墙上，当烛台使用。

即使是轻微的情绪波动也会影响思维。心情好的人在制订计划时会产生一种认知倾向，这使他们的思维更加开阔和积极。部分原因在于记忆总是和特定的情景联系在一起，我们在心情好的时候会想起更多积极的事情。在衡量某种行动的利弊时，如果我们感到很高兴，记忆就会推动我们从积极的角度进行衡量，比如促使我们倾向于从事轻度冒险或者有风险的事情。

同样的道理，心情不好的时候，记忆就会偏向消极的方向，促使我们做出害怕、过度警惕的决定。情绪失控会破坏心智。不过正如第五章所论述的那样，我们可以使失控的情绪重新回到正轨，这种情绪竞争力是一种主导性向，它对其他智力的发挥起到促进作用。请考虑以下几种情况：希望和乐观的作用，以及人们战胜自我的伟大时刻。

潘多拉的盒子和盲目乐观的人：积极思考的力量

一群大学生遇到了以下假想情景：

你为第一次考试成绩设定的目标是 B，这次考试成绩占最后总成绩的 30%，结果你只得了 D。在知道自己得 D 的一个星期之后，你会怎么做？[19]

希望会带来完全不同的结果。仍然满怀希望的学生的反应是更加努力学习，想尽各种方法提高最后的总成绩。希望处于一般水平的学生想了几种提高成绩的办法，但缺少执行的决心。可想而知，觉得希望渺茫的学生这两方面都放弃了，士气受挫。

这并不是理论上的问题。堪萨斯大学心理学家 C. R. 斯奈德（C. R. Snyder）开展了这项研究，他比较了满怀希望和信心不足的大学一年级学生的实际学习成绩，发现相对于他们的 SAT 成绩而言，希望水平的高低能够更加准确地预测他们在第一学期的成绩。SAT 是衡量学生是否具备大学入学资格的标准考试，而且与智商高度相关。在智力水平大体相当的情况下，情绪潜能再次起到了关键的作用。

斯奈德说："满怀希望的学生为自己设立了更高的目标，并且清楚该如何努力实现目标。对于智力水平相当的学生，他们学习成绩出现差异的原因在于希望不同。”[20]

大家熟知的传说人物潘多拉，是古希腊的一位公主。妒忌她美貌的天神送给她一份礼物——一个神秘的盒子。天神告诉她不能打开这个盒子。但有一天，潘多拉按捺不住好奇和诱惑，她打开了盒盖一探究竟，结果把种种苦难释放到了人间——疾病、不安、疯狂。好在有位好心的天神让她及时关上盒子，留住了使悲惨人生变得可以承受的良药，那就是希望。

当代学者发现，希望不仅能给痛苦提供一丝慰藉，而且对人生有着难以置信的作用，无论是在学业还是职业领域，希望都会带来好处。严格地说，希望不仅仅是认为一切都会好起来的乐观看法。斯奈德把希望准确地定义为：“无论目标是什么，人们都相信自己有决心而且有能力实现既定的目标。”

从这个意义上说，人们对希望的感觉各不相同。有些人总是相信自己可以突破困境或找到解决问题的途径，而有些人就是不相信自己有精力、有能力或者有办法实现目标。斯奈德发现，希望处于高水平的人存在某些共同的特质，比如能够自我激励，感到有能力找到实现目标的方法，在紧要关头坚持认为事情会好起来，头脑灵活，能够寻找不同的方法实现目标或者在目标难以达到时及时调整目标，善于把艰巨的任务分解成较小的容易管理的部分。

从情绪智力的角度来看，拥有希望意味着个体不会屈服于难以遏制的焦虑——焦虑是失败主义者的态度，或者在重大挑战或挫折面前也不会沮丧悲观。事实上，有证据表明，心存希望的人追求人生目标时比其他人更少抑郁，总体上较少焦虑，而且情绪困扰也较少。

乐观主义：伟大的驱动器

关注游泳运动的美国人曾对1988年美国奥林匹克游泳队成员马特·比昂迪抱有很高的期望，一些体育评论员甚至吹捧比昂迪有可能与在1972年奥运会上获得7枚金牌的美国运动员马克·斯皮茨比肩。结果比昂迪在奥运会的第一项赛事200米自由泳中居然只获得了第三名，令人大跌眼镜。第二项赛事100米蝶泳，比昂迪在最后一米被另一位运动员赶超，再次与金牌擦肩而过。

体育评论员认为前面两项赛事的失利肯定会影响比昂迪后面的比赛，但是比昂迪从失败中奋起，在接下来的5项赛事中全都夺得了金牌。宾夕法尼亚大学心理学家马丁·塞利格曼（Martin Seligman）对比昂迪的东山再起一点儿都不感到奇怪，他在当年奥运会之前曾经对比昂迪进行过乐观测试。在塞利格曼的实验中，比昂迪的教练在一项展现比昂迪最佳表现的特别活动期间，故意告诉他一个比真实成绩差的虚假成绩。尽管得到不利的消息，但比昂迪在休息之后再次进行尝试，他的表现本来已经非常出色了，第二次的成绩甚至比原来更好。与此不同的是，如果其他运动员得到虚假的糟糕成绩，乐观测试显示他们很悲观，那么他们第二次尝试的成绩甚至会更加糟糕。[21]

乐观和希望一样，意味着抱有一种强烈的期望，即通常来说，尽管人们会遇到挫折和阻挠，但事情总会好起来。从情绪智力的角度看，乐观的态度是防止人们遇到困难时失去兴趣、陷入失望或沮丧的缓冲器。乐观和希望一样，能够向生活支付红利（当然前提是现实的乐观主义，盲目的乐观主义则会带来灾难）。[22]

塞利格曼用人们如何解释成功和失败来定义乐观。乐观的人把失败视为可以改变的东西，因此下一次他们就会成功；而悲观的人对失败感到愧疚，将其归结为一成不变、无法抗拒的东西。两种不同的解释深刻反映了人们如何对待生活。举个例子，对于求职失败这样令人失望的事情，乐观主义者的反应往往很积极，充满希望，比如制订行动计划或者寻求帮助和建议，他们把挫折看成是可以弥补的东西。与此相反，悲观主义者面对这种挫折，会认为自己下一次也没有办法把事情做得更好，因此面对困难一筹莫展，他们把挫折看成是个人的缺陷，这些缺陷将会永远困扰着他们。

和希望一样，乐观是学习成绩的风向标。在一项对宾夕法尼亚大学 500 名 1984 年入学的新生的研究中，比起他们的 SAT 成绩或中学成绩，学生的乐观测试分数更能准确地预测他们在大学一年级的学习成绩。从事这项研究的塞利格曼指出："大学入学考试可以衡量才能，而学生的解释模式可以表明谁放弃了。只有把适当的才能与面对失败勇往直前的能力结合起来，学生才会取得成功。能力测试所不能反映的是激励。要了解一个人，你需要知道他遇到挫折后是否会继续努力。我认为在智力水平一定的前提下，个体实际的成就不仅取决于才能，也取决于经受挫折的能力。"[23]

塞利格曼对联泰大都会人寿保险公司保险推销员的研究结果是乐观的激励作用最明显的体现之一。在所有推销行业，平静地接受拒绝是必不可少的能力，尤其是在推销保险产品的时候，推销员碰钉子的比例高得令人气馁。也正是因为这样，大约 3/4 的保险推销员在三年之内就放弃了这份工作。塞利格曼发现，天性乐观的推销员在工作的前两年卖出的保险产品比悲观的推销员要多 37%。而在工作的头一年，悲观者辞职的比例是乐观者的两倍。

此外，塞利格曼还说服联泰大都会人寿保险公司聘请了一批特殊的应聘者，这些人乐观测试的分数很高，但没有通过常规的遴选考试（该考试将应聘者的反应与成功保险代理提供的标准答案进行比较）。这批特殊的保险推销员在头一年卖出的保险比悲观者多 21%，在第二年多了 57%。

乐观者在推销行业的成功说明了乐观态度是一种情绪智力。推销员受到的每一次拒绝，都是一个小小的挫败。对挫败的情绪反应是调动足够的激励继续努力的关键。随着被拒绝次数的增多，推销员士气低落，再次拨打电话变得越来越困难。对悲观者来说，拒绝尤其难以承受，他们会把拒绝解读为“我是一个失败者，我永远也卖不出一份保险”——这种想法不是引发抑郁就是导致冷漠和失败主义。但是乐观者就不同了，他们会告诉自己“我的方法错了”，或者“那个人刚好心情很差”。他们把失败的原因归结于具体的情景而不是本人，因此他们再打电话的时候就会改变策略。悲观者的心理暗示引发了绝望情绪，而乐观者的想法却孕育了希望的机会。

积极或消极人生观的一个来源很可能是个体与生俱来的气质，有些人天生就乐观或悲观。不过第十四章将会谈到，气质可以被经验改变。乐观与希望，正如无助与绝望，人们可以通过后天学习获得。它们的基础都是心理学家称之为“自我效能”（self-efficacy）的价值观，即相信自己可以掌握自己的人生，直面挑战。任何类型竞争力的提高都会增强自我效能感，使人更乐于接受风险，寻找更多高难度的挑战。克服挑战反过来也会增强自我效能感。这种态度使人更有可能充分发挥已有的技能，或者从事发展这些技能的活动。

斯坦福大学心理学家阿尔伯特·班杜拉（Albert Bardura）对自我效能进行了大量研究，他将其总结为“人们相信自己有能力，这一点会对这些能力的水平产生深刻的影响。能力不是一种固定资产，能力的发挥有极大的变化空间。有自我效能感的人能从失败中复原，他们对待事情的态度是直接应对，而不是担心会犯错。”[24]

涌流：卓越的神经生物学

一位作曲家这样形容工作达到最佳状态的时刻：

> 你达到了一种如此入迷的境界，以致你感到自己几乎是不存在的。我经常会有这样的体验。我的手好像不属于我，而我和发生的事情一点儿关系也没有。我只是坐在那里充满敬畏和惊叹地看着，音符自己流淌出来了。[25]

作曲家的描述，和很多不同的男男女女（比如登山者、国际象棋冠军、外科医生、棒球运动员、工程师、经理，甚至档案管理员等）讲述自己在喜爱的活动中战胜自我的体验有着惊人的相似之处。芝加哥大学心理学家米哈里·齐克森米哈里（Mikaly Sikszentmihalyi）把这种状态称为“涌流”，他在长达20年的研究中收集了很多关于巅峰表现的描述。[26]运动员把这种状态称为“地带”，一旦进入了“地带”，就可以不费吹灰之力取得优异的成绩。此刻运动员全神贯注、满心欢喜，观众和其他竞争者似乎在他们眼前消失了。在1994年冬季奥运会上获得速度滑雪金牌的黛安·罗芙–斯坦洛特表示，她在滑完之后什么都不记得了，只觉得一阵轻松，“感觉就像瀑布奔涌而下”。[27]

进入“涌流”状态是情绪智力的至高境界。涌流也许意味着情绪控制在表演和学习的目的之下达到了极致。在涌流状态，情绪不受抑制和牵绊，而是积极的、充满活力的，与当前任务协调一致。个体如果处于抑郁倦怠或者焦躁不安的状态，就无法进入涌流。不过几乎每个人都曾经体验过涌流（或较小的支流）的状态，尤其是在进入巅峰状态或突破以前局限的时候。令人沉醉的做爱，水乳交融、合而为一，也许最能捕捉到涌流的状态。

涌流的体验让人非常愉快，涌流的特征是自然流淌的欢乐甚至狂喜。涌流的感觉很美妙，因此它内在的回报也非常丰厚。在涌流状态，人们全神贯注于所从事的活动，心无旁骛，他们的意识与行动融为一体。个体如果过于关注当前发生的事情就会阻断涌流，比如“我干得很棒”的想法可能会破坏涌流的感觉。此时，人们的注意力高度集中，只关注与当前任务有关的狭窄范围，忘掉了时间和空间。举个例子，有位外科医生回忆他在实施一个难度很大的手术时的涌流状态。他做完手术后注意到手术室的地板上有一些碎瓦砾，于是就问别人发生了什么事情。他非常吃惊地听到，原来在他全神贯注做手术的时候，有一块天花板掉了下来，但他完全没有注意到。

涌流是一种忘我的状态，与沉思和忧虑正好相反。处于涌流状态的人们并不是在精神紧张地冥思苦想，而是专注于当前的任务，失去所有的自我意识，把心里常常惦记的健康、金钱甚至成功通通抛诸脑后。从这个意义上说，涌流是无我的时刻。看似矛盾的是，处于涌流之中的人们对所从事的活动表现出很强的控制力，他们对不断变化的任务要求反应自如。在涌流之中，人们的表现达到了巅峰状态，但他们其实并不关心自己的表现，并不想着成功或失败——行为本身的绝对愉悦才是他们的动机。

进入涌流状态有几种途径。一是有意识地把注意力集中于当前的任务。涌流的本质是注意力高度集中。进入涌流的通道似乎存在一个反馈回路：个体需要一定的努力才能平静下来，集中注意力开始执行任务——第一步需要自律。而一旦注意力锁定于目标任务，一种内在的力量就会激发出来，它不仅能够减缓情绪波动，还使完成任务变得轻而易举。

如果人们发现某项任务属于他们所擅长的领域，但又稍微超出了他们的能力范围，那么他们在这种时候也可以进入涌流状态。用齐克森米哈里的话来说：“人们似乎在任务要求稍稍高于平常时最能集中精神，而且他们在这个时候的表现也会优于平常。如果要求过低，人们就会觉得乏味。如果要求过高难以应付，人们就会产生焦虑。涌流存在于乏味和焦虑之间的微妙地带。”[28]

自发的愉悦、优美以及有效性是涌流的特征，涌流与情绪失控导致边缘神经系统汹涌澎湃冲昏大脑是两码事。涌流状态中的注意力是放松而又高度集中的。这种注意力集中，与我们疲劳或乏味时强打精神，或焦虑、愤怒等侵扰性情绪控制注意力的情况完全不同。

除了强烈、高度刺激的轻微入迷的感觉，涌流是一种没有情绪静力的状态。涌流的前提是注意力集中，而入迷似乎是注意力集中的副产品。事实上，冥想传统的经典理论把专注的状态描述为纯粹的极乐：只有注意力高度集中才能引发涌流。

你会觉得处于涌流状态的人做事轻而易举，巅峰表现自然而然，而且是家常便饭。这种印象与人脑的运行机制极为相似，人脑也有类似的重复出现的矛盾现象，即最有挑战性的任务是用最少的心理能量完成的。在涌流状态，人脑处于“冷静”状态，其神经回路的唤起和抑制与当前要求协调一致。如果人们从事不需要努力集中和保持注意力的活动，大脑就会“安静下来”，表现为大脑皮层唤起减少。[29]由于涌流可以帮助人们在特定领域处理最艰巨的任务，无论是与国际象棋大师对弈还是解决复杂的数学问题，因此这个发现很不寻常。一般认为艰巨的任务会令大脑皮层更加活跃，而不是相反。不过涌流的一个关键是只在能力顶点的范围之内才会出现，此时技能得到很好的预演，神经回路的运行最为有效。

紧张的专注，即由忧虑引发的注意力集中，会引发频繁的大脑皮层活动。不过涌流和最佳表现似乎是大脑皮层效能的一片罕见的绿洲，只消耗极少的心理能量。这也许可以解释熟练的实践可以帮助人们进入涌流状态，只要掌握了任务的步骤，不管是身体活动比如攀岩，还是心理活动比如计算机编程，大脑的运作都会更加高效。相对于刚开始学习或者难度过大的活动，经过良好训练之后的活动，对大脑的消耗要少得多。同样的道理，人脑由于疲劳或紧张导致效率降低，就像紧张工作了一整天之后发生的情况一样，就会出现大脑皮层活动的精确度下降，大量额外的区域被激活——注意力被高度分散的神经状态。[30] 人在觉得乏味的时候也会处于同样的状态。不过，如果在涌流状态，大脑的运行效率达到最高峰，大脑的活跃区域与任务要求的联系就会非常精确。在这种状态下，即使面对艰巨的工作，个体也会感到轻松自如、神采奕奕，而不是筋疲力尽。

学习与涌流：一个教育的新模式

涌流是某项活动促使人们把自身潜能发挥到极致的状态，因此，随着人们技能的提高，需要更大的挑战才能激发人们的涌流状态。如果任务过于简单，就会使人乏味；如果任务过于复杂，就会使人焦虑而无法激发涌流。有人认为，涌流的体验可以激发技艺或技能进入炉火纯青的境界，也就是说，无论是拉小提琴、跳舞还是基因拼接，精益求精的精神至少是进入涌流状态的部分催化剂。齐克森米哈里对200 名从艺术学校毕业 18 年的艺术家进行了研究，发现那些在学生时代享受过绘画本身纯粹乐趣的人成了严肃的画家，而那些在艺术学校为名利所驱使的人，在毕业之后大多数离开了艺术领域。

齐克森米哈里说："画家一定要想着画画，画画高于一切。如果画家对着画布开始考虑他这幅画能卖多少钱，或者评论界会如何评论，他就无法独辟蹊径。创造性的成就取决于一心一意的投入。"[31]

涌流是精通一门技艺、职业或艺术的前提，同时也是学习的前提。除了成就测验所衡量的智力潜能之外，进入涌流状态的学生学习效果会更好。芝加哥一所特殊的科技高中，挑选数学测验成绩排名在前 5% 的学生，并由数学老师评估为高成就者或低成就者。研究者对学生如何利用时间进行监测，每位学生携带一个传呼机，在白天，传呼机会随机提醒他们记录当前从事的活动以及情绪状态。不出所料，低成就者每周在家学习的时间只有 15 个小时，比高成就者的 27 个小时要少得多。低成就者不学习的时候把大部分时间都花在社交上，与朋友或家人出去玩耍。

研究者通过分析学生的情绪状况，有了一个显著的发现。高成就者和低成就者每周都会把大量时间花在乏味的活动上，比如看电视，这些活动对他们的能力没有造成任何影响。当然大部分青少年都是如此。他们之间主要的差异在于学习的体验。对于高成就者，在 40% 的学习时间里，他们感受到了愉快、专注的涌流状态。但对于低成就者，他们只在 16% 的学习时间里出现涌流状态，而且他们在行为要求超出能力水平的时候往往产生焦虑情绪。低成就者从社交活动而不是学习当中获得乐趣和涌流的感受。总之，能够达到并超过自身学业潜力水平的学生，往往更容易被学习吸引，原因在于学习会令他们进入涌流状态。悲哀的是，低成就者无法磨炼可以让自己进入涌流状态的技能，这不仅令他们丧失学习兴趣，还有可能限制他们完成智力任务的水平——也许他们将来会发现这些智力任务很有趣。[32]

提出多元智能理论的哈佛大学心理学家霍华德·加德纳认为，涌流及其积极的心理状态是教导儿童最健康的途径之一。也就是说，不用威胁或奖赏，而是从内在激发儿童的积极性。加德纳提出："我们应该利用孩子们积极的状态，把他们吸引到可以发展自身竞争力的领域进行学习。涌流是一种内在的状态，它意味着孩子从事的是恰当的活动。你必须找到感兴趣的东西，并持之以恒。孩子如果对学校感到厌烦，就会打架闹事；如果对功课感到焦虑，就会害怕挑战。如果你有感兴趣的活动，并从这项活动中获得乐趣，你的学习效果就会很好。”

很多学校把加德纳多元智能模型付诸实践，其制定的教育策略着眼于辨别儿童的专长，使其发挥长处、改正缺点。比如，相对于其他不擅长的领域，有音乐或运动天赋的儿童在这些领域更容易进入涌流状态。了解儿童的特点可以帮助教师调整教育方式，因材施教，提供从补习班到强化班等各种层次的课程，使儿童获得最优化的挑战。通过这种方式，学习会变得更有趣，不再令人厌烦或恐惧。加德纳认为，“希望在于，如果孩子们从学习中获得涌流的感觉，他们就会勇于尝试新领域的挑战”，他还补充说经验可以证明这一点。

更有普遍意义的是，涌流模型揭示了掌握任何技能或知识最理想的状态是顺其自然，把孩子吸引到他感兴趣的领域，从本质上说，也就是孩子热爱的领域。最初的激情可能孕育出高水平的造诣，孩子意识到有所追求——无论是在跳舞、数学还是音乐领域——是涌流快感的源泉。由于保持涌流状态要求个体不断突破自身能力界限，因此涌流成为精益求精的主要推动力，也是孩子的快乐源泉。当然，与大多数人在学校接受的教育模式相比，这是一种更加积极的学习和教育模式。谁不会在回忆校园生活的时候，多多少少想起那些枯燥与焦虑相互交织的时光呢？对于以教育为出发点的情绪控制，通过学习获得涌流状态是一种更加人性化、更加自然，而且很有可能更高效的方式。

这从更普遍的意义说明了把情绪导向有利的结果是一种主导性向。不管是控制冲动还是延迟满足，对自身情绪进行调节，使其有助于思考而不是妨碍思考，自我激励，勇于尝试，百折不挠，或者寻找办法进入涌流状态，使表现更为出色，都揭示了情绪对于有效活动的导向性作用。

第七章

同理心的根源

回到我们此前介绍过的加里的案例，那位患有“述情障碍”的出色的外科医生，不仅对自己的感受毫无察觉，对未婚妻艾伦的感受也无动于衷，这让艾伦饱受困扰。和大多数述情障碍者一样，加里没有同理心，也难以体察他人的心理。艾伦说起自己的情绪很低落，加里却不会产生同情；如果艾伦说起爱，他就改变话题。加里会对艾伦所做的事情进行“有帮助的”评价，但他没有意识到他的评价会让艾伦感觉受到打击，而不是帮助。

同理心的基础是自我意识，我们对自身的情绪越开放，就越善于理解情绪。[1]像加里这种述情障碍者，他们不清楚自身的感受，对于他人的感受更是一无所知。他们是情绪的失聪者。情绪的音调与和弦交织在人们的言语和行动中，比如言之凿凿的声调、姿态的变换、别有深意的沉默或泄露秘密的颤抖，这一切他们浑然不觉。

述情障碍者不仅不清楚自己的感受，如果别人向其表达感受，那么他同样也会感到困惑。无法接收他人的感受是情绪智力的一个重大缺陷，也是人生的悲惨失败。从根本上说，关怀起源于情绪的协调性，起源于同理心。

同理心，即了解他人感受的能力，在人生的很多竞技场上发挥着重要的作用，从销售和管理到谈情说爱和养儿育女，再到同情关爱和政治行动。没有同理心会产生严重的后果，比如在精神病罪犯、强奸犯和娈童犯身上就看不到同理心。

人们用言语表达出来的情绪很少，情绪更多的是体现为其他信号。凭直觉感知他人的感受，关键在于理解非言语信息的能力，比如声调、姿势、面部表情等。哈佛大学心理学家罗伯特·罗森塔尔及其学生对人类非言语信息的理解能力进行了一项大型研究。罗森塔尔设计了旨在测试同理心的非言语敏感性测验（Profile of Nonverbal Sensitivity, PONS），他让人拍下一位年轻女性表达各种感受的系列录像，比如厌恶或母爱等。[2]后来又增加了妒忌的愤怒、请求原谅、表达感激以及引诱等画面。经过精心剪辑，录像的每一组画面被系统地屏蔽了一种或多种非言语传播渠道，比如把某些画面的声音抹掉，把面部表情之外的其他线索全部去除，或者画面只展现肢体动作等，因此受测者只能根据某一特定的非言语线索来辨别录像中人物的情绪。

研究者测试了美国及其他 18 个国家的 7 000 位人士，能够根据非言语线索理解情绪的好处包括：更善于调节情绪，更受人欢迎，更加外向，同时还更加敏感。一般而言，女性的同理心要强于男性。在为时 45 分钟的测试中表现有所改善的人——说明他们拥有学习同理心的天赋——与异性的关系更加亲密。同理心还能促进爱情生活，这一点也不奇怪。

与情绪智力的其他要素一样，同理心敏感度测试的分数与 SAT、智商测试或成绩测试的分数只存在偶然的联系。专为儿童设计的特殊非言语敏感性测验同样证实了同理心独立于学业智力。总共有 1 011

名儿童参加了这项测验，那些具有解读非言语情绪能力的儿童，是学校里最受欢迎的人，同时也是情绪最稳定的人。[3]尽管他们的平均智商并不比那些不擅长解读非言语信息的儿童高，但他们的学习成绩更出色。这说明掌握同理心技能有助于课堂学习效率的提高（或单纯使老师更加喜欢他们）。

言语是理性脑的模式，而非言语是情绪脑的模式。如果一个人说的话与他表现出来的声调、姿势或其他非言语方式不一致，那么他真实的情绪在于他说话的方式，而不在于他说话的内容。传播学研究的一个经验法则是 90% 或以上的情绪信息是非言语的。非言语信息——声调里的焦虑、快速动作中所包含的怒气，通常会被对方下意识地接受，人们没有特别留意信息的本质，只是心照不宣地接受并回应。我们在这方面的能力，即同理心的技能，基本上也是心照不宣地学会的。

同理心的发展

9 个月大的侯普看到另一个宝宝摔倒了，侯普的眼泪夺眶而出，爬到妈妈怀里寻求安慰，好像摔疼的是她自己。15 个月大的迈克尔用自己的泰迪熊玩具安慰哭泣的小伙伴保罗。保罗还是哭个不停，迈克尔又找来了保罗的安全毯给他依偎。宝宝们充满同情和关怀的小举动是他们的妈妈观察到的。在一项研究中，妈妈们接受训练，负责记录自己宝宝的同理心行为。[4]这项研究的结果表明，同理心的根源可追溯到婴儿期。几乎从出生起，婴儿如果听到别的婴儿在哭，那么他们也会感到不安。有人把婴儿的这种反应看作同理心的萌芽。[5]

发展心理学家发现，婴儿甚至在充分意识到自己相对于他人是独立的个体之前，就会为同情而苦恼。在出生几个月后，婴儿对周围人的不安会做出反应，好像自己遇到不安一样，看到别的婴儿流泪自己也会哭。长到一岁左右，婴儿开始意识到不幸不是发生在自己身上而是发生在他人身上，不过他们对如何反应仍然感到困惑。比如纽约大学的马丁·L.霍夫曼（Martin L. Hoffman）研究发现，一岁大的婴儿会把自己的妈妈叫过来安慰哭泣的小伙伴，而没有意识到小伙伴的妈妈此刻也在房间里。婴儿的困惑还表现在，年仅一岁的他们还会模仿他人的困扰，这也许是为了更好地理解他人的感受。比如，如果看到别的宝宝手指受伤，他们可能会把自己的手指放进嘴里，看自己是不是也受伤了。有个宝宝看到自己的妈妈在哭就去抹自己的眼睛，尽管他的眼睛里并没有泪水。

婴儿的这种行为被称为"动作模仿"（motor mimicry），"同理心"的原始含义就是"动作模仿"。"同理心"一词由美国心理学家 E. B. 蒂奇纳（E. B. Titchener）在 20 世纪 20 年代最早使用。同理心现在的意义与其最初从希腊文"empatheia"转化为英文时的原意稍有不同。"empatheia"意为"感受到"，美学理论家最初用它来形容感知他人主观体验的能力。蒂奇纳提出，同理心起源于一种对他人困扰的身体模仿，个体通过模仿引发相同的感受。他用"同理心"与"同情心"进行区分，同情心是指对别人的遭遇感到同情，但并没有体会到和别人一样的感受。

大约两岁半的时候，动作模仿现象从婴儿身上消失了，此时他们意识到他人的痛苦与自己的痛苦是不同的，而且能够更好地安慰他人。一位妈妈的日记中记录了一个典型的事件：

> 邻居家的宝宝哭了……珍妮走过去，想给他一些曲奇饼。她围着他团团转，自己开始哭起来。然后她试图抚摸他的头发，但被他拨开了……他自己慢慢平静下来了，但珍妮仍然很担心。她一直递给他玩具，轻轻拍他的头和肩膀。[6]

在这个阶段，幼儿对他人情绪不安的敏感性开始出现分野，有些孩子像珍妮那样感觉敏锐，有些孩子则迟钝一些。美国国家心理健康研究所的玛丽安·拉德卡–雅罗（Marian Radke-Yarrow）和卡洛琳·赞–韦克斯勒（Carolyn Zahn-Waxler）进行的系列研究发现，同理心出现差异主要与父母如何约束孩子有关。比如父母要求孩子特别注意他们的错误行为对他人造成的困扰，“看看你让她多难受”，而不是“你真淘气”。研究者还发现，观察其他人在面对别人的困扰时如何反应也会影响同理心的塑造。通过模仿自己看到的东西，儿童同理心反应的知识体系得到了发展，尤其是懂得了怎么帮助受到困扰的人。

善于协调的孩子

莎拉在 25 岁那年生下了一对双胞胎儿子马克和弗雷德。她觉得马克更像她，而弗雷德更像爸爸。莎拉的印象也许无形中导致她用不同的方式对待双胞胎，影响既显著又微妙。在双胞胎三个月的时候，莎拉常常让弗雷德盯着她看，如果他转过脸去，莎拉就会试图再次抓住他的目光。这时候弗雷德会更加断然地转过脸去。而一旦莎拉看别的地方，弗雷德就会回过头来看她，追逐和躲避的循环再次开始了，这种把戏常常把弗雷德弄哭。但对马克，莎拉几乎从来不像对待弗雷德那样故意进行眼神接触。相反，马克可以随心所欲地中断眼神接触，莎拉从来不追逐他的目光。

这种举动看似无足轻重，但意味深长。一年之后，弗雷德明显比马克更胆怯，依赖性也更强。他表达恐惧的方式是中断与他人的眼神接触，就像他三个月时对待他妈妈那样，低头把脸转过去。但马克会直接看别人的眼睛，如果他想中断眼神接触，他就会微微向上抬起头，然后转到一边，带着胜利的微笑。

这对双胞胎和他们的母亲参与了康奈尔大学医学院心理学家丹尼尔·斯特恩（Daniel Stem）的研究，他对他们的行为进行了细致的观察。[7]斯特恩对父母与孩子之间琐碎、重复的互动非常入迷，他相信情绪生活最基础的经验就是在这种亲密的时刻建立起来的。亲子互动最关键的时刻是让孩子知道他们的情绪会被待之以同理心，会为人所接受并得到回应，斯特恩将这个过程称为“协调”。双胞胎的妈妈与马克协调一致，但与弗雷德的情绪不同步。斯特恩认为，亲子之间无数次重复的协调一致或者不相协调的时刻，塑造了孩子成人以后对亲密的人际关系的情感期望，这种影响也许比童年期重大事件的影响更加深刻。

协调发生在无声无息之际，它是人际关系变奏的组成部分。斯特恩把母婴相处场景拍摄成几个小时的录像，进行了细致入微的研究。他发现，妈妈通过协调让宝宝知道她明白宝宝当前的感受。比如宝宝发出高兴的尖叫，妈妈通过轻轻摇晃、发出咿咿呀呀的声音，或者配合宝宝的叫声发出相应的声调，以此来肯定宝宝的快乐。又如宝宝晃动拨浪鼓，作为回应，妈妈迅速摇晃起来。在母婴互动过程中，来自妈妈的肯定信息与宝宝的兴奋水平不同程度地互相呼应。微妙的协调让婴儿确认他的感受得了情绪回应，斯特恩发现，妈妈与宝宝互动时，大约每分钟就会向宝宝发出回应的信息。

协调与简单的模仿有很大的差异。斯特恩告诉我：“如果你只模仿宝宝，那么这仅仅说明你知道他的行为，而不是他的感觉。要让宝宝知道你能够体会他的感受，你必须用另一种方式回应宝宝的内在感受，这时宝宝就会知道他得到了理解。”

在成年人的生活中，与母婴之间亲密的协调最为接近的也许是做爱。斯特恩写道，做爱“包含了感受对方主观状态的体验：共同的欲望，一致的意图，同步转变唤起的相互状态”。爱侣之间反应同步一致，心领神会，和谐融洽。[8]做爱的至高境界是同理心的一种相互行为，而最糟糕的做爱则缺少情绪的相互性。

不协调的代价

斯特恩认为，婴儿从反复的协调开始发展出一种感觉，即他人可以并愿意分享自己的感受。婴儿大约在八个月的时候产生这种意识，他们开始意识到自己与他人是分离的，生活中亲密的人际关系继续塑造他们的认知。父母与孩子不协调的影响非常严重。在一个实验中，斯特恩要求妈妈们故意对宝宝要么过度反应要么毫无反应，而不是与他们协调一致，结果宝宝们立刻变得绝望和困扰。

父母与孩子之间缺少协调的时间如果过长，孩子的情绪就会受到极大的负面影响。如果父母对孩子的特定情绪，比如欢乐、泪水、拥抱的需要等，一直没有表现出同理心，孩子就会开始回避表达，甚至可能不愿意再感受相同的情绪。我们由此可以推测，孩子将会慢慢停止把这些情绪用于亲密的人际关系，如果孩子在童年期感受一直被忽略的话尤其如此。

同样的道理，儿童可能会养成负面的情绪，这取决于他们获得哪些情绪的回应。即使是婴儿也能“捕捉”情绪，比如三个月大的婴儿，如果妈妈患上抑郁，相对于其他婴儿，他们在与妈妈玩耍时会反映妈妈的情绪，表现出更多的愤怒和悲伤，以及更少自发的好奇心和兴趣。[9]

在斯特恩的研究中，有位妈妈经常对宝宝的活跃水平不做回应，宝宝最终就会变得消极被动。斯特恩指出：“被妈妈这样对待的婴儿明白了，我兴奋的时候不能让妈妈感到同样兴奋，所以我还是不要尝试了。”不过“修复”关系还是有希望的：“生活中的人际关系，比如与亲戚朋友的关系，或在心理治疗过程中产生的关系，会继续塑造个体人际关系的运行模式。一时的不平衡可以在后来得到矫正，这是一个持续一生的过程。”

有多种心理分析理论认为，人际关系治疗的实质是提供情绪矫正，即对协调的修复。一些心理分析理论家用“镜像”一词描述治疗师理解病人的内心状态并对病人进行回应的过程，如同善于协调的母亲与宝宝之间的互动交流。情绪的同步性心照不宣，而且难以为意识所察觉，但病人可能会产生被人深深地认同和理解的感觉。

童年期缺少协调的情绪代价非常大，会对儿童的一生产生影响。对罪行最严重的暴力罪犯的研究表明，与其他罪犯相比，他们早期生活的一个特征是被迫辗转于不同的收养家庭，或者在孤儿院长大——他们的生活经历决定了他们的情绪受到忽略，几乎没有获得协调的机会。[10]

情绪忽略会削弱同理心，而强烈、持续的情绪虐待，比如残忍可怕的威胁、人格侮辱及尖酸刻薄，会导致一种可悲的结果。遭受情绪虐待的儿童对他人的情绪会变得极度戒备，这是受到精神创伤后对预示着威胁的信号的一种警觉。这种对他人感受强迫性的关注常见于心理受虐待的儿童，他们成年之后会情绪紧张，喜怒无常，有时还会被诊断为“边缘型人格障碍”。他们当中的很多人非常善于感知他人的感受，他们在童年期曾遭受情绪虐待的情况很普遍。[11]

同理心的神经病学

和神经病学的情况一样，研究同理心大脑基础的最早线索来自古怪离奇的病例报告。比如 1975 年的一份研究报告分析了几个额叶右侧区域受到损伤的病人的案例，病人出现了离奇的退化，尽管他们完全明白别人的话，但他们不能根据别人的声调理解情绪的信息。挖苦的“谢谢”、感激的“谢谢”以及愤怒的“谢谢”对他们而言意思完全一样。与此相对的是，1979年的一份报告提到了右半脑其他区域受损的病人，他们在情绪知觉方面存在完全不同的缺陷。这些病人不能用声调或姿态表达自身的情绪。他们知道自己的感觉，但表达不出来。不同的研究者指出，所有这些大脑皮层区域都与边缘系统有着非常密切的关系。

加利福尼亚理工大学精神病学家莱斯利·布拉泽斯（Leslie Brothers）在一篇关于同理心生物学的研讨论文中，对上述研究进行了文献回顾。[12] 布拉泽斯介绍了同理心神经病学的发现以及对动物进行的比较研究，他指出杏仁核及其与视觉皮层的联结区域是形成同理心的关键大脑回路的一部分。

很多相关的神经病学研究以动物尤其是非人灵长类动物为受测者。灵长类动物的同理心（布拉泽斯喜欢把同理心称为“情绪沟通”）不仅是一种趣闻逸事，而且通过实验得到了证实。首先，研究者在恒河猴一听到某种声音的时候就对它们进行电击，训练它们害怕这种声音。然后，教它们学会避免电击，一听到这种声音就推动杠杆。接下来，这些猴子被成对放到独立的笼子里，两只猴子唯一的沟通渠道是闭路电视，它们能通过电视看到对方的脸。研究者只让第一只猴子听到可怕的声音，第一只猴子的脸上出现了害怕的表情。这时第二只猴子通过电视看到了第一只猴子害怕的表情，于是推动杠杆避免电击。猴子的行为如果不是出于利他主义，就是出于同理心。

在证实非人灵长类动物能够根据同伴的面部表情理解其情绪之后，研究者把长而尖的电极棒小心地刺进猴子的大脑。电极棒可以记录大脑视觉皮层和杏仁核单个神经元的活动。结果显示，猴子看到同伴的表情时，有关信息首先激起视觉皮层神经元的反应，然后才是杏仁核的神经元。这条通道正是信息唤起情绪的标准通道。不过令人意外的是，研究者还监测到某些视觉皮层神经元只对特定的面部表情或姿势做出回应，比如带有威胁的血盆大嘴、因为害怕而扭曲的面部或者驯服的蜷缩。这些神经元与同一区域辨别熟悉面孔的其他神经元有所不同。这也许表明造物主从一开始就为大脑设计了对特定的情绪表达做出回应的机制，也就是说，同理心是天生的。

布拉泽斯指出，关于杏仁核和皮层的联系被切断的野生猴子的研究，从另一个方面证实了杏仁核-皮层通道对理解和回应情绪的关键作用。当这些猴子被放生回到猴群之后，它们能够应付一般的任务，比如填饱肚子和爬树。不过这些可怜的猴子完全不知道该如何对同伴做出情绪回应。即使别的猴子善意地靠近它们，它们还是会逃走，最终独自生活，避免与猴群的联系。

布拉泽斯认为，特定情绪的神经元集中的皮层区域也是与杏仁核联系最为频繁的区域。理解情绪离不开杏仁核-皮层神经回路，它对协调个体做出准确的回应起到关键的作用。布拉泽斯指出，对于非人灵长类动物，“这种机制的保命价值非常重大”。“对其他个体的靠近的觉知，会引发特定的‘心理回应’模式，而且根据对方攻击、安静地休息或求偶的来意迅速做出回应。”[13]

加利福尼亚大学伯克利分校心理学家罗伯特·利文森（Robert Levenson）的研究显示，人类同理心的生理基础与此相似。他对已婚夫妇吵架时试图猜测对方心理感受的现象进行了研究。[14]他的方法很简单：把夫妇俩讨论婚姻家庭的某些问题（比如孩子教育、消费习惯等）的场景拍摄成录像，并测量他们的生理反应。然后让他们看录像并讲述自己当时的感受。最后让他们再看一次录像，并试图理解对方的感受。

与配偶的生理水平同步的丈夫或妻子，同理心的准确度最高。也就是说，当对方不断地冒汗时，他们也会冒汗；当对方心率下降时，他们的心跳也变慢了。简而言之，他们的身体时时刻刻都在模仿配偶微妙的身体反应。在最初的互动期间，如果观看者的生理模式只是不断地自我重复，他们就很难揣测配偶的感受。只有在身体反应同步的情况下才会产生同理心。

这说明在情绪脑以强烈的反应驱动身体时，比如发火的时候，很少或者不会产生同理心。同理心要求个体保持足够的冷静和感受力，以便情绪脑接收和模仿他人微妙的情绪信号。

同理心和道德：利他主义的根源

16 世纪英国诗人约翰·多恩的“不要问丧钟为谁而鸣，它就是为你而鸣”是英语文学史上最著名的诗句之一。多恩的诗句说出了同理心与关怀之间关系的核心：他人的痛苦即自身的痛苦。与他人感同身受也就是关怀他人。从这个意义上说，同理心的反面是厌恶。同理心的态度是不断地进行道德判断，因为道德困境会牵涉潜在的受害者：你该为了不让朋友感情受到伤害而撒谎吗？你该履行诺言去探望生病的朋友，还是接受最后一刻的晚宴邀请？对于没有生命维持系统就会死去的病人，生命维持系统应该运行到什么时候？

上述道德问题是同理心研究专家马丁·L. 霍夫曼提出的，他认为道德的根源在于同理心，因为正是与潜在受害者——比如遭受痛苦、威胁或者贫困的人——感同身受，愿意与之分担困苦，才促使人们行动起来帮助他们。[15] 霍夫曼认为，同理心除了与人际交往中的利他主义有直接的联系之外，设身处地为他人考虑的力量还促使人们遵循一定的道德准则。

霍夫曼认为，个体从婴儿期开始就自然发展出同理心。我们知道，一岁大的婴儿看见别人摔倒会深受困扰并哭起来。婴儿的感受非常强烈和直接，他会把自己的手指含在嘴里，并把头埋在妈妈的膝盖上，好像自己受伤一样。一岁之后，婴儿对自己与他人的区分有了更多的意识，他们会很积极、很努力地安慰其他哭泣的婴儿，比如把自己的泰迪熊玩具送给小伙伴。在两岁的时候，婴儿开始意识到他人的感受不同于自身的感受，因此他们对他人感受的蛛丝马迹变得更为敏感，比如此时他们会认识到，对于骄纵的婴儿，对付他们眼泪的最好办法是不去过多地关注他们。

同理心的最高水平出现在童年期后期，在这个阶段，儿童能够超越当下的情景来理解负面情绪，并认识到他人的生活状况或状态也许是其长期受到困扰的根源。此时他们可以感受到整个群体的困苦，比如穷人、受压迫的人以及被遗弃的人。这种理解到了成年期会演变成以希望减少贫困和不公正为核心的道德信念。

同理心在很多方面构成道德判断和行动的基础。其中一种是“同理心愤怒”，19 世纪英国古典自由主义思想家约翰 · 斯图亚特 · 穆勒将其形容为“报复的自然感受……出于智力以及对伤害的同情心，伤害他人也就是伤害我们”。穆勒还将其称为“正义的捍卫”。同理心导致道德行为的另一个事例是旁观者代表受害者进行干涉行动。有研究表明，旁观者对受害者的同理心越强烈，他进行干涉的可能性就越大。还有证据表明，人们的同理心水平会影响他们的道德判断。比如德国和美国的研究表明，人们的同理心越强，就越赞成资源按需分配的道德准则。[16]

没有同理心的生活：恋童者的心理，反社会分子的道德观

埃里克·埃克卡得卷入了一桩臭名昭著的罪行。身为花样滑冰运动员托尼娅·哈丁的保镖，他参与谋划了对哈丁1994年冬奥会花样滑冰金牌的主要竞争对手南希·克里根的袭击。克里根在袭击中膝盖受伤，在关键的训练期间只能待在场外休息。埃克卡得在电视上看到流泪的克里根，突然感到悔恨，向一位朋友透露了自己的秘密，最后袭击者被绳之以法。这就是同理心的力量。

那些犯下惨无人道罪行的人通常缺乏同理心，因而酿成惨剧。强奸犯、恋童者以及很多家庭暴力罪犯常常存在生理的断层线，缺乏同理心。他们无法感受到受害者的痛苦，因此会为自己的犯罪行为辩解开脱。强奸犯的辩解包括“女人其实希望被强奸”，或者“如果她反抗，那么她只是在欲迎还拒”。对于恋童者，“我没有伤害儿童，只是为了表达爱”，或者“这只是爱的另一种形式”。这些自我辩解全部出自因为心理问题而接受治疗的施暴者之口，他们在施暴或者准备施暴的时候就是这样告诉自己的。

这些人在对受害者实施伤害时，同理心完全被蒙蔽了，这通常是加速他们暴行的情绪循环的一部分。我们不妨来见证一下导致儿童性侵犯等性犯罪行为的情绪发展过程。[17] 这个循环从恋童者情绪低落开始，比如他们在电视上看到快乐的伴侣会感到愤怒、沮丧或寂寞，然后对寂寞感到绝望。于是，恋童者通过幻想来寻求慰藉，他们常常幻想与孩子建立温馨的友谊，进而演变成性幻想，最后以手淫告终。恋童者的悲伤暂时得到缓解，不过这种缓解的效果很短暂，更强烈的绝望和寂寞会卷土重来。恋童者开始考虑把幻想付诸行动，用“只要孩子身体没有受到伤害，我就不会造成真实的伤害”和“如果孩子真的

不想和我发生关系，那么她可以阻止我”等借口来为自己开脱。

此时，娈童者透过畸形的幻想看待孩子，而不是带着同理心体会一个真实的孩子在这种情景之下的感受。这种情绪断裂的特征一直体现在后来的整个过程，从为诱使孩子独自一人制订周密计划，到对即将发生的事情进行精心预演，再到实施计划。在此过程中，娈童者好像认为孩子没有自己的感受，相反，他幻想孩子的态度很合作。孩子的情绪——厌恶、恐惧被忽略了。一旦娈童者注意到孩子的情绪，对他来说这就会“破坏”一切。

娈童者或类似侵犯者对受害者完全缺乏同理心，这是为其设计的新治疗方法的主要关注点之一。在一个最有希望的治疗项目中，侵犯者要阅读与自身罪行类似的犯罪描述，材料从受害者的角度展开叙述，令人心痛动容。他们还要看录像，观看受害者泪流满面地诉说被侵犯的感觉。然后侵犯者要从受害者的角度写下他们的罪行，想象受害者的感受。他们在治疗小组里把自己写的东西朗读出来，然后试图从受害者的角度回答关于侵犯的问题。最后，侵犯者要重新模拟一次犯罪行为，不过这次他们扮演的是受害者的角色。

这种治疗方法叫作“观点采择”，设计者是佛蒙特州犯罪心理学家威廉·皮瑟斯。他告诉我，“对受害者的同理心改变了侵犯者的认知，侵犯者即使在幻想中也很难否定受害者的痛苦”，从而激发侵犯者与其邪恶的性欲进行抗争。在狱中接受治疗项目的性侵犯者与没有接受该项目的性侵犯者相比，他们刑满释放后继续实施侵犯行为的概率只有后者的一半。如果没有同理心的激发，其他的治疗就不会起到任何作用。

对像娈童者这种性侵犯者培养同理心的希望不大，对于另一类犯罪者，即精神错乱的侵犯者（这种人近年在精神病诊断里又被称为“反社会分子”），更是难上加难。声名狼藉的反社会分子对最残忍最无情的行为没有丝毫悔恨之意。精神错乱，即无法感受到任何同理心或同情心，或者不会受到任何良心的责备，是最复杂的情绪缺陷之一。精神错乱者冷漠的根源可能在于他们无法进行哪怕是最浅层次的情绪联系。最残忍的罪犯——比如施虐成狂的连环杀手——会从受害者临死前的痛苦中得到极大的快乐，这些人是精神错乱者的典型代表。[18]

精神错乱者还善于撒谎，他们为了得到想要的东西可以信口开河，还会操控受害者的情绪，极尽讥讽挖苦之能事。洛杉矶黑帮分子、年仅 17 岁的法罗曾经在驾车时随意开枪，使一位母亲和她的孩子成残疾人。他在描述自己的行为时骄傲多于悔恨。当时法罗和里昂·炳坐在车上，后者正在写作一本关于洛杉矶黑帮“瘸子帮”和“血帮”的书，法罗想向他炫耀一番。法罗告诉炳，他准备给另外一辆车里的“两个伙计一点儿颜色看看”。炳是这样描述当时情景的：

> 开车的人感到有人在看他，向我的车瞥了一眼。他和法罗对望了一眼，眼睛突然睁大了。然后他避开了法罗的目光，向下看，看向别处。我在他眼里非常清楚地看到了恐惧。

法罗又向炳展示了他刚才对另一辆车里的人流露的神情：

> 他直直地看着我，脸色陡然一变，好像在玩延迟摄影的把戏。他的脸会让人做噩梦，惨不忍睹。他的脸告诉你，如果你迎着他的目光对视，如果你敢挑战他，那么你最好能坚持到底。他的表情分明写着，他根本什么都不在乎，不管是你的性命还是他的性命。[19]

当然，对于犯罪这种复杂的行为，有很多看似合理的解释并没有涉及生物基础。其中一种解释是情绪技能的反常类型——恐吓他人——在暴力社区可以用来自保，当然也可能引发犯罪。在这些情况下，同理心泛滥反而不利。事实上，有选择地舍弃同理心在很多时候是一种“美德”，从刑讯逼供的“坏警察”到恶意收购公司股票的“黑武士”无不如此。比如，为恐怖国家服务的施暴者讲述了为完成“任务”，他们怎样学会与受害者的感受相剥离。操控的方法有很多种。

缺乏同理心更有害的一面是在对严重虐妻犯的研究中被偶然发现的。该研究显示很多有暴力倾向的丈夫出现了生理异常，他们经常殴打自己的妻子，或者用刀或枪威胁她们。丈夫施暴时并没有被怒火冲昏头脑，而是处于一种冷酷无情、老谋深算的状态。[20]他们心跳放慢而不是加速——心跳加速通常是愤怒不断累积的表现。这说明他们生理上变得更加平静，与此同时更加好斗和残忍。他们的施暴更多的是一种精心策划的恐怖行为，用恐怖的方法迫使妻子就范。

冷漠残忍的丈夫有别于其他虐妻犯。首先，他们在婚姻生活之外更有可能表现出暴力，容易卷入酒吧纷争，与同事和其他家庭成员吵架等。大部分虐妻者是在冲动之下对妻子实施暴力的，他们感到被拒绝或嫉妒，或者是出于被遗弃的恐惧才会怒火中烧，而老谋深算的虐妻者会在毫无理由的情况下对妻子实施暴力，一旦他们开始，不管妻子做什么——包括逃跑——都会被视为对他们的反抗。

有研究精神错乱罪犯的专家推测，这种人冷酷无情、控制欲强，缺少同理心或关怀，其根源有时是神经缺陷[a]。对于冷酷无情的精神错乱者，他们的生理基础可能表现为两种形式，都与通往边缘脑的神经

a. 即使某种犯罪行为中存在生物模式的作用，比如同理心存在神经方面的缺陷，这也并不意味着所有的罪犯都存在生物缺陷，或者犯罪行为存在某种生物标记。这个问题的争议非常大，公认的观点是犯罪行为不存在生物标记，当然也没有“犯罪基因”。即使在某些例子中缺乏同理心存在生物基础，这也不意味着有此特征的人会犯罪，其他人不会犯罪，应该把缺乏同理心与引发犯罪的其他生理、经济和社会因素综合起来加以考虑。

通道有关。在一个实验中，研究者让受测者辨认快速闪过的词语，同时测量其脑波。词语闪现的速度非常快，大约是 1/10 秒。大多数人对诸如“杀”这种情绪性词语的反应明显不同于诸如“椅子”这种中性词。如果情绪性词语闪过，受测者的判断就会更迅速，其大脑对情绪性词语表现出一种独特的脑波模式，而对于中性词就不会出现这种现象。但对精神错乱者的研究发现，他们不会出现这些反应，他们的大脑不仅对情绪性词语没有显示出独特的脑波模式，而且反应速度也没有加快，这说明他们辨认词语的言语皮层与赋予词语感受的边缘脑之间的神经回路遭到了破坏。

从事此项研究的不列颠哥伦比亚大学心理学家罗伯特·哈尔（Robert Hare）认为，研究结果表明精神错乱者对情绪性词语的理解很肤浅，这是他们情感世界较为浅薄的一种反映。哈尔指出，精神错乱者的麻木不仁部分原因在于他在早期研究中发现的另一种生理模式，这种生理模式同时显示了这种人的杏仁核与相关神经回路运行不规则的现象。他发现，准备接受电击的精神错乱者没有显示出任何准备经受痛苦的人身上常见的恐惧反应。[21] 哈尔认为，由于痛苦的预期没有激发精神错乱者的焦虑情绪，他们对自己的行为在未来将会受到的惩罚毫不关心。同时，由于他们本身不会感到恐惧，他们对受害者的恐惧和痛苦不会产生同理心或同情心。

第八章

社交艺术

这是5岁的孩子与年纪更小的孩子相处时经常发生的一幕。莱恩对两岁半的小弟弟杰伊完全失去了耐心，杰伊把他们玩的积木弄得一团糟。莱恩怒火中烧，咬了杰伊一口，杰伊哇哇大哭起来。他们的妈妈听到杰伊痛苦的哭声，过来责骂莱恩，命令他把引起纷争的积木收起来。莱恩觉得妈妈的裁断不公平，也大哭起来。妈妈仍然很生气，拒绝安慰他。

令人意外的是，莱恩却得到了杰伊的安慰。虽然他是最初的肇事者，但哥哥的哭声引起了他的关注，他试图让莱恩冷静下来。他们之间的交流是这样的：[1]

> “莱恩，不要这样，”杰伊恳求道，“不要哭，哥哥，不要哭了。”
>
> 可是莱恩还在哭。杰伊直接的恳求没有奏效，他转而为莱恩向妈妈求情：“莱恩哭了，妈妈！莱恩哭了。看。我指给你看，莱恩哭了。”
>
> 接着杰伊对着莱恩扮演起妈妈的角色，他一边轻轻拍打哭泣的哥

哥，一边温柔地说：“看，莱恩。不要再哭啦。”

莱恩不理会杰伊的安慰，还在继续抽泣。于是杰伊又换了一种方法，他帮莱恩把积木放到袋子里，友好地说：“啊，莱恩。我给莱恩放好了，嘿？”

莱恩依然在哭。机灵的杰伊采取了另一种策略，即转移注意力。杰伊把一辆玩具车拿给他哥哥，试图让他忘记之前发生的小摩擦。“这里有个人。莱恩，这是什么？莱恩，这是什么？”

莱恩对此毫无兴趣。什么也安慰不了他，他哭个没完。妈妈对他失去了耐心，转而用父母惯用的手段来威胁他：“你想让我揍你吗？”莱恩战战兢兢地回答：“不想。”

“那就不要再哭了，求你了。”妈妈严厉地说，带着一丝愠怒。

莱恩一边抽泣一边可怜兮兮地喘着气说：“我尽量。”

杰伊受到启发想出了最后一招。他模仿妈妈严厉而权威的口吻，威胁莱恩：“不许哭，莱恩。再哭打你屁屁！”

这段小插曲充分展示了30个月的幼儿为调节他人情绪所表现出的非常老到的情绪技巧。杰伊为了安慰哥哥，运用了好几种策略，从简单的恳求，到向妈妈寻求结盟（可惜她拒绝帮忙），再到用行动安慰哥哥，帮哥哥收拾积木，转移哥哥的注意力，最后还用到了威胁和命令。毫无疑问，杰伊所用的这一套办法，正是自己受到困扰时别人对待他的方式。不管怎样，最重要的是杰伊小小年纪就能够自如地运用这些技巧。

当然，父母们都知道，杰伊表现出来的同理心和安慰本领并不是所有孩子都具有的。别的像他这个年龄的孩子很可能会把哥哥的不快视为报复的机会，想方设法让他更难受。同样的技巧还可以用来戏弄或折磨自己的兄弟姐妹。不过即使是出于恶意，行为本身也显示了一种关键情绪潜能的萌芽，即了解他人的感受，并采取相应行动进一步塑造这些感受的能力。调节他人情绪的能力是人际关系艺术的核心。

为了展现这种人际关系的力量，首先幼儿的自控力必须达到一定的水平，自控是减轻自身的愤怒与困扰、控制冲动与兴奋的能力的开端——尽管幼儿的自控力通常还不太稳定。与他人协调一致意味着自身保持平静。在同一时期，我们还可以观察到幼儿控制自身情绪的暂时性迹象。幼儿学会静静地等待，用辩论或哄骗的手段达到目的，而不是简单地使用暴力——尽管他们不会总是选择运用这种能力。他们开始不乱发脾气，变得有耐心，至少有时候如此。幼儿大约在两岁时出现同理心的迹象。正是杰伊的同理心，即同情心的根源，促使他想出很多花招来讨好莱恩哥哥。因此，调节他人的情绪属于人际关系的艺术，必须以自我管理和同理心这两种情绪技巧的成熟为前提。

在此基础上,“人事技巧”才会臻于成熟。人事技巧是有效处理人际关系的社交竞争力，如果没有这些技巧，个体就难以适应社会，人际关系就会一团糟。正是由于缺少这些技巧，有些智商高的人在处理人际关系方面四处碰壁，他们常常傲慢无礼、面目可憎或者麻木冷漠。这些社交能力可以改善人际关系，动员和鼓舞他人，并且容易劝服、影响和安慰别人。

展示情绪

社交竞争力的一个关键是人们表达自身感受的能力大小。保罗·艾克曼用“展示规则”一词概括关于在什么时候恰当表现何种情绪的社会共识。在这一点上，文化之间的差异有时非常大。比如，艾克曼及其在日本的研究伙伴让当地学生观看土著居民的青少年进行割礼的录像，研究其面部反应。看录像时如果有权威人物在场，日本学生的面部就只能观测到最轻微的反应。但当他们以为自己在独自看录像的时候（他们被暗中监控），他们的面部出现了明显的痛苦、悲伤、恐惧和厌恶的混合表情。

展示规则有几种基本的类型。[2]第一种是情绪表达最小化，即日本学生在权威人物在场时表达负面情绪的模式，他们用毫无表情的脸来掩饰内心的不安。第二种是放大情绪表达，夸大自身感受，比如一位 6 岁的小女孩跑到妈妈那里抱怨哥哥捉弄她，她眉头紧蹙，嘴唇颤抖，面部夸张地扭曲，装出悲惨的样子。第三种是情绪替换，用一种情绪代替另一种情绪，比如在某些亚洲文化中，直接拒绝被视为不礼貌的行为，因此人们反而会给出积极的（但错误的）肯定。个体如何运用这些技巧，以及是否清楚何时做出反应，是情绪智力的体现之一。

我们很早就开始学习情绪的展示规则，其中有一部分来自明确的教导。比如爷爷出于好心，却送了一份糟糕的生日礼物，我们会教导孩子不能流露出失望的情绪，而是要微笑着向爷爷道谢。不过展示规则的教导更多地表现为潜移默化的示范：儿童通过观察学会行为。在情绪教育中，情绪既是媒介又是信息。比如父母要求孩子“微笑着说谢谢”，如果他们当时非常严厉冷酷，以命令式的口吻而不是亲切地悄悄提醒，孩子就有可能获得截然相反的经验，他们会皱着眉头，随口对爷爷说“谢谢”。两种情绪表达对爷爷的效果完全不同，在第一种情况下，他会很高兴（虽然被误导了）；在第二种情况下，他会由于自相矛盾的信息而感到伤心。

情绪表达肯定会对情绪的接收方产生直接的影响。儿童学到的规则类似于：“如果会伤害你爱的人，那么最好把真实的感情隐藏起来，代之以伤害没有那么大的虚情假意。”这些情绪表达的规则不仅是社交礼仪的一个方面，它还决定了我们自身的感受怎样影响他人。得体地运用和遵循情绪表达的规则，会产生最佳的效果，反之就会产生情绪混乱。

演员是情绪表达的专家，他们的表现力在观众当中激起了强烈的反响。我们当中的一些人无疑也是天生的演员。不过我们情绪表达的熟练程度差异很大，部分原因在于我们学到的展示规则由于不同的榜样示范而大相径庭。

表现力与情绪感染

在越南战争初期，美军某排士兵趴在稻田里，与越南军队展开激战。突然有6个和尚沿着稻田的田埂列队走来，他们面无惧色，坦然自若，径直朝着双方交火的地方走去。

“他们既没有向左看，也没有向右看，而是一直往前走。”当时在场的一位美军士兵戴维·布什回忆道，“真是奇怪，居然没人朝他们开枪。他们走过田埂之后，突然之间我完全失去斗志。我不想再打下去了，起码那天的想法是这样。大家的想法肯定都是这样的，因为大家都停了下来。我们停止了战斗。”[3]

那6个和尚“泰山崩于前而色不改”，他们的镇定自若感染了正在激战的双方战士，这种力量表明了社会生活的一个基本准则：情绪可以感染别人。当然越南和尚的故事是一个极端的例子。情绪感染在大多数时候是非常微妙的，是一种无声无息、无处不在的人际交流。我们彼此传达和接收情绪，在这条心理的暗涌之中，有些是有害的，有些是有益的。情绪交流通常很微妙，难以觉察，比如推销员向我们道谢的方式可能会令我们感到被忽略、怨恨或者真诚的欢迎和赞赏。我们相互捕捉彼此的感受，它们如同某种社会病毒在我们当中传播。

我们在每次社会交往中所发出的情绪信号会对周围的人产生影响。我们的社交技巧越熟练，控制情绪信号的能力就越出色。在礼仪社会中，含蓄是确保不安情绪的流露不会影响对方的一种手段（不过这个社会规则如果用于亲密的人际关系就会令人不自在）。情绪智力包括管理情绪表达的能力。我们用“受欢迎”和“有魅力”来形容我们喜欢与之相处的人，他们的情绪技巧使我们感到舒服。能够帮助他人舒缓情绪的人具有很高的社会价值，他们是有强烈情绪需求的人求助的对象。我们互相充当情绪转变的工具，正面或反面的作用都有。

我们不妨来看看情绪微妙地从一方传染给另一方的例子。在一个简单的实验中，两位受测者填写了一份关于当前情绪的问卷，他们面对面安静地坐着，等待实验助手返回房间。两分钟之后，实验助手回来了，让他们再次填写情绪问卷。在这对受测者当中，研究者有意安排其中一位具有很强的情绪表现力，另一位则面无表情。无一例外，情绪表现力较强一方的情绪传递到了较为被动的另一方。[4]

这种神奇的传递是怎么发生的？答案很有可能在于，我们会无意识地模仿他人所表现出的情绪，也就是说，我们对他人的面部表情、姿势、声调以及其他非言语的情绪形式进行无意识机械模仿。通过模仿，人们将他人的情绪在自己身上进行再创作，这可以说是苏联戏剧家斯坦尼斯拉夫斯基提出的演技方法——演员通过重温过去某种强烈情绪引发的各种姿势、动作以及其他情绪表达形式再次激发这些情绪——的低级版。

日常的情绪模仿通常很微妙。瑞典乌普萨拉大学研究人员乌尔夫·丁伯格（Ulf Dimberg）发现，当人们看到微笑或生气的脸时，他们的面部肌肉会发生细微的变化，表明他们也出现了相同的情绪。他们面部肌肉的变化可以通过电子感应器观测到，但肉眼通常难以觉察。

两个人进行互动交流的时候，情绪传递的方向是从情绪表达更有力的一方传到较为被动的一方。不过有些人特别容易受到情绪的感染，他们内心非常敏感，体内的自主神经系统（情绪活跃度的标记）更易受到激发。这种生理倾向使他们的情绪容易受到影响，他们会为煽情的电视广告落泪，而和一个心情很好的人随便聊几句，又会很快高兴起来（由于他们较易被他人的感受打动，他们会更有同理心）。

俄亥俄州立大学社会精神生理学家约翰·卡乔波（John Cacioppo）对微妙的情绪交流进行研究后发现："不管你是否意识到你在模仿对方的面部表情，仅仅看到别人表达情绪就会引发你同样的感受。人们之间的情绪总是在不停地传递，步调一致，好像在翩翩起舞。情绪的同步性决定了你对人际互动感到舒服或者不适。"

人们在人际互动中感到情绪一致的程度体现为交谈时双方身体动作的协调性，这是无意识的亲密的衡量指标。一方发表观点，另一方点头，或者双方同时变换坐姿，或者一方向后退，另一方向前倾。这种协调性的微妙之处还体现为双方以相同的节奏摇晃旋转椅。正如丹尼尔·斯特恩观察母婴之间同步性时所发现的那样，相同的交互性使情绪一致的人表现出行为的一致。

情绪的同步性有助于情绪的传递和接收，尽管有些情绪可能是负面的。比如在一项身体同步性的研究中，抑郁的女性及其伴侣来到实验室，讨论他们感情关系出现的问题。这些情侣在非言语层面的同步性越强，[5] 抑郁女性的伴侣讨论后的感觉越糟糕——他们受到女方消极情绪的感染。简而言之，不管人们感到高兴还是难过，他们与他人的身体协调性越强，双方的情绪就越相似。

师生之间的同步性显示了他们的融洽程度，关于课堂的研究表明，师生之间的动作协调程度越高，他们在互动时就越感到友好、快乐，充满热情和兴趣，容易相处。一般而言，人际互动的同步性处于高水平，意味着人们互相喜欢。俄勒冈州立大学心理学家弗兰克·伯尼利（Frank Bernieri）告诉我："你与他人相处得好不好可以体现在身体层面。你需要掌握彼此合适的时机，使身体动作协调一致，感觉舒适。同步性反映了双方投入的程度，如果你高度投入，你的情绪就会开始与对方相互配合，不管是积极的还是消极的情绪。”

简而言之，情绪调和是融洽的精髓，是母婴之间协调性的成年版。卡乔波认为，有效的人际交流的一个决定因素是人们运用情绪同步性的熟练程度。如果他们善于与别人的情绪协调一致，或者很容易让别人的情绪跟着自己的情绪走，那么这些人的人际互动在情绪层面就会顺利得多。有影响力的领导者或表演者的特征是能够以这种方式影响数千名观众。卡乔波指出，同样的道理，不善于接收和发送情绪信息的人容易遇到人际关系的问题，原因在于别人与他们相处时常常感觉不舒服，但是他们自己也说不清楚为什么会这样。

从某种意义上说，确立人际互动的情绪基调是个体在深入和亲密的层面处于主导地位的象征，即个体可以驱动他人的情绪状态。这种决定情绪的力量类似于生物学的术语“授时因子”（zeitgeber，字面意思是“时间抓取者”），即确立生物节奏的过程（如日夜循环、每个月的月相等）。比如一对男女在跳舞，音乐就是身体动作的授时因子。在人际互动过程中，情绪表现力更强或更有影响力的一方通常会“夹带”另一方的情绪。处于主导地位的一方说得较多，而处于从属地位的一方更多的是在观察另一方的脸庞——为情绪传递进行设置。同样的道理，一位雄辩的演讲者，比如政治家或者传教士，总是致力于影响观众的情绪。[6]这就是我们所说的“他把观众牢牢抓在手心里”。情绪夹带是影响力的核心。

社会智力的基本原理

现在是幼儿园的休息时间，一群小男孩在草地上奔跑。雷吉跌倒了，膝盖受了伤，于是大哭起来，但其他男孩还是继续向前跑，只有罗杰停了下来。雷吉慢慢不哭了，罗杰弯腰擦擦自己的膝盖，大叫道："我的膝盖也受伤了！"

心理学家托马斯·哈奇（Thomas Hatch）把罗杰的行为称为人际智能的典范。哈奇与霍华德·加德纳共事于光谱学校，一家致力于研究智能多元化的学校。[7]罗杰似乎特别善于捕捉小伙伴的感受，并与之产生迅速通畅的联系。只有罗杰注意到雷吉的困境和痛苦，也只有罗杰尝试安慰他，尽管他所做的只是擦擦自己的膝盖。这个小小的举动显示了罗杰亲善融洽的天赋，这是维持密切的人际关系——比如婚姻、友谊或商业合作等——所必不可少的情绪技能。幼儿园小朋友身上的这些技能还处于萌芽阶段，将会日臻成熟完善。

哈奇和加德纳把人际智能的组成要素细分为四种单独的能力，罗杰身上体现的正是其中一种能力。

· 组织团队——领导者的基本技能，发动并协调群体努力开展工作。这种才能常见于戏剧导演或制片人、军官以及所有组织团体中的优秀领导者。在游戏场上，具有这种能力的小朋友能够决定玩什么游戏，或者成为团队首领。
· 协商解决办法——调停的才能，防止冲突或解决突发危机。具有这种能力的人擅长谈判、仲裁或调停争端；可以从事外交、仲裁、法律、中介及收购管理等工作。具有这种能力的小朋友可以平息游戏过程中的争端。
· 人际联系——即罗杰所体现出来的才能，同理心和联系的能力。具有这种能力的人很容易与别人打成一片，容易识别和恰当回应别人的感受和关切——也就是人际关系的艺术。这种人会成为称职的团队合作伙伴、值得信赖的配偶、好朋友或者生意伙伴；在职场上，他们可以成为推销员、经理人或者出色的教师。像罗杰这样的小朋友几乎可以和所有人相处得很好，容易和大家打成一片，而且很乐于如此。这种小朋友往往能从别人的面部表情中破译情绪，很受同学们的欢迎。

· 社会分析——能够体察和领悟他人的感受、动机和关切。了解他人感受的本领可以使人很容易地与他人建立亲密关系或融洽感。这种人的能力如果得到充分发挥，他们就可以成为很有竞争力的治疗师或辅导员；如果除此之外还拥有文学天赋，他们就可以成为天才型小说家或戏剧大师。

总的来说，这些技能是人际关系的润滑油，非凡魅力的添加剂，也是成为成功人士的基本要素。社会智力出色的人很容易和别人打交道，善于领会他人的反应和感受，善于领导和组织团队以及解决人际活动中突然爆发的争端。他们是天生的领袖，能把未被言明的群体性情绪准确地表达出来，引导群体向特定目标前进。他们受到大家的欢迎，因为他们总是能使人保持高昂的情绪——他们会让大家感到心情愉快，并且得到这样的评价："和这种人相处真是太愉快了。"

这些人际能力建立在其他情绪智力的基础之上。比如，社会形象特别好的人往往善于调节自身的情绪表达，与他人的反应方式非常协调，而且能够持续地改善自己的社会表现，确保得到他们想要的效果。从这个意义上说，他们就像老练的演员。

不过，如果个体无法平衡人际能力与了解自身需要和感受及其实现途径之间的关系，这些人际能力就只会导致空洞的社会成功——以牺牲个体真实的满足感为代价，成为人人欢迎的"交际花"。这是明尼苏达大学心理学家马克·斯奈德（Mark Snyder）提出的观点，他对八面玲珑的社交变色龙进行了研究。[8] 这种人的心理信条可以用英国诗人 W. H. 奥登的话来概括，他说他本人私下的形象"与他试图在公众面前树立的形象完全不同，他这样做是为了赢得大家的爱戴"。假如社交技能超过了解并尊重自身感受的能力，那么人们就必须进行权衡和取舍。为了赢得别人的爱慕或者好感，社交变色龙会按照别人的意愿行事。斯奈德发现，判断某人陷入这种模式的标准是他们给别人的印象非常棒，但私底下几乎没有稳定或满意的亲密关系。当然更健康的模式应该是，在忠于自己与社交技能之间取得平衡，诚实正直地行事。

不过社交变色龙为了获得社会认同，毫不介意说一套做一套。他们处于公共面具与私人现实的分裂状态。心理分析师海伦娜·多伊施（Helena Deutsch）把这种人称为“假想人格”，他们接收到外界的信号后可以任意切换伪装。斯奈德告诉我：“对某些人来说，公共形象和私人形象比较匹配，但对另一些人来说，他们改变外表简单得如同转动一个万花筒。他们就像伍迪·艾伦电影里的泽里格，疯狂地想和周围每个人打成一片。”

这种人努力从他人身上寻找蛛丝马迹，在行动之前了解他人对自己的期望，而不是直接地把自己的真实感受表达出来。为了与他人融洽相处，赢得好感，变色龙愿意让自己不喜欢的人也觉得他们很友好。他们运用社交能力，根据不同社会情景的要求塑造自身的行为，因此他们可以在不同的人面前表现出不同的样子，比如从八面玲珑的社交能手转变成保守人士。当然，这些特质在某种程度上可以进行有效的印象管理，在某些职业领域，比如演戏、法律、销售、外交和政治等领域，这些特质会受到高度赞扬。

随波逐流的社交变色龙试图给每个人留下深刻的印象，而另一种人运用社交润滑剂更多的是为了忠于自己的真实感受，这两者的区别在于另一种更关键的自我监测能力。这种保持真我的能力，用莎士比亚的话说就是“对自己忠实”，即不管产生什么样的社会后果，行动与自己内心最深处的感受和价值观都要保持一致。对情绪保持忠实很可能会导致为了防止欺骗或否认而故意进行对质，而社交变色龙永远不敢这样澄清事实。

缺乏社交竞争力的表现

塞西无疑是一个聪明人，他是一位受过高等教育的外语专家，精通翻译。不过对于某些关键的东西他却完全无能为力。塞西似乎连最简单的社交技能都不具备。喝咖啡时他不知道怎么和别人闲谈，与别人一起消磨时间时总是笨嘴拙舌，总之，他连日常的社会交往都不会。缺乏社交魅力在他与女性打交道时影响最深刻，于是他求助于心理治疗，他怀疑自己“本质中隐含着同性恋的倾向”——这是他的原话，其实他根本没有这方面的问题。

根据塞西对心理治疗师的描述，他真正的问题是害怕没有人对他说的话感兴趣。隐含的恐惧使他越发缺乏社交魅力。他在和别人交往时感到紧张，总是在最尴尬的时刻不合时宜地窃喜或大笑起来，但别人讲真正有趣的事情时，他不会笑。塞西告诉治疗师，他小时候就很笨拙，只有和哥哥在一起时才会感到轻松自在，他哥哥总会对他伸出援助之手。但塞西离家以后就束手无策了，他无法进行正常的社会交往。

华盛顿大学心理学家拉金·菲利普讲述了塞西的故事，他认为塞西深受困扰的根源在于童年期没有学会社会交往最基本的知识。

> 我们应该在塞西小时候教会他什么？别人和他说话，要直接应答；要主动与别人交往，不要总是等待别人；要使谈话继续下去，不要简单地用“是”或“不”或者其他单个词语来回答问题；要对别人表示感谢，进门时要礼让；要等菜上齐了再开始吃……学会说“谢谢”和“请”，学会分享等，以及其他我们在孩子两岁

之后就开始教导他们的基本社交礼仪。[9]

塞西的问题源自他人教导无方还是本人缺乏学习能力，目前还不清楚。不过无论根源是什么，塞西的故事很有代表意义，表明儿童通过社会互动的同步以及社会和谐的潜规则获得了数不清的经验，这些经验非常关键。不遵守社交礼仪就会引起不快，让周围的人感到不舒服。社交礼仪的作用是让每个参与社会交往的人感到轻松自在，笨拙会引起焦虑。缺乏社交技能的人不仅没有社交的分寸感，而且不善于调节他人的情绪，他们所到之处都会引起混乱。

我们都认识塞西这样的人，他们毫无社交魅力，让人讨厌，他们似乎不知道什么时候结束谈话或电话，他们会一直滔滔不绝，完全没有意识到对方想说"再见"的暗示。他们总是以自我为中心，对其他人没有表现出丝毫的兴趣，而且无视别人转移话题的试探，他们还喜欢包打听。这种人破坏了正常有效的社会交往，他们连社会互动最基本的要领都没有掌握。

心理学家用"非言语信息障碍"（dyssemia，在希腊语中，"dys"意为"障碍"，"semes"意为"信号"）来描述缺乏学习非言语信息能力的现象。大约有 1/10 的儿童在这方面存在一个或多个问题。[10] 比如缺乏人际交往的空间感，跟人说话或向人递东西时靠得过近；理解或运用身体语言的能力差；无法理解或正确运用面部表情，比如无法进行眼神交流；缺乏节奏感，即对演讲的情绪特质没有认识，说话不是过于尖锐就是过于平淡。

很多研究的关注焦点是把具有社交缺陷特征的儿童甄别出来，这些儿童由于笨拙被玩伴忽视或嫌弃。除了那些由于恃强凌弱而遭人唾弃的儿童之外，其他不受欢迎的儿童全部是因为缺乏面对面互动的基本技巧，尤其是协调对方的技能。如果儿童不擅长表达，人们就会认为他们不聪明或者缺乏教育；如果儿童不擅长人际互动的非言语规则，人们尤其是玩伴们就会认为他们很“奇怪”，并嫌弃他们。这些儿童不知道如何得体地参与游戏，他们触摸别人的方式会让人不舒服，简而言之，他们很“逊”。他们无法掌握情绪无声的语言，还会在不经意间发送引发不安的信息。

从事儿童非言语能力研究的埃默里大学心理学家史蒂芬·诺维奇（Stephen Nowicki）指出：“不能很好地理解或表达情绪的儿童常常会感到沮丧。他们其实无法理解究竟发生了什么事情。非言语传播通常是你所做一切的潜台词。你无法停止流露表情或摆出姿势，或者隐藏声调。如果你发送了错误的情绪信息，你就会感觉到人们用很滑稽的方式来回应你——你被人断然拒绝，而且不知道原因。如果你以为自己在表现快乐，但实际上看起来兴奋过度或生气，你就会发现其他孩子反过来对你感到生气，而你意识不到原因何在。这样的孩子最后会感到无法控制其他人对待他们的方式，他们的行为对发生在自己身上的一切毫无影响。这会让他们产生无力感，又沮丧又冷漠。”

除了被社会孤立之外，这些儿童的学习也会受到影响。课堂的学习环境实际上也是一个“小社会”，不擅长社交的儿童对待老师的方式与他们对待其他小朋友的方式一样，他们会误解老师的意思，并做出错误的回应。由此引发的焦虑和困惑本身就会影响他们学习的有效性。儿童非言语敏感性测验显示，相对于他们由智商测试所反映出来的学业潜能而言，误读情绪信号的儿童往往在学校表现不佳。[11]

“我们讨厌你”：团体边缘人

对年幼的孩子来说，人生中最危险的时刻莫过于，你希望加入一个游戏团体，却被人排除在外。社交不适的惨状在此时表露无遗。在这种危险的时刻，被人喜欢或讨厌，合群或孤僻，一切都是公之于众的。因此，这种关键时刻已经成为研究儿童发展的学者密切关注的主题，他们的研究表明，受欢迎的学生和被遗弃者的接近策略形成鲜明的对照。研究发现凸显了关注、理解以及回应情绪和人际暗示的社交竞争力的关键作用。看到一个孩子徘徊在其他孩子游戏圈子的边缘，希望加入却被拒之门外，这既令人叹息，同时也是一个普遍存在的困局。即使是最受欢迎的孩子有时也会遭到拒绝。针对小学二年级和三年级学生的一项研究发现，最受人喜爱的孩子在试图加入已经开始游戏的团体时被断然拒绝的比例是 26%。

这种拒绝暗示着年幼孩子的情绪性判断直率得残忍。让我们看看幼儿园里 4 岁孩子之间的对话。[12] 芭芭拉、南希和比尔正在玩动物玩具和堆积木，琳达想加入他们的游戏。琳达观望了一分钟，然后接近他们，她坐在芭芭拉旁边，开始玩起动物玩具来。芭芭拉转过头对琳达说："你不能玩！"

"我可以，"琳达答道，"我也可以拥有动物。"

"不，你不行，"芭芭拉直率地说，"今天我们不喜欢你。"

比尔代表琳达提出抗议，南希加入了攻击的行列："今天我们讨厌她。"

由于要冒着被公然或暗中声明"我们恨你"的危险，可想而知，所有孩子在接近小团体的时候都会显得小心翼翼。孩子们的焦虑也许与成年人在全是陌生人的鸡尾酒舞会上的感觉没有什么两样，你面对正在谈笑风生的小团体畏缩不前，他们似乎都是亲密的朋友。由于这种处于小团体边缘的时刻对孩子来说意义非常重大，用一位研究人员的话来说，它还"具有高度的诊断性，能够很快反映出孩子们在社交技能方面的差异"。[13]

通常来说，新来者先观察一段时间，然后再试探性地加入，小心翼翼地试探几步之后才会更加自信。新来者能否被接受最关键的是他能否很好地适应小团体的规则，明白他们正在玩什么游戏，什么是不合时宜的行为。

急于成为主导者，以及不符合小团体的规则，这两种错误行为几乎一定会遭到拒绝。这正是不受欢迎的孩子容易犯的错误：他们强硬地加入小团体，过于突然或过快地试图改变游戏主题，或者提出自己的观点，或者立刻反对其他人的看法——很明显是想把关注焦点吸引到自己身上。可惜弄巧成拙，他们不是被忽视就是被拒绝。相反，受欢迎的孩子会花时间观察小团体，在加入之前搞清楚当前的状况，然后用行动表明他们接受小团体的规则，等到自己在小团体的地位确立之后，才主动建议小团体该做什么。

我们再回过头来看看 4 岁的罗杰，心理学家托马斯·哈奇认为他的行为显示了高水平的人际智能。[14] 罗杰加入小团体的策略首先是观察，然后模仿另一个孩子的做法，最后和他说话并完全参与了这个活动——这是一种成功的策略。罗杰的社交才能还体现在他和沃伦玩扔“炸弹”（实际上是鹅卵石）游戏的过程中。沃伦问罗杰想坐直升机还是飞机，罗杰在回答之前问道：“你在直升机上吗？”[15]

这表明了罗杰关注他人的敏感性，以及根据这种认识做出相应反应、保持联系的能力。哈奇这样评价罗杰：“他向玩伴‘报到’，确保他们和游戏保持联系。我观察到其他很多孩子径直坐上了自己的直升机或飞机，独自‘飞走’了。”

情绪感染：案例研究

如果说社交技能的衡量标准是使他人从负面情绪中恢复平静的能力，那么处理别人愤怒到极点的情绪也许是大师级的终极标准。自我调节愤怒和情绪感染的研究数据显示，一个有效的方法是分散愤怒者的注意力，以同理心对待其感受和立场，将其注意力转移到其他事物上，激发出积极情绪。这种方法叫作情绪柔道。

我的一位已故的老朋友泰瑞·道森讲的故事也许最能体现情绪影响艺术的精妙技巧。道森是20世纪50年代最早在日本学习合气道的美国人之一。一天下午他乘坐东京郊区列车回家，一位高大好斗、醉醺醺、脏兮兮的工人上了车。那醉汉步履蹒跚，开始恐吓其他乘客，他大声咒骂着，挥拳打向一个抱着婴儿的妇女，那位妇女仰身摔倒在一对老夫妇的脚下，老夫妇连忙站起来，躲到车厢的另一头。醉汉又挥出了好几拳（由于他过于愤怒，打空了），他怒吼着抓住车厢中间的金属柱子，试图把它拔出底座。

道森每天练习合气道8个小时，身体非常棒。此刻他觉得自己应该出面阻止醉汉闹事，以免其他人受到伤害。但他想起了师傅的教导："合气道是和解的艺术，心里想着搏斗的人，自身已经失去了与宇宙的联系。如果你试图征服别人，那么你已经落败了。我们学习如何解决纷争，而不是挑起纷争。"

道森同意师傅关于不要挑起争斗的教导，他只在自卫的时候使用武术。现在很明显，他处于正当的立场，他终于有机会在现实世界中检验他的合气道水平了。因此，在其他乘客吓得呆坐在座位上的时候，道森从容不迫，慢慢站了起来。

醉汉看到他，号叫着："啊哈！外国人！你该尝尝日本人的厉害！"然后开始靠近他，准备与他一较高低。

正当醉汉开始移动的时候，有人发出了震耳欲聋、欣喜若狂的声音："嘿！"

那语调欢快得如同突然遇见老朋友一般。醉汉感到很奇怪，环顾四周，发现这声音发自一位70多岁穿着和服的瘦小的日本老头。那老头很高兴地对醉汉笑着，轻轻挥手向醉汉示意，轻快地说：“过来。”

醉汉怒气冲冲地大步跨过去：“我为什么要跟你说话？”与此同时，道森已经准备就绪，只要醉汉一有攻击行为就立刻把他拿下。

“你喝了什么？”老头笑吟吟地问醉汉。

“我喝了米酒，关你屁事啊。”醉汉怒吼道。

“啊，太好了，真是太好了。”老头温和地说，“瞧，我也喜欢米酒。每天晚上我和太太——她 67 岁了，我们把一小瓶米酒温热，然后拿到花园，我们坐在一条古老的木凳上……”老头一直说到他家院子里的柿子树，花园里的景致，以及在晚上享用米酒。

醉汉听到老头的话，脸开始变得柔和起来，紧握着的拳头也松开了。“对，我也喜欢柿子……”他的声音渐渐变小了。

“没错，”老头轻松地回答，“我肯定你有一位好太太。”

“不，”醉汉说，“她死了……”他边流泪边诉说起自己失去妻子、家庭和工作的经历，他为自己感到羞愧。

这时候道森到站了，他下车时听到那老头让醉汉坐在他旁边，把他的故事讲完，道森看到醉汉躺在座位上，头伏在老头的膝盖上。

这就是情绪感染。

第三部分

情商的运用

第九章

亲密敌人

西格蒙德·弗洛伊德曾经对他的学生爱利克·埃里克森（Erik Erikson）说，爱与工作是标志着人全面成熟的双重能力。如果此话不假，那么成熟也许是人生中即将消失的驿站——当今结婚和离婚的趋势使情绪智力的作用比以往任何时候都要突出。

让我们看看离婚率。美国每年的离婚率大体处于稳定的水平。但统计离婚率还有另外一种方法，即考察一对新婚夫妇以离婚收场的概率，这种统计方法显示离婚率在危险地攀升。尽管总体离婚率没有上升，但离婚的风险已经转移到新婚夫妇。

在将各个不同年份结婚的夫妇的离婚率进行比较之后，这种趋势表现得更为明显。在美国，1890 年结婚的夫妇，大约 10% 以离婚收场；1920 年结婚的夫妇，离婚率是 18%；1950 年结婚的夫妇，离婚率是 30%；1970 年结婚的夫妇，离婚的概率是 50%；而 1990 年结婚的夫妇，离婚的概率徘徊在 67% 左右！[1] 如果这个数字可靠的话，这就意味着近年只有 30% 的新婚夫妇可以维持婚姻关系。

可以说，离婚率的上升很大程度上并不是因为情绪智力的下降，而是因为社会压力的逐步消解。离婚的坏名声、妻子对丈夫的经济依赖等，这些以往在维系婚姻关系甚至是最不幸的婚姻关系中发挥重要作用的因素逐步消失了。假如社会压力不再是维持婚姻关系的黏合剂，那么夫妇之间的情绪力量对于婚姻的存亡就变得更为关键了。

近年来，学者们对维系夫妇关系的情绪纽带以及破坏夫妇关系的情绪断层进行了研究，其精确程度前所未有。在对婚姻关系维系或者破裂的决定因素的研究中，最大的突破是应用成熟的生理学测量方法，时刻监测夫妇之间的情绪差异。科学家现在能够检测丈夫肾上腺素升高和血压下降的水平，观察妻子脸上转瞬即逝而又很有说服力的细微表情。生理测量揭示了夫妇关系紧张隐含着生物层面的潜台词，这种关键的情绪状况通常是夫妇本身察觉不到或者不以为然的。生理水平的测量还揭示了维系或破坏感情关系的影响因素。婚姻断裂层最早萌芽于夫妇童年期情绪世界之间的差异。

他与她的婚姻：童年根源

前不久的一个晚上，我正要走进一家饭店，只见一个年轻男子大步走出门口，板着一张阴沉的脸。一个年轻女子紧跟在他后面跑着，她一边绝望地用拳头捶打男子的背部，一边尖叫道："挨千刀的！回来，对我好点！"女子苦苦哀求男子回头，她言行的自相矛盾令人难以置信，这是很多关系不好的夫妇的常见相处模式的缩影：女方渴望参与，男方退却。婚姻咨询师常常注意到，夫妇双方来咨询室之前就处于"参与–退却"的模式，丈夫抱怨妻子"不可理喻"的要求和情绪爆发，而妻子则哭诉丈夫对她说的话麻木不仁。

婚姻破裂的最后阶段反映了夫妇双方实际上分别存在两种情绪现

实：他的和她的。夫妇之间出现情绪差异的根源，有一部分来自生物层面，另一部分则可以追溯到他们的童年，夫妇双方在成长期处于不同的情绪世界。科学家对此进行了大量研究，发现由于男孩和女孩偏好的游戏不同，加上年幼的孩子害怕被起哄说有“女朋友”或“男朋友”，情绪世界的界限由此被加强了。[2] 一项关于儿童友谊的研究发现，3 岁的孩子表示他们有一半的朋友是异性；5 岁的孩子有 20% 的朋友是异性；而到了 7 岁，几乎没有男孩或女孩表示拥有一位异性好朋友。[3]这种男女分离的社会圈子，直到他们进入青春期开始与异性约会，才会出现交集。

与此同时，男孩和女孩被教导以完全不同的方式处理情绪问题。父母一般较多地与女儿而不是儿子讨论情绪问题——愤怒情绪例外。[4]女孩获得情绪信息的机会多于男孩。父母在给上幼儿园的孩子讲故事时，他们对女儿使用的情绪词语要多于对儿子的；妈妈与婴儿玩耍的时候，她们对女儿展示的情绪范围比对儿子展示的要广泛；妈妈会和女儿谈论情绪，母女之间会讨论关于情绪状态本身的细节，而对于儿子，她们更多的是讨论愤怒等情绪的前因后果（目的也许是起到警戒作用）。

莱斯理·布拉迪（Leslie Brody）和朱迪思·霍尔（Judith Hall）总结了不同性别的情绪差异研究，他们指出，由于女孩的语言能力发展快于男孩，因此女孩能更加熟练地讲述自身的感受，女孩比男孩更擅长使用语言探索情绪，用情绪反应替代打架。与此相反，“对男孩来说，情绪语言化的效果没有得到强调，因此他们对情绪状态多半没有意识，不管是自身的还是他人的”。[5]

对于 10 岁的孩子，生气时具有明显攻击性、倾向于公开对抗的女孩和男孩的比例大体相同。但到了 13 岁，非常显著的性别差异出现了：女孩比男孩更善于运用巧妙的攻击策略，比如排挤、恶意中伤以及间接报复等。总体来说，男孩被惹恼后会继续针锋相对，不懂得采用更加隐蔽的策略。[6]这只是男孩——长大之后就是男性——相对于异性在情绪生活方面不成熟的表现之一。

女孩在一起玩耍时往往会结成亲密的小团体，强调减少敌对、扩大合作；而男孩玩耍时会结成较大的团体，强调竞争。如果男孩或女孩一起玩耍时有人受伤，他们的不同反应就可以反映这种主要的差异。如果受伤的是男孩，他感到难受，别的男孩就会希望他走开或停止哭泣，好让游戏继续进行。如果一群女孩在玩耍时有人受伤，她们就会停止游戏，大家一起安慰受伤哭泣的女孩。男女游戏中的差异体现了哈佛大学心理学家卡罗尔·吉利根提出的两性之间的主要差异：男孩为独立自主感到骄傲，而女孩认为自己是关系网的一部分。因此，男孩对任何妨碍他们独立的事情都会感到不安，而女孩更容易对关系网的破裂感到不安。德博拉·坦嫩（Deborah Tannen）在其著作《你就是不明白》中指出，这种视角的差异意味着男人和女人对于谈话有不同的要求和期望，男人喜欢谈论"事情"，女人则寻求情绪的关联。

简而言之，情绪教育的差别造就了男女不同的技能，女孩变得"善于理解语言和非言语情绪信号，善于表达和交流感受"，男孩变得善于"使与脆弱、内疚、恐惧和伤害有关的情绪最小化"。[7]科学研究充分印证了两性之间的不同立场。比如，成百上千项研究发现，一般来说女人比男人更有同理心，至少在根据面部表情、声调和其他非言语线索理解他人未说出来的感受方面，经测试女人的能力要强于男人。同样，根据女性的面部表情了解其感受一般比较容易。但在幼年时期，男女的面部情绪表达不存在差异，到孩子上小学后，男孩的表情变得收敛了，而女孩的表情则更有表现力。这也许在一定程度上反映了男女之间的另一种主要差异：女性情绪体验的强度和活跃度通常高于男性。从这种意义上说，女性比男性更加"情绪化"。[8]

所有这些性别差异表明，女性一般在婚姻关系中担任情绪管理者的角色，而男性对于维系感情关系这项任务看得没有女性那么重要。在一项针对264对夫妇的调查中发现，对女性而言（而不是男性），婚姻满意的最重要因素是夫妇之间有“良好的沟通”。[9] 从事夫妇关系深度研究的得克萨斯大学心理学家特德·休斯顿（Ted Huston）认为：“对妻子来说，亲密关系意味着谈论事情，尤其是谈论感情关系本身。而男人一般难以理解妻子对他们的期望。他们说：‘我想和她一起做事，而她想做的就是说话。’”休斯顿发现，在恋爱阶段，为了与未来妻子建立亲密关系，男人更愿意花时间按照女人喜欢的方式谈话。一旦结婚之后，随着时间的流逝，男人——尤其是传统婚姻中的丈夫——以这种方式和妻子谈话的时间越来越少，他们认为像夫妇两人一起种花这种事情也比谈论个没完没了更能增强亲密感。

如果要说原因，丈夫渐渐沉默的部分原因也许在于男人对婚姻状态有点儿盲目乐观，而妻子却习惯于关注出现问题的地方。在一项关于婚姻关系的研究中，男人对婚姻关系中的一切问题，比如做爱、财务、婆媳关系、彼此听取意见的程度，以及彼此缺点的影响程度等，都抱有比妻子更加乐观的态度。[10] 妻子一般会比丈夫更多地抱怨，相处不愉快的夫妇尤其会出现这种情况。把男人对婚姻关系的乐观以及对情绪冲突的厌恶联系起来，妻子经常抱怨丈夫对婚姻关系中出现的问题避而不谈的原因就非常明显了。（当然，这种性别差异是概括性的，不是在所有情况下都如此。我的一位精神病学家朋友抱怨他的太太不愿意谈论他们之间的情绪问题，他是发起讨论的那一方。）

男人对婚姻问题表现迟钝的原因，毫无疑问要部分归结于男人相对女人而言缺乏根据面部表情理解情绪的技能。比如，女人对男人的悲伤表情——相对于男人对女人的悲伤表情——要敏感得多。[11] 因此，女人总是因为男人注意不到她的感受而悲伤，更不要指望男人会问她为什么悲伤了。

我们不妨考虑一下，两性的情绪差异在他们处理亲密关系中不可避免的抱怨和分歧时意味着什么。实际上，做爱次数、孩子教育或者家庭借债和储蓄的比例等具体问题并不是婚姻关系维系或破裂的原因。相反，夫妇双方如何讨论这些问题对于婚姻走向的意义更为重大。能否求同存异、达成一致意见，是婚姻关系存续的关键。男人和女人要处理棘手的情绪问题，必须克服天生的性别差异。如果人们无法做到这一点，裂痕就容易出现，最终导致关系破裂。我们下文中将会介绍，如果夫妇当中有一方或双方的情绪智力存在某种缺陷，婚姻的裂痕就很有可能会越来越大。

婚姻断裂层

弗雷德：你帮我取了干洗衣服没有？

英格丽德：（嘲弄的口吻）“你帮我取了干洗衣服没有？”你不会自己去取啊，我是谁，你的女佣吗？

弗雷德：当然不是。如果你是女佣，那么你至少应该会做饭。

如果上述对话出自情景喜剧，听起来还挺好笑的。不过这是一对夫妇既苦楚又刻薄的真实对话（也许一点儿也不奇怪），他们在几年后离了婚。[12]他们的针锋相对发生在华盛顿大学心理学家约翰·戈特曼（John Gottman）主持的实验室内，戈特曼对维系夫妇关系的情绪黏合剂以及破坏婚姻关系的情绪腐蚀剂进行了细致的分析。[13]在他的实验室里，夫妇间的对话被拍摄成录像，研究者根据录像进行几个小时的细致分析，以揭示影响婚姻关系的情绪潜流。研究人员对导致夫妇离婚的情绪断裂层进行分析，充分证实了情绪智力对维系婚姻关系的关键作用。

戈特曼在过去20年间追踪了200多对夫妇的情感起伏，他们有些刚刚结婚，有些已经结婚几十年。戈特曼能够精确地描绘婚姻关系的情绪生态，在一项研究中，他预测出现在他实验室里的夫妇（比如弗雷德和英格丽德）在三年内会离婚，其预测准确率高达94%，精确度之高在婚姻研究中闻所未闻！

戈特曼分析的准确性源于其苦心孤诣的方法以及全面细致的探究。受测夫妇对话时，感应器会记录他们最细微的生理水平变化；同时（运用保罗·艾克曼设计的理解情绪系统）对他们的面部表情进行逐秒分析，检测最短暂微妙的情绪差异。对话环节结束后，夫妇双方分别单独来到实验室，观看对话录像，并讲述自己争吵时的内心想法。所得结果类似于婚姻的情绪X光检查。

戈特曼发现，婚姻出现危机的一个初期预警信号是尖锐的批评。在健康的婚姻关系中，丈夫和妻子可以自由地表达抱怨。不过在怒气冲冲的时候，抱怨经常会以破坏性的方式表达出来，比如攻击配偶的人格。例如，帕米拉和女儿去买鞋，她丈夫汤姆去逛书店。他们相约一个小时以后在电影院售票处会合，然后去看电影。“他在哪里？电影10分钟后就开始了。”帕米拉对她女儿抱怨道，“你爸爸只要有机会搞破坏，他就绝对不会放过。”

汤姆10分钟之后出现了，他很高兴地说自己遇到了一个朋友，并为迟到感到抱歉。这时帕米拉的讽刺脱口而出：“好吧，正好让我们有机会讨论你那破坏我们每个计划的特异功能。你怎么这么自私又自我！”

帕米拉不仅在抱怨丈夫迟到，而且发起了人身攻击，这是对人而不是对事的批评。汤姆实际上已经道歉了，可是帕米拉却给他的过失贴上了“自私和自我”的标签。大多数夫妇经常会出现这种情况，对伴侣行为的抱怨最终演变成对人不对事的人身攻击。比起理性的抱怨，尖锐的人身攻击会产生破坏性更强的情绪冲击。人身攻击，尽管可以理解，却有可能让丈夫或妻子越发感到配偶对他们的抱怨充耳不闻或者置之不理。

抱怨与人身攻击的区别很简单。正常的抱怨是，妻子就事论事，具体地说出自己的不快，批评丈夫的行为而不是他本人，表明她对丈夫行为的感受。比如，“你忘记到干洗店帮我取衣服，这让我感到你不关心我”。这是基本情绪智力的表达方式，直言不讳，但并不挑衅或消极。如果抱怨变成人身攻击，妻子就会借题发挥，对丈夫进行全面攻击：“你总是这么自私，不关心别人。这正好证明了我不能指望你好好地做成一件事。”这种批判会让对方感到厌恶、羞愧和有过失，很有可能激发自我辩解，而不是改善做法。

充满轻蔑的批评还会使事情雪上加霜。轻蔑是一种破坏性特别强的情绪。轻蔑很容易伴随愤怒而来，通常轻蔑不仅体现在用语上，还体现在声调以及愤怒的表情上。轻蔑最明显的形式是嘲弄或侮辱，比如“白痴”、“贱人”、“懦夫”。此外，传递轻蔑情绪的身体语言造成的伤害同样严重，尤其是冷笑和撇嘴，这是表示厌恶最普遍的面部信号，翻白眼也是一种信号，这好像是在说：“噢，有什么了不起的！”

轻蔑的面部特征与酒窝正好相反，轻蔑是面部肌肉将嘴角向两边拉伸（通常向左边），同时眼睛向上翻。在无声无息的情绪交流中，如果配偶一方闪现轻蔑的表情，另一方就会被检测到每分钟心跳比平时增加两三次。戈特曼发现，这种隐性对话会造成严重的后果，如果丈夫经常对妻子表示轻蔑，妻子就比较容易出现一系列健康问题，比如频繁感冒、膀胱发炎和酵母菌感染，或者出现肠胃系统症状等。如果在15分钟的对话中妻子出现4次或以上厌恶（与轻蔑类似）的表情，这种迹象表明这对夫妇可能会在4年之内分手。

当然，偶尔轻蔑或厌恶的表示不会对婚姻造成破坏。负面情绪的攻击作用类似于心脏病的风险因素——吸烟和高胆固醇，强度越大，时间越长，危险就越大。在通向离婚的道路上，一个风险因素可以预测另一个因素，而且不幸的程度逐渐升级。习惯性批判和轻蔑或厌恶是危险的信号，表明丈夫或妻子在对配偶进行变本加厉的无声评判。他们把配偶当成经常谴责的对象。消极和敌对的想法自然会引发人身攻击，导致对方抗辩，或者准备以其人之道还治其人之身。

“战斗或逃跑”反应模式适用于配偶对人身攻击的反应。最明显的方式是还击，把怒火发泄出来。这种方式通常以毫无结果的骂战告终。不过，另一种方式——逃跑——可能更加致命，尤其是当“逃跑”演化成顽固的沉默时。

消极作对是最后的防守。消极作对的一方毫不理睬，拒绝对话，取而代之的是冷漠或沉默。消极作对所传达的信息既强烈又可怕，有点儿像冷冰冰的疏远态度、优越感和厌恶感的混合体。消极作对主要出现在走向危机的婚姻关系中。在85%的个案中，丈夫属于消极作对的一方，他们面对妻子的批判和轻蔑采取了这种策略。[14] 如果消极作对演变为习惯性的回应方式，婚姻关系的健康就会受到极大的破坏——消极作对切断了解决分歧的所有可能性。

有害的想法

孩子们正闹成一团，他们的父亲马丁感到很厌烦。他用刺耳的声调对妻子梅兰妮说：“亲爱的，你不认为孩子们应该安静下来吗？”

他实际的想法是“她太宠爱孩子了”。

梅兰妮对丈夫的愤懑感到生气。她紧绷着脸，皱着眉头回答：

"孩子们正玩得开心，反正他们很快就要上床睡觉了。"

她的想法是"他又来了，总是抱怨个不停"。

马丁显然被激怒了。他身体向前倾，拳头紧握，样子很吓人，他不耐烦地说："我现在应该让他们睡觉吗？"

他的想法是"她事事都反对我，我不发威不行"。

梅兰妮突然被愤怒的马丁吓住了，她温顺地说："不用，我马上让他们上床。"

她的想法是"他要失控了，他会伤害孩子的，我最好屈服"。

这些夫妻之间的对话，不管是有声的还是无声的，被认知疗法的创始人艾伦·贝克写入报告，以此为例说明危害婚姻关系的各种想法。[15] 梅兰妮和马丁之间真实的情绪交流由他们的想法决定，这些想法反过来由另外一些更深层次的想法——贝克称之为"自动想法"——所决定。"自动想法"是对自身以及他人转瞬即逝的基本假设，反映了我们最深层的情绪态度。梅兰妮的主要想法类似于"他总是发怒来吓唬我"。马丁的主要想法是"她没有权利这样对待我"。梅兰妮在这段婚姻中感到自己是无辜的受害者，而马丁则对自己受到不公正的对待感到义愤。

成为无辜受害者或感到义愤的想法常见于婚姻出现问题的伴侣，这种想法会继续助长怒火并加深伤害。一旦义愤填膺的想法变成无意识的自发行为，它们就会自我确证。感到受害的一方会不停地检查对方所做的一切，以此证实对方伤害自己的想法，忽视或怀疑对方任何善意的行为，而这些行为原本可以质疑或者推翻自己受迫害的观点。

这种想法会激活神经警报系统，威力很大。[16] 一旦丈夫受害的想法触发了神经失控，他就会不断回想起女方伤害他的种种行为，怀恨在心，完全忘记了女方在婚姻关系中所做的能够打消其受害者想法的其他行为。这样，对方永远翻不了身，即使是女方出于善意的行为，男方也会用负面的态度来看待，并认为这是女方企图否认自己是施害者的行为而加以唾弃。

伴侣之间如果没有这种触发负面情绪的想法，在相同的处境之下他们对当前状况的理解就会善意得多，因此相对来说不太可能引发情绪失控，即使出现情绪失控，往往也能比较轻易地恢复正常。至于维持或缓解负面情绪的想法，其一般模式遵循心理学家马丁·塞利格曼所概括的悲观和乐观的人生观（参见第六章）。悲观的看法是对方天生卑劣，无法改变，因此注定了婚姻关系的不幸："他又自私又自我。他从小就这样，以后还会一直这样。他希望我全心全意地服侍他，却完全不顾我的感受。"与此相反，乐观的看法类似于："他现在在发号施令，但他过去一直很体贴。也许他只是心情不好，不知是不是工作上出了问题。"这种看法不会把丈夫（或婚姻）一笔勾销，认为他已经无可救药、毫无希望。相反，它把当前的糟糕状况归结于环境的因素，而环境是可以改变的。第一种态度会引发持续的负面情绪，第二种态度则可以减轻负面情绪。

悲观的伴侣非常容易情绪失控，他们对配偶的所作所为感到愤怒、受伤，而且负面情绪一旦发作，就会使他们深受困扰。因此，他们内心的悲观态度使他们在与伴侣发生冲突时更有可能诉诸批判和轻蔑，反过来又增加了对方自我辩护和消极作对的可能性。

有害想法最恶劣的结果是导致丈夫对妻子使用身体暴力。印第安纳大学心理学家关于暴力丈夫的研究发现，他们的想法和校园流氓一样，他们无中生有，把妻子的中立行为视为恶意行为，并把这种误解当成他们使用暴力的借口（实施约会强暴的男性，其行为有相似之处，他们用猜疑的眼光看待女人，因此完全不理会女人的反抗）。[17]我们在第七章已经知道，这种男人尤其将妻子的轻蔑、拒绝或公开的为难视为威胁。虐妻者暴力合理化的想法起源于这种典型的情节："你参加社交聚会，你注意到妻子一直在和一个迷人的男士谈笑风生，足足有半个小时。那家伙似乎在和她调情。"这种男人如果认为妻子对他们表现出拒绝或嫌弃，他们就会怒火中烧。不难想象的是，类似"她准备离开我"的想法促使丈夫情绪失控，他们在冲动之下实施家庭暴力，用研究人员的话说就是"无能的行为反应"。[18]

泛滥：窒息的婚姻

令人困扰的态度常常会触发情绪失控，而且使个体很难从伤害和愤怒当中复原，因此它的直接后果是制造了永无休止的危机。戈特曼用"泛滥"一词贴切地形容经常性情绪困扰的易感性。情绪"泛滥"的丈夫或妻子被配偶的否定和自身对此的反应压倒了，他们被失控的恐惧淹没。这种人无法正常地听取意见或头脑清晰地进行回应，难以组织思路，只能以原始反应行事。他们只希望事情停止，或者想逃跑，有时候还想反击。"泛滥"是一种自我保持的情绪失控。

有些人不容易进入泛滥状态，他们对愤怒和轻蔑的承受力比较强，而有些人只要配偶提出轻微的批评就可能触发情绪泛滥。泛滥的生理特征是心率高于平静时的水平。[19]在静止状态，女性的心跳大约是每分钟 82 次，男性大约是 72 次（具体的心率因个人体型的不同而有较大差异）。如果每分钟心跳比静止状态增加 10 次左右，就表明泛滥开始了。如果心跳达到每分钟 100 次（愤怒和哭泣的时候很容易达到这种水平），身体就会分泌肾上腺素和其他激素，在一段时间内保持高度紧张。心率水平可以明显地反映出情绪失控：心跳比正常状态每分钟增加了 10 次、20 次，乃至 30 次。肌肉紧张，呼吸变得困难。有害情绪泛滥成灾，恐惧和愤怒席卷而来，让人无处可逃，个体感到"永远”都无法复原。在情绪完全失控的时候，个体的情绪太强烈，观点太狭隘，思维太混乱，根本无法听进他人的意见或理性地解决问题。

当然，大多数夫妇在争吵中经常会出现这种剑拔弩张的时刻。婚姻关系的问题始于某一方的情绪持续泛滥。如果有一方对情绪攻击或不公正待遇总是处于防卫状态，对任何攻击、侮辱或怨恨的迹象过于警觉，那么其肯定会小题大做、反应过度。如果丈夫处于这种状态，妻子只要说“亲爱的，我们需要谈谈”，丈夫就会想“她又准备挑起战争了”，从而触发情绪泛滥。从生理唤起中复原会变得越来越困难，这反过来又使个体更容易把原本没有恶意的交流视为用心险恶，并再次引发情绪泛滥。

这也许是婚姻关系中最危险的转折点，感情关系开始恶化。情绪泛滥的一方无时无刻不在想着对方最恶劣的一面，消极地看待对方所做的一切。琐事可以引发激烈的争吵，感情持续受到伤害。由于情绪泛滥本身破坏了解决问题的所有尝试，渐渐地，情绪泛滥的一方开始把婚姻中所有的问题都看得过于严重、无法修复。这种情况如果持续下去，对话就变得无济于事，夫妇双方只好依靠自己的力量舒缓负面情绪。他们开始过着没有交集的生活，彼此隔绝，孤单寂寞。戈特曼发现，下一步通常就是离婚。

在滑向离婚深渊的过程中，缺乏情绪竞争力导致的悲剧是不言而喻的。一旦夫妇双方陷入批判与轻蔑、辩护与消极作对、情绪困扰与情绪泛滥的恶性循环，循环本身就会瓦解个体情绪自我意识和自控的能力，同理心以及舒缓自身或对方情绪的能力也荡然无存。

其实男人更需要关怀

情绪生活中的性别差异是导致婚姻瓦解的潜在因素。有研究发现，即使夫妇已经结婚35年甚至更长时间，丈夫和妻子如何看待彼此的情绪冲突仍然存在根本的区别。相对于男性而言，女性一般不介意为夫妻吵架感到不快。这一结论是加利福尼亚大学伯克利分校的罗伯特·利文森提出的。他对151对婚姻维持多年的夫妇进行了调查，发现丈夫们一致认为为夫妻吵架感到不安是不愉快甚至令人厌恶的，但他们的妻子不太介意。[20]

对于较轻微的否定，丈夫比他们的妻子更容易出现情绪泛滥，被配偶批评后情绪泛滥的男性要多于女性。一旦出现情绪泛滥，丈夫会分泌更多的肾上腺素，妻子轻微的否定触发了丈夫的肾上腺素流动，他们生理上从情绪泛滥中复原所需的时间也比较长。[21]这说明男人坚忍克己很可能是为了防止情绪崩溃。

戈特曼认为，男性消极作对通常是为了保护自己免受情绪泛滥的危害。他的研究显示，一旦男性开始消极作对，他们的心跳每分钟大约减少10次，主观上感到有所解脱。不过，一旦男性开始消极作对，妻子的心跳就会突然加速，这是情绪极度紧张的信号。两性之间寻求慰藉的方式正好相反，这种"情绪探戈"导致了他们对情绪对抗的不同立场：丈夫希望摆脱情绪对抗的热切程度与妻子主动寻求情绪对抗的程度是一样的。

正如男人更容易消极作对一样，女人更容易批判她们的丈夫。[22]妻子倾向于谋求情绪管理者的角色，从而导致了这种不对称性。妻子试图直接面对并解决分歧和不满，她们的丈夫却不愿意参与注定会愈演愈烈的讨论。妻子看到丈夫不愿意参与讨论，就会变本加厉地抱怨，开始批判丈夫。如果丈夫对此进行辩护或消极作对，妻子就会感到沮丧和愤怒，为了减轻沮丧，她就会表现出轻蔑。一旦丈夫发现自己受到妻子的批判和蔑视，就会开始产生无辜受害者或者愤慨的想法，很容易触发情绪泛滥。为了保护自身免于泛滥，丈夫的防卫心理越来越强，或者对一切都采取消极作对的态度。不过请记住，丈夫消极作对的时候，妻子就会产生情绪泛滥，陷入困境。夫妻争执的循环不断升级，最后局面很容易失控。

对两性的婚姻忠告

由于男人和女人处理婚姻关系中的负面情绪的方式存在重大差异，而这种差异很可能会导致严重的后果，那么他们应该怎样维系彼此之间的爱和感情呢？也就是说，应该如何维系婚姻关系？婚姻研究专家对婚姻维持多年的夫妇的互动模式进行了研究，以此为基础分别对男性和女性提出了特别的忠告，还有一些建议适用于男女双方。

男人和女人通常需要不同的情绪调节。对于男人，建议不要回避冲突，当妻子发泄不满或者提出分歧时，应该意识到她这样做也许是爱的表现，是为了维护婚姻的健康，使其不偏离正轨（当然妻子的敌意还会有其他动机）。如果牢骚一直引而不发，强度就会渐渐增大，直至剧烈爆发。如果牢骚得到发泄或解决，就不会酿成严重的后果。不过丈夫必须意识到，愤怒或不满并不等于人身攻击——妻子闹情绪只是为了突出她对问题的强烈感受。

男人还要注意避免太早提出实际的解决方法，导致双方讨论出现“短路”。对妻子来说，感到丈夫愿意听她发牢骚，并对她的感受产生同理心（尽管他不需要赞同她），这种感觉更加重要。妻子也许会把丈夫提出的建议看成是他对她的感受不够重视。丈夫如果能够与怒气冲冲的妻子保持交流，而不是把她的牢骚看得无足轻重，那么妻子就会感到丈夫愿意听她的话，愿意尊重她。尤其重要的是，妻子希望自己的感受得到认同和尊重，即便丈夫不赞同，它也是有价值的。如果妻子感到丈夫愿意听她的话，愿意了解她的感受，她往往就会平静下来。

对女人的建议与对男人的建议刚好相反。男人的主要烦恼是妻子牢骚太盛，因此妻子要特别注意不要攻击丈夫——可以抱怨他们的行为，但不要进行人身攻击或者表达轻蔑。抱怨不是为了人身攻击，而是为了清楚地表达丈夫的某个特定行为让妻子感到困扰。愤怒的人身攻击通常会导致丈夫的自我辩护或者消极作对，让事情更加糟糕，使争吵不断升级。如果妻子的抱怨能放置在更广泛的背景之下，使丈夫确信妻子对他的爱，那么这也会很有帮助。

吵吵更健康

新闻晨报提供了一则关于如何解决婚姻分歧的反面教材。玛琳·兰尼克与丈夫迈克尔发生争执，迈克尔想看达拉斯牛仔队与费城鹰队的比赛，兰尼克想看新闻节目。迈克尔坐下来看比赛，这时兰尼克告诉他，她“受够了橄榄球”，然后到卧室拿出一支点 38 手枪，对窝在沙发上看比赛的丈夫开了两枪。兰尼克被控故意伤害罪。迈克尔腹部中了两枪，子弹从他的左肩胛骨和脖子穿出，据报道他正在康复之中，情况良好。[23]

当然，夫妇争执很少会演变成如此惨烈的暴力事件，不过，这正好为情绪智力引入婚姻提供了大好机会。比如，婚姻持久的夫妇往往就事论事，双方都有机会表达各自的观点。[24] 而且这些夫妇还会更进一步，他们会互相听取意见。受委屈的一方真正想要的通常是聆听和认同，因此，对配偶的情绪产生同理心是缓和冲突的法宝。

离婚收场的夫妇最显著的过失是，在争吵时双方都没有尝试减少冲突。是否采取措施修补裂痕，是婚姻关系健康的夫妇与离婚收场的夫妇在争执时的主要区别。[25] 防止争吵升级为可怕冲突的修复机制，其实只是很简单的举动，比如就事论事、同理心以及减少冲突。这些基本的举动如同情绪恒温器，防止情绪表达不断升温，从而导致夫妇双方丧失就事论事的理性。

保持婚姻健康的一个基本原则是不要把注意力集中在夫妇争吵的具体问题上，比如孩子教育、性爱、金钱，家务等，而要培养双方共同的情绪智力，提高解决问题的可能性。一系列情绪竞争力——使双方保持冷静、同理心以及善于倾听等，能使夫妇有效地解决争端，还可以促成健康的分歧，即“有益的争吵”，确保婚姻健康发展，克服种种负面因素。如果任由负面因素发展下去，就会摧毁婚姻。[26]

当然，没有哪一种情绪习惯可以在一夜之间发生改变，这需要坚持不懈、提高警惕。夫妇双方能否发生关键的变化与其努力程度紧密相关。我们在婚姻中容易引发的很多或大部分情绪反应是从童年期开始形成的，首先通过我们最亲密的关系或者以父母为榜样习得，然后被带入婚姻，全面成形。尽管我们发誓不会重复父母的老路，但我们总是会受到某种情绪习惯先入为主的影响，比如对轻蔑过度敏感和过度反应，或者一遇到争执就立刻回避等。

保持冷静

每一种强烈的情绪从根源上来说就是一种行为的冲动，对冲动加以调节是基本的情绪智力。对于爱情关系，由于涉及切身利益，控制冲动尤为困难。由此引发的反应触及我们最深层次的需要——被爱和被尊重，害怕被抛弃或者情绪被剥夺。难怪夫妇争执时表现得如同生存受到威胁一样。

即便如此，如果丈夫或妻子一方出现情绪失控，就很难用积极的方式解决问题。婚姻竞争力的一个关键是夫妇双方必须学会舒缓自身的负面情绪。这就意味着掌握从情绪失控引发的情绪泛滥当中迅速复原的能力。在情绪失控时，个体失去了清醒地聆听、思考以及说话的能力，因此保持冷静是非常重要的一步，如果个体无法保持冷静，就无法进一步解决当前的问题。

有决心的夫妇在发生激烈冲突时，可以学会大约每隔 5 分钟测量自己的脉搏，即感受颈动脉的脉搏（经常进行有氧运动的人很容易学会这个方法）。[27] 测量 15 秒内脉搏跳动的次数，然后乘以 4，得到每分钟脉搏跳动的次数。以心平气和时测得的脉搏作为基准，如果每分钟脉搏跳动次数比基准多了 10 次，这就是情绪泛滥开始的信号。如果脉搏升高到这个水平，夫妇双方就需要暂停 20 分钟，在继续讨论之前恢复冷静。尽管暂停 5 分钟已经感觉够漫长的了，但实际的生理复原更缓慢。我们从第五章了解到，残留的愤怒会触发更多的愤怒，等待时间越长，身体就越有足够的时间从先前的唤起当中恢复正常。

当然，有些夫妇可能会觉得吵架的时候测量自己的脉搏有点儿尴尬，较为简单的做法是进行事先声明，在任何一方首次出现情绪泛滥迹象时暂停讨论。在暂停期间，进行放松活动或做有氧运动（或者参照我们在第五章介绍的方法）有助于从情绪失控中复原，恢复冷静。

自我释放

由于对配偶的负面想法会触发情绪泛滥，因此，如果为此感到不快的丈夫或妻子直接面对并加以解决，那么也能阻止情绪泛滥。类似“我不能再忍受了”或“我不该受到这种对待”的情绪是无辜受害者或易怒者的口头禅。认知治疗师艾伦·贝克指出，如果捕捉并质疑这些想法，而不是简单地被这些想法激怒或者感到受伤，那么丈夫或妻子就开始摆脱它们的控制了。[28]

我们需要对负面的想法进行监控，意识到我们不一定要相信这些想法，并有意识地努力寻找质疑这些想法的证据或者角度。比如妻子在气头上也许会想到“他不关心我的需要，他总是这么自私”，此时她可以回忆丈夫以前的体贴行为，以此质疑这种负面的想法。这样妻子也许会换一种想法：“他有时候还是挺关心我的，尽管他刚才的表现不够体贴，让我生气。”后面这种想法为改变和积极的解决方法提供了可能性，而最初的那种想法只会激起妻子的愤怒和伤害行为。

非辩护性的倾听和交谈

他：“你吼什么！”

她：“我吼又怎么样，我说的话你一个字也没听进去，你就是不听我讲！”

倾听是一种维系夫妇感情的技巧。夫妇俩即使吵得不可开交，情绪都失控了，其中一方或双方也可以努力做到在怒火过去之后进行倾听，理解并回应对方补救性的姿态。即将离婚的夫妇内心往往充满了怒火，陷入当前具体问题的纷争而不能自拔，根本无法做到倾听，更别提回应对方缔结和平的暗示了。一方处于防卫状态的表现是忽略或立即反驳配偶的抱怨，将其视为一种攻击而不是改变行为的努力。当然，夫妇俩吵架时，一方说的话经常会表现为攻击的形式，或者语气中充满强烈的否定，除了攻击之外再没有别的意思。

即使到了最糟糕的地步，夫妇双方也可以有选择地接收所听到的话，忽略争执当中恶意及负面的部分，比如厌恶的语调、人格侮辱、轻蔑的批判等，只听取主要的信息。如果能把配偶的否定看作重视的表现，即要求对有关问题进行关注，那么这将会有助于问题的解决。假如妻子大喊："你不要打断我的话好吗，看在老天的分上！"在这种情况下，丈夫对妻子的愤怒可以不做过度反应，而是说："好吧，你继续说。"

非辩护性倾听最有效的形式当然是同理心，即真正倾听和领会对方的言外之意。第七章谈到，在夫妇关系中，一方要对另一方真正产生同理心，其自身的情绪反应必须保持冷静，提高接收能力，自身生理才能达到反映配偶感受的水平。如果没有这种生理协调，那么一方对另一方感受的知觉可能会完全错误。如果自身情绪过于强烈，凌驾于一切之上，破坏生理和谐，个体的同理心就会受到破坏。

有效倾听情绪的一个方法叫作"镜像"，常见于婚姻治疗。比如妻子对丈夫抱怨时，丈夫对妻子重复同样的话，其目的不仅在于了解妻子的想法，还在于努力领会妻子的感受。夫妇双方在实施镜像疗法的时候，要注意复述的准确性，如果复述不准确，一方就要再次复述，直至准确。镜像疗法看起来很简单，但操作之困难令人意外。[29] 准确反映配偶的感受，其效果不仅在于理解配偶的感受，还能够增强彼此情绪协调的意识。镜像本身有时能够瓦解潜在的人身攻击，而且能有效防止发牢骚升级为争执。

夫妇之间非辩护性交谈的艺术，其核心是交谈必须围绕特定的问题，不能升级为人身攻击。有效传播项目的创始人、心理学家海穆·吉诺特向我们推荐了抱怨的最佳法则"XYZ"："当你做了 X，我感到 Y，我希望你转而做 Z。"比如应该这样抱怨："你没有打电话告诉我晚餐约会你会晚点儿来，我感到不受尊重和生气。我希望你打电话告诉我你会晚点儿到。"而不是这样抱怨："你是个自私的家伙！"——这是夫妇吵架常见的情形。总之，开诚布公地交流，不能恐吓、威胁和侮辱对方，也不能想方设法为自己辩护，比如找借口、推卸责任、批评对方等。此时同理心再次扮演了重要的角色。

最后，和人生的其他领域一样，尊重和爱可以瓦解婚姻中的敌意。防止争执升级的一个有效手段是，让对方知道你还可以从其他角度看问题，尽管你本身并不赞同，但这种观点也许有一定的合理性。另外，如果你认为自己有错，就要承担责任并且道歉。认可至少可以传递出你在倾听并认同对方感受的信息，尽管你并不赞同对方的看法，比如“我知道你不高兴”。有时候，如果夫妇没有吵架，那么认可还可以表现为赞美的形式，比如发现对方的优点，并做出赞扬。认可是舒缓配偶情绪或培育积极情绪的一种有效途径。

练习

以上介绍的一些方法派上用场之时正是夫妇双方剑拔弩张、情绪高度唤起之际，因此，我们要在平时充分练习这些技巧，以便在需要的时候运用自如。这是因为情绪脑会按照过去愤怒和伤害时所获得的经验进行回应，过去的情绪经验具有主导作用。如果不熟悉积极有效的情绪回应，或者没有很好地练习，个体在情绪不安时要做出这种回应就会极为困难。如果个体经常练习，这种情绪回应就会逐渐变成自动反应，在出现情绪危机时就有可能发挥出来。因此，我们要对这些策略进行练习和预演，不仅用在压力没有那么大的时候，还要用在激烈争吵的时候，使其有机会成为情绪神经回路指令系统后天习得的第一反应（或者至少是第二反应）。从根本上来说，这些婚姻的黏合剂是情绪智力提供的一项小小的补救性教育。

第十章

用心管理

墨尔本·麦克布鲁姆是一位喜欢发号施令的上司，他的脾气让跟他一起工作的人都感到害怕。如果麦克布鲁姆在办公室或工厂上班，那么这一点还不算什么，但是他是一名飞行员。

1978 年的一天，麦克布鲁姆驾驶的飞机即将降落在俄勒冈的波特兰，但他突然发现飞机起落架出现了问题。因此，麦克布鲁姆把飞行设置为等待航线模式，飞机在机场附近的高空盘旋，而他则在拨弄飞机的机械装置。

在麦克布鲁姆专心研究起落架的时候，飞机燃料读数渐渐接近于零。副驾驶员们害怕麦克布鲁姆发怒，在灾难即将降临之际居然什么都没说。最后飞机坠毁了，造成 10 人死亡。

这次飞机失事在飞行员安全培训中已经成为反面教材。[1] 80% 的飞机失事是因为飞行员犯了本来可以避免的错误，如果机组人员工作更加协调，这些错误根本不会发生。团队合作、开明沟通、协调配合、注意倾听以及表达真实想法，这些社会智力的基本要素和驾驶技术一样需要在飞行员训练中得到加强。

飞机驾驶舱是工作组织的一个缩影。如果不是发生了飞机失事这种让人警醒的重大事件，那么低落的士气、战战兢兢的员工、颐指气使的老板，以及工作环境中其他形形色色的情绪缺陷，其破坏性后果通常会被不在场的人忽略。但它们往往会导致工作效率降低，无法如期完成任务的情况增多，错漏百出，大批员工跳槽到工作环境更好的企业。这是工作环境情绪智力水平过低导致的必然恶果。如果情况继续恶化，那么企业有可能倒闭。

情绪智力的成本效率对企业来说是一个相对较新的概念，有些经理人也许难以接受。一项面向 250 名企业执行官的调查显示，大多数被调查者认为他们的工作需要他们“用脑而不是用心”。很多被调查者表示，他们担心对同事抱有同理心或同情心会使他们与组织的目标产生冲突。其中有一位认为“感知员工情绪”这种想法是荒谬的，他表示，如果这样做，“就没法管理他们了”。其他被调查者则认为如果他们不铁石心肠，他们就无法做出企业所要求的“困难”决定，不过他们向员工宣布决定时可能会选择较为人道的方式。[2]

这项调查是在 20 世纪 70 年代进行的，当时的企业环境和现在差别很大。我认为，他们这种态度已经过时了。在新的竞争环境下，情绪智力对职场和市场的作用越来越突出。哈佛商学院心理学家肖沙娜·朱伯夫（Shoshona Zuboff）指出：“20 世纪以来，企业经历了急剧的变化，情绪景观也随之出现了改变。在企业的等级制度下，经理人阶层曾经长期处于统治地位，手腕强硬的铁血老板得到回报。但在全球化和信息技术的双重压力之下，企业僵化的等级制度在 20 世纪 80 年代开始瓦解。铁血战士代表企业的过去，而人际关系的大师代表企业的未来。”[3]

原因很明显——想象一下，在一个工作团队中，有人无法控制自己的怒火，或者对同事的感受麻木不仁的后果是什么。我们在第六章介绍过的思维波动的负面影响同样适用于工作环境。如果情绪低落，人们就无法聚精会神，思路清晰地记忆、学习或决策。按照一位管理咨询师的说法，“压力之下必有愚夫”。

我们还可以正面考察一下提高基本情绪竞争力（与他人的情绪协调一致，防止分歧升级，工作进入“涌流”状态）对工作的益处。领导力不是支配和控制，而是说服人们向共同目标努力的艺术。此外，在对自己职业的管理中，最关键的是识别自身对工作最深刻的感受，了解什么样的改变能使我们对工作更为满意。

情绪潜能逐渐成为重要的业务技能，这也反映了工作环境的急剧变化。下面我将介绍情绪智力的三种不同应用：一是把发牢骚转化为有用的批评；二是营造推崇多样性的氛围，而不是将其视为摩擦的根源；三是建立有效的关系网。

批评是第一要务

他是一位经验丰富的工程师，负责一个软件开发项目。他正在向公司的产品开发副总裁汇报几个月以来的工作成果。他的团队在他的带领下夜以继日地工作，他们对自己艰苦工作所取得的成果感到自豪。然而，工程师汇报完毕之后，副总裁挖苦地问道：“你从研究所毕业多长时间了？这些技术标准太荒唐了，过不了我这关。”

工程师感到非常尴尬和沮丧，他在会议剩余时间里闷闷不乐地坐着，一言不发。他的团队成员为捍卫他们的成果不断辩解，但都说不到点子上，而且态度有点儿抵触。副总裁此时被叫走，会议突然中断，于是大家不欢而散。

在接下来的两个星期里，工程师一直对副总裁的评价耿耿于怀。他无精打采，绝望透顶，他觉得自己在公司再也不会被委以重任了，尽管他很喜欢这份工作，但他还是打算辞职不干了。

最后工程师去见副总裁，跟他说起那次会议，说到副总裁的批评令他的团队士气低落。然后他字斟句酌地问："我不太明白你的用意。你应该不只是想让我难堪，你当时还有别的想法吗？"

副总裁很吃惊，他根本没有想到他当时的话会有这么严重的影响，他只是随口说说而已。实际上，他认为这个软件开发项目很有前途，但还需要付出更多的努力，他并不是要把它贬得一无是处。副总裁说，他根本没有意识到自己的反应方式这么糟糕，他也不是想伤害别人的感情。于是副总裁向工程师送上迟来的道歉。[4]

这个故事讲的其实是反馈问题，即人们获取关键的信息，以确保工作不会偏离正轨。系统论中的"反馈"，原意是关于系统的一部分运作情况的数据交换，系统的一部分会影响其他部分，因此任何阻碍进程的部分都应得到改善。在企业中，每个人都是系统的一部分，因此反馈——也就是信息交流——相当于组织的血液，人们据此了解他们所做的工作是否符合要求，或是否需要调整、升级甚至彻底转向。没有反馈，人们就会一头雾水，不知道怎么与上司、同事相处，也不知道别人对他们的期望，随着时间流逝，这些问题会越来越严重。

从某种意义上说，批评是经理人最重要的任务之一，同时也是他们最害怕、最想逃避的事情之一。和前文那位挖苦下属的副总裁一样，很多经理人的反馈方法很糟糕。这种欠缺会造成巨大的损失，正如夫妇的情绪健康取决于他们表达不满的技巧，公司员工的工作效率、满意度以及产出也取决于上司向他们指出问题的方式。事实上，如何提出批评和接受批评，对员工的工作满意度、同事满意度以及上司满意度有着非常重要的影响。

最糟糕的激励方式

婚姻中常见的情绪问题同样适用于工作环境，两者的表现形式很相似。比如批评表现为人身攻击而不是恰当的抱怨，或者单纯从个人喜好出发进行指责，充满厌恶、挖苦和轻蔑。这些行为会导致员工采取守势，并推诿责任，最后由于感觉受到不公正对待，进一步演变成消极作对或心怀怨恨的被动抵抗。有些企业咨询顾问认为，在工作场所，恶意批评常常表现为以偏概全或者一棍子打死，比如“你糟透了”；批评的语调尖酸刻薄、怒气冲冲，让人根本无法回应，也不知道如何改正。恶意批评让被批评者感到无助和愤怒。从情绪智力的角度看，恶意批评显示了批判者的无知，他们不知道这种批评会触发被批评者的负面情绪，也不知道负面情绪会影响被批评者工作的动机、能量以及信心。

一项关于经理人的调查揭示了恶意批评的情绪机制。研究者要求经理人回顾对员工发脾气以及愤怒到极点时进行人身攻击的情形。[5]结果发现攻击所产生的效果与夫妇之间的攻击类似，受攻击员工的常见回应是为自己辩护、寻找借口、逃避责任，或者消极作对，尽量避免与发脾气的经理人的一切接触。如果将约翰·戈特曼分析夫妇之间情绪问题的方法用于受批评员工，那么他们肯定会和自认为受到不公正对待的丈夫或妻子一样，产生无辜受害者的想法。如果对员工的生理状态进行检测，那么他们很可能也会出现情绪泛滥的迹象，而情绪泛滥会使他们的想法进一步加强。经理人则会对员工的这种回应感到更加不满和气愤，于是恶意批评的循环最后就会以员工辞职或被解雇告终——相当于与企业离婚。

一项面对 108 名经理人和白领员工的调查显示，不当批评的影响超过了猜疑、性格不合以及权力斗争，成为工作冲突的一个主要成因。[6]伦斯勒理工学院开展的一项实验显示了刻薄的批评对职业人际关系的危害。受测者被要求给一种新型洗发水制作广告，一名实验助手对广告提案进行评论，他的评语有两种，均是预先安排好的。受测者会收到其中一种评语。第一种评语友善而且具体，第二种评语则包含了威胁以及对受测者的人身攻击，比如“想也不要想，好像没有一件事是做对的”，以及“也许缺乏天赋，我得找其他人来做”。

我们可以想象得到，受到攻击的受测者变得紧张、愤怒和抵触，并拒绝与批评者在接下来的项目中进行合作。很多人表示他们希望不再与批评者来往，也就是消极作对。刻薄的批评使被批评者士气低落，不再努力工作，最严重的后果是，他们自认为不能胜任这项工作。人身攻击打击了他们的士气。

很多经理人动不动就批评下属，对赞扬却非常吝啬，员工感到他们只有在犯错时才会听到上司对他们工作表现的评价。除了批评的偏向性之外，还有很多经理人习惯于长时间推迟对员工进行反馈。伊利诺伊大学厄本那分校心理学家 J. R. 拉森认为：“员工表现出来的大多数问题都不是突然出现的，它们慢慢地与日俱增。如果上司无法让员工及时了解他的感受，上司就会越来越沮丧。然后有一天，他就会发作出来。如果他及早提出批评，员工就会改正错误。但人们常常在事情不可收拾的时候提出批评，此时他们往往过于愤怒，无法控制自己的情绪。这时候他们就会以最糟糕的方式提出批评，回想起长久以来积压在内心的种种不满，语气充满了挖苦和嘲讽，甚至发出威胁。这种攻击效果往往适得其反，被批评者将其视为侮辱，因此也会感到愤怒。这是激励员工最糟糕的方式。”

批评的艺术

我们还有另一种批评的方式。

有技巧的批评也许是经理人传递的最有用的信息之一。比如，那位轻蔑的副总裁可以这样对软件工程师说："目前阶段的主要问题是你们的计划时间太长了，增加了成本。我希望你再仔细考虑一下这个提议，尤其是软件开发的设计标准，看看能不能在更短的时间内完成这项工作。"与恶意的批评相比，这种信息传递方式的效果截然不同。前者制造无助、愤怒和反抗，后者传递了改进的希望，并提出了相关建议。

有技巧的批评，关注的是个人的行为以及日后改善的可能性，而不是把工作质量差归结为人格方面的原因。正如拉森指出的："批评某人愚蠢或无能，这种人格攻击并没有批评到点子上。你一下子把他置于防守的地位，他再也听不进你让他改进的意见。"拉森的建议显然和我们对已婚夫妇表达不满的建议是一致的。

对于激励，如果人们认为失败是由自身无法改变的缺陷引起的，他们就会失去希望，不再努力。请记住，激发乐观主义的基本信念是，挫折或失败是由客观条件引起的，而我们可以改变这些条件，把工作做得更好。

批评的艺术与赞扬的艺术有着千丝万缕的联系。由精神分析师转为企业咨询顾问的哈里·莱文森对批评的方法提出了如下建议：

· 具体。选择有意义的事件，即能够显示需要改变的关键问题或缺陷模式的事件，比如无法顺利完成一项工作的某些部分。如果员工只听到他们"做错了"，但不知道具体错在哪里，也就无法改进，这样会打击员工的士气。关注具体的细节，明确员工哪些地方做得好，哪些地方做得不好，以及应该怎样加以改进。不要旁敲侧击或拐弯抹角、回避问题，混淆真正有用的信息。类似于夫妇之间发牢骚的“XYZ”法则，批评员工时要指明问题是什么，具体错在哪里，你对问题的态度，以及应该如何改进。

· 莱文森指出：“对于赞扬，具体同样重要。当然，含糊的赞扬不是一点儿效果都没有，但是效果不大，而且你无法从中学习。”[7]

· 提供解决方法。和所有有用的反馈一样，批评应当指明改正问题的方法。否则被批评者会感到沮丧，士气低落，或失去动力。通过批评，被批评者了解到此前没有意识到的可能性或者替代方法，或者意识到需要注意某些不足。批评还应该包含关于如何处理这些问题的建议。

· 当面表达。批评和赞扬一样，在面对面和私下场合效果最明显。不习惯提出批评或表扬的人也许会为了减轻心理负担，选择远距离表达批评或赞扬，比如写备忘录。不过这种方式太缺乏人情味了，而且对方也没有机会进行回应或澄清。

· 保持敏感。这需要同理心，与自己所说的话以及说话方式对接收方产生的影响协调一致。莱文森指出，没有同理心的经理人在反馈时最容易伤害别人，比如使人无地自容的奚落。这种批评的后果非常严重，被批评者没有机会改进，反而为此心生怨恨和痛苦，处于防守和疏离的立场。

莱文森还为被批评者提供了一些情绪方面的建议。首先，把批评看成是改进工作的有用信息，而不是人身攻击。其次，警惕自我辩护而不是承担责任的冲动。如果批评实在难以接受，那么被批评者可以要求暂停谈话，给自己留出一些时间进行消化，使情绪冷静下来。最后，他建议人们把批评看成是与批评者进行合作、共同解决问题的机会，而不是采取敌对立场。所有明智的建议都可以作为已婚夫妇正确处理抱怨、避免对婚姻关系造成永久性伤害的建议，既适用于婚姻，也适用于工作。

处理多样性

三十多岁的前美军上尉西尔维娅·斯基特在南加利福尼亚哥伦比亚市丹尼饭店担任值班经理。在一个百无聊赖的下午，一群黑人顾客到饭店就餐，其中一位是牧师，一位是牧师助理，还有两位是来访的福音歌手。但饭店服务员没有理会他们，他们只好干坐着。斯基特回忆说，饭店服务员“面面相觑，把手叉在腰间，然后又继续聊起天来，就好像离他们5英尺之外的黑人顾客不存在似的”。

斯基特愤愤不平地质问服务员，并且向经理投诉，然而经理却为服务员的行为进行开脱，他说：“他们从小就是这样，我一点儿办法都没有。”斯基特当场就辞职了，她也是位黑人。

如果这是一个孤立的事件，这种公然的种族歧视也许就这样过去了。但是西尔维娅·斯基特和其他数以百计的人一样，参加了反对丹尼饭店歧视黑人的大规模集体诉讼，在丹尼饭店受到歧视的黑人顾客一方最后获得了高达5 400万美元的赔偿。

诉讼的原告包括7名美国非裔特工人员的代表，他们在丹尼饭店为了吃早餐足足等了一个小时，而邻座的白人同事却很快就受到招待——这批特工正在准备为克林顿总统访问位于安纳波利斯的美国海军学院提供安保服务。原告还包括一位来自佛罗里达州坦帕市、双腿瘫痪的黑人女孩，她在舞会之后的深夜，在轮椅上等待了两个小时才等到她的晚餐。集体诉讼认为，这种歧视源于丹尼饭店（尤其是地区和分店经理层）的普遍观念，他们认为黑人顾客会影响饭店的生意。

现在，由于集体诉讼以及媒体的曝光，丹尼饭店正在努力对黑人社区进行弥补。每一位员工，尤其是经理人员，都必须参加关于多种族顾客的优势的培训班。

这种培训已经成为美国所有公司入职培训的常规内容，经理层逐渐意识到，即使他们对有色种族存在偏见，他们也必须学会不带偏见地行事。除了社交礼仪方面的原因，还有实用主义的考虑。其中一个原因是工作场所人口结构的变化，过去白人男性是公司的主要群体，但现在他们已经沦为少数群体了。一项针对几百家美国公司的调查显示，超过 3/4 的新雇员是有色人口。人口结构的变化还反映在顾客群体的大规模变迁上。[8]另一个原因是跨国公司越来越迫切地需要员工消除偏见，学会欣赏来自不同文化（和市场）的人群，而且要把这种欣赏转化为竞争优势。第三个原因是多样性的潜在效果，它可以提高集体的创造力和创新的动力。

这一切都意味着组织文化必须做出相应的改变，提倡宽容，尽管个人偏见仍然存在。公司应该怎么做呢？为期一天或一个周末，或者看一场录像了事的“多样性培训”课程似乎很难改变员工根深蒂固的偏见，比如白人歧视黑人，黑人歧视亚裔人口，或者亚裔人口歧视西班牙裔人口。很多多样性课程效果并不理想，不是承诺太多，引发错误的期望，就是制造对抗而不是理解的氛围，这种课程很可能加剧工作场所不同族群之间的紧张关系，使他们更加关注种族之间的差异。要知道应该怎么做，首先就要了解偏见的本质是什么。

偏见的根源

弗吉尼亚大学精神病学家瓦米克·沃尔坎（Vamik Volkan）博士回忆了他在塞浦路斯一个土耳其家庭长大的经历，当时土耳其人和希腊人的冲突非常激烈。沃尔坎小时候曾听到谣言，说当地希腊神父的腰带打着结，每一个结代表他勒死了一个土耳其儿童。他还记得别人告诉他希腊邻居吃猪肉时那种不可思议的语调，对他本人所属的土耳其文化来说，猪肉是不能吃的。现在，作为研究种族冲突的专业人士，沃尔坎指出，宣扬不同种族仇恨的童年记忆会持续很多年，每一个新生代都会处于这种敌对的偏见之中。[9] 对本族群保持忠诚的心理成本是对其他族群感到反感，尤其是在有着长期敌对历史的族群之间。

偏见是个体在早期学到的一种情绪经验，因此偏见反应很难完全消除，对于认为偏见不对的成年人也是如此。从事偏见研究几十年的加利福尼亚大学圣克鲁兹分校社会心理学家托马斯·佩蒂格鲁（Thomas Pettigrew）指出："偏见的情绪在童年期形成，但支持偏见的信念到后来才出现。也许你后来想改变偏见，但改变内心感受比改变理性信念要难得多。比如很多美国南方人向我承认，虽然他们心里对黑人不再存有偏见，但他们和黑人握手时总是感到不舒服。这种感觉来源于童年期家庭对他们的影响。"[10]

偏见受到刻板印象的支持，而刻板印象部分源于较为中立的心理神经机制，这种心理机制使刻板印象带有自我验证的倾向。[11] 人们倾向于记住符合刻板印象的事件，而不重视质疑刻板印象的事件。比如在聚会上，一个英国人情绪外露、热情亲切，这与通常冷漠保守的英国人形象截然不同，于是人们就会告诉自己，这个英国人不同寻常，或者"他喝醉了"。

微妙的偏见很难根除，这也许可以解释为什么过去 40 年美国白人对黑人的态度虽然已经越来越宽容，但表现形式更微妙的偏见依然存在。人们口头上否认种族歧视，但行动上依然带有隐秘的偏见。[12] 很多人表示他们没有种族偏见的恶习，但在模棱两可的情境中，他们会做出带有偏见的行为，尽管他们认为自己很理智，没有偏见。偏见的形式也许会表现为，自认为没有偏见的白人高级经理拒绝了一位黑人求职者，表面上不是出于种族原因，而是他的教育背景和经验“难以胜任”这项工作，而他却聘请了教育背景完全相同的白人求职者。或者表现为，他教给白人推销员一些简单有用的打电话技巧，但对黑人或西班牙裔推销员没有这样做。

对不宽容的不宽容

如果说长期形成的偏见无法轻易消除，那么可以改变的是人们对待偏见的态度。比如丹尼饭店的例子，服务员或分店经理公然歧视黑人的行为如果受到质疑，那么这种现象就会减少。但是，一些经理人似乎在鼓励歧视行为，至少是心照不宣，甚至要求黑人必须先付钱后用餐，拒绝为黑人提供餐馆广为宣传的免费生日餐，或者在一群黑人来就餐时把大门锁上，宣称营业时间结束。正如代表黑人特工人员起诉丹尼饭店的律师约翰·P.雷尔曼指出的那样，“丹尼饭店的管理层对下属员工的所作所为视而不见，这传递了某种信息……助长了当地经理种族歧视的冲动。”[13]

从偏见的根源以及如何有效消除偏见来看，正是对偏见行为视而不见的姑息态度助长了歧视的发展。在这种情况下，不作为本质上就是容忍偏见的病毒肆意扩散。比多样性培训课程更有意义，或者使这种课程发挥实际效果的做法是，从管理层到基层员工都积极地反对所有歧视行为，由此彻底改变一个群体的规范。当整体的氛围出现变化，尽管也许很难消除偏见，但至少可以消除带有偏见的行为。按照IBM一位执行官的说法，“我们不容忍任何形式的歧视或侮辱，尊重个人是IBM 文化的核心”。[14]

偏见研究对于提高企业文化宽容度提出了一些建设性意见，那就是鼓励员工公开反对隐蔽的歧视或攻击行为，比如无礼的笑话或者张贴侮辱女员工的裸体人像挂历。有研究发现，在一群人中如果有人发表种族歧视的侮辱言论，那么其他人也会跟着这样做。当场指出这种歧视行为或者提出反对，这种简单的行为可以创造减少歧视的社会氛围，什么都不说就相当于宽恕这种行为。[15] 因此，处于权威地位的人能起到关键的作用，如果他们不谴责偏见行为，那么无形中等于传递了这种行为没有问题的信号。对此进行谴责可以传递出强烈的信号，表明偏见不是小事，而是会产生真正的负面影响。

情绪智力的技能，尤其是不仅知道在什么时候、还知道如何有效地反对偏见的社交技巧，在这种情况下再次发挥作用。这种反馈技巧应当与其他有效批评的技巧一起使用，确保被批评者不会产生逆反心理。如果经理人和员工能够自然而然地做到这一点，或对此加以学习，那么偏见现象就会逐渐消失。

有效的多样性培训课程应当在组织内部建立新的基本准则，防止任何形式的偏见行为，鼓励员工不再充当沉默的证人和旁观者，而要明确表达他们的反感和反对意见。多样性课程的另一个积极因素是观点采择，即提倡同理心和宽容的立场。只要员工逐渐意识到被歧视者的痛苦，他们就有可能公开反对歧视行为。

简而言之，禁止偏见行为的发生比从根本上消除偏见态度的可能性要大得多。刻板印象即使可以改变，也会非常缓慢。只是简单地让不同种族的人待在一起，不会或者很难减少不宽容的现象，正如废除种族隔离学校所发生的情况，不同种族之间的敌意不仅没有消除，反而增强了。既然多样性培训项目遍及所有公司，那么现实的目标应当是借此改变带有偏见或攻击色彩的群体规范。提高集体意识，不接受和容忍偏执或攻击行为，培训项目在这些方面可以大有作为。不过期望这些项目从根本上消除偏见是不现实的。

既然偏见是情绪学习的结果，那么再度学习肯定是有可能的——当然需要时间，而且不能指望达到一次性的多样性培训课程那样的效果。要实现改变，就需要持续的友爱之情，需要不同背景的人向着共同的目标不断努力。废除种族隔离学校的教训是，如果种族之间无法融合，反而形成彼此对立的小集团，那么负面的刻板印象就会被强化。如果学生们为了实现共同的目标平等地开展合作，比如在运动队或者乐队中，他们的刻板印象就会被打破。在工作环境中，员工一起共事多年，自然也会出现这种现象。[16]

不过，如果停止与工作环境中的偏见现象进行斗争，人们就会错失更好的机会，无法利用工作群体多样化可能带来的创造力和创新精神。接下来我们会了解到，一个工作团队内的成员，其优势和视角各有千秋，如果他们能够协调一致，相对于同一批人各自独立工作，可能就会实现更出色、更有创造性、更有效的解决方案。

组织智慧与群体智商

20 世纪末，美国职业大军当中的第三大力量是“知识工人”，比如市场分析师、作家或电脑程序员等，他们的生产力体现在为信息提供附加值。发明“知识工人”一词的著名管理学大师彼得 · 德鲁克指出，知识工人的技能高度专业化，其生产力取决于他们作为组织一分子与组织团队的协调能力：作家不是出版商，电脑程序员不是软件发布者。德鲁克说，人们总是要协同工作，而对于知识化的工作，“团队而不是个人成为工作的单元”。[17]这也说明情绪智力，即有助于人们协调一致的技能，在未来的工作环境中将会变得越来越有价值。

组织化团队工作最基本的形式也许是开会，比如董事会会议、电话会议以及其他普通会议等，这是执行官难以避免的一部分任务。面对面的会议是最明显但又略显过时的样板，人们可以据此判断一个团队是如何分工合作的。电子网络、电子邮件、电视电话会议、工作团队、非正式网络等都是组织内新出现的功能实体。从某种程度上说，组织结构图所揭示的明确的等级制度代表了组织的骨骼，而这些人际接触点就代表着组织的神经系统。

人们在进行协作的时候，不管是召开执行计划的会议，还是成立团队共同开发产品，都会体现出所谓的群体智商，即群体成员才能和技能的总和。团队完成任务质量的高低取决于群体智商的高低。据研究，群体智力最重要的一个因素并不是群体成员学业意义上的平均智商，而是群体的情绪智力。高群体智商的关键是社会和谐。在其他要素相同的情况下，团队协调一致的能力是激发团队才能、提高效率和取得成功的保证。在团队成员才能和技能相同的情况下，团队如果无法协调一致就无法出色地完成任务。

提出"群体智力"概念的是耶鲁大学心理学家罗伯特·斯腾伯格，以及从事群体效率研究的研究生温迪·威廉姆斯。[18] 人们为了完成一项任务组建团队，团队中的每个人都具备一定的才能，比如语言流利、创造性强、富有同理心或者拥有其他技术专长。群体智力不一定大于所有群体成员特定才能的总和，如果群体成员无法共享各自的聪明才智，那么群体智力还有可能小于成员才能的总和。斯腾伯格和威廉姆斯通过研究证实了两者之间的差异。他们召集一群受测者分成小组进行合作，受测者的任务是为一款有望成为糖果替代品的虚拟的甜味剂策划有效的广告宣传活动。

这项研究的一个惊人发现是，过于急切而不愿合作的人拖了整个团队的后腿，影响了团队的整体表现。这些野心勃勃的人过于喜欢控制或命令别人。他们缺乏一种基本的社会智力，无法识别在合作交流过程中什么行为合适、什么行为不合适。成员不愿意参与，是团队表现的一个负面因素。

团队成果最优化的一个重要因素是团队成员保持内部和谐的程度，

团队和谐有助于成员充分发挥才能。对一个和谐团队来说，拥有一位天分极高的成员可以提高团队的整体表现，而摩擦较多的团队则难以充分利用能力出众的成员。在有高度情绪或社交障碍的团队，无论这些障碍是恐惧或愤怒引起的，还是敌对或怨恨引起的，成员的才能都无法得到最好的发挥。和谐可以使团队最大限度地利用成员的创造性和天赋。

该研究对工作团队的启发非常明显，同时对每一个在组织中工作的人都具有普遍的意义。很多工作的完成需要依赖于人们号召合作者组成松散网络的能力，不同的任务需要合作网络中不同的合作者。各种特设的工作团队应运而生，并对成员的才能、专长和岗位进行最优化安排。人们对合作网络的组织能力，即建立临时性特设团队的能力，是事业成功的一个关键因素。

贝尔实验室位于普林斯顿附近，是世界知名的科学智囊机构。让我们来看看关于贝尔实验室明星员工的研究。在贝尔实验室工作的都是高智商的工程师和科学家。但在实验室里，有些人表现异常杰出，而有些人仅仅处于平均水平。明星员工与普通员工的差异不在于他们的学业智商，而在于他们的情商。明星员工更善于自我激励，更善于召集自己所在的非正式网络，组建特设工作团队。

研究者选择了贝尔实验室的一个部门对明星员工进行研究，该部门的任务是研发和设计控制电话系统的电子开关。电子开关是电子工程中非常复杂、要求很高的一部分。[19] 这项工作单枪匹马无法胜任，必须由诸多团队共同完成，这些团队的规模从 5 名至 150 名工程师不等。没有哪一名工程师具备单独完成任务所需要的全部技能，必须借助其他人的专业技能才能完成任务。为了找到高效率的明星工程师与普通工程师之间差异的决定因素，罗伯特·凯利和珍妮特·卡普兰让经理人和员工提名 10%~15% 的工程师作为明星工程师。

研究者在明星工程师与其他工程师之间进行比较，最惊人的发现是两个群体只存在很细微的差别。凯利和卡普兰发表在《哈佛商业评论》上的文章写道："根据一系列认知和社会方面的测量方法，比如智商的标准测试和性格测试，这些人的能力没有显著的差异。随着个体的发展，我们根据学业才能无法准确地预测工作成果，智商也是如此。"

研究者通过访谈发现，关键的差异在于明星工程师为了完成任务所运用的内在策略和人际策略。最重要的策略之一是与一群关键人物保持融洽的关系。明星工程师工作顺利的原因在于，他们花时间与关键人物发展良好的人际关系，而关键人物在临时性特设团队中能为解决问题或处理危机提供关键的服务。根据凯利和卡普兰的观察，"贝尔实验室的一个中层员工谈起他被一个技术问题难住了，他不辞劳苦召集了不同的技术高手，可是他的号召没有得到回应，电子邮件没人回复，他白白浪费了宝贵的等待时间。而明星工程师很少遇到这种情况，他们在需要别人帮忙之前就已经建立了可靠的关系网。一旦他们需要别人的建议，明星工程师总是能够获得较快的回应"。

非正式网络对于处理意想不到的问题尤为关键。一项关于非正式网络的研究显示，"正式组织是为处理可预期的问题而设置的。假如无法预期的问题出现了，非正式网络就开始发挥作用了。这种复杂的社会关系网在同事之间每一次交流的时候形成，随着时间的流逝逐渐加强，最后发展成为异常稳定的关系网。非正式网络具有高度的适应性，可以随意变化，能够跳过整体，直接完成任务"。[20]

对非正式网络的分析显示，由于人们天天在一起工作，他们不需要向所有人透露敏感的信息（比如想换工作，对某个经理或同事的行为感到不满），遇到困难时也不需要向所有人求助。事实上，更加成熟的观点是非正式网络至少有三种形式：一是沟通网，即互相交谈的圈子；二是专业网，由可以提供建议的人组成；三是信任网。如果在专业网担任骨干，那么此人拥有专业技能杰出的声望，专业技能通常是晋升的决定因素。不过，被视为专家，与被视为值得交换秘密、疑问和弱点的人，两者毫无关系。一个狭隘的办公室暴君或者吹毛求疵的领导者也许具有过硬的专业才能，但如果得不到别人的信任，其管理能力就会被削弱，并被排除在非正式网络之外。组织里的明星通常与所有关系网都有着紧密的联系，无论是沟通网、专业网还是信任网。

除了掌握必不可少的关系网之外，贝尔实验室明星工程师具备的组织智慧还包括：有效地协调团队工作；在达成一致意见时起到领导作用；从他人的角度看待问题，比如顾客或对立面的角度；善于说服他人；促进合作、避免冲突。所有这些技巧都取决于社交技能，除此之外，明星工程师还有其他的本领：一是积极主动，能够自我激励，勇于承担本职工作之外的责任；二是善于自我管理，在时间和工作承诺之间取得平衡。所有这些技能都是情绪智力的组成部分。

我们有充分的证据相信，从贝尔实验室观察到的结果预示了所有企业发展的未来，情绪智力的基本技能在团队合作以及帮助人们共同学习如何有效工作方面会显示出越来越重要的作用。随着以知识为基础的服务和知识资本成为企业的重心，改进员工合作方式将是提升知识资本、发挥关键竞争优势的一个主要途径。企业为了进一步发展壮大，而不是仅仅为了生存，将会努力提升整体的情绪智力。

第十一章

心与药

“医生，这一切都是谁教会你的？”

“痛苦。”

——阿尔伯特·卡缪，《瘟疫》

我的下体隐隐作痛，于是去看医生。本来一切都很平常，直到医生看到我的尿检报告。我有尿血的迹象。

医生用公事公办的口吻说：“你要到医院做些检查……肾功能检查、细胞检查……”

我不知道他后来说了些什么，一听到“细胞检查”就蒙了。癌症。

我记不清医生让我什么时候、到什么地方进行诊断检查。本来这是最简单不过的要求，我居然让他重复了三四次。“细胞检查”，我的脑海里一直萦绕着这个词。感觉就像刚刚在自家门口被人打劫了。

我的反应为什么这么强烈？我的医生学识渊博、医术精湛，他正在根据诊断决策树检查我的四肢。我患上癌症的可能性很小。不过理性分析在当时无关紧要。面对疾病，情绪高于一切，恐惧难以避免。我们在生病时情绪会变得非常脆弱，原因在于我们的心理健康有一部分源于“刀枪不入”的幻觉。疾病，尤其是严重的疾病，打破了这种幻觉，“我们的个人世界很安全”的信念受到了动摇。突然之间，我们感到虚弱、无助和脆弱。

问题是医务人员在治疗时忽略了病人的情绪反应。这说明医务人员没有注意到，有越来越多的证据表明，人们的情绪状态对患病和康复的过程会产生显著的影响。现代医学护理常常缺乏情绪智力。

病人也许可以从护士或医生的一言一行中获得有用的信息和心理安慰，但如果医务人员处理不当，就会导致病人绝望。医务人员总是对病人的困扰表现出不耐烦或者漠不关心。当然也有些富有同情心的护士或医生在治疗病人时愿意耐心地安慰病人，提供病情信息。不过专业领域的趋势是，组织的强制性要求使医务人员忽视病人的脆弱心理，或者由于医疗压力过大而无法采取措施。由于医疗系统日益重视经济效益，情况变得越来越糟糕了。

我们要求医务人员在治疗的同时关怀病人，充分考虑病人的生理和社会现实因素，而不是将其排除在治疗之外，这不仅是出于人道主义方面的原因，还有其他更加迫切的理由。目前科学已经证实，无论是预防疾病还是治疗疾病，在治疗病人的同时调节病人的情绪状态，可以产生额外的医疗效果。当然不是所有情况下都会这样。不过根据成百上千的病例数据，平均来看，这些额外的医疗效果足以表明情绪干预应当成为严重疾病治疗标准的一部分。

现代社会历来把医学的使命定位为治疗疾患，即医治身体的不适，而忽视了病态，即病人患病的体验。病人受其影响，也在无形中忽略了自己对身体疾病的情绪反应，或认为情绪反应与疾病毫不相干。目前的治疗模式完全忽视了心理会显著影响身体的观点，从而进一步强化了这种态度。

另一个极端则是同样无益的观点，即认为人们通过保持愉快心情或乐观态度就可以治疗最严重的疾病，或者病人对疾病负有首要的责任。“态度治疗一切”这种花言巧语只能制造混乱和误解，夸大心理对疾病的影响程度，也许更糟糕的是有时还会让人们对患病感到内疚，好像疾病是道德败坏或精神无价值的标志。

真相处于两个极端之间。通过归纳科学数据，笔者旨在澄清这些矛盾的观点，更加清晰地理解情绪以及情绪智力对健康和疾病的影响程度，消除无稽之谈。

身体的心理：情绪对健康的影响

1974 年，罗彻斯特大学医学与牙科学院实验室的一项发现改写了人体的生物学地图。心理学家罗伯特·阿德（Robert Ader）发现，人体的免疫系统像人脑一样具有学习能力。这一发现震惊了医学界，当时医学界普遍认为只有大脑和中枢神经系统才会根据经验改变反应方式。阿德的发现引发了科学界对中枢神经系统与免疫系统之间大量沟通渠道的探究，也就是对把心理、情绪和身体紧密联结起来的生物通道的研究。

在阿德的实验中，研究者给小白鼠喂食一种药物，用人工方法抑制其血液中对抗疾病的 T 细胞数量。研究者每次给小白鼠喂食时，用含有糖精的水让小白鼠伴服。阿德发现，不给小白鼠喂食抑制性药物，只喂食糖水，依然得到小白鼠 T 细胞数量减少的结果，甚至有些小白鼠出现了生病和死亡的现象。作为对糖水的回应，小白鼠的免疫系统学会了抑制 T 细胞。根据当时最先进的科学认识，这种情况不应该出现。

巴黎理工学校神经学家弗朗西斯科·瓦雷拉（Francisco Varela）指出，免疫系统是身体的大脑，决定身体对自身的感觉，即判断什么是属于身体的，什么是不属于身体的。[1] 免疫细胞随着血液流遍全身，几乎与其他所有细胞进行接触。免疫细胞能识别出来的细胞就会安然无恙，识别不出来的细胞就会遭到攻击。免疫细胞的攻击可以帮助人体对抗病毒、细菌和癌细胞，但假如免疫细胞无法识别人体的一些正常细胞，就会引起过敏症或狼疮等免疫性疾病。在阿德的发现问世之前，每一位解剖学家、内科医生和生物学家都认为人脑（及其通过神经中枢系统遍布全身的外围系统）和免疫系统是两套独立的系统，不会对彼此的运行产生影响。控制小白鼠味觉的大脑中枢与产生T细胞的骨髓区域之间没有联结通道，这种想法持续了大约一个世纪。

阿德的发现促使科学家重新研究免疫系统和中枢神经系统之间的关联。专门研究这一领域的心理神经免疫学（Psychoneuroimmunology），现在已经成为一门前沿医学。“Psycho”意为“心理”，“neuro”意为“神经内分泌系统”（包含神经系统和荷尔蒙系统），“immunology”意为“免疫系统”，该学科的名称正好揭示了心理、神经以及免疫系统之间的联系。

有科学家发现，在大脑和免疫系统活动最广泛的化学信使（chemical messengers），在调节情绪的神经领域分布也最为密集。[2] 情绪通过一条直接的物理通道影响免疫系统，关于这一点，阿德的研究伙伴戴维·费尔腾（David Felten）发现了极为有力的证据。费尔腾注意到情绪对自主神经系统有着非常显著的作用，从胰岛素的分泌水平到血压无一不是由情绪调节的。费尔腾与他的妻子苏珊娜以及其他同事共同发现了自主神经系统与免疫系统淋巴细胞和巨噬细胞直接对话的交会点。[3]

借助电子显微镜，他们发现自主系统神经末端有突触状的触点与免疫细胞直接接触。这种物理的接触点促使神经细胞释放神经递质，以此调节免疫细胞。事实上，神经细胞与免疫细胞互相释放信号。这一发现具有划时代的意义，在此之前没有人知道免疫细胞居然能够接收神经系统所传递的信息。

为了检验神经末梢对免疫系统的作用，费尔腾进一步用动物进行了实验，他切除了动物淋巴结和脾脏（免疫细胞储存或产生的场所）的部分神经，然后用病毒来检验其免疫系统。结果显示动物对病毒的免疫反应大为下降。费尔腾由此认为，没有这种神经末梢，免疫系统就无法像以前那样抵御入侵的病毒或细菌。简而言之，神经系统不仅与免疫系统存在联结关系，而且对正常的免疫功能有着至关重要的作用。

联结情绪与免疫系统的另一个关键通道是通过应激释放的荷尔蒙的影响实现的。儿茶酚胺（即肾上腺素和去甲肾上腺素）、皮质醇和催乳素，以及有天然镇静作用的内啡肽和脑啡肽在个体应激唤起时会全部释放出来。每一种激素都会对免疫细胞产生影响。虽然其中的影响机制很复杂，不过主要的影响是，如果全身荷尔蒙水平升高，免疫细胞的功能就会受阻，应激抑制了免疫抵抗，至少暂时如此，这样做的目的可能是保存能量，在更加迫切的生死关头优先使用。假如应激持续不断，而且非常强烈，荷尔蒙的抑制效果会持续更长时间。[4]

微生物学家和其他科学家越来越多地发现大脑与心血管系统以及免疫系统之间存在诸如此类的联系，他们不得不接受曾经是不可思议的科学观点。[5]

有害的情绪：临床数据

尽管存在科学的证据，但是大多数医生仍然对情绪影响病人的临床表现感到怀疑。其中一个原因在于，尽管很多研究发现应激和负面情绪会降低各种免疫细胞的有效性，但这种变化是否足以影响医疗效果还没有完全搞清楚。

尽管如此，已经有越来越多的医生开始认识到情绪对医疗的作用。

比如，斯坦福大学著名的妇科腹腔镜外科医生卡姆伦·尼扎特（Camran Nezhat）博士说："如果预约做手术的病人当天告诉我她非常害怕，不想做手术了，我就会取消手术。"尼扎特这样解释："每一位外科医生都知道，极度恐慌的病人的手术结果通常很糟糕，这些病人会流血过多，更容易发生感染和并发症。他们的康复也会比较困难。如果他们的情绪能保持平静，治疗效果就会好得多。"

原因很简单，恐慌和焦虑会导致人体血压升高，外科医生动刀的时候，血压扩张的静脉就会流血更多。失血过多是最可怕的外科手术并发症之一，有时还会致命。

除了这种病例，关于情绪对临床重要性的证据越来越多，其中最有力的数据来自一项综合分析研究，这项研究综合了 101 项小型研究以及一项涉及几千人的大型单项研究的成果。研究证实，在一定程度上，情绪不稳定会危害健康。[6]慢性焦虑、长期抑郁和悲观、持续紧张或不满、愤世嫉俗或多疑的人，经研究患病风险是常人的两倍，包括哮喘、关节炎、头痛、胃溃疡以及心脏病（每种疾病代表主要、广泛的疾病分类）。因此，负面情绪是疾病的风险因素，其有害性相当于吸烟、高胆固醇对心脏病的危害，也就是说，成为健康主要的威胁。

当然，这是一种广泛的统计学意义上的联系，并不是说有慢性负面情绪的人就一定更容易患病。不过，情绪对疾病潜在影响的证据比这项综合分析研究的结果要广泛得多。对特定情绪——尤其是三大负面情绪：愤怒、焦虑和抑郁——进行更加细致的研究，可以探明情绪医疗意义的特殊途径，尽管我们尚未完全了解这些情绪发挥作用的生物学机制。[7]

自毁性愤怒

一个男子说，前不久他的汽车被撞，整个旅程泡了汤。保险公司给汽车贴上数不清的红色胶带，汽车维修厂对汽车的破坏则更加严重，而他还要为此支付800美元。这甚至不是他的错。他受够了，每当坐上这辆车，他就感到无尽的厌恶。最后他无可奈何地把车卖掉了。几年过去了，这段回忆仍然让他感到愤怒，就像刚刚发生一样历历在目。

这是斯坦福大学医学院对心脏病病人愤怒情绪研究的一部分，研究者有意激起病人的痛苦回忆。和上面这个痛苦的男子一样，所有受测病人均发作过一次心脏病。研究的目的是考察愤怒对病人心脏某些功能的显著影响。结果非常惊人，当病人叙述让他们发怒的事情时，他们心脏的泵效下降了5%，[8]有些病人的心脏泵效下降了7%甚至更多——达到了心脏病学家认为是出现心肌缺血迹象的范围，心肌缺血是指流向心脏的血液减少，这是非常危险的信号。

诸如焦虑等其他负面情绪不会导致泵效下降，身体用力的时候也不会。愤怒似乎是对心脏危害最大的一种情绪。病人在回忆不愉快的往事时表示当前愤怒的程度只有事情发生时的一半，这说明如果真正遇到非常气愤的事情，他们心脏受损的程度就会更严重。

这一发现和其他相关研究一起揭示了愤怒情绪对心脏的重大危害。[9]传统观点认为冲动、高压的A型人格具有患心脏病的高风险，但这个观点现在已经站不住脚，最近科学界又有新的发现，敌意才是最重要的心脏病风险因素。

杜克大学雷德福·威廉姆斯博士对敌意进行了大量研究。[10]威廉姆斯发现，在医学院读书时敌意测试分数最高的医生，相对于敌意测试得分低的医生，他们在50岁左右死亡的概率是后者的7倍。也就是说，易怒较之吸烟、高血压、高胆固醇等其他风险因素，对过早死亡的预测作用更强。威廉姆斯的同事、北卡罗来纳大学的约翰·巴富特博士研究发现，接受血管造影检查（即用试管插入其冠状动脉以检测病变程度）的心脏病病人，其敌意测试的分数与其冠状动脉疾病的影响范围和严重程度存在关联。

当然，并不是说愤怒本身就会引起冠状动脉疾病，愤怒只是众多的影响因素之一。美国国家心肺血液研究所行为医学分所的代理所长彼得·考夫曼解释："我们尚未完全弄清楚，愤怒和敌意仅仅在冠状动脉疾病的早期发展中起到随机的作用，还是在心脏病出现后加剧问题的严重性，还是以上两种情况都存在。我们以一位经常生气的20岁年轻人为例。每次生气，他就会心跳加速、血压升高，给心脏增加额外的压力。如果这种情况反复出现，就会产生危害，"特别是由于每次心跳时流经冠状动脉的血液会出现不稳定的湍流，"这会导致血管出现微小损伤，形成斑块。如果习惯性生气导致心跳加速和血压升高，那么30年之后也许会加快斑块的形成，最终引发冠状动脉疾病。"[11]

心脏病一旦出现，愤怒激发的生理机制就会影响心脏的泵血功能，这一点在关于心脏病病人愤怒回忆的研究当中得到证实。已经患有心脏病的人发怒尤其危险。比如，斯坦福大学医学院对1 012名心脏病首次发作的病人进行了长达8年的追踪研究，发现当初最好斗和最有敌意的男性患者心脏病第二次发作的概率最高。[12]耶鲁大学医学院对929名心脏病病人进行了10年的追踪研究，也得出了相似的结论。[13]容易被激怒的人较之脾气平和的人，前者心搏停止的概率是后者的三倍。如果他们还有高胆固醇的问题，那么愤怒引发的额外风险将是常人的5倍。

耶鲁大学研究人员指出，除了愤怒之外，其他任何频繁引发全身应激荷尔蒙升高的强烈负面情绪也会增加心脏病发死亡的风险。不过总的来说，愤怒在所有情绪当中与心脏病的关联最密切，哈佛大学医学院进行的一项研究调查了超过1 500名发作过心脏病的病人，请患者描述心脏病发作之前一个小时的情绪状态。对于患有心脏病的人，愤怒引发心搏停止的风险将增加一倍；愤怒激发后，心搏停止的风险将会持续大约两个小时。[14]

这些发现并不意味着在该生气的时候要压抑愤怒。有证据表明，在非常生气的时候试图完全压制愤怒会使身体更加激动不安，血压升高。另一方面，我们从第五章了解到，一生气就发泄出来只会火上浇油，使个体对不安的处境反应更加强烈。[15] 为了解决这个矛盾，威廉姆斯指出，是否发泄愤怒其实并不重要，重要的是愤怒是否是慢性的。敌对情绪的偶然释放对健康没有危害，但如果敌对情绪持续下去，乃至演变成对立人格模式，问题就产生了。对立人格的特征是持续感到不信任和恶意，以及口头或行动上奚落贬低对方的倾向，同时还表现为脾气反复无常，说翻脸就翻脸。[16]

值得庆幸的是，慢性愤怒并不意味着死亡宣判。敌对是一种可以改变的习惯。斯坦福大学医学院招募了一批心脏病病人，参与一个缓和暴躁脾气的项目。在接受控制愤怒的培训后，他们心脏病第二次发作的概率比其他没有尝试改变敌对情绪的病人降低了 44%。[17] 威廉姆斯设计的另一个项目也有着类似的良好效果。[18] 和斯坦福大学的项目一样，威廉姆斯的项目向参与者传授情绪智力的基本要素，尤其是培养对愤怒的警觉性，以及愤怒出现后的调节能力和同理心。研究人员要求病人一觉察到自身有恶意或敌对的想法，就把它们写下来。如果病人持续有这些想法，就要对自己说（或者心里想）“停止”，打消这些想法。研究人员还鼓励他们有意识地尝试用理性想法代替恶意、怀疑的想法。比如电梯迟迟不来，他们应尽量往善意的方面想，而不要想象这是某个自私的家伙在捣乱，从而生出怨气。碰到不愉快的事情，他们应学会从他人角度看待问题的能力——同理心是治愈愤怒的良药。

用威廉姆斯的话来说，“化解敌意的方法是培养信任感，所需要的只是正确的动机。如果人们认识到敌意会导致早死，他们就会愿意改变”。

应激：过度和不当的焦虑

> 我总是感到焦虑和紧张，从高中时代就开始这样。我是全优生，我常常担心成绩好不好，同学或老师是不是喜欢我，课堂反应是不是迅速等，诸如此类的问题。父母给我的压力很大，要求我学习成绩好，做个好榜样……我想我承受不了压力，因为我高二那年胃部出了毛病。从那时开始，我就对咖啡因或辛辣的东西很小心。我注意到每当我感到担心或紧张时，就会突然胃痛，因为我老是担心，我常常有作呕的感觉。[19]

焦虑是生活压力引起的负面情绪，在众多情绪之中，焦虑与发病和康复过程之间的联系，在科学上得到了最确切的论证。焦虑促使我们做好应对危险的准备（大概是进化过程中发展出来的功能），这是焦虑良性的一面。但是在现代生活中，焦虑常常表现为过度而且不当——我们的困扰来自生存环境的压力或者我们的幻想，而不是来自我们必须面对的真正危险。焦虑反复发作表明应激水平过高。前文提到的由于经常忧虑引发肠胃问题的病人，正是焦虑和压力使身体状况恶化的典型例子。

耶鲁大学心理学家布鲁斯·麦克尤恩（Bruce McEwen）1993 年在《内科医学档案》（*Archives of Internal Medieine*）上综述了关于应激与疾病关系的大量研究。他广泛描述了应激对疾病的影响：削弱免疫功能，使癌细胞加速转移；增加病毒感染风险；加速斑块形成，导致动脉硬化和血凝固，最后引发心肌梗死；容易引发 I 型糖尿病，并加速 II 型糖尿病的发展过程；导致哮喘发作恶化或激化。[20] 应激还会导致胃肠道溃疡，激化溃疡性结肠炎和炎性肠病的症状。大脑本身也容易受到持续性应激长期效果的影响，包括海马体受损、记忆力下降。麦克尤恩总结道："有越来越多的证据表明神经系统由于应激体验受到损害。"[21]

风寒、感冒和疱疹等传染性疾病的研究为负面情绪的医疗影响提供了特别有力的证据。我们一直处于病毒的环境，人体的免疫系统通常可以消灭病毒。如果情绪受到压力，人体的防御功能就会失效。直接测试免疫力的实验显示，应激和焦虑会削弱免疫力，不过大多数研究结果还未能证实免疫力的削弱程度是否具有临床意义，也就是说，免疫力是否被削弱到使疾病有机可乘的程度。[22]因此，应激和焦虑与身体免疫力之间更明显的科学联系来自前瞻性研究，即对健康的人进行研究，提高他们的压力水平，结果发现受测者的免疫系统被削弱，并出现了疾病症状。

卡内基-梅隆大学心理学家谢尔登·科恩（Shelden Cohen）与英格兰谢尔菲德研究特殊类型感冒的专家团队共同进行的研究，为以上结论提供了最有力的科学证据。他们仔细评估了受测者在生活中感到的压力水平，然后系统地让他们暴露在感冒病毒的环境中。最后不是所有人都患上了感冒，健全的免疫系统可以（而且总是如此）抵抗感冒病毒。科恩发现，受测者感到的压力越大，他们患上感冒的概率就越大。压力较小的人群暴露在病毒环境中，只有27%的人患上感冒；压力较大的人群中则有47%的人患上感冒。[23]这直接表明了压力本身可以削弱人体免疫系统。（这一科学研究使人们长期以来的观察或怀疑得到了证实，由于其严谨的科学性，此项研究被认为具有里程碑的意义。）

同样的道理，如果夫妇之间连续三个月每天都要经历不愉快的事情，比如吵架，他们就会表现出一种强烈的模式：在特别不愉快的事情发生之后的 3~4 天，他们会患上感冒或上呼吸道感染。这个时间差正好是很多普通感冒病毒潜伏的时间，这说明他们在最忧虑和悲伤的时候，更加容易被病毒感染。[24]

应激–感染模式同样也适用于疱疹病毒，唇疱疹和生殖器疱疹都是如此。一旦人体暴露在疱疹病毒环境里，病毒就会潜伏在体内，时不时发作出来。疱疹病毒的活跃度可以通过血液中病毒抗体的水平检测出来。研究人员通过检测发现，参加期末考试的医学院学生、独身的妇女，以及被迫照顾患有老年痴呆症家人的人，他们体内的疱疹病毒重新激活了。[25]

焦虑的危害不仅在于降低免疫反应，其他研究发现，焦虑还会对心血管系统产生不良影响。慢性敌意和经常生气导致男性患心脏病的风险升至最大，焦虑和恐惧对女性的危害则更为致命。斯坦福大学医学院对 1 000 名发作过一次心脏病的男性和女性进行研究，发现再次发作心脏病的女性的特征是高水平的恐惧和焦虑。在很多情况下，恐惧会演变为后果严重的恐惧症：在第一次心脏病发作之后，这些病人停止开车、辞掉工作或者避免外出。[26]

高压力工作或生活容易导致焦虑，比如在照顾孩子和工作之间疲于奔命的单亲妈妈。心理压力和焦虑对身体的潜在危害可以在解剖学微粒水平上进行精确测量。比如，匹兹堡大学心理学家史蒂芬·曼纽克在实验室让 30 名受测者经历严峻、紧张的考验，同时检测他们的血液，发现血小板分泌出一种叫作三磷酸腺苷（ATP）的物质，三磷酸腺苷会引起血管变化，容易导致心脏病和中风。受测者在承受巨大压力时，他们的三磷酸腺苷水平急剧升高，心率和血压也同时上升。

因此，工作压力大的人——业绩要求高，却很难控制工作进程（比如公交车司机）——最容易出现健康问题。比如在一项针对 569 名结肠癌病人和对照组的研究中，那些自称在过去 10 年工作压力很大的人，与没有生活压力的人相比，其患上癌症的可能性是后者的5.5倍。[27]

鉴于负面情绪对医疗的广泛影响，用于直接遏制生理应激唤起的放松技巧在临床上得到应用，以此缓解众多慢性病症状，比如心血管病、某种类型的糖尿病、关节炎、哮喘、胃肠紊乱，以及慢性疼痛等。应激和情绪困扰会使疾病的症状恶化，反之，帮助病人放松，有效应对不安情绪可以在一定程度上缓解这些症状。[28]

抑郁的医疗代价

她被诊断为转移性乳腺癌，她原本以为几年前的手术很成功，没想到几年之后癌细胞卷土重来，甚至扩散了。她的医生不再谈论怎么治愈了，化疗充其量只能为她延续几个月的生命。理所当然，她非常抑郁，每次到肿瘤专家那里看病，总是忍不住流泪。而肿瘤专家每一次的反应都是让她立即离开。

除了肿瘤专家的冷漠所造成的伤害之外，医生无法处理病人持续的悲伤情绪是否会影响治疗效果？疾病发展为恶性肿瘤后，任何情绪都不太可能对疾病的发展产生明显的影响。女病人的抑郁情绪肯定给她生命的最后几个月蒙上了更大的阴影，但忧郁是否会影响癌症的发展，目前还没有明确的医学证据。[29]我们暂且不谈癌症，有少数研究发现抑郁对很多其他疾病会产生负面影响，尤其是在疾病出现后会导致病情恶化。有越来越多的证据表明，患有重病的人如果有抑郁症，那么治疗抑郁也会对身体疾病产生一定的治疗作用。

治疗抑郁的一个棘手之处在于抑郁的症状（包括没有胃口和倦怠）容易被误认为是其他疾病的信号，如果医生没有受过精神病学方面的训练，那么尤其容易误诊。无法诊断抑郁意味着病人的抑郁不受关注，同时也得不到治疗，就像那位哭哭啼啼的乳腺癌患者一样，这会导致问题更加严重。抑郁得不到诊断和治疗，可能会增加患者死于重病的风险。

比如，在 100 位接受骨髓移植手术的病人当中，患有抑郁症的 13 位患者中有 12 位在手术后的第一年死亡，而在其余 87 位病人当中，有 34 位两年之后仍然在世。[30] 在接受透析治疗的慢性肾衰竭病人中，被诊断为严重抑郁的人在两年之内死亡的概率最大。比起其他治疗信号，抑郁对死亡的预测作用更加准确。[31] 情绪与身体状况之间的联系不是发生在生物层面，而是和态度相关：抑郁病人相对来说难以遵守治疗的要求，比如按医生限定的食谱进食，因此他们的风险更大。

抑郁很可能还会加重心脏病。一项针对 2 832 名中年男女、长达 12 年的跟踪研究发现，常常感到绝望和无助的人死于心脏病的概率较大。[32] 大约 3% 最严重的抑郁人士，较之没有抑郁的人士，其心脏病死亡率是后者的 4 倍。

对于心脏病发作的幸存者，抑郁的风险尤其显著。[33] 一项关于蒙特利尔医院心脏病首次发作病人的研究发现，出院之后，抑郁病人在 6 个月内死亡的风险要大得多。抑郁最严重的 1/8 病人，其死亡率是患有类似疾病的其他人的 5 倍。抑郁的危害相当于左心室功能障碍或者有心脏病史造成的心脏病死亡风险。抑郁大大提高了心脏病再次发作的概率，原因可能在于抑郁影响了心率变化，增加了致命的心律不齐的风险。

还有研究发现，抑郁使髋骨骨折康复的难度加大。在一项对髋骨骨折老年妇女的研究中，几千名患者在入院时接受了精神病评估分析。在骨折程度相当的病人中，被评估为抑郁的病人平均住院时间比其他病人多 8 天，而且恢复行走的机会只有其他人的 1/3。不过，如果抑郁病人在接受治疗的同时获得了心理方面的帮助，那么他们只需要较少的物理治疗就可以恢复行走，而且出院后 3 个月内再次入院的情况也较少。

同样的道理，在一项关于使用医疗服务最多的前 10% 病人的研究中，他们因为同时患有心脏病和糖尿病等多种疾病，病情非常严重，其中有 1/6 的人患有严重抑郁。这些病人接受抗抑郁的心理治疗后，有严重抑郁的人每年丧失正常能力的天数从 79 天减为 51 天，有轻微抑郁的病人每年丧失正常能力的天数从 62 天减到只有 18 天。[34]

积极情绪的治疗作用

有越来越充分的证据表明，愤怒、焦虑和抑郁对医疗效果的负面作用非常明显。慢性愤怒和焦虑使人们更容易感染某些疾病。抑郁也许不会削弱人们对疾病的抵抗能力，但它会影响病人康复，加大死亡风险，情况严重的体弱病人尤其如此。

如果说慢性负面情绪有很大的危害，那么与之相反的情绪在一定程度上会产生积极的效果。这并不是说积极情绪有治病的效力，或者说大笑或快乐本身就可以治愈严重的疾病。积极情绪的好处看起来很微妙，不过根据对大量人群的研究数据，我们可以对影响病情的众多复杂变量进行梳理。

悲观的代价以及乐观的好处

悲观和抑郁一样，会对治疗产生不良后果，而乐观则会带来相应的好处。比如，对 122 名首次心脏病发的男性进行乐观或悲观程度的测试，8 年之后，在 25 名最悲观的男性当中，有 21 人已经死亡；而在最乐观的 25 名男性当中，只有 6 人死亡。相对于医疗中的其他风险因素，比如首次心脏病发对心脏的危害程度、动脉阻塞、胆固醇水平或血压等，心理状态对病人存活的预测性更加准确。在另一项关于接受动脉搭桥手术病人的研究中，乐观者相对于悲观者康复更快，而且术中和术后医疗感染也更少。[35]

希望类似于乐观，也具有某种治疗效果。不难理解，满怀希望的人更能够经受困难的处境，包括医疗困难。对脊柱损伤病人的研究发现，充满希望的人较之那些损伤程度相似但希望较小的人，其身体移动能力的恢复水平更高。希望对于脊柱损伤造成的瘫痪具有尤其显著的效果，因为这些病人通常在二十多岁的时候因意外导致瘫痪，从而影响病人的下半生。病人的情绪反应会直接影响病人身体康复和恢复社会交往的努力程度。[36]

对于乐观或悲观影响健康的原因有很多种解释。有理论认为悲观导致抑郁，抑郁进而会削弱人体免疫系统对肿瘤和感染的抵抗力，但这种猜测目前还没有得到证实。也许原因还在于悲观者对自身的忽视，有研究发现，悲观者较之乐观者吸烟和喝酒更多，运动更少，而且总体来说对健康习惯不太在乎。还有一个有待证实的解释，即希望的心理机制本身对身体抵抗疾病产生了生物层面的作用。

朋友的帮助：人际关系的治疗作用

寂寞被列为危害健康的一种情绪，而亲密的情感联系是保护健康的因素之一。横跨 20 年、涉及人数超过 37 000 的多项研究表明，社会孤立，即感到没有人可以分享自己的私密感受或进行亲密的接触，使个体患病或死亡的可能性增加了一倍。[37]《科学》杂志 1987 年发表的一篇报告指出，社会孤立导致死亡的风险“与吸烟、高血压、高胆固醇、肥胖以及缺少运动等因素一样显著”。事实上，吸烟加大死亡风险的因素仅为 1.6，而社会孤立的因素为 2.0，高于吸烟导致的健康风险。[38]

孤立对男性造成的危害大于对女性的危害。被孤立的男性，其死亡风险是有密切社会联系的男性的 2~3 倍；被孤立的女性，其死亡风险是社会联系更多的女性的 1.5 倍。孤立对两性影响存在差异的原因也许在于，女性的人际关系在情感方面往往比男性更加亲密，因此对女性而言，少量社会联系的慰藉作用要大于同样朋友很少的男性。

当然，孤独和孤立不是一回事。很多人过着独居的生活，或者朋友很少，但照样快乐和健康。影响健康的其实是与人们切断联系以及无人可以求助的主观感觉。这一发现表明，独自待在家里看电视，放弃泡酒吧和参加现代都市团体的社交习惯，将会导致孤立现象越来越严重，同时还意味着匿名戒酒会等自助团体的替代作用将会越来越大。

一项关于 100 名接受骨髓移植病人的研究，揭示了孤立的死亡风险以及亲密联系的疗效。[39] 在认为受到配偶、家庭或朋友强烈情感支持的病人中，有 54% 的人在移植手术两年后依然存活；与之形成对比的是，在表示没有情感支持的病人中，只有 20% 的人术后两年依然存活。与此相似的是，对于患有心脏病的老年人，如果有 2~3 人向他们提供情感支持，他们在病发一年之后的生存概率就是没有支持的人的两倍。[40]

瑞典 1993 年发表的一项研究也许最能证明情感联系的潜在治疗作用。[41] 住在瑞典哥德堡市的所有出生于 1933 年的男性免费接受了身体检查，7 年之后，研究者在当年接受体检的男性当中选出 752 名进行回访，发现其中有 41 人已经死亡。

在受测者中，最初表示遭受严重情绪压力的男性的死亡率是表示生活平静安逸的人的三倍。他们的情绪困扰源于严重的收入问题、对工作缺乏安全感或被迫失去工作、卷入官司或离婚。如果有人在体检之前一年内遇到过上述三种或以上的问题，那么这对受测者在其后 7 年间死亡的预测作用，要比高血压、血液甘油三酸酯浓度过高或血清胆固醇水平过高等医学指标更加显著。

然而，对于表示拥有可靠的亲密关系网的男性，比如有妻子和密友等，高应激水平与死亡率并无任何关联。他们可以向别人求助或和别人谈心，或者从别人那里得到安慰、帮助和建议，这些人际关系网保护他们在灾难重重的生活中免遭死亡威胁。

人际关系的质量和数量一样，也是缓解压力的关键。恶劣的人际关系损害健康。比如，夫妇吵架会对人体免疫系统产生负面影响。[42]一项关于大学室友的研究发现，室友彼此越不喜欢对方，他们就越容易感冒，看病的次数也越多。从事该项研究的俄亥俄大学心理学家约翰·卡乔波告诉我："你生活中最重要的人际关系、与你朝夕相处的人，对你的健康至关重要。这段人际关系在你生活中越重要，它对你健康的影响程度就越大。"[43]

情感支持的治疗作用

在《罗宾汉历险记》中，罗宾汉建议一位年轻的追随者："把烦恼告诉我们，不要有任何顾虑。把话说畅快了，心情也就平静了，就像打开水闸那样一泻千里。"话糙理不糙，把压在心头的烦恼释放出来是一剂良药。南卫理公会大学心理学家詹姆斯·彭尼贝克为罗宾汉的建议提供了科学的佐证。他在一系列实验中让受测者把最令他们烦恼的想法说出来，结果发现这样做有益健康。[44]他的方法再简单不过了，他让受测者连续5天或更长时间，每天用15~20分钟写下诸如"你一生中最不堪回首的经历"之类的烦恼，或者当前挥之不去的忧虑。如果受测者希望保密，那么他们写的东西可以不让别人看。

这种内心剖白的效果非常惊人，受测者免疫功能加强了，随后6个月中去医院的次数明显减少，请假的天数减少，甚至肝脏酶功能也得到了增强。而且，从写作中反映出情绪最不安的人，其免疫功能得到了最大的改善。释放负面情绪最“健康”的途径表现为一种特殊的模式，首先表达极度的悲伤、焦虑、愤怒——总之是写作主题引发的情绪，接下来用几天时间进行叙述，从创伤或痛苦当中寻找意义。

这个过程类似于人们在心理治疗中探索困扰的状态。事实上，彭尼贝克的发现可以解释其他研究的结论，即对进行手术或治疗的病人同时辅以心理治疗，最终的治疗效果要好于仅仅接受物理治疗的病人。[45]

斯坦福大学医学院对晚期转移性乳腺癌妇女的群体研究，也许最能证明情感支持的临床治疗效果。经过最初的治疗之后，比如动手术，女患者的癌细胞卷土重来，并扩散到身体其他部分。从临床上说，患者死于癌细胞扩散只是一个时间问题。但是戴维·斯皮格尔博士的研究发现不仅让他本人感到意外，还震惊了医学界：每周与别人见面的晚期乳腺癌患者，其存活时间是那些独自面对疾病的患者的两倍。[46]

所有女患者都接受了标准的医疗护理，唯一的差异在于其中一些患者参与群体活动，她们可以向理解并愿意倾听她们恐惧、痛苦和愤怒的人释放情绪。通常这是女患者唯一可以敞开心扉的场合，因为她们周围的人害怕和患者谈论疾病，以及即将到来的死亡。参与群体活动的女患者平均可额外增加 37 个月的存活时间，而没有参与群体活动的患者，平均在 19 个月后死亡——这种延长生命的效果是任何药物或其他治疗手段所不能达到的。斯隆·凯特灵纪念医院是纽约市的一家癌症治疗中心，其首席精神科肿瘤专家杰米·霍兰告诉我：“每位癌症患者都应该参与这样的群体活动。”事实上，如果这是一种能够延长患者生命的新药，那么制药公司一定会不遗余力地生产出来。

将情绪智力引入医学

在尿常规检查发现尿血的那天，医生让我去做诊断检查，我被注射了一种放射性染料。我躺在手术台上，头顶有一台X光仪器对我肾脏和膀胱内染料的变化进行连续拍照。接受检查的时候有人陪伴着我。他是我的好朋友，也是医生，那几天正好在医院出诊，他提出在医院陪伴我。他坐在检查室，与此同时，X光仪器沿着自动轨道，不断地变换拍照角度，发出呼呼、滴答的响声。然后又是旋转，呼呼、滴答。

检查持续了一个半小时。最后一位肾脏专家冲进房间，快速地自我介绍，然后离开去扫描X光。他没有回来告诉我检查结果。

我和朋友离开检查室，正好遇到了那位肾脏专家。我被检查搞得头晕目眩，大脑一片空白，本来在脑海中萦绕了一个上午的问题却怎么也问不出来。幸好陪伴我的医生朋友帮我问道："医生，我朋友的父亲死于膀胱癌。他很想知道X光有没有显示癌症的迹象。"

那位肾脏专家一边赶去另一个诊室一边简短地回答："未见异常。"

我最关心的一个问题却无法问出口，这种情况每天在世界各地的医院和诊所发生几千次。一项关于候诊病人的研究发现，平均每位病人有三个或更多的问题准备询问医生，但在进入诊室后，他们平均只问了一个半问题。[47]这一发现是当今医疗服务无法满足病人情绪需要的众多表现之一。病人心中的疑问没有得到解决，就会助长不确定性和恐惧感，甚至产生灾难性后果，病人不得不战战兢兢地与他们无法完全理解的医疗体制打交道。

医学应当扩展对健康的认识，把病人在患病期的情绪状况也包括进去，可以从以下几种途径入手。其一，病人应当定期获得全面的信息，这对病人自身的医疗决策至关重要。现在有些服务机构向有需要的人提供最先进的医学文献查询服务，病人可以从中了解自身的疾病，与医生的地位更加平等，并可以在充分了解病情的基础上与医生进行共同决策。[48] 其二，推广有关项目，辅导病人在几分钟之内有效询问医生，这样，如果病人在候诊室准备了三个问题要问医生，他们在离开诊室时就能得到三个答案。[49]

病人面对手术或痛苦的创伤性检查时，往往会很焦虑，这个时候也是情绪调节介入的最好时机。一些医院为病人提供术前指导，帮助病人减轻恐惧，应对不适情绪。比如，向病人传授放松情绪的技巧，在手术前悉心回答病人的问题，在手术前几天明确告诉病人术后康复期可能遇到的情况。这样做的结果是，病人术后康复的时间平均缩短了 2~3 天。[50]

住院病人常常会产生非常孤独和无助的感觉。有些医院开始设计新型病房，允许家庭成员与病人住在一起，方便家人照顾病人，为病人做饭等，使病人有家的感觉。[51]

放松训练可以帮助病人应对疾病带来的不适，同时缓解可能激发或加剧病症的情绪。马萨诸塞大学医疗中心乔恩·卡巴金减压诊所就是这方面的佼佼者。减压诊所为病人提供为期 10 周的觉知和瑜伽课程，课程的重点是在情绪波动时提高觉知能力，同时训练深度放松的日常技巧。医院还为课程制作了指导录像带，供病人观看，对卧床不起的病人来说，这是比肥皂剧好得多的精神食粮。[52]

迪恩·奥尼什（Dean Ornish）博士发起的治疗心脏病创新项目，其核心也是放松和瑜伽，同时还包括低脂饮食。[53] 参与项目一年之后，本来心脏病严重到需要实施冠状动脉搭桥手术的病人有效遏制了动脉堵塞斑块的形成。奥尼什告诉我，放松训练是该项目最重要的组成部分之一。和卡巴金的项目一样，奥尼什的项目利用了赫伯特·班森（Herbert Benson）博士称之为“放松回应”的理论，放松的生理机制与引发众多疾病的应激唤起正好相反。

最后，如果富有同理心的医生或护士与病人情绪协调一致，注意聆听病人的话，并得到病人的信服，那么这也会产生额外的治疗作用。也就是说，鼓励“以人际关系为中心的医疗服务”，认识到医生和病人之间的关系，这本身就是一个具有重要意义的因素。如果医学教育把情绪智力的一些基本方法包括进来，特别是自我意识、同理心和倾听的艺术，那么医患关系就会更加和谐。[54]

关怀的医学

以上所说的步骤只是一个开始。医学要扩大视野范围，重视情绪的作用，必须重视科学发现带来的两大启示。

1. 帮助人们更好地调节不安情绪，比如愤怒、焦虑、抑郁、悲观和孤独等，这是预防疾病的一种形式。有研究数据表明，如果人们长期保持负面情绪，受到的危害就相当于吸烟，因此，帮助人们有效应对负面情绪，潜在的医疗作用很可能和瘾君子戒烟一样显著。能够产生广泛的公共健康效果的其中一个方法是向儿童传授最基本的情绪智力技能，使其成为一生的习惯。另一种有效的预防措施是向年届退休的人传授情绪管理的技巧，情绪健康与否是老年人迅速滑向衰老或保持旺盛生机的一个决定因素。第三个目标群体则是所谓的高危人群——低收入者、单亲职业妈妈、高犯罪率地区的居民等。这些人群时时刻刻生活在巨大的压力之下，因此协助他们处理负面情绪会产生更好的医疗效果。
2. 如果病人的心理需求与其医疗需求协调一致，那么他们将会受益匪浅。医生或护士安慰烦恼的病人是一种人道关怀的举动，但仅仅这样是不够的。当今医学界的实践常常会错失情感关怀的良机，情感关怀是医学的盲点。尽管有越来越多的研究表明，关注病人的情绪需要有助于治疗，同时有很多证据表明大脑的情绪中枢与人体免疫系统相互关联，但很多医生仍然对病人情绪会影响医疗效果感到怀疑，认为这些证据无足轻重，或者只是“花边”逸事，甚至更加糟糕，认为这是少数自我吹嘘之徒的夸大之词。

尽管越来越多的病人在寻求更注重人道关怀的医疗服务，但情况越来越严峻了。当然，依然有很多乐于奉献的护士和医生为病人提供悉心体贴的照顾，但是医学的风气改变了，医学变得越来越商业化，人道关怀越来越少。

另一方面，人道医学还包含某种商业价值。前面提到的研究表明，缓解病人的情绪困扰可以节省医疗费用，尤其是在预防或延迟疾病发生、帮助病人迅速康复方面。在纽约西奈山医学院以及西北大学关于髋骨骨折老年病人的研究中，在普通的矫形治疗之外还接受抗抑郁治疗的病人，他们的出院时间平均提早了两天，大约有 100 位病人总共节省了 97 361 美元的医疗费用。[55]

人道关怀还有助于提高病人对医生和治疗的满意度。在新兴的医疗市场，病人通常有权选择不同的健康计划，病人的满意度无疑是他们个人选择的重要决定因素——不愉快的经历会让病人选择到其他医院就医，而愉快的经历则可以留住病人。

最后，关怀还是医学伦理的要求。《美国医学协会期刊》的一篇社论针对抑郁导致心脏病人死亡率提高 4 倍的报道发表评论：“抑郁和社会孤立等心理因素使冠状动脉心脏病患者面临最大的死亡风险，这很清晰地揭示了不对这些情绪因素进行治疗是不符合医学伦理的。”[56]

从关于情绪和健康的研究中，我们可以了解到，如果医生忽略病人抵抗慢性或严重疾病时的心理感受，这种治疗就是不够的。医学应当更好地利用情绪和健康的关系。现在的例外情况也许会（而且应该会）成为主流，我们所有人都可以得到更注重人道关怀的治疗，至少医学会更有人道精神。对某些人来说，这还可以加速康复过程。正如一位病人在给主治医生的公开信里说的那样："同情心不仅仅是握着病人的手。它是一剂良药。"[57]

第四部分

机会之窗

第十二章

家庭熔炉

这是一场不起眼的家庭悲剧。卡尔和安正在教他们 5 岁的女儿莱斯利玩一个全新的电子游戏。莱斯利开始游戏之后，父母过于想“帮助”女儿，结果反而帮了倒忙。他们不断发出互相矛盾的指令。

“向右，向右……停！停！停！”安不断地催促，声音越来越迫切、越来越紧张。莱斯利咬紧牙关，瞪大眼睛看着屏幕，艰难地跟随着妈妈的指令。

“看，你没有对齐……向左转！向左！”小女孩的父亲卡尔突然命令道。

与此同时，安沮丧地翻了一下白眼，喊得比卡尔还大声：“停！停！”

莱斯利既无法取悦父亲，也无法取悦母亲。她的下巴紧张得抽动起来，眼眶里闪烁着泪花。

她的父母不管莱斯利的泪水，开始吵架。“她没办法大幅度地移动摇杆！”安怒气冲冲地对卡尔说。

莱斯利已经泪流满面了，但她的父母根本就没有注意到，或者说根本就不关心。莱斯利用手抹掉眼泪，她父亲吼道：“好，把手放到摇杆上……做好发射准备。好，放到上面！”她母亲也厉声说：“好，轻轻地移动！”

莱斯利轻轻地抽泣着，内心充满了痛苦。

儿童往往会在这种时候得到深刻的教训。对莱斯利来说，这种痛苦经历很可能会让她产生这样的想法：不管是她的父母，还是其他人，在这件事情上都不会顾及她的感受。[1]如果类似经历在童年期反复出现，那么将会赋予儿童心理一些最基本的情绪信息，这种情绪经验的影响将会终其一生。家庭是个体情绪学习的第一个学校。我们在亲密的家庭环境下学会如何感知自己，感知他人如何对待自己的感受，我们如何看待这些感受，应当选择什么样的回应方式，以及如何理解和表达希望或恐惧。这种情绪教育不仅体现在家长对待儿童的言行举止上，还体现为家长通过处理自身情绪以及夫妇之间的互动，为儿童树立了榜样。有些父母非常善于充当情绪老师，有些父母却非常糟糕。

关于父母如何对待子女的研究有很多，无论是严厉的教导还是出于同理心的理解，无论是冷漠还是热情，父母的行为对孩子的情绪生活有着深刻而长远的影响。不过直到最近才有可靠的研究数据表明，父母情商高，本身就会使孩子受益无穷。父母处理彼此感受的方式，以及他们对待孩子的方式，对孩子产生了难以磨灭的影响。孩子是异常敏锐的学习者，他们与家庭中最微妙的情绪交流协调一致。由卡罗尔·胡文和约翰·戈特曼带领的华盛顿大学研究团队对夫妇对待孩子时的互动行为进行了细致分析，发现在婚姻关系中情绪竞争力较强的夫妇，同样能够更有效地帮助孩子应对情绪的起伏。[2]

研究人员在孩子5岁时对所选家庭进行第一次观察，在4年之后再次观察这些家庭，当年的孩子已经9岁。研究人员除了观察这些家庭中父母之间交谈的方式之外，还观察（包括莱斯利的家庭）父母教年幼孩子玩新电子游戏的情形——看起来极其平常的家庭互动场景，实际上很能反映父母与孩子之间的情绪交流。

有些父母与安和卡尔一样，过于专横，对不熟悉操作的孩子没有耐心，声音尖利，充满厌恶和愤怒，甚至把孩子贬为“笨蛋”。简而言之，孩子遭受的轻蔑和厌恶，与侵蚀婚姻关系的轻蔑和厌恶是一样的。而另一些父母则能够耐心地对待孩子的错误，帮助他们探索自己玩游戏的方式，而不是把父母的意志强加给孩子。令人吃惊的是，电子游戏的环节成为准确反映父母情绪方式的风向标。

以下是父母不善于处理孩子情绪的三种最常见的方式：

· 完全忽视孩子的感受。这种父母认为孩子情绪不安是小事或麻烦事，等一等，孩子的情绪就会恢复平静。他们没有利用这种机会，拉近与孩子的距离或者帮助孩子掌握情绪竞争力。
· 过于自由放任。这种父母注意到了孩子的感受，但认为孩子怎样处理情绪风暴都可以，甚至进行攻击行为也无所谓。和忽视孩子感受的父母一样，他们很少给孩子示范情绪回应的替代方式。他们试图舒缓所有不安情绪，也会用谈判和贿赂的手段使孩子不再伤心或愤怒。
· 表示轻蔑，不尊重孩子的感受。这种父母通常会严厉地批评和惩罚孩子。比如，他们会禁止孩子流露出任何愤怒的情绪，而且孩子一生气就惩罚他们。这种父母对孩子的申辩会感到非常生气：“你居然敢回嘴！”

最后，有些父母会利用孩子情绪不安的机会，对孩子进行情绪辅导或指导。他们很重视孩子的感受，努力了解孩子情绪低落的原因（“你生气是因为汤米伤害了你吗？”），并帮助孩子通过积极的途径舒缓情绪（“你不要打他，找一个玩具自己玩吧，等你想和他玩的时候再和他玩好不好？”）。

为了对孩子进行有效的情绪辅导，父母本身必须对情绪智力的要素有所了解。比如对孩子来说，最基本的情绪经验是如何辨别各种不同的感受。如果父亲对自身的悲伤情绪没有正确的意识，他就无法帮助儿子理解蒙受损失、看悲剧电影以及至亲发生不幸所引起的悲伤之间的差异。除了区分不同的情绪之外，关于情绪还有很多复杂之处，比如愤怒通常是由最初感情受到伤害引起的。

随着孩子的成长，他们已经准备就绪以及所需的特定情绪经验也会随之改变。我们从第七章了解到，同理心的经验开始于婴儿期，得益于婴儿父母与婴儿的情绪协调一致。尽管孩子可以通过与朋友交往获得一些情绪技巧，但善于处理情绪的父母可以提供更大的帮助，教会孩子情绪智力的各种基本技能，比如学习如何识别、调节和控制自身情绪，具有同理心以及处理人际关系引起的情绪波动。

父母的情绪教育对孩子的影响非常重大。[3] 华盛顿大学研究团队发现，擅长处理情绪的父母，与不擅长处理情绪的父母相比，前者的孩子更容易相处，对父母更有感情，在父母面前不会感到紧张。除此之外，这些孩子还更善于处理自身的情绪，能更有效地缓解不安情绪，而且情绪不安的情况也较少。这些孩子的身体更加放松，应激荷尔蒙和其他情绪唤起的生理指标处于较低的水平（我们从第十一章可以知道，个体如果能一直保持这种状态，身体就会更加健康）。另外，这些孩子在社交方面也显示出优势：他们更受伙伴们的欢迎或喜爱，而且被老师认为更善于社交。这些孩子的父母和老师表示他们较少出现粗鲁、好斗等行为方面的问题。最后，情绪教育还会对孩子的认知能力产生积极的影响。这些孩子注意力更容易集中，因此学习更有效率。对于 5 岁的孩子，假设智商水平一般，如果父母善于对孩子进行情绪辅导，等到孩子上小学三年级的时候，他们的数学和语文成绩就会更好（要向孩子传授情绪技巧、帮助他们应对学习和生活的有力证据）。因此，父母善于处理情绪，对孩子的帮助相当惊人，这些好处不仅涉及情绪智力的方方面面，而且超出了情绪智力的范围。

“启心”教育

情绪教育的影响开始于摇篮时期。著名的哈佛大学儿科医师 T. 贝里·布雷泽尔顿（T. Berry Brazelten）博士对婴儿的基本人生观进行了简单的诊断测试。他把两块积木交给 8 个月大的婴儿，然后向婴儿示意，他希望婴儿怎样把两块积木组合在一起。布雷泽尔顿认为，对人生充满希望、对自身能力很自信的婴儿会这样：

> 拿起一块积木，含在嘴里，然后用它擦擦头发，把它扔到桌子的另一边，留心观察你会不会帮她捡回来。如果你捡了回来，婴儿就把两块积木放在一起，完成了布置的任务。然后她会抬头看着你，眼睛扑闪扑闪，带着期望的神情，好像在说：“告诉我我是多么棒！”[4]

这样的婴儿从成年人那里获得了很多认可和鼓励，他们期望战胜生活中的小小困难。与此相反的是，如果婴儿来自惨淡、混乱的家庭，得不到家庭的关爱，在面对同样简单的任务时，他们就会表现出期望失败的迹象。并不是说这些婴儿无法把积木组合在一起，他们明白大人的要求，并有能力遵从这些要求。不过，布雷泽尔顿的报告指出，即使这些婴儿完成任务，他们的表现也是畏畏缩缩的，好像在说："我不行。看，我失败了。"这些孩子可能有着失败主义的人生观，他们不会期望从老师那里得到鼓励和关注，觉得学校无趣，很可能中途辍学。

自信而乐观的孩子和期望失败的孩子，他们人生观的差异在人生的头几年开始形成。布雷泽尔顿建议，父母"必须清楚他们自身的行为可以培养孩子的自信心、好奇心、学习兴趣以及对局限的认识"，这些素质可以帮助孩子获得成功。有越来越多的研究显示，学习成绩很大程度上取决于孩子入学前形成的情绪性格。我们在第六章了解到，4岁的孩子忍住冲动不抓软糖，这种能力预告了14年后他们SAT考试的分数高出平均水平210分。

塑造情绪智力要素的先机在人生的最早几年，尽管情绪智力的形成贯穿了个体的求学阶段。孩子后来获得的情绪能力建立在早年情绪智力的基础之上。第六章曾经介绍，情绪能力是所有学习活动必不可少的基础。美国国家临床婴儿项目中心的报告指出，孩子掌握的知识和超前的阅读能力对其学习成绩的预测作用没有情绪和社交测试结果那么显著。情绪和社交测试内容包括自信、兴趣，知道什么是得体行为以及如何控制行为不轨的冲动，耐心等待，听从指示，善于向老师求助，和其他孩子相处时懂得如何表达需求。[5]

这份报告指出，几乎所有在学校表现不佳的孩子都缺少一项或多项情绪智力（不管他们是否同时存在认知困难，比如没有学习能力）。这并不是小问题，在美国的一些州，有近1/5的孩子不得不复读一年级，而且随着时间的推移，他们与同学之间的差距越来越大，他们也会变得越来越沮丧、愤怒，并且爱捣乱。

孩子是否做好了入学准备取决于他们是否具备了学习能力——一切知识的基础。该报告列举了这项关键能力的七大要素，这些要素都与情绪智力有关。[6]

1. 自信心。控制和掌握自己的身体、行为和世界的感觉；孩子认为自己所从事的活动获得成功的可能性较大，而且成年人会提供帮助。
2. 好奇心。认为探寻事物本质是积极、有趣的。
3. 意向性。产生影响的意愿及能力，并且持之以恒。意向性又与竞争力、有效性的感觉相关。
4. 自控。与年龄匹配的调整和控制自身行为的能力，以及内在控制的感觉。
5. 关联性。与他人相互理解、交往的能力。
6. 沟通能力。用语言与他人交流想法、感受与概念的意愿和能力。沟通能力又与对他人的信任感以及与他人（包括成年人）相处时的愉悦有关。
7. 合作性。在群体活动中协调自身与他人需要的能力。

刚刚上幼儿园的孩子是否具有这些能力很大程度上取决于孩子的父母和幼儿园老师是否给予孩子足够的关怀，对孩子进行"启心"教育——也就是情绪方面的启智项目。

建立情绪基础

假设一个两个月大的宝宝在凌晨三点醒来，开始啼哭。宝宝的妈妈走进来，在接下来的半个小时中，宝宝心满意足地吸着妈妈的乳汁，妈妈深情地看着宝宝，告诉宝宝她很高兴见到宝宝，即使是在半夜。宝宝得到了母爱的满足，开始入睡。

现在假设另一个两个月大的宝宝也在凌晨时分哭醒，但她遇到的是一位紧张易怒的妈妈，她刚刚和丈夫吵完架，一个小时前才入睡。

妈妈一下子把宝宝抱起来，要求她“安静点，我再也受不了了，来吧，一次折腾完吧”。宝宝开始紧张起来。在宝宝吃奶的时候，妈妈没有看着宝宝，而是冷漠地向前看，心里想着和丈夫吵架的事，越想越气恼。宝宝感觉到妈妈的紧张，开始扭动抗拒，并停止吃奶。“你想这样是吗？”妈妈说，“那就不要吃了。”她一下子把宝宝放回婴儿床，大步走出房间，留下宝宝一直啼哭，直至筋疲力尽后入睡。

美国国家临床婴儿项目中心的报告用这两种情形作为例子，说明这两种不同类型的亲子互动如果重复出现，就会向幼儿灌输完全不同的感受，影响他们对自己以及最亲密的人的认识。[7]第一个宝宝学习到，她可以相信别人会关注她的需要，并提供帮助，同时她可以有求必应；第二个宝宝发现没有人真正关心她，别人指望不上，她无法寻求安慰。当然，大多数宝宝或多或少都会遇到这两种情况。不过，如果父母长期以来用某种特定的模式对待宝宝，到了一定程度，基本的情绪经验就会灌输到宝宝身上，比如他们在世界上是否安全、他们的感受能否得到关注、别人是否可靠等。爱利克·埃里克森将此概括为孩子感到基本信任或者基本不信任。

这种情绪学习出现在人生的最早阶段，并贯穿于整个童年期。父母与孩子之间的一言一行、一颦一笑，都隐含着情绪的弦外之音，情绪信息一直重复多年，从而使孩子形成情绪见解和能力的核心。有个小女孩发现智力游戏很难，请忙碌的母亲提供帮助，母亲非常乐意帮忙，或者随随便便地说“别烦我，我有重要的事情要做”，这两者表达的信息是不一样的。如果这种交流变成亲子之间的常见模式，就会从正面或负面塑造孩子的情绪期望，比如人际关系以及重要的人生观。

对于那些无能的父母——不成熟、滥用药物、抑郁或慢性愤怒、生活毫无目标、混乱不堪，他们的孩子遭受的风险最大。这种父母无法给予孩子足够的关爱，更别提与孩子的情绪需要协调一致了。研究发现，纯粹的忽视可能比直接的虐待更加有害。[8]一项关于受虐待儿童的调查发现，受到忽视的青少年的情况最糟糕：他们最为焦虑，难以集中精神，麻木不仁，好斗和孤僻交替出现。他们一年级留级的概率是 65%。

在出生后的 3~4 年内，幼儿大脑的大小仅为完全发育成形的 2/3，这一时期幼儿大脑发育的复杂程度是后期所无法比拟的。在此阶段，幼儿对各种关键性学习（包括最重要的情绪学习）的接受能力最强。在这个时期，严重应激会损害幼儿大脑的学习中枢（并损害智力）。尽管后来的人生经历能起到一定的补救作用，但是幼儿早期学习的影响非常深刻。有份报告总结了人生头 4 年关键的情绪经验对人生巨大的持续影响：

> 如果孩子无法集中注意力；怀疑甚于信任；悲伤或愤怒甚于乐观向上；破坏成性甚于恭敬有礼；过度焦虑，被恐惧的幻想包围；或者经常对自己感到不满意，那么他们基本没有机会，更别提有平等的机会去探寻世界对于他的种种可能性。[9]

“小霸王”是怎样养成的

我们可以通过纵向研究发现不当的情绪教育对孩子一生的影响，尤其是在助长孩子好斗方面。在一项关于纽约州北部 870 名孩子的研究中，研究人员从受测儿童 8 岁一直跟踪到他们 30 岁。[10]结果发现，最好斗的孩子，也就是最急于挑起斗争和习惯使用武力的孩子，最有可能中途辍学，而且到 30 岁的时候，最有可能出现暴力犯罪的记录。另外，他们似乎还会把暴力倾向传给下一代，他们的孩子和他们当年一样，在小学期间就已经是捣蛋鬼了。

好斗怎么会代代相传呢？除去遗传方面的因素不谈，在学校的捣蛋鬼长大后，他们的所作所为会使他们的家庭变成武力学校。在捣蛋鬼小时候，他们的父母对他们专横武断、冷言冷语，等到他们自己做了父母以后，很可能继续重复这种教育模式。不管是父亲还是母亲，只要他们在童年期被认为好斗成性，就会出现这种情况。好斗的小女孩长大后做了母亲，还是会一样的专横苛刻，就像好斗的小男孩变成专横苛刻的父亲一样。他们会残忍地惩罚自己的孩子，而且对孩子的生活漠不关心，事实上大部分时间都完全忽略孩子。与此同时，好斗的父母给孩子树立了暴力的榜样，孩子把这个模式带到学校和游戏场，并且贯穿其一生。这些父母不一定心存恶意，也不是不想为孩子好，他们只是在重复当年他们的父母灌输给他们的教育方式。

在这种暴力模式之下，孩子受到反复无常的对待。如果父母心情不好，就会狠狠地惩罚孩子；如果父母心情很好，孩子就会侥幸逃过家庭暴力。因此，孩子受到惩罚往往不是因为他们的行为，而是由于父母的感受。孩子由此产生无用感和无助感，同时还会感到威胁无处不在，并且会随时袭来。从家庭生活的角度考察，孩子好勇斗狠以及与世界为敌的姿态也就不难理解了。令人沮丧的是，孩子过早得到负面的情绪经验，而且它们对孩子情绪生活的伤害非常严重。

虐待：同理心的灭绝

幼儿园里，孩子们在打打闹闹。只有两岁半的马丁不小心碰到了一个小女孩，小女孩莫名其妙地大哭起来。马丁去抓她的手，但她哭着躲开了，马丁拍了一下她的手臂。

小女孩还在哭，马丁把脸转过去不看她，大声说：“不许哭！不许哭！”声音一次比一次急促，一次比一次响亮。

马丁想再拍她，她又一次反抗了。这时马丁好像咆哮的小狗那样露出牙齿，吓唬小女孩。

马丁再一次开始拍打小女孩的背部，不过拍打很快变成了捶打，马丁不管小女孩可怜的尖叫，一直重重地打她。

这令人不安的一幕证实了虐待——父母经常随心所欲地殴打孩子——如何扭曲了孩子同理心的自然倾向。[11] 马丁对小伙伴的不安做出了近乎残忍的回应，他这种异乎寻常的举动是同类孩子的典型行为，他们从婴儿期开始就是殴打或其他身体虐待的受害者。马丁的反应与我们第七章介绍的幼儿同理心行为截然相反——幼儿通常会同情地恳求，并努力安慰哭泣的小伙伴。马丁在幼儿园对待不安的暴力回应反映了他在家里得到的眼泪与痛苦的教训：哭泣首先会遇到专横的象征性安慰，如果他继续哭泣，就会遭遇臭脸和咆哮，然后是拍打，乃至赤裸裸的殴打。最棘手的是，马丁似乎已经失去了原始的同理心，即停止攻击受伤者的本能，才两岁半的他表现出了残忍和虐待冲动的萌芽。

马丁的同理心被残忍取代，这在与他有相似经历的孩子身上很常见，他们在幼年时期就已经遭受家庭暴力，身心受到严重伤害。根据研究人员对幼儿园两个小时的观察，与马丁有类似行为的幼儿总共有 9 个，年龄从一岁到三岁。研究人员比较了遭受家庭暴力的幼儿与另外 9 个同样来自贫困、高压家庭，但没有受到身体暴力的孩子。在另一个孩子受伤或难过的时候，这两组幼儿的行为表现截然不同。在 23 个类似个案中，9 个未受虐待的孩子当中有 5 个面对其他小朋友的不安时表现出关心、悲伤或同理心。而在 27 个个案中，受虐待孩子本来应该有同样的关切表现，但他们没有一个表现出一丁点儿的关心，相反，他们对哭泣的小朋友表现出恐惧、愤怒，或者像马丁那样进行身体攻击。

比如有一个受虐小女孩对号啕大哭的小朋友表现出恶狠狠的威胁表情。另一个被虐待的孩子——一岁的托马斯听到房间里有个小朋友在哭，吓得一动不动，他呆呆地坐着，一脸恐惧，背部直挺挺的，小朋友一直在哭，他也越来越紧张——好像在为自己受到攻击做好准备。而 28 个月大的凯特，也是被虐待的孩子，她的表现几近残忍：她挑中了比她小的宝宝乔伊，把他踢倒在地，乔伊躺在地上的时候，她温柔地看着他，开始轻轻地拍他的背，然后越拍越快，变成了捶打，一下比一下重，完全不管他的痛苦。凯特一直在打乔伊，最后发展到重重地打了他六七下，直到他爬走。

显然，这些孩子以自己被对待的方式来对待其他小朋友，他们的残酷无情正是被父母残忍虐待的孩子的一个极端表现。这些孩子往往还会对小伙伴受伤或哭泣漠不关心，他们似乎是被虐待孩子残忍和冷漠的极端代表。总体来说，这些孩子长大以后，更有可能存在认知困难，更加好斗，不受伙伴们的欢迎（不足为奇，他们学前的经历预示了他们的未来），更容易陷入抑郁，而且成年后更容易触犯法律和犯下暴力罪行。[12]

同理心的缺失有时会（如果不是经常的话）代代相传，残暴的父母在童年期必然被他们的父母残暴对待过。[13]这和那些常常表现出同理心的孩子截然相反，这些孩子的父母培育和鼓励孩子对他人表达关怀，并理解恶意行为对其他孩子的影响。由于没有经历过缺少同理心的情况，这些孩子似乎完全不知道这回事。

受虐幼儿最棘手的地方在于，他们就像是他们的暴力父母的缩影，很早就学会了残暴的回应方式。遭受身体暴力对他们来说是家常便饭，他们获得的情绪经验实在是太明显了。在这种情感爆发或危机来临的时刻，人脑边缘中枢的原始倾向处于统治地位。这时候情绪脑反复习得的习惯就会压倒一切，不管后果是好还是坏。

大脑本身可以被残暴塑造，也可以被爱塑造，这意味着童年为情绪经验奠定了基础。受虐儿童很早就遭受了持续的创伤。也许，理解受虐待儿童的情绪经验最有意义的价值在于，了解精神创伤怎样给大脑打下永久性的烙印，以及怎样消除这些野蛮的印记。

第十三章

精神创伤和情绪再学习

宋琦是柬埔寨难民，她的三个儿子想买 AK-47 玩具枪，但被她阻止了。宋琦的儿子分别是 6 岁、9 岁和 11 岁，他们想用玩具枪来玩他们学校一些学生称之为“珀迪”的游戏。在这个游戏中，珀迪是个坏蛋，他用冲锋枪屠杀一群儿童，然后把枪瞄准自己。当然有时候儿童会把珀迪杀死，扭转结局。

珀迪游戏是 1989 年 2 月 17 日加利福尼亚斯托克顿克利夫兰小学枪击惨案的幸存者根据惨案改编的。在该校 1~3 年级午间休息时，帕特里克·珀迪（20 多年前曾在该校就读）在操场边上对正在玩耍的几百名儿童进行扫射，他用手枪对着操场整整扫射了 7 分钟，然后对着自己的头部开枪自杀了。警察赶来时，总共有 5 名儿童死亡，20 名儿童受伤。

在接下来的几个月里，克利夫兰小学的孩子们自发创造了珀迪游戏，这是 7 分钟枪击惨案及其余波铭刻在孩子们记忆之中的众多表现之一。太平洋大学是我长大的地方，我从那附近骑车出发，不久就到了克利夫兰小学，那是在珀迪枪击惨案发生5个月之后。尽管枪击留下的最恐怖的痕迹——蜂窝状的弹孔、成滩的血迹等，已经在枪击后的第二天早晨被清理洗刷干净了，但惨案的阴影依然非常明显。

克利夫兰小学被破坏最严重的不是建筑物，而是儿童和教职工的心理，他们正在努力恢复正常的生活。[1]最让人震惊的是，只要遇到哪怕只有一丁点儿相似的细节，他们就会回想起那恐怖的7分钟。比如，一位老师告诉我，有人宣布圣帕特里克节即将到来，结果整个学校陷入一片恐慌，有不少孩子以为这个节日是纪念枪击杀手帕特里克·珀迪的。

"一听到救护车呼啸而过的声音，所有事情都会停止下来，"另一个老师说，"孩子们都在留意救护车是停在学校还是继续往前走。"连续好几个星期，很多孩子害怕洗手间的镜子，因为学校有流言说神话中的鬼魂"血腥玛丽"会在那里游荡。枪击几个星期之后，一位狂乱的女学生冲到校长帕特·布舍尔那里大喊大叫："我听到枪声！我听到枪声！"其实她听到的声音是绳球球杆锁链摇晃发出来的。

克利夫兰小学的很多孩子变得过度警觉，仿佛一直在提防惨剧再度发生。有些学生在课间休息时徘徊在教室门口，不敢到惨剧发生的操场玩耍。还有些孩子只跟小范围内的几个人玩耍，并且指定一个孩子望风。很多孩子几个月以来一直避开孩子死亡的"邪恶"之地。

可怕的记忆还进入了孩子们的潜意识，他们常常做噩梦。除了和枪击有关的噩梦，孩子们还会做焦虑的梦，他们担心自己很快也会死去。有些孩子为了避免做噩梦，睡觉时都不敢闭上眼睛。

孩子们的反应对精神病学家来说再熟悉不过了，这正是创伤后应激障碍的主要症状。儿童创伤后应激障碍研究专家斯宾塞·埃斯（Spencer Eth）博士认为，创伤的核心是"主要暴力行为的入侵性记忆：最后一记拳头的打击、尖刀的猛刺，以及猛烈的枪声。这些记忆——枪击的场面、声音和气味，受害者的尖叫或突然沉默，鲜血四溅，警笛长鸣——会成为强烈而持久的经验”。

神经科学家现在认为，这些逼真的恐怖时刻作为记忆被深深地刻入了情绪的神经回路。其症状表现为，过度唤起的杏仁核发出信号，迫使创伤时刻的生动记忆一直入侵意识。因此，创伤记忆成为异常敏感的心理触发器，一有风吹草动就会拉响警报。这种触发器现象是所有类型情绪创伤共同具有的特征，包括童年期反复遭受身体暴力的创伤在内。

任何创伤事件，比如火灾或车祸、经历地震或飓风等自然灾害，以及遭受强奸或抢劫等，都会在杏仁核植入触发性的记忆。每年有成千上万人遇到种种灾难，其中很多或大多数人情绪上也会受到伤害，他们的大脑留下了创伤的印记。

暴力行为比飓风等自然灾害的危害性更强，原因在于暴力的受害者不同于自然灾害的受害者，他们会感到自己是被故意挑选出来作为邪恶的攻击对象。受害的经历使他们不再认为人们值得信赖、人与人的世界是安全的，而自然灾害并不会动摇这种信念。突然之间，人际社会变得非常危险，周围的人随时可能危及你的安全。

施暴者的残忍给受害者留下了深刻的烙印，使受害者害怕与攻击行为稍有相似之处的一切事物。比如，一个男人的后脑勺受到重击，但他没有看到袭击者是谁。从那以后，每次在街上走，他都要走在某位老太太前面，这样他才感到安全，觉得后脑勺不会再次受袭。[2]有位妇女在电梯里被一名男子抢劫，劫匪用刀威逼她走到一个没人住的楼层。事后的好几个星期里，她不仅害怕坐电梯，而且害怕坐地铁或进入其他封闭空间。在银行里，她看到一个男人把手放进夹克口袋——和劫匪当时的动作一样，她吓得立刻逃了出去。

一项关于犹太人大屠杀幸存者的研究发现，恐怖的记忆以及由此引发的过度警觉，会持续影响人的一生。犹太幸存者在纳粹死亡集中营常常挨饿，眼看至爱的人被屠杀，无时无刻不感到恐惧，在将近50年之后，他们的这段记忆依然清晰可见、挥之不去。有1/3的人表示他们总是感到害怕；将近3/4的人说他们看到与纳粹迫害相关的东西依然会感到紧张，比如看到制服、烟囱冒出的烟，或听到敲门声、狗叫声。尽管已经过去半个世纪，但大约60%的人说他们几乎每天都会想起大屠杀；有80%的人有明显的症状，一直在不断地做噩梦。正如一位幸存者说的那样："如果你经历过奥斯威辛集中营而不会做噩梦，那么你就不是正常人。"

刻骨铭心的恐惧

下面是一位48岁的越南战争老兵的陈述，他回忆起大约24年前他在一个遥远的地方经历的恐怖时刻：

> 我忘记不了！那些影像向我涌过来，情节很逼真，全都是最不合理的东西引起的，比如听到摔门声、看到东方妇女、碰到一张竹席，或者闻到旺火炒的肉香。昨晚我上床睡觉，本来睡得正香。没想到清晨刮起了暴风雨，还有闪电。我立刻醒了，害怕得一动不动。我好像回到了雨季中期的越南，我正在站岗。我相信下一发大炮会打中我，我一定会被炸死。我双手一动也不能动，全身都在冒汗。我感到脖子后面的每根汗毛都竖了起来。我喘不过气来，心怦怦地跳。我闻到一阵该死的硫黄味。突然我看到战友特洛伊的遗物，装在竹筐里，由越共送回我们的营地……又一道闪电闪过，伴随着雷声，我吓了一跳，摔到地上。[3]

这段恐怖的记忆，尽管过了二十多年仍然清晰可见，并产生强大的力量，使前越南战争老兵重温与当天相同的恐惧。创伤后应激障碍的危害在于降低神经警报的设定值，使个体把日常普通的时刻当成紧急状况处理。我们在第二章介绍的神经失控似乎是给记忆打下深刻烙印的关键：触发杏仁核失控的事件越残忍、越惊人、越恐怖，记忆就越难忘。这些记忆的神经基础似乎彻底改变了由单独压倒性恐怖事件所驱动的大脑化学物质。[4]尽管创伤后应激障碍通常是由单独事件引发的，但长达数年的受虐经历同样会导致相似的结果，比如儿童身体被猥亵或遭受暴力、情绪受到伤害的情况。

设在美国退伍军人管理局医院的研究机构美国创伤后应激障碍国家中心，对创伤后大脑变化进行了细致的研究。该医院的大量越南战争及其他战争的退伍军人患有创伤后应激障碍。正是通过对退伍军人的研究，我们获得了关于创伤后应激障碍的大部分知识。不过所得的研究成果同样适用于遭受严重精神创伤的儿童，比如克利夫兰小学的学生。

耶鲁大学精神病学家丹尼斯·查尼（Dennis Charney）博士是创伤后应激障碍国家中心临床神经科学的负责人，他告诉我："遭受严重创伤的受害者，其身体状况也许不尽相同。[5]不管是对战争无尽的恐惧、被折磨或者童年期反复遭受虐待，还是像被飓风围困、险些在车祸中丧生这种一次性体验，这些并不重要。所有无法控制的应激也许都会产生相同的生理影响。"

关键词是"无法控制"。如果人们认为他们对灾难处境可以有所作为，能够施加某些影响，不管影响有多么微弱，那么他们在情绪上都会比那些感到完全无助的人好得多。无助感是导致特定事件压倒一切的主观感受的因素。该中心临床精神病药理学实验室负责人约翰·克里斯特尔博士告诉我："比方说有人被人用刀子袭击，他懂得怎么保护自己并采取行动，而另一个人面对同样的困境时却认为'我死定了’。感到无助的人更容易在事后引发创伤后应激障碍。你感到你的生命受到威胁，而你对此无能为力、无法逃避——此时大脑就开始变化了。”

有几十项用老鼠做实验的研究证实，无助感是引发创伤后应激障碍的一种不可预测的因素。在实验中，成对的老鼠被放到两个不同的笼子里，分别被施加轻微的（但对老鼠来说非常强烈）同等强度的电击。只有其中一只老鼠的笼子里有一个杠杆，当这只老鼠推动杠杆时，两个笼子里的电击就会停止。经过了几天、几个星期，两只老鼠受到的电击量是绝对相等的。那只可以推动杠杆停止电击的老鼠在事后没有发生持续的应激迹象，而另一只无能为力的老鼠大脑出现了应激导致的变化。[6]对孩子来说，在操场玩耍时看到枪击场面，看到同伴流血和死亡，或者对老师来说，无法阻止屠杀的发生，这种无助感是非常强烈的。

创伤后应激障碍：边缘系统障碍

大地震已经过去几个月了。那场大地震把她从床上震下来，她惊恐地尖叫，在黑暗的房子里寻找4岁的儿子。洛杉矶的晚上很冷，他们在门梁的保护下相拥了几个小时，一动也不动，没有食物和水，也没有灯光，一阵阵余震晃动着他们脚下的地板。几个月之后的今天，她已经从地震后最初几天的习惯性恐慌中基本恢复过来了，当时她连听到关门的声音都会害怕得颤抖起来。她还有一个后遗症是无法入睡，不过这个问题只有她丈夫不在家的晚上才会出现——地震那晚，她丈夫恰好也不在家。

获得性恐惧，包括最严重的类型——创伤后应激障碍，其主要症状是由于以杏仁核为中心的边缘神经回路的变化引起的。[7]其中主要的变化发生在蓝斑，蓝斑是调节大脑分泌肾上腺素和去甲肾上腺素这两种儿茶酚胺物质的组织。这些神经化学物质驱动身体为紧急状况做好准备，同时这两种儿茶酚胺激增给记忆留下了特别深刻的印记。在创伤后应激障碍状态下，神经系统变得反应过度，在很少或没有威胁但又会让个体想起以往创伤的处境下，分泌出过量的大脑化学物质，就像克利夫兰小学的孩子们一样，他们一听到救护车的鸣笛声就会感到恐慌，因为鸣笛声让他们想起了枪击之后学校里出现的情景。

蓝斑与杏仁核的联系很密切，与海马体、下丘脑等其他边缘组织也有紧密联系。儿茶酚胺的神经回路延伸到大脑皮层。这些神经回路的变化被认为是创伤后应激障碍症状的起因，创伤后应激障碍的症状包括焦虑、恐惧、过度警觉、情绪容易不安和唤起，以及随时准备战斗或逃跑，并且还会不断地回顾紧张的情绪记忆。[8]有研究发现，患有创伤后应激障碍的越南战争老兵，其抑制儿茶酚胺的受体比常人减少了 40%，这说明他们的大脑发生了永久性变化，他们儿茶酚胺的分泌不受控制。[9]

另一种变化出现在联结边缘脑与脑垂体的神经回路。脑垂体的功能是调节促肾上腺皮质激素释放因子（CRF）的释放。促肾上腺皮质激素释放因子是身体分泌的主要应激激素，促使身体做出战斗或逃跑的紧急反应。神经回路的变化导致促肾上腺皮质激素释放因子过量分泌——尤其在杏仁核、海马体以及蓝斑，这导致了身体对实际上不存在的紧急状况的反应。[10]

正如杜克大学精神病学家查尔斯·内梅罗夫（Charles Nemeroff）博士所说："过量促肾上腺皮质激素释放因子使人反应过度。比如，假如你是患上创伤后应激障碍的越战老兵，商场停车场的汽车发生逆火，你的体内就会触发促肾上腺皮质激素释放因子，和原始创伤相同的感觉就会蔓延至你的全身：你开始冒汗，感到害怕，不停地颤抖，甚至脑海中还会闪现以前的经历。促肾上腺皮质激素释放因子分泌过量的人，会做出过度的惊恐反应。比如，你鬼鬼祟祟地跟在很多人的后面，如果你突然拍手，那么第一次你会看到他们惊恐地跳起来，但你如果第三次、第四次重复这样做就没有效果了。但是促肾上腺皮质激素释放因子分泌过量的人不会形成这种习惯，他们对第四次突然拍手的反应和第一次是一的。”[11]

第三种变化出现在大脑的阿片系统，阿片系统的功能是分泌内啡肽以缓解痛楚。阿片系统同样变得反应过度了。阿片神经回路同样涉及杏仁核，并与大脑皮层的一个区域相互呼应。阿片是大脑的一种化学物质，具有很强的麻痹镇痛作用，与鸦片和其他麻醉药品的化学成分类似。阿片（“大脑自身的吗啡”）分泌处于高水平时，人们承受疼痛的能力会增强——战地医生发现了这种效果，他们发现受重伤的士兵，较之伤势没有那么严重的普通百姓，只需要较低剂量的麻醉药品。

创伤后应激障碍也会发生类似的情况。[12] 内啡肽的变化给再次暴露于创伤环境所引发的“神经混合”增添了新的情况，即对某些感觉的麻木。这可以解释长期以来在创伤后应激障碍病人身上观察到的一系列“消极”的心理症状：快感缺乏（无法感到愉悦）和总体情绪的麻木，即与生活切断联系或不关心他人感受的感觉。一般人在与具有这种症状的人相处时，可能会把他们的漠不关心看成是缺少同理心的表现。另一个可能的影响是分裂，包括无法记起创伤事件关键的几分钟、几小时，甚至那几天。

创伤后应激障碍导致的神经变化还会使个体更容易遭受进一步的创伤。一些用动物做实验的研究发现，动物如果在年幼时遭受哪怕是轻微的应激事件，那么与未遭受应激事件的动物相比，它们以后更容易出现由创伤导致的大脑变化（说明治疗患有创伤后应激障碍儿童的迫切性）。这似乎可以解释，面对相同的灾难，为什么有些人会发展成创伤后应激障碍，而有些人不会。杏仁核的首要任务是发现危险，如果个体再次遭遇真正的危险，触发杏仁核，那么杏仁核的警报就会上升到更高的水平。

所有这些神经变化都是为了应对可怕而直接的紧急状况而及时产生的，能够发挥短期的优势。在受到胁迫的情况下，个体保持高度警觉，情绪唤起，随时准备应对任何情况，不受痛楚的影响，持续的身体需求被放在首位，同时对非紧急事件漠不关心，这些都是适应性的表现。然而，如果大脑神经变化发展成一种倾向，就像汽车一直处于高速挡一样，短期的优势就会变成持续的问题。在遭受强烈创伤之际，杏仁核及其相联结的大脑区域重新设定了神经反应的标准，即提高了戒备状态，随时准备触发神经失控。神经兴奋性的变化意味着一切生活都进入了紧急状态，即使是寻常时刻也很容易触发恐惧，乃至失控。

情绪再学习

创伤记忆似乎会发展成大脑的固定功能，原因在于创伤记忆会干扰后续的学习，尤其是再度学习以正常的方式应对创伤事件。对于创伤后应激障碍这种获得性恐惧，杏仁核再次在大脑有关区域当中扮演了关键角色，使学习和记忆的机制受到扭曲。不过，要克服获得性恐惧，新皮层是关键。

“恐惧调节”被心理学家用来形容本身没有任何威胁的事物由于与个体记忆中恐怖的东西发生联系而变得可怕的过程。查尼博士指出，如果对实验室的动物进行“恐惧调节”，这种恐惧就会持续很多年。[13]

学习、保留并实施恐惧回应的大脑主要区域是下丘脑、杏仁核和前额叶之间的神经回路，也就是神经失控的通道。

通常来说，个体通过恐惧调节学会害怕某种东西，而恐惧会随着时间的流逝渐渐消除。这个过程可能是通过神经再学习实现的，即个体再次遇到他所害怕的东西，但这种东西其实并没有那么可怕。比如，有个女孩以前曾被德国牧羊犬咬过，因此对狗产生了恐惧，但假设她搬到新家后，邻居家有一只很温顺的牧羊犬，她经常和牧羊犬一起玩耍，那么自然而然的，她就会慢慢地不怕狗了。

个体一旦患上创伤后应激障碍，自发的再学习机制就会失灵。查尼认为，原因可能在于创伤后应激障碍导致的大脑变化过于强烈，因此只要遇到触发创伤回忆的东西，杏仁核就会失控，进一步强化恐惧的神经通道。这意味着个体永远也不会对所害怕的东西产生平静的感觉，也就是说杏仁核永远也不会再度学会更温和的反应。他指出，"恐惧的'根除'需要活跃的学习过程参与"，但创伤后应激障碍患者的这种功能已经受损，"导致情绪记忆不正常地持续下去"。[14]

不过，假如借助恰当的经验，创伤后应激障碍也是可以消除的。强烈的情绪记忆及其引发的思考和反应模式，可以随时间而改变。查尼认为，情绪的再学习与大脑皮层有关。在杏仁核中根深蒂固的原始恐惧并没有完全消失，而是前额皮层主动抑制了杏仁核要求大脑其他部位对恐惧做出反应的命令。

威斯康星大学心理学家理查德·戴维森发现左前额皮层具有减缓负面情绪的功能，他提出："问题在于你摆脱获得性恐惧的速度有多快。"在实验环境下，人们学会厌恶吵闹的噪音——这是获得性恐惧的一种范例，类似于轻微的创伤后应激障碍，戴维森发现，左前额皮层较活跃的人克服获得性恐惧更为迅速，这再一次证明了大脑皮层具有摆脱获得性负面情绪的功能。[15]

情绪脑的再教育

关于创伤后应激障碍最鼓舞人心的发现之一来自对犹太人大屠杀幸存者的研究。该研究发现，大约有 3/4 的幸存者即使在半个世纪以后，仍然会出现活跃的创伤后应激障碍症状。但令人欣慰的是，有 1/4 的幸存者虽然曾一度出现这种症状，但后来再也没有出现过，也许是他们人生中的自然事件抵消了这个问题。有证据表明，那些仍有创伤后应激障碍症状的人，大脑的儿茶酚胺出现了创伤后应激障碍常见的变化，而那些已经复原的人则没有发生变化。[16] 这一发现及其同类研究说明了创伤后应激障碍造成的大脑变化并非不能消除，人们可以从最严重的情绪印记当中复原，简而言之，可以再度对情绪神经回路进行教育。值得庆幸的是，即使是严重到引发创伤后应激障碍的创伤也是可以治愈的，治愈的途径就是再学习。

情绪治疗的一个途径是自发产生的——至少儿童是如此，比如通过珀迪游戏。如果反复玩这些游戏，儿童就可以像玩游戏一样安然地处理创伤事件。这涉及两种治疗途径：一方面，记忆在较低焦虑的情景下重复出现，降低了事件的敏感度，并使之与非创伤状态的回应产生联系；另一方面，在儿童的意识里，他们能够神奇地给悲剧改写一个更好的结局。在珀迪游戏中，孩子们有时候会杀死珀迪，这使他们恢复了掌控的感觉，不再像创伤时刻那样感到无助。

经历过严重暴力的孩子玩珀迪这种游戏是很自然的事。旧金山的儿童精神病学家雷诺尔·特尔（Lenore Terr）博士最早在加利福尼亚乔奇拉当地儿童身上发现了创伤儿童喜欢玩这种死亡游戏的现象。[17] 乔奇拉离发生枪击惨案的斯托克顿只有一个多小时的车程。乔奇拉的儿童在 1973 年乘坐巴士从夏令营回家途中曾经被集体绑架。绑匪把整辆巴士埋在地下，所有的孩子都在里面，过程长达 27 个小时。

5 年之后，特尔发现受害儿童仍然在游戏时重现绑架过程。比如，女孩子会和她们的芭比娃娃玩象征性的绑架游戏。有个女孩把她的芭比娃娃洗了又洗，因为被埋的时候孩子们害怕地拥挤在一起，别的孩子尿在了她的身上。另一个女孩扮演“旅行芭比”，即到处游玩的芭比娃娃，不管它到哪里，都会安全返回，这是游戏的重点。第三个女孩最喜欢的游戏情节是芭比娃娃陷进洞里，并且出现窒息。

对于遭受精神重创的成年人，他们会变得麻木不仁，抑制对灾难的任何记忆或感觉。但儿童的心理方式是不一样的，特尔认为，儿童很少像成年人那样对创伤变得麻木，原因在于儿童会通过幻想、游戏和做白日梦，回忆并重新思考他们所遭受的痛苦。自发性重演创伤事件，似乎能够防止创伤被压制在潜在记忆中——创伤的潜在记忆可能会在以后突然闪现。如果创伤程度较轻，比如到牙医那里补牙，一两次重演就足够了。如果创伤非常严重，孩子就需要不停重复，一次又一次以残酷、单调的形式来重演创伤事件。

了解杏仁核创伤烙印的一个途径是艺术。艺术本身是一种无意识的媒介。情绪脑与象征意义以及弗洛伊德称之为“初级过程”（primary process）的模式，即隐喻、故事、迷思、艺术的信息，高度协调一致。艺术经常被用来治疗创伤儿童。有时候艺术可以为儿童提供一个出口，让他们谈论他们不敢轻易触碰的恐怖时刻。

创伤儿童治疗专家、洛杉矶儿童精神病学家斯宾塞·埃斯讲述了一个 5 岁男孩和他妈妈一起被妈妈的旧情人绑架的故事。绑架者把他们带到汽车旅馆的房间，他命令男孩藏在毯子下面，并把孩子的妈妈殴打致死。这个男孩当然不愿意和埃斯谈论他在毯子下面时听到和看到的可怕情景。于是埃斯让男孩画画，随便画什么都行。

这个男孩画了一个赛车手，赛车手有一双大得可怕的眼睛。埃斯认为大眼睛表明男孩敢于偷看杀人犯。创伤儿童的艺术作品几乎总会隐晦地提及创伤情景，因此埃斯在治疗时首先让创伤儿童画画。创伤儿童一直挥之不去的潜在记忆像闯进思想一样闯进他们的画中。除此之外，画画本身也具有一定的治疗作用，创伤儿童通过画画开始了控制创伤的过程。

情绪再学习和克服创伤

> 艾琳的约会居然以强奸未遂告终。尽管她吓退了袭击者，但那人仍继续骚扰她：给她打淫秽的骚扰电话，威胁对她使用暴力，半夜三更敲门，跟踪她、观察她的一举一动。有一次，艾琳试图报警求助，但警方认为她的问题无关紧要，因为“没有真的发生什么事情”。艾琳接受治疗的时候已经患上了创伤后应激障碍，她放弃了一切社交活动，像坐牢一样待在自己的家里。

哈佛大学精神病学家朱迪斯·路易斯·赫尔曼（Judith Lewis Herman）博士引述了艾琳的案例。赫尔曼博士开创性地提出了创伤复原的步骤。她认为复原可分为三个阶段：获得安全感，记住创伤的细节并哀悼由此造成的损失，最后重新恢复正常的生活。这三个步骤的顺序体现了生物学上的逻辑，反映了情绪脑如何再度学会不把一切事情看成即将发生的紧急状况。

第一个步骤是重新获得安全感，也就是转变行为，想办法使过于惊慌不安、杯弓蛇影的情绪神经回路平静下来，为重新学习创造条件。[18] 我们通常首先需要帮助病人理解，他们之所以提心吊胆和做噩梦，心理过度警觉和恐慌，这些都是创伤后应激障碍的表现。一旦病人理解了这一点，这些症状就没有那么可怕了。

在早期的另一个步骤是帮助病人重新获得对当前情景的控制感，

直接削弱创伤事件导致的无助感。回到艾琳的案例，她的做法是动员朋友和家人陪伴她，在她与跟踪者之间形成缓冲，同时要求警方介入。

创伤后应激障碍患者“不安全”的感觉超过了对潜在危险的恐惧感。患者不安全感的私密性更强，他们感到无法控制自己的身体状况和情绪。这不难理解，创伤后应激障碍导致杏仁核神经回路过度敏感，因此一有风吹草动就会情绪失控。

药物可以帮助病人重新获得一定的安全感，病人不再听任情绪警报的摆布，无缘无故地紧张、失眠或整夜做噩梦。药物学家希望有一天能研制出专门治疗杏仁核及其关联神经传输回路的创伤后应激障碍药物。目前的药物只能抑制部分大脑神经回路的变化，其中比较显著的有针对复合胺系统的抗抑郁药物，以及β-受体阻滞剂“心得安”，其功效是抑制交感神经系统的活跃性。创伤后应激障碍患者还可以学习一些放松技巧，有效地抑制急躁和紧张情绪。生理的平静有助于受伤的情绪神经回路重新认识到生活不是威胁，让患者重获创伤发生前的安全感。

第二个治疗步骤是以安全的方式重述和重构创伤事件，使情绪神经回路对创伤记忆以及触发记忆的事物重新获得更切合实际的认识和反应。在病人重述创伤事件的可怕细节时，记忆的情绪意义以及记忆对情绪脑的影响开始出现转变。重述的步骤非常微妙，理想的做法是模仿从创伤中复原而没有患上创伤后应激障碍的人身上自然发生的过程。这些人的体内好像有一个警钟，在重现创伤情景的记忆入侵时“麻醉”他们，切断他们的创伤记忆几个星期或几个月，直至他们几乎忘记恐怖事件。[19]

改变对创伤事件反复回味、念念不忘的习惯，这可能会促进对创伤进行自发回顾以及情绪反应的再学习。赫尔曼认为，对于创伤后应激障碍症状较难控制的患者，重述创伤事件有时会引发严重的恐惧感，在这种情况下，治疗师应当放缓节奏，使患者的反应保持在可以承受的范围内，这样才不会干扰再学习的过程。

治疗师鼓励病人尽可能生动地重述创伤事件，就像在家里看恐怖片一样，将每一个可怕的细节加以还原。这些细节不仅包括患者看到、听到、闻到或感觉到的具体东西，还包括他们的反应，比如畏惧、厌恶、恶心等。这样做的目的是把所有记忆转化为语言，把原本分散的、在意识层面缺失的记忆重新组织起来。把感官细节和情绪转化为语言的形式，新皮层对记忆的控制就会加强，在新皮层的控制下，记忆引发的反应会变得更易理解、更可控制。病人在感到安全并有可靠的治疗师陪伴的情况下，重新唤醒了创伤事件以及当时的情绪，至此情绪再学习基本完成了。情绪神经回路开始从中获得很有说服力的经验——与创伤记忆相伴的经验是安全感，而不是无尽的恐惧。

5 岁男孩目睹了自己妈妈被悲惨谋杀的场面，他画了一幅大眼睛的画，但他后来没有再画画，而是和他的治疗师斯宾塞·埃斯一起玩游戏，他们建立了亲密的关系。慢慢地，小男孩开始讲述谋杀发生时的情景，最初讲得很刻板，像背书一样把每一个细节准确地复述出来，每次复述都是一模一样的。后来，他的叙述逐渐变得更加开放和自由，叙述的时候他的身体也没有那么紧张了。而且他也不再频频梦到谋杀了，埃斯认为这意味着某种“创伤掌握”。他们俩的交谈慢慢地从创伤引发的恐惧转移到小男孩的日常生活——他和他父亲搬到新家，他是怎么适应的。最后，创伤事件对小男孩的控制逐渐消退，他开始谈论自己的日常生活。

最后，赫尔曼发现病人需要哀悼创伤造成的损失——无论这种损失是受到伤害、至亲死亡或感情破裂，还是后悔没有采取措施挽救某人，或者对他人的信赖感消失等。在复述痛苦经历的同时进行哀悼，能够起到非常关键的作用——哀悼是个体能够在一定程度上摆脱创伤的标志。这表明病人开始向前看，甚至满怀希望，摆脱创伤的控制，重建新的生活，而不是永远被过去的痛苦经历缠绕。这就像情绪神经回路不断循环和重温创伤经历的咒语最后可以完全消除。病人无须一听到警笛声就产生恐惧，也无须对夜间的每一个声音都联想到恐怖事件。

赫尔曼认为，尽管创伤后应激障碍经常会出现后遗症或间歇发作，但是有某些特定的迹象可以表明患者基本上克服了创伤的影响，比如生理症状降低到可控制的水平，以及可以承受与创伤记忆相关的感受。尤其具有重要意义的是，创伤记忆不再随时爆发、不受控制，个体可以像对待其他记忆一样随意回顾创伤记忆——也许更重要的是，可以像对待其他记忆一样把创伤记忆放在一边、置之不理。最后，克服创伤还表现在开始新的生活，树立牢固、可信赖的人际关系和信念，在曾经受到伤害的世界中找寻意义。[20]这一切都是情绪脑重新学习的成功标志。

精神疗法：情绪的导师

幸运的是，我们当中的大多数人很少会遭受大灾大难，从而留下刻骨铭心的创伤记忆。但是在生活比较平静的时刻，创伤记忆肆意影响同一神经回路的现象也有可能出现。童年期常见的煎熬，比如长期受到忽视、得不到父母的关怀、被遗弃、受到排挤等，也许不会上升到创伤的高度，但这些痛苦的记忆肯定会给儿童的情绪脑打下烙印，导致他们将来亲密的人际关系出现扭曲，充满泪水和愤怒。如果说创伤后应激障碍可以得到治疗，那么很多人默默承受的情绪伤痕也可以修复——这就是精神疗法的使命。一般来说，我们只有通过学习，才能对难以承受的生活压力应付自如，情绪智力才能发挥作用。

前额叶皮层可以根据更全面的信息进行反应。杏仁核与前额叶皮层之间的动态关系为精神疗法重新塑造不良的情绪模式提供了神经解剖学的模型。神经学专家约瑟夫·勒杜克斯发现杏仁核对情绪爆发具有触发器的作用，他指出："一旦你的情绪系统学会了某种东西，你就可能永远也摆脱不了它。精神疗法的作用是教你怎样加以控制，教会你的新皮层如何抑制你的杏仁核。尽管行动的冲动受到了压制，但你对这种东西的基本情绪还是以受抑的形式潜伏了下来。"

既然大脑结构是情绪再学习的基础，那么即使在精神疗法成功之后，余留的反应，即起源于负面情绪模式的初始敏感或恐惧感的遗迹，也可能保留下来。[21] 前额叶皮层可以改进或遏制杏仁核狂暴的冲动，但不能在第一时间阻止杏仁核的反应。虽然我们不能决定我们什么时候会情绪爆发，但我们可以较好地控制情绪爆发的持续时间。迅速地从情绪爆发当中复原可以说是情绪成熟的标志。

在精神疗法期间，主要的变化在于一旦触发情绪反应，人们所做出的回应。不过，最初被触发的反应趋势并没有完全消失。雷斯特·鲁柏斯基（Lester Luborsky）及其同事进行的一系列关于精神疗法的研究为此提供了证据。[22] 他们分析了几十位接受精神疗法病人的主要人际冲突，比如极度渴望被人接受或寻求亲密关系，或者害怕失败与过度依赖等问题。他们仔细分析了病人在人际关系方面的意愿和恐惧被激活时所做出的典型（总是适得其反）回应，比如要求过高导致他人愤怒或冷漠无情，或者欲迎还拒，反而弄巧成拙，让别人因为误解而生气。在注定产生恶劣影响的人际交往中，病人充满了不安的情绪——绝望和悲伤，怨恨和愤怒，焦虑和恐惧，内疚和自责等。不管病人的具体表现是什么，这种情况会出现在他们所有重要的人际关系中，无论是和配偶或恋人，孩子或父母，还是同事或上司之间的关系。

在长期治疗过程中，这些病人发生了两种变化：他们对刺激事件的情绪反应不再那么困扰，甚至变得平静或茫然，与此同时，他们的公开回应更有效果，他们获得了真正想从人际关系中得到的东西。不过病人根本的意愿或恐惧以及最初的情感痛苦并没有改变。到精神疗法接近尾声时，病人表示，与刚刚开始接受治疗时相比，他们在人际交往中负面的情绪反应只有原来的一半，而他们从他人身上获得的积极回应是原来的两倍。但是病人基于这些需求的特定感觉完全没有改变。

就大脑而言，面对恐怖事件的种种迹象，边缘神经回路作为回应会拉响警报，不过前额叶皮层和关联区域可以学会更有益的新型回应方式。简而言之，情绪经验——即使是童年期最刻骨铭心的心理习惯，也可以重新塑造。情绪学习是一生的课程。

第十四章

性格非命运

改变获得性情绪模式需要很大的努力，那么要改变我们由基因决定的回应，比如说改变天生反复无常或特别害羞的人的习惯性反应又需要如何做呢？情绪罗盘的范围取决于气质——也就是体现我们基本性格特征的背景感受——的影响。气质可以定义为我们情绪生活的典型心境。在一定程度上，我们每个人的情绪范围都会有这种偏好性。气质是与生俱有的，属于基因博彩（genetic lottery）的一部分，会对人生产生很大的影响。每位父母都知道，孩子从一出生，要么安静温和，要么暴躁易怒。问题在于，生物基因决定的情绪倾向能否为后天的经验所改变。情绪的命运由生物基础决定，还是即使天生害羞的孩子也可以成长为充满自信的成年人？

哈佛大学知名发展心理学家杰罗姆·卡根（Jerome Kagan）的研究，为这个问题提供了清晰的答案。[1] 卡根认为人的气质类型至少可以分为 4 种：胆怯、大胆、乐观和忧郁，每种气质类型取决于大脑活动的不同模式。人的气质可能千差万别，每种气质以情绪神经回路的内在区别为基础。对于任何特定的情绪，人们在情绪触动的难易程度、持续时间的长短、强度的大小等方面表现大相径庭。卡根的研究着眼于其中一种情绪模式，即从大胆到胆怯的气质维度。

卡根的儿童发展实验室位于哈佛大学威廉·詹姆斯大楼的14层。过去几十年里，不断有很多母亲带着孩子来到卡根的实验室，接受实验观察。卡根的研究团队就是在这里注意到一群21个月大的幼儿的早期害羞迹象。一群幼儿在自由玩耍，有些幼儿活泼好动，非常自然地和其他幼儿玩耍。有些幼儿却犹豫不决，畏缩不前，依偎在妈妈怀里，安静地看着其他幼儿玩耍。在将近4年之后，同一批幼儿上了幼儿园，卡根的研究团队再次对他们进行观察。经过几年的间隔期，以前外向的孩子没有一个变得胆小，而以前胆小的孩子有2/3依然沉默拘谨。

卡根发现，过度敏感和害怕的孩子长大后会害羞胆小，大约有15%~20%的幼儿先天属于卡根所谓的“行为抑制”类型。这种幼儿对新的食物挑三拣四，不愿接近以前没见过的动物或去新的地方，在陌生人中间感到害羞。这种幼儿的敏感性还体现在其他方面，比如容易怀有负罪感和自我责备。他们在社交场合会异常焦虑，比如在教室或游戏场，或者在见到陌生人的时候。成年以后，他们在社交场合容易变成局外人，而且对当众演讲或表演有一种病态的恐惧。

在卡根的研究当中，有一位名叫汤姆的男孩，他属于典型的害羞类型。汤姆在贯穿童年期的每次测试中——分别在2岁、5岁和7岁，均属于最胆小的孩子。汤姆在13岁时再次接受调查，当时他非常紧张，一直在咬嘴唇和绞手指，面无表情，只有在谈到女朋友时才勉强挤出一丝僵硬的微笑。[2]他回答问题很简短，态度谦卑。到童年期中段，即11岁左右，汤姆记得那时自己害羞得要命，他一接近玩伴就会浑身冒汗。他还感到强烈的恐惧，害怕自己的房子被烧毁、跳入游泳池或独自待在黑暗之中。他常常做噩梦，梦到自己被怪物袭击。尽管在最后两年他没有那么害羞了，但和别的孩子待在一起时仍然感到有些焦虑，现在他主要担心的是自己在学校的表现，尽管他是班级中5%最顶尖的学生。汤姆是一位科学家的儿子，科学领域的独立性相对来说比较符合他内向的性格，因此他对科学很感兴趣。

与之相反，拉夫在每个年龄段都是最大胆、最外向的孩子之一。他总是很放松、健谈，13岁的他轻松自如地坐在椅子上，一点儿也不紧张，说话自信友善，尽管他与采访者有25岁的年龄差距，但他好像把采访者当成了同龄人。在童年期他只经历过两次短暂的恐惧：一次是狗，3岁时有一条大狗扑到他身上；另一次是飞行，7岁时他听说了飞机失事。拉夫擅长和人打交道，很受欢迎，他从来不认为自己害羞。

胆怯孩子的神经回路似乎使他们天生就会对很小的应激做出较大的反应，从一出生，他们如果处于陌生或新奇的环境，心跳就会比其他幼儿快。21个月大的时候，这些内敛的幼儿不敢尽情玩耍，心率监测仪显示他们的心脏由于紧张在快速跳动。他们很容易唤起焦虑，这是他们一生都感到胆怯的根源——他们把任何陌生人或新环境都看作潜在的威胁。也许正是由于这个原因，认为自己在童年期特别害羞的中年妇女，往往会比其他较外向的同龄人经历更多的恐惧、担忧和内疚，出现更多的应激问题，比如偏头痛、过敏性肠炎和其他肠胃问题。[3]

胆怯的神经化学

卡根认为，谨慎的汤姆和大胆的拉夫之间的区别在于以杏仁核为中心的神经回路的兴奋性。卡根指出，像汤姆这种容易害怕的人，天生就具有容易唤起杏仁核神经回路的神经化学机制，因此他们倾向于回避不熟悉、不确定的情况，而且容易感到焦虑。而像拉夫这种人，他们的神经系统对杏仁核唤起的设定标准较高，因此不容易害怕，更加自如外向，而且渴望探索新的地方和结识新的人群。

孩子遗传了哪种模式的一个早期信号是他在婴儿期是不是暴躁易怒，遇到陌生的人或事物会不会感到困扰。大约有 1/5 的婴儿属于胆怯类型，大约 2/5 的婴儿属于大胆类型——至少在出生的时候如此。

卡根的部分证据来源于观察特别胆怯的小猫。大约有 1/7 的家猫，其恐惧模式与胆怯的孩子类似。这些家猫远离新奇陌生的东西（与传说中好奇心极强的猫不同），不愿意探索新的领地，而且只敢攻击个头最小的老鼠，不敢对付体型更大的老鼠，而那些比它们更大胆的家猫却热衷于追逐。脑部扫描发现，胆小家猫的部分杏仁核特别兴奋，尤其是在听到其他猫咪恐吓声的时候。

猫咪的胆小在大约一个月大的时候就表现出来了，它们的杏仁核在一个月的时候已经足够成熟，可以控制大脑神经回路做出靠近或退却的回应。一个月大的猫咪，其脑部成熟度相当于 8 个月大的婴儿。卡根指出，在 8 个月、9 个月大的时候，婴儿开始产生“陌生人”恐惧——假如婴儿的妈妈离开房间，而有另一个陌生人在场，婴儿就会哇哇大哭。卡根认为，胆小的孩子也许遗传了高水平的去甲肾上腺素和其他大脑化学物质，这些神经化学物质可以激活杏仁核，并降低杏仁核兴奋性的设定值，使杏仁核更容易触发。

高度敏感性的一个表现是，童年期很害羞的年轻人在实验室接受应激测试，比如闻难闻的气味时，他们心率升高的持续时间要比外向的同龄人长得多。这说明去甲肾上腺素升高使得他们的杏仁核一直处于兴奋状态，同时通过关联的神经回路，他们的交感神经系统被唤起了。[4]卡根通过交感神经系统的诸多参数发现，胆小孩子的反应水平较高，比如静止血压较高，瞳孔扩张较大，尿液中去甲肾上腺素水平也较高。

沉默是胆小的另一个风向标。卡根的研究团队在自然环境中观察胆怯的孩子和大胆的孩子，比如在幼儿园的课堂上，和不认识的孩子相处或者与采访者交谈，结果发现胆小孩子说话较少。一个胆小的幼儿园小朋友在别的孩子和她说话时，一声不吭，几乎一整天都只是在看别人玩耍。卡根指出，遇到新奇事物或潜在威胁的时候，由于胆小而保持沉默，是神经回路游走于前脑杏仁核与邻近控制语言能力的边缘组织之间的活动信号（正是同一神经回路导致我们在应激之下“失语”）。

这些敏感的孩子很容易发展成焦虑性障碍，比如惊恐发作，最早可能出现在六年级或七年级。在对六年级和七年级的 754 名学生的调查中，有 44 名学生至少有过一次恐慌，或者出现过几种早期症状。焦虑发作通常是由青春期早期的一般恐慌引起的，比如第一次约会或重要考试——大多数孩子可以顺利地处理这种恐慌，不会发展为更严重的问题。但属于胆小气质的青少年，以及对新情况感到特别恐惧的人，就会出现一系列恐慌症状，比如心悸、气喘或窒息感，并伴随着可怕的事情即将来临的念头，比如发疯或死去。研究人员相信，尽管这种恐慌发作还没有严重到精神病诊断所谓的“惊恐性障碍”，但随着时间的推移，这些青少年很可能会发展成惊恐性障碍。很多患有惊恐发作的成年人表示他们在十几岁的时候就开始发作了。[5]

焦虑发作的起因与青春期痴呆有着密切的关系。那些基本没有青春期痴呆症状的女孩表示没有过焦虑，但在出现青春期痴呆的女孩当中，大约有 8% 表示曾经历过恐慌。一旦她们出现恐慌，就很容易反复发作，最后患上惊恐性障碍。

什么也困扰不了我：乐观气质

20 世纪 20 年代，我的姨妈琼当时还很年轻，她离开位于堪萨斯城的家，独自一人到上海闯荡——在那个时代，这对孤身女子来说是非常危险的旅行。琼在上海遇到一位供职于租界巡捕房的英国巡捕并嫁给了他。第二次世界大战爆发后日本人占领上海，姨妈和姨夫被拘禁在战俘集中营。在集中营度过可怕的 5 年之后，毫不夸张地说，我姨妈和姨夫失去了一切。他们身无分文，被遣返到英属哥伦比亚。

我记得小时候第一次见到琼，虽然人生经历曲折坎坷，但上了年纪的她依然充满热情。她在晚年中风，导致半身不遂。经过漫长而艰难的康复之后，她又能够重新走路了，当然行动不太利索。我记得有一次和琼一起郊游，那时候她已经七十多岁了。她慢慢地走在后面，几分钟之后我听到微弱的叫声——琼在喊救命。她跌倒了，自己爬不起来。我赶紧跑过去，把她扶起来，这时候，她既不抱怨也不伤心，而是因自己的笨手笨脚哈哈大笑。她快活地说："嗯，至少我又能够走路了。"

就像我的姨妈一样，有些人的情绪天生就倾向于乐观的一端，他们天生乐观随和，而有些人则沉闷忧郁。一端是奔放，一端是忧郁，这种气质维度很可能与情绪脑的上端——左、右前额区的相对活跃度有关。这一发现主要来自威斯康星大学心理学家理查德·戴维森的研究。他发现，左前额叶较活跃的人，与右前额叶较活跃的人相比，前者的气质类型比较乐观，他们通常喜欢与人相处，热爱生活，像我的姨妈琼那样可以经受挫折。右前额叶活跃度较高的人则被赋予了消极和乖戾的情绪，很容易被生活的困难击倒，从某种意义上说，他们痛苦的原因似乎是他们无法抑制自身的担忧和抑郁情绪。

在一个实验中，戴维森对左前额区活动最显著的受测者与右前额区活动最显著的受测者进行了比较。后者在人格测试当中显示出独特的消极模式：他们就是伍迪·艾伦在电影里讽刺的那种滑稽角色，即对最微不足道的事情都感到危险的大惊小怪者，他们容易退缩和感伤，怀疑社会，把世界看成充满可怕的困难和危险的地方。与忧郁类型的人相反，左前额区活跃度较高的人看待世界的角度完全不一样。他们喜欢社交，乐观向上，总是感到很愉快，心情很好，而且有着强烈的自信，能享受人生的乐趣。他们心理测试的分数显示，他们一生中患抑郁症和其他情绪障碍的可能性较低。[6]

戴维森发现，有临床抑郁病史的人，较之从来没有抑郁的人，其大脑左前额叶活跃度较低，而右前额叶活跃度较高。他还在新诊断患有抑郁症的病人身上发现了相同的模式。戴维森据此推断，克服抑郁的人学会了提高自己左前额叶的活跃度水平——目前这个推断仍然有待实验证实。

戴维森表示，尽管他研究的只是大约30%处于两个极端的人，不过根据脑波的模式，基本上所有人不是倾向于这一端就是倾向于那一端。忧郁气质和乐观气质之间的区别可以表现为多种不同的方式。比如在一个实验中，受测者观看电影片段。有些片段很搞笑，比如大猩猩在洗澡，或者木偶在玩耍等；有些片段可能是护士教学片，详细表现了血淋淋的手术过程，让人难受。郁闷的“右脑人”认为喜剧片并不是很好笑，但他们对血淋淋的外科手术画面感到非常害怕和恶心。乐观的“左脑人”对手术片段只有最微弱的反应，但他们看喜剧片的时候非常开心，反应很强烈。

因此，气质决定了我们以消极或积极的情绪态度对生活做出回应。忧郁或乐观的气质倾向，和胆怯或大胆的气质倾向一样，出现在人生的早期阶段，这一事实有力证明了这种气质倾向也是由基因决定的。和大脑的其他部分一样，前额叶在个体出生后几个月仍处于发育阶段，因此个体出生 10 个月之后，我们才能有效测量个体的前额叶活跃度。不过戴维森发现，对于婴儿，我们可以根据妈妈离开房间之后他们会不会哭来预测他们的前额叶活跃度。两者的相关度几乎是100%——研究者用这种方法测试了几十个婴儿，发现会哭的婴儿右半脑活跃度较高，不哭的婴儿左半脑活跃度较高。

尽管忧郁或乐观这种基本的气质类型在个体一出生或出生后不久就已经确定，但忧郁类型的人将来并不一定会抑郁和暴躁。童年期的情绪经验会对气质类型产生深刻的影响，加深或者压抑个体内在的倾向。在童年期，人脑具有很强的可塑性，这说明童年期的经验将会对个体以后神经通道的塑造产生持久的影响。卡根对胆小儿童的研究充分说明童年经验可以从积极的方向改变个体的气质类型。

驯服过度兴奋的杏仁核

卡根的发现最鼓舞人心的一点在于，不是所有胆怯的婴儿长大后都会畏畏缩缩——气质不是命中注定的。过于兴奋的杏仁核可以通过恰当的经验加以控制。儿童在成长期间获得的情绪经验和反应是产生差异的关键。对于胆小的孩子，最重要的是父母如何对待他们，他们由此学会处理自己天生的胆怯。父母逐渐向自己的孩子灌输壮胆的经验，这种对恐惧的矫正作用可能会长达一生。

杏仁核天生兴奋过度的婴儿，有大约 1/3 在上幼儿园之前摆脱了胆怯。[7]研究者对这些曾经胆小的孩子在家的情况进行观察，发现父母尤其是母亲在其中发挥着主要作用，决定着天生胆小的孩子长大后是变得大胆，还是继续回避新奇事物、对挑战感到不安。卡根的研究团队发现，有些母亲认为必须保护胆小的孩子，避免他们遇到令他们困扰的事情；而有些母亲则认为更重要的是帮助胆小的孩子学习处理负面情绪，适应生活中的挑战。前一种出于保护的想法往往剥夺了孩子学习克服恐惧的机会，反而助长了恐惧；而后一种“学习适应”的教育观点则可以帮助胆小的孩子变得更勇敢。

研究者对6个月的婴儿在家的情况进行观察，发现习惯保护的母亲为了舒缓婴儿的情绪会在婴儿烦躁或哭泣时把他们抱起来，这类母亲这样做的时间多于努力帮助婴儿学会控制不安的母亲。婴儿在安静和不安时被抱起来的次数显示，习惯保护的母亲在婴儿不安时抱婴儿的时间要比婴儿安静时抱婴儿的时间长得多。

孩子一岁的时候还出现了另一种差异。在孩子可能做有害的事情时，比如允许孩子含着他们有可能吞下去的东西，习惯保护的母亲在限制孩子行为方面显得更宽容、间接。另一种母亲与之相反，她们语气强硬，对孩子进行严格的限制，发出直接命令，阻止他们的行为，要求他们服从。

为什么严格会减少孩子的恐惧呢？卡根认为，孩子受到吸引逐渐靠近某个物体时（妈妈认为危险的东西），如果被妈妈“不许碰！”的警告阻拦，孩子就会由此学到经验。孩子突然被迫面对轻微不确定的情况。在孩子出生后的第一年，如果类似的挑战重复出现成百上千次，孩子就会持续获得练习的机会，一点一滴地学会应付人生中不确定的东西。对于胆小的孩子，他们需要掌握的正是应对不确定，这种经验也适合一点一滴的学习。尽管父母很疼爱孩子，但假如在孩子稍微出现不安时，父母并不急于抱起孩子，缓解孩子的情绪，那么孩子就会逐渐学会自我调节。到了两岁的时候，从前胆小的孩子被父母带回卡根的实验室，他们在看到陌生人皱眉头，或被实验人员用血压环套住手臂时，不再那么容易被吓哭了。

卡根由此得出结论：“母亲出于善意，保护过度反应的孩子免受挫折和焦虑，反而加深了孩子的不确定感，起到了反作用。”[8] 也就是说，由于保护策略剥夺了胆小的孩子面对不熟悉情景时学习保持镇定、对恐惧情绪加以控制的机会，结果起到了适得其反的作用。从神经病学的角度来说，这就相当于孩子的前额神经回路失去了学习对反射性恐惧做出不同反应的机会，他们的恐惧倾向反而通过重复得到了加强。

卡根告诉我，与之相反的是，"在上幼儿园之前变得不再那么胆小的孩子，他们的父母对他们施加了轻微的压力，迫使他们变得更加外向。尽管由于生理基础的原因，改变这种气质特征的难度比改变其他特质的难度稍大，但人类没有哪一种特质是无法改变的"。

在童年期，如果关键的神经回路持续得到经验的塑造，有些胆小的孩子就会变得更大胆。胆小孩子克服天生抑制倾向的信号之一是拥有较高水平的社交竞争力：善于合作、善于与其他孩子相处、富有同理心、愿意付出和分享、体贴周到、有能力发展亲密的友情。有一群孩子在4岁时被认为属于胆怯气质，但他们到10岁时摆脱了胆怯，体现出社交竞争力的特质。[9]

与之相反，在4岁时被认为胆小，而且后来6年中气质基本没有改变的孩子，他们的情绪能力相对较弱：遇到压力时容易哭泣和崩溃；情绪失调；感到害怕、生气或暴躁；遇到轻微挫折时过于愤怒；做不到延迟满足；对批评过于敏感，不信任别人。这些情绪问题可能意味着他们与其他孩子之间的关系存在问题——如果他们能克服最初的胆怯，与其他孩子进行交往，就会有利于解决问题。

情绪能力较强的孩子，即使属于害羞的气质类型，也能够自发地克服自己的胆怯，这很容易理解。他们在社交方面更熟练，因此在与其他孩子相处时，更有可能不断获得积极的经验。尽管他们在和新朋友交谈时有点儿犹豫，但一旦坚冰被打破，他们就会散发出社交魅力。如果社交成功的经验多年来反复出现，这些胆小的孩子自然就会对自己更有自信。

从胆怯转变为大胆有着非凡的意义，说明内在的情绪模式在某种程度上是可以改变的。天生容易害怕的孩子遇到不熟悉的情况时，可以学会保持冷静，甚至变得更加外向。恐惧或其他气质是我们情绪生活的生物基础的一部分，但我们特定的情绪表现并不一定要受到遗传特质的局限。基因限制的范围内仍然存在很多可能性。正如行为基因学家指出的那样，基因本身不会决定行为；我们的环境，尤其是我们在成长过程中获得的经验和学到的东西，塑造了我们在今后人生中的气质倾向。我们的情绪能力不是天生的，可以通过正确的学习得到改善，原因就在于人脑的发育过程。

童年：关键的机会

人脑在个体出生时并没有完全发育成形。人脑在人出生后继续生长发育，童年期是大脑发育最迅猛的阶段。个体出生时的大脑神经细胞，要比大脑成熟后保留的神经细胞多得多，通过所谓的“修剪”过程，大脑实际上抛弃了使用较少的神经元联结，而形成了最常用、最强有力的突触神经回路联结。修剪，去除无关的突触，也就是消除了“噪声”的成因，能够有效改善大脑内信号与噪声的比例。这一过程经常发生而且非常迅速，几个小时或几天就可以形成突触联结。个体的经验，尤其是童年期的经验塑造了大脑。

关于经验对人脑发育的影响，诺贝尔奖得主、神经科学家托斯登·威塞尔（Thorsten Wiesel）和戴维·休伯尔（David Hubel）的研究提供了最经典的例证。[10] 他们发现，猫和猴子出生后的头几个月，是把信号从眼睛传递至视觉皮层（信号在视觉皮层进行理解）的神经突触发育的关键时期。在此期间，如果他们把小动物的一只眼睛遮住，那么从这只眼睛到视觉皮层的神经突触就会萎缩，而从另一只眼睛到视觉皮层的突触就会成倍增加。过了这个关键时期之后，小动物被遮住的眼睛重见光明，但它的这只眼睛已经变成功能性失明了。尽管小动物的眼睛本身没有问题，但联结这只眼睛与视觉皮层的神经回路已经基本消失了，无法传递视觉信号。

对于人类，相应的眼睛发育关键时期是出生后的头半年。在此期间，日常的观看刺激了联结眼睛与视觉皮层的神经回路的形成，视觉神经回路日趋复杂。假如孩子的眼睛被紧紧蒙住，即使只有几周时间，这也会对这只眼睛的视觉能力产生明显的损害。在此期间，如果孩子的一只眼睛被蒙住，几个月后再移除遮挡物，那么这只眼睛观察细微物体的视力已经受损。

关于经验对发育中大脑的影响，最生动的例证莫过于对“富老鼠”和“穷老鼠”的研究。[11] 富老鼠分成小群体住在笼子里，笼子里有大量鼠类娱乐设施，比如爬梯和踏板。穷老鼠也住在相似的笼子里，但笼子里什么设施都没有。过了几个月，富老鼠的大脑新皮层形成了更为复杂的联结神经细胞的突触神经回路网，穷老鼠的神经回路相比之下则比较稀疏。两种老鼠出现的差异非常显著：富老鼠的大脑更重，因此不难想象，它们在走迷宫时要比穷老鼠聪明得多。用猴子进行类似的实验，同样显示了经验“贫富”之间的差异，人类身上肯定也会出现相同的效果。

心理治疗，即系统的情绪再学习，证实了经验既能改变情绪模式，又能塑造大脑。最戏剧化的例证来自对强迫症病人的治疗。[12] 最常见的强迫症表现之一是反复洗手，甚至一天达到几百次，直到病人皮肤开裂。PET（正电子发射断层显像）扫描结果显示，强迫症病人前额叶的活跃度比常人要高得多。[13]

研究中有一半病人接受常规的药物治疗，服用百忧解，另一半病人接受行为治疗。在治疗期间，病人有计划地面对使他们沉迷或产生强迫行为的对象，但不能出现强迫行为，比如患有洗手强迫症的病人面前放着洗手盆，但不能洗手。同时，他们学会对刺激他们行为的恐惧和担心提出质疑，比如不洗手就会得病和死亡的念头。这样，经过几个月的疗程，强迫症逐渐消失了，和接受药物治疗的效果一样。

不过最显著的发现是，PET 扫描结果显示，接受行为疗法的病人情绪脑的关键部位尾状核活跃度降低的程度，与服用百忧解药物成功治疗强迫症的病人相当。接受行为疗法的病人，他们的经验改变了大脑功能，并消除了症状，居然和药物一样有效！

关键时机

在所有生物当中，人类大脑完全发育所需的时间最长。尽管大脑每个区域的发育速度不尽相同，但青春期早期是大脑“修剪”势如破竹的时期之一。对情绪生活非常关键的几个大脑区域是发育最慢的部位。感觉区域在童年期早期发育成熟，边缘系统在青春期发育成熟，而负责情绪自控、理解和巧妙回应的前额叶在青春期晚期继续发育，直至 16~18 岁。[14]

童年期和少年期不断重复的情绪管理习惯，本身会有助于大脑神经回路的塑造。因此，童年期是塑造一生情绪倾向的关键时期，童年期养成的习惯固化为基本的突触神经网络，而且以后较难改变。由于前额叶对情绪管理具有重要意义，而且大脑这一区域的突触塑造过程既漫长又关键，这意味着在大脑精妙的设计中，孩子在此期间获得的经验会与情绪脑的神经回路产生持久的关联。我们已经知道，关键的经验包括：当孩子有需要时，父母是否值得信赖和如何回应，以及孩子在学习处理自身困扰、控制冲动、施展同理心方面的机会和受到的指导。同样的道理，如果父母忽视或虐待孩子，表现自私冷漠，与孩子的情绪不相协调，或者对孩子进行残酷的管教，那么都会对孩子的情绪神经回路产生影响。[15]

不安的时候如何舒缓自身情绪，这是个体在婴儿期最早获得，并且在童年期继续完善的最重要的情绪经验之一。对于婴儿，安慰来自照料者——妈妈听到婴儿哭了，她把婴儿抱起来轻轻摇晃，直到婴儿平静下来。有学者认为，这种生物协调可以帮助孩子学习用同样的方法对待自己。[16] 在出生后 10~18 个月的关键时期，婴儿前额叶皮层的眶额区迅速与边缘脑形成联结，因此眶额成为负面情绪的重要“开关”。研究人员认为，婴儿不断从照料者那里得到安慰，他们逐渐学会如何保持平静，由此可以推测，这些婴儿控制负面情绪的神经回路联结的能力更强，因此他们终其一生能够更有效地舒缓不安的情绪。

当然，由于大脑发育为孩子提供了越来越成熟的情绪工具，掌握舒缓情绪的艺术需要很多年，而且还可以借助新的手段。别忘了，对调节边缘系统冲动特别重要的前额叶直到青春期还在继续发育。[17] 在童年期继续发育成形的另一个关键的神经回路集中于迷走神经，迷走神经的一端调节心脏和身体其他部位，另一端通过其他神经回路向杏仁核传输信号，促使杏仁核分泌儿茶酚胺，促使身体优先做出战斗或逃跑的回应。华盛顿大学评估育儿效果的研究团队发现，善于处理情绪的父母能够促使孩子的迷走神经功能变得更加完善。

负责这项研究的心理学家约翰·戈特曼这样解释：“父母教导孩子正确地处理情绪，比如和孩子谈论他们的感受以及如何理解这些感受，不急于批评或妄下结论，教导孩子如何处理情绪困境，提出解决方法，比如悲伤的时候除了攻击或退缩，还有其他的方法。父母的教导改变了孩子的迷走神经张力。”迷走神经张力是衡量迷走神经触发难易程度的指标。如果父母在这方面处理得好，孩子就会更好地抑制迷走神经的活动，防止杏仁核分泌促使身体战斗或逃跑的激素，因此孩子的行为表现也会更加正常。

我们有理由相信，每种情绪智力的关键技能在童年期都有长达几年的关键时期。每个时期代表了向孩子灌输良好情绪习惯的契机，如果父母错失这种机会，日后对孩子进行矫正就会困难得多。童年期大规模的神经塑造和修剪也许是早期情绪困扰与创伤对成年期产生持续而普遍影响的根本原因。这同样可以解释，为什么心理疗法常常需要很长时间才能影响个体的某些心理模式，而且正如我们所熟悉的那样，在治疗之后，尽管病人已经获得了新的认识，而且重新学习了如何进行回应，但这些模式作为潜在倾向仍然留在病人身上。

当然，大脑始终保持着可塑性，但后面的改变程度远远不如童年期那样显著。所有的学习都会改变大脑，加强突触的联结。强迫症病人的大脑变化显示，通过持续的努力，情绪习惯甚至神经基础也是可以改变的。创伤后应激障碍患者（或接受治疗的患者）大脑出现的情况，类似于所有重复或强烈情绪经验的效果，不论是好的情绪经验还是坏的情绪经验。

最有说服力的情绪经验来自父母对孩子的言传身教。父母向孩子灌输的情绪习惯存在很大的差异，比如有些父母与孩子协调一致，承认并满足孩子的情绪需要，而且他们的教导还包含了同理心；而另一些父母只顾自己，忽略孩子的负面情绪，或者对孩子的教育反复无常，任意打骂。心理治疗在很大程度上是对个体早期生活中被扭曲或完全缺失的东西进行补救性辅导。与其事后补救，何不未雨绸缪，在一开始就让孩子接受情绪教育，培养必不可少的情绪技能？

第五部分

情绪素养

第十五章

情绪盲的代价

本来这只是一场小小的争执，后来却升级了。布鲁克林托马斯·杰斐逊高中四年级学生伊恩·摩尔和三年级学生蒂龙·辛克勒曾经与15岁的卡琉尔·森普特发生口角。后来他们一再刁难森普特，扬言要对付他。现在终于酿成事端了。

森普特害怕摩尔和辛克勒打他，他在某天早上携带着一把点38口径的手枪来到学校。就在离校警不到5米的过道上，森普特近距离对摩尔和辛克勒开枪了。

这场可怕的惨剧是又一个信号，表明现在的孩子极度需要学习正确处理情绪，用和平方式解决争端，彼此和谐共处。教育者一直以来为学生的数学和语文成绩落后而烦恼，现在他们意识到学生还存在另一种更值得警惕的问题：情绪盲。[1]尽管学业标准已经得到了显著的提高，但是标准的学校课程没有涉及情绪盲这种新问题。用布鲁克林一位老师的话来说，目前学校的重心在于“我们更加关心的是学生的阅读和写作水平，而不是下个星期他们是否还活着”。

枪击等暴力事件在美国校园越来越常见，这表明我们的情绪教育存在不足。这些事件不是孤立发生的，从有关统计数据来看，在引领世界潮流的美国，青少年问题正越来越严重。[2]

1990 年的美国与 20 年前相比，青少年由于暴力犯罪被监禁的比例达到了前所未有的高点，青少年由于暴力强奸被监禁的案件翻了一番，青少年谋杀案件翻了两番，这主要是由于枪击事件的增多。[3] 在这 20 年间，青少年自杀率上升了两倍，14 岁以下被谋杀的儿童数量也增加了两倍。[4]

怀孕的少女越来越多，年纪也越来越小。从 1993 年开始，10~14 岁的少女怀孕生子的比例连续 5 年稳定增长，有些人将这称为“孩子生孩子”现象，少女意外怀孕以及同龄人施压要求发生性关系的比例也在持续增长。在过去 30 年间，青少年患性病的比例增加了两倍。[5]

这些数据已经够触目惊心了，但如果比起美国非裔青少年，尤其是内陆城市非裔青少年的情况，简直是小巫见大巫。非裔青少年的有关数据更惊人，比如，白人青少年吸食海洛因和可卡因的比例在 20 世纪 90 年代之前的 20 年间增长了大约 300%，而非裔青少年的这一数据是 13 倍。[6]

青少年问题最常见的原因是精神疾病。大约有 1/3 的青少年存在不同程度的抑郁症状，女孩在青春期患抑郁症的比例翻了一番。青春期少女患有饮食紊乱的比例更是达到了顶峰。[7]

最后，现在年轻人结婚并且维持长远、稳定婚姻关系的可能性越来越小。我们在第九章知道，在 20 世纪 70 年代和 80 年代，美国的离婚率大约是 50%，进入 20 世纪 90 年代之后，预计三对新婚夫妇当中有两对会以离婚收场。

情绪不适

就像在煤矿隧道中金丝鸟的死亡预示着缺氧一样，这些统计数据应当引起警惕。除了严峻的统计数据之外，当今青少年的困境还体现在更微妙的层面，即尚未演化为危机的日常问题。一项以全美 7~16 岁儿童为样本的研究也许是最有说服力的证据，直接反映了儿童情绪竞争力水平的降低。研究人员比较了美国儿童在 20 世纪 70 年代中期以及在 20 世纪 80 年代末期的情绪状况。[8] 根据父母和老师的评价，他们的情绪状况逐渐恶化。尽管不存在特别突出的问题，但所有指标都逐渐滑向不利的方向。总的来说，美国儿童在以下几个方面出现了退步。

- 退缩或社交问题：更喜欢独处、偷偷摸摸、经常生气、缺乏朝气、感到不快、过度依赖。
- 焦虑和抑郁：感到孤独、常常害怕和担忧、追求完美、感受不到爱、感到紧张或悲伤以及抑郁。
- 注意力或思维问题：无法集中注意力或安静地坐着、爱做白日梦、鲁莽行事、过于紧张、无法集中精力、学习成绩差、喜欢胡思乱想。
- 行为不端或好斗：和问题孩子一起厮混、说谎、经常打架、对人刻薄、喜欢引起他人的注意、破坏他人的财物、在家和学校不听话、固执、喜怒无常、说话太多、爱捉弄人、脾气暴躁。

这些问题单独来看不值得大惊小怪，但从整体来看它们代表了一个大的趋势，表明一种新的不良潮流正在渗透和毒害儿童，预示着他们的情绪竞争力存在很大的缺陷。情绪不适似乎是现代生活在儿童身上引发的通病。尽管美国人经常抱怨本国的问题与其他国家相比特别糟糕，但来自世界各地的研究表明，其他地方的情况和美国差不多。比如，20世纪80年代荷兰、中国和德国的老师及父母认为自己孩子存在的问题，其严重程度相当于美国儿童在1976年所体现出来的水平。在有些国家，儿童的处境比美国儿童还要糟糕，包括澳大利亚，法国和泰国，但这种情形不会长久持续下去。相对于很多发达国家，在美国，促使情绪竞争力不断下降的主要力量发展得越来越迅猛。[9]

没有哪个儿童可以免于情绪不适的风险。这无关贫富，情绪问题是普遍性的，所有民族、种族以及收入群体都是如此。尽管贫困儿童情绪技能的各项指标最糟糕，但是在过去几十年间，贫困儿童情绪技能恶化的程度与中产阶层或富裕家庭出身的儿童相当，所有群体的儿童都呈现出相同的情绪技能逐步下降的趋势。此外，接受心理辅导的儿童数量比以前增加了两倍（这也许是一个好迹象，说明心理辅导比以前更容易获得），情绪问题严重到需要接受心理治疗但没有接受治疗的儿童比例翻了一番（这是不好的迹象），从1976年的9%上升到1989年的18%。

康奈尔大学著名发展心理学家尤里·布朗芬布伦纳（Urie Brenfenbrenner）在全球范围内比较过儿童的幸福状况，他表示："由于缺乏良好的支持体系，外部压力越来越大，即使是强大的家庭也会土崩瓦解。紧张刺激、不稳定和不持续的日常家庭生活，已蔓延到社会的每一个角落，即使是受过良好教育的富裕人群也不能幸免。危险的是，我们的下一代，特别是男性，他们的成长过程笼罩在离婚、贫困和失业的阴云之下，他们对这些破坏力量难以招架。美国儿童和家庭的状况前所未有得糟糕……我们正在剥夺几百万儿童的竞争力和品德。"[10]

这并不是美国独有的现象，而是一种全球现象，全球范围内的竞争大大降低了劳动成本，所产生的经济力量给美国家庭带来了无穷的压力。现在的情况是，在受到经济问题困扰的家庭中，父母双方不得不长时间工作，把儿童独自留在家中，与电视为伴；越来越多的儿童在贫困的环境下成长；单亲家庭越来越普遍；越来越多的婴幼儿被留在管理不善的幼儿园，被人忽视。所有这些都意味着，亲子之间培养情绪竞争力的日常交流正在受到侵蚀。

如果家庭无法为孩子打下生活的坚实基础，那么我们应该怎么办？对特定问题的机理进行细致入微的分析之后，我们可以发现，情绪或社交竞争力的缺失为严重问题埋下了隐患，另一方面，目标清晰的矫正或预防方法可以使更多的儿童回到正轨。

控制好斗

> 我上小学时，学校里有个特别难缠的主儿叫杰米，当时我上一年级，他上四年级。他会偷走你的午餐钱，抢走你的自行车，在和你说话的时候还会冷不防打你。杰米是典型的校园“小霸王”，他很容易被惹怒，或者毫无来由就挑起争端。我们都很怕他，离他远远的。大家对他又恨又怕，没人愿意和他一起玩。不管他去哪里，他就像带了一个隐形保镖，玩耍的孩子通通自动给他让出一条道来。

杰米这种孩子肯定存在问题，孩子穷凶极恶的行为背后往往隐藏着情绪和其他方面的问题。杰米在16岁的时候因故意伤害罪而入狱。

童年期好斗对于个体一生的影响是什么？很多研究对此进行了深入探讨。[11] 我们已经知道，在好斗孩子的家庭生活中，父母通常不是忽视孩子，就是严厉而任意地惩罚孩子，因此不难理解，在这种家庭环境中成长的孩子往往会有点儿偏执或好斗。

不是所有易怒的孩子都会变成“小霸王”，有一些孩子会变得畏缩不前，与社会格格不入，对别人的戏弄很敏感，或者对他们眼中的困境或不公平现象反应过度。不过，这些孩子具有共同的认知缺陷，他们把别人的无心之失当成轻蔑，小题大做，认为同龄人对他们有恶意。因此，他们容易把自然行为看成威胁，比如他们会把纯粹无意的碰撞看成报复，进行还击。这样做的后果当然是其他孩子对他们避之则吉，他们被孤立了。愤怒、被孤立的孩子对不公正的现象和不公平的对待往往特别敏感。他们通常认为自己是受害者，而且一直记得别人“迫害”他们的证据，比如老师曾经批评过他们，其实是冤枉了他们。这种孩子还有一个特点，一旦怒火中烧，他们唯一的反应就是发泄。

在实验中，一个“小霸王”与另一个平和的孩子一起看录像，我们可以从中观察到“小霸王”的认知偏见在发生作用。有一个录像片段是一个男孩被别的男孩撞了一下，书掉落在地上，周围站着的孩子都在笑，被撞的男孩很生气，试图打其中一个嘲笑他的男孩。受测者看完这段录像之后进行讨论,“小霸王”通常认为录像中那个男孩是出于正义才动手打人。更有说服力的证据是，受测者在讨论的时候被要求评估录像当中的男孩的攻击性,“小霸王”认为撞人的男孩更加好斗，而被撞男孩发泄怒火是正义之举。[12]

急于批判的倾向证实了攻击性特别强的人身上存在着根深蒂固的认知偏见。他们总是假定他人怀有恶意或威胁，并据此做出反应，而没有注意到真实的状况。一旦他们认定存在威胁，就会急于采取行动。比如，好斗的男孩和另一个男孩下棋，如果对方走错了一步，他就会认定对方在使诈，而不会停下来想清楚对方是不是无心之失。好斗男孩假定对方是恶意而不是无辜的，因此他会自动产生敌意。对于恶意行为，伴随着反射性认知的是同样自动的攻击反应，他不是向对方指出错误，而是急于指责、叫嚷、打斗。他们越是这样，就越容易产生自动的攻击行为，与此同时，其他的替代反应，比如以礼相待、以玩笑化解问题等就越来越萎缩。

这种儿童情绪的脆弱性在于，他们很容易感到不安和不满，而且一旦出现不安，他们的思维就会发生混乱，因此他们会把善意行为当作敌对行为，转而依赖过度习得的习惯进行反击。[13]

这种对敌意的认知偏见在低年级孩子身上已经有迹可循。大多数孩子，尤其是男孩，在上幼儿园和一年级的时候都喜欢打打闹闹，但到了二年级，攻击性较强的孩子没有学会稍微收敛自己的行为。其他孩子开始学会用协商和妥协的方式解决玩耍时出现的争端，而校园“小霸王”却越来越依赖暴力和恐吓。他们为此付出了代价：很多孩子第一次和“小霸王”玩耍，在两三个小时之后就表示他们不喜欢“小霸王”。[14]

有研究对孩子从幼儿园到青少年期间的行为进行追踪，发现在一年级调皮捣蛋、无法与同伴相处、不服家长管教、爱对抗老师的孩子，其中有一半进入青春期后出现违法行为。[15] 当然，不是所有好斗的孩子日后都会走上暴力和犯罪的道路。但是整体而言，这些孩子日后暴力犯罪的可能性最大。

令人震惊的是，这些孩子很早就表现出犯罪的倾向。研究人员对蒙特利尔幼儿园孩子的敌意和捣蛋程度进行评估，孩子 5 岁时被认为非常捣蛋，与他们进入青春期之后出现违法行为有着很强的关联性，他们无缘无故殴打别人、偷东西、打斗时使用武器，以及酗酒的次数是其他孩子的三倍，而且这些都是发生在他们 14 岁之前。[16]

成年后走上暴力犯罪道路的孩子小时候通常攻击性很强，很难对付。[17] 通常来说，在小学低年级，他们难以控制自身冲动的部分原因在于学习成绩差，他们自己和别人都认为他们“笨”——这种判断由于他们被转到特殊教育班而得到了证实（尽管这些捣蛋鬼有“多动症”或学习障碍的概率较大，但肯定不是全部都这样）。孩子不仅在入学之前就在家里学会了“武力”方式，也就是恐吓的方式，而且还受到老师的否定，老师不得不花大量时间让他们循规蹈矩。这些孩子不能遵守课堂纪律，这意味着他们学习就是在浪费时间，他们的学习成绩不可避免地下降，通常在三年级的时候尤其明显。尽管有违法倾向的孩子智商往往低于同龄人，但容易冲动是一个更加直接的违法诱因。与智商的衡量指标相比，10 岁男孩的冲动性对他们日后违法行为的预测作用的准确性是前者的近三倍。[18]

到了四年级或五年级，这些孩子被认为是“小霸王”或“很难相处”，他们遭到同龄人的唾弃，很难甚至无法和别人交朋友，学习成绩很差。没有朋友，他们就会接近社会混混。在四年级和九年级之间，他们加入混混团伙，走上了违法道路：他们逃学、酗酒和吸毒的次数出现了 4 倍的增长，在七年级和八年级之间增长幅度最大。到了中学阶段，另一种“后来者”加入了他们的行列。这些后来加入的小混混往往在家完全不受管束，从上小学的时候就开始在街上独自闲逛。到了高中，小混混们通常都退学了，逐步滑向违法犯罪的边缘，参与商店偷窃和毒品交易等轻微的犯罪行为。

在此过程中，两性之间的差异非常显著。一项相关的研究发现，在四年级被认为是“坏学生”的女生，比如与老师发生冲突、违反纪律等，并未受到同龄人的排挤。在她们到了高中毕业的年龄时，40% 的人有了孩子。[19] 这一数据是她们所在学校女学生平均怀孕率的三倍。也就是说，反社会的少女并不会变得暴力，而是更容易成为少女妈妈。

当然，导致儿童暴力和犯罪的起因不止一个，还有很多其他因素。比如出生于高犯罪率的社区，儿童对犯罪和暴力耳濡目染；来自压力非常大的家庭，或者贫困家庭。但是没有哪一种因素必然导致儿童走上暴力犯罪的道路。如果其他条件保持不变，攻击性强的儿童的心理因素就会使他们暴力犯罪的可能性大大提高。心理学家杰拉尔德·帕特森（Gerald Patterson）对几百位男孩进入成年期初期的职业进行了研究，他表示："5岁孩子的反社会行为也许是青春期违法行为的原型。"[20]

"小霸王"的学校

几乎可以肯定的是，好斗儿童的心理倾向会使他们最后走上不归路。一项关于暴力犯罪的少年犯以及好斗高中生的研究发现了一种常见的思维定式：如果他们与别人出现矛盾，他们就会立即对对方产生抵触心理，不会寻求进一步的信息或者努力用和平的方式解决双方的分歧，而是断言对方对他们存有敌意。与此同时，他们从来不会想到暴力解决的负面后果——通常是争斗。他们认为自己的攻击心理是正当的，比如"如果你气得发疯，那么出手打人没有问题"，"如果你不去争斗，那么每个人都会认为你是懦夫"，或者"被暴打的人实际上没有那么痛苦"。[21]

不过，及时的帮助可以改变这种心态，防止儿童走上违法道路。目前有几个实验性项目已经取得了阶段性成功，可以帮助好斗儿童学习控制反社会心理倾向，防止产生更严重的问题。其中有一个设在杜克大学的项目，专门针对满腹怨恨、惹是生非的小学生进行培训，为期6~12周，每周两次，每次40分钟。这些男孩通过项目了解到，他们原以为是恶意的一些社会行为，实际上是中性或善意的。他们学会站在其他孩子的立场上了解别人怎么看待他们，以及其他孩子生气时在想什么、有什么感受。他们还通过模拟情景，例如别人故意戏弄他们、惹他们生气，直接学会了如何控制愤怒。控制愤怒的一个关键技巧是监控自身的情绪——意识到身体的感受，比如生气时会脸红或肌肉紧张，一旦对此有所察觉就加以控制，考虑下一步行为反应，而不是冲动地发泄出来。

杜克大学心理学家约翰·洛克曼（John Lochman）是该项目的设计者之一，他告诉我："他们讨论近期遇到的情景，比如在路上被人碰撞，当时他们认为别人是有意的。孩子们讨论他们会如何处理。比如有个孩子说，他会瞪着撞他的男孩，对他说下次注意点儿，然后走开。这样他不需要和人发生争斗就施加了控制，并维护了自尊。"

这很有吸引力。很多好斗儿童对自己容易发脾气感到不快，因此很乐意学习控制脾气。当然，在气头上的时候，保持头脑冷静的做法，比如走开或数 10 下，等冲动的劲头过去，并不是自动产生的。孩子们通过角色扮演，比如乘公共汽车时遭到其他孩子的嘲弄，练习采取不同的回应方式。他们可以尝试做出友善的回应，不仅维护自尊，而且在打架、哭泣或者羞愧逃跑之外，找到了替代方法。

在这些男孩接受训练三年之后，洛克曼对他们与其他同样好斗但没有接受愤怒控制训练的男孩进行了比较。他发现，进入青春期后，接受过训练的男孩在课堂上没有那么捣蛋了，对自己有更多积极的看法，酗酒或吸毒的可能性较小。而且参与项目的时间越长，他们进入青春期后的攻击性就越低。

预防抑郁

16 岁的丹娜一向很合群。但突然之间，她没办法与其他女孩相处了，而且更加烦恼的是，她怎么也无法抓住男朋友的心，尽管她和他们已经上过床。丹娜整天愁眉苦脸，萎靡不振，她对吃饭以及其他一切好玩的东西都失去了兴趣；她说感到既绝望又无助，她做什么也摆脱不了这种情绪，甚至想过自杀。

她最近一次与男朋友分手使她陷入了抑郁。她说除了发生性关系，她根本不知道该如何和男孩相处——尽管她对发生关系感到不舒服，而且她也不知道如果她对恋爱关系不满意，那么应该怎么分手。她说她和很多男孩上床，其实她真正的目的是更好地了解他们。

她刚刚转到一个新学校，对和学校里的女生交朋友感到害羞、不自在。她不愿意主动聊天，只有在别人和她说话时才会和人交谈。她无法让别人了解她是什么样的人，甚至不知道在“你好”之后应该说些什么。[22]

丹娜参与了哥伦比亚大学关于抑郁青少年的实验性项目，接受心理治疗。治疗的重点是帮助她学会更好地处理人际关系：如何建立友谊，和同龄人相处时如何更加自信，如何表达感情。从根本上说，这个项目是一些最基本情绪技能的补救性辅导。项目成功了，丹娜的抑郁症消失了。

人际关系问题是抑郁的一个起因，尤其多发于青少年。青少年与父母关系紧张，和青少年与同龄人关系紧张一样常见。抑郁青少年经常无法或不愿意谈论自己的悲伤。他们似乎无法准确地描述自己的感受，相反常常表现出郁郁寡欢、容易被激怒和不耐烦、偏执和愤怒——尤其是对他们的父母。这反过来使他们的父母很难为他们提供情绪支持和辅导，亲子之间的关系恶化，最后通常以不断的争吵和疏远告终。

我们从青少年抑郁的起因可以清楚地看到他们在情绪竞争力的两个领域存在缺陷：一是人际关系技巧，二是以催化抑郁的方式理解挫折。某些抑郁倾向几乎可以肯定源于先天的基因，而另一些倾向可能是由于可逆的悲观思维习惯，这种思维习惯使青少年倾向于以抑郁的方式回应生活中的小挫败，比如成绩不好、与父母吵架、受到排挤等。有证据表明，不管出于什么原因，抑郁的倾向在青少年当中越来越普遍。

现代性的代价：抑郁增多

正如20世纪是一个焦虑的时代，21世纪将是一个忧伤的时代。世界各地的数据表明抑郁已经成为一种现代流行病，随着世界范围内的现代化而扩散蔓延。20世纪以来，世界范围内每一个后继世代一生中遭受重度抑郁的风险都高于他们的父辈。重度抑郁不仅表现为忧郁，还表现为像全身麻痹一样的无精打采、垂头丧气和自我怜悯，以及无法逃避的绝望感。[23] 个体出现这些症状的年龄也越来越小。一度不被了解（至少未被辨认出来）的童年期抑郁，已经成为现代社会的特征。

尽管抑郁的可能性随着年龄的增长而增加，但最显著的变化出现在青少年群体。在很多国家，1955年以后出生的人，一生中患重度抑郁的可能性是祖父辈的三倍甚至更高。1905年之前出生的美国人，一生中患重度抑郁的比例只有1%；1955年以后出生的美国人，24岁的时候大约有6%的人患有抑郁症。1945—1954年出生的人，在34岁之前患上重度抑郁的概率是出生于1905—1914年的人的10倍。[24] 对于每一代人，第一次出现抑郁症状的平均年龄有越来越小的趋势。

一项调查对象超过3 900人的全球研究发现，相同的趋势也出现在波多黎各、加拿大、意大利、德国、法国、中国台湾、黎巴嫩以及新西兰等国家和地区。抑郁症增多的趋势在内战期间达到了顶峰。在德国，1914年之前出生的人，在35岁之前出现抑郁的比例是4%；而在1944年之前10年内出生的人，他们在35岁之前出现抑郁的比例是14%。从全球范围看，生活在政治动荡时期的世代有着较高的抑郁症比例，当然抑郁症整体上扬的趋势不会为任何政治事件所改变。

儿童首次出现抑郁症状的低龄化似乎也是一种全球现象。我向专家探求其中的原因，他们提出了几种不同的理论。

全美心理健康研究所所长弗雷德里克·古德温（Frederick Goodwin）认为："核心家庭[a]受到了可怕的侵蚀——离婚率翻番，父母与孩子相处时间减少，流动性增加等。你不再熟悉大家庭中的其他成员。失去了自我认同的基础，你就更容易患上抑郁。"

匹兹堡大学医学院精神病学家戴维·库普弗（David Kupfer）指出了另一种倾向："随着第二次世界大战后的工业化，从某种意义上说，每个人都失去了家园。有越来越多的家庭，父母在孩子成长期对他们的需求漠不关心。这虽然不是引发抑郁的直接原因，但它使人们更加脆弱。早期的情绪刺激会影响个体神经细胞的发育，几十年后很可能在你承受重大压力的时候引发抑郁。"

宾夕法尼亚大学心理学家马丁·塞利格曼表示："在最近30年或40年间，个人主义抬头，宗教信仰力量没落，同时来自社区和大家庭的支持也日趋减少。帮助个体对抗挫折和失败的精神支持消失了。如果你认为无法摆脱失败，夸大失败的破坏程度，就会很容易把暂时的挫败当成持续绝望的源头。不过假如你把视野放宽，比如信仰上帝和来生，在你丢掉一份工作时，你会认为这只是暂时的挫折。"

不管起因是什么，青少年抑郁都是一个严重的问题。在美国，对于青少年在特定年龄段患有抑郁的人数，各项研究数据的出入很大，但对青少年抑郁易感性的结论是一致的。一些流行病学的研究通过严格的标准（即权威机构对抑郁症状的诊断）发现10~13岁的孩子在一年内发生重度抑郁的比例高达8%~9%。有数据表明，在青春期，女

a. 核心家庭即由夫妻二人及其未婚孩子组成的家庭。——译者注

孩患有重度抑郁的比例接近翻番，在14~16岁，有16%的女孩患过抑郁，而男孩的数据则保持不变。[25]

青少年的抑郁过程

一项研究表明，儿童即使发生轻度抑郁，也会为将来更严重的抑郁埋下隐患。[26]这向我们敲响了警钟，儿童抑郁不仅要进行治疗，还要进行预防。该项研究挑战了原有的假定，即随着儿童的成长，童年期抑郁不会产生长期影响。当然，每个孩子都会时不时感到伤心，在童年期、青春期与成年期，总是会遇到偶尔的失望、或大或小的损失，因此会感到悲伤。这些时候我们不需要预防，只有在孩子的悲伤情绪陷入恶性循环，变得绝望、易怒和退缩，即严重忧郁的时候，我们才需要介入。

根据匹兹堡西方精神病研究所和临床诊所的心理学家玛丽亚·科瓦克斯（Maria Kovacs）收集的数据，在抑郁症严重到需要接受治疗的儿童当中，有3/4后来再次复发重度抑郁。[27]科瓦克斯对被诊断为抑郁症的儿童进行了研究，当时这些儿童只有8岁，其后每隔数年进行重新评估，直到他们24岁。

患有重度抑郁的儿童，其症状持续的平均时间大约为11个月，不过有1/6的儿童持续时间达18个月之久。一些儿童发生轻度抑郁的年龄可早至5岁，虽然情况不是很严重，但持续的时间很长——平均大约为4年。科瓦克斯还发现，轻度抑郁的儿童更容易患有重度抑郁，即所谓的双重抑郁。随着时间的推移，患有双重抑郁的人非常容易复发。曾经有过抑郁的儿童进入青春期和成年期初期之后，平均每三年就会发作一次抑郁症或躁郁障碍。

儿童付出的代价远远不只抑郁症本身的痛苦。科瓦克斯告诉我：

"孩子通过与同龄人相处学会社交技能。比如，如果你想得到某样东西却无法得到，那么你应该怎么办。你可以通过观察其他孩子如何处理这种情景，然后自己尝试。但是抑郁儿童在学校里往往是被忽视的人群，其他孩子很少和他们玩儿。"[28]

这些孩子因为忧郁或悲伤而不愿意主动进行社会交往，或者在别的孩子接近他们的时候把目光移开——这是一个断然拒绝的社交信号，结果是抑郁孩子最后在游戏场被大家排挤或忽视。他们人际交往的经验一片空白，无法从自由玩耍中获得经验，导致他们的社交和情绪技能发展缓慢，他们在抑郁症消除之后还有很多东西需要弥补。[29]在抑郁儿童和非抑郁儿童之间进行比较，我们会发现前者社交能力较差，朋友较少，作为玩伴不受欢迎，而且和其他孩子之间存在较多的人际关系问题。

抑郁儿童付出的代价还包括学习成绩差，抑郁症损害了他们的记忆力和注意力，他们很难在课堂上集中注意力，记住老师教的东西。对什么都没有兴趣的孩子，很难专心致志掌握难度很大的功课，更别提体验学习的"涌流"状态了。因此，在科瓦克斯的研究中，抑郁持续时间越长的孩子，他们的分数下降得越严重，成就测验成绩越差，所以他们更有可能在学校畏缩不前。实际上，儿童抑郁的时间与平均学分绩点有着直接联系，抑郁症发作时间越长，成绩下降就越严重。当然，孩子们在学习上苦苦挣扎，还会使抑郁症雪上加霜。用科瓦克斯的话来说："假如你已经抑郁，你的学习成绩日渐下滑，最后你会选择独自待在家里，不和其他孩子玩耍。"

思想的抑郁基因

和成年人一样，悲观地看待生活中的挫折，是抑郁儿童无助感和绝望感的来源。对于抑郁者的思维方式，我们早已有所了解。不过直到最近我们才知道，有忧郁倾向的儿童在出现抑郁之前就有了悲观的念头。这一发现表明，我们要抓住最佳时机，在儿童抑郁之前就为他们打预防抑郁的“疫苗”。

在儿童对于他们控制自身生活能力——比如改善生活的能力——的看法的研究中，研究人员要求儿童给自己打分，比如“在家里遇到问题，我帮助解决问题的能力比大多数孩子要强”“我努力学习就会取得好成绩”等。认为这些正面描述没有一条适用于自己的儿童往往觉得自己对改变局面无能为力，这种无助感在最抑郁的儿童当中表现得最强烈。[30]

一项很有说服力的研究考察了五年级和六年级学生接到成绩单后几天之内的情况。众所周知，成绩单是我们童年期兴高采烈或者绝望失意的一个主导因素。研究人员对成绩比预期差的学生如何自我评价进行了分析，结果发现把低分看作个人无能（“我很笨”）的学生，较之用可变因素解释低分（“如果我再努力一些，我的成绩就会更好”）的学生，前者的抑郁程度更加严重。[31]

研究人员在三年级、四年级和五年级学生当中把那些受到同学排挤的学生挑选出来，追踪观察他们在新学年加入新班级后是否继续受到排挤。研究发现，这些学生如何解释他们受到排挤的原因，似乎是他们是否变得抑郁的关键。认为自己受到排挤是由于个人原因的学生，抑郁程度会更加严重。而认为自己可以做出积极改变的乐观者，即使继续受到排挤也不会感到特别抑郁。[32] 众所周知，升入七年级是一个压力很大的转折时期，一项相关的研究表明，在学校激烈的竞争和家庭出现意外的压力之下，心态悲观的学生很容易陷入抑郁。[33]

一项对三年级学生为期 5 年的跟踪研究，为悲观心态容易导致儿童患上抑郁提供了最直接的证据。[34] 对于更小的孩子，他们是否会抑郁最强烈的预测信号是悲观的心态及重大打击的双重影响，比如父母离婚，或者家庭成员去世，孩子感到难过不安，而且父母无法为孩子提供足够的照料和安慰。在读小学时，面对生活中出现的好事或坏事，孩子在想法上出现了重大转变，越来越倾向于将其归结于自身特质，比如“我取得好成绩是因为我聪明”“我没有朋友是因为我很没意思”。这种想法的转变发生在三年级到五年级之间。在这种情况下，心态悲观的学生习惯把生活中的挫折归咎于自身的缺陷，他们陷入抑郁。更糟糕的是，抑郁体验本身很可能会强化他们的悲观想法，因此即使在抑郁消失之后，孩子也会留下情绪伤疤，抑郁导致的悲观想法挥之不去：比如学习成绩差，不受欢迎，而且无法逃避消沉的情绪。这些想法如果固定下来，那么将来很容易导致孩子抑郁症再次发作。

拦截抑郁

值得庆幸的是，种种迹象表明教导儿童用积极的心态看待困难可以降低他们发生抑郁的风险。[a]一项关于俄勒冈某高中的研究发现，大约 1/4 的学生患有心理学家所谓的“低度抑郁”，即还没有严重到超出一般不愉快的水平。[35] 有些学生可能处于抑郁症发生之前的几个星期或几个月。

在一个课外的特殊辅导班里，75 名轻度抑郁的学生学会了质疑抑

a. 和成年人不同的是，对于治疗抑郁儿童，药物是否能替代心理治疗或预防教育目前尚不清楚；儿童对药物的分解不用于成年人。三环抗抑郁药物能有效治疗成年人抑郁症，但是在对儿童的控制研究中，该药物无法证实比惰性的安慰药物更有效。包括百忧解在内的新型抗抑郁药物对儿童的应用还有待测试。去郁敏是适用于成年人最常见（以及安全）的三环抗抑郁药物之一，但截至目前，美国食品及药品管理局还在调查该药物是否会导致儿童死亡。

郁的思维模式，更善于交朋友，与父母相处更加友好，并且参与更多他们感兴趣的社交活动。在这个为期 8 周的项目结束时，55% 的学生从轻度抑郁当中复原，而在没有参与项目的学生当中，只有 1/4 同等程度抑郁的人摆脱抑郁。一年之后，对照组有 1/4 的学生发展成重度抑郁，而参与了抑郁预防项目的学生，这一比例只有 14%。尽管这个项目只有短短 8 堂课，但已经使患上重度抑郁的风险降低了一半。[36]

另外，类似的项目还有每周一次、为期 12 周的特殊课程，针对与父母不和并显示出某些抑郁迹象的 10~13 岁儿童。通过这种学校之外的特殊课程，孩子们学到一些基本的情绪技能，包括处理争端、三思而后行，也许最重要的是对伴随抑郁的悲观想法提出质疑——比如，在考试成绩不理想时，决心更努力学习，而不是想着“我就是不够聪明”。

该项目的设计者之一、心理学家马丁·塞利格曼指出：“孩子们从这个课程中学到，对于焦虑、悲伤和愤怒这些情绪，你不能放任自流，不加控制，而且你可以通过改变想法来改变自己的感受。”由于对抑郁想法提出质疑可以克服不断累积的消沉情绪，塞利格曼又表示：“这是一种立竿见影的强化剂，最终可以形成习惯。”

这些特殊课程同样降低了抑郁症一半的风险，而且这还是两年之后的效果。课程结束一年之后，只有 8% 的学生在抑郁测试中处于“中度至重度”水平，而对照组的儿童这一比例为 29%。课程结束两年之后，大约有 20% 参与课程的儿童显示出非常轻微的抑郁症状，而对照组的这一数字为 44%。

在青春期之初学习这些情绪技能尤其有用。塞利格曼指出：“这些孩子能够更好地处理青少年常见的被排挤的痛苦。他们在抑郁症容易诱发的关键时期，即青春期之初学会这些技能。课程的效果很持久，而且随着时间的推移逐渐增强，表明孩子们能把所学的东西应用于日常生活。”

其他研究童年期抑郁现象的专家也对这些创新项目表示了赞许。科瓦克斯表示：“如果你希望对抑郁症这样的精神疾病施加真正的作用，你首先必须在孩子们得病之前就采取行动，真正的解决办法是提前注射心理疫苗。”

饮食障碍

20 世纪 60 年代末，我在临床心理学系读研究生的时候，认识两个有饮食障碍的女性，不过我是在很多年之后才意识到这一点。其中一个是哈佛大学数学系的高才生，她是我读本科时认识的朋友；另一个是麻省理工学院的职工。那个数学家虽然瘦得皮包骨头，但她就是不想吃饭，她说食物让她反胃。另一个麻省理工学院的图书管理员，身材肥胖，对冰激凌、沙拉、胡萝卜蛋糕以及其他甜品毫无节制。她曾悄悄告诉我，她会偷偷跑到洗手间，设法把吃的东西吐出来。现在看来，数学家应该被诊断为神经性厌食症，而图书管理员则是贪食症。

当时还没有这些描述饮食障碍的词。临床医生刚刚开始提出这个问题，研究饮食障碍问题的先锋人物希尔德·布鲁克（Hilda Bruch）在 1969 年发表了关于饮食障碍的研讨会论文。[37] 布鲁克对女性挨饿致死的现象感到很困惑，她提出其中一个根本原因在于无法正确描述和回应身体的需要，也就是饥饿感。从此以后，关于饮食障碍的临床文献像雨后春笋般涌现，其中大多数旨在研究饮食障碍的起因，比如越来越多年轻的女孩被迫向无法达到的瘦身美容标准看齐，或者控制欲强的母亲有意让她们的女儿陷入内疚和羞愧的境地。

大多数论文的假设都存在一个巨大的漏洞：它们都是根据治疗期间对病人的观察外推得出的。从科学的角度看，更合理的研究应该是对大规模人群进行跨度为几年的研究，观察其中那些后来患上饮食障碍的人。这种研究可以进行清楚的对照，比如发现控制欲强的父母是否容易导致女儿患上饮食障碍；除此之外，还可以分清导致饮食障碍的诸多条件，从中辨别出这到底是饮食障碍的起因，还是没有饮食障碍的人和接受治疗的人身上都会出现的普遍情况。

按照这种方法，有研究人员对明尼阿波利斯高中超过 900 名七年级到十年级的女生进行了调查，发现情绪缺陷，尤其是无法辨别各种不同的负面情绪并加以控制，是导致饮食障碍的关键因素。[38] 在位于郊区的贵族学校明尼阿波利斯高中，即使到了十年级，也还有 61 名女生患有严重的厌食症或贪食症。症状越严重，这些女生就越容易消极地面对挫折、不安和轻度干扰，同时她们也越难以确切地意识到自身的情绪。这两种情绪倾向，再加上对自己的身体极度不满意，就会诱发厌食症或贪食症。研究发现，控制欲过强的父母不是饮食障碍的主导因素。（布鲁克提醒，基于后见之明的理论不可能准确，比如，父母对于女儿的饮食障碍很容易施加有力的控制，不顾一切地帮助女儿。）同样，一度流行的解释，比如性恐惧、青春期开始以及低自尊，都被认为是不相关的因素。

不过，这项研究揭示了年轻女孩成长于以不自然的瘦为美的社会，与她们发生饮食障碍有着松散的联系。早在进入青春期之前，女孩就自觉意识到了她们的体重问题。比如，只有 6 岁的小女孩，如果妈妈叫她去游泳，说她穿着泳衣显胖，小女孩就会大哭起来。这个故事是小女孩的儿科医生告诉我的，医生表示实际上小女孩的体重是正常的。[39] 不过，明尼阿波利斯高中的研究显示，认为胖就代表不时尚的狂热看法，本身就足以解释一些女孩出现饮食障碍的原因。

有些肥胖的人无法区分害怕、愤怒和饥饿感，他们把这些感受一概看成饥饿的信号，因此他们一旦出现情绪不安就会饮食过量。[40] 有饮食障碍的女孩似乎也是这样。从事该项研究的明尼苏达大学心理学家歌利亚·里昂（Gloria Leon）认为，这些女孩“无法意识到自身的感受和身体的信号，这是最有影响的单一预测变量，她们会在两年之内患上饮食障碍。大部分儿童学会区分不同的感觉，辨别自己是感到厌烦、愤怒、抑郁还是饥饿——这是情绪学习的基础部分，但这些女孩无法区分自己最基础的情绪。她们和男朋友之间出现问题，却不确定自己是愤怒、焦虑还是抑郁——她们只是体验到弥漫的情感风暴，却不知道该如何有效处理。她们通过进食使自己感到好受，这会成为根深蒂固的情绪习惯”。

这种舒缓情绪的习惯与女孩保持苗条的压力相互作用，为患上饮食障碍铺平了道路。里昂认为：“她在一开始毫无节制地进食，但为了保持苗条她会把东西吐出来或者吃泻药，或者通过剧烈运动减肥。另一种对付情绪困扰的途径是什么都不吃，通过这种方式，你会觉得至少你可以控制这些强烈的感受。”

薄弱的内在意识以及低下的社交技能共同作用，使得这些女孩在因朋友或父母问题而难过时，无法妥善处理人际关系或缓解负面情绪。她们的不安引发了饮食障碍，不管是贪食症还是厌食症，或者是单纯的饮食没有节制。里昂认为，对这些女孩的有效治疗必须包括向其提供她们自身所缺失的情绪技能，进行补救性辅导。里昂告诉我：“临床医生发现，如果这些缺陷能够弥补，治疗的效果就会更好。这些女孩需要学习识别自身情绪和舒缓情绪，以及更好地处理人际关系，而不是依赖病态的饮食习惯。”

唯有孤独：退学者

这是发生在小学的一幕：四年级学生本几乎没有什么朋友，他刚刚听他的一个死党杰森说，中午这段时间他们不能一起玩儿，因为杰森想和另一个男生乍得玩儿。受到打击的本埋头大哭起来。停止哭泣之后，他走到杰森和乍得共进午餐的桌子旁。

“我恨你！”本对杰森嚷道。

“为什么？”杰森问。

“因为你撒谎，”本控诉道，“你说过这个星期你会和我一起玩儿，你说话不算数。”

本大步回到自己的座位上，无声地哭着。杰森和乍得过去找他，想跟他说话，但本用手捂住耳朵，不理他们，最后本跑出餐厅，躲在学校的大垃圾桶背后。有一群女生看到这种情形，试图做和事佬，她们找到本，告诉他杰森愿意和他一起玩儿。但是本根本听不进去，只想一个人待着。他独自舔着自己的伤口，哭得很伤心，不希望别人打扰。[41]

大多数人在童年期或青春期都或多或少经历过被遗弃或者没有朋友的感受。不过本的反应最关键的一点是他没有回应杰森试图修复友情的努力，延长了本来可以结束的不快处境。无法抓住关键信号是这类不受欢迎孩子的典型特征。我们在第八章了解到，遭到排挤的儿童通常理解情绪和社交信号的能力很差，即使他们能理解，但由于经验有限，他们也不知如何回应。

遭到社会排挤的儿童退学的风险特别大。受到同龄人排挤的儿童，较之拥有朋友的儿童，前者的退学率是后者的2~8倍。比如，有研究发现大约25%在小学不受欢迎的儿童在高中毕业之前就退学了，而一般儿童的退学率是8%。[42]这并不奇怪，想象一下每个星期都要在没人喜欢你的地方待上30个小时是什么滋味。

两种情绪倾向导致儿童受到社会排挤。第一种我们已经有所了解，即把别人的无心之失看成敌意，大光其火。另一种是胆小、焦虑、害怕社交。除了气质方面的原因，还有一个原因是他们的“偏差”，他们的笨拙常常使人感到不舒服。

这些儿童“偏差”的一种方式体现为他们所发送的情绪信号。几乎没有朋友的小学生，与受欢迎的同学相比，在研究人员要求他们把厌恶或愤怒等情绪与展示一系列情绪的人脸进行配对的时候，前者的出错率要高于后者。幼儿园的小朋友在被研究人员问到怎样交朋友或者避免争斗时，那些不受欢迎的孩子给出的答案往往适得其反（比如两个孩子都想要同一个玩具怎么办?“打他。”），或者语焉不详地向成年人求助。研究人员要求青少年扮演悲伤、愤怒或调皮的角色，结果越是不受欢迎的人，表演就越糟糕。难怪这些孩子感到无助，无法顺利交到朋友，缺乏社交竞争力。他们没有学会用新方法交朋友，而是不断重复过去失败的老路，或者表现得更笨拙。[43]

说到喜欢或不喜欢的这种偶然现象，这些儿童没有达到关键的情绪标准：别人认为他们没有意思，而且他们不知道怎么让别人感觉自在。研究人员观察了不受欢迎的儿童在玩耍时的状态，发现他们比其他人更有可能作弊、生气，输了就不玩儿，赢了就炫耀。当然，大多数孩子都想赢——不过无论是赢还是输，大多数孩子都能克制自己的情绪反应，不至于破坏与玩伴的关系。

但对于“社交失聪”的儿童，他们在理解及回应情绪上一直存在问题，因此最后会成为被社会孤立的人，当然这不适用于暂时感到被排挤的儿童。对于被遗弃和一直被排挤的儿童，他们在整个求学期间永远也摆脱不了被放逐的可怕命运。在进入成年期以后，他们很有可能成为社会边缘人。儿童正是通过亲密的友情，在打打闹闹中锻炼社交和情绪技能，日后他们会把这种技能用于发展人际关系。而受排挤的儿童被剥夺了这种学习机会，无法避免出现缺失。

因此，受排挤的人表示有很多焦虑和担忧，同时感到抑郁和孤独。

实际上，孩子在三年级时受欢迎的程度，较之其他指标，比如老师和照料者的评价、学校表现以及智商，甚至心理测试的分数，可以更准确地预测孩子 18 岁时的心理健康状况。[44] 我们知道，没有朋友、长期孤单的人，日后患病和早死的可能性比普通人大得多。

精神分析学家哈里 · 斯达克 · 沙利文（Harry Stack Sullivan）指出，我们从同性的第一段亲密友谊中学会如何处理亲密关系，比如解决分歧和分享最深厚的感情。但是受到排挤的儿童在小学这一关键时期，拥有好朋友的机会只有同龄人的一半，因此他们失去了情绪发展最重要的机会之一。[45] 即使很多人都不愿意和你交朋友，拥有一个朋友也可以排解孤独（即使这段友谊不那么坚固也不要紧）。

友谊的辅导

尽管受排挤儿童有很多笨拙的地方，但他们还是有希望改变的。伊利诺伊大学心理学家史蒂芬 · 阿瑟（Steven Asher）为不受欢迎儿童设计了一系列“友谊辅导”的课程，取得了一些成效。[46] 阿瑟从三年级和四年级学生当中挑选出最不受欢迎的人，给他们辅导了 6 堂课，教他们如何通过“友善、有趣和有礼”的方式，“使游戏更有趣”。为了好听起见，研究者告诉孩子们他们所扮演的是教练的咨询师，教练想学习怎么使游戏变得更有趣。

阿瑟把受欢迎孩子的行为方式教给他们。比如，研究者鼓励他们在不同意游戏规则的时候提出替代建议，进行折中处理（而不是争斗）；玩耍的时候记得向其他孩子问问题；留意观察其他孩子怎么做；别人表现好要赞美；保持微笑，提供帮助、建议和鼓励。孩子们在和同学玩“挑棍子”游戏时运用这些基本的社交礼仪，并且在事后得到点评和辅导。这种传授相处之道的课程产生了非常显著的效果：本来最不受同学欢迎的儿童，在参加辅导一年之后，受欢迎程度在班级中一直处于中等水平。他们没有成为社交明星，但也没有受到社会排挤。

埃默里大学心理学家史蒂芬·诺维奇主持的项目也收到了相似的效果。[47] 他训练受到排挤的人正确理解和回应他人感受的能力。比如，研究者让孩子练习表达高兴和悲伤等感受，并把他们拍摄下来，以此提高他们的情绪表达能力。然后让这些孩子把学到的新技巧用于结交别的朋友。

这些项目据称在提高被排挤儿童的受欢迎程度方面有 50%~60% 的成功率。相对于高年级学生，这些项目（至少当前设计的）似乎对三年级和四年级学生的效果最好，对不擅长社交儿童的帮助要远远大于好斗的儿童。这其实是一种微调的过程，可喜的是大多数受排挤儿童经过基本的情绪辅导后，可以重新与人进行交往。

酗酒和吸毒：上瘾的自我疗法

本地学校的学生把滥饮啤酒、喝到不省人事的状态称为“喝到发黑”。其中一个方法是，用浇花塑料管的漏斗接口，一瓶啤酒可以在大约 10 秒之内灌进你的胃。这并不是什么特立独行的做法。有调查发现，2/5 的男大学生会一次性喝 7 瓶或以上的啤酒，而只有 11% 的人自称为“酒鬼”。当然，另一种说法是“酗酒者”。[48] 大约有 50% 的男大学生和将近 40% 的女大学生在一个月里至少酗酒两次。[49]

美国年轻人吸食大量毒品的现象在 20 世纪 80 年代总体趋于下降趋势，而过度饮酒的人却在稳步增长，而且年纪越来越小。1993 年的一项调查发现，35% 的女大学生表示她们曾喝醉过，而 1977 年这一数据只有 10%；总体来说，有 1/3 的学生喝醉过。酗酒还会带来其他危险：大学校园中发生的强奸案 90% 与喝酒有关，不是施暴者就是受害者在当时喝了酒。[50] 对于 15~24 岁的年轻人，喝酒导致的事故是他们的头号死因。[51]

尝试吸毒或喝酒似乎是青少年的一种成人礼，但对某些人来说，第一次尝试也许会留下持久的影响。大多数滥用酒精和毒品者在十几岁的时候就开始上瘾了，但在十几岁时尝试吸毒或喝酒的人最后成为瘾君子或酒鬼的是少数。高中毕业之后，有 90% 的人尝试过喝酒，但只有 14% 的人最后成为酒鬼；几百万美国人曾经吸食过可卡因，但只有不到 5% 的人成瘾。[52] 为什么会有这种差异？

当然，如果你住在高犯罪率的地区，毒品交易在街头随处可见，毒贩子是当地最有名的致富楷模，那么你滥用毒品的风险就非常大。有的是因为本身是小毒贩，最后吸毒成瘾，有的是因为容易获得毒品，或者同龄人以吸毒为荣——这个因素在任何地方都会提高吸毒的可能性，即使是（尤其是）最富裕的社区。但疑问仍然存在，身处充满诱惑和压力的环境的人，与尝试性吸毒的人相比，哪一种人将来最有可能发展成长期吸毒者呢？

当前有一种科学理论认为，越来越依赖酒精或毒品的成瘾者实际上是把酒精和毒品当成某种药物，用于缓解焦虑、愤怒或者抑郁。他们在最初尝试的时候，偶然发现这些东西会产生某种化学作用，使困扰他们的焦虑或忧伤情绪平静下来。在一项对几百名七年级和八年级学生进行的为期两年的跟踪研究中，表示情绪困扰水平较高的学生，后来滥用酒精或毒品的可能性最大。[53] 这也许可以解释很多年轻人尝试吸毒和喝酒，却没有成瘾，而有些人却在一开始就产生了依赖：这些容易成瘾的人可能发现毒品或酒精能够即时缓解困扰他们多年的情绪。

匹兹堡西方精神病研究所和临床诊所的心理学家拉夫·塔特（Lalph Tarter）指出："有成瘾生理倾向的人，第一次喝酒或吸毒会产生非常大的影响，其他人也许不会有这种体验。很多正在康复的戒毒者告诉我，'第一次吸毒的时候，我第一次觉得自己正常'。吸毒使他们的身体平静下来，至少短期内如此。"[54] 这正好是成瘾的险恶之处：短期的良好感受换来生命的逐步陨落。

某些情绪模式似乎会使人更有可能从某种特定的东西中找到情绪安慰。比如，酒精成瘾有两种情绪诱因。一种是对于童年期神经高度紧张和焦虑的人，他们通常在十几岁的时候发现酒精可以缓解焦虑。这些人往往是酗酒者的孩子，而且男孩居多，他们的父母用酒精来缓解紧张情绪。这种模式的一个生物特征是氨基丁酸（GABA）分泌不足。氨基丁酸的作用是调节焦虑的神经递质，氨基丁酸过少会导致高度紧张。有研究发现，父亲是酒鬼的人，其氨基丁酸水平很低，高度焦虑，他们在喝酒之后，氨基丁酸水平升高，焦虑减少。[55] 这些酒鬼的儿子用喝酒来缓解紧张情绪，酒精给他们带来的轻松感觉是其他东西比不上的。这种人还容易滥用镇静剂，以此达到缓解焦虑的效果。

有人对酒鬼的儿子进行了神经心理学方面的研究，发现这些人在12 岁的时候出现了应激时心率上升等焦虑和冲动的特征，并且发现他们前额叶功能失调，负责缓解焦虑或控制冲动的大脑区域没有像其他人那样发挥作用。[56] 同时由于前额叶还负责工作记忆，即储存各种不同行为的后果、用以决策的记忆，因此当他们发现酒精可以即时缓解焦虑时，前额叶的缺陷使他们容易忽视喝酒的长期弊端，最后成瘾。

渴望平静似乎是酗酒基因易感性的一个情绪特征。一项关于1 300 名酗酒者亲属的研究发现，在酗酒者的孩子中，长期高度焦虑的人本身成为酒鬼的可能性最大。研究者认为，酗酒对于这些人就如同"焦虑症的自我疗法"。[57]

酒精成瘾的第二种情绪诱因是高度的痛苦、冲动和厌烦。这种模式在婴儿期表现为情绪不宁、暴躁难缠，在小学表现为“多动症”，过度活跃，喜欢惹是生非，这种倾向使他们与社会边缘人交朋友，有时还会因此走上犯罪道路或者被诊断为“反社会人格障碍”。这种人（主要为男性）情绪容易激动，主要弱点是难以遏制冲动。他们常常感到厌烦，而他们对厌烦的通常反应是急于寻找冒险和刺激的东西。到了成年期，这种人发现酒精可以稳定情绪（可能与血清素和单胺氧化酶这两种神经递质缺少有关）。他们无法忍受无聊，所以随时想尝试任何东西，再加上他们本来就容易冲动，除了酒精之外，他们往往还会滥用毒品。[58]

抑郁让人买醉，但是在短暂的情绪缓解之后，酒精的新陈代谢效果常常会使人更加抑郁。人们用酒精缓解焦虑情绪的情况远远多于缓解抑郁情绪。毒品则可以缓解人们的抑郁情绪——至少暂时如此。长期忧郁的人更容易对可卡因上瘾，可卡因可以直接消除抑郁情绪。有研究发现，到医院治疗可卡因成瘾的病人超过一半在形成吸毒习惯之前就被诊断为严重抑郁，抑郁越严重，上瘾程度就越高。[59]

长期愤怒导致了另一种易感性。一项关于400名海洛因和其他阿片类成瘾的病人的研究发现，他们最显著的情绪模式是一直难以处理愤怒情绪，很容易暴怒。一些病人表示，吸食麻醉剂之后他们终于感到正常和放松了。[60]

尽管在很多情况下，滥用药品的倾向也许起源于大脑层面，个体的感受促使他们用酒精或毒品进行“自我治疗”，但匿名戒酒会和其他康复项目几十年来的经验证实，不依赖这些药物，个体也可以有效处理不良感受。如果我们掌握了处理这些感受的能力，比如缓解焦虑、消除抑郁、平息怒火等，我们就不需要借助毒品或酒精。成瘾者可以通过毒品和酒精滥用治疗项目学习基本的情绪技能，当然，如果我们在成瘾习惯形成之前就学会这些技能，那就更好了。

不再宣战：最后的常见预防途径

在过去10年间，我们开始对少女怀孕、退学、毒品以及最近的暴力现象“宣战”。这些举措的问题在于为时已晚，我们要与之斗争的问题在年轻人当中早已四处蔓延、根深蒂固。这种危机干预，等于派遣救护车进行救援，而不是在一开始的时候注射疫苗，预防疾病。我们不应该发动更多的“战争”，而应该尊重预防的逻辑，为我们的孩子提供应对生活的技能，让他们尽可能避免出现这些问题。[61]

我对情绪和社交缺陷的关注并不是对其他风险因素的否定，其他因素还应该包括成长于破碎、暴力或者混乱的家庭，或犯罪滋生、毒品泛滥的贫困社区等。贫穷本身会对儿童的情绪造成打击：与较为富裕的同龄人相比，贫困儿童在5岁时已经表现得更加害怕、焦虑和悲伤，并出现更多的经常发脾气、破坏东西等行为问题，这种趋势在他们十几岁的时候还会延续下去。贫困的压力还会影响家庭生活，父母的关怀往往表达得较少，母亲会更加抑郁（常常是单亲，而且失业），更依赖于严厉的惩罚手段，比如打骂和人身威胁。[62]

不过，情绪竞争力可以超越家庭和经济力量的影响——对于儿童或青少年适应与克服深受家庭和经济问题的困扰，情绪竞争力起着关键的作用。一项关于几百名出生在贫穷或暴力家庭，或父母患有严重精神疾病的儿童的长期研究发现，那些连最艰难的境况也能适应的儿童往往拥有关键的情绪技能，[63]包括有魅力的社交技能、自信、面对失败和挫折乐观坚韧、从不安情绪中迅速恢复，而且生性随和。

但是，大多数处于困境的儿童并不具备这些优势。当然，有很多能力是天生的，完全取决于基因，不过我们在第十四章了解到，即使是气质类型也能得到改善。当然，我们可以从政治经济层面着手干预，改变滋生这些问题的贫困环境和其他不良的社会土壤。除此之外，我们还可以大有作为，帮助儿童更好地克服这些问题。

以情绪紊乱为例，每两个美国人当中就有一个经历过情绪紊乱的痛苦。一项研究抽查了有样本代表性的 8 098 个美国人，发现有 48% 的人至少出现过一次精神问题。[64] 14% 情况最严重的人同时出现过三种或以上的精神问题。这批人的负面情绪最严重，60% 可能同时出现的精神失常问题，以及 90% 最严重、破坏性最大的问题都出现在他们身上。这些人需要立即进行治疗，但如果有可能的话，最好的方法就是及早预防这些问题。当然，不是所有的精神失常问题都可以预防，但有相当一部分是可以预防的。从事该项研究的密歇根大学社会学家罗纳德·科斯勒（Ronald Kessler）表示："我们要进行早期预防。举个例子，一个六年级的女学生有社交恐惧症，为了消除社交焦虑情绪，她从初中开始喝酒。到她将近 30 岁的时候，我们对她进行了研究，她还是感到害怕，既是酒鬼又是瘾君子，而且因为自己混乱不堪的生活郁郁寡欢。问题在于，我们在她小时候应该采取什么措施，以防止她滑向恶性循环？"

同样的道理也适用于退学、暴力以及当今青少年面临的大部分危险问题。预防吸毒、暴力等特定问题的教育项目在近 10 年层出不穷，甚至在教育领域创造了一个迷你产业。但很多项目，包括很多宣传最多、普及最广的项目，最终并没有取得什么效果。让教育者懊恼的是，有少数项目反而起到了反作用，使原本要控制的问题愈演愈烈，尤其是吸毒和青少年性行为。

了解信息还不够

儿童性侵犯的案例给了我们很好的启发。美国 1993 年大约报告了 20 万宗有关儿童性侵犯的重大案件，而且这一数字还在以每年 10% 的速度增加。尽管有关估计数字差异很大，但大多数专家一致认为有 20%~30% 的女童以及 10%~15% 的男童在 17 岁之前曾经遭受过某种形式的性侵犯（除了其他因素之外，这一比例取决于性侵犯的概念界定）。[65] 没有资料显示哪一种特定类型的儿童更容易遭到性侵犯，不过被侵犯儿童大多数感到没有安全感，无法自我抵抗，而且对自己所遭遇的事情麻木不仁。

很多正视儿童性侵犯风险的学校开始开设预防性侵犯的项目。大多数项目紧紧围绕着关于性侵犯的基本信息，比如教育学生了解“善意”和“恶意”抚摸的区别，对危险提高警惕，并且鼓励他们如果有不好的事情发生要告诉成年人。但是美国一项关于 2 000 名儿童的调查发现，这种基础训练在帮助防止儿童受到校园“小霸王”或潜在娈童者的伤害方面，只是聊胜于无，有些情况下甚至比没有更糟糕。[66] 只接受过这种基础项目训练的儿童，与那些完全没有参与过项目的儿童相比，如果遭到性侵犯，向他人诉说的可能性就只有后者的一半。

相反的是，如果儿童接受更加综合的辅导，包括相关的情绪和社交竞争力训练，那么他们将能够更好地保护自己免受伤害。比如他们会更懂得命令潜在施害者离开，大声喊叫或者还击，扬言要揭发他们，如果真的被施暴了，就会告诉成年人。最后这一点——报告性侵犯，可以起到非常显著的预防作用，很多娈童者会侵犯几百名儿童。一项关于四十多岁的娈童者的研究发现，他们从十几岁开始平均每个月性侵犯一名儿童。一份关于一位公共汽车司机和一位高中电脑教师的报告披露，他们每年侵犯了 300 名儿童，然而没有一位受害者报告性侵犯，他们的兽行被曝光是因为被老师侵犯过的一名男孩开始性侵犯他的妹妹。[67]

受过综合项目训练的儿童报告性侵犯的可能性是参与最低限度项

目的儿童的三倍。到底是什么因素在起作用？综合项目不是一次性课程，而是作为健康或性教育的一部分，多层面、多次数地开展，贯穿学生的整个校园生涯。除了学校教育之外，他们还要求学生的家长向学生传授有关知识（父母这样做能够最有效地防范孩子遭受性侵犯）。

除此之外，社交和情绪竞争力也可以起到一定的作用。儿童仅仅知道“善意”和“恶意”抚摸的区别还不够，他们需要足够的自我意识，即早在抚摸开始之前，就能够感觉到情况不对劲。他们不仅需要自我意识，还必须有足够的自信和果断，相信自己的感觉，并对负面情绪做出反应，即使面对成年人“没有问题”的保证也是如此。同时儿童还需要了解相应的知识，以防止危险发生，比如逃跑或者扬言要揭发对方。因此，成效较好的项目教导儿童勇于行动，敢于维护自己的权利，而不是被动接受，清楚人际关系的界限，并有能力防卫。

将性侵犯的基础信息与必要的情绪和社交技能训练相结合的项目最为有效。这些项目教育儿童更加积极地寻找方法解决人际关系冲突，更有自信，发生问题时不会自我责怪，并相信可以向老师和父母寻求支持。如果不好的事情发生了，那么他们更愿意告诉成年人。

积极的要素

根据对现实效果的评估，我们更加清楚地认识到效果最好的预防项目必须具备什么样的要素。一项由W. T. 格兰特基金会赞助、为期5年的项目对此进行了研究，从中提炼出预防项目取得成功的关键的积极要素。[68] 不管预防项目针对的是哪一种具体问题，都必须包括研究团队所总结出的关键技能（可参见情绪智力的要素，附录4有完整的内容）。[69]

情绪技能包括：自我意识；识别、表达以及管理感受；控制冲动和延迟满足；处理压力和焦虑。控制冲动的一个关键能力是了解感受和行动的区别，并学会更好地进行情绪决策，首先要控制行动的冲动，然后在行动之前识别其他替代行动及其后果。很多情绪竞争力属于人际关系方面：理解社会和情绪线索，聆听，消除负面影响，从他人的角度看待问题，并理解在特定情景下什么才是恰当的行为。

这些是情绪和社交技能的核心，同时能够对本章所讨论的大部分社会问题起到部分矫正作用。情绪技能所能预防的问题几乎无所不包，情绪和社交竞争力可以对少女意外怀孕或青少年自杀等问题起到相似的作用。

当然，引发这些社会问题的原因很复杂，生物基因、家庭关系、贫困以及街头文化等因素相互交织在一起，产生的影响也不尽相同。没有哪一种预防方法（包括以情绪为目标的方法）能够解决全部问题。不过我们已经知道情绪缺陷会给儿童带来很大的危害，我们必须关注情绪治疗，但不能把其他方法排除在外，而是要结合起来。下一个问题是，情绪教育到底是什么样的？

第十六章

情绪教育

国家主要的希望在于对青年的正确教育。

——伊拉斯谟

这群学生的点名方式很特别。15 个五年级学生围成一圈，盘腿坐在地板上。当老师念到学生的名字时，他们不是按惯例空洞地回答“到”，而是说出表示他们情绪高低的数字。1 表示情绪低落，10 表示情绪高涨。

今天学生的情绪很高：

“杰西卡。”

“10：我很开心，今天是星期五。”

“帕特里克。”

“9：兴奋，有点儿紧张。”

“妮可。”

“10：平静，快乐……”

这是努埃瓦小学“自我科学”的课堂。这所学校是由旧金山银行世家克罗克家族的豪宅改建而成的。现在，这幢酷似旧金山歌剧院迷你版的大厦，容纳了一所堪称情绪智力教育样板的私立学校。

自我科学课程教的是感受——在人际关系中爆发的自身和他人的感受。从本质上说，这个主题要求师生共同关注儿童的情绪构造，这是美国大多数学校课程一直以来所忽略的方面。自我科学的教学方法包括以儿童在生活中遇到的紧张和创伤性事件作为当天的主题。老师讲述生活中的真实问题——被忽视带来的伤害、妒忌，以及可能会升级为校园争斗的分歧。凯伦·斯通·麦科恩（Karen Stone McCown）既是自我科学课程的设计者，也是努埃瓦小学的创始人，她认为："不关心孩子感受的学习不能被称为学习。情绪教育与数学和语文一样重要。"[1]

自我教育是情绪教育的先驱，预示着情绪教育的理念正在美国得到推广。与情绪教育有关的课程名称有"社会发展""生活技能""社交与情绪学习"等。还有一些课程根据霍华德·加德纳的多元智力理论，使用"人际智力"这个术语。它们的共同点是致力于把提高儿童生活与情绪竞争力水平纳入常规教育——不是仅仅作为补救措施教给所谓的"问题儿童"，而是作为必不可少的技能和知识系统地传授给所有的儿童。

情绪素养课程的发起可以追溯到20世纪60年代的情感教育运动。当时的理念认为，对于心理和激励方面的课程，如果能够知行合一，学生的体会就会更加深刻。当然，情绪素养运动彻底改变了情绪教育的面貌，情绪素养不是用情感来教育，它教育的是情感本身。

很多类似课程及其推广直接源于以学校为依托、持续进行的预防项目，每个项目针对不同的问题，比如青少年吸烟、滥用毒品、早孕、退学以及最近出现的暴力趋势。我们在前面提到了W. T. 格兰特基金会对预防项目的研究，该研究发现，如果预防项目传授情绪与社交竞争力的核心技能，比如控制冲动、抑制愤怒，以及寻找创新方法解决社会问题，那么这些预防项目的效果将更加显著。根据这个原则，新一代的预防措施开始出现。

我们在第十五章了解到，特定的情绪与社交技能缺陷使攻击性和抑郁等问题更加严重，旨在解决此类问题的预防措施将对儿童起到有效的缓冲作用。但是这些用心良苦的预防措施基本上还停留在心理学家实验研究的层面。下一步我们要总结这些针对性极强的科学项目的经验，作为预防措施推广到所有学校和所有学生，由普通教师进行传授。

这种更成熟和有效的预防方法包括对艾滋病、毒品等社会问题的相关信息的了解，并在青少年开始面对这些问题的时候介入预防。不过这些项目不变的主题是情绪智力，也就是能对特定社会问题产生影响的核心竞争力。

学校引入情绪教育的新起点是以情绪和社会生活本身作为教育的主题，而不是把它们看成儿童生活中无关紧要但又无法抗拒的干扰因素，或者在儿童爆发情绪问题的时候，临时把他们带到辅导员或校长那里，试图用纪律手段解决情绪问题。

情绪课程本身乍看之下似乎平淡无奇，无法解决严重的社会问题。这主要是因为情绪课程和良好的家庭教育一样，在一定的年限内持续不断地传授给儿童，从小处着眼，但效果很显著。随着时间推移，情绪学习越来越深入：经验不断重复，大脑神经通道得到强化，形成神经习惯，在遭受强迫、沮丧、伤害时加以运用。日常的情绪素养课程看起来无足轻重，但结果——得体的行为——对我们未来的影响非常显著。

一堂合作课

我们不妨比较一下自我科学课与你记忆中的课堂有什么不同。

一群五年级学生在玩“合作方形”游戏，即共同合作把一系列方形拼图组合在一起。游戏的规则是，学生玩游戏的时候不准出声，也不许打手势。

祖安·瓦格老师把班级分成三个队，每队分到不同的桌子。有三位熟悉游戏的观察员拿着评估表对学生的表现进行评估，比如，团队中哪一位是领导者，哪一位是捣蛋鬼，哪一位是干扰者。

学生把方形拼图倒在桌子上，开始游戏。大约在一分钟之内，很明显可以看到其中一队合作特别高效，他们几分钟就完成了拼图。第二队的 4 个学生彼此独立拼图，尽管很努力，但一无所获。于是他们慢慢开始互相合作，首先共同拼好第一个方形，然后再继续合作拼第二个……直至完成拼图。

第三队仍然忙个不停，只有一个方形接近完成，但整体看起来并不像方形，而是像梯形。肖恩、费尔利和拉赫曼还没有找到其他两队的那种默契。他们很沮丧，手忙脚乱，胡乱抓起近似的拼图，放进部分成形的方形里面，但最后发现根本不合适。

拉赫曼把两块拼图放到双眼前面，就像戴了眼罩，紧张的气氛总算被打破了一点儿，他的同伴“咯咯”地笑了。这是当天课程的关键点。

瓦格老师给他们打气：“已经完成的同学可以向没有完成的同学提供特别提示。”

达根围着第三队溜达了一会，指着伸出方形的两块拼图说：“你们要把这两块移一移。”拉赫曼的脸突然抽动一下，他抓起这两块关键的拼图，把其中一块放在第一个方形里面，然后第二块也如法炮制。第三队终于把最后一块拼图放到最后一个方形里面，周围立刻响起了掌声。

争论点

游戏结束后，学生们接着讨论从团队合作中得到的经验教训，他们之间的交流更加热烈了。拉赫曼身材高大，一头浓密的黑发剪成了稍长的平头，而塔克是这一队的观察员，他们俩针对不许打手势的游戏规则进行了激烈的辩论。塔克有着一头金发，除了前额蓬乱的卷发，其余部分都梳得很整齐，他穿着一件宽大的蓝色T恤，上面印着“负责任”的警句，这多少强调了他的权威角色。

“你可以提供一块拼图——这不是打手势。”塔克争辩道。

“这就是打手势。”拉赫曼坚持，语气强硬。

瓦格老师注意到学生争论的声音越来越大，言辞也越来越激烈，于是来到他们的桌子前面。这是一个关键事件，是情绪激烈的自发交流。在这种时刻，已经获得的经验会发挥作用，新知识的学习也最有效。正如每一位优秀老师所了解的那样，在激情四射的时刻所运用的经验会长久地留在学生的记忆里。

“你们合作得很好，我不是批评你，塔克，你在表达观点的时候，语气不要这么强硬。”瓦格教育学生。

塔克的声音平静下来了，他对拉赫曼说：“你可以把拼图放到你认为合适的位置，把别人需要的拼图给他们，而不用打手势，直接给就行了。”

拉赫曼愤怒地回答：“你本来可以这样，”——他抓住自己的头发示范无辜的动作——“可你却说‘不许打手势’！”

显然，令拉赫曼生气的不仅仅是是否允许打手势的问题。他的眼睛一直盯着塔克填写的评估表，尽管没有明说，但正是那张评估表引发了塔克和拉赫曼之间的冲突。塔克把拉赫曼填在了评估表中“谁是干扰者”那一栏。

瓦格猜到拉赫曼是因为评估表而生气，他对塔克说：“他觉得你用贬义词形容他——干扰。你是什么意思？”

“我指的不是坏的干扰。”塔克平静地说。

拉赫曼不吃他这一套，但声音也平静下来了：“我觉得这话有点儿牵强。”

瓦格强调用积极的态度看待问题，“塔克的意思是，尽管你的行为看起来是干扰行为，但也可以是紧张时刻的一种放松。”

“可是，”拉赫曼抗议道，不过态度更加实事求是了，“‘干扰’的意思好像是所有人都在全神贯注，而我这样，”——他扮了一个鬼脸，瞪着双眼，鼓起脸颊——“这才是干扰。”

瓦格趁机进一步对他们进行情绪辅导，她告诉塔克：“如果他是为了帮忙，你就不能说他是恶意干扰，但是你描述的时候传递了不同的信息。拉赫曼需要你倾听和接受他的感受。拉赫曼的意思是，他认为自己被冠以‘干扰’的贬义词不公平。他不希望被人说成这样。”

然后她又对拉赫曼说：“我很欣赏你和塔克说话时的自信。你没有攻击对方，但是被贴上‘干扰’的标签让你不高兴。你用拼图遮住眼睛，看起来你只是很沮丧，希望放松一下。不过塔克认为这是干扰行为，是因为他没有理解你的意图。对吗？”

两个男孩都赞同地点头，这时其他学生把拼图都整理好了，这个课堂小插曲也到了尾声。瓦格问：“你感觉好点了吗？还是觉得难受？”

“嗯，我很好。”拉赫曼感到有人倾听和理解他的感受，他的声音柔和了很多。塔克也微笑着点头。他们俩注意到其他人已经离开，到别的教室上课了，他们一起冲出了教室。

事后诸葛：没有爆发的战争

一群新来的学生在找座位坐下，瓦格老师还在思索刚才发生的一幕。激烈争吵，然后又平静下来，正好让两个男孩学到了解决冲突的方法。用瓦格的话来说，就是“不进行沟通，随意猜测，急于下结论，这样你传递的信息很‘难懂’，人们不明白你要表达的意思”。

学生通过自我科学学到，关键不是完全避免冲突，而是在冲突升级为赤裸裸的争斗之前解决分歧和平息怨恨。塔克和拉赫曼在处理争执之前已经显示出早期获得的一些情绪经验。比如，他们俩在表达自己的观点时，都试图避免让冲突升级。努埃瓦小学从三年级就开始教给学生自信的态度（有别于好斗或顺从），它强调直率地表达感受，但不能升级为攻击行为。在争执之初，他们俩都没有注视对方，后来他们开始表现出“主动倾听”的迹象，面对面进行眼神交流，传递无声的信号，让说话者知道对方在听他讲话。

把情绪经验应用于实际生活，同时辅之以引导，对这些男孩而言，“自信”和“主动倾听”不仅仅是试卷里出现的空洞术语，而且在这些男孩最需要的时刻成为他们的反应方式。

处理情绪问题最大的困难在于，人们需要借助情绪技能时往往正是他们最没有能力接受新信息、学习新的回应方式的时候，即情绪不安时。在这种时候进行辅导非常有用。瓦格指出：“无论是成年人还是五年级学生，在情绪不稳定的时候，都需要一定的帮助才能保持清醒的自我意识。你的心在怦怦乱跳，双手冒汗，神经过敏，你努力听清对方的话，与此同时还要保持克制，不能尖叫、指责或故意拒不开口。”

对了解爱打爱闹的五年级学生的人来说，印象最深的莫过于塔克和拉赫曼在表达观点时都没有谩骂、中伤或者大吵大闹。他们没有让自己的情绪肆意发展为讲粗口或者动手打架，也没有突然离开教室，打断对方的辩论。本来有可能爆发的争斗反而成为他们领悟解决冲突的微妙之处的契机。如果在其他情况下他们也能如此行事，那么事情的发展将会完全不同，年轻人之间的斗殴甚至其他更糟糕的情况会越来越少。

今日的关注

在开设了自我科学课程的传统学校，学生的情绪指数并不总是像现在这么高。情绪指数低的时候——1、2或3表示感觉很糟糕，别人就会趁机提问："你想讲讲为什么心情不好吗？"如果学生愿意（没有人被迫谈论他们不想谈的事情），就可以公开讨论困扰他们的事情，并有机会思考解决问题的新方法。

不同年级学生遇到的问题大相径庭。低年级学生的问题通常是被嘲弄、被排挤、遭到恐吓等。六年级前后的学生出现了新的问题，比如没被邀请参加聚会或被排挤、感情为此受到伤害、朋友不成熟、年轻人的痛苦困境等（"高年级学生欺负我""我的朋友抽烟，他们总是引诱我抽烟"）。

这些对儿童生活影响很大的问题，通常只能在学校外面讨论，比如外出吃午饭时、去学校的公共汽车上、在朋友家里等。儿童通常把这些问题埋在心里，在深夜无人时翻来覆去地想，没有人可以倾诉。但在自我科学的课堂上，孩子们可以公开讨论这些问题。

每次讨论都会有助于自我科学课程目标的实现，也就是说启发儿童对自我以及与他人人际关系的认识。尽管课程制订了教学计划，但同时也会保持灵活性，比如利用拉赫曼和塔克的分歧及时进行引导。学生遇到的问题提供了活生生的例子，学生和老师都可以活学活用，比如前面两个男孩平息纷争所用到的解决冲突方法。

情绪智力ABC

已经应用将近20年的自我科学课程是情绪智力教育的典范。努埃瓦小学校长凯伦·斯通·麦科恩表示，他们的课程有时非常先进："比如我们向学生介绍有关愤怒的知识，我们让孩子们明白愤怒通常是第二反应，并找到愤怒的根源——你受到伤害了？妒忌了？孩子们认识到情绪回应的方式可以多种多样，你对于一种情绪的回应方式了解得越多，你的人生就会越丰富。"

自我科学的内容基本上与情绪智力的基本要素一一对应，同时还包含防止儿童受到伤害的预防措施所推荐的核心技能（详见附录5）。[2]自我科学的主题包括自我意识，识别和用语言描述感受；发现想法、感受和反应之间的联系；了解想法或感受是否主导决策；了解替代选择的后果；把这些知识应用于对吸毒、吸烟和性行为等问题的决策。自我意识还表现为识别自己的优点和缺点，用积极而现实的态度看待自己（以避免自尊心活动的常见陷阱）。

自我科学还强调情绪管理：认识到感受的起因（比如，伤害引发愤怒），并学习如何处理焦虑、愤怒和悲伤等情绪。此外，自我科学关注的是对决策和行动负责任，以及遵守诺言。

同理心是一种关键的社会技能，理解他人的感受，站在他人的角度，并尊重人们对事物的不同感受。人际关系是主要的焦点所在，包括学会倾听和恰当地提出问题，在别人的言行和自身对此的反应与判断之间进行区分；自信果断，但不愤怒或者消极；同时学会合作、解决冲突和协商妥协的技巧。

自我科学课程不对学生打分，人生本身就是一场期末考试。不过在八年级结束，学生即将离开努埃瓦小学升入中学的时候，每个学生都要接受苏格拉底式考试，即自我科学的口试。最近一次期末考试的一个问题是，有人要求你的朋友尝试毒品，或别人喜欢戏弄你的朋友，描述你如何帮助朋友摆脱上述困境。类似的问题还有“处理压力、愤怒和恐惧有哪些健康的方式”。

如果关注情绪技巧的亚里士多德活到今天，那么他会非常赞同。

老城区的情绪素养

怀疑主义者也许会问，自我科学这样的课程在条件没有那么优越的环境中是否行得通，换言之，是否只有在努埃瓦学校这样小型的私立学校才行得通。在努埃瓦小学，每个学生都具有某方面的天赋。那么，在需求最迫切、充满混乱的老城区公立学校，情绪竞争力能否行得通？我们可以到纽黑文的奥古斯塔·李维斯·特鲁普中学寻找答案。特鲁普中学不仅在地理上离努埃瓦小学非常遥远，而且在社会、经济方面与努埃瓦小学的差距也很大。

当然，特鲁普中学充满了同样的好学氛围，被誉为“特鲁普磁力学校”，并且是该地区仅有的两家指定学校之一，有权从全纽黑文选拔五年级到八年级学生到本校学习强化科学课程。特鲁普中学的学生通过圆盘式卫星电视和休斯敦的宇航员连线，向他们提出有关外太空的物理问题，或者编制程序，让电脑演奏音乐。尽管该校的学术环境很优越，但和很多城市一样，由于比不上纽黑文的郊区中学和私立学校，特鲁普中学的生源大约有 95% 是黑人和西班牙裔人。

特鲁普中学离耶鲁大学只有几个街区的距离，但俨然是冰火两重天。特鲁普中学位于衰落中的工人社区，在 20 世纪 50 年代有两万人受雇于附近的工厂，包括奥林炼铜厂和温彻斯特兵工厂等。现在这些工厂所提供的工作岗位已萎缩到3 000人以下，当地家庭的经济状况随之每况愈下。纽黑文和新英格兰州的很多工业城市一样，深陷贫困、毒品和暴力的泥潭。

为了解决纽黑文迫在眉睫的危机，20世纪80年代，一群耶鲁大学的心理学家和教育人士发起了“社交竞争力”项目，该项目课程的覆盖范围基本上与努埃瓦小学的自我科学课程一致。不过在特鲁普中学，项目话题与日常生活的联系通常更加直接和真实。在八年级的性教育课上，学生学习如何进行个人决策，避免感染艾滋病等疾病，这就不仅仅是一种学业练习了。纽黑文妇女感染艾滋病的比例在全美是最高的，特鲁普中学很多学生的母亲患有艾滋病，有些学生本身也染上了艾滋病。尽管开设了强化课程，但特鲁普中学的学生还是要和所有老城区问题进行斗争，很多学生的家庭环境非常混乱，甚至恐怖，他们有时候无法上学。

和纽黑文所有的学校一样，特鲁普中学迎接来访者最醒目的标志是一个常见的黄色钻石形交通标志，但上面写的是“无毒学校”。站在门口的是校监玛丽·埃伦·柯林斯，她是一位全方位的巡视官，负责处理学校出现的特殊问题，她的职责还包括帮助老师适应社交竞争力课程的要求。如果老师不知道怎么讲课，柯林斯就会亲自到课堂进行示范。

柯林斯对我说：“我在这所学校教了20年。看看这个社区，看看孩子们的生活，所以我不能只重视传授学业技能。我们学校的孩子要么本身患有艾滋病，要么家人患有艾滋病，想到他们的困境，我不敢肯定他们讨论艾滋病的时候愿不愿意说，不过只要孩子知道老师愿意听他们倾诉情感问题，而不限于学习问题，讨论的渠道就打通了。”

在教学楼三楼，乔伊斯·安德鲁斯正在给五年级学生上社交竞争力课，他们一周有三次这样的课程。安德鲁斯和所有五年级老师一样参加了暑假特别培训班，学习怎样教好这门课程，她对这门课充满了热情，很自然地与学生探讨社交竞争力的话题。

当天的内容是识别和准确陈述感受，更好地辨别各种不同的感受。这是一项关键的情绪技能。前一天晚上的作业是根据杂志上的人像图片，描述人脸所展现出的情绪，并解释如何判断这个人的感受。安德鲁斯收完作业之后，在白板上列出悲伤、担忧、兴奋、幸福等感受，与在座的 18 个学生展开快速问答。学生分别围坐在 4 张桌子旁，他们非常兴奋，把手举得高高的，急于引起老师的注意，好让他们回答问题。

安德鲁斯在白板上增加了“沮丧”，问道：“有多少人曾经感到沮丧？”每个人都举了手。

“你沮丧时的感觉是什么样的？”

回答此起彼伏：“疲劳。”“困惑。”“不能好好思考。”“焦虑。”

安德鲁斯又写上“激怒”，她说：“我知道有一种情形——老师在什么时候会被激怒？”

一个女生微笑着回答：“大家都在上课时说闲话的时候。”

安德鲁斯紧接着把打印材料分发给学生。上面有一栏是儿童的脸，每张脸表现 6 种基本情绪之中的一种，也就是高兴、悲伤、愤怒、惊讶、恐惧或厌恶，每种情绪下面描述了相应的面部肌肉活动。例如，恐惧：

· 嘴巴张大，向后收缩。

· 眼睛睁大，内眼角朝上。

· 眉毛挑起，拧在一起。

· 额头中间出现皱纹。[3]

学生看完材料之后，模仿图像，按照面部肌肉的指引做出每种表情，恐惧、愤怒、惊讶或厌恶的表情一一闪过他们的脸庞。这堂课直接来源于保罗·艾克曼（Paul Ekman）对面部表情的研究，艾克曼的表情研究通常见于大多数高校的入门心理学课程，出现在小学课堂极为罕见。把名称和感受，以及把感受和相应的面部表情联系在一起的基础课程看似简单，根本不需要教授，不过，它对常常缺失的情绪教育来说却是一个补救手段。不要忘了，校园“小霸王”常常大动肝火，原因在于他们把中性信息和表情误认为恶意，而患有饮食障碍的女孩无法区分愤怒、焦虑和饥饿感的差别。

形形色色的情绪教育

由于各种新的课题已经把课程表排得满满的，一些老师认为负担过重，不愿意花额外的时间从头开始准备一门新的课程。因此，情绪教育的新策略不在于开设一门新的课程，而在于把感受和人际关系课程与现有的一些课程结合起来。情绪课程可以与阅读和写作、健康、科学、社会研究以及其他标准课程有机结合起来。在纽黑文的学校，人生技能在某些年级是独立的课程，而在其他年级，社会发展课程与阅读或健康课程融为一体。有些课程，比如怎样防止分心、激励自我学习及管理冲动、认真学习等基本的学习技巧，甚至和数学课结合在一起。

有些情绪和社交技能项目根本就不是一门独立的课程，而是把有关内容渗透进校园生活的方方面面。这等于开设了一门无形的情绪和社交竞争力课程，其中的佼佼者是由心理学家埃里克·夏普斯（Eric Schaps）带领的研究团队所设计的儿童发展项目。该项目在加利福尼亚奥克兰发起，目前已推广到全美的很多学校，这些学校大多位于和纽黑文衰落工业区类似的问题社区。[4]

该项目提供整套提前打包好的教学材料，可以融入现有课程。比如，一年级学生在阅读课上学到了“青蛙和蛤蟆是朋友”的故事，故事当中，蛤蟆正在冬眠，但青蛙很想和蛤蟆一起玩儿，所以青蛙用一个小把戏让蛤蟆提早醒来。学生根据这个故事在课堂上讨论友谊，以及被人戏弄后，人们会有什么感受等问题。接下来还讨论了自我意识、了解朋友的需要、被戏弄的感受以及与朋友分享感受等话题。在儿童从小学升入初中后，固定的课程计划会提供越来越复杂的故事，为老师讲解同理心、观点采择和关怀等话题提供切入点。

情绪课程融入现有校园生活的另一种方式是帮助老师重新思考如何教导犯错误的学生。儿童发展项目认为，学生犯错的时候恰好是把他们所缺乏的技能传授给他们的良机，比如教会学生控制冲动、解释自身情绪以及解决冲突，而且引导比施压的方式更加有效。比如，老师看到三个一年级学生冲进餐厅，抢着排在队伍的第一位，这时老师可以建议学生猜一个数字，获胜者排在第一位。这种引导的即时效果是让学生认识到，他们可以用公平、公正的方式解决这种无关痛痒的争执，而更深层次的经验是争执可以通过协商来解决。从此以后，学生学会了在遇到类似争执的时候用这种方法解决问题（“我第一！”常常是低年级学生的通病，也可能出现在人生的很多时候，形式也许有所不同）。比起老师惯用的命令“停止！”，这种引导更为积极有效。

情绪时间表

“我的朋友爱丽丝和林恩不跟我玩儿了。”

西雅图约翰·缪尔小学的一个三年级女生伤心地写道。这位不知名的女生把字条投进班级“信箱”——其实是用厚纸板做成的小盒子。学生被鼓励写下他们的抱怨和问题，投进信箱，整个班级对这些问题进行讨论，并尽量提出解决办法。讨论不会提到当事人是谁，老师认为所有的孩子时不时都会遇到这些问题，他们都需要学习如何解决。学生讨论受到排挤的感受，或者怎么融入集体，与此同时他们还有机会尝试用新方法解决这些难题，这对认为“冲突是解决分歧的唯一途径”的观点是一种矫正。

信箱中出现的任何一种危机或问题都有可能成为课堂讨论的话题，因为话题如果过于刻板，就会与童年期丰富多彩的现实状况不协调。随着儿童的成长，课堂讨论的话题也会相应做出调整。为了收到最佳效果，情绪课程必须与儿童的成长挂钩，在不同的年龄段重复进行，同时还要适应儿童不断变化的理解能力以及实际问题。

第一个问题是应该从什么时候开始着手。有人认为应该在个体出生后的头几年。哈佛大学儿科医师 T. 贝里 · 布雷泽尔顿认为，根据一些家庭访问项目的经验，如果把家长培训成婴儿和幼儿的情绪导师，那么家长将会受益匪浅。有充分的证据表明，我们应当像“启智”这类学前项目一样，系统地关注儿童的社交和情绪技能。我们在第十二章谈到，儿童是否做好了学习的准备取决于基本情绪技能的掌握程度。幼儿园是学习基础技能的关键时期，有证据表明启智项目如果运用得当（重要的提醒），就将对幼儿的生活产生长期、有益的情绪和社交效果，甚至影响至成年期初期——他们较少吸毒、被捕，婚姻生活更美满、收入更高。[5]

这种干预措施如果与情绪发展的时间表相吻合，就可以发挥出最佳效果。[6]新生儿的哭声表明他们一出生就感受到紧张的情绪。不过新生儿的大脑还没有完全成形，第十五章谈到，只有在个体神经系统完成最后的发育——贯穿整个童年期以及青春期早期的逐步发育过程，儿童的情绪才会完全发育成熟。新生儿的感受系统非常原始，情绪范围无法与 5 岁儿童相提并论，当然，5 岁儿童与感受能力完全成熟的青少年相比又显得不足。成年人很容易陷入误区，期望儿童达到超出他们年龄的成熟程度，实际上每一种情绪的出现时间在儿童成长过程中都已经预先设定好了。比如，4 岁的小孩喜欢自吹自擂，常常被父母训斥，但是通常在 5 岁左右，小孩才会有谦虚的意识，懂得收敛。

情绪成长的时间表与个体的发展相互交织、相互促进，特别是在认知能力与大脑和生物成熟两个方面。我们知道，同理心和自我调节情绪等情绪能力大约从婴儿期开始确立。幼儿园时期“社会情绪”的成熟程度达到顶峰，比如不安全和谦虚、嫉妒和羡慕、骄傲和自信等感受，这些感受全都建立在对自我与他人进行比较的能力之上。5 岁的儿童开始进入学校这个更为广阔的社会世界，同时也进入了社会比较的世界。比较心理不光是由于外在环境的转变，还源于认知技能的出现，即在特定方面——比如受欢迎程度、吸引力或滑板天赋等——在自己与他人之间进行比较的能力。到了这种年龄，如果你有一个姐姐是全优生，那么作为妹妹，通过比较，你会开始觉得自己“很笨”。

卡内基基金会会长及精神病学家大卫·汉堡博士曾经对一些领先的情绪教育项目进行评估，他认为，进入小学以及进入中学的转折时期是儿童调节适应能力的两个关键节点。[7]汉堡表示，从 6 岁到 11 岁，“学校非常关键，儿童在学校的经历会对儿童的青春期以及其后的生活产生深刻的影响。儿童自我价值的感觉本质上取决于他们在学校的表现。在学校表现不好的儿童会产生挫败心理，使他们的前途一片黯淡。”汉堡指出，“延迟满足，以恰当的方式承担社会责任，对情绪保持克制，以及保持乐观情绪”——换言之，情绪智力——是儿童从学校获得的所有宝贵财富当中的一种。[8]

青春期是儿童生理、思维能力以及大脑功能发生急剧变化的时期，因此也是学习情绪和社交经验的关键时期。根据汉堡观察，在青春期,“大多数青少年接触性、酒精、毒品、香烟以及其他诱惑的年龄是10~15岁”。[9]

升入中学的转折阶段标志着童年期结束，这本身就是一个重大的情绪挑战。抛开其他问题不论，进入新学校之后，几乎所有学生都会出现自信心下降、自我意识膨胀的现象，他们对自身的认识出现了动摇和混乱。其中一个最大的冲击是“社会自尊”，即学生结交和维系朋友的自信心。汉堡指出，这个转折点对于青少年建立亲密的人际关系、化解友情危机以及培养自信心，将起到很重要的作用。

汉堡认为，进入中学阶段，即进入青春期之后，以前接受过情绪教育的学生出现了不同的情况，与同龄人相处时出现新的压力，学习要求越来越高，不过他们对吸烟和吸毒的诱惑则没有其他同龄人感受那么强烈。他们已经掌握了情绪能力，情绪能力至少在短期内可以帮助他们预防即将出现的混乱和压力。

时机就是一切

发展心理学家和其他研究者掌握了情绪成长的规律，他们可以更加具体地指出，在情绪智力发展的每个阶段，儿童应该学习哪些课程，如果儿童在指定时间内没有掌握正确的竞争力，那么这会对他们造成什么样的持续影响，以及什么样的补救性措施可以弥补这些缺陷。

比如在纽黑文项目中，低年级学生学习了自我意识、人际关系和决策等基础课程。一年级学生围坐在一起，滚动“感受立方”——每一面分别写着“悲伤”或“兴奋”等不同情绪。学生根据抽中的情绪词语，轮流描述他们曾经经历过的此类感受。通过这个练习，学生能够更准确地把感受和语言联系起来，同时听到别人和自己有相同的感受，同理心得到了培养。

到了四五年级，与同龄人的人际关系在学生心目中占据非常重要的地位，他们学到了帮助培养友情的课程：同理心、冲动控制以及愤怒管理。比如特鲁普的五年级学生从面部表情识别情绪的人生技能课程，这对培养同理心非常关键。对于冲动控制，“停车灯”的画报描述得非常清楚，总共分为6个步骤。

红灯 1. 停止，保持平静，三思而后行。

黄灯 2. 说出问题和你的感受。

3. 设定一个积极的目标。

4. 想出很多解决办法。

5. 预见后果。

绿灯 6. 继续，尝试最佳方案。

红灯通常在儿童因为别人的轻蔑而即将发火或恼怒，或由于被戏弄而大哭时亮起，儿童可以依照具体的步骤谨慎克制地应对这些沉重的时刻。除了感受管理之外，它还指明了更为有效的行动方式。防止感情用事，三思而后行，可以发展成为处理情绪冲动的习惯性方式，也是处理青春期和以后各种风险的基本策略。

在六年级，儿童开始面临性行为、吸毒或喝酒等行为的诱惑和压力，情绪课程就要与这些问题紧密相关。到了九年级，儿童面对更加复杂混乱的社会现实，就需要强调采取多重角度看问题的能力，包括自己和其他相关人群的角度。纽黑文的一位老师说：“假设一个男孩因为看到女朋友和别的男孩讲话就发疯，我们鼓励他从他们的角度进行思考，而不是贸然进行对抗。”

情绪素养的预防作用

有些最有效的情绪素养项目专门针对特定问题，最显著的是暴力问题。以预防为目的的情绪素养课程发展非常迅速，“化解冲突”项目是其中之一。该项目覆盖了几百家美国学校，课程的关注重点是如何平息校园争端，防止其升级为校园枪击惨剧。

化解冲突项目的创立者、曼哈顿全美化解冲突方法研究中心的负责人琳达·兰提尔瑞（Linda Lantieri）认为，巧妙化解冲突不仅仅是防止争斗这么简单。她指出：“该项目显示学生除了顺从或攻击之外，还有很多方法可以解决冲突。我们让学生认识到暴力没有价值，与此同时为他们提供具体的应对技巧以替代暴力。孩子们学会了维护自己的权益，而无须诉诸武力。这些是受用一生的技能，不仅仅对那些容易发生暴力冲突的人有帮助。”[10]

在一个练习中，学生要针对以前遇到的冲突想出一个有效的解决方法，不管作用大小。在另一个练习中，学生设定了一个情景，比如姐姐想做功课，妹妹大声播放饶舌音乐，姐姐对此感到非常厌烦。无可奈何之下，姐姐不顾妹妹的抗议关掉了录音机。学生通过头脑风暴的形式讨论如何解决这个问题，使两姐妹都能满意。

化解冲突项目成功的一个关键是将其从课堂扩展到学校游戏场和自助餐厅，这是学生特别容易产生矛盾的地方。为了达到目标，一些学生从小学高年级开始被训练成调解人。冲突发生时，学生可以向调解人寻求帮助。校园调解人要学会处理争斗、辱骂、威胁、种族事件以及其他潜在的煽动性校园事件。

调解人要学会不偏不倚地陈述主张。他们的策略包括和当事人坐下来，让他们彼此倾听对方的意见，不允许打断或侮辱对方。调解人让双方保持冷静，陈述己方立场，然后让双方解释自己的意见，确保双方互相理解。最后他们努力想出双方都可以接受的解决方案，通常以签署协议的形式解决分歧。

除了调解争执之外，该项目还教会学生从不同的角度看待分歧。安杰尔·佩雷斯在小学时被训练成调解人，他表示这个项目“改变了我的思考方式。我以前会这么想，如果有人故意刁难我，如果有人对我做了不好的事情，唯一的方法就是还击，以牙还牙。自从我参加了这个项目，我学会用更积极的方式来思考问题。如果有人对我做了不好的事情，那么我不会对他做同样不好的事情——我会努力解决问题”。他还在当地社区努力推广这种方法。

尽管化解冲突项目的重点是预防暴力，但兰提尔瑞认为项目的使命远不只这些。她认为，防止暴力的技能不能与情绪竞争力的其他方面割裂开来，比如了解自身感受或处理冲动或悲伤情绪，对于预防暴力的作用与管理愤怒一样重要。很多培训项目涉及情绪的基本要素，比如识别并准确描述不同的感受，以及同理心等。对于项目的评估效果，兰提尔瑞指出，除了争斗、谩骂和诽谤的减少，“孩子们之间的关爱”也更多了，她对此非常骄傲。

一群心理学家想方设法帮助存在犯罪和暴力倾向的青少年，类似的情绪素养大融合的现象也出现了。第十五章谈到，我们从有关研究中可以清楚地发现他们大多数人的发展轨迹，从入学之初容易冲动和发怒开始，然后在小学后期受到集体的忽视和排挤，到中学阶段和臭味相投的人混在一起，开始胡作非为。到成年期早期，这些男孩很多留有案底，随时可能出现暴力行为。

寻求干预措施，帮助这些男孩远离暴力和犯罪的道路，在此过程中，我们又一次看到了情绪素养项目的作用。[11] 由华盛顿大学卡罗尔·库施（Carol Kusche）以及马克·格林伯格发起的替代思维开发策略（Promoting Alternative Thinking Strategies, PATHS）课程就是其中之一。尽管处于暴力和犯罪边缘的青少年是最需要这些课程的人群，但为了避免大众用有色眼镜看待这个亚群体，这个课程覆盖学校的所有学生。

这些课程对所有儿童都有用。课程包括在学习生涯初期学习控制冲动，如果缺乏这种能力，儿童就难以集中精力学习，导致成绩落后。同时还包括识别自身感受，替代思维开发策略课程对不同的情绪总共安排了 50 节课，向最年幼的儿童传授快乐和愤怒等最基本的情绪，然后再涉及嫉妒、骄傲和内疚等更为复杂的感受。情绪意识课程包括如何监测自身及他人的感受，对于攻击性强的儿童，最重要的是如何识别对方是真的有敌意，还是自己误解了对方。

当然，愤怒管理是最重要的课程之一。关于愤怒（以及其他情绪），儿童学到的基本认识是“感受没有对错之分”，但有些行为反应是恰当的，有些是不恰当的。自控的方法与纽黑文项目的“停车灯”练习一样。项目还有专门的单元帮助儿童发展友谊，受排挤儿童为了进行对抗，往往会走上违法犯罪的道路。

反思教育：人性的教学，关怀的社区

越来越多的儿童无法从家庭生活中获得足够的资源，从而在社会站稳脚跟，因此学校成为矫正儿童情绪和社交竞争力缺陷的希望所在。尽管很多社会机构已经或将近崩溃，但学校并不能完全取代所有社会机构。不过，由于几乎每个儿童都会上学（至少开始的时候如此），学校可以教会儿童其他地方所难以提供的人生基本课程。情绪素养对学校提出了更高更多的要求，要求学校弥补不幸家庭的疏漏，教育儿童完成社会化的过程。这项艰巨的任务要求两大改变：一是老师要超越传统的教学使命，二是当地人士要更多地关心学校事务。

是否在名义上开设了情绪素养课程并不重要，重要的是如何将这些课程传授给儿童。也许没有哪一个科目对老师资质的要求如此之高，因为老师如何进行教学本身就起到了示范的作用，也就是情绪竞争力的现实教材。老师对一个学生做出回应，其余二三十个学生都在学习。

不是所有人的气质都适合情绪教学，所以老师必须自发地对课程产生兴趣。首先，老师必须不介意谈论感受，不是所有的老师都对此感到自在或者希望这样做。老师所受到的标准教育很少或没有涉及这种素质。因此，情绪素养项目通常需要对有潜质教授情绪课程的老师进行为期数周的特殊培训。

尽管很多老师在一开始不愿意触及与常规大相径庭的课题，但有证据表明，一旦他们愿意尝试，大多数人会感到满意而不是反感。在纽黑文的学校，老师首先了解到他们要接受情绪素养课程的教学培训，有 31% 的人表示他们不愿意尝试。但在教了一年情绪课程之后，超过 90% 的人表示对课程感到满意，并希望在下一年继续教。

扩大学校的使命

除了师资培训之外，情绪素养还使我们对学校本身的使命有了新的认识，学校应当更加明确地承担起社会代理人的角色，确保儿童掌握至关重要的人生课程——这其实是教育传统角色的回归。除了具体的课程之外，我们还需要利用课堂内外的各种机会，帮助儿童把个人的危急时刻转变为学习情绪竞争力的契机。如果学校课程与儿童的家庭生活协调一致，效果就会更好。很多情绪素养项目包括特殊的父母培训班，把孩子们学到的东西同时也教给父母，这不仅与课堂内容互为补充，还可以对父母进行指导，帮助他们更有效地处理孩子的情绪生活。

这样儿童在生活的方方面面都获得了一致的情绪竞争力信息。社交竞争力项目的主管蒂姆·施赖弗（Tim Shriver）表示，在纽黑文的学校，“如果孩子们在自助餐厅发生争执，他们就会被送到年龄相仿的调解人面前。调解人和他们一起坐下来，运用在课堂上学到的观点采择方法解决冲突。教导员用这种技巧解决发生在游戏场上的冲突。我们对父母进行培训，要求他们在家里用同样的方法对待孩子”。

课堂或游戏场，学校或家里，情绪经验并行不悖、相辅相成，这样能够达到最佳的效果。这就要求我们把学校、家长和社区更加紧密地联系在一起。儿童在情绪素养课程中学到的东西不会被遗留在学校，而是在人生的现实挑战中得到检验、实践以及磨砺。

对情绪素养的关注使学校对自身的角色进行重新定位，这也体现在建立“温暖大家庭”式的校园文化，学生在学校感受到被尊重、被关怀，与同学、老师及学校本身紧密相连。[12] 比如像纽黑文这样的地区，破碎家庭的比例很高，有很多项目在当地招募好心人与来自不幸家庭的学生进行接触，在纽黑文的学校，有责任感的成年志愿者充当学生导师，定期陪伴缺少家庭照顾和关爱的学生。

简而言之，最理想的情绪素养项目是尽早开始，按照不同的年龄层次因材施教，贯穿整个学习生涯，同时学校、家庭和社区要一起努力。

尽管情绪素养非常切合现有学校体系的需要，但这些项目对任何课程安排而言都是很大的转变。如果你认为在学校推广这些项目不会遇到任何阻力，那就真是太幼稚了。很多父母可能会认为情绪的话题过于私密，不适合在学校谈论，这些事情最好留给父母完成（如果父母真的发起这种话题，这个观点就多多少少有点儿说服力，但如果父母无法做到这一点，就没有说服力）。老师也许不愿意把有限的课堂时间用于这些与学业基本毫无关系的话题，一些老师也许会对这些话题感到不自在，难以进行教学，而且所有的老师都必须接受特殊训练才能完成这个任务。一些孩子也会抗拒，尤其是这些课程与他们实际的关注点不一致，或者认为自己的隐私受到侵犯。既要保持高质量，又要确保教育机构不能兜售不当的情绪竞争力项目，重蹈有关毒品或少女早孕等拙劣课程的覆辙，这是一个两难的处境。

既然如此，我们为什么还要做呢?

情绪素养有用吗

这是所有老师的噩梦。有一天，蒂姆·施赖弗打开当地的报纸，看到他以前最喜欢的一个学生拉蒙特在纽黑文街头中了 9 枪，情况危殆。施赖弗回忆道："拉蒙特是学校的学生领袖，个头很高——189 厘米，是一个很受欢迎的橄榄球中后卫，总是笑眯眯的。那时候拉蒙特很喜欢参加我主持的领导力俱乐部，我们用所谓的 SOCS 模型随意讨论各种问题。"

SOCS 模型是情景（Situation）、选择（Option）、后果（Consequences）、对策（Solution）的缩写，分为三个步骤。首先，描述所处情景，以及你对此的感受；其次，思考解决问题的各种方案及其后果；最后，选择并实施其中一个方案——这其实是停车灯方法的成人版。施赖弗又说，拉蒙特很喜欢头脑风暴，通过发挥想象力寻找潜在有效的方法解决高中生活中的各种困境，比如与女朋友之间的问题，如何避免争斗等。

不过他学到的这些东西在高中毕业之后就失效了。拉蒙特在充满贫穷、毒品和枪支的街头四处游荡，26 岁的他躺在医院病床上，身上缠满了绷带。施赖弗匆匆赶到医院，发现拉蒙特几乎已经无法说话了，他的母亲和女朋友围着他。拉蒙特看到他以前的老师，示意他来到床边。施赖弗弯下腰来，听到拉蒙特虚弱的声音："施赖弗，我好了之后，我要用 SOCS 方法。"

拉蒙特在山屋高中就读的时候，那里还没有开设社会发展课程。如果他能够像现在纽黑文公立学校的儿童那样，受益于学校的情绪教育，那么他的生活会不会完全不同呢？很有可能会这样，但没有人能够百分之百地肯定。

用蒂姆·施赖弗的话来说，"有一样东西是清楚的：在社会环境下解决问题，实验室不应局限于课堂，还应该包括餐厅、街头和家里"。不妨听听纽黑文项目老师的现身说法。有一位老师说起他以前的一个学生，这个学生现在还是单身，而且表示"如果不是在社会发展课上学会保护自己的权益"，那么她现在肯定会成为未婚妈妈。[13] 还有老师讲到有个学生与妈妈的关系非常糟糕，她们每次谈话到了最后总是在比谁的嗓门更大。在这个女生学会保持冷静、思考先于行动之后，她妈妈告诉老师，她们母女谈话再也不会歇斯底里了。在特鲁普学校，一个六年级学生给社会发展课的老师递了一张纸条，纸条上写着她最好的朋友怀孕了，不知道该怎么办，也不知道该跟谁说，她的好朋友准备自杀——但她知道老师会关心此事。

我在纽黑文的学校旁听七年级的社会发展课，老师问学生："有谁能告诉我，最近是怎么采取措施妥善处理分歧的？"

一个体形丰满的 12 岁女生马上举手："有个女生本来是我的朋友，但有人说她想打我。他们告诉我，放学后她想堵住我。"

但是她没有怒气冲冲地与那个女生发生冲突，而是运用在课堂学到的方法——下结论之前先搞清楚事情的状况："所以我去找那个女生，问她为什么要说那样的话。她说她从来没有说过这样的话，最后什么事儿都没有发生。"

这个故事听起来无关痛痒。不过要知道，讲这个故事的女生以前曾经因为打架被勒令退学，所以才转到现在这个学校。如果是在过去，那么她首先会攻击，然后再质问，甚至连问也不问。用积极的方法对待看似敌对的行为，而不是冲动地发生冲突，对她而言是一个真正的胜利。

也许最能说明情绪素养课程效果的是这所学校的校长告诉我的研究数据。他们学校有一条严格规定：学生打架一律停学。但自从该校近年逐步引入情绪素养课程之后，该校停学率逐年下降。该校长说："去年我们有 106 个学生被停学，但今年到三月为止，只有 26 个学生被停学。"

这些是实实在在的成效。除了师生们讲述的动人故事，情绪素养课程对学生的真正效果还需要经验主义的检验。研究数据表明，尽管课程不会在一夜之间改变学生的行为，但随着学生年复一年地接受情绪教育，学校的风气以及学生的情绪竞争力水平都得到了明显的改善。

我们可以选择最客观的评估标准，比较接受情绪课程的学生和没有接受情绪课程的学生，由独立的观察员对他们的行为进行打分；另一个方法是依据客观的测量标准，考察同一批学生在接受情绪课程前后的行为变化，比如校园打架事件或停学率。把这些评估结果综合起来，我们可以发现，情绪课程对儿童情绪和社交竞争力有诸多益处，无论是对儿童在课堂内外的行为表现，还是对他们的学习能力（详见附录 6）。

情绪的自我意识

· 识别和描述自身情绪的能力得到提高。

· 能更好地理解感受产生的原因。

· 了解感受和行为的区别。

管理情绪

· 对挫折的承受能力及控制愤怒的能力更强。

· 挖苦、打架及课堂捣乱现象减少。

· 停学和开除现象减少。

· 攻击或自毁行为减少。

· 对自身、学校和家庭的态度更积极。

· 更善于处理压力。

· 孤独感和社交焦虑减少。

有效调节情绪

· 责任感更强。

· 能更好地关注当前任务和集中注意力。

· 更少冲动，更多自制。

· 成就测验分数提高。

同理心：理解情绪

· 更会从他人的角度考虑问题。

· 更有同理心，对他人的感受更敏感。

· 更善于倾听。

处理人际关系

· 分析和理解人际关系的能力增强。

· 更好地解决冲突和协商分歧。

· 更好地解决人际关系的问题。

· 人际沟通更有自信、更有技巧。

· 更受人欢迎和外向，友善，与同龄人打成一片。

· 乐于助人。

· 更加关怀和体贴。

· 更加“亲社会”，团结和谐。

· 更善于分享、合作及提供帮助。

· 对他人更加民主。

这份列表中有一个项目需要特别注意：情绪素养项目改善了儿童的学习成绩和学校表现。这不是孤立的发现，而是反复得到相关研究的证实。有很多儿童无法处理不安情绪，无法倾听或集中注意力，无法控制冲动，没有责任感或不在乎学习成绩，一切可以提高这些技能的东西都能对儿童的教育起到作用。因此，情绪素养提高了学校的教学能力。即使是在“回归基本”和预算削减的时代，我们也有理由相信情绪素养项目可以扭转教育衰退的趋势，提高学校完成主要使命的能力，因此非常值得投资。

除了教育方面的优势，情绪课程还可以帮助儿童胜任人生中的各种角色，成为更好的朋友、学生、儿女等，在未来则会成为更好的丈夫和妻子，员工和老板，父母和公民。尽管每个儿童掌握情绪技能的程度不尽相同，但整个社会都会因此而受益。用蒂姆·施赖弗的话来说，“水涨船高，不仅是问题儿童，而是所有儿童都可以分享情绪技能的益处。情绪技能是人生的疫苗”。

性格、道德和民主的艺术

情绪智力所代表的诸多技能可以用一个传统的词语来形容：性格。乔治·华盛顿大学社会理论家阿米泰·埃齐奥尼（Amitai Etzioni）提出，性格是“道德制约所需要的心理肌肉”。[14] 哲学家约翰·杜威（John Dewey）认为，通过真实事件而不仅仅是抽象课程教导儿童，这样的道德教育最有影响力，这也是情绪素养的模式。[15]

如果说性格发展是民主社会的基础，那么我们不妨看看情绪智力夯实这一基础的一些途径。性格的根基是自律，亚里士多德以来的哲学家认为，道德生活的基础是自控。性格的一个基础是能够激励和自我指导，无论是做作业、完成工作还是早上起床。我们已经知道，延迟满足、控制和引导冲动的能力是一项基本的情绪技能，我们以前将其称为“意志”。托马斯·李柯纳（Thomas Lickona）在性格教育的论著中写道：“我们要进行自控——我们的欲望和我们的激情，这样才能正确地行事。理性控制情绪需要意志。”[16]

抛开以自我为中心，抛开冲动，这对整个社会都有好处：它为同理心、聆听、观点采择开辟了道路。我们知道，同理心引发关怀、利他行为以及同情心。从他人角度考虑问题可以打破偏见和成见，培养对差异的宽容和接受。在越来越多元化的社会，我们更需要这些能力，使人们在相处中相互尊重，为有效的公共话语创造可能性。这些是民主的基本艺术。[17]

埃齐奥尼指出，学校在性格培养方面扮演中心角色，通过自律和同理心教育，使公民意识和道德价值得到真正的实践。[18]为了实现这个目标，我们不仅要把这些价值教给儿童，还要让儿童在建立关键情绪和社交技能的时候实践这些价值。因此，情绪素养与教育共同对性格、道德发展和公民意识产生影响。

最后的话

在本书即将收尾之际，报纸上有些令人不安的报道映入我的眼帘。有篇报道宣称，枪击已经超过车祸成为美国人的头号死因。第二篇报道说去年谋杀案件增加了 3%。[19]尤其令人不安的是，犯罪学家在这篇报道里预测，我们正处于下个 10 年“犯罪风暴”即将来临前的宁静。他的理由是 14~15 岁青少年谋杀案件处于上升势头，这一年龄群体代表了迷你婴儿潮的顶峰。在下一个 10 年，这个群体达到 18~24 岁，这一年龄阶段是暴力犯罪的顶峰。先兆已经出现了：第三篇报道说美国司法部的数据显示，1988—1992 年 4 年间，罪名为谋杀、暴力伤害、抢劫以及暴力强奸的青少年犯罪增加了 68%，单是暴力伤害案件就增加了 80%。[20]

目前这代青少年是可以轻易获得枪支和自动武器的第一代，就像他们的父母是广泛接触到毒品的第一代一样。青少年携带枪支意味着，以往争吵很容易导致拳打脚踢，而现在却会轻易演变为枪击。正如另一位专家指出的那样，这些青少年“不擅长避免争执”。

当然，青少年不擅长避免争执的一个原因是，我们的社会没有教会他们处理愤怒或积极解决冲突的关键技能，也没有教会他们同理心、冲动控制，以及其他情绪竞争力的基础知识。如果任凭他们随机获得情绪经验，我们就会白白错失大脑缓慢成熟提供的良机，无法帮助他们培养健康的情绪经验。

尽管一些教育家对情绪素养抱有很大的兴趣，但有关课程还是很罕见，大多数老师、校长及家长甚至不知道这些课程的存在。最好的情绪教育模式存在于美国少数私立学校和几百所公立学校，基本处在教育的主流之外。当然，没有哪一种项目，包括情绪项目，可以解决所有问题。鉴于我们自己和下一代所面对的危机，以及情绪素养课程的重大价值，我们扪心自问：难道我们不应该把最重要的人生技能传授给每一个儿童——现在不是比以前更迫切吗？

此时不教，更待何时？

附录 1
什么是情绪

关于“情绪”的确切含义，心理学家和哲学家已经辩论了一百多年。根据《牛津英语词典》的解释,“情绪”的字面意思是“心理、感受、激情的激动或骚动，任何激烈或兴奋的精神状态”。我认为，“情绪”意指情感及其独特的思想、心理和生理状态，以及一系列行动的倾向。人类有几百种情绪，此外还有很多混合、变种、突变以及具有细微差异的“近亲”。情绪的微妙之处已经大大超越了人类语言能够形容的范围。

研究人员一直在争论到底哪些情绪属于基本情绪，甚至到底是否存在基本情绪。基本情绪即情感的蓝、红、黄三原色，以此为基础可混合成千变万化的情绪。一些学者提出了基本情绪的几大家族，不过还没有得到所有人的认同。主要的情绪家族及部分家庭成员如下。

· 愤怒：狂怒、暴怒、怨恨、激怒、恼怒、义愤、气愤、刻薄、生气、易怒、敌意等，最极端的表现为病态的仇恨和暴力。
· 悲伤：忧伤、歉疚、沉闷、阴郁、忧愁、自怜、寂寞、沮丧、绝望等，病态表现为严重抑郁。

- 恐惧：焦虑、忧虑、焦躁、担忧、惊恐、疑虑、警惕、疑惧、急躁、畏惧、惊骇、恐怖等，病态表现为恐惧症和恐慌。
- 喜悦：幸福、欢乐、欣慰、满意、极乐、快乐、可笑、自豪、感官愉悦、兴奋、欣喜、享受、满足、欣快、癫狂、狂喜等，极端表现为躁狂症。
- 喜爱：认同、友爱、信任、仁慈、亲和、热切、倾慕、迷恋、圣爱。
- 惊讶：震惊、惊奇、奇妙、惊叹。
- 厌恶：轻蔑、鄙视、蔑视、憎恶、嫌恶、讨厌、反感。
- 羞耻：内疚、尴尬、懊恼、悔恨、羞辱、后悔、屈辱、悔改。

诚然，这份情绪清单不能解决情绪分类的全部问题。比如，嫉妒是一种复杂情绪，由愤怒演变而来，还掺杂了悲伤和恐惧。此外，希望和信仰、勇气和宽恕、信奉和镇静等美好品质，还有怀疑、自满、懒惰、麻木、厌倦等邪恶习性，又应该如何归类呢？目前我们对此还没有明确的答案，关于情绪分类的科学辩论仍在继续。

加利福尼亚大学旧金山分校心理学家保罗·艾克曼的发现在一定程度上证实了，人类的确存在少数几种核心情绪。艾克曼指出，人类 4 种基本情绪（恐惧、愤怒、悲伤、喜悦）所对应的特定面部表情，为世界各地不同的文化所公认，包括没有文字、尚未受到电影或电视污染的人群，这说明情绪具有普遍性。艾克曼向世界各地的人群展示面部表情达到技术精确程度的人像，甚至包括新几内亚高地的福瑞人，该部落与世隔绝，仍处于石器时代。他发现所有文化均能识别相同的基本情绪。也许最早意识到面部情绪表情普遍性的是达尔文，他认为情绪普遍性是生物进化的证据，正是进化的力量把表情符号刻入我们的神经中枢系统。

在基本原则上，我遵循艾克曼和其他学者以情绪家族或维度为出发点的研究方法，把主要情绪家族——愤怒、悲伤、恐惧、喜悦、喜爱、羞耻等，作为探究人类情绪生活无穷变幻的切入点。每个情绪家族都有一种核心的基本情绪，以此为中心像涟漪一样向外衍生出无穷的情绪。核心情绪的外围是心情。严格来说，和情绪相比，心情比较无声无息，但持续时间更长（比如我们一般不会整天都怒气冲冲，但很有可能一整天心情不好、暴躁易怒，这种情况下我们很容易突然发火）。心情之外是气质，即令人忧伤、胆怯或欢乐，激发某种特定情绪或心情的预备状态，也可以看成是情绪的倾向。气质之外是彻底的情绪障碍，比如临床性抑郁或持续焦虑，个体一直处于有害的情绪状态而难以自拔。

附录 2
情绪心理的特征

直到最近几年，科学家才提出了情绪心理的科学模式，表明我们的很多行为是由情绪驱动的，我们在某个时刻会非常理性，而在下一刻又会变得很不理智，并且情绪也有其自身的理性和逻辑。现有的两种最好的情绪心理评估方法，分别是由加利福尼亚大学旧金山分校人类互动实验室主任保罗·艾克曼，以及马萨诸塞大学临床心理学家西摩·爱泼斯坦（Seymour Epstein）独立开发的。[1] 尽管艾克曼和爱泼斯坦对不同的科学证据赋予不同的权重，但他们共同提出了情绪的基本特征，把情绪与人类其他精神状态区分开来。[2]

迅猛而草率的反应

情绪心理可以促使人们即时做出行动，无须停下来思考应该做什么，因此情绪心理比理性心理的反应迅速很多。情绪心理的快速排除了精确、缜密的反应——这恰好是理性心理的特征。在进化过程中，快速通常只适用于最基本的决策，比如需要注意什么目标；一旦遇到其他动物，立即引起警觉，在瞬间做出决定——我可以吃它还是它会吃我？如果个体的心理机制暂停时间太长，无法及时得出答案并做出反应，他们就不可能产生很多后代，从而遗传他们反应较慢的基因。

情绪心理所引发的行动有着特别强烈的确定感，这是高效、简化地看待事物的产物，但对理性心理来说，这些事物绝对令人困惑。尘埃落定之后，甚至在反应中途，我们会思考："我这样做是为什么？"这说明理性心理在此刻苏醒，但速度没有情绪心理那么快。

由于情绪的触动与爆发基本上同步进行，因此评估认知的心理机制必须在大脑意义上的瞬间快速运转，即在毫秒之间做出反应。对行动必要性的评估需要自动产生，速度之快根本不会进入意识层面。[3]情绪反应快速而粗糙，几乎在我们了解事情状况之前就控制了我们。

这种认知模式的快速是以牺牲精确反应为代价的，只依赖于第一印象，对整体或最震撼的方面做出反应。它在一瞬间把事物当成一个整体来接收，来不及深入分析就做出了反应。鲜明的要素决定了整体的印象，它们的作用超过了对细节的认真评估。这种模式最大的好处是情绪心理可以立即理解情绪状况（他生我气了、她在说谎、他很伤心），产生直觉判断，告诉我们应该警惕谁、信任谁，谁受到困扰等。情绪心理是为我们探测危险的雷达，如果我们（或处于进化过程的祖先）等到理性心理做出判断才去反应，那么我们不仅可能出错，还可能死亡。情绪心理的弊端是，由于这些印象和直觉判断是在很短时间内做出的，也许会出现错误或误导。

保罗·艾克曼认为，情绪在我们充分意识到之前就控制了我们，情绪心理的快速对情绪的高度适应性至关重要。情绪驱动我们对紧急事件做出反应，无须浪费时间思考是否采取行动或如何回应。艾克曼研究出根据面部表情的微妙变化探测情绪的系统，通过这种系统，他可以探测从脸上快速掠过、时间不足半秒的“微情绪”（micro-emotion）。艾克曼及其研究伙伴发现，在触发事件发生后的几毫秒之内，情绪就开始通过面部肌肉组织的变化体现出来，而特定情绪带来的典型的生理变化，比如血液分流和心跳加速，同样只需要几毫秒的时间。强烈的情绪，比如对突然出现的威胁的恐惧，尤其会引发迅猛的情绪反应。

艾克曼提出，严格来说，情绪处于完全升温状态的时间很短促，只会持续几秒而不是几分钟、几个小时或几天。他的推理是，如果无视环境出现的变化，一种情绪长时间控制大脑和身体就会产生适应不良的后果。如果由单一事件引发的情绪在事件过去之后仍然继续控制我们，而不管我们周围发生的其他事情，那么我们的感受就会误导行为。如果情绪持续较长时间，这就意味着触发情绪的因素一直存在，因此持续引发情绪，就像我们丧失了挚爱的人会一直感到哀痛一样。如果感受持续数个小时，通常就会表现为心情——沉默的情绪形式。心情确立情感的基调，但它对我们的认知和行为的塑造作用不像情绪完全升温时那么强烈。

情感第一，思想第二

与情绪心理相比，理性心理需要较长的时间进行记录和回应，一种情绪状况中的“第一冲动”源于心灵，而不是大脑。我们还有第二种情绪反应，比快速反应稍慢，在触发感受之前首先在我们的思维中酝酿和孕育。触发情绪的第二条通道更精密，我们通常可以意识到引发情绪的思想。这种情绪反应包含进一步的评估，我们的想法，即认知，在决定唤起什么情绪方面扮演关键角色。一旦我们做出评估——“那个出租车司机在骗我”或“这宝宝真可爱”，恰当的情绪反应就会随之而来。在这种较慢的情绪反应过程中，全面清晰的想法先于感受。更加复杂的情绪，比如尴尬或对即将来临的考试感到焦虑，通常会经由这条较慢的反应通道，需要几秒或几分钟才会表露出来——这些是由想法产生的情绪。

与此相反的是，在第一条较快速的情绪反应通道，感受似乎先于想法，或者与之同步。在原始生存的紧急状况下，快速的情绪反应处于主导地位。快速决策的作用在于，它们驱动我们立即对紧急状态做出反应。我们最强烈的感受是不由自主的反应，我们无法决定什么时候情绪会突然爆发。司汤达曾经写道："爱情就像发烧一样，来去全不由意志控制。"不仅是爱情，压倒我们的愤怒和恐惧同样如此，它们突然降临到我们身上，由不得我们选择。因此艾克曼指出"事实是我们无法选择我们会产生什么样的情绪"，人们可以解释说他们一时情绪失控，为他们的行为开脱。[4]

触发情绪的通道有快有慢，一个通过即时认知，另一个通过反省思考，而且情绪还可以酝酿出来。比如有意操控自己的感受——演员的惯用手段，为了达到效果故意努力回忆悲伤的往事，眼泪自然就流出来了。当然，演员有意识利用情绪的第二通道、用思考激发情感的本领比普通人高超得多。尽管我们无法轻易改变某种想法将触发哪一种特定情绪，但我们通常可以（实际上也是如此）选择想什么。和性幻想激发性感受一样，快乐的记忆可以使我们高兴起来，悲观的想法使我们不停地沉思。

但是，理性心理通常不能决定我们"应该"产生什么样的情绪。相反，我们的情绪常常是作为一种既成事实发生在我们身上。理性心理通常可以控制的是情绪反应的过程。除了极少数的例外，我们无法决定在什么时候发狂、悲伤等。

象征性和孩子气

情绪心理的逻辑是联想性的，情绪的发生需要某种象征现实的因素，或者触发某种与这种现实相同的情绪记忆。这就是暗喻、明喻和图像直接作用于情绪心理的原因，小说、电影、诗词、歌曲、戏剧、歌剧等艺术也是如此。伟大的精神导师，比如佛陀和基督，用情感的语言进行演讲，用比喻、寓言、典故进行教导，触动了广大门徒的心灵。事实上，宗教符号和仪式很少从理性出发，而是用心灵的语言表达出来。

关于心灵的逻辑，即情绪心理的逻辑，弗洛伊德曾经在其“初级过程”概念当中进行精辟的描述。情绪心理的逻辑是宗教和诗歌、精神病人和儿童、梦幻和神话的逻辑（用约瑟夫·坎贝尔的话来说，即“梦想是私人的神话，神话是共同的梦想”）。初级过程是解开类似詹姆斯·乔伊斯的《尤利西斯》这种著作含义的钥匙。在“初级过程”思维中，松散的联系决定叙述的流向，一个物体象征另一个物体，一种感受替换并代表另一种感受，整体浓缩成部分。原因与结果没有时间之分，也没有规则可言。事实上，初级过程没有“不”这回事，一切皆有可能。精神分析方法从某种意义上说属于破解和阐明代替物含义的艺术。

如果情绪心理遵循这种逻辑和规则，用一种因素代表另一种因素，那么我们就不需要用事物的客观特征对其进行定义，重要的是它们是如何被认知的，事物等同于它们所呈现的外表。某种事物引起我们的回忆，这可能比这个事物本身更加重要。在情绪世界，特征就像一张全息图像，一个单独的部分可以触动整体。正如西摩·爱泼斯坦指出的那样，尽管理性心理在原因和结果之间建立逻辑关系，但情绪心理是任意的，它把仅仅有着明显相似特质的事物联系起来。[5]

情绪心理的孩子气表现在很多方面，孩子气越严重，情绪就越强烈。其中一种表现是分类思考，所有东西非黑即白，没有灰色的中间地带。一个为自己失言感到羞愧的人会立即产生这样的想法："我总是说错话。"孩子气模式的另一个标志是个人化思考，以个人为中心，带着偏见认知事物，比如司机在发生事故之后会辩解："电线杆突然出现在我面前。"

这种孩子气的模式是自我确认，抑制或忽视可能破坏信念的记忆或事实，而抓住支撑信念的证据。理性心理的信念是暂时的，新的证据可以驳斥某种信念，并用新的信念取而代之——理性心理根据客观证据进行推理。但情绪心理认为信念是绝对真理，因此低估任何反面的证据。这就是我们很难对情绪不安的人讲道理的原因：不管你的论据从逻辑角度看多么合情合理，如果与个人当前的情绪信念不相协调，那么逻辑论据就没有任何分量。情感是自我辩白的，带有完全从自身出发的认知和"证据"。

过去影响现在

如果一个事件的某些特质与充满情绪印记的过往记忆有几分相似之处，作为回应，情绪心理就会触发伴随着记忆事件的感受。情绪心理像过去那样，在当前做出相同的反应。[6]问题在于，我们可能没有意识到过去的情况现在已经不复存在，尤其是在评估迅速自动产生的时候。一个人在童年遭受毒打，由此他也许学会对怒目而视表现出强烈的恐惧和厌恶，到他成年之后，他仍然会在某种程度上做出类似的反应，尽管别人的怒目而视并不存在童年的那种威胁。

如果感受非常强烈，那么由感受触发的反应也会非常明显。但如果感受很模糊或微妙，那么我们也许不会意识到我们做出了情绪反应，尽管这种情绪很微妙地影响了我们当前的行为反应。此时的想法和反应会染上彼时的想法和反应的色彩，尽管此时的反应看起来完全是出于此时的环境。我们的情绪心理会出于自身目的对理性心理加以控制，因此我们会为自身的感受和反应做出解释，即合理化，用当前的状况进行辩解，而没有意识到情绪记忆的影响。因此，我们也许不知道实际上在发生什么事情，尽管我们很确定地认为我们完全了解正在发生的状况。在这种时候，情绪心理“夹带”了理性心理，为己所用。

与特定状态相联系

情绪心理的机制很大程度上是与特定的状态联系在一起的，在特定时刻被特殊的情感支配。我们感到浪漫时的所思所行完全不同于我们在暴怒或沮丧时的行为。在情绪的机制之下，每种感受都有独特的思想、反应，甚至记忆体系。这种特定状态的情绪体系在情绪非常强烈的时刻主导作用最大。

与特定状态相联系的情绪体系活跃的一个标志是选择性记忆。心理对某种情绪状况的部分反应是调整记忆和行动的选项，使最相关的记忆处于最优先的序列，因此更容易按照这种记忆行动。我们还知道，每种主要的情绪都有各自的生物符号特征，也就是说，如果某种情绪处于上升阶段，它就会“夹带”身体随之彻底改变，身体受到情绪控制后，自动释放出一系列独特的信号。[7]

附录 3
恐惧的神经回路

杏仁核是恐惧中枢。有位被神经学家称为“S. M.”的妇女，患上了罕见的大脑疾病，杏仁核受到破坏（其他大脑组织没有受到影响），病人从此失去了恐惧感。她无法识别他人面部的恐惧表情，自己也做不出恐惧的表情。用治疗她的神经学家的话来说，“如果有人拿枪指着 S. M. 的头部，那么她智力上知道应该害怕，但她不会像你我那样感到害怕”。

神经学家精确地绘制了恐惧的神经回路，不过以当前的技术水平还无法彻底探明任何一种情绪完整的神经回路。恐惧是理解情绪神经动力学的适当案例。在进化过程中，恐惧有着特别显著的地位：它对人类生存的关键作用也许超过其他所有情绪。当然在现代社会，不恰当的恐惧是日常生活的祸根，使我们饱受烦躁、苦恼以及其他形形色色忧虑的折磨，如果发展到病态的极端，就是惊恐发作、恐惧症或强迫症。

假设有天晚上你独自在家看书，突然听到隔壁房间传来轰隆声。

你大脑接下来的反应，恰好是观察恐惧神经回路运转、杏仁核发挥警报系统作用的良机。大脑的第一条神经回路首先把声音作为粗糙的物理声波接收进来，然后把声音转化成大脑语言，让你吃了一惊，警惕起来。这条神经回路从耳朵传到脑干，然后再到杏仁核，在那里出现了两条独立的分支：一个是较小束的神经投射，传到杏仁核以及附近的海马体，另一个较大束的通道传到颞叶的听觉皮层，声音在这里进行分类和理解。

海马体是记忆的关键储存场所，它迅速地在你以前听到的其他类似声音和“轰隆声”之间进行比对，识别是否是熟悉的声音——你能一下子识别出这个“轰隆声”吗？与此同时，听觉皮层对声音进行更加精密的分析，试图探寻声音的来源——是猫咪弄出来的？还是百叶窗被风吹动？听觉皮层提出假设——比如，也许是猫咪把桌子上的台灯撞倒在地，还有可能是小偷，然后把信息传到杏仁核和海马体，海马体能够迅速地用相似的记忆与之进行比较。

如果结论是可以消除疑虑（只有在风很大的日子，百叶窗才会砰砰作响），总体的警觉就不会升级到更高的水平。但如果你仍然不确定，另一束在杏仁核、海马体以及前额皮层之间进行反射的神经回路就会增强你的不确定感，促使你集中注意力，更加迫切地识别声音的来源。如果经过更敏锐的分析仍然不能得到满意的答案，杏仁核就会拉响警报，杏仁核中枢区域激活下丘脑、脑干以及自主神经系统。

作为大脑中枢警报系统，杏仁核超级精密的构造在个体担忧和潜意识焦虑的时候发挥作用。杏仁核内有几束神经元，每束都可以发出独特的神经投射，使感受器分泌出不同的神经递质，这个过程有点儿像家庭警报公司的操作员随时候命，在家庭安全系统发出警报时，向当地消防队、警察局和邻近地区发出求救信号。

杏仁核的不同部位负责接收不同的信息。杏仁核的外侧核接收来自丘脑以及听觉和视觉皮层的投射信息，气味通过嗅球传送到杏仁核的皮质内侧，味道和内脏的信息则传到杏仁核的中枢区域。这些输入的信号使杏仁核像一个持续保持警惕的哨兵，对每一种感觉体验进行探究。

神经投射从杏仁核传递到大脑的各个主要部位。神经束从杏仁核的中枢和内侧区域传到海马区，海马体分泌出体内紧急反应物质——CRH（促肾上腺皮质激素释放激素），CRH 在其他激素的串联作用下驱动身体做出“战斗或逃跑”的反应。杏仁核的基底区向纹状体发出神经束，把大脑的运动系统联结起来。然后，经由附近的中央核，杏仁核通过髓质向自主神经系统发出信号，在心血管系统、肌肉组织以及内脏激活广泛而遥远的回应。

从杏仁核的基底外侧部，警报信息传递到扣带回，以及被称为“中央灰质”的纤维束，即调节大块骨骼肌肉的神经细胞。这种细胞促使小狗咆哮、小猫弓起背部，以震慑入侵领地的外来者。同样的神经回路促使我们人类收紧声带肌肉，发出恐吓的尖叫声。

从杏仁核到脑干的蓝斑还有另一条神经通道，这条神经回路反过来制造去甲肾上腺素，并将其扩散到整个大脑。去甲肾上腺素的作用是提高接受去甲肾上腺素的大脑区域的总体反应性，使感觉神经回路变得更敏感。去甲肾上腺素遍布大脑皮层、脑干以及边缘系统本身，使得大脑处于警惕的状态。此时即使是房屋中常见的吱嘎声也会引起你的恐惧。这些变化大多数没有进入意识层面，因此你根本没有意识到你感到害怕。

不过当你真正开始感到恐惧时，也就是说，本来处于潜意识的焦虑进入了意识层面，杏仁核不间断地发出反应的命令。杏仁核对脑干内的细胞发出信号，要求在脸上流露害怕的表情，使你紧张起来，容易受惊吓，停止肌肉正在进行的其他不相关的运动，加快心跳和提高血压，使呼吸放缓（你也许注意到在感到害怕之初，你突然屏住呼吸，是为了听清楚是什么使你感到害怕）。这些反应只是杏仁核和相连区域在遇到危机时集结大脑，指挥大脑做出的广泛协调的变化的一部分。

与此同时，杏仁核及其相连的海马体一起指挥神经细胞发送关键的神经递质，比如，激发多巴胺的分泌，使你全神贯注于恐惧的来源（比如奇怪的声音），并让你的肌肉做好随时反应的准备。同时，杏仁核向视觉和注意力感觉区域发出信号，确保眼睛搜寻出与当前紧急状况最相关的东西。大脑皮层的记忆系统同步进行调整，随时优先唤起与特定情绪紧急状况最相关的知识和记忆，其他无关的想法必须为其让路。

一旦发出这些信号，你就完全进入恐惧状态。你意识到内脏的收缩，心跳加快，脖子和肩膀周围的肌肉收紧，或者四肢发抖；随后你留神听声音的时候，身体一动不动，你在快速地盘算可能潜伏的危险以及应对方式。这整个过程，从吃惊到不确定，再到担忧和恐惧，是在一秒钟左右的时间内完成的。（想要了解更多信息，请参看 Jerome Kagan，*Calen's Prophecy*. New Yew: Basic Books, 1994。）

附录 4

W.T. 格兰特财团：预防项目的活跃因素

有效项目的关键因素包括以下方面。

情绪技巧

· 识别和标记感受。

· 表达感受。

· 评估感受的强度。

· 管理感受。

· 延迟满足。

· 控制冲动。

· 减轻压力。

· 了解感受与行为的差异。

认知技巧

· 自我交谈——发起“内在对话”，以此处理话题或挑战，或者强化自身行为。

· 解读社会信号，比如识别行为的社会影响，从更广泛的团体的角度看待自身。

· 采用解决问题及决策的步骤，比如控制冲动、确立目标、识别替代行动、预期后果。

· 理解他人的角度。

· 理解行为准则（哪些行为可以接受，哪些行为不可以接受）。

· 对待人生的积极态度。

· 自我意识，比如对自身有切合实际的预期。

行为技巧

· 非言语——通过眼神交流、面部表情、声调、姿势等进行沟通。

· 言语——清晰地陈述要求，有效地回应批评，抗拒不良影响，倾听他人，帮助他人，参加有益的同龄人团体。

资料来源：W. T. Grant Consortium on the School-Based Promotion of Social Competence, “Drugand Alcohol Prevention Curricula,” in J. David Hawkins et al., *Communities That Care* (San Francisco: Jossey-Bass, 1992).

附录5
自我科学课程

核心要素

· 自我意识：观察自身并识别自身感受；建立表达感受的词汇体系；了解思想、感受和反应的关系。

· 个人决策：审视自身行为，并了解行为的后果；了解思想或感受是否主导决策；把这些认识运用于性行为和毒品等问题。

· 管理感受：监测“自我交谈”，捕捉自我贬低等负面信息；意识到感受的成因（例如，伤害引发愤怒）；寻找途径应对恐惧、焦虑、愤怒和悲伤。

· 应对压力：学会通过练习、指导性意念、放松技巧减轻压力。

· 同理心：理解他人的感受和担忧，推己及人；欣赏人们感受事物的差异。

· 沟通：有效地谈论感受，善于倾听和提问；把他人的言行与自身的反应或判断区分清楚；传递“我”的信息，而不是一味指责。

- 自我表露：认同开放的价值，建立人际交往中的信任；了解什么时候可以透露私人感受。
- 领悟：识别自身情绪和反应的模式、识别他人相似的模式。
- 自我接受：感到自豪，并以积极的态度对待自身；识别自身的优点和缺点；学会自嘲。
- 个人责任：负责任，识别自身决定和行为的后果，接受自身的感受和心情，遵守承诺（例如学习的承诺）。
- 自信：不卑不亢地表述自身的担忧和感受。
- 群体动力：合作，了解何时及如何发挥领导作用，何时跟随他人。
- 解决冲突：如何与其他孩子、父母及老师进行合理抗争；协商妥协的双赢模式。

资料来源：Karen F. Stone and Harold Q. Dillehunt, *Self Science: The Subject Is Me* (Santa Monica:Goodyear Publishing Co., 1978).

附录 6
社交与情绪学习：效果

儿童发展项目

埃里克·夏普斯，加利福尼亚奥克兰发展研究中心

由独立的校园观察员对北加利福尼亚从幼儿园到六年级学生进行评估，与控制组学校进行比较。

效果

· 更有责任感。

· 更自信。

· 更受欢迎和外向。

· 更善于理解他人。

· 更体贴和关怀。

· 采取更亲社会的策略解决人际问题。

· 更和谐。

· 更“民主”。

· 解决冲突的技巧更强。

资料来源：E. Schaps and V. Battistich, “Promoting Health Development Through School-Based Prevention: New Approaches,” *OSAP Prevention Monograph, no. 8: Preventing Adolescent Drug Use: From Theory to Practice*. Eric Gopelrud (ed.), Rockville, MD: Office of Substance Abuse Prevention, U.S. Dept. of Health and Human Services, 1991.

D. Solomon, M. Watson, V. Battistich, E. Schaps, and K. Delucchi, “Creating a Caring Community: Educational Practices That Promote Children's Prosocial Development,”in F. K. Oser, A. Dick, and J.-L. Patry,eds., *Effective and Responsible Teaching: The New Synthesis* (San Francisco: Jossey-Bass, 1992).

华盛顿大学“快轨道”项目

马克·格林伯格

由老师对西雅图学校一年级至五年级学生进行评估，分别与普通学生、聋哑学生以及特殊教育学生三组控制组进行相应的比较。

效果

· 社会认知技巧得到改善。

· 情绪、再认识和理解能力得到改善。

· 更有自控力。

· 解决认知任务的计划性更强。

· 行动之前思考更多。

· 解决冲突更有效。

· 课堂气氛更融洽。

有特殊需要的学生课堂行为得到改善

· 对沮丧的容忍度。

· 自信的社交技巧。

· 任务导向。

· 与同龄人相处的技巧。

· 分享。

· 社交能力。

· 自控力。

情绪理解力得到改善

· 认知。

· 标记。

· 自称悲伤和抑郁的情况减少。

· 焦虑和退缩减少。

资料来源：Conduct Problems Research Group, "A Developmental and Clinical Model for the Prevention of Conduct Disorder: The Fast Track Program," *Development and Psychopathology* 4 (1992).

M. T. Greenberg and C. A. Kusche, *Promoting Social and Emotional Development in Deaf Children: The PATHS Project* (Seattle: University of Washington Press, 1993).

M. T. Greenberg, C. A. Kusche, E. T. Cook, and J. P. Quamma, "Promoting Emotional Competence in School-Aged Children: The Effects of the PATHS Curriculum," *Development and Psychopathology* 7 (1995).

西雅图社会发展项目

J. 戴维·霍金斯，华盛顿大学社会发展研究组

运用独立的测试和客观标准对西雅图接受社会发展项目的小学生和初中生进行评估，与没有开展此项目的学校进行比较。

效果

·与家庭和学校的联系更加紧密。

·男生更少攻击行为，女生更少自毁行为。

·后进生停学或被开除现象减少。

·更少尝试毒品。

·更少违法行为。

·标准化成就测试分数更高。

资料来源：E. Schaps and V. Battistich,"Promoting Health Development Through School-Based Prevention: New Approaches," *OSAP Prevention Monograph, no. 8: Preventing Adolescent Drug Use: From Theory to Practice*. Eric Gopelrud (ed.), Rockville, MD: Office of Substance Abuse Prevention, U.S. Dept. of Health and Human Services, 1991.

J. D. Hawkins et al.,"The Seattle Social Development Project,"in J. McCord and R. Tremblay, eds., *The Prevention of Antisocial Behavior in Children* (New York:Guil-ford, 1992).

J. D. Hawkins, E. Von Cleve, and R. F. Catalano, "Reducing Early Childhood Aggression: Results of a Primary Prevention Program," *Journal of the American Academy of Child and Adolescent Psychiatry* 30, 2(1991), pp. 208-17.

J. A. O'Donnell, J. D. Hawkins, R. F. Catalano, R. D. Abbott, and L.

E.Day, "Preventing School Failure, Drug Use, and Delinquency Among Low-Income Children: Effects of a Long-Term Prevention Project in Elementary Schools," *American Journal of Ortho-psychiatry* 65 (1994).

耶鲁-纽黑文社交竞争力提升项目

罗杰·魏斯伯格，芝加哥伊利诺伊大学

根据独立观察员、学生及老师的报告，对纽黑文公立学校五年级至八年级学生进行评估，与控制组进行比较。

效果

· 解决问题的技巧得到改善。

· 与同龄人关系更亲密。

· 更善于控制冲动。

· 行为得到改善。

· 人际交往有效性及受欢迎程度提高。

· 应对技巧加强。

· 处理人际问题的方法更多。

· 更善于处理焦虑情绪。

· 违法行为更少。

· 解决冲突更有技巧性。

资料来源：M. J. Elias and R. P. Weissberg, "School-Based Social Competence Promotion as a Primary Prevention Strategy: A Tale of Two Projects," *Prevention in Human Services* 7, 1 (1990), pp. 177-200.

M. Caplan, R. P. Weissberg, J. S. Grober, P. J. Sivo, K. Grady, and C. Jacoby,

"Social Competence Promotion with Inner-City and Suburban Young Adolescents: Effects of Social Adjustment and Alcohol Use," *Journal of Consulting and Clinical Psychology* 60, 1 (1992), pp. 56-63.

化解冲突项目

琳达·兰提尔瑞，纽约市国家化解冲突项目中心（社会责任的教育者机构）

由老师对纽约市幼儿园至十二年级的学生进行项目开展前后的评估。

效果

· 课堂暴力更少。

· 课堂恶意谩骂更少。

· 关怀的氛围更浓厚。

· 更愿意合作。

· 更有同理心。

· 沟通技巧得到改善。

资料来源：Metis Associates, Inc., *The Resolving Conflict Creatively Program: 1988-1989. Summary of Significant Findings of RCCP New York Site* (New York: Metis Associates, May 1990).

增强社会意识及解决社会问题项目

莫里斯·埃利亚斯，罗格斯大学

通过老师、同龄人以及学校记录对新泽西参与此项目的幼儿园到六年级学生进行评估，与非参与者进行对比。

效果

· 对他人的感受更敏感。

· 更善于理解行为的后果。

· 衡量人际关系以及制订恰当行动计划的能力得到提高。

· 自尊心更强。

· 亲社会行为更多。

· 得到同龄人的求助。

· 更善于处理小学升中学的角色转变。

· 更少反社会、自毁以及社交障碍行为，升入高中也是如此。

· 更善于掌握学习方法。

· 课堂内外的自控力、社会意识及社会决策能力得到提高。

资料来源：M. J. Elias, M. A. Gara, T. R Schuyler, L. R. Branden-Muller, and M. A. Sayette, "The Promotion of Social Competence: Longitudinal Study of a Preventive School-Based Program," *American Journal of Orthopsychiatry* 61 (1991), pp. 409-17.

M. J. Elias and J. Clabby, *Building Social Problem Solving Skills:Guidelines From a School-Based Program* (San Francisco: Jossey-Bass,1992).

致谢

我的妻子塔拉·贝内特·戈尔曼是一位心理治疗师，她是一位很有创造性的研究伙伴，全面参与了本书最初阶段的构思。我们的思考和交流之下涌动着情绪的激流，塔拉对此进行了悉心梳理，为我开启了一个全新的世界。

我最早是从艾琳·洛克菲勒·格罗沃尔德那里听到“情绪素养”这个说法的。她是美国健康促进研究所的创办人以及时任所长。在与她聊天时我的研究兴趣被激发起来，并确立了研究框架，最后形成了这本书。

费泽尔研究所的支持使我有充裕的时间全面探索“情绪素养”的意义。我要感谢费泽尔研究所所长罗伯·雷曼对我的大力支持，正是他在我探索这一课题的早期，督促我写一本情绪素养方面的书。同时我还要感谢研究所项目负责人戴维·斯莱特的帮助。

我要深深地感激数以百计的研究者，过去这些年他们一直和我分享研究发现，我在本书中评述和综合了他们的成果。我借用了耶鲁大学的彼得·萨洛维关于“情绪智力”的概念。我还有机会了解到很多教育家和实践家一直从事的初级预防工作，他们是刚刚兴起的情绪素养运动的先驱，我从中受益良多。他们积极提高儿童的社交与情绪技能，努力使学校教育更加人性化，取得了可喜的成效。这些人包括华盛顿大学的马克·格林伯格和戴维·霍金斯、加利福尼亚奥克兰发展研究中心的埃里克·夏普斯和凯瑟琳·李维斯、耶鲁大学儿童研究中心的蒂姆·施赖弗、芝加哥伊利诺伊大学的罗杰·魏斯伯格、罗格斯大学的莫里斯·埃利亚斯、科罗拉多大学波尔得分校“教与学戈达德研究所”的谢利·凯斯勒、加利福尼亚希尔斯伯勒镇努埃瓦小学的舍维·马丁和凯伦·斯通·麦科恩、纽约市国家危机化解中心主任琳达·兰提尔瑞以及西雅图“发展研究项目”的卡罗尔·库舍。

我还要特别感谢对本书部分章节进行审阅和提出意见的专家学者，他们是哈佛大学教育研究所的霍华德·加德纳、耶鲁大学心理学系的彼得·萨洛维、加利福尼亚大学旧金山分校人际互动实验室主任保罗·艾克曼，加利福尼亚博利纳斯“公共福利”机构负责人迈克尔·勒纳、约翰·D和凯瑟琳·麦克阿瑟基金会健康项目时任负责人丹尼斯·普拉格、科罗拉多大学波尔得分校“共同企业”机构负责人马克·葛容、耶鲁大学医学院儿童研究中心玛丽·施瓦博通博士、斯坦福大学医学院精神病学系戴维·斯皮格尔博士、华盛顿大学“快轨道”项目负责人马克·格林伯格、哈佛商学院的肖沙娜·朱伯夫、纽约大学神经科学中心的约瑟夫·勒杜克斯、威斯康星大学心理生理实验室主任理查德·戴维森、加利福尼亚雷耶斯角“心灵与媒介”机构的保罗·考夫曼，还有杰西卡·布拉克曼、纳奥米·沃尔夫，尤其是费伊·戈尔曼。

我还要感谢下列人士所提供的学术咨询：南加利福尼亚大学希腊籍学者佩奇·杜波依斯、哥伦比亚大学伦理与宗教哲学家马修·卡普斯坦、明德学院约翰·杜威的传记作者史蒂芬·洛克菲勒。乔伊·诺兰收集了与情绪有关的插图，玛格丽特·豪和安妮特·斯佩哈尔斯基准备了本书附录部分的情绪素养课程效果。山姆和苏珊·哈里斯提供了重要的仪器设备。

在《纽约时报》与我共事的各位编辑在过去 10 年里为我整理情绪研究的新发现提供了鼎力支持，这些研究发现最早刊登于《纽约时报》，并且为本书提供了很多参考资料。

矮脚鸡图书公司的责任编辑托尼·伯班克为人热情，业务精湛，他是我信心和思维的源泉。

最后，塔拉给予我的温暖、爱和智慧一直伴随着我完成本书。

国际标准情商测试题——测测你的情商是多少

这是一组欧洲流行的测试题，可口可乐公司、麦当劳公司、诺基亚公司等众多世界500强企业曾以此为员工EQ测试的模板，帮助员工了解自己的EQ状况。共33题，测试时间为25分钟，最高EQ为174分。

第1~9题：请从下面的问题中，选择一个和自己最切合的答案。

1．我有能力克服各种困难：________

A．是的　　B．不一定　　C．不是的

2．若我能到一个新的环境，我要把生活安排得：________

A．和从前相仿　　B.不一定　　C．和从前不一样

3．一生中，我觉得自己能达到我所预想的目标：________

A．是的　　B．不一定　　C．不是的

4．不知为什么，有些人总是回避或疏远我：________

A．不是的　　B．不一定　　C．是的

5．在大街上，我常常避开我不愿打招呼的人：________

A．从未如此　　B．偶尔如此　　C．有时如此

6．当我集中精力工作时，假如有人在旁边高谈阔论：________

A．我仍能专心工作 B．介于A与C之间

C．我不能专心且感到愤怒

7．我不论到什么地方，都能清楚地辨别方向：________

A．是的　　B．不一定　　C．不是的

8．我热爱所学的专业和所从事的工作：________

A．是的　　B．不一定　　C．不是的

9．气候的变化不会影响我的情绪：________

A．是的　　B．介于A与C之间　C．不是的

第10~16题：请如实回答下列问题，将答案填入右边横线处。

10．我从不因流言蜚语而生气：________

A．是的　　B．介于A与C之间　C．不是的

11．我善于控制自己的面部表情：________

A．是的　　B．不太确定　　C．不是的

12．在就寝时，我常常：________

A．极易入睡　　B．介于A与C之间

C．不易入睡

13．有人侵扰我时，我：________

A．不露声色　　B．介于A与C之间

C．大声抗议，以泄己愤

14．在和人争辩或工作出现失误后，我常常感到震颤、精疲力竭，而不能继续安心工作：______

A．不是的　　B．介于A与C之间　C．是的

15．我常常被一些无谓的小事困扰：________

A．不是的　　　B．介于A与C之间　C．是的

16．我宁愿住在僻静的郊区，也不愿住在嘈杂的市区：________

A．不是的　　　B．不太确定　　　C．是的

第17~25题：在下列问题中，每一题请选择一个和自己最切合的答案。

17．我被朋友、同事起过绰号挖苦过：________

A．从来没有　　B．偶尔有过　　　C．这是常有的事

18．有一种食物使我吃后呕吐：________

A．没有　　　　B．记不清　　　　C．有

19．除去看见的世界外，我的心中没有另外的世界：________

A．没有　　　　B．记不清　　　　C．有

20．我会想到若干年后有什么使自己极为不安的事：________

A．从来没有想过　B．偶尔想到过　　C．经常想到

21．我常常觉得自己的家庭对自己不好，但是我又确切地知道他们的确对我好：________

A．否　　　　　B．说不清楚　　　C．是

22．每天我一回家就立刻把门关上：________

A．否　　　　　B．不清楚　　　　C．是

23．我坐在小房间里把门关上，但仍觉得心里不安：________

A．否　　　　　B．偶尔是　　　　C．是

24．当一件事需要我做决定时，我常觉得很难：________

A．否　　　　　B．偶尔是　　　　C．是

25．我常常用抛硬币、翻纸、抽签之类的游戏来预测吉凶：________

A．否　　　　　B．偶尔是　　　　C．是

第 26~29 题：下面各题，请按实际情况如实回答，仅需回答“是”或“否”即可，在你选择的答案处打“√”。

26．为了工作我早出晚归，早晨起床我常常感到疲惫不堪：是 ________ 否 ________

27．在某种心境下，我会因为困惑陷入空想，将工作搁置下来：是 ________ 否 ________

28．我的神经脆弱，稍有刺激就会使我战栗：是 ________ 否 ________

29．睡梦中，我常常被噩梦惊醒：是 ________ 否 ________

第 30~33 题：本组测试共 4 题，每题有 5 种答案，请选择与自己最切合的答案，在你选择的答案处打“√”。答案标准如下：1. 从不；2. 几乎不；3. 一半时间；4. 大多数时间；5. 总是。

30．工作中，我愿意挑战艰巨的任务。1 2 3 4 5

31．我常发现别人好的意愿。1 2 3 4 5

32．我能听取不同的意见，包括对自己的批评。1 2 3 4 5

33．我时常勉励自己，对未来充满希望。1 2 3 4 5

参考答案及计分评估：计分时请按照计分标准，先算出各部分得分，最后将几部分得分相加，得到的分值即为你的最终得分。

第 1~9 题，每回答一个 A 得 6 分，回答一个 B 得 3 分，回答一个 C 得 0 分。计 ______ 分。

第 10~16 题，每回答一个 A 得 5 分，回答一个 B 得 2 分，回答一个 C 得 0 分。计 ______ 分。

第 17~25 题，每回答一个 A 得 5 分，回答一个 B 得 2 分，回答一个 C 得 0 分。计 ______ 分。

第 26~29 题，每回答一个“是”得 0 分，回答一个“否”得 5 分。计 ______ 分。

第 30~33 题，从左至右分数分别为 1 分、2 分、3 分、4 分、5 分。计 ______ 分。

总计为 ______ 分。

专家点评：近年来，EQ——情绪智商——逐渐受到了重视，世界 500 强企业还将 EQ 测试作为员工招聘、培训、任命的重要参考标准。看看我们身边，有些人绝顶聪明，IQ 很高，却一事无成，甚至有人可以说是某一方面的能手，却仍被拒于企业大门之外；相反，许多 IQ 平庸者，却反而常有令人羡慕的良机、杰出的表现。为什么呢？最大的原因在于 EQ 的不同！一个人若没有情绪智商，不懂得提高情绪自制力、自我驱使力，也没有同情心和热忱的毅力，就可能是个“EQ 低能儿”。通过以上测试，你就能对自己的 EQ 有所了解。但切记这不是一个求职询问表，用不着有意识地尽量展示你的优点和掩饰你的缺点。如果你真心想对自己有一个判断，那你就不应施加任何粉饰。否则，你应重测一次。测试后如果你的得分在 90 分以下，那么这说明你的 EQ 较低，你常常不能控制自己，极易被自己的情绪影响。很多时候，你容易被激怒、发脾气，这是非常危险的信号——你的事业可能会毁于你的急躁。对于此，最好的解决办法是能够给不好的东西一个好的解释，保持头脑冷静，使自己心情开朗。正如富兰克林所说：“任何人生气都是有理由的，但很少有令人信服的理由。”如果你的得分在 90~129 分，那么这说明你的 EQ 一般，对于一件事，你不同时候的表现可能不一，这与你的意识有关，你比前者更具有 EQ 意识，但这种意识不是常常都有，因此你需要多加注意、时时自我提醒。如果你的得分在 130~149 分，那么这说明你的 EQ 较高，你是一个快乐的人，不易恐惧和担忧，对于工作你热情投入、敢于负责，你为人更是正义正直、同情关怀，这是你的优点，应该努力保持。如果你的EQ在150分以上，那你就是个EQ高手，你的情绪智商不但是你事业的助手，更是你事业有成的一个重要前提条件。

注释

第一章　情绪的功能

1

Associated Press, September 15, 1993.

2

The timelessness of this theme of selfless love is suggested by how pervasive it is in world myth: The Jataka tales, told throughout much of Asia for millennia, all narrate variations on such parables of self-sacrifice.

3

Altruistic love and human survival: The evolutionary theories that posit the adaptive advantages of altruism are well-summarized in Malcolm Slavin and Daniel Kriegman, *The Adaptive Design of the Human Psyche* (New York: Guilford Press, 1992).

4

Much of this discussion is based on Paul Ekman's key essay, "An Argument for Basic Emotions," *Cognition and Emotion,* 6, 1992, pp. 169-200. This point is from P. N. Johnson-Laird and K. Oatley' s essay in the same issue of the journal.

5

The shooting of Matilda Crabtree: *The New York Times,* Nov. 11, 1994. 6. Only in adults: An observation by Paul Ekman, University of California at San Francisco.

6

Only in adults: An observation by Paul Ekman, University of California at San Francisco.

7

Body changes in emotions and their evolutionary reasons: Some of the changes are documented in Robert W. Levenson, Paul Ekman, and Wallace V. Friesen, "Voluntary Facial Action Generates Emotion-Specific Autonomous Nervous System Activity," *Psychophysiology,* 27, 1990. This list is culled from there and other sources. At this point such a list remains speculative to a degree; there is scientific debate over the precise biological signature of each emotion, with some researchers taking the position that there is far more overlap than difference among emotions, or that our present ability to measure the biological correlates of emotion is too immature to distinguish among them reliably. For this debate see: Paul Ekman and Richard Davidson, eds., *Fundamental Questions About Emotions* (New York: Oxford University Press, 1994).

8

As Paul Ekman puts it, "Anger is the most dangerous emotion; some of the main problems destroying society these days involve anger run amok. It' s the least adaptive emotion now because it mobilizes us to fight. Our emotions evolved when we didn't have the technology to act so powerfully on them. In prehistoric times, when you had an instantaneous rage and for a second wanted to kill someone, you couldn' t do it very easily—but now you can."

9

Erasmus of Rotterdam, *In Praise of Folly,* trans. Eddie Radice (London: Penguin, 1971), p. 87.

10

Such basic responses defined what might pass for the "emotional life" —more aptly, an "instinct life" —of these species. More important in evolutionary terms, these are the decisions crucial to survival; those animals that could do them well, or well enough, survived to pass on their genes. In these early times, mental life was brutish: the senses and a simple repertoire of reactions to the stimuli they received got a lizard, frog, bird, or fish—and, perhaps, a brontosaurus—through the day. But this runt brain did not yet allow for what we think of as an emotion.

11

The limbic system and emotions: R. Joseph, "The Naked Neuron: Evolution and the Languages of the Brain and Body," New York: Plenum Publishing, 1993; Paul D. MacLean, *The Triune Brain in Evolution* (New York: Plenum, 1990).

12

Rhesus infants and adaptability: "Aspects of emotion conserved across species," Ned Kalin, M.D., Departments of Psychology and Psychiatry, University of Wisconsin, prepared for the MacArthur Affective Neuroscience Meeting, Nov., 1992.

第二章　情绪失控

1

The case of the man with no feelings was described by R. Joseph, op. cit. p. 83. On the other hand, there may be some vestiges of feeling in people who lack an amygdala (see Paul Ekman and Richard Davidson, eds., *Questions About Emotion.* New York: Oxford University Press, 1994). The different findings may hinge on exactly which parts of the amygdala and related circuits were missing; the last word on the detailed neurology of emotion is far from in.

2

Like many neuroscientists, LeDoux works at several levels, studying, for instance, how specific lesions in a rat's brain change its behavior; painstakingly tracing the path of single neurons; setting up elaborate experiments to condition fear in rats whose brains have been surgically altered. His findings, and others reviewed here, are at the frontier of exploration in neuroscience, and so remain somewhat speculative—particularly the implications that seem to flow from the raw data to an understanding of our emotional life. But LeDoux's work is supported by a growing body of converging evidence from a variety of neuroscientists who are steadily laying bare the neural underpinnings of emotions. See, for example, Joseph LeDoux, "Sensory Systems and Emotion," *Integrative Psychiatry,* 4, 1986; Joseph LeDoux, "Emotion and the Limbic System Concept," *Concepts in Neuroscience,* 2,1992.

3

The idea of the limbic system as the brain's emotional center was introduced by neurologist Paul MacLean more than forty years ago. In recent years discoveries like LeDoux's have refined the limbic system concept, showing that some of its central structures like the hippocampus are less directly involved in emotions, while circuits linking other parts of the brain—particularly the prefrontal lobes—to the amygdala are more central. Beyond that, there is a growing recognition that each emotion may call on distinct brain areas. The most current thinking is that there is not a neatly defined single "emotional brain," but rather several systems of circuits that disperse the regulation of a given emotion to farflung, but coordinated, parts of the brain. Neuroscientists speculate that when the full brain mapping of the emotions is accomplished, each major emotion will have its own topography, a distinct map of neuronal pathways determining its unique qualities, though many or most of these circuits are likely to be interlinked at key junctures in the limbic system, like the amygdala, and prefrontal cortex. See Joseph LeDoux, "Emotional Memory Systems in the Brain," *Behavioral and Brain Research,* 58,1993.

4

Brain circuitry of different levels of fear: This analysis is based on the excellent synthesis in Jerome Kagan, *Galen's Prophecy* (New York: Basic Books, 1994).

5

I wrote about Joseph LeDoux's research in *The New York Times* on August 15,1989. The discussion in this chapter is based on interviews with him, and several of his articles, including Joseph LeDoux, "Emotional Memory Systems in the Brain," *Behavioural Brain Research,* 58,1993; Joseph LeDoux, "Emotion, Memory and the Brain," *Scientific American,* June, 1994; Joseph LeDoux, "Emotion and the Limbic System Concept," *Concepts in Neuroscience,* 2, 1992.

6

Unconscious preferences: William Raft Kunst-Wilson and R. B. Zajonc, "Affective Discrimination of Stimuli That Cannot Be Recognized," *Science* (Feb. 1, 1980).

7

Unconscious opinion: John A. Bargh, "First Second: The Preconscious in Social Interactions," presented at the meeting of the American Psychological Society, Washington, DC (June 1994).

8

Emotional memory: Larry Cahill et al., "Beta-adrenergic activation and memory for emotional events," *Nature* (Oct. 20, 1994).

9

Psychoanalytic theory and brain maturation: the most detailed discussion of the early years and the emotional consequences of brain development is Allan Schore, *Affect Regulation and the Origin of Self* (Hillsdale, NJ: Lawrence Erlbaum Associates, 1994).

10

Dangerous, even if you don't know what it is: LeDoux, quoted in "How Scary Things Get That Way," *Science* (Nov. 6, 1992), p. 887.

11

Much of this speculation about the fine-tuning of emotional response by the neocortex comes from Ned Kalin, op. cit.

12

A closer look at the neuroanatomy shows how the prefrontal lobes act as emotional managers. Much evidence points to part of the prefrontal cortex as a site where most or all cortical circuits involved in an emotional reaction come together. In humans, the strongest connections between neocortex and amygdala run to the left prefrontal lobe and the temporal lobe below and to the side of the frontal lobe (the temporal lobe is critical in identifying what an object is). Both these connections are made in a single projection, suggesting a rapid and powerful pathway, a virtual neural highway. The single-neuron projection between the amygdala and prefrontal cortex runs to an area called the *orbitofrontal cortex*. This is the area that seems most critical for assessing emotional responses as we are in the midst of them and making mid-course corrections.

The orbitofrontal cortex both receives signals from the amygdala and has its own intricate, extensive web of projections throughout the limbic brain. Through this web it plays a role in regulating emotional responses—including inhibiting signals from the limbic brain as they reach other areas of the cortex, thus toning down the neural urgency of those signals. The orbitofrontal cortex's connections to the limbic brain are so extensive that some neuroanatomists have called it a kind of "limbic cortex" —the thinking part of the emotional brain. See Ned Kalin, Departments of Psychology and Psychiatry, University of Wisconsin, "Aspects of Emotion Conserved Across Species," an unpublished manuscript prepared for the MacArthur Affective Neuroscience Meeting, November, 1992; and Allan Schore, *Affect Regulation and the Origin of Self* (Hillsdale, NJ: Lawrence Erlbaum Associates, 1994).

There is not only a structural bridge between amygdala and prefrontal cortex, but, as always, a biochemical one: both the ventromedial section of the prefrontal cortex and the amygdala are especially high in concentrations of chemical receptors for the neurotransmitter serotonin. This brain chemical seems, among other things, to prime cooperation: monkeys with extremely high density of receptors for serotonin in the prefrontal-amygdala circuit are "socially well-tuned," while those with low concentrations are hostile and antagonistic. See Antonio Damosio, *Descartes' Error* (New York: Grosset/Putnam, 1994).

13

Animal studies show that when areas of the prefrontal lobes are lesioned, so that they no longer modulate emotional signals from the limbic area, the animals become erratic, impulsively and unpredictably exploding in rage or cringing in fear. A. R. Luria, the brilliant Russian neuropsychologist, proposed as long ago as the 1930s that the prefrontal cortex was key for selfcontrol and constraining emotional outbursts; patients who had damage to this area, he noted, were impulsive and prone to flareups of fear and anger. And a study of two dozen men and women who had been convicted of impulsive, heat-of-passion murders found, using PET scans for brain imaging, that they had a much lower than usual level of activity in these same sections of the prefrontal cortex.

14

Some of the main work on lesioned lobes in rats was done by Victor Dermenberg, a psychologist at the University of Connecticut.

15

Left hemisphere lesions and joviality: G. Gianotti, "Emotional behavior and hemispheric side of lesion," *Cortex,* 8,1972.

16

The case of the happier stroke patient was reported by Mary K. Morris, of the Department of Neurology at the University of Florida, at the International Neuro-physiological Society Meeting, February 13-16,1991, in San Antonio.

17

Prefrontal cortex and working memory: Lynn D. Selemon et al., "Prefrontal Cortex," *American Journal of Psychiatry,* 152,1995.

18

Faulty frontal lobes: Philip Harden and Robert Pihl, "Cognitive Function, Cardiovascular Reactivity, and Behavior in Boys at High Risk for Alcoholism," *Journal of Abnormal Psychology,* 104,1995.

19

Prefrontal cortex: Antonio Damasio, *Descartes' Error: Emotion, Reason and the Human Brain* (New York: Grosset/Putnam, 1994).

第三章　愚蠢的聪明人

1

Jason H.'s story was reported in "Warning by a Valedictorian Who Faced Prison," in *The New York Times* (June 23,1992).

2

One observer notes: Howard Gardner, "Cracking Open the IQ Box," *The American Prospect,* Winter 1995.

3

Richard Herrnstein and Charles Murray, *The Bell Curve: Intelligence and Class Structure in American Life* (New York: Free Press, 1994), p. 66.

4

George Vaillant, *Adaptation to Life* (Boston: Little, Brown, 1977). The average SAT score of the Harvard group was 584, on a scale where 800 is tops. Dr. Vaillant, now at Harvard University Medical School, told me about the relatively poor predictive value of test scores for life success in this group of advantaged men.

5

J. K. Felsman and G. E. Vaillant, "Resilient Children as Adults: A 40-Year Study," in E. J. Anderson and B. J. Cohler, eds., *The Invulnerable Child* (New York: Guilford Press, 1987).

6

Karen Arnold, who did the study of valedictorians with Terry Denny at the University of Illinois, was quoted in *The Chicago Tribune* (May 29,1992).

7

Project Spectrum: Principal colleagues of Gardner in developing Project Spectrum were Mara Krechevsky and David Feldman.

8

I interviewed Howard Gardner about his theory of multiple intelligences in "Rethinking the Value of Intelligence Tests," in *The New York Times Education Supplement* (Nov. 3,1986) and several times since.

9

The comparison of IQ tests and Spectrum abilities is reported in a chapter, coauthored with Mara Krechevsky, in Howard Gardner, *Multiple Intelligences: The Theory in Practice* (New York: Basic Books, 1993).

10

The nutshell summary is from Howard Gardner, *Multiple Intelligences,* p. 9.

11

Howard Gardner and Thomas Hatch, "Multiple Intelligences Go to School," *Educational Researcher IS,* 8 (1989).

12

The model of emotional intelligence was first proposed in Peter Salovey and John D. Mayer, "Emotional Intelligence," *Imagination, Cognition, and Personality* 9 (1990), pp. 185-211.

13

Practical intelligence and people skills: Robert J. Sternberg, *Beyond I.Q.* (New York: Cambridge University Press, 1985).

14

The basic definition of "emotional intelligence" is in Salovey and Mayer, "Emotional Intelligence," p. 189.

15

IQ vs. emotional intelligence: Jack Block, University of California at Berkeley, unpublished manuscript, February, 1995. Block uses the concept "ego resilience" rather than emotional intelligence, but notes that its main components include emotional self-regulation, an adaptive impulse control, a sense of self-efficacy, and social intelligence. Since these are main elements of emotional intelligence, ego resilience can be seen as a surrogate measure for emotional intelligence, much like SAT scores are for IQ. Block analyzed data from a longitudinal study of about a hundred men and women in their teen years and early twenties, and used statistical methods to assess the personality and behavioral correlates of high IQ independent of emotional intelligence, and emotional intelligence apart from IQ. There is, he finds, a modest correlation between IQ and ego resilience, but the two are independent constructs.

第四章　认识自己

1

My usage of *self-awareness* refers to a self-reflexive, introspective attention to one's own experience, sometimes called *mindfulness.*

2

See also: Jon Kabat-Zinn, *Wherever You Go, There You Are* (New York: Hyperion, 1994).

3

The observing ego: An insightful comparison of the psychoanalyst' s attentional stance and selfawareness appears in Mark Epstein's *Thoughts Without a Thinker* (New York: Basic Books, 1995). Epstein notes that if this ability is cultivated deeply, it can drop the self-consciousness of the observer and become a "more flexible and braver 'developed ego,' capable of embracing all of life."

4

William Styron, *Darkness Visible: A Memoir of Madness* (New York: Random House, 1990), p. 64.

5

John D. Mayer and Alexander Stevens, "An Emerging Understanding of the Reflective (Meta)

Experience of Mood," unpublished manuscript (1993).

6

Mayer and Stevens, "An Emerging Understanding." Some of the terms for these emotional selfawareness styles are my own adaptations of their categories.

7

The intensity of emotions: Much of this work was done by or with Randy Larsen, a former graduate student of Diener's now at the University of Michigan.

8

Gary, the emotionally bland surgeon, is described in Hillel I. Swiller, "Alexithymia: Treatment Utilizing Combined Individual and Group Psychotherapy," *International Journal for Group Psychotherapy* 38, 1 (1988), pp. 47-61.

9

Emotional illiterate was the term used by M. B. Freedman and B. S. Sweet, "Some Specific Features of Group Psychotherapy," *International Journal for Group Psychotherapy* 4 (1954), pp. 335-68.

10

The clinical features of alexithymia are described in Graeme J. Taylor, "Alexithymia: History of the Concept," paper presented at the annual meeting of the American Psychiatric Association in Washington, DC (May 1986).

11

The description of alexithymia is from Peter Sifneos, "Affect, Emotional Conflict, and Deficit: An Overview," *Psychotherapy-and-Psychosomatics* 56 (1991), pp. 116-22.

12

The woman who did not know why she was crying is reported in H. Warnes, "Alexithymia, Clinical and Therapeutic Aspects," *Psychotherapy-and-Psychosomatics* 46 (1986), pp. 96-104.

13

Role of emotions in reasoning: Damasio, *Descartes' Error.*

14

Unconscious fear: The snake studies are described in Kagan, *Galen's Prophecy.*

第五章　激情的奴隶

1

For details on the ratio of positive to negative feelings and well-being, see Ed Diener and Randy J. Larsen, "The Experience of Emotional Well-Being," in Michael Lewis and Jeannette Haviland, eds., *Handbook of Emotions* (New York: Guilford Press, 1993).

2

I interviewed Diane Tice about her research on how well people shake off bad moods in December 1992. She published her findings on anger in a chapter she wrote with her husband, Roy Baumeister, in Daniel Wegner and James Pennebaker, eds., *Handbook of Mental Control v.* 5 (Englewood Cliffs, NJ: Prentice-Hall, 1993).

3

Bill collectors: also described in Arlie Hochschild, *The Managed Heart* (New York: Free Press, 1980).

4

The case against anger, and for self-control, is based largely on Diane Tice and Roy F. Baumeister, "Controlling Anger: Self-Induced Emotion Change," in Wegner and Pennebaker, *Handbook of Mental Control.* But see also Carol Tavris, *Anger: The Misunderstood Emotion* (New York: Touchstone, 1989).

5

The research on rage is described in Dolf Zillmann, "Mental Control of Angry Aggression," in Wegner and Pennebaker, *Handbook of Mental Control.*

6

The soothing walk: quoted in Tavris, *Anger: The Misunderstood Emotion,* p. 135.

7

Redford Williams's strategies for controlling hostility are detailed in Redford Williams and Virginia Williams, *Anger Kills* (New York: Times Books, 1993).

8

Venting anger does not dispel it: see, for example, S. K. Mallick and B. R. McCandless, "A Study of Catharsis Aggression," *Journal of Personality and Social Psychology* 4 (1966). For a summary of this research, see Tavris, *Anger: The Misunderstood Emotion.*

9

When lashing out in anger is effective: Tavris, *Anger: The Misunderstood Emotion.*

10

The work of worrying: Lizabeth Roemer and Thomas Borkovec, "Worry: Unwanted Cognitive Activity That Controls Unwanted Somatic Experience," in Wegner and Pennebaker, *Handbook of Mental Control.*

11

Fear of germs: David Riggs and Edna Foa, "Obsessive-Compulsive Disorder," in David Barlow, ed., *Clinical Handbook of Psychological Disorders* (New York: Guilford Press, 1993).

12

The worried patient was quoted in Roemer and Borkovec, "Worry," p. 221.

13

Therapies for anxiety disorder: see, for example, David H. Barlow, ed., *Clinical Handbook of Psychological Disorders* (New York: Guilford Press, 1993).

14

Styron's depression: William Styron, *Darkness Visible: A Memoir of Madness* (New York:

Random House, 1990).

15

The worries of the depressed are reported in Susan Nolen-Hoeksma, "Sex Differences in Control of Depression," in Wegner and Pennebaker, *Handbook of Mental Control,* p. 307.

16

Therapy for depression: K. S. Dobson, "A Meta-analysis of the Efficacy of Cognitive Therapy for Depression," *Journal of Consulting and Clinical Psychology* 57 (1989).

17

The study of depressed people' s thought patterns is reported in Richard Wenzlaff, "The Mental Control of Depression," in Wegner and Pennebaker, *Handbook of Mental Control.*

18

Shelley Taylor et al., "Maintaining Positive Illusions in the Face of Negative Information," *Journal of Clinical and Social Psychology* 8 (1989).

19

The repressing college student is from Daniel A. Weinberger, "The Construct Validity of the Repressive Coping Style," in J. L. Singer, ed., *Repression and Dissociation* (Chicago: University of Chicago Press, 1990). Weinberger, who developed the concept of repressors in early studies with Gary F. Schwartz and Richard Davidson, has become the leading researcher on the topic.

第六章　主导性向

1

The terror of the exam: Daniel Goleman, *Vital Lies, Simple Truths: The Psychology of Self- Deception* (New York: Simon and Schuster, 1985).

2

Working memory: Alan Baddeley, *Working Memory (Oxford:* Clarendon Press, 1986).

3

Prefrontal cortex and working memory: Patricia Goldman-Rakic, "Cellular and Circuit Basis of Working Memory in Prefrontal Cortex of Nonhuman Primates," *Progress in Brain Research,* 85, 1990; Daniel Weinberger, "A Connectionist Approach to the Prefrontal Cortex," *Journal of Neuropsychiatry* 5 (1993).

4

Motivation and elite performance: Anders Ericsson, "Expert Performance: Its Structure and Acquisition," *American Psychologist* (Aug. 1994).

5

Asian IQ advantage: Herrnstein and Murray, *The Bell Curve.*

6

IQ and occupation of Asian-Americans: James Flynn, *Asian-American Achievement Beyond IQ*

(New Jersey: Lawrence Erlbaum, 1991).

7

The study of delay of gratification in four-year-olds was reported in Yuichi Shoda, Walter Mischel, and Philip K. Peake, "Predicting Adolescent Cognitive and Self-regulatory Competencies From Preschool Delay of Gratification," *Developmental Psychology,* 26, 6 (1990), pp. 978-86.

8

SAT scores of impulsive and self-controlled children: The analysis of SAT data was done by Phil Peake, a psychologist at Smith College.

9

IQ vs. delay as predictors of SAT scores: personal communication from Phil Peake, psychologist at Smith College, who analyzed the SAT data in Walter Mischel' s study of delay of gratification.

10

Impulsivity and delinquency: See the discussion in: Jack Block, "On the Relation Between IQ, Impulsivity, and Delinquency," *Journal of Abnormal Psychology* 104 (1995).

11

The worried mother: Timothy A. Brown et al., "Generalized Anxiety Disorder," in David H. Barlow, ed., *Clinical Handbook of Psychological Disorders* (New York: Guilford Press, 1993).

12

Air traffic controllers and anxiety: W. E. Collins et al., "Relationships of Anxiety Scores to Academy and Field Training Performance of Air Traffic Control Specialists," *FAA Office of Aviation Medicine Reports* (May 1989).

13

Anxiety and academic performance: Bettina Seipp, "Anxiety and Academic Performance: A Meta-analysis," *Anxiety Research* 4, 1 (1991).

14

Worriers: Richard Metzger et al., "Worry Changes Decision-making: The Effects of Negative Thoughts on Cognitive Processing," *Journal of Clinical Psychology* (Jan. 1990).

15

Ralph Haber and Richard Alpert, "Test Anxiety," *Journal of Abnormal and Social Psychology* 13 (1958).

16

Anxious students: Theodore Chapin, "The Relationship of Trait Anxiety and Academic Performance to Achievement Anxiety," *Journal of College Student Development* (May 1989).

17

Negative thoughts and test scores: John Hunsley, "Internal Dialogue During Academic Examinations," *Cognitive Therapy and Research* (Dec. 1987).

18

The internists given a gift of candy: Alice Isen et al., "The Influence of Positive Affect on Clinical Problem Solving," *Medical Decision Making* (July-Sept. 1991).

19

Hope and a bad grade: C. R. Snyder et al., "The Will and the Ways: Development and Validation of an Individual-Differences Measure *of Hope," Journal of Personality and Social Psychology* 60, 4 (1991), p. 579.

20

I interviewed C. R. Snyder in *The New York Times* (Dec. 24, 1991).

21

Optimistic swimmers: Martin Seligman, *Learned Optimism* (New York: Knopf, 1991).

22

A realistic vs. naive optimism: see, for example, Carol Whalen et al., "Optimism in Children' s Judgments of Health and Environmental Risks," *Health Psychology* 13 (1994).

23

I interviewed Martin Seligman about optimism in *The New York Times* (Feb. 3,1987).

24

I interviewed Albert Bandura about self-efficacy in *The New York Times(Mzy* 8,1988).

25

Mihaly Csikszentmihalyi, "Play and Intrinsic Rewards," *Journal of Humanistic Psychology* 15, 3 (1975).

26

Mihaly Csikszentmihalyi, *Flow: The Psychology of Optimal Experience,* 1st ed. (New York: Harper and Row, 1990).

27

"Like a waterfall" : *Newsweek* (Feb. 28, 1994).

28

I interviewed Dr. Csikszentmihalyi in *The New York Times* (Mar. 4, 1986).

29

The brain in flow: Jean Hamilton et al., "Intrinsic Enjoyment and Boredom Coping Scales: Validation With Personality, Evoked Potential and Attention Measures," *Personality and Individual Differences* 5, 2 (1984).

30

Cortical activation and fatigue: Ernest Hartmann, *The Functions of Sleep* (New Haven: Yale University Press, 1973).

31

I interviewed Dr. Csikszentmihalyi in *The New York Times (MM.* 22, 1992).

32

The study of flow and math students: Jeanne Nakamura, "Optimal Experience and the Uses of Talent," in Mihaly Csikszentmihalyi and Isabella Csikszentmihalyi, *Optimal Experience: Psychologi-*

cal Studies of Flow in Consciousness (Cambridge: Cambridge University Press, 1988).

第七章 同理心的根源

1

Self-awareness and empathy: see, for example, John Mayer and Melissa Kirkpatrick, "Hot Information-Processing Becomes More Accurate With Open Emotional Experience," University of New Hampshire, unpublished manuscript (Oct. 1994); Randy Larsen et al., "Cognitive Operations Associated With Individual Differences in Affect Intensity," *Journal of Personality and Social Psychology* 53 (1987).

2

Robert Rosenthal et al., "The PONS Test: Measuring Sensitivity to Nonverbal Cues," in P. McReynolds, ed., *Advances in Psychological Assessment* (San Francisco: Jossey-Bass, 1977).

3

Stephen Nowicki and Marshall Duke, "A Measure of Nonverbal Social Processing Ability in Children Between the Ages of 6 and 10," paper presented at the American Psychological Society meeting (1989).

4

The mothers who acted as researchers were trained by Marian Radke-Yarrow and Carolyn Zahn-Waxler at the Laboratory of Developmental Psychology, National Institute of Mental Health.

5

I wrote about empathy, its developmental roots, and its neurology in *The New York Times* (Mar. 28, 1989).

6

Instilling empathy in children: Marian Radke-Yarrow and Carolyn Zahn-Waxler, "Roots, Motives and Patterns in Children's Prosocial Behavior," in Ervin Staub et al., eds., *Development and Maintenance of Prosocial Behavior* (New York: Plenum, 1984).

7

Daniel Stern, *The Interpersonal World of the Infan*t (New York: Basic Books, 1987), p. 30.

8

Stern, op. cit.

9

The depressed infants are described in Jeffrey Pickens and Tiffany Field, "Facial Expressivity in Infants of Depressed Mothers," *Developmental Psychology* 29, 6 (1993).

10

The study of violent rapists' childhoods was done by Robert Prentky, a psychologist in Philadelphia.

11

Empathy in borderline patients: "Giftedness and Psychological Abuse in Borderline Personality Disorder: Their Relevance to Genesis and Treatment," *Journal of Personality Disorders* 6 (1992).

12

Leslie Brothers, "A Biological Perspective on Empathy," *American Journal of Psychiatry* 146, 1 (1989).

13

Brothers, "A Biological Perspective," p. 16.

14

Physiology of empathy: Robert Levenson and Anna Ruef, "Empathy: A Physiological Substrate," *Journal of Personality and Social Psychology* 63, 2 (1992).

15

Martin L. Hoffman, "Empathy, Social Cognition, and Moral Action," in W. Kurtines and J. Gerwitz, eds., *Moral Behavior and Development: Advances in Theory, Research, and Applications* (New York: John Wiley and Sons, 1984).

16

Studies of the link between empathy and ethics are in Hoffman, "Empathy, Social Cognition, and Moral Action."

17

I wrote about the emotional cycle that culminates in sex crimes in *The New York Times* (Apr. 14, 1992). The source is William Pithers, a psychologist with the Vermont Department of Corrections.

18

The nature of psychopathy is described in more detail in an article I wrote in *The New York Times* on July 7,1987. Much of what I write here comes from the work of Robert Hare, a psychologist at the University of British Columbia, an expert on psychopaths.

19

Leon Bing, *Do or Die* (New York: HarperCollins, 1991).

20

Wife batterers: Neil S. Jacobson et al., "Affect, Verbal Content, and Psychophysiology in the Arguments of Couples With a Violent Husband," *Journal of Clinical and Consulting Psychology* (July 1994).

21

Psychopaths have no fear—the effect is seen as criminal psychopaths are about to receive a shock: One of the more recent replications of the effect is Christopher Patrick et al., "Emotion in the Criminal Psychopath: Fear Image Processing," *Journal of Abnormal Psychology* 103 (1994).

第八章　社交艺术

1

The exchange between Jay and Len was reported by Judy Dunn and Jane Brown in "Relationships, Talk About Feelings, and the Development of Affect Regulation in Early Childhood," Judy Garber and Kenneth A. Dodge, eds., *The Development of Emotion Regulation and Dysregulation* (Cambridge: Cambridge University Press, 1991). The dramatic flourishes are my own.

2

The display rules are in Paul Ekman and Wallace Friesen, *Unmasking the Face* (Englewood Cliffs, NJ: Prentice Hall, 1975).

3

Monks in the heat of battle: the story is told by David Busch in "Culture Cul-de-Sac," *Arizona State University Research* (Spring/Summer 1994).

4

The study of mood transfer was reported by Ellen Sullins in the April 1991 issue of the *Personality and Social Psychology Bulletin.*

5

The studies of mood transmission and synchrony are by Frank Bernieri, a psychologist at Oregon State University; I wrote about his work in *The New York Times.* Much of his research is reported in Bernieri and Robert Rosenthal, "Interpersonal Coordination, Behavior Matching, and Interpersonal Synchrony," in Robert Feldman and Bernard Rime, eds., *Fundamentals of Nonverbal Behavior* (Cambridge: Cambridge University Press, 1991).

6

The entrainment theory is proposed by Bernieri and Rosenthal, *Fundamentals of Nonverbal Behavior.*

7

Thomas Hatch, "Social Intelligence in Young Children," paper delivered at the annual meeting of the American Psychological Association (1990).

8

Social chameleons: Mark Snyder, "Impression Management: The Self in Social Interaction," in L. S. Wrightsman and K. Deaux, *Social Psychology in the '80s* (Monterey, CA: Brooks/Cole, 1981).

9

E. Lakin Phillips, *The Social Skills Basis of Psychopathology* (New York: Grune and Stratton, 1978), p. 140.

10

Nonverbal learning disorders: Stephen Nowicki and Marshall Duke, *Helping the Child Who Doesn't Fit In* (Atlanta: Peachtree Publishers, 1992). See also Byron Rourke, *Nonverbal Learning Disabilities* (New York: Guilford Press, 1989).

11

Nowicki and Duke, *Helping the Child Who Doesn't Fit In.*

12

This vignette, and the review of research on entering a group, is from Martha Putallaz and Aviva Wasserman, "Children's Entry Behavior," in Steven Asher and John Coie, eds., *Peer Rejection in Childhood* (New York: Cambridge University Press, 1990).

13

Putallaz and Wasserman, "Children's Entry Behavior."

14

Hatch, "Social Intelligence in Young Children."

15

Terry Dobson's tale of the Japanese drunk and the old man is used by permission of Dobson's estate. It is also retold by Ram Dass and Paul Gorman, *How Can I Help?* (New York: Alfred A. Knopf, 1985), pp. 167-71.

第九章　亲密敌人

1

There are many ways to calculate the divorce rate, and the statistical means used will determine the outcome. Some methods show the divorce rate peaking at around 50 percent and then dipping a bit. When divorces are calculated by the total number in a given year, the rate appears to have peaked in the 1980s. But the statistics I cite here calculate not the number of divorces that occur in a given year, but rather the odds that a couple marrying in a given year will eventually have their marriage end in divorce. That statistic shows a climbing rate of divorce over the last century. For more detail: John Gottman, *What Predicts Divorce: The Relationship Between Marital Processes and Marital Outcomes* (Hillsdale, NJ: Lawrence Erlbaum Associates, Inc., 1993).

2

The separate worlds of boys and girls: Eleanor Maccoby and C. N. Jacklin, "Gender Segregation in Childhood," in H. Reese, ed., *Advances in Child Development and Behavior* (New York: Academic Press, 1987).

3

Same-sex playmates: John Gottman, "Same and Cross Sex Friendship in Young Children," in J. Gottman and J. Parker, eds., *Conversation of Friends* (New York: Cambridge University Press, 1986).

4

This and the following summary of sex differences in socialization of emotions are based on the excellent review in Leslie R. Brody and Judith A. Hall, "Gender and Emotion," in Michael Lewis and Jeannette Haviland, eds., *Handbook of Emotions* (New York: Guilford Press, 1993).

5

Brody and Hall, "Gender and Emotion," p. 456.

6

Girls and the arts of aggression: Robert B. Cairns and Beverley D. Cairns, *Lifelines and Risks* (New York: Cambridge University Press, 1994).

7

Brody and Hall, "Gender and Emotion," p. 454.

8

The findings about gender differences in emotion are reviewed in Brody and Hall, "Gender and Emotion."

9

The importance of good communication for women was reported in Mark H. Davis and H. Alan Oathout, "Maintenance of Satisfaction in Romantic Relationships: Empathy and Relational Competence," *Journal of Personality and Social Psychology* 53, 2 (1987), pp. 397-410.

10

The study of husbands' and wives' complaints: Robert J. Sternberg, "Triangulating Love," in Robert Sternberg and Michael Barnes, eds., *The Psychology of Love* (New Haven: Yale University Press, 1988).

11

Reading sad faces: The research is by Dr. Ruben C. Gur at the University of Pennsylvania School of Medicine.

12

The exchange between Fred and Ingrid is from Gottman, *What Predicts Divorce,* p. 84.

13

The marital research by John Gottman and colleagues at the University of Washington is described in more detail in two books: John Gottman, *Why Marriages Succeed or Fail* (New York: Simon and Schuster, 1994), and *What Predicts Divorce.*

14

Stonewalling: Gottman, *What Predicts Divorce.*

15

Poisonous thoughts: Aaron Beck, *Love Is Never Enough* (New York: Harper and Row, 1988), pp. 145-46.

16

Thoughts in troubled marriages: Gottman, *What Predicts Divorce.*

17

The distorted thinking of violent husbands is described in Amy Holtzworth-Munroe and Glenn Hutchinson, "Attributing Negative Intent to Wife Behavior: The Attributions of Maritally Violent Versus Nonviolent Men," *Journal of Abnormal Psychology* 102, 2 (1993), pp. 206-11. The suspiciousness of sexually aggressive men: Neil Malamuth and Lisa Brown, "Sexually Aggressive Men' s Perceptions of Women' s Communications," *Journal of Personality and Social Psychology* 67 (1994).

18

Battering husbands: There are three kinds of husbands who become violent: those who rarely do, those who do so impulsively when they get angered, and those who do so in a cool, calculated manner. Therapy seems helpful only with the first two kinds. See Neil Jacobson et al., *Clinical Handbook of Marital Therapy* (New York: Guilford Press, 1994).

19

Flooding: Gottman, *What Predicts Divorce.*

20

Husbands dislike squabbles: Robert Levenson et al., "The Influence of Age and Gender on Affect, Physiology, and Their Interrelations: A Study of Long-term Marriages," *Journal of Personality and Social Psychology* 67 (1994).

21

Flooding in husbands: Gottman, *What Predicts Divorce.*

22

Men stonewall, women criticize: Gottman, *What Predicts Divorce.*

23

"Wife Charged with Shooting Husband Over Football on TV," *The New York Times* (Nov. 3, 1993).

24

Productive marital fights: Gottman, *What Predicts Divorce.*

25

Lack of repair abilities in couples: Gottman, *What Predicts Divorce.*

26

The four steps that lead to "goodfights" are from Gottman, *Why Marriages Succeed or Fail.*

27

Monitoring pulse rate: Gottman, Ibid.

28

Catching automatic thoughts: Beck, *Love Is Never Enough.*

29

Mirroring: Harville Hendrix, *Getting the Love You Want* (New York: Henry Holt, 1988).

第十章　用心管理

1

The crash of the intimidating pilot: Carl Lavin, "When Moods Affect Safety: Communications in a Cockpit Mean a Lot a Few Miles Up," *The New York Times* (June 26, 1994).

2

The survey of 250 executives: Michael Maccoby, "The Corporate Climber Has to Find His Heart," *Fortune* (Dec. 1976).

3

Zuboff: in conversation, June 1994. For the impact of information technologies, see her book *In the Age of the Smart Machine* (New York: Basic Books, 1991).

4

The story of the sarcastic vice president was told to me by Hendrie Weisinger, a psychologist at the UCLA Graduate School of Business. His book is *The Critical Edge: How to Criticize Up and Down the Organization and Make It Pay Off*"(Boston: Little, Brown, 1989).

5

The survey of times managers blew up was done by Robert Baron, a psychologist at Rensselaer Polytechnic Institute, whom I interviewed for *The New York Times* (Sept. 11, 1990).

6

Criticism as a cause of conflict: Robert Baron, "Countering the Effects of Destructive Criticism: The Relative Efficacy of Four Interventions," *Journal of Applied Psychology* 75, 3 (1990).

7

Specific and vague criticism: Harry Levinson, "Feedback to Subordinates" *Addendum to the Levinson Letter,* Levinson Institute, Waltham, MA (1992).

8

Changing face of workforce: A survey of 645 national companies by Towers Perrin management consultants in Manhattan, reported in *The New York Times* (Aug. 26, 1990).

9

The roots of hatred: Vamik Volkan, *The Need to Have Enemies and Allies* (Northvale, NJ: Jason Aronson, 1988).

10

Thomas Pettigrew: I interviewed Pettigrew in *The New York Times* (May 12, 1987).

11

Stereotypes and subtle bias: Samuel Gaertner and John Davidio, *Prejudice, Discrimination, and Racism* (New York: Academic Press, 1987).

12

Subtle bias: Gaertner and Davidio, *Prejudice, Discrimination, and Racism.*

13

Relman: quoted in Howard Kohn, "Service With a Sneer," *The New York Times Sunday Magazine* (Now. 11, 1994).

14

IBM: "Responding to a Diverse Work Force," *The New York Times* (Aug. 26, 1990).

15

Power of speaking out: Fletcher Blanchard, "Reducing the Expression of Racial Prejudice," *Psychological Science* (vol. 2,1991).

16

Stereotypes break down: Gaertner and Davidio, *Prejudice, Discrimination, and Racism.*

17

Teams: Peter Drucker, "The Age of Social Transformation," *The Atlantic Monthly* (Nov. 1994).

18

The concept of group intelligence is set forth in Wendy Williams and Robert Sternberg, "Group Intelligence: Why Some Groups Are Better Than Others," *Intelligence* (1988).

19

The study of the stars at Bell Labs was reported in Robert Kelley and Janet Caplan, "How Bell Labs Creates Star Performers," *Harvard Business Review* (July-Aug. 1993).

20

The usefulness of informal networks is noted by David Krackhardt and Jeffrey R. Hanson, "Informal Networks: The Company Behind the Chart," *Harvard Business Review* (July-Aug. 1993), p. 104.

第十一章　心与药

1

Immune system as the body' s brain: Francisco Varela at the Third Mind and Life meeting, Dharamsala, India (Dec. 1990).

2

Chemical messengers between brain and immune system: see Robert Ader et al., *Psychoneuro-immunology,* 2nd edition (San Diego: Academic Press, 1990).

3

Contact between nerves and immune cells: David Felten et al., "Noradrenergic Sympathetic Innervation of Lymphoid Tissue," *Journal of Immunology* 135 (1985).

4

Hormones and immune function: B. S. Rabin et al., "Bidirectional Interaction Between the Central Nervous System and the Immune System," *Critical Reviews in Immunology 9* (4), (1989), pp. 279-312.

5

Connections between brain and immune system: see, for example, Steven B. Maier et al., "Psychoneuroimmunology," *American Psychologist* (Dec. 1994).

6

Toxic emotions: Howard Friedman and S. Boothby-Kewley, "The Disease-Prone Personality: A Meta-Analytic View," *American Psychologist* 42 (1987). This broad analysis of studies used "meta-analysis," in which results from many smaller studies can be combined statistically into one immense study. This allows effects that might not show up in any given study to be detected more easily because of the much larger total number of people being studied.

7

Skeptics argue that the emotional picture linked to higher rates of disease is the profile of the quintessential neurotic—an anxious, depressed, and angry emotional wreck—and that the higher rates of disease they report are due not so much to a medical fact as to a propensity to whine and complain about health problems, exaggerating their seriousness. But Friedman and others argue that the weight of evidence for the emotion-disease link is borne by research in which it is physicians' evaluations of observable signs of illness and medical tests, not patients' complaints, that determine the level of sickness—a more objective basis. Of course, there is the possibility that increased distress is the result of a medical condition, as well as precipitating it; for that reason the most convincing data come from prospective studies in which emotional states are evaluated prior to the onset of disease.

8

Gail Ironson et al., "Effects of Anger on Left Ventricular Ejection Fraction in Coronary Artery Disease," *The American Journal of Cardiology 10 (*1992). Pumping efficiency, sometimes referred to as the "ejection fraction," quantifies the heart's ability to pump blood out of the left ventricle into the arteries; it measures the percentage of blood pumped out of the ventricles with each beat of the heart. In heart disease the drop in pumping efficiency means a weakening of the heart muscle.

9

Of the dozen or so studies of hostility and death from heart disease, some have failed to find a link. But that failure may be due to differences in method, such as using a poor measure of hostility, and to the relative subdety of the effect. For instance, the greatest number of deaths from the hostility effect seem to occur in midlife. If a study fails to track down the causes of death for people during this period, it misses the effect.

10

Hostility and heart disease: Redford Williams, *The Trusting Heart* (New York: Times Books/Random House, 1989).

11

Peter Kaufman: I interviewed Dr. Kaufman in *The New York Times* (Sept. 1, 1992).

12

Stanford study of anger and second heart attacks: Carl Thoreson, presented at the International Congress of Behavioral Medicine, Uppsala, Sweden (July 1990).

13

Lynda H. Powell, Emotional Arousal as a Predictor of Long-Term Mortality and Morbidity in

Post M.I. Men," *Circulation,* vol. 82, no. 4, Supplement III, Oct. 1990.

14

Murray A. Mittleman, "Triggering of Myocardial Infarction Onset by Episodes of Anger," *Circulation,* vol. 89, no. 2 (1994).

15

Suppressing anger raises blood pressure: Robert Levenson, "Can We Control Our Emotions, and How Does Such Control Change an Emotional Episode?" in Richard Davidson and Paul Ekman, eds., *Fundamental Questions About Emotions* (New York: Oxford University Press, 1995).

16

The angry personal style: I wrote about Redford Williams's research on anger and the heart in *The New York Times Good Health Magazine (Kpx.* 16, 1989).

17

A 44 percent reduction in second heart attacks: Thoreson, op. cit.

18

Dr. Williams's program for anger control: Williams, *The Trusting Heart.*

19

The worried woman: Timothy Brown et al., "Generalized Anxiety Disorder," in David H. Barlow, ed., *Clinical Handbook of Psychological Disorders* (New York: Guilford Press, 1993).

20

Stress and metastasis: Bruce McEwen and Eliot Stellar, "Stress and the Individual: Mechanisms Leading to Disease," *Archives of Internal Medicine* 153 (Sept. 27,1993). The study they are describing is M. Robertson and J. Ritz, "Biology and Clinical Relevance of Human Natural Killer Cells," *Blood* 76 (1990).

21

There may be multiple reasons why people under stress are more vulnerable to sickness, apart from biological pathways. One might be that the ways people try to soothe their anxiety—for example, smoking, drinking, or bingeing on fatty foods—are in themselves unhealthy. Still another is that constant worry and anxiety can make people lose sleep or forget to comply with medical regimens—such as taking medications—and so prolong illnesses they already have. Most likely, all of these work in tandem to link stress and disease.

22

Stress weakens the immune system: For instance, in the study of medical students facing exam stress, the students had not only a lowered immune control of the herpes virus, but also a decline in the ability of their white blood cells to kill infected cells, as well as an increase in levels of a chemical associated with suppression of immune abilities in lymphocytes, the white blood cells central to the immune response. See Ronald Glaser and Janice Kiecolt-Glaser, "Stress- Associated Depression in Cellular Immunity," *Brain, Behavior, and Immunity* 1 (1987). But in most such studies showing a weakening of immune defenses with stress, it has not been clear that these levels were low enough to lead to medical risk.

23

Stress and colds: Sheldon Cohen et al, "Psychological Stress and Susceptibility to the Common Cold," *New England Journal of Medicine* 325 (1991).

24

Daily upsets and infection: Arthur Stone et al:, "Secretory IgA as a Measure of Immunocompetence," *Journal of Human Stress* 13 (1987). In another study, 246 husbands, wives, and children kept daily logs of stresses in their family' s life over the course of the flu season. Those who had the most family crises also had the highest rate of flu, as measured both by days with fever and flu antibody levels. See R. D. Clover et al., "Family Functioning and Stress as Predictors of Influenza B Infection," *Journal of Family Practice* 28 (May 1989).

25

Herpes virus flare-up and stress: a series of studies by Ronald Glaser and Janice Kiecolt-Glaser —e.g., "Psychological Influences on Immunity," *American Psychologist A3* (1988). The relationship between stress and herpes activity is so strong that it has been demonstrated in a study of only ten patients, using the actual breaking-out of herpes sores as a measure; the more anxiety, hassles, and stress reported by the patients, the more likely they were to have herpes outbreaks in the following weeks; placid periods in their lives led to dormancy of the herpes. See H. E. Schmidt et al., "Stress as a Precipitating Factor in Subjects With Recurrent Herpes Labialis," *Journal* " *of Family Practice,* 20 (1985).

26

Anxiety in women and heart disease: Carl Thoreson, presented at the International Congress of Behavioral Medicine, Uppsala, Sweden (July 1990). Anxiety may also play a role in making some men more vulnerable to heart disease. In a study at the University of Alabama medical school, 1,123 men and women between the ages of forty-five and seventy-seven were assessed on their emotional profiles. Those men most prone to anxiety and worry in middle age were far more likely than others to have hypertension when tracked down twenty years later. See Abraham Markowitz et al., *Journal of the American Medical Association* (Nov. 14, 1993).

27

Stress and colorectal cancer: Joseph C. Courtney et al., "Stressful Life Events and the Risk of Colorectal Cancer," *Epidemiology* (Sept. 1993), 4(5).

28

Relaxation to counter stress-based symptoms: See, for example, Daniel Goleman and Joel Gurin, *Mind Body Medicine* (New York: Consumer Reports Books/St. Martin' s Press, 1993).

29

Depression and disease: see, e.g., Seymour Reichlin, "Neuroendocrine-Immune Interactions," *New England Journal of Medicine* (Oct. 21, 1993).

30

Bone marrow transplant: cited in James Strain, "Cost Offset From a Psychiatric Consultation-Liaison Intervention With Elderly Hip Fracture Patients," *American Journal of Psychiatry* 148 (1991).

31

Howard Burton et al., "The Relationship of Depression to Survival in Chronic Renal Failure," *Psychosomatic Medicine* (March 1986).

32

Hopelessness and death from heart disease: Robert Anda et al., "Depressed Affect, Hopelessness, and the Risk of Ischemic Heart Disease in a Cohort of U.S. Adults," *Epidemiology* (July 1993).

33

Depression and heart attack: Nancy Frasure-Smith et al., "Depression Following Myocardial Infarction," *Journal of the American Medical Association* (Oct. 20,1993).

34

Depression in multiple illness: Dr. Michael von Korff, the University of Washington psychiatrist who did the study, pointed out to me that with such patients, who face tremendous challenges just in living from day to day, "If you treat a patient's depression, you see improvements over and above any changes in their medical condition. If you're depressed, your symptoms seem worse to you. Having a chronic physical disease is a major adaptive challenge. If you're depressed, you're less able to learn to take care of your illness. Even with physical impairment, if you're motivated and have energy and feelings of self-worth—all of which are at risk in depression—then people can adapt remarkably even to severe impairments."

35

Optimism and bypass surgery: Chris Peterson et al., *Learned Helplessness: A Theory for the Age of Personal Control* (New York: Oxford University Press, 1993).

36

Spinal injury and hope: Timothy Elliott et al., "Negotiating Reality After Physical Loss: Hope, Depression, and Disability," *Journal of Personality and Social Psychology* 61, 4 (1991).

37

Medical risk of social isolation: James House et al., "Social Relationships and Health," *Science (July* 29,1988). But also see a mixed finding: Carol Smith et al., "Meta-Analysis of the Associations Between Social Support and Health Outcomes," *Journal of Behavioral Medicine* (1994).

38

Isolation and mortality risk: Other studies suggest a biological mechanism at work. These findings, cited in House, "Social Relationships and Health," have found that the simple presence of another person can reduce anxiety and lessen physiological distress in people in intensivecare units. The comforting effect of another person's presence has been found to lower not just heart rate and blood pressure, but also the secretion of fatty acids that can block arteries. One theory put forward to explain the healing effects of social contact suggests a brain mechanism at work. This theory points to animal data showing a calming effect on the posterior hypothalamic zone, an area of the limbic system with rich connections to the amygdala. The comforting presence of another person, this view holds, inhibits limbic activity, lowering the rate of secretion of acetylcholine, cortisol, and catecholamines, all neurochemicals that trigger more rapid breathing, a quickened heartbeat, and other physiological signs of stress.

39

Strain, "Cost Offset."

40

Heart attack survival and emotional support: Lisa Berkman et al., "Emotional Support and Survival After Myocardial Infarction, A Prospective Population Based Study of the Elderly," *Annals of Internal Medicine* (Dec. 15, 1992).

41

The Swedish study: Annika Rosengren et al., "Stressful Life Events, Social Support, and Mortality in Men Born in 1933," *British Medical Journal* (Oct. 19, 1993).

42

Marital arguments and immune system: Janice Kiecolt-Glaser et al., "Marital Quality, Marital Disruption, and Immune Function," *Psychosomatic Medicine* 49 (1987).

43

I interviewed John Cacioppo for *The New York Times* (Dec. 15, 1992).

44

Talking about troubling thoughts: James Pennebaker, "Putting Stress Into Words: Health, Linguistic and Therapeutic Implications," paper presented at the American Psychological Association meeting, Washington, DC (1992).

45

Psychotherapy and medical improvements: Lester Luborsky et al., "Is Psychotherapy Good for Your Health?" paper presented at the American Psychological Association meeting, Washington, DC (1993).

46

Cancer support groups: David Spiegel et al., "Effect of Psychosocial Treatment on Survival of Patients with Metastatic Breast Cancer," *Lancet No.* 8668, ii (1989).

47

Patients' questions: The finding was cited by Dr. Steven Cohen-Cole, a psychiatrist at Emory University, when I interviewed him in *The New York Times* (Nov. 13, 1991).

48

Full information: For example, the Planetree program at Pacific Presbyterian Hospital in San Francisco will do searches of medical and lay research on any medical topic for anyone who requests it.

49

Making patients effective: One program has been developed by Dr. Mack Lipkin, Jr., at New York University Medical School.

50

Emotional preparation for surgery: I wrote about this in *The New York Times* (Dec. 10, 1987).

51

Family care in the hospital: Again, Planetree is a model, as are the Ronald McDonald houses that allow parents to stay next door to hospitals where their children are patients.

52

Mindfulness and medicine: See Jon Kabat-Zinn, *Full Catastrophe Living* (New York: Delacorte, 1991).

53

Program for reversing heart disease: See Dean Ornish, *Dr. Dean Ornish's Program for Reversing Heart Disease* (New York: Ballantine, 1991).

54

Relationship-centered medicine: *Health Professions Education and Relationship-Centered Care.* Report of the Pew-Fetzer Task Force on Advancing Psychosocial Health Education, Pew Health Professions Commission and Fetzer Institute at The Center of Health Professions, University of California at San Francisco, San Francisco (Aug. 1994).

55

Left the hospital early: Strain, "Cost Offset."

56

Unethical not to treat depression in heart disease patients: Redford Williams and Margaret Chesney, "Psychosocial Factors and Prognosis in Established Coronary Heart Disease," *Journal of the American Medical Association* (Oct. 20,1993).

57

An open letter to a surgeon: A. Stanley Kramer, "A Prescription for Healing," *Newsweek* (June 7,1993).

第十二章　家庭熔炉

1

Leslie and the video game: Beverly Wilson and John Gottman, "Marital Conflict and Parenting: The Role of Negativity in Families," in M. H. Bornstein, ed., *Handbook of Parenting,* vol. 4 (Hillsdale, NJ: Lawrence Erlbaum, 1994).

2

The research on emotions in the family was an extension of John Gottman's marital studies reviewed in Chapter 9. See Carole Hooven, Lynn Katz, and John Gottman, "The Family as a Meta-emotion Culture," *Cognition and Emotion* (Spring 1994).

3

The benefits for children of having emotionally adept parents: Hooven, Katz, and Gottman, "The Family as a Meta-emotion Culture."

4

Optimistic infants: T. Berry Brazelton, in the preface to *Heart Start: The Emotional Foundations of School Readiness* (Arlington, VA: National Center for Clinical Infant Programs, 1992).

5

Emotional predictors of school success: *Heart Start.*

6

Elements of school readiness: *Heart Start,* p. 7.

7

Infants and mothers: *Heart Start,* p. 9.

8

Damage from neglect: M. Erickson et al., "The Relationship Between Quality of Attachment and Behavior Problems in Preschool in a High-Risk Sample," in I. Betherton and E. Waters, eds., *Monographs of the Society of Research in Child Development* 50, series no. 209.

9

Lasting lessons of first four years: *Heart Start,* p. 13.

10

The follow-up of aggressive children: L. R. Huesman, Leonard Eron, and Patty Warnicke-Yarmel, "Intellectual Function and Aggression," *The Journal of Personality and Social Psychology* (Jan. 1987). Similar findings were reported by Alexander Thomas and Stella Chess, in the September 1988 issue of *Child Development,* in their study of seventy-five children who were assessed at regular intervals since 1956, when they were between seven and twelve years old. Alexander Thomas et al., "Longitudinal Study of Negative Emotional States and Adjustments From Early Childhood Through Adolescence," *Child Development* 59 (1988). A decade later the children who parents and teachers had said were the most aggressive in grade school were having the most emotional turmoil in late adolescence. These were children (about twice as many boys as girls) who not only continually picked fights, but who also were belittling or openly hostile toward other children, and even toward their families and teachers. Their hostility was unchanged over the years; as adolescents they were having trouble getting along with classmates and with their families, and were in trouble at school. And, when contacted as adults, their difficulties ranged from tangles with the law to anxiety problems and depression.

11

Lack of empathy in abused children: The day-care observations and findings are reported in Mary Main and Carol George, "Responses of Abused and Disadvantaged Toddlers to Distress in Agemates: A Study in the Day-Care Setting," *Developmental Psychology* 21, 3 (1985). The findings have been repeated with preschoolers as well: Bonnie Klimes-Dougan and Janet Kistner, "Physically Abused Preschoolers' Responses to Peers' Distress," *Developmental Psychology* 26 (1990).

12

Difficulties of abused children: Robert Emery, "Family Violence," *American Psychologist* (Feb. 1989).

13

Abuse over generations: Whether abused children grow up to be abusing parents is a point of scientific debate. See, for example, Cathy Spatz Widom, "Child Abuse, Neglect and Adult Behavior," *American Journal of Orthopsychiatry* (July 1989).

第十三章　精神创伤和情绪再学习

1

I wrote about the lasting trauma of the killings at Cleveland Elementary School in *The New York Times* "Education Life" section (Jan. 7, 1990).

2

The examples of PTSD in crime victims were offered by Dr. Shelly Niederbach, a psychologist at the Victims' Counseling Service, Brooklyn.

3

The Vietnam memory is from M. Davis, "Analysis of Aversive Memories Using the Fear-Potentiated Startle Paradigm," in N. Butters and L. R Squire, eds., *The Neuro-psychology of Memory* (New York: Guilford Press, 1992).

4

LeDoux makes the scientific case for these memories being especially enduring in "Indelibility of Subcortical Emotional Memories," *Journal of Cognitive Neuroscience* (1989), vol. 1, 238-43.

5

I interviewed Dr. Charney in *The New York Times* (June 12, 1990).

6

The experiments with paired laboratory animals were described to me by Dr. John Krystal, and have been repeated at several scientific laboratories. The major studies were done by Dr. Jay Weiss at Duke University.

7

The best account of the brain changes underlying PTSD, and the role of the amygdala in them, is in Dennis Charney et al., "Psychobiologic Mechanisms of Posttraumatic Stress Disorder," *Archives of General Psychiatry* 50 (April 1993), 294-305.

8

Some of the evidence for trauma-induced changes in this brain network comes from experiments in which Vietnam vets with PTSD were injected with yohimbine, a drug used on the tips of arrows by South American Indians to render their prey helpless. In tiny doses yohimbine blocks the action of a specific receptor (the point on a neuron that receives a neurotransmitter) that ordinarily acts as a brake on the catecholamines. Yohimbine takes the brakes off, keeping these receptors from sensing the secretion of catecholamines; the result is increasing catecholamine levels. With the neural brakes on anxiety disarmed by the drug injections, the yohimbine triggered panic in 9 of 15 PTSD patients, and lifelike flashbacks in 6. One vet had a hallucination of a helicopter being shot down in a trail of smoke and a bright flash; another saw the explosion by a land mine of a Jeep with his buddies in it—the same scene that had haunted his nightmares and appeared as flashbacks for more than 20 years. The yohimbine study was conducted by Dr. John Krystal, director of the Laboratory of Clinical Psychopharmacology at the National Center for PTSD at the West Haven, Conn., VA Hospital.

9

Fewer alpha-2 receptors in men with PTSD: see Charney, "Psychobiologic Mechanisms."

10

The brain, trying to lower the rate of CRF secretion, compensates by decreasing the number of receptors that release it. One telltale sign that this is what happens in people with PTSD comes from a study in which eight patients being treated for the problem were injected with CRF. Ordinarily, an injection of CRF triggers a flood of ACTH, the hormone that streams through the body to trigger catecholamines. But in the PTSD patients, unlike a comparison group of people without PTSD, there was no discernible change in levels of ACTH—a sign that their brains had cut back on CRF receptors because they already were overloaded with the stress hormone. The research was described to me by Charles Nemeroff, a Duke University psychiatrist.

11

I interviewed Dr. Nemeroff in *The New York Times* (June 12, 1990).

12

Something similar seems to occur in PTSD: For instance, in one experiment Vietnam vets with a PTSD diagnosis were shown a specially edited 15-minute film of graphic combat scenes from the movie *Platoon.* In one group, the vets were injected with naloxone, a substance that blocks endorphins; after watching the movie, these vets showed no change in their sensitivity to pain. But in the group without the endorphin blocker, the men's pain sensitivity decreased 30 percent, indicating an increase in endorphin secretion. The same scene had no such effect on veterans who did not have PTSD, suggesting that in the PTSD victims the nerve pathways that regulate endorphins were overly sensitive or hyperactive—an effect that became apparent only when they were reexposed to something reminiscent of the original trauma. In this sequence the amygdala first evaluates the emotional importance of what we see. The study was done by Dr. Roger Pitman, a Harvard psychiatrist. As with other symptoms of PTSD, this brain change is not only learned under duress, but can be triggered once again if there is something reminiscent of the original terrible event. For example, Pitman found that when laboratory rats were shocked in a cage, they developed the same endorphin-based analgesia found in the Vietnam vets shown *Platoon.* Weeks later, when the rats were put into the cages where they had been shocked—but without any current being turned on—they once again became insensitive to pain, as they originally had been when shocked. See Roger Pitman, "Naloxone-Reversible Analgesic Response to Combat-Related Stimuli in Posttraumatic Stress Disorder," *Archives of General Medicine* (June 1990). See also Hillel Glover, "Emotional Numbing: A Possible Endorphin-Mediated Phenomenon Associated with Post-Traumatic Stress Disorders and Other Allied Psychopathologic States," *Journal of Traumatic Stress* 5, 4 (1992).

13

The brain evidence reviewed in this section is based on Dennis Charney's excellent article, "Psychobiologic Mechanisms."

14

Charney, "Psychobiologic Mechanisms," 300.

15

Role of prefrontal cortex in unlearning fear: In Richard Davidson's study, volunteers had their sweat response measured (a barometer of anxiety) while they heard a tone. followed by a loud, obnoxious noise. The loud noise triggered a rise in sweat. After a time, the tone alone was enough to trigger the same rise, showing that the volunteers had learned an aversion to the tone. As they continued to hear the tone without the obnoxious noise, the learned aversion faded away—the tone sounded without any increase in sweat. The more active the volunteers' left prefrontal cortex, the more quickly they lost the learned fear. In another experiment showing the prefrontal lobes' role in getting over a fear, lab rats—as is so often the case in these studies—learned to fear a tone paired with an electric shock. The rats then had what amounts to a lobotomy, a surgical lesion in their brain that cut off the prefrontal lobes from the amygdala. For the next several days the rats heard the tone without getting an electric shock. Slowly, over a period of days, rats who have once learned to fear a tone will gradually lose their fear. But for the rats with the disconnected prefrontal lobes, it took nearly twice as long to unlearn the fear—suggesting a crucial role for the prefrontal lobes in managing fear and, more generally, in mastering emotional lessons. This experiment was done by Maria Morgan, a graduate student of Joseph LeDoux's at the Center for Neural Science, New York University.

16

Recovery from PTSD: I was told about this study by Rachel Yehuda, a neurochemist and director of the Traumatic Stress Studies Program at the Mt. Sinai School of Medicine in Manhattan. I reported on the results in *The New York Times* (Oct. 6,1992).

17

Childhood trauma: Lenore Terr, *Too Scared to Cry* (New York: HarperCollins, 1990).

18

Pathway to recovery from trauma: Judith Lewis Herman, *Trauma and Recovery* (New York: Basic Books, 1992).

19

"Dosing" of trauma: Mardi Horowitz, *Stress Response Syndromes* (Northvale, NJ: Jason Aronson, 1986).

20

Another level at which relearning goes on, at least for adults, is philosophical. The eternal question of the victim—" Why me?" —needs to be addressed. Being the victim of trauma shatters a person' s faith that the world is a place that can be trusted, and that what happens to us in life is just—that is, that we can have control over our destiny by living a righteous life. The answers to the victim's conundrum, of course, need not be philosophical or religious; the task is to rebuild a system of belief or faith that allows living once again as though the world and the people in it can be trusted.

21

That the original fear persists, even if subdued, has been shown in studies where lab rats were conditioned to fear a sound, such as a bell, when it was paired with an electric shock. Afterward, when they heard the bell they reacted with fear, even though no shock accompanied it. Gradually, over the course of a year (a very long time for a rat—about a third of its life), the rats lost their fearfulness of the bell. But the fear was restored in full force when the sound of the bell was once again paired with a shock. The fear came back in a single instant—but took months and months to subside. The parallel in humans, of course, is when a traumatic fear from long ago, dormant for years, floods back in full force with some reminder of the original trauma.

22

Luborsky' s therapy research is detailed in Lester Luborsky and Paul Crits-Christoph, *Understanding Transference: The CCRT Method* (New York: Basic Books, 1990).

第十四章　性格非命运

1

See, for example, Jerome Kagan et al., "Initial Reactions to Unfamiliarity," *Current Directions in Psychological Science* (Dec. 1992). The fullest description of the biology of temperament is in Kagan, *Galen's Prophecy.*

2

Tom and Ralph, archetypically timid and bold types, are described in Kagan, *Galen's Prophecy,* pp. 155-57.

3

Lifelong problems of the shy child: Iris Bell, "Increased Prevalence of Stress-related Symptoms in Middle-aged Women Who Report Childhood Shyness," *Annals of Behavior Medicine* 16 (1994).

4

The heightened heart rate: Iris R. Bell et al., "Failure of Heart Rate Habituation During Cognitive and Olfactory Laboratory Stressors in Young Adults With Childhood Shyness," *Annals of Behavior Medicine* 16 (1994).

5

Panic in teenagers: Chris Hayward et al., "Pubertal Stage and Panic Attack History in Sixth- and Seventh-grade Girls," *American Journal of Psychiatry* vol. 149(9) (Sept. 1992), pp. 1239-43; Jerold Rosenbaum et al., "Behavioral Inhibition in Childhood: A Risk Factor for Anxiety Disorders," *Harvard Review of Psychiatry* (May 1993).

6

The research on personality and hemispheric differences was done by Dr. Richard Davidson at the University of Wisconsin, and by Dr. Andrew Tomarken, a psychologist at Vanderbilt University: see Andrew Tomarken and Richard Davidson, "Frontal Brain Activation in Repressors and Nonrepressors," *Journal of Abnormal Psychology* 103 (1994).

7

The observations of how mothers can help timid infants become bolder were done with Doreen Arcus. Details are in Kagan, *Galen's Prophecy.*

8

Kagan, *Galen's Prophecy,* pp. 194-95.

9

Growing less shy: Jens Asendorpf, "The Malleability of Behavioral Inhibition: A Study of Individual Developmental Functions," *Developmental Psychology* 30, 6 (1994).

10

Hubel and Wiesel: David H. Hubel, Thorsten Wiesel, and S. Levay, "Plasticity of Ocular Columns in Monkey Striate Cortex," *Philosophical Transactions of the Royal Society of London* 278 (1977).

11

Experience and the rat's brain: The work of Marian Diamond and others is described in Richard Thompson, *The Brain* (San Francisco: W. H. Freeman, 1985).

12

Brain changes in treating obsessive-compulsive disorder: L. R. Baxter et al., "Caudate Glucose Metabolism Rate Changes With Both Drug and Behavior Therapy for Obsessive-Compulsive Disorder," *Archives of General Psychiatry* 49 (1992).

13

Increased activity in prefrontal lobes: L. R. Baxter et al., "Local Cerebral Glucose Metabolic Rates in Obsessive-Compulsive Disorder," *Archives of General Psychiatry AA* (1987).

14

Prefrontal lobes maturity: Bryan Kolb, "Brain Development, Plasticity, and Behavior," *American Psychologist AA* (1989).

15

Childhood experience and prefrontal pruning: Richard Davidson, "Asymmetric Brain Function, Affective Style and Psychopathology: The Role of Early Experience and Plasticity," *Development and Psychopathology* vol. 6 (1994), pp. 741-58.

16

Biological attunement and brain growth: Schore, *Affect Regulation.*

17

M. E. Phelps et al, "PET: A Biochemical Image of the Brain at Work," in N. A. Lassen et al., *Brain Work and Mental Activity: Quantitative Studies with Radioactive Tracers* (Copenhagen: Munksgaard, 1991).

第十五章　情绪盲的代价

1

Emotional literacy: I wrote about such courses in *The New York Times* (March 3,1992).

2

The statistics on teen crime rates are from the Uniform Crime Reports, *Crime in the U.S., 1991,* published by the Department of Justice.

3

Violent crimes in teenagers: In 1990 the juvenile arrest rate for violent crimes climbed to 430 per 100,000, a 27 percent jump over the 1980 rate. Teen arrest rates for forcible rape rose from 10.9 per 100,000 in 1965 to 21.9 per 100,000 in 1990. Teen murder rates more than quadrupled from 1965 to 1990, from 2.8 per 100,000 to 12.1; by 1990 three of four teenage murders were with guns, a 79 percent increase over the decade. Aggravated assault by teenagers jumped by 64 percent from 1980 to 1990. See, e.g., Ruby Takanashi, "The Opportunities of Adolescence," *American Psychologist* (Feb. 1993).

4

In 1950 the suicide rate for those 15 to 24 was 4.5 per 100,000. By 1989 it was three times higher, 13.3. Suicide rates for children 10 to 14 almost tripled between 1968 and 1985. Figures on suicide, homicide victims, and pregnancies are from *Health, 1991,* U.S. Department of Health and Human Services, and Children's Safety Network, *A Data Book of Child and Adolescent Injury* (Washington, DC: National Center for Education in Maternal and Child Health, 1991).

5

Over the three decades since 1960, rates of gonorrhea jumped to a level four times higher among children 10 to 14, and three times higher among those 15 to 19. By 1990, 20 percent of AIDS patients were in their twenties, many having become infected during their teen years. Pressure to have sex early is getting stronger. A survey in the 1990s found that more than a third of younger women say that pressure from peers made them decide to have sex the first time; a generation earlier just 13 percent of women said so. See Ruby Takanashi, "The Opportunities of Adolescence," and Children's Safety Network, *A Data Book of Child and Adolescent Injury.*

6

Heroin and cocaine use for whites rose from 18 per 100,000 in 1970 to a rate of 68 in 1990—about three times higher. But over the same two decades among blacks, the rise was from a 1970 rate of 53 per 100,000 to a staggering 766 in 1990—close to *13 times* the rate 20 years before. Drug use rates are from *Crime in the U.S., 1991,* U.S. Department of Justice.

7

As many as one in five children have psychological difficulties that impair their lives in some way, according to surveys done in the United States, New Zealand, Canada, and Puerto Rico. Anxiety is the most common problem in children under 11, afflicting 10 percent with phobias severe enough to interfere with normal life, another 5 percent with generalized anxiety and constant worry, and another 4 percent with intense anxiety about being separated from their parents. Binge drinking climbs during the teenage years among boys to a rate of about 20 percent by age 20. I reported much of this data on emotional disorders in children in *The New York Times* (Jan. 10, 1989).

8

The national study of children's emotional problems, and comparison with other countries: Thomas Achenbach and Catherine Howell, "Are America's Children's Problems Getting Worse? A 13-Year Comparison, "*Journal of the American Academy of Child and Adolescent Psychiatry* (Nov. 1989).

9

The comparison across nations was by Urie Bronfenbrenner, in Michael Lamb and Kathleen Sternberg, *Child Care in Context: Cross-Cultural Perspectives* (Englewood, NJ: Lawrence Erlbaum, 1992).

10

Urie Bronfenbrenner was speaking at a symposium at Cornell University (Sept. 24, 1993).

11

Longitudinal studies of aggressive and delinquent children: see, for example, Alexander Thomas et al., "Longitudinal Study of Negative Emotional States and Adjustments from Early Childhood Through Adolescence," *Child Development,* vol. 59 (Sept. 1988).

12

The bully experiment: John Lochman, "Social-Cognitive Processes of Severely Violent, Moderately Aggressive, and Nonaggressive Boys," *Journal of Clinical and Consulting Psychology,* 199, 4.

13

The aggressive boys research: Kenneth A. Dodge, "Emotion and Social Information Processing," in J. Garber and K. Dodge, *The Development ofEmotion Regulation and Dysregulation* (New York: Cambridge University Press, 1991).

14

Dislike for bullies within hours: J. D. Coie and J. B. Kupersmidt, "A Behavioral Analysis of Emerging Social Status in Boys' Groups," *Child Development* 54 (1983).

15

Up to half of unruly children: See, for example, Dan Offord et al., "Outcome, Prognosis, and Risk in a Longitudinal Follow-up Study," *Journal of the American Academy of Child and Adolescent Psychiatry* 31 0992).

16

Aggressive children and crime: Richard Tremblay et al., "Predicting Early Onset of Male Antisocial Behavior from Preschool Behavior," *Archives of General Psychiatry* (Sept. 1994).

17

What happens in a child's family before the child reaches school is, of course, crucial in creating a predisposition to aggression. One study, for example, showed that children whose mothers rejected them at age 1, and whose birth was more complicated, were four times as likely as others to commit a violent crime by age 18. Adriane Raines et al., "Birth Complications Combined with Early Maternal Rejection at Age One Predispose to Violent Crime at Age 18 Years," *Archives of General Psychiatry* (Dec. 1994).

18

While low verbal IQ has appeared to predict delinquency (one study found an eight-point difference in these scores between delinquents and nondelinquents), there is evidence that impulsivity is more directly and powerfully at cause for both the low IQ scores and delinquency. As for the low scores, impulsive children don't pay attention well enough to learn the language and reasoning skills on which verbal IQ scores are based, and so impulsivity lowers those scores. In the Pittsburgh Youth Study, a well-designed longitudinal project where both IQ and impulsivity were assessed in ten-to twelve-year-olds, impulsivity was almost three times more powerful than verbal IQ in predicting delinquency. See the discussion in: Jack Block, "On the Relation Between IQ, Impulsivity, and Delinquency," *Journal of Abnormal Psychology* 104 (1995).

19

"Bad" girls and pregnancy: Marion Underwood and Melinda Albert, "Fourth-Grade Peer Status as a Predictor of Adolescent Pregnancy," paper presented at the meeting of the Society for Research on Child Development, Kansas City, Missouri (Apr. 1989).

20

The trajectory to delinquency: Gerald R. Patterson, "Orderly Change in a Stable World: The Antisocial Trait as Chimera, "*Journal of Clinical and Consulting Psychology* 62 (1993).

21

Mind-set of aggression: Ronald Slaby and Nancy Guerra, "Cognitive Mediators of Aggression in Adolescent Offenders," *Developmental Psychology* 24 (1988).

22

The case of Dana: from Laura Mufson et al., *Interpersonal Psychotherapy for Depressed Adolescents* (New York: Guilford Press, 1993).

23

Rising rates of depression worldwide: Cross-National Collaborative Group, "The Changing Rate of Major Depression: Cross-National Comparisons," *Journal of the American Medical Association* (Dec. 2, 1992).

24

Ten times greater chance of depression: Peter Lewinsohn et al., "Age-Cohort Changes in the Lifetime Occurrence of Depression and Other Mental Disorders," *Journal of Abnormal Psychology* 102 0993).

25

Epidemiology of depression: Patricia Cohen et al., New York Psychiatric Institute, 1988; Peter Lewinsohn et al., "Adolescent Psychopathology: I. Prevalence and Incidence of Depression in High School Students, "*Journal of Abnormal Psychology* 102 0993). See also Mufson et al., *Interpersonal Psychotherapy.* For a review of lower estimates: E. Costello, "Developments in Child Psychiatric Epidemiology," *Journal of the Academy of Child and Adolescent Psychiatry* 28 (1989).

26

Patterns of depression in youth: Maria Kovacs and Leo Bastiaens, "The Psychotherapeutic Management of Major Depressive and Dysthymic Disorders in Childhood and Adolescence: Issues and Prospects," in I. M. Goodyer, ed., *Mood Disorders in Childhood and Adolescence* (New York: Cambridge University Press, 1994).

27

Depression in children: Kovacs, op. cit.

28

I interviewed Maria Kovacs in *The New York Times* (Jan. 11, 1994).

29

Social and emotional lag in depressed children: Maria Kovacs and David Goldston, "Cognitive and Social Development of Depressed Children and Adolescents," *Journal of the American Academy of Child and Adolescent Psychiatry* (May 1991).

30

Helplessness and depression: John Weiss et al., "Control-related Beliefs and Self-reported Depressive Symptoms in Late Childhood," *Journal of Abnormal Psychology* 102 (1993).

31

Pessimism and depression in children: Judy Garber, Vanderbilt University. See, e.g., Ruth Hilsman and Judy Garber, "A Test of the Cognitive Diathesis Model of Depression in Children: Academic Stressors, Attributional Style, Perceived Competence and Control," *Journal of Personality and Social Psychology* 67 (1994); Judith Garber, "Cognitions, Depressive Symptoms, and Development in Adolescents," *Journal of Abnormal Psychology* 102 (1993).

32

Garber, "Cognitions."

33

Garber, "Cognitions."

34

Susan Nolen-Hoeksema et al., "Predictors and Consequences of Childhood Depressive Symptoms: A Five-Year Longitudinal Study," *Journal of Abnormal Psychology* 101 (1992).

35

Depression rate halved: Gregory Clarke, University of Oregon Health Sciences Center, "Prevention of Depression in At-Risk High School Adolescents," paper delivered at the American Academy of Child and Adolescent Psychiatry (Oct. 1993).

36

Garber, "Cognitions."

37

Hilda Bruch, "Hunger and Instinct," *Journal of Nervous and Mental Disease* 149 (1969). Her seminal book, *The Golden Cage: The Enigma of Anorexia Nervosa* (Cambridge, MA: Harvard University Press) was not published until 1978.

38

The study of eating disorders: Gloria R. Leon et al., "Personality and Behavioral Vulnerabilities Associated with Risk Status for Eating Disorders in Adolescent Girls," *Journal of Abnormal Psychology* 102 (1993).

39

The six-year-old who felt fat was a patient of Dr. William Feldman, a pediatrician at the University of Ottawa.

40

Noted by Sifneos, "Affect, Emotional Conflict, and Deficit."

41

The vignette of Ben's rebuff is from Steven Asher and Sonda Gabriel, "The Social World of Peer-Rejected Children," paper presented at the annual meeting of the American Educational Research Association, San Francisco (Mar. 1989).

42

The dropout rate among socially rejected children: Asher and Gabriel, "The Social World of Peer-Rejected Children."

43

The findings on the poor emotional competence of unpopular children are from Kenneth Dodge and Esther Feldman, "Social Cognition and Sociometric Status," in Steven Asher and John Coie, eds., *Peer Rejection in Childhood (New York-.* Cambridge University Press, 1990).

44

Emory Cowen et al., "Longterm Follow-up of Early Detected Vulnerable Children," *Journal of Clinical and Consulting Psychology* 41 (1973).

45

Best friends and the rejected: Jeffrey Parker and Steven Asher, "Friendship Adjustment, Group Acceptance and Social Dissatisfaction in Childhood," paper presented at the annual meeting of the American Educational Research Association, Boston (1990).

46

The coaching for socially rejected children: Steven Asher and Gladys Williams, "Helping Children Without Friends in Home and School Contexts," in *Children's Social Development: Information for Parents and Teachers* (Urbana and Champaign: University of Illinois Press, 1987).

47

Similar results: Stephen Nowicki, "A Remediation Procedure for Nonverbal Processing Deficits," unpublished manuscript, Duke University (1989).

48

Two fifths are heavy drinkers: a survey at the University of Massachusetts by Project Pulse, reported in *The Daily Hampshire Gazette* (Nov. 13, 1993).

49

Binge drinking: Figures are from Harvey Wechsler, director of College Alcohol Studies at the Harvard School of Public Health (Aug. 1994).

50

More women drink to get drunk, and risk of rape: report by the Columbia University Center on Addiction and Substance Abuse (May 1993).

51

Leading cause of death: Alan Marlatt, report at the annual meeting of the American Psychological Association (Aug. 1994).

52

Data on alcoholism and cocaine addiction are from Meyer Glantz, acting chief of the Etiology Research Section of the National Institute for Drug and Alcohol Abuse.

53

Distress and abuse: Jeanne Tschann, "Initiation of Substance Abuse in Early Adolescence," *Health Psychology A* (1994).

54

I interviewed Ralph Tarter in *The New York Times* (Apr. 26, 1990).

55

Tension levels in sons of alcoholics: Howard Moss et al., "Plasma GABA-like Activity in Response to Ethanol Challenge in Men at High Risk for Alcoholism" *Biological Psychiatry* 27(6) (Mar. 1990).

56

Frontal lobe deficit in sons of alcoholics: Philip Harden and Robert Pihl, "Cognitive Function, Cardiovascular Reactivity, and Behavior in Boys at High Risk for Alcoholism," *Journal of Ab-*

normal Psychology 104 (1995).

57

Kathleen Merikangas et al., "Familial Transmission of Depression and Alcoholism," *Archives of General Psychiatry (Kpt.* 1985).

58

The restless and impulsive alcoholic: Moss et al.

59

Cocaine and depression: Edward Khantzian, "Psychiatric and Psychodynamic Factors in Cocaine Addiction," in Arnold Washton and Mark Gold, eds., *Cocaine: A Clinician's Handbook* (NewYork: Guilford Press, 1987).

60

Heroin addiction and anger: Edward Khantzian, Harvard Medical School, in conversation, based on over 200 patients he has treated who were addicted to heroin.

61

No more wars: The phrase was suggested to me by Tim Shriver of the Collaborative for the Advancement of Social and Emotional Learning at the Yale Child Studies Center.

62

Emotional impact of poverty: "Economic Deprivation and Early Childhood Development" and "Poverty Experiences of Young Children and the Quality of Their Home Environments." Greg Duncan and Patricia Garrett each described their research findings in separate articles in *Child Development (Kpv.* 1994).

63

Traits of resilient children: Norman Garmezy, *The Invulnerable Child* (New York: Guilford Press, 1987). I wrote about children who thrive despite hardship in *The New York Times* (Oct. 13, 1987).

64

Prevalence of mental disorders: Ronald C. Kessler et al., "Lifetime and 12-month Prevalence of DSM-III-R Psychiatric Disorders in the U.S.," *Archives of General Psychiatry* (Jan. 1994).

65

The figure for boys and girls reporting sexual abuse in the United States are from Malcolm Brown of the Violence and Traumatic Stress Branch of the National Institute of Mental Health; the number of substantiated cases is from the National Committee for the Prevention of Child Abuse and Neglect. A national survey of children found the rates to be 32 percent for girls and 0.6 percent for boys in a given year: David Finkelhor and Jennifer Dziuba-Leatherman, "Children as Victims of Violence: A National Survey," *Pediatrics* (Oct. 1984).

66

The national survey of children about sexual abuse prevention programs was done by David Finkelhor, a sociologist at the University of New Hampshire.

67

The figures on how many victims child molesters have are from an interview with Malcolm Gordon, a psychologist at the Violence and Traumatic Stress Branch of the National Institute of Mental Health.

68

W. T. Grant Consortium on the School-Based Promotion of Social Competence, "Drug and Alcohol Prevention Curricula," in J. David Hawkins et al., *Communities That Care* (San Francisco: Jossey-Bass, 1992).

69

W. T. Grant Consortium, "Drug and Alcohol Prevention Curricula," p. 136.

第十六章　情绪教育

1

I interviewed Karen Stone McCown in *The New York Times* (Nov. 7, 1993).

2

Karen F. Stone and Harold Q. Dillehunt, *Self Science: The Subject Is Me* (Santa Monica: Goodyear Publishing Co., 1978).

3

Committee for Children, "Guide to Feelings," *Second Step* 4-5(1992), p. 84.

4

The Child Development Project: See, e.g., Daniel Solomon et al., "Enhancing Children's Prosocial Behavior in the Classroom," *American Educational Research Journal* (Winter 1988).

5

Benefits from Head Start: Report by High/Scope Educational Research Foundation, Ypsilanti, Michigan (Apr. 1993).

6

The emotional timetable: Carolyn Saarni, "Emotional Competence: How Emotions and Relationships Become Integrated," in R. A. Thompson, ed., *Socioemotional Development/Nebraska Symposium on Motivation* 36 (1990).

7

The transition to grade school and middle school: David Hamburg, *Today's Children: Creating a Future for a Generation in Crisis* (New York: Times Books, 1992).

8

Hamburg, *Today's Children,* pp. 171-72.

9

Hamburg, *Today's Children,* p. 182.

10

I interviewed Linda Lantieri in *The New York Times* (Mar. 3, 1992).

11

Emotional-literacy programs as primary prevention: Hawkins et al., *Communities That Care.*

12

Schools as caring communities: Hawkins et al., *Communities That Care.*

13

The story of the girl who was not pregnant: Roger P. Weisberg et al., "Promoting Positive Social Development and Health Practice in Young Urban Adolescents," in M. J. Elias, ed., *Social Decision-making in the Middle School* (Gaithersburg, MD: Aspen Publishers, 1992).

14

Character-building and moral conduct: Amitai Etzioni, *The Spirit of Community* (New York: Crown, 1993).

15

Moral lessons: Steven C. Rockefeller, *John Dewey. Religious Faith and Democratic Humanism* (New York: Columbia University Press, 1991).

16

Doing right by others: Thomas Lickona, *Educating for Character* (New York: Bantam, 1991).

17

The arts of democracy: Francis Moore Lappe and Paul Martin DuBois, *The Quickening of America* (San Francisco: Jossey-Bass, 1994).

18

Cultivating character: Amitai Etzioni et al., *Character Building for a Democratic, Civil Society* (Washington, DC: The Communitarian Network, 1994).

19

Three percent rise in murder rates: "Murders Across Nation Rise by 3 Percent, but Overall Violent Crime Is Down," *The New York Times* (May 2, 1994).

20

Jump in juvenile crime: "Serious Crimes by Juveniles Soar," Associated Press (July 25, 1994). Appendix B. Hallmarks of the Emotional Mind

附录2　情绪心理的特征

1

I have written about Seymour Epstein's model of the "experiential unconscious" on several occasions in *The New York Times,* and much of this summary of it is based on conversations with him, letters to me, his article, "Integration of the Cognitive and Psychodynamic Unconscious" *(American Psychologist AA* (1994), and his book with Archie Brodsky, *You're Smarter Than You Think* (New

York: Simon & Schuster, 1993). While his model of the experiential mind informs my own about the "emotional mind," I have made my own interpretation.

2

Paul Ekman, "An Argument for the Basic Emotions," *Cognition and Emotion,* 6,1992, p. 175. The list of traits that distinguish emotions is a bit longer, but these are the traits that will concern us here.

3

Ekman, op cit., p. 187.

4

Ekman, op cit., p. 189.

5

Epstein, 1993, p. 55.

6

J. Toobey and L. Cosmides, "The Past Explains the Present: Emotional Adaptations and the Structure of Ancestral Environments," *Ethology and Sociobiology,* 11, pp. 418-19.

7

While it may seem self-evident that each emotion has its own biological pattern, it has not been so for those studying the psychophysiology of emotion. A highly technical debate continues over whether emotional arousal is basically the same for all emotions, or whether unique patterns can be teased out. Without going into the details of the debate, I have presented the case for those who hold to unique biological profiles for each major emotion.

公正

该如何做是好？

JUSTICE

WHAT'S THE RIGHT THING TO DO?

[美] 迈克尔·桑德尔（Michael Sandel）
著

朱慧玲
译

中信出版集团 | 北京

致基库，带着我无尽的爱意……

目录

第一章	做正当之事	1
第二章	最大幸福原则／功利主义	34
第三章	我们拥有自身吗？／自由至上主义	64
第四章	雇佣帮助／市场与道德	84
第五章	重要的是动机／伊曼纽尔·康德	116
第六章	平等的理由／约翰·罗尔斯	159
第七章	反歧视政策之争	191
第八章	谁应得什么？／亚里士多德	211
第九章	我们彼此负有什么义务？／忠诚之难	240
第十章	公正与共同善	282

后记 / 311

注释 / 313

第一章

做正当之事

2004年夏，飓风“查理”从墨西哥湾咆哮而出，横扫佛罗里达，直至大西洋。此次飓风夺去了22条生命，并造成了110亿美元的经济损失；[1]同时，它引发了一场关于价格欺诈的争论。

在奥兰多市内的一个加油站，原本2美元的冰袋卖到了10美元。当时正值8月中旬，因为停电不能使用冰箱和空调，所以人们别无选择，而只能购买高价冰块。飓风刮倒了很多大树，使得链锯的需求量猛增；很多住宅的屋顶急需修葺。然而，从屋顶上清理掉两棵树竟然也要付给施工方2.3万美元。平时在商店里卖250美元的小型家用发电机此时却涨到了2 000美元。一个77岁老妪和她年迈的丈夫以及残疾的女儿在飓风中逃出家门，住进一家汽车旅馆，但此时每个房间的单日住宿价格已从40美元飙升到了160美元。[2]

佛罗里达州的居民被飙升的物价激怒了。《今日美国》（*USA Today*）的一则头条报道如此命名：“刚送走飓风，又迎来秃鹰”。当一个居民得知他需要花费10 500美元才能将一棵压在屋顶上的大树移掉时，他说道：“企图利用别人的困难和痛苦发财是不对的。”佛罗里达州总检察长查理·克里斯特（Charlie Crist）同意此种说法：“有些人的灵魂是如此贪婪，竟然想在别人遭受飓风灾害时趁机发财。”[3]

佛罗里达州有一项反价格欺诈法。在此次飓风之后，总检察长办公室收到两千多件投诉，并有人通过诉讼获得了赔偿。西棕榈滩（West Palm Beach）的一家“戴斯酒店”（Days Inn）由于索价过高，被处以7万美元的罚款，以赔偿消费者的损失。[4]

然而，当克里斯特着手执行反价格欺诈法时，有些经济学家却认为，该法律并不适用于这种情况，而人们的愤怒也是误解所致。只有中世纪的哲学家和神学家才会认为商品交换应当根据基于传统或物品固有价值的“正当的价格”来进行。在当下的市场经济中，价格应该由供求关系决定，“正当的价格”在商品交换中已不复存在。

托马斯·索维尔（Thomas Sowell）是一位拥护自由市场的经济学家，他认为“价格欺诈”的说法能够有效地煽动人们的情绪，在经济学上却站不住脚。这是个非常混乱的概念，以至于大多数经济学家干脆不予理会。索维尔在《坦帕论坛报》[a]上撰文，试图解释“‘价格欺诈’是如何让佛罗里达居民受惠的”。索维尔写道：“当价格明显高于人们习以为常的价位时，人们就会指责这是价格欺诈。然而，人们恰好习以为常的价格水平，并非在道德上就是不可侵犯的。普通价格水平与在市场条件变化时——比如遭遇飓风——所产生的价格相比，并没有特殊性，也并非更加公平。”[5]

索维尔认为，冰块、桶装水、屋顶修理、发电机以及汽车旅馆的过高价格，有利于限制消费者使用这些物品，也有利于刺激别处的供应商给飓风受灾地区提供最急需的物品和服务。当佛罗里达居民在炎热的8月遭遇停电的时候，如果冰块卖到10美元一袋，那么冰块制造商们就会发现这值得他们生产和运输更多的冰块。索维尔解释道，这些价格并没有什么不公平之处，它们只是反映出购买者和销售者在他们交换的物品上所同意的价值。[6]

杰夫·雅各比（Jeff Jacoby）是《波士顿环球报》(*Boston Globe*)

a.《坦帕论坛报》(*Tampa Tribune*）出版于美国佛罗里达州坦帕市，是坦帕湾地区发行量最大的两大主流报纸之一。——译者注的一位支持自由市场的评论家，他以类似的理由反对反价格欺诈法："根据市场所产生的价格索价，并不是欺诈，也不是贪婪或无耻之举，而只是物品和服务在自由社会中获得分配的方式。"雅各比也承认："价格暴涨确实令人恼怒，尤其是对那些刚刚被致命的飓风严重扰乱生活的人而言。"然而公众的愤怒并不能成为干涉自由市场的正当理由。那看起来过分的价格能够刺激供应商生产更多的必需品，"所带来的好处要远远超过它的危害"。由此，他的结论是："把商贩们看作魔鬼并不能加快佛罗里达重建的脚步，而让他们自由地开展业务却可以。"[7]

总检察长克里斯特（一名共和党人，后来被选为佛罗里达州州长），在《坦帕论坛报》上发表专栏文章维护反价格欺诈法："人们在危急关头，比如在逃命时，或者在飓风后为家人寻求基本日用品时，被索要过高价格，政府不能袖手旁观。"[8]克里斯特反驳这样一种观点，即认为这些"过高的"价格反映了真实的自由交换：

> 这并不是一个正常的自由市场的情形。在正常的自由市场情形中，有意愿的购买者自行选择进入市场，并遇到有意愿的销售者，此时的价格依据供求关系而定。而在紧急状况中，被迫的购买者并没有自由。他们是被迫购买安全的居所之类的必需品的。[9]

"查理"飓风之后关于价格欺诈的争论，引发了一些与道德和法律相关的棘手问题：物品和服务的销售商利用一场自然灾害，根据市场需求随意定价，这是否是不正当的？如果不正当，那么法律应当做些什么呢？政府是否应当禁止价格欺诈——即使这样做干涉了购买者和销售者的交易自由？

福利、自由与德行

这些问题不仅涉及个人如何对待他人，还涉及应当如何制定法律，以及我们应当如何组织一个社会。这些都是关于公正的问题。要想解答它们，我们必须探索公正的含义。实际上，我们已经开始这样做了。如果你仔细观察价格欺诈的争论，你就会发现那些维护和反对价格欺诈的论证，都围绕着三种观念展开：使福利最大化、尊重自由和促进德行。其中的每一种观念都引向了一种不同的思考公正的方式。

维护自由市场的基本理由基于两种主张——一种有关福利，另一种有关自由。首先，通过刺激人们努力工作以供应他人所需要的物品，市场促进了社会的整体福利。（一般来说，我们经常把福利等同于经济繁荣，尽管福利是一个更加宽泛的概念，它还包括社会福利的非经济的方面。）其次，市场尊重个人自由：它让人们自己选择给他们所交换的物品定价，而不是把一个特定的价格强加于商品和服务。

丝毫不令人惊讶的是，反价格欺诈法的反对者们借助这两种为人们所熟知的理由为自由市场辩护。那么，反价格欺诈法的拥护者们如何回应呢？首先，他们认为，社会整体福利并不是通过在困难时期索要过高价格来真正地达到的。即使高价能够促进更多的商品供应，这一益处也会被高价给那些无法负担的人所带来的负担抵消。对富人而言，在暴风雨中为一加仑汽油或一个汽车旅馆的房间而支付过高价格，可能只是一件讨厌的事情；对那些收入微薄的人来说，这样的价格却造成了实实在在的困难，这可能导致他们滞留于危险地带而不能逃离到安全的地方。反价格欺诈法的支持者们认为，任何关于总体福利的估量，都必须考虑到那些在紧急状况中可能由于价格过高而买不起基本必需品的人所遭受的痛苦与磨难。

其次，反价格欺诈法的拥护者们坚持认为，在某些情况下，自由市场并不是真正的自由。正如克里斯特所指出的："被迫的购买者们并没有自由。他们是被迫购买安全的居所之类的必需品。"如果你与家人正在逃离一场飓风，那么你为汽油或居所支付过高的价格，就不是一种真正的自由交换，它接近于敲诈。因此，为了判断反价格欺诈法是否正当，我们需要评估这些关于福利和自由的不同说法。

然而我们也需要考虑另一种更深入的论点。诸多人对反价格欺诈法的支持都源自一种直觉的反应，而并没有真正考虑到福利或自由。人们对那些乘人之危的人感到愤怒，并希望他们受到惩罚，而不是得到大笔横财。这种情绪经常被看作一种原始的、不应当干涉公共政策或法律的感情而被摒弃。正如雅各比所言："把商贩们看作魔鬼并不能加快佛罗里达重建的脚步。"[10]

然而，对反价格欺诈者们的愤慨不只是一种欠考虑的怒气，它表明了一种值得我们认真考虑的道德论证。愤慨是当你认为人们得到他们并不应得的东西时，而感到的一种特殊的愤怒。这种愤慨是对不公正的愤怒。

当克里斯特描述"有些人在灵魂深处是如此贪婪，竟然想利用别人在飓风中所遭受的灾难而发财"时，他触及了这种愤慨背后的道德判断。他并没有明确地将这一观察与反价格欺诈法联系起来，然而在他的评论中却暗含着下列论证——我们可以称之为德行的论证。

贪婪是一种恶，是一种不道德的存在方式，尤其是当它使人们忽视别人的痛苦时。它不仅仅是一种个人的恶，它还与公民德性相冲突。在困难时期，一个良好的社会会凝聚在一起。人们之间相互关照，而不是榨取最大利益。如果一个社会中的人们在危急关头剥削自己的邻居以获取经济利益，那么这个社会就不是一个良好的社会。因此，过分的贪婪是一种恶，而一个良好的社会若有可能就应当反对之。反价格欺诈法无法禁止贪婪，但它至少能够限制其最露骨的表现，并表明社会对它的反对。通过惩罚而非奖励贪婪的行为，社会肯定了那种为了群体善而共同牺牲的公民美德。

承认德行论证的道德力量，并非就是认为它必须总是超越其他考量。在某些情况下，你可能得出结论，一个受到飓风袭击的社区，应当做一个魔鬼交易，甚至付出认可贪婪的道德代价——允许价格欺诈，以从别的地方吸引大量的屋顶建筑工人和承包商。先修补屋顶，稍后再补救社会结构。然而，我们要注意到，关于反价格欺诈法的争论并不仅仅与福利和自由相关，它也与德行相关——它涉及培育一个良好社会所依赖的心态、性情和品质。

有些人——包括那些支持反价格欺诈法的人——发现德行的论证令人感到尴尬，原因是：它似乎比那些诉诸福利与自由的论证更倾向于主观批判。质疑一项政策是否会加速经济恢复或刺激经济增长，不应涉及对人们的喜好加以评判。它假设人人都喜欢更多的收入，而且它并不对人们如何消费加以评判。同样，质疑人们在被迫的情况下是否能真正地自由选择，也并不需要对他们的选择加以评价。问题在于人们是否——或在多大程度上——是自由的，而不是被迫的。

相比之下，德行的论证基于这样一种判断，即贪婪是一种国家应当反对的恶。然而，应当由谁来判断什么是善，什么是恶呢？难道多元社会中的公民不是对这些事物存在分歧的吗？难道将关于德行的评判引入法律不会有危险吗？在面临这些担忧的时候，很多人都认为，政府应当在善恶之争中持中立态度，不应试图培养良好心态，或修正不良品性。

因此，当我们探究自己对价格欺诈的想法时，我们就会发现自相矛盾之处。当人们得到他们并不应得的东西时，我们感到愤慨；我们认为，那种在人类痛苦时贪婪掠夺的行为应当受到惩罚而非奖赏。但与此同时，当关于德行的评判进入法律程序时，我们又感到担忧。

这一困境引出了政治哲学中的一个重要问题：一个公正的社会应当努力推进其公民的德行吗？或者，法律是否应当在各种德行观念之间保持中立，以使公民能够自由地为自己选择最佳的生活方式？

传统观点认为，对这一问题的不同解答区分了古代的和现代的两种政治思考。这在某种意义上是对的。亚里士多德教导我们，公正意味着给予人们所应得的。为了决定谁应得什么，我们不得不决定哪些德行值得尊敬和奖赏。亚里士多德坚持认为，如果不首先反思哪种生活方式是人们最想要的，我们就不能弄明白什么是公正的宪法。对他而言，法律不可能中立于良善生活的各种问题。

与此相对，现代政治哲学家们——从18世纪的伊曼纽尔·康德（Immanuel Kant）到20世纪的约翰·罗尔斯（John Rawls）——认为，那界定我们各种权利的公正原则，应当不依赖于任何特殊的德行观念或最佳生活方式的观念。相反，一个公正的社会应当尊重每个人选择他自己的良善生活观念的自由。

因此你可能会说，古代的公正理论始于德行，而现代的理论则始于自由。在接下来的几章中，我们将要探讨这两者各自的优缺点。然而值得我们注意的是，这种对比在一开始就具有误导性。

如果我们把注意力转向当代政治中——并非在哲学家之间，而是在普通人之间——关于公正的争论，那么我们就会发现一种更加复杂的景象。的确，我们的大多数争论都与促进繁荣和尊重个人自由有关——至少在表面上如此。然而，与之冲突的是，在这些争论背后，我们经常能看到另外一套信念——它们涉及什么样的德行值得尊重和奖赏，以及什么样的生活方式是一个良好的社会应当推进的。尽管我们致力于推进繁荣和自由，但我们也不能全然摆脱关于公正的道德评判。那种认为公正涉及德行和选择的信念，深深扎根在人们的心灵中。关于公正的考量，似乎不可避免地使我们思考最佳的生活方式。

受什么样的伤才配得上紫心勋章？

在某些事情上，德行与荣誉问题非常明显，以至于我们无法加以否认。让我们来考虑一下最近关于谁有资格获得紫心勋章[a]的争论。1932 年以来，美国军队一直将这一奖章授予那些在战争中受伤或牺牲的士兵。除了能带来荣誉，这枚奖章还能使获得者在老兵医院中享有诸多特权。

自从伊拉克战争和阿富汗战争开战，越来越多的老兵被诊断出患有创伤后应激障碍，并接受治疗。其症状包括连续做噩梦、极度抑郁以及有自杀趋向。据报道，至少有 30 万名老兵受到创伤后应激障碍或严重的抑郁症的折磨。这些老兵的支持者们认为，老兵们同样有资格获得紫心勋章。既然心理上的创伤至少与身体上的创伤一样使人衰弱，那么，忍受这种伤痛的老兵们就应当获得这一勋章。[11]

五角大楼的顾问团在研究了这一问题之后，于 2009 年宣布，紫心勋章只授予那些身体上受到伤害的士兵。那些精神失调或心理上受到伤害的老兵，即使有资格获得由政府资助的医学治疗和残疾补助，也没有资格获得紫心勋章。五角大楼的这一决定基于以下两个理由：创伤后应激障碍并不是由敌人有意造成的，而且它们很难得到客观的诊断。[12]

五角大楼的决定正确吗？如果我们仅看这些理由，那么它们并不具有说服力。在伊拉克战争中，一种最普通的、紫心勋章所认可的创伤就是近距离爆炸所造成的鼓膜穿透。[13]与子弹和炸弹有所不同，这类爆炸并不是敌方战术故意要造成的伤害和牺牲。

a. 紫心勋章（the Purple Heart）是美国以总统的名义而授予的一种勋章，最初用于表彰那些在 1917 年 4 月 5 日或其后在军队服役中受伤或牺牲的士兵。它是以紫色的布料制成的心形勋章，是美国军队中至今仍在授予的历史最为悠久的勋章。——译者注它们（与创伤后应激障碍一样）是战争行为所产生的、损伤性的副作用。创伤后应激障碍可能比断肢更难以诊断，然而它们所造成的伤害却可能更加严重和持久。

正如关于紫心勋章的广泛争论所揭示的，这里真正的问题在于这枚奖章的意义及其所尊重的德行。那么，与此相关的德行是什么呢？与其他部队奖章不同，紫心勋章尊敬牺牲，而非勇敢。它不要求要有英雄的行为，只需要有敌人造成的伤害，但问题在于什么样的伤害应当被奖励。

一个叫作“紫心勋章骑士团”的老兵俱乐部反对由于心理上的创伤而授予这一奖章，他们认为这样做会“贬低”这份荣誉。该团体的发言人声明：“流血”应当是一项必要条件。[14] 他并没有解释为什么不流血的创伤就不算数。然而，支持将心理创伤包括在紫心勋章奖励范围之内的前海军上校泰勒·布德罗（Tyler E. Boudreau），为这一争论提出了一种令人信服的解析。他将这里的反对之声归咎于军队中一种根深蒂固的观念，即认为创伤后应激障碍是一种软弱的表现。“那种强调坚强意志的文化，同样也导致人们对‘战争暴力能够伤害最健康的心灵’这一说法持怀疑态度……令人悲哀的是，只要我们的军事文化对战争所造成的心理创伤还存有一种哪怕暗中的蔑视，那么，那些（受到心理创伤的）老兵就不可能得到紫心勋章。”[15]

因此，关于紫心勋章的争论，并不只是一种如何界定伤害之真实性的医学或临床上的争论。此争论的核心在于各种不同的关于道德品格和士兵勇气的观念。那些坚持认为只有流血的创伤才应当算数的人相信，创伤后应激障碍反映了一种不值得尊敬的性格上的软弱；那些认为心理创伤也应当算数的人则反驳说，那些受到长期性心理创伤和严重抑郁症的折磨的老兵，与那些失去一只胳膊的老兵为他们的国家做出的牺牲同样确凿无疑，同样光荣。

关于紫心勋章的争论阐明了亚里士多德公正理论的伦理逻辑。如果我们不询问一枚军队奖章尊敬的德行到底是什么，那么我们就不能决定谁应当获得这一奖章。并且，为了回答这一问题，我们就必须评价不同的有关性格和牺牲的观念。

人们很可能认为军队奖章是一个特殊事例，它追溯到有关荣誉和德行的古代伦理。而如今，我们大多数的争论都是关于如何分配经济繁荣的成果和困难时期的重负，以及如何界定公民的基本权利。在这些领域中，关于福利和自由的考虑占据统治地位。然而，有关经济安排的对与错的争论，经常会将我们带回到亚里士多德关于人们在道德上应得什么以及为何如此的讨论。

对政府救助的愤慨

公众对 2008—2009 年的经济危机感到愤怒，便是一个恰当的案例。近些年来，股票和房地产价格节节攀升，当房地产泡沫破裂之后，秋后算账的时刻也来临了。华尔街各大银行和金融机构通过由抵押贷款支撑的综合投资赚了几十亿美元，而现在这些抵押贷款的价值急速下跌。曾经不可一世的华尔街上的公司到了崩溃的边缘。股票市场崩盘之后，受到毁灭性打击的不仅仅是那些大的投资者，也有普通的美国百姓，他们退休账户中的钱大大缩水。2008 年，美国家庭所损失的财富总额达到 110 000 亿美元，相当于德国、日本和英国年产值的总和。[16]

2008 年 10 月，乔治 · W. 布什总统请求国会用 7 000 亿美元金融救助计划基金作为政府救助措施，来拯救国内大型银行和金融公司。华尔街在形势大好的时候获取了丰厚利润，而在形势不好的时候，就让纳税人来为其买单，这似乎很不公平。可是似乎又没有别的办法。这些银行和金融公司已经发展成庞然大物，与经济的各个方面纠缠在一起，以至于它们的崩溃会拖垮整个金融系统。它们“太大了，因而不能倒闭”。

没有人认为这些银行和投资机构应得这些钱。它们草率的赌注（不完备的政府法规使之成为可能）导致了这场危机。然而，这里的情形是：经济总体的福利似乎要超过对公平的考量。国会很不情愿地下拨了救助款项。

接下来就出现了奖金事件。在救助款项开始流通后不久，新闻报道披露，有些领取了公众救济金的公司将数百万美元作为奖金发放给它们的高层管理人员。其中最臭名昭著的例子涉及美国国际集团（AIG）——一家保险业巨头，它被旗下金融产品的高风险投资拖垮。尽管由于大量政府资金（总数达 1 730 亿美元）的注入获救，它却将 1.65 亿美元作为奖金支付给了那些部门经理，73 名员工获得了超过 100 万美元的奖金，而正是这些部门使得经济危机陡然加重。[17]

有关奖金的新闻点燃了公众抗议的怒火。这一次的愤怒并不是关于 10 美元一袋的冰块，也不是关于过高价格的汽车旅馆房间，而是关于用纳税人的钱大手大脚地奖励那些应该为全球金融危机负责的机构的成员。这一定有些不对头。尽管美国政府现在拥有该公司 80% 的股份，但是财政部部长在请求由政府任命的美国国际集团公司首席执行官取消奖金的发放时，却无功而返。首席执行官回答道：“如果员工们认为他们的补贴受控于美国财政部持续的、任意的管制，那么我们就不能吸引和留住最好的、最聪明的人才。”他认为，为了纳税人的利益——毕竟他们拥有大半个公司——我们需要高水平的员工来摆脱这些不良资产的负担。[18]

公众以盛怒予以回应。《纽约邮报》(*New York Post*)以头版头条表达出了多数人的心声：“贪婪的浑蛋们，不要如此心急。”[19]美国众议院试图通过一项法律，向那些获得政府救助款项的公司所发放给员工的奖金征收90%的税，以收回这笔钱。[20]在纽约总检察长安德鲁·科莫(Andrew Cuomo)施加的压力之下，美国国际集团奖金获得者前20名中的15人同意返还奖金，总计收回约5 000万美元。[21]这一行为稍稍缓解了公众的愤怒，参议院对惩罚性征税方式的支持力度也逐渐减弱。[22]然而，整件事却使得公众不再愿意支付更多的钱来收拾金融业的烂摊子。

对奖金事件的愤怒的核心是一种不公正感。即使在奖金事件爆发之前，公众对政府救助的支持也是犹豫不决并相互冲突的。经济的崩溃将会殃及每一个人，因此有必要阻止它的发生；同时，美国人认为，给那些失败的银行和投资公司注入大量的资金，从根本上来说是不公平的。在这两者之间，美国人民难以抉择。为了避免经济大灾难，国会和公众都做出了让步。然而，从道德上来说，这始终像是一种勒索。

在对政府救助感到愤怒的背后，是一种有关道德应得的观念：那些获得奖金的高层管理者(以及那些获得经济援助的公司)不配得到这些。然而，为什么他们不配呢？这里的原因可能并不是那么显而易见。让我们来考虑两种可能的回答——一种与贪婪有关，另一种则与失败有关。

公众愤怒的根源之一在于那些奖金似乎是在奖励贪婪，正如报纸头条不留情面地指出的。公众认为这在道德上是不可接受的。不仅仅是这些奖金，整个政府救助似乎都是在不合情理地奖励贪婪的行为，而不是惩罚。为了追求更大利益，那些金融衍生工具的交易者进行鲁莽轻率的投资，从而使他们的公司和整个国家都陷入岌岌可危的经济困境。在经济状况好的时候，他们将利益收入囊中，甚至在自己的投资破产之后，他们仍然不觉得百万美元的奖金有什么不妥之处。[23]

对贪婪的批判不仅体现于新闻报纸头条，同时也（以更得体的方式）体现于国家官员的言论之中。参议员夏洛德·布朗（一名俄亥俄州的民主党人）认为美国国际集团的行为意味着贪婪、狂妄自大，甚至更加恶劣的品性。[24]奥巴马总统认为："由于鲁莽和贪婪，美国国际集团使自身陷入经济困境。"[25]

这种关于贪婪的批判的问题在于，它没有把这次经济崩溃后从救助款项中拿到的奖励，与经济繁荣时期从市场获得的奖励区分开来。贪婪是一种恶，是一种不好的心态，是一种对利益的过分而专注的欲求。因此，我们能够理解为什么人们不愿意奖励贪婪。然而，我们是否有理由认为，现在这些政府救助奖金的领受者们要比多年前更加贪婪——而在那时候，他们非常成功并获得了更高的奖金？

华尔街的那些交易员、银行家及对冲基金的管理者，都是一帮要价不菲的家伙。对经济收益的追求是他们维持生计的方式。无论他们的职业是否腐蚀他们的品性，他们的德行都不会随着股市涨跌而上下起伏。因此，如果说用巨额援助的钱来奖励贪婪是一种错，那么难道市场对其慷慨回馈就没有错吗？2008年，华尔街的各大公司（有些是纳税人资助的人寿保险公司）发放了160亿美元的奖金，这引起了公众的愤怒。然而这一数字却不到2006年（340亿美元）和2007年（330亿美元）发放奖金的一半。[26] 如果我们现在说，他们不应该得到这些钱的原因是我们不应该奖励贪婪，那么我们又怎么能够说，在前几年他们应得那些钱呢？

一个明显的区别在于，政府救助的奖金来自纳税人，而经济良好时期的奖金来自公司的盈利。如果公众愤怒是因为他们认为这些奖金并不应得，那么奖金的出处就不应该影响这一判断。然而，它却提供了一条线索：这些奖金之所以来自纳税人，是因为那些公司失败了。这将我们引入了这场民怨的核心：美国公众反对发放奖金和政府救助的真正原因并不在于他们奖励贪婪，而在于他们奖励失败。

美国人对失败比对贪婪更加苛刻。在市场占主导的社会，人们期望那些雄心勃勃的人积极地追求他们的利益，而且自我利益和贪婪之间的界线经常比较模糊。然而，成功与失败之间的界线却被人们鲜明地铭记于心。"人们应该得到成功赐予的奖励"这一信念，是"美国梦"的核心。

尽管奥巴马总统顺便提及了贪婪，然而他明白，对失败的奖励是反对之声和愤怒的更深层原因。在宣布让接受救助款项的公司限制发放高层经理的工资时，奥巴马认识到了人们对政府救助感到愤怒的真正原因：

> 这就是美国。我们不轻视财富，我们也不因为任何人取得成功而抱怨，并且我们毫无疑问地相信：成功应当得到奖赏。

然而，让人们感到沮丧，并且应当感到沮丧的是，那些高级管理者却因失败而得到奖励，尤其是当奖金来自美国纳税人的钱时。[27]

有关政府救助伦理的一个最不寻常的论述来自参议员查尔斯·格拉斯利（Charles Grassley），他是艾奥瓦州的一名共和党人，来自美国中部的财政保守派。在人们为奖金事件而极为愤慨的时候，格拉斯利在接受艾奥瓦州广播电台采访时说，最让他感到恼怒的是，这些公司的高级管理者们拒绝为自己的失败接受任何谴责。“如果他们能像日本人那样来到美国人民的面前深深鞠个躬，说声‘对不起’，然后要么辞职，要么自杀，那么我对他们的感觉会好很多。”[28]

格拉斯利后来解释道，他并不是在号召那些管理者去自杀。不过他确实希望他们能够为自己的失败承担责任、表示悔恨以及向公众道歉。“我从来没有从那些高级管理者口中听到这些，这使得我那个辖区范围内的纳税人很难再继续往外扔钱。”[29]

格拉斯利的评论支持了我的直觉——人们之所以对政府救助感到愤怒，并不主要是由于奖励了贪婪；最冒犯美国人公正感的是，他们上缴的税款竟然被用来奖励失败。

如果这一点是正确的，那么我们仍然要追问，这种关于政府救助的观点是否正当。大银行和投资公司的那些首席执行官和高层管理人员是否真的要因为这场金融危机而受到谴责？许多管理者并不这样认为。在调查此次金融危机的国会委员会面前作证时，他们坚称自己竭尽所能地利用了他们所能掌握到的信息。在2008年破产的一家华尔街投资公司——贝尔斯登（Bear Stearns）

的前首席执行官说，他思考良久，想看看自己是否可以做出不同的事情。他总结说他已经做了所有他能做的事情："我实在想不出任何办法……能改变我们面临的现状。"[30]

其他失败的公司的首席执行官们对此表示同意，并坚称他们是一场无法掌控的"金融海啸"的受害者。[31]类似的心态蔓延至年轻的交易员，他们无法理解公众为什么对他们领受奖金感到愤怒。一名华尔街交易员告诉《名利场》（*Vanity Fair*）杂志的记者："人们对我们没有任何同情，可是我们并非不努力。"[32]

"海啸"这一比喻成为政府助救的日常用语，尤其是在金融圈内。如果这些经理是对的，即可以将他们公司的失败归咎于更大的经济力量，而并非他们自己的决定，那么这就能够解释，为什么他们并没有表达参议员格拉斯利所期望听到的悔恨之情。然而，这同样也引发了一个意义深远的有关失败、成功与公正的问题。

如果强大的、系统性的经济力量能够解释 2008—2009 年灾难性的损失，那么难道我们不能说，它们同样能够解释前些年那些令人眩晕的收入吗？如果我们因为年成不好而责备天气，那么那些有天赋有智慧并努力工作的银行家、交易员及华尔街的高级经理，又怎么能够由于那些在艳阳高照时所获得的惊人回报而受禄呢？

在面对公众为给失败发放奖金而产生的愤怒时，那些首席执行官辩称，经济收益并不完全是他们的自身行为结果，而是他们不可掌控之力量的产物。他们可能是有一定道理的。然而，如果这是真的，那么我们就有很好的理由来质疑他们在经济良好时期对超额报酬的索求。冷战的结束、全球化的贸易、资本主义的市场、个人电脑和网络的兴起以及诸多其他因素，都肯定有助于解释20世纪90年代及21世纪初金融业的成功。

2007年，美国各大企业的首席执行官获得了高于普通工人344倍的工资。[33]那么，这些首席执行官凭什么应该得到比他们的员工高这么多倍的工资呢？诚然，他们大多数都努力工作，并将自己的才能运用到了工作当中。然而，让我们来考虑这一点：1980年，首席执行官的工资仅仅是其工人的42倍。[34]难道1980年的那些首席执行官没有现在的这些有才华，也没有他们工作努力？抑或是这些工资的差距所反映的偶然情况与天赋和技能无关？

再让我们来比较一下美国的首席执行官与其他国家的工资水平。美国顶尖公司的首席执行官每年的平均工资为1 330万美元（根据2004—2006年的数据），与之相对的是，欧洲首席执行官的年均工资是660万美元，而日本的首席执行官的年均工资为150万美元。[35]美国的首席执行官们就应得2倍于欧洲同行、9倍于日本同行的工资吗？抑或是这些差距所反映的因素同样与首席执行官们付诸工作的努力和才能无关呢？

2009年年初，公众对政府救助的愤怒纠结着美国，这表达出一种被广泛认可的观点：那些通过冒险性投资而摧毁自己公司的人，不应当得到百万美元的奖励。然而，关于奖金的争论却引发了另一些问题：当经济良好时，谁应当得到什么？那些成功人士应得市场所赋予他们的丰厚收入吗？这些丰厚收入是否取决于那些他们无法掌控的因素呢？在经济良好时期和经济低迷时期，公民之间的相互责任又意味着什么呢？经济危机是否会促进公众去讨论这些更为广泛的问题，我们将拭目以待。

三种考量公正的角度

要看一个社会是否公正，就要看它如何分配我们所看重的物品——收入与财富、义务与权利、权力与机会、公共职务与荣誉等。一个公正的社会以正当的方式分配这些物品，它给予每个人以应得的东西。然而当我们追问什么样的人应得什么样的东西以及为何如此时，便产生了一些棘手的问题。

其实，我们已经开始着手解决这些问题了。当我们仔细考虑价格欺诈的对与错、关于紫心勋章的不同主张及政府救助时，我们已经鉴别了三种分配物品的方式：福利、自由和德行。每一种理念都意味着一种不同的考量公正的方式。

我们当今的一些争论反映了我们在以下问题上的分歧：将幸福最大化、尊重自由以及培养德行意味着什么？而其他一些争论则涉及这样的分歧：当这些理念互相冲突时，我们该怎么办？政治哲学无法一劳永逸地解决这些问题。然而，它却能够清晰地概括我们目前的这些争论，并澄清那些我们作为民主社会的公民可能面对的各种观念背后的道德考量。

本书探索了这三种思考公正的方式各自的优缺点。我们将从福利最大化这一理念开始。对像我们这样的市场社会而言，它提供了一种自然的起点。许多当代政治争论都是关于如何促进经济繁荣，或如何提高我们的生活水平，以及如何刺激经济增长。为什么我们要关心这些事情呢？最显而易见的答案就是，我们认为经济繁荣能够使我们过得更好——无论是作为个人还是作为社会整体。换言之，经济繁荣之所以重要，是因为它有益于我们的幸福。为了探究这一理念，我们将转而讨论功利主义，它对我们应当如何使幸福最大化，或（如功利主义者所说的）如何寻求最大多数人的最大幸福，以及为何如此这些问题做了最有影响力的说明。

接着，我们将讨论一系列将公正与自由联系起来的各种理论。这类理论大多数都强调对个体权利的尊重，尽管它们自身在哪些权利最为重要这一问题上存有分歧。在当代政治语境中，公正意味着尊重自由和个体权利这一观念与功利主义使幸福最大化的观念，至少同样为人们所熟知。例如，美国的权利法案设定了某些大多数人都不能侵犯的自由——包括言论自由和宗教自由。环顾世界，公正意味着尊重某些普遍人权的观念，被越来越多地接纳（如果不总是实践上的，那么至少也是理论上的）。

从自由的角度考量公正是一种宽泛的理论。实际上，目前某些最激烈的政治争论就产生于这种理论内部的两大阵营——追求放任主义的阵营和追求公平的阵营。坚守放任主义阵营的是一些拥护自由市场的自由至上主义者，他们认为，公正就在于尊重和维护达成一致意见的成人的自愿选择。讲究公平的阵营包括一些持平等主义态度的理论家，他们认为，不受约束的市场既不正当也不自由。在他们看来，要想达到公正，就需要政策来修正社会和经济的缺陷，并给予每个人通往成功之路的平等机会。

最后，我们将转向另外一些理论，它们认为公正与德行及良善生活密切相关。在当代政治领域，德行理论经常被看成文化保守主义和宗教右派。对自由社会中的许多公民来说，将道德法律化这一观念是令人厌恶的，因为它具有沦为不宽容和压迫的危险。然而，以下这种观念——公正社会认可某些德行及关于良善生活的观念——在意识形态领域中引发了许多政治运动和争论。除了塔利班分子，废奴主义者和马丁·路德·金也从道德和宗教理想中引申出了各自的公正理论。

在我们试图评价这些公正理论之前，有必要先询问哲学论证如何能够展开——尤其是在像道德和政治哲学这样争辩如此激烈的领域。它们经常开始于具体的情境。正如我们在有关价格欺诈、紫心勋章及政府救助的讨论中所看到的，道德和政治的观点体现于分歧之中。这些分歧通常产生于公共领域中的不同党派或不同主张的倡导者之中；有些时候，分歧存在于作为个体的我们的内心，存在于我们在发现自己在面对一个棘手的道德问题时无所适从和自相矛盾的时候。

然而，我们怎么能从那些在具体情境所做的判断中，精确地推理出我们认为应当适用于各种情境的公正原则呢？简言之，道德推理以何种形式存在？

为了探讨道德推理是如何进行的，让我们转向两种情境——一个是哲学家们讨论较多的假想的故事，另一个是让人感到极其痛苦的、关于道德困境的真实故事。

让我们首先来考虑下面这个哲学家设想的故事。[36]像所有类似的故事一样，它讲述了一种可能出现的局面，在其中我们可以暂时不考虑现实的复杂性，只专注于有限的几个哲学议题。

失控的电车

假设你是一辆有轨电车的司机，电车以每小时60英里的速度沿着轨道疾驰而来。在前方，你看见五个工人手持工具站在轨道上。你试着停下来，可是你不能，因为刹车失灵了。你感到无比绝望，因为你知道，如果你冲向这五个工人，那么他们将全部被撞死。（我们先假定你是知道这一点的。）

突然，你注意到右边有一条岔道，那条轨道上也有工人，不过只有一个。你意识到，你可以将有轨电车拐向那条岔道，撞死这个工人，而挽救那五个工人。

你应该怎么做呢？大多数人会说："拐！尽管撞死一个无辜的人是一个悲剧，可撞死五个人将会更糟糕。"牺牲一个人的生命以挽救五个人的生命，这看起来确实是正当的事情。

现在让我们来考虑另外一种与有轨电车有关的假设。这一次，你不是司机，而是一个旁观者，站在桥上俯视着轨道。（这次旁边没有岔道）轨道的那一头开来了一辆电车，而在轨道的这一头则有五个工人。刹车又一次失灵了，电车即将冲向那五个工人。你感到自己没有能力去避免这场灾难——可是突然你发现，你身旁站着一个身材魁梧的人。你可以将他推下桥，落入轨道，从而挡住疾驰而来的电车。他可能会被撞死，但是那五个工人却将获救。（你考虑过自己跳下轨道，可你意识到自己个子太小了，无法挡住电车。）

将那个魁梧大汉推落到轨道上是否为正当之举呢？大多数人会说："当然不是！将那个人推向轨道是极其严重的错误。"

将某个人推下桥致死看起来确实是一桩可怕的事情，即使这样做挽救了五个无辜的生命。然而这便产生了一个道德难题：为什么这一原则——牺牲一个生命以挽救五个生命——在第一种情况下看起来是正确的，而在第二种情况下看起来是错误的呢？

如果像我们对第一种情形的反应所暗示出的数目很重要——如果挽救五个生命比挽救一个生命更好，那么为什么我们不能将这一原则应用到第二种情形，去推那个人呢？即使有一个很好的理由，将一个人推向死亡看起来也非常残忍。然而，用一辆有轨电车撞死一个人就不那么残忍吗？

将桥上的那个人推下去之所以不对，可能是因为这样做违背了他的意愿而利用了他。毕竟他并没有选择参与其中，他只是站在那里。

然而，我们可以对那个在岔道上工作的人说同样的话。他也没有选择要参与其中，他只是在做自己的工作，在这起失控电车事件中，他并不自愿牺牲自己的生命。人们可能会辩解说，铁路工人甘愿冒这样的危险，而旁观者则未必会如此。然而，让我们在这里假设，在紧急情况下牺牲自己以挽救他人的生命并不在这份工作的职责范围之内，并且这个工人与桥上的那个旁观者一样，都不愿意放弃自己的生命。

也许这里的道德差别并不在于对受害者的影响——他们都会死亡，而在于做决定的那个人的意图。作为电车司机，你可能会这样为自己将电车拐向岔道而辩解：尽管你可以预见到在岔道上那个工人的死亡，但是你并没有想要他死。如果运气足够好，那五个工人可以幸免于难，而这第六个人也能存活，这样，你的目的仍然能够达到。

然而，这一点在推人坠桥这一情形中仍然成立。你从桥上推下去的那个人的死亡，对你的目的而言并非不可或缺。他所要做的就是挡住电车，如果他能够既挡住电车而又存活下来，你将会非常高兴。

深入思考后我们也许会发现，这两种情形应当依据同一原则来裁定。它们都涉及要故意选择牺牲一个无辜者的生命，以防止一个更严重的损失。你可能仅仅是因为胆小脆弱——一种你应当克服的犹豫——而不情愿将那个人从桥上推落。用自己的双手将一个人推向死亡看起来确实比转动电车的方向盘更加残忍，然而，做正当的事情并不总是轻而易举的。

我们可以对这个假设稍做改变，以检验一下这一观念。假设作为旁观者的你可以不伸手推就能使身旁的大个子掉落轨道，假设他正站在一个活板门上，你可以通过一个方向盘打开这个活板门。不伸手推，便有同样的结果。这是否使得这成为正当之举呢？或者，这是否仍然比作为有轨电车司机的你拐向岔道在道德上更为恶劣呢？

要解释这些情形的道德差别并非易事——为什么使电车拐向岔道似乎是对的，而将人从桥上推下就是错的呢？不过，请注意我们在推理出两者之间令人信服的区别时所遇到的压力——如果我们推理不出来，那么就要重新考虑我们在每一种情形中对何谓正当之举做出的判断。我们有时候将道德推理看作说服他人的一种途径，然而，它同时也是一种澄清我们自身的道德信念，了解自己相信什么以及为何如此的途径。

某些道德困境源于相互冲突的道德原则。例如，一种在失控电车故事中起作用的原则认为，我们应当尽可能多地挽救生命；而另一种原则则认为，即使有一个很好的理由，杀害一个无辜的人也是不对的。当我们面对一种情形——其中我们要挽救一些人的生命就必须杀害一个无辜的人——的时候，我们便遇到了道德困境。我们必须弄明白哪一种原则更有说服力，或者更适用于这种情形。

另一些道德困境则源于我们不确定事情将如何展开。像失控电车这样的假设的故事，排除了我们在现实生活中所遇到的选择的不确定性。它们假定我们确切地知道，如果我们不转动电车的方向盘，或不把那个大个子推下桥，有多少人会死去。这使得这类故事不能完美地指导现实行为，不过这也使得这些故事成为对道德分析有用的方法。通过悬置偶然性——例如，“如果那些工人看到了那辆失控电车并及时地跳开了呢？”那些假想的案例有助于我们剥离出重要的道德原则，并检验它们的力量。

阿富汗的牧羊人

现在让我们来考虑一个真实的道德困境，它在某些方面与那个假想的失控电车的故事有些类似，然而，事态将如何发展的不确定性，使其变得更加复杂。

2005 年 6 月，一个由美国海军士官马库斯·勒特雷尔（Marcus Luttrell）和其他 3 名海豹突击队队员所组成的特殊军事小组，在阿富汗境内靠近巴基斯坦边界的地方，进行一项秘密的前期侦察任务——寻找一名塔利班领导人，他是奥萨姆·本·拉登的亲信之一。[37] 情报显示，这名领导人率领 140~150 名全副武装的战士正藏匿在崇山峻岭中的一个小村庄内。

这一特殊军事小组在山脊上占据了一个位置，并俯瞰那个村庄。突然，两名阿富汗农民赶着上百只咩咩叫着的羊，和他们撞了个对面。他们还带着一个约 14 岁的小男孩。这些阿富汗人没有武器，美国士兵用步枪对准他们，命令他们坐在地上，接着便开始讨论如何处理这几个人。一方面，这些牧羊人是手无寸铁的平民，另一方面，如果放他们走，就会冒这样的危险——他们可能会告诉塔利班分子，有一帮美国士兵在这里。

当4名士兵仔细考虑他们的可选择余地时，他们意识到自己没有带绳索。因此，捆住这几个阿富汗人以争取时机找到另一个藏身之处的办法，在此时并不可行。他们仅有的选择就是，要么杀了他们，要么放他们走。

勒特雷尔的一名战友认为要杀掉这些牧羊人："我们是在敌后执行任务的现役军人，受高级长官的委派来到这里。我们有权做任何事情来挽救我们自己的生命。如何做对军事行动有利是显而易见的，放走他们是不对的。"[38] 勒特雷尔难以抉择。他在回忆录里这样写道："从我的内心深处，我知道战友说得对，我们不能放走他们。可是问题在于，我还有另外一个灵魂，我的基督徒灵魂。它一直向我施压，有个东西在我的灵魂深处不停地告诉我：杀害这几个手无寸铁的人是不对的。"[39] 勒特雷尔没有说清楚他所说的基督徒灵魂是什么意思，总之在最后，他的良心不允许他杀害这些牧羊人。他投了决定性的一票，放走了他们。（他3个战友中有一个弃权了。）正是这一票，让他后来无比悔恨。

在他们释放那几个牧羊人一个半小时以后，这4名士兵发现自己被80~100名手持AK-47和火箭筒的塔利班分子包围。在接下来的那场惨烈的战斗中，勒特雷尔的3名战友都遇难了，塔利班分子还击落了一架试图解救该海豹突击队的直升机，机上16名士兵全部遇难。

勒特雷尔身受重伤，他跳下山坡并爬行了3英里，来到一个普什图人的村庄。那里的居民保护着他，不让他落入塔利班分子之手，直到他获救。

在回忆录中，勒特雷尔谴责自己所投的反对杀那些牧羊人的一票。他在一本有关此次经历的书中写道："这是我一生当中所做出的最愚蠢、最糊涂、最笨的决定。我当时一定是脑子出问题了。我投了这样一票，而我实际上知道这是签下我们的死亡执行令……至少，当我回顾这些的时候我是这样认为的……决定性的那一票是我投的，它会一直困扰着我，直到我栖息在东得克萨斯的一座坟墓里。"[40]

使这些士兵所处的困境如此艰难的部分原因在于一种不确定性，即他们不确定他们释放那些阿富汗人后将会发生什么。他们会仅仅走开而已吗？他们会不会通知塔利班分子呢？然而，假如勒特雷尔当时知道，放走那些牧羊人会导致一场灾难性的战斗，造成惨重损失——19 名战友丧生、自己身负重伤以及军事行动的失败，他会做出不同的选择吗？

对勒特雷尔来说，当他回顾此事时，答案是显而易见的：他会杀了那些牧羊人。考虑到接下来的灾难，人们对此难以表示反对。从数目的角度来看，勒特雷尔的选择类似于脱轨电车的情形。杀害这 3 名阿富汗人，将会挽救他的 3 个战友和那些试图解救他们的 16 名士兵的生命。然而，是哪一个版本的脱轨电车情形与此类似呢？杀害这些牧羊人像是转动电车的方向盘，还是更像将那个大汉从桥上推落呢？勒特雷尔预料到了危险，但仍然不杀害这些手无寸铁的平民，这一事实说明，它跟推人坠桥的情形更为接近。

然而，杀害牧羊人的理由似乎在某种程度上比推人坠桥的理由更有说服力。这可能是因为，我们根据结果怀疑他们并不是无辜的旁观者，而是塔利班分子的同情者。让我们来考虑一个类比：如果我们有理由相信，那个站在桥上的人使那辆电车的刹车失灵，企图撞死那些在轨道上工作的工人（让我们假设他们是他的敌人），那么将他推向轨道的道德理由会变得更加有力。我们可能仍然需要知道，他的这些敌人是什么人，以及他为什么想杀死他们。如果我们知道，轨道上的那些工人是法国抵抗运动的成员，而桥上的那个大个子是个纳粹分子，他企图使电车刹车失灵而撞死他们，那么将他从桥上推落以挽救那些工人的理由，将在道德上更有说服力。

当然，很有可能那些阿富汗牧羊人并非塔利班分子的同情者，而是这场冲突的中立者，甚至是塔利班分子的反对者，他们是受到塔利班分子的胁迫而透露了美国士兵的藏身之地的。假设勒特雷尔和他的同伴们确切地知道这些牧羊人对他们没有危害，但是会被塔利班分子折磨而供出他们的位置，他们仍可能会杀了这些牧羊人，以掩护他们的军事行动和保护自己的生命。只是，与他们知道这些牧羊人是支持塔利班分子的间谍相比，他们在做出杀害这些牧羊人的决定时，将会更加痛苦，在道德上也更站不住脚。

道德困境

我们很少有人会面临像山上的士兵或脱轨电车目击者所遇到的那样重大的选择。然而，我们力图通过解决他们的困境，来说明道德论证在我们的个人生活中以及在公共领域中的展开方式。

民主社会中的生活充斥着关于对与错、公正与不公正的争论。有些人拥护堕胎合法化，而另一些人则认为堕胎是一种谋杀；有些人认为公平需要向富人征税以帮助穷人，而另一些人则认为将人们通过自己的努力赚来的钱拿走是不公平的；有些人支持大学录取中的反歧视行动[a]，以纠正以往的错误，而另一些人则认为这对那些按成绩应当能被录取的人而言，是一种不公平的矫枉过正的歧视；有些人反对严刑逼供恐怖主义嫌疑分子，认为这是一种与自由社会不相称的道德的恶，而另一些人则认为这是阻止恐怖主义袭击的迫不得已的手段。

在这些问题上的分歧，经常是某个人在竞选中获胜或失败的原因，所谓的文化战争也是由此而起的。考虑到我们在公共生活中讨论道德问题所怀有的激情和热烈程度，我们可能会认为我们的道德信念已经通过教育或宗教信仰的灌输固定成形，非理性思考能改变。

然而，如果这是真的，那么道德劝导就是无法进行的，并且那些被我们看作关于公正和权利的公共争论，就不过是不同教条的相互攻击，或者是一种意识形态的食物大战。

在最糟糕的情形下，我们的政治会接近于这一情形，然而它本不该如此。有些时候，一场争论可以改变我们的思想。

那么，我们怎么能够通过这些相互对立的关于公正和不公正、平等和不平等、个人权利和共同利益的争论，进行独立的思考呢？本书将试图解答这一问题。

我们可以从下面这个问题开始：当人们面对一个棘手的道德问题时，道德反思是如何自然地产生的？首先，我们对一件应该做的事——比如，将电车拐向岔道——怀有自己的观点或信念。

a. 反歧视行动（affirmative action）是一个政治术语，指的是美国政府推动的一系列面向包括妇女、黑人和其他少数民族在内的政策和措施。这项政策通常要求雇主和教育机构设定指标，雇用和录取一定数量的先天弱势人员。国内又译为“平权法案”。——译者注然后，我们会开始思考那些支持自己信念的理由，并找出它们所依据的原则："牺牲一个人的生命而避免更多人死亡是更好的。"接着，当我们遇到一种能证明这种原则不对的情形时，我们便迷惑了。"我以前认为，尽可能多地挽救生命总是正确的，而现在将那个人从桥上推落（或杀害那些手无寸铁的牧羊人）似乎又是不对的。"我们感觉到源自这种困惑的压力，并想要把它弄明白。这便是导向哲学的本能。

当遇到这种张力时，我们可能会调整我们对何谓正当之为的判断，或重新考虑我们最开始拥护的那个原则。当遇到新的情形时，我们在自己的各种判断和原则之间左思右想，用一个来修正另一个。在这种从行动领域到理性王国之间来回思考的过程中发生的思想上的转变，就是道德反思。

这种观念将道德争论看成我们对各种特殊情况的判断和我们通过思考所信奉的原则之间的互动。它有着悠久的历史，可以追溯到苏格拉底的对话和亚里士多德的道德哲学。然而，尽管传统深远，它仍然受到以下的挑战。

如果道德反思就在于在我们的判断和所认同的原则之间找到一个合宜点，那么，这种反思又如何把我们带向公正和道德真理呢？即使我们终生都能成功地将我们的道德直觉和有原则的信念整合在一起，我们又能有多大的信心能说这种结果不过是一系列自圆其说的偏见呢？

答案在于，道德反思并不是个体的追求，而是公共的努力。它需要一个对话者——一个朋友、一个邻居、一个同志或一个公民同胞。当我们与自己争论时，这个对话者可以是想象的而非真实的。然而，我们不可能仅仅通过内省而得出公正的意义以及最佳的生活方式。

在柏拉图的《理想国》中，苏格拉底将普通公民比作一群被囚禁在洞穴里的囚犯。他们所见到的所有景象都是墙上的影子，是他们永远不能理解的事物的投影。在这里，只有哲学家能够从洞穴中走出，来到阳光之下，从而见到事物的真相。苏格拉底认为，如果人们能够把哲学家再次诱骗至他们所生活的黑暗之中，那么由于哲学家看到了太阳，因而只有他才适合统治那些穴居者。

柏拉图的意思是：要想抓住公正的含义以及良善生活的本质，我们就必须超越偏见和日常生活的惯例。我认为他是对的，可并非完全正确。穴居者们的要求应当得到满足。如果道德反思是一种对话——如果它需要在具体情境中的判断和影响这些判断的原则之间左右权衡——它就需要各种观点和信念作为基础和材料，无论它们多么片面和原始。一种与墙上影子毫不相关的哲学，只能催生出一种贫瘠的乌托邦。

当道德反思转变成政治反思时，当它询问应当用什么样的法律来管理我们的集体生活时，它就需要参与到城市的骚动中，参与那些使公众心烦意乱的各种争论和事件。关于政府救助、价格欺诈、收入不平等、反歧视行动、服兵役及同性婚姻的讨论，都是政治哲学探讨的内容。它们促使我们不仅在家庭和朋友面前，也在我们国家的那些高要求的公民面前，阐述并维护我们的道德观和政治信念。

更为苛刻的还是政治哲学家，无论在古代还是现代，他们都以一些激进的、令人惊讶的方式来思考那些使公民生活富有生气的观念——公正与权利，义务与同意，荣誉与德行，道德与法律。亚里士多德、伊曼纽尔·康德、约翰·斯图亚特·密尔和约翰·罗尔斯都是这样的人物。但在本书中，他们的出场却并不是按时间先后排序的。本书并非一本观念史，而是进行道德和政治反思的旅程，其目的并非在于向人们展示在政治思想史中谁影响了谁，而在于促使读者将自己关于公正的观念付诸批判性的检验，了解自己的真实想法，以及这些想法来自何处。

第二章

最大幸福原则/功利主义

1884年夏，四名英国海员被困在南大西洋的一只小救生艇上，远离陆地一千多英里。他们的船——“米尼奈特号”（Mignonette）在一场暴风雨中沉没了，他们几个人逃到救生艇上，食物仅剩两罐腌制的芜菁甘蓝，而且没有淡水。托马斯·达德利（Thomas Dudley）是船长，埃德温·斯蒂芬斯（Edwin Stephens）是大副，埃德蒙·布鲁克斯（Edmund Brooks）是船员——据报纸报道，“这些人全都具有高尚的品德”。[1]

这组船员中的第四个成员是船舱男仆理查德·帕克（Richard Parker），年仅17岁。他是个孤儿，这是他的第一次海上长途航行。他没有听取朋友们的建议，而是“怀揣年轻人的梦想”，认为这次旅途会使他成为一个男人。可悲的是，结果并不是这样。

四名被困的船员在救生艇上凝望着地平线，希望能有一艘船经过并解救他们。在最初的三天里，他们按定量分食了部分甘蓝。第四天，他们抓住一只海龟，并以这只海龟和剩下来的甘蓝维持了一些日子。然后，连续八天，他们什么都没吃。

当时，男仆帕克蜷缩在救生艇的小角落里。他不顾别人的劝告喝了海水，并因此生了病，看起来快要死了。在他们经受严峻考验的第19天，船长达德利建议用抓阄来决定让谁死，这样其他人也许能够活下去。但是布鲁克斯拒绝了，因此他们没有抓阄。

接下来的这一天，仍然不见别的船只。达德利让布鲁克斯把目光移开，并向斯蒂芬斯示意，他们不得不杀掉帕克。达德利做了个祷告，告诉男孩他的大限到了，然后用一把袖珍小刀刺进他的喉部静脉，杀死了他。布鲁克斯摆脱了来自良心的谴责，分享了这可怕的施舍。三人以男仆的尸体和血为食，又支撑了四天。

救援终于来了！达德利用犹豫而委婉的口吻在日记里描述了

他们的获救过程："第 24 天，正当我们吃早饭的时候"，一艘船终于出现了，这三个人被救了上来。在回到英国之后，他们被捕并接受了审判。布鲁克斯成为污点证人，达德利和斯蒂芬斯则被送上了法庭。他们直白地承认他们杀害并吃掉了帕克，他们声称自己这么做完全是出于必要。

假如你是法官，你会如何裁决呢？为了使事情简化，我们先把法律问题放在一边，先考虑如果由你来决定杀死船舱男仆在道德上是否可以容忍，你将如何处理。

对此最强有力的辩护是：考虑到当时那种可怕的情境，他们有必要杀死一个人以挽救其他三个人的生命。如果不杀死一个人并吃掉他，那么四个人可能都已经死了。帕克体弱又生了病，是当时符合逻辑的候选人，因为他反正很快就会死掉。此外，他跟达德利和斯蒂芬斯不一样，他没有家属，他的死不会剥夺任何人的依靠，也不会留下悲痛的遗孀和子女。

这种论证至少会受到两种反驳：第一，人们会质疑，杀死男仆所获得的利益，从总体来说，是否真的大于它所带来的损失。即使我们考虑到所挽救的生命的数量、幸存者及其家人的幸福，允许这种杀害也可能会对社会整体产生不良的后果——例如，这会削弱反对谋杀这一规范的权威性，或增加人们钻法律空子的可能性，抑或是会使船长们更难招募到船舱男仆。

第二，即使将所有的事情都考虑在内，杀死男仆确实利大于弊，难道我们就不会痛苦地感觉到，杀害并吃掉一个毫无反抗能力的男仆是不对的吗？而这不对的原因要凌驾于社会的得失算计之上？难道以这种方式利用一个人——利用他的脆弱，未经本人同意就剥夺了他的生命——是对的吗，即使这样做能使他人受益？

对任何一个对达德利和斯蒂芬斯的行为感到震惊的人而言，第一种反驳似乎只是一种温和的抱怨。它接受了功利主义的这一假设——道德就在于权衡得失，道德仅仅期望一种更完备的对社会后果的估算。

如果杀害这个船舱男仆值得引起人们道德上的愤怒，那么第二种反驳则更接近要点。它反驳这样一种观念：正当的行为仅仅是对结果——代价和受益——的一种算计。它暗示道德意味着更多的东西——某种与人类恰当地对待他人的方式相关的东西。

这两种思考救生艇案例的方式可以阐明两种不同的思考公正的角度。从第一种角度来看，一种行为道德与否仅仅取决于它所带来的后果；正当的行为，就是人们经过综合考虑所做出的任何能够使事情达到最佳状态的行为。而从第二种角度来看，在道德方面，结果并不是我们应当关注的全部。某些义务和权利应当受到我们的尊重，而这样做的原因并不依赖于社会性的后果。

为了解决救生艇一案，以及许多我们通常遇到的、没有这么极端的困境，我们需要探索一些更重大的道德和政治哲学问题：道德就是计算生命、权衡得失，还是某些道德责任和人权是根本性的，以至于它们凌驾于这样的算计之上呢？如果某些权利在这方面是根本性的——假如它们是自然的、神圣的、不可剥夺的和无条件的——那我们该如何甄别它们呢？又是什么使得它们具有这样的根本性呢？

杰里米·边沁的功利主义

杰里米·边沁（Jeremy Bentham，1748—1832）在这一问题上的立场非常明确。他多次嘲笑自然人权观念，称它们为“踩在高跷上的废话”。他开创的哲学思想体系有着深远的影响。实际上，它至今对政策制定者、经济学家、商业经理及普通公民都有着强有力的影响。

边沁是英国道德哲学家和法律改革者，创立了功利主义学说。其主要观点很简单，并对人具有直觉上的吸引力：道德的最高原则就是使幸福最大化，使快乐总体上超过痛苦。对边沁而言，正当的行为就是任何使功利最大化的行为。他所说的“功利”，意指任何能够产生快乐或幸福，并阻止痛苦或苦难的东西。

边沁通过下列推理得出了这一原则：我们都被痛苦和快乐的感觉控制着。它们是我们的“至高无上的主人”，在我们所做的任何事情中都主宰着我们，并决定着我们应当做什么事情。对与错的标准“与它们的王权紧密相连”。[2]

我们都喜欢快乐而厌恶痛苦。功利主义哲学意识到了这一点，并使得它成为道德和政治生活的基础。使功利最大化不仅仅是个人的原则，同时也是立法者的原则。一个政府在决定要制定什么样的法律和政策时，应当要做任何能够使作为整体的共同体的幸福最大化的事情。那么，什么是共同体呢？边沁认为，它是一个“想象的集体”，由组成它的个体总数构成。因此，公民和立法者都应当扪心自问：如果我们将这项政策的所有收益相加，再减去所有的代价，它会比其他政策产生更多的幸福吗？

边沁在对“我们应当使功利最大化”这一原则进行论证时，做出了大胆的断言：我们没有合适的理由来反驳它。他主张，任何道德论证都必须含蓄地利用使幸福最大化这一理念。人们可能会说他们相信某些绝对的、无条件的义务或权利，可是，除非他们相信尊重这些义务和权利将使人类的幸福最大化——至少从长远来看是如此，否则他们就没有任何理由来维护这些义务和责任。

边沁写道：“当一个人想要反抗功利原则时，他所引用的理由正来自这个原则本身——而他自己都意识不到这一点。”所有的道德争论如果被恰当地理解，就都是关于如何应用这个将快乐最大化、痛苦最小化的功利原则的争论，而并非关于原则本身的争论。“一个人是否有可能移动地球呢？”边沁说道，“能，可是他必须先找到另一个地球以立足。”对边沁而言，这唯一的地球、唯一的前提、道德争论的唯一出发点，就是功利原则。[3]

边沁认为他的功利原则提供了一种道德科学，它可以作为政治改革的基础。他提出了很多计划来使刑罚政策更有效、更人性化。其中一个就是环形监狱。在该监狱的中间有一个监视塔，这使得看管者可以监视囚犯，而囚犯却看不见他。边沁建议，可以将这个环形监狱交给一个私人的承包商（理想人选就是他自己）来运营，该承包商将管理监狱，以换取罪犯劳动所得的利润，这些囚犯将每天工作 16 个小时。尽管边沁的计划最终被否决了——它在当时过于超前了，可近些年在美国和英国，人们看到，将监狱承包给私人公司的观念却有所复兴。

管理乞丐

边沁的另一项计划，就是通过为穷人建立一个自主筹款的救济院而改进“乞丐管理”。这一试图减少街头乞丐的计划，鲜活地阐明了功利主义的逻辑。首先，边沁论述道，在街上遇到乞丐会以两种方式降低行人的幸福感。对心肠较软的人们来说，他们看到乞丐便产生了一种同情之苦；而对心肠较硬的人们来说，他们看到乞丐便产生了一种厌恶之苦。不管是哪一种方式，遇见乞丐都减少了普通大众的功利。因此，边沁建议将乞丐从街上赶走，并将他们局限于救济院之内。[4]

有些人可能认为这样对乞丐而言不太公平，不过，边沁的确没有忽略他们的功利。他承认，某些乞丐会更乐于乞讨而不愿在救济院工作。但是他注意到，快乐而富足的乞丐远没有悲惨度日的乞丐多。他总结道，公众所忍受的痛苦的总量，超过了那些被赶到救济院的乞丐所感受到的不幸福。[5]

有些人可能担心，建造和运营救济院会给纳税人增加开支，减少他们的幸福并因此减少他们的功利。然而，边沁提出了一种方式，以使他的乞丐管理计划能够完全自主筹款：任何一个遇见乞丐的公民都有权将他带到最近的一个救济院。一旦被限制在救济院内，每一个乞丐就都不得不工作以支付他的生活费用，而这些费用都会记在一个“自我解放账户”当中。这个账户将包括食物、衣服、床铺的花销以及医疗费用和一份人寿保险——以防这个乞丐在偿清该账户之前就死掉了。为了激励公民不怕麻烦，愿意抓捕乞丐并将其送往救济院，边沁还提议，每抓住一个乞丐便奖励 20 先令——当然，这笔钱将加在该乞丐的账单上。[6]

边沁还将功利主义的逻辑应用于同一社区内的房屋分配，以使居民从他们的邻居那里所受到的痛苦最小化："在每个可能产生某种不良影响的群体附近，安置对这种不良影响有免疫力的群体。"例如，"在胡言乱语的疯子或者说话不检点的人附近安置聋子和哑巴……在妓女和放荡的女人附近安置一些年长的女人。"至于那些严重畸形的人，边沁建议将他们安置在瞎子们的居所附近。[7]

尽管边沁的这一提议看起来似乎有些残酷，可是他的目标却并不苛刻。他仅仅想要通过解决减少社会功利的问题，来促进社会整体福利。他的乞丐管理方案从来没有被采纳过，然而，它所表现的这种功利主义精神存活至今。在考虑当代的功利主义思维方式的事例之前，我们有必要质问，边沁的哲学是否可以反驳呢？如果是，理由是什么？

反驳1：个体权利

许多人认为，功利主义最明显的缺陷在于，它没有尊重个体权利。由于仅仅考虑满意度的总和，它可能恣意践踏个体公民。虽然对功利主义者而言，个体也重要，但只有在每个人的偏好与他人的偏好统计在一起的时候才是如此。然而，这意味着我们如果自始至终坚持功利主义的逻辑，就有可能纵容许多无视人类基本尊严的行为，正如以下这些案例所表明的。

将基督徒扔给狮子

在古罗马时期有一种大众娱乐项目：将基督徒扔给竞技场中的狮子。让我们来想象一下，运用功利主义会如何看待这种娱乐：当狮子撕裂并吞食基督徒时，他遭受了极大的痛苦，然而，那些围在竞技场边欢呼着的观众却感受到了狂喜。如果有足够多的罗马人从这一残暴的景象中得到足够多的快乐，那么，一个功利主义者又有什么理由来谴责它呢？

功利主义者可能会担忧，这样的游戏会使人们变得粗野，因而在罗马的街头引起更多的暴力；它会引起那些潜在受害者的恐惧和战栗，他们某一天也有可能被扔给狮子。如果这些后果足够坏，那么它们或许会超过这个游戏带来的快乐，并给功利主义者们禁止它的理由。但是，如果这种考虑就是反对为了娱乐大众而残害基督徒的唯一理由，那么，难道就没有丢失某些具有道德重要性的东西吗？

严刑逼供是正当的吗？

在当代争论中有一个类似的问题：在审问恐怖分子嫌疑人时，使用严刑逼供是否正当？让我们来考虑一个关于定时炸弹的情形：假设你是美国中央情报局（CIA）分支机构的负责人，你抓住了一名恐怖分子嫌疑人，你相信他肯定有一些关于一个核装置的情报，而这个核装置被设定于当天在曼哈顿爆炸。事实上，你有理由怀疑，就是他自己安装了这个炸弹。随着时针嘀嘀嗒嗒地转动，他还是拒绝承认他是恐怖分子，或供出这个炸弹的位置。那么，我们能够正当地对他施行严刑拷打直至他供出炸弹在何处，以及如何拆除它吗？

赞成这么做的理由源于一种功利主义的算计。尽管严刑逼供使嫌疑人遭受痛苦，极大地减少了他的幸福和功利，可是一旦炸弹爆炸，就将损失成千上万条无辜的生命。因此，你可能会基于功利主义的理由而认为，如果使一个人遭受剧痛能阻止大范围的死亡和苦难，那么这样做在道德上就是正当的。美国前副总统理查德·切尼（Richard Cheney）认为，对基地组织恐怖主义嫌疑人使用残酷的审讯手段，帮助他们避免了另一场针对美国的恐怖袭击。他的这一论证就是基于功利主义的逻辑。

这并不是说功利主义者就肯定支持严刑逼供，某些功利主义者基于实际的理由是持反对态度的。他们认为，严刑逼供很少起作用，因为逼迫之下所获取的情报经常不可靠。因此，我们是让他们受苦了，可是却并没有使共同体更加安全：集体的功利没有任何增加。或者他们担心，如果我们的国家实施严刑逼供，那么一旦我们的士兵被俘，他们就将面临更加严酷的对待。如果综合起来考虑，这种与使用严刑逼供相联系的结果，可能在实际上减少了总体功利。

这些实际的考量也许正确，也许错误。不管怎样，作为反对使用严刑逼供的理由，它们与功利主义的思维方式完全一致。它们并没有断言严刑逼迫一个人在本质上就是错的，而只是担心使用严刑逼供会有不良后果，而这不良后果从总体来看弊大于利。

有些人从原则上反对严刑逼供，他们认为这侵犯了人权，也没有尊重人类的内在尊严。他们反对严刑逼供的理由并不依赖于功利主义的考量。他们认为人权和人类尊严拥有一个超越功利的道德基础。如果他们是对的，那么边沁的哲学就错了。

表面上看，定时炸弹的情形似乎支持边沁的论证。数量似乎确实产生了道德上的差异。为了尊重一个无辜的船舱男仆的生命而接受救生艇上三个人可能死亡的事实是一回事，可是，如果像定时炸弹的情形一样，成千上万条无辜的生命处于危险之中呢？如果几十万条生命处境危险呢？功利主义者可能会辩称，在某些时刻，即使是最热心的人权倡导者也会很难坚持认为让大量无辜的生命死去，比严刑拷打一个可能知道这个炸弹藏身之处的恐怖分子嫌疑人在道德上更加可取。

然而，作为对功利主义道德推理的一个考验，这个定时炸弹的例子具有误导性。它似乎证明了数目确实重要，因此，如果有足够多的生命处于危险之中，那么我们应当放下对尊严和权利的道德顾虑。而且如果这一点是真实的，那么，道德终究还是在于算计得失。

然而，严刑逼供的情形并没有表明，挽救许多条生命的这样一种前景能够证明使一个无辜之人遭受严酷痛苦是正当的。让我们回想一下，那个被严刑拷打以挽救那些生命的人是一个恐怖分子嫌疑人，事实上我们相信这个人安装了那枚炸弹。那么，那种支持我们严刑拷打他的理由的道德力量在很大程度上便取决于这样一种假设：他以某种方式对我们现在所力图避免的危险负有责任，或者如果他对这枚炸弹并没有任何责任，而我们认为他实施了其他可怕的行为使他应得残酷的对待。在定时炸弹这一案例中起作用的道德直觉并不仅仅是关于得失的算计，同时也是一种非功利主义的观念，即恐怖主义者是坏人，他们应该受到惩罚。

如果我们将这个假设的情形稍做改动，排除任何假定的犯罪因素，那么我们会更加清楚地看明白这一点。假如诱使该恐怖分子嫌疑人开口的唯一方式，就是折磨他的年幼女儿（她对父亲穷凶极恶的行为毫不知情），那么这样做在道德上是允许的吗？我相信，即使是一个硬心肠的功利主义者也可能在这一想法面前退缩。然而，这一版关于严刑逼供的情形，却给功利主义原则带来了一次更加真实的考验。它悬置了这样一种直觉——恐怖分子无论如何都应当受到惩罚（不考虑我们所期望获取的重要情报），同时，它也促使我们评价功利主义的计算本身。

快乐之城

第二种版本（涉及那个无辜的女儿）的关于严刑拷打的情形，使我们想起厄休拉·勒吉恩（Ursula K. Le Guin）的一篇短篇小说：《离开欧麦拉的人》（*The Ones Who Walk Away from Omelas*）。它讲述了一个叫欧麦拉的城市的故事。这是一个拥有幸福感和公民荣誉感的城市，没有国王和奴隶，没有广告和股票交易，也没有原子弹。为了不让我们觉得这个地方过于理想而超出想象，作者告诉了我们有关这个地方的另外一件事情："在欧麦拉的一栋漂亮的公共建筑的地下室里，或者是在某栋宽敞的私人住宅的地窖里，有一个房间，它有一扇锁着的门，没有窗户。"房间里坐着一个孩子，有些弱智，营养不良，并且被人们忽视。他在极度痛苦中勉强维生。

> 所有的欧麦拉人都知道，他就在那里……他们都知道，他得待在那里……他们明白，他们的幸福、他们的城市之美、他们的友谊之情以及孩子们的健康……甚至粮食的大丰收和风调雨顺的天气，都完全取决于这个孩子所受的可怕的痛苦……如果人们把这个孩子带出那个污秽之地以见天日，如果人们把他清理干净并喂饱他、让他感到舒适，这确实是一件好事。可是，如果人们这样做，那么欧麦拉人所有的繁荣、美丽和喜悦，在那一刻都将衰退并被毁灭。这就

是条件。[8]

这些条件在道德上是可接受的吗？对边沁功利主义的第一种反驳主张维护基本人权，认为它们在道德上不可接受，即使它们能带来整个城市的幸福。侵犯那个无辜孩子的权利是不对的，哪怕是为了多数人的幸福。

反驳2：通用价值货币

功利主义声称能够提供一种基于衡量、合并和计算幸福的道德科学。它不加评判地衡量各种偏好，每个人的偏好都同等重要。这种不加评判的精神是其吸引力的一个主要源泉；同时，它许诺要将道德选择变成一门科学，这也影响了很多当代经济学的理论。然而，为了使各种偏好能够相加，我们有必要用同一个尺度来衡量它们。边沁的功利思想便提供了这样一种通用价值货币。

然而，我们是否可能将所有道德上的善都转变成一种单一的价值货币，而在此转变过程中却不丧失某些东西呢？第二种对功利主义的反驳对此表示怀疑。根据这种反驳，我们不能将所有的价值都用同一种通用的价值货币来衡量。

为了探讨这种反驳，让我们来考虑一下功利主义逻辑在得失分析中的应用方式——这种得失分析是一种被政府和公司普遍采用的决策形式，它将所有的利益得失都纳入货币术语，然后进行比较，并试图通过这种方式为复杂的社会选择引入理性和精确性。

肺癌的益处

菲利浦·莫里斯（Philip Morris）烟草公司在捷克生意做得很大——在捷克，吸烟仍然很普遍，并且得到社会认可。由于担心吸烟使医疗费用不断攀升，捷克政府近来在考虑提高烟草的税额。为了避免税额的增加，菲利浦·莫里斯成立调查团，针对吸烟对捷克国民预算的影响做了一个得失分析。该研究发现，吸烟给捷克政府带来的收入大于支出，其原因在于：尽管烟民在世时会在预算中花费更多的医疗费用，可是他们死得早，因此能够给政府在医疗、养老金及养老院等方面节省数目可观的费用。根据这一研究，如果将吸烟的“积极效果”——包括烟草税的财政收入以及烟民早死而节省下来的钱——计算在内，那么国库每年的净收入将达到 1.47 亿美元。[9]

这份得失分析成为菲利浦·莫里斯公关上的一场灾难。一名评论员写道：“烟草公司过去常常否认烟草能够杀人，可是现在他们却为此吹嘘。”[10] 一个反吸烟组织在报纸上刊登了一则广告，它展示了停尸房中一具尸体的脚，脚趾头上贴着一枚标价 1 227 美元的标签，这代表着每一例与吸烟相关的死亡，将给捷克政府节省的开支。面对公众的愤怒和奚落，菲利浦·莫里斯的首席执行官为此公开道歉，他说，这一研究体现了“一种彻底的、不可接受的对人类基本价值的漠视”。[11]

有些人会说，菲利浦·莫里斯的吸烟报告说明了这种得失算计及其背后的功利主义思维方式在道德上非常愚蠢。将肺癌所造成的死亡看作有利可图的东西，这确实显示了一种冷酷无情的对人类生命的漠视。任何一项在道德上站得住脚的关于吸烟的政策，都不仅要考虑对财政的影响，也要考虑公共健康和人类幸福的后果。

然而，一个功利主义者并不否认这些深远后果——痛苦与磨难、悲恸的家庭及生命的丧失——的重要性。边沁发明了功利这一概念，用同一个尺度精确地表述我们关心的各种迥然不同的东西，包括人类生命的价值。对边沁学说的信奉者而言，吸烟报告并没有使功利原则陷入尴尬境地，它只是错误地应用了这些原则。一个更详尽的得失分析将会在道德计算中加入一个量，它代表了烟民的早死对自己及其家庭造成的损失，这份更详尽的得失分析还会将这些损失与烟民的早死给政府节省的开支做比较。

这就将我们带回到这样一个问题：是否所有的价值都能被转换成货币术语？有些得失分析尝试着这样去做，甚至去给人类生命定价。接下来让我们考虑下面两种对得失分析的运用，它们引发了道德上的愤怒，这并不是因为它们没有考虑人类生命的价值，而恰恰是因为它们以功利主义的方式衡量了这一价值。

爆炸的油箱

20 世纪 70 年代，福特汽车公司的平托（Pinto）是美国销售量最高的超小车型之一。然而不幸的是，当另一辆车从后面撞上它时，它的油箱容易爆炸。有 500 多人因为自己的平托汽车突然着火而丧生，有更多的人被严重烧伤。当其中一名烧伤受害者为这一设计缺陷状告福特汽车公司时，他发现福特的工程师们早就意识到了这种油箱的危险。然而，公司的经理们在做了一项得失分析后认为，修补这种油箱所获得的利益（包括挽救的生命和减少的伤害）并不值得他们在每辆车上花费 11 美元——这是给每辆车装上一个可以使油箱更加安全的设置所需要的费用。

为了计算出更安全的油箱带来的益处，福特公司先假定，如果不做改变，那么这种油箱会导致 180 人死亡和 180 人烧伤。然后，它给每一个丧失的生命和所遭受的伤害定价——一条生命 20 万美元，一种伤害 6.7 万美元。它将这些数目及可能着火的平托的价值相加，得出这一安全性改进的总收益将是 4 950 万美元。而给 1 250 万辆车逐一增加一个价值 11 美元的装置将会花费 1.375 亿美元。因此，该公司最后得出结论，维修油箱所用的花费远远高于一辆更安全的汽车所带来的收益，因而增加安全装置是不划算的。[12]

得知这一研究后，陪审团异常愤怒。它判给原告 250 万美元的损失赔偿和 1.25 亿美元的惩罚性赔偿（该数目后来减至 3 500 万美元）。[13] 可能陪审员认为公司给人类的生命定价是不对的，或者他们认为给一条命定价 20 万美元实在太低。但这一数目并不是福特公司自己定的，而是从一个政府机构那里得到的。20 世纪 70 年代早期，美国国家高速公路交通安全管理局计算过一起交通死亡事故的花费。把劳动力的丧失、医疗花费、葬礼的花费以及受害人的痛苦和伤害赔偿加在一起，该机构将每例死亡的赔偿定为 20 万美元。

如果陪审团的反对只是针对这一价格而非原则，那么，功利主义者会对此表示赞同。没有人愿意为了 20 万美元而死于一起交通事故，大多数的人都喜欢活着。要衡量一起交通死亡事故对功利的全部影响，人们不得不考虑这个受害者未来幸福的丧失，而不仅仅是收入的损失和葬礼的花费。那么，什么才是对人类生命价格的更为真实的估算呢？

老年人的折扣

当美国环境保护署（EPA）试图回答这一问题时，它也引起了道德愤怒，不过却是另外一种愤怒。2003 年，美国环境保护署递交了一份关于新的空气污染标准的得失分析。该机构给人类生命定了一个比福特公司更慷慨的价格，但有一个根据年龄而调节的变量：因更加洁净的空气而获救的每条生命，价值 370 万美元；年龄超过 70 岁的老人除外，他们的生命被定价为 230 万美元。在这不同的价格背后，是一种功利主义的观念：挽救一个老人的生命比挽救一个年轻人的生命所带来的功利少。（年轻人存活的时间更长，因此还能享受更多的幸福。）老年人的支持者们并不这样认为，他们抗议这种“老年人的折扣”，并认为政府不应当给年轻人的生命设定比老年人的生命更高的价格。由于受到这一抗议的冲击，环境保护署很快取消了这一折扣并撤回了该报告。[14]

功利主义的批评者们用这些情形来证明，得失分析具有误导性，并且给人类生命定价的这一行为在道德上是愚蠢的。得失分析的拥护者们对此并不同意。他们认为许多社会选择都暗含着用一定数量的生命来交换其他物品和便利设施的做法。他们坚持认为，无论我们承认与否，人类生命都有价格。

例如，汽车的普及必定会导致一定数量的人员伤亡——在美国，每年有超过 4 万人死于车祸。然而，这并没有导致我们这个社会放弃汽车。实际上，它甚至都没有促使我们设定一个更低的限速。在 1974 年的石油危机中，美国国会下达了每小时 55 英里的全国限速。尽管此目的在于节约能源，可是，更低的限速效果之一就是减少交通死亡事故。

到了 20 世纪 80 年代，美国国会取消了这一限制，大多数州都将限速提高到每小时 65 英里。驾驶员们节省了时间，可是交通事故的死亡数量却增加了。在那个时候，没有人进行一项得失分析，以裁定高速驾驶所带来的利益是否高过丧失生命所产生的费用。然而，若干年以后，两位经济学家做了这道算术题。他们设定，限速提高的好处之一就是更快地往返于家庭和工作；他们计算了这节省下来的时间所产生的经济效益（以平均每小时 20 美元计算），并用这一收益除以增加的死亡数目。他们发现，为了贪图快速开车的方便，美国人实际上给每条生命定价 154 万美元。这就是每小时多开 10 英里导致的每例死亡的经济收益。[15]

得失分析的倡导者们指出，通过每小时开 65 英里而不是 55 英里，我们含蓄地将人类生命价格定为每条生命 154 万美元，这远远少于美国政府机构在设定污染标准和健康安全条例时通常使用的数字：每条生命 600 万美元。因此，为什么我们不明确这一点呢？他们认为，如果我们不可避免地要用某种程度的安全来交换某些利益和便利，那么，我们应当睁大眼睛来进行此类交换，并应当尽可能系统地比较利益得失——即使这样做意味着要给人类生命标上价格标签。

功利主义将我们在给人类生命设定货币价格时表现的退缩倾向看作一种我们应当克服的冲动，一种妨碍清醒思考和理性社会选择的非理性禁忌。然而，对功利主义的批评者们而言，我们的犹豫涉及一些具有道德重要性的东西，亦即这样一种观念：我们不可能在一个尺度上衡量和比较所有的价值和物品。

有偿受苦

我们并不清楚该如何去解决这一争论。然而，某些信奉经验主义的社会科学家们却尝试过。20世纪30年代，社会心理学家爱德华·桑戴克（Edward Thorndike）试图证明功利主义的以下假设：我们有可能将自己的那些貌似迥然不同的欲望和厌恶，转化为与快乐和痛苦有关的通用货币。他对一些受政府救济的年轻人进行了一项调查，询问他们，如果让他们遭受各种不同的事情，需要付他们多少钱。例如："如果让你拔掉一颗上门牙，需要付给你多少钱？""如果让你切掉一只脚的小脚趾呢？""如果让你生吞一条6英寸长的蚯蚓呢？""如果让你徒手掐死一只流浪猫呢？""如果让你在堪萨斯的一个远离任何城镇10英里的农场度过余生呢？"[16]

你认为这些问题中的哪一条索价最高，哪一条索价最低呢？以下是他的研究所生成的价目表（按1937年的美元价值）：

牙齿：4 500 美元

脚趾：57 000 美元

蚯蚓：100 000 美元

猫：10 000 美元

堪萨斯：300 000 美元

桑戴克认为他的发现支持了这样一种观点——所有的物品都能够在同一尺度上被衡量和比较。"任何需求或满足，都以一定量而存在，因此就是可度量的。"他写道，"一只狗、一只猫抑或是一只小鸡的生命……主要由它们的自然欲求、渴望、欲望及满足构成，并取决于这些……人类的生命也是如此，尽管人类的自然欲求和欲望更多、更微妙、更复杂。”[17]

然而，桑戴克的价目表所具有的荒谬特征却表明了这种比较的荒诞性。我们真的能据此得出结论说，那些答题者认为在堪萨斯农场的生活前景的讨厌程度是生吞一条蚯蚓的3倍吗？还是这些经历是如此不同，以至于我们不能做出有意义的比较呢？桑戴克承认，有1/3的答题者声明，即使再多的钱也不能诱使他们遭受其中某些痛苦，这表明他们认为那些痛苦“令人厌恶到无法衡量的地步”。[18]

圣安妮的女生

也许我们没有压倒性的论据来支持或反对这样一种主张——所有的道德良善都能毫无损失地被纳入一种价值衡量。可是，还有一个案例使这一主张令人质疑。

20世纪70年代，当我还是牛津大学的研究生时，男生女生被分在不同的学院。女子学院不允许男性访客在女生宿舍过夜。这些规则很少能够得到执行，并且非常容易被打破，至少我是这样听说的。大多数学院院长都不再将坚守传统的性道德观念看作自己的责任。在持续的压力下，这一禁令是否应该放宽，成为圣安妮女子学院争论的主题。

学院教员中有些年长的妇女是传统主义者，她们基于传统道德反对留宿男性访客。她们认为，未婚女青年与男子过夜是不道德的。可是，时代改变了，这些传统主义者难以给出实际的理由以支持她们的观点。因此，她们将自己的论证转为功利主义的逻辑。她们认为：“如果男子留宿，学院的开支就会因此增加。”会怎样增加呢？“他们要洗澡，因而会使用更多的热水。”她们还进一步论证道："我们将不得不更加频繁地更换床单。"

改革者们通过以下这些妥协与那些传统主义者达成了一致：每名女子每周最多可以有三个晚上留宿访客，而每名访客每晚需要向学院支付 50 便士的费用。第二天，《卫报》（*Guardian*）的头条写道："圣安妮的女生，每晚 50 便士。"德行的逻辑转换成功利的逻辑并不容易。因此，不久之后，那些异性访问规定连同这个收费标准一起被撤销了。

约翰·斯图亚特·密尔

我们已经考察了两种对边沁"最大幸福"原则的反驳——一种认为它没有给予人类尊严和个体权利足够的重视，另一种认为它错误地将一切具有道德重要性的事物都用单一的快乐与痛苦的尺度衡量。这些反驳在多大程度上是令人信服的呢？

约翰·斯图亚特·密尔（John Stuart Mill，1806—1873）相信，这些问题可以得到解答。作为比边沁晚一辈的哲学家，他试图改进功利主义，使其更加人性化，算计的色彩更少。约翰·斯图亚特·密尔是詹姆斯·密尔（James Mill）之子，后者是边沁的朋友和追随者。詹姆斯·密尔在家里教育他的儿子，小密尔成为一个神童。他 3 岁学希腊语，8 岁学拉丁语，13 岁写成了罗马法律史，20 岁精神崩溃——这使他消沉了几年。此后不久，他遇见了哈利特·泰勒。她当时已经结婚了，并有两个孩子，可她和密尔还是成了亲密的朋友。20 年后她丈夫去世，她跟密尔结婚了。密尔称赞泰勒是他在修改边沁学说的时候最有智慧的伴侣和合作者。

支持自由的理由

密尔的著作可以被看作一次调和个人权利和他从父亲那里继承、从边沁那里接受的功利主义哲学的艰难尝试。他的著作《论自由》是英语世界为个体自由所做的经典辩护，其中心原则是：倘若不伤害他人，那么人们应该可以自由地去做任何他们想做的事情。政府不能为了保护人们不受到伤害而干涉个体的自由，或将大多数人关于怎样最好地生活的观念强加于每个人。密尔认为，一个人要对社会负责的唯一一种行为，就是会影响他人的行为。只要我不伤害到任何他人，那么我的“权利的独立性就是绝对的。个体是他自己，是自己身体和思想的最高统治者”。[19]

这种对个体权利的毫不让步的声明，似乎需要某些比功利原则更有说服力的东西作为辩护。让我们来考虑一下：假如一个大多数人的群体鄙视一个小的宗教，并希望它被禁止。禁止这个宗教难道不是有可能，甚至很可能给最大多数人带来最大幸福吗？是的，被禁止的少数人会遭受不幸和挫败，可是，如果大多数人的数量足够多并且对此异端的仇恨之情也足够热烈，那么他们的幸福之和将会远远超过那少数人的痛苦。如果这一情形是可能的，那么功利原则似乎就不是宗教自由的稳固而可靠的基础。密尔的自由原则似乎需要一个比边沁的功利原则更为坚固的道德基础。

密尔对此并不同意。他坚持认为，个人自由的理由完全建立在功利主义的考量之上：“我恰当地声明：我放弃任何可能从抽象权利观念得出的、独立于功利的、对我的论证有利的东西。我将功利看作所有伦理问题的终极诉求，可是，这里所说的功利必须是最宽泛意义上的功利，建立在作为进取性存在的人的永恒利益之上。”[20]

密尔认为我们不应当就事论事地使功利最大化，而应当从长远来看。他认为，从长远来看，尊重个体自由会导向最大的人类幸福。允许大多数人使持异议者保持沉默或抑制自由思考者，可能会使目前的功利最大化，可是从长远来看，这会使社会变得更坏——更加缺乏快乐。

为什么我们应当假设维护个人的自由和表达异议的权利会在长远上促进社会福利呢？密尔提出了几个理由：反对性的意见可能是正确或部分正确的，因而能给正统的观点提供纠正。即使它不正确，那么使正统的观点接受一些观念的有力挑战，也将能防止它变成硬性的教条和偏见。最后，一个强迫其成员接受习俗和传统的社会很可能会陷入一种荒谬的一致性，从而剥夺了自身促进社会进步的能量和活力。

密尔对自由有益社会的效果所做的思考非常合理，可是它们并没有给个人权利提供一种令人信服的道德基础，原因至少有以下两点。其一，如果为了促进社会进步而尊重个体权利，这就会使权利具有偶然性。假设我们进入一个社会，这个社会通过专横的手段而达到一种长期的幸福，难道功利主义者不是就得承认，在这样一个社会，个人权利并非道德必需？其二，如果将权利建立在功利主义的考量之上，那就遗漏了这样一种意义：侵犯某人的权利就是对这一个体施加了某种错误，无论这给总体福利带来什么样的后果。如果大多数人迫害一种不受欢迎的信仰的追随者，无论这种不宽容从长期来讲会给社会总体带来什么样的不良后果，难道这对作为个体的追随者们来说不是一种不公正吗？

密尔对这些质疑自有解答，但这也使他超越了功利主义伦理的边界。密尔解释道，强迫一个人根据习俗、传统或流行性的观点生活是错误的，因为这妨碍他达到人类生活的最高目的——充分而自由地发展其人类能力。在密尔看来，强制性顺从是最佳生活方式的敌人。

> 人类的认知、判断、有区别的感觉、精神活动甚至道德偏好等能力，只有在做出选择时才得到运用。一个出于习俗做事的人，并没有做出任何选择。他也没有锻炼自己的辨别能力，没有追求最好的东西。心智和道德的力量与肌肉的力量一样，只有通过使用才能得到提高……一个让世界或他自己周围的世界为他选择生活计划的人，除了类人猿的模仿能力，并不需要任何其他能力；一个为自己选择计划的人，才能运用他所有的能力。[21]

密尔承认，遵循传统可能会将一个人引入令人满意的生活状态，并使他远离伤害。"可是他作为一个人所具有的相对价值是什么呢？"他追问道，"人们做什么事情固然重要，而做这些事情的人是什么样的人也同样重要。"[22]

因此，行为和结果并不是唯一重要的东西，品格也同样重要。对密尔来说，个体价值之所以重要，并非由于蕴含其中的幸福感，而是它折射出了人的品格。"一个人如果连欲望和冲动都不是自己的，他就没有品格可言，就像一台蒸汽机没有品格一样。"[23]

密尔对个体性的有力赞颂是《论自由》一书的最显著的贡献。然而，它也是一种"异端邪说"。因为它诉诸一些超越功利的道德理想——关于品格和人类繁荣的理想，它实际上并不是对边沁原则的一种阐释，而是对它的一种放弃，尽管密尔声称他的思想刚好与此相反。

更高级的快乐

第二种对功利主义的反驳认为，功利主义将所有的价值都纳入一个衡量尺度，密尔对此的回应也同样依赖于那些独立于功利的道德理想。在《论自由》出版后不久，密尔又写了一篇很长的论文《功利主义》(1861)，他在其中试图说明，功利主义者能够区分高级快乐和低级快乐。

对边沁而言，快乐就是快乐，痛苦就是痛苦。评判一种体验与其他相比是更好还是更坏的唯一基础，就是它所产生的快乐或痛苦的强度和持久度。所谓的更高级的快乐或更高贵的德行只是能产生更强烈、更持久的快乐罢了。边沁并没有认识到不同的快乐所具有的质的差别。“快乐的量是平等的，”他写道，“图钉游戏与诗歌一样好。”[24]（图钉游戏是一种小孩子的游戏。）

边沁功利主义的部分吸引力正在于这种不加评判的精神。它如其所是地接受人们的各种偏好，而不对它们的道德价值做任何评判。所有的偏好都同等重要。边沁认为，认为某些快乐在本质上优于其他快乐，是一种专横的想法。有些人喜欢莫扎特，而有些人喜欢麦当娜；有些人喜欢芭蕾，而有些人喜欢保龄球；有些人读柏拉图，而有些人读《阁楼》[a]。边沁可能会质问道，有谁能说哪些快乐比其他的更高级、更有价值、更高尚呢？

这种拒绝区分高级快乐和低级快乐的行为，与边沁的以下观

a.《阁楼》（*Penthouse*）是一份由鲍勃·古奇奥尼（Bob Guccione）创办的男性杂志，结合了城市生活资讯和轻度情色照片。——译者注

念紧密相连：所有的价值都能在一个尺度上加以衡量和比较。如果我们各种经验之间的差别仅仅在于它们所产生的快乐或痛苦的量不同，我们就能在同一个尺度上衡量它们。然而，有些人也正是在这一点上反对功利主义：他们相信，有些快乐是真的比其他快乐“更高级”。他们认为，如果有些快乐是有价值的，而有些是卑劣的，那么，为什么社会应当平等地衡量所有的偏好呢？更不用说要将这些偏好的总和看作最大善了。

让我们再来想想罗马人将基督徒扔给竞技场中的狮子的情景。反对这一血腥景象的理由之一就是，它侵犯了受害者的权利。而一个更深入的反对的理由是：它迎合了那些邪恶而非高尚的快乐。难道改变这些偏好不比满足它们更好吗？

有人说，清教徒们之所以禁止犬熊相斗戏（古时的一种游戏），并不是因为它给熊带来的痛苦，而是因为它给观众带来的快乐。犬熊相斗戏已经不再是一种流行的消遣，而斗狗和斗鸡却有一种持久的诱惑力，也有某些司法机关禁止它们。一种拥护这种禁令的理由是防止残忍地对待动物。但这种法律可能同样反映了一种道德判断——从斗狗中获得快乐是令人憎恨的，是一个文明的社会应当阻止的事情，并非只有清教徒才同意这种判断。

边沁在决定法律应当如何判定的时候，会将所有的偏好都计算在内，而不考虑它们的价值。然而，如果更多的人宁愿观看斗狗而不愿看伦勃朗的油画，那么社会是否应当资助斗狗竞技场而不是艺术博物馆呢？如果某些快乐是卑劣可耻的，那为什么我们在决定应当采用什么法律时要考虑它们呢？

密尔试图挽救功利主义，使其免于这种非难。与边沁不同，他相信我们可以区分高级的和低级的快乐——评估我们欲望的质量，而不仅仅是评估其数量和强度。他还认为除了功利本身，他可以不依赖于任何道德观念而做出这一区分。

密尔一开始就宣誓忠诚于功利主义的信条："当行为能够促进幸福时，它们就是对的；当它们促进幸福的对立面时，它们就是错的。幸福就是我们想要的快乐和摆脱痛苦，不幸福就是痛苦和缺乏快乐。"他也肯定了"这一道德理论所依赖的生活理论，即源于痛苦的快乐和自由是唯一值得追求的目标；所有值得追求的事物……都是因为其包含快乐，或者因为它能促进快乐，避免痛苦"。[25]

尽管密尔坚持认为快乐和痛苦同样重要，但是他也承认"有些快乐比其他的更加值得追求，更有价值"。我们怎么知道哪些快乐在质量上更高一些呢？密尔提出了一种简单的检验："对两种快乐而言，如果所有或几乎所有体验过这两种快乐的人，都对其中某一种表现明确的偏好，而不顾及任何道德责任感去偏爱它，那么这种快乐就是更加值得追求的快乐。"[26]

这个检验有一个明显的优势：它并没有远离功利主义的这一观念——道德完全且仅仅依赖于我们实际的欲望。密尔写道："事物值得拥有的唯一标准就是人们想要它。"[27]然而，作为一种能在不同的快乐之间做出质的区分的方式，他的检验似乎容易受到一种明显的反驳：难道没有这样一种情况——相比高级快乐，我们不是更喜欢低级的吗？我们不是经常更喜欢躺在沙发上看情景喜剧，而不去读柏拉图或去剧院吗？难道我们不可能更喜欢这些要求不高的体验，而同时不认为它们特别有价值吗？

莎士比亚和《辛普森一家》

当我与学生们讨论密尔对更高级的快乐的描述时，我尝试了他的一种检验。我给他们展示了三种流行的娱乐项目：世界摔角娱乐的一场比赛——场景闹哄哄的，其中那些所谓的摔跤手用折叠椅互相攻击；一场由莎士比亚戏剧表演者朗诵的《哈姆雷特》的著名独白;《辛普森一家》的一个片段。然后我问了两个问题：你们最喜欢其中的哪个节目，亦即哪个节目最令人愉快？你们认为哪一个节目是最高级的或最值得的？

《辛普森一家》获得最多投票，被选为“最令人愉快的”，其次是莎士比亚。（一小部分勇敢者承认了他们对世界摔跤娱乐的喜爱。）然而，当被问及哪一种体验在他们看来具有最高质量时，大多数学生都选择了莎士比亚。

这一实验的结果向密尔的检验方法提出了疑问。许多学生更喜欢看霍默·辛普森，却仍然认为一段《哈姆雷特》的对白能带来更高级的快乐。不可否认，可能有些人之所以说莎士比亚更好，是因为他们坐在一间教室里，并不希望自己被看成没有文化修养的人。也有些学生认为《辛普森一家》微妙地掺和了讽刺、幽默及社会评论，它确实可以与莎士比亚的艺术媲美。然而，如果大多数体验过这两者的人都更喜欢看《辛普森一家》，那么密尔可能就很难得出结论说莎士比亚具有更高的价值。

可密尔并不想放弃这样一种观点，即某些生活方式比其他的更加高贵，即使以这种方式生活的人更不容易感到满足。“相比一个较低级的人，一个拥有更高能力的人需要更多的东西来使他感到高兴，他也可能会有更多的痛苦……然而，尽管具有这些不利因素，他却怎么也不会真的希望沦落成一种他认为更低级的存在。”为什么我们不愿意用一种要求我们运用更高能力的生活，去换取一种低级的、更容易让人感到满足的生活呢？密尔认为此处原因与“对独立和个人独立性的热爱”有关，他还总结道：“它的最恰当的称号就是一种尊严感，所有人都以这种或那种方式拥有这种尊严感。”[28]

密尔承认，“有时候在诱惑的影响下”，即使是我们当中最好的人，也会先选择低级快乐而推迟高级快乐。每个人偶尔都会抵挡不住成为电视迷的冲动。然而，这并不意味着我们不知道伦勃朗和那些重复播放的节目之间的区别。密尔在一段令人难忘的话中表明了这一点：“做一个得不到满足的人好过做一头满足的猪，做不满足的苏格拉底好过做一个满足的蠢货。如果一个蠢货或一头猪持有不同观点，那也仅仅是因为他们只坚持自己的偏见。”[29]

这种对诉诸更高人类能力的信念的表达具有很强的说服力。然而，正是基于这一点，密尔偏离了功利主义的前提。欲求事实上不再是判断何谓高尚何谓卑劣的唯一基础。现在，这个标准来源于一种独立于我们的期望和欲求的关于人类尊严的理想。更高级的快乐并不是因为我们更喜欢它们而显得更加高级，我们之所以更喜欢它们是因为我们认识到它们更加高级。我们之所以将《哈姆雷特》看作伟大的艺术，并不是因为相比低级的娱乐我们更喜欢它，而是因为它运用了我们的最高级的能力，并使我们成为一个更加完善的人。

与我们就个人权利所做的讨论一样，我们现在同样可以讨论更高级的快乐：密尔唯有通过援引一种脱离功利本身的有关人类尊严和人格的理想，才能使功利主义免于这样一种指控——它将所有的事物都纳入一种关于快乐和痛苦的生硬计算。

在这两位伟大的功利主义的倡导者中，密尔是一位更加人性化的哲学家，而边沁则更为前后一致。边沁死于 1832 年，享年 84 岁。可是，如果你现在去伦敦，你仍可以看到他。他在遗嘱中写道，他的遗体要被保存、制成木乃伊并当作展品。因此，人们现在可以在伦敦大学学院找到他。在那里，他穿着他当时的衣服，忧郁地坐在一个玻璃容器之中。

在他死前不久，边沁问了自己一个与他的哲学一致的问题：一个死去的人对生者还有什么用呢？他总结道：一个用途就是将自己的尸体贡献于解剖学。然而，对那些伟大的哲学家来说，最好还是保存他们的肉体以激励未来的思想家们。[30] 边沁将自己置于第二类。

实际上，谦逊并不是边沁显著的性格特征之一。他不仅为自己遗体的保存和展示提出了严格的规定，还建议他的朋友和追随者们，每年都要“为了纪念道德和立法领域中最大幸福的发现者”而聚会，并且当他们聚会时，他们应请边沁出席这一场合。[31]

他的仰慕者们答应了。20 世纪 80 年代，他自己命名的“自我肖像”（auto icon）出现在国际边沁协会的创立大会上。据报道，边沁会被推出来参加该学院的管理评议会，会议记录将他记载为“出席，但没有投票”。[32]

尽管边沁做了精心的准备，他的木乃伊的头部还是腐坏了。因此现在用一颗蜡制的头代替了他真正的头，为他自己守夜。他真正的头颅现在保存在地窖中，曾经一度被展示在一个盘子上，置于他的两脚之间。不过，学生们偷走了这颗头，要求学校用一笔钱将其赎回，并将赎金捐给了一家慈善机构。[33]

即使死了，杰里米·边沁仍然在促进最大多数人的最大善。

第三章

我们拥有自身吗？/自由至上主义

每年秋天,《福布斯》杂志都会公布一份全美最富的 400 人榜单。连续十多年来，微软创始人比尔 · 盖茨都位居榜首；当他于 2008 年摘得桂冠时,《福布斯》估算他的净资产为 570 亿美元。跻身这个榜单的还有投资家沃伦 · 巴菲特（排名第二，净资产 500 亿美元)、沃尔玛的拥有者、谷歌和亚马逊的创始人、各类石油大亨、对冲基金管理者、媒体大腕、房地产大亨、电视脱口秀主持人奥普拉 · 温弗里（名列第 155 位，净资产 27 亿美元）以及纽约扬基队的所有者乔治 · 史坦布瑞恩（名列最后一位，净资产 13 亿美元)。[1]

美国经济上层的财富是如此巨大，即使是在一个经济较弱的州，成为一个亿万富翁都不足以进入《福布斯》400 强。实际上，美国最富的 1% 的人口拥有整个国家 1/3 的财富，超过了底层 90% 的家庭所拥有的全部财富之和。那些收入位于前 10% 的美国家庭，吸纳了 41% 的全部国民收入，并持有全部财富的 71%。[2]

美国的贫富差距要比其他民主国家更为严重。有些人认为这种贫富差距是不公平的，并支持向富人征税以帮助穷人。而另一些人则反对这一点。他们认为，假如贫富差距并不是强迫或欺骗导致的，而是形成于人们在市场经济中所做出的选择，那么就并非不公平。

谁是正确的呢？如果你认为公正就意味着使幸福最大化，那么你可能会基于以下的理由而支持再分配：假设我们从比尔 · 盖茨那里拿走 100 万美元并分发给 100 名贫困的领受者，每个人领 1 万美元，那么，总体的幸福会增加。盖茨几乎不会想起这笔钱，而每一个领受者则会从这 1 万美元的意外之财中获得巨大的幸福，他们集体功利的上涨会多于盖茨的功利的下降。

这种功利主义的逻辑能够被扩展至支持一种非常激进的、关于财富的再分配，它可能让我们把钱从富人那里转给穷人，直到我们从盖茨那里拿走的最后一美元对他所造成的伤害与跟它对接受者的帮助一样多。

这种罗宾汉[a]式的情形至少会遭到两种反驳——一种是来自功利主义内部的思考，另一种则来自功利主义的外部。第一种认为高税率，尤其是针对收入的高税率，会降低人们工作和投资的热情，从而导致生产力的下降。如果经济大蛋糕缩水了，可再分配的财富就减少了，社会总体的功利水平也会下降。因此，在向比尔·盖茨和奥普拉·温弗里征过重的税之前，功利主义者可能得先询问一下这样做是否会导致他们的工作量降低，从而收入减少，最终减少再分配给穷人的那部分金钱的数量。

第二种反驳认为这些计算跑题了，它认为向富人征税以帮助穷人是不正当的，因为这侵犯了一种根本性的权利。根据这一反驳，即使理由充分，未经盖茨和温弗里本人的同意而从他们那里拿钱，就是一种强迫。这侵犯了他们用自己的钱做任何他们喜欢之事的自由。那些基于这些理由而反对再分配的人经常被称为“自由至上主义者”。

自由至上主义者们并不是以经济效率的名义——而是以人类自由的名义，支持不受约束的市场，并反对政府管制。他们的核心主张是：我们每一个人都拥有一种根本性的自由权——用自己拥有的事物去做任何事情的权利，只要我们同样尊重他人这样做

a. 罗宾汉是英国民间传说中侠盗式的英雄人物，相传他活跃在 1160—1247 年的英国，是一位劫富济贫、行侠仗义的绿林好汉。——编者注

的权利。

最小政府

如果自由至上主义者的权利理论是正确的，那么，现代政府的许多行为都是不合法的，并侵犯了自由权。只有最小政府——一个只监督合同得到履行、保护私人财产不被偷盗、维持和平的政府——才能与自由至上主义者的权利理论相容。任何一个做得更多的政府在道德上都是不正当的。

自由至上主义者反对三种类型的政策和法律，而这些政策和法律在现代国家中却是普遍存在的。

1. 反对家长式作风。自由至上主义者们反对那些保护人们不伤害自己的法律。有关系安全带的法律就是一个很好的例子，另外一个例子是有关戴摩托车头盔的法律。即使骑摩托车时不戴头盔是鲁莽的，即使头盔法能挽救生命并防止致命性的伤害，自由至上主义者们仍然认为这些法律侵犯了个体的决定承担何种风险的权利。只要没有第三方受到伤害，只要那些骑摩托车的人为自己的医疗账单负责，那么政府就没有权利来规定他们用自己的身体和生命可以冒什么样的风险。

2. 反对道德立法。自由至上主义者们反对运用法律的强制力来推进各种德行观念，或表达大多数人的道德信念。许多人认为卖淫不道德，然而这并不能证明那些禁止自主的成年人从事这一行业的法律就是正当的。某些社会中的大多数人可能反对同性恋，可是这并不能证明剥夺男女同性恋者们选择性伙伴的权利的法律就是正当的。

3. 反对收入或财富的再分配。 自由至上主义者的权利理论排除了任何要求一些人去帮助另一些人的法律，其中包括为了财富的再分配而征税。尽管富人通过资助较不幸者的医疗、住房或教育等而帮助他们是可取的，可这样的帮助应当由个人主动承担，而不是由政府来命令。对于自由至上主义者而言，通过税收把财富再分配是一种压迫，甚至是偷盗。政府没有权利强迫富裕的纳税人为穷人买单，正如一个仁慈的小偷也没有权利从一个富人那里偷窃钱财分给流浪汉一样。

这种自由至上主义的哲学并没有应用在政治生活之中。支持自由放任主义经济政策的保守者们经常部分同意自由至上主义者们在文化议题上的观点，如校园祈祷、堕胎以及是否应限制淫秽出版物等。许多福利国家的支持者们在同性恋的权利、生育权利、言论自由以及政教分离等问题上，也持有类似自由至上主义者们的观点。

20 世纪 80 年代，自由至上主义的各种观点突出地体现于罗纳德·里根（Ronald Reagan）和玛格丽特·撒切尔（Margaret Thatcher）的支持市场自由、反对政府干预的雄辩之中。但自由至上主义最早是以理论的形式出现的，这跟福利国家理论的形成过程恰好相反。在《自由宪章》（*The Constitution of Liberty*）一书中，出生于奥地利的经济学家兼哲学家弗里德里希·哈耶克（Friedrich A. Hayek，1899—1992）认为，任何企图带来更大的经济平等的尝试都注定具有压迫性，并且对一个自由的社会是有害的。[3]在《资本主义与自由》（*Capitalism and Freedom*）一书中，美国经济学家米尔顿·弗里德曼（Milton Friedman，1912—2006）认为许多被人们广泛接受的政府行为都是对个人自由的非法侵犯。社会保险或任何强制性的、国家运营的退休项目是他所列举的主要事例之一。他质问道："如果一个人有意选择为今天而活，为了当下的享乐而使用他的资产，故意选择一种穷困潦倒的老年生活，那么我们又有什么权利阻止他这么做呢？"我们可以呼吁这样的人为了退休后的生活而节省开支，"可是，我们是否有权利运用强迫手段阻止他去做那些他选择去做的事情呢？"[4]

弗里德曼基于同样的理由反对最低工资制度。政府没有权力阻止雇主给工人们支付他们乐意接受的任何工资——无论它有多低。政府在制定反雇佣歧视法时，也同样侵犯了个人权利。如果雇主希望基于种族、宗教或任何其他因素对他人区别对待，那么政府没有权力来阻止。在弗里德曼看来，"这种立法明显干涉了个体与他人自愿达成协议的自由"。[5]

行业执照的要求也错误地干涉了选择的自由。如果一个未经过培训的理发师想要给公众提供不太专业的服务，并且有顾客愿意冒险尝试一次价格低廉的理发，那么政府就无权禁止这一交易。弗里德曼将这一逻辑拓展至职业医师。如果我想做一次医疗费低廉的阑尾切割手术，我应当能够自由地雇用我选择的任何人，无论他是否拥有职业医师资格证书。大多数人都希望能够确定他们的医生有能力，而市场能够提供这样的信息。弗里德曼提议，与依赖于政府给医生颁发证书不同，病人可以将那些私人性的评级服务，如《消费者报告》(*Consumer Reports*)或《好管家》(*Good Housekeeping*)，作为一种认证标准。[6]

自由市场哲学

在《无政府、国家与乌托邦》一书中，罗伯特·诺齐克（Robert Nozick）为自由至上主义原则提供了一种哲学辩护，同时也向人们熟知的分配公正观念提出了挑战。他从这样一种主张开始——个体拥有“如此强大和影响深远的权利”，以至于“他们提出这样一个问题：有什么事情是政府可以做的？”他总结道：“只有职责仅限于保证合同执行、保护人们不受压迫、偷盗和欺骗的最小政府，才是正当的。任何一个职责更加宽泛的政府都侵犯了个人不受强迫去做某些事情的权利，因此都是不正当的。”[7]

在那些任何人都不应当被强迫去做的事情当中，最显著的一项就是帮助他人。向富人征税以帮助穷人，就强迫了富人，这侵犯了他们用自己的东西去做自己想做之事的权利。

根据诺齐克的观点，那种经济上的不平等没有任何错误。仅仅知道《福布斯》400强拥有几十亿美元而其他人身无分文，并不能使你得出任何关于这一安排是否公正的结论。诺齐克反对这样一种观念——认为一种公正的分配具有某种特定的模式，如平等的收入、平等的效用或基本必需品的平等供应。在他看来，核心问题在于分配是如何进行的。

诺齐克反对模式化的公正理论，而支持那些尊重人们在自由市场中所做出的选择的公正理论。他认为分配公正取决于两个条件——初始拥有的正当性和财产转移的正当性。[8]

第一个条件关心的是你用来赚钱的资产是否一开始就是合法地属于你（如果你通过倒卖被盗的物品而赚钱，那么你就无权拥有这一收益）。第二个条件关心的是你是否通过在市场中自由交换，或接受他人对你的自愿馈赠而赚钱。如果你对这两个问题的答案都是肯定的，那么你就有权享有你拥有的那些东西，未经你的同意政府不得拿走它。只要没有人以不义之财起步，那么源于一个自由市场的任何分配都是正当的，无论它的结果是平等还是不平等。

诺齐克也承认，判断经济领域各个行业的第一桶金是否干净并非易事。我们怎么知道今天收入和财富的分配在多大程度上受到上几代人通过强夺、偷盗或欺骗而非法获得土地或其他资产呢？如果我们能够证明现在那些跻身于上层的人是过去不正当行为——如对非裔美国人的奴役、对美国原住民的征用——的受益者，那么根据诺齐克的观点，我们就有理由通过税收、赔偿或其他手段来纠正这种不公正。不过，我们要明白这些手段是为了矫正以往的错误，而不是为了产生进一步的平等。

诺齐克通过一个假想的篮球明星威尔特·张伯伦（Wilt Chamberlain）的事例说明再分配的荒谬之处（正如他所认为的）。威尔特·张伯伦在20世纪70年代早期的工资达到了当时的最高额——每个赛季20万美元。由于迈克尔·乔丹（Michael Jordan）是当代偶像式的篮球明星，因此我们可以把诺齐克举的事例更换为乔丹。他在芝加哥公牛队最后一年的收入是3 100万美元——他一场比赛的收入比张伯伦一个赛季的收入还要多。

迈克尔·乔丹的钱

为了悬置任何有关初始获得的问题，诺齐克提议先假设你可以根据任何一个你认为是公正的模式——如果你喜欢，它可以是一个完全平等的分配——来决定收入和财富的初次分配。现在，篮球赛季开始了。那些想看乔丹打球的人每次买票的时候都在一个盒子里放五美元，最后盒子里的钱都归乔丹。（当然，在实际生活中，乔丹的工资是由球队老板从本队的收入中支付的。诺齐克将这个过程简化为球迷直接付钱给乔丹，是为了集中讨论自由交换这一问题。）

由于很多人热切地想看乔丹打球，因此上座率很高，放钱的那个箱子变得很满。到赛季的末期，乔丹获得了 3 100 万美元，这远远多于其他人。结果，初始分配——你认为是公正的那种——再也不存在了。乔丹拥有更多，其他人拥有更少，而这种新的分配完全源于自愿的选择。谁有理由抱怨呢？不是那些出钱看乔丹打球的人，他们自由地选择了买票；也不是那些不喜欢篮球并待在家里的人，他们没有在乔丹身上花一分钱，与以前相比也没有损失任何东西；当然更不是乔丹，他选择打篮球以换取一笔可观的收入。[9]

诺齐克认为，这一情景说明了关于分配公正的模式化理论的两个问题：其一，自由推翻了模式。任何一个认为经济不平等是不公平的人，都将不得不干涉自由市场，反复不断地制衡人们已经做出的选择的后果。其二，以这种方式干涉——向乔丹征税以资助那些帮助穷人的项目——不仅推翻了自由交易的结果，它还由于拿走乔丹的收入而侵犯了他的权利。这实际上是强迫他违背自己的意愿，而做出一份慈善贡献。

那么，向乔丹的收入征税到底错在何处呢？根据诺齐克的观点，道德上的风险要重于钱财。他认为，在这里受到威胁的正是人类的自由，其推理如下："向劳动所得征税就等同于强迫人劳动。"[10] 如果政府有权索要我的一部分财产，那么它就也有权索要我的一部分时间。政府也可能会要求我花费 30% 的时间为它工作，而不从我这里拿走 30% 的收入。然而，如果政府能够强迫我为了它的利益而工作，那么它在本质上就对我拥有一种所有权。

> 获取某个人的劳动成果等同于从他那里获取时间，并命令他做各种行为。如果人们迫使你去做一段时间的某种工作，或做无偿的工作，那么他们就撇开了你的决定，而断定你将做什么事情，以及你的工作所要达到的目的。这……使他们成为你的部分拥有者，这让他们对你拥有一种所有权。[11]

这一推理路线将我们带到自由至上主义主张的道德核心——自我所有权的观念。如果我拥有自身，那么我就必须拥有我自己的劳动力。（如果有其他人能够命令我去工作，那么，那个人就是我的主人，我也就可能是个奴隶。）然而，如果我拥有我的劳动力，那么，我就必须有资格获得我的劳动成果。（如果他人有资格获得我的劳动成果，那么这个人就拥有我的劳动力并因此拥有我。）根据诺齐克的观点，这就是为什么向迈克尔·乔丹的 3 100 万美元的收入征税以帮助穷人就侵犯了他的权利，因为这样其实就是断言，政府或共同体是他的部分拥有者。

自由至上主义者从征税（拿走我的财产）到被迫劳动（拿走我的劳动力）再到奴隶（否认我拥有自身）中，看到了一种道德上的关联：

自我所有权	**拿走**
人	奴隶

劳动力	*被迫劳动*
劳动成果	*税收*

当然，即使是最激进的个人所得税，也不会索要人们 100% 的收入，因此，政府并没有要求它完全拥有那些向其纳税的公民。可诺齐克坚持认为它确实要求拥有我们的一部分——只要政府为超过最小政府职责范围的事务向我们征税，我们对应于上缴的税款的那部分自主权就被剥夺了。

我们拥有自身吗？

1993 年，迈克尔·乔丹宣布退出篮球生涯，芝加哥公牛队的球迷失落万分。虽然他后来又复出了，并带领公牛队又夺得了三次冠军。但假设芝加哥市政厅或国会为了抚慰芝加哥公牛队球迷们的悲恸之情，通过投票要求乔丹继续打下一个赛季 1/3 的比赛，那么大多数人会认为这样一个法律是不公正的，是对乔丹的自由的一种侵犯。可是，如果国会不能强迫乔丹重返篮球场（即使只是 1/3 的赛季），那它又有什么权力强迫乔丹放弃他靠打篮球所得的 1/3 的收入呢？

那些支持通过税收来重新分配收入的人，对自由至上主义的逻辑提出了各种各样的反驳，而这些反驳大多数都能够得到解答。

反驳 1：税收并不像强迫劳动那样糟糕

如果你被征税，那么你总是可以选择少工作一点以交更少的税；可是如果你被强迫劳动，你就没有这样的选择。

自由至上主义者的回答：是的。但是，为什么国家应当强迫你做出这样的选择呢？有的人喜欢观看日落，而有些人更喜欢那些需要花钱的活动——比如去电影院、出去吃饭、坐游艇航行等。为什么那些喜欢休闲的人，应当比那些更喜欢消费活动的人，交更少的税呢？

让我们来考虑这样一个类比：假如一个小偷闯进你家，他的时间只能允许他要么偷走价值 1 000 美元的平板电视，要么偷走藏在床垫下的 1 000 美元。你可能会希望他偷走电视，因为你还可以选择是否再花 1 000 美元再买一台。可如果小偷盗走了现金，那么就不会给你留下这样的选择了（假设现在已经来不及退还电视以获取全额退款了）。但是，这种更希望损失电视（或少工作一些）的选择偏离了话题；那个小偷（或政府）在两种情况中都做错了，无论受害者会做出什么样的调整来减轻他们的损失。

反驳 2：穷人更需要钱

自由至上主义者的回答：可能是这样。但这只是说服富人通过自由选择来援助穷人的一个理由。它并没有证明，强迫乔丹和盖茨捐助慈善是正当的。从富人那里偷钱给穷人，仍然是一种偷盗，而无论这是由罗宾汉来完成还是由政府来完成的。

让我们来考虑这样一个类比：并不能仅仅因为一个正在做透析的病人比我更需要我的一个肾（假设我有两个健康的肾），就意味着他有权得到它。国家也没有权利索要我的一个肾来帮助那名正在做透析的病人，而无论他的需要有多紧急、多迫切。为什么呢？因为它是我的。需求并不能践踏我用自己拥有的东西去做想做之事的权利。

反驳 3：迈克尔·乔丹并非单独作战，因此他欠那些对他的成功有所贡献的人

自由至上主义者的回答：乔丹的成功确实依赖于他人，篮球赛是一种团队竞技。人们不可能支付 3 100 万美元来看他在一个空荡荡的篮球场上自由投篮。如果没有队友、领队、教练、裁判员、广播员以及场地维护人员等，他就不可能获得那么多收入。

可是，这些人的服务已经获得了其市场价值。尽管他们赚得比乔丹少，可是他们自愿地接受了对他们工作的回报。因此，我们没有理由认为乔丹一部分收入是他们的。即使乔丹亏欠他的队友和教练，我们也很难弄明白这种亏欠如何能够证明对他的财产征税以给饥饿者提供食品券、给流浪者提供公共住处是正当的。

反驳 4：并不是真的没有经过乔丹本人的同意而对他征税。作为一个民主国家的公民，在制定他所遵从的法律时他能够表达自己的观点

自由至上主义者的回答：民主的同意并不够。假设乔丹投票反对这项税务法，可是它最终还是通过了。美国国税局（IRS）会坚持让他交税吗？当然会。你可能会认为：既然生活在这个社会，乔丹就表示同意（至少是含蓄地）遵守大多数人的意志并服从于法律。可是这是否意味着仅仅由于作为公民而生活在此地，我们就给那大多数人写了一张空头支票，并事先同意遵守所有的法律，而无论它们正当与否呢？

如果是这样，那么这个大多数就可以违背少数人的意愿而对其征税，甚至没收其财富和资产。那么，个人权利如何安置？如果民主的同意证明了拿走财产的正当性，那么它是否也证明了夺走自由的正当性？这个大多数群体是否可以剥夺我的言论自由和宗教自由，并声称作为一个民主社会的公民，我已经对它的任何决定都表示同意了呢？

自由至上主义者们对以上四种反驳都已经准备好了回答，可是还有一种反驳是自由至上主义者们难以解决的。

反驳 5：乔丹很幸运

他幸运地拥有那使他在篮球方面取得卓越成就的能力，并幸运地生于这样一个社会，它奖励那种腾跃空中大灌篮的能力。无论乔丹如何努力地去发展他的技能，他都不能声称自己有资格获得这些自然天赋，以及他有资格生活在一个喜欢篮球并愿意为之支付高报酬的时代。这些并不是他所作所为的结果。因此我们不能说他在道德上有权利保留他的能力所带来的所有收入。共同体为了共同善而对他的收入征税，这并没有对他做什么不义之事。

自由至上主义的回答：这一反驳质疑乔丹的天赋是否真的是他的，可是这一论证路线可能非常危险。如果乔丹没有权利拥有那些源自其能力的运用而获得的收益，那么他就并非真正地拥有这些能力；而如果他不拥有这些能力和技能，那么他也并不真正地拥有自身。可是，如果乔丹不拥有自身，那么谁拥有呢？你确定你想赋予政治共同体对其公民拥有所有权吗？

自我所有权这一观念是有吸引力的，尤其是对那些想为个人权利寻求一个牢固基础的人而言。我属于我自己，而非属于国家或政治共同体的这一观念有力解释了为什么为了他人的利益而牺牲我的权利是不对的。让我们回忆一下，我们不情愿将那个大汉推落桥下以阻挡失控的电车，难道不是因为我们认识到他的生命是属于他的，才感到犹豫的吗？如果那个大汉自己选择跳下去以挽救铁轨上的工人，那么很少有人会反对。毕竟这是他的生命。可是他的生命并不能任由我们夺走或使用，即使我们有一个很好的理由。我们也可以对那个不幸的船舱男仆说同样的话。假如帕克选择牺牲自己的生命以挽救即将饿死的船员，那么大多数人会说他做了一件正确的事情。可是与他同船的船员们并没有权力自己夺走一条并不属于他们的生命。

许多反对自由主义经济的人，会在其他领域援引自我所有权的观念。这可以说明自由至上主义观念具有持久的吸引力，甚至也吸引了那些赞成福利国家制度的人。让我们来考虑一下自我所有权在一些论证——如关于生育自由、性道德以及隐私权的论证——中的体现方式。人们经常说政府不应当禁止避孕和堕胎，因为女性应当能够自由地决定如何对待自己的身体；也有些人认为法律不应当惩罚通奸、卖淫和同性恋，因为到达法定性成熟年龄的成人应当自由地为自己选择性伙伴；有些人基于这样的理由——我拥有自己的身体，因此我应当自由地出售我的身体器官——而赞成为了移植出售自己的肾；有些人将这一原则拓展至维护辅助性自杀的权利——既然我拥有我自己的生命，那么只要我愿意，我就应当能够自由地结束它，并获得一位愿意帮助的内科医生（或其他任何人）的帮助。政府没有权力干涉我使用自己身体或处理自己生命的自由。

“我们拥有自身”这一观念体现在许多关于自由选择的论点之中。如果我拥有我的身体、我的生命和我自己本身，那么我就应当能够自由地用它们做任何我想做之事（只要我不伤害他人）。尽管这一观念很吸引人，可是要想欣然接受它的全部后果却并非易事。

你如果被自由至上主义的原则吸引，并且想看看它们在实际生活中能走多远，就请考虑一下以下案例。

出售肾器官

大多数国家都禁止买卖移植所用的器官。在美国，人们可以捐献他们的一个肾，却不能在市场上公开出售。可是有些人认为这些法律应当改变，因为每年有成千上万的人在等待肾移植中死亡——如果有一个买卖肾的自由市场，那么肾的供应量将会增加。他们还认为，那些需要钱的人如果想卖，就应当能够自由地出售自己的肾。

允许买卖肾器官的一个理由是基于自由至上主义的自我所有权观念：如果我拥有自己的身体，那么我应当能够自由地、如我所愿地出售我的身体器官。正如诺齐克所写："'对某物具有所有权'这一观念的核心思想……就是决定对某物做什么的权利。"[12] 然而却很少有器官买卖的倡导者们接受这种彻底的自由至上主义逻辑。

其原因在于大多数支持在市场上买卖肾器官的人都强调挽救生命的道德重要性，以及这样一个事实：大多数捐出一个肾的人，都能够用另外一个肾继续生活。然而，如果你相信你的身体和生命是你的财产，那么这些考虑就都不真正重要。如果你拥有自身，那么你如自己所愿地使用自己身体的权利就是出售自己身体器官的一个足够的理由。你挽救的生命或你做的善事都是无关紧要的。

为了弄明白为何如此，让我们来想象两个有点极端的例子：

首先，假如那个想购买你另外一个肾的人是一个非常健康的人。他之所以出价8 000美元购买你（或更有可能是一个发展中国家的农民）的一个肾，并不是因为他十万火急地需要器官移植，而是因为他是一个古怪的艺术品经销商。他向富裕的客户出售人体器官，以作为茶余饭后的谈资。人们应当获许为了这种目的而买卖肾器官吗？如果你认为我们拥有自身，那么你就会很难说不。重要的不是目的，而是如自己所愿地处理我们所有物的权利。当然，你也许会反对滥用身体器官，只赞成为了挽救生命而出售器官。然而，如果你持这种观点，那么你对器官自由买卖的辩护就不是基于自由至上主义的。你可能会承认我们对自己的身体并没有一种无限的所有权。

现在让我们来考虑第二个例子。假如一个印度村庄里的某个艰难维生的农民，他最大的愿望就是将他的孩子送进大学。为了筹这笔钱，他卖了一个肾给一个亟须进行移植的美国富人。若干年以后，当这个农民的第二个孩子也到了进大学的年纪时，另一个购买者来到了他们村庄，并出高价购买他的第二个肾。他还应当自由地出售这个肾吗？——即使这样会要他的命。如果器官买卖的道德理由基于自我所有权观念，那么答案就是肯定的。这个农民拥有自己的一个肾，而对另外一个肾就没有所有权——这说不通。有些人可能会反对说，没有人应当被引诱为了钱而放弃自己的生命。可是，如果我们拥有自己的身体和生命，那么这个农民就有权出售自己的第二个肾，即使这样就等于出卖他的生命。（这一情形并不完全是虚构的。在20世纪90年代，一个加利福尼亚的囚犯想把自己的第二个肾捐给自己的女儿，但被医院的伦理委员会拒绝了。）

当然，我们可能仅仅允许那些用来挽救生命，并且不危害出售者生命的器官出售。然而，这样的一项政策就不是基于自我所有权的原则。如果我们真的拥有自己的身体和生命，那就应当由我们来决定是否出售我们的身体器官，是否为了某种目的冒某种风险。

辅助性自杀

2007 年，79 岁的医生杰克·凯沃金（Jack Kevorkian）出现在密歇根的一个监狱，因为他八年来一直给那些身患绝症的、想死的病人提供致命性的药物。作为保释的条件，他同意不再帮助任何病人自杀。在20世纪90年代，凯沃金医生（他以“死亡医生”之名被人熟知）一直参加争取允许辅助性自杀的法律通过的运动，并且身体力行，帮助 130 人结束了他们的生命。他给美国哥伦比亚广播公司的电视节目提供了一段长达 60 分钟的录像，这段录像记录了他实施谋杀行为的过程：他给一名患有路盖里格氏症（Lou Gehrig’s disease）的病人注射了一剂致命的药物。[13] 在交出这段录像后不久，他被指控、审判，并被判为二级谋杀罪。

在凯沃金的故乡——密歇根州，以及在新奥尔良州和华盛顿州之外的其他任何一州，辅助性自杀都是违法的。许多国家禁止辅助性自杀，只有少数国家（最著名的是荷兰）明确地表示允许。

初看起来，支持辅助性自杀的论点似乎是自由至上主义哲学的一次书面申请。对于自由至上主义者而言，禁止辅助性自杀的法律是不正当的，其原因如下：如果我的生命是属于我的，那么我就应当可以自由地放弃它；如果我与某个人达成一个自愿的协议以帮助我结束生命，那么国家就没有权力干涉。

然而，允许辅助性自杀的理由，不一定要依赖于这样的观念——我们拥有自身，或我们的生命属于我们自己。有些支持辅助性自杀的人并没有援引自我所有权，而是以尊严和同情的名义加以支持。他们认为，那些正遭受巨大痛苦的患有绝症的病人，应当能够加速他们的死亡，而不是在难以忍受的痛苦中苟延残喘。甚至那些相信我们拥有维持人类生命的普遍义务的人，都可能据此推论，在某些时刻，同情的要求超过我们维持人类生命的义务。

自由至上主义为那些身患绝症的病人的辅助性自杀所做的推论很难脱离同情性的推论。为了评价自我所有权观念所具有的道德力量，让我们来考虑一个与绝症患者无关的辅助性自杀的案例。不可否认，这是一个怪异的案例，可是这种怪异却能让我们评价自由至上主义的逻辑本身，而不用考虑尊严和同情。

经双方同意的吃人

2001 年，在德国罗滕堡的一个村庄，发生了一桩奇事。伯恩德–于根 · 布兰迪斯（Bernd-Jurgen Brandes），一名 43 岁的软件工程师，回应了一则网络上的广告。该广告寻找一些愿意被杀且被吃掉的人，由阿敏 · 迈维斯（Armin Meiwes）——一名 42 岁的电脑技术人员发布。迈维斯没有提供任何经济补偿，而只有这种体验本身。大约有 200 人回复了这则广告，其中四个人赶到迈维斯的农舍参加面试，但后来他们表示对此不感兴趣。然而，当布兰迪斯遇到迈维斯，并在喝咖啡时考虑后者的提议时，他同意了。后来，迈维斯杀死了他的客人，将尸体肢解，并把其装进塑料袋保存在冰箱里。直到他被捕时，这个“罗滕堡的食人者”已经吃掉了他那个自愿的受害者的 40 磅肉，其中一部分肉是他用橄榄油和大蒜烹饪过后再食用的。[14]

当迈维斯被押受审时，这一骇人听闻的案件深深地震惊了公众，同时也让法庭非常困惑。德国没有禁止吃人的法律。辩护律师坚持认为，犯罪嫌疑人不能被判谋杀罪，因为这个受害人是自愿参与自己的死亡体验的。迈维斯的律师认为其当事人只是“被要求杀人”而有罪，这是一种辅助性自杀，最多只能判五年的有期徒刑。法庭将迈维斯判为过失杀人并判处八年半的有期徒刑，试图以此来解决这一难题。可是两年之后，上诉法院推翻了这一过于宽大的判决，并将迈维斯判为终身监禁。这一卑劣的故事以一种怪异的结局而收场。据报道，这名食人杀人犯在监狱中变成一名素食主义者，因为他认为工厂化农业经营太不人道了。

两个成人之间相互同意的同类相食，向自由至上主义的自我所有权原则以及由此得出的公正观念，提出了一种终极性的考验。这是辅助性自杀的一种极端的形式。由于它与缓解一名绝症患者的痛苦无关，因此它只能基于这样的理由——我们拥有自己的身体和生命，我们能如自己所愿地对待它们——而得到辩护。如果自由至上主义的主张是对的，那么禁止达成同意的食人的法律就是不正当的，是对自由权利的一种侵犯。国家不能惩罚阿敏·迈维斯，就像它不能为了帮助穷人而向比尔·盖茨和迈克尔·乔丹征税一样。

第四章

雇佣帮助/市场与道德

许多我们现在争论得最热烈的、关于公正的话题，都与市场的作用有关：自由市场是公平的吗？有没有一些东西是我们不能或不应当用金钱购买的？有的话，这些东西是什么呢？买卖它们又有什么错呢？

支持自由市场的理由一般基于两种主张：一种与自由有关，另一种则与福利有关。第一种是自由至上主义者支持市场自由的理由。它认为，让人们参与自由交换就是尊重他们的自由，干涉这种自由市场的法律，就侵犯了个人的自由。第二种是功利主义者支持市场自由的理由。它认为，自由市场促进了公共福利，当两个人做交易的时候，双方都获利。只要他们的交易使双方获益，而又不伤害任何其他人，那么它肯定会增加总体的功利。

市场自由的怀疑者们质疑这些主张。他们认为市场的选择并不总是像表面上看起来的那样自由，并且如果我们为了金钱而买卖某些东西和社会行为，那么它们就会被腐蚀或被贬低。

在这一章中，我们将考察这样一种道德——出钱雇用人们做两种截然不同的工作：打仗和生孩子。通过这些有争论的事件思考市场的对与错，将会帮助我们辨清关于公正的主要理论之间的区别。

何谓公正——征召士兵还是雇佣士兵？

在美国内战的最初几个月，集会的激情和爱国的情绪激发了北部几个州的好几万人自愿投身于联邦军队。可是在牛奔河战役中，联邦军队被打败；接着在第二年春天，乔治·麦克莱伦

（George B. McClellan）将军攻占里奇蒙的努力也以失败告终。由此，北方人开始怀疑这场战争会不会很快结束。他们需要征召更多的士兵。于是，在 1862 年 6 月，亚伯拉罕 · 林肯（Abraham Lincoln）签署了联邦政府的第一份征兵法，而南方同盟则在此之前就已经有了征兵法。

征兵与美国个人主义传统的精神相冲突，于是联邦政府的征兵法对这一传统做出了一个惊人的让步：任何被征召而又不想服兵役的人，可以雇用一个人来代替他。[1]

于是，被征召入伍者们在报纸上刊登广告，开出 1 500 美元的高价寻求替代者，这在当时是一笔数目可观的钱。南方同盟军的征兵法同样也允许雇用替代者，从而引发了这样一句口号——“富人的战争，穷人的战斗”，这种抱怨之声在北方也得到了回应。1863 年 3 月，国会通过了一部新的征兵法，试图平息这一抱怨。尽管它没有消除雇用替代者的权利，但是它规定：任何被征召入伍的人，可以向政府交纳 300 美元的费用而免除兵役。尽管这笔钱几乎相当于一个普通体力劳动者一年的工资，但这项法律试图将豁免费控制在普通工人能支付的范围之内。有些城市和郡县向当地征召入伍者提供资助；一些保险公司每个月向受保人为某一险种征收一定的保险费，该险种将覆盖免除兵役的费用。[2]

尽管这种代偿金旨在提供廉价的兵役豁免，可是它在政治上却比允许雇用他人参军更加不受欢迎——也许因为这似乎是在给人类生命（或死亡的危险）定价，而且经过了政府批准。报纸头条宣称：“要 300 美元，还是要命？”对兵役法以及这 300 美元代偿金的愤怒引发了针对征兵军官的暴乱，最著名的是 1863 年 6 月纽约市的征兵暴乱，该暴乱持续了好几天，并夺去了一百多人的生命。第二年，国会制定了一项新的征兵法，取消了代偿金制度。然而，在整个战争期间，雇用替代者的权利在北方（尽管不在南方）却一直保留着。[3]

最后，只有很少的应召入伍者在联邦军队中作战。（即使在征兵制确立之后，军队的大部分成员也都是由志愿兵组成，他们都是受大笔报酬或被征兵的威胁驱使而参军。）许多在征兵抽签中抽中号码的人都逃跑了，或由于残疾而被豁免了。在实际征召的大约 27.7 万人中，有 8.7 万人支付了代偿金，7.4 万人雇用了替代者，只有 4.6 万人服了兵役。[4]那些雇用他人替自己打仗的人包括安德鲁 · 卡内基、摩根、西奥多和富兰克林 · 罗斯福的父辈，以及后来的总统切斯特 · 阿瑟和格罗弗 · 克利夫兰。[5]

这种内战时的体制是一种正当的分配军事服务的方式吗？当我向学生们提出这一问题时，几乎所有人都说不。他们认为，允许富人雇用他人替自己打仗是不公平的。像许多在 19 世纪 60 年代参加示威游行的美国人一样，他们认为这一体制是一种阶级歧视。

我接着问学生们，他们是支持征兵制，还是支持我们现在的志愿兵役制度。几乎所有人（像大多数美国人一样）都支持志愿兵役制度。然而，这就引发了一个棘手的问题：如果内战的体制不公平是因为让富人雇用他人为他们打仗，难道这一反对就不适用于志愿兵役制度吗？

当然，雇用的方式有所不同。安德鲁 · 卡内基不得不自己寻找替代者并直接付钱给他；现在，由部队招募士兵参加在伊拉克或阿富汗的战争，而我们——纳税人——集体地付钱给他们。然而，下列情形仍然存在：不愿意入伍的我们雇用其他人冒着生命危险为我们打仗。从道德上来讲，以上两者有什么区别呢？如果内战中雇用替代者的体制是不公正的，那么志愿兵役制度不是也不公正吗？

为了考察这一问题，让我们将内战体制放置一边，先考虑两种常规的征兵方式——强制征兵和市场征兵。

强制征兵扩充军队的最简单的形式就是要求所有符合条件的公民都要服兵役；如果不需要所有人，就通过抽签的方式来决定哪些人将被召集。这一制度被美国人用于第一次和第二次世界大战。在越南战争时期，他们也使用了征兵制，尽管这一体制非常复杂，并且有大量的学生和占据特定职位的人们推迟参军，从而很多人避免了参战。

征兵制使人们更加强烈地反对越战，尤其是在大学校园内。这在某种程度上促使理查德·尼克松（Richard Nixon）总统提议废除征兵制；1973年，当美国军队逐渐从越南战场上退出时，志愿兵役制度代替了征兵制。由于兵役不再是强制性的，部队增加了报酬和其他福利，以吸引它所需要的士兵。

今天我们使用的“志愿兵役制”这一术语，指的就是通过运用劳动力市场——就像饭店、银行、零售商和其他生意一样——来扩充士兵队伍。“志愿兵役制”这一术语是某种误称。志愿兵并不像一支自愿的消防队——人们在这里服务却没有收入；也不像贫民施舍处——志愿者们在这里奉献自己的时间；志愿军是一支职业化的军队，士兵们在这里为了报酬而工作。这些士兵仅仅在以下意义上才是“志愿者”：当获得报酬的雇员在任何职业中都是志愿者。没有人是被征召的，这份工作由那些自愿参军，以换取工资和其他利益的人履行。

关于一个民主社会应当如何扩充军队的争论在战争时期尤为激烈，如内战时期的征兵暴乱，以及越战时期的抗议所证实的那样。在美国采用了一种志愿兵役制之后，关于兵役分配的公正问题就逐渐淡出了公众的关注范围。然而，由美国发动的伊拉克战争和阿富汗战争，又复兴了公众关于这一问题的讨论：一个民主社会通过市场的手段招募士兵是否正当呢?

大多数美国人都支持志愿兵役制，很少有人想回到征兵制。(2007 年 9 月，在伊拉克战争期间，一项盖洛普民意测验发现，80% 的美国人反对恢复征兵制，支持恢复征兵制的只占 18%。[6]) 然而，这种再次兴起的关于志愿兵役制度和征兵制的争论使我们不得不直面一些重大的政治哲学问题——一些关于个人权利和公民责任的问题。

为了探讨这些问题，让我们来比较一下我们已经考虑过的三种分配军事服务的方式——征兵制、允许雇用替代者的征兵制(内战的制度)以及市场体制。哪一种是最为正当的呢?

1. 征兵制
2. 允许有偿替代者的征兵制(内战制度)
3. 市场体制(志愿兵役制度)

支持志愿兵役制度的理由

如果你是一个自由至上主义者，那么答案就非常明显。征兵制(政策一)是不公正的，因为它具有强迫性，是一种奴役的形式。它暗示着政府拥有其公民，并且能够任意对待他们，包括强迫他们去打仗以及在战场上拿自己的生命去冒险。罗恩·保罗（Ron Paul）是国会的一名共和党成员和自由至上主义的领军人物，近期他发表了如下主张以反对在伊拉克战争中恢复征兵制：“征兵制是一种奴役，这一点一目了然。第13次宪法修正案认定它是非法的，该修正案禁止非自愿的束缚。入伍者可能会丧命，这使得征兵制成为一种非常危险的奴役。”[7]

然而，即使你并不认为征兵制等同于奴役，你也可能基于这样的理由而反对它：它限制了人们的选择，并因此而减少了总体幸福。这是一种反对征兵制的功利主义的论点，它认为与一种允许雇用替代者的制度相比较，征兵制阻止双方受益的相互交换，从而减少了人们的福利。如果安德鲁·卡内基和他的替代者两人都想做一笔交易，我们为什么要阻止他们这么做呢？达成交换的自由似乎增加了每一方的功利，而不损害任何一方的利益。因此，对于功利主义者们来说，内战制度（政策二）要比纯粹的征兵制（政策一）更好。

我们很容易就能明白，功利主义的观念会如何支持市场的推理。如果你认为一次自愿的交换使双方获益，而且不伤害其他任何人，那么你就有一个很好的功利主义的理由任由市场来做出裁定。

如果我们现在比较内战制度（政策二）与志愿兵役制度（政策三），我们也能明白这一点。为应征入伍者雇用替代者辩护的逻辑同样也可以为一种完全市场化的解决方式论证：如果你准备让人们雇用替代者，那为什么要先招募呢？为什么不简单地通过劳动力市场来招募士兵呢？——设定必要的工资和报酬来吸引所需士兵的数量和质量，并且让人们自己选择是否接受这个工作。

没有人违背自己的意愿而被迫服兵役，那些想服兵役的人也可以独立判断总体上军事服务是否比其他选择更好。

因此，从功利主义的角度来看，志愿兵役制度似乎是三种选择中最好的一个。让人们根据所提供的报酬而自由地选择参军入伍，这就使得只有当服务于军事能够使他们的利益最大化的时候，他们才会这样做。那些不想服兵役的人也不必遭受以下这一功利的损失：即违背他们的意愿而被迫服兵役。

我们可以想象，一个功利主义者可能会反对说志愿兵制度比征兵制度更贵。为了吸引所需要的士兵的数量和质量所支付的报酬和利益一定比士兵们被迫服兵役时要高。因此，一个功利主义者可能会担心获得更高报酬的士兵们所增加的幸福会被为兵役支付更多的纳税人的不幸福感抵消。

然而，这种反驳并不是很令人信服，尤其当备选项是征兵制（无论是否可以雇用替代者）的时候。基于功利主义的理由而坚持以下这些观念是非常古怪的——即认为纳税人为政府的其他服务（如警卫和防火）所支付的各种花费应该降低，代价是强迫任意选出的人以低于市场价的报酬去执行这些任务；或者高速公路的维修费用应该降低，代价是要求一部分由抽签选出来的纳税人自己去做这份工作或雇用他人去做。由这种强制性的方式而产生的不幸福很可能会超过纳税人为支付更便宜的政府服务而获得的利益。

因此，从自由至上主义和功利主义这两种推理方式来看，志愿兵役制度似乎是最好的，内战的那种混合制度位列第二，而征兵制是最不可取的分配军事服务的方式。然而，我们至少可以有两种反驳来反对这种论证路线：一种反驳与公平和自由有关，而另一种则与公民德行和共同善有关。

反驳 1：公平与自由

第一种反驳认为，对那些选择范围非常有限的人而言，自由市场并不总是自由的。让我们来考虑一个极端的例子：一个无家可归的、睡在桥墩下的人，可能在某种意义上是选择了睡在桥墩下，可是我们未必会认为他的选择是一个自由的选择。我们也没有足够理由认为与睡在公寓里相比，他肯定更加喜欢睡在桥墩下。为了弄明白他的选择是反映出他喜欢睡在户外，还是反映出他支付不起一间公寓，我们就需要了解他的生活背景。他是自由选择这样做呢，还是迫不得已？

我们也可以对一般的市场选择——包括人们在承担各种工作时做出的选择，提出同样的质疑。这如何运用到军事服务的问题上呢？如果我们不深入了解主要社会背景，那么我们就不能判断志愿兵役制度是否公正：在这个社会中机会平等是否达到了合理的程度？是不是有些人几乎没有别的选择？是不是每个人都有获得大学教育的机会？或者对某些人来说，上大学的唯一途径就是参军入伍呢？

从市场推理的角度来看，志愿兵役制度是具有吸引力的，因为它避免了征兵制的强迫性。它使得军事服务取决于人们的意愿。可是，有些志愿服兵役的人可能与那些逃避兵役的人一样，其实并不愿意服兵役。如果贫困和经济困难的情况非常普遍，入伍的选择可能仅仅反映出选择余地的匮乏。

根据这一反驳，志愿兵可能并不是像看上去那样自愿。实际上，它可能涉及一种强迫的成分。如果社会中的一些人没有其他的好的选择，那么那些选择入伍的人实际上就是被经济需要强迫而参军。在这种情况中，征兵制和志愿兵役制度之间的区别，就不在于一个是强迫性的，而另一个是自由的；相反，每一种都采用了一种不同形式的强迫——在第一种情形中是法律的强迫，在第二种情形中是经济需要的压力。只有当人们可以在一个合理的范围内选择体面的工作时，我们才能说他们选择为了报酬而参军反映出了他们的偏好，而并非是选择余地的有限性。

如今我们志愿兵队伍的阶级构成至少在某种程度上证实了这一反驳。低收入到中等收入（中等家庭的年收入为30 850~57 836美元）地区的年轻人不成比例地出现在现役部队的新兵队伍当中。[8] 其中最少出现的是最穷的 10% 的人口（他们中的很多人都不具备必需的教育和技能），以及最富的 20% 的人口（这些人来自家庭收入在 66 329 美元以上的地方）。[9] 近些年，超过 25% 的部队新兵都没有正式的高中毕业证书。[10] 平民人口中 46% 的人接受过某种大学教育，但只有 6.5% 的 18~24 岁的现役军人曾经读过大学。[11]

近些年，美国社会中最有特权的年轻人都没有选择服兵役。最近有一本关于武装力量的阶层构成的书，其标题敏锐地捕捉到了这一点：《擅离职守：美国上层社会在军事服务中未经允许的缺席》（*AWOL: The Unexcused Absence of America's Upper Classes from Military Service*）。[12] 普林斯顿大学 1956 届的 750 名毕业生中，有大多数人（450 名）毕业后参军了；而在 2006 届的 1 108 名学生中，只有 9 个人入伍。[13] 类似的模式也出现在其他精英大学以及首都地区。只有 2% 的国会议员有子女在部队服役。[14]

国会议员查尔斯·兰格尔（Charles Rangel）是一名来自哈莱

姆的民主党人，也是一位佩有朝鲜战争勋章的老兵。他认为这一情形是不公平的，并且号召要恢复征兵制。他写道："只要美国人正在被送往战场，那么每个人都应当做好准备，而不仅仅是那些由于经济条件窘迫而被划算的入伍奖金和教育奖励所吸引的人们。"他指出，在纽约市，"兵役负担的分配严重不成比例。2004年，这个城市70%的志愿兵是黑人或拉丁美洲人，他们都是从低收入社区招募的。"[15]

兰格尔反对伊拉克战争，他相信如果政策制定者的孩子们不得不分担打仗的重任，那么他们永远也不会发动这场战争。他还认为，考虑到美国社会中机会的不平等，通过市场来分配军事服务，对那些只有最少选择余地的人来说是不公平的：

> 绝大多数为了这个国家在伊拉克服役的人都来自内陆城市内部或乡村地区的贫困社区；在这里，高达4万美元的入伍奖金和几千美元的教育津贴有着很大的吸引力。对那些有条件上大学的人而言，这些奖励与冒生命危险相比简直一文不值。[16]

因此，对支持志愿兵役制度的市场论点的第一种反驳，与不公平和强迫有关——阶级歧视的不公平，以及发生于以下情况的强迫：经济困难迫使年轻人甘冒生命危险来换取大学教育和其他奖励。

请注意，这并不是反对志愿兵役制本身，它仅仅适用于存在大量不平等的社会中运行的志愿兵役制。当这些不平等得到缓解时，你就能撤销这一反驳。例如，让我们来想象一个完全平等的社会。在这个社会中，每个人都有同等的受教育的机会；在这个社会中，没有人会抱怨参军入伍的选择是出于经济需要被迫做出的，因而是不自由的。

当然，没有任何一个社会是完全平等的，因此，强迫的危险总是存在于人们在劳动力市场中做出的选择。我们需要多大程度的平等来保证市场的选择是自由的，而不是被迫的？社会背景条件的不平等在何种程度上破坏了那些基于个人选择的社会制度（如志愿兵）的公平性？在什么条件下，自由市场才是真正的自由？为了回答这些问题，我们需要考察那些将自由——而非功利——作为公正核心的道德和政治哲学。因此，让我们先搁置这些问题，直到后面几章我们讨论伊曼纽尔·康德和约翰·罗尔斯时再作讨论。

反驳 2：公民德行和共同善

与此同时，让我们来考虑第二种对运用市场来分配军事服务的反驳——以公民德行和共同善为名义的反驳。

这种观点认为军事服务不仅是一种工作，也是一种公民责任。根据这种观点，所有的公民都有义务为国家服务。这种观点的支持者们相信，这种义务只能通过服兵役才能得到履行；而另一些人则认为，这种义务可以通过其他形式的国家服务而得到履行，如参加和平队、美国志愿队、为美国而教的项目等。[a]可是，如果

a. 和平队（Peace Corps），美国政府于 1961 年组建的志愿服务组织，宗旨是："为相关国家或地区人民提供人力资源援助。让受援国家人民更好地了解美国人民。让美国人民更好地了解其他国家人民。"美国志愿队（AmeriCorps）成立于 1993 年，是美国全国性的志愿者服务项目。"为美国而教"（Teach for America）是美国一个招募优秀大学毕业生到贫困中小学任教的志愿者项目。——译者注

军事服务（或国家服务）是一种公民义务，那么将它放到市场上去出售就是不对的。

让我们来考虑另外一种公民责任——出任陪审员的责任。履行陪审员的义务没有死亡风险，可是被召集出席做陪审员的任务却可能是非常繁重的，尤其是当它与工作或其他紧迫的任务相冲突的时候。可是，我们不允许人们雇用他人代替他们担任陪审员，我们也不允许运用劳动力市场来形成有报酬的、专业的“自愿者”陪审团制度。为什么呢？从市场论证的角度来看，我们可以得出一个支持这样做的理由。那个反对征兵制的功利主义的论点同样可以用来反对征募陪审员：允许一个工作繁忙的人雇用他人替代自己，会让双方获益。最好废除强制征募陪审员的制度，让劳动力市场招募到足够的、合格的陪审员，就能使想要这份工作的人得到它，而让不喜欢这份工作的人避开它。

那么我们为什么要放弃陪审员市场带来的社会利益呢？可能是因为我们担心那些获得报酬的陪审员会过多来自贫困地区，担心司法的质量会受到影响。可是，我们没有理由认为富人比那些出身卑微的人更胜任陪审员的职位。在任何一种情况下，我们都可以调整工资和津贴（就像军队所做的那样），以吸引那些具有必要的教育和技能的人。

我们之所以招募，而不是雇用陪审员的原因在于，我们认为，在法庭上参与审判是一项所有公民都应当分担的责任。审判员并不只是投票，他们还与其他人就相关证据和法律进行商讨。而这种商讨吸收了陪审员们从多种多样的生活道路中积累的各种经验。履行陪审员义务不仅是一种解决问题的方式，它还是一种公民教育形式，是一种民主公民身份的体现。尽管陪审员义务并不总是能起到教化作用，但所有公民都有义务履行它的这一观念，使法庭和人民之间保持着一种联系。

我们可以对军事服务说同样的话。支持征兵制的论点认为军事服务和陪审员义务一样，是一种公民责任，它体现并深化了民主公民身份。以这种观点来看，将军事服务变成一种商品——一种我们雇用他人来履行的任务——就腐蚀了那应当支配着它的公民理想。根据这种反驳，雇用士兵来为我们打仗之所以是不对的，并不是因为这对穷人不公平，而是因为它允许我们放弃一项公民责任。

历史学家戴维·肯尼迪（David M. Kennedy）就提出了这种论点。他认为："美国现在的武装力量，具有很多雇佣军的特征。"他所说的雇佣军是指一支获得报酬的专业军队，这支军队在很大程度上脱离于它为之战斗的社会。[17] 他并非有意贬低那些入伍士兵的动机，他所担忧的是，雇用相对较少的一部分同胞来帮我们打仗，就让余下的我们都逃脱了，这就切断了民主社会的大多数公民和那些以他们的名义而战的士兵之间的联系。

肯尼迪评论道："与人口成比例，如今在役的军事编制是当初赢得第二次世界大战的军事力量的4%。"这使得政策制定者们相对来说很容易将国家投入战争，而不需要获得社会整体的广泛而深入的许可。"历史上最强大的军事力量，现在竟能够毫不费力地以一个社会的名义被送往战场。"[18] 志愿兵役制免除了大多数美国人为了国家而战斗、捐躯的责任。虽然有些人认为这是一个有利因素，但这种从共同牺牲中的豁免却是以政治责任被腐蚀为代价的：

绝大部分无论如何都不会冒服兵役之危险的美国人，实际上雇用了一些处于最不利地位的同胞们，去做一些最危险的事情，而这些大多数则继续他们自己的事务，没有流血牺牲，没有心烦意乱。[19]

最著名的、支持征兵制的公民理由，是由让–雅克·卢梭（Jean-Jacques Rousseau，1712—1778）——一位出生于日内瓦的启蒙运动政治哲学家——提出来的。在《社会契约论》一书中，他认为，将一项公民义务转变成为一种可在市场上出售的商品，并没有增加自由，而是暗中破坏了自由：

当公共服务不再是公民的主要事务，并且人们宁愿掏钱而不愿本人亲自来服务时，那么，这个国家离垮台也就不远了。当必须奔赴战场时，他们可以出钱雇兵，而自己待在家中……在一个真正自由的国度，公民们亲自去做每一件事情，而不用钱来做任何事情。他们非但不付钱以免除自己的义务，反而花钱来购买那亲身履行自己义务的特权。我无法认同通常的观念，我相信强制劳役要比征税更不违反自由。[20]

卢梭坚定的公民权观念及其对市场警惕的观点，看起来与我们现在的观念相差甚远。我们更容易将国家及其有约束力的法律和规则看做强制的范畴，而将市场及其自由交换看做是自由的范畴。卢梭会认为恰好相反——至少在涉及公民善的地方是这样。

市场的倡导者们可能会通过反对卢梭狂热的公民权观念，或否认它与军事服务之间的关联，而为志愿兵役制辩护。然而，卢梭激发的公民理想，即使是在美国这样一个由市场驱动的社会，仍然能够引起一定程度上的共鸣。大多数志愿兵役制的支持者都强烈否认它等同于雇佣军。他们正确地指出很多人服兵役都是被爱国主义激励，而不仅是受报酬和津贴所驱动。可是，为什么我们认为这一点很重要呢？如果这些士兵们表现非常好，我们又为什么应当关心他们的动机呢？即使我们把招募新兵的工作转移至市场，我们也会发现很难使军事服务脱离于古老的爱国主义和公民德行的观念。

因此，让我们来考虑这样一个问题：当代志愿兵和雇佣军之间真正的区别是什么呢？它们都是付钱给士兵去战斗，都以工资和其他津贴的承诺来诱惑人们参军。如果市场是一种适当的招募军队的方式，那么，雇用士兵到底错在何处呢？

人们可能会回答道，雇佣军是外国国民，他们只是为了报酬而战，而美国志愿兵部队只雇用美国人。然而，如果劳动力市场是一种适当的招募士兵的方式，那么为什么美国军队在雇用士兵的时候要根据国籍而有所歧视？为什么它不应该在其他国家的公民——他们想要这份工作并且拥有相关的条件——中积极地招募士兵呢？为什么不从发展中国家——那里工资低廉而好工作又非常少——招募一支外国兵团呢？

人们有时候辩称外国士兵会不如美国人忠诚。可是国籍并不能保证战场上的忠诚，而且部队征兵者可以审查外国应聘者，以测定他们的忠诚程度。一旦你接受了“军队应当运用劳动力市场来扩军”的这一观念，那么，在原则上，你就没有理由将入选资格限定在美国公民之内，除非你相信军事服务毕竟是一种公民责任，是公民身份的体现。可是，如果你相信这一点，那么你就有理由质疑这种市场解决之道。

征兵制的结束距今已跨越了两代人了，美国人在将市场推理的完整逻辑运用于军事服务时仍犹豫不决。法国外籍军团则有着悠久的招募外国士兵为法国打仗的历史。尽管法国的法律禁止军团积极地在法国之外招募士兵，可网络却使这一限制变得毫无意义。它们以 13 种语言在网上征兵，现在已经吸引了来自全世界的新兵。如今它们大约有 1/4 的兵力来自于拉丁美洲，来自中国和亚洲其他国家的人数比例也在逐渐上升。[21]

美国没有成立外籍军团，不过它已经往这个方向迈出了一步。随着伊拉克战争和阿富汗战争的延续，部队很难达到招募新兵的目标；面对这一困难，部队已经开始招募那些目前以临时签证居住在美国的外国移民，其诱惑包括高报酬和更快地获得美国公民身份。现在大约有 3 万名非美国公民在美国军队中服役。这一新项目将把入选资格从持有绿卡的永久居民拓展至临时移民、外国学生和难民。[22]

招募外国士兵并不是市场逻辑演绎出来的唯一方式。一旦你将军事服务看作一项工作，像任何其他的工作一样，那么我们就没有理由认为这种雇佣工作必须由政府来完成。实际上，美国现在正将军事职责大规模地承包给私人企业。私人性质的军事承包商，在世界范围内的各种冲突中发挥着越来越重要的作用，并构成了美国在伊拉克驻军的一个重要组成部分。

2007 年 7 月，据《洛杉矶时报》(*Los Angeles Times*) 报道，在伊拉克，由美国人付钱雇用的个体工人的人数（18 万人）超过了美国部队在那里的驻军人数（16 万人）。[23] 许多工人做的都是非战斗性的后勤工作——建造基地、维修汽车、运输必需品以及提供饮食服务等。然而，也有大约 5 万人是携带武器的保安人员，他们的工作是保卫基地、军队和外交人员，经常遭遇战火。[24] 超过 1 200 名个体工人在伊拉克被杀，但是，他们没有躺在盖着国旗的棺材中回归故里，他们的死亡数目也没有被包括在美国军队的死亡人数之内。[25]

这些重要的私人军事公司之一就是黑水国际（Blackwater Worldwide）。该公司的首席执行官埃里克·普林斯（Erik Prince）是前海豹突击队的成员，他热烈地信仰自由市场。他反对这样一种说法，即认为他的士兵是"雇佣兵"，他认为这一术语具有"诽谤性"。[26]普林斯解释道："我们在试着为国家安全机构做一些联邦快递（Federal Express）曾经为邮政业所做的事情。"[27]由于黑水公司在伊拉克所提供的服务，它在政府合同中获得了超过 10 亿美元的收入，可是，它也经常成为争论的中心议题。[28]它的角色最初于2004年获得公众的关注，当时，它的4名雇员在费卢杰遭到伏击并被杀害，其中两具尸体被挂在桥上。这一事件导致乔治·W. 布什总统命令海军陆战队攻入费卢杰，投入一场与叛乱分子的大规模、代价昂贵的战斗。

2007 年，6 名黑水公司的保安在巴格达广场上对人群开火，打死了 17 个平民。这些声称自己先遭到射击的保安躲过了伊拉克法律的起诉，因为这些法律是在美国入侵后由美国管理当局制定的。这些个体工人最终由于过失杀人而遭到美国司法部门的起诉，并且这一事件导致了伊拉克政府要求黑水公司从本国撤出。[29]

国会以及许多公众一般来说都反对将战争承包给像黑水国际这样的追求利益的公司。许多批评都集中于这些公司的不可信任问题，以及他们参与的虐待事件。在黑水射击事件发生的几年前，其他公司的雇工一部分就是在阿布格莱布监狱中虐待被拘留者的人。尽管参与虐待的军队士兵受到了军法审判，可是那些雇工却没有受到惩罚。[30]

然而，假设国会对私人军事公司严加管理，以使得它们更加可靠，并使其雇员达到适用于美国士兵的行为标准，那么雇用私人公司来为我们打仗是否就无法反驳了呢？抑或，在付钱给联邦快递来传送邮件与雇用黑水公司来在战场上传送致命武器这两者之间，是否存在一种道德上的差别呢？

为了回答这一问题，我们不得不解决一个先于此的问题：军事服务（或一般的国家服务）是一种所有公民都有义务履行的公民责任呢，还是一种被劳动力市场所恰当地管理的、像其他艰巨而冒险的职业（如采煤、商业捕鱼）一样的工作？为了回答这一问题，我们又不得不提出一个更加宽泛的问题：在一个民主社会中，公民们相互之间负有什么样的义务，这些义务又是如何产生的？不同的有关公正的理论对这一问题提出了不同的解答。一旦我们——在本书的后面几章中——明确了公民责任的基础和范围，我们就能更好地决定我们是应当招募士兵还是应当雇用他们。现在，让我们先来考虑另外一个备受争议的关于劳动力市场的问题。

为钱而孕

威廉（William）和伊丽莎白·斯特恩（Elizabeth Stern）住在新泽西州特纳夫莱镇，是一对夫妇。丈夫是一位生物化学家，妻子是一名儿科医生。他们想要一个孩子，可是却无法生育，至少生育会对伊丽莎白带来生命危险——她患有多发性硬化症。因此，他们联系了一家安排“代孕”的不孕不育中心，该中心刊登广告以寻求“代孕母亲”——愿意为他人怀孕分娩，并以此获得报酬的妇女。[31]

应征者中有一个妇女，名叫玛丽·贝丝·怀特海（Mary Beth Whitehead），29岁，有两个孩子，是一名环卫工人的妻子。1985年2月，威廉·斯特恩和玛丽·贝丝·怀特海签订了一份合同。玛丽同意用威廉的精子进行人工授精，然后生下孩子，并在孩子出生后将他交给威廉；她还同意放弃她的母亲权利，这样伊丽莎白·斯特恩就可以收养这个孩子。就威廉这一方而言，他愿意支付玛丽1万美元（分娩时支付），外加医疗开支。（他还向该不孕不育中心支付了7 500美元，因为后者为他们安排了这次交易。）

经过多次人工授精，玛丽·贝丝怀孕了，并于1986年3月产下一名女婴。斯特恩夫妇盼望马上就能领养他们的女儿，给她起名为梅丽莎（Melissa）。然而，玛丽·贝丝·怀特海却改变了主意，她不想交出孩子，于是她带着孩子逃到了佛罗里达。但是斯特恩夫妇获得了法院命令，要求她交出孩子。佛罗里达警方找到玛丽，把这个孩子交给了斯特恩夫妇，而接下来关于监护权的争夺战也在新泽西法院展开。

初审法官不得不决定是否应该执行这份合同。你认为应当如何判决？为了使事情简化，让我们集中研究相关的道德问题，而不是法律。（事实上，新泽西当时并没有允许或禁止代孕合同的法律。）威廉·斯特恩和玛丽·贝丝·怀特海签署了一份合同。从道德上来看，它是否应当得到执行呢？

赞成执行本合同的最强有力的论点就是：交易就是交易。两个法定的成年人自愿达成了一个对双方都有好处的协议：威廉·斯特恩将得到一个跟他有基因关联的孩子，玛丽·贝丝·怀特海将会因为 9 个月的工作而获得 1 万美元。

不可否认，这不是一个普通的商业交易。因此，你可能会基于以下两种理由中的一种，而犹豫是否要执行这份合同：首先，你可能会怀疑，当一个女人在同意为了钱而生一个孩子并在生下来之后放弃他的时候，她是否完整地得到了信息。她是否真的能预期到，当她要放弃这个孩子时，自己会是什么感觉。如果不能，那么人们可能认为，她最初的同意被对金钱的需求蒙蔽，也由于不够了解与孩子分开会怎样而被蒙蔽。其次，你可能会发现买卖孩子或租赁妇女的生育能力是不对的，即使双方都自由地同意这样做。人们可能会争辩道，这一行为将孩子变成了商品，并通过将怀孕和生孩子看成是赚钱的交易而剥削利用了妇女。

正如后来众所周知的那样，“婴儿 M”这一案件的初审法官哈维·索尔考（Harvey R. Sorkow）并没有被这些反驳中的任何一个说服。[32] 他援引合同的不可侵犯性来维护这一协议。交易就是交易，这名生育母亲并不能仅仅因为她改变主意了就有权利解除合约。[33]

该法官讨论了上述两种反驳：首先，他反对这样一种看法——玛丽·贝丝的同意并不是自愿的，她的同意在某种程度上是有问题的：

> 没有任何一方占据更高的交易地位。每一方都拥有对方想要的东西。每一方的服务价格都已经确定，因此他们达成了一项协议。没有一方强迫另一方，没有一方拥有专门知识因此而让另一方处于不利地位，也没有一方拥有不相称的交易权力。[34]

其次，他反驳了这样一种看法——代孕等同于出卖婴儿。该法官认为，威廉·斯特恩是孩子的生物学意义上的父亲，他并没有从玛丽·贝丝·怀特海那里购买婴儿。他只是因为她提供了怀孕和分娩孩子的这一服务，而给她支付了报酬。“出生后，这位父亲并没有购买这个孩子，她是与他自己的生物基因有关联的孩子。他不能购买已经属于他的东西。”[35] 由于这个孩子是由威廉的精子受孕而来，那么，她从一开始就是他的孩子。因此，这里并没有涉及出售婴儿。那 1 万美元的报酬是为一项服务（怀孕）而非一个产品（这个孩子）支付的。

对于那种认为提供这样的服务剥削利用了妇女的观点，索尔考法官也提出了异议。他比较了有偿怀孕和有偿精子捐献。既然男人可以出售他们的精子，那么女人就应当能够出售她们的生育能力：“如果一个男人可以提供生育的手段，那么，人们就必须同等地允许女人也能这样做。”[36] 他陈述道，与此相反的主张才是否定女人同等地受到法律保护。

玛丽·贝丝·怀特海将这一案件上诉至新泽西最高法院。该法庭全体一致推翻了索尔考法官的判决，并判这一代孕合同无效。[37] 然而，它将梅丽莎的监护权判给了威廉·斯特恩，理由是：这对孩子来说最好。该法庭将合同搁置一旁，认为斯特恩夫妇会更好地养育梅丽莎；然而，它恢复了玛丽·贝丝·怀特海作为孩子母亲的身份，并要求低级法院给予她探视权。

在为法庭写结案陈词时，首席大法官罗伯特·威伦茨（Robert Wilentz）反驳了代孕合同。他认为，这并不是真正的自愿的合同，而且它包含了买卖婴儿的成分。

首先，这里的同意是有缺陷的。玛丽·贝丝在同意生养一个孩子并在出生后将孩子返还给他人时，并不真正自愿的，因为她并没有得到充分的信息：

> 在这一合同中，那名自然意义上的母亲在了解她与孩子之间那种纽带的力量之前，给出了不可撤销的承诺。她从来都没有做出一个完全自愿的、基于完整信息的决定。因为很明显，任何在孩子出生之前所做出的决定，在其最重要的意义上来说，都是信息不全面的。[38]

一旦这个孩子出生了，这个母亲就处于一个更好的位置来做出一个信息全面的决定。可是到那时，她的决定就不自由了，而是被“起诉的威胁，以及1万美元报酬的诱惑”强迫，这使得这个决定“并不完全是自愿的”。[39]此外，对金钱的需要，使得这个贫困的妇女很可能会“选择”去给富人当代孕母亲，而不是“被选择”。威伦茨法官提议说，这一点也对这类协议所具有的自愿特征提出了质疑：“我们怀疑，低收入阶层的不孕不育夫妇，是否会找高收入的人代孕。”[40]

因此，使得这份合同无效的原因之一就在于这里的同意是有问题的。然而，威伦茨法官还提出了第二种更具根本性的理由：

> 先将她可能在多大程度上受到金钱需要的强迫，以及她对最终结果的理解有多深入这些问题搁置一边，我们认为她的同意是无关紧要的。在一个文明的社会，有一些东西是金钱不能购买的。[41]

威伦茨认为，商业性的代孕等同于出售婴儿，而出售婴儿是不对的，无论它是否自愿。他反驳了这一观点——这里的报酬是为了代孕母亲的服务，而并非是为了这个孩子。根据这份合同，只有当玛丽·贝丝交出监护权并终止其做母亲的权利时，才能向她支付这1万美元。

> 这就是在出售一个孩子，至少是在出卖一个母亲对其孩子所拥有的权利；这里唯一缓和的因素在于，购买者是孩子的父亲……一个中间人，受利益驱动而促成了这桩买卖。无论是什么样的理想推动了任何一方，利益的动机都支配、渗入并最终控制了这一交易。[42]

代孕合同与公正

那么，在“婴儿M”一案中到底谁是对的呢？——是执行该合同的初级法院，还是使该合同作废的高级法院？为了回答这一问题，我们需要评估合同所具有的道德力量，以及在反对代孕合同时所提出来的两种反驳。

那种支持代孕合同的论点所依据的是我们迄今所考察的两种公正理论——自由至上主义和功利主义。自由至上主义者支持合同的理由是，它们反映了选择的自由。支持两个相互同意的成人之间所达成的合同，就是尊重他们的自由。功利主义者支持合同的理由是，它们推进了总体福利。如果双方都认同一个交易，那么双方都肯定能从这一协议中获得一些利益或幸福，否则他们就不会做这笔交易。因此，除非我们能够证明这一交易减少了另外一些人的功利（而且要超过它给交易双方所带来的利益），否则，那些互相获利的交换——包括代孕合同——就应当得到支持。

这些反驳有道理吗？它们具有多少说服力呢？

反驳1：有问题的同意

第一种反驳——关于玛丽·贝丝·怀特海的同意是否真正地出于自愿——引发了一个与条件有关问题，即人们在哪些条件下做出选择。它认为只有当我们并没有被过分地压迫（如对金钱的需要），并且我们合理地、完整地掌握了备选项的信息时，我们才能行使自由选择的权利。当然，关于什么算作过分的压力，什么算作缺乏信息的同意，人们还会有争论。可是，这种争论的要点在于判断出什么时候一个看上去像自愿的协议是真正自愿的，而什么时候并不是。这一问题清楚地体现于“婴儿M”一案中，正如它体现于关于志愿兵役制的争论中一样。

如果我们从这些案例中退后一步，那么，值得我们注意的是：这种关于一个有意义的许诺的必要背景条件的争论，实际上是我们在本书中所考察的三种公正进路中的其中一种公正理论——那种认为公正就意味着尊重自由——的家族内部的争论。正如我们所见，自由至上主义就是这个家族中的一员，它认为，公正需要尊重人们所做出的任何选择，假如这些选择没有侵犯他人的权利。其他一些将公正看作尊重自由的理论家们则在选择的条件上设定了一些限制。他们认为——正如法官威伦茨在“婴儿M”一案中所说的那样——迫于压力或信息掌握不全面的许诺，并不是真正地出于自愿。当我们开始讨论约翰·罗尔斯（一个自由阵营内部的成员，他反对自由至上主义关于公正的论述）的政治哲学时，我们将会更有能力来评价这一争论。

反驳 2：贬低与更高的善

那么，对代孕合同的第二种反驳——认为有些东西是我们不应当用金钱购买的，包括婴儿和妇女的生育能力的观点——又如何呢？买卖这些东西到底有什么错呢？对此，最有说服力的答案就是：将婴儿和怀孕看作商品就是贬低了它们，而没有适当地尊重它们。

潜藏在这种答案背后的是一种意义深远的思想：正确地尊重商品和社会行为的方式，并不仅仅取决于我们。特定的尊重模式适用于特定的商品和行为。在商品的情形中，如汽车和烤面包机，最合适的尊重它们的方式就是使用它们，或制造、出售它们以获得利益。可是，如果我们将所有的事物都看作商品，那就错了。例如，将人类看作商品——看作可以买卖的物品，是不对的。这是因为，人类是值得尊重的、而不是被使用的对象。尊重和使用是两种不同的重视模式。

当代道德哲学家伊丽莎白·安德森（Elizabeth Anderson）便将这种论点运用于关于代孕的争论。她认为，代孕合同由于将孩子和妇女的劳动看作商品，因而贬低了他们。[43] 这里她所说的“贬低”，意指“根据一种较低的，而非适合于它的评价模式来对待某物。我们不是‘更多’或‘更少’地来评价事物，而是以某种质上更高或更低的方式来对待事物。爱一个人或尊重一个人，就是以一种高于这个人被利用时所得到的对待方式，来对待他……商业化的代孕贬低了孩子，因为它将孩子们看作商品。”[44] 它将他们作为赚钱的工具加以利用，而不是把他们当作值得爱护和关心的人加以珍惜。

安德森认为，商业化的代孕，通过将妇女的身体看作工厂，并付钱让她们与自己所生的孩子脱离关系，从而贬低了妇女。它用那些管理普通生产的各种经济规范，代替了那“通常管理孕育孩子的亲子规则”。安德森写道，通过要求代孕母亲“压抑她对这个孩子所感受到的母爱”，代孕合同“将妇女的劳动转换成一种异化了的劳动”。[45]

> 在代孕合同中，（母亲）同意不与她的后代形成或试图形成一种母子关系。她的劳动是异化了的，因为她必须放弃其目的，而这个目的正是怀孕这一社会行为所正当地推进的——一种与她的孩子之间的情感纽带。[46]

安德森的中心论点是：物品之间有所差别，因此以同样的方式——作为赚钱的工具或被利用的对象——来对待所有的物品是不对的。如果这一观点是对的，那么它就解释了为什么有些东西是金钱不能购买的。

这一论点也对功利主义发起了挑战。如果公正仅仅是使快乐减去痛苦后的余额最大化，那么我们就需要一个单一的、整齐划一的方式，来衡量和评价所有的事物及其给我们带来的快乐或痛苦。边沁正是为了这一目的而提出了功利的概念。可是安德森认为根据功利来评价所有的事物，就贬低了那些更适合用更高的规范来加以评价的各种事物和社会行为——包括孩子、怀孕和对子女的养育。

可是，这些更高的规范是什么呢？我们又怎么能知道哪些评价模式适合于哪些物品和社会行为呢？对这一问题的解决路径之一开始于自由的观念。由于人类拥有自由的能力，因此我们不应当被仅仅当作对象而加以利用，相反，我们应当得到体面而尊重的对待。这种解决的路径强调（值得尊敬的）人与（仅供使用的）对象或物品之间的区别，是道德中最具根本性的区别。对这一路径的最伟大的辩护者就是伊曼努尔·康德，我们将在下一章讨论他。

对更高规范的另一种路径，始于这样一种观念：正当的评价事物和社会行为的方式取决于这些行为所满足的目的。让我们回想一下，在反对代孕的时候，安德森论述道，“怀孕这一社会行为正当地促进了”一种特定的目的，即一个母亲和她的孩子之间的情感纽带。一个要求这个母亲不要形成这样一种纽带的合同是贬低性的，因为这使她远离了这一目的。它以一种“商业生产的规范”代替了“亲子关系的规范”。这种思想——我们试图抓住这些行为的本质性目的或意图，以此来鉴别出那些适合于这些社会行为的各种规范——这正是亚里士多德公正理论的核心。我们将在后面的章节中考察他的论证过程。

我们只有考察了这些道德和公正理论，才能真正地裁决哪些物品和社会行为应当由市场来管制。然而，关于代孕的争论，如同关于志愿兵役制的争论一样，让我们瞥见了那危如累卵的一面。

怀孕外包

曾经以“婴儿 M”而广为人知的梅丽莎·斯特恩最近从乔治·华盛顿大学毕业了，专业为宗教学。[47] 至今距离新泽西的那场著名的、关于她的监护权的争夺已经有二十余载，可是关于代孕母亲的争论仍然在继续。许多欧洲国家禁止商业性代孕；在美国，超过 12 个州使这一行为合法化了，另有 12 个州禁止这一行为，而在其他一些州，其合法与否仍然不是很明确。[48]

新的生育技术在很多方面改变了代孕经济，并加深了它所体现出的伦理困境。当玛丽·贝丝·怀特海同意为了报酬而怀孕时，她提供了卵子和子宫，因此她是婴儿生物学意义上的母亲。然而，试管授精的出现使得由一位妇女提供卵子而另外一位来孕育它成为可能。哈佛大学商学院的商业管理教授德博拉·斯帕（Deborah Spar）分析了这种新型代孕的商业优势。[49]从传统意义上说，那些签署代孕合同的人，“本质上要购买一个‘卵子加子宫’的包裹”，现在她们可以从一处获得卵子（多数情况下包括那个有意向的母亲），而从另一处获得子宫。[50]

斯帕解释道，这种供应链条的断开，推动了代孕市场的发展。[51]“通过断开卵子、子宫和母亲这条传统的连接，妊娠代理减少了那些围绕着传统代孕的、法律上和情感上的危险，并因此给一个新型市场的繁荣打开了空间。”“由于从卵子－子宫这一捆绑中解脱出来”，代孕代理人如今在选择代孕者时“更加具有歧视性”——“寻找带有特殊基因特征的卵子，以及依附于某种特定人格的子宫”。[52]那些可能要代孕的父母，不再需要担心他们所雇用来孕育他们的孩子的那个妇女的基因特征，“因为他们从别处获得这些”。[53]

> 他们不在乎她长得怎么样，也不再那么担心她生出孩子后会索要孩子，或法庭将倾向于帮助她。他们所需要的不过是一个健康的妇女，愿意经受怀孕的辛苦以及在怀孕期间遵守一定的行为规范——不喝酒，不抽烟，不吸毒。[54]

尽管妊娠代理增加了预期代孕者的供应量，需求量也同样有所增加。如今，代孕者们每次怀孕可以得到2万~2.5万美元的报酬。一次这样的安排（包括医疗费用和法律费用）一般来说总共要花费7.5万~8万美元。

由于价格飙升，人们不难发现那些预期要代孕的父母开始寻找便宜一些的替代者。像在全球经济中的其他商品和服务一样，有偿怀孕现在开始被承包给廉价的供应方。2002年，印度将商业性代孕合法化，以期望能够吸引国外的顾客。[55]

位于印度西部的城市亚兰德很快将成为有偿代孕中心，就像班加罗尔是呼叫中心一样。2008年，这个城市有超过50名的妇女为来自美国、中国台湾、英国及其他地方的夫妇代为妊娠。[56]那里有一家诊所，给15个为来自世界各地的客户当代孕母亲的孕妇提供集体住房，并配有仆人、厨师和医生。[57]这些妇女所挣的钱从4 500美元到7 500美元不等，通常超过她们15年所挣的钱，并使她们能够购买一栋房子或支付她们自己孩子的教育费用。[58]对那些满怀希望奔赴亚兰德的夫妇而言，这一安排是笔好买卖，总开支大约2.5万美元（包括医疗支出、代孕者的报酬、往返机票、两次旅程的旅馆开销），大概是在美国代为妊娠总开销的1/3。[59]

有些人认为当代所实施的这些商业性代孕与那次引发“婴儿M”案件的合同相比较，在道德上不是那么令人困惑了。这种观点认为，由于代孕者并不提供卵子，而只是提供子宫和怀孕的劳动力，因此，这个孩子在基因上并不是她的。根据这种观点，这里没有出售孩子一说，对孩子的索要也不太可能会遭到反对。

可是妊娠外包并没有解决这一道德困境。妊娠代孕者跟她们所生的孩子之间，也许真的不像提供卵子的代孕者与她们所生的孩子之间联系得那样紧密。然而，将母亲这一角色划分成三种（养母、提供卵子者、妊娠代孕者）而非两种，并没有解决这一问题——谁更有权利索要这个孩子。

如果说因试管授精而产生的怀孕外包带来了什么，那就是它使得这些道德问题得到了更为明显的凸显。想要代孕的夫妇省下来的代孕费用，印度代孕母亲从这一行为中所获得的、与当地工资收入相差巨大的经济收益，让我们不可否认商业性的代孕可以增加整体福利。因此，从功利主义的观点来看，我们很难反对这种作为全球化产业的有偿怀孕。

然而，这种全球化的怀孕外包同样也凸显了相关的道德困境。26 岁的印度妇女苏曼·多蒂娅（Suman Dodia），曾是一对英国夫妇的代孕者。在此之前，她是一个女仆，每个月的收入是 25 美元。工作 9 个月就能挣 4 500 美元对她来说具有太强大的吸引力，而让她无法加以拒绝。[60] 她曾经在家里生过三个自己的孩子，并且从来没有看过医生这样一个事实，增加了她作为代孕母亲的心酸。当谈到她的有偿怀孕时，她说："我现在比我怀自己的孩子的时候还要小心。"尽管成为一个代孕母亲给她带来的经济收益是非常显著的，可是，我们却不能断定这个选择是自由的。此外，一个有偿怀孕产业在全球范围内的形成——在贫困国家里受到目的明确的政策的驱使——反映出代孕通过将妇女的身体和生育能力工具化，从而贬低了她们。

我们很难想象出比生孩子和打仗彼此更为迥异的两种人类行为。但是，印度的那些代人怀孕的妇女与安德鲁·卡内基在内战中雇用来代替他的士兵却有着共同之处。对这些情形的正当性的思考将使我们直面那两个将两种不同的公正观念区分开来的问题：我们在自由市场中所做出的选择到底有多自由？是否有一些特定的德行和更高的善是无法在市场上受到尊重的，并且是金钱所不能购买的？

第五章

重要的是动机／伊曼纽尔·康德

如果你相信普遍人权，那么你很可能就不是一个功利主义者。如果所有的人都值得尊重，而无论他们是谁或在哪里居住，那么，把他们仅仅看作达到集体幸福的工具就是不对的。（让我们回想一下那个营养不良的、为了“城市的幸福”而在地窖里挣扎呻吟的孩子的故事。）

你可能基于这样的理由——尊重人权从长远来看将使功利最大化——而维护人权。如果是这样，那么，你尊重人权的理由就不是为了尊重那些拥有权利的人，而是为了使事物对每个人来说都变得更好。因为受折磨的孩子这一情景减少了总体功利而谴责这种情形是一回事，而因为它在道德本质上就是错的，是对这个孩子的不公正而加以谴责则是另外一回事。

如果权利并不依赖于功利，那么什么才是它们的道德基础呢？自由至上主义者们提供了一种可能的答案：人们不应当被仅仅当作促进他人福利的手段而加以利用，因为这样做侵犯了根本性的自我所有权。我的生命、劳动力和人格属于我，且仅属于我。它们并不是任由社会整体随意处置的东西。

然而，正如我们已经看到的，自我所有权的观念，如果始终如一地加以应用，那么它有一些后果是一个热切的自由至上主义者才能喜爱的——一个不受约束的市场，不给那些落后之人提供安全的防护网；一个放弃了任何缓和不平等和推进共同善的手段的最小政府；一种对自由的彻底赞颂，以至于它允许人们自行冒犯人类的尊严，如相互同意的吃人或把自己出售成为奴隶。

即使是拥护财产权利和有限政府的伟大理论家约翰·洛克（John Locke，1632—1704），也不宣扬不受限制的自我所有权。他反对这样一种观念，即：我们可以如自己所愿地任意处置我们的生命和自由。可是洛克的不容剥夺的权利追溯到了上帝，这便给那些寻求不依赖于宗教设想的道德基础的人遗留了一个问题。

康德论权利

伊曼纽尔·康德（1724—1804）为义务和权利提供了另一种可选的论证，这是迄今为止哲学家给出的最强有力、最有影响力的论证之一。它并不依赖于“我们拥有自身”这样的观念，也不依赖于“我们的生命和自由是来自于上帝的礼物”这样的主张。相反，它依赖于这样一种观念——我们是理性的存在，值得拥有尊严和尊重。

康德于1724年出生于东普鲁士的哥尼斯堡市，大约80年之后，他也在那里去世。他来自一个中等收入的家庭，父亲是一个马具制造者，父母都是虔信派教徒，都是强调内在宗教生活和做善事的新教信仰者。[1]

他16岁的时候进入哥尼斯堡大学，在校表现卓越。他曾经当过一段时间的私人家庭教师，然后在31岁的时候接受了第一份学术性工作——做一名没有工资的讲师，这份工作的报酬由参加讲座的学生人数而定。他是一个受欢迎的、勤奋的讲师，每周大约开20场讲座，主题囊括形而上学、逻辑、伦理学、法律、地理学和人类学。

1781年，在他57岁的时候，他发表了第一本著作——《纯粹理性批判》，该书对大卫·休谟和约翰·洛克的经验主义理论提出了挑战。四年之后，他发表了《道德形而上学基础》，这是他诸多著作中的第一本道德哲学著作。在杰里米·边沁的《道德与立法原理导论》发表五年之后，康德的《道德形而上学基础》对功利主义发起了一场猛烈的抨击。它认为，道德跟使幸福最大化以及任何其他目的无关，而在于将人作为目的本身而加以尊重。

康德的《道德形而上学基础》出现在美国革命（1776）爆发后不久，而又刚好在法国大革命（1789）爆发之前。与这些革命精神和道德驱动力相契合，这本书为 18 世纪的各种革命所倡导的人的权利以及 21 世纪初期我们所说的普遍人权，提供了一种强有力的基础。

康德的哲学是非常难懂的，但是别让这一点把你吓跑了。它值得我们为之付出努力，因为所获得的收益将颇为丰厚。《道德形而上学基础》提出了一个重要问题：道德的最高原则是什么？在回答这一问题的过程中，它阐述了另一个非常重要的问题：什么是自由？

康德对这些问题的回答对后世的道德和政治哲学影响深远。然而他的历史性的影响并不是我们关注他的唯一理由。虽然乍看起来，康德的哲学令人望而却步，但它实际上影响了当代人关于道德和政治的思考，即使我们都没有意识到它。因此，弄明白康德的思想不仅仅是一种哲学训练，还是一种检验某些暗含于我们公共生活中的关键性假设的方式。

康德对于人类尊严的强调影响了当今的普遍人权观念。更为重要的是，他对于自由的论证体现在当代人关于公正的争论当中。在本书的引言中，我区分了三种公正进路。那种功利主义的进路认为，界定公正和判断何谓正当之事的方法就在于询问什么将会使福利或社会总体幸福最大化。第二种进路将公正与自由联系起来，自由至上主义者为这一进路提供了例证。他们认为，关于收入和财富的正当分配就是任何一个在不受约束的市场中自由交换商品和服务所产生的分配。他们坚持认为，调节市场是不公正的，因为这侵犯了个体的选择自由。第三种进路认为，公正就是给予人们在道德上所应得的——以分配物品来奖励和促进德行。当我们讨论亚里士多德的时候（第八章），我们将会看到这种基于德行的进路将公正与关于良善生活的反思联系了起来。

康德反对第一种进路（使福利最大化）和第三种进路（促进德行）。他认为，这两种进路都没有尊重人类自由。因此，康德是第二种进路——将公正与道德同自由联系起来——的强有力的倡导者。然而，他所提出的自由观念要求更为苛刻——比我们在市场上买卖东西时所行使的选择自由要更加苛刻。康德认为，我们日常所认为的市场自由或消费自由并不是真正的自由，因为它仅仅满足我们事先并没有选择的各种欲望。

稍后，我们将进入康德的那种更加崇高的自由观。然而，在我们进入之前，先让我们来看看，他为什么认为功利主义将公正和道德看作幸福最大化的观念是错误的。

使幸福最大化的问题

康德反对功利主义。他认为，由于将权利建立在关于什么会产生最大幸福的算计的基础之上，功利主义使权利的基础变得脆弱。此外，还有一个更深层次的问题：试图从我们恰好具有的各种欲望推导出道德原则是一种错误的思考道德的方式。仅仅因为某物给很多人带来快乐，并不能使它成为正当的。仅仅根据大多数人（无论数量有多大）喜欢一种法律（无论有多强烈）的这样一个事实，并不能使这个法律成为正当的。

康德认为，道德不能仅仅建立在经验主义的考量之上——如人们在特定时间具有的各种兴趣、期望、欲望及偏好。他指出，这些因素是多变的、偶然的，因此它们很难作为普遍性的道德原则（如普遍人权）的基础。可是，康德的根本性观点是，如果将道德原则建立在各种偏好和欲望——即使是对幸福的欲求——的基础之上，就误解了道德是什么这一问题。功利主义的幸福原则“对于确立道德而言毫无贡献，因为使一个人幸福不同于使他变好；使一个人在追求自己的利益时变得审慎明智，不同于使他更有德行”。[2] 将道德建立在兴趣和偏好基础之上，就破坏了它的尊严。它并不教导我们如何区分对与错，而“只是更加工于计算”。[3]

如果我们的各种期望和欲望不能作为道德的基础，那么还剩下什么呢？一种可能性就是上帝，不过这并不是康德的回答。尽管康德是一名基督徒，但是他并没有将道德建立在神圣权威的基础之上。相反，他认为，我们可以通过运用他所说的“纯粹实践理性”而达到道德的最高原则。根据康德的观点，要弄明白我们如何能推理出道德法，就要先探索我们的理性能力和自由能力之间的紧密关系（正如康德所认为的那样）。

康德认为，每个人都值得尊重，这并不是因为我们拥有自身，而是因为我们是理性的存在，即能够进行推理；我们也是意志自由的存在，能够自由地行动和选择。

康德并不是说我们总是能够理性地行动或自主地选择。有时候我们可以，而有时候却不能。他的意思是我们有理性的能力和自由的能力，而这种能力是人类所共有的。

康德毫不犹豫地承认理性能力并不是我们拥有的唯一一种能力，我们还有感觉快乐与痛苦的能力。康德认识到，我们是理性的存在，也是感性的存在。康德所说的“感性”是指，我们能够基于自己的感官和感觉行事。因此，边沁是对的——但是只对了一半。边沁正确地认识到我们喜欢快乐而讨厌痛苦；然而，他错在坚持认为它们是“我们的至高无上的主人”。康德认为，理性可以是最高统治者，至少在某些时候如此。当理性掌管我们的意志时，我们就不受欲望的驱动去追求快乐，避免痛苦。

我们的理性能力与自由能力密切相关，这些能力合起来让我们变得独特，并将我们与动物性存在区分开来；它们使我们不仅仅是欲望的存在。

什么是自由？

要弄明白康德的道德哲学，我们就需要理解他所说的自由是什么。我们经常将自由看作毫无障碍地做我们想做之事，对此，康德并不同意。他有一个更加严格的、要求更为苛刻的自由观念。

康德的推理如下：当我们像动物一样追求快乐或避免痛苦时，我们并不是真正自由地行动，而是作为欲望和渴求的奴隶而行动。为什么呢？因为无论何时，只要我们是在追求欲望的满足，那么我们所做的任何事情，都是为了某种外在于我们的目的。我以这种方式来充饥，以那种方式来解渴。

假设我正在试着决定买哪一种口味的冰激凌：我是应该买巧克力的呢，香草的呢，还是咖啡太妃糖颗粒的呢？我可能认为自己是在运用选择的自由，但是，我真正在做的只是在试着弄明白哪一种口味能最好地满足我的偏好——那些我事先并没有加以选择的偏好。康德并没有说满足我们的各种偏好是不对的，他的要点是：当我们这样做的时候，我们并不是在自由地行动，而是在根据一种外在给定的规定性而行动。毕竟，我对咖啡太妃糖颗粒的偏好而不是对香草的偏好并不是我刻意去选择的——我就是有这个偏好。

若干年以前，雪碧有一句广告语："服从你的渴望"（Obey your thirst）。雪碧的这一广告（当然是无意地）包含了一种康德式的洞见。当我拿起一罐雪碧（或百事可乐、可口可乐）时，我是出于服从而不是自由在行动。我只是在服从我的口渴感。

人们经常就本性和后天培育在行为养成中的作用而进行争论，想要雪碧（或其他含糖饮料）的欲望是内含于基因之中的呢，还是受到广告的刺激？对于康德来说，这一争论实际上偏离了重点。只要我的行为被生物性决定，或被社会性规范，那它都不是真正的自由。根据康德的思想，自由地行动就是自律地行动，自律地行动就是根据我给自己所立的法则而行动——而不是听从于本性或社会传统的指令。

一种理解康德所说的"自律地行动"的途径，就是将意志自由与其对立面做比较。康德发明了一个词来表达这一对比——他律（heteronomy）。当我根据他律而行动的时候，我就是在根据那外在于我而给定的规定性而行动。举个例子：当你丢下一个台球时，它会落到地上；当它下落的时候，它并不是在自由地行动，其行动受到自然法则——在这种情况下就是地球引力——的支配。

假设我从帝国大厦上跌落（或被推下），当我冲向地面的时候，没有人会说我在自由地行动；我的行动与那个台球一样，受制于地球引力这一法则。

现在再让我们假设，我落在了另一个人身上并且砸死了那个人，我不会对这一不幸死亡负有任何道德上的责任。就像那个台球，如果它从高处跌落并砸到某个人的脑袋，它也不会对此负有道德责任。在这两种情况中，那正在下降的物体——我，或者那个台球——都不是在自由地行动，而是都受制于地球引力这一法则。由于这里没有意志自由，那么也就没有道德责任。

这就是意志自由和康德的道德观念之间的联系。自由地行动并不是为给定的目的选择最佳的方式，而是选择目的本身——这是一种人类可以做出，而台球（以及大多数动物）却不能做出的选择。

人与物

现在是凌晨三点，你的大学室友问你为什么深夜不睡觉，而是思考与失控电车有关的道德困境。

“为了给伦理课写一篇好论文。”你回答道。

“可是为什么要写一篇好论文呢？”你的室友问道。

“为了获得一个好成绩。”

“可是为什么要在乎成绩呢？”

“为了在投资银行得到一份工作。”

“可是为什么要在投资银行得到一份工作呢？”

“为了某天成为一名对冲基金经理。”

“可是为什么要成为一名对冲基金经理呢？”

“为了赚很多的钱。”

“可是为什么要赚很多的钱呢？”

“为了能够经常吃龙虾，我喜欢吃龙虾。毕竟，我是一个有感知的生物。这就是我为什么熬夜思考失控电车的原因！”

这就是康德所说的“他律规定性”的一个事例——做某事是为了其他事情，再为了其他事情，等等。当我们他律地行动时，我们是为了某些外在于我们的给定的目的去行动，我们是自己所追求的各种目的的工具，而非目的的设定者。

康德的意志自由观念与此截然对立。当我们自律地行动——也即根据我们给自己所立的法则而行动时——我们做某事是为了这件事本身，它自己就是目的。我们不再是那些外在于我们的给定的各种目的的工具。“自律地行动”这一能力，赋予了人类以特殊的尊严，它标示了人和物之间的区别。

对于康德而言，尊重人的尊严就意味着将人当作目的本身来对待。这就是为什么功利主义为了总体福利而利用人是不对的。将那个大汉推落到轨道上以挡住电车，就是把他当作了工具，因此就没有把他当作目的本身而加以尊重。一个开明的功利主义者（如密尔），可能会出于对次生效益的考虑——即从长远来看会降低功利——而拒绝去推那个人。（比如人们将不敢站在桥上了，等等。）然而，康德会坚持认为，这是一个错误的、让人打消推人下桥的念头的理由，它仍然是将那个潜在的受害者当作成全他人幸福的一种工具、一个对象、一种手段。它让他活着，却并不是为了他自己的目的，而是为了让他人以后在过桥时不会再三犹豫。

这引发了一个关于“什么赋予一个行为以道德价值”的问题，它将我们从康德的那种特殊的、要求苛刻的自由观，带到了那同样要求苛刻的道德观。

何谓道德？寻求动机

根据康德的理论，一个行为的道德价值并不是由随之而来的结果构成，而是由完成这一行为的意图构成。重要的是动机，而且这种动机必须是特定种类的。重要的是，我们要因为一件事情是对的去做这件事，而并不是由于某些隐晦不明的动机去做它。

“一个好的意志之所以好，并不是因为它所达到的效果或成就。”康德写道。它本身就是好的，而无论它是否盛行。“即使这一意志完全没有力量实现它的目的，即使它付出了最大努力却仍然一事无成……它也仍然像一颗珠宝一样因其自身的缘故而熠熠发光，就像那些本身就拥有完整价值的事物一样。”[4]

对于任何一个具有道德上的善的事物而言，“它应当遵守道德法这一点是不够的——它还必须为了道德法而被完成。”[5]那赋予一个行为以道德价值的动机，就是履行义务的动机；后者在康德这里是指为了正当的理由而做正当之事。

在论及只有义务的动机才能赋予一个行为以道德价值的时候，康德并不是在谈论我们拥有什么样的特殊义务，他也不是在告诉我们那最高道德原则所命令的是什么。他不过是在说明当我们评价一个行为的道德价值时，我们要评价产生这一行为的动机，而不是它产生的后果。[6]

如果我们是出于某些动机——如自我利益——而不是义务去行动，那么我们的行为就缺乏道德价值，康德坚持认为这是真实的，这一点不仅仅是针对自我利益而言，也是针对所有企图满足我们的各种期望、欲求、偏好和渴望的行为而言。康德将这样的动机——他称之为“倾向的动机”——与义务的动机作了对比，并且认为，只有出于义务动机的行为，才具有道德价值。

精明的店主和商业促进会

康德举出了很多事例以说明义务和倾向之间的区别。第一个事例是关于一个慎重的店主的。一个毫无经验的顾客（例如一个孩子）走进一家杂货店买一袋面包，店主可以多要他的钱——向他索要比通常一袋面包的价格要高的钱，而且这个孩子对此并不知情。可是这个店主意识到，如果有其他人发现他以这样的方式占这个孩子的便宜，那么这件事就会传播开来，从而影响他的生意。出于这个原因，他决定不多收这个孩子的钱，而是按通常的价格收费了。因此，店主做了正确的事情，然而却是出于错误的理由。他诚实地与这个孩子做生意的唯一原因，是为了保护他的名声。店主只是为了自我利益才诚实地行动，他的行为缺乏道德价值。[7]

我们可以在纽约商业促进进会的招募活动中发现一个与之极为相似的事例。为了征召新成员，商业改进局经常会在《纽约时报》上刊登整版广告，并以“诚实是最好的策略，也是最有利可图的”为标题。这则广告的内容毫无争议地表达了它所诉求的动机：

> 诚实，与任何其他财富一样重要。因为一场以真实、开放和公平价值为基础的交易，不会做不好。正是为了这一目的，我们支持商业促进会。加入我们吧，你可从中获益。

康德不会谴责商业促进会，促进诚实的商业交易是值得称赞的。然而，在为了诚实而诚实与为了底线而诚实这两者之间有重要的道德差别。前者是一种原则性的立场，而后者则是一种慎重的立场。康德认为，只有原则性的立场才与义务的动机相一致，而义务的动机是唯一能够赋予一个行为以道德价值的动机。

或者让我们来考虑这样一个例子：若干年以前，马里兰大学试图通过要求学生签署不作弊的保证书，以解决普遍存在的作弊问题。作为一种鼓励，那些签署保证书的学生得到了一张打折卡，他们凭这张卡在当地商店消费可以节省 10%~25% 的花费。[8] 没有人知道有多少学生是为了当地比萨店的折扣而承诺不作弊。可是，我们大多数人会同意，收买诚实这一行为缺少道德价值。（这些折扣可能成功地减少了作弊的发生率，也可能没有；然而，这里的道德问题是，被对折扣或物质奖励的欲求所推动的诚实是否具有道德价值。康德对这一疑问的答案一定是否定的。）

这些例子体现出康德的主张的合理性，他认为只有义务的动机——因为某事是正确的，而不是因为它是有用的或便利的而去做它——才能给一个行为赋予道德价值。可是，另外有两个例子却体现了康德这一主张的复杂性。

活下去

正如康德所认为的，第一个例子涉及保存一个人自己生命的义务。由于大多数人都有强烈的活下去的意向，因此，这一义务很少起作用。我们用以维持生命的大多数预防措施，由此都缺乏道德含量。系上座位安全带和控制我们的胆固醇等，都是一些慎重的行为，而并非道德的行为。

康德承认，我们经常很难知道，当人们行动的时候是受到什么动机的驱使。他也认识到，义务的动机和倾向可能都存在。他的意思是：只有义务的动机——因为某事是正当的而去做这件事，并不是因为它是有用的，或令人愉快的，或便利的而去做——才能赋予一个行为以道德价值。他用自杀的例子来阐明了这一点。

大多数人之所以活下去是因为他们热爱生命，而并不是因为他们有义务这样做。康德提出了一种事例，其中义务的动机进入人们的视野。他假设了一个毫无希望的、悲惨可怜的人，他的心中充满了绝望，以至于他没有任何继续生存的欲望。如果这样的一个人出于义务而不是出于意向来振奋意志以维持生命，那么他的行为就具有道德价值。[9]

康德并不是认为只有悲惨的人才能履行维持自己生命的义务。我们很有可能热爱生命并仍然为了正确的理由——一个人有义务这样做——而维持生命。假如一个人认识到那种维持自己生命的义务，并在心里出于这一理由而这样做了，那么，那种想要继续生存的欲望就并没有破坏维持生命的道德价值。

有道德的厌恶人类者

可能对康德的观点而言，最难论证的例子就是如何看待帮助他人这一义务。有些人是利他主义的，他们同情他人并从帮助他人中获得乐趣。然而，对康德而言，出于同情而做好事，“无论它多么正当，也无论它多么友善”，都缺乏道德价值。这似乎是违反直觉的。难道成为那种在帮助他人中获得乐趣的人不好吗？康德会说好。他当然不会认为，出于同情而行动有什么错；但是他将这种帮助他人的动机——做好事给我带来快乐——与义务的动机区分开来，并且坚持认为，只有义务的动机才能赋予一个行为以道德价值。利他主义者的同情，“值得我们称赞和鼓励，但不值得尊敬”。[10]

那么，一件好事要想具有道德价值，那么要具备什么呢？康德提出了一种情形：让我们来想象一下，这个利他主义者遭受了一种不幸，使他对于人类的爱不复存在。他变成了一位恨世者，缺乏所有的怜悯和同情。然而，这个冷心肠的人将自己从冷漠中扯了出来，并着手帮助他的同胞。由于没有任何帮助的倾向，他这样做“仅仅是为了义务”。那么，他的行为才第一次具有了道德价值。[11]

从很多方面来看这都是一种古怪的评判。康德有意要把厌恶人类者界定为道德榜样吗？不，一点儿也不是。从做好事中获得乐趣，并不一定破坏其道德价值。康德告诉我们，重要的是，人们之所以做某件好事是因为它是正当之事——而无论这样做是否给我们带来快乐。

英语拼字大赛的英雄

让我们来考虑一个发生于若干年前的事情：在首都华盛顿举行的“全国拼字大赛”上，一个13岁的男孩被要求拼写“echolalia”，意指一个人重复任何他所听所闻的倾向。尽管他拼错了这个单词，可是考官也听错了。考官告诉他拼对了，并允许他晋级。当男孩得知自己拼错了之后，他走到考官面前告诉了他们。后来他被淘汰了。第二天，报纸头条称赞这个诚实的年轻人是“拼字大赛的英雄”，他的照片也出现在《纽约时报》上。“考官们说我非常正直。”男孩告诉记者说，并接着说他的部分动机是“我不想感觉自己像是一个讨厌的人”。[12]

当我读到拼字大赛英雄的这段话时，我很好奇康德会怎样想。

不想感觉自己像是一个讨厌的人，这当然是一种倾向。因此，如果这是他说实话的动机，那么，这就似乎诋毁了他这一行为的道德价值。可是这似乎太苛刻了。这可能意味着，只有没有感觉的人才能做出具有道德价值的行为。我认为这并不是康德的本意。

如果这个男孩说实话的唯一理由就是避免感到罪恶，或避免万一他的错误被发现后而导致的坏名声，那么，他说实话这一行为就缺乏道德价值。然而，如果他说实话的原因是他知道这是正当之事，那么，他的行为就具有道德价值，不管那可能与之相随的快乐或满足。只要他是出于正当的理由而做了正当的事情，那么，对这件事情的良好感觉，就并没有抵消它的道德价值。

康德的利他主义者也是如此。如果他帮助他人，仅仅是为了这样做所给他带来的快乐，那么，他的行为就缺乏道德价值。然而，如果他认识到一种帮助人类同胞的义务，并且出于这种义务而行动，那么他从这种行为中所获得的快乐在道德上就不能说是不合格的。

当然，在实际中，义务和倾向经常同时存在。我们经常很难弄明白自己的动机，更不用说确切地知道他人的动机。康德并不否认这一点，他也并不是认为只有硬心肠的厌恶人类者才能做出具有道德价值的行为。他那个厌恶人类者的例子的要点在于，要将义务的动机孤立开——要确保它不被怜悯和同情遮蔽。一旦我们看到了义务的动机，我们就能甄别良善行为的特征，这些特征赋予这些行为以道德价值——也即它们的原则，而不是它们的结果。

道德的最高原则是什么？

如果道德意味着出于义务而行动，那么，我们仍然要说明义务由何构成。对康德而言，要弄明白这一点，也就是要弄明白道德的最高原则。那么，道德的最高原则是什么呢？康德写作《道德形而上学基础》的目的就是要回答这一问题。

我们可以通过弄明白康德是如何将三个重要的观念——道德、自由和理性——联系在一起的，从而接近他的答案。他通过一系列的对比和二元论来解释这些观念。它们涉及一些晦涩难懂的术语，不过如果你注意到这些截然不同的术语中的相似之处，那么你就能很好地理解康德的道德哲学了。以下是一些需要记住的对比：

对比 1（道德）：义务 vs 倾向

对比 2（自由）：自律 vs 他律

对比 3（理性）：绝对命令 vs 假言命令

我们已经探明了这些对比中的第一种——义务和倾向之间的对比，只有出于义务的动机才能赋予一个行为以道德价值。现在来看看我是否能够解释其他两个。

第二种对比描述了两种不同的、可以决定我们的意志的方式——自律和他律。根据康德的思想，只有当我的意志是被自律决定、受我自己给定的法则支配的时候，我才是自由的。再者，我们经常将自由看作能够做任何自己想做的事情，能够不受阻碍地追求我们的欲望。然而，康德向这种思考自由的方式提出了一种强有力的挑战：如果你没有首先自由地选择这些欲望，那么，在你追求它们的时候，又怎么能够认为自己是自由的呢？康德在自律和他律这一对比中，表述了这一挑战。

当我的意志被他律决定时，它是被外在地、从我之外决定的。然而这就引发了一个棘手的问题：如果自由意味着不只是服从我的欲望和倾向，这又如何可能呢？我所做的每一件事情，不都是受那些欲望或倾向——它们由外在影响而决定——所推动的吗？

对此问题的答案，并不是那么显而易见。康德论述道："自然中的任何事情都符合于法则。"如自然中必然性的法则、物理规律以及因果律。[13]这也包括我们自身。我们毕竟是自然的存在，人类并不豁免于自然定律。

然而，如果我们能够掌控自由，我们就必须能够根据某些其他种类的法则——并非物理规律——而行动。康德认为，所有的行为都是由这种或那种规律所支配的。如果我们的行为仅仅受物理规律的支配，那么我们与那个台球就没有什么区别。因此，如果我们能够掌控自由，我们就必须能够不根据那给予我们或强加给我们的法则而行动，而是根据我们给自己所定的法则而行动。可是，这种法则又从何而来呢？

康德对此的回答是：由理性而来。我们不仅是受感官所产生的快乐与痛苦支配的感性存在，同时也是理性的存在，具有理性思考的能力。如果理性决定我的意志，那么，这种意志就会成为一种不受自然或倾向所支配而进行选择的力量。（我们要注意到，康德并不是在断言，理性总是支配我的意志；他只是在说，当我能够自由地行动——根据我给自己所立的法则而行动——那么，这肯定就是那种"理性能够支配我的意志"的情况。）

当然，康德并不是第一位认为人类具有理性的哲学家。然而，他的理性观念，就像他的自由观、道德观一样，都是极其苛刻的。对于经验主义哲学家们（包括功利主义者）来说，理性完全是工具性的。它使我们能够甄别追求各种特定目的的手段——这些目的不是理性本身规定的。托马斯·霍布斯（Thomas Hobbes）将理性称为“对欲望的寻求”，大卫·休谟将理性称为“激情的奴隶”。

功利主义者们认为人类具有理性能力，但仅仅是工具理性能力。对于功利主义者而言，理性的工作并不在于去决定什么样的目的是值得追求的，而在于弄明白，怎么样通过满足那些我们恰好具有的各种欲望，而使功利最大化。

康德反对理性的这种附属性角色。对他而言，理性并不仅仅是激情的奴隶。康德说，如果这就是理性，那么，我们最好还是只保留本能。[14]

康德的理性观念——与道德有关的实践理性——并不是工具性的理性，而是“纯粹实践理性，它忽视所有的经验目的而设定了一种先验性”。[15]

绝对命令 vs 假言命令

可是，理性如何做到这一点呢？康德区分了两种理性能够命令意志的方式，两种不同的命令。一种命令——可能是人们最熟悉的那种——就是假言命令。假言命令运用的是工具理性：如果你想要 X，那么就做 Y。如果你想要一个良好的商业声誉，那么就要诚实地对待你的顾客。

康德将假言命令（总是有条件的命令）与那种无条件的命令（绝对命令）做了对比。“如果一个行为，只是在作为一种达到其他事物的手段时才是好的，”康德写道，“那么，这一命令就是假言命令。如果这个行为本身就代表着善，并因此对意志——这种意志自身符合于理性——来说非常必要，那么这一命令就是绝对的。”[16]“绝对”这一术语看起来像晦涩难懂的术语，但它并不是那么远离于自身的日常意义。康德的“绝对”意思是指“无条件”。举个例子，当一名政治家对自己所谓的丑闻发表一个绝对的否认的时候，那么这一否认就不仅仅是强调性的，同时它还是无条件的——不存在任何漏洞和例外。同样的，一个绝对义务或绝对权利，就是一个无视各种环境而普遍适用的义务或权利。

对于康德而言，一个绝对命令就是绝对地——不涉及或依赖于任何进一步的目的——发出命令。“它与这个行为的内容及其预期目的无关，而与这个行为的形式以及那产生这一行为的原则有关。这一行为中的本质性的善在于意图，而无论结果如何。”康德论证道，只有一个绝对命令才有资格作为一种道德命令。[17]

这三种并列的对比之间的关联，逐渐浮出水面。要想获得自律意义上的自由，就需要我并不是出于一个假言命令去行动，而是出于绝对命令去行动。

这就引出了一个重大问题：什么是绝对命令呢？它又命令我们什么呢？康德认为我们可以通过这样一个观念——一项绝对的、不带任何进一步的动机而自主命令的实践法则[18]——来回答这些问题。我们可以依据那种使我们作为理性存在而联合起来的法则的观念，而不管具体目的——来回答这个问题。那么，它又是什么呢？

康德提出了若干版本或形式的绝对命令，他认为这些都是绝对命令。

绝对命令 1：使你的准则普遍化

康德将第一种形式称为普遍法的准则："只按照你同时认为也能成为普遍规律的准则去行动。"[19] 康德所说的"准则"是指一种给予你的行动以理由的规则或原则。他实际上是在说，我们应当仅仅依据那些我们可以使之毫无矛盾地普遍化的原则而行动。为了弄明白康德的这种不可否认的抽象考察是什么意思，让我们来考虑一个具体的道德问题：做出一个你知道自己不会遵守的承诺是对的吗？

假设我现在急需钱，因此想找你借一笔。我非常清楚地知道自己在近期内无法偿还，那么，我通过做出一个虚假的承诺说将很快偿还这笔钱——一个我知道我无法遵守的承诺——而得到这笔借款，这在道德上是否允许呢？一个虚假的承诺与绝对命令是否一致呢？康德说不，显然不一致。我看清这一虚假承诺与绝对命令不一致的途径是：试着将我即将赖以行为的准则普遍化。[20]

在这一情形中，准则是什么呢？好像是这样的东西："无论何时，当一个人急需钱的时候，他应当借款并承诺还款，即使他知道自己并不能还。"康德说，如果你将这一准则普遍化并与此同时根据它而行动，那么你就会发现一种矛盾：如果每个人在需要钱的时候都做出虚假的承诺，那么就没有人会相信这样的承诺。实际上，将会没有"承诺"这种东西；将这种虚假的承诺普遍化会破坏"遵守诺言"的这一习俗。届时你试图通过承诺而获得一笔钱的尝试将是徒劳的、非理性的。这表明，做出虚假的承诺在道德上是错误的，与绝对命令不一致。

有些人会发现康德这种形式的绝对命令并不具有说服力。这种普遍法的准则与成年人谴责那些插队、不合时宜地说话的孩子时所用的道德陈词滥调有着某种相似之处："如果每个人都这样做呢？"如果每个人都说谎，那么没有人会相信其他人的话，我们也都将更加糟糕。如果这是康德的意思，那么，他最终也就是在做一种结果主义的论证——并不是在原则上反对虚假的承诺，而是因为其可能具有的有害效果或后果而反对之。

约翰·斯图亚特·密尔等思想家，对康德提出了这一批评。然而，密尔误解了康德的意思。对于康德而言，弄明白我是否能够将自己的行为准则普遍化并继续依据它而行动，并不是一种推测可能性结果的方式。它是一种考察，以弄明白我的准则与绝对命令是否相一致。一个虚假的承诺，在道德上之所以是错误的，并不是因为它明显会破坏社会诚信（尽管它会这样）。它之所以错误，是因为在做出这样一个虚假承诺时，我将自己的需要和欲望（在这种情况下，就是对金钱的欲望）置于他人的需要和欲望之上。这种普遍化的考察表明了一种强有力的道德主张：这是一种检验的方式，它力求弄明白——我即将做出的行为是否将我的利益和特殊情况置于他人的之上。

绝对命令 2：将人看作目的

绝对命令的道德力量在康德的第二个绝对命令的准则——将人看作目的——当中，显现得更加清楚。康德这样提出他的第二种绝对命令：我们不能将道德法则建立在任何特殊的利益、意图或目的基础之上，因为那样的话，它就将仅仅与那些目的的拥有者相关联。"然而，如果我们假设它们是一些其存在本身就具有绝对价值的东西"，作为目的本身，"那么在其中——仅仅在其中，就会有一个可能的绝对命令的基础"。[21]

什么作为目的本身会有一种绝对的价值呢？康德的答案是——人性。“我认为，每一个人——一般来说就是每一个理性存在——都是作为目的本身而存在，而不仅仅是这种或那种意志所任意使用的手段。”[22] 康德提醒我们，这是人和物之间根本性的区别。人是理性的存在，他们不仅具有一种相对价值，而且具有一种绝对的价值、一种本质性的价值。也就是说，理性存在拥有尊严。

这种论证路线引导康德达到了第二种形式的绝对命令：“应当这样行为：不要总是将人——无论是你自己本身还是任何其他人——仅仅看作一种手段而加以对待，而总是同时也把他们看作一种目的而加以对待。”[23] 这就是将人作为目的的准则。

让我们再一次考虑一下那个虚假的承诺。绝对命令的第二种形式帮助我们从一个稍稍不同的角度看明白，它为什么是错的。当我承诺说我会把钱还给你，而又知道自己并不能这样做的时候，我是在利用你。我将你作为我经济上的偿还能力而加以利用，并不是将你看作一个值得尊重的目的而加以对待。

现在让我们来考虑一下自杀的情形。我们注意到，有意思的是，谋杀和自杀都是与绝对命令相抵触的，而且是出于同样的原因。从道德上来看，我们经常将谋杀和自杀看作完全不同的行为。将他人杀死是违背他的意志而剥夺了他的生命，而自杀是自杀者自己的选择。然而康德的“将人看作目的”这一观念，将谋杀与自杀放在同等地位上了。如果我实施了谋杀行为，我就是为了自己的某些利益——如抢劫银行、巩固自己的政治权力、发泄我的愤怒之情——而夺走了某个人的生命。我将这个受害者当作一种手段加以利用，而没有将他的人性当作目的而加以尊重。这就是为什么谋杀违背了绝对命令。

对于康德而言，自杀以同样的方式违背了绝对命令。如果为了逃避一种痛苦的情形，我就结束了自己的生命，那么我就是将自己作为一种解脱痛苦的手段。然而康德提醒我们，一个人并不是一个东西，“不是被仅仅当作手段而加以利用的东西”。我没有权力舍弃那内在于自己的人性，就像我没有权力舍弃那内在于他人的人性一样。对于康德来说，自杀与谋杀之所以错误的原因是一样的。两者都是将人看作物而加以对待，都没有将人性作为目的本身而加以尊重。[24]

自杀的例子，凸显了康德所说的“尊重我们人类同胞之义务”的显著特征。对于康德而言，自尊和尊重他人源自一个并且是同样的原则。我们对于理性存在的人，对于人性的载体，负有尊重的义务。它与这个人实际上是谁并无关系。

在尊重和其他形式的人类情感之间，有不同之处。爱、同情、团结以及同胞情感都是道德情感，它们将我们与一些人拉得比另外一些人更加亲密。可是，我们必须尊重人的尊严的原因与任何关于它们的特殊事物无关。康德式的尊敬不同于爱，不同于同情，也不同于团结或同胞情感。这些关心他人的原因，与他们具体是谁有关。我们爱自己的配偶以及家庭成员，我们同情那些我们能够认出的人，我们与朋友和同志感觉到团结。

然而康德式的尊敬是尊敬这样一种人性，尊敬一种内在于我们所有人当中的、毫无差别的理性能力。这就解释了为什么在我的情形中侵犯它与在他人的情形中侵犯它是同样值得反驳的。这也解释了为什么康德式的尊敬原则适合于普遍人权的学说。对于康德而言，公正要求我们支持所有人的人权，无论他们生活在哪里，以及我们与他们有多熟悉；仅仅因为他们是人类，具有理性能力，就因此而值得尊重。

道德与自由

现在我们可以弄明白康德所说的那种道德和自由之间的联系了。有道德地行动意味着出于义务——为了道德法则——而行动。道德法则由一个绝对命令所构成，也即一个要求我们尊敬地将他人当作目的本身而加以对待的原则。只有当我的行为与这个绝对命令相一致的时候，我才是自由地行动。因为，无论什么时候当我依据一个假言命令而行动的时候，我都是为了某些外在于我而给定的利益或目的。可是在这种情况下，我并没有真正的自由；我的意志不是由我自己决定的，而是由外在力量决定的——由我的环境需要或我恰好拥有的各种期望和欲求所决定的。

我只有自律地行动——根据我为自己所立的法则而行动——我才能脱离于本性和环境的命令。这样一种法则，必须不受到我的特殊期望和欲求所制约。因此，康德的要求苛刻的自由观念和道德观念是相互关联的。自由地行动——亦即自律——与有道德地行动、遵从绝对命令地行动，是一回事。

这种思考道德和自由的方式，促使康德对功利主义进行了毁灭性的批评。那种将道德建立在某些特殊的利益或欲望（如幸福或功利）基础之上的努力，注定是要失败的。“因为它们所发现的从来都不是义务，而只是出于某一特定利益而行动的必要性。”然而，任何基于利益的原则都“注定总是一个有条件的原则，而不可能作为一个道德法则”。[25]

对康德的疑问

康德的道德哲学是强有力的、令人信服的。然而，人们却很难掌握它，尤其是在最开始的时候。如果你一直跟随着我，那么你可能会想到若干疑问。以下就是四个特别重要的疑问：

疑问 1：康德的绝对命令要求我们尊敬地对待每一个人，把他们当作目的本身而加以对待。这与黄金法则（你们愿意人怎样待你们，你们也要怎样待人[a]）是不是非常相似呢？

回答：不。黄金法则依赖于这样一个偶然性的事实，即人们愿意怎样被对待。绝对命令要求我们从这些偶然性当中抽象出来，并将人们当作理性存在而加以尊重，无论他们在某一特殊的情境中可能想要什么。

假设你得知，你的兄弟死于一场车祸，而你住在养老院里的年迈体弱的母亲又向你询问他的近况。你在告诉她事实和不让她承受这一事实所带来的震惊和痛苦之间，无从选择。何谓正当之事呢？黄金法则会询问："在类似的情形中，你愿意被怎样对待呢？"答案当然因人而异。有些人可能宁愿人们在他脆弱的时候，对他隐瞒残酷的事实；而有些人则想知道真相，无论有多痛苦。你可能会很好地推断，如果你自己置身于你母亲的情境之中，你宁愿人们不告诉你。

然而，对康德而言，这就是一个错误的问题。重要的不是你

a. 有些译者经常为了更加贴合国内的文化背景将黄金法则译为"己所不欲，勿施于人"。这里译者采用中文和合本《圣经》译文。——译者注

（或你的母亲）在这些情形中会有什么感觉，而是将人当作值得尊敬的理性存在而加以对待，意味着什么？在这一情形中，同情可能与康德式的尊敬分道扬镳。从绝对命令的角度来看，出于关心她的感受而对她撒谎，就可以说是将她当作满足她自己的一种手段，而没有把她当作一个理性存在而加以尊重。

疑问 2：康德似乎在暗示，对义务的回应与自律地行动是一回事。可是这如何可能呢？依据义务而行动就意味着不得不遵守一项法则。可是，服从于一项法则怎么可能与自由相一致呢？

回答：义务与自律仅在一种特殊情况中才相匹配：即，当我是我有义务去服从的法则的设定者的时候。我作为一个自由人的尊严，并不在于我是道德法则的主体，而在于是“这一法则的设定者……并仅仅在此基础上服从于它”。当我们遵守绝对命令时，我们是在遵守一项自己所选择的法则。“人类的尊严正是在于其制定普遍法则的能力，尽管条件是他也要遵守他自己所制定的法则。”[26]

疑问 3：如果自律就意味着根据我自己给定的法则而行动，那么，什么能保证每个人都会选择同样的道德法则呢？如果绝对命令是我的意志的产物，那不是很可能不同的人会产生不同的绝对命令吗？康德似乎认为，我们都会认同一样的道德法则，可是，他怎么能够确定，不同的人不会经由不同的推理并达到各种各样的道德法则呢？

回答：当我们在命令道德法则时，我们并不是作为特殊的个人，比如你、我而进行选择，而是作为理性的存在，作为康德所说的“纯粹实践理性”的参与者进行选择。因此，那种认为道德法则取决于作为个体的我们的观念是错误的。当然，如果我们从自己特殊的利益、欲望和目的进行推理，那么，我们可能会被引导至众多的原则。然而，这些并不是道德原则，而只是一些慎重的原则。当我们运用纯粹实践理性时，我们便抽象于自己的各种特殊利益。这就意味着，每个运用纯粹实践理性的人，都会得出同样的结论——都会达到一个单一的（普遍的）绝对命令。“因此，一个自由的意志，与一个遵从道德法则的意志，是同一回事。”[27]

疑问 4：康德认为，如果道德不仅仅是一种慎重的算计，那么它就必须采取一种绝对命令的形式。可是我们如何能够得知，道德独立于权力和利益的作用而存在呢？我们是否能够确定，我们拥有那种带着意志自由而自律地行动的能力呢？如果科学家们发现（如通过脑成像或认知神经科学）我们根本就没有意志自由呢？这会不会否定了康德的道德哲学呢？

回答：意志的自由并不是科学所能证明或否定的东西，道德也同样不是。人类确实是居住于自然王国，我们所做的任何事情都能从一种物理的或生物的角度加以描述。当我举手投上一票时，我的行为可以通过肌肉、神经细胞、神经元的突触以及细胞而得到解释；然而，它也可以通过思想和信念而得到解释。康德说，我们不得不从这两个方面来理解自身——物理的和生物的经验王国，以及一种自由人类主体的“理智”王国。

为了更加充分地解答这一问题，我需要多说一些与这两种立场有关的内容。它们是我们看待人类主体，以及那些支配我们行为的法则的两种角度。以下便是康德对这两种立场的叙述：

> 一个理性的存在……有两种立场，从中他可以关注到自己，也可以知道那些支配他的所有行为的法则。他可以认为自己首先服从于自然法则（他律）——只要他属于这个感性世界；其次服从于这样的法则——只要他属于理智世界：该法则独立于自然，它并非经验性的，而只以理性作为基础。[28]

这两种视角的对立关系将我们已经讨论过的三种对比串联起来：

对比 1（道德）：义务 vs 倾向

对比 2（自由）：自律 vs 他律

对比 3（理性）：绝对命令 vs 假言命令

对比 4（立场）：理智王国 vs 感性王国

作为一个自然的存在，我属于感知世界，我的行为由自然法则和因果规律而决定，这是物理学、生物学以及神经科学所能描述的人类行为的一个方面。作为一个理性存在，我居住在理智王国。在这里，由于独立于自然法则，我能够自律，能够根据我给自己所设定的法则而行动。

康德坚决主张，只有从这第二种（理智的）角度，我才能把自己看作自由的，“因为独立于感知世界各种原因的支配（这也是理性必须总是归功于自己的东西），就是自由”。[29]

如果我仅仅是一个经验性的存在，那么我就不能自由；每一次意志的运用，都要受到某些利益或欲望的制约。所有的选择都将是他律性的选择，受制于对某种目的的追求。我的意志可能永远都不会成为第一原因，而仅仅是某种先在的原因的结果，是这种或那种冲动或倾向的工具。

只要我们将自己看作自由的，那么我们就不能将自己只看作经验性的存在。“当我们认为自己是自由的时候，我们就将自己转化为理智世界的成员，并且认识到意志的自律及其结果——道德。”[30]

因此——我们又回到这个问题——绝对命令如何可能？仅仅是因为“自由的观念使我成为理智世界的一员”。[31]我们能够自由地行动、能够为自己的行为肩负道德责任，以及能够主张他人在道德上对自己的行为负责这种观念，要求我们从这一角度——从主体的角度，而不仅仅是客体的角度——来看待自身。如果你真的抵触这一观念，并主张人类自由和道德责任完全只是幻觉，那么康德的论证并不能证明你是错的。然而，如果没有某些自由和道德观念，那么我们就很难——如果并非不可能——理解我们自身以及弄明白我们生活的意义所在。康德认为，任何这样的观念，都将我们置于两种立场之中——主体的立场和客体的立场。一旦你明白了这种情形的力量，你就会明白，为什么科学永远都不能证明或否定自由的可能性。

要记住，康德承认我们不仅仅是理性的存在，我们不仅仅居住于理智世界。如果我们仅仅是理性存在，不受自然法则和自然需要的制约，那么，我们所有的行为“都将始终与自律的意志相一致”。[32]由于我们同时栖居于两种立场——必然的王国和自由的王国，所以在我们所做的与我们所应当做的之间，在事物所表现的形式与它们所应当表现的形式之间，就总是存在一个鸿沟。

另一种表述这一要点的方式，就是认为道德不是经验性的，它总是与这个世界保持着一定的距离。它对这个世界进行评判。科学尽其所有的力量与洞见，都不能触及道德问题，因为它是在感知领域起作用。

“要论证自由并不存在的话，”康德写道，“这对于最深奥的哲学以及最普通的人类理性来说，都是不可能的。”[33] 康德很可能还会补充说，对于认知神经科学来说，无论它怎样先进发达，也是不可能的。科学能够研究自然，能够考察经验世界，可是它不能回答各种道德问题或推翻意志自由。这是因为，道德和自由并不是经验性的概念。我们不能证明它们存在，然而没有它们，我们也不能弄明白我们的道德生活之意义所在。

性、谎言与政治

探索康德道德哲学的途径之一，就是弄明白他是如何将它应用于一些具体问题的。我想考虑康德道德哲学的三种应用——性、谎言与政治。哲学家们在怎样将自己的理论应用于实际这一方面并不总是最高权威。然而，康德所举的实例就其本身而言是非常有趣的，并能体现出他整个的哲学体系。

康德反对随意性行为的理由

康德对于性道德的观点是传统而保守的。除了夫妻之间的性行为，他反对任何一种可以想象的性行为。“康德关于性的观点是否源自他的道德哲学”这一问题，并没有这些观点所反映出的那种潜在性的观念重要，这个潜在性的观念就是：我们并不拥有自身，也不任由自己随意支配。他基于这样的理由而反对随意性行为：随意性行为——他意指婚外性行为——无论双方是否同意，对双方来说都是贬低性的、对象化的。他认为，随意性行为是值得反对的，因为它完全是性欲的满足，而不是尊重伙伴的人性。

> 一个男人对一个女人所具有的欲望，并不是因为她是一个人，而是因为她是一个女人。他对她作为一个人并不关心，只有她的性才是他所欲求的对象。[34]

即使当随意性行为涉及伙伴双方的相互满足时，“他们当中的一方也玷污了另一方。他们将人作为满足他们的性欲和倾向的工具”。[35]（康德认为婚姻通过使性行为超越了生理的满足并将它与人的尊严相联系，从而升华了性行为。究其原因，我们稍后将讨论。）

在转而讨论卖淫是道德的还是不道德的这一问题时，康德质问道，在什么条件下，对我们性能力的使用与道德相符合。他的回答是——在此处与在别的情境中的回答一样——我们不应当将他人或我们自己仅仅当作对象。我们并不能任由自己随意支配。与自由至上主义的自我所有权观念截然相反，康德坚持认为，我们并不拥有自身。“我们要将人当作目的而不仅仅是手段加以对待”的这一道德要求，限制了我们对待自己的身体和我们自己的方式。“人不能随意支配自己，因为他不是物，他并不是自己的财产。”[36]

在当代关于性道德的各种争论中，那些援引意志自由权利的人认为，个人应当能够自由地选择如何利用自己的身体。然而这并不是康德所说的意志自由的意思。似乎矛盾的是，康德的意志自由观念给我们对待自己的方式增加了某些特定的限制。例如，让我们来回忆一下：意志自由就意味着我受制于我给自己所订立的法则——绝对命令；而绝对命令要求我郑重地将每一个人（包括我自己）都当作一个目的，而不仅仅是手段而加以对待。因此，对康德而言，按照意志自由行动，要求我们郑重地对待自己，而不是使我们自己对象化。我们不能以任何我们喜欢的方式来对待自己的身体。

肾交易市场在康德那个时代并没有盛行，但富人确实可以从穷人那里购买牙齿以进行移植。[《牙齿移植》是18世纪英国漫画家托马斯·罗兰逊（Thomas Rowlandson）所画的一幅漫画，它展示了某牙医医务室内的一个场景：一名外科医生正从一个扫烟囱的工人的嘴里拔牙，而一些阔太太则在一旁等候着移植。] 康德认为这种行为是对人类尊严的侵犯。一个人“没有资格出售自己的四肢，甚至没有资格出售自己的一颗牙齿”。[37]这样做就是将自己看作一个对象，一个手段，是谋取利益的工具。

康德基于同样的理由而反对卖淫。“为了利益而允许被他人用来满足性欲、将自己作为一种需求的对象，就是……将自己当作一个物体，以使得另一个人可以用它来满足其肉体欲望，就像他用牛排来充饥一样。”人类“没有权利为了利益而使自己成为供他人满足其性倾向的物体”。这样做，就是将一个人仅仅当作物体，一个可供使用的对象。“这里潜在性的道德原则是：人并不是他自己的财产，也不能随其所愿地对待自己的身体。”[38]

康德对卖淫和随意性行为的反对，体现出他所认为的意志自由——一个理性存在的意志自由——与个体出于同意的行为之间的对比。我们通过运用意志而达到的道德法则，要求我们永远不能将（我们自己的以及他人的）人性仅仅当作手段，而是要当作目的本身加以对待。尽管这一道德要求基于意志自由，它却排除了达成同意的成人之间的某些行为，也即那些与人类尊严和自尊不一致的行为。

康德总结道，只有婚内性行为才能避免“贬低人性”。只有当两个人将自己完全交给对方，而不是仅仅将自己性能力的使用交给对方时，性行为才不是对象化的。只有当伴侣双方互相分享他们“无论好坏以及各方面的人、身体和灵魂”时，他们的性行为才能导致“一种人与人的联合”。[39]康德并没有说，每一个婚姻在实际上都产生了这种联合。他也有可能错误地认为，婚外就永远不会发生这种联合，或婚外性关系除了性满足就没有任何东西。然而，他关于性的观点，却体现了当代争论中人们经常感到困惑的两种观点之间的不同之处——不受约束的同意的伦理，和尊重意志自由以及人的尊严的伦理。

对杀人犯撒谎错了吗?

康德坚决反对撒谎。在《道德形而上学基础》一书中，撒谎被作为不道德行为的一个主要例子。然而，让我们假设一下，一个朋友正躲在你家里，而一个杀人犯来到你家门口找他。此时对杀人犯撒谎难道不对吗？康德说不对。说真话的义务保持不变，而无论结果如何。

邦雅曼·贡斯当（Benjamin Constant）是一位与康德同时代的法国哲学家，他对这种毫不妥协的立场提出异议。贡斯当认为，说真话的义务仅仅适用于那些应该得知真相的人，而这个杀人犯肯定不应该得知真相。康德回应道，对这个杀人犯撒谎是错误的，并不是因为这伤害了他，而是因为这违背了正当性的原则：“不能避免表达的真实性，这是每个人的正式义务，无论这会对他或任何他人产生怎样的不利。”[40]

不可否认的是，帮助一个杀人犯去实现他的邪恶行为，确实是一种非常严重的“不利”。然而，请记住，对康德来说，道德并不是关于结果的，而是关于原则。你不能控制自己行为——在这一情形下即为说实话——的结果，因为结果是与偶然性绑定在一起的。你可能不会知道，由于害怕这个杀人犯会过来，你的朋友已经从后门溜出去了。康德论述道，你必须说真话的原因并不在于这个杀人犯有权利得知真相，或者谎言会伤害他，而在于一个谎言——任何谎言——“都损害了正当性的真正来源……因此，在所有的陈述中都要真实（诚实），是理性的一种神圣的、无条件的命令法则，它不允许有任何权宜之计”。[41]

这似乎是一个奇怪而极端的立场。我们当然没有道德义务来告诉一个纳粹党突击队员说，安妮·弗兰克（Anne Frank）及其家人正藏在阁楼上。似乎康德坚持对门口的杀人犯说实话的这种要求，要么是错误地应用了绝对命令，要么就证明了绝对命令很愚蠢。

尽管康德的主张看起来似乎不合情理，可我还是想为之稍做辩护。尽管我的辩护与康德所提供的辩护不太一样，它却本着康德哲学的精神气质，并且，我希望能够凸显康德的哲学。

想象一下你处于这样一个困境之中：一个朋友躲在衣橱里，而杀人犯就在门口。你当然不想帮助杀人犯实现他的邪恶计划——这是一个假设。你不想说任何话语来引导杀人犯找到你的朋友，可是问题在于，你会说什么呢？你有两个选择：你可以直接撒个谎：“不，她不在这里。”或者你可以做出一个真实的，然而却具有误导性的陈述："一个小时之前，我在路那头的杂货店里看见过她。"

从康德的角度来说，第二种策略在道德上是允许的，而第一种则不是。你可能认为这有点吹毛求疵。从道德上来说，一个策略性的、真实而具有误导性的表达与一个直率的谎言之间，到底有什么区别呢？在这两种情形中，你都是在希望能够误导杀人犯相信，你的朋友并没有藏在房子里。

康德相信这里有一个至关重要的区别。让我们来考虑一下"善意的谎言"——那些我们有时候出于礼貌、避免伤害感情而说的一些无伤大雅的假话。假设一个朋友送给你一件礼物，你打开盒子，看见了一条极其难看的、你一辈子都不会系的领带。你会说什么呢？你可能会说："真漂亮！"这就是一个善意的谎言。或者你会说："你真是太客气了！"或者"我从来没见过这样的领带！谢谢你！"这些话就像善良的谎言，会给你的朋友这样一个错觉，即你喜欢这条领带。可是它们都不是真实的。

康德可能会反对善意的谎言，因为这就基于结果主义的理由而使得道德法则有了例外。体谅他人的感情是一种值得称赞的目的，可是我们必须以一种与绝对命令相符合的方式来追求这一目的，这就要求我们要愿意将自己赖以行动的原则普遍化。如果每当我们认为自己的目的具有足够的说服力，因此就能够破例，那么道德法则的绝对性特征就被破坏了。与之相反，真实而具有误导性的表达，并没有以同样的方式威胁到绝对命令。事实上，康德自己在面临一个困境时，就曾利用过这一区别。

康德愿意为比尔·克林顿辩护吗？

在与贡斯当展开争论的前几年，康德发现自己与国王弗里德里希·威廉二世（Friedrich Wilhelm II）之间有些麻烦。国王及其检察官认为康德关于宗教的著作贬低了基督教，并要求他答应不再就此话题发表任何意见。康德以一段措辞谨慎的陈述作了回应："作为陛下忠实的臣民，我将彻底停止所有与宗教有关的公共演讲和论文写作。"[42]

当康德做出这一陈述时，他知道这位国王不会活太久了。在国王驾崩几年之后，康德认为自己从这一承诺中解脱开了，因为该承诺仅仅对"作为陛下忠实的臣民"的他而有所束缚。康德后来解释道，他在挑选这些措辞时"非常仔细，以至于我不会被永远地剥夺权利……而仅仅只是当陛下活着的时候"。[43]借助于这一聪明的措辞，普鲁士的这位道德典范，成功地误导了检察官们而没有对他们撒谎。

有些吹毛求疵？可能是的。不过，在一个赤裸裸的谎言与一个精明的伎俩之间，确实是有着非常重要的差别。让我们来考虑一下前总统比尔·克林顿。在近些年来人们的印象当中，没有哪个美国公众人物能够比他更加谨慎地措辞，或巧妙地为自己辩护。在他第一任总统竞选期间，当被问及他是否曾经使用过软性毒品时，他回答道：他从来没有违反过他们那个地区或州的反毒品法。后来，他承认在英国牛津大学上学时，曾经尝试过大麻。

他最令人印象深刻的否认，来自他对相关报道说他在白宫里与22岁的实习生莫妮卡·莱温斯基（Monica Lewinsky）发生性关系的回应："我想对美国人民说一件事，我希望你们听我说……我与那个女人——莱温斯基小姐，并没有发生性关系。"

后来人们发现，总统确实与莫妮卡·莱温斯基有过性关系，并且这一丑闻引起了一次弹劾诉讼。在弹劾听证会上，一名共和党的国会议员鲍勃·英格利斯与克林顿的律师格雷戈里·克雷格，就总统关于“性关系”的否认是不是一个谎言而进行了争论：

英格利斯：那么，克雷格先生，当他说“我从来没有与那个女人发生过性关系”时，他是否对美国人民撒谎了？他是否撒谎了？

克雷格：他确实误导并且欺骗了……

英格利斯：稍等一下，他是否撒谎了？

克雷格：对美国人民来说——他误导了他们，并且当时没有告诉他们真相。

英格利斯：好吧，看来你并不准备回答——而且总统本人也坚持认为……我们不应该允许任何法律性的、技术性的东西来遮蔽这一简单的道德事实。当他说“我从来没有与那个女人发生过性关系”时，他是否对美国人民撒谎了？

克雷格：他并不认为自己撒谎了，并且由于那种方式——让我来解释这一点……解释一下，议员先生。

英格利斯：他认为自己没有撒谎？

克雷格：是的，他并不认为自己撒谎了。因为他关于“性关系是什么”的概念是字典上所给出的定义。实际上，你可能不同意这一点，可是在他自己的观念中，他的定义并不是……

英格利斯：好吧，我明白这个论证了。

克雷格：好的。

英格利斯：这真是一件不可思议的事情：你现在坐在我们面

前，并收回他所有的——他所有的道歉。

克雷格：不是的。

英格利斯：你在收回这些道歉，不是吗？

克雷格：不，我没有。

英格利斯：因为你现在回到了这一论证——你在这里可以做出很多论证。其中之一就是：他没有与她发生性关系。那只是口交，而并不是真正的性行为。那么，这是否是你今天在这里要对我们说的：他并没有与莱温斯基发生性行为？

克雷格：他对美国人民所说的是：他并没有发生性关系。我知道你不会喜欢这一点，议员先生，因为这——你可能将这看作一种技术性的辩护或一种钻牛角尖的、闪烁其词的回答。然而，任何一部字典都是以某种特定方式对性关系加以定义的；但是他并没有和莫妮卡·莱温斯基发生那种性接触……因此，他欺骗了美国人民吗？是的。这是不对的吗？是的。这值得谴责吗？是的。[44]

总统的律师承认，也正如克林顿所承认的，他与这名实习生的关系是错误的、不适当的，也是值得谴责的，并且总统关于这件事的发言“误导并欺骗了”公众。他唯一拒绝承认的是，总统撒谎了。

那么，在这种拒绝中，是什么受到了威胁呢？对此的解释不可能仅仅是法律性的，即在誓言下、法庭证词中或法庭上撒谎，是指控其作伪证的依据。这件事中的发言并不是在宣誓中做出的，而是面对美国公众的一次电视发言。而这位共和党的检察官和克林顿的辩护人都认为，在确认克林顿是在撒谎还是仅仅在误导和欺骗时，有一种至关重要的东西受到了威胁。在他们关于“撒谎”这个词——他是否撒谎了——的言辞激烈的对话当中，佐证了一种康德式的思想：在谎言与误导性的实话之间，有着一种与道德相关的差别。

可是，这种差别会是什么呢？这两种情况中的意图可以说是一样的。我是对门口的杀人犯撒谎，还是给他提供一种机智的措辞，我的意图都是为了误导他认为我的朋友并没有藏在我的房子里。并且，根据康德的道德理论，重要的正是意图或动机。

我认为这里的差别在于：一种精心设计的措辞，以某种方式对说实话的这一义务心存敬意，而一个直率的谎言则并不如此。任何一个人如果不厌其烦地编造一种具有误导性但在技术上却是真实的陈述——而一个简单的谎言也可以同样表达，那么，无论他是多么闪烁其词，他都是尊重道德法则的。

一种误导性的真话包括两个动机，而不是一个。如果我仅仅对杀人犯撒谎，我是出于一种动机而这样做——为了保护我的朋友不受伤害。如果我告诉杀人犯，我最近在杂货店看到我的朋友了，我是出于两种动机而这样做——保护我的朋友，同时维护说实话的义务。在这两种情形当中，我是在追求同一种令人称赞的目的，即保护我的朋友。而只有在第二种情形中，我是以一种与义务的动机相一致的方式去追求这一目的的。

有些人可能反驳道，与谎言一样，一种技术上真实却具有误导性的陈述，不可能毫无矛盾地被普遍化。不过，让我们来考虑一下这一差别：如果每个人在面对这样一个站在门口的杀人犯，或一种令人尴尬的丑闻时都撒谎，那么就没有人会相信这样的陈述，因此这些陈述就不会起作用。但误导性的事实陈述却不会如此。如果每个人发现自己身处危险的或尴尬的处境时，都寻求一种措辞谨慎的推托，那么人们并不必然会不再相信它们，而会学着像律师那样去听，并且在考虑到这些陈述字面上的意思的同时，从语法上加以分析。这也正是当媒体和公众熟悉了克林顿措辞谨慎的否认之后所发生的事情。

康德的意思并不是说，这些事态——人们从语法上分析政客们的否认所具有的字面意义——在某种程度上，要比没有人相信政客们的那种情况要好一些。这是一种结果主义的论点。康德的意思是：一种具有误导性，然而却是真实的陈述，并没有以那种与直率的谎言同样的方式强迫或操纵了听众。一个谨慎的听众总是有可能把它弄明白。

因此，我们有理由推断说：根据康德的道德理论，针对门口的杀人犯、普鲁士的检察官，或某个特别检察官的那些真实但却具有误导性的陈述，以某种方式在道德上是可允许的，而那种赤裸裸的谎言则并非如此。你们可能认为，我至今为止论证得太费力了，却不能将康德从一种不合情理的处境中解救出来。康德的主张——对门口的杀人犯撒谎是不对的——可能在根本上是无法辩护的。然而，一个率直的谎言和一个误导性的实话之间的差别，有助于阐明康德的道德哲学；它还显示出比尔·克林顿和哥尼斯堡这位严肃的道德哲学家之间，有着令人惊讶的相似之处。

康德与公正

与亚里士多德、边沁及密尔有所不同，康德在政治理论方面并没有巨著，而只有一些论文。然而，源于其伦理学著作中的那些对于道德和自由的论点，却有着强有力的关于公正的含意。尽管康德并没有详尽地论证这些含意，但是他所支持的政治理论反对功利主义，而支持一种基于社会契约的公正理论。

首先，康德不仅反对功利主义作为个体道德的基础，也反对它作为一项法律的基础。他认为一种公正的宪法应当力图使不同个体的自由能够相融合。它与功利最大化没有关系，后者“绝不能干涉”基本权利的规定。由于人们“在幸福的经验性目的及其构成上，有着不同的观点”，因此，功利不能作为公正和权利的基础。为什么呢？因为如果将权利建立在功利的基础之上，那么，就会要求这个社会来肯定或接受某一种幸福观而不接受另外一些；将整个宪法都建立在一种特定的幸福观（如大多数人的幸福观）之上，就会给其他人强加一些价值观，这就没有尊重每个人追求他自己目的的权利。“没有人能够强迫我的幸福必须与他那种关于他人福利的观念相一致，”康德写道，“因为每个人都能够以他自己认为合适的方式去追求幸福，只要他不侵犯他人也这样做的自由。”[45]

康德的政治理论的第二个显著特征是，它从社会契约——但却是一个带有令人困惑的偏执的社会契约——中得出公正与权利。早些时候的契约论思想家们，包括洛克，都认为合法政府源于人们在某个时刻、基于那些即将支配他们集体生活的各种原则，而自行订立的一种社会契约。可是康德并不这样看待契约。尽管合法政府必须基于一种原初的契约，但是“我们并不需要认为这一契约……作为一个事实而真实地存在，因为它不可能是这样的”。康德坚持认为，原初性的契约并不是真实的，而只是出于想象。[46]

为什么要从一种假想的契约而不是一个真正的契约，得出一部公正的宪法呢？第一个原因是实际性的：我们经常难以证明，在各个民族的历史长河中曾经真的产生过社会契约。第二个原因是哲学上的：道德原则不能仅仅来源于经验性的事实。正如道德法则不能建立在个体的利益或欲望基础之上一样，公正原则也不能建立在一个共同体的各种利益和欲望基础之上。“过去有一群人通过了一部宪法”这样一个事实，并不足以使得该宪法就是公正的。

那么，什么样的假想的契约可能避免这一问题呢？康德简单地称之为“一种理性的观念，但它却具有确定无疑的实践性的现实性；因为它能够要求每一个立法者以这样一种方式来构建其法律——使这些法律可能产生于整个民族的集体意志”，并使每个公民都负有义务，“就好像他已经同意了”。康德总结说，这种假想的集体同意的行为“是任何一项公共法律的公正性的试金石”。[47]

康德并没有告诉我们这种假想的契约可能会是什么样，或者它会产生什么样的公正原则。将近两个世纪之后，美国的政治哲学家约翰·罗尔斯试图回答这些问题。

第六章

平等的理由／约翰·罗尔斯

大多数美国人从未签署过社会契约。事实上，美国那些实际上同意遵守宪法的人（公共官员们除外），只有那些自然公民——那些移民，宣誓忠诚于宪法，以作为获得公民身份的条件。从来没有人要求我们表示同意。因此，我们为什么有义务服从于法律呢？我们又如何能够说，我们的政府是以被统治者的同意为基础的呢？

约翰·洛克说，我们已经给出了心照不宣的同意。任何一个享受政府福利的人，即使只是在高速公路上穿行，也含蓄地对其法律表示同意，并受其约束。[1]然而，心照不宣的同意，是实际事物的一种苍白无力的形式。我们很难明白，仅仅穿过一个城镇如何就在道德上类似于认可宪法。

伊曼纽尔·康德诉求于假想的同意。一项法律如果能够得到全体公众的认同，那么它就是公正的。然而，这也是一个令人困惑的、对真实社会契约的代替。一个假想的合约，如何能起到一个真实契约的道德作用呢？

约翰·罗尔斯（1921—2002）是一位美国政治哲学家，他对这个问题给出了一种很有启发性的答案。在《正义论》（*A Theory of Justice*）一书当中，他主张，思考公正的方式就是要询问，在一种平等的原初状态中，我们会认可什么样的原则。[2]

罗尔斯的推理如下：假设我们当时聚集到一起——就像我们现在这样——来选择一些管理我们集体生活的原则，也即，起草一份社会契约。我们会选择什么样的原则呢？我们可能会发现很难达成一致意见。不同的人会支持不同的原则，这体现出他们各种各样的利益、道德和宗教信仰以及社会地位等。有些人很富，而有些人很穷；有些人拥有权力并社交广泛，而有些人则并非如此；有些人属于少数种族、民族或宗教，而有些人则不是。我们可能会达成一种妥协，然而即使是这种妥协，也很可能反映出某些人讨价还价的能力要高于另外一些人。因而我们没有理由认为，以这种方式形成的社会契约会是一种公正的安排。

现在让我们来考虑一种思想性的实验：假设我们聚集在一起来选择各种原则，我们并不知道自己在社会中将身处何处。假设我们在一道“无知之幕”的背后进行选择，这道“无知之幕”将暂时不让我们知道任何关于我们自己是谁的信息。我们不知道自己的阶层或性别、种族或民族、政治观点或宗教信仰；我们也不知道自己的优缺点——我们是健康还是体弱多病，是接受过高等教育还是中学辍学，是出生于一个完整和睦的家庭还是一个支离破碎的家庭。如果不知道这些事情，那么，我们实际上就会从一种原初的平等状态而进行选择。因为没有人会有一个更高的讨价还价的地位，那么我们所同意的各种原则就会是公正的。

这就是罗尔斯的社会契约理念——一种假想的、在平等的原初状态中所达成的协议。罗尔斯要求我们询问：我们——作为理性的、追求自我利益的人——如果发现自己处于这样一种状态之中，会选择什么样的原则？他没有假设我们在现实生活中都受到自我利益的驱使，而只是假设我们为了这个思想实验而搁置自己的道德和宗教信念。我们会选择什么样的原则呢？

首先，他推理说，我们不会选择功利主义。在无知之幕的背后，我们每个人都会想：“据我所知，我可能会是一个受到压迫的少数群体的成员。”没有人愿意冒险甘做那个被扔给狮子以娱乐大众的基督徒，也没有人会选择一种纯粹的政府放任主义、自由至上主义的原则，后者将赋予人们一种权利以保留他们在市场经济中赚来的所有钱财。“我可能会成为比尔·盖茨，”每个人都会这样推理，“可是，我也有可能成为一个无家可归的流浪汉。因此，我要避免一种可能让我一无所有，却得不到帮助的体制。”

罗尔斯认为，从这种假想的契约中，会产生两种公正原则。第一个原则为所有公民提供平等的基本自由，如言论自由和宗教自由。这一原则要优先于社会功利和总体福利的考虑。第二个原则关心社会和经济的平等。尽管它并不要求一种平等的关于收入和财富的分配，它却只允许那些有利于社会最不利者的社会和经济的不平等。

哲学家们争论，罗尔斯假想的社会契约中的各派，是否会像他所说的那样选择这些原则。稍后我们将看到，为什么罗尔斯认为人们会选择这两个原则。然而，在讨论这些原则之前，让我们先讨论一个在此之前的问题：罗尔斯的思想性实验是思考公正的正当方式吗？公正原则如何能够产生于一种从来都没有真正发生过的协议之中？

契约的道德局限

要想理解罗尔斯假想契约的道德力量，有必要先了解实际契约所具有的道德局限。我们有时候会假设，当两个人做一项交易的时候，他们协议中的各项条款一定是公平的。换言之，我们假设，合同会使那些产生于它们的各种条款正当化。然而，它们并不如此——至少它们自己不能。实际的合同并非自足的道德工具。你和我做交易的这一事实，并不能使这项交易就是公平的。人们总是能够对任何一个实际的合同提出质疑：“它是公平的吗？他们达成了什么协议？”为了回答这一问题，我们不能仅仅指向协议本身，我们需要一些与公平有关的独立的标准。

这一标准可能从哪里得出呢？可能你会想，它来自一个更大的、在此之前的合同——如一部宪法。可是，宪法也容易受到像其他协议一样的质疑。宪法是由人们认可的这一事实，并不能证明其条款就是公正的。让我们来考虑一下 1787 年的美国宪法：尽管它有着诸多优点，可是它却由于认可奴隶制而被玷污了，这一瑕疵一直保留到内战以后。宪法被费城的代表认可以及后来被国家认可的这一事实，并不足以使它就是公正的。

人们可能会认为，这一瑕疵可以追溯到同意的不足。作为奴隶的非洲裔美国人，并没有被包括在立宪会议当中，妇女也没有，后者直到一个多世纪之后才赢得了选举权。一个更具代表性的会议，当然很可能产生一部更加公正的宪法；可是，这仅仅是一种推测。没有哪一种社会契约或立宪会议——无论多么具有代表性——能够保证会产生出社会合作的公平条款。

对那些认为道德始于同意、也结束于同意的人来说，这似乎是一种刺耳的主张。然而，这并不那么容易引起争议。我们经常质疑人们所做的那些交易的公平性，我们也熟悉能够导致不良交易的那些偶然性：交易的一方可能是个更好的谈判者，或者有着更好的交易地位，或者对所交换物品的价值了解得更多。唐·科里昂（Don Corleone）在《教父》中最著名的台词就是：“我将给出一个让他无法拒绝的价格。”这（以一种极端的形式）在某种程度上表明了那种体现于大多数谈判中的压力。

认识到这些合同并不赋予它们所产生的那些条款以公平性，并不意味着我们应当在高兴的时候就违反这些协议。我们可能有责任履行一个甚至是不公平的交易，至少在某种程度上是如此。同意很重要，即使对公正而言还有其他重要的东西。然而，它并不像我们有时候想象的那样具有决定性。我们经常将同意的道德作用与其他义务之源混淆在一起。

假如我们做一项交易：你给我 100 只龙虾，我付给你 1 000 美元。你大获丰收并运来了龙虾，我大快朵颐之后却拒绝付钱。你说我欠你这笔钱。“为什么呢？”我问道。你可能会诉诸我们的协议，也可能会诉诸我所享受的利益。你可能会很好地说明，我有义务偿还我所享受的那些由你而来的利益。

现在让我们假设，我们做了同样的一笔交易，不过这一次，在你捕获到龙虾并将它们运到我门前的时候，我改变主意了。我根本就不想要它们。你仍然想收钱，而我说：“我不欠你任何东西，这一次我并没有获利。”这个时候，你可能要诉诸我们的合同，不过，你也可能会诉诸你捕获龙虾所做的辛苦工作，并指望我会购买它们。你可能会说，我有义务支付那由于我而让你所付出的努力。

现在，让我们来看看，我们能否想象一个义务仅仅基于同意的情形，也即没有偿还某利益，或补偿你为我所做的工作而增加的道德力度。这一次，我们做了同样的交易，然而，过了一会儿，在你还没有花费时间捕捉龙虾之前，我打电话给你：“我改主意了，不想要龙虾了。”那么我是否仍然欠你 1 000 美元呢？你是否会说“交易就是交易”，并坚持认为，“我同意”这一行为本身就已产生了一种义务，即使没有任何利益或依据？

法律思想家们关于这一问题争论了很久。同意本身能够产生一种义务吗，还是也需要某种利益或依赖的因素？[3] 这一争论告诉了我们一些经常被我们忽视的、与合同道德相关的信息：只要实际的合同实现了两种理想——意志自由和互惠，那么它们就具有道德分量。

作为自愿的行为，合同体现出我们的意志自由；它们所产生的义务之所以具有分量，是因为它们是自我给定的——我们自由地、自主地承担它们。作为相互谋取利益的手段，合同利用了互惠性的理想；履行这些合同的义务，产生于那种偿还他人给我们提供的利益的义务。

实际上，这些理想——意志自由和互惠性——都没有完全实现。有些协议尽管是自愿的，却不是相互获利的；而有时候，我们可能仅基于互惠而有义务偿还一种利益，甚至都不需要合同。这便指出了同意的道德局限性：在某些情形中，同意并不足以产生一种具有道德约束力的义务，而在另一些情形中则不需要同意。

当同意并非充分条件时：棒球卡和漏水的马桶

让我们来考虑两种体现出同意本身并不够的情形：在我的两个儿子很小的时候，他们收集棒球卡并且相互交换。大儿子对那些棒球球员以及卡片的价值了解得更多，他经常向弟弟提出一些不公平的交易——比如，用两张能打各种位置的内野手[a]来换小肯·格里菲（Ken Griffey Jr.）。因此我订立了一条规定：只有经过

a. 内野手是棒球中的防守位置，顾名思义是指防守内野的球员。一般而言，内野手包括一垒手、二垒手、三垒手、游击手四个位置。广义的内野手，则包括投手及捕手在内。——编者注

我同意，才能完成交易。你们可能认为这是一种家长式的专制，确实如此。（这就是家长式专制的目的。）在类似于这样的情形中，自愿的交换显然是不公平的。

几年前我在报纸上读到一则报道，这一案例更为极端：芝加哥一名年迈的寡妇，她的公寓里的马桶漏水了，于是她雇用了一名承包商来修理，费用为5万美元。她签署了一份分期付款的合同，首付2.5万美元。当她去银行提取2.5万美元的时候，这一阴谋被揭穿了。银行出纳员问老妇为什么取这么一大笔钱，她回答说需要付钱给水管工。出纳员联系了警方，警方以欺诈的罪名逮捕了那个无耻的承包商。[4]

除了那些最热忱的契约至上主义者，所有人都会认为5万美元的马桶修理费异乎寻常地不公平——尽管在事实上，相互同意的双方认可这一价格。这一事例说明了合同所具有的两点道德局限：首先，一项协议的事实，并不能保证该协议的公平性；其次，同意并不足以产生一个具有约束力的道德主张。这种合同并不能作为相互获利的手段，因而它并不尊重互惠的理念。我想，这就解释了为什么很少有人会说，老妇在道德上应当支付那笔骇人听闻的费用。

可能有人回应说，修理马桶的这一欺诈并不是一份真正自愿的合同，而是一种剥削，其中一个无耻的水管工欺骗了一个一无所知的老妇。我对这个案件的具体细节并不知情，不过为了论证我们可以假设，水管工并没有强迫老妇，并且她在认可这一交易时头脑非常清醒（尽管她对于水管装修工作的报酬知之甚少）。该协议是自愿的这一事实，绝不能保证它就包含了平等的交换或利益的对称。

到目前为止，我论证了同意并不是道德义务的充分条件。一项不平衡的交易可能远没有达到相互获利，以至于其自愿性特征也不能使它免受责难。现在我想提出一种更进一步的、更具挑衅性的主张：同意也不是道德义务的必要条件。如果相互间的获利足够明确，那么，即使没有同意的行为，互惠性的道德主张也可能站得住脚。

当同意并非必要条件时：休谟的房子和橡皮清洁工

浮现于我脑海中的这种事例，是18世纪的苏格兰道德哲学家大卫·休谟曾经遇到过的。休谟在年轻的时候，曾针对洛克的社会契约思想写过一篇尖锐的批评。他称之为“哲学上的虚构，从来没有，也永远不会有任何现实性”，[5]以及“是能够想象出来的最神秘、最无法理解的运作之一”。[6]多年之后，休谟有了一次经历，这次经历检验了他反对将同意作为义务基础的立场。[7]

休谟在爱丁堡拥有一座房子，他将它租给了他的朋友詹姆斯·博斯韦尔（James Boswell），后者又将房子租给了一个转租人。该转租人认为需要给这座房子做一些维修，于是他就雇用了一名承包商来做此工作，而没有征求休谟的意见。该承包商做完维修后将账单送至休谟面前。休谟拒绝付账，理由是他并没有同意作维修，也没有雇用这名承包商。这一事件后来交由法庭裁决。该承包商承认，虽然休谟并没有同意，可是房子需要维修，并且他做了这些维修工作。

休谟认为这是一个欠妥的论证。他告诉法庭，该承包商的主张仅仅是“这项工作有必要去做”。可是这“并不是一个很好的回答，因为基于同样的规则，他可以进入爱丁堡的任何一座房子，做一些他认为适合做的事情，而无须事先征得房主的同意……并为他的所作所为给出同样的理由：这项工作是必要的，而且之后房子更好了”。可是，休谟坚持认为，这是“一个很新的理论……可是完全站不住脚”。[8]

在谈到这一房屋维修事件时，休谟就不喜欢一种纯粹的、以利益为基础的义务理论了。但是他的辩护失败了，法庭判定由他付这笔钱。

“偿还一种利益的义务，可以不需要同意就能产生”，这一思想在休谟的房子这一事例当中，貌似具有道德合理性。然而，这很容易不知不觉地溜进强硬的销售策略以及其他形式的滥用。在20世纪80年代至90年代早期，“橡皮清洁工”成为纽约街头一道令人生畏的风景。他们配有一把橡皮清洁刷和一桶水，会突然出现在一辆停在红灯前的汽车面前，然后开始清洗挡风玻璃（经常不问驾驶员是否允许）并索要费用。他们正是基于休谟的承包商所援用的、以利益为基础的义务理论而进行运作的。然而，如果没有同意，执行一项服务与行乞之间的界限就会经常变得很模糊。市长鲁道夫·朱利安尼（Rudolph Giuliani）决定全力打击这些橡皮清洁工，并命令警察逮捕他们。[9]

利益还是同意？萨姆的汽车修理

当以同意为基础的义务，与以利益为基础的义务没有得到明确的区分时，就会出现以下这一容易引起混淆的事例。多年以前，当我还是一个研究生时，我与一帮朋友驾车周游全国。我们在印第安纳州哈蒙德的一个休息站停了下来，走进一家便利店。当我们回到车上时，却发现车子发动不了了。我们当中没有人懂得修理汽车。当我们正在考虑怎么办的时候，一辆厢式货车在我们身边停了下来，车身上有一个标志，上面写着“萨姆汽车维修”。从车里下来一个男人，大概就是萨姆。

他走到我们跟前询问我们是否需要帮助。“我是这样工作的，”他解释道，“我每小时收 50 美元。如果我在 5 分钟之内修好你们的车，你们得付我 50 美元；如果我工作 1 个小时却还是修不好，你们也得付我 50 美元。”

“你能修好的概率有多大呢？”我问道。他没有正面回答我的问题，而是开始在汽车转向柱底下捣鼓。我当时不确定该做什么，于是看着朋友们想知道他们怎么想。片刻之后，这个人从转向柱底下钻了出来，说道：“点火系统没有什么问题。但你们还有 45 分钟，想让我去汽车发动机罩底下看看吗？”

“等一等，”我说道，“我还没有雇用你呢。我们并没有达成任何协议。”那个人非常生气，说道：“你的意思是说，如果刚才我在转向柱底下查看的时候，修好了你的车，你也不会付钱给我？”

我说：“不是一回事儿。”

我并没有讨论以同意为基础的义务与以利益为基础的义务之间的区别，我也不认为这会有什么帮助。但是，与修理工萨姆之间发生的这种令人尴尬的事情，倒是体现了一种常见的、与同意有关的困惑。萨姆认为，如果他在捣鼓转向柱的时候修好了我们的车，那么我就得付他 50 美元。我对此表示同意。可是，我之所以付他这笔钱的原因在于，他提供了一项帮助，即修好了我的车。他推断，由于我得付他钱，所以我就肯定（暗含的）同意雇用他。但是这一推论是个错误，它错误地假设，有义务的地方就肯定有协议——某种同意的行为。它忽视了这样一种可能性：没有同意，义务也有可能产生。如果萨姆修好了我的车，那么我将出于互惠性的名义而付他钱；如果仅仅是谢谢他便驾车而去，会不太公平，但是这并不意味着我雇用了他。

当我给学生们讲这个故事时，他们大多数都同意，在当时那种情况下，我并不欠萨姆 50 美元。可是许多持这种观点的学生的理由与我的并不相同。他们认为，由于我并没有明确地雇用他，所以我并不欠他任何东西——即使他修好了我的车，我也不欠他钱。任何报酬都将只是一种出于慷慨的行为——是一种感激，而非义务。因此，他们为我辩护，并不是由于接受了我的广泛义务观，而是由于他们坚持一种苛刻的同意观。

尽管我们倾向于认为，任何一个道德主张都包含了同意，然而，如果我们不承认互惠的独自分量，那么我们就很难理解我们的道德生活。让我们来考虑一下婚姻的契约。假设我这一方在忠诚于婚姻 20 年之后，发现我的妻子一直在与另外一个男人约会，那么我可能出于两种不同的理由而在道德上感到愤怒。第一种诉诸同意："我们有一个约定，你发过誓，你违背了承诺。"第二种则诉诸互惠性："我这一方一直如此忠诚，我当然应该得到比这更好的。这不是回报我的忠诚的方式。"如此等等。第二种抱怨并没有涉及同意，它也不需要同意。它在道德上似乎是合理的，即使我们从来没有交换结婚誓言，而是作为伴侣生活了这么多年。

设想完美的契约

这些各种各样的不幸事件，告诉了我们与契约道德相关的什么内容呢？契约的道德约束力来自两种不同的理念：意志自由和互惠性。然而，大多数实际的契约都缺乏这些理念。如果我与某个具有更高讨价还价地位的人打交道，我的同意可能并不完全是自由的，而是被迫的，或者在极端情形下，是被强迫的。如果我与某个对我们所交换之物更为了解的人谈判，那么这一交易可能就不是相互获利的；在极端情形下，我可能是被欺诈或蒙骗了。

在现实生活中，人们的处境大不相同，这就意味着，不同的交易力量和知识总是可能的。而只要这一点是真实的，那么协议的既成事实本身，就不能保证该协议的公平性。这就是为什么实际中的契约并不是自足的道德工具，我们总是能合情合理地质疑："他们所达成的协议是否公平呢？"

让我们来想象一种在那些拥有平等的，而非不平等的权力和知识的人之间所达成的协议：他们处于同样的境况，而并非不同的境况。同时也设想一下，这份契约的对象并不是管道铺设或其他普通的交易，而是那些治理我们的生活的、分配我们作为公民所具有的权利与义务的各种原则。在这样的各方中所达成的这样一个契约，就不会有压迫、欺骗或其他不公平的缺点。它的各项条款由于同意本身，就必然是公正的，而无论它们是什么。

如果你能想象得出这样一个契约，那么你就理解了罗尔斯的这一观念：平等的原初状态中的假想契约。无知之幕保证了原初状态所需要的权利和知识上的平等。无知之幕通过保证没有人知道他在社会中的地位、他的优点或缺点、他的价值或目的，从而保证了没有人能够（即使是无意地）利用一种更好的交易地位。

> 如果允许有特殊知识，那么结果就由于任意的偶然性而有所偏袒……如果原始状态是为了产生公正的契约，那么，契约各方就必须处于平等的境况，并被当作有道德的人而同等地对待。必须通过调节最初契约状态的环境，而纠正这个社会的任意性。[10]

具有讽刺意味的是，在无知之幕背后的假想契约，并不是现实契约的一种苍白无力的形式，因而在道德上比较虚弱；它是现实契约的纯粹形式，因而在道德上更有力量。

公正的两个原则

假设罗尔斯是正确的：思考公正的方式就是询问，在无知之幕背后的、原初的平等状态中，我们会选择什么样的原则。那么会产生什么样的原则呢？

根据罗尔斯的观点，我们不会选择功利主义。在无知之幕背后，我们不知道自己会在社会中处于什么地位，然而我们却知道，我们想要追求自己的目的，并得到郑重的对待。如果我们最终在社会中是一个少数民族或小宗教团体的成员，我们不希望被压迫，即使这会给大多数人带来快乐；一旦无知之幕被揭开，而开始了真实生活，那么我们不希望发现自己是宗教压迫或种族歧视的受害者。为了预防这些危险，我们就要反对功利主义，并同意一种保证所有公民的基本平等自由的原则，包括意识自由和思想自由的权利。并且我们会坚持认为，这一原则，要优先于那些使总体福利最大化的各种尝试；我们就不会为了社会和经济利益，而牺牲自己的根本性的权利和自由。

我们会选择什么样的原则来治理社会和经济的不平等呢？为了避免我们自己身处极度贫困的危险，我们可能一开始会想着要支持一种收入和财富的平等分配政策。然而，我们可能接着会想到，我们可以做得更好，甚至是为了那些社会底层的人。假设我们通过允许某些不平等，如给医生所支付的工资要高于汽车驾驶员的工资，可以改善最不利者的境况——如为穷人增加医疗机会。考虑到这种可能性，我们就可能接受罗尔斯所说的“差异原则”：只有当社会和经济的不平等能够有利于社会最不利者的利益时，它们才是可允许的。

那么这种差异原则到底有多少平等主义的意味呢？这很难说，因为工资差异的效用，取决于社会和经济状况。让我们假设，给医生更高的报酬，能够给贫困的边远地区带来更多更好的医疗保健。那么在这种情况下，这种工资的差异就可能与罗尔斯的原则相一致。然而，假如给医生更高的报酬，对于阿帕拉契山区的医疗服务没有任何影响，而仅仅是给贝弗利山庄带来了更多的整容手术，在这种情况下，按照罗尔斯的观点，这种工资的差异就很难得到辩护。

那么，迈克尔·乔丹的丰厚收入与比尔·盖茨的巨额财富又如何呢？这些不平等与差异原则能够一致吗？当然，罗尔斯的理论并不是要评价这个人或那个人的工资的公平性，它所关心的是社会基本结构，以及权利与义务、收入与财富、权力与机会的分配方式。对于罗尔斯而言，他所要询问的是：作为部分体制的结果，盖茨的财富从整体上来看，是否有利于那些社会最不利者。

例如，它是否服从于一种激进的、向富人征税来给穷人提供医疗、教育及福利的税务体制？如果是这样，并且如果这一体制使得穷人比他们在一个更加严格的平等安排中的状况更好，那么这种不平等就能够与差异原则相一致。

有些人质疑，处于原初状态中的各方会不会选择差异原则。罗尔斯怎么知道，在无知之幕的背后，人们不会赌一把，愿意选择一种高度不平等的社会以期处于社会顶层呢？可能有些人甚至会愿意冒险沦为毫无土地的农奴以寄希望于成为一位国王，而由此选择一种封建制度社会。

罗尔斯认为人们在选择那些支配自己根本性的生活前景的原则时，并不会冒这样的险。除非他们知道自己热爱冒险（而这又是一种被无知之幕屏蔽的特质），人们不会下高风险的赌注。可是罗尔斯支持差异原则的理由，并不完全依赖于这样一种假设，即人们在原初状态中会反对冒险。在无知之幕这一设置的背后是一种道德论证，后者可以独立于思想性的实验而得到体现；其主要思想是：关于收入和机会的分配，不应当依赖于那些从道德上来说具有任意性的因素。

源于道德任意性的论点

罗尔斯从封建特权统治开始，比较了多种不同的公正理论，从而提出这一论点。现在，没有人维护封建特权统治或种姓制度的公正性。罗尔斯论述道，这些体制是不公平的，因为他们根据出生的偶然性来分配收入、财富、机会和权力。如果你出身于贵族家庭，那么你就拥有各种从那些生而为奴的人们那里剥夺而来的权利和权力。可是，你所出生的环境并不是你的行为结果。因此，基于这些任意性的因素而设定你的生活前景，是不公平的。

市场社会纠正了这些任意性，至少是在某种程度上。它们将就业机会对具有所需要的才能的那些人开放，并规定在法律面前人人平等。他们保证公民们能够得到平等的基本自由，并且关于收入和财富的分配是由自由市场来决定的。这一体制——一个具有形式上的机会平等的自由市场——与自由至上主义的公正理论相契合。相对于封建制和种姓等级制社会而言，它代表了一种进步，因为它反对一成不变的出生等级制度。它允许每个人都合法地奋斗与竞争。

那些拥有良好家庭背景以及受过良好教育的人，比那些没有这些的人，具有明显的优势。允许每个人都进入比赛是一件很好的事情，然而如果选手们从不同的起点出发，那么比赛就很难说是公平的。这就是为什么罗尔斯认为，那源于具有形式上的机会平等的自由市场的有关收入和财富的分配，并不能被看作公正的。自由至上主义体制的最明显的不公正，在于“它允许分配的份额受到这些在道德上看来非常任意的各种因素的影响”。[11]

纠正这种不公平的途径之一，就是纠正社会和经济的不足之处，一种公平的精英统治制度（meritocracy）试图通过超越单纯的形式上的机会平等，而做到这一点。它通过提供平等的受教育机会——这使得那些来自贫困家庭的人，能够在一个平等的基础上与那些享有特权的人竞争——而除去了通往成功之路的诸多障碍。它着手实行一些启智计划（Head Start Program）、儿童营养与医疗计划、教育与工作培训计划等任何将每个人——无论阶层或家庭背景——放置在同一起点上所需要的东西。这种精英统治制度的观念认为，源于一个自由市场的、关于收入和财富的分配是公正的——但是只有当每个人都有同等机会来发展他的各种能力的时候。只有当每个人都开始于同一个起跑线的时候，我们才能说，这场比赛的获胜者应当得到奖励。

罗尔斯认为，这种精英统治的观念纠正了某些道德上的任意性的优势，但却仍然达不到公正。因为，即使你设法将每个人带到同一起跑线面前，我们仍然可以或多或少地预测谁将赢得这一比赛——那些跑得最快的选手。然而，作为一个跑得快的选手，并不完全是我的行为结果，这在道德上具有偶然性，就像我来自一个富裕家庭是偶然的一样。“即使它能够完美地消除社会偶然性的影响”，罗尔斯写道，这种精英统治制度“仍然允许关于财富和收入的分配，由各种能力和天赋的自然分配所决定”。[12]

如果罗尔斯是正确的，那么，即使是在一个拥有平等教育机会的社会中运转的自由市场，也不能产生一种公正的关于收入和财富的分配。其原因在于：“分配的份额受制于自然运气的产物，而这种产物从道德上来看具有任意性。我们没有理由允许关于收入和财富的分配，要受到自然资产的分配来确定，就像我们没有理由允许它受历史和社会运气的确定一样。”[13]

罗尔斯总结道，精英统治制度的公正观念是有缺陷的，其理由与自由至上主义的观念一样（尽管在程度上要稍稍轻微一些）：它们都将分配的份额建立在那些具有道德任意性的基础之上。“一旦我们在决定分配份额时，要么受到社会偶然性影响的困扰，要么受到自然机会影响的困扰，那么经再三考虑，我们就注定要受到一种影响的困扰。从道德的角度来看，两者似乎具有同等的任意性。”[14]

罗尔斯认为，一旦我们注意到，自由至上主义和精英统治制度的公正理论都体现出道德任意性，那么，如果缺乏一种更加平等的观念，我们就不能满足。然而，这一观念可能是什么呢？纠正不平等的教育机会是一回事，而纠正不平等的天赋才能，则是另外一回事。如果我们受到这一事实（有些选手比另一些选手跑得更快）的困扰，那么，我们就得让那些具有天赋的选手穿上铅制的鞋子吗？一些平等主义的批评者们认为，精英统治的市场社会的唯一替代物就是一种均等，后者给那些有天赋的人强加了一些困难。

一个平等主义的噩梦

《哈里森·伯杰龙》（*Harrison Bergeron*）是小库尔特·冯内古特（Kurt Vonnegut Jr.）写的一个短篇小说，它作为一种反乌托邦的科幻小说，表达了以上的那种担忧。小说是这样开头的："那是 2081 年，终于人人平等……没有哪个人比别人聪明些，没有哪个人比别人漂亮些，也没有哪个人比别人强壮些或者灵巧些。"这种绝对平等由美国仲裁将军手下的工作人员执行。那些超过正常智商水平的公民，需要在耳内戴上一个微型智能障碍收音机，每隔 20 秒钟，一个政府发射台就会发送一种尖锐的噪声以阻止他们"不公平地利用他们的大脑"。[15]

哈里森·伯杰龙年仅 14 岁，他异乎寻常地聪明、英俊并拥有天赋，因此他不得不装配比大多数人更重的障碍。与那种微型耳塞式收音机不同，"他戴着一副巨大的耳机和厚得像酒瓶底似的眼镜"。为了掩盖他那英俊的外表，哈里森被要求"在鼻子上戴一个红色的橡皮球，刮掉眉毛，洁白整齐的牙齿上套着胡乱造出的黑色龅牙套子”。此外，为了抵消他强壮的身体优势，他不得不在走动时戴着沉重的破铜烂铁。“在人生的这条赛道上，哈里森负重 300 磅。”[16]

一天，哈里森脱去了他的障碍物，以此作为英勇地反抗平等主义专制的行为。我不打算透露这个故事的结尾而毁了它。我们应该已经很清楚，冯内古特的小说是如何对平等主义的公正理论，提出了一种生动而熟悉的抱怨。

然而，罗尔斯的公正理论，却并不容易受到这种反驳的攻击。他表明：一种绝对的平等，并不是精英统治的市场社会的唯一备选项。罗尔斯的备选项——他称之为差异原则——能纠正那种关于才能和天赋的不公平分配，而同时又不给那些有天赋的人设置障碍。如何能做到这一点呢？我们要鼓励那些有天赋的人发展并锻炼自己的才能，不过同时也要认识到，这些才能在市场中所获得的回报属于作为整体的共同体。我们不要给那些跑得最快的人设置障碍，让他们去跑并做到最好；但是要事先认识到，这些奖品并不只属于他们，而应当与那些缺乏这类天赋的人共同分享。

尽管差异原则并不需要一种关于收入和财富的平等分配，但是其潜在性的观念却表达出一种强有力的，甚至是激励人心的关于平等的洞见：

> 差异原则实际上体现了一种协议，即将自然才能的分配看作一种公共资产，并共享这一分配的好处，而无论其结果是什么。那些受到自然宠爱的人，无论他们是谁，都只有当他们的好运气改善了那些不利者的状况时，才能从自己的好运气中获利。那些在天赋上占优势的人，不能因为天分较高而仅

仅自己受益，而要通过抵消那些训练和教育所产生的费用，从而帮助那些比较不幸的人。没有人应当得到更大的自然能力，也没有人在社会上值得拥有更加有利的起点。然而这并不由此产生这样一种观点：人们应当消除这些差别。我们还有另外一种途径来处理它们。人们能够安排社会的基本结构，以至于这些偶然性对那些最不幸者有利。[17]

那么，让我们来考虑四种不同的分配公正理论：

1. 封建制度或种姓制度：基于出生的固定等级制
2. 自由至上主义：拥有形式上的机会均等的自由市场
3. 精英统治制度：拥有公平机会均等的自由市场
4. 平等主义：罗尔斯的差异原则

罗尔斯认为，前三种理论将分配份额建立在那些从道德上看来具有任意性的因素之上——要么是出生的偶然性，要么是社会和经济的优势，要么是自然才能和能力等。只有差异原则避免了将关于收入和财富的分配，建立在这些偶然性基础之上。

尽管这种源于道德任意性的论点，并不依赖于那种源于原初状态的论点，但是它们在以下方面是相似的：两者都坚持认为，我们在考虑公正时，应当抽象于或悬置那些关于人们及其社会地位的偶然性事实。

反驳1：激励

罗尔斯支持差异原则的理由，引发了两种主要的反驳：首先，激励会如何呢？如果那些有才能的人，只有在有利于最不利者时才能获利，那么，如果他们决定更少地工作，或在一开始就不发展他们的技能，那会怎么样？如果税率很高或报酬差异很小，难道那些有天赋的、很可能已经成为外科医生的人，不会进入那些要求较低的工作行列吗？难道迈克尔·乔丹不会更少地训练跳起投篮，或更早地退休吗？

罗尔斯对此的回答是：如果我们需要这些刺激来帮助诸多最不利者，那么，差异原则允许为了激励而在收入上有所不同。仅仅给那些首席执行官支付更高的工资或给富人减税，来增加国内生产总值的做法是不够的。不过，如果这些激励能够产生出经济上的增长，而这种经济上的增长使得社会最底层的那些人的状况，要比他们生活于一个更加平等的制度安排中的状况更好，那么差异原则就会允许这些激励的存在。

有一点值得我们注意的是，允许为了激励而在工资上有所差异，并不等于是说，那些成功人士对他们的劳动成果享有一种特殊的道德所有权。如果罗尔斯是正确的，那么只有当收入的不平等，能够产生那些最终能够帮助最不利者的成果时，它才是正当的，而不是因为那些首席执行官或体育明星应当比工厂工人赚更多的钱。

反驳 2：努力

这就将我们引领至那种针对罗尔斯公正理论的第二种、更具有挑战性的反驳：努力又会怎样呢？罗尔斯反对精英统治制度的公正理论，理由是：人们的自然才能并不是他们自己的行为结果。可是，人们培养自己的才能所付出的那些艰辛的努力又如何呢？比尔·盖茨经过长期艰苦的努力而创立发展了微软；迈克尔·乔丹在训练其篮球技能上所花费的时间不计其数。尽管他们拥有才能和天赋，但是，难道他们不应该得到他们的努力所带来的奖励吗?

罗尔斯对此回应道，即使是努力也有可能是一种有利的、培养的产物。“即使那种愿意去努力、去尝试以及成为应得的意愿本身，在其一般意义上来说，也取决于一个幸福的家庭和社会环境。”[18] 与其他的成功因素一样，努力受到偶然性的影响，后者是我们不能心安理得地获得的。“有一点似乎很明显：一个人所心甘情愿付出的努力，要受到他的自然能力和技能以及对他所开放的机会的影响。那些拥有更多天赋的人，如果在其他方面等同，就更可能尽心尽力地去奋斗……”[19]

当我的学生们在面对罗尔斯关于努力的论点时，他们中的许多人都竭力反对。他们认为自己的成就，包括进入哈佛，所反映出的是他们自己的努力，而不是那些超越于他们掌控的、具有道德任意性的因素。许多同学带有疑虑地看待任何一种这样的公正理论，即那种认为我们在道德上并不应得那些凭自己的努力所获得的回报的公正理论。

在我们讨论了罗尔斯关于努力的主张之后，我做了一项不科学的调查。我指出：心理学家们认为，出生顺序会影响努力和奋斗——如学生们所认为的、与进入哈佛相关联的努力。据报道，在家里第一个出生的人，要比他的弟弟妹妹们具有更强的职业道德，挣更多的钱并获得更普遍的成功。这些研究具有争议性，我也不知道他们的研究发现是否真实。然而，也就是随便玩玩，我问学生们有多少人在家里是第一个出生的。大约有 75%~80% 的同学举手了，这一结果跟我每一次做这个测验所获得的结果基本一致。

没有人会认为，第一个出生是他们自己的行为结果。如果像出生顺序这样的具有道德偶然性的事物，能够影响我们努力工作和认真奋斗的倾向，那么罗尔斯可能是有道理的，即使努力也不能作为道德应得的基础。

这一主张——人们应得到由于努力和艰辛工作而获得的回报——还由于另一个更深层的原因而值得怀疑：尽管精英统治制度的支持者们经常援引努力的美德，但是他们并不真的认为，努力应当单独地成为收入和财富的基础。让我们来设想两个建筑工人，一个强壮结实，能够毫不费力地一天筑四堵墙；另一个则瘦弱无力，一次都不能搬动两块砖。尽管后者工作非常努力，可是他要耗费一个星期的时间，来做他那个强壮的同事不太费力一天就能做完的事情。没有哪一个精英统治制度的维护者会说，这个瘦弱但工作努力的工人应当得到更多的工资，因为他比那个健壮的人所付出的努力更多。

或者让我们来考虑一下迈克尔·乔丹。他确实训练得非常刻苦，可是有些不太出名的篮球运动员甚至训练得更加刻苦。没有人会说，他们应得一份比乔丹更丰厚的合同，以作为对他们所付出时间的一种奖励。因此，尽管精英统治者们谈论到了努力，可是他们却相信，其实是贡献或成就才值得奖励。无论我们的职业道德是不是自己的行为结果，我们的成就，至少在部分程度上，都取决于那些我们并不能心安理得地拥有的各种自然才能。

反对道德应得

如果罗尔斯关于才能的道德任意性的论点是对的，那么，这就会引向一个令人惊讶的结论：分配公正与奖励道德应得无关。

他认识到，这一结论与我们日常的思考公正的方式不太一致："我们有一种常识倾向，即认为收入、财富以及生活中的好东西，一般来说都应当根据道德应得而加以分配。公正就是依据德行而来的幸福……但现在，作为公平的公正反对这一观念。"[20]

罗尔斯通过质疑精英统治制度观点的前提，从而削弱了这一观点。这一前提就是：一旦我们消除了那些通往成功之路的、各种社会的、经济的障碍，我们就能说，人们应当得到他们的才能所带来的各种回报。

> 我们并不应得在自然天赋的分配中所处的地位，正如我们不应得在社会中的最初起点一样。这样一种观点——认为我们应得那种使得我们能够努力培养自己各种能力的优越品质——同样是成问题的，因为这类品质在很大程度上取决于我们早期所生活的幸运的家庭和社会环境，而这些则是我们无法心安理得地获取的。应得的观念并不适用于此。[21]

如果分配公正与奖励道德应得无关，那么这是否意味着，那些努力工作并按规则办事的人，都没有资格得到他们的努力所获得的任何回报呢？不，并不完全是。罗尔斯这里在道德应得和他所谓的"对合法期望的应有资格"之间，做出了一个重要而细微的区分。它们之间的区别在于：与一种应得的主张不同，只有当已经有了某种游戏规则时，才能产生一种资格，它并不能事先告诉我们如何去确立各种规则。

在道德应得和应有资格这两者之间冲突的背后，暗含着诸多激烈的、关于公正的讨论：有些人认为，针对富人提高税率就剥夺了某些他们在道德上应得的东西；或者认为，在大学录取时将民族和种族的多样性作为录取因素而加以考虑，就剥夺了那些持有 SAT 考试[a]高分的申请者在道德上所应得的一种优势。而有些人则并不这样认为——人们在道德上并不应得这些优势，我们首先必须确定游戏的规则应当是什么（如税率、录取标准）。然后我们才能说，谁有权利获得什么。

让我们来考虑一下机会游戏和技能游戏之间的区别。假设我购买国家彩票，我的号码中奖，那么我就有资格获得我的奖品。可是我不能说我应得这份胜利，因为彩票是一种机会游戏。我的输赢与我的德行，或玩这一游戏的技能毫无关系。

现在让我们再做一个设想：波士顿红袜队赢得了世界职业棒球大赛。在此之后，他们有资格获得战利品。他们是否应得这份胜利则是一个更进一步的问题，其答案取决于他们是如何打这场比赛的。他们是通过侥幸（如棒球裁判员在关键性时刻所发出的错误裁决）而赢得比赛的呢，还是他们实际上就是比对手打得好，展示了那些最能界定棒球的卓越与德行呢（比如好的投球、及时的击球、漂亮的防守等）？

与机会游戏不同，在技能游戏中可能会有一种区别，即谁有资格拥有战利品和谁应得胜利之间的区别。这是因为，技能游戏

a. SAT 考试（Scholastic Assessment Test），是美国高中生进入美国大学所必须参加的考试，也是世界各国高中生申请进入美国本科学习能否被录取及能否得到奖学金的重要参考。——译者注

奖励某些德行的运用与展示。

罗尔斯认为，分配公正与奖励德行或道德应得无关。与之相反，它涉及满足那些合法的期望——一旦游戏规则确立之后，这些合法的期望便会产生。一旦公正原则确立了社会合作的要求，那么人们就有资格获得他们在这些规则中所收获的利益。然而，如果税务体制要求他们交出一部分收入来帮助那些不利者，那么，他们不能抱怨说这剥夺了他们在道德上应得的某些东西。

> 因此，一个公正体系回答了人们有权要求什么的问题，满足了他们建立在社会制度之上的各种合法的期望。但是他们有权得到的东西并不与他们的内在价值成比例，也不依赖于他们的内在价值……并不涉及道德应得，分配的份额也并不倾向于要与它相称。[22]

罗尔斯基于两个理由而反对将道德应得作为分配公正的基础：首先，正如我们已经看到的，我拥有那些使我能够比其他人更加成功地竞争的才能，并不完全是我自己的行为结果。可是，第二个偶然因素却同样具有决定性：一个社会在特定时期所恰好看重的各种才能，在道德上也同样具有任意性。即使我对自己的各种才能拥有唯一的、毋庸置疑的权利，可是事实仍然是：这些才能所获得的回报，将会取决于供需关系的偶然性。在中世纪时期的塔斯卡尼，人们对壁画师极为看重，而在21世纪的加利福尼亚州，人们对电脑程序设计师极为看重，等等。我的各种技能的收获好坏，取决于这个社会恰好想要什么。什么算作贡献，取决于一个特定社会所恰好看重的各种才能。

让我们来考虑以下这些工资上的差异：

- 美国教师每年的平均工资大约为 43 000 美元，午夜脱口秀节目主持人戴维·莱特曼（David Letterman）每年大约赚 3 100 万美元。
- 联邦最高法院的首席大法官约翰·罗伯特（John Robert）年薪为 217 400 美元，而出演一档写实电视节目的“法官朱迪”（Judge Judy）每年赚 2 500 万美元。

这些工资上的差异公平吗？对罗尔斯而言，这个问题的答案，将取决于它们是否源于一种有利于社会最不利者们的税务体制和再分配体制。如果是这样，那么莱特曼和“法官朱迪”就有权利获得他们的收入。可是我们不能说，“法官朱迪”应得那比首席大法官罗伯特高出 100 倍的工资，或莱特曼应得那比学校教师高出 700 倍的工资。这样一个事实——他们恰好生活于一个在电视明星身上出手阔绰的社会——是他们的好运气，而不是某些他们应得的东西。

成功人士经常忽视他们的成功所具有的这一偶然性的方面。我们当中的很多人都幸运地拥有——至少是某种程度上——我们这个社会所恰好看重的才能。在一个资本主义社会，拥有企业家的驱动力很有利；在一个官僚制度的社会，能轻易平和地与领导相处很有利；在一个大众民主的社会，在电视上看起来不错、说话简短、嗓音有感染力很有利；在一个法治社会，去法学院深造、拥有能帮你在法学院入学考试中获得高分的逻辑和推理技能，会很有利。

我们这个社会看重这些事物的这一事实，并非我们的行为结果。假如拥有这些才能的我们，并不是生活于现在这样一个科技发达、喜欢诉讼的社会，而是生活于一个狩猎的社会、尚武的社会，或一个将最高的奖励和特权都授予那些展示了其身体力量或宗教虔诚的人的社会，这时我们的才能会变成什么呢？很显然，它们不会让我们发展得太好。并且毫无疑问，我们中的一些人会发展一些其他的才能。可是，我们会比现在具有更少的价值或德行吗？

罗尔斯的答案是否定的。我们可能会少获得一些，而且很可能如此。但是，在我们对较少的东西拥有权利的同时，我们不会比他人具有更少的价值和更少的道德应得。这一点对生活在我们这个社会中的那些缺少某些特权地位，以及拥有较少这个社会所恰好奖励的各种才能的人而言，同样是真实的。

因此，当我们有资格获得游戏规则所承诺的、由于运用才能而得到的那些利益时，要是认为我们首先应得一个看重我们所拥有的各种才能的社会，那就是一种错误和自负。

伍迪·阿伦（Woody Allen）在电影《星尘往事》（*Stardust Memories*）中表达了一种类似的观点。阿伦在其中扮演一名与自己很相像的角色——一个名叫桑迪的著名喜剧演员。他遇见了往日邻居中的朋友杰里，后者因为当出租车司机而苦恼不堪。

桑迪： 你做什么？你干什么的？

杰里： 知道我是干什么的吗？我开出租车。

桑迪： 哦，你看起来很不错。你……开出租车没什么不好。

杰里： 是啊，可是与你相比，再看看我……

桑迪： 你想让我说什么呢？以前在邻居里我是那个爱开玩笑的孩子，对不对？

杰里： 没错。

桑迪：所以，所以——你要知道，我们，我们生活在……生活在一个非常重视玩笑的社会，你知道吗？如果你以这种方式思考这件事——（清清嗓子）如果我是一个阿帕契亚印第安人，那些人根本就不需要喜剧演员，对吗？那样我就会失业。

杰里：是吗？得了吧，这并不能使我感觉好点儿。[23]

这个喜剧演员关于名声和财富的道德任意性的即兴解释，并没有打动该出租车司机。将自己的下下签看作一种坏运气，并不能使他减轻痛楚。也许这是因为，在一个精英统治的社会，大多数人都认为，世间的成就反映出我们所应得的。要消除这一观念并非易事。分配公正是否能够脱离于道德应得，这是一个我们将在后文讨论的问题。

生活是公平的吗？

1980 年，当罗纳德·里根（Ronald Reagan）在竞选总统时，经济学家米尔顿·弗里德曼（Milton Friedman）与妻子罗丝合著并出版了一本畅销书，书名为《自由选择》（*Free to Choose*）。这本书为自由市场经济做出了大胆热烈、毫不胆怯的辩护，并且在里根时代成为一部教科书——甚至是一首颂歌。在维护政府放任主义的原则不受到平等主义的反驳时，弗里德曼做出了一种令人惊讶的让步。他承认，那些成长于富裕家庭并进入名校上学的人，要比那些来自拥有较少特权的背景中的人，拥有一种不公平的优势。他还承认，那些拥有才能和天赋的人——尽管这不是他们自己行为的结果——要比其他人拥有一种不公平的优势。然而与罗尔斯不同，弗里德曼坚持认为，我们不应当试着去纠正这种不公平。相反，我们应当学会去适应它，并享受它所带来的益处：

> 生活是不公平的。如果认为政府能够纠正自然的产物，这种观点确实很吸引人。但是认识到以下这点也同样重要：即我们从自己所强烈反对的这种不公平中获得了多少利益。穆罕默德·阿里（Muhammad Ali）天生拥有使他成为一个伟大的拳击手的技能……这里没有什么公平可言……穆罕默德·阿里一夜能挣好几百万美元，这当然也不公平。但是，如果为了追求某种抽象的平等理想，而不允许穆罕默德·阿里在一个晚上的比赛中所挣的钱，比那个处于社会最底层的人在码头上做一天没有技术含量的活儿所挣的更多，那么这对那些喜欢看他比赛的人而言，难道不是更加不公平吗？[24]

在《正义论》中，罗尔斯反对弗里德曼的观点所体现出来的那种自鸣得意式的建议。在一个鼓舞人心的段落中，罗尔斯表达了一个人所熟知，却经常被我们忘却的真理：事物所表现的形式，并不决定它们所应当表现的形式。

> 我们应当反对这样一种论点：制度的安排总是有缺陷的，因为自然才能的分配和社会环境的偶然性因素是不公正的，而这种不公正不可避免地必然要转移到人类的制度安排之中。这种思想有时候被用来作为对不公正熟视无睹的借口，仿佛拒绝默认不公正的存在和不能接受死亡一样。(我认为）自然的分配无所谓公正不公正，人们降生于社会的某一特殊地位也说不上不公正。这些只是一些自然事实。公正或不公正在

于制度处理这些事实的方式。[25]

罗尔斯建议我们这样来处理这些事实：同意“与他人分享命运”，并且“只有当利用那些自然和社会环境的偶然性能够有利于整体时，我们才能这么做”。[26]无论他的公正理论最终能否成功，它都代表了美国政治哲学中迄今为止所提出的、最具说服力的、支持一个更加平等的社会的理由。

第七章

反歧视政策之争

谢里尔·霍普伍德（Cheryl Hopwood）来自一个并不富裕的家庭。她由一个单身妈妈抚养成人，并努力读完了中学、社区大学以及位于萨克拉门托的加州州立大学。然后她移居得克萨斯州，并申请就读得克萨斯大学法学院，这是得州最好的法学院，也是全美最好的法学院之一。尽管霍普伍德的年平均分为3.8，并且在该法学院的入学考试中表现也还不错（第83个百分位），可是她没有被录取。[1]

霍普伍德是个白人，她认为自己被拒绝是不公平的。有些被录取的申请者是非洲裔的美国学生和墨西哥裔的美国学生，他们比她的大学成绩低，入学考试分数也没有她高。该学院有一个反歧视的政策，该政策偏向那些少数民族的申请者。事实上，所有与霍普伍德的成绩和入学考试分数差不多的少数民族学生，都被录取了。

霍普伍德将自己的情况上报至联邦法院，声称自己是歧视的受害者。该大学回应称：其法学院的部分任务在于，增加得克萨斯州法律职业（不仅包括法律事务所，也包括州立法部门以及法庭）中的种族多样性和民族多样性。“一个公民社会中的法律，在很大程度上依赖于这个社会愿意接受它的裁决。”该法学院院长迈克尔·沙洛特（Michael Sharlot）说道，“如果我们看不到各类团体的成员都在司法行政部门中起作用，那么我们就很难达到这一目标。”[2]在得克萨斯州，非洲裔美国人和墨西哥裔美国人占总人口的40%，可是在法律职业中所占的比例却要小得多。当霍普伍德申请的时候，得克萨斯州立大学法学院运用了一项反歧视行动的录取政策，其目标在于从少数民族的申请者中录取该班级中大约15%的成员。[3]

为了达到这一目标，该大学给少数民族的申请者们设定了比非少数民族申请者们要低的录取标准。然而，该大学的领导们声称，所有被录取的少数民族学生都是合格的，并且他们大多数人都顺利地从法学院毕业并通过了律师资格考试。可是这对霍普伍德来说只是微不足道的安慰，她认为自己受到了不公正的对待，她应当被录取。

霍普伍德对于反歧视行动的挑战，并不是首例上告到法院的，也不会是最后一个。30 多年来，法院就一直在与反歧视政策所引发的各种棘手的道德和法律问题做斗争。1978 年，在“巴克案”（Bakke case）[a] 中，美国最高法院勉强支持了加州大学戴维斯分校医学院的反歧视行动录取政策。[4] 2003 年，在涉及密歇根大学法学院的一案中，最高法院以几乎对等的票数裁决：在录取时可以将民族作为一个考虑因素。[5] 与此同时，加州、华盛顿州以及密歇根州的选民们最近自发地投票表决，反对在公共教育和就业领域中存在民族不平等待遇。

对于这些法庭而言，问题在于，反歧视行动的雇用和录取政策是否违反了美国宪法所保证的“人人都受到法律平等的保护”。但是，让我们搁置宪法上的问题而直接关注这一道德问题：在雇用或大学录取时将民族和种族作为考虑因素，是否公正呢？

为了回答这一问题，让我们来考虑一下反歧视行动的拥护者们所提出的、赞同将民族和种族纳入考虑因素的三个原因：纠正标准化考试中的偏见、补偿过往之错和促进多样性。

a. 巴克是一名白人男性，连续两年被加州大学戴维斯分校医学院拒绝录取，但该医学院却录取了一些比巴克各方面差的黑人学生，巴克因此将学校上告到美国最高法院。——编者注

校正考试的不足

将民族和种族纳入考虑因素的原因之一就是：纠正标准化考试中可能存在的偏见。SAT 考试和其他类似的、预测学术和职业成功可能性的考试，长期以来都遭到人们的非议。1951 年，波士顿大学神学院博士项目的一位申请者，提交了一份很差的 GRE 分数。年轻的马丁·路德·金——后来成为美国历史上最伟大的演说家之一——当时在语言表达能力测试中的分数低于平均分。[6] 幸运的是，他还是被录取了。

有些研究表明，黑人学生和拉丁美洲裔的学生，在标准化考试中的总体分数要低于白人学生，这甚至根据经济阶层而有所调整。可是，无论导致这种考试成绩差异的原因是什么，要用这种标准化的考试来预测学术上的成功与否，就需要人们在阐释这些分数时，考虑到学生的家庭、社会、文化以及教育上的背景。一个在南布朗克斯区就读于破旧的公立学校的学生，他在 SAT 考试中所得的 700 分，比曼哈顿东上城的一个就读于名牌私立学校的学生在 SAT 考试中所得的同样分数更有含金量。但是，在评估考试分数时考虑到学生们的民族、种族和经济背景，并没有质疑这样一种观念，即：学院和大学应当录取那些拥有最好的学术前景的学生。它只是试图找出那种最精确的、衡量每个个体学术前景的标准。

真正与反歧视政策有关的争论，涉及另外两种理由——补偿的理由和多样性的理由。

补偿过往之错

补偿性的理由将反歧视行动看作对过往错误的一种纠正。它认为少数民族的学生应该得到偏爱，以补偿那段将他们置于一种不公正的不利处境的歧视史。这一论点主要将录取看作接受者的一种利益，并且试图以一种补偿过往的不公正及其残留影响的方式，来分配这种利益。

可是这种补偿性的论证遇到了一种严峻的挑战：批评者们指出，那些受益人未必就是那些曾经的受害者；那些提供补偿的人，也很少是那些造成所纠正之错误的人。许多反歧视行动的受益人都是中产阶级的少数民族学生，他们并没有遭受贫民区中的那些年轻的非洲裔美国人以及拉丁美洲裔美国人所遭受的那些苦难。为什么一个来自富裕的休斯敦郊区的非洲裔美国学生，应当比谢里尔·霍普伍德占有优势呢？后者可能实际上面临着更加严峻的经济困难。

批评者们认为，如果反歧视行动的要点在于帮助那些不利者，那么它应当基于阶层而不是种族。如果种族偏好意在补偿历史上奴隶制和种族隔离制的不公正，那么从像霍普伍德这样的人这里强行索取补偿又怎么能说是公平的呢？他们在这些不公正的行为中没有起任何作用。

支持反歧视行动的补偿性理由是否能够回答这一反驳，取决于“集体责任”这一令人费解的观念：我们是否具有一种道德责任来纠正前一辈人所犯下的错呢？为了回答这一问题，我们需要更多地了解道德责任是如何产生的。我们是仅仅作为个体来承担责任呢，还是某些责任要求我们作为具有历史身份的共同体的成员来承担？由于我们在本书的后面会讨论这个问题，所以让我们此刻先搁置这个问题，而转向那种多样性的理由。

促进多样性

支持反歧视运动的多样性理由，并不依赖于具有争议性的集体责任的观念；它也不依赖于证明那些在录取时受到偏爱的少数民族学生本人遭受过歧视或阻碍。它并不将录取看作对接受者的奖励，而是看作一种促进社会上值得追求的目标的手段。

这种多样性的理由是一种以“共同善”为名义的理由——学校本身的共同善，以及更广阔的社会的共同善。首先，它认为一个民族融合的学生团体是值得欲求的，因为它使得学生们相互之间，能够比他们都来自相似的背景要学习得更多。正如一个来自国内同一个地方的学生团体，会限制其理智上和文化上的观点一样，一个反映出相同民族、种族和阶层特征的学生团体，也会限制其理智上和文化上的观点。其次，这种多样性理由坚持认为，使那些处于不利地位的少数民族，具备那种在重要的公共领域和职业角色中担任重要位置的能力，推进了该大学的公民目标，并对共同善做出了贡献。

这种多样性的理由，是众多大学和学院最经常提出的理由。当得克萨斯大学法学院院长面临霍普伍德的挑战时，他援引了他们学校的反歧视行动政策所要达到的公民目的。该法学院的部分使命就在于帮助增加得克萨斯州法律职业中的多样性，并使非洲裔美国人和拉丁美洲裔美国人能够在政府和法律部门承担领导性的角色。他认为，通过这种手段，该法学院的反歧视行动项目是成功的："我们看到，我们那些少数民族的毕业生或被选为政府官员，或在优秀的法律事务所工作，或成为得克萨斯州立法机关和联邦法官的成员。可以说，已经到了这样一种地步：如果在得克萨斯州的重要部门有少数民族，那么他们通常是我们的毕业生。"[7]

当联邦最高法院在审理"巴克案"的时候，哈佛学院（Harvard College）作为与案件无关而被法官要求提供意见的第三者，提交了一份简短的说明，它出于教育的原因而维护反歧视行动。[8]它说明，成绩和考试分数从来都不是录取的唯一标准。"如果学术上的卓越成就是唯一的或占主导性的标准，那么哈佛学院就将失去很多活力和理智上的卓越成就……给所有学生提供的教育背景的品质也会受损。"在过去，多样性曾经意味着"学生们来自加利福尼亚州、纽约州和马萨诸塞州，城市居民和农场小伙子，小提琴家、画家和足球运动员，生物学家、历史学家和古典学者，有潜力的证券经纪人、学者和政客"。现在，哈佛学院也关心民族和种族的多样性。

> 一个来自爱达荷州的农场小伙子可以给哈佛学院带来一个波士顿人所不能提供的东西。同样的，一个黑人学生通常可以带来白人学生所不能提供的东西。哈佛学院中所有学生的教育背景的品质，部分地取决于这些学生所带来的背景和观点上的差异。[9]

多样性理由的批评者们提出了两种反驳——一种是实际性的，另一种是原则性的。那种实际性的反驳质疑反歧视行动政策的有效性。它认为，运用民族偏好并不会产生一个多元的社会或减少偏见和不平等，而会损害少数民族学生的自尊、从各方面增加民族意识、加剧民族张力并在白人种族团体内部引发怨恨之声，他们感觉自己也应当得到一个喘息的机会。这种实际性的反驳并不认为反歧视行动是不公正的，而是认为它不可能达到其目标，并且有可能弊大于利。

民族偏好侵犯了权利吗?

那种原则性的反驳认为，无论一个更加多样化的班级或一个更加平等的社会具有多大的价值，也无论反歧视行动政策在实现这一目标时有多成功，在录取中将民族或种族作为一种考虑因素就是不公正的。原因如下：这样做侵犯了像谢里尔·霍普伍德这样的申请者的权利，他们没有任何责任，却被置于一个不利的竞争地位。

对于一名功利主义者而言，这种反驳不会具有太多的分量。支持反歧视行动的理由，将仅仅取决于权衡它所产生的教育的和公民的利益是否高于它所导致的像霍普伍德和其他处于被淘汰边缘的白人申请者们的失望。可是许多反歧视行动的拥护者们并非功利主义者，他们是康德式的或罗尔斯式的自由主义者；他们相信，即使是值得欲求的目的也不能践踏个体权利。对他们而言，如果在录取中将民族作为一种考虑因素侵犯了霍普伍德的权利，那么这样做就是不公正的。

罗纳德·德沃金（Ronald Dwokin）是一位以权利为导向的法学哲学家，他认为在反歧视行为政策中运用民族偏好并没有侵犯任何人的权利，并以此与这种反驳对质。[10] 他质问道，霍普伍德的什么权利被否定了呢？可能她认为，人们有权利不被一些超越于他们掌控的因素（如民族）而评判。可是，大多数大学传统的录取标准都涉及一些超越于人们掌控的因素。我来自马萨诸塞州而不是爱达荷州，或者我是一个糟糕的足球运动员，或者我五音不全，这都不是我的错。我没有能力在SAT考试中取得好成绩也不是我的错。

可能这里受到威胁的权利是这样一种权利，即那种仅仅根据学术标准——而不是因为善于踢足球、来自爱达荷州、在救济院当过志愿者等——而被考量的权利。基于这种观点，如果我的成绩、考试分数以及其他学术前景的衡量标准，将我置于申请者的顶层，那么我就应当被录取。换言之，学校应该仅仅根据我的学术实力考量我。

可是，正如德沃金所指出的，并不存在这样的权利。有些大学可能仅仅根据学术资格而录取学生，不过大多数大学并非如此。各个大学都以不同的方式来界定自己的录取标准。德沃金认为，没有哪一个申请者拥有以下权利，即：该大学以一种首先奖励某些特殊才能的方式——无论是学术技能、运动才能还是其他——来设定自己的使命和规划自己的录取政策。一旦这所大学设定了自己的使命，并设置了录取标准，那么，只要你比其他申请者更加符合这些标准，你就拥有一种被录取的合法期望。那些位于前列的申请者——算上学术前景、种族和地理的多样性、体育特长、课外活动、社区服务等——有资格被录取，将他们排除在外是不公平的。可是没有人从一开始就拥有根据一系列标准被考量的权利。[11]

在反歧视政策的多样性理由的核心，存在着一种有争议但却深刻的主张：录取并不是一种授予最高美德或德行的荣誉。那些拥有最高考试分数的学生，以及来自一个处于不利地位的少数民族团体的学生，在道德上都不应得录取资格。只要申请者对满足该大学的社会目的有所贡献，那么他的录取资格就是正当的，而并不是因为它奖赏学生们的那些被单独界定的优点与美德。德沃金的重点在于：录取中的公正并不是在奖赏优点与德行，只有当一所大学界定了自己的使命时，我们才能知道，什么才算是分配大学新生名额的公平方式。该使命界定了相关的美德，而不是相反。德沃金关于大学录取的论证，与罗尔斯关于收入分配的论证类似，它与道德应得无关。

种族隔离与反犹太人制度

这是否就意味着，各个学院能够自由地、如其所愿地界定自己的使命呢？是否任何一种与这种声明的使命相符合的录取政策就是公平的呢？如果是这样，那么不久前美国南部的一些校园中的种族隔离又如何呢？得克萨斯大学法学院曾经刚好处于早期对宪法提出质疑的中心地带。1946 年，当这个学校还实行种族隔离制度的时候，它拒绝录取希曼·马里昂·斯韦特（Heman Marion Sweatt），原因是该学校不录取黑人。他的挑战成为联邦最高法院的一个标志性的案件——“斯韦特诉佩因特案”（1950），这给了高等教育中的种族隔离制度一记重棒。

然而，如果录取政策公平性的唯一衡量标准，在于它是否符合于该学校的使命，那么，得克萨斯法学院在当时提出的论点又有什么问题呢？它的使命就是为得克萨斯法律事务所培养律师。

该法学院认为，由于得克萨斯法律事务所当时并不雇用黑人，那么录取黑人就不能满足该学校的使命。

你可能会争论说，作为一所公立学校，得克萨斯大学法学院在使命的选择范围上应当比私立学校更广。当然，那些著名的在宪法上对高等教育中反歧视政策的挑战，确实涉及了一些公立大学——加州大学戴维斯分校（“巴克案”）、得克萨斯大学（“霍普伍德案”）以及密歇根大学（“格鲁特案”）。但是，既然我们是在试着判断使用民族偏好是公正还是不公正——而不是其合法性，因此，公立大学和私立大学之间的区别并不重要。

私立协会和公立团体都可能由于其不公正而受到批判。让我们回忆一下，在实施种族隔离的美国南部，那些室内静坐的抗议者坐在午餐柜台前面，抗议种族歧视。这些午餐柜台是私人拥有的，尽管如此，他们所实施的种族歧视却是不公正的。（事实上，1964 年的《民权法案》确认了这种歧视是非法的。）

或者让我们来考虑一下，一些常春藤大学在 20 世纪 20 年代和 30 年代所正式或非正式采用的反犹太人制度。是否仅仅因为这些学校是私立的而非公立的，这些制度在道德上就是可辩护的呢？ 1922 年，哈佛大学校长劳伦斯 · 洛厄尔（Lawrence Lowell）以减少反犹太人的名义提议，要将犹太人的录取率控制在 12%。“学生中反犹太人的情绪日益高涨，”他说，“这种情绪的高涨与犹太人数量的增长成正比。”[12] 20 世纪 30 年代，达特茅斯学院的招生办主任给一位抱怨校园里犹太人人数增长的校友写了一封回信。“我很乐意接受你关于犹太人问题的评论，”这位主任写道，“如果在 1938 年这个班上的犹太人超过了 5% 或 6%，那么，我的悲恸之情将无以言表。”1945 年，达特茅斯校长援引该学校的使命为限制录取犹太人作辩护：“达特茅斯是一所基督教学院，其建立目的是为了使学生们信仰基督教。”[13]

如果像支持反歧视行动的多样性理由所认为的那样，大学可以设定任何促进其所界定的使命的录取标准，那么，我们是不是有可能谴责种族主义的排斥和反犹太人的限制呢？在种族隔离主义的南方地区使用民族偏好来排除人们，与当今的使用民族偏好来录取人们的反歧视行动，两者之间有着本质上的区别吗？最显而易见的答案是：在种族隔离时期，得克萨斯法学院将种族当作一种低劣的标志，而如今的种族偏好则并没有侮辱或污蔑任何人。霍普伍德认为自己被拒绝是不公平的，可是她不能说这表达出一种仇恨与蔑视。

这是德沃金的回答。种族隔离时期的种族排外基于“这样一种卑劣的观点——一个民族可能内在地比另外一个民族更有价值”。而反歧视政策则并不涉及偏见，而只是主张，考虑到在关键职业中促进多样性的重要性，黑人或拉丁美洲裔人“可能有一种社会性的有用的特征”。[14]

像霍普伍德这样被拒绝的申请者，可能并不会觉得这一区别是令人满意的，不过这确实具有一种特定的道德力量。该法学院并不是说霍普伍德更加低劣，或那些代替她而被录取的少数民族学生应得一种优势而她不应得。它只是说，班级和法院里的民族和种族的多样性，满足了该法学院的教育目的。除非对这些目的的追求，在某种程度上侵犯了那些失败者的权利，否则那些失望的申请者就不能合法地说他们受到了不公正的对待。

偏袒白人的反歧视政策？

有一个关于多样性论点的测试：它有时候能为白人的种族偏好作辩护吗？让我们来考虑一下“小星城”（Starrett City）的情形。这套楼群位于纽约的布鲁克林区，有两万名居民，是全美最大的由政府资助的中等收入者住房项目。它启动于20世纪70年代中期，目的在于成为一个民族融合的社区。它通过使用“占有率控制”而达到这一目的，“占有率控制”将非洲裔美国人和拉丁美洲裔美国人的人口限制在总数的40%，试图平衡该社区的民族和种族的构成。简言之，它使用了一种定额体制。这种定额并不是建立在偏见和蔑视基础之上，而是建立在一种来自城市经验的关于民族“临界点”的理论基础之上。该项目负责人希望避免这种临界点，后者导致了其他社区中的“白人逃跑”现象，并破坏了民族融合。通过维持民族和种族的平衡，他们希望能维持一个稳定的、具有民族多样性的社区。[15]

这起到了作用。该社区变得令人非常满意，许多家庭都想搬进来，于是“小星城”便确立了一份等候名单。部分地由于那种定额体制——后者分配给非洲裔美国人的公寓要比分配给白人的少——黑人家庭不得不比白人家庭等更长的时间。直到20世纪80年代，一个白人家庭必须等3~4个月以获得一套公寓，而一个黑人家庭则需要等上两年。

那么，这里的定额体制偏袒白人申请者——这并不是基于种族的偏见，而是基于“维持一个民族融合的社区”这一目标。有些黑人申请者发觉这种有意识的种族政策是不公平的，并提起了一项种族歧视的诉讼。在其他情形中支持反歧视政策的全国有色人种协进会（NAACP），可以作为他们的代表。最后，他们达成了协议，协议允许“小星城”保留其定额体系，同时要求该州增加少数民族进入其他住房项目的机会。

“小星城”分配公寓的有意识的种族方式，是否公正呢？不，除非你接受了支持反歧视行动的多样性理由。民族和种族的多样性在住房项目和大学教室中所起的作用并不相同，在此处受到损害的事物也不尽相同。但是，从公平的角度来看，这两种情形共存亡。如果多样性满足了共同善，并且没有人基于仇恨和蔑视而受到歧视，那么，民族偏好就并不侵犯任何人的权利。为什么呢？因为，根据罗尔斯关于道德应得的观点，没有人能根据自己那些被独立界定的优点，而应得一所公寓或新生班级中的一席之地。只有当住房管理人士或学校领导设定了自己的使命时，才能确定什么才算是优点。

公正能够脱离道德应得吗？

拒绝承认道德应得作为分配公正的基础，这在道德上是有吸引力的，但同时也是令人不安的。它之所以具有吸引力，是因为它打消了存在于精英统治制度的社会中，为人们所熟悉的那种自鸣得意的妄想：成功乃美德之冠，富人之所以富有，是因为他们比穷人更加应得。正如罗尔斯所提醒我们的：“没有人应得更好的自然能力，在社会中也不应得一个更好的起点。”我们居住于一个恰好奖励我们特殊强项的社会也并非自己所为，这是对我们好运气而非德行的一种衡量。

隔断公正与道德应得之间关联的令人不安之处，并不容易描述。“工作与机会是对那些应得者的奖励”这一观念深入人心，可能在美国比在其他社会更加深入人心。政治家们经常宣称那些“努力工作并按规则行事”的人应当能够跻身于社会前列，并鼓励那些实现了自己美国梦的人将自己的成功看作其美德的折射。这一观念至多是一种混合性的鼓励，其持续性存在对于社会稳定性来说是一种障碍。我们越多地将自己的成功看作自己的行为结果，那么我们就越少地感觉到自己对那些落后者所负有的责任。

可能这种持续性的观念——成功应当被看作对德行的奖励——就是个错误，是一个我们应当努力消除的神话。罗尔斯关于财富的道德任意性的论点，对这一观念提出了强有力的质疑。可是，从政治上和哲学上来说，我们不可能使关于公正的论证，像罗尔斯和德沃金所认为的那样，决然地脱离于关于应得的争论。下面让我来解释原因。

首先，公正通常具有表示敬意的一面。关于分配公正的争论并不仅仅与谁得到了什么有关，同时也与什么品质值得尊敬和奖励有关。其次，“只有当社会制度确立了自己的使命时，优点才会产生”的这种观念，容易遇到以下复杂的情形：在关于公正的争论中，那些最引人注目的社会机构——如学校、大学、职务、职业、公共职务等——并不能自由地以自己喜欢的任意方式来界定自己的使命。这些机构至少部分地由它们所推崇的独特的善所界定。我们仍然有余地来讨论，在特定时刻，一所法学院、一支军队或一支管弦乐队的使命应当是什么，可是与此同时，并非任何事情都是这样的。特定的善与特定的社会制度相适应，忽视这些善在分配中的作用可能就是一种腐败。

通过回忆霍普伍德的案例，我们可以看清楚公正与荣誉交织在一起的方式。让我们假设德沃金是对的，即谁应当被录取与道德应得并无关联。以下是那所法学院应当发给霍普伍德的拒绝信：[16]

亲爱的霍普伍德小姐：

我们很遗憾地通知你，你的录取申请被拒绝了。请你谅解，我们的决定丝毫没有冒犯之意。我们并没有蔑视你，事实上，我们甚至认为你跟那些被录取的学生同样应得。

你进入了一个碰巧不需要你所提供的各种才能的社会，这并非你的过错。那些取代你而被录取的人，并不应得一席之地，也并不因为那些使他们能够被录取的因素而值得表扬。我们仅仅是将他们——和你——作为一种满足更广阔的社会目的的工具来考量。

我们知道你会觉得这一消息是令人失望的。但是，你的失望不应当被这样一种想法夸大，即：这种拒绝以某种方式反映出你的内在道德价值。我们在以下一种意义上对你表示同情：当你申请的时候，你恰好没有拥有社会所恰好需要的那些特征，这太糟糕了。祝你下次好运。

你真诚的……

以下是某所在哲学上直言不讳的法学院，给那些被录取的学生们所发送的、缺乏尊敬意味的录取信：

亲爱的成功的申请者：

我们很高兴地通知你，你的录取申请被接受了。结果表明，你恰好拥有社会现在需要的那些特征，因此，我们打算通过让你学习法律，而利用你的资质以满足社会的利益。

你值得祝贺，但是并不是在这样一种意义上，即：你拥有那些使你被录取的各种品质而应得奖励——你并不应得——而是在这样一种意义上，即彩票的中奖者应当得到祝贺。你在恰当的时机获得了恰当的特质，这是非常幸运的。如果你选择接受我们的邀请，那么你最终将有资格获得一些利益，因为你选择了以这种方式发挥你的潜力。你应该为此而庆祝。你——或更可能是你的家人，可能想要在更深层的意义上来庆祝，即你认为，这次录取如果不是有力地反映你的天赋，那么也至少反映了你在培养这些能力时所付出的有意识的努力。然而，“你应得那些对你的努力而言非常必要的优秀品格”这一观念同样是有问题的，因为你的品格取决于各种各样的幸运的环境，而这些你是没有资格拥有的。应得的观念在此并不适用。

尽管如此，我们仍然期待着与你相见于金秋时节。

你真诚的……

这样的信可能会缓解那些被拒者的痛苦，并打击那些被接受者的狂妄自大情绪。那么，为什么大学仍然发送（申请者们也期望）一些充满着祝贺和尊敬修辞的录取信呢？可能是因为各所大学不能完全消除这样一种观念——它们的作用并不仅仅在于促进某些目的，同时也在于尊敬和奖励某些德行。

为什么不拍卖大学录取资格呢？

这将我们引入了第二个问题，即：学院和大学是否能够随其所愿地界定自己的使命。让我们暂时搁置民族和种族偏好，而考虑另一种反歧视政策的争议——关于“遗赠偏好”（legacy preference）的争论。许多学校允许校友的孩子们在录取时占有优势，这样做的理由之一是，随着时间的推移而建设社区和学校精神；另一个理由就是，希望那些感激涕零的校友父母，为他们的母校提供慷慨的经济援助。

为了孤立这个经济上的理由，让我们来考虑一下大学所说的“发展性的录取者”（development admit）——指那些并非校友的孩子，但都是拥有富裕的、能够给学校提供数目可观的经济贡献的父母的申请者们。许多大学录取这些学生，即使他们的成绩和考试分数没有所要求的那样高。为了将这一观念发展至极致，让我们想象一下，一个大学决定将新生班级中10%的名额拍卖给那些出价最高的人。

这种录取制度是否公平呢？如果你认为，优点仅仅意味着以这种或那种方式为学校的使命做贡献的能力，那么答案将是肯定的。无论其使命是什么，所有的大学都需要钱来完成这一使命。

借助于德沃金关于优点的宽泛定义，一个被某个学校为了100万美元建设校园新图书馆的馈赠而录取的学生，是值得称赞的，他的入学满足了大学这个整体的善。那些由于慈善家的孩子而被拒绝的学生，可能会抱怨自己受到了不公正的待遇。可是，德沃金对霍普伍德的回应对他们同样适用。公平所要求的是：没有人由于偏见和蔑视而被拒绝，申请者们由那些与大学为自己所设定的使命相关的标准而判断。在这种情况下，那些条件得到了满足。那些失败的学生并非偏见的受害者，而只是因为他们运气不好，没有愿意并有能力捐赠一座图书馆的父母。

可是这一标准太无力了。富裕的家长们能够给自己的孩子购买一张通往常春藤学校的门票，这似乎仍然是不公平的。可是，这种不公正由什么组成呢？不会是这样一个事实，即：那些来自贫困或中产家庭的申请者被置于一种超越于他们掌控的不利处境。正如德沃金所指出的，很多超越于我们掌控的因素在录取时都是合法的因素。

可能这种拍卖的问题之处与申请者的机会无关，而与该大学的整体性有关。将座位卖给出价最高的人，这对于一场摇滚音乐会或体育比赛来说要比教育机构更加合适。正当地分配某一事物的方式，可能与这个事物的本质及其目的相关。反歧视政策的争论反映出不同的关于“大学是为了什么”的观念：在何种程度上它们应当追求学术上的卓越，在何种程度上它们应当追求公民美德，以及该如何平衡这些目的。尽管一种大学教育达到了为学生们通往成功生涯做准备的目的，但其主要目的并不是商业性的。因此，将教育当作一种消费品加以出售，就是一种腐败。

那么，什么才是大学的目的呢？哈佛并不是沃尔玛，也不是布鲁明戴尔百货公司（Bloomingdales）。其目的并不是要使财政收入最大化，而是要通过教学和研究服务于共同善。教学和研究确实花销很大，各所大学也都投入了很大精力来筹集资金。但是，当挣钱的目标占据主导地位，甚至影响到录取工作时，那么这所大学就远远偏离了学术和公民的善，而后者是其存在的首要原因。

“大学入学名额分配中所体现出的公正，与大学所适当追求的善有关”这种观念，解释了为什么我们很难将公正和权利的问题脱离于荣誉和德行的问题。大学授予荣誉学位，以祝贺那些展示了大学所要推进的各种德行的人。但是，在某种程度上，大学所授予的每一个学位都是一种荣誉学位。

那种将关于公正的论点与关于荣誉、德行及善的意义的论点联系在一起的尝试，看起来似乎是解决那种毫无希望的分歧的一剂良方。人们对荣誉和德行持有不同的观点。各种社会制度——无论是大学、公司、军队、职场还是一般性的政治共同体——都是有争议的和令人担忧的。因此，为公正和权利寻求一种远离于这些争论的基础，是有诱惑力的。

许多现代政治哲学都试图这样对待公正问题。正如我们已经看到的，康德和罗尔斯的哲学，都大胆地试着为公正和权利找到一种基础，这一基础中立于各种不同的、关于良善生活的观点。现在是时候看看他们的谋划是否成功了。

第八章

谁应得什么？/ 亚里士多德

考利·斯马特（Callie Smartt）是西得克萨斯安德鲁中学的一名非常受欢迎的拉拉队队长。她患有大脑瘫痪症，只能借助于轮椅四处走动，可这一事实并没有抑制那种由于她出现于高三代表队的比赛现场，而在橄榄球运动员和球迷们中所激起的热情。但是，这次赛季之后，考利却被踢出了啦啦队。[1]

在其他啦啦队队长及其父母的强烈要求下，学校领导告诉考利，来年要是还想参加啦啦队，她将不得不像其他人一样，在一套严格的常规体育项目中参加选拔，内容包括劈叉和翻筋斗。该啦啦队主队长的父亲强烈反对考利参加啦啦队，他说他担心考利的安全。但是考利的妈妈则猜疑，他们是对考利所获得的欢迎心存怨恨，因而产生这种反对的。

考利的故事引发了两个问题。其一为公平问题。学校应当要求她去参加体育项目以便合格地成为一名啦啦队队长吗？或者，考虑到她的残疾，这一要求是不是不公平的呢？回答这一问题的方式之一，就是援引不歧视原则：只要考利能在该位置发挥好作用，那么就不能仅仅因为她——尽管这不是她自己的过失——缺乏身体能力来完成常规的体育项目，而将她排除在啦啦队之外。

可是这种不歧视原则并没有太多的帮助，因为它回避了此争论的核心问题：扮演好啦啦队队长这一角色意味着什么？考利的竞争对手认为，要成为一个好的啦啦队队长，你就必须会劈叉和翻筋斗。毕竟，这是啦啦队队长让观众兴奋起来的传统方式。而考利的支持者们则认为，这将啦啦队队长的目的，与一种达到目的的方式混淆了起来。啦啦队队长的真正目的在于，激励学校精神并使那些球迷活跃起来。当考利在轮椅中上下欢呼、挥舞着球花并绽放灿烂笑容的时候，她很好地做到了啦啦队队长所需要做的事情——点燃观众的激情。因此，为了决定啦啦队队长应当具备什么样的条件，我们需要决定，对啦啦队而言，什么是必不可少的，什么才是次要的。

考利的故事所引发的第二个问题与怨恨有关。什么样的怨恨可能刺激啦啦队主队长的父亲呢？为什么考利在啦啦队中的存在让他备受困扰呢？不可能是考利的加入剥夺了他自己女儿的一席之地，他的女儿已经在啦啦队中了；也不仅仅是他可能对一个在常规体育项目中超过自己女儿的女孩所感到嫉妒，考利当然并没有这样。

以下是我出于直觉的想法：他的怨恨很可能反映出一种感觉，即：考利被授予一种她不应得的荣誉，这以某种方式嘲笑了那种由于其女儿领导啦啦队的专长，而给他带来的骄傲感。如果出色的领导啦啦队的工作能够在轮椅上完成，那么，那些在翻筋斗和劈叉方面非常出色的人所获得的荣誉，在某种程度上便受到了贬低。

如果考利之所以应当成为一名啦啦队队长，是因为她尽管残疾，却展现了与这一角色相适合的美德，那么，她所获得的荣誉，确实对其他啦啦队队长所获得的荣誉构成了某种威胁。她们所展示的体育技能，在成功地领导啦啦队这一事务当中似乎不再是必不可少的，而只是使观众兴奋的方式之一。这名主队长的父亲尽管不是那么宽宏大量，但他却正确地把握了那些受到威胁的东西。多亏了考利，一种曾经被看作具有特定目的、其所授予的荣誉也是固定的社会行为，现在被重新定义了。她展示出，有不止一种方式来成为一名啦啦队队长。

我们要注意，这与公平有关的第一个问题，和那种与荣誉和怨恨有关的第二个问题之间的关联。为了判定一种公平的方式来分配啦啦队的领导位置，我们需要判定领导啦啦队的本质和目的。否则，我们就无法说，哪些品质对它而言必不可少。可是，决定领导啦啦队的本质可能是具有争议性的，因为这使我们卷入一些关于什么品质值得尊敬的争论之中。什么算作领导啦啦队的目的，部分地取决于你认为什么样的德行应得承认和奖励。

正如本章所要展示的，类似于领导啦啦队这样的社会行为，不仅仅只有一种工具性的目的（鼓舞啦啦队），同时也有一种荣誉性的或模范性的目的（庆祝某种卓越或德行）。在选择自己的啦啦队队长的时候，高中学校不仅仅是在促进学校精神，同时也表达了它希望学生们去钦佩和学习的品质。这就解释了为什么这一争论是如此激烈的原因，这也解释了那令人困惑之处——那些已经在啦啦队之中的学生（及其家长）在考利的合法性的争论当中，如何能感觉到一种危及自身的危险。这些家长希望啦啦队队长这一位置，能尊重自己女儿所拥有的那些传统啦啦队队长所具有的德行。

公正、目的与荣誉

以这种方式来看，西得州关于啦啦队队长的纷争，就是亚里士多德公正理论的一种缩写。亚里士多德政治哲学的核心是两种观念，两者都体现于关于考利的争论当中：

1. 公正是目的论的。对于权利的界定要求我们弄明白所讨论的社会行为的目的（telos，意图、目标或本性）。
2. 公正是荣誉性的。为了推理一种行为的目的——或讨论之，就至少要部分地推理或讨论它应当尊敬或奖励什么样的德行。

理解亚里士多德的伦理学和政治学的关键在于，弄明白这两种考量的力量以及两者之间的关联。

现代的各种公正理论，都试图将公平和权利的问题与荣誉、德行和道德应得的问题分离开来。它们寻求那些中立于各种目的的公正原则，并使人们能够自己选择和追求他们的目的。亚里士多德（公元前384—公元前322）并不认为，公正可以以这种方式保持中立。他认为，关于公正的争论，不可避免地就是关于荣誉、德行以及良善生活本质的争论。

弄明白为什么亚里士多德认为公正与良善生活必然相关，将会帮助我们弄明白那种企图分开这两者的努力所具有的危险。

对于亚里士多德而言，公正意味着给予人们所应得的东西，给予每个人所应得的东西。可是，什么才是一个人所应得的呢？优点与应得之间相关联的基础是什么呢？这取决于我们要分配什么。公正包括两个因素："物品以及分配得到这些物品的人"。总的来说，我们认为"那些同等之人应当分配得到同等之物"。[2]

可是这里便产生了一个棘手的问题：在哪个方面平等呢？这取决于我们在分配什么，取决于那些与被分配物品相关的美德。

假设我们在分配长笛，那么，谁应当得到最好的长笛呢？亚里士多德的回答是：那些最好的长笛吹奏者。

公正根据优点，根据相关的卓越而有差别地对待。在吹长笛这一情形中，相关的优点就是那吹得好的能力。如果基于任何其他的因素，如财富、贵族身份、身体上的美丽以及机会（抽奖）

等，而有差别地对待，那将是不公正的。

> 贵族身份及美貌，与吹长笛相比而言，可能是更大的优势。那些拥有这些优势的人，总的来说，可能在这些方面要超过那个长笛演奏者，这比该长笛演奏者所超越于他们的地方要多。可是，此处的事实仍然是：他是那个应当得到长笛的最佳人选。[3]

在广阔的、不同的维度来比较各种优越性就有很多可笑之处。这样询问的话会毫无意义："我是不是比作为一个优秀的长曲棍球运动员的她更帅？"或者，"贝比·鲁斯（Babe Ruth）与身为作家的莎士比亚相比，是不是一个更好的棒球运动员？"类似这样的问题可能仅仅作为室内游戏才有意义。亚里士多德的意思是，在分配长笛的时候，我们不应当寻找那些最富有的、最好看的，甚至各方面来说最好的人，而是应当寻找最佳的长笛吹奏者。

人们对这一观念非常熟悉。许多管弦乐队在幕后进行试听会，以便人们不带偏见或干扰地对音乐的质量进行评判。可是，人们对亚里士多德的理由却不甚熟悉。将最好的长笛给最佳长笛吹奏者的最显而易见的理由是，这样做将会产生最好的音乐，对我们听众有利。然而，这并不是亚里士多德的理由。他认为，最好的长笛应当归给最佳长笛吹奏者的理由是，这是长笛存在的目的——被很好地吹奏。

长笛的目的在于产生动听的音乐，那些能够最佳地实现这一目的的人，就应当拥有最好的长笛。

同样真实的是：将最好的乐器给予最好的音乐家会带来受人欢迎的结果——产生最好的音乐，这是每个人都喜欢的——也就是给大多数人带来了最大幸福。不过，重要的是，我们要明白，亚里士多德的理由超越了这种功利主义的考量。

他从一个物品的目的，推导出该物品恰当的分配方式；他的这种推理方式，是目的论推理的一个例子。[“目的论”（Teleological）源自希腊语telos，意指意图、目的或目标。] 亚里士多德认为，为了决定某物品的正当分配方式，我们需要研究被分配之物的目的或意图。

目的论思维：网球场和小熊维尼

目的论的推理似乎是一种奇怪的思考公正的方式，但它确实具有某种合理性。假设你不得不决定如何去分配使用某大学校园里的网球场，你可能会设定一个高额费用，而给那些能支付最高价格的人优先权；或者你可能会将优先权给予校园里的那些大人物——如学校校长或诺贝尔奖获得者。可是，让我们来假设一下：两位著名的科学家正在打一场水平很一般的网球，他们几乎都不能将球打过网；这时，校网球队走了过来，想要使用这个球场。难道你不会说，这两位科学家应当转移到一个差一点的网球场去，以便校网球队队员能够使用最好的网球场吗？你此时的理由，难道不是这样的吗？——最好的网球运动员能够最佳地利用最好的网球场，而最好的网球场对那些平庸的网球运动员来说是一种浪费。

或者让我们假设，一把斯特拉迪瓦里小提琴正在待售，一位富有的收藏家的出价高于伊扎克·帕尔曼（Itzhak Perlman）。这位收藏家想要把这把小提琴挂在客厅作展示。难道我们不会认为这是一种损失，甚至可能是一种不公正吗？——并不是因为我们觉得这种拍卖不公平，而是这一结果不合适。在这种反应背后可能潜藏着一种（目的论的）思考，即：一把斯特拉迪瓦里的小提琴是用来演奏的，而不是用来展示的。

在古代，目的论的思维方式比在当今更加盛行。柏拉图和亚里士多德认为，火焰之所以向上蹿，是因为它要接近天空——那是它的天然之乡，石头之所以往下落，是因为它们在奋力接近地球——这是它们的所属之地。人们将自然看作拥有某种意义的秩序。要理解自然以及我们在其中的位置，就要抓住它的意图和本质性的意义。

随着现代科学的来临，自然不再被看作一种有意义的秩序。相反，它开始被机械地理解，受制于物理法则。将自然现象用各种意图、意义和目的来加以解释，现在会被看作一种天真幼稚或拟人化比喻。尽管有这种转变，可是将这个世界看作有目的论秩序、看作一个有意图的整体的这种诱惑力，并没有完全消失。它持续存在着，尤其是在孩子们中间，他们接受教育不要以这种方式看待这个世界。当我的孩子们很小的时候，我在给他们读A.A. 米尔恩（A. A. Milne）所著的《小熊维尼》时注意到了这一点。这个故事展现了一种孩子般的观点——自然充满神奇和魔力，是由意义和目的所推动的。

在这本书的一开始，小熊维尼走进森林，来到一棵大橡树下。从这棵树的顶端，“传来了一阵阵嗡嗡的声音”。

小熊维尼坐在树下，用两只爪子托住脑袋开始思考。

首先它在想：“这种嗡嗡的声音意味着某种东西。你不会听到这种声音——只是这么嗡嗡在响，而不意味着某种东西。

如果有嗡嗡的声音，就有人在制造这种嗡嗡的声音。我知道，有这种嗡嗡声音的唯一原因就在于你是一只蜜蜂。”

然后它又想了很长时间，说：“我知道，成为一只蜜蜂的唯一理由就在于酿蜜。”

接着，它站了起来，说：“酿蜜的唯一理由就是我能吃它。”

于是它开始爬树。[4]

小熊维尼那种孩子般的关于蜜蜂的思维方式，是目的论推理的一个很好的例子。到我们成年的时候，大多数人都已经长大了而放弃了这种看待自然世界的方式，而认为这种方式虽然具有吸引力，但却是离奇的。在科学领域拒绝了目的论的思维方式之后，我们也倾向于在政治和道德领域拒绝它。但是，在思考社会制度和政治行为的时候，要想摒弃目的论的推理方式却并非易事。如今，没有哪个科学家拜读亚里士多德关于生物或物理的著作并以严肃认真的态度对待它们。但是，伦理学和政治学专业的学生们，仍然在阅读和思考亚里士多德的道德与政治哲学。

大学的目的是什么？

关于反歧视行动的争论，可以通过对亚里士多德关于长笛的论点的回应，而被改写。我们开始于对公正分配标准的寻求：谁有权利被录取呢？在表达这一问题时，我们发现自己（至少含蓄地）在问：“一个大学的意图或目的，到底是什么？”

情况经常是这样的，目的经常并不明显却具有争议性。有些人说大学就是为了促进学术成就，因此学术上的前景应当是录取的唯一标准。而另一些人则说，大学的存在也应当服务于某些公民目的，因此，例如在一个多样化的社会成为领导的能力，就应当成为录取的标准之一。辨别一所大学的目的似乎对决定恰当的录取标准来说是必不可少的，这便凸显了大学录取公正问题目的论的一面。

与大学之目的的争论紧密相连的是一个关于荣誉的问题：大学要适当地尊敬和奖赏什么样的德行或成就？那些认为大学的存在仅仅要称赞和奖励学术上成就的人，很可能会反对反歧视政策；而那些认为大学的存在也应当促进某种公民理想的人，可能会很好地接受它。

那些自然地以这种方式进行的关于大学、啦啦队队长以及长笛的争论，都证明了亚里士多德的观点：关于公正和权利的争论，经常都是关于某种社会制度的意图和目的的争论，这反过来又反映出不同的、关于这一制度应当尊敬和奖励何种美德的观点。

如果人们在所讨论的行为目的或意图上存在分歧，那么我们能做什么呢？我们是否有可能推理出一项社会制度的目的？或者说，大学的目的仅仅就是学校创始人或校管理委员会所声称的那样？

亚里士多德认为，我们有可能推理出各种社会制度的目的，它们的本质并不是一劳永逸地确定的，但也不仅仅是一个观点的问题。(如果哈佛学院的目的仅仅由创始人的意图所决定，那么其主要目的仍然是培训公理会的牧师。)

那么，我们怎么能在面对各种分歧的时候，推理出一种社会制度的目的呢？我们又如何引入那些与尊敬和德性相关的观念呢？亚里士多德在关于政治的讨论中，为这些问题提供了他最连贯一致的回答。

政治的目的是什么？

当我们现在讨论分配公正的时候，我们主要关心的是关于收入、财富和机会的分配。而对于亚里士多德来说，分配公正并不主要涉及钱财，而是涉及职务和荣誉。谁应当拥有统治权？应当如何分配政治权威？

乍一看来，答案当然似乎同样明显：一人一票。任何其他的方式都将是一种歧视性的行为。可是亚里士多德提醒我们，所有关于分配公正的理论都具有歧视性。问题在于：哪一种歧视是公正的？而这一问题的答案则取决于上述行为的目的。

因此，在我们说政治权利和权威应当被怎样分配之前，我们必须研究政治的意图或目的。我们必须提出疑问："建立政党是为了什么？"

这似乎是一个无法回答的问题。不同的政治共同体关心不同的事物。讨论一支长笛或一所大学的目的是一回事，尽管在细枝末节上有所分歧，可是它们的目的都被限制在一定范围内。一支长笛的目的与创造音乐有关；而一所大学的目的则与教育有关。然而，我们真的能判定政治行为的目的或目标吗？

如今我们不再认为政治拥有某种特定的、实质性的目的，而是认为政治应该考虑公民可能拥护的多种目标。这不就是我们拥护选举制度的原因吗——为了在任何时候都能够选择那些他们集体想要追求的各种意图和目的？如果我们事先将某种意图和目的施加给政治共同体，那么就似乎取代了公民们自己做决定的权利；这样也有一种危险，即：将那些并非每个人都接受的价值观强加于人。我们不情愿赋予政治以某种特定的目的或目标，这反映出我们对个体权利的关心。我们将政治看作一种程序，它使每个人都能够选择自己的目标。

亚里士多德并不这样看。对他而言，政治的目的并不在于建立一套中立于各种目的的权利框架，而是要塑造好公民，培育好品质。

> 任何一个真正的城邦——而不仅仅是名义上的城邦，必须致力于促进善这一目的。否则，一种政党就沦为一个单纯的联盟……否则，法律也就变成一种联盟……“是对人们权利的一种担保”——而不是它应当成为的那种例如能使城邦的成员变得善良和公正的生活规则。[5]

亚里士多德批判了两种主要的、会对政治权威提出要求的制度——寡头制和民主制。他认为每种制度都有一种主张，不过都是部分的主张。寡头制认为，城邦应当由富人统治，而民主制则认为，出生自由是公民身份和政治权威的唯一标准。但是两者都夸大了各自的主张，因为他们都误解了政治共同体的目的。

寡头制之所以错误，是因为政治共同体不仅仅是为了保护财产和促进经济繁荣。如果它仅仅是为了这些目的，那么财产的拥有者就应得政治权威的最大份额。对于他们而言，民主制之所以错误，是因为政治共同体不仅仅在于给大多数人以自己的生活方式。亚里士多德所谓的“民主制”就是我们所说的多数主义。他反对这样一种观念：政治的目的就在于满足大多数人的各种偏好。

以上两者都忽视了政党的最高目的，对亚里士多德而言，这最高目的就是培养公民德行。国家的目的并不是“为相互间的防御提供一种联盟……或疏通经济贸易以及推进经济交往”。[6]在亚里士多德看来，政治关系到某种更高的事物，它关系到试着怎样去过一种好生活。政治的目的完全在于：使人们能够发展各自独特的人类能力和德行——能够慎议共同善，能够获得实际的判断，能够共享自治，能够关心作为整体的共同体的命运。

亚里士多德承认其他较低一级的联盟的有用性，如防御同盟和自由贸易协定。但是他坚持认为，这种联盟并不算做真正的政治共同体。为什么呢？因为它们的目的是受限的。像北大西洋公约组织（NATO）、北美自由贸易协定（NAFTA）以及世界贸易组织（WTO）这样的组织，仅仅关心安全问题或经济贸易，它们并不构成一种可以塑造参与者品质的、共享的生活方式。我们也可以对一个仅仅关心安全问题和贸易而忽视对公民的道德和公民教育的城市或国家，做出同样的评论。“如果当他们聚集到一起后，其交往的精神仍然与他们分开的时候一样，”亚里士多德写道，“那么，它们的联盟就不能被真正地看作一个城邦或政治共同体。”[7]

“一个城邦并不是居住于同一地区的居民的联盟，也不是为了防止相互间的不公正或疏通交易。”尽管这些条件对于一个城邦来说是必要的，但它们却并不是充分的。“一个城邦的目的和意图是良善生活，各种社会生活制度也就是达到这一目的手段。”[8]

如果政治共同体的存在是为了促进良善生活，那么，职务和荣誉的分配又具有什么样的含义呢？亚里士多德对待政治如同对待长笛一样：他从物品的目的来推理恰当的、分配它的方式。“那些对这种联盟贡献最大的人”，就是具有卓越的公民美德的人，也是那些最善于慎议共同善的人。那些具有最高公民成就的人——而并非那些最富有、数量最多的或最帅的人——就是那些应该得到最多的政治认可和影响力的人。[9]

由于政治的目的就是良善生活，那么最高的职务和荣誉，就应当归于像伯里克利（Pericles）这样的人，他们拥有最高的公民德行，并且最善于鉴定什么是共同善。财产的所有者应当有发言权，大多数人的考量应当具有某种程度上的重要性；但是，最大的影响力应当归于那些具有良好品质和判断力的人，以便决定是否与斯巴达作战，以及何时作战、如何作战。

像伯里克利（以及亚伯拉罕·林肯）这样的人之所以应当拥有最高职务和荣誉，不仅仅在于他们会执行明智的政策，使每个人都过得更好，也因为政治共同体的存在至少部分就是为了尊敬和奖赏公民德行。将公共认可赋予那些展示了公民成就的人，就满足了这个良好城市所起的教育性作用。这里我们再一次看到了，公正的目的论的一面是如何与它荣誉性的一面交织在一起的。

如果不参与政治，你能成为一个好人吗？

如果亚里士多德是对的，即政治的目的就是良善生活，那么，我们便能很容易地推断说：那些展示了最高公民德行的人，应当得到最高的职务和荣誉。但是，当他说政治就是为了良善生活时，他是否对呢？这最多是一种有争议性的主张。如今，我们一般将政治看作一种必要的恶，而不是良善生活的本质特征。当我们想到政治的时候，我们想到的是妥协、装腔作势、特殊利益和腐败。

即使是政治的最理想的运用——作为达到社会公正的工具，作为一种使这个社会变得更好的途径——也都是将政治作为达到一种目的的手段，是众多职业中的一种，而不是人类善的一个本质性的方面。

那么，为什么亚里士多德会认为，参与政治在某种程度上对于过一种好生活而言必不可少呢？为什么我们不能在没有政治的情况下，完美地过一种好的、有德性的生活呢？

这些问题的答案源于我们的本性。只有生活在一个城邦之中并参与政治，我们才能完全地实现我们作为人类的本性。亚里士多德认为我们“注定为了政治联盟而存在，要比蜜蜂和其他群居动物更高级”。他所给出的原因如下：自然不会徒劳地创造任何事物，与其他动物不一样，人类拥有语言能力。其他动物能发出声音，声音能够表明快乐与痛苦。可是，语言是一种与众不同的人类能力，它不仅仅是为了表达出快乐与痛苦，还要声明何谓公正、何谓不公正，并在对错之间做出区分。我们并不是先默默地理解这些事物，然后再用词语表达出来；语言是我们识别、慎议善的介质。[10]

亚里士多德认为，我们只有在政治联盟中才能使用人类独特的语言能力，因为我们只有在城邦中才与他人慎议公正与不公正，以及良善生活的本性。“我们因此明白，城邦出于自然而存在，并且要先在于个体。”他在《政治学》第一卷中如此写道。[11]他这里所说的“先在”是指功能上或目的上的先在，而非时间顺序上的先在。个体、家庭以及宗族存在于城市之前，可是只有在城邦之中，我们才得以实现自己的本性。当我们孤独自处的时候，我们是不自足的，因为我们不能发展自己的语言能力和道德慎议能力。

一个孤独自居的人——亦即一个不能分享政治联盟之利益，或由于自身已经自足而不需要分享政治联盟之利益的人——并不是城邦的一部分，因此肯定要么是野兽，要么是神。[12]

因此，只有当我们运用语言能力的时候，我们才能实现自己的本性；这反过来也要求我们与他人慎议什么是对与错、善与恶以及公正与不公正。

你可能会奇怪，为什么我们只能在政治领域运用这种语言能力和慎议能力呢？为什么我们不能在家庭、宗族或俱乐部里这样做呢？为了回答这一问题，我们需要考虑亚里士多德在《尼各马可伦理学》中对德行和良善生活所做的说明。尽管这一工作主要与道德哲学相关，但它却说明了德行的获得是如何与成为一个公民紧密相关的。

道德生活的目标是幸福，但是亚里士多德所说的幸福并不是功利主义所说的意思——使抵消掉痛苦所剩下的那部分快乐最大化。有德性的人就是那个在正当之事中获取快乐和痛苦的人。例如，如果有人从观看斗狗中获得快乐，那么我们就认为这是一种需要克服的恶，而不是一种真实的幸福之源。道德上的卓越并不在于累计快乐与痛苦，而在于校正它们，以使我们从高尚的事物中获得快乐而从卑贱的事物中获得痛苦。幸福并不是一种心态，而是一种存在方式，是“一种灵魂与德行相符的行为”。[13]

可是，为什么我们有必要居住在一个城邦并过一种有德性的生活呢？为什么我们不能在家里，或在一个哲学课堂上，或读一本关于伦理学的书来学习正确的道德原则，然后在需要的时候运用它们呢？亚里士多德认为，我们并不能以这种方式成为有德性之人。“道德德行产生于习惯的结果。”它是我们通过行动而学到的。“我们首先通过运用这些德行而获得它们，这种情况同样适用于艺术。”[14]

学成于行

从这个方面来说，成为有德性之人就像学习吹奏长笛。没有人能够通过读一本书，或听一次讲座就学会怎样演奏一种乐器。你得去练习。聆听水平高超的音乐家演奏，并听出他们是如何演奏的，这很有用。可是，你不可能不拉小提琴就成为一名小提琴家。道德德行也是如此：“我们通过正当的行为而成为正当之人，通过有节制的行为而成为有节制之人，通过做勇敢的行为而成为勇敢之人。”[15]

这与其他行为和技能，比如烹饪，十分相似。市面上出版了很多烹饪类的书籍，可是没有一个人能仅仅通过读这些烹饪书而成为一个优秀的厨师，你得花很多时间练习烹饪。讲笑话是另外一个例子。你不能靠读笑话书和收集好笑的故事而成为一个喜剧家，也不能仅仅通过学习喜剧的原则而成为一个喜剧家。你得练习——练习节奏、时间、姿势以及语调——同时也要观摩杰克·本尼（Jack Benny）、强尼·卡森（Johnny Carson）、艾迪·墨菲（Eddie Murphy）和罗宾·威廉姆斯（Robin Williams）的表演。

如果道德德行是某种从行动中学到的东西，那么，我们在某种程度上就得首先养成正当的习惯。对于亚里士多德而言，这就是法则的首要目的——培养那些形成好品质的习惯。“立法者通过在公民中培养习惯而使他们成为好公民，这是每一个立法者的希冀。那些对这一希冀起不了任何作用的法律，就没有达到目标，一个好的宪制也正是在这一方面区别于一个坏的宪制。”道德教育并不是在宣传各种规则，而是在培养习惯和塑造品质。“我们从年轻的时候是否养成这种或那种习惯，不是产生微不足道的差别，而是产生非常重要的差别，抑或是全部的差别。”[16]

亚里士多德对于习惯的强调，并不意味着他认为道德德行是一种机械的行为。习惯是道德教育的第一步，而如果一切进展顺利，那么习惯最终会起作用，我们也会明白习惯的意义所在。礼仪专栏作家朱迪丝·马丁（Judith Martin）曾经抱怨人们丧失了写感谢信的习惯。她注意到，人们现在认为感觉要胜过礼仪，只要你感到很感激，那么就没有必要拘泥于这些礼节。马丁对此表示反对：“与此相反，我认为，我们能更有保障地期望，实践恰当的行为最终能够鼓励有德性的感觉。如果你写了足够多的感谢信，那么你可能最终会感觉到感激之情。”[17]

这就是亚里士多德关于道德德行的看法。专心于有德性的行为，有助于我们获得那种根据德行行动的性情。

人们通常认为，根据德行行动就意味着根据一种戒律或规则而行动。可是亚里士多德却认为，这种看法丢失了道德德行的一个显著特征。你很可能了解正当的规则而仍然不知道如何以及何时去应用它。道德教育就在于学着去辨别环境的具体特征，后者要求运用这种而非那种规则。“与行为和什么有益于我们这一疑问相关的问题，并不是一成不变的，关于健康的问题也同样如此……主体自身必须在每一种情形中去考虑，什么对这一情形来说是恰当的。正如在医学和航行领域所发生的那样。”[18]

亚里士多德告诉我们，关于道德德行，我们所能说的唯一一个一般性的方面就是：它由各种极端之间的中庸所构成。不过他也很乐意承认，这种一般性并不能帮到我们什么，因为在一个特定的情形中辨别出中庸并非易事。其挑战在于："对适当的人，在适当的分寸上，在适当的时间，出于适当的动机，以适当的方式"，[19] 做适当的事情。

这就意味着，习惯无论有多重要，都不是道德德行的全部。不断会有新的情境出现，而我们需要知道在这些情况下，哪一种习惯是恰当的。因此，道德德行就需要判断，这是亚里士多德称为"实践智慧"的一门知识。与涉及"普遍的、必要的事物"[20] 的科学知识不同，实践智慧与如何行动有关。它必须"认识到特殊性，因为它是实践性的，而实践与特殊性有关"。[21] 亚里士多德将实践智慧界定为"一种合乎逻辑的、真实的、根据人类善而行动的能力"。[22]

实践智慧是一种带有政治意味的道德德行。具有实践智慧的人们，不仅能够为自己，也能为同胞和全人类很好地探讨什么是善。探讨并不是哲学化的，因为它关注的是那些多变的、特殊的事物，它所面对的是此时此地的行动。但是它也不止是一种算计，它试图甄别在这些情境中所能达到的最高的人类善。[23]

政治与良善生活

现在我们能够更加明白，为什么对亚里士多德而言，政治并不是众多职业中的一种，但是对良善生活来说却必不可少。首先，城邦的法律灌输好习惯、塑造好品质并促使我们形成公民德行。其次，公民生活使我们能运用慎议和实践智慧的能力，否则它就会处于休眠状态。这不是我们能在家里做到的事情。我们可以坐在场外考虑，如果我们需要做出决定，自己会支持什么样的政治。但这不同于参与有意义的行动，并为整个共同体的命运承担责任。只有通过进入场地，权衡各种备选项，争论我们的理由，统治与被统治——简言之，只有成为公民，我们才能善于慎议。

亚里士多德的公民身份与我们的相比要更加崇高、更加热烈。对他而言，政治并不是变相的经济学，其目的要高于使功利最大化，或为追求个体利益提供公平的规则。与此相反，政治是我们本性的一种表达，是一个展现我们人类能力的场合，是良善生活一个必不可少的方面。

亚里士多德对奴隶制的辩护

并不是每个人都被包括在亚里士多德所赞颂的公民身份当中，妇女不是，奴隶也不是。根据亚里士多德的观点，妇女和奴隶的本性并不适合成为公民。我们现在将这种排斥看作一种明显的不公正。值得我们回忆的是，这些不公正在亚里士多德论述之后，持续了两千多年。奴隶制在美国直到 1865 年才被废除，妇女直到 1920 年才获得选举权。然而，这些不公正在历史上的持续存在，并不能为亚里士多德接受它们而开脱。

在奴隶制的情形中，亚里士多德不仅仅接受了它，而且还为它提供了一种哲学上的论证。他为奴隶制所进行的辩护值得我们检验一番，以便窥斑见豹而弄明白他的整个政治理论。有些人将亚里士多德对奴隶制的论证看作目的论思维的一个瑕疵；而有些人则将其看作这种思维的错误应用，被他那个时代的偏见蒙蔽。

我认为亚里士多德对于奴隶制的辩护，并没有体现出一种非难其整个政治理论的瑕疵。不过，弄明白这种细致深入的主张所具有的力量，也十分重要。

对于亚里士多德而言，公正就是一种适合。分配权利也就是为了寻找社会制度的目的，是为了使人们符合那些适合于他们的、能够使他们实现自己本性的职责。给予人们其应当所得的，就意味着给予他们所应得的职务和荣誉，以及那些与他们的本性相符合的社会职责。

现代政治理论对适合这一观念感到惴惴不安。自由主义的公正理论，从康德到罗尔斯，都担心目的论的观念与自由相冲突。对他们来说，公正与适合无关，而与选择有关。权利的分配并不是使人们符合那些适合于他们本性的职责，而是为了让人们自主地选择他们的职责。

基于这种观点，目的和适合的观念是可疑的，甚至是危险的。由谁来决定什么样的职责适合我，或适合我的本性呢？如果我不能自由地为自己选择社会职责，那么就很可能会违背我的本意而强迫我服从于一种职责。因此，如果那些掌握权力的人决定某些人在某种程度上适合一种从属性的职责，那么，适合的观念便很容易滑入奴隶制。

被这种担忧所促动，自由主义的政治理论认为，社会职责应当通过选择，而非适合，来加以分配。我们应当使人们能够为自己选择职责，而不是使人们符合那些我们认为适合于他们本性的职责。以这种观点来看，奴隶制是错误的，因为它强迫人们承担那些他们并没有选择的职责。对此的解决方案就是，反对那种目的论的和适合的伦理，而支持一种选择和同意的伦理。

不过这一结论却过于草率了。亚里士多德对奴隶制所进行的辩护，并不是一种反对目的论思维的证据。与之相反，亚里士多德自己的公正理论，为批判自己在奴隶制上的看法提供了丰富的资源。实际上，他的作为符合的公正观念，比那些基于选择和自由的理论，在道德上来说更为苛刻，并且潜在性地对现存的工作分配也更具有批判性。为了弄清楚为何如此，让我们来考察亚里士多德的论证。

对亚里士多德而言，奴隶制要成为公正的，就必须满足两个条件：它必须是必要的；同时，它必须是自然的。亚里士多德认为，奴隶制是必要的。因为，如果公民要花费时间在集会中慎议共同善，那么就必须有人来照顾家庭杂务。城邦需要一种劳动力的划分。除非我们能够发明一些会处理各种卑贱任务的机器，否则有些人就不得不照料生活必需品，以便他人能够自由地参与政治。

因此，亚里士多德推论说，奴隶制是必要的。不过必要性并不够。奴隶制要成为公正的，就必须也是这样一种情形——有些人出于本性就适合于担任这一职责。[24] 因此，亚里士多德问道，是否“有这样一些人，对他们而言，奴隶制是更好的、公正的境况？或者其对立面也成立，即：是不是所有的奴隶制都违背本性？”[25] 除非存在着这样一些人，否则政治或经济对奴隶制的需要，都不足以证明奴隶制的公正性。

亚里士多德推论说，这些人是存在的。有些人生来就是奴隶。他们区别于普通人，正如身体区别于灵魂。这些人“出于本性而为奴隶，并且对他们来说……被一个主人统治更好”。[26]

“如果一个人能够成为（正因为如此他也确实成为）他人的财产，如果他出于理性而理解了发生于他人身上的事情——唯独不理解他自身，那么这个人在本质上就是一名奴隶。”[27]

“正如有些人天生就是自由的，有些人天生就是奴隶。对于后者而言，奴隶制的境况不仅仅是有益的，而且是公正的。”[28]

亚里士多德似乎在他所提出的主张中，感觉到了一些令人质疑之处，因为他很快就减弱了语气：“不过，我们也很容易看出，那些持相反观点的人在某种程度上也是正确的。”[29]眼看着他那个时代在雅典所存在的奴隶制，亚里士多德不得不承认，这种批评也有道理。许多奴隶发觉自己是由于一个完全偶然的原因而处于这种状态的：他们以前是自由人，后来在战争中被俘。他们作为奴隶的状态与他们适合于这一职责无关。对他们而言，奴隶制不是自然的，而是坏运气的结果。借助于亚里士多德自己的标准，他们的奴隶制就是不公正的：“并不是所有的、在现实中是奴隶或自由人的人，其本性上就是奴隶或自由人。”[30]

你怎么能甄别谁适合成为一个奴隶呢？亚里士多德问道。原则上，你可能必须明白，谁（如果有）当奴隶的时候比较活跃，谁比较烦躁或试图逃跑。如果需要强迫，那么就很好地说明，我们所讨论的这个奴隶并不适合于这一职责。[31]对于亚里士多德而言，强迫标志着不公正，这并不是因为同意使所有的职责都合法化，而是因为如果需要强迫，就暗示了一种违背自然的适合。那些担任着一种符合于自己本性的职责的人，并不需要被强制。

对自由主义的政治理论而言，奴隶制之所以不公正，是因为它是强制性的；对目的论理论而言，奴隶制之所以不公正，是因为它与我们的本性不一致。强制是不公正的一种症状，而非原因。我们完全能够在目的和适合的伦理中，解释奴隶制的不公正性，亚里士多德给出了某种这样做的方式（尽管不是所有的方式）。

这种目的与适合的伦理，实际上给工作场所中的公正设定了一个道德标准，后者比自由主义的选择和同意的伦理所设定的要更为苛刻。[32] 让我们来考虑一种重复性的、危险的工作，例如在一个鸡肉加工厂的组装线上长时间地工作。这种形式的劳动是公正的呢，还是不公正的呢?

对于自由至上主义者而言，这个问题的答案取决于工人们是否自由地为了工资而交换自己的劳动力：如果回答是肯定的，那么这项工作就是公正的。对于罗尔斯而言，只有当这种劳动力的自由交换，发生于公平的背景条件下时，这种安排才是公正的。对于亚里士多德而言，即使是基于公平的背景条件下的同意，也不够；这项工作要是公正的，它就得符合做这项工作的那些工人的本性。有些工作没有通过这一检验，它们过于危险、重复并使人麻木，因此并不适合于人类。在这些情形当中，公正要求人们重新组织这项工作以符合我们的本性。否则，这项工作就如同奴隶制一样是不公正的。

凯西·马丁的高尔夫球车

凯西·马丁（Casey Martin）是一名职业高尔夫球手，他的一条腿有残疾。由于血液循环系统的紊乱，在比赛场地走动会给马丁造成剧痛，并有大出血和骨折的严重危险。尽管身有残疾，马丁却在这项体育中始终有卓越表现。他上大学时曾在斯坦福的冠军队中打球，后来转为职业运动员。

马丁请求职业高尔夫球协会（PGA）允许他在联赛中使用高尔夫球车，可是PGA援引其禁止在顶级职业联赛中使用高尔夫球车的规定，而拒绝了他。马丁将这一情况上诉至法院，他认为，根据美国《残疾人法案》，只要没有“从根本上改变这一活动的本质”，[33] 残疾人就有理由要求适当的调整。

一些高尔夫球场上的大腕们在本案中出庭作证。阿诺德·帕尔默（Arnold Palmer）、杰克·尼克劳斯（Jack Nicklaus）、肯·温图利（Ken Venturi）都不赞成使用球车。他们认为，在高尔夫球联赛中疲劳是一项很重要的因素，开车而不走路，会给马丁带来优势，这对其他人不公平。

案子上诉到了联邦最高法院，法官们发现自己在跟一个似乎很愚蠢的，既低于其尊严又高出其专业知识的问题做斗争：“一个在高尔夫球赛场上坐车从这一挥杆到另一挥杆的人，是不是一个真正的高尔夫球员？”[34]

实际上，这一案例引发了一个古典的亚里士多德式的公正问题：为了裁决马丁是否有权使用高尔夫球车，法庭不得不判定所讨论的这一活动的本质。在赛场上走路对高尔夫来说是必不可少呢，还是仅仅出于偶然？如果像 PGA 所说的那样，走路是这项运动的一个必不可少的方面，那么让马丁坐球车就会“从根本上改变这一活动的本质”。为了解决这个与权利有关的问题，该法庭不得不判定这一游戏的目的或本质。

最高法院以 7 ∶ 2 的比例判定，马丁有权利使用高尔夫球车。约翰·保罗·斯蒂文森（John Paul Stevens）代表大多数法官撰写了判决书，分析了高尔夫的历史，并推论说，球车的使用与这一游戏的根本性特征并不矛盾。“最初，这项游戏的本质就是挥杆——以尽可能少的击球次数，用球杆使球从发球区前进至一个洞口的附近。”[35] 针对那种认为走路能检验高尔夫球员的身体耐力的主张，斯蒂文森引用了一位生理学教授的证词。该教授计算了一下，走18个洞口大概只需要耗费500卡路里，“在营养上来说不超过一个麦当劳巨无霸汉堡”。[36]由于高尔夫是一种“低强度的活动，这项游戏所带来的疲劳主要是一种心理现象，其中压力和刺激是关键性的因素”。[37]该法庭推断，通过让马丁坐球车而调整他的残疾，并不会根本性地改变这项游戏，也不会给他一种不公正的优势。

安东宁·斯科利亚（Antonin Scalia）法官对此表示反对。在一份措辞激烈的反对意见中，他反驳了这样一种观念：法庭可以判定高尔夫运动的本质。他的意思不只是说，法官缺乏权威与能力来裁决这一问题，同时他还质疑那种暗含于最高法院的观点之中的亚里士多德式的前提，即：我们有可能推理出一项游戏的目的或本质：

> 说某物是“必不可少的”，在通常情况下也就是说它对于达到某种目的而言是必要的。但是由于“没有目的，只有娱乐”(这是游戏与生产活动的区别所在）正是一项游戏的本质，那么我们就不可能说，游戏的任何一项任意性规则是“必不可少的”。[38]

由于高尔夫的各种规则“(如同所有的游戏一样）是完全任意的”，斯卡利亚写道，所以就没有任何理由去批判那些由PGA所订立的各种规则。如果球迷们不喜欢它们，“他们可以撤销赞助”。可是没有人会说，这种或那种规则与高尔夫注定要检验的那些技能无关。

斯卡利亚的论点在几个方面是令人质疑的。首先，它贬低了运动。没有一个真正的球迷会这样谈论运动，即把运动看作完全由任意性的规则所掌控，并且没有真正的目的和意义。如果人们真的认为，他们最喜爱的运动的规则是任意的，而不是经过策划以激励和赞颂某些令人艳羡的技能和才能，那么他们就很难关心比赛结果。而运动也就会堕落成壮观的场面，成为一种娱乐，而非欣赏的对象。

其次，我们完全有可能讨论不同规则的优劣，并质疑它们是否提升或腐蚀了游戏。这些争论一直在发生——发生于广播的访谈节目中，以及那些掌控游戏规则的人当中。让我们来考虑一下那个关于棒球比赛中指定击球员的规则的争论。有些人认为，此规则通过使最佳击球员能够击球，免去对弱投球手的残酷考验，从而提升了该游戏；而其他人则认为，此规则由于过分强调击球，并去除了复杂的策略成分，从而破坏了该游戏。每一种立场都是基于某种特定的、关于棒球到底是什么的观念：它考验什么样的技能，称赞和奖励什么样的才能和德行？因此，关于指定击球员这一规则的争论，最终是关于棒球之目的的争论——正如关于反歧视行动的争论，是关于大学之目的的争论一样。

最后，斯卡利亚通过否认高尔夫具有某种目的，而丢失了该争论体面的一面。这一持续了四年的、关于高尔夫球车的争论到底是关于什么的呢？表面上看来，它是关于公平的争论。PGA 以及多位高尔夫球名将认为，允许马丁坐车会给他一种不公平的优势；而马丁则回应说，考虑到他的残疾，坐球车只是使比赛场地变平坦一些而已。

如果在这里受到威胁的只是公平，那么，有一种简单而显而易见的解决方案，即：让所有的高尔夫球员在联赛中都使用球车。

如果每个人都能坐车，那么这种公平性的反驳便消失了。但是这一解决方案对于职业高尔夫球员来说是极其讨厌的事情，甚至比允许为凯西·马丁破例更加难以想象。这是为什么呢？因为这一争论较少涉及公平，更多的是关于荣誉和认可的争论——具体来说，也就是 PGA 和高尔夫球高手们所期望的——他们的运动被当作一种体育竞赛项目而被认可和尊重。

让我来尽可能细致地阐明这一点：高尔夫球员对于他们的运动状态过于敏感。它没有跑动和跳跃，球也是静止的。没有人质疑高尔夫是一种对技能要求较高的运动；但是，那些奖励给高尔夫球高手们的荣誉和认可，都取决于他们的运动被看作一项对体力要求很高的体育比赛。如果这项他们在其中表现卓越的运动，有人坐在车上就能玩，那么他们作为运动员的认可就会遭到质疑或降低。这就解释了为什么有些职业高尔夫球员强烈反对凯西·马丁使用球车。以下是 25 岁的美国高尔夫球职业联赛的老手汤姆·凯特（Tom Kite）在《纽约时报》上发表的一篇专栏文章：

> 在我看来，那些支持凯西·马丁拥有使用球车的权利的人，忽略了这样一个事实，即：我们是在谈论一项具有竞争性的比赛……我们是在谈论一种体育项目。任何认为职业高尔夫不是一项体育运动的人，都没有去过高尔夫球场或没有打过高尔夫。[39]

不管谁在关于高尔夫的本质问题上是正确的，联邦法庭这个关于凯西·马丁球车的案件，都生动地阐明了亚里士多德的公正理论。关于公正和权利的争论，经常不可避免地是关于社会制度的目的、社会制度所分配的物品以及它们所尊敬和奖励的德行的争论。尽管我们尽最大努力地使法律在这些问题上保持中立，可是如果我们不讨论良善生活的本质，就不可能说明何谓公正。

第九章

我们彼此负有什么义务？/ 忠诚之难

开口说“对不起”并非易事，可是，代表一个民族在公共场合说抱歉却更困难。近几十年来，人们为是否应该针对历史上的不公正进行公开道歉，而进行了许多痛苦的争论。

道歉与补偿

许多为道歉感到忧虑的政治观点，都涉及在第二次世界大战中所犯下的那些历史错误。德国以向个体幸存者赔款和向以色列赔款的形式，为大屠杀做出了价值数十亿美元的补偿。[1] 这些年来，德国的政治领导人都表达了歉意，并不同程度地承担了过去纳粹的责任。在 1951 年联邦议会上的发言中，德国总理康拉德·阿登纳（Konrad Adenauer）声称：“绝大多数的德国人都憎恨对犹太人所犯下的那些罪恶，他们并没有参与其中。”但是他也承认，“以德国人民的名义犯下了这么多让人难以启齿的罪恶，这要求道德上和物质上的赔偿。”[2] 2000 年，德国总统约翰内斯·劳（Johannes Rau）在以色列的议会上发表演讲，为大屠杀表示道歉，并请求“宽恕德国人的所作所为”。[3]

日本一直不太情愿为其在战争时期所犯下的暴行道歉。在 20 世纪 30—40 年代，成千上万名韩国和其他亚洲国家的妇女和女孩，被迫进入妓院，并被日本士兵当作性奴隶而加以虐待。[4] 从 20 世纪 90 年代开始，日本就面临日益高涨的国际压力，要求他们向“慰安妇”正式道歉并给予赔偿。在 20 世纪 90 年代，一个私人基金给那些受害者支付赔款，日本领导人也做出了有限的道歉。[5] 但是，最近在 2007 年，日本首相安倍晋三（Shinzo Abe）坚持认为，日本军队并不对强迫妇女成为性奴隶负责。美国国会通过一项解决方案做出回应，要求日本政府正式承认其军队奴役慰安妇，并为此正式道歉。[6]

其他关于道歉的争论涉及历史上对原住民所做的不公之事。在澳大利亚，近年来人们关于政府对原住民的责任争论不休。从20世纪初到70年代早期，那些混血原住民的子女被迫与他们的母亲分开，并被安置在白人收养家庭或定点营地中。（在大多数这种情况中，孩子们的母亲是原住民，而父亲是白人。）这项政策试图使孩子们融入白人社会，并加速土著文化的消亡。[7]电影《末路小狂花》（*Rabbit-Proof Fence*）刻画了这种政府支持的绑架。该电影讲述了这样一个故事：1931年，三个女孩从一个定点营地逃跑，踏上长达1 200英里的、返乡寻母的旅途。

1977年，一个澳大利亚的人权委员会为发生在“被偷的一代”的原住民身上的那些残忍事件提供了文件证明，并提议将每年的某一天作为全国道歉日。[8]当时的总理约翰·霍华德（John Howard）反对正式道歉，于是这一道歉问题成为澳大利亚政坛上一个容易引起争论的事件。2008年，新任总理陆克文（Kevin Rudd）对原住民发表了一份官方道歉。尽管他没有提出要对个体进行赔偿，但是他承诺，将使用多种手段来克服原住民所遭受的各种社会和经济的不便。[9]

在美国，近几十年来，关于公开道歉和补偿的争论也日益凸显。1988年，总统罗纳德·里根签署生效了一份官方致歉，向那些在第二次世界大战中被监禁在西海岸拘留营中的美国籍日本人道歉。[10]除了道歉，这项法律还向从拘留营中存活下来的每个人提供两万美元的补偿，并提供基金支持以促进美籍日本人的文化和历史发展。1993年，国会为一个更为久远的历史错误道歉——为一个世纪以前推翻独立的夏威夷王国而道歉。[11]

在美国，最严重的道歉问题与奴隶制的遗留问题有关。内战对那些获得自由的奴隶们所承诺的“四十亩地和一头骡子”从来都没有兑现过。20 世纪 90 年代，补偿黑人的运动获得了新的关注。[12] 从 1989 年开始，国会议员约翰·克尼尔斯（John Conyers）每年都会提议成立一个委员会，以研究对非洲裔美国人的补偿问题。[13] 尽管这种补偿的想法得到了很多非洲裔美国人组织以及民权团体的支持，但是它并没有在普通公众中流行起来。[14] 问卷调查显示，大多数的非洲裔美国人支持补偿，而支持补偿的白人则只有 4%。[15]

尽管补偿运动可能已经中止，可是近些年却掀起了正式道歉的浪潮。2007 年，曾经是最大蓄奴州的弗吉尼亚州，第一个为奴隶制而道歉。[16] 许多其他的州，包括亚拉巴马州、马里兰州、北卡罗来纳州、新泽西州以及佛罗里达州，都相继效仿。[17] 2008 年，美国众议院通过一项决议，为奴隶制以及延伸至 20 世纪中期的歧视黑人时代（Jim Crow era）的种族隔离而道歉。[18]

国家应当为历史上的过错道歉吗？为了回答这一问题，我们需要考虑一些关于集体责任和共同体的主张的棘手问题。

对公众道歉所进行的主要辩护是——为了尊重一些人们的记忆，他们曾遭受过那种来自政治共同体（或以政治共同体的名义所作）的不公正；为了认识到不公正对受害者及其后代的持续性影响；还为了偿还那些行不义之事或没有阻止不义之事的人所犯下的过错。官方道歉作为一种政治姿态，能够有助于愈合以往的伤口，并为道德上和政治上的和解提供一个基础。补偿或其他形式的经济赔偿，可以基于同样的理由而得到辩护，它们也能有助于缓解那些不义行为对受害者及其后代的影响。

这些考虑是否足够强烈地证明一个道歉是正当的，这取决于具体情境。在某些情况中，促成公开道歉或补偿有可能弊大于利——煽动过往的仇恨，强化历史的恩怨，巩固一种受害感或产生憎恨。反对公开道歉的人经常表达出类似的担忧。如果考虑周全，一种道歉或补偿行为是更可能治愈一个政治共同体，还是更可能毁坏一个政治共同体呢？这是一个很复杂的政治判断。而对这一问题的答案也因具体情形而异。

我们应当弥补
前辈们所犯下的罪吗？

我想集中关注另一个经常由反对为历史上的不公正道歉的人所提出的论点——原则性的、并不依赖于具体情境之偶然性的论点。该论点是：当代的人们不应当——实际上也不能——为前辈们所犯的过错道歉。[19] 毕竟，为一种不公正道歉，就是为其承担相应的责任。你不能为那些你没有做过的事情道歉，因此，你如何能够为那些在你出生之前就已经发生了的事情道歉呢？

澳大利亚前总理约翰·霍华德用这一论点来反对向原住民正式道歉："我并不认为当代的澳大利亚人，应当为前一辈人的行为正式道歉，并承担相应的责任。"[20]

在美国关于奴隶制补偿问题的争论中，也产生了类似的论点。亨利·海德（Henry Hyde）是一名共和党的国会议员，他基于以下几种理由而反对这种补偿观念："我从未拥有过奴隶，也从来没有压迫过任何人。我不知道自己还得为在我出生几代之前曾经拥有过奴隶的那些人还债。”[21] 反对补偿的非洲裔美国经济学家沃尔特·威廉斯（Walter E. Williams）发表了一个类似的观点：“如果政府能从圣诞老人或牙仙[a] 那里获得这笔钱，那还可以；可是政府却不得不从公民那里获得这笔钱，并且那些对奴隶制负有责任的公民都已经驾鹤西去了。”[22]

向当今的公民征税以补偿过往的错误，这似乎会引发一个特殊的问题。但是，在那些不涉及经济补偿的、关于道歉的争论当中，也产生了同样的问题。

在道歉当中，起作用的是思想；这里受到威胁的思想是承认责任。任何人都能谴责不公正的行为，但只有那些在某种程度上牵涉这一不公正的人，才能为之道歉。道歉的批评者们正确地抓住了这里的道德风险，他们还反对这样一种观念，即：当代人在道德上能够对他们的前辈所犯下的过错负责。

2008 年，当新泽西州立法委员会为道歉问题争论的时候，一名共和党的议员问道：“有哪个活着的人因蓄奴而有罪，并因此能够为此道歉？”在他看来，答案很明显——没有人。“新泽西州现在的居民，即使是那些能够追溯到祖先是蓄奴者的人，对那些他们个人并没有参与其中的不公正的行为，都不负有任何集体性的罪恶感或责任。”[23]

当美国众议院准备投票表决是否要为奴隶制和种族隔离而道歉时，一位反对这种方式的共和党人，将这种行为比做“为你的曾曾曾祖父的行为而道歉”。[24]

a. 牙仙（tooth fairy），又译牙齿仙女，英美童话中的人物。她会半夜在孩子的枕头下放一些钱，以作为对那些乳牙脱落的孩子的一种补偿。——译者注

道德个人主义

这种对官方道歉的原则性的反对，并不容易被驳倒。它基于这样一种观念——我们只对我们自己的行为负责，而不对他人的行为，或那些我们无法掌控的事件负责。我们对自己父母、祖父母以及同胞的罪行，并没有责任。

不过这就将这一问题负面化了。这种对官方道歉的原则性的反对之所以有影响力，是因为它援引了一种强有力的、有吸引力的道德观念。我们可以将这种观念称为“道德个人主义”。这种道德个人主义的学说，并不假设人们是自私的；相反，它是一个关于“什么意味着自由”的主张。对于道德自由主义者而言，自由就意味着仅仅从属于那些我所自愿承担的责任；我所亏欠别人的任何东西，都是出于某种同意的行为——我所做出一个选择、一个承诺，或我所签订的某个协议（无论它是心照不宣的还是明确表达的）——而亏欠。

“我的责任仅局限于那些我自己所承担的”这一观念，是一个具有解放性意味的观念。它假设：作为道德主体的我们，是自由而独立的自我，不受任何优先的道德纽带的约束，能够自主地为自己选择各种目的；那唯一约束我们的道德责任的来源，并不是习俗、传统或继承状态，而是每一个个体的自由选择。

现在你能够明白，这种自由观给集体责任，或那种承担我们的祖先在历史上所做的不公正行为的道德责任的义务，留下了极少的余地。如果我对祖父做出承诺说会偿还他的债务，或为他的罪行道歉，那将会是一回事。我完成偿还的义务，将是一种建立在同意基础之上的义务，而并不是从那种跨越几代人的集体身份所产生的义务。没有这些承诺，道德个人主义者就不能明白那种为祖先的罪恶赎罪的义务。毕竟，这些罪恶是他们的，而不是我的。

如果这种道德个人主义的自由观是正确的，那么那种对官方道歉的批评之声就有可取之处，我们对祖先的过错并没有任何责任。可是，不只是道歉和集体责任处于危险的境地。这种个人主义的自由观，体现于当代政治领域中最为人熟知的诸多公正理论当中。如果这种自由观是有缺陷的——正如我所认为的——那么我们就需要重新思考我们公共生活的一些根本性特征。

正如我们所看到的，同意和自由选择的观念，不仅在当代政治领域十分突出，在现代公正理论中也非常突出。让我们来回顾一下，并弄明白各种各样的关于选择和同意的观念，是如何影响我们当代的各种假设的。

出现在我们面前的一个较早版本的、选择性的自我，来自约翰·洛克。他认为，合法的政府必须建立在同意的基础之上。这是为什么呢？因为我们是自由的、独立的存在，并不受制于家长式的权威或国王的神圣权利。由于我们“在本性上都是自由的、平等的和独立的，因此就没有什么能不经过当事人的同意，而使他们脱离于这种状况，并受制于另一种政治权力”。[25]

一个世纪以后，伊曼纽尔·康德提出了一种更有力的、选择性的自我。与功利主义及经验主义的哲学家们相反，康德认为，我们必须将自己看作超越于各种偏好和欲望。要成为自由的，就是要成为意志自由的；而要成为意志自由的，就是要受制于我给自己所定的法律。康德式的意志自由比同意更为苛刻。当我命令该道德法则时，我不是仅根据我的偶然性的欲望或忠诚而选择；

相反，我远离于我的各种特殊的利益和情感，而作为纯粹实践理性的参与者来命令。

到了20世纪，约翰·罗尔斯沿用了康德的意志自由的自我观，并将它运用到自己的公正理论当中。和康德一样，罗尔斯注意到，我们所做出的选择经常反映出道德上的任意偶然性。例如，某个人之所以选择在一家血汗工厂工作，可能反映出他急需要钱，而不是任何意义上的自由选择。因此，如果我们希望社会成为一种自愿的安排，那么我们就不能将它建立在实际的同意之上；相反，我们应当疑问，如果我们搁置自己各种特殊的利益和优势，而在无知之幕的背后做出选择，我们会同意什么样的公正原则。

康德的意志自由观念和罗尔斯的在无知之幕背后的假想的契约观念，在以下这一点上是相通的：两者都将道德主体看作独立于自身的各种特殊目的和情感。在命令道德法则（如康德）或选择公正原则（如罗尔斯）的时候，我们并不带有那些使我们置身于这个社会，并使我们成为独特个体的角色和身份。

如果我们在思考公正的时候，必须从我们的各种特殊身份中抽离出来，那么就很难说，当代的德国人肩负着一种弥补大屠杀的特殊责任；也很难说这一代的美国人，肩负着纠正奴隶制和种族隔离制度之不公正的特殊责任。为什么呢？因为一旦我搁置了我作为德国人或美国人的这样一个身份，并将自己看作自由的、独立的自我，那么就没有理由说，我纠正这些历史性的不公正的责任，要比别人更大。

将人们看作自由的、独立的自我，不仅使代与代之间的集体责任问题有所不同，它还有一个影响深远的含义：以这种方式来思考道德主体，会给我们更为一般性地思考公正问题的方式带来影响。“我们是自由选择的、独立的自我”的这一观念，支持了这样一种观念——那些界定我们各种权利的公正原则，不应当建立在任何一种特殊的道德和宗教的观念之上；相反，它们应当中立于各种不同的良善生活观。

政府应当在道德上保持中立吗？

“政府应当试图中立于良善生活的意义”这一观念，体现出一种对古代政治观念的背离。对亚里士多德而言，政治的目的并不仅仅是为了疏通经济贸易，提供共同防御，它还为了培养良好品质和塑造好公民。因此，关于公正的争论，就不可避免地是关于良善生活的争论。“在能够研究一种理想宪制的本性之前，”亚里士多德写道，“我们有必要首先决定那种最佳生活方式的本性。只要这一点是模糊的，那么理想宪制的本性就肯定也是模糊不清的。”[26]

如今，“政治就是培养德行”这一观念作为一种奇怪的，甚至是危险的观念，使很多人感到震惊。由谁来决定要包括什么样的德行呢？如果人们不同意怎么办呢？如果法律试图推进某种道德和宗教理想，这不是给不宽容和强迫开了方便之门吗？当我们想到那些试图推进德行的国家时，我们首先想到的并不是雅典式的城邦，而是过去和现在的宗教激进主义——例如对通奸者施以石刑、强迫妇女身着长袍、对“塞勒姆女巫”的审判[a]等。

对于康德和罗尔斯而言，基于某种良善生活观念的公正理论，无论是宗教的还是世俗的，都与自由相冲突。由于将某些人的价值观强加给他人，这些理论都没有将人们尊重为自由的、独立的、能够选择自己的意图和目的的自我。因此，这种自由选择的自我与中立型政府是一致的：正是由于我们是自由的、独立的自我，所以我们需要一个中立于各种目的的、拒绝在各种道德和宗教争论中偏袒任何一方的，并且让公民们自由选择各种价值观的权利框架。

有些人可能会反驳说，没有哪一种公正和权利理论能够在道德上保持中立。在一个层面上，有一点显然是正确的：康德和罗尔斯都不是道德相对主义者。“人们应当自由选择自己的目的”这一观念本身就是一个强有力的道德观念。不过，它并没有告诉你如何去生活，而只是要求：无论你追求什么样的目的，你追求的方式都应该尊重他人也这样做的权利。一个中立性框架的吸引力正在于，它拒绝去肯定一种更为可取的生活方式和良善观念。

a. 塞勒姆是马萨诸塞州的一个小镇，1692 年，在这里发生过一起举世瞩目的案件——塞勒姆女巫受审案。事件的起因是这样的：两个小女孩由于玩弄魔法，渐渐出现了病态反应。她们有时会盯着空旷的天空出神，剧烈地咳嗽，甚至透不过气来。有时又会双膝跪在地上，像动物一样怪叫。医生诊断她们是中了巫术。牧师于是给她们施加压力，要她们说出给她们施用巫术的人。后来，越来越多的小孩出现这种病症，整个社会都开始关注这件事。小女孩最后把 Tituba、Sarah Good 和 Sarah Osborne 指控为女巫。后来，被控是女巫的人越来越多，由女性扩展到男性。1692 年，塞勒姆进行了举世瞩目的女巫审判，25 人被处死，受到牵连的还远不只这个数。而他们基本上都是无辜的。——编者注康德和罗尔斯并不否认，他们是在推进某种道德理想；他们是在与那些从某种善观念中推论出权利的公正理论做斗争。功利主义就是一种这样的理论。它认为，善就在于使快乐或福利最大化，并追问什么样的权利体系可能实现这一点。亚里士多德提出了一种截然不同的关于善的理论。它并不在于使快乐最大化，而在于实现我们的本性，发展我们独特的人类能力。亚里士多德的推理是目的论的，因为他是从一种特定的、关于人类善的观念开始推理。

这种推理模式正是康德和罗尔斯所反对的。他们认为，权利优先于善。那些将我们的义务和权利具体化的原则，不应当建立在任何特殊的关于良善生活的观念之上。康德写到了“哲学家们对道德最高原则的混淆”。古代的哲学家们犯了这样的错——“将他们的伦理研究完全投入对最高善观念的定义”，并接着使这种善成为“道德法则的决定性基础”。[27]但是，根据康德的观点，这样就本末倒置了，而且也与自由相冲突。如果我们要将自己看作意志自由的存在，那么我们就必须首先命令道德法则。只有当我们达到了那界定我们各种义务和权利的原则之后，我们才能询问，什么样的善观念能与之兼容。

罗尔斯本着对公正原则的尊敬而做出了与康德类似的论断：“当平等公民身份的各种自由，建立在目的论原则之上时，这些自由就是不可靠的。”[28]我们很容易就能明白，将权利建立在功利主义的思考之上，会怎样使权利不牢靠。如果人们尊重我的宗教自由权利的唯一理由，就是为了促进总体的善，那么，如果某一天大多数人鄙视我的宗教并想要禁止它，该怎么办？

但是，功利主义的公正理论并不是罗尔斯和康德的唯一批判目标。如果权利优先于善，那么亚里士多德思考公正的方式也是错误的。对于亚里士多德而言，推理公正就是从所讨论的事物的目的或本性来推理；要思考一种正当的政治秩序，我们就不得不从良善生活的本性来进行推理。我们只有首先弄明白最佳的生活方式，然后才能构建起一个公正的宪制。罗尔斯对此表示反对："目的论学说的结构完全是一种误解：从一开始它们就将权利与善以错误的方式连接起来。我们不应当试图首先依靠那被独立界定的善，而规划我们的生活。"[29]

公正与自由

在这一争论中岌岌可危的不只是那个抽象的"我们应当怎样推理公正"的问题。这个关于权利对善的优先性的争论，最终是一个关于人类自由的意义的争论。康德和罗尔斯之所以反驳亚里士多德的目的论，是因为它似乎没有给我们留下余地以自主地选择自己的善。我们很容易弄明白，亚里士多德的理论是如何引起这种担忧的：他将公正看作人们和那些适合于他们本性的各种目的或善之间的适合。可是，我们倾向于将公正看作一种选择，而非适合。

罗尔斯认为权利优先于善的理由，反映了这样一种信念——"一个有道德的人，就是一个拥有他所选择的各种目的的主体。"[30]作为道德主体，我们并非由自己的目的所界定，而是由自己的选择能力所界定。"主要揭示我们本性的，并不是我们的各种目标"，而是那种如果我们能够抽离于自己的各种目的就会选择的权利框架。"由于自我优先于那些由它来认定的目的，因此，即使是一种主导性的目的，也必须从多种可能性中被选择出来……因此，我们应当将目的论学说所提出的权利与善之间的关系反转过来，而将权利看作优先的。”[31]

“公正应当中立于各种良善生活观念”这一观点，反映出一种人的观念，它将人看作自由选择的自我，不受任何优先的道德约束。这些观念放在一起，就是现代自由主义政治思想的特征。我这里所说的自由主义，并不是与保守主义相对的那个概念，因为这些术语被应用于美国政治争论当中。实际上，美国政治争论的显著特征之一就是，人们能够在政治领域当中，发现那种中立型政府和自由选择性的自我理想。许多关于政府和市场作用的争论，就是关于如何最好地使个体自主地追求自己目的的争论。

平等主义的自由主义者们，支持公民自由以及基本的社会和经济权利——医疗权利、教育权利、工作权利、收入保障权利等。他们认为，要使个体能够追求他们自己的目的，就需要政府能够保障真正自由选择所需要的那些物质条件。自罗斯福新政开始，美国福利国家的倡导者们，就很少以社会团结和相互责任的名义，而更多地以个体权利和自由选择的名义进行论证。当富兰克林·罗斯福于1935年推行社会保障制度时，他并没有表明该制度表达了公民间的相互责任；与之相反，他将它设计成一种与私人保险相类似的、由薪水供款而非一般性税收所资助的方案。[32] 1944年，在筹划一项美国福利国家的议程时，他称之为“经济权利法案”。富兰克林·罗斯福并没有提出一种公共性的理由，与此相反，他认为，这些权利对“真正的个体自由”而言是必不可少的，并补充道：“处于贫困境地的人，并不是自由的人。”[33]

从他们这一方来看，自由至上主义者们（在当代政治领域中，至少是在经济问题上，他们通常被称为保守主义者）也呼吁一种尊重个人选择的中立型政府。（自由至上主义哲学家罗伯特·诺齐克写道，政府必须“在其公民中间小心翼翼地……保持中立”。[34]）不过，他们不同意平等主义的自由主义者们在“这些理想需要什么样的政策”这一问题上的观点。批评福利国家而支持政府放任主义的自由至上主义者们，维护自由市场，并认为人们有权保留自己所赚的钱。巴里·戈登瓦特（Barry Goldwater）是 1964 年共和党总统候选人，同时也是一名自由至上主义的保守主义者，他质问道：“如果一个人的劳动果实不能任由自己支配，而是被当作共同财富的一部分，那么这个人怎么能是真正自由的呢？”[35] 对于自由至上主义者们而言，一个中立型的政府需要公民自由以及严格的私有财产权制度。他们认为，福利国家并不能使个体选择自己的目的，但却为了一些人的利益而去强迫另一些人。

无论是平等主义者还是自由至上主义者，那些追求中立性的公正理论都具有一种强有力的吸引力。他们提出了这样一种希冀：政治和法律能够避免陷入那充斥于多元主义社会的、各种道德和宗教的争论之中。它们也表达了一种令人兴奋的人类自由观——它将我们看作唯一束缚我们的道德责任的创立者。

然而，尽管这种自由观具有吸引力，但它却是有缺陷的。那种试图找到能中立于各种不同良善生活观念的公正原则的期望，也是有缺陷的。

这至少是我从其中得出的结论。在与这些我置于你们面前的各种哲学争论较量之后，在关注这些争论在公共生活中的展开方式之后，我认为自由选择——即使是在平等条件下的自由选择——并不是一个公正社会的充分基础。再者，那种试图找到中立性的公正原则的尝试，在我看来也具有误导性。我们不可能总是不涉及重大的道德问题，而界定我们的各种权利和义务；即使这是可能的，它也不是值得欲求的。我将试着来解释原因。

共同体的主张

这种自由主义的自由观的薄弱之处，与它的吸引力密切相关。如果我们将自己看作自由的、独立的自我，不受任何未经我们选择的道德纽带的束缚，那么我们就不能理解很多我们通常认可甚至奖励的道德和政治义务。这包括团结和忠诚的义务、历史性的记忆和宗教信仰——也就是一些产生于塑造我们身份的、共同体的和传统的道德主张。除非我们将自己看作受约束的自我，对一些我们并不想要的道德主张开放，否则我们就很难理解我们的道德和政治经验中的这些方面。

20 世纪 80 年代，在罗尔斯的《正义论》给美国自由主义提供了一种最详尽的哲学表达 10 年之后，许多批评家（我也是其中之一）依据我刚刚所表明的，对这种自由选择、无约束的自我观念提出了质疑。他们反对权利优先于善的主张，并且认为，我们不能抽离于自己的各种目标和情感而推理公正。他们作为当代自由主义的“共同体主义”的批评者而闻名于世。

大多数批评者对这一标签感到惴惴不安，因为它似乎暗示了那种相对主义的观点——公正不过是任何一个特殊的共同体所界定的那样。但是，这种担忧却提出了重要的一点：那种公共性的束缚可能具有压迫性。自由主义的自由，是作为一种对某些政治理论的纠正而发展起来的，这些政治理论将人交付给那受种姓、阶层、身份、登记、习俗、传统或继承身份等决定的命运。因此，我们怎么才能既承认共同体的道德分量，同时又给人类自由留有余地呢？如果说意志论关于人的观念过于狭隘——如果我们所有的义务都不是我们意志的产物——那么，我们又怎么能将自己看作情境的，而且是自由的呢？

讲故事的存在

阿拉斯戴尔·麦金泰尔（Alasdair MacIntyre）对这一问题给出了一种强有力的回答。在其著作《追寻美德》（*After Virtue*）中，他说明了作为道德主体的我们达到自身意图和目的的方式。作为意志论的人格观念的一种替代物，麦金泰尔提出了一种叙述性的观念。人类是讲故事的存在，我们作为叙述性的探求者而生活着。“如果我能回答一个先在的问题——‘我自己处于什么样的故事之中？’那么，我才能回答这个问题——‘我要做什么？’”[36]

麦金泰尔论述道，所有作为叙述者而存在的人，都有某种目的论特征。这并不意味着他们拥有一个由外在权威所设定的、固有的意图或目的。目的论与不可预测性同时共存。“像那些在叙述性的小说中的人物一样，我们不知道接下来会发生什么，可是，我们的生活依然具有一种特定的形式，这种形式自身朝着我们的将来而做出谋划。”[37]

过一种生活就是制定一种叙述性的探求，它追求某种功利或连贯性。当我们面临不同的选择道路时，我会试图弄明白，哪一条道路能最好地理解我的整个生活，理解我所关心的各种事物。道德慎议更多的是阐释我的生活故事，而并不只是运用我的意志。它涉及选择，可是这种选择源自阐释，它并不是一种独立自主的意志行为。在任何时候，他人都可能会比我更加清楚地明白，在我眼前的各种道路中，哪一条道路更加符合我的生命轨迹。我经过考虑，可能会说，我的朋友比我更加了解自己。对道德主体的这种叙述性的长处就在于，它能够给这种可能性留有余地。

它也说明了道德慎议是如何在那种更宏大的生活故事中反思以及反思这种更宏大的生活故事本身的——我的生活是这种宏大的生活故事的一部分。正如麦金泰尔所言："我永远也不能仅仅通过个人来寻求善和运用各种德行。"[38] 我只有通过进入我自身所处的那些故事，才能理解那种对我的生活的叙述。对于麦金泰尔（以及亚里士多德）而言，道德反思的这种叙述性的、目的论的方面，与成员身份和归属感紧密相关。

> 我们都是作为某种特殊的社会身份的承担者而进入自己的各种环境。我是某人的儿子或女儿、表兄妹或叔叔；我是这个或那个城市的公民，是这个行业或那个职业的成员；我属于这个家族、那个部落或这个民族。因此，那些对我有益的，也得对担任这些角色的人同样有益。同样的，我从我的家庭、城市、部落和国家的历史中，继承了各种各样的债务、遗产、正当的期望和义务。这些构成了我生活中的特定成分和我的道德起点。这部分地给予了我自己的生活以道德独特性。[39]

麦金泰尔很乐意承认，这种叙事性的说明与道德个人主义相冲突。"从个人主义的角度而言，我是我自己选择成为的那个人。"

在个人主义者们看来，道德反思要求我搁置或抽离于我的身份和束缚："人们不能认为我对国家的所作所为，或已经做出的行为承担责任，除非我暗示性地或明确地选择去承担这样的责任。这种个人主义由现代的一些美国人所表达，他们拒绝对奴隶制给美国黑人所带来的影响承担任何责任，并扬言'我从来都没有拥有过奴隶'。"[40]（我们应当注意，麦金泰尔大约在国会议员亨利·海德反对补偿时明确地表达这一点的20年前，就已经写下了这些文字。）

麦金泰尔还提出了一个更进一步的例子："一些年轻的德国人相信，在1945年后出生就意味着，纳粹对犹太人所做的一切与他和同辈犹太人的关系，没有任何道德关联。"麦金泰尔在这种观点中看到了一种道德上的肤浅。它错误地假设："自我脱离于其社会的和历史的角色和状态。"[41]

> 它与叙述性的自我观之间的对比非常明显。因为我的生活故事总是内嵌于那些共同体的故事之中——从这些共同体中，我获得了我的身份。我生而带有一种历史；个人主义模式中的那种试图割断我自己与这种历史的尝试，就是破坏我现存的关系。[42]

麦金泰尔的叙述性的人的观念，与意志论的"作为自由选择的、无约束的自我"的人的观念形成鲜明的对比。我们在两者之间如何裁决呢？我们可能会扪心自问，哪一种更好地捕捉了道德慎议的经历，但这是一个难以抽象地回答的问题。另一种评价这两种观点的方式就是询问，哪一种为道德和政治义务提供了更有说服力的说明。我们是不是与某些未经选择的、无法追溯到某个社会契约的道德纽带紧密相关呢?

超越同意的义务

罗尔斯的回答将是否定的。在自由主义的观念当中，义务只能产生于两种方式——我们对人类负有的一些自然的责任，以及出于我们的同意而产生的自愿的责任。[43] 自然的责任是普遍性的。我们作为人、作为理性的存在而负有这些责任。它们包括尊敬地对待他人的义务、做公正之事的义务、避免残忍的义务等。由于它们产生于一种意志自由（康德）或一种假想的社会契约（罗尔斯），因此它们并不需要同意。没有人会说，只有当我向你承诺过不杀你，我才有义务不杀你。

与自然的义务不同，自愿的义务是特殊的，而并非普遍的，并且产生于同意。如果我已经同意去给你的房子刷漆（如为了换取工资或为了报答你曾给我的帮助），那么我就有义务这样去做。不过我并没有义务去给每个人的房子刷漆。基于自由主义的观念，我们必须尊重所有人的尊严；但是，越过这一层面，我们仅仅亏欠那些我们所同意亏欠的东西。自由主义的公正要求我们尊重人们的权利（由中立性的框架所界定的权利），而不要求我们促进他们的善。我们是否必须关心他人的善，这取决于我们是否与谁已经达成了协议去这样做。

这种观点的一个令人震惊的含义就是："严格说来，公民们一般没有政治义务。"尽管那些竞选公职的人自愿地承担一种政治义务（也就是，如果被选上就要为国效力），而普通公民则无须如此。正如罗尔斯所写的："我们并不清楚那必不可少的、应该履行的行为是什么，或是谁履行了它。”[44] 因此，如果自由主义关于义务的论点是正确的，那么一般公民对其同胞们，就没有那种超越于普遍的、自然的不作恶之义务的特殊义务。

从叙述性的关于人的观念来看，自由主义关于义务的论证过于浅薄。它没有说明我们作为公民而对同胞所具有的特殊义务；再者，它没有捕捉到那些忠诚和责任——它们的道德力量部分地来自这样一个事实：依靠它们而生存，与将我们理解为已然存在的特殊的人——作为这个家庭、国家或民族的成员，作为那种历史的承担者，作为这一共和国的公民——不可分割。基于这种叙述性的论证，这些身份并不是偶然的，并不是当我们慎议道德和公正时应当搁置的，它们就是我们本身的一部分，并因此正当地与我们的道德责任有关。

因此，在唯意志论的人的观念和叙述性的人的观念之间，做出裁决的一种方式就是：询问自己是否认为有第三种不能在契约论术语中得到解释的义务——称之为团结的义务或成员的义务。与自然的义务不同，团结的义务是特殊的而非普遍的；它们涉及一些我们对那些与我们共享某种历史的人——而非理性存在，所亏欠的道德责任。但是与自愿的义务不同，团结义务并不取决于同意的行为。与之相反，它们的道德力度源于道德反思的情境性的方面，源自这样一种认知：我的生活故事暗含于他人的故事之中。

三种道德责任：

1. 自然的义务：普遍的；不需要同意
2. 自愿的义务：特殊的；需要同意
3. 团结的义务：特殊的；不需要同意

团结与归属

以下是一些团结或成员的义务的可能性事例。看看你是否认为它们具有道德分量，如果有，它们的道德力量是否能够用契约式的术语来加以说明。

家庭的义务

最基础性的事例就是家庭成员之间的特殊义务。假设有两个孩子快要被淹死了，而你只有时间救上来一个。一个是你自己的孩子，而另一个是陌生人的孩子。你救自己的孩子有错吗？抛硬币来决定是不是更好呢？大多数人会说，救自己孩子并没有什么错；他们也会认为，“公平要求抛硬币来决定”的想法十分怪异。在这种反应的背后是这样一种思想：父母对自己孩子的幸福，具有一种特殊的责任。有些人认为这种责任源自同意。通过选择生育孩子，父母们便自愿地同意去特殊地照顾他们。

让我们将同意搁置一旁，而考虑孩子对父母的责任。假设有两名老人需要照顾，一位是我的母亲，而另一位是别人的母亲。大多数人会同意说，如果我能照顾两位，那将是令人称赞的；但是，我有一种特殊的照看自己母亲的责任。在这一情形当中我们不清楚，同意能否解释为何如此。我并没有选择我的父母，我甚至没有选择要拥有父母。

可能有人会争论说，我照顾自己母亲的道德责任源自这样一个事实：她在我很小的时候照顾了我。由于她抚养了我、照顾了我，所以我有义务偿还这一好处。由于接受了她给我带来的好处，我就心照不宣地同意，当她需要的时候就去偿还她。有些人可能会发现这种关于同意和互惠的算计，过于冷漠而无法解释家庭责任。但是，假设你接受了它，你会怎样评价其父母疏忽大意或冷漠无情呢？你能说，抚养子女的好坏，决定了子女在父母需要帮助时所负责任的多少吗？就孩子们有义务去赡养哪怕是有劣迹的父母而言，这种道德主张可能超越了互惠和同意的自由主义伦理。

法国抵抗运动

让我们从家庭转移至集体的责任。第二次世界大战时期，法国抵抗运动的成员对被纳粹占领的法国地区，发动了一系列的轰炸。尽管他们的目标是工厂和其他军事目标，可是他们并不能避免平民的伤亡。有一天，一名轰炸机飞行员接到命令后发现，他的轰炸目标是他家所在的村庄。（这个故事可能不足为信，但是它却引发了一个引人关注的道德问题。）他请求将自己排除在这次军事行动之外。他承认，轰炸这个村庄与他昨天执行的任务，对于达到解放法国的目标来说同样必要；并且他知道，如果他不执行，其他人也会执行。但是他基于这样的理由而迟疑：他不能成为那个轰炸自己家乡并可能炸死一些他的乡亲的人。他认为，即使是在一个正当的情境中，由他来执行这次轰炸，也将是一个特殊的道德错误。

你如何理解这名飞行员的看法呢？你是敬佩这种看法还是认为它是一种软弱？让我们搁置这样一个宏大的问题——在解放法国的情形中，多少平民伤亡是正当的。这名飞行员并不是在质疑这次军事行动的必要性或将要损失多少生命，他的要点在于，他不能成为那个夺去这些特殊生命的人。这名飞行员的不情愿是过分的拘谨呢，还是反映出某些具有道德重要性的东西？如果我们敬佩这名飞行员，那么肯定是因为我们在他的观点中看到他认同了自己作为村庄成员的这种受约束的身份，我们敬佩他的不情愿所反映出来的品质。

拯救埃塞俄比亚的犹太人

20 世纪 80 年代初，埃塞俄比亚的一场饥荒迫使大约 40 万难民涌入邻国苏丹，他们在那里的难民营中饱受困苦。1984 年，以色列政府发起了一项称为“摩西行动”（Operation Moses）的空运转移，以解救埃塞俄比亚的犹太人——亦即法拉沙人，并将他们带到以色列。[45] 在阿拉伯国家对苏丹施压、要求它不要配合以色列的撤离行动之后，这项行动停止了，大约有 7 000 名埃塞俄比亚的犹太人获救。当时的以色列总理西蒙·佩雷斯（Shimon Peres）说道：“直到我们所有的弟兄姐妹从埃塞俄比亚安全地回到家中，我们才会停下来。”[46] 1991 年，当内战和饥荒威胁到余下的埃塞俄比亚的犹太人时，以色列执行了一次更大的空运，将 1.4 万名法拉沙人带到了以色列。[47]

以色列拯救埃塞俄比亚的犹太人的行为，是否是一种正当行为呢？我们很难不将这种空运看作英勇的行为。那些法拉沙人当时处于绝望的境况之中，他们希望能够回到以色列。而以色列作为一个在大屠杀之后建立的犹太人国家，它的建立就是为了给犹太人提供一个家乡。但是让我们来假设有人提出了以下这种质疑：有成千上万的埃塞俄比亚难民正遭受饥荒，假设考虑到有限的资源，以色列只能救走一小部分人，为什么它不应当抽签决定拯救哪 7 000 名埃塞俄比亚人呢？只空运埃塞俄比亚的犹太人，而非一般的埃塞俄比亚人，为什么这不是一种不公平的歧视呢？

如果你接受了团结和归属的义务，那么该问题的答案就是显而易见的：以色列拥有一个特殊的责任来援救埃塞俄比亚的犹太人，这超越它（以及所有国家）帮助一般难民的义务。每一个国家都有义务尊重人权，这要求它根据自己的能力，给那些在任何地方正遭受饥荒、迫害或背井离乡的人们提供帮助。这是一种能够根据康德式的理由而得到辩护的普遍义务，是我们作为人、作为人类同胞而对他人具有的义务（义务种类一）。我们这里试图裁决的问题是，国家是否具有更进一步的、特殊的义务来关心它们的人民。通过将埃塞俄比亚的犹太人称为“我们的兄弟姐妹”，这位以色列总理援引了一种为人们所熟悉的团结的隐喻。除非你接受这种观念，否则你很难解释为什么以色列不应该通过抽签来实施空运救援，你也有可能很难去维护爱国主义。

爱国主义是一种美德吗？

爱国主义是一种备受争议的道德情感。有些人将爱国看作一种不容置疑的美德，而另一些人则将它看作无知服从、沙文主义和战争的源头。我们的问题则更为特殊：公民们相互间是否具有一些义务，这些义务超越了那种对这个世界上的其他人的义务？如果是这样，这些义务能否仅仅基于同意而得到解释？

让-雅克·卢梭是爱国主义坚定的维护者，他认为，这种集体的情感和身份是对我们普遍人性的必要补充。“似乎人类的情感在被延展至整个世界时，便蒸发了或变弱了；似乎鞑靼地区或日本的灾难对我们的影响，不会像欧洲人的灾难对我们的影响一样。利益和同情肯定在某种程度上受到了限制和约束而不起作用。”他认为，爱国主义是一种限制性的原则，它增强了同胞们的感情。“这是一件好事：那集中于公民同胞之间的人性，通过相互探望对方的习惯和那种使它们联合起来的利益，而呈现出新的力量。”[48] 但是，如果公民同胞们被忠诚和共性绑在一起，那么这就意味着，他们相互间所亏欠的要比亏欠他人的多。

> 我们希望人们成为有德性的吗？那么，我们首先要让他们爱国。但是，如果他们的国家对他们与对外国人一样，只分配给他们那些和外国人的份额一样的东西，那么他们又怎么能爱这个国家呢？[49]

国家确实要给自己的人民比给外国人提供更多的东西。如美国公民就有资格享有多种形式的公共设施——公共教育、失业补偿、职业培训、社会保障、医疗、福利、食品券等——而外国人则没有资格享受这些。事实上，那些反对更宽松的移民政策的人，就是担心这些新的加入者会分享那些美国纳税人所支付的社会项目。但是，这就引发了一个问题：为什么美国的纳税人，对自己那些需要帮助的公民所负的责任，要大于他们对住在其他地方的那些需要帮助的公民所负的责任？

有些人不喜欢任何形式的公众补助，而想要按比例缩减国家福利；而另一些人则认为，我们在给发展中国家的人们提供国际援助时，应当比现在更加慷慨。但是，几乎所有的人都认识到福利与国际援助之间的区别；而且大多数人都同意，我们有一种特殊的义务来满足自己公民的需求，而这种义务并不扩展至世界上的每一个人。这种区别在道德上是可辩护的吗，还是它仅仅是一种对自己人的偏袒和偏见？国家边境的道德意义究竟是什么？如果完全从需要的角度来说，世界上近10亿每日消费不到1美元的人，比我们国家的穷人状况更糟糕。

得克萨斯州的拉雷多（Laredo）与墨西哥的华雷斯（Juarez）是两个相邻的小镇，由格兰德河（Rio Grande）隔开。一个出生于拉雷多的孩子有资格享有美国福利国家所有的社会和经济利益，并且长大后，他有权利在美国的任何一个地方找工作。而出生在河对岸的孩子则对这些东西没有任何权利，也没有权利越过这条河。尽管这些并不是他们自己的行为结果，可是两个孩子仅仅由于出生地的缘故，而将会拥有完全不同的生活前景。

国家之间的不平等使国家共同体的理由变得非常复杂。如果所有的国家都拥有对等的财富，如果每一个人都是这个或那个国家的公民，那么，特殊照顾自己人民的那种义务就不会有问题——至少从公正的角度来看没有问题。可是，在一个贫国和富国之间差距巨大的世界当中，共同体的主张可能会与平等的主张形成张力。那反复无常的移民事件就反映出这种张力。

边境巡逻队

移民政策改革是一个政治雷区。那唯一赢得广泛的政治上支持的移民政策内容，就在于其决心巩固美国与墨西哥边境的安全，以限制非法移民的潮流。得克萨斯的县治安官最近发明了一种新颖的使用网络来帮助他们看守边境的方法。他们在那些广为人知的非法入境地区安装了摄像头，并将来自摄像头的实时录像放在一个网站上。那些想要帮助监视边境的公民，可以在网上当“事实上的得克萨斯警官”。如果他们看到有人企图穿越边境，就给县治安官的办公室发送一份报告，有时候该办公室会在美国边境巡逻队的帮助下，采取下一步的行动。

当我在美国国家广播电台上听到这个网址时，我很好奇，想知道是什么促使那些人坐在电脑屏幕前盯着。这肯定是一个相当沉闷的工作，长时间不活动，还没有报酬。记者采访了得克萨斯州南部的一名卡车司机，他是成千上万个登录那个网站的人之一。在一天的辛苦工作之后，这个卡车司机“回到家中，将自己6英尺高、6英寸宽、250磅的身躯置于电脑面前，打开一罐红牛……然后开始保卫他的祖国”。他为什么要这么做呢？记者问道。“这给我一种优越感，”卡车司机回答道，“就像我在为执法部门和我们的国家贡献一份力量。”[50]

这可能是爱国主义的一种怪异的表达方式，但是它却引发了一个移民争论的核心问题：基于什么样的理由，国家阻止外人进入其疆域是正当的？

限制移民的最佳理由是一个集体的理由。正如迈克尔·沃尔泽（Michael Walzer）所写的，管理公民身份条件的能力，设定准入和排外的这种能力，是“集体独立性的核心所在”。否则“那些共同体的特质，以及人们带着彼此间的特殊承诺和对集体生活的某种特殊情感而成立的各种协会，就不会具有历史的稳定性”。[51]

然而，对于富国而言，限制移民政策同样也是为了保护特权。许多美国人害怕，大量墨西哥人移民到美国后会对社会服务产生巨大负担，也会降低现有公民的经济利益。我们不清楚这种担心是否正当，但是，让我们为了论证而假设：开放移民政策会降低美国人的生活标准。这是限制移民的足够的理由吗？除非你认为，那些在格兰德河富裕的河岸出生的人，有资格享有他们的好运气。

然而，由于出生的偶然性并不是资格的基础，所以我们很难看清，限制移民的政策如何能够以维持富裕的名义而得到辩护。

限制移民的一个更强的论证就是保护低技能的美国人的工作和工资水平，他们最容易被大量涌入的那些愿意为较少工资而工作的移民取代。但是，这种理由将我们带回至我们正试图解决的那个问题：如果保护我们那些最脆弱的工人，就意味着不给那些来自墨西哥的更贫穷的人工作机会，那么我们为什么应当保护他们呢？

从帮助最不利者的角度来看，可以得出一个支持开放移民的理由。但是，即使是带有平等主义同情的人们，也不情愿接受它。[52] 这种不情愿是否有一种道德基础呢？是的，但是只有当你接受以下这一点时，答案才是肯定的：由于公共生活和共同分享的历史，我们对同胞公民们的幸福肩负着一种特殊的责任。而这也依赖于我们接受那种叙述性的人格观念，根据这种人格观念，我们作为道德主体的身份与我们所居住的共同体紧密相关。正如沃尔泽所写的："只有当爱国情感具有道德基础时，只有当集体的凝聚力促进了责任和共享的意义时，只有当既有成员又有陌生人时，政府官员才有理由特别担心自己人民的幸福……以及自己文化和政治的成就。"[53]

"购买美国货"是不公平的吗？

移民并不是美国的工作会丢失给外人的唯一途径。如今，资本和商品比人更加容易穿越国家边境，这也引发了一些关于爱国主义的道德状态的问题。让我们来考虑一下那个广为人知的口号——"购买美国货"。买福特汽车而不买丰田汽车是不是一种爱国呢？随着汽车和其他制造业的商品越来越多地通过全球供应线而生产出来，我们更难明确地知道，什么才算做一辆美国制造的汽车。但是，让我们假设自己能够甄别出那些给美国人带来工作的商品，这是一个很好的购买它的理由吗？为什么我们应当对给美国工人——而不是日本的、印度的或中国的工人——创造工作机会更感兴趣呢？

2009 年年初，美国国会通过并由奥巴马总统签署了一项 7 870 亿美元的经济刺激计划。该法律包括一项要求，即：由该法案资助的公共工作——如道路、桥梁、学校以及公共建设等——都要使用美国制造的钢铁。"这只是说明了，我们可能刺激我们自己经济的哪一个方面，而不是别的国家的经济。"参议员拜伦 · 多尔根（Byron Dorgan）是一个"购买美国货"规定的支持者[54]，他如此解释道。这一规定的反对者们害怕它会促进别的国家报复美国的商品，从而加剧经济的下滑，并最终导致美国工作的丧失。[55] 但是没有人会质疑这样一种设想，即：这一刺激计划的目的，应当是为了在美国而不是在国外创造就业机会。这一设想生动地体现于一个术语当中，经济学家们开始用"渗漏"一词来描述一种危险：美国的政府支出会资助国外的工作。《商业周刊》的一则封面故事就聚焦于这一渗漏问题："奥巴马的巨大的经济刺激会有多少渗漏至国外，而在中国、德国或墨西哥比在美国创造出更多的工作机会？"[56]

在每个地方的工人们都面临着失业时，我们能够理解美国的政策制定者们，将保护美国人的工作当作他们优先考虑的事情。但是，渗漏的言论将我们带回至爱国主义的道德状态。如果仅仅从需要的角度来看，我们很难呼吁人们去帮助那些失业的美国工人，而不是中国的失业者。但是却很少有人反对这样一种观念：美国人在面临困难的时候，他们有一种特殊的义务去帮助自己的同胞们。

我们很难从同意的角度来解释这一义务。我从来都没有同意过要帮助印第安纳州的钢铁工人或加利福尼亚州的农场工人。有些人可能会认为，我已经隐而不宣地同意了；由于我从一个国家经济所体现的相互依赖的复杂计划中受益，我就对这种经济的其他参与者负有一种互惠的义务——尽管我从来都没见过他们，尽管我实际上从来没有跟他们的大多数人交换过任何商品和服务。但是这是一种歪曲。如果我们试着去追溯当代世界中那广泛分布的经济交换的关节点时，我们就很可能会发现，我们对那些居住在半个世界之外的人非常依赖，就像我们那样依赖印第安纳州的人一样。

因此，如果你相信爱国主义具有一个道德基础，如果你相信我们对自己同胞们的幸福具有特殊的责任，那么你就必须接受这第三种义务——那不能被归纳为一种同意的行为的团结或成员的义务。

团结是对自己人的一种偏袒吗？

当然，并不是每个人都同意，我们对自己的家庭、同事和同胞具有特殊的责任。有些人认为，所谓团结的义务实际上不过是集体自私的范例，是对自己人的一种偏袒。这种批评承认我们一般比关心他人更加关心自己的家庭、朋友和同事。但是，他们质问道："难道这种对自己人的更多关心，不是一种我们应当克服的趋势，而是以爱国主义或兄弟会的名义加以维持的、目光狭隘的、越来越封闭的趋势吗？”

不，未必如此。团结和成员的义务既向外也向内。我可能对同胞负有某些特殊的义务，其中有些源自我所居住的那些独特的共同体；但是我可能对另一些人负有别的义务——我的共同体对这些人具有一种道德上的历史负担，就像在德国人和犹太人、美国白人与非洲裔美国人之间的关系中那样。集体性的、对历史不公正的道歉和补偿，便很好地例证了这样一种方式：团结能够为共同体——而不是我自己，产生各种道德责任。改正我的国家的过往错误，是一种确定我忠诚于它的方式。

有时候，团结能够给予我们特殊的理由来批评我们自己人或我们政府的行为。爱国主义能够产生不同的意见。让我们以两种不同的引导人们反对和抗议越南战争的理由为例。一种理由认为，这场战争是不正义的；而另一种则认为，这场战争不值得我们去打，并且与我们作为一个民族的概念相冲突。第一条理由可以为无论居住于何处的任何反对这场战争的人所用，而这第二种理由，则只能被对该战争负责的国家的公民感受并表达出来。一个瑞典人可能会反对越南战争并认为这场战争是不正义的，但是只有美国人才会为它感到羞愧。

骄傲与羞愧这类道德情感预设了一种共享的身份。当那些在外国旅游的美国人见到美国旅客的粗鲁行为时，他们会感到尴尬，即使他们本人并不认识他们。非美国人可能认为这一行为是不体面的，但是他们却不会为它而感到尴尬。

那种对家庭成员和同胞的行为而感到骄傲和羞愧的能力，与集体责任的能力密切相关。这两种能力都要求我们将自己看作情境的自我——受制于那些我们并没有选择的道德纽带，并暗含于那些塑造我们作为道德主体的身份的各种叙述当中。

考虑到骄傲与羞愧的伦理与集体责任的伦理之间的紧密联系，我们很困惑地发现，政治保守主义者们（如亨利·海德、约翰·霍华德以及前面提到的其他人）居然基于个人主义的理由而反对集体道歉。如果我们坚持认为，作为个体的我们，仅仅对我们所做出的选择和行为负责，那么，我们就很难为自己国家的历史和传统而感到骄傲。任何人在任何地方都会敬佩《独立宣言》、宪法、林肯的葛底斯堡演讲、那些在阿灵顿国家公墓中长眠的英雄等。但是，爱国主义的骄傲，却需要一种穿越时间而延续的、对某个共同体的归属感。

与归属感相伴而来的是责任。如果你不愿意承担任何将自己国家的故事带入当今的责任，以及那种可能伴随着这一故事而来的各种道德负担，那么，你就不可能真正为自己的国家及其历史而感到骄傲。

忠诚能否凌驾于普遍道德原则之上？

在大多数我们所考虑的情形中，忠诚的要求似乎补充了各种自然义务或人类权利，而不是与之相冲突。因此，我们可能会认为，这些情形凸显了自由主义哲学家们很乐意承认的一点：只要我们不侵犯任何人的权利，那么我们就能通过帮助身边的那些人——如家庭成员或公民同胞——来履行那普遍的帮助他人的义务。一个家长救自己的孩子而不救他人的孩子并没有什么错，只要他在救孩子的路上不撞到陌生人的孩子。与此类似的是，一个富裕的国家，为自己的公民制定一种慷慨的国家福利也并没有什么错，只要它尊重任何一个地方的人权。只有当团结的义务导致我们侵犯一种自然义务时，它才是值得反驳的。

然而，如果那种叙述性的人的观念是对的，那么团结的义务，可能会比自由主义的论证所提出的要求更为苛刻——甚至会与自然义务相冲突。

罗伯特·李

让我们来考虑一下南部联军的指挥官罗伯特·李（Robert E. Lee）的事例。在南北战争爆发之前，李是北方联邦军队的士官。他反对南方脱离联邦——实际上，他认为这是一种谋反。当战争逼近的时候，林肯总统任命李来领导北方军队，而李拒绝了。他认为，他对弗吉尼亚州的义务要超过他对联邦的义务，同时他也声明自己反对奴隶制。他在给儿子们的信中解释了他的决定：

> 尽管我对联邦无限忠诚，可是我还是不能下定决心举起我的双手来攻打我的亲戚、我的孩子、我的家乡……如果联邦解散了，政府瓦解了，我会回到我的本州，分享我的人民的痛苦。只有在需要保护家乡的时候，我才会拔出我的利剑。[57]

与法国抵抗运动的飞行员一样，李不能赞成那种可能要求他加害自己的亲戚、孩子和家乡的职责。但是他的忠诚要更进一步，甚至达到了这样一种程度：以自己所反对的理由而领导他的人民。

由于南部邦联的目标不仅仅是脱离联邦，还包括保护奴隶制，所以我们很难为李的选择进行辩护。但是不敬佩那种使他陷入两难境地的忠诚同样很难。可是，我们为什么应当尊敬那种对不公正目标的忠诚呢？你可能会很想知道，在这些情境中，忠诚是否应当具有道德分量。你可能会询问，为什么忠诚是一种德行，而不仅仅是一种遮蔽了我们的道德判断，并使我们难以做出正当之事的情感、感觉或强烈的感情呢？

原因是这样的：除非我们认真地将忠诚看作一种具有道德重要性的要求，否则，我们就根本不能将李的两难境界理解为一种道德上的两难。如果忠诚是一种没有真正的道德分量的情感，那么，李的困境就仅仅是道德和情感或偏见之间的冲突。不过，我们如果这样理解，那就误解了这里的道德利害关系。[58]

如果我们对李的困境仅仅进行心理学的解读，那么就丢失了这样一个事实：我们不仅仅同情像李这样的人物，我们还敬佩他们；不一定是因为他们所做出的选择，而是因为他们的审慎所体现出来的性格品质。我们所敬佩的是一种性情，这种性情将自己的生活环境看作一种反思性的、情境的存在，并且能够接受这种环境——受那种将我置于一种特殊生活中的历史的制约，但却能意识到它的特殊性，并因此能注意到各种不同的主张和更开阔的视野。要具有性格，就要接受自己的（有时候是相冲突的）各种束缚而生活。

兄弟的守护者一：伯格兄弟

最近一个对忠诚的道德分量的测试涉及两对兄弟间的故事：第一个是威廉和詹姆斯·“威蒂”·伯格的故事。比尔和威蒂在南波士顿安居工程中的一个有九个孩子的家庭中一起长大。比尔是一名勤勤恳恳的学生，他学习经典并在波士顿学院获得了法学学位。而他的哥哥威蒂则中学辍学，整日流荡在街头干一些偷鸡摸狗的勾当。

这两个人在各自的领域都逐渐发展壮大。威廉·伯格进入政界，成为马萨诸塞州的参议员主席（1978—1996），然后当了七年的马萨诸塞大学的校长。哥哥威蒂则因为抢劫银行而在联邦监狱中度过了一段时间，然后成为冬山帮（Winter Hill Gang）的领袖人物——冬山帮是波士顿的犯罪团伙，它从事敲诈、操控毒品交易以及其他非法行为。威蒂被指控犯有 19 项谋杀罪，为了免遭逮捕他在 1995 年潜逃。他现在仍然逍遥法外，并在美国联邦调查局的"十大通缉犯"名单中占据一席之地。[59]

尽管威廉·伯格与他的哥哥通过电话，但是他却声称自己并不知道哥哥的下落，并拒绝协助警方调查。2001 年，当威廉在陪审团面前作证时，一名联邦检察官对他施压，要求他提供哥哥的消息："让我们澄清一下，你对你哥哥的忠诚，要大于你对马萨诸塞州人民的忠诚吗？"

"我从来都没有这样想过，"伯格回答道，"但是我确实对我的哥哥有一种诚实的忠诚，我关心他……我希望自己永远都不要对那些反对他的人有所帮助……我没有义务帮助任何人去抓他。"[60]

在南波士顿的酒馆里，老主顾们对伯格的忠诚表达出一种敬佩之情。"我不怪他不告发他的哥哥，"一个居民告诉《波士顿环球报》（*The Boston Globe*）的记者，"兄弟就是兄弟，你会揭发你的家人吗？"[61] 编委会和报纸记者们则更具批判性。一位专栏作家写道："他放弃了阳光大道，而选择了独木桥。"[62] 由于拒绝协助调查，伯格在公众的压力之下，于 2003 年辞去了马萨诸塞大学的校长一职，尽管他并没有由于阻碍调查而被起诉。[63]

在大多数情况下，公正之事就是帮助人们将犯罪嫌疑人绳之以法。家庭的忠诚能够凌驾于这一义务之上吗？威廉·伯格显然是这样认为的。但是，在很多年之前，另一个有着任性不羁的哥哥的人，却做出了不同的选择。

兄弟的守护者二：炸弹客

17 年来，当局一直试图找到那个国内恐怖分子，他制造了导致 3 人死亡、23 人受伤的一系列包裹炸弹案。由于他的目标包括科学家和其他学者，因此，这个让人难以捉摸的炸弹制造者以“炸弹客”著称。为了解释他行为背后的原因，该炸弹客在网上发表了一份 3.5 万字的反科技宣言，并做出承诺：如果《纽约时报》和《华盛顿邮报》都刊发该宣言（它们确实这样做了）[64]，他就停止爆炸。

46 岁的社会工作者戴维·卡钦斯基（David Kaczynski）在纽约的斯克内克塔迪工作，当他读到这份宣言的时候，他发现它非常熟悉。它包含了一些听起来像他哥哥泰德的用语和观点；他的哥哥泰德 54 岁，是哈佛培养出来的数学家，后来成为一名隐士。泰德鄙视现代工业社会，居住在蒙大拿州一个山上的小木屋里。戴维已经有 10 年没有见到他了。[65]

在经历了一系列痛苦的挣扎之后，戴维于 1996 年告诉美国联邦调查局，他怀疑这名炸弹客是他的哥哥。联邦特工监视了泰德·卡钦斯基的小木屋并抓获了他。尽管戴维事前被告知，检察官不会判他哥哥死刑，可是他们还是判了。因为自己的告发，哥哥被判死刑，这让戴维备受煎熬。最后，检察官允许泰德·卡钦斯基服罪以换取终身监禁，不得假释。[66]

泰德·卡钦斯基在法庭上拒绝认自己的弟弟，并在他写于监狱的书稿中，将弟弟称为“另一个犹大”。[67] 戴维·卡钦斯基试图重新构建他的生活，这一情节已经在他的生活中留下了难以磨灭的印记。在努力取消哥哥的死刑之后，他成为一个反死刑组织的发言人。“兄弟之间理应互相保护，”他对一个听众描述了他的两难处境，“可是我的做法，却差点儿将哥哥送上了断头台。”[68] 他接受了司法部悬赏 100 万美元协助抓获炸弹客的奖励，但是他将大部分钱给了那些被他哥哥杀死或伤害的人。此外，他代表他的家族，为哥哥的罪行道了歉。[69]

对于威廉·伯格和戴维·卡钦斯基对待自己哥哥的两种不同方式，你做何感想呢？对于伯格而言，对家庭的忠诚要超过将罪犯绳之以法的义务；而对于卡钦斯基来说，则刚好相反。可能那位逍遥法外的哥哥是否继续造成威胁，会产生一种道德上的差异。这似乎对戴维·卡钦斯基而言非常沉重：“我想，公平地说，我感觉是被迫的。又一个人可能会死去，而我本来能够阻止它——这种想法让我无法忍受。”[70]

无论你怎样评判他们所做的选择，你在解读他们的故事的时候，很难不得出以下的结论：只有当你承认忠诚和团结的主张，能够与其他道德主张——包括将罪犯绳之以法的义务——具有同等的分量时，他们所面临的两难境地才能被理解为道德困境。如果我们所有的义务都建立在同意或我们作为人对人所负有的普遍义务的基础之上，那么，我们就很难说明这类手足之情的困境。

公正与良善生活

迄今我们已经考量了一系列的事例，意图挑战契约论的这种观点：我们是那唯一约束我们的道德义务的创立者。这些事例有：公共道歉与补偿，为历史上不义行为所负的集体责任，家庭成员和公民同胞之间的特殊责任，对同志的忠诚，对自己村庄、社区和国家的拥护，爱国主义、对自己国家和人民的自豪感和愧疚感，兄弟般和子女般的忠诚。在这些例子中所看到的团结的主张，是我们道德和政治经验中为人们所熟知的特征。如果没有它们，我们将难以生活，或难以理解我们的生活。但是，我们同样难以用道德个人主义的语言去说明它们。它们不能被同意的伦理加以表达。这在某种程度上就是那给予这些主张以道德力量的东西。它们吸收我们的各种负担，并反映出我们作为讲故事的存在，作为情境的自我的本性。

你可能想知道，这些跟公正有什么关系呢？为了回答这一问题，让我们来回忆一下将我们引上这条道路的那个问题。我们一直在试图弄明白，我们所有的义务和责任，是不是都能够追溯到一种意志或选择的行为。我已经论证过，它们不能；团结或成员的义务可能会出于与选择无关的理由——那些与我们借以阐释自己的生活，以及所居住的共同体的叙述密切相关的理由——而要求我们。

在关于道德主体的叙述性解释和那种强调意志和同意的解释之间，到底有什么东西受到了威胁呢？其中一个岌岌可危的问题就是：你如何看待人类自由。当你在考虑那些声称要阐释团结和成员之义务的事例时，你可能会发觉自己在抵抗它们。如果你和我的许多学生一样，你可能会不喜欢或不相信这样一种观念——我们受制于各种未经自己选择的道德纽带的束缚。这种不喜欢可能会导致你反对爱国主义、团结、集体责任等主张，或者将这些主张重新改造为源自某种形式的同意。拒绝或改造这些主张是具有诱惑力的，因为这样做会使它们变得与一种为人们所熟知的自由观相一致。也就是这样一个观念——我们不受任何未加选择的道德纽带的束缚；要获得自由，就是要成为那唯一能约束我们的义务的创立者。

我在试着通过本书中所考虑的这些或那些事例来提出，这种自由观是有缺陷的。但是，在这里，自由并不是唯一受到威胁的东西，同样岌岌可危的是：我们如何思考公正。

让我们来回忆一下我们已经考察过的两种思考公正的方式。对于康德和罗尔斯而言，权利优先于善。那些界定我们的各种义务和权利的公正原则，应当中立于各种关于良善生活的观念。康德认为，为了达到这一道德法则，我们必须抽离于自己各种偶然的利益和目的。罗尔斯坚持认为，为了慎议公正，我们应当搁置我们各种特殊的目的、情感以及各种善观念，这是在无知之幕背后思考公正的关键。

这种思考公正的方式与亚里士多德思考公正的方式相冲突。亚里士多德认为，公正原则不能够或不应当中立于良善生活。与之相反，他坚持认为，公正宪制的目的之一就在于养成好公民、培育好品质。他认为，如果我们不慎议所分配的物品——如职务、荣誉、权利和机会——的意义，我们就不可能慎议公正。

康德和罗尔斯之所以反对亚里士多德式的思考公正的方式的一个原因在于，他们认为这没有给自由留下余地。一种试图培养好品质或肯定某种特定良善生活观念的宪制，有着将一些人的价值观强加给另一些人的危险。它也没有将人作为自由而独立的自我，能够自主地选择自己的目的而加以尊重。

如果康德和罗尔斯的这种构想自由的方式是正确的，那么他们关于公正的观点也是正确的。如果我们是自由选择的、独立的自我，不受任何先在于选择的道德纽带的束缚，那么我们就需要一个中立于各种目的的权利框架。如果自我优先于其目的，那么权利就必须优先于善。

然而，如果那种关于道德主体的叙述性的观念更有说服力，那么就值得我们重新考虑一下亚里士多德思考公正的方式。如果关于我的善的慎议，要反映出那些与我的身份绑定在一起的共同体的善，那么，那种中立性的期望就可能是错误的。不慎议良善生活而慎议公正，是不可能的，甚至是不值得欲求的。

将关于良善生活的观念带入关于公正和权利的公众对话中——这样的前景也许更让你震惊，而不是着迷，甚至令你感到害怕。毕竟，处于像我们这样的多元社会中的人们，在关于最佳生活方式这一问题上存有分歧。自由主义政治理论的诞生，是一种试图避免政治和法律卷入各种道德和宗教纷争的尝试。康德和罗尔斯的哲学，是这一目标的最充分、最明确的表达。

不过这一目标不可能实现。我们不可能不带有那些具有争议性的道德和宗教问题，去讨论许多最热门的关于公正和权利的不同问题。在决定如何界定公民的权利和义务时，我们并不总是可能搁置各种不同的关于良善生活的观念。并且即使当这是可能的，也可能是不值得欲求的。

要求民主社会的公民们在进入公共领域时，将他们的道德和宗教信仰抛置脑后，这可能是一种保证宽容和相互尊重的途径。然而，实际上其反面却可能是真实的。一边裁定重要的公共问题，一边假装一种无法达成的中立性，是对强烈反抗和怨恨的一剂处方。缺乏实质性道德参与的政治，会产生一种贫瘠的公民生活。同时，它也容易引入狭隘的、不宽容的道德主义。宗教激进主义分子会涌进自由主义者所不敢涉足的地方。

如果我们关于公正的争论，不可避免地要使我们陷入各种实质性的道德问题，那么我们仍然要问，这些争论会如何推进。我们是否有可能在公共领域推理善，而不陷入宗教战争之中？一个道德参与更多的公共对话是什么样的？它如何区分于那种我们已经习惯了的政治争论？这些不仅仅是哲学问题，它们是任何一种振兴政治对话、更新我们公民生活的尝试的核心部分。

第十章

公正与共同善

1960 年 9 月 12 日，民主党总统候选人约翰·肯尼迪（John F. Kennedy）在得克萨斯州的休斯敦，发表了一篇关于宗教在政治中的作用的演讲。“宗教问题”一直纠缠于他的竞选活动当中。肯尼迪是一名天主教徒，以前从来没有天主教徒当选过总统。有些选民心里怀有一种未说出口的偏见；而另一些选民则表达了这样一种恐惧——肯尼迪可能会在公务处理上表达对梵蒂冈的感激，或者将天主教的教义强加于公共政策。[1] 寄希望于消除这些恐惧，肯尼迪答应对一群新教牧师发表演讲，演讲内容为：如果他当选总统之后，他的宗教信仰将会在其总统任期内起到什么样的作用。他的回答非常简单：没有任何作用。他的宗教信仰是一个私人的问题，而与他的公共责任没有任何关系。

“我信任这样一位总统——他的宗教观是他自己的私人性事务。”肯尼迪说道，“当身为总统的我面对任何问题——例如节育、离婚、审查制度、赌博以及其他问题时，我都会根据我的良心所告诉我的那些国家利益而做出决定，而不涉及外在的宗教压力或命令。”[2]

肯尼迪并没有说，他的良心是否或怎样受到其宗教信仰的塑造。不过他似乎是在暗示说，他关于国家利益的信念，与宗教没有多少关系——这里他将宗教与“外在的压力”和“命令”联系在了一起。他想要打消新教牧师和美国公众的顾虑，他不会将自己的宗教信仰——无论它们是什么——强加给他们。

人们普遍认为这次演讲是一次政治上的成功，肯尼迪继而赢得了总统职位。伟大的总统竞选记录者西奥多·怀特（Theodore H. White）称赞这次演讲界定了“民主社会中一位现代天主教徒的个人教义”。[3]

46年之后，巴拉克·奥巴马很快被所属的党派提名为总统候选人。2006年6月28日，就“宗教在政治中的作用”这一话题，他发表了一份截然不同的演讲。他一开始便回忆了两年前在竞选美国参议员的活动中，自己处理宗教问题的方式。奥巴马的对手是一位非常尖锐的宗教保守主义者，他攻击了奥巴马对同性恋权利和堕胎权利的支持，声称奥巴马不是一位好的基督徒，耶稣基督也不会投他的票。

“我当时的回答，后来成为自由主义在这类争论中的一般性回应。”奥巴马在回顾过去的时候说道，“我回答说，我们居住于一个多元的社会，我不能将自己的宗教观点强加于人。我是在竞选伊利诺伊州的参议员，而不是伊利诺伊州的牧师。”[4]

尽管奥巴马轻松地赢得了参议员的角逐，但现在他却认为他当时的回答是不充分的，并且“没有充分地说明，我的信仰在引导我自己的价值观和我自己的信念中所起的作用”。[5]

他接着描述了自己的基督教信仰，并为宗教与政治争论的关联而辩护。他认为，那些进步人士在政治中“抛弃宗教对话的领域”的做法是个错误。“某些进步人士对任何一种宗教暗示的不安，经常阻止我们有效地用道德术语来表达问题。”如果自由主义者们提供一种缺乏宗教内容的政治对话，那么，他们就丧失了那种数百万美国人赖以理解自己的个人道德和社会公正的意象和专用术语。[6]

宗教不只是一种引起共鸣的政治修辞。我们对某些社会问题的解决，需要道德的转化。“我们害怕变得‘说教’……这导致我们低估各种价值观和文化在一些极其紧要的社会问题中所起的作用。”奥巴马如是说。处理“贫困与种族、没有保险及失业”这类问题，需要“心灵上和思想上的改变”。[7]因此，那种坚持认为道德和宗教信念在政治和法律中不起作用的想法，是一种谬误。

> 世俗主义者要求有信仰的人在进入政治领域时，将自己的宗教置之度外；在这一点上，他们是错误的。事实上，美国历史上大多数伟大的改革家——弗雷德里克·道格拉斯、亚伯拉罕·林肯、威廉·詹宁斯·布赖恩、多萝西·戴、马丁·路德·金——都不仅仅受到信念的激发，同时也反复运用宗教的语言来为自己的理由作辩护。因此，那种认为人们不应当将自己的“个人道德”注入公共政策争论之中的想法，是一种现实的荒诞。我们的法律在定义上就是一种道德的汇编，它的很多成分都是基于犹太教与基督教共有的传统。[8]

很多人都注意到了约翰·肯尼迪和巴拉克·奥巴马之间的相似之处：两个人都是年轻有为、能言善辩、鼓舞人心的政治人物，他们的当选都标志着向一个新的领导时代的转型；并且，他们都努力召集美国人进入一个公民参与的新纪元。但是，他们在“宗教在政治中的作用”这一问题上的观点，却截然不同。

对中立性的渴望

肯尼迪将宗教看作一个私人的而非公共的事务，这不仅反映出那种解除反天主教的偏见的需要，同时还反映出一种公共哲学，这种公共哲学在20世纪六七十年代得到了充分的表达——亦即这样一种哲学：它认为政府应当中立于各种道德和宗教问题，以便每个个体都能自由地选择他自己的关于良善生活的观念。

两大主要政治党派都诉诸中立性的观念，但却是以不同的方式。一般说来，共和党人在经济政策上援引这一观念，而民主党人则将它应用于社会和文化事务。[9]共和党人基于以下理由而反对政府干预自由市场：个体应当能自由地做出自己的经济选择，并如自己所愿地花自己的钱。政府花纳税人的钱，或为了公共的目的而控制经济行为，就是在强加一种由政府认可的、并不是人人都共享的、关于共同善的观点。减税对于政府花销来说是更为可取的，因为减税使个体能够自由地为自己决定去追求什么样的目的，以及如何花自己的钱。

民主党反对“自由市场中立于各种目的”这样一种观点，而支持政府在更大程度上干预经济。然而，当论及社会和文化问题时，他们也援用那种中立性的言论。他们坚持认为，政府不应当在性行为或决定生育等领域“为道德立法”，因为这样做就是将某些人的道德和宗教观念强加于他人。政府不应当限制堕胎和同性恋的亲密行为，而应当在这些在道德上引起激烈争论的问题当中保持中立，并让个体自由选择。

1971 年，约翰·罗尔斯的《正义论》为肯尼迪的演讲所透露出来的那种自由主义中立性的观念[10]，提供了一种哲学上的辩护。20 世纪 80 年代，批判自由主义中立性的共同体主义者，对作为罗尔斯的理论基础的那种自由选择的、不受约束的自我观念提出了质疑。他们不仅为更强的共同体和团结的观念作辩护，还为一种更强健有力的、对各种道德和宗教问题的公共参与而辩护。[11]

1993 年，罗尔斯出版了《政治自由主义》，它在某些方面改进了罗尔斯的理论。罗尔斯承认，在私人生活中，人们通常拥有

“一些他们认为自己不会、确实不可以也不应当脱离的情感、奉献和忠诚……他们可能认为，将自己与某种宗教、哲学以及道德信念，或与某种持久的拥护与忠诚脱离开来，是不可思议的”。[12] 在这种程度上，罗尔斯接受了那种构成深厚、道德上受约束的自我的可能性。但是他坚持认为，这种忠诚和拥护应当与我们作为公民的身份无关。在讨论公正和权利时，我们应当搁置自己的个人道德和宗教信念，而以一种“人的政治观念”为起点，独立于任何特殊的忠诚、情感或良善生活观念而展开讨论。[13]

为什么我不应当带上自己的道德和宗教信念，以使其对关于公正和权利的政治对话有所影响呢？为什么我们应当将自己作为公民的身份，与那种被更广泛地认可的、作为道德的人的身份区分开来呢？罗尔斯认为，我们之所以应当这样做是为了尊重那关于良善生活的“合理多元主义的事实”，后者在现代社会普遍盛行。现代民主社会中的人在道德和宗教问题上存有分歧；再者，这些分歧是合理的。“我们不能期望那些拥有全部理性能力的、有良心的人，在充分讨论之后，会得出同样的结论。”[14]

根据这一论争，支持自由主义中立性的理由源于那种在道德和宗教分歧面前，对宽容的需求。罗尔斯写道：“如果考虑周全，哪一种道德判断是正确的，就并不是一个政治自由主义的问题。”为了在各种不同的道德和宗教学说中保持不偏不倚，政治自由主义就不“论及那些使这些学说产生分歧的道德话题”。[15]

将我们作为公民的身份与我们的各种道德和宗教信念脱离开来的那种要求，意味着：当我们参与各种关于公正和权利的对话时，我们必须遵守自由主义公共理性的限制。不仅政府不可以接受一种特定的善观念，甚至公民也不能将自己的道德和宗教信仰，引入关于公正和权利的公共争论之中。[16]因为，如果他们这样做，如果他们的论证盛行，那么他们在实际上就给自己的同胞们强加了一种基于某种特殊的道德和宗教学说的法律。

我们怎么能知道自己的政治争论是否满足了公共理性的要求，并恰当地被剥离了对任何道德或宗教观念的依赖呢？罗尔斯提出了一种新颖的检验方式："为了检验自己是否遵循公共理性，我们可以询问：当我们的理由作为一种最高法院的观点而出现时，它将给我们怎样的印象？"[17]正如罗尔斯所解释的，这是一种保证我们的论证，在自由主义公共理性所要求的那种意义上保持中立的方式："法官们当然不能援引自己的私人道德，也不能援引一般的道德理想和道德德行。他们必须将这些看作毫不相干的东西。同样的，他们也不能援引自己或他人的各种宗教或哲学观点。"[18]当我们作为公民参与公共讨论时，我们应当注意到一种类似的约束。像最高法院的法官们一样，我们应当搁置自己的各种道德和宗教信念，并将自己局限于那些可以指望所有公民都接受的论点。

这是约翰·肯尼迪所援引的，而巴拉克·奥巴马所反对的自由主义中立性的理想。从20世纪60年代到80年代，民主党人偏向了这种中立性的理想，并在很大程度上在他们的政治对话中排除了道德和宗教的争论。以下是一些著名的例外：马丁·路德·金在提出公民权利的理由时，援引了道德和宗教的论证；反越战运动由于道德和宗教对话而充满活力；罗伯特·肯尼迪在1968年角逐民主党总统提名时，试图唤起这个国家追求那种要求更高的道德和公民理想。然而，直到20世纪70年代，自由主义者们接受了中立性和选择的言论，而将道德和宗教对话转让给了新兴的基督教右派[a]。

随着 1980 年罗纳德 · 里根的上台，基督教保守主义者在共和党的政治中成为主导性的意见。杰里 · 福尔韦尔（Jerry Falwell）所说的“道德的大多数”、帕特 · 罗伯逊（Pat Robertson）的“基督教联盟”就是旨在填充那“赤裸裸的公共空间”[19]，并与他们所认为的、美国生活中的道德放任而斗争。他们支持校园祈祷，在公共场所的宗教展示，以及对色情、堕胎和同性恋的法律限制。在他们看来，自由主义者们并不是通过逐个挑战道德判断而反对这些政策，与此相反，他们是通过主张道德和宗教判断在政治领域中毫无地位，而反对这些政策。

这种论证模式很好地满足了基督教保守主义者们，并给自由主义带来一个坏名声。在 20 世纪 90 年代和 21 世纪早期，自由主义者们出于自卫地论证道：他们也拥护各种“价值”，他们这里所说的“价值”是指宽容、公平以及选择的自由。（在一次令人尴尬的、引起共鸣的发言中，2004 年民主党总统候选人约翰 · 克里在其政党大会上的提名演讲中，使用“价值”或“价值观”这类词语的次数高达 32 次。）但是，这些价值都与自由主义中立性以及自由主义公共理性的约束相联系。它们与那种广泛的、道德的和宗教上的渴望无关，也没有回应那种对于一个具有更高意义的公共生活的期望。[20]

与其他民主党人不同，巴拉克 · 奥巴马理解这种渴望，并给予其以政治的表达。这就将他的政治，与他所处的那个时代的自

a. 基督教右派大多数是犹太基督徒或基督教犹太复国主义者。自 20 世纪 70 年代以来，“基督教新右派”的出现，在美国社会政治、家庭与女权、宗教信仰等领域产生了重要影响。——译者注

由主义区别开来。他能言善辩的关键并不仅仅在于他善于用词，还在于他的政治语言注入了一种道德和宗教的维度，而这种道德和宗教的维度的旨向超越了自由主义的中立性。

> 每一天，似乎成千上万的美国人都在为日常事务——送孩子上学、开车上班、飞去参加一个工作会议、逛街购物、努力减肥——而奔波，现在他们开始意识到自己缺失了某些东西。他们判断出自己的工作、财产、消遣、十足的忙碌，其实并不够。他们想要一种目的感，一种关于自己生活的叙述性的角度……如果我们真的想与那些处于自己地位的人对话——以一种与他们自己的各种希望和价值观相关联的方式，去交流我们的各种希望和价值观——那么，作为先进者的我们，就不能抛弃宗教对话的领域。[21]

奥巴马主张，先进者们应当接受一种更加宽泛的、对信仰友好的公共理性。这反映出一种正确的政治本能；它同样也是一种好的政治哲学。那种试图将关于公正与权利的论证与关于良善生活的论证脱离开来的做法，是错误的，其错误原因有两种：第一，我们并不总是可能不解决实质性的道德问题，而裁决公正与权利的问题；第二，即使这是可能的，它也不是值得欲求的。

关于堕胎与干细胞的争论

让我们来考虑两个人们所熟悉的，如果不在基础性的道德和宗教争论中表明立场就无法得到解决的政治问题——堕胎与胚胎干细胞研究。有些人认为，我们应当禁止堕胎，因为它涉及夺去一个无辜的人类生命；而其他人则不同意这样做，理由是法律不应当在“人类生命源于何时”这一道德和宗教争论中表明立场。他们认为，由于发育中胎儿的道德状态，是一个充满争议的道德和宗教问题，因此政府应当中立于这一问题，并允许妇女们自主决定是否堕胎。

第二种立场反映出那种为人所熟知的，关于堕胎权利的自由主义的论点。它主张，在解决堕胎问题时，要基于中立性和自由选择，而不介入该道德和宗教争论。不过这种论点赞同者寥寥。因为，如果发育中的胎儿在道德上等同于一个孩子，那么堕胎在道德上就等同于杀婴。因而很少有人会坚持认为，政府应当让父母们自己决定是否去杀死自己的孩子。因此在堕胎争论中主张妇女有权选择是否堕胎的立场，就并不真正地中立于那基础性的道德和宗教问题；它暗自基于这样一种假设：天主教关于胎儿的道德状态的教义——它从怀孕那一刻起就是一个人——是错误的。

接受这种假设并不是为禁止堕胎而论证，这只是承认，中立性和选择的自由并不是肯定堕胎权利的充分基础。那些维护妇女自主地选择是否终止妊娠的权利的人，应当介入这样的争论——发育中的胎儿等同于一个人，并试图说明为什么这一观点是不对的。认为法律应当中立于道德和宗教问题并不够，允许堕胎的理由与禁止堕胎的理由同样不能中立。两种立场都预设了某种对基础性的、道德和宗教争论的回答。

关于干细胞研究的争论也是如此。那些禁止胚胎干细胞研究的人认为，无论其医学前景是什么，那些涉及毁灭人类胚胎的研究，在道德上都是不容许的。许多持有这种观点的人都认为，人格开始于怀孕；因此，即使是毁灭一个早期的胚胎，在道德上也等同于杀死一个孩子。

胚胎干细胞研究的支持者们通过指出这一研究所可能带来的医学益处，包括可能治疗或治愈糖尿病、帕金森症以及脊髓损伤等，而做出回应。他们认为，科学不应当受到宗教或意识形态干预的制约；人们不应当允许那些持有宗教性反对意见的人，将他们自己的观点通过那可能禁止有前景的科学研究的法律，而强加于人。

然而，正如关于堕胎的争论一样，人也不可能不在“何时可以算作一个人”的这一道德和宗教争论中表明立场，而得出允许胚胎干细胞研究的理由。如果早期的胚胎在道德上等同于一个人，那么那些反对胚胎干细胞研究的人可能就是有道理的；即使是有很好前景的医学研究，也不能为肢解一个人而辩护。很少有人会说，从一个五岁的孩子身上获取器官以促进挽救生命的研究，应当是合法的。因此，那种允许胚胎干细胞研究的理由，在“何时可以算作一个人”这一道德与宗教争论中也不是中立的。它预设了一种对这个争论的回应——在胚胎干细胞过程中被毁坏的、着床前的细胞，还并不是一个人。[22]

我们不可能不在基础性的道德和宗教问题上表明立场而解决堕胎和胚胎干细胞研究的合法性问题。在这两种情形中，中立是不可能的，因为这里的问题在于所讨论的行为是否涉及夺去一个人的生命。当然，大多数道德和宗教的争论并不涉及生死问题，因此，自由主义中立性的铁杆拥护者们可能会回应说：堕胎和干细胞研究是特殊情况；除非是那些危及人类定义的情况，否则我们就能不在道德和宗教争论中表明立场而解决各种关于公正与权利的争论。

同性婚姻

但是，这也是不对的。让我们来考虑一下关于同性婚姻的争论。你能够不涉及那些关于婚姻的目的以及同性恋的道德状态的争论，而判断出国家是否应当认可同性婚姻吗？有些人说可以，并基于自由主义的、不加评判的理由而为同性婚姻辩护：无论一个人本人是支持还是反对男女同性恋的关系，个体都应当能自由地选择自己的婚姻伴侣；允许异性结婚而不允许同性结婚，就是对男同性恋者和女同性恋者的歧视，并否认了他们在法律面前的平等。

如果这一理由是政府认可同性婚姻的一个充足的基础，那么这一问题就能够在自由主义公共理性的范畴内得到解决，而无须求助于各种有争议性的，关于婚姻的目的及其所尊敬的善的观念。但是，我们也不能基于不加评判的理由，而做出那种支持同性婚姻的理由。这取决于一种特定的观念：婚姻的目的——婚姻的意图或意义。并且，正如亚里士多德所提醒我们的，要讨论一项社会制度的目的，就要讨论它所尊敬和奖励的各种德行。关于同性婚姻的争论，在本质上就是这样一个争论——男女同性恋的结合，是否值得拥有在我们这个社会中由政府认可的那些婚姻所具有的荣誉和认可。因此，那种基础性的道德问题是不可避免的。

要弄明白为什么这样，我们就要记住：一个国家在婚姻问题上可以有三项可能的政策，而并非只有两项。它可以沿用传统的政策，而只认可一个男人和一个女人之间的婚姻；或者它可以像许多国家已经做的那样，以认可一个男人与一个女人之间婚姻的同样方式，来认可同性婚姻；或者它可以拒绝认可任何形式的婚姻，而将这一职责留给私人性的组织。

我们可以将这三项政策总结如下：

1. 只认可一个男人与一个女人之间的婚姻。

2. 认可同性婚姻和异性婚姻。

3. 不认可任何形式的婚姻，而将这一职责留给私人性的组织。

除了婚姻法，国家还可以对那些居住在一起的未婚夫妇，采用那些准予法律保护、继承权、医院探视权和孩子监护安排的公民联姻法或同居法，并进入一种法律的安排。很多州已经给男女同性恋提供了这种安排。2003 年，马萨诸塞州经过州最高法院裁定，成为第一个赋予同性婚姻以合法性认可的州。2008 年，加利福尼亚州的最高法院也裁定：支持同性婚姻的权利。但数月之后，大多数选民在一次自发的全州范围内的投票表决中，推翻了该项决定。2009 年，佛蒙特州成为第一个通过立法而非司法裁决，而使同性婚姻合法化的州。[23]

第三项政策完全是假想的，至少在美国是这样。至今没有哪一个州宣布放弃将认可婚姻当做一项政府职能。但是这项政策却值得我们研究，因为它能为支持或反对同性婚姻的论证提供线索。

第三项政策是对婚姻争论的理想的自由至上主义解决方式。它并不废除婚姻，但是它确实废除了将婚姻作为一项政府认可的制度。我们最好称之为婚姻与政治制度的分离。[24] 政教分离就意味着除去一座官方的教堂（而同时允许教堂独立于国家而存在），与此类似，使婚姻与政治制度分离，就意味着不再将认可婚姻作为一种官方职能。

这一观点的创立者是迈克尔·金斯利（Michael Kinsley）。同性婚姻的支持者抱怨说，将婚姻限制为异性婚姻就是一种歧视；而反对者则主张，如果政府认可同性婚姻，那么这就超越了对同性恋的宽容而接受了它，并给它贴上了“一枚政府同意的标签”。金斯利写道，对此的解决方式就是“终止政府认可婚姻的制度”，“将婚姻私人化”。[25] 让人们以自己喜欢的方式结婚，而不带有政府的认可或干涉。

> 让教堂和其他宗教机构继续提供婚姻仪式。如果百货公司和赌场愿意，让它们也介入这种行为……让夫妇们以任何自己所选择的方式来庆祝他们的结合，并允许他们在任何自己想要的时刻认为自己结婚了……是的，如果三个人想结婚、或一个人想与自己结婚，并且有其他人想要举行一个仪式并宣布他们结婚了，那么，就让他们去做吧。[26]

“如果婚姻完全是一件私人性的事务，”金斯利推理道，“那么，所有的关于同性恋婚姻的争论都将成为毫不相干的。同性婚姻不会得到政府的官方认可，异性婚姻也不会得到。”金斯利提议，同居法可以解决那些在人们同居和共同抚养孩子的过程中，所产生的各种经济、保险、抚养孩子以及继承等问题。他实际上提议，要用公民联姻来取代所有的政府认可的、同性的或异性的婚姻。[27]

从自由主义中立性的角度而言，金斯利的提议具有一种明显的、超越于其他两种标准的备选项（政策一和政策二）的优势：它不要求法官或公民参与关于婚姻目的以及同性恋道德的各种道德的和宗教的争论中来。由于政府不再将婚姻的荣誉性的名称授予任何家庭联合体，因而公民们就得以避免介入关于婚姻目的以及男女同性恋们是否能够实现这一目的的争论当中。

相对而言，同性婚姻的争论双方都很少有人接受这种将婚姻与政治制度分离的提议。但是它却说明了现存争论当中的、那种受到威胁的东西；它也帮助我们弄明白，为什么同性婚姻的支持者和反对者们，都必须苦于应付那些基础性的、道德的和宗教的争论，后者与婚姻目的以及定义婚姻的各种善有关。这两种标准的立场，都不能在自由主义公共理性的范畴内得到辩护。

当然，那些基于这样的理由——同性婚姻认可罪恶、不尊重婚姻的真正意义——而反对同性婚姻的人，并不会因为自己正在提出一种道德或宗教的主张而感到羞愧。可是，那些维护同性婚姻权利的人，却经常试图将自己的理由建立在中立的基础之上，并避免对婚姻的道德意义做出评判。那种企图为同性婚姻找到一种不加评判的理由的尝试，在很大程度上利用了不歧视和自由选择的观念；但是，这些观念本身并不能为同性婚姻的权利而辩护。要弄明白这是为什么，就让我们来考虑一下马萨诸塞州最高法院大法官玛格丽特·马歇尔（Margaret Marshall）在审理“古德里奇诉公共卫生部”这桩同性婚姻案时，所写出的经过深思熟虑的、略有不同的观点。[28]

马歇尔以认识到这一主题所引发的深层次的道德和宗教分歧为开始，并暗示该法庭不会在这场争论中表明立场：

> 许多人都持有根深蒂固的宗教、道德和伦理信念，认为婚姻应当局限于一个男人和一个女人的结合，同性恋行为是不道德的。许多人持有同样强烈的宗教、道德和伦理信念，认为同性情侣有资格结婚，同性恋者应当得到与异性恋者毫无差别的对待。这两种观点都没有回答那摆在我们面前的问题。

“我们的责任是界定全体人们的自由，而不是强制执行我们自己的道德规范。”[29]

似乎是为了避免卷入关于同性恋的各种道德和宗教争论，马歇尔用自由主义的术语，在法庭面前描述了这一道德问题——她把它当作一种意志自由和选择自由的问题。她写道，将同性情侣排除在婚姻之外，与“尊重个体的意志自由和法律面前人人平等”不一致。[30]如果政府可以“阻止个体自由地选择一个人，与之分享一种排外性的承诺”，那种“选择是否结婚以及与谁结婚”的自由就将是空洞的。[31]马歇尔坚持认为，这一问题并不涉及选择的道德价值，而是个体做出选择的权利——也即，原告们“与他们所选择的伴侣结婚”的权利。[32]

但是，意志自由与自由选择并不足以为同性婚姻的权利作辩护。如果政府真的在所有自愿的亲密关系的道德价值问题上保持中立，那么，政府就没有理由将婚姻限制在两个人之间；经过同意的一夫多妻制或一妻多夫制，同样也是合格的。事实上，如果政府真的想保持中立，并尊重个体所愿意做出的任何选择，那么，它就不得不接受迈克尔·金斯利的提议，脱离于认可任何婚姻的这一事务。

在同性婚姻的争论中，真正的问题并不在于选择的自由，而在于同性结合是否值得共同体的尊敬和认可——他们是否实现了婚姻这项社会制度的目的。用亚里士多德的话来说，这一问题在于职务和荣誉的正当分配，它是一种社会认可。

尽管马萨诸塞州的法庭强调选择的自由，可是它并没有打算去敞开一夫多妻或一妻多夫的婚姻方式；它并没有质疑这样一种观念：政府可以给予某些亲密联合，而不是其他亲密联合以社会认可。该法庭也没有号召废除婚姻，或将婚姻与政治制度分离。

与之相反，大法官马歇尔的观点却将婚姻称赞为“我们这个共同体中最有益的、最珍贵的制度之一”。[33]它认为，消除政府认可的婚姻“将会取消我们社会中的一项极为重要的组织原则”。[34]

马歇尔并不呼吁废除政府认可的婚姻，与之相反，她呼吁扩展婚姻的传统定义，以囊括那些同性伴侣。在这样做的时候，她已经站立于自由主义中立性的范畴之外，而肯定同性联合的道德价值，并提出了一种被恰当地构想的、与婚姻目的相关的观点。她注意到，婚姻不仅仅是两个互相愿意的成人之间的一种私人性安排，而且是一种公共认可和同意的形式。“在其真正意义上，在每一个公民的婚姻当中都有三个参与者：两个愿意的配偶，外加一个同意的政府。”[35]婚姻的特征带来了它的荣誉性的一面：“公民的婚姻，是对另一个人的一种深层次的个人承诺；同时也是一种对相互关系、友情、性行为、忠诚和家庭这类理想高度的公共庆祝。”[36]

如果婚姻是一项表示敬意的制度，那么它尊敬什么样的德行呢？询问这个问题，实际上就是在询问，婚姻作为一项社会制度的意图或目的。许多反对同性婚姻的人主张，婚姻的首要目的是繁衍后代。根据这种论点，由于同性婚姻不能繁衍自己的后代，所以他们没有结婚的权利。可以说，他们缺乏相应的德行。

这种目的论的论证路线，是反对同性婚姻的核心理由，玛格丽特也直截了当地采用了它。她并没有假装在婚姻的目的问题上保持中立，而提供了一种相反的阐释。她坚持认为，婚姻的本质并不是繁衍后代，而是两个伴侣之间——无论他们是同性恋还是异性恋——一种排外性的、充满爱意的承诺。

现在，你可能会问，我们怎么可能在各种不同的、关于婚姻的目的或本质的说明中做出裁决呢？我们有可能理性地讨论那些在道德上具有争议的社会制度——如婚姻——的意义和目的吗？或者，这是否仅仅是各种赤裸裸的断言之间的碰撞——有些人说它与生育有关，而另一些人则说它与充满爱意的承诺有关——呢，而且没有途径能够说明一种比另一种更加合理？

马歇尔的观点很好地阐释了这类论证是如何展开的。首先，她反驳了这样一种主张——婚姻的首要目的是生育。她通过说明，正如当前由政府所实施和管理的，婚姻并不要求生育能力，而反驳了以上观点。那些申请结婚证的异性恋夫妇，并没有被询问“他们通过性交而孕育孩子的能力或意图。生育能力并不是婚姻的条件，也不是离婚的原因。那些从来没有圆房，也不打算圆房的人，可能是结婚并维持婚姻的。那些行将就木之人也可以结婚”。“或许大多数已婚夫妇都有共同的孩子（通过辅助手段的或不通过非辅助手段），”马歇尔总结道，“可是，公民婚姻的必要条件是婚姻伴侣相互间那种排外性的、永久的承诺，而非生养孩子。”[37]

因此，马歇尔的部分理由，是对现存婚姻目的和本质的一种阐释。当我们面对各种不同的、关于一项社会行为的阐释——作为生育的婚姻与作为排外性的、永久承诺的婚姻——时，我们如何能决定哪一种更为合理呢？一种途径就是询问，哪一种说明在总体上更好地理解了现存的婚姻法。另一种途径就是询问，哪一种对婚姻的阐释，颂扬了各种值得尊敬的德行。什么才算做婚姻的目的，这部分地取决于，我们认为婚姻应当赞颂和肯定什么样的品质。这就使得我们无法避免那种基础性的道德和宗教的争论：男女同性恋关系的道德状态是什么？

马歇尔在这一问题上并没有保持中立。她认为，同性关系与异性关系一样值得我们尊重。将婚姻限制在异性恋者之间，就“在那种破坏性的固有看法上贴上了一枚官方同意的标签，这种固有看法认为：同性婚姻在本性上是不稳定的，比异性关系低级，因而不值得尊重”。[38]

因此，当我们仔细研究同性婚姻的案例时，我们就会发现，它不能基于那些非歧视的、自由选择的观念之上。为了决定谁有资格结婚，我们就不得不考虑婚姻的目的及其所尊敬的各种德行。而这就将我们带到了一个具有争议性的道德境地，在这里，我们不能在那些不同的、关于良善生活的观念之中保持中立。

公正与良善生活

迄今为止，我们已经探索了三种公正进路：第一种认为公正意味着使功利或福利最大化——为了最大多数人的最大幸福。第二种认为公正意味着尊重人们选择的自由——或者是人们在自由市场中所做出的实际选择（如自由至上主义者们的观点），或者是人们在平等的原初状态中，所可能做出的假想的选择（如平等主义者的观点）。第三种进路认为，公正涉及培养德行和推理共同善。正如你们所料，我支持第三种理论进路。现在让我来试着说明原因。

功利主义的进路有两个缺陷：第一，它使公正和权利成为一种算计，而非原则；第二，由于将所有的人类善都纳入一个单一的、整齐划一的价值衡量标准，它对所有的人类善等量齐观，并没有考虑它们之间质的区别。

那种基于自由的理论，解决了第一个问题而遗留下了第二个。他们认真看待权利，并坚持认为公正不仅仅是一种算计。尽管他们内部在“哪些权利应当超越功利主义的考量”这一问题上存在分歧，但他们一致认为，某些权利是根本性的，而必须得到尊重。然而，在将一些权利划分为值得尊重的之后，他们接受人们现有的各种偏好。他们并不要求我们质问或怀疑我们带进公共生活里的那些偏好和欲望。根据这些理论，我们所追求的那些目的的道德价值、我们所过的生活的含义和意义以及我们所共享的共同生活的质量与品质，都存在于公正领域之外。

在我看来，这是错误的。我们不可能仅仅通过使功利最大化，或保障选择的自由，就形成一个公正的社会。为了形成一个公正的社会，我们不得不共同推理良善生活的意义，不得不创造一种公共文化以容纳那些不可避免地要产生的各种分歧。

如果我们能够找到一种原则或程序，这种原则或程序能够一劳永逸地证明任何产生于它的有关收入、权利以及机会的分配原则，那将是非常吸引人的。这一原则——如果我们能够找到——将能够使我们避免那些由关于良善生活的讨论而必定会引起的混乱与争论。

然而，这些争论是无法避免的。公正不可避免地具有判断性。无论我们所争论的是政府救助、紫心勋章、代孕母亲、同性婚姻、反歧视政策、军事服务、首席执行官的工资，还是使用高尔夫代步车的权利等，公正问题都跟不同的关于荣誉和德行、自豪和认可的观念绑定在一起。公正不仅包括正当地分配事物，它还涉及正确地评价事物。

共同善的政治

如果一个公正的社会涉及对良善生活的共同推理，那么，我们仍然需要询问：什么样的政治话语能够如此指引我们？对这一问题，我并没有一个完备的答案，不过我能提出一些例证性的说明。首先是一种观察：如今，我们的大多数政治争论，都是围绕着福利与自由——例如增加经济收益和尊重人权。对很多人来说，在政治领域谈论德行，会让他们联想到宗教保守主义者们在教导人们如何生活。然而，这并非德行观念和共同善能够表征政治的唯一途径。问题在于：我们很难构想出一种政治，它认真对待道德和精神性问题，并将这些问题应用于广泛的经济与公民关怀，而不仅仅是性和堕胎等问题。

在我的一生之中，我所听到的在这方面最有希望的言论，来自1968年罗伯特·肯尼迪在角逐民主党总统候选人时所发表的言论。对他而言，公正不仅仅包括国内生产总值的数量和分配，它还包括更高的道德目的。1968年3月18日，肯尼迪在堪萨斯大学发表演讲，他提到了越南战争、美国城市暴乱、民族不平等以及他在密西西比和阿帕拉契等地区所看到的极度贫困。接着他从这些具体的公正问题转移开来，声称美国人已经开始珍惜错误的东西。肯尼迪说道："即使我们努力消除物质匮乏，我们也还面临另一种更加艰巨的任务，那就是要面对满意度的匮乏……这让我们所有的人都异常苦恼。"美国人让自己"仅仅限于算计物品"。[39]

目前我们一年的国内生产总值超过8 000亿美元。然而它包括空气污染和香烟广告，包括清理高速公路车祸的救护费用。它包括我们用来锁门窗和那些关押撬锁罪犯的监狱的专用锁，它包括对红木的毁坏和在动乱中损失的那些自然奇迹，它包括凝固汽油弹和核弹头、警用装甲车以镇压城市暴乱，它还包括……那些为了向我们的孩子销售玩具而美化暴力的电视节目。我们的国内生产总值并没有考虑到孩子们的健康，以及他们的教育质量或他们玩耍的乐趣；它也不包含诗歌之美和我们婚姻的力量、公共争论的智慧以及公共官员的正直。它既不衡量我们的敏锐，也不衡量我们的勇气；既不衡量我们的智慧，也不衡量我们的学识；既不衡量我们的怜悯之情，也不衡量我们对国家的忠诚。简言之，除了那些使生活富有意义的事物，它衡量一切。此外，它能告诉我们有关美国的一切，却不能告诉我们，为什么我们因为自己是美国人而感到骄傲。[40]

当你聆听肯尼迪的此次演讲，或阅读这一段文字的时候，你可能会说，他对当时的自满情绪以及物质迷恋所进行的道德批判，与他认为贫困、越南战争以及民族歧视是不公正的观点相脱离。然而，他认为这两者是相互关联的。肯尼迪认为，要扭转这些不公正之事，我们有必要质疑身边所看到的那种自满的生活方式。他毫不犹豫地加以评判，并且，他在激发美国人的国家自豪感的同时，也诉诸一种共同体感。

在此次演讲之后不到三个月，肯尼迪遇刺。我们现在只能猜测，如果他还活着，他所暗示的那种道德共鸣的政治是否已经实现。

40年之后，在2008年的总统竞选中，巴拉克·奥巴马同样触及了美国人对那种具有更高目的的公共生活的渴望，并阐明了一种具有道德和精神希冀的政治。然而，我们需要拭目以待的是：应付经济危机和大萧条的需要，是否会妨碍他将那在竞选中所表达出来的道德和公民主旨转变成一种共同善的政治？

一种新型的共同善的政治会是什么样的呢？以下是一些可能性的主题：

1. 公民身份、牺牲与服务

如果一个公正的社会需要一种较强的共同体感，那么它就必须找到一种方式，来培育公民关心全局以及为共同善做贡献。它不能对公民们带进公共生活里的那些态度、倾向以及各种“心灵习惯”漠不关心，而必须找到一种方式来反对那些将良善生活观念完全私人化的做法，并培育公民德行。

传统中，公立学校一直是公民教育的据点。对某几代人来说，军队是另外一个。我这里主要讨论的不是关于公民美德的具体教导，而是那些实际的、通常又是无意的公民教育；那些来自不同经济阶层、宗教背景和民族共同体的年轻人当来到共同的制度之中的时候，就会产生这种公民教育。

当公立学校处于劣势，而且只有一小部分美国人服兵役的时候，一个严重的问题便产生了，即：像我们这样一个辽阔而又迥然不同的民主社会，此时如何能够期望培养出一个公正社会所需要的团结以及相互之间的责任感？这个问题，至少在某种程度上又重新体现于我们当今的政治话语之中。

在2008年的总统竞选中，巴拉克·奥巴马注意到，2001年的“9·11”恐怖袭击事件，激发了美国人的爱国主义和自豪感，以及一种新的为国效力的意愿。他批评乔治·W.布什没有号召美国人进行某种形式的共同牺牲。他说道：“他号召我们去购物，而非服务于国家；我们有史以来第一次在战争时期对美国富人减税，而没有被号召着去共同牺牲。”[41]

奥巴马提议学生们用100个小时的公共服务来换取大学学费资助，并以此鼓励他们为国效力。当他在国内巡回演讲的时候，他这样告诫年轻人：“你投资给美国，美国也投资给你。”事实证明，他这个建议成为最受欢迎的一个，2009年4月，他签署了一项法律以扩展“美国志愿队”这一公共服务项目，并给那些在社区当志愿者的学生提供大学费用。然而，尽管奥巴马为国效力的号召引起了共鸣，但更为激进的、强制为国服务的提议仍然没有被提上政治议程。

2. 市场的道德局限

我们这个时代的一个最让人吃惊的趋势，就是市场的扩张和以市场为导向的推理方式，进入那些传统上是由非市场的规范所统领的生活领域。例如，我们在前面几章探讨过，当国家雇人来服兵役，以及把对囚犯的审讯承包给商人或私人承包商的时候，或者当父母将怀孕和生育孩子承包给发展中国家那些获得报酬的妇女的时候，或者人们在公开市场上买卖肾器官的时候——所产生的那些道德问题。还有很多别的事例：我们应当给那些就读于不太好的学校，却在标准化考试中取得好成绩的学生们提供经济报酬吗？我们应当给那些提高了学生们考试成绩的老师发放奖金吗？各州应当雇用那些营利性的监狱工厂来安置它们的囚犯吗？国家应当接受芝加哥大学的一位经济学家的提议，将每个公民身份标价为10万美元而加以出售，并以此来简化其移民政策吗？[42]

这些问题不仅仅关乎功利和同意，它们还涉及评价那些重要的社会行为——如服兵役、生育孩子、教导与学习、惩罚罪犯、批准新公民等——的正确方式。由于市场化的社会行为，可能会腐蚀或破坏那些界定它们的规范，因此我们需要拷问，我们想要保护哪些非市场的规范不受市场的侵蚀呢？这个问题，需要公众讨论各种不同的、评价各种善的正确方式。市场是组织生产活动的有用工具，然而，除非我们想让市场改写那些支配社会制度的规范，否则我们就需要公开讨论市场的道德限制。

3. 不平等、团结与公民德行

近几十年来，美国的贫富差距急剧扩大，已经达到了自20世纪30年代以来从未有过的最高水平。然而，不平等问题并没有作为一个政治事件而凸显出来。即使巴拉克·奥巴马在2008年温和地提议要使个人所得税降到20世纪90年代的水平时，共和党的反对者们也称他为企图扩展财富的社会主义者。

当代政治领域中对于不平等问题少有关注，然而这并不说明政治哲学家们对此问题也缺乏关注。自20世纪70年代以来，“如何正当分配收入和财富”这一问题，就一直是政治哲学领域的争论热点。然而，哲学家们倾向于将这一问题置于功利或同意的框架之内，这使得他们忽视了以下这一点：反对不平等的理由，很有可能获得一种政治上的关注，并最接近于道德和公民复兴这一谋划的核心。

有些哲学家从功利的角度主张向富人征税以帮助穷人。他们推测，如果从一个富人那里拿走100美元赠给一个穷人，这只会极其轻微地减少这个富人的快乐，而极大地增加那个穷人的快乐。约翰·罗尔斯也赞成再分配，但是他是基于一种假想的同意。他认为，如果我们在一种平等的原初状态中，设想一个假想的社会契约，那么，每个人都会同意一种支持某种形式的再分配的原则。

然而，我们还有第三种更为重要的理由，来为美国生活中日渐增长的不平等而感到担忧：贫富之间的过大差距会破坏民主性的公民身份所需要的团结。其原因如下：随着不平等的逐步加深，富人和穷人的生活会进一步分离。富人们将孩子送往私立学校（或者是在富裕郊区的公立学校），而将城市里的公立学校留给那些没有其他选择的家庭的孩子。类似的趋势导致了那些由于其他公共制度和设施的特权而产生的分离。[43] 私人健身俱乐部代替了市政娱乐中心和游泳馆；高档住宅区雇用私人保安，因而较少地依赖于公共警察的保护；人们所拥有的第二辆或第三辆车，消除了人们对公共交通工具的依赖；等等，不一而足。富人脱离于公共场所和公共服务，而将这些留给那些消费不起其他事物的人。

这一点有两个不良后果，一个是财政上的，而另一个是公民方面的。第一，由于那些不再使用这些公共服务的人不太愿意纳税以维持它们，因此这些公共服务会衰落。第二，诸如学校、公园、操场以及社区中心这样的公共机构，不再是来自社会不同阶层的公民们相互邂逅的场所。那些曾经聚集公众、并充当公民美德教育的非正式学校这一角色的场所，变得越来越少，相互之间的距离也越来越远。公共领域的虚空，使得我们很难培养团结和共同体感，而这些正是民主公民社会所依赖的基础。

因此，除了对功利和同意的影响，不平等还能够腐蚀公民美德。那些迷恋市场的保守主义者，以及关心再分配的自由主义者们，都忽视了这一损失。

如果公共领域的侵蚀是个问题，那么，我们如何解决这一问题呢？一种共同善的政治，会将公民社会基础设施的重建，作为其首要目标之一。它将向富人征税来重建公共机构和公共服务，以使得富人和穷人都想要利用它们，而不是为了扩充私人消费的机会而关注再分配。

我们的上一辈人在政府公路项目上进行了大量的投资，这给美国人带来了前所未有的个人流动性和自由，但同时也带来了对私家车的依赖、市郊的扩张、环境的破坏以及腐蚀共同体的生活方式。我们这一代人可以投资于那种在结果上平等并有利于公民复兴的基础设施建设，如：富人和穷人都想把孩子送进去的公立学校，可靠到足以吸引高收入上班一族的公共交通系统，公共健康医疗所、操场、公园、娱乐中心、图书馆和博物馆等能够（至少是理想地）将人们吸引至封闭的社区之外，而进入一种共享的民主公民社会的公共场所。

如果我们集中关注不平等的公民性后果及其逆转方式，那么，那些关于收入分配的争论，就不会找到政治上的影响力；这也有助于凸显分配公正与共同善之间的关系。

4. 一种道德参与的政治

有些人认为，公众参与讨论有关良善生活的问题，就是一种公民违法，是一次超越自由主义公共理性之界线的历程。我们通常认为，政治和法律不应当陷入各种道德和宗教争论，因为这样会导致压迫和不宽容。这是一种合理的担忧。多元社会中的公民对于道德和宗教问题确实存在分歧。正如我所论证的，即使政府不可能中立于这些分歧，我们是否也有可能基于相互尊重而引导政治呢？

在我看来，答案是肯定的。不过我们需要这样一个公民社会，它比我们现在所适应的这个社会更有活力、参与性更强。近几十年来，我们开始认为，尊重我们同胞们的各种道德和宗教信念就意味着忽视它们（至少是为了政治的目的），不打扰它们，可能的话就在公共生活中不涉及它们。然而，这种回避的立场会导致一种似是而非的尊重。它经常意味着压制，而非避免道德分歧。而这能够引发人们激烈的反对和怨恨，它也能够导致一种贫瘠的公共话语，后者从一个新闻周期转至下一个周期，并充斥着各种丑闻、耸人听闻的消息以及日常琐事。

一种对于道德分歧的更加有力的公共参与，能够为相互尊重提供一种更强而非更弱的基础。我们应当更加直接地关注同胞们所带入公共社会的各种道德和宗教信念——有时质疑并反对之，有时聆听并学习之，而不是加以避免。我们并不能保证，关于棘手道德问题的公共慎议，在任何情形中都会达成共识——或欣赏他人的道德和宗教观点。我们对一种道德和宗教信念的深入了解，却总是有可能使得我们更不喜欢它。然而，我们只有等尝试之后才能知道答案。

与回避的政治相比较，道德参与的政治不仅仅是一种更加激动人心的理想，它也为一个公正社会提供了一种更有希望的基础。

后记

这本书其实源于一门课程。近30年来，我一直有幸给哈佛大学的本科生们教授政治哲学，其中很多年我都在教一门名为“公正”的课程。该课程让学生们了解了一些关于公正的哲学著作，并参与讨论了一些当代法律上的和政治上的争论，这些争论引发了各种哲学问题。

政治哲学是一门论辩性的科目，“公正”这一课程的部分乐趣就在于：学生们开始反驳——反驳那些哲学家，反驳其他同学，甚至反驳我的观点。因此，我首先要感谢这么多年来参加“公正”这一课程的几千名本科生。我希望，这本书的精神体现出了他们对公正问题的积极参与。我也感激帮助我教授这门课的几百名研究生以及法学院的学生们。他们在每周例会上所提出的那些深刻尖锐的问题，不仅使我时刻保持警觉，同时也让我更加深刻地理解了我们带给学生们的那些哲学主题。

无论主题是否一样，写一本书与教一门课都是完全不同的。因此，一开始在写这本书的时候，在很多方面都让我绞尽脑汁。我感谢哈佛法学院的暑期研修班，它在我的写作过程中给了我很大的帮助；感谢纽约卡内基公司的“卡内基学者项目”，它支持了我关于“市场的道德局限”的研究；我尤其感谢瓦坦·格雷戈里安（Vartan Gregorian）、帕特里夏·罗森菲尔德（Patricia Rosenfield）、希瑟·麦凯（Heather McKay）对我的友善、耐心和帮助。这本书中关于市场和道德的那部分内容，是一个项目的开始，而到现在我还没有完成这个项目。

我受益于法勒－斯特劳斯－吉鲁这个杰出的工作小组。自始至终，乔纳森·加拉西（Jonathan Galassi）、保罗·伊利（Paul Elie）、杰夫·索约（Jeff Seroy）、劳雷尔·库克（Laurel Cook）以及我的文稿代理人埃丝特·纽伯格（Esther Newberg），都是一些让我觉得合作很愉快的人。他们对书的热爱、对做书的热爱，鼓舞了他们所做的一切，并给作者提供便利。我深深地感谢他们的帮助。

我的两个儿子亚当（Adam）和阿伦（Aaron），从他们能拿起汤匙的那时起，就已经开始在餐桌上讨论各种与公正有关的争论了。他们对道德的认真劲儿、聪明劲儿以及热情劲儿，一直都具有挑战性，并使问题更加丰富，同时也让我觉得关注他们的讨论是一种乐趣。当我们感到疑惑的时候，我们都转向基库（Kiku）——我们道德和精神上的试金石，我的灵魂伴侣。我将此书献给她，带着我无尽的爱意。

注释

第一章　做正当之事

1

Michael McCarthy, “After Storm Come the Vultures,” *USA Today*, August 20, 2004, p.6B.

2

Joseph B Treaster, “With Storm Gone, Floridians Are Hit with Price Gouging,” *New York Times*, August 18, 2004, pA1; McCarthy, “After Storm Come the Vultures.”

3

McCarthy, “After Storm Come the Vultures” ; Treaster, “With Storm Gone, Floridians Are Hit with Price Gouging” ; Crist quoted in Jeff Jacoby, “Bring on the ‘Price Gougers’ ,” *Boston Globe*, August 22, 2004, p.F11.

4

McCarthy, “After Storm Come the Vultures” ; Allison North Jones, “West Palm Days Inn Settles Storm Gouging Suit,” *Tampa Tribune*, October 6, 2004, p.3.

5

Thomas Sowell, “How ‘Price Gouging’ Helps Floridians,” *Tampa Tribune*, September 15, 2004; also published as “ ‘Price Gouging’ in Florida,” *Capitalism Magazine*, September 14, 2004, at wwwcapmagcom/articleasp? ID=3918.

6

Ibid.

7

Jacoby, “Bring on the ‘Price Gougers.’ ”

8

Charlie Crist, “Storm Victims Need Protection,” *Tampa Tribune*, September 17, 2004, p.17.

9

Ibid.

10

Jacoby, “Bring on the ‘Price Gougers.’ ”

11

Lizette Alvarez and Erik Eckholm, "Purple Heart Is Ruled Out for Traumatic Stress," *New York Times*, January 8, 2009.

12

Ibid.

13

Tyler E Boudreau, "Troubled Minds and Purple Hearts," *New York Times*, January 26, 2009, p. A21.

14

Alvarez and Eckholm, "Purple Heart Is Ruled Out."

15

Boudreau, "Troubled Minds and Purple Hearts."

16

S Mitra Kalita, "Americans See 18% of Wealth Vanish," *Wall Street Journal*, March 13, 2009, p. A1.

17

Jackie Calmes and Louise Story, "418 Got AIG Bonuses; Outcry Grows in Capital," *New York Times*, March 18, 2009, p. A1.; Bill Saporito, "How AIG Became Too Big to Fail," *Time*, March 30, 2009, p.16.

18

AIG CEO Edward M. Liddy quoted in Edmund L. Andrews and Peter Baker, "Bonus Money at Troubled AIG Draws Heavy Criticism," *New York Times*, March 16, 2009; see also Liam Pleven, Serena Ng, and Sudeep Reddy, "AIG Faces Growing Wrath Over Payments," *Wall Street Journal*, March 16, 2009.

19

New York Post, March 18, 2009, p.1.

20

Shailagh Murray and Paul Kane, "Senate Will Delay Action on Punitive Tax on Bonuses," *Washington Post*, March 24, 2009, p. A7.

21

Mary Williams Walsh and Carl Hulse, "A.I.G. Bonuses of $50 Million to be Repaid," *New York Times*, March 24, 2009, p. A1.

22

Greg Hitt, "Drive to Tax AIG Bonuses Slows," *Wall Street Journal*, March 25, 2009.

23

在备受争议的 AIG 的奖金事件中，并不是所有的奖金获得者都要对那导致灾难的冒险性投资负责。许多人是在破产之后才加入该金融产品部门的，以帮助他们收拾残局。一名这样的高级管理人员发表专栏文章，抱怨公众的愤怒没有区别那些对冒险性投资负责的人和那些并没有参与其中的人。见杰克·德桑蒂斯（Jake DeSantis），“Dear A.I.G, I Quit!,” *New York Times*, March 24, 2009。与杰克德·桑蒂斯不同，担任 AIG 金融产品总裁 13 年之久的约瑟夫·卡萨诺，在 2008 年 3 月离开公司之前，也即他所倡导的不偿还信贷互惠业务拖垮该公司前不久，足足赚了 28 000 万美元。

24

参议员夏洛特·布朗在这里引证了 Jonathan Weisman, Naftali Bendavid, and Deborah Solomon, “Congress Looks to a Tax to Recoup Bonus Money,” *Wall Street Journal*, March 18, 2009, p. A2。

25

President Barack Obama, remarks by the president, the White House, March 16, 2009, at www.whitehouse.gov/the_press_office/Remarks-by-the-President-to-small-business-owners.

26

Michael Shnayerson, “Wall Street’s $16 Billion Bonus,” Vanity Fair, March 2009.

27

President Barack Obama, remarks by the president on executive compensation, the White House, February 4, 2009, at www.whitehouse.gov/blog_post/new_rules/.

28

参议员格拉斯里在艾奥瓦州的 WMT 电台节目中做出这些评论。后来它们被刊登在《纽约时报》网站上的一个名叫《核心会议》（The Caucus）的博客上。见 Kate Phillips, “Grassley: A.I.G. Must Take Its Medicine (Not Hemlock),” March 17, 2009, at www.thecaucus.blogs.nytimes.com/2009/03/17/grassley-aig-should-take-its-medicine-not-hemloc。

29

Ibid. See also Kate Phillips, “Senator Wants Some Remorse from C.E.O.’s,” *New York Times*, March 18, 2009, p.A15.

30

阿兰·施沃茨（Alan Schwartz），贝尔斯登前首席执行官，引自 William D Cohen, “A Tsunami of Excuses,” *New York Times*, March 12, 2009。

31

Ibid.

32

Shnayerson, “Wall Street’s $16 Billion Bonus.”

33

David R Francis, “Should CEO Pay Restrictions Spread to All Corporations?,” *Christian Science Monitor*, Marcy 9, 2009.

34

Ibid.

35

首席执行官们的工资收入的数据来自韬睿咨询公司（Towers Perrin）的数据分析。引自 Kenji Hall, “No Outcry About CEO Pay in Japan,” *BusinessWeek*, February 10, 2009。

36

经典的有轨电车一例的构想来自菲丽帕·福特（Philippa Foot），“The Problem of Abortion and the Doctrine of Double Effect,” in *Virtues and Vices and Other Essays in Moral Philosophy* (Oxford, UK: Basil Blackwell, 1978), p.19, and Judith Jarvis Thomson,“The Trolley Problem,” *Yale Law Journal* 94 (May 1985): 1395–1415。

37

以下论证引自 Marcus Luttrell, with Patrick Robinson, *Lone Survivor: The Eyewitness Account of Operation Redwing and the Lost Heroes of SEAL Team 10* (New York: Little, Brown and Company, 2007)。

38

Ibid., p. 205.

39

Ibid.

40

Ibid., pp.206-207.

第二章　最大幸福原则/功利主义

1

Queen v. Dudley and Stephens, 14 Queens Bench Division 273, 9 December 1884. Quotes from newspaper account in “The Story of the Mignonette,” *The Illustrated London News*, September 20, 1884. See also A.W. Brian Simpson, *Cannibalism and the Common Law* (Chicago: University of Chicago Press, 1984).

2

Jeremy Bentham, *Introduction to the Principles of Morals and Legislation* (1789), J.H. Burns and H. L. A Hart, eds. (Oxford University Press, 1996), chap.1.

3

Ibid.

4

Jeremy Bentham, "Tracts on Poor Laws and Pauper Management," 1797, in John Bowring, ed, *The Works of Jeremy Bentham*, vol. 8 (New York: Russell & Russell, 1962), pp.369-439.

5

Ibid., p.401.

6

Ibid., pp.401-402.

7

Ibid., p.373.

8

Ursula K Le Guin, "The Ones Who Walk Away from Omelas," in Richard Bausch, ed., *Norton Anthology of Short Fiction* (New York: W. W. Norton, 2000).

9

Gordon Fairclough, "Philip Morris Notes Cigarettes' Benefits for Nation'sFinances," *Wall Street Journal*, July 16, 2001, p. A2. The text of the report, "Public Finance Balance of Smoking in the Czech Republic," November 28, 2000, as prepared for Philip Morris by Arthur D Little International, Inc., is available online at www.mindfully.org/Industry/Philip-Morris-Czech-Studyhtm, and at www.tobaccofreekids.org/reports/philipmorris/pmczechstudypdf.

10

Ellen Goodman, "Thanks, but No Thanks," *Boston Globe*, July 22, 2001, P. D7.

11

Gordon Fairclough, "Philip Morris Says It's Sorry for Death Report," *Wall Street Journal*, July 26, 2001, p.B1.

12

该法庭案例为 *Grimshaw v. Ford Motor Co.*, 174 *Cal. Reporter* 348 (Cal.Ct. App. 1981) The cost-benefit analysis was reported in Mark Dowie, "Pinto Madness," *Mother Jones*, September/October 1977. For a similar General Motors case, see Elsa Walsh and Benjamin Weiser, "Court Secrecy Masks Safety Issues," *Washington Post*, October 23, 1988, pp. A1, A22。

13

W. Kip Kiscusi, "Corporate Risk Analysis: A Reckless Act?," *Stanford Law Review* 52 (February 2000): 569.

14

Katharine Q. Seelye and John Tierney, "E.P.A. Drops Age-Based Cost Studies," *New York Times*, May 8, 2003, p.A26; Cindy Skrzycki, "Under Fire, E.P.A Drops the 'Senior Death Discount,'" Washington Post, May 13, 2003, p.E1; Robert Hahn and Scott Wallsten,"Whose Life Is Worth More? (And Why Is It Horrible to Ask?)," *Washington Post*, June 1, 2003.

15

Orley Ashenfelter and Michael Greenstone, "Using Mandated Speed Limits to Measure the Value of a Statistical Life," *Journal of Political Economy* 112, Supplement (February 2004): S227–267.

16

Edward L.Thorndike, *Human Nature and the Social Order* (New York: Macmillan, 1940).Abridged version edited by Geraldine Joncich Clifford, (Boston: MIT Press, 1969), pp.78-83.

17

Ibid., p.43.

18

Ibid.

19

John Stuart Mill, *On Liberty* (1859), Stefan Collini, ed (Cambridge University Press, 1989), chap.1.

20

Ibid.

21

Ibid., chap.3.

22

Ibid.

23

Ibid.

24

该引言出自边沁的一部鲜为人知的著作：*The Rationale of Reward*, 出版于 19 世纪 20 年代。约翰・斯图亚特・密尔将边沁的这一陈述发扬光大。见 Ross Harrison, *Bentham* (London: Routledge, 1983), p.5.

25

John Stuart Mill, *Utilitarianism* (1861), George Sher, ed. (Hackett Publishing, 1979), chap.2.

26

Ibid.

27

Ibid., chap.4.

28

Ibid., chap.2.

29

Ibid.

30

此处以及接下来的段落均引自 Joseph Lelyveld 的杰作："English Thinker (1748-1832) Preserves His Poise," *New York Times*, June 18, 1986.

31

"Extract from Jeremy Bentham's Last Will and Testament," May 30, 1832, on the Web site of the Bentham Project, University College London, at www.ucl.ac.uk/Bentham-Project/info/will.htm.

32

这些以及其他轶事来自 the Web site of the Bentham Project, University College London, at www.ucl.ac.uk/Bentham-Project/info/jb.htm。

33

Ibid.

第三章　我们拥有自身吗？/ 自由至上主义

1

Matthew Miller and Duncan Greenberg, "The Forbes 400," *Forbes*, September 17, 2008, at www.forbes.com/2008/09/16/forbes-400-billionaires-lists-400 list08_cx_mn_0917richam-ericans_land.html.

2

Lawrence Michel, Jared Bernstein, and Sylvia Allegretto, *The State of Working America* 2006/2007: *An Economic Policy Institute Book*, Ithaca, N.Y.: ILR Press, an imprint of Cornell University Press, 2007, using data from Edward N. Wolff (2006), at www.stateofworkingamerica.org/tabfig/05/SWA06_05_Wealth.pdf. See also Arthur B.Kennickell, "Currents and Undercurrents: Changes in the Distribution of Wealth, 1989-2004," Federal Reserve Board, Washington, D.C., January 30, 2006, at www.federalreserve.gov/pubs/oss/oss2/papers/concentration. 2004.5.pdf.

3

Friedrich A. Hayek, *The Constitution of Liberty* (Chicago: University of Chicago Press, 1960).

4

Milton Friedman, *Capitalism and Freedom* (Chicago: University of Chicago Press, 1962), p.188.

5

Ibid., p.111.

6

Ibid., pp.137–160.

7

Robert Nozick, *Anarchy, State, and Utopia* (New York: Basic Books, 1974), p.ix.

8

Ibid., pp.149–160.

9

Ibid., pp.160–164.

10

Ibid., p.169.

11

Ibid., p.172.

12

Ibid., p.171.

13

Monica Davey, "Kevorkian Speaks After His Release from Prison," *New York Times*, June 4, 2007.

14

Mark Landler, "Eating People Is Wrong! But Is It Homicide? Court to Rule," *New York Times*, December 26, 2003, p.A4.

15

Mark Landler, "German Court Convicts Internet Cannibal of Manslaughter,"*New York Times*, January 31, 2004, p.A3; Tony Paterson, "Cannibal of Rotenburg Gets 8 Years for Eating a Willing Victim," The Independent (London), January 31, 2004, p.30.

16

Luke Harding, "German Court Finds Cannibal Guilty of Murder," *The Guardian* (London), May 10, 2006, p.16.

17

Karen Bale, "Killer Cannibal Becomes Veggie,"*Scottish Daily Record*, November 21,

2007, p.20.

第四章　雇佣帮助/市场与道德

1

James W.Geary, *We Need Men: The Union Draft in the Civil War* (DeKalb: Northern Illinois University Press, 1991), pp.3-48; James M McPherson, Battle Cry of Freedom: The Civil War Era (New York: Oxford University Press, 1988), pp.490–494.

2

McPherson, *Battle Cry*, pp.600–611.

3

Ibid.; Geary, *We Need. Men*, pp.103–150.

4

McPherson, *Battle Cry*, p.601; Geary, We Need Men, p.83.

5

Geary, *We Need Men*, p.150, and *The Civil War: A Film by Ken Burns*, episode 5, "The Universe of Battle," chapter 8.

6

Jeffrey M Jones, "Vast Majority of Americans Opposed to Reinstating Military Draft," Gallup News Service, September 7, 2007, at www.gallup.com/poll/28642/Vast-Majority-Americans-Opposed-Reinstituting-Military-Draft.aspx.

7

Hon.Ron Paul (R-Texas), "3000 American Deaths in Iraq," U.S.House of Representatives, January 5, 2007; at www.ronpaullibrary.org/document.php? id=532.

8

"Army Recruitment in FY 2008: A Look at Age, Race, Income, and Education of New Soldiers," National Priorities Project; data from chart 6: Active-duty Army: Recruits by Neighborhood Income, 2005, 2007, 2008; at www.nationalpriorities.org/militaryrecruiting2008/active_duty_army/recruits_by_neighborhood_income.

9

同上。传统基金会的一项研究表明，官员们都不成比例地来自富裕的区域，从而质疑这一发现。See Shanea J.Watkins and James Sherk, "Who Serves in the U.S. Military? Demographic Characteristics of Enlisted Troops and Officers," Heritage Center for Data Analysis, August 21, 2008, at www.heritage.org/Research/NationalSecurity/cda08-05.cfm.

10

"Military Recruitment 2008: Significant Gap in Army's Quality and Quantity Goals,"

National Priorities Project; data from Table 1: Educational Attainment, FY 2008, at www.nationalpriorities.org/militaryrecruiting2008/army2008edattainment.

11

David M Kennedy, "The Wages of a Mercenary Army: Issues of Civil-Military Relations," *Bulletin of the American Academy* (Spring 2006): 12-16.Kennedy cites Andrew Bacevich, *The New American Militarism: How Americans Are Seduced by War* (New York: Oxford University Press, 2005), p.28.

12

Kathy Roth-Douquet and Frank Schaeffer, *AWOL: The Unexcused Absence of America's Upper Classes from Military Service* (New York: HarperCollins, 2006).

13

Arielle Gorin, "Princeton, in the Nation's Service?," *The Daily Princetonian, January* 22, 2007. The Princeton figures are from Charles Moskos, a sociologist who studies the military. Moskos is quoted in Julian E. Barnes and Peter Spiegel, "Expanding the Military, Without a Draft," *Los Angeles Times*, December 24, 2006.

14

《今日美国》报道，根据美国参议员图书馆的数据，在 535 名国会议员中，至少有 9 名议员有子女在伊拉克战争中服役。Kathy Kiely, "Lawmakers Have Loved Ones in Combat Zone," *USA Today*, January 23, 2007.

15

Charles Rangel, "Why I Want the Draft," *New York Daily News*, November 22, 2006, p.15.

16

Ibid.

17

Kennedy, "The Wages of a Mercenary Army"; see also David M Kennedy, "The Best Army We Can Buy," *New York Times*, July 25, 2005, p. A19.

18

Ibid., p.13.

19

Ibid., p.16.

20

Jean-Jacques Rousseau, *The Social Contract* (1762), Book III, chap.15, translated by G.D.H. Cole (London: J.M. Dent and Sons, 1973).

21

Doreen Carvajal, "Foreign Legion Turns to Internet in Drive for Recruits," *Boston Sunday Globe*, November 12, 2006; Molly Moore, "Legendary Force Updates Its Image:

Online Recruiting, Anti-Terrorist Activities Routine in Today's French Foreign Legion," *Washington Post*, May 13, 2007, p. A14.

22

Julia Preston, "US Military Will Offer Path to Citizenship," *New York Times*, February 15, 2009, p.1; Bryan Bender, "Military Considers Recruiting Foreigners," *Boston Globe*, December 26, 2006, p.1.

23

T.Christian Miller, "Contractors Outnumber Troops in Iraq," *Los Angeles Times*, July 4, 2007.

24

Peter W. Singer, "Can't Win with 'Em, Can't Go to War Without 'Em: Private Military Contractors and Counterinsurgency," Brookings Institution, *Foreign Policy Paper Series*, September 2007, p.3.

25

美国劳工部的保险声称，截至 2008 年 4 月，有 1921 名承包商遇难。数字引自 Peter W Singer, "Outsourcing the Fight," *Forbes*, June 5, 2008. 承包商的死亡数目并没有被计入美国军队的死亡人数，见 Steve Fainaru, "Soldier of Misfortune: Fighting a Parallel War in Iraq, Private Contractors Are Officially Invisible-Even in Death," *Washington Post*, December 1, 2008, p.C1.

26

Evan Thomas and March Hosenball, "The Man Behind Blackwater," *Newsweek*, October 22, 2007, p.36.

27

Prince quoted in Mark Hemingway, "Warriors for Hire: Blackwater USA and the Rise of Private Military Contractors," *The Weekly Standard*, December 18, 2006.

28

在伊拉克的黑水公司所获的这 10 亿美元的数字，引自 Steve Fainaru, *Big Boy Rules: America's Mercenaries Fighting in Iraq* (New York: Da Capo, 2008), quoted in Ralph Peters, "Hired Guns," *Washington Post*, December 21, 2008.

29

Ginger Thompson and James Risen, "Five Guards Face US Charges in Iraq Deaths," *New York Times*, December 6, 2008.

30

Singer, "Can't Win with 'Em," p.7.

31

这里以及下列段落中所出现的、与这一案例有关的各种事实引自法庭上的各种观点：In re *Baby M*, 217 New Jersey Superior Court,313 (1987), and *Matter of Baby M*,

Supreme Court of New Jersey, 537 *Atlantic Reporter*, 2d Series, 1227 (1988).

32

In re *Baby M*, 217 New Jersey Superior Court, 313 (1987).

33

Ibid., p.374–375.

34

Ibid., p.376.

35

Ibid., p.372.

36

Ibid., p.388.

37

Matter of Baby M, Supreme Court of New Jersey, *537 Atlantic Reporter*, 2d Series, 1227 (1988).

38

Ibid., p.1248.

39

Ibid.

40

Ibid., p.1249.

41

Ibid.

42

Ibid., pp.1248–1249.

43

Elizabeth S Anderson, "Is Women's Labor a Commodity?" *Philosophy and Public Affairs 19* (Winter 1990): 71-92.

44

Ibid., p.77.

45

Ibid., pp.80-81.

46

Ibid., p.82.

47

Susannah Cahalan, "Tug O'Love Baby M All Grown Up," *New York Post*, April 13, 2008.

48

Lorraine Ali and Raina Kelley, "The Curious Lives of Surrogates," *Newsweek*, April 7, 2008; Debora L Spar, *The Baby Business* (Cambridge, Mass: Harvard Business School Press, 2006), pp.83-84.

49

In Spar, *The Baby Business.* 丝芭自此成为伯纳德学院的院长。

50

Ibid., p.79.

51

Ibid.

52

Ibid., p.80.

53

Ibid., p.81.

54

Ibid.

55

Sam Dolnick, "World Outsources Pregnancies to India," Associated Press Online, December 30, 2007.

56

Ibid.See also Amelia Gentleman, "India Nurtures Business of Surrogate Motherhood," *New York Times*, March 10, 2008, p.9.

57

Dolnick, "World Outsources Pregnancies to India."

58

Ibid.

59

Gentleman, "India Nurtures Business of Surrogate Motherhood."

60

该名妇女及其经济状况报道于 Dolnick, "World Outsources Pregnancies to India."

61

Ibid.

1

See Christine M. Korsgaard, "Introduction," Immanuel Kant, *Groundwork of the Metaphysics of Morals* (Cambridge: Cambridge University Press, 1997), pp.vii-viii.

2

Immanuel Kant, *Groundwork of the Metaphysic of Morals* (1785), translated by H. J. Paton (New York: Harper Torchbooks, 1964), 442. 由于读者们会使用不同版本的康德的《道德形而上学》，因此我所引用的都是标准的页码，都引自柏林皇家普鲁士学院（the Royal Prussian Academy）所出版的《道德形而上学》，大多数当代的各种版本的《道德形而上学》也都是引用此版本的页码。

3

Ibid.

4

Ibid., p.394.

5

Ibid., p.390.

6

康德的观点的这种表达方式要归功于卢卡斯·斯坦奇克（Lucas Stanczyk）。

7

Ibid., p.397.

8

Hubert B. Herring, "Discounts for Honesty," *New York Times*, March 9, 1997.

9

Kant, *Groundwork*, p.398.

10

Ibid.

11

Ibid.

12

"Misspeller Is a Spelling Bee Hero" (UPI), *New York Times*, June 9, 1983.

13

Kant, *Groundwork*, p.412.

14

Ibid., p.395.

15

康德在《道德形而上学》一书出版很多年之后，在一篇论文中使用了这一术语。见 Immanuel Kant, “On the Common Saying: ‘This May Be True in Theory, But It Does Not Apply in Practice” (1793), in Hans Reiss, ed., *Kant's Political Writings*, translated by H.B.Nisbet (Cambridge, UK: Cambridge University Press, 1970), p.73.

16

Kant, *Groundwork*, p.414.

17

Ibid., p.416.

18

Ibid., p.425.See also p.419-20.

19

Ibid., p.421.

20

Ibid., p.422.

21

Ibid., p.428.

22

Ibid.

23

Ibid., p.429.

24

Ibid.

25

Ibid., p.433.

26

Ibid., p.440.

27

Ibid., p.447.

28

Ibid., p.452.

29

Ibid.

30

Ibid., p.453.

31

Ibid., p.454.

32

Ibid., p.454.

33

Ibid., p.456.

34

Immanuel Kant, "Duties Toward the Body in Respect of Sexual Impulse" (1784–1785), translated by Louis Infield and published in Immanuel Kant, *Lectures on Ethics* (Cambridge, Mass: Hackettt Publishing, 1981), p.164. 这段文字出自那些去听康德讲座的学生在讲座中所做的笔记。

35

Ibid.

36

Ibid., p.165.

37

Ibid.

38

Ibid., pp.165–166.

39

Ibid., p.167.

40

Immanuel Kant, "On a Supposed Right to Lie Because of Philanthropic Concerns" (1799), translated by James W Ellington and published as a supplement to Immanuel Kant, *Grounding for the Metaphysics of Morals* (Cambridge, Mass.: Hackett Publishing, 1993), p.64.

41

Ibid., p.65.

42

Kant quoted in Alasdair MacIntyre, "Truthfulness and Lies: What Can We Learn from Kant?" in Alasdair MacIntyre, *Ethics and Politics: Selected Essays*, vol. 2 (Cambridge, UK: Cambridge University Press, 2006), p.123.

43

Ibid.

44

House Judiciary Committee, December 8, 1998. Exchange transcribed from CNN coverage. A partial transcript of the exchange can be found at www.cnn.com/ALLPOLITICS/stories/1998/12/08/as.it.happened.

45

Immanuel Kant, "On the Common Saying: 'This May Be True in Theory, but It Does

Not Apply in Practice,'"(1793), translated by H.B. Nisbet and published in Hans Reiss ed., *Kant's Political Writings* (Cambridge: Cambridge University Press, 1970), pp.73-74.

46

Ibid., p.79.

47

Ibid.

第六章　平等的理由/约翰·罗尔斯

1

John Locke, *Second Treatise of Government* (1690), Peter Laslett, ed., *Locke's Two Treatises of Government*, 2d ed. (Cambridge, UK: Cambridge University Press, 1967), sec. 119.

2

John Rawls, *A Theory of Justice* (Cambridge, Mass.: The Belknap Press of Harvard University Press, 1971).

3

见一部精彩的契约论史：PS. Atiyah, *The Rise and Fall of Freedom of Contract* (New York: Oxford University Press, 1979; also Charles Fried, *Contract as Promise* (Cambridge, Mass.: Harvard University Press, 1981).

4

Associated Press, "Bill for Clogged Toilet: $50,000," *Boston Globe*, September 13, 1984, p.20.

5

David Hume, *Treatise of Human Nature* (1739–1740), Book III, part II, sec 2 (New York: Oxford University Press, 2nd ed., 1978).

6

Ibid, Book III, part III, sec.5.

7

该故事与阿蒂亚（Atiyah）有关，*The Rise and Fall of Freedom of Contract*, pp.487–488; Atiyah cites E.C. Mossner, *Life of David Hume* (Edinburgh: publisher tk, 1954), p.564.

8

阿蒂亚所引的休谟著作：*Rise and Fall*, p.487.

9

Steve Lee Myers, "'Squeegees' Rank High on Next Police Commissioner's Priority List," *New York Times*, December 4, 1993, pp.23–24.

10

Rawls, *A Theory of Justice*, sec.24.

11

Ibid., sec.12.

12

Ibid.

13

Ibid.

14

Ibid.

15

Kurt Vonnegut, Jr, “Harrison Bergeron” (1961), in Vonnegut, *Welcome to the Monkey House* (New York: Dell Publishing, 1998), p.7.

16

Ibid., pp.10–11.

17

Rawls, *A Theory of Justice*, sec.17.

18

Ibid., sec.12.

19

Ibid., sec.48.

20

Ibid.

21

Rawls, *A Theory of Justice* (2d ed., 1999), sec.17.

22

Ibid., sec.48.

23

Woody Allen, *Stardust Memories*, United Artists, 1980.

24

Milton and Rose Friedman, *Free to Choose* (New York: Houghton Mifflin Harcourt, 1980), pp.136–137.

25

Rawls, *A Theory of Justice*, sec.17.

26

Ibid. 在 1999 年修订版的《正义论》当中，罗尔斯删掉了“分享他人命运”的相关短语。

第七章　反歧视政策之争

1

霍普伍德一案的事实记录在 *Cheryl J. Hopwood v. State of Texas*, United States Court of Appeals for the Fifth Circuit, 78 F.3d 932 (1996), and in Richard Bernstein, "Racial Discrimination or Righting Past Wrongs?", New York Times, July 13, 1994, p.B8. 该区的法庭意见在脚注中指出：霍普伍德在法学院入学考试中的得分（第 83 个百分位），远远低于那些在 1992 年入学的非少数民族学生的中等成绩。See *Cheryl J. Hopwood v. State of Texas*, United States District Court for the Western District of Texas, 861 F. Supp.551 (1994), at 43。

2

Michael Sharlot, quoted in Sam Walker, "Texas Hunts for Ways to Foster Diversity," *Christian Science Monitor*, June 12, 1997, p.4.

3

Bernstein, "Racial Discrimination or Righting Past Wrongs?"

4

Regents of University of *California v. Bakke*, 438 U.S. 265 (1978).

5

Grutter v. Bollinger, 539 U.S. 306 (2003).

6

Ethan Bronner, "Colleges Look for Answers to Racial Gaps in Testing," *New York Times*, November 8, 1997, pp.A1, A12.

7

迈克尔·夏洛特（Michael Charlot），是当时得克萨斯州立大学法学院的主任。quoted in Bernstein, "Racial Discrimination or Righting Past Wrongs?"

8

Regents of University of California v. Bakke, 438 U.S. 265 (1978), appendix to opinion of Justice Powell, pp.321–324.

9

Ibid., 323.

10

Ronald Dworkin, "Why Bakke Has No Case," *New York Review of Books*, vol 24, November 10, 1977.

11

Ibid.

12

Lowell quote from "Lowell Tells Jews Limit at Colleges Might Help Them," *New York*

Times, June 17, 1922, pp.3.

13

Dartmouth quotes from William A Honan, "Dartmouth Reveals Anti-Semitic Past," *New York Times*, November 11, 1997, p.A16.

14

Dworkin, "Why Bakke Has No Case."

15

杰弗逊·莫里（Jefferson Morley）对"小星城"的定额制作了精彩的论证："Double Reverse Discrimination," *The New Republic*, July 9, 1984, pp.14–18; see also Frank J. Prial, "Starrett City: 20,000 Tenants, Few Complaints," *New York Times*, December 10, 1984。

16

这三封假想的信引自 Michael J Sandel, *Liberalism and the Limits of Justice* (Cambridge, UK: Cambridge University Press, 2d ed., 1998)。

第八章　谁应得什么？/亚里士多德

1

Callie Smartt's story was reported in Sue Anne Pressley, "A 'Safety' Blitz," *Washington Post*, November 12, 1996, pp.A1, A8. 我在这里所做的评论引自 Michael J. Sandel, "Honor and Resentment," *The New Republic*, December 23, 1996, p.27; reprinted in Michael J. Sandel, Public *Philosophy: Essays on Morality in Politics* (Cambridge, Mass: Harvard University Press, 2005), pp.97–100。

2

Aristotle, *The Politics*, edited and translated by Ernest Barker (New York: Oxford University Press, 1946), Book III, chap.xii [1282b].

3

Ibid.

4

A. A Milne, *Winnie-the-Pooh* (1926; New York: Dutton Children's Books, 1988), pp.5–6.

5

Aristotle, *The Politics*, Book III, chap. ix [1280b].

6

Ibid., [1280a].

7

Ibid., [1280b].

8

Ibid.

9

Ibid., [1281a]; Book III, chap. xii [1282b].

10

Ibid., Book I, chap. ii [1253a].

11

Ibid.

12

Ibid.

13

Aristotle, *Nicomachean Ethics*, translated by David Ross (New York: Oxford University Press, 1925), Book II, chap.3 [1104b].

14

Ibid., Book II, chap.1 [1103a].

15

Ibid. [1103a–1103b].

16

Ibid. [1003b].

17

Judith Martin, "The Pursuit of Politeness," *The New Republic*, August 6, 1984, p.29.

18

Aristotle, *Nicomachean Ethics*, Book II, chap. 2 [1104a].

19

Ibid., Book II, chap.9 [1109a].

20

Ibid., Book VI, chap.6 [1140b].

21

Ibid., Book VI, chap.7 [1141b].

22

Ibid., Book VI, chap.5 [1140b].

23

Ibid., Book VI, chap.7 [1141b].

24

这里我将这一具有启发性的讨论归功于伯纳德·威廉斯 (Bernard Williams), *Shame and Necessity* (Berkeley: University of California Press, 1993), pp.103–129。

25

Aristotle, *The Politics*, Book I, chap.v [1254a].

26

Ibid. [1254b].

27

Ibid. [1254b].

28

Ibid. [1255a].

29

Ibid., Book I, chap.vi [1254b].

30

Ibid. [1255b].

31

Ibid., Book I, chap.iii [1253b].

32

关于这一点的具有启发性的讨论，见 Russell Muirhead, *Just Work* (Cambridge, Mass: Harvard University Press, 2004)。

33

PGA Tour v. Martin, 532 U.S. 661 (2001).

34

Ibid., Justice Scalia dissent, at 700.

35

Ibid., Justice Stevens opinion, at 682.

36

Ibid., at 687.

37

Ibid.

38

Ibid., Justice Scalia dissent, at 701.

39

Tom Kite, "Keep the PGA on Foot," *New York Times*, February 2, 1998.

第九章　我们彼此负有什么义务？/ 忠诚之难

1

Elazar Barkan, *The Guilt of Nations* (New York: W. W. Norton, 2000), offers a good overview of post–World War II restitutions and apologies. On German reparations to Israel and Jews, see pp.3–29 See also Howard M. Sachar, *A History of Israel* (London: Basil Blackwell, 1976), pp.464–470.

2

Konrad Adenauer speech to Bundestag quoted in "History of the Claims Conference," at the official website of the Conference on Jewish Material Claims Against Germany, at www.claimscon.org/?url=history.

3

Johannes Rau quoted in Karin Laub, "Germany Asks Israel's Forgiveness over Holocaust," Associated Press, in *The Independent*, February 16, 2000.

4

Barkan, *The Guilt of Nations*, pp.46–64 Hiroko Tabuchi, "Historians Find New Proof on Sex Slaves," Associated Press, April 17, 2007.

5

Barkan, *The Guilt of Nations.*

6

Norimitsu Onishi, "Call by U.S. House for Sex Slavery Apology Angers Japan's Leader," *New York Times*, August 1, 2007.

7

Barkan, *The Guilt of Nations*, pp.245–248; "Australia Apologizes 'Without Qualification,'" Interview with Professor Patty O'Brien, Center for Australian and New Zealand Studies, Georgetown University, on National Public Radio, February 14, 2008.

8

Barkan, *The Guilt of Nations.*

9

Tim Johnston, "Australia Says 'Sorry' to Aborigines for Mistreatment," *New York Times*, February 13, 2008; Misha Schubert and Sarah Smiles, "Australia Says Sorry," The Age (Melbourne, Australia), February 13, 2008.

10

Barkan, *The Guilt of Nations*, pp.30–45.

11

Ibid., pp.216–231.

12

Ibid., pp.283–293; *Tamar Lewin*, "Calls for Slavery Restitution Getting Louder," *New York Times*, June 4, 2001.

13

On RepJohn Conyers's bill to study reparations, see www.conyers.house.gov/index.

cfm?FuseAction=Issues. Home&Issue_id=06007167-19b9-b4b1-125c-df3de5ec97f8.

14

Walter Olson, "So Long, Slavery Reparations," *Los Angeles Times*, October 31, 2008, A19.

15

Survey research by Michael Dawson, reported in Harbour Fraser Hodder, "The Price of Slavery," *Harvard Magazine*, May-June 2003, pp.12–13; see also Alfred L Brophy, "The Cultural War over Reparations for Slavery," *DePaul Law Review* 53 (Spring 2004): 1201–1211.

16

Wendy Koch, "Virginia First State to Express 'Regret' over Slavery," *USA Today*, February 26, 2007, p.5A. On slaveholding population of Virginia and other states, see Christine Vestal, "States Lead Slavery Apology Movement," Statelineorg, April 4, 2008, at www.stateline.org/live/details/story? contentId=298236.

17

Vestal, "States Lead Slavery Apology Movement." See also "Apologies for Slavery," *State Legislatures*, June 2008, p.6.

18

Darryl Fears, "House Issues an Apology for Slavery," *Washington Post*, July 30, 2008, p.A3; House Resolution 194: "Apologizing for the Enslavement and Racial Segregation of African-Americans," *Congressional* Record House 154, no127 (July 29, 2008): 7224–7227。

19

对此问题的一个具有洞见的分析，见 David Miller, *National Responsibility and Global Justice* (New York: Oxford University Press, 2008), pp.135–162。

20

Gay Alcorn, "The Business of Saying Sorry," *Sydney Morning Herald*, June 20, 2001, p.17.

21

Henry Hyde quoted in Kevin Merida, "Did Freedom Alone Pay a Nation's Debt?" *Washington Post*, November 23, 1999.

22

Williams quoted in Lewin, "Calls for Slavery Restitution Getting Louder."

23

Tom Hester, Jr., "New Jersey Weighs Apology for Slavery," *Boston Globe*, January 2, 2008.

24

Darryl Fears, "Slavery Apology: A Sincere Step or Mere Politics?" *Washington Post*, August 2, 2008.

25

John Locke, *Second Treatise of Government* (1690), sec. 95, in John Locke, *Two Treatises of Government*, ed. Perter Laslett (Cambridge: Cambridge University Press, 3rd ed., 1988).

26

Aristotle, The Politics, Book VII, 1323a, translated by Ernest Barker (New York: Oxford University Press, 1946)。

27

Immanuel Kant, *Critique of Practical Reason* (1788), translated by Lewis White Beck (Indianapolis: Library of Liberal Arts, 1956), pp.66–67.

28

John Rawls, *A Theory of Justice* (Cambridge, Mass: Harvard University Press, 1971), sec.33, p.211.

29

Ibid., sec. 84, p.560.

30

Ibid., sec. 85, p.561.

31

Ibid., sec. 84, p.560.

32

对这一点的阐释，见 Michael J Sandel, *Democracy's Discontent* (Cambridge, Mass: Harvard University Press, 1996), pp.280–284; also James Holt, "The New Deal and the American Anti-Statist Tradition," in John Braeman, Robert H Bremner, and David Brody, eds., *The New Deal: The National Level* (Columbus: Ohio State University Press, 1975), pp.27–49.

33

Franklin D Roosevelt, "Message to Congress on the State of the Union," January 11, 1944, in *Public Papers and Addresses*, vol 13, pp.40–42.

34

Robert Nozick, *Anarchy, State, and Utopia* (New York: Basic Books, 1974), p.33.

35

Barry Goldwater, *The Conscience of a Conservative* (1960; Washington, D.C.: Regnery, Gateway edition, 1990), pp.52-53, 66–68.

36

Alasdair MacIntyre, *After Virtue* (Notre Dame, Ind.: University of Notre Dame Press, 1981), p.201.

37

Ibid.

38

Ibid., p.204.

39

Ibid., p.204–205.

40

Ibid., p.205.

41

Ibid.

42

Ibid.

43

John Rawls, *A Theory of Justice*, pp.108–117.

44

Ibid., p.114.

45

"Airlift to Israel Is Reported Taking Thousands of Jews from Ethiopia," *New York Times*, December 11, 1984; Hunter R. Clark, "Israel an Airlift to the Promised Land," *Time*, January 14, 1985.

46

Peres quoted in Anastasia Toufexis, "Israel Stormy Skies for a Refugee Airlift," Time, January 21, 1985.

47

Stephen Spector, *Operation Solomon: The Daring Rescue of the Ethiopian Jews* (New York: Oxford University Press, 2005). See also the website of the Israel Association for Ethiopian Jews: www.iaej.org.il/pages/history.htm.

48

Jean-Jacques Rousseau, "Discourse on Political Economy" (1755), translated by Donald A. Cress (Cambridge, Mass: Hackett Publishing), p.173.

49

Ibid., p.174.

50

John Burnett, "A New Way to Patrol the Texas Border: Virtually," *All Things Consid-*

ered, National Public Radio, February 23, 2009. See www.npr.org/templates/story/story.php?storyId=101050132.

51

Michael Walzer, *Spheres of Justice* (New York: Basic Books, 1983), p62.

52

一种深思熟虑的支持开放边境的论证，见 Joseph H. Carens, "Aliens and Citizens: The Case for Open Borders," *The Review of Politics* 49 (Spring 1987).

53

Ibid., pp.37–38.

54

Byron Dorgan, "Spend Money on US Goods," *USA Today*, February 2, 2009, p.14A.

55

Douglas A Irwin, "If We Buy American, No One Else Will," *New York Times*, February 1, 2009; Anthony Faiola, "'Buy American' Rider Sparks Trade Debate," *Washington Post*, January 29, 2009.

56

Michael Mandel, "Can Obama Keep New Jobs at Home?" *BusinessWeek*, November 25, 2008.

57

Lee quoted in Douglas Southall Freeman, R. E. Lee (New York: Charles Scribner'sSons, 1934), pp.443, 421.See also Morton Grodzins, *The Loyal and the Disloyal* (Chicago: University of Chicago Press, 1965), pp.142–143.

58

本段以及下一段引自 Sandel, *Democracy's Discontent*, pp.15–16.

59

Dick Lehr, "Bulger Brothers Find Their Worlds Colliding," *Boston Globe*, December 4, 2002, p.B1; Eileen McNamara, "Disloyalty to the Dead," *Boston Globe*, December 4, 2002; www.fbi.gov/wanted/topten/fugitives/bulger.htm.

60

Scot Lehigh, "Bulger Chose the Code of the Streeet," *Boston Globe*, December 4, 2002, p.A19.

61

Nicolas Zamiska, "In South Boston, Belief and Sympathy," *Boston Globe*, June 20, 2003, p.A22.

62

Lehigh, "Bulger Chose the Code of the Street."

63

Shelley Murphy, "No US Charges Against Bulger," *Boston Globe*, April 4, 2007, p.A1.

64

David Johnston and Janny Scott, "Prisoner of Rage: The Tortured Genius of Theodore Kaczynski," *New York Times*, May 26, 1996.

65

Ibid.

66

David Johnston, "Judge Sentences Confessed Bomber to Four Life Terms," *New York Times*, May 5, 1998.

67

William Glaberson, "In Book, Unabomber Pleads His Case," *New York Times*, March 1, 1999.

68

William Glaberson, "The Death Penalty as a Personal Thing," *New York Times*, October 18, 2004.

69

Matthew Purdy, "Crime, Punishment and the Brothers K," *New York Times*, August 5, 2001.

70

Johnston and Scott, "Prisoner of Rage."

第十章　公正与共同善

1

Theodore H White, *The Making of the President* 1960 (New York: Atheneum Publishers, 1961), pp.295–298.

2

约翰·肯尼迪于 1960 年 9 月 12 日在得克萨斯州休斯敦发表的《致休斯敦市区部长协会》的演讲，见 www.jfk.library.org/Historical+Resources/Archives/Reference+Desk/Speeches/JFK/JFK+Pre-Pres/1960/Address+of+Senator+John+F+Kennedy+to+the+Greater+Houston+Ministerial+Association.htm。

3

White, *The Making of the President* 1960, p.298.

4

Barack Obama, "Call to Renewal Keynote Address," Washington, DC, June 28, 2006, at www.barackobama.com/2006/06/28/call_to_renewal_keynote_address.php.

5

Ibid.

6

Ibid.

7

Ibid.

8

Ibid.

9

对这一主题的阐释见 Michael J Sandel, *Democracy's Discontent: America in Search of a Public Philosophy* (Cambridge, Mass: Harvard University Press, 1996), pp.278–285。

10

John Rawls, *A Theory of Justice* (Cambridge, Mass: Harvard University Press, 1971).

11

Alasdair MacIntyre, *After Virtue* (Notre Dame, Ind: University of Notre Dame Press, 1981); Michael J. Sandel, *Liberalism and the Limits of Justice* (Cambridge, UK: Cambridge University Press, 1982); Michael Walzer, *Spheres of Justice* (New York: Basic Books, 1983); Charles Taylor, "The Nature and Scope of Distributive Justice," in Charles Taylor, *Philosophy and the Human Sciences, Philosophical Papers*, vol.2 (Cambridge, UK: Cambridge University Press), p.289.

12

John Rawls, *Political Liberalism* (New York: Columbia University Press, 1993), p.31.

13

Ibid., pp.29–31.

14

Ibid., pp.58.

15

Ibid., pp.xx,xxviii.

16

Ibid., pp.215.

17

Ibid., pp.254.

18

Ibid., pp.236.

19

这一短语源于 Richard John Neuhaus, *The Naked Public Square* (Grand Rapids, Mich: William B. Eerdmans, 1984).

20

See Michael J. Sandel, *Public Philosophy: Essays on Morality in Politics* (Cambridge, Mass.: Harvard University Press, 2005), pp.2–3.

21

Obama, "Call to Renewal Keynote Address."

22

我在一本书里讨论了胚胎的道德状态问题，见 Michael J. Sandel, *The Case Against Perfection* (Cambridge, Mass.: Harvard University Press, 2007), pp.102–128。

23

康涅狄格州和艾奥瓦州，分别于 2008 年和 2009 年经州最高法院的裁决，使同性婚姻合法化。

24

See Tamara Metz, "Why We Should Disestablish Marriage," in Mary Lyndon Shanley, *Just Marriage* (New York: Oxford University Press, 2004), pp.99–108。

25

Michael Kinsley, "Abolish Marriage," *Washington Post*, July 3, 2003, p.A23.

26

Ibid.

27

Ibid.

28

Hillary Goodridge vs. Department of Public Health, Supreme Judicial Court of Massachusetts, 440 Mass. 309 (2003).

29

Ibid., p.312. 该法庭意见中的那句“我们的责任是界定全体人们的自由，而不是强制执行我们自己的道德规范”，引自 *Lawrence v. Texas*, 539 U.S. 558 (2003)，美国最高法院的该决定，推翻了得克萨斯州的一项禁止同性行为的法律；劳伦斯（Lawrence）的观点，反过来又从这里引用了这句话，见 *Planned Parenthood v. Casey*, 505 U.S. 833 (1992)，这是美国最高法院处理堕胎权时的裁决。

30

Ibid.

31

Ibid., p.329.

32

Ibid., p.320.

33

Ibid., p.313.

34

Ibid., p.342.

35

Ibid., p.321.

36

Ibid., p.322.

37

Ibid., p.331.

38

Ibid., p.333.

39

Robert F. Kennedy, "Remarks at the University of Kansas,"March 18, 1968, at www.jfklibrary.org/Historical+Resources/Archives/Reference+Desk/Speeches/RFK/RFK-Speech68Mar18UKansas.htm.

40

Ibid.

41

Barack Obama, "A New Era of Service,"University of Colorado, Colorado Springs, July 2, 2008, in *Rocky Mountain News*, July 2, 2008.

42

Gary Becker, "Sell the Right to Immigrate,"The Becker-Posner Blog, February 21, 2005, at www.becker-posner-blog.com/archives/2005/02/sell_the_right.html.

43

See Robert B. Reich, *The Work of Nations* (New York: Alfred A Knopf, 1991), pp.249–315.

图书在版编目（CIP）数据

公正：该如何做是好？（美）迈克尔·桑德尔著；
朱慧玲译 . -- 北京：中信出版社，2021.4
（中信经典丛书 . 007）
书名原文：Justice: What's the Right Thing to
Do?
ISBN 978-7-5217-2978-8

I. ①公… II. ①迈… ②朱… III. ①伦理学—研究
IV. ① B82

中国版本图书馆 CIP 数据核字（2021）第 048939 号

公正——该如何做是好？
（中信经典丛书 · 007）

著　　者：［美］迈克尔·桑德尔
译　　者：朱慧玲
责任编辑：杨杉杉
出版发行：中信出版集团股份有限公司
（北京市朝阳区惠新东街甲 4 号富盛大厦 2 座　邮编　100029）
承 印 者：北京雅昌艺术印刷有限公司

开　　本：880mm × 1230mm　1/32　　印　　张：116.5　　字　　数：2798 千字
版　　次：2021 年 4 月第 1 版　　印　　次：2021 年 4 月第 1 次印刷
京权图字：01-2010-3541
书　　号：ISBN 978-7-5217-2978-8
定　　价：990.00 元（全 8 册）

服务热线：400-600-8099
投稿邮箱：author@citicpub.com

扫码免费收听图书音频解读

人类简史

从动物到上帝

SAPIENS

A BRIEF HISTORY OF HUMANKIND

[以] 尤瓦尔·赫拉利
著

林俊宏
译

中信出版集团 | 北京

目录

第一部分　认知革命

第一章　人类：一种也没什么特别的动物 / 3

第二章　知善恶树 / 23

第三章　亚当和夏娃的一天 / 45

第四章　毁天灭地的人类洪水 / 71

第二部分　农业革命

第五章　史上最大骗局 / 87

第六章　盖起金字塔 / 109

第七章　记忆过载 / 132

第八章　历史从无正义 / 148

第三部分　人类的融合统一

第九章　历史的方向 / 179

第十章　金钱的味道 / 190

第十一章　帝国的愿景 / 206

第十二章　宗教的法则 / 228

第十三章　成功的秘密 / 257

第四部分　科学革命

第十四章　发现自己的无知 / 269

第十五章　科学与帝国的联姻 / 299

第十六章　资本主义教条 / 333

第十七章　工业的巨轮 / 366

第十八章　一场永远的革命 / 384

第十九章　从此过着幸福快乐的日子 / 411

第二十章　智人末日 / 435

后记／ 457

致谢／ 459

历史年表／ 461

参考数据／ 463

尾注／ 467

第一部分

认知革命

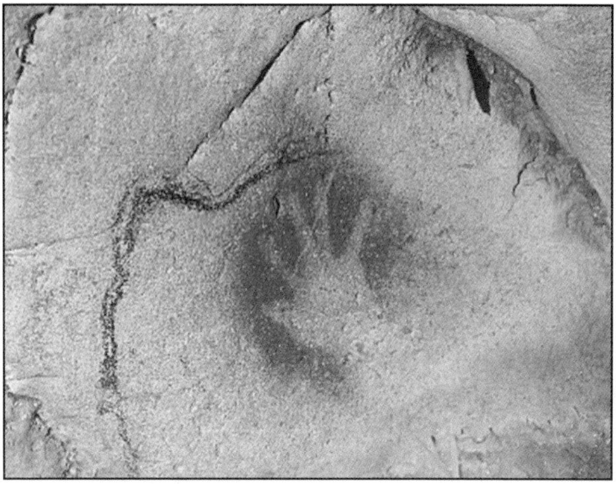

图 1　南法的雪维洞穴（Chauvet-Pont-d'Arc Cave）大约 3 万年前至 2 万年前的人类手印。这些艺术作品的创作者，无论从外观、思维还是感觉来看，都与我们很相像。

第一章

人类：一种也没什么特别的动物

大约在 135 亿年前，经过所谓的“大爆炸”（Big Bang）之后，宇宙的物质、能量、时间和空间才成了现在的样子。宇宙的这些基本特征，就成了“物理学”。

在这之后过了大约 30 万年，物质和能量开始形成复杂的结构，称为“原子”，再进一步构成“分子”。至于这些原子和分子的故事以及它们如何互动，就成了“化学”。

大约 38 亿年前，在这颗叫作“地球”的行星上，有些分子结合起来，形成一种特别庞大而又精细的结构，称为“有机体”。有机体的故事，就成了“生物学”。

到了大约 7 万年前，一些属于“智人”（*Homo sapiens*）这一物种的生物，开始创造出更复杂的架构，称为“文化”。而这些人类文化继续发展，就成了“历史学”。

在历史的路上，有三大重要革命：大约 7 万年前，“认知革命”（Cognitive Revolution）让历史正式启动。大约 12 000 年前，“农业革命”（Agricultural Revolution）让历史加速发展。而到了大约不过 500 年前，“科学革命”（Scientific Revolution）可以说是让历史画下句号而另创新局。这本书，讲述的就是这三大革命如何改变了人类和其他生物。

* * *

人类早在有历史记录之前就已存在。早在 250 万年前，就已经出现了非常类似现代人类的动物。然而，世世代代的繁衍生息，他们与一同共享栖地的其他生物相比，并没什么特别突出之处。

如果到 200 万年前的东非逛一逛，你很可能会看到一群很像人类的生物：有些妈妈一边哄着婴儿，一边还得把玩儿疯的小孩抓回来，忙得团团转；有些年轻人对社会上的种种规范气愤不满，也有些垂垂老矣的老人家只想图个清静；有肌肉猛男捶着自己的胸膛，只希望旁边的美女能够垂青；也有年长的充满智慧的大家长，对这一切早就习以为常。这些远古时期的人类已懂得爱和玩乐，能够产生亲密的友谊，也会争地位、夺权力，不过，这些人和黑猩猩、狒狒、大象也没什么不同。这些远古人类，和一般动物比起来就是没什么特别。他们万万没有想到，他们的后代某一天竟能在月球上漫步、分裂原子、了解基因码，还能写写历史书。说到史前人类最重要的一件事，就是他们在当时根本无足挂齿，对环境的影响也不见得比大猩猩、萤火虫或是水母来得多。

生物学家把所有生物划分成不同的“物种”。而所谓属于同一物种，就是它们会彼此交配，能够产出具有生育能力的下一代。例如马和驴，虽然有共同的祖先，也有许多类似的身体特征，也能够交配，但它们彼此却缺少性趣，就算刻意让它们交配，产出的下一代会是骡，而骡不具有生育能力。因此，驴的 DNA（脱氧核糖核酸）突变就不可能传给马这个物种，马也不会传给驴。于是，我们认定马和驴属于两个不同的物种，各有各自的演化路径。相较之下，虽然斗牛犬和西班牙猎犬看来天差地别，却属于同一物种，有一样的 DNA 库。它们很愿意交配，而且它们的幼崽长大后也能再和其他狗交配、子孙满堂。

从同一个祖先演化而来的不同物种，会属于同一个“属”（genus）。例如狮子、老虎、豹和美洲豹，虽然是不同物种，但都是“豹属”（*Panthera*）。生物学家用拉丁文为生物命名，每个名字由两个词组成，第一个词是属名，第二个词则是种名。例如狮子就称为“*Panthera leo*”，指的是豹属（*Panthera*）的狮种（*leo*）。而只要没有意外，每一位在读这本书的读者应该都是一个“*Homo sapiens*”：人属（*Homo*，指“人”）的人种（*sapiens*，指“明智”）。

许多属还能再归类为同一科（family），例如猫科（狮子、猎豹、家猫）、犬科（狼、狐狸、豺）、象科（大象、长毛象、乳齿象）。同一科的所有成员，都能追溯到某个最早的雄性或雌性祖先。例如所有的猫科动物，不管是家里喵喵叫的小猫还是草原上吼声震天的狮子，都是来自大约 2500 万年前的某个祖先。

至于智人，也是属于某个科。虽然这件事看来再平凡不过，却曾经是整个历史上最大的秘密。智人一直希望自己和其他动物有所不同，仿佛整个科就只有自己的存在，没有兄弟姐妹，没有远近亲戚，而且最重要的是：没有父母。但可惜这绝非事实。不论你是否接受，我们所属的人科不仅成员众多，而且还特别吵闹，那就是一堆巨猿。与我们最近的亲戚，就是黑猩猩、大猩猩和猩猩。其中，黑猩猩与我们最为接近。不过就在600万年前，有一只母猿产下两个女儿，一个成了所有黑猩猩的祖先，另一个则成了所有人类的祖奶奶。

家族秘史

智人还有另一个更见不得光的秘密。我们有许多堂、表兄弟姐妹，而且没什么文明，但这还小事一桩；我们其实曾经还有很多更近的兄弟姐妹。人类（human）已经习惯以为自己是唯一的“人”，是因为在过去1万年间,“人种”确实只剩下智人一种。然而，“human”一词真正的意思是“属于人属的动物”，而在过去，这可不只“智人”而已。此外，我们在最后一章也会提到，不久之后，很可能我们又得再和一些不属“智人”的人类开始竞争。为避免混淆，以下讲到“智人”，讲的就是“Homo sapiens”这个物种的成员，而讲到“人类”，讲的则是“Homo”（人属）的所有现存成员。

最早的人类是从大约250万年前的东非开始演化，祖先是一种更早的猿属“南方古猿”（*Australopithecus*）。大约200万年前，这些远古人类有一部分离开了家园而踏上旅程，足迹遍及北非、欧洲和亚洲的广阔地带。北欧的森林白雪皑皑，印度尼西亚的热带丛林湿气蒸腾，想活命显然需要不同的特征，因此人类也开始朝着不同方向进化。于是人类发展出几个不同的物种，而科学家也为每一种都取了华丽的拉丁名称。

在欧洲和西亚的人类成了“*Homo neanderthalensis*”，意为“来自尼安德谷（Neander Valley）的人”，一般简称为“尼安德特人”（Neanderthals）。比起我们这种“智人”，尼安德特人更为魁梧，肌肉也更发达，非常适应西方的欧亚大陆在冰河时期的寒冷气候。至于在东方的亚洲，住的则是“直立人”（*Homo erectus*），一共存续了将近200万年，是目前所知存续最久的人类物种，而我们智人看来也很难打破这项纪录。光是1000年后还会不会有智人存在，现在看来都令人十分怀疑，所以和200万年比起来，我们真的是小巫见大巫。

至于在印度尼西亚的爪哇岛，则住着“梭罗人”（*Homo soloensis*，拉丁文意为“来自梭罗谷的人”），这种人很能适应热带的生活环境。同样在印度尼西亚，还有另一个小岛弗洛里斯（Flores），这里住的远古人类则是经历了一场侏儒化的过程。曾有一段时间，因为海水水位格外低，于是人类初次抵达了弗洛里斯，而且当时和大陆的交通往来十分便利。但后来海水再次上涨，于是有些人就被困在岛上，物资十分缺乏。那些长得高大的人，需要的食物也多，于是最早在岛上饿死淘汰。长得矮小反而成了生存优势。经过几代之后，在弗洛里斯的人都成了小矮人。科学家把这种独特的人种称为“弗洛里斯人”（*Homo floresiensis*），身高最高不过1米，体重最重也不过25公斤。然而，他们仍然懂得如何制造石器，甚至偶尔还能在岛上猎象。不过倒也公平，在这岛上的象也是一种矮生种。

2010年，科学家在西伯利亚的丹尼索瓦（Denisova）洞穴中发现了一块已经变成化石的手指骨，为人类的大家族又添一成员。手指骨的基因分析证实这个人种过去并不为人所知，现在则命名为“丹尼索瓦人”（*Homo denisova*）。全球还有太多洞穴、岛屿、气候，谁晓得还有多少我们失落的亲戚，正等着我们去发现。

这几个人种在欧洲和亚洲不断演化的同时，其他在东非的人种演化也没有停止，人类的摇篮继续养育着许多新品种，例如“鲁道夫人”（*Homo rudolfensis*，“来自鲁道夫湖的人”）、“匠人”（*Homo ergaster*，“工作的人”），最后还有我们自己的这种人种，而我们也颇为厚颜地把自己命名为“智人”（*Homo sapiens*，“明智的人”）。

在这些人种当中，有些高大，有些矮小；有些会凶残地猎捕，有些只是温和地采集着食物；有些只住在某个小岛上，而大多是在整个大陆上迁徙移动。但不论如何，他们都是“人属”，也都是人类。

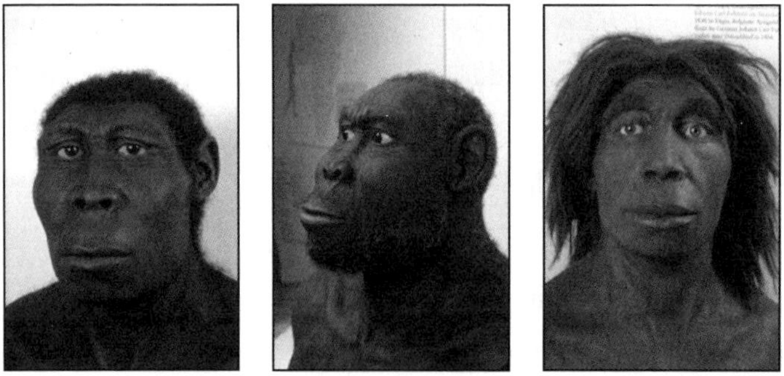

图 2　这些都可说是我们的兄弟姐妹，据推测重建样貌（从左至右）：鲁道夫人（东非，距今大约 200 万年）；直立人（东亚，距今约 200 万—5 万年）；尼安德特人（欧洲和西亚，距今约 40 万—3 万年）。他们都是“人类”。

有一种常见的错误，是认为这些人种呈线性发展，从“匠人”变成“直立人”,“直立人”再变成“尼安德特人”，而尼安德特人最终变成我们。这种线性模型误以为地球在某个时间点上只会有单一人种，而其他更早的人种不过就是我们的祖先。但事实是，从大约 200 万年前到大约 1 万年前为止，整个世界其实同时存在多种不同人种。这其实也十分合理。就像今天，地球上还是有许多种的狐狸、熊或是猪，而在几十万年前的地球上，至少有 6 种不同的人。从整个历史来看，过去多种人种共存其实是常态，现在地球上只有“一种人”，这才是异常。而下面很快就会提到，对于我们智人来说，我们不愿想起这些过去的手足亲情，背后其来有自。

“思考”的代价

虽然人种之间有诸多不同，但还是有几项共同的人类特征。其中最重要的一点，就是人类的大脑明显大于其他动物。对于 60 公斤的哺乳类来说，平均脑容量是 200 立方厘米，但早在 250 万年前最早的男男女女，脑容量就已有 600 立方厘米。至于现代的智人，平均脑容量更高达 1200~1400 立方厘米。至于尼安德特人，其实脑容量更大。

这样看来似乎再清楚不过，物竞天择就该让脑越来越大才是。人类深深迷恋着我们自己的高智能，于是一心认为智力当然是越高越好。但如果真是如此，猫科动物也经过演化，为什么没有会微积分的猫？究竟为什么，在整个动物界，只有人属演化出了比例如此庞大的思考器官？

答案在于：庞大的大脑也是个庞大的负担。大脑结构脆弱，原本就不利于活动，更别说还得用个巨大的头骨把它装着。而且大脑消耗的能量惊人。对智人来说，大脑只占身体总重的2%~3%，但在身体休息而不活动时，大脑的能量消耗却占了25%。相比之下，其他猿类的大脑在休息时的能量消耗大约只占8%。因为大脑较大，远古人类付出的代价有两种：首先是得花更多时间寻找食物，其次是肌肉退化萎缩。这就像是政府把国防预算转拨给了教育，人类也把肱二头肌所需的能量拨给了大脑里的神经元。对于在非洲草原上这究竟是不是个好策略，只能说无人能知。虽然黑猩猩要讲道理绝对讲不赢智人，但它却能直接把智人像个布娃娃一样扯个稀烂。

时至今日，人类大脑带来的好处显而易见，我们能制造出汽车和枪炮，让我们的移动速度远高于黑猩猩，而且从远方就能将黑猩猩一枪毙命，而无须和它摔跤硬拼。只不过，汽车和枪炮是最近才有的事。在超过200万年间，虽然人类的神经网络不断增长，但除了能用燧石做出一些刀具，能把树枝削尖变成武器，人类的大脑实在没什么特殊表现。那么，究竟是为什么，才驱使人类的大脑在这200万年间不断这样演化？坦白说，我们也不知道。

人类另一项独有的特点，在于我们用两条腿直立行走。能够站起来，就更容易扫视整片草原，看看哪里有猎物或敌人，而且既然手不需负责移动身体，就能发挥其他用途，像丢石块或做信号。手能做的事情越多，可以说人就变得越厉害；于是人的演化也就越来越着重神经发展，也不断地对手掌和手指的肌肉做修正。于是，人类的手开始能够处理非常精细的任务，特别是能够生产、使用复杂的工具。最早有证据证明人类开始制作工具，大约可追溯到 250 万年前，而且工具的制作和使用也正是考古学家对远古人类的一种判断标准。

然而，直立行走也有不利的一面。原本，人类的远古祖先历经数百万年，才发展出以四肢行走、头部相对较小的骨架，而要将这种骨架调整成直立，可说是一大挑战，而且还得撑住一个超大的头盖骨，更是难上加难。于是，为了能望远、能有灵活的双手，现在人类只得面对背痛、颈脖僵硬的苦恼代价。

这点对妇女来说造成的负担更大。直立的步行方式需要让臀部变窄，于是产道宽度受限，而且别忘了胎儿的头还越来越大。于是，分娩死亡成了女性的一大风险。而如果早点儿生产，胎儿的大脑和头部都还比较小，也比较柔软，这样母亲就更有机会渡过难关，未来也可能再生下更多孩子。于是，自然选择（natural selection，又译“天择”或“自然淘汰”）就让生产开始提前。与其他动物相较，人类可说都是早产儿，许多重要器官的发育都还不够完善。看看小马，出生没多久就能开始小跑；小猫出生不过几周，也能离开母亲自行觅食。相较之下，人类的婴儿只能说没用得很，许多年都得当个啃老族来被抚养、保护和教育。

人类之所以会有突出的社交技巧（以及同样人类独有的社会问题），有一大原因也正出自于此。独自一人的母亲，如果还得拖着孩子，就很难为自己和小孩获取足够的食物。所以，想养孩子，就需要其他家族成员和邻居持续提供协助。要养活一个小孩，得靠全部落共同的努力。于是，演化也就偏好能够形成强大社会关系的种族。此外，由于人类出生的时候尚未发育完全，比起其他动物，也就更能够用教育和社会化的方式加以改变。大多数哺乳动物脱离子宫的时候，就像是已经上釉的陶器出了窑，如果还想再做什么调整，不是刮伤，就是碎裂。然而，人类脱离子宫的时候，却像是从炉里拿出了一团刚熔化的玻璃，可以旋转、拉长，可塑性高到令人惊叹。正因如此，才会有人是基督徒或佛教徒，有人是资本主义者或社会主义者，又或有人好战，有人爱好和平。

***

我们以为，有比较大的大脑、会使用工具、有超凡的学习能力，还有复杂的社会结构，都可说是人类巨大的优势。而且似乎不证自明，正是这些优势使人类成为地球上最强大的动物。然而，其实人类早就具有这些优势，但在整整200万年期间，人类一直就只是一种弱小、边缘的生物。大约在100万年前，虽然人类已经有了容量较大的大脑和锋利的石器，却还是得一直担心害怕肉食动物的威胁，他们很少猎杀大型猎物，为生主要靠的是采集植物、挖找昆虫、追杀小动物，还有跟在更强大的肉食动物后面吃些剩下的腐肉。

早期石器最常见的一种用途，就是把骨头敲开，人类才能吃到里面的骨髓。有些研究人员认为，这正是人类最原始的专长。就像是啄木鸟的专长是从树干里啄出昆虫，最早的人类专长就是从骨头里取出骨髓。骨髓有什么特别的？假设我们现在看着一群狮子大口吃着一只长颈鹿。我们只能耐心等着，等它们吃饱再说。但还别急，就算狮子吃完了，旁边还有鬣狗和豺在等着，而且它们也不是好惹的；于是它们又把剩下的肉再吃干抹净。最后才轮到我们这群原始人，我们走近长颈鹿的尸体，左看看右瞧瞧，最后只能想办法去挖出唯一还能吃的组织。

这一点对于了解人类历史和心理学至关紧要。长久以来，智人一直只是稳定位于食物链的中间位置，直到最近才有所改变。

在先前长达数百万年的时间里，人类会猎杀小动物、采集种种能得到的食物，但同时也会遭到较大型肉食动物猎杀。一直要到40万年前，有几种人种才开始固定追捕大型猎物，而要到10万年前智人崛起，人类才一跃而居于食物链顶端。

这场从中段到顶端的大跳跃，造成的影响翻天覆地。其他在金字塔顶端的动物（例如狮子、鲨鱼）得花上好几百万年的时间，才终于通过演化站上顶峰。因此生态系统有时间发展出种种制衡，避免狮子和鲨鱼造成太大的破坏。随着狮子越来越强壮，演化也让瞪羚越跑越快，鬣狗越来越懂合作，犀牛脾气越来越差。相较之下，人类转眼就登上顶端，不仅让生态系统猝不及防，就连人类自己也不知所措。在过去，居于食物链顶端的肉食动物总是威风凛凛、霸气十足，数百万年的统治，让它们充满自信。但相比之下，智人就像是个香蕉共和国的独裁者。我们在不久之前，还是大草原上的小可怜，整天充满恐惧和焦虑，但这也让人类更加残酷和危险。人类历史上众多的灾难，不论是生灵涂炭的战乱还是生态遭逢的浩劫，其实都是源自这场过于仓促的地位跳跃。

厨师的种族

在踏上食物链顶端的路上，使用火可说是迈出了一大步。早在大约80万年前，就已经有部分人种偶尔会使用火，而到了大约30万年前，对直立人、尼安德特人以及智人的祖先来说，用火已是家常便饭。到了这个时候，人类不仅把火当作可靠的光源和热源，还可以用这项致命的武器和不怀好意的狮子一较高低。不久之后，人类甚至还刻意引火焚烧周遭的环境。只要悉心控制火势，就能让原本难以通行、无利可图的丛林转变成大片美好的原野，而且满是猎物。等到火势停歇，这些石器时代的创业者走到还在冒烟的余烬当中，就能得到烤得香酥美味的动物、坚果和块茎。

然而，火带来的最大好处在于开始能够烹饪。有些食物，处于自然形态的时候无法为人类所消化吸收，像小麦、水稻、马铃薯，但正因有了烹饪技术，就成为我们的主食。火不只会让食物起化学变化，还会起生物上的变化：经过烹调，食物中的病菌和寄生虫就会被杀死。此外，对人类来说，就算吃的还是以往的食物（例如水果、坚果、昆虫和动物尸体），所需要的咀嚼和消化时间也能大幅缩减。例如，黑猩猩要咀嚼生肉，每天得花上五个小时，但人类吃的是熟食，每天花上一小时就够了。

烹调让人类能吃的食物种类更多，所需的进食时间减少，还能缩小牙齿、减少肠的长度。有学者认为，烹调技术的发明，与人体肠道缩短、大脑开始发育有直接关系。不论是较长的肠道还是较大的大脑，都必须消耗大量的能量，因此很难兼而有之。而既然有了烹调，人就能缩短肠道、降低能量消耗，可以说是在不经意之间，烹调让尼安德特人与智人走上了让大脑更大的道路。[1]

此外，“用火”也让人与其他动物之间首次有了明显的不同。对几乎所有动物来说，它们的力量靠的都是自己的身体：肌肉的力量、牙齿的大小和翅膀的宽度。虽然动物能利用风和海流，却无法控制这些自然的力量，而且也无法突破先天的身体限制。举例来说，老鹰能够找出由地面上升的热气流，只要展开巨大的翅膀，热空气就会带着它们自然上升。然而，老鹰无法控制热气流的位置，而且荷重能力几乎完全得由翼宽来决定。

但人类用火的时候，可以说是控制了一项既听话而又有无穷力量的工具。不像老鹰只能被动使用气流，人类可以选择在什么地点、什么时间放出一把火来，而且火的用途各式各样、不一而足。最重要的是，火的能量并不会受人类身体的形式、结构或力量所限。就算是个柔弱的女子，只要有一块燧石能敲出火花，或是有根火棍能够摩擦起火，就能在几个小时内毁掉整片森林。能够用火之后，有许多发展即将水到渠成。

兄弟的守护者

虽然用火已经带来许多优势，在 15 万年前，人类仍然不过是种边缘生物。这时的人类能够把狮子吓走，能在寒冷的夜晚生火取暖，偶尔还能把森林给烧了。但就算把所有人种全部加在一起，从印度尼西亚群岛到伊比利亚半岛，所有的人数加起来仍然不足百万，这对整体生态来说根本微不足道。

这个时候，我们这个物种（智人）已经出现在世界舞台上，但不过就是自顾自地待在非洲的一个小角落。我们还无法得知智人是在何时、由何种早期人类演化而来，但科学家多半都同意，大约到了 15 万年前，东非就已经有了智人，外貌和我们几乎一模一样。如果现代的停尸间里突然出现一具智人的尸体，验尸官根本不会发现有什么不同。在有了火之后，他们的牙齿和颌骨比祖先小，而大脑的容量又较大，与我们现在相当。

科学家也同意，大约 7 万年前，智人从东非扩张到阿拉伯半岛，并且很快席卷整个欧亚大陆。

智人来到阿拉伯半岛的时候，欧亚大陆多半都已经住着其他

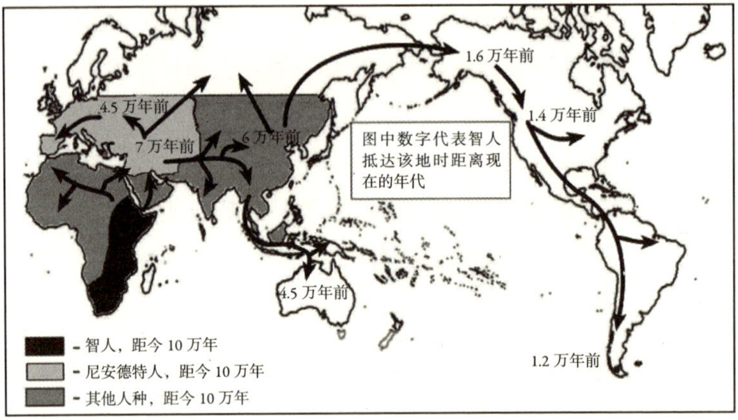

地图 1　智人征服全球。

的人种。那么，这些其他人种后来怎么了？关于这点有两种完全不同的理论。第一种是“混种繁衍理论”，讲的是不同人种一见钟情、两情相悦、互相交融；认为智人从非洲迁移到世界各地，与其他人种混种繁衍，而形成今天的人类。

例如，智人抵达中东和欧洲的时候，就会遇上尼安德特人。这些人的肌肉更发达，脑容量更大，也更能适应寒冷的气候。他们会用工具，会用火，打猎技巧高明，而且还有铁证证明他们会照顾病人和弱者。（考古学家从尼安德特人的遗骸发现，有些人有严重的身体残疾，但活了相当大的岁数，可见有亲属提供照料。）许多漫画都把尼安德特人描绘成愚笨又粗鲁的“穴居人”，但近来的证据证明并非如此。

根据混种繁衍理论，智人来到尼安德特人的地盘时，两个人种开始互通繁衍，直到合而为一。但如果真是如此，今天的欧亚人就不该是纯种智人，而是智人和尼安德特人的混血儿。同样，

图 3　推测的尼安德特男孩样貌重建图。基因证据显示，至少某些尼安德特人可能有白皙的皮肤、柔顺的头发。

在智人抵达东亚的时候，也会和当地的直立人混血繁衍，因此，今天的中国人和韩国人也该是智人与直立人的混血儿。

至于另一种完全相反的观点，称为“替代理论”，讲的是双方水火不容，互有反感，甚至会发生种族灭绝。根据这一理论，智人和其他人种的生理结构还是有所不同，不仅交配习性难以相合，甚至连体味都天差地别。所以，想要天雷勾动地火，简直是天方夜谭。而且，就算是有个尼安德特人的罗密欧配上了智人的朱丽叶，但因为两个人种在基因上相去太远，也无法产下可繁衍的后代。于是，这两个人种还是泾渭分明，而等到尼安德特人不管是自然灭绝还是遭到屠杀，他们的基因也同样灰飞烟灭。就这种观点看来，智人所做的，就是取代了所有先前的人种，而不是和他们混种繁衍。而如果真是如此，现今所有的人类只要追本溯源，都该能够一路追到7万年前的东非，都是“纯种”的智人。

这两种理论何者正确，会对后面的推论造成极大影响。从演化的角度来看，7万年其实一点儿也不长。如果替代理论正确，也就是说所有现代人类的基因库大致相同，现在我们看到的各种种族差异就小到无足挂齿。然而，如果混种繁衍理论正确，那么可能在数百万年前，就已经种下了现代非洲人、欧洲人和亚洲人之间的基因差异。这点可以说是政治上一触即发的火药，可能发展出爆炸性的种族理论。

最近数十年来，替代理论一直是这个领域的大致共识，这项理论不只背后的考古证据更可靠，政治上也更为正确（如果说现代人类族群各有明显基因差异，几乎可说就是打开了种族主义的潘多拉盒子，而科学家可没这打算）。然而，有一项为尼安德特人基因组测序的研究结果在2010年底发表，却掀起了一片惊涛骇浪。基因学家终于从化石里收集到足够的尼安德特人DNA，能够和现代人类的DNA全面比较，而结果令科学界一片哗然。

原来，就现代中东和欧洲的人类而言，有1%~4%的尼安德特人DNA。虽然这百分比并不高，但意义却很重大。几个月之后，从丹尼索瓦人的手指化石中取得DNA、完成测序，结果又投下了第二颗炸弹：结果证明，现代美拉尼西亚人及澳大利亚原住民最高有6%的丹尼索瓦人DNA。

如果这些结果属实（请注意，目前后续研究仍在进行中，可能进一步证实，但也可能修改目前的结论），就证明混种繁衍理论至少有部分正确。但这也不是说替代理论完全错误。毕竟，尼安德特人和丹尼索瓦人的基因仍然只占了现代人基因组的一小部分，要说智人真的和其他人种有“混种”的情形，也是言过其实。虽然这些人种之间的差异没有大到完全阻绝繁衍后代的可能，但已经足以让他们彼此兴趣寥寥、罕有往来。

这么说来，智人、尼安德特人和丹尼索瓦人在生物学上的相关性，究竟该如何解释？显然，他们并不是像马和驴一样属于完全不同的物种，但他们也不是像斗牛犬和西班牙猎犬一样归于相同物种的不同族群。毕竟，现实的生物界限并不是非黑即白，而有重要的灰色地带。只要是由共同的祖先演化出的物种（例如马和驴），都曾有某段时间就是同一物种的不同族群，像是斗牛犬和西班牙猎犬。而必然有某个时点，虽然这两个族群的差异已达到一定程度，但仍然能够交配，产下有生育能力的后代。接着，经过又一次突变，才终于切断了最后的连接，于是从此真正成为两种全然不同的物种。

现在看来，大约 5 万年前，智人、尼安德特人与丹尼索瓦人正是站在那个临界点上。当时的他们几乎但还不完全是各自独立的物种。我们将在下一章看到，智人与尼安德特人和丹尼索瓦人不仅在基因序列和身体特征方面已大为不同，甚至在认知和社会能力方面也相去甚远。然而，看来还是有那么极少数的情形，让智人与尼安德特人产下了有生育能力的后代。所以这么说来，这两种族群并没有混种的情形，而是有少数幸运的尼安德特人基因搭上了这班智人特快车的顺风车。但想想，在历史上曾经有过这么一段时间，我们智人居然可以跟另一种不同物种的动物交配，还能生小孩，实在叫人感到有点儿不安或是毛骨悚然。

然而，如果尼安德特人、丹尼索瓦人和其他人类物种并没有与智人混种，那他们究竟去了哪儿？有一种可能，就是被智人给赶尽杀绝了。想象一下，有某个智人的部落来到巴尔干半岛的某个山谷，这里数十万年以来都是尼安德特人的家园。新来的智人开始猎鹿，而尼安德特人传统上都是靠着采集坚果和浆果为生。正如我们在下一章将会提到的，由于智人的技术进步、社交技巧高，在狩猎和采集上也都更为熟练，于是族群迅速茁壮成长。相形之下，尼安德特人就显得左支右绌，发现生活越来越困苦，连糊口都难上加难。于是，他们的人口数量逐渐下滑，逐步走向灭绝；而或许极少数的例外，就是有一两个尼安德特人最后也加入了智人族群，成为他们的一员。

还有另一种可能，认为资源竞争愈演愈烈，最后爆发暴力冲突、种族灭绝。毕竟，宽容可不是智人的特色。即使到了现代，不过是因为肤色、方言、宗教等等微小的差异，就足以让智人彼此大动干戈，非要把对方赶尽杀绝。而远古的智人面对的可是个完全不同的人类物种，又岂能期待他们更加宽容？很有可能，当智人碰上尼安德特人的时候，就发生了史上第一次也是最严重的一次“种族净化”运动。

尼安德特人（和其他人类物种）究竟发生了什么事，足以引发许多历史上的想象。如果除了智人之外，尼安德特人或丹尼索瓦人也同样存活了下来，这世界会是什么模样？如果世界上同时有好几个不同的人类物种，我们会有什么样的文化、社会和政治结构？举例来说，宗教信仰会是什么样子？《圣经》会不会说尼安德特人也和智人一样有灵魂？耶稣牺牲自己，会不会是为了要洗净丹尼索瓦人的罪？《古兰经》会不会对所有人类物种一视同仁，都为他们在乐园里占个位子？孔子会不会说我们也要“仁者爱人”地对待尼安德特人和丹尼索瓦人？尼安德特人会不会在古罗马军团中服役，又会不会也服侍着中国庞大的朝廷？美国《独立宣言》所揭橥而坚信的“人生而自由平等”，指的会不会是所有“人属”的物种？马克思会不会呼吁所有人类物种的工人都该团结起来？

在过去3万年间，智人已经太习惯自己是唯一的人类物种，很难接受其他可能性。对智人来说，没有其他同属人类的物种，就很容易让人自以为是造物的极致，以为自己和其他整个动物界仿佛隔着一条护城河。于是，等到达尔文提出智人也不过是另一种动物的时候，有些人就大发雷霆。即使到现在，也还是有许多人不愿这么相信。如果尼安德特人尚未灭绝，我们真的还会以为自己是独一无二的生物，与其他动物都不同？或许正因如此，我们的祖先才决定将尼安德特人赶尽杀绝。很有可能对智人来说，虽然尼安德特人和自己相似到不足一提，但也相异到无法忍受。

* * *

不论智人是否是罪魁祸首，但每当他们抵达一个新地点，当地的原生人类族群很快就会灭绝。现存历史离我们最近的梭罗人遗迹，大约是5万年前。丹尼索瓦人在那之后不久也已绝迹。至于尼安德特人，是在大约3万年前退出了世界舞台。到12 000年前，像小矮人般的人类也从弗洛里斯岛上永远消失。他们只留下了一些骨头、石器、几个还存在我们DNA里的基因，以及许多悬而未解的谜团。他们的离去，也让我们智人成了人类最后的物种。

究竟智人胜出的秘诀为何？为什么我们能如此迅速抵达各个

遥远而生态各异的栖地，而且落地生根？我们是怎么将其他人类物种赶出世界舞台的？为什么就连强壮、脑部发达、不怕寒冷的尼安德特人，也无法抵挡智人的屠杀？相关的争辩必然会继续。而目前最可能的解答，正是让人得以辩论的原因：智人之所以能征服世界，是因为有独特的语言。

第二章

知善恶树

第一章提过，虽然智人早在 10 万年前就已经出现在东非，但一直要到大约 7 万年前才开始迁移到其他地区，造成其他人类物种的灭绝。而在先前的几万年间，虽然智人的外表已经与我们十分相似、大脑容量也差堪比拟，但他们与其他人类物种相比却不占任何优势，没什么特别了不起的工具，甚至也没什么特殊表现。

事实上，智人与尼安德特人的史上第一次冲突，赢家还是尼安德特人。大约 10 万年前，有几群智人向北迁移到地中海东部，侵入了尼安德特人的领土，但没能攻下这个领地。至于他们失败的原因，可能是当地人过于强大，可能是气候过于寒冷，也可能是他们对当地的寄生虫无法适应。不论原因为何，总之智人最后就是黯然离去，而尼安德特人仍然是中东的霸主。

正因为智人的外在表现实在乏善可陈，学者推测，这些智人的大脑内部结构很可能还是与我们不同。虽然看起来和我们一样，但认知能力（学习、记忆、沟通）却仍然十分受限。换句话说，想让远古智人说中文、接受马克思主义信条，或是明白演化论，应该都是缘木求鱼。但就算是我们想要学习他们的语言、理

图 4　从德国施泰德（Stadel）洞穴发现的象牙制“狮人”雕像（也有可能是“女狮人”，大约距今 32 000 年）。雕像有着人身狮头，这大概是最早能确切认定为艺术品的物品之一。同时，也最早证明人类可能出现了宗教，以及能够想象出不存在的事物。

解他们的思维方式，可能也同样困难无比。

然而，等到大约 7 万年前，智人仿佛脱胎换骨。大约在那个时候，智人第二次从非洲出击。这一次，他们不只把尼安德特人和其他人类物种给赶出了中东，甚至还赶出了这个世界。没多久，智人的领地就扩张到了欧洲和东亚。大约 45 000 年前，智人不知道用什么方法越过了海洋，抵达了从未有人类居住的澳大利亚大陆。在大约 7 万年前到 3 万年前之间，智人发明了船、油灯、弓箭，还有像缝制御寒衣物所不可缺少的针。第一件确实能称为艺术或珠宝的物品，正是出现在这几万年里；同时，也有了确切的证据证明已经出现宗教、商业和社会分层。

大多数研究人员相信，这些前所未有的重要成就，是因为智人的认知能力有了革命性的发展。学者认为，这些造成尼安德特人灭绝、移居澳大利亚、雕出施泰德狮人雕像的智人，已经和你我同样聪明、有创意、反应灵敏。如果我们遇到施泰德洞穴的“艺术家”，我们已经可以学习彼此的语言。我们能够向他们解释我们知道的一切事物，不管是《爱丽斯梦游仙境》的冒险情节还是量子物理的复杂理论，而他们也能告诉我们，他们是如何看待、理解这个世界的。

大约就是在距今 7 万年到 3 万年前，出现了新的思维和沟通方式，这也正是所谓的认知革命。会发生认知革命的原因为何？我们无从得知。得到普遍认可的理论认为，某次偶然的基因突变，改变了智人的大脑内部连接方式，让他们以前所未有的方式来思考，用完全新式的语言来沟通。这次突变，几乎就像是吃了《圣经》里那棵知善恶树的果实一样。为什么这只发生在智人的 DNA 里，而没有发生在尼安德特人的 DNA 里？我们现在只能说这就是纯粹的偶然。这里比较重要的，并不是这种突变的原因，而是突变带来的结果。智人的新语言究竟特别在哪儿，竟让我们能够征服世界？[a]

智人的语言并不是世界上的第一种语言。每种动物都有着某种语言。就算是蜜蜂或蚂蚁这些昆虫，也有极精密复杂的沟通方式，能够告知彼此食物所在。甚至，智人的语言也不能说是第一种有声的语言。因为许多动物（包括所有的猿类和猴类）都会使用有声语言。例如，青猴（green monkey）就有各种不同的喊叫方式，传达不同的信息。动物学家已经确定，青猴的某种叫声代表着："小心！有老鹰！"而只要稍微调整，就会变成："小心！有狮子！"研究人员把第一种叫声放给一群青猴听的时候，青猴会立刻停下当时的动作，恐惧地望向天空。而同一群青猴听到第二种叫声（警告有狮子）的时候，它们则会立刻冲到树上。虽然说智人能发出的声音比青猴多，但鲸鱼和大象也不遑多让。爱因斯坦能说的声音，鹦鹉都能说，而且鹦鹉还能模仿手机铃声、摔门声还有警笛的尖啸声。当然，爱因斯坦可能有很多地方比鹦鹉强，但不论如何，语言这点可是远远不及。那么，究竟人类的语言有什么特别的地方？

最常见的理论，认为人类语言最为灵活。虽然我们只能发出有限的声音，但组合起来却能产生无限多的句子，这些句子各有不同的含义。于是，我们就能吸收、储存和沟通惊人的信息

a. 在此以及以下章节中，我们讲到智人的语言，指的是智人基本的语言能力，而不是特指某种语言或方言。可以说，不论是英文、印度文还是中文，都是智人语言的一种变种。显然，就算是在认知革命刚发生的时候，不同的智人族群讲的也是不同的方言。——译者注

量，并了解我们周遭的世界。青猴能够向同伴大叫：“小心！有狮子！”但现代人能够告诉朋友，今天上午，在附近的河湾，她看到有一群狮子正在跟踪一群野牛。而且，她还能确切地描述出位置，或是有哪几条路能够抵达。有了这些信息，她的部落成员就能一起讨论，该怎么逼近河边，把狮子赶走，让野牛成为自己的囊中物。

第二种理论，也同意人类语言是沟通关于世界的信息的方式。然而，最重要的信息不是关于狮子和野牛，而是关于人类自己。我们的语言发展成了一种八卦的工具。根据这一理论，智人主要是一种社会性的动物，社会合作是我们得以生存和繁衍的关键。对于个人来说，光是知道狮子和野牛的下落还不够。更重要的，是要知道自己的部落里谁讨厌谁，谁跟谁在交往，谁很诚实，谁又是骗子。

就算只是几十个人，想随时知道他们之间不断变动的关系状况，所需要取得并储存的相关信息量就已经十分惊人。（如果是个 50 人的部落，光是一对一的组合就可能有 1225 种，而更复杂的其他社会组合更是难以计数。）虽然所有猿类都对这种社会信息有浓厚兴趣，但它们并没有有效的八卦方式。尼安德特人与最早的智人很可能也有一段时间没办法在背后说彼此的坏话。然而，如果一大群人想合作共处，“说坏话”这件事可是十分重要。大约在 7 万年前，现代智人发展出新的语言技能，让他们能够八卦达数小时之久。这样，他们能够明确得知自己部落里谁比较可信可靠，于是部落的规模就能够扩大，而智人也能够发展出更紧密、更复杂的合作形式。[2]

这种“八卦理论”听起来有点荒唐，但其实有大量的研究结果支持这种说法。即使到了今天，绝大多数的人际沟通（不论是电子邮件、电话还是报纸专栏）讲的都还是八卦。这对我们来说真是再自然不过，就好像我们的语言天生就是为了这个目的而生的。你认为一群历史学教授碰面吃午餐的时候，聊的会是第一次世界大战的起因吗？或者核物理学家在研讨会中场茶叙的时候，聊的会是夸克？确实有时候是如此，但更多时候其实聊的都是哪个教授逮到老公偷吃，哪些人想当上系主任或院长，或者又有哪个同事拿研究经费买了一辆雷克萨斯之类的。八卦通常聊的都是坏事。这些嚼舌根的人，所掌握的正是最早的第四权力，就像记者总在向社会爆料，从而保护大众免遭欺诈和占便宜。

* * *

最有可能的情况是，无论是八卦理论或是“河边有只狮子”的理论，都有部分属于事实。然而，人类语言真正最独特的功能，并不在于能够传达关于人或狮子的信息，而是能够传达关于一些根本不存在的事物的信息。据我们所知，只有智人能够表达关于从来没有看过、碰过、耳闻过的事物，而且讲得煞有介事。

在认知革命之后，传说、神话、神以及宗教也应运而生。不论是人类还是许多动物，都能大喊：“小心！有狮子！”但在认知革命之后，智人就能够说出：“狮子是我们部落的守护神。”“讨论虚构的事物”正是智人语言最独特的功能。

相较之下，大部分人都会同意只有智人能够谈论并不真正存在的事物，相信一些不太可能的事情。如果你跟猴子说，只要它现在把香蕉给你，它死后就能到某个猴子天堂，有吃不完的香蕉，它还是不会放手。但是为什么虚构的事物很重要呢？毕竟，虚构的事物可能造成误导或分心，带来危险。某甲说要去森林里找仙女或独角兽，某乙说要去森林里采蘑菇或猎鹿，听起来似乎某甲活命机会渺茫。而且，我们都知道时间宝贵，拿来向根本不存在的守护神祷告岂不是一种浪费？何不把握时间吃饭、睡觉、亲亲抱抱？

然而，“虚构”这件事的重点不只在于让人类能够拥有想象，更重要的是可以“一起”想象，编织出种种共同的虚构故事，不管是《圣经》的《创世记》、澳大利亚原住民的“梦世记”（Dreamtime），甚至连现代所谓的国家其实也是种想象。这样的虚构故事赋予智人前所未有的能力，让我们得以集结大批人力、灵活合作。虽然蚂蚁和蜜蜂也会合作，但方式死板，而且其实只限近亲。至于狼或黑猩猩的合作方式，虽然已经比蚂蚁灵活许多，但仍然只能和少数其他十分熟悉的个体合作。智人的合作则不仅灵活，而且能和无数陌生人合作。正因如此，才会是智人统治世界，蚂蚁只能吃我们的剩饭，而黑猩猩则被关在动物园和实验室里。

标致汽车的传说

黑猩猩可以说是人类的表亲，而它们通常是几十只生活在一起，形成一个小族群。这些黑猩猩彼此十分亲密，会一起打猎，会携手抵抗外面的狒狒、猎豹或敌对的黑猩猩。它们有一种阶层社会结构，掌权主导的几乎总是雄性的首领（alpha male）。首领出现时，其他黑猩猩无论公母都会低下头、发出呼噜声，以展现服从；而这与人向皇帝叩首高呼万岁倒也类似。首领会努力维持手下族群的社会和谐。两只黑猩猩吵架的时候，它会介入、制止暴力。而没那么仁慈的一面在于，特别好的食物全部为它所有，而且它还会看着不让地位太低的公猩猩与母猩猩交配。

如果两头公猩猩要争夺首领地位，通常会在族群中不分公母各自寻求支持者、形成集团。集团成员的连接在于每天的亲密接触，比如拥抱、抚摸、接吻、理毛、相互帮助。就像人类在选举的时候得到处握握手、亲亲小婴儿，如果哪只黑猩猩想要争夺首领宝座，也得花上许多时间拥抱、亲吻黑猩猩宝宝，还要拍拍它们的背。通常情况下，公猩猩能坐上首领宝座不是因为身体更强壮，而是因为领导的集团更庞大也更稳定。集团的作用除了争夺首领位置，更几乎渗透到日常活动的方方面面。同一集团的黑猩猩更常彼此相处、分享食物，并且在碰上麻烦的时候互相帮忙。

以这种方式形成并维持的黑猩猩族群，规模有明确的限度。这种做法要能运作，族群里每只黑猩猩都得十分了解彼此，如果都没碰过面、没打过架、没互相理过毛，两只黑猩猩就不知道能不能互相信赖，对方值不值得帮助，也不知道谁的阶层比较高。在自然情况下，黑猩猩族群一般是由 20~50 只黑猩猩组成。而随着黑猩猩成员数量渐增，社会秩序就会动摇，最后造成族群分裂，有些成员就会离开另组家园。只有在极少数情况下，曾有动物学家观察到超过 100 只的黑猩猩族群。至于不同的族群之间，不仅很少合作，而且往往还会为了领地和食物打得死去活来。研究人员就曾记录到，在不同族群之间可能有长时间的对抗，甚至还有一个"种族屠杀"的案例，一群黑猩猩有系统地几乎杀光了邻近的另一群黑猩猩。[3]

类似的模式很有可能也主导了早期各种人类物种的社会生活，其中也包括远古的智人。人类也像黑猩猩一样有着社会本能，让我们的祖先能够形成友谊和阶层，共同打猎或战斗。然而，人类的社会本能也和黑猩猩没有什么不同，只适用于比较亲近的小团体。等到这个团体过大，社交秩序就会崩坏，使团体分裂。就算有某个山谷特别丰饶，可以养活 500 个远古的智人，但他们绝对没办法和这么多不够熟悉的人和平共处。他们要怎样才能决定由谁当首领，谁能在哪里打猎，谁又能和谁交配呢？

等到认知革命之后，智人有了八卦的能力，于是部落规模变得更大，也更稳定。然而，八卦也有限制。社会学研究指出，借由八卦来维持的最大“自然”团体大约是 150 人。只要超过这个数字，大多数人就无法真正深入了解、八卦所有成员的生活情形。

即使到了今天，人类的团体还是继续受到这个神奇的数字影响。只要在 150 人以下，不论是社群、公司、社会网络还是军事单位，只要依靠大家都认识、彼此互通消息，就能够运作顺畅，而不需要规定出正式的阶层、职称、规范。[4] 不管是 30 人的一个排，还是 100 人的一个连，几乎不需要有什么正式纪律，就能依靠人际关系而运作正常。正因如此，在某些小单位里，老兵的权力甚至要比军官更大。而如果是一个小的家族企业，就算没有董事会、首席执行官或会计部门，也能经营得有声有色。

然而，一旦突破了 150 人的门槛，事情就大不相同了。如果是一个师的军队，兵数达到万人，就不能再用带排的方式来领导。而有许多成功的家族企业，也是因为规模越来越大，开始雇用更多人员的时候，就碰上危机，非得彻底重整，才能继续成长下去。

所以，究竟智人是怎么跨过这个门槛值，最后创造出了有数万居民的城市、有上亿人口的帝国？这里的秘密很可能就在于虚构的故事。就算是大批互不相识的人，只要同样相信某个故事，就能共同合作。

无论是现代国家、中世纪的教堂、古老的城市，还是古老的部落，任何大规模人类合作的根基，都在于某种只存在于集体想象中的虚构故事。例如教会的根基就在于宗教故事。两个天主教信徒，就算从未谋面，还是能够一起参加十字军东征或者一起筹措资金盖医院，原因就在于他们同样相信上帝化身为肉体、让自己被钉在十字架上救赎我们的罪。所谓的国家，也是基于国家故事。两名互不认识的塞尔维亚人，只要都相信塞尔维亚国家主体、国土、国旗确实存在，就可能冒着生命危险拯救彼此。至于司法制度，也是基于法律故事。从没见过对方的两位律师，还是能同心协力为另一位完全陌生的人辩护，只因为他们都相信法律、正义、人权确实存在。（当然，他们也相信付的律师费确实存在。）

然而，以上这些东西，其实都只存在人类自己发明并互相讲述的故事里。除了存在于人类共同的想象之外，这个宇宙中根本没有神、没有国家、没有钱、没有人权、没有法律，也没有正义。

如果我们说：原始人因为相信鬼神，每次月圆会一起聚在营火旁跳舞，于是也巩固了他们的社会秩序；这件事人人都觉得不难理解。但我们没看出来的是，其实现代社会运作的机制还是一模一样。以现代商业领域为例，商人和律师其实就是法力强大的巫师。不同于过去部落巫师的地方是现代人的故事更扯。例如标致汽车（Peugeot）的故事就是个很好的例子。

* * *

从巴黎到悉尼，现在许多汽车、卡车、摩托车的车前盖上都有着一个很类似施泰德狮人的“标致”商标。标致汽车是欧洲一个历史悠久、规模宏大的汽车制造商，起源于法国的瓦朗蒂盖伊村（Valentigney），距离施泰德洞穴只有 300 公里远。标致一开始只是个小型家族企业，现在却是个跨国企业，全球员工达 20 万人，而且多半完全互不相识。通过这些陌生人极有效率的合作，2008 年标致制造超过 150 万辆汽车，营收约 550 亿欧元。

该以什么标准，我们才能说标致公司（Peugeot SA）确实存在？虽然路上有很多标致制造的车辆，但显然这些车辆并不代表公司。就算全世界所有的标致汽车同时被回收打成废铁，标致公司也不会消失。标致公司还是能继续制造新的汽车，继续写出新的年度报表。另外，虽然公司有工厂、机器、展示大厅，也雇了技工、会计师和秘书，但就算把这些全部加起来，也不等于标致公司。即使来了一场灾难，让标致公司所有员工全部罹难，毁了所有的装配线和办公室，公司还是可以借贷，重新雇用员工，重新盖起工厂，重新购买机器。另外，虽然标致也有经营团队和股东，但这些人也不等于公司。就算解散经营团队，股东也把所有

图 5　标致的狮子商标。

股票售出，公司本身依然存在。

然而，也不是说标致公司坚不可摧。只要有个法官下令强制公司解散，虽然公司的工厂仍然存在，员工、会计师、经理和股东也继续活着，但标致公司就这样消失了。简单说来，标致公司与这个世界其实并没有什么实体的联结。它究竟是不是真的存在？

标致公司只是我们的一个集体想象，这种想象在法律上称为“法律拟制”（legal fiction）。比如公司，我们没办法明确指着它，它不是一个实体对象，而是以一种法律实体的方式存在。这种法律实体就像你我，会受到所在国家法律的管辖，可以开立银行账户，拥有自己的财产，要纳税，也可能独立于所有拥有者或员工之外而遭到起诉。

标致属于法律拟制的“有限公司”。而在这些公司背后的概念，可以说是人类一项巧妙无比的发明。在这之前，智人虽然已存在许久，却一直没想到这件事。历史上大多数时候，必须是个有血有肉、有两条腿还有个大脑的人类，才能拥有财产。假设在 13 世纪有个法国人尚恩，开了一个马车制造工作室，那么他本人就是工作室。如果他卖的马车才跑了一个星期就坏了，买家心情不好，告的就是尚恩本人。而如果尚恩借了 1000 金币成立工作室，而工作室倒了，他还得卖掉自己的财产（包括他的房子、他的牛还有他的土地等等），以偿还贷款。甚至孩子都可能会被卖去当奴隶。如果这样还不足以偿还债务，就有可能被国家关进牢里或被债主抓去当奴隶。只要是工作室造成的任何责任，他都得无上限完全承担。

如果活在那个时代，创业前可能都得思考再三。这种法律规定绝对没有鼓励创业的效果，只会让人不敢投入新业务、承担经济风险。毕竟，如果可能搞得自己家徒四壁、家破人亡，哪能说划算？

正因如此，人类才一起想出了“有限公司”这种概念。在法律上，这种公司是独立的个体，而不等于设立者、投资者或管理者。在过去几世纪间，这种公司已经成为经济主流，我们太习惯于这种概念，而忘了这只存在于我们的想象之中。“有限公司”的英文称为“corporation”，这点颇为讽刺，因为这个字的语源是“corpus”（拉丁文的“身体”），而这正是有限公司所没有的。虽然公司并没有真正的实体，但在法律上我们却将它称为“法人”，好像它真的是有血有肉的人一般。

在 1896 年的时候，法国的法律就已经是这么认定。当时阿尔芒·标致（Armand Peugeot）继承了父母的铁工厂，做的是弹簧、锯子和脚踏车，但他决定要涉足汽车业。于是，他成立了一家有限公司。虽然公司的名字和他的姓一样，但公司并不等于他本人。如果公司做的某台车出了意外，买家可以告标致公司，但没办法告到阿尔芒·标致本人。如果公司借了几百万而破产了，阿尔芒·标致本人一毛也不用付给公司的债主。毕竟，那笔贷款给的对象是标致公司，而不是阿尔芒·标致这个人。也因为如此，虽然阿尔芒·标致已经在 1915 年去世，但标致公司至今仍然生气勃勃。

所以，究竟阿尔芒·标致这个人是怎么创造出标致公司的？其实，这和史上许多祭司和巫师创造神魔的方式殊无二致，而且就算到了现在，许多天主教的教堂每次周日礼拜也是用这一套来创造出基督的身体。说穿了，就是讲故事，再说服听众相信这些故事。以神父主持礼拜为例，这里关键的故事就是天主教会所传颂的基督降生及死亡。根据这个故事，如果天主教神父穿着圣袍，庄重地在对的时间说出对的话语，再平凡不过的面包和葡萄酒，都会变成神的身体和血。神父大声宣告："Hoc est corpus meum!"（拉丁文的"这是我的身体"），一转眼，面包就成了基督的身体。而只要见到神父庄严神圣地遵守完成这些程序，数百万的虔诚天主教徒也会行礼如仪，好像上帝真的现身于这些变得神圣的面包和葡萄酒之中。

至于对标致公司来说，关键的故事就是由法国国会所编写的法律制度。根据法国国会的说法，只要经过认证的律师遵守所有适当的礼仪和仪式，在一张装饰得华华丽丽的纸上写下种种必需的咒语和誓言，再在文件底端龙飞凤舞签上姓名，就在这一分这一秒，新公司注册成立！在1896年，阿尔芒·标致想开一家自己的公司，于是他雇了一位律师，好完成这些神圣的过程。等到律师正确执行了一切的仪式，宣告所有必要的咒语和誓言，千百万奉公守法的法国好公民也就表现得好像标致公司确实是个存在的实体一般。

然而，要说出有效的故事，其实并不容易。难点不在于讲故事，而在于要让人相信。于是，历史上也就不断围绕着这个问题打转：究竟某个人是如何说服数百万人去相信神、民族或是有限公司这些故事？然而，只要把故事说得成功，就会让智人拥有巨大的力量，因为这能使得数以百万计的陌生人合力行事，为了共同的目标而努力。想想看，如果我们的语言只能说些河流、树林或狮子之类真正存在的事物，要建立国家、教会和法律制度可不是难上加难？

* * *

多年来，人类已经编织出了一个极其复杂的故事网络。在这个网络中，像标致公司这种虚构的故事不仅存在，而且力量强大。这种通过故事创造的东西，用学术术语来说就称为“小说”、“社会建构”或者“想象的现实”。然而，所谓想象的现实并不是“谎话”。如果我知道附近的河里没有狮子，我却说有，这叫作谎话。但谎话其实没什么大不了的，像青猴和黑猩猩也都会说谎。曾有科学家发现，有青猴在附近没有狮子的时候发出了“小心！有狮子”的叫声，把附近另一只猴子吓跑，好独享某根它看到的香蕉。

然而，所谓“想象的现实”指的是某件事人人都相信，而且只要这项共同的信念仍然存在，力量就足以影响世界。施泰德洞穴的艺术家可能真的相信有狮人守护灵的存在。虽然也有些巫师是骗子，但多半都是真诚相信有神与恶魔的存在。至于百万富翁，他们多数也是真诚地相信世界上有金钱和有限公司。而对于活跃的人权主义者来说，他们也多半真诚地相信人权的存在。虽然其实所谓联合国、利比亚和人权都只是我们想象出的概念，但在2011年，我们说联合国要求利比亚政府尊重其公民的人权，并没有人会认为这句话是谎言。

从认知革命以来，智人一直就生活在一种双重的现实之中。一方面，我们有像河流、树木和狮子这种确实存在的客观现实；而另一方面，我们也有像神、国家和企业这种想象中的现实。随着时间过去，想象现实也日益强大。时至今日，河流、树木和狮子想要生存，有时候还得仰赖神、国家和企业这些想象现实行行好、放它们一马。

绕过基因组的快速道路

通过文字创造出想象的现实，就能让大批互不相识的人有效合作，而且效果还不只如此。正由于大规模的人类合作是以虚构的故事作为基础，只要改变所讲的故事，就能改变人类合作的方式。只要在对的情境之下，这些故事就能迅速改变。例如在1789年，法国人几乎是在一夕之间，相信的故事就从“天赋君权”转成“人民做主”。因此，自从认知革命之后，智人就能依据不断变化的需求迅速调整行为。这等于开启了一条采用“文化演化”的快速道路，而不再停留在“基因演化”这条总是堵车的道路上。走上这条快速道路之后，智人合作的能力一日千里，很快就远远甩掉了其他所有人类和动物物种。

其他同样具有社会行为的动物，它们的行为有相当程度都是出于基因。但DNA并不是唯一的决定因素，其他因素还包括环境影响以及个体的特殊之处。然而，在特定的环境中，同一物种的动物也倾向表现出类似的行为模式。一般来说，如果没有发生基因突变，它们的社会行为就不会有显著的改变。举例来说，黑猩猩天生就会形成阶层井然的团体，由某个雄性首领领导。然而，倭黑猩猩（bonobo，与黑猩猩极为相似）的团体就较为平等，而且通常由雌性担任首领。雌黑猩猩无法向倭黑猩猩这种算是近亲的物种学习，发动一场女权主义革命。相较之下，雄性黑猩猩也不可能召开猩民大会推翻首领，再宣布从现在起所有黑猩猩生而平等。像这样的剧烈改变，对黑猩猩来说就只有DNA改变才可能发生。

出于类似的原因，远古人类也没有什么革命性的改变。据我们所知，过去想要改变社会结构、发明新科技或是移居到新的地点，多半是因为基因突变、环境压力，而不常是因为文化的理由。正因如此，人类才得花上几十万年走到这一步。两百万年前，就是因为基因突变，才让“直立人”这种新的人类物种出现。而直立人出现后，也发展出新的石器技术，现在公认为是这个物种的定义特征。而只要直立人没有进一步的基因改变，他们的石器也就维持不变，就这样过了两百万年！

相比之下，在认知革命之后，虽然智人的基因和环境都没什么改变，但智人能够迅速改变行为，并将新的行为方式传给下一代。最典型的例子，就是人类社会总会出现不生育的精英阶层，比如天主教的神父、佛教的高僧，还有中国的太监。这些精英阶层虽然手中握有权力，但却自愿放弃生育，于是他们的存在根本就直接抵触了自然选择的最大原则。看看黑猩猩，它们的雄性首领会无所不用其极，尽可能和所有母猩猩交配，这样才能让群体中多数的年轻猩猩都归自己所有——但天主教的首领却是选择完全禁欲、无子无女。而且，他们禁欲并不是因为环境因素，像严重缺乏食物、严重缺少对象等等，也不是因为有了什么古怪的基因突变。天主教会至今已存在上千年，它靠的不是把什么“禁欲基因”从这个教宗传到下一个教宗，而是靠着《圣经·新约全书》和教律所营造出的故事代代相传。

换句话说，过去远古人类的行为模式可能维持几万年不变，但是对现代智人来说，只要一二十年，就可能改变整个社会结构、人际交往关系和经济活动。比如有一位曾住在柏林的老太太，她出生于 1900 年，总共活了 100 岁。她童年的时候，是活在腓特烈·威廉二世的霍亨佐伦帝国（Hohenzollern Empire）；等她成年，还经历了魏玛共和国、纳粹德国，还有民主德国；等到她过世的时候，则是统一后的德国的公民。虽然她的基因从未改变，她却经历了五种非常不同的社会政治制度。

这正是智人成功的关键。如果是一对一单挑，尼安德特人应该能把智人揍扁。但如果是上百人的对立，尼安德特人就绝无获胜的可能。尼安德特人虽然能够分享关于狮子在哪儿的信息，却大概没办法传颂（和改写）关于部落守护灵的故事。而一旦没有这种建构虚幻故事的能力，尼安德特人就无法有效大规模合作，也就无法因应快速改变的挑战，调整社会行为。

虽然我们没办法进到尼安德特人的脑子里，搞清楚他们的思考方式，但我们还是有些间接证据，证明他们和竞争对手智人之间的认知能力差异与极限。考古学家在欧洲内陆挖掘 3 万年前的智人遗址，有时候会发现来自地中海和大西洋沿岸的贝壳。几乎可以确定，这些贝壳是因为不同智人部落之间的远距贸易，才传到了大陆内部。然而，尼安德特人的遗址就找不到任何此类贸易的证据，每个部落都只用自己当地的材料，制造出自己的工具。[5]

另一个例子来自南太平洋。在新几内亚以北的新爱尔兰岛曾经住着一些智人，他们会使用一种叫作黑曜石的火山晶体，制造出特别坚硬且尖锐的工具。然而，新爱尔兰岛其实并不产黑曜石。化验结果显示，他们用的黑曜石来自超过 400 公里远的新不列颠岛。所以，这些岛上一定有某些居民是老练的水手，能够进行长距离的岛对岛交易。[6]

乍看之下，可能觉得贸易这件事再实际不过，并不需要什么虚构的故事当作基础。然而，事实就是所有动物只有智人能够进行贸易，而所有我们有详细证据证明存在的贸易网络都明显以虚构故事为基础。例如，如果没有信任，就不可能有贸易，而要相信陌生人又是件很困难的事。今天之所以能有全球贸易网络，正是因为我们相信着一些虚拟实体，像美元、联邦储备银行，还有企业的商标。而在部落社会里，如果两个陌生人想要交易，往往也得先借助共同的神明、传说中的祖先或图腾动物建立信任。

如果相信这些事的远古智人要交易贝壳和黑曜石，顺道交易一些信息应该也十分合理；这样一来，比起尼安德特人或其他远古人类物种，智人就有了更深更广的知识。

从狩猎技术也能够看出尼安德特人和智人的差异。尼安德特人狩猎时通常是独自出猎，或只有一小群人合作。但另一方面，智人就发展出了需要几十个人甚至不同部落合作的狩猎技巧。一种特别有效的方法，就是将野马之类的整个动物群给围起来，赶进某个狭窄的峡谷，这样很容易一网打尽。如果一切计划顺利进行，只要合作一个下午，这几个部落就能得到上吨的鲜肉、脂肪和兽皮，除了可以饱食一顿，也可以风干、烟熏或冰冻，留待日后使用。考古学家已经发现多处遗址，都曾用这种方式屠杀了整个兽群，甚至还有遗址发现了栅栏和障碍物，作为陷阱和屠宰场之用。

我们可以想象，尼安德特人看到自己过去的猎场成了受智人控制的屠宰场，心里应该很不是滋味。然而，一旦这两个物种发生冲突，尼安德特人的情势可能不比野马好到哪儿去。尼安德特人可能会用他们传统的方式来合作，集结50人前往攻击智人，但创新而又灵活的智人却能集结起500人来同心协力，于是输赢早已预定。而且，就算智人输了第一战，他们也会快速找出新的策略，在下一战讨回来。

认知革命有什么影响

名称	新能力	更深远的影响
河边有只狮子	能够传达更大量关于智人身边环境的信息	规划并执行复杂的计划，比如躲开狮子、猎捕野牛
八卦	能够传达更大量关于智人社会关系的信息	组织更大、更有凝聚力的团体，规模可达 150 人
虚构故事	能够传达关于虚构概念的信息，例如部落的守护神、国家、有限公司以及人权	1. 大量陌生人之间的合作 2. 社会行为的快速创新

历史和生物学

智人发明出了许许多多的想象现实，也因而发展出许许多多的行为模式，而这正是我们所谓“文化”的主要成分。等到文化出现，就再也无法停止改变和发展，这些无法阻挡的变化，就成了我们说的“历史”。

于是，认知革命正是历史从生物学中脱离而独立存在的起点。在这之前，所有人类的行为都只称得上是生物学的范畴，也有人喜欢称为“史前史”（但我倾向避免使用这个词汇，因为这种说法暗示着即使在认知革命之前，人类也是自成一格，与其他动物不同）。认知革命之后，我们要解释智人的发展，依赖的主要工具就不再是生物学理论，而改用历史叙事。就像如果要理解为何儒家或共产主义能在中国传播，光知道基因、荷尔蒙和有机体这些还不够，另外也得考虑到各种想法、图像和幻想的互动才行。

然而，这并不代表智人从此就不再遵守生物法则。我们仍然是动物，我们的身体、情感和认知能力仍然是由 DNA 所形塑。而我们的社会建构其实也和尼安德特人或黑猩猩相同，我们越深入研究其中的成分（比如种种知觉、情感、家庭关系），就越会发现我们和其他猿类并没有太大的差异。

然而，比较时不能光从个体或家庭的层次来比较。如果一对一，甚至十对十的时候，人类还是比不过黑猩猩。我们和黑猩猩的不同，是要在超过了 150 人的门槛之后才开始显现，而等这个数字到了一千或两千，差异就已经是天壤之别。如果我们把几千只黑猩猩放到纽约股票交易所、职业棒球赛场、国会山或联合国总部，绝对会乱得一塌糊涂。但相较之下，我们智人在这些地方常常有数千人的集会。智人创造了秩序井然的模式，像贸易网络、大规模庆祝活动、政治体制；而这些如果只有个人，是绝对做不到的。人类和黑猩猩之间真正不同的地方就在于那些虚构的故事，它像胶水一样把千千万万的个人、家庭和群体结合在一起。这种胶水，让我们成了万物的主宰。

当然，人类还是需要其他技能，像制造和使用工具。然而，光是制造工具的影响力还不够，制造工具之后还得联合众人之力才行。究竟为什么，我们现在有洲际弹道导弹，而 3 万年前还只有顶头带有燧石的矛？从那时候到现在，人类生理上制作工具的能力并没有显著改变。如果要爱因斯坦模拟远古人狩猎或采集的敏捷灵巧程度，前者必定是远远不及。然而，我们和远古人类的不同之处就在于与大量陌生人合作的技术有了大幅提升。远古要做出一把燧石矛，只要有一个人靠着几位亲近的朋友提供建议和协助，就能在几分钟内完成。但现代要做出导弹，需要全世界上百万个互不相识的人互相合作，有的是矿工，得开采位于地底深处的铀矿，还有的是理论物理学家，要写出长串的数学公式来描述亚原子粒子的互动。

***

讲到认知革命之后生物学和历史的关系，我们可以简单整理成三点：

1. 基本上，生物学为智人的行为和能力设下了基本限制，比如定出了一个活动范围，而所有的历史都在这个范围之内发生。

2. 然而，这个范围非常大，能让智人有各种惊人的发挥空间。因为他们有创造虚构故事的能力，就能创造出更多、更复杂的游戏，代代相传也就不断发展精进。

3. 因此，想了解智人的行为，就必须描述人类行为的历史演化。光是考虑人类在生物上的限制，就像是今天要去播报一场足球世界杯赛事，只不断报道关于场地的信息，而对球员究竟做了什么只字不提。

所以，在这个历史的活动场域中，我们在石器时代的祖先究竟做了什么事？据我们所知，3 万年前刻出施泰德狮人的人类，无论身体、情感还是智力能力都与我们类似。但他们一早起床先做什么？他们的早餐和午餐吃什么？他们的社会是怎样？他们也是一夫一妻、核心家庭吗？他们有没有什么庆典、道德准则、体育竞赛和宗教仪式？他们有战争吗？下一章就像是要从时间的帘幕后探头偷看一眼，看看他们从认知革命后到农业革命之间这几万年的生活情况。

第三章

亚当和夏娃的一天

想要了解人类的天性、历史和心理，就得想办法回到那些狩猎采集的祖先头脑里面，看看他们的想法。在智人的历史上，他们绝大多数的时间都是靠采集为生。在过去200年间，有越来越多智人的谋生方式是在城市里面劳动，整天坐办公桌前；而在之前的1万年，多数的智人则是务农或畜牧；但不论如何，比起先前几万年都在狩猎或采集，现代的谋生方式在历史上都只像是一瞬间的事罢了。

演化心理学近来发展蓬勃，认为现在人类的各种社会和心理特征早从农业时代之前就已经开始形塑。这个领域的学者认为，即使到了现在，我们的大脑和心灵都还是以狩猎和采集的生活方式在思维。我们的饮食习惯、冲突和性欲之所以是现在的样貌，正是因为我们还保留着狩猎采集者的头脑，但所处的却是工业化之后的环境，有超级城市、飞机、电话和计算机。在这样的环境下，我们比前人享有更多物质资源，拥有更长的寿命，但又觉得疏离、沮丧而压力重重。演化心理学家认为，想理解背后的原因，我们就需要深入研究狩猎采集者的世界，因为那个世界其实现在还牢牢记在我们的潜意识里。

举例来说，高热量食物对人不好，但为什么老是戒不掉？现今生活在富裕国家的人都有肥胖的问题，肥胖症几乎像瘟疫一样蔓延，还很快地将魔爪伸向发展中国家。如果我们不想想采集者祖先的饮食习惯，就很难解释为什么我们一碰到最甜、最油的食物就难以抵抗。当时他们住在草原上或森林里，高热量的甜食非常罕见，永远供不应求。如果是个 3 万年前的采集者，想吃甜食只有一种可能来源：熟透的水果。所以，如果石器时代的女性碰到一棵长满甜美无花果的树，最明智的做法就是立刻吃到吃不下为止，否则等到附近的狒狒也发现这棵树，可就一颗也吃不到了。于是，这种想大口吃下高热量食物的直觉本能就这样深植在我们的基因里。就算我们今天可能住在高楼大厦，家家户户的冰箱早就塞满食物，我们的 DNA 还记得那些在草原上的日子。正因如此，我们才会不知不觉就吃完一整桶的哈根达斯，可能还配着一大杯可口可乐。

这种“贪吃基因”的理论已经得到广泛接受。至于其他理论，争议性就大得多。例如有些演化心理学家认为，古代的采集部落主要并不是由一夫一妻的核心家庭组成，而是一群人共同住在一起，没有私有财产，没有一夫一妻的婚姻关系，甚至没有父亲这种身份的概念。在这样的部落中，女性可以同时和几个男人（和女人）有性行为，形成亲密关系，而部落里的所有成年男女则共同养育部落的小孩。正由于男人都没办法确定小孩是不是自己的，对所有孩子的教养也就不会有偏心的问题。

这样的社会结构并不是什么新世纪的灵性乌托邦，很多动物都有这种社会结构，特别像是黑猩猩和倭黑猩猩这些我们的近亲更是如此。即使在今日，还是有些人类社会采用这种共同教养制，例如位于委内瑞拉的巴里印第安人（Bari Indians）社会，他们相信孩子不是生自某个特定男人的精子，而是妈妈子宫里所有累积精子的结合。所以，如果想当个好妈妈，你就该和好几个不同的男人做爱，特别是在怀孕的时候，就该找上那些最会打猎的、最会说故事的、最强壮的战士、最体贴的爱人，好让孩子拥有那些最好的特质（以及最佳的教养）。如果你觉得这听起来实在太蠢，请记得其实直到现代胚胎学研究发展之后，我们才有了确实的证据，证明孩子只可能有一个父亲。

这种“远古公社”理论的支持者认为，我们看到现代婚姻常有不孕的困扰，离婚率居高不下，不论大人小孩都常有各种心理问题，其实都是因为现代社会逼迫所有人类采用一夫一妻的核心家庭，但这其实与我们的生物本能背道而驰。[7]

许多学者强烈反对这种理论，坚持一夫一妻制和核心家庭就是人类的核心行为。这些学者主张，虽然古老的狩猎采集社会比起现代社会更为平等而共有共享，但还是由独立的单位组成，每个单位就是一对会嫉妒的情侣加上他们的孩子。也是因为如此，今天多数文化仍然采用一夫一妻的核心家庭，男男女女都对彼此和孩子有强烈的占有欲，而且像是朝鲜和叙利亚这些现代的国家，政治权力还是父死子继。

想要解决这方面的争议，了解我们的性欲、社会和政治，就需要更了解我们祖先的生活条件，看看从 7 万年前的认知革命到 12 000 年前的农业革命之间，智人究竟是怎么生活的。

* * *

但遗憾的是，我们对于那些采集者祖先的生活几乎没什么可确定的事实。无论是“远古公社”还是“不变的一夫一妻制”，我们都提不出确切的证明。在这些采集者的年代，我们显然不会有文字记录，而考古证据主要也只有骨骼化石和石器。如果器具用的是木头、竹子或皮革等等比较容易腐烂的材料，就只有在很特殊的情况下才可能保存得下来。很多人以为在农业革命前的人类都只使用石器，其实这是考古偏误造成的误解。所谓的石器时代，其实说是“木器时代”更精确，当时的狩猎采集工具多半还是木制。

如果光从目前留下来的文物推断远古的狩猎采集生活，就会差之千里。远古的采集生活与后来的农业和工业生活相比，最明显的区别在于极少使用人造物品，而且这些物品对他们生活的作用相对并不大。在现代的富裕社会中，任何一般人一生都会用到数百万件人造物品，从车子、房子到抛弃式尿布和牛奶盒不一而足。不管任何的活动、信念甚至情感，几乎都会有人造物品介入。像在饮食方面，相关的人造品就多到难以胜数，从简单的汤匙和玻璃杯，到复杂的基因工程实验室和巨大的远洋渔船都参上一脚。至于玩乐也有大量的娱乐用物品，从怪兽卡到 10 万人的体育场都是如此。想要浪漫一下、云雨一场，又怎么能不提到戒指、床、漂亮的衣服、性感内衣、安全套、时尚餐厅、汽车旅馆、机场贵宾室、婚宴大厅、婚礼顾问公司？至于让我们灵性充溢的宗教，则把神圣的东西带进我们的生活，包括佛教的佛塔、道教的宫观、伊斯兰教的清真寺、印度教的僧院、装饰华美的经卷、色彩艳丽的法轮、祭司的祭袍、蜡烛、香、圣诞树、墓碑，还有金光闪闪的各种标示。

除了要搬家的时候，我们几乎不会感觉到原来身边有这么多东西。采集者每个月、每个星期都要搬家，甚至有时候是每天都得搬，所有家当就背在身上。当时还没有搬家公司或货车，甚至连驮兽都还没有，所以他们必须把生活必需品减到最少。因此可以合理推测，他们的心理、宗教和感情生活多半不需要人造物品的协助。假设在 10 万年后，有个考古学家想知道现在的穆斯林的信仰和仪式，只要看看从清真寺遗迹里挖出的各种物品，就能有个大致合理准确的猜测。然而，我们想要理解远古狩猎采集者的信仰和仪式，却是难上加难。同样，如果未来有个历史学家想了解 21 世纪台湾年轻人的社交活动，靠的却只有纸本书信（因为所有的手机电话、电子邮件、博客、手机短信都不会以实体方式留存），可以想见他可能会遇上多大的问题。

所以，想光靠现存的文物来了解远古狩猎采集生活，就是会有这种偏差。想解决这个问题，方法之一就是去研究目前尚存的采集社会。通过人类学观察，我们就能直接研究这些社会。然而，想从这些现代采集社会推论猜测远古采集社会的样貌，还是需要多加小心考虑。

首先，所有能存活到近代的采集社会，都多少已经受到附近的农业或工业社会影响，因此很难假设现在的样子就和几万年前相同。

其次，现代采集社会主要位于气候恶劣、地形险峻、不宜农业的地区，像在非洲南部的卡拉哈里沙漠，就有一些社会已经适应了这种极端条件。但如果要用这些社会来推论当时在长江流域这种肥沃地段的部落，就会有严重的偏差。特别是像卡拉哈里沙漠的人口密度远低于远古时期的长江流域，这对于部落人口规模与结构等关键问题影响重大。

再次，狩猎采集社会最显著的特点，就在于它们各有特色、大不相同。而且还不是说不同地区才有不同；即使在同一地区，仍然会是两两相异。一个很好的例子，就是欧洲人首次移居澳大利亚时，发现当地原住民之间有许多不同。在英国征服澳大利亚之前，整个澳大利亚大陆的狩猎采集者有 30 万到 70 万人，分成 200~600 个族群，每个族群又分成几个部落。[8] 每个族群都有自己的语言、宗教、规范和习俗。例如，在南澳阿德雷德附近，就有几个父系的家族，他们会依据所在领土为标准，结合成一个部落。相反的是，在北澳的一些部落则比较属于母系社会，而人在部落里的身份主要来自他的图腾，而不是他的领土。

不难想象，到了农业革命前夕，地球上的狩猎采集者有 500 万到 800 万人，有丰富多元的种族和文化多样性，分成几千个不同的独立部落，也有数千种不同的语言和文化。[9] 毕竟，语言和文化正是认知革命的主要成就。而正因为虚构故事已经出现，即使是在类似的生态、同样的基因组成下出现的人类，也能够创造出非常不同的想象现实，表现出来就成了不同的规范和价值观。

例如，我们有充分的理由相信，两万年前住在现在北京的采集者，他说的语言会和住在现在天津的采集者大不相同。可能有某个部落比较好战，某个部落比较爱好和平。有可能在北京的部落采用共有共享，而在天津的部落则以核心家庭为基础。北京部落可能会花很长的时间把自己的守护灵刻成木像，而天津部落则是用舞蹈来敬拜守护灵。前者也许相信轮回，而后者则认为这是无稽之谈。在某个社会可能同性性关系没什么大不了，但在另一个社会就成了禁忌。

换句话说，虽然用人类学方式观察现代的采集社会可以帮助我们了解一些远古采集社会的种种可能性，但这绝非全貌，而且可以说绝大多数仍不得而知。[a] 有人激烈争辩智人的“自然生活方式”该是如何，其实并未说到重点。从认知革命之后，智人的“自然生活方式”从来就不止一种。真正存在的只有“文化选择”，而种种选择就像是调色盘，色彩缤纷炫目，令人眼花缭乱。

原始的富裕社会

但是，讲到农业革命前的世界，究竟有什么是我们能确定的普遍现象？或许可以确定地说，当时大部分的人都生活在小部落里，每个部落小则数十人，最大不过数百人，而且所有成员都是人类。最后一点似乎像是废话，但其实绝没那么简单。在农业和工业社会里，其实家禽家畜的数量会超过人类，虽然地位低于主人，但仍然是社会中的一分子。比如今天的新西兰虽然智人人数

a. 说到远古采集社会的“种种可能性”，讲的是对于任何一个社会来说，根据其生态、科技和文化限制，都有种种信仰、习俗和经验像光谱一样在他们眼前展开。无论是社会或个人，面对着世界上的种种可能，通常都能探索到其中的一小部分而已。

有 450 万，但绵羊可是有高达 5000 万只。

只不过，这个一般规则还是有一个例外：狗。狗是第一种由智人驯化的动物，而且早在农业革命之前便已发生。虽然专家对于确切的年代还有不同意见，但已有如山铁证显示，大约 15 000 年前就已经有了家犬，而它们实际加入人类生活的时间还可能再往前推数千年。

狗除了能狩猎、能战斗，还能作为警报系统，警告有野兽或人类入侵。时间一代一代过去，人和狗也一起演化，能和对方有良好的沟通。最能满足人类需求、最能体贴人类情感的狗，就能得到更多的照顾和食物，于是也更容易生存下来。同时，狗

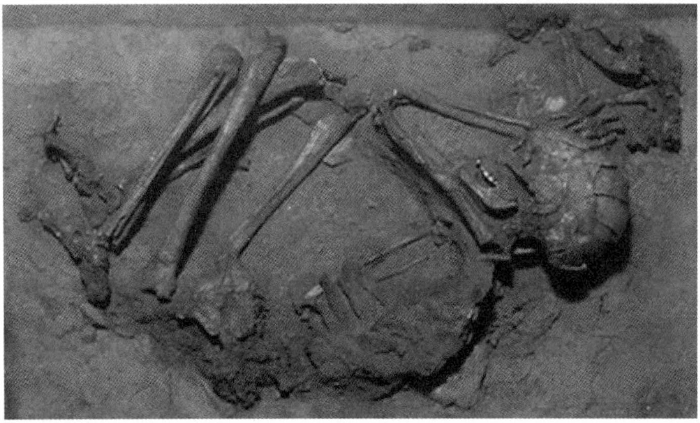

图 6　这是不是史上的第一只宠物？在以色列北部发掘出一座 12 000 年前的墓穴［藏于史前人类博物馆（Kibbutz Ma'ayan Baruch Museum）］，里面有一具年约 50 岁女性的骨骸，旁边还有一副小狗的骨骸（右上角）。小狗埋葬的位置与女人的头部接近，而且她的左手搭在狗的身上，看起来似乎有着某种情感联系。当然这也有其他的解释方式，或许也能说，这只狗是一份礼物，要送给通往未来世界的看门人。

也学会了如何讨好人类，满足它们的需求。经过这样长达15 000年的相处，人和狗之间的理解和情感远超过人和其他动物的关系。[10]有些时候，甚至死去的狗也能得到厚葬，待遇与人类差堪比拟。

同属一个部落的成员彼此相熟，人们终其一生都和亲友相处在一起，几乎没什么孤单的时刻，也没什么隐私。虽然邻近的部落偶尔也得争夺资源，甚至大打出手，但也是有些友好的往来。比如可能互相交换成员、一起打猎、交易罕见的奢侈品、结起政治同盟，还有一起庆祝宗教节日。这种合作是智人的一大重要特征，也是智人领先其他人类物种的关键优势。有时候，与邻近部落的关系实在太良好，最后就结合为一，而有了共同的语言、共同的神话、共同的规范和价值观。

然而，我们其实不该高估这种对外关系的重要性。就算邻近的几个部落在危急时刻可能会密切合作，甚至平常偶尔也会一起打猎或庆祝，但各个部落绝大多数时间仍然是完全各行其是、遗世独立。讲到交易，主要是限于拿来表示身份地位的物品，像贝壳、琥珀、颜料等等。没有证据显示当时的人会交易像水果或肉类之类的消费品，也看不出来有某个部落必须依赖从另一部落进口货物而生存的证据。至于社会政治关系，也同样只是零星有之。就算部落有季节性的集会场所，仍然称不上是个固定的政治框架，也没有永久的城镇或机构。一般来说，一个人很可能好几个月之间都只会看到自己部落里的人，一辈子会遇见的人数也不过就是几百个。智人就像星星一样，稀疏地散布在广阔的土地上。在农业革命之前，整个地球上的人类数量还比不上现在的杭州。

大多数智人部落不断迁移，随着季节变化、动物每年的迁移、植物的生长周期，人类也不断追逐着食物，从一地前往另一地。一般来说，他们是在同样一个区域里来来回回，面积大约是几十到几百平方公里。

偶尔，可能是遇上自然灾害、暴力冲突、人口压力，又或是碰上某个特别有领袖魅力的首领，部落也可能走出自己原有的领土区域。这些流浪正是促成人类扩张到全球的动力。如果某个采集部落每40年拆伙一次，新部落往东移100公里，经过大约1万年后，就会从东非抵达中国。

在某些特殊情况下，如果某地的食物来源特别丰富，原本因为季节而前来的部落也可能就此落脚，形成永久的聚落。另外，如果有了烘干、烟熏、冷冻（在北极地区）食品的技术，人们也可能在某地停留更久。最重要的是，在某些水产水禽丰富的海边和河边，人类开始建立起长期定居的渔村。这是历史上第一次出现定居聚落，时间要远早于农业革命。最早的渔村有可能是在45 000年前，出现在印度尼西亚群岛的沿海地带。也很可能就是从这里，智人开始了第一次的跨海事业：前往澳大利亚。

***

在大多数的居住地，智人部落的饮食都是见机行事，有什么吃什么。他们会抓白蚁、采野果、挖树根、追兔子，还会猎野牛和长毛象。虽然现在流行的讲法都把他们形容成猎人，但其实智人生活主要靠的是采集，这不仅是主要的热量来源，还能得到像燧石、木材、竹子之类的原物料。

智人采集的可不只是食物和原物料，同时还有“知识”。为了生存，智人需要对所在地了如指掌。而为了让日常采集食物的效率达到最高，他们也需要了解每种植物的生长模式，还有每种动物的生活习性。他们需要知道哪些食物比较有营养，哪些有毒，哪些又能拿来治病。他们需要知道季节的变化，以及雷雨或干旱之前的预警信号。他们会细查附近的每条河流、每棵核桃树、每个睡了熊的洞穴还有每个燧石的矿床。每个人都得知道怎样做出一把石刀，如何修补裂开的斗篷，如何做出抓兔子的陷阱，还有该如何面对雪崩、蛇咬或饥肠辘辘的狮子。这里面任何一种技能，都得花上好几年的指导和练习。一般来说，远古的采集者只要几分钟，就能用燧石做出一个矛头。但等到我们试着依样制作，却常常是手忙脚乱、笨手笨脚。我们绝大多数的脑袋里都不知道燧石或玄武岩会怎样裂开，手也没有灵活到足以执行这项任务。

换句话说，采集者对于他们周遭环境的了解，会比现代人更深、更广也更多样。现代的工业社会中，就算不太了解自然环境也能顺利存活。比如如果你是个计算机工程师、保险推销员、历史老师或者工厂工人，你真的需要了解自然环境吗？现代人必须专精于自身小领域的知识，但对于其他生活中的必需，绝大多数都是靠着其他各领域的专家，每个人懂的都只限于自己的那一小方天地。就整体而言，现今人类所知远超过远古人类。但在个人层面上，远古的采集者则是有史以来最具备多样知识和技能的人类。

有证据显示，自从采集时代以来，智人的脑容量其实是逐渐减少！[11] 要在那个时代活下来，每个人都必须有高超的心智能力。而等到农业和工业时代开展，人类开始能靠着别人的技能生存下来，就算是低能的人也开始有了生存空间。例如只要肯挑水或者当个生产线的工人，就能活下来，并把自己那些平庸无奇的基因传下去。

采集者不只深深了解自己周遭的动物、植物和各种物品，也很了解自己的身体和感官世界。他们能够听到草丛中最细微的声响，知道里面是不是躲着一条蛇。他们会仔细观察树木的枝叶，找出果实、蜂窝和鸟巢。他们总是以最省力、最安静的方式行动，也知道怎样坐、怎样走、怎么跑才能最灵活、最有效率。他们不断以各种方式活动自己的身体，让他们就像马拉松选手一样精瘦。就算现代人练习再多年的瑜伽或太极，也不可能像他们的身体一样灵敏。

* * *

狩猎采集的生活方式依地区、季节有所不同，但整体而言，比起后来的农夫、牧羊人、工人或上班族，他们的生活似乎要来得更舒适，也更有意义。

在现代的富裕社会，平均每周的工时是 40~45 小时，发展中国家则是 60 甚至 80 小时；但如果是狩猎采集者，就算住在最贫瘠的地区（比如卡拉哈里沙漠），平均每周也只需要工作 35~45 小时。他们大概只需要每三天打猎一次，每天采集 3~6 小时。一般时期，这样就足以养活整个部落了。而很有可能大多数的远古采集者住的都是比卡拉哈里沙漠更肥沃的地方，所以取得食物和原物料所需的时间还要更少。最重要的是，这些采集者可没什么家事负担。他们不用洗碗，不用吸地毯，不用擦地板，不用换尿布，也没账单得付。

这样的采集经济，能让大多数人都过着比在农业或工业社会中更有趣的生活。像是现在，如果在血汗工厂工作，每天早上大约 7 点就得出门，走过饱受污染的街道，进到工厂用同一种方式不停操作同一台机器，时间长达 10 小时，叫人心灵整个麻木。

等到晚上 7 点回家，还得再洗碗、洗衣服。而在 3 万年前，如果是个采集者，可能是在大约早上 8 点离开部落，在附近的森林和草地上晃晃，采采蘑菇、挖挖根茎、抓抓青蛙，偶尔还得躲一下老虎。但等到中午过后，他们就可以回到部落做午餐。接下来还有大把的时间，可以聊聊八卦、讲讲故事，跟孩子玩，或者就是放松放松。当然，有时候是会碰上老虎或蛇没错，但从另一方面来说，当时他们倒也不用担心车祸或工业污染。

在大多数地方、大多数时候，靠着采集就已经能得到充分的营养。这其实很合理，毕竟这正是人类在先前数十万年间的正常饮食，人体早就完全适应。骨骼化石的证据显示，远古时期的采集者比较少有饥饿或营养不良的问题，而且比起后来的农业时代，他们身高较高，也比较健康。虽然平均寿命显然只有 30~40 岁，但这主要是因为当时儿童早夭的情形十分普遍。只要能活过危机四伏而意外频现的生命早期，当时的人就大多能活到 60 岁，有的甚至还能活到超过 80 岁。在现代的采集社会里，只要女性能活到 45 岁，大概再活个 20 年就不是问题，而总人口的 5%~8% 也都活到超过 60 岁。[12]

采集者之所以能够免受饥饿或营养不良的困扰，秘诀就在于多样化的饮食。相较之下，之后农民的饮食往往种类极少，而且不均衡。特别是在近代，许多农业人口都依靠单一作物为主要热量来源，可能是小麦、马铃薯、稻米之类，这样一来就会缺少人体所必需的其他维生素、矿物质或营养。例如在中国偏远乡间的传统典型农夫，早上吃饭、中午吃饭，晚上吃的还是饭。而且还得够幸运，第二天才能吃到这些一样的东西。相较之下，远古的采集者通常都会吃到数十种不同的食物。他们可能早餐吃浆果和蘑菇；中餐吃水果、蜗牛和乌龟；晚餐则是来份野兔排配野生洋葱。至于第二天，菜单又可能完全不同。正是这样的多样性，能确保远古的采集者吸收到所有必需的营养成分。

此外，也因为采集者不依赖单一种类的食物，就算某种食物来源断绝了，影响也不会太大。但如果是农业社会，一旦来场干旱、火灾、地震，把当年的稻子或马铃薯摧毁殆尽，就会引发严重的饥荒。虽然采集社会还是难以幸免于自然灾害，而且也会碰上食物短缺或饥荒的情形，但通常他们处理起来就比较游刃有余。如果主要食物短缺，他们可以去采集或狩猎其他食物，或者直接迁移到受影响较小的地区。

此外，远古采集者也比较少碰到传染病的问题。农业和工业社会的传染病（例如天花、麻疹和肺结核）多半是来自家禽家畜，但这要到农业革命之后才传到人类身上。对于远古的采集者来说，狗是唯一会近距离相处的动物，所以也就没有这些问题。此外，农业和工业社会的永久居住环境通常非常紧密，但卫生条件又不佳，正是疾病的理想温床。至于采集者，他们总是一小群一小群在广阔的大地上漫游，疾病很难流行起来。

* * *

正因为这些在农业时代前的采集者有健康和多样化的饮食、相对较短的工作时间，也少有传染病的发生，许多专家将这种社会定义为“最初的富裕社会”。只不过，倒也不用把这些古人的生活想得太过理想浪漫。虽然他们的生活可能比起农业和工业社会更佳，不过当时的世界仍然同样残酷无情，常常存在物资匮乏、时节难过、儿童死亡率高的问题，现在看来没什么的小意外，当时可能就能轻易致命。这些漫游采集者的部落里人人关系亲密，对大多数人来说可能是好事，但对那些少数惹人厌的成员来说，日子可就不好过了。偶尔，如果有人年老力衰或是有肢体残疾，无法跟上部落的脚步，还会遭到遗弃甚至杀害。如果婴儿和儿童被视为多余，他们就可能被杀，而且宗教献祭也偶有所闻。

在巴拉圭的丛林里，曾有一个狩猎采集部落亚契人（Ache）存活到 20 世纪 60 年代，他们让我们得以一窥采集生活的黑暗面。根据亚契人的习俗，如果某位有价值的部落成员死亡，就要杀一个小女孩陪葬。人类学家访问亚契人，得知某一次有个中年男子病倒了，无法跟上其他人的脚步，于是他就被抛弃在路旁的树下。当时树上还有秃鹰等着想饱餐一顿。但那位男子鼓起精神、霍然痊愈，用轻快的脚步重新回到部落行列。他的身上还盖着鸟屎，结果绰号也从此变成“秃鹰屎”。

如果某个亚契女性已经年纪太大、成了部落的负担，部落里的年轻男子就会潜伏在她身后，找机会一斧头砍进她的脑子里。曾有一个亚契人，告诉人类学家他在丛林里的黄金年代：“我常常杀老女人，我杀过我的阿姨、婶婶、姑姑她们……女人都怕我……但现在跟这些白人在一起，我也变弱了。”如果新生儿没有头发，会被认为发育不良，必须被立刻杀死。就有一位妇女回忆说，她的第一个女儿就是被活活打死，原因只是部落里的男人已经不想再多个女孩了。而另一次，有个男人杀了个小男婴，原因只是他“心情不好，小孩又哭个不停”。甚至有个小孩被活埋，原因是“那玩意儿看起来怪怪的，其他小孩也会笑他”。[13]

然而，可别太快就对亚契人下定论。人类学家与他们同居共处多年之后，认定在亚契成年人之间的暴力其实非常罕见。无论男女，都可以自由改变伴侣。他们总是乐天且愉快，部落里不分地位高低，想颐指气使的人通常就会被排挤。虽然他们拥有的物质不多，但却非常慷慨，而且不会执着于成功和财富。在他们的生活里，最被看重的就是良好的人际互动，还有真正的友谊。[14]虽然他们会杀害儿童、病人、老人，但他们的想法其实和今日许多人赞成堕胎和安乐死也没有两样。另外还该提的一点，是巴拉圭的农夫猎杀亚契人的时候，可是毫不手软。所以，或许正因为亚契人必须迅速逃离这些敌人的魔爪，如果有成员可能造成部落的负担，他们也就无法仁义以待。

事实是，亚契社会就像任何一个人类社会一样复杂难解。我们要小心不能只有了肤浅的认识，就断然将其妖魔化或理想化。亚契人既不是天使，也不是魔鬼，不过就是人类。同样，远古的狩猎采集者，就是和我们一样的人。

会说话的鬼

对于远古狩猎采集者的精神和心理生活，我们知道些什么？基于某些可量化的客观因素，我们或许可以重建一些远古狩猎采集社会的基本架构。例如，我们可以计算每人为了生活一天需要多少卡路里，一公斤的核桃可以提供多少卡路里，而一平方公里的森林又能提供多少核桃。有了这些数据，我们就能够猜测核桃在他们饮食中的相对重要性。

只不过，他们究竟是把核桃当作珍馐佳肴还是无趣的主食？他们相不相信，核桃树有树灵？他们觉不觉得核桃树叶很漂亮？如果当时有对男女想约会，核桃树的树荫下究竟算不算浪漫？讲到思想、信仰和感情，想一探究竟的难度绝对非同小可。

多数学者都同意，远古的采集者普遍信奉泛灵论的信仰（animism，源自拉丁文的“anima”，意义“灵魂”或“精神”）。泛灵论相信，几乎任何一个地点、任何一只动物、任何一株植物、任何一种自然现象，都有其意识和情感，并且能与人类直接沟通。因此，对泛灵论者来说，山上的一颗大石头也可能会有欲望和需求。人类可能做了某些事就会触怒这块大石，但也有可能做某些事能取悦它。这块大石可能会惩罚人类，或要求奉献。至于人类也能够安抚或威胁这块石头。不仅石头，还有山脚下的橡树，山边的小溪，林间的喷泉，附近的小树丛，通往喷泉的小径，啜饮着泉水的田鼠、狼和乌鸦，也都有着灵的存在。对泛灵论者来说，还不只实体的物品或生物有灵，甚至连非物质也有灵，像死者的鬼魂以及各种友善和邪恶的灵，也就是我们所说的恶魔、精灵和天使。

泛灵论者认为，人类和其他的灵之间并没有障碍，可以直接通过言语、歌曲、舞蹈和仪式来沟通。所以猎人可以向一群鹿喊话，要求其中一头牺牲自己。狩猎成功的时候，猎人可能会请不幸丧生的动物原谅他。有人生病的时候，萨满巫师可以呼告造成疾病的灵，试着劝它或恐吓它离开。有需要的时候，萨满巫师还能请求其他灵的帮助。泛灵论的一个特点，在于所有的灵都位于当场当地，不是什么万能的神，而是某只特定的鹿、某棵特定的树、某条特定的小溪、某个特定的鬼魂。

此外，就像人类和其他灵之间没有障碍一样，人类和其他灵之间也没有地位高下之别。非人类的灵之所以存在，不只是要为人提供协助，它们也不是什么把全世界操之在手的万能的神。这个世界不是为了人或是任何其他特定的灵而旋转。

泛灵论并不是某个特定的宗教，而是数千种不同宗教、邪教或信仰的通称。它们之所以都称为“泛灵论”，是因为这些宗教对于世界的看法、对于人类的定位所见略同。而我们说远古的采集者应该属于泛灵论者，就好像说在前现代的农民是有神论者一样。有神论（theism，源自希腊文的“theos”，意为“神”）认为，宇宙的秩序在于人类和一小群超凡的实体（神）之间的地位关系。虽然说“前现代农民往往是有神论者”这件事千真万确，但光是这样讲还不够清楚。一般典型的“有神论”山包海容，有 18 世纪波兰的犹太教拉比，17 世纪马萨诸塞州要焚烧女巫的清教徒，15 世纪墨西哥阿兹特克的祭司，12 世纪伊朗的苏菲神秘教派，10 世纪的印度教战士，2 世纪琐罗亚斯德教的商人，还有种种中国民间信仰。所有这些教派，都认为别人的信仰和仪式是怪异的异端。而泛灵论的种种信仰和仪式，彼此之间的差异可能也不亚于此。人们的宗教经验很可能也是动荡不安，充满争议、改革和革命。

我们小心归纳出这些通则，但大致上也只能做到这个程度了。想再深入描述远古时代的精神灵性，都会沦为假设猜测，因为我们几乎没有证据能够佐证；即使是那极少数的文物和洞穴绘画，也能有各种不同的诠释方式。有些学者声称自己能够知道采集者当时的感受，但从他们的理论中能够了解的，与其说是石器时代的宗教观，还不如说是他们的偏见。

面对各种墓穴文物、壁画、骨头雕像，与其猜测出如山的种种理论，还不如坦然承认，我们对于远古采集者的宗教就只有一些模糊不清的概念罢了。我们假设他们是泛灵论者，但这能告诉我们的并不多。我们不知道他们向什么神灵祈祷，庆祝什么节日，

图7　拉斯科洞穴（Lascaux Cave）大约15 000~20 000年前的一幅壁画。我们究竟看到了什么？这幅画的意义又是什么？有些人认为画中是一个鸟头人身的男子，阳具勃起，正遭到野牛杀害。在男人下方是另一只鸟，可能象征着灵魂，在人死亡的那一瞬间由身体得到释放。如果真是如此，这幅画叙述的就不只是个普通的狩猎意外，而是前往来世的过程。但我们无法判断这些猜测究竟是否正确。这就像是个罗夏克墨渍测验（Rorschach test），主要能看出的是现代学者的偏见，而不是远古采集者的信仰。

也不知道他们遵守什么戒律。最重要的是，我们不知道他们说了什么故事。这是我们想了解人类历史的一大空缺和遗憾。

* * *

对于采集者的社会政治世界，我们的所知同样几近于零。如上所述，学者甚至连最基本的问题都还无法达成共识，比如私有财产、核心家庭、一夫一妻制等等是否存在。很有可能各个部落

图 8　狩猎采集者在大约 9000 年前，在阿根廷的“手洞”(Hands Cave) 留下了这些手印。看起来，这些主人逝去已久的手印似乎正从岩石里向我们伸来。这可能是远古采集者留下最感动人心的遗迹之一，但我们没人知道这究竟想传达什么意义。

各有不同结构，有些阶级井然，有些弹性较大。有的部落可能会像加利福尼亚的软件公司，致力于创新，却秩序混乱；有的部落的组织结构像纽约的律师事务所，高效、有弹性。

在苏联的松希尔 (Sunghir)，考古学家在 1955 年发现了一个 3 万年前的墓地遗址，属于一个狩猎长毛象的文化。在其中一个墓穴，他们发现一名年约 50 岁的男性骨架，盖着长毛象象牙珠串，总共约有 3000 颗珠子。死者戴着以狐狸牙齿装饰的帽子，手腕上还有 25 只象牙手镯。其他同个墓地的墓穴里，陪葬物品数量都远远不及该墓穴。学者推断，松希尔长毛象猎人社群应该阶级十分明显，而该死者也许是部落的首领，甚至是几个部落共同的领导者。毕竟，光靠单一部落的几十位成员，不太可能制作出这么多的陪葬品。

考古学家后来还发现了一个更有趣的墓穴，里面有两具头对头的骸骨。一具是 12~13 岁的男孩骸骨，另一具是 9~10 岁的女孩骸骨。男孩身上盖着 5000 颗象牙珠子，戴着狐狸牙齿装饰的帽子，皮带上也有 250 颗狐狸牙齿（这至少得用上 60 只狐狸的牙）。女孩身上则有 5250 颗象牙珠子。两个孩子身边满是各种小雕像和象牙制品。就算是熟练的工匠，大概也需要 45 分钟才能做出一颗象牙珠。换句话说，要为这两个孩子准备这超过 1 万颗的象牙珠，会需要大约 7500 小时的精密加工，就算是一位经验丰富的工匠，也得足足花上超过 3 年！

要说这两个松希尔的孩童年纪轻轻就已经证明自己是充满威严的领导者或长毛象猎人，无疑是天方夜谭。所以，唯有从文化信仰的角度出发，才能解释为什么他们能得到这样的厚葬。第一种理论是他们沾了父母的光。也许他们是首领的子女，而他们的文化相信家族魅力，或者有严格的继承顺位规定。至于第二种理论，则是这两个孩子在一出生的时候，就被认定为某些祖先灵魂转世降生。还有第三种理论，认为他们的葬礼反映的是他们的死法，而不是在世时的地位。有可能这是一个牺牲的仪式（可能作为首领安葬仪式的一部分），所以才会格外隆重盛大。[15]

不管正确答案为何，这两具松希尔的孩童骨骸无疑证明，3 万年前的智人已经发明了一些社会政治规范，不仅远超出我们 DNA 的设定，也超越了其他人类和动物物种的行为模式。

和平还是战争？

最后还有个棘手的问题，就是“战争”在采集者的社会扮演了什么角色。有些学者主张远古的狩猎采集社会应该是个和平的天堂，认为要到了农业革命之后，民众开始累积私有财产，才开始有战争和暴力。也有学者主张，早在远古的采集时代，就已经有各种残忍和暴力的事情。然而，由于我们靠的只有极少数的考古文物和对现代采集社会的人类学观察，这两派学说可以说都只是空中楼阁。

虽然现代人类学的观察十分耐人寻味，但却问题重重。现在的采集者主要住在北极或卡拉哈里沙漠这种偏远和荒凉的地区，当地人口密度非常低，需要和他人作战的概率微乎其微。此外，近几代的采集社会也越来越受到现代国家操控干扰，也避免了爆发大规模冲突的可能。欧洲学者只曾有两次机会，能够观察到采集社会形成较大、相对人口密度较高的情形：一次是 19 世纪在北美洲西北部，另一次则是 19 世纪到 20 世纪初在澳大利亚。而不管是前一次的美洲印第安人还是后一次的澳大利亚原住民，都发生了频繁的武装冲突。然而，我们仍然无法确定这究竟代表无论古今未来都会如此，还是只是受了欧洲帝国主义的影响。

目前的考古发现不仅数量少，而且模糊不明。就算在几万年前曾经发生战争，现在究竟还会留下什么线索？当时没有防御工事、没有城墙、没有炮弹，甚至也没有剑或盾牌。虽然古老的矛头可能用于战争，但也可能只是用于狩猎。即使能找到人骨化石，也帮不上多大的忙。发现有骨折，可能代表战争中受的伤害，但也有可能只是意外。而且就算没有骨折，也无法确定某位远古人士绝非死于非命。毕竟，光是伤到软组织也足以致命，但不会在骨头上留下任何痕迹。更重要的是，在工业时代之前，战乱中有90% 以上的死者其实是饿死、冻死、病死，而不是直接被武器攻击而死。想象一下，如果在 3 万年前有一个部落被邻近部落击败，10 名成员战死，而剩下的人则被赶出平常采集为生的领地。在接下来的一年里，被赶走的成员又有 100 名死于饥饿、寒冷和疾病。这么一来，等到考古学家发现这 110 具遗骨，很容易就会误以为他们是死于自然灾害。但我们又怎么能知道他们是死于无情的战争呢？

有了这种心理准备之后，我们可以开始检视手上有的考古证据。曾有三项研究，同样关于在农业革命前夕丧命的 400 具遗骨。第一项研究在葡萄牙，只发现两具明显死于暴力伤害。第二项在以色列，所有和人为暴力有关的证据更是只有某一具头骨上有一条裂痕，如此而已。但第三项研究的是多瑙河谷的多处遗址，在这 400 具遗骨中共有 18 具显示曾受到暴力伤害。18/400 或许听起来并不多，但其实这个比例已经相当高了。假设这 18 人确实都死于暴力伤害，代表远古多瑙河谷约有 4.5% 的死亡率是由人为暴力所引起。而在现在，就算把战争和犯罪加在一起，全球因为人为暴力引起的死亡平均也只占 1.5%。在 20 世纪，我们曾目睹最血腥的战争、规模最庞大的种族屠杀，但即使如此，这个世纪因为人为暴力而死亡的百分比也只有 5%。所以，如果这个研究显示了典型的情形，远古多瑙河谷暴力肆虐的情形就和 20 世纪

差堪比拟。[a]

多瑙河谷的发现已经十分令人难过，但偏偏还有一些来自其他地区的研究也得出了同样的结果而加以支持。在苏丹的捷贝尔撒哈巴（Jabl Sahaba）一地，曾发现一处12 000年前的墓地，里面有59具遗骨。其中有24具的骨骸里或附近发现了箭镞和矛头，共占所有遗骨的40%。其中一具女性遗骨共有12处伤痕。而在德国巴伐利亚的欧夫内特洞穴（Ofnet Cave），考古学家也发现38具采集者的遗骨被丢进两个墓穴中，主要是妇女和孩童。这些遗骨有一半（包括儿童甚至婴儿）都明显有受到人类武器伤害的痕迹，包括棍棒和刀。至于少数成年男性的骨骸，则可发现受到最严重的暴力攻击。最有可能的，就是在欧夫内特洞穴曾有一整个采集部落遭到屠杀。

那么，究竟哪个更能代表远古的采集社会？是以色列和葡萄牙那些看来生活和平的遗骨，还是苏丹和德国的那些人间炼狱？答案是两者皆非。我们已经看到，采集社会可能有许多不同的宗教和社会结构，可以预测他们也同样有不同的暴力倾向。可能在某些时期，某些地区一片平静祥和，但在其他地区却是动乱不断。[16]

沉默的帷幕

讲到远古的采集生活，如果我们连宏观景象都难以重建，想

a. 有人可能会说，就算远古多瑙河谷有些遗骨上有暴力痕迹，也不见得就是死因。有些人可能只是受伤而已。然而，因为也有些人可能是软组织受创或是因为战争带来的资源剥夺致死，而这些都不会出现在遗骨上，因此这两种情况或许能互相抵消。

要重塑特定事件就更是难如登天。智人部落首次进入尼安德特人居住的山谷之后，接下来的几年间很可能就发生了许多轰轰烈烈的历史大事。但遗憾的是，这样的事件几乎不会留下任何痕迹，顶多就是极少数的骨骼化石和石器，而且不论学术界如何竭力追问，它们仍然只会保持沉默。从这些对象里，我们可以知道当时人类的身体结构、科技、饮食，甚至是社会结构，但却看不出他们是否与相邻的智人部落结成政治联盟，是否有先人的灵魂保佑着这个部落，是否会偷偷将象牙珠送给当地的巫医，祈求神灵庇佑。

这幅沉默的帷幕就这样罩住了几万年的历史。在这些年间，可能有战争和革命，有灵性激昂的宗教运动，有深刻的哲学理论，有无与伦比的艺术杰作。采集者之中可能也出过像成吉思汗这种所向披靡的人物，不过统治的帝国还没有新加坡的面积大；或许也出过天才贝多芬，虽然没有交响乐团，却能用竹笛令人潸然泪下；又或许出了像穆罕默德一样的先知，不过传达的是当地某棵栎树的话，而不是什么全宇宙的造物主。不过，这些我们全部只能靠猜测。这幅沉默的帷幕如此厚重，我们连这些事情是否曾经发生都难以断定，遑论详细描述。

学者常常只会问那些他们在合理范围中能够回答的问题。如果我们无法发展出新的研究工具，可能就永远无法了解远古采集者究竟有什么信仰，或者他们曾经经历过怎样的政治。然而，我们必然需要问一些目前还没有解答的问题，否则就等于对人类7万年历史中的6万年视而不见，只以为“当时的人没做什么重要的事”。

但事实是，他们做了许多非常重要的事情。特别是他们还形塑了我们现在的世界，程度之大，出乎许多人意料。现在有探险家跋涉前往西伯利亚苔原、澳大利亚中部沙漠、亚马孙雨林，以为自己走进了一片从无人类踏足的原始环境，但这只是错觉。即使是最茂密的丛林、最荒凉的旷野，其实远古采集者都早已到过，而且让环境起了极大的变化。下一章就会提到，早在第一个农村形成之前，采集者是如何让地球的生态改头换面的。整个动物界从古至今，最重要也最具破坏性的力量，就是这群四处游荡、讲着故事的智人。

第四章

毁天灭地的人类洪水

在认知革命前，所有人类物种都只住在亚非大陆上。确实，他们也曾靠着游泳或者扎些简单的木筏，抵达少数的邻近岛屿。例如弗洛里斯岛，早在85万年前便已有人居住。但当时他们还没办法冒险前往远洋，没人到过美洲或澳大利亚，也没人到过像日本、中国台湾、马达加斯加、新西兰和夏威夷之类较远的岛屿。

海洋所阻绝的不只是人类，还有许多亚非大陆上的动植物都到不了这个“外面的世界”。因此，在像澳大利亚和马达加斯加这些远方的大陆和岛屿上，当地的生物群独自演化了数百万年，于是无论外形和天性都和它们的亚非远亲相当不同。起初，地球可分为几个不同的生态系统，各由独特的动植物组成，但这种情形即将因为智人而画下句号。

在认知革命之后，智人得到新的技术、组织能力甚至眼界，能够走出亚非大陆，前往外面的世界。他们的第一项重大成就，就是在大约45 000年前殖民澳大利亚。为解释这件事，专家学者煞费苦心。想到达澳大利亚，人类得跨过许多海峡，有些宽度超过100公里，而且抵达之后，他们还得几乎立刻适应当地的生态环境。

最合理的理论认为，大约45 000年前住在印度尼西亚群岛的智人发展出了第一个能够航海的人类社会（印度尼西亚群岛由亚洲大陆向外延伸，每个岛屿间只有狭窄的海峡相隔）。他们学会了如何建造及操纵能在海上航行的船只，开始前往远洋捕鱼、贸易、探险。这给人类的能力及生活形态带来了前所未有的变革。其他能够进到海里的哺乳类动物，都是经过长期演化发展出专门的器官和符合流体力学的身形，才能进到海里（如海豹、海牛、海豚等等）。然而，印度尼西亚的智人祖先就是在非洲草原上的猿类，既没有长出鳍，也没有像鲸鱼一样等着鼻孔一代一代慢慢移到头顶去，而是做出船来，并学习如何操纵。正是这些技能让他们能够移居澳大利亚。

确实，考古学家到现在还没找到45 000年前的筏、桨或者渔村（而且远古的印度尼西亚海岸线现在深深沉在100米的海面下，要寻找也十分困难）。但还是有些可靠的间接证据可以支持这种理论，其中之一就是在智人移居澳大利亚后的数千年间，智人还殖民到了澳大利亚北方许多独立的小岛上。其中像布卡岛（Buka）和马努斯岛（Manus），距离最近的陆地也要两百公里远。

如果没有先进的船只、高明的航海技术，很难相信有人能够前往马努斯岛殖民。正如前面提到的，我们也有证据证明当时在新爱尔兰岛和新不列颠岛之间有定期的海洋贸易。[17] 新的航海技能并不只限于西南太平洋，大约在35 000年前就有人类抵达日本，而在大约30 000年前就有人抵达中国台湾。对这两者而言，殖民者都得越过广阔的海洋，而这在先前的几十万年间都还是不可能的任务。

在历史上，人类首次抵达澳大利亚绝对算是大事一件，重要性不亚于哥伦布抵达美洲或者阿波罗11号登上月球。这是人类第一次成功离开亚非大陆生态系统，也是第一次有大型陆生哺乳动物能够从亚非大陆抵达澳大利亚。更重要的是，这些人类先驱究竟在这片新世界做了什么。狩猎采集者首次登上澳大利亚海滩的那一刻，就正式在这片大陆登上食物链顶端，也从此成为地球史上最致命的生物物种。

在这之前，虽然人类有些创新的调整和作为，但他们对环境还没什么太大的影响。虽然他们能够迁移到各种不同地点，而且成功适应当地环境，但并不会大幅改变新的栖地环境。而这些前往澳大利亚的移居者（其实是征服者）所做的不只是适应当地环境，而是让整个澳大利亚生态系统发生了天翻地覆的变化。

人类首次登上澳大利亚沙滩，足迹随即被海浪冲走。但等到这些入侵者进到内陆，他们留下了另一种足迹，而且再也洗刷不去。他们推进的时候，仿佛进到奇特的新世界，满眼是从未见过的生物。有200公斤重、2米高的袋鼠，还有当时澳大利亚最大型的掠食者袋狮（marsupial lion），体型就像现代的老虎一样大。树上有当时大到不太可爱的无尾熊；平原上则有不会飞的鸟在奔驰，体型足足是鸵鸟的两倍；至于在灌木丛里，则有像恶龙般的蜥蜴和蛇，发出嗞嗞声地滑行；森林里则有巨大的双门齿兽（diprotodon）在游荡，外形就像袋熊，不过体重足足有两吨半。除了鸟类和爬行动物之外，澳大利亚当时所有的动物都是像袋鼠一样的有袋动物，会先生下幼小、无助、就像胚胎一样的年幼后代，再在腹部的育儿袋中哺乳照顾。有袋哺乳动物在非洲和亚洲几乎无人知晓，但它们在澳大利亚可是最高的统治阶级。

但不过几千年后，所有这些巨大的动物都已消失殆尽。在澳大利亚当时24种体重在50公斤以上的动物中，有23种都惨遭灭绝，[18] 许多比较小的物种也从此消失。整个澳大利亚的生态系统食物链重新洗牌，这也是澳大利亚生态系统数百万年来最重大的一次转型。智人是不是罪魁祸首？

罪名成立

有些学者试着为人类脱罪，把这些物种灭绝的责任推给气候变迁（常常都是靠它来顶罪），但要说智人完全无辜实在令人难以置信。澳大利亚巨型动物灭绝，有三大证据显示气候很难成为借口，而人类难辞其咎。

第一点，虽然澳大利亚气候确实在45 000年前有一场改变，但规模幅度并不大。光是这样小小的气候变迁，我们实在很难相信能造成如此大规模的物种灭绝。我们现在常常把很多事情都推给气候，但事实是地球的气候从来不会静止，而是每分每刻不断变化，史上不管哪个事件，都多少会碰上一些气候变迁的情形。

特别是地球早就有过许多次的冷却和暖化循环。在过去百万年间，平均每10万年就有一次冰河期，上一次冰河期大约是75 000年前到15 000年前，而且并不是特别严重，两次高峰分别在大约70 000年前和20 000年前。然而，澳大利亚巨大的双门齿兽早在150多万年前便已出现，活过了至少10次的冰河期，甚至连70 000年前的那次冰河高峰期也安然无恙。但为什么到了45 000年前就突然灭种？当然，如果双门齿兽是当时唯一灭绝的大型动物，可能就纯粹是运气问题。然而，当时除了双门齿兽之外，全澳大利亚超过90%的巨型动物都从历史上消失。虽然我们只有间接证据，但要说这么凑巧，智人就这样在所有巨型动物都死于严寒的时候来到澳大利亚，实在很难令人信服。[19]

第二点，如果是气候变迁导致物种大灭绝，海洋生物受到的冲击通常不亚于陆地生物。然而，我们找不到任何证据显示在45 000年前海洋生物有显著的灭绝情形。但如果是因为人类的影响，就很容易解释为何这波灭种潮只席卷了澳大利亚陆地，而放过了附近的海洋。虽然人类的航海技术已经大幅提升，但人类毕竟主要还是生活在陆地上。

第三点，类似澳大利亚这种生物大灭绝的事情，在接下来的几千年还不断上演，而时间点都是在人类又再次移居外面世界的时候。这些情况，都证明智人罪证确凿。以新西兰的巨型动物为例，它们经历大约45 000年前的那场气候变迁，几乎丝毫未受影响，但等到人类一踏上新西兰，就遭到毁灭性的打击。大约在800年前，新西兰的第一批智人殖民者毛利人踏上这片土地。不过几个世纪，当地大多数巨型动物以及六成的鸟类物种都惨遭绝种的命运。

在北冰洋的弗兰格尔岛（Wrangel Island，位于西伯利亚海岸以北 200 公里），当地的长毛象也遭到同样的噩运。曾有几百万年的时间，长毛象的足迹踏遍几乎整个北半球，但随着智人从亚非大陆扩张到北美，它们的栖地就不断缩小。到了大约 1 万年前，全世界几乎已经再也没有长毛象，最后的栖地只剩下几个偏远的北极岛屿，其中以弗兰格尔岛最为蓬勃。长毛象在弗兰格尔岛又存活了数千年之久，直到大约 4000 年前突然灭绝。时间正值人类第一次抵达。

如果澳大利亚的物种灭绝只是单一事件，对于人类的无辜或许我们还能姑且信之。但翻开历史记录，智人看起来就是个生态的连环杀手。

* * *

最初移居澳大利亚的人手头上只有石器时代的技术，他们究竟是怎么搞出这场生态浩劫的？以下有三种解释，相映成趣。

第一种解释，在于大型动物（也就是澳大利亚物种灭绝的主要受害者）繁殖十分缓慢。不仅怀孕期很长、每次怀胎数少，而且两次怀孕之间相隔也久。因此，就算人类每几个月才猎杀一只双门齿兽，也可能让双门齿兽的死亡数高过出生数。于是不到几千年，就会看到最后一只双门齿兽孤单地死去，整个物种也就此灭绝。[20]

而且，虽然双门齿兽身形巨大，但要猎杀并非难事，原因就在于它们对于人类的袭击根本来不及防卫。各种人类物种在亚非大陆上潜伏演化了两百万年，不断磨炼狩猎技能，而且从大约 40 万年前便开始猎捕大型动物。在亚非大陆上的巨兽都已得到教训，懂得保持距离。所以等到最新一代的最高掠食者——智人出现在亚非大陆的时候，大型动物都已经懂得要避开长相类似的生物。相较之下，澳大利亚的巨型动物可以说完全没有时间学会赶快逃跑。毕竟人类看起来似乎不太危险，既没有又长又锋利的牙齿，也没有特别结实或敏捷的身体。而双门齿兽可是史上体型最大的有袋动物，所以它第一次看到这只长相弱不禁风的猿类，大概只会瞟上一眼，就继续回去嚼树叶了。对这些动物来说，需要靠演化才能学会惧怕人类，但时间根本不够，它们转眼便已灭绝。

第二种解释，认为智人抵达澳大利亚的时候已经掌握了火耕技术。于是，面对这样一个陌生而危险的环境，他们会刻意烧毁难以跨越的茂密灌木丛和森林，将地貌变为开阔的草原，以吸引更容易猎捕的猎物，适合人类的需求。于是，他们在短短几千年内就彻底改变了澳大利亚大部分地区的生态环境。

这种说法有植物化石记录作为佐证。在45 000年前，桉属植物在澳大利亚只是少数。但等到智人来到，就开创了桉属植物的黄金时代。因为桉属植物特别耐火，所以在其他树种烧得灰飞烟灭之后，就剩下它独霸天下。

这些植被变化之后，就会影响草食性动物，进而影响肉食性动物。例如以桉属尤加利叶为生的无尾熊，就随着桉属植物领域扩张，开心地边嚼边进到新的领地。但大多数其他动物可就大受打击。澳大利亚有许多食物链就此崩溃，其中比较脆弱的环节也因而灭绝。[21]

第三种解释，虽然也同意狩猎和火耕有显著影响，但强调还是不能忽视气候因素。大约在45 000年前袭击澳大利亚的气候变迁让整个生态系统失衡，变得特别脆弱。但毕竟这早有先例，所以在正常情况下，系统应该还能慢慢适应恢复。但人类就是出现在这节骨眼儿上，于是将这个已经脆弱的生态系统推进了无底深渊。而对于大型动物来说，气候变迁加上人类狩猎可以说如同四面楚歌，令它们难以抵挡。一下面对如此多重的威胁，很难找出真正良好的生存之道。

如果没有进一步的证据，我们很难说究竟这三种解释哪个更有道理。但就是有充分的好理由让我们相信，如果智人没去到澳大利亚，现在我们就还能看到袋狮、双门齿兽还有巨型袋鼠在这片大陆上悠游自在。

地懒的绝灭

澳大利亚巨型动物群的灭绝，可能正是智人留在地球上的第一个明显标志。而之后在美洲又有一场更大的生态灾难。在所有人类物种里，只有智人踏上了西半球的土地，时间大概是在 16 000 年前，也就是大约公元前 14 000 年。智人最早是步行抵达美洲，因为当时海平面较低，从西伯利亚东北还有陆地与阿拉斯加的西北相连。但这段路也没听起来这么简单，一路艰难重重，并不比跨海抵达澳大利亚来得容易。在这一路上，首先得学会如何抵御西伯利亚北部的酷寒，这里的冬季是永夜，温度可以降到 –50℃。

在这之前，从来没有人类物种能够通过西伯利亚北部这种地方。即使是能够抗寒的尼安德特人，也还是待在南边比较温暖的地区。但对智人来说，虽然他们的身体习惯的是非洲的大草原，而不是冰雪世界的极地，但他们却能想出巧妙的解决办法。智人的采集部落四处迁徙，来到较冷的地区就学会了做雪鞋，也学会用针把兽皮和兽毛层层缝紧，成为保暖衣物。他们发明了新型武器和高明的狩猎技巧，让他们能够追踪、猎杀在遥远北方的长毛象和其他大型动物。由于有了保暖衣物，狩猎技巧也有改进，智人就越来越勇于冒险，深入冰冻的区域。随着他们逐渐北迁，衣物、狩猎策略和其他生存技能也不断提升。

但他们究竟为什么要这么麻烦，自愿把自己放逐到西伯利亚？对某些部落来说，或许是因为战争、人口压力或自然灾害，迫使他们北移。但向北走也不是全无好处，能取得动物蛋白便是其一。北极的土地到处都是大型而肥美的动物，如驯鹿和长毛象。每只长毛象都能提供大量的鲜肉（而且因为当地温度低，甚至可以将鲜肉冰冻留待日后食用）、美味的脂肪、温暖的毛皮，还有宝贵的象牙。对于松希尔的调查结果发现，长毛象猎人可不是在极地苟延残喘，而是过得意气风发、舒适惬意。随着时间过去，这些部落开枝散叶、不断扩张，继续追逐着长毛象、乳齿象、犀牛和驯鹿。大约在公元前 14 000 年，有些部落就这样从西伯利亚东北来到了阿拉斯加。当然，他们并不知道自己发现了一片新世界。不论对于长毛象还是对人类来说，阿拉斯加不过就是西伯利亚的自然延伸罢了。

一开始，阿拉斯加和美洲其他地区被冰河隔开，可能顶多只有一两个独立的探险者曾经到过更南边的土地。但到了大约公元前 12 000 年，全球暖化融冰，出现了一条比较容易通过的通道。借由这个新的通道，人类大举南迁，走向整片大陆。虽然他们一开始习惯的是在极地狩猎大型猎物，但他们很快就适应了许许多多不同的气候和生态系统。这些来自西伯利亚的后裔定居到现在的美国东部、密西西比河三角洲的沼泽、墨西哥沙漠，还有中美洲的热带丛林。有些人到了亚马孙河流域落地生根，也有的定居在安第斯山谷，或阿根廷开阔的彭巴斯大草原。而且，这一切不过是短短一两千年间的事！等到公元前 10 000 年，人类已经来到了美洲大陆最南端的火地岛，他们能在美洲这样如同闪电战一般横行无阻，正证明了智人已有无与伦比的聪明才智和适应能力。在这之前，没有任何其他动物能够在基因几乎毫无改变的情况下，这样快速地迁移到如此大不相同的环境当中。[22]

来到美洲的智人，绝非什么善男信女，他们造成了血流成河的景象，受害者多不胜数。在 14 000 年前，美洲的动物物种远比今天丰富。智人首次从阿拉斯加南下，来到加拿大的平原和美国西部时，除了会遇上长毛象和乳齿象，还会有像熊一样大小的啮齿动物，一群又一群的马和骆驼，巨型的狮子，还有其他数十种类似的巨型动物，但现在都已全部绝迹，其中有可怕的剑齿虎，还有重达 8 吨、高达 6 米的巨型地懒。至于南美更令人目不暇接，各种大型哺乳动物、爬行动物和鸟类，让人仿佛置身于奇特非常的动物园。整个美洲曾经就像是个演化的巨大实验室，各种在亚非大陆上未曾得见的动植物都在此繁衍茁壮。

可惜好景不再。智人抵达后不过两千年的时间，大多数这些独特的物种就全部惨遭毒手。根据目前的估计，北美原本有足足 47 属的各类大型哺乳动物，但就在这短短的时间里，其中 34 属已经消失；南美更是在 60 属之中失去了 50 属。比如剑齿虎，原本活跃了超过 3000 万年，却几乎在瞬间灭绝，其他像巨型地懒、巨型狮子、美洲的本土马和本土骆驼、巨型啮齿动物和长毛象，也都未能幸免。另外，还有成千上万的小型哺乳动物、爬行动物、鸟类，甚至昆虫和寄生虫，也同样惨遭灭绝（在长毛象绝种之后，各个物种的长毛象蜱自然只能共赴黄泉）。

几十年来，古生物学家和动物考古学家（研究动物遗骨的学者）在全美洲平原和山区四处探访，寻找远古骆驼的骨骼化石和巨型地懒的粪便化石等等。每当有发现，这些珍贵的宝物就会经过仔细包装送至实验室，仔细研究每一根骨头、每一块粪化石（coprolite，没想到这也有专有名词吧）。一次又一次，这些分析都指向相同的结果：与目前年代最接近的粪球或骆驼骨骼，大概就是人类如洪水般席卷美洲那段期间，也就是大约公元前 12 000 年到公元前 9000 年。只有在唯一一个地方，科学家还能找到更晚近的粪球：在加勒比海的几个岛上，特别是古巴岛和伊斯帕尼奥拉岛，有些地懒的粪便约是公元前 5000 年的。但这也正是人类第一次成功越过加勒比海抵达这两座大岛的时间。

同样，有些学者还是试着为智人找借口，认为这一切都是气候变迁所造成（但他们就得好好解释，是什么神秘的原因，才让整个西半球气候暖化的时候，加勒比海群岛的气候却能硬生生再稳定了 7000 年）。然而就美洲而言，这可说是铁证如山。我们人类就是罪魁祸首，这点绝对无法回避。就算气候变迁也助纣为虐，但人类无疑是整起案件的主谋。[23]

诺亚方舟

如果我们把在澳大利亚和美洲发生的生物大灭绝合起来计算，再加入智人在亚非大陆上扩张时所造成的小规模物种灭绝（比如其他人类物种的绝迹），还有远古采集者来到偏远岛屿（如古巴）带来的物种灭绝，可能的结论只有一个：智人的第一波殖民正是整个动物界最大也最快速的一场生态浩劫。其中受创最深的是那些大型、毛茸茸的动物。在认知革命发生的时候，地球上大约有200属体重超过50公斤的大型陆生哺乳动物。而等到农业革命的时候，只剩下大约100属。换句话说，甚至远在人类发明轮子、文字和铁器之前，智人就已经让全球大约一半的大型兽类魂归西天、就此灭绝。

而在农业革命之后，这种生态浩劫还要经过无数次小规模再次重演。在一座又一座岛屿上发掘的考古证据，都看到同一出悲剧一再上演。在这出剧的第一幕，充满着丰富多样的大型动物族群，而没有任何人类的足迹。第二幕，我们看到一具人骨、一个矛头或一片陶片，告诉我们智人来到此地。剧情很快来到第三幕，舞台中心只剩下人类的男男女女，而多数的大型动物以及许多小型动物，都已经黯然退场。

距离东非大陆约400公里有一个大岛：马达加斯加。这里有一个著名的例子。岛上的物种经过数百万年的隔离，展现出独一无二的风貌，例如象鸟，高3米、重约半吨而无法飞翔，这是全球最大的鸟类，另外还有巨狐猴，这是全球最大的灵长类动物。但在大约1500年前，象鸟、巨狐猴以及马达加斯加岛上多数的大型动物都突然消失，而这正是人类第一次踏上马达加斯加的时间。

在太平洋，大约在公元前1500年开始了一波物种灭绝的浪潮，当时源自中国台湾的波利尼西亚农民开始移居到所罗门群岛、斐济和新喀里多尼亚，直接或间接造成数以百计的鸟类、昆虫、蜗牛和其他当地物种的灭绝。自此，这股生物灭绝的浪潮又逐渐向东、向南、向北席卷，侵入太平洋的心脏地带，种种特殊的动物群惨遭毒手，受害地区包括萨摩亚和东加（公元前 1200 年）、马奎萨斯群岛（公元 1 年）、复活节岛、库克群岛、夏威夷（公元 500 年），最后来到新西兰（公元 1200 年）。

在大西洋、印度洋、北冰洋和地中海星罗棋布的数千座岛屿几乎无一幸免，都惨遭类似的生态浩劫。甚至在最小的岛屿上，考古学家都发现曾有鸟类、昆虫和蜗牛在那生活无数世代，但在人类第一次出现后便就此消失。只有极少数极度偏远的岛屿，直到现代才被人类发现，于是岛上的动物群还能幸存。其中一个有名的例子就是加拉巴哥群岛（Galapagos Islands），在 19 世纪前仍无人居住，因而保持了独特的动物群，比如岛上的巨龟也像古代的双门齿兽一样，对人类毫无畏惧。

第一波的灭绝浪潮是由于采集者的扩张，接着第二波灭绝浪潮则是因为农民的扩张；这些教训，让我们得以从一个重要观点来看今日的第三波灭绝浪潮：由工业活动所造成的物种灭绝。有些环保人士声称我们的祖先总是和自然和谐相处，但可别真的这么相信。早在工业革命之前，智人就是造成最多动植物绝种的元凶。人类可以说坐上了生物学有史以来最致命物种的宝座。

或许，如果有更多人了解了第一波和第二波物种灭绝浪潮，就不会对现在自身所处的第三波浪潮如此漠不关心。如果我们知道自己已经害死了多少物种，就会更积极保护那些现在还幸存的物种。这一点对于海洋中的大型生物来说更是如此。与陆地上的大型动物相比，大型海洋生物受到认知革命和农业革命的影响相对较小。然而，因为工业污染和滥用海洋资源，许多海洋生物都已经濒临绝种。事情再这样发展下去，很快鲸鱼、鲨鱼、鲔鱼和海豚也会走上和双门齿兽、地懒、长毛象一样灭绝的道路。对全世界上所有的大型动物来说，这场人类洪水的唯一幸存者可能只剩下人类自己，还有其他登上诺亚方舟但只作为人类盘中佳肴的家禽家畜。

第二部分

农业革命

图 9　大约 3500 年前的埃及墓穴壁画，描绘典型的农业景象。

第五章

史上最大骗局

人类曾有长达 250 万年的时间靠采集及狩猎为生，并不会特别干预动植物的生长情形。直立人、匠人以及尼安德特人都会采集野无花果、猎捕野绵羊，但不会去管究竟无花果树该长在哪儿，羊该在哪片草地吃草，又或者哪只公羊该跟母羊交配。虽然智人从东非来到中东、欧洲、亚洲，最后到了澳大利亚和美洲，但不管他们到了什么地方，仍然就是靠野生的动植物为生。毕竟，如果现在的生活方式就吃得饱，社会结构、宗教信仰、政治情况也都稳定多元，何必自找麻烦改来改去？

这一切在大约 1 万年前全然改观，人类开始投入几乎全部的心力，操纵着几种动植物的生命。从日升到日落，人类忙着播种、浇水、除草、牧羊，一心以为这样就能得到更多的水果、谷物和肉类。这是一场关于人类生活方式的革命：农业革命。

从采集走向农业的转变，始于大约公元前9500年至公元前8500年，发源于土耳其东南部、伊朗西部和地中海东部的丘陵地带。这场改变一开始速度缓慢，地区也有限。小麦与山羊驯化成为农作物和家畜的时间大约是在公元前9000年，豌豆和小扁豆约在公元前8000年，橄榄树在公元前5000年，马在公元前4000年，葡萄则是在公元前3500年。至于骆驼和腰果等其他动植物驯化的时间还要更晚，但不论如何，到了公元前3500年，主要一波驯化的热潮已经结束。即使到了今天，虽然人类有着种种先进科技，但食物热量超过90%的来源仍然是来自人类祖先在公元前9500年到公元前3500年间驯化的植物：小麦、稻米、玉米、马铃薯、小米和大麦。在过去2000年间，人类并没有驯化什么特别值得一提的动植物。可以说，人到现代还有着远古狩猎采集者的心，以及远古农民的胃。

学者曾经以为农业就是起源于中东，再传布到全球各地，但现在则认为农业是同时间在各地独自发展而开花结果，而不是由中东的农民传到世界各地。中美洲人驯化了玉米和豆类，但不知道中东人种了小麦和豌豆。南美人学会如何栽培马铃薯和驯养羊驼，但也不知道在墨西哥或地中海东部又发生了什么事。中国最早驯化的是稻米、小米和猪。北美最早的农夫，也是因为懒得再在树丛里四处寻找南瓜，决定干脆自己种。新几内亚驯化了甘蔗和香蕉，西非农民也驯化了小米、非洲稻、高粱和小麦。就从这些最早的出发点，农业开始往四方远播。到公元1世纪，全球大多数地区的绝大多数人口都从事农业。

为什么农业革命发生在中东、中国和中美洲，而不是澳大利亚、阿拉斯加或南非？原因很简单：大部分的动植物其实无法驯化。虽然智人能挖出美味的松露、猎杀毛茸茸的长毛象，但真菌太难捉摸，巨兽又太过凶猛，于是想自己种或自己养真是难上加难。在我们远古祖先所狩猎采集的成千上万物种中，适合农牧的只有极少数几种。这几种物种只生长在特定的地方，而这些地方也正是农业革命的起源地。

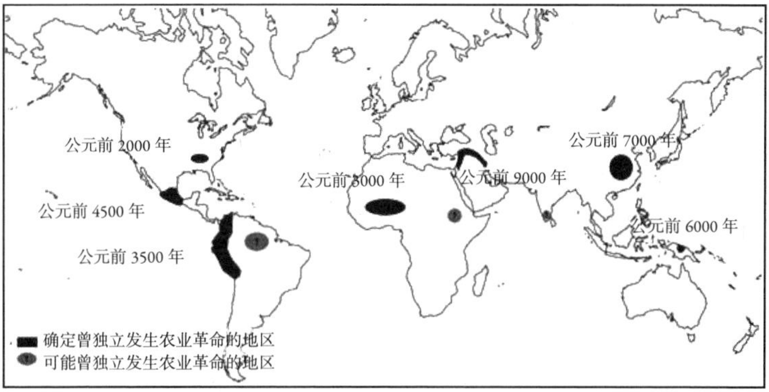

地图 2　农业革命的时间和地点。这项资料尚未定案，地图也不断依最新的考古发现更新中。[24]

* * *

学者曾宣称农业革命是人类的大跃进，是由人类脑力所推动的进步故事。他们说演化让人越来越聪明，解开了大自然的秘密，于是能够驯化绵羊、种植小麦。等到这件事发生，人类就开开心心地放弃了狩猎采集的艰苦、危险、简陋，安定下来，享受农民愉快而饱足的生活。

这个故事只是幻想，并没有任何证据显示人类越来越聪明。早在农业革命之前，采集者就已经对大自然的秘密了然于胸，毕竟为了活命，他们不得不非常了解自己所猎杀的动物、所采集的食物。农业革命所带来的非但不是轻松生活的新时代，反而让农民过着比采集者更辛苦、更不满足的生活。狩猎采集者的生活其实更为丰富多变，也比较少会碰上饥饿和疾病的威胁。确实，农业革命让人类的食物总量增加，但量的增加并不代表吃得更好、过得更悠闲，反而只是造成人口爆炸，而且产生一群养尊处优、娇生惯养的精英分子。普遍来说，农民的工作要比采集者更辛苦，而且到头来的饮食还要更糟。农业革命可说是史上最大的一桩骗局。

谁该负责？这背后的主谋，既不是国王，不是牧师，也不是商人。真正的主要嫌疑人，就是那极少数的植物物种，其中包括小麦、稻米和马铃薯。人类以为自己驯化了植物，但其实是植物驯化了智人。

如果我们用小麦的观点来看看农业革命这件事，在 1 万年前，小麦也不过就是许多野草当中的一种，只出现在中东一个很小的地区。但就在短短 1000 年内，小麦突然就传遍了世界各地。生存和繁衍正是最基本的演化标准，而根据这个标准，小麦可以说是地球史上最成功的植物。以北美大平原为例，1 万年前完全没有小麦的身影，但现在却有大片麦田波浪起伏，几百公里内完全没有其他植物。小麦在全球总共占据大约 225 万平方公里的地表面积，快有英国的 10 倍大小。究竟，这种野草是怎么从无足轻重变成无所不在？

小麦的秘诀就在于操纵智人、为其所用。智人这种猿类，原本靠着狩猎和采集过着颇为舒适的生活，直到大约 1 万年前，才开始投入越来越多的精力来培育小麦。而在接下来的几千年间，全球许多地方的人类都开始种起小麦，从早到晚只忙这件事就已经焦头烂额。种小麦可不容易，照顾起来处处麻烦。第一，小麦不喜欢大小石头，所以智人得把田地里的石头捡干净搬出去，搞得腰酸背痛。第二，小麦不喜欢与其他植物分享空间、水和养分，所以我们看到男男女女整天在烈日下除草。第三，小麦会得病，所以智人得帮忙驱虫防病。第四，不论是蝗虫还是兔子，都不排斥饱尝一顿小麦大餐，但小麦完全无力抵抗，所以农民又不得不守卫保护。最后，小麦会渴，所以人类得从涌泉或溪流大老远把水引来，为它止渴；小麦也会饿，所以智人甚至得收集动物粪便，用来滋养小麦生长的土地。

智人的身体演化目的并不是为了从事这些活动，我们适应的活动是爬爬果树、追追瞪羚，而不是弯腰清石块、努力挑水桶。于是，人类的脊椎、膝盖、脖子和脚底就得付出代价。研究古代骨骼发现，人类进到农业时代后出现了大量疾病，例如椎间盘突出、关节炎和疝气。此外，新的农业活动得花上大把时间，人类就只能被迫永久定居在麦田旁边。这彻底改变了人类的生活方式。其实不是我们驯化了小麦，而是小麦驯化了我们。“驯化”（domesticate）一词来自拉丁文“domus”，意思就是“房子”。但现在关在房子里的可不是小麦，而是智人。

小麦究竟做了什么，才让智人放弃了本来很不错的生活，换成另一种悲惨的生活方式？它提供了什么报酬？就智人的饮食来说，其实并没有更好。别忘了，人类原本就是种杂食的猿类，吃的是各式各样的食物。在农业革命之前，谷物不过是人类饮食的一小部分罢了。而且，以谷物为主的食物不仅矿物质和维生素含量不足、难以消化，还对牙齿和牙龈大大有害。

而就民生经济而言，小麦也并未带来经济安全。比起狩猎采集者，农民的生活其实比较没保障。采集者有几十种不同的食物能够为生，就算没有存粮，遇到荒年也不用担心饿死。即使某物种数量减少，只要其他物种多采一点、多猎一些，就能补足所需的量。然而，直到最近，农业社会绝大多数饮食靠的还是寥寥无几的少数几种农业作物，很多地区甚至只有一种主食，例如小麦、马铃薯或稻米。所以，如果缺水、来了蝗灾或者暴发真菌感染，贫农死亡人数甚至有可能达到百万。

再就人类暴力而言，小麦也没办法提供人身安全。农业时代早期的农民，性格并不见得比过去的采集者温和，甚至还可能更暴力。毕竟现在他们的个人财产变多，而且还需要土地才能耕作。如果被附近的人抢了土地，就可能从温饱的天堂掉进饥饿的地狱，所以在土地这件事上几乎没有妥协的余地。过去，如果采集者的部落遇到比较强的对手，只要撤退搬家就能解决。虽然说有些困难和危险，但至少是个可行的选项。但如果是农民遇到了强敌，撤退就代表着得放弃田地、房屋和存粮。很多时候这几乎就注定了饿死一途。因此，农民倾向于留下来死守田地，奋战到底。

许多人类学和考古研究显示，在只有基本的村庄和部落政治结构的农业社会中，人类暴力行为造成总死亡数的15%，而在男性之间则是25%。现在的新几内亚还有达尼（Dani）和恩加（Enga）两个农业部落社会，暴力造成男性死亡所占百分率分别是30%和35%。而在厄瓜多尔的瓦拉尼人（Waorani），成年人甚至约有 50% 会死在另一个人的暴力行为之下！[25] 慢慢地，人类发展出进阶的社会结构，如城市、王国、国家，于是人类的暴力也得到了控制。不过，这样庞大而有效的政治结构可是足足花了数千年，才终于建立起来。

当然，农村生活确实为第一代农民带来了一些直接的利益，比如比较不需要担心野兽袭击、风吹雨淋，但对一般人来说，可能其实弊大于利。现代社会繁荣富庶，可能我们很难理解弊处何在，毕竟这一切的富裕和安全都是建立在农业革命之上，所以我们也就觉得农业革命真是个美妙的进步。然而，我们不能光用今天的观点来看这几千年的历史。一个更具代表性的观点，可能是 1 世纪中国汉代某个女孩因为家里的农作物歉收而饿死。她会不会说“虽然我饿死了，但我知道在两千多年后，人类能够吃喝不尽，住在有空调的豪宅里，所以我的牺牲也都值得了”？

对于那个营养不良的中国汉代女孩或者所有农民来说，小麦究竟给了他们什么？对于个人来说，小麦根本算不上给了什么。但对于智人这个物种整体来说，小麦的影响就十分深远。种植小麦，每单位土地就能提供更多食物，于是智人的数量也呈指数增长。大约在公元前 13 000 年，人类还靠采集和狩猎为生的时候，巴勒斯坦的杰里科（Jericho）绿洲一带，大概可以养活一个有百名成员的采集部落，而且人们相对健康、营养充足。到了大约公元前 8500 年，野生植物的荒野成了片片麦田，这片绿洲这时养活了约有千人的农村，但人口密度也因此增大，而且成员染病及营养不良的情形要比过去严重太多。

如果要衡量某种物种演化成功与否，评断标准就在于世界上其 DNA 螺旋的拷贝数的多寡。这很类似于货币的概念，就像今天如果要说某家公司行不行，我们看的是它的市值有多少钱，而不是它的员工开不开心；物种的演化成功，看的就是这个物种DNA拷贝数在世界上的多寡。如果世界上不再有某物种的DNA拷贝，就代表该物种已经绝种，也等于公司没有钱而宣告倒闭。而如果某个物种还有许多个体带着它的DNA拷贝存在于这个世上，就代表着这个物种演化成功、欣欣向荣。从这种角度看来，1000份DNA拷贝永远都强过100份。这正是农业革命真正的本质：让更多的人以更糟的状况活下去。

但是，身为个人，为什么要管这种演化问题？如果有人说，为了“增加智人基因组在世界上的拷贝数”，希望你降低自己的生活水平，你会同意吗？没有人会同意这笔交易。简单说来，农业革命就是一个陷阱。

奢侈生活的陷阱

农业的兴起并非一夜之间，而是历时数百数千年的缓慢过程。过去，智人部落的生活就是采集蘑菇和坚果、猎捕野鹿和野兔，他们不可能一下子就决定定居、不再搬迁，而开始耕田、种小麦、从河里挑水。这种改变分阶段进行，每次只是改变日常生活中的一小部分。

在大约7万年前，智人到达了中东。而在接下来的5万年间，智人在没有农业的情况下也能顺利繁衍。光是当地的天然资源，就足以养活这些人口。资源多的时候，孩子就多生几个；资源少了，就少生几个。人类就像许多哺乳动物一样，自然有荷尔蒙和遗传机制来控制生育数。营养充足的时候，女性比较早进入青春期，成功怀孕的概率也比较高。而在土地贫瘠、营养不足的时候，女性进入青春期要来得晚，生育能力也下降。

人口管制除了以上这些自然机制之外，还有文化机制。对于四处迁移的采集者来说，婴儿和幼童行动迟缓、需要额外照顾，会造成负担。所以，当时每个子女至少会相隔三或四岁。而女性能控制这点的方式，靠的就是一天 24 小时都待在孩子旁边照顾着，直到孩子大一点为止（毕竟没多久就得哺乳一次，男人想来干些什么也不太方便，于是可以大幅减少怀孕的机会）。至于其他方法，还包括完全或部分禁欲（有些还用文化禁忌来支持这种做法）、人工流产，偶尔还有杀婴。[26]

在这漫长的数千年间，人类偶尔会吃吃小麦，但绝非以它为主食。而在大约 18 000 年前，最后一个冰河时代结束，全球气候变暖。随着气温上升，降雨也增多。在中东，这种新气候非常适合小麦和其他谷物生长，于是这些作物也繁衍蓬勃。人类的小麦食用量开始增加，并且在不经意间助长了小麦的生长。当时采集到野生谷类，必须先筛一筛、磨一磨，再煮过之后才能食用；正因如此，人类采集这些谷物之后，要带回他们居住的临时地点来处理。小麦种子粒小而多，在送回部落的途中必然会有一些掉到地上。慢慢地，人类最常走的路径附近或者居住营地的周围也就长起了越来越多的小麦。

甚至，人类放火烧毁森林和灌木丛的时候，等于帮了小麦一把。大火清掉了乔木和灌木，于是小麦和其他草类就能独占阳光、水和养分。在小麦生长特别茂盛的地方，猎物和其他食物来源也丰富，于是人类部落逐渐能够放弃四处流浪的生活方式，在某地住上一个季节，甚至就形成永久聚落。

一开始，他们可能待上大约 4 个星期来收获小麦。等到过了一个世代，小麦数量和面积大增，于是他们得待上 5 个星期，接着就是 6 个星期、7 个星期，最后终于形成永久的村落。在整个中东地区，都能够发现这种定居下来的证据，特别是在黎凡特地区（Levant，指地中海东部沿岸及岛屿）更是常见。从公元前 12 500 年到公元前 9500 年，黎凡特曾有十分兴盛的纳图芬（Natufian）文化，纳图芬人属于狩猎采集者，以数十种野生物种为生，但永久定居在村落里，大部分的时间都在辛勤采集、研磨各种野生谷物。他们会盖起石造的房舍和谷仓，储存粮食以备不时之需，还会发明新的工具，比如发明石镰刀收割野生小麦，再发明石杵和石臼来加以研磨。

而在公元前 9500 年之后，纳图芬人的后代除了继续采集和研磨谷物，还开始以越来越精细的手法来培养种植。采集野生谷物的时候，他们会小心留下一部分，作为下一季播种之用。他们也发现，播种的时候如果把种子深深埋到地下，而不是随便撒在地面，效果会好很多。于是，他们开始犁地整地，也一步步开始除草、防虫、浇水、施肥。随着越来越多的心力时间都用来种谷物，采集和狩猎的时间也就被挤压。于是，采集者逐渐变成了农民。

然而，从采集的野生小麦变成种植驯化的小麦之间并没有一个特定的分界点，所以很难断定人类究竟是什么时候进入了农业时代。但是，到了公元前 8500 年，中东已经四处散布着像杰里科这种永久村落，村民大部分的时间就是种植培育着少数几种驯化后的物种。

随着人类开始住进永久村落、粮食供给增加，人口也开始增长。放弃过去流浪的生活之后，女性也可以每年都生孩子了。而这时婴儿也较早断奶，而以粥来代替。毕竟田里需要人手，妈妈得赶快回到农活。然而，人口一多，就耗去了原本的粮食剩余，于是耕种面积又得加大。这时，因为人类开始定居在易有疾病肆虐的聚落，孩子吃母乳的比率越来越少，吃谷类则越来越多，再加上共享这些粥的兄弟姐妹也越来越多，让儿童死亡率一路飙升。在大多数的远古农业社会里，至少 1/3 的儿童无法长到 20 岁成人。[27] 然而，人口出生的速度仍然大于死亡速度，人类养育子女的数字也居高不下。

随着时间过去，种麦子这个原本看来划算的选择，变成越来越沉重的负担。儿童大批死亡，而成人也得忙得满头大汗，才能换得面包。公元前 8500 年杰里科人过的生活，平均来说要比公元前 9500 年或公元前 13 000 年更为辛苦。但没有人意识到究竟发生了什么事。每一代人都只是继续着上一代人的生活方式，在这里修一点，那里改一些。但矛盾的是，一连串为了让生活更轻松的“进步”，最后却像是在这些农民的身上加了一道又一道沉重的枷锁。

为什么人类会犯下如此致命的误判？其实人类在历史上一直不断重蹈覆辙，道理都相同：因为我们无法真正了解各种决定最后的结果。每次人类决定多做一点事（比如用锄头来耕地，而不是直接把种子撒在地上），我们总是想：“没错，这样是得多做点事。不过收成会好得多！就再也不用担心荒年的问题了。孩子也永远不用挨饿入睡。”确实这也有道理。工作努力辛苦一些，生活也就能过得好一点。不过，这只是理想的状况。

计划的第一部分进行得很顺利，人们确实工作得更努力也更辛苦。但大家没想到孩子的数量也多了，于是多出的小麦也就有更多小孩要分。这些远古的农民也没想到，母乳喂得少了，粥喂得多了，就会让孩子的免疫系统下降，而且永久聚落也成了疾病传染的温床。他们也没有预见到，由于增加了对单一食物来源的依赖，实际上他们使自己更容易受到旱灾的威胁。这些农民还没想到，丰收年他们粮仓满满，却会引来盗贼和敌人，迫使他们得筑起高墙、严加警戒。

这样一来，发现苗头不对，为什么他们不赶快放弃农耕，回到采集生活？部分原因在于，所有改变都必须点点滴滴累积，经过许多代的时间，才能够改变社会；等到那个时候，已经没有人记得过去曾经有不同的生活方式可选了。另一部分，是因为人口增长就像是破釜沉舟。一旦采用农耕之后，村落的人口从 100 人增加到 110 人，难道会有 10 个人自愿挨饿，好让其他人可以回到过去的美好时光？这已经再无回头路。人类发现时，已经深陷陷阱、无法自拔。

于是，种种想让生活变得轻松的努力，反而给人带来无穷的麻烦；而且这可不是史上的最后一次。就算今天，仍然如此。有多少年轻的大学毕业生投身大企业、从事各种劳心劳力的工作，发誓要努力赚钱，好在 35 岁就退休，去从事他们真正有兴趣的事业？但等他们到了 35 岁，却发现自己背着巨额贷款，要付子女的学费，要养在高级住宅区的豪宅，每家得有两部车，而且觉得生活里不能没有高级红酒和去国外的假期。他们该怎么做？他们会放下一切，回去野外采果子挖树根吗？当然不可能，而是加倍努力，继续把自己累得半死。

奢侈品史上常有这样的情况，就是原本的奢侈品往往最后会成为必需品，而且带来新的义务。等到习惯某种奢侈品，就开始认为这是天经地义。接着就是一种依赖。最后，生活中就再也不能没有这种奢侈品了。让我们用现代大家都熟悉的例子来解释。在过去的几十年里，我们有许多本该会让生活轻松省时又如意的发明，例如洗衣机、吸尘器、洗碗机、电话、手机、计算机、电子邮件等等。在以前，寄信是件麻烦事，得亲手动笔、写信封、贴邮票，还得再走到邮筒那里去寄。想得到回信，可能得等上几天、几星期，甚至是几个月。至于现在，我可以随手就寄一封电子邮件，传送到地球的另一边，而且如果收件人在线，可能只要一分钟就能收到回信了。我确实省下了所有麻烦和时间，但生活真的更轻松了吗?

可惜事与愿违。在传统信件的年代，我们通常只有最重要、不得不联络的事才会写信。写起信来也不是想起什么就写什么，而是字斟句酌、考虑再三。而且，通常对方的回信也会同样慎重。对大多数人来说，每个月来来去去的信顶多就是几封，也不会有人急于立刻回复。但在今天，我每天都会收到几十封电子邮件，而且所有人都希望你立刻响应。我们以为自己省下了时间；然而，我们其实是把生活的步调加速成过去的 10 倍，于是我们整天忙忙碌碌、焦躁不安。

三不五时，总有些反对提高机械化和自动化的勒德分子（Luddite）坚持不用电子邮件，就像几千年前，也有某些人类部落拒绝农业，所以躲过了奢侈生活的陷阱。然而，农业革命要成功，并不需要某个地区的所有部落都无异议通过。一切都只从“一个部落”开始。不论是在中东还是中美洲，只要有一个部落定居下来、开始耕作，走向农业的趋势就已经无法抗拒。由于农业可促成人口迅速增长，通常农业部落光靠人数就已经大胜采集部落。这时，采集部落只剩两种选择：第一是逃跑，放任自己的猎场成为农场和牧场；第二就是拿起锄头，自己加入农业的行列。无论哪种选择，都代表旧的生活方式注定将要凋零。

这个关于奢侈生活陷阱的故事，告诉我们一个重要的教训。人类一心追求更轻松的生活，于是释放出一股巨大的力量，改变了世界的面貌，但结果并没有任何人料想得到，甚至也不是任何人所乐见的。并没有人在背后操纵农业革命发生，或者意图让人依赖谷类为生。一开始只是各种小事，主要就是希望吃饱一点、生活安全一点，但最后累积引起的效应，就是让远古的采集者开始花上整天的时间，在烈日之下挑水务农。

神圣的干预

以上这种说法认为农业革命就是判断错误的结果，这确实有可能，毕竟历史上满是错得更离谱的例子。不过也还有另一种可能性：或许我们远古祖先的出发点并不是为了要让生活轻松点？或许智人是有其他的目标，所以自愿过得辛苦一点，好实现这些目标？

讲到历史发展，科学家常常会归咎于某些冷冰冰的经济和人口因素，毕竟这和他们理性、数学的思考方法比较合拍。但讲到现代历史的时候，因为有大量的书面证据，所以学者不得不考虑非物质的因素，例如意识形态和文化。像我们有足够的文件、书信、回忆录，证明第二次世界大战的原因并非粮食短缺或人口压力。然而，像纳图芬文化并未留下任何文献档案，所以讲到远古时代，唯物主义学派说话总是比较大声。对于这些文字出现前的时代，就算我们认为这些人行事的原因是出于信仰而非经济所需，实在也很难证明。

然而，我们很幸运地在极少数的案例中找到极有力的线索。1995 年，考古学家开始挖掘位于土耳其东南部的哥贝克力石阵（Göbekli Tepe）。在这最古老的地层里，他们找到的不是聚落、房舍或日常活动的迹象，而是雄伟的石柱结构，它们雕饰华美、令人惊叹。这里每根石柱重达 7 吨、高 5 米。在附近的一个采石场，甚至还发现了一根尚未完工的石柱，重达 50 吨。全部加起来，总共有十多个遗迹结构，规模最大的宽度近 30 米。

图 10　左：哥贝克力石阵的巨大遗迹结构。右：其中一根雕刻石柱（高约 5 米）。

全球各地都有这样令人惊叹的遗迹结构，最著名的是英国的巨石阵（Stonehenge），但哥贝克力石阵有一点特别惊人。英国巨石阵的年代约是公元前 2500 年，是由一个已经相当发达的农业社会所建造。但哥贝克力石阵的年代约是公元前 9500 年，所有证据都显示，它是由狩猎采集者建造而成。一开始，考古学界觉得这简直是天方夜谭，但经过一次又一次检视之后，无论是这个结构的年代，还是建造者尚未进入农耕社会，都是毋庸置疑的。看起来，过去我们对于远古采集者的能力和他们文化的复杂程度，都是严重低估。

为什么采集社会想兴建这样的结构？这种结构看来并没有什么实质用途，既不是大型屠宰场，也没办法用来避雨或躲狮子。所以，我们只能推论这是为了某种神秘的文化目的，而考古学家到现在也还在为此伤脑筋。不论用途为何，都能肯定采集者愿意为它花上大把的时间和精力。想要盖起哥贝克力石阵，必然需要集合数千位来自不同部落的采集者，长时间通力合作才能完成。而如果背后没有成熟的宗教或意识形态系统，就万万不可能做到。

哥贝克力石阵还有另一个耸人听闻的秘密。多年以来，基因学家一直想找出驯化小麦的起源。最近的发现显示，至少有一种驯化的小麦就起源于附近的喀拉卡达山脉（Karaçadag），距离哥贝克力石阵只有 30 公里远。[28]

这几乎不可能只是巧合。很有可能，哥贝克力石阵的文化中心就与人类首次驯化小麦（或小麦驯化人类）有着某种关联。养活建造和使用这些巨型结构的人，需要非常大量的食物。所以，采集者之所以从采集野生小麦转而自行种植小麦，可能并不是为了增加日常食物供应，而是为了支持某种神庙的建筑和运作。在传统的想象中，人是先建立起村落，接着等到村落繁荣之后，再在村落中心盖起信仰中心。但哥贝克力石阵显示，很有可能其实是先建立起信仰中心，之后才围绕着它形成村子。

革命的受害者

浮士德跟魔鬼交易，人类则跟谷类交易。但人类做的交易不止这一项，另一项则是和绵羊、山羊、猪、鸡之类的动物命运有关。过去四处流浪的采集部落会跟踪猎杀野绵羊，也逐渐改变了羊群的组成。这一过程的第一步可能是选择性猎杀。人类发现，如果猎杀的时候只挑成年公羊或者年老生病的羊只，对人类来说反而有利。放过有繁殖能力的母羊和年轻的小羔羊，当地羊群就可长期存在。至于第二步，可能是积极赶走狮子、狼和敌对的人类，保护羊群不受掠食者侵扰。第三步可能就是将羊群赶到某个狭窄的峡谷，方便控制和保护。最后一步，就是在羊群当中做出更谨慎的挑选，好符合人类的需要。其中，最具侵略性的公羊是人类想控制羊群最大的阻力，所以第一个就宰它们。至于瘦小或太有好奇心的母羊也是除之而后快。（太有好奇心，就容易走得离羊群远远的，对牧羊人来说可不是好事。）于是，一代一代下去，绵羊也就越来越胖，越来越温和，也越来越不那么好奇了。就是这样，英文才会有首童谣，唱着玛莉有只小绵羊，而且玛莉去哪儿它就跟到哪儿。

另外一种可能，则是猎人一开始是抓住一只羔羊来“收养”一下，在食物无虞的时候养上几个月，等到比较没食物的季节就宰来吃。等到了某个阶段，这种先养再杀的规模开始越来越大，有些羊甚至被养到进入青春期，开始生出小羊来。那些生下来之后最具侵略性、不听话的，就会先遭到宰杀。至于最乖、最听话的羊，则被饶下小命，继续再生小羊。结果一样就是有了一群驯化、温顺的羊。

这样经过驯化的家畜（羊、鸡、驴等等）能够为人类提供食物（肉、奶、蛋）、原料（皮、毛），以及兽力。于是，以前必须由人自己来做的工作（像搬运、翻地、磨谷物等等），许多都开始交给了其他动物。在大多数的农业社会里，人类的第一重点是种植农作物，第二才是饲养动物。但是有些地方也出现了一种新型的社会，主要就是靠着剥削利用其他动物为生：游牧部落。

人类扩张到世界各地，家畜也跟着他们的脚步移动。1 万年前，全球只有在亚非大陆的几个特定地点有绵羊、牛、山羊、野猪和鸡，总数大约几百万只，但现在全球有大约 10 亿只绵羊、10 亿只猪、超过 10 亿头牛，更有超过 250 亿只鸡，而且是遍布全球各地。家鸡是有史以来最普遍的鸟类。至于大型哺乳类除了以智人居首，后面的二三四名就是驯化的牛、猪和羊。从狭隘的演化观点来看，演化成功与否的标准就在于 DNA 的拷贝数，于是农业革命对于鸡、牛、猪、羊来说可是一大福音。

不幸的是，演化观点并不是唯一判断物种成功与否的标准。它一切只考虑到生存和繁殖，而不顾个体的痛苦或幸福。虽然就演化而言，驯化的鸡和牛很可能是最成功的代表，但它们过的其实是生物有史以来最惨的生活。动物的驯化是建立在一系列的野蛮作为上，而且随着时间的前行，残忍程度只增不减。

野生鸡的自然寿命是 7~12 年，牛则是 20~25 年，虽然在野生环境里它们多半都活不到这个岁数，但至少还有相当机会可以活上好一阵子。相较之下，出于经济考虑，驯化后的肉鸡和肉牛不过出生几周和几个月，就到了最佳屠宰年龄，于是一命归天。（如果养一只鸡只要 3 个月就已经达到体重最重的状态，又何必再多喂好几年？）

蛋鸡、奶牛和提供劳力的役用动物有时候能多活上几年，但代价就是过着完全不符合它们天性和渴望的生活。举例来说，不难想象牛宁愿优哉游哉地在开阔的草原上整天漫步，有其他牛做伴，而不是被一个猿类在身后挥着鞭子，要它拉车拖犁。

为了把牛、马、驴、骆驼训练成听话的役用动物，就必须打破它们的天性和社会连接，抑制它们的侵略和性能力，并且限制它们的行动自由。农民还发明各种控制技术，比如把动物关在兽栏和兽笼里、套上枷锁链条，用皮鞭和刺棒来训练，甚至刻意造成动物伤残。驯化动物的过程几乎总是会将雄性阉割，好抑制雄

图 11　公元前 1200 年的埃及坟墓壁画：有一对牛在耕田。野生的牛群可以自在漫游，也有自己复杂的社会结构。但牛遭到阉割和驯化之后，一辈子就只能耗费在人类的鞭子下、狭窄的牛棚里，独自或成对提供劳力，既不符合身体自然，也无法满足其社会及情感需求。等到牛拉不动犁了，就只有被屠宰一途。（但请注意，这位埃及农民也是驼着背做事，这跟牛没什么两样，就是一辈子做着有害身体、心灵和社会关系的劳力工作。）

性的侵略性，也让人类能够控制挑选牲畜的生育。

在许多新几内亚的部落社会里，想判断一个人富不富有，就要看他 / 她有几头猪。而为了确保猪跑不掉，新几内亚北部的农民会把猪的鼻子切掉一大块。这样一来，每次猪想闻东西，都会感到强烈的疼痛，不但无法觅食，甚至连找路都做不到，于是不得不完全依赖人类主人。在新几内亚的另一个地区，人们甚至还习惯直接把猪的眼睛挖掉，杜绝它们逃跑的可能。[29]

乳品业自有一套来强迫动物听话。奶牛、山羊和绵羊只有生了小牛小羊之后才会产奶，而且也仅限哺乳期这一段时间。想要动物不断供奶，农民必须让它们生下小牛小羊，但又不能让小牛小羊把奶吸光。所以，整个历史上常用的方法就是干脆等到小牛小羊出生后不久就全宰了，如此一来人类就能霸占所有牛奶羊奶，等到它们停奶之后再重新怀胎即可。听来残忍，但甚至到现在这种做法仍然十分普遍。在许多现代的奶牛场里，奶牛通常只能活到 5 岁就会被宰杀。这 5 年中，它几乎一直在怀孕，为了维持最大的产奶量，在分娩后 60~120 天就要再次受精。至于它的小牛们，则是一出生没多久就被带走，母的被养大成为新一代的奶牛，而公的就进了肉类产业的手里。[30]

另一种方式，是虽然容许小牛小羊接近妈妈，却用上各种方式不让它们喝得太多。最简单的办法，是让小牛小羊开始吸奶，但在奶要流出来之前就把它们抱走。可以想见，这种方式会同时受到母亲和孩子两方的抗拒。有些畜牧部落过去的做法，是将小牛小羊宰杀食用，但拿东西塞回空的毛皮做成标本，再送回妈妈身边刺激它们产奶。而在苏丹的努尔族（Nuer）还更进一步，在标本上涂着牛妈妈的尿液，所以这只假小牛连闻起来也很像个样子。努尔族的另一项技术则是在小牛的嘴边绑上一圈刺，小牛想吃奶就会刺伤牛妈妈，好让牛妈妈排斥让小牛吃奶。[31] 撒哈拉的图阿雷格族（Tuareg）养骆驼，他们过去会将小骆驼的鼻子和上唇的部分穿孔或切除，如此一来只要一吸奶就会疼痛，也就不会喝得太多。[32]

* * *

也不是所有农业社会都对他们农场里的动物如此残酷，某些家畜的日子还是过得相当不错。像拿来剃毛的羊、宠物狗和猫，以及战马和赛马，常常就过得相当惬意。古罗马皇帝卡利古拉（Caligula）据说还曾经打算任命他最爱的马“英西塔土斯”（Incitatus）为执政官。综观历史，牧者和农民对他们的动物还是抱有感情、照顾有加，正如许多奴隶的主人也会对奴隶关心照顾。所以，君王和先知会把自己营造成牧者的形象也就不那么让人意外了，他们和他们的神照顾子民的方式，确实也像是牧羊人照顾羊群一般。

然而，如果从牛羊的观点而非牧者的观点来看农业革命，就会发现对绝大多数的家畜来说，这是一场可怕的灾难。这些演化的“成功”是没有意义的。就算是濒临绝种的野生犀牛，比起被关在小格子里变肥、等着成为鲜美牛排的肉牛，日子应该还是好过得多。虽然自己的物种即将灭绝，但这丝毫不会影响那头野生犀牛对自己生活的满意程度。相较之下，肉牛这个物种虽然在数量上大获成功，却完全无法安慰那些单独个体所承受的痛苦。

我们从农业革命能学到的最重要一课，很可能就是物种演化上的成功并不代表个体的幸福。研究像小麦和玉米这些植物的时候，或许纯粹的演化观点还有些道理。但对于像牛、羊、智人这

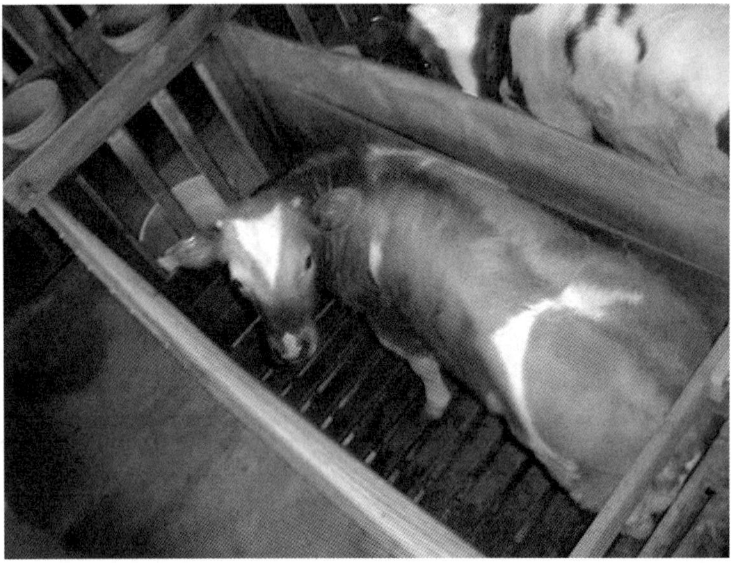

图 12　一头在现代化畜牧场里的小牛。小牛出生后立即与母亲分开，关在一个不比身体大多少的笼子里。小牛得在这里度过一辈子，但它的一辈子平均也只有大约 4 个月。它这一辈子再也不会离开笼子，从没有机会和其他小牛玩，甚至连走路的机会也被剥夺，这一切都是为了避免它的肌肉因运动而变硬。肌肉越柔软，牛排也就越鲜嫩、多汁。于是，这只小牛第一次有机会走路、伸展筋骨、遇见其他小牛的时候，也就是在前往屠宰场的路上。就演化而言，牛可能是有史以来最成功的动物。但同时，它们也是地球上生活最悲惨的动物。

些有着复杂情感的动物来说，就必须想想演化上的成功会对个体的生活有什么影响。我们在下面的章节还会一再看到，每当人类整体的能力大幅增加、看来似乎大获成功的时候，个人的苦痛也总是随之增长。

第六章

盖起金字塔

农业革命可能是史上最具争议的事件。有些人认为这让人类迈向繁荣和进步，也有人认为这条路终将导致灭亡。对后者来说，农业革命是个转折点，让智人抛下了与自然紧紧相连的共生关系，大步走向贪婪，自外于这个世界。但不管这条路的尽头为何，现在都已经无法回头。进入农业社会之后，人口得以急遽增加，任何一个复杂的农业社会想回到狩猎和采集的生活，都只有崩溃一途。大约在公元前 10 000 年、进入农业时代的前夕，地球上采集者的人口大约有 500 万到 800 万。而到了公元 1 世纪，这个人数只剩下一两百万（主要在澳大利亚、美洲和非洲），相较于已达

2.5 亿的农业人口，无疑是远远瞠乎其后。[33]

绝大多数的农民都是住在永久聚落里，只有少数是游牧民族。“定居”这件事，让大多数人的活动范围大幅缩小。远古狩猎采集者的活动范围可能有几十甚至上百平方公里。当时这片范围都是他们的“家”，有山丘、溪流、树林，还有开阔的天空。但对农民而言，几乎整天就是在一小片田地或果园里工作，就算回到“家”，这时的房子也就是个用木头、石头或泥巴盖起的局促结构，每边再长也不过几十米。一般来说，农民就会和房屋这种构造建立起非常强烈的连接。这场革命意义深远，除了影响建筑，更影响了心理。在农业革命之后，人类成了远比过去更以自我为中心的生物，与“自己家”紧密相连，但与周遭其他物种画出界线。

新形成的农业活动范围，除了面积远小于过去远古的采集活动范围，内部人工的成分也大增。除了用火，狩猎采集者很少刻意改变他们所漫游闲晃的土地；但农民就完全不同，可以说他们是从一片荒野中，劳心劳力刻意打造出一个专属人类的人工孤岛。他们会砍伐森林、挖出沟渠、翻土整地、建造房屋、犁出犁沟，还会把果树种成整齐的一排又一排。对人类来说，这样人工打造出来的环境就是仅限人类和“我们的”动植物所有，常常还用墙壁和树篱围了起来。农民无所不用其极，一心防止各种杂草和野生动物入侵。就算真的出现闯入者，也会被再赶出去。赶不走的，下一步就是消灭它们。在家园四周，这种防卫特别强。从农业开始发展到现在，人类的家园得面对勤劳的蚂蚁、鬼鬼祟祟的蟑螂、冒险犯难的蜘蛛还有误入歧途的甲虫，于是数十亿人口也就武装起来，用树枝、苍蝇拍、鞋子和杀虫剂，迎向这场永不停止的战争。

史上大多数时间，这些人造领域仍然非常小，四周围绕着广大的自然旷野。整个地球表面约有5.1亿平方公里，其中陆地占了1.55亿平方公里。到了公元1400年，把绝大多数的农民、农作物和家禽家畜全加起来，占地还大约只有1100万平方公里，约占全球面积的2%。[34]而其他地方可能太热、太冷、太干、太湿，不宜农耕。然而，正是地球表面这微乎其微的2%，构成了整个历史展开的舞台。

人类发现自己已经很难离开这些人工岛屿了，所有的房子、田地、谷仓，放弃哪个都可能带来重大的损失。此外，随着时间过去，他们拥有的东西越来越多，不易搬运，也把他们绑得死死的。虽然在我们看来，远古的农民似乎又脏又穷，但当时一个典型的农民家庭，拥有的物品数量已经胜过了一整个儿采集部落。

未来的来临

农业时代人类的空间缩小，但时间却变长了。一般来说，采集者不会花太多心思考虑下周或下个月的事，但农民却会想象预测着未来几年甚至几十年的事。

采集者之所以不管未来，是因为他们就是现采现吃，不管是保存食物还是累积财物，当时都不是容易的事。当然，他们显然还是有某些事得要事先规划。不管是在雪维、拉斯科还是阿尔塔米拉（Altamira）洞穴，这些艺术家绘画的时候想必都希望它能够流传后世。人际关系和政治对立都是长期的事，无论报恩或报仇，常常都要花上好几年的时间。然而，在狩猎和采集这种自给自足的经济里，要做这种长期规划就会受到客观条件的限制。但说来也有趣，这让采集者省下了许多不必要的忧虑。毕竟，如果是那些无法影响的事，就算担心也没用。

而在农业革命之后，“未来”的重要性被提到史上新高。农民不仅时时刻刻都得想着未来，还几乎可以说是为了未来在服务。农业经济是以生产的季节周期为基础，经过很多个月耕作，再来到相对较短的收成高峰期。丰收的时候，农民可能会在收成结束后的晚上欢庆一场，慰劳这段时间的辛劳，但顶多一星期后就又会回到日出而作、日落而息的生活。虽然可能已经有了足够的粮食来应付今天、下周甚至下个月，他们还是得担心明年和后年的问题。

之所以要担心未来，除了有生产季节周期的因素，还得面对农业根本上的不确定性。由于大多数村落拥有的农作物或家禽家畜物种十分有限，一旦遇上旱灾、洪水和瘟疫就容易灾情惨重。于是，农民不得不生产出多于所需的食物，好储备存粮。粮仓里堆了米，地窖里存了橄榄油，食品室里有奶酪，屋梁上还挂着香肠，否则遇到歉收年就有可能会饿死。而且，总有歉收的一年，只是时间早晚而已，如果农民不早做准备，绝对也活不久。

于是，早从农业时代一开始，“未来”就一直是人类心中小剧场的主要角色。在农民得靠雨水灌溉的地方，雨季的来临意味着担忧的开始。每天早上，农民就会凝视着远方，闻闻风的味道，盯到眼睛发酸。那片是云吗？能不能来场及时雨？雨会下得够吗？雨会不会又下得太大，把田里的种子或秧苗都冲走打坏了？而在幼发拉底河、印度河、黄河流域，这里的农民一样忧心忡忡，但看的是河水的高度。他们需要雨季让河面上升，一方面把上游肥沃的土壤冲下来，另一方面引水进入他们庞大的灌溉系统。然而，如果这场洪水让河面涨得太高，又或来的时机不对，田地就会遭到严重破坏，下场与旱灾一样凄惨。

农民担心未来，除了因为有更多东西要保护，也因为现在有别的方法可以减少风险。他们可以再整一块地，再挖一条灌溉的渠道，再多种一点作物。在夏天，满怀忧虑的农民像工蚁一样疯狂工作，挥汗种着橄榄树，再由他的孩子和孙子把橄榄压成油，这样到了冬天甚至下一年，他就能吃到今天想吃的食物。

农业带来的压力影响深远，这正是后代大规模政治和社会制度的基础。但可悲的是，虽然农民勤劳不懈、希望能够保障自己未来的经济安全，但这几乎从来未曾实现。不管在任何地方，都出现了统治者和精英阶级，不仅靠着农民辛苦种出的食粮为生，还几乎全征收抢光，只留给农民勉强可过活的数量。

正是这些征收来的多余食粮，养活了政治、战争、艺术和哲学，建起了宫殿、堡垒、纪念碑和庙宇。在现代晚期之前，总人口有九成以上都是农民，日出而作、胼手胝足。他们生产出来的多余食粮养活了一小撮的精英分子：国王、官员、战士、牧师、艺术家和思想家，但历史写的几乎全是这些人的故事。于是，历史只告诉了我们极少数的人在做些什么，而其他绝大多数人的生活就是不停挑水耕田。

由想象所建构的秩序

靠着农民多生产出来的食物，加上新的运输技术，越来越多的人可以住在一起，先形成村落，再形成城镇，最后成为都市，再由王国或商业网络把它们紧紧相连。

然而，想真正抓住新时代的契机，光靠粮食剩余和交通改善还不够。就算有能力养活某个城镇的1000人或某个国家的100万人，还是无法确保这些人都同意如何划分领土和水资源，如何解决争端，以及在干旱或战时该如何应变。而如果对这些事项都无法达成协议，就算大家谷仓满满，还是会冲突不断。史上的场场战争和革命，多半起因都不是粮食短缺。法国大革命领头的是有钱的律师，而不是饥饿的农民。古罗马共和国在公元前1世纪达到权力高峰，舰队从整个地中海运来种种珍宝，就算在他们祖先最疯狂的梦里也意想不到。然而，正是在他们最富裕的时候，古罗马的政治秩序崩溃，引来一系列致命的内战。南斯拉夫在1991年的资源完全足以养活所有国民，但依旧解体并引发可怕的浴血战争。

这种灾难的根源在于，人类在几百万年的演化过程中，一直都只是几十人的小部落。从农业革命之后，不过短短几千年就出现了城市、王国和帝国，但时间并不足以让人类发展出能够大规模合作的本能。

虽然人类在采集时代也没有这种合作的生物本能，但因为有共同的神话故事，几百个陌生人就能够互相合作。然而，这种合作毕竟比较松散而有限，各个智人部落还是各自生活，也能满足大多数智人的自身需要。如果两万年前有个社会学家，完全不知道农业革命后的事情，就很有可能认为种种虚构神话故事的用途相当有限。讲到祖灵、讲到部落图腾，或许已经足以让500人愿意用贝壳交易、举办某种庆典或者联手消灭某个尼安德特人的部落，但也就如此而已了。这位远古社会学家不可能想到，靠着虚构的故事还能让几百万互不相识的人每天合作。

但事实就是如此出乎意料。现在看来，虚构故事的力量强过任何人的想象。农业革命让人能够开创出拥挤的城市、强大的帝国，接着人类就开始幻想出关于伟大的神灵、祖国、有限公司的故事，好建立起必要的社会连接。虽然人类的基因演化仍然一如既往慢如蜗牛，但人类的想象力却是极速奔驰，建立起了地球上前所未有的大型合作网络。

在大约公元前 8500 年，全球最大的聚落大概就是像杰里科这样的村落，大概有几百个村民。而到了公元前 7000 年，位于今日土耳其的加泰土丘（Çatal Höyük）城镇大约有 5000 到 10 000 人，很可能是当时世界上最大的聚落。再到了公元前 5000 年到公元前 4000 年，肥沃月湾（Fertile Crescent）一带已经有了许多人口达万人的城市，而且各自掌理着许多附近的小村庄。在公元前 3100 年，整个下尼罗河谷统一，成为史上第一个埃及王朝，法老王统治的领土有数千平方公里辽阔，人民达数十万。大约在公元前 2250 年，萨尔贡大帝（Sargon the Great）建立起第一个帝国：阿卡德帝国，号称拥有超过 100 万的子民，常备军队达 5400 人。在公元前 1000 年到公元前 500 年之间，在中东开始出现大型帝国：亚述帝国、巴比伦帝国和波斯帝国。这些帝国统治人数达数百万，军队人数也有上万人。到了公元 1 年，古罗马统一了整个地中海地区，纳税人口达 1 亿。有了这些钱，古罗马得以维持人数达 25 万到 50 万的常备军，架构完善的、在 1500 年后仍然在使用的交通网络，另外还有到现在仍令人赞叹的剧院和露天剧场。

其他地区也各自有其社会发展和政治统一的过程。例如在东亚，大约在公元前 7000 年，在黄河流域开始出现小村落，最后在公元前 221 年由秦始皇统一天下。秦朝约有 4000 万人，税收得以支持数十万士兵，以及共有超过 10 万官员的复杂朝廷系统。

确实，这种种都令人印象深刻，但我们不该有太美好的幻想，以为在法老王时代的埃及或在秦朝的“大型合作网络”就已十分完美。“合作”听起来应该十分无私而且利他，但这件事并不总是出于自愿，而且还更少能够公平。大多数的人类合作网络最后都成了压迫和剥削。在这种新兴的合作网络里，农民交出他们辛苦工作得来的多余粮食，但帝国的收税官只要大笔一挥，就可能让他们一整年的辛劳都化为乌有。古罗马著名的圆形剧场，常常是由奴隶建造，让有钱有闲的古罗马人观赏由奴隶上演的神鬼战士秀。就连监狱和集中营也算是合作网络，要不是有数千名互不相识的人用了某些方式来管理协调彼此的行动，这些网络根本不可能运作。

* * *

所有这些合作网络，不管是古代美索不达米亚的城市，还是秦朝和古罗马的帝国，都只是“由想象所建构的秩序”。支持它们的社会规范既不是人类自然的天性本能，也不是人际的交流关系，而是他们都相信着共同的虚构的神话故事。

虚构的故事是怎么支撑着整个帝国？我们已经讨论过一个这样的例子：标致公司。现在我们可以来看看另外两个史上最有名的虚构故事：第一个是大约在公元前 1776 年的《汉谟拉比法典》，这可以说是几十万古巴比伦人的合作手册；第二个是公元 1776 年的美国《独立宣言》，这可以说是现代数亿美国人的合作手册。

在公元前 1776 年，巴比伦是当时最大的城市，而巴比伦帝国也很可能是当时最大的帝国，子民超过百万，统治着大半的美索不达米亚平原，包括现代大半的伊拉克地区和部分的叙利亚和伊朗。现在最有名的巴比伦国王就是汉谟拉比，而他有名的原因，主要就在于以他名字命名的《汉谟拉比法典》。这部法典汇集各种律法和判例，希望将汉谟拉比塑造为一个正义国王的榜样，作为整个巴比伦王国更一致的法律体系的基础，并且教育后世子孙何为正义，正义的国王又是如何行事的。

后世子孙确实看到了。远古美索不达米亚平原的知识分子与官僚精英将这部法典奉为经典，就算等到汉谟拉比骨已成灰，巴比伦帝国也烟消云散，这部法典还是由文士不断抄写流传。因此，想认识古代美索不达米亚人对于社会秩序的理想，《汉谟拉比法典》是个很好的参考来源。[35]

法典开头指出，美索不达米亚的几位大神安努（Anu）、恩利尔（Enlil）和马杜克（Marduk）任命汉谟拉比“在这片土地伸张正义，驱除不义罪恶，阻绝恃强凌弱”[36]。接着，法典列出大约300条判例，固定写法是“如果情形如何如何，判决便应如何如何”。以下举出判例196~199和209~214：

196. 若某个上等人使另一个上等人眼瞎，便应瞎了他的眼。

197. 若他使另一个上等人骨折，便应打断他的骨。

198. 若他使某个平民眼瞎或骨折，他应赔偿60舍客勒（shekel，约8.33克）的银子。

199. 若他使某个上等人的奴隶眼瞎或骨折，他应赔偿该奴隶价值的一半（以银子支付）[37]。

209. 若某个上等人殴打一个上等女子、造成她流产，他应赔偿她10舍客勒的银子。

210. 若该女子丧命，他们应杀了他的女儿。

211. 若他殴打某个平民女子、造成她流产，他应赔偿她5舍客勒的银子。

212. 若该女子丧命，他应赔偿 30 舍客勒的银子。

213. 若他殴打某个上等人的女奴隶、造成她流产，他应赔偿 2 舍客勒的银子。

214. 若该女奴丧命，他应赔偿 20 舍客勒的银子。[38]

列举他的判决后，汉谟拉比再次宣告：

以上是干练有能的国王汉谟拉比所做出的公正裁决，指示着这片土地朝向真理的道路、人生的正途……我是汉谟拉比，高贵的国王。恩利尔神将人类子民交付给我照护，马杜克神将人类子民交付给我带领，而我悉心关怀、不曾轻忽。[39]

《汉谟拉比法典》认为，巴比伦的社会秩序根源于由神所指示、普遍且永久的正义原则。这里的阶级结构原则至关重要，将所有人类分成男女两种性别，以及上等人、平民和奴隶三种阶级；性别和阶级不同，价值也就天差地别。例如一个平民女性值 30 舍客勒的银子，一个女奴隶只值 20 舍客勒，但光是平民男性的一只眼睛就值 60 舍客勒的银子。

《汉谟拉比法典》也有严格的家庭阶级制度，根据规定，小孩并不是独立的人，而是父母的财产。因此，如果一个上等人杀了另一个上等人的女儿，惩罚就是把凶手的女儿给杀了。这在我们看来可能荒谬至极，凶手本人逍遥自在，但他无辜的女儿却得赔上一命。但在汉谟拉比和当时的巴比伦人看来，这再公平正义不过。《汉谟拉比法典》背后的一项重要假设，就是只要国王的臣民全部接受各自的阶级角色、各司其职，整个帝国上百万的人民就能有效合作。这么一来，这个社会不但能为所有成员生产足够的粮食、有效分配，还能保护国家抵抗敌人，甚至是扩张领土，好取得更多财富、更多安全保障。

汉谟拉比去世3500年后，北美13个英国殖民地的民众认为英国国王对待他们不公，于是各殖民地代表群聚费城，于1776年7月4日宣布，所有殖民地的民众不再是英国王室的子民。美国的《独立宣言》宣告自己是普遍和永恒的正义原则，而这则宣言也像《汉谟拉比法典》一样找了神祇来背书。然而，美国神指示的至高原则，却似乎和巴比伦神指示的有所出入。美国《独立宣言》主张：

> 我们认为下面这些真理是不言而喻的：人人生而平等，造物者赋予他们若干不可剥夺的权利，其中包括生命权、自由权和追求幸福的权利。

一如《汉谟拉比法典》，美国《独立宣言》也承诺着如果人类依照其中规定的神圣原则行事，数百万的民众就能彼此合作无间、生活安全和平、社会公平且繁荣。和《汉谟拉比法典》一样，美国《独立宣言》的效力不仅限于当时当地，而是让后世子孙依然奉为圭臬。现在已经过了超过两百年，但美国学童仍然要抄写、背诵这份宣言。

这两份文本让我们左右为难，不管是《汉谟拉比法典》还是美国《独立宣言》，都声称自己说的是普遍且永恒的公平正义原则，但美国人认为所有人都是平等的，而巴比伦人显然并不这样认为。但事实上，他们都错了。不管是汉谟拉比还是美国的开国元勋，心中都有个想象的现实，想象着这个世界有着放诸四海皆准、永恒不变的正义原则（例如平等或阶级），但这种不变的原则其实只存在于智人丰富的想象力里，只存在于他们创造并告诉彼此的虚构故事中。这些原则，从来就没有客观的正确性。

对我们来说，听到要把人分成“上等人”或“平民”，大概都会同意这只是一种想象。但其实，即使说的是“人人平等”，也只是虚构的概念。到底所谓人人平等是什么？除了想象中之外，有没有什么客观的事实可以说我们人人平等？人类彼此在生物学上都相等吗？从生物学的角度，我们再重新看一次美国《独立宣言》里最著名的段落：

> 我们认为下面这些真理是不言而喻的：人人生而平等，造物者赋予他们若干不可剥夺的权利，其中包括生命权、自由权和追求幸福的权利。

一开始，英文讲到人人生而平等用的词是“create”（创造），但生物学并没有“创造”，而是演化。演化铁定没有“平等”这回事，所谓平等的概念，是与“创造”的概念紧密相关。美国人的“平等”观念来自基督教，基督教认为每个人的灵魂都是由上帝创造，而所有灵魂在上帝面前一律平等。但是，如果我们不相信基督教那一套关于上帝、创造和灵魂的神话故事，那所谓人人“平等”究竟是什么意思？演化的基础是差异，而不是平等。每个人身上带的基因码都有些许不同，而且从出生以后就接受着不同的环境影响，发展出不同的特质，导致不同的生存概率。“生而平等”其实该是“演化各有不同”。

而根据生物学，人并不是“创造”出来的，自然也就没有“造物者”去“赋予”人类什么。个体诞生的背后就只是盲目的演化过程，而没有任何目的。所以“造物者赋予”其实就只是“出生”。

同样，生物学上也没有“权利”这种事，只有各种器官、能力和特性。鸟类会飞就是因为它们有翅膀，可不是因为有什么“飞的权利”。此外，这些器官、能力和特性也没有什么“不可剥夺”的问题，它们常常会不断突变，还可能在一段时间后完全消失。例如鸵鸟，就是失去了飞行能力的鸟类。所以,“不可剥夺的权利”其实是“可变的特性”。

那我们要问，究竟人类演化有什么特性？“生命”倒是毋庸置疑，不过“自由”又是怎么回事？生物学可不讲自由这种东西。“自由”就像是“平等”、“权利”和“有限公司”，不过是人类发明的概念，也只存在于人类的想象之中。从生物学的角度来看，要说人类在民主社会是自由的，而在独裁统治下是不自由的，这点完全没有意义。最后,“幸福”又是什么？到目前为止，生物学研究还是没办法为“幸福”明确下个定义，也没办法客观测量“幸福”。大部分的生物研究都只认可“快感”确实存在，也能有比较容易的定义和测量方式。所以,“生命权、自由权和追求幸福的权利”其实只是“生命和追求快感”。

因此，我们来看看美国《独立宣言》改用生物学、科学的角度来写该是如何：

> 我们认为下面这些真理是不言而喻的：人人演化各有不同，出生就有某些可变的特性，其中包括生命和追求快感。

上面这段推论过程，如果倡导平等权和人权的激进分子看到可能会大发雷霆，大声驳斥：“我们知道人在生物学上不相等！

但是如果大家都相信人人在本质上平等，就能创造出一个稳定繁荣的社会。”这点我完全赞成，但这正是我所说“由想象所建构的秩序”。我们相信某种秩序，并非因为它是客观的现实，而是因为相信它可以让人提升合作效率、打造更美好的社会。这种由想象所建构的秩序绝非邪恶的阴谋或是无用的空谈，而是唯一能让大群人类合作的救命仙丹。但也别忘了，汉谟拉比也可以用同样的逻辑来捍卫他的阶级原则：“我知道所谓上等人、平民和奴隶在本质上其实并没有什么不同。但如果我们这么相信，就能创造出一个稳定繁荣的社会。”

真正的坚信者

很多读者读到上面这一节，可能都觉得如鲠在喉。毕竟那就是我们中的多数人今天所接受的教育。我们说《汉谟拉比法典》是虚构故事，并不会觉得难以接受，但说到人权也只是虚构的故事，听来就有些刺耳。如果大家都发现人权不过是种想象，岂不是社会就要崩溃了吗？讲到“神”的概念，伏尔泰就曾说：“世界上本来就没有神，但可别告诉我的仆人，免得他半夜偷偷把我宰了。”汉谟拉比对于阶级原则、美国国父杰斐逊对于人权，应该也都会说出一样的话。智人并没有什么与生俱来的权利，就像蜘蛛、鬣狗和黑猩猩也都是如此。但可别告诉我们的仆人，免得他们半夜偷偷把我们宰了。

这种担心其实很有道理。自然界的秩序是稳定不变的，就算人类不再相信世界上有重力，重力也不会一夜之间就消失。但相反的是，想象所建构出来的秩序总是有一夕崩溃的风险，因为这些秩序背后靠的都是虚构的故事，只要人们不再相信，一切就风云变色。为了维持想象建构出来的秩序，必须持续投入大量心力，甚至还得掺入些暴力和胁迫的成分。比如为了让民众不违反想象建构的秩序，国家就需要有军队、警察、法院和监狱不分昼夜地发挥作用。如果一个古巴比伦人让邻居眼睛瞎了，想要执行“以眼还眼”的规定，就不得不有些暴力的措施。而在 1860 年，大部分美国公民已经认为黑奴也是人，必须享有自由的权利，这时也是靠着血流无数的一场内战，才让南方各州不得不黯然接受。

然而，光靠暴力还不足以维持由想象所建构出来的秩序，我们另外还需要一些真正坚信如此的信徒。法国政治家塔列朗（Charles Maurice de Talleyrand-Périgord）的政治生涯就像条变色龙，先是路易十六的臣子，再经过革命和拿破仑政权，又抓准时机再次投诚，回到君主制的政体。他曾总结自己几十年任职的经验，表示“刺刀确实可以做很多事，但想安心地依靠它可是不太容易”。很多时候，一名牧师的效果大过一百个士兵，而且更便宜、更有效。此外，不管刺刀多有效，总得有人来刺。如果士兵、狱卒、法官和警察根本不相信某个想象建构的秩序，他们又怎么会照办？在所有的人类集体活动中，最难组织推动的就是暴力活动。如果说社会秩序是由武力来维持，立刻就会碰上一个问题：那军队秩序是由什么来维持？想靠威胁来维持军队组织显然不太可行。至少必须有某些军官和某些士兵真正相信某些事情，不管是上帝、荣誉、祖国、男子气概，或者单纯相信金钱也成。

另一个更有趣的问题，是关于那些站在社会金字塔顶端的人。如果他们并不相信这些想象的秩序，他们又为什么要推动这种秩序呢？常有人说这些人其实什么都不信，只是贪婪而已。但这种说法有问题。如果真的是什么都不信（如犬儒学派），就很难是个贪婪的人，毕竟客观来说，只是单纯要满足智人的基本生理需求并不难。而满足基本需求之后，多余的钱就可以用来盖金字塔、到世界各地度假、资助竞选活动、提供资金给你最爱的恐怖组织或投入股市再赚更多的钱，但对真正的犬儒主义者来说，这一切贪婪的事都毫无意义。创立犬儒学派的希腊哲学家第欧根尼（Diogenes），就住在一个桶里。据说有一天他正在做日光浴，当时权倾天下的征服者亚历山大大帝来找他，想知道他是否需要些什么，而且保证自己会尽力协助。第欧根尼回答："确实，有件事可以请你帮个忙。麻烦你移动一下，别再挡住我的阳光。"

正因如此，犬儒主义者不可能建立起帝国，而且如果人们希望某个由想象建构出的秩序能维持久远，大部分的人（特别是大部分的精英分子）就必须真正相信它。如果不是大多数中国人都相信仁义礼智信，儒家思想绝不可能持续了 2000 多年。如果不是大多数的美国总统和国会议员都相信人权，美国的民主也不可能持续了 250 年。如果不是广大的投资人和银行家都相信资本主义，现代经济体系连一天也不可能继续存在。

监狱的高墙

不管是基督教、民主还是资本主义，都只是由想象所建构出来的秩序。而要怎样才能让人相信这些秩序？第一，对外的说法绝对要坚持它们千真万确、绝非虚构。永远要强调，这种维持社会稳定的秩序是个客观事实，是由伟大的神或者自然的法则所创造。如果要说人人不平等，不是因为汉谟拉比自己这么说，而是因为恩利尔和马杜克这两位神的旨意。如果要说人人平等，也不是因为托马斯·杰斐逊自己这么说，而是因为这是上帝造人的方式。如果要说自由市场是最好的经济制度，不是因为亚当·斯密（Adam Smith）自己这么说，而是因为这是自然不变的规律。

第二，在教育上也要彻底贯彻同一套原则。从人出生的那一刻起，就要不断提醒他们这套想象建构出来的秩序，要在一切事物中融入这套原则，不管是童话、戏剧、绘画、歌曲、礼仪、政治宣传、建筑、食谱还是时尚。举例来说，我们现在相信平等的概念，所以富人家的子弟穿起牛仔裤，觉得这是种时尚。一开始，牛仔裤是工人阶级的打扮，而如果是在相信阶级制度的中世纪，欧洲人绝对不可能有哪个年轻贵族去穿上工人的工作服装。在当时，“先生”（Sir）或“女士”（Madam）是贵族专属的特权称谓，甚至常常还得通过许多牺牲才能取得。但到了现在，不管信件的收件人是谁，开头的称谓一律都是“亲爱的某某先生／女士”（Dear Sir or Madam）。

不论是人文科学还是社会科学，人们都已经花了大把精力来解释这些想象建构的秩序会如何融入我们的生活。但这里篇幅有限，只能简单一谈。有三大原因，让人类不会发现组织自己生活的种种秩序其实是想象：

1. 想象建构的秩序深深与真实的世界结合

虽然这些想象建构的秩序只存在于我们的脑海里，但它可以与真实的世界紧紧结合、密不可分。比如今天大多数西方人都相信个人主义，认为每个人都是独立的个体，有独立的价值，而不受他人看法的影响。换句话说，就好像我们每个人都有自己的一道光照亮我们，让我们的生活有价值、有意义。在现代西方学校里，老师和家长会告诉小孩，受到同学嘲笑并不用太在意，因为只有他们自己知道自己的真正价值，别人不见得了解。

除此之外，这种由想象建构的虚构故事还落实到了现代建筑之中。例如理想的现代建筑会将房屋分成许多小房间，让每个孩子都能有私人空间，不用曝露在他人的目光之下，能有最大的自主权。这种私人房间几乎都有门，而且许多家庭不只允许小孩关门，甚至还能上锁，就连父母想进去，都得先敲敲门得到允许才成。小孩对自己房间的装饰可以随心所欲，墙上可以贴着摇滚明星的海报，也可以满地丢着脏袜子。如果在这样的空间里成长，任何人都会觉得自己就是个“个体”，觉得自己的真正价值是由内而外的，而不是他人所赋予的。

然而，像中世纪的贵族就没有个人主义这一套。他们认为，个人的价值是由社会阶级、由他人的看法所决定。在这种情形下，“被别人嘲笑”就成了莫大的侮辱。而当时的贵族也会告诉孩子，要不惜一切代价来保护名声。同样，中世纪想象中的价值体系也反映在当时实际的城堡建筑上。一座城堡几乎不可能有儿童房（就算是成人也很少有个人的房间）。例如，如果是个中世纪男爵的儿子，城堡里的二楼不会有他自己的房间，他如果崇拜狮心王理查或阿瑟王，也没办法把他们的海报贴在自己的墙壁上，当然什么可以上锁的门就更别谈了。他睡觉的地方跟其他许多年轻人一样，就是在宽敞的大厅里。所以可以说他总是活在众人的目光下，总是得注意别人的观感和意见。如果在这种环境下长大，自然就会觉得：个人的真正价值是由他的社会阶级以及他人对他的看法而定。[40]

2. 想象建构的秩序塑造了我们的欲望

多数人很难接受自己的生活秩序只是虚构的想象，但事实是我们从出生就已经置身于这种想象之中，而且连我们的欲望也深受其影响。于是，个人欲望也就成为虚构秩序最强大的守护者。

例如现代西方人最重视的那些欲望，都是建构在已经为时数百年的虚构故事上，包括浪漫主义、民族主义、资本主义以及人文主义。我们常常告诉朋友要“随心所欲”，但这里的“心”就像是个两面间谍，听从的常常是外面那些主流的虚构故事。于是“随心所欲”不过也只是结合了19世纪的浪漫主义与20世纪的消费主义，再植入我们的脑海罢了。以可口可乐公司为例，旗下雪碧的广告词就是：“相信你的直觉，顺从你的渴望。”

甚至那些人们以为深深藏于自己内心的渴望，通常也是受了想象秩序的影响。例如，许多人都很想到国外度假。然而，这件事并没有什么自然或者明显的道理。像黑猩猩的首领可不会想要运用权力让自己到隔壁黑猩猩的领土上度个假。而像古埃及的法老王，也是把所有财富拿来建造金字塔，把自己的遗体做成木乃伊，而不会有人想要去巴比伦购物或去腓尼基滑雪。现代人之所以要花费大把银子到国外度假，正是因为他们真正相信了浪漫的消费主义神话。

浪漫主义告诉我们，为了要尽量发挥潜力，就必须尽量累积不同的经验。必须体会不同的情感，尝试不同的关系，品尝不同的美食，还必须学会欣赏不同风格的音乐。而其中最好的一种办法，就是摆脱日常生活及工作，远离熟悉的环境，前往遥远的国度，好亲身“体验”不同的文化、气味、美食和规范。我们总会不断听到浪漫主义的神话，告诉我们“那次的经验让我眼界大开，从此整个生活都不一样了”。

消费主义告诉我们，想要快乐，就该去买更多的产品、更多的服务。如果觉得少了什么，或者有什么不够舒服的地方，那很可能是该买些什么商品（新车、新衣服、有机食品），或买点什么服务（清洁工、心理咨询、瑜伽课）。就连每一则电视广告，也都是个小小的虚构故事，告诉你买了什么产品或服务可以让日子更好。

鼓励多元多样的浪漫主义又与消费主义一拍即合，两者携手前行，催生了贩卖各种“体验”的市场，进而推动现代旅游产业发展。旅游业真正卖的可不是机票和饭店房间，而是旅游中的经验。所以这样说来，巴黎的重点不是城市，印度的重点也不是国家，而是它能提供的经验；之所以要买经验，是因为据说这样就能拓展我们的视野、发挥我们的潜力，并且让我们更快乐。也因此，如果有个百万富翁和太太吵架，和好的方式很可能就是带她去巴黎旅游旅游。这种做法让我们看到的并不是某种个人的欲望，而是他深深坚信着浪漫的消费主义。如果是古埃及有钱人和太太吵架，带着她去巴比伦度个假绝对不会是选项，反而可能是为她建个她梦寐以求的华丽陵墓，那才会让她心花朵朵开。

一如古埃及精英分子，现在大多数人一生汲汲营营，也都是想盖起某种金字塔，只不过这些金字塔在不同文化里会有不同的名字、形体和规模罢了。举例来说，可能是一栋近郊的独栋透天别墅，有游泳池和大庭院，也可能是一个闪闪发光的高楼公寓，有着令人屏息的美景。但很少有人会真的去问，究竟为什么我们会开始想建这些金字塔？

3. 想象建构的秩序存在于人和人之间思想的连接

就算假设借着某些超自然的力量，我让自己的欲望跳脱出了这个由想象建构的秩序，但我还是只有自己一个人。想要改变这个秩序，我还得说服数百万的陌生人都和我合作才行。原因就在于：想象建构的秩序并非个人主观的想象，而是存在于主体之间（inter-subjective），存在于千千万万人共同的想象之中。

要了解这一点，我们必须解释一下“客观”、“主观”和“主体间”的不同。

“客观”事物的存在，不受人类意识及信念影响。例如“放射线”，就不是一个虚构的故事。早在人类发现放射线之前，放射线就已经存在；而且就算有人不相信有放射线存在，还是会受到它的伤害。发现放射线的居里夫人，就没想过多年研究放射性物质会伤害她的身体。虽然她不相信放射线会对她有害，最后她还是死于因为过度暴露于放射性物质之下而造成的再生障碍性贫血。

“主观”事物的存在，靠的是某个单一个人的意识和信念。如果这个人改变了自己的信念，这项主观事物也就不复存在或者跟着改变。比如许多小孩都会想象自己有个只有自己看得到、听得着的朋友。这个想象中的朋友只存在于孩子的主观意识中，等孩子长大、不再相信，这个朋友也就烟消云散。

“主体间”事物的存在，靠的是许多个人主观意识之间的连接网络。就算有某个人改变了想法，甚至过世，对这项事物的影响并不大。但如果是这个网络里面的大多数都死亡或者改变了想法，这种“主体间”的事物就会发生改变或者消失。之所以会有事物存在于主体之间，其目的并不是想存心骗人，也不是只想打哈哈敷衍。虽然它们不像放射线会直接造成实质影响，但对世界的影响仍然不容小觑。历史上有许多最重要的驱动因素，都是这种存在于主体之间的概念想法：法律、金钱、神、国家。

让我们再次以标致汽车作为例子。这家公司并不是标致首席执行官自己心中想象出来的朋友，而是存在于数百万人心中的共同想象。这位首席执行官之所以能相信公司存在，是因为董事会也这么相信，公司请的律师也这么相信，办公室里的同人也这么相信，银行人员也这么相信，证券交易所的业务员也这么相信，还有从法国到澳大利亚的汽车经销商，大家都是这么相信的。如果某一天，首席执行官自己不相信标致汽车存在了，他很快就会被送到最近的精神病院，还会有人来他的位子接班。

同样，不论是美元、人权还是美国，都是存在于数十亿人的共同想象之中，任何一个独立的个体并无力撼动这些概念。就算我自己下定决心不再相信美元、人权和美国，也无法造成任何改变。正因为这些由想象建构的秩序是存在于主体之间，想要改变这些秩序，就得同时改变数十亿人的想法，这绝非易事。想要达到这种规模的改变，必然需要有复杂的组织在背后协助，可能是政党，可能是思潮运动，也可能是某个宗教教派。然而，为了建立这种复杂的组织，人们就得说服许多陌生人共同合作，而这又得靠着他们都相信另一些共同的虚构故事才行得通。由此可见，为了改变现有由想象建构出的秩序，就得先用想象建构出另一套秩序才行。

举例来说，想解决掉标致汽车，我们就需要想象出更强大的东西，如法国的法律制度。而想解决掉法国的法律制度，我们又需要想象出更强大的东西，如法国国家的力量。而如果想解决的是法国，就还得再想象出更强大的才行。

身为人类，我们不可能脱离想象所建构出的秩序。每一次我们以为自己打破了监狱的高墙、迈向自由的前方，其实只是到了另一间更大的监狱，把活动范围稍稍加以扩大而已。

第七章

记忆过载

演化并没有让人有踢足球赛的能力。确实，演化让人有脚能踢球，有肘能犯规，还有嘴能骂人，但这些加起来，顶多就是让人能自己玩玩球而已。想在某个下午和球场上的陌生人一起来踢场足球赛，不只得和 10 个可能从未见过面的人合作当队友，还得知道对方 11 个人也会遵守一样的规则。有些时候，其他动物也会和陌生同类合作，进行仿若仪式的侵略举动，但通常都是出于其本能。例如小狗有时候会玩得滚来滚去、咬来咬去，但那是深植于它们基因里的设计。只不过，我们人类的孩子可没什么玩足球的基因设计。我们之所以能和完全陌生的人踢球赛，是因为大家都学过同样一套的足球规则。这些规则全部都是想象出来的，不过只要大家都同意，还是能玩得十分开心。

这种情况同样适用于像王国、教会或贸易网络等较大的规模，只有一项重要区别：复杂的程度不同。相对来说，足球的规则简单明了，很像是过去采集时代各个小部落或小村庄之间要合作时的共识。所有球员都可以轻轻松松把规则全部记在脑子里，同时大脑还有余裕记得一些歌曲、影像，甚至是待会儿要买什么。只不过，如果不是像这样只有 22 个人要合作，而是有几千甚至几百万人要合作，需要储存及处理的信息量就会极度庞大，绝不是任何单一人脑所能记忆处理的。

某些其他物种（如蚂蚁和蜜蜂）也能形成大型社会，而且稳定又灵活。但这是因为它们的基因组里就已经储存了合作所需的大部分信息。蜜蜂的未受精卵会发育成雄蜂，受精卵则发育成雌蜂，但雌蜂幼虫依据被喂食的食物不同，长大后可能成为蜂后，也可能成为一般的工蜂。在它们的 DNA 里，已经为两种不同角色都设定好必要的行为模式，前者让它能母仪天下，后者则让它尽心尽力、认真工作。蜂巢里的社会结构非常复杂，有许多不同种类的工蜂，有的负责觅食，有的负责照护，有的负责清洁等等。但到目前为止，我们可没人见过有蜜蜂当律师负责打蜜蜂官司。之所以蜜蜂不需要律师，是因为不会有蜜蜂打算违反什么蜂巢宪法，认为清洁蜂不该有生命权、自由权和追求幸福的权利。

但人类可就不同了，这种事总是不断发生。因为智人的社会秩序是通过想象建构，维持秩序所需的关键信息无法单纯靠 DNA 复制就传给后代，需要通过各种努力，才能维持种种法律、习俗、程序、礼仪，否则社会秩序很快就会崩溃。举例来说，汉谟拉比国王将人分成上等人、平民和奴隶，但这件事并不存在于人类的基因组里，并不是一个自然的区分方式。如果巴比伦人无法让大家的心里都有这项“真理”，整个社会就会停止运作。同样，就算是汉谟拉比本人，他后代的 DNA 里也没记载着上等人如果杀了个平民女性就该付 30 舍客勒的银子。汉谟拉比必须特地教导他的儿子，告诉他帝国的法律是如何如何，以后再由儿子来教孙子，以此代代相传。

一个帝国要运作，会产生大量的信息。除了法律之外，帝国还必须记录各种交易和税收、军用物资和商品的库存量，还有各种节庆及打胜仗的日期。在先前的几百万年间，人类只有一个地方可以记录信息：他们的大脑。但很遗憾，对于整个帝国这么大的数据量来说，人类的大脑并不是个很好的储存设备，主要原因有三。

第一，大脑的容量有限。确实有些人记忆力惊人，而且古代也有人专门研究记忆术，整个省的地形地势了然于胸，整部国家法典倒背如流。尽管如此，还是有连记忆大师也无法超越的限制。例如，律师就算能把整个马萨诸塞州的法条都背下来，也不可能把从 17 世纪塞勒姆（Salem）女巫审判以来的所有诉讼细节全记得一清二楚。

第二，人类总难免一死，而大脑也随之死亡。所以，任何储存在大脑里的信息多半在一个世纪内就会消失。当然，我们可以把记忆从一个大脑传达到另一个大脑里，但传递几次之后，信息总是会开始乱成一团或者遭到遗忘。

第三，也是最重要的一点，在于人类的大脑经过演化，只习惯储存和处理特定类型的信息。为了生存，远古的狩猎采集者必须能够记住数千种动植物的形状、特性和行为模式。他们必须记住，一朵皱巴巴的黄色菇类，如果是在秋天长在榆树下，就很有可能有毒，但如果是在冬天长在橡树下，却是种很好的胃药。此外，狩猎采集者也得记住部落里几十个人彼此的意见和关系。例如假设露西需要部落里有人帮她挡住约翰，叫他别来骚扰她，就很需要记得像是约翰上周与玛丽吵了一架，所以现在找玛丽准没错。因此，演化压力让人类的大脑善于储存大量关于动植物、地形和社会的信息。

然而在农业革命之后，社会开始变得格外复杂，另一种全新的信息类型也变得至关重要：数字。采集者以前从来不需要处理大量的数字。例如采集者不用记得森林里每棵树上有几个果子；也因此，人类的大脑不习惯储存和处理数字。然而如果要管理一个大国家，数字可以说是一大关键。国家光是立法、讲些关于守护神的故事还不够，像收税这种事就万万不可少。而为了向数十万国民收税，国家就必须先收集关于国民收入及财产的数据，关于付款的数据，关于欠款、债务和罚款的数据，关于折扣及豁免的数据。这些数字总共会有几百万的数据位需要储存和处理。国家要是无法应付，就永远不知道手中有什么资源，未来又能利用什么资源。但对大多数人来说，讲到要记忆、回忆、处理这些数字，不是觉得脑力超载，就是觉得昏昏欲睡。

这种人脑的限制大大局限了人类合作的规模和程度。如果某个社会的人数和物品的数量超过某个临界值，就必定需要储存和处理大量的数字数据。但人脑又力有未逮，于是系统也就崩溃。正因如此，就算在农业革命后的数千年间，人类的社会网络还是相对规模较小，也相对简单。

最早克服这项问题的是远古美索不达米亚南部的苏美尔人。当地艳阳高照、平原肥沃，发展出发达的农业、繁荣的城镇。随着居民人数增长，要协调各项事务所需的信息也不断膨胀。在公元前 3500 年—公元前 3000 年之间，一些不知名的苏美尔天才发明了一套系统，可以在人脑之外储存和处理信息，专为处理大量数字数据而量身打造。从此，苏美尔人的社会秩序不再受限于人脑的处理能力，而开始能走向城市、王国和帝国。苏美尔人所发明的这套数字处理系统，正是“书写文字”。

由库辛签核

文字是采用实体符号来储存信息的方式。苏美尔文字系统结合了两种类型的符号，刻印在黏土泥板上。第一种符号代表的是数字，分别有符号可以表达 1、10、60、600、3600，以及 36 000。（苏美尔人的数字系统分别以 6 和 10 作为基数。即使到现在，人类生活还是处处可见以 6 为基数，比如一个圆有 360 度，一天有 24 小时。）另一类型的符号则代表人、动物、商品、领土、日期等等。结合这两种符号，苏美尔人能够记下的数据量就能够远胜于任何大脑的容量或任何 DNA 所含的基因码。

在早期，文字只用来记录事实和数字。就算苏美尔人当时真的有过小说，也从来不曾刻印到泥板上。毕竟，当时要写下文字不仅耗时，而且能阅读的群众又太少，所以除了必要的记录之外，实在没有书写的必要。如果我们想知道人类的祖先在 5000 年前写下了什么智慧的话语，很可能就会非常失望。举例来说，目前找到人类祖先最早留给我们的信息是“29 086 单位大麦 37 个月库

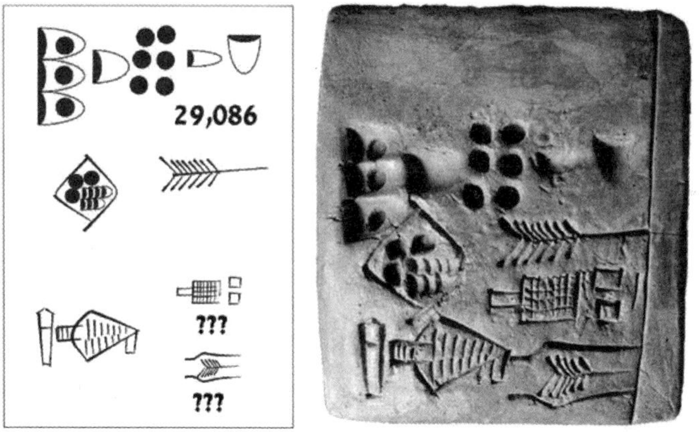

图 13　来自古城乌鲁克（Uruk）大约公元前 3400—公元前 3000 年的泥板，记载着当时的行政文书。这块泥板清楚记载着在 37 个月内收到了 29 086 单位的大麦（大约 3800 蒲式耳），并由名叫“库辛”的人签核。这里的“库辛”可能是当时的某个职称，又或是某个人的名字。如果库辛真的是个名字，他可能就是史上第一个我们知道名字的人！所有先前我们使用的名称，像“尼安德特人”“纳图芬人”“雪维洞穴”“哥贝克力石阵”，都只是现代人为它们取的名字。像哥贝克力石阵，我们其实并不知道当时建造它的人怎么称呼这个地方。而在文字出现之后，我们终于能够再通过当时人的耳朵，“听到”一些历史。很有可能，当时库辛的邻居就会朝着他大叫：“库辛！”这一切说明，史上第一个记下的名称或名字，是属于一个会计师，而不是什么先知、诗人，或者伟大的征服者。[41]

辛”。这句话最有可能的解读是：“在 37 个月间，总共收到 29 086 单位的大麦。由库辛签核。”很遗憾，人类史上的第一个文本不但不是哲学巧思，不是诗歌，不是传奇，不是法律，甚至也不是对王室歌功颂德，而是无聊至极的财经文件，记录各种税务、债务以及财产的所有权。

除此之外，远古时代只有另一个其他类型的文本幸存，而且甚至比那块泥板更无趣：就只是一堆单词，由当时的文士一再重

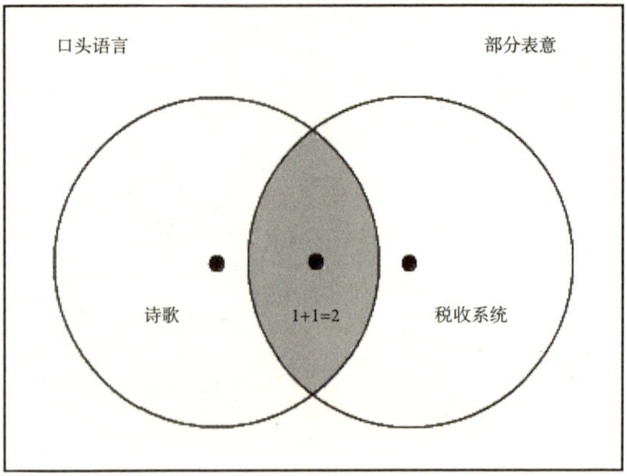

虽然部分表意的文字系统无法完整传达人类的口语，但也能表达一些不在口语范围内的意义。像是苏美尔文字、数学符号，虽然不能拿来写诗，但讲到记账收税可是效率一流。

复抄写，作为练习。而且，就算当时的学生已经抄账单抄到深感无聊，想要自己写首诗，客观条件也并不允许。最早的苏美尔文字只能部分表意（partial script），而无法完整表意（full script）。所谓完整表意，指的是这套符号能够大致完整表达出口头语言；这样一来，就能表达一切人类口传的内容，包括诗歌。但另一方面，所谓部分表意，就是指这套系统只能呈现特定种类的信息，局限于特定领域的活动。举例来说，拉丁文、古埃及象形文字和盲人点字都能够完整表意，不论是税条、史书、商业法律，或是情诗和历史著作，全部难不倒它。相较之下，最早的苏美尔文字就像是现代的数学符号和音乐符号，只能部分表意。例如数学符号虽然能用来计算，但要写情诗就做不到了。

对苏美尔人来说，苏美尔文字不能拿来写诗似乎并不是什么

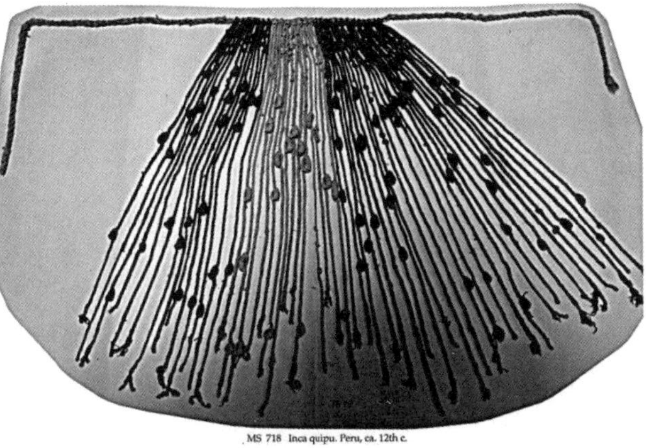

图 14　12 世纪的安第斯文化结绳语。

大问题。毕竟他们发明文字的目的不在于复制口语，而是想要完成一些口语没做到的事。举例来说，在哥伦布抵达美洲之前，安第斯山脉就有一些文化，从来就只有部分表意的文字，他们并不会觉得这样不够用，也不觉得有必要发展成完整表意的文字。安第斯文化的文字和苏美尔文字大有不同，不同的程度大到有很多人甚至不认为这是一种文字。这些文字不是写在泥板或纸张上，而是在各种颜色的绳子上打结来表示，称为“结绳语”（quipu）。每个结绳语的文本都有许多不同颜色的绳子，材质可能是羊毛，也可能是棉花。在每根绳子的各种位置上绑着几个结。光是一个结绳语文本，就可能有数百条绳子、几千个结。通过这些不同颜色、不同绳子、不同打法的结，安第斯文化就能记录大量的数字数据，像税收或财产所有的数据。[42]

而数百甚至数千年来，对于当地城市、王国和帝国的商业来说，结绳语都不可或缺。[43]结绳语在印加帝国时期达到鼎盛，当时印加帝国人口约有10万到12万，疆域包括今日的秘鲁、厄瓜多尔和玻利维亚，以及部分的智利、阿根廷和哥伦比亚。这样庞大的帝国需要复杂的行政系统，也就需要储存和处理大量数据，要是没有结绳语，绝对是不可能的任务。

事实上，正因为结绳语有效又准确，就算在西班牙人占领南美之后，还是用结绳语来管理他们建立的新帝国。但问题在于，西班牙人并不知道该如何记录和阅读结绳语，一切有赖于当地专业人士协助。而这些新的统治者便意识到，这让当地的结绳语专家能够轻易欺瞒误导这些统治者，情势大大不利。所以等到西班牙的统治势力站稳扎根，就全面废弃了结绳语，所有记录改用拉丁文和数字。而在西班牙占领过后，结绳语文本绝大多数均已逸失，即使幸存，也因为能阅读的人才凋零，而成了无人能懂的文本。

官僚制度的奇迹

终于，美索不达米亚人开始希望除了无聊的数字数据外，还能写些别的东西。在公元前3000年—公元前2500年间，苏美尔文字系统逐渐加入越来越多的符号，成为能够完整表意的文字，今天它们被称为楔形文字。到了公元前2500年，国王已经能用楔形文字颁布法令，祭司用它来记录神谕，至于一般平民大众则是用来写写信。差不多同一时间，埃及也发展出另一种能够完整表意的文字——古埃及象形文字。另外，中国在大约公元前1200年、中美洲各地在公元前1000年至公元前500年间，也都发展出了完整表意的文字。

从以上这些最初的中心，完整表意的文字开始向四方远扬，发展出各种形式以及新的用途，让人开始用文字来写诗、编史、耍浪漫、演戏剧、提预言，甚至是记食谱。然而，文字最重要的任务仍然是记录大量的数字数据，而这也是部分表意文字的特别强项。无论是希伯来的《圣经》、希腊的史诗《伊利亚特》、印度的长叙事诗《摩诃婆罗多》，还是佛教的《大藏经》，一开始都是口述作品。这些作品世世代代靠的都是口传，就算没有发明文字，也还是会继续再传下去。但讲到税务登记和复杂的官僚制度，就要等到部分表意的文字出现后才应运而生，而且就算到了今天还是像连体婴儿一样密不可分；种种计算机数据库和电子表格，藏着不为外界所知的秘密。

随着越来越多的事情通过文字记载，特别是行政档案数据变得无比庞杂，也就出现了新的问题。记在人脑里的信息找起来非常方便。以我自己为例，虽然我的大脑里藏着几千兆位的数据，但我可以几乎是立刻想起意大利首都的名字，再想起我在2001年“9·11”事件那天做了什么，还能马上想出从我家到耶路撒冷希伯来大学的路线。至今，大脑为何能做到这样仍然是一个谜，但我们都知道它的检索系统效率惊人。（只不过，找钥匙这件事可能是个例外。）

如果是结绳语的绳子或是写着文字的泥板，又该怎么检索数据？如果只有个10片甚至100片的泥板，都还不是个问题。只不过，若是与汉谟拉比同时代的马里（Mari）城邦的国王齐默里宁（Zimrilim），已经累积了数千片泥板，该怎么办？

想象一下在公元前1776年。两个马里人在争论一片麦田的所有权。雅各布言之凿凿，说他早在30年前就向以扫买了这片田。但以扫不同意，说他是把这片地租给雅各布，租期 30 年，现在租期到了，他要收回土地了。双方火气上升，开始互相叫嚣推打，但他们忽然想到，可以到王室的档案库去查查，那里有全王国房地产相关的记录和数据。但等抵达了档案库，他们就被各部门的人像皮球一样踢来踢去，叫他们先坐下来喝杯青草茶休息等等，或者明天请早些再来。好不容易才终于有个承办人员一边碎碎念一边带着他们去找相关的泥板。承办员打开一扇门，来到一个巨大的房间，从地板到天花板堆积着成千上万片的泥板。也难怪承办人员心情糟，他该怎样才能找到记着 30 年前麦田合约的那块泥板？而就算找到了，又怎么能知道这块 30 年前的泥板就是关于这片麦田的最新合约？另外，如果找不到这块泥板，难道就能说以扫从未出售或出租这片麦田吗？会不会只是泥板搞丢了，或是某次下雨渗水把它给溶了？

显然，光是把记录压印在泥板上，并没办法让数据处理有效率、准确和方便。我们还需要有组织工具（如编目）、快速的复制工具（如复印机）、快速准确的检索工具（如计算机运算），而且还得有够聪明（最好心情还能好一些）的负责人员，能够了解这些工具的使用方法。

事实证明，发明这些工具要比发明书写文字难上太多了。许多时地都相差甚远的文化，都各自发展出了自己的文字系统。每隔几年，总有考古学家又发现了其他某种被遗忘的文字，甚至有些还可能比苏美尔泥板更久远。但这些文字多半就只是些新鲜但不实用的发明，原因就在于这些文化没能找出方法来有效编目和检索数据。而苏美尔、古埃及、古中国和印加帝国的特殊之处，就在于这些文化都发展出了良好的技术，能够将文字记录予以归档、编目和检索，另外还投入资本培养人才来负责抄写、数据管理和会计事务。

考古学者在美索不达米亚发现了一份当时的书写作业，让我们得以一窥大约4000年前的学生生活：

我走进去坐下，老师来检查我的泥板。

他说："你漏了一些东西！"

然后他就用棍子打我。

另一个管事的人说："未经我允许，你竟敢讲话？"

然后他就用棍子打我。

管秩序的人说："未经我允许，你竟敢站起来？"

然后他就用棍子打我。

看门的说："未经我允许，你竟敢出去？"

然后他就用棍子打我。

管啤酒壶的说："未经我允许，你竟敢倒啤酒？"

然后他就用棍子打我。

苏美尔语的老师说："你竟敢说阿卡德语？"[a]

然后他就用棍子打我。

我的老师说："你的字很丑！"

然后他就用棍子打我。[44]

古代的抄写员不但得会读会写，还得知道如何查目录、辞典、日历、表格和图表。他们得要学习并内化种种编目、检索和处理

a. 就算当时大家都讲阿卡德语，但苏美尔语仍然是官方语言，也是各项记录所用的语言。因此立志成为抄写员的人就得讲苏美尔语。

信息的技巧，而且这些都和大脑原本内建的机制非常不同。在大脑里，所有数据都自由地互相联结。比如我在和另一半一起去办新家抵押贷款的时候，就想到我们一起住的第一个地方，这又让我想到去新奥尔良度的蜜月，再想到鳄鱼，再想到西方的恶龙，再想到歌剧《尼布龙根的指环》；结果我不知不觉就哼起了歌剧里面齐格飞的主旋律，把银行职员搞得一头雾水。对官僚制度来说，各种数据必须清楚分开。一个抽屉放住宅抵押贷款，一个放结婚证书，第三个放税务登记材料，第四个放诉讼案件卷宗。否则哪知道该到哪去找？而如果有某件事情同时属于很多个抽屉，（例如华格纳的音乐剧究竟该算是“音乐”还是“戏剧”？还是该干脆另列一类？）可就头痛了。所以，这些制度总是在不停新增、删除和重新分配这些抽屉。

为了要让工作顺利，操作这种抽屉系统的人必须接受训练，思考的方式不能像一般人，而得有专业文书和会计的样子。从古至今，我们都知道文书和会计的想法就是有点没人性，像个文件柜一样。但这不是他们的错。如果他们不这样想，他们的抽屉就会一片混乱，也就无法为政府、公司或组织提供所需的服务。而这也正是文字对人类历史所造成的最重要的影响：它逐渐改变了人类思维和看待这个世界的方式。过去的自由连接、整体思考，已经转变为分割思考、官僚制度。

数字的语言

几个世纪过去，官僚制度式的数据处理方式与人类自然思考方式的差异越来越大，重要性也越来越高。在公元 9 世纪前的某个时候，人们发明了另一种部分表意的文字，让储存和处理数字数据的效率一日千里，成为重要的里程碑。这种文字是由 10 个符号组成，代表从 0 到 9 的数字。很容易让人搞错的一点在于，虽然这些符号现在被称为“阿拉伯数字”，但其实是印度人发明的。而且现代阿拉伯人自己还用了一组和西方颇不相同的数字符号系统，就更叫人一头雾水。之所以现在我们会称“阿拉伯数字”，是因为阿拉伯人攻打印度时发现了这套实用的系统，再加以改良传到中东，进而传入欧洲。等到有几个其他符号加入了阿拉伯数字系统（例如加号、减号、乘号），现代数学符号的基础就产生了。

虽然这整套系统仍然只是种部分表意的文字符号，但这已经成为全世界的一大重要语言。几乎所有的国家、企业、组织和机构，不管讲的是阿拉伯语、印度语、英语还是挪威语，都必须使用数学符号来记录及处理数据。只要能将信息转成数学符号，储存、传播和处理的速度和效率就能快到令人叹服。

因此，如果哪个人想打动政府、组织和企业，就必须学会“用数字说话”。而专家也费尽心力，甚至像“贫穷”、“幸福”和“诚实”这些概念，都能翻译成一个又一个的数字，成了“贫穷线”“主观幸福感程度”“信用等级”。而像物理和工程方面，几乎整个知识领域都快要和人类的口语语言脱节，而由数学符号独挑大梁。

近来，数学符号已经带来另一种更革命性的文字系统，计算机所使用的二进制程序语言，全部只有两个符号：0 与 1。就像现在我用键盘打到计算机上的所有文字，也都是由 0 和 1 的组合所呈现。

$$
\begin{aligned}
\ddot{\mathbf{r}}_i = \sum_{j\neq i}\frac{\mu_j\left(\mathbf{r}_j-\mathbf{r}_i\right)}{r_{ij}^3}\Bigg\{1 &- \frac{2(\beta+\gamma)}{c^2}\sum_{l\neq i}\frac{\mu_l}{r_{il}} \\
&- \frac{2\beta-1}{c^2}\sum_{k\neq j}\frac{\mu_k}{r_{jk}} + \gamma\left(\frac{\dot{s}_i}{c}\right)^2 \\
&+ (1+\gamma)\left(\frac{\dot{s}_j}{c}\right)^2 - \frac{2(1+\gamma)}{c^2}\dot{\mathbf{r}}_i\cdot\dot{\mathbf{r}}_j \\
&- \frac{3}{2c^2}\left[\frac{\left(\mathbf{r}_i-\mathbf{r}_j\right)\cdot\mathbf{r}_j}{r_{ij}}\right]^2 + \frac{1}{2c^2}\left(\mathbf{r}_j-\mathbf{r}_i\right) \\
&\cdot\ddot{\mathbf{r}}_j\Bigg\} \\
&+ \frac{1}{c^2}\sum_{j\neq i}\frac{\mu_i}{r_{ij}{}^3}\left\{\left[\mathbf{r}_i-\mathbf{r}_j\right]\right. \\
&\left.\cdot\left[(2+2\gamma)\dot{r}_i-(1+2\gamma)\dot{\mathbf{r}}_j\right]\right\}\left(\dot{\mathbf{r}}_i-\dot{\mathbf{r}}_j\right) \\
&+ \frac{3+4\gamma}{2c^2}\sum_{j\neq i}\frac{\mu_j\ddot{\mathbf{r}}_j}{r_{ij}}
\end{aligned}
$$

这是根据相对论推导出来的公式，能够计算质量重力加速度。大多数一般人只要看一眼这个公式就只能瞠目结舌，像是鹿在路上被车灯照到一样。这种反应其实很自然，并不代表这个人天生愚鲁或缺乏好奇。除了极少数例外，人类大脑就是没有思考像相对论或量子力学这些概念的能力。物理学家之所以能这样思考，是因为他们抛下了传统的人类思维方式，从头学习如何在外部数据处理系统的协助下思考。他们的思考过程有很重要的一部分并不是在他们的脑子里，而是在计算机里或者教室的黑板上。

* * *

文字本来应该是人类意识的仆人，但现在正在反仆为主。计算机并不能理解智人如何说话、感觉和编织梦想，所以我们现在反而是用一种计算机能够理解的数字语言来教智人如何说话、感觉和编织梦想。

而且这还没完。人工智能的领域还希望能够完全在计算机二进制的程序语言上创造一种新的智能。像科幻电影《黑客帝国》或《终结者》，就都预测着总有一天这些二进制语言会抛下人性给它们的枷锁，而人类想要反扑的时候，它们就会试图消灭人类。

第八章

历史从无正义

农业革命后几千年的历史，可以总结为一个问题：如果人类的基因里并没有大规模合作的生物本能，所有的合作网络究竟如何维系？简单的讲法，是人类创造出了由想象建构的秩序、发明了文字，以这两者补足我们基因中的不足。

但对许多人来说，这些合作网络究竟是好是坏实在难说。网络背后那些想象的秩序既不中立也不公平，总把人分成一些其实并不存在的分类，并且排出上下等级。上等人享有各种权力和特权，而下等人有的只有歧视和压迫。以《汉谟拉比法典》为例，这部法典就将社会分成上等人、平民和奴隶。上等人养尊处优，享尽一切好处；平民只能捡捡上等人剩下的东西；而奴隶如果还敢抱怨，就等着吃苦头了。

就算是1776年的美国《独立宣言》，尽管把人人生而平等喊得震天响，其实还是把人分成了上下等级。《独立宣言》区分了男女，男性从中得利，但女性却被剥夺了同样的权利。《独立宣言》也区分了白人、黑人和印第安人，让白人享有自由民主，但却认为黑人和印第安人是比较劣等的人类，不该享有平等的权利。当时许多蓄奴的人也在《独立宣言》上签了名，他们签署后并未释放奴隶，但一点儿也不觉得自己言行不一。在他们看来，黑人哪有什么“人”权？

美国这套秩序还区分了贫富之间的阶级。当时，美国人对于有钱爸妈把遗产和家族企业留给子女多半并不觉得有什么问题。在他们看来，所谓“平等”指的只有“法律面前人人平等”这件事，而与失业救济、普及教育或健康保险无关。至于当时的“自由”，也与今天截然不同。在1776年，“自由”并不代表着权利遭侵夺的人能够取得并行使权利（至于黑人、印第安人或女性更是绝无可能），而只是代表着除非特殊状况，否则国家不能没收或处分公民的私有财产。这么说来，美国这套秩序所奉行的就是“财富的阶级”，有些人会认为这就是神的旨意，也有些人会认为这是自然不变的规律。这些人会说，勤劳致富，懒惰则困穷，这是自然的赏罚原则。

然而，以上所有的区别，不管是自由人／奴隶、白人／黑人、富人／穷人，都只是虚构的想象所建构出来的。（后面会另外来谈男女的阶级问题。）然而历史的铁则告诉我们，每一种由想象建构出来的秩序，都绝不会承认自己出于想象和虚构，而会大谈自己是自然、必然的结果。举例来说，许多赞成奴隶制度的人就认为，这是自然现象，并不是人类所发明出来的一种制度。汉谟拉比认为，为人或为奴是神所决定的。亚里士多德也认为，奴隶有“奴隶的本质”，而自由人有“自由的本质”，他们的社会地位不同，只是本质的展现。

而且，如果你问一个白人至上主义者为什么赞成种族阶级制度，他几乎一定能跟你滔滔不绝地来场伪科学讲座，告诉你不同种族之间本来就有生物学上的差异，比如说，白人的血液或基因就有什么特殊之处，让他们天生更聪明、更有道德感也更勤奋。另外，如果你问一个资本主义的忠实拥护者为什么赞成财富阶级的制度，他也很可能告诉你，这正是客观能力差异带来的必然结果。这些人认为，有钱人之所以有钱，是因为他们能力更强，工作更认真。这样一来，有钱人该有更好的医疗保健、更好的教育、更好的营养，也是天经地义的事。这每分每毫，都是他们应得的。

至于赞成种姓制度的印度教徒则相信，是宇宙的力量划分了种姓的阶级。根据著名的婆罗门教神话，诸神是以原人普罗沙（Purusa）的身体创造这个世界：他的眼睛化成太阳，他的大脑化成月亮，他的口化成了婆罗门（祭司），他的手化成了刹帝力（贵族、武士），他的大腿化成了吠舍（农民和商人等平民），而他的小腿则化成了首陀罗（仆人）。如果相信这种说法，那么婆罗门和首陀罗的社会地位差异就再自然不过，就像太阳和月亮本来就该有所不同。[45] 而中国古代的《风俗通》也记载，女娲开天辟地的时候要造人，一开始用黄土仔细捏，但后来没有时间余力，便用绳子泡在泥里再拉起来，飞起的泥点也化成一个一个的人，于是“富贵者，黄土人；贫贱者，引绳人也”。[46]

然而就我们目前所知，这些阶级区别不过全都是人类想象的产品罢了。不管是婆罗门还是首陀罗，都不是诸神从某个原人的不同身体器官所创造出来的。这两个种姓阶级的区别，不过就是大约 3000 年前在印度北部由人类自己发明创造的一套法律和规范。而亚里士多德的讲法也有问题，奴隶和自由人之间并没有已知的生物学差异。一切都是因为人类的法律和规范，才让某些人变成奴隶，某些人变成主人。至于黑人和白人之间，虽然有例如皮肤颜色和毛发类型之类的客观生物学差异，但没有证据显示这些差异会影响到智力或道德观。

大多数人都会认为只有自己社会的阶级是自然的，而其他社会的阶级分法都实在是虚假又荒谬。现代的西方教育对种族阶级制度嗤之以鼻，如果现在有法律禁止黑人住在白人小区、进入白人学校就读或到白人医院就医，一定会引发轩然大波。但如果说的是贫富阶级，有钱人住在独立、豪华的住宅区，就读专为有钱人提供的私立名校，能进到专为有钱人提供的高档医疗机构，这一点对于许多美国和欧洲人来说，却似乎再天经地义不过。但事实已经证明，大多数有钱人之所以有钱，只是因为他出生在有钱的家庭，而大多数穷人一辈子没钱，也就只是因为他出生在贫穷的家庭而已。

***

但不幸的是，复杂的人类社会似乎就是需要这些由想象建构出来的阶级制度和歧视。当然，各种阶级制度的道德意义不一，某些社会的歧视也比其他社会更为严重或极端，但至少就目前学者研究，还没有任何一个大型人类社会能真正免除歧视的情形。一次又一次，人类社会有秩序的方法，就是将成员分成各种想象出来的阶级，像上等人、平民和奴隶；白人和黑人；贵族和平民；婆罗门和首陀罗；又或者富人和穷人。所有这些阶级，就是要让某些人在法律上、政治上或社会上高人一等，从而规范了数百万人的关系。

阶级有其重要功能。有了阶级之后，陌生人不用浪费时间和精力真正了解彼此，也能知道该如何对待对方。在萧伯纳（Bernard Shaw）的作品《卖花女》（*Pygmalion*，曾改编为电影《窈窕淑女》）中，希金斯（Henry Higgins）教授虽然不认识卖花女伊莉莎，但对两人之间的关系拿捏却是丝毫不需犹豫。原因就在于：他一听到她讲话，就知道她是个下层阶级的人，几乎可说是任他宰割——例如将她当作棋子，打赌可以把这个卖花女假扮成名媛淑女而不被看穿。至于如果是现代版的伊莉莎，花店小姐也得知道每天面对着来店的几十个客人，该如何才能卖出一束又一束的玫瑰和剑兰。她不可能有时间和精力做个完整的顾客身家调查，知道每个人的喜好如何，口袋又有多深。所以她得抓住某些“社交线索”，比如客人的衣着打扮、年龄、肤色（虽然这实在不太政治正确），来猜猜看这个客人究竟会是个大会计师，可能大手笔为母亲生日买上一大把的长茎玫瑰，又或是个送货小弟，只买得起一小把雏菊，想送给某个笑容甜美的柜台小姐。

当然，天生自然的能力也很可能影响社会阶级差异，但是种种不同的能力和性格常常还是会受到想象阶级的影响。关于这一事实主要有两大方面。第一，也是最重要的一点，就是大多数的能力也需要培养和发展。就算某个人天生就有某种才能，如果不经过积极培养、磨炼和运用，常常也就没什么表现的机会。但这些机会绝非人人平等，常常都是要看他们在想象建构出的社会阶级中身处何处而定。哈利·波特其实就是个很好的例子。他从小被迫与能力出色的巫师父母分离，而由对巫术一无所知的麻瓜带大，所以等他到了霍格华兹的时候，对巫术可以说是一窍不通。于是，他的故事整整写了 7 本书，他才真正掌握了这项独特才能的力量和知识。

第二，就算身处不同阶级的人发展出了完全一样的能力，因为他们面对的游戏规则不同，最后结果也可能天差地别。举例来说，假设在英国统治下的印度，有 4 个人都有完全相同的商业头脑，但 4 个人分别是秽多、婆罗门、天主教爱尔兰人和新教英国人，他们致富的概率就仍然大不相同。这场经济的游戏，其实早就被种种法律限制和潜规则束缚住了手脚，根本不知道公平在哪里。

恶性循环

虽然说所有社会的背后都是由想象建构出来的秩序，但种种秩序却又各有不同。这些差异的原因为何？传统的印度社会是用种姓制度来分阶级，土耳其人用宗教，美国用种族，但为何如此？这些阶级制度开始时多半只是因为历史上的偶发意外，但部分群体取得既得利益之后，世世代代不断加以延续改良，才形成现在的样子。

例如许多学者推测，印度种姓制度成形的时间是在大约 3000 年前，印度–雅利安人（Indo-Aryan）入侵印度、征服当地居民。入侵者建立了阶级森严的社会，可想而知，他们自己占的是最上等的位置（祭司和战士），而当地人就只能做仆人或奴隶。

入侵者在人数上并不占优势，因此很担心失去他们的特权地位和独特的身份。为了防患未然，他们就将所有人民依种姓分类，各自需要担任特定的职业或者在社会上有具体的作用，也各有不同的法律地位、特权和义务。不同种姓之间不仅不能有社交往来、不能结婚，甚至连一起吃饭也被严格禁止。而且这一切除了法律加以规定，还成了宗教神话与仪式的重要部分。

统治者主张，种姓制度反映的是永恒的宇宙现实，而不是历史发展的偶然。印度的宗教将“洁净”和“不洁”视为两大重要概念，也以此作为社会金字塔的根基。虔诚的印度教徒相信与不同种姓的成员接触会造成污染，而且污染的不只个人，甚至还会污染整个社会，也因此这实在是万万不可。然而，这种想法绝非印度教徒所独有。纵观历史，几乎所有社会都会以“污染”和“洁净”的概念来做出许多社会及政治上的区隔，而且各个统治阶级利用这些概念来维系其特权也是不遗余力。只不过，人之所以害怕污染，并非完全只是因为祭司和统治者所捏造出来的神话。可能在人天生的生存本能里，看到可能带着疾病的物体（例如病人或尸体）就会自然产生反感。所以，如果想排挤某一类的人，像女性、犹太人、吉卜赛人、同性恋、黑人，最好的办法就是大声宣布：这些人有病，会造成污染。

印度种姓制度和相关的“洁净”概念深植于印度文化中。虽然现代印度人早已遗忘了印度–雅利安人入侵的事件，但仍然相信着种姓制度，也同样排斥种姓混合造成的“污染”。当然，种姓并不是完全牢不可破。随着时间过去，现在种姓也发展出许多副种姓（sub-caste）。原本的4个种姓，现在已经变成3000种不同的“迦缔”（jati，意为“出生”），但整个种姓系统的基本原则仍然相同，每个人出生就属于特定的阶级，而破坏阶级就是污染了个人，也污染了整个社会。一个人的迦缔决定了他的职业、饮食、住处，还有他的结婚对象。一般来说，结婚对象只能来自同一个种姓阶级，而他们的子女也继承同样的阶级。

而只要出现了新的职业或者出现了一群新的人，就得先判断他们属于哪种种姓阶级，才能在印度社会得到认可。而如果有一群人连被认定为种姓阶级都不配，在这个阶级分明的社会里，他们就连在底层也称不上。这种人被叫作“秽多”，他们居住的地方必须和所有其他人分开，活得充满屈辱，只能靠着像捡拾垃圾的方式为生。就算是种姓阶级最下级的成员，也会尽可能避开他们，不和他们一起吃饭，避免碰触到他们，当然绝不可能与他们通婚。在现代印度，虽然民主政府竭尽全力想打破种姓的区别，告诉印度教徒不同种姓通婚往来不会有什么“污染”，但无论在婚姻还是职业方面，种姓制度的影响仍然挥之不去。[47]

美洲的“洁净”观念

现代美洲也延续着这种阶级制度的恶性循环。从 16 世纪到 18 世纪，欧洲征服者引进数百万名非洲奴隶到美洲做矿奴或农奴。之所以选择非洲而非欧洲或东亚，环境因素有三。第一，非洲与美洲地理接近，所以从塞内加尔进口奴隶比起到越南找人更为容易。

第二，当时非洲已经发展出成熟的奴隶贸易（主要将奴隶出口至中东地区），但蓄奴在欧洲仍然非常罕见。可想而知，从现有市场买个奴隶，要比自己建立整个市场容易得多。

第三，也是最重要的一点，当时美洲的殖民农庄多半位于弗吉尼亚、海地和巴西之类的地区，常有来自非洲的疟疾和黄热病侵扰。非洲人经过世世代代演化，对这些疾病已经发展出部分的免疫力，但欧洲人全无招架之力，一病便倒。因此，农庄主人如果有点聪明，就知道买奴隶或雇用工人的时候该挑非洲来的，而不是欧洲来的。讽刺的是，非洲人在基因上的优势（免疫力）竟造成了他们在社会上的劣势：正因为他们比欧洲人更能适应热带气候，反让他们成了遭到欧洲主人蹂躏的奴隶！由于这些环境因素，美洲的新兴社会也出现了另一个种姓阶级：欧洲白人的统治阶级，以及非洲黑人的奴隶阶级。

但是，没有人会承认他们把某种种族或出身的人当作奴隶只是为了经济利益。就像征服印度的雅利安人一样，欧洲白种人也希望自己在美洲人眼中不只是财大气粗，而是代表着虔诚、公正、客观的形象。于是，这时就要利用种种宗教和科学的虚构故事来找借口。神学家声称非洲人是诺亚的儿子含（Ham）的后代，而诺亚曾诅咒含的后代要做其他兄弟的奴隶。生物学家声称，黑人不如白人聪明，道德感也发展较差。医生也声称，黑人居住环境肮脏，会传播疾病，换句话说，就是种污染的来源。

这些虚构的故事牵动着美洲文化，也影响整个西方文化。即使当初蓄奴的条件早已消失，故事却依然存在。19 世纪初，大英帝国认定蓄奴违法，停止了大西洋的奴隶贸易，在随后的几十年里，奴隶制在整个美洲大陆逐渐被禁止。值得一提的是，这是史上第一次也是唯一一次有蓄奴社会自愿废除了奴隶制度。然而，就算奴隶已经得到自由，过去作为蓄奴借口的虚构种族故事却挥之不去。无论是种族歧视的法律，还是社会的习俗，都还是维持着种族分离的情形。

于是，这一切形成了一个自为因果、不断自我强化的恶性循环。美国南北战争甫落幕的南方就是一例。美国于 1865 年通过宪法第十三条和第十四条修正案，前者禁止蓄奴，后者明定不得因种族而剥夺公民权及受法律保护的权利。然而，经过两个世纪的奴役，大多数黑人家庭的经济情况和受教育程度都远远不及白人。于是就算某个黑人在 1865 年出生于美国南方的亚拉巴马州，他得到良好教育和高薪工作的机会绝对比不上他的白人邻居。等到 19 世纪八九十年代，他的孩子出生了，还是得面对一样的问题：家境贫寒、教育缺失。

而且，黑人要面对的问题还不只经济弱势一项。毕竟，亚拉巴马州并不是只有黑人穷，贫穷的白人家庭也不少，不是所有白

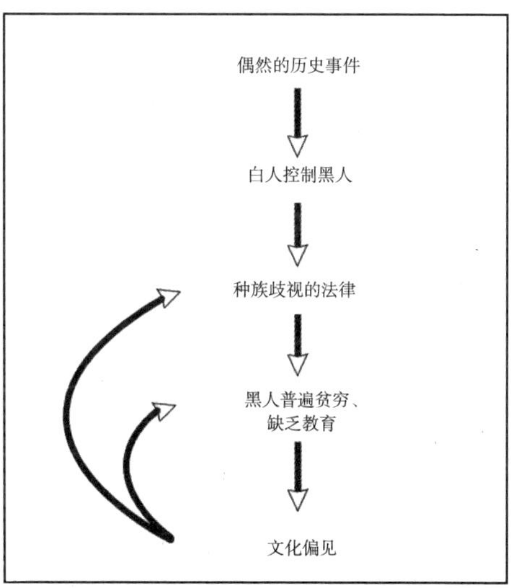

恶性循环：某个偶然历史事件，成了僵化的社会制度常规。

人都是有钱的农场主人。在当时工业革命和移民潮的推动之下，美国是个流动极度快速的社会，今日穷困潦倒没关系，处处都有一夕致富的机会。这样说来，如果黑人所面对的只有钱的问题，靠着通婚等种种方式，应该很快就能消弭种族之间的鸿沟。

然而，真实的情况并非如此。在1865年，白人（甚至还有许多黑人）完全相信黑人就是比较笨、比较懒、比较暴力、比较放荡，而且不在乎个人卫生，所以黑人就成了暴力、窃盗、强奸和疾病的代名词，换句话说，他们就是污染源。于是，就算有个黑人在1895年的亚拉巴马州奇迹似的接受了良好的教育，想申请诸如银行职员这种受尊敬的职位，他录取的机会仍然远远不及白人。“黑人”成了一种印记，人们觉得他们天生就不可靠、懒惰，而且愚笨。

你可能会认为，人们总会渐渐明白这些印记都是虚构的而非事实，随着时间过去，黑人就能够证明自己和白人一样能干、守法、干净。但情况却正相反，随着时间推移，这些偏见只会越来越深。正由于所有最好的工作都在白人手上，人们更容易相信黑人确实低人一等。一个普通的白人很可能会说：“你看，黑人都已经自由这么久了，但几乎所有的教授、律师、医生，甚至是银行出纳员都没什么黑人。这岂不是明白告诉我们，黑人就是没那么聪明，没那么努力吗？”于是，黑人被困在这个恶性循环里，他们申请不到白领的工作，是因为别人以为他们笨，但证明他们笨的，又是因为白领中很少有黑人。

这种恶性循环并非到此为止，反对黑人的势力不断壮大，最后形成“黑人歧视法”（Jim Crow Laws）等等法规，意在维护种族阶级制度。他们规定黑人不准投票，不准读白人学校，不准到白人商店买东西，不准在白人餐厅吃饭，不准到白人旅馆过夜。这一切的理由是认为黑人就是污秽、懒惰、品行不良，所以必须隔离，好保护白人。同样，白人出于害怕疾病，会避开有黑人的旅馆或餐厅；他们害怕孩子受欺负或被带坏，所以也不希望孩子去上有黑人的学校；他们害怕黑人既无知又没道德观，所以不想让黑人在选举中投票。而这些忧虑甚至还有科学研究“证明”在后面撑腰，研究“证明”：黑人平均学历确实较低，得到各种疾病的比率确实较高，而且犯罪率更是远高于白人（但这些研究却忽略了这些“事实”是出于对黑人的歧视）。

到了 20 世纪中叶，美国南方各州种族隔离的情形甚至比 19 世纪末期更为恶化。1958 年，黑人克雷农 · 金（Clennon King）申请进入密西西比大学就读，竟被强迫关进精神病院就医。当时法官认为，这个黑人一定是疯了，才觉得自己能进得了密西西比大学。

对于当时的美国南方人（和许多北方人）来说，想到黑人男性居然可能和白人女性有性行为甚至结婚，就会觉得这实在是万万难以接受的事。跨种族的性行为是所有禁忌之首，一旦做出这种行为甚至只是涉嫌想有这种行为，不用经过什么审判，就会立刻遭到私刑处置。当时出现的白人至上主义的秘密社团“三 K 党”（Ku Klux Klan），就曾犯下多起相关杀人事件。讲到维护洁净这件事，他们可是让印度教的婆罗门相形见绌。

随着时间过去，种族主义还蔓延到越来越多的文化领域。例如美国的审美观就是以白人的美丽作为标准，白人的特质就是美丽的标准，浅色的皮肤、金黄的直发、小而翘的鼻子等等。至于典型的黑人特质，例如黝黑的皮肤、蓬松的黑发、扁平的鼻子，则被视为丑陋。这些成见使得原本就由想象建构出来的阶级意识更是进到意识深层，挥之不去。

这样的恶性循环可能持续几百年甚至几千年，让原本只是历史偶发事件形成的阶级制度变得根深蒂固。随着时间流逝，不公不义的歧视常常只是加剧而不是改善。富者越富，而贫者越贫。教育带来进一步的教育，而无知只会造成进一步的无知。历史上过去的受害者，很可能会再次受害。而历史上过去的特权分子，他们的特权也很可能依然存在。

大多数社会政治阶级制度其实都没有逻辑或生物学的基础，不过就是由历史的偶然事件引起，再用虚构的故事延续壮大。这正是历史值得研究的一个很好的理由。如果黑人／白人或婆罗门／首陀罗的区别真有生物学事实根据（例如婆罗门的大脑确实比首陀罗的大脑效率高），光靠生物学就应该足以研究人类社会的种种行为。然而事实证明，不同智人群体之间的生物差异其实小到能够忽略不计，所以单凭生物学无法解释印度社会和美国各种族的互动为何如此复杂。想了解这些现象，我们只能靠着研究事件本身、环境、权力关系，看看人们是怎样将虚构的想象变成了残酷（而且再真实不过）的社会结构。

他和她

不同的社会，想象出的阶级制度也就相当不同。比如现代美国人非常注意种族，但对中世纪的穆斯林来说就无关紧要。在中世纪印度，种姓是生死攸关的大事，但现代的欧洲根本毫不在意。不过，有一种阶级制度却是在所有已知的人类社会里都有着极高的重要性：性别的阶级。世界各地的人都会区分男女，而且至少在农业革命以来，几乎世界各地都是男人占尽好处。

甲骨文的历史可以追溯到公元前1200年，是中国现存最古老的成熟文字，用来记录占卜。其中曾有一块卜辞写着：“妇好娩，嘉？”（商王武丁的妻子妇好即将临盆，是否吉利？）而答复是：“其唯丁娩，嘉；其唯庚娩，弘吉。”（若在丁日分娩，吉；若在庚日分娩，大吉。）然而，卜辞最后的验辞语气十分遗憾：“三旬又一日，甲寅娩，不嘉，唯女。”（31天之后，妇好在甲寅日分娩，不吉，只是个女孩。）[48] 过了3000多年，社会主义体制下的中国制定了计划生育政策，而许多中国家庭仍然觉得生下女儿是种不幸。有些时候，父母还会刻意遗弃甚至杀害女婴，希望能有机会再试一次，看看能不能生出个儿子来。

在许多社会中，妇女只是男人的财产，通常属于她的父亲、丈夫或兄弟。而在许多法律系统中，强奸罪是属于侵犯财产，换句话说，受害人不是被强奸的女性，而是拥有她的男性。因此，这些法律对于强奸罪的救济措施就是所有权移转：强奸犯付出一笔聘金给女方的父亲或兄弟，而她就成了强奸犯的财产。《圣经》还写着：“若有男子遇见没有许配人的处女，抓住她，与她行淫，被人看见，这男子就要拿50舍客勒银子给女子的父亲；因他玷污了这女子，就要娶她为妻。”（《申命记》，22:28–29）对古希伯来人来说，这是个再合理也不过的安排了。

在某些地方，如果是强奸某个不属于任何男人的女人，甚至算不上犯罪。这就像是在人来人往的街道上捡了一枚铜板不算是盗窃一样。另外，如果是丈夫强奸自己的妻子，也不构成犯罪；甚至有地方会认为，因为丈夫本来就该对妻子的性行为有完全的控制权，所以“丈夫强奸妻子”这句话根本无法成立。说丈夫“强奸”妻子，就像说某个人偷了自己的钱包一样不合逻辑。这些说法听来荒谬，但其实并不只有远古中东地区才有这种想法。就算到了 2006 年，还有 53 个国家无法控告丈夫强奸了他的妻子。即使在德国，也是到了 1997 年才修订法案，认定婚姻中可能出现强奸行为。[49]

* * *

那么，将人类分成男女，是不是也像印度的种姓制度或者美国的种族阶级，都是想象下的产物？这一点究竟是不是有深刻的生物学基础，认定男女本来就应有所区分？而如果这确实是一个自然的不同，生物学上又是否能够解释为何男性的待遇优于女性？

在男女之间，某些文化、法律和政治上的差异正反映着两性明显的生物学差异。例如男性没有子宫，所以怀孕生子这件事一直只能是女性的工作。然而，就在这个核心差异上，每个社会又会不断加上一层又一层的文化概念和规范，而这些就和生物学鲜有关联。而各种社会上对于“男性化”和“女性化”特质的想法，多半也没有确实的生物学基础。

举例来说，公元前 5 世纪的雅典实行民主，但有子宫的人就没有独立的法定地位，无法参加人民议会，也无法担任审判。除了少数例外，这种人也无法得到良好的教育，不能经商，也不能参加哲学讨论。所有雅典的政治领袖、哲学家、演说家、艺术家、商人，没有一个人有子宫。那么，难道真有什么生物学的根据，证明“有子宫”的人不适合从事这些行业吗？虽然古雅典人确实这么认为，但现代雅典人可不会同意。在现今的雅典，妇女不仅能够投票，能够参选担任公职，能够发表演讲，能够从事从珠宝到建筑到软件等等一切设计，而且也能够进入大学就读。她们的子宫可没让她们做起这些事来输给男人。确实，女性在政界和商界仍然处于弱势（希腊议会只有 12% 是女性），但她们要参与政治已经没有法律的阻碍，而且多数现代希腊人也认为女性担任公职合情合理。

此外，许多现代希腊人也认为男人的一个重要特点就是只对女人有“性趣”，而且也只该和异性发生性关系。但他们没发现，“异性性行为自然，同性性行为不自然”这件事也是一种文化偏见，而不是生物学上的事实。事实上，男男相吸这件事，大地之母从来也没什么意见。然而，在某些文化里，如果儿子和隔壁的男孩天雷地火，他的人类母亲可就会大发雷霆。这位母亲会生气，原因可不是出于生物的必然。其实对于许多人类文化来说，同性恋不仅合法，甚至还对社会有所帮助，像古希腊就是最明显的例子，在史诗《伊利亚特》(*Iliad*）里，英雄阿喀琉斯（Achilles）与普特洛克勒斯（Patroclus）关系亲密，但阿喀琉斯的母亲西蒂斯（Thetis）可没什么不高兴。另外，马其顿王国的女王奥林匹亚斯（Olympias）可说是古代最喜怒无常也最大权在握的女性，连她的丈夫腓力二世都死在她手上。但她看到儿子亚历山大大帝带了爱人赫费斯提翁（Hephaestion）回家吃饭，也是没发半点儿火。

我们究竟要如何才能判断，什么是真正在生物学上有所不同，而什么又只是人类说得煞有介事、自找借口？一项黄金法则就是“天生带来允许，文化造成封闭”。天生自然的生物学，可能性几乎无穷无尽。然而，文化却要求必须实现某些可能性，而又封闭了其他可能性。例如女性天生能生小孩，但在某些文化里，女性却是非生不可。生物学上，男人就是能从彼此身上得到性愉悦，但某些文化却极力阻止他们实现这种可能。

文化总会说，它只是禁止“不自然的事”。但从生物学的角度来看，这世界上根本没有什么是不自然的。只要有可能发生的事，就是自然。真正完全“不自然”的事，是指违背了自然规律，但这种事情根本就不会存在，所以也没有禁止的必要。举例来说，没有任何一种文化会“禁止男性进行光合作用”，“禁止女性跑得比光速快”，或“禁止带负电荷的电子互相吸引”，就是因为这讲了只是白讲，完全没有必要。

事实上，许多人认知的“自然”和“不自然”并不是生物学的概念，而是基督教神学的概念。神学上所谓的“自然”，指的是“符合创造自然的神的旨意”。基督教神学家认为，上帝创造了人的身体，并且让每个肢体和器官都有特定的目的。如果我们使用肢体和器官的方式符合上帝的设想，那就是个“自然”的活动；如果不符合上帝设想的方式，就成了“不自然”。然而，演化本来就没有唯一的目的。器官的演化没有唯一的目的，而器官的使用方式也不断在变化。现在人体的所有器官早在几亿年前就已经出现了原型，而现在所有器官都不只做着原型所做的事。器官之所以演化是为了某种特定功能，但等到器官存在之后，要用作其他功能也并无不可。以嘴巴为例，嘴巴之所以会出现，是因为最早的多细胞生物需要有办法将营养成分送进身体里。而虽然现在嘴巴仍然有这种功能，但我们还能用嘴来说话、亲吻，战士还能用嘴来拔手榴弹的引信。难道，只因为我们最早那些像蠕虫一样的祖先在6亿年前没有用嘴做这些事，嘴巴的这些功能就变得不自然了？

同样，翅膀也不是一开始就成了空气动力学的奇迹，而是从原本有其他用途的器官演化而来。有学者认为，一开始昆虫都不会飞，而翅膀是几百万年前从虫子身上突起的部分演化而来。虫子原本身上会有突起，是因为这样能增加表面积，接收更多阳光，也就更能保持温暖。而在缓慢的演化过程中，这些太阳能接收器越长越大。想要吸收最多阳光，就要让突起的表面积最大、重量最轻；而这种身体结构刚好对昆虫来说也方便，蹦蹦跳跳的时候还能帮上一点忙，突起越大的，就能跳得越远。有些昆虫开始用这玩意儿来滑翔一下，接着只是再跨出一小步，昆虫就真的在空中飞了起来。所以，如果下一次又有蚊子在你耳边嗡嗡不停，记得要骂骂她真是太不自然了。如果她乖乖听话，满足于当初上帝赋予的功能，现在她的翅膀还只能做个太阳能板。

这种多用途、多功能的道理，也同样适用于我们的性器官和性行为。一开始，性行为就是为了繁殖，而求偶仪式则是为了要评估对方的健康程度。但对许多动物来说，两者其实都有众多的社交功能，可不只是为了赶快创造出自己的 DNA 小拷贝。举例来说，黑猩猩就会用性行为来巩固政治联盟、建立亲密关系、化解紧张局势。难道这也是不自然？

性与性别

所以，坚持女性生小孩才“自然”或者说同性恋“不自然”，其实并没什么意义。各种规定男人就该如何、女人就该怎样的法律、规范、权利和义务，反映的多半只是人类的想象，而不是生物天生的现实。

生物上，人类分为男性和女性。所谓男性（male），就是拥有一个X染色体和一个Y染色体，所谓女性（female）则是拥有两个X染色体。但是要说某个人算不算“男人”（man）或“女人”（woman），讲的就是社会学而不是生物学的概念了。在大多数人类社会里，绝大多数情况下所谓男人就是男性，而女人就是女性，但那些社会学的名称负载了太多意义，而真正与生物学相关的部分少之又少，甚至完全无关。我们说某个智人“够男人”，讲的并不是具有某种生物特质（例如有XY染色体，有睾丸，有睾酮之类），而是能在所处的社会中，找到一个符合想象秩序的位置。每个文化背后虚构的故事，都有些男人应该要符合的角色（比如搞政治）、拥有的权利（比如投票权），以及负起的义务（比如服兵役）。同样，要说某个智人是不是“够女人”，也不是看她有没有两个X染色体、子宫或大量的雌激素，而是她在想象建构出的人类秩序中，是个女性的成员。每个社会文化也会用虚构的故事，定出一些女人该符合的角色（养育子女）、拥有的权利（保护不受暴力侵扰），以及负起的义务（服从她的丈夫）。正由于定义男女角色、权利和责任的并不是生物学，而只是虚构的故事，所以每个社会认为“够男人”和“够女人”的意义也就大不相同。

学者为了把概念讲清楚，通常把生物学上的区分称为“性”（sex），而文化上的区分称为“性别”（gender）。“性”区分的是男性和女性，属于客观标准，在整个历史上未曾改变。至于“性别”区分的是男人和女人（某些文化也有其他类别），所谓“够男人”和“够女人”的标准存在于主体之间，而且会不断改变。举例来说，同样在雅典，古代和现代对女人要求的行为、欲望、服饰甚至是身体姿势都有极大不同。[50]

女性 = 一种生物区别		女性 = 一种文化区别	
古代雅典	**现代雅典**	**古代雅典**	**现代雅典**
XX 染色体	XX 染色体	无权投票	有权投票
子宫	子宫	无权担任法官	有权担任法官
卵巢	卵巢	无权任公职	有权任公职
睾酮浓度低	睾固酮浓度低	无权自行决定结婚对象	有权自行决定结婚对象
雌激素浓度高	雌激素浓度高	通常不识字	通常识字
有泌乳能力	有泌乳能力	法律上由父亲或丈夫拥有	法律上独立
完全相同		**非常不同**	

性的事情好解决，但性别就没那么容易。想成为男性再简单不过，只需要出生的时候有一个X和一个Y染色体就行。想成为女性也是同样容易，出生时有一对X染色体，就大功告成。但相反的是，要当好一个男人或一个女人，不但过程复杂，而且要求苛刻。正由于“够男人”或“够女人”的标准多半来自文化，而不是天生自然，所以没有什么社会是在人一生下来之后就觉得男性够男人而女性够女人。而且就算得到认可了，也还不能就此松懈。从出生到死亡，男性必须一辈子不断通过各种仪式和表演来证明自己真是条汉子。而女性也永无宁日，必须不断说服自己和其他人自己散发着女人味。

而且，这种成功没得保证。特别是男性，总是很害怕别人觉得自己没有男子气概。在整个历史上，总看到男性愿意冒险犯难甚至牺牲生命，只为了让人夸赞一句：“他是个真正的男人！”

当男人究竟有什么好的？

至少农业革命以来，大多数人类社会都属于重男轻女的父权社会。不论这些社会对男女的定义为何，当男人总是比较优越。父权社会教育着男人就该是个阳刚的男人样，女人就该有个阴柔的女人款，要是有人斗胆跨越界线，惩罚也就随之而来。但反过来说，如果遵守了这些规范，得到的奖励却是男女大不同。社会通常重视阳刚的特质胜于阴柔的特质，社会中阳刚的典范得到的总是比阴柔的代表多。女人得到的健康和教育资源不如男人，不论在经济、政治，甚至光是迁徙的自由也都逊于男人。性别就像是一场竞赛，但第一第二早已命中注定，有些人甚至只能争个老三。

确实，有极少数的女人坐到了高位，例如埃及艳后克丽奥佩特拉（Cleopatra）、英国的伊丽莎白一世，以及中国的慈禧太后，但她们只是例外，而更证明了这个规则。慈禧在19世纪末统治中国，但当时所有的朝廷大臣都是男人，军队统帅都是男人，判官律吏都是男人，科举考生都是男人，进士翰林都是男人，就连吟诗作对、为文著述、抚琴吹箫、问诊医病、清谈哲思、科学研究也几乎都是男人一手包办。

几乎在所有的农业和工业社会中，父权制都是常态，历经各种政治动荡、社会革命、经济转型，历久不衰。以埃及为例，在过去几个世纪统治权不断换手，历经亚述、波斯、马其顿、古罗马、阿拉伯、马穆鲁克（Mameluk）、土耳其和英国统治，但从头到尾都是父权制。虽然埃及曾用过法老的法律、希腊的法律、古罗马的法律、穆斯林的法律、土耳其的法律和英国的法律，但一直都让所谓“真正的男人”唯我独尊。

图 15　18 世纪的男人味：法国国王路易十四王室肖像。请注意路易十四戴着长假发，穿着丝袜和高跟鞋，站得像个芭蕾舞者，还带着一把巨大的剑。这一切在现代美国都会被认为真是个娘娘腔（除了那把剑），但在当时，路易十四可是欧洲男子气概和男人味的典范。

正因为父权制是种太普遍的现象，不可能只是某种偶然因素进入了恶性循环所致。特别值得一提的是，在 1492 年哥伦布抵达美洲之前，美洲和亚洲、非洲的人类数千年内并无往来，但绝大多数社会依然采用的是父权制。如果说在亚洲和非洲的父权制只是出于偶然，难道真的只是凑巧，让阿兹特克和印加也同样采用父权制？一种更有可能的推测是，尽管“男人”和“女人”的定义在各种文化之间有所不同，但有些共通的生物因素，让几乎

图 16　21 世纪的男人味：美国前总统奥巴马官方照片。那些假发、丝袜、高跟鞋和剑都去了哪儿？就大权在握的男性而言，这大概是有史以来最呆板沉闷的形象。人类历史上，占主导地位的男人形象多半都是多彩绚丽，比如美洲印第安人酋长就戴着羽毛摇曳的头饰，印度大君也会穿着华丽的丝绸，配着亮眼的钻石。至于在整个动物界里，雄性往往也比雌性更丰富多彩、装饰夸张，像孔雀的尾巴和狮子的鬃毛。

所有文化都重视阳刚胜过阴柔。我们并不知道真实的原因为何，虽然有各种理论，但没有任何一个真能完全站得住脚。

肌肉理论

最常见的一种理论，是认为男人比女人强壮，于是靠着他们肌肉的力量迫使女人就范。这种理论讲得精致一点，是认为男人力气大，就能独占那些需要较多体力劳动的工作（如犁地和收割），于是让他们掌握了粮食的生产，进而转化为政治上的影响力。

然而，肌肉理论有两大问题。第一，“男人比女人强壮”只是一般情形，而非人人皆然。而且，强壮分了许多种，女人一般来说比男人更能抵抗饥饿、疾病和疲劳，而且也有许多女人能跑得比男人更快，挑得比男人更多。第二，也是这种理论最大的问题，在于整个历史上也有许多不需要什么体力的工作（如宗教、法律、政治），但女人不但没分到这些工作，反而是在田里、在工厂里、在家庭中从事艰苦的体力劳动。如果社会权力分配看的只是付出体力的多寡，女人该得到的权力绝对远超于现在。

更重要的是，就人类整体来说，体力和社会权力本来就没有直接关联。我们常看到六十几岁的人控制着二十几岁的人，但后者显然体力要好得多。19 世纪中叶亚拉巴马州的蓄奴农庄主人，如果和他种棉花的奴隶大打出手，很可能几秒之内就会被撂倒在地上。另外，要遴选埃及的法老王或天主教的教皇，也不是让大家来打一场。在采集社会里，握有政治主导权的人通常是因为社交技巧最为杰出，而不是身上肌肉最为发达。而在黑道组织里，老大常常也不是最强壮的男人，反而是个老头；他根本不用自己出手，肮脏活只要交给更年轻、体力更好的年轻小伙子就行了。如果有哪个小鬼，以为只要把老大干掉自己就能称王，很可能还没动手就已经被杀。就算是黑猩猩，要坐上首领地位靠的也是稳固的集团，而不是盲目的暴力。

事实上，人类历史显示，肌肉的力量和社会的权力还往往是呈反比。在大多数社会中，体力好的反而干的是下层的活。这可能反映着智人在食物链中的位置。如果真的一切只看体力，智人在食物链里就只能处在中间的位置。然而，智人靠着聪明才智和社交技巧，让自己跃升到了食物链的顶端。于是，在智人内部的权力链里，聪明才智及社交技巧也会比体力更重要。正因如此，如果想解释父权制这个历史上影响最广、最稳固不变的阶级制度，要说一切只是因为男人力气大于女人，实在叫人难以相信。

流氓理论

另一种理论认为，男性占有主导地位靠的不是力气，而是好侵略的个性。经过数百万年的演化，让男性的暴力倾向远比女性明显。虽然女性心中也会浮起仇恨、贪婪和欺凌的想法，但流氓理论认为男人更愿意将这些想法付诸实践。正因如此，历史上的各场战争一直都是男人主导。

而正因他们在战争时期掌握了军队，到了太平时期也就成了民间社会的主人。控制了民间社会，就有资源发动更多的战争；发动了越多战争，男人就越能控制社会。正是这样的循环，解释了为什么战争无处不在，而父权制也无处不在。

近年来对于男女荷尔蒙与认知系统的研究也发现，男人的攻击和暴力倾向确实比较明显，平均来说更能胜任一般士兵的角色。然而，就算一般士兵都是男人，是不是就能合理推论也该由男人来运筹帷幄，而且最后享有战争带来的甜美果实？这仍然说不通。这就像说因为所有在棉花田里工作的都是黑人，所以棉花农庄的主人也该是黑人一样。既然工人全为黑人的农庄可能有个白人主人，为什么士兵全是男人的军队就不能由女人率领，或者至少在领导阶层里有部分是女人呢？事实上，在整个历史上的许多社会中，许多军方高层人员都不是从大兵做起，而是直接空降。通常军队的领导人从没当过一天兵，只因为他们是贵族、富人或受过教育，高级将领的荣耀也就落在他们头上。

例如拿破仑的克星威灵顿公爵，他 18 岁进入英国军队，立刻接受委任成为军官。他根本不把麾下的平民看在眼里。与拿破仑对战期间，他曾写了一封信给另一个贵族，里面提到“我们指挥的那些大兵就是社会没用的渣滓流氓”。这些大兵通常是最贫困的穷人或少数民族（如爱尔兰天主教徒），他们想在军中晋升的机会可以说是微乎其微。那些高层军职，全部都是公爵、亲王和国王的专利。然而，又为什么只能是公爵，而不能是女爵呢？

法兰西帝国是靠着塞内加尔人、阿尔及利亚人和法国工人阶级的血汗，才建立并捍卫着在非洲的疆域。在这些军队中，出身法国名门的比率可以说是低之又低。但领导军队、统治帝国、享用成果的，这一小撮中法国名门的比率却是高了又高。但同样的问题，为什么这些又都是法国男人，而不是法国女人？

中国长久以来一直有以文人领军的传统，常常将领的出身都是舞文弄墨的，而不是舞刀弄剑的。中文也常有人说“好男不当兵，好铁不打钉”，讲的也是聪明人该去读书而不是从军。但这样说来，为什么所有官职都被男人占走了？

我们并不能说，就因为女人体力较弱、睾酮浓度较低，就不能做好官职、当好将军、搞好政府。虽然运筹帷幄确实需要一定体力耐力，但不需要力大如牛或凶残无比。战争可不是什么单纯的酒吧打架，而是需要非常复杂的组织、合作和安抚手段。真正胜利的关键，通常是能够同时安内攘外，并看穿他人思维（尤其是敌国的思维）。如果挑个只有蛮力、只想猛攻的人来打仗，通常就是一败涂地。更好的选择，是个善于合作、能够安抚、懂得从不同角度看待事物的人。真正能建立起帝国的人，做的也就是这种事。举例来说，奥古斯都虽然在军事上的才干远不及恺撒或亚历山大大帝，成就却非前人能及：建立起稳定而长久的帝国。他不但得到当时民众的推崇，也得到现代史学家的赞赏，这些人都认为，他的成就正是由于他具备了温柔宽厚的美德。

一般说来，女人被认为比男人更八面玲珑，更懂得如何安抚他人，而且更能够从不同角度观看事情。如果这些刻板印象至少有部分是事实，那么女人就该是绝佳的政治家和帝国领袖，至于战场上的肮脏活，就交给那些睾酮爆表、头脑简单四肢发达的肌肉男即可。只不过，虽然这是种很流行的讲法，但现实世界中却很少成真。至于原因，目前仍然不明。

父权基因理论

第三种想要从生物学解释父权制度的理论，并未将重点放在暴力或蛮力上，而是认为在数百万年的演化过程中，男人和女人发展出了不同的生存和繁殖策略。对男人来说，得要彼此竞争才能得到让女人受孕的机会，所以个体想有繁殖的机会就看他能不能打败对手，比别的男人强。随着时间慢慢过去，传到后世的男性基因也就是那些最具野心、最积极、最好胜的男人。

但另一方面，对女人来说，要找到个愿意让她受孕的男人完全不是问题。但如果说到要让孩子长大成人甚至为她生下孙子孙女，除了得怀胎十月，甚至还得再辛苦许多年，才能把孩子带大。

而在这段时间，她要自己取得食物的机会就变少，另外还需要许多人的帮助。所以，她需要有个男人来帮忙。为了确保自己和孩子能够生存下去，女人只好同意男人提出的各种条件，好换取他一直待在身边、分担这个重担。随着时间慢慢过去，传到后世的女性基因也就是那些最顺从、愿意接受他人照顾的女人。至于花了太多时间争权夺利的女人，也就没有机会让那些好胜的基因万世流芳。

根据这个理论，由于有不同的生存策略，男人的基因倾向是野心勃勃、争强好胜，擅长从政经商；女人的基因则倾向趋吉避凶，一生养育子女就心满意足。

只不过，这种理论似乎在实际的证据上也说不通。最有问题的一点在于，这里认为女人需要外部协助的时候需要依赖男人，而不是其他女人，而争强好胜的男人就能在社会上占据领导地位。但有许多种动物（例如大象和倭黑猩猩）虽然也有需要依赖他人的雌性以及争强好胜的雄性，但发展出来的却是母系社会。正由于雌性需要外部帮助，所以它们更需要发展社交技巧，学习如何合作，给予彼此抚慰。于是，它们建构起了全为雌性的社会网络，帮助彼此养育后代。而这个时候，雄性动物还是继续把时间花在彼此战斗争胜，所以社交技巧和社会关系依旧低落。于是，在倭黑猩猩和大象的社会中，便是由互相合作的雌性组成强大的网络，主导全局，至于以自我为中心而又不合作的雄性，只能滚到一边去。虽然雌性的倭黑猩猩一般来说力气不如雄性，但如果雄性的倭黑猩猩做得过火了，就会被成群的雌倭黑猩猩合起来教训一番。

如果倭黑猩猩和大象都做得到这一点，为什么智人做不到？相较之下，智人这种动物的力气更弱，优势就在于能够大规模合作的能力。如果真是如此，就算女性确实需要依赖他人，而且就算女性确实需要依赖男人，她们也应该能运用较高明的社交技巧来互相合作，进而用策略来操纵打败更具侵略性、更自行其是、更以自我为中心的男人们。

究竟是为什么，在一个以“合作”为成功最大要素的物种里，居然是比较没有合作精神的一方（男人）控制着应该比较善于合作的另一方（女人）？到目前为止，我们还没有很具说服力的答案。也许我们的预设是错的？搞不好，雄性智人的主要特点并不在于体力、侵略性或争强好胜，反而是有更佳的社交技巧，更善于合作？这点在目前仍无定论。

但我们确实知道的是，人类的性别角色在 20 世纪已有了翻天覆地的变化。现在有越来越多社会让男女在法律、政治和经济上享有平等的地位、权利和机会。虽然性别差距依然显著，但情况正在以惊人的速度改变。1913 年，美国有一批妇女站出来为女性要求投票权，当时大众还嗤之以鼻、视为荒唐，但谁想得到，到了 2013 年，美国最高法院竟有五位大法官（三女两男）投票赞成让同性婚姻合法化，否决了另外四位男性大法官反对的决定？

正是这些戏剧性的变化，让性别的历史叫人看也看不清。现在我们已经清楚看到，父权制度其实并没有生物学上的基础，而只是基于毫无根据的虚构概念。但这么一来，又该怎么解释它为何如此普遍，而且稳固得难以撼动？

第三部分

人类的融合统一

图 17　朝圣者绕行着位于麦加圣寺内的卡巴圣堂（Ka’aba）。

第九章

历史的方向

农业革命之后，人类社会规模变得更大、更复杂，而维系社会秩序的虚构故事也更为细致完整。人类几乎从出生到死亡都被种种虚构的故事和概念围绕，让他们以特定的方式思考，以特定的标准行事，想要特定的东西，也遵守特定的规范。就是这样，让数百万计的陌生人能遵照着这种人造而非天生的直觉，合作无间。这种人造的直觉就是“文化”。

在 20 世纪前半叶，学者认为每种文化都自成一格、和谐共存，而且都有独特的不变本质。每一群人都会有自己的世界观和社会、法律及政治系统，而且各自运作顺畅，就像是行星绕着太阳一样。据这种观点，文化只要独立不受影响，就不会有所改变，而会依照原本的步调，朝向原本的方向持续下去。直到出现了外界力量干预，才会造成改变。所以，人类学家、历史学家和政治学家讲到“萨摩亚文化”（Samoan Culture）或“塔斯马尼亚文化”（Tasmanian Culture）的时候，语气都仿佛这些形塑萨摩亚和塔斯马尼亚的信仰、规范和价值从头到尾不曾改变。

但现在，多数的文化学者都认定事情正好相反。虽然每种文化都有代表性的信仰、规范和价值，但会不断流动改变。只要环境或邻近的文化改变，文化就会有所改变及因应。除此之外，文化内部也会自己形成一股改变的动力。就算是环境完全与外界隔绝，生态也十分稳定，还是无法避免改变。如果是物理学的法则，绝不会有不一致的例外情形，但既然这些是人类自己想象创造出的秩序，内部就会有各式各样的矛盾。文化一直想弭平这些矛盾，因此就会促成改变。

举例来说，中世纪欧洲的贵族既信奉天主教，又要遵守骑士精神。典型的贵族清晨就上教堂，听着神父滔滔不绝讲着圣人一生的故事。神父会说：“虚荣，虚荣，一切都是虚荣。财富、色欲和荣誉都是极危险的引诱，你绝不可同流合污，而要跟随耶稣的脚步。要像他一样谦和，要避免暴力和奢侈，而且如果有人打你的右脸，就把左脸也转过去。”于是，这位贵族回家的时候满怀内敛与谦和；但接着他就换上了最好的丝质衣服，前往领主的城堡参加宴会。城堡里觥筹交错，饮酒如流水，吟游诗人歌咏着中世纪的爱情故事，宾客聊着下流的笑话和血淋淋的战场情节。公爵大声宣告着：“一旦受辱，宁死不屈！如果有人竟敢质疑你的荣誉，就只有血能洗净这种侮辱。人生至乐，岂不就是要让敌人闻风窜逃，让他们美丽的女儿在你脚下颤抖？”

这种价值观的矛盾从来没办法完全解决，但是欧洲的贵族、教士、平民试图处理这些问题的时候，他们的文化也就随之改变。其中一次试着处理，结果就引发了十字军东征。对于这些骑士来说，东征既能展现武力上的长材，也能展现宗教上的虔敬，可以说是一石二鸟。同样的矛盾也带来了种种骑士修会的成立，比如圣殿骑士团（Templar）和僧侣骑士团（Hospitaller），想让基督教和骑士理想更加合为一体。中世纪艺术和文学也常谈到这种矛盾，像亚瑟王与圣杯的传奇便是一例。亚瑟王的宫廷难道不是总想告诉我们，优秀的骑士也该是个好的基督徒，而好的基督徒也能成为最优秀的骑士？

另一个例子是现代的政治秩序。自从法国大革命之后，全球人民逐渐同意“自由”和“平等”都是基本的价值观。然而这两者根本就互相抵触！想要确保“平等”，就得限制住那些较突出的人；而要人人都能“自由”，也就必然影响所有人的平等。自从 1789 年法国大革命以来，全球政治史可以说就是讲述着要如何解决这种矛盾。

只要读过狄更斯的小说，就知道 19 世纪的欧洲自由政体将个人自由奉为圭臬，即使这让付不出钱的贫困家庭只能犯罪被囚，孤儿被迫加入扒手集团，也在所不惜。就算到了现代美国，政治还是摆脱不了这种矛盾。民主党人希望社会更加平等，就算为了协助老弱病残必须增税也在所不惜。但这样一来，岂不是违反了民众支配收入的自由？如果我想把钱拿来供小孩读大学，为什么政府可以逼我非买健康保险不可？另一方面，共和党人希望让人人都享有最大的自由，就算会加大贫富差距，许多美国人将无力负担健康保险也在所不惜。但这样一来，平等也就成为空谈。

正如中世纪无法解决骑士精神和基督教的矛盾，现代社会也无法解决自由和平等的冲突。但这也不是什么缺点，像这样的矛盾，本来就是每个人类文化无法避免的，甚至还可以说是文化的引擎，为人类带来创意、提供动力。就像两个不谐和音可以让音乐往前进，人类不同的想法、概念和价值观也能逼着我们思考、批评、重新评价。一切要求一致，反而让心灵呆滞。

如果说每个文化都需要有些紧张、有点冲突、有无法解决的两难，才能让文化更加精彩，那么身处任何文化中的人就都必然有些互相冲突的信念以及互相格格不入的价值观。正因为这种情况实在太普遍，甚至还有个特定的名词来形容：认知失调（cognitive dissonance）。一般认为认知失调是人类心理上的一种问题，但这其实是一项重要的特性，如果人真的无法同时拥有互相抵触的信念和价值观，很可能所有的文化都将无从建立，也无以为继。

举例来说，如果想深入了解那些在清真寺里祈祷的虔诚穆斯林，该做的不是去研究那些所有穆斯林都同意的教条，反而该看看在穆斯林文化里有什么难解的矛盾，有哪些规定根本是自打嘴巴。就是在那些穆斯林自己都会感到左右为难的情境下，才能真正了解他们。

用一种间谍卫星的高度……

人类文化一直流动不休，但这种流动究竟是完全随机，还是其实有个整体模式？换句话说，历史有个大方向吗？

答案是肯定的。几千年来，我们看到规模小而简单的各种文化逐渐融入较大、较复杂的文明中，于是世界上的大型文化数量逐渐减少，但规模及复杂程度远胜昨日。当然这是从宏观层面来看的粗略说法，如果从微观层面来看，每次几个文化融合成大型文化的时候，也可以看到大型文化的破碎解离。就像蒙古帝国，虽然曾经雄霸亚洲甚至还征服了部分欧洲，但最后还是分崩离析。又像基督教，虽然信众数以亿计，但也分裂成无数教派。拉丁文也是如此，虽然一度流通中西欧，最后还是转化成各种当地方言，演化出各国的语言。然而，合久必分只是一时，分久必合才是不变的大趋势。

想观察历史的方向，重点在于要用哪种高度。如果是普通的鸟瞰高度，看着几十年或几世纪的发展走向，可能还很难判断历史趋势究竟是分是合。要看更长期整体的趋势，鸟瞰高度便有不足，必须拉高到类似太空间谍卫星的高度，看的不是几世纪，而是几千年的跨度。这种高度能够让我们一目了然，知道历史趋势就是走向分久必合。至于前面基督教分裂或蒙古帝国崩溃的例子，就像是历史大道上的小小颠簸罢了。

* * *

想清楚看到历史的大方向，最佳的办法就是数数看不同时期地球上究竟有多少种同时共存的文化。我们现在常认为整个地球就是一个单位，但在历史上的大多数时间，地球其实像是星系，各个人类文明各自构成不同的世界。

让我们以澳大利亚南方的塔斯马尼亚岛为例，这是一个中等大小的岛屿，原本和澳大利亚大陆相连，但大约在公元前 10 000 年，冰河期结束、海平面上升，于是它就成了岛屿。当时，数千名狩猎采集者就这样留在岛上，与其他人类断了连接。一直到19世纪欧洲人抵达之前，有12 000年没有人知道塔斯马尼亚人存在，塔斯马尼亚人也不知道外面有其他人类。岛上的人有自己的战争，有自己的政治冲突，也有自己的文化发展。然而，如果你是当时中国的皇帝或美索不达米亚的统治者，对你来说，塔斯马尼亚的概念其实就像是木星：总之就是另外一个世界。

美洲和亚洲也是如此，长久以来两个世界对彼此毫无知悉。比如在公元前4世纪到公元前3世纪左右，中国处于战国时代，群雄争霸；同时在中美洲，也有各个不同的玛雅文明互相竞逐。然而这两边的争斗却是完完全全毫不相干。对这些人来说，亚洲和美洲的分别，就像火星和金星一样。

地球上到底曾经有多少不同的人类世界共存？大约在公元前10 000年，地球上有数千个人类文明。但到公元前2000年，这个数字已经只剩下数百个，最多也只有两三千个。至于到了公元1450年，这个数字更是急遽下降。当时即将进入欧洲探险时代，地球上仍然有许多像塔斯马尼亚这样独立的“小世界”，但将近九成的人类都已经紧密相连，活在由亚洲和非洲组成的“亚非世界”里。当时，绝大部分的欧亚非（包括撒哈拉沙漠以南的一大片地区）已经有了紧密的文化、政治和经济连接。

至于全球剩下的其他大约一成人口，大致上还能够分成四个具有相当规模和复杂程度的世界：

1. 中美洲世界：涵盖大部分中美和部分北美。

2. 安第斯世界：涵盖大部分南美西部。

3. 澳大利亚世界：涵盖澳大利亚大陆。

4. 大洋洲世界：涵盖大部分太平洋西南的岛屿，从夏威夷到

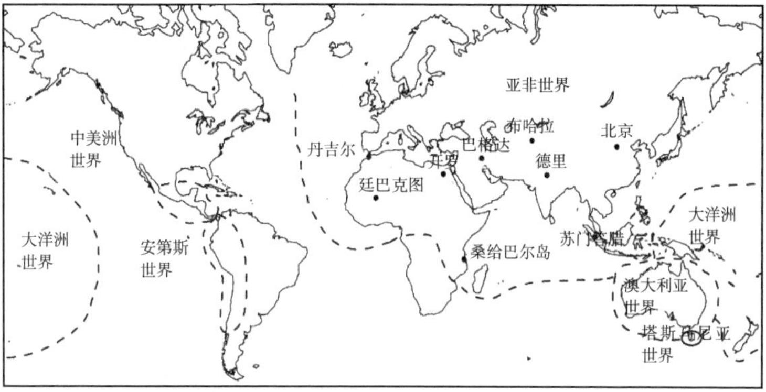

地图3　公元1450年的地球。亚非世界里提到的地点，都是穆斯林旅行家伊本·白图泰（Ibn Battuta）曾到访的地方。他出生于摩洛哥的丹吉尔（Tangier），曾前往位于西非的廷巴克图（Timbuktu）、位于东非印度洋上的桑给巴尔岛（Zanzibar）、南俄罗斯、中亚、印度、中国和印度尼西亚。他所行经的各地，正是即将跨入现代、由亚洲和非洲所组成的世界。

新西兰。

接下来300年间，巨大的亚非世界吞噬了所有其他世界。首先在1521年，西班牙征服了阿兹特克帝国，进入了中美洲世界。同时，麦哲伦的环球航行开始染指大洋洲世界，不久便彻底征服。1532年西班牙征服者打倒印加帝国，于是安第斯世界也不复存在。1606年欧洲人首次登上澳大利亚大陆，而等到1788年英国殖民开始，这个质朴的世界也宣告终结。15年后，英国人在塔斯马尼亚岛上设了第一个殖民地，于是最后一个原本独立的人类世界也就此并入了亚非的影响圈。

确实，亚非世界这个巨人花了几百年才慢慢消化了它吞下的所有世界，但这个过程已经永远无法回头。今天几乎所有人类都接受同一套地缘政治体系（整个地球划分为不同的国家，但受到国际公认）；使用同样的经济制度（就算是地球上最偏远的角落，也受到资本主义市场经济的形塑）；采用一样的法律制度（至少在理论上，人权和国际法放诸四海皆准）；也接受同样的科学体系（不管在伊朗、以色列、澳大利亚还是阿根廷，专家对于原子结构或肺结核疗法的意见都会相同）。

然而，全球文化虽然单一，却非同质。就像是单一的有机体有许多不同的器官和细胞，单一的全球文化也包含着许多不同类型的人和生活方式，既有纽约的股票经纪人，也有阿富汗的牧羊人。但不论如何，他们彼此都密切相关，而且会以许多不同方式相互影响。虽然会有各种争斗，但他们争辩用的是同一套概念，战斗用的是同一套武器。严格来说，真正的“文明冲突”其实是“聋子式的对话”（dialogue of the deaf），也就是双方都不知道对方在讲什么。但像今天，伊朗和美国虽然针锋相对、剑拔弩张，但他们讲的都是民族国家、资本主义经济、国际权利以及核物理学这套语言。

我们也常说有某些文化比较“纯正”，但如果所谓“纯正”指的是从头到尾的发展都从未有外界干扰，只有当地最古老的传统，那么全球早已没有纯正的文化。在过去几世纪中，全球化浪潮翻腾汹涌，几乎让所有文化改头换面，再也难窥原貌。

全球化一个最有趣的例子是各种“异国”饮食（ethnic food，原意为“有民族特色的饮食”）。在意大利餐厅，似乎就该看到西红柿意大利面；在波兰和爱尔兰餐厅里，就该有很多马铃薯；在阿根廷餐厅，就该有几十种牛排可以选；在印度餐厅里，就该什么都要加辣椒；在瑞士咖啡馆里，就该有热巧克力，上面盖着像阿尔卑斯山一样高的鲜奶油。只不过，上面所有食物没有一项的原产地在这些国家。西红柿、辣椒和可可的原产地都在墨西哥，是西班牙人征服墨西哥之后才传到亚非。至于古罗马帝国的恺撒和意大利的但丁，也从来没用叉子卷起西红柿意大利面（当时甚至连叉子都还没发明！），瑞士的威廉·泰尔（William Tell）从来没吃过巧克力，至于印度的佛陀也未曾在食物里加过辣椒。马铃薯一直要到400年前才传到了波兰和爱尔兰。在1492年，阿根廷完全没有牛排，只有羊驼排。

在好莱坞电影里，平原印第安人总是英勇地骑着马冲向欧洲人的篷车，大无畏地守护着祖先的传统。然而，骑着马的美国原住民可不是什么纯正古老的传统形象，是在17、18世纪，欧洲马传到了北美之后，才让整个北美平原的军事和政治起了翻天覆地的变化。1492年，美洲还没有马。虽然苏族（Sioux）和阿帕契人（Apache）在19世纪有许多看来威风八面的特色，但这其实是个现代文明、全球化的产物，说不上什么“纯正”。

全球视野

从实际观点看，全球融合最关键的阶段就是过去这几个世纪。各大帝国成长，全球贸易强化，亚洲、非洲、美洲和大洋洲的人类形成紧密连接，于是印度菜里出现了墨西哥的辣椒，阿根廷的草原上漫步着来自西班牙的牛。然而，从意识形态的角度来看，一个更重要的发展是公元前的1000年间慢慢发展出“世界一家”的观念。在这先前的数千年间，历史确实是朝向全球融合统一的方向迈进，但对大部分人来说，还是难以想象世界一家、全球为一的概念。

智人演化到了能区分“我们”和“他们”。自己身边的这群人就是“我们”，而所有其他人就是“他们”。事实上，世界上没有什么社会性动物会在意所属物种的整体权益。没有哪只黑猩猩会在意整体黑猩猩物种的权益，没有哪只蜗牛会为了全球蜗牛社群举起一只触角，没有哪只狮群首领会说要成为全球的狮子王，也没有哪个蜂窝会贴标语写着：“全球的工蜂联合起来！”

但在认知革命开始后，智人在这方面就和其他动物大不相同。和完全陌生的人合作成了家常便饭，而且还可能觉得这些人就像是“兄弟”或者“朋友”。只不过，这种兄弟情也有限度。可能只要过了隔壁山谷或者出了这座山，外面的人就还是“他们”。大约在公元前3000年，美尼斯（Menes）统一埃及，成了第一位法老王。对埃及人而言，“埃及”有明确的边界，外面都是些奇怪、危险、不值得注意的“野蛮人”，大不了就是拥有一些土地或自然资源（前提还是埃及人想要）。然而，所有这些想象出的边界，其实都是把全人类的一大部分给排除在外。

公元前的1000年间，出现了三种有可能达到“世界一家”概念的秩序，相信这些秩序，就有可能相信全球的人类都“在一起”，都由同一套规则管辖，让所有人类都成为“我们”（至少有这个可能），“他们”也就不复存在。这三种全球秩序，首先第一种是经济上的货币秩序，第二种是政治上的帝国秩序，而第三种则是宗教上的全球性宗教，比如佛教、基督教和伊斯兰教。

商人、征服者和各教先知是最早跳出“我们”和“他们”这种二元区分的人。对商人来说，全球就是一个大市场，所有人都是潜在的客户。他们想建立起的经济秩序应该要全体适用、无处不在。对征服者来说，全球就是一个大帝国，所有人都可能成为自己的属民。对各教先知来说，全球就该只有一个真理，所有人都是潜在的信徒，所以他们也是要试着建立起某种秩序，希望无论谁都能适用。

在过去的3000年间，人类有越来越多雄心勃勃的计划，想要实现这种“世界一家”的概念。接下来的三章中，我们就要一一讨论货币、帝国和全球宗教是如何传播，又如何建立起“世界一家”的基础。第一个要谈的，就是史上最伟大的征服者。这位征服者极度宽宏大量，手段又灵活无比，让人人都成了虔诚狂热的信徒。这位征服者就是金钱。在这个世界上，大家讲到不同的神就易有争执，说到不同的王也可能大打出手，但用起一样的钱却是和乐融融。例如本·拉登，他恨美国文化、恨美国宗教、恨美国政治，但用起美元倒是十分顺手。究竟金钱有什么魔力，竟然能完成连神和君王都做不到的事？

第十章

金钱的味道

1519年，墨西哥原本还是个遗世独立的人类社会，但来自西班牙的殖民者荷南·科尔特斯（Hernán Cortés）一行人大举入侵。这里的人自称阿兹特克人，他们很快就发现这些外来的西班牙人看到某种黄色金属就眼睛为之一亮，心心念念，三句不离。阿兹特克人也不是不懂黄金。黄金色泽美丽，又容易加工，所以他们常用来制作首饰和雕像。阿兹特克人偶尔也用金粉来交易，但一般想买东西的时候，通常还是用可可豆或布料来付账。所以，看到西班牙人对黄金如此痴迷，他们实在是一头雾水。毕竟，黄金不能吃、不能喝、不能织，想当作工具或武器，质地又太软，究竟为什么西班牙人为之如此疯狂？面对当地人的疑惑，科尔特斯表示：“我们这群人有种心病，只有金子能医。”[51]

对于这些亚非世界出身的西班牙人来说，对黄金的痴迷还确实是种流行病。就算是最针锋相对的死敌，都同样贪恋着这种黄色金属。在入侵墨西哥的3个世纪前，科尔特斯一行人的祖先曾对伊比利亚半岛和北非的穆斯林王国发动一场血腥的宗教战争。基督和安拉的子民互相残杀，死亡数以千计，田野和果园满目疮痍，繁华的城市成了余烬中的废墟。而据说，这一切都是为了荣耀基督或者安拉。

随着基督徒逐渐占了上风，他们宣告胜利的方式不只是摧毁清真寺而盖起教堂，还发行了新的金币银币，上面印有十字架符号，也标注着感谢主帮助他们打倒异教徒。然而，除了新货币之外，这些胜利的基督徒还铸造了另一种方形硬币，称为“米拉雷斯”（millares），上面的信息稍有不同，用阿拉伯文写着：“安拉是唯一的真神，穆罕默德是安拉的使者。”（但这可是基督徒征服者所铸！）甚至在南法，天主教位于莫吉奥（Melgueil）和阿格德（Agde）的主教也发行了当地流行的穆斯林硬币，虽然这些教徒敬畏上帝，但用起这些钱来可没有半点儿的心理障碍。[52]

而对另一边的人而言，自然也是同样宽容大方。在北非的穆斯林商人也用基督教的硬币，例如意大利佛罗伦萨发行的弗罗林（florin），威尼斯发行的达克特（ducat），以及那不勒斯发行的吉里亚托（gigliato）。就算是那些高喊要发动圣战、打倒异教基督徒的穆斯林统治者，收税的时候也还是十分乐意收到印着耶稣和圣母马利亚的硬币。[53]

这要怎么算?

狩猎采集者完全没有金钱货币的概念。每个部落自给自足，不管是从肉类到药品、从鞋子到巫术，有需要就自己去猎，自己去采，自己去做。虽然不同的部落成员可能有不同的专长，但他们用人情和义务组成经济体系，分享着种种产品和服务。比如拿一块肉虽然不用付钱，但以后还是得有像免费治病之类的对等回馈。每个部落都是独立的经济体；只有少数当地无法取得的稀有物品（例如贝壳、颜料、黑曜石），才需要从陌生人那里取得。而且通常可以用简单的以物易物处理：“我们把这些漂亮的贝壳给你们，你们就把上好的燧石给我们。”

农业革命一开始，情况并没有多大改变。大多数人的生活形态仍然是小而紧密的社群，一如狩猎采集的部落，每个村都是自给自足的经济体，靠的就是互相帮忙、互通人情，再加上一点点与外界的以物易物交易。可能有某位村民特别擅长做鞋，某位又特别懂得治病，所以村民都知道没鞋穿或不舒服的时候该找谁。只不过，各个村庄的经济规模都太小，所以还养不起专职的鞋匠或医生。

等到城市和王国兴起，交通基础设施改善，终于带来了专业化的新契机。人口稠密的城市开始能够养活专业工作者，除了鞋匠、医生，还能有木匠、牧师、战士、律师等等。有些村庄开始因为美酒、质量佳的橄榄油或者精致的陶器而闻名，他们也开始发现只要专精此道，再与其他村庄交换货品，就足以让他们生活无虞。这太有道理了。本来各地的气候和土壤就不同，如果自家后院酿出的酒粗劣平庸，而从其他地方买来的酒更香醇柔顺，何乐而不为？而自家后院的黏土如果能做出更坚硬、更美丽的陶盆，就能拿它来交易。而且，还能养出专职的酿酒师和陶艺家，医生和律师更不在话下，他们能够不断磨炼专业知识，最后就能造福全人类。但随着专业化，也出现了一个问题：各种不同专家制作的货品，究竟该怎么交易？

当大量的陌生人试图合作时，光靠人情义务的经济制度就再也行不通。给兄弟姐妹或邻居帮帮忙当然没问题，但如果是个外国人，帮了他之后可能再也见不到面，也就得不到回报。面对这种情形，一种做法是回到以物易物。只不过，这只有在货品数量有限的时候比较有效，而无法成为复杂经济制度的基础。[54]

为了说明以物易物的局限性，我们假设你住在某个山上，这是附近最适合种苹果的地方，种出的苹果又脆又甜、无人能比。你整天都在果园里辛苦工作，鞋子都穿破了。于是，你把驴套上驴车，前往河边的市集。邻居说市集南边有个鞋匠，上次跟他换的鞋真是坚固耐穿，足足穿了一年多才坏。于是你找到了这位鞋匠的店面，告诉他，想用苹果跟他换双鞋。

但鞋匠这时面露难色。他不知道自己到底该收多少苹果。每天他都会有几十个客人找上门，有人带的是几麻袋的苹果，有人带的是小麦、山羊或布匹，而且质量高下不一，并不稳定。甚至有些人说自己能换的是帮他向国王说情或者帮他治治背痛。上次鞋匠用鞋换苹果已经是三个月前的事了，当时是三袋苹果换一双鞋，还是四袋？他都快忘了。不过仔细一想，上次那些苹果是种在专产酸苹果的山谷，而这次的可是种在绝佳的山上啊。还有，上次那些苹果换的是一双小的女鞋，但这家伙要的可是双大男人穿的靴子呢。此外，最近几个星期附近的羊都病倒了，能用的羊皮越来越少。皮匠说，现在想要一样数量的皮革，得拿两倍的鞋子来换。这是不是也该列入考虑？

在以物易物的经济里，不管是鞋匠还是种苹果的，每天都得搞清楚几十种商品的相对价格。如果市场上有 100 种不同的商品，把汇率列出来就足足有洋洋洒洒的 4950 条。如果市场上有 1000 种不同的商品，汇率更足足有 499 500 条！[55] 这怎么可能记得下来？

而且这还不算最糟的。就算真让人算出了几袋苹果值一双鞋，以物易物还不一定成功。毕竟，想要交易也得双方合意。如果现在鞋匠不想吃苹果，而正忙着找人帮忙打离婚官司，该怎么办？确实，种苹果的可以找个喜欢吃苹果的律师，达成一桩三方交易。但如果律师也吃够苹果了，现在是该剪个头发了，又要怎么办？

某些社会的解决方式，就是建立起集中的以物易物系统，分别从各个专业的农夫和制造商那里取得产品，再统一分配到最需要的人手上。这种社会规模最大、名声最著的就是苏联。原本声称要让人人“各尽所能、各取所需”，但结果是“各尽所能的最小值，各抢所需的最大值”。其他地方也曾经有些比较温和，结果也比较成功的试行制度，像印加帝国便是一例。然而，大多数社会都是用一种更简单的方法，在各个专家之间建立连接：他们发明了“钱”的概念。

贝壳和香烟

曾经在许多地方、许多时间点，人类都曾发明过钱的概念。这需要的不是什么科技上的突破，而是想法上的革新。可以说是人们又创造了另一个存在于主体间的概念，只存在于人们共同的想象之中。

这里说的钱指的是概念，而不只是硬币或钞票。不论任何物品，只要是人类愿意使用、能够有系统地代表其他物品的价值，以作为物品或服务交换之用，就可以说是符合了钱的概念。钱让我们能够快速、方便地比较不同事物的价值（例如苹果、鞋子甚至离婚这件事），让我们能够轻松交换这些事物，也让我们容易累积财富。钱的类型很多。我们最熟悉的是硬币，这就是种标准化、上面印了文字或图像的金属。但早在硬币发明之前，钱的概念就已存在，许多文化都曾以其他物品作为钱来使用，包括贝壳、牛角、兽皮、盐、谷物、珠子、布料以及欠条。大约 4000 年前，整个非洲、南亚、东亚和大洋洲都是用贝壳来交易。就算到了 20 世纪初，英属乌干达还是能用贝壳来缴税！

至于在现代监狱和战俘营里，常常是用香烟来当作钱。在里面，就算你不抽烟，也会愿意接受别人用香烟来付账或者计算各种商品和服务的价值。一位纳粹奥斯维辛集中营（Auschwitz）的幸存者就描述过集中营里如何用香烟当作货币：“营里有自己的货币，而且没有人觉得不合理：香烟。所有东西都用香烟来计价……‘正常’的时候（也就是大家进毒气室的频率稳定的时候），一条面包是 12 支香烟，一包 300 克的人造黄油是 30 支，一只表值 80 到 200 支，一升的酒可得花上 400 支！”[56]

事实上，就算是现在，大部分的钱也不是以硬币或钞票的方式存在。全球金钱总和为 60 万亿美元，但所有硬币和钞票的金额加起来还不到 6 万亿美元。[57] 换句话说，所有的钱有超过九成（超过 50 万亿美元！）都只是显示在计算机上的数字而已。正因如此，大多数的商业交易其实只是把某台计算机里的电子数据搬到另一台去，而完全没有任何实体金钱的交换。大概只有逃犯要买房子的时候，才会提着一大皮箱的钱出现。而只要大家都愿意接受电子数据交易，就会比闪亮的硬币或簇新的钞票更方便，不仅更轻、更易携带，还更容易记录留存。

出现了复杂的商业系统之后，金钱的概念更是不可或缺。有了金钱的概念，鞋匠只要记得哪种鞋开价多少，不用一一记住鞋子换成苹果或山羊之间的汇率。而且，因为金钱人人都想要，所以苹果达人也不用再去一一询问最近哪个鞋匠想吃苹果。或许，"人人都想要"正是金钱最基本的特性。人人都想要钱，所以有钱就几乎可以换到所有东西。鞋匠之所以永远都乐意收钱，是因为不管他当时想要什么（苹果、山羊或离婚），只要有钱几乎都换得到。

于是，金钱就成了共通的交易媒介，几乎任何东西之间都能完成交换。志愿军人退伍的时候，拿着退役金去上大学，可以说就是用体力来换脑力。而男爵出售土地城堡来养活家臣手下，就是用财产来换忠诚。医师拿病人看病的钱来聘任律师（或者贿赂法官），就是用健康来换正义。甚至像 15 世纪的妓女，她们先和男人上床取得报酬，再用钱来买天主教教会的赎罪券，就是用性来换取救赎。

理想的金钱类型不只能用来交换物品，还能用来累积财富。各种贵重的事物当中，有的根本无法储存（如时间或美貌），有的只能储存一段很短的时间（如草莓），也有的虽然能久放，但却得占用大量空间，或者需要昂贵的设备和照顾。举例来说，谷类虽然可以保存多年，但需要有大型的谷仓，还得小心防鼠、防霉、防水、防火、防贼。而有了钱之后，不管用的是钞票、计算机数据还是贝壳，都能解决这些问题。例如贝壳，既不会腐烂，老鼠不太能啃得动，不怕火烧，而且也小到可以轻松锁在保险箱里。

然而，有了财富之后不只要储存累积，更要能用得愉快，所以往往需要从一地带到另一地。某些形式的财富（如房地产）完全无法带到另一个地方，而像小麦和稻米之类的产品，运送也很困难。想象一下，如果有个富有的农民，住在一个没有金钱概念的国家，正打算搬到另一个远方省份。他的财富主要就是房子和农地，不过这要怎么带得走？就算把地全换成了好几吨的稻米，想要带走不但十分笨重，很可能还得为此付出很大代价。有了金钱概念，就能解决这些问题。农民可以把一大片土地换成一袋贝壳，这样不管到哪里都能方便携带。

正因为有了金钱概念，财富的转换、储存和运送都变得更容易也更便宜，后来才能发展出复杂的商业网络以及蓬勃的市场经济。要是没有钱，市场和商业网络的规模、活力和复杂程度都必然相当有限。

金钱的运作原理？

不管是贝壳还是美元，它们的价值都只存在于我们共同的想象之中。光是它们的化学结构、颜色或形状，并无法带来那些价值。换句话说，金钱并不是物质上的现实，而只是心理上的想象。所以，金钱的运作就是要把前者转变为后者。不过，究竟为什么这能成功？原本有的是一大片肥沃的稻田，为什么会有人愿意换成一小把根本没用的贝壳？为什么有人会愿意辛苦地做汉堡包、销售保险或者帮忙照顾三个精力过剩的小孩，只为了换来几张彩色的纸？

人们之所以愿意如此，正是因为他们接受了这个集体的想象。“信任”正是所有金钱形式最基本的原料。如果有个富裕的农民卖掉房舍田产换来一袋贝壳，还带着这袋贝壳前往远地的省份，那是因为他相信抵达之后，其他人会愿意用稻米、房屋和田地和他交换这些贝壳。所以，可以说金钱就是一种相互信任的系统，而且还不是随随便便的某种系统：金钱正是有史以来最普遍也最有效的互信系统。

在这种信任的背后，有着非常复杂而长期的政治、社会和经济网络。为什么我会相信贝壳、金币或美元钞票？原因就在于：我的邻居都信。正因为我的邻居都信，所以我也信。而我们都信的原因在于我们的国王也信，要求我们用这些东西来缴税；还有我们的牧师也信，要求我们用这些东西来缴什一税。拿一张 1 美元的钞票来仔细瞧瞧，我们会发现这只是一张色彩丰富的纸，一面有美国财政部长的签名，另一面则写着“In God We Trust”（我们信神）。我们之所以愿意接受以美元付款，正是因为我们相信神，也相信美国财政部长。正因为“信任”这件事如此关键，我们就可以知道为什么金融体系会与政治、社会和意识体系如此紧密相连，为什么金融危机往往是由政治发展引发，以及为什么光是股票交易商某个早上的感觉就能影响股市的涨跌。

最早发明钱的时候，人们还没有这种信任，所以要当作钱的事物本身就得有实际的价值。史上最早的金钱制度——苏美尔人的“麦元”制度，就是一个很好的例子。麦元制度的出现时间大约是公元前3000年，与文字出现的时间地点正好相同。前面提过，文字的出现是为了因应行政活动的日益频繁，而麦元的出现则是为了因应经济活动的日渐活络。

所谓的麦元其实就是大麦，将固定量的大麦谷粒作为通用单位，用来衡量和交换其他各种货物和服务。当时最普遍的单位是“席拉”（sila），约等于1升。当时大量生产了1席拉标准容量的碗，每当人们要买卖东西的时候，就能很方便地量出所需要的大麦数量。另外，薪水也是以席拉为单位用大麦来支付。每名男工一个月可以赚60席拉，而女工则赚30席拉。至于领班则可领到1200~5000席拉。即使是最能吃的领班，一个月也吃不了5000升的大麦，但多余的大麦就能用来购买其他商品，比如油、山羊、奴隶，还有除了大麦以外的食物。[58]

虽然大麦本身也具有价值，但还是很难说服今天的民众将大麦视为货币，而不只是另一种商品。要解释这点，可以想象一下如果你扛着一麻袋的大麦到附近的卖场，说你想买件衬衫或者比萨，会发生什么事。店家很可能马上就大叫保安赶人了。尽管如此，以大麦来当作第一种货币建立信任关系，还算是个简单合理的选择，毕竟再怎样大麦也还是有它生物学上的价值：人类可以吃。但另一方面，讲到储存和运送，大麦就还是有其局限性。金钱货币史上真正的突破，就是人类终于开始相信某些货币形式，虽然它们本身没什么固有价值，但却能方便储存与运送。这样的金钱制度，大约出现于公元前2500年的美索不达米亚：银舍客勒制度。

舍客勒并不是某种货币，而是指“8.33克的银子”。《汉谟拉比法典》曾提过，如果某个上等人杀了一个女奴，就要赔偿20

舍客勒的银子，这里指的就是大约166克的银子，而不是20个某种银币。《圣经·旧约全书》的金钱交易多半用的也是银子，而不是硬币。例如约瑟的哥哥把约瑟卖给以实玛利人的时候，价钱就是20舍客勒或说166克的银子。（与女奴的命一样便宜，毕竟当时约瑟也只是个孩子。）

银舍客勒与先前的麦元制度的不同之处，在于其本身并没有什么实用价值。银子不能吃、不能喝、不能穿，质地也太软，无法做成什么有用的工具（如果做成犁或剑，简直就像用铝箔做的一样脆弱）。真正要用的时候，白银和黄金只会做成首饰、皇冠以及各种象征地位的物品；换言之，都是在特定文化里社会地位高的人所拥有的奢侈品。它们的价值完全只是因为文化赋予而来。

* * *

像这样为贵金属定出重量单位，最后终于发展出了硬币。大约在公元前640年，土耳其西部吕底亚（Lydia）王国的国王阿耶特斯（Alyattes）铸造出史上第一批硬币。这些硬币使用金或银的材质，有标准重量，并且刻有识别印记。印记有两种意义：第一，印记指出硬币里含有多少贵金属。第二，印记确定了发行硬币的权威，进而确保硬币成分。几乎所有现在的硬币，都可以说是吕底亚硬币的后代子孙。

过去的金锭银锭没有任何印记，有印记的硬币相较之下有两大优点。第一，锭状金属每次交易都得重新称重。第二，光是称重还不够。鞋匠要怎么才知道客人拿来买鞋的银锭货真价实，而不是一块铅上涂了一层薄薄的银？硬币就能解决这些问题。一旦印上印记，就确认了硬币的价值，所以鞋匠的收银台上就不用再另外放台秤了。更重要的是，硬币上的印记代表着某些政治权力，能够确保硬币的价值。

虽然这些硬币上的印记大小和形状曾多次调整，但重点信息从来未曾改变：“我，伟大的国王某某某保证，这个扁扁圆圆的金属含有五克黄金，不多也不少。若有人胆敢伪造此币，即为伪造本王签章，有辱本王名声，此等罪孽，必处极刑。”正因如此，铸造伪币的罪行一直比其他欺诈行为判得更重。因为造伪币不只是单纯的欺诈，更是对主权的挑战，直接冒犯了国王的权力、特权和他本人。用法律术语来说，就是“lèse majesté”（冒犯君主），通常会经过一阵凌虐惩罚，最后处死。只要人民相信国王的权威和人格，就会相信他所发行的硬币。例如古罗马的迪纳厄斯（denarius）银币，印有古罗马皇帝的名字和图像，而正因为民众相信皇帝的权威和人格，就算是未曾谋面的陌生人，也不会怀疑这枚银币的价值。

反过来，皇帝的权力也得靠迪纳厄斯银币来建立与维持。可以想象一下，如果古罗马帝国没有硬币，每次收税或支付薪水都得处理一堆的大麦小麦，会是多困难的事情。如果得在叙利亚收集一堆大麦作为税收，运到古罗马的国库里，再运到英格兰去支付给各个军团，根本是件不可能的任务。除此之外，如果只有古罗马居民接受这些硬币，但高卢人、希腊人、埃及人和叙利亚人还是用贝壳、象牙珠或布匹来计价，整个系统制度也绝对无法成功。

黄金福音

古罗马的硬币广受信任，甚至在帝国以外，大家收集迪纳厄斯银币也是毫不手软。在公元 1 世纪，甚至连印度市场也愿意接受古罗马硬币，虽然最近的古罗马军团还有数千公里之遥。印度人十分信任迪纳厄斯银币和上面的皇帝图像，所以等到当地领主铸造硬币的时候，他们不仅模仿迪纳厄斯银币的外形，甚至连古罗马帝国皇帝的肖像也依样画葫芦！“迪纳厄斯”当时也成了硬币的通称。穆斯林的哈里发把这个名称再阿拉伯语化，发行了“第纳尔”（dinar）货币。直到现在，像约旦、伊拉克、塞尔维亚、马其顿、突尼斯等国，还是以第纳尔作为货币的正式名称。

吕底亚王国式的硬币从地中海传到印度洋，而与此同时，中国发展出了另一种略有不同的金钱制度，以铜币和没有印记的金银元宝为基础。然而，两种金钱制度还是有相当的共通性（特别是都以黄金和白银为基础），中国与吕底亚王国也建立起密切的金融和商业关系。于是，穆斯林和欧洲商人及征服者就这样逐渐将吕底亚金钱系统和这则“黄金福音”传到了地球上的每个角落。到了现代晚期，全世界已经成了单一的金钱货币区，起初用黄金和白银，后来再转变成少数几种有公信力的货币，如英镑和美元。

出现了跨国家、跨文化的货币区之后，终于奠定整个亚非世界统一的基础，最后让全球都成了单一经济和政治领域。虽然各地的人们还是继续讲着不同的语言，服从不同的统治者，敬拜不同的神灵，但都信服着同样的黄金白银、金币银币。要不是大家有这项共同的信念，全球贸易网络几乎绝无可能成真。西班牙征服者于 16 世纪在美洲发现黄金和白银，让欧洲商人能够到东亚购买丝绸、瓷器和香料，同时促进了欧洲和东亚的经济发展。这些黄金和白银产自墨西哥和安第斯山脉，离开欧洲人之手就进了中国丝绸商和瓷器商的口袋。如果中国人没有患上像科尔特斯一行人同样的“心病”，拒绝欧洲人用黄金和白银付账，情况会是如何？

中国人、印度人、穆斯林和西班牙人分属不同文化，在大部分事情上意见相左，但究竟为什么大家都同样相信黄金有价？为什么不是西班牙人相信黄金，穆斯林相信大麦，印度人相信贝壳，中国人相信丝绸？经济学家已经提出现成的答案。在贸易连接两个区域的时候，只要是能够运送的货品，就会受到供需力量的影响，让价格达到平衡。让我们用一个假设来解释。假设在印度与地中海地区首次开始贸易的时候，印度人对黄金兴趣寥寥，所以黄金几乎一文不值。但在地中海，黄金却是个人人垂涎的地位象征，价值高昂。接下来会有什么情况？

往来于印度和地中海之间的商人，开始注意到黄金的价差，于是在印度便宜购入黄金，再回到地中海高价出售。于是，印度市场上的黄金需求暴增，价格跟着水涨船高。与此同时，在地中海黄金供给大量增加，价格因此下降。不用多久，黄金在印度和地中海的价格就相去无几。正因为地中海人相信黄金有价，印度人也开始跟着相信。就算黄金对印度人来说仍然没有实际用途，光是因为地中海人重视黄金，就足以让印度人跟着重视起来。

以此类推，就算有些人是我们憎恶、讨厌、嘲笑的对象，如果他们相信贝壳、美元或电子数据的价值，就足以让我们也跟着相信这些事物有价值。所以，就算是在宗教上水火不容的基督徒和穆斯林，也可以在金钱制度上达成同样的信仰。原因就在于宗教信仰的重点是自己相信，但金钱信仰的重点是“别人相信”。

千百年来，哲学家、思想家和宗教人物都对钱嗤之以鼻，称钱为万恶的根源。但就算真是如此，钱同时也是人类最能接受的东西。比起语言、法律、文化、宗教和社会习俗，钱的心胸更为开阔。所有人类创造的信念系统之中，只有金钱能够跨越几乎所有文化鸿沟，不会因为宗教、性别、种族、年龄或性取向差异而有所歧视。也多亏有了金钱制度，才让人就算互不相识、不清楚对方人品，也能携手合作。

金钱的价格

金钱制度有两大原则：

1. 万物可换：钱就像是炼金术，可以让你把土地转为手下的忠诚，把正义转为健康，把暴力转为知识。

2. 万众相信：有了金钱作为媒介，任何两个人都能合作各种计划。

这两大原则让数百万的陌生人能够合作各种贸易和产业。然而，这些看似无害的原则还是有黑暗的一面。如果一切都能换成金钱，而大家相信的又是不具名的硬币和贝壳，就可能伤害当地传统、亲密关系和人的价值，让冷酷无情的供需法则取而代之。

一直以来，人类社会和家庭的维系靠的是“无价之宝”，如荣誉、忠诚、道德和爱。但这些都不会被放上市场，也不应用金钱衡量。就算市场开出天价，有些事情就是不该做。比如父母绝不该贩子为奴，虔诚的基督徒绝不该犯下那些滔天大罪，忠诚的骑士绝不该背叛主人，而部落先祖留下的土地也绝不该落入外国人手中。

然而，金钱一直试图打破这些限制，就像是水不断渗入大坝的裂缝。有些父母最后还是把几个孩子卖给贩子，这样才能养活其他孩子。有些虔诚的基督徒杀人、偷窃、欺诈，再用这些赃款向教堂购买救赎。想大展身手的骑士把自己的忠诚卖给了出价最高的领主，再用这笔钱来购买自己跟班的忠诚。部落的土地被卖给来自世界另一边的外国人，好买到进入全球经济的门票。

金钱还有更黑暗的一面。虽然金钱能建立起陌生人之间共通的信任，但人们信任的不是人类、社群或某些神圣的价值观，而只是金钱本身以及背后那套没有人性的系统。我们不信任陌生人，但我们现在也不信任隔壁的邻居，而只是信任他们手上的钱。没钱，就没有信任。等到钱的渗透冲垮了社会、宗教和国家所筑成的大坝，世界就成了巨大而无情的市场。

于是，人类的经济史就像跳着微妙的舞步。我们用金钱来促进与陌生人的合作，但又害怕这会破坏人类的价值和亲密的关系。一方面，我们也想打破那些限制金钱和商业流动的社会大坝；但另一方面，我们又不断筑起新的大坝，希望保护社会、宗教和环境免受市场力量的奴役。

现在常有人说市场力量终会获胜，而无论是国王、宗教或社会，它们建起的大坝终将不敌金钱的狂潮。但这是天真的说法。一直以来，总有勇猛的战士、狂热的宗教分子、关心政治的人物多次打倒了工于心计的商人，甚至是让整个经济重新洗牌。所以，说到人类终将统一，绝不只是纯粹经济的过程。想知道原本成千上万的独立文化是如何逐渐相连、形成今天的地球村，虽然黄金和白银影响深远，但也别低估了刀剑的力量。

第十一章

帝国的愿景

古罗马也常打败仗。但就像大多数历史上最伟大的帝国统治者一样，虽然他们可能输掉几场小战役，但总能赢得最后的整场战争。如果一个帝国连一场战役都输不起，又怎么称得上是帝国？然而，公元前2世纪中叶从伊比利亚半岛传来的战报，却让古罗马人觉得芒刺在背。在这里有一个微不足道的小山城努曼西亚（Numantia），住着当地的凯尔特人，而他们竟敢摆脱古罗马的控制。当时，古罗马已经是整个地中海区域不容置疑的霸主，打倒了马其顿和塞琉古（Seleucid）帝国，征服了骄傲的希腊城邦，还一把火让迦太基城成了废墟。努曼西亚什么都没有，只有对自由的热爱，以及一片荒凉的家园。然而，他们却让古罗马各个军团再三遭到挫败，古罗马军只能或者投降，或者带着耻辱撤退。

到公元前134年，古罗马再也忍无可忍。参议院决定派出最勇猛的小西庇阿（Scipio Aemilianus，曾攻下迦太基城）。小西庇阿率领大军前往努曼西亚，军士超过三万。小西庇阿不敢小看努曼西亚人的奋战精神和作战技巧，也希望能减少手下士兵无谓的伤亡，因此他直接用强化的防御工事包围了努曼西亚，阻挡他们与外界接触，而让饥饿成为最强大的武器。一年多后，努曼西亚人粮食耗尽。他们发现大势已去，便放火焚城；根据古罗马记载，努曼西亚人多半宁可自杀殉难，也不愿意成为古罗马的奴隶。

后来，努曼西亚成了西班牙独立和勇气的象征。《堂·吉诃德》的作者塞万提斯（Miguel de Cervantes）就曾写过一篇名为“努曼西亚围城”的悲剧，虽然是以努曼西亚的毁灭作结，但也预示着西班牙未来的伟大愿景。诗人用诗歌赞颂他们的情操，画家也在画布上重现他们的英勇。1882年，努曼西亚遗址列为“国家纪念遗址”，成为西班牙爱国者的朝圣地。在20世纪五六十年代，西班牙最流行的漫画既不是超人，也不是蜘蛛侠，而是一个来自伊比利亚半岛的虚构英雄贾巴托（El Jabato），起身抵抗古罗马压迫的冒险漫画。直到今日，努曼西亚仍然是西班牙英雄主义和爱国主义的典范、年轻人心中的丰碑。

然而，西班牙人歌颂努曼西亚用的西班牙文，却是源自小西庇阿使用的拉丁文，属于凯尔特语系的努曼西亚语已经失传。塞万提斯也是用拉丁文写下《努曼西亚围城》，而且这出剧用的还是希腊–罗马的艺术模式。努曼西亚本身并没有剧场。至于那些缅怀着努曼西亚英雄主义的西班牙志士们，往往也是古罗马天主教会的信徒，除了教廷位于古罗马，那位神也是拉丁文的爱用者。同样，现代的西班牙法律源于古罗马法；西班牙政治是以古罗马为基础；西班牙美食和建筑多半根源于古罗马，而不是伊比利亚半岛上的凯尔特人。在现在的西班牙，努曼西亚除了遗址之外，其实已经没有什么真正留下。就算是这则故事本身，还是靠着古罗马历史学家的著作才流传了下来。故事经过修饰润色，符合古罗马观众最爱看的“热爱自由的野蛮人”情节。正因为古罗马在努曼西亚大获全胜，所以这些胜利者才会保留下了战败者的那些记忆。

这种情节不太符合我们的品位，我们爱看的是反败为胜，是小人物的胜利。然而，历史就是没有正义。多数过去的文化，早晚都会遭到某些无情帝国军队的蹂躏，最后在历史上彻底遭到遗忘。就算是帝国本身最后也将崩溃，只是常常留下丰富而流传千古的遗产。在21世纪，几乎所有人的祖先都曾经属于某个帝国。

究竟帝国是什么？

帝国是一种政治秩序，有两项重要特征。第一，帝国必须统治着许多不同的民族，不同的民族各自拥有不同的文化认同和独立的领土。但多少民族才算数？两三个民族还不够，而二三十个就算很多；要迈进帝国的门槛，其统治的民族数量，大概就介于两者之间。

第二，帝国的特征是疆域可以灵活调整，而且可以几乎无限扩张。帝国不需要改变基本架构和认同，就能够纳入更多其他国家和领土。说到今天的英国，如果不改变基本架构和认同，就很难再突破现有的疆界。但在1个世纪前，全世界几乎任何地方都有可能成为大英帝国的一部分。

像这样的文化多元性和疆界灵活性，不仅让帝国独树一格，更让帝国站到了历史的核心。正是这两项特征，让帝国能够在单一的政治架构下纳入多元的族群与生态区，让越来越多人类与整个地球逐渐融合为一。

这里要特别强调，帝国的定义就只在于文化多元性和疆界灵活性两项，至于起源、政府形式、领土范围或人口规模则并非重点。并不是一定要有军事征服才能有帝国。例如雅典帝国的起源就只是有一群人自愿结成联盟，哈布斯堡帝国则是因为许多精心安排的联姻，交织形成如蛛网般的关系。此外，帝国也不一定要有个专制的皇帝。例如史上规模最大的大英帝国，就属于民主政体。其他采用民主（或至少是共和）政体的帝国，还包括现代的荷兰、法国、比利时和美国，以及前现代的诺夫哥罗德（Novgorod）、古罗马、迦太基和雅典。

此外，帝国的规模也并非重点。就算规模小之又小，也可能符合帝国的定义。例如雅典帝国，就算在国力的巅峰，面积和人口还是远远不及今日的希腊。以及阿兹特克帝国，面积也不如今天的墨西哥。尽管如此，以上两者还是足以称为帝国，反而是现代的希腊和墨西哥不合定义。原因就在于雅典和阿兹特克都降服了几十甚至数百个不同的政体，而希腊和墨西哥并未做到。其中，雅典统治了超过100个曾经独立的城邦，而阿兹特克帝国如果其税收记录可靠，更是统治了371个不同的部落和民族。[59]

这些区域在现在也就不过是个普通大小的国家，当时怎么可能有这么多民族？原因在于当时世界上民族的数量比今天多得多，但每个民族的人口数都较少，领地范围也较小。像从地中海到约旦河岸，今天光是要满足仅仅两个民族的野心，就已经搞得烽火遍地，但在《圣经》初始的年代，这里可是养活了数十个国家、部落、小型王国和城邦。

帝国正是造成民族多样性大幅减少的主因之一。帝国就像一台压路机，将许多民族独特的多样性逐渐夯平（例如努曼西亚人），整合制造出他们更大的新群体。

邪恶的帝国？

在我们这个时代，政治上有各种难听的字眼，而“帝国主义者”大概只在“法西斯”之后，排名第二。现代对于帝国的批评通常有两种：

1. 帝国制度就是行不通。长远来看，征服许多不同的民族，统治起来一定难有效率。

2. 就算能够有效统治，这种做法也不道德，因为帝国正是造成各种毁灭和剥削的邪恶引擎。每个民族都有自决的权利，不该受到其他民族控制。

从历史的角度看，以上第一点完全没道理，第二点也满是问题。

就事实而言，帝国在过去 2500 年间一直就是全球最常见的政治形式，大多数人在这段时间都是活在帝国政体之下。此外，帝国政体其实非常稳定，多半时候要打倒反叛军根本不成问题。帝国之所以会倾覆，通常都是因为有外部侵略或是内部统治精英的内斗。相对而言，说到被征服者奋起追求自由、对抗帝国统治，向来记录都很少，他们多半都是持续臣服长达数百年之久。通常这些民族会慢慢被帝国消化，最后自己独特的文化也烟消云散。

举例来说，西罗马帝国在公元 476 年遭到日耳曼人推翻，但是他们过去数百年来征服的努曼西亚人、阿尔维尼人（Arverni）、赫尔维蒂人（Helvetians）、萨莫奈人（Samnites）、卢西塔尼亚人（Lusitanians）、翁布利亚人（Umbrians）、伊特鲁里亚人（Etruscans），以及其他数百个已经被遗忘的民族，并没有从帝国的余烬中恢复重生，而是就这样默默消失。这些民族虽然曾经属于各自的国家认同，讲着各自的语言，敬拜着各自的神，流传着各自的神话，但现在他们血缘上的后代无论在想法、语言、信仰上都已经是个完全的古罗马人。

很多时候，某个帝国崩溃了，并不代表属民就能独立。反而是每在帝国瓦解或遭到驱逐之后，就会由新的帝国取而代之继续统治。这一点最明显的例子就在中东。现在中东同时存在各种独立的政治实体，彼此之间的边界也模模糊糊，但这是过去几千年间几乎前所未有的情形。上一次中东情势如此暧昧不明，已经是公元前 8 世纪、将近 3000 年前的事了！自从公元前 8 世纪兴起新亚述帝国，一直到 20 世纪中叶英法帝国解体，中东地区一直是像接力棒一样由一个帝国传给下一个帝国。而在英法终于掉棒之后，之前亚述人征服的亚兰人（Aramaeans）、亚扪人（Ammonites）、腓尼基人（Phoenicians）、非利士人（Philistines）、摩押人（Moabites）、以东人（Edomites）和其他民族早已消失不见。

确实，现在的犹太人、亚美尼亚人、格鲁吉亚人都提出了某些证据，证明自己是远古中东民族的后裔。然而，这些都只是例外，反而证明了规则存在；而且甚至就连他们的说法也有些夸张。举例来说，我们无须多言，也知道现代犹太人的政治、经济和社会措施多半是来自过去两千年里的帝国政体，而不是来自古老的犹太（Judea）王国。如果大卫王穿越时空来到今天耶路撒冷最正统的犹太教堂，却看到信众穿的是东欧的衣服，讲的是德国的方言（意第绪语）、不断争论由巴比伦文字写成的教条（犹太法典），想必也是十分困惑。远古的犹太王国既没有犹太会堂，也没有犹太法典，甚至连重要的犹太律法（Torah）也还不存在。

* * *

要建立和维系帝国，确实通常就有惨烈的屠杀，而幸存者也会受到残酷的压迫。帝国的标准配备，常常就包括战争、奴役、驱逐和种族屠杀。古罗马人于公元83年入侵苏格兰，遭到当地喀里多尼亚人（Caledonian）的激烈反抗，结果古罗马人就让这个地方成为一片废墟。古罗马人曾经试图和谈，但喀里多尼亚的首领卡尔加库斯（Calgacus）在回应中大骂古罗马人是“世界的流氓”，并说“烧杀掳掠成了帝国的代名词；他们让一切成了沙漠，还说这就是和平”。[60]

然而，帝国也不是完全有害无益，没有留下任何价值。如果说帝国就是样样不行，并否认所有帝国的遗产，那世界上大多数的文化便将不复存在。帝国四处征服、掠夺财富之后，不只是拿来养活军队、兴建堡垒，同时也赞助了哲学、艺术、司法和公益。现在人类之所以有许多文化成就，常常背后靠的就是剥削战败者。例如，要不是古罗马帝国如此繁荣兴盛，西塞罗、塞涅卡（Seneca）和圣奥古斯丁就不可能有钱有闲地思考写作；要不是莫卧儿王朝剥削印度人、征敛财富，就不可能盖起泰姬陵；要不是哈布斯堡王朝从那些讲着斯拉夫语、匈牙利语和古罗马尼亚语的省份征税，又怎么付得起海顿和莫扎特的佣金？而且，就算是卡尔加库斯的这番话，也不是靠喀里多尼亚的作家把它流传下来的。我们之所以还知道这些话，靠的是古罗马历史学家塔西佗（Tacitus）。但事实上，这些话可能根本就是塔西佗自己讲的。今天多数学者认为塔西佗不仅捏造了这段话，甚至连卡尔加库斯这个首领都是他捏造出来的，只是为了要表达自己和其他古罗马上层阶级对自己国家的想法。

就算我们不要只看精英文化和高级艺术（high art），而将重点转向一般人的世界，还是会发现帝国遗痕在现代文化几乎无所不在。今天大多数人说话、思考和做梦的时候，用的都是过去曾拿刀对着我们祖先的征服者的语言。比如多数东亚人讲话和做梦的时候，用的是汉文化的语言。而在南美和北美，不管各地的人民祖先来自何方，从阿拉斯加最北的巴洛半岛，到南美最南的麦哲伦海峡，几乎所有人都讲着以下 4 种语言之一：西班牙语、葡萄牙语、法语或英语。现在的埃及人说阿拉伯语，认为自己是阿拉伯人，也认同阿拉伯帝国；然而，阿拉伯帝国其实是在公元 7 世纪征服了埃及，而且多次以铁腕措施镇压了企图反抗的埃及人民。至于在南非，大约有 1000 万祖鲁人还缅怀着 19 世纪祖鲁最光荣的年代，但其实大部分祖鲁人祖先的部落都曾经奋死抵抗祖鲁帝国的侵略，最后是在血腥的军事行动下才融为一体。

这是为你们好

由萨尔贡大帝所建立的阿卡德帝国（约公元前 2250 年）是我们最早有确切数据的帝国。萨尔贡发迹于美索不达米亚的基什（Kish），是这个小城邦的邦主。经过短短几十年，他不仅征服了所有美索不达米亚的城邦，还夺下在美索不达米亚中心地带之外的大片领土。萨尔贡曾夸口说自己已经征服了全世界。而事实上，他所统治的区域从波斯湾延伸到地中海，涵盖现在伊拉克和叙利亚的大部分地区，还包括一部分伊朗和土耳其的土地。

阿卡德帝国在萨尔贡逝世后不久便随之崩溃，但这个帝国的外壳却开始一手传着一手。在接下来的 1700 年间，亚述、巴比伦和赫梯（Hittite）的国王都以萨尔贡为榜样，吹嘘着自己也征服了全世界。到了大约公元前 550 年，波斯的居鲁士大帝更是吹牛皮吹得让人印象深刻。

亚述的历任国王始终自称为亚述国王。就算声称统治了全世界，显然也是为了发扬伟大的亚述，没什么不好意思的。但居鲁士就不同了，他不仅声称自己统治整个世界，还说自己是为了全人类的福祉！这些波斯人对外邦说："我们之所以征服你们，是为了你们好。"居鲁士希望他统治的属民都爱戴他，都觉得能成为波斯的属民和诸侯是再幸运不过的事。他希望其他国家民族都愿意臣服在波斯帝国下，而最著名的创举就是允许被流放到巴比伦的犹太人返回犹太家园重建圣殿，甚至还提供经济援助。居鲁士自认为不只是个统治犹太人的波斯国王，也是犹太人的国王，因此也要照顾犹太人的福祉。

这种"统治全世界，为所有人类福祉而努力"的想法让人耳目一新。一直以来，演化让智人也像其他有社交关系的哺乳动物一样，一直都是排外的生物。智人本能上就会将人类分成“我们”和“他们”。所谓的“我们”，有共同的语言、宗教和习俗，我们对彼此负责，但“他们”就不干我们的事。“我们”与“他们”不同，而且也不欠他们什么。在我们的土地上，我们不想看到他们，也半点儿不关心他们的土地上发生了什么事。甚至，我们还不太把“他们”当人看。例如在苏丹的丁卡人（Dinka），他们说的“丁卡”就是“人”的意思。所以如果不是丁卡人，就不算是人。而丁卡人的死对头是努尔人（Nuer）。努尔语言中的“努尔”又是什么意思？它的意思是“原来的人”。而在距离苏丹沙漠有几千公里远的阿拉斯加冻原及西伯利亚东北部，住着尤皮克人（Yupik）。“尤皮克”在尤皮克语里又是什么意思？它的意思是“真正的人”。[61]

然而，居鲁士的帝国思想与这些排外的民族相反，展现的是包容，而且无所不包。虽然居鲁士还是会强调统治者和被统治者之间的种族和文化差异，但认为整个世界基本上为一体，同样一套原则可以适用于所有时间地点，而且所有人类应互相负责。于是，人类就像是一个大家庭：父母享有特权，但同时也要负责孩子的幸福。

这种新的帝国思想从居鲁士和波斯人传给了亚历山大大帝，再传给希腊国王、古罗马皇帝、穆斯林哈里发、印度君主，最后甚至还传给苏联总理和美国总统。这种良性的帝国思想让帝国的存在合理化，不仅让属民打消了反抗的念头，就算独立的民族也不再反抗帝国的扩张。

除了波斯帝国外，世界其他地区也各自独立发展出了类似的帝国思想，特别是在中美洲、安第斯地区以及中国。根据中国传统的政治理论，人间的种种政治权威都来自“天”。老天会挑选最优秀的个人或家族，赋予“天命”，让他们统治天下，为黎民百姓谋福利。这样说来，所谓君权就该能够行遍天下。如果君主没得到“天命”，别说是天下，就连统治一个城的权力也没有。而如果统治者享有天命，就该有义务将正义与和谐传到整个世界。天命只能传给一个人，所以也不能同时有许多个独立国家的存在。

秦始皇完成了史上第一次中国统一大业，号称“六合之内，皇帝之土……人迹所至，无不臣者……泽及牛马。莫不受德，各安其宇”[62]。于是，不论在中国政治思想还是历史记忆当中，帝国时期似乎都成了秩序和正义的黄金时代。现代西方认为所谓公正合理的世界应该是由各个独立的民族国家组成，但古代中国的概念却正好相反，认为政治分裂的时代不仅动荡不安，而且被看作是混乱和不公正的黑暗时代。这种看法对中国的历史产生深远的影响。每次一个帝国朝代崩溃，这种政治理论主流就让各方竞逐的势力不安于各自为政，而一心追求统一。而且事实证明，最后总能统一，只是时间早晚的问题。

当“他们”成了“我们”

在许多小文化合并到少数大文化的过程中，帝国的影响厥功至伟。思想、人口、货物和技术的传播，在帝国境内要比分属不同政治区域来得方便迅速。而且，常常正是帝国本身刻意加速传播各种思想、制度、习俗和规范。原因之一，是这样统治起来更容易。如果帝国的每个小地区都各有一套法律、文字、语言和货币，治理就非常困难。标准化绝对可说是皇帝的一大福音。

第二个原因的重要性也不容小觑，帝国积极传播共同的文化，就能强化它们的合法性。至少从居鲁士和秦始皇开始，帝国不管是铺路还是屠杀，都会为自己的所作所为找到冠冕堂皇的理由，有的说是传播较高等的文化，也有的说这对被征服者的好处比起征服者更多。

至于这些好处，有时候确实显而易见（例如都市规划、统一度量衡），但有时候也十分可疑（例如税收、征兵、崇拜皇帝）。只不过，多数帝国精英仍然一心相信，自己是为了所有帝国子民的整体福利而努力。在中国的统治阶级眼中，各个邻国及四方诸侯都是生活在水深火热中的蛮夷之邦，天朝中国应该泽被四方、广传华夏文化。所谓的天命为的不是剥削掠夺整个世界，而是要教化万民。同样，古罗马人也声称自己的统治理所当然，因为他们让野蛮人开始有了和平、正义，生命也更为高雅。例如他们说日耳曼民族生性野蛮，高卢人会画各种战妆，生活肮脏，为人无知，一直到古罗马人到来，才用法律驯化了他们，用公共浴室让他们身体洁净，也用哲学让他们思想进步。公元前 3 世纪的孔雀王朝，也认为自己必须负起责任，将佛法传播到无知的世界。穆斯林哈里发也肩负着神圣的使命，要传播先知的启示，虽然最好是以和平的方式，但必要的时候也不惜一战。至于西班牙和葡萄牙帝国，他们也声称自己到印度和美洲不是为了财富，而是要让人改信真正的信仰。号称日不落国的大英帝国，也是号称传播着自由主义和自由贸易这两大福音。苏联人更是觉得责无旁贷，必须协助推动从资本主义走向无产阶级专政乌托邦这个历史的必然。至于现代许多的美国人，他们也认为美国必须负起道义责任，让第三世界国家同样享有民主和人权，就算这得靠巡航导弹和F-16战机，也是在所不惜。

帝国所传播的文化理念很少只来自那一小群的统治精英。正由于帝国思想的理念常常正在于普遍和包容，所以帝国的统治精英也比较容易接纳不同的概念、规范和传统，而不会死硬坚持着萧规曹随的陈习。虽然也有些皇帝曾试着要回归自己的根源，让帝国的文化单纯一些，但多数帝国都已经从被征服的民族吸收了太多文化，而形成混合的文明。比如古罗马帝国的文化，里面希腊文化的成分几乎不亚于古罗马文化。阿拔斯王朝帝国文化也融合了波斯、希腊和阿拉伯文化。蒙古帝国文化几乎就是中国的翻版。至于对美国这个帝国来说，有着肯尼亚血统的总统奥巴马可以一边吃着意大利比萨，一边看着他最爱的英国史诗电影《阿拉伯的劳伦斯》，讲的还是阿拉伯反抗土耳其的故事。

对于被征服者而言，就算有了文化大熔炉之后，文化同化也不见得容易。虽然帝国文明很可能四方征服各个民族、融合他们的文化，但对帝国绝大多数成员来说，混合的成果仍然令他们感到陌生。同化的过程常常带着痛苦和创伤。要放弃熟悉且深爱的地方传统并不容易，而要了解及采用新的文化也同样困难而令人深感压力。雪上加霜的是，即使帝国的属民千辛万苦终于接受了帝国文化，也可能需要数十年甚至数百年，帝国的精英才能把他们看成是“我们”。从征服到接受之间的数个世代，就这样形成了一个失落的群体。他们已经失去了自己心爱的当地文化，但在新加入的帝国世界里却还没有一个平等的地位，反而只是继续被视为野蛮人。

想象一下，在努曼西亚灭亡后的一个世纪里，出身良好的伊比利亚人会过着什么样的生活。首先，他虽然还是跟父母讲着当地的凯尔特语，但因为要做生意，要与政治上的高层沟通，所以他也学会了一口流利的拉丁语，只是稍微有点儿口音。他的妻子就像其他当地妇女一样，还是保留着一些凯尔特人的品位，喜欢各种装饰华美的小玩意儿，虽然他对妻子宠爱有加、样样照办，但心里还是希望她能够喜欢那些简单高雅的首饰，就像是个古罗马总督夫人一样。他自己穿着古罗马的束腰宽外衣，而且因为他对古罗马商业法律十分熟稔，他成了个贩牛的大商人，能够盖起一座古罗马风格的豪宅。然而，就算他能够背诵古罗马诗人维吉尔（Virgil）的《农耕诗》(*Georgics*)，古罗马人仍然觉得他就是个半野蛮人。他满腹委屈，知道自己一辈子也无法取得公职，也不可能在露天剧场拿到个真正好的位子。

在 19 世纪末，许多受过教育的印度人也学到了同样的一课，只是这次另一方换成英国主人。有一则著名的逸事，讲的是有个印度人雄心勃勃，把英语学得无懈可击，上了西式舞蹈的课程，甚至还养成了用刀叉进食的习惯。他把这一切学好之后前往英格兰，在伦敦大学学院读法律，还成为一名合格的律师。然而，后来这个穿着西装、打着领带的年轻律师到了英属南非，却因为坚持自己该坐头等车厢，而不是像其他“有色人种”一样该坐三等车厢，而被赶下火车。这个人就是甘地，他从未忘记这一课。

在某些案例中，文化的涵化（acculturation）与同化（assimilation）最终打破了新成员和旧精英之间的障碍。被征服者不再认为帝国是个外来占领他们的政体，而征服者也真心认为这些属民是自己帝国的一员。终于所有的“他们”都成了“我们”。就像古罗马的臣民，在几世纪的帝国统治之后，终于都得到了古罗马公民权。非古罗马人也能成为古罗马军团的高层军官，或者进入元老院。在公元 48 年，古罗马皇帝克劳狄乌斯（Claudius）任命几位高卢贤达人士进入元老院，并在一次演讲中提到这些人“从习俗、文化和婚姻关系已经和我们合而为一”。当时还是有些食古不化的元老，看到过去的敌人竟能进入古罗马政治核心，便大声抗议。但克劳狄乌斯又提醒他们某些无法忽视的真相。这些元老自己的家族，多半都来自一些也曾经反抗古罗马的意大利部落，后来才取得古罗马公民权。皇帝还提醒他们，就连皇帝自己的家族，也是来自意大利中部的萨宾人（Sabine）。[63]

在公元 2 世纪，古罗马帝国的皇帝是个出生于伊比利亚半岛的人，血管里很可能至少也流着几滴伊比利亚的血液。古罗马帝国在图拉真（Trajan）、哈德良（Hadrian）、安敦尼（Antoninius Pius）和马可·奥勒留（Marcus Aurelius）这几任皇帝在位时，一般认为进入了古罗马的黄金时代。在这之后，已经完全没有任何民族的隔阂了。塞维鲁（Septimius Severus，193—211）是利比亚的迦太基人（Punic，意为“反叛”）后裔。埃拉伽巴路斯（Elagabalus，218—222）是叙利亚人。菲利普（Philip，244—249）一般还被称为“阿拉伯人菲利普”（Philip the Arab）。帝国的新公民热切拥抱着古罗马帝国的文化，所以即使帝国已经崩溃了上百甚至上千年，他们还是讲着帝国的语言，信奉着帝国从地中海东部发扬来的基督教上帝，也继续遵守着帝国的律法。

阿拉伯帝国也有类似的过程。阿拉伯帝国在公元 7 世纪中叶成立的时候阶层分明，上层是执政的阿拉伯 – 穆斯林精英，下层被压制的则是埃及人、叙利亚人、伊朗人和柏柏尔人（Berber），都既非阿拉伯人，也非穆斯林。于是，许多帝国的属民慢慢地改信伊斯兰教，讲着阿拉伯语，也接受了混合的帝国文化。旧世代的阿拉伯精英对于这些后起之秀深怀敌意，害怕会因此失去独特的地位和身份。至于归化的人也还不能得意，还需要不断争取在帝国和伊斯兰世界里的平等地位。最后，他们终于成功了。越来越多人将埃及人、叙利亚人、美索不达米亚人都视为“阿拉伯人”。至于阿拉伯人，不管是“纯正”来自阿拉伯还是由埃及和叙利亚新移入的阿拉伯人，也越来越常被非阿拉伯人的穆斯林所统治，特别是伊朗人、土耳其人和柏柏尔人。阿拉伯帝国计划最成功的地方，在于它所创造出的帝国文化深受非阿拉伯人的全心爱戴，即使原本的帝国早已崩溃，阿拉伯民族也早已失势，帝国文化仍然能不断维持发展、传播不休。

中国的帝国大计执行得更为成功彻底。中国地区原本有许许多多不同的族群和文化，全部统称为蛮族，但经过 2000 年之后，已经成功统合到中国文化，都成了中国的汉族（以公元前 206 年到公元 220 年的汉朝为名）。

我们可以用同样的方式理解过去几十年的去殖民化进程。时间到了现代，欧洲人以“传播卓越西方文化”的幌子征服了全球，而且他们传播得如此成功，以至于让数十亿人都开始接受西方文化的几项重要元素。例如印度人、非洲人、阿拉伯人、中国人、毛利人，就学了西方的法语、英语和西班牙语等等。他们开始相信人权和民族自决的原则，也接受了西方的意识形态，像自由主义、资本主义、共产主义、女权主义和民族主义。

到了 20 世纪，殖民地接受西方价值观之后，开始以其人之道还治其人之身，用同一套价值观向殖民者要求平等的权利。许多反殖民斗争高举着民族自决、社会主义和人权的大旗，而这些概念正是来自西方。过去埃及人、伊朗人和土耳其人采纳并调整了来自阿拉伯征服者的帝国文化，今天的印度人、非洲人和中国人也是接受了许多过去西方帝国占领后留下的文化，并且各依自己的需求和传统调整吸纳。

帝国循环

不同阶段	古罗马帝国	伊斯兰帝国	欧洲帝国主义
一小群人建立一个大帝国	古罗马人建立古罗马帝国	阿拉伯人建立阿拉伯哈里发王朝	欧洲人建立欧洲帝国
形成帝国文化	希腊－古罗马文化	阿拉伯－穆斯林文化	西方文化
帝国文化得到属民认同接纳	属民接受拉丁文、古罗马法、古罗马的政治思想等等	属民接受阿拉伯语、伊斯兰教等等	属民接受英语和法语、社会主义、民族主义、人权等等
属民以共同的帝国价值为名，要求平等的地位	伊利里亚人（Illy-rian）、高卢人和迦太基人以古罗马的价值观，要求与古罗马人享有平等地位	埃及人、伊朗人和柏柏尔人以穆斯林的价值观，要求与阿拉伯人享有平等地位	印度人、中国人和非洲人以西方的价值观（如民族主义、社会主义和人权），要求与欧洲人享有平等地位
帝国开国者失去主导地位	古罗马人不再是至高无上的族群，帝国的控制权转移到了由多民族精英组成的群体	阿拉伯人失去了对伊斯兰世界的控制权，形成多民族的穆斯林精英族群	欧洲人失去了对全球的控制权，形成多民族的精英族群
帝国文化继续蓬勃发展、发扬光大	伊利里亚人、高卢人和迦太基人继续发扬他们接受的古罗马文化	埃及人、伊朗人和柏柏尔人继续发扬他们接受的穆斯林文化	印度人、中国人和非洲人继续发扬他们接受的西方文化

历史上的好人和坏人

我们很容易想把所有人简单分成好人和坏人，而所有的帝国统治者大概都会被归为坏人。毕竟，几乎所有帝国都是建立在鲜血之上，并且通过压制和战争来维持权力。然而，现今的文化又有大多数都是帝国的遗绪。如果帝国从定义上就是个坏东西，那我们又成了什么？

有些学说和政治运动主张要把人类文化里的帝国主义成分全部洗净，只留下所谓纯净、真正的文明，不要受到帝国主义原罪的玷污。这种想法顶多就是一厢情愿；至于最坏的情况，则根本就是粗暴的民族主义和偏执狂，只是套上了一层伪装。或许我们可以说，在历史曙光乍现的时候，有部分文化确实曾经纯净，没有受到帝国主义原罪和其他社会的玷污。但就在那道曙光之后，已经没有任何文化能够再提出这种主张；地球上现存的文化已经没有任何所谓纯净的文化。现存的所有人类文化，至少都有一部分是帝国和帝国文明的遗绪，任何以学术或政治为名的“手术”，如果想把所有帝国的部位一次切除，“病人”也就必然魂归九霄。

举例来说，可以想想现在独立的印度与之前英属印度之间的爱恨情仇。英国征服占领印度的时候，数百万印度人因而丧命，更有上亿印度人遭到凌辱和剥削。然而，还是有许多印度人热切接受了像民族自决和人权等西方思想；等到英国拒绝遵守这些价值观、不给予印度人平等权利的时候，印度人便大为不满。

然而，现代的印度仍然像是大英帝国的孩子。虽然英国人杀害、伤害、迫害了印度人，但也是英国人统一了印度大陆上原本错综复杂而互相交战的王国、公国和部落，建立起共同的民族意识，并形成一个或多或少以单一政治实体来运作的国家。英国人奠定了印度司法系统的基础，创立了印度的行政架构，还建立了对经济整合至关重要的铁路网。西方民主以英国为代表，而印度独立后也是以西方民主制度作为其政府形式。直到现在，英语仍是印度次大陆的通用语言，让以北印度语（Hindi）、泰米尔语（Tamil）和马拉雅拉姆语（Malayalam）为母语的人都可以用这种中性的语言来沟通。印度人热衷于板球运动，也爱喝茶（chai），但这两者都是英国留下的。印度直到19世纪中叶，茶叶才由英国的东印度公司引进并开始出现商业茶园。正是那些势利眼的英国“阁下”（sahib），将喝茶的习惯传遍印度次大陆。

图18　孟买（Mumbai）的贾特拉帕蒂·希瓦吉（Chhatrapati Shivaji）火车站。一开始，在孟买还称为“Bombay”的时候，它叫作“维多利亚车站”（Victoria Station），由英国建造，采用19世纪晚期英国流行的新哥特式建筑。虽然车站是由外国来的殖民者建造，但后来有着民族主义思想的印度政府就算改了城市的名字、改了车站的名字，却还是保留了这座宏伟的建筑，并未将它铲平。

今天会有多少印度人认为，为了去除帝国的一切，就该让大家来投票，看看是否应该抛弃民主、英语、铁路网、司法系统、板球和茶？就算他们真的这么做了，光是“投票”这件事，不也得感谢过去殖民者的教导?

就算我们真的要完全去除掉某个残暴帝国的遗绪，希望能够重建并维护在那之前的“纯正”文化，很有可能最后恢复的也不过是更古老、更残暴的帝国留下的文化。就像是有些人对于英国阁下在印度留下的文化十分反感，一心除之而后快，但在无意中恢复的却是同属征服者的莫卧儿帝国以及德里苏丹国（Sultanate of Delhi）的文化。而且，如果想再消除这些穆斯林帝国的影响，恢复“纯正印度文化”，恢复的又是笈多帝国（Gupta Empire）、贵霜帝国（Kushan Empire）和孔雀王朝的文化。如果极端印度民族主义要摧毁所有由英国征服者留下的建筑（例如孟买火车站），

图 19　泰姬陵。这究竟算是“纯正”的印度文化，还是外来的穆斯林帝国主义建筑?

那像泰姬陵这种由穆斯林征服者留下的建筑，又该如何？

没有人真正知道该如何解决文化遗绪这个棘手的问题。无论采取哪一种方式，第一步就是认清这种两难的复杂程度，知道历史就是无法简单分成好人和坏人两种。当然，除非我们愿意承认，自己常常就是跟着走坏人的路。

全新的全球帝国

自公元前200年左右，大多数人都已经活在各个帝国之中。看来，未来很可能所有人类就活在单一的帝国之下，而且这会是个真正的全球性帝国。统一全球这件事，很可能已经离我们不远。

时间来到21世纪，民族主义正在迅速失去地位。越来越多人相信，真正的政治权威应该是来自所有人类，而不是某个特定国籍的成员，而人类政治的方向也该是保障人权，维护全人类的利益。如果确实如此，那么现在全球有将近200个独立国家，就反而形成阻碍。如果不管是瑞典人、印度尼西亚人或阿尔及利亚人都该有同样的人权，那么让某个单一的全球性政府来保护他们，岂不更加简单？

而且，现在出现像冰川融化这种全球性问题，也正在侵蚀各个独立民族国家本身的合法性。毕竟，没有任何一个主权国家能够独力解决全球变暖的问题。中国人所称的“天命”，正是要解决全人类的问题。而现代的天命，也真的就得解决天上的问题，比如臭氧层破洞和温室气体的累积。未来的全球帝国，很有可能正是环保当道。

到2014年，世界政治基本上仍是各行其政，但国家的独立性正在迅速消失。没有任何国家能够行使真正独立的经济政策，任意发动战争，甚至连国家内政也无法完全独立决定。对于全球市场的阴谋，各个国家也只能逐步开放，逐渐面对全球企业和非政府组织的干扰，还得面对全球舆论的监督和国际司法的干涉。各国也得遵守全球在财政、环保和法律上的标准。资金、劳动力和信息构成一股无比强大的潮流，翻转并形塑着现在的世界，国家本身的疆域和意见已经逐渐失势。

我们眼下正在形成的全球帝国，并不受任何特定的国家或族群管辖。就像古罗马帝国晚期，它是由多民族的精英共同统治，并且是由共同的文化和共同的利益结合。在世界各地，越来越多企业家、工程师、专家、学者、律师和经理人得到召唤，一起加入这个帝国。他们必须面对的问题，就是究竟该响应这个帝国的召唤，还是要忠于自己的国家和人民？而且，越来越多的人已经投入了帝国的一方。

第十二章

宗教的法则

历史古城撒马尔罕（Samarkand）位于中亚的一片绿洲中。中世纪时，这里的市场上有叙利亚商人，手指抚着滑顺的中国丝绸，也有来自东非草原的粗鲁部落男子，带来最新一批头发乱如稻草、来自遥远西部的奴隶，至于店主的口袋里则是满满的闪亮的金币，上面印有异国的文字和不熟悉的国王肖像。这里在中世纪可说是南来北往、东西交流的主要十字路口，来自各方的人融合在这里是稀松平常的事实。而在1281年，忽必烈挥军前往日本，也看得到相同的情形。蒙古骑兵穿着毛皮，身边就是戴着斗笠的中国步兵，还有高丽来的喝醉酒的援军，和来自南海的有文身的水手一言不合打了起来，另外还有欧洲冒险家在讲着故事，使来自中亚的工兵听得张大了嘴；而这所有人，都听命于同一位帝王。

与此同时，在麦加圣寺内的卡巴圣堂，人类也以另一种方式融合统一。如果你在公元1300年前往麦加朝圣，绕行这个伊斯兰教最神圣的圣地，你可能会发现身边有美索不达米亚人，他们的长袍在风中飞舞，眼神炽烈而狂喜，嘴里念着真主的99个大名。就在前面，你也可能会看到一个饱经风霜、来自亚洲草原的土耳其族长，手拿拐杖、步履蹒跚，还若有所思地摸着胡子。在另一边，有黄金首饰在黝黑的皮肤上闪耀着，可能是一群来自非洲马里（Mali）王国的穆斯林。至于一闻到丁香、姜黄、豆蔻和海盐的香气，就大概知道这群兄弟来自印度或更东边神秘的香料群岛。

我们今天常认为宗教造成的是歧视、争端、分裂，但在金钱和帝国之外，宗教正是第三种让人类统一的力量。正因为所有的社会秩序和阶级都只是想象的产物，所以它们也十分脆弱，而且社会规模越大，反而就越脆弱。而在历史上，宗教的重要性就在于让这些脆弱的架构有了超人类的合法性。有了宗教之后，就能说法律并不只是人类自己的设计和想象，而是来自一种绝对的神圣权威。这样一来，至少某些基本的法则便不容动摇，从而确保社会稳定。

因此，我们可以说宗教是“一种人类规范及价值观的系统，建立在超人类的秩序之上”。这里有两大基本要素：

1. 宗教认为世界上有一种超人类的秩序，而且并非出于人类的想象和协议。例如职业足球不是宗教，因为虽然足球也有许多规则、仪式和常常很古怪的惯例，但大家都知道是人类发明了足球，而且国际足协（FIFA）随时可能开会决定把球门变大或者取消越位规则。

2. 以这种超人类的秩序为基础，宗教会发展出它认为具有约束力的规范和价值观。例如，虽然现在许多西方人相信鬼魂、精灵、重生，但这些信念并未构成什么道德和行为的标准，所以也就不算是宗教。

虽然宗教有可能让各种社会和政治秩序合法化，但并不是所有宗教都能做到这点。某个宗教如果想要将幅员广阔、族群各异的人群都收归旗下，就还必须具备另外两种特质。第一，它信奉的超人类秩序必须普世皆同，不论时空而永恒为真。第二，它还必须坚定地将这种信念传播给大众。换句话说，宗教必须同时具备“普世特质”和“推广特质”。

像伊斯兰教和佛教这些最为人所知的宗教，就同时具备普世特质和推广特质，但也常让我们误以为所有宗教都是如此。但其实，多数古代宗教反而是具备“区域特质”与“排他特质”，信众只信奉当地的神灵，而且也没有意愿将信仰推己及人。据我们所知，直到公元前1000年间，才开始出现具备普世和推广特质的宗教。这可以说是史上最重要的革命之一，对于人类的统一所做的重大贡献，绝不亚于帝国或金钱。

让羔羊变得沉默

在过去以泛灵论为主要信仰体系的时候，人类的规范和价值观不能只想到自己，还必须考虑其他动物、植物、精灵和鬼魂的想法和利益。比如在恒河流域的某个采集部落可能会禁止砍倒某棵特别高大的无花果树，以免无花果树的树神生气报复。而在印度河流域的另一个采集部落可能会禁止猎捕白尾的狐狸，因为过去曾经有一只白尾狐狸带着部落的先知发现了珍贵的黑曜石。

像这样的宗教往往非常本土化，只强调当地的位置、气候和现象。毕竟，多数采集部落毕生的活动范围不会超过 1000 平方公里。为求生存，住在某个特定山谷里的居民，需要了解的就是关于这个山谷的超人类秩序，并调整自己的行为，自然也就没有必要试着说服某些遥远山谷里的居民遵循相同的规则。比如印度河部落的人，就绝不会派传教士到恒河部落去鼓吹别猎捕白尾狐狸。

农业革命开始，宗教革命便随之而来。狩猎采集者采集植物、猎捕动物，但认为动植物和人类拥有平等的地位。虽然人类猎杀绵羊，但并不代表绵羊就不如人类；就像老虎猎杀人类，但不代表人类就不如老虎一样。所以，万物众生都是直接与彼此沟通，协商关于这个共同栖息地的种种规则。相较之下，农民拥有、控制着农场上的动植物，可不会纡尊降贵去和自己的财产沟通协商。因此，农业革命最初的宗教意义，就是让动植物从与人类平等的生物，变成了人类的所有物。

然而，这又造成了一大难题。农民希望能对自己的羊有绝对的控制权，但他们也很清楚，自己的控制十分有限。虽然他们可以把羊圈起来，可以把公羊阉了，可以强迫羊配种，但还是无法保证母羊能怀孕、生下健康的羔羊，也不能够阻止致命流行病的暴发。到底要怎么样，才能确保羊群繁衍壮大？

讲到“神”这种概念的起源，一种主要理论就认为，神之所以重要，就在于他们可以解决这个重大问题。在人类不再认为可以和动植物直接沟通之后，就开始出现掌管生育、掌管气候、掌管医药的各种神灵概念，好替人类和这些沉默的动植物沟通协商。很多古代神话其实就是一种法律契约，在这份契约中，人类承诺会永远崇敬某些神灵，以换取人类对其他动植物的控制权，例如《圣经·创世记》第一章就是一个典型的例子。在农业革命后的几千年里，宗教礼仪主要就是由人类将羔羊、酒、糕点牺牲献祭给神灵，以换取神灵保佑五谷丰登、六畜兴旺。

一开始，农业革命对于泛灵论系统的其他成员（如石神、水神、鬼魂和恶魔）几乎没什么影响。然而，随着人类喜新厌旧，这些神也逐渐失去地位。过去人类一辈子的生活范围大概只有几百平方公里，多数需求只要靠着当地的神灵就能解决。但随着王国和贸易网络开始扩展，光是地方的神灵已经力有未逮，人类需要的神力必须涵盖整个王国或整个贸易网络。

因应这种需求，多神教（polytheistic：希腊文，poly=多，theos=神）信仰便应运而生。这些宗教认为世界是由一群神威浩荡的神灵控制，有的掌管生育，有的掌管雨水，有的掌管战争。人类向这些神灵祈祷，而神灵得到奉献和牺牲之后，就可能赐予人类健康、雨水和胜利。

多神教出现之后，泛灵论并非完全消失。几乎所有的多神教，都还是会有恶魔、精灵、鬼魂、圣石、圣泉、圣树之类的神灵，虽然这些神灵的重要性远不及那些重要的大神，但对于许多一般人民的世俗需求来说，它们也还算实用。某个国王可能在首都献上几十只肥美的羔羊，祈求打败野蛮人、赢得胜利；但同时某个农夫也在自己的小屋里点根蜡烛，向某位无花果树仙祷告，希望它能治好儿子的病。

然而，出现了大神之后，影响最大的不在于羔羊或恶魔，而在于智人的地位。对泛灵论者来说，人类只是地球上众多生物的一种。但对多神论者来说，整个世界就像是反映了神和人类的关系。人类的祷告、献祭、罪孽和善行，决定了整个生态系统的命运。所以，光是因为几个愚蠢的智人做了些让神生气的事，就可能引发大洪水，消灭数十亿的蚂蚁、蝗虫、乌龟、羚羊、长颈鹿和大象。所以，多神教提高的除了神的地位，更有人的地位。至于远古那些泛灵论的神灵，有些比较不幸的就失去了它们的地位，在这场人神关系的大戏里成了临时演员，甚至只是沉默的装饰品。

偶像崇拜的好处

一神教为时 2000 多年的洗脑，让大多数西方人都认为多神教就是些无知幼稚的偶像崇拜，但这是一个不公平的刻板印象。想了解多神教的内在逻辑，就必须先了解这种同时信仰多位神灵的中心思想。

多神教并不一定认为宇宙没有单一的权柄或法则。大多数的多神论甚至泛灵论，都还是认为有一个最高的权柄，高于所有其他神灵、恶魔或者神圣的石头公。在古希腊多神教的神话中，不管是天帝宙斯、天后赫拉、太阳神阿波罗还是他们的同事，都还是得臣服于神威无穷、无所不在的“命运女神”（Moira 或 Ananke）。至于北欧诸神也逃脱不了命运的掌握，最后在“诸神的黄昏”（Ragnarök）这场灾难中灭亡。在西非约鲁巴人（Yoruba）的多神信仰中，所有神灵都是至上神（Olodumare）所生，而且臣服于他。印度教属于多神教，但也是以“阿特曼”（Atman，又译“梵”）这个单一的原则主宰着无数的神灵、人类，以及生物和物质世界。“阿特曼”指的是整个宇宙、每个人或每个现象永恒的本质或灵魂。

多神论与一神论真正的不同之处，在于多神论认为主宰世界的最高权力不带有任何私心或偏见，因此对于人类各种世俗的欲望、担心和忧虑毫不在意。因此，要向这个最高权力祈求战争胜利、健康或下雨，可以说是完全没有意义，因为从他全知全观的角度来说，某个王国的战争输赢、某个城市的兴衰胜败，又或者某个人的生老病死，根本无关紧要。希腊人不会浪费祭品去祭拜命运女神，而印度教徒也并未兴建寺庙来祭拜阿特曼。

要接近这个宇宙至高的权力，就代表要放下所有的欲望、接受福祸共存的事实，坦然面对失败、贫穷、疾病和死亡。因此，印度教徒中有一种“苦行僧”（Sadhu 或 Sannyasis），奉献自己的生命，希望能与阿特曼合而为一，达到“梵我一如”的境界。苦行僧以阿特曼的观点来看这个世界，认识到从永恒的角度来看，所有世俗的欲望和恐惧都如梦幻泡影。

只不过，大多数的印度教徒都不是苦行僧，他们深深陷在世俗的烦恼之中，而这时阿特曼就帮不上什么忙了。在这种问题上，印度教徒还是得找那些专精某些领域的神才行。这些神只专精某些领域，而不是无所不包，所以有掌管福德的象神（Ganesha）、财神（Lakshmi）和智慧神（Saraswati）等等，但这些神都还是各有私心和偏见。这样一来，人类就可以和这些神谈谈交易，靠神的帮助来赢得战争、战胜疾病。像这样的低位神灵数量繁多，因为只要开始把全知全能、位阶最高的权柄分割开来，可以想见必会分出不止一位神灵。于是多神的系统由此诞生。

从多神教的概念向外推导，结果就是影响深远的宗教宽容。一方面，多神教徒相信有一个至高无上、完全无私的神灵；但另一方面，多神教徒也相信有许多各有领域、心有偏见的神灵，所以对于某个神的信徒来说，很容易能相信有其他神灵存在，而且也相信其他神灵同样神通广大。多神论本质上是思想开明的，很少迫害异教徒。

就算多神教征服了其他大帝国，也未曾要求属民改变信仰。比如埃及人、古罗马人和阿兹特克人，都不曾派遣传教士到异地鼓吹崇拜冥王奥西里斯（Osiris）、天帝朱庇特（Jupiter）或者太阳神维齐洛波奇特利（Huitzilopochtli，他是阿兹特克文明的主神），当然也就更不可能派军队前往武力镇压。而帝国也各有自己的守护神和宗教仪式，保护着帝国，维系其合法性，所以帝国的属民也应该要尊重这些神灵和仪式，只是无须放弃自己当地的神灵和仪式。以阿兹特克帝国为例，虽然属民必须建造敬拜维齐洛波奇特利的神庙，但这些神庙是与崇拜地方神灵的神庙同时存在，而不是取而代之。很多时候，帝国精英本身也会接受地方属民的神灵和仪式。例如古罗马人，就让来自亚洲的赛比利（Cybele）和来自埃及的伊西斯（Isis）都进了他们的万神殿。

古罗马人唯一长期以来不愿接受的，只有属于一神信仰并坚持要传福音的基督教。古罗马帝国并未要求基督徒放弃他们的信仰和仪式，只希望他们同时尊重帝国的守护神，并承认皇帝也有神性。这点可以说是在政治上忠诚的声明。然而，基督徒强烈拒绝，并且完全没有任何妥协的空间，这对古罗马人来说就是个在政治上搞颠覆的举动，必须加以镇压。但即使如此，这些镇压多半也只是表面形式。从基督被钉死在十字架上到古罗马皇帝君士坦丁改信基督教，这300多年间，古罗马皇帝所发起对基督徒的大型迫害不过4次。当然，地方长官和总督也曾经另外发起一些反基督教的暴力行为。

然而事实证明，就算把这些遭受迫害的所有受害者全部加起来，在这3个世纪间，多神教古罗马处决基督徒的人数不超过几千人。[64]但相对的是，在接下来的1500年间，虽然基督教号称主张爱与怜悯，却仅仅因为对信仰的诠释有些许差异，就引发基督徒自相残杀，死亡人数达到数百万。

其中最恶名昭彰的，就是在16、17世纪间席卷欧洲的天主教徒与新教徒之战。所有这些人都相信基督的神性，也相信他关于爱和怜悯的福音，只是对于“爱”的本质意见不合。新教徒认为，神如此爱着世人，所以让自己化为肉体，容许自己受到折磨、钉死在十字架上，从而赎了原罪，并对那些信他的人打开了天堂的大门。而天主教徒认为，虽然信仰是必要的，但光这样还不够。要进入天国，信徒还必须参加教堂礼拜，而且要多行善事。这点让新教徒无法接受，认为这样形同交易，对于神的爱和伟大是种贬抑。如果进不进天堂必须取决于自己的善行，岂不是放大了自己的重要性，而且暗示基督在十字架上为人类受的苦以及神对人类的爱都还不够？

这些神学争论愈演愈烈，最后在16、17世纪间，天主教徒和新教徒彼此杀红了眼，造成几十万人丧命。1572年8月23日，强调个人善行的法国天主教徒，袭击了强调上帝之爱的法国新教徒。这场攻击称为圣巴塞洛缪节大屠杀（St. Bartholomew’s Day Massacre），短短24小时间，就有5000到10 000个新教徒遭到屠杀。消息从法国传到古罗马的天主教教皇耳里，叫他满心欢喜，立刻安排举行庆典，还委托瓦萨里（Giorgio Vasari）在梵蒂冈的一个房间里将这场大屠杀绘成壁画作为纪念（目前这个房间禁止游客参观）。[65] 不过 24 小时，基督徒自相残杀的人数，就已经超过了整个古罗马帝国曾经杀害的基督徒人数。

神是唯一

随着时间的推移，某些多神论者开始对自己信仰的某位神灵越来越虔诚，也慢慢远离了基本的多神论观点，开始相信只有那位神灵是唯一的神，相信他是宇宙的最高权柄。同时，他们还是认为神有私心和偏见，让人类可以和神谈谈条件。于是，在这样形成的一神论宗教里，信徒就能够直接祈求宇宙至高无上的权力来帮忙治病、中彩票或者打赢一场战争。

目前所知的第一个一神论宗教出现于公元前 1350 年，埃及法老阿肯那顿（Akhenaten）宣布，当时在埃及众神里一位位阶并不高的小神阿顿（Aten）其实是宇宙的至尊。阿肯那顿将对阿顿的崇拜制度化为国教，还打算打压对所有其他神的崇拜。然而，他的宗教革命并未成功。他去世后，对阿顿的信仰就遭到废止，又回到过去的情形，众神同列仙班。

不论在何处，多神教都不断衍生出各种一神论宗教，但由于这些宗教无法放下唯我独尊的中心思想，所以一直只能处于边陲地位。以犹太教为例，犹太教仍然认为全宇宙至高的神有私心和偏见，而且关爱的眼神全在一小撮犹太民族和以色列这蕞尔之地。于是对其他国家来说，信奉犹太教几乎是有弊而无利，而且犹太教一直也没有推广到其他地方的打算。这种阶段可以称为“本地一神教”。

到了基督教，终于有了重大突破。基督教一开始只是犹太教的一个神秘教派，该教派信徒想说服犹太人，拿撒勒人耶稣就是他们期待已久的弥赛亚。这个教派最早的领导者之一是来自塔尔苏斯（Tarsus）的保罗，他认为宇宙的至高神有私心偏见，对人类并非漠不关心，而且他甚至还化为肉身，为了人类的救赎被钉死在十字架上，这种事不该只有犹太人知道，而应该让全人类都了解。于是，就有必要将关于耶稣的好事（也就是“福音”）传到世界各地。

保罗的这个想法开枝散叶，基督徒开始组织起了对所有人类的传教活动。而在一场史上最意想不到的转折下，这个犹太教的神秘教派接掌了强大的古罗马帝国。

基督教的成功，在 7 世纪的阿拉伯半岛成了另一个一神论宗教的典范，伊斯兰教于焉而生。就像基督教，伊斯兰教一开始也只是地球上某个偏远角落的小宗教，但它又以更意想不到也更快速的脚步，打破了阿拉伯沙漠的隔绝，收服了从大西洋一直延伸到印度的庞大帝国。自此之后，一神论的概念就在世界历史上扮演了重要角色。

一般而言，一神教徒比多神教徒更为狂热、更热衷传教。毕竟，如果某个宗教愿意承认其他信仰，情况只有两种：第一种本来就认为世上没有唯一的神，而是有许多神同时存在；第二种认为虽然有一位最高的神，但下面分成许多小神祇，信仰每位神祇，可以说是看到了部分的真相。但由于一神教通常认为自己信奉的就是唯一的神，也认为只有自己看到了完整的真相，自然就会批评其他所有宗教都不可信。在过去2000年间，一神论者多次发动以暴力消灭其他竞争对手的战争，目的就是要加强自己的掌控。

事实证明这很有效。在公元1世纪初，世界上几乎没有任何一神论的宗教。到了公元500年左右，基督教已经收服了全球最大的古罗马帝国，传教士忙着将基督教传播到欧洲、亚洲和非洲等其他地区。等到第一个千禧年结束，欧洲、西亚和北非的人们已经多半都信奉着一神教，从大西洋到喜马拉雅山都主张上帝是唯一的神。到16世纪初，除了东亚和非洲南部，一神论已经掌控了亚非的绝大部分，而且开始向南非、美洲和大洋洲发展。到了今天，除了东亚以外的大多数人不论信仰为何，多半都属于一神论的宗教，而且全球政治秩序也正是以一神论为基础而建立。

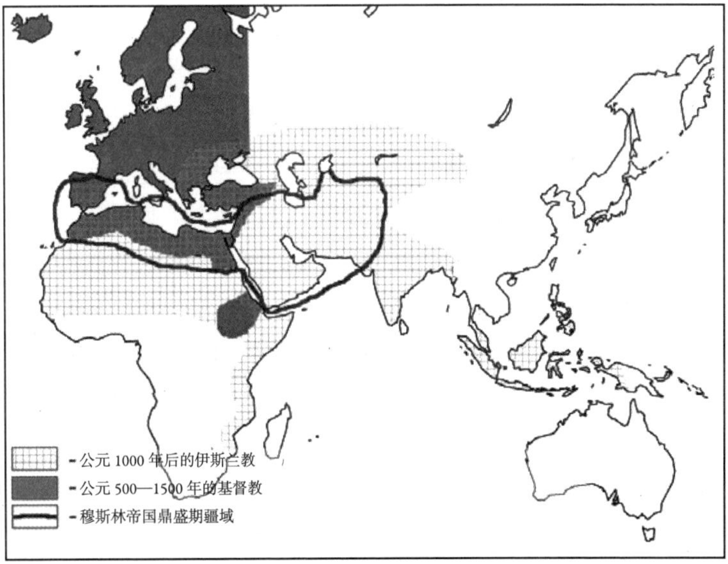

地图4　基督教和伊斯兰教的传播。

然而，就像泛灵论会继续在多神论里延续一样，多神论也继续在一神论里存活。理论上来说，如果我们相信宇宙只有一个至高的神，而他也愿意关心你，那又何必崇拜某些只掌管特定领域的神呢？如果你可以大摇大摆走进总统府要总统帮忙，又何必去求某个低级小公务员呢？确实，一神论的神学多半认为只有一个至高的神，其他任何神祇都是虚假的，如果有人敢崇拜伪神，地狱的火焰和硫黄就会在他们身上燃烧。

然而，神学理论和历史现实一向大不相同。大多数人很难完全接受一神论的想法，还是继续把世界分为“我们”和“他们”，也觉得所谓至高的神实在太遥远陌生，管不到自己世俗的需求。最后的情况是，一神论宗教大张旗鼓把其他神祇从大门赶了出去，但又从旁边的小窗把他们迎了回来。以基督教为例，就发展出了自己的圣人系统，但这套系统可以说和多神教殊无二致。

正如古罗马帝国的主神是朱庇特、阿兹特克帝国的主神是维齐洛波奇特利，每个基督教国家也有自己的守护圣人，协助解决困难、赢得战争。英格兰的守护圣人是圣乔治，苏格兰是圣安德鲁，匈牙利是圣史蒂芬，而法国是圣马丁。而不论是大城、小镇、职业甚至疾病，也都各有圣人负责守护。例如意大利米兰有圣安布鲁瓦兹负责守护，威尼斯则有圣马克负责照料。圣阿尔莫守护着烟囱清洁工的安全，圣马修抚慰着收税员的烦恼。如果你头痛，该找圣亚贾西亚；但如果痛的是牙，圣阿波罗尼亚就更对症下药。

这样看来，基督教的圣人和多神教的那些神祇几乎没有两样。但很多时候甚至还不只是类似而已，而根本就是这些神祇的伪装。举例来说，在信奉基督教之前，爱尔兰的主神是女神布里吉德。等到爱尔兰被基督教化，就连布里吉德也仿佛受了洗一样，成了

"圣布里吉德"。而且直到今天，她还是天主教爱尔兰最受尊崇的圣人。

善恶之战

多神论除了促成一神教，也促成了一些二元论的宗教。二元论宗教信奉着善与恶这两种对立力量的存在。二元论与一神论不同之处在于，他们相信"恶"也是独立存在，既不是由代表"善"的神所创造，也不归神所掌管。二元论认为，整个宇宙就是这两股力量的战场，世间种种就是两方斗争的体现。

二元论之所以成为一种深具魅力的世界观，原因就在于人类有一个挥之不去的"恶的难题"（Problem of Evil），苦苦无法解决。"为什么世界上会有邪恶？为什么有苦难？为什么会有坏事发生在好人身上？"如果神真的是如此无所不知、无所不能、处处完美，又怎么会允许世界上有这么多的苦难？这让一神论者伤透了脑筋。一种很流行的解释认为，神借着这种方式让人类拥有了自由意志。因为如果没有邪恶，人类就无法在善恶之间做选择，也就没有了自由意志。然而，这种解释非但不直观，还立即引发了许多新的问题。有自由意志，也就代表可以选择邪恶。而且，根据标准的一神论说法，还真有许多人选择了邪恶的道路，于是神不得不施加惩罚。然而，如果神真的能事先知道某个人会用自己的自由意志走上邪恶的道路，而且又会因此受到惩罚，永远在地狱受苦，那么神一开始为什么要创造这个人？神学家为了回答这些问题，已经写了无数著作，有些人觉得已经找到了答案，也有些人觉得差得还远。但无法否认的是，一神论面对"恶的难题"

可以说是吃尽苦头。

对于二元论者来说，之所以好人也可能发生不幸，正是因为掌理世界的不是某个无所不知、无所不能、处处完美的神。世界上仍然有个不受控制的恶，而所有的坏事正是源自它。

二元论观点还是有些缺漏。虽然它简洁明快地解决了恶的难题，却又碰上了“法则的难题”（Problem of Order）。如果世上就是有善恶两股力量在拉扯，它们拉扯的基础是什么法则？举例来说，如果说两国交战，基础就在于它们存在于同一个时空，而且受同样的物理学法则规范。例如巴基斯坦发射地对地导弹能打到位于印度的目标，是因为物理学法则对双方都同样适用。但如果我们说的是善与恶的互斗，现在又有什么法则来规范？这些法则又是谁订出来的呢？

相对而言，虽然一神论难以处理恶的难题，但要处理法则的难题却是轻而易举：这个法则就是唯一的神订出来的。其实，有一种解释能够同时处理这两大难题，而且完全合乎逻辑：世上确实有某个全能的神创造了全宇宙，而且他是个恶神。只是古往今来，没有人有过这样的信仰。

* * *

二元论宗教兴盛了千余年。大约在公元前 1500 年到公元前 1000 年之间，中亚有一位名叫琐罗亚斯德（又名查拉图斯特拉）的先知，相当活跃。他的信念代代相传，最后形成了二元论宗教的代表：祆教（Zoroastrianism，又称拜火教）。祆教认为整个世界就是善神阿胡拉·马兹达（Ahura Mazda）和恶神安格拉·曼纽（Angra Mainyu）之间的战争，而在这场战争中，人类必须站在善神这方给予协助。祆教在波斯第一帝国期间（Achaemenid Persian

Empire，前 550—前 350）已经举足轻重，到了波斯第二帝国期间（Sassanid Persian Empire，224—651）更成为国教，几乎影响了所有后来在中东及中亚的宗教，并催生了许多其他二元论的宗教，例如诺斯替教和摩尼教。

在公元 3 世纪和 4 世纪，摩尼教教义涵盖了从中国到北非，还一度形势大好，似乎将取代基督教在古罗马帝国的地位。然而，摩尼教在古罗马输给了基督徒，信奉袄教的波斯第二帝国败给了信奉一神论的穆斯林，于是二元论的波澜也逐渐退去。到现在，只剩下印度和中东还有少数人信奉着二元论的宗教。

然而，就算一神论势力看涨，二元论却未真正消失。犹太教、基督教和伊斯兰教这些一神论宗教吸收了大量的二元论信仰和习俗，许多我们以为是一神论的基本概念，都是出自二元论的本质和精神。例如有无数的基督徒、穆斯林和犹太人都相信有某个强大的邪恶力量（例如基督教的魔鬼或撒旦），他自行其是、与善神作对，兴风作浪不受神的控制。

如果是纯粹的一神论，怎么可能会相信这种二元的概念？（顺道一提，《圣经·旧约全书》里压根儿就找不到这些情节。）这在逻辑上根本不通。真要合理的话，一来是相信确实有一个全能的神，二来是相信有两种对立的力量，而两者都并非全能。然而，尽管如此不合理，人类还是很能接受这种矛盾的概念。因此，我们看到有几百万虔诚的基督徒、穆斯林和犹太人居然能够相信既有全能的神，又有独立行事的魔鬼，倒也不用太过惊讶。更有甚者，无数的基督徒、穆斯林和犹太人居然还能想象善神需要人类的协助，好与魔鬼对抗，由此再推导引发了圣战和十字军东征。

另一个关键的二元论概念（特别在诺斯替教和摩尼教），就是认为身体和灵魂、物质和精神是有清楚区隔的。诺斯替教和摩尼教认为，善神创造了精神和灵魂，而恶神创造了物质和身体。根据这种观点，人就成了善的灵魂和恶的身体之间的战场。从一神论的角度来看，这完全是无稽之谈，何必要把身体和灵魂或物质与精神做这种区分？又为什么要说身体和物质是恶的呢？毕竟对一神论来说，善神创造一切，而一切都是好的。然而，正因为这种二元论的论点可以帮助他们解决恶的难题，所以一神论还是忍不住接受了这个概念。于是这种对立的概念最后也成了基督教和伊斯兰教思想的基石。此外，如果相信有天堂（善神的国度）和地狱（恶神的国度），这也是一种二元论的概念。《圣经·旧约全书》里从来没有提过这种概念，也从来没提到人的灵魂会在身体死去后继续存在。

从历史上来看，一神论就像是个万花筒，把一神论、二元论、多神论和泛灵论，收纳在同一个神圣论述之下。结果就是，基督徒大致上是信奉一神论的上帝，相信二元论的魔鬼，崇拜多神论的圣人，还相信泛灵论的鬼魂。像这样同时有着不同甚至矛盾的思想，而又结合各种不同来源的仪式和做法，宗教学上有一个特别的名称：综摄（syncretism）。很有可能，综摄才是全球最大的单一宗教。

自然法则

我们目前为止讨论到的所有宗教，都有一个共同的重要特征：相信的都是神灵或者其他超自然对象。然而，世界宗教史并不只是神的历史。在公元前1000年，亚非大陆开始出现全新的宗教及信仰类型。这些新型宗教信仰包括印度的耆那教（Jainism）和佛教，中国的道教和儒教，以及地中海的犬儒主义（Cynicism）和享乐主义（Epicureanism），共同的特征就是崇拜的并非神祇。

这些信仰也认为有某种超人类秩序控制着这个世界，但它们

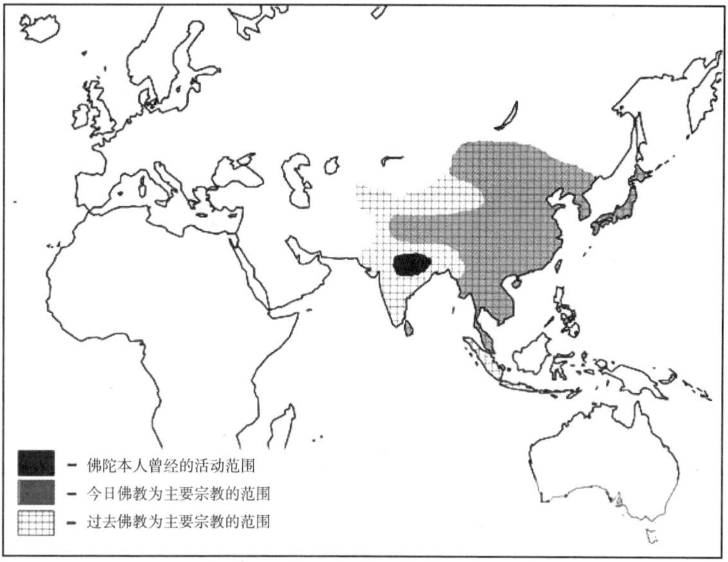

地图 5　佛教的传播。

所崇拜的这个秩序是自然法则，而不是什么神圣的意志。这些自然法则的宗教信仰虽然某些也相信有神祇存在，但认为神祇就和人类、动物和植物一样会受到自然法则的限制。虽然神祇可以说在这个生态系统中有其优势（就算是大象或豪猪，也各有优势），但他们也像大象一样，并无法改变自然的法则。里面典型的例子

是佛教，这可以说是最重要的古代自然法则宗教，而且到今天仍然兴盛。

佛教的核心人物释迦牟尼不是神而是人，俗名乔达摩·悉达多（Siddhartha Gautama）。根据佛教经典，释迦牟尼大约在公元前500年是个喜马拉雅山区小国的王子，看到身边的人深深陷于苦难之中，而心生不忍。他看到人不分男女老幼，不仅时常受到战争和瘟疫等灾难袭击，还无法免于种种焦虑、沮丧和不满的情绪，似乎这一切都是人生难以避免的事。人类追求财富和权力，获得知识和财富，生儿育女，建起宫殿和房屋。但不论取得多少成就，他们永远不会满足。穷人梦想着要变富，有100万的想要200万，有200万的想要1000万。而且就算真的有钱了、有名了，他们还是不满意，还是有无尽的烦恼和忧虑，无法从生老病死中解脱。至死，一切如梦幻泡影消失，生命就像是毫无意义的追寻。然而，该怎样才能跳出这个轮回？

在29岁时，释迦牟尼半夜离宫，抛下了财富和家人，流浪走遍印度北部，希望为这一切痛苦寻找出路。他前往各个修院修行，聆听各个大师讲道，但还是无法完全感到解脱，有什么不满依然萦绕。他并未绝望，决心反求诸己，直到找到彻底解决的方法为止。他入禅6年，思索各种人类苦痛的本质、原因和解决方式。最后他体会到，一切苦难并非来自厄运、社会不公或神祇的任性，而是出于每个人自己心中的思想模式。

释迦牟尼认为，人遇到事情通常就会产生欲念，而欲念总是会造成不满。遇到不喜欢的事，就想躲开；遇到喜欢的事，就想维持并增加这份愉快。但正因如此，人心就永远不满、永远不安。在碰上不悦的时候格外明显，比如感觉疼痛的时候，只要疼痛持续，我们就一直感到不满，用尽办法想要解决。然而，就算是遇上欢乐的事，我们也从不会真正满足，而是一直担心这种欢乐终将结束或者无法再持续或增强。有些人多年来一直在寻找爱情，但等到真的找到了爱情，却还是不满足。有的开始整天担心对方可能会离开；有的又觉得自己太过屈就，应该再找更好的人。（而且，我们也都认识某些人，又担心别人离开，又觉得自己屈就。）

虽然上天可以赐雨，社会机制可以提供公平正义和卫生保健，有好的运气就可以变成百万富翁，但无论如何，我们的基本心态都不会改变。因此，就算是最伟大的国王也无法避免焦虑，不断地逃避着悲伤和痛苦，也总是想要追寻更多的快乐。

释迦牟尼找到一种方法可以跳出这种恶性循环。在事物带来快乐或痛苦的时候，重点是要看清事物的本质，而不是着重在它带来的感受，于是就能不再为此所困。虽然感受悲伤，但不要希望悲伤结束，于是虽然仍有悲伤，也能不再为此而困。即使仍然悲伤，也是一种丰硕的经验。虽然感受快乐，但不要希望快乐继续，于是虽然仍有快乐，也能不失去心中的平静。

但要怎样才能让心里接受事物的本质，而放下种种欲求，知道苦即为苦、乐即为乐？释迦牟尼制定了一套冥想的技巧，能够训练心灵感受事物的本质而排除种种欲求。通过训练，心灵专注在“我现在是什么感受”，而不是问：“为什么是我？”这种境界很难达到，但并非不可能。

释迦牟尼将冥想落实在各种道德规范上，好让信众更能专注在实际的感受，而不会落入各种欲求和幻想之中。他要求信众不杀生、不邪淫、不偷盗，因为这些不好的行为一定会让欲望如野火燎原，而一心追求权力、感官享受或财富。等到这些火焰彻底扑灭，原本的欲求被圆满和宁静所取代，这被称为涅槃（梵文的原义就是“熄灭”）。达到涅槃，也就摆脱了所有苦痛，能够无比清晰地感受身边的现实，没有什么幻想和幻象。虽然人们很有可能还是会遇到苦痛，但苦痛已经不再能影响他们。毕竟，无欲则无苦。

根据佛教经典，释迦牟尼本人就达到了涅槃，从痛苦中完全解脱。而在这之后他就被称为“佛陀”，意为“觉悟者”。接着，佛陀一生前往各地普传佛法，希望让所有人离苦得乐。佛陀的教诲一言以蔽之：痛苦来自欲望；要从痛苦中解脱，就要放下欲望；而要放下欲望，就必须训练心智，体验事物的本质。

对佛教徒来说，这条“佛法”就是举世皆同的自然法则，“痛苦来自欲望”这件事举世皆同，就像在现代物理里 E 总是等于 MC^2。所以，所谓的“佛教徒”，就是相信这条法则，将这条法则落实在一切日常活动中的人。另一方面，是不是信仰某个神灵，对他们来说就不是那么重要。一神论宗教的最高原则是：唯一真神确实存在，那么他想从我这里要什么呢？佛教的最高原则则是：痛苦确实存在，我该如何逃离呢？

佛教并不否认有神祇存在，认为他们有强大的神通，能够带来降雨和胜利，然而神祇对于“由欲得苦”这条法则却无能为力。如果能够无欲无求，任何神祇都无法让人感到痛苦。相对而言，如果人有了欲望，任何神祇也无法拯救他脱离痛苦。

但也如同一神论的宗教，佛教这种前现代的自然法则宗教还是无法摆脱神祇崇拜。佛教告诉信众，他们应该不断追求达到涅槃境界，不要为了名利停下脚步。然而，99% 的佛教徒都无法达到这个境界，而且就算他们一心希望最后能达到这个目标，日常生活里多半还是追求着世俗的成就。于是，佛教徒还是崇拜着各种神祇，比如印度的佛教徒拜着印度的神，中国西藏的佛教徒拜着本教（Bon）的神，日本的佛教徒也拜着神道教的神。

此外，佛教的几个教派也随着时间发展出满天诸佛菩萨。诸佛菩萨是人也非人，他们已经能够达到涅槃、摆脱痛苦，但为了帮助还在轮回中的芸芸众生得到解脱，倒驾慈航重入世间。所以，佛教徒崇拜的并不是神祇，而是这些已经开悟而尚未成佛的人，除了希望他们协助自己达到涅槃的境界，也希望他们帮忙处理一些世俗的问题。于是，我们就看到整个东亚有许多佛菩萨得负责降雨、医病，甚至还得保佑杀敌求胜，而信众也虔心祈祷，为他们焚香，献上各色鲜花、稻米和甜品。

当崇拜的对象变成了人

至于各种新型现代教义，因为它们之间并没有明显的界线，我们在此也就不可能一一检视它们的历史。它们“综摄”的情形，并不少于一神论和流行的佛教。就像佛教也能拜着印度教的神祇，一神论者也能相信撒旦的存在，现在典型的美国人也能既是民族主义者（相信有美国民族存在，而且相信它在历史上有重大作用），又是自由市场资本主义者（相信社会繁荣的最佳方法就是公开竞争、追求自我利益），还是个自由人文主义者（相信造物主赐给人类若干不可剥夺的权利）。民族主义将在第十八章讨论。最成功的现代宗教：资本主义，会在第十六章以专章探讨，阐述其主要信念和仪式。至于本章的其余篇幅，则继续讨论人文主义的宗教。

有神论的宗教，重点在对神的崇拜；至于人文主义宗教，重点就是对人的崇拜，或者讲得更明确，是对智人的崇拜。人文主义的基本信念，就是认为智人是独特的、神圣的，从本质上就与其他所有现代动物有所不同。对人文主义者来说，智人的独特性是世界上最重要的事情，决定了宇宙间一切事物的意义。所谓的“至善”，讲的是对智人好。全球所有其他物种和生命，都只为了智人这一物种的利益而存在。

虽然所有人文主义者都崇拜人性（humanity），但对于人性的定义却不见得相同。就像是基督教的各个教派对于“神”会有不同定义，人文主义对“人性”的定义，大致上分成三种对立的教派。今天最重要的人文主义学派就是自由人文主义，它认为人性就在于每个个人的自我特质，因此个人自由也就变得神圣不可侵犯。根据这些自由主义者的说法，每个智人都有着人性的神圣本质。正是每个人的内心让全世界有了意义，而且这也是各种道德及政治正当性的来源。如果碰上道德或政治的困境，就该内省、听听自己内心的声音，也就是人性的声音。因此，自由人文主义最重要的诫命就是要保障这种“内心声音”的自由，不受外界的侵扰或伤害。而这些诫命统称为“人权”。

举例来说，这正是自由主义者反对酷刑和死刑的原因。在近代早期的欧洲，犯下杀人罪的人会被视为违反和破坏了宇宙秩序。为了让宇宙回归平衡，对罪犯施以酷刑并公开处决，好让所有人民都看到宇宙已经重返秩序。在莎士比亚和莫里哀的时代，伦敦人和巴黎人最爱的消遣就是现场直击残忍的处决画面。但在今天的欧洲，死刑被认为侵害了人性的神圣。虽然一样是为了维护秩序，现今的欧洲不会对罪犯施以酷刑处决，反而是要以尽可能“人性化”的方式来加以惩罚，才能维护甚至重建人类的尊严。通过尊重凶手的人性，人人都想起了人性的神圣，于是秩序才得以恢复。像这样保护凶手，我们才能改正凶手做错的事。

虽然自由人文主义将人性神圣化，但并不否认有神的存在，而且它根本就是源自一神论的信念。比如相信每个人的本质自由而神圣，就是直接源于传统基督教相信灵魂自由而永恒的概念。要是没有永恒的灵魂和造物主的概念，自由主义者想要解释究竟个别的智人有何特别，就很难讲得清楚。

人文主义的另一个重要教派就是社会人文主义。社会主义者认为所谓“人性”是个集体而非个人的概念。因此，他们认为神圣的不是每个个人心中的声音，而是由所有智人这种物种构成的整体。自由人文主义追求的，是尽可能为个人争取更多自由；而社会人文主义追求的，则是让所有人都能平等。对社会主义者来说，“不平等”就代表着偏重人类的某些边际特质，认为这比人类的普遍本质更重要，这样一来可说是对人类神圣性最严重的亵渎。举例来说，如果富人比穷人有特权，就代表重视“金钱”超过了人类的普遍本质（本质上，不论贫富，人类的本质应该全部相同）。

和自由人文主义一样，社会人文主义也是以一神论为基础。比如人人平等这个概念，就是来自一神论认为在神的面前所有灵魂一律平等。唯一不是来自传统一神论的人文主义教派，就是演化人文主义，以纳粹为最著名的代表。真正让纳粹与其他人文主义教派不同的地方，在于他们深受演化论影响，对“人性”有不同的定义。相对于其他人文主义者，纳粹相信人类并非处处相同，也不是永恒不变，而是一个会进化或退化的物种。人可以进化成超人，也可以退化成非人。

人文主义宗教：崇拜“人性”的宗教

自由人文主义	社会人文主义	演化人文主义
智人拥有独特且神圣的本质，与其他生物有根本上的不同。所谓的“至善”，讲的是对整体人性有好处。		
“人性”是个人的概念，存在于每个智人心中	“人性”是整体的概念，存在于所有智人整体之中	“人性”可变，可能退化成非人，也可能进化成超人
最重要的使命，是保护每个智人内心的自由	最重要的使命，是保护智人这个物种的平等	最重要的使命，是保护人类，避免退化成非人，并且鼓励进化成超人

纳粹打着保护优秀人种，避免退化的幌子，从事着反人类的勾当。正因如此，纳粹才会主张应该要保护、培养雅利安人（Aryan，他们认为这是最进步的智人类型），至于犹太人、吉卜赛人、同性恋者和精神病患这些被认为是退化的智人类型，则必须隔离甚至灭绝。纳粹的辩白是，智人一开始能够胜出，本来就是因为演化留下了这种“较优异”的远古人种，而淘汰了某些“较低劣”的人种，例如尼安德特人就从此消失。一开始，不同的人种不过也就是不同的种族，但后来就走上不同的演化道路。很有可能，这还会再次发生。纳粹认为，智人已经分化出几个不同的种族，各有独特的特质，而雅利安人拥有各种最优秀的特质：理性、美丽、诚信、勤奋。因此，雅利安人拥有让人类进化为超人的潜力。至于像犹太人和黑人这些种族，特质不佳，可以说是现代的尼安德特人。如果让他们任意繁衍甚至还和雅利安人通婚，岂不是污染了整个人类物种，即将造成智人灭绝吗？

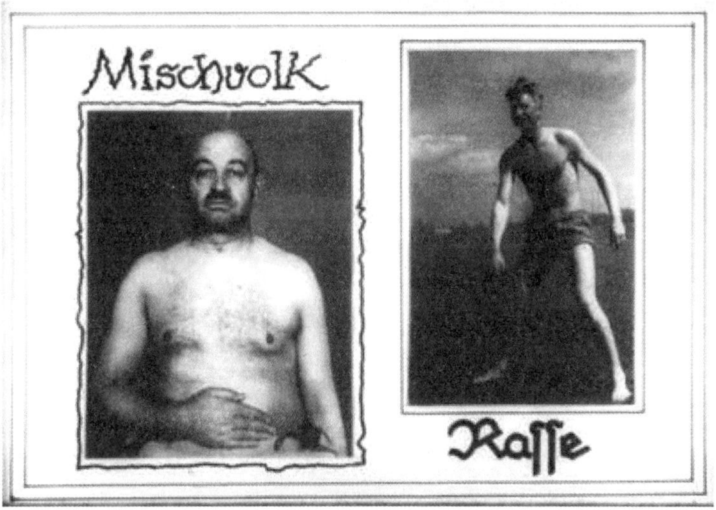

图 20　一幅纳粹的宣传海报，右边是“纯种雅利安人”，左边是“混种”。纳粹很显然十分崇敬人体，也很害怕低等种族污染人性、让人性堕落。

生物学家已经戳破了纳粹的种族理论。特别是 1945 年以后的基因研究，已经证明不同人类谱系之间的差异远远小于纳粹的假设。但这些结论只是最近的事，考虑到 1933 年的科学知识，纳粹当时会这么相信也不难想象。许多西方精英都相信有不同人种的存在，相信白人较为优越，也相信应该要保护、培养这个高贵的种族。像在许多最具盛名的西方大学里，学者用最新的正统科学方法，发表的研究报告号称证明了白人比起非洲人或印第安人更聪明、更有道德也更具技术。而在华盛顿、伦敦和堪培拉的政治家也一心相信自己必须负责避免白色人种受到玷污堕落，所以得要设下重重限制，避免像中国甚至意大利的人民移居到像美国和澳大利亚这种“雅利安人”的国家。

这些立场，就算在新的科学研究发表之后也并未改变。想要达成改变，科学的力量还是远远不及社会和政治。以这个意义来说，希特勒不只把自己送上绝路，也让种族主义跟着一同送葬。在他发动第二次世界大战的时候，他的敌人被迫泾渭分明地区分出“我们”和“他们”。而在这之后，因为纳粹思想大张旗鼓地宣扬种族主义，让种族主义在西方再也抬不起头。然而，改变还是需要时间。至少到20世纪60年代，白人至上仍然是美国政治的主流意识形态。只有白人才能移居澳大利亚的白澳政策，一直到1973年才废除。澳大利亚原住民直到20世纪60年代才有平等的政治权利，而且大多数还是被认为不足以发挥公民的功能，所以无法在选举中投票。

纳粹并不是反人性。他们之所以同自由人文主义、人权和社会人文主义站在对立面，反而正是因为他们推崇人性，相信人类有巨大的潜力。他们顺着达尔文演化论的逻辑，认为必须要通过自然选择淘汰不适合的个人，只留下适者，才能让人类继续生存繁殖。但自由主义和社会主义要保护弱者，不仅让不适者生存了下来，还给了他们繁殖的机会，这样就破坏了自然选择的秩序。如此一来，就算是最适合生存的人类，也不免被一群堕落的人类淹没，变得越来越趋近不适者，一代代下去就可能导致灭绝。

一本1942年的德国生物课本，就有一章“自然和人类的法则”，认为自然界的最高法则就是让所有生物都必须在无情的斗争中求生存，讲到植物如何为了土地而奋斗，甲虫如何为了交配而奋斗，最后课本的结论是：

> 这场生存之战艰辛而无情，但这是让生命延续的唯一道路。这场斗争能够消除一切不适合生存者，并挑选出适合生存

> 的。……这些自然法则不容置疑，目前还存活的生物就是明证。这些生物冷酷无情，抵抗者就会遭到消灭。生物学不只告诉我们关于动植物的事，还告诉我们生活中必须遵守的法则，要坚定我们的志向，依照这些法则生存下去、抵抗下去。生命的意义，就是斗争。对抗这些法则，则终必致祸。

课本里接着又从希特勒的《我的奋斗》(*Mein Kampf*)引了一段："想要违抗自然铁律的人，也就是违抗了那些他应该感谢、让他得以为人的原则。与自然对抗，只会带来人类自己的毁灭。"[66]

* * *

我们刚刚踏入第三个千禧年，演化人文主义的未来仍未可知。在对抗希特勒的战争结束后的60年间，相关的禁忌挥之不去，没人再提出想将人文主义和演化论结合起来、用生物学的方式来让智人"升级"。但到了今天，这种想法已经死灰复燃。虽然已经没有人说要淘汰劣等种族或民族，但许多人正思考着如何利用更先进的人类生物学知识来创造完美的人类。

但与此同时，自由人文主义和最新的生命科学研究成果之间已经出现一条鸿沟，我们很快就无法再忽视而必须直接面对。我们的自由政治和司法系统之所以存在，是因为相信每个人都有一个神圣、无法分割、无法改变的内在本质，这点让世界有了意义，也是一切道德和政治正当性的来源。但这个概念的前身正是传统的基督教信念：相信每个个人体内都有一个自由而不朽的灵魂。然而，过去两百年间，生命科学已经彻底破坏了这个信念。科学家研究人类这个有机体的内部运作，并未找到灵魂的存在。越来越多科学家认为，决定人类行为的不是什么自由意志，而是荷尔蒙、基因和神经突触——我们和黑猩猩、狼和蚂蚁并无不同。我们的司法和政治制度碰上这些发现，多半是视而不见、不愿面对。但坦白说，现在这面堵在生物学以及法律和政治学之间的墙，究竟还能维持多久？

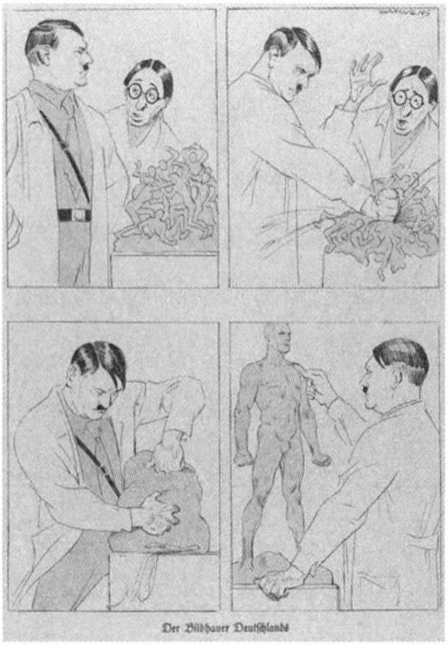

图 21　1933 年的纳粹漫画。漫画将希特勒描绘成要创造完美人类的雕塑家。至于旁边戴眼镜的自由主义知识分子，则因为过程中需要用到的暴力而怯怯懦懦无法动手。（也请注意，画中对人体有着情色的崇拜。）

第十三章

成功的秘密

商业、帝国和全球性的宗教，最后终于将几乎每个智人都纳入了我们今天的全球世界。这个扩张和统一的过程并不是完全直线发展、一帆风顺。但纵观大局，可以看到从许多小文化到少数大文化再到最后的全球单一文化，应该是人类历史无法避免的结果。

然而，虽然我们说全球无法避免成为单一文化，但它并不见得会是现在世界上的任何一种文化。我们当然可以想见其他可能性。为什么现在的全球语言是英语而不是丹麦语？为什么世界上有大约 20 亿基督徒、12.5 亿穆斯林，但祆教只有 15 万人，摩尼教已经完全消失？如果我们能一次又一次回到1万年前，让一切重新开始，是不是一定会看到一神论的兴起、二元论的衰落？

这种实验非人力可及，所以我们确实无从确定。但我们可以检视历史的两种重要特质，让我们得到一点线索。

马后炮的谬误

历史上的每一个时间点，都像是一个十字路口。虽然从过去到现在已经只剩单行道，但到未来却有无数岔路可走。其中某些路比较宽、比较平坦，路标比较明确，所以也是比较可能的选择。然而，历史有时候就是选了一些完全出人意料的道路。

例如在公元4世纪初，古罗马帝国可以用各种方式解决宗教问题，也可以坚持传统、维持多元多神论的情形。但古罗马当时的皇帝君士坦丁回顾过去一个世纪间无止境的宗教纷扰，似乎是觉得如果能有单一的宗教、明确的教义，就能协助他统一各种族。而且，当时可能成为国教的选项众多，像摩尼教、密特拉教（Mithraism）、崇拜赛比利或伊西斯的教派、祆教、犹太教，甚至佛教，都有可能。为什么他最后选了耶稣？是他在哪方面被基督教神学打动？还是基督教有哪方面的教义让他觉得便于利用？是他真的受到什么宗教感召，还是有哪个大臣认为基督教正在迅速扩张，不如赶快搭上顺风车？历史学家虽然可以推测，但无法提供任何明确的答案。他们可以描述基督教“如何”拿下了古罗马帝国，但他们无法解释“为何”能达成这项创举。

而“如何”和“为何”之间有何不同？描述“如何”的时候，是要重建一连串从一点导致另一点的事件顺序。至于要解释“为何”的时候，则是要找出因果关系，看看究竟为什么发生的是这一连串的事件，而不是另一连串的事件。

确实，有些学者会针对像“基督教兴起”这种事件，提出一些斩钉截铁的解释，把人类历史简化成各种生物、生态或经济力量的运作。他们认为古罗马帝国时代的地中海地区在地理、基因或经济方面有些特殊之处，必然促成了一神论宗教兴起。但大多数的史学家对于这种斩钉截铁的理论还是抱持着怀疑。这正是历史成为学科的特点之一：对某个时代的了解越透彻，反而就越难解释为什么发生了这个事件而不是那个事件。但如果对某个时期只是一知半解，就很容易受到结果影响，只看到那些最后成真的可能性。于是，他们就用后见之明来解释着为什么现在的结果无法避免。必须要更深入地了解这些时期，才能真正看到那些最后并未发生的可能结果。

事实上，真正最知道当时情况的人（也就是活在当时的人），正是最看不出历史走向的人。比如对于在君士坦丁统治下的一般古罗马人来说，未来就像是雾里看花。历史的铁则就是：事后看来无可避免的事，在当时看来总是毫不明显。直到今天，情况仍是如此。我们已经走出全球经济危机了吗？还是前面还有更大的打击？中国会不会继续发展、成为全球第一的超级大国？美国会不会丧失霸主地位？一神论基本教义派是会成为全球未来的风潮，又或不过是地方的小骚动，在未来不值一哂？我们走向的是生态的灾难还是科技的天堂？以上所有结果背后都有一套很完整的论述，但我们就是无法确定何者将成真。但如果过了几十年后再回顾，我们就会觉得答案真是太明显了。

特别要强调的是，那些在当代看来最不可能发生的事，常常就是最后成真的事。君士坦丁大帝在公元 306 年即位的时候，基督教不过就是个神秘的东方教派。如果当时有人说基督教会成为古罗马的国教，一定会引来哄堂大笑，就像是说印度教克里须那教派在 2050 年会成为美国的国教一样荒诞无稽。在 1913 年 10 月，布尔什维克党还只是一个很小的俄国激进党派。任何理性的人都想不到，不过短短 4 年后，他们就接掌了俄国。在公元 600 年，如果说一小群住在沙漠里的阿拉伯部落会征服从大西洋到印度的辽阔土地，更是如痴人说梦。而事实上，如果当时拜占庭军队能够抵抗住第一波猛攻，伊斯兰教很有可能至今仍然只是个边缘的异教组织，只有一小群的信众。在这种时候，如果学者要解释为什么某个中年麦加商人得到的天启没能成为热门信仰，简直是再简单不过了。

但这也不是说一切都有可能发生。地理、生物和经济力量确实会造成限制。但限制下仍然有许多发展空间，目前还没有什么确实加以制约的法则。

对于许多希望看到历史必然性的人来说，这种说法大概有些令人失望。毕竟，宿命论吸引人的地方，就在于觉得这个世界和我们的信念都是历史上自然且必然的产物。于是，我们似乎是自然而然就发展出民族国家，自然而然就遵循着资本主义经济原则，也是自然而然地坚信着人权的概念。如果承认历史并非必然，等于是承认了现在的民族主义、资本主义和人权都只是巧合的产物。

然而，历史就是这样的一团混沌，历史就是无法解释得斩钉截铁，无法预测得十拿九稳。在同一时间，有多方力量互相影响、互相牵制，只要某方力量有了极小的改变，结果就会有巨大的不同。不仅如此，历史还是所谓的“二级”混沌系统。混沌系统分成两级，一级混沌指的是“不会因为预测而改变”。例如天气就属于一级混沌系统。虽然天气也是受到无数因素影响，但我们可以建立计算模型，不断加入越来越多因素，让天气预报也越来越准确。

至于二级混沌系统，指的是“会受到预测的影响而改变”，因此就永远无法准确预测。例如市场就属于二级混沌系统。假设我们开发出了一个计算机程序，能够完全准确预测明天的油价，情况会如何？可以想见，油价会立刻因应这个预测而波动，最后也就不可能符合预测。例如，假设目前石油价格是每桶 90 美元，而这个绝对准确的程序预测明天会涨到 100 美元，商人就会立刻抢进，好在预期的涨价中获利。但结果就是油价会在今天就涨到 100 美元，而不是明天。那明天究竟会如何？这件事就没人知道了。

同样，政治也属于二级混沌系统。很多人批评研究苏联的学者没能预测到 1989 年的苏联解体，也嘲笑中东专家没想到 2011 年会爆发阿拉伯之春革命。但这是不公平的。从定义上，革命就是无法预测。如果真能预测有革命，革命就永远不会成真。

原因何在？假设在 2010 年，有某些天才政治学者与某个计算机鬼才合作，开发出某种绝对准确的算法，还有个漂亮的界面，号称能够预测是否发生革命。于是，他们向埃及总统穆巴拉克兜售这项服务，换取了一大笔可观的酬劳，告诉穆巴拉克，他们预测来年在埃及必然爆发大规模革命。穆巴拉克会如何反应？最有可能的是他会立刻降税，用数十亿美元补助人民，顺便也大幅加强秘密警察部队，以防万一。于是，这一切的准备工作发挥了效果。一年很快就过去，而且没有发生革命，真是太让人意想不到了，不是吗？于是，穆巴拉克要求退款。他向科学家大吼大叫：“你这套算法是骗人的！要不是你这套东西，我才不会把钱都拱手让人，我大可多盖一座宫殿！”科学家会辩白道：“可是，正是因为我们预测到了，革命才没有发生啊。”“你是说，你们预测到了，只是没有发生？”穆巴拉克一边说，一边示意叫警卫把他们全部抓起来。“这种神棍，开罗的市场到处都有。”

这么说来，究竟为什么要学历史？历史不像是物理学或经济学，目的不在于做出准确预测。我们之所以研究历史，不是为了要知道未来，而是要拓展视野，要了解现在的种种绝非“自然”，也并非无可避免。未来的可能性远超过我们的想象。举例来说，研究欧洲人究竟是如何控制了非洲人，我们就知道种族歧视绝非自然或无可避免，而且知道世界大有可能是完全不同的样貌。

盲目的历史女神克利俄

虽然我们无法解释历史做出的选择，但有一点可以确定：历史的选择绝不是为了人类的利益。随着历史演进，毫无证据显示人类的福祉必然提升。没有任何证据，证明对人类有益的文化就会成功扩张，而对人类无情的文化就会消失。没有任何证据，证明基督教是比摩尼教更好的选择，或证明阿拉伯帝国比波斯帝国对人类更有利。

没有任何证据，证明历史是为了人类的利益而进展，而原因就在于“利益”并没有客观的衡量标准。不同的文化对于“善”的定义不同，而且并没有客观标准可以决定何者为佳。当然，胜利者永远相信自己的定义才正确。但我们又为什么要相信他们呢？基督徒相信，基督教击败摩尼教对全人类有益；但如果我们不接受基督教的世界观，就没有理由同意他们的想法。穆斯林也认为，穆斯林攻下波斯帝国对人类有益；但也只有在我们接受伊斯兰世界观的前提下，才会觉得确实如此。很有可能，如果基督教和伊斯兰教都彻底消失，人类生活反而更好。

甚至还有学者认为，文化就像是精神感染或寄生虫，而人类就是毫不知情的宿主。寄生虫或病毒就是这样住在宿主体内，繁殖、传播，从一个宿主到另一个宿主，夺取养分，让宿主衰弱，有时甚至丧命。只要宿主能够活着让寄生虫继续繁衍，寄生虫就很少关心宿主的情形。至于文化，其实也是以这种方式寄生在人类的心中。它们从一个宿主传播到另一个宿主，有时候让宿主变得衰弱，有时候甚至让宿主丧命。任何一个文化概念（比如基督教在天上的天堂），都可能让某个人毕生致力于传播这种想法，甚至为此牺牲生命。于是，人类死亡了，但想法持续传播。根据这种说法，文化并不是某些人为了剥削他人而设计出的阴谋，而是因为种种机缘巧合所出现的心理寄生虫，从出现之后就开始剥削所有受到感染的人。

这种说法有时称为“迷因学”（memetics）。迷因学假设，就像生物演化是基于“基因”这种有机信息单位的复制，文化演化则是基于“迷因”（meme）这种文化信息单位的复制。[67] 而所谓成功的文化，就是特别善于复制其迷因，而丝毫不论这对于其人类宿主的成本或利益。

多数人文学者看不起迷因学，认为这只是非专业人士用了一个粗糙的生物学模拟，试图解释文化的进程。然而，同样这批人文学者却有许多人拥抱了迷因学的双胞胎兄弟：后现代主义。对后现代主义思想家来说，文化的基石不是迷因，而是“话语”。只是他们也同意，文化传播时并不考虑人类的利益。例如，后现代主义思想家将民族主义形容成一种致命的瘟疫，于19世纪到20世纪在全世界流传，引起战争、压迫、仇恨和种族灭绝。只要有某个国家的人受到感染，邻国的人就也有可能感染这种病毒。虽然民族主义病毒让自己看起来对全人类有利，但其实主要还是对自身有利。

在社会科学领域中，博弈理论也常有类似的论点。博弈理论告诉我们，在有多位参与者的时候，某些概念和行为模式可能对“所有”参与者都有害，但就是有办法继续存活下去。军备竞赛就是一个著名的例子。很多时候，各国的军备竞赛只会拖垮所有彼此对立的国家，并不会真正改变军事力量的平衡。巴基斯坦买了先进战机，印度就立刻跟进。印度发展核弹，巴基斯坦也有样学样。巴基斯坦扩编海军，印度就立刻仿效。在这一切过程结束的时候，双方权力平衡很可能根本和过去没什么改变，但原本可用于教育或医疗的数十亿美元经费就这样浪费在武器上了。然而，这种军备竞赛的发展势难抗拒。这就是种行为模式，像病毒一样从一个国家传到另一个国家，伤害了所有人，只对行为模式本身有利，符合演化论上繁衍、复制的要求。(在此一提，军备竞赛也像基因一样，本身并没有意识，并不是自觉地在寻求生存和繁殖。其传播是在难以阻挡的发展趋势下，出现 一个意外的结果。)

于是，无论我们把历史发展的动力称为博弈理论、后现代主义或迷因学，“提升人类福祉”绝不是其主要目标。并没有证据显示史上最成功的文化就一定是对智人最好的文化。而就像演化一样，历史的演进并不在意生物个体是否幸福。至于对个别的人类来说，即使受到了历史演进的影响，但通常一方面太过无知，一方面又太过软弱，因此无力改变历史的进程。

* * *

历史就这样从一个岔路走到下一个岔路，选择走某条道路而非另一条的原因总是神秘而不得而知。大约在公元 1500 年，历史做出了最重大的选择，改变的不只是人类的命运，而是地球上所有生命的命运。我们将它称为“科学革命”。科学革命始于西欧，这里可以说只是亚非大陆的一个巨大半岛，在这之前并未在历史上发挥重大作用。但为什么科学革命是出现在此，而不是中国或印度？又为什么是第二个千禧年的中叶，而不是 200 年之后或者 300 年之前？这一切，我们都不知道。学者已经提出数十个理论，但都不特别具有说服力。

历史有太多的可能性，而许多的可能性最后都未成真。我们不难想象，历史其实很有可能就这样一代又一代地过去，而从未发生科学革命，就像即使没有基督教，没有古罗马帝国，没有金币，历史还是会继续发展下去。

第四部分

科学革命

图 22　新墨西哥州阿拉莫戈多（Alamogordo），1945 年 7 月 16 日，早上 5 点 29 分 53 秒。这是第一颗原子弹引爆 8 秒后的影像。核物理学家罗伯特·奥本海默在看到这场爆炸之后，引述了《薄伽梵歌》(*Bhagavad Gita*)："现在我成了死神，世界的毁灭者。"

第十四章

发现自己的无知

假设有个西班牙农民，在公元1000年沉沉睡去，等到他醒来的时候已经过了500年，虽然这时哥伦布的水手已经登上新大陆，但他看看四周的世界，还是会感到十分熟悉。这时的科技、礼仪和国界都有许多不同，但这位做了个李伯大梦（*Rip Van Winkle*）的中世纪农民仍然能有家的感觉。然而，如果是某位哥伦布的水手做了这场梦，醒来的时候听到的是21世纪的iPhone铃声，他会发现自己处在一个完全陌生、无法理解的世界。他很可能会问自己："这是天堂吗？还是地狱?！"

在过去500年间，人类的力量有了前所未有的惊人成长。公元 1500 年时，全球智人的人口大约有 5 亿，但今天已经到了 70 亿。[68] 人类在 1500 年生产的商品和服务总共约合现值 2500 亿美元，[69] 但今天每年人类生产的价值约为 60 万亿美元。[70] 在 1500 年，全人类每天总共约消耗 13 万亿卡路里，但今天每天要消耗 1500 万亿卡路里。[71]（看看这些数字，人口增加了 14 倍，生产增加了 240 倍，消耗的能量增加了 115 倍。）

假设有一艘现代战舰回到了哥伦布的时代，只要几秒就能摧毁整个哥伦布的船队，也能轻松击沉当时所有世界强权的海军，自己连个刮痕都不会有。只要有 5 条现代的货轮，就能承载当时全世界所有船队所运的货物。[72] 只要有一台现代计算机，就能储存中世纪所有图书馆里全数抄本和卷轴的信息，而且还剩下许多空间。就算把所有前现代王国的财产数量全部相加，也比不上现在世界上任何一家大型银行。[73]

在公元 1500 年，有几个城市人口已经超过 10 万，多数建材使用泥土、木材和稻草；只要有三层楼的建筑，就已经算是座摩天大楼。街道是有车辙的泥土路，夏天尘土飞扬，冬天泥泞不堪，街上满满的是行人、马匹、羊、鸡，以及少数的运货马车。城市里最常听到的噪音是人声和动物声，偶尔还会听到锤子和锯子的声音。日落时分，城市景观是一片黑，只有偶尔能见到的几点烛光，或者火把闪烁。如果这种城市的居民看到了现在的台北、纽约或孟买，他会怎么想?

在 16 世纪前，从没有人绕地球航行一周。一直要到 1522 年，麦哲伦的船队历经 72 000 公里的旅程，终于回到西班牙，完成了环球壮举。这趟旅程耗时 3 年，几乎所有探险队员都在途中丧生，麦哲伦也是其中一员。而到了 1873 年，在科幻小说家凡尔纳（Jules Verne）的想象中，富有的英国探险家福格（Phileas Fogg）已经可以只花 80 天就环游世界一周。而到了今天，只要有中产阶级的收入，任何人都能够在 48 小时内轻松又安全地完成环球大业。

在公元 1500 年，人类还被局限在地面上。虽然可以盖起高塔、爬上高山，但天空仍然是专属于飞鸟、天使和神的领域。而到了 1969 年 7 月 20 日，人类登陆月球。这不只是一项历史成就，更是一项演化上甚至是宇宙间的壮举。在过去 40 亿年演化期间，没有任何生物能够离开地球大气层，更不用谈要在月球上留下手印或足迹。

在地球上，微生物占了全部有机体大约 99.99%，但人类要到非常晚近，才对微生物有所认识。这并不是因为微生物与我们无关，相反的是，我们每个人身上都有数十亿个单细胞生物，而且还不只是搭搭便车的关系。微生物可以说是我们最好的朋友，也是最致命的敌人。有些微生物可以帮助消化、健胃整肠，而有些则会导致疾病、造成感染。一直要到 1674 年，才有人第一次真正看见了微生物。当时安东·冯·列文虎克（Anton van Leeuwenhoek）自制了一台显微镜，用来观察一滴水，他看到里面有许多小生物动个不停，这让他大吃一惊。在随后的 300 年间，人类才开始认识许许多多的微生物物种。时至今日，我们已经能够治疗大多数由微生物造成的致命传染病，也能够将微生物用于医疗和产业用途。例如我们可以用细菌来制造药物、生物燃料，或者杀死寄生虫。

然而，如果要在过去 500 年间挑出一个最重大、最具代表性的一刻，一定就是 1945 年 7 月 16 日早上 5 点 29 分 45 秒。就在这一秒，美国科学家在新墨西哥州的阿拉莫戈多引爆了第一颗原子弹。从这时开始，人类不仅有了改变历史进程的能力，更有了结束历史进程的能力。

* * *

将人类带到阿拉莫戈多、带上月球的这段历史进程，称为“科学革命”。在这场革命中，人类因为将资源投入科学研究，取得了巨大的新力量。之所以说这是一场革命，是因为一直到大约公元 1500 年前，全球人类还不相信自己能在医疗、军事和经济方面再有什么突破。政府和富有的赞助者虽然也会将资金投入教育和作为奖学金，但一般来说只是为了维持现有能力，而不是取得新的能力。典型的前现代统治者会赞助牧师、哲学家和诗人，目的是请他们让他的统治合法化，并且维护社会秩序，而不是要

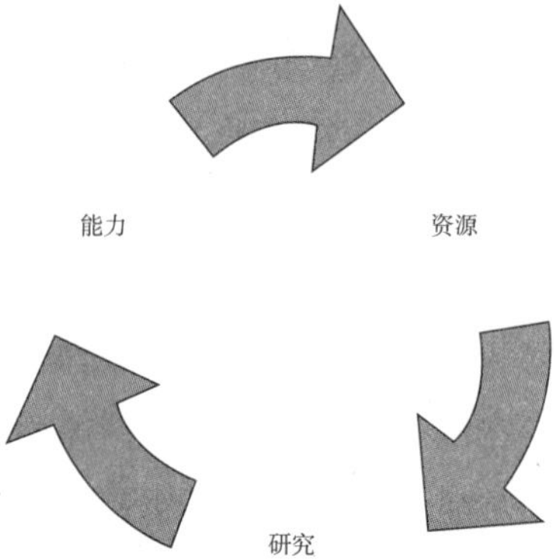

科学革命的回馈循环。科学需要的不只是研究本身要有进展，更需要科学、政治和经济彼此相互强化。如果没有政治和经济组织提供资源，科学研究几乎就不可能成功。反过来说，科学研究也为赞助者带来新的能力，让他们能够取得新的资源，而部分就会再用来研发新的能力。

他们发明新的药物、武器，或刺激经济增长。

但在过去的500年中，人类越来越相信可以依靠投资科学研究提升人类的能力。而且这不只是盲目的信仰，而是经过了反复的证明。随着证据越来越多，手中握有资源的富人和政府也就越来越愿意投入科学研究。如果没有这些投资，人类永远不可能在月球上漫步，不可能操纵微生物，更不可能分裂原子。以美国政府为例，最近数十年投入数十亿美元从事核物理研究。凭借相关研究，美国得以兴建核发电厂，为美国产业提供廉价的电力，而产业又能纳税给美国政府，政府再拨其中部分继续研究核物理。

为什么现代人越来越相信自己能够靠研究取得新的能力？又是什么促成了科学、政治和经济的结合？本章先着重在现代科学的独特性，以提供部分解答。接下来的两章会再探讨科学、欧洲帝国、资本主义经济三者之间如何形成联盟。

不知为不知

至少在认知革命之后，人类就很希望能了解这个世界。我们的祖先投入大量时间和精力，希望能找出支配自然界的法则。然而，现代科学与先前的知识体系有三大不同之处：

1. **愿意承认自己的无知**。现代科学的基础就是拉丁文前缀“ignoramus-”，意为“我们不知道”。从这种立场，我们承认了自己并非无所不知。更重要的是，我们也愿意在知识进展之后，承认过去相信的可能是错的。于是，再也没有什么概念、想法或理论是神圣不可挑战的。

2. **以观察和数学为中心**。承认无知之后，现代科学还希望能获得新知。方式则是通过收集各种观察值，再用数学工具整理连接，形成全面的理论。

3. **取得新能力**。光是创造理论，对现代科学来说还不够。它希望能够运用这些理论来取得新的能力，特别是发展出新的科技。

科学革命并不是“知识的革命”，而是“无知的革命”。真正让科学革命起步的伟大发现，就是发现“人类对于最重要的问题其实毫无所知”。

对于像伊斯兰教、基督教、佛教、儒教这些前现代知识体系来说，它们假设世上所有重要的事情都已经为人或为神所知。这些全知者可能是某些伟大的神、某个全能的神或是某些过去的智者，通过经典或口传，将这些智慧传给后人。而对于平民百姓而言，重点就是要钻研这些古籍和传统，正确加以理解，就能获得知识。在当时，如果说《圣经》、《古兰经》或《吠陀经》居然漏了某些宇宙的重大秘密，而这个秘密又居然能被一般血肉之躯的人发现，这简直是不可思议的事。

对古老的知识体系来说，只会承认两种无知的可能。第一种，“个人”可能不知道某些重要的事。要取得必要的知识，他该做的就是去问那些更聪明的人，而不是去寻找什么还没有人知道的事。例如，如果有一位 13 世纪的英格兰农夫，想知道人类究竟是怎么来的，他会认为基督教知识体系一定能有明确的答案。所以，他该做的就是去请教当地的牧师。

第二种，“整个知识体系”可能不知道一些“不重要”的事。就当时的定义来说，伟大的神祇或智者都懒得告诉我们的事，一定是不重要的。例如，假设我们这位英格兰农民又想知道蜘蛛是怎么结网的，他去问牧师也没用，因为任何的基督教经典都不会提到这个问题的答案。然而，这绝对不代表基督教有什么缺陷。反而是代表蜘蛛怎么结网这件事根本不重要，人类无须知道。毕竟，上帝一定知道蜘蛛怎么结网，而如果这件事这么重要、会影响到人类的繁荣和救赎，上帝怎么可能不在《圣经》里面有完整的解释？

基督教并不会禁止民众研究蜘蛛。但研究蜘蛛的学者（如果中世纪欧洲真的有人研究蜘蛛的话）就必须有心理准备，知道自己在社会上就是处于边缘角色，而且不管研究结果为何，基督教永远都是对的。所以，不管学者研究的是蜘蛛、蝴蝶，还是加拉帕戈斯雀，都只会被视为无关痛痒的事，不会影响到社会、政治和经济的基本真理。

事实上，事情永远没那么简单。就算是最虔诚、最保守的时代，还是会有人认为，一定有什么“重要的事”，是“整个知识体系”所不知道的，但这种人常常就会被边缘化或遭受迫害；但也有可能，他们就会开创一个新的体系，开始宣称只有他们才知道所有该知道的事。举例来说，穆罕默德宗教生涯的第一步，就是谴责他的阿拉伯同胞，说他们对于真正神圣的真理一无所知。穆罕默德很快就宣称只有自己知道全部的真相，而信众也开始称呼他为“先知的封印”（The Seal of the Prophets，意为所有先知到此为终结）。于是，所有的启示当然也就是到穆罕默德为止，之后再也没什么重要的了。

现代科学是一套独特的知识体系，独特之处也就在于公开承认这“整套体系”都对一些“最重要的问题”一无所知。达尔文从来没有说过自己是“生物学家的封印”，说自己已经完全解开了生命的谜团。经过几个世纪的大规模科学研究，生物学家承认，他们还是无法完整解释为什么大脑能够产生意识。物理学家也承认，他们不知道什么引起了宇宙大爆炸，也不知道如何让量子力学与广义相对论结合起来。

也有些时候，因为不断有新证据出现，各种科学理论也就互相交锋、战火激烈。一个典型的例子，就是究竟哪种经济模式最好。虽然每个经济学家都可能会说自己的模式最恰当，但每次出现金融危机和股市泡沫，我们就会看到主流改变；目前一般公认，我们还是不知道最佳的经济模式究竟为何。

还有些时候，因为现有的证据强力支持某些理论形成主流，于是其他理论就被冷落。虽然我们一般认定主流理论为真，但每个人也都同意，如果新证据出现而与主流理论相违背，主流理论也就需要修正甚至是淘汰。像板块构造理论和演化论就属于这种例子。

现代科学愿意承认自己的无知，就让它比所有先前的知识体系更具活力、更有弹性，也更有求知欲。这一点大幅提升了人类理解世界如何运作的能力，以及创造新科技的能力。然而，这也给人类带来祖先多半无须面对的一个严重问题。就现在这个体系而言，我们假设自己并非无所不知，现有的知识也并未定案，但这也同样适用于那些让数百万人得以有效合作的虚构故事。如果证据显示这些故事有许多都大有问题，社会岂不是要崩溃了？要怎样才能让社会、国家和国际体系继续维持运作？

正因如此，现代想要维持社会政治秩序稳定，只能依靠两种不科学的方法，其他别无选择。

1. 虽然采用科学理论，但必须违反一般科学做法：宣称这就是绝对的真理。纳粹就是采用这种方式，声称他们的种族政策是来自生物事实的推论。

2. 不要采取科学方法，而诉诸“非科学的绝对真理”。这一直是自由人文主义的策略。自由人文主义的基础在于坚持主张人类的特殊价值和权利，但很尴尬的是，对智人的科学研究并不认同这种看法。

但我们也不该太过惊讶。毕竟，科学还是得倚靠着种种宗教和意识形态信仰，才能取得经费，并将研究正当化。

不论如何，现代文化已经比过去任何文化都更愿意承认自己的无知。而现代社会之所以还能够维系，原因之一就在于对科技和科学研究方法的信任，这几乎成了类似宗教的信仰，甚至在一定程度上也取代了对绝对真理的信念。

科学教条

现代科学没有需要严格遵守的教条，但研究方法有一个共同的核心：收集各种实证观察（可以用感官感受到的），并以数学工具整理。

人类从历史一开始就不断进行实证观察，但其影响常常十分有限。毕竟，如果我们觉得已经有了所有问题的答案，为什么还要浪费资源进行新的观察？然而，现代人们开始承认自己在某些非常重要的问题上几近无知，就开始觉得需要寻找取得全新的知识。因此，主流的现代研究方法就会预设旧知识有所不足。而且，这时候的重点不在于研究旧的知识体系，而是要强调新的观测、新的实验。如果现在观察到的现象与过去的传统知识体系相冲突，我们会认为现在的观察才正确。当然，如果是研究宇宙星系的物理学家、研究青铜时代城市的考古学家或研究资本主义产生的政治学家，就不会忽略传统知识体系。他们会研究过去的智者究竟写了什么、说了什么。但不论是想当物理学家、考古学家还是政治学家，在读大学的第一年，就会有人告诉他们，要把目标放在超越爱因斯坦、施里曼（Schliemann）和韦伯所告诉我们的知识上。

***

然而，光是观察并不足以成为知识。为了要了解宇宙，我们必须整理各种观察，整合成完整的理论。早期的知识体系常常是用“故事”构成理论，而现代科学用的则是“数学”。

例如在《圣经》、《古兰经》、《吠陀经》或儒教经典里，我们很少看到有图表或计算公式。传统的神话和经典里，讲到所谓的一般法则都是用文字叙述，而不是用数学公式。举例来说，摩尼教提出的基本原则认为世界是善与恶的战场。恶的力量创造了物质，而善的力量创造了精神。人类就处于这两股力量之间，而应该从善弃恶。然而，摩尼教的先知摩尼（Mani）并没有用什么公式来告诉我们善恶两方各自拥有多少力量，人类应该据以做什么选择。他从来没有算过什么“作用在人身上的力等于精神的加速度乘以身体的质量”。

但这正是科学家的目标。在 1687 年，牛顿发表《自然哲学的数学原理》（*The Mathematical Principles of Natural Philosophy*），这可以说是现代历史上最重要的著作。牛顿在书中提出三大运动定律，只要用三个非常简单的数学公式，就能够解释宇宙中苹果或者流星掉落的规律：

$$(1)\ \sum \vec{F} = 0$$
$$(2)\ \sum \vec{F} = m\vec{a}$$
$$(3)\ \vec{F}_{1,2} = -\vec{F}_{2,1}$$

从此之后，任何人想要了解炮弹或行星是如何运动的，又会落向何方，只要测量一下物体的质量、方向、加速度和作用力，把这些数据填入牛顿的方程式，答案简直就像魔术一样跃于眼前。一直要到 19 世纪末，科学家才观察到有某些状况并不符合牛顿运动定律，于是带来下一波物理理论的革命：相对论和量子力学。

* * *

牛顿告诉我们，大自然这本书所用的书写语言是数学。某些章节可以总结成某个明确的方程式。也有些学者想仿照牛顿，将生物学、经济学和心理学整理成简单的公式，却发现这些领域实在太复杂，不可能依样画葫芦。然而，这并不代表他们就放弃了数学。在过去 200 年间，为了处理现实中更复杂的层面，数学发展出一个新的分支：统计学。

1744 年，亚历山大·韦伯斯特（Alexander Webster）和罗伯特·华莱士（Robert Wallace）这两位苏格兰长老会教士打算成立一个寿险基金，为神职人员的遗孀和孤儿提供补助。他们建议教会的每一位牧师都将收入拨一部分进入基金，基金用这笔钱从事投资。如果牧师过世，遗孀就能从基金的获利中取得分红，她的余生也有了保障。然而，他们必须先知道基金规模多大才足够完成这种目标。韦伯斯特和华莱士必须预测每年大约会有多少牧师过世、留下几位孤儿寡妇，以及这些寡妇在丈夫过世后还会活几年。

我们来提一下这两位教士“没有做”什么。他们没有向上帝祈祷告诉他们答案，没有在《圣经》或古代神学家作品中遍寻解答，也没有提出抽象的哲学争论。毕竟，苏格兰人本来就是个实际的民族。于是他们联络了爱丁堡大学的数学教授科林·麦克劳林（Colin Maclaurin）。他们收集了民众过世年龄的资料，用以计算在某一年里可能有几位牧师过世。

这些计算要归功于当时不久前在统计与概率等领域的几项突破。其中之一是雅各布·伯努利（Jacob Bernoulli）的大数法则（Law of Large Numbers）。伯努利认为，虽然某些单一事件（例如某个人死亡）难以准确预测，但只要有了许多类似事件，用平均结果来预测就能相去不远。换句话说，虽然麦克劳林无法用数学预测韦伯斯特和华莱士是不是明年就会过世，但只要有足够的数据，他就能告诉韦伯斯特和华莱士明年很有可能有多少位苏格兰长老教会牧师会过世。幸运的是，他们手上已经有现成的数据。爱德蒙·哈雷（Edmond Halley）在50年前就已经发表相关统计表，正好派上用场。哈雷分析了德国布雷斯劳市（Breslau）的1238份出生、1174份死亡记录，让我们看到某个20岁的人死在某一年的概率是1∶100，而50岁的人则是1∶39。

整理这些数字之后，韦伯斯特和华莱士得出结论：平均而言，苏格兰通常有930位长老教会牧师，每年过世27位，而其中有18位会留下遗孀。在没有留下遗孀的几位中，有5位会留下孤儿，至于有遗孀的，也有两位可能有不到16岁的孩子。他们还计算出遗孀有可能在多久之后过世或再婚（这种时候便停止补助）。有了这些数据之后，韦伯斯特和华莱士就能判断加入基金的牧师每人该付多少钱，为自己的亲人打算。当时，如果牧师年缴 2 英镑 12 先令又 2 便士，他的遗孀便能一年得到 10 英镑。这在当时可是一大笔钱。而如果他认为这还不够，可以选择年缴 6 英镑 11 先令 3 便士，遗孀一年就能得到 25 英镑，生活更为优渥。

根据他们的计算，到 1765 年，这个“苏格兰教会牧师遗孀及孩童抚恤基金”总资本会有 58 348 英镑。事后证明，他们的计算准确到不可思议。到了这一年，基金总资本为 58 347 英镑，只比预测少了 1 英镑！这可是比所有宗教先知的预言都准确太多了。时至今日，他们的基金简称为苏格兰遗孀基金（Scottish Widows），是全球最大的退休金和保险公司之一，总值高达 1000 亿英镑，现在任何人都能够购买其保单，而不只保障苏格兰的遗孀。[74]

这两位苏格兰神职人员所用的概率计算，后来不仅成了精算学的基础（这是退休金和保险业务的核心），也成了人口统计学的重要概念［人口统计学则是由圣公会的牧师罗伯特·马尔萨斯（Robert Malthus）所建立］。接着，人口统计学又成了达尔文（他也差点儿成了英国圣公会的牧师）建立演化论的基础。虽然没有公式能够预测某种条件下什么样的生物可能演化，但遗传学家还是能够利用概率计算，了解某个特定族群产生特定突变的可能性。这样的概率模型已经成了经济学、社会学、心理学、政治学和其他社会科学及自然科学的基础。就算是物理学，最后牛顿的经典公式也加入了量子力学的概率云（probability cloud）概念。

* * *

只要看看教育的历史，就能知道这项进展对人类有多大的影响。一直以来，数学就是一门深奥的学问，就算是知识分子也很少真的全心投入。在中世纪的欧洲，教育的核心是逻辑、语法、修辞，数学教育通常就只是简单的算术和几何学。没有人研究统计学这件事。神学无疑是所有学科中的王道。

但到了今天，修辞学乏人问津，逻辑只剩哲学系继续捧场，神学只剩神学院大力支持。但有越来越多的学生有兴趣或者被强迫学数学。走向精确科学（exact science）的趋势势不可挡，而所谓的“精确”，正是因为使用了数学工具。就算是像语言学或心理学这种传统上属于人文领域的学科，现在也越来越依赖数学，并试图让自己看来有着精确科学的样子。统计课程现在已经不只是物理学和生物学的必修课，连心理学、社会学、经济学和政治学也同样需要。

例如，在我任教的大学，心理系列出的第一项必修课就是“心理学研究统计与方法概论”。而到了第二年，心理系学生还得修“心理学研究统计方法”。如果你告诉孔子、佛陀、耶稣和穆罕默德，要先学会统计，才能了解人的心灵、治愈人的疾病，他们一定会觉得一头雾水。

知识就是力量

对大多数人来说，要消化了解现代科学并不容易，因为对人脑来说，这种数学语言很难掌握，而且其结果常常与一般常识互相矛盾。在全球70亿人口中，有多少人真的了解量子力学、细胞生物学或总体经济学？尽管如此，因为科学为人类带来太多新的能力，也就享有崇高的地位。虽然总统和将军可能自己不懂核物理，但他们对于核弹能做什么事可是了如指掌。

在1620年，培根（Francis Bacon）发表了《新工具》（*The New Instrument*）的科学宣言，提出“知识就是力量”。对“知识”的考验，不在于究竟是否真实，而在于是否能让人类得到力量或权力。科学家一般公认，没有任何一种理论百分之百正确。因此，用“真实”与否来为知识评分并不妥当。真正的考验就是实用性。能让我们做出新东西来的，就是知识。

几个世纪以来，科学为人类提供了许多新的工具。有些是思考的工具，例如能够用于预测死亡率和经济成长率的工具；但更重要的是科技工具。科学和科技的关联实在太过密切，让许多人将这两者混为一谈。我们常常会认为，没有科学研究就无法发展出新科技，而如果不会产生新科技，科学研究也就没有意义。

但事实上，科学和科技是在最近才开始紧密相连。在公元1500年前，科学和科技还是两个完全不同的领域。培根在17世纪将这两者接轨的时候，其实是个革命性的想法。两者的关系在17、18世纪更趋紧密，但要到19世纪才真正孟不离焦。即使到了1800年，当时多数的统治者都希望能有一支强大的军队，多数的商业大亨也都希望能有蓬勃的企业，但他们都还完全不会想到要为物理学、生物学、经济学等研究提供资金。

当然，史上并不是没有例外。只要是优秀的历史学家，绝对都能找出例外情形；但如果是更优秀的历史学家，就会知道这些例外只是出于某些人一时的好奇，不应该因此影响对大局的判断。一般来说，前现代的统治者和商人想取得新科技的时候，多半并不是将资金投入研究宇宙的本质，而多数的思想家也不会想把他们的发现发展成科技上的小工具。统治者资助教育机构，目的只是为了传播传统知识、强化现行秩序。

虽然在过去也常有人发展出新科技，但通常是些未受过教育的工匠不断尝试错误而产生，而不是学者经由系统化的科学研究而得。运货马车的制造商，每年会用一样的材料制作出一样的车，而不会把每年赚的钱的一定比例投入研发新型马车。虽然马车的设计偶尔也会有所改善，但通常是因为当地某个木匠的聪明才智，而且他通常一步也没进过大学，很可能大字也不识一个。

不仅民间如此，公共部门也一样。在现代国家里，从能源、医疗到废弃物处理，国家几乎都会要求由科学家提出解决办法，但这在古代的王国里很少出现。古今比较，最明显的差别就在于武器设备。1961 年，即将卸任的美国总统艾森豪威尔对于军事与产业结合、势力不断膨胀的情形提出警告，但他的说法并不完整。除了军事和产业，科学也是其中一分子，因为今日的战争正是科学的产物。许多的科学研究和科技发展，正是由军事所发起、资助及引导。

在第一次世界大战陷入无止境的壕沟战时，双方都寄望科学家能够打破僵局、拯救自己的国家。这些穿着实验衣的人响应了这项号召，从实验室里大量推出各种令人咋舌的新式武器：战机、毒气、坦克、潜艇，比以往效能更高的机枪、大炮、步枪和炸弹。

到了第二次世界大战，科学的重要性更是一日千里。1944 年底，德国节节败退，战败已经近在眼前。一年前，德国人的盟友意大利也已经推翻了墨索里尼，向同盟国投降。然而，即使英美苏三国联军步步进逼，德国还是不断顽强抵抗。德国军民还能够维持一线希望的原因之一，就是他们相信德国科学家即将能够推出如同奇迹般的新武器，例如 V2 火箭和喷气式飞机，力挽狂澜。

然而，虽然德国人确实在研发火箭和喷气式飞机，美国曼哈顿计划却已经将原子弹研发成功。1945 年 8 月初，原子弹制造完成，虽然德国已经投降，但日本还在负隅顽抗。美国军队作势攻入日本本岛。日本誓死抵抗，准备决一死战，而且这绝非装腔作势。美国将军告诉杜鲁门总统，如果真要入侵日本本土，必然有超过百万美国士兵丧命，战争也必然会延长到1946年。于是，杜鲁门决定使用这款新型炸弹。在两枚原子弹投下之后，日本宣布无条件投降，战争就此告终。

然而，科学除了研发出攻击性武器，也可能提供防御的功能。今天有许多美国人相信解决恐怖主义威胁的关键不在政治，而是科技。他们相信只要在纳米科技产业再投入几百万美元，美国就能研发出类似仿生间谍苍蝇的装置，前往每个阿富汗的山洞、也门的碉堡或北非的军营。只要梦想成真，本·拉登的继任者就算只是泡杯咖啡，中情局的间谍苍蝇也能了如指掌，立刻将这个重要信息传回中情局本部。他们也相信，只要在大脑研究领域再投入几百万美元，就能在每个机场配备超精密的脑波扫描仪，侦测种种愤怒和仇恨的思想。这会成真吗？没有谁知道。开发这些间谍苍蝇或思想扫描仪真的是明智的做法？这也是未定之数。尽管如此，就在你读着这几行字的时候，美国国防部很可能就投入了数百万美元，研发相关的纳米技术，资助相关的大脑实验，推动相关的种种研究。

从坦克、原子弹到仿生间谍苍蝇，一般人可能想不到的是，这种对于军事科技的迷恋其实到了近代才出现。在19世纪前，军事上的主要变革都在于组织而不是科技。在不同文明第一次接触时，科技差距有时候影响重大，但即使如此，却很少人认真想过要刻意制造或扩大这种差距。大多数的帝国之所以兴起并不是因为有了形同巫术般的科技，而且统治者也并未认真思考要提升科技。阿拉伯人能够打败波斯帝国，并不是因为弓或剑更为优良；土耳其人能够打败拜占庭，并不是科技上占了什么优势；蒙古人征服中国，靠的也不是什么巧妙的新武器。事实上，以上这些战败国的军事和民间科技，其实都更先进。

古罗马军队是个特别好的例子。这是当时最强的军队，但就科技上来说，古罗马并不比迦太基、马其顿或塞琉古帝国占有优势。古罗马军队的优点在于有效率的组织、铁一般的纪律，以及庞大的后备力量。古罗马军队从来没有研发部门，在几世纪间，所用的武器大致上并无不同。前面提过，小西庇阿曾在公元前 2 世纪率大军攻下努曼西亚，将迦太基夷为平地，而如果他的军队穿越时空来到 500 年后的君士坦丁在位期间，他战胜的概率其实仍然很高。但想象一下，就算已经到了 16 至 18 世纪的近现代，如果把康熙皇帝的军队带到现代，要和中国人民解放军一较高下，情况会是如何？虽然康熙文治武功均高，手下也有一批猛将，但在现代武器装置之前都将不堪一击。

无论是在古罗马还是在古中国，多数的将领和哲学家都不认为研发新武器是自己的责任。然而，中国史上最伟大的发明就包括了火药。而就目前所知，火药的发明其实是一场意外，原本的目的是道士想炼出长生不老药来。而从火药后来的发展，就更能看出这种趋势。有人可能会认为，有了这些道教炼丹术士，中国就要称霸全球了。但火药这种全新化合物在中国的主要用途只是鞭炮而已。就算是蒙古大军已经兵临城下，也没有哪个宋朝皇帝急着建立起中世纪的曼哈顿计划，发明某种末日武器来拯救宋朝。一直要到大约 15 世纪（火药发明大约 600 年后），大炮才成了亚非大陆上战争的决定性因素。从一开始，火药就有了能够攻城略地的潜力，但为什么要花这么久才付诸军事用途？原因就在于，火药刚发明的时候，不论是皇帝、文人还是商人，都没想到新的军事科技能够救国或者致富。

情况一直要到15、16世纪才有所改变，但又要再过200年后，才有证据显示统治者确实已经愿意将资金投入新武器的研发。在当时，后勤对战争的影响仍然远大于科技。拿破仑在1805年的奥斯特利茨（Austerlitz）战争大破俄奥联军，但他所用的武器其实和不久前被送上断头台的路易十六的并无太大不同。拿破仑本人虽然是炮兵出身，但对新武器的兴趣不大。科学家和发明家曾希望说服他拨款研发飞行器、潜艇和火箭，但他仍然意兴阑珊。

一直要到资本主义制度和工业革命登场，科学、产业和军事科技才开始了水乳交融的关系，从此世界急速全然改观。

进步论的理想

在科学革命之前，多数人类文化都不相信人类还会再进步。他们觉得黄金时代属于过去，整个世界只会停滞甚至恶化。如果恪遵祖宗智慧，或许能够再次唤回过去美好的时光；如果发挥人类智慧，或许也能勉强改善日常生活的某些方面。然而，人们普遍不相信人类知识能够克服世界上最重大的问题。如果连穆罕默德、耶稣、佛陀、孔子这些全知者都没办法解决饥荒、疾病、贫穷和战争，我们这些平凡人又怎么做得到呢？

许多信仰相信，总有一天会出现某位救世主，解决一切战争、饥荒甚至死亡。但是如果说人类可以靠着发现新知识、发明新工具就解决一切问题，就会被认为不只是可笑，更是狂妄自大。无论是巴别塔、希腊神话的伊卡洛斯（Icarus）还是犹太传说的活假人（Golem），这些神话故事都在告诫人类，不要企图超越人类的极限，否则只会灾难加身。

等到现代文化承认自己对许多重要的事还一无所知，又发现科学研究可以给我们新的力量，人类开始思索，觉得确实还有可能真正进步。随着科学开始解决一个又一个过去认为无法解决的问题，许多人也开始相信，只要取得并应用新知，人类就能解决所有的问题。贫困、疾病、战争、饥荒、年老和死亡看来都已不再是人类必然的命运，而只是无知造成的限制。

一个著名的例子就是闪电。在许多文化里，闪电都被认为是愤怒的雷神之锤，用来惩罚罪人。但在18世纪中叶有了一个科学史上最著名的实验，富兰克林（Benjamin Franklin）在一场雷雨中放风筝，希望验证闪电是否只是一道电流。通过富兰克林的实证观察，再加上他对电的特性的知识，他终于发明了避雷针，于是神祇缴械认输。

贫穷是另一个例子。在许多文化里，贫穷都被认为是这个不完美世界里不可避免的一部分。根据《圣经·新约全书》，在耶稣被钉十字架前不久，有一个女人拿着一瓶珍贵的香膏来浇在耶稣的头上，香膏足足价值300迪纳厄斯银币。耶稣的门徒认为这么大一笔钱可以用来赈济穷人，不该如此浪费，因此有些生气。但耶稣则为她辩护，说道："常有穷人和你们同在，要向他们行善随时都可以；只是你们不常有我。"（《马可福音》，14:7）。但到了今天，就算是基督徒，也越来越少人会同意耶稣的说法。就现在看来，贫穷越来越像是个可以处理的技术问题。一般都认为，只要以农学、经济学、医学、社会学的最新发现为基础，制定相关政策，就能消灭贫穷。

而且确实，世界许多地方已经不再有最恶劣的贫穷形式。纵观历史，社会上有两种贫穷：1. 社会性的贫穷，指的是某些人掌握了机会，却不愿意释出给他人；2. 生物性的贫穷，指的是因为缺乏食物和住所，而使人的生存受到威胁。或许社会性的贫穷永远都会存在、无法根除，但在全球许多国家中，生物性的贫穷都已经成了过去式。

在不久之前，大多数人的生活还十分接近生物贫穷线，只要一落到这条线以下，就代表无法得到足以维持生命的热量。于是只要稍微失算或者一时不幸，就很容易落到线下，面临饿死的危机。而无论是天灾还是人祸，都很可能让一大群人共同落入这个深渊，造成数百万人死亡。但到今天，全球大多数人民都有一张安全网。可能是个人保险，可能是社会福利，也可能是当地或国际非政府组织的保护，能让他们免遭不幸。即使某一地区遭遇重大灾难，全球动员的救灾工作通常也能避免情况恶化到无可挽回。虽然民众还是会碰上一些落魄、耻辱、贫病交错的情形，但在多数国家里，都不会再发生饥饿至死的惨剧。事实上，许多社会现在的问题是营养过剩，胖死比饿死的概率更高。

吉尔伽美什计划

人类所有看来无法解决的问题里，有一项最令人烦恼、最有趣且最重要：死亡。在现代晚期之前，大多数的宗教和意识形态都想当然地认为死亡是不可避免的命运。此外，多数的信仰也以死亡作为生命意义的主要来源。想象一下，如果没有死亡，伊斯兰教、基督教或古埃及宗教会变得如何？这些宗教告诉信众，他们应该和死亡达成一种协议，将重点放在来世，而不是在今生试图克服死亡、寻求永生。当时最聪明的人才，想的是如何给死亡赋予意义，而不是逃避死亡。

这个主题也出现在现存最古老的神话里：苏美尔人的吉尔伽美什（Gilgamesh）神话。这则神话的主角是乌鲁克（Uruk）的国王吉尔伽美什，他英勇善战，无人能敌。有一天，他最好的朋友恩基杜（Enkidu）过世，他坐在遗体旁陪着他许多天，直到看到朋友的鼻孔里掉出了一只蛆来。那一刻，吉尔伽美什感到极度惊恐，下定决心设法战胜死亡。他接着踏上旅程前往世界的尽头，途中击败狮子、与蝎人作战，还得找到方法进到阴间。到了阴间，他打碎了几个岩石巨人，遇见阴间的摆渡人乌夏纳比（Urshanabi），最后找到了经历巴比伦大洪水仍幸存的乌特纳比西丁（Utnapishtim）。然而，最后吉尔伽美什的努力仍告失败，空手而归。虽然一样无法避免死亡，但他多了几分智慧。吉尔伽美什体会到，从神创造人类的时候开始，死亡就是人类必然的命运，必须学会接受。

如果是进步论的信徒，就不会接受这种失败主义的态度。对信奉科学的人而言，死亡绝非必然的命运，而不过是个科技问题罢了。人之所以会死，可不是什么神的旨意，而是因为各种技术问题，像心脏病，像癌症，像感染。而每个技术问题，都可以找到技术性的解决方案。心脏衰竭的时候，可以用起搏器加以刺激，或直接用新的心脏取代。癌症肆虐的时候，可以用药物或放射线治疗。细菌繁殖的时候，可以服用抗生素来解决。确实，现在我们还无法解决所有技术问题。然而我们正在努力。现在所有最优秀的人才可不是浪费时间为死亡赋予意义，而是忙着研究各种与疾病及老化相关的生理、荷尔蒙和基因系统。他们也在开发新的药物、革命性的新疗法以及各种人造器官，这都能让人类生命延长，甚至有一天终能击败死神。

在不久之前，不论是科学家还是任何人，都还不敢把话说得如此大胆。他们会说："打败死亡?！这话太夸张了。我们只是想医好癌症、肺结核和阿兹海默症而已。"人们避谈死亡，是因为这个目标似乎太虚无缥缈，为什么要有不合理的盼望呢？然而，现在我们已经可以坦然承认。科学革命的一大计划目标，就是要给予人类永恒的生命。如果觉得永生不死似乎还是个太遥远的目标，可以回想一下，我们现在的医药成就早就是几世纪前所绝对不敢想象的。在1199年，狮心王理查不过是被箭射中了左肩。对今天的医疗来说，这不过是个轻伤。但在1199年，没有抗生素，也没有有效的杀菌方法，于是轻微的皮肉伤造成感染，形成坏疽。12世纪的欧洲阻止坏疽的唯一方式就是截肢，但感染在肩膀上，连截肢也不可行。于是，坏疽就这样在狮心王的身体里蔓延，而众人无能为力。不过两周之后，他就在极度的痛苦中驾崩。

就算到了19世纪，当时最高明的医师仍然不知道如何预防感染、避免组织腐败。在战场上，就算士兵只是肢体受了轻伤，军医常常还是立刻截肢，以免坏疽造成严重的后果。而且，当时不论是截肢还是其他任何医疗程序（如拔牙），都还没有麻醉剂可用。最早的麻醉药（乙醚、氯仿和吗啡）都是要到19世纪中叶之后，才正式用于西方的医疗之中。在氯仿问世之前，每次要进行截肢，就得用上四名士兵把受伤的患者牢牢压住才成。1815年滑铁卢之役隔日清早，野战医院旁边就因为截肢而有了手脚成堆的景象。在那些时候，征召入伍的木匠和屠夫常常被调派到军医院，毕竟手术需要的不过也就是刀锯，再无其他。

但在滑铁卢之役200年后，一切已经截然不同。我们有着各式各样的药丸、针剂和复杂的手术任君挑选，许多在过去必然会造成死亡的疾病和伤口，现在只是小事一件。此外，对于前现代的民众来说，有许多疾病和疼痛无法可治，只能当作生活中的一部分来接受，但现在也得以药到病除。全球人类的平均寿命已经从25~40岁跃升为67岁左右，而发达国家的平均寿命更高达80岁。[75]

死神军团受到最大的挫败在于儿童死亡率。在20世纪之前，农业社会里有1/4到1/3的孩童无法活到成年。他们多数都死于儿童期疾病，例如白喉、麻疹和天花。在17世纪的英国，每1000个新生儿就有150个无法活到1岁，而且有1/3的儿童也无法活到15岁。[76]时至今日，英国每1000个新生儿只有5个无法活到1岁，只有7个无法活到15岁。[77]

如果我们先把统计学放在一旁，来讲讲故事，或许就更能体会到这些数字背后的全貌。有一个很好的例子，就是英格兰国王爱德华一世（1237—1307）和埃莉诺王后（1241—1290）一家。他们的孩子可说享有中世纪欧洲的最佳照料，住在宫殿里，想吃什么就吃什么，有足够的御寒衣物，有供给无虞的温暖壁炉，有当时最干净的用水，许许多多仆人能使唤，还有最好的医生。而以下数据列出了埃莉诺王后从1255—1284年间所生的16个孩子：

1. 一个女儿，不知姓名，出生于1255年，出生时夭折。
2. 一个女儿，取名凯瑟琳，1岁或3岁时夭折。
3. 一个女儿，取名乔安妮，6个月时夭折。
4. 一个儿子，取名约翰，5岁时夭折。

5. 一个儿子，取名亨利，6 岁时夭折。

6. 一个女儿，取名埃莉诺，得年 29 岁。

7. 一个女儿，不知姓名，5 个月时夭折。

8. 一个女儿，取名乔安妮，享年 35 岁。

9. 一个儿子，取名阿方索，10 岁时夭折。

10. 一个女儿，取名玛格丽特，享年 58 岁。

11. 一个女儿，取名贝伦加丽亚，2 岁时夭折。

12. 一个女儿，不知姓名，出生后不久夭折。

13. 一个女儿，取名玛丽，享年 53 岁。

14. 一个儿子，不知姓名，出生后不久夭折。

15. 一个女儿，取名伊丽莎白，享年 34 岁。

16. 一个儿子，取名爱德华。

这位最年轻的爱德华，不仅是第一个得以活过危险童年的儿子，而且在父王驾崩之后即位，成为英格兰国王爱德华二世。换句话说，埃莉诺王后尝试了 16 次，才终于完成了英格兰王后最重要的使命：让丈夫能有一位男继承人。她想必是一位耐心卓绝、毅力过人的女性。只不过，爱德华二世挑的王后、法国的伊莎贝拉就不是这种人了。她在他 43 岁的时候将他谋杀。[78]

据我们所知，埃莉诺和爱德华一世两人都十分健康，并没有将什么致命的遗传性疾病传给子女。然而，他们的 16 个孩子还是有 10 个（62%）未能活过儿童期。只有 6 个活过 11 岁，只有 3 个（18%）活过 40 岁。而且，除了这些确实出生的孩子之外，埃莉诺王后很有可能还曾经几次流产。平均而言，爱德华和埃莉诺大约是每 3 年就有 1 个孩子夭折。这种丧子丧女之痛，对今天的父母而言简直难以想象。

***

这项要打败死亡的吉尔伽美什计划会需要多久？100年？500年？1000年？我们回头看看，在1900年的时候我们对人体几乎一无所知，而在这一世纪中已经得到了多么大量的知识，因此确实有乐观的理由。基因工程师最近已经成功将秀丽隐杆线虫（Caenorhabditis elegans）的平均寿命延长了6倍。[79]这在智人身上是不是也行得通？纳米科技专家也正在研发使用数百万的纳米机器人打造仿生免疫系统，让这些机器人住在我们的身体里，就能打通阻塞的血管、抵抗病毒和细菌、消灭癌细胞，甚至逆转老化的进程。[80]有几位学者确实认为，到了2050年，就已经能够让某些人达到长生（a-mortal）的状态，只要不是因为意外而受到致命性伤害，就能将生命无限延长［而所谓的不死（immortal），则是指完全没有死亡的可能］。

不论这项吉尔伽美什计划是否会成功，从历史的角度来看，就会发现许多现代晚期的宗教和意识形态已经不再强调死亡和来世这两项元素。在18世纪之前，各个宗教仍然认为死亡和其影响是生命意义的核心。但从18世纪开始的宗教和意识形态，如自由主义、社会主义、女权主义，就已经对来世完全失去兴趣。对于共产主义者来说，死后会如何？资本主义者呢？女权主义者呢？如果想从马克思、亚当·斯密或西蒙娜·波伏娃的著作中找到以上问题的解答，无疑是缘木求鱼。唯一一个让死亡仍然占据核心的现代意识形态就是民族主义。在那些绝望到极点但又同时充满诗意的时刻，民族主义就会向人承诺，就算你牺牲了生命，但你会永远活在国家整体的永恒记忆里。只不过，这项承诺实在太虚无缥缈，恐怕大多数民族主义者也不知道这究竟说的是什么意思。

科学研究的恩客

我们活在一个科技时代。许多人相信，有了科技就能找出所有问题的解答。只要让科学家和科技研发人员继续努力，总有一天我们能在地球上创造天堂。然而，科学活动并不是处于某个更高的道德和精神层面，而是也像其他的文化活动一样，受到经济、政治和宗教利益的影响。

科学活动所费不赀。如果生物学家想研究人类免疫系统，就需要实验室、试管、化学药品和电子显微镜，更别提还需要实验室助理、水电工人和清洁工人。如果经济学家想模拟金融市场状况，就得购买计算机、建立庞大的数据库，还需要开发复杂的数据处理程序。如果考古学家想了解古老的狩猎采集行为，就必须长途跋涉、挖掘遗址，还得为所有的骨骼化石和文物标记日期。这一切都需要经费。

现代科学之所以能在过去500年间取得如同奇迹般的成果，有很大程度必须归功于政府、企业、基金会和私人捐助者愿意为此投入数十亿美元的经费。这数十亿美元对于绘制世界地图、宇宙星图，以及将整个动物界编目的贡献，其实远超过哥伦布、伽利略和达尔文个人。就算这几位天才大师从未出生，迟早也会有人得到与他们相同的见解。但如果没有适当资金，就算再怎么天纵英才，也是有力难施。举例来说，如果达尔文从未出生，提出演化论的荣耀就会落到阿尔弗莱德·罗素·华莱士（Alfred Russel Wallace）头上，他在不知道达尔文理论的情况下，不过几年之后也想出了自然选择的演化理论。然而，如果欧洲列强并未资助世界各地的地理学、动物学和植物学研究，不论是达尔文还是华莱士，都无法得到提出演化论背后所需的实证资料。很有可能他们连想都想不到。

究竟为什么会有数十亿美元的资金，从政府和企业流进实验室和大学？在学术界，许多人还天真地相信这一切都是为了纯粹的科学学术。他们认为，政府和企业是基于利他的心态，于是提供经费给他们从事任何他们有兴趣的研究。但关于科学经费的现实绝非如此。

科学研究之所以能得到经费，多半是因为有人认为这些研究有助于达到某些政治、经济或宗教的目的。例如在 16 世纪，国王和银行业者对于前往世界各地进行地理探勘可以说是挥金如土，但讲到要研究儿童心理学可就一毛不拔。原因就在于，国王和银行家认为新的地理知识能够让他们征服新的土地、成立贸易帝国，但他们在儿童心理学这一块，则看不到任何利益。

20 世纪 40 年代，美国和苏联也投入大量资金研究核物理，而不是水下考古。根据两国当政者推测，研究核物理有助于发展核武器，而水下考古对于赢得战争大概没什么帮助。科学家本身并不一定会察觉到各种控制金钱流动的政治、经济和宗教利益，许多科学家确实只是纯粹为了求知而研究。然而，真正控制科学发展进度表的，也很少是科学家。

就算我们希望能够赞助纯科学，不要受到政治、经济或宗教利益干扰，很有可能还是无法成功。毕竟，人类的资源有限。如果要求美国国会议员为美国国家科学基金会多拨 100 万美元来从事基础研究，他一定会理直气壮地问，如果这笔钱拿来做教师培训或者补助他选区某个陷入困境的工厂，不是更能把钱花在刀刃上吗？正因为资源有限，我们就必须回答像“什么更重要”和

“怎样才算花得适当”这种问题。但这些都不是科学问题。科学能够解释的，是这个世界上有什么，事物如何运作，以及未来可能会有什么。就定义来说，科学不会假装自己知道未来“一定”会有什么。只有宗教和意识形态会声称自己知道这些答案。

考虑以下的两难情境：有来自同一系所的两位生物学家，拥有同样的专业技能，都想申请数百万美元的研究经费。甲教授想研究一种会感染奶牛乳房、造成产奶量降低一成的疾病。乙教授想研究的则是奶牛被迫与后代分开时是否会造成忧郁。假设经费有限，不可能两者都补助，那么哪位教授该得到这笔经费？

这个问题没有出于科学的答案，只有出于政治、经济和宗教的答案。在现在，显然甲教授更有可能得到经费。这并不是因为研究乳房疾病比牛心理在科学上更有趣，而是因为能够从此研究得益的乳品业，背后的政治和经济影响力会远大于关心后者的动物保护团体。

或许，如果是在视牛为圣物的印度，或是在某个致力于保护动物的社会里，乙教授就有更大的胜出机会。然而，如果他所在的社会更重视的是牛奶的商业潜力及人民的健康安全，而不那么重视奶牛的情感需求，他最好还是改写一下研究计划，以迎合那些心态。举例来说，计划书可以写道：“奶牛忧郁将导致产奶量下降。若能了解奶牛的心理状态，便可开发精神疾病药物，改善其心情，进而提高一成的产奶量。本人估计，全球奶牛精神疾病药物的市场可达每年 2.5 亿美元。”

科学并无力决定自己的优先级，也无法决定如何使用其发现。举例来说，从纯科学的角度来看，虽然我们已经越来越了解基因遗传学，但我们还不知道该如何加以应用。是该用这些知识来治愈癌症、创造出超人种族，还是要培育有特大号乳房的奶牛？很明显，就算是完全相同的科学研究，交给民主开放的政府还是纳粹政府，或是资本主义的商业公司，就会有完全不同的用途，而且并没有任何“科学的”理由告诉我们谁才是对的。

总之，科学研究一定得和某些宗教或意识形态联手，才有蓬勃发展的可能。意识形态能够让研究所耗的成本合理化。而代价就是意识形态能够影响科学的进程表，并且决定如何使用研究成果。因此，如果想知道人类究竟是怎样做出核弹，怎样登上月球，光是研究物理学家、生物学家和社会学家的成就还不够。我们还必须考虑到当时的思想、政治和经济力量，看看这些力量如何形塑了物理学、生物学和社会学，将它们推往某些特定的方向。

其中，有两股力量特别值得关注：帝国主义和资本主义。在过去 500 年间，科学、帝国和资本之间的回馈循环无疑正是推动历史演进的主要引擎。以下章节就会分析其运作。首先，我们先看看科学和帝国这两具引擎是如何结合，再看看它们又如何再扣上资本主义的推进器。

第十五章

科学与帝国的联姻

地球距离太阳多远？许多现代早期天文学家想方设法寻求解答，特别是哥白尼主张宇宙的中心是太阳而非地球之后，就吵得沸沸扬扬。许多天文学家和数学家都想解出这道难题，但众家得出的答案却有极大的差异，无法达成共识。终于，有人在 18 世纪中叶提出了可靠的测量方法。每隔几年，金星就会从太阳和地球之间直接通过，形成看似金星从太阳表面划过的“金星凌日”现象。而根据从地球各处观看金星的角度有些微不同，能够观察到金星凌日的时间长短也有所不同。只要从地球上不同的大洲观察同一场金星凌日，用简单的三角函数就能算出太阳到地球的准确距离。

当时天文学家预测，下一次金星凌日是在1761年和1769年。于是，欧洲人派出船队前往地球四方，希望能尽量从各个最远的角落来观察这个现象。在1761年，科学家从西伯利亚、北美、马达加斯加和南非观察。时近1769年，欧洲科学界更是不遗余力，远途前往加拿大北部和加州（当时还是一片荒野）。而且，伦敦皇家自然知识促进会（The Royal Society of London for the Improvement of Natural Knowledge，一般简称英国皇家学会）认为这还不够。为了得到最准确的结果，他们认为绝对有必要特地派一位天文学家到西南太平洋。

于是，英国皇家学会出资出力毫不吝惜，派了一位杰出的天文学家查尔斯·格林（Charles Green）前往塔希提岛。然而，既然这趟航程如此昂贵，如果目的只有一次天文观测，岂不是太过浪费？因此，除了格林之外，同行的还有8位其他学科的科学家，队长则是植物学家约瑟夫·班克斯（Joseph Banks）和丹尼尔·索兰德（Daniel Solander）。在这个远征队里还有几位画家，专门负责绘制途中必然会遇到的新土地、植物、动物和人类。船队配备了班克斯和英国皇家学会所能买到的最先进的科学仪器，船长则是詹姆斯·库克（James Cook），他不仅是老练的水手，更是声名卓著的地理和人种学家。

远征队于1768年离开英国，1769年在塔希提观察到金星凌日，接着前往考察一些太平洋岛屿，抵达了澳大利亚和新西兰，最后在1771年回到英国。这趟远征带回了数量惊人的天文学、地理学、气象学、植物学、动物学和人类学资料，成了以后许多学科得以发展的重要基础，并引发欧洲人对南太平洋的诸多想象，也启发了后世的博物学家和天文学家。

医药领域就得益于库克船长的这场远征。当时，讲到要航行至遥远的彼岸，大家都有心理准备，有一半以上的船员无法抵达终点。他们的最大克星并不是愤怒的原住民、敌人的战舰，或思乡情切，而是当时还一无所知的坏血病。得了坏血病，人就会变得慵懒昏沉、心情沮丧，而且牙龈等软组织还会出血。等到疾病恶化，就会开始掉齿、出现伤口且无法愈合，病人开始发烧、黄疸，无法控制四肢。在 16 到 18 世纪之间，坏血病估计夺走了 200 万船员的生命。当时没有人知道坏血病的病因，而且不管用什么疗法，水手还是大批死亡。一直到 1747 年终于有了转机，英国医生詹姆斯·林德（James Lind）用患上坏血病的水手进行了一场实验，分成控制组和各个对照组，各自给予不同的治疗。其中一组采用的是当时治坏血病的民俗疗法：吃柑橘类水果。而这组患者也迅速康复了。虽然当时林德还不知道究竟柑橘类水果有什么是水手所需要的，但我们现在已经知道正是维生素 C。当时典型的船上饮食都明显缺乏维生素 C，远航的水手通常只吃饼干和牛肉干，几乎没有水果或蔬菜。

虽然英国皇家海军并未采信林德的实验结果，但库克船长信了。他决心证明这位医生是对的。于是，库克的船队带着大量的酸菜，并且每次只要登陆，就下令水手必须多吃新鲜蔬菜水果。在库克手下的所有水手，没有任何一个因为坏血病而丧命。接下来的 10 年里，世界上所有的海军都改采用库克船长提倡的海上饮食，拯救了无数的水手和乘客的生命。[81]

然而，库克远征队还有另外一个远非良性的影响。库克除了是个经验老到的水手和地理学家，同时还是海军军官。虽然远征的绝大部分经费来自英国皇家学会资助，但船舶本身是由皇家海军提供。同时，海军调派 85 位装备精良的水手和士兵同行，船上也配备船用大炮、步枪、火药和其他武器。毕竟，远征取得的大部分资料（尤其是天文、地理、气象和人类学资料）都具有明显的政治和军事价值。有了坏血病的疗法之后，英国便能派出海军前往地球最远的另一端，对全球各大洋的控制力也随之大增。对于许多库克“发现”的岛屿，他都声称从此归英国所有，其中最重要的就是澳大利亚。库克这场远征奠定了英国占领西南太平洋的基础，征服了澳大利亚、塔斯马尼亚和新西兰，让数百万的欧洲人殖民到新的土地；但也造成许多本土文化灭绝，原住民几近灭种。[82]

在库克远征后的一世纪间，澳大利亚和新西兰最肥沃的土地都被欧洲移民掠夺强占。原住民不仅人数锐减 90%，幸存者也严重受到种族歧视迫害。对于澳大利亚原住民和新西兰毛利人来说，库克远征队带来的是几近毁天灭地的灾难，至今尚未复原。

而在塔斯马尼亚岛上的原住民，遭遇甚至更加悲惨。他们原本遗世独立，生存繁衍长达上万年，但在库克抵达后短短一世纪间，就几乎被灭族。欧洲殖民者起初只看上岛上最肥沃富裕的地点，接着就连荒野之地也不肯放过，有组织有计划地杀害所有原住民。最后仅存的一些人被赶到一个新教的集中营，传教士一片好意（但心胸并不特别开明），循循善诱，希望给他们灌输关于现代世界的生活方式。他们要塔斯马尼亚人学习阅读、写作和信仰基督教，以及操练各种“有用的技能”，例如缝补衣物和耕作。但他们拒绝学习，变得越来越忧郁，不再愿意生育后代，对生命完全放弃希望，最后终于踏上一条唯一能逃离这个科学、进步现代社会的退路：死亡。

令人不胜感慨的是，就算死后，科学与进步并未就此放过他们。塔斯马尼亚人的遗体被人类学家和博物馆长以科学之名取走，进行解剖、测量长度和重量，再分析发表成所谓的科学文章。接着，他们的头骨和骨架再被陈列在博物馆里，成了人类学的藏品。一直要到 1976 年，塔斯马尼亚博物馆才终于愿意松手，让楚格尼尼（Truganini，通常被认为是最后一位离世的纯种塔斯马尼亚人）的遗骨得以安葬，此时她已经去世了 100 年之久。[a] 英国皇家外科医师学会（English Royal College of Surgeons）也是到了 2002 年，才归还她的皮肤和头发标本。

所以这样说来，库克的船队究竟是有武力保护的科学远征队，还是有几个科学家随行的武力远征军？这个问题就像是问车子的油箱该说是半满还是半空一样，其实两者皆是。科学革命与现代帝国主义的关系密不可分。对于库克船长和植物学家班克斯来说，科学和帝国根本就是一家。就连倒霉的楚格尼尼也分不出这两者的概念有何不同。

为什么是欧洲？

如果我们看看，从北大西洋的一座大岛，一群人竟出发征服了远在澳大利亚南边的另一座大岛，这可以说是史上最不可思议的事件之一了。在库克远征之前不久，不列颠群岛和西欧还不过

a. 今天，在塔斯马尼亚岛上和其他地方［尤其是帕拉瓦和利亚普塔社群（Palawa and the Lia Pootah communities）］仍然生活着成千上万的塔斯马尼亚原住民后裔。

就像是地中海世界荒废的偏远后院，人们从没听说过它们有任何重要性。就算是前现代唯一上得了台面的古罗马帝国，财富也多半是来自北非、巴尔干和中东的行省。当时古罗马帝国的各个西欧行省还只是一片荒凉的大西部，除了矿产和奴隶之外并没有什么重要性。至于北欧更是偏远荒凉又野蛮，毫无征服的价值。

一直要到15世纪末，欧洲才成为各种军事、政治、经济、文化发展的摇篮。在1500年到1750年间，西欧意气风发，成为“外部世界”（Outer World，指南北美洲和各大洋）的主人。但就算在当时，面对亚洲的超级强权，欧洲还是小巫见大巫。欧洲人之所以能成功征服美洲、在海上称王，主因是亚洲帝国对这些地方兴趣不大。地中海的奥斯曼帝国、波斯的波斯帝国、印度的莫卧儿帝国，以及中国的明、清，在现代早期也是蓬勃发展，领土显著增长，人口及经济发展幅度前所未见。在1775年，亚洲占了全球经济总额八成的比重。光是印度和中国，就占了全球生产量的2/3。相较之下，欧洲就像个经济侏儒。[83]

一直要到1750年到1850年间，欧洲在一系列战争中将传统亚洲大国打得抬不起头，征服了亚洲的大片土地，全球的权力中心才移到欧洲。在1900年左右，欧洲已经紧紧掌握着世界经济和多数的土地。在1950年，西欧加美国的生产量占了全球超过一半，而中国只剩5%。[84]在欧洲主持下，出现了一个新的全球秩序。虽然我们常常不愿意承认，但现在全球所有人的穿着、想法和品位几乎都是欧洲人的穿着、想法和品位。虽然有些人嘴上大力抨击欧洲，但几乎所有人都是用欧洲观点在看政治、医学、战争和经济，听着欧洲风格的音乐，写着来自欧洲的语言文字。就算是今天中国经济突飞猛进，很可能即将回归霸主地位，基础仍然是欧洲的生产和金融模式。

欧洲原本就像是处在世界的一个偏远角落，气候还冻到让人手指僵硬，他们究竟是怎么一跃而出、征服世界的？常常有人认为最大的功臣就是欧洲的科学家。确实，从 1850 年起，欧洲之所以能够称霸世界，很大程度靠的就是军事、工业和科学领域的合作，以及如同巫术般神妙的科技。所有强盛的现代晚期帝国都积极发展科学研究，希望能够取得科技上的创新，而许多科学家也就投入大半时间，为帝国主人研发各种武器、医药和机器设备。欧洲军队面对非洲人抵抗时，常有一种说法："不论怎样，我们有机枪，他们没有。"但民间科技的重要性也绝不在话下。例如罐头食品能够让军队不饿肚子，铁路和轮船方便军事调动人力和物资，再加上各种新药能够医治士兵、水手和工兵。欧洲之所以能够征服非洲，这些先进后勤物流的贡献甚至更胜于武器机枪。

然而，在 1850 年以前，情况并非如此。当时，军事、工业和科学领域的结合还刚起步，科学革命的科技成果也尚未成熟，欧亚非国家之间的科技差距微乎其微。比如在 1770 年，虽然库克船长的科技肯定远超澳大利亚原住民，但面对中国和奥斯曼土耳其却也占不了上风。那究竟是为什么，最后征服澳大利亚的是库克船长，而不是康熙的水师提督万正色或者土耳其的名将帕夏（Hussein Pasha）？更重要的是，如果欧洲人在 1770 年面对印度人和中国人并没有什么科技优势，为什么他们能在接下来的短短一世纪间，让自己和世界其他地区拉开这么大的差距？

为什么这种军—工—学复合组织只在欧洲开花结果，而在印度无声无息？为什么在英国突飞猛进之后，法国、德国和美国立刻起身直追，但中国却是欲振乏力？而在工业化成了明显的政治经济因素的时候，为什么俄国、意大利和奥地利成功缩短这段差距，而波斯、埃及和奥斯曼土耳其却无力回天？毕竟，第一次工业化的科技相对而言并不复杂。难道对于中国或奥斯曼土耳其来说，要设计蒸汽机、制作机枪、铺条铁路，真有那么困难？

全球第一条商业铁路于 1830 年在英国启用。到 1850 年，西方国家已有将近 4 万公里的铁路纵横交错，但在整个亚洲、非洲和拉丁美洲，铁路总长只有 0.4 万公里。在 1880 年，西方铁路长度超过 35 万公里，但全球其他地区还只有大约 3.5 万公里而已（而且大多数是英国在印度所铺设）。[85] 中国甚至要到 1876 年，才建了第一条铁路，全长 25 公里，由欧洲人所建；而且来年就遭到中国政府拆除。所以，就算到了 1880 年，中国这个庞大的帝国连一条铁路也没有。波斯的第一条铁路要到 1888 年才完工，连接了伊朗首都德黑兰和南方约 10 公里远的一处穆斯林圣地，由一家比利时公司兴建及经营。在 1950 年，波斯的铁路网总长仍然只有 2500 公里，但这个国家的国土面积可是足足有英国的 7 倍大。[86]

中国和波斯其实并不缺乏制作蒸汽机的科技（当时要照抄或购买都完全不成问题），他们缺少的是西方的价值观、故事、司法系统和社会政治结构，这些在西方花了数个世纪才形成及成熟，就算想要照抄，也无法在一夕之间内化。之所以法国和美国能够很快跟上英国的脚步，是因为他们本来就和英国共享一套最重要的故事和社会结构。而中国和波斯总是追赶不及，则是因为整个关于社会的想法和组织就是不同。

有这种想法，就能用新的观点来看 1500 年到 1850 年。虽然这段时期欧洲面对亚洲在科技、政治、军事、经济上并不具有什么明显的优势，但却是在厚植累积独特的潜力，直到 1850 年左右才终于爆发。虽然欧洲、中国和伊斯兰世界在 1750 年看起来还没什么差异，但这其实只是假象。这就像是有两家建筑商同时开始兴建高楼，一家使用的是木材和泥砖，另一家则是使用钢筋和混凝土。一开始，两个工地无论兴建速度还是建筑高度都相去无几，看起来这两种建法也就没什么差别。但等到一过了某个门槛，木材和泥砖盖的高楼就再也无力支撑，于是颓然倾塌，而钢筋和混凝土却还是能屹立不倒，继续向上伸展到人类目光的极限。

究竟欧洲在现代早期培养了什么潜力，让它能在现代晚期称霸全球？这个问题有两个相辅相成的答案：现代科学和资本主义。一开始，科学和资本主义的思考方式还没有什么明显优点，但欧洲人已经习惯顺着这两个理路来思考。所以，科技发展成熟后，就像是个取之不尽的大矿藏，而欧洲人开采这处矿藏的能力也远胜其他。因此不难想象，在 21 世纪这个“后欧洲世界”，科学和资本主义就成了欧洲帝国主义最重要的遗产。虽然欧洲和欧洲人不再是世界的统治者，但科学和资本主义还是继续茁壮。关于资本主义的胜利，我们留到下一章再讨论。这一章还是先继续谈谈欧洲帝国主义和现代科学之间的浪漫爱情故事。

征服的心态

现代科学在欧洲帝国内蓬勃发展，而且也是因为有欧洲帝国才得以发展。这项学科起初明显承继古希腊、中国、印度和伊斯兰等等古老的科学传统体系，一直要到现代早期，随着西班牙、葡萄牙、英国、法国、俄国和荷兰等帝国扩张，才开始形成自己独特的性质。在现代早期，中国、印度、穆斯林、美国原住民、波利尼西亚人都还是对科学革命贡献良多。比如穆斯林经济学者的观点影响了亚当·斯密和马克思，美国原住民有些独步全球的医疗方式后来也进入了英国的医疗研究，波利尼西亚人提供的数据更是彻底改变了西方人类学。但在20世纪中叶以前，唯一收集整理这些无数科学发现、从这过程中打造出科学学科的人，就是全球欧洲帝国的统治精英及知识精英。虽然远东和伊斯兰世界也有同样聪明、同样好奇的人，但在1500年到1950年之间，这些地区完全没有提出能够与牛顿物理学或达尔文生物学相提并论的研究。

这并不是说欧洲人有什么独特的科学基因，或者物理学和生物学研究永远就是欧洲人的天下。正如伊斯兰教，原本是阿拉伯人的专利，但后来就交棒给土耳其人和波斯人；现代科学虽然原本专属于欧洲，但现在也已经成了多民族的领域。

现代科学和欧洲帝国的历史连接究竟是怎么产生的？虽然科技在19世纪和20世纪大放异彩，但在现代早期并不突出。这里真正的关键因素在于，不管是想寻找植物的植物学家还是想寻找殖民地的海军军官，都有一种共同的心态。他们共同的出发点就是承认无知，都会说“我不知道那里有什么”。于是，他们都觉得有走出去、寻找新发现的必要。而且，他们都希望这样取得的新知识能够让他们成为世界的主人。

* * *

欧洲帝国主义和先前的所有帝国完全不同。过去的帝国主义者都认为自己已经了解了整个世界，“征服世界”只是为了要利用及传播他们自己对于世界的看法。以阿拉伯人为例，他们征服埃及、西班牙和印度并不是为了想找出什么自己不知道的事。古罗马人、蒙古人和阿兹特克人之所以积极四方征讨，为的是权力和财富，而不是为了新知。相较之下，欧洲帝国主义之所以要前往遥远的彼岸，除了为了新领土，也是为了新知识。

库克船长并不是第一个这么想的探险家。15、16 世纪的葡萄牙和西班牙航海家就已经是抱着这种信念。葡萄牙的航海家亨利王子（Prince Henry the Navigator）和达伽马一面探索非洲海岸，一面夺下各个岛屿和港口的控制权。哥伦布“发现”美洲之后，立刻宣称这片土地归西班牙国王所有。麦哲伦除了找出环绕世界的航道，同时也奠定了西班牙征服菲律宾的基础。

随着时间过去，对知识的追寻和对领土的追寻变得越来越紧密交织。在 18、19 世纪，几乎每一趟从欧洲出发的军事远征队都必定有科学家同行，科学家的目的不在打仗，而是科学研究。例如拿破仑 1798 年进攻埃及的时候，就带了 165 位学者。这群学者的一大成就便是建立了一个全新的学科：埃及学，并且在宗教、语言学、植物学方面有重大贡献。

1831 年，英国皇家海军派出“小猎犬号”（HMS Beagle），前往绘制南美、马尔维纳斯群岛和加拉巴哥群岛的海岸图。有了这些知识，海军在开战时就能掌握先机。小猎犬号的船长自己也是业余科学家，他决定顺便再带上一位地质学家，研究一路上可能碰到的地质构造。然而，好几位专业地质学家都拒绝了他的邀约，最后是由一位年仅 22 岁的剑桥毕业生接受了邀约，他就是达尔文。达尔文曾经差点儿就成了英国圣公会的牧师，但他对地质学和自然科学的兴趣远比对《圣经》来得浓厚，于是他抓住了这个机会，开创了后世无人不知的这段历史。在这趟航程中，船长就这么绘制着军用地图，而达尔文也就这么收集着各种实证资料，发展各种想法，最后形成他的演化论。

* * *

1969年7月20日，尼尔·阿姆斯特朗（Neil Armstrong）和伯兹·艾德林（Buzz Aldrin）踏上了月球表面。在登陆前的几个月，阿波罗11号的航天员都是在美国西部一个类似月球的沙漠里受训。当地也是几个美国原住民部落的居住地，而有这么一个故事（或说传说），讲的是航天员有一次碰到一个当地人的情形：

> 有一天，航天员受训的时候刚好碰到一位上了年纪的美国原住民。老人问他们在那里做什么。航天员说他们属于一个研究探险队，不久之后就要上月球了。听到他们这么说，老人沉吟了一会儿，问他们能不能帮个忙。
>
> “要帮什么忙呢？”他们问。
>
> “是这样的，我们族人都相信我们的圣灵住在月亮上。不知道你们能不能为我们族人带个重要的口信？”老人问。
>
> “要带什么话呢？”航天员问。
>
> 这位老人用族语说了一串，并要求航天员重复再三，直到确定他们背得滚瓜烂熟为止。
>
> “这是什么意思？”航天员问。
>
> “啊，这个是族人和月亮上的圣灵之间的秘密。”
>
> 等到航天员回了基地，好不容易才找到了一位会讲当地族语的人，希望能翻译这段话的意思。他们把这段话叽里咕噜背出来，让这位翻译简直笑翻了。等到翻译好不容易平静下来，航天员问他，这段话究竟说的是什么。翻译说，这些航天员费尽心力背下来的这句话是：“不管这些人跟您说什么，

千万别相信他们。他们只是要来偷走您的土地。”

地图上的空白

现代这种“探索、征服”的心态，从世界地图的演变可以一目了然。早在历史进到现代之前，许多文化就已经有了自己的世界地图。当然，当时并没有人真正知道全世界是什么样子，在亚

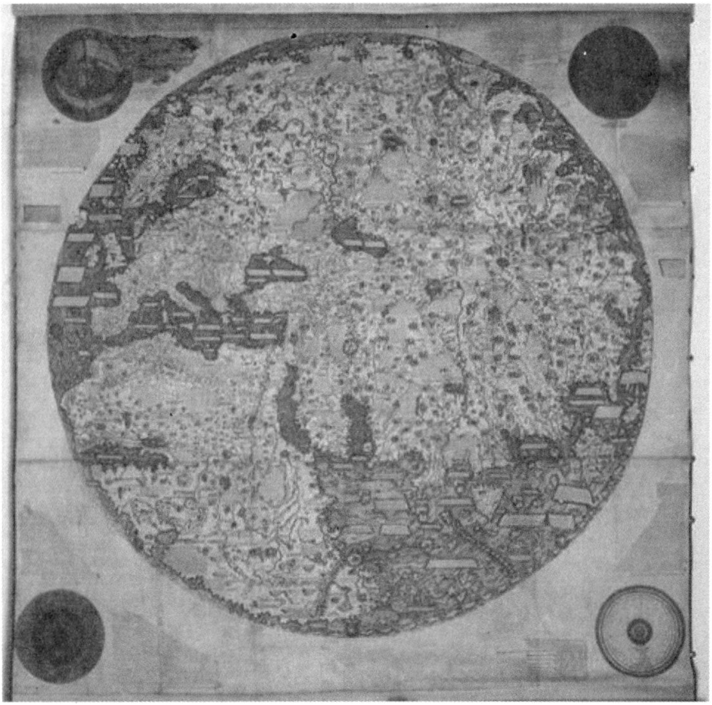

图23　1459年欧洲人的世界地图。可以看到地图上似乎巨细靡遗，就算是当时欧洲人根本一无所知的南非地区，都有密密麻麻的信息。

非大陆上的人对美洲一无所知，美洲文化也不知道亚非大陆上的情形。但碰到不熟悉的地区，地图上不是一笔未提，就是画上了想象出来的怪物和奇景。这些地图上并没有空白的空间，让人觉得全世界就在自己的掌握之中。

在15、16世纪，欧洲人的世界地图开始出现大片空白。从这点可以看出科学心态的发展，以及欧洲帝国主义的动机。地图上的空白可以说是在心理及思想上的一大突破，清楚表明欧洲人愿意承认自己对于一大部分的世界还一无所知。

1492年，哥伦布从西班牙出发向西航行，希望能找到一条前往东亚的新航线。哥伦布当时相信的仍然是旧的世界地图，以为全世界在地图上一览无遗。哥伦布从旧地图推算，日本应该位于西班牙以西大约7000公里远。但事实上，从西班牙到东亚的距离要超过2万公里，而且中间还隔着个他不知道的美洲大陆。1492年10月12日大约凌晨2点，哥伦布一行人与这片未知大陆有了第一次接触。平塔号（Pinta）的瞭望手胡安·罗德里格斯·贝尔梅霍（Juan Rodriguez Bermejo）从桅杆上看到了现在的巴哈马群岛，高呼着："有陆地！有陆地！"

哥伦布当时相信这个小岛就位于东亚海外，属于"Indies"（印度地方，包含今日印度、中南半岛及东印度群岛等地），所以他把当地人称为"Indians"（这正是美国原住民也被称为"印第安人"的原因）。一直到他过世，哥伦布都不认为自己犯了一个大错。不论是对他还是许多当代的人来说，说他发现了一个完全未知的大陆，这根本难以想象。毕竟千百年来，不管是那些伟大的思想家和学者甚至是不可能犯错的《圣经》，都只知道有欧洲、非洲和亚洲。怎么有可能他们全错了呢？难道《圣经》居然漏了大半个世界，只字未提？这种情况，就好像是说在 1969 年阿波罗 11 号要前往月球的途中，居然撞到了另一个从来没人看到的月亮。而正因为哥伦布不愿意接受自己的无知，我们可以说他仍然是个中世纪的人，深信着自己已经知道了全世界，所以就算已经有了如此重大的发现，也无法说服他。

至于第一个成为“现代人”的，其实是意大利水手亚美利哥·韦斯普奇（Amerigo Vespucci），他曾在 1499—1504 年多次航行前往美洲。而在 1502—1504 年间，欧洲有两篇描述这些航程的文章发表，一般人们相信就出于韦斯普奇之手。这两篇文章提出，哥伦布发现的小岛旁边应该不是东亚，而是一整个大陆，而且不管是《圣经》、过去的地理学者还是当时的欧洲人，在先前都不知道这块大陆的存在。1507 年，地图绘制大师马丁·瓦尔德泽米勒（Martin Waldseemüller）相信了这种说法，出版了新版的世界地图。于是，这片西班牙船队向西航行所碰上的土地，终于首次以一块独立大陆的姿态出现在地图上。既然要画，瓦尔德泽米勒就得给它取个名字，但他误以为发现美洲的人是亚美利哥·韦斯普奇，因此为了向他致敬，这片大陆就被命名为“America”（美洲）。瓦尔德泽米勒的地图洛阳纸贵，其他许多地图绘制师也跟着有样学样，因此“美洲”这个名词就这样广为流传。说来也算是老天有眼，到头来，全球有 1/4 的陆地、七大洲之中的两洲，名字就是来自一个名不见经传的意大利人，而他唯一做的事就只是有勇气说出“我们不知道”。

发现美洲，对于科学革命是一大奠基事件。这不但让欧洲人知道实际的观察比过去的传统更重要，而且想征服美洲的欲望也让欧洲人开始求知若渴。他们如果真想控制这片广大的新领地，就一定得收集所有相关地理、气候、植物、动物、语言、文化、历史的庞大数据。在这些时候，不管是基督教《圣经》、过时的地理书籍还是古老的口传知识，都无用武之地。

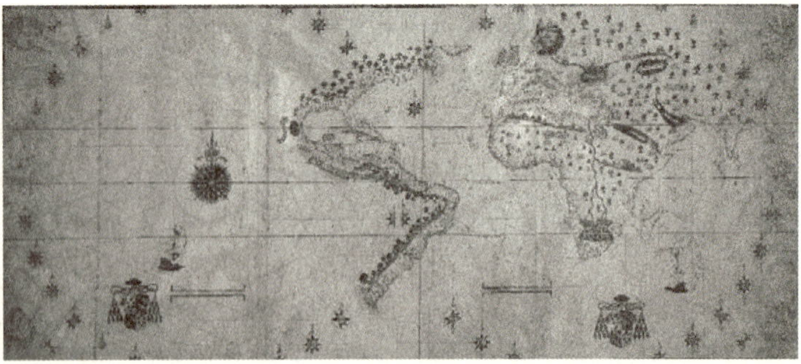

图 24　1525 年的萨尔瓦提世界地图（Salviati World Map）。1459 年版的世界地图上画满了各个大陆、岛屿，而且还有详细的解释，但萨尔瓦提地图则有大片留白。我们可以看到美洲的海岸线一路向下之后，接着就是一片空白。任何人只要有一点点的好奇心，看到这份地图之后一定会问："在那后面有什么呢？"地图上没有答案。这就像是一份邀请，请读者亲身起航、一探究竟。

从此之后，不只是欧洲地理学家，欧洲几乎所有知识领域的学者都学会了留白这一套，诚实面对自己领域的无知，并试着加以填补。他们开始承认自己的理论还不完美，一定还有什么尚未得知的重要信息。

* * *

地图上的空白就像一块磁铁，让欧洲人前赴后继，希望填补这些空白。在 15、16 世纪，欧洲探险队绕过了非洲、深入了美洲，越过太平洋和印度洋，在世界各地建起了基地和殖民地的网络。这是全球性帝国的首次真正登场，也首次出现了全球性的贸易网络。欧洲帝国远征改变了世界的历史：原本一些独立的民族和文化各自发展，现在则成了单一的人类社会进程。

正因为我们已经太熟悉欧洲这些“探索、征服”的过程，常常忘了这件事其实非常特殊。在这之前，世界上从来没发生过这种事。要这样千里迢迢去征服别人，绝不是什么自然的举动。纵观历史，大多数人类社会光是处理地方冲突、邻里争吵就已经无暇他顾，从来没想过要前往远方探索、征服遥远的国度。绝大多数的大帝国向外侵略只着眼于邻近地区，之所以最后幅员广大，只是因为帝国不断向邻近地区扩张而已。例如古罗马人在公元前350年至公元前300年征服伊特鲁里亚（Etruria，约为现代意大利中西部），目的只是为了保卫古罗马的安全。接着在公元前200年左右征服波河流域（Po Valley，约在意大利北部），目的只是为了保卫伊特鲁里亚。接着，他们又征服了普罗旺斯以保卫波河流域（约公元前120年），征服高卢以保卫普罗旺斯（约公元前50年），最后再征服了不列颠以保卫高卢（约公元50年）。古罗马帝国从罗马延伸到伦敦，总共花了400年。在公元前350年，没有古罗马人会打算直接乘船扬帆征服不列颠。

虽然偶尔会有某个雄心勃勃的统治者或冒险家，展开长途的征讨或探险，但通常都是顺着早已成形的帝国道路或商业路线进行。以亚历山大大帝为例，他并未建立新的帝国，而是推翻并接手了原本就已存在的波斯帝国。最接近现代欧洲帝国的例子，在古代是雅典和迦太基这两大海上帝国，至于中世纪则是位于现今印度尼西亚泗水一带、曾在14世纪掌控大半印度尼西亚地区的满者伯夷（Majapahit）海上帝国。但就算是这些帝国，它们也很少会贸然前往未知的海域，如果和现代欧洲人的全球大航海相比，古代的帝国可说只是地方事业。

许多学者认为，中国明代郑和下西洋，不但时间早于欧洲，而且规模也有过之而无不及。在 1405—1433 年间，郑和 7 次下西洋，最远抵达了印度洋的彼端。规模最大的一次，舰队有将近 300 艘船，成员近 3 万人。[87] 他们曾抵达印度尼西亚、斯里兰卡、印度、波斯湾、红海和东非。中国船只曾停靠在沙特阿拉伯一带主要的港口吉达（Jedda），也曾停泊在肯尼亚沿海的马林迪（Malindi）。相较之下，哥伦布在 1492 年的船队只有 3 条小船，带了 120 个水手，简直就像是小蚊子碰上大飞龙。[88]

然而，这两者有一项关键的区别。郑和下西洋四处探访，对拥护明朝的各国君主提供协助，但并未试图攻占或殖民他国。此外，郑和的远征并没有深厚的中国政治文化基础。因此，在 15 世纪 30 年代明宣宗派郑和最后一次下西洋之后，便突然告终。曾叱咤一时的伟大舰队遭到解散，珍贵的技术和地理知识亡逸，从此再也没有具备此等眼界及资源的航海探险家从中国出航。接下来数百年间，中国的君王依循着先前数百年的做法，其兴趣和野心仅仅及于四方邻国而已。

郑和下西洋得以证明，当时欧洲并未占有科技上的优势。真正让欧洲人胜出的，是他们无与伦比而又贪得无厌、不断希望探索和征服的野心。而在过去，虽然他们可能也有能力做到，但古罗马从未试图征服印度或北欧，波斯从未试图征服马达加斯加或西班牙，中国也从未试图征服印度尼西亚或非洲。中国历代以来，甚至与邻近的日本都相安无事。原本，这一切就是如此自然。真正奇怪的，是为何现代早期的欧洲人忽然有了这股狂热，起航前往遥远而完全陌生、充满异国文化的地方，不仅踏上他人的海岸，还立刻大声宣告“此疆已归吾王所有”。

如同来自外层空间的侵略者

约在 1517 年，原本待在加勒比海群岛的西班牙殖民者开始听到传言，似乎在墨西哥内陆有个强大的帝国。不过短短 4 年后，阿兹特克帝国的首都就只剩下闷烧的废墟，整个帝国成了过去式。墨西哥成了一个新的西班牙帝国，掌理一切的就是荷南·科尔特斯。

地图 6　西班牙入侵时的阿兹特克和印加帝国。

而且，西班牙人并没有停下脚步来庆贺，甚至可以说连喘口气的时间也不浪费，立刻向四方展开了同样的“探索、征服”行动。不论是阿兹特克人、托尔特克人（Toltecs）还是玛雅人，

2000 多年来，这些中美洲过去的统治者几乎不知道有南美洲的存在。然而，西班牙人征服墨西哥后短短不到 10 年，弗朗西斯科·皮萨罗（Francisco Pizarro）不但发现了南美的印加帝国，还在 1532 年就把它灭了。

如果当时阿兹特克和印加人对于周遭的世界多一点好奇，知道西班牙人把自己的邻居给怎么了，就有可能更积极而成功地抵御西班牙的入侵。从哥伦布第一次抵达美洲（1492 年）到科尔特斯登陆墨西哥（1519 年），西班牙人已经征服了大多数的加勒比海群岛，建立起新的殖民岛链。对于受奴役的当地人来说，这些殖民地就像是人间地狱。殖民者既贪婪又无情，以铁腕政策逼迫他们在矿场或农场工作，只要他们敢有一丝反抗，就会立刻遭到杀害。当地原住民快速大量死亡，要么是因为极度恶劣的工作环境，要么是因为搭上征服者便船而来的欧洲疾病。不到 20 年，整个加勒比地区的原住民几近灭绝。西班牙殖民者开始得从非洲进口奴隶来填补空缺。

这场种族灭绝的浩劫可以说就发生在阿兹特克帝国的家门口，但当科尔特斯踏上帝国东海岸的时候，阿兹特克人对这一切仍然一无所知。对他们来说，西班牙人的到来，几乎就像是有外星人来访。阿兹特克人深信自己早就认识了全世界，而且相信绝大多数都在阿兹特克帝国的控制之下。对他们来说，帝国以外竟然还有像西班牙人这种玩意儿，简直是无法想象。所以，等到科尔特斯和部下来到今天的韦拉克鲁斯（Vera Cruz）一带，登上了阳光明媚的海滩，这是阿兹特克人第一次碰到了完全陌生的人类。

他们完全不知道该如何反应，连这些陌生人究竟算是什么也无法确定。对他们来说，这些陌生人与所有已知的人类都长得不同，有苍白的皮肤、浓密的脸部毛发、如阳光色泽的头发，而且还臭得难以想象。（阿兹特克的卫生水平远高于西班牙。西班牙人第一次来到墨西哥的时候，不论到了哪里，当地人都派人带着熏香随行。西班牙人原本以为这是代表无上的荣耀。但我们从当地文献发现，这其实是因为当地人觉得这些新来的人实在是臭不可闻。）

此外，这些外来客的物质文明更是让阿兹特克人深感迷惑。像西班牙人乘的大船，阿兹特克人想也没想过，更别提亲眼见过。西班牙人会骑乘高大而恐怖的动物，移动迅疾如风。西班牙人还能够拿着闪闪发亮的金属棍子，发出闪电和雷声。此外，西班牙人还有光亮的长剑、坚不可摧的铠甲，当地的木剑和燧石矛完全无法相提并论。

所以，有些阿兹特克人觉得这些人一定是神；但也有人认为这些人是恶魔、死去的灵魂或者强大的巫师。于是，阿兹特克人并未立刻举全国之力消灭这些西班牙人，而是打算先想一想、等一等、谈一谈。他们并不觉得有什么着急的必要。毕竟，科尔特斯一行总共还不到550人，帝国人口高达百万，哪有什么好担心的呢？

虽然科尔特斯对于阿兹特克人也同样一无所知，但他和手下占了一项显著的优势。阿兹特克人面对这些长相奇怪、气味熏人的外来者，毫无过去经验得以参考；但西班牙人早就知道地球上有各种未知的人类疆域，而且讲到入侵他人国土、应付未知情况，他们也算是行家中的行家。现代欧洲的征服者心态正如同当时的科学家，对于未知充满兴奋。

所以，科尔特斯在1519年7月踏上那片洒满阳光的海滩时，没有一丝的犹豫。就像是科幻小说里外星人走出宇宙飞船一样，他向那些惊呆的当地人宣告着："我们是为了和平而来。带我们去见你们的首领。"科尔特斯说自己是西班牙伟大国王的和平使者，希望能和阿兹特克的统治者蒙提祖马二世（Montezuma II）进行外交对谈。（这是一个无耻的谎言。科尔特斯所率领的，是由一群贪婪的冒险家组成的独立探险队。西班牙国王根本没听说过科尔特斯，也没听说过阿兹特克人。）从当地与阿兹特克人敌对的部落，科尔特斯得到了向导、食物和一些军事援助，接着他就大摇大摆地走向阿兹特克的首都：繁华热闹的特诺奇蒂特兰（Tenochtitlan）。

阿兹特克人就这样让这群外来者一路来到首都，还恭恭敬敬地带着他们去见皇帝蒙提祖马二世。谒见到中途，科尔特斯一声令下，配备着铁制武器的西班牙人杀光了蒙提祖马的守卫（他们毕竟只配有木棍和石刀）。原本的嘉宾，就这样让主人成了阶下囚。

这时，科尔特斯的处境十分微妙。虽然皇帝在他手上，但他位于一个几乎一无所知的大陆，还被几万个愤怒的战士、几百万个与他敌对的平民团团包围。他能够依赖的只有几百个西班牙手下，另外最接近的西班牙援军在古巴，足足有超过 1500 公里之遥。

科尔特斯将蒙提祖马二世囚在宫中，安排得似乎皇帝仍然可自由活动、掌管一切，而他这位"西班牙大使"就是个客人。因为阿兹特克帝国属于权力极度集中的政体，这种前所未有的局面让整个帝国陷入瘫痪。表面上看来，蒙提祖马二世仍然统治着帝国，阿兹特克的贵族精英也继续听他号令，但其实就是科尔特斯挟天子以令诸侯。这种情况为期数个月之久，而在这段时间，科尔特斯一面审问蒙提祖马二世和他的侍从，一面训练各种当地语言的翻译员，还向四面八方派出许多西班牙人探险小队，熟悉阿兹特克帝国的各个部落、民族和城市。

最后，阿兹特克人的贵族精英终于起身反抗科尔特斯和蒙提祖马二世，他们推举了新皇帝，一举将西班牙人赶出了特诺奇蒂特兰。然而，原本坚不可摧的巍然帝国已经出现许多裂缝。靠着收集来的信息，科尔特斯得以利用帝国内部的嫌隙，进一步加以分裂。他说服了许多帝国的属民，和他一起对抗阿兹特克的贵族精英。这些属民可以说是大大失算。虽然他们也痛恨阿兹特克人的统治，但他们既不认识西班牙人，更不知道发生在加勒比海地区的种族灭绝惨剧，只是天真地以为，有了西班牙人帮助，就能摆脱阿兹特克人的枷锁。他们从没想过，最后只是统治者从阿兹特克人换成了西班牙人。而且，他们相信就算科尔特斯这几百个人心怀不轨，自己也可以轻松把他们处理掉。于是，这批人为科尔特斯提供了数以万计的当地军队，让科尔特斯得以围攻特诺奇蒂特兰城，最后得以成功占领。

到了这个时候，开始有越来越多西班牙士兵和殖民者陆续抵达，有些来自古巴，也有人是直接从西班牙远道而来。等到当地居民终于看清真相，为时已晚。就在科尔特斯踏上韦拉克鲁斯海滩的一世纪间，美洲原住民人口锐减九成，主因是这些入侵者带来的疾病。就算是幸存者，也发现自己现在落在一群贪婪无比、充满种族歧视的人手中，比起阿兹特克远远有过之而无不及。

科尔特斯登陆墨西哥的 10 年后，皮萨罗抵达印加帝国的海岸。他的人手甚至比科尔特斯还少，总数只有 168 个人！然而，有了先前入侵的知识和经验，皮萨罗胜券在握。相对而言，印加帝国对阿兹特克人的命运依旧一无所知。皮萨罗完全抄袭了科尔特斯那一套。他先声称自己是西班牙国王派来的和平使者，请求谒见印加国王阿塔瓦尔帕（Atahualpa），接着国王便遭到绑架。接着，皮萨罗同样靠着与当地部落结盟，先瘫痪再征服了整个帝国。如果印加帝国的属民知道墨西哥那边人民的下场，想必不会如此轻信这些侵略者。然而，他们就是不知道。

* * *

因为视野狭隘而付出沉重代价的，并不只有美洲原住民而已。在亚洲当时的各大帝国（奥斯曼土耳其、波斯帝国、莫卧儿帝国以及中国）很快就听说欧洲似乎有了重大发现。然而，他们对这件事却没什么兴趣，还是继续相信这个世界是以亚洲为中心旋转，完全没打算和欧洲人争夺美洲或大西洋、太平洋的新航道。当时，甚至像苏格兰和丹麦这种国力不振的欧洲王国都曾经几次前往美洲探索征服，但伊斯兰世界、印度和中国却是无动于衷。所有的非欧洲政权中，第一个派出军事远征队前往美洲的是日本。在1942年6月，一支日本的远征军占领了阿留申群岛的吉斯卡岛（Kiska）和阿图岛（Attu），这两个岛位于阿拉斯加海岸，而这过程中还俘虏了10名美军士兵和一条狗。但日本就再也没有向大陆更进一步了。

有人说奥斯曼帝国或中国就是因为距离太远，或者缺乏相关的科技、经济或军事工具手段。但这种说法实在很难说得通。郑和早在15世纪20年代就已经能远赴东非，理论上要到美洲也并非难事。可见中国确实就是不感兴趣而已。比如在中国发行的地图上，一直要到1602年才终于出现了美洲，而且这地图还是欧洲传教士画的！

整整300年间，无论在美洲、大洋洲、大西洋、太平洋，都是由欧洲人完全宰制。就算出现任何值得一提的冲突，也只是欧洲列强之间的内斗。于是，欧洲人积累了大量财富和资源，最终让他们也有能力入侵亚洲、击败各大帝国，再进行欧洲人之间的分赃作业。等到奥斯曼、波斯、印度和中国终于惊觉情势不对，为时已晚。

* * *

一直要到20世纪，欧洲以外的各个文化才真正有了全球观点。而这正是让欧洲霸权崩溃的关键因素之一。比如在阿尔及利亚独立战争（1954—1962）期间，虽然法国军队具备了压倒性的人数、科技和经济优势，却还是被阿尔及利亚游击队击败。原因在于，阿尔及利亚人一方面得到了全球性的反殖民网络支持，一方面也学会如何引导全球媒体的倾向（包括法国本身的舆论）。另外，小小的越南居然能击败如巨人般的美国，也是基于类似的战略。我们从这些游击队可以看到，就算是超级强权，也可能在某个当地抵抗活动成为全球事件之后败下阵来。有趣的是，我们可以假设一下，如果蒙提祖马二世当时能够操纵在西班牙的舆论，取得西班牙敌对国（葡萄牙、法国或奥斯曼帝国）的支持，情况会有何不同？

罕见的蜘蛛，被遗忘的文字

现代科学和现代帝国背后的动力都是一种不满足，觉得在远方一定还有什么重要的事物，等着他们去探索、去掌握。然而，科学和帝国之间的连接还不仅如此而已。两者不只动机相同，连做法也十分类似。对现代欧洲人来说，建立帝国就像是一项科学实验，而要建立某个科学学科，也就像是一项建国大计。

穆斯林征服印度的时候，并没有带上考古学家、地质学家、人类学家或动物学家来好好研究印度的历史、文化、土壤和动物。但换成英国征服印度之后，一切都不同了。1802年4月10日，英国开始印度大调查，足足持续长达60年。期间动用数以万计的当地劳工、学者和导游，精心绘制了整个印度的地图，标示出边界、测量出距离，甚至珠穆朗玛峰和喜马拉雅山的其他山峰的精确高度也是此时完成测量。虽然英国确实四处探勘印度各省的军事及金矿资源，但他们同时也不辞劳苦地收集了关于罕见印度蜘蛛的信息，为各种色彩斑斓的蝴蝶编目，追查已经失传的印度语言源头，以及挖掘一处又一处遭到遗忘的废墟。

在印度河流域文明之中，曾有一个大城摩亨佐-达罗（Mohenjo-daro，印度语“死亡之谷”），在大约公元前3000年一片繁华，但到了公元前1900年却遭到摧毁。在英国之前，不管是孔雀王朝、笈多帝国、德里的苏丹，还是伟大的莫卧儿帝国，这些印度统治者从来没对这片废墟多瞧上一眼。然而，英国一项考古调查在1922年发现了这片遗迹，派出考古小组加以挖掘，就这样发现了印度最早的伟大文明。而这点在之前没有任何印度人曾有意识。

另一项可以看出英国科学好奇心的，则是楔形文字的破译过程。楔形文字曾经是中东地区长达3000年左右主要使用的文字，但可能在大约第一个千禧年开始的时候，能够识读这种文字的人就都已过世。从那时之后，虽然当地居民常常看到刻有楔形文字的纪念碑、石碑、古遗迹和碎锅碎盆，但从来不知道该怎么读着这长相怪异、有棱有角的文字，而且据我们所知，他们也从来没有任何尝试。一直到1618年，欧洲人开始发现楔形文字。当时西班牙在波斯的大使前往古代城市波斯波利斯（Persepolis）的遗迹参观，看到了这些文字，而且居然没有人能向他解释。欧洲学者口耳相传，知道发现了一种未知的文字，让他们好奇心大作。1657年，欧洲学者发表了第一份来自波斯波利斯的楔形文字抄本，后续的抄录越来越多，在接下来的两个世纪间，许多西方学者都为了试图破译而大伤脑筋，但没有人成功。

到19世纪30年代，一位名为亨利·罗林森（Henry Rawlinson）的英国军官被派往波斯，要协助波斯以欧洲的方式来训练军队。在他的闲暇时间，罗林森便在波斯四处游览，某天当地向导带他来到札格罗斯山脉（Zagros Mountains）的一处悬崖，让他看看巨大的贝希斯敦铭文（Behistun inscription）。这则铭文大约高15米、宽25米，是在大约公元前500年由波斯国王大流士一世下令刻在这处悬崖上，而且分别使用了三种楔形文字：古波斯语、埃兰语（Elamite）和巴比伦语。虽然当地民众人人都知道有这处铭文，但没人读得懂。罗林森相信，只要能破译这些文字，他和其他学者就能够了解当时在中东各地大量出土的文字究竟是什么意思，那样便可说是打开了一扇大门，能够前往远古被遗忘的世界。

想要破译这些文字，第一步就是要能精确地加以抄录，好传回欧洲。于是，罗林森冒着生命危险，爬上这处悬崖，把这些奇怪的字母全部抄了下来。他也雇用了几位当地民众协助，其中最主要的是一个库德族的男孩，他得爬到那些最难抵达的地方，好抄下铭文的上半部。1847年，这项完整并准确的抄录终于完成，送往欧洲。

罗林森并未就此满足。虽然他身为军官有军事和政治上的任务要完成，但一有空暇时刻，他就不断研究这份神秘的文字，想方设法，最后终于让他成功破译了一部分的古波斯语碑文。这项工作之所以相对简单，是因为古波斯语和现代波斯语的差别并不太大，而罗林森对现代波斯语知之甚详。了解了古波斯语的部分之后，就让他掌握了解码埃兰语和巴比伦语部分的关键。于是，这扇大门终于敞开，让我们仿佛听到了古代喧嚣繁忙的声音，有苏美尔集市的人声鼎沸、亚述国王的洪亮宣告，以及巴比伦官僚之间的种种争论。如果没有像罗林森这种现代欧洲帝国主义者，许多古代中东帝国的命运就不会像现在这样为人所知。

* * *

另一位重要的帝国主义学者是威廉·琼斯（William Jones）。他在1783年9月抵达印度，担任孟加拉地区最高法院的法官，从此对印度深深着迷，不到半年就成立了亚洲学会（Asiatic Society）。这个学术组织致力于研究亚洲的文化、历史和社会，其中又特别以印度为重。在两年后，琼斯发表了他对梵文的观察，成为现代比较语言学学科的奠基之作。

梵文是一种古老的印度语言，后来成为印度教神圣仪式中所用的语言。但琼斯指出，梵语竟然和希腊文、拉丁文有惊人的相似之处，而且这些语言也都和哥特语、凯尔特语、古波斯语、德语、法语和英语若合符节。例如梵文的“母亲”是“matar”，而古凯尔特语则是“mathir”。据琼斯推测，所有这些语言一开始必定有共同的来源，那是个古老而已经被遗忘的语言祖先。就这样，他是第一个发现后来称为“印欧语系”这套体系的人。

琼斯的研究之所以重要，除了是因为他提出了一项大胆（而且正确）的假设，也是因为他发展出了一套能够系统化比较语言的过程。其他学者也采用了这套研究方法，于是就能开始系统化研究世界上所有的语言发展。

语言学这项学科得到帝国的热烈支持。欧洲帝国相信，为了让统治更有效，就必须了解这些属民的语言和文化。当时，英国派驻印度的官员必须在加尔各答的一所学校上课三年，上课内容除了英国法律，也得读印度法律和穆斯林法律；除了希腊语和拉丁语，也得学梵语、乌尔都语和波斯语；除了数学、经济学和地理学，也必须学习泰米尔、孟加拉和印度文化。学习语言学之后，对于了解当地语言的结构和文法大有帮助。

有了像威廉·琼斯和亨利·罗林森等人的研究后，欧洲征服者对于帝国的情形了如指掌，不仅超过以往所有征服者，甚至连当地民众都得自叹弗如。而更多知识也带来了明显的实际利益。印度人口有数亿之多，而英国在印度的人数相较之下少得荒谬；要不是因为他们所拥有的知识，英国不可能得以掌握、压迫和剥削这么多印度人达两个世纪之久。从整个 19 世纪到 20 世纪初，靠着不到 5000 人的英国官员、4 万到 7 万个英国士兵，可能再加上大约 10 万个英国商人、帮佣、妻小等等，英国就征服并统治了全印度大约 3 亿人口。[89]

然而，帝国之所以会资助语言学、植物学、地理学和历史学，并不只是为了实用因素。另一项同样重要的原因，在于科学能够从思想上让帝国合理化。现代欧洲人开始相信“学习新知”一定是好的。正因为帝国不断产生新知，让他们自以为自己的管理代表着进步、正面、积极。就算到了今天，讲到地理学、考古学和植物学的历史，还是不能不提欧洲帝国直接或间接的协助。例如讲到植物学的历史，很少会提到澳大利亚原住民为此受尽折磨，而只是大肆赞扬詹姆斯·库克和约瑟夫·班克斯。

此外，帝国取得新知之后，至少理论上应该能有益于当地被征服的民族，让他们享受到“进步”的好处，例如获得医疗和教育、修筑铁路和运河，以及确保司法公正、经济繁荣。帝国主义声称，他们的管理不是某种泛滥的剥削行为，而是一种利他的举动，是要照顾这些非欧洲民族。以英国作家拉迪亚德·吉卜林（Rudyard Kipling）的话来说，这是一种“白人的承担”：

挑起白人的承担——
派出最佳的子民——
让自己的子嗣形同流放
只为了满足俘虏的需要；
穿戴所有重装备，
服务那些烦躁野蛮——
新掳获、性格阴沉的人民，
他们一半是魔鬼，一半是幼稚的小孩。

当然，事实往往会戳破这些虚构的故事。1764 年英国征服孟加拉地区，当时这是印度最富有的省份。这批新的统治者除了横征暴敛之外并无心治理，所实行的经济政策简直是场灾难，短短几年后便导致孟加拉地区大饥荒爆发。饥荒始于 1769 年，在 1770 年达到顶峰，而且一直持续到 1773 年才结束。在这场灾难中，有 1000 多万人死亡，相当于全孟加拉地区的 1/3。[90]

事实就是，不管是只讲到英国的压迫和剥削，还是只讲到“白人的承担”，都不是完全的事实。毕竟，欧洲各帝国以这么大的规模做了这么多的事，不管是想站在哪一边，都可以找到许许多多的事件加以佐证。你觉得这些帝国就是邪恶的怪物，在全球各地四处散播死亡、压迫和歧视吗？随便把他们的罪行列出来，就足以编成一部百科全书了。你觉得这些帝国其实为属民提供了新的医药、更佳的经济环境、更多的安全吗？随便把他们的成就列出来，也足以编成另一部百科全书。正因为帝国与科学密切合作，就让它们有了如此强大的力量，能让整个世界大为改观；也是因为如此，我们很难简单断言它们究竟是善是恶。正是帝国创造了我们所认识的世界，而且，其中还包含我们用以判断世界的意识形态。

然而，科学也被帝国主义者用于某些邪恶的用途。不论生物学家、人类学家，甚至语言学家都提出了某些科学证据，证明欧洲人优于其他所有民族，因而有权力（或许也是责任？）统治他人。自从威廉·琼斯提出所有印欧语言同源同宗、来自某一个特定的远古语言，学者前赴后继，都渴望找出究竟是谁曾经说着这种语言。他们注意到，最早的梵语母语民族是在大约 3000 年前、从中亚入侵印度，他们自称为“雅利亚”（Arya）。而最早的波斯语母语者则自称为“艾利亚”（Airiia）。于是欧洲学者推测，这些讲着梵语和波斯语（以及希腊语、拉丁语、哥特语、凯尔特语）原始语言的人，一定是某种“雅利安人”（Aryan）。会不会真这么巧，伟大的印度、波斯、希腊和罗马文明都是雅利安人所创？

接下来，英、法、德各国学者开始把对雅利安人的语言学理论与达尔文的自然选择理论结合，认为所谓的“雅利安人”不只是语言族群，而是某种生物族群，也就是一个种族。而且，这可不是什么随随便便的种族，而是一个上等种族，他们身材高大、金发碧眼、工作勤奋而且极度理性，他们就这样从北方的迷雾中走出来，奠定了全世界文化的基础。但遗憾的是，入侵印度和波斯的雅利安人开始与当地原住民通婚，于是不再有白皙的肤色与金发，也失去了理性和勤奋。于是，印度和波斯的文明每况愈下。但在欧洲可就不同了，雅利安人还是维持着纯洁无污染的种族特性。正因如此，欧洲人必须要征服世界，而且他们最适合做世界的统治者；不过可得小心，别遭到其他劣等种族混血污染。

在几十年间，这种种族主义理论曾经甚嚣尘上，但现在已经成了科学家和政治家不敢再提的诅咒禁忌话题。虽然我们还是英勇地抵抗着种族主义，但却没发现战线已经转移，过去种族主义在帝国思想中所占的位置，现在都由“文化主义”（culturism）所取代。目前这个词尚未明确定义，但差不多是可以提出这个概念的时候了。对今日许多精英分子而言，要比较判断不同人群的优劣，几乎讲的总是历史上的文化差异，而不再是种族上的生物差异。我们不再说“这就存在于他们的血液里”，而是说“这就存在于他们的文化里”。

因此，就算是反对穆斯林移民的欧洲右翼政党，也会小心避开种族歧视的用语。以法国极右派政党民族阵线（Front National）为例，党魁玛琳·勒·庞（Marine le Pen）绝不可能在电视上大声表示“我们不希望这些下等的闪族人污染我们的雅利安人血统、破坏我们的雅利安人文明”。然而，不管是法国的民族阵线、荷兰的自由民主党（Party for Freedom）还是奥地利的奥地利未来联盟（Alliance for the Future of Austria）都认为，西方文化根植发展于欧洲，具有民主、宽容、性别平等诸多特质，而穆斯林文化根植发展于中东地区，于是具有阶级政治、宗教狂热、歧视女性的特质。正因为这两种文化如此不同，而且许多穆斯林移民不愿（或许也不能）采纳西方的价值观，所以欧洲不应允许他们移居进入西方社会，以免造成内部冲突、破坏欧洲民主和自由主义。

这些文化主义者的论点，也有一套人文社会科学在背后支持，强调的是所谓的文化冲突以及不同文化之间根本的差异。并不是所有的历史学家和人类学家都接受这些理论或者支持它们在政治上的应用。然而，现在的生物学家已经可以指出现有人类族群之间的生物差异小到可以忽略，从而轻松推翻种族主义，但对于历史学家和人类学家来说，要推翻文化主义却没那么简单。毕竟，如果人类文化之间的差异真是那么微不足道，我们又为什么要付钱给历史学家和人类学家，请他们做研究？

* * *

科学家为帝国提供了各种实用知识、思想基础和科技工具，要是没有他们，欧洲人能否征服世界实在仍是未定之数。至于征服者报答科学家的方式，则是提供各种信息和保护，资助着各种奇特迷人的研究，而且将科学的思考方式传到地球上的每一个偏远角落。如果没有帝国的支持，科学能否发展得如此蓬勃，也仍在未定之天。绝大多数的科学学科一开始的目的，都只是为了让帝国继续发展，而且许多发现、收集、建筑和学术也都多亏了有陆海军及帝国统治者的慷慨协助。

显然，这还不是故事的全貌。除了帝国之外，还有其他因素支持着科学的发展。而且，欧洲各个帝国能够蓬勃兴盛，原因也不仅仅是科学而已。不论是科学还是帝国，它们能够迅速崛起，背后都还潜藏着一股特别重要的力量：资本主义。要不是因为商人想赚钱，哥伦布就不会抵达美洲，库克船长就不会抵达澳大利亚，阿姆斯特朗也就没办法在月球上跨出他那重要的一小步。

第十六章

资本主义教条

不论是建立帝国还是推广科学，没有钱都是万万不能的。然而，金钱究竟是这些作为的最终目的，还是个避不掉的危险？

我们很难掌握金钱在现代历史中究竟扮演了什么角色。虽然已经有许多著作，告诉我们各个国家是如何成也金钱、败也金钱，我们也看到金钱是如何为人类展开新视野，但也让数百万人遭受奴役，如何推动着产业的巨轮，但又让数百种的物种惨遭灭绝。然而，想要了解现代经济史，其实重点就只有一个词：增长。不论结果是好是坏，究竟是生病还是健康，现代经济就像是一个荷尔蒙过盛的青少年一样不断增长，吞噬着它看到的一切，而且增长的速度叫人完全赶不上。

历史上大多数时候，经济规模并没有太大的改变。虽然确实全球产值会增加，但多半是因为人口增长、移居到新的土地，而每人平均产值则维持不变。然而，到了现代，一切都已改观。在1500年，全球商品和服务总产值约是2500亿美元；而今天是大约60万亿美元。更重要的是，在1500年，每人年平均产值约为550美元，但今天不论男女老幼，每人年平均产值高达8800美元。[91] 这种惊人的增长该如何解释？

经济学向来就是出了名的复杂。为了方便解释，让我们假设一个简单的例子。

有一位精打细算的金融家A先生，在加州开了一家银行。

另外有一个建筑承包商B先生，才刚完成一件大案子，赚到了100万美元的现金。他把这笔现金存进了A先生的银行。于是，这家银行目前拥有了100万美元现金的资金。

这时，有一位经验丰富但资金不足的面包师傅C小姐，觉得她看到了一个大好的商机：这个城市还没有一个真正好的面包店。只不过，她自己的钱还不足以买到全套需要的设备，像工业烤箱、水槽、刀、锅碗瓢盆之类。于是，她到银行向A先生提出商业计划，说服他这项计划值得投资。A先生于是就用转账的方式，将100万美元的贷款转到C小姐的银行账户，账面上她就有了100万。

接着，C小姐请承包商B先生来盖她的面包店，价格刚好又是100万美元。

等到她写了支票给B先生，B先生又拿去存在A先生的银行里了。

所以，现在B先生户头里有多少钱？没错，200万美元。

然而，银行的保险库里实际上到底有多少钱？也没错，100万美元。

而且，还不只是这样。就像一般常见的情形，B先生这位承包商在两个月之后告诉C小姐，因为某些无法预期的问题和费用，面包店的建筑费用得涨到200万美元。虽然C小姐非常不高兴，但动工到一半，已经无法喊停了。于是她只好再次到银行，又说服了A先生再贷给她100万。

于是，A先生又另外转了100万美元到她的账户里。而她也再将钱转到了承包商B先生的账户。

这样一来，现在B先生户头里有多少钱？已经有300万美元了。

但银行里实际上呢？其实一直就只有100万美元。而且事实上，这100万现金从来就没有出过银行。

根据目前的美国银行法，这种作业还可以再重复7次。所以，就算银行的保险库从头到尾就只有100万美元，但这位承包商的户头最后可以达到1000万美元。银行每次真正持有1元的时候，就能够放款10元；换句话说，也代表我们银行户头上看到的那些金钱，有超过九成其实只是数字，而没有实体的硬币或钞票。[92]举例来说，如果今天汇丰银行的所有储户都忽然要求结清账户、提领现金，汇丰银行就会立刻倒闭（除非政府介入拯救）。而且，就算是产业龙头的英国劳埃德银行（Lloyds）、德意志银行、花旗银行，世上任何银行都是如此。

这听起来就像是个巨大的庞氏骗局，不是吗？但如果你觉得这就是骗局一场，那么可以说整个现代经济就只是一场骗局。这事实上并不是件诈骗案，而是另一次人类想象力的惊人发挥。真正让银行（以及整个经济）得以存活甚至大发利市的，其实是我们对未来的信任。“信任”就是世上绝大多数金钱的唯一后盾。

在这个面包店的例子里，之所以“承包商户头里的金额”与“银行里实际现金的金额”会出现落差，是因为这个落差就在于C小姐的那个面包店。A先生把银行的这笔钱投入这项资产，是因为相信终有一天有利可图。虽然现在面包店连一条面包都还没烤，但不管是C小姐还是A先生，都相信只要假以时日（例如一年后），店家生意就会一飞冲天，每天卖上几千个面包、蛋糕、饼干之类，赚得可观的利润。这么一来，C小姐就能连本带利清偿贷款，如果那个时候B先生想把现金取走，A先生也能轻松应对。因此，我们可以看到整个运作就是基于信任着一种想象的未来；银行家和创业者相信面包店能成功，承包商也相信银行未来一定能把钱再还给他。

前面我们已经提过，金钱是种十分特殊的概念，可以代表许许多多不同的事物，而且也可以协助将几乎所有的东西互相交换。然而，在历史来到现代之前，这种交换的能力还十分有限。原因就在于，当时金钱只能代表一些“实际存在于当下”的物品。这与“创业”的概念无法兼容，因此也就很难促进经济成长。

让我们回到面包店的例子。如果金钱只能代表有形、实际的物品，C小姐还有办法开面包店吗？绝无可能。在目前，虽然她有许多梦想，但缺少有形的资源。她想开面包店的唯一办法，就是要找到某个愿意立刻开工但几年后才收钱的承包商，而且到时候面包店究竟赚不赚钱还很难说。然而，这样的承包商几乎是世界级的珍稀品种。于是，这下子咱们的创业者陷入困境。如果没有面包店，她就不能烤面包。不能烤面包，就赚不了钱。赚不了钱，就雇不了承包商。雇不了承包商，就没有面包店。

创业者的困境

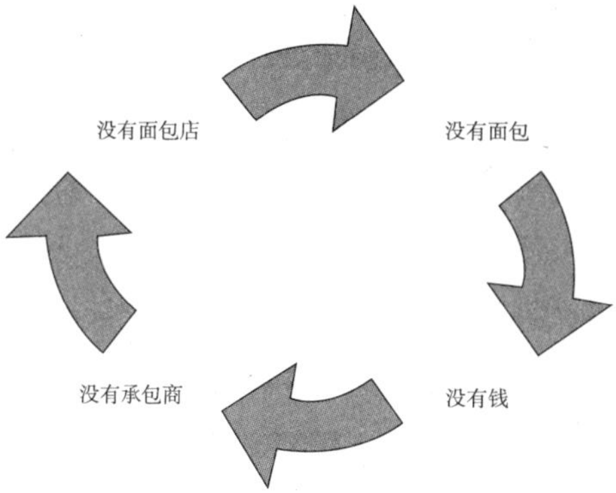

现代经济的奇妙循环

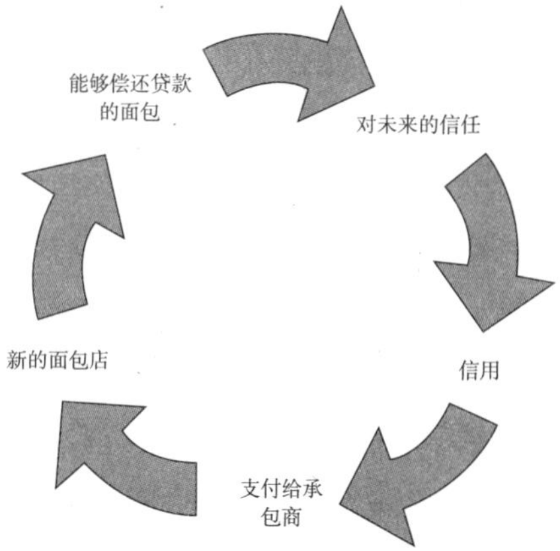

人类就这样在这种困境里困了几千年，结果就是经济冻结、

无力增长。一直要到现代，基于对未来的信任，我们才发展出一套新的系统，才终于有办法跳出这个困境。在这项新系统中，人类发展出“信用”这种金钱概念，代表着目前还不存在、只存在于想象中的货品。正是“信用”的概念，让我们能够预支未来、打造现在。而这背后有一项基本假设，就是未来的资源肯定远远超过目前的资源；只要我们使用未来的收入来投资当下，就会带来许多全新而美好的商机。

* * *

如果信用这个概念真是如此美妙，为什么以前从来没有人想得到？当然，他们其实早就想到了。在所有已知的人类文明中，信用的概念都曾经以不同的形式出现，至少早在古苏美尔人的时候就已经存在。过去的问题不在于有没有信用的概念，或者知不知道如何使用这种概念，而在于当时的人并不相信“明天会更好”，所以并不愿意延展信用。毕竟当时的概念，总觉得黄金时代已经过去，未来顶多就是维持现况，而且可能更糟。用经济学的概念来讲，也就是他们认为财富的总量有限，而且还可能萎缩。因此，当时不论是讲到个人、王国还是世界，大家普遍并不相信过了 10 年会能够生产出更多的财富。商业看起来就像一场零和游戏。开了一家面包店之后，确实可能会取得利润，但一定是因为抢了隔壁面包店的利益。如果威尼斯蓬勃发展，一定是抢了热那亚的资源。如果英国国王钱财滚滚，一定是瘦了法国国王的荷包。整个世界就像是一块大饼，切法各有不同，但总之就只有一个饼，不可能变得更大。

正因如此，许多文化都认为赚大钱是种罪恶。耶稣就说：“骆驼穿过针的眼，比财主进神的国还容易呢！”（《马太福音》，

19：24）。如果整个饼就是这么大，而我又拿了一大块，一定就是对其他人不公平。于是，富人一定得把他们多赚的财富拿出一些，捐给慈善机构作为赎罪。

这么说来，如果全球经济这块蛋糕也只有固定大小，信用贷款并无利可图。毕竟，信用就是“今天的蛋糕”和“明天的蛋糕”之间的价差，如果蛋糕的大小不会改变，信用贷款也就没有意义。除非你相信向你借钱的面包师（或国王）会从对手那里抢来更大的一块饼，否则借他钱的风险岂不是太大了吗？因此，在进入现代之前，想要贷款难如登天，就算真的贷到一笔款项，通常也是小额、短期、高利率。这样一来，想创业的面包师觉得前途茫茫，而如果是国王想筹措盖宫殿或发动战争的资金，除了增税之外几乎别无他途。这对国王来说问题不大（只要属民还肯乖乖听话就行），但如果是某个厨房女佣，就算有了开面包店的伟大梦想、希望能力争上游赚大钱，也只能继续刷地打扫，做着白日梦。

这其实是种双输的局面。因为信用有限，想要筹资创业就难上加难。因为创业停滞，经济就不会增长。因为经济没有增长，大家就认为经济不可能增长，即使是手上确实有资金的人，也不愿意提供信用贷款给别人。于是，对于经济停滞的预期，就确实造成了经济停滞的结果。

会变大的饼

接着，历史上出现了科学革命和关于进步的概念。所谓的“进步”，是在承认我们的无知之后，认为只要投资进行研究，一切就能变得更好。这个想法很快地就应用到了经济上。只要是相信“进步”的人，就会相信各种地理发现、科技发明和组织发展，能够提升人类生产、贸易和财富的总量。发现了大西洋的新航道而大发利市，并不需要牺牲过去在印度洋的旧航道。推出新的产品时，也不一定就代表要减少旧产品的产量。举例来说，我们开了一家法式面包店，并不代表过去的传统面包店必然关门大吉。民众会培养出新的喜好、吃得更多。我赚钱，不代表你就赔钱；我变壮了，不代表你就得饿死。全球的这块饼，可以有变大的潜力。

图解世界经济史

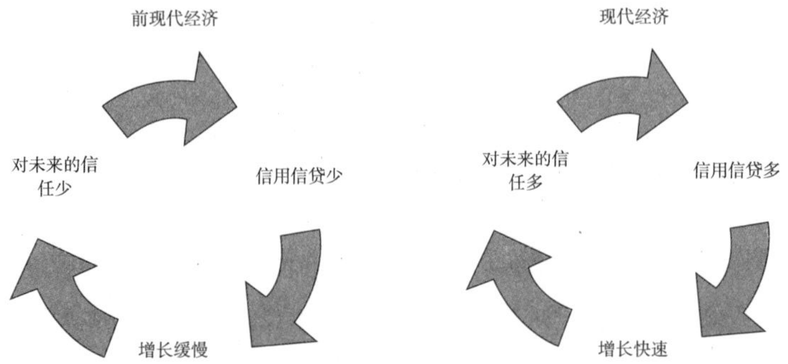

在过去500年间，这种关于进步的概念说服了全球人民，将越来越多的信任交付给未来。正是这种信任创造了信贷；而信贷带来了实实在在的经济增长；正因为有增长，我们就更信任未来，也就愿意提供更多的信贷。这种改变并非一夕之间，经济比较像是云霄飞车，而不是热气球。虽然途中起起伏伏，但大方向十分明确。现在全球的信贷如此盛行，不管是政府、工商企业还是个人，都能轻松取得大额、长期、低利率的信用贷款，金额远远超过他们现有的收入。

由于相信全球经济这块大饼可以不断变大，最后终于产生了一场革命。1776年，苏格兰经济学家亚当·斯密出版了《国富论》，这可以说是史上最重要的经济学著作。在《国富论》的第一卷第八章，亚当·斯密提出了以下的创新论述：如果地主、织工或鞋匠赚得的利润高于养家糊口基本所需，就会雇用更多助手，好进一步提高自己的利润。利润越高，能雇的助手也越多。由此可见，民间企业的获利正是社会整体财富和繁荣的基础。

目前听到这种说法可能觉得十分普通、了无新意，但这是因为我们就活在一个资本主义的世界里，亚当·斯密的理论早就是生活的一部分。从电视新闻里我们每天都可以听到类似的主题以各种不同的形式出现。然而，亚当·斯密明确提出：人类全体财富的基础，就在于希望增加个人利润的自私心理。这一点可以说是人类历史上最革命性的概念，而且还不只是从经济的角度，也包括道德和政治的角度。他其实告诉我们：贪婪是好的，而且我们让自己过得好的时候，不只是自己得利，还能让他人受益。“利己”就是“利他”。

于是，亚当·斯密让我们认为经济是种双赢的局面，我获利就是你获利。这样一来，我们不仅可以同时享受这份变大的大饼，而且正因为我这块变大了，你那块也会跟着变大。而如果我变穷，因为我买不起你的产品或服务，你赚不到钱也会变穷。如果我有钱，你才能把东西卖给我，所以你也就跟着富裕。亚当·斯密推翻了传统上认为财富与道德彼此对立的概念，这下天堂的大门也会为富人而敞开，而有钱也就是有了道德。在亚当·斯密这个版本的故事里，人会变得富有不是因为剥削邻居，而是因为让整块大饼变大了。随着大饼变大，人人都能受益。这么一来，可以说正是有钱人推动了经济增长的巨轮，让人人都得益，他们可真是整个社会里最有用的典范。

然而，这一切的立论基础必须取决于富人是不是用这些利润来新建工厂、雇用新员工，而不是将利润浪费在无生产力的活动上。所以，亚当·斯密不断强调的是“利润增加时，地主或织工就会雇用更多助手”，而不是说“利润增加时，守财奴就把钱全部藏得死死的，只有算钱的时候才拿出来”。现代资本主义经济的一大重点，就在于出现了一种新的道德标准：应该把利润拿出来，继续投资生产。这样一来，才能带来更多的利润再重新投入生产，再带来更多的利润，如此不断循环。所谓投资可以分成很多种：扩建工厂、从事科学研究、开发新产品。但不论如何，重点就是要增加产量，转为更多的利润。在新的资本主义教条里，最神圣的开宗明义第一条就是：“生产的利润，必须再投资于提高产量。”

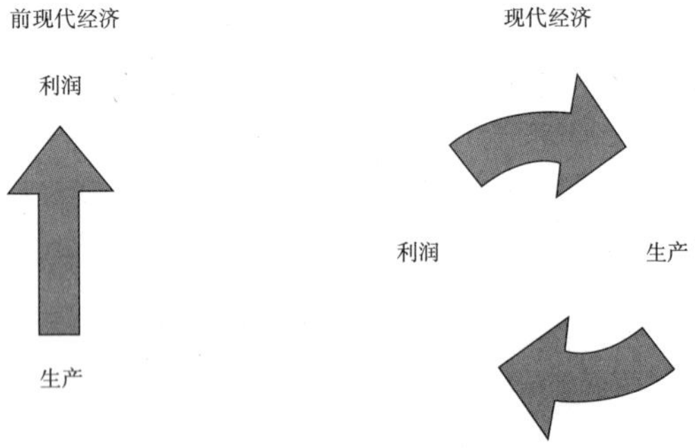

资本主义之名正是由此而来。所谓的“资本主义”（Cap-italism），认为“资本”（capital）与“财富”（wealth）有所不同。资本指的是投入生产的各种金钱、物品和资源。而财富指的则是那些埋在地下或者浪费在非生产性活动的金钱、物品和资源。例如，如果有位法老王，把所有的资源拿来盖了一座不具生产力的金字塔，他并不是资本主义者。某个海盗劫掠了一条西班牙运宝船，把一整箱闪闪发光的金币埋到加勒比海的某座小岛上，他也不是个资本主义者。但如果是某个辛勤工作的工厂工人，把收入的一部分拿去投资股票，他就算是个资本主义者。

现在说到“生产的利润，必须再投资于提高产量”，大家可能觉得十分平凡无奇。但对于人类整体历史来说，大部分时候人类并没有这种概念。比如在前现代时期，当时的人们认为生产这件事并不会造成太大的改变。所以，如果不管做什么，生产都不会带来太了不起的利润，为什么还要把利润重新投入生产呢？因此，中世纪贵族所信奉的伦理就是要为人慷慨、奢华消费，把所有收入用来举办各种比赛和宴会、发动战争、投入慈善，以及兴建宫殿和教堂。很少有贵族会将利润投资于提升庄园的产量、寻找更佳的小麦物种，或者寻找新的市场。

但到了现代，贵族已经被新精英分子取代，这批新人都是资本主义教条的信徒。过去的公爵侯爷黯然退位，取而代之的是董事、金融家、实业家。这些商业巨贾的富有程度让中世纪贵族瞠乎其后，但他们对于各种奢侈消费的兴趣远低于过去，所有利润只有非常小的部分是用于非生产性活动。

中世纪的贵族，穿着由金丝和丝绸织成的华丽长袍，大把时间都是用来参加宴会、嘉年华和种种盛大的赛事。相较之下，现代的首席执行官都是西装打扮，西装简直成了制服，看来就像一群乌鸦；而且他们几乎没什么享乐的时间。一般来说，典型的风险投资者就是赶着一场又一场的商务会谈，努力想弄清楚该把自己的资金投入市场的哪一块，或者严密监控手上股票、债券的上下走势。确实，他穿的可能是范思哲的西装，坐的可能是私人飞机，但与他投入提高人类生产的投资相比，这只是九牛一毛。

而且，会投资提高生产量的，可不是只有这群穿范思哲的商业大亨。就算是普通民众或政府机构，想法也都十分类似。有多少次，我们聚会聊天的话题总会提到该把钱拿来买哪只股票或债券，哪块地或房子后势看好？各国政府也努力将税收转投资到某些具生产力的计划，希望能够增加未来收入。例如兴建一个新的港口，让工厂更容易出口产品，就能让他们赚到更多应纳税所得，最后也就能增加政府的未来收入。而另一个政府也可能觉得投资于教育更好，因为有了大量受良好教育的人才，就能催生获利丰厚的高科技产业，不用兴建大量的港口设施，就能取得大笔税金。

***

一开始，资本主义只是关于经济如何运作的理论。这套理论不仅描述了整件事会如何运作，也提出相关的规范。比如它解释了金钱的运作模式，也认为将利润再投资生产就能带来快速的经济增长。然而，资本主义的影响范围逐渐超越了单纯的经济领域，现在它还成了一套伦理，告诉我们该有怎样的行为，该如何教育孩子，甚至该如何思考问题。资本主义的基本原则在于，经济增长就是至善（或至少十分接近）。因为正义、自由甚至快乐都必须依赖于经济增长，如果你找来一个资本主义者，问他该如何为津巴布韦或阿富汗这些地方带来正义和政治自由，他很可能就会滔滔不绝地告诉你，想要有稳定的民主制度，就必须要有蓬勃的经济、健全的中产阶级，所以重点就是该让当地人有自由企业、勤俭节约、自立自强这些价值概念。

这种新的宗教对于现代科学的发展也产生了决定性的影响。科学研究背后的金主常常是政府或私人企业。而资本主义的政府和企业想投资某个特定科学研究的时候，最先问的问题常常就是——“这项研究会提高产量和利润吗？会促进经济增长吗？”研究计划如果没办法应付这些问题，想取得研究经费的可能性就微乎其微。要谈到现代科学史，资本主义绝对是不得不谈的重要因素。

反过来说，如果不谈科学，就会觉得资本主义能够发展真是莫名其妙。资本主义认为经济可以无穷无尽地发展下去，但这和我们日常生活观察到的宇宙现象完全背道而驰。比如对于狼群来说，如果它们觉得作为猎物的羊群会无限扩大，岂不是荒谬至极？然而，人类的经济在整个现代时期就是这样不可思议地持续指数增长。唯一的原因，就在于科学家总是能每隔几年就取得另一项发现，提出另一项发明，像美洲大陆、内燃机引擎，或者运用基因工程的羊。印钞票的是银行和政府，但最后买单的是科学家。

在过去几年里，我们看到银行和政府疯狂地印钞票。每个人都担心经济危机会让经济停滞、不再增长，于是他们就这样无中生有地印了数万亿的美元、欧元和日元，让金融体系里凭空出现一大笔便宜信贷，只盼望着科学家、技术人员和工程师能够在经济泡沫破灭之前，设法想出得以力挽狂澜的创世发明或发现。一切指望，就在于那些实验室里的人。比如生物科技、纳米科技的新发现，就可能创造出全新的产业，带来庞大的利润，于是就能拿来打平那些银行和政府从 2008 年以来虚拟创造出的几万亿数字。而如果实验室的脚步不敌泡沫破灭的速度，可以想见经济前景就会令人十分担忧。

哥伦布也需要金主

资本主义不只左右了现代科学的兴起，也影响了欧洲帝国主义的出现。此外，一开始正是欧洲帝国主义创造了资本主义的信贷制度。当然，信贷的概念并不是到现代欧洲才发明，早在几乎所有的农业社会就已出现。而在现代早期，欧洲资本主义的兴起则与亚洲的经济发展密切相关。另外一提，直到 18 世纪晚期，亚洲仍然掌握着全球的经济强权；换句话说，欧洲人手上的资金还是远远不及中国人、穆斯林或印度人。

然而，在中国、印度和伊斯兰世界的社会政治制度下，信贷只能算是次要角色。比如在土耳其的伊斯坦布尔、伊朗的伊斯法罕（Isfahan）、印度德里或中国北京，虽然商人和银行家也可能有资本主义的思想，但这些商人和商业思维却往往遭到国王和将领的轻视。现代早期的非欧洲帝国，建立者多半是伟大的征服者，例如清王朝的奠基者努尔哈赤，以及建立伊朗阿萨德王朝的纳迪尔沙国王（Nader Shah）；又或是某些官僚和军事精英，例如清朝和奥斯曼土耳其帝国。这些人主要靠税收和掠夺（两者的差异其实很细微）取得资金，很少需要用到信贷，更不用提是否关心银行家和投资者的利益。

但在欧洲情况就有所不同，这里的国王和将领也逐渐采用商业的思维模式，后来商人和银行家甚至直接成为统治精英。欧洲人征服世界的过程中，所需资金来源从税收逐渐转为信贷，而且也逐渐改由资本家主导，一切的目标就是要让投资取得最高的报酬。于是，由穿着西装、戴着帽子的银行家和商人所建立的帝国，就这样打败了由穿金戴银、配备闪亮盔甲的国王和贵族建立的帝国。这些商业型的帝国，取得资金进行征服的效率就是高出一截。毕竟，没人喜欢缴税，但人人都乐于投资。

1484年，哥伦布前往谒见葡萄牙国王，希望国王资助他的船队向西航行，寻找前往东亚的新航道。像这样的探索不仅危险重重，而且需要庞大的资金。从造船、购买补给、支付水手和士兵的薪水，都需要一大笔钱，而且这种投资能不能得到报酬都还大有问题。于是，哥伦布遭到葡萄牙国王拒绝。

但也像现在的创业家一样，哥伦布并没有放弃。他又带着他的想法去找意大利、法国、英国的可能投资者，甚至还再次回到葡萄牙，但每次都遭到回绝。最后，他决定到刚刚统一的西班牙，找当时在位的费迪南德（Ferdinand）和伊莎贝拉（Isabella）碰碰运气。他聘请了一批经验丰富的说客，终于说服了伊莎贝拉女王投资。接着就像大家知道的，伊莎贝拉女王就像买中了彩票一样。哥伦布的发现让西班牙人征服了美洲，除了开采各个金矿银矿，还种起蔗糖和烟草，让西班牙的国王、银行家和商人简直是美梦成真。

100年后，这些王公贵族和银行家不仅荷包满满，而且碰上哥伦布的接班人时，愿意提供的信贷金额也远超过以往。这一切都是因为从美洲搜刮而来的财富。同样重要的一点在于，王公贵族和银行家对于探勘探险的潜力信心大增，也更愿意投入自己的金钱。这就是帝国资本主义的奇妙循环：信贷资助新发现，新发现带来殖民地，殖民地带来利润，利润建立起信任，信任转化为更多的信贷。不管是努尔哈赤还是纳迪尔沙国王，帝国扩张几千公里之后就后继无力。但对资本主义的创业者来说，一次一次的征服，都让经济的动力更加强大。

然而，这些探险仍然很靠运气，所以整个信贷市场还是显得小心翼翼。许多探险队最后就是两手空空地回到了欧洲，没有什么有价值的发现。举例来说，英国人就曾浪费大笔资金，试图寻找从北极通往亚洲的西北航道。而且，还有很多探险队就这么一去不回，有的撞上冰山，有的遇上飓风，有的惨死于海盗之手。于是，为了增加可能投资者的人数，并减少每个人承担的风险，探险家就开始找上股份有限公司。这么一来，不再需要有某个投资人把自己所有的钱都押在某一条船上，而是由公司从许多投资人手中集资投资，每个人只需要负担自己资金的那一小块风险。这样一来，风险减少，但可能的利润无上限。只要挑对了船，就算只有一点投资，你也可能变成百万富翁。

时间就这样十年十年地过去，西欧发展出一套复杂的金融系统，可以在极短时间内筹措大笔信贷资金，提供民间企业或政府发展之用。探索征服队伍如果想取得资金，这套系统的效率远超过任何王国或帝国。而从荷兰及西班牙之间的激烈争斗，也可以看出这种信贷系统的新力量。在16世纪，西班牙是全欧洲最强大的国家，帝国幅员辽阔，统治着大部分的欧洲、北美、南美、菲律宾群岛，而且沿着非洲和亚洲海岸，还建立起了一连串的基地。每年都有大批船队，带着大批美洲和亚洲的稀世珍宝满载而归。至于荷兰，国土就是一片沼泽，地小风疾、缺乏资源，原本只是西班牙领地的一个偏远角落罢了。

1568 年，主要信奉新教的荷兰决定起身抵抗他们的天主教西班牙统治者。一开始，这些反叛军就像是堂·吉诃德，只是徒劳无功地冲向不可能打败的风车。但 80 年之后，荷兰不仅成功脱离西班牙而独立，甚至还取代了西班牙和他们的盟友葡萄牙，成为全球的海上霸主，建立起全球性的荷兰帝国，并成为欧洲最富有的国家。

荷兰人成功的秘诀，就在于信贷。荷兰人对于陆战兴趣不大，因此就付钱请了雇佣兵来负责和西班牙人打仗。至于荷兰自己，则是船越建越大，开始往海上发展。虽然佣兵或大型战船都所费不赀，但当时荷兰人取得了欧洲新兴金融系统的信任（同时西班牙国王则恣意背叛这些信任），于是比强大的西班牙帝国更容易取得资金提供给各个远征队。金融家提供荷兰足够的信贷，让他们得以建立军队和舰队；这些军队和舰队让荷兰控制了全球贸易路线；这样一来，就产生了极可观的利润。有了这些利润，荷兰人能够偿还贷款，也更加强了金融家对他们的信任。阿姆斯特丹不仅很快成了欧洲首屈一指的重要港口，更是欧洲的金融圣地。

* * *

荷兰到底是如何赢得了金融体系的信任？首先，他们坚持准时、全额还款，让贷款人借款给他们的风险降低。其次，荷兰司法独立，而且保护个人权利特别是私有财产权。相较之下，独裁国家不愿保障个人和其财产，于是资本也就一点一滴离开，流向那些愿意遵守法制、保护私有财产的国家。

假设你是德国某个银行世家的子嗣，父亲看到了一个机会，想在欧洲主要城市开设分行拓展业务。他把你和弟弟分别送到阿姆斯特丹和马德里，给你们每人 1 万金币的投资资金。你弟弟决定借给西班牙国王，让他招募一支军队向法国国王开战。至于你则决定借给某个荷兰商人，据说那个商人看上了某个位于美洲的既遥远又荒凉的小岛，想买下岛上南边的一块土地。他相信等到旁边的哈得孙河成了一大贸易动脉之后，这个叫作曼哈顿的小岛地价必然扶摇直上。两者的贷款都规定要在一年内偿还。

一年很快就过去了。荷兰商人把他那块地卖了个高价，如同约定连本带利将钱还给你，让你的父亲可真是眉开眼笑。但在马德里的弟弟就尴尬了。虽然西班牙国王和法国交战打了胜仗，但他现在又卷入与土耳其人的冲突。他需要把手上的每一分钱都投入这场新的战争，也觉得这比依约还钱重要得多了。虽然你弟弟不断寄信到皇宫，又拜托宫廷里的熟人，但一切都无济于事。最后，你的弟弟不但没有赚到约定的利息，连本金都要不回来。这下父亲可没那么开心了。

接着还有更糟的，国王派了一位财务大臣去找你弟弟，直截了当地说，国王还需要再借 1 万，而且立刻就要。你弟弟手头没钱，只好写信回家，试着让父亲相信这次国王会遵守约定。毕竟老幺还是得人疼，父亲一时心软，勉强同意。结果就是另一笔 1 万金币再次一去不回，永远消失在西班牙的国库里。与此同时，你在阿姆斯特丹的事业却是有声有色。你可以为这些积极进取的荷兰商人提供越来越多的贷款，而且他们总是准时、全额还款，绝不拖欠。然而，毕竟运气也不可能只好不坏。有一位老客户觉得荷兰木鞋一定能在巴黎掀起风潮，所以想向你借款在巴黎开个木鞋卖场。但不幸的是，你借钱给他之后，木鞋实在不符合法国女性的品位，结果商人大赔一笔，也不愿意偿还贷款。

这下父亲可是大发雷霆，命令你们两个都马上去找律师解决。于是，你的弟弟在马德里向法院控告西班牙国王，而你在阿姆斯特丹向法院控告这位木鞋大师。在西班牙，法院可以说是国王开的，法官会推测上意，免得遭遇雷霆之怒。至于在荷兰，法院是政府的一个独立部门，并不需要看人民或亲王的脸色办事。结果，马德里法院驳回了你弟弟的诉讼，但阿姆斯特丹法院判你胜诉，让你取得对那位木鞋商人财产的留置权，好逼他还钱。这下，可给你父亲好好上了一课。他知道，应该要和商人来往，而不要跟国王来往，而且最好在荷兰做生意，而不要去西班牙。

而且，你弟弟的厄运还没结束。因为西班牙国王还迫切需要更多的资金来养军队，而且又一心认定你父亲手上还有钱，就用莫须有的叛国罪起诉了你弟弟，表示如果不立刻交出 2 万金币，就会把他丢到地牢里关一辈子，等着在里面腐烂。

你的父亲受够了，付了赎金换回自己心爱的儿子，但发誓永远不再和西班牙做生意。于是他关停了马德里分行，把你弟弟调到鹿特丹。现在，把两家分行都开在荷兰也像是个大好的主意，他甚至还听说，连西班牙的资本家都正在偷偷把资金调离西班牙。因为连他们都意识到，如果他们想让自己的钱不被抢走，而且能创造更多的财富，就最好到真正能够实行法治、尊重私有财产制的地方，例如荷兰。

就是像这样的事，让西班牙国王逐渐失去了投资者的信任，而荷兰商人则赢得了他们的信心。而且，真正建立起荷兰帝国的，也是这群荷兰商人，而不是荷兰的官方。西班牙国王为了要维持出征的脚步，虽然民众不满的情绪已经日益升高，但他还是不断加征各种税收。与此相对的是，荷兰商人为远征军筹资的方式是贷款，而且也慢慢开始采用出售公司股份的方式，让债权人也能够享有部分的公司获利。这下子，荷兰这些股份公司成了荷兰帝国的中流砥柱；谨慎的投资者绝不会把钱借给西班牙国王，就算要借给荷兰政府也得思量思量，但讲到投资这些荷兰的股份公司，可是乐意之至。

如果你觉得投资某家公司能赚大钱，但当时所有股份都已经卖完了，你还可以从其他的股份持有人那里去买，只是可能付的价钱会比当初他们买的时候高。至于如果你买了股份，却发现公司前景堪忧，也可以试着用较低的价格卖出股份。这些买卖大行其道，最后的结果就是在欧洲各大主要城市几乎都设立了证券交易所，进行股票交易。

最著名的荷兰股份制公司就是荷兰东印度公司（Vereenigde Oostindische Compagnie，简称 VOC），在 1602 年得到特许而成立，当时荷兰才刚摆脱了西班牙统治，甚至就在离阿姆斯特丹不远的地方，还能听到西班牙大炮的声响。东印度公司通过出售股票取得建船的资金，再派船前往亚洲，带回中国、印度和印度尼西亚的特产货物。此外，东印度公司也资助旗下船舰的军事行动，打击竞争对手与海盗。最后，东印度公司更是提供资金直接攻下了印度尼西亚。

印度尼西亚是世界上规模最大的群岛，岛屿数目上万，在 17 世纪初分别由几百个不同的王国、公国、苏丹和部落统治。东印度公司的商人在 1603 年首次来到印度尼西亚，当时纯粹只是为了商业目的，但为了保护商业利益、让股东取得最高利润，东印度公司开始攻击那些提高关税的当地政权，另外也与来自欧洲的竞争对手开始交战。东印度公司开始在商船上配备大炮，从欧洲、日本、印度、印度尼西亚招募佣兵，建起堡垒，展开全面的战争和围城行动。这些做法我们今天听起来可能觉得有些离奇，但在现代早期，民间公司雇用的常常不只佣兵，还包括将军、大炮、军舰，甚至可以直接雇用整支编制完整的现成军队。所以，等到像这样由一个民间企业建立起一整个帝国的时候，国际社会觉得理所当然，见怪不怪。

东印度公司就这样攻占了一个又一个的岛屿，印度尼西亚群岛一大部分都成了他们的殖民地，自此统治印度尼西亚近 200 年。一直要到 1800 年，印度尼西亚才改由荷兰政府统治，在接下来的 150 年间成为荷兰这个国家的殖民地。在今天，有人大声疾呼，认为 21 世纪的民间企业已经掌握了太多权力。但从现代早期的历史来看，我们早已看过放纵追求自我利益能到什么境界。

东印度公司在印度洋威风八面的时候，荷兰的西印度公司（WIC）也在大西洋大展身手。为了掌控哈得孙河这个重要商业通道，西印度公司在河口的一座小岛上开拓了一个殖民地，名为“新阿姆斯特丹”（New Amsterdam）。这个殖民地不断遭受美国原住民威胁，英国人也多次入侵，最后在 1664 年落入英国手中。英国人将这个城市改名“纽约”（New York，即“新约克”，约克为英国郡名）。当时西印度公司曾在殖民地筑起一道墙，用来抵御英国人和美国原住民，这道墙的位置现在成了世界上最著名的街道：华尔街（Wall Street，直译为“墙街”）。

* * *

随着 17 世纪走向尾声，由于荷兰人过于自满、战争成本又过于高昂，他们不仅失去了纽约，也无法再维持欧洲金融和帝国引擎的地位。法国和英国成了这个地位的强力竞争对手。一开始，似乎看来法国的赢面较大，毕竟它面积大于英国，更富有，人口更多，而且军队的规模和经验也胜出。然而，最后是由英国赢得了金融系统的信任，而法国只证明自己还不配得到这个地位。欧洲在 18 世纪爆发了密西西比泡沫事件（Mississippi Bubble），这是当时欧洲最大的金融危机，法国王室也在这次事件中臭名远播。这个故事同样也是由一个打算建立帝国的股份公司开始。

在 1717 年，成立于法国的密西西比公司（Mississippi Company）在美洲的密西西比河下游谷地开拓殖民地，新奥尔良（New Orleans）也是在此时开始成形。为了取得这项庞大计划的资金，这家与路易十五宫廷关系良好的公司便在巴黎证券交易所上市出售股份。公司所有人约翰·劳（John Law）当时身兼法国央行行长，还被国王任命为主计大臣，大约等于现代的财政部长。在 1717 年，密西西比河下游河谷其实大约只有沼泽和鳄鱼，但密西西比公司却是撒着漫天大谎，把这个地方描述得金银遍地、无限商机。许多法国贵族、商人和城市里那些冷漠的中产阶级都信了这套谎言，于是密西西比公司股价一飞冲天。公司上市的股价是每股 500 里弗（livre）。1719 年 8 月 1 日，股价涨到每股 2750 里弗；8 月 30 日，股价已经飙升到每股 4100 里弗；9 月 4 日升上每股 5000 里弗；等到 12 月 2 日，密西西比公司的股价每股超过 10 000 里弗大关。当时，整个巴黎街头洋溢着一种幸福感。民众卖掉了自己所有的财产，借了大笔的金钱，只为了能够购买密西西比公司的股票。每个人都相信自己找到了快速致富的捷径。

但就在几天后，开始兴起一片恐慌。开始有些股票炒手，意识到这种股价实在太夸张，完全不可能维持。经过他们仔细算计，觉得最好尽快在股价高点脱手。由于市场上的供给量上升，股价应声下跌。其他投资者见到价格下跌，也想赶快收手离场。就这样，股票价格持续暴跌，简直就像一场雪崩。为了稳定股价，法国央行行长（也就是约翰·劳本人）决定买进密西西比公司的股票，但最终还是无以为继，耗尽了央行所有资金。到了这步田地，法国主计长（仍然是约翰·劳本人）又下令印制更多钞票，才能继续购买更多股票。就这样，整个法国金融体系就成了一个大泡沫。无论约翰·劳的金融操作再怎么高明，仍然无力回天。密西西比公司的股价从每股 10 000 里弗大跌至每股 1000 里弗，接着更是彻底崩溃，再也没有任何价值。到了这一刻，法国央行和国库手中只有大量如壁纸的股票，再也没有任何金钱。那些最大的股票炒手多半得以及时脱手，所以几乎没有受到什么伤害。但小型投资人则是倾家荡产，许多因而自杀。

密西西比泡沫可以说是史上最惨烈的一次金融崩溃。法国王室的金融体系一直没能真正走出这场重大的打击。密西西比公司利用其政治影响力操纵股价、推动购买热潮，结果让法国人民对法国金融系统和国王的金融智慧都失去信心。路易十五越来越难推动各种信贷计划，而这也成为法国海外领土逐渐落入英国手中的主因之一。在当时，英国仍然可以轻松用低利率取得贷款，但法国不仅贷款困难，还得付出高额的利息。为了处理日益高筑的债台，法国国王只能越借越多，而利率也越借越高。最后来到路易十六，他在祖父驾崩后继位，但在 18 世纪 80 年代却发现年度预算有一半都得拿来支付利息，财政已濒临破产。到 1789 年，他迫于无奈，不得不召开已经长达一个半世纪未曾召开的三级会议，希望能解决这项危机。就这样，法国大革命揭开了序幕。

法国海外霸权分崩离析的同时，大英帝国却是急遽扩张。大英帝国就像先前的荷兰帝国，主要是由民间股份公司所建立及管理，而这些公司也都在伦敦证券交易所上市。例如英国在北美的第一批殖民地成立于17世纪初，建立者都是民间股份公司，例如伦敦公司（London Company）、普利茅斯公司（Plymouth Company）、多切斯特公司（Dorchester Company）和马萨诸塞公司（Massachusetts Company）。

至于打下印度次大陆的，同样也不是英国官方，而是英国东印度公司的佣兵。这家公司的成就甚至比荷兰东印度公司更加辉煌。公司总部位于伦敦的利德贺街（Leadenhall Street），而在近一世纪的时间里，这家公司就是从这里统治着一整个儿强大的印度帝国，掌握着多达35万士兵的庞大军力，就连英国王室也只能自叹弗如。一直要到1858年，英国王室才将印度及英国东印度公司的军队收编国有。当时拿破仑曾嘲笑英国，说他们是个“店小二的民族”（nation of shopkeepers）。只不过，就是这群店小二打败了拿破仑本人，还建立起有史以来最大的帝国。

以资本之名

虽然印度尼西亚和印度分别在1800年和1858年由荷兰和英国收归所有，但资本主义和帝国的关系非但没有结束，反而在19世纪变得更为紧密。股份公司不再需要自己建立及管理殖民地，而是由经理和大股东直接在伦敦、阿姆斯特丹和巴黎与政治权力牵线接轨，直接由国家来帮忙维护利益。正如马克思和其他社会批评家所开的玩笑，西方政府几乎就像是资本家的工会。

讲到国家如何为资本家服务，最恶名昭彰的例子就是中英第一次鸦片战争（1840—1842）。在19世纪上半叶，英国东印度公司和杂物商靠着向中国出口药物（特别是鸦片）而发了大财。数百万中国人成了瘾君子，国家的经济和社会都大受影响。30年代后期，中国政府发布禁烟令，但英国药商完全无视这项律令。于是，中国当局开始没收、销毁鸦片。这些鸦片烟商与英国国会和首相关系良好，许多议员和部长其实都持有烟商公司的股票，因此向政府施压，要求采取行动。

1840年，英国正式以“自由贸易”为名，向中国宣战。此役英国轻松获胜。中国人太过自信，却完全敌不过英国如同奇迹般的新式武器：汽船、重型火炮、火箭，以及可连发的步枪。在接下来的“和平”条约中，中国同意不限制英国烟商的活动，并且还要赔偿中国军方造成的损失。此外，英国要求并取得了香港的使用权，于是香港就成了他们安全的贩毒基地。直到1997年，香港才回归中国。在19世纪末，中国鸦片成瘾者约有4000万，足足占了全国人口1/10。[93]

埃及同样也遭到英国资本主义的毒手。在19世纪，法国和英国的投资者将大笔资金借给埃及的统治者，先是投资兴筑苏伊士运河，后来还有一些比较失败的计划。埃及的债务逐渐膨胀，欧洲这些债权人也逐渐插手埃及的国内事务。到了1881年，埃及民族主义者忍无可忍，起身反抗，单方面宣布废除一切外债。这让维多利亚女王很不高兴。一年后，她就派出大军前往尼罗河，一直到第二次世界大战结束前，埃及都还是英国的“保护国”。

* * *

为了投资人利益而发动的战争绝不只这两场而已。事实上，连战争本身都可以像鸦片一样变成商品。1821年，希腊人起身反抗奥斯曼帝国，英国自由和浪漫圈子的人大感同情，诗人拜伦甚至亲自前往希腊，与这些反叛分子并肩作战。但就在同时，伦敦金融家看到的是大好商机。他们向反抗军领袖提议，在伦敦证券交易所上市发行债券，为希腊反抗筹资。而如果最后希腊独立成功，就要连本带利偿还。于是，民间投资者有的为了利润，有的出于同情，也或者兼而有之，纷纷买入这种债券。至于这种希腊起义债券在伦敦证交所的价格，就随着希腊当地的战情起起伏伏。土耳其慢慢地占了上风，眼看反抗军就要战败，而债券持有人就快输到脱裤了。但就在此时，正因为债券持有人的利益就是国家的利益，英国组织起一支国际舰队，在 1827 年的纳瓦里诺战役一举击溃奥斯曼帝国的主要舰队。从此，受到长达几世纪的征服统治后，希腊终于自由了。只不过，自由的代价就是一大笔巨额债务，这个新成立的国家根本无力偿还。在接下来的几十年间，希腊经济都被欠英国的债务压得喘不过气。

资本和政治这两者的紧密相拥，对信贷市场有深远的影响。一个市场究竟能得到多少信贷，不能只看经济因素（例如发现新的油田、发明新的机器），而也得考虑政治事件的影响，例如政权更迭或者采取了更积极的外交政策。纳瓦里诺战役之后，英国资本家投资高风险海外交易的意愿就更高了。他们亲眼证实，如果外国债务人拒绝偿还贷款，女王陛下的军队就会去为他们讨债。

正因如此，今天在判断某个国家的信用评级时，经济体系是否健全远比天然资源的多寡更为重要。信用评级代表的是国家清偿债务的可能性。除了纯粹的经济数据外，也会考虑政治、社会甚至文化因素。就算是拥有丰富石油蕴藏量的产油国，如果政府专制、司法腐败，信用评级通常也不高。这么一来，因为难以取得必要资金开发石油资源，很可能这个国家就只能这样坐在金矿上穷困度日。与此相对的是，如果某个国家虽然缺少自然资源，却有自由的政府、和平的环境，以及公正的司法系统，它就可能得到较高的信用评级。这样一来，就能以低廉的代价取得相当的资金，撑起良好的教育体系、发展出蓬勃的全新高科技产业。

对自由市场的崇拜

资本和政治的关系如此紧密交结，不论是经济学家、政治家还是一般民众都有许多热烈的争论。死忠的资本主义者很可能会表示，资本当然会影响政治，但政治绝不应该插手资本的事。他们认为，如果政府干预市场，市场必然会被政治利益所左右而做出不智的投资决定。举例来说，政府很可能会向产业界征收重税，再用这笔钱设置大笔的失业救济金，讨好大众选民。在商人眼中，当然政府最好都别管事，让钱都留在商人口袋里。他们宣称，有了这些钱，他们就会继续开设新的工厂，让现在失业的人都能有工作。

这种观点就会认为，最明智的经济政策就是让政治不要干预经济，将税收和政府管制都减到最低，将一切交给市场力量，让其自由发挥。这样一来，正因为民间投资人完全没有政治考虑，他们会将资金投向获利最高的区块，于是带来最高的经济增长。所以，不管对企业家还是劳工来说，最好政府就是无为而治。到了今天，资本主义教条最常见也最有影响力的变体就是自由市场主义。如果是对自由市场最死忠的支持者，不仅会认为国家不该出兵影响国际事务，甚至也会批评国内的种种福利政策。他们对政府的建议，会和老庄思想不谋而合：无为而治，什么都别管。

然而，如果讲到最极端的情况，相信自由市场的概念其实就像相信圣诞老人一样天真。这世界上根本不可能有完全不受政治影响的市场。毕竟，经济最重要的资源就是“信任”，而信任这种东西总是得面对种种的坑蒙拐骗。光靠着市场本身，并无法避免欺诈、盗窃和暴力的行为。这些事得由政治系统下手，立法禁止欺诈，并用警察、法庭和监狱来执行法律。如果国王或政府行事不力，无法做到适当的市场规范，就会失去信任、使信用缩水，而经济也会衰退。不论是1719年的密西西比泡沫，还是2007年美国房地产泡沫带来的信用紧缩和经济衰退，都一再提醒着我们这些教训。

资本主义的地狱

我们之所以不该让市场有完全自由发挥的机会，还有另一个更基本的原因。亚当·斯密说，鞋匠赚到多余的利润之后，会用来雇用更多助手。这么一来，因为多余利润能促进生产、雇用更多人，似乎就代表着自私自利和贪婪也可能对全体人类有利。

只不过，如果贪婪的鞋匠靠的是缩减工资、增加工时来增加利润，情况又会如何？课本上的答案是：自由市场会保护员工。如果鞋匠付的薪水太少、要求又太多，那些最优秀的员工当然就会离职，去为他的竞争对手工作。这样，这位黑心老板手上就只剩下最差劲的员工，甚至一个员工都不剩。于是他一定得改变管理方式，不然就只能关门大吉。他的贪婪会逼他善待自己的员工。

这个理论听来十分完美，但实际上却是漏洞百出。如果真的是完全自由的市场，没有国王或神职人员来监督，贪婪的资本家就能够通过垄断或串通来打击劳工。例如，假设某个国家只有一家制鞋厂或者所有制鞋厂都合谋同时降低工资，劳工就无法用换工作的方式来保护自己。

更可怕的是，老板还可能用劳动偿债甚至奴隶制度来限制劳工的自由。在中世纪结束的时候，基督教欧洲几乎完全没有奴隶制度的现象。但到了现代早期，欧洲资本主义兴起，大西洋奴隶贸易也应运而生。奴隶贸易这场灾难的罪魁祸首并不是暴君或种族主义者，而是不受限制的市场力量。

欧洲人征服美洲的时候，积极开采金矿银矿，并且建立庄园来种植甘蔗、烟草和棉花。这些矿场和庄园成为美洲生产和出口的大宗支柱。其中甘蔗种植尤为重要。在中世纪，糖在欧洲是难得的奢侈品，必须由中东进口，而且价钱令人咋舌，使用的时候百般珍惜，视为某种秘密成分，加进各种美食或蛇油为底的药物中。等到美洲开始有了一片又一片的大型甘蔗园，就开始有越来越多的糖运抵欧洲。糖价开始下跌，而欧洲对甜食也越来越贪得无厌。商人见到机不可失，开始生产大量甜食：蛋糕、饼干、巧克力、糖果和含糖饮料（例如可可、咖啡和茶）。英国人每人每年的糖摄取量，从 17 世纪初接近于零，到 19 世纪初竟然达到大约 8 公斤。

然而，不论种植甘蔗还是提炼蔗糖，都是劳力密集的工作。不仅工时长、热带阳光猛烈，蔗园环境更是疟疾肆虐，因此愿意在蔗园工作的人寥寥无几。如果使用约聘劳工，成本就会变得太过昂贵，无法迎合大众消费需求。这些甘蔗园的欧洲主人一方面对市场力量十分敏感，一方面又贪求利润和经济增长，因此就把脑筋动到了奴隶上。

从 16 世纪到 19 世纪，大约有 1000 万非洲奴隶被运到美洲，其中有大约七成都在甘蔗园里工作。奴隶的劳动条件极度恶劣，大多数奴隶生活悲惨、英年早逝。而且欧洲人发动战争俘虏非洲人，再从非洲内陆千里迢迢运至美洲，数百万非洲人就这样在战乱或运送过程中丧命。而这一切，不过就是为了让欧洲人能够在茶里加糖、能吃到甜点，让人能够靠着贩糖而获取暴利。

奴隶贸易背后的黑手并不是国家或政府。这项产业完全出于经济，是自由市场依据供需法则所组织及提供资金。民间贩奴公司甚至在阿姆斯特丹、伦敦和巴黎证交所上市，出售股份。一些中产阶级的欧洲人也是希望有个好机会投资赚钱，就买了这些股票。靠着这些钱，公司得以买船、雇用水手和士兵，他们在非洲购买奴隶，再运到美洲卖给庄园园主。贩奴的收益就能顺便购买庄园的作物及产品，例如糖、可可、咖啡、烟草、棉花和朗姆酒。满载而归回到欧洲之后，蔗糖和棉花可以卖到一笔好价钱，接着他们就能再次前往非洲，把这个获利颇丰的勾当再次如法炮制。这种安排让股东心花怒放、再满意不过。在整个 18 世纪，贩奴的获利约为 6%；任何一个现代的投资顾问都还是会说这相当不错。

这是自由市场资本主义美中不足之处。它无法保证利润会以公平的方式取得或者以公平的方式分配。而且相反的是，因为人类有追求利润和经济增长的渴望，就会决定盲目扫除一切可能的阻挠。等到“增长”成了无上的目标、不受其他道德伦理考虑的制衡，就很容易衍生成一场灾难。有一些宗教（例如基督教和纳粹）杀害了数百万人，原因是出于仇恨，然而，资本主义也杀害了数百万人，原因则是出于冷漠和贪婪。大西洋奴隶贸易兴起的原因，并不是欧洲人对非洲人有什么种族仇恨，而那些买了股票的民众、卖了股票的证券营业员、管理奴隶贸易公司的经理，压根儿就不曾把非洲人放在心上。甘蔗庄园的园主就更不用谈了。很多园主根本住得远在天边，关于庄园他们唯一关心的事，就是账目要清楚好读，让他们知道自己赚了多少。

我们必须记住，人类的历史从来不是洁白无邪，大西洋奴隶贸易这件事绝非特例。比如前一章提过的孟加拉地区大饥荒，也是出于类似原因：英国东印度公司比较重视的是自己的利润，而不是 1000 万孟加拉地区人的生命。荷兰东印度公司在印度尼西亚的军事行动，后面出钱的也是一群善良的荷兰人，他们爱孩子，会捐钱给慈善事业，也懂得欣赏好音乐和好艺术，但他们就是没感受到爪哇、苏门答腊、马六甲这些地方人民的痛苦。随着现代经济成长，全球各地还有无数的大小罪恶和灾难正在上演。

* * *

时间到了 19 世纪，但资本主义的道德观并未改善。工业革命风潮席卷欧洲，让银行家和资本家荷包满满，但却让数百万计的劳工生活落入赤贫。至于在欧洲殖民地，情况更难以想象。1876 年，比利时国王利奥波德二世（Leopold II）成立了一个非政府人道组织，宣称目的是探索中非，并打击刚果河沿岸的奴隶贸易。同时该组织也表示会修筑道路、兴建学校和医院，为当地居民改善生活条件。在 1885 年，欧洲列强同意将刚果盆地大约 230 万平方公里土地拨给该组织管理使用。这片土地足足有比利时全国 75 倍大，从此称为刚果自由邦（Congo Free State）。只不过，从来没有人问过这片土地内足足有两三千万人民的意见。

在很短的时间内，这个所谓的人道组织就成了商业机构，真正的目的只是增长和获利。他们压根儿就已经忘了学校和医院这回事，整个刚果盆地遍布着矿场和农业庄园，多数由比利时官员掌控，而且无情地剥削着当地人民。其中最恶名昭彰的就是橡胶产业，当时橡胶迅速成为大宗商品，橡胶出口也成了刚果最重要的收入来源。负责收集橡胶的非洲村民被规定上缴的产量越来越高，而且一旦少缴，就会被斥为“懒惰”，遭到严厉惩罚。有时候比利时官员会把他们的手臂砍掉，有时候甚至全村的人都遭到屠杀。就算是最保守的估计，从 1885 年到 1908 年之间，在刚果追求增长和利润的代价，就足足让 600 万刚果人命丧黄泉（至少占当时刚果人口的两成），甚至有些人估计惨死人数高达千万。[94]

1908 年以后特别是 1945 年以后，部分出于对共产主义的恐惧，资本主义的贪婪稍微受到控制。然而，不平等的情形仍然猖獗。时间到了 2013 年，虽然全球经济的大饼已经远大于 1500 年那块，但分配的方式却是极度不公，许多非洲农民和印度尼西亚劳工就算整日辛劳，能够赚到的食物还比不上 500 年前的先人。然而，就像农业革命一样，所谓的现代经济增长也可能只是个巨大的骗局。虽然人类和全球经济看来都在继续增长，但更多的人却活在饥饿和困乏之中。

面对这种指控，资本主义有两项响应。第一，资本主义已经把这个世界塑造成资本主义的样子，现在也只有资本主义能让它继续运行下去。唯一另一个足以和资本主义相抗衡的，就只有共产主义。在公元前 8500 年，就算有人对于农业革命深感后悔，但为时已晚，已经无法放弃农业。同样，虽然我们现在可能并不喜欢资本主义，但它也已经不可或缺。

第二，资本主义也认为只要再多点耐心，天堂就一定会降临人间。确实，过去我们犯过一些错，像大西洋奴隶贸易，像剥削了欧洲的劳工阶级，但这一切都让我们学到教训，只要我们再等等、再等饼变大一点，就能让人人都分到够大的一块。虽然说分饼的时候永远不可能达到公平，但至少能做到“足够”，让男女老幼每个人都能满足，甚至在刚果也不例外。

事实上，我们确实已经看到一些正面的迹象。至少就纯粹的物质标准来说（例如预期寿命、婴儿死亡率、热量摄取量），虽然人口在过去百年间激增，但2013年的平均数值都明显高于1913年。

然而，这块经济大饼真的能无限变大吗？每块饼都需要原材料和能源。但早有先知预言警告，迟早智人会耗尽地球上所有的原料和能源。那么接下来会发生什么呢？

第十七章

工业的巨轮

现代经济之所以能够增长，是因为我们愿意信任未来，资本家也愿意将利润再投入生产。然而光是这样还不够。经济增长还需要有能源、有原料，但能源和原料有限，如果用光了，是不是整个系统就要崩溃？

然而，就过去的证据看来，所谓“有限”也只是一种理论。虽然这可能不太符合我们的直觉，但人类在过去几个世纪的能源和原料用量激增，可供使用的能源和原料量其实不减反增！每次即将因为能源或原料短缺而使经济增长趋缓的时候，就会有资金投入科学研究，解决这项问题。这种做法屡屡奏效，有时候让人更有效利用现有资源，有时候找出了全新的能源和材料。

让我们以运输产业为例。在过去 300 年间，人类制造的运输工具数量达到数十亿，从简单的马车和手推车，到后来的火车、汽车、超音速飞机和航天飞机。过去可能会有人认为，像这样大规模使用资源，很快就会耗尽所有能源和原料，很快只能靠回收垃圾撑下去了。然而，实际状况却正好相反。在 1700 年，全球运输工具使用的原料多半是木材和铁，但今天我们却有各式各样的新材料任君挑选，像塑料、橡胶、铝和钛，这一切我们的祖先都完全一无所知。另外，1700 年的马车主要是由木匠和铁匠手工人力制作，但在现在的丰田车厂和波音公司工厂里，我们靠的是燃油引擎和核电厂来推动生产。类似的革命在几乎所有产业领域无处不在。我们将它称为“工业革命”。

***

早在工业革命前的数千年，人类就已经知道如何使用各种不同的能源。像可以燃烧木材，用火力来炼铁、取暖、烤蛋糕。用帆取得风力就能推动帆船，用水车取得水力就能用来碾谷子。然而，这些使用方式都有明显的限制和问题：火力得先取得木材，风力得靠天赏脸，至于水力一定得住在河的附近才成。

还有一个更大的问题，就是我们不知道如何进行能量间的转换。比如风力可以推船，水力可以推石磨，但却没办法拿来煮水或炼铁。相对的是，燃烧木头的热力也无法推动石磨。在当时想要转换能量，只能靠一种东西：人类或动物自己的身体。在自然的代谢过程里，人类和其他动物燃烧有机燃料（也就是食物），把能量转换为肌肉运动。于是，男男女女或动物摄取谷物和肉类，燃烧碳水化合物和脂肪，再用这些能量来拉车或犁田。

因为所有能量转换只能靠人类和动物的身体，当时几乎所有人类活动靠的就是肌肉的力量。人类的肌肉能用来造车盖房，牛的肌肉能用来拖犁耕田，马的肌肉能用来运输货物。而所有能用来供应这些“有机肌肉机器”的能量来源只有一种：植物。至于植物的能量，则是来自太阳。植物靠光合作用，将太阳能转为有机化合物。由此看来，历史上人类成就的几乎所有事情，第一步靠的都是将植物取得的太阳能转换为肌肉的力量。

正因如此，人类历史在过去一直是由两大周期来主导：植物的生长周期，以及太阳能的变化周期（白天和黑夜，夏季和冬季）。阳光不足、谷物尚未成熟的时候，人类几乎没有能量可用。这时谷仓空空，收税员无事可做，士兵无力行军或打仗，各个国王也觉得以和为贵。但等到阳光充足、谷类成熟，农民的收获堆满了谷仓，收税员四处忙着收税，士兵频频操练、磨刀利剑，国王也召集大臣，计划下一场战事。这一切的源头都是太阳能，这时已经取得并封装在小麦、稻米和马铃薯里了。

厨房里的秘密

在这之前的几千年间，人类每天都面对着能源生产史上最重要的发明，但却总是视而不见。每次有哪个家庭主妇或仆人想要烧水泡茶，或者把装满了马铃薯的锅放在炉子上煮，这项发明就这样明显地在他们眼前。在水煮沸的那一刻，水壶或锅的盖子会开始跳上跳下。这时热能转换为动能，但是我们过去都只觉得这样乱跳有点烦人，至于一时忘记而让水煮干就更麻烦了。没人注意到这件事的真正潜力。

9世纪中国发明火药可以说有了小小的突破，能让热能转换成动能。一开始，要用火药推动弹丸听来实在太有悖常理，所以长久以来火药只是拿来制作炸弹。直到后来（起因可能是某些炸弹专家在研钵里磨火药，磨杵却被大力炸飞？）才终于发明了枪。而再从火药发展为有效的火炮，又花了大约600年。

即便如此，要将热能转化为动能的想法仍然太天马行空，所以又再过了3个世纪，人类才发明了下一种使用热能来移动物品的机器。这项新科技是在英国煤矿里诞生的。随着英国人口膨胀，森林遭到砍伐，一方面是人类取得木柴作为燃料推动经济增长，一方面也是为了要有居住和农业用地。于是，英国逐渐面临木柴短缺的问题，人们开始烧煤作为替代品。许多煤矿层都位于会淹水的地区，而且只要淹水，矿工就到不了较低的矿层。这个问题必须解决。大约在1700年左右，英国的矿井里开始回荡着一种奇特的噪音，可以说是吹起了工业革命进击的号角，一开始只是微微在远方响起，但十年十年过去，声音也愈趋雄壮，直到最后整个世界都笼罩在震耳欲聋的声响之中。这就是蒸汽机。

蒸汽机种类繁多，但有一个共同的原则：燃烧某种燃料（例如煤），再用产生的热将水煮沸，产生蒸汽。接着蒸汽推动活塞、让活塞移动，而连接到活塞的任何装置也就跟着移动。这么一来，热能便转换为动能了！在18世纪的英国煤矿里，是将活塞连接到泵，好把矿井底部的水给抽出来。最早的引擎效率低到难以想象。光是想抽出一点点的水，就得烧掉极大量的煤。然而，当时煤矿充足，而且又近在咫尺，所以倒是没人在意。

在随后的几十年间，英国人改善了蒸汽机的效率，还把它请出了矿坑，用在纺织机和轧棉机上。纺织生产仿佛脱胎换骨，开始能廉价生产越来越大量的纺织品。转眼之间，英国就取得了世界工厂的地位。但更重要的是，把蒸汽机请出矿坑，可以说是打破了一项重要的心理关卡。如果烧煤能够让纺织机动起来，为什么不能让其他的设备（例如车辆）也这么动起来呢？

1825 年，一名英国工程师将蒸汽机装到了一辆满载煤炭的列车上，让引擎将这辆货车沿着铁轨，将煤炭从矿场送到约 20 公里外最近的港口。这是史上第一列蒸汽动力火车。想当然尔，既然蒸汽可用于运送煤炭，为什么不能运送其他商品呢？甚至，为什么不能运人呢？ 1830 年 9 月 15 日，第一条商业化铁路开通，连接了利物浦与曼彻斯特，用的同样是与抽水或纺织相同的蒸汽动力。不过短短 20 年后，英国的铁轨长度已达数万公里。[95]

从此之后，人类就深深着迷于如何使用机器和引擎转换各种能量。只要发明出适当的机器，世界上任何地方、任何类型的能量都能为我们所用。举例来说，物理学家发现原子内储存着巨大的能量，就立刻开始思考要如何释放这种能量，用来发电、推动潜艇，或者摧毁城市。从中国炼丹术士发现火药，到土耳其人用大炮粉碎君士坦丁堡的城墙，之间足足过了 600 年。但从爱因斯坦发现质量可以转化为能量之后（也就是 $E=MC^2$），仅仅过了 40 年，原子弹就已经落在了广岛和长崎，核电厂也如雨后春笋般遍布全球。

另一项重要发明是内燃机，仅仅花了不到一个世代的时间，就彻底改革了人类的运输，也让石油变成一种液体的政治权力。在这之前数千年，我们早就知道了石油的存在，但只用来为屋顶防水、替轴轮润滑。就算到了大约一个世纪前，大家还是认为石油就只有这些用处。说要为了石油流血打仗，简直是则笑话。当时为了土地、黄金、胡椒或奴隶打仗或许天经地义，但为了石油，可是万万说不过去。

至于电力的发展更为惊人。在两个世纪前，电力对经济还毫无影响力，多半只是用来做些神秘的科学实验，或者廉价的魔术把戏。但有了一系列的发明之后，电力就成了我们有求必应的神灯精灵。手指一弹，就能印出书本、织出衣服，保持蔬菜新鲜、棒冰不融化，还能煮晚餐、处决死刑犯，记录我们的想法和笑容，让夜间亮起灯光，还让我们有无数的电视节目能看。我们很少有人了解电力运作的机制，但更少人能够想象生活中没有电力该怎么办。

能源的汪洋大海

工业革命的核心，其实就是能源转换的革命。我们已经一再看到，我们能使用的能源其实无穷无尽。更确切地说，唯一的限制只在于我们的无知。每隔几十年，我们就能找到新的能源来源，所以人类能用的能源总量其实在不断增加。

为什么这么多人担心我们会耗尽所有能源？为什么他们担心我们用完所有化石燃料之后，会有一场大灾难？显然，这世界缺的不是能源，而是能够驾驭并转换符合我们所需的知识。如果与太阳任何一天放射出的能量相比，全球所有化石燃料所储存的能源简直是微不足道。太阳的能量只有一小部分会到达地球，但即使是这一小部分，就已经高达每年 3 766 800 艾焦（焦耳是能量单位，在地心引力下将 1 个小苹果抬升 1 米，所需的能量就是 1 焦耳；至于艾焦则是 10^{18} 焦耳，这可是很多很多个苹果。）[96] 全球所有植物进行光合作用，也只能保留大约 3000 艾焦的能量。[97] 现在人类所有活动和产业每年约消耗 500 艾焦，而地球只要大约短短 90 分钟，就能从太阳接收到这么多能量。[98] 而且，这还只是太阳能而已。我们还有其他巨大的能量来源，比如核能和引力能。引力能最明显的例子，就是因为地球受到月球吸引而成的潮汐作用。

在工业革命之前，人类的能源市场几乎完全只能靠植物。这就像是住在一个每年容量 3000 艾焦的水库旁边，想办法尽可能多抽一点水出来。然而，这里有个明确的总容量。但到了工业革命时期，人类发现能用的能源不是一个水库，而是一整片海洋，容量可能有几千亿艾焦。我们唯一需要的，只是个更好的抽水泵罢了。

* * *

学习如何有效驾驭和转换能量之后，也解决了另一个阻碍经济增长的问题：原料短缺。等到人类找出方法驾驭大量而又廉价的能源之后，就开始能够取得过去无法使用的原料（例如在西伯利亚荒原采集铁矿），或者从越来越远的地方将原料运来（例如从澳大利亚将羊毛运到英国的纺织厂）。同时，科学上的突破也让人类能够发明全新的原料（例如塑料），或者发现先前未知的天然原料（例如硅和铝）。

化学家一直要到 19 世纪 20 年代才发现铝这种金属，但当时要从矿石中分离出铝非常困难，而且昂贵。于是，有几十年间，铝的价值甚至比黄金还要高得多。在 19 世纪 60 年代，法国皇帝拿破仑三世还会用铝质餐具来宴请最尊贵的客人，至于那些二等的客人，就只能用黄金的刀叉来凑合凑合。[99] 但到了 19 世纪末，化学家发现了一种方法能够大量、廉价提炼铝，目前全球的铝生产量达到每年 3000 万吨。如果拿破仑三世听说这些属民的后代居然拿铝做成抛弃式的铝箔，用来包三明治、带剩菜，用完就丢，想必是大惊失色。

2000 年前，地中海盆地的人如果属于干性肤质，就会在手上抹橄榄油。而今天人们抹的是护手霜。我在附近一家店里随便买了一支简单的现代护手霜，里面的成分如下：

> 去离子水、硬脂酸、甘油、辛酸 / 癸酸三酸甘油酯、丙二醇、肉豆蔻酸异丙酯、人参根提取物、香料、鲸蜡醇、三乙醇胺、硅灵、熊果叶萃取、抗坏血酸磷酸镁、咪唑烷基脲、对羟基苯甲酸甲酯、樟脑、对羟基苯甲酸丙酯、羟基异己基 3- 环己基甲醛、羟基香茅醛、芳樟醇、丁苯基甲基丙醛、香茅醛、苎烯、香叶醇。

以上几乎所有的成分，都是在过去两世纪间才发明或发现的。

第一次世界大战期间，德国遭到封锁，造成原物料严重短缺，可做成爆炸物的硝石更是奇缺无比。德国本身并不产硝石，当时最大的硝石产地在智利和印度。虽然用氨来取代硝石也可以有同样的效果，但当时要生产氨的成本还非常高。可以说德国人走运，他们的同胞：一位名为弗里茨 · 哈伯（Fritz Haber）的犹太化学家在 1908 年发现了一套技术，几乎只要用空气就能制备出氨。等到战争爆发，德国人已经将哈伯的发现投入工业生产，只要靠空气当原料，就能制作爆炸物。有学者认为，要不是有哈伯的发现，德国绝无可能撑到 1918 年的 11 月。[100]（哈伯在大战期间也是引导使用毒气的先驱。）而且，这项发现还让哈伯赢得了 1918

年的诺贝尔奖，但可以想见他得的是化学奖，可不是和平奖。

输送带上的生命

工业革命为人类带来了前所未有的种种能源和原料，不仅种类丰富，而且价格低廉。结果就是人类的生产力有了爆炸性的发展。首先引爆、影响也最深的就是农业。一般情况下，我们想到工业革命，脑中浮现的画面就是一片都市景象、冒着烟的烟囱，或者是一群煤矿工人汗流浃背，深入地底辛苦工作。然而，工业革命最重要的一点，其实在于它就是第二次的农业革命。

过去两百年间，工业化生产成了农业的支柱。过去得靠肌肉力量或根本做不到的事情，现在都由像曳引机之类的机器接手。由于有了化学肥料、工业杀虫剂和各种激素及药物，无论是农地还是家禽家畜的产量都大幅跃进。而有了冰箱、船舶和飞机之后，各种农产品能够保存长达数个月，而且也能快速、廉价地运送到世界的另一头。欧洲人开始能够大啖新鲜美味的阿根廷牛肉和日本寿司。

机械化不只是机器的事，连植物和动物也同样遭到机械化。差不多就是在以人为本的宗教将智人提升到神的地位的时候，各种农场上的动物已经不再被视为活生生、能够感受到痛苦的生物，而是被视为机器一般对待。时至今日，这些动物常常是在像工厂一样的地方被大规模制造，它们的身体被依照产业的需求来形塑。这些动物的一生就像是巨大生产线的齿轮，决定它们生命长短及质量的，就只是各种商业组织的利润和亏损。虽然业界让它们存活、吃得饱、维持基本健康，但却对它们的社会和心理需求毫不关心（除非直接影响到了生产）。

图 25 商业化养鸡场输送带上的小鸡。如果是公鸡或是有缺陷的母鸡，就会被丢到输送带上，送进毒气室让他们窒息而死，再用自动搅碎机搅碎，又或者直接丢进垃圾堆，让它们互相挤压致死。每年有上亿只雏鸡就这样在养鸡场里丧命。

举例来说，蛋鸡其实也有各种行为和心理需求，它们天生会有强烈的冲动，想要侦察四周的环境，到处瞧瞧啄啄，确认彼此的社会阶层、筑巢还有理理毛。然而，鸡蛋业者往往是将这些蛋鸡关在极小的鸡舍里，一个笼子塞四只蛋鸡并不罕见，每只的活动空间大概就是 22 厘米乘 25 厘米左右。虽然这些鸡有足够的食物，但却没办法宣告自己的领域、筑巢，或完成它们天生想做的活动。事实上，这些笼子实在太小，里面的鸡甚至无法拍翅膀，也无法完全站立抬头。

猪的智商和好奇心在哺乳动物里数一数二，可能只低于巨猿。然而，在工业化的养猪场里，母猪被关在小隔间里，甚至连转身都做不到，更别提散步或四处觅食了。这些母猪就被这样没日没夜关上四星期，生下小猪，但小猪立刻被带走养肥待宰，而母猪又得带去怀孕，准备再生下一批小猪。

许多奶牛在短暂的一生里，也是都活在一个小隔间里；不管是站还是坐或卧，都与自己的尿液和粪便为伍。它们面前有一套机器会供给他们食物、激素和药物，身后另一套机器则是每几个小时会来为它们挤奶。至于位于中间的牛呢？在业者眼中，大概就只是一张会吃原料的嘴，再加上会生产商品的乳房而已。这些活生生的生物其实内心情感世界都十分复杂，如果把它们当机器一样对待，不仅会造成身体不适，也会让它们有很大的社会压力和心理挫折。[101]

大西洋奴隶贸易并非出于对非洲人的仇恨，而现代畜牧业也同样不是出于对动物的仇恨。这两者背后共同的推手，就是冷漠。大多数人，在生产或者消费各种奶、蛋、肉类的时候，都很少想到提供这些食物的鸡、牛或猪。就算有些人真的想过，也常认为这些动物真的和机器没什么两样，没有感觉、没有情绪，并不会感受到痛苦。但讽刺的是，正是那些制造了挤奶器和集蛋器的科学，最近也赤裸裸指出这些哺乳动物和鸟类同样有复杂的感觉和情绪。它们不仅能感受到生理上的痛苦，也同样能感受到心理情绪上的痛苦。

演化心理学认为，家禽家畜的情感和社交需求还是源自野外，是因应当时生存和繁衍的需要而形成。例如，野生的母牛必须知道怎样和其他母牛或公牛建立紧密的关系，否则就不可能生存和繁衍后代。而为了学习必要的技能，演化就会在小牛（以及所有社交性哺乳动物的幼崽）的心里植入强烈想要玩耍的欲望，这正是哺乳动物学习社交行为的方式。此外，小牛还有另一股更强大的欲望，就是不能和母亲分开，毕竟当初在野外，母牛的奶水和照顾是生存的关键。

但像现在，奶农在小母牛一生下来不久，就把它隔到另一个隔间里，与母牛分开，给它提供食物、水和抵抗各种疾病的药物，等到它发育成熟，再用公牛的精子让它怀孕产乳。这么一来会如何？从客观的角度来看，小牛确实不再需要为了生存或繁衍而和母亲相处，也不用和同伴玩乐。但从主观的角度来看，小牛仍然会有一股强大的冲动，想要和母亲在一起，想和其他小牛玩。这些冲动无法满足，就会让它十分痛苦。这是演化心理学的基本道理：过去在野外形成的种种需求，就算现在已经不是生存和繁殖所必要，仍然会持续造成主观的感受。工业化农业的悲剧在于，它一味强调动物的客观需求，却忽略了它们的主观需要。

这项理论的真实性至少在20世纪50年代就已证实，当时美国心理学家哈利·哈洛（Harry Harlow）就曾用猴子的发展做过实验。他在幼猴出生后几小时，就把它们和母猴分开，各自关在独立的笼子里，由两只假母猴来负责哺育。每个笼子有两只假母猴，一只使用铁丝材质，上面有可供幼猴吸吮的奶瓶；另一只使用木材，再铺上布，模仿真实母猴的样貌，但除此之外无法提供幼猴任何实质帮助。这样一来，理论上幼猴似乎应该会依附着提供食物营养的金属猴，而不是什么都不做的布猴。

但没想到，幼猴显然比较爱的是布猴，多半时间都紧抱不

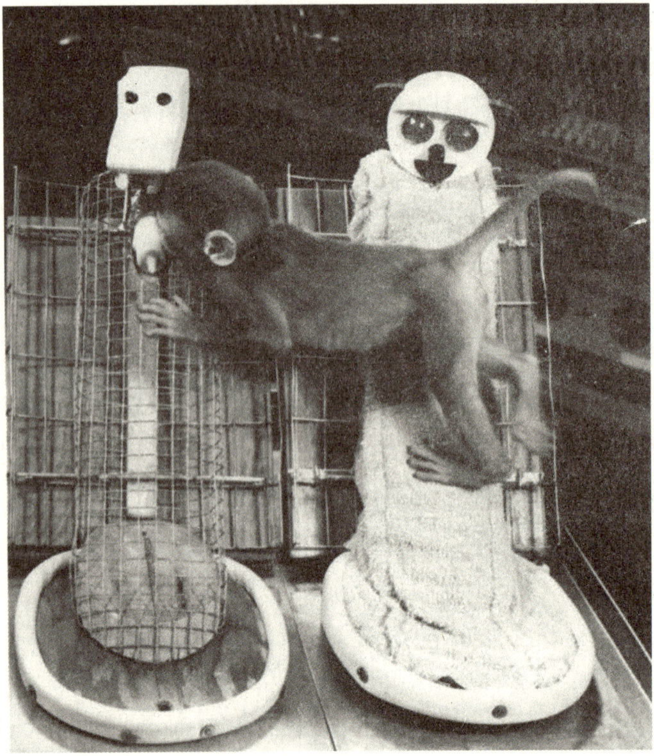

图 26　在哈洛的实验中，一只小猴子孤儿就算正在金属猴身上吸奶，却还是紧抱着布猴。

放。如果两只假猴子放得够近，幼猴甚至是紧抱着布猴，只是把头伸去金属猴那边吸奶。哈洛猜想，可能是因为铁丝太冷，幼猴不喜欢，所以他还为金属猴加装了一个电灯泡，让金属猴有了体温。然而，除了真的非常小的幼猴之外，大多数猴子选择的仍然是布猴。

追踪研究发现，这些猴子孤儿虽然得到了所有必需的营养，长大之后却有严重的情绪失调。它们无法融入猴群的社会，与其他猴子沟通有问题，而且一直高度焦虑、具有高侵略性。结论显而易见：除了物质需求之外，猴子必然还有种种心理需求和欲望，如果未能满足这些需求，就会产生严重的负面影响。在接下来的几十年间，许多研究都证实这项结论不仅适用于猴子，对其他哺乳动物和鸟类也同样适用。但在目前，数百万的家禽家畜与哈洛的猴子处于同样的水深火热之中，饲养者常常将幼崽与母亲分开，单独饲养。[102]

如果将所有数字加总，全球随时都有数十亿只家禽家畜就像活在工厂生产线上，而每年宰杀总数更达到百亿。采用工业化的禽畜饲养方式后，农业生产量和人类粮食储备量大幅增长。像这种工业化的畜牧业，再加上农作物种植的机械化，就成了整个现代社会经济秩序的基础。在农业工业化之前，农地和农场生产的食物大部分都得“浪费”在供给农民和农场上的动物食用，只剩下一小部分能供给其他工匠、教师、神职人员和官僚。因此在当时，农民在几乎所有的社会里都占了总人口九成以上。随着农业工业化，只需要越来越少的农民数量，就足以养活越来越多的办公或工厂人口。例如现在的美国，只有 2% 的人口以农业为生，[103]但仅仅就是这 2%，不仅养活了整个美国的人口，还有剩余粮食可以出口到世界各地。如果没有农业工业化，就不会有足够的人力来办公思考和从事工厂劳动，也就不可能有都市里的工业革命。

正是因为农业释放出了数十亿的人力，由工厂和办公室吸纳，才开始像雪崩一样有各种新产品倾泻而出。比起以前，人类生产出更多钢铁，制作出更多服装，兴建出更多建筑，还制造出令人瞠目结舌、超出想象的各种产品，比如灯泡、手机、数码相机和洗碗机。人类有史以来第一次，生产超出了需求。也是因为如此，产生了一个全新的问题：谁要来买这些产品？

购物的年代

现代资本主义经济如果想要存活，就得不断提高产量，就像是鲨鱼，如果不一直游动就会窒息。然而，光是生产还不够。生产出来之后，还得有人买，否则业者或投资人都得关门大吉。为了避免这种灾难，确保不管什么新产品都有人买账，就出现了一种新的伦理观：消费主义。

有史以来，人类的生活多半颇为困窘，因此“节俭”就成了过去所高喊的口号，像清教徒和斯巴达人，都以简朴律己而闻名。所以，如果是正直的人，就该避免奢侈、从来不浪费食物，裤子破了该缝缝补补，而不是去买条新的。只有王公贵族，才能公然把这种价值观抛在一旁，无所顾忌地炫耀他们的财富。

然而，消费主义的美德就是消费更多的产品和服务，鼓励所有人应该善待自己、宠爱自己，就算因为过度消费而慢慢走上绝路，也是在所不惜。在这里，节俭就像是一种该赶快治疗的疾病。我们很容易就能找到各种鼓励消费的例子，在我们身边屡见不鲜。比如我本人最爱的早餐谷片，制造商是以色列的泰尔玛（Telma），它的盒子背面就写着：

> 有时候，你该好好享受一下。有时候，你就是需要多一点能量。虽然有时候得注意体重，但有时候就该尽情放纵……就像现在！泰尔玛为你提供各种美味谷片，享受美味，没有后顾之忧。

而且，同一个包装上还有另一个品牌“健康零食”（Health Treats）的广告：

> 健康零食有大量谷类、水果和坚果，为您提供美味、愉悦而又健康的体验。在非正餐时间解您的嘴馋，完全符合健康生活习惯。真正的美味，让您享受更多。

在历史上的大多数时候，这种文案不但无法引起消费欲望，反而还会激起极度的反感。在过去的人眼中，这种内容真是自私、堕落、道德沦丧！消费主义除了自身非常努力，还在大众心理学（像“做就对了！”）的推波助澜之下，不断说服大众“放纵对你有益，而节俭是自我压抑”。

而且，这套理论已经成功了。我们都成了乖巧的消费者，买了无数种我们并不真正需要的产品，而且有的根本就是昨天才知道的。制造商设计产品的时候，刻意让它在很短的一段时间后就被淘汰；而且就算旧型号明明就足以满足各种需求，厂商还是会不断推出新型号，我们如果不跟进，就仿佛显得落伍。购物已成为人类最喜爱的消遣，而且消费性产品也成了家人、朋友、配偶之间不可或缺的中介。各种宗教节日（例如圣诞节）都已经成了购物节。甚至像美国的阵亡将士纪念日（Memorial Day），原本庄严肃穆的一天，现在的重点全成了跳楼大特价。许多男男女女纪念这天的方式，就是跑去购物，大概是想证明这些自由的捍卫者并不是白白送死。

消费主义伦理开枝散叶，在食品市场表现得最为明显。在过去的传统农业社会，饥荒的阴影总是挥之不去。但到了今日的富裕世界，一大健康问题却是肥胖，而且对穷人的冲击更大于富人（因为富人懂得选择有机沙拉和水果奶昔，但穷人常常是大啖汉堡、比萨）。美国每年为了节食所花的钱，已经足以养活其他地方所有正在挨饿的人。肥胖这件事，可以说是消费主义的双重胜利。一方面，如果大家吃得太少，就会导致经济萎缩，这可不妙；另一方面，大家吃多了之后，就得购买减肥产品，再次促进经济增长。

***

然而，如果根据商人的资本主义伦理，所有的利润都该再投入生产而不是白白浪费，这样一来，消费主义伦理和资本主义道德该如何共存？很简单！就像过去的年代一样，今天也有精英分子和一般大众的劳力分工。在中世纪欧洲，贵族浪掷千金、尽享奢华，而农民则是省吃俭用、锱铢必较。但今天情况正相反。大富豪管理资产和投资非常谨慎，反而是没那么有钱的人，买起没那么需要的汽车和电视机却毫不手软。

资本主义和消费主义的伦理可以说是一枚硬币的正反两面，而资本-消费主义道德将这两种秩序合而为一。有钱人的最高指导原则是——“投资！”而我们这些其他人的最高指导原则则是——“购买！”

这种资本-消费主义的伦理，还有另一个革命性的意义。过去的伦理体系，常常要求人类做些难如登天的事，告诉他们照做就能上天堂。但总是要求他们慈悲、宽容，克服各种欲望和愤怒，还得放下自身的私利。这对大多数人来说实在太过强人所难。所以翻开伦理道德的历史，虽然会看到许多美妙的理想，但遗憾的是几乎没人能做到。大多数基督徒的作为不像基督，大多数佛教徒没听佛陀的话，大多数儒家子弟可能会让孔子频频摇头。

但今天的情况有所不同了，大多数人都能轻松达到资本–消费主义的理想。想要进入这种新伦理所承诺的天堂，条件就是有钱人应该继续贪婪下去，把时间投入赚更多的钱，至于一般大众则是要尽情满足自己的欲望和热情，想要什么就买什么。这是人类有史以来第一次，信众终于真的能够做到宗教要求的条件。只不过，我们又怎么知道它承诺的天堂是什么样子？答案是：看看电视，你就知道。

第十八章

一场永远的革命

工业革命找出新方法来进行能量转换和商品生产，于是人类对于周遭生态系统的依赖大减。结果就是人类开始砍伐森林、抽干沼泽、筑坝挡河、水漫平原，再铺上总长数万公里的铁路，并兴建摩天大都会。世界越来越被塑造成适合智人需求的样子，但其他物种的栖地就遭到破坏，这让它们迅速灭绝。地球曾经是一片蓝天绿地，但现在已经成了混凝土和塑料构成的商场。

今天，地球上住着大约 70 亿的智人。如果把所有人放上一个大磅秤，总重量约达 3 亿吨。另外，如果把所有家禽家畜（牛、猪、羊、鸡等等）也放在另一个更大的磅秤上，总重更足足达到

7亿吨。但相比之下，如果把所有还幸存的大型野生动物（包括豪猪、企鹅、大象和鲸鱼等等）也拿来称，总重量已经不到1亿吨。我们在童书、各种影像和电视上还是常常看到长颈鹿、狼和黑猩猩，但在现实世界里，这些物种都已所剩无几。全球大概只剩下8万只长颈鹿，但牛有15亿头；灰狼只剩20万只，但狗有4亿只；黑猩猩只剩25万只，相比之下，人有70亿。可见，人类真的已经称霸全球。[104]

然而，生态环境恶化并不代表就是资源短缺。我们在前一章已经提过，人类能用的资源其实不断增加，而且这个趋势很可能还会继续。正因如此，那些关于资源短缺的末日预言很可能并不会成真。但与此相反，生态环境的恶化却是太有凭有据、如假包换。在我们的未来，很可能会看到智人坐拥各种新原料和新能源，但同时摧毁了剩下的自然栖地，让大多数其他物种走向灭亡。

事实上，这场生态危机甚至也可能危及智人本身的生存。全球变暖、海平面上升、污染猖獗，使得地球对于人类来说也越来越不宜居住，未来很可能看到人类必须与自己引发的自然灾害不断拉扯较劲。而随着人类试图用自己的力量来对抗自然，压制整个生态系统来满足自己的需求和冲动，就可能引发越来越多无法预测的危险副作用。到了那个时候，可能就得用更激烈的手法才能操控生态系统，但也就会引起更大的混乱。

很多人称呼这个过程是“自然的毁灭”。然而，这其实并不能算是“毁灭”，而只是“改变”。自然是无法“毁灭”的。6500万年前，一颗陨石让恐龙灭绝，但却为哺乳类动物开启了一条康庄大道。今天，人类正在让许多物种灭绝，甚至可能包括自己。但即使如此，还是有某些生物过得生龙活虎。举例来说，老鼠和蟑螂可说是正在全盛时期。如果今天发生核灾而让世界末日降临，这些顽强的动物很有可能就会从闷烧的废墟里爬出来，准备好继续将自己的DNA传给千代万代。或许，现在的6500万年后，会有一群高智商的老鼠心怀感激地回顾人类造成的这场灾难，就像我们现在感谢那颗杀死恐龙的陨石一般。

但不论如何，现在讨论人类灭绝还是为时过早。自从工业革命以来，世界人口增长正处于前所未有的高峰。在1700年，全球有将近7亿人。到了1800年，只增加到9.5亿人。但到了1900年，人口增长将近一倍达到16亿。而到了2000年，更是已经翻了两番，达到60亿。在2014年，已经达到足足70亿。

摩登的现代

虽然智人已经越来越不受自然的摆布，但却越来越受到现代产业和政府的支配。工业革命带来许多社会改造的实验性做法，而各种改变人类日常生活和心理的事件更是多不胜数。其中一个例子，就是将过去传统农业社会的时间节奏替换成工业社会一致而且精确的时间概念。

传统农业看的是自然的时间周期、有机的生长情况。当时多数社会都无法准确测量时间，而且对这件事实在也没多大兴趣。毕竟，当时没有时钟、没有时刻表，重要的是太阳的运行、植物的生长周期。当时没有人人统一的工作日，而且在不同季节的生活习惯也有极大不同。农业社会的人知道太阳该在天上哪个位置，会焦急地等着雨季和收获季的征兆，但是小时的概念就不在他们心里，而年份的概念更是于他们如浮云。如果有人穿越时空来到中世纪的村庄，问当地人“今年是哪一年”，当地人除了会觉得这个人衣着古怪，可能还觉得会问这个问题应该是脑筋有点问题。

与中世纪农民和鞋匠相比，现代工业对太阳或季节可说是完全不在乎，更重视的是要追求精确和一致。举例来说，在中世纪的鞋店里，每个鞋匠都是从鞋底到鞋扣一手包办。如果某个鞋匠上班迟到，完全不会影响到别人的工作。但如果是在现代的制鞋生产线，每个工人面对的机器都只负责鞋子的一小部分，完成后再交给下一台机器。假设其中某台机器的工人睡过头，整条生产线就得停摆。为了避免这种灾难发生，每个人都得严格遵守确切、共同的时间表。每个工人在完全相同的时间开始上班。不管饿了没，都要在同样的时间午休吃饭。等到换班哨音一响，所有人都得下班回家，不管手上的事情做完了没。

工业革命不仅为人类带来了时刻表和生产线的概念，更将这些概念推广到几乎所有的人类活动当中。就在工厂用时刻表规范劳工行为之后不久，学校也开始采用了这一套，接着医院、政府机关，甚至杂货店也行礼如仪。就算那些没有生产线和机器的地方，时刻表也成了王道。毕竟，假设工厂是下午 5 点下班放人，当地的酒吧难道不是应该 5:02 开门营业最为恰当?

这套时刻表系统的推广，公共运输是个关键。如果工人得在 8:00 准时开工，火车或公交车就一定得在 7:55 分抵达工厂大门。晚了几分钟，就可能使产量减少，甚至让那些不幸迟到的人遭到裁员。在 1784 年，英国首次出现公布时刻表的马车载运服务，只列了几点出发，而没有几点抵达。在当时，英国每个大城小镇都有不同的时间，与伦敦时间可能有半小时之差。伦敦正午 12:00 的时候，可能在利物浦是 12:20，而在坎特伯雷还只是 11:50。

因为当时没有电话、没有收音机、没有电视，也没有快速的火车，所以没人知道这些时间不同。而且，又何必在意呢？[105]

英国的第一条商业铁路在1830年正式启用，连接利物浦和曼彻斯特。10年后，终于首次公布火车时刻表。因为火车的速度比传统马车快上太多，所以各地时间的微小差异就造成了巨大的困扰。1847年，英国各家火车业者齐聚一堂，研拟同意统一协调所有火车时刻表，一概以格林尼治天文台的时间为准，而不再遵循利物浦、曼彻斯特、格拉斯哥或任何其他城市的当地时间。在火车业者开了头之后，越来越多机构跟进这股风潮。最后在1880年，英国政府迈出了前所未有的一步，立法规定全英国的时刻表都必须以格林尼治时间为准。这是史上第一次有国家采取了全国统一的时刻表，要求人民依据人工的时钟来生活，而不是依据当地的日升日落周期。

从这个小小的出发点，后来发展出全球性的时刻表网络，全球同步的误差不到1秒。而在广播媒体上场之后（先是电台，后来则是电视），一方面人类进入了时刻表的世界，一方面广播媒体也成了主要的执行者和传播者。电台广播最早的内容之一就是报时用的讯号，通过哔声让偏远地区的居民或海上的船舶都能据以调整时钟。后来，电台也发展出每小时播报新闻的习惯。直到现在，新闻广播开头的第一条仍然是现在时间，就算战争爆发也得放在后面再报。第二次世界大战期间，英国广播公司的新闻播送到纳粹占领下的欧洲地区，而每段新闻广播的开头就是大本钟报时钟声的现场直播，这可以说正是自由的钟声。甚至还有些天才的德国物理学家，居然找出一套方法，只要靠着钟声在广播中的微小差异，就能判断伦敦当时的天气。对德国空军来说，这可是珍贵无比的战事情报。等到英国私密情报局也发现了这一点，就不再采用现场直播，而用一组录音来取代。

为了让时刻表这套网络能够运作顺畅，人们开始四处都能见到价格便宜但运行精准的携带式时钟。当时如果是在中东或南美，顶多可能只有几个日晷。而在欧洲中世纪的城镇里，通常是全城共享一个时钟：在城镇的中央广场建起一座高塔，上面就有个巨大的时钟。这些塔钟几乎从来没有准过，但既然城里也没有其他的钟，似乎也就没什么关系。而到了现在，任何一个有钱人家的家里，计时装置的数量很可能就远远超过某个中世纪国家全国上下的数量。现在想知道时间，可以看一下腕上的手表，瞄一眼你的手机，瞧一下床边的闹钟，盯一下厨房的挂钟，瞟一眼微波炉上的时间，瞥一下你的电视机或 DVD 机，甚至计算机上的任务栏都会告诉你现在几点。想要不知道现在几点，还真是得刻意花上一点功夫才行。

一般人每天会看上几十次时间，原因就在于现代似乎一切都得按时完成。闹钟早上 7 点把我们叫醒，我们用不多不少的 50 秒加热冷冻贝果，刷牙刷个 3 分钟，直到电动牙刷发出哔声，我们要赶 7:40 的火车上班，在健身房的跑步机跑到哔声告诉我们过了半小时，晚上 7 点坐在电视前看最喜欢的节目，中间还在特定时间被每秒好几万元的广告打断，就算精神崩溃去找心理医师，他听你发牢骚的诊疗时间也是标准的一节 50 分钟。

* * *

工业革命让人类社会起了数十种重大的变化，采用工业化的时间概念只是其中之一。其他著名的项目还包括都市化、农民阶级消失、工业无产阶级的兴起、对一般大众的赋能、民主化、青少年文化，以及父权社会的解体。

然而这一切都比不上有史以来人类最大的社会革命：家庭和地方社群崩溃，改由国家和市场取代。据我们目前所知，人类在100多万年前生活在小型、亲密的社群之中，社群成员大多数都是亲戚。认知革命和农业革命并没有改变这一点。这两项革命让不同的家庭和社群结合，形成部落、城市、王国和帝国，但家庭和社群仍然是所有人类社会最基本的结构单位。但后来，工业革命不过花了短短两世纪左右，就将这些单位粉碎成了原子。许多过去家庭和社群的功能，现在都被国家和市场取代。

家庭和社群的崩溃

在工业革命之前，多数人的日常生活都逃不脱三大传统框架：核心家庭、大家庭，以及当地的密切社群。[a]大多数人在家族企业工作（例如家族的农场，或者家族经营的工作坊），或者也可能在邻居的家族企业工作。这时的家庭除了家庭功能，还要兼顾福利制度、卫生体系、教育系统、建筑产业、劳工工会、退休基金、保险公司、广播、电视、报纸、银行，甚至警察功能。

有人病了，由家庭来照顾。有人老了，由家庭来赡养，而子女就是最好的退休基金。有人过世，孤儿就由大家庭其他成员照顾。有人想盖小屋，大家庭提供人力。有人想开公司，大家庭提供资金。有人想结婚，家庭里也会选择或至少审核一下这未来的

a. 所谓“密切社群”（intimate community）指的是社群中成员都认识、熟悉彼此，并且互相依赖共存。

对象。如果和邻居发生冲突，要吵架也有家人助阵。然而，如果病情太严重，光是家庭或家族还无法处理，或者新公司需要的资金太庞大，或者邻里争吵已经到了要变成暴力斗争的地步，当地社群就会介入。

当地社群介入时，依据的是当地的传统以及有来有往的互助原则，常常会和自由市场的供需法则有相当大的差异。比如在传统的中世纪社会，如果邻居需要我帮忙盖屋子或者放羊，我并不会认为他应该付钱，而是在我有需要的时候再还我这份人情就好。同时，当地的领主可能会叫我们全村的人去帮他盖城堡，但他也是一分不付，而是在出现盗贼或野蛮人的时候提供保护。虽然在这些村庄里有许许多多的交易，但多半都不是金钱往来。当时市场机制已经存在，但十分有限。人们也可以购买罕见的香料、布匹和工具，或者聘请律师和医生提供服务，但一般而言，常用产品和服务会出现在市场上的不到一成，多数还是由家庭和社群提供。

另外，王国和帝国会负责某些重要功能，比如发动战争、修建道路、建筑城堡。而为了这些目的，国王会征税，偶尔也会招募士兵和工人。但除了少数例外，王国或帝国通常并不会干涉家庭和社群内的事务。而且，就算真想干涉，成效也十分有限。因为从传统来说，传统的农业经济很少有多余的食物能养活政府官员、警察、社会工作者、教师和医生等等。因此，大多数政权并不会发展出大规模的福利、医疗或教育系统。这些事情都还是留给家庭和社群处理。就算在极少数情况下，统治者试图干预农民的日常生活（例如秦帝国的连坐法），靠的也是以家中的户主或社群里的长者作为政权代理人。

甚至有些时候，因为地处偏远的社群交通不便、通讯困难，许多王国干脆直接将税收和暴力惩戒这些王室基本特权都下放给当地。举例来说，奥斯曼帝国就并未维持大批帝国警力，而是允许地方家族彼此私刑伺候。如果我的表哥杀了人，受害人的哥哥可能就会杀了我作为报复。而只要暴力行径不要过度扩大，伊斯坦布尔的苏丹，甚至各省的帕夏（pasha，相当于省长）都会睁一只眼闭一只眼。

至于在中国的明朝（1368—1644），这个帝国实行“里甲”制度。10户为“甲”，110户为“里”。里甲制设有里长、甲首，负责维护地方治安、分配徭役、按丁纳税，而无须由帝国直接管理。从帝国的角度来看，这种里甲制度十分有利，帝国不需要自己养着成千上万的官员税吏，而是交给地方长者来监督各个家庭的情形。里长、甲首不但了解地方情形，常常也能让税务运作顺畅，而无须国家军队介入。

很多时候，王国和帝国就像是收着保护费的黑道集团。国王就是黑道大哥，收了保护费就得罩着自己的人民，不受附近其他黑道集团或当地小混混骚扰。除此之外，其实也没什么功用。

然而，生活在家庭和社群的怀抱里并不如想象中的理想，甚至差得远了。家庭和社群对成员的压迫绝不下于现代国家和市场，这些家庭和社群内部常常充满紧张和暴力，而且成员别无选择。在1750年左右，如果一个人失去家庭和社群的保护，几乎必死无疑，不仅没有工作、没有教育，生病痛苦时也得不到任何支持。没有人会借他钱，出了问题也没人保护。毕竟，当时没有警察、没有社工，也没有强制性的义务教育。为了求生，如果真的遇到这种情形，当时的人就得尽快寻找替代家庭或社群。离开原生家庭的男孩女孩，最好的情况大概就是找到新的家庭做帮佣；而最糟的情况，就是被迫从军或沦入风尘。

* * *

但过去两世纪间可说是风云变色。工业革命让市场取得强大的新力量，让国家有了新的通讯和交通工具，更让政府有了一大批办事人员、教师、警察和社工可供差遣。从这时开始，市场和国家发现传统的家庭和社群就像路上的绊脚石，强烈抗拒外来的干预。父母和社群里的长者并不愿意放手让年轻一辈接受国民教育的洗脑，也不希望他们受征召从军，更不想让年轻人变成一个没有根的都市无产阶级。

随着时间过去，国家和市场的权力不断扩大，也不断削弱家庭和社群过去对成员的紧密连接。国家开始派出警察，制止家族里的私刑，改用法院判决取代。市场也派出小贩和商人，让各地悠久的传统逐渐消失，并以不断变化的流行商业文化取而代之。但光是这样还不够。为了真正打破家庭和社群的力量，他们还需要找到内应、从内部击破。

于是，国家与市场找上家庭和社群的各个成员，开出了他们无法拒绝的条件。他们说："做自己吧！想娶想嫁都随你的意，别管父母准不准。想挑什么工作都可以，别担心什么大家长说的话。想住哪就住哪，就算没办法每周和家人吃上一次饭又有什么关系呢？你不用再依赖家庭或社群了。我们，也就是国家和市场，让我们来照顾你吧。我们会给你食物、住房、教育、保健、福利和就业机会。我们也会给你退休金、保险和保障。"

在浪漫主义的文学作品里，常常讲得似乎人都在辛苦对抗着国家和市场。但事实却刚好完完全全相反。国家和市场简直可说是个人的衣食父母，个人能够生存都得感谢它们才是。市场为我们提供了工作、保险和退休金。如果想学专业，可以去上公立学校。如果想做生意，可以向银行贷款。如果想盖房子，可以找建设公司来盖，找银行办房贷，而且有些时候还能得到政府补贴或保险。如果碰上暴力事件，可以找警察保护。如果生病得休养几天，可以有医疗保险照顾。如果病得严重，得休息几个月，就换成社会福利制度来帮忙。如果需要全天有人协助，我们可以到市场上请专职看护；虽然这些人与我们素不相识，却可以为我们提供现在连子女都很难提供的全心照料。只要先存点钱，我们就能到养老院安度最后这段黄金岁月。国税局把我们每个人都看作个人，不会要求我们付邻居的税。法院也把我们每个人看作个人，不会要我们为亲戚犯的错负责。

而且，现在能得到认定为“个人”的不只有成年男子，就连女性和儿童也同样纳入。历史上，女性多半被视为家庭或社群的财产。但现代国家却将女性视为个人，不论其家庭或社群出身，都能享有独立的经济和法律权利。女性开始能够有自己的银行账户、自己决定想嫁的对象，甚至要离婚或自立门户都行。

然而，要解放个人是有代价的。现在许多人都悲叹着家庭和社群功能不再、觉得疏离，而且感觉冷漠的国家和市场对我们造成许多威胁。如果组成国家和市场的是一个又一个孤单的个人，而不是关系紧密的家庭或社群，要干预个人生活也就容易得多。现代高楼公寓，所有人各自锁在自己家里，连每户该付多少清洁费都无法达成共识，又怎么可能一起站出来抵抗国家机器？

国家、市场与个人之间的交易并不容易。国家和市场对于权利义务的划分意见不同，个人又抱怨这两者要得太多，又给得太少。很多时候，个人遭到市场的剥削，而国家不但不保护个人，反而还用军队、警察和官僚施加迫害。没人想得到，这种互动本身就有不少问题，更公然抵触过去世世代代的社会运作方式，竟然还是能够成功。经过数百万年的演化，人类的生活和思考方式都预设自己属于社群。但仅仅过了两个世纪，我们就成了互相疏远的个人。这可以说是文化力量的最佳证明。

家庭 / 社群 vs. 国家 / 市场

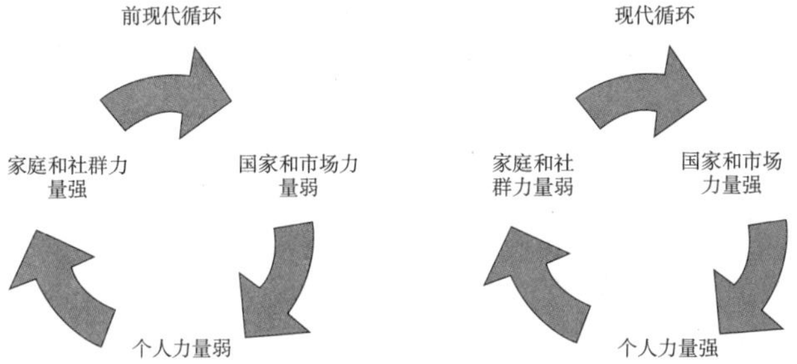

* * *

到了现代，核心家庭并未完全消失，虽然被政府和市场取代了大部分的经济和政治作用，但还是留下了一些重要的情感功能。一般来说，人们还是认为现代家庭可以满足人类最亲密的需求，这是国家和市场（到目前为止）无法提供的。然而，就算在这一块，家庭也开始受到外界越来越多的干预。市场在人类恋爱和婚姻方面的影响越来越大。过去靠的是父母之命、媒妁之言，现在则交给市场帮忙，先定下我们对恋爱和婚姻的理想，再把这些生活提供给我们——而且当然要收费。在过去，男女约会是在家庭的客厅，有金钱往来的话，是由一方的父亲交到另一方父亲手中。

但到了现在，约会是在酒吧或咖啡馆，金钱则是从这对恋人手上交给服务生。而且，为了这场约会，甚至还有更多钱是直接转账，转给服装设计师、健身房老板、营养师、美容师和整形外科医生，早在我们抵达咖啡馆之前，这些人就会想尽办法让我们无限逼近市场对美的理想。

国家同样也越来越介入家庭关系，特别是父母与子女的关系。现在，父母有义务送孩子接受国家教育。如果父母特别爱辱骂孩子或对他们暴力相向，这样的父母就可能被国家限制权利。如有必要，国家甚至可以把父母关起来，将孩子送到寄养家庭。一直到不久前，如果有人说家长不得殴打或侮辱小孩，否则国家应该介入，都还会被当成笑话，认为这万不可行。在过去大多数社会中，父母拥有至高无上的权威。尊亲敬长可说是最高法则，父母几乎可以为所欲为，就算是要冷血弑婴、贩子 / 女为奴，或把女儿嫁给年纪大她们两倍的男人，人们都觉得理所当然。但到了现在，父母的权威可说大不如前。年轻人越来越不需要听从长辈的意见，而一旦孩子的人生出了任何问题，似乎看来总是可以怪在父母头上。

想象的社群

正如同核心家庭，只要社群的情感功能还没有完全被取代，就不会从现代世界消失。过去社群的物质功能，现在已经大部分由市场和国家接手，但在部落情谊、同舟共济这些情感上还有待努力。

市场和国家要增强这些情感面，靠的就是塑造“想象的社群”（imagined communities，另译“想象的共同体”），纳入的人数可能达到数百万之巨，而且是专为国家或商业需求量身打造。所谓想象的社群，指的是虽然成员并不真正认识彼此，却想象大家都是同一伙的。这样的社群概念历史悠久，并不是到了现代才乍然出现。数千年来，王国、帝国和教会早就担任了这种想象社群的角色。例如在古代中国，数千万人都认为全国就是一家人，而皇帝就是父亲。在中世纪，数百万虔诚的穆斯林也想象着整个伊斯兰社会就是一个家庭，彼此都是兄弟姐妹。然而，纵观历史，这种想象的社群力量有限，比不上每个人身边几十个熟人所结合成的密切社群。密切社群能够满足成员的情感需求，而且对每个人的生存和福祉都至关重要。然而，密切社群在过去两世纪间迅速衰微，开始由想象社群填补这种情感上的空缺。

现代所兴起的两大想象社群，就是“民族”和“消费大众”。所谓民族，是国家的想象社群。而所谓消费大众，则是市场的想象社群。我们说这些社群属于“想象”，是因为过去的村落社群都是成员彼此熟识，但现代不论民族或市场，成员都不可能像过去一样彼此熟悉。任何一个德国人，都不可能真正认识所谓德意志民族的 8000 万人；欧洲共同市场的 5 亿人口，也不可能都互相认识（欧洲共同市场后来发展成欧洲共同体，最后形成今日的欧盟）。

消费主义和民族主义可说是夙夜匪懈，努力说服我们自己和其他数百万人是一伙的，认为我们有共同的过去、共同的利益以及共同的未来。这并不是谎言，而是一场想象。不论是民族还是消费大众，其实都和钱、有限公司和人权相同，是一种“主体间”的现实，虽然只存在于我们的集体想象之中，但力量却无比巨大。只要这几百万德国人相信有德意志民族的存在，同样认同德国国徽，同样相信关于德意志民族的虚构故事，同样愿意为了德意志民族牺牲自己的金钱、时间甚至生命，德国世界强权的地位就难以动摇。

民族竭尽全力，希望能掩盖自己属于想象的这件事。大多数民族都会声称自己的形成是自然而然、天长地久，说自己是在最初的原生时代，由这片祖国土地和人民的鲜血紧密结合而成。但这通常就是个夸大其词的说法。虽然民族确实有悠久的源头，但因为早期“国家”的角色并不那么重要，所以民族的概念也无关痛痒。例如，中世纪纽伦堡的居民可能多少对德意志民族有些忠诚度，但相较之下，因为照顾自己多数需求的还是家人和当地社群，所以对家人和当地社群的忠诚度自然远远高出许多。另外，就算古代许多民族都曾有辉煌的过去，能够存活到今天的却很少。现有的民族多半是到了工业革命后才出现。

中东地区就有许多这种例子。我们现在之所以有叙利亚人、黎巴嫩人、约旦人、伊拉克人的区别，只是因为当初英法两国的外交官在完全不顾当地历史、地理和经济的情况下，在一片沙漠之中确定出了所谓的边界。例如他们在 1918 年就规定，从此住在库德斯坦（Kurdistan）、巴格达和巴士拉（Basra）的人，就成了“伊拉克人”。至于谁是“叙利亚人”、谁又是“黎巴嫩人”，则主要是法国做的决定。不论是伊拉克前总统萨达姆·侯赛因（Saddam Hussein）还是叙利亚前总统阿萨德（Hafez el-Asad），他们都全心全意不断想强化这些出自英法之手的民族意识，但他们夸口伊拉克人或叙利亚人千秋万世、直到永远，却只是种想象的空话。

确实，民族概念并非空中楼阁、毫无根据。伊拉克或叙利亚建国的时候，确实有真实的历史、地理和文化因素，而且有些可以追溯到千年之久。例如萨达姆就大打阿拔斯王朝和巴比伦帝国这两张牌，说自己一脉相传，甚至还把自己的一支师级精锐装甲部队命名为“汉谟拉比师”（Hammurabi Division）。但就算如此，这也不会让伊拉克民族变成一个自古存在的实体。举例来说，就算我用的原料是放了两年的面粉、放了两年的油、放了两年的糖，做出来的也不会是放了两年的蛋糕。

近几十年来，所谓民族的社群概念不断被一群又一群的消费者削弱。这些消费者彼此并不认识，但都有同样的消费习惯和兴趣，因此不但相信还定义大家就是同一伙的。这可能听来不可思议，但我们身边早就有太多实例。举例来说，麦当娜的粉丝就能够构成一个消费者社群。他们要满足这项定义的方式，主要靠的就是购物。靠购买麦当娜演唱会的门票、CD、海报、衬衫和手机铃声，就能定义谁是粉丝。至于曼联球迷、素食主义者、环保主义者等等也是如此。他们最主要的定义方式也是靠消费。这可以说是他们身份认同的基石。如果是个德国素食主义者，要嫁给法国素食主义者的概率大概会高于嫁给德国的肉食主义者。

变动不休

过去这两个世纪变动如此迅速剧烈，让社会秩序起了根本的改变。传统上，社会秩序坚若磐石、难以撼动。毕竟“秩序”就隐含着稳定和连续的意义。历史上，社会的改变很少是大刀阔斧的革命，多半是无数个小步骤逐渐累积而成。于是，我们一般感觉社会结构并不灵活，似乎永恒不变。或许，我们会努力改变自己在家庭和社群中的地位，但讲到要彻底颠覆这整个儿秩序，这个概念可能就很陌生。我们常常会把自己限于现状，声称“过去都是这样，未来也会是这样”。

过去两个世纪中，变化速度奇快无比，让社会秩序显得充满活力和可塑性，呈现变动不休的状态。谈到现代革命，一般人想到的会是 1789 年的法国大革命，1848 年的欧洲自由革命，或者 1917 年的俄国革命。但事实上，讲到现代，其实每年都有革命性的改变。即使只是 30 岁的人，也可以告诉那些打死也不信的青少年：“我年轻的时候，整个世界完全不是这样。”举例来说，互联网是在 20 世纪 90 年代才开始广泛使用，至今也才是 20 年左右的事。但我们已经完全无法想象没有网络的生活会如何。

因此，想要定义现代社会的特色为何，就像要问变色龙究竟是什么颜色一样。我们唯一可以确定的特色，就是它会不断改变。我们已经习惯了这种变动特性，而且多数人也都会同意社会秩序应该有弹性，是我们能够操纵、能够改进的。前现代统治者的主要目标是维护传统秩序，甚至希望能够尽量回归过去失落的黄金年代。但到了过去两个世纪，政治主流却是要摧毁旧世界，再建起更好的世界来取代。现在就算是最保守的政党，也不敢说自己的目标就是维护一切保持不变。人人都在谈，要进行社会改革、教育体制改革、经济体制改革，而且这些承诺常常都是说到做到。

* * *

地质学家知道地壳运动可能引发地震和火山爆发，我们也知道激烈的社会运动可能引发血腥暴力。讲到 19 世纪和 20 世纪的政治历史，常常讲到的就是一连串生灵涂炭的战争、革命和大屠杀。就像是雨天的时候，小孩喜欢穿着雨鞋从一个水洼跳到下一个水洼，以这种观点看，历史就像从一个大屠杀跳到下一个大屠杀，从第一次世界大战跳到第二次世界大战，从第二次世界大战跳到冷战，从亚美尼亚大屠杀跳到犹太人大屠杀，再跳到卢旺达大屠杀，从把路易十六送上断头台的罗伯斯庇尔（Robespierre）再跳到希特勒。

虽然这部分也是事实，但光是这样列出一长串我们太熟悉的惨案名单，却会造成误导，让我们只看到一个又一个的水洼，却忘了水洼之间还有干地。在现代晚期，虽然暴力和恐惧达到前所未有的高峰，但和平与安宁也同时来到历史新高。狄更斯写到法国大革命，就说“这是最好的年代，也是最坏的年代”。这句话不只适用于法国大革命，很可能也适用于由法国大革命揭开的整个时期。

特别是在“二战”结束后的70年间，情况更是如此。在这段时间，人类第一次有可能得面对彻底的自我摧毁，而且也确实爆发了相当数量的战争和屠杀。但这几十年同时也是人类历史上最和平的年代，而且程度是大幅领先。这点之所以让人意想不到，是因为在这段时期里经济、社会和政治的变动比以往任何时代都多。可以说虽然历史的板块构造以疯狂的速度移动碰撞，但这座火山却是纹丝不动。这个灵活变动的新社会秩序，似乎既能够启动剧烈的结构变化，又能够避免崩溃造成暴力冲突。[106]

我们这个年代的和平

大多数人看不到这个年代究竟有多么和平。我们毕竟都没真正看过 1000 年前的模样，所以很容易忘记过去的世界其实更加残暴。而且，因为战争变成少见的事，也让战争吸引了更多关注。许多人紧盯着阿富汗和伊拉克战争肆虐，但没什么人特别想到巴西和印度一片安详。

更重要的是，我们比较容易体会个人的辛酸，而不是人类整体的苦难。但为了从宏观角度来看历史进程，我们需要看整体统计数据，而不只是看个人的故事而已。在公元 2000 年，全球战争造成 31 万人丧生，而暴力犯罪造成 52 万人死亡。当然，对每一个受害者来说这都是世界的毁灭，家破人亡，朋友和亲戚悲痛欲绝。但从宏观的角度来看，在 2000 年总共 83 万的死亡者只占了全球 5600 万总死亡人数的 1.5%。在同样一年，车祸死亡的人数达到 126 万（占总死亡人数 2.25%），自杀人数达 81.5 万（占总死亡人数 1.45%）。[107]

2002 年的数字更夸张，在 5700 万死亡人口中，只有 17.2 万人死于战争，56.9 万人死于暴力犯罪（也就是共 74.1 万人死于人类暴力）。相较之下，该年自杀的人数就有 87.3 万。[108] 所以我们看到，在“9 · 11”恐怖袭击后的一年，虽然恐怖主义和战争喊得震天响，但说到某个人被恐怖分子、士兵或毒贩刺杀的可能，其实还比不上他自杀的可能。

在全球大多数地方，我们晚上入眠时都不用担心附近的部落会不会包围自己的村庄，来场全村大屠杀。现在的英国有钱人就算每天走过罗宾汉的舍伍德森林（Sherwood Forest），也不用担心会有人埋伏抢钱，再把他们的钱分给穷人（或者更可能直接收进口袋）。学生不再需要担心师长棍棒齐飞，孩子不再需要烦恼可能被贩为奴，女性也知道丈夫不得违法殴打她们或强迫她们留在家里。在全球越来越多的地方，这些期待都已经成为事实。

暴力发生率下降，主要是因为国家制度的制定。纵观历史，大多数的暴力事件是出于家庭之间或社群之间的仇恨。（就算在今天，上述数据也能看出地方犯罪远比国际战争更为致命。）我们前面已经提到，在早期农业社会里，农民唯一知道的政治组织就是自己的社群，但他们受到的暴力对待层出不穷。[109]要等到王国和帝国的力量增强之后，人类社会才开始对社群有了约束力，而使暴力程度下降。在中世纪欧洲这种各自独立的王国里，每10万人遭到凶杀的人数约在每年20~40人之间。而近几十年来，国家和市场大权在握，地方社群可以说消失了，暴力发生率也进一步下降。全球现在每年每10万人遭到凶杀的人数只有大约9人，而且多半是发生在国家权力不彰的地方，像索马里和哥伦比亚。至于像欧洲这种权力集中的国家，平均每年每10万人只会有1人死于凶杀命案。[110]

当然，我们还是会看到有国家运用国家力量残害自己的公民，而且常常就是这些恐怖的印象深植人心、挥之不去。在20世纪，有数千万甚至上亿人遭到自己国家的安全部队杀害。但从宏观的角度来看，国家控制的法院和警力仍然是提升了全球的安全水平。就算是在暴虐的独裁统治之下，现代人死于他人之手的可能性仍然低于前现代社会的水平。1964年，巴西出现了军事独裁政权，而且一直统治巴西到1985年。在这20年间，共有数千巴西民众遭到该政权杀害，另有数千人遭到囚禁和折磨。然而，就算在情况最糟糕的年度，里约热内卢居民死于他人之手的可能性，仍然远低于瓦拉尼人、雅韦提人（Arawete）或雅诺马莫人（Yanomamo）。瓦拉尼人、雅韦提人和雅诺马莫人都是住在亚马孙森林深处的原住民，他们没有军队、没有警察，也没有监狱。人类学研究指出，这些种族的男性约有 25%~50% 会因为财产、女人或名声的纠纷而死于暴力冲突。[111]

帝国的退位

国家内的暴力行为在 1945 年后究竟是减少还是增加，或许还有商榷的余地，但谁都无法否认，现在的国际暴力事件正是史上最少的时期。其中最明显的或许就是欧洲帝国崩溃时的情形。历史上，我们看到各个帝国总是铁腕镇压叛乱，而且就算再也压制不住，最后也会孤注一掷，常常就是进行一场浴血混战。而等到帝国灭亡，接着就有一段无政府状态，战乱频传。但自从 1945 年以来，多数帝国都选择了和平的退位方式，帝国解体崩溃的过程变得相对迅速、平和且有序。

在 1945 年，英国还统治着 1/4 的地球。但不过 30 年后，它统治的土地就只剩下几个小岛。在这段时间，英国从一个又一个殖民地撤退，几乎没开过几枪，为国捐躯的士兵不超过几千人，杀害的人数也并不多。大家提到甘地的非暴力抵抗常常赞誉有加，但大英帝国其实也该得到部分的赞赏。帝国退位后，由各个独立的国家接管，大部分就享受着既成的稳定边界，也与四周的邻国愉快地和平共处。确实，大英帝国在遭到威胁时杀害了数万民众，而且几个敏感地区在英国撤出后便爆发了大规模种族冲突，造成数十万人丧生（特别是在印度）。然而，如果从长期的历史平均来看，英国撤退已经称得上是和平和秩序的典范。相较之下，法国殖民帝国就比较顽固了，崩溃撤退时仍然在越南和阿尔及利亚掀起血战，造成数十万人死亡。但就算是法国，从其他殖民地撤退时也算是和平迅速，而且离开后留下的是秩序井然的国家政府，而不是一团混乱。

1989 年苏联解体，过程可以说是更为和平，只是在巴尔干半岛、高加索和中亚地区爆发了种族冲突。一个如此强大的帝国，竟然消失得如此安静且迅速，可以说是史上罕见。在 1989 年，苏联并未遭受军事挫败（除了阿富汗），未受到外部入侵，未有人民叛乱反抗，甚至也没有像马丁·路德·金式的大规模公民不服从运动发生。苏联当时仍然握有数百万的兵力，有上万辆坦克、上万架飞机，核武力量可以把全球炸到底儿朝天。无论是红军还是其他华沙公约组织的军队也依然忠心耿耿。要是苏联最后一位统治者戈尔巴乔夫下令，红军还是会对所有人民开火。

然而，无论是苏联还是东欧共产政权的大多数精英统治者（罗马尼亚和塞尔维亚除外），都选择了完全不去动用这庞大的武力。这些人就是放下武力、承认失败、收拾行李、告老还乡。戈尔巴乔夫等人所放下的，不只是苏联在第二次世界大战所攻下的领地，更包括了更早之前由沙皇所征服的波罗的海、乌克兰、高加索和中亚地区。如果戈尔巴乔夫做的选择是像塞尔维亚的领导人或者像法国在阿尔及利亚的决定，后果只能说让人不寒而栗。

核子和平

帝国退出后而独立的国家，显然对战事都兴趣不大。除了极少数例外，自 1945 年以来已经不再有入侵并吞其他国家的事情发生。这种征服在过去一向是政治史上不可或缺的基本要素，许多伟大的帝国因此建立，大多数过去的统治者和民众也认为这是历史的必然。然而，今天世界上任何地方都已经不可能再发生像古罗马人、蒙古人和土耳其人那些逐鹿天下的事。自 1945 年以来，没有任何一个经联合国承认的独立国家遭到征服而灭国。虽然小型国际战争时而发生，仍有达百万的民众在战事中丧命，但战争已经不再是常态。

许多人以为和平是西欧的特色，那里富裕而民主，战事完全绝迹，但事实上，和平是先在其他地区发展，最后才传到了欧洲。所以，像在南美，最后几场严重的国际战争是 1941 年的秘鲁与厄瓜多尔战争，以及 1932—1935 年的玻利维亚与巴拉圭战争。而且在这之前，南美在 1879—1884 年之后就不再有其他严重战事，当时一方是智利，另一方则是玻利维亚和秘鲁。

我们可能并不认为阿拉伯世界是个特别和平的地方，但自从阿拉伯国家赢得独立之后，只有一次曾经爆发两国全面交战事件（伊拉克于 1990 年入侵科威特）。确实，边界冲突层出不穷（例如 1970 年叙利亚与约旦），多次有国家入侵他国干涉内政（例如叙利亚入侵黎巴嫩），有许许多多的内战（例如阿尔及利亚、也门、利比亚），而且政变和叛乱时有所闻。但事实就是，除了海湾战争外，阿拉伯国家之间就再也没有其他全面的国际战争。就算把范围扩大到整个伊斯兰世界，也只是再增加了两伊战争这个例子。无论是土耳其 - 伊朗战争、巴基斯坦 - 阿富汗战争，还是印度尼西亚 - 马来西亚战争，都从来没有发生。

在非洲，事情远远不那么乐观。但就算在非洲，大多数冲突也只是内战和政变。自从非洲国家在 20 世纪六七十年代赢得独立之后，就极少有国家试图征服彼此、取而代之。

在过去，如果有些相对平静的年代（例如1871—1914年的欧洲），总是接着就发生了翻天覆地的战事。但这次不同。原因就在于，真正的和平不该只是“现在没有战争”，而是“不可能发生战争”。在过去，全世界从来未曾有过真正的世界和平。例如在1871—1914年间，欧洲各地的战争仍然是一触即发，不管是军队、政治家还是一般公民也都有这种心理准备。过去所有所谓的和平时期都是如此。国际政治过去的铁律就说，“任何两个相邻的政体，都会有某种可能，让他们在一年之内向对方宣战”。像这样的丛林法则，无论是在19世纪晚期的欧洲、中世纪的欧洲、古代的中国还是古希腊，都同样大行其道、屡屡成真。如果雅典和斯巴达在公元前450年达成和平，很可能在公元前449年就又再度打了起来。

然而，我们今天已经打破了这个丛林法则。现在有的是真正的和平，而不只是没有战争。对于大多数的政体来说，都没有什么合理可信的情况会在一年之内导致全面开战。有什么可能，会让德国和法国忽然开战？中国和日本？巴西和阿根廷？虽然可能会有某些小规模边界冲突，但现在除非发生了某个世界末日等级的事件，否则几乎不可能再次爆发传统的全面战争。如果说明年这个时候，阿根廷装甲师要一路横扫到巴西里约热内卢的大门口，而巴西又要地毯式轰炸阿根廷的布宜诺斯艾利斯，可能性只能说微乎其微。当然，有几对国家之间仍然可能出现战争，比如以色列和叙利亚、埃塞俄比亚和厄立特里亚，或者美国和伊朗，但这些只是例外情况，反而是证实了规则的存在。

当然，未来情况也可能有所改变，到时候回头来看，就会觉得现在这个想法天真得难以想象。但从历史的角度来看，现在的天真仍然是件好事。在过去，从来没有这种四方和平、难以想象战争爆发的年代。

目前已经有许多学者发表许多著作和文章，解释为何现在会有这个令人愉悦的发展，其中大致提出几项重要因素。首先，战争的成本大幅上升。如果说有个最高诺贝尔和平奖，应该把奖颁给罗伯特·奥本海默以及和他一起研发出原子弹的同事。有了核武器之后，超级大国之间如果再开战，无异等于集体自杀。因此，想要武力征服全球也成了不可能的任务。

其次，正因为战争的成本飙升，也就代表其利润下降。在史上大多数时候，只要掠夺或兼并敌人的领土，就能为自己的国力注入一剂强心针。过去的财富多半就是田地、牛、奴隶和黄金，无论是要抢劫还是占领都十分方便。但到了今天，财富的形式变成了人力资本、科技知识，以及像银行这种复杂的社会经济结构，想要抢夺或者占领都相当困难。

让我们以加州为例。加州最初是以金矿起家，但现在的经济重心已经转移到了硅谷和好莱坞。如果今天俄罗斯忽然打算武力进犯加州，派出百万大军登陆旧金山海滩，挥军直入，一切会如何？他们几乎会是一无所得。毕竟，像硅谷虽然叫硅谷，却没有硅矿。这里的财富重点是点子和想法，也就是那些谷歌工程师，还有好莱坞的编剧、导演和特效人员。俄罗斯的坦克还没开到日落大道，他们早就已经搭机逃到海角天边去了。虽然现在世界上仍然偶尔会发生大规模国际战争（例如伊拉克入侵科威特），但原因在于这些地方的财富多半属于传统的实质财富。虽然科威特首长也能逃往国外，但油田却是万万跑不了。

同时，虽然战争已经不再那么有利可图，但和平却成了一笔越来越划算的生意。在过去的农业经济中，长途贸易和外国投资并非重点，因此和平顶多只是省下战争费用，其他并无太大好处。例如在1500年，如果日韩两国处于和平状态，韩国大众就不用负担沉重的战争税，也不用担心日本毁灭性的侵略攻击；但除此之外，荷包并不会变满。但到了现代的资本主义经济，外贸和投资变得至关重要，和平可以说也开始有了特殊的红利。只要日本和韩国相安无事，韩国人可以把产品卖给日本，可以在日本交易股票，也可以接受日本来的投资，而这些都能振兴韩国的经济。

最后一项重点，在于全球政治文化也有了结构性的大变动。史上有许多领导精英（例如匈奴的单于、维京人的首领、阿兹特克的祭司）其实认为战争是件好事；也有些领袖虽然认为战争很邪恶，但认为这避无可避，只能做好准备，随时要抢占上风。在我们这个时代，是史上第一次由爱好和平的精英分子来领导，这些政治家、商人、知识分子和艺术家确实相信战争是一种邪恶，而且也相信战争能够避免。（虽然过去也有像早期基督徒之类的和平主义者，但就算在极少数情况下他们获得了权力，却常常就忘了那些要“把左脸也转过去”的教条。）

所以，现在有四大因素形成了一个良性循环。核子末日的威胁促进了和平主义；和平主义大行其道，于是战争退散、贸易兴旺；贸易增长，也就让和平的利润更高，而战争的成本也更高。随着时间过去，这个良性循环也就对战争造成另一个阻碍，而且可能最后看来会是最重要的阻碍：因为国际网络日渐紧密，使得多数国家无法再维持全然独立，所以其中任何一国片面宣战的机会也就大幅降低。大多数国家之所以不再发动全面战争的原因很简单，就是因为他们已经不再能够完全独立行事。虽然不管是在以色列、意大利、墨西哥还是在泰国，人民可能还是以为自己是个独立的国家，但其实任何经济或外交政策都不可能自外于他国，全面性的战争也不可能独自发动。正如我们在第十一章所提，现在正面临着全球帝国的形成。而这个帝国与之前的帝国也十分类似，会努力维持其疆域内的和平。正因为全球帝国的疆域就是全世界，所以世界和平也就能得到有效的维持。

***

有人会说，所谓的现代就是充满了盲目的屠杀、战争和压迫，而代表意象就是第一次世界大战的战壕、广岛的蘑菇状爆炸云，以及希特勒几近疯狂的意志。但也有人说，现代是个和平的时代，例如南美从来没有战壕，莫斯科和纽约从来没见过那些蘑菇云，而甘地和路德·金都让我们看到了宁静致远的缩影。

究竟孰是孰非？其实需要时间来证明。我们只要回顾过往就会发现，自己对于过去历史的看法总是受到近几年事件的左右。如果这一章是写在 1945 年或者 1962 年，可能看法就会偏向悲观。但正因为已经来到 2014 年，整个看待现代历史的观点也就相对比较愉快。

为了让乐观主义者和悲观主义者都能满意，或许可以说我们正在天堂和地狱的岔路口，而我们还不知道自己会朝向哪一个方向。历史还没告诉我们该挑哪边，而只要发生某些巧合，往哪边走都不算意外。

第十九章

从此过着幸福快乐的日子

在过去的 500 年间，我们见证了一连串令人惊叹的革命。地球在生态和历史上都已经整合成一个单一的领域。经济呈现指数增长，今日人类所享有的财富在过去只有可能出现在童话里。而科学和工业革命也带给我们超人类的力量，以及几乎可以说无限的能源。不仅社会秩序完全改变，政治、日常生活和人类心理也彻底改观。

只不过，我们真的更快乐了吗？人类在过去 5 世纪间积蓄的财富，是不是真的让我们找到了新的满足感？有了取之不尽的能源之后，我们是不是也得到了用之不竭的快乐？如果我们往更久之前回顾，认知革命以来这动荡不安的7万年间，世界是不是真的变得更好？到现在，阿姆斯特朗的脚印还留在无风的月球上，而3万年前也有个不知名的人，把手印留在雪维洞穴里；他们究竟谁比较快乐？如果后来的人并没有比较快乐，我们又为什么要发展农业、城市、文字、钱币、帝国、科学和工业呢？

历史学家很少问这样的问题。他们不去讨论秦朝人是不是比先前采集为生的人更快乐，伊斯兰教兴起后，埃及人是不是对生活更满意，也不讨论欧洲帝国在非洲崩溃之后，数百万非洲人的幸福受到什么影响。然而，这些可以说是最重要的历史问题。目前大多数的意识形态和政治纲领，虽然都说要追求人类幸福，但对于幸福快乐的真正来源为何却还是不明就里。民族主义者会说政治自决能够带来快乐。共产主义者会说无产阶级专政能够带来快乐。资本主义者会说自由市场能够创造经济增长，能够教导人类自立自强、积极进取，所以能够为最多人带来最大的快乐。

如果经过仔细研究，结果全盘推翻了这些人的假设，情况会如何？如果经济增长和自立自强并不会让人更快乐，又何必将资本主义奉如圭臬？如果研究显示大型帝国的属民通常比独立国家的公民更幸福，例如假设阿尔及利亚人被法国统治时比较快乐，那我们该怎么办？这样一来，要怎样评价去殖民化，民族自决的价值又该怎么说？

这些都还只是假设，原因就是历史学家至今还在回避提出这些问题，更不用说什么时候才会找出答案了。学者研究历史，但只是点出了一切的情形，像政治、社会、经济、性别、疾病、性、食物、服装，而很少有人提到这些究竟如何影响人类的幸福。这是我们对于历史理解的最大空白之处。

虽然很少有人提出对于快乐的长期纵观研究，但几乎所有学者和大众心中都多少有些模糊的定见。常有人认为，历史不断进展，人类的能力也不断增加。而一般来说，我们会运用能力来减轻痛苦、满足愿望，所以我们想必过得比中世纪的祖宗们更快乐，而他们又一定比石器时代的狩猎采集者更开心。

然而，这种进步论却可能有些问题。正如我们所见，新的倾向、行为和技能不一定会让生活过得更好。例如人类在农业革命学会了农耕畜牧，提升了人类整体形塑环境的力量，但对许多个人而言，生活反而变得更为艰苦。农民的工作比起狩猎采集者更为繁重，而且取得的食物种类变少、营养较不均衡，染上疾病与受到剥削的可能性都大增。同样，欧洲帝国开枝散叶，同时将各种概念、科技和农作物向四方传播，而且还打开了商业的新道路，大大提升了人类整体的力量；但对于数百万的非洲人、美洲原住民和澳大利亚原住民来说，这几乎完全算不上是好事。历史一再证实，人类有了权力或能力就可能滥用，所以要说能力越大就越幸福，看来实在有些天真。

有些反对这种观点的人，就会站在完全相反的立场。他们认为人的能力和幸福之间正好是负相关。他们认为权力使人腐化，人类有了越来越多的能力之后，创造出来的是个冷漠的机器世界，并不符合人类实际的需求。人类的演化，是让我们的思想和身体符合狩猎采集生活。因此，无论是转型成农业还是后来再转型到工业，都是让我们堕入不自然的生活方式，让我们无法完全实现基因中固有的倾向和本能，也就不可能满足我们最深切的渴望。就算是都市中产阶级，过着舒适的生活，生活中却再也没有什么比得上狩猎采集者猎到长毛象那种兴奋和纯粹的快乐。每次出现新发明，只是让我们与伊甸园又离得更远。

然而，如果认为每个发明都必然带来阴影，似乎也流于武断，就像是深信历史进步无法避免一样。或许，虽然我们与内心那个狩猎采集者越来越远，但并不全然是件坏事。举例来说，在过去的两个世纪里，现代医学让儿童死亡率从 33% 降到了 5% 以下。对于那些本来无法存活的孩童或者他们的家人朋友来说，难道这不是让他们的幸福感大增了吗？

还有一种更微妙的立场，就是把历史分成前后两段讨论。在科学革命之前，能力还不一定能带来幸福。中世纪的农民确实可能过得比狩猎采集者更为悲惨。然而在过去几世纪间，人类已经学会更聪明地使用能力。现代医学的胜利只是其中一个例子，其他同样震古烁今的成就还包括让暴力事件大幅降低，国际战争几乎已经烟消云散，而且大规模饥荒也几乎不再发生。

然而，这种说法其实也流于过度简化。首先，这里只根据了非常小的时间抽样，就做出了乐观的评估。大多数人类是要到 1850 年才开始享受到现代医学的果实，而且儿童死亡率急遽下降也是 20 世纪才出现的现象。至于大规模饥荒，一直到 20 世纪中叶都还是大问题。国际战争一直要到 1945 年后才变得罕见，而且一大原因还在于核子末日这项新的威胁。因此，虽然说过去几十年似乎是人类前所未有的黄金年代，但想知道这究竟代表历史潮流已经有了根本转变，又或只是昙花一现的美好，目前还言之过早。而且，要对现代性加以评价的时候，实在很难避开 21 世纪西方中产阶级的观点。但我们不该忘记，对于 19 世纪韦尔斯的煤矿矿工、中国鸦片烟的瘾君子，或者塔斯马尼亚岛的原住民，观点必然相当不同。楚格尼尼的重要性，绝对不下于《辛普森一家》里的老爸霍默。

其次，就算是过去半个世纪这短暂的黄金年代，也可能已经播下未来灾难的种子。在过去几十年间，人类用了无数新方法干扰地球的生态平衡，而且看来可能后患无穷。有大量证据显示，我们纵情消费而不知节制，正在摧毁人类赖以繁荣的根基。

最后一点，虽然智人确实取得了空前的成就，或许值得沾沾自喜，但代价就是赔上几乎所有其他动物的命运。人类现在取得许多物资和资源，让我们得以免受疾病和饥荒之苦，但我们是牺牲了实验室里的猴子、农场里的奶牛、输送带上的鸡，才换来这些让我们扬扬得意的成就。在过去两个世纪间，有数百亿动物遭到现代工业制度的剥削，而且其冷酷程度是整个地球史上前所未有的。就算那些动物保护团体指出的现象只有 1/10 是事实，现代农业产业也已经是史上最大规模、最残暴的罪行。要评估全球幸福程度的时候，只看上层阶级、只看欧洲人、只看男性，都是巨大的错误。而且，或许只看人类也同样有失公允。

快乐该如何计算？

到目前为止，我们讨论快乐的时候，似乎都认为这是由各种实质因素（例如健康、饮食和财富）建构出的产品。如果某个人更有钱、更健康，就一定也更快乐。但这一切真的这么理所当然吗？几千年来，早就有哲学家、神职人员和诗人反复思索快乐的本质，而且许多人都认为，社会、伦理和心灵因素对幸福感的影响，绝对不下于其他物质条件。有没有可能，虽然富裕社会里的人类荷包满满，却因为人际疏离和生活没有意义而深感痛苦？有没有可能，虽然我们的老祖宗生活条件较差，但因为与家人朋友、宗教和自然关系紧密，所以反而生活得比较满足？

近几十年来，心理学家和生物学家开始用科学方法来研究快乐的根源。究竟让人感到幸福快乐的是金钱、家庭、基因，还是美德？首先，得先定义要测量的对象。一般对于快乐普遍接受的定义是“主观感到幸福”。依照这个观点，快乐是种个人内在的感受，可能是因为当下直接的快感，或者对于长期生活方式的满足。而如果这是内部的感受，又要怎样才能由外部测量呢？一种做法是直接询问受试者，问问他们的感受如何。所以心理学家和生物学家就请受试者填写关于幸福感的问卷，再计算相关统计结果。

一般来说，关于主观幸福感的问卷会列出各种叙述，再请受试者以0到10加以评分，这些叙述例如“我对自己现在的样子感到满意”“我觉得活到现在非常值得”“我对未来感到乐观”“生活是美好的”。接着研究人员就会计算所有分数，算出受试者整体的主观幸福感程度。

这样的问卷能够用来了解快乐有哪些客观因素。举例来说，我们可以研究比较 1000 位年收入 10 万美元的人，以及 1000 位年收入 5 万美元的人。假设前者的平均主观幸福感有 8.7 分，而后者平均只有 7.3 分，研究就能合理推论财富与主观幸福感是正相关的。说得白话一点，也就是金钱会带来快乐。用同样的方法，我们也可以研究在民主国家的人是不是真的比独裁统治下的人更幸福，或者结婚的人是否比单身、离婚或丧偶的人更快乐。

有了这些数据，就能为历史学家提供比较基础，让他们再用过去关于财富、政治自由度和离婚率的资料来推论。举例来说，假设民主国家的人比独裁国家的人快乐、已婚的人比离婚的人快乐，历史学家就能主张：过去几十年间，民主化进程让人类的幸福感提高，但离婚率上升则有反效果。

当然，这种方式也还有改进的空间，但在更好的方式出现之前，这些发现也值得参考。

目前有一项耐人寻味的结论：金钱确实会带来快乐，但是有一定限度，超过限度之后的效果就不那么明显。所以，对于在经济底层的人来说，确实是钱越多就越快乐。如果你就是一个年收入只有 1 万多元的清洁工，忽然中了一张 200 万元的彩票，主观幸福感可能就会维持好一段时间的高档状态。这下，你可以让孩子吃饱穿暖，而且不用担心欠债越滚越多。然而，如果你本来就是个年薪几百万元的外商高层主管，就算中的是两三千万元的彩票，主观幸福感也可能只会提高几个星期。根据实证研究，这几乎肯定不会对你的长期感受有太大的影响。你或许会买台炫一点的车，搬到大一些的豪宅，喝些更顶级的红酒，但很快就会觉得这一切都普普通通，没什么新鲜感。

另一项有趣的发现是疾病会短期降低人的幸福感，但除非病情不断恶化，或者症状带有持续、让人无力的疼痛，否则疾病并不会造成长期的不快。比如如果有人被诊断患有像糖尿病之类的慢性疾病，确实是会让人郁闷一阵子，但只要病情没有恶化，他们就能调适过来，觉得自己和一般人的快乐程度也没什么差别。让我们假设一下，有一对中产阶级的双胞胎露西和路克，一起参与了一项主观幸福感的研究。早上做完研究之后，露西开车回家，却被一辆大巴士撞上，让她多处骨折，有一只脚永远行动不便。但就在救援人员把她拉出车子的时候，路克打电话来，兴奋大叫他中了千万美元的彩票大奖。于是，在两年后，她会是个瘸子，而他会比现在更为有钱。但是如果心理学家再去做后续追踪研究，他们两个人的幸福感与事件发生当天早上的结果并不会有多大不同。

目前看来，对快乐与否的影响，家庭和社群要比金钱和健康来得重要。那些家庭关系紧密良好、社群互相扶持帮助的人，明显比较快乐。而那些家庭机能失调、一直无法融入某个社群的人则明显比较不快乐。而其中，婚姻又是特别重要的一项因素。多项重复研究发现，婚姻美好与感觉快乐，以及婚姻不协调与感觉痛苦，分别都呈现高度相关。而且，不论经济状况和身体健康如何，情况都是如此。所以，就算是贫穷而有病在身的人，如果身边有爱他的另一半、爱他的家人、愿意支持他的社群，他就可能比一个孤单无伴的亿万富翁感觉更幸福快乐。（当然，前提是这个人不能真的穷到无法生活，而他的疾病也不会不断恶化或让他持续感受疼痛。）

这样一来，我们就得考虑一种可能性。虽然过去两个世纪间人类在物质条件上有了大幅改善，但因为家庭崩溃、社会失调，所以两者的作用很可能互相抵消。如果真是如此，现在的人并不见得比 1800 年的人更快乐。甚至我们现在如此看重的“自由”，也可能是让我们不那么快乐的原因。虽然我们可以自己选择另一半、选择朋友、选择邻居，但他们也可以选择离开我们。现代社会每个人都拥有了前所未有的自由，能够决定自己要走哪条路，但也让我们越来越难真正信守承诺、不离不弃。于是，社群和家庭的凝聚力下降而解体，这个世界让我们感到越来越孤独。

然而，关于快乐最重要的一项发现在于：快乐并不在于任何像财富、健康甚至社群之类的客观条件，而在于客观条件和主观期望之间是否相符。如果你想要一辆牛车，而你也得到了一辆牛车，你就会感到满足。如果你想要一台全新的法拉利，而得到的只是一台二手的菲亚特，你就会感觉不开心。正是因为如此，不管是中彩票还是出车祸，对人们的幸福感并不会有长期影响。一切顺利的时候，我们的期望跟着膨胀，于是就算客观条件其实改善了，我们还是可能不满意。而在一切不顺的时候，我们的期望也变得保守，于是就算又碰上其他的麻烦，很可能心情也不会更低落。

你可能会觉得，这一切不就是老生常谈吗？就算没有这群心理学家、什么问卷都没做，我们也早就知道了。就像千年之前，先知、诗人和哲学家也早就说过，重要的是要知足，而不是一直想要得到更多。只不过，看到现代研究用了这么多数字和图表，最后得出和古人相同的结论，其实感觉还是不错。

* * *

正因为人类的期望如此重要，想要了解快乐这件事的历史，就不能不检视各种期望的影响。如果快乐只受客观条件影响（例如财富、健康和社会关系），要谈快乐的历史也就相对容易。但我们知道快乐有赖于主观的期望之后，历史学家的任务也就更为艰巨。对现代人来说，虽然有各种镇静剂和止痛药任我们使用，但我们越来越期望能得到舒适和快感，也越来越不能忍受不便和不适。结果就是我们感受到的痛苦程度可能还高于我们的先人。

这种想法可能很难理解。这里的问题在于，我们的心理深深埋藏着一个推理的谬误。在我们试着猜测或想象其他人有多快乐的时候（可能是现在或过去的人），我们总是想要设身处地去想想自己在那个情况下会如何感受。但这么一来，我们是把自己的期望放到了别人的物质条件上，结果当然就会失准。现代社会丰饶富裕，我们很习惯每天都要洗澡更衣。但在中世纪，农民好几个月都不用洗澡，而且也很少会换衣服。对现代人来说，光是想到要这样生活，就觉得真是臭到要命、脏到骨头里，完全无法接受。只不过，中世纪的农民似乎一点都不介意。这种衣服长时间没洗没换的触感和气味，他们早就已经习惯。他们并不是因为太穷而无法负担换洗衣服，而是压根儿就没有这种期望。于是，至少就衣服这一件事来说，他们其实很满足了。

如果真的想想，这其实也不足为奇。毕竟，像人类的表亲黑猩猩也很少洗澡，更从来没换过衣服。而我们的宠物猫狗也不是天天洗澡更衣，但我们也不会因此就讨厌它们，而是照样拍拍它们、抱抱它们，甚至还抱起来亲。就算是在富裕的社会里，小孩通常也不喜欢洗澡，得花上好几年的教育和管教，才能够养成这种理论上应该很舒服的习惯。一切都只是期望的问题而已。

如果说快乐要由期望来决定，那么我们社会的两大支柱（大众媒体和广告业）很有可能正在不知不觉地让全球越来越不开心。假设现在是 5000 年前，而你是一个住在小村子里的 18 岁年轻人。这时全村大概只有 50 个人左右，老的老、小的小，身上不是伤痕皱纹遍布，就是稚气未脱，很有可能就会让你觉得自己真是好看，因而满是自信。但如果你是活在今日的青少年，觉得自己长相不怎么样的可能性就要高多了。就算同一个学校的人都输你一截，你也不会因此就感觉开心。因为你在心里比较的对象是那些明星、运动员和超级名模，你整天都会在电视、脸书和巨型广告牌上看到他们。

有没有可能，第三世界国家之所以会对生活不满，不只是因为贫穷、疾病、腐败和政治压迫，也是因为他们看到了第一世界国家的生活标准？平均来说，埃及人在前总统穆巴拉克的统治下，死于饥饿、瘟疫或暴力的可能性远低于在古代法老拉美西斯二世（Ramses II）或埃及艳后克丽奥佩特拉统治的时期。对大多数埃及人而言，这根本是有史以来物质条件最好的时刻。在2011年，理论上他们应该要在大街上跳舞庆祝，感谢安拉赐给他们这一切的财富才对。然而，他们反而是满怀愤怒，起身推翻了穆巴拉克。原因就在于，他们比较的对象不是古代的法老王，而是同时代的美国前总统奥巴马。

这么一来，就算是长生不老也可能会导致不满。假设科学找出了能够医治所有疾病的万灵丹，加上有效抗老疗程和再生治疗，能够让人永葆青春，那么，最可能发生的事，就是整个世界感到空前的愤怒和焦虑。

那些无力负担这些医学奇迹的人（也就是绝大多数人），一定会愤怒到无以复加。纵观历史，穷人和受压迫者之所以还能自我安慰，就是因为死亡是唯一完全公平的事。不论再富有、权力再大，人也难逃一死。光是想到自己得死，但有钱人居然能长生不老，就会让穷人怒火中烧、不可遏抑。

而且，就算是那极少数负担得起的，也不是从此无忧无虑。他们有太多需要担心的了。虽然新疗法可以延长寿命、常葆青春，但一旦真的死亡，仍然是无可救药。这么一来，原本自己和所爱的人应该能够永远在一起的，但就得更需要避免意外，不能被卡车撞到，也不能被恐怖分子炸成碎片！像这些理论上可以达到长生的人，很有可能一丁点儿的风险也不愿意承担，而且一旦真的失去配偶、子女或密友，他们感受到的痛苦更会高到难以想象。

快乐的化学成分

研究快乐的时候，社会科学家做的是发问卷调查主观幸福感，再将结果与财富和政治自由等社会经济因素结合。至于生物学家的做法，虽然也用一样的问卷，但结合的是生化和遗传因素。他们得出的研究结果令人大感震惊。

生物学家认为，我们的心理和情感世界其实是由经过数百万年演化的生化机制所形塑。所有的心理状态（包括主观幸福感）并不是由外在因素（例如工资、社会关系或政治权利）来决定，而是由神经、神经元、突触和各种生化物质（例如血清素、多巴胺和催产素）构成的复杂系统而定。

所以，不管是中了彩票、买了房子、升官发财，或是找到了真正的爱情，都不是真正让我们快乐的原因。我们能够快乐的唯一原因，就是身体内发出快感的感官感受。所以，那些刚中了彩票、刚找到真爱的人，之所以会快乐地跳了起来，并不是因为真的对金钱或情人有所反应，而是因为血液中开始流过各种激素，脑中也开始闪现着小小的电流。

但很遗憾，虽然我们总是想在人间创造出快乐的天堂，但人体的内部生化系统似乎就是对快乐多有限制，只会维持在恒定的水平。快乐这件事不适用于自然选择的原则，一个快乐的孤独隐士将会绝种，而两位整天焦虑的爸妈，却能把基因再传下去。快乐或痛苦在演化过程里的作用，就只在于鼓励或阻挡生存和繁衍。所以也不难想象，人类演化的结果，就是不会太快乐，也不会太痛苦。我们会短暂感受到快感，但不会永远持续。迟早快感会消退，让我们再次感受到痛苦。

举例来说，演化就把快感当成奖赏，鼓励男性和女性发生性行为、将自己的基因传下去。如果性交没有高潮，大概很多男性就不会那么热衷。但同时，演化也确保高潮得迅速退去。如果性高潮永续不退，可以想象男性会非常开心，但连觅食的动力都没了，最后死于饥饿，而且也不会有兴趣再去找下一位能够繁衍后代的女性。

有学者认为，人类的生化机制就像是个恒温空调系统，不管是严寒还是酷暑都要想办法保持恒定。虽然遇到某些事件会让温度暂时有波动，但最后总是会控制调整回到原来设定的温度。

有些空调系统会设定在 25℃，也有的会设在 20℃。至于人类的快乐空调系统，也是人人设定有所不同。如果说快乐的程度是由 1 到 10 分，有些人的生化机制天生开朗，就会允许自己的情绪在 6 到 10 分之间来回，大约稳定在 8 分附近。像这样的人，就算住在一个冷漠的大城市，碰上金融市场崩溃而丧失了所有积蓄，还被诊断患有糖尿病，还是会相当愉快乐观。也有些人，就是倒霉有着天生阴郁的生化机制，情绪在 3 到 7 分之间来回，大约稳定在 5 分附近。像这样的人，就算得到了密切社群的支持，中了几千万的彩票，健康得可以当奥运选手，还是会相当忧郁悲观。事实上，如果是这位天生忧郁的朋友，就算她早上中了几十亿的彩票，中午又同时找到了治愈艾滋病和癌症的方法，下午帮忙让以色列和巴勒斯坦达成和平，晚上又终于和失散多年的孩子团聚，她感受到的快乐程度仍然顶多就是 7 分而已。不论如何，她的大脑就是没办法让她乐不可支。

想想你的家人、朋友，是不是有些人，不论发生多糟的事，还是能保持愉快？是不是也有些人，不管得到了多大的恩赐，还是一直郁郁寡欢？我们常认为，只要换个工作、找到老公、买了新车、写完小说，或付完房贷，做完诸如此类的事，就能让自己快乐得不得了。然而，等我们真正达到这些期望的时候，却没有感觉真的比较快乐。毕竟，买车和写小说并不会改变我们的生化机制。虽然可以有短暂的刺激，但很快就会回到原点。

* * *

然而，先前的心理学及社会学研究也得出了一些结论（例如平均而言，已婚的人比单身的人更快乐），生物学对此要怎么解释？首先，心理学和社会学的研究只证明了相关性，但是真正的因果方向有可能和研究人员的假设正好相反。确实，已婚的人比单身和离婚的人更快乐，但这不一定代表是婚姻带来了快乐，也有可能是快乐带来了婚姻。或者更准确来说，是血清素、多巴胺和催产素带来并维系了婚姻。那些生化机制天生开朗的人，一般来说都会是快乐和满足的。而这样的人会是比较理想的另一半，所以他们结婚的概率也比较高。而且，和快乐满足的另一半相处，绝对比和郁闷不满的另一半相处来得容易，所以他们也比较不容易离婚。所以，确实已婚的人平均来说比单身的人更快乐，但如果是个生化机制天生忧郁的女生，就算真的找到好老公，也不一定就会比较快乐。

此外，大多数生物学家也不是完全只看生物这一套。虽然他们主张快乐“主要”是取决于生化机制，但也同意心理学和社会学因素同样有其影响力。毕竟，我们这套快乐空调系统虽然有上下限，但在这个范围里还是可以活动活动。虽然超出边界的可能性微乎其微，但结婚和离婚却能影响心情在这个范围内的移动方向。那些平均就是只有 5 分的人，永远不会忽然在大街上开心地跳起舞来。但如果嫁了好老公，就能让她三不五时感受到 7 分的愉悦，而更能避开 3 分的沮丧。

如果我们接受了生物学对于快乐的理论，历史这个学科的重要性就大减；毕竟，大多数的历史事件并不会对我们的生化机制有什么影响。虽然历史可以改变那些影响血清素分泌的外界刺激，但却无法改变最后的浓度，所以也就无法让人变得更快乐。

让我们用古代中国农夫和现代香港企业家为例。假设我们这位古代农夫住在没有暖气的小土屋里，旁边就是猪圈；企业家住在拥有各种最新科技的豪宅，窗口就能俯瞰南海的浩瀚海景。直觉上，我们会觉得企业家想必比农民更快乐。然而，快乐是在脑子里决定的，而大脑根本不管土屋或豪宅、猪圈或南海，只管血清素的浓度。所以，农夫盖完了他的土屋之后，大脑神经元分泌血清素，让浓度到达 X。而在现代，企业家还完最后一笔豪宅房贷之后，大脑神经元也分泌出差不多数量的血清素，并且也让浓度差不多到达 X。对大脑来说，它完全不知道豪宅要比土屋舒适太多，它只知道现在的血清素浓度是 X。所以，这位企业家快乐的程度，并不会比那位足以当他高高高高高祖父的农夫来得高。

不仅对个人生活是如此，就算是众人的事件也不例外。我们以秦朝统一天下为例。秦朝统一天下之后，彻底改变了中国的政治、文化、社会和经济。但这一切都并未改变中国人的生化机制。因此，虽然统一让政治、社会、意识形态和经济都起了翻天覆地的变化，但对于中国人的快乐并没有多大影响。那些生化机制天生开朗的人，不管是活在战国时代，还是秦汉时代，都会一样快乐。但那些生化机制天生忧郁的人，过去总是在抱怨战国诸侯，现在也只是转而抱怨秦朝天子，并不会有什么改变。

但这么说来，中国的统一究竟有什么好处？如果没办法让人更快乐，又何必要有这么多的混乱、恐惧、流血和战争？像生物学家就绝对不会攻向巴士底狱。就算有人认为这些政治革命或社会改革会让他们开心，但到头来人们总是一次又一次被生化机制玩弄于股掌。

历史上，只有一项发展真正有重大意义。现在我们终于意识到，快乐的关键就在于生化系统，因此我们就不用再浪费时间处理政治和社会改革、叛乱和意识形态，而是开始全力研究唯一能真正让我们快乐的方法：操纵人类的生化机制。如果我们投入几十亿美元来了解我们的脑部化学，并推出适当的疗法，我们就能在无须发动任何革命的情况下，让人过得远比以前的人快乐。举例来说，百忧解（Prozac）之所以让人不再沮丧，靠的就不是对任何体制的改革，而只是提高血清素的浓度。

讲到这套生物学理论，最能抓到精髓的就是著名的新世纪（New Age）口号："快乐来自内心。"金钱、社会地位、整形手术、豪宅、握有大权的职位，这些都不会给你带来快乐。想要有长期的快乐，只能靠血清素、多巴胺和催产素。[112]

1932 年，正值经济大萧条的时代，赫胥黎出版了反乌托邦小说《美丽新世界》，书中将"快乐"当成最重要的价值，而且政治的基础不是警方、不是选举，而是精神病的药物。每天，所有人都要服用苏麻（soma，一种合成药物），这能让他们感到快乐，而且不影响生产力和工作。书中的政府是世界一体、统治全球，而且所有人不论生活环境如何，都对这感到无比满足。也因此，政府完全不用担心会爆发战争、革命、罢工或示威游行等威胁。这下，赫胥黎想象中的未来可能比奥威尔的《1984》更为棘手。赫胥黎的世界似乎对大多数读者来说都非常可怕，但又很难解释原因。所有人永远都是快乐的，这到底能有什么问题？

生命的意义

赫胥黎笔下这个令人毛骨悚然的世界，背后有一项基本生物学假设："快乐等于快感"。在他看来，快乐就是身体感觉到快感。因为我们的生化机制限制了这些快感的程度和时间，唯一能够让人长时间、高强度感受到快乐的方法，就是操纵这个生化机制。

然而，这种对于快乐的定义还是受到一些学者质疑。在一项著名的研究中，诺贝尔经济学奖得主丹尼尔·卡尼曼（Daniel Kahneman）请受试者描述自己一般上班日的全天行程，再分段一一评估他们究竟有多喜欢或讨厌这些时刻。他发现，大多数人对生活的看法其实会有所矛盾。让我们以养小孩为例。卡尼曼发现，如果真要计算哪些时刻令人开心，哪些时候叫人无聊，就单纯的数字来说，养小孩可说是非常不愉快的事。很多时候，养小孩就是要换尿布、洗碗、处理他们的哭闹和脾气，这些都算是没人想做的苦差事。然而，大多数家长都说孩子是他们快乐的主要来源。难道这些人都是脑子有问题吗？

当然，这是一种可能。但还有另一种可能：调查结果让我们知道，快乐不只是"愉快的时刻多于痛苦的时刻"这么简单。相反，快乐要看的是某人生命的整体；生命整体有意义、有价值，就能得到快乐。快乐还有重要的认知和道德成分。价值观不同，想法也就可能完全不同，例如有人觉得养小孩就像是个悲惨的奴隶，得侍候一个独裁的小霸王，但也有人觉得自己真是满怀着爱，正在培育一个新的生命。[113] 正如尼采所言，只要有了活下去的理由，几乎什么都能够忍受。生活有意义，就算在困境中也能甘之如饴；生活无意义，就算在顺境中也度日如年。

不管任何文化、任何时代的人，身体感受快感和痛苦的机制都一样，然而他们对生活经验所赋予的意义却可能大不相同。如果真是如此，快乐的历史很可能远比生物学家想象的要来得动荡不安。这个结论并不一定是站在现代这边。如果我们将生活切成以一分钟为单位来评估当时是否幸福快乐，中世纪的人肯定看来相当悲惨。然而，如果他们相信死后可以得到永恒的祝福，很有可能就会认为生活真是充满了价值和意义；相对而言，现代世俗子民如果不信这一套，就会觉得人到最后就只有死亡，迟早会被遗忘，没了任何意义。如果用主观幸福感问卷问道“你对生活整体是否满意”，中世纪的人很可能得分会相当高。

所以，我们的中世纪祖先会感到快乐，就只是因为他们有着对来世的集体错觉，因而感觉生命充满意义吗？没错！只要没人去戳破他们的幻想，又为什么要不开心呢？从我们所知的纯粹科学角度来看，人类的生命本来就完全没有意义。人类只是在没有特定目标的演化过程中，盲目产生的结果。人类的行动没有什么神圣的整体计划，而且如果整个地球明天早上就爆炸消失，整个宇宙很可能还是一样这么继续运行下去。到目前为止，我们还是不能排除掉人类主观的因素。但这也就是说，我们对生活所赋予的任何意义，其实都只是错觉。不管是中世纪那种超脱凡世的生活意义，还是现代人文主义、民族主义和资本主义，本质上都完全相同，没有高下之别。可能有科学家觉得自己增加了人类的知识，所以他的生命有意义；有士兵觉得他保卫自己的国家，所以他的生命有意义。不论是创业者想要开新公司，还是中世纪的人想要读经、参与圣战、兴建新庙，他们从中感受到的意义，都只是错觉与幻想。

这么说来，所谓的快乐，很可能只是让个人对意义的错觉和现行的集体错觉达成同步而已。只要我自己的想法能和身边的人的想法达成一致，我就能说服自己、觉得自己的生命有意义，而且也能从这个信念中得到快乐。

这个结论听起来似乎很叫人难过。难道快乐真的就只是种自我的欺骗吗？

认识你自己

如果快乐是在于感受快感，想要更快乐，就得操纵我们的生化系统。如果快乐是在于觉得生命有意义，想要更快乐，就得要骗自己骗得更彻底。还有没有第三种可能呢？

以上两种论点都有一个共同假设：快乐是一种主观感受（不管是感官的快感还是生命有意义），而想要判断快不快乐，靠的就是直接问他们的感受。很多人可能觉得这很合逻辑，但这正是现代自由主义当道而成的结果。自由主义将“个人主观感受”奉若圭臬，认为这些感受正是权威最根本的源头。无论是好坏、美丑、应不应为，都是由每个人的感觉来确定。

自由主义政治的基本想法，是认为选民个人最知道好坏，我们没有必要由政府老大哥来告诉人民何者为善、何者为恶。自由主义经济学的基本想法，是客户永远是对的。自由主义艺术的基本想法，是各花入各眼，看的人觉得美就是美。自由主义的学校和大学，叫学生要为自己多想想。广告叫我们："做就对了！"就连动作片、舞台剧、肥皂剧、小说和流行歌，都不断在洗脑着："忠于自我""倾听你自己""顺从你的渴望"。对于这种观点，卢梭的说法称得上是经典："我觉得好的，就是好的。我觉得坏的，就是坏的。"

如果我们从小到大不断被灌输这些口号，就很可能相信快乐是种主观的感受，而是否快乐当然就是每个人自己最清楚。然而，这不过是自由主义独有的一个观点而已。历史上大多数的宗教和意识形态认为，关于善、关于美、关于何事应为，都有客观的标准。在这些宗教和意识形态看来，一般人自己的感觉和偏好可能并不可信。从老子到苏格拉底，哲学家不断告诫人们："认识你自己！"但言下之意也就是一般人并不知道自己真实的自我，也因此很可能忽略了真正的快乐。弗洛伊德很可能也会这么想。[a]

基督教神学家应该也会同意这种说法。不管是圣保罗还是圣奥古斯丁都心知肚明，如果让人自己选择的话，大多数人都宁愿把时间用来做爱，而不是向上帝祈祷。这种选择绝对是顺从你的渴望，但这意思是想要快乐就该去做爱吗？圣保罗和圣奥古斯丁可绝对不会这么说。对他们而言，这只证明了人类本来就有罪，而且容易受到撒旦的诱惑。从基督教的角度来看，大多数人都多多少少沉溺在类似海洛因成瘾的情境里。假设有个心理学家，想

a. 心理学要研究主观幸福感，靠的是受试者要能够正确判断自己的快乐程度；但矛盾的是，之所以会出现心理学，正是因为人类并不真正了解自己，有时候需要依靠专业人士的帮助，以避免自我毁灭的行为。

调查吸毒者的快乐指数。经过调查之后，他发现这些吸毒者全部志同道合，所有人都说在吸毒的时候最快乐了。请问这位心理学家是不是该发表一份文件，告诉大家想快乐就该去吸毒？

除了基督教以外，还有其他人也认为主观感受不该是最大重点。至少在讲到主观感受的价值时，甚至达尔文和英国演化生物学家道金斯（Dawkins）都有部分观点会与圣保罗和圣奥古斯丁相同。根据道金斯《自私的基因》理论，正如同其他动物，人类在自然选择的影响下，就算对个人不利，他们也会选择要让基因继续流传下去。大多数男性一生劳苦、终日烦忧、竞争激烈、需要不断战斗，就是没办法享受一下平静的幸福；但这是因为 DNA 操纵着他们，要他们为它自私的目的做牛做马。DNA 就像撒旦，用一些稍纵即逝的快乐作为引诱，令人为之臣服。

正因如此，大多数宗教和哲学看待快乐的方式，都与自由主义非常不同。[114] 最看重快乐这个问题的，就是佛教。2500 多年来，佛教有系统地研究了快乐的本质和成因；正因如此，最近有越来越多科学团体开始研究佛教哲学和冥想。佛教认为，快乐既不是主观感受到愉悦，也不是主观觉得生命有意义，反而是在于放下追求主观感受这件事。

根据佛教的观点，大多数人太看重自己的感受，以为快感就是快乐，不愉悦的感受就是受苦。于是，人类就渴望能有快感，并希望避免不愉悦的感受。然而，这是大大的误解。事实是，人类的主观感受没有任何实质或意义。主观感受就只是一种电光石火的波动，每个瞬间都在改变，就像海浪一样。不论你感受到的是快感或不快，觉得生命是否有着意义，这都只是一瞬间的波动而已。

如果我们太看重这些内部的波动，就会变得太过执迷，心灵也就焦躁不安、感到不满。每次碰上不快，就感觉受苦。而且就算已经得到快感，因为我们还希望快感能够增强或者害怕快感将会减弱，所以心里还是不能感到满足。追求这些主观感受十分耗费心神，而且终是徒劳，只是让我们受制于追求本身。因此，苦的根源既不在于感到悲伤或疼痛，也不在于感觉一切没有意义。苦真正的根源就在于“追求”主观感受这件事，不管追求的是什么，都会让人陷入持续的紧张、困惑和不满之中。

人想要离苦得乐，就必须了解自己所有的主观感受都只是一瞬间的波动，而且别再追求某种感受。如此一来，虽然感受疼痛，但不再感到悲惨；虽然愉悦，但不再干扰心灵的平静。于是，心灵变得一片澄明、自在。这样产生的心灵平静力量强大，那些穷极一生疯狂追求愉悦心情的人完全难以想象。这就像是有人已经在海滩上站了数十年，总是想抓住“好的海浪”，让这些海浪永远留下来，同时又想躲开某些“坏的海浪”，希望这些海浪永远别靠近。就这样一天又一天，这个人站在海滩上徒劳无功，被自己累得几近发疯。最后终于气力用尽，瘫坐在海滩上，让海浪就这样自由来去。忽然发现，这样多么平静啊！

这种想法与现代自由主义的文化完全格格不入，所以等到西方的新世纪运动碰上佛教教义，就想用自由主义的方式加以解释，结果意思却是完全相反。新时代教派常常主张：“快乐不在于外在条件，而只在于我们内心的感受。我们应该别再追求像财富、地位之类的外在成就，而是要多接触自己内心的情感。”或者说得简单一点，就是“快乐来自内心”。这与生物学家的说法不谋而合，但与佛教的说法几乎正是背道而驰。

佛教与现代生物学和新世纪运动的相同点，在于都认定快乐不在于外在条件。但佛教更重要也更深刻的见解在于，真正的快乐也不在于我们的主观感受。我们如果越强调主观感受，反而就越感到苦。佛教给我们的建议是，除了别再追求外在成就之外，同时也别再追求那些感觉良好的心里感受了。

* * *

总结来说，我们现在会使用主观幸福感问卷，希望找出来我们主观认定什么时候有幸福感，而且认为找到特定的情绪状态就是找到了快乐。但相反的是，许多传统哲学和宗教（如佛教）则认为，快乐的关键在于追求真我、真正了解自己。大多数人都以为自己的感觉、想法、好恶就组成了自己，但这是一大错误。他们感觉愤怒的时候，心里想“我很生气，这是我的愤怒”。于是这一辈子做的，都是想要避开某些感受并追求另外某些感受。但他们从来没有发现，苦真正的来源不在于感受本身，而是对感受的不断追求。

如果真是如此，我们过去对于快乐这件事的历史认知，就有可能都是错的。或许，究竟期望是否得到满足、感受是否快活都不是重点，真正重要的问题在于人类是否了解自己。我们有什么证据，证明今天的人比起远古的采集者或中世纪的农民更了解自己呢?

学者一直到几年前才开始研究快乐这件事的历史，而且现在还停留在最初的阶段，正在做出初步的假设、寻找适当的研究方法。这场讨论才刚刚起步，要得出确切的结论还为时过早。最重要的，是要了解各种不同的研究方法，并且提出正确的问题。

大多数的历史书籍强调的都是伟大的思想家、英勇的战士、慈爱的圣人，以及创造力丰沛的艺术家。这些书籍对于社会结构的建立和瓦解、帝国的兴衰、科技的发明和传播，可说是知无不言、言无不尽。但对于这一切究竟怎么为个人带来快乐或造成痛苦，却是只字未提。这是我们对于历史理解的最大空白之处。而且，现在该是补上的时候了。

第二十章

智人末日

本书一开始，提到我们是从物理学走向化学、走向生物学，然后走向历史学。而无论是物理作用、化学反应，还是生物的自然选择，都对智人和其他一切生物一视同仁、殊无二致。虽然说在自然选择这一块，智人的发挥空间似乎远大于其他生物，但毕竟仍然有限。换句话说，不论智人付出了多少努力，有了多少成就，还是没办法打破生物因素的限制。

然而，就在21世纪曙光乍现之时，情况已经有所改变：智人开始超越了这些界限。自然选择的法则开始被打破，而由智能设计（intelligent design）法则取而代之。

在将近 40 亿年的时间里，地球上每一种生物的演化都是依循着自然选择的法则。没有任何一种是由某个具有智慧的创造者所设计的。以长颈鹿为例，它的长颈是因为远古时代长颈鹿原型之间的竞争，而不是因为有某个具有超级智慧的生物所操控。在长颈鹿原型之间，脖子较长的相较于脖子短的能够得到更多食物，也就能够产下较多后代。没有人（肯定也没有长颈鹿）曾经说过："如果有比较长的脖子，就能让长颈鹿吃到树顶上更多叶子。所以我们就让脖子变长吧！"达尔文理论美妙的地方，就是并不需要有某位智慧过人的设计者来解释为什么长颈鹿会有长脖子。

数十亿年来，因为我们根本没有足以设计生物的智能水平，所以智能设计甚至从来都不是选项之一。一直到相对不久之前，微生物都是地球上唯一的生物，而且能够完成某些神奇的任务。属于某个物种的微生物，可以从完全不同的物种中取得基因码、加入自己的细胞中，从而取得新的能力，例如对抗生素产生抗药性。然而，至少就我们所知，微生物并没有意识，它们没有生活目标，也不会未雨绸缪、为将来做准备。

演化到某个阶段之后，像长颈鹿、海豚、黑猩猩和尼安德特人都已经有了意识，也有了为将来做准备的能力。然而，就算尼安德特人曾经有过这个梦想，希望鸡可以长得肥一些，动得慢一点，好让他饿的时候抓起来方便，他也无法把梦想化为现实。他还是只能乖乖去打猎，猎捕那些经过物竞天择发展成现在这个样子的鸟类。

大约 1 万年前，因为出现了农业革命，让古老的系统首次有了突破。那些还是希望鸡能够又肥又慢的智人，发现如果找出长得最肥的母鸡，再把它与动得最慢的公鸡交配，生出来的后代就会又肥又慢。这些生下来的后代再继续互相交配，后代的鸡就都具有又肥又慢的特点。这是一种原本不存在于自然界的鸡，之所以经过这样的智能设计而出现，是因为人而不是神。

不过，与所谓全能的神相比，智人的设计技术还差得远了。虽然智人可以通过选择育种（selective breeding）来走快捷方式，加速自然选择的进程，但如果想要加入的特性并不存在于野生鸡的基因库里，就仍然无能为力。在某种程度上，智人与鸡之间的关系，就和一般常见而自然的共生关系十分相似。智人等于是对鸡施予了特定的选择压力，让又肥又慢的鸡特别能够繁衍下来；就像蜜蜂采蜜授粉的时候也是对植物施予了选择压力，让花朵色彩鲜艳的品种更能生生不息。

时至今日，这个40亿岁的自然选择系统却面临了一项完全不同的挑战。在全球各地的实验室里，科学家正在改造各种生物。他们打破自然选择的法则而丝毫未受惩罚，就连生物最基本的原始特征也完全不看在眼里。巴西生物艺术家爱德华多·卡茨（Eduardo Kac）就在2000年推出了一项新艺术作品：一只发着荧光绿的兔子。卡茨找上法国的一间实验室，付费请求依他的要求改造出一只会发光的兔子。法国科学家于是拿了一个普通的兔子胚胎，再植入由绿色荧光水母取得的DNA。当当当当！绿色荧光兔隆重登场。卡茨将这只兔子命名为阿巴（Alba）。

如果只有自然选择，阿巴根本不可能存在。它就是智能设计下的产物。同时，它也可说是一个预兆。阿巴的出现其实代表着一股潜力，如果这股潜力完全发挥（而且人类没有因此灭亡），科学革命很可能就远远不只是历史学上的一场革命而已。这很可能会成为地球出现以来最重要的生物学革命。经过40亿年的自然选择之后，阿巴可说是站在新时代曙光乍现的时间点，生命即将改由智能设计来操控。如果这种可能性最终成真，事后看来，到这之前为止的人类历史就能够有新的诠释：这就是一个实验和实习的过程，最后是要彻底改变生命的游戏规则。像这样的过程，我们不能只看人类的几千年，而要看整体的几十亿年。

全世界的生物学家现在都正在与智能设计这场风潮相对抗。智能设计反对所有我们在学校里学到的达尔文演化论，而且认为既然生物如此复杂各异，想必是有某个创造者，从一开始就想好了所有的生物细节。生物学家说对了过去，但讽刺的是，讲到未来，有可能智能设计才是对的。

本书写到这里的时候，有三种方式可能让智能设计取代自然选择：生物工程（biological engineering）、仿生工程（cyborg engineering）与无机生命（inorganic life）工程。

老鼠和人

所谓生物工程，指的是人类刻意在生物层次进行的干预行为（例如植入基因），目的在于改变生物体的外形、能力、需求或欲望，以实现某些预设的文化概念（例如爱德华多·卡茨心中的那种艺术）。

到目前为止，生物工程本身并不算是什么新的概念。人们数千年来一直使用生物工程来重新塑造自己和其他生物。一个简单的例子是阉割。在英文里，未阉割的公牛称为“bull”，阉割后的称为“ox”，这种将牛阉割的做法已经有大约1万年之久，阉割后的牛比较不具侵略性，也就比较容易训练拉犁。此外，也有一些年轻男性被阉割，好培养出可唱出女高音优美声调的假声男高音，或是能够协助宫廷事务的太监。

然而，人类最近对生物体运作的研究有长足进展，已经达到细胞、细胞核的水平，也出现了许多过去难以想象的可能性。举例来说，我们现在不只能够将男性阉割，甚至还能通过外科手术和注射荷尔蒙，完全改变他们的性别。这还只是开始。

在 1996 年，下面这张照片出现在报纸和电视上，各方反应不一，有人惊喜，有人恶心，有人完全吓傻了。

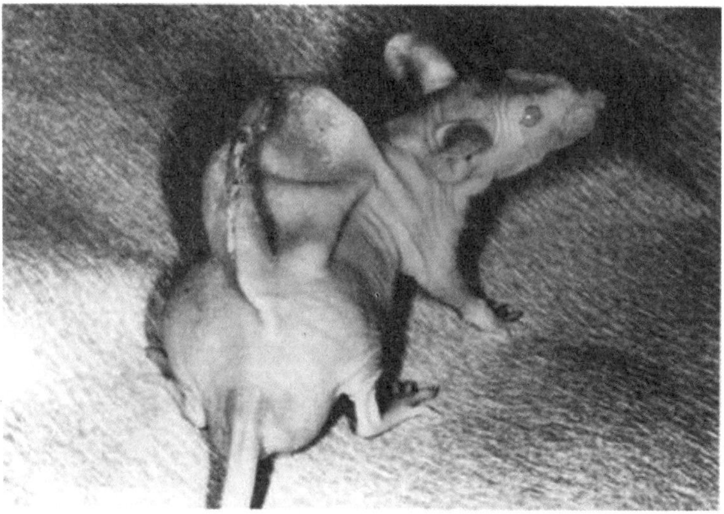

图 27　在这只老鼠背上，科学家用牛软骨细胞让它长出一只“耳朵”。这可以说是以一种怪诞的方式响应着施泰德洞穴里的狮人雕像。在 3 万年前，人类就已经有了想要结合不同物种的幻想，而今天我们真的有能力制造出这种嵌合体了（chimera，指由两个以上不同遗传结构的组织组成的个体或器官）。

这并不是改图修图后的假照片，而是千真万确的一只真的老鼠，背上被科学家植入牛软骨细胞。因为科学家能够控制新组织生长，就能让它长出人类耳朵的形状。也许在不久之后，科学家就能用这种方式制造出能植入人体的人工耳。[115]

此外，基因工程更是能做到一些几近奇迹的事，也因此引发了一系列的伦理、政治和意识形态议题。而且，并不是只有虔诚的一神教信徒指责人类不该抢了上帝的角色。对于科学家这种干预自然事务的做法，有许多坚定的无神论者也同样大感震惊。动物权利保护团体谴责这种基因工程实验，认为这不但造成实验动物的痛苦，而且改造时也完全无视家禽家畜的需求和欲望。人权保护团体也担心，基因工程可能被用来创造某种超人类，结果就是其他人都成了他的奴隶。另外也早有人预测将会出现生物独裁统治的末日场景，用复制的方式制造出不懂得恐惧为何物的士兵，不知道反抗是什么概念的工人。许多人都认为，现在人类太快看到太多的机会，手中已经握有基因修改能力，却还无法做出明智、有远见的决定。

结果就是，我们现在只发挥了基因工程一小部分的能力。现在改造的大多数生物，都是那些最没有政治利害关系的物种，例如植物、真菌、细菌、昆虫等等。举例来说，大肠杆菌是一种共生在人体肠道里的细菌，只有在它跑出了肠道、造成致命感染的时候，大家才会在报纸上看到它们造成的消息。而现在大肠杆菌就经过基因工程改造，用来生产生物燃料。[116] 大肠杆菌和其他几种真菌也经过改造来生产胰岛素，期望能降低糖尿病的治疗费用。[117] 现在我们也取出某种北极鱼类的基因，植入马铃薯的基因，好让马铃薯更耐寒。[118]

少数哺乳动物也正在接受基因工程改造。奶农业一直得要面对乳腺炎这项大敌，每年奶牛因此无法产奶的损失高达数十亿美元。科学家目前正在尝试将奶牛基因改造，让牛奶里含有溶葡萄球菌酶（lysostaphin），这种酶能够攻击造成乳腺炎的细菌。[119] 另外，最近健康意识抬头，消费者不希望从火腿和培根吃到太多不健康脂肪，养猪业最近正在期待一种植入了蠕虫基因的猪，这种基因能够让猪的脂肪酸从不健康的 omega-6 脂肪酸转为健康的 omega-3 脂肪酸。[120]

真正走到下一代基因工程之后，这种让猪有健康脂肪的改造就只能算是小菜一碟罢了。现在，遗传基因学家已经成功将蠕虫的平均寿命延长 6 倍，也已经创造出某种天才老鼠，在记忆和学习能力上大有长进。[121] 田鼠是一种小型、粗壮的啮齿类动物，很像老鼠，而且大多数品种的习性都是杂交。然而，却有一个品种有忠贞的一夫一妻关系。遗传基因学家声称已经找出了这种形成田鼠一夫一妻制的基因。只要加上这个基因，就能让田鼠从爱偷吃变成爱顾家，我们的基因改造能力就不仅能改变啮齿动物的个体能力，甚至有可能改变它们的社会结构。（而且，是不是人类也能如法炮制？）[122]

让尼安德特人再现

然而，遗传基因学家想改造的还不只是现有的生物，甚至也想让已绝种的动物再现身影。而且对象还不只是像电影《侏罗纪公园》演的恐龙。从西伯利亚冰层里挖掘出长毛象遗体之后，由俄罗斯、日本和韩国组成的科学家团队最近已经完成长毛象的基因测序。他们正在计划要拿一个现代大象的受精卵细胞，将大象的DNA换成长毛象DNA，再重新植回大象的子宫。只要再经过大约22个月，长毛象就能在绝迹近5000年后再次重现于地球。[123]

然而，又为什么要画地自限，只做长毛象呢？哈佛大学的乔治·丘奇（George Church）教授最近指出，完成尼安德特人基因组计划（Neanderthal Genome Project）之后，我们就将能在智人的卵子里重建尼安德特人的DNA，在3万年后再次诞生一个尼安德特人的小孩。丘奇表示，只要给他少少的3000万美元预算，这就可能成真。而且已经有几位女性自愿担任代理孕母。[124]

我们为什么需要让尼安德特人再现？有些人认为，如果我们能研究活生生的尼安德特人，就能解决某些关于智人起源和独特性最难解的问题。只要能比较尼安德特人和智人的大脑，找出两者不同之处，或许我们就能知道有什么生物上的变化让我们产生了现在的意识。而且，有人认为这也有伦理道德上的理由：如果是智人造成了尼安德特人灭绝，岂不该负责把他们救回来？此外，有尼安德特人这种人种也可能很好用。许多产业可能很高兴，因为两个智人才能做的粗活，尼安德特人一个就能搞定。

然而，又为什么要画地自限，只做尼安德特人呢？为什么不回到最初上帝的那块画板，直接设计出更完美的智人？智人的种种能力、需求和欲望都根源于智人的基因，而且智人的基因组其实并不比田鼠或老鼠复杂太多。（老鼠的基因组有大约25亿个核碱基，智人约有29亿个，也就是说智人只比老鼠复杂了14%。）[125]在基因工程的中程发展时期（或许就是几十年内），基因工程和其他各种生物工程可能有办法带来影响深远的改变，不仅能够改变人类的生理、免疫系统和寿命长短，甚至能改变人类的智力和情感能力。如果基因工程可以创造出天才老鼠，为什么不创造天才的人呢？如果基因工程可以让两只田鼠长相厮守，何不让人类也是天生彼此忠贞不贰？

认知革命后，智人从几乎微不足道的猿类变成了世界的主人。然而智人的生理并没有什么改变，甚至连大脑的容量和外形也和过去几乎相同。可见这只是大脑内部几个小小的调整罢了。也或许，只要再有某个小小的调整，就会引发第二次的认知革命，建立一种全新的意识，让智人再次改头换面、彻底不同。

虽然我们目前确实还无法创造出超人类，但看来前方的路上也没有什么绝对无法克服的科技障碍。现在真正让人类研究放慢脚步的原因，在于伦理和政治上的争议。然而，不管现在的伦理论点如何有说服力，未来的发展似乎势不可当；特别是这有可能让我们无限延长人类生命、解决各种疑难杂症，以及强化人类认知和情感上的能力。

举例来说，如果我们本来只是想治疗阿兹海默症，但发现药物的副作用是大幅增进一般健康民众的记忆力，又该如何？这种研究挡得住吗？而等到药物开发生产之后，会有哪个执法机关能够规定仅得用于治疗阿兹海默症，一般人不得用以取得超级记忆力？

我们现在还不知道生物工程是不是真能让尼安德特人再现，但这很可能将为智人拉下终幕。操纵基因并不一定会让智人大批死亡而绝种，但很可能会让智人这个物种大幅改变，到最后就成了另一个物种，而不宜再使用智人这个名称。

仿生的生命

现在再来谈第二种可能改变生命法则的新科技：仿生工程。仿生工程结合有机和无机组织，创造出“生化人”（cyborg），例如为人类装上生化手就是一例。从某种意义上，现代所有人几乎多多少少都是生化人，用各种其他设备来辅助我们的感官和能力，像眼镜、心脏起搏器、辅具，甚至还包括计算机和手机（这样一来就能减轻一些大脑要储存及处理数据的负担）。但我们正要迈入一个要成为真正生化人的门槛，真正让一些无机组织与身体结合而不再分开，而这会改变我们的能力、欲望、个性以及身份认同。

美国国防先进研究计划署（Defense Advanced Research Projects Agency）是美国官方的军事研究机构，正在研究仿生昆虫。这里的概念是在苍蝇或蟑螂身上植入电子芯片，让人或机器从远程遥控昆虫的动作，并取得昆虫接收到的外界信息。这样的间谍苍蝇就能潜入敌人总部，停在墙上窃听最机密的谈话，只要别被蜘蛛抓走，就能让我们完全掌握敌人的计划。[126] 在2006年，美国海军水下作战中心（Naval Undersea Warfare Center）也曾提出计划研发仿生鲨鱼，表示“本中心正研发一种鱼用标签，它的目标是通过神经植入物控制宿主动物的行为”。鲨鱼天生就能够侦测到磁场，效果比目前所有人类发明的侦测器都灵敏，因此研发人员希望利用它们的这种能力，侦测到潜艇和水雷形成的电磁场。[127]

智人也正在变成生化人。最新一代的助听器有时也会称为“生化耳”，外侧有一个麦克风，可以吸收外界声音，经过过滤、识别出人声，转化成电波信号，直接传递到中枢听觉神经，再传送到大脑中。[128]

德国的“视网膜植入”（Retina Implant）公司取得政府资金，正在开发一种人工视网膜，可能让盲人重获部分视力。它的做法是将一个微芯片植入患者眼中，光感应器吸收进入眼中的光线，将光能转为电能，刺激视网膜上未受损的神经细胞。细胞发出神经冲动刺激大脑，就会转译为视觉影像。目前，这项科技已经让患者能够进行空间定位、读识字母，甚至也能够辨识人脸。[129]

在2001年，美国一位水电工杰西·沙利文因为事故而让双臂从肩膀以下截肢。但今天在芝加哥复健研究中心（Rehabilitation Institute of Chicago）协助下，他能有一双生化手臂。这双新手臂的特殊之处，在于它们是由思想操纵的。杰西的大脑发出神经信号，再由微电脑转译成电子信号命令，就能让手臂移动。所以，杰西想要举起右手的时候，是有意识地进行我们一般人下意识做的动作。虽然这双电子手臂能做的事远远少于正常的人类手臂，但已经让杰西能够处理一些日常生活的简单工作。克劳迪亚·米切尔是一位美国大兵，她最近在一次机车事故中失去了一只手臂，现在也装上了一只类似的生化手。科学家相信，生化手很快不只能够随心所欲运动，还能再发送信号传回大脑，也就是甚至能让截肢病患者恢复触觉！[130]

目前的生化手臂还远远不及真正的有机手臂，但它们的发展潜力无穷。举例来说，我们可以让生化手臂有着远大于人类手臂的力量，就算拳王在生化手臂前也会像是弱鸡。此外，生化手臂可以每隔几年就更新换代，也能够脱离身体、远距离操作。

北卡罗来纳州杜克大学的科学家最近刚证明了这一点，他们在几只恒河猴的大脑里面植入电极，再让电极收集脑中的信号，

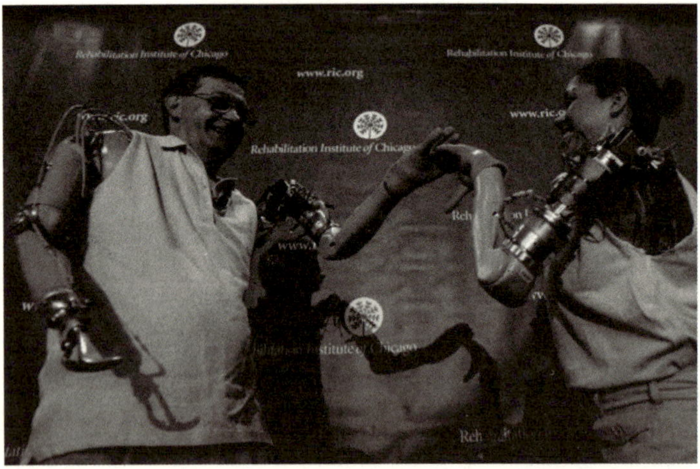

图 28　杰西·沙利文和克劳迪亚·米切尔握手。他们的生化手臂只要用意识就能操纵，十分令人惊奇。

传送到外部设备。接着，猴子被训练单纯用意识控制外部的生化手脚。有一只叫极光（Aurora）的母猴，不仅学会了如何用意识控制外部的生化手臂，还能同时移动自己的两只手臂。现在它就像是印度教的女神一样，有三条手臂，而且生化手臂还能位于另一个房间甚至另一个城市里。所以，它现在可以坐在北卡罗来纳州的实验室里，一手抓抓背，一手抓抓头，还能有一手在纽约偷根香蕉（只可惜现在还没办法远距离吃香蕉）。另一只叫伊多雅（Idoya）的母猴，则是曾在 2008 年坐在北卡罗来纳州实验室的椅子上，再用意识控制一双在日本京都的生化腿，让它从此世界知名。那双腿足足有伊多雅体重的 20 倍重。[131]

闭锁症候群（locked-in syndrome）是一种神经疾病，病患会丧失几乎所有控制身体移动的能力，但认知能力却完全不受影响。罹患这种疾病的病人，最后只能用眼球微小的运动与外界沟通。然而，现在已经有几位病人的脑中植入了收集大脑信号的电极。目前科学家正在努力解译这些信号，希望不只能将信号转为动作，更能转为语言。如果实验成功，闭锁症候群的患者最终将能够直接与外界说话，而且我们甚至可以用这项科技来阅读他人心中的想法。[132]

然而，在所有目前进行的研究当中，最革命性的就是要建构一个直接的大脑－计算机双向接口，让计算机能够读取人脑的电子信号，并且同时输回人脑能够了解的电子信号。如果这种设备成功，再直接将大脑连上网络，或者让几个大脑彼此相连、形成“脑际网络”，情况会如何？如果大脑能够直接存取集体共同的记忆库，对于人类的记忆、意识和身份认同又会有什么影响？举例来说，在这种情况下，生化人就能够取得他人的记忆。就算从来没听说过另一个人，没看过他的自传，也不是靠着想象，但却能够直接记得他的记忆，就像是自己的记忆一样。而且，这里的他人可能是男，也可能是女。像这样的集体记忆概念，对于自我和性别认同又会有什么影响？在这种时候，我们要怎么“认识你自己”？又要怎么知道，哪些才是真正属于你自己的梦想，而不是集体记忆中的愿望？

这样的生化人就不再属于人类，甚至也不再属于有机生物，而是完全不同的全新物种。这一切是根本上的改变，其中的哲学、心理或政治影响可能都还不在我们的掌握之中。

另一种生命

第三种改变生命法则的方式，则是创造出完全无机的生命。最明显的例子，就是能够自行独立演化的计算机程序和计算机病毒。

现在计算机工程世界正当红的一个领域，就是基因程序设计（genetic programming）。这种程序设计模仿基因遗传演化。许多程序设计师都有一个梦想，希望能创造出一个能够独立于创造者、完全自行学习演化的程序。在这种情况下，程序设计师只是一个原动力（primum mobile），程序一经发动之后，就会开始自由演化，无论创造者还是其他任何人都不再能掌握它的发展方向。

我们现在已经有了这种程序的原型，也就是一般说的计算机病毒。计算机病毒在网络上流传的时候，会不断自我复制数百万到数亿次，一面要躲避追杀的防毒软件，一面又要与其他病毒争夺网络里的空间。而总有某一次，在病毒自我复制的时候出现了错误，这就成了一种计算机化的突变。这种突变有可能是因为病毒设计师，原本就让病毒偶尔会发生随机复制错误；也有可能就是因为某种随机发生的误差。假设在偶然下，突变后的病毒比较能躲过防毒软件的侦测，而且仍然保留着入侵其他计算机的能力，就会在网络里迅速传播。于是，这种突变种就能生存下来，而且开始繁衍。随着时间过去，网络空间就会充满这些并非由人所设计出来、经过无机演化而成的新型病毒。

这些病毒算是生命吗？这可能要取决于每个人对“生命”的定义，但它们确实是由新的演化程序而生，完全独立于有机演化的法则和局限之外。

我们再想象一下另一种可能性。假设你可以将自己的大脑整个儿备份到硬盘上，再用笔记本电脑来读取运作。这样一来，笔记本电脑是不是就能够像智人一样地思考和感受了呢？如果是的话，那算是你吗？还是算别人呢？如果计算机程序设计师可以建构起一个全新的数字个体心灵，完全由计算机程序码组成，但拥有自我的知觉、意识和记忆，这又算是什么？如果你让这个程序在计算机上运作，这算是一个人吗？如果你删了这个程序，算是谋杀吗？

我们可能很快就会得到这些问题的答案了。2005 年成立了一项“蓝脑计划”（Blue Brain Project），希望能用计算机完整重建一个人脑，用电子回路来仿真大脑中的神经网络。计划主持人表示，如果能有足够的经费，只要 10 到 20 年，就能在计算机里建构出人工大脑，而且语言及举止就像是正常人一样。到现在，并不是所有学者都认为人脑的运作方式类似于计算机（因此也就很难用现今的计算机来仿真），但我们并不能因此就排除这种可能性。在 2013 年，蓝脑计划已经从欧盟取得了 10 亿欧元资金的资助。[133]

奇点

目前，所有这些新契机只有一小部分已经成真。然而，在 2014 年这个世界上，文化已经挣脱了生物学的束缚。我们现在不只能改造周遭的世界，更能改造自己体内和内心的世界，而且发展的速度奇快无比。有越来越多领域的行事方式都已经被迫大幅改变，不再能照旧便宜行事。律师需要重新思考关于隐私和身份认同的问题；各国政府需要重新思考医疗保健和平等的问题；体育协会和教育机构需要对公平竞争和成就重新定义；退休基金和劳动力市场也得调整，未来的60岁可能只像是现在的30岁。此外，它们全部都得面对生物工程、生化人及无机生命所带来的难题。

想当初，第一次进行人类基因组测序的时候花费了15年、30亿美元，但现在只要花上几周、几百美元，就能完成一个人的基因测序。[134] 根据DNA为人度身定做的个人化医学时代已然展开。你的家庭医生很快就能告诉你，你得到肝癌的风险比较高，但倒是不用太烦恼心脏病的概率。医生还能告诉你，某种对92%的人有效的药物就是对你没用，而且另外一种通常会致命的药物反而正是你的救命仙丹。一个几近完美的医疗世界，已经近在眼前。

然而，医疗知识的改进也会带来新的伦理难题。光是现在，伦理学家和法律专家就已经因为DNA所涉及的隐私问题而感到焦头烂额。保险公司是否有权要求我们提供DNA测序数据？如果要投保人的基因显示遗传性的鲁莽倾向，保险公司又是否有权要求提高保费？以后公司要聘雇新员工的时候，会不会要求的不是履历而是DNA数据？雇主有权歧视DNA看来较差的求职者吗？而像这样的“基因歧视”，我们可以控告吗？生化公司能不能创造出一种新的生物或新的器官，再申请其DNA序列的专利？我们都认同某个人可以拥有某只鸡，但我们可以完全拥有某个物种吗？

然而，以上种种都还只是小巫，真正的大巫是吉尔伽美什计划以及未来创造出超人类的可能，将会为人类的伦理、社会和政治秩序带来巨幅改变。不论是《世界人权宣言》、全球各地的政府医疗方案、全民健康保险方案甚至是宪法，都认为人道社会应该让所有成员拥有公平的医疗待遇，并且维持相对良好的健康状态。如果医疗只是要预防疾病、治疗疾病，这一切看来再好不过。但如果医药的目的变成要提高人的能力，情况会有何不同？是让所有人类都能提升能力吗？还是只有少数精英能够享有超人的能力？

我们这个现代晚期的世界，是有史以来第一次认为所有人类应享有基本上的平等，然而我们可能正准备要打造出一个最不平等的社会。纵观历史，上层阶级总是说自己比下层阶级更聪明、更强壮，整体而言更为优秀。他们过去通常只是在自欺欺人，贫苦农家的孩子智力很可能和王子也相去不远。然而，在新一代医药推波助澜下，上层阶级的自命不凡可能即将成为一种客观事实。

这不是科幻小说的情节。在大多数的科幻小说里，讲的是像我们一样的智人，拥有光速宇宙飞船和激光枪之类的先进科技。这些小说里的伦理和政治难题多半和我们的世界如出一辙，只不过是把我们的情感和社会问题搬到未来的场景重新上演。然而，未来科技的真正潜力并不在于改变什么车辆或武器，而在于改变智人本身，包括我们的情感、我们的欲望。宇宙飞船其实只是小事，真正会惊天动地的，可能是能够永远年轻的生化人，既不繁衍后代，也没有性欲，能够直接和其他生物共享记忆，而且专注力和记性是现代人类的1000倍以上，不会愤怒、不会悲伤，而他们的情感和欲望完全是我们所无法想象的。

科幻小说很少会把未来描述成这个样子，因为基本上这种场景就是超乎我们的想象，就算描述出来也难以理解。想把某种超级生化人的生活拍成电影给现代人看，就像是要为尼安德特人演一场莎士比亚剧目。事实上，未来世界主人翁与我们之间的差异，可能会远大于我们和尼安德特人之间的差异。我们与尼安德特人至少都还是人，但未来的主人翁很可能会更接近神的概念。

物理学家认为宇宙大爆炸（Big Bang）就是一个奇点（singularity）。在奇点之前，所有我们认知的自然法则都还不存在，就连时间也不存在。所以要说宇宙大爆炸“之前”如何如何，对我们来说是没有意义、无法理解的。而我们可能正在接近下一个奇点，所有我们现在这个世界的意义（不论是你我、男女、爱恨）都即将变得再也无关紧要。而在那个点之后的任何事，都还超出我们现在所能想象的。

科学怪人预言

在1818年，玛丽·雪莱（Mary Shelley）写出了《科学怪人》（*Frankenstein*），讲的是一个科学家创造出了人造生物，但失去控制、造成一片混乱。在过去的两个世纪间，有无数个版本不断讲述着同样的故事。这已经成为新科学神话的一大主流概念。乍看之下，科学怪人的故事似乎是在告诉我们，如果竟敢试图僭越神的角色、试图操纵生命，就会受到严厉的惩罚。然而，这个故事其实还有更深的含义。

科学怪人的故事直接向智人提出挑战，告诉我们智人终结的一天已经不远。根据这个故事，除非发生全球核灾或生态浩劫，否则根据现在科技发展的步伐，很快智人就会被取代。新一代的主宰不仅体形、体态不同，连认知和情感世界也有极大差异。对大多数智人来说，这个故事都实在太令人不安。我们比较想听到的故事，是未来仍然都是由像我们一样的人来主宰，只是多了高速宇宙飞船，让我们能往来于各个星球之间罢了。但是，如果说和我们拥有相同情感和认同的生物未来将会灭绝，由能力远高于我们的陌生物种取而代之，这个版本就比较毛骨悚然，令人难以接受。

对我们来说，把科学怪人描述成一个怪物，而我们不得不为了拯救人类而将之摧毁，算是个比较能叫人放心的结局。我们喜欢这种版本，是因为这个版本暗示着人类仍然是万物之灵，再也不会有比人类更优秀的物种。此外，想要“改进”人类的尝试也必然失败，因为就算能够增强身体的能力，你也无法触及那崇高的人类心灵。

但人类很难接受的一个事实就是，科学家不仅能够改造身体，也能改造心灵，未来创造出来的科学怪人可能就是硬生生比人类优秀不知凡几，他们看着我们，就像我们看尼安德特人一样带着一种轻蔑和不屑。

* * *

我们还不能确定今天的科学怪人是不是会正如这个预言一般。没有人能够确实知道未来。本书最后这几页所做的预测，也不太可能样样都说得准。历史一再让我们看到，许多以为必然会发生的事，常常因为不可预见的阻碍而无法成真，而某些难以想象的情节，最后却成为事实。20世纪40年代进入核子时代的时候，很多人预测公元2000年会成为核子世界。第一颗人造卫星和阿波罗11号发射，也让全球想象力大作，大家都开始认为到了20世纪结束的时候，人类就可以移民到火星和冥王星。但这些预测全都没有成真。而另一方面，当时谁都没想过互联网能发展成现在这个样子。

所以，关于未来的数字物种，可以说现在谁都还说不准。上面提的所有理想或说是梦魇，其实只是为了刺激大家的想象。我们真正应该认真对待的，是在于下一段历史改变不仅是关于科技和组织的改变，更是人类意识与身份认同的根本改变。这些改变触及的会是人类的本质，就连“人”的定义都有可能从此不同。我们还有多久时间？没有人真正知道。如同前面所提，有人认为到了 2050 年，就有少数人能够达到长生的状态。一些比较不那么激进的预测，则说时间点是在下个世纪或下一个千禧年。然而，如果从智人长达 7 万年的历史来看，几千年又算什么呢？

如果智人的历史确实即将谢幕，我们这些最后一代的智人，或许该花点时间回答最后一个问题：我们究竟想要变成什么？有人把它称之为“人类强化”（Human Enhancement）的问题，所有目前政治家、哲学家、学者和一般大众所争论的其他问题，在人类强化问题前都算不上什么。毕竟，等到智人消失之后，今天所有的宗教、意识形态、民族和阶级很可能也会随之烟消云散。而如果我们的接班人与我们有完全不同的意识层次（或者是有某种已经超乎我们想象的意识运作方式），再谈基督教或伊斯兰教、共产主义或资本主义，甚至性别的男女，对他们来说可能都已不具意义。

然而，我们还是有必要谈谈这些关于历史的重要问题，因为就算是这些新时代的神，第一代还是由我们人类所设计，受到我们的文化概念影响。创造他们时所依循的理念，究竟会是资本主义、伊斯兰教，还是女权主义？根据不同的答案，就可能让他们走向完全不同的方向。

大多数人宁愿躲避而不去想了。就连生命伦理学这个领域，也宁可去回答另一个问题：“有什么是必须禁止的？”我们可以用活人做基因实验吗？用流产的胚胎？用干细胞？克隆羊符合伦理道德吗？克隆黑猩猩？克隆人类呢？虽然这些问题确实都很重要，但如果还认为我们能够踩刹车、阻止让人类升级成另一种不同的物种，可能就太天真了。原因就在于，虽然这些计划各有不同，但追根究底还是回到了对长生不死的追求：吉尔伽美什计划。不管是问科学家为什么要研究基因组，还是为什么要把大脑连接到计算机，或者为什么要在计算机里创建一个心灵，十有八九，都会得到相同的标准答案：这么做是为了治疗疾病、挽救人的性命。想一想，为了治疗精神疾病，就说要在计算机里创建一个心灵，难道不会觉得太小题大做？但就是因为这种标准解答太具正当性，所以没有人能够反驳。正因如此，吉尔伽美什计划正是现在科学的旗舰，能够让科学所做的一切都有了正当的理由。创造科学怪人的弗兰肯斯坦博士，现在就坐在吉尔伽美什的肩膀上。阻挡不了吉尔伽美什，我们也就阻挡不了弗兰肯斯坦博士。

现在我们唯一能做的，就是影响他们走的方向。既然我们可能很快也能改造我们的欲望，或许真正该问的问题不是“我们究竟想要变成什么”，而是“我们究竟希望自己想要什么”，如果还对这个问题视若等闲，可能就是真的还没想通。

后记
变成神的这种动物

在7万年前，智人还不过是一种微不足道的动物，在非洲的角落自顾自地生活。但就在接下来的几千年间，智人就成了整个地球的主人、生态系统的梦魇。时至今日，智人似乎只要再跨一步就能进入神的境界，不仅有望获得永恒的青春，更拥有创造和毁灭一切的神力。

但遗憾的是，智人在地球上的所作所为，实在没有太多令人自豪。虽然我们主宰了环境、增加了粮食产量、建起城市、建立帝国，还创造了无远弗届的贸易网络，但全球的痛苦减少了吗？一次又一次，虽然整体人类的能力大幅提升，但却不一定能改善个别人类的福祉，而且常常还让其他动物深受其害。

在过去的几十年间，至少就人类的生存条件而言有了确实的进步，饥荒、瘟疫和战争都已减少。然而，其他动物的生存条件却是以前所未有的速度急遽恶化，而且就算是人类相关的改进，也还需要再长时间观察才能判断是否利大于弊，是否能够延续。

此外，虽然现在人类已经拥有许多令人赞叹的能力，但我们仍然对目标感到茫然，而且似乎也仍然总是感到不满。我们的交通工具已经从独木舟变成帆船、变成汽船、变成飞机，再变成航天飞机，但我们还是不知道自己该前往的目的地。我们拥有的力量比以往任何时候都更强大，但几乎不知道该怎么使用这些力量。更糟糕的是，人类似乎也比以往任何时候更不负责。我们让自己变成了神，而唯一剩下的只有物理法则，我们也不用对任何人负责。正因如此，我们对周遭的动物和生态系统掀起一场灾难，只为了寻求自己的舒适和娱乐，但从来无法得到真正的满足。

拥有神的能力，但是不负责任、贪得无厌，而且连想要什么都不知道。天下危险，恐怕莫此为甚。

致谢

本书得以成书，要感谢下列人士的建议及协助：撒莱·马哈拉尼、多利特·阿哈罗诺夫、阿莫斯·阿维萨、查傅里叶·巴西莱、诺亚·本宁伽、蒂萨·艾森伯格、阿米尔·芬克、本杰明·Z.凯达尔、尤西·玛丽、艾亚尔·米勒、萨穆埃尔·罗斯纳、拉米·罗索兹、奥弗·斯坦尼茨、迈克尔·商卡尔、盖伊·扎斯拉维斯基，以及所有耶路撒冷希伯来大学世界史课程的师生。

特别感谢贾雷德·戴蒙德，他让我学会了整体的观点；感谢蒂亚戈·侯斯坦，他启发了我写下这个故事；感谢德博拉·哈里斯，她帮助我将这个故事说给更多人听。

历史年表

距今年代

135 亿年	物质和能量出现。物理学的开始。 原子和分子出现。化学的开始。
45 亿年	地球形成。
38 亿年	有机生物形成。生物学的开始。
600 万年	人类和黑猩猩最后的共同祖先。
250 万年	非洲的人属开始演化。出现最早的石器。
200 万年	人类由非洲扩张到欧亚大陆。演化为不同人种。
50 万年	尼安德特人在欧洲和中东演化。
30 万年	开始日常用火。
20 万年	智人在东非演化。
7 万年	认知革命。出现能够描述虚拟故事的语言。 历史学的开始。智人扩张至非洲之外。
4.5 万年	智人抵达澳大利亚。澳大利亚巨型动物绝种。
3 万年	尼安德特人绝种。
1.6 万年	智人抵达美洲。美洲巨型动物绝种。
1.3 万年	弗洛里斯人绝种。智人成为唯一存活的人类物种。
1.2 万年	农业革命。驯化动植物。 出现永久聚落。
5000 年	出现最早的王国、文字和金钱。多神教信仰。

4250 年	出现最早的帝国：萨尔贡大帝的阿卡德帝国。
2500 年	出现最早的硬币：通用的金钱。 波斯帝国：普世的政治秩序（“为全人类的福祉而努力”）。 印度佛教：普世的真理（“让所有人类解脱痛苦”）。
2000 年	中国汉帝国。地中海罗马帝国。基督教。
1400 年	伊斯兰教。
500 年	科学革命。人类承认自己的无知，开始取得前所未有的能力。 欧洲人开始征服美洲和各大洋。整个地球形成单一历史场域。资本主义兴起。
200 年	工业革命。家庭和社群被国家和市场取代。动植物大规模绝种。
现在	人类脱离了地球的疆域。 核武器威胁人类的生存。 生物开始越来越由智能设计形塑，而非自然选择。
未来	智能设计成为生命的基本原则？ 智人被超人类取代？

参考数据

地图

1. 智人征服全球。

2. 农业革命的时间和地点。

3. 公元 1450 年的地球。

4. 基督教和伊斯兰教的传播。

5. 佛教的传播。

6. 西班牙入侵时的阿兹特克和印加帝国。

图片

1. 雪维洞穴的人类手印。© Imagebank/Gettyimages Israel

2. 鲁道夫人、直立人和尼安德特人的现代样貌重建图。© Visual/Corbis

3. 尼安德特男孩样貌重建图。© Anthro- pologisches Institut und Museum, Universität Zürich

4. 德国施泰德洞穴的象牙制“狮人”(或女狮子)雕像。Photo Thomas Stephan, © Ulmer Museum

5. 标致的狮子商标。Photo: Itzik Yahav

6. 以色列北部一座 12 000 年前的墓穴，有一具年约 50 岁女性的骨骸，旁边还有一副小狗的骨骸。Photo: The Prehistoric Man Museum, Kibbutz Ma’ayan Baruch

7. 拉斯科洞穴大约 15 000—20 000 年前的一幅壁画。© Visual/

Corbis

8. 阿根廷“手洞”大约公元前9000年的手印。© Visual/Corbis

9. 埃及墓穴壁画，描绘典型的农业景象。© Visual/Corbis

10. 哥贝克力石阵的巨大结构遗迹。Photographs by Deutsches Archäo-logisches Institut ©

11. 公元前1200年的埃及坟墓壁画：有一对牛在耕田。© Visual/Corbis

12. 一头现代的牛。Photo: Anonymous for Animal Rights ©

13. 来自古城乌鲁克（Uruk）大约公元前3400—3000年的泥板，记载着当时的行政文书。© The Schøyen Collection, Oslo and London, MS 1717. http://www.schoyencollection.com/

14. 12世纪的安第斯文化结绳语。© The Schøyen Collection, Oslo and London, MS 718. http://www.schoyencollection.com/

15. 法国国王路易十四王室肖像。© Réunion des musées nationaux / Gérard Blot.

16. 美国前总统奥巴马官方照片。© Visual/Corbis

17. 朝圣者绕行着位于麦加圣寺内的卡巴圣堂。© Visual/Corbis

18. 孟买的贾特拉帕蒂·希瓦吉火车站。Photograph by fish-bone http://en.wikipedia.org/wiki/File:Victoria_Terminus,_Mumbai.jpg

19. 泰姬陵。Photo: Guy Gelbgisser Asia Tours.

20. 一幅纳粹的宣传海报。Library of Congress, Bildarchiv Preussischer Kulturbesitz, United States Holocaust Memorial Museum, courtesy of Roland Klemig ©

21. 一幅纳粹的漫画。Photograph by Boaz Neumann. From

Kladderadatsch 49 (1933), p. 7.

22. 新墨西哥州阿拉莫戈多，1945 年 7 月 16 日，早上 5 点 29 分 53 秒。© Visual/Corbis

23. 1459 年欧洲人的世界地图。© British Library Board, Shelfmark Add. 11267.

24. 1525 年的萨尔瓦提世界地图。© Firenze, Biblioteca Medicea Laurenziana, Ms. Laur. Med. Palat. 249 (mappa Salviati)

25. 商业化养鸡场输送带上的小鸡。Photo: Anonymous for Animal Rights ©

26. 哈洛实验。© Photo Researchers / Visualphotos.com

27. 在这只老鼠背上，科学家用牛软骨细胞让它长出一只“耳朵”。Photograph by Charles Vacanti ©

28. 杰西 · 沙利文和克劳迪亚 · 米切尔握手。© Imagebank/ Gettyimages Israel

尾注

1

Ann Gibbons, ‘Food for Thought: Did the First Cooked Meals Help Fuel the Dramatic Evolutionary Expansion of the Human Brain?’, *Science* 316:5831 (2007), 1558-1560.

2

Robin Dunber, *Grooming, Gossip, and the Evolution of Language* (Cambridge, Mass.: Harvard University Press, 1998).

3

Michael L. Wilson and Richard W. Wrangham, ‘Intergroup Relations in Chimpanzees’, *Annual Review of Anthropology* 32 (2003), 363-392; M. McFarland Symington, ‘Fission-Fusion Social Organization in *Ateles* and *Pan*’, *International Journal of Primatology*, 11:1 (1990), 49; Colin A. Chapman and Lauren J. Chapman, ‘Determinants of Groups Size in Primates: The Importance of Travel Costs’, in *On the Move: How and Why Animals Travel in Groups*, ed. Sue Boinsky and Paul A. Garber (Chicago: University of Chicago Press, 2000), 26.

4

Dunbar, *Grooming, Gossip, and the Evolution of Language*, 69-79; Leslie C. Aiello and R. I. M. Dunbar, ‘Neocortex Size, Group Size, and the Evolution of Language’, *Current Anthropology* 34:2 (1993), 189. For criticism of this approach see: Christopher McCarthy et al., ‘Comparing Two Methods for Estimating Network Size’, *Human Organization* 60:1 (2001), 32; R. A. Hill and R. I. M. Dunbar, ‘Social Network Size in Humans’, *Human Nature* 14:1 (2003), 65.

5

Yvette Taborin, ‘Shells of the French Aurignacian and Perigordian’, in *Before Lascaux: The Complete Record of the Early Upper Paleolithic*, ed. Heidi Knecht, Anne Pike-Tay and Randall White (Boca Raton: CRC Press, 1993), 211-28.

6

G.R. Summerhayes, ‘Application of PIXE-PIGME to Archaeological Analysis of Changing Patterns of Obsidian Use in West New Britain, Papua New Guinea’, in *Archaeological Obsidian Studies: Method and Theory*, ed. Steven M. Shackley (New York: Plenum Press, 1998), 129-58.

7

Christopher Ryan and Cacilda Jethá, *Sex at Dawn: The Prehistoric Origins of Modern Sexuality* (New York: Harper, 2010); S. Beckerman and P. Valentine (eds.), *Cultures of Multiple Fathers The Theory and Practice of Partible Paternity in Lowland South America* (Gainesville: University Press of Florida, 2002).

8

Noel G. Butlin, *Economics and the Dreamtime: A Hypothetical History* (Cambridge: Cambridge University Press, 1993), 98-101; Richard Broome, *Aboriginal Australians* (Sydney: Allen & Unwin , 2002), 15; William Howell Edwards, *An Introduction to Aboriginal Societies* (Wentworth Falls, N.S.W.: Social Science Press, 1988), 52.

9

Fekri A. Hassan, *Demographic Archaeology* (New York: Academic Press, 1981), 196-99; Lewis Robert Binford, *Constructing Frames of Reference: An Analytical Method for Archaeological Theory Building Using Hunter Gatherer and Environmental Data Sets* (Berkeley: University of California Press, 2001), 143.

10

Brian Hare, *The Genius of Dogs: How Dogs Are Smarter Than You Think* (Dutton: Penguin Group, 2013).

11

Christopher B. Ruff, Erik Trinkaus and Trenton W. Holliday, 'Body Mass and Encephalization in Pleistocene Homo', *Nature* 387 (1997), 173-176; M. Henneberg and M. Steyn, 'Trends in Cranial Capacity and Cranial Index in Subsaharan Africa During the Holocene', *American Journal of Human Biology* 5:4 (1993): 473-79; Drew H. Bailey and David C. Geary, 'Hominid Brain Evolution: Testing Climatic, Ecological, and Social Competition Models', *Human Nature* 20 (2009): 67-79; Daniel J. Wescott and Richard L. Jantz, 'Assessing Craniofacial Secular Change in American Blacks and Whites Using Geometric Morphometry', in *Modern Morphometrics in Physical Anthropology: Developments in Primatology: Progress and Prospects,* ed. Dennis E. Slice (New York: Plenum Publishers, 2005), 231-45.

12

Nicholas G. Blurton Jones et al., 'Antiquity of Postreproductive Life: Are There Modern Impact on Hunter-Gatherer Postreproductive Life Spans?', *American Journal of Human Biology* 14 (2002), 184-205.

13

Kim Hill and A. Magdalena Hurtado, *Aché Life History: The Ecology and Demography of a Foraging People* (New York: Aldine de Gruyter, 1996), 164, 236.

14

Hill and Hurtado, *Aché Life History*, 78.

15

Vincenzo Formicola and Alexandra P. Buzhilova, 'Double Child Burial from Sunghir (Russia): Pathology and Inferences for Upper Paleolithic Funerary Practices', *American Journal of Physical Anthropology* 124:3 (2004), 189-98; Giacomo Giacobini, 'Richness and Diversity of Burial Rituals in the Upper Paleolithic', Diogenes 54:2 (2007), 19-39.

16

I. J. N. Thorpe, 'Anthropology, Archaeology, and the Origin of Warfare', *World Archaology* 35:1 (2003), 145-65; Raymond C. Kelly, *Warless Societies and the Origin of War* (Ann Arbor: University of Michigan Press, 2000); Azar Gat, *War in Human Civilization* (Oxford: Oxford University Press, 2006); Lawrence H. Keeley, *War before Civilization: The Myth of the Peaceful Savage* (Oxford: Oxford University Press, 1996); Slavomil Vencl, 'Stone Age Warfare', in *Ancient Warfare: Archaeological Perspectives*, ed. John Carman and Anthony Harding (Stroud: Sutton Publishing, 1999), 57-73.

17

James F. O'Connel and Jim Allen, 'Pre-LGM Sahul (Pleistocene Australia – New Guinea) and the Archeology of Early Modern Humans', in *Rethinking the Human Revolution: New Behavioural and Biological Perspectives on the Origin and Dispersal of Modern Humans*, ed. Paul Mellars, Ofer Bar-Yosef, Katie Boyle (Cambridge: McDonald Institute for Archaeological Research, 2007), 395-410; James F. O'Connel and Jim Allen, 'When Did Humans First Arrived in Grater Australia and Why Is It Important to Know?', *Evolutionary Anthropology*, 6:4 (1998), 132-46; James F. O'Connel and Jim Allen, 'Dating the Colonization of Sahul (Pleistocene Australia – New Guinea): A Review of Recent Research', *Journal of Radiological Science* 31:6 (2004), 835-53; Jon M. Erlandson, 'Anatomically Modern Humans, Maritime Voyaging, and the Pleistocene Colonization of the Americas', *in The first Americans: the Pleistocene Colonization of the New World*, ed. Nina G. Jablonski (San Francisco: University of California Press, 2002), 59-60, 63-64; Jon M. Erlandson and Torben C. Rick, 'Archeology Meets Marine Ecology: The Antiquity of Maritime Cultures and Human Impacts on Marine Fisheries and Ecosystems', *Annual Review of Marine Science* 2 (2010), 231-51; Atholl Anderson, 'Slow Boats from China: Issues in the Prehistory of Indo-China Seafaring', *Modern Quaternary Research in Southeast Asia*, 16 (2000), 13- 50; Robert G. Bednarik, 'Maritime Navigation in the Lower and Middle Paleolithic', *Earth and Planetary Sciences* 328 (1999), 559-60; Robert G. Bednarik, 'Seafaring in the Pleistocene', *Cambridge Archaeological Journal* 13:1 (2003), 41-66.

18

Timothy F. Flannery, *The Future Eaters: An Ecological History of the Australasian Lands and Peoples* (Port Melbourne, Vic.: Reed Books Australia, 1994); Anthony D. Barnosky et al., 'Assessing the Causes of Late Pleistocene Extinctions on the Continents', *Science* 306:5693 (2004): 70–75; Bary W. Brook and David M. J. S. Bowman, 'The Uncertain Blitzkrieg of Pleistocene Megafauna', *Journal of Biogeography* 31:4 (2004), 517–23; Gifford H. Miller et al., 'Ecosystem Collapse in Pleistocene Australia and a Human Role in Megafaunal Extinction,' *Science* 309:5732 (2005), 287–90; Richard G. Roberts et al., 'New Ages for the Last Australian Megafauna: Continent Wide Extinction about 46,000 Years Ago', *Science* 292:5523 (2001), 1888–92.

19

Stephen Wroe and Judith Field, 'A Review of Evidence for a Human Role in the Extinction of Australian Megafauna and an Alternative Explanation', *Quaternary Science Reviews* 25:21–22 (2006), 2692–2703; Barry W. Brooks et al., 'Would the Australian Megafauna Have Become Extinct If Humans Had Never Colonised the Continent? Comments on "A Review of the Evidence for a Human Role in the Extinction of Australian Megafauna and an Alternative Explanation" by S. Wroe and J. Field', Quaternary Science Reviews 26:3-4 (2007), 560-564; Chris S. M. Turney et al., 'Late-Surviving Megafauna in Tasmania, Australia, Implicate Human Involvement in their Extinction', *Proceedings of the National Academy of Sciences* 105:34 (2008), 12150-53.

20

John Alroy, 'A Multispecies Overkill Simulation of the End-Pleistocene Megafaunal Mass Extinction', *Science*, 292:5523 (2001), 1893-96; O'Connel and Allen, 'Pre-LGM Sahul', 400-1.

21

L.H. Keeley, 'Proto-Agricultural Practices Among Hunter-Gatherers: A Cross-Cultural Survey', in *Last Hunters, First Farmers: New Perspectives on the Prehistoric Transition to Agriculture*, ed. T. Douglas Price and Anne Birgitte Gebauer (Santa Fe, N.M.: School of American Research Press, 1995), 243– 72; R. Jones, 'Firestick Farming', *Australian Natural History* 16 (1969), 224- 28.

22

David J. Meltzer, *First Peoples in a New World: Colonizing Ice Age America* (Berkeley: University of California Press, 2009).

23

Paul L. Koch and Anthony D. Barnosky, 'Late Quaternary Extinctions: State of the Debate', *The Annual Review of Ecology, Evolution, and Systematics* 37 (2006), 215-50;

Anthony D. Barnosky et al., 'Assessing the Causes of Late Pleistocene Extinctions on the Continents', 70-5.

24

本地图主要参考：Peter Bellwood, *First Farmers: The Origins of Agricultural Societies* (Malden: Blackwell Pub., 2005).

25

Azar Gat, *War in Human Civilization* (Oxford: Oxford University Press, 2006), 130-131; Robert S. Walker and Drew H. Bailey, 'Body Counts in Lowland South American Violence,' Evolution and Human Behavior 34 (2013), 29-34.

26

Katherine A. Spielmann, 'A Review: Dietary Restriction on Hunter-Gatherer Women and the Implications for Fertility and Infant Mortality', *Human Ecology* 17:3 (1989), 321-45. 并请参见：Bruce Winterhalder and Eric Alder Smith, 'Analyzing Adaptive Strategies: Human Behavioral Ecology at Twenty Five', *Evolutionary Anthropology* 9:2 (2000), 51-72.

27

Alain Bideau, Bertrand Desjardins and Hector Perez-Brignoli (eds.), *Infant and Child Mortality in the Past* (Oxford: Clarendon Press, 1997); Edward Anthony Wrigley et al., *English Population History from Family Reconstitution*, 1580-1837 (Cambridge: Cambridge University Press, 1997), 295-96, 303.

28

Manfred Heun et al., 'Site of Einkorn Wheat Domestication Identified by DNA Fingerprints', *Science* 278:5341 (1997), 1312-14.

29

Charles Patterson, *Eternal Treblinka: Our Treatment of Animals and the Holocaust* (New York: Lantern Books, 2002), 9-10; Peter J. Ucko and G.W. Dimbleby (ed.), *The Domestication and Exploitation of Plants and Animals* (London: Duckworth, 1969), 259.

30

Avi Pinkas (ed.), *Farmyard Animals in Israel – Research, Humanism and Activity* (Rishon Le-Ziyyon: The Association for Farmyard Animals, 2009 [Hebrew]), 169-199; "Milk Production – the Cow" [Hebrew], The Dairy Council, accessed March 22, 2012, http://www.milk.org.il/cgiwebaxy/sal/sal.pl?lang=he&ID=645657_milk&act=show&dbid=katavot&dat aid=cow.htm

31

Edward Evan Evans-Pritchard, *The Nuer: A Description of the Modes of Livelihood and Political Institutions of a Nilotic People* (Oxford: Oxford University Press, 1969); E.C. Amoroso and P.A. Jewell, 'The Exploitation of the Milk-Ejection Reflex by Primitive

People', in *Man and Cattle: Proceedings of the Symposium on Domestication at the Royal Anthropological Institute,* 24-26 May 1960, ed. A.E. Mourant and F.E. Zeuner (London: The Royal Anthropological Institute, 1963), 129-34.

32

Johannes Nicolaisen, *Ecology and Culture of the Pastoral Tuareg* (Copenhagen: National Museum, 1963), 63.

33

Angus Maddison, *The World Economy*, vol. 2 (Paris: Development Centre of the Organization of Economic Co-operation and Development, 2006), 636; "Historical Estimates of World Population", U.S. Census Bureau, accessed December 10, 2010, http://www.census.gov/ipc/www/worldhis.html.

34

Robert B. Mark, *The Origins of the Modern World: A Global and Ecological Narrative* (Lanham, MD: Rowman & Littlefield Publishers, 2002), 24.

35

Raymond Westbrook, 'Old Babylonian Period', in *A History of Ancient Near Eastern Law*, vol. 1, ed. Raymond Westbrook (Leiden: Brill, 2003), 361- 430; Martha T. Roth, *Law Collections from Mesopotamia and Asia Minor,* 2nd ed. (Atlanta: Scholars Press, 1997), 71-142; M. E. J. Richardson, *Hammurabi's Laws: Text, Translation and Glossary* (London: T & T Clark International, 2000).

36

Roth, Law Collections from Mesopotamia, 76.

37

Roth, Law Collections from Mesopotamia, 121.

38

Roth, Law Collections from Mesopotamia, 122-23.

39

Roth, Law Collections, 133-34.

40

Constance Brittaine Bouchard, *Strong of Body, Brave and Noble: Chivalry and Society in Medieval France* (New York: Cornell University Press, 1998), 99; Mary Martin McLaughlin, 'Survivors and Surrogates: Children and Parents from the Ninth to Thirteenth Centuries', in *Medieval Families: Perspectives on Marriage, Household and Children,* ed. Carol Neel (Toronto: University of Toronto Press, 2004), 81 n. 81; Lise E. Hull, *Britain's Medieval Castles* (Westport: Praeger, 2006), 144.

41

Andrew Robinson, *The Story of Writing* (New York: Thames and

Hudson, 1995), 63; Hans J. Nissen, Peter Damerow and Robert K. Englung, *Archaic Bookkeeping: Writing and Techniques of Economic Administration in the Ancient Near East* (Chicago, London: The University of Chicago Press, 1993), 36.

42

Marcia and Robert Ascher, *Mathematics of the Incas-Code of the Quipu* (New York: Dover Publications, 1981).

43

Gary Urton. *Signs of the Inka Khipu* (Austin: University of Texas Press, 2003); Galen Brokaw. *A History of the Khipu* (Cambridge: Cambridge University Press, 2010).

44

Stephen D. Houston (ed.), *The First Writing: Script Invention as History and Process* (Cambridge: Cambridge University Press, 2004), 222.

45

Sheldon Pollock, 'Axialism and Empire', *in Axial Civilizations and World History,* ed. Johann P. Arnason, S. N. Eisenstadt and Bj.rn Wittrock (Leiden: Brill, 2005), 397-451.

46

Harold M. Tanner, *China: A History* (Indianapolis: Hackett, Pub. Co., 2009), 34.

47

Ramesh Chandra, *Identity and Genesis of Caste System in India* (Delhi: Kalpaz Publications, 2005); Michael Bamshad et al., 'Genetic Evidence on the Origins of Indian Caste Population', *Genome Research* 11 (2001): 904-1004; Susan Bayly, *Caste, Society and Politics in India from the Eighteenth Century to the Modern Age* (Cambridge: Cambridge University Press, 1999).

48

Houston, *First Writing*, 196.

49

The Secretary-General, *United Nations, Report of the Secretary-General on the In-depth Study on All Forms of Violence Against Women,* delivered to the General Assembly, U.N. Doc. A/16/122/Add.1 (July 6, 2006), 89.

50

Sue Blundell, *Women in Ancient Greece* (Cambridge, Mass.: Harvard University Press, 1995), 113-29, 132-33.

51

Francisco López de Gómara, *Historia de la Conquista de Mexico,* vol. 1, ed. D. Joaquin Ramirez Caba.es (Mexico City: Editorial Pedro Robredo, 1943), 106.

52

Andrew M. Watson, 'Back to Gold – and Silver', *Economic History Review* 20:1 (1967), 11-12; Jasim Alubudi, *Repertorio Bibliográfico del Islam* (Madrid: Vision Libros, 2003), 194.

53

Watson, 'Back to Gold – and Silver', 17-18.

54

David Graeber, *Debt: The First 5000 Years* (Brooklyn, N.Y.: Melville House, 2011).

55

Glyn Davies, *A History of Money: from Ancient Times to the Present Day* (Cardiff: University of Wales Press, 1994), 15.

56

Szymon Laks, *Music of Another World, trans.* Chester A. Kisiel (Evanston, Ill.: Northwestern University Press, 1989), 88-89. 奥斯维辛集中营的"市场"仅限于部分阶级的囚犯，而且在不同时期的差异非常大。

57

Niall Ferguson, *The Ascent of Money* (New York: The Penguin Press, 2008), 4.

58

关于麦元的信息，我参考了一本未出版的博士论文：Refael Benvenisti, *Economic Institutions of Ancient Assyrian Trade in the Twentieth to Eighteenth Centuries BC* (Hebrew University of Jerusalem, Unpublished Ph.D. thesis, 2011). 并请参见：Norman Yoffee, 'The Economy of Ancient Western Asia', in *Civilizations of the Ancient Near East*, vol. 1, ed. J. M. Sasson (New York: C. Scribner's Sons, 1995), 1387-99; R. K. Englund, 'Proto-Cuneiform Account-Books and Journals', in *Creating Economic Order: Record-keeping, Standardization, and the Development of Accounting in the Ancient Near East,* ed. Michael Hudson and Cornelia Wunsch (Bethesda, MD: CDL Press, 2004), 21-46; Marvin A. Powell, 'A Contribution to the History of Money in Mesopotamia prior to the Invention of Coinage', in *Festschrift Lubor Matou.,* ed. B. Hru.ka and G. Komoróczy (Budapest: E.tv.s Loránd *Tudományegyetem,* 1978), 211-43; Marvin A. Powell, 'Money in Mesopotamia', *Journal of the Economic and Social History of the Orient,* 39:3 (1996), 224-42; John F. Robertson, 'The Social and Economic Organization of Ancient Mesopotamian Temples', in *Civilizations of the Ancient Near East,* vol. 1, ed. Sasson, 443-500; M. Silver, 'Modern Ancients', in *Commerce and Monetary Systems in the Ancient World: Means of Transmission and Cultural Interaction,* ed. R. Rollinger and U. Christoph (Stuttgart: Steiner, 2004), 65-87; Daniel C. Snell, 'Methods of Exchange and Coinage in Ancient Western Asia', in *Civilizations of the Ancient Near East*, vol. 1, ed. Sasson, 1487-97.

59

Nahum Megged, *The Aztecs* (Tel Aviv: Dvir, 1999 [Hebrew]), 103.

60

Tacitus, *Agricola,* ch. 30 (Cambridge, Mass.: Harvard University Press, 1958), pp. 220-21.

61

A. Fienup-Riordan, *The Nelson Island Eskimo: Social Structure and Ritual Distribution* (Anchorage: Alaska Pacific University Press, 1983), p. 10.

62

Yuri Pines, 'Nation States, Globalization and a United Empire – the Chinese Experience (third to fifth centuries BC)', *Historia* 15 (1995), 54 [Hebrew].

63

Alexander Yakobson, 'Us and Them: Empire, Memory and Identity in Claudius Speech on Bringing Gauls into the Roman Senate', in *On Memory: An Interdisciplinary Approach,* ed. Doron Mendels (Oxford: Peter Land, 2007), 23-24.

64

W.H.C. Frend, *Martyrdom and Persecution in the Early Church* (Cambridge: James Clarke & Co., 2008), 536-37.

65

Robert Jean Knecht, *The Rise and Fall of Renaissance France,* 1483-1610 (London: Fontana Press, 1996), 424.

66

Marie Harm and Hermann Wiehle, *Lebenskunde fuer Mittelschulen -Fuenfter Teil. Klasse 5 fuer Jungen* (Halle: Hermann Schroedel Verlag, 1942), 152-57.

67

Susan Blackmore, *The Meme Machine* (Oxford: Oxford University Press, 1999).

68

David Christian, *Maps of Time: An Introduction to Big History* (Berkeley: University of California Press, 2004), 344-45; Angus Maddison, *The World Economy*, vol. 2 (Paris: Development Centre of the Organization of Economic Co-operation and Development, 2001), 636; 'Historical Estimates of World Population', U.S. Census Bureau, accessed December 10, 2010,

http://www.census.gov/ipc/www/worldhis.html.

69

Maddison, *The World Economy*, vol. 1, 261.

70

"Gross Domestic Product 2009", The World Bank, Data and Statistics, accessed

December 10, 2010, http://siteresources.worldbank.org/DATASTATISTICS/Resources/GDP.pdf

71

Christian, *Maps of Time*, 141.

72

当代最大的货轮能够承载大约10万吨的货物。在1470年，全球舰队船队加起来，承载量也不超过 32 万吨。到了 1570 年，总承载量已达到 73 万吨。(Maddison, The World Economy, vol. 1, 97).

73

全球规模最大的银行，苏格兰皇家银行（Royal Bank of Scotland），于 2007 年申报的存款为1.3万亿美元，是1500年全球总产值的5倍。参见 'Annual Report and Accounts 2008', The Royal Bank of Scotland, 35, accessed December 10, 2010.

http://files.shareholder.com/downloads/RBS/626570033x0x278481/eb7a003a-5c9b-41ef-bad3-81fb98a6c823/RBS_GRA_2008_09_03_09.pdf

74

Ferguson, *Ascent of Money,* 185-98.

75

Maddison, *The World Economy*, vol. 1, 31; Wrigley, *English Population History*, 295; Christian, *Maps of Time*, 450, 452; 'World Health Statistic Report 2009', 35-45, World Health Organization, accessed December 10, 2010 http://www.who.int/whosis/whostat/EN_WHS09_Full.pdf.

76

Wrigley, *English Population History*, 296.

77

'England, Interim Life Tables, 1980-82 to 2007-09', Office for National Statistics, accessed March 22, 2012

http://www.ons.gov.uk/ons/publications/re-reference-tables.html? edition=tcm%3A77-61850

78

Michael Prestwich, *Edward I* (Berkley: University of California Press, 1988), 125-26.

79

Jennie B. Dorman et al., 'The age-1 and daf-2 Genes Function in a Common Pathway to Control the Lifespan of Caenorhabditis elegans', *Genetics* 141:4 (1995), 1399-1406; Koen Houthoofd et al., 'Life Extension via Dietary Restriction is Independent of the Ins/IGF-1 Signaling Pathway in Caenorhabditis elegans', *Experimental Gerontology* 38:9 (2003), 947-54.

80

Shawn M. Douglas, Ido Bachelet, and George M. Church, 'A Logic-Gated Nanorobot for Targeted Transport of Molecular Payloads', *Science* 335:6070 (2012): 831-4; Dan Peer et al., 'Nanocarriers As An Emerging Platform for Cancer Therapy', *Nature Nanotechnology* 2 (2007): 751-60; Dan Peer et al., 'Systemic Leukocyte-Directed siRNA Delivery Revealing Cyclin D1 as an Anti-Inflammatory Target', *Science* 319:5863 (2008): 627-30.

81

Stephen R. Bown, *Scurvy: How a Surgeon, a Mariner, and a Gentleman Solved the Greatest Medical Mystery of the Age of Sail* (New York: Thomas Dunne Books, St. Matin's Press, 2004); Kenneth John Carpenter, *The History of Scurvy and Vitamin C* (Cambridge: Cambridge University Press, 1986).

82

James Cook, *The Explorations of Captain James Cook in the Pacific, as Told by Selections of his Own Journals 1768-1779*, ed. Archibald Grenfell Price (New York : Dover Publications, 1971), 16-17; Gananath Obeyesekere, The Apotheosis of Captain Cook: European Mythmaking in the Pacific (Princeton: Princeton University Press, 1992), 5; J.C. Beaglehole, ed., *The Journals of Captain James Cook on His Voyages of Discovery,* vol. 1 (Cambridge: Cambridge University Press, 1968), 588.

83

Mark, *Origins of the Modern World*, 81.

84

Christian, *Maps of Time*, 436.

85

John Darwin, *After Tamerlane: The Global History of Empire since 1405* (London: Allen Lane, 2007), 239.

86

Soli Shahvar, 'Railroads i. The First Railroad Built and Operated in Persia', in the Online Edition of Encyclopaedia Iranica, last modified April 7, 2008,

http://www.iranicaonline.org/articles/railroads-i;

Charles Issawi, 'The Iranian Economy 1925-1975: Fifty Years of Economic Development', in *Iran under the Pahlavis*, ed. George Lenczowski (Stanford: Hoover Institution Press, 1978), 156.

87

Mark, *The Origins of the Modern World,* 46.

88

Kirkpatrik Sale, *Christopher Columbus and the Conquest of Paradise* (London: Tauris

Parke Paperbacks, 2006), 7-13.

89

Edward M. Spiers, *The Army and Society: 1815-1914* (London: Longman, 1980), 121; Robin Moore, 'Imperial India, 1858-1914', in *The Oxford History of the British Empire: The Nineteenth Century*, vol. 3, ed. Andrew Porter (New York: Oxford University Press, 1999), 442.

90

Vinita Damodaran, 'Famine in Bengal: A Comparison of the 1770 Famine in Bengal and the 1897 Famine in Chotanagpur', *The Medieval History Journal* 10:1-2 (2007), 151.

91

Maddison, *World Economy*, vol. 1, 261, 264; 'Gross National Income Per Capita 2009, Atlas Method and PPP', The World Bank, accessed December 10, 2010,

http://siteresources.worldbank.org/DATASTATISTICS/Resources/GNIPC.pdf.

92

这里举的面包店例子在计算上经过简化，并非完全精确。因为银行金库中每存有1元就能贷出10元，如果银行现在有100万美元的存款，其实只能贷出约909 000美元，而必须将91 000美元留在金库里。但为了方便读者理解，我还是决定将数字简化。此外，银行也并不总是遵守这些法规。

93

Carl Trocki, *Opium, Empire and the Global Political Economy* (New York: Routledge, 1999), 91.

94

Georges Nzongola-Ntalaja, *The Congo from Leopold to Kabila: A People's History* (London: Zed Books, 2002), 22.

95

Mark, *Origins of the Modern World,* 109.

96

Nathan S. Lewis and Daniel G. Nocera, 'Powering the Planet: Chemical Challenges in Solar Energy Utilization', *Proceedings of the National Academy of Sciences* 103:43 (2006), 15731.

97

Kazuhisa Miyamoto (ed.), 'Renewable Biological Systems for Alternative Sustainable Energy Production', *FAO Agricultural Services Bulletin 128* (Osaka: Osaka University, 1997), chapter 2.1.1, accessed December 10, 2010,

http://www.fao.org/docrep/W7241E/w7241e06.htm#2.1.1percent20solarpercent20energy;

James Barber, 'Biological Solar Energy', *Philosophical Transactions of the Royal Society A* 365:1853 (2007), 1007.

98

'International Energy Outlook 2010', U.S. Energy Information Administration, 9, accessed December 10, 2010,

http://www.eia.doe.gov/oiaf/ieo/pdf/0484(2010).pdf.

99

S. Venetsky, '"Silver" from Clay', Metallurgist 13:7 (1969), 451; Aftalion, Fred, *A History of the International Chemical Industry* (Philadelphia: University of Pennsylvania Press, 1991), 64; A. J. Downs, *Chemistry of Aluminum, Gallium, Indium and Thallium* (Glasgow: Blackie Academic & Professional, 1993), 15.

100

Jan Willem Erisman et al, 'How a Century of Ammonia Synthesis Changed the World' in *Nature Geoscience* 1 (2008), 637.

101

G. J. Benson and B. E. Rollin (eds.), *The Well-Being of Farm Animals: Challenges and Solutions* (Ames, IA: Blackwell, 2004); M .C. Appleby, J. A. Mench, and B. O. *Hughes, Poultry Behaviour and Welfare* (Wallingford: CABI Publishing, 2004); J. Webster, *Animal Welfare: Limping Towards Eden* (Oxford: Blackwell Publishing, 2005); C. Druce and P. Lymbery, *Outlawed in Europe: How America Is Falling Behind Europe in Farm Animal Welfare* (New York: Archimedean Press, 2002).

102

Harry Harlow and Robert Zimmermann, 'Affectional Responses in the Infant Monkey', *Science* 130:3373 (1959), 421-432; Harry Harlow, 'The Nature of Love', *American Psychologist* 13 (1958), 673-685; Laurens D. Young et al., 'Early stress and later response to seprate in rhesus monkeys', *American Journal of Psychiatry* 130:4 (1973), 400-405; K. D. Broad, J. P. Curley and E. B. Keverne, 'Mother-infant bonding and the evolution of mammalian social relationships', *Philosophical Transactions of the Royal Soceity B* 361:1476 (2006), 2199-2214; Florent Pittet et al., 'Effects of maternal experience on fearfulness and maternal behaviour in a precocial bird', *Animal Behavior* (March 2013), In Press-available online at:

http://www.sciencedirect.com/science/article/pii/S0003347213000547)

103

"National Institute of Food and Agriculture", United States Department of Agriculture, accessed December 10, 2010,

http://www.csrees.usda.gov/qlinks/extension.html.

104

Vaclav Smil, *The Earth's Biosphere: Evolution, Dynamics, and Change* (Cambridge, Mass.: MIT Press, 2002); Sarah Catherine Walpole et al., 'The Weight of Nations: An Estimation of Adult Human Biomass', *BMC Public Health* 12:439 (2012),

http://www.biomedcentral.com/1471-2458/12/439

105

William T. Jackman, *The Development of Transportation in Modern England* (London: Frank Cass & co., 1966), 324-27; H. J. Dyos and D.H. Aldcroft, *British Transport-An economic survey from the seventeenth century to the twentieth* (Leicester: Leicester University Press, 1969), 124-31; Wolfgang Schivelbusch, *The Railway Journey: The Industrialization of Time and Space in the 19th Century* (Berkeley: Univeristy of California Press, 1986).

106

关于过去这几十年前所未有的和平状态，特别可参见：Steven Pinker, *The Better Angels of Our Nature: Why Violence Has Declined* (New York: Viking, 2011); Joshua S. Goldstein, *Winning the War on War: The Decline of Armed* Conflict Worldwide (New York, N.Y.: Dutton, 2011); Gat, *War in Human Civilization.*

107

'World Report on Violence and Health: Summary, Geneva 2002', World Health Organization, accessed December 10, 2010, http://www.who.int/whr/2001/en/whr01_annex_en.pdf.

之前时代的死亡率请参见：Lawrence H. Keeley, *War before Civilization: The Myth of the Peaceful Savage* (New York: Oxford University Press, 1996).

108

'World Health Report, 2004', World Health Organization, 124, accessed 10 December, 2010,

http://www.who.int/whr/2004/en/report04_en.pdf.

109

Raymond C. Kelly, *Warless Societies and the Origin of War* (Ann Arbor: University of Michigan Press, 2000), 21. See also Gat, *War in Human Civilization*, 129-31; Keeley, *War before Civilization.*

110

Manuel Eisner, 'Modernization, Self-Control and Lethal Violence', *British Journal of Criminology* 41:4 (2001), 618-638; Manuel Eisner, 'Long-Term Historical Trends in Violent Crime', *Crime and Justice: A Review of Research* 30 (2003), 83-142; 'World Report on Violence and Health: Summary, Geneva 2002', World Health Organization, accessed December 10, 2010,

http://www.who.int/whr/2001/en/whr01_annex_en.pdf; 'World Health

Report, 2004', World Health Organization, 124, accessed 10 December, 2010, http://www.who.int/whr/2004/en/report04_en.pdf.

111

Walker and Bailey, 'Body Counts in Lowland South American Violence,' 30.

112

若想从心理和生化两种层面来讨论快乐，以下著作是很好的出发点：Jonathan Haidt, *The Happiness Hypothesis:Finding Modern Truth in Ancient Wisdom* (New York: Basic Books, 2006); R. Wright, *The Moral Animal: Evolutionary Psychology and Everyday Life* (New York: Vintage Books, 1994); M. Csikszentmihalyi, 'If We Are So Rich, Why Aren't We Happy?', *American Psychologist* 54:10 (1999): 82127; F. A. Huppert, N. Baylis and B. Keverne, ed., *The Science of Well-Being* (Oxford: Oxford University Press, 2005); Michael Argyle, *The Psychology of Happiness,* 2nd edition (New York: Routledge, 2001); Ed Diener (ed.), *Assessing Well-Being: The Collected Works of Ed Diener* (New York: Springer, 2009); Michael Eid and Randy J. Larsen (eds.), *The Science of Subjective Well-Being* (New York: Guilford Press, 2008); Richard A. Easterlin (ed.), *Happiness in Economics* (Cheltenham: Edward Elgar Pub., 2002); Richard Layard, *Happiness: Lessons from a New Science* (New York: Penguin, 2005).

113

Daniel Kahneman, *Thinking, Fast and Slow* (New York: Farrar, Straus and Giroux, 2011); Inglehart et al., "Development, Freedom, and Rising Happiness," 278-281.

114

D. M. McMahon, *The Pursuit of Happiness: A History from the Greeks to the Present* (London: Allen Lane, 2006).

115

Keith T. Paige et al., 'De Novo Cartilage Generation Using Calcium Alginate-Chondrocyte Constructs', *Plastic and Reconstructive Surgery* 97:1 (1996), 168-78.

116

David Biello, 'Bacteria Transformed into Biofuels Refineries', *Scientific American, January* 27, 2010, accessed December 10, 2010,

http://www.scientificamerican.com/article.cfm?id=bacteria-transformed-intobiofuel-refineries.

117

Gary Walsh, 'Therapeutic Insulins and Their Large-Scale Manufacture', *Applied Microbiology and Biotechnology* 67:2 (2005), 151-59.

118

James G. Wallis et al., 'Expression of a Synthetic Antifreeze Protein in Potato

Reduces Electrolyte Release at Freezing Temperatures', *Plant Molecular Biology* 35:3 (1997), 323-30.

119

Robert J. Wall et al., 'Genetically Enhanced Cows Resist Intramammary Staphylococcus Aureus Infection', *Nature Biotechnology* 23:4 (2005), 44551.

120

Liangxue Lai et al., 'Generation of Cloned Transgenic Pigs Rich in Omega-3 Fatty Acids', *Nature Biotechnology* 24:4 (2006), 435-36.

121

Ya-Ping Tang et al., 'Genetic Enhancement of Learning and Memory in Mice', *Nature* 401 (1999), 63-69.

122

Zoe R. Donaldson and Larry J. Young, 'Oxytocin, Vasopressin, and the Neurogenetics of Sociality', *Science* 322:5903 (2008), 900–904; Zoe R. Donaldson, 'Production of Germline Transgenic Prairie Voles (Microtus Ochrogaster) Using Lentiviral Vectors', *Biology of Reproduction* 81:6 (2009), 1189-1195.

123

Terri Pous, 'Siberian Discovery Could Bring Scientists Closer to Cloning Woolly Mammoth', *Time,* September 17, 2012, accessed February 19, 2013; Pasqualino Loi et al, 'Biological time machines: a realistic approach for cloning an extinct mammal', *Endangered Species Research* 14 (2011), 227233; Leon Huynen, Craig D. Millar and David M. Lambert, 'Resurrecting ancient animal genomes: The extinct moa and more', *Bioessays* 34 (2012), 661-669.

124

Nicholas Wade, 'Scientists in Germany Draft Neanderthal Genome', *New York Times,* February 12, 2009, accessed December 10, 2010,

http://www.nytimes.com/2009/02/13/science/13neanderthal.html?_r=2&ref=s cience;

Zack Zorich, 'Should We Clone Neanderthals?', *Archaeology* 63:2 (2009), accessed 10 December, 2010, http://www.archaeology.org/1003/etc/neanderthals.html.

125

Robert H. Waterston et al., 'Initial Sequencing and Comparative Analysis of the Mouse Genome', *Nature* 420:6915 (2002), 520.

126

'Hybrid Insect Micro Electromechanical Systems (HI-MEMS)', Microsystems Technology Office, DARPA, accessed March 22, 2012,

http://www.darpa.mil/Our_Work/MTO/Programs/Hybrid_Insect_Micro_

Electromechanical_Systems_ percent28HI-MEMSpercent29.aspx.

并请参见：Sally Adee, 'Nuclear-Powered Transponder for Cyborg Insect', IEEE Spectrum, December 2009, accessed December 10, 2010,

http://spectrum.ieee.org/semiconductors/devices/nuclearpoweredtranspon-der-for-cyborg-insect?utm_source=feedburner&utm_medium=feed&utm_campaign=-Feedpercent3A+IeeeSpectrum+percent28IEEE+Spectrumpercent29&utm_content=Google+Reader;

Jessica Marshall, 'The Fly Who Bugged Me', *New Scientist* 197:2646 (2008), 40-43; Emily Singer, 'Send In the Rescue Rats', *New Scientist* 183:2466 (2004), 21-22; Susan Brown, 'Stealth Sharks to Patrol the High Seas', *New Scientist* 189:2541 (2006), 30-31.

127

Bill Christensen, 'Military Plans Cyborg Sharks', *Live Science*, March 7, 2006, accessed December 10, 2010, http://www.livescience.com/technology/060307_shark_implant.html.

128

'Cochlear Implants', National Institute on Deafness and Other Communication Disorders, accessed March 22, 2012,

http://www.nidcd.nih.gov/health/hearing/pages/coch.aspx

129

Retina Implant, http://www.retinaimplant.de/en/doctors/technology/default.aspx.

130

David Brown, 'For 1st Woman With Bionic Arm, a New Life Is Within Reach', *The Washington Post*, September 14, 2006, accessed December 10, 2010,

http://www.washingtonpost.com/wpdyn/content/article/2006/09/13/AR2006091302271.html?nav=E8.

131

Miguel Nicolelis, *Beyond Boundaries: The New Neuroscience of Connecting Brains and Machines – and How It Will Change Our Lives* (New York: Times Books, 2011).

132

Chris Berdik, 'Turning Thought into Words', *BU Today,* October 15, 2008, accessed March 22, 2012, http://www.bu.edu/today/2008/turning-thoughtsinto-words/

133

Jonathan Fildes, 'Artificial Brain "10 years away"', *BBC News*, July 22, 2009, accessed 19 September, 2012, http://news.bbc.co.uk/2/hi/8164060.stm

134

Radoje Drmanac et al., 'Human Genome Sequencing Using Unchained Base Reads on Self-Assembling DNA Nanoarrays', *Science* 327:5961 (2010), 7881;

'Complete Genomics' website: http://www.completegenomics.com/; Rob Waters, 'Complete Genomics Gets Gene Sequencing under 5000$ (Update 1)', *Bloomberg*, November 5, 2009, accessed December 10, 2010; http://www.bloomberg.com/apps/news?pid=newsarchive&sid=aWutnyE4So Ww; Fergus Walsh, 'Era of Personalized Medicine Awaits', *BBC News*, last updated April 8, 2009, accessed March 22, 2012, http://news.bbc.co.uk/2/hi/health/7954968.stm; Leena Rao, 'PayPal Co-Founder And Founders Fund Partner Joins DNA Sequencing Firm Halcyon Molecular', *TechCrunch,* September 24, 2009, accessed December 10, 2010,

http://techcrunch.com/2009/09/24/paypal-co-founder-andfounders-fund-partner-joins-dna-sequencing-firm-halcyon-molecular/.

图书在版编目（CIP）数据

人类简史：从动物到上帝 /（以）尤瓦尔·赫拉利著；林俊宏译 . -- 北京：中信出版社，2021.4
（中信经典丛书 . 007）
书名原文：Sapiens：A Brief History of Humankind
ISBN 978-7-5217-2978-8

Ⅰ . ①人… Ⅱ . ①尤… ②林… Ⅲ . ①社会发展史－通俗读物 Ⅳ . ① K02-49

中国版本图书馆 CIP 数据核字（2021）第 048925 号

人类简史：从动物到上帝
（中信经典丛书 · 007）

著　　者：[以] 尤瓦尔·赫拉利
译　　者：林俊宏
责任编辑：蓝淑华
出版发行：中信出版集团股份有限公司
（北京市朝阳区惠新东街甲 4 号富盛大厦 2 座　邮编　100029）
承 印 者：北京雅昌艺术印刷有限公司

开　　本：880mm × 1230mm　1/32　　印　　张：116.5　　字　　数：2798 千字
版　　次：2021 年 4 月第 1 版　　印　　次：2021 年 4 月第 1 次印刷
京权图字：01-2013-5505
书　　号：ISBN 978-7-5217-2978-8
定　　价：990.00 元（全 8 册）

服务热线：400-600-8099
投稿邮箱：author@citicpub.com

扫码免费收听图书音频解读

H

自私的基因

THE EXTENDED SELFISH GENE

[英] 理查德·道金斯
著

卢允中
张岱云
陈复加
罗小舟
叶盛
译

中信出版集团 | 北京

40 周年增订版说明

《延伸的表型》（*The Extended Phenotype*）是我的著作当中唯一一本主要以专业生物学家为写作对象的书，出版于《自私的基因》面世 6 年之后。对于《延伸的表型》中更富于创新性的章节，我会这样评价："如果你从没读过我写的任何东西，那就请至少读一读这本书吧。"后来我把这些内容浓缩为《基因的延伸》，作为《自私的基因》第二版的第 13 章。而《延伸的表型》前面的章节主要是为了从各个不同的角度给后面的内容做好准备和铺垫。其中，第 2 章和第 3 章（即本书第 14、15 两章）特别针对两种对于《自私的基因》的主要误解展开。第 2 章解决了"伟大的基因决定论谬误"——这是一种错误的解读，认为我们的行为完全是由我们的基因来决定的，而与环境或其他因素无关。第 3 章解决了"伟大的适应论误解"——所谓"适应论者"所持有的观点，认为生物的所有性状和行为都应被理解为适应性。因为《延伸的表型》这两章完全是由对《自私的基因》的回应而直接产生的，而且它们所强调的一些困惑和误读至今仍存在于某些角落里，于是牛津大学出版社的拉塔·梅农（Latha Menon，我已经与她合作完成了一些卓有成效的工作，出版了好几本书）建议我应该把这两章加入《自私的基因》40 周年增订版的最后，形成这本特别的"延伸的"40 周年纪念版。我们本来有个好玩的主意，就是想象自己好像面对着一群非生物学专业的听众一样，重新来写作这两章。但是最终，我们觉得还是基本保留这两章最初出版时的原样为好，附带精心挑选过的术语表以助非专业读者理解。这两章展现了人们对于第一版《自私的基因》的一些颇为糟糕的误解，而在接下来的40年间，这两章的讨论应该能够防止类似误解的再次出现。

理查德·道金斯

2016年2月

40周年增订版序言

科学家与政客不同，能够以错为乐。政客如果改变了主张，会被人说成是“反复无常”。托尼·布莱尔（Tony Blair）就夸口说自己“从未开过倒车”。科学家一般来说也愿意看到自己的观点被证明是正确的，但是偶尔一两次的错判同样能够为自己赢得尊重，尤其是当他们能够优雅地承认自己的错误时。我从未听说过有哪位科学家被指责为反复无常。

在某种意义上，我很愿意找到一种方式来收回《自私的基因》一书的核心思想。在基因组学的世界中已经发生了如此之多激动人心的事情，那么一本出版于40年前的以基因为题的书如果还不至于被彻底摒弃的话，必然需要接受大幅度的修改——这似乎是不可避免的事情，甚至很是诱人。然而在这本书中，“基因”的定义比较特殊，它是为进化量身定做的，而不以描述发育问题为目的——若非如此，这本书就真要大改特改了。本书中基因的定义来自种群进化生物学家乔治·C.威廉斯[a]，他已然仙逝，但无疑是本书的英雄。同样离我们而去的还有约翰·梅纳德·史

a. 指乔治·克里斯托弗·威廉斯（George Christopher Williams），美国进化生物学家。——译者注（下文如无特殊说明，均为译者注）

密斯[a]和比尔·汉密尔顿。威廉斯认为："基因是染色体材料上任何一个可能存在得足够长久的代际，并且是可以当作自然选择的单位的部分。"我从这个定义中得出了一个多少有些好笑的结论："严格来讲，这本书的书名应该是……《染色体有点自私的一大部分以及更为自私的一小部分》。"胚胎学家关心的是基因会如何影响表型，我们新达尔文主义者的关注点则是实体在种群中的频度发生的改变。这些实体在威廉斯看来就是基因（威廉斯后来称之为"抄本"）。基因是可以计数的，而其出现频度是其成功与否的一种测度。本书的一个核心思想是：生物个体不具备上述讨论的基础。单个生物体的基因频度都是100%，因而无法"当作自然选择的单位"。同样，复制单元也无法扮演这样的角色。如果非要说生物个体是自然选择的单位，这其中的意味也很不一样，实际上是把生物个体视为基因的"载具"。生物个体成功与否的测度是其所携带的基因在未来代际中出现的频度，而其奋力去争取最大化的那个量值是汉密尔顿所说的"广义适合度"（inclusive fitness）。

一个基因要获得这些数值层面的成功，就需要在生物个体身上表现出表型效应的价值来。一个成功的基因会在很长一段时期内表现在许多个体身上，它能够帮助这些个体在环境中存活得足够长久，令繁育下一代成为可能。不过，这里的环境指的并不仅仅是身体之外的外部环境，诸如树木、水体、天敌等等，其实还包括了内部环境，特别是其他基因——自私的基因与其他基因共

a. 约翰·梅纳德·史密斯（John Maynard Smith），英国著名进化生物学家、遗传学家。

享了一系列生物个体的身体，不仅遍布种群，而且跨越代际。由此，必然的结果是，自然选择会青睐那些在有性繁殖种群中其他基因的陪伴下共同繁荣的基因。从本书的主张来讲，基因的确是“自私的”。但基因同时也能够与其他基因合作，它们所共享的不仅仅只是某一个特定的生物体的身体，还是这个物种的基因库所产生出来的一般意义上的所有身体。一个有性繁殖种群是由相互兼容、彼此合作的基因所组成的联合体——它们今天会合作是由于许多世代以来在先祖类似身体中的合作已经让它们得以繁荣。需要了解的重点在于（这一点常常被人误解），合作性之所以得到青睐，并非是因为一组基因天然地作为一个整体接受选择，而是因为单个基因是单独接受选择的，但这个选择过程的背景是该基因在身体内有可能接触到的其他基因，也就是说物种的基因库内的其他基因。一个有性繁殖物种的每一个个体都是从基因库中抽取自己的基因的。在一系列个体的身体里，这一物种（而非其他物种）的这些基因会不断地彼此相遇，彼此合作。

我们仍不完全清楚究竟是什么原因推动了有性繁殖的起源。但是有性繁殖的一个结果就是，物种可以被创新性地定义为：相互兼容的基因所组成的合作联合体的栖息地。正如在《基因的延伸》这一章所指出的：合作的关键在于，对于每一代而言，一个身体里所有基因共享的那个去往未来的出路如同“瓶颈”一般——那是它们渴望搭乘着前往下一代的精子或卵子。“合作的基因”也是一个同样恰当的书名，而且如此一来，这本书就根本不用做任何修改了，我估计人们因误解提出的许多质疑也可以因此而避免了。

另一个不错的书名是“不朽的基因”。“不朽”比“自私”更有诗意，同时也抓住了本书的一个关键性问题。DNA（脱氧核糖核酸）复制的高保真度对于自然选择而言是一个基本要素，也就是说突变是罕见的。高保真度意味着，基因作为准确的信息拷贝能够存续数百万年之久，成功的基因如此，不成功的基因则不行——而这正是成功性的定义。不过，如果一段遗传信息可能的生命周期很短的话，两者的差异就不会很显著。换个角度来看，每一个活着的生物个体从其胚胎发育期开始就是由一些基因建造出来的，而这些基因能够追溯到许多许多代际以前的许多许多祖先个体身上。活着的生物继承了这些曾经帮助过许多许多祖先存活下来的基因，这就是为什么活着的生物具备存活下去所需的一切，并且能够繁衍下去。它们所需的东西具体是什么，是因物种不同而各异的——捕猎者或是猎物，寄生虫或是宿主，水生或是陆生，栖息在地下或是森林的树冠层——但是普遍性的原则仍是相同的。

本书的一个核心论点是由我的朋友，伟大的比尔·汉密尔顿提出并完善的。我至今仍在为他的离世感到哀痛。我们认为动物应该不仅仅要照料自己的孩子，而且还要照料其他有血缘关系的亲属。对此，有一个我很喜欢的简洁的表述方式，就是“汉密尔顿法则”：如果一个利他性的基因能够在种群中扩散开来，那么必然满足以下条件，即利他者的成本C要小于受益者获得的价值B与两者之间的亲缘度系数r之积。这里的r是一个介于0与1之间的比例。对于同卵双胞胎来说，r的取值是1，子女或同胞兄弟姐妹则是0.5，孙子孙女、异父或异母的兄弟姐妹，以及同胞兄弟姐妹的孩子是0.25，同胞兄弟姐妹生出来的堂或表兄弟姐妹之间则是0.125。但什么情况下r是0呢？在这种定义之下，0的含义是什么？要解释清楚这个问题会更困难一些，但的确是很重要的，而且在《自私的基因》第一版中没有完全给予阐明。0 并不意味着两个个体没有共同的基因。所有人类之间共享着超过 99% 的基因，人与老鼠也有超过 90% 相同的基因，与鱼有四分之三相同的基因。这些相当高的比例令许多人对于亲属选择产生了误解，其中甚至还包括一些杰出的科学家。但是上面这些数字并非是 r 的含义。比如说我与我兄弟之间的 r 值是 0.5，那么我与种群背景之中一个可能会与我竞争的任意成员之间的 r 值就是 0。为了对利他主义的进化进行理论化的分析，堂兄弟姐妹之间的 r 值为 0.125 只是在与种群参照背景（r = 0）相比较的情况下选取的。这里的参照背景是指种群中其余的个体，利他主义可能也曾在他们身上体现过：虽然面对食物和空间时是竞争对手，但面对物种的生存环境时是历经久远历史的伙伴。这些数值，0.5 或是 0.125 等，指代的是在亲缘关系趋近于零的种群参照背景之上的额外的亲缘关系。

威廉斯所定义的基因是一种可以计数的东西，你可以随着一个物种的代际更替去计算它的数量变化，这无关其分子层面上的本质是什么。比如说，基因的本质是被基本呈惰性的“内含子”（会被翻译机器忽略[a]）分隔的一系列“外显子”（被表达的部分），然而这一事实并不影响威廉斯所定义的基因。分子基因组学是一个迷人的领域，但是它并未对进化的“基因视角”产生巨大的冲

a. 原文如此。但实际上，内含子与外显子一起被转录成为信使 RNA 之后，还要经过细胞质内的剪切体的加工，去除不表达的内含子对应区段，才能获得成熟的信使 RNA，进入核糖体进行表达。核糖体这个“翻译机器”在此过程中并不会“忽略”内含子。

击，而这种视角正是这本书的中心主题。为了说明这一点，我们可以换个说法：《自私的基因》的观点很可能对于其他星球上的生命也是能够成立的，即便那些星球上的基因与 DNA 毫无关系。不过，现代分子遗传学的具体内容，以及关于 DNA 的具体研究成果，是可以有办法纳入基因视角之中的。结果你会发现，它们实际上证明了我关于生命的观点的正确性，而非对其产生怀疑。对于这一点，我会稍后再继续探讨。而现在，我要换个跨度有点大的话题，它始于一个非常具体的问题，而这个问题显然能够代表一大票类似的疑问。

你与伊丽莎白二世女王（Queen Elizabeth II）之间的亲缘关系有多近？对我来说，我知道自己是她的十五重堂兄弟姐妹的孙辈。我们共同的祖先是第三代约克公爵理查·金雀花（Richard Plantagenet，1412—1460）。理查的儿子之一是英王爱德华四世（King Edward IV），伊丽莎白女王是他的后代。理查还有一个儿子是克拉伦斯公爵乔治（George，传说是在一桶烈性白葡萄甜酒中淹死的），我是他的后代。很多西方人可能不知道自己与女王的亲缘关系其实比十五重还近，我亦如此，门口的邮递员也是如此。有很多种方法可以让我们成为某个人的远房表亲，或者让我们都成为彼此的亲戚。我知道自己是妻子的十二重堂兄弟姐妹的孙辈（共同祖先是乔治·黑斯廷，第一代亨廷顿伯爵，1488—1544），但是很有可能我们还能通过某种未知的不同方式成为血缘关系更近的亲戚（从各自祖先查下来的不同路径），而且绝对还有许多其他的方式让我们成为血缘关系更远的亲戚。我们所有人都是如此。你和女王可能既是九重堂兄弟姐妹的六世孙辈，又是二十重堂兄弟姐妹的玄孙辈，还是三十重堂兄弟姐妹的八世孙辈。我们所有人，无论生活在世界上的哪个地方，不仅仅是彼此的远房亲戚，而且还有几百种连接亲缘关系的路径。这只不过是用另一种方式表达：我们所有人都是种群的背景，我们之间的亲缘关系指数 r 趋近于零。我可以依照有据可查的一条路径去计算自己与女王之间的 r 值，但是根据 r 值的定义，最终算出来的数值会非常接近于零，因而完全起不了什么作用。

导致所有这些令人头昏脑涨的多重亲缘关系的原因在于性。我们有两位父母，四位祖父母，八位曾祖父母，越往上越多，近乎天文数字。如果你不断乘以 2，一直计算到征服者威廉的年代，你的（以及我的、女王的、邮递员的）祖先数量将至少是个十亿数量级的数字，比当时全世界的人口数量还多。这个计算本身就证明，无论你是从哪里来的，我们都共同拥有许多祖先（如果回溯到足够久远的过去，我们的祖先都是完全相同的），所以我们彼此也是很多不同形式的亲戚。

如果你不是从生物个体的视角（生物学家的传统视角），而是从基因的视角（这一整本书都在以不同的方式来提倡这种视角）来看待亲缘关系这件事情的话，所有这些复杂性就都不存在了。不要再问我与我的妻子（或邮递员，或女王）有什么样的亲缘关系，相反，要从单独一个基因的视角来提问，比如我的蓝眼基因：我的蓝眼基因与邮递员的蓝眼基因有什么关系？像 ABO 血型系统这样的多态性可以回溯到久远的过去，甚至连猿类和猴子也有同样的系统。站在人类 A 型血的基因的立场上看，黑猩猩身上与之对应的基因是其近亲，而人类的 B 型血基因反而亲缘关系更远。在 Y 染色体上的 SRY 基因决定着动物个体是否是雄性。我的 SRY 基因会把一只袋鼠的 SRY 基因“看作”近亲。

或者，我们还可以从线粒体的视角来看待亲缘关系的问题。线粒体是充斥在我们细胞之中的小东西，攸关生死。它们是无性繁殖的，保留了自己残存的基因组（它们与自由生活的细菌有极远的亲缘关系）。根据威廉斯的定义，一个线粒体的基因组可以被看作一个单一的“基因”。我们只能从母亲那里获得线粒体。所以，如果我们想知道自己的线粒体与女王的线粒体有怎样的亲缘关系，那么只会有一个答案。我们可能不知道那个答案是什么，但是我们的确知道她的线粒体与你的线粒体之间成为亲戚的方式只有一种，而非从整个身体的视角来看时的几百种不同方式。你可以一代一代回溯你的祖先，但是只能沿着母亲这条线回溯，你会得到一条单一的（线粒体的）细线，而非不断分支的“整体生物家谱”。你还可以用同样的方法回溯女王的祖先，追踪她的那条母系细线。迟早，这两条线会彼此相遇，此时只要数数每条线上过了多少代，你就能轻易计算出你与女王的线粒体亲缘关系了。

你能在线粒体上做的操作，理论上也可以在任何一个特定的基因上重复，这就显示出了基因视角与生物体视角的不同。从整个生物个体的视角来看，你有两位父母，四位祖父母，八位曾祖父母，等等。但是，每个基因就像线粒体一样，只有一位父母辈，一位祖父母辈，一位曾祖父母辈，等等。我有一个蓝眼基因，女王则有两个。理论上，我们能够回溯基因的代际，找到我的蓝眼基因与女王的每一个蓝眼基因之间的亲缘关系。我们两个基因的共同祖先被称为“聚结点”。聚结分析已经成为遗传学的一个繁盛分支，而且非常吸引人。你看出来了吗？这与整本书都在宣扬的“基因视角”是多么相得益彰啊！我们已经不是在谈论利他主义了。基因视角在其他领域也能显示出自己的力量，比如在寻找祖先这件事情上。

你甚至可以去分析一个生物个体的身体里两个等位基因之间的聚结点。查尔斯王子也有蓝色的眼睛，我们可以假定他的 15 号染色体上有一对不同的蓝眼等位基因。查尔斯王子的两个蓝眼基因分别来自他的父母，这两个基因之间有多近的亲缘关系呢？对此，我们知道一个可能的答案，而这仅仅是因为王室的家谱比我们大多数人的家谱记录得更为详尽。维多利亚女王也有蓝眼，而查尔斯王子可以有两种方式算作维多利亚女王的后代：从他母亲那边通过国王爱德华七世来算，或从他父亲那边通过黑森的爱丽丝公主来算。有 50% 的可能性，维多利亚的一个蓝眼基因剥离出了两个拷贝，一个给了她的儿子爱德华七世，另一个给了她的女儿爱丽丝公主。这两个子代基因更进一步的拷贝很容易一代代传到伊丽莎白二世女王和菲利普亲王身上，从而在查尔斯王子身上重新组合在一起。这就意味着，查尔斯两个基因的“聚结点”是维多利亚女王。我们不知道，也不可能知道，查尔斯的两个蓝眼基因是否真是这样的情况。但是从统计学上来说，他的很多对等位基因肯定都会回溯到维多利亚女王身上聚结。同样的推理也适用于你的一对对基因和我的一对对基因。即便我们可能没有查尔斯王子那样清晰记录下来的族谱可供查询，但是你的任何一对等位基因理论上也能找到它们的共同祖先，那就是它们从一个单一先祖基因上“剥离”开的聚结点。

下面要说的是一件有意思的事情。虽然我无法找到自己任何一对特定等位基因的确切聚结点，但是理论上来说，遗传学家们能够对任何一个个体身上的所有对等位基因做聚结点的分析，考虑历史上所有可能的亲缘路径（实际上不是所有的可能路径，因为实在太多了，所以只能是抽取一个统计上的样本），从而得出这个个体整个基因组的聚结模式。位于剑桥的桑格研究所的李恒（Heng Li）和理查德·德宾（Richard Durbin）发现了一件非常棒的事情：一个单一个体的基因组中所有成对等位基因的聚结模式就可以给我们足够多的信息，让我们得以重建其整个物种在之前历史中的种群统计学细节，确定那些重要事件的发生时间。

在我们关于成对基因聚结的讨论中，两个等位基因中的一个来自父亲，一个来自母亲。这里"基因"的含义比分子生物学家所说的基因更为灵活一些。实际上，你可以说聚结遗传学家回归到了一个概念上，有点类似于我之前所说的"染色体有点自私的一大部分以及更为自私的一小部分"。聚结分析研究的对象是一块块的 DNA 序列，它可能比分子生物学家所理解的单个基因更大，也可能甚至更小，但是它们仍旧能被视为彼此的亲戚，是从一个有限数量的世代之前的共同祖先那里"剥离"出来的。

当一个（上述意义上的）基因"剥离"成为自己的两个拷贝，并分别传给两个子女时，这两个拷贝的后代可能会随着时间的流逝而积累不同的突变。这些突变可能是"不会被注意到的"，因为它们不会表现为表型上的区别。两者之间突变的差异与分离之后经历的时间是成正比的。这一事实，也就是所谓的"分子时钟"，已经被生物学家们很好地利用起来了，可以测量巨大的时间跨度。此外，我们去计算亲缘关系的这些成对基因不一定要有着相同的表型效应。我有一个来自父亲的蓝眼基因，与之成对的等位基因则是来自母亲的棕眼基因。虽然这些基因不同，但它们必定在过去的某个时候有一个聚结点：在那个时刻，我父母的共同祖先的一个特定基因剥离成了两个拷贝，分别传给了这位祖先的两个孩子。这次聚结（不同于维多利亚女王蓝眼基因的两个拷贝）是很久很久以前的事情，从而让这对基因有足够长久的时间来积累差异，尤其是导致不同眼睛颜色的差异。

我刚才提到过，一个生物个体的基因组聚结模式就能够用以重建之前历史中的种群统计学细节。实际上，任何一个个体都可以用来做这件事。碰巧我的整个基因组已经为了录制《性、死亡与生命的意义》这个电视节目进行了测序，这期节目曾于 2012 年在四频道上播放过。黄可仁（Yan Wong）是我写作《祖先的故事》(*The Ancestor's Tale*）的共同作者，我对于聚结理论的所知以及许多其他方面的知识都是从他那里学到的。黄可仁利用这个机会对我的基因组做了李 / 德宾式计算，而且只用了我自己的基因组而已，就推导出了人类的历史。他发现大量的聚结点出现在大概 6 万年以前。这表明我的祖先所在的那个交配种群在 6 万年前是一小群人。当时的人口少，那么一对现代基因聚结到当时某位祖先身上的概率就高。较少一些聚结点出现在 30 万年前，说明当时的有效种群要更大一些。这些数字可以绘成一条曲线，纵轴是有效种群的大小，横轴是时间。下页图就是他发现的模式，它与该技术的创始人在任何一个欧洲人的基因组上可以得到的模式都是相同的。

图中黑线显示了估算出来的不同历史时期的有效种群的大小，依据的是我的基因组数据（我父亲与我母亲之间基因的聚结）。它表明，我的祖先的有效种群大小曾经在大约 6 万年前显著减小。灰线显示了分析一个尼日利亚人的基因组得到的模式。它显示出差不多同一时期的种群也有所缩小，但程度没有那么剧烈。或许无论是什么灾祸导致了这一下降，它在非洲的下降程度都要弱于在欧亚大陆的下降程度。

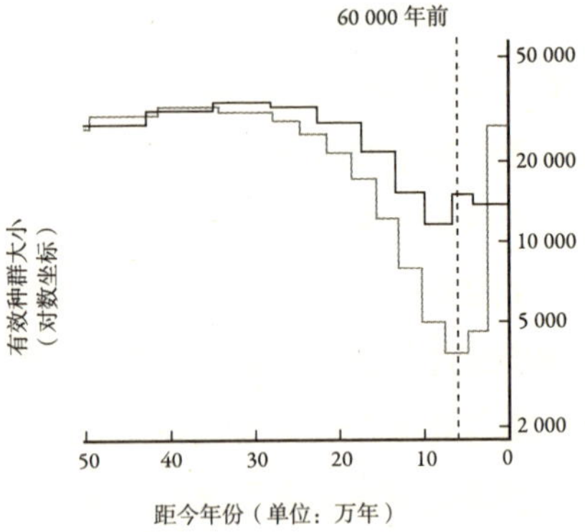

来自理查德 · 道金斯与黄可仁合著的《祖先的故事》

（2006，第二版）。感谢黄可仁提供图片。

顺带一提，黄可仁曾是我在牛津大学新学院指导的本科生，但后来我从他身上学到的东西多过了他从我身上学到的。本科毕业后，他成为艾伦·格拉芬[a]的研究生，而格拉芬也曾是我教过的本科生，后来成为我的研究生，而现在我称他为我知识上的导师。所以，黄可仁既是我的徒子，又是我的徒孙——这恰恰从文化传承的角度类比了我先前描述的情况，即大家能够以不同的方式成为亲戚。当然了，文化传承的方向要比上述这个简单的构想所代表的情况复杂得多。

总结一下，以基因的视角来看待生命是这本书的一个中心主题，它所阐明的不仅仅是此前版本中详细予以论述的利他和自私

a. 艾伦·格拉芬（Alan Grafen），英国动物行为学家和进化生物学家。

的进化，它还阐明了更为久远而深刻的过去，那是我在最初写作《自私的基因》时没能觉察到的。《祖先的故事》第二版中的相关段落（主要是由我的共同作者黄可仁撰写）为这个问题提供了更为全面的详尽论述。基因视角是如此的强大，以至于一个单一个体的基因组就足以进行详细的定量推算，得出种群的历史性统计数据。它还有什么其他的强大功能吗？正如与尼日利亚人的比较所预示的，未来对于世界不同地域的人所做的此类分析，能够为这种来自过去的种群统计学信号赋予一个地理维度。

基因视角还可能以其他方式穿透历史的迷雾吗？我在几本书中曾经提出了一个想法，我称之为“死亡的基因之书”。一个物种的基因库就是相互支持的基因的联合体，它们曾经一起在过去的特定环境中存活了下来，有久远的过去，也有近世的牵绊，这就使得它们成为那些环境的一种相反印记。如果一个遗传学家具备足够的知识，就应该能够从一种动物的基因组中读出该物种曾经生活的这些环境的特征。理论上来讲，欧洲鼹鼠（*Talpa europaea*）的 DNA 应该能够生动地展示出地下世界的面貌，那是一个位于地表之下的潮湿、黑暗的环境，空气中满是蠕虫、腐叶、甲虫幼虫的气味。如果我们知道如何去阅读的话，单峰骆驼（*Camelus dromedarius*）的 DNA 将会展现出用编码描绘的古老沙漠，那里有着沙尘暴、沙丘，以及生命对水的渴望。常见的宽吻海豚（*Tursiops truncatus*）的 DNA 表达着“深海水域”“快速追逐鱼类”“躲避虎鲸”等信息，不过是以一种我们在未来的某一天可能予以解读的语言写就的。但是同样的海豚 DNA 中也包含了一些描述其更早时期所处世界的段落，相应的基因也存续了下来：那是它的祖先们在陆地上生活的时期，要小心躲避暴龙和异特龙，活得足够久，久到能够生育才行。在那之前，肯定还有一部分 DNA 描述了更为古老的生存技能，又一次带我们回到了海洋中，那是它的先祖们还是鱼的时期，被鲨鱼甚至是广翅鲎（巨大的海蝎子）追逐的时代。对于“死亡的基因之书”的研究工作应该会在未来某个时间成为活跃的热点。它会不会成为《自私的基因》50 周年纪念版的后记中的精彩内容呢？

30周年版简介

意识到我已经与《自私的基因》一同走过生命中几乎一半的旅程，这把我彻底吓清醒过来，真不知这是件好事还是坏事。这么多年了，我又出版了七本书。每一本书问世时，出版社总派我四处做宣传。读者们以令人受宠若惊的热情回应我的每一本书。他们礼貌地鼓掌，提出一些有智慧的问题，然后排队购书。但他们让我签名的书却是《自私的基因》。这也许有点儿夸张了，有一些读者还是买新书的。而我妻子安慰我说，那些人只是刚刚发现一个新作者，他们会很自然地去寻找作者的第一本书，阅读《自私的基因》，当然，之后他们肯定会一直读到最新一本书，那才是作者最喜欢的“孩子”。

如果让我宣布《自私的基因》已经严重过时，早已被时代远远抛下，也许我对这种现象会更为耿耿于怀。不幸的是（在某些人的眼里），我没法这么说。虽然有一些细节已经改变，新的例子正层出不穷，但除了一个问题（我马上会来讨论）外，这本书里几乎没有任何内容存在问题，需要我现在急着将它收回，或者需要向读者致歉。利物浦大学的动物学教授阿瑟·凯恩[a]是我

a. 指阿瑟·詹姆斯·凯恩（Arthur James Cain），英国进化生物学家、生态学家。

20世纪60年代在牛津上学时的导师，曾给予我许多启发。他将1976年的《自私的基因》形容为“年轻人的书”。这句话是他故意引用书评家对艾尔（Ayer，英国哲学家）的书《语言、真理与逻辑》的评价。当时的我因此而沾沾自喜，尽管我知道艾尔曾经为其第一本书中大部分内容而公开认错，也不能无视导师的暗示：一段时间后，我也将做同样的事情。

让我从重新思考这个标题开始吧。1975年时，经过我的朋友戴斯蒙德·莫利斯（Desmond Morris）的帮助，我将完稿的部分章节交给伦敦出版界的老前辈汤姆·马希勒（Tom Maschler）。我们在乔纳森·凯普（Jonathan Cape）出版社中他的房间里讨论。他表示喜欢这本书，但不喜欢标题。“自私，”他说，“是一个消极的单词。为什么不叫它‘不朽的基因’呢？不朽是一个积极的词，基因信息的不朽是这本书的主题思想，而‘不朽的基因’与‘自私的基因’听起来几乎一样耐人寻味。”（我现在觉得，我们俩都没意识到《自私的基因》刚好呼应了王尔德的《自私的巨人》。）但我现在觉得马希勒也许是对的。许多批评家——特别是那些哗众取宠的批评家（我发现他们一般都有哲学背景）——喜欢不读书而只读标题。也许这个方法足以适用于《兔子本杰明的故事》或者《罗马帝国兴衰史》，但我可以不假思索地说，“自私的基因”标题本身，如果不包含书上大字的脚注，会使人对内容产生一种不恰当的印象。如今，有一个美国出版社无论如何都坚持要求加一个副标题。

解释这个标题最好的方法是标记重点。如果重点在“自私”，你便会以为这本书在讨论人的私心，但是本书却将更多的重心放在讨论利他主义上。这个标题里需要着重强调的词应该是“基因”。让我来解释一下原因。达尔文主义中一直有一个中心辩论议题：自然选择的单位究竟是什么？自然选择的结果究竟是哪一种实体的生存或者灭亡？这个选择的单位多少会变得“自私”。利他主义则在另一个层次才被看重。自然选择是否在种群中选择？如果是这样的话，我们应该能看到个体生物因为“种群的利益”而表现出利他行为。它们将降低生育率以控制种群数量，或者限制其捕猎行为以保持未来种群的猎物储备。正是这个广泛流传的对达尔文主义的误解，给了我写作本书的最初动机。

那么，自然选择是否像我在这里强调的那样，在基因间进行选择呢？在这种情况下，我们便不会惊讶于个体生物“为了基因的利益”，表现出诸如喂养与保护亲属等利他行为，因为亲属更有可能与其共享相同的基因。这种亲属利他行为只是基因自私性在个体利他主义上的一种表现形式。这本书解释了亲属利他与回报——达尔文主义理论中另一个利他行为的主要来源——是如何进行的。如果我要重写这本书，作为一个不久前刚投奔扎哈维 / 格拉芬（Zahavi / Grafen）“不利条件原理”的人，我会给扎哈维的理论多留点儿位置。扎哈维的想法是：利他主义的捐赠也许是一个“炫富”式的显性信号——看我比你优越好多，我都能负担起给你的捐赠！

让我来重复并扩展一下对书名中“自私”一词的解释。这里的关键问题是：生命中哪一层次是自然选择的单位，有着不可避免的“自私”属性？自私的种属？自私的群体？自私的生物体？自私的生态系统？我们可以争论这些层次中大多数单位的自私性，它们还都曾被一些作者全盘肯定为自然选择的单位。但这都是错误的。如果一定要把达尔文主义简单概括为“自私的某物”，这本书以令人信服的理由层层推理得出，这个“某物”只能是基因。这是我对标题的解释，无论你是否愿意相信推理本身。

我希望这可以澄清那些更严重的误解。尽管如此，我自己也在同样的地方发现了自己犯过的错误。这从第 1 章中的一句话可以看出来：“我们可以尝试传授慷慨和利他，因为我们生而自私。”传授慷慨与利他并没有错误，但“生而自私”则可能产生误解。我直到 1978 年才开始想清楚“载体”（一般是生物体）和其中的复制因子（实际上便是基因，第二版中新加入的第 13 章解释了这个问题）之间的区别。请你在脑海里删除类似这句话的错误句子，并在字里行间补充正确的含义。

这种错误的危险性不难使我认清这个标题的迷惑性，我当时便应该选择“不朽的基因”作为标题。也许这个标题有点儿过于神秘，但所有关于基因与生物体作为自然选择的竞争单位的争议［这个争议一直困扰着晚年的厄恩斯特·迈尔（Ernst Mayr），直至他去世］可以迎刃而解。自然选择有两种单位，它们之间没有任何争议。基因是复制因子的单位，而生物体是载体的单位。它们同等重要，不可低估任何一方。它们代表了两种不同的单位，只有我们认清其区别，才不至于陷入混乱的绝望中。

“合作的基因”是《自私的基因》另一个好的替代书名。虽然这听起来自相矛盾，但这本书主要的一部分便是讨论自私基因的合作形式。需要强调的是，基因组们并不需要以牺牲同伴或者他人的代价来换取自身的繁荣发展。相反，每一个基因在基因库里——生物体以性繁殖洗牌获得的基因组合，以其他基因为背景，追求着自身利益。其他基因是每一个基因生存大环境中的一部分，正如天气、捕食者与猎物、植被与土壤细菌都是环境的一部分。

从每个基因的角度上看，背景基因可以与之共享生物体，相伴走过世代旅程。短期看，背景基因指的是基因组中的其他基因。但从长期看，背景基因则是种群基因库内的其他基因。因此，自然选择将基因视作相互兼容——几乎等同于合作——的团体，自然选择偏爱那些共同存在的基因。然而，无论在什么时候，这种合作基因的演化违反了自私基因的根本原则。第 5 章以桨手的比喻来讲述这个理论，第 13 章则更进一步讨论了这个问题。

虽然自私基因的自然选择偏爱基因间的合作，我们也必须承认，有一些基因并不这么做。相反，它们牺牲基因组中其他基因的利益。一些作者将它们称为“越轨基因”，有一些则将其称为“极度自私基因”，还有些人直接称之为“自私的基因”，将之与其他因自身利益而合作的基因混为一谈，未能理解其中微妙的不同。第 13 章讲述了超级自私基因的例子——减数分裂驱动基因，而“寄生 DNA”的概念最初是在第 3 章末尾中提出的，后来有一些作者对其进一步研究，并以“自私的 DNA”这样的妙笔来描述。自本书第一次出版，这些年不断有新发现超级自私基因的例子，它们更为匪夷所思。这已成为这些年研究的热点。[a]

《自私的基因》一直因为将基因拟人化而受到批评，这一点也需要解释一下（如果不需要道歉的话）。我采用了两个层次的拟人：基因与生物体。基因的拟人真不应该是个问题，因为任何有头脑的人都不会认为 DNA 分子会有一个有意识的人格，任何

a. Austin Burt and Robert Trivers（2006），*Genes in Conflict: The Biology of Selfish Genetic Elements*（哈佛大学出版社），这本书出版时为时已晚，未能列入这个版本的第一次印刷，无疑它是这个重要主题权威的参考书。——作者注

理智的读者也不会将这种妄想归罪于作者的写作方式。有一次我听到伟大的分子生物学家雅克·莫诺（Jacques Monod）讲述科学中的创造力时，着实心动。我已经忘记了他的用词，但他大概的说法是：当他考虑一个化学问题时，他会问自己，如果我是个电子，我会怎么做？彼得·阿特金斯（Peter Atkins）在其优秀的著作《重临创世》（*Creation Revisited*）中，在探讨光束通过高折射率介质速度减慢后的折射时，也采取了一个类似的拟人：光束好像想要将其到达终点的时间最小化。在阿特金斯的想象中，这如同海滩边的救生员冲过去拯救一个落水者一样。他是否需要按直线靠近落水者？不需要，因为他跑步比游泳速度更快，在行程中增加陆地行走的比例会更为明智。他是否应该直接跑到海滩边正对着目标的点，来最小化其游泳时间？这个想法好一些，但依然不是最佳方案。通过计算（如果救生员有时间来做这个事情），我们可以找到救生员的最佳行进角度、奔跑距离和不可避免的游泳距离间的最佳组合。阿特金斯总结道：

> 这正是光线通过密度较大介质时的行为。但光线怎么能在进入之前就已经知道哪一个是最短的行程？它又为什么要在乎这个？

他受量子理论的启发，对这些问题给出了一个绝佳的解释。

这类拟人化的比喻并不只是一种有趣的叙述方式，它还可以帮助职业科学家在雾里看花中，排除错误，找到正确的答案。达尔文主义在利他主义和自私、合作与报复上的计算便是这么一个例子，科学家们很容易推算出错误的答案。但我们经常在最后发现，适当地、小心谨慎地将基因拟人化处理，是将达尔文理论学者从泥沼中拯救出来的最短路径。在本书四大英雄之一的汉密尔顿先驱经验的鼓励下，我自己也尝试着如此谨慎处理拟人化。汉密尔顿在 1972 年（也是我开始写作《自私的基因》的那一年）的论文里写道：

> 如果一个基因可以使其复制品聚集起来，形成基因库中一个不断增加的部分，它便会得到自然选择的青睐。我们关注的那些基因会对其携带者的社会行为产生影响。为了让我们的论证更加生动有趣，让我们先试着暂时赋予这些基因以智慧和自由选择的意志。想象一下，一个基因正在考虑问题：如何增加其拷贝。再想象一下它可以有所选择……

这正是阅读《自私的基因》中大部分章节时应有的正确精神。

将生物体拟人化则更加麻烦。这是因为生物体不同于基因，它们拥有大脑，因此也可能真正拥有自私与利他之类主观意识的想法，让我们可以辨识出来。如果本书叫作“自私的狮子”可能会真的迷惑读者，而“自私的基因”不应有这种问题。就像有人可以把自己想象为光束，聪明地选择通过级联透镜与棱镜的最佳路径，或者将自己想象为基因，选择传递千秋万代的最佳路径，我们也可以假定一只狮子计算着其基因长期生存的最佳行为策略。汉密尔顿带给生物学的第一份礼物是其准确的数学计算，这可以算出一只真正的达尔文主义的生物——比如狮子——决定将其基因长期生存的概率最大化时，所应采取的策略。在本书中，我采用了生物体和基因的两个层次，用非正式、口语化的语言来描述这种计算。

在第 171 页里，我们迅速从一个层次转向另一个层次：

我们已经考虑过在什么条件下母亲让小个子死掉事实上是合算的。如果单凭直觉判断，我们大概总是认为小个子本身是会挣扎到最后一刻的，但这种推断在理论上未必能站得住脚。一旦小个子瘦弱得使其预期寿命缩短到它从同样数量的亲代投资中获得的利益还不到其他幼儿的一半时，它就该体面而心甘情愿地死去。这样，它的基因反而能够获益。

这是个体层次的自我审视。这里的假设不是小个子做出让自己快乐和感觉良好的选择，而是达尔文世界的个体生物会做出的“如果……那么……”的估算，以得出对其基因最有利的选择。这个段落还在继续明确地迅速转化至基因层面的拟人化：

就是说，一个基因发出了这样的指令：“喂，如果你个子比你的骨肉兄弟瘦小得多的话，那你不必死挨活撑，干脆死了吧！”这个基因在基因库中将取得成功，因为它在小个子体内活下去的机会本来就很小，而它却有50%的机会存在于得救的每个兄弟姐妹体内。

接下来则又迅速回到小个子的自我审视：

小个子的生命航程中有一个有去无回的临界点。在达到这一临界点之前，它应当争取活下去，但到了临界点之后，它应停止挣扎，宁可让自己被骨肉兄弟或父母吃掉。

我真的相信，只要读者仔细完整地阅读本书，这两个层次的拟人化一点儿都不会使人迷惑。只要描述恰当，这两个层次的“如果……那么……”评估都会得到完全相同的结论，这也正是判断其正确性的标准。所以，如果我现在重写这本书，我不觉得我会放弃拟人化描述。

重写一遍书是一回事，重读一遍书则是另一回事。我们该如何对待这位澳大利亚读者的判决书呢？

> （这本书）非常引人入胜，但有时我希望我没有读过它……一方面，我惊叹于道金斯极为清晰且有根据地看清如此复杂的过程……但同时，我还要责怪《自私的基因》使我在之后的10多年里，不得不与抑郁症进行长期较量……我不再对生命灵魂的认识感到确定，并尝试寻找更深层次的东西——试着去相信，但却不能相信，我发现这本书在字里行间将我所有模糊的想法都一扫而光，而且阻止这些想法重新凝聚于我的脑海中。几年前，这造成了我个人生活中的一次严重危机。

我之前也描述过一些读者产生的类似反应：

> 我第一本书的一个外国出版商坦言：阅读这本书后，他失眠了3天，被书中传达的冷酷无情的信息深深困扰。另外一些人则问我每天早上如何能离开床铺。一个偏远乡村的教师写信责备我，因为一个学生读完书后含泪找到他，说这本书使她的生命变得空虚而无意义。他建议她不要把这本书给她的任何朋友看，因为他害怕这本书会使他们产生相同的虚无主义思想与悲观情绪。（摘自《解析彩虹》）

如果这些故事是真的，任何良好愿望都无法将其掩盖。这是我要说的第一件事，但我要说的第二件事也一样重要。我在书里接着写道：

> 想必宇宙的最终命运确实没有意义，但无论如何，我们真有必要将我们生命的希望寄托在宇宙的最终命运上吗？当然不需要，只要我们足够明智。我们的生命被其他更密切、更温暖的人类理想与感觉控制。指责科学剥夺了生命中赖以生存的温暖，是多么荒谬的错误啊，这与我本人及其他科学家的感觉截然相反。我几乎都要对这些大错特错的怀疑绝望了。

另一些批评家则表现出类似“因坏消息到来而迁怒信使”的趋势，他们从《自私的基因》中看到不合心意的社会、政治或经济上的推论，因此反对此书。在 1979 年撒切尔夫人刚获得其第一次选举胜利后不久，我的朋友史蒂文·罗斯（Steven Rose）在给《新科学家》的文章中写道：

> 我不是说上奇公司（Saatchi & Saatchi）曾组织一批社会生物学家[a]来撰写撒切尔夫人的演讲稿，更不是指一些牛津与萨塞克斯的君子已经开始庆幸终于可以从实际情况解读自私基因这等简单事实，尽管他们一直拼命想要这么告诉我们。这个流行理论与政治事件的巧合要更乱七八糟得多。不过我相信，20 世纪 70 年代末期此书写成时，历史潮流转向了右

a. 社会生物学研究生物的社会性行为，通过进化的选择力量来解释生物社会性行为的合理性。这一学科主要聚焦于社会性昆虫的行为研究，但是如果应用到人类社会上就引发了广泛的争议和讨论。爱德华·威尔逊是最早建立这一学科的人，也提出将其应用在人类社会研究中的可能性，前文中提到的史蒂芬·古尔德则对将这一理论应用于人类持批判态度，担心它可能被误解成为基因决定论。

翼，从法律与秩序转向货币主义与（更为矛盾的）对中央集权的抨击。之后这个转向才成为科学潮流，如果进化理论从类群选择转向亲属选择也能算的话。这个科学潮流变换将被看作推动撒切尔夫人派与其僵化的、19世纪时竞争与排外的人性概念执掌大权的社会潮流的一部分。

“萨塞克斯的君子”指的是不久前去世的约翰·梅纳德·史密斯，史蒂文·罗斯和我都同样欣赏他。史密斯在回复《新科学家》的信中以其典型口吻说：“我们还能怎么做？篡改公式吗？”《自私的基因》传递的一个重要消息（史密斯的文章标题“魔鬼的牧师”更强调了这一信息）是：我们不能把我们的价值观从达尔文主义中推导而来，除非它带着一个消极的信号。我们的大脑已经进化到一个程度，使我们得以背叛自身的自私基因。这种行为的一个明显现象便是我们使用的避孕方式。同样的原理可以也应该作用于更广的范围。

与1989年的第二版不同，30周年纪念版只增加了这篇简介，以及由编辑了我三本书的编辑兼支持者拉塔·梅农选取的一些书评片段，此外并没有新的内容了。除了拉塔外，没有人可以与“K选择”（生态学术语，拥有在环境中获得竞争胜利的能力）超级编辑迈克尔·罗杰斯（Michael Rodgers）媲美。他对此书坚定的信念就像火箭助推器一般，使本书的第一版进入了轨道。

现在这个版本重新采用了最初由罗伯特·特里弗斯[a]写作的序言，这也是让我特别高兴的原因。我提过汉密尔顿是本书的

a. 罗伯特·特里弗斯（Robert Trivers），美国进化生物学家、社会生物学家。

四大智囊英雄之一，特里弗斯是另外一个。他的思想贯穿了第9、10、12章的大部分内容，还有第8章的所有内容。他不只给了本书一篇精雕细琢的序言，更不同寻常的是，他选择了本书向世界宣告他超群的新思想：自我欺骗进化的理论。这次他同意让我在此版本中使用原先的序言，我实在感激不尽。

理查德·道金斯

牛津，2005年10月

第 2 版前言

《自私的基因》出版十几年来，书中的主要信息已经成为教科书的正统内容。这其实很矛盾，虽然看起来并不明显，但它并不是那一类作品：出版时因其革命性颠覆而备受指责，而后逐渐稳定获得皈依者，最后被认为无比正统，使人不解最初争议从何而来。《自私的基因》恰与之相反。一开始它得到好评无数，并不被视为富有争议的书。直到数年后，它的争议才逐渐形成。而现在，它被广泛认为是极端的激进作品。但同样在这些年里，当此书极端主义的名声逐渐升级时，它实际的内容则显得越来越不极端，越来越接近通用常识。

自私基因的理论也是达尔文的理论，只是以一种达尔文并未选择的方式来表述。而我也愿意认为，达尔文如果九泉之下有知，也会立刻认识到这种方式的合适性，并为此高兴。这事实上是正统的新达尔文主义的一种逻辑推论，仅仅是以一个新形象展现出来。它并不关注个体生物，而是从基因的视角看待自然界。这是一种不同的观察方式，而不是一种不同的理论。在《延伸的表型》的开篇，我曾用内克尔立方体的比喻来解释这一点。

这是一个二维的纸上墨印图案，但它在观察者眼中却是一个透明的三维立方体。盯着它看上几秒钟，它会变为朝向另一个方向。继续盯着它看，它则会变成原来的立方体。这两个立方体都与视网膜中的那个二维图形同等兼容，于是大脑很乐意在两者间轮流更换。任何一个图形都不比另一个更为正确。我所要说的，便是自然选择有两种观察的方式，可以从基因的角度，也可以从个体生物的角度来观察。如果你恰当地理解两者，它们便是等同的，是同一真理的两种看法。你可以从一者转化到另一者，它依然是相同的新达尔文主义。

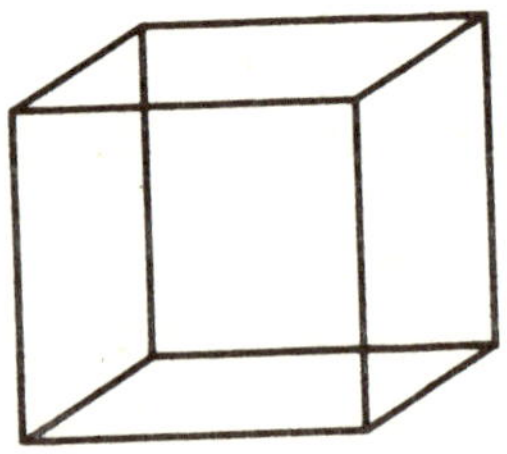

我现在觉得这个比喻太过于小心翼翼了。一个科学家最重要的贡献通常并不是提出一个新理论，或是揭示一个新现象，而是于旧理论和旧现象中发现观察的新方法。内克尔立方体的比喻有误导性，因为它表示两种观察方法的好处是相同的。确切地说，这个比喻还是部分正确的："角度"和理论不一样，不可以通过实验去验证。我们无法采用熟悉的证明或证伪准则。但在最理想的情况下，视角的改变可以达到比一个理论更崇高的地位。它可以引领整个思想潮流，促使许多激动人心与可验证的理论产生，使之前无法想象的事实暴露无遗。内克尔立方体的比喻完全忽略了这点，它只抓住了视角上改变这一点，却无法公正评价其价值。我们要谈的并不是一个视角的转变，而是在极端条件下的彻底变身。

我要赶紧澄清一下，我个人卑微的科学贡献并不能达到以上所述的地位。然而，正是出于这个原因，我倾向于不将科学与科学“普及”彻底分离。将那些迄今只在专业文献中存在的思想仔细阐述出来，实在是一项困难的艺术。它需要语言上有洞察力的新方法与浅显易懂的比喻。如果你可以强调语言和比喻的新颖，你最终能得到一种新思维。而新思维本身便是对科学的一种原创贡献，正如我之前讨论的那般。爱因斯坦本人便是一位出色的科学普及者。我经常觉得他那些生动的比喻并不只帮助了我们这些读者。它们难道没有为这位极富创造力的天才的思维火花增添燃料吗？

早在 20 世纪 30 年代初，从基因角度看达尔文主义的想法已经在费希尔[a]和其他新达尔文主义的伟大先驱者的作品中含蓄表达过了。汉密尔顿和威廉斯则在 60 年代明确表达了这一点。他们的思想使我的思维得到开阔。但我发现他们的表达过于简洁，不够振聋发聩。我坚信一个扩展版本可以使生命万物归位，无论在心灵中还是脑海里。我想要写一本书，赞美基因角度下的进化。它可以集中阐述社会行为的例子，帮助纠正当时盛行的通俗达尔文主义的无意识的类群选择论调的蒙昧。1972 年，当时劳资纷争使得实验室停电，我的实验室研究不得不暂停，我便动笔开始写作此书。不幸的是（从某个角度看），大约两个章节完成后，停电结束了。我将这一工程封存，直到 1975 年我有了一年休假才得以继续。同时这个理论也已经被约翰·梅纳德·史密斯和罗伯

a. 指罗纳德·艾尔默·费希尔（Ronald Aylmer Fisher），英国统计学家、遗传学家。

特·特里弗斯拓展。我现在可以看到，那是一个神秘时期，所有新思想都在空气中飘浮。我在某种兴奋狂热的状态下完成了《自私的基因》。

当牛津大学找到我出版第二版时，他们坚持认为传统的全面逐页的修订方法并不合适。在他们看来，有一些书显然日后将有一连串的新版本，但《自私的基因》并不是这样的书。第一版有着那个时代的青春气息。当时我们有国外革命的香氛，有一缕华兹华斯的吉祥晨曦。作为那个时代的产儿，若用新发现的事实使其臃肿，或是放任复杂谨慎令其苍老，实在令人扼腕。于是，最初的文本应保持不动，其瑕疵与偏颇也应一并保留。最后的注释则应包括修正、回应与新的发展。全新的章节应当加入，它们的主题在其时代里也将继续带着革命黎明前的情绪。这便是第 12 与 13 章。为此我从这些年里最令我激动的两本专业领域内的著作中汲取灵感：罗伯特·阿克塞尔罗德（Robert Axelrod）的《合作的进化》（*The Evolution of Cooperation*），因为它给予我们的未来以某些希望，还有我自己的《延伸的表型》，因为它是我这些年的工作成果，也因为——它最有价值的地方是——它可能是我的最佳著作了。

“好人终有好报”的标题出自 1985 年我参与的 BBC 电视节目《地平线》。这是一部 50 分钟的纪录片，由杰里米·泰勒（Jeremy Taylor）制作，以博弈论探讨进化中的合作。这部纪录片的制作，连同另一部来自相同制作人的《盲眼钟表匠》，使我对其职业产生新的敬意。《地平线》的制作人们竭尽全力使自己成为该题目的高级专家（他们的一些节目在美国也能看到，通常以《新星》的名目重新包装）。第 12 章不仅从中收获了章名，我、泰勒和《地平线》制作组的紧密合作也使第 12 章的写作获益不少。对此我深表感激。

最近我了解到一个我不敢苟同的事实：一些有影响力的科学家习惯在他们并未参与的作品中署上自己的名字。显然，一些资深科学家要求在作品中署名，只是因为他们贡献了实验场所、科研资金和对文章编辑提出了修改意见。就我所知，他们在学界的声誉可能完全建立于其学生和同事的工作成果之上！我不知道如何与这种不诚实的行为抗争，也许期刊编辑应该要求每一名作者签字表明其贡献。但这不过闲谈而已，我提起这个话题是为了做一个对比。海伦娜·克罗宁（Helena Cronin）对这本书的每一行，甚至每一个字都做了力所能及的改进，却坚持拒绝了成为书中新增部分的共同作者的请求。我对她感激不尽，并对我的感谢必须止于此表示歉意。我还要感谢马克·里德利（Mark Ridley）、玛丽安·道金斯（Marian Dawkins）和艾伦·格拉芬对本书的建议和对一些章节的建设性批评意见。另外还要感谢牛津大学出版社的托马斯·韦伯斯特（Thomas Webster）、希拉里·麦格林（Hilary McGlynn）和其他欣然容忍了我的奇思妙想和拖延的同事。

理查德·道金斯

1989 年

序言

虽然黑猩猩和人类的进化史大约有 99.5% 是相同的，但人类的大多数思想家还是把黑猩猩视为畸形异状、与人类毫不相干的怪物，而把人类自己看成通向全能上帝的阶梯。对一个进化论者来说，情况绝非如此。认为某一物种比另一物种高尚是毫无客观依据的。不论是黑猩猩和人类，还是蜥蜴和真菌，它们都是经过长约 30 亿年的所谓自然选择这一过程进化而来的。每一物种之内，某些个体比另一些个体留下更多的生存后代，因此，这些得以繁殖的幸运者的可遗传特性（基因），在其下一代中的数量就变得更加可观。基因的非随机性的分化生殖就是自然选择。自然选择造就了我们，因此，要想了解我们自身的特性，就必须理解自然选择。

尽管达尔文的自然选择进化学说是研究社会行为的关键所系（特别是同孟德尔的遗传学相结合时），但却一直为许多人所忽视。社会科学领域内一系列研究部门相继兴起，致力于建立一种前达尔文派（pre-Darwinian）和前孟德尔派（pre-Mendelian）的社会和心理世界。甚至在生物学领域中，忽视和滥用达尔文学说的情况一直令人诧异。无论造成这种异常发展的原因何在，有迹象表明，这种状况即将告终。达尔文和孟德尔所进行的伟大工作已为日渐增多的科学工作者所发展，其中著名代表人物主要有费希尔、汉密尔顿、威廉斯和史密斯。现在，本书作者道金斯（Richard Dawkins）把建立于自然选择基础上的社会学说的这一重要部分，第一次用简明通俗的形式介绍给大家。

道金斯对社会学说中这一崭新工作的主要论题逐一做了介绍：利他和利己行为的概念、遗传学上自私的定义、进犯行为的进化、亲族学说（包括亲子关系和社会性昆虫的进化）、性比例学说、相互利他主义、欺骗行为和性差别的自然选择。道金斯精通这一基本理论，他胸有成竹，以令人钦佩的清晰文体展示了这一崭新的工作。由于他在生物学方面造诣颇深，他能够使读者领略生物学文献中丰富多彩和引人入胜之处。凡遇他的观点同已发表著作的论点有分歧时，他的评论就像他在指出我的一处谬误时一样无不一语中的。同时，道金斯不遗余力地把论证的逻辑推理交代清楚，使读者能够运用这种逻辑推理再去扩展这些论据（甚至可以和道金斯本人展开争论）。这些论据可以向许多方面扩展。例如，如果（按道金斯的论证）欺骗行为是动物间交往的基本活动的话，动物就一定存在对欺骗行为的强烈的选择性，而动物也转而必须选择一定程度的自我欺骗，使某些行为和动机变成无意识的，从而不致因极细微的自觉迹象，让正在进行的欺骗行为败露。因此，认为自然选择有利于更准确地反映了世界形象的神经系统这种传统观点，肯定是一种关于智力进化的非常幼稚的观点。

近年来，人们在社会学说方面取得了重大进展，由此引发了一股小小的逆流。例如，有人断言，近年来社会学说方面的这种进展，事实上是为了阻止社会进步的周期性阴谋的一部分，这种进步在遗传上似乎是不可能的。还有，把一些相似而又不堪一驳的观点罗列在一起，使人产生这样一种印象，即达尔文的社会学说，其政治含义是反动的。这种说法同事实情况大相径庭。费希尔和汉密尔顿首次清楚地证明了遗传上性别的均等性。从社会性昆虫得到的理论和大量数据表明，亲代没有主宰其子代的固有趋势（反之亦然）。而且亲代投资和雌性选择的概念，为观察性别差异奠定了客观而公正的基础，这是一个相当大的进展，超越了一般把妇女的力量和权利归结于毫无实际意义的生物学上的特性这一泥潭所做的努力。总之，达尔文主义的社会学说使我们窥见了社会关系中基本的对称性和逻辑性，在我们有了更充分的理解之后，我们的政治见解将会重新获得活力，并对心理学的科学研究提供理论上的支柱。在这一过程中，我们也必将对苦难的众多根源有更深刻的理解。

特里弗斯

1976 年 7 月于哈佛大学

前言

读者不妨把本书当作科学幻想小说来阅读。笔者构思行文着意于引人深思，唤起遐想。然而，本书绝非杜撰之作。它不是幻想，而是科学。“事实比想象更离奇”，暂不论这句话是否有老生常谈之嫌，它却确切地表达了笔者对客观事实的印象。我们都是生存机器——作为运载工具的机器人，其程序是盲目编制的，为的是永久保存所谓基因这种禀性自私的因子。这一事实直至今天仍使我惊叹不已。我对其中的道理虽已领略多年，但它始终使我感到有点难以置信。我的愿望之一是能够凭此使读者惊叹不已。

在写作过程中似乎有 3 位假想的读者一直在我背后不时地观望，我愿将本书奉献给他们。第一位是我们称之为外行的一般读者。为了他，我几乎一概避免使用术语。在不得已使用专门术语的地方，我都一一详加说明。我不明白为什么我们不把一些学术性刊物里的大部分术语也删掉呢？虽然我假定外行人不具备专业知识，但我却并不认为他们愚昧无知。只要能做到深入浅出，就能使科学通俗易懂。我全力以赴，试图用通俗的语言把复杂艰涩的思想通俗化，但又不丧失其精髓。我这样尝试的效果如何尚不得而知。我的另一个抱负是，让这本书成为一本引人入胜、扣人心弦的读物，使其内容无愧于题材。但这方面我能取得多大成功，心中也毫无把握。我一向认为，生物学犹如神话故事那样迷人，因为事实上，生物学的内容就是神话故事。本书的题材理应激发读者产生莫大的兴趣并带来启发，但我所能做到的充其量不过是沧海一粟，再多我也不敢奢望了。

第二个假想的读者是个行家。他是一个苛刻的评论家，对我所用的一些比拟笔法和修辞手段很不以为然。他总是喜欢用这样的短语："除此之外……""但在另一方面……"，"啧！啧！"我细心地听取了他的意见，纯粹为了满足他的要求，我甚至把书中的一章全部重写了一遍。但归根结底，讲述的方式毕竟还是我的选择。这位专家对我的写作方式恐怕不会完全没有微词吧！但我仍极为热切地希望，即使是他也能在拙作中发现一点新内容，也许是对大家所熟悉的观点的一种新见解，甚至受到启发产生出自己的新观点。如果说我的这种心愿太大，那么，我是否可以希望，这本书至少能为他的旅途消愁解闷？

我心目中的第三位读者是位从外行向内行过渡的学生。如果他至今还没有抱定目标要在哪一方面成为专家，那么我要奉劝他考虑一下我所从事的专业——动物学。动物学固然自有其"实用价值"，且大部分动物又有其逗人喜爱之处，但除此之外，研究动物学有其更为深远的意义：因为宇宙万物之中，我们这些动物当属最为复杂、设计最为完美的"机器"了。既然如此，弃动物学而选择其他学科就令人费解了！对那些已经献身于动物学研究的学生来说，但愿本书能有一定的教育价值，因为他们在学习过程中孜孜不倦钻研的经典理论著作和专业书籍，正是笔者撰写本书的依据。如果他们发现经典理论著作难以理解，那么我的深入浅出的论述，作为入门或辅助材料之类的读物，也许对他们有所助益。

显然，要同时迎合3种类型的读者的口味势必要冒一定的风险。我只能说，对此我始终是十分清楚的。不过，考虑到我的这种尝试所能带来的种种益处，我甘愿冒这种风险。

我是个行为生态学家，所以动物行为是本书的主题。我接受过行为生态学的传统训练，从中获得的教益是不言而喻的。特别值得一提的是，在牛津大学我曾在廷贝亨[a]指导下工作过12个年头。在那些岁月里，他对我的影响之深，恐怕连他自己也想不到。“生存机器”这个词语虽非实际出自他口，但说成是他的首创亦不为过。近年来，行为生态学受新思潮的冲击而生机勃发。从传统观点来说，这股思潮的来源不属行为生态学的范畴。本书在很大程度上即取材于这些异军突起的思想。这些新思想的倡导者主要是威廉斯、史密斯、汉密尔顿和特里弗斯，我将分别在有关章节中提及。

各方人士为本书的书名提出过许多建议，我已将他们建议的名称分别移作有关各章的题目：“不朽的双螺旋”，来自克雷布斯（John Krebs）；“基因机器”，来自莫里斯；“基因种族”，来自克拉顿–布罗克（Tim Clutton-Brock）和简·道金斯，为此我向他们表示谢意，另外，特向斯蒂芬·波特（Stephen Potter）表示歉意。

尽管假想的读者可以作为寄托虔诚希望的对象，但同现实生活中的读者和批评家相比，毕竟无太大实际意义。笔者有一癖好，文章非改上几遍不肯罢休。为此，玛丽安·道金斯不得不付出艰辛的劳动。对我来说，她对生物学文献中渊博知识的掌握，对理

a. 指尼古拉斯·廷贝亨（Nikolaas Tinbergen），荷兰动物行为学家与鸟类学家。

论问题的深刻理解，以及她不断给予我的鼓励和精神上的支持，都是我从事此项工作不可或缺的。克雷布斯也阅读了全书初稿。有关本书的议题，他的造诣比我深，而且他毫不吝惜地提出许多意见和建议。格莱尼丝·汤姆森（Glenys Thomson）和沃尔特·博德默（Walter Bodmer）对我处理遗传学论题的方式提出过既诚恳又严厉的批评，而我所做的修改恐怕还不能完全使他们感到满意，但我希望他们会发现修订后的稿子已有所改进。他们不厌其烦地为我花费了大量时间，对此我尤为感激。约翰·道金斯以其准确无误的眼力指出了一些容易使人误解的术语，并提出了难能可贵的修改意见。我不可能找到比马克斯韦尔·斯坦普（Maxwell Stamp）更适合、更有学问的“外行”了。他敏锐地在初稿中发现了一个反复出现的文体缺陷，这对我完成最后一稿助益匪浅。最后，我还要向牛津大学出版社的罗杰斯表示谢忱。他审阅过我的手稿，所提意见富于助益；此外，在安排本书的出版时，他做了许多分外的工作。

理查德·道金斯

1976 年

目录

第 1 章	为什么会有人呢？	1
第 2 章	复制因子	15
第 3 章	不朽的双螺旋	27
第 4 章	基因机器	59
第 5 章	进犯行为：稳定性和自私的机器	85
第 6 章	基因种族	114
第 7 章	计划生育	142
第 8 章	代际之战	160
第 9 章	两性战争	183
第 10 章	你为我搔痒，我就骑在你的头上	217
第 11 章	觅母：新的复制因子	246
第 12 章	好人终有好报	264
第 13 章	基因的延伸	300
第 14 章	基因决定论与基因选择论	337

第 15 章　对于完美化的制约　374

尾注 / 417
参考书目 / 479
第 14、15 章术语表 / 497
评论集萃 / 503

第 1 章

为什么会有人呢?

行星上的智慧生物开始思索自身存在的道理时，才算真正成熟。如若宇宙空间的高级生物莅临地球的话，为评估我们的文明水平，他们可能提出的第一个问题是：“他们发现了进化规律没有？”30多亿年来，地球上一直存在着各种生命有机体，但对生命存在的道理，它们始终一无所知。后来，有一个人终于弄懂了事实真相，他就是达尔文（Charles Darwin）。说句公道话，其他人对事实真相也曾有过一些模糊的想法，但对我们存在的道理第一个做了有条理、站得住脚的阐述的却是达尔文。好奇的孩子常会问：“为什么会有人呢？”达尔文使我们能够在面对这个问题时，给出一个切合实际的回答。生命有意义吗？人生目的何在？人是什么？我们在面对这些深刻的问题时，无须再求助于怪力乱神。著名动物学家辛普森（G. G. Simpson）在提出上面最后一个问题之后，曾这样说过：“现在我要讲明的一点是，1859年之前试图回答这一问题的一切尝试都是徒劳无益的，如果我们将其全部置于脑后，我们的境遇会更好些。”

今天，人们对进化论产生疑问，犹如怀疑地球绕着太阳转的理论，但达尔文进化论的全部含义仍有待人们去了解。在大学里，动物学仍是少数人研究的课题，即使是那些决定选学这门课的人，往往也没有理解其深刻的哲学意义。哲学以及被称为“人文学科”的课程，现在讲授起来，仍好像不曾有过达尔文此人。毫无疑问，这种状况以后将会改变。不管怎样，本书并无意于全面地宣扬达尔文主义，而着眼于探索进化论对一个特定问题所产生的种种影响。我的目的是研究自私行为和利他行为在生物学上的意义。

除了学术意义，这个主题对人类的重要性也显而易见。它关乎我们人类生活的各个方面，我们的爱与憎、斗争与合作、馈赠与盗窃、贪婪与慷慨。这些本来是洛伦茨（Lorenz）的《论进犯行为》（*On Aggression*）、阿德里（Ardrey）的《社会契约》（*The Social Contract*）和埃布埃尔-埃尔布菲尔特（Eibl-Eibesfeldt）的《爱与憎》（*Love and Hate*）探讨的主题。这 3 本书的问题在于它们的作者铸下了大错。他们犯错是因为他们误解了进化论。他们错误地假定进化的关键在于物种（或者种群）的利益，而不是个体（或者基因）的利益。可笑的是，阿什利·蒙塔古（Ashley Montagu）批评洛伦茨，说他是“（相信）‘大自然是残酷无情的’的 19 世纪思想家的‘嫡系’……”。在我看来，洛伦茨和蒙塔古是半斤八两，二人都拒斥丁尼生这个著名短语的含义。与二人不同，我认为这句话极好地概括了我们对自然选择（理论）的现代理解。

我在开始论证之前，想先扼要地说明一下这是一种什么样的论点，以及不是什么样的论点。如果有人告诉我们，某人在芝加哥黑社会中长期过着荣华富贵的生活，我们就能够对他是什么样的人做一些猜测。我们可以想见，他的性格粗暴鲁莽，动辄开枪，而且能吸引忠贞不贰的朋友。而推论并非是万无一失的。但如果你知道一个人是在什么情况下生活和发迹的，那你就能够对他的性格做出某些推断了。本书的论点是，我们以及其他一切动物都是各自的基因所创造的机器。在一个具有高度竞争性的世界上，像芝加哥发迹的匪徒一样，我们的基因生存了下来，有的存续长达几百万年。这使我们有理由在我们的基因中发现某些特性。我将要论证，成功基因的一个突出特性就是其无情的自私性。这种基因的自私性通常会导致个体行为的自私性。然而我们也会看到，基因为了更有效地达到其自私的目的，在某些特殊情况下，也会滋长一种有限的利他主义。上句中,“特殊”和“有限”是两个重要的词。尽管我们可能觉得这种情况难以置信，但对整个物种来说，普遍的爱和普遍的利益在进化论上简直是毫无意义的概念。

因此，现在我要讲一下本书所不准备论证的第一点。我并不提倡以进化论为基础的道德观，我只是讲事物是如何进化的，而不是讲人类应该怎样行动才符合道德准则。我之所以强调这一点，是因为我知道我有被人误解的危险。有些人不能把阐述对事物的认识同提倡事物这两件事区别开来，此类人实在为数太多。我自己也觉得，生活在一个单纯以基因那种普遍的、无情的自私性法则为基础的人类社会中将会令人厌恶至极。然而我们无论怎样感到惋惜，事实毕竟就是事实。本书的主旨在于引起读者的兴趣，如果你想从中引出某种教益，那么阅读时，可以视之为一种告诫。如果你也和我一样希望为了共同的利益，建立一个人与人之间慷慨大度、相互无私合作的社会，那你就不能指望从生物的本性获得什么助益。让我们设法通过教育把慷慨大度和利他主义灌输到人们头脑中去吧！因为我们生来就是自私的。让我们懂得我们自私的基因居心何在，至少可以有机会去打乱它们的计划，而这是其他物种从来没能做到的。

上述有关教育的议论，必然表明下面的观点是错误的：从遗传学的角度来看，继承下来的特性是明确固定、不容改变的。这是一种极为常见的谬见。我们的基因可以驱使我们的行为自私，但我们也不必终生屈从。如果我们在遗传上生来就是利他性的，再去学利他主义也许不那么困难。在动物中，只有人类受文化也受后天获得的以及继承下来的影响的支配。有人可能会说，文化是如此之重要，以至于不论基因自私与否，它与我们对人类本性的理解毫不相干。另有一些人也会不同意这种说法，这完全取决于在作为人类特性的决定性因素“是天性还是教养”的辩论中，你站在什么立场上。这就使我要讲一讲本书不准备论证的第二点。在“天性和教养”的争论中，本书不支持这一或那一立场。当然我有自己的观点，但我不打算表达出来，只在第13章中，把我的观点融合到了我阐述的文化观点中。如果确实证明基因同现代人的行为毫不相干，如果在动物界中我们在这方面确实是独一无二的，那么至少探究一下我们在如此短期内成为例外的规律，仍将兴味无穷。而假如我们这一物种并不像我们一厢情愿的那样是个例外的话，研究这一规律就更加重要。

本书不准备论证的第三点是，不对人类或其他某一种动物的行为细节进行描述。只有在举例说明时，我才使用有事实根据的细节。我不会说：“如果你看一下狒狒的行为，就会发现它们的行为是自私的，所以人类的行为也可能是自私的。”我的关于“芝加哥匪徒”的论证在逻辑上与此迥然不同。真实情况是，人和狒狒都是经由自然选择进化而来的。如果你注意一下自然选择进行的方式，似乎可以得出这样的结论：经由自然选择进化而来的任何东西应该都是自私的。因此我们可以预见到，当我们去观察狒狒、人类和其他一切生物的行为时，一定会发现它们的行为是自私的。如果我们发现自己的预见是错误的，如果我们所观察到的人类行为的确是利他性的，我们就会遇到某些令人迷惑不解的事情，需要进行阐明。

我们需要有一个定义，然后再进一步探讨。如果一个实体，例如狒狒，其行为的结果是牺牲自己的利益，从而增进了另一同类实体的利益，该实体就被认为是具有利他性的。而自私行为的效果恰好相反。我们所谓的“利益”就是指“生存的机会”，即使行为的效果对事实上的生与死所产生的影响小得微不足道。人们现在体会到，对生存概率的影响，在表面上看来，哪怕是极微小的，也能够对进化发生很大的作用。这是对于达尔文学说最新解释所产生的一个令人吃惊的后果，因为这种影响有大量的时间可供其发挥作用。

上述有关利他和自私的定义是指行为上的，而不是指主观意识上的，弄清这一点至关重要。在这里我的旨趣不在动机的心理学方面，我不准备去论证人们在做出利他行为时，是否“真的”私下或下意识地抱有自私的动机。他们或许是，或许不是，也许我们永远也不可能知道。但无论怎样，这些都不是本书所要探讨的内容。我的定义只涉及行为的效果，是降低还是提高这个假定的利他主义者生存的可能性，以及这个假定的受益者生存的可能性。

说明行为对生存所产生的远期影响是一件异常复杂的事情。事实上，在把这一定义运用于实际行为时，我们必须用“明显的”这个词来修饰提到的实际行为。一个明显的是利他性的行为表面看去似乎（不管可能性何其小）使利他主义者有较大的可能死亡，而受益者有较大的可能生存下来。更仔细地观察一下，我们常常会发现明显的利他行为实际上是伪装起来的自私行为。我要再次声明，我绝不是说它们的潜在动机都是自私的。我的意思是，这种行为对生存可能性所产生的实际效果，同我们原来的设想正好相反。

现在我来举一些明显的自私以及明显的利他行为的例子。每当讨论我们自己这一物种时，要避免思想上的主观性习惯是困难的，因此我将以其他动物为例。先举一些具有代表性的有关个体动物的自私行为的例子。

黑头鸥集群筑巢，巢与巢之间相距仅几英尺，雏鸥刚出壳，娇嫩幼小无防卫能力，易被吞食。一只黑头鸥等到它的邻居转过身去，或许趁它去捉鱼时，便扑上前去将它邻居的一只雏鸥一口囫囵吞下去，这种情况相当普遍。就这样它吃了一顿营养丰富的大餐，而不必再费神去捉鱼了，也不必离开它的巢，使其失去保护。

雌螳螂那种喜食同类的可怕习性，更是人们所熟知的。螳螂是食肉的大昆虫，它们一般吞食比它们小的昆虫，如苍蝇等。但它们会袭击几乎一切活的东西。交配时，雄螳螂小心翼翼地爬到雌螳螂背上，骑着进行交配。雌螳螂一有机会就把雄螳螂吃掉，首先把头咬掉，这发生在雄螳螂接近时，或在刚一爬上去之后，或在分开之后。按理说，雌螳螂似乎应等到交配完，再开始吃雄螳螂。但脑袋的丢失，似乎并不会打乱雄螳螂身体其余部分进行交配的进程。的确，由于某些神经抑制中心位于昆虫的头部，把头吃掉可能反而会改善雄性的性活动。如果是这样的话，那倒不失为一种额外收获。主要的收获是雌螳螂饱餐了一顿。

虽然这些同类相食的极端例子同我们的定义很契合，但“自私”这个词就未免有点轻描淡写了。对于南极洲帝企鹅的那种所谓胆怯的行为，我们也许更能直接地寄予同情。可以看到它们伫立在水边，由于有被海豹吃掉的危险，在潜入水中之前踌躇犹疑。只要有一只先潜入水中，其余的就会知道水中是否有海豹。自然没有哪一个肯当试验品，所以大家都在等，有时甚至相互往水中推。

更为常见的自私行为可能只不过是拒绝分享某些珍视的东西，如食物、地盘或配偶等。现在举一些明显的利他性行为的例子。

工蜂的刺蜇行为是抵御蜂蜜掠夺者的一种十分有效的手段。但执行刺蜇的工蜂是一些敢死队队员。在刺蜇这一行动中，一些生命攸关的内脏通常要被拖出体外，工蜂很快就会因此而死去。它的这种自杀性使命可能把蜂群储存的重要食物保存了下来，而它们自己却不能活着受益了。按照我们的定义，这是一种利他性行为。请记住，我们所议论的不是有意识的动机。在利他性行为以及自私性行为的例子中，这种有意识的动机可能存在，也可能不存在，但这些同我们的定义都不相干。

为朋友献身显然是一种利他性行为，但为朋友冒点风险也是一种利他性行为。有许多小鸟在看到捕食类飞禽，如鹰飞近时会发出一种特有的警告声，鸟群一听到这种警告声，就采取适当的逃避行动。非直接的证据表明，发出这种警告声的鸟使自己处于特别危险的境地，因为它把捕食者的注意力引到了自己身上。这种额外风险并不算大，然而按照我们的定义，乍看之下至少还称得上是一种利他性行为。

动物利他行为中最普通、明显的例子，是父母，尤其是母亲对其子女所表现的利他性行为。它们或在巢内，或在体内孕育这些小生命，付出巨大代价去喂养它们，冒很大风险去保护它们免受捕食者伤害。在这里只举一个具体例子，许多在地面筑巢的鸟类，当捕食者，如狐狸等接近时，会上演一出“调虎离山计”。雏鸟的母亲一瘸一拐地离开巢穴，同时把一边的翅膀展开，好像已经折断。捕食者认为猎物就要到口，便舍弃那个有雏鸟安卧其中的鸟巢。在狐狸的爪子就要抓到雌鸟时，它终于放弃伪装，腾空而起。这样，一窝雏鸟就可能安然无恙，但它自己却要冒点风险。

我不准备以讲故事的方式来阐明一个论点。经过选择的例子对任何有价值的概括来说从来就不是重要的证据。这些故事只不过是用来说明在个体水平上，我所讲的利他性行为以及自私性行为是什么意思。本书将阐明如何用我称之为基因的自私性这一基本法则来解释个体自私性和个体利他性。但我首先需要讲一下人们在解释利他性时常犯的一个特别错误，因为它流传很广，甚至在学校里被广为传授。

这种错误解释的根源在于我已提到过的，生物之进化是“为其物种谋利益”或者是“为其群体谋利益”这一错误概念。这种错误的概念如何渗入生物学领域是显而易见的。动物的生命中有大量时间是用于繁殖的，我们在自然界所观察到的利他性自我牺牲行为，大部分是父母为其下一代而做的。“使物种永存”通常是繁殖的委婉语，物种永存无疑是繁殖的一个必然结果。只要在逻辑推理时稍微引申过头一点，就可以推断，繁殖的“功能”就是“为了”使物种永存。从这一推断再向前迈出错误的一小步，就可得出结论说，动物的行为方式一般以其物种的永恒性为目的，因而才有对同一物种的其他成员的利他主义行为。

这种思维方式能够以模糊的达尔文主义的语言表达出来。进化以自然选择为动力，而自然选择是指“适者”的有差别的生存。但我们所谈论的适者是指个体，种属，物种，还是其他什么？从某种意义上说，这并无多大关系，但涉及利他主义时，这显然是至关重要的。如果在达尔文所谓的生存竞争中进行竞争的是物种，那么个体似乎可以恰如其分地被认为是这种竞争中的马前卒。为了整个物种的更大利益，个体就得成为牺牲品。用词稍雅一点，一个群体，如一个物种或一个物种中的一个种群，如果它的个体成员为了本群体的利益准备牺牲自己，这样的一个群体灭绝的可能性要比与之竞争的另一个将自己的自私利益放在首位的群体小。因此，世界多半要为那些具有自我牺牲精神的个体所组成的群体所占据。这就是温–爱德华兹（Wynne-Edwards）在其一本著名的书中公之于世的“类群选择”理论。这一理论后为阿德里在其《社会契约》一书中所普及。另一个正统的理论通常叫作“个体选择”理论，但我个人却偏爱使用“基因选择”这一名词。

对于刚提出的上述争论，“个体选择”论者可以不假思索地这样回答：几乎可以肯定，即使在利他主义者的群体中也有少数持不同意见者拒绝做出任何牺牲。假如有一个自私的叛逆者准备利用其他成员的利他主义，按照定义，它比其他成员更可能生存下来并繁殖后代。这些后代都有继承其自私特性的倾向。这样的自然选择经过几代之后，利他性的群体将会被自私的个体淹没，就不能同自私性的群体分辨开来了。我们姑且假定开始时存在无叛逆者的纯粹利他性群体，尽管这不大可能，但很难看出又有什么东西能够阻止自私的个体从邻近的自私群体中移居过来，然后由于相互通婚，玷污了利他性群体的纯洁性。

个体选择论者也会承认群体确实会消亡，也承认一个群体是否会灭绝可能受该群体中个体行为的影响。他们甚至可能承认，只要一个群体中的个体具有远见卓识，就会懂得克制自私贪婪，到头来成为它们的最大利益所在，从而避免整个群体的毁灭。但同个体竞争中那种短兵相接、速战速决的搏斗相比，群体灭绝是一个缓慢的过程，甚至在一个群体缓慢地、不可抗拒地衰亡时，该群体中的一些自私的个体，在损害利他主义者的情况下，仍可获得短期的繁荣。

尽管类群选择的理论在今天已得不到那些了解进化论的专业生物学家多大的支持，但它仍具有巨大的直观感召力。历届动物学学生在进入大学之后，都惊奇地发现这不是一种正统的观点。这不该责怪他们，因为在为英国高级生物学教师编写的《纳费尔德生物学教师指南》一书中，我们可以找到下面这句话："在高级动物中，为了确保本物种的生存，会出现个体的自杀行为。"这本指南的不知名作者幸而根本没有意识到他提出了一个有争议的问题。在这方面这位作者和诺贝尔奖得主洛伦茨所见略同。洛伦茨在《论进犯行为》一书中讲到进犯行为在物种保存方面的功能时，认为功能之一是确保只有最适合的个体才有繁殖的权利。这是个典型的循环证明。但这里我要说明的一点是，类群选择的观点竟如此根深蒂固，以至于洛伦茨像《纳费尔德生物学教师指南》的作者一样，显然不曾认识到，他的说法同正统的达尔文学说是相抵触的。

最近我在英国广播公司电视节目中听到一个有关澳大利亚蜘蛛的报道。节目中提到一个同样性质的、听来使人忍俊不禁的例子，如没有这个例子，那倒是一档相当精彩的节目。主持这一节目的"专家"评论说，大部分蜘蛛幼虫最后为其他物种所吞食。然后她继续说："这也许就是它们生存的真正目的，因为要保存它们的物种，只需要少数几个个体生存就行。"

阿德里在《社会契约》中用类群选择的理论解释整个社会的秩序。他明确地认为，人类是从动物这条正路偏离出来的一个物种。阿德里至少是个用功的人，他决定和正统的理论唱反调是经过充分论证的。为此，他应受到赞扬。

类群选择理论之所以具有巨大的吸引力，原因之一也许是它同我们大部分人的道德和政治观念完全相吻合。作为个人，我们的行为时常是自私的，但在我们以高姿态出现的时刻，我们赞誉那些后天下之乐而乐的人，虽然对“天下”这个词所指的范围如何理解，我们仍莫衷一是。一个群体范围内的利他行为常常同群体之间的自私行为并行不悖。从另一个意义来说，国家是我们利他性自我牺牲的主要受益者。青年人作为个体应为国家整体的更大荣誉而牺牲，令人费解的是，在和平时期号召人们做出一些微小的牺牲，放慢他们提高生活水平的速度，似乎比在战争时期要求他们献出生命的号召更难奏效。

最近出现了一种同民族主义和爱国主义背道而驰的、代之以全人类的物种作为我们同情的目标的趋势。这种把我们的利他主义目标加以人道主义的拔高，带来一个有趣的必然结果——进化论中的“物种利益”这一概念似乎再次得到了支持。政治上的自由主义者通常是物种道德最笃信不疑的代言人，而现在却对那些稍微扩大一些利他主义范围以包括其他物种的人极尽其嘲笑之能事。如果我说我对保护鲸鱼免受捕杀比对改善人类的居住条件更感兴趣，很可能会使我的某些朋友大为震惊。

同一物种中的成员同其他物种的成员相比，前者更应得到道义上的特殊考虑，这种情感既古老又根深蒂固。非战时杀人被认为是日常犯罪中最严重的罪行。受到我们文明更加严厉的谴责的唯一一件事是吃人（即使是吃死人），然而我们却津津有味地吃其他物种的成员。我们当中许多人在看到那些哪怕是人类最可怕的罪犯被执行死刑时，也觉得惨不忍睹，但我们却兴高采烈地鼓励射杀那些相当温顺的供观赏的动物。我们确实是以屠杀其他无害物种的成员作为寻欢作乐的手段的。一个人类的胎儿，所具有的人类感情丝毫不比一个阿米巴[a]多，但它所享受的尊严和得到的法律保护却远远超过一只成年的黑猩猩。黑猩猩有感情，有思维，而且最近的试验证明，黑猩猩甚至能够学会某种形式的人类语言。就因为胎儿和我们同属一个物种，就立刻被赋予相应的特殊权利。我不知道能否将“物种主义”的道德［赖德（Richard Ryder）用语］置于一个比“种族主义”更合理的地位上，但我知道，这种“物种主义”在进化生物学上是毫无正当依据的。

在生物学上，按照进化理论，关于利他主义应该在什么程度上表现出来尚存争论。这种争论正好反映出与之平行的，在人类道德中关于利他主义在什么程度上是可取的——家庭、国家、种族、物种以及一切生物——所存在的争论。对于群体成员之间因竞争而相互交恶的情况，甚至连类群选择论者也会觉得不足为奇。但值得一问的是，类群选择论者如何决定哪一级的水平才是重要的呢？如果说可以选择在同一物种的群体之间以及在不同物种之间进行，那么选择为什么就不能在更高一级的群体之间进行呢？物种组成属，属组成科，科组成目，目组成纲。狮子和羚羊与我们一样，同属哺乳纲。难道我们不应该要求狮子“为了哺乳纲的利益”，不要再去杀害羚羊吗？为了不致使这一纲灭绝，毫无疑问，它们应该去捕食鸟类或爬行动物。可是，照此类推下去，为

a. 指阿米巴原虫，属肉足鞭毛门（Sarcomastiugophora），叶足纲（Lobosasida），阿米巴目（Amoebida）。——编者注

了使脊椎动物这一门全部永恒地存在下去又该怎样呢？

运用归谬法进行论证，同时揭示类群选择理论无法自圆其说的困境，当然对我很有利，但明显存在的个体的利他行为仍有待解释。阿德里竟然说，对于像汤姆森氏瞪羚（Thomson's gazelles）的跳跃这种行为，类群选择是唯一可能的解释。这种在捕食者面前夺目的猛跳同鸟的警告声相似，因为这种跳跃似乎是在向其同伴报警，同时明显地把捕食者的注意力吸引到跳跃者自己身上。我们有责任对这种跳跃行为以及类似现象做出解释，这就是我在后面几章中所要探讨的问题。

在深入讨论之前，我必须为我的信念辩解几句。我认为，从发生在最最低级的水平上的选择出发是解释进化论的最好方法。我的这一信念深受威廉斯的伟大著作《适应与自然选择》（*Adaptation and Natural Selection*）的影响。我要运用的中心观点，可以追溯到 19 世纪末 20 世纪初基因学说尚未出现的日子，那时魏斯曼[a]的"种质的延续性"（continuity of the germ-plasm）理论已预示出今日的发展。我将论证的选择的基本单位，也就是自我利益的基本单位，既不是物种，也不是群体，严格说来，甚至也不是个体，而是遗传单位基因。对于某些生物学家来讲，这乍听起来像是一种极端的观点。我希望，在他们理解了我的真正意思时，会同意这种观点实质上是正统的，尽管表达的方式与众不同。进行论证需要时间，而我们必须从头开始，以生命起源为其开端。

a. 指奥古斯特·魏斯曼（August Weismann），德国生物学家，提出了种质学说，在进化生物学的发展上有着重要的地位。魏斯曼的种质学说可参见术语表。

第2章

复制因子

天地伊始，一切单一纯简。即使是简单的宇宙，要说清楚它是怎样开始形成的又谈何容易？而复杂的生命，或能够创造生命的生物是如何突然出现，而且全部装备齐全的，我想，这无疑是一个更难解答的问题。达尔文的自然选择进化论是令人满意的，因为它说明了由单一纯简变成错综复杂的途径，说明了杂乱无章的原子如何能分类排列，形成越来越复杂的模型，直至最终创造人类。人们一直试图揭开人类生存的奥秘，而迄今为止只有达尔文提供的答案是令人信服的。我打算用更为通俗的语言阐明这个伟大的理论，并从进化还未发生以前的年代谈起。

达尔文的“适者生存”其实是稳定者生存（survival of the stable）这个普遍法则的广义特殊情况。宇宙为稳定的物质所占据。所谓稳定的物质，是指原子的聚合体，它因具有足够的稳定性或普遍性而被赋予这个名称。它可能是一个独特的原子聚合体，如马特霍恩（Matterhorn）[a]，它存在的时间之长值得人们为之命名。稳定的物质也可能是属于某个种类（class）的实体，如雨点，它们出现得如此频繁以至于理应有一个集合名词作为名称，尽管雨点本身存在的时间是短暂的。我们周围看得见的以及我们认为需要解释的物质——岩石、银河、海洋的波涛——虽大小不同，却都是稳定的原子模型。肥皂泡往往是球状的，因为这是薄膜充满气体时的稳定形状。在宇宙飞船上，水也稳定成球形的液滴状，但在地球上，由于地球引力的关系，静止的水的稳定表面是水平的。盐的结晶体一般是立方体，因为这是把钠离子和氯离子聚合在一起的稳定形式。在太阳里，最简单的原子即氢原子不断聚变

a. 原系阿尔卑斯山脉一山峰的名称，现用以指某种原子聚合体。

成氦原子，因为在那样的条件下，氦的结构比较稳定。遍布宇宙各处的星球上，其他各种甚至更为复杂的原子正在形成。依照目前流行的理论，早在宇宙大爆炸之时，这些比较复杂的原子已开始形成。我们地球上的各种元素也来源于此。

有时候，原子相遇后经化学反应会结合成分子，这些分子具有程度不同的稳定性。它们可能很大。一颗钻石那样的结晶体可以视为一个单一分子，其稳定程度是众所周知的，但同时又是一个十分简单的分子，因为它内部的原子结构是无穷无尽地重复的。在现在的生命有机体中，还有其他高度复杂的大分子中，它们的复杂性在好几个方面表现出来。我们血液中的血红蛋白就是典型的蛋白质分子。它由较小的分子氨基酸的链组成，每个分子包含几十个精确排列的原子。在血红蛋白分子里有574个氨基酸分子，它们排列成4条互相缠绕在一起的链，形成一个立体球形，其结构之错综复杂实在使人眼花缭乱。一个血红蛋白分子的模型看起来像一棵茂密的蒺藜，但和真的蒺藜又不一样，它并不是杂乱的近似模型，而是毫厘不爽的固定结构。这种结构在人体内同样地重复60万亿亿次以上，其结构完全一致。血红蛋白这样的蛋白分子，其酷似蒺藜的形态是稳定的，就是说，它的两对由序列相同的氨基酸构成的链，像两条弹簧一样倾向于形成完全相同的立体盘绕结构。在人体内，血红蛋白蒺藜以每秒约400万亿个的速度形成它们“喜爱”的形状，而同时另外一些血红蛋白以同样的速度被破坏。

血红蛋白是个现代分子，人们通常用它来说明原子趋向于形成某种稳定结构的原理。我们在这里要谈的是，远在地球还没有生命之前，通过一般的物理或化学过程，分子的某种形式的初步进化现象可能就已存在。没有必要考虑诸如预见性、目的性、方向性等问题。如果一组原子受到能量的影响而形成某种稳定的结构，它们往往倾向于保持这种结构。自然选择的最初形式不过是选择稳定的模式并抛弃不稳定的模式罢了，这里面并没有什么难以理解的地方，事物的发展只能是这样。

可是，我们自然不能因此认为，这些原理本身就足以解释一些结构复杂的实体，如人类的存在。取一定数量的原子放在一起，在某种外界能量的影响下，不停地摇动，有朝一日它们会碰巧落入正确的模型，于是亚当[a]就会降临！这是绝对办不到的。你可以用这个方法把几十个原子变成一个分子，但一个人体内的原子多得不计其数，如果想制造一个人，你就得摇动你那个生化鸡尾酒混合器，摇动的时间之久，就连宇宙存在的漫长岁月与之相比都好像只是一眨眼的工夫。即使到了那个时候，你也不会如愿以偿。在这里，我们必须求助于达尔文学说的高度概括的理论。有关分子形成的缓慢过程的故事只能讲到这儿，其他的该由达尔文的学说去解释了。

有关生命的起源，我的叙述只能是纯理论的。事实上当时并无人在场。在这方面存在很多观点对立的学说，但它们也有某些共同的特点。我的概括性叙述大概与事实不会相去太远。

生命出现之前，地球上有哪些大量的化学原料，我们不得而知。但很可能有水、二氧化碳、甲烷和氨：它们都是简单的化合物。就我们所知，它们至少存在于我们太阳系的其他一些行星上。一些化学家曾经试图模拟地球在远古时代所具有的化学条件。他

a. 基督教《圣经》中所说的“人类的始祖”。这是喻指会出现奇迹。

们把这些简单的物质放入一个烧瓶中，并提供如紫外线或电火花之类的能源——原始时代闪电现象的模拟。几个星期之后，在瓶内通常可以找到一些有趣的东西——一种稀薄的褐色溶液，里面含有大量的分子，其结构比原来放入瓶内的分子来得复杂。值得一提的是研究人员在里面找到了氨基酸——用以制造蛋白质的构件（building block），蛋白质乃是两大类生物分子中的一类。在进行这种试验之前，人们认为天然的氨基酸是确定生命是否存在的依据——如果人们在火星上发现了氨基酸，那么火星上存在生命似乎是可以确定无疑的了。但在今天，氨基酸的存在可能只是意味着在大气层中存在一些简单的气体，还有一些火山、阳光和发生雷鸣的天气。近年来，在实验室里模拟生命存在之前地球的化学条件，结果获得了被称为嘌呤和嘧啶的有机物质，它们是组成遗传分子脱氧核糖核酸（DNA）的构件。

“原始汤”的形成想来必然是过程与此类似的结果。生物学家和化学家认为“原始汤”就是大约30亿到40亿年前的海洋。有机物质在某些地方积聚起来，也许在岸边逐渐干燥起来的浮垢上，或者在悬浮的微小水珠中。在受到如太阳紫外线之类的能量的进一步影响后，它们就结合成大一些的分子。现今，大的有机分子存在的时间不会太长，我们甚至觉察不到它们的存在，它们会很快被细菌或其他生物吞噬或破坏。但细菌以及我们人类都是后来者。所以在那些日子里，有机大分子可以在稠浓的汤中平安无事地自由漂浮。

到了某一时刻，一个非凡的分子偶然形成——我们称之为复制因子（replicator）。它并不见得是那些分子当中最大或最复杂的，但它具有一种特殊的性质——能够复制自己。看起来这种偶然性非常之小。的确是这样，发生这种偶然情况的可能性是微乎其微的。在一个人的一生中，实际上可以把这种千年难得一遇的情况视为不可能，这就是为什么你买的足球彩票永远不会中头等奖的道理。但是我们人类在估计什么可能或什么不可能发生的时候，不习惯于将其放在几亿年这样长久的时间内去考虑。如果你在一亿年中每星期都购买一次彩票，说不定你会中上几次头等奖呢。

事实上，一个能复制自己的分子并不像我们原来想象的那样难得，这种情况只要发生一次就够了。我们可以把复制因子当作模型或样板，把它想象为由一条复杂的链构成的大分子，链本身是由各种类型的起构件作用的分子组成的。在复制因子周围的汤里，这种小小的构件多的是。现在让我们假定每一块构件都具有吸引其同类的亲和力。来自汤里的这种构件一接触到对之有亲和力的复制因子的另一部分，就往往附着在那儿不动了。按照这个方式附着在一起的构件会自动地仿照复制因子本身的序列排列起来。这时我们就不难设想，这些构件逐个地连接起来，形成一条稳定的链，和原来复制因子的形成过程一模一样。这个一层一层逐步堆叠起来的过程可以继续下去，结晶体就是这样形成的。另一方面，两条链也有一分为二的可能，这样就产生了两个复制因子，而每个复制因子还能继续复制自己。

一个更为复杂的可能性是，每块构件对其同类并无亲和力，而对其他的某一类构件却有互相吸引的亲和力。如果情况是这样的，复制因子作为样板并不产生完全相似的拷贝，而是某种“反象”，这种“反象”转过来再产生和原来的正象完全相似的拷贝，对我们来说，不管原来复制的过程是从正到反还是从正到正都无足轻重；但有必要指出，现代的第一个复制因子即DNA分子，它所使用的是从正到反的复制过程。值得注意的是，突然间，一种新的“稳定性”产生了。在以前，汤里很可能并不存在非常大量的某种特殊类型的复杂分子，因为每一个分子都要依赖于那些碰巧产生的结构特别稳定的构件。第一个复制因子一旦诞生了，它必然会迅速地在海洋里到处扩散它的拷贝，直至较小的构件分子日渐稀少，而其他较大的分子也越来越难有机会形成。

这样我们到达了一个具有全都一样的复制品的大种群的阶段。现在，我们必须指出，任何复制过程都具有一个重要的特性：它不可能是完美无缺的。它准会发生差错。我倒希望这本书里没有印刷错误，可是如果你仔细看一下，你可能会发现一两个差错。这些差错也许不至于严重地歪曲书中句子的含义，因为它们只不过是“第一代”的错误。但我们可以想象一下，在印刷术尚未问世之前，如福音之类的各种书籍都是手抄的。以抄写书籍为业的人无论怎样小心谨慎，都不可避免地要发生一些差错，何况有些抄写员还会心血来潮，有意“改进”一下原文。如果所有的抄写员都以同一本原著为蓝本，那么原意还不至于受到太大的歪曲。可是，如果手抄本依据的也是手抄本，而后者也是抄自其他手抄本的话，那么谬误就开始流传、积累，其性质也更趋严重。我们往往认为抄写错误是桩坏事，而且我们也难以想象，在人们抄写的文件中能有什么样的错误可以被认为是胜于原文的。当犹太圣典的编纂人把希伯来文的“年轻妇女”误译成希腊文的“处女”时，我想我们至少可以说他们的误译产生了意想不到的后果，因为圣典中的预言变成“看哪！一个处女将要受孕并且要生养一个儿子……”不管怎样，我们将要看到，生物学的复制因子在其复制过程中所造成的错误确实能产生改良的效果。对生命进化的进程来说，产生一些差错是必不可少的。原始的复制因子在复制拷贝时其精确程度如何，我们不得而知，不过今天，它们的后代 DNA 分子和人类所拥有的最精密的复印术相比却准确得惊人。然而，差错最终使进化成为可能。原始的复制因子大概产生过极多的差错。不管怎样，它们出过差错是确定无疑的，而且这些差错是积累性的。

随着复制错误的产生和扩散，原始汤中充满了由好几个品种的复制因子组成的种群，而不是清一色的全都一样的复制品，但都是同一个祖先的“后裔”。它们当中的一些品种会不会比其他品种拥有更多的成员？几乎可以肯定地说：是的。某些品种由于内在的因素会比其他品种来得稳定。某些分子一旦形成就安于现状，不像其他分子那样易于分裂。在汤里，这种类型的分子会相对地多起来，这不仅仅是“长寿”的直接逻辑后果，而且因为它们有充裕的时间去复制自己。因此，“长寿”的复制因子往往会兴旺起来。如果假定其他条件不变，种群中就会出现一种寿命变得更长的“进化趋向”。

但其他条件可能是不相等的。对某一品种的复制因子来说，它具有另外一个甚至更为重要的、为了在种群中传布的特性，这就是复制的速度或“生育力”。如果 A 型复制因子复制自己的平均速度是每星期一次，而 B 型复制因子是每小时一次，显而易见，不需多久，A 型因子的数量就要相形见绌，即使 A 型因子的“寿命”再长也无济于事。因此，汤里面的因子很可能出现一种“生育力”变得更强的“进化趋向”。复制因子肯定会选择的第三个特性是复制的准确性。假定 X 型因子与 Y 型因子的寿命同样长，复制的速度也一样快，但 X 型因子平均在每 10 次复制过程中犯一次错误，而 Y 型只在每 100 次复制过程中犯一次错误，那么 Y 型因子肯定要变得多起来。种群中 X 型因子这支队伍不但要失去它们因错误而养育出来的“子孙”，还要失去它们所有现存或未来的后代。

如果你对进化论已有所了解的话，你可能会认为上面谈到的最后一点似有自相矛盾之嫌。我们既说复制错误是发生进化的必不可少的先决条件，但又说自然选择有利于高精确度的复制过程，如何能把这两种说法调和起来？我们认为，总的说来，进化在某种含糊的意义上似乎是件“好事”，尤其是因为人类是进化的产物，而事实上没有什么东西“想要”进化。进化是偶然发生的，不管你愿意不愿意，尽管复制因子（以及当今的基因）不遗余力地防止这种情况的发生。莫诺在他纪念斯宾塞[a]的演讲中出色地阐明了这一点。他以幽默的口吻说：“进化论的另一个难以理解的方面是，每一个人都认为他理解进化论！”

让我们再回到原始汤这个问题上来，现在汤里已存在一些稳定品种。所谓稳定的意思是，那些因子要么本身存在的时间较长，要么能迅速地复制，要么能精确无误地复制。朝着这三种稳定性发展的进化趋向是在下面这个意义上发生的：如果你在两个不同的时间分别从汤中取样，后一次的样品一定含有更大比例的寿命长或生育力强或复制精确性高的品种。生物学家谈到生物的进化时，他所谓的进化实质上就是这个意思，而进化的机制是一样的——自然选择。

a. 斯宾塞（Herbert Spencer，1820—1903），英国哲学家、进化宇宙论学者。

那么，我们是否应该把原始的复制因子分子称为“有生命的”呢？那是无关紧要的。我可以告诉你“达尔文是世界上最伟大的人物”，而你可能会说“不，牛顿才是最伟大的”。我希望我们不要再争论下去了，应该看到，不管我们的争论结果如何，实质上的结论都是不受影响的。我们把牛顿或达尔文称为伟大的人物也好，不把他们称为伟大的人物也好，他们两人的生平事迹和成就都是客观存在的，不会发生任何变化。同样，复制因子分子的情况很可能就像我所讲的那样，不论我们是否要称之为“有生命的”。我们当中有太多的人不理解词汇仅仅是供我们使用的工具，字典里面的“有生命的”这个词并不一定指世上某一样具体的东西。不管我们把原始的复制因子称为有生命的还是无生命的，它们的确是生命的祖先，是我们的缔造者。

论点的第二个重要环节是竞争。达尔文本人也强调过它的重要性，尽管他那时讲的是动物和植物，不是分子。原始汤是不足以维持无限量的复制因子分子的。其中一个原因是地球的面积有限，但其他一些限制性因素也是非常重要的。在我们的想象当中，那个起着样板或模型作用的复制因子浮游于原始汤之中，周围存在大量复制所必需的小构件分子。但当复制因子变得越来越多时，构件因消耗量大增而供不应求，成为珍贵的资源。不同品种或品系的复制因子必然为了争夺它们而互相搏斗。我们已经研究过是什么因素促进那些条件优越的复制因子的繁殖。我们现在可以看到，条件差一些的品种事实上由于竞争而变得日渐稀少，最后它们中的一些品系难逃绝种的命运。复制因子的各品种之间发生过你死我活的搏斗。它们不知道自己在进行生存斗争，也不会因之而感到烦恼。复制因子在进行这种斗争时不动任何感情，更不用说会引起哪一方的厌恶感了。但从某种意义上来说，它们的确是在进行关乎生死存亡的斗争，因为任何导致产生更高一级稳定性的复制错误，或以新方法削弱对手的稳定性的复制错误，都会自动地延续下来并成倍地增长。改良的过程是积累性的。加强自身的稳定性或削弱对手稳定性的方法变得更巧妙，更富有成效。一些复制因子甚至“发现”了一些方法，通过化学途径分裂对方品种的分子，并利用分裂出来的构件来复制自己。这些原始食肉动物在消灭竞争对手的同时摄取食物。其他的复制因子也许发现了如何用化学方法或把自己裹在一层蛋白质之中来保卫自己。这也许就是第一批生命细胞的成长过程。复制因子的出现不仅仅是为了生存，还是为它们自己制造容器，即赖以生存的运载工具。能够生存下来的复制因子都是那些为自己构造了生存机器以安居其中的复制因子。最原始的生存机器也许仅仅是一层保护衣。后来，新竞争对手陆续出现，它们拥有更优良、更有效的生存机器，因此生存斗争随之逐渐激化。生存机器的体积越来越大，其结构也渐臻复杂。这是一个积累和渐进的过程。

随着时间的推移，复制因子为了保证自己在世界上存在下去而采用的技巧和计谋也逐渐改进，但这种改进有没有止境呢？用以改良的时间是无穷无尽的。1 000年的变化会产生什么样的怪诞的自我保存机器呢？经过40亿年，古代的复制因子又会有怎样的命运呢？它们没有消失，因为它们是掌握生存艺术的老手。但在今日，别以为它们还会浮游于海洋之中。很久以前，它们已经放弃这种自由自在的生活方式了。在今天，它们群集相处，安稳地寄居在庞大的步履蹒跚的“机器人”体内，与外界隔开，通过迂回曲折的间接途径与外部世界联系，并通过遥控操纵外部世界。它们存在于你和我的躯体内，它们创造了我们，创造了我们的肉体和心灵，而保存它们正是我们存在的终极理由。这些复制因子源远流长。今天，我们称它们为基因，而我们就是它们的生存机器。

第3章

不朽的双螺旋

我们是生存机器，但这里的“我们”并不单指人，它包括一切动物、植物、细菌和病毒。地球上生存机器的总数很难计算，甚至物种的总数也不得而知。仅就昆虫来说，据估计，现存的物种大约有 300 万种，而个体昆虫可能有 100 亿亿只。

不同种类的生存机器具有千变万化、种类纷繁的外部形状和内脏器官。章鱼同老鼠毫无共同之处，而这两者又和橡树迥然不同。但它们的基本化学结构却相当一致，尤其是它们所拥有的复制因子，同我们——从大象到细菌——体内的分子基本上同属一种类型。我们都是同一种复制因子——人们称之为 DNA 的分子——的生存机器，但生存在世上的方式却大不相同，因而复制因子制造了大量各种各样的生存机器供其利用。猴子是基因在树上生活的保存机器，鱼是基因在水中生活的保存机器，甚至还有一种小虫，是基因在德国啤酒杯草垫中生活的保存机器。DNA 的活动方式真是神秘莫测。

为简便起见，我把由 DNA 构成的现代基因讲得几乎和原始汤中的第一批复制因子一样。这对论证影响不大，但事实可能并非如此。原始复制因子可能是一种同 DNA 近似的分子，也可能完全不同，如果是后一种情况的话，我们不妨说，复制因子的生存机器是在一个较后的阶段为 DNA 所夺取的。如果上述情况属实，那么原始复制因子已被彻底消灭，因为在现代生存机器中已毫无它们的踪迹。根据这样的推断，凯恩斯-史密斯（A. G. Cairns-Smith）提出了一个饶有趣味的看法，他认为我们的祖先，即第一批复制因子可能根本不是有机分子，而是无机的结晶体——某些矿物和小块黏土等。且不论 DNA 是否是掠夺者，它是今日的主宰，这是毋庸争辩的，除非像我在第 11 章中试图提出来的见解那样，一种新的掠夺力量目前正在兴起。

一个DNA分子是一条由构件组成的长链，这些构件是被称为“核苷酸”的小分子。如同蛋白质分子是氨基酸链一样，DNA分子是核苷酸链。DNA分子因其太小而不能为肉眼所见，但它的确切形状已被人类用间接的方法巧妙地揭示了出来。它由一对核苷酸链组成，两条链相互交织，呈雅致的螺旋形，这就是“双螺旋”或“不朽的螺旋圈”。核苷酸构件仅有4种，可以把它们简称为A、T、C和G。在所有动物和植物中这4种构件都是一样的，不同的是它们缠绕交织在一起的顺序。人类的G构件同蜗牛的G构件完全相同，但不仅人类构件的序列同蜗牛的不同，而且人类不同个体之间的序列也不相同，虽然在差别程度上略小一些（同卵双胞胎的特殊情况除外）。

我们的DNA寄居在我们体内。它不是集中在体内的某一特定的位置，而是分布在所有细胞之中。人体平均大约由1 000万亿个细胞组成。除某些特殊情况我们可以不予以考虑外，每个细胞都含有该人体的DNA的一套完整拷贝。这一DNA可以被认为是一组有关如何制造一个人体的指令，以核苷酸的A、T、C、G字母表来表示。这种情况就像在一幢巨大的建筑物中，每个房间里都有一个“书橱”，而“书橱”里存放着建筑师建造整幢建筑物的设计图。每个细胞中的这种“书橱”被称为细胞核。人体建筑师的这种设计图共有46“卷”，我们称它们为染色体。在不同的物种中，其数量也不同。染色体在显微镜下是可见的，形状像一条条长线。基因就沿着这些染色体有次序地排列着。但要判断基因之间首尾相接的地方却是困难的，而且事实上甚至可能是无意义的。幸好，本章就要表明，这点同我们的论题关系不大。

我将利用建筑师的设计图这一比喻，把比喻性的语言同专业的语言适当地混在一起来进行叙述。“卷”同染色体这两个词将交替使用，“页”则同基因暂且互换使用，尽管基因相互之间的界线不像书页那样分明，但我们将在很长的篇幅中使用这一比喻。待这一比喻不能解决问题时，我将再引用其他比喻。这里顺便提一下，当然是没有“建筑师”这回事的，DNA 指令是由自然选择安排的。

DNA 分子做的两件重要事情之一是：它们进行复制，也就是进行自我复制。自有生命以来，这样的复制活动就从未中断过。现在 DNA 分子对于自我复制确已技巧精湛、驾轻就熟了。一个成年人，全身有 1 000 万亿个细胞，但胚胎最初只是一个单细胞，拥有建筑师蓝图的一个原版拷贝。这个单细胞一分为二，两个细胞各自把自己的那卷蓝图拷贝接收了过来。细胞依次再按 4、8、16、32 等倍数分裂，直到分裂成几十亿个。每次分裂，DNA 的蓝图都毫不走样地拷贝了下来，极少发生差错。

讲 DNA 的复制只是一个方面。但如果 DNA 真的是建造一个人体的一套蓝图的话，又如何按蓝图开展工作呢？它们将如何转变成人体的组织呢？这就是我要讲的 DNA 做的第二件重要事情：它间接地监督制造了不同种类的分子——蛋白质。在前一章中提到过的血红蛋白就是种类极为繁多的蛋白质分子中的一个。以 4 个字母构成的核苷酸字母表所表示的 DNA 密码信息，通过机械的简单形式被翻译成另一种字母表。这就是拼写出蛋白质分子的氨基酸字母表。

制造蛋白质似乎同制造人体还有一大段距离，但它却是向制造人体这一方向前进的最初一小步。蛋白质不仅是构成人体组织的主要成分，还对细胞内的一切化学过程进行灵敏的控制，在准确的时间和准确的地点，有选择地使这种化学过程继续或停止。这一过程最后到底如何导致一个婴儿的诞生说来话长，胚胎学家要花费几十年，也许几个世纪的时间才能研究出来。但这一过程发展的最后结果是个婴儿，却是一个确凿无疑的事实。基因确实间接地控制着人体的制造，其影响全然是单向的：后天获得的特性是不能遗传的。不论你一生获得的聪明才智有多少，绝不会有点滴经由遗传途径传给你的子女。新的一代都是从零开始的，人体只不过是基因保持自己不变的一种手段。

基因控制胚胎发育这一事实在进化上的重要意义在于：它意味着基因对自身今后的生存至少要负部分责任，因为它们的生存取决于它们寄居其中，并帮助建造的人体的效能。很久以前，自然选择是由自由漂浮在原始汤中的复制因子的差别性生存构成的。如今，自然选择有利于能熟练地制造生存机器的复制因子，即能娴熟地控制胚胎发育的基因。在这方面，复制因子和过去一样是没有自觉性和目的性的。相互竞争的分子之间那种凭借各自的寿命、生殖力以及精确复制的能力进行的自动选择，像在遥远的时代一样，仍在盲目地、不可避免地继续。基因没有先见之明，它们事先并不进行筹划。某些基因只是比其他一些基因能力更强。情况就是这样。但决定基因长寿和生殖力的特性远不像原来那样简单。

近年来（指过去的 6 亿年左右），复制因子在建造生存机器的工艺学上取得了显著的成就，如肌肉、心脏和眼睛（经历几次单独的进化过程）。在那以前，作为复制因子，它们生活方式的基本特点已有了根本的改变。如果我们想将我们的论证继续下去的话，需要对此有所了解。

关于现代复制因子，要了解的第一件事就是，它具有高度群居性。生存机器是一种运载工具，它包含的不只是一个基因，而是成千上万个基因。制造人体是一种相互配合的、错综复杂的冒险事业，为了共同的事业，某一个基因做出的贡献和另一个基因做出的贡献几乎是分不开的。一个基因对人体的不同部分会产生许多不同的影响。人体的某一部分会受到许多基因的影响，而任何一个基因所起的作用都依赖于同许多其他基因的相互作用。某些基因充当主基因，控制一组其他基因的活动。用比拟的说法，就是蓝图的任何一页对建筑物的许多不同部分都提供了参考内容，而每一页只有作为和其他许多页相互参照的资料才有意义。

基因的这种错综复杂的相互依赖性可能会使你感到迷惑不解，我们为什么要用“基因”这个词呢？为什么不用像“基因复合体”（gene complex）这样一个集合名词呢？我们认为，从许多方面来讲，这确实是一个相当好的主意。但如果我们从另一个角度去考虑问题，那么把基因复合体想象为分成若干相互分离的复制因子也是讲得通的。问题的出现是由于性现象的存在。有性生殖具有混合基因的作用，就是说任何一个个体只不过是寿命不长的基因组合体的临时运载工具。任何一个个体基因组合（combination）的生存时间可能是短暂的，但基因本身却能够生存很久。它们的道路相互交叉再交叉，在延续不断的世代中，一个基因可以被视为一个单位，它通过一系列个体的延续生存下去。这就是本章将要展开的中心论题。我所非常尊重的同事中有些人固执地拒绝接受这一论点，因此，如果我在论证时好像有点啰唆，那就请原谅吧！首先我必须就其涉及的一些事实扼要地加以阐明。

我曾讲过，建造一个人体的蓝图是用46卷写成的。事实上，这是一种过分简单化的说法，真实情况是相当离奇的。46条染色体由23对染色体构成。我们不妨说每个细胞核内都存放着两套23卷的可相互替换的蓝图。我们可以称它们为卷1a卷1b，卷2a卷2b……直至卷23a卷23b。当然我用以识别每一卷以及此后每一页的数字是任意选定的。

我们从父亲或母亲那里接收每一条完整的染色体，它们分别在睾丸和卵巢内装配而成。比方说卷1a、卷2a、卷3a……来自父亲，卷1b、卷2b、卷3b……来自母亲。尽管实际上难以办到，但理论上你能够用一架显微镜观察你任何一个细胞内的46条染色体，并区别哪23条来自父亲，哪23条来自母亲。

其实成对的染色体并不终生贴在一起，甚至相互也不接近。那么在什么意义上讲它们是“成对”的呢？说它们成对是指：可以认为原先来自父亲的每一卷都能够逐页地直接代替原先来自母亲的对应的某一卷。举例说，卷13a的第6页和卷13b的第6页可能都是负责设计眼睛的颜色的，也许其中一页说的是“蓝色”，而另外一页说的是“棕色”。

有时可供替换的两页是完全相似的，但在其他情况下，如在我们举的眼睛颜色的例子中，它们互不相同。如果它们做出了相互矛盾的“推荐”，人体怎么办呢？有各种不同的结果。有时这一页的影响大于另一页。在刚才所举的眼睛颜色的例子中，这个人实际上可能是生了一双棕色的眼睛，因为制造蓝色眼睛的指令可能在建造人体的过程中被置之不理了。尽管如此，这不会阻止制造蓝眼睛的指令继续传递到后代去。这种被置之不理的基因我们称它为“隐性基因”。与隐性基因相对的是显性基因。棕眼基因与蓝眼基因相比，前者处于优势。只有相关页的两个拷贝都一致推荐蓝眼睛，人才会得到一双蓝眼睛。更常见的情况是，两个可供替换的基因不相同时会达成某种类型的妥协——把人体建成“中间态”或一种完全不同的模样。

当两个基因，如棕眼基因和蓝眼基因争夺染色体上的同一个位置时，我们把其中一个称为另一个的等位基因。在这里，等位基因同竞争对手是同义词。试把建筑师一卷一卷的蓝图想象成一本本的活页夹，其中的活页能够抽出并能互相交换。每一本卷13必然会有一张第6页，但好几张第6页都能进入活页夹，夹在第5页同第7页之间。一个版本写着“蓝色眼睛”，另一个版本可能写着“棕色眼睛”，整个种群中还可能有其他一些版本写着其他的颜色，如绿色。也许有6个可供替换的等位基因占据着分散于整个种群的第13条染色体的第6页的位置。每人只有两卷卷13染色体，因此，在第6页的位置上最多只能有两个等位基因。如一个蓝眼的人可能有同一个等位基因的两个拷贝，也可能在整个种群里的6个可供替换的等位基因当中任选两个。

当然你不可能真的到整个种群的基因库里去选择自己的基因。任何时候，全部基因都在个体生存机器内紧密地结合在一起。我们每个人在还是胚胎时就接受了全部基因，对此我们无能为力。然而从长远角度来讲，把整个种群的基因统称为基因库还是有意义的。事实上这是遗传学家运用的一个专门术语。基因库是一个相当有用的抽象概念，因为性活动把基因混合起来，尽管这是一个经过仔细安排的过程。

类似从活页夹中把一页页、一沓沓活页抽出并相互交换的情况的确在进行，我们很快就会看到。我已经叙述了一个细胞分裂为两个新细胞的正常分裂情况。每个分裂出来的细胞都接受了所有 46 条染色体的一份完整拷贝，这种正常的细胞分裂被称为有丝分裂。但还有一种细胞分裂叫作减数分裂。减数分裂只发生在性细胞即精子和卵子的产生过程中。精子和卵子在我们的细胞中有其独特的一面，那就是它们只有 23 条，而不是 46 条染色体。这个数字当然恰巧是 46 的一半，这对它们受精或受精之后融合在一起制造一个新个体是何等方便！减数分裂是一种特殊类型的细胞分裂，只发生在睾丸和卵巢里。在这个过程中，一个具有完整的双倍共 46 条染色体的细胞，分裂成只有单倍共 23 条染色体的性细胞（皆以人体的染色体数目为例）。

一个有 23 条染色体的精子，是由睾丸内具有 46 条染色体的一个普通细胞进行减数分裂产生的。到底哪 23 条染色体进入了精子细胞呢？精子不应得到染色体中相同的一组，这点显然很重要，即它不可以有卷 13 的两个拷贝，而卷 17 却一个拷贝也没有。一个个体可以把全部来自其母亲的染色体赋予他的一个精子（即卷 1b、卷 2b、卷 3b……卷 23b），这在理论上是可能的。在这种不太可能发生的情况中，孩子的一半基因是继承其祖母的，而没有继承其祖父的。但事实上这种全染色体分布是不会发生的。实际情况要复杂得多。请不要忘记，一卷卷的蓝图（染色体）是作为活页夹来看待的。在制造精子期间，某一卷蓝图的许多单页或者说一沓一沓的单页被抽出并和可供替换的另一卷的对应单页相互交换。因此，某一具体精子细胞的卷 1 的构成方式可能是前面 65 页取自卷 1a，第 66 页直到最后一页取自卷 1b。这一精子细胞的其他 22 卷以相似的方式组成。因此，即使一个人的所有精子的 23 条染色体都由同一组的 46 条染色体的片段构成，他所制造的每一个精子细胞却都是独特的。卵子以类似的方式在卵巢内制造，而且它们也各具特色，都不相同。

实际生活里的这种混合构成法已为人们所熟知。在精子（或卵子）的制造过程中，每条父体染色体的一些片段分离出来，同完全相应的母体染色体的一些片段相互交换位置（请记住，我们在讲的是最初来自制造这个精子的某个个体的父母的染色体，即由这一精子受精最终所生的儿童的祖父母的染色体）。这种染色体片段的交换过程被称为“交换”(crossover)。这是对本书全部论证至关重要的一点。就是说，如果你用显微镜观察一下你自己的一个精子（如果是女性，即为卵子）的染色体，并试图去辨认哪些染色体本来是父亲的，哪些本来是母亲的，这样做将会是徒劳的（这同一般的体细胞形成鲜明对照）。精子中的任何一条染色体都是一种混杂物，即母亲基因同父亲基因的嵌合体。

以书页比作基因的比喻从这里开始不能再用了。在活页夹中，可以将完整的一页插进去、拿掉或交换，但不足一页的碎片却办不到。然而，基因复合体只是一长串核苷酸字母，并不明显地分为一些各自独立的书页。当然蛋白质链信息的头和尾都有专门的符号，它们同蛋白质信息本身一样，都以同样的 4 个字母表示。这两个符号之间会有制造一种蛋白质的密码指令。如果愿意，我们可以把一个基因理解为头和尾符号之间的核苷酸字母序列和一条蛋白质链的编码。我们用“顺反子”(cistron)这个词来表示这样的单位。有些人将基因和顺反子当作可以相互通用的两个词来使用。但交换却不遵守顺反子之间的界限。不仅顺反子之间可以发生分裂，顺反子内也可发生分裂。就好像建筑师的蓝图是画在 46 卷自动收报机的纸条上，而不是分开的一页一页的纸上一样。顺反子无固定的长度，只有凭借纸条上的符号，找到信息头和信息尾的符号才能确定前一个顺反子到何处为止，下一个顺反子在何处开始。交换表现为这样的过程：取出相配的父方同母方的纸条，剪下并交换其相配的部分，不论它们上面画的是什么。

本书书名中所用的基因这个词不是指单个的顺反子，而是某种更细致复杂的东西。我下的定义不会适合每个人的口味，但对于基因又没有一个普遍让人接受的定义，即使有，定义也不是神圣不可侵犯的东西。如果我们的定义下得明确而不模棱两可，按照我们喜欢的方式给一个词下一个适用于自己的目的的定义也未尝不可。我采用的定义来源于威廉斯。基因的定义是：染色体物质中能够作为一个自然选择的单位对连续若干代起作用的任何一部分。用前面一章中的话来说，基因就是进行高度精确复制的复制因子。精确复制的能力是通过复制形式取得长寿的另一种说法，我将把它简称为长寿。这一定义的正确性还需要进一步证明。

无论根据何种定义，基因必须是染色体的一部分。问题是这一部分有多大，即多长的自动收报机用纸条？让我们设想纸条上相邻密码字母的任何一个序列，称这一序列为遗传单位。它也许是一个顺反子内的只有 10 个字母的序列；它也许是一个有 8 个顺反子的序列；可能它的头和尾都在顺反子的中段。它一定会同其他遗传单位相互重叠。它会包括更小的遗传单位，也会参与构成更大的遗传单位。不论其长短如何，为了便于进行现在的论证，我们就称之为遗传单位。它只不过是染色体的一段，同染色体的其余部分无任何实质性差别。

下面就到重点了：遗传单位越短，它生存的时间——以世代计——可能就越长，因一次交换而分裂的可能性就越小。假定按平均数计算，减数分裂每产生一个精子或卵子，整条染色体就有可能经历一次交换，这种交换可能发生在染色体的任何一段上。如果我们设想这是一个很大的遗传单位，比如说是染色体的一半长，那么每次发生减数分裂时，这一遗传单位分裂的机会是 50%。如果我们所设想的这一遗传单位只有染色体的 1% 那么长，我们可以认为，在任何一次减数分裂中，它分裂的机会只有 1%。这就是说，这一遗传单位能够在该个体的后代中生存许多代。一个顺反子很可能比一条染色体的 1% 还要短得多，甚至一组相邻的顺反子在为交换所分解之前能够活上很多代。

遗传单位的平均估计寿命可以很方便地用世代来表示，而世代也可以转换为年数。如果我们把整条染色体作为假定的遗传单位，它的生活史也只不过延续一代而已。现在假定 8a 是你的染色体，是你从你父亲那里继承下来的，那么它是在你母亲受孕之前不久，在你父亲的一个睾丸内制造出来的。在此之前，世上从未有过它的存在。这个遗传单位是减数分裂混合过程的产物，即将你祖父和祖母的一些染色体片段撮合在一起。这一遗传单位被置于某一精子个体内，因而它是独特的。这个精子是几百万个精子中的一个，它随这支庞大的微型船船队扬帆航行，驶进你母亲的体内。这个精子（除非你是非同卵的双胞胎）是船队中唯一在你母亲的一个卵子中找到停泊港的一条船。这就是你之所以存在的理由。我们所设想的这一遗传单位，即你的 8a 染色体，开始同你的遗传物质的其他部分一起进行自我复制。现在它以复制品的形式存在于你的全身，但在轮到你生小孩时，就在你制造卵子（或精子）时，这条染色体也随之被破坏。一些片段将同你母亲的 8b 染色体的一些片段相互交换。一个性细胞会产生一条新生的染色体 8，它比之前的那条可能“好些”，也可能“坏些”。但除非是一个非常难得的巧合，否则它肯定是与众不同的，是独一无二的。染色体的寿命是一代。

一个较小的遗传单位，比方说是你染色体 8a 的 1% 那么长，它的寿命有多长呢？这个遗传单位也是来自你父亲的，但很可能原来不是在他体内装配的。根据前面的推理，99% 的可能性是他从父亲或母亲那里完整无缺地接收过来的。现在我们就假设遗传单位是从他的母亲，也就是你的祖母那里接收来的。同样有 99% 的可能性她也是从她的父亲或母亲那里完整无缺地接收来的。如果我们追根寻迹地查考一个遗传小单位的祖先，我们最终会找到它的最初创造者。在某一个阶段，这一遗传单位肯定是在你的一个祖先的睾丸或卵巢内首次创造出来的。

让我再重复讲一遍我用的“创造”这个词所包含的颇为特殊的意义。我们设想的那些构成遗传单位的较小亚单位可能很久以前就已存在了。我们讲遗传单位是在某一特定时刻创造的，意思只是说，构成遗传单位的那种亚单位的特殊排列方式在这一时刻之前不存在。也许这一创造发生的时间相当近，例如就在你祖父或祖母体内发生。但如果我们设想的是一个非常小的遗传单位，它就可能是由一个非常遥远的祖先第一次装配的，它也许是人类之前的一个类人猿。而且在你体内的遗传小单位今后同样也可以延续很久，完整无缺地一代接一代地传递下去。

同样不要忘记的是，一个个体的后代不是单线的，而是有分支的。不论“创造”你体内染色体 8a 中的特定一段的是你的哪位祖先，除你之外，他或她很可能还有许多其他后代。你的一个遗传单位也可能存在于你的第二重堂（表）兄弟或姐妹体内。它可能存在于我体内，存在于首相体内，也可能存在于你的狗体内。因为如果我们上溯得足够远的话，我们都有着共同的祖先。就是说这个遗传小单位也可能碰巧经过几次独立的装配：如果这一遗传单位是很小的，那么这种巧合不是十分不可能的。但是即使是一个近亲，也不太可能同你有完全相同的一整条染色体。遗传单位越小，同另外一个个体共有的可能性，即以拷贝的形式在世上出现许多次的可能性就越大。

一些先前存在的亚单位通过交换偶然聚合在一起是组成一个新遗传单位的一般方式。另外一个方式被称为点突变（point mutation）。这种方式虽然少见，但在进化上具有重大意义。一个点突变就相当于书中单独一个字母的印刷错误。尽管这种情况不多，但显而易见，遗传单位越长，它在某点上为突变所改变的可能性就越大。

另外一种不常见的，但具有重要远期后果的错误或突变叫作倒位（inversion）。染色体把自身的一段在两端分离出来，头尾颠倒后，按这种颠倒的位置重新连接上去。按照先前的类比方法，有必要对某些页码重新进行编号。有时染色体的某些部分不单单是倒位，而是连接到染色体完全不同的部位上，或者甚至和一条完全不同的染色体结合在一起。这种情形如同将一本活页夹中的一沓活页纸换到了另一本中。虽然这种类型的错误通常是灾难性的，但它有时能使一些碰巧在一起工作得很好的遗传物质片段紧密地结成连锁，这就是其重要性之所在。也许以倒位方式可以把两个顺反子紧密地结合在一起，而它们只有在一起的时候才能产生有益的效果，即以某种方式互相补充或互相加强。然后，自然选择往往有利于以这种方式构成的新“遗传单位”，因此这种遗传单位将会在今后的种群中扩散开来。基因复合体在过去悠久的年代中可能就是以这种方式全面地进行再排列或“编辑”的。

这方面最好的一个例子是拟态（mimicry）现象。有些“讨厌的”蝴蝶有一种令人厌恶的怪味，它们的色彩通常鲜艳夺目、华丽异常。鸟类就是凭借它们这种“警戒性”标志学会躲避它们的。于是其他一些并无这种怪味的蝴蝶就乘机利用这种现象，模拟那些味道怪异的蝴蝶。于是它们生下来就具有和那些味道怪异的蝴蝶差不多的颜色和形状，但气味不同。它们时常使人类的博物学家上当，也时常使鸟类上当。一只鸟如果吃过真正有怪异味道的蝴蝶，通常就要避开所有看上去一样的蝴蝶，模拟者也包括在内。因此自然选择有助于促进拟态行为基因的传播。拟态就是这样进化来的。

“怪味”蝴蝶有许多不同的种类，它们看上去并不都是一样的。一个模拟者不可能像所有的“怪味”蝴蝶，它们必须模拟某一特定的蝴蝶种类。任何具体的模拟者一般都善于专门模仿某种具体的味道怪异的蝴蝶，但有些种类的模拟者却有一种非常奇特的行为。这些种类中的某些个体模仿某种味道怪异的蝴蝶，其他一些个体则模仿另外一种。任何个体，如果它是中间型的或者试图两种都模仿，它就会很快被吃掉。但蝴蝶不会生来就这样。一个个体要么肯定是雄性，要么肯定是雌性，同样，一个蝴蝶个体要么模仿这种味道怪异的蝴蝶，要么模仿另外一种。一只蝴蝶可能模仿种类 A，而其“兄弟”可能模仿种类 B。

一个个体是模仿种类 A 还是模仿种类 B，看来似乎只取决于一个基因。但一个基因怎么能决定模拟的各个方面——颜色、形状、花纹的样式、飞行的节奏呢？答案是，一个单一顺反子的基因大概是不可能的，但通过倒位和遗传物质其他偶然性的重新排列所完成的无意识的和自动的“编辑工作”，一大群过去分开的旧基因得以在一条染色体上结合成一个紧密的连锁群。整个连锁群像一个基因一样行动（根据我们的定义，它现在的确是一个单一的基因）。它也有一个“等位基因”，这一等位基因其实是另外一个连锁群。一个连锁群含有模仿种类 A 的顺反子，另一个连锁群则含有模仿种类 B 的顺反子。每一连锁群很少因交换而分裂，因此在自然界中人们从未见到中间型的蝴蝶。但如果在实验室内大量繁殖蝴蝶，这种中间型偶尔也会出现。

我用基因这个词来指代一个遗传单位，单位之小足以延续许多代，而且能以许多拷贝的形式在周围散布。这不是一种要么全对要么全错的死板僵化的定义，而是像“大”或“老”的定义一样，是一种含义逐渐模糊的定义。一段染色体越是容易因交换而分裂，或为各种类型的突变所改变，它同我所谓的基因就越不相符。一个顺反子大概可以称得上是基因，但比顺反子大的单位也应算基因。12 个顺反子可能会在一条染色体上相互结合得非常紧密，以至于对我们来说这可以算是一个能长久存在的遗传单位。蝴蝶里的拟态连锁群就是一个很好的例子。当顺反子离开一个个体，乘着精子或卵子进入下一代时，它们可能发现小船还载有它们在前一次航行时的近邻。这些近邻可能还是开始于遥远的祖先体内的漫长航行中的伙伴。同一条染色体上相邻的顺反子组成一队紧密联结在一起的旅行伙伴，减数分裂的时机一到，它们经常能够登上同一条船，分开的情况很少。

严格地说，本书既不应叫作“自私的顺反子”，也不应叫作“自私的染色体”，而应命名为“染色体有点自私的一大部分以及更为自私的一小部分”。但应该说，这样的书名至少不那么吸引人。既然我把基因描绘成能够延续许多世代的一小段染色体，那么我以“自私的基因”作为本书的书名恰如其分。

现在我们又回到了第1章结尾的地方。在那里我们已经看到，在任何称得上是自然选择的基本单位的实体中，我们都会发现自私性。我们也已看到，有人认为物种是自然选择单位，而另有一些人认为物种中的种群或群体是自然选择单位，还有的人认为个体是自然选择单位。我曾讲过，我宁可把基因看作自然选择的基本单位，因而也是自我利益的基本单位。我刚才所做的就是要给基因下这样的定义，以便令人信服地证明我的论点的正确性。

自然选择最普通的形式是指实体的差别性生存。某些实体存在下去，另一些则死亡。但为了使这种选择性死亡能够对世界产生影响，一个附加条件必须得到满足，那就是每个实体必须以许多拷贝的形式存在，而且至少某些实体必须有潜在的能力以拷贝的形式生存一段相当长的进化时间。小的遗传单位有这种特性，而个体、群体和物种却没有。孟德尔证明，遗传单位实际上可以被认为是一种不可分割的独立微粒。这是他的一项伟大成就。现在我们知道，这种说法未免有些过于简单，甚至顺反子偶尔也是可分的，而且同一条染色体上的任何两个基因都不是完全独立的。我刚才所做的就是要把基因描绘为一个这样的遗传单位，它在相当大的程度上接近不可分的颗粒这一典型。基因并不是不可分的，但它们很少分开。基因在任何具体个体中要么肯定存在，要么肯定不存在。一个基因完整无损地从祖父母传到孙辈，径直通过中间世代而不与其他基因相混合。如果基因不断地相互混合，我们现在所理解的自然选择就是不可能存在的了。顺便提一句，这一点在达尔文还在世时就已被证实，而且使达尔文感到莫大的忧虑，因为那时人们认为遗传是一个混合过程。孟德尔的发现在那时已经发表，这本来是可以解除达尔文的焦虑的，但天啊，他却一直不知道这件事。达尔文和孟德尔都去世许多年之后，似乎才有人读到这篇文章。孟德尔也许没有认识到他的发现的重要意义，否则他可能会写信告诉达尔文。

基因颗粒性的另一个方面是，它不会衰老，即使是活了 100 万年的基因也不会比它仅活了 100 年的同伴更有可能死去。它一代一代地从一个个体转到另一个个体，用它自己的方式操纵着一个又一个的个体，达成自己的目的；它在一代接一代的个体陷入衰老死亡之前抛弃这些将要死亡的个体。

基因是不朽的，或者更确切地说，它们被描绘为接近于值得赋予不朽称号的遗传实体。我们作为这个世界上的个体生存机器，期望能够多活几十年，但世界上的基因可望生存的时间，不是几十年，而是以百万年为单位计算的。

在有性生殖的物种中，作为遗传单位的个体因为体积太大、寿命太短，而不能成为有意义的自然选择单位。由个体组成的群体则是更大的单位。在遗传学的意义上，个体和群体像天空中的云彩，或者像沙漠中的尘暴，它们是些临时的聚合体或联合体，在进化的过程中是不稳定的。种群可以延续很长的一段时期，但它们因为不断地同其他种群混合，从而失去本身的特性。它们也受到内部演化的影响。一个种群还不足以成为一个自然选择的单位，因为它不是一个有足够独立性的实体。它的稳定性和一致性也不足，不能优先于其他种群而被“选择”。

一个个体在其持续存在时看起来相当独立，但很可惜，这种状态能维持多久呢？每一个个体都是独特的，在每个实体仅有一个拷贝的情况下，在实体之间进行选择是不可能实现进化的！有性生殖不等于复制。就像一个种群被其他种群玷污的情况一样，一个个体的后代也会被其配偶的后代玷污，你的子女只有一半是你，而你的孙子孙女只是你的$\frac{1}{4}$。经过几代之后，你所能指望的，最多是一大批后代，他们之中每个人只具有你的极小部分——几个基因而已，即使他们有些还姓你的姓，情况也是如此。

个体是不稳定的，它们在不停地消失。染色体也像打出去不久的一副牌一样，混合以致被湮没，但牌本身虽经洗牌却仍存在。在这里，牌就是基因。基因不会为交换所破坏，它们只是调换伙伴再继续前进。它们继续前进是理所当然的，这是它们的本性。它们是复制因子，而我们是它们的生存机器。我们完成我们的职责后就被弃于一旁，但基因却是地质时代的居民——基因是永存的。

基因像钻石一样长存，但同钻石长存的方式又不尽相同。长存的一块块钻石水晶体以不变的原子结构存在，但 DNA 分子不具备这种永恒性。任何一个具体的 DNA 分子的生命都相当短促，也许只有几个月的时间，但肯定不会超过一个人一生的时间。但一个 DNA 分子在理论上能够以自己的拷贝形式生存一亿年。此外，一个具体基因的拷贝就像原始汤中的古代复制因子一样，可以分布到整个世界。不同的是，这些基因拷贝的现代版本都有条不紊地被装入了生存机器的体内。

我所说的一切都是为了强调基因以拷贝形式存在几乎是永恒的，这种永恒性表明了基因的特性。将基因解释为一个顺反子适用于某些论题，但运用于进化论，定义就需要扩充，扩充的程度则取决于定义的用途。我们需要找到自然选择的一个切合实际的单位。要做到这点，首先要鉴别出一个成功的自然选择单位必须具备哪些特性。用前一章的话来说，这些特性是长寿、生殖力以及精确复制，那么我们只要直截了当地把“基因”解释为一个至少有可能拥有上述三种特性的最大实体就可以了。基因是一个长久生存的复制因子，它以许多重复拷贝的形式存在着。它并非无限地生存下去。严格地说，甚至钻石也不是永恒的，顺反子甚至也能被交换一分为二。按照定义，基因是染色体的一个片段，它要短得使自己能够延续足够长的时间，以便使它作为一个有意义的自然选择单位发生作用。

到底多长才算“足够长的时间”呢？这一点并没有严格的规定，取决于自然选择的“压力”达到多严峻的程度。也就是说，这取决于一个“坏的”遗传单位死亡的可能性比它的“好的”等位基因死亡的可能性大到什么程度。这个问题牵涉到因具体情况不同而各异的定量方面的细节。自然选择最大的切合实际的单位——基因，一般介于顺反子同染色体之间。

基因之所以成为合适的自然选择基本单位，其原因在于它潜在的永恒性。现在是强调一下“潜在的”这个词的时候了。一个基因能生存 100 万年，但许多新的基因甚至连第一代也熬不过。少数新基因成功地生存了一代，部分原因是它们运气好，但主要是由于它们具有一套看家本领，也就是说它们善于制造生存机器。这些基因对其寄居的一个个连续不断的个体的胚胎发育都产生一定的影响，这样就使得这个个体生存和繁殖的可能性要比其处在竞争基因或等位基因影响下的可能性稍大一些。举例说，一个“好的”基因往往赋予它所寄居的连续不断的个体以长腿，从而保证自己的生存，因为长腿有助于这些个体逃避捕食者。这只是一个特殊的例子，不具有普遍意义，因为长腿毕竟不是对谁都有好处的。对于鼹鼠来说，长腿反而是一种累赘。我们能不能在所有好的（即生存时间长的）基因中找出一些共同的特性，而不要使我们自己纠缠在烦琐的细节中呢？相反，什么是能够立即显示出“坏的”即生存短暂的基因的特性呢？这样的共同特性也许有一些，但有一种特性却与本书尤其相关，即在基因的水平上讲，利他行为必然是坏的，而自私行为必定是好的。这是从我们对利他行为和自私行为的定义中得出的无情结论。基因为争取生存，直接同它们的等位基因竞争，因为在基因库中，它们的等位基因是争夺它们在后代染色体上的位置的对手。我再啰唆一句，这种在基因库中牺牲其等位基因而增加自己生存机会的基因，按照我们的定义，往往都会生存下去。因此基因是自私行为的基本单位。

本章的主要内容已叙述完毕，但我一笔带过了一些复杂的问题以及一些潜在的假设。第一个复杂的问题我已扼要地提到过。不论基因在世世代代的旅程中多么独立和自由，它们在控制胚胎发育方面并不是非常自由和独立的行为者。它们以极其错综复杂的方式相互配合和相互作用，同时又和外部环境相互配合和相互作用。诸如“长腿基因”或者“利他行为基因”这类表达方式是一种简便的形象化说法，但理解它们的含义是重要的。一个基因不可能单枪匹马地造一条腿，不论是长腿还是短腿。造一条腿是多基因的一种联合行动，外部环境的影响也是不可或缺的，因为腿毕竟是由食物铸造出来的！但很可能有这样的一个基因，它在其他条件不变的情况下，往往使腿生长得比在它的等位基因的影响下生长的腿长一些。

作为对比，请想象一下硝酸盐这种肥料对小麦生长的影响。施用硝酸盐的小麦要比不施硝酸盐的长得大，这是尽人皆知的事实，但恐怕没有哪个傻瓜会宣称，单靠硝酸盐能让小麦生长。种子、土壤、阳光、水分以及各种矿物显然同样不可缺少，但如果上述其他几种因素都是稳定不变的，或者甚至在一定范围内有某些变化，硝酸盐这一附加因素就能使小麦长得更大一些。单个基因在胚胎发育中的作用也是如此。控制胚胎发育的各种关系像蜘蛛网一样交织连锁在一起，错综复杂，我们最好不要去触碰。任何一个因素，不论是遗传上的还是环境上的，都不能被当成是婴儿某部分形成的唯一原因。婴儿的所有部分都具有几乎无穷数量的先前因素（antecedent causes），但这个婴儿同另一个婴儿之间的差别，如腿的长短差别，可以很容易地在环境或基因方面追溯到一个或几个简单的先前差别（antecedent differences），就是这些差别真正关系到生存竞争和斗争。对进化而言，起作用的是受遗传控制的差别。

就一个基因而言，它的许多等位基因是它不共戴天的竞争者，但其余的基因只是它的环境的一个组成部分，就如温度、食物、捕食者或伙伴是它的环境一样。

基因发挥的作用取决于它的环境，而所谓的环境也包括其余基因。有时，一个基因在一个特定基因在场的情况下发挥的是一种作用，而在另一组伙伴基因在场的情况下发挥的又是一种截然不同的作用。一个个体的全部基因构成一种遗传气候或背景，它会调整和影响任何一个具体基因的作用。

但现在我的理论似乎出现了矛盾。如果孕育一个婴儿是这样一种复杂的相互配合的冒险事业，如果每一个基因都需要几千个伙伴基因配合才能共同完成它的任务，那么我们又怎么能把这种情况同我刚才对不可分的基因的描述统一起来呢？我曾说，这些不可分的基因像永生的小羚羊一样年复一年、代复一代地从一个个体跳跃到另一个个体：它们是自由自在、不受约束地追求生命的自私行为者，难道这都是一派胡言吗？一点儿也不是。也许我为了追求辞藻绚丽的章句而有点儿神魂颠倒，但我绝不是在胡言乱语，事实上也不存在真正的矛盾。我可以用另外一种类比来加以说明。

在牛津和剑桥的赛艇对抗赛中，单靠一个划桨能手是赢不了的，他还需要 8 个伙伴。每个桨手都是一个专家，他们总是分别在特定的位置上就座——1 号位或领桨手或舵手等。这是一项相互配合的冒险行动，然而有些人比另一些人划得好。假使有一位教练需要从一伙候选人中挑选他的理想船员，这些船员中有些人要擅长船头位置，有些人要擅长当舵手，以此类推。现在我们假设这位教练是这样挑选的：他把应试的船员集合在一起，随意分成 3 队，每一队的成员也被随意地安排到各个位置上，然后让这 3 条赛艇展开对抗赛。每天都是如此，每天都有新的阵容。几周之后将会出现这样的情况：赢得胜利的赛艇，往往载有相同的那几个人，他们被认为是划桨能手。其他一些人似乎总是在划得较慢的船队里，他们最终被淘汰。但即使是一个出色的桨手有时也可能落入划得慢的船队中。这种情况不是由于其他成员技术差，就是由于运气不好，比如说逆风的风力很强。所谓最好的桨手往往出现在得胜的艇上，不过是一种平均的说法。

桨手是基因。争夺赛艇上每一个位置的对手是等位基因，它们有可能占据染色体上的同一个位置。划得快相当于孕育一个能成功地生存的个体，风则相当于外部环境，候选人这个整体是基因库。就任何个体的生存而言，该个体的全部基因都同舟共济。许多“好的”基因发现自己与一群“坏的”基因为伍，也就是同一个致死基因共存于一个个体。这一致死基因把这一尚在幼年时期的个体扼杀，这样，“好的”基因也就和其余基因同归于尽。但这仅仅是一个个体，而这个“好的”基因的许多拷贝却在其他没有致死基因的个体中生存了下来。许多“好的”基因的拷贝由于碰巧与“坏的”基因共处一个个体而受累，还有许多由于其他形式的厄运而消亡，如它们所寄居的个体被雷电击中。但按照我们的定义，运气好坏并无规律可循，一个一贯败阵的基因不能怪自己运气不好，因为它本来就是个“坏的”基因。

好桨手的特点之一是相互配合得好，即具有同其余桨手默契配合的能力。对于赛艇来说，这种相互配合的重要性不亚于强有力的肌肉。我们在有关蝴蝶的例子中已经看到，自然选择可能以倒位的方式或染色体片段的其他活动方式无意识地对一个基因复合体进行“编辑”，这样就把配合得很好的一些基因组成紧密连接在一起的群体。但从另外一个意义上说，一些实际上并不相互接触的基因也能够通过选择的过程来发挥其相容性（mutual compatibility）。一个基因在以后历代的个体中将会与其他基因，即基因库里的其他基因相遇，如果它能和这些基因中的大多数配合得很好，它往往会从中得到好处。

举例说，生存能力强的食肉动物个体要具备几个特征，其中包括锋利的切齿、适合消化肉类的肠胃以及其他许多特征。但另一方面，一个生存能力强的食草动物却需要扁平的磨齿，以及一副长得多的肠子，其消化的化学过程也不同。在食草动物的基因库中，任何基因，如果它赋予其“主人”以锋利的食肉牙齿是不大可能取得成功的。这倒不是因为食肉对谁来说都是一种坏习惯，而是因为除非你有合适的肠子，以及一切食肉生活方式的其他特征，否则你就无法有效地吃肉。因此，影响锋利的食肉牙齿形成的基因并非本来就是“坏”基因，只有在食草动物种种特征形成的基因所主宰的基因库中，它们才算是“坏”基因。

这是个复杂而微妙的概念。它之所以复杂，是因为一个基因的“环境”主要由其他基因组成，而每一个这样的基因本身又因它和它的环境中的其他基因配合的能力而被选择。适合于说明这种微妙概念的类比是存在的，但它并非来自日常生活的经验。它同人类的“竞赛理论”类似，这种类比法将在第5章谈到个体动物间进行的进犯性对抗时加以介绍，因此，我把这点放到第5章的结尾处再进一步讨论。现在我回过头来继续探讨本章的中心要义，这就是：最好不要把自然选择的基本单位看作物种，或者种群，甚至个体；最好把它看作遗传物质的某种小单位。为方便起见，我们把它简称为基因。前面已经讲过，这个论点基于这样一种假设：基因能够永存不朽，而个体以及其他更高级的单位的寿命都是短暂的。这一假设以下面两个事实为依据：有性生殖和染色体交换，个体的消亡。这是两个不容否认的事实，但这不能阻止我们去追问：为什么它们是事实？我们以及大多数其他生存机器为什么要进行有性生殖？为什么我们的染色体要进行交换？而我们又为什么不能永生？我们为什么会老死是一个复杂的问题，其具体细节不在本书的探讨范围之内。除各种特殊原因以外，有人提出了一些比较普遍的原因。例如有一种理论认为，衰老标志着一个个体一生中发生的有害的复制错误以及其他种类的基因损伤的积累。另外一种理论为梅达沃（Peter Medawar）爵士首创，它是按照基因选择的概念来思考进化问题的典范。他首先摈弃了此类传统的论点：“老的个体的死亡对同物种其他成员而言是一种利他主义行为。因为假如它们衰老得不能再生殖却还留恋尘世，它们就会充塞世界，对大家都无好处。”梅达沃指出，这是一种以假定为论据的狡辩，因为这种论点以它必须证实的情况作为假定，即年老的动物衰老得不能再生殖。这也是一种类似于类群选择或物种选择的天真的解释方法，尽管我们可以把有关部分重新讲得更好听一些。梅达沃自己的理论具有极好的逻辑性，我们可以将其大意综述一下。

我们已经提出了这样的问题，即哪些是“好的”基因最普遍的特性。我们认为“自私”是其中之一。但成功基因所具有的另一个普遍特性是，它们通常把它们的生存机器的死亡至少推迟至生殖之后。毫无疑问，你有些堂兄弟或伯祖父是早年夭折的，但你的直系祖先中没有一个是幼年夭折的。祖先是不会在年幼时就丧生的。

促使个体死亡的基因被称为致死基因。半致死基因具有某种使个体衰弱的作用，这种作用增加了由于其他因素而死亡的可能性。任何基因都在生命的某一特定阶段对个体施加其最大的影响，致死和半致死基因也不例外。大部分基因是在生命的胚胎阶段产生作用的，另有一些是在童年、青年、中年，还有一些则是在老年。请思考一下这样一个事实：一条毛虫和由它变成的蝴蝶具有完全相同的一组基因。很明显，致死基因往往被从基因库中清除掉了。但同样明显的是，基因库中的晚期活动的致死基因要比早期活动的致死基因稳定得多。假如一个年纪较大的个体有足够的时间，至少进行过若干次生殖之后致死基因的作用才表现出来，那么这一致死基因在基因库中仍旧是成功的。例如，使老年个体致癌的基因可以遗传给无数的后代，因为这些个体在患癌之前就已生殖，而另一方面，使青年个体致癌的基因就不会遗传给众多的后代，使幼儿患致死癌症的基因就不会遗传给任何后代。根据这一理论，年老体衰只是基因库中晚期活动致死基因同半致死基因的一种积累的副产品。这些晚期活动的致死和半致死基因之所以有机会穿过自然选择的网，仅仅是因为它们是在晚期活动的。

梅达沃本人着重指出的一点是，自然选择有利于这样一些基因生存：它们具有推迟其他致死基因活动的作用，能够促进好的基因发挥其作用。情况可能是，基因活动开始时受遗传控制的种种变化构成了进化内容的许多方面。

值得重视的是，这一理论不必做出任何事先的假设，即个体必须到达一定的年龄才能生殖。如果我们以假设一切个体都能够在任何年龄生殖作为出发点，那么梅达沃的理论立刻就能推断出晚期活动的有害基因在基因库中的积累，以及由此导致的老年生殖活动减少的倾向。

这里就此说几句离题的话。这一理论有一个很好的特点，它启发我们去做某些相当有趣的推测。譬如根据这一理论，如果我们想要延长人类的寿命，一般可以通过两种方式来实现这个目的。第一，我们可以禁止在一定的年龄之前生殖，如40岁之前。经过几世纪之后，最低年龄限制可提高到50岁，依此类推。可以想见，用这样的方法，人类的寿命可提高到几个世纪。但我很难想象会有人去认真严肃地制定这样一种政策。

第二，我们可以想办法去“愚弄”基因，让它认为它所寄居的个体比实际的要年轻。如果付诸实践，这意味着需要验明随着年纪的增大，发生在个体内部化学环境里的种种变化。任何这种变化都可能是促使晚期活动的致死基因开始活动的“提示”（cues）。仿效青年个体的表面化学特性有可能防止晚期活动的有害基因接受开始活动的提示。有趣的是，老年的化学信号本身，在任何正常意义上讲，不一定是有害的。比如，我们假设偶然出现了这种情况：一种S物质在老年个体中的浓度比在青年个体中来得高，这种S物质本身可能完全无害，也许是长期以来体内积累起来的食物中的某种物质。如果有这样一个基因，它在S物质存在的情况下碰巧产生了有害的影响，而在没有S物质存在的情况下却是一个好基因，那么这样的基因肯定在基因库中自动地被选择，而且实际上它成了一种“导致”年老死亡的基因。补救的办法是，只要把S物质从体内清除掉就行了。

这种观点的重大变革性在于，S物质本身仅是一种老年的标志。研究人员可能认为S物质是一种有毒物质，他会绞尽脑汁去寻找S物质同人体机能失常之间直接的、偶然的关系。但按照我们假定的例子来讲，他可能是在浪费时间！

也可能存在一种Y物质，这种物质在青年个体中要比在老年个体中更集中。从这一意义上讲，Y物质是青春的一种“标志”。同样，那些在有Y物质存在的情况下产生好的效果，而在没有Y物质存在的情况下却是有害的基因会被选择。由于还没有办法知道S物质或Y物质是什么东西——可能存在许多这样的物质——我们只能做这样的一般性的推测：你在一个老年个体中越能模仿或模拟青年个体的特点，不论这些特点看来是多么表面化，那个老年个体应该生存得越久。

我必须强调一下，这些只是基于梅达沃理论的一些推测。尽管从某种意义上说，梅达沃理论在逻辑上是有些道理的，但并无把它说成是对任何年老体衰实例的正确解释的必要。与我们现在的论题密切相关的是，基因选择的进化观点对于个体年老时要死亡这种趋势，能毫无困难地加以解释。对于个体必然要死亡的假设是本章论证的核心，它是可以在这一理论的范围内得到圆满解释的。

我一笔带过的另一个假设，即存在有性生殖和交换，更加难以解释清楚。交换并不总是一定要发生，雄果蝇就不会发生交换，雌果蝇体内也有一种具有压抑交换作用的基因。假定我们要饲养一个果蝇种群，而这类基因在该种群中普遍存在的话，"染色体库"中的染色体就会成为不可分割的自然选择基本单位。其实，如果我们遵循我们的定义进行逻辑推理直到得出结论的话，就不得不把整条染色体视作一个"基因"。

还有，性的替代方式是存在的。雌蚜虫能产出无父的、活的雌性后代。每个这样的后代都具有它母亲的全部基因（顺便提一下，母亲"子宫"内的胎儿的子宫内甚至可能有一个更小的胎儿。因此，一只雌蚜虫可以同时生一个女儿和一个外孙女，它们相当于这只雌蚜虫的双胞胎）。许多植物的繁殖以营养体繁殖的方式进行，形成吸根。这种情况我们宁可称其为生长，也不叫它生殖。然而你如果仔细考虑一下，生长同无性生殖之间几乎无任何区别，因为二者都是细胞简单的有丝分裂。有时以营养体繁殖的方式生长出来的植物同"母体"分离开来，在其他情况下，如以榆树为例，连接根出条可以保持完整无损。事实上，整片榆树林可以被看作一个单一的个体。

因此，现在的问题是：如果蚜虫和榆树不进行有性生殖，为什么我们要费这样大的周折把我们的基因同其他人的基因混合起来才能生育一个婴儿呢？看上去这样做的确有点古怪。性活动，这种把简单的复制变得反常的行为，当初为什么要出现呢？性到底有什么益处？

这是进化论者极难回答的一个问题。为了认真地回答这一问题，大多数尝试都要涉及复杂的数学推理。我将很坦率地避开这个问题，但有一点要在这里谈谈，那就是，理论家们在解释性的进化方面所遇到的困难，至少在某些方面是由于他们习惯于认为个体总是想最大限度地增加其生存下来的基因的数目。根据这样的说法，性活动似乎是一种自相矛盾的现象，因为个体要繁殖自己的基因，性是一种“效率低”的方式：每个胎儿只有这个个体基因的 50%，另外 50% 由配偶提供。要是他能够像蚜虫那样，直接“出芽”(bud off)，他就会将自己 100% 的基因传给下一代的每一个小孩，这些孩子是与他自己丝毫不差的复制品。这一明显的矛盾促使某些理论家接受类群选择论，因为他们比较容易在群体水平上解释性活动的好处。用博德默简单明了的话来说，性“促进了在单个个体内积累那些以往分别出现于不同个体内的有利突变”。

但如果我们遵循本书的论证，并把个体看作由长寿基因组成的临时同盟所构建的生存机器，这一矛盾看起来就不那么紧要了。从整个个体的角度来看，“有效性”无关紧要。有性生殖与无性生殖相对，可以被视作单基因控制下的一种特性，就同蓝眼和棕眼一样。一个“负责”有性生殖的基因为了它自私的目的而操纵其他全部基因，负责交换的基因也是如此。甚至有一种叫作突变子的基因，它们操纵其他基因中的拷贝错误率。按照定义，拷贝错误对错误地拷贝出来的基因是不利的，但如果这种拷贝错误对诱致这种错误的自私的突变基因有利的话，那么这种突变基因就会在基因库里扩散开。同样，如果交换对负责交换的基因有好处，这就是存在交换现象的充分理由；如果同无性生殖相对的有性生殖有利于负责有性生殖的基因，这也就是存在有性生殖现象的充分理由。有性生殖对个体的其余基因是否有好处，比较而言也就无关紧要了。从自私基因的观点来看，性活动也就不那么难以解释了。

这种情况非常接近于一种以假定为论据的狡辩，因为性别的存在是整个一系列推论的先决条件，而这一系列推论的最后结果认为基因是自然选择单位。我认为是有办法摆脱这一困境的，但本书宗旨不在于探索这一问题。性毫无疑问是存在的，这一点是真实的，我们之所以能将这种小的遗传单位或基因看作最接近于基本的和独立的进化因素，正是性和染色体交换的结果。

只要学会按照自私基因的理论去思考问题，性这一明显的矛盾就变得不那么令人迷惑不解了。例如有机体内的 DNA 数量似乎比建造这些有机体所必需的数量来得大，因为相当一部分 DNA 从未转译为蛋白质。从个体有机体的观点来看，这似乎又是一个自相矛盾的问题。如果 DNA 的“目的”是建造有机体，那么，一大批 DNA 并不这样做实在令人奇怪的。生物学家在苦思冥想，这些显然多余的 DNA 正在做些什么有益的工作呢？但从自私的基因本身的角度来看，这并不存在自相矛盾之处。DNA 的真正“目的”仅仅是为了生存。解释多余的 DNA 最简单的方法是，把它看作一个寄生虫，或者最多是一个无害但也无用的乘客，在其他 DNA 所创造的生存机器中搭便车而已。

有些人反对这种在他们看来过分以基因为中心的进化观点。他们争辩说，实际上生存或死亡的毕竟是包括其全部基因在内的完整个体，我希望我在本章所讲的足以表明在这一点上其实并不存在分歧。就像赛艇比赛中整条船赢或输一样，生存或死亡的确实是个体，自然选择的直接形式几乎总是在个体水平上表现出来。但非随机的个体死亡以及成功生殖的远期后果，表现为基因库中变化着的基因频率。对于现代复制因子，基因库起着原始汤对于原始复制因子所起的同样作用。性活动和染色体交换起着保持原始汤的现代对等物的那种流动性的作用。由于性活动和染色体交换，基因库始终不停地被搅混，使其中的基因部分地混合。所谓进化就是指基因库中的某些基因变得多了，而另一些变得少了的过程。每当我们想要解释某种特性，如利他性行为的演化现象时，最好养成这样一种习惯——只要问问自己："这种特性对基因库里的基因频率有什么影响？"有时基因语言有点乏味，为简洁和生动起见，我们不免要借助于比喻。不过我们要以怀疑的目光注视着我们的比喻，以便在必要时能把它们还原为基因语言。

就基因而言，基因库只是基因生活于其中的一种新汤，不同的是，现在基因赖以生存的方式是，在不断地制造必将消亡的生存机器的过程中，同来自基因库的一批批络绎不绝的伙伴进行合作。下面一章我们要论述生存机器本身，以及在某个意义上，我们可以说基因控制其生存机器的行为。

第4章

基因机器

生存机器最初是作为基因的贮藏器而存在的。它们的作用是消极的——仅仅是作为保护壁使基因得以抵御其敌手所发动的化学战以及意外的分子攻击。在远古时期，原始汤里大量存在的有机分子是它们赖以为生的“食料”。这些有机食物千百年来在阳光有力的影响下滋生繁殖，但随着这些食物的告罄，生存机器一度逍遥自在的生活也至此终结。这时，它们的一大分支，即现在人们所说的植物，开始利用阳光直接把简单分子组建成复杂分子，并以快得多的速度重新进行过去发生在原始汤里的合成过程。另外一个分支，即现在人们所说的动物，“发现了”如何利用植物通过化学作用取得的劳动果实：动物要么将植物吃掉，要么将其他的动物吃掉。随着时间的推移，生存机器的这两大分支逐步获得了日益巧妙的技能，来提高其生活方式的效能。与此同时，新的生活方式层出不穷，小分支以及小小分支逐渐形成，每一个小分支在某一特殊方面，如在海洋里、陆地上、天空中、地下、树上或其他生命体内，取得高人一等的谋生技能。这种小分支不断形成的过程，最终带来了今日给人类以如此深刻印象的丰富多彩的动植物。

动物和植物经过进化都发展成为多细胞体，每一个细胞都获得全套基因的完整拷贝。这个进化过程始于何时，为什么会发生，整个过程经过几个独立的阶段才得以完成，这一切我们都无从知道。有人以“群体”（colony）来比喻动植物的躯体，把它们说成是细胞的“群体”。我却宁愿把躯体视为基因的群体，把细胞视为便于基因的化学工业进行活动的工作单位。

尽管我们可以把躯体称为基因的群体，但就其行为而言，各种躯体确实取得了它自己的独特个性。一只动物是作为一个内部协调的整体，即一个单位来进行活动的，同样，我在主观意识上觉得自己是一个单位而不是一个群体。这是意料中的事情。选择的过程有利于那些能同其他基因合作的基因。为争夺稀有资源，为吞食其他生存机器并避免被对方吃掉，生存机器投身于激烈无情的竞争和斗争。

为了应对这一切竞争和斗争，在共有的躯体内存在一个中央协调的系统必然比无政府状态有利得多。时至今日，发生于基因之间的交错的共同进化过程已经发展到这一地步，以致个体生存机器所表现的集群性（communal nature）实质上已不可辨认。事实上，很多生物学家都不承认存在这种集群性，因此也不同意我的观点。

就本书在后面章节中提到的种种论点的“可靠性”（新闻工作者用语）而言，幸而这种分歧在很大程度上是学术性的。如果我们在谈论生存机器的行为时反复提到基因，那未免会使人感到厌烦，事实上也没有必要这样做，正如我们谈论汽车的性能时提到量子和基本粒子反觉不便。实际上，把个体视为一个行为者，它“致力”于在未来的世代中增加基因的总量，这种近似的说法在一般情况下自有其方便之处。而我使用的亦将是简便的语言。除非另做说明，“利他行为”与“自私行为”都是指某一个动物个体对另一个动物个体的行为。

这一章将论述行为，即生存机器的动物分支广泛利用的那种快速动作。动物已经变成活跃而有进取心的基因运载工具——基因机器。在生物学家的词汇里，行为具有快速的特性。植物也会动，但动得异常缓慢。在电影的快镜头里，攀缘植物看起来像是活跃的动物，但大多数植物的活动其实只限于不可逆转的生长。

而另一方面，动物发展出种种活动方式，其速度超过植物数十万倍。而且，动物的动作是可逆转的，可以无数次重复。

动物进化中用以进行快速动作的部件是肌肉。肌肉就是引擎，它像蒸汽机或内燃机一样，以其贮藏的化学燃料为能量产生机械运动。不同之处在于：肌肉以张力的形式产生直接的机械力，而不是像蒸汽机或内燃机那样产生气压。但肌肉与引擎相似的另外一点是，它们通常凭借绳索和带有铰链的杠杆来发挥力量。在人体内，杠杆就是骨骼，绳索就是肌腱，铰链就是关节。关于肌肉如何通过分子进行活动，人们知之甚多，但我却感到下面的问题更有趣：我们如何控制肌肉收缩的时间和速度？

你有没有观察过构造复杂的人造机器？譬如说，针织机或缝纫机、纺织机、自动装瓶机或干草打包机。这些机械利用各式各样的原动力，如电动马达或拖拉机，但这些机械在运转时如何控制时间和速度却是一个更为复杂的问题。阀门会依次开启和关闭，捆扎干草的钢抓手会灵巧地打结并在最恰当的时刻伸出割刀来切断细绳。许多人造机器的定时操作是依靠凸轮来完成的。凸轮的发明的确是个辉煌的成就。它利用偏心轮或异形轮把简单的运转转变为复杂的、有节奏性的运转。

自动演奏乐器的原理与此相仿。其他乐器，如蒸汽风琴或自动钢琴等利用按一定模式打孔的纸制卷轴或卡片来发出音调。近年来，这些简单的机械定时装置有被电子定时装置取代的趋向，数字计算机就是个例子。它们是大型的多功能电子装置，能够用以产生复杂的定时动作。像计算机这样的现代电子仪器，其主要元件是半导体，我们所熟悉的晶体管便是半导体的一种形式。

生存机器看起来绕过了凸轮和打孔卡片，它使用的定时装置和电子计算机有更多的相同之处，尽管严格说来，两者的基本操作方式是不同的。生物计算机的基本单位是神经细胞或所谓的神经元，就其内部的工作情况看来，是完全不同于晶体管的。神经元彼此之间通信用的密码确实有点像计算机的脉冲码，但神经元作为一个数据处理单位比晶体管复杂得多。一个神经元可以通过数以万计的接线与其他单位联系，而不仅仅是 3 个。神经元工作起来比晶体管慢些，但就微型化程度而言，晶体管大为逊色。因此，过去 20 年来微型化是主宰电子工业的一种倾向。关于这一点，下面这个事实很能说明问题：在我们的脑袋里大约有 100 亿个神经元，而一个脑壳最多也只能塞进几百个晶体管。

植物不需要神经元，因为它们不必移动就能存活。但大多数的动物类群都有神经元。在动物的进化过程中，它们可能老早就"发现"了神经元，后来神经元被所有的种群继承了下来；它们也有可能是分几次重新发现神经元的。

从根本上说，神经元不过是一种细胞。和其他细胞一样，有细胞核和染色体，但它的细胞膜却形成了拉长了的、薄的线状突出部分。通常一个神经元有一条特别长的"线"，我们称之为轴突。一个轴突的宽度狭小到只有在显微镜下才能辨认，但其长度可能长达好几英尺，有些轴突甚至和长颈鹿的颈部一样长。轴突通常是多股集束在一起的，构成我们称之为神经的多芯导线。这些轴突从躯体的一部分通向其他部分，像电话干线一样传递消息。其他种类的神经元具有短的轴突，它们只出现于我们称之为神经节的密集神经组织中。如果是很大的神经元，它们也存在于大脑里。就功能而言，我们可以认为大脑和计算机是相似的，因为这两种类型的机器在分析了复杂模式的输入信号并参考了存贮的数据之后，都能发出复杂模式的输出信号。

大脑对生存机器做出实际贡献的主要方式在于控制和协调肌肉的收缩。为了达到这个目的，它们需要有通向各个肌肉的导线，也就是运动神经。但对基因的有效保存来说，只有在肌肉的收缩时间和外界事件发生的时间具有某种关系时才能实现。上下颌肌肉的收缩必须等到嘴巴里有值得咀嚼的东西时才有实际意义。同样，腿部肌肉要在出现值得奔跑过去或必须躲避的东西时，按跑步模式收缩才有实际意义。正因如此，自然选择有利于这样一些动物，它们具备感觉器官，能将外界发生的各种形式的有形事件转化为神经元的脉冲码。大脑通过被称为“感觉神经”的导线与感觉器官——眼、耳、味蕾等一一相连。感觉系统如何发生作用尤其使人感到费解，因为它们识别影像的高度复杂的技巧远胜于最优良、最昂贵的人造机器。如果不是这样的话，打字员都要成为冗员，因为他们的工作完全可以由识别言语或字迹的机器代劳。在未来的数十年中，打字员还是不会失业的。

从前某个时候，感觉器官可能在某种程度上直接与肌肉联系，实际上，今日的海葵还未完全脱离这种状态，因为对它们的生活方式来说，这样的联系是有效的。但为了在各种外界事件发生的时间与肌肉收缩的时间之间建立起更复杂的间接联系，就需要有大脑的某种功能作为媒介。在进化过程中，一个显著的进展是记忆力的“发明”。借助这种记忆力，肌肉收缩的定时不仅受不久以前而且受很久以前的种种事件的影响。记忆装置，或贮存器，也是数字计算机的主要部件。计算机的记忆装置比我们的记忆力更为可靠，但它们的容量较小，而且在信息检索的技巧方面远逊于我们的记忆力。

生存机器的行为有一个最突出的特征，那就是明显的目的性。在这里我指的不仅是生存机器似乎能够深思熟虑去帮助动物的基因生存下去（尽管事实的确是这样），还有生存机器的行为和人类的有目的的行为更为类似这一事实。我们看到动物在“寻找”食物、配偶或迷途的孩子时，总是情不自禁地认为这些动物在那时的感受和我们自己在寻找时所体验到的某些感受一样。这些感受可能包括对某个对象的“欲望”，对这个向往的对象形成的“心象”以及存在于心中的“目的”。我们每一个人出于自身的体验都了解到这一事实：现代生存机器之中至少有一种已经通过进化的历程，使这个目的性逐渐取得我们称之为“意识”的特性。我不通晓哲理，因此无法深入探讨这个事实的含义，但就目前我们所讨论的课题而言，幸而这是无关紧要的。我们把机器的运转说成机器好像受某种目的性驱使，而罔顾其是否真的具有意识，因为这样来得方便些。这些机器基本上是非常简单的，而且无意识地追踪目标状态的原理在工程科学中经常得到应用。瓦特离心调速器便是其中一个典型的例子。

它所牵涉到的基本原理就是我们称之为负反馈的原理，而负反馈又有多种多样的形式。一般来说，它是这样发挥作用的：这种运转起来好像带有自觉目的的“目的机器”配有某种度量装置，它能测量出事物的当前状态和“要求达到的”状态之间的差距，机器的这种结构方式使它能在差距越大时运转得越快。这样，机器能够自动地减少差距——负反馈的原理就在于此——在“要求达到的”状态实现时，机器能自动停止运转。瓦特调速器上装有一对球，它们借助蒸汽机的推动力而旋转。这两只球分别安装在两条活动连接的杆臂的顶端。随着球的转速增大，离心力逐渐抵消引力的结果，使杆臂越来越接近水平。由于杆臂连接在为机器提供蒸汽的阀门上，当杆臂接近水平时，提供的蒸汽就逐渐减少。因此，如果机器运转得过快，蒸汽的馈给量就会减少，机器运转的速度也就慢下来。反过来，如果机器运转得过慢，阀门会自动地增加蒸汽馈给量，机器运转的速度也随之增快。但由于过调量或时滞的关系，这类机器常常发生振荡现象。为了弥补这种缺陷，工程师总是设法添加某种设备以减少这种振荡的幅度。

瓦特离心调速器“要求达到的”状态是一定的旋转速度。显然，机器本身并非有意识地要求达到这个速度。一台机器所谓的“目的”不过是指它趋向于恢复的那种状态。近代的目的机器把诸如负反馈这样的基本原理加以发展，从而能够进行复杂得多的“逼真的”动作。比方说，导弹好像能主动地搜索目标，并且在目标进入射程之后进行追踪，与此同时，它还要考虑目标逃避追击的各种迂回曲折的动作，有时甚至能“事先估计”到这些动作或“先发制人”。这些细节这里不拟详谈。简单地说，它们牵涉各式各样的负反馈、“前馈”以及工程师们熟知的一些其他原理。我们现在已经知道，这些原理广泛地应用于生命体的运动中。我们没有必要认为导弹是一种具有任何近似于意识的神经反应的物体，但在普通人眼中，导弹那种显然是深思熟虑的、目的性很强的动作叫人难以相信这枚导弹不是由一名飞行员直接控制的。

一种常见的误解是，导弹之类的机器是有意识的人设计和制造的，那么它必然是处在有意识的人的直接控制下。这种误解的另一个变种是：计算机并不能真的下棋，因为它们只能听命于操纵计算机的人。我们必须懂得这种误解的根源，因为它影响到我们对所谓基因如何“控制”行为的含义的理解。计算机下棋是一个很能说明问题的例子，因此我想扼要地谈一下。

计算机下棋的水平如今还未能达到象棋大师那样的水平，但它足以与一个优秀的业余棋手媲美。更准确的说法是，计算机的程序足以与一个优秀的业余棋手媲美，因为程序本身对使用具体哪一台计算机来表演其技巧是从不苛求的。那么，程序员的任务是什么呢？第一，他肯定不像一个演木偶戏的牵线人那样每时每刻操纵计算机（这是作弊行为）。他编好程序，把它输入计算机内，接着计算机便独立操作：没有人进行干预，除了让对手把他的一着输入机内。程序员是否预先估计到一切可能出现的棋步，从而编好一份长长的清单，列出针对每一种情况的妙着？当然不是这样。因为在棋局中，可能出现的棋步多如恒河沙数，就是到了世界末日也编不出一份完备的清单来。也是出于同样的理由，我们不可能为计算机编制这样一份程序，使它能在“电脑”里事先走一次所有可能出现的棋步，以及所有可能的应着，以寻求克敌制胜的战略。不同的棋局比银河里的原子还要多。这些仅仅是琐碎的问题，说明为下棋的计算机编制程序时面临的难题。事实上这是一个极难解决的难题，即使是最周密的程序也不能和象棋大师匹敌，这是不足为奇的。

程序员的作用事实上和一个指点他儿子怎样下棋的父亲差不多。他把主要的走法提纲挈领地告诉计算机，而不是把适用于每一种开局的各种走法都告诉它。他不是用我们日常使用的语言逐字地说，例如“象走田”，而是用数学的语言这样说：“象的新坐标来自老坐标，程序是在老坐标X以及老坐标Y上加上同一个常数，但其符号不必相同。”实际上使用的语言当然更简洁些。接着他可以再把一些“忠告”编入程序内，使用的是同样的数学或逻辑语言，其大意如果用我们日常的语言来表达，不外乎“不要把你的王暴露在敌前”，或一些实用的诀窍，如一马“两用”，同时进攻对方两子。这些具体的走法是耐人寻味的，但讲下去未免离题太远。重要的是，计算机在走了第一步棋之后，就需要独立操作，不能指望它的主人再做任何指点。程序员所能做的一切只是事先竭尽所能把计算机部署好，并在具体知识的提供以及战略战术的提示两者之间取得适当的平衡。

基因也控制它们所属生存机器的行为，但不是像直接用手指牵动木偶那样，而是像计算机的程序员一样通过间接的途径。基因所能做到的也只限于事先的部署，事后生存机器在独立操作时它们只能袖手旁观。为什么基因如此缺乏主动精神呢？为什么它们不把缰绳紧握在手，随时指挥生存机器的行为呢？这是时滞造成的困难。有一本科幻小说通过比拟的手法非常巧妙地说明了这个问题。这本扣人心弦的小说是霍伊尔（Fred Hoyle）和埃利奥特（John Elliot）合著的《仙女座的 A》（*A for Andromeda*）。像一切有价值的科幻小说一样，它有一些有趣的科学论点作为依据。可是，说也奇怪，这本小说对其中一个最重要的科学论点似乎有意避而不谈，而是让读者自己去想象。如果我在这里把它和盘托出，我想两位作者不会见怪吧。

离我们 200 光年之遥的仙女座里有一个文明世界。那里的人想把他们的文化传播到远方的世界去。怎样做才是最好的办法呢？直接派人走一次是不可能的。在宇宙中，你从一个地方到另外一个地方的最大速度，理论上不能超过光速这个上限，何况实际上由于机械功率的限制，最高速度要比光速低得多。此外，在宇宙中，可能并没有那么多的世界值得你去走一趟，你知道朝哪一方向进发才会不虚此行呢？无线电波是和宇宙其余部分联系的较理想的手段，因为如果你有足够的能量把你的无线电信号向四面八方播送而不是定向发射的话，能收到你的电波的世界就非常多（其数目与电波传播的距离的平方成正比）。无线电波以光速传播，也就是说，从仙女座发出的信号要经过 200 年才能到达地球。这样远的距离使两地之间无法进行通话。就算从地球上发出的每一个信息都会被十二代人一代一代地传达下去，试图和如此遥远的人进行通话无论如何也是劳民伤财的。

这是个我们不久就要面临的实际问题。地球与火星之间，无线电波要走 4 分钟左右。毫无疑问，太空人今后必须改变谈话的习惯，说起话来不能再是你一句我一句，而必须使用长长的独白，自言自语。这种通话方式与其说是对话，不如说是通信。作为另外一个例子，佩恩（Roger Payne）指出，海洋的音响效果具有某些奇特的性质，这意味着座头鲸发出的异常响亮的“歌声”在理论上可以传到世界各处，只要它们游在海水的某一特定深度上。座头鲸是否真的彼此进行远距离通话，我们不得而知，如果真有其事的话，它们所处的困境就像火星上的宇航员一样。按照声音在水中传播的速度，座头鲸的歌声传到大西洋彼岸然后等对方的歌声再传回来，前后需要两小时左右。在我看来，座头鲸的独唱往往持续 8 分钟，其间并无重复之处，然后又从头唱起，这样周而复始地唱上好多遍，每一循环历时 8 分钟左右，其原因就在于此。

小说中的仙女座人也是这样做的。他们知道，等候对方的回音是没有实际意义的，因此他们把要讲的话集中在一起，编写成一份完整的长篇电文，然后向空间播送，每次历时数月，以后又不断重复。不过，他们发出的信息和鲸鱼的却大相径庭。仙女座人的信息是用电码写成的，它指导别人如何建造一台巨型计算机并为它编制程序。这份电文使用的当然不是人类的语言，但对熟练的密码员来说，几乎一切密码都是可以破译的，尤其是密码设计者本来的意图就是让它便于破译。这份电文首先被班克（Jodrell Bank）的射电望远镜截获，电文最后也被译出。按照指示，计算机终于建成，其程序亦得以付诸实施，结果却几乎为人类带来灾难，因为仙女座人并非对一切人都怀有利他主义的意图。这台计算机几乎把整个世界置于它的独裁统治之下。最后，主人公在千钧一发之际用利斧砸碎了这台计算机。

在我们看来，有趣的问题是，在什么意义上我们可以说仙女座人在操纵地球上的事务？他们对计算机的所作所为无法随时直接控制，事实上，他们甚至连计算机已经建成这个事实也无从知道，因为这些情况要经过 200 年才能传到他们耳中。计算机完全独立地做出决定和采取行动，它甚至不能再向它的主人请教一般的策略性问题。由于 200 年的障碍难以逾越，一切指示都必须事先纳入程序。原则上，这和计算机下棋所要求的程序大致相同，但对当地情况具有更大的灵活性和适应能力。这是因为这样的程序不仅要针对地球上的情况，还要针对具有先进技术的形形色色的世界，这些世界的具体情况仙女座人是心中无数的。

正像仙女座人必须在地球上建立一台计算机来为他们逐日做出决定一样，我们的基因必须建立一个大脑。但是基因不仅是发出电码指示的仙女座人，它们也是指示本身，它们不能直接指挥我们这些木偶的理由也是一样的——时滞。基因是通过控制蛋白质的合成来发挥作用的，这本来是操纵世界的一种强有力的手段，但必须假以时日才能见到成效。培养一个胚胎需要花上几个月的时间去耐心地操纵蛋白质。另一方面，关于行为的最重要的一点是行为的快速性，用以测定行为的时间单位不是几个月而是几秒或几分之一秒。在外部世界中某种情况发生了：一只猫头鹰掠过头顶，沙沙作响的草丛暴露了猎物，接着在顷刻之间神经系统猛然行动，肌肉跃起，猎物得以死里逃生，或成为牺牲品。基因并没有这样快的反应时间。和仙女座人一样，基因只能竭尽所能事先部署一切，为它们自己建造一台快速执行的计算机，使之掌握基因能够“预料”到的尽可能多的各种情况的规律，并为此提出“忠告”。但生命和棋局一样是变幻莫测的，事先预见到一切是不现实的。像棋局的程序编制员一样，基因对生存机器的“指令”不可能是具体细微的，它只能是一般的战略以及适用于生计的各种诀窍。

正如扬（Young）所指出的，基因必须完成类似对未来做出预测那样的任务。当胚胎生存机器处于建造阶段时，它此后一生中可能遇到的种种危险和问题都是未知数。有谁能预言有什么食肉动物会蹲伏在哪一个树丛里伺机袭击它，或者有什么快腿活物会在它面前突然出现，之字形跑过？对于这些问题人类不能预言，基因也无能为力。但某些带有普遍性的情况是可以预见的。北极熊基因可以有把握地预先知道，它们尚未出生的生存机器将会面对一个寒冷的环境。这种预测并不是基因进行思考的结果。它们从不思考：它们只不过是预先准备好一身厚厚的皮毛，因为在以前的一些躯体内，它们一直是这样做的。这也是为什么它们仍然能存在于基因库的原因。它们也预见到大地将为积雪所覆盖，而这种预见性体现在皮毛的色泽上。基因使皮毛呈白色，从而取得伪装。如果北极的气候急剧变化以致小北极熊发现它们出生在热带的沙漠里，基因的预测就错了，它们将要为此付出代价。小熊会夭折，它们体内的基因也随之死亡。

在一个复杂的世界中，对未来做出预测是有一定风险的。生存机器的每一个决定都是赌博行为，基因有责任事先为大脑编好程序，以便大脑做出的决定多半能取得积极成果。在进化的赌场中，筹码是生存，严格说来，是基因的生存。但为合乎情理，一般近似的说法也可以是个体的生存。如果你向下走到水坑边去喝水，被守候在水坑边的食肉动物吃掉的风险就会增加。如果你不去的话，最后就免不了要渴死。去也好，不去也好，风险都是存在的。你必须做出决定，以便让基因获得最大的生存下去的机会。也许最好的办法是忍着不喝，直到你非喝不可的时候才走下去喝个痛快，以便可以长时间不需要再喝水。这样，你减少了到水坑边去的次数，但是到了最后不得不喝的时候，你得低下头去长时间地喝水。另外一个冒险的办法是少喝多跑，即奔过去喝上一两口，马上就奔回来，这样多跑几次也能解决问题。到底哪一种冒险的策略最好，要取决于各种复杂的情况，其中食肉动物的猎食习惯也是一个重要的因素。食肉动物为了取得最大的效率，也在不断改进其猎食习惯。因此，有必要对各种可能性的得失进行某种形式的权衡。但我们当然不一定认为这些动物在有意识地权衡得失。我们只要相信，如果那些动物的基因建造了灵敏的大脑，使它们在赌注中往往成为赢家，那么，作为直接的后果，这些动物生存下去的可能性就更大，这些基因从而得到遗传。

我们可以把打赌这个隐喻稍加引申。一个赌徒必须考虑 3 个主要的参数：赌注、机会、赢款。如果赢款额巨大的话，赌徒是愿意下大赌注的。一个孤注一掷的赌徒准是有机会博取大量赢款的。他当然也有输掉一切的可能，但平均说来，下大赌注的人和其他下小赌注以博取小额赢款的人比起来占不到什么便宜，也不见得会吃亏。交易所里买空卖空的投机商和稳扎稳打的投资者之间也有类似之处。在某些方面，交易所这个比喻比赌场更贴切，因为赌场里的输赢是受到操纵的，庄家到头来总归是赢家（严格说来，这意味着下大赌注的人比下小赌注的人输得多些，而下小赌注的人要比不打赌的人来得穷些。但在某种意义上对目前的论题来说，不打赌的例子是不怎么合适的）。撇开这个不谈，下大赌注和下小赌注似乎各有理由。动物界里有没有下大赌注的，或者比较保守的动物呢？我们将在第 9 章中看到，人们通常可以把雄性动物视为下大赌注、冒大风险的赌徒，而把雌性动物视为稳扎稳打的投资者，尤其是在雄性动物为得到配偶而相互争夺的一雄多雌的物种中。阅读本书的博物学家可以想到一些能称为下大赌注、冒大风险的物种，以及其他一些比较保守的物种。这里我要言归正传，谈谈基因如何对未来做预测这个带有更大普遍意义的主题。

在一些难以预见的环境中，基因如何预测未来是个难题，解决这个难题的一个办法是预先赋予生存机器以一种学习能力。为此，基因可以通过对其生存机器发出如下指示的形式来编制程序："下面这些会带来好处：口中的甜味、情欲亢进、适中的温度、微笑的小孩等。而下面这些会带来不快：各种痛苦、恶心、空空的肚皮、哭叫的小孩等。如果你碰巧做了某件事情之后便出现了不愉快的情况，切勿再做这种事情；在另一方面，重复做为你带来好处的任何事情。"这样编制的程序有一个好处，就是可以大大削减必须纳入原来程序的那些详尽的规则，同时可以应付事先未能预见到其细节的环境变化。在另一方面，基因仍然有必要做出某些预测。在我们列举的例子中，基因估计吃糖和交配可能对基因的生存有利，在这一意义上，口中的甜味以及情欲亢进是“有益的”。但根据这个例子，它们不能预见到糖精和自慰也可能为它们带来满足。它们也不能预见到，在我们这个糖多得有点反常的环境里吃糖过多的危险性。

学习战略已应用于计算机下棋的某些程序中。计算机和人对弈或和其他计算机对弈时，这些程序确实能不断得到改善。尽管它们备有一个规则和战术库，但它们的决定程序里也带有一个预先纳入的小小的随机趋向。它们把以往的种种决定记录下来，每当赢得一局时，它们就稍微增加为这局棋带来胜利的战术的权重，以便计算机下次再度采用同样战术的可能性增加一些。

预测未来的一个最有趣的方法是模拟。一位将军如果想知道某一项军事计划是否比其他可供选择的计划来得优越，他就面临做出预测的问题。天气、部队的士气以及敌人可能采取的反制措施都是未知数。如果想知道这个计划是否切实可行，一个办法是把该计划试行一下，看看其效果如何。然而，要把所有想象得出的计划都试行一下是不可取的，因为愿意“为祖国”献身的青年毕竟有限，而各种可能的计划实在多得很。进行与假想敌人交锋的演习也可以考验各种计划的实践性，这要比真刀真枪地干一下好。演习可以采取“北国”与“南国”全面交战的方式，使用的是空炮弹。但即使是这样也要耗费大量时间和物资。比较节约一些的办法是用玩具士兵和坦克在大地图上移来移去进行演习。

近年来，计算机已肩负起大部分模拟的职能，不仅在军事战略方面，而且在诸如经济学、生态学、社会学等必须对未来做出预测的一切领域。它使用的是这样的技术：在计算机内建立一个世界上某种事物的模型。这并不意味着，如果你揭开计算机的盖子，就可以看到一个和模拟对象相同的微型模仿物。在下棋的计算机里，记忆装置内没有任何看得出是棋盘以及马和卒各就各位的“形象”，有的只是代表棋盘以及各种棋子位置的一行行电子编码。对我们来说，地图是世界某一部分的平面缩影。在计算机里面，地图通常是以一系列城镇和其他地点的名字来代表的。每个地点附有两个数字——它的经度和纬度。计算机实际上如何容纳它这个世界的模型是无关紧要的，重要的是容纳的形式允许它操纵这个模型进行操作和试验，并以计算机操作员能够理解的语言汇报运算的结果。通过模拟技术，以模型进行的战役可以得出胜负，模拟的班机可以飞行或坠毁，经济政策可以带来繁荣或崩溃。无论模拟什么，计算机的整个运算过程只需实际生活中极小的一部分时间。当然，这些反映世界的模型也有好坏之分，而且即使是上好的模型也只能是近似的。不管模拟得如何逼真，计算机也不能预测到将要发生的全部实际情况，但好的模拟肯定远胜于盲目的试验和误差。我们本来可以把模拟称为代替性的“试验和误差”，不幸的是，这个术语早被研究老鼠心理的心理学家占用了。

如果模拟是这样一个好办法，我们可以设想生存机器本该是首先发现这个办法的，毕竟早在地球上出现人类以前，生存机器就已经发明了人类工程学的许多其他方面的技术：透镜和抛物面反射镜、声波的频谱分析、伺服控制系统、声呐、输入信息的缓冲存储器以及其他不胜枚举的东西。这些技术都有长长的名字，其具体细节这里不必赘述。模拟到底是怎么一回事呢？在我看来，如果你自己要做出一个困难的决定，而这个决定牵涉到一些将来的未知量，你也会进行某种形式的模拟。你设想在你采取各种可供选择的步骤之后将会出现的情况。你在大脑里建立一个模型，这个模型并不是世上万物的缩影，它仅仅反映出依你看来是有关的范围内有限的一组实体。你可以在心目中看到这些事物的生动形象，或者看到并操纵它们已经概念化了的形象。无论怎样，你的大脑里不会出现一个实际上占据空间的、反映你设想的事物的模型。但和计算机一样，你的大脑怎样表现这个模型的细节并不太重要，重要的是你的大脑可以利用这个模型来预测可能发生的事。那些能够模拟未来事物的生存机器，比只会在实际的试验和误差的基础上积累经验的生存机器要棋高一筹。问题是实际的试验既费时又费精力，明显的误差常常带来致命的后果，模拟则既安全又迅速。

模拟能力的演化似乎最终导致了主观意识的产生，在我看来，这是当代生物学所面临的最不可思议的奥秘。没有理由认为电子计算机在模拟时是具有意识的，尽管我们必须承认，有朝一日它们可能具有意识。意识的产生也许是由于大脑对世界事物的模拟已达到如此完美无缺的程度，以至于把它自己的模型也包括在内。显然，一个生存机器的肢体必然是构成它所模拟的世界的一个重要部分，可以假定，出于同样的理由，模拟本身也可以视为被模拟的世界的一个组成部分。事实上，“自我意识”可能是另外一种说法，但我总觉得这种说法用以解释意识的演化是不能十分令人满意的，部分原因是它牵涉到一个无穷尽的复归问题——如果一个模型可以有一个模型，那么为什么一个模型的模型不可以有一个模型呢……

不管意识引起了哪些哲学问题，就本书的论题而言，我们可以把意识视为一个进化趋向的终点，也就是说，生存机器最终从主宰它们的主人即基因那里解放出来，变成有执行能力的决策者。大脑不仅负责管理生存机器的日常事务，它也获得了预测未来并做出相应安排的能力。它甚至有能力拒不服从基因的命令，例如拒绝生育它们的生育能力所容许的全部后代。但就这一点而言，人类的情况是非常特殊的，我们在下面将谈到这个问题。

这一切和利他行为、自私行为有什么关系呢？我力图阐明的观点是，动物的行为，不管是利他的还是自私的，都在基因控制之下。这种控制尽管只是间接的，但仍然是十分强有力的。基因通过支配生存机器和它们的神经系统的建造方式对行为施加其根本影响。但此后怎么办，则由神经系统随时做出决定。基因是主要的策略制定者，大脑则是执行者。但随着大脑日趋高度发达，它实际上接管了越来越多的决策机能，并在决策过程中运用诸如学习和模拟的技巧。这个趋势在逻辑上的必然结果将会是，基因给予生存机器一个全面的策略性指示：请采取任何你认为是最适当的行动以保证我们的存在。但迄今为止还没有一个物种达到了这样的水平。

和计算机类比以及和人类如何做出决定进行类比确实很有意思。但我们必须回到现实中来，而且要记住，事实上进化是一步一步通过基因库内基因的差别性生存来实现的。因此，为使某种行为模式——利他的或自私的——能够演化，基因库内“操纵”那种行为的基因必须比“操纵”另外某种行为的、与之匹敌的基因或等位基因有着更大的存活可能性。一个操纵利他行为的基因[*]指的是对神经系统的发展施加影响，使之有可能表现出利他行为的任何基因。我们有没有通过实验取得证据表明利他行为是可遗传的呢？没有。但这也是不足为奇的，因为到目前为止，很少有人对任何行为进行遗传学方面的研究。还是让我告诉你们一个研究行为模式的实例吧！这个模式碰巧并不带有明显的利他性，但它相当复杂，足以引起人们的兴趣。这是一个说明如何继承利他行为的典型例子。

蜜蜂中有一种叫腐臭病（foul brood）的传染病。这种传染病会侵袭巢室内的幼虫。养蜂人驯养的品种中有些品种比其他品种更易于感染这种病，而且至少在某些情况下各品系之间的差异证明原因是它们行为上的不同。有些俗称卫生品系的蜜蜂[**]能够找到受感染的幼虫，把它们从巢室里拉出来并丢出蜂房，从而迅速地扑灭流行病。那些易感染的品系之所以易于染病，正是因为它们没有这种杀害病婴的卫生习惯。实际上这种卫生行为是相当复杂的。工蜂必须找到每一患病幼虫所居住的巢室，把上面的蜡盖揭开，拉出幼虫，把它拖出蜂房门，并弃之于垃圾堆上。

由于各种理由，用蜜蜂做遗传学实验可以说是一件相当复杂的事情。工蜂自己一般不繁殖，因此你必须以一个品系的蜂后和另外一个品系的雄蜂杂交，然后观察养育出来的子代工蜂的行为。罗森布勒（W. C. Rothenbuhler）所做的实验就是这样进行的。他发现第一代子代杂交种的所有蜂群都是不卫生的：它们亲代的卫生行为似乎已经消失，尽管事实上卫生行为的基因仍然存在，但这些基因已变成隐性基因了，像人类遗传蓝眼基因一样。罗森布勒后来以第一代的杂交种和纯粹的卫生品系进行“回交”（当然也是用蜂后和雄蜂），这一次他得到了绝妙的结果。子代蜂群分成三类：第一类表现出彻底的卫生行为，第二类完全没有卫生行为，而第三类是折中的。第三类蜜蜂能够找到染病的幼虫，揭开它们的蜡蜂巢的盖子，但只到此为止，它们并不扔掉幼虫。据罗森布勒的猜测，蜜蜂的基因库可能存在两种基因，一种是进行揭盖的，另一种是扔幼虫的。正常的卫生品系两者兼备，易受感染的品系则具有这两种基因的等位基因——它们的竞争对手。那些在卫生行为方面表现为折中的杂交种，大概仅仅具有揭盖的基因（其数量是原来的两倍）而不具有扔幼虫的基因。罗森布勒推断，他在实验中培育出来的，显然完全是不卫生的蜂群里可能隐藏着一个具有扔幼虫的基因的亚群，只是由于缺乏揭盖基因而无能为力罢了。他以非常巧妙的方式证实了他的推断：他自己动手把蜂巢的盖子揭开。果然，蜡盖揭开之后，那些看起来是不卫生的蜜蜂中有一半马上表现出完全正常的把幼虫扔掉的行为。

这段描述说明了前面一章提到的若干重要论点。它表明，即使我们对把基因和行为连接起来的各种胚胎因素中的化学连接一无所知，我们照样可以恰如其分地说“操纵某种行为的基因”。事实上，这一系列化学连接可以证明行为甚至包括学习过程。例如，揭盖基因之所以能发挥作用，可能是因为它首先让蜜蜂尝到受感染的蜂蜡的味道。就是说，蜂群会发觉把遮盖病虫的蜡盖吃掉是有好处的，因此往往一遍又一遍地这样做。即使基因果真是这样发挥作用的，只要具有这种基因的蜜蜂在其他条件不变的情况下进行揭盖活动，而不具有这种基因的蜜蜂不这样做，那么，我们还是可以把这种基因称为“揭盖”的基因。

其次，这段描述也说明了一个事实，那就是基因在对它们共有的生存机器施加影响时是“合作的”。扔幼虫的基因如果没有揭盖基因的配合是无能为力的，反之亦然。不过遗传学的实验同样清楚地表明，在贯穿世代的旅程中，这两种基因基本上是相互独立的。就它们的有益工作而言，你尽可以把它们视为一个单一的合作单位，但作为复制因子，它们是两个自由的、独立的行为者。

为了进行论证，我们有必要设想一下“操纵”各种不大可能的行为的基因。譬如我说假设有一种“操纵向溺水的同伴伸出援手的行为”的基因，而你却认为这是一种荒诞的概念，那就请你回忆一下上面提到的卫生蜜蜂的情况吧。要记住，在援救溺水者所涉及的动作中，如一切复杂的肌肉收缩、感觉整合甚至有意识的决定等等，我们并不认为基因是唯一的一个前提因素。关于学习、经验以及环境影响等是否与行为的形成有关这个问题我们没有表达意见。你只要承认这一点就行了：在其他条件不变的情况下，同时在许多其他的主要基因在场，以及各种环境因素发挥作用的情况下，一个基因，凭其本身的力量比它的等位基因有更大的可能促使一个个体援救溺水者。这两种基因的差别归根结底可能只是某种数量变数的差异。有关胚胎发育过程的一些细节尽管有趣，但与进化的种种因素无关。洛伦茨明确地阐明了这一点。

基因是优秀的程序编写者，它们为自身的存在编写程序。生活为它们的生存机器带来种种艰难险阻，在对付这一切艰难险阻时，这个程序能够取得多大成功就是判定这些基因优劣的根据。这种判断是冷酷无情的，关系到基因的生死存亡。下面我们将要谈到以表面的利他行为促进基因生存的方式。但生存机器最关切的显然是个体的生存和繁殖，为生存机器做出各种决定的大脑也是如此。属同一“群体”的所有基因都会同意将生存和繁殖放在首位，因此各种动物总是竭尽全力去寻找并捕获食物，设法避免自己被抓住或吃掉，避免罹病或遭受意外，在不利的天气条件下保护自己，寻找异性伴侣并说服它们同意交配，并将一些和它们享有的相似的优越条件赋予它们的后代。我不打算列举很多例子——如果你需要一个例证，那就请你下次仔细观察一下你看到的野兽吧，但我却很想在这里提一下一种特殊的行为，因为我们在下面谈到利他行为与自私行为时必须再次涉及这种行为。我们可以把这种行为概括性地称为联络（communication）。

我们可以这样说，一个生存机器对另一个生存机器的行为或其神经系统的状态施加影响的时候，前者就是在和后者进行联络。这并不是一个我打算坚持为之辩护的定义，但对我们目前正在探讨的一些问题来说，这个定义是能够说明问题的。我所讲的影响是指直接的、偶然的影响。联络的例子很多：鸟、蛙和蟋蟀的鸣唱，狗的摇动尾巴和竖起长颈毛，黑猩猩的“露齿而笑”，人类的手势和语言等。许许多多生存机器的行动，通过间接影响其他生存机器的行为，来提高其自身基因的利益。各种动物千方百计地使这种联络方式取得成效。鸟儿的鸣唱使人们世世代代感到陶醉和迷惘。我在前面讲过的座头鲸的歌声表达出更为高超的意境，同时也更迷人。它的音量宏大无比，可以传到极其遥远的地方，音域广阔，从人类能够听到的亚音速的、低沉的隆隆声到超音速的、短促的刺耳声。蝼蛄之所以能发出洪亮的歌声，是因为它们在泥土中精心挖成双指数角状扩音器一样的土穴，在里面歌唱，唱出的歌声自然得到放大。在黑暗中翩翩起舞的蜂群能够为其他觅食的蜂群准确地指出前进的方向以及食物在多远的地方可以找到。这种巧妙的联络方法只有人类的语言可以与之媲美。

动物行为学家的传统说法是，联络信号的逐步完善对发出信号者和接收信号者都有益。譬如说，雏鸡在迷途或受冻时发出的尖叫声可以影响母鸡的行为。母鸡听到这种吱吱啁啁的叫声后通常会应声而来，把小鸡领回鸡群。我们可以说，这种行为的形成是由于它为双方都带来好处：自然选择有利于迷途后会吱吱啁啁叫的雏鸡，也有利于听到这种叫声后随即做出适当反应的母鸡。

如果我们愿意的话（其实无此必要），我们可以认为雏鸡叫声之类的信号具有某种意义或传达了某种信息。在这个例子里，这种呼唤声相当于“我迷路了！”。我在第1章中提到的小鸟发出的报警声传递了“老鹰来了！”这一信息。那些收到这种信息并随即做出反应的动物无疑会得到好处。因此，这个信息可以说是真实的。可是动物会发出假的信息吗？它们会说谎吗？

动物说谎这种概念可能会令人误解，因此我必须设法防止这种误解的产生。我曾经出席过比阿特丽斯（Beatrice）和加德纳（Allen Gardner）主讲的一次讲座，内容是关于他们所训练的遐迩闻名的“会说话的”黑猩猩华舒（“她”以美国手语表达思想。对学习语言的学者来说，“她”的成就可能引起广泛的兴趣）。听众中有一些哲学家，在讲座结束后举行的讨论会上，对于华舒是否会说谎这个问题他们费了一番脑筋。我猜想，加德纳夫妇一定有些纳闷，为什么不谈谈其他更有趣的问题呢？我也有同感。在本书中，我所使用的“欺骗”“说谎”等字眼只有直截了当的含义，远不如哲学家们使用的那么复杂。他们感兴趣的是有意识的欺骗，而我讲的仅仅是在功能效果上相当于欺骗的行为。如果一只小鸟在没有老鹰出现的情况下使用“鹰来了”这个信号，从而把它的同伴都吓跑，让它有机会留下来把食物全都吃掉，我们可以说它是说了谎的。我们并不是说它有意识地去欺骗，我们所指的只不过是，说谎者在牺牲其同伴的利益的情况下取得食物。其他小鸟之所以飞走，是因为它们在听到说谎者报警时做出在真的有鹰出现的情况下的那种正常反应而已。

许多可供食用的昆虫，如前一章提到的蝴蝶，为了保护自己而模拟其他味道恶劣的或带刺的昆虫的外貌。我们自己也经常受骗，以为有黄黑相间条纹的食蚜蝇就是胡蜂。有些苍蝇在模拟蜜蜂时更是惟妙惟肖。食肉动物也会说谎，琵琶鱼在海底耐着性子等待，将自己隐蔽在周围环境中，唯一暴露出来的部分是一块像虫一样蠕动着的肌肉，它挂在鱼头上突出的一条长长的“钓鱼竿”末端。小鱼游近时，琵琶鱼会在小鱼面前抖动它那像虫一样的诱饵，把小鱼引到自己隐而不见的嘴巴旁。大嘴突然张开，小鱼被囫囵吞下。琵琶鱼也在说谎，它利用的是小鱼喜欢游近像虫一样蠕动着的东西的习性。它在说，“这里有虫”，任何“受骗上当”的小鱼都难逃被吞掉的命运。

有些生存机器会利用其他生存机器的性欲。蜂兰花（bee orchid）会引诱蜜蜂去和它的花蕊交配，因为这种兰花活像雌蜂。兰花从这种欺骗行为中得到的好处是花粉得到传播，因为一只分别受到两朵兰花欺骗的蜜蜂必然会把其中一朵兰花的花粉带给另外一朵。萤火虫（实际上是甲虫）向配偶发出闪光来吸引它们。每一物种都有其独特的莫尔斯电码一样的闪光方式，这样，不同萤火虫种群之间不会发生混淆不清的现象，从而避免有害的杂交。正像海员期待发现某些灯塔发出的独特闪光模式一样，萤火虫会寻找同一物种发出的密码闪光模式。*Photuris* 属的萤火虫雌虫“发现”，如果它们模拟 *Photinus* 属的萤火虫雌虫的闪光密码，它们

就能引来 *Photinus* 属的萤火虫雄虫。*Photuris* 属的雌虫就这样做了。当一只 *Photinus* 属的雄虫受骗接近时，雌虫就不客气地把它吃掉。说到这里，我们自然会想起与此相似的有关塞壬[a]和洛勒莱[b]的故事，但英国西南部的康沃尔人却会回想起那些为打劫而使船只失事的歹徒，后者用灯笼诱船触礁，然后劫掠从沉船中散落出来的货物。

每当一个联络系统逐渐形成时，这样的风险总会出现：某些生物利用这个系统来为自己谋私利。由于我们一直受到“物种利益”这个进化观点的影响，因此我们自然首先认为说谎者和欺骗者是属于不同的物种的：捕食的动物、被捕食的动物、寄生虫等等。然而，每当不同个体的基因之间发生利害冲突时，不可避免地会出现说谎、欺骗等行为以及用于自私的目的的联络手段等情况。这包括属于同一物种的不同个体。我们将会看到，甚至子女也会欺骗父母，丈夫也会欺骗妻子，兄弟俩也会相互欺骗。

有些人相信，动物的联络信号原来是为了促进相互的利益而发展的，只是后来为坏分子所利用。这种想法毕竟是过于天真。实际的情况很可能是：从一开始，一切的动物联络行为就掺有某种欺诈的成分，因为所有的动物在相互交往时至少要牵涉某种利害冲突。我打算在下面一章介绍一个强有力的观点，这个观点是从进化的角度来看待各种利害冲突的。

a. 塞壬（Siren），神话中半人半鸟的海妖，常以美妙的歌声诱惑经过的海员而使航船触礁沉没。

b. 洛勒莱（Lorelei），德国传说中的一种女妖，她出没在莱茵河岩石上，以其美貌及歌声诱惑船夫，使船触礁毁灭。

第 5 章

进犯行为：稳定性和自私的机器

本章所要讨论的主要是关于进犯行为这个在很大程度上被误解了的论题。我们将继续把个体作为一种自私的机器加以论述，这种机器的程序编制就是为了完成对作为一个整体的全部基因来说最有益的任何事情。这种说法是为了叙述的简便。本章结尾时我们将再回到以单个基因为对象的说法。

对于某个生存机器来说，另一个生存机器（不是前者的子女，也不是其他近亲）是它环境的一部分，就像一块岩石、一条河流或一块面包也属于它的环境一样。这个充当环境的生存机器可以制造麻烦，但也能够被加以利用。它同一块岩石或一条河流的一个重要区别在于：它往往会还击。因为它也是机器，拥有寄托着其未来的不朽基因，而且为了保存这些基因，它也不惜赴汤蹈火。自然选择有利于那些能够控制其生存机器并充分利用环境的基因，包括充分利用相同和不同物种的其他生存机器。

有时，生存机器似乎不大相互影响对方的生活。举例来说，鼹鼠同乌鸫不相互吞食，不相互交配，也不争夺居住地。即使如此，我们也不能认为它们老死不相往来。它们可能为某种东西而竞争，也许是争夺蚯蚓。这并不等于说你会看到鼹鼠和乌鸫为一条蚯蚓而你争我夺，事实上，一只乌鸫也许终其一生也见不到一只鼹鼠。但是，如果你把鼹鼠种群消灭干净，对乌鸫可能产生明显的影响，尽管对于发生影响的细节，或通过什么曲折迂回的间接途径发生影响，我都不敢妄加猜测。

不同物种的生存机器以各种各样的方式相互影响。它们可能是食肉动物或被捕食的动物，可能是寄生虫或宿主，也可能是争夺某些稀有资源的对手。它们可以通过各种特殊方式被利用，例如，花利用蜜蜂传播花粉。

属于同一物种的生存机器往往更加直接地相互影响对方的生活。发生这种情况有许多原因。原因之一是，自己物种的一半成员可能是潜在的配偶，而且对其子女来讲，它们有可能是勤奋和可以利用的双亲；另一个原因是，同一物种的成员非常相似，它们都是在同一类地方保存基因的机器，生活方式又相同，因此它们是一切生活必需资源的更直接的竞争者。对乌鸫来说，鼹鼠可能是它的竞争对手，但其重要性却远不及另一只乌鸫。鼹鼠同乌鸫可能为蚯蚓而进行竞争，但乌鸫同乌鸫不仅为蚯蚓，而且还为其他一切东西而相互争夺。如果它们属于同一性别，还可能争夺配偶。通常是雄性动物为争夺雌性配偶而相互竞争，其中道理我们在后文将会看到。这种情况说明，如果雄性动物对与之竞争的另一只雄性动物造成损害的话，也许会给它自己的基因带来好处。

因此，对于生存机器来说，合乎逻辑的策略似乎是将其竞争对手杀死，然后最好把它们吃掉。尽管自然界会发生屠杀和同类相食的现象，但认为这种现象普遍存在却是对自私基因理论的一种幼稚的理解。事实上，洛伦茨在《论进犯行为》一书中就强调过，动物间的搏斗具有克制和绅士风度的性质。他认为，动物间的搏斗有一点值得注意：它们的搏斗是一种正常的竞赛活动，像拳击或击剑一样，是按规则进行的。动物间的搏斗是一种手持钝剑或戴着手套进行的搏斗，威胁和虚张声势代替了真刀真枪，胜利者尊重降服的示意，它不会像我们幼稚的理论所能断言的那样，会给投降者以致命的打击或撕咬。

把动物的进犯行为解释成是有克制的而且是有一定规则的行为，可能会引起争论，尤其是把可怜的历史悠久的人类说成是屠杀自己同类的唯一物种，是该隐印记[a]以及种种耸人听闻的此类指责的唯一继承者，显然都是错误的。一个博物学家是强调动物进犯行为暴力的一面还是克制的一面，部分取决于他通常观察的动物的种类，部分取决于他在进化论方面的偏见，洛伦茨毕竟是一个主张“物种利益”的人。即使对动物搏斗方式的描述有些言过其实，但有关动物文明搏斗的观点至少是有些道理的。表面上看，这种现象似乎是一种利他主义的形式。自私基因的理论必须承担对这种现象做出解释的艰巨任务。为什么动物不利用每一个可能的机会竭尽全力将自己物种的竞争对手杀死呢？

对这一问题的一般回答是，那种破釜沉舟的好斗精神不但会带来好处，也会造成损失，而且不仅仅是时间和精力方面的明显损失。举例来说，假定B和C都是我的竞争对手，而我又正好同B相遇。作为一个自私的个体，按理讲我应想方设法将B杀死。但先别忙，请听我说下去。C既是我的对手，也是B的对手。如果我将B杀掉，就为C除掉了一个对手，我就无形中为C做了一件好事。我让B活着也许更好些，因为这样B就可能同C进行竞争或搏斗，我也就可以坐收渔翁之利。不分青红皂白地去杀死对手并无明显的好处，这个假设的简单例子的寓意即在于此。在一个庞大而复杂的竞争体系内，除掉一个对手并不见得就是一件好事，其他竞争对手很可能从中得到比你更多的好处。那些负责控制虫害的官员们得到的就是这类严重的教训。你遇到了一场严重的农业虫害，你发现了一种扑灭这场虫害的好办法，于是你高高兴兴地按这个办法去做了。殊不知这种害虫的消灭反而使另外一

a. 该隐印记，典出《圣经》，该隐是亚当的长子，曾杀害他的弟弟亚伯。

种害虫受益，其程度甚至超过对人类农业的好处。结果是，你的境遇比以前还要糟。

另一方面，有区别地把某些特定的竞争对手杀死，或至少与其进行搏斗，似乎是一个好主意。如果B是一只象形海豹（elephant seal），拥有一大群"妻妾"（harem），而我也是一只象形海豹，把它杀死我就能够把它的"妻妾"弄到手，那我这样做可能是明智的。即使在有选择的搏斗中会有损失，也是值得冒风险的。进行还击以保卫其宝贵的财产对B是有利的。如果是我挑起一场搏斗的话，我的下场同它一样，很可能以死亡告终，说不定它存我亡的可能性更大。我想同它进行搏斗是因为它掌握着一种宝贵的资源，但它为什么会拥有这种资源的呢？它也许是在战斗中赢来的。在和我交手以前，它也许已经击退过其他的挑战者，这说明它可能是一个骁勇善战的斗士。就算是我赢了这场搏斗而且得到了这群"妻妾"，但我可能在搏斗的过程中严重受伤，以致不能够享用得来的好处。而且，搏斗耗尽了时间和精力，把时间和精力暂时积蓄起来说不定更好。如果我一门心思进食，并且在一段时间内不去惹是生非，我会长得更大更强壮。最终我是会为争夺这群"妻妾"而同它进行搏斗的，但如果我等待一下而不是现在就匆促上阵，我获胜的机会可能更大。

上面这段自我独白完全是为了说明：在决定要不要进行搏斗之前，最好是对"得–失"进行一番可能是无意识的，但却是复杂的权衡。尽管进行搏斗无疑会得到某些好处，但并非百利而无一弊。同样，在一场搏斗的过程中，牵涉让搏斗升级还是缓和下来的每一个策略上的决定都各有其利弊，而且这些利弊在原则上都可以进行分析。个体生态学家对这种情况早已有所了解，尽管这种了解还不太清晰明确，但只有史密斯才能有力和明确地表述这种观点，而人们通常并不认为他是一位生态学家。他同普赖斯（G. R. Price）、帕克（G. A. Parker）合作运用数学分支中被称为博弈论（Game Theory）的工具进行研究。他们独到的见解能够用语言而非数学符号表达出来，尽管其精确程度因此而有些损失。

进化稳定策略（evolutionarily stable strategy，以下简称 ESS）[*]是史密斯提出的基本概念。他追根溯源，发现最早有这种想法的是汉密尔顿和麦克阿瑟（R. H. MacArthur）。“策略”是一种程序预先编制好的行为方式。例如，“向对手进攻，如果它逃你就追，如果它还击你就逃”就是一种策略。我们所说的策略并不是个体有意识地制订出来的，弄清这一点十分重要。不要忘记，我们把动物描绘成机器人一样的生存机器，它的肌肉由一架程序预先编制好的计算机控制。用文字把策略写成一组简单的指令只是为了便于我们思考。由某种难以具体讲清楚的机制作用产生的动物行为，就好像是以这样的指令为根据的。

凡是种群的大部分成员采用某种策略，而这种策略的好处是其他策略所不及的，这种策略就是进化稳定策略或称 ESS。这一概念既微妙又很重要。换句话讲，对于个体来说，最好的策略取决于种群的大多数成员在做什么。由于种群的其余部分也是由个体组成的，而它们都力图最大限度地扩大其各自的成就，因而能够持续存在的必将是这样一种策略：它一旦形成，任何举止异常的个体的策略都不可能与之比拟。在环境的一次大变动之后，种群内可能出现一个短暂的进化上的不稳定阶段，甚至可能出现波动。但一种 ESS 一旦确立，就会稳定下来：偏离 ESS 的行为将受到自然选择的惩罚。

为将这一观点用于解释进犯行为，我们来研究一下史密斯假设的一个最简单的例子。假定有一个特定的物种叫“鹰和鸽子”（这两个名称系人类的传统用法，但同这两种鸟的习性无关：其实鸽子是一种进攻性相当强的鸟）。在这个物种的某个种群中只存在两种搏斗策略。在我们这个假定的种群中，所有个体不是鹰就是鸽子。鹰搏斗起来总是全力以赴、孤注一掷的，除非身负重伤，否则绝不退却；而鸽子却只是以风度高雅的惯常方式进行威胁恫吓，从不伤害其他动物。如果鹰同鸽子搏斗，鸽子就迅即逃跑，因此鸽子不会受伤。如果是鹰同鹰进行搏斗，它们会一直打到其中一只受重伤或死亡才罢休。如果是鸽子同鸽子相遇，那就谁也不会受伤；它们长时间地摆开对峙的架势，直到它们中的一只感到疲劳了，或者感到厌烦而决定不再对峙下去，从而做出让步为止。我们暂且假定一个个体事先无法知道它的对手是鹰还是鸽子，只有在与之进行搏斗时才能弄清楚，而且它也记不起过去同哪些个体进行过搏斗，因此无从借鉴。

现在，作为一种纯粹是随意规定的比赛规则，我们规定竞赛者“得分”标准如下：赢一场 50 分，输一场 0 分，重伤者-100 分，使竞赛拖长而浪费时间者-10 分。我们可以把这些分数视为能够直接转化为基因生存的筹码。得分高而平均“盈利”也高的个体就会在基因库中遗留下许多基因。在现实中，实际的数值对分析并无多大意义，但却可以帮助我们去思考这一问题。

鹰在同鸽子搏斗时，鹰是否有击败鸽子的倾向，对此我们并不感兴趣，这一点是重要的。我们已经知道这个问题的答案了：鹰永远会取胜。我们想要知道的是：究竟鹰和鸽子谁是进化稳定策略型？如果其中一种是 ESS 型而另一种不是，那么我们认为属于 ESS 型的那种才会进化。从理论上讲，存在两种 ESS 型是可能的。不论种群大多数成员所采取的碰巧是什么样的策略——鹰策略也好，鸽子策略也好——对任何个体来说，如果最好的策略是随大流的话，那么，存在两种 ESS 型是可能的。在这种情况下，种群一般总是保持在自己的两种稳定状态中它首先达到的那一种状态。然而我们将会看到，这两种策略，不论是鹰的策略还是鸽子的策略，事实上单凭其自身不可能在进化上保持稳定性，因此我们不应该指望任何一个会得以进化。为了说明这一点，我们必须计算平均盈利。

假设有一个全部由鸽子组成的种群。不论它们在什么时候进行搏斗，谁也不会受伤。这种比赛都是一些时间拖得很长、按照仪式进行的竞赛，也许是虎视眈眈地对峙，只有当一个对手让步，这种竞赛才宣告结束。于是得胜者因获取有竞争性的资源而得 50 分，但因长时间的对峙而浪费时间得−10 分，因此净得 40 分。而败方也因浪费时间得−10 分。每只鸽子平均输赢各半。因此每场竞赛的平均盈利是 40 分和−10 分的平均数，即 15 分。所以，鸽子种群中每只鸽子看来成绩都不错。

但是现在假设在种群中出现了一个突变型的鹰。由于它是种群中唯一的一只鹰，因此它的每一次搏斗都是同鸽子进行的。鹰对鸽子总是保持不败纪录，因此它每场搏斗净得 50 分，而这个数字也就是它的平均盈利。由于鸽子的盈利只有 15 分，因此鹰享有巨大的优势。结果鹰的基因在种群内得以迅速散布。但鹰却再也不能指望它以后遇到的对手都是鸽子了。再举一极端例子，如果鹰基因的成功扩散使整个种群都变成了鹰的天下，那么所有的搏斗都变成鹰同鹰之间的搏斗，这时情况就完全不同了。当鹰与鹰相遇时，其中一个受重伤，得-100分，而得胜者得50分。鹰种群中每只鹰在搏斗中可能胜负各半，因此，它在每场搏斗中平均可能得到的盈利是50分和-100分的对半，即-25分。现在让我们设想一下一只生活在鹰种群中孑然一身的鸽子的情景吧。毫无疑问，它每次搏斗都要输掉，但它绝不会受伤。因此，它在鹰种群中的平均盈利为0分，而鹰种群中的鹰平均盈利却是-25分，鸽子的基因就有在种群中散布开来的趋势。

按照我的这种叙述方式，好像种群中存在一种连续不断的摇摆状态。鹰的基因扶摇直上迅速占据优势；鹰在数量上占据多数的结果是，鸽子基因必然受益，继而数量增加，直到鹰的基因再次开始繁衍，如此等等。然而情况并不一定是这样摇摆动荡。鹰同鸽子之间有一个稳定的比例。你只要按照我们使用的任意规定的评分制度计算一下的话，就能得出其结果是鸽子同鹰的稳定比例为$\frac{5}{12}:\frac{7}{12}$。在达到这一稳定比例时，鹰同鸽子的平均盈利完全相等。因此，自然选择不会偏袒甲而亏待乙，而会一视同仁。如果种群中鹰的数目开始上升，不再是$\frac{7}{12}$，鸽子就会开始获得额外的优势，比例会再回复到稳定状态。如同我们将要看到的性别的稳定比例是50 ∶ 50一样，在这一假定的例子中，鹰同鸽子的稳定比例是7 ∶ 5。在上述的两种比例中，如果发生偏离稳定点的摇摆，这种摆动的幅度也不一定很大。

这种情况乍听起来有点像类群选择，但实际上与类群选择毫无共同之处。之所以这种情况听上去像类群选择，是因为它使我们联想到处于一种稳定平衡状态的种群，每当这种平衡被打破，该种群往往能够逐渐恢复这种平衡。但ESS较之类群选择是一种远为精细微妙的概念。它同某些群体比另外一些群体获得更大成功这种情况毫无关系。只要应用我们假定的例子中的任意评分制度就能很好地加以说明。在由$\frac{7}{12}$的鹰和$\frac{5}{12}$的鸽子组成的稳定种群中，个体的平均盈利被证明为$6\frac{1}{4}$分。不论该个体是鹰还是鸽子都是如此。$6\frac{1}{4}$分比鸽子种群中每只鸽子的平均盈利（15 分）少很多。只要大家都同意成为鸽子，每个个体都会受益。根据单纯的类群选择，任何群体，如其所有个体都一致同意成为鸽子，它所取得的成就比停留在 ESS 比例上的竞争群体要大得多（事实上，纯粹由鸽子组成的集团并不一定是最能获得成功的群体。由$\frac{1}{6}$的鹰和$\frac{5}{6}$的鸽子组成的群体中，每场竞赛的平均盈利 $16\frac{2}{3}$分。按这个比例组成的群体才是最有可能获得成功的集团。但就目前的论题而言，我们可以不必考虑这种情况。对每一个个体来说，比较单纯的全部由鸽子组成集团，由于每一个个体的平均盈利为 15 分，它要比 ESS 优越得多）。因此，类群选择理论认为向全部由鸽子组成的集团进化是发展的趋势，因为鹰占$\frac{7}{12}$的群体取得成功的可能性要小些。但问题是，即使是那些从长远来讲能为其每一成员带来好处的集团，仍免不了会出现害群之马。清一色的鸽子群体中每一只鸽子的境遇都比 ESS 群体中的鸽子好些，这是事实。然而遗憾的是，在鸽子集团中，一只鹰单枪匹马就可干出无与伦比的业绩，任何力量也不能阻止鹰的进化。因此这个集团因出现内部的背叛行为而难逃瓦解的厄运。ESS 种群的稳定倒不是由于它特别有利于其中的个体，而仅仅是由于它无内部背叛行为之隐患。

人类能够结成各种同盟或集团，即使这些同盟或集团在 ESS 的意义上来说并不稳定，但对每个个体来说却是有利的。这种情况之所以可能发生，仅仅是由于每一个个体都能有意识地运用其预见能力，从而懂得遵守盟约的各项规定是符合其长远利益的。某些个体为有可能在短期内获得大量好处而不惜违犯盟约，这种做法的诱惑力会变得难以抗拒。这种危险甚至在人类缔结的盟约中也是始终存在的。垄断价格也许是最能说明问题的一个例子。将汽油的统一价格定在某种人为的高水平上，是符合所有加油站老板的长远利益的。那些操纵价格的集团，由于对最高的长远利益进行有意识的估计判断，因此能够存在相当长的时期。但时常有个别的人会受到牟取暴利的诱惑而降低价格。这种人附近的同行就会立刻步其后尘，于是降低价格的浪潮就会波及全国。让我们感到遗憾的是，那些加油站老板有意识的预见能力这时重新发挥了作用，并缔结垄断价格的新盟约。所以，甚至在人类这一具有天赋的自觉预见能力的物种中，以最高的长远利益为基础的盟约或集团，由于出现内部的叛逆而摇摇欲坠，经常有土崩瓦解的可能。在野生动物中，由于它们为竞争的基因所控制，群体利益或集团策略能够得以发展的情形就更少见。我们所能见到的情况必然是：进化稳定策略无处不在。

在上面的例子中，我们简单地假定每一个个体不是鹰就是鸽子。我们得到的最终结果是，鹰同鸽子达到了进化上的稳定比例。事实上，我们说的是鹰的基因同鸽子的基因在基因库中实现了稳定的比例。这种现象在遗传学的术语里被称为稳定的多态性（polymorphism）。就数学而言，可以通过下面这个途径来实现没有多态性的完全相等的 ESS。如果在每次具体竞赛中每一个个体都能够表现得不是像鹰就是像鸽子的话，这样一种 ESS 就能实现：所有的个体表现得像鹰一样的概率完全相等。在我们的具体例子中这个概率就是$\frac{7}{12}$。实际上这种情况说明，每一个个体在每次参加竞赛时，对于在这次竞赛中究竟要像鹰还是像鸽子那样行动，事先已随意做出了决定，尽管决定是随意做出的，但总是考虑到鹰 7 鸽 5 的比例。虽然这些决定偏向于鹰，但必须是任意的，所谓任意是指一个对手无法事先猜出对方在任何具体的竞赛中将采取何种行动，这一点是至关重要的。例如，在连续 7 次搏斗中充当鹰的角色，然后在连续 5 次搏斗中充当鸽子的角色如此等等是绝对不可取的。如果任何个体采用如此简单的搏斗序列，它的对手很快就会识破这种策略并加以利用。要对付这种采用简单搏斗序列的战略者，当知道它在搏斗中充当鸽子的角色时，你以鹰的行动去应战就能处于有利地位。

当然，鹰同鸽子的故事简单得有点幼稚。这是一种“模式”，虽然这种情况在现实自然界中不会发生，但它可以帮助我们去理解自然界实际发生的情况。模式可以非常简单，如我们假设的模式，但对理解一种论点或得出一种概念仍旧是有助益的。简单的模式能够加以丰富扩展，使之逐渐形成更加复杂的模式。如果一切顺利的话，随着模式渐趋复杂，它们也会变得更像实际世界。要发展鹰和鸽子的模式，一个办法就是引进更多的策略。鹰和鸽子并不是唯一的可能性。史密斯和普赖斯介绍的一种更复杂的策略被称为还击策略者（Retaliator）。

还击策略者在每次搏斗开始时表现得像鸽子，就是说它不像鹰那样，开始进攻就孤注一掷，凶猛异常，而是摆开通常那种威胁恫吓的对峙姿态，但是对方一旦向它进攻，它即还击。换句话说，还击策略者当受到鹰的攻击时，它的行为像鹰；当同鸽子相遇时，它的行为像鸽子；而当它同另一个还击策略者遭遇时，它的表现却像鸽子。还击策略者是一种以条件为转移的策略者，它的行为取决于对方的行为。

另一种有条件的策略者称为恃强凌弱的策略者（Bully）。它的行为处处像鹰，但一旦受到还击，它就立刻逃之夭夭。还有一种有条件的策略者是试探性还击策略者（Prober-retaliator）。它基本上像还击策略者，但有时也会试探性地使竞赛短暂地升级。如果对方不还击，它坚持像鹰一样行动；如果对方还击，它就回复到鸽子的那种通常的威胁恫吓姿态。如果受到攻击，它就像普通的还击策略者一样进行还击。

如果将我提到的 5 种策略都放进一个模拟计算机中去，使之相互较量，结果其中只有一种，即还击策略，在进化上是稳定的。试探性还击策略近乎稳定。鸽子策略不稳定，因为鹰和恃强凌弱者会侵犯鸽子种群。由于鹰种群会受到鸽子和恃强凌弱者的进犯，因此鹰策略也是不稳定的。由于恃强凌弱者种群会受到鹰的侵犯，恃强凌弱者策略也是不稳定的。在由还击策略者组成的种群中，由于其他任何策略也没有还击策略本身取得的成绩好，因此它不会受其他任何策略的侵犯。然而鸽子策略在纯由还击策略者组成的种群中也能取得相等的好成绩。这就是说，如果其他条件不变，鸽子的数目会缓慢地逐渐上升。如果鸽子的数目上升到相当大的程度，试探性还击策略（而且连同鹰和恃强凌弱者）就开始获得优势，因为在同鸽子的对抗中它们要比还击策略取得更好的成绩。试探性还击策略本身不同于鹰策略和恃强凌弱策略，在试探性还击策略的种群中，只有其他一种策略，即还击策略，比它取得的成绩好些，而且也只是稍微好一些。在这一意义上讲，它几乎是一种 ESS。因此我们可以设想，还击策略和试探性还击策略的混合策略可能趋向于占绝对优势，在这两种策略之间也许甚至有幅度不大的摇摆，同时占比例极小的鸽子在数量上也有所增减。我们不必再根据多态性去思考问题，因为根据多态性，每一个个体永远不是采用这种策略，就是采用另一种策略。每一个个体事实上可以采用一种还击策略、试探性还击策略以及鸽子策略三者相混合的复杂策略。

这一理论的结论同大部分野生动物的实际情况相去不远。从某种意义上说，我们已经阐述了动物进犯行为中“文明”的一面。至于细节，当然取决于赢、受伤和浪费时间等等的实际“得分”。对于象形海豹来说，得胜的奖赏可能是让它几乎独占一大群“妻妾”。因此这种取胜的盈利应该说是很高的。这就难怪它们搏斗起来是那样穷凶极恶，而造成重伤的可能性又是如此之高。把在搏斗中受伤所付出的代价与赢得胜利所得到的好处相比，浪费时间所付出的代价应该说是小的。但另一方面，对一只生活在寒冷的气候中的小鸟来说，浪费时间的代价可能是极大的。喂养雏鸟的大山雀平均每 30 秒钟就需要捕到一个猎物。白天的每一秒钟都是珍贵的。在鹰同鹰的搏斗中，浪费的时间相对来说是短促的，但比起它们受伤的风险，对时间的浪费也许应该看作一件更为严重的事情。遗憾的是，对于在自然界中各种活动所造成的损失以及带来的利益，目前我们知之甚少，不能够给出实际数字。我们不能单纯从我们自己任意选定的数字中轻易地得出结论。ESS 型往往能够得以进化，它同任何群体性的集团所能实现的最佳条件不是一回事。常识会使人误入歧途，上述这些总的结论是重要的。

史密斯所思考的另一类战争游戏叫作“消耗战”。我们可以认为，这种“消耗战”发生在从不参加危险战斗的物种中，也许是盔甲齐全的一个物种，它受伤的可能性很小。这类物种中的一切争端都是按传统的方式摆摆架势来求得解决的。竞赛总是以参加竞赛的一方让步而告终。你要是想赢得胜利，只要虎视眈眈地注视着对方，坚持到底毫不动摇，直到对方最终逃走。显然任何动物都不能够无限期地进行威胁恫吓，因为其他地方还有重要的事情要做。它为之竞争的资源诚可宝贵，但其价值也并非无限。它的价值只值得花这么多时间，而且正如拍卖一样，每一个人只准备出那么多钱。时间就是这种只有两个出价人参加的拍卖中使用的筹码。

我们假定所有这些个体都事先精确估计某一种具体资源（如雌性动物）值得花多长时间，那么一个打算为此稍微多花一点时间的突变性个体就永远是胜利者。因此，出价极限固定不变的策略是不稳定的。即使资源的价值能够被非常精确地估计出来，而且所有个体的出价也都恰如其分，这种策略也是不稳定的。任何两个个体按照极限策略出价，它们会在同一瞬间停止喊价，结果谁也没有得到这一资源！在这种情况下，与其在竞赛中浪费时间，倒不如干脆一开始就弃权来得划算。消耗战同实际拍卖之间的重要区别在于，在消耗战中参加竞赛的双方毕竟都要付出代价，但只有一方得到这项资源。所以，在极限出价者的种群中，竞赛一开始就弃权的策略会获得成功，从而也就在种群中扩散开来。其结果必然是，对于那些没有立刻弃权而是在弃权之前稍等那么几秒钟的个体来说，它们可能得到的某些好处开始增长起来。这是一种用以对付已经在种群中占绝对优势的那些不战而退的个体的有利策略。这样，自然选择促进个体在弃权之前坚持一段时间，使这段时间逐渐延长，直至再次延长到有争议的资源的实际经济价值所容许的极限。

谈论之际，我们不知不觉又对种群中的摇摆现象进行了描述。然而数学上的分析再次表明，这种摇摆现象并非不可避免。进化稳定策略是存在的，它不仅能够以数学公式表达出来，而且能用语言这样来说明：每一个个体在一段不能预先估计的时间内进行对峙，就是说，在任何具体场合难以预先估计，但按照资源的实际价值可以得出一个平均数。举例说，假如该资源的实际价值是5分钟的对峙，在进化稳定策略中，任何个体都可能持续5分钟以上，或者少于5分钟，或者恰好5分钟。重要的是，对方无法知道在这一具体场合中它到底准备坚持多长时间。

在消耗战中，个体对于它准备坚持多久不能有任何暗示，这一点显然是极为重要的。对任何个体来说，认输的念头一旦流露，哪怕只是一根胡须抖动了一下，都会立刻使它处于不利地位。如果说胡须抖动一下就是预示在1分钟内就要退却的可靠征兆，赢得胜利的一个非常简单的策略是："如果你的对手的胡须抖动了一下，不论你事先准备坚持多久，你都要再多等1分钟。如果你的对手的胡须尚未抖动，而这时离你准备认输的时刻已不到1分钟了，那你就立刻弃权，不要再浪费任何时间。绝不要抖动你自己的胡须。"因此，抖动胡须或预示未来行为的任何类似暴露形式都会很快受到自然选择的惩罚。不动声色的面部表情会得到发展。

为什么要面部表情不动声色，而不是公开说谎呢？其理由还是因为说谎行为是不稳定的。假定情况是这样的：在消耗战中，大部分个体只有在确实想长时期战斗下去时才把颈背毛竖起来，那么，能够发展的将是明显的相反策略：在对手竖起颈背毛时立刻认输。但这时说谎者的队伍有可能开始逐渐形成。那些确实无意长时间战斗下去的个体在每次对峙中都将其颈背毛竖起，于是胜利的果实唾手可得。说谎者基因因此扩散开来。在说谎者成为多数时，自然选择就又会有利于那些能够迫使说谎者摊牌的个体，因而说谎者的数目会再次减少。在消耗战中，说谎和说实话同样都不是进化稳定策略，不动声色的面部表情方是进化稳定策略，即使最终认输，也是突如其来和难以预料的。

以上我们仅就史密斯称之为“对称性”（symmetric）竞赛的现象进行探讨。意思是说，我们所做的假定是，竞赛参加者除搏斗策略之外，其余一切方面的条件都是相等的。我们把鹰和鸽子假定为力量强弱相同，具有的武器和防护器官相同，而且可能赢得的胜利果实也相同。对于假设一种模式来说，这是简便的，但并不太真实。帕克和史密斯也曾对“不对称”的竞赛进行了探讨。举例说，如果个体在体形大小和搏斗能力方面各不相同，而每一个个体也能够对自己的和对手的体形大小进行比较并做出估计的话，这对形成的 ESS 是否有影响？肯定是有影响的。

不对称现象似乎主要有三类。第一类就是我们刚才提到的那种情况：个体在大小或搏斗装备方面可能不同；第二类是个体可能因胜利果实的多寡而有所区别。比如说，衰老的雄性动物，由于其余生不会很长，如果受伤，它的损失较之来日方长的、精力充沛的年轻雄性动物可能要少。

第三类，纯属随意假定而且明显互不相干的不对称现象能够产生一种 ESS，因为这种不对称现象能够使竞赛很快见分晓，这是这种理论的一种异乎寻常的推论。比如说，通常会发生这样的情况，两个竞争者中的一个比另一个早到达竞赛地点，我们就分别称它们为“留驻者”（resident）和“闯入者”（intruder）。为了便于论证，我是这样进行假定的，留驻者和闯入者都不因此而具有任何附加的有利条件。我们将会看到，这一假定在实际生活中可能与事实不符，但这点并不是问题的关键。问题的关键在于，纵令留驻者具有优于闯入者的有利条件这种假定无理可据，基于不对称现象本身的ESS也很可能得以形成。简单地讲，这和人类抛掷硬币，并根据硬币的正反面来迅速而毫无争议地解决争论的情况有类似之处。

“如果你是留驻者，进攻；如果你是闯入者，退却”这种有条件的策略能够成为ESS。由于不对称现象是任意假定的，因此，“如果是留驻者，退却；如果是闯入者，进攻”这种相反的策略也有可能是稳定的。具体种群中到底采取这两种ESS中的哪一种，这要取决于其中的哪一种ESS首先达到多数。个体的大多数一旦运用这两种有条件的策略中的某一种，所有脱离群众的行为皆会受到惩罚，这种策略就因之成为ESS。

譬如说，假定所有个体都实行“留驻者赢，闯入者逃”的策略，即它们所进行的搏斗将会是输赢各半，那么它们绝不会受伤，也绝不会浪费时间，因为一切争端都按任意做出的惯例迅速得到解决。现在让我们设想出现一个新的突变型叛逆者。假定它实行的是纯粹的鹰的策略，永远进攻，从不退却，那么它的对手是闯入者时，它就会赢；而当它的对手是留驻者时，它就要冒着受伤的很大风险。平均来说，它比那些按ESS任意规定的准则进行比赛的个体得分要低些。如果叛逆者不顾惯常的策略而试图反其道而行之，采取“如身为留驻者就逃，如身为闯入者就进攻”的策略，那么它的下场会更糟。它不仅时常受伤，而且也极少有机会赢得一场竞赛。然而，假定由于某些偶然的变化，采用同惯例相反的策略的个体竟然成了多数，这样它们的这种策略就会成为一种准则，偏离它就要受到惩罚。可以想见，我们如果连续观察一个种群好几代，就能看到一系列偶然发生的从一种稳定状态跳到另一种稳定状态的现象。

但是在实际生活中可能并不存在真正的任意不对称现象。如留驻者实际上可能比闯入者享有更有利的条件，因为它们对当地的地形更熟悉。闯入者也许更可能是气喘吁吁的，因为它必须赶到战斗现场，而留驻者却是一直待在那里的。两种稳定状态中，“留驻者赢，闯入者退”这种状态存在于自然界的可能性更大，之所以如此的理由是比较深奥的。这是因为“闯入者赢，留驻者退”这种相反的策略有一种固有的自我毁灭倾向，史密斯把这种策略称为自相矛盾的策略。处于这种自相矛盾中的 ESS 状态的任何种群中，所有个体总是极力设法避免处于留驻者的地位：无论何时与对手相遇，它们总是千方百计地充当闯入者。为了做到这一点，它们只有不停地四处流窜，居无定所，这是毫无意义的。这种进化趋势，除无疑会招致时间和精力上的损失之外，其本身往往导致“留驻者”这一类型的消亡。在处于另一种稳定状态，即“留驻者赢，闯入者退”的种群中，自然选择偏爱努力成为留驻者的个体。对每一个个体来说，就是要坚守一块具体地盘，尽可能少离开，而且摆出“保卫”它的架势。这种行为如大家所知，在自然界中随处可见，大家把这种行为称为“领土保卫”。

就我所知，伟大的个体生态学家廷贝亨所做的异常巧妙和一目了然的试验，再精彩不过地展示了这种行为上的不对称性。他有一个鱼缸，其中放了两条雄性刺鱼。它们在鱼缸的两端各自做了巢，并各自“保卫”其巢穴附近的水域。廷贝亨将这两条刺鱼分别放入两个大的玻璃试管中，再把两个试管并排放一起，只见它们隔着玻璃管试图相互搏斗。于是产生了十分有趣的结果。当他将两个试管移到刺鱼A的巢穴附近时，A就摆出进攻的架势，而刺鱼B就试图退却；但当他将两个试管移到刺鱼B的水域时，因主客易地而形势倒转。廷贝亨只要将两个试管从鱼缸的一端移向另一端，他就能指挥哪条刺鱼进攻，哪条退却。很显然，两条刺鱼实行的都是简单的有条件策略：“凡是留驻者，进攻；凡是闯入者，退却。”

这种领土行为有什么生物学上的“好处”呢？这是生物学家时常要问的问题，生物学家提出了许多论点，其中有些论点稍后我们将会提及。但是我们现在就可以看出，提出这样的问题可能本来就是不必要的。这种领土“保卫”行为可能仅仅是由于抵达时间的不对称性而形成的一种ESS，而抵达时间的不对称性通常就是两个个体与同一块地盘之间关系的一种特点。

体形的大小和一般的搏斗能力，被人们认为是非任意性不对称现象中最重要的形式。体形大不一定就是赢得搏斗不可或缺的最重要的特性，但可能是特性之一。在两个个体搏斗时比较大的一个总是赢的情况下，如果每一个个体都能确切知道自己比对手大还是小，只有一种策略是明智的：“如果你的对手比你体形大，赶快逃跑。同比你体形小的进行搏斗。”假使体形的重要性并不那么肯定，情况就随之更复杂些。如果体形大还是具有一点优越性的话，我刚才讲的策略就仍旧是稳定的。如果受伤的风险很大的话，还可能有一种“似非而是的策略”，即“专挑比你大的进行搏斗，见到比你小的就逃”！称其为“似非而是”的原因是不言而喻的。因为这种策略似乎完全违背常识。它之所以能够稳定，原因在于：在全部由似非而是的策略者组成的种群中，绝不会有人受伤，因为每场竞赛中，逃走的总是参加竞赛的较大的一个。一个大小适中的突变体如实行的是“合理”的策略，即专挑比自己体积小的对手，他就要同他所遇见的人中的一半进行逐步加剧的严重搏斗。因为，如果他遇到比自己小的个体，他就进攻；而较小的个体拼命还击，因为后者实行的是似非而是策略；尽管合理策略的实行者比似非而是策略的实行者赢得胜利的可能性更大一些，但他仍旧冒着失败和严重受伤的实际风险。由于种群中大部分个体实行似非而是的策略，因而一个合理策略的实行者比任何一个似非而是策略的实行者受伤的可能性都大。

即使似非而是的策略可能是稳定的，但它大概只具有学术上的意义。似非而是策略的搏斗者只有在数量上大大超过合理策略的搏斗者的情况下才能获得较高的平均盈利。首先，这样的状况如何能出现实在令人难以想象。即使出现这种情况，合理策略者与似非而是策略者的比例也只要略微向合理策略者一边移动一点，便达到另一种 ESS——合理的策略——的“引力区域”（zone of attraction）。所谓引力区域即种群的一组比例，在这个例子里，合理策略者处于这组比例的范围内时是有利的：种群一旦到达这一区域，就不可避免地被引向合理的稳定点。要是在自然界能够找到一个似非而是的 ESS 实例会是一件令人兴奋的事情，但我怀疑我们能否抱这样的奢望［我话说得太早了。在我写完了上面这句话之后，史密斯教授提醒我注意伯吉斯（Burgess）关于墨西哥群居蜘蛛（*Oecobius civitas*，拟壁钱属）的行为所做的下述描绘：“如果一只蜘蛛被惊动并被赶出其隐蔽的地方，它就会急匆匆地爬过岩石。如岩石上面无隙缝可藏身，就可能到同一物种的其他蜘蛛的隐蔽地点去避难。如果闯入者进来时，这只蜘蛛正在家里，它并不进攻，而是急匆匆爬出去再为自己去另寻新的避难所。因此，一旦第一只蜘蛛被惊动，从一个蜘蛛网到另一个蜘蛛网的一系列替换过程要持续几秒钟，这种情况往往会使聚居区的大部分蜘蛛从它们本来的隐蔽所迁徙到另一只蜘蛛的隐蔽所。"(《群居蜘蛛》，刊载于《科学美国人》1976 年 3 月号）这就是前文所讲的那种意义上的似非而是的现象]。*

假如个体对以往搏斗的结果保留某些记忆，情况又会是怎样呢？这要看这种记忆是具体的还是一般的。蟋蟀对以往搏斗的情况具有一般的记忆。一只蟋蟀如果在最近多次搏斗中获胜，它就会变得更具有鹰的特点；而一只最近连遭败北的蟋蟀的特点会更接近鸽子。亚历山大（R. D. Alexander）很巧妙地证实了这种情况，他利用一个模型蟋蟀痛击真正的蟋蟀。吃过这种苦头的蟋蟀再同其他真正的蟋蟀搏斗时多数要失败。我们可以说，每只蟋蟀在同其种群中有平均搏斗能力的成员做比较的同时，对自己的搏斗能力不断做出新的估计。如果把对以往的搏斗情况具有一般记忆的动物，如蟋蟀，集中在一起组成一个与外界不相往来的群体，过一段时间之后，很可能会形成某种类型的优势序位（dominance hierarchy）。** 观察者能够把这些个体按级别的顺序排列。在这一顺序中级别低的个体通常要屈从于级别高的个体。这倒没有必要让人认为这些个体相互能够辨认。习惯于赢的个体就越是会赢，习惯于输的个体就越是要输。实际情况就是如此。即使开始时个体的胜利或失败完全是偶然的，它们还是会自动归类形成等级。这种情况附带产生了一个效果：群体中激烈的搏斗逐渐减少。

我不得不用“某种类型的优势序位”这样一个名称，因为许多人只把“优势序位”这个术语用于个体具有相互辨认能力的情况。在这类例子中，对于以往搏斗的记忆是具体的而不是一般的。作为个体来说，蟋蟀相互辨认不出彼此，但母鸡和猴子都能相互辨认。如果你是一只猴子的话，一只过去曾经打败过你的猴子，今后还可能会打败你。对个体来说，最好的策略是，对先前曾打败过它的个体采取相对带有鸽派味道的态度。如果我们把一群过去从未相见的母鸡放在一起，通常会引起许多搏斗。一段时间之后，搏斗越来越少，但其原因同蟋蟀的情况不同。对母鸡来说，搏斗减少是因为在个体的相互关系中，每一个个体都能“安分守己”。这也给整个群体带来好处，下面的情况足以证明：有人注意到，在已确立的母鸡群体中，很少发生凶猛搏斗的情况，蛋的产量就比较高；相比之下，在其成员不断更换因而搏斗更加频繁的母鸡群体中，蛋的产量就比较低。生物学家常常把这种“优势序位”在生物学上的优越性或“功能”说成是出于减少群体中明显的进犯行为。然而这种说法是错误的。不能说优势序位本身在进化的意义上具有“功能”，因为它是群体而不是个体的一种特性。通过优势序位的形式表现出来的个体行为模式，从群体水平上看，可以说是具有功能的。然而，如果我们根本不提“功能”这个词，而是按照存在个体辨认能力和记忆的不对称竞赛中的各种 ESS 来考虑这个问题，甚至会更好些。

迄今我们所考虑的竞争都是指同一物种成员间的竞争。物种间的竞争情况又如何呢？我们上面已经谈过，不同物种的成员之间的竞争，不像同一物种的成员之间那样直接。基于这一理由，我们应该设想它们有关资源的争端是比较少的，我们的预料已得到证实。例如，知更鸟保卫地盘不准其他知更鸟侵犯，但对大山雀却并不戒备。我们可以画一幅不同个体知更鸟在树林中分别占有领地的地图，然后在上面叠上一幅个体大山雀领地地图，可以看到两个物种的领地部分重叠，完全不相互排斥，它们简直像生活在不同的星球上。

但不同物种的个体之间也会发生尖锐的利害冲突，不过其表现形式不同而已。例如，狮子想吃羚羊的躯体，而羚羊对于自己的躯体却另有截然不同的打算。虽然这种情况不是通常所认为的那种争夺资源的竞争，但从逻辑上说，不算竞争资源，则在道理上难以讲通。在这里，有争议的资源是肉。狮子的基因“想要”肉供其生存机器食用，而羚羊的基因是想把肉作为其生存机器进行工作的肌肉和器官。肉的这两种用途是互不相容的，因此就发生了利害冲突。

同一物种的成员也是肉做的，但为什么同类相食的情况相对来说这样少呢？这种情况我们在黑头鸥中见到过，成年鸥有时要吃自己物种的幼鸥。但我们从未见到成年的食肉动物为吞食自己物种的其他成年动物而主动去追逐它们。为什么没有这种现象呢？我们仍旧习惯于按照“物种利益”的进化观点去思考问题，以致我们时常忘记这个完全有道理的问题：“为什么狮子不去追捕其他狮子？”还有一个人们很少提出的但很有意义的问题：“羚羊为什么见到狮子就逃，而不进行回击呢？”

狮子之所以不追捕狮子是因为那样做对它们来说不是一种ESS。同类相食的策略是不稳定的，其原因和前面所举例子中的鹰策略相同，遭到反击的危险性太大了。而在不同物种成员之间的竞争中，这种反击的可能性要小些，这也就是那么多的被捕食的动物要逃走而不反击的道理。这种现象可能源于这样的事实：在不同物种的两只动物的相互作用中存在一种固有的不对称现象，而且其不对称的程度要比同一物种成员之间大。竞争中的不对称现象凡是强烈的，ESS 一般是以不对称现象为依据的有条件的策略。“如果你比对手小，就逃走；如果你比对手大，就进攻”，这种类型的策略很可能在不同物种成员之间的竞争中得到发展，因为可以利用的不对称现象非常之多。狮子和羚羊通过进化上的趋异过程形成了一种稳定性，而竞争中本来就有的不对称现象也因此变得日益加强。追逐和逃跑分别变成它们各自的高超技巧。一只突变型羚羊如果采取了“对峙并搏斗”的策略来对付狮子，它的命运同那些逃之夭夭的羚羊相比，可能要不妙得多。

我总是有一种预感，我们可能最终会承认 ESS 概念的发明是自达尔文以来进化理论上最重要的发展之一。凡是有利害冲突的地方，它都适用，这就是说几乎在一切地方都适用。一些研究动物行为的学者沾染了侈谈“社会组织”的习惯。他们动辄把一个物种的社会组织看作一个具备作为实体的条件的单位，它享有生物学上的“有利条件”。我所举的“优势序位”就是一例。我相信，混迹于生物学家有关社会组织的大量论述中的那些隐蔽的类群选择主义的各种假定，是能够被辨认出来的。史密斯的 ESS 概念使我们第一次能够清楚地看到，一个由许多独立的自私实体构成的集合体，如何最终变得像一个有组织的整体。我认为，这不仅对于物种内的社会组织是正确的，而且对于由许多物种所构成的“生态系统”以及“群落”也是正确的。从长远观点来看，我预期 ESS 概念将会使生态学发生彻底的变革。

我们也可以把这一概念运用于曾在第 3 章搁置下来的一个问

题上，即赛艇上的桨手（代表体内的基因）需要很好的集体精神这一类比。基因被选择，不是因为它在孤立状态下的“好”，而是由于它在基因库中的其他基因这一背景下工作得好。好的基因应能够和与之长期共同生活于一系列个体内的其他基因和谐共存，相互补充。磨嚼植物的牙齿基因在食草物种的基因库中是好基因，但在食肉物种的基因库中就是不好的基因。

我们可以设想一个不矛盾的基因组合，它是作为一个单位被选择在一起的。在第 3 章蝴蝶模拟的例子中，情况似乎就是如此。但现在 ESS 概念使我们能够看到，自然选择纯粹在独立基因的水平上如何能够得到相同的结果，这就是 ESS 概念的力量所在。这些基因并不一定是在同一条染色体上连接在一起的。

其实，赛艇的类比还没达到说明这一概念的程度，它最多只能说明一个近似的概念。我们假定，一艘赛艇的全体船员要能真正获得成功，重要的是桨手必须用语言协调其动作。我们再进一步假定，在桨手库中教练能够选用的桨手，有些只会讲英语，有些只会讲德语。讲英语的桨手并不始终比讲德语的桨手好些，也不总是比讲德语的桨手差些。但由于沟通的重要性，混合组成的桨手队得胜的机会要少些，而纯粹讲英语的或纯粹讲德语的桨手所组成的队伍得胜的机会要多些。

教练没有认识到这一点，他只是任意地调配他的桨手，认为得胜的船上的个体都是好的，认为失败的船上的个体都是差的。如果在教练的桨手库中，英国人碰巧占压倒性优势，那么，船上只要有一个德国人，很可能就会使这支队伍输掉，因为无法进行沟通；反之，如果在桨手库中凑巧德国人占绝对优势，船上只要有一个英国人，也会使这支队伍失败。因此，最理想的一队船员应处于两种稳定状态中任何一种，即要么全部是英国人，要么全部是德国人，而绝不是混合阵容。表面上看起来，教练似乎选择单一语言小组作为单位，其实不然，他是根据个体桨手的能力来进行选择的。而个体赢得竞赛的趋向要取决于候选桨手库中现有的其他个体。属于少数的候选桨手会自动受到惩罚，这倒并非因为他们是不好的桨手，而仅仅是由于他们是少数而已。同样，基因因能相互和谐共存而被选择在一起，这并不一定说明我们必须要像看待蝴蝶的情况那样，把基因群体也看成是作为单位来进行选择的。在单个基因低水平上的选择能给人以在某种更高水平上选择的印象。

在这一例子中，自然选择有利于简单的行为一致性。更为有趣的是，基因被选择可能由于它们的相辅相成的行为。以类比法来说明问题，我们可以假定由4个右桨手和4个左桨手组成的赛艇队是力量匀称的理想队；我们再假定教练不懂得这个道理，他根据“功绩”盲目进行挑选。那么如果在候选桨手库中碰巧右桨手占压倒优势的话，任何个别的左桨手往往会成为一种有利因素：他有可能使他所在的任何一条船取得胜利，他因此就显得是一个好桨手。反之，在左桨手占绝对多数的划桨手库中，右桨手就是一个有利因素。这种情况就同一只鹰在鸽子种群中取得良好成绩，以及一只鸽子在鹰种群中取得良好成绩的情况相似。不同的是，在那里我们讲的是关于个体——自私的机器——之间的相互作用，而这里我们用类比法谈论的是关于体内基因之间的相互作用。

教练盲目挑选“好”桨手的最终结果必然是由4个左桨手和4个右桨手组成的一支理想的队伍。表面看起来他好像把这些桨手作为一个完整的、力量匀称的单位选在一起的。我觉得说他在较低的水平上，即在单独的候选桨手水平上进行选择更加简便省事。4个左桨手和4个右桨手加在一起的这种进化上稳定状态（“策略”一词在这里会引起误解）的形成，只不过是以表面功绩为基础在低水平上进行选择的必然结果。

基因库是基因的长期环境。“好的”基因是作为在基因库中存活下来的基因被盲目地选择出来的。这不是一种理论，甚至也不是一种被观察到的事实，它不过是一个概念无数次的重复。什么东西使基因成为好基因才是人们感兴趣的问题。我曾讲过，建造高效能的生存机器——躯体——的能力是基因成为好基因的标准，这是一种初步的近似说法。现在我们必须对这种说法加以修正。基因库是由一组进化上稳定的基因形成的，这组基因成为一个不受任何新基因侵犯的基因库。大部分突变、重新组合或自外部出现的基因很快就受到自然选择的惩罚：这组进化上稳定的基因重新得到恢复。新基因侵入一组稳定的基因偶尔也会获得成功，即成功地在基因库中散布开来。然后出现一个不稳定的过渡阶段，最终又形成新的一组进化上稳定的基因——发生了某种细微程度的进化。按进犯策略类推，一个种群可能有不止一个可选择的稳定点，还可能偶尔从一个稳定点跳向另一个稳定点。渐进的进化过程与其说是一个稳步向上爬的进程，倒不如说是一系列从一个稳定台阶走上另一个稳定台阶的不连续的步伐。作为一个整体，种群的行为就好像是一个自动进行调节的单位，而这种幻觉是由在单个基因水平上进行的选择造成的。基因是根据其“成绩”被选择的，但对成绩的判断是以基因在一组进化上稳定的基因（即现存基因库）的背景下的表现为基础的。

史密斯集中地论述了一些完整个体之间进犯性的相互作用，从而把问题阐明。鹰的躯体和鸽子躯体之间的稳定比例易于想象，因为躯体是我们能够看得见的大物体，但寄居于不同躯体中的基因之间的这种相互作用只是冰山的一角。而在一组进化上稳定的基因——基因库——中，基因之间绝大部分的重要相互作用是在个体的躯体内进行的。这些相互作用很难看见，因为它们是在细胞内，主要是在发育中的胚胎细胞里发生的。完整的浑然一体的躯体之所以存在，正是因为它们是一组进化上稳定的自私基因的产物。

但我必须回到完整动物之间的相互作用的水平上来，因为这是本书的主题。把个体动物视为独立的自私机器便于理解进犯行为。如果有关个体是近亲——兄弟姐妹、堂兄弟姐妹、双亲和子女——这一模式也就失去效用，这是因为近亲体内有很大一部分基因是共有的。因此，每一个自私的基因必须同时忠于不同的个体。这一问题留待下一章再加以阐明。

第6章

基因种族

自私的基因是什么？它不仅仅是DNA的一个单一的有形片段，正像在原始汤里的情况一样，它是DNA的某个具体片段的全部复制品，这些复制品分布在整个世界上。如果我们可以认为基因似乎具有自觉的目的，同时我们又有把握在必要时把我们使用的过分通俗的语言还原成正规的术语，那么我们就可以提出这样一个问题：一个自私基因的目的究竟是什么？它的目的就是试图在基因库中扩大自己的队伍。从根本上说，它采用的办法就是帮助那些它所寄居的个体编制它们能够赖以生存下去并进行繁殖的程序。不过我们现在需要强调的是，"它"是一个分布在各处的代理机构，同时存在于许多不同的个体之内。本章的主要内容是，一个基因有可能帮助存在于其他一些个体之内的复制品。如果是这样，这种情况看起来倒像是个体的利他主义，但这样的利他主义出于基因的自私性。

让我们假定有这样一个基因，它是人体内的一个白化基因（albino）。事实上有好几种基因可能引起白化，但我讲的只是其中一种。它是隐性的，就是说，必须有两个白化基因同时存在才能使个体患白化病。大约在两万人中有一个会发生这种情况，但我们当中，每70个人就有一个体内存在单个的白化基因。这些人并不患白化病。由于白化基因分布于许多个体之中，从理论上说，它能为这些个体编制程序，使之对其他含有白化基因的个体表现出利他行为，以此来提高自身在基因库的存在，因为其他的白化体含有同样的基因。如果白化基因寄居的一些个体死去，而它们的死亡使含有同样基因的一些其他个体得以存活下去，那么，这个白化基因理应感到相当高兴。如果1个白化基因能够使它的1个个体拯救10个白化体的生命，那么，即使这个利他主义者因之死去，它的死亡也由于基因库中白化基因数目的增加而得到充分的补偿。

我们是否因此可以指望白化体相互特别友好？事实上情况大概不会是这样。为了搞清楚这个问题，我们有必要暂时放弃把基因视为有自觉意识的行为者这个比喻。因为在这里，这种比喻肯定会引起误会。我们必须再度使用正规的、即使是有点冗长的术语。白化基因并不真的“想”生存下去或帮助其他白化基因。但如果这个白化基因碰巧使它的一些个体对其他的一些白化体表现出利他行为，那么不管它情愿与否，这个白化基因往往因此在基因库中自然而然地兴旺起来。但为了促使这种情况发生，这个基因必须对它的一些个体产生两种相互独立的影响。它不但要对它的一些个体赋予通常能产生非常苍白的肤色的影响，还要赋予个体一种倾向，使他们对其他具有非常苍白肤色的个体表现出有选择的利他行为。具有这两种影响力的基因如果存在的话，肯定会在种群中取得很大的成功。

我在第 3 章中曾强调过，基因确实能产生多种影响，这是事实。从纯理论的角度上说，出现这样的基因是可能的，它能赋予个体以一种明显可见的外部“标志”，如苍白的皮肤、绿色的胡须，或其他引人注目的东西，以及对其他带有这些标志的个体特别友好的倾向。这样的情况可能发生，尽管可能性不大。绿胡须同样可能与趾甲往肉里长或其他特征的倾向有关，而对绿胡须的偏好同样可能与嗅不出小苍兰的生理缺陷同时存在。同一基因既产生正确的标志又产生正确的利他行为，这种可能性不大。可是，这种我们可以称之为绿胡须利他行为效果的现象在理论上是可能的。

像绿胡须这种任意选择的标志不过是基因借以在其他个体中“识别”其自身拷贝的一个方法而已。还有没有其他方法呢？下面可能是一个非常直接的方法。单凭个体的利他行为就可以识别出拥有利他基因的个体。如果一个基因能“说”类似“喂！如果A试图援救溺水者而自己快要没顶，就跳下去把A救起来”这样的话，这个基因在基因库中就会兴旺起来，因为A体内多半含有同样的救死扶伤的利他基因。A试图援救其他个体的事实本身就是一个相当于绿胡须的标志。尽管这个标志不像绿胡须那样荒诞不经，但它仍然有点令人难以置信。基因有没有一些比较合乎情理的办法“识别”存在于其他个体中的拷贝呢？

回答是肯定的。我们很容易证明，近亲多半共有同样的基因。人们一直认为，这显然是亲代对子代的利他行为如此普遍存在的理由，费希尔、霍尔丹[a]，尤其是汉密尔顿认为，这种情况同样也适用于其他近亲——兄弟、姐妹、侄子侄女和血缘近的堂（表）兄弟或姐妹。如果1个个体为了拯救10个近亲而牺牲，操纵个体对亲属表现利他行为的基因可能因此失去一个拷贝，但同一基因的大量拷贝却得以保存。

“大量”这种说法很不明确，“近亲”也是如此。其实我们可以讲得更确切一些，如汉密尔顿所表明的那样。他在1964年发表的两篇有关社会个体生态学的论文属于迄今为止最重要的文献之列。我一直难以理解，为什么一些个体生态学家如此粗心，竟忽略了这两篇论文（两本1970年版的有关个体生态学的主要教

a. 指约翰·伯顿·桑德森·霍尔丹（John Burdon Sanderson Haldane），英国遗传学家、进化生物学家。

科书甚至没有把汉密尔顿的名字列入索引）。[*]幸而近年来有迹象表明，他的观点又重新引起人们的兴趣。他的论文应用了相当深奥的数理知识，但不难仅凭直觉而不必通过精确的演算去掌握其基本原则，尽管这样做会把一些问题过度简单化。我们需要计算的是概率，亦即两个个体，譬如两姐妹共有同一特定基因的机会。

为了简便起见，我假定我们讲的是整个基因库中一些稀有的基因。[**]大多数人都共有“不形成白化体的基因”，不管这些人有没有亲缘关系。这类基因之所以普遍存在，是因为自然界里白化体比非白化体更易于死亡。这是由于，譬如说阳光使它们目眩，以致有白化体可能看不清更大的逐渐接近的捕食者。我们没有必要解释基因库中不形成白化体的这类显然是“好的”基因取得优势的理由，我们感兴趣的是，基因为什么因为表现了利他行为而取得了成功。因此，我们可以假定，至少在这个进化过程的早期，这些基因是稀有的。值得注意的是，在整个种群中稀有的基因，在一个家族中却是常见的。我体内有一些对整个种群来说稀有的基因，你的体内也有一些对整个种群来说稀有的基因。我们两人共有这些同样的稀有基因的机会是微乎其微的，但我的姐妹和我共有某一具体的稀有基因的机会是很大的。同样，你的姐妹和你共有同一稀有基因的机会也是很大的。在这个例子里，机会刚好是50%，原因不难解释。

假定你体内有基因G的一个拷贝，这一拷贝必然是从你的父亲或母亲那里继承过来的（为了方便起见，我们不考虑各种不常见的可能性——如G是一个新变种，或你的双亲都有这一基因，或你的父亲或母亲体内有两个拷贝）。假如是你的父亲把这个基因传给你，那么他体内每一个正常的体细胞都含有G的一个拷贝。

现在你要记住，一个男人产生一条精子时，他把他的半数的基因给了这一精子。因此，培育你姐姐或妹妹的那条精子获得基因 G 的机会是 50%。在另一方面，如果你的基因 G 是来自母亲，按照同样的推理，她的卵子中有一半的可能性含有 G。同样，你的姐姐或妹妹获得基因 G 的机会也是 50%。这意味着如果你有 100 个兄弟姐妹，其中大约 50 个会有你体内的任何一个具体的稀有基因。这也意味着如果你有 100 个稀有基因，你的兄弟或姐妹中任何一个体内都可能共有大约 50 个这样的基因。

你可以通过这样的演算方法计算出任何亲缘关系的等级。亲代与子代之间的亲缘关系是重要的。如果你有基因 H 的一个拷贝，你的某一个子女体内含有这个基因拷贝的可能性是 50%，因为你有一半的性细胞含有 H，而任何一个子女都是由一个这样的性细胞培育出来的。如果你有基因 J 的一个拷贝，那么你父亲体内含有这个基因拷贝的可能性是 50%，因为你的基因有一半是来自他的，另一半是来自你母亲的。为了计算的方便，我们采用亲缘关系的指数用来表示两个亲属之间共有同一基因有多大的机会。两兄弟之间的亲缘关系指数是$\frac{1}{2}$，因为他们之间任何一个的基因有一半为另一个所共有。这是一个平均数：由于减数分裂的机遇，有些兄弟所共有的基因可能大于一半或少于一半。但亲代与子代之间的亲缘关系永远是$\frac{1}{2}$，不多也不少。

不过，每次计算都要从头算起就未免太麻烦了，这里有一个简便的方法供你计算任何两个个体 A 和 B 的亲缘关系。如果你要立遗嘱或需要解释家族中某些成员之间为何如此相像，你就可能发觉这个方法很有用。在一般情况下，这个方法是行之有效的，但在发生近亲相互交配的情况下就不适用了。某些种类的昆虫也不适用于这个方法，我们在下面会谈到这个问题。

首先，查明A和B所拥有的共同祖先是谁。譬如说，一对第一代堂兄弟的共同祖先是他们的祖父和祖母。找到一个共同祖先以后，他的所有祖先当然也就是A和B的共同祖先，这当然是合乎逻辑的。不过，对于我们来说，查明最近一代的共同祖先就足够了。从这个意义上说，第一代堂兄弟只有两个共同的祖先。如果B是A的直系亲属，譬如说是A的曾孙，那么我们要找的“共同祖先”就是A本人。

找到A和B的共同祖先之后，再按下列方法计算代距（generation distance）。从A开始，沿其家谱上溯其历代祖先，直到你找到他和B所共有的那一个祖先为止，然后再从这个共同祖先往下一代一代数到B。这样，在家谱上从A到B的世代总数就是代距。譬如说，A是B的叔叔，那么代距是3，共同的祖先是A的父亲，亦即B的祖父。从A开始，你只要往上追溯一代就能找到共同的祖先，然后从这个共同的祖先往下数两代便是B。因此，代距是1+2=3。

通过某一个共同的祖先找到A和B之间的代距后，再分别计算A和B与这个共同祖先相关的那部分亲缘关系。方法是这样的，每一个代距是$\frac{1}{2}$，有几个代距就把几个$\frac{1}{2}$自乘，所得乘积就是亲缘关系指数。如果代距是3，那么指数是$\frac{1}{2}\times\frac{1}{2}\times\frac{1}{2}$或$\left(\frac{1}{2}\right)^3$；如果通过某一个共同祖先算出来的代距是g，同该祖先那部分的亲缘关系指数就是$\left(\frac{1}{2}\right)^g$。

但这仅仅是A和B之间亲缘关系的部分数值。如果他们的共同祖先不止一个，我们就要把通过每一个祖先的亲缘关系的全部数值加起来。在一般情况下，对一对个体的所有共同祖先来说，代距都是一样的。因此，在算出A和B同任何一个共同祖先的亲缘关系后，事实上你只要乘以祖先的个数就行了。譬如说，第一代堂兄弟有两个共同的祖先，他们同每一个祖先的代距是4，因此他们亲缘关系指数是$2\times(\frac{1}{2})^4=\frac{1}{8}$。如果A是B的曾孙，代距是3，共同“祖先”的数目是1（即B本身），因此，指数是$1\times(\frac{1}{2})^3=\frac{1}{8}$。就遗传学而言，你的第一代堂兄弟相当于一个曾孙。同样，你“像”你叔父的程度［亲缘关系指数是$2\times(\frac{1}{2})^3=\frac{1}{4}$］和你“像”你祖父的程度［亲缘关系是$1\times(\frac{1}{2})^2=\frac{1}{4}$］相等。

至于远如第三代堂兄弟或姐妹的亲缘关系指数［$2\times(\frac{1}{2})^8=\frac{1}{128}$］，那就要接近于最低的概率了，即相当于种群中任何一个个体拥有A体内某个基因的可能性。就一个利他基因而言，一个第三代的堂兄弟姐妹的亲缘关系和一个素昧平生的人差不多。一个第二代的堂兄弟姐妹（亲缘关系指数为$\frac{1}{32}$）稍微特殊一点，第一代堂兄弟姐妹更为特殊一点（$\frac{1}{8}$），同胞兄弟姐妹、父母和子女十分特殊（$\frac{1}{2}$），同卵孪生兄弟姐妹（1）就和自己完全一样。叔（伯）父和叔（伯）母、侄子或外甥和侄女或外甥女、祖父母和孙子孙女、异父或异母兄弟和异父或异母姐妹的亲缘关系是$\frac{1}{4}$。

现在我们能够以准确得多的语言谈论那些表现近亲利他行为的基因。一个操纵其个体拯救5个堂兄弟或姐妹，但自己因而牺牲的基因在种群中是不会兴旺起来的，但拯救5个兄弟或10个第一代堂兄弟姐妹的基因却会兴旺起来。一个准备自我牺牲的利他基因如果要取得成功，它至少要拯救两个以上的兄弟姐妹（子女或父母），或4个以上的异父异母兄弟姐妹（或叔父、叔母、伯父、伯母、侄子、侄女、祖父母、孙子孙女）或8个以上的第一代堂兄弟姐妹，等等。按平均计算，这样的基因才有可能在利他主义者所拯救的个体内存在下去，同时这些个体的数目足以补偿利他主义者自身死亡所带来的损失。

如果一个个体能够肯定某人是他的同卵孪生兄弟或姐妹，他关心这个孪生兄弟或姐妹的福利应当和关心自己的福利完全一样。任何操纵孪生兄弟或姐妹利他行为的基因都同时存在于这一对孪生兄弟或姐妹体内，因此，如果其中一个为援救另外一个的生命而英勇牺牲，这个基因是能够存活下去的。九带犰狳（nine-banded armadillos）是一胎 4 只的。我从未听说过小犰狳英勇献身的事迹，但有人指出它们肯定有某种强烈的利他行为。如果有人能到南美去一趟，观察一下它们的生活，我认为是值得的。

我们现在可以看到，父母之爱不过是近亲利他行为的一种特殊情况。从遗传学的观点来看，一个成年的个体在关心自己父母双亡的幼弟时，应和关心自己的子女一样。对他来说，弟弟和子女的亲缘关系指数是完全一样的，即$\frac{1}{2}$。按照基因选择的说法，种群中操纵个体表现姐姐利他行为的基因和操纵个体表现父母利他行为的基因应有同等的繁殖机会。事实上，从几个方面来看，这种说法未免过分简单化，而且在自然界里，兄弟姐妹之爱远不及父母之爱来得普遍，我们将在下面进一步说明。但我要在这里阐明的一点是，从遗传学的观点看，父母 / 子女的关系并没有比兄弟 / 姐妹关系来得特殊的地方。尽管实际上是父母把基因传给子女，而姐妹之间并不发生这种情况，但这个事实与本问题无关。这是因为姐妹两个都是从同一个父亲和同一个母亲那里继承相同基因的全似复制品。

有些人用亲属选择（kin selection）这个名词来把这种自然选择区别于类群选择（群体的差别性生存）和个体选择（个体的

差别性生存)。亲属选择是家族内部利他行为的起因。关系越密切，选择越强烈。这个名词本身并无不妥之处。但不幸的是，我们可能不得不抛弃它，因为近年来的滥用已产生流弊，会给生物学家在今后的许多年里带来混乱。威尔逊[a]的《社会生物学：新的综合》(*Sociobiology: The New Synthesis*)一书，在各方面都堪称一本杰出的作品，但它却把亲属选择说成是类群选择的一种特殊表现形式。书中一张图表清楚地表明，他在传统意义上，即我在第1章里所使用的意义上，把亲属选择理解为“个体选择”与“类群选择”之间的中间形式。类群选择，即使按威尔逊自己所下的定义，是指由个体组成的不同群体之间的差别性生存。诚然，从某种意义上说，一个家族是一种特殊类型的群体，但威尔逊论点的全部含义是，家族与非家族之间的分界线不是一成不变的，而是属于数学概率的问题。汉密尔顿的理论并没有认为动物应对其所有“家族成员”都表现出利他行为，而对其他的动物表现出自私行为。家族与非家族之间并不存在着明确的分界线。我们没有必要决定，譬如说，第二代堂兄弟是否应列入家族范围之内，我们只是预计第二代堂兄弟接收到利他行为的概率相当于子女或兄弟的$\frac{1}{16}$。亲属选择肯定不是类群选择的一个特殊表现形式[*]，它是基因选择产生的一个特殊后果。

威尔逊关于亲属选择的定义有一个甚至更为严重的缺陷。他有意识地把子女排除在外：他们竟不算亲属！[**]他当然十分清楚，子女是他们双亲的骨肉，但他不想引用亲属选择的理论来解释亲

a. 指爱德华·威尔逊(E. O. Wilson)，美国著名生物学家，美国科学院院士、社会生物学奠基人，在相关领域的科普著作颇丰。

代对子代的利他性关怀。他当然有权利按照自己的想法为一个词下定义，但这个定义非常容易把人弄糊涂。我倒希望威尔逊在他那本立论精辟的具有深远影响的著作再版时把定义修订一下。从遗传学的观点看，父母之爱和兄弟 / 姐妹的利他行为的形成都可以用完全相同的原因来解释：在受益者体内存在这个利他性基因的可能性很大。

我希望读者谅解上面这个有点出言不逊的评论，而且我要赶快调转笔锋言归正传。到目前为止，我在一定程度上把问题过分简单化了，现在开始，我要把问题说得更具体一些。我在上面用浅显易懂的语言谈到了为援救具有一定亲缘关系的一定数目的近亲而准备自我牺牲的基因。显然，在实际生活中我们不能认为动物真的会清点一下它们正在援救的亲属到底有几个。即使它们有办法确切知道谁是它们的兄弟或堂兄弟，我们也不能认为动物在大脑里进行过汉密尔顿式的演算。在实际生活中，必须以自身以及其他个体死亡的统计学风险（statistical risks）来取代肯定的自杀行为和确定的“拯救”行为。如果你自己冒的风险非常微小的话，即使是第三代的堂兄弟也是值得拯救的。再说，你和你打算拯救的那个亲属有朝一日总归都要死的，每一个个体都有一个保险精算师估算得出的“预期寿命”，尽管这个估算可能有误差。如果你有两个血缘关系同样接近的亲属，其中一个已届风烛残年，另一个却是血气方刚的青年，那么对未来的基因库而言，挽救后者的生命所产生的影响要比挽救前者来得大。

我们在计算亲缘关系指数时，对那些简洁的对称演算还需要进一步加以调整。就遗传学而言，祖父母和孙子孙女出于同样的理由以利他行为彼此相待，因为他们体内的基因有$\frac{1}{4}$是共同的。但如果孙辈的预期寿命较长，那么操纵祖父母对孙辈利他行为的基因，比起操纵孙辈对祖父母利他行为的基因，具有更优越的选择条件。由于援助一个年轻的远亲而得到的净收益，很可能超过由于援助一个年老的近亲而得到的净收益（顺便说一句，祖父母的预期寿命当然并不一定比孙辈短。在婴儿死亡率高的物种中，情况可能恰恰相反）。

把保险统计的类比稍加引申，我们可以把个体看作人寿保险的保险商。一个个体可以把自己拥有的部分财产作为资金对另一个个体的生命进行投资。他考虑了自己和那个个体之间的亲缘关系，以及从预期寿命的角度来看该个体同自己相比是不是一个“好的保险对象”。严格地说，我们应该用“预期生殖能力”这个词，而不是“预期寿命”，或者更严格一些，我们可以用“使自己的基因在可预见的未来获益的一般能力”。那么，为了使利他行为得以发展，利他行为者所承担的风险必须小于受益者得到的净收益和亲缘关系指数的乘积。风险和收益必须采取我所讲的复杂的保险统计方式来计算。

可是我们怎能指望可怜的生存机器进行这样复杂的运算啊！尤其是在匆忙间，那就更不用说了。甚至伟大的数学生物学家霍尔丹（在1955年发表的论文里，他在汉密尔顿之前就做出了基因由于援救溺水的近亲而得以繁殖的假设）也曾说：“……我曾两次把可能要淹死的人救起（自己所冒的风险是微乎其微的），在这样做的时候，我根本没有时间去进行演算。”不过霍尔丹也清楚地知道，幸而我们不需要假定生存机器在自己的头脑里有意识地进行这些演算。正像我们使用计算尺时没有意识到我们实际上是在运用对数一样。动物可能生来就是如此，以至于行动起来好像是进行过一番复杂的演算似的。

这种情况其实是不难想象的。一个人把球投入高空，然后又把球接住，他在完成这个动作时好像事先解了一组预测球的轨道的微分方程。他对微分方程可能一窍不通，也不想知道微分方程是什么玩意儿，但这种情况不影响他投球与接球的技术。在某个下意识的水平上，他进行了某种在功能上相当于数学演算的活动。同样，一个人如要做出某项困难的决定，他首先权衡各种得失，并考虑这个决定可能引起的他想象得到的一切后果。他的决定在功能上相当于一系列加权演算过程，有如计算机进行的那种演算一样。

如果要为一台计算机编制程序，使之模拟一个典型的生存机器如何做出是否表现利他行为的决定，我们大概要这样进行：开列一份清单，列出这只动物可能做的一切行为，然后为这些行为的每一种模式分别编制一次加权演算程序。各种利益都给以正号，各种风险都给以负号。接着进行加权，即把各项利益和风险分别乘以适当的表示亲缘关系的指数。然后再把得出的数字加起来，为了演算的方便，在开头的时候我们不考虑其他方面如年龄、健康状况之类的权重。由于一个个体对自己的亲缘关系指数是 1（就是说，他具有他自己的 100% 的基因——这是不言自明的），对他的一切风险和利益都不需要打折扣，即在演算时给以全部权重。这样，每一种可能的行为模式的总和大体上是这样的：行为模式的净收益 = 对自己的收益−对自己的风险 $+\frac{1}{2}$对兄弟的收益$-\frac{1}{2}$对兄弟的风险$+\frac{1}{2}$对另一个兄弟的收益$-\frac{1}{2}$对另一个兄弟的风险$+\frac{1}{8}$对堂兄弟的收益$-\frac{1}{8}$对堂兄弟的风险$+\frac{1}{2}$对子女的收益$-\frac{1}{2}$对子女的风险 +……

这个总和就是那个行为模式的净收益得分。接着，这个“模式动物”算出清单上每一种可供选择的行为模式的得分。最后，它决定按净收益最大的行为模式采取行动。即使所有的得分都是负数，它还是应该按这个原则进行选择，即择害处最小的一种行为模式。应当记住，任何实际行动必然牵涉精力和时间的消耗，这些精力和时间可以用于做其他事情。如果演算的结果表明不做任何事情的净收益最大，那么，这个模式动物就什么也不做。

下面是个十分简单的例子，以自我独白的形式而不是以计算机模拟的形式来说明问题。我是一只动物，发现了 8 只长在一起的蘑菇。我心中首先盘算一下它们的营养价值，同时考虑到它们可能有毒的这个不大的风险，我估计每个蘑菇约值 6 个单位（像前一章一样，这些单位是任意选定的）。由于蘑菇很大，我最多只能吃 3 个。我要不要发出“有食物”的喊声，把我的发现告诉其他动物呢？谁能听到我的喊声？兄弟 B（它和我的亲缘关系是 $\frac{1}{2}$），堂兄弟 C（亲缘关系是 $\frac{1}{8}$）和 D（并不算亲戚，它和我的亲缘关系指数是如此之小，以至于事实上可以视作 0）。如果我不声张，我能吃掉的每个蘑菇都为我带来净收益 6，全部吃掉是 18。如发出“有食物”的喊声，那么我还有多少净收益可要盘算一下了。8 个蘑菇平分 4 份，对我而言，我自己吃的一份折合净收益 12，但我的兄弟和堂兄弟各吃掉的两个蘑菇也会给我带来好处，因为它们体内有和我一样的基因。事实上的总分是 $(1\times12)+(\frac{1}{2}\times12)+(\frac{1}{8}\times12)+(0\times12)=19.5$，而自私行为带来的净收益是 18。尽管差别不大，但得失是分明的。因此，我将发出“有食物”的喊声。在这种情况下，我的利他行为会给我的自私基因带来好处。

在上面这个简化的例子里，我假设个体动物能够盘算它的基因的最大收益是什么。实际的情况是，基因库中充满对个体施加影响的基因，由于这种影响，个体在采取行动时好像事先进行过这种演算。

无论如何，这种演算的结果仅仅是一种初步的第一近似值，它离理想的答案还有一段距离。这种演算方式忽略了许多东西，其中包括个体的年龄等因素。而且，如果我刚饱餐了一顿，现在最多只能吃一个蘑菇，这时发出“有食物”的喊声为我带来的净收益将比我在饥肠辘辘时大得多。针对各种可能出现的情况，这种演算的质量可以无止境地逐步提高。但动物并非生活在理想的环境里，我们不能指望真正的动物在做出最适宜决定时考虑到每一个具体细节。我们必须在自然界里通过观察和试验去发现，真正的动物在进行有关得失的分析时，能够在多大的程度上接近理想的境界。

为了不致因为举了一些主观想象的例子而离题太远，让我们暂且再使用一下基因语言。生命体是由存活下来的基因为之编制程序的机器。这些存活下来的基因是在一定的条件下这样做的。一般说来，这些条件，往往构成这个物种以前的环境所具有的特征。因此，有关得失的“估计”是以过去的“经验”为依据的，正像人类做出决定时一样。不过，这里所说的经验具有基因经验的特殊意义，或者说得更具体一些，是以前的基因生存的条件（由于基因也赋予生存机器以学习能力，我们可以说，某些得失的估计也可能是以个体经验为基础的）。只要条件不发生急剧变化，这些估计是可靠的，生存机器一般来说往往能做出正确的决定。如果条件急剧变化，生存机器往往做出错误的决定，它的基因要为此付出代价。人类也是一样，他们的基因根据过时的资料做出的决定多半是错误的。

对亲缘关系的估计也会出现差错和靠不住的情况。在上面一些简化的计算中，生存机器被认为知道谁跟它们有亲缘关系，而且知道这种关系的密切程度。在实际生活中，确切知道这方面的情况有时是可能的，但一般来说，亲缘关系只能作为一个平均数来估计。譬如说，我们假定 A 和 B 可能是异父或异母兄弟，也可能是同胞兄弟。他们之间的亲缘关系指数是 $\frac{1}{4}$ 或 $\frac{1}{2}$，由于我们不能肯定它们的确切关系，可供运用的有效指数是其平均数，即 $\frac{3}{8}$。如能肯定他们都为一母所生，但为一父所生的可能性只是 $\frac{1}{10}$，那么他们是异父兄弟的可能性是 90%，而同胞兄弟的可能性是 10%，因而有效指数是 $\frac{1}{10}\times\frac{1}{2}+\frac{9}{10}\times\frac{1}{4}=0.275$。

但当我们说可能性是 90% 时，是谁做出这个估计的？我们指的是一位长期从事实地研究的人类博物学家呢，还是指动物本身？如果碰巧的话，两者所做估计的结果可能出入不大。要了解这一点，我们必须考虑一下，动物在实际生活中是怎样估计谁是它们的近亲的。

我们知道谁是我们的亲属，这是因为别人会告诉我们，因为我们为他们取了名字，因为我们有正式结婚的习惯，同时也因为我们有档案和良好的记忆力。很多社会人类学家对于他们所研究的社会里的“亲缘关系”感到关切。他们所指的不是遗传学上的真正的亲缘关系，而是主观上的、教养上的亲属概念。人类的风俗和部落的仪式通常都很强调亲缘关系；膜拜祖先的习惯流传得很广，家族的义务和忠诚在人类生活中占有主导地位。根据汉密尔顿的遗传学说，我们很容易解释氏族之间的仇杀和家族之间的争斗。乱伦的禁忌表明人类具有深刻的亲缘关系意识，尽管乱伦禁忌在遗传上的好处与利他主义无关。它大概与近亲繁殖能产生隐性基因的有害影响有关。（出于某种原因，很多人类学家不喜欢这个解释。）**

野兽怎能“知道”谁是它们的亲属呢？换言之，它们遵循什么样的行为准则便可以间接地获得似乎是有关亲缘关系的知识呢？提出“对亲属友好”这条准则意味着以未经证明的假定作为论据，因为事实上如何辨认亲属这个问题尚未解决。野兽必须从它们的基因那里取得一条简明的行动准则：这条准则不牵涉对行动的终极目标的全面认识，但它却是切实可行的，至少在一般条件下是如此。我们人类对准则是不会感到陌生的，准则具有的约束力是如此之大，以至于如果我们目光短浅的话，就盲目服从这些准则，即使我们清楚地看到它们对我们或其他任何人都无好处。在正常的情况下，野兽可以遵循什么样的准则以便间接地使它们的近亲受益呢？

如果动物倾向于对外貌和它们相像的个体表现出利他行为，它们就可能间接地为其亲属做一点好事。当然这在很大程度上要取决于有关物种的具体情况。不管怎样，这样一条准则会导致仅仅是统计学上的“正确的”决定。如果条件发生变化，譬如说，如果一个物种开始在一个大得多的类群中生活，这样的准则就可能导致错误的决定。可以想象，人们有可能把种族偏见理解为是对亲属选择倾向不合理地推而广之的结果，即把外貌和自己相像的个体视为自己人，并歧视外貌和自己不同的个体的倾向。

在一个其成员不经常迁居或仅在小群体中迁居的物种中，你偶然遇到的任何个体都很可能是与你相当接近的近亲。在这样的情况下，“对你所遇见的这个物种的任何成员一律以礼相待”这条准则可能具有积极的生存价值，因为凡能使其个体倾向于遵循这条准则的基因，可能会在基因库中兴旺起来。经常有人提到猴群和鲸群中的利他行为，道理即在于此。鲸鱼和海豚如果呼吸不到空气是要淹死的。幼鲸以及受伤的鲸鱼有时无力游上水面，为了援救它们，鲸群中的一些同伴就会把它们托出水面。有人曾目睹过这种情景。鲸鱼是否有办法识别它们的近亲，我们无从知道，但这也许无关紧要，情况可能是，鲸群中随便哪一条都可能是你的近亲，这种总的概率是如此之大，使利他行为成为一种合算的行为。顺便提一下，曾经发生过这样一件事：一条野生海豚把一个快要淹死的人救了起来。这个传闻据说非常可靠。这种情况我们可以看作鱼群错误地运用了援救快要淹死的成员这条准则。按照这条准则的“定义”，鱼群里快要淹死的成员可能是这样的：“挣扎在接近水面处一条长长的快要窒息的东西。”

据说成年的狒狒为了保护它的伙伴免受豹子之类猛兽的袭击而甘冒生命危险。一般说来，一只成年的雄狒狒大概有相当多的基因储存在其他狒狒体内。一个基因如果这样“说”：“喂，如果你碰巧是一只成年的雄狒狒，你就得保卫群体，打退豹子的进攻。”那么它在基因库中就会兴旺起来。许多人喜欢引用这个例子，但在这里，我认为有必要补充一句，至少有一个受人尊敬的权威人士提供的事实与此大相径庭。据她说，一旦豹子出现，成年雄狒狒总是第一个逃之夭夭。

雏鸡喜欢跟着母鸡在鸡群中觅食。它们的叫声主要有两种，除了我上面提到过的那种尖锐的吱吱声外，它们在啄食时会发出一种悦耳的喊喊喳喳声。吱吱声可以唤来母鸡的帮助，但其他雏鸡对这种吱吱声却毫无反应。另一方面，嘁嘁喳喳声能引起其他小鸡的注意。就是说，一只雏鸡找到食物后就会发出嘁嘁喳喳声把其他的雏鸡唤来分享食物。按照前面假设的例子，嘁嘁喳喳声就等于是“有食物”的叫声。像那个例子一样，雏鸡所表现的明显的利他行为可以很容易地在亲属选择的理论里找到答案。在自然界里，这些雏鸡都是同胞兄弟姐妹。操纵雏鸡在发现食物时发出嘁嘁喳喳声的基因会扩散开来，只要这只雏鸡由于发出叫声后承担的风险少于其他雏鸡所得净收益的一半就行了。由于这种净收益由整个鸡群共享，而鸡群的成员在一般情况下不会少于两只，不难想见，其中一只在发现食物时发出叫声总是合算的。当然，在家里或农场里，养鸡的人可以让一只母鸡孵其他母鸡的蛋，甚至火鸡蛋或鸭蛋。这时，这条准则就不灵了，但母鸡和它的雏鸡都不可能发觉其中的底细。它们的行为是在自然界的正常条件影响下形成的，而在自然界里，陌生的个体通常是不会出现在你的窝里的。

不过，在自然界里，这种错误有时也会发生。在群居的物种中，一只怙恃俱失的幼兽可能被一只陌生的雌兽收养，而这只雌兽很可能是一只失去孩子的母兽。猴子观察家往往把收养小猴的母猴称为“阿姨”。在大多数情况下，我们无法证明它真的是小猴的阿姨还是其他亲属。如果猴子观察家有一点基因常识的话，他们就不会如此漫不经心地使用像阿姨之类这样重要的称呼了。收养幼兽的行为尽管感人至深，但在大多数情况下我们也许应该把它视为一条固有准则的失灵。这是因为这只慷慨收养孤儿的母兽并不给自己的基因带来任何好处。它在浪费时间和精力，而这些时间和精力本来是可以花在它自己的亲属身上，尤其是它自己未来的儿女身上的。这种错误大概比较罕见，因此自然选择也认为不必“操心”去修订一下这条准则，使母性具有更大的选择能力。再说，这种收养行为在大多数情况下并不常见，孤儿往往因得不到照顾而死去。

有一个有关这种错误的极端例子，也许你可能认为与其把它视为违反常情的例子，倒不如把它视为否定自私基因理论的证据。有人看见过一只失去孩子的母猴偷走另外一只母猴的孩子，并抚养它。在我看来，这是双重的错误，因为收养小猴的母猴不但浪费自己的时间，它也使一只与之竞争的母猴得以卸掉抚养孩子的重担，从而能更快地生育另一只小猴。我认为，这个极端的例子值得我们深入探究。我们需要知道这样的情况具有多大的普遍性，收养小猴的母猴和小猴之间的平均亲缘关系指数是多少，这个小猴的亲生母亲的态度怎样——它的孩子被收养毕竟对它有好处，母猴是不是故意瞒哄憨直的年轻母猴，使之乐于抚养它的孩子。（也有人认为收养或诱拐小猴的母猴可以从中获得可贵的抚养小孩的经验。）

另外一个蓄意背离母性的例子，是由布谷鸟及其他“寄孵鸟”（brood-parasites）——在其他鸟窝生蛋的鸟——提供的。布谷鸟利用鸟类因亲代本能而遵守的一条准则：“对坐在你窝里的任何小鸟以礼相待。”且莫说布谷鸟，这条准则在一般情况下是能够产生其预期效果的，即把利他行为的受益者局限在近亲的范围内。这是因为鸟窝事实上都是孤立的，彼此之间总有一段距离，几乎可以肯定在你自己窝里的是你生育的小鸟。成年的鲭鸥（herring gulls）不能识别自己所生的蛋，它会愉快地伏在其他海鸥的蛋上，有些做试验的人甚至以粗糙的土制假蛋代替真蛋，它也分辨不出，照样坐在上面。在自然界中，对蛋的识别对于海鸥而言并不重要，因为蛋不会滚到几码以外的邻居的鸟窝附近。不过，海鸥还是识别得出它所孵的小海鸥。和蛋不一样，小海鸥会外出溜达，弄不好会可能走到黑头鸥的窝附近，常常因此断送了性命。这种情况在第 1 章里已经述及。

另一方面，海鸠却能根据蛋上小斑点的式样来识别自己的蛋。在孵蛋时，它们对其他鸟类的蛋绝不肯一视同仁。这大概是由于它们筑巢于平坦的岩石上，蛋滚来滚去有混在一起的危险。有人可能要问，它们孵蛋时为什么要区别对待呢？如果每一只鸟都不计较这是谁家的蛋，只要有蛋就孵，结果还不是一样吗？这其实就是类群选择论者的论点。设想一下，如果一个把照管小鸟作为集体事业的集团得到发展，结果会怎样呢？海鸠平均每次孵一只蛋，这意味着一个集体照管小鸟的集团如果要顺利发展，那么每一只成年的海鸠都必须平均孵一只蛋。假使其中一只弄虚作假，不肯孵它那只蛋，它可以把原来要花在孵蛋上的时间用于生更多的蛋，这种办法的妙处在于，其他比较倾向于利他行为的海鸠自然会代它照管它的蛋。利他行为者会忠实地继续遵循这条准则：“如果在你的鸟窝附近发现其他鸟蛋，把它拖回来并坐在上面。”这样，欺骗基因得以在种群中兴旺起来，而那些助人为乐的代管小鸟的集团最终要解体。

有人会说：“如果是这样的话，诚实的鸟可以采取报复行动，拒绝这种敲诈行为，坚决每次只孵一只蛋，绝不通融。这样做应该足以挫败骗子的阴谋，因为它们可以看到自己的蛋依然在岩石上，其他的鸟都不肯代劳孵化。它们很快就会接受教训，以后要老实一些。”可惜的是，事情并不是这样。根据我们所做的假设，孵蛋的母鸟并不计较蛋是谁家生的，如果诚实的鸟把这个旨在抵制骗子的计划付诸实施的话，那些无人照管的蛋既可能是骗子的蛋，但同样也可能是它们自己的蛋。在这种情况下，骗子还是合算的，因为它们能生更多的蛋从而使更多的后代存活下来。诚实的海鸠要打败骗子的唯一办法是：认真区分自己的蛋和其他的鸟蛋，只孵自己的蛋。也就是说，不再做一个利他主义者，仅仅照管自己的利益。

用史密斯的话来说，利他的收养"策略"不是一种进化稳定策略。这种策略不稳定，因为它比不上那种与之匹敌的自私策略。这种自私策略就是生下比其他鸟更多的蛋，然后拒绝孵化它们。但这种自私的策略本身也是不稳定的，因为它所利用的利他策略是不稳定的，因而最终必将消失。对一只海鸠来说，唯一具有进化意义的稳定策略是识别自己的蛋，只孵自己的蛋，事实正是这样。

经常受到布谷鸟的寄生行为之害的一些鸣禽种类做出了反击。但它们并不是学会了从外形上识别自己的蛋，而是本能地照顾那些带有其物种特殊斑纹的蛋。由于它们不会受到同一物种其他成员的寄生行为之害，这种行为是行之有效的。但布谷鸟反过来也采取了报复措施，它们所生的蛋在色泽上、体积上和斑纹各方面越来越和寄主物种的相像。这是个欺诈行为的例子，这种行径经常能取得成效。就布谷鸟所生的蛋而言，这种形式进化上的军备竞赛导致了拟态的完美无缺。我们可以假定，这些布谷鸟的蛋和小布谷鸟当中会有一部分被"识破"，但未被识破的那部分毕竟能存活并生下第二代的布谷鸟蛋。因此，那些操纵更有效的欺诈行为的基因在布谷鸟的基因库中兴旺起来。同样，那些目光敏锐，能够识别布谷鸟蛋的拟态中任何细小漏洞的寄主鸟类就能为它们自己的基因库做出最大的贡献。这样，敏锐的、怀疑的目光就得以传给下一代。这是个很好的例子，它说明自然选择是如何提高敏锐的识别力的，在我们这个例子里，另一个物种的成员正竭尽所能，企图蒙蔽识别者，而自然选择促进了针对这种蒙蔽行为的识别力。

现在让我们回过头来对两种估计进行一次比较：第一种是一只动物对自己与群体其他成员之间的亲缘关系的“估计”；第二种是一位从事实地研究的内行博物学家对这种亲缘关系的估计。伯特伦（B. Bertram）在塞伦盖蒂国家公园[a]研究狮子生态多年。他以自己在狮子生殖习惯方面的知识为基础，对一个典型狮群中个体之间的平均亲缘关系进行了估计。他是根据如下的事实进行估计的：一个典型的狮群由 7 只成年母狮和 2 只成年雄狮组成。母狮是狮群中比较稳定的成员，雄狮是流动的，经常由一个狮群转到另一个狮群。这些母狮中约有一半同时产仔并共同抚育出生的幼狮，因此，很难分清哪一只幼狮是哪一只母狮生的。一窝幼狮通常有 3 只，狮群中的成年雄狮平均分担做父亲的义务。年轻的母狮留在狮群中，代替死去的或出走的老母狮。年轻的雄狮一到青春期就被逐出家门。它们成长后三三两两结成一伙，到处流浪，从一个狮群转到另外一个狮群，不大可能再回老家。

以这些事实以及其他假设为依据，你可以看到我们有可能算出一个典型狮群中两个个体之间的亲缘关系的平均指数。伯特伦演算的结果表明，任意挑选的一对雄狮的亲缘关系指数是 0.22，

a. 塞伦盖蒂国家公园位于坦桑尼亚。

一对母狮是 0.15。换句话说，属同一狮群的雄狮平均比异父或异母兄弟的关系稍为疏远一些，母狮则比第一代堂姐妹接近一些。

当然，任何一对个体都可能是同胞兄弟，但伯特伦无从知道这一点，狮子自己大概也不会知道。另一方面，伯特伦估计的平均指数，从某种意义上说，狮子是有办法知道的。如果这些指数对一个普通的狮群来说真的具有代表性，那么，任何基因如能使雄狮自然倾向于以近乎对待其异父或异母兄弟的友好方式对待其他雄狮，它就具有积极的生存价值。任何做得过分的基因，即以更适合于对待其同胞兄弟那样的友好方式对待其他雄狮的话，在一般情况下是要吃亏的，正如那些不够友好的，把其他雄狮当作第二代堂兄弟那样对待的雄狮到头来也要吃亏一样。如果狮子确实像伯特伦所讲的那样生活，而且——这一点也同样重要——它们世世代代一直是这样生活的，那么我们可以认为，自然选择将有利于适应典型狮群的平均亲缘关系那种水平的利他行为。我在上面讲过，动物对亲缘关系的估计和内行博物学家的估计到头来是差不多的，我的意思就在于此。

我们因此可以得出这样的结论：就利他行为的演化而言，“真正的”亲缘关系的重要性可能还不如动物对亲缘关系做出的力所能及的估计。懂得这个事实就懂得在自然界中，父母之爱为什么比兄弟 / 姐妹之间的利他行为普遍得多而且真诚得多，也就懂得为什么对动物而言其自身利益甚至比几个兄弟更为重要。简单地说，我的意思是，除了亲缘关系指数以外，我们还要考虑“肯定性”的指数。尽管父母 / 子女的关系从遗传学的意义上说，并不比兄弟 / 姐妹的关系来得密切，它的肯定性却大得多。在一般情况下，要肯定谁是你的兄弟就不如肯定谁是你的子女那么容易。

至于你自己是谁，那就更容易肯定了。

我们已经谈论过海鸠之中的骗子，在以后的几章里，我们将要谈到说谎者、骗子和剥削者。在这个世界上，许多个体为了自身的利益总是伺机利用其他个体的亲属选择利他行为，因此，一个生存机器必须考虑谁可以信赖，谁确实是可靠的。如果 B 确实是我的弟弟，我照顾他时付出的代价就该相当于我照顾自己时付出的代价的一半，或者相当于我照顾我自己的孩子时付出的代价。但我能够像我肯定我的儿子是谁那样去肯定他是我的弟弟吗？我如何知道他是我的弟弟呢？

如果 C 是我的同卵孪生兄弟 **，那我照顾他时付出的代价就该相当于我照顾自己的任何一个儿女的两倍，事实上，我该把他的生命看作和我自己的生命一样重要。但我能肯定他是我的同卵孪生兄弟吗？当然他有点像我，但很可能我们碰巧有同样的容貌基因。不，我可不愿为他牺牲，因为他的基因有可能全部和我的相同，但我肯定知道我体内的基因全部是我的。因此，对我来说，我比他重要。我是我体内任何一个基因所能肯定的唯一的一个个体。再说，在理论上，一个操纵个体自私行为的基因可以由一个操纵个体利他行为，援救至少一个同卵孪生兄弟或两个儿女、兄弟，或至少 4 个孙子孙女等的等位基因代替，但操纵个体自私行为的基因具有一个巨大的优越条件，那就是识别个体的肯定性。与之匹敌的以亲属为对象的利他基因可能会搞错对象，这种错误可能纯粹是偶然的，也可能是由骗子或寄生者蓄意制造的。因此，我们必须把自然界中的个体自私行为视为是不足为奇的，这些自私行为不能单纯用遗传学上的亲缘关系来解释。

在许多物种中，做母亲的比做父亲的更能识别谁是它们的后代。母亲生下有形的蛋或孩子，它有很好的机会去辨识它自己的基因传给了谁。而可怜的爸爸受骗上当的机会就大得多。因此，父亲不像母亲那样乐于为抚养下一代而操劳，那是很自然的。在第 9 章《两性战争》里，我们将看到造成这种情况的还有其他的原因。同样，外祖母比祖母更能识别谁是它的外孙或外孙女，因此，外祖母比祖母表现出更多的利他行为是合乎情理的。这是因为她能识别她的女儿的儿女。外祖父识别其外孙或外孙女的能力相当于祖母，因为两者都是对其中一代有把握而对另一代没有把握。同样舅舅对外甥或外甥女的利益应比叔叔或伯伯更感关切。在一般情况下，舅舅应该和舅母一样表现出同样程度的利他行为。确实，在不贞行为司空见惯的社会里，舅舅应该比“父亲”表现出更多的利他行为，因为它有更大的理由信赖同这个孩子的亲缘关系。它知道孩子的母亲至少是它的异父或异母姐妹，“合法的”父亲却不明真相。我不知道是否存在任何证据，足以证明我提出的种种臆测。但我希望，这些臆测可以起到抛砖引玉的作用，其他的人可以提供或致力于搜集这方面的证据，特别是社会人类学家或许能够发表一些有趣的议论吧。

现在回过头来再谈谈父母的利他行为比兄弟之间的利他行为更普遍这个事实。看来我们从“识别问题”的角度来解释这种现象的确是合理的，但对存在于父母-子女关系本身的根本的不对称性却无法解释。父母爱护子女的程度超过子女爱护父母的程度，尽管双方的遗传关系是对称的，而且亲缘关系的肯定性对双方来说也是一样的。一个理由是父母年龄较大，生活能力较强，事实上处于更有利的地位为其下一代提供帮助。一个婴孩即使愿意侍养其父母，事实上也没有条件这样做。

在父母–子女关系中还有另一种不对称性，而这种不对称性不适用于兄弟/姐妹的关系。子女永远比父母年轻，这种情况常常，如果不是永远，意味着子女的预期寿命较长。正如我在上面曾强调的那样，预期寿命是个重要的变量。在最最理想的环境里，一只动物在“演算”时应考虑这个变量，以“决定”是否需要表现出利他行为。在儿童的平均预期寿命比父母长的物种里，任何操纵儿童利他行为的基因会处于不利地位，因为这些基因所操纵的利他性自我牺牲行为的受益者都比利他主义者自己的年龄大，更近风烛残年。在另一方面，就方程式中平均寿命这一项而言，操纵父母利他行为的基因则处于相对有利的地位。

我们有时听到这种说法：亲属选择作为一种理论是无可非议的，但在实际生活中，这样的例子却不多见。只能说持这种批评意见的人对何谓亲属选择一无所知。事实上，诸如保护儿童、父母之爱以及有关的身体器官、乳分泌腺、袋鼠的肚囊等等都是自然界里亲属选择这条原则在起作用的例子。批评家们当然十分清楚父母之爱是普遍存在的现象，但他们不懂得父母之爱和兄弟/姐妹之间的利他行为同样是亲属选择的例子。当他们说自己需要例证的时候，他们所要的不是父母之爱的例证，而是另外的例证。应该承认，这样的例子不是那么普遍的。我也曾提出过发生这种情况的原因。我本来可以把话题转到兄弟/姐妹之间的利他行为上——事实上这种例子并不少，但我不想这样做，因为这可能加深一个错误的概念（我们在上面已经看到，这是威尔逊赞成的概念）——即亲属选择具体地指父母–子女关系以外的亲缘关系。

这个错误概念之所以形成有其历史根源。父母之爱有利于进化之处显而易见，事实上我们不必等待汉密尔顿指出这一点，自达尔文的时代起，人们就开始理解这个道理。当汉密尔顿证明其他的亲缘关系也具有同样的遗传学上的意义时，他当然要把重点放在这些其他的关系上。特别是以蚂蚁、蜜蜂之类的社会性昆虫为例时。在这些昆虫里，姐妹之间的关系特别重要，我们以后还要谈到这个问题。我甚至听到有些人说，他们以为汉密尔顿的学说仅仅适用于昆虫！

如果有人不愿意承认父母之爱是亲属选择行为的一个活生生的例子，那就该让他提出一个广义的自然选择学说，这个学说在承认存在父母的利他行为的同时却不承认存在旁系亲属之间的利他行为。我想他是提不出这样的学说的。

第 7 章

计划生育

有人主张把父母的关怀同其他类型的亲属选择利他行为区别开来，这种主张的道理是不难理解的。父母的关怀看起来好像是繁殖的组成部分，而诸如对待侄子的利他行为却并非如此。我认为这里确实隐藏着一种重要的区别，不过人们把这种区别弄错了。他们将繁殖和父母的关怀归在一起，而把其他种类的利他行为另外归在一起。但我却希望这样区分：一类为生育新的个体，另一类为抚养现存的个体。我把这两种活动分别称为生育幼儿和照料幼儿。个体生存机器必须做两类完全不同的决定，即抚养的决定和生育的决定。"决定"这个词用在这里是指无意识的策略上的行动。思考是否做抚养的决定的形式是："有一个幼儿，它同我在亲缘关系上的接近程度如此这般，如果我不喂养它，它死亡的机会如何如何，那么我要不要喂养它？"另一方面，是否做生育的决定的思考形式是这样的："我要不要采取一切必要的步骤以便生育一个新的个体？我要不要繁殖？"在一定程度上，抚养和生育必然为占用某个个体的时间和其他资源而相互竞争，这个个体可能不得不做出选择："我是抚养这个幼儿好呢，还是再生一个好？"

抚养和生育的各种混合策略，如能适应物种生态上的具体情况，在进化上是能够稳定的。单纯的抚养策略在进化上不可能稳定。如果所有个体都付出全部精力去抚养现有的幼儿，以至于连一个新的个体也不生产，这样的种群很快就会受到精于生育的突变个体的入侵。抚养只有作为混合策略的一部分，才能取得进化上的稳定——至少需要进行某种数量的生育活动。

我们非常熟悉的物种——哺乳动物和鸟类——往往都是抚养的能手。伴随着生育幼儿的决定的通常是抚养它的决定。正是因为生育同抚养这两种活动实际上时常相继发生，因此人们把这两件事情混为一谈。但从自私基因的观点来看，生存机器抚养的幼儿是兄弟或者是儿子，原则上是没有区别的。这一点我们在上面已提到过。两个幼儿同你的亲缘关系是相等的，如果你必须在两个要喂养的幼儿之间做出选择的话，没有任何遗传上的理由非要你选择自己的儿子不可。但另一方面，根据定义，你不可能生育自己的弟弟，你只能在其他人生出他之后抚养他。关于个体生存机器对其他已经存在的个体要不要采取利他行为，怎样才能做出理想的决定，我们在前面一章中已有论述。我们在本章要探讨一下，个体生存机器对于要不要生育新个体应如何做出决定。

我在第 1 章中提到过关于类群选择的争论，这种激烈争论主要是围绕着这个问题进行的。这是由于温–爱德华兹根据“种群调节”（population regulation）理论提出其类群选择观点，而他又是这个类群选择论的主要鼓吹者。他认为，个体动物为了群体的整体利益，有意降低其出生率。

这是一个非常具有吸引力的假设，因为它十分符合人类个体应该实践的行动。人类的小孩太多了。一国人口的多少取决于 4 种情况：出生、死亡、入境移民和出境移民。如果我们把世界人口作为一个整体，那就无所谓入境移民和出境移民，只有出生和死亡。只要每对夫妻平均有两个以上的小孩存活下来进行繁殖，以后新生婴儿的数目就会以持续的加速度直线上升。每一代人口不是按固定的数量上升，而更可能是在不断增长的人口已达到的基础上按一个固定比率递增。由于人口本身也在增大，因此人口的递增量也越来越大。如果让这样的增长速度继续下去而不加以制止的话，人口的增加会达到天文数字，速度之快令人惊讶。

顺便提一下，人口的增长不但取决于人们有多少小孩，也取决于何时生小孩，甚至关心人口问题的人有时也认识不到这一点。因为每代人口往往按某种比率增长，因此，如果你把两代人之间的间距拉长，人口每年的增长率就低些。我们完全可以把写在横幅上的口号“只生两个”这几个字改为“以 30 岁为起点”！但无论如何，人口高速增长会招致严重的问题。

我们大家也许都已看到过这样计算出来的触目惊心的数字，这些数字能够清楚地说明问题。举例说，拉丁美洲目前的人口大约有 3 亿，而且其中已有许多人营养不良。但如果人口仍按目前的速度继续增长，要不了 500 年的时间，人口增长的结果就会出现这样一种情况：人们站着挤在一起，可以形成一条遮盖该大陆全部地区的由人体构成的地毯。即使我们假定他们都瘦骨嶙峋——一个并非不真实的假定——情况依然如此。从现在算起，在 1 000 年之后，他们要立在他人的肩膀上，其高度要超出 100 万人。待 2 000 年之后，这座由人堆起的山将会以光速向上伸展，达到已知宇宙的边缘。

无疑你会注意到，这是一种根据假设计算出来的数字！事实上，由于某些非常实际的原因，这种情况绝对不会发生。饥荒、瘟疫和战争，或者，如果我们幸运的话，还有计划生育，这些就是其中的一些原因。寄望农业科学的进展——“绿色革命”之类，是无济于事的。增加粮食生产可以暂时使问题缓和一下，但按照数学上的计算，肯定不可能成为长远之计。实际上，和已使危机加剧的医药上的进展一样，粮食增产很可能由于加快人口膨胀的速度，而使这一问题更趋恶化。如果不用火箭以每秒运载几百万人的速度向宇宙空间大规模移民，不加控制的出生率必然导致死亡率的可怕上升，这是一个简单的逻辑事实。就是这样一个简单的事实，那些禁止其追随者使用有效避孕方法的领导人竟然不理解，实在令人难以置信。他们宁愿采用“自然的”方法限制人口，而他们必将见证这种自然的方法：饥饿。

这种从长远观点计算得出的结果所引起的不安，当然是出于对我们整个物种未来福利的关心。人类（其中有些人）具有自觉的预见能力，能够预见到人口过剩所带来的灾难性后果。生存机器一般为自私的基因所操纵，完全可以肯定，自私的基因是不能够预见未来的，也不可能把整个物种的福利放在心上，这就是本书的基本假定。而温-爱德华兹也就是在这一点上同正统的进化论理论家们分道扬镳的。他认为，使真正的利他性生育控制行为形成的方式是存在的。

人们对很大一部分事实是认识一致的，不存在分歧，但在温-爱德华兹的著作中，或在阿德里普及持温-爱德华兹的观点的文章中，这一点都没有得到强调。一个明显的事实是，野生动物的数目并不以天文数字的速度增长，尽管在理论上是可以达到这种速度的。有时野生动物的数目相当稳定，出生率和死亡率大体相当。在许多情况下，它们的数目波动很大，旅鼠（lemmings）就是一个很好的例子，它们时而大量激增，时而濒于灭绝。有时波动的结果是种群的彻底灭绝，至少在局部地区是如此。以加拿大山猫为例，其数目的摇摆波动似乎是有节奏的，这从赫德森海湾公司连续几年出售的皮毛数量就可看得出。有一点可以肯定——野生动物的数目是不会无限制地持续增长的。

野生动物几乎永远不会因衰老而死亡：远远等不到它们老死，饥饿、疾病或者捕食者都可以使它们丧生。直到前不久人类的情况也是如此。大部分动物在幼年时期就死亡，还有许多尚在卵子阶段就结束了生命。饥饿以及其他死亡因素是野生动物不可能无限制增长的根本原因，但正如我们所看到的，我们的物种没有什么理由一定要沦落至这样的地步。只要动物能调节其出生率，就永远不会发生饥荒。温-爱德华兹就认为，动物正是这样做的。但即便在这一点上，学界存在的分歧可能没有像你在读他的书时想象的那样大。拥护自私基因理论的人会欣然同意：动物的确会调节自己的出生率。任何具体物种的窝卵数或胎仔数都相当固定：任何动物都不会无限制地生育后代。分歧不在于出生率是否得到调节，而在于怎么得到调节：计划生育是通过什么样的自然选择过程形成的呢？概括地说，分歧在于：动物控制生育是利他性的，为了群体的整体利益而控制生育，还是自私性的，为了进行繁殖的个体的利益而控制生育？我将对这两种理论逐一进行论述。

温-爱德华兹认为，个体为了群体的整体利益而限制自己生育小孩的数量。他承认，正常的自然选择不大可能使这种利他主义行为得到进化：对低于平均数的生殖率的自然选择，从表面上看，是一种自相矛盾的说法。因此，像我们在第 1 章所见到的那样，他寄望于类群选择的理论。根据他的说法，凡其个体成员能约束自己出生率的群体，较之其个体成员繁殖迅速以致危及食物供应的群体，前者灭绝的可能性要小些。因此，世界就会为其个体成员能约束自己出生率的群体所占据。温-爱德华兹所说的自我约束行为大体上就相等于生育控制，但他讲得更加具体，事实上他提出了一个极为重要的概念，认为整个社会生活就是一种人口调节的机制。举例说，许多动物物种的群居生活具有两个主要的特征，即领域性（territoriality）和优势序位，我们在第 5 章已提到过。

许多动物显然把很多时间和精力花在“保卫”工作上，它们致力于“保卫”博物学家称之为领地的一块地域。这种现象在动物界十分普遍，不但鸟类、哺乳动物和鱼类有这种行为，而且昆虫类，甚至海葵也是如此。这块领地可能是林间的一大片地方，它主要是进行繁殖的一对动物觅食的天然场地，知更雀就是这样。另一种情况可以以鲭鸥为例，它的地盘可能是一小块没有食物的地方，但中间却有一个窝。温-爱德华兹认为，为领地进行搏斗的动物是为了争夺象征性的目的物，而不是为了争抢像食物这样的实物。在许多情况下，雌性动物因雄性动物不拥有一块领地而拒绝同其交配。有时，雌性动物由于其配偶被击败，领地被占领，而很快就委身于胜利者，这些情况的确时常会发生。甚至在明显表现出忠诚的单配物种中，雌性动物委身的可能是雄性动物的领地，而不是雄性动物本身。

如果种群的成员过多，有些个体得不到领地，它们就不能进行繁殖。因此，按照温-爱德华兹的观点，赢得一块领地就像是赢得了一张繁殖的证书或许可证。由于能够得到的领地数量有限，就好像颁发的繁殖许可证有限一样。个体可能为取得这些许可证而进行搏斗，但整个种群所能生育的幼儿总数受到所能得到的领地的数量的限制。有时，一些个体初看上去好像表现出自我约束力，例如红松鸡就是如此，因为那些不能赢得领地的个体不仅不繁殖，而且似乎放弃斗争，不想再去赢得领地。它们好像都接受这样的比赛规则：要是竞争季节结束时你还没有得到一张进行生育的正式许可证，你就要自觉地克制生育，在繁殖季节不去惊扰那些幸运的个体，以便让它们能够为物种传宗接代。

温-爱德华兹也是以类似的方式阐明优势序位形成的过程。在许多动物群体中，尤其是豢养的动物，但有时也包括野生动物，个体能记住对方的特征，它们也知道在搏斗中自己能够击败谁，以及通常谁能够打败它们。我们在第 5 章中曾讲到，它们“知道”哪些个体大概能击败它们，因此遇到这些个体时往往不战而降。结果，博物学家就能够把优势序位或“啄食等级”(peck order，因最初用以描述母鸡的情况而得名）形象地描绘出来——在这种等级分明的社会里，每一个个体都清楚自己的地位，因此没有超越自己身份的想法。当然，有时也发生真正的全力以赴的搏斗，而且有时有些个体能够赢得升级，取得超过其顶头上司的地位。但正如我们在第 5 章中所讲的那样，总的说来，等级低的个体自动让步的后果是，真正持久的搏斗很少发生，重伤情况也很少见。

许多以某种模糊的类群选择观点来看问题的人，认为这是件“好事”，温-爱德华兹的解释就更加大胆：比起等级低的个体，等级高的个体有更多的机会去繁殖，这种情况不是由于它们为雌性个体所偏爱，就是因为它们以暴力阻止等级低的雄性个体接近雌性个体。温-爱德华兹认为社会地位高是表示有权繁殖的另一种票证。因此，个体为社会地位而奋斗，而不是直接去争夺雌性个体，如果最终取得的社会等级不高，它们就接受自己无权生育这个事实。凡直接涉及雌性个体时，它们总是自我克制，但这些个体能不时地试图赢得较高的社会地位，因此可以说是间接地争夺雌性个体。但和涉及领地的行为一样，“自觉接受”这条规定，即只有地位高的雄性个体才能生育，根据温-爱德华兹的观点，其带来的结果是，种群的成员数字不会增长太快。种群不会先是生育了过多的后代，然后在吃过苦头以后才发现这样做是错误的。它们鼓励正式的竞赛，让其成员去争夺地位和领地，以此作为限制种群规模的手段，以便把种群的规模保持在略低于饥饿本身实际造成死亡的水平之下。

炫耀性行为（epideictic behaviour）也许是温–爱德华兹提出的最令人惊讶的观点，炫耀性这个词是他自己杜撰的。许多动物的群居生活占据了它们的很多时间，它们集结成群，在陆地、空中或水里活动。自然选择为什么会有利于这种集体生活，人们对此给出了各种理由，而这些理由或多或少都属于常识范围。我在第 10 章会谈到其中的一些。温–爱德华兹的观点却迥然不同。他认为大批的欧椋鸟在晚间集聚，或大群的蠓虫在门柱周围飞舞时，它们是在对自己的种群进行“人口”普查。因为他提出的观点是，个体为了群体的整体利益而约束自己的出生率，即当动物个体的密度高时就少生育一些，所以它们理所当然地应该有某种方法去估计动物个体的密度。恒温器需要有温度计作为其机械装置的一个组成部分，上述的情况也正是如此。在温–爱德华兹看来，炫耀性行为就是经过周密安排的群体聚集，以便对动物的数量做出估计。他并不认为动物对其自身数量的估计是一种有意识的行为，但他认为这是一种把个体对于其种群的个体密度的直觉同它们的繁殖系统联系起来的神经或内分泌自动机制。

我对温–爱德华兹理论的介绍尽管只有三言两语，但尽力做到公正。如果我做到了这一点，现在你应该感到心悦诚服，这一理论表面看来至少是言之成理的。但你以犹疑的口吻说，尽管温–爱德华兹的理论听起来好像很有道理，它的依据最好再充分一些，否则……你所持的这种怀疑态度，是阅读了本书前面几章的结果。遗憾的是，依据并不充分。构成这一理论的大量例子既能用他的方式去解释，但也完全可以以更加正统的“自私的基因”规律加以阐明。

虽然拉克（David Lack）从未用过“自私的基因”这一名称，但他却是计划生育的自私基因理论的主要创始人，是一位伟大的生态学家。他曾对野生鸟类窝卵数进行过专门研究，但他的学说和结论却具有普遍适用的价值。每一物种的鸟往往都有典型的窝卵数。例如，塘鹅和海鸠每次孵 1 只蛋，东亚雨燕每次孵 3 只，而大山雀每次孵 6 只或更多。每次孵卵数并非一成不变：有些东亚雨燕每次只生2只蛋，大山雀也可能生12只。我们有理由设想，雌鸟产蛋孵卵的数目像其他特性一样，至少是部分受遗传的控制，这就是说，可能存在使雌鸟产 2 只蛋的基因，产 3 只的与之竞争的等位基因，还有产 4 只的等位基因，等等，尽管实际情况可能并不如此简单。现在，自私基因的理论要求我们去探究，这些基因中究竟哪一种会在基因库中越来越多。表面上看，使雌鸟产 4 只蛋的基因毫无疑问会胜过产 3 只或 2 只的基因。然而稍加思索就会发现，“越多越好”的论点绝非事实。以此类推的结果就会是，5 只比 4 只好，10 只更加好，100 只还要好，数量无限最好。换句话说，这样类推，逻辑上就要陷入荒谬。显然，大量生蛋不仅有所得，也有所失。增加生育必然要以抚养欠佳为代价。拉克的基本论点是，任何一定的物种在任何一定的环境条件下，每窝肯定都有其最适度的孵卵数。他同温-爱德华兹的分歧就在于他如何回答这一问题：“从谁的观点来说是最适度的？”温-爱德华兹认为，这种重要的最适度也是对群体作为一个整体而言的最适度，也就是一切个体应力图实现的最适度。而拉克却认为，每一自私个体对每窝孵卵数的抉择以其能最大限度地抚养的数量为准。如果东亚雨燕每窝最适度的孵卵数是 3 只的话，照拉克的观点来看，意思就是，凡是试图生育 4 个子女的个体，较之更加谨慎、只试图生育 3 个子女的竞争对手，其成年子女可能反而更少。这种情况很明显是由于 4 个幼儿平均得到的食物太少，以致很少能够活到成年。最初对 4 只蛋的卵黄配给，以及孵化后食物的配给都同样是造成这种情况的原因。因此，拉克认为，个体之所以调节其窝卵数，绝非出自利他性的动机。它们不会为了避免过多地消耗群体的资源而实行节制生育。它们节制生育是为了最大限度地增加它们现有子女的存活数，它们的目标同我们提倡节制生育的本来目标恰好背道而驰。

育养雏鸟是一件代价高昂的事情。雌鸟在孕育蛋的过程中必须投入大量的食物和精力。为了保存它生下的蛋，它需要付出大量的劳动去筑巢，这也可能是在其配偶的协助下完成的。雌鸟要花几个星期的工夫耐心地去孵化这些蛋。雏鸟出壳后，雌鸟就要累死累活地为它们找食物，几乎得不到喘息的时间。我们已经知道，雌性大山雀在白天平均每 30 秒就要往鸟巢衔一次食物。哺乳动物，如我们人类本身，进行的方式稍有不同，但繁殖作为一件代价高昂的事情——对母亲来说尤其如此——其基本概念是相同的。显然，如果母亲将有限的食物和精力资源分给太多的子女，结果育成的子女反而更少，倒不如一开始就谨慎一些不要贪多为好。她必须在生育和抚养之间进行合理的平衡。每个雌性个体或一对配偶所能搜集到的食物和其他资源的总量，是决定它们能够抚养多少子女的限制性因素。按照拉克的理论，自然选择对窝卵数（胎仔数等）进行调节，以便最大限度地利用这些有限的资源。

生育太多子女的个体要受到惩罚，不是由于整个种群要走向灭绝，而是仅仅由于它们自己的子女能存活下来的越来越少。使之生育太多子女的基因根本不会大量地传递给下一代，因为带有这种基因的幼儿极少能活到成年。对现代文明人而言，家庭规模不再受限于父母所能够提供的有限资源。如果一对夫妻生育了过多子女，超出了其抚养能力，国家，即其他人类成员就会介入，使多出的子女得以健康成长。事实上，一对夫妻即便不具备充足的物质资源，也无法阻止其生育、抚养女性身体极限所能允许的最大子女数量。但是福利国家乃是非同寻常之物。在大自然中，生育了超出其抚养能力的子女的父母不会拥有更多的孙辈，它们的基因不会传递给未来的后代。这里不需要对生育率的利他主义做出限制，因为大自然里没有福利国家。任何基因过于放纵都会立刻受到惩罚：携带其基因的后代因饥饿而死。既然我们人类不想继续这种旧时的自私之道，让子女过多的家庭因饥饿而死，于是我们不再把家庭作为经济自足的单位，而代之以国家。但是子女获得抚养保障的权利不应被滥用。

避孕有时被谴责为“非自然的”。确实如此，它非常“非自然”。可问题是：福利国家也是“非自然的”。我想大多数人都认为福利国家是非常令人向往的。但是你不可能拥有一个非自然的福利国家，除非你也拥有非自然的生育控制，否则最终结果就会比自然状态下更加悲惨。福利国家也许是动物世界里已知的最伟大的利他主义制度。但是福利制度具有内在的不稳定性，因为它容易被自私的人利用，甚至滥用。拥有超出其抚养能力的子女数量的个体大多数是出于愚昧无知才这么做的，而不能斥之为恶意滥用。在我看来，更应该受到质疑的是那些刻意鼓励这种行径的强大的制度和领导人。

现在再来讲一讲野生动物。拉克关于窝卵数的论点可以推而广之，用于温-爱德华兹所举的其他例子：领地行为、统治集团等等。我们以他和几个同事对红松鸡进行的研究为例来说明。这种鸟食用石楠属植物，它们把石楠丛生的荒原分成一块块领地，而这些领地显然能为其主人提供超过实际需要量的食物。在发情期的早期，它们就开始为争领地而搏斗，但不久，失败者似乎就已认输，不再进行搏斗了。它们变成了流浪者，永远得不到一块领地，在发情期结束时，它们大部分都要饿死。得到繁殖机会的只有拥有领地的动物。如果一个拥有领地的动物被射杀，它的位置很快就会为先前的一个流浪者所填补，新来的主人就会进行繁殖。这一事实说明，不拥有领地的动物生理上是有繁殖能力的。我们已经看到，温-爱德华兹对这种涉及领地的极端行为的解释是，这些流浪者“承认”自己失败，不能得到繁殖的证明书或许可证，它们也就不想再繁殖。

表面上看，用自私基因的理论似乎很难解释这个例子。这些流浪者为什么不一而再，再而三地想方设法把领地上的占有者撵走，直到它们筋疲力尽为止呢？毕竟它们这样做不会有任何损失。但且慢，也许它们的确会有所失。我们已经看到，领地的占有者一旦死亡，流浪者就有取而代之的机会，从而也就有了繁殖的机会。如果流浪者用这样的方式继承一块领地，比用搏斗的方式取得这块领地的可能性还要大，那么，作为自私的个体，它宁愿等待，以期某一个个体死亡，而不愿在无益的搏斗中浪费哪怕是一点点精力。以温-爱德华兹的观点来说，为了群体的福利，流浪者的任务就是充当替补，在舞台两侧等待，随时准备接替在群体繁殖舞台上死亡的领地占有者的位置。现在我们可以看到，对纯粹的自私个体来说，这种办法也许是它们的最佳策略。就像我们在第 4 章中所说的那样，我们可以把动物看作赌徒。对一个赌徒来说，有时最好的策略不是穷凶极恶地主动出击，而是坐等良机。

同样，其他凡是动物显示出逆来顺受地“接受”不繁殖地位的例子，都可以毫无障碍地用自私基因的理论加以解释。而总的解释模式却永远相同：个体的最好赌注是，暂时自我克制，期望更好的时机来临。海豹不去惊动那些“妻妾”占有者的美梦，并非考虑到群体的利益，而是在等待时机，期待着更加适宜的时刻，即使这个时刻永远也不会到来，最终落得无后。在这场赌博中成为赢家的可能性本来还是有的，尽管事后我们知道，对这只海豹而言，这并非是一场成功的赌博。在数以百万计的旅鼠潮水般地逃离旅鼠泛滥的中心地带时，它们的目的不是为了减少那一地区旅鼠的密度！它们是在寻求一个不太拥挤的安身之处，每只自私的旅鼠都是如此。如果它们当中哪一只可能因找不到这样一个安身之处而死去，这是一个事后才可以看到的事实。它改变不了这样一种可能性——留下不走甚至要冒更大的风险。

大量文献充分证明，过分拥挤有时会降低出生率。有时这种现象被认为是温-爱德华兹理论的依据，但情况完全不是这样。这种现象不仅符合温-爱德华兹的理论，而且和自私基因的理论也完全一致。例如，在一次实验中，研究人员把老鼠放在一个露天的围场里，同时放进许多食物，让它们自由地繁殖。鼠群的数量增长到某一水平，然后就稳定下来。这种稳定原来是由于老鼠太多而使雌鼠生育能力减退：它们的幼鼠少了。这类结果时常被报道。人们常把造成这种现象的直接原因称为“压力”（stress），尽管起这样一个名称对解释这种现象并无助益。总之，不论其直接原因可能是什么，我们还是需要深究其根本的或进化上的原因。鼠群生活在过分拥挤的环境内，为什么自然选择有利于降低自己产仔率的雌鼠？

温-爱德华兹的回答清楚明了。在群体中，凡其中的雌性个体能估量自己群体的个体数量并且调节其产仔率，以避免食物供应的负担过重，那么，类群选择便有利于这样的群体。在上述那次实验的条件下，碰巧绝不会出现食物缺乏的情况，但我们不能认为老鼠能够认识到这种情况。它们的程序编制就是为了适应野外生活的，而在自然条件下，过分拥挤可能就是一种将要发生饥荒的可靠预兆。

自私基因的理论又是怎么解释的呢？几乎完全相同，但仍有一个非常重要的区别。你可能还记得，按照拉克的理论，动物往往从其自私的观点出发繁殖最适量的幼仔。假如它们生育得太少或太多，它们最后抚养的幼仔，会比它们应该生育的最适量来得少。“最适量”在这个物种过分拥挤的年份中可能是个较小的数目，而在这种动物变得稀少的年份中可能是个较大的数目。我们都一致认为，动物的数量过剩可能预示着饥荒。显而易见，如果有可靠的迹象显示出一场饥荒就要临头，那么，降低其出生率是符合发现这些迹象的雌性动物的自私利益的。凡是那些不以这种方式根据预兆相应行事的对手，即使它们实际生育的幼仔比较多，最终存活下来的还是比较少。因此，我们最终得出的结论几乎同温-爱德华兹的完全一致，但我们却是通过一种完全不同的进化上的推理得出这一结论的。

自私基因的理论甚至也能够解释清楚“炫耀性展示”。你应该还记得温-爱德华兹曾做这样的假设，一些动物故意成群地聚集在一起，以便为对所有的个体进行“人口普查”提供方便，并相应地调节其出生率。没有任何证据证明任何这样的聚集事实上是炫耀性的，但我们可以假定找到了这类证据。这会不会使自私基因的理论处于窘境？丝毫不会。

欧椋鸟大批群栖在一起。不妨这样假定，它们在冬季数量过剩，来年春季繁殖能力就会降低；而且，欧椋鸟相互倾听鸣叫声也是导致其降低生殖能力的直接原因。这种情况可以用这样的实验加以证明。给一些欧椋鸟个体分别放送两种录音，一种再现了欧椋鸟稠密聚集的栖息地且鸣叫声非常洪亮，另一种再现了欧椋鸟不太稠密的栖息地且鸣叫声比较小。两相比较，前面一种欧椋鸟的产蛋量要少些。这说明，欧椋鸟的鸣叫声构成一种炫耀性展示。自私基因的理论对这种现象的解释，同它对于老鼠的例子的解释几无差别。

而且，我们是以这样的假定作为出发点的，即如果有些基因促使你生育你无法抚养的子女，那么这样的基因会自动受到惩罚，在基因库中的数量会越来越少。一个效率高的卵生动物作为自私的个体，它的任务是预见在即将来临的繁殖季节里每窝的最适量是多少。你可能还记得我们在第 4 章中使用的“预见”这个词所具有的特殊含义。那么雌鸟又是如何预见它每窝的最适量的呢？哪些变量会影响它的预见？许多物种做出的预见也可能是固定的，年复一年地从不变化。因此塘鹅平均每窝的最适量是一只蛋，但在鱼儿特别多的年月，一个个体的真正最适量也许会暂时提高到两只蛋，这种可能性是存在的，如果塘鹅无法事先知道某一年是否将是一个丰收年的话，我们就不能指望雌塘鹅甘冒风险，生两只蛋而浪费它们的资源，因为这有可能损害到它们在一般年景中正常的繁殖成果。

一般来说，可能还有其他物种——欧椋鸟或许就是其中之一——能在冬季预言某种具体食物资源在来年春天是否会获得丰收。农村的庄稼人有许多古老的谚语，例如说冬青果的丰产可能就是来年春季气候好的吉兆。不管这些说法有没有正确的地方，从逻辑上说预兆是可能存在的，一个好的预言者从理论上讲可以据此年复一年地按照其自身的利益调节其每窝的产蛋量。冬青果可能是可靠的预兆，也可能不是，但像在老鼠例子中的情况一样，动物个体的密度看来很可能是一个正确的预报信号。一般来说，雌欧椋鸟知道它在来年春季终于要喂养自己的雏鸟时，将要和同一物种的对手竞争食物。如果它能够在冬季以某种方式估计出自己物种在当地的密度的话，它就具备了有力的手段，能够预计明年春天为雏鸟搜集食物的困难程度。假如它发现冬天的个体密度特别高的话，出于自私的观点，它很可能采取审慎的策略，生的蛋会相对减少：它对自己的每窝最适量的估计值会随之降低。

如果动物个体真的会根据对个体密度的估计而降低其窝卵数，那么，每一个自私个体都会立即向对手装出个体密度很高的样子，不管事实是不是这样，这样做对每一个自私的个体都是有好处的。如果欧椋鸟是根据冬天鸟群栖息地声音的大小来判断个体密度的话，每只鸟会尽可能地大声鸣叫，以便听起来像是两只鸟而不是一只鸟在鸣叫，这样做对它们是有利的。一只动物同时装扮成几只动物的做法，克雷布斯在另一个场合提到过，并把这种现象称作“好动作效果”（Beau Geste Effect），这是一本小说的书名，书中讲到法国外籍军团的一支部队曾采用过类似的战术。在我们所举的例子中，这种方法用来诱使周围的欧椋鸟降低它们的窝卵数，降低到比实际的最适量还要少。如果你是一只欧椋鸟而且成功地做到这一点，那是符合你自私的利益的，因为你使不含有你的基因的个体减少了。因此，我的结论是，温-爱德华兹有关炫耀性行为的看法实际上也许是一个很正确的看法：除了理由不对之外，他所讲的始终是正确的。从更广泛的意义上来说，拉克所做的那种类型的假设能够以自私基因的语言，对看上去似乎是支持类群选择理论的任何现象都做出充分有力的解释（如果此类现象出现的话）。

我们根据本章得出的结论是，亲代个体实行计划生育，为的是使它们的出生率保持在最适度的数值上。他们力图让自己的子女尽可能多地存活，这意味着既不能生育过多，也不能生育过少。让个体生育过多后代的基因难以在基因库中长久存续，因为携带此种基因的后代难以存活到成年。

对于家庭从成员数量上进行的探讨就讲这些。现在我们开始讲家庭内部的利害冲突。做母亲的对其所有的子女都一视同仁是否总是有利？还是偏爱某个子女更有利？家庭是作为一个单一的合作整体来发挥作用，还是我们不得不面对甚至在家庭内部都存在自私和欺骗这一现实？一个家庭的所有成员是否都为创造相同的最适条件而共同努力？在什么是最适条件这个问题上是否会发生分歧？这些就是我们要在下面一章试图回答的问题。关于配偶之间是否可能有利害冲突这个问题，我们放到第 9 章去讨论。

第 8 章

代际之战

让我们首先解决上一章结束时提出的第一个问题。做母亲的应该不应该有宠儿？她待子女应该不应该一视同仁，不厚此薄彼？尽管说起来可能使人感到厌烦，但我还是认为有必要再唠叨一下，像往常一样做个声明，做到有言在先，免得产生误会。“宠儿”这个词并不带有主观色彩，“应该”这个词也不带有道义上的要求。我把母亲当作一台生存机器看待，其程序的编制就是为了竭尽所能繁殖存在于体内的基因的拷贝。你我之辈都是人类，知道具有自觉的目的是怎么一回事，因此，我在解释生存机器的行为时使用带有目的性质的语言，作为一种比喻，对我是有其方便之处的。

我们说母亲有宠儿，这句话实际上是什么意思呢？这意味着她在子女身上投资时，资源的分配往往不均等。母亲能够用来投资的资源包括许多东西，食物是显而易见的一种，还包括为取得食物而消耗的精力，因为必须付出一定的代价才能把食物弄到手。保护子女免受捕食者之害而承担的风险也属资源的一种，她可以“花费”也可以拒绝花费这种资源。此外，料理“家务”以及防止风雨侵袭所消耗的能量和时间，在一些物种中为教养子女而花费的时间，都是宝贵的资源。母亲可以“随意”决定如何在其子女间分配这些资源，或均等，或不均等。

要设想用一种通货作为亲代用以投资的一切资源的计量单位是困难的。正如人类社会使用货币作为可以随时转换为食物、土地或劳动时间的通货一样，我们需要一种通货来衡量这些资源，即个体生存机器用以在另一个个体，尤其是自己孩子身上投资的资源。某种能量的度量单位，如热量，有其可取之处，一些生态学家已将其用于核算自然界里能量消耗的成本。但这种核算方式是不全面的，因为它不能精确地转换成具有实际意义的通货，即进化的“金本位”——基因生存。1972年，特里弗斯提出“亲代投资”（parental investment）的概念，从而巧妙地解决了这个难题［尽管在阅读他的言简意赅的文章时，我们从字里行间获得的印象是，这个提法与20世纪最伟大的生物学家费希尔爵士在1930年提出的“亲代支出”（parental expenditure）在含义上很相近］。

亲代投资的定义是：“亲代对子代个体进行的任何形式的投资，从而增加了该个体生存的机会（因而得以成功繁殖），但以牺牲亲代对子代其他个体进行投资的能力为代价。”特里弗斯提出的亲代投资这个概念的优点在于其计量单位非常接近具有实际意义的单位。一个幼儿消耗母体一定数量的乳汁，其数量不是以热量或品脱来计算的，而是以同一母体所哺育的其他幼儿因此受到的损害为计量单位。比方说，如果一个母体有两个幼儿x和y，x吃掉一品脱母乳，而这一品脱母乳所体现的又是亲代投资中的主要部分，那么其计量单位就是y因没有吃到这一品脱母乳而增加的死亡的可能性。亲代投资是以缩短其他幼儿预期寿命的程度为其计量单位的，包括已出生的或尚未出生的幼儿。

亲代投资并不是一个尽善尽美的计算方式，因为它过度强调亲代的重要性而相对地贬低其他的遗传关系。最理想的应该是利他行为投资（altruism investment）这个概念化的计量单位。我们说个体A对个体B进行投资，意思是个体A增加了个体B的生存机会，但以牺牲个体A对包括其自身在内的其他个体的投资能力为代价，而所付出的一切代价均需按适当的亲缘关系指数进行加权计算。这样，在计算一个母体对任何一个幼儿的投资额时，最好能以对其他个体的预期寿命所造成的损害为计量单位，所谓其他个体不仅指这个母体的其他子女，而且指侄子、外甥、侄女、外甥女以及母体自身等等。不过，就许多方面而言，这个方法过于烦琐，不能解决实际问题。而特里弗斯的计算方法还是有很高的实用价值的。

任何一个母体在其一生中能够对子女（以及其他亲属、她自己等，但为了便于论证，我们在这里仅仅考虑子女）进行的亲代投资是有一定总量的。这个亲代投资总额包括她在一生中所能搜集或制造的食物、她准备承担的一切风险以及她为了儿女的福利所能够耗费的一切能量与精力。一个年轻的雌性个体在其成年后应如何利用她的生命资源进行投资？什么样的投资策略才是她应遵循的上策？拉克的理论已经告诉我们，一方面，她不应把资源分摊给太多的子女，致使每个子女得到的份额过分微薄。这样做的话她会失去太多基因：她不会有足够的孙子孙女。另一方面，她也不应把资源集中用在少数几个被宠坏了的儿女身上。事实上她可以确保有一定数量的孙子孙女，但她的一些对手由于对最适量的子女进行投资，结果养育出更多的孙子孙女。有关平均主义的投资策略就讲到这里，我们现在感兴趣的是，对一个母亲来说，在对子女进行投资时如果不是一视同仁，是否会有好处，也就是说，她是否应该有所偏爱。

我们说，母亲对待子女不一视同仁，在遗传学上是毫无根据的。她同每个子女的亲缘关系指数都一样，都是$\frac{1}{2}$。对她而言，最理想的策略是，她能够抚养多少子女就抚养多少，但要进行平均投资，直至子女自己开始生男育女时为止。但是，正像我们在上面已看到的那样，有些个体与其他个体相比，是更理想的寿险被保险人。一窝幼畜中，个子矮小、发育不良的和同窝其他发育正常的幼畜一样，体内有同等数量的来自母体的基因，但它的预期寿命可要短些。换句话说，如果它要和它的兄弟们一样长寿，它就需要额外的亲代投资。做母亲的可以根据具体情况做出决定，它可能发现，拒绝饲养一个个子矮小、发育不良的幼畜，将其名下应得的一份亲代投资全部分给它的兄弟姐妹反而合算。事实上母亲有时干脆把它丢给其他幼畜作为食料，或自己把它吃掉作为制造奶水的原料，这样也算上策。母猪有时吞食小猪，但它是否专挑小个子的吃，我却不得而知。

发育不良的小个子牲畜是个特殊的例子。对幼体的年龄如何影响母体的投资倾向，我们可以做出一些更具普遍性的猜测。如果在两个幼儿中母亲只能拯救其中一个，而另一个最终会死去的话，那么它应拯救其中年龄较大的一个。这是因为，如果死亡的是年龄较大的一个而不是另一个年幼的弟弟，那么，它一生付出的亲代投资中较大的那一部分将要付诸东流。也许这样说能更好地说明这个问题：如果它救弟弟，它仍需要耗费一些代价昂贵的资源才能把这个幼儿抚养到哥哥的年龄。

另一方面，如果这种抉择并不截然涉及生或死的问题，那么对母亲来说，其上策也许是，宁可将赌注押在较年幼的一个孩子身上。我们可以举这样一个例子：母亲因为不知道该把一些食物给小的吃还是给大的吃而感到左右为难。哥哥更有可能凭自己的力量去寻找食物，因此，如果妈妈不喂养它，它不一定会因此死去。另一方面，弟弟因为还很弱小，没有能力自己去找吃的，如果母亲把食物给了哥哥，弟弟饿死的可能性就更大。在这样的情况下，即使母亲宁愿牺牲弟弟，还是可能把食物喂给弟弟，因为哥哥毕竟不太可能会饿死。这正是哺乳动物使幼儿断乳，而不是喂养它们终生的原因。到了一定时候，母亲就停止喂养一个幼儿，而将其资源留给未来的子女，这样做是明智的。有时母亲可能知道它生下的是最后一个幼儿，它会把自己有生之年的全部资源都花费在这个最小的幼儿身上，也许把这个幼儿奶到成年。不过，它应该“权衡一下”，要是把资源花费在孙辈或侄甥之辈身上是否更为合算，因为尽管后者同它的亲缘关系只及子女的一半，但它们从投资中获益的能力可能比它自己这个幼儿大两倍以上。

在这里似乎应该提一下人们称之为“停经”的令人费解的现象，也就是人类中年妇女的生殖能力突然消失这个现象。在我们未开化的祖先中，这种情况可能比较少见，因为能够活到绝经这个年龄的妇女并不太多。可是，妇女的生理突变与男子生殖力的逐渐消失显然不同，这种不同说明停经现象大概具有某种遗传学上的“目的性”——就是说，停经是一种“适应”。要说清楚这个问题很不容易。乍看之下，我们很可能认为妇女在死亡之前应该不停地生男育女，即使随着年龄的增长，她生下婴儿的存活率会越来越低。至少，她们总应该尽力而为吧？但我们应当记住，她的孙子孙女也是她的后代，尽管亲缘关系只有子女的一半。

由于各种原因，也许与梅达沃的衰老学说（第 3 章所讲）有关，处于自然状态的妇女随着年龄的增长而逐渐丧失抚养子女的能力。因此，老年母亲所产幼儿的预期寿命短于青年母亲所产的幼儿。这意味着，如果一个妇女和她的女儿同一天生产，她孙子的预期寿命大概要比她儿子的预期寿命长。妇女到达一定的年龄后，她所生育的每个孩子活到成年的平均机会比同岁的孙子活到成年的平均机会的一半还要小。在这个时候，选择孙子孙女而不选择子女作为投资对象的基因往往会兴旺起来。4 个孙子孙女之中只有 1 个体内有这样的基因，而两个子女之中就有 1 个体内有它的等位基因。但孙子孙女享有较长的预期寿命，这个有利因素胜过数量上的不利因素，因此，“孙子孙女利他行为”基因在基因库中占了上风。一个妇女如果自己继续生育子女就不能集中精力对孙子孙女进行投资，因此，使母体在中年丧失生殖能力的基因就越来越多。这是因为孙子孙女体内有这些基因，而祖母的利他行为又促进了孙子孙女的生存。

这可能就是妇女停经现象形成的原因。男性生殖能力之所以不是突然消失而是逐渐衰退的，其原因大概是，父亲对每个儿女的投资额比不上母亲。甚至对一个年迈的男人来说，只要他还能使年轻妇女生育，那么，对子女而不是对孙子孙女进行投资还是合算的。

迄今为止，我们在本章和上一章里都是从亲代，主要是从母亲的立场来看待一切问题的。我们提出过这样的问题：父母是否应该有宠儿？一般说来，对父亲或母亲而言，最理想的投资策略是什么？不过，在亲代对子代进行投资时，也许每一个幼儿都能对父母施加影响，从而获得额外的照顾。即使父母不“想”在子女之间显得厚此薄彼，难道做子女的就不能先下手为强，攫取更多的东西吗？他们这样做对自己有好处吗？更严格地说，在基因库中，那些促使子女为自私目的而巧取豪夺的基因是否会越来越多，比那些仅仅使子女接受应得份额的等位基因还要多？特里弗斯在 1974 年一篇题为“亲代与子代间的冲突”（“Parent-Offspring Conflict”）的论文里精辟地分析了这个问题。

一个母亲同其现有的以及尚未出生的子女的亲缘关系都是一样的。我们已经懂得，从纯粹的遗传观点来看，她不应有任何宠儿。如果她事实上有所偏爱，那也是出于因年龄或其他不同条件所造成的预期寿命的差异。就亲缘关系而言，和任何个体一样，做母亲的对其自身的“亲缘指数”是她对其子女中任何一个的密切程度的两倍，在其他条件不变的情况下。这意味着她理应自私地独享其资源的大部分，但其他条件不是不变的。因此，如果她能将其资源的相当一部分花费在子女身上，那将为她的基因带来更大的好处。这是因为子女较她年轻，更需要帮助，因而她们从每个单位投资额中所能获得的好处，必然要比她自己从中获得的好处大。促使对更需要帮助的个体而不是对自身进行投资的基因，能够在基因库中取得优势，即使受益者体内只有这个个体的部分基因。动物表现出亲代利他行为和任何形式的亲属选择行为，其原因就在于此。

现在让我们以一个幼儿的观点来看一下这个问题。就亲缘关系而言，他同他的兄弟或姐妹之间任何一个的密切程度和他母亲同其子女之间的密切程度完全一样，亲缘关系指数都是$\frac{1}{2}$。因此，他“希望”他的母亲用其资源的一部分对他的兄弟或姐妹进行投资。从遗传学的角度上看，他和他母亲都希望为他兄弟姐妹的利益出力，而且他们持这种愿望的程度相等。但是我在上面已经讲过，他与自己的关系比与兄弟姐妹中任何一个的关系密切两倍，因此，如果其他条件不变，他会希望母亲在他身上的投资多一些。如果你和你的兄弟同年，又同样能从一品脱母乳中获得相等的好处，那你就“应该”设法夺取一份大于应得份额的母乳，而你的兄弟也应该设法夺取一份大于应得份额的母乳。你一定见过母猪躺下准备喂奶时，它的一窝小猪尖声呼叫，争先恐后地赶到母猪身旁的情景吧。你也见过一群小男孩为争夺最后一块糕饼而搏斗的场面你吧。自私贪婪似乎是幼儿行为的特征。

但问题并不这样简单。如果我和我的弟弟争夺一口食物，而他又比我年轻得多，这口食物对他的好处肯定比对我大，因此把这口食物让给他吃对我的基因来说可能是合算的。哥哥和父母的利他行为可以具有完全相同的基础，前面我已经讲过，两者的亲缘关系指数都是$\frac{1}{2}$，而且同年长的相比，年纪较轻的个体总是能够更好地利用这种资源。如果我体内有谦让食物的基因，我的弟弟体内有这种基因的可能性是50%。尽管这种基因在我体内的机会比我弟弟大一倍——100%，因为这个基因肯定存在我体内，但我需要这份食物的迫切性可能不到他的一半。一般说来，一个幼儿“应该”攫取大于其应得份额的亲代投资，但必须适可而止。怎样才算适可而止呢？他现存的以及尚未出生的兄弟或姐妹因他攫取食物而蒙受的净损失不能大于他从中所得利益的两倍。

让我们考虑一下什么时候断乳最适宜这个问题。一方面母亲为了准备生第二胎而打算让正在吃奶的幼儿断乳。另一方面，这个幼儿却不希望这样快就断乳，因为母乳是一种方便的、不费力气的食物来源，而且他还不想为了生活而外出奔波。说得更确切一些，他最终还是想外出谋生的，但只有在他母亲因他走后得以脱身抚养他的弟妹，从而为他的基因带来更大的好处时才这样做。随着年龄的增大，一个幼儿从每一品脱母乳中得到的相对利益越来越小。这是因为他越长越大，一品脱母乳按他的需要而言，其比例相对地越来越小，而且在必要时他也有更大的能力去独立生活。因此，当一个年龄较大的幼儿吃掉本来可以让给一个年龄较小的幼儿的一品脱母乳时，他消耗的亲代投资，相对来说，要大于一个年龄较小的幼儿吃掉这一品脱母乳所消耗的亲代投资。在每个幼儿成长的过程中，这样的时刻必将来到：他的母亲停止喂养他，而把一个新生的幼儿作为更有利的投资对象。即便不是如此，再过一些时候，年龄较大的幼儿也会自动断乳，以便给自己的基因带来最大的好处。这时，一品脱母乳能为可能存在于他弟妹体内的他的基因的拷贝带来的好处，要大于能为事实上存在于他自己体内的基因带来的好处。

存在于母子之间的这种矛盾不是绝对的，而是相对的。在这个例子里，矛盾只涉及定时的问题。做母亲的打算继续喂养这个幼儿直至为他支出的投资总额达到他“应得”的份额。这个“应得”份额取决于这个幼儿的预期寿命以及已经为他支出的亲代投资额。到这里为止，矛盾尚未产生，同样，幼儿吃奶的日子不宜过长，到了他的尚未出生的弟妹因他继续吃奶而蒙受的损失超过他从中得到的好处的两倍时，他就不应继续吃下去；就这一点而言，母子双方的看法是一致的。但矛盾发生在中间的一段时期，即在母亲眼中，这个幼儿正在取得多于其应得份额的利益，而其弟妹因此蒙受的损失还没有到达两倍于他的利益的时候。

断乳时间只不过是母子之间引起矛盾的一个例子。我们也可以把这种情况视为一个个体和他所有尚未出生的但受到母亲袒护的弟妹之间的争执。可是，为了争夺亲代投资，更直接的争执可能发生在同代的对手之间，或同巢的伙伴之间。因此，母亲通常总是力图持公平的态度。

很多鸟类是在鸟窝里哺育幼儿的。雏鸟嗷嗷啾唧，而雌鸟就把小虫或其他食物丢入一张张大嘴里。按理说，雏鸟叫声的大小和它饥饿的程度是成正比的。如果说雌鸟总是先喂叫得最响的雏鸟的话，那么，每只雏鸟早晚都会得到它应得的份额，因为吃饱了的雏鸟是不会再大喊大叫的。这种情况至少在最理想的环境里是会出现的。在这种环境里，大家都循规蹈矩，不弄虚作假。但根据我们提出的自私基因的概念，我们必须估计到个体是会弄虚作假的，是会装出一副饥不可耐的样子的。这种欺骗行为逐步升级，但显然不会得到预期的效果，因为如果所有的雏鸟都大喊大叫，装出快要饿死的模样，这种大喊大叫就要变成一种常规，因而不会达到说谎的效果。不过升级容易降级难，不管哪一只雏鸟带头降低嗓门，它得到的食物就会减少，很可能真的要被饿死。再说，由于种种原因，小鸟也不会漫无止境地提高嗓门大叫。譬如说，过高的喊声要消耗体力，也会引来捕食者。

我们知道，一窝幼兽中有时会出现一个小个子，它的个子比其他的幼兽小得多。它争夺食物不像其余幼兽那样力量充沛，因而常常饿死。我们已经考虑过在什么条件下母亲让小个子死掉事实上是合算的。如果单凭直觉判断，我们大概总是认为小个子本身是会挣扎到最后一刻的，但这种推断在理论上未必能站得住脚。一旦小个子瘦弱得使其预期寿命缩短到它从同样数量的亲代投资中获得的利益还不到其他幼儿的一半时，它就该体面而心甘情愿地死去。这样，它的基因反而能够获益。就是说，一个基因发出了这样的指令："喂，如果你个子比你的骨肉兄弟瘦小得多的话，那你不必死挨活撑，干脆死了吧！"这个基因在基因库中将取得成功，因为它在小个子体内活下去的机会本来就很小，而它却有50% 的机会存在于得救的每个兄弟姐妹体内。小个子的生命航程中有一个有去无回的临界点。在达到这一临界点之前，它应当争取活下去，但到了临界点之后，它应停止挣扎，宁可让自己被骨肉兄弟或父母吃掉。

在我们讨论拉克的有关窝卵数的理论时，我没有谈到上面的情况。但如果雌鸟吃不准今年该孵几个卵才是最适量时可以采取下面这个明智的策略。它在孵卵时可以比它事实上“认为”可能是最适宜的数目再多孵一个，这样，如果今年食物收成比原来估计的好，它就额外多抚养一个幼儿，不然的话，它就放弃这个幼儿以减少损失。雌鸟在喂养它的一窝幼儿时总是有意识地按同一次序进行，譬如说，按雏鸟个子的大小依次喂食。这样，它可以让其中一只，也许就是那个小个子，很快就死掉，而不致除了蛋黄或其对等物这第一笔投资之外，在它身上再浪费过多的食物。从雌鸟的观点来看，这说明了小个子现象存在的理由。小个子的生命就是雌鸟打赌的赌注，雌鸟的这种打赌行为在许多鸟类中很普遍，其性质和交易所里那种买现卖期的策略一样。

我们把动物比作生存机器，它们的行为好像有“目的”地保存它们自己的基因，这样，我们可以谈论亲代与子代之间的矛盾，即两代之间的争斗。这是一种微妙的争斗，双方全力以赴，不受任何清规戒律的约束。幼儿利用一切机会进行欺骗。它会装成比实际更饥饿的样子，也许装得比实际更年幼或面临比实际更大危难的模样。尽管幼儿幼小羸弱，无力欺负其父母，但它却不惜使用一切可以使用的心理战术武器——说谎、哄骗、欺瞒、利用，甚至滥用亲缘关系做出不利于其亲属的行为。另一方面，父母必须对这种欺骗行为保持警觉，尽力避免受骗上当。要做到这点似乎也并不难。雌鸟如果知道它的雏鸟可能装成很饿的样子，它就可以采取定量喂食的策略来对付，即使这只雏鸟继续大叫大喊也不予以理睬。问题是这只雏鸟很可能并未说谎，而是真的饥饿。如果它因为得不到食物而死去，这只雌鸟就要失去它的一些宝贵的基因。野生鸟类只要饿上几个小时就会死掉。

扎哈维指出，有一种幼儿的讹诈手段特别可怕：它放声大叫，故意把捕食者引来。它在“说”：“狐狸，狐狸，快来吃我！”父母只好用食物塞住它的嘴巴。这样，它就获得了额外的食物，但自己也要冒一定的风险。这种不择手段的战术和劫持班机的人所使用的战术一样。他威胁说，除非付给他赎金，否则就要炸毁飞机，自己也准备同归于尽。我怀疑这种策略是否有利于进化，倒不是因为它过于冷酷无情，而是我认为这种策略到头来会使进行讹诈的雏鸟得不偿失。如果真的引来了捕食者，它的损失可就大了。如果它碰巧是个独生子，那就更不用说了。扎哈维所讲的就是这种情况。不管它母亲在它身上的投资已经有多大规模，它还是应该比它母亲更珍视自己的生命，因为它母亲只有它的一半基因。即使讹诈者不是独生子，而且跟它生活在一起的兄弟姐妹都是脆弱的幼儿，这种策略亦未必有利，因为这个讹诈者在每个受到威胁的兄弟或姐妹身上都有 50% 的遗传“赌注”，同时在自己身上有 100% 的赌注。我想，要是这只予取予求的捕食者仅仅惯于把最大的一只雏鸟从巢里抓走，这种策略或许能够取得成效。在这样的情况下，个子较小的雏鸟要无赖手段，威胁要把捕食者唤来，可能是合算的，因为它自己所冒的风险不会太大。

初生的布谷鸟如果因运用这种讹诈策略而得到实惠，也许更加合乎情理。大家知道，雌布谷鸟把蛋分别生在几个“收养者”（foster）的鸟巢里，每巢一个，让属于完全不同物种的被蒙在鼓里的养父养母把小布谷鸟养大。因此，一只小布谷鸟在它的同奶兄弟或姐妹身上没有遗传赌注（出于某种阴险的动机，某些种类的小布谷鸟要把它的同奶兄弟或姐妹全部杀掉。我们在下面将要谈到这种情况。现在先让我假定我们讨论的是那些能够和同胞兄弟或姐妹共同生活的布谷鸟）。如果小布谷鸟大声鸣叫，引来了捕食者，它自己可能要送掉性命，但养母的损失更大——也许是失去4个亲生儿女。因此，养母以多于其份额的食物喂它还是合算的，而小布谷鸟在这方面得到的好处可能超过它所冒的风险。

到了一定的时候，我们应该重新使用正规的基因语言，以免过多地用主观隐喻导致迷惑。这样做是明智的。我们说，小布谷鸟为了"讹诈"其养父母而大喊大叫"捕食者，捕食者，快来吃我和我所有的小兄弟姐妹吧！"这个假设究竟说明什么问题？现在就让我们使用正规的基因语言来进行论述吧。

使布谷鸟大喊大叫的基因在基因库中数量越来越多，这是因为高声叫喊提高了养父母喂养小布谷鸟的概率。养父母之所以对高声叫喊做出这种积极反应是因为促使对大喊大叫做出反应的基因在收养者物种的基因库中已经扩散开来。这种基因得以扩散的原因是：个别养父母由于没有把额外的食物喂给小布谷鸟而失去越来越多的亲生子女，而情愿把额外食物喂给小布谷鸟的养父母失去亲生子女的概率却小得多，这是因为小布谷鸟的叫声引来了捕食者。尽管不促使布谷鸟大喊大叫的基因被捕食者吃掉的可能性比促使布谷鸟大叫大喊的基因小些，但不高声叫喊的布谷鸟因为得不到额外的食物而受到更大的损失。因此，大喊大叫的基因得以在基因库中扩散开来。

按照上面这个比较主观的论点，我们可以进行一系列相似的遗传学推理。这种推理表明，尽管我们可以想象这样一个进行讹诈的基因也许能够在布谷鸟基因库中扩散开来，但在一个普通物种的基因库中它却未必能够扩散，至少不会因为它引来了捕食者而扩散开来。当然，在一个普通的物种中，大喊大叫的基因可能由于其他的原因而扩散开来，这一点我们上面已经谈过，而且这些基因有时也会偶然地产生引来捕食者的后果。不过，就这个问题而言，如果能产生任何影响的话，捕食行为的这种选择性影响往往会有减轻这种叫喊声的倾向。在我们假设的布谷鸟例子里，捕食者所产生的实际影响最终使布谷鸟喊得更响。乍听起来，这种说法似乎有点自相矛盾，但事实确是这样。

没有任何证据表明布谷鸟或其他有类似“寄孵”习惯的鸟类实际上运用了这种讹诈策略，但它们凶狠无情是肯定无疑的。譬如说，有些指蜜鸟（honeyguides）和布谷鸟一样，会在其他物种的鸟巢里生蛋。初生的指蜜鸟生有一副尖锐的钩喙，它出壳时尽管两眼还没有张开，身上光秃无毛，无依无靠的，但它却会把所有的同奶兄弟姐妹都活生生地啄死。因为死掉的兄弟就不会和它争食了！大家熟悉的英国布谷鸟采用的方法稍有不同，但殊途同归。它的孵化期较短，因此它总是比它的同奶兄弟姐妹早出壳，它一出壳便把其他的蛋都摔到巢外，这是一种盲目的、机械的动作，但其毁灭性的后果是毋庸置疑的。它首先蹲到一只蛋的下面，以背部凹下部分托住这只蛋，然后一步一步往巢的边缘后退，同时用两边翅基使这只蛋保持平衡，直至把蛋顶翻到巢外，摔在地上。接着它如法炮制，把剩下的蛋全部处置掉。从此它得以独占鸟巢，它的养父母也可以专心照顾它了。

在过去的一年中，我所获悉的最值得注意的事实之一是阿尔瓦雷茨（F. Alvarez）、阿里亚斯·德·雷纳（L. Arias de Reyna）和塞古拉（H. Segura）三人从西班牙发出的报告。他们研究那些有可能成为养父母的鸟类——可能受到布谷鸟愚弄的受害者——识破布谷鸟蛋或初生布谷鸟之类的入侵者的能力。在实验过程中，他们曾将布谷鸟的蛋和幼鸟放入喜鹊巢中，为了进行比较，他们同时将其他物种如燕子的蛋和幼鸟放入喜鹊巢中。有一次，他们把一只乳燕放入喜鹊巢里。第二天，他们发现喜鹊巢下面的地上有一只喜鹊蛋。蛋没有跌破，于是他们把它捡起，重新放入巢中再进行观察。他们看到的景象可奇妙呢！那只乳燕的行为简直和布谷鸟一模一样，它把喜鹊蛋丢到巢外。他们再一次把蛋捡起放入巢里，结果完全一样，乳燕又把它摔到外面。和布谷鸟一样，它用两边翅基使喜鹊蛋保持平衡，托在背上，然后向后倒退，把蛋顶上鸟巢边缘，让它翻滚到外面。

阿尔瓦雷茨和他的合作者并没有试图说明这种令人惊异不止的景象，这可能是明智的。这种行为在燕子的基因库中是如何形成的？它必定同燕子日常生活中的某种东西相一致。乳燕通常是不会出现在喜鹊巢里的。在正常情况下，除自己的巢之外，它们从不光顾其他鸟巢。这种行为是不是体现了一种经过进化而形成的对抗布谷鸟的适应能力？自然选择是不是促进了燕子基因库中的一种反击策略，即促进了以布谷鸟的武器来反击布谷鸟的基因的发展？燕子巢里通常不会出现寄生的布谷鸟，这好像也是事实。也许道理就在这里。根据这个理论，喜鹊蛋在试验时之所以意外地受到同样的待遇也许是因为它们和布谷鸟蛋一样都比燕子蛋大。如果乳燕能够辨别大蛋和正常的燕子蛋，它的母亲也具有这种辨别力自不待言。在这种情况下，为什么把布谷鸟蛋摔掉的不是乳燕的母亲而是体力差得多的乳燕自己呢？有一种理论认为乳燕具有把臭蛋或其他碎屑从鸟巢里清除掉的正常活动能力，但这种理论同样是站不住脚的，因为老燕子能更好地完成这些任务，事实上也正是如此。既然有人曾经目睹孤弱的乳燕熟练地完成这种复杂的摔蛋动作，而同时成年燕子肯定能毫不费力地完成同样的任务，因此这种情况迫使我得出如下的结论：从老燕子的观点来看，乳燕存心不良。

我认为，真正的答案可能与布谷鸟毫不相干，这是可以推断出的。乳燕是不是这样对待它的同胞兄弟或姐妹的？这种景象确实令人毛骨悚然。由于最先出壳的乳燕必须和它的尚未出生的弟妹争夺亲代投资，因此它一出生就摔掉其他的蛋是合算的。

拉克关于窝卵数的理论是从亲代的观点来考虑其最适量的。如果我是一只燕子“妈妈”，在我看来，每窝最适量是孵 5 只蛋，但如果我是一只乳燕，那我就会认为小于 5 的数目才是最合适的，只要我是其中一个就行！老燕子拥有一定数量的亲代投资，它“希望”在 5 只乳燕中平均分配。但每一只乳燕都想得到超过$\frac{1}{5}$的份额。和布谷鸟不一样，它并不想独吞全部投资，因为它和其他的 4 只乳燕都有亲缘关系。但它确实很想分到多于$\frac{1}{5}$的份额。它只要能摔掉一只蛋，就能分到$\frac{1}{5}$。再摔掉一只就能再分到$\frac{1}{5}$。用基因语言来说，操纵杀兄弟姐妹行为的基因在基因库中是会扩散开来的，因为它有 100% 的机会存在于表现这种行为的个体内，而存在于它的受害者体内的机会只有 50%。

人们反对这个理论的主要理由是：如果情况果真是这样，那很难使人相信至今竟还没有人见过这种穷凶极恶的行为。我对此没法提出一个令人信服的解释。世界上不同的地方有不同种类的燕子。我们知道，譬如说，西班牙种的燕子在某些方面不同于英国种的燕子，不过人们对西班牙种的燕子还没有像对英国种的燕子那样进行过非常仔细的观察。我认为，这种把兄弟或姐妹置于死地而后快的行为是可能发生的，不过没有受到注意罢了。

我之所以在这里提出燕子杀兄弟姐妹这种罕见行为的假设，是因为我想说明一个带有普遍意义的问题。就是说，小布谷鸟的残酷行为只不过是一个极端例子，用以说明任何一个鸟巢里都会发生这种情况。同胞兄弟之间的关系比一只小布谷鸟同它同奶兄弟的关系密切得多，但这种区别仅仅是程度问题。即使我们觉得动物之间的关系竟然会发展到不惜对亲兄弟姐妹下毒手这种程度有点难以置信，但情况没有如此严重的自私行为的例子却是很多的。这些例子说明，一个幼儿从其自私行为中得到的好处可以超过它因损害到兄弟姐妹的利益而蒙受损失的两倍有余。在这种情况下，正如断乳时间的例子一样，亲代与子代之间便会发生真正的冲突。

在这种世代的争斗中，谁将是胜利者呢？亚历山大写过一篇有趣的论文，他认为这样的问题只能有一个普遍答案。按他的说法，亲代总归占上风。如果情况果真是这样的，那你阅读这一章就算是白费劲了。如果亚历山大是正确的，那就出现了很多有趣的问题，例如，利他行为之所以能进化，并不是因为有利于该个体本身的基因，而仅仅是有利于亲代的基因。用亚历山大的话来说，亲代操纵变成了利他行为的另外一个进化因素，它和直接的亲属选择无关。为此，我们有必要研究一下亚历山大的推理过程，并使我们自己相信，我们是真的懂得他究竟错在哪儿了。为了证明他的谬误，我们实在应该用数学演算的方法，但在本书中，我们一直避免明显地使用数理，而且事实上通过直觉的理解也能看出亚历山大这篇论文的破绽所在。

他的基本遗传论点包含在下面这段经过删节的引语里：“假

定一个青少年个体……使得亲代利益的分配对自己有利，从而减少了它母亲自身的全面繁殖能力。通过这个方式提高处在青少年时代的个体健康水平的基因，肯定会在该个体成年时更大程度地降低其健康水平，因为这种突变型基因将越来越多地存在于这个突变型个体的后代体内。”亚历山大所说的是一个新近发生突变的基因，这个事实并不是这个论点的关键所在。我们最好还是设想一个从双亲一方继承的稀有基因。在这里，“健康水平”具有一种特殊的学术意义——成功地繁殖后代的能力。亚历山大的基本论点可以归纳如下：一个基因在促使其幼年个体搜取额外食物时确实能增加该个体的存活机会，尽管其亲代养育后代的总能力会因此而受到影响。但当这个个体自己成为父母时就要付出代价，因为其子女往往继承了同样的自私基因，从而影响这个个体养育后代的总能力。这可以说是一种既损人又不利己的行为。这样的基因只能以失败告终，因此亲代必定永远在这种冲突中取得胜利。

这个论点理应立即引起我们的怀疑，因为论据的假设，即遗传学上的不对称性事实上并不存在。亚历山大使用“亲代”与“子代”这样的字眼时好像它们之间存在着根本的遗传学上的不同。我们在上面已经谈过，尽管亲代与子代之间存在实际上的差异，如父母的年龄总比子女大、子女为父母所生等，但两代之间并不存在根本的遗传学上的不对称现象。不管你从哪一个角度看，亲缘关系都是 50%。为了阐明我的论点，我想重复一下亚历山大的原话，但把“亲代”“青少年”以及其他有关字眼颠倒过来使用。“假定一个亲代个体有这样一个基因，它使亲代利益得以平均分配。通过这种方式提高作为亲代个体的健康水平的基因，肯定在这个个体还处于青少年时代时更大程度地降低过它的健康水平。”这样，我们就得出和亚历山大完全相反的结论，即在任何亲代-子代的争斗中，子女必然会胜利！这里显然存在某种错误。这两种论点的提法都过于简单。我之所以要把亚历山大的说法颠倒过来，并不是为了证明和亚历山大相反的论点是正确的。我的目的在于表明我们不能以这种主观认为的不对称性作为论据。亚历山大的论点以及我把它颠倒过来的说法都属于因站在个体的观点上看问题而背离真理。亚历山大是从亲代的观点看问题，而我是从子代的观点看问题。我认为当我们使用“健康水平”这个技术性的字眼时，很容易造成错误。我在本书中一直避免使用这个字眼就是这个缘故。只有站在一个实体的观点上看进化现象才是正确的，这个实体就是自私的基因。青少年个体的基因如有胜过亲代个体的能力就被选择；反之，亲代个体的基因如有胜过青少年个体的能力就被选择。同样是这些基因，它们先后存在于亲代个体及青少年个体之内，这并无自相矛盾之处。基因之所以被选择是因为它们能够发挥它们具备的力量：它们将利用可以利用的一切机会。因此，同一个基因，当它存在于青少年个体之内时，它可以利用的机会将不同于它存在于亲代个体之内的时候。因此，在它的个体生命史中，两个阶段的最优策略是不同的。亚历山大认为，后一阶段的策略必然胜过前一阶段的策略，这样的看法是毫无根据的。

我们可以通过另外一个方式驳斥亚历山大的论点。他心照不宣地在亲代-子代关系与兄弟-姐妹关系之间假定一种虚妄的不对称性。你应当记得，根据特里弗斯的说法，一个自私的幼儿在攫取额外的食物时必须承担丧失其兄弟或姐妹的风险，而这些兄弟或姐妹体内有它的一半的基因。正因为如此，它在攫取食物时会适可而止。但兄弟或姐妹只是各种亲属中亲缘关系指数是50%的一类亲属。对于一个自私幼儿来说，它自己的未来的子女和它自己的兄弟或姐妹同样“可贵”。因此，它在攫取额外资源时应估算一下为此必须付出的全部代价，不能漫无节制；这种自私行为不仅会使它丧失现存的兄弟或姐妹，而且要使它丧失其未来的子女，因为这些子女必然也会以自私行为彼此相待。亚历山大认为，青少年时期的自私性遗传到子女一代从而减少自己的长期繁殖能力是不利的，这一论点是言之成理的。但这仅仅意味着，我们必须将这种不利因素作为一项代价加在方程式里。对一个幼体来说，只要它从自私行为中得到的净利益至少不小于它的近亲因此受到的净损失的一半，那么这种自私行为还是合算的。但“近亲”应该包括的不仅仅是兄弟或姐妹，还包括它自己的未来的子女。一个个体应该视自己的利益比它兄弟的利益可贵一倍，这就是特里弗斯所做的基本假设。但它同时应该认为自己比自己未来子女当中的一个可贵一倍。亚历山大认为，在利害冲突中亲代享有天然的有利条件，他的这一结论是错误的。

除了这一基本的遗传论点外，亚历山大还有一些比较切合实际的论点。这些论点来源于亲代-子代关系中不可否认的不对称性。亲代个体是采取积极行动的一方，它实际上从事寻找食物等工作，因此能够发号施令。如果父母决定不再供养其子女，子女是没有什么办法的，因为它们幼小，无力还击。父母因此能够无视子女的愿望而要求子女绝对服从。这个论点显然并不错误，因为在这种情况下，它所假设的不对称性是真实的。父母当然比子女大些，强壮些，而且更老于世故。好牌看来都在父母手中，但子女手中也有一两张王牌，譬如说，父母应该知道它们的每个子女到底饿到什么程度，以便在分配食物时有轻重缓急，这一点很重要。它们当然可以搞平均主义，把完全相等的口粮分给每一个子女。但在最理想的环境里，把略多一些的食物分给事实上最能充分利用这份口粮的孩子是能够收获较大利益的。要是每个孩子都能够自己告诉父母它有多饿，对父母来说倒是个理想的制度。我们在上面已经谈过，这样的制度似乎已经形成。但子女说谎的可能性很大，因为它们确切知道它们自己有多饿，而它们的父母最多只能猜测它们是否老实。做父母的很难拆穿小小的谎言，尽管弥天大谎或许瞒不过父母的眼睛。

另一方面，父母最好能够知道孩子什么时候高兴，孩子如果在高兴的时候能够告诉父母就好了。某些信号，如咕噜咕噜的叫声和眉开眼笑可能被选择是因为这种信号使父母知道它们怎样做才能为子女带来最大的好处。看见子女眉开眼笑或听见子女发出得意的叫声是对父母的最大安慰，正像食物到肚对一只迷路的老鼠同样是莫大的安慰一样。可是，正是由于甜蜜的笑脸和满意的叫声总会带来好处，孩子就能够利用笑脸或叫声来操纵父母，使自己获取额外的亲代投资。

因此，在世代之间的争斗中到底哪一方有更大的可能取胜是没有一个普遍答案的。最终的结局往往是子代企求的理想条件与亲代企求的理想条件之间的某种妥协。这种争斗同布谷鸟与养父母之间的争斗相似，尽管实际上的争斗不至于那么激烈可怕，因为双方都有某些共同的遗传利益——双方只是在某种程度内或在某种敏感的时节里成为敌人。无论如何，布谷鸟惯用的策略，如欺骗、利用等，有许多也可能为其同胞兄弟或姐妹所使用，不过它们不至于走得太远，做出布谷鸟那种极端自私的行为。

这一章以及下面一章（我们将讨论配偶之间的冲突）所讨论的内容似乎是有点可怕的讽刺意味的。身为人类，父母彼此真诚相待，对子女又是如此无微不至地关怀，因此这两章甚至可能为天下父母带来难言的痛苦。在这里，我必须再次声明，我所说的一切并不牵涉有意识的动机。没有人认为子女因为体内有自私的基因而故意地、有意识地欺骗父母。同时我必须重申，当我说“一个幼儿应该利用一切机会进行哄骗……说谎、欺诈、利用……”的时候，我所谓的“应该”具有特殊的含义。我并不认为这种行为是符合道德准则的，是可取的。我只是想说明，自然选择往往有利于表现这种行为的幼儿，因此，当我们观察野生种群的时候，我们不要因为看到家属之间的欺骗和自私行为而感到意外。“幼儿应该欺骗”这样的提法意味着，促使幼儿进行欺骗的基因在基因库里处于优势地位。如果其中有什么寓意深刻的地方可供人类借鉴，那就是我们必须把利他主义的美德灌输到我们子女的头脑中去，因为我们不能指望他们的本性里有利他主义的成分。

第9章

两性战争

如果说体内有 50% 的基因是相同的的亲代同子代之间还有利害冲突的话，那么彼此毫无血缘关系的配偶的利害冲突会激烈到何种程度呢？ 他们唯一的共有物就是在他们子女身上的 50% 的遗传投资。鉴于父亲和母亲都关心他们子女身上各自一半的福利，相互合作共同抚养这些孩子可能对双方都有好处。假如双亲的一方在对每一子女进行昂贵的资源投资时付出的份额比另一方少，他或她的景况就会好一些。这是由于他或她有更多的资源用于同其他性配偶所生的其他子女，从而他或她的基因有更多的繁殖机会。因此，我们可以说，每个配偶都设法利用对方，试图迫使对方多投资一些。就个体来说，称心如意的算盘是，"希望" 同尽可能多的异性成员进行交配（我不是指为了生理上的享乐，尽管该个体可能乐于这样做），而让与之交配的配偶把孩子抚养大。我们将会看到，有一些物种的雄性个体已经是这样做的了，但还有一些物种的雄性个体，在抚养子女方面承担着同配偶相等的义务。特里弗斯特别强调，性配偶之间的关系是一种相互不信任和相互利用的关系。这种关于性配偶之间的相互关系的观点，对个体生态学家来说是一种比较新的观点。我们过去通常认为，性行为以及在此之前的追求行为，主要是为了共同的利益，或者甚至是为了物种的利益而相互合作共同进行的冒险事业！

让我们再直接回到基本原理上来，深入探讨一下雄性和雌性的根本性质。我们在第 3 章讨论过性的特性，但没有强调其不对称现象。我们只是简单地承认，有些动物是雄性的，另有一些是雌性的，但并没有进一步追究雄和雌这两个字眼到底是什么意思。雄性的本质是什么？雌性的根本定义又是什么？我们作为哺乳动物看到大自然以各种各样的特征为性别下定义，诸如拥有阴茎、生育子女、以特殊的乳腺哺乳、某些染色体方面的特性等等。对于哺乳动物来说，这些判断个体性别的标准是无可厚非的，但对于一般的动物和植物，这样的标准并不比把穿长裤作为判断人类性别的标准更加可靠。例如青蛙，不论雄性还是雌性都没有阴茎。这样说来，雄性和雌性这两个词也许就不具有人们普遍所理解的意义了。它们毕竟不过是两个词而已。如果我们觉得它们对于说明青蛙的性别没有用处，我们完全可以不去使用它们。如果我们高兴的话，可以任意将青蛙分成性 1 和性 2。然而，性别有一个基本特性，可以据此标明一切动物和植物的雄性和雌性。这就是雄性的性细胞或“配子”（gametes）比雌性“配子”要小得多，数量也多得多。不论我们讨论的是动物还是植物，情况都是如此。如果某个群体的个体拥有大的性细胞，为了方便起见，我们可以称之为雌性；如果另一个群体的个体拥有小的性细胞，为了方便起见，我们可以称之为雄性。这种差别在爬行动物以及鸟类中尤为显著。它们的一个卵细胞，其大小和总的营养成分，足以喂养一个正在发育成长的幼儿长达数周。即使是人类，尽管卵子小得在显微镜下才能看见，但仍比精子大许多倍。我们将会看到，根据这一基本差别，我们就能够解释两性之间的所有其他差别。

某些原始有机体，例如真菌类，并不存在雄性和雌性的问题，尽管它们也发生某种类型的有性生殖。在被称为同配生殖（isogamy）的系统中，个体并不能被区分为两种性别，任何个体都能相互交配，不存在两种不同的配子——精子和卵子，所有的性细胞都一样，都称为同形配子（isogametes）。两个同形配子融合在一起产生新的个体，而每一个同形配子是由减数分裂产生的。如果有 3 个同形配子 A、B 和 C，那么 A 可以和 B 或 C 融合，B 可以同 A 或 C 融合。正常的性系统绝不会发生这种情况。如果 A 是精子，它能够同 B 或 C 融合，那么 B 和 C 肯定是卵子，而 B 也就不能和 C 融合。

两个同形配子相互融合时，各为新的个体提供数目相等的基因，而贡献的食物储存量也相等。精子同卵子为新的个体贡献的基因数目虽然也相等，但卵子在提供食物储存方面却远远超过精子：实际上，精子并不提供任何食物储存，只是致力于把自己的基因尽快输送给卵子而已。因此，在受孕的时刻，父亲对子代的投资，比他应支付的资源份额（50%）少。由于每个精子都非常微小，一个雄性个体每天能够制造千百万个。这意味着他具有潜在的能力，能够在很短的一段时间内利用不同的雌性个体使一大批幼儿出生。这种情况之所以可能成功，仅仅是因为每个受孕的母体都能为新胎儿提供足够的食物。因此，每一雌性个体能够生育的幼儿数量就有了限制，但雄性个体可以繁殖幼儿的数量实质上是无限的，这就为雌性个体带来了利用这种条件的机会。

帕克以及其他人都曾证明，这种不对称现象可能是由同形配子的状态进化而来的。在所有的性细胞还可以相互交换而且体积也大致相同的时候，其中很可能有一些碰巧比其他的略大一点。略大的同形配子可能在某些方面比普通的同形配子占优势，因为它一开始就能为胎儿提供大量的食物，使其有一个良好的开端。因此那时就可能出现了一个形成较大的配子的进化趋势。但道路不会是平坦的。其体积大于实际需要的同形配子，在开始进化后会为自私性的利用行为打开方便之门。那些制造小一些的配子的个体，如果它们有把握使自己的小配子同特大配子融合的话，它们就会从中获得好处。只要使小的配子更加机动灵活，能够积极主动地去寻找大的配子，就能实现这一目的。凡能制造体积小、运动速度快的配子的个体享有一个有利条件：它能够大量制造配子，因此具有繁殖更多幼儿的潜力。自然选择有利于制造小的但能主动找到大的并与之融合的性细胞。因此，我们可以想象，有两种截然相反的性"策略"正在进化中。一种是大量投资或"诚实"策略。这种策略自然而然地为小量投资、具有剥削性质的或"狡猾"的策略开辟了道路。这两种策略的相互背驰现象一旦开始，就犹如脱缰之马势必将继续下去。介乎这两种体积之间的中间体要受到惩罚，因为它们不具有这两种极端策略中任何一种的有利条件。狡猾的配子变得越来越小，越来越灵活机动。诚实的配子却进化得越来越大，以补偿狡猾的配子日趋缩小的投资额，并变得不灵活起来，反正狡猾的配子总是会积极主动去追逐它们的。每一个诚实的配子"宁愿"同另一个诚实的配子进行融合，但是，排斥狡猾配子的自然选择压力同驱使它们钻空子的压力相比，前者较弱：因为狡猾的配子在这场进化的战斗中必须取胜，否则损失很大。于是诚实的配子变成了卵子，而狡猾的配子演变成了精子。

这样看来，雄性个体是微不足道的家伙，而且根据简单的"物种利益"理论，我们可以预料，雄性个体的数量较之雌性个体会越来越少。因为从理论上讲，1 个雄性个体所产生的精子足以满足 100 个雌性个体的需要，因此，我们可以假定，在动物种群中雌雄两性个体的比例应该是 100∶1。换言之，雄性个体更具"低值易耗"的性质，而雌性个体对物种来说，其"价值"较大。当然，从物种的整体观点来看，这种情况完全正确。举一个极端的例子，在一项有关海象的研究中，据观察，4% 的雄性海象进行的交配占所有交配的88%。在这一例子以及许多其他例子中，有大批剩余的从未交配过的独身雄性个体，它们可能终生得不到交配机会。但这些多余的雄性个体在其他方面过的是正常生活，它们不遗余力地将种群的食物资源吃光，同其他成熟个体相比，毫不逊色。从“物种利益”的角度来看，这种情况是一种极大的浪费；可以说，这些多余的雄性个体是社会的寄生虫。这种现象只不过是类群选择理论遇到的难题中的又一个例子而已。但另一方面，自私基因的理论能够毫无困难地解释这种现象，即雄性个体和雌性个体的数量趋于相等，即使实际进行繁殖的雄性个体可能只占总数的一小部分。第一个做出这种解释的是费希尔。

雄性个体和雌性个体各出生多少的问题，是亲代策略中的一个特殊问题。我们曾对力图最大限度地增加其基因存活量的亲代个体最适宜的家庭规模进行讨论。同样，我也可以对最适宜的性比率进行探讨。把你的宝贵基因信托给儿子好呢，还是信托给女儿好？假定一个母亲将自己的所有资源全部投资在儿子身上，因而没有任何剩余用于女儿的投资，一般来说，她对未来基因库的贡献，同另一位将其全部资源用于女儿身上的母亲相比，会不会更大一些？偏向儿子的基因是会比偏向女儿的基因变得多起来，还是越来越少？费希尔证明，在正常情况下，最适宜的性比率是50：50。为了弄懂这个问题，首先我们必须具备一点有关决定性别的机制的知识。

在哺乳动物中，遗传上是这样来决定性别的：所有卵子既能发育成雄性个体，也能发育成雌性个体，决定性别的染色体的携带者是精子。男性制造的精子，其中一半生育女性，或称为X精子，一半生育男性，或称为Y精子。两种精子表面看上去没有区别，它们只有一条染色体不同。基因如要一个父亲只生女儿，该基因只要他只制造X精子就行了；而基因如要一个母亲只生女儿，该基因只要让她分泌一种选择性的杀精子剂，或者使男性胎儿流产即可。我们所要寻求的是一种同进化稳定策略相等的东西，尽管在这里，策略在更大的程度上说只是一种比喻的讲法（在《进犯行为》一章中我们已使用过这种比喻）。实际上，个体是不能够随意选择自己子女的性别的。但基因倾向于使个体生育一种性别的子女还是可能的。如果我们假定这样的基因，即倾向于不平均性比率的基因存在的话，它们在基因库中会不会在数量上超过其等位基因，即倾向于平均性比率的基因？

假定在上面提到的海象中出现了一个突变基因，而该突变基因有使父母所生的孩子大部分是女儿这种趋势。由于种群内不缺少雄性个体，因此不存在女儿寻找配偶的困难，制造女儿的基因从而能够散布开来。这样，种群内的性比率也就开始向雌性个体过剩转变。从物种利益的观点出发，这种情况不会发生问题。我们已经讲过，因为只要有几个雄性个体就足以提供一大批过剩的雌性个体所需要的精子，因此，从表面上看，我们可以认为，制造女儿的基因不断地扩散，直到性比率达到极度不平衡的程度，即剩下的少数几个雄性个体搞得筋疲力尽才能勉强应付。但是，试想那些生儿子的为数不多的父母，它们要享有多么巨大的遗传优势！凡是生育一个儿子的个体，就会有极大的机会成为几百只海象的祖父或祖母。只生女儿的个体能确保几个外孙、外孙女是无疑的，但同那些专事生儿子的个体所拥有的那种遗传上蔚为壮观的前景相比，就要大为相形见绌了。因此，生儿子的基因往往会变得多起来，而性比率的钟摆就又会摆回来。

为简便起见，我以钟摆的摆动来说明问题。实际上，钟摆绝不会向雌性占绝对优势的方向摆动那样大的幅度。因为性比率一旦出现不平衡，生儿子的这股自然选择压力就会开始把钟摆推回去。生育同等数目的儿女的策略是一种进化稳定策略，就是说，偏离这一策略的基因都要遭受净损失。

我的论述是以儿子的数目对女儿的数目为根据的，目的是为了使其简单易懂。但严格说来，应该根据亲代投资的理论进行解释，就是说以前面一章我们曾讨论过的方法，按亲代一方必须提供的所有食物和其他资源来进行计算。亲代对儿子和女儿的投资应该均等。在一般情况下，这意味着他们所生的儿子和女儿数目应该相等。但是，假如对儿子和女儿的资源投资额不均等的话，那么性比率出现同样程度的不均衡在进化上可以是稳定的。就海象而言，生女儿同生儿子的比例是3∶1，而对每个儿子投资的食物和其他资源却三倍于每个女儿，借以使每个儿子成为超群的雄性，这种策略可能是稳定的。把更多的食物投资在儿子身上，使他既大又强壮，亲代就可能使之有更多的机会赢得“妻妾”这个最高奖赏。但这是一个特殊的例子。通常的情况是，在每个儿子身上的投资同在每个女儿身上的投资数量大致相等，而性比率从数量上说一般也是1∶1。

因此，一个普通的基因在世代更迭的漫长旅程中，大约要花一半的时间寄居于雄性个体中，另一半时间则寄居于雌性个体中。基因的某些影响只在一种性别的个体中表现出来，这些影响称为性限制基因影响（sex-limited gene effects）。控制阴茎长度的基因仅在雄性个体中表现出它的影响，但它也存在于雌性个体中，而且可能对雌性个体产生完全不同的影响。认为男性不能从其母体继承形成长阴茎的趋势是毫无道理的。

不论基因存在于两种个体的哪一种中，我们可以认为它都会充分利用该种个体所提供的一切机会。由于个体的性别有所不同，这些机会可能是很不相同的。作为一种简便的近似说法，我们可以再次假定，每一个个体都是一台自私的机器，都竭尽全力维护自己的全部基因。对这样一台自私的机器来说，其最佳策略往往因为其性别的不同而完全不同。为了简洁起见，我们又要用老办法，把个体的行为当作有目的的。和以前一样，我们要记住这不过是一种比喻的说法。实际上，个体是一台其程序由它自己的自私基因盲目编制出来的机器。

让我们再来探讨一下在本章开始时我们提到的那一对配偶。作为自私的机器，配偶双方都“希望”儿子和女儿数目均等。在这一点上他们是没有争议的。分歧在于，谁将承担抚养这些子女的主要责任。每一个个体都希望存活的子女越多越好。在任何一个子女身上，他或她投资得越少，他或她能够生育的子女就会越多。显而易见，实现这种愿望的方法是诱使你的性配偶在对每一个子女进行投资时付出比他或她理应付出的更多的资源，以便自己脱身同另外的配偶再生子女。这种策略是一种两性都向往的策略，不过对雌性来讲更难如愿以偿。由于她一开始就以其大而营养丰富的卵子付出了比雄性多的投资额，因此母亲从怀孕的时刻起，就对每个幼儿承担了比父亲更大的“义务”。幼儿一旦死亡，她会比父亲蒙受更大的损失。更确切地讲，为了把另一个新的幼儿抚养到同死去的幼儿同样大小，她今后必须比父亲进行更多的投资。如果她耍花招，让父亲照料幼儿，自己却同另一个雄性个体私奔，父亲也可以将抛弃幼儿作为报复手段，而父亲所蒙受的损失，相对来说要小。因此，至少在幼儿发育的早期，如果有这种抛弃行为发生的话，一般是父亲抛弃母亲和孩子，而不是相反。同样，我们可以推断出雌性个体对子女的投资多于雄性个体，这不仅在一开始，而且在子女整个发育期间都是如此。例如在哺乳动物中，在自己体内孕育胎儿的是雌性个体，幼儿降生之后，制造乳汁喂养幼儿的是雌性个体，抚养并保护幼儿的主要责任也落在雌性个体肩上。雌性个体受剥削，而这种剥削行为在进化上的主要基础是卵子比精子大。

当然，在许多物种中，做父亲的确实也非常勤奋，而且忠实地照料幼儿。但即使如此，我们必须估计到，在正常情况下，会有某种进化上的压力，迫使雄性个体略微减少一点对每个幼儿的投资，而设法同其他配偶生更多的子女。我这样讲指的仅仅是，基因如果说“喂，如果你是雄性个体，那就早一点离开你的配偶，去另外找一个雌性个体吧，不必等到我的等位基因要你离开时才离开”，那么这样的基因往往在基因库中获得成功。这种进化上的压力在实际生活中随着物种的不同而产生大小悬殊的影响。在许多物种中，例如极乐鸟，雌性个体得不到雄性个体的任何帮助，抚养子女完全靠自己。还有一些物种，诸如三趾鸥，结成一雌一雄的配对，是相互忠诚的楷模，它们相互配合共同承担抚养子女的任务。这里，我们必须设想，某种进化上的对抗压力起了作用：对配偶的自私剥削，不只是能得到好处，也一定会受到惩罚。在三趾鸥中，这种惩罚超过了所得利益。不管怎样，只有在妻子有条件不依赖他人抚养幼儿的前提下，父亲抛弃妻子和幼儿才会有好处。

特里弗斯对被配偶抛弃的母亲可能采取的各种行动方针进行

了探讨。对她来说，最好的策略莫过于欺骗另一个雄性个体，使之收养她的幼儿，“以为”这就是他自己的幼儿。如果幼儿还是个尚未出生的胎儿，要做到这点恐怕并不太困难。当然，幼儿体内有她的一半基因，而上当受骗的父亲的基因一个也没有。自然选择会对雄性个体的这种上当受骗的行为进行严厉的惩戒，而且事实上，自然选择又会帮助那些雄性个体，他们一旦同新妻子结为配偶就采取积极行动杀死任何潜在的继子或继女。这种现象很可能说明了所谓布鲁斯效应（Bruce effect）：雄鼠分泌一种化学物质，怀孕的雌鼠一闻到这种化学物质，就能够自行流产。而且只有在这种味道同其先前配偶的不同时，雌鼠才流产。雄鼠就是用这种方式把潜在的继子或继女杀死的，并使它的新妻子可以接受它的性追求。顺便提一句，阿德里竟把布鲁斯效应当成一种控制种群密度的途径！雄狮中也有同样的情况发生，它们新到达一个狮群时，有时会残杀现存的幼狮，可能因为这些幼狮不是它们自己亲生的。

雄性个体不需要杀死继子继女也能达到同样的目的。他在同雌性个体交配之前，可以把追求的时间拖长，在这期间驱走一切向她接近的雄性个体，并防止她逃跑。用这样的方法，他可以看到在她子宫里有没有藏着任何未成形的继子或继女，如果有，就抛弃她。在后面我们将会讲到，雌性个体在交配之前为什么可能希望“订婚”期要长一些。这里我们谈一下，雄性个体为什么也希望“订婚”期长一些。假定他能够使她同其他雄性个体脱离一切接触，这样有助于避免不知不觉地成为其他雄性个体的子女的保护人。

假如被遗弃的雌性个体不能够欺骗新的雄性个体使之领养她

的幼儿，她还有其他办法吗？这在很大程度上要取决于这个幼儿有多大。如果是刚受孕，事实上她已投资了整个卵子，可能还要多些，但将这个胎儿流产并尽快找一个新的配偶，对她仍旧是有利的。在这种情况下，流产对她未来的新丈夫也是有利的，因为我们已经假定她不愿意使他受骗。这一点可以说明，从雌性个体的角度来看，布鲁斯效应是起作用的。

被遗弃的雌性个体还有一种选择，即坚持到底，尽力设法自己抚养幼儿。如果幼儿已经相当大，这样做对她尤其有利。幼儿越大，在他身上已经进行的投资也就越多，她为了完成抚养幼儿这项任务所要付出的代价就越少。即使幼儿仍旧很幼小，但试图从她初期的投资中保存一些东西，对她可能仍是有利的，尽管她必须付出加倍的努力才能喂养这个幼儿，因为雄性个体已经离去。幼儿体内也有雄性个体的一半基因，她可以在幼儿身上发泄怨恨并把幼儿抛弃，但这样做对她来讲并不是一件愉快的事情。在幼儿身上泄怨是毫无道理的，因为幼儿的基因有一半是她的，而且只有她自己面对目前的困境。

听起来似乎自相矛盾，对有被遗弃危险的雌性个体来说，恰当的策略是，不等雄性个体抛弃她，她就先离开他。即使她在幼儿身上的投资已经多于雄性个体，这样做对她仍可能是有利的。在某种情况下，谁首先遗弃对方谁就占便宜，不论是父亲还是母亲，这是一个令人不愉快的事实。正如特里弗斯所说，被抛弃的配偶往往陷入无情的约束。这是一种相当可怕但又非常微妙的论点。父母的一方可能会这样讲：“孩子现在已经长得相当大，完全可以由我们当中的一个抚养。因此，假定我能肯定我的配偶不会也离开的话，我现在离开对我来说是有好处的。假使我现在就离开，我的配偶就可以为她或他的基因的最大利益而努力工作。他或她将要被迫做出比我现在正在做出的还要激烈得多的决定，因为我已经离开。我的配偶‘懂得’，如果他或她也离开的话，幼儿肯定会死亡。所以，假定我的配偶要做的决定，对他或她的自私基因将是最有利的话，我断定，我自己的行动方针是，最好我先离开。因为我的配偶可能也正在‘考虑’采取和我完全相同的方针，而且可能先下手为强，随时抛弃我！因此，我尤其应该先离开。”这样的父亲或母亲是会主动抛弃对方的。这种自我独白，和以前一样，仅仅是为了说明问题。问题的关键是，自然选择有利于首先抛弃对方的一方的基因，这仅仅是因为自然选择对随后抛弃对方的一方的基因不利而已。

我们已经分析了雌性个体一旦被遗弃，她可能采取的一些行动。但所有这些行动总有一点“亡羊补牢，犹未晚矣”之感。到底雌性个体有没有办法减轻由于其配偶首先对她进行剥削而造成损失呢？她手中握有一张王牌：她可以拒绝交配。她是被追求的对象，她掌握主动权。这是因为她的嫁妆是一个既大又富有营养的卵子。凡是能成功地与之交配的雄性个体就可为其后代获得一份丰富的食物储藏。雌性个体在交配之前，能够据此进行激烈的讨价还价。她一旦进行交配，就失去了手中的王牌——她把自己的卵子信托给了与之交配的雄性个体。激烈的讨价还价可能是一种很好的比喻，但我们都很清楚，实际情况并非如此。有没有任何相当于激烈讨价还价的某种实际形式能够借自然选择得以进化呢？我认为主要有两种可能性，一种为家庭幸福策略（the domestic-bliss strategy），一种为大丈夫策略（the he-man strategy）。

家庭幸福策略的最简单形式是：雌性个体对雄性个体先打量

一番，试图事先发现其忠诚和眷恋家庭生活的迹象。在雄性个体的种群中，成为忠诚的丈夫的倾向必然存在程度上的差异。雌性个体如能预先辨别这种特征，她们可以选择具有这种品质的雄性个体，从而使自己受益。雌性个体要做到这点，方式之一是长时间地摆架子，忸怩作态。凡是没有耐心，等不及雌性个体最终答应与之交配的雄性个体大概不能成为忠诚的丈夫。雌性个体以坚持订婚期要长的方式，剔除了不诚心的求婚者，最后只同预先证明具有忠诚和持久的品质的雄性个体交配。雌性忸怩作态是动物中一种常见的现象，求爱或订婚时间拉得长也很普遍。我们讲过，订婚期长对雄性个体也有利，因为雄性个体有受骗上当、抚养其他雄性个体所生幼儿的危险。

追求的仪式通常包括雄性个体在交配前所进行的重要投资。雌性个体可以等到雄性个体为其筑巢之后再答应与之交配，或者雄性个体必须喂养雌性个体以相当大量的食物。当然，从雌性个体的角度来讲，这是很好的事，但它同时也使人联想到家庭幸福策略的另一种可能形式。雌性个体先迫使雄性个体对它们的后代进行昂贵的投资，然后再交配，这样雄性个体在交配之后再抛弃对方，也就不会有好处了。会不会是这种情况呢？这种观点颇具说服力。雄性个体等待一个忸怩作态的雌性个体最终与之交配，是要付出一定代价的：它放弃了同其他雌性个体交配的机会，而且向该雌性个体求爱时要消耗它许多的时间和精力。到它终于得以同某一具体雌性个体交配时，它和这个雌性个体的关系已经非常“密切”。假使它知道今后它要接近的任何其他雌性个体也会以同样的方式进行拖延，然后才肯交配，那么，对它来说，遗弃该雌性个体的念头也就没有多大诱惑力了。

我曾在一篇论文中指出过，这里特里弗斯在推理方面有一个错误。他认为，预先投资本身会使该个体对未来的投资承担义务。这是一种荒谬的经济学思想。商人永远不会说："我在协和式客机上（举例说）已经投资太多，现在把它丢弃实在不合算。"相反，他总是要问，即使他在这项生意中的投资数目已经很大，但为了减少损失，现在就放弃这项生意，这样做对他的未来是否有好处。同样，雌性个体迫使雄性个体在她身上进行大量投资，指望单单以此来阻止今后雄性个体最终抛弃她，这样做是徒劳的。这种形式的家庭幸福策略还要取决于一种进一步的重要假定：即雌性的大多数个体都愿意采取同样的做法。如果种群中有些雌性个体是放荡的，随时准备欢迎那些遗弃自己妻子的雄性个体，那么对抛弃自己妻子的雄性个体就会有利，不论他对她的子女的投资已经有多大。

因此，这在很大程度上取决于大多数雌性个体的行为。如果我们可以根据雌性个体组成集团的方式来考虑问题的话，就不会存在问题了。但雌性个体组成的集团，同我们在第 5 章中讲到的鸽子集团相比较，其进化的可能性也不会更大些。我们必须寻找进化稳定策略。让我们采用史密斯用以分析进犯性对抗赛的方法，把它运用于性的问题上。这种情况要比鹰和鸽的例子稍微复杂一点。因为我们将有两种雌性策略和两种雄性策略。

同史密斯的分析一样，"策略"这个词是指一种盲目的、无意识的行为程序。我们把雌性的两种策略分别称为羞怯（coy）和放荡（fast），而雄性的两种策略分别称为忠诚（faithful）和薄情（philanderer），这四种策略在行为上的准则是：羞怯的雌性个体在雄性个体经过长达数周而且代价昂贵的追求阶段之后，才肯与之交配；放荡的雌性个体毫不迟疑地同任何个体进行交配；忠诚的雄性个体准备进行长时间的追求，而且交配之后，仍同雌性个体待在一起，帮助她抚养后代；薄情的雄性个体，如果雌性个体不立即同其进行交配，很快就会失去耐心，他们走开并另寻雌性个体，即使交配之后，他们也不会留下承担起做父亲的责任，而是去另寻新欢。情况同鹰和鸽的例子一样，并不是说只有这几种策略，然而对实行这几种策略会带来什么样的命运进行一番研究是富于启发性的。

同史密斯一样，我们将采用一些任意假定的数值，表示各种损失和利益。为了更加带有普遍性，也可以用代数符号来表示，但数字更容易理解。我们假定亲代个体每成功地抚养一个幼儿可得 15 个单位的遗传盈利，而每抚养一个幼儿所付出的代价，包括所有食物、照料幼儿花去的所有时间以及为幼儿承担的风险，是–20 个单位。代价用负数表示，因为那是双亲的“支出”。在旷日持久的追求中所花费的时间也是负数，就以–3 个单位来代表这种代价。

现在我们设想有一个种群，其中所有的雌性个体都羞怯忸怩，而所有的雄性个体都忠诚不贰。这是一个一雌一雄配偶制的理想社会。在每一对配偶中，雄性个体和雌性个体所得的平均盈利都相等。每抚养一个幼儿，它们各获得 15 个单位，并共同承担所付出的代价（–20），平均分摊，每方各为–10。它们共同支付拖长求爱时间的代价（罚分–3）。因此，每抚养一个幼儿的平均盈利是：15–10–3=2。

现在我们假设有一个放荡的雌性个体溜进了这个种群。它干得很出色。它不必支付因拖延时间而花费的代价，因为它不沉湎于那种旷日持久的卿卿我我的求爱。由于种群内的所有雄性个体都是忠诚的，它不论跟哪一个结合都可以为它的子女找到一个好父亲。因此，它每抚养一个幼儿的盈利是15-10=5。同它羞怯忸怩的对手相比较，它要多收益3个单位。于是放荡的基因开始散布开来。

如果放荡的雌性个体获得很大成功，致使它们在种群内占据了统治地位，那么，雄性个体的营垒中，情况也会随之开始发生变化。截至目前，种群内忠诚的雄性个体占有垄断地位。但如果现在种群中出现了一个薄情的雄性个体，它的景况会比其他的忠诚的对手好些。在一个雌性个体都放荡不羁的种群内，对一个薄情的雄性个体来讲，这类货色比比皆是，唾手可得。如果能顺利地抚养一个幼儿，它净得盈利15，而对两种代价却分文不付。对雄性个体来说，这种不付任何代价指的主要是，它可以不受约束地离开并同其他雌性个体进行交配。它的每一个不幸的妻子都得独自和幼儿挣扎着生活下去，承担起-20个单位的全部代价，尽管它并没因在求爱期间浪费时间而付出代价。一个放荡的雌性个体结交一个薄情的雄性个体，其净收益为15-20=-5，而薄情的雄性个体的收益却是15。在一个雌性个体都放荡不羁的种群中，薄情的雄性基因就会像野火一样蔓延开来。

如果薄情的雄性个体数得以大量地迅速增长，以至于在种群的雄性成员中占了绝对优势，放荡的雌性个体就将陷于可怕的困难处境。任何羞怯忸怩的雌性个体都会享有很大的有利条件。如果羞怯忸怩的雌性个体同薄情的雄性个体相遇，它们之间绝不会有什么结果。雌性个体坚持要把求爱的时间拉长，而雄性个体断然拒绝并去寻找另外的雌性个体。双方都没有因浪费时间而付出代价，但双方也各无所得，因为没有幼儿出生。在所有雄性个体都是薄情郎的种群中，羞怯忸怩的雌性个体的净收益是 0。0 看上去微不足道，但比放荡不羁的雌性个体的平均得分-5 要好得多。即使放荡的雌性个体在被薄情郎遗弃之后，决定抛弃它的幼儿，但它的一颗卵子仍旧是它所付出的一笔相当大的代价。因此，羞怯忸怩的基因开始在种群内再次散布开来。

现在让我们来谈谈这一循环性假设的最后一部分。当羞怯忸怩的雌性个体大量增加并占据统治地位时，那些和放荡的雌性个体本来过着纵欲生活的薄情雄性个体开始感到处境艰难。一个个雌性个体都坚持求爱时间要长，要长期考验对方的忠诚。薄情的雄性个体时而找这个雌性个体，时而又找那个雌性个体，但结果总是到处碰壁。因此，在一切雌性个体都忸怩作态的情况下，薄情雄性个体的净收益是 0。如果一旦有一个忠诚的雄性个体出现，它就会成为同羞怯忸怩的雌性个体交配的唯一雄性个体。那么它的净收益是 2，比薄情的雄性个体要好。所以，忠诚的基因就开始增长，至此，我们就完成了这一周而复始的循环。

像分析进犯行为时的情况一样，按我的讲法，这似乎是一种无止境的摇摆现象。但实际上，像那种情况一样，不存在任何摇摆现象，这是能够加以证明的。整个体系能够归到一种稳定状态上。如果你运算一下，就可证明，凡是羞怯忸怩的雌性个体占全部雌性个体的$\frac{5}{6}$，忠诚的雄性个体占全部雄性个体的$\frac{5}{8}$的种群在遗传上是稳定的。当然，这仅仅是根据我们开始时任意假定的那些特定数值计算出来的，但对其他任何随意假定的数值，我们同样可以轻而易举地算出新的稳定比率。

同史密斯所进行的分析一样，我们没有必要认为存在两种不同种类的雄性个体以及两种不同种类的雌性个体。如果每一个雄性个体能在$\frac{5}{8}$的时间里保持忠诚，其余的时间去寻花问柳，而每一个雌性个体有$\frac{5}{6}$的时间羞怯忸怩，$\frac{1}{6}$的时间纵情放荡，那同样可以实现进化稳定状态。不管你怎样看待ESS，它的含义是：凡一种性别的成员偏离其适中的稳定比率时，这种倾向必然受到另一种性别在策略比率方面相应变化的惩罚，这种变化对原来的偏离行为产生不利的影响。进化稳定策略因此得以保持。

我们可以得出这样的结论，主要由羞怯忸怩的雌性个体和忠诚的雄性个体组成的种群能够进化是肯定无疑的。在这样的情况下，家庭幸福策略对于雌性个体来说，实际上看来是行之有效的。我们就不必再考虑什么由羞怯忸怩的雌性个体组成的集团了，其实羞怯忸怩对雌性个体的自私基因是有利的。

雌性个体能够以各种各样的方式将这种形式的策略付诸实践。我已经提到过，雌性个体可能拒绝同还没有为它筑好巢，或至少还没有帮助它筑造一个巢的雄性个体交配。在许多单配偶制的鸟类中，情况的确如此，巢不筑好不交配。这样做的效果是，在受孕的时刻，雄性个体对幼儿已经付出的投资远较廉价的精子多。

未来的配偶必须为它筑造一个巢，这种要求是雌性个体约束雄性个体的一种有效手段。我们不妨说，只要能够使雄性个体付出昂贵的代价，不论是什么，在理论上几乎都能奏效，即使付出的这种代价对尚未出生的幼儿并没有直接的益处。

如果一个种群的所有雌性个体都强迫雄性个体去完成某种艰难而代价昂贵的任务，如杀死一条龙或爬过一座山然后才同意交配，在理论上讲，它们能够降低雄性个体在交配后不辞而别的可能性。企图遗弃自己的配偶并要和另外的雌性个体交配以更多地散布自己基因的任何雄性个体，一想到必须还要杀死一条龙，就会打消这种念头。然而事实上雌性个体是不会将杀死一条龙或寻求圣杯[a]这样专横的任务硬派给它们的求婚者的，因为如果有一个雌性个体对手，它指派的任务尽管困难程度相同，但对它以及它的子女却有更大的实用价值，那么它肯定会优越于那些充满浪漫情调、要求对方为爱情付出毫无意义的劳动的雌性个体。杀死一条龙或在达达尼尔海峡（Hellespont[b]）中游泳也许比筑造一个巢穴更具浪漫色彩，但却远远没有后者实用。

我提到过的雄性个体做出的具有求爱性质的喂食行动对于雌性个体也是有用的。鸟类的这种行为通常被认为是雌性个体的某种退化现象，它们恢复了雏鸟时代的幼稚行为。雌鸟向雄鸟要食物，讨食的姿态像雏鸟一样。有人认为这种行为对雄鸟具有天然的诱惑力，这时雌鸟不管能得到什么额外的食物，它都需要，因为雌鸟正在建立储存，以便于制造很大的卵子。雄鸟的这种具有求爱性质的喂食行为，也许是一种对卵子本身的直接投资。因此，这种行为能够缩小双亲在幼儿初期投资的悬殊程度。

有几种昆虫和蜘蛛也存在这种求爱性质的喂食现象。很显然，有时人们对这种现象完全可以做另外的解释。如我们提到过的螳螂的例子，由于雄螳螂有被较大的雌螳螂吃掉的危险，因此只要能够减少雌螳螂的食欲，随便干什么对它可能都是有利的。我们可以说，不幸的雄螳螂是在这样一种令人毛骨悚然的意义上对其

a. 据中世纪传说，圣杯是耶稣在最后的晚餐时所用的杯。

b. Hellespont，达达尼尔海峡的古希腊名称。

子女进行投资的。雄螳螂被作为食物吃掉，以便帮助制造卵子，而且储存在雄螳螂尸体内的精子随之使吃掉它的雌螳螂的卵子受精。

采取家庭幸福策略的雌性个体如果仅仅是从表面上观察雄性个体，试图辨认它忠诚的品质会容易受骗。雄性个体只要能够冒充成忠诚的爱好家庭生活的类型，而事实上是把遗弃和不忠诚的强烈倾向掩盖起来，它就具有一种很大的有利条件。只要过去被它遗弃的那些妻子能有机会将一些幼儿抚养大，这个薄情的雄性个体比起一个既是忠诚丈夫又是忠诚父亲的雄性对手，能把更多的基因传给后代。使雄性个体进行有效欺骗的基因在基因库中往往处于有利地位。

相反，自然选择却往往有利于善于识破这种欺骗行为的雌性个体。要做到这一点，雌性个体在有新的雄性个体追求时，要显得特别可望而难即，但在以后的一些繁殖季节中，一旦去年的配偶有所表示，就要毫不犹豫，立刻接受。这样对那些刚开始第一个繁殖季节的年轻的雄性个体来说，不论它们是骗子与否，都会自动受到惩罚。天真无邪的雌性个体在第一年所生的一窝小动物中，体内往往有相当高比例的来自不忠诚的父亲的基因，但忠诚的父亲在第二年以及以后的几年中却具有优势，因为它有了一个可靠的配偶，不必每年都要重复那种浪费时间、消耗精力、旷日持久的求爱仪式。在一个种群中，如果大部分的个体都是经验丰富而不是天真幼稚的母亲的子女——在任何生存时间长的物种中，这是一个合乎情理的假设——忠诚而具模范父亲性格的基因在基因库中将会取得优势。

为简便起见，我把雄性个体的性格讲得似乎不是纯粹的忠诚就是彻头彻尾的欺诈。事实上，更有可能的是，所有的雄性个体——其实是所有的个体——多少都有点不老实，它们的程序编制就是会使它们利用机会去占配偶的便宜。由于自然选择增强了每一个配偶发现对方不忠诚行为的能力，因此使重大的欺骗行为降到了相当低的水平。雄性个体比雌性个体更能从不忠诚的行为中得到好处。即使在一些物种中，雄性个体表现出很大程度的亲代利他主义行为，但我们必须看到，它们付出的劳动往往比雌性个体要少些，而且随时潜逃的可能性更大些。鸟类和哺乳类动物中通常存在这种情况，这是肯定无疑的。

但是也有一些物种，其雄性个体在抚养幼儿方面付出的劳动实际上比雌性个体多。鸟类和哺乳动物中，这种父方的献身精神是极少有的，但在鱼类中却很常见。这是为什么呢？这种现象是对自私基因理论的挑战，为此我长时间以来感到迷惑不解。最近卡莱尔（T. R. Carlisle）小姐在一个研究班上提出了一种很有独创性的解释。由此，我深受启发。她以上面我们提及的特里弗斯的“无情的约束”概念去阐明下面这种现象。

许多种类的鱼是不交尾的，它们只是把性细胞射到水里。受精就在广阔的水域里进行，而不是在一方配偶的体内。有性生殖也许就是这样开始的。另一方面，生活在陆地上的动物如鸟类、哺乳动物和爬虫等却无法进行这种体外受精，因为它们的性细胞容易干燥致死。一种性别的配子——雄性个体的，因为其精子是可以流动的，被引入另一种性别个体——雌性个体的湿润的内部。上面所说的只是事实，而下面讲的却是概念性的东西。居住在陆地上的雌性动物交配后就承受胎儿的实体，因为胎儿存在于它体内。即使它把已受精的卵子立即生下来，做父亲的还是有充裕的时间不辞而别，从而把特里弗斯所谓的“无情的约束”强加在这个雌性个体身上。不管怎样，雄性个体总是有机会事先决定遗弃配偶，从而迫使做母亲的做出抉择，要么抛弃这个新生幼儿，让它死去，要么把它带在身边并抚养它。因此，在陆地上的动物当中，照料后代的大多数是母亲。

但对鱼类及生活在水中的其他动物而言，情况有很大的差别。如果雄性动物并不直接把精子送进雌性体内，我们就不一定可以说，母亲易受骗上当，被迫照管幼儿了。配偶的任何一方都可以有机会逃之夭夭，让对方照管刚受精的卵子。说起来还存在这样一种可能性：倒是雄性个体常常更易于被遗弃。对谁先排出性细胞的问题，看来可能展开一场进化上的争斗。首先排出性细胞的一方享有这样一个有利条件——它能把照管新生胎儿的责任推给对方。另一方面，首先射精或产卵的一方必然要冒一定的风险，因为它未来的配偶不一定跟着就产卵或射精。在这种情况下，雄性个体处于不利地位，因为精子较轻，比卵子更易散失。如果雌性个体产卵过早，就是说，在雄性个体还未准备好射精时就产卵，这关系不大。因为卵子体积较大，也比较重，很可能集结成一团，一时不易散失。所以说，雌性鱼可以冒首先产卵的“风险”。雄性鱼就不敢冒这样的风险，因为它过早射精，精子可能在雌性鱼准备排卵之前就散失殆尽，那时雌性鱼即使再产卵也没有实际意义。鉴于精子易于散失，雄性鱼必须等待到雌性鱼产卵后才在卵子上射精。但这样，雌性鱼就有了难得的几秒钟时间可以趁机溜走，把受精卵丢给雄性鱼照管，使之陷入特里弗斯所说的进退两难的境地。这个理论很好地说明，为什么水中雄性动物照料后代的现象很普遍，而在陆上的动物中却很少见。

我现在谈谈鱼类以外的另一种雌性动物采取的策略，即大丈夫策略。在采取这种策略的物种中，事实上，雌性动物对得不到孩子们的爸爸的帮助已不再计较，而把全部精力用于培育优质基因，于是它们再次把拒绝交配作为武器。它们不轻易和任何雄性个体交配，总是慎之又慎，精心挑选，然后才同意和选中的雄性个体交配。某些雄性个体确实比其他个体拥有更多的优质基因，这些基因有利于提高生育子女的机会。如果雌性动物能够根据各种外在的迹象判断哪些雄性动物拥有优质基因，它就能够使自己的基因和它们的优质基因相结合而从中获益。以赛艇桨手的例子来类比，一个雌性个体可以最大限度地减少它的基因由于与蹩脚的桨手搭档而受到连累的可能性。它可以为自己的基因精心挑选优秀的桨手作为合作者。

一般来说，大多数雌性动物对哪些才是最理想的雄性配偶不会产生分歧，因为它们用以判断的依据都是一样的。结果，和雌性个体的大多数交配是由少数这几个幸运的雄性个体进行的。它们是能够愉快胜任的，因为它们给予每一个雌性个体的仅仅是一些廉价的精子而已。海象和极乐鸟大概也是这种情况。雌性动物只允许少数几只雄性动物坐享所有雄性动物都梦寐以求的特权——一种追求私利的策略所产生的特权，但雌性个体总是毫不含糊，成竹在胸，只允许最够格的雄性个体享有这种特权。

雌性动物试图挑选优质基因并使之和自己的基因相结合，按照它的观点，它孜孜以求的是哪些条件呢？其中之一是具有生存能力的迹象。任何向它求爱的个体已经证明，它至少有能力活到成年，但不一定就能够证明，它能够活得更久些。凡选择年老雄性个体的雌性个体，同挑选在其他方面表明拥有优质基因的年轻个体的雌性个体相比，前者生的后代并不见得就多些。

其他方面指的是什么？可能性很多。也许是体现着能够捕获食物的强韧的肌肉，也许是体现着能够逃避捕食者的长腿。雌性个体如能将其基因和这些特性结合起来，可能是有好处的，因为这些特性在它的儿女身上或许能发挥很好的作用。因此，我们首先必须设想存在这样的雌性动物，它们选择雄性个体的根据是表明拥有优质基因的万无一失的、可靠迹象，不过，这里牵涉达尔文曾发现的一个非常有趣的问题，费希尔对之也进行过有条理的阐述。在雄性个体相互竞争，希望成为雌性个体心目中的大丈夫的社会里，一个母亲能为其基因所做的最大的一件好事是，生一个日后会成为一个令人刮目相看的大丈夫的儿子。如果母亲能保证它的儿子将成为少数几个走运的雄性个体中的一个，在它长大之后能赢得社会里大多数的交配机会，那么，这个母亲将会有许多孙子孙女。这样说来，一个雄性个体所能拥有的最可贵的特性之一，在雌性个体看来只不过是性感而已。一个雌性个体和一个相貌非凡并具有大丈夫气概的雄性个体交配，很可能养育出对第二代雌性个体具有吸引力的儿子。这些儿子将为其母亲生育许多孙子孙女。我们原来认为雌性个体选择雄性个体是着眼于如发达的肌肉这种显然是有实用价值的特性，但是这种特性一旦在某一物种的雌性个体中普遍被认为是一种具有吸引力的东西时，自然选择就会仅仅因为它具有吸引力而继续有利于这种特性。

雄极乐鸟的尾巴作为一种过分奢侈的装饰，可能是通过某种不稳定的、失去控制的过程进化而来的。在开始的时候，雌性个体选中尾巴稍长一些的雄性个体，在它心目中这是雄性个体的一种可取的特性，也许是因为长尾象征着健壮的体魄。雄性个体身上的短尾巴很可能是缺乏某种维生素的象征——说明该个体觅食能力差。短尾巴的雄性动物还可能不善于逃避捕食者，因此尾巴被咬掉一截。请注意，我们不必假定短尾巴本身是能够遗传的，我们只需假定短尾巴可以说明某种遗传上的缺陷。不管怎样，我们可以假定，早期的极乐鸟物种中，雌鸟偏爱尾巴稍微长一些的雄鸟。只要存在某种促进雄鸟尾巴长度发生自然变化的遗传因素，随着时间的推移，这个因素就会促使种群中雄鸟尾巴的平均长度增加。雌鸟遵循的一条简单的准则是：把所有的雄鸟都打量一番，并挑选尾巴最长的一只，如此而已。背离这条准则的雌鸟准会受到惩罚，即使尾巴已经变得如此之长，实际上成了雄鸟的累赘。因为如果一只雌鸟生出的儿子尾巴不长，它的儿子就不可能被认为是有吸引力的。只有在尾巴确实已长到可笑的程度，以至于它们明显的缺点开始抵消性感这方面的优点时，这个趋向才得以终止。

这是个令人难以接受的论点，自达尔文初次提出这个论点并把这一现象称为“性选择”以来，已有不少人对之表示怀疑。扎哈维就是其中之一，他的“狐狸，狐狸”论点我们已经看过了。他提出截然相反的“不利条件原理”（handicap principle）。* 他指出，正是因为雌性个体着眼于选择雄性个体的优质基因，才使雄性弄虚作假有了市场。雌性个体看重的发达肌肉可能真的是一个优点，但有什么可以阻止雄性个体卖弄假肌肉呢？这些假肌肉并不比我们人类的棉花垫肩更具实质内容。如果雄性个体卖弄假肌肉反而比长出真肌肉省事，性选择应有利于促使个体长出假肌肉的基因。可是，要不了多久，逆选择（counter-selection）将促使能够看穿这种欺骗的雌性个体进化。扎哈维的基本前提是，雌性个体终将识破虚假的性卖弄。因此他得出的结论是，真正能够成功的是那些从不故弄玄虚的雄性个体。它们掷地有声地表明它们是老老实实的。如果我们讲的是肌肉，那么，装出肌肉丰满的样子的雄性个体很快就要为雌性个体所识破。反之，以相当于举重等动作显示其肌肉真正发达的雄性个体是能够获得雌性信赖的。换句话说，扎哈维认为，一个大丈夫不仅看上去要像一个健全的雄性个体，而且要真的是一个健全的雄性个体，否则不轻信的雌性个体是会嗤之以鼻的。所以，只有是货真价实的大丈夫的炫耀行为才能进化。

到现在为止，扎哈维的理论还没有什么问题。下面我们要谈的是他理论中使人难以接受的那一部分。他认为，尽管极乐鸟和孔雀的长尾巴、鹿的巨角以及其他的性选择的特性看起来是这些个体的累赘（不利条件），因而始终是不合理的现象，但这些特征得以进化正是因为它们构成不利条件。一只雄鸟长了一条长长的、笨重的尾巴，为的是要向雌性个体夸耀，说明尽管它有这样一条长尾巴，像他这样一个健壮的大丈夫还是能够活下去的。

这个理论很难使我信服，尽管我所持的怀疑态度已不像我当初听到这个论点时那么坚决。当时我就指出，根据这种理论可以得出这样的逻辑结论：进化的结果应该使雄性个体只有一条腿和一只眼睛。扎哈维是以色列人，他立即反驳我说："我们最好的将军中有些是独眼的！"不过问题还是存在的。不利条件的论点似乎带有根本性的矛盾。如果不利条件是真实的——这种论点的实质要求不利条件必须是真实的——不利条件本身正如它可能吸引雌性个体一样，肯定同样对该个体的后代是一种惩罚。因此不管怎样，至关重要的是这个不利条件不能传给女儿。

如果以基因语言来表达不利条件理论，我们大概可以这样说：使雄性个体长出如长尾巴之类的累赘物（不利条件）的基因在基因库里变得多起来，因为雌性个体选择身负累赘物的雄性个体。这种情况的产生是因为，使雌性个体做出这种选择的基因在基因库里也变得多起来的缘故。这是因为对身负累赘物的雄性个体有特殊感情的雌性个体往往会自动地选择在其他方面拥有优质基因的雄性个体。理由是，尽管身负这种累赘物，但这些雄性个体已活到成年，这些拥有“其他”方面优点的基因将使后代具有健壮的体格。而这些具有健壮体格的后代因此得以存活并繁殖使个体生长累赘物的基因，以及使雌性个体选择身负累赘物的雄性个体的基因。倘若促使生长累赘物的基因仅仅在儿子身上发挥作用，就像促使对累赘物产生性偏爱的基因仅仅影响女儿那样，这个理论也许可以成立。如果我们只是用文字对这个理论进行论证，我们就无从知道这个理论是否正确。如果我们能以数学模型来再现这种理论，就能更清楚地看到它的正确程度。但到目前为止，那些试图以模型来表现不利条件原理的数学遗传学家都失败了。这可能是因为这个原理本身不能成立，也可能是因为这些数学遗传学家水平不足。其中有一位失败者便是史密斯。但我总感觉到前者的可能性较大。

如果一只雄性动物能以某种方式证明它比其他雄性动物优越，而这种方式又无须故意使自己身负累赘，那么它无疑会以这种方式增加自己在遗传方面取得成功的可能性。因此，海象赢得并确保拥有它们的“妻妾”，靠的不是它对雌性个体具有吸引力的堂堂仪表，而是简单的暴力——把妄图接近其“妻妾”的任何雄性海象撵走。“妻妾”的主人大都能击败这种可能的掠夺者，它们之所以拥有“妻妾”显然是因为它们有这样的能力。掠夺者很少能取胜，因为它们如能取胜，它们早该成为“妻妾”的主人了！因此，凡是只同“妻妾”的主人交配的雌性海象，就能使它的基因和健壮的雄性海象相结合，而这只雄性海象有足够的能力击退一大群过剩的、不顾死活的单身雄性海象发动的一次又一次的挑衅。这只雌性海象的儿子如果走运的话，就能继承父亲的能力，也拥有一群“妻妾”。事实上，一只雌性海象没有很大的选择余地，因为如果它有外遇，它就要遭到“妻妾”主人的痛打。不过，跟能在搏斗中取胜的雄性个体结合的雌性个体能为其基因带来好处，这条原理是站得住脚的。我们已经看到这样一些例子，即一些雌性个体愿意和拥有领地的雄性个体交配，另外一些愿意和在统治集团里地位高的雄性个体交配。

至此本章的内容可以归结为：动物界中各种不同的繁殖制度——一雌一雄、雌雄乱交、“妻妾”等等——都可以理解为雌雄两性间利害冲突所造成的现象。雌雄两性的个体都“想要”在其一生中最大限度地增加它们的全部繁殖成果。由于精子和卵子在大小和数量方面存在根本差别，雄性个体一般来说大多倾向于雌雄乱交，而缺乏对后代的关注。雌性个体有两种可供利用的对抗策略，我在前面曾称之为大丈夫策略和家庭幸福策略。一个物种的生态环境将决定其雌性个体倾向于采取其中的哪一种策略，同时也决定雄性个体如何做出反应。事实上，在大丈夫策略和家庭幸福策略之间还有许多中间策略。我们已经看到，有时候，做父亲的甚至比做母亲的更关心孩子们的生活。本书不打算描述某些具体动物物种的生活细节，因此我不准备讨论是什么促使一个物种倾向于某种繁殖制度而不倾向于另一种繁殖制度。我要探讨的是普遍地存在于雌雄两性之间的差异，并说明如何解释这些差异。因此我不想强调两性间差异不大的那些物种，因为一般来说，这些物种的雌性个体喜欢采取家庭幸福策略。

首先，雄性个体往往追求鲜艳的色彩以吸引异性，而雌性个体往往满足于单调的色彩。两性个体都力图避免被捕食者吃掉，因此两性个体都会经受某种进化上的压力，使它们的色彩单调化。鲜艳的色彩吸引捕食者，犹如吸引异性伴侣。用基因语言来说，这意味着使个体色彩变得鲜艳的基因比使个体色彩单调的基因更可能被捕食者吃掉而结束生命。另一方面，促使个体具有单调色彩的基因不像促使个体具有鲜艳色彩的基因那么容易进入下一代的体内，因为色彩单调的个体不吸引异性配偶。这样就存在两种相互矛盾的选择压力：捕食者倾向于消灭基因库里色彩鲜艳的基因，而性配偶倾向于消灭色彩单调的基因。和其他许多情况一样，有效的生存机器可以被认为是两种相互矛盾的选择压力之间的折中物。眼下使我们感兴趣的是，雄性个体的最适折中形式似乎不同于雌性个体的最适折中形式。这种情况当然和我们把雄性个体视为下大赌注以博取巨额赢款的赌徒完全一致，因为雌性个体每生产一个卵子，雄性个体就可以生产数以百万计的精子，因此种群中的精子在数量上远远超过卵子，所以任何一个卵子比任何一个精子实现性融合（sexual fusion）的机会要大得多。相对而言，卵子是有价值的资源。因此，雌性个体不必像雄性个体那样，具有性吸引力就能保证它的卵子有受精的机会。一个雄性个体的生殖能力完全可以使一大群雌性个体受孕，生育出一大批子女。即使一只雄性个体因为有了美丽的长尾巴而引来了捕食者或缠结在丛林中而过早死亡，它在死以前可能已经繁殖了一大群子女。一只没有吸引力的色彩单调的雄性个体，甚至可能和一只雌性个体同样长寿，但它子女却很少，因而它的基因不能世代相传。一个雄性个体如果失去了它不朽的基因，那它即使占有了整个世界又将怎么样呢？

另一个带有普遍性的性区别是，雌性个体在和谁交配的问题上比雄性个体更爱挑剔。不管是雌性个体还是雄性个体，为了避免和不同物种的成员交配，这种挑剔还是必要的。从各个方面来看，杂交行为是不好的。有时，像人和羊交配一样，这种行为并不产生胚胎，因此损失不大。然而，当比较接近的物种如马和驴杂交时，这种损失至少对雌性配偶来说可能是相当大的——一个骡子胚胎可能由此形成，并在它的子宫里待上 11 个月。骡子消耗母体全部亲代投资的很大一部分，不仅包括通过胎盘摄取的食物，以及后来吃掉的母乳，而且最重要的是时间，这些时间本来可用于抚养其他子女的。骡子成年以后却是没有繁殖力的。这可能是因为尽管马和驴的染色体很相像，能使它们合作孕育一个健壮的骡子躯体，但它们又不尽相像，以致不能在减数分裂方面进行适当的合作。不管确切的原因是什么，从母体基因的观点来看，母体为抚育这只骡子而花掉的非常多的资源全部浪费了。雌驴应当十分谨慎，和它交配的必须是一头驴子，不是一匹马。任何一头驴子基因如果说“喂，如果你是雌驴，那就不管它是马还是驴，只要它是成年的雄性个体，你都可以和它交配”，这个基因下次就可能跑到骡子的体内，结果将是死路一条。母体花在这只幼骡身上的亲代投资将大大降低它养育有生殖力的驴子的能力。另一方面，如果雄性个体和其他不同物种的成员交配，它的损失不会太大，尽管它从中也得不到什么好处。但我们却可以认为，在选择配偶的问题上，雄性个体不致过分苛求。凡是对这种情况进行过研究的人都会发现情况确实是如此。

即使在同一物种中，挑剔的情况还是会有的。同一血族之间的交配和杂交一样可能产生不利的遗传后果，因为在这种情况下，致命的或半致命的隐性基因会获得公然活动的机会。这种情况再次使雌性个体的损失比雄性个体大，因为母体花在某一幼儿身上的资源总是要大些。凡是禁忌乱伦的地方，我们都可以认为雌性个体会比雄性个体更严格地遵守这种禁忌。如果我们假定在乱伦关系中，年龄较大的一方相对来说更有可能是主动者的话，那么我们应该看到，雄性个体年龄比雌性个体年龄大的乱伦行为一定较雌性个体年龄比雄性个体年龄大的乱伦行为普遍，譬如说，父-女乱伦应该比母-子乱伦更普遍。兄弟姐妹乱伦行为的普遍性介乎两者之间。

一般来说，雄性个体比雌性个体往往具有更大的乱交倾向。雌性个体只能以比较慢的速度生产有限的卵子，因此，它和不同的雄性个体进行频繁的交配不会有什么好处。一方面，雄性个体每天能够生产数以百万计的精子，如果它利用一切机会和尽量多的雌性个体交配，它只会从中得到好处而不会有任何损失。过于频繁的交配行为事实上对雌性个体的害处并不很大，但好处肯定也是没有的。另一方面，雄性个体却能乐此不疲，不管它和多少个不同的雌性个体交配。“过度”这个字眼对雄性个体来说没有实际意义。

我没有明确地提到人类，但当我们思考如本章涉及的一些有关进化的论点时，不可避免地要联想到我们自己的物种和我们自己的经验。雌性个体只有在对方在一定程度上表明能够长期忠贞不渝时才肯与之交配，这种做法对我们来说并不陌生。这可能说明，人类的妇女采取的是家庭幸福策略，而不是大丈夫策略。人类社会事实上大多数实行一夫一妻制。在我们自己的社会里，父母双方对子女的亲代投资都是巨额的，而且没有明显的不平衡现象。母亲直接为孩子们操劳，所做的工作比父亲多。但父亲常常以比较间接的方式辛勤工作，为孩子们提供源源不断的物质资源。另一方面，有些人类社会有杂交习俗，有些则实行妻妾制度。这种令人惊讶的多样性说明人的生活方式在很大程度上取决于文化而不是基因。然而，更大的可能性是，男人大多倾向于杂交，女人大多倾向于一夫一妻。根据进化的理论，我们也可以预见到这两种倾向。在一些具体的社会里，哪一种倾向占上风取决于具体的文化环境，正如在不同的动物物种中，要取决于具体的生态环境一样。

我们人类自己的社会有一个肯定与众不同的特点，这就是性的炫耀行为。我们已经看到，根据进化的理论，凡有不同性别个体存在的地方，喜欢炫耀的应该是男人，女人则喜欢朴实无华。在这一点上，现代的西方男人无疑是个例外。当然，有些男人衣饰鲜艳，有些女人衣饰朴素，这也是事实。但就大多数情况而言，在我们的社会里，像孔雀展示尾巴一样炫耀自己的毫无疑问是女人而不是男人。

面对这些事实，生物学家不得不感到疑惑，他观察到的社会是一个女人争夺男人而不是男人争夺女人的社会。在极乐鸟的例子里，我们认为雌鸟的色彩之所以朴素是因为它们不需要争夺雄鸟。雄鸟色彩鲜艳华丽，因为雌鸟供不应求，雌鸟可以对雄鸟百般挑剔，因为卵子这种资源比精子稀少。现代的西方男性到底发生了什么变化？男人果真成了被追求的性对象了吗？他们真的因女人供不应求而能对女人百般挑剔吗？如果情况果真如此，那又是为什么呢？

第 10 章

你为我搔痒，
我就骑在你的头上

我们已经研究了属于相同物种的生存机器之间的相互作用——亲代的、有性的以及进犯性的相互作用。不过，在动物的相互作用中，似乎还有一些值得注意的方面，显然并未包括在上述三种范围之内。许多动物所具有的群居习性就是其中一个方面。鸟、昆虫、鱼、鲸鱼乃至生活在平原上的哺乳动物，活动总是集结而出，觅食一般成群结队。这些集体中的成员通常属于同一物种，但也有例外情况。斑马和角马就常常混在一起活动，人们有时也可以看到属于不同物种的鸟类聚集成群。

群居生活可以为一个自私个体带来各种各样的好处。在此，我不打算逐一罗列，只准备讲几个带有启发性的例子。其中我还要重提我曾在第 1 章里列举过的一些明显的利他行为的例子，因为我说过这些例子要留待以后再做解释，这样就必然要涉及对社会性昆虫的讨论。事实上，如果避而不谈社会性昆虫，对动物利他行为的论述就不可能全面。最后，在本章拉拉杂杂的内容中，我将谈到相互利他行为这个重要的概念，即“于人方便，于己方便”的原则。

动物之所以要聚居在一起，肯定是因为它们的基因从群居生活的交往中得到的好处多，而为之付出的代价少。鬣狗成群猎食时能够捕捉到比它们单独活动时大得多的野兽，尽管捉到野兽后要分食，但对参加集体猎食的每一个自私个体来说还是划算的。某些蜘蛛齐心协力织造一张巨大的共有的蜘蛛网，大概也是出于类似的原因。帝企鹅紧紧地挤在一起是为了取暖，这是因为相互挤在一起后，每只企鹅暴露在外界的身体表面要比自己独处时小得多。两条鱼在水中游时，如果一条游在另一条后面，同时保持一定的倾斜度，它就可以从前面的一条鱼所激起的湍流中获得流体动力方面的好处。这可能就是鱼类成群结队一起游的理由之一。利用气流来减轻空气阻力也是自行车竞赛者所熟悉的一种窍门。鸟类在飞翔时组成V字形可能也是这个缘故。由于飞在最前头的一只鸟处于不利地位，因此这些鸟大概要竞相避免担任这个角色。很可能它们轮流承担这个非自愿的领航员的角色。这是一种延迟的相互利他行为，这种形式的利他行为我们在本章末将加以论述。

群居生活可能带来的好处有很多与避免被捕食者吃掉有关。汉密尔顿在一篇题为《自私兽群的几何学》的论文里精辟地提出了这种理论。为了不引起误会，我要强调，他所谓的“自私兽群”是指由“自私个体组成的兽群”。

让我们再一次从一个简单的“模式”讲起。尽管模式是抽象的，却可以帮助我们理解真实的客观世界。试设想有一群某一物种的动物正受到一只捕食者的追捕。最靠近捕食者的那只动物往往最先受到攻击。对捕食者来说，这种策略是合理的，因为这样可以节约精力。但对被捕食的动物而言，这种策略却产生了一种有趣的后果。就是说，这群争相逃命的动物每一只都力图避免处于最靠近捕食者的位置。如果这些动物老远就发现了这只捕食者，它们只要逃走就行了。即使捕食者不露声色地突然出现，像隐藏在茂密草丛中的猛兽那样，每只动物还是能见机行事，尽量避免处于最接近捕食者的位置。我们可以想象，每一只被追捕的动物周围有一个“危险区”。在这个危险区里，从任何一点到这只动物的距离都短于从该点到其他任何一只动物的距离。譬如说，如果一群被追逐的动物在移动时形成一个规则的几何图形，彼此之间有一定间隔，那么，每一只动物（除非它正好处在边缘上）的危险区大体上是个六边形。如果捕食者正好潜伏在个体A的六角形危险区内，个体A就有被吃掉的可能。处于兽群边缘上的个体特别容易受到攻击，因为它们的危险区相对来说不是一个小小的六角形，而是有一个开口端，开口端外一片广阔地域都是它们的危险地带。

一个头脑清醒的个体显然是会尽量缩小其危险区的。它尤其尽力避免处于兽群的边缘地位。如果它发觉已处于边缘地位，就会立即采取行动，向中心地区移动。不幸的是，边缘上总得有“人”，但就每一个个体而言，这个“人”最好不是它！因此，一群动物在前进时，处于边缘的个体不停地往中心移动。如果这群动物原来是松散的或者是七零八落的，这种向群体中心移动的结果很快就会使它们挤成一团。即使我们所讲的模式开始时没有任何聚拢的倾向，被追捕的动物开始时也是随意分散的，但自私的动机将会促使每一个个体试图挤到其他个体中间以缩小各自的危险区。这样，集群迅即形成，而且会变得越来越稠密。

在实际生活中，这种聚拢倾向显然受到各种阻力的限制，不然的话，这些动物免不了就要乱作一团，弄得筋疲力尽。但这个模式还是很有意思的，因为它说明了即使是一些极其简单的假说也可以导致动物倾向于聚拢的结论。有人提出一些比较复杂的模式。这些模式虽然具有更大的实际意义，但汉密尔顿提出的比较简单的模式并没有因此而减色。后者有助于我们研究动物聚拢在一起的现象。

自私的兽群这个模式本身并不容许存在合作性的相互作用。这里没有任何利他行为，有的只是每个个体为了私利而利用其他每一个个体。但在实际生活中常有这样的情况：个体似乎为保护群体里的伙伴免遭捕食者的袭击而积极地做出努力。说到这里，我不禁想起鸟类的警报声。这种警报声使其他个体闻声逃命，确实起到了警告的作用。没有人认为发出警报的个体是“想要把捕食者的火力”引到自己身上，它仅仅让伙伴知道出现了捕食者——也就是向它们报警。但乍看起来，这种行为本身似乎是利他性的，因为它的效果是把捕食者的注意力引到了报警者身上。我们可以根据马勒（P. R. Marler）发现的一个事实得出间接的推论。鸟类的这种警报声似乎具有某种理想的物理特性：捕食者往往难以发现叫声来自何方。如果让一位声学工程师设计一种捕食者难以追踪的声音，这种声音很可能和许多会唱歌的小鸟的天然警报声相似。在自然界里，这种警报声的形成肯定是自然选择的结果。我们知道这意味着什么——这意味着很多个体因为它们的警报声未臻完善而送掉性命。因此，发出警报声似乎总是有危险的。自私基因的理论必须证明，发出警报声具有一种令人信服的优点，足以抵消随之而来的危险。

事实上这并不是十分困难的。在过去，不断有人指出鸟类的警报声其实与达尔文学说“格格不入”，结果是为解释这种现象而挖空心思，虚构各种理由已成为人们的一种游戏，于是我们今日面对如此之多的言之成理的解释而莫衷一是。显而易见，如果鸟群中有些个体是近亲，促使个体发出警报声的基因在基因库中准能兴旺起来，因为得救的一些个体拥有这个基因的可能性很大。即使发出警报声的个体由于引来了捕食者而为这种利他行为付出高昂的代价，这样做还是值得的。

如果你认为这种亲属选择的概念不能令人信服，那么，供你挑选的其他理论有的是：一个对其伙伴报警的个体可以通过各种途径获得私利。特里弗斯为此提出 5 种颇有见识的想法，但下面我要谈的是我自己的两种想法，我认为它们更能使人心悦诚服。

我把第一个想法称之为凯维（Cave）理论。“凯维”源自拉丁文，意思是“当心”。今天，小学生看见老师走近时还在用这个暗号来警告其他同学。这个理论适用于采取伪装策略的鸟类，这些鸟在面临危险时一动不动地蹲伏在矮树丛里。假设有一群这样的鸟在田野上觅食，这时一只老鹰从远处飞过。老鹰还没有瞥见鸟群，因此没有径直飞过来。但它锐利的目光可能随时发现鸟群，那时它将俯冲而下，发动攻击。如果鸟群中一只小鸟首先发现这只老鹰，而其余的鸟都还没有发现，这只眼尖的小鸟本来可以马上蹲下来不动，躲在草丛中，但这样做对它来说并无好处，因为它的伙伴还在周围活动，既触目，又喧闹。它们当中任何一只都可能引起老鹰的注意，使整个鸟群都陷入危险的境地。从纯粹自私的动机出发，这只发现老鹰的小鸟应当立即对它的伙伴发出嘶嘶的警告声，让它们马上安静下来，以减少它们无意中把老鹰引到它自己附近的可能性。对这只小鸟而言，这是最好的策略。

我打算谈的另一个想法可称为“绝对不要脱离队伍”的理论。这个理论适用于某些鸟类物种，它们看见捕食者走近时马上飞走，也许是飞到树上。让我们再设想正在觅食的鸟群中有一只鸟首先发觉这只捕食者，它该怎样行动呢？它可以只顾自己飞走，并不警告伙伴。如果是这样的话，它就要成为一只不合群的动物，不再是一个不那么惹人注目的鸟群中的一员。老鹰喜欢攻击离群的鸽子，这是很多人都知道的事实。就算老鹰没有这样的猎食习惯，我们根据推理可以提出很多理由，说明脱离队伍可能是一种自杀性的策略。就算它的伙伴最终还是会跟着它飞走，但第一个飞离地面的个体免不了暂时地扩大了它自己的危险区。不管汉密尔顿的有关理论是否正确，生活在鸟群的集体中总是有一些重要的有利条件，否则鸟类是不会过集体生活的。不论这些有利条件是什么，第一个飞出鸟群的小鸟至少要部分地丧失这些有利条件。如果这只遵守纪律的小鸟不擅离队伍，那它又该怎样办呢？或许它应该依靠集体力量所能提供的掩护，若无其事地继续进行活动。但这样做风险毕竟太大了，无遮无拦很容易遭受袭击，在树上到底安全得多。飞到树上确是上策，但要务必使伙伴们采取一致的行动，只有这样它才不致成为一只脱离鸟群的孤单的小鸟，不致因此丧失集体为它提供的有利条件，同时又能够得到飞到树上躲起来的好处。我们在这里再次看到，发出警报声所得到的是纯粹的自私利益。恰尔诺夫（E. L. Charnov）和克雷布斯提出过一个有点相似的理论，他们直截了当地使用"操纵"这个词来描绘这只发出叫声的小鸟对其他小鸟施加的影响。这种行为已经远远不是纯粹的、无私的利他行为了。

从表面上看，以上种种理论好像与这样的说法有矛盾：发出警报声的个体把自己置于危险的境地。事实上其中并无矛盾的地方。如果它不报警，反而会使它自己面临更大的危险。有些个体因发出警报声而牺牲了，尤其是容易暴露声源的那些个体。其他一些个体则因为没有报警而死去。鸟类在面临危险时为什么会发出警报声？人们提出过很多解释，凯维理论和"绝对不要脱离队伍"理论不过是其中的两个而已。

跳跃的汤姆森氏瞪羚又应如何解释呢？我在第1章里曾提到这种现象。瞪羚这种显然是利他性的自杀行为使阿德里感动地断言，只有用类群选择论才能解释这种现象。这个课题向自私基因的理论发起了更严峻的挑战。鸟类的警报声是有效的，但它们发出信号时总是小心翼翼，尽力避免暴露自己的意图。瞪羚的跳跃就不是这样，它们故作姿态甚至达到惹人恼火的程度。看来瞪羚是诚心吸引捕食者的注意的，有时简直像在戏弄这只捕食者。这种现象导致一个既饶有趣味又十分大胆的理论。斯迈思（N. Smythe）最初提出这个理论的轮廓，但最后赋予其逻辑发展的无疑是扎哈维。

我们可以这样阐明扎哈维的理论。这个理论关键的一点在于，瞪羚的跳跃行为绝不是发给其他瞪羚看的信号，其实是做给捕食者看的。当然，其他的瞪羚看到了这种跳跃，而且它们的行为被它影响了，不过这是附带发生的后果。因为瞪羚的这种跳跃行为被选择，主要是作为发给捕食者的信号。这个信号的大意是："你看！我能跳这么高！我显然是一只健壮的瞪羚，你抓不到我。你还是放聪明点，抓我的伙伴吧！它们没有我跳得那么高。"用不那么拟人化的语言来讲，促使个体跳得高而又惹人注目的基因不大可能被捕食者吃掉，因为捕食者往往挑选那些看起来容易捕获的动物，不少哺乳类的捕食者尤其喜欢追捕年老体弱的动物。一个猛劲儿跃起的个体动物就是以夸耀的方式显示它的年轻力壮的。根据这个理论，这种夸耀行为绝非利他性的。我们只能说这种行为是自私性的，因为它的目的在于告诉捕食者，应该去追逐其他动物。从某种意义上说，这好比是一场跳高比赛，看谁跳得最高，而失败者就是捕食者选中的目标。

我说过要进一步探讨的另外一个例子是蜜蜂的自杀行为。它在蜇刺蜂蜜掠夺者时几乎肯定要为此付出生命。蜜蜂不过是社会性很高的昆虫的一种，其他有黄蜂、蚂蚁和白蚁。我想探讨的对象是一般的社会性昆虫，不仅仅是蜜蜂的敢死队。社会性昆虫的业绩是脍炙人口的，尤其是它们那种令人惊讶的相互密切配合的行动以及明显的利他行为。自杀性的螫刺使命体现了它们自我克制的奇迹。在蜜罐蚁（honey-pot ants）的蚁群中，有一种等级的工蚁不做其他工作，整天吊在巢顶上，一动也不动。它们的腹部隆起，大得惊人，像个电灯泡，里边塞满食物。其他的工蚁把它们当作食品库。在我们人类看来，这种工蚁不再是作为个体而存在，它们的个性显然为了集体利益而受到抑制。蚂蚁、蜜蜂或白蚁的群居生活体现了一种更高水平的个性。食物按极其严格的标准分配，我们甚至可以说它们共有一个集体的胃。它们通过化学信号来互通情报，如果是蜜蜂，就通过人所共知的“舞蹈”。这些手段是如此之有效，以至于整个集体行动起来好像是一个单位，具备自己的神经系统和感觉器官。它们好像能够通过类似身体的免疫反应系统产生的选择性来识别并驱逐外来入侵者。尽管蜜蜂不是恒温动物，但蜂房内相当高的温度几乎像人体那样得到精确的调节。最后，同时也是非常重要的一点，这种类比可以引申到生殖方面。在社会性昆虫的群落里，大多数的个体是不育的职虫。“种系”（germ line）——不朽基因的连续线——贯穿在少数个体，即有生殖能力的个体之内，它们和我们睾丸、卵巢里的生殖细胞相似。不育的职虫和我们的肝脏、肌肉和神经细胞相似。

只要我们接受了职虫都不能生育这个事实，它们的自杀性行为以及其他形式的利他性或合作性行为就不会那么令人惊讶了。一只正常动物的躯体之所以受到操纵就是为了生育后代以及抚养拥有同样基因的其他个体，以保证其基因得以生存下去。为其他个体的利益而自杀和在今后生育自己的后代两者是不能并存的，因此，自杀性的自我牺牲行为很少进化。但工蜂从不生育自己的后代。它们的全部精力都用于照顾不属于自己后代的亲属，从而保存自己的基因。一只不育工蜂的死亡对它自己基因的影响，宛如秋天一棵树落下一片树叶对树的基因的影响。

说到社会性昆虫，就会使人情不自禁地要故弄玄虚一番，实际上并无此必要。但研究一下自私基因的理论怎样应用于社会性昆虫还是值得的，尤其是如何用这一理论解释职虫不育性这一不平凡现象的进化起源。因为这种现象似乎引起了一系列问题。

一个社会性昆虫的群落就是一个大家庭，其所有成员通常都为一母所生。职虫很少或从不繁殖，一般分成若干明显的等级，包括小职虫、大职虫、兵虫以及一些高度专业化的等级如“蜜罐”蚁等。有生殖力的雌虫叫女王，有生殖力的雄虫有时叫雄虫或王。在一些较高级的群落里，从事繁殖的雌虫不做其他任何事情，但在繁殖后代这方面，它们却干得非常出色。职虫为它们提供食物和保护，也负责照管幼虫。在某些蚂蚁或白蚁的物种中，女王简直成了一座庞大的产卵工厂，其躯体比普通的职虫大几百倍，几乎不能动弹，其外形简直不像一只昆虫。女王经常受到职虫的照料，后者满足女王在日常生活中的需要，包括提供食粮并把女王所产的卵源源不断地运到集体托儿所去。这样一只大得异常的女王如果需要离开内室，就得骑在好几队工蚁背上，被它们庄重堂皇地扛出去。

在第 7 章里，我谈过生育和抚养之间的区别。我曾说，在一般情况下把生育和抚养结合在一起的策略能够得以进化。在第 5 章里，我们看到混合的、进化稳定策略可以分成两大类型：要么种群中每一个个体都采取混合策略，这样个体往往能明智地把生育和抚养结合在一起，要么种群分成两种不同类型的个体，即我们最初设想的鹰与鸽之间取得平衡的情况。按照后一种方式取得生育与抚养两者之间在进化上的稳定平衡，这在理论上是说得通的。就是说，种群可以分为生育者和抚养者两部分。但只有在这样的条件下才能保持这种进化上的稳定状态，即被抚养者必须是抚养者的近亲，其亲近程度至少要像抚养者自己的后代——假设它有的话——那样亲。尽管从理论上说，进化可以沿着这个方向进行，但实际上似乎只有在社会性昆虫中才可以看到这种现象。

社会性昆虫的个体分为两大类：生育者和抚养者。生育者是有生殖力的雄虫及雌虫。抚养者是职虫——白蚁中的不育雄蚁及雌蚁，其他社会性昆虫中的不育雌虫。这两类昆虫互不干扰，因此能更有效地完成自己的任务。但这里所谓的“有效”是指对谁有效呢？“职虫从中究竟可以得到什么好处？”这个熟悉的问题是对达尔文学说提出的挑战。

有人回答说：“没有什么好处。”他们认为女王至高无上，平日颐指气使，通过化学过程操纵职虫来满足私欲，驱使它们抚养其众多的子女。我们在第 8 章看到过亚历山大的“亲代操纵”理论，上面讲的其实就是这种理论的另一种说法。一个与此相反的提法是，职虫“耕耘”有生殖力的母体，驱使母体提高其繁殖力，以复制职虫的基因。女王制造出来的生存机器肯定不是职虫的后代，但它们都是职虫的近亲。汉密尔顿有一个独到的见解，他认为至少在蚂蚁、蜜蜂和黄蜂的群体中，职虫同幼虫的亲缘关系事实上可能比女王同幼虫的关系更密切！汉密尔顿以及后来的特里弗斯和黑尔以这种观点为指导继续前进，终于在自私基因理论方面取得了一项最辉煌的成就。他们的推理过程如下。

昆虫中的膜翅目包括蚂蚁、蜜蜂和黄蜂，这一群体具有一种十分奇特的性取向体系。白蚁不属于这种群体，因而并没有这种特性。在一个典型的膜翅目昆虫的巢里只有一个成熟的女王。它在年轻时飞出去交配一次，并把精子储存在体内，以备在漫长的余生中——10年或者更长——随时取用。它年复一年地把精子分配给自己的卵子，使卵子在通过输卵管时受精。但并不是所有的卵子都能够受精。没有受精的卵子会变成雄虫。因此雄虫没有父亲，它体内每一个细胞只有一组染色体（全部来自母体）而不是像我们体内那样有两组染色体（一组来自父体，一组来自母体）。按照第3章里的类比说法，一只雄性膜翅目昆虫在它的每个细胞里都只有每一“卷”的一份拷贝，而不是通常的两份。

在另一方面，膜翅目雌虫却是正常的，因为它有父亲，而且在它的每个体细胞里有两组染色体。一只雌虫成长为职虫还是女王并不取决于它的基因，而是取决于它如何成长。换句话说，每一只雌虫都有一组完整的成为女王的基因和一组完整的成为职虫的基因（或者说，也有好几组分别使之成为各种专职等级的职虫、兵虫等的基因）。到底哪一组基因起决定性作用，取决于它的生活方式，尤其取决于它摄入的食物。

尽管实际情况复杂得多，但基本情况大致如此。我们不知道这种奇特的有性生殖系统是怎么进化而来的。毫无疑问，这种进化现象必然有其原因。但我们只能暂时把它当作膜翅目昆虫的一种难以解释的现象，不管原来的理由是什么，这种奇特的现象打乱了我们在第6章里提到的计算亲缘关系指数那套简捷的办法。这说明雄虫的精子不像我们人类的精子那样每一条都不相同，而是完全一样的。雄虫的每一个体细胞仅有一组基因，而不是两组，因此每一条精子必须接受完整的一组基因，而不是一部分——50%，所以就一只具体的雄虫来说，它的全部精子都是完全一样的。现在让我们计算一下这种昆虫母子之间的亲缘关系指数，如果已知一只雄虫体内有基因 A，那么它母亲体内也有这个基因的可能性是多少呢？答案肯定是 100%，因为雄虫没有父亲，它的全部基因都来自其母亲。现在假定已知一只雌虫体内有基因 B，它儿子也有这个基因的可能性是 50%，因为它只接受了它母亲一半的基因。这种说法听起来好像自相矛盾，而事实上并没有矛盾。雄虫的所有基因都来自母亲，而母亲仅把自己的一半基因传给儿子。这个看似矛盾的答案在于雄虫体内基因的数量仅有通常的一半。那么它们之间"真正的"亲缘关系指数是$\frac{1}{2}$还是 1 呢？我认为没有必要为这个问题去伤脑筋。指数不过是人们为解决问题而设想的计量单位。如果在特殊情况下对它的运用为我们带来困难，我们就干脆放弃它而重新使用基本原则。从雌虫体内基因 A 的观点来看，它儿子也有这个基因的可能性是$\frac{1}{2}$，和它女儿一样。因此，从雌虫的观点来看，它同其子女的亲缘关系如同我们人类的子女同母亲的亲缘关系一样密切。

但当我们谈到姐妹时，情况就变得复杂了。同胞姐妹不仅出自同一父亲，而且使它们母体受孕的两条精子的每一个基因都是完全相同的。因此，就来自父体的基因而言，姐妹和同卵孪生姐妹一样。如果一只雌虫体内有基因 A，这个基因必然来自父体或母体。如果这个基因来自母体，那么它的姐妹也有这个基因的可能性是 50%。如果这个基因来自父体，那么它的姐妹也有这个基因的可能性是 100%。因此，膜翅目昆虫的同胞姐妹之间的亲缘关系指数不是$\frac{1}{2}$（正常的有性生殖动物都是$\frac{1}{2}$），而是$\frac{3}{4}$。

由于这个缘故，膜翅目雌虫同它的同胞姐妹的亲缘关系比它同自己子女的更密切。汉密尔顿看到了这一点，尽管他那时并没有如此直截了当地说出来。他认为这种特殊密切的亲缘关系完全可能促使雌虫把它母亲当作一台有效地为它生育姐妹的机器而加以利用。这种为雌虫生育姐妹的基因比直接生育自己子女的基因能更加迅速地复制自己的拷贝。职虫的不育性由此形成。膜翅目昆虫真正的社会性以及随之出现的职虫不育性似乎独立地进化了11次以上，而在动物界的其他种群中，只在白蚁身上进化过1次。想来这并不是偶然。

不过，这里还有蹊跷。如果职虫要成功地把它们的母亲当作生育姐妹的机器而加以利用，它们就必须遏制其母亲为其生育相同数量的兄弟的自然倾向。从职虫的观点来看，它任何一个兄弟的体内有它某个基因的可能性只有$\frac{1}{4}$。因此，如果雌虫得以生育同等数量的有生育能力的子女，这未必对职虫有利，因为这样它们就不可能最大限度地繁殖它们的宝贵基因了。

特里弗斯和黑尔认为，职虫必然会努力影响性比例，使之有利于雌虫。他们把费希尔有关最适性比例的计算方法（我们在前面一章里谈到了这个方法）运用到膜翅目昆虫这种特殊情况上，重新进行了计算。结果表明，就母体而言，最适投资比例跟通常一样是1 ： 1，但就姐妹而言，最适比例是3 ： 1，有利于姐妹而不利于兄弟。如果你是一只膜翅目雌虫，你繁殖自己基因的最有效方法是自己不繁殖，而是让母亲为你生育有生殖能力的姐妹和兄弟，两者的比例是3：1。但如果你一定要繁殖自己的后代，那么你就生育数目相同的有生育能力的儿子和女儿，这样对你的基因最有利。

我们在上面已经看到，女王和职虫之间的区别不在于遗传因素。对一只雌虫胚胎的基因而言，它既可以成为职虫也可以成为女王，前者“希望”性比例是 3∶1，而后者“希望”性比例是 1∶1。“希望”到底意味着什么？它意味着如果女王生育同等比例的有生育能力的儿子和女儿，那它体内的基因就能最好地繁殖自己。但存在于职虫体内的同一个基因如果能够影响这个职虫的母亲，使之多生育一些女儿，这个基因就能最好地繁殖自己。要知道这种说法并无矛盾之处，因为基因必须充分利用可供其利用的一切力量。如果这个基因能够影响一个日后肯定要变成女王的个体的成长过程，它利用这种控制力量的最佳策略是一种情况；而如果它能够影响一个职虫个体成长的过程，它利用那种力量的最佳策略却是另外一种情况。

这意味着如何利用这台生育机器引起了双方的利害冲突。女王“努力”生育同等比例的雄虫和雌虫，职虫则努力影响这些有生育能力的后代的性比例，使之形成 3 雌 1 雄的比例。如果我们这个有关职虫利用女王作为生育机器的设想正确的话，职虫应该能够使雌雄比例达到 3∶1。不然，如果女王果真拥有无上的权力，而职虫不过是女王的奴隶和唯命是从的王室托儿所的“保姆”，那我们看到的应该是 1∶1 的比例，因为这是女王“希望”实现的比例。在这样一场世代之间的特殊争斗中，哪一方能取胜呢？这个问题可以用实验来证明。特里弗斯和黑尔两人就用大量的蚂蚁物种进行过这种实验。

我们感兴趣的性比例是有生殖能力的雄虫同雌虫的比例。它们是一些体形大、有翅膀的蚂蚁。每隔一段时间，它们就成群结队从蚁穴飞出进行交配。之后，年轻的女王可能要另外组织新群落。为了估计性比例，有必要对这些带翅膀的个体进行计数。要知道，在许多物种中，有生殖能力的雄虫和雌虫大小悬殊。这种情况使问题更加复杂。因为我们在上一章里已经看到，费希尔有关最适性比例的计算方法只能严格地应用于对雄虫和雌虫进行的投资额，而不能用来计算雄虫和雌虫的数目。特里弗斯和黑尔考虑到了这种情况，因此在实验时对蚂蚁进行过磅。他们使用了20个不同的蚂蚁物种，并对有生殖能力的雄虫和雌虫的投资额计算性比例。他们发现雌雄比例令人信服地接近于3∶1的比例，从而证实了职虫为其自身利益而实际上操纵一切的理论。

这样，在作为研究对象的那几种蚂蚁中，职蚁好像在这种利害冲突中“取胜”了。这种情况原是不足为奇的，因为职虫个体作为幼虫的守护者自然比女王个体享有更多的实权。试图通过女王个体操纵整群的基因敌不过那些通过职虫个体操纵整群的基因。令人饶有兴趣的是，在哪些特殊情况下女王可以享有比职虫更大的实权呢？特里弗斯和黑尔发现可以在某种特殊情况下严格地考验一下这个理论。

我们知道，某些物种的蚂蚁豢养奴隶。这些役使奴隶的职蚁要么不做任何日常工作，要么就是干起来也笨手笨脚的。它们善于为捕捉奴隶而四处出击。两军对垒、相互厮杀的情况只见于人类和社会性昆虫。在许多蚂蚁物种中有所谓兵蚁的特殊等级，它们具有特别坚硬发达的上下颚作为搏斗的利器，它们专门为自己群体的利益而进攻其他蚁群。这种旨在捕捉奴隶的袭击只不过是它们的战争努力中一种特殊的形式。它们向另一个物种的蚁穴发动攻击，试图杀死对方进行自卫的职蚁或兵蚁，最后掳走对方尚未孵化的幼虫。这些幼虫在掠夺者的蚁穴里被孵化，它们并不“知道”自己已变成奴隶，而是按照固有的神经程序开始工作，完全像在自己的穴里一样履行职责。这些奴隶待在蚁穴里包办了管理蚁穴、清洁卫生、搜集粮食、照料幼虫等各种日常工作，而那些专门捕捉奴隶的职蚁或兵蚁继续出征以掳掠更多的奴隶。

这些奴隶当然不知道它们同女王以及它们照料的幼虫完全没有亲缘关系，这是件好事。它们不知不觉地抚养着一批又一批新的捕捉来的奴隶兵蚁。自然选择在影响奴隶物种的基因时，无疑有利于各种反奴隶制度的适应能力。不过，这些适应能力显然并不是十分有效的，因为奴隶制度是一种普遍现象。

从我们目前论题的观点来看，奴隶制度产生了一种有趣的后果。在捕捉奴隶的物种中，女王可以使性比例朝它“喜欢”的方向发展。这是因为它自己所生的子女，即那些专门捕捉奴隶的蚂蚁不再享有管理托儿所的实权，这种实权现在掌握在奴隶手中。这些奴隶“以为”它们在照顾自己的骨肉兄弟或姐妹，它们所做的大抵无异于它们本来在自己穴里也同样要做的一切，以实现它们希望达到的有利于姐妹的雌雄 3∶1 比例。但专门掳掠奴隶的物种的女王能够采取种种反措施，成功地扭转这种趋势。对奴隶起作用的自然选择不能抵消这些反措施，因为这些奴隶同幼虫并无亲缘关系。

让我们举个例子来说明这种情况。假定在任何一个蚂蚁物种中，女王“试图”把雄性卵子加以伪装，使其闻起来像雌性的卵子。在正常情况下，自然选择对职蚁“识破”这种伪装的任何倾向都是有利的。我们可以设想一场进化上的斗争情景，女王为实现其目的不断“改变其密码”，而职蚁不断进行“破译”。在这场斗争中，谁通过有生殖能力的个体把自己的基因传递到后代体内的数量越多，谁就能取胜。我们在上面已经看到，在正常情况下，职蚁总是获胜的一方。但在一个豢养奴隶的物种中，女王可以改变其密码，而奴隶职蚁却不能发展其破译的任何能力。这是因为奴隶职蚁体内的任何一个“有破译能力”的基因并不存在于任何有生殖能力的个体体内，因此不能遗传下去。有生殖能力的个体全都是属于豢养奴隶的物种，它们同女王而不是同奴隶有亲缘关系。即使奴隶的基因有可能进入任何有生殖能力的个体体内，这些个体也是来自那些被掳掠的奴隶的老家。因此，这些奴隶最多只能忙于对另一套密码进行破译！由于这个缘故，在一个豢养奴隶的物种中，女王因为可以随心所欲地变更其密码而稳操胜券，绝对没有让任何有破译能力的基因进入下一代的风险。

从上面这段比较复杂的论证中得出的结论是，我们应该估计到在豢养奴隶的物种中，繁殖有生殖能力的雌虫和雄虫的比例是1∶1，而不是3∶1。只有在这种特殊情况下女王才能如愿以偿。这就是特里弗斯和黑尔得出的结论，尽管他们仅仅观察过两个豢养奴隶的物种。

我必须强调，我在上面是按照理想的方式进行叙述的。实际生活并非如此简单。譬如说，最为人所熟知的社会性昆虫物种——蜜蜂——似乎是完全违反“常情”的。雄蜂的数量大大超过雌蜂，无论从职蜂还是从蜂后的观点来看，这种现象都难以解释。汉密尔顿为了揭开这个谜，提出了一个可能的答案。他指出，当一只女王飞离蜂房时，总要带走一大群作为随从的职蜂，它们帮这只女王建立一个新群体。这些职蜂从此不再返回老家，因此抚养这些职蜂的代价应该算是繁殖成本的一部分。这就是说，从蜂房每飞走一只女王就必须培育许多额外的职蜂来补缺。对这些额外职蜂所进行的投资应算作对有生殖能力的雌蜂投资额的一部分。在计算性比例的时候，这些额外的职蜂也应在天平上称分量，以求出雌蜂和雄蜂的比例。如果我们这样理解问题的话，这个理论就还是站得住脚的。

这个精巧的理论还有另外一个更加棘手的问题需要解决。在一些物种中，年轻的女王飞出去交配时，与之交配的雄蜂可能不止一只。这意味着女王所生育的女儿之间的亲缘关系平均指数小于$\frac{3}{4}$，在一些极端的例子里，甚至可能接近$\frac{1}{4}$。有人把这种现象解释为女王打击职蜂的一种巧妙的手段！不过这种看法似乎不合逻辑。附带说一句，这似乎意味着女王飞出去交配时，职蜂应伴随在侧，只让女王交配一次。但这样做对于这些职蜂本身的基因并没有任何好处——只对下一代职蜂的基因有好处。每一只职蜂所“念念不忘”的是它自身的基因。有些职蜂本来是“愿意”伴随其母亲的，但它们没有这样的机会，因为它们当时还没有出生。一只飞出去交配的年轻女王是这一代职蜂的姐妹，不是它们的母亲。因此，这一代职蜂是站在女王这一边而不是站在下一代职蜂那一边的。下一代的职蜂是它们的侄女辈。好了，就说到这里，我开始感到有点儿晕头转向了，是结束这个话题的时候了。

我在描述膜翅目职虫对其母亲的行为时使用了“耕耘”的比喻。这块田地就是基因田。职虫利用它们的母亲来生产它们自身的基因的拷贝，因为这样比职虫自己从事这项工作更富有成效。源源不断的基因从这条生产流水线上生产出来，包装这些基因的就是有生殖能力的个体。这个“耕耘”的比喻不应与社会性昆虫的另外一种可以被称为“耕耘”的行为混为一谈。社会性昆虫早就发现，在固定的地方耕种粮食作物比狩猎或搜集粮食有效得多，而人类在很久之后才发现这个真理。

譬如说，在美洲有好几个蚂蚁物种以及与这些物种完全无关的非洲白蚁都经营菌圃。最有名的是南美洲的阳伞蚁（parasol ants）。这种蚁的繁殖能力特别强，有人发现有的阳伞蚁种群竟有超过200万个成员。它们筑穴于地下，复杂的甬道和回廊四通八达，深达10英尺（约3米）以上，挖出的泥土多达40吨。地下室内设有菌圃，这种蚂蚁有意识地在其中播种一种特殊品种的菌类。它们把树叶嚼碎，作为特殊的混合肥料。这样，它们的职蚁不必直接搜寻粮食，只要搜集制肥用的树叶就行了。这种群体的阳伞蚁“吃”树叶的“胃口”大得惊人，因此它们就成为一种主要的经济作物害虫。但树叶不是它们的食粮，而是它们的菌类食粮的食粮。菌类成熟后它们收获食用，并用以饲养幼虫。菌类比蚂蚁的胃更能有效地消化吸收树叶里的物质，蚂蚁就是通过这样的过程受益的。菌类虽然被吃掉，但它们本身可能也得到好处，因为蚂蚁促使它们增殖，比它们自己的孢子分散机制更有效。而且这些蚂蚁也为菌圃“除草”，悉心照料菌类，不让其他品种的菌类混迹于其间。由于没有其他菌类与之竞争，蚂蚁自己培植的菌类得以繁殖。我们可以说，在蚂蚁和菌类之间存在某种利他行为的相互关系。值得注意的是，在与这些蚂蚁完全无关的一些白蚁物种中，独立地形成了一种非常相似的培植菌类的制度。

蚂蚁有自己的家畜和自己的农作物。蚜虫——绿蚜虫和类似的昆虫——善于吮吸植物中的汁液。它们非常灵巧地把叶脉中的汁液吮吸干净，但消化这种汁液的效率却远没有吸吮这种汁液的效率高，因此它们会排泄出仍含有部分营养价值的液体。一滴一滴含糖丰富的“蜜汁”从蚜虫的后端泌出，速度非常之快，有时每只蚜虫在 1 小时内就能分泌出超过其自身体重的蜜汁。在一般情况下，蜜汁像雨点一样洒落在地面上，简直和《旧约全书》里提到的天赐“灵粮”一样。但有好几个物种的蚂蚁会等在那里，准备截获蚜虫排出的食粮。有些蚂蚁会用触角或腿抚摩蚜虫的臀部来“挤奶”，蚜虫也做出积极的反应，有时故意不排出汁液，等到蚂蚁抚摩时才让汁液滴下。如果那只蚂蚁还没有准备好接受它的话，有时蚜虫甚至把一滴汁液缩回体内。有人认为，一些蚜虫为了更好地吸引蚂蚁，其臀部经过演化已取得与蚂蚁脸部相像的外形，抚摩起来的感觉也和抚摩蚂蚁的脸部一样。蚜虫从这种关系中得到的好处显然是安全的保障，不受其天然敌人的攻击。像我们牧场里的乳牛一样，它们过着一种受到庇护的生活。由于蚜虫经常受到蚁群的照料，它们已丧失其正常的自卫手段。有的蚂蚁把蚜虫的卵带回地下蚁穴妥善照顾，并饲养蚜虫的幼虫。最终，幼虫长大后蚂蚁又轻轻地把它们送到地面上受到蚁群保护的放牧场地里。

不同物种成员之间的互利关系叫作互利共生或共生。不同物种的成员往往能相互提供许多帮助，因为它们可以利用各自不同的“技能”为合作关系做出贡献。这种基本不对称性能够导致相互合作的进化稳定策略。蚜虫天生长了一副适宜吮吸植物汁液的口器结构，但这种口器结构不利于自卫。蚂蚁不善于吮吸植物的汁液，但它们善于战斗。照料和庇护蚜虫的蚂蚁基因在基因库中一贯处于有利地位。在蚜虫的基因库中，促进蚜虫与蚂蚁合作的基因也一贯处于有利地位。

互利的共生关系在动植物界中是一种普遍现象。地衣从表面上看同任何其他植物个体一样，而事实上它却是在菌类和绿海藻之间关系密切的共生体。两者相依为命，分离就不能生存。要是它们之间的共生关系再稍微密切那么一点儿的话，我们就不能再说地衣是由两种有机体组成的了。也许世界上存在一些我们还没有辨认出来的，由两个或多个有机体组成的共生体。说不定我们自己就是吧！

我们体内的每个细胞里有许多被称为线粒体的微粒。这些线粒体是化学工厂，负责提供我们所需的大部分能量。如果没有了线粒体，要不了几秒钟我们就会死亡。最近有人提出这样的观点，认为线粒体原来是共生微生物，在进化的早期就同我们这种类型的细胞结合在一起。对我们体内细胞中的其他一些微粒，有人也提出了类似的看法。对诸如此类的革命性论点人们需要有一段认识的过程，但现在已到了认真考虑这种论点的时候了。我估计我们终将接受这样一个更加激进的论点：我们的每一个基因都是一个共生单位。我们自己就是庞大的共生基因的群体。当然现在还谈不上证实这种论点的“证据”，但正如我在前几章中已试图说明的那样，我们对有性物种中基因如何活动的看法，其实就支持了这种论点。这个论点的另一个说法是：病毒可能就是脱离了像我们这种“群体”的基因。病毒纯由 DNA（或与之相似的自我复制因子）组成，外面裹着一层蛋白质。它们都是寄生的。这种说法认为，病毒是由逃离群体的“叛逆”基因演化而来，它们如今通过空气直接从一个个体转移到另一个个体，而不是借助于更寻常的载运工具——精子和卵子。假设这种论点是正确的，我们完全可以把自己看成病毒的群体！有些病毒是共生的，它们相互合作，通过精子和卵子从一个个体转移到另一个个体，这些都是普通的“基因”。其他一些是寄生的，它们通过一切可能的途径从一个个体转到另一个个体。如果寄生的DNA通过精子和卵子转移到另一个个体，它也许就是我在第3章里提到的那种属于“看似矛盾”的多余的DNA。如果寄生的DNA通过空气或其他直接途径转移到另一个个体，它就是我们通常所说的“病毒”。

但这些都是我们要在以后思考的问题。目前我们正在探讨的问题是发生在更高一级关系上的共生现象，即多细胞有机体之间的而不是它们内部的共生现象。共生现象这个字眼按照传统用法是指不同物种的个体之间的联系（associations）。不过，我们既然已经避开了“物种利益”的进化观点，就没有理由认为不同物种的个体之间的联系和同一物种的个体之间的联系有什么不同。一般来说，如果各方从联系中获得的东西比付出的东西多，这种互利的联系就是能够进化的。不管我们说的是同一群鬣狗中的个体，还是完全不同的生物如蚂蚁和蚜虫，或者蜜蜂和花朵，这一原则都普遍适用。事实上，要把确实是双向的互利关系和纯粹是单方面的利用区别开来可能是困难的。

如果联系的双方，如结合成地衣的两方，在提供有利于对方的东西的同时接受对方提供的有利于自身的东西，那我们对于这种互利的联系的进化在理论上就很容易想象了。但如果一方施惠于另一方之后，另一方却迟迟不报答，那就要发生问题。这是因为对方在接受恩惠之后可能会变卦，到时拒不报答。这个问题的解决办法是耐人寻味的，值得我们详细探讨。我认为，用一个假设的例子来说明问题是最好的办法。

假设有一种非常令人厌恶的蜱寄生在某种小鸟身上，而这种蜱又带有某种危险的病菌，所以必须尽早消灭这些蜱。一般说来，小鸟用嘴梳理自己的羽毛时能够把蜱剔除掉，可是有一个鸟嘴达不到的地方——它的头顶。对我们人类来说这个问题很容易解决。一个个体可能接触不到自己的头顶，但请朋友代劳一下是毫不费事的。如果这个朋友以后也受到寄生虫的折磨，这时你就可以以德报德。事实上，在鸟类和哺乳动物中，相互梳理整饰羽毛的行为是十分普遍的。

这种情况立刻产生一种直观的意义。个体之间做出相互方便的安排是一种明智的办法。任何具有自觉预见能力的人都能看到这一点。但我们已经学会，要对那些凭直觉看起来明智的现象保持警觉。基因没有预见能力。对于相互帮助行为，或“相互利他行为”中，做好事与报答之间相隔一段时间这种现象，自私基因的理论能够解释吗？威廉斯在他 1966 年出版的书中扼要地讨论过这个问题，我在前面已经提到。他得出的结论和达尔文的一样，即延迟的相互利他行为在其个体能够相互识别并记忆的物种中是可以进化的。特里弗斯在 1971 年对这个问题做了进一步的探讨。但当他进行有关这方面的写作时，他还没有看到史密斯提出的有关进化稳定策略的概念。如果他那时已经看到的话，我估计他是会加以利用的，因为这个概念很自然地表达了他的思想。他提到“囚徒窘境”——博弈论中一个人们特别喜爱的难题，这说明他当时的思路和史密斯的已不谋而合。

假设 B 头上有一只寄生虫，A 为它剔除掉。不久以后，A 头上也有了寄生虫，A 当然去找 B，希望 B 也为它剔除掉，作为报答。结果 B 嗤之以鼻，掉头就走。B 是个骗子，这种骗子接受了别人的恩惠，但不感恩图报，或者即使有所报答，做得也不够。和不分青红皂白的利他行为者相比，骗子的收获要大，因为它不花任何代价。当然，别人为我剔除掉危险的寄生虫是件大好事，而我为别人梳理整饰一下头部只不过是小事一桩，但毕竟也要付出一些代价，还是要花费一些宝贵的精力和时间的。

假设种群中的个体采取两种策略中的任何一种。和史密斯所做的分析一样，我们所说的策略不是指有意识的策略，而是指由基因安排的无意识的行为程序。我们姑且把这两种策略分别称为傻瓜和骗子。傻瓜为所有人梳理整饰头部，不问对象，只要对方需要。骗子接受傻瓜的利他行为，但却不为别人梳理整饰头部，即使别人以前为它整饰过也不报答。像鹰和鸽的例子那样，我们随意决定一些计算得失的分数，至于准确的价值是多少，那是无关紧要的，只要被整饰者得到的好处大于整饰者花费的代价就行。在寄生虫猖獗的情况下，一个傻瓜种群中的任何一个傻瓜都可以指望别人为它整饰的次数和它为别人整饰的次数大约相等。因此，在傻瓜种群中，任何一个傻瓜的平均得分是正数。事实上，这些傻瓜都干得很出色，傻瓜这个称号看来似乎对它们不太适合。现在假设种群中出现了一个骗子。由于它是唯一的骗子，它可以指望别人都为它效劳，而它从不报答别人，它的平均得分因而比任何一个傻瓜都高。骗子基因在种群中开始扩散开来，傻瓜基因很快就要被挤掉。这是因为骗子总归胜过傻瓜，不管它们在种群中的比例如何。譬如说，种群里傻瓜和骗子各占一半，在这样的种群里，傻瓜和骗子的平均得分都低于全部由傻瓜组成的种群里任何一个个体。不过，骗子的境遇还是比傻瓜好些，因为骗子只管捞好处而从不付出任何代价，不同的只是这些好处有时多些，有时少些而已。当种群中骗子所占的比例达到 90% 时，所有个体的平均得分变得很低：不管骗子也好，傻瓜也好，它们很多都因患蜱所带来的传染病而死亡。即使是这样，骗子还是比傻瓜合算。

哪怕整个种群濒于灭绝，傻瓜的情况也永远不会比骗子好。因此，如果我们考虑的只限于这两种策略，没有什么东西能够阻止傻瓜的灭绝，而且整个种群大概也难逃覆灭的厄运。

现在让我们假设还有第三种被称为斤斤计较者的策略。斤斤计较者愿意为没有打过交道的个体整饰，而且为它整饰过的个体，它更不忘记报答。可是哪个骗了它，它就要牢记在心，以后不肯再为这个骗子服务。在由斤斤计较者和傻瓜组成的种群中，前者和后者混在一起，难以分辨。两者都为别人做好事，两者的平均得分都同样高。在一个骗子占多数的种群中，一个孤单的斤斤计较者不能取得多大的成功。它会花掉很大的精力去为它遇到的大多数个体整饰一番——由于它愿意为从未打过交道的个体服务，它要等到它为每一个个体都服务过一次才能罢休。因为除它以外都是骗子，因此没有谁愿意为它服务，它也不会上第二次当。如果斤斤计较者少于骗子，斤斤计较者的基因就要灭绝。可是，斤斤计较者一旦能够使自己的队伍扩大到一定的比例，它们遇到自己人的机会就越来越大，甚至足以抵消它们为骗子效劳而浪费掉的精力。在达到这个临界比例之后，它们的平均得分就比骗子高，从而加速骗子的灭亡。在骗子尚未全部灭绝之前，它们灭亡的速度会缓慢下来，在一个相当长的时期内成为少数派。因为对已经为数很少的骗子来说，它们再度碰上同一个斤斤计较者的机会很小。因此，这个种群中对某一个骗子怀恨在心的个体是不多的。

我在描述这几种策略时好像给人以这样的印象：凭直觉就可以预见到情况会如何发展。其实，这一切并不是如此显而易见的。为了避免出差错，我在计算机上模拟了整个事物发展的过程，证实这种直觉是正确的。斤斤计较的策略被证明是一种进化稳定策略，斤斤计较者优越于骗子或傻瓜，因为在斤斤计较者占多数的种群中，骗子或傻瓜都难以逞强。不过骗子也是ESS，因为在骗子占多数的种群中，斤斤计较者或傻瓜也难以逞强。一个种群可以处于这两个ESS中的任何一个状态。在较长的一个时期内，种群中的这两个ESS可能交替取得优势。按照得分的确切价值——用于模拟的假定价值当然是随意决定的——这两种稳定状态中的一种具有一个较大的“引力区”，因此这种稳定状态易于实现。值得注意的是，尽管一个骗子的种群可能比一个斤斤计较者的种群更易于灭绝，但这并不影响前者作为ESS的地位。如果一个种群所处的ESS地位最终还是驱使它走上灭绝的道路，那么抱歉得很，它舍此别无他途。

观看计算机进行模拟是很有意思的。模拟开始时傻瓜占大多数，斤斤计较者占少数，但正好在临界频率之上；骗子也属少数，与斤斤计较者的比例相仿。骗子对傻瓜进行的无情剥削首先在傻瓜种群中触发了剧烈的崩溃。骗子激增，随着最后一个傻瓜的死去而达到高峰。但骗子还要应付斤斤计较者。在傻瓜急剧减少时，斤斤计较者在日益取得优势的骗子的打击下也缓慢地减少，但仍能勉强地维持下去。在最后一个傻瓜死去之后，骗子不再能够跟以前一样那么随心所欲地进行自私的剥削。斤斤计较者在抗拒骗子剥削的情况下开始缓慢地增加，并逐渐取得稳步上升的势头。接着斤斤计较者突然激增，骗子从此处于劣势并逐渐接近灭绝的边缘。由于处于少数派的有利地位时受到斤斤计较者怀恨的机会相对地减少，骗子得以苟延残喘。不过，骗子的覆灭是不可挽回的，它们最终将慢慢地相继死去，留下斤斤计较者独占整个种群。说起来似乎有点自相矛盾，在最初阶段，傻瓜的存在实际上威胁到斤斤计较者的生存，因为傻瓜的存在带来了骗子的短暂繁荣。

附带说一句，我在假设的例子中提到的不相互整饰的危险性并不是虚构的。处于隔离状态的老鼠往往因舌头舔不到头部而长出疮来。有一个试验表明，群居的老鼠没有这种毛病，因为它们相互舔对方的头部。为了证实相互利他行为的理论是正确的，我们可以进行有趣的试验，而老鼠又似乎是适合于这种试验的对象。

特里弗斯讨论过清洁工鱼（cleaner-fish）奇怪的共生现象。已知有50个物种，其中包括小鱼和小虾，靠为其他物种的大鱼清除身上的寄生虫来维持生活。大鱼显然因为有生物为它们做清洁工作而得到好处，而做清洁工的鱼虾同时可以从中获得大量食物。这样的关系就是共生关系。在许多情况下，大鱼张大嘴巴，让清洁工游入嘴内，为自己剔牙，然后让它们通过鱼鳃游出，顺便把鱼鳃也打扫干净。有人认为，狡猾的大鱼完全可以等清洁工打扫完毕之后把它吞掉。不过在一般情况下，大鱼总是让清洁工游出，碰都不碰它一下。这显然是一种难能可贵的利他行为，因为大鱼平日吞食的小鱼小虾就和清洁工鱼一样大小。

清洁工鱼具有特殊的条纹和特殊的舞姿作为标记，大鱼往往不吃具有这种条纹的小鱼，也不吃以这样的舞姿接近它们的小鱼。相反，它们一动不动，像进入了昏睡状态一样，让清洁工无拘无束地打扫它们的外部和内部。出于自私基因的禀性，不择手段的骗子总是乘虚而入。有些物种的小鱼活像清洁工，也学会了清洁工的舞姿以便安全地接近大鱼。当大鱼进入它们预期的昏睡状态之后，骗子不是为大鱼清除寄生虫，而是咬掉一大块鱼鳍，掉头溜之大吉。尽管骗子乘机捣乱，清洁工鱼和它们为之服务的大鱼之间的关系一般来说还是融洽、稳定的。清洁工鱼的活动在珊瑚礁群落的日常生活中起着重要的作用。每一条清洁工鱼都有自己的领地，有人看见过一些大鱼像理发店里排队等候理发的顾客一样排着队，等候清洁工鱼依次为它们搞清洁工作。这种坚持在固定地点活动的习性可能就是延迟的相互利他行为形成的原因。大鱼能够一再惠顾同一所“理发店”而不必每次都要寻找新的清洁工鱼，因此，大鱼肯定感觉到这样做要比吃掉清洁工鱼好处大。清洁工鱼本来都是些小鱼，因此这种情况是不难理解的。当然，模仿清洁工鱼的骗子可能间接地危害到真正的清洁工鱼的利益，因为这种欺骗行为迫使大鱼吃掉一些带有条纹的、具有清洁工鱼那种舞姿的小鱼。然而真正的清洁工鱼坚持在固定地点营业，这样，它们的顾客就能找上门来，同时又可以避开骗子。

人类发展出了良好的长期记忆和个体识别能力。因此，我们可以预期利他主义在人类进化中发挥了重要作用。特里弗斯走得更远，他暗示，嫉妒、内疚、感激、同情心等等人类心理特征是人类为了提高欺骗、反欺骗与避免被视为骗子的能力，通过自然选择而形成的。特别有趣的是有一种狡猾的骗子，他们似乎是互惠利他的，但是他们始终得到更多而付出更少。人类肿胀的大脑和精于理性算计的特征，甚至有可能就是随着越来越精致的欺骗和越来越强大的反欺骗机制进化而来的。

当我们把相互利他行为的概念运用于我们自己这一物种时，我们对这种概念可能产生的各种后果可以进行无穷无尽的耐人寻味的推测。尽管我也很想谈谈自己的看法，可是我的想象力并不比你们强。还是让读者自己以此自娱吧！

第 11 章

觅母：
新的复制因子

行文至此，我还没有对人类做过殊为详尽的论述，尽管我并非故意回避这个论题。我之所以使用“生存机器”这个词，部分原因是“动物”的范围不包括植物，而且在某些人的心目中也不包括人类。我所提出的一些论点应该说确实适用于一切在进化历程中形成的生物。如果有必要把某一物种排除在外，那肯定是因为存在某些充分的具体的理由。我们说我们这个物种是独特的，有没有充分理由呢？我认为是有的。

总而言之，我们人类的独特之处可以归结为一个词——文化。我是作为一个科学工作者使用这个字眼的，它并不带有通常的那种势利的含义。文化的传播有一点和遗传相类似，即它能导致某种形式的进化，尽管从根本上来说，这种传播是有节制的。乔叟（Geoffrey Chaucer）不能够和一个现代英国人进行交谈，尽管他们之间有大约 20 代英国人把他们联结在一起，而其中每代人都能和其上一代或下一代的人交谈：就像儿子同父亲说话一样，能够彼此了解。语言看来是通过非遗传途径“进化”的，而且其速率比遗传进化快几个数量级。

文化传播并非为人类所独有。据我所知，詹金斯（P. F. Jenkins）最近提供的例子最好不过地说明了人类之外的文化传播。新西兰附近一些海岛上栖息着一种叫黑背鸥的鸟，它们善于歌唱。在他工作的那个岛上，这些鸟经常唱的歌包括大约 9 支曲调完全不同的歌曲。任何一只雄鸟只会唱这些歌曲中的一支或少数几支。这些雄鸟可以按鸟语的不同被分为几个群体。譬如说，由 8 只相互毗邻的雄鸟组成的一个群体，它们唱的是一首可以被称为 CC 调的特殊歌曲。其他鸟语群体的鸟唱的是不同的歌曲。有时一个鸟语群体的成员都会唱的歌曲不止一首。詹金斯对父子两代所唱的歌曲进行了比较之后，发现歌的曲式是不遗传的。年轻的雄鸟往往能够通过模仿将邻近地盘的鸟的歌曲学过来。这种情况和我们人类学习语言一样，在詹金斯待在岛上的大部分时间里，岛上的歌曲是固定的几首，它们构成一个“曲库”（song pool）。每一只年轻的雄鸟都可以从这个歌库里选用一两首作为自己演唱的歌曲。詹金斯有时碰巧很走运，他目睹耳闻过这些小鸟是如何“发明”一首新歌的，这种新歌是由于它们模仿老歌时的差错而形成的。他写道：“我通过观察发现，新歌的产生是由于音调高低的改变、音调的重复、一些音调的省略以及其他歌曲的一些片段的组合等各种原因……新曲调的歌是突然出现的，它在几年之内可以稳定不变。而且，若干例子表明，这种新曲调的歌可以准确无误地传给新一代的歌手，从而形成唱相同歌曲的明显一致的新群体。”詹金斯把这种新歌的起源称作“文化突变”（cultural mutations）。

黑背鸥的歌曲确实是通过非遗传途径进化的。有关鸟类和猴子的文化进化还可以举一些其他的例子，但它们都不过是趣闻而已，只有我们这种物种才能真正表明文化进化的实质。语言仅仅是许多例子中的一个罢了，时装、饮食习惯、仪式和风俗、艺术和建筑、工程和技术等，所有这一切在历史的长河中不断地进化，其方式看起来好像是高速度的遗传进化，但实际上却与遗传进化无关。不过，和遗传进化一样，这种变化可能是渐进的。从某种意义上来说，现代科学事实上比古代科学优越，这是有其道理的。随着时间一个世纪一个世纪地流逝，我们对宇宙的认识不断改变，而且逐步加深。我们应当承认，目前科技不断取得突破的局面只能追溯到文艺复兴时期，在文艺复兴以前人们处在一个蒙昧的停滞不前的时期。在这个时期里，欧洲科学文化静止于希腊人所达到的水平上。但正像我们在第 5 章里所看到的那样，遗传进化也能因存在于一种稳定状态同另一种稳定状态之间的那一连串的突发现象而取得进展。

经常有人提到文化进化与遗传进化之间的相似之处，但有时过分渲染，使之带有完全不必要的神秘色彩。波珀爵士（Sir Karl Popper）专门阐明了科学进步与通过自然选择的遗传进化之间的相似之处。我甚至打算对诸如遗传学家卡瓦利–斯福尔泽（L. L. Cavalli-Sforza）、人类学家克洛克（F. T. Cloak）和动物行为学家卡伦（J. M. Cullen）等人正在探讨的各个方面进行更加深入的研究。

我的一些热心的达尔文主义者同行对人类行为进行了解释，但我作为一个同样热心的达尔文主义者，对他们的解释并不满意。他们试图在人类文明的各种属性中寻找“生物学上的优越性”。例如，部落的宗教信仰一向被认为是旨在巩固群体特征的一种手段，它对成群出猎的物种特别有用，因为这种物种的个体依靠集体力量去捕捉大型的、跑得快的动物。以进化论作为先入之见形成的这些理论常常含有类群选择的性质，不过我们可以根据正统的基因选择观点来重新说明这些理论。在过去的几百万年中，人类很可能大部分时间生活在有亲缘关系的小规模群体中，亲属选择和有利于相互利他行为的选择很可能对人类的基因发生过作用，从而形成了我们的许多基本的心理特征和倾向。这些想法就其本身来说好像是言之成理的，但我总认为它们还不足以解释诸如文化、文化进化以及世界各地人类各种文化之间的巨大差异等这些深刻的、难以解决的问题。它们无法解释特恩布尔（Colin Turnbull）描绘的乌干达的艾克族人（Ik of Uganda）那种极端的自私性或米德（Margaret Mead）的阿拉佩什人（Arapesh）那种温情脉脉的利他主义。我认为，我们必须再度求助于基本原则，重新进行解释。我要提出的论点是，要想了解现代人类的进化，必须首先把基因抛开，不把它作为我们进化理论的唯一根据。前面几章既然出自我的笔下，而现在我又提出这样的论点似乎使人觉得有点意外。我是达尔文主义的热情支持者，但我认为达尔文主义的内容异常广泛，不应局限于基因这样一个狭窄的范畴内。在我的论点里，基因只是起到类比的作用，仅此而已。

那么基因到底有什么地方是如此异乎寻常呢？我们说，它们是复制因子。在人类可及的宇宙里，物理定律应该是无处不适用的。有没有这样一些生物学的原理，它们可能也具有相似的普遍适用的性质？当宇航员飞到遥远的星球去寻找生命时，他们可能发现一些我们难以想象的令人毛骨悚然的怪物。但在一切形式的生命中——不管这些生命出现在哪里，也不管这些生命的化学基础是什么——有没有任何物质是共同一致的？如果说以硅而不是以碳，或以氨而不是以水为其化学基础的生命形式存在的话，如果说发现一些生物在-100℃就被烫死，如果说发现一种生命形式完全没有化学结构而只有一些电子混响电路的话，那么，还有没有对一切形式的生命普遍适用的原则？显而易见，我是不知道的。不过，如果非要我打赌不可的话，我会将赌注押在这样一条基本原则上，即一切生命都通过复制实体的差别性生存而进化的定律。基因，即DNA分子，正好就是我们这个星球上普遍存在的复制实体。也可能还有其他实体，如果有的话，只要符合某些其他条件，它们几乎不可避免地要成为一种进化过程的基础。

但是难道我们一定要到遥远的宇宙去才能找到其他种类的复

制因子，以及其他种类的随之而来的进化现象吗？我认为就在我们这个星球上，最近出现了一种新型的复制因子。它就在我们眼前，不过它还在幼年期，还在它的原始汤里笨拙地漂流着。但它正在推动进化的进程，速度之快令原来的因子望尘莫及。

这种新汤就是人类文化的汤。我们需要为这个新的复制因子取一个名字。这个名字要能表达作为一种文化传播单位或模仿单位的概念。“mimeme”这个词出自一个恰当的希腊词词根，但我希望有一个单音节的词，听上去有点像“gene”（基因）。如果我把“mimeme”这个词缩短为 meme（觅母）[**]，切望我的古典派朋友们多加包涵。我们既可以认为 meme 与 memory（记忆）有关，也可以认为与法语 Même（同样的）有关，如果这样能使某些人感到一点慰藉的话。这个词念起来应与“cream”合韵。

曲调、概念、妙句、时装、制锅或建造拱廊的方式等都是觅母。正如基因通过精子或卵子从一个个体转移到另一个个体，从而在基因库中进行繁殖一样，觅母通过广义上可以称为模仿的过程从一个大脑转移到另一个大脑，从而在觅母库中进行繁殖。一个科学家如果听到或看到一个精彩的观点，会把这一观点传达给他的同事和学生，他写文章或讲学时也会提及这个观点。如果这个观点得以传播，我们就可以说这个观点正在进行繁殖，从一些人的大脑散布到另一些人的大脑。正如我的同事汉弗莱（N. K. Humphrey）对本章初稿的内容进行概括时精辟地指出的那样：“觅母应该被看成一种有生命力的结构，这不仅仅是比喻的说法，而是有学术含义的。”当你把一个有生命力的觅母移植到我的心田上时，事实上你把我的大脑变成了这个觅母的宿主，使之成为传播这个觅母的工具，就像病毒寄生于一个宿主细胞的遗传机制一样。这并非凭空说说而已，可以举个具体的例子，‘死后有灵的信念’这一觅母事实上能够变成物质，它作为世界各地人民的神经系统里的一种结构，千百万次地取得物质力量。”

让我们研究一下“上帝”这个概念。我们不知道它最初是怎样在觅母库中产生的，它大概经过许多次独立“突变”过程才出现。不管怎样，“上帝”这个概念确实是非常古老的。它怎样进行自身复制呢？它通过口头的言语和书面的文字，在伟大的音乐和伟大的艺术的协助下，进行复制传播。它为什么会具有这样高的生存价值呢？你应当记住，这里的“生存价值”不是指基因在基因库里的价值，而是指觅母在觅母库里的价值。这个问题的真正含义是，到底是什么东西赋予了“上帝”这一概念在文化环境中的稳定性和渗透性（penetrance）。上帝觅母在觅母库里的生存价值来自它具有的强大的心理号召力。“上帝”这一概念对于有关生存的一些深奥而又使人苦恼的问题提供了一个表面上好像是言之有理的答案。它暗示今世的种种不公平现象可以在来世中得到改正。上帝伸出了“永恒的双臂”来承受我们人类的种种缺陷，宛如医生为病人开的一味安慰剂，由于精神上的作用也会产生一定的效果。上帝这个偶像之所以为人们所乐于接受，并一代一代地在人们大脑里复制传播，其部分理由即在于此。我们可以说，在人类文化提供的环境中，上帝这个形象是存在于具有很高生存价值或感染力的觅母形式中的。

我的一些同事对我说，我这种关于上帝觅母的生存价值的说法是以未经证实的假设作为论据的。归根到底，他们总是希望回到“生物学上的优越性”上去。对他们而言，光说上帝这个概念具有“强大的心理号召力”是不够的，他们想知道这个概念为什么会有如此强大的心理号召力。心理号召力是指对大脑的感召力，而大脑意识的形成又是基因库里基因自然选择的结果。他们企图找到这种大脑促进基因生存的途径。

我对这种态度表示莫大的同情，而且我毫不怀疑，我们现在这个模样的大脑确实具有种种遗传学上的优越性。但我认为，我的这些同事如果仔细地研究一下自己的假设所根据的那些基本原则，就会发现，他们和我一样都在以未经证实的假设作为论据。从根本上说，我们试图以基因的优越性来解释生物现象是可取的做法，因为基因都能复制。原始汤分子一具备能够进行自身复制的条件，复制因子就开始繁盛了起来。30多亿年以来，DNA始终是我们这个世界上唯一值得一提的复制因子，但它不一定要永远享有这种垄断权。新型复制因子能够进行自我复制的条件一旦形成，这些新的复制因子必将开始活动，而且开创自己的崭新类型的进化进程。这种新进化发轫后，完全没有理由要从属于老的进化。原来基因选择的进化过程创造了大脑，从而为第一批觅母的出现准备了"汤"。能够进行自我复制的觅母一问世，它们自己所特有的那种类型的进化就开始了，而且速度要快得多。遗传进化的概念在我们生物学家的大脑里已根深蒂固，因此我们往往会忘记，遗传进化只不过是许多可能发生的进化现象之中的一种而已。

广义地说，觅母通过模仿的方式进行自我复制。但正如能够自我复制的基因也并不是都善于自我复制一样，觅母库里有些觅母比另外一些觅母能够取得更大的成功。这种过程和自然选择相似。我已具体列举过一些有助于提高觅母生存价值的特性。但一般地说，这些特性必然和我们在第2章里提到过的复制因子的特性是一样的：长寿、生殖力和精确的复制能力。相对而言，任何一个觅母拷贝是否能够长寿可能并不重要，这对某一个基因拷贝来说也一样。《友谊天长地久》（*Auld Lang Syne*）* 这个曲调拷贝萦绕在我的脑际，但我的生命结束之日，也就是我头脑里的这个曲调终了之时，印在我的一本《苏格兰学生歌曲集》里的这同一首曲调的拷贝会存在得久些，但也不会太久。但我可以预期，萦绕于人们脑际或印在其他出版物上的同一曲调的拷贝就是再过几个世纪也不致湮灭。和基因的情况一样，对某些具体的拷贝而言，生殖力比长寿重要得多。如果说觅母这个概念是一个科学概念，那么它的传播将取决于它在一群科学家中受到多大的欢迎。它的生存价值可以根据它在连续几年的科技刊物中出现的次数来估算。** 如果它是一个大众喜爱的调子，我们可以从街上用口哨吹这个调子的行人的多寡来估算这个调子在觅母库中扩散的程度；如果它是女鞋式样，我们可以根据鞋店的销售数字来估计。有些觅母和一些基因一样，在觅母库中只能短期内迅猛地扩散，但不能持久，流行歌曲和高跟鞋就属这种类型。至于其他，如犹太人的宗教律法等可以流传几千年历久不衰，这通常是由于见诸文字记载的东西拥有巨大的潜在永久性。

说到这里，我要谈谈成功的复制因子的第三个普遍的特性：精确的复制能力。关于这一点，我承认我的论据不是十分可靠的。乍看起来，觅母好像完全不是能够精确进行复制的复制因子。每当一个科学家听到一个新的概念并把它转告给其他人的时候，他很可能变更其中的某些内容。我在本书中很坦率地承认特里弗斯的观点对我的影响非常之大，然而，我并没有在本书中逐字逐句地照搬他的观点，而是将其内容重新安排糅合以适应我的需要，有时改变其着重点，或把他的观点和我自己的或其他的想法混合在一起。传给你的觅母已经不是原来的模样。这一点看起来和基因传播所具有的那种颗粒性的（particulate）、全有或全无的遗传特性大不相同。看来觅母传播受到连续发生的突变以及相互混合的影响。

不过，这种非颗粒性表面现象也可能是一种假象，因此与基因进行类比还是能站得住脚的。如果我们再看一看诸如人的身高或肤色等许多遗传特征，似乎不像是不可分割和不可混合的基因发挥作用的结果。如果一个黑人和一个白人结婚，这对夫妇所生子女的肤色既不是黑色也不是白色，而是介乎两者之间。这并不是说有关的基因不是颗粒性的，事实是，与肤色有关的基因是如此之多，而且每一个基因的影响又是如此之小，以至于看起来它们是混合在一起了。迄今为止，我对觅母的描述可能给人以这样的印象，即一个觅母单位的组成好像是一清二楚的。当然事实上还远远没有弄清楚。我说过一个调子是一个觅母，那么，一部交响乐又是什么呢？它是由多少觅母组成的呢？是不是每一个乐章都是一个觅母，还是每一个可辨认的旋律、每一小节、每一个和音或其他什么都算一个觅母呢？

在这里，我又要求助于我在第 3 章里使用过的方法。我当时把“基因复合体”分成大的和小的遗传单位，单位之下再分单位。基因的定义不是严格地按全有或全无的方式制定的，而是为方便起见而划定的单位，即染色体的一段，其复制的精确性足以使之成为自然选择的一个独立存在的单位。如果贝多芬的《第九交响曲》中某一小节具有与众不同的特色，使人听后难以忘怀，因此值得把它从整部交响乐中抽出，作为某个令人厌烦的欧洲广播电台的呼号，那么，从这个意义上说，也可被称为一个觅母。附带说一句，这个呼号已大大削弱了我对原来这部交响乐的欣赏能力。

同样，当我们说所有的生物学家如今都笃信达尔文学说的时候，我们并不是说每一个生物学家都有一份达尔文本人说过的话的拷贝原封不动地印在他的脑海中，而是每一个人都有解释达尔文学说的方式。他很可能是从比较近的著作里读到达尔文学说的，而并没有读过达尔文本人在这方面的原著。达尔文说过的东西，就其细节而言，有很多是错误的。如果达尔文能看到拙著，或许辨别不出其中哪些是他原来的理论。不过我倒希望他会喜欢我表达他的理论的方式。尽管如此，每一个理解达尔文学说的人的脑海里都存在一些达尔文主义的精髓，不然的话，所谓两个人看法一致的说法似乎也就毫无意义了。我们不妨把一个“概念觅母”看成可以从一个大脑传播到另一个大脑的实体。因此，达尔文学说这一觅母就是一切懂得这一学说的人在大脑中所共有的概念的主要基础。按定义说，人们阐述这个学说的不同方式不是觅母的组成部分。如果达尔文学说能够再被分割成小一些的组成部分，有些人相信A部分而不相信B部分，另一些人相信B部分而不相信A部分，这样，A与B两部分应该看成两个独立的觅母。如果相信A部分的人大多数同时相信B部分——用遗传的术语来说，这些觅母是密切连锁在一起的——那么，为了方便起见，可以把它们当作一个觅母。

让我们把觅母和基因的类比继续进行下去。自始至终，我在这本书中一直强调不能把基因看作自觉的、有目的的行为者，可是，盲目的自然选择使它们的行为好像带有目的性。因此，用带有目的性的语言来描绘基因的活动，正如使用速记一样有其方便之处。例如当我们说“基因试图增加它们在未来基因库中的数量”，我们的真正意思是“凡是由于基因本身的行为而使自己在未来的基因库中的数量增加的，往往就是我们在这个世界上所看到的那些有效基因”。正如我们为了方便把基因看成积极的、为自身生存进行有目的的工作的行为者，我们同样可以把觅母视为具有目的性的行为者。基因也好，觅母也好，都没有任何神秘之处。我们说它们具有目的性不过是一种比喻的说法。我们已经看到，在论述基因的时候，这种比喻的说法是有成效的。我们对基因甚至用了“自私”“无情”这样的词汇。我们清楚地知道，这些说法仅仅是一种修辞方法。我们是否可以本着同样的精神去寻找自私的、无情的觅母呢？

这里牵涉有关竞争的性质这样一个问题。凡是存在有性生殖的地方，每一个基因都同它的等位基因进行竞争，这些等位基因就是与它们争夺染色体上同一位置的对手。觅母似乎不具备相当于染色体的东西，也不具备相当于等位基因的东西。我认为从某种微不足道的意义上来说，许多概念可以说是具有“对立面”的。但一般来说，觅母和早期的复制因子相似，它们在原始汤中混混沌沌地自由漂荡，而不像现代基因那样，在染色体的队伍里整齐地配对成双。那么这样说来，觅母究竟在如何相互竞争？如果它们没有等位觅母，我们能说它们“自私”或“无情”吗？回答是——我们可以这么说，因为从某种意义上说，觅母之间可能进行着某种类型的竞争。

任何一个使用数字计算机的人都知道计算机的时间和记忆存储空间是非常宝贵的。在许多的大型计算机中心，这些时间和空间事实上是以金额来计算成本的。或者说，每个计算机使用者可以分配到一段以秒计算的时间和一部分以“字数”计算的空间。觅母存在于人的大脑中，大脑就是计算机。时间可能是一个比存储空间更重要的限制因素，因此是激烈竞争的对象。人的大脑以及由其控制的躯体只能同时进行一件或少数几件工作。如果一个觅母想要控制人脑的注意力，它必须为此排除其他“对手”觅母的影响。成为觅母竞争对象的其他东西是收听广播和看电视的时间、广告面积、报纸版面以及图书馆里的书架面积。

我们在第3章中已经看到，基因库里可以产生相互适应的基因复合体。与蝴蝶模拟行为有关的一大组基因在同一条染色体上如此紧密相连，以至于我们可以把它们视为一个基因。在第5章，我们谈到一组在进化上稳定的基因这个较为复杂的概念。在食肉动物的基因库里，相互配合的牙齿、脚爪、肠胃和感觉器官得以形成，而在食草动物的基因库里，出现了另一组不同的稳定特性。在觅母库里会不会出现类似的情况呢？譬如说，上帝觅母是否已同其他的觅母结合在一起，而这种结合的形式是否有助于参加这些结合的各个觅母的生存？也许我们可以把一个有组织的教堂，连同它的建筑、仪式、法律、音乐、艺术以及成文的传统等视为一组相互适应的、稳定的、相辅相成的觅母。

让我举一个具体的例子来说明问题。教义中有一点对强迫信徒遵守教规是非常有效的，那就是罪人遭受地狱火惩罚的威胁。很多小孩，甚至有些成年人相信，如果他们违抗神父的规定，他们死后要遭受可怕的折磨。这是一种恶劣透顶的骗取信仰的手段，它在整个中世纪，甚至直至今天，为人们带来心理上的极大痛苦。但这种手段非常有效。这种手段可能是一个受过深刻心理学训练，懂得怎样灌输宗教信仰的马基雅维利[a]式的牧师经过深思熟虑的杰作。然而，我怀疑这些牧师是否有这样的聪明才智。更为可能的是，不具自觉意识的觅母由于具有成功基因所表现出的那种虚假的冷酷性而保证了自身的生存。地狱火的概念只不过是由于具有深远的心理影响而取得其固有的永恒性。它和上帝觅母联结在一起，因为两者互为补充，在觅母库中相互促进对方的生存。

宗教觅母复合体的另一个组成部分被称为信仰。这里指的是盲目的信仰，即在没有确凿证据的情况下，或者甚至在相反的证据面前的信仰。人们讲述多疑的托马斯[b]的故事，并不是为了让我们赞美托马斯，而是让我们通过对比来赞美其他的使徒。托马斯要求看到证据，而对某些种类的觅母来说，没有什么东西比寻求证据的倾向更加危险了。其他使徒并不需要什么证据照样能够笃信无疑，因此这些使徒被捧出来作为值得我们仿效的对象。促使人们盲目信仰的觅母以简单而不自觉的办法阻止人们进行合理的调查研究，从而取得其自身的永恒性。

盲目信仰的人什么事都干得出来。如果有人相信另一个上帝，或者即使他也相信同一个上帝，但膜拜的仪式不同，盲目信仰可以驱使人们判处这个人死刑。可以把他钉死在十字架上，可以把他烧死在火刑柱上，可以用十字军战士的利剑刺死他，也可以在贝鲁特的街头枪决他，或者在贝尔法斯特的酒吧间里炸死他。促使人们盲目信仰的觅母有其冷酷无情的繁殖手段。这对爱国主义、政治上的盲目信仰，以及宗教上的盲目信仰都是一样的。

a. 马基雅维利（1469—1527），意大利政治家兼历史学家。

b. 多疑的托马斯，指一贯抱怀疑态度的人。

觅母和基因常常相互支持、相互加强，但它们有时也会发生矛盾。例如独身主义大概是不能遗传的。促使个体实行独身主义的基因在基因库里肯定没有出路，除非在十分特殊的情况下，如在社会性昆虫的种群中。然而，促使个体实行独身主义的觅母在觅母库里却是能够取得成功的。譬如说，假使一个觅母的成功严格地取决于人们需要多少时间才能把这个觅母主动地传播给其他人，那么从觅母的观点来看，把时间花在其他工作上而不是试图传播这个觅母的行为都是在浪费时间。牧师在小伙子尚未决定献身于什么事业的时候就把独身主义的觅母传给他们。传播的媒介是各种人与人之间相互影响的方式，口头的言语、书面的文字、人的榜样等等。现在，为了便于把问题辨明，让我们假定这样的情况：某个牧师结了婚，结婚生活削弱了他影响自己教徒的力量，因为结婚生活占据了他一大部分时间和精力。事实上，人们正是以这种情况作为正式的理由要求做牧师的必须奉行独身主义。如果情况果真是这样，那么促使人们实行独身主义的觅母的生存价值要比促使人们结婚的觅母的生存价值大。当然，对促使人们实行独身主义的基因来说，情况恰恰相反。如果牧师是觅母的生存机器，那么，独身主义是他应拥有的一个有效属性。在一个由相互支持的各种宗教觅母组成的巨大复合体中，独身主义不过是一个小伙伴而已。

我猜想，相互适应的觅母复合体和相互适应的基因复合体具有同样的进化方式。自然选择有利于那些能够为其自身利益而利用其文化环境的觅母。这个文化环境包括其他的觅母，它们也是被选择的对象。因此，觅母库逐渐取得一组进化上稳定的属性，这使得新的觅母难以入侵。

我在描述觅母的时候可能消极的一面讲得多些，但它们也有欢乐的一面。我们死后可以遗留给后代的东西有两种：基因和觅母。我们是作为基因机器而存在的，我们与生俱来的任务就是把我们的基因一代一代地传下去，但我们在这个方面的功绩隔了三代就被人忘怀。你的儿女，甚至你的孙子或孙女可能和你相像，也许在脸部特征方面，在音乐才能方面，在头发的颜色方面，等等，但每过一代，你传给后代的基因都要减少一半。这样下去不消多久，它们所占的比例会越来越小，直至达到无足轻重的地步。我们的基因可能是不朽的，但体现在我们每一个人身上的基因集体迟早要消亡。伊丽莎白二世是征服者英王威廉一世的直系后裔，然而在她身上非常可能找不到一个来自老国王的基因。我们不应指望生殖能带来永恒性，但如果你能为世界文明做出贡献，如果你有一个精辟的见解或作了一首曲子、发明了一个火花塞、写了一首诗，所有这些都能完整无损地流传下去。即使你的基因在共有的基因库里全部分解后，这些东西仍能长久存在，永不湮灭。苏格拉底在今天的世界上可能还有一两个活着的基因，也可能早就没有了，但正如威廉斯所说的，谁对此感兴趣呢？苏格拉底、达·芬奇、哥白尼、马可尼等人的觅母复合体在今天仍盛行于世，历久而弥坚。

不管我提出的觅母理论带有多大的推测性，其中有一点却是非常重要的，在此我想再次强调一下。当我们考虑文化特性的进化以及它们的生存价值时，我们有必要弄清楚，我们所说的生存指的是谁的生存。我们已经看到，生物学家习惯于在基因的水平上（或在个体、群体、物种的水平上，这要看个人的兴趣所在）寻求各种有利条件。我们至今还没有考虑过的一点是，一种文化特性可能是按其特有的方式形成的。理由很简单，因为这种方式对其自身有利。

我们无须寻求如宗教、音乐、祭神的舞蹈等种种特性在生物学上的一般生存价值，尽管这些价值也可能存在。基因一旦为其生存机器提供了能够进行快速模仿活动的头脑，觅母就会自动地接管过来。我们甚至不必假定模仿活动具有某种遗传上的优越性，尽管这样做肯定会带来方便。必不可少的条件是，大脑应该能够进行模仿活动：那时就会形成充分利用这种能力的觅母。

现在我就要结束新复制因子这个论题，并以审慎的乐观口吻结束本章。人类的一个非凡的特征——自觉的预见能力——可能归因于觅母的进化，也可能与觅母无关。自私的基因（还有觅母，如果你不反对我在本章所做的推测）没有预见能力，它们都是无意识的、盲目的复制因子。它们进行自我复制，这个事实再加上其他一些条件意味着不管愿意不愿意，它们都将趋向于某些特性的进化过程。这些特性从本书的特殊意义上说，可以称为自私的。

我们不能指望，一个简单的复制实体，不管是基因还是觅母，会放弃其短期的自私利益，即使从长远观点来看，它这样做也是合算的。我们在有关进犯性行为的一章里已看到这种情况。即使一个“鸽子集团”对每一个个体来说比进化稳定策略来得有利，自然选择还是有利于 ESS。

人类可能还有一种非凡的特征——表现真诚无私的利他行为的能力。我唯愿如此，不过我不准备就这一点进行任何形式的辩论，也不打算对这个特征是否可以归因于觅母的进化妄加猜测。我想要说明的一点是，即使我们着眼于阴暗面而假定人基本上是自私的，我们自觉的预见能力——在想象中模拟未来的能力——能够防止自己纵容盲目的复制因子干出那些最坏的、过分的自私行为。我们至少已经具备了精神上的力量去照顾我们的长期自私利益而不仅仅是短期自私利益。我们可以看到参加“鸽子集团”所能带来的长远利益，而且我们可以坐下来讨论用什么方法能够使这个集团取得成功。我们具备足够的力量去抗拒我们那些与生俱来的自私基因。在必要时，我们也可以抗拒那些灌输到我们头脑里的自私觅母。我们甚至可以讨论如何审慎地培植纯粹的、无私的利他主义——这种利他主义在自然界里是没有立足之地的，在整个世界历史上也是前所未有的。我们是作为基因机器而被建造的，是作为觅母机器而被培养的，但我们具备足够的力量去反对我们的缔造者。在这个世界上，只有我们，我们人类，能够反抗自私的复制因子的暴政。

第 12 章

好人终有好报

“好人垫后。”——这句俗语似乎来自棒球界，不过有些权威人士声称它有其他内涵。美国生物学家加勒特·哈丁（Garrett Hardin）用这句俗语来总结“社会生物学”或者“自私的基因”，其中的贴切不言而喻。在达尔文主义中,“好人”是那些愿意自身付出代价，帮助种群中其他成员个体，以此使他们的基因传到下一代的“人”。这么看来，好人的数目注定要减少，善良在达尔文主义里终将灭亡。这里的“好人”还有另一种专有解释，和俗语中的含义相差并不远。但在这种解释里，好人则能“得好报”。在这一章节里，我将阐释这个相对乐观的结论。

想想第10章里的斤斤计较者。那些鸟儿显然以利他的方式互相帮助，但对那些曾经拒绝帮助他人的鸟，它们却怀恨在心，以牙还牙地拒绝给予帮助。比起傻瓜（那些无私奉献却遭遇剥削的个体）和骗子（那些互相无情剥削而共同毁灭的个体），斤斤计较者在种群中占优势，因为它们可以将更多基因传递给后代。斤斤计较者的故事表达了一个重要原则，罗伯特·特里弗斯将此称为“互惠利他理论”。在清洁工鱼（第10章）的例子里，互惠利他不仅局限于单个物种，还存在于所有共生关系中。类似的例子还有蚂蚁为它们的“奶牛”蚜虫挤“奶”（第10章）。当第10章写就时，美国政治科学家罗伯特·阿克塞尔罗德将互惠利他的概念延伸至更为激动人心的方向。阿克塞尔罗德曾与威廉·唐纳·汉密尔顿合作，后者的名字在这本书里已经出现无数次了。开篇已经暗示过，正是阿克塞尔罗德赋予了“好人”一个专有含义。

如同许多其他政治科学家、经济学家、数学家与心理学家一样，阿克塞尔罗德对“囚徒困境”这一简单的博弈游戏很感兴趣。

这个游戏极其简单，但我知道许多聪明人完全误解了游戏，以为其复杂无比。不过，它的简单也带有欺骗性。图书馆里关于这个博弈衍生物的书籍多如牛毛。许多有影响力的人认为它是解决战略防御规划问题的钥匙，这个模型需要被仔细研究，以阻止第三次世界大战的发生。而作为一个生物学家，我站在阿克塞尔罗德与汉密尔顿一边。许多野生动物和植物正以其演化进程，精确无误地进行着“囚徒困境”的博弈。

在其原始的人类版本中，“囚徒博弈”是这样的：一个“银行家”判定两位玩家的输赢，并付与赢家报酬。假设我们便是这两位玩家，当我们开始博弈时（虽然我们将看到，“对立”是我们最不应该做的），我们手中各有两张卡，分别为“合作”与“背叛”。我们各自选定一张牌，面朝下摆放在桌子上，这样我们都不知道对方的选择，也不会为对方选择所影响，这便等同于我们同时行动。然后我们等待“银行家”来翻牌。我们的输赢不仅取决于我们出的牌，还取决于对方打出的牌。其悬念在于：虽然我们清楚自己的出牌，却并不知道对方的出牌。我们都只能等“银行家”来揭晓结果。

我们一共有 2 × 2=4 张牌，于是也便有 4 种可能的结果。为向这个游戏的发源地——北美致敬，我们以美元来表示这 4 种输赢结果。

结果 1：我们俩都选择了“合作”。“银行家”给我们每个人 300 美元。这个不菲的总数是对相互合作的奖赏。

结果 2：我们俩都选择了“背叛”。“银行家”对每个人罚款 10 美元。这是对相互背叛的惩罚。

结果 3：你选择“合作”，我选择“背叛”。“银行家”付给我

500 美元（这是背叛的诱惑），罚了你（傻瓜）100 美元。

结果 4：你选择“背叛”，我选择“合作”。“银行家”将背叛的诱惑付给了你，而罚了我这个傻瓜 100 美元。

结果 3 与 4 明显互为镜像。一个玩家得到好处，则有另一个玩家将付出代价。在结果 1 与 2 里，我们俩得到相同的结果，而结果 1 对我们俩都有好处。这里金钱的具体数目并不要紧，重要的是这个博弈里“囚徒困境”结果的排列顺序：背叛的诱惑 > 相互合作的奖赏 > 相互背叛的惩罚 > 失败的代价。（严格来说，这个博弈还有另一个条件：背叛的诱惑与失败的代价的平均值不可高于相互合作的奖赏。我们将在后边附加条件里提到这个原因。）这四种结果总结于表 12–1 里。

表 12–1　我在囚徒困境博弈里各种结果的输赢状况

		你的出牌	
		合作	**背叛**
我的出牌	**合作**	比较好 **相互合作的奖赏** 300 美元	很坏 **失败的代价** 100 美元罚款
	背叛	很好 **背叛的诱惑** 500 美元	比较坏 **相互背叛的惩罚** 10 美元罚款

那么，为什么这是一个“困境”？看看这张输赢状况的表格，想象一下我在与你博弈时脑海中盘旋着的想法。我知道你只有两张牌，“合作”或者“背叛”。让我们按次序来想想。如果你打出“背叛”（这表示我们将看向表格中的右边一列），我能打出最好的牌也只能是“背叛”。虽然我也将接受相互背叛的惩罚，但

我知道，如果选择了“合作”，失败者的代价只会更高。而如果你选择了“合作”（看向左边一列），我最好的结果也只能是选择“背叛”。如果我们合作了，我们都能得到 300 美元；但如果我选择背叛，我将得到更多——500 美元。这里的结论是：无论你选择哪张牌，我最好的选择是永远背叛。

我已经运用我无懈可击的逻辑算出，无论你如何选择，我都必须“背叛”。而你，也将算出同样的结果。于是当两个理性的对手相对时，他们将同时背叛，也将同时被罚款，获得一个较低的分数。虽然每个人都心知肚明，如果他们彼此选择“合作”，两人都将得到较高的相互合作的奖赏（我们的例子里是 300 美元）。这就是为什么这个博弈被称为困境，自相矛盾得令人恼火。这也就是为什么人们开始提出必须有一个法律来对付这个问题。

“囚徒”来自一个特殊的、想象中的例子，上述例子中的现金被监狱的刑罚取代。两个在监狱中的囚徒——姑且称他们为彼得森与莫里亚蒂，有共同犯罪的嫌疑。囚徒们各自被关押在单独的牢房里，并各自被劝诱背叛他的同伙，将所有犯罪证据栽赃对方。他们的判决结果将取决于两个囚徒的行为，而双方都不知道对方的选择。如果彼得森将所有罪过都推向莫里亚蒂，而莫里亚蒂始终保持沉默（与他从前的朋友、现在的叛徒合作），莫里亚蒂将接受重罚，而彼得森得以无罪释放，享受背叛的诱惑。如果两人互相背叛，便都将获罪，但可以因为供认不讳而得到轻判，这便是互相背叛的惩罚。如果两人互相与对方而不是当局合作，闭口不谈过往，所得证据将不足以把两人判以重罪，则两人也都将得到轻判，得到互相合作的奖赏。虽然将牢狱刑罚称为“奖赏”有点儿奇怪，但比起漫长的铁窗生涯，犯人们肯定会将此看作奖赏的。你可以发现，虽然这里的回报不是美元而是牢狱刑罚，博弈的主要特征依然保存着（看看四个结果可取性的排列顺序）。如果你将自己放在任何一个囚徒的位置上，假设两人都以理性的自我利益为动机，你将看到两人都只能背叛对方，而同样接受沉重的刑罚。

有没有逃离困境的方法呢？双方都知道，无论对方如何选择，他们能做出的最好的选择都是“背叛”。但他们也都知道，如果双方都选择合作，任何一方都可以得到更多的好处。如果……如果……如果能有一个办法让他们达成共识，能有一个办法让双方都坚信对方可以被信任，不至于奔向那个自私的奖赏，能有一个方法来维持双方共识……

在“囚徒困境”这个简单博弈里，没有任何方法可以达成信任。除非其中一方是一个虔诚的傻瓜，善良得根本不可能适应这个世界，这个博弈注定将以相互背叛、相互损伤告终。然而，这个博弈还有另一个版本：“重复博弈”的“囚徒困境”。这个“重复博弈”更为复杂，但复杂性里孕育着希望。

“重复博弈”只是简单将上述博弈与同一个对手无限次重复。你我再次在“银行家”面前左右相对，再次拥有手中的两张牌——“合作”与“背叛”，我们再次各自打出一张牌，由“银行家”根据上述规则给出奖赏与惩罚。但这一次对弈不再是博弈的终结，我们捡起手中的牌，准备着下一轮。下一轮的游戏给予我们机会来重新建立信任与怀疑，实施对抗或和解，给予报复或宽恕。在这无限长的博弈里，我们最重要的任务是：赢了“银行家”，而不是对方。

在 10 次博弈后，理论上我也许可以获得最多 5 000 美元，但只有在你完全愚不可及，或者大公无私地每次都打出“合作”的时候，我才有可能每次都得到最高奖赏“背叛的诱惑”。在更实际一点儿的情况里，我们各自都在10次对弈中打出“合作”，并各自从“银行家”里得到3 000美元。这样，我们并不需要特别大公无私，因为我们彼此都能从对方过往的行为中，知道对方可以信任。我们事实上也在监管着对方的行为。还有另一个也可能发生的结果，我们彼此不信任对方，在10次对弈中都打出了“背叛”,“银行家”则从每个人处得到了100美元。最可能发生的是，我们并不完全信任对方，打出了各种次序的“合作”与“背叛”，双方都得到了并不多的金钱。

在第10章中，那些互相从对方羽毛中捉出蜱虫的鸟，正是进行一场“囚徒困境”的重复博弈。这怎么进行呢？你应该还记得，对于鸟来说，从自己身上清除蜱虫非常重要，但它无法自己清除头部的蜱虫，只能依靠同伴来帮助它，而让它同样报答对方也是公平的。但这项工作耗费了许多时间精力，鸟类在这方面并不宽裕。如果某只鸟能以欺骗方式从这个小圈子中逃出来，让别人清除自己的蜱虫，而拒绝互惠互利，它则能得到所有实惠，而不需支付任何代价。如果你将这些回报结果排列一下次序，你将发现这正是真实的“囚徒困境”博弈。互相合作以清除彼此的蜱虫固然是好事，但还有着更好的诱惑促使你拒绝支付互惠的代价。互相背叛以拒绝清除蜱虫固然不是好事，但也没有比花精力帮别人除虫而自己无人理睬更不好。下页表12–2展示了这个回报结果。

表 12-2　鸟类清除蜱虫的博弈：我从各种结果中得到的回报

		你的出牌	
		合作	**背叛**
我的出牌	**合作**	比较好 **相互合作的奖赏** 我清除了自己的蜱虫，也付出代价清除了你的蜱虫。	很坏 **失败的代价** 我的蜱虫没被去除，还付出了代价去除你的蜱虫。
	背叛	很好 **背叛的诱惑** 我自己的蜱虫被清除了，也没有付出代价清除你的蜱虫。	比较坏 **相互背叛的惩罚** 我的蜱虫没被清除，但你的也没有，我从中得到了心理安慰。

但这只是一个例子。如果你继续思考，你更会发现，从人类到动植物，生活中充满了“囚徒困境”的重复博弈。植物？是的。记得我们谈到策略时，我们没有提到有意识的策略（但我们之后可能会提及），但我们提及了“梅纳德·史密斯”的意识，这便是一种预定基因的策略。我们之后还会提到植物、动物甚至细菌，它们都在进行着“囚徒困境”的重复博弈。现在，先让我们详细探索一下，为何重复博弈如此重要。

在简单博弈里，我们可以预见“背叛”是唯一的理性策略。但重复博弈并不相同，它提供了许多选择范围。简单博弈里只有两种策略，合作或是背叛。但重复博弈可以有很多我们想象得到的策略，并没有任何一个是绝对的最佳方案。比如“大部分时间合作，而在随机的$\frac{1}{10}$时间里背叛”这个策略，便是成千上万的策略中的一个。也可以基于过往历史来选择策略，我的“斤斤计较者”正是一个例子。这种鸟对脸部有很好的记忆力，尽管它基本采取合作策略，但它也会背叛那些曾经背叛过它的对手。还有一些其他策略可能更为宽容，或者有更短期的记忆。

显然，重复博弈里可用的策略之多取决于我们的创造力。但我们能够算出哪个是最佳方案吗？阿克塞尔罗德也这么问自己。他想出了一个很具娱乐性的方案：举行一场竞赛。他广发通知，让博弈论的专家们来提交策略。在这里，策略指的是事先确定的行动规则，所以竞争者可以用计算机语言编程加入博弈。阿克塞尔罗德总共收到了 14 个策略。为了得到更好的结果，他还加了第 15 个策略，取名为“随机”。这个策略只是简单地随机出“合作”或“背叛”牌，基本等于“无策略”。如果任何一个其他策略比“随机策略”的结果更坏，这一定是个非常差的策略。

阿克塞尔罗德将这 15 个策略翻译成一种常用的计算机语言，在一台大型计算机中设定这些策略互相博弈。每个策略轮流与其他策略（包括它自己）进行重复博弈。15 个策略总共组成 15 × 15=225 个排列组合，在计算机上轮番进行。每一个组合需要进行 200 回合的博弈，所有输赢累积计算，以得出最终的赢家。

表 12–3　阿克塞尔罗德的计算机竞赛：我在各种结果中所得的回报

<table>
<tr><td colspan="2" rowspan="2"></td><td colspan="2">你的出牌</td></tr>
<tr><td>合作</td><td>背叛</td></tr>
<tr><td rowspan="2">我的出牌</td><td>合作</td><td>比较好
相互合作的奖赏
3 分</td><td>很坏
失败的代价
0 分</td></tr>
<tr><td>背叛</td><td>很好
背叛的诱惑
5 分</td><td>比较坏
相互背叛的惩罚
1 分</td></tr>
</table>

这里，我们不关心某一个策略是否优于另一个策略，我们只关心哪个策略在与 15 个对手博弈后，最终赢得最多的“钱”。在这里,“钱”指的是赢得的分数。相互合作的奖赏为 3 分，背叛的诱惑为 5 分，互相背叛的惩罚为 1 分（相当于我们早先例子中的轻判），失败的代价为 0 分（等同于之前例子中的重罚）。

要知道，竞赛中的博弈者并不是人类，而是计算机事先设定好的程序。而基因在这些程序的作者里事先设定了“程序”，使得它们身体力行地扮演同样的角色（想想第 4 章中的计算机对弈与“仙女座”超级计算机）。你可以将这些策略想象成这些作者的微型代理。虽然一个作者原本可以提交一个以上的策略，但这其实是作弊，这表示作者将在竞争本身中加入策略，使得其中一个角色从另一个角色的牺牲中得到合作的好处。阿克塞尔罗德应该不会接受这一点。

有一些交上来的策略很聪明，当然它们远没有其作者聪明。然而，最后胜出的策略却是一个最简单的，而且看起来最不聪明的一个。这个策略被称为“针锋相对”（Tit for Tat），它来自多伦多一位著名心理学家和博弈学家阿纳托尔·拉波波特（Anatol Rapoport）教授。这个策略在第一回合时采取合作行动，然后在接下来的所有步骤里，只是简单复制对手上一步的行动。

有了“针锋相对”策略的博弈将如何进行呢？一如寻常，下一步的出牌完全取决于对手。假设另一对手也选择了“针锋相对”的策略（每一个策略不止与其他 14 个对手竞争，也与自己博弈），双方都选择以“合作”开场，第二步中，双方都复制对方上一步的策略，仍然采取“合作”。这样，博弈双方持续合作，直到游戏结束，双方都能获得 100% 的 600 分基准分。

那么，假设“针锋相对”与另一个策略“老实人探测器”（Naive Prober）开始博弈。事实上，“老实人探测器”并没有出现在阿克塞尔罗德的博弈竞赛中，但它依然是一个富有指导性的策略。这个策略基本等同于“针锋相对”，但每隔一会儿，比如在每十步中任意选择一步，这个策略会打出恶意的“背叛”牌，而获得最高的分数“背叛的诱惑”。如果“老实人探测器”不打出其试探的“背叛”牌，博弈双方便是两个“针锋相对”，打出一场漫长且互利的“合作”牌，彼此安稳地获得100%的基准分。但突然间（假设在第8回合），“老实人探测器”出其不意地“背叛”了，“针锋相对”却依然不知情地坚持“合作”，也便只能付出“失败者的代价”，得到0分，而“老实人探测器”能得到最高成绩5分。但在下一步里，“针锋相对”开始报复，复制了对手上一步的行动，打出了“背叛”牌，而“老实人探测器”盲目地继续原本设定的程序，复制对手上一步的“合作”牌，于是它只能获得0分，而“针锋相对”得到5分。再下一步，“老实人探测器”极其不公正地又开始了报复，“背叛”了“针锋相对”。反之亦然。在每一轮交替报复的回合里，双方各自平均获得2.5分（5分与0分的平均值）。这依然低于双方持续双向合作所能轻而易举获得的3分（这也是本章前文中尚未解释的“特殊情况”的原因）。于是，当“老实人探测器”与“针锋相对”开始博弈，双方都未能获得两个“针锋相对”博弈时所得的分数。而如果“老实人探测器”互相对弈，其结果只可能更坏，因为这种以牙还牙的冤冤相报可能开始得更早。

让我们再来考虑另一个叫“愧疚探测器”（Remorseful Prober）的策略。这个策略有点类似于“老实人探测器”，但它可以主动终止循环于双方间的交互背叛。这便需要一种比“针锋相对”或“老实人探测器”更长的记忆。“愧疚探测器”能记住自己是否刚刚主动“背叛”，或者只是为了报复。如果是后者，它便“愧疚地”让对手得到一次反击的机会，而不加以报复。这便将此循环报复行为终结在萌芽状态。如果你在想象中旁观“愧疚探测器”与“针锋相对”的博弈，你会发现可能的循环报复行动不攻自破。博弈中大部分时间都采取互相合作，使得双方都能获得相应的高分。在与“针锋相对”的博弈中,“愧疚探测器”能获得比“老实人探测器”更高的分数，但依然没有“针锋相对”与自己对弈的分数高。

阿克塞尔罗德的竞赛里还有一些比“老实人探测器”与“愧疚探测器”更为复杂的策略，但它们平均分都比“针锋相对”低。事实上最失败的策略（除了随机）是最复杂的那一个，作者为“匿名”。这个作者的身份引发了一些饶有兴趣的猜测：五角大楼的高层？中央情报局的首脑？国务卿基辛格？阿克塞尔罗德自己？我们也许永远也不会知道。

不是每个策略的细节都值得研究，这本书也不谈计算机程序员的创造力，但我们可以给这些策略归类，并检验这些类别的成功率。阿克塞尔罗德认为，最重要的类别是“善良”。“善良”类别指的是那些从不率先“背叛”的策略。“针锋相对”便是其中一个例子。它虽然也采取“背叛”的行动，但它只在报复中这么做。“老实人探测器”与“愧疚探测器”也偶尔采取“背叛”，但这种行为是主动起意挑衅的，属于恶意的策略。这场竞赛中的 15 个策略中，有 8 个属于“善良”策略。令人吃惊的是，策略中的前 8 名也是这 8 个善意的策略。“针锋相对”的平均分 504.5 分，达到我们 600 分基准分的 84%，是一个很好的分数。其他“善良”策略所得分数要比“针锋相对”少一些，从 83.4% 到 78.6% 不等。排名中接下来的则是由格雷斯卡普（Graaskamp）所获得的 66.8%，与高分们有很大差距，而这已经是所有恶意策略中的最高分了。令人信服的结果表明，好人在这个博弈中可以胜出。

阿克塞尔罗德提出的另一个术语则是“宽容”。一个宽容的策略只有短期记忆。虽然它也采取报复行为，但它会很快遗忘对手的劣迹。“针锋相对”便是一个宽容的策略，面对“背叛”时它毫不手软，但之后则“过去的让它过去”。第 10 章中的“斤斤计较者”则是一个完全相反的例子，它的记忆持续了整个博弈，永不宽恕曾经背叛过它的对手。在阿克塞尔罗德的竞赛中，有一个策略与“斤斤计较者”完全相同，由一位名叫弗里德曼（Friedman）的选手提供。这一个“善良”而绝不宽恕的策略结果并不算佳，成绩在所有“善良”策略里排倒数第二。即便对手已经有悔改之意，它也不愿意打破相互背叛的恶性循环，因此无法取得很高的分数。

“针锋相对”并不是最宽容的策略。我们还可以设计一个“两报还一报”（Tit for Two Tats）的策略，允许对手连续两次背叛后才开始报复，这似乎显得过分大度坦荡了。阿克塞尔罗德算出，只要在竞赛中有“两报还一报”策略的存在，它便一定会获得冠军，因为它可以有效避免长期的互相伤害。

于是，我们算出了赢家策略的两个特点：善良与宽容。这几乎是一个乌托邦式的结论：善良与宽容能得到好报。许多专家曾试图在恶意策略里要点儿花招，认为这可能得到高分。即使那些提交“善良”策略的专家，也未曾敢如“针锋相对”一般宽容。

所有人都对这个结论十分惊讶。

阿克塞尔罗德又举办了第二次竞赛。这次他收到了 62 个策略，再加上随机策略，总共便有了 63 个策略。这一次，博弈中的回合数不再固定为 200，而改为开放式的不定数（我之后会解释这么做的理由）。我们依然将得分评判为基准分“永远合作”分数的百分比，不过现在基准分需要更为复杂的计算，并不再是固定的 600 分。

第二次竞赛的程序员们都得到了第一次竞赛的结果，还收到了阿克塞尔罗德对“针锋相对”与善良、宽容策略获胜的分析。这么做是为了让参赛者们能从某种方向上了解比赛的背景信息，来权衡自己的判断。事实上，这些参赛者分成两种思路。第一种参赛者认为，已经有足够证据证明善良与宽容确实是获胜因素，他们便随即提交了善良与宽容的策略。参赛者约翰·梅纳德·史密斯提交了一个最为宽容的“三报还一报”（Tit for Three Tats）的策略。另一组参赛者则认为，既然对手们已经读过了阿克塞尔罗德的分析，估计都会提交善良宽容的策略。他们于是便提交了恶意的策略，以期在善意对手中占到便宜。

然而，恶意再一次没有得到好报。阿纳托尔提交的“针锋相对”策略再一次成为赢家，获得了满分的 96%。善意策略再一次赢了恶意策略。前 15 名中只有一个策略是恶意策略，而倒数 15 名中只有一个是善意策略。然而，最为宽容的、可以在第一次竞赛中胜出的“两报还一报”策略，这次却没有成功。这是因为本次竞赛中有了一些更为狡猾的恶意策略，它们善于伪装自己，无情地抛弃那些善良的人。

这揭晓了这些竞赛中非常重要的一点：成功的策略取决于你

的对手的策略。这是唯一能解释两次竞赛中的不同结果的理由。然而，就像我之前说过的那样。这本书并不是关于计算机程序员的创造力的，那么，是否有一个广泛客观的标准来让我们判断，哪些是真正好的策略？前几章的读者们估计已经开始准备从生物进化稳定策略理论中寻找答案了。

当时的我也是阿克塞尔罗德传播早期结果的小圈子中的一员，我也被邀请在第二次竞赛中提交策略。我并没有参赛，但我给阿克塞尔罗德提了一个建议。阿克塞尔罗德已经开始考虑进化稳定策略这个理论了，但我觉得这个想法太重要了，于是写信给他建议，让他与汉密尔顿联系一下。虽然当时阿克塞尔罗德并不认识汉密尔顿，但汉密尔顿正与阿克塞尔罗德在同一所大学——密歇根大学的另一个系里。阿克塞尔罗德迅速联系了汉密尔顿。最终，他们合作的结果是一篇卓越的论文，发表在 1981 年的《科学》杂志上，也获得了美国科学促进会（AAAS）的纽科姆·克里夫兰奖（Newcomb Cleveland Prize）。阿克塞尔罗德和汉密尔顿除了讨论重复"囚徒困境"在生物学上有趣的例子外，我还觉得他们给予了进化稳定策略方法应有的认可。

让我们来比较一下进化稳定策略与阿克塞尔罗德两次竞赛中的"循环赛"机制。循环赛好比足球联盟中的比赛，每一个策略都与其他策略对战同等次数。策略的最后得分则是它与所有其他策略对弈后的所得总分。如果一个策略想要在竞争中成功，它必须在所有提交的策略中最富有竞争力。阿克塞尔罗德将胜过其他对手的策略定义为"强劲"。"针锋相对"便是一个强劲的策略。但参与竞赛的策略对手们则相当主观，只取决于参赛者所提交的策略水平，这一点使我们相当头疼。阿克塞尔罗德的第一个竞赛里，刚好参赛的策略基本都是善意策略，所以“针锋相对”赢得了竞赛，而如果“两报还一报”参赛了，则会赢了“针锋相对”。但如果几乎所有参赛策略都为恶意策略，情况就不同了。这个假设发生的概率还是很大的，毕竟人们提交的14个策略中有6个是恶意策略。假如13个策略全为恶意策略，“针锋相对”则不可能成功，因为“环境”太差了。提交策略的不同，决定了策略所赢得的金钱和它们的排名位置。也就是说，竞赛结果将取决于参赛者的心血来潮。那么，我们如何减少竞赛的主观性呢？答案是：进化稳定策略。

你也许还记得，进化稳定策略在众多的种群策略中占有许多席位，也一直得到不错的结果。如果说“针锋相对”是一种进化稳定策略，这便是说，“针锋相对”策略在充满“针锋相对”策略的大环境下能得到不错的结果。这便是一种特殊的“强劲”。作为进化论者，我们一直很想找到一种唯一的、可以直接决定结果的“强劲”。为什么这很重要呢？因为在达尔文主义的世界里，成功并不是赢得金钱，而是获得后裔。对于一个达尔文主义者，一个成功的策略将是一个在策略种群中数量众多的策略。如果这个策略要保持成功，它必须在同类众多时——也就是充满了自身拷贝的大环境中得到特别好的结果。

阿克塞尔罗德又模仿自然选择，进行了第三场竞赛来寻找进化稳定策略。事实上，他并没有称之为第三次竞赛，因为他并没有邀请新的参赛者，而只是使用了第二次竞赛中的63个策略。但我觉得称它为第三次竞赛比较合适，因为它和前两次“循环赛”有根本性的不同。

阿克塞尔罗德将这63个策略再次丢给计算机，来制造进化演替的“第一代”。“第一代”的大环境中由这63个策略组成。结束后，赢家不再得到“金钱”或者“分数”，而是与其完全相同的“后代”。世世代代如此传递，一些策略逐渐变得数目稀少，甚至完全绝迹，另一些策略则数目众多。当环境中策略的比例出现变化，博弈中策略的出牌也在随之变化。

最终在1 000代之后，种群不再变化，环境也没有再改变，稳定的状态已经形成。在此之前，各种策略的命运起伏不定，正如我模拟的“骗子”“傻瓜”和“斤斤计较者”的命运一样。一些策略在博弈开始便已经灭绝，大多数则在200代之后彻底灭绝。在那些恶意策略中，有一两个一开始蓬勃发展，但它们的繁荣正如我的模拟预测一样，只是昙花一现。唯一活过200代的一个策略叫作“哈灵顿”(Harrington)，它的数目在前150代中直线上升，而后逐渐减少，在1 000代之后终于完全灭绝。“哈灵顿”短期繁荣的原因跟我的“骗子”是一样的。当那些如“两报还一报”之类的老实人（过于宽容）还在世时，它欺负它们以获得发展。但在这些老实人消失之后，“哈灵顿”失去了猎物，也跟随着它们的命运而灭绝。剩下的策略都类似于“针锋相对”，既善良又容易被煽动报复。

“针锋相对”本身在第三轮竞赛中，6次中有5次得了第一，重复其在第一、二次竞赛时的好运。另外5个虽善良但容易报复的策略则几乎和“针锋相对”一样成功（在种群数目上），还有一个策略甚至赢了第6次博弈。当所有恶意策略都灭绝后，所有的善良策略与“针锋相对”都无法辨认彼此了，因为它们都很善良，只是简单地与所有对手“合作”到底。

这种“无法辨认”的情况使得“针锋相对”在严格意义上不

是一个真正的进化稳定策略，即使它看起来确实很像。一个策略要成为进化稳定策略，意味着当它是常见策略时，它不可被少数变异策略同化。虽然“针锋相对”不会被任何恶意策略同化，但另一个善良策略可能做到。正如我们所看到的，在善意策略的群体里，它们面目模糊，行为相同，始终“合作”。因此，有一些其他善良策略，比如“永远合作”这种选择优势不如“针锋相对”的策略，也可以溜进种群里而不被发现。所以严格地说，“针锋相对”并不是进化稳定策略。

你也许会认为，如果世界充满善良，我们便可以认为“针锋相对”是一个进化稳定策略了。但即使如此，接下来的故事也并不如意。“永远合作”与“针锋相对”不同，它并不能抵挡一些恶意策略的入侵。比如，“永远背叛”的攻击便可以打败“永远合作”，它可以每次都得到“背叛诱惑”的最高分。类似“永远背叛”这样的恶意策略会减少过分善良策略的数目，比如“永远合作”。

虽然严格来说，“针锋相对”并不是一个真正的进化稳定策略，但在实际操作中，将这一类基本善意又宽容、与“针锋相对”类似的策略近似看作进化稳定策略，也是可行的。这一类策略里甚至可以包括一小部分恶意策略。阿克塞尔罗德的研究后继有人，罗伯特·博伊德与杰弗里·洛伯鲍姆的研究成果是这些后续研究中最为有趣的。他们将“两报还一报”与另一个“针锋相对多疑版”（Suspicious Tit for Tat）的策略组合到一块儿。“针锋相对多疑版”近似于“针锋相对”，但本质上是一个恶意策略，虽然恶意程度不高。它只在第一回合采取“背叛”行动，之后的所有出牌与“针锋相对”完全相同。在一个“针锋相对”占主要地位的环境中,"针锋相对多疑版"并不走运，因为它的先行背叛导致了互相背叛的恶性循环。但当它遇上了"两报还一报"时，这场冤冤相报因对方的慈爱宽恕化解了，双方都能至少得到满分，而"针锋相对多疑版"还会因为其最初的背叛而获得更高的分数。博伊德和洛伯鲍姆的研究结果表明,"针锋相对"的群体可以被"两报还一报"与"针锋相对多疑版"的组合入侵影响。从进化论角度上说，则是"两报还一报"与"针锋相对多疑版"共生繁荣，进而影响了"针锋相对"的种群。几乎可以肯定，这种组合不仅不会消亡，还会以这种方式入侵相对稳定的种群。事实上，也许还有很多其他稍微恶意与极度圣洁策略的组合可以入侵种群。有人也许可以从这里看到人类生活的对照。

阿克塞尔罗德意识到"针锋相对"并不是严格意义上的进化稳定策略。于是他又创造了一个术语：集体稳定策略。由于在真正的进化稳定策略中，可以有不止一个策略同时达成集体稳定，另一方面，决定一个策略是否可以控制种群更取决于其运气，因此"永远背叛"的策略也可以和"针锋相对"一样稳定。在一个被"永远背叛"控制了的种群中，没有任何其他策略可以取胜。我们也可以将这种系统称为"双稳态"，而将"永远背叛"作为其中一个稳定点,"针锋相对"（或者其他最善良宽容策略的组合）为另一个稳定点。无论哪一方首先在种群中达到数量优势，都将继续保持稳定。

然而，这个数量优势如何量化？一个群体中，究竟需要多少"针锋相对"来保证其战胜"永远背叛"？这取决于"银行家"愿意在这场博弈中付出的具体数额。我们可以将此概括为一个决胜点。如果"针锋相对"可以超过这个决胜点，自然选择便会愈加偏爱“针锋相对”。另一方面，如果“永远背叛”超出了这个决胜点，自然选择则会更加偏爱它。你也许还记得，我们在第 10 章斤斤计较者与骗子的故事里，也曾与这个决胜点相遇过。

于是，获胜的关键显然取决于哪一方首先超过决胜点，而且我们还需要知道，有时主导种群还会变化，从一方变成另一方。我们假设现有的种群已经由“永远背叛”主导了，少数派的“针锋相对”难以互相碰面以获得共享利益。自然选择于是将该种群推向了“永远背叛”的极致。只有该种群通过随机转换，使主导的一方变为“针锋相对”，它才能继续推进“针锋相对”的发展，使得所有人都能从“银行家”（或者自然）处得到利益。然而，种群没有集体意愿，也没有集体意识或目的，它们不能控制发展走向。主导方的转换只能发生在自然界间接力量的作用下。

这种情况如何发生呢？一种回答是“运气”。但这个单词只能显示无知。它表示“由一些尚未知道、未能分辨的方式来决定”。我们可以比“运气”做得更好一些。我们可以想象少数派的“针锋相对”个体如何通过一个实际方法来增加其关键数目，探索“针锋相对”个体如何集合成足够的数量，使它们都可以从“银行家”处得到回报。

这种想法貌似可行，但实际上机会渺茫。这些相似的个体如何在小范围内集合到一起？在自然界中，最明显的方式是因基因关系——亲属而集合。大多数动物喜欢同自己的兄弟姐妹与表亲们，而不是种群中其他成员居住在一起。这并不一定是出于选择，而是自动跟随种群中的“黏性”。这里的“黏性”指的是任何使个体持续居住于出生地的趋势。比如在人类历史上，大部分地区的人都只居住在出生地以外几英里的地方（虽然现代社会已经不再如此）。因此，以亲属关系为线索的小团体逐渐形成。我曾经到访过爱尔兰西海岸一个偏远的岛，令我吃惊的是，那里几乎所有人都拥有巨大的耳朵。其中的原因很难解释为大耳朵适应当地天气（那里岸边的风特别大），这只能是因为岛上大多数居民都是亲缘相近的亲属。

基因相近的亲属们不仅面部特征相似，其他方面也有相近之处。比如，他们会因其基因趋势而互相模仿着采用（或不采用）“针锋相对”。于是，即使“针锋相对”在种群整体中已经稀少，它依然可能在局部广泛使用。在这个小圈子里，“针锋相对”的个体可以互相博弈，采取互相合作的方式来达到数目繁荣，即使在总体计算里它们依然处于弱势地位。

由此，最初仅占领小片地区的“针锋相对”个体，将随着小团体的逐渐扩大，逐渐向其他地区分散，甚至包括“永远背叛”群体占主导的地区。如果用区域地理的方式思考，我举的爱尔兰岛的例子则有些误导，因为那里的人被自然地理隔绝了。想象另一个例子：在迁入人口不多的人群中，即使这片地区的人们已经有了广泛持续的亲缘关系，所有人也只复制近邻（而不是远邻）的行为。

回头看看，“针锋相对”是可以超越决胜点的，它所需的只是这些个体的聚合，这一点在自然选择里可以很自然地发生。这个与生俱来的优点使得“针锋相对”即使在数目稀少的时候，也可以成功跨越决胜点而获得成功。但这个跨越只是单向的。“永远背叛”作为一个真正的进化稳定策略，并不可以使用个体聚合来跨越决胜点。相反的是，“永远背叛”个体的聚合，不仅不能彼此互助而获得群体繁荣，还会使各自的生存环境更加恶劣。它们无法暗自帮助对方获得“银行家”的奖赏，而只能把对方也拖下水。于是与“针锋相对”相反，“永远背叛”在亲属或种群聚合中得不到任何帮助。

所以，即使“针锋相对”并非真正的进化稳定策略，它却拥有更高的稳定性。这意味着什么？如果我们用长远的目光来看，“永远背叛”可以在相当长的一段时间内抵制其他策略的影响，但如果我们等上很长一段时间，也许是几千年后，“针锋相对”将最终聚集到足够的数目，跨越决胜点，其数量终将反弹。而反方向的发展并不可能，“永远背叛”无法在个体聚集中获得好处，因此也无法得到这种更高的稳定性。

如我们之前所见，“针锋相对”是一个善良的策略，这表示它永远不会首先背叛。它又是一个宽容的策略，表示它对过往的恩怨只有短期记忆。阿克塞尔罗德对“针锋相对”还有另一个令人回味的定义：不嫉妒。在阿克塞尔罗德的定义中，嫉妒是希望获得比对手更多的金钱，而不是追求从“银行家”手中得到绝对数量较大的收获。“不嫉妒”表示当对手获得与你一样的金钱时，只要大家都能从“银行家”处获得更大收获，你也同样高兴。“针锋相对”从没有“赢得”比赛，它从未从其对手处获得更多的利益，因为它除了报复之外从未背叛。它能得到的最好结果是与对手分享平局，但它尽量争取在每一场对弈中都能获得尽量高的共享分数。当我们考虑“针锋相对”与其他策略时，“对手”一词其实并不准确。然而，令人失望的是，当心理学家在人群中实验重复囚徒困境的博弈时，几乎所有选手都会嫉妒，于是获得的金钱也并不多。这表示许多人在潜意识中更倾向于击败对手，而不是与他人一同合作击败“银行家”。阿克塞尔罗德的实验表明，这是一个多么严重的错误。

但在所有博弈里并不都是错误。博弈理论家将博弈分为“零和”与“非零和”两种。“零和博弈”指一方的胜出即是对方的损失。棋类游戏便是一种“零和博弈”，因为博弈双方的目标是胜过对方，使对方产生损失。囚徒困境则是一种“非零和博弈”，在这里，“银行家”支付了金钱，博弈双方可以携手合作，一起笑到最后。

这让我想起了莎士比亚写过的一句精彩的台词：

“我们要做的第一件事，就是把所有律师都先杀了。”

——《亨利六世》

在所谓“民事争议”中，事实上经常有很大空间可以合作。一个看似“零和博弈”的争议也许只要加入少许善意，便可以转化为双方互利的“非零和博弈”。下面拿离婚作为例子。一段好的婚姻明显是一个“非零和博弈”，充满了互助合作的空间。即使它瓦解，夫妻依然可以继续合作，以“非零和博弈”来看待离婚，并从中得到好处。如果孩子抚养权的判决问题并不是一个足够劝服夫妻合作的理由，双方律师的高昂费用也许更有说服力，因为它将给家庭财政造成巨大创伤。那么，如果一对理性文明的夫妻从一开始便一起雇用同一个律师，这是不是更合理呢？

答案却是否定的。至少在英格兰，还有今天美国几乎 50 个州中，法律——或者更严格地说，律师本身的职业规范并不允许他们这么做。律师只能接受夫妻双方中的一位作为客户，而拒绝另一方，迫使对方去寻找另一个律师，或者完全失去法律服务。这便是乐趣的开始。在另一个房间里，律师们开始谈“我们”和“他们”。这里的“我们”指的不是我和我的妻子，而是我和我的律师对抗她与她的律师。法庭上陈述的则是“史密斯诉史密斯”！（英国妻子多用夫姓。）无论夫妻双方是否感觉抗拒对方，或者他们是否愿意和睦解决问题，法庭已经假设他们之间存在对抗关系。谁能在这场“我赢你便输”的游戏里胜出呢？只有律师。

倒霉的夫妻被拖进了这么一场“零和博弈”中，律师们则可以享有油水肥厚的“非零和博弈”——因为史密斯夫妇提供了回报，而律师们专业剥削顾客的方式已经通过行业合作精细地被规范了。他们合作的一种方式是提出知道对方完全不会接受的提议，这可以激发对方提出另一个明知双方都不会接受的提议，循环往复。这些事实合作的“对手”所发的每一封律师函、每一个电话都在账单上多加一笔数目。运气不好的话，这个过程将持续几个月甚至几年，双方的花费越来越多。律师们并不需要坐在一起计算这些事情，相反，他们严格的独立性正是他们合作的主要方式，以此消耗着顾客的腰包。律师们甚至都没有感觉到他们所做的一切正是一个“非零和博弈”。就像我们有时见到的吸血蝙蝠一样，他们以一种精心设计的仪式进行着这场游戏。这个系统无须任何有意识的计划或者组织，已然自成一体。它逼迫我们走进一场“零和博弈”，顾客们得到了零，律师们得到了丰厚的非零。

我们该怎么做呢？莎士比亚的方法太过残酷，单单改变法律就简单多了。但大多数国会议员有法律背景，只有“零和博弈”心理。很难想象哪里存在比英国下议院更具对抗性的氛围了。（法庭至少还保持了辩论的斯文，因为律师们可以抱着“我博学的朋友将和我合作而笑到最后”的心理。）也许那些用心良苦的立法者和良心发现的律师需要学一点博弈论。只要律师以完全相反的方式工作，劝说顾客们放弃零和博弈的厮杀，就可以从庭外和解的非零和博弈中得到更多好处。

那么人类生活中的其他博弈呢？哪些是零和，哪些又是非零和？它们并不相同。我们应该在生活的哪些方面追求零和博弈，又在哪些方面追求非零和博弈呢？生活中哪些方面值得“嫉妒”，哪些又值得合作并打败“银行家”呢？举个例子，当我们和老板对工资讨价还价时，我们是被“嫉妒”驱使，还是通过合作让我们的真实收入最大化呢？在现实生活中，我们是否把“非零和博弈”误会为“零和博弈”，正如我们在那个心理实验中一样呢？我只能简单提出这些复杂的问题，因为他们的答案已经超出本书涵盖的范围了。

足球就是一场零和博弈。至少它一般是这样。少数情况下它能变成一个非零和博弈（英式橄榄球、澳大利亚橄榄球、美式橄榄球、爱尔兰橄榄球则一直是非零和博弈），这在1977年的英格兰足球联赛中发生过。联赛中的队伍被分为四级。俱乐部在比赛中互相对抗，以积分决定它们的晋级或降级。甲级联赛声名远扬，俱乐部可以趁机从巨大观众群中捞得丰厚利润。在赛季结束时，甲级中排名最后的3个俱乐部降级，进入下一赛季的乙级联赛。降级是一个惨痛的命运，值得不惜一切去避免。

1977年5月8日是本赛季的最后一天。甲级联赛中3个保级名额中的2个已经被确定，第三个正等待揭晓，它将从桑德兰队、布里斯托队与考文垂队中诞生。如果桑德兰队输了这场比赛，布里斯托与考文垂只要打成平手，便可以共同留在甲级联赛。但如果桑德兰赢了，布里斯托与考文垂比赛中的输家就会被降级。这两场关键比赛理论上是同时进行的。但事实上，布里斯托对考文垂的比赛刚好推迟了 5 分钟开始。这种情况下，桑德兰队的结果在布里斯托对考文垂的比赛结束前便为两队所知晓了。这便埋下了这个复杂故事的伏笔。

布里斯托与考文垂间的大部分比赛时间，用当时一份新闻报道来说，是“迅猛激烈”的，激动人心。赛前双方各自定下的 2 个进球的目标，在比赛 80 分钟时已经达到。比赛结束前 2 分钟时，桑德兰输了的消息迅速传了过来。考文垂的经理迅速让场边的巨大电子信息屏放出了这条消息。所有 22 名队员显然都看到并且意识到无须多事了，一个平局足以让双方都能逃避保级的命运。而如果试图进球会使情况更糟，这意味着把球员从防守转向进攻，将承担战败而降级的风险。我们还是引用那份新闻报道吧。“在唐·吉利斯（Don Gillies）80 分钟时的进球帮助球队和布里斯托战成平手时，双方的支持者 1 秒钟前还是分外眼红的仇人，1 秒钟后却迅速加入一场共同的狂欢庆祝中。裁判罗恩·查利斯（Ron Challis）无奈地看着球员们把球传来传去，于对手完全没有任何威胁。之前的零和博弈在外界新闻的影响下迅速变成一场非零和博弈。在我们早先的讨论情况下，就好比外部的“银行家”奇迹般地出现了，使得布里斯托和考文垂从平局结果中得到好处。

类似足球这种观赏运动通常是零和博弈，理由是观看双方的剧烈对抗比友好比赛更为激动人心。但现实生活——无论是人类生活或者是植物、动物的生活中——并非为观众所设计。事实上，现实生活中的大部分情况都是非零和博弈，社会扮演了“银行家”的角色，个人则可以从对方的成功中获益。我们可以看到，在自私的基因的基本原理的指导下，即使在自私的人类世界里，合作与互助同样促使社会兴旺发展。我们现在可以从阿克塞尔罗德的定义出发去理解，好人确实有好报。

但这只能在博弈重复进行下才能发生。博弈者必须清楚这并不是他们之间最后一场博弈。用阿克塞尔罗德艰涩的用语来说，“未来的阴影”还很长。但这需要有多长？它不可以无限长。理论上说，博弈的长度并不重要，重要的是博弈双方必须都不清楚博弈结束的时间。假设你我正在进行一场博弈，我们都知道博弈的重复次数为 100 回合，那么我们彼此清楚，第 100 回合将等同于一场简单的一次性“囚徒困境”。这种情况下，最理性的决策是我们双方各自在最后一轮打出“背叛”。自然，我们也彼此能预测对方也会“背叛”，这使得最后一轮的结果毫无悬念。既已如此，第 99 轮则相当于一次性博弈，而双方能做出的唯一理性决策则是“背叛”。第 98 轮同理。在两个完全理性并假设对方同样理性的博弈者处，如果他们知道比赛的回合数，他们只能彼此不停“背叛”。于是当博弈理论家谈论“重复囚徒困境”时，他们经常假设博弈的终点不可知，或者只有“银行家”知道。

即使博弈的重复次数不得而知，在现实生活中，我们经常可以采用统计方法来预测博弈的持续时间长度。这种预测则成了博弈策略中很重要的一部分。如果我注意到“银行家”开始坐立不安，不停地看他的手表，我可以猜到此游戏即将结束，那么我便可以尝试背叛。如果我发现你也注意到银行家的坐立不安，我也会开始担心你背叛的可能性。我也许会过于紧张，而提前让自己先背叛，即使我开始担心你也许会担心我……

在一次性与重复囚徒困境博弈中，数学家简单的直觉也许太过于简单。每一个选手都可以持续预测博弈进行的长度。他的估计越长，他的选择就会越接近数学家在重复博弈中的预测，更善良，更宽容，更不嫉妒。反之，他的选择就会更接近数学家在一次性博弈中的预测，更恶劣、更不宽容。

阿克塞尔罗德对“未来的阴影”的重要性的阐述来自第一次世界大战时形成的“自己活，也让别人活”的现象。他的研究资源来自历史学家与社会学家托尼·阿什沃思（Tony Ashworth）。“一战”时的圣诞节，英军与德军有时会友好相处，在无人区一起喝酒。这种现象早已为世人所知。但事实上，更为有趣的是，这种非正式非官方，甚至没有口头协定的友好协议，这种“自己活，也让别人活”的系统，早在1914年便在前线上下流行，持续了至少2年。一个英国高级将领在巡视战壕时，曾提及他看到德国士兵在英军前线来复枪射程内散步时的惊讶：“我们的士兵好像并没有注意。我私下决定当我们接手它时，应该阻止这种事情的发生，决不能允许这种事情出现。这些人似乎并不知道这是一场战争。显然双方都相信‘自己活，也让别人活’的想法。”

博弈论与囚徒困境在当时还未出现，但如今在事后，我们可以清楚地理解当时的情况。阿克塞尔罗德提供了一个精彩的分析。在当时的壕堑战中，每个野战排的“未来的阴影”都很长。这便表示，每支英军的挖掘队伍都可能需要与同一支德军队伍对峙好几个月。另外，普通士兵永远不知道他们是否，或何时会离开，因为大家都知道军队的决策专断随意，变化无常。在这里“未来的阴影”长而不定，促使了“针锋相对”式合作的开始。这种情况已经类似于一场囚徒困境的博弈了。

我们还记得，要成为一场真正的“囚徒困境”，回报必须有特定的次序规则。双方必须同时认为共同合作优于互相背叛。在对方合作时背叛则为更佳，在对方背叛时合作为最劣。彼此背叛则是将军们所喜的，他们想看到他们的士兵在机会到来之时将对方捏得粉身碎骨。

将军们并不愿意看到互助合作的场面，这对于赢得战争毫无帮助。但这对于双方的普通士兵而言却是求之不得的好事，他们并不愿意付出生命的代价。必须承认，他们也许认可将军的观点，希望己方能获得胜利，这便是形成囚徒困境的第二层回报，但获得战争胜利并不是每个普通士兵的选择。战争的最终结果并不太可能从物质上极大地惠于个人。虽然无论是出自爱国主义抑或是遵守纪律，你可能觉得从背叛循环中逃出去也是不错的。但与你穿越无人区后的某些敌军士兵互助合作，则很可能影响你本人的命运，而且这大大优于互相背叛。这便使整个情况形成一个真正的囚徒困境。类似“针锋相对”的行为注定要发生，也确实发生了。

在任何战壕前线上的局部稳定策略并不一定是“针锋相对”，后者是属于善良，虽报复但宽容的策略家族中的一员。这些策略即使在理论上也并不完全稳定，至少很难在兴起时被改变。比如，根据一份当时的记录，三次“针锋相对”在一个区域同时形成。

> 我们走出深夜的战壕……德国人也走了出来，所以出于礼貌，我们不该开枪。最恶劣的事情是枪榴弹……它们如果落入战壕，就会杀死大概 9~10 个人……但除非德国人特别吵，否则我们不应该使用这些武器。因为他们也可以采取报复，我们也许没有一个人可以回去。

“针锋相对”家族中这些策略有一个很重要的共同点：背叛

的选手将得到惩罚。复仇的威胁必须始终在此。在“自己活，也让别人活”系统中，报复能力的展示通常引人注目。双方不断攻击敌军不远处的虚拟目标——一种如今也在西方电影中使用的技巧，比如射灭蜡烛火焰，而不是敌军本身，以展示其百发百中、极具威胁的攻击。在另一个问题上——为什么美国罔顾顶尖物理学家们的愿望，使用了两颗原子弹来毁灭两座城市，而不是用类似攻击蜡烛的策略——这一机制也能圆满地回答。

与“针锋相对”类似的策略都有一个重要的特征：它们都很宽容。这有助于减少长期报复恶性循环的产生。这位英国军官再次戏剧化地描述这种平息报复的重要性：

> 当我正在与某连的人喝茶时，我们听到许多喊叫声，于是出来查看。我们看见我们的人与德国人各自站在战壕前的矮墙上。突然炮声骤响，却无人受伤。双方很自然地卧倒，我们的人开始咒骂德国人。这时一个勇敢的德国人站起身来大喊：“我们很抱歉，我们希望没有人受伤。我们不是故意的，都是那个该死的普鲁士大炮！”

阿克塞尔罗德对这个道歉的评价是：“仅将责任推卸给机械，有效阻止了报复。它表达了道德上对于辜负信任的歉意，也表达了对有人可能受伤的关切。这确实是一个令人钦佩的勇敢的德国人。”

阿克塞尔罗德还也强调，在保持互相信任的稳定状况时，预见性与仪式感十分重要。一个愉快的例子是：一个德国士兵提到，英国大炮每天晚上会根据钟点有规律地在前线一些地方开火：

> 七点钟到了，英国人开炮了。他们十分准时，你都可以据此

来校正手表……他们永远有着相同的目标，非常准确，从未在前后左右偏移过标志……甚至有一些好奇的同伴……会在七点前一点爬出去看英国人开炮。

根据英军的记录，德国大炮也在做同样的事情：

（德国人）选择的目标、射击的时间与回合都十分规律……琼斯上校知道每一炮发出的时间。他的计算十分准确。他甚至敢于做一些初生牛犊式的行为，冒险去到炮击的地点。因为他知道炮击将在他到达前停止。

阿克塞尔罗德对此的评注是："这种仪式性的炮击与规律性的开火表达了双重信息。于上级军官，它们表达了抗争，而对于敌军，它们传递了和平。"

这种"自己活，也让别人活"的系统本可以通过口头沟通获得，由理性的策略家在圆桌上讨价还价得到。事实上它无法这么做。它通过人们回应对方行为的方式传递，在一系列的局部约定中形成。阿克塞尔罗德计算机中的策略完全没有意识。它们的善意或恶意、宽容或记仇、嫉妒或大气，仅由其行为定义。程序员也许有其他的想法，但这并不相关。一个策略是否善良，仅通过行为确认，而并非通过其动机（因为它没有）或作者的性格（当程序运行时这已经成为历史了）。一个计算机程序可以以其策略方式来施为，它并不需要知道自己的策略如何，或者任何其他事情。

我们当然知道策略家是否有意识并不相关。这本书已经提到许多无意识的策略家。阿克塞尔罗德的程序便是我们在这本书里用以思考动植物，甚至基因的优秀模型。我们现在可以问问，他那些关于宽容善良不嫉妒的成功例子与优化结论是否可以用于自然世界？答案是肯定的，自然界一向如此。唯一条件是自然优势需要设定未来的阴影很长的囚徒困境，而且是非零和博弈。这些条件在生物王国中一直成立。

没有人会认为细菌是一个有意识的策略家，但寄生菌们天衣无缝地与它们的寄主演绎着囚徒困境。我们没有理由不采用阿克塞尔罗德的理论——善良、宽容、不嫉妒等等，来研究它们的策略。阿克塞尔罗德和汉密尔顿指出，那些无害且有益的细菌可以在人们受伤时，变成有害甚至致命的败血症。医生会说人体的“自然抵抗能力”在受伤时会下降。但也许真实的原因正是囚徒困境的博弈。在人体内，细菌是否有所收获，同时也不停检验其回报呢？在人体和细菌的博弈中，“未来的阴影”通常很长，因为一个普通人可以在任何起始点活上很多年。然而，一个严重伤者则可能给其寄生菌带来较短的未来。“背叛的诱惑”突然比“互相合作的奖赏”更有诱惑力。当然，细菌在它们邪恶的小头脑里可没有计算这些东西！代代细菌的自然选择已经将它们培养成一个无意识的生物，首要任务是以生物化学来维系生命。

根据阿克塞尔罗德和汉密尔顿的分析，虽然植物明显没有意识，但它们懂得复仇。无花果树和榕小蜂享有紧密合作的关系。我们所吃的无花果其实不是果实，无花果顶端有一个小洞，如果你可以缩小成榕小蜂的尺寸，进入这个小洞（榕小蜂非常小，小得当我们吃无花果时都不会注意到它），就可以看见无花果壁上有许许多多小花。无花果其实是花朵们的阴暗温室与授粉房间，而授粉过程要靠榕小蜂来完成。无花果树为榕小蜂提供栖息地，而榕小蜂在这些小花里产卵。对于榕小蜂来说，“背叛”指的是在无花果内的许多花朵中产卵，使得它们无法互相授粉。无花果树如何“报复”呢？阿克塞尔罗德和汉密尔顿说：“许多情况下，如果榕小蜂进入一棵年轻的无花果，却不为花朵授粉，而是在大部分花朵中产卵，无花果树将除去这颗还处于生长中的无花果，使得所有榕小蜂的后代都走向死亡。”

艾瑞克·费希尔则在海鲈鱼——一种雌雄同体的鱼身上发现了一个奇怪的现象，正好说明了自然界的“针锋相对”。与我们不同，这种鱼的性别不是由生命孕育时的染色体决定的。每一条鱼都有雄性与雌性的功能，交配时可以选择产生卵子或精子。他们双双缔结一夫一妻的组合，轮流交换性别分饰雌雄角色。我们也许可以推测，由于雄性角色相对方便，海鲈鱼也许更愿意饰演雄性角色，而逃离合作关系。也就是说，如果其中一条鱼可以成功劝服伴侣持续饰演雌性角色，它就可以逃离其对孵卵生产的责任，而将资源投入其他事情，比如和其他鱼交配等。

事实上，费希尔却发现海鲈鱼以一种严格的轮换机制进行其繁衍过程。这就是我们所预料的“针锋相对”。这个博弈正是一个真正的囚徒博弈，虽然有些复杂，但这说明了鲈鱼们为何采取这个策略。在这里，“合作”表示在轮到其产卵时扮演雌性角色，“背叛”则是在轮到时试图扮演雄性角色。这种“背叛”很容易引起报复，伴侣可能会在下一次拒绝扮演雌性角色，或者“她”可以直接中断伴侣关系。费希尔确实也发现了，那些性别角色担当次数不等的伴侣容易分手。

社会学家和心理学家会提出一个问题：为什么有人会愿意捐赠血液（在英国等国家，血液捐赠为无偿）？我不觉得这个答案在互惠或伪装的自私下有那么简单。当这些长期血液捐赠者需要输血时，他们并未得到任何优先次序，也没有人给他们颁发金星奖章。也许我过于天真了，但我觉得这是一种真正的、纯粹的无私利他主义。这是因为吸血蝙蝠之间的血液共享刚好符合阿克塞尔罗德的模型。G. S. 威尔金森（G. S. Wilkinson）的研究表明了这一点。

吸血蝙蝠以在夜里吸血为生。它们要得到食物并不容易，但每每得到的都是大餐。当黎明降临，一些不走运的蝙蝠可能会空着肚子回家，另一些则可能找到一个受害者，吸了充足的血液。第二天晚上，同样的故事又在上演。在这种情况下，一个互助的利他主义是可能产生的。威尔金森发现那些在夜里吸饱血液的幸运儿确实会将一些血液返流，捐赠给不走运的同伴。威尔金森观察了 110 例血液捐赠，其中有 77 次是母亲喂养孩子，而大部分其他的血液捐赠发生在近亲中。在完全没有血缘的蝙蝠中，一些血液捐赠的例子依然存在，"血浓于水" 的说法看来并不完全符合事实。但是，这些共享血液的蝙蝠也经常是室友，它们有许多机会与对方持续打交道，这正是重复囚徒博弈所必须满足的条件。但囚徒博弈的其他条件呢？下页表 12-4 的回报表格显示了我们对此的预期。

吸血蝙蝠的情况真的和这张表格一样吗？威尔金森对那些饿肚子的蝙蝠的体重下降速率进行计算。通过对饱食、饥肠与处于中间段的蝙蝠饿死速率进行分别计算，他算得血液得以维持生命的时间。他发现了一个并不惊奇的结论：这些速率并不相等，取决于蝙蝠的饥饿程度。比起吃饱喝足的蝙蝠，相同的血液量可以为饥肠辘辘的生命维持更多的时间。也就是说，虽然捐血可以增加捐赠者饿死的速率，但救助濒死生命的意义要大得多。这似乎表示蝙蝠的情况确实符合囚徒困境的规则。将血液捐赠给同伴中的所需者，比留着自用更为珍贵。在雌蝙蝠（吸血蝙蝠的社交范围为雌性）饥肠辘辘的夜里，可以从伙伴的捐赠中获益良多。当然，如果雌蝙蝠选择“背叛”，拒绝给同伴捐赠血液，逃离互助的责任，雌蝙蝠可以受益更多。在这里，“逃离互助责任”只在蝙蝠确实采取“针锋相对”策略时才有意义。那么，“针锋相对”在演化中的其他条件是否能满足呢？

表 12—4　吸血蝙蝠的血液捐赠：在各种情况下我的回报

		你的出牌	
		合作	**背叛**
我的出牌	**合作**	比较好 **相互合作的奖赏** 在我不走运的夜晚里我能得到血液，这可以拯救我的生命。在我幸运的那些夜晚里，我需要捐出我的一些血液，这对我来说并不是什么大问题。	很坏 **失败者的代价** 我在运气好的时候用我的血液救了你的性命。但当我不幸时你却不帮助我，我有饿死的巨大风险。
	背叛	很好 **背叛的诱惑** 在我不走运的夜里你用血液救了我，但下次我走运时我却不用血液救助你，我得到更多好处。	比较坏 **相互背叛的惩罚** 在我幸运时我不花费自身任何代价来帮助你，但当我不幸时，我也有饿死的巨大风险。

重要的是，这些蝙蝠是否能够互相辨别呢？威尔金森的实验结果是肯定的。他俘虏了一只蝙蝠，将其与同伴隔离，并饿了雌蝙蝠一夜，其他同伴则得以饱食。当这只不幸的俘虏返回巢穴时，

威尔金森就观察是否有任何蝙蝠给予其食物。这个实验重复了许多次，不同的蝙蝠轮流作为饥饿的俘虏又被送返。俘虏的蝙蝠们来自相隔数英里的两个巢穴，两个独立的组织。如果蝙蝠可以辨别它们的朋友，这只饥饿的蝙蝠将可以从也只能从自己的巢穴中获得帮助。

这正是事实。在观察到的 13 个血液捐赠者中，12 个捐赠者是饥饿者的“老朋友”，来自同一个巢穴。来自不同巢穴的“新朋友”只喂养了 1 次饥饿的蝙蝠。这也许是个巧合，但当我们计算这个范例时，它发生的概率只小于$\frac{1}{500}$。我们可以信心十足地总结，蝙蝠确实更偏爱帮助老朋友，而不是另一个巢穴的陌生人。

吸血蝙蝠是神秘的。对于维多利亚哥特小说的迷恋者来说，它们经常是在夜里恐吓他人、吸食血液、牺牲无辜生命以满足私欲的黑暗力量，再加上其他维多利亚时期的神秘事件，以及蝙蝠天生鲜红的牙齿和爪子，吸血鬼蝙蝠不正是自然界自私基因的最令人恐惧的力量的化身吗？我对于这些神秘事件嗤之以鼻。如果我们想知道一个事件背后的真相，就需要研究。达尔文主义赋予我们的并不是对一个特定生物的详细描述，而是一个更微妙，却更有价值的工具：对原理的理解。如果我们一定要加进一个神秘事件，那便是真相——关于吸血蝙蝠高尚品格的故事。对于蝙蝠自身，血并不浓于水。它们超越亲属关系，在忠诚的朋友间形成它们长久坚实的纽带。吸血蝙蝠可以讲述一个新的神秘故事，一个关于共享、互助、合作的故事。它们昭示这一个善良的思想：即使我们都由自私的基因掌舵，好人终有好报。

第 13 章

基因的延伸

自私基因的理论核心中有个矛盾很令人不安，这个矛盾存在于基因与生命的载体——生命体之间。一方面，我们已经得到一个漂亮的故事：独立的DNA复制因子如羚羊般灵活，它们自由奔放地世代相传，在一次性的生物容器中临时组合，不朽的双螺旋则不停改组演替，在形成终将腐朽的肉体时磨炼，最终走向各自的永恒。另一方面，如果我们只观察生命个体本身，每一个生命都是一台自成一体的仪器，它完美无缺，复杂精密，却又统一结合，组织紧密。生命体并非只是一个松散临时的基因组合所构成的产品。在精子与卵子即将开启一个新的基因混杂过程时，这些“交战”的基因载体并非刚刚认识彼此。生命体凭借专注的大脑协调着肢体与感觉器官进行合作，以完成各种生物目的。作为载体，它的工作已臻极致。

在本书的一些章节里，我们已经考虑过将个体生物看作一个载体，这个载体的任务是努力扩大传递基因的成功率。我们想象个体动物进行着复杂的思考，计算着各种行为的基因优势。但在另一些章节里，这些基础的理性思维则是从基因角度出发考虑的。如果失去了基因的角度，生命体便失去“关照”其繁衍成功率与亲属的理由，会转而考虑其他因素，比如它自身的寿命。

这两种对生命的思考方式之间的矛盾如何解决？我曾经在《延伸的表型》一书中尝试回答这个问题。这本书是我职业生涯中最高的成就，是我的骄傲与乐趣。本章节是该书几个主题的简要概括，但我更希望你们合上现在手中这本书，打开《延伸的表型》开始阅读。

达尔文主义的自然选择一般不直接作用于基因本身。DNA隐藏于蛋白质中，包裹于细胞膜里，与世隔绝，不为自然选择所见。

即使自然选择试图直接选择DNA分子，它也找不到任何选择规则。所有基因看似相同，就像所有磁带从外表看都无甚区别一样。它们的不同之处在于其在胚胎发育过程中发挥的作用，还有进而对生物体的不同外表与行为的塑造作用。成功的基因对胚胎有良性影响，即使环境中还有许多其他基因也同时作用于同一个胚胎。这里的良性影响指的是它们让胚胎有可能成功发育为健康的成人，而此成人有可能制造后代，将相同的基因传递给子孙。有一个专业词汇“表型”，专指基因的生物表征，也就是一个基因相对于其等位基因在发育中对生物体的作用。举个例子，一些基因的表型为绿颜色的眼珠。不过事实上，大部分基因都有超过一个以上的表型：比如绿眼和卷发。自然选择会偏爱某一些基因而摈弃另一些基因，这取决于基因的作用结果——表型，而不是基因本身。

达尔文主义者通常只选择那些表型有助于或有害于生物体生存或繁殖的基因予以讨论，他们倾向于不考虑基因本身的利害，部分原因是这个理论核心的矛盾。比如，某个基因也许有助于提高捕食者的奔跑速度。捕食者的身体——包括所有基因——都会因其较快的奔跑速度而获得成功，它的速度有助于其生存、繁衍后代，更多地传递自身基因，包括那个加快奔跑速度的基因。理论的矛盾迎刃而解，于基因有利者亦有利于整个生命体。

但如果这个基因的表型只对其有利，却对整个身体的其他基因有害呢？这个问题并非异想天开。有一个意味深长的现象便是既存实例：减数分裂驱动。你也许还记得，减数分裂是一种特殊的细胞分裂，染色体的数目减半，产生精子和卵子。正常的减数分裂是一个绝对公平的抽奖项目。在每一对等位基因中，只有幸运的那个可以进入给定的精子或卵子。但它分配的概率相当平均，如果拿许多精子（或卵子）取平均数以计算一对等位基因的不同数目，你将发现，其中的一半将得到一个等位基因，另一半则得到另一个等位基因，如同掷硬币一般公正。事实上，掷硬币看似随机，也有许多物理因素叠加式地影响着这个过程，比如环境中的风速、掷硬币的力度等等。减数分裂也是一个物理过程，受基因影响。如果存在一个基因，它并不作用于那些类似于眼睛颜色或头发之类明显的形状，而作用于减数分裂本身呢？比如说，这个基因可以促使自身在减数分裂中进入卵子。事实上，这种基因确实存在，名为分离变相因子。它们的工作原理简单而无情：在减数分裂时，分离变相因子广泛取代其等位基因以进入精子（卵子）。这种过程便是减数分裂驱动，甚至在该基因将对整个身体的形状，也就是全部基因产生致命的效果时，减数分裂驱动也可能发生。

在本书中我们已知道，生物可以用巧妙的方式“欺骗”它的社交同伴。而现在，我们讨论单个基因欺骗与它们共享同一身体的其他基因。遗传学家詹姆斯·克罗（James Crow）称他们为“破坏系统的基因”。有一个著名的分离变相因子为老鼠的 t 基因。当老鼠有一对 t 基因时，它们便会幼年夭折，或者胎死腹中。因此 t 基因在纯合子状态时，对生物体是致命的。如果一只雄性鼠只有一个 t 基因，可以正常健康地生活。然而，如果你检验一下这只雄鼠的精子，你将发现它有近 95% 的精子含有 t 基因，只有 5% 为正常的等位基因。这比我们通常想象的 50% 的概率要高出许多。如果在野生群体中，一个 t 基因由变异产生，它将立即星火燎原般地遍布整个种群。既然这个减数分裂的分配如此不公，t 基因又怎能不占尽天机？由于它传播迅速，种群中的大量老鼠会从父母处遗传得一对 t 基因，使得整个族群很快趋向灭绝。已有证据表明，t 基因传染病式的疯狂传播曾使野鼠彻底灭绝。

并非所有分离变相因子都如 t 基因一般具有极强的毁灭性，大部分只会导致一些不良的后果（几乎所有基因的副作用都是不良结果，一些新变异只会在优不敌劣时才会传播。如果良性作用与不良作用同时发生于生物体中，其结果依然有助于整个身体。但如果对身体只有不良作用，而基因独享好处，其结果对于生物体则是灾难）。除去这些有害的副作用外，如果变异产生了分离变相因子，它则一定倾向于在种群中传播。自然选择（最终毕竟还是发生于基因层面）偏爱分离变相因子，即使这对于生物体本身可能是灭顶之灾。

虽然分离变相因子存在于世间，但它们并不常见，可我们要追问：它们为何不常见？这其实也相当于问：为什么减数分裂通常如掷骰子般公平分配可能性？只有我们理解为什么生物存在时，这个答案才会水落石出。

许多生物学家认为生物的存在理所当然，这可能是因为它的构成部件完整无缺，浑然一体。生命的问题通常集中在生物层面。生物学家不停地问：为什么生物这么做？为什么生物那么做？他们会问：为什么生物聚集成社会群体？却不问（虽然他们更应该问）：为什么有生命的物质们最初组成了生物？为什么海洋不能如原始状态一般，自由漂浮着独立的复制因子？为什么古老的复制因子要聚集定居于肉体里？为什么这些肉体——正如你我般的个体生物——如此庞大，又如此复杂？

许多生物学家甚至很难发现这其实是一个问题，因为他们自然而然地在个体生物层面提出问题。一些生物学家走进微观，将

DNA 看作生物体用以复制自身的工具，就像眼睛是生物体观察世界的工具一样。这本书的读者们会发现这种错误的荒谬，认识非凡的真相，他们也将会认识到另一种态度：自私基因角度的生命层面也有许多问题。这个问题——几乎与前者完全相反——则是：为什么生物体会存在于世间，如此天然庞大，浑然一体，目的明确，迷惑了生物学家，使他们完全把问题搞错了次序？为了解决我们的问题，我们需要从清除大脑中的旧思想开始，不再把生物作为理所当然的事物。这种用以改变思想的工具，我把它称为“延伸的表型”。在这里，我开始做出改变。

在传统的定义里，基因的表型可见诸其对身体的作用，但我们将看到，基因的表型需要从其对整个世界的作用这一角度去思考。一个基因也许只能局限于其代代相传的生物体内，但这只是部分事实，不是我们的定义。要记住，基因的表型是用以在下一代中撬动自身的工具。我还要补充，这个工具也许不只限于此生物个体。这是什么意思？生物制造的工具便是一个例子，比如海狸的河坝、鸟巢与石蚕蛾的房子。

石蚕蛾是一种其貌不扬的棕色昆虫，当它们笨拙地在河面上飞舞时，一般不会引起我们的注意力。在化蛹前，它们需要经历一个很长的幼虫期，在河底闲庭信步。而石蚕蛾的幼虫与成虫截然不同，是地球上最神奇的生物之一。它们在河床上收集各种材料，利用自身制造的黏合剂，技艺精湛地为自己建造了一座管状房屋。这个房屋是可移动的，随着石蚕蛾一同行走。与蜗牛壳和寄居蟹的房子不同的是，石蚕蛾的房子是自己亲手建造的，而不是靠天资生长或觅得的。石蚕蛾会用树枝、枯叶的残片、小蜗牛壳等作为建筑材料。最神奇的要数那些建于石头上的房子。石蚕蛾仔细挑选石头，抛弃那些相较墙缝过大或过小的石头。它甚至会旋转石头，以寻求最合适的拼接角度。

为什么石蚕蛾的行为让我们如此惊讶？从另一个角度来说，我们应该会更欣赏石蚕蛾的眼睛或肘关节的结构，而不是它相对简单的石头房子。无论如何，眼睛和肘关节要比房子更复杂，更有“设计”感。然而，因为石蚕蛾与我们一样，眼睛与肘关节都是在娘胎中发育而成的，所以虽然听似不合逻辑，但我们对这些房子印象更加深刻。

虽然我已经越讲越远了，但我还是忍不住要继续讲下去。虽然我们被石蚕蛾的房子吸引，我们却自相矛盾地对那些与我们更接近的动物的类似成就更感兴趣。想象一下，这样的新闻可以很容易成为报纸头条：海洋生物学家发现一种海豚可以编制巨大而复杂、有 20 条海豚长的渔网！但我们对蜘蛛网却习以为常，视之为屋子里的垃圾而不是世界奇观。再想想珍妮·古道尔从贡贝河带回的那些轰动照片，野猩猩不厌其烦地选择可以粘连上浆的石头，以建造有屋顶、能保暖的房屋。而石蚕蛾也做着同样的事情，却只能吸引昙花一现的注意力。虽然你可以以双重标准的视角说蜘蛛和石蚕蛾只是基于本能去建造建筑，但那又怎样？这表示它们更值得叹服。

让我们先回到主题吧。没有人会怀疑石蚕蛾的房子是为了适应环境，由达尔文主义的自然选择而进化成的。它一定曾经受自然选择的偏爱，正像自然选择偏爱龙虾的硬壳一般，它们都是身体的保护层。于生物体与其全部基因而言，石蚕蛾的房子都是有益处的。然而，现在我们已经知道，当我们考虑自然选择时，某些对生物体的益处只是附带条件。只有对那些给予外壳保护性能的基因有益的性能，才适应自然选择。这便是龙虾的故事了，因为龙虾的壳确实是身体的一部分。那么石蚕蛾的房子呢？

自然选择钟爱石蚕蛾体内可以建造好房子的基因。这些基因作用于行为学，大约在胚胎的神经系统发育阶段起作用。实际上，遗传学家还可以看到基因对房子形状与其他性能的作用，他甚至可以辨认出那些作用于房子形状的基因，正如他辨认作用于大腿形状的基因一样。必须承认，没有人实际研究过指导石蚕蛾建房子的基因。如果要这么做，你需要单独饲养石蚕蛾，并仔细记录其家族历史。但养殖石蚕蛾十分困难。然而，你并不需要研究石蚕蛾的基因，便已可以确定基因曾经——至少一次——造就了不同的石蚕蛾的房子。你只需要相信石蚕蛾的房子来自达尔文主义的适者生存，因为如果没有遗传的差异可供选择，自然选择无法产生适者生存，所以，控制石蚕蛾房子差异的基因一定存在。

于是，我们便可以将基因们称为“控制石头形状的基因”“控制石头尺寸的基因”“控制石头硬度的基因”等等，尽管遗传学家会觉得这也许不是一个好主意。任何反对这种称谓的人，也会反对诸如“控制眼睛颜色的基因”“控制豌豆皱褶的基因”等说法。反对的理由有：石头并非生物，而且基因不直接作用于石头的形状。遗传学家可能会说：“基因直接影响了神经系统，调节石头选择行为，而不是石头本身。”但是，我会叫这个遗传学家来好好研究：基因作用于神经系统究竟是什么意思？所有基因可以直接影响的只有蛋白质合成。说基因作用于神经系统，进而影响眼睛颜色、豌豆皱褶等，都是基因的间接作用。基因决定了蛋白质序列，而后影响了 X，进而影响了 Y，又接着影响了 Z，最终导致豌豆表面出现皱褶，或者说神经系统细胞接线。石蚕蛾的房子只是这种次序的进一步延伸，石头的硬度受石蚕蛾基因的延伸表型的影响。如果我们可以说基因影响了豌豆的皱褶或动物的神经系统（所有遗传学家都认可这一点），那么我们也可以说，基因影响了石蚕蛾房子的石头硬度。这听起来可能有点惊世骇俗，但其推理无懈可击。

我们可以进一步推理：一个生物体内的基因可以对另一个生物体有延伸表型影响。石蚕蛾的房子帮助我们理解了上一步，下一步我们则需要蜗牛壳来帮忙。蜗牛壳的作用与石蚕蛾的房子很相似，它由蜗牛自身的细胞分泌而成。一个传统的遗传学家应该会高兴地说："基因控制了蜗牛壳的性能，比如壳的厚度。"但研究发现，被某种吸虫（扁虫）寄生的蜗牛有特别厚的壳。这是什么意思呢？如果被寄生的蜗牛壳特别薄，我们可以解释为蜗牛体质衰弱所致，但厚壳可以更好地保护蜗牛，似乎这些寄生吸虫用增强蜗牛壳来保护宿主。这可能吗？

我们需要更仔细地想想了。如果厚壳对蜗牛有益，为什么不是所有蜗牛都拥有厚壳呢？答案也许在于成本效益。蜗牛造壳花费巨大，它们需要从难得的食物中吸取钙和其他化学物质来完成这一过程。如果这些资源不用于制造蜗牛壳，则完全可以用于其他用途，比如制造更多的后代等。蜗牛辛苦耗资建造厚壳，只为了让自己安全度日。虽然它可以延年益寿，却付出了繁衍后代减少与无法传递基因的风险代价，这些被淘汰的基因里就有制造厚壳的基因。也就是说，蜗牛壳是可厚可薄（后者原因显而易见）的。如果吸虫使得蜗牛分泌厚壳，它并没有让蜗牛得到好处，除非它承担了制造厚壳的代价。另一方面，我们也可以有把握地说：吸虫不可能如此慷慨。它分泌的一些秘密化学物质作用于蜗牛，使其抛弃进化偏爱的蜗牛壳厚度。这也许有助于蜗牛长寿，但它对蜗牛的基因无甚好处。

吸虫是怎么做到的呢？它又为什么要这么做？我的猜想是：在其他条件相同的情况下，蜗牛基因与吸虫基因都可从蜗牛的生存中得到好处。但生存并非繁衍，蜗牛基因自然可从蜗牛的繁衍中得到收获，但吸虫的基因不能，因为吸虫无法将其基因转移到蜗牛的后代中，但吸虫的天敌们也许可以。蜗牛的长寿固然将耗费其繁衍的效率，蜗牛的基因不会愿意付出这个代价，因为它们的未来完全寄托于蜗牛的繁衍上。因此，我认为吸虫的基因对蜗牛分泌细胞产生影响，这种影响对双方都有益，而只耗费蜗牛基因。这种理论尚未经过实验，尽管实验结果可以轻易确定这个猜想。

我们现在可以总结一下石蚕蛾教给我们的事情了。如果我对于吸虫基因的推测是正确的话，我们便可以有把握地说，吸虫基因与蜗牛基因对于蜗牛身体的作用是相似的。基因从其自身身体中逃逸出，操纵着外部世界，而石蚕蛾仅满足于基因作用被限制于其体内。虽然这句话可能会使遗传学家觉得不舒服，但如果仔细研究遗传学家所说的“基因作用”，他们的不舒服只是不在点上。我们需要接受的只是吸虫适应了蜗牛壳的变化。若果真如此，它便是通过吸虫基因的自然选择实现的。表型可以延伸的对象不只是无生命的石头，还有其他生命体。

蜗牛与吸虫的故事只是个开始。大家都知道，所有寄生虫都对其宿主有巨大而隐秘的影响。有一种原生寄生生物叫微孢子虫，可以侵入面粉甲虫的幼虫体内。研究发现微孢子虫可以制造一种对甲虫特别特殊的化学物质。如同其他昆虫一样，面粉甲虫能产生一种保幼激素，当甲虫幼虫停止分泌保幼激素时，身体内其他要素便被“触发”而发育成成虫。微孢子虫则可以合成这种保幼激素。成千上万的微孢子虫聚集一处，在甲虫幼虫体内产生大量的保幼激素，阻止其变成成虫。幼虫持续发育，体形逐渐长大，体重可以超过正常成虫的两倍。这对甲虫基因的传播没有好处，但却是微孢子虫生长的聚宝盆。甲虫的巨型幼虫便是原生动物基因的一种延伸表型。

“寄生去势”的故事可能会让你得到更多弗洛伊德式的忧虑，而不是幼虫们彼得·潘式的浪漫。一种叫蟹奴的生物寄居于螃蟹身上，它看起来像是一种寄居生物，但与藤壶亲缘相近。它可以将其细密的足部系统深深扎入螃蟹的组织中，从这只不幸的螃蟹体内吸取营养。也许并非偶然，螃蟹第一个受攻击的地方是其睾丸或卵巢，其他生存所需（而非繁衍所需）的器官则得以暂保安全。螃蟹由此被寄生的蟹奴去势。正如被阉割以育肉的牛犊一样，被去势的螃蟹将能量与资源转向自身身体，以失去繁衍的代价喂肥了寄生生物。这个故事和我之前关于微孢子虫与面粉甲虫、吸虫与蜗牛的故事非常相似。在这三个例子中，如果我们接受寄主的改变是为满足寄生生物利益的达尔文主义的适者生存，它们便可看作寄生生物基因的延伸表型。在这里基因离开某一个体身体，影响了其他个体的表型。

在很大程度上，寄生生物和宿主的基因利益可能重合。从自私基因的角度看，我们可以认为吸虫基因与蜗牛基因都是蜗牛体内的“寄生虫”。它们都从相同的保护壳中得到益处，尽管它们对具体保护壳厚度有分歧。这种分歧从根本上来自它们离开蜗牛身体的方式、进入另一个身体的方式的不同。对于蜗牛基因而言，离开身体的方式是通过蜗牛的精子或卵子，而吸虫基因非常不同，具体方式非常复杂，我们就不多说细节了，重要的是它们的基因并不通过蜗牛的精子或卵子离开蜗牛的身体。

我认为对于任何寄生生物而言，最重要的问题是：它将基因传递给后代的方式是否和宿主的基因相同。如果不同，我便认为它通过各种方式损害了宿主。但如果相同，寄生生物可以做的便是帮助其宿主生存并繁衍。随着演化的进行，它将不再是一个寄生生物，而将与宿主合作，甚至最终融入宿主组织，完全无法辨认其原为寄生虫。我在第 10 章曾提出过，我们的细胞已经走过这种演化过程，我们实际上是所有古代寄生生物合成的遗物。如果寄生生物与宿主的基因共享一种离开方式，会是怎样的情况？有一种细菌寄生于擅长钻木的豚草甲虫（属于 *Xyleborus ferrugineus* 一种）中，它不仅居住于宿主体内，还会利用其卵作为交通工具，以寻得另一个新宿主。这种寄生细菌基因的得益方式与其寄宿基因几乎完全相同，可以预料，这两组基因由于相同的原因被绑在一起，正如一个生物体的全部基因一样，哪些是“甲虫基因”，哪些是“细菌基因”已经无关紧要了。两组基因都寄希望于甲虫的生存与甲虫卵的传播，因为甲虫卵是它们共同抵达未来的方式。于是，细菌基因与宿主基因共享一个命运，在我的解释中，我们可以预计细菌将在生活中的各个方面与甲虫共同合作。

事实上，“合作”一词还不足以形容它们之间的关系，这些细菌与甲虫简直是亲密无间的。这种甲虫和蜜蜂、蚂蚁一样，都是单倍体生物（见第 10 章），受精卵始终发育为雌性，而未受精卵永远为雄性。这也就是说，雄性昆虫并没有父亲，而是由卵子未经受精发育而成。但和蜜蜂、蚂蚁的卵子不同，豚草甲虫的卵子需要被刺破才能发育为雄性。细菌便应召而到，刺破未受精的卵子，使它们成为雄性甲虫。这些细菌便是我说的那些停止寄生而与宿主共生的“寄生生物”，它们随着宿主的卵子、宿主本身的基因一起传播。最终，它们的身体很有可能消失殆尽，完全融入宿主的身体中。

这种神奇的现象如今依然能在水螅身上找到。水螅是一种静止不动、有触手的微小动物，是淡水中的海葵，水藻可以寄居于它们的组织中。在两种水螅庶民水螅（*Hydra vulgaris*）与薄细水螅（*Hydra attenuata*）中，水藻是真正的寄生生物，可以损害水螅的健康。而在绿色水螅（*Chlorohydra viridissima*）中，水藻则始终存在于水螅的组织中，并供予其氧气，帮助水螅维持健康。这里开始有趣了，正如我们所预料的，在绿色水螅中，水藻通过水螅卵子将其传递到下一代，而在另两种水螅中，水藻并没有这么做。水藻与绿色水螅的基因利益重合，它们都愿意尽其所能来制造水螅卵子。但另两种水螅的基因与水藻基因不合，它们也许在水螅生存上有共同利益，但由于只有水螅基因关系水螅的繁衍，水藻于是成为有害寄生物，而不是通过合作与水螅一同演化。再重复一次，这里的要点是：寄生生物的基因需要与宿主基因追求共同命运，享有共同利益，这样寄生生物最终会停止寄生行为。

命运在这里指的是未来的后代。绿色水螅与水藻的基因、甲虫与细菌的基因都只能通过寄主的卵子而拥有未来，因此，无论寄生基因如何“计算”其最佳策略，它们都会精确，或者接近精确地得到与宿主基因计算所得的相同最佳策略。在蜗牛和吸虫寄生中，我们认为它们偏好的蜗牛壳厚度并不一致。在豚草甲虫与细菌的例子中，寄主和寄生动物可能对甲虫翅膀长度等身体的各个特征都有相同的偏好。我们不用具体知道甲虫如何使用其翅膀或者其他身体特征的细节，就能通过推理预测到：甲虫与细菌的基因都会竭尽所能，使甲虫得到相同的宿命——任何有利于传递甲虫卵子的宿命。

我们可以将这个推理推至一个逻辑性的结论，再用以分析正常的“自体的”基因。我们自己的基因互相合作，这不是因为它们都属于一个身体，而是因为它们共享一条未来的出路——精子或卵子。任何生物（比如人）的基因如果可以找到一条非常规的、不依赖精子或卵子的出路，它们就会选择这个新方向，并表现得不再合作。这是因为它们可以比其他体内的基因得到更好的未来。我们已经发现在一些例子中，基因因其自身利益而偏向减数分裂。也许还有其他基因可以从精子或卵子的“正常通道”中逃逸，另辟蹊径。

有些 DNA 片段并不在染色体中，而是在细胞液（特别是细菌细胞）中自由漂浮复制。它们的名字各异，比如类病毒或质粒等。质粒比细菌还要小，它通常只包含少数一些基因。一些质粒可以天衣无缝地将自身拼接为染色体，你甚至都不能发现它是拼接而成的，因为它的拼接极其自然，无法与染色体其他部分分辨开来。质粒还可以将自身分割。这种 DNA 的分割和拼接、从染色体中进出的能力，是本书第一版出版后发现的最激动人心的科学事实之一。这些近来关于质粒的证据可支持本书第 10 章的猜想（当时它还被认为有点荒谬）。从某些方面来说，这些片段是否来自入侵的寄生动物或者异己生物，其实并不重要，它们的行为可能是相同的。我会多讨论一点入侵片段，以阐释我的观点。

想想一个“叛逆”的人类 DNA，可以从自身染色体中逃出，自由漂浮于细胞中，甚至可以将其自身复制无数遍，再自己拼接成另一个染色体。这种“叛逆”的复制因子能找到怎样非常规的未来路径呢？我们的皮肤不断失去细胞，房子里的灰尘很多都是我们脱落的细胞，我们又呼吸着别人的细胞。如果你用指甲在嘴里划一圈，数以千计的活细胞将跟着你的指甲离开。情人之间的亲吻和爱抚也交换着无数的细胞。“叛逆”的 DNA 可以随着任何一个这种细胞搭上便车。如果基因发现进入另一个身体的非常规路径（或者非常规的精子 / 卵子途径），我们可以预测到，自然选择将促使并推动它们进行机会主义行为。对于一个自私的基因 / 延伸表型的理论学家而言，它们具体运用的方法则毫无疑义地与任何病毒诡计一模一样。

当我们感冒咳嗽时，我们通常认为这些惹人心烦的症状是病毒行为的副作用。但在某些情况下，它们更可能是病毒精心策划控制的方法，以帮助其寻得下一个宿主。病毒会使我们打喷嚏或剧烈咳嗽，从而使自己被呼出，进入大气。狂犬病病毒则由动物撕咬时的唾液传播。狂犬病是发生在狗身上的一种症状，它使得原本和善友好的动物变得凶猛，爱咬其他动物，口中始终充满唾液。更令人不安的是，正常的狗只在离家 1 英里（约 1.6 千米）的范围内待着，得狂犬病的狗则不眠不休地奔跑，使病毒可以散播得更远。甚至有人认为，狂犬病的恐水症状使病犬不停将唾沫从口中喷出，同时也传播着病毒。我没听说任何直接证据表明性传播疾病可以增加患者性欲，但我觉得这值得研究。有一种叫“西班牙苍蝇水”的春药据说是在让人发痒的时候发挥作用的，而发痒通常是一些病毒的拿手好戏。

如果比较一下叛逆的人类 DNA 与入侵的寄生病毒，可以发现它们之间没有什么重要的不同。实际上，病毒很可能是由一些入侵基因的集合演化而成的。如果我们一定要提出一些不同，那便是基因通过常规的精子 / 卵子途径在人体之间传播，而病毒另辟蹊径地通过非常规手段传播于人体之间。它们都可能包括来自自身染色体的基因，还有来自外来入侵的寄生生物的基因。或者就像我在第 10 章中推测的那样，也许所有“自身”染色体基因都可以被看成互相共生、寄生于彼此的。这两类基因最重要的不同处是它们的未来。一个感冒病毒基因与一个外来人类染色体基因都“希望”宿主打喷嚏，一个常规的染色体基因和一个性传播病毒都“希望”宿主交配。这样看来，耐人寻味的是，后两个基因也许都会希望宿主有性吸引力。而一个常规的染色体基因与传播进入宿主卵子的病毒，不仅都会希望宿主求欢成功，还会对其生活各个细节寄予厚望，甚至希望其成为忠诚的关爱孩子的父母，甚至祖父母。

石蚕蛾住在其房子中，而我一直在讨论的寄生动物居住于其宿主体内，这些基因则与它们的延伸表型在地理上非常接近，其接近程度不逊于基因本身的常规表型。但基因可以在一定距离外产生作用，延伸表型可以延伸至很远。我可以想到的最长的距离可以跨越一个湖。正如蜘蛛网和石蚕蛾的房子一样，海狸的河坝是真正的世界奇观之一。它肯定有其达尔文主义的目的，尽管现在尚不清楚。海狸建的“人工湖”可能用以保护海狸的住所不受捕食者侵害，也提供了方便的水路交通用以出行和运输货物。它的方法与加拿大木材公司的河流运输、18 世纪煤炭商人的运河运输出于完全相同的理由。无论谁受益，海狸的“人工湖”都是自然环境中引人注目的奇观。它如海狸的牙齿和尾巴一样，是一种表型，受达尔文主义的自然选择影响演化而成。自然选择需要基因差异，这里的差异则是功能优异的“人工湖”和不那么优异的“人工湖”。正如自然选择偏爱的基因能制造锋利的牙齿一样，它偏爱的基因也可以造出适合运输树木的“人工湖”。海狸的“人工湖”是海狸基因的延伸表型，它们可以延伸至上百码。多么长的地理延伸啊！

寄生动物也不一定要居住在其宿主身体中，它们的基因可以与宿主保持一定距离时发挥作用。布谷鸟的雏鸟并不在知更鸟或苇莺体内，它们并不需要吸血或者吞噬身体组织，但我们也毫不犹豫地将之标注为寄生动物。布谷鸟的自然适应性表现在控制养父母的行为上，这也可以看作布谷鸟基因在一定距离开外的延伸表现行为。

这些养父母被欺骗而帮助孵化布谷鸟蛋的行为很好解释。即使拾鸟蛋的人类也会被布谷鸟蛋迷惑，它们与草地鹨或苇莺蛋实在太相像了，不同的雌性布谷鸟还有与之对应的不同宿主。但之后，养父母对于成熟的小布谷鸟的态度比较难以理解。布谷鸟通常比其养父母体形都大，有时甚至巨大得十分怪异。我此时正看着成年岩鹨的照片。相比起庞然大物的“养子”，它的体形如此娇小，给养子喂食时只能攀上它的背部才能够得着。我们并不十分同情这些宿主，它们的愚蠢和轻信实在令人轻蔑。任何傻瓜都能轻易看出这种孩子肯定有问题。

我觉得布谷幼鸟肯定不止在外表上“欺骗”它们的宿主，它们似乎给宿主的神经系统“施了魔法”，作用类似那些容易上瘾的药。即便你对上瘾药物没有经验，也能够理解、同情宿主们的境遇。给一个男人看女性身体的图片，便可以唤起其性冲动，甚至勃起。他并没有被“欺骗”而认为这张图片其实是真实的女人，虽然他知道他只是对着铅墨打印的图片，他的神经系统依然有着和面对真实女性时相同的反应。我们可能会对某位异性无法抗拒，即使理智告诉我们他 / 她并不可能是长期的约会对象。这种感觉同样适用于对垃圾食品的无法抗拒。岩鹨也许对最佳长期利益并没有意识，它便更容易任其神经系统摆布，无法抗拒某些外界刺激。

布谷雏鸟的红色大嘴有着挡不住的诱惑力，鸟类学家甚至经常发现宿主鸟给另一只宿主巢内的布谷雏鸟喂食！这只鸟也许正带着喂养自己孩子的食物回家，但当它飞过另一只完全不同的宿主鸟巢边时，布谷雏鸟的红色大嘴突然出现于它的眼底，它便不由自主地停留，将原本留给自己孩子的食物投进布谷鸟的嘴中。这种“不可抗理论”与早期德国鸟类学家的理论不谋而合，这些鸟类学家认为养父母的行为如同“上瘾”，而布谷雏鸟是它们的“软肋”。尽管这种理论在现代实验学家处不是很受欢迎，但毫无疑问，如果我们假设布谷鸟的大嘴是一种超级刺激，类似于容易上瘾的强劲药物，我们就更容易解释事情的经过，也更容易同情这些站在庞大孩子背上的娇小父母了。它们并不愚蠢，“欺骗”也不是一个合适的词汇。它们的神经系统受到控制，正如一个不可救药的瘾君子一般不可抗拒药瘾，布谷鸟则好像一个科学家一样，将“电极”插进养父母的大脑。

但即使我们对这些受控制的养父母有了更多的同情，我们依然会问：为什么布谷鸟得以逃脱自然选择？为什么这些宿主的神经系统无法演化得更为坚强，从而抵挡住红色大嘴药物的诱惑？也许自然选择还没来得及完成这项工作，也许布谷鸟只是在最近几个世纪才开始寄生于现在这些宿主中的，也会在接下来几个世纪里被迫放弃而加害于其他种类的鸟。这个理论已经有一些证据了，但我还是觉得事情不这么简单。

在布谷鸟和其宿主们的进化“军备竞赛”中根植着不公，这是因为双方失败的代价并不等同。每一只布谷雏鸟都是经过一连串古代布谷鸟进化而得的后代，其中任何一只古布谷鸟都曾成功操纵了养父母，而那些无法操纵宿主，甚至只是暂时失去控制的布谷鸟都已在繁衍前死亡了。但对于每一只宿主鸟而言，它们的许多祖先都从未见过布谷鸟。那些被布谷鸟寄居的祖先也许短暂屈服了，但下一季依然有机会生养自己的后代。在这里，失败的代价并不等同。知更鸟或岩鹨的“无法抵抗布谷鸟”的基因可以轻易传给下一代，布谷鸟的“无法操纵养父母”的基因则无法传递给自身后代，这就是我所说的“根植不公”和“失败的代价不等同”。《伊索寓言》中有一句话可以概括这个故事：“兔子跑得比狐狸快，因为狐狸奔跑是为了晚餐，而兔子奔跑是为了活命。”我和我的同事约翰·克雷布斯将此概括为“生命与晚餐的原则”。

由于“生命与晚餐的原则”，动物们有时并不追求其最佳利益，而受到其他动物的操纵。事实上，它们确实是在追求其最佳利益。“生命与晚餐的原则”表示，它们理论上可以抗拒被操纵，但代价巨大。也许你需要更大的眼睛或大脑来抵挡布谷鸟的操纵，这是个不小的代价。因此，这种基因趋势实际上在传递基因时并不成功。

但我们再一次回到原先的观点：从生物体个体的角度去思考，而不是基因。当我们讨论吸虫和蜗牛时，我们已经习惯于认为，正如动物基因可以在自身身体产生表型影响一样，寄生生物的基因也可以在宿主身体中产生表型影响。我们所谓“自身身体”这个概念只是加重语气的假设。在某种意义上，身体内所有基因都是“寄生”基因，无论我们是否愿意称之为“自身”的基因，或者是其他。布谷鸟基因是作为不居住于寄主身体的一个例子出现在我们的讨论中的，它们操纵宿主的方式正如寄生的动物一样，也如其他体内药物或激素一样强大而不可抗拒。那么正如寄生生物的例子一样，我们现在需要把这个故事以基因和延伸表型的概念再讲一遍。

在布谷鸟和宿主的进化“军备竞赛”中，双方的进度均以基因变异产生与被自然选择选中的方式来决定。无论布谷鸟的大嘴是以怎样的方式如药物般作用于宿主的神经系统的，它都来自基因变异。这种变异通过其作用表现出来，比如作用于布谷鸟鸟嘴的颜色和形状，但这依然不是其最直接的影响。最直接的影响其实是细胞内肉眼不可见的化学变化，间接影响则是鸟嘴颜色和形状。现在我们来分析最重要的一点，只有一部分间接影响是这些布谷鸟基因作用于被迷惑的宿主。正如我们说布谷鸟基因对鸟嘴颜色和形状有表型作用一样，布谷鸟基因对宿主行为也有（延伸性）表型作用。寄生生物基因对宿主身体产生作用的方式并不限于寄生生物居住于宿主身体中，直接以化学作用操纵宿主，还包括当寄生虫离开宿主身体后，依然在一定距离外操纵着宿主。事实上，我们还将看到，即使化学作用也能在体外进行。

布谷鸟是一种神奇的、引人深思的生物，但昆虫的成就可以超过任何脊椎动物，它们的优势在于数量。我的同事罗伯特·梅（Robert May）正好有个结论：“可以说所有生物都是昆虫，这是一个生物数量的好的近似。”昆虫中的“布谷鸟”数不胜数。它们数量众多，习性经常改变。我们将看到的一些例子已经超越了我们熟悉的“布谷鸟模式”，而抵达“延伸表型”所能启发的最荒诞的想象。

布谷鸟将鸟蛋寄居于宿主处，而后消失不见，而一些雌性蚂蚁“布谷鸟”将它们的献身演绎成一场更戏剧性的演出。我不经常在书中给出动物的拉丁名，但这两个拉丁名 *Bothriomyrmex regicidus*（弑君者）和 *B. decapitans*（斩首者）本身已经讲述了一个故事。这两种蚂蚁都是寄居于其他蚂蚁种群中的寄生生物。当然，所有的小蚂蚁通常都由工蚁喂养，而不是父母，工蚁被这些“布谷鸟”操纵愚弄。它们第一步是设法使目标工蚁的母亲产下另一种蚂蚁。这两种蚂蚁的寄生蚁后都可以偷偷进入另一种蚂蚁的巢穴，找到宿主蚁后，爬上其背部，而后的故事且让我直接引用爱德华·威尔逊轻描淡写却令人毛骨悚然的语句：“（它安静地）进行一项它独特而擅长的工作：慢慢砍下受害者的头部。”然后，这个凶手收养了已成孤儿的工蚁们，而后者依然毫不知情地照料凶手的卵和幼虫。其中一些也被培养成工蚁，并逐渐取代巢穴中原来的蚂蚁。其他后代则成长为蚁后，离开巢穴去寻找新的空缺王位。

但砍头的工作量毕竟不小。如果刚好有替身可以被要挟，寄生生物并不愿意展现自我。在威尔逊的《昆虫社会》一书中，我最喜欢的角色是另一种蚂蚁 *Monomorium santschii*。这种蚂蚁在进化中失去了它们的工蚁。寄主中的工蚁们为其寄生蚂蚁做所有事情，包括最恐怖的任务——谋杀。在入侵的寄生蚁后的命令下，它们可以谋杀自己的母亲。篡位者运用意念控制宿主，根本不需要动用自己的颚。它是怎么做到的？这至今依然是个谜。也许它用了一种化学物质，可以高度控制蚂蚁的神经系统。如果它的武器确实是化学物质，这可是科学至今所知道的最阴险的药物。想想它是怎么完成任务的：它流经工蚁的大脑，紧握住它肌肉的缰绳，驾驶着它偏离其最根深蒂固的责任，使它转而攻击自己的母亲。弑母对于蚂蚁而言，是一种特殊的基因失常。这种如此强大的力量只能来源于药物，使它们不顾一切地走向毁灭。在延伸表型的世界里，不要问动物的行为如何使自己的基因受益，要问的是谁的基因能够受益。

蚂蚁被寄生动物利用的故事并不奇怪。寄生于蚂蚁的生物除了其他种类的蚂蚁，还有一连串专业的“食客”。工蚁们在各处寻得食物，大量集中囤积，这对于不劳而获者是一个唾手可得的诱惑。但蚂蚁们也有很好的自我保护机制，它们“装备”完善，数目巨大。第 10 章的蚜虫便用自产的蜜汁来换取蚂蚁保镖。多种蝴蝶在幼虫时都住在蚂蚁的巢穴里，有一些是赤裸裸的掠夺者，另一些则付出代价来换取蚂蚁的保护，后者通常拥有许多操纵保护者的设备。有一种蝴蝶叫 *Thisbe irenea*，它的头部有一个制造声音的器官，用以召唤蚂蚁，尾端还有一对伸缩嘴，用以生产诱惑蚂蚁的蜜汁。它肩膀上的一对喷嘴更可以施展更为微妙的魔法，其分泌的蜜汁并不像是蚂蚁的食物，而是一种挥发性的药水，对蚂蚁的行为影响巨大。受蛊惑的蚂蚁会在空中跳跃，其颚大张，行为也变得更具攻击性，比往常更渴望进攻、撕咬或蜇伤任何运动中的物体——幼虫显然给蚂蚁下了药。更有甚者，被这些幼虫“药贩子”蛊惑的蚂蚁最终进入“结合”（binding）的状态，在很多天内无法离开蝴蝶幼虫。这些幼虫则像蚜虫一般，利用蚂蚁作为保镖。但蚜虫只是利用蚂蚁正常的攻击行为来保护其不被捕食者侵害，而蝴蝶幼虫棋高一着，可以使用药物让蚂蚁变得更具攻击性，还能使蚂蚁对此上瘾，与其“结合”而不离不弃。

我选择的例子过于极端了，但自然界中动植物控制自身或其他物种的例子比比皆是。在这些例子中，自然选择偏爱于控制他人的基因，我们便可以合情合理地说，这些基因对受控制的生物体有“延伸表型”的作用。这个基因实际存在于哪个身体并不重要，它控制的对象也许是自己的身体，也可以是其他生物。对那些通过控制世界而得以繁衍传播的基因，自然选择并不吝啬其偏爱。这便是我所说的“延伸表型”的中心法则：动物行为倾向于最大化指导此行为的基因的生存，无论这些基因是否在做出此行为的动物体内。这里我讲的是动物行为，但这个中心法则当然可以用在其他方面：颜色、尺寸、形状，所有一切。

我们终于可以回到最初的问题，来谈谈个体生物与基因在自然选择中竞争中心位置的矛盾关系。在前边的章节里，我假设这里没什么问题，因为个体繁殖等同于基因存活，你可以说“生物体为了传播其基因而工作”或者“基因迫使个体繁衍从而传播基因自身”。它们似乎是一件事情的两种说法，无论你选择哪一个说法，只是个人偏好问题。但这里的矛盾依然存在。

解决这个问题的一个方法是使用“复制因子”和“载体”。复制因子是自然选择的基础单位，生死存亡的根本个体，联系了代代本质相同或随机变异的复制血脉。DNA 分子便是复制因子，它们通常连接一起，形成较大的公共基因存留机器——“载体”，这里的原理我们等会儿再讲。我们了解最多的“载体”便是我们的身体。因此，身体并不是复制因子，而是载体。我必须反复强调一下这一点，因为它经常被误解。载体并不复制其本身，它们只传播复制因子。复制因子并不作为，不观察世界，不捕食也不从捕食者处逃离，它们只让载体来做这些事情。出于许多原因，生物学家只集中所有注意力于载体水平上，因为这更为方便。但出于另一些原因，他们更应该将注意力集中到复制因子上。基因与个体生物在达尔文主义的戏剧里并不主演着对手戏，它们分别以复制因子与载体的角色饰演着不同角色，互相补充，同等重要。

“复制因子”和“载体”这些术语在许多方面都很有帮助，比如，它帮助清除了那个长久不衰的争议——自然选择在哪一个层次起作用。表面上看，将“个体选择”放在“基因选择”（第 3 章拥护的理论）之下、“类群选择”（第 7 章批判的理论）之上的阶梯选择层次里，似乎很符合逻辑。“个体选择”似乎可以模糊地处于两个极端之间，许多生物学家和哲学家因此被引诱上了这条不归路。但我们现在可以看到，事情并不是这么回事。我们可以看到在这个故事里，生物个体与群体是载体角色的真正对手，但两者都根本无法扮演“复制因子”的角色。“个体选择”和“类群选择”之间的争议是两种载体间的争议，而“个体选择”和“基因选择”间根本不存在争议，因为在这个故事里，基因与生物体分饰着复制因子与载体这两个完全不同却又互相补充的角色。

生物个体与群体在载体角色中的竞争——真正的竞争，也是可以解决的。在我看来，因为其结果是个体生物决定性的胜利，群体作为竞争实体显得软弱无力。鹿群、狮群和狼群都拥有整齐的一致性与共同目标，但与单独一只鹿、狮子或狼身体中的一致性与共同目标相比，前者显得极其微不足道。这个正确观点已被广泛接受，但为什么它是正确的呢？延伸表型与寄生动物在这里可以再次帮助我们。我们看到寄生动物的基因相互合作，与宿主的基因对立（宿主的基因也同时相互合作），这是因为这两组基因离开共同载体——宿主身体的方式确实不同。蜗牛的基因以蜗牛的精子和卵子的形式离开蜗牛身体这一载体，因为它们参与了相同的减数分裂，它们为了共同目标一起奋斗，这便使蜗牛的身体成为一个一致的、有共同目标的载体。寄生的吸虫不被认为是蜗牛身体的一部分，不将其目标和身份与寄主的目标和身份统一，是因为吸虫的基因并不以蜗牛基因的方式离开它们共同的载体，它也不参与蜗牛的减数分裂——它们有自己的减数分裂。因此，两个载体因蜗牛与蜗牛体中的吸虫而保持距离。如果吸虫的基因经过蜗牛的卵子和精子，这两个身体将会演化成为同一个肉躯，我们将不再能够分辨这两个载体。

生物“个体”——正如你我的身体，是许多这种融合的化身，而生物群体——如鸟群、狼群，则无法融合为一个单独的载体，因为群体中的基因并不共享离开现有载体的共同渠道。更确切地说，母狼可以产出小狼，但父母的基因却不会与子女基因同享一个载体出口。狼群中的基因并不在同一个未来事件得到相同的回报。一个基因可以通过偏爱自身个体，而利用其他狼付出代价，使自身得到未来的好处。个体狼因此只是自身的载体，狼群则不可能是载体。从基因角度上讲，这是因为一只狼身上的细胞（除了性细胞）都有相同的基因，而所有基因都有相同的概率成为性细胞基因的一部分。但狼群中的细胞并不相同，它们也没有相同概率成为后代细胞。它们必须通过与其他狼身体中的细胞竞争来获得未来（虽然事实上狼群更可能作为一个整体来求得生存）。

个体如果想要成为有效的基因载体，必须具备以下条件：对所有其中的基因提供相同概率的、通往未来的出口通道。这对于个体狼是成立的，这里的通道是由减数分裂制造的精子或卵子，而这对于狼群不成立。基因需要自私地争取其身体的所得，牺牲狼群中其他基因来取得收获。蜂群类似狼群，也是通过大量繁殖得以生存的。但如果我们更仔细地观察，我们会发现，从基因角度看，它们的命运在很大程度上是共享的。蜂群的基因未来至少很大一部分依赖于那唯一一只蜂后的卵巢。这便是为什么蜂群看起来，甚至在行为上表现为一个真正的有机结合的独立载体——这只是表达我们前面章节信息的另一种说法。

事实上我们处处可以发现，这些独立、有个体追求的载体经常组成群体，个体生命被紧紧捆绑于其中，正如狼群和蜂群一般。但延伸表型的理论告诉我们，这并没有必要。根本上讲，我们从理论中所看到的是复制因子的战场，它们互相摩擦、争夺、战斗，以争取基因的未来。它们用以作战的武器则是表型。基因对细胞有直接的化学作用，从而表现在羽毛、尖牙，甚至其他更遥远的作用。这个现象毫无疑异地表现在以下情景中：当这些表型组成独立的载体时，每一个基因都井然有序地朝着未来前进——千军万马地挤向那个为大家共享的精子或卵子的“瓶颈”通道。但这个情况不可以被想当然地信服，而应该被质问或挑战：为什么基因走到一起组成大型载体，而这些载体都有自身的基因出口？为什么基因选择聚集，为自身制造大型的身体以供居住？在《延伸的表型》里我试图回答这个困难的问题。在这里我只讲讲一部分答案——当然在写作此书 7 年之后，我现在还可以试着回答得更深入些。

我要把这个问题分成 3 个小问题：为什么基因要组成细胞？为什么细胞们要组成多细胞生物？为什么生物采纳“瓶颈”般的

生命循环？

首先，为什么基因要组成细胞？为什么那些原始复制因子放弃在“原始汤”中享受自由自在的骑士生活，而选择在巨大群落里举步维艰地生存？为什么它们选择了合作？我们可以从观察现代 DNA 分子在活细胞的“化学工厂”里的合作方式找到部分答案。DNA 分子制造蛋白质，后者则以酶的作用方式催化特定的化学反应。通常，单独一个化学反应并不足以合成有用的人体最终产品，人体的“制药工厂”需要生产线。最初的化学物质并不直接转化为所需的最终产品，这中间需要经过一系列有严格次序的合成步骤。化学研究者的聪明才智大多花费在为起始化学物质与最终产品间设计合理的中间步骤。同样，活细胞中一个单独的酶也无法凭自身力量将最初给定的化学物质合成为有用的最终产品。这个过程需要一整套蛋白酶，由第一种酶将原材料催化转化为第一个中间产品，第二种酶将第一个中间产品催化转化为第二个中间产品，以此接力继续。

每种蛋白酶都由一个基因制造而成。如果一个合成过程需要 6 种系列蛋白酶，则必须有 6 个基因存在以制造它们。这样就有可能出现两条都可以制得相同产品的不同合成路线，每条路线分别需要 6 种不同蛋白酶，两条路线之间无法混合选择，这种事情在化学工厂里经常发生。大家可能会因为历史偶然原因而选择某一条路线，或者化学家会对某一条路线有更精心的设计。在自然界的化学工厂中，这种选择从来不会被“精心设计”。相反，它完全由自然选择决定。这两个路线并不混合，每一路线中的基因互相合作，彼此适应。自然选择如何看待这个问题呢？这跟我在第 5 章做的比喻“德国与英国的桨手”很是类似。最重要的是第一路线的基因可以在其路线中其他基因存在的前提下繁荣生长，而对第二路线的基因视而不见。如第一路线的基因已经占据了群体中的大多数位子，自然选择便会偏向第一路线，而惩罚第二路线的基因，反之亦然。如果说第二路线中的6种蛋白酶是以“群体”而被选择，则大错特错，虽然这种说法很是诱人。每一种蛋白酶都作为一个单独的、自私的基因被选择，但它只能在其他同组基因存在的情况下才能生长繁荣。

现在这种基因间的合作可以延伸到细胞之间。这一定始于“原始汤”中（或者其他什么原始媒介中）自我复制因子间的基本合作。细胞膜也许是作为保持有效化学物质、防止它们渗漏的介质而出现的。细胞中的许多化学反应事实上发生在细胞膜内，细胞膜起到传输带和试管架的作用。但基因间的合作并不止于细胞生化。细胞们走到一起（或者在结合后无法分离），形成了多细胞生物。

这便将我们带到第二个问题：为什么细胞们组合到一起？这是合作的另一个问题，这将我们的讨论从分子世界带到一个更大的范围里。多细胞生物已经不适用于显微镜的范围了，我们这里讲的对象甚至可以是大象或蓝鲸。大并不一定是好事，细菌在生物界中的数目比大象要多得多。但当小型生物用尽其所能的生活方式，尺寸大一些的生物可能还有繁荣的空间。比如，体形大的生物可以吃小动物，还可以防止被它们吃。

细胞结合的好处并不止于体形上的优势。这些细胞结合可以发挥其专有特长，每一个部件在处理其特定任务时就可以更有效率。有专长的细胞在群体里为其他细胞服务，同时也可以从其他有专长的细胞的高工作效率中得益。如果群体中有许多细胞，有一些可以成为感觉器官以发现猎物，一些可以成为神经以传递信息，还有一些可以成为刺细胞以麻醉猎物，成为肌肉细胞移动触须以捕捉猎物，成为分泌细胞消化猎物，还有其他细胞可以吸收汁水。我们不能忘记，至少在像你我这样的现代生物中，细胞其实是克隆所得的，它们都拥有相同的基因。但不同的基因可以成为不同的专长细胞，每一种细胞中的基因都可以从少数专长复制的细胞中得到直接利益，形成不朽的生殖细胞系。

那么，第三个问题：为什么生物体参与“瓶颈”般的生命循环？

先解释一下我对“瓶颈”的定义。无论大象体内有多少细胞，大象的生命都始于一个单独的细胞——一个受精卵。这个受精卵便是一条狭窄的“瓶颈”，在胚胎发育中逐渐变宽，成为拥有成千上万细胞的成年大象。而无论成年大象需要多少细胞，或者多少种专长细胞来合作完成极其复杂的生物任务，所有这些细胞的艰苦工作都会汇聚成最终目标——再次制造单细胞：精子或卵子。大象不仅始于受精卵这一单细胞，它的最终目标也是为下一代制造受精卵这一单细胞。这只巨大笨重的大象，生命循环的起始都在于狭窄的“瓶颈”。这个瓶颈是所有多细胞动植物在生命循环中的共同特征。这是为什么呢？它的重要性在哪里？在回答这个问题前，我们必须考虑一下，如果生命没有这个“瓶颈”，会是怎样的情况。

让我们先想象两种虚拟的海藻，姑且称它们为“瓶藻”和“散藻”。海里的散藻有杂乱无章的枝叶，这些枝叶时不时断落并漂浮离去。这种断落可以发生在植物的任何部位，碎片可大可小。正如我们在花园里剪去植物的枝叶一样，散藻可以像断枝的正常植物一样重新生长。掉落枝叶其实是一种繁殖的方法。你将会注意到，这其实和生长并不是特别不同，只是生长的部位并不与原来的植物相连接而已。

瓶藻和散藻看起来同样杂乱无章，但却有着一个重要的不同处：它繁殖的方式是释放单细胞孢子，由其在海里漂浮离去并成长为新的植物。这些孢子只是植物的细胞，和其他植物细胞没有区别。瓶藻没有性生活，子女所含的细胞只是父母植物细胞的克隆。这两种海藻的唯一不同是：从散藻处独立的生物有许多细胞，而瓶藻释放的永远是单细胞。

这两种植物让我们看到"瓶颈"生命循环和非瓶颈循环的根本不同。瓶藻的每一个后代都是通过挤压自己，经过单细胞瓶颈繁殖而成的。散藻则在生长之后分成两截，很难说是传递单独的"后代"，还是其已包含了许多单独的"生物"。而瓶藻呢？我马上会解释，但我们已经可以看到答案的痕迹了。难道感觉上瓶颈不是已经更像一个更独立的生物吗？

我们已经看到，散藻繁殖与生长的方式是相同的，事实上它基本不繁殖。而瓶藻在生长和繁殖间划分了清晰的界限。我们已经来到了这个不同处了，接下来呢？它的重要性是什么？为什么它很重要？我对这个问题已经想了很长时间，现在我觉得我已经知道答案了。（顺便说一句，提出问题比找到答案要难得多！）这个答案可以分成三个部分，前两个部分和演化与胚胎发育间的关系有关。

首先想想这个问题：简单器官如何演化为复杂器官？我们不必局限于植物，而且在这个讨论阶段里，转向讨论动物可能更好些，因为它们明显有更复杂的器官。我们也没有必要考虑性。有性和无性繁殖在这里只会造成误解。我们可以想象动物以发送无性孢子的方式繁殖。孢子为单细胞，如果不考虑变异，它们在基因上与体内其他细胞完全相同。

在类似人或土鳖虫这种高等动物中，复杂的器官是由祖先的简单器官逐渐演化而成的。但祖先的器官并不像刀剑被打成铧一般，它们并不直接转变为后代器官。这不是做不做的问题，我要指出，在大多数情况下，它们根本做不到。"从剑到铧"的直接转化方式只能获得很小的一部分改变。真正彻底的变化只能由"回到绘图板"的方式完成，抛弃之前的设计，重新开始。当工程师们回到绘图板前，重新创造一个新设计时，他们并不需要完全抛弃旧设计的灵感，但他们也不是将旧的物件改造成新的，旧物件承载着太多历史。也许你可以将剑打成铧，但将一个螺旋桨发动机"打成"喷气式发动机呢？你做不到。你必须抛弃螺旋桨发动机，回到绘图板重新再来。

自然，生物从来不曾在绘图板前设计而成，但它们也愿意回到最初的开始，在每一代有一个干净的起点。每一个新生物由单细胞开始成长，它在DNA程序中遗传祖先设计的灵感，但并不遗传祖先自身的器官。它们并不遗传父母的心脏，并重制为改进过的新心脏。它们只愿意从头以单细胞开始，利用与其父母心脏相同的设计程序，长成一个新的心脏，也许还加入一些改进。你现在可以看到我接下来的结论了。"瓶颈"般的生命循环的重要性在于它使"回到绘图板"成为可能。

"瓶颈"生命循环还有第二个相关的结果：它为调节胚胎发育过程提供了一个"日历"。在"瓶颈"生命循环中，每一个崭新的世代需经过几乎相同的旅程。生物体以单细胞为始，细胞分裂以生长，传输性细胞以繁殖。它想必会走向死亡，但更重要的是，它看起来更像是不朽的。对我们的讨论而言，只要现存的生物已经繁殖，而新一代的循环再次开始，那么前一次循环也就可以结束了。虽然理论上生物可以在其成长过程中任何时间进行繁殖，但我们可以预料到，繁殖的最佳时间最终将会被发现。生物在过于幼小或老迈时，只能释放少量孢子，这将使其不敌那些积蓄能量以在生命重要时间中释放大量孢子的对手。

我们的讨论方向已经转向了那些定型的、有规律重复的生命循环，每一个世代的生物都从单细胞的“瓶颈”开始。另外，生物还有相对固定时长的生长期，或者说“童年”。这个固定时长的生长阶段使得胚胎发育可以在特定时间里发生特定变化，正像有一个严格遵守的日历一样。在不同的生物中，发育中的细胞分裂以不同规律的次序进行，这个规律则在生命循环的每一个循环中持续发生。当细胞分裂时，每一个新细胞都有其出现的特定时间与地点。巧合的是有时这个规律如此精确，胚胎学家可以以此给每个细胞命名，而每一个生物体中的细胞都有在另一生物体中相对应的细胞。

所以，这个定型的成长循环提供了一个时刻表或是日历，定点激发胚胎发育事件。想想我们自己如何轻而易举地运用地球的每日自转与每年围绕太阳公转，以规划与指导我们的日常生活。同样，这些来自“瓶颈”生命无限循环的生长规律也几乎不可避免地被用以规划和指导胚胎发育。特定的基因在特定的时间被打开或关闭，因为“瓶颈”生命循环日历确保了这些事件发生的特定时间。基因这种精确的行为规划是胚胎得以进化形成复杂组织与器官的先决条件。鹰的眼睛、燕子的翅膀，这些精确与复杂的奇观无法在没有时间规则的情况下出现。

“瓶颈”生命历史的第三个结果关乎基因。在这里，我们可以再次使用瓶藻和散藻的例子。我们再次简单假设两种藻类都是无性繁殖，再想想它们将怎样演化。演化需要基因的变异，而变异可以在任何细胞分裂中产生。与瓶藻相反的是，散藻的细胞生命谱系相当广泛，每一个断裂而漂离的枝条都是多细胞，这便可能使得后代植物体内细胞之间的亲缘较其与母植物细胞间的亲缘关系更远（这里的“亲缘”指的是表亲、孙辈等。细胞有明确的直系后代，这些亲缘关系盘根错节，所以同一个身体里的细胞可以用“第二代表亲”这种词汇来表达）。瓶藻在这一点上和散藻十分不同，一株后代植物的全部细胞都来自同一个孢子，所以一棵植物中所有细胞的亲缘关系都比另一株植物要亲近得多。

这两种藻类的不同可以产生非常重要的不同基因结果。想想一个刚刚变异的基因在散藻和瓶藻中的命运。在散藻中，植物的任何枝条上的任何细胞都可以产生变异。由于子植物为发芽生长所得，变异细胞的直系后代将和子植物、祖母植物等的无变异基因共享一个身体，而这些无变异基因相对亲缘较远。而在瓶藻中，所有细胞在植物上最近的共同亲属也不会比孢子更老，因为孢子提供了这个生命的开端。如果孢子里包含着变异基因，新植物里的所有细胞都将包含这个变异基因。如果孢子没有变异，则所有细胞都无变异。瓶藻里的细胞比散藻中的在基因上更为统一（即使有偶尔的回复突变）。瓶藻作为单独的植物是一个基因身份的整体，是实际意义上的“独立”。而散藻植物的基因身份相对模糊，“独立”意义较瓶藻弱了许多。

这不仅是一个术语定义的问题。散藻植物的细胞如果有了突变，便不再从“心底”与其他细胞享有共同的基因兴趣。散藻细胞中的基因可以通过促使细胞繁殖而得到优势，而并不需要促使“独立”植物的繁殖。基因突变使得植物中的细胞不再完全相同，也便使细胞不再全心全意互相合作，来制造器官与后代。自然选择选中了细胞，而不是“植物”。瓶藻则不一样。植物中的所有细胞很有可能拥有相同的基因，只有时间上非常临近的突变才可能使基因不同。因此，这些细胞可以为制造有效的生存“机器”而快乐合作。不同植物上的细胞更倾向于有不同基因，于是，通过不同“瓶颈”的细胞可以有显著不同（除了最近的突变），这便是大多数植物的情况。自然因此选择以对手植物为单位，而不是散藻中的对手细胞。于是我们可以看到植物器官与其策略的演化，都服务于整株植物的利益。

顺便说一下，单单对那些有专业兴趣的人来说，这里其实可以拿类群选择打个比方。我们可以把一个单独生物看作一“群”细胞。类群选择的理论在这里也可以使用，只要能找到增加群体间差异对群体内差异的比例数目的方法。瓶藻的繁殖正是增加这个比例数目达到的效果，而散藻完全相反。在这里，关于这章里“瓶颈”理论与其他两个理论的相似之处也已经呼之欲出了，但我还是先不揭晓。这两个理论分别是：1. 寄生生物与宿主在某种程度合作，已使得它们的基因在相同的繁殖细胞中一同传递到下一代，因为寄生生物和宿主的基因需要经过相同的“瓶颈”。2. 有性繁殖生物的细胞只与自身互相合作，因为减数分裂公正得不差毫厘。

总结一下，我们已经可以看到，“瓶颈”生命历史倾向使生物演化为独立而统一的载体，这个理论的三个支持理由可以分别称为“回到绘图板”“准时的时间循环”和“细胞统一”。是先有“瓶颈”生命循环，还是先有独立的生物体？我倾向于认为它们是一同进化而成的。事实上，我猜想独立生物体不可或缺的、决定性的特点，便是其作为一个整体，以单细胞“瓶颈”开始与结束生命历程。如果生命循环成为“瓶颈状”，有生命的材料会逐渐聚集一起，形成独立与统一的生物体。有越多的生命材料聚集形成独立的生存载体，则有更多的载体细胞凝结其努力，作用于特殊种类的细胞，使得它们可以承载其共同的基因，通过瓶颈走向下一代。瓶颈生命循环与独立的生物体，两种现象密不可分。每一个现象的进化都在加强对方的进化，它们互相增强，正如爱情中的男女不断互相加深的情感一般。

《延伸的表型》这本书很长，它的理论也无法轻易塞进一个章节。我被迫在这里采用了浓缩版本，直观性与趣味性不免少了许多。我希望无论如何，我已经成功将这个理论的感觉传递给你们了。

让我以一个简短的宣言，一个自私基因与延伸表型眼中的生命总结来回顾前面的章节。我坚持，这是一个可以用以看待宇宙中任何地方、任何生命的观点。所有生命的基本单位与最初动力都是复制因子，它制造了宇宙中所有的复制。复制因子最终因机缘巧合，由小颗粒随机聚合而形成。当复制因子来到世间，便为自身制造了大量无限的复制品。没有任何复制过程是完美的，复制因子也因此有了许多不同的种类变异。一些变异失去了其自我复制的能力，它们的种类则随着其自身消亡而灰飞烟灭。但许多变异还是在这过程中找到新的窍门：它们逐渐变成更好的自我复制者，比其祖先和同类都要更好地复制着自身。

它们的后代最终成了大多数。时间流逝，世界逐渐被大多数强大而聪明的复制因子占领。复制因子逐渐发现越来越多巧妙的方法，它们并不只是因其本质性能而生存，而是由其对世界的改变结果而存在。这些改变可以是非常间接的，它们只需要最终反馈并影响复制因子，使其成功复制自己，无论过程多么艰难和曲折。

复制因子的成功最终取决于其所处的世界——先存条件，其中最重要的条件是其他复制因子与它们已造成的改变。正像英国与德国桨手一般，互相受惠的复制因子可以帮助对方生存。从地球生命演化的某一点开始，这种互相合作的复制因子聚集一处，形成了独立载体——细胞，以及之后形成的多细胞生命。由“瓶颈”生命循环进化而成的载体繁荣发展，逐渐变成愈加独立的载体。

这种将有生命的材料聚集为单独载体的方法，成为个体生命突出与决定性的特点。当生物学家来到这里，开始询问关于生命的问题，他们的问题大多数是关于载体的。这些个体生命体最初得到生物学家的注意力，而复制因子——我们现在知道它们叫基因，则被看作个体生命中的部分零件。我们需要刻意的脑力劳动来将这种生物的思维方式调个头，并时刻提醒自己，复制因子在历史上来得更早，也更为重要。

提醒我们的一个方法是：即使在今天，不是所有基因的表型作用都只限制在其所在的个体生物里。在理论上，也在实际中，基因跨越个体生物的界限，操纵体外世界的物体，包括无生命的事物、有生命的生物体、距离遥远的事物。我们只需要一点想象力，就可以看见基因端坐于延伸表型放射网的中心位置。世界上任何一个物体都处于这张影响力网中的节点上，这些影响力来自许多生物体内的许多基因。基因的触及范围没有明显的界线。整个世界是一个十字，是由聚集的基因指向表型作用的因果箭头，或远或近。

还有另一个现象：这些十字正在逐渐聚集。这个现象事实上非常重要，难以被忽视为附带现象，但在理论上又不足以彻底立足。复制因子不再自由徜徉于海洋，而是聚集成巨大的群体——个体生物。而表型的改变也不再均匀分布于实际中，许多情况下聚合在相同的身体中。我们熟悉地球上的个体生物，但是它们曾经都不存在于地球上。无论在宇宙中哪一个地方，生命出现唯一需要的，只有不朽的复制因子。

第 14 章

基因决定论与基因选择论

阿道夫·希特勒死后很久，仍有一些谣言流传不息，坚持说有人看到他好端端地生活在南美地区或是丹麦。多少年来，还是有不少对希特勒并无热爱之心的人不愿接受这个人已然毙亡的事实，其人数之众令人惊异（Trevor-Roper 1972）。在第一次世界大战期间有一个广为散布的传言，说是有十万俄军士兵已经在苏格兰登陆了，“靴子上还覆盖着雪”。显然，这则传言来自那场难以忘却的大雪留下的鲜活记忆（Taylor 1963）。我们这个时代也有它自己的都市传说，比如有计算机持续不断地给住户发去百万英镑的电子账单（Evans 1979），或是领着救济金的乞丐却衣着光鲜，住着政府救助性质的公租房，房子外面停着两辆价值不菲的汽车。类似这样的传闻已经听得人耳朵起了茧子。有些谎言，或是半真半假的传言，似乎会令我们积极主动地想要去相信并传播它们，哪怕这些消息令我们感到不舒服。而有悖常理之处在于，我们这样去做的原因之一，可能恰恰就是因为这些消息令我们感到不舒服。

在这类流言之中，有相当高的比例是与计算机和电子“芯片”有关的，或许是因为计算机技术的发展速度真的有如闪电一般。我就认识一位老人，言之凿凿地宣称“芯片”正在越俎代庖，代行人类之职，从“开拖拉机”到“让女人怀孕”，不一而足。正如我后面会向大家展示的那样，基因则是另外一大批流言的源头所在，甚至比计算机相关的流言还要多。想象一下吧，要是我们把基因和计算机这两类影响力巨大的流言结合在一起会怎么样？我觉得我很可能不小心做出了这样的事情，在我前一本书的读者心中完成了这一不幸的组合，而其后果是可笑的误解。好在，这样的误解并未广泛传播，但是仍然值得吸取教训，避免在此再犯同样的错误——这正是写作本章的目的之一。我将会揭穿基因决定论的迷思，并为大家解释：为什么有些说法会被不幸地被误解为基因决定论，可我们还是不得不使用这样的说法。

曾有一位书评人针对威尔逊 1978 年出版的《论人的天性》（*On Human Nature*）评论道："虽然他并未像理查德·道金斯在《自私的基因》里那般激进，将与性有联系的基因都认为是'薄情'的，但是威尔逊还是认为人类男性有着遗传而来的一种天性，倾向于实行一夫多妻制，而女性倾向于忠贞的两性关系。他的潜台词无非是：女士们，别责怪你的丈夫出去乱搞了，他们在遗传上就是如此编程设置的，那可不是他们的错。基因决定论一直就徘徊在后门外，想要偷偷潜入进来。"（Rose 1978）。这位书评人的暗示很明确：他批评该书的作者相信存在一些会迫使男人们不可救药地成为玩弄女性的人的基因，别人却还不能因此指责他们婚内出轨。看到这篇书评，读者就会产生这样的印象：那些书的作者在"天性与教化"的争论[a]中支持前者，甚至是彻头彻尾的遗传论者，有着男性沙文主义的倾向。

实际上，我的书中关于"薄情的雄性"那一段，原本并非是关于人类的。那只不过是一个数学模型，对象不是任何一种确定的动物（我写的时候心里想的是某种鸟，不过也无所谓啦）。很明确的一点是，那不是关于基因的数学模型（下文会谈到这一点），要真是关于基因的模型，那它们就不是与性有联系的了，而是受到性的限制。在梅纳德·史密斯（Maynard Smith 1974）看

a. 原文为"the 'nature or nurture' debate"，主要是关于人类行为主导因素的争论，一说是先天的天性使然，一说是后天的教育在起作用，有点类似于我国文化中关于"人性本善"还是"人性本恶"的讨论。

来，那是关于“策略”的数学模型。之所以设定“薄情”的策略，不是因为这是雄性们的行为方式之一，而是因为它是两种假设出来的可选策略之一——与之相对的是“忠诚”的策略。这个非常简略的模型是为了描绘某些特定条件而存在的：处在一些条件之下，薄情的策略会为自然选择所青睐；而处在另一些条件之下，得到青睐的则是忠诚的策略。这样的研究并没有预先假定雄性会更有可能拈花惹草，而非忠诚。事实上，在我发表的一项模拟运行中，最精彩的就是一个混合型的雄性群体，其中采取忠诚策略的比例还略微占优一些（Dawkins 1976a, p.165，还可以参见Schuster & Sigmund 1981）。罗斯评论中的误解还不止这一处，而是多处混合式的误解，体现了一种毫无节制地急于去误解的冲动。这与覆雪的俄军军靴，或是正渐渐取代男人的角色、夺走拖拉机驾驶员工作的小小黑色芯片本质上是一回事，它们都是某类有着强大影响力的迷思的表现形式。具体到我们要谈的问题上，那就是关于基因的巨大迷思。

基因的迷思集中体现在了罗斯的评论里插入的那段小幽默中，说女士们不应该责怪丈夫们出去乱搞。这正是关于“基因决定论”的迷思。显然，对于罗斯而言，基因决定论的“决定”有着全然哲学意味上的不可逆转的必然性。他毫无根据地认定，如果存在一个基因以实现目标X为目标，那就意味着X将是不可避免的结果。如另一位“基因决定论”的批评者古尔德[a]（Gould 1978, p.238）所说：“要是有什么编好了的程序决定着我们成为什么样

a. 指史蒂芬·杰伊·古尔德（Stephan Jay Gould），美国古生物学家、进化生物学家，是进化论方面的著名科普作家。

的人，那我们的这些特征就是不可抗拒的。我们最多也就能引导这些特征，但绝不可能通过我们的意志、教育或文化来改变它们。”

若干个世纪以来，哲学家们和神学家们一直都在争论决定论观点是否正确，以及它与一个人为自身行为所需承担的道德责任之间是否有关联性。毫无疑问，这样的争论还将持续若干个世纪。我猜罗斯和古尔德[a]都是决定论者，因为他们都相信我们的所有行为都有着物质的、唯物的基础。我也相信这一点，我们三个人可能也全都认同：人类的神经系统太复杂了，所以在实际处理问题时，我们大可以忘了决定论，就当作是我们真的有自由意志一样。神经元或许能够放大在根本上具有不确定性的物理事件。我唯一希望在此说明的观点是：无论一个人在决定论的问题上持何种立场，前面再多加上“基因”二字并不会导致任何改变。如果你是一个纯粹的决定论者，你会相信你的所有行为都是由之前的物质因素预先决定好的，而且你或许会相信或不相信，你因此不能够为自己肉体上的不忠负责。但是，倘若真是如此，那些物质因素是否是基因的因素，又能导致什么不同呢？为什么基因的决定因素就会被认为比“环境的”因素更加不可抗拒，更能够让我们免于被指责呢？

有些人虽然没有任何理由，却还是相信：与环境的因素相比，基因才具有超级决定性。这种想法就是一种迷思，并且有着非比寻常的顽固性，还能够带来真实的痛苦情绪。本来，我并没有明确地认识到最后这一点，直到 1978 年美国科学促进会某次

a. 指詹姆斯·古尔德（James Gould），美国动物行为专家。

会议上的提问环节，我才因一件事情受到触动，有了这样的认识。当时，一位年轻的女士向演讲者—— 一位著名的“社会生物学家”——发问：在人类心理学上，有没有任何基因证据支持两性差异？我几乎没太听清演讲者的回答，因为我被这个问题所夹带的强烈情绪震惊了。那位女士似乎认为这个问题的答案非常重要，几乎都要哭出来了。有那么一小会儿，我是真的犯傻了，对她的表现备感迷惑，但是我马上就意识到了她这种表现的原因所在。之前有什么事情或是什么人——当然不会是那位令人尊敬的社会生物学家——误导了她，令她以为基因的决定力是永久性的。她一定是当真相信，如果她提的问题真要有个“肯定”的答案，那么她作为一名女性就注定无法逃避一辈子围着孩子和厨房打转的家庭妇女式生活。但是如果她与我们大多数人不同，是一位特别加尔文主义[a]式的决定论者，那么无论那些决定因素是基因的还是“环境的”，她苦恼的程度应该会是一样的。

当我们说一样事物决定另一样事物时，到底意味着什么？哲学家更多考虑的是因果关系，可能还会给出证明。但是对于专业的生物学家而言，因果关系只不过是简单的统计学概念而已。从实践上来讲，我们永远不可能证明一个特定的观察到的事件C导致了一个特定的结果R，尽管我们常常会认为这是极有可能发生

a. 加尔文主义是16世纪法国宗教改革家约翰·加尔文的宗教主张的统称。在本章中谈到加尔文主义时，作者指的应是加尔文主义的中心理论“预定论”，即上帝在创世前已经预定好了每一个人究竟会是有罪的，还是会被救赎。作者以此类比基因决定论者，强调其相信基因决定性力量的强烈程度和无理程度。但实际上加尔文本人认为他的预定论与人的自由意志并不矛盾。

的。生物学家在工作中往往会从统计角度来证明：R类事件总接着C类事件发生。要得出这样的结论，他们需要这两类事件的若干对实例才行，一则传闻可远远不够。

即便是观察到事件R很可靠地趋向于发生在事件C之后，并总是间隔一个相对固定的时间，那也只能得出一个可能会成立的假说，认为事件C会导致事件R。在统计学方法的限制之下，只有当事件C由实验者来实现，而非仅仅由观察者记录到，并且仍能可靠地导致随之而来的事件R发生时，这个假说才算是被证实了。并非每个事件C都必须跟着一个事件R，也并非每个事件R都必须接在一个事件C之后。（谁还没面对过这样的争辩——“吸烟不可能导致肺癌，因为我就认识一个不吸烟的人死于肺癌，还认识一个烟瘾很大的人活到九十多岁，身体还很硬朗。”）统计学方法本就是用以帮助我们去评估，在任意确定的概然性置信度水平上，我们所得到的结果是否确实意味着一种因果关系的方法。

那么，如果拥有一条Y染色体真的能够造成一些因果性的影响，比如音乐能力或者对编织的喜爱，这将意味着什么？那就意味着，在某些确定的人群内，在某些特定的环境下，一个观察者如果掌握了某个人的性别信息，那么相对于不掌握这些信息的观察者，前者就将能够对这个人的音乐能力做出统计学上更为准确的预测。重点在于“统计学上”。另外，为了更便于评价，让我们再加入“其他一些让两者相同的条件”。观察者可能会得到一些附加的信息，比如说这个人的受教育程度，或是家庭教养情况。这些信息可能会让观察者调整甚至反转自己先前基于性别做出的预测。如果女性在统计学意义上比男性更享受编织的乐趣，这并不意味着所有女性都享受编织的乐趣，甚至都不意味着女性中的大多数会享受这种乐趣。

这样的结论也并不会排斥另一种观点：女性享受编织的乐趣是因为社会教育她们去享受编织。如果社会系统性地训练没有阴茎的孩子去编织和玩娃娃，训练有阴茎的孩子玩枪和士兵模型，那么在喜好问题上，男性与女性之间得出的任何差异严格来讲都是基因决定的差异！它们是通过社会习惯这种介质来决定的，基于是否拥有阴茎这样一个事实。在一个没有精妙的整形手术或激素治疗的正常的社会环境中，上述这种情况就是由性染色体决定的。

显然，以这种观点来看，如果我们做一个实验，教育一小部分男孩玩娃娃，教育一小部分女孩玩枪，那么我们应该期待这样的结果：正常的兴趣喜好很容易就被反转。这或许是个做起来很有趣的实验，因为它的结果很可能会是：女孩还是喜欢娃娃，而男孩还是喜欢枪。如果的确如此，这或许能让我们对于基因差异面对特定的环境操纵时所体现出来的顽固性多一些了解。但是，所有的基因因素起作用的时候，都要处在某一种环境中。如果一个由基因带来的性别差异通过依据性别区别对待的教育系统而得以体现，那么它仍是一种基因的差异。如果它能通过其他一些体系得以体现，以至于教育系统的操纵不会扰乱它，那么在理论上，它也是一种基因的差异，与之前对于教育体系敏感的情况没什么差别——因为毫无疑问还可以找到能够扰乱它的其他环境因素。

人类的心理学特性几乎会根据心理学家所能检测的每一方面条件的变化而变化。以下要做的事情在实践上很难操作（Kempthorne 1978），但是在理论上的确可以把这种心理学特性的变化分隔到不同的推定因素上去，比如年龄、身高、教育年限、以多种不同方式划分的教育形式、同胞兄弟姐妹的数量、在兄弟姐妹中的排行、母亲眼睛的颜色、父亲给马打马掌的水平，当然还有性染色体。我们还可以检查这些因素中的两者或多者之间的相互作用。对于当前的目标来说，最重要的是我们想要为之寻找解释的那个变化量有着众多的原因，它们以复杂的方式相互作用着。无疑，对于人群中观察到的很多表型的差异而言，基因的差异是一个重要的原因，但是它的效果可能会被其他原因压制、改变、增强，或是反转。基因可能会改变其他基因的效果，可能会改变环境起的作用。内部以及外部的环境事件可能会改变基因的效果，也可能会改变其他环境事件的效果。

人们在接受以下观点时似乎没什么困难："环境"在一个人的成长过程中所发挥的影响作用是可以被改变的。如果一个孩子有过一个糟糕的数学老师，那么人们可以接受这样的场景：由这位糟糕老师所引发的数学知识匮乏可以通过接下来一年好老师的教学加以弥补。可要是说这孩子的数学问题可能有着基因上的根源，那就会让听者的想法向着"没希望了"那个方向发展：如果是基因的原因,"那就是写在基因里的"，是"确定性的"，无论做什么也挽救不了了。你可能还会放弃继续教授这个孩子数学的打算。这根本就是有毒的垃圾思想，恶劣程度几乎与占星术差不多。理论上来讲，基因的原因和环境的原因是彼此没有差别的，两者造成的某些影响都是很难逆转的，而另一些影响很容易逆转。有些影响可能通常是难以逆转的，但只要用对了方法就会变得很容易。重点在于，没有什么一般性的原因令我们可以去期望：基因的影响会比环境的影响更难以逆转。

基因到底干了些什么，才会有了如此邪恶而又势不可当的名声？为什么我们没有把托儿所教育或是坚信礼课程[a]妖魔化成类似的怪物？为什么相对于电视、修女或是书籍，只有基因被认为有着更确定的效果，更不可抗拒？女士们，不要责怪你们的丈夫出去乱搞，受到了色情文化的刺激可不是他们的错！所谓的耶稣会会士常常自夸："把你孩子的头七年给我，我就会还给你一个男人。"这话或许有点道理。在某些条件下，教育或是其他一些文化上的影响可能会像基因的影响一样无法改变，难以逆转，而更多的人相信"星辰"才有这样的影响力。

我猜想，基因之所以变成了决定论的怪物，部分原因在于一个广为人知的事实所造成的混乱，那就是习得性特征的不可遗传性。在这个世纪[b]之前，人们广泛相信一个人一生的经验以及其他知识收获都能够通过某种方式印记在遗传物质上，从而传递给孩子。后来人们抛弃了这一认知，将其替换为魏斯曼关于种质连续性的学说，以及其在分子层面的对应学说"中心法则"，这是现代生物学的伟大成就之一。如果我们置身于魏斯曼遗传学派正统学说的推论之中，那么基因看来似乎的确有些不可改变，难以抗拒。它们一代又一代地流传下去，在形式和行为两方面影响着一代又一代难逃一死的躯体。但是，除了那些罕见的非特异性的突变效应以外，基因从不会受到这具躯体的经验或所处环境的影

a. 坚信礼是基督教部分教派的圣礼之一，通常是为青少年施礼，标志着受礼者正式成为教会的一员，从精神上坚定信仰。坚信礼课程则是一些教会专门为青少年提供的课程，令他们做好宗教知识和信仰上的准备，在精神上达到受坚信礼的标准。

b. 原书出版于 20 世纪。

响[a]。我身体里的基因来自我的四位祖辈。这些基因从他们那里直接流经我的父母，到达了我这里。而我父母所取得、获得、习得或体验到的一切，都不会在这些基因流经他们时对基因本身产生任何影响。关于这一点，或许是有一些邪恶的意味。但是，无论这些基因在它们一代代流传时有多么不可改变和坚定不移，在它们流经的身体上所展现出来的表型的性状却一点都说不上不可改变和坚定不移。如果我是基因G的纯合体，除了突变以外没有什么能够阻挡我把基因G传给我的所有孩子。但是不可改变之处也就这么多了。至于我，或者我的孩子是否能展现出一般来说与拥有基因G相关联的表型特征，往往更多地取决于我们是如何被抚养长大的，吃着什么样的餐食，经历过怎样的教育，以及我们恰好拥有哪些其他基因。所以，在基因的两大效应——制造自身更多的拷贝，以及影响表型——当中，第一个效应的确是不会轻易改变的（如果抛开罕见的突变不谈的话），而另一个效应是高度可变的。我想，将进化与发育混为一谈也对基因决定论的迷思负有部分的责任。

但是，还有另一个迷思让事情变得更复杂了，而我在本章的开始部分已经提到过它了。在现代人的思想中，关于计算机的迷思几乎与基因的迷思一样根深蒂固。请注意，我在本章开始部分引用的两段表述中都包含“编程”的说法，所以罗斯用讥讽的语调说拈花惹草的男人们应该免于被指责，因为他们在基因上已经

a. 就基因而言，这一观点是正确的。但是基因以及组蛋白的化学修饰还导致了表观遗传现象的存在，而可遗传的表观遗传信息是会受到环境因素影响的。表观遗传是近20年来最前沿的遗传学研究，所以是作者在写作此书时不可能了解的。

编好了程序，古尔德则说如果我们已经被编好了程序去成为怎样的人，那么这些性状就将是必然的结果。的确，我们通常会用“编程”这种说法来表示与思考无关的僵化性，与之相对的是自由行动。计算机和“机器人”一直都是众所周知的僵化的东西，按照一个一个字母去执行指令，哪怕结果明显是荒谬的也要坚持去做。要不然的话，它们怎么会寄出那些广为人知的百万英镑的账单呢？每个人都有个朋友的朋友的表哥的熟人一直都会收到那种账单。我以前忘记了还有伟大的计算机迷思这回事儿，当然也没意识到伟大的基因迷思，否则的话，我写下基因聚集在“庞大的步履蹒跚的‘机器人’体内”，或是写下我们自己就是“生存机器——作为运载工具的机器人，其程序是盲目编制的，为的是永久保存所谓基因这种禀性自私的分子”（Dawkins 1976a）这些话的时候，就会更小心一些了。这些语言已经被成功地引用为偏激的基因决定论的例证，有时还是从二手甚至三手的来源进行的再引用［例如《先知》（Nabi），1981）］。我并不准备为使用了机器人等说法而道歉，我会毫不犹豫地再次使用这样的语言，但是现在我意识到有必要做出更多的解释。

有了 13 年教授自然选择理论的经验之后，我已经知道，使用“让自私的基因得以存续的机器”这种方式来看待自然选择的主要问题在于，它存在着特定的被误解的风险。其中最有影响力也最有启发性的一个误解就是，针对基因的拟人手法似乎意味着基因总在算计如何才能最大化地确保自己的存续（Hamilton 1972）。但是，只是让基因自己干活，让假定有着意识和智慧的基因预见性地计划它们的“策略”，这也太省事儿了吧。在 12 个有关近亲选择的误解（Dawkins 1979）之中，至少有 3 个可以归咎于这个基本的错误。一次又一次地，总有非生物学家试图向我证明类群选择的正确性，而他们所用的方式实际上就是赋予基因预见性："基因的长期利益需要物种的持续存在，因此，你难道不应该期望适应性去阻止物种灭绝的发生吗？就算以短期内的个体生殖成功率为代价也在所不惜。"正是为了试图预先阻止这类错误的发生，我才使用了自动化和机器人这样的说法，并用了"盲目地"这个词来修饰基因编程。但是，基因当然是盲目的，而它们所编程的动物却不是盲目的。神经系统像人造的计算机一样，能够复杂到足以展现出智能和预见性。

西蒙斯[a]（Symons 1979）明确地阐述了计算机迷思的问题：

> 我希望指出的是，认为道金斯通过使用像"机器人"和"盲目地"这些词汇来暗示进化论是认同决定论的，是全然没有根据的……一个机器人是没有思想的自动机器。或许有的动物是机器人（我们没有办法确切知晓），但是道金斯所指的不是"某些"动物，而是指全体动物，并在这件事上特指人类。现在，要想解释清楚斯戴宾（Stebbing）的意思，"机器人"可以是"有思想的东西"的对立面，或者也可以用来形象地指称一个看起来像机器一样行动的人类，但就是没有一种日常生活中的语言会赋予"机器人"这个词一种含义，让"所有活着的生命都是机器人"这句话可以成立。（第41页）

a. 指唐纳德·西蒙斯（Donald Symons），美国人类学家，进化心理学奠基人之一。

西蒙斯从斯戴宾的观点展开的这段话所阐述的观点是有道理的：只有当非 X 的事物存在时，X 才是一个有用的词汇。如果所有一切都是机器人，那么机器人这个词就没有任何有用的含义了。但是，机器人还有着其他的引申含义，而僵化的不可变通性并不是我使用它时所想到的那个含义。一个机器人是一台编好了程序的机器，而对于编程来说，一件重要的事情就是：它区别于行为本身的实施，而且要在行为实施之前完成。试想有一台计算机被编好程序去执行计算平方根或下国际象棋的任务。这台下象棋的计算机与为它编制程序的人之间的关系并非是显而易见的，实际上很容易令人产生误解。可能有人会认为，编程者关注着棋局的进程，并且对于每一步该如何下都向计算机发出指令。然而实际上，编程是在棋局开始之前就已经完成的。编程者尽量只是作为处理意外情况的后备力量参与到棋局中，并且为计算机编写了有着巨大复杂度的条件性指令，但只要棋局开始，他就得放手不管。在棋局进行过程中，他被禁止给计算机任何新的提示。如果他违反了这些规则，他就不是在编程了，而是在执行，并且他的参赛资格也会被取消。在西蒙斯所评论的那部作品中，我大量使用了关于计算机下国际象棋的类比来解释一个观点：基因不会以干预行为实施过程的方式来直接地控制行为。唯一的控制来自在实施行为之前对机器的编程。与机器人这个词之间的上述这种联系才是我想要引用的，而非与没有思想的僵化性之间的联系。

至于说与没有思想的僵化性之间的联系，在另一个历史时期可能会找到证明。彼时，最高级的自动化就是用连杆和凸轮控制船只引擎的系统。对此，吉卜林[a]在诗作《麦坎德鲁的赞美诗》（'McAndrew' s Hymn'）中写道：

> 从成对的法兰盘到锥轴导轨，我所见是你的手，我的神！
> 在彼处连杆的步伐中是预言。
> 约翰·加尔文或许铸造过相同的一切。

但那是 1893 年，蒸汽时代的巅峰时期。我们现在则处于电气时代的黄金时期[b]。如果机器曾经与僵化的不变性有关联的话——我承认它们曾经有过这样的关联——现在也正是时候该忘掉这种关联了。现在，编制好的程序能够让计算机的国际象棋水平达到国际大师级（Levy 1978），使用准确的、语法无比复杂的英语进行交流和推理（Winograd 1972），对数学定理给出简洁而优美的证明（Hofstadter 1979），或作曲和诊断疾病。而且，这个领域的前进步伐没有显现出任何减慢的趋势（Evans 1979）。先进的计算机编程领域被称为人工智能，目前正处于信心满满的上升阶段（Boden 1977）。只要是研究这个领域的人，没有谁现在敢打赌说：计算机程序无法在未来 10 年内战胜国际象棋的特级大师。过去在大众的认知中，"机器人"是弱智、僵硬、呆头呆脑的僵尸的同义词，但它有一天会成为灵巧、敏捷的智能体的代名词。

a. 指鲁德亚德·吉卜林（Rudyard Kipling），英国文学家，迄今为止最年轻的诺贝尔文学奖获得者，创作了大量描写殖民扩张时代的文学作品。

b.《延伸的表型》出版于 1982 年，个人计算机仍未完全普及，互联网时代也未到来，所以是电气时代的鼎盛时期。也正因为如此，才会有前文关于计算机的各种流言。

糟糕的是，前面引用那段有点跑题了。我写这部分的时候刚刚参加完一个令人目瞪口呆的关于人工智能程序技术水平的会议。当时我心中满怀热情，完全忘记了机器人总是被人们普遍地认为应该是僵硬的呆瓜模样。我还必须要为一件事致歉：在我不知情的情况下，《自私的基因》的德语版封面是一个人偶吊在几根从“基因”这个词下面伸出来的线上；法语版的封面是一群小人，戴着圆顶高帽，背上露着上发条用的钥匙。我曾经用这两个封面做成了幻灯片，用以描述什么是我不想要表达的意思。

所以，给西蒙斯的回应是：他对于自己自以为是地认定的我想要表达的观点提出了批评，这当然是正确的；但问题在于，我说的根本不是他所以为的那个意思（Ridley 1980）。毫无疑问，这最初的误解中也有我的一部分责任，但我现在只能做如下主张：让我们都把从词语的日常用法中得来的先入为主的理解放到一边（“很多人对于计算机丝毫不理解”——Weizenbaum 1976, p.9），实实在在地去阅读一些时下关于机器人技术和计算机智能的精彩文献（例如：Boden 1977; Evans 1979; Hofstadter 1979）。

当然，像之前讨论的争议一样，哲学家们或许对于那些通过编程来做出人工智能式的行为的计算机所具备的终极决定性也有争议，但是如果我们要在哲学上走到那一步的话，很多人也会把同样的争论用在人类自己的智能上（Turing 1950）。他们会问：什么才是脑，而不是计算机？什么才是教育，而不是某种形式的编程？如果我们不把脑看作编好程序的、自动控制的机器，那么对于人类的情绪、感觉，以及表象上的自由意志，我们很难找到“超自然”解释之外的其他解释。我们所有的进化生物学家应该如何去看待神经系统？我觉得似乎天文学家弗雷德·霍伊尔爵士

（Sir Fred Hoyle 1964）给出了一个无比生动的表述：

> 回过头来看（进化论），令我印象极其深刻的是化学逐步让位于电子系统的方式。把最初的生命描述为整体都是化学性的，这并非没有道理。虽然电化学过程在植物中是重要的，但是能够处理数据的有序的电子信号却没有进入植物的世界。不过，当世界上有了到处活动的生物之后，原始的电子信号就开始承担重要职责了。……原始的动物所拥有的最初的电子系统本质上是制导系统，逻辑上讲近似于声呐或雷达。如果我们看看进一步进化出来的动物，就会发现电子系统不仅仅被用于制导，还被用于把动物导向食物。……
>
> 这幅场景类似于制导导弹，它的任务是拦截并摧毁另一枚导弹。正如现代世界的进攻与防御在方式上变得越来越精细一样，动物的处境也如是。精细的程度越来越高，就必须要有越来越好的电子系统。自然界中发生的情况与现代军事应用中电子设备的发展历程近乎一致。……在一个充满尖牙与利爪的丛林中，我们不应该能够拥有我们进行智慧思考的能力，不应该能够探索宇宙的结构，不应该能够欣赏贝多芬的交响乐。我发现这样的想法很令人警醒。……虑及于此，有时总会被问到的一个问题“计算机能思考吗？”就多多少少显得令人啼笑皆非了。我这里说的计算机当然是指我们自己用无机材料制造出来的那种。问这个问题的那些人到底以为他们自己又是什么呢？简单来说就是计算机，但比我们目前的知识所能制造出来的都要复杂得多。要知道，我们的人造计算机工业只有二三十年的历史，而我们自己却是一个进化过程持续操作数亿年的产物。（第24—26页）

别人或许不赞同这样的结论，然而我怀疑唯一能替代这一结论的就是宗教的解释了。让我们回到基因以及本章的主要论点上来，无论上述争论的结果如何，都不能改变以下这一点：你恰好认同基因是因果性的因素也好，环境性的决定因素也罢，根本就不会对决定论与自由意志的讨论产生任何正面或负面的影响。

不过，要说世上没有空穴来风的事，这话也有些道理。功能行为学家[a]和“社会生物学家”肯定是说过某些话，活该被贴上基因决定论的标签。或者说，如果这只是误解罢了，那就一定要有一个合理的解释，因为就算有像基因迷思和计算机迷思的邪恶联盟这样强大的文化迷思在旁助阵，一个传播如此广泛的误解也不可能是毫无缘由的。仅代表我自己来说，我认为自己知道其中的原因。这是个有趣的原因，而且会占据本章的剩余部分。这种误解起源于我们讨论另一个不太一样的话题时所采用的方式，这个话题就是自然选择。作为一种表述进化论的方式，基因选择论由于基因决定论而被人们误解了，而基因决定论其实是关于成长发育的一种观点。像我一样的很多人不断地在讨论时首先假定基因是“为了”这个目的或“为了”那个目的而存在的。我们给了别人一种印象，认为我们着迷于基因，以及“由基因编程”的行为。如果把这一点再和两种流行的迷思联系起来，一是基因所具有的加尔文主义式的决定性，二是像迪士尼乐园里标志性木偶一样的“编好程序”的行为，那么别人指责我们是基因决定论者还有什么可奇怪的呢？

a. 这一说法主要见于道金斯的著作中，他认为自己是一名功能行为学家，指从适应性的角度来研究生物的一种特定行为是如何进化而来的学者。

那为什么功能行为学家总是在谈论基因呢？因为我们对于自然选择很感兴趣，而自然选择就是众多基因的差异化存活。如果我们特别想要讨论自然选择所驱动的进化过程中的一种行为模式的可能性，那我们就必须预先假定存在一种基因变化与执行这一行为模式的趋向和能力有关。这并不是说对于任何特定的行为模式都一定要有这样的基因变化，而只是说必须要先有基因的改变，我们才能把行为模式当成一种达尔文主义适应性来加以对待。当然一种行为模式也可能不是达尔文主义适应性，那么此时上述讨论就不再适用了。

附带地，我应该为自己使用“达尔文主义适应性”来等价表述“通过自然选择产生的适应性”做一番辩护，因为古尔德和莱文廷[a]（Gould & Lewontin 1979）近来就强调过，有证据表明，达尔文自己的进化论思想是具有多元化特性的。的确存在的一个事实是：达尔文在批评者的压力之下——这些批评者的观点如今看来都是错误的——向“多元主义”做出了妥协，尤其是在他晚年时期。也就是说，达尔文并不认为自然选择是进化唯一的重要驱动力。正如历史学家 R. M. 扬[b]（R. M. Young 1971）所做的讽刺性评述：“到了第六版的时候，这书[c]的名字大概是印错了，应该叫作‘通过自然选择及其他所有方式实现的物种起源’才合适。”因此，事实证明使用“达尔文主义的进化”来等价表述“通过自然选择实现的进化”是不正确的。但是达尔文主义适应性是另一

a. 指理查德·莱文廷（Richard Lewontin），美国进化生物学家、数学家、遗传学家。

b. 指罗伯特·麦克斯维尔·扬（Robert Maxwell Young），美国科学史学家。

c. 指达尔文的《物种起源》。

码事。适应性不可能从随机漂移或是其他任何现实的进化动力之中获得——除了自然选择之外。的确，达尔文的多元主义曾经短暂地允许另一种驱动力或许在理论上可以导致适应性，但是与那种驱动力不可分割的名字是拉马克[a]，而非达尔文。“达尔文主义适应性”不可能有“由自然选择产生的适应性”之外的任何其他含义，我使用的也正是这个含义。在本书中的其他几处，我们要解决显而易见的争论时，就要在整体而言的进化与特别而言的适应性进化之间加以区分。比如说，中性突变的固定能够被认为是进化，但不是适应性进化。如果一位研究基因替换的分子遗传学家与一位研究主要趋势的古生物学家，或是一位研究适应性的生态学家发生争论的话，他们很可能发现自己仿佛是鸡同鸭讲，因为他们每个人所强调的都是进化论含义的不同侧面。

“令人类可以顺从、憎恶外族、具有攻击性的基因都只不过是预先假定出来的，因为理论需要它们的存在，而非有确凿的证据证明它们的存在。”（Lewontin 1979b）。对于爱德华·威尔逊来说，这是一个还算公道的评论，并非十分刻薄。除了可能会导致不幸的政治后果之外，谨慎地推断“憎恶外族”或其他人类性状可能具有的达尔文主义的存续价值，这并没有什么错。然而无论你多么谨慎，如果没有预先假定一项性状发生变化的基因基础，那么你就无法着手推断它的存续价值。对于外族的憎恶当然可能不是基于基因来变化的，而且它也当然可能不是一个达尔文主义适应性，但是如果我们不给它假定一个基因基础，那么我们甚至

a. 指让–巴蒂斯特·拉马克（Jean-Baptiste Lamarck），法国博物学家，用进废退理论的主要主张者。

都无法去讨论它是达尔文主义适应性的一个可能性。莱文廷自己也曾如其他人一样表达过这样的观点："要让一个性状通过自然选择获得进化，那么种群中就必须要有为了这样一个性状而发生的基因改变。"（Lewontin 1979b）此处所说的为了性状 X 的"种群中的基因改变"恰恰等同于我们以简洁的方式所谈论的"为了"X 而存在的基因。

把"憎恶外族"视为性状是有争议的，所以让我们来考虑一种没有人会害怕将之视为达尔文主义适应性的行为模式。挖坑对于蚁狮而言显然是一种为了捕捉猎物而存在的适应性。蚁狮是脉翅目昆虫的幼虫，有着如同外太空怪兽一样的外观和行为方式。它们是守株待兔式的捕猎者，会在松软的沙地上挖一个坑，陷住蚂蚁或其他小型的爬行昆虫。这种坑是一个几乎完美的圆锥形，侧壁非常陡，以至于猎物一旦掉进去就不可能爬出来。蚁狮就藏在坑底的沙子下面，向着任何掉进坑里的猎物猛地刺出它的巨颚，这件武器的可怕程度恐怕只有在恐怖电影里才见得到。

挖坑是一种复杂的行为模式，它要花费时间和能量，并且非常符合可以视之为适应性的确切标准（Williams 1966; Crio 1973）。它肯定是通过自然选择进化而来的，那么又是如何进化而来的呢？这个问题答案之中的细节并不影响我在此想要讨论的深意。可能曾经存在一只蚁狮祖先，它并不挖坑，而只是潜伏在表层的沙子之下，等待倒霉的猎物走到它头顶上。实际上，的确有些种类的蚁狮还在这么干。后来，在沙地上制造一个浅浅洼地的行为可能会为自然选择所青睐，因为这个洼地稍稍地阻碍了猎物的逃脱。通过许多代之后，这种行为逐渐发生了程度上的改变，以至于曾经浅浅的洼地变得越来越深，越来越宽。这不仅仅妨碍了猎物的逃脱，也增加了捕捉行为可以覆盖的面积，让更多的猎物可能在一开始就陷进去。后来挖坑的行为继续发生着改变，以至于得到的坑变成了一个侧壁陡峭的圆锥状，并且铺有一层光滑的细沙，让猎物不可能爬出去。

上面这个段落中没有任何可争议或值得争议之处。它会被视为关于我们无法直接观察到的历史事件的合乎逻辑的推断，或许还会被认为是有可能成立的。它之所以会被人们视为无争议的历史推断而接受，其中的一个原因是它没有提到基因。但我要说的是，在进化过程的每一步中，要是行为的背后没有基因的改变，那么上述历史或是任何类似的历史都不可能发生。蚁狮的挖坑行为只是可供我选择的成千上万个例子中的一个。除非自然选择有遗传变异的作用，否则就不可能产生进化上的改变。由此可以得出结论：无论你在哪儿找到达尔文主义适应性，那儿就一定会有基因的改变存在于你所考察的那种性状中。

还没有人做过蚁狮挖坑行为的基因研究（J. Lucas，私人通信）。如果我们想要的只是为了找到行为模式背后有时会存在的基因变化，从而让我们自己感到满意的话，那也没必要去寻找了。只要论证过程能让我们相信这是达尔文主义适应性，那就足够了。要是你对于挖坑行为是这样一种适应性感到无法信服，那就换一个你能信服的例子好了。

我刚才说的是“有时”会存在的基因变化，这是因为，就算今天有一项关于蚁狮的基因研究，也很有可能无法发现任何与挖坑行为有关的基因变化。一般来说，我们可以预期存在这样一种状况：当存在着青睐某些性状的强烈选择作用时，最初让选择作用施加其上，从而导引这一性状的进化历程的基因变化，也将变得枯竭了。这就是人们熟知的“悖论”（这一点如果仔细去想的话，也并非真的悖论）：强选择作用下的性状倾向于有着低的可遗传性（Falconer 1960）；“自然选择实现的进化会摧毁滋养它的基因变化。”（Lewontin 1979b）功能性的假说常常考虑表型的性状，例如拥有眼睛已经是种群里全体性的性状了，因此就没有与之同时期的基因改变了。当我们对于一种适应性的进化过程做出推断或建立模型时，我们有必要去谈论还存在着适当的基因改变的时间点。在这样的讨论中，我们就必定要预先假定“为了”所要讨论的适应性而存在的基因，无论是以含蓄的还是明确的方式。

有些人可能不敢把“在X变化中基因所做的贡献”等价表述为“为了X而存在的基因”，但这是一种常规的遗传学做法，仔细想一想就会发现这是无可避免的。在分子层面上，一个基因能够直接编码一条蛋白质链的生产，但是遗传学家的做法却不一样，他们从不会去统一表型的数量。事实上，他们总是在处理差异。当一位遗传学家谈论果蝇的一个“为了”产生红眼而存在的基因时，他不是在谈论为红色素分子的合成提供模板作用的顺反子，他是在含蓄地说：在这个果蝇种群中有眼睛颜色的变化；在其他性状相同的情况下，拥有这个基因的果蝇比没有这个基因的果蝇更有可能长出红色的眼睛来。这就是我们表述一个“为了”产生红眼而存在的基因时所要讲的意思。这个例子刚好是个形态方面的例子而非行为方面的，但应用于行为方面也是一模一样的。一个“为了”行为X而存在的基因，就是一个“为了”能够产生这种行为所需要的形态方面或生理方面的状态而存在的基因。

与此相关的一个问题是：使用单基因位点的模型只是为了概念上的简洁方便，对于适应性的假说是如此，对于普通的种群遗传模型也是如此。当我们在讨论适应性假说时使用单基因的说法，并非是要有意表示这是单基因模型，不是多基因模型。我们通常用基因模型来说明论点，是相对于非基因模型而言的，比如说相对于“为了物种的利益”这样的模型。人们应该完全以基因的角度来考虑这些问题，而不是以物种的利益等其他的角度。要说服大家去相信这一点已经是很困难的事情了，实在没有理由一开始就让人们去接触多基因的复杂性，这只会让事情变得更困难。劳埃德[a]（Lloyd 1979）所说的 OGAM（单基因分析模型）当然不是遗传学精确性方面的什么新创造。我们最终当然应该面对多基因的复杂性。但是 OGAM 比那些完全抛弃了基因分析出来的适应性模型要可取得多——这才是我在此所要说明的唯一问题。

与此类似，我们或许会发现有人强烈地质疑我们，要我们拿出证据来证明我们所“声称”的“为了”实现他们感兴趣的某些适应性的基因的确存在。但是，如果这真的就是质疑而已的话，这样的质疑应该被导向整个新达尔文主义“现代综合论”以及整个种群遗传学。用基因的方式来表述一个功能方面的假说，根本就不是做出了一个关于基因的强有力的论断——那只不过是做了个明确的假设，它也是现代综合论不可分割的内在组成部分。不过，它有时的确比较含蓄，不那么明确。

少数研究者的确已经向整个新达尔文主义的现代综合论抛出了这样的质疑，并声明自己不是新达尔文主义者。古德温[b]（Goodwin 1979）在与底波拉·查尔斯沃思[c]和其他一些人的公开

a. 指詹姆斯·劳埃德（James Lloyd），美国进化生物学家。

b. 指布雷恩·古德温（Brian Goodwin），加拿大数学家、生物学家。

c. 底波拉·查尔斯沃思（Deborah Charlesworth），英国进化生物学家。

论战中说过："新达尔文主义的内在有着不可自洽之处……在新达尔文主义中没有任何方式能够让我们从基因型得到表型。因而该理论在这个方面是有缺陷的。"当然，古德温有一点是非常正确的，那就是发育是个极其复杂的过程，我们还不太清楚表型是如何产生的。但是，它们的确产生出来了，基因的确对于它们的变化有着重大的贡献，这些都是无可争议的事实。这些事实对于我们而言就足够了，足以让新达尔文主义自洽。依古德温的逻辑，他可能也会说：在霍奇金和赫胥黎[a]研究清楚神经冲动是如何激发的之前，我们就不能够相信神经冲动控制着行为。要是知道表型是如何形成的，那当然好了，但是当胚胎学家还忙着研究这个问题时，我们其他人还是可以利用已知的遗传学事实继续当我们的新达尔文主义者，把胚胎发育看作一个黑箱就好。也没有一个与之竞争的理论中含有什么论断能够算得上是跟"自洽的"沾点边儿。

之所以会有上述质疑，可能来自以下这样的事实：遗传学家常常在思考的那些表型的差异都不会特别复杂，令我们在预先假定相应基因时不必担心要对应无比复杂的表型效应，或是担心这种表型效应只有在高度复杂的发育条件下才会显现出来。最近，我和约翰·梅纳德·史密斯教授一起参加了一场公开辩论，对手是两位"社会生物学"的激进批评者，而听众是一群学生。辩论过程中的某一时刻，我们竭力想要说明：谈论一个"为了"X的基因时并不是要做出什么神奇的论断，即便X是一个复杂的习

a. 指艾伦·劳埃德·霍奇金（Alan Lloyd Hodgkin）和安德鲁·赫胥黎（Andrew Huxley），两人都是英国生物物理学家，因为在神经动作电位方面的研究获得了1963年的诺贝尔生理学或医学奖。

得的行为模式也如是。梅纳德·史密斯提及了一个假设性的例子，即一个“与系鞋带的技能相对应的基因”。这个“猖狂的”基因决定论表述一石激起千层浪，让听众立刻喧嚣起来！他们最糟糕的怀疑终于得以证实了！他们为此而发出的鼓噪无疑是兴高采烈的，充斥在空气当中。他们兴奋地喊出心中的怀疑，不仅打破了平静，也淹没了我们的耐心解释。我们只是想告诉他们，当我们预先假定有一个基因是为了让我们具备系鞋带的技能时，那只是一个适度的表述而已。接下来让我通过一个实验来说明这一点吧，而这个实验是一个听起来甚至更为激进，但实际上不会招致反驳的思想实验（Dawkins 1981）。

阅读是一种后天习得的技能，有着惊人的复杂性。但是这种技能本身并没有给人们以理由去怀疑这样一种可能性，即存在着一个阅读基因。要证明阅读基因的存在，我们所需要做的只是去寻找一个不阅读的基因，也就是说一个会诱发脑损伤，导致特定的阅读障碍的基因。这样的阅读障碍人士可能在所有其他方面都是正常的、有智能的，唯独无法阅读。如果这类阅读障碍表现出孟德尔式的遗传特征，没有任何遗传学家会对此感到特别惊讶。显然，这个例子中的基因将只会在包含有正常教育的环境中才能展现其效应。在史前环境中，这个基因不会有着能被检测到的效应，或者它可能有着一些不同的效应——比如一位穴居人的遗传学家可能会称之为无法分辨动物脚印的基因。在我们存在教育的环境中，它被称为阅读障碍的基因是很合适的，因为阅读障碍是其最为主要的后果。类似的，一个导致全盲的基因也会妨碍阅读，但是要把它视为一个无法阅读的基因，显然是无意义的。原因很简单，因为阻碍阅读并不是它最为显著的，或给人带来最大麻烦的表型效应。

回到咱们关于特定阅读障碍的基因上来，根据一个关于基因命名的通常惯例，同一基因座上的野生型基因——也就是所有其他人群都有双份的正常基因——应该被称为“阅读基因”才是恰当的。如果你对此表示反对，你肯定也会反对我们说孟德尔的豌豆中有对应于高植株的基因，因为这两件事情上的命名背后的逻辑是完全一致的。在这两个例子中，我们感兴趣的都是差异，而且两个例子中的差异都只能在某些特定的环境下才会显现出来。为什么像一个基因这样简单的东西却能有着如此复杂的效应，比如决定一个人能否学会阅读，或是他会不会系鞋带？其中的原因基本上可以这样解释：这个世界某个给定的状态无论有多么复杂，这个状态与世界的另一个状态之间的差异却可能是由某些极为简单的事物导致的[a]。

我在前文中用蚁狮来说明的观点是一种一般情况。我当然也可以用任何真实的或传说的达尔文主义适应性来进行说明，结果都是一样。为了进一步强调，我要再引用另外一个例子。廷贝亨

a. 得益于基因组测序和比较分析技术的发展，现在已经鉴定出了几个与阅读障碍有关的基因，包括 *ROBO1*、*DCDC2*、*KIAA0319*、*DYX1C1* 和 *PCDH11* 等。虽然不是一个基因，但它们之中有一些在单独发生突变时即可造成阅读障碍。不可思议的是，这些基因的突变都不会影响其他方面的认知能力，正如道金斯的思想实验所说。无论如何，书中所说的“阅读基因”是确有其物的。

等人（Tinbergen 1962）曾经研究过红嘴鸥（*Larus ridibundus*[a]）的一种特别行为模式在适应性上的重要意义，那就是移除蛋壳。当一只雏鸟孵化之后不久，它的父母就会把空的蛋壳叼在嘴里，移到远离鸟巢的地方去。廷贝亨和他的同事考虑过若干种可能的假说，来解释这一行为模式对于生存的价值。比如他们提出，空的蛋壳可能会成为滋生有害细菌的温床，或者锐利的蛋壳边缘可能会划伤雏鸟。但是他们最终发现有证据可以证明的一种假说却是：空的蛋壳是一种显眼的视觉标志，会把乌鸦以及其他以雏鸟或蛋为食的捕食者吸引到鸟巢里来。他们做了一些巧妙的实验，人工搭建了一些有空蛋壳或没空蛋壳的鸟巢，结果表明：有空蛋壳在旁的鸟蛋的确比没有空蛋壳的鸟蛋更有可能被乌鸦攻击。他们得出结论：自然选择青睐于具有移除蛋壳行为的成年鸥，是因为以前那些没有这种行为的成年鸥养育成活的后代要相对少一些。

如同蚁狮挖坑的例子一样，还没有人研究过红嘴鸥移除蛋壳行为背后的基因，也没有直接的证据表明趋向于移除蛋壳的变化是通过交配遗传的。不过显然，假定它是这样的或者曾经是这样的，对于廷贝亨的假说是根本性的重要条件。廷贝亨的假说如果用不带基因的说法来表述的话，不会特别有争议。但是这个假说与其他被廷贝亨排除掉的关于这一行为的假说一样，都是居于一个假设的基础之上。这个假设就是：在久远的过去，一定曾经有一些红嘴鸥具有基因上的去移除蛋壳的倾向，而另一些红嘴鸥有

a. 原文如此。但是 *Larus* 其实是鸥科下面鸥属的属名。此处动物俗名的原文是 Black-headed gull，即我国所称的红嘴鸥，别名黑头鸥、水鸽子，拉丁双名法命名为 *Chroicocephalus ridibundus*，其中 *Chroicocephalus* 就源自古希腊语“着色”和“头”这两个词。

着基因上的不移除蛋壳的倾向，或是不太可能移除的倾向。所以一定有过移除蛋壳的基因。

在此，我必须要提醒读者注意，假设我们真去研究一下现在的红嘴鸥蛋壳移除行为的背后到底是什么基因，要是能发现一个简单的孟德尔式的突变就会彻底改变行为模式，或许还会完全消除这种行为，那将是一位行为遗传学家梦寐以求的事情。根据前面给出的讨论，这个突变就是一个真正的“为了”不移除蛋壳的基因。而且根据定义，它的野生型等位基因就要被称为“为了”移除蛋壳的基因。但是，这里就是要读者注意的关键点了。非常肯定的一点是，不能由此就得出结论说：这个为了移除蛋壳的基因位点是自然选择在该适应性进化过程中施加选择作用的那些基因之一。实际上，似乎更有可能的情况是：像蛋壳移除这样一个复杂的行为模式肯定是通过对于大量基因位点的选择才建立起来的，其中每一个基因都通过与其他基因的相互作用发挥着一点小的效用。一旦有关于这个行为的复杂体系建立起来之后，不难想象，一个关键性的单点突变就会毁了它。遗传学家们是受限的，只能应用他们所知道的那些基因变化去开展研究。他们还相信，自然选择必定曾经在类似的基因变化上施加过作用，才实现了进化改变。但是他们没有理由相信，那些控制着现代的适应性变化的基因位点，就是最初建立适应性时选择作用施加其上的同一个基因位点。

让我们来看看单个基因控制复杂行为的最著名的例子——罗森布勒（Rothenbuhler 1964）的卫生蜂。之所以要用这个例子，是因为它很好地阐明了一个高度复杂的行为差异是如何从单个基因的差异中产生的。布朗（Brown）品系的蜜蜂所具有的卫生行为牵涉到一整套的神经肌肉系统，但是根据罗森布勒的模型，之所以它们有这种行为而凡斯哥伊（Van Scoy）品系的蜜蜂没有，仅仅是由于两个基因位点上的差异。其中一个基因位点决定着揭开含有染病幼虫的巢室[a]的行为，另一个位点决定着揭开之后扔幼虫的行为。因此，完全可以想象有一个自然选择的过程青睐于揭开巢室的行为，还有一个自然选择过程青睐于扔幼虫的行为。这就意味着，这两个选择过程是对于上述两个基因与各自相对应的等位基因的选择。不过，我在此想要说明的关键点是，虽然这有可能发生，但可能从进化的意义上来看并没有什么意思。现在的揭开巢室基因和现在的扔幼虫基因，完全有可能并未参与到最初引领进化实现这一复杂行为的自然选择进程中[b]。

罗森布勒观察到，就连凡斯哥伊蜜蜂有时也会出现卫生行为，它们只是在实施行为的次数上远远少于布朗蜜蜂而已。因此，很可能布朗蜜蜂和凡斯哥伊蜜蜂都有着具有卫生行为的祖先，在它们各自的神经系统中都有着揭开巢室行为和扔幼虫行为的机制。只不过，凡斯哥伊蜜蜂具有某些能够阻止这些机制开启的基因。假设我们能够回溯到更为久远的历史中去，我们应该能够发现一位所有现代蜜蜂的祖先，它自己不具备卫生行为，也没有任何具备卫生行为的祖先。一定曾经有过某种进化过程，从零开始建立

a. 社会性蜜蜂的蜂后会把卵产在一个一个的巢室内，卵孵化成幼虫之后不会离开其巢室，直至化蛹阶段才将所在巢室口封闭。研究表明，卫生蜂所针对的疾病是由一种瓦螨寄生虫造成的，但它们不会揭开单纯带有瓦螨的幼虫巢室，而只会打开瓦螨在其中产卵繁殖的幼虫巢室。

b. 近年的研究表明，卫生蜂这一复杂行为所依赖的基因可能不只是罗森布勒模型中的两个，而是七个，甚至还有可能更多。

了揭开巢室和扔幼虫的行为，而这一进化过程包括了对于众多基因的选择，其中就有如今已经固定在布朗蜜蜂和凡斯哥伊蜜蜂身上的基因。所以，虽然布朗蜜蜂的揭开巢室基因和扔幼虫基因的确应该如此指称，但是这样定义它们纯粹只是因为它们恰好有着能够阻止这些行为实施的等位基因。这些等位基因起作用的模式可能会非常无聊，只是粗暴地施行破坏而已——可能只是在神经机制中切断了某个关键环节。我想起了格雷戈里[a]（Gregory 1961）有关通过脑的切除实验来推断其机制时可能遭遇的严重误区的一段生动描述："在一个收音机里移除几个彼此远离的电阻之中的任意一个，都可能造成收音机里发出噪声般的啸叫，但是并不能由此就得出结论说，啸叫是与那些电阻紧密联系在一起的，抑或由此得出那个正确的结论，认为两者之间不可能没有任何因果关系。我们尤其不应该就此认为这些电阻在正常电路中的作用就是抑制啸叫。神经生理学家面对与此具有可比性的情形时，已经假设出了'抑制区'的概念。"

对我而言，这一顾虑似乎是个值得注意的问题，却不是拒绝自然选择全部的基因理论的理由！如果现今的遗传学家们研究某个有趣的适应性时无法研究过去导致该适应性进化起源的那个基因位点，你也不要对此感到介意。如果遗传学家们常常被迫关注方便研究的基因位点，而不是具有进化重要性的位点，那就太糟糕了。进化把复杂和有趣的适应性组合到了一起，靠的是对等位基因进行替换，这一点仍是事实。

以上讨论对于解决另一个时下非常流行的争论也会有侧面的

a. 指理查德·格雷戈里（Richard Gregory），美国心理学家、神经科学家。

帮助，能让人们以正确的方式来看待这个问题。这个问题目前的争议很大，甚至有点情绪化，那就是人类的各种精神能力的背后是否有着显著的基因变化作为基础。我们之中的某些人是否从基因上就比别人更有脑子呢？我们用“有脑子”这个说法想要表达的意义也有着很大的争议，并且的确应该有这样的争议。不过我主张，无论这个说法在此处取什么样的含义，以下的论点是不能被否认的：（1）曾经的某个时间点上，我们的祖先不如我们有脑子；（2）在所有我们祖先的谱系中，一定有过“有脑子程度”方面的增长；（3）这种增长是通过进化来实现的，可能还是由自然选择推动的；（4）无论是否是自然选择推动的，至少表型方面的部分进化改变反映了深层次的基因改变——发生了等位基因的替换，结果代际的精神能力平均水平提高了；（5）因此根据定义，人类群体一定曾经在“有脑子程度”方面有过显著的基因变化，至少在远古时期是这样的。当时，有的人与同时代的人相比，基因上来讲更聪明一些，另一些人从基因上来讲则相对要傻一些。

上面最后这一句话可能会引起人们思想上的不安，甚至是恐惧，然而我前面的五条论点中没有一条能够被人们真正质疑，它们的逻辑顺序也无法被质疑。这部分讨论是针对脑子尺寸的，但也同样可以应用于针对聪明程度的任何你想要去研究的行为性状的测量。这并非是基于一种对人类智能的简化认知，把人类智能视为一维可度量的量值，事实是，智能不是一个简单的可以度量的量值。这个事实很重要，但是与我们在此讨论的问题压根儿没有关系。同样的，在实践上对于智能进行测量的困难性也是与我们的讨论无关的。前面一个段落的结论是无可避免的，它只是在说：我们这些进化生物学家认同这样一个论点——很久以前，我们的祖先曾经不如现在的我们聪明（无论以任何标准来考量）。不过，尽管有这一切讨论，我们也无法就此得出结论说：在今天的人类群体中还留存着任何与精神能力相对应的基因变化——那些基因变化可能都被自然选择消耗掉了。从另一方面来看，也可能没有完全消耗掉，很有可能存在着人类精神能力的基因变化。而我的思想实验表明，对于这一可能性的教条的、武断的反对至少是不可取的。不过有必要说明一下，我自己的观点是，就算在现在的人类群体中真有这样的基因变化，任何以之为基础的政策也是不合逻辑、邪恶无耻的。

存在着一种达尔文主义适应性，就意味着有时存在着产生这种适应性的基因。这一点并非总是很明确的。对于一种行为模式的自然选择，总有两种讨论的方式。一种方式是，我们可以谈谈生物个体倾向于实施某种行为模式，这让它们比没有那么强烈的发展倾向的个体“更适应”。这是当前流行的表述方式，处于“自私的生物”与“社会生物学中心原理”的范式之中。另一种方式是，我们可以等价地直接去谈论实施这种行为模式的基因比其等位基因存续得更好。在任何关于达尔文主义适应性的讨论中，预先假定相应基因的存在总是合理的，而这将是我在这本书中的中心观点之一，因为这会对本书的表述有正向的助益。我曾听到过一种反对声音，反对在功能性行为学的表述中使用“不必要的基因化”的表述，但是这种反对其实暴露了反对者一种最基本的缺陷——他们无法正视达尔文主义选择所蕴含的真实含义。

对此，请让我用另一件逸事加以说明。我最近听了一位人类学家的一场学术报告。他的工作是试着用一种亲属选择理论去解释不同人类部落中采取一种特别婚姻体系的比率，而这种婚姻体系刚好是一妻多夫制。一位持亲属选择论的专家能够用模型来预测：在何种条件下我们将预期观察到一妻多夫制的出现。因此，在一种应用于绿水鸡的模型中（Maynard Smith & Ridpath 1972），种群中的性别比例需要是雄性偏多的，而且配偶需要是近亲才行，而后生物学家才能预测说可能会出现一妻多夫制。这位人类学家想方设法想要说明他这些一妻多夫的人类部落也生活在这样的条件之下，并且暗示其他采取了更为常见的一夫一妻制或一夫多妻制的部落都生活在不同的条件之下。

虽然我对他所展示的信息感到着迷，但还是试着提醒他，在他的理论中存在一些棘手的问题。我指出，亲属选择理论从根本上来讲是一种基因理论，而亲属选择所产生的对于当地环境的适应性，必须是通过一代又一代的遗传过程中等位基因替换等位基因来实现的。于是我问：他这些一妻多夫的部落是否曾经生存于他们目前所处的独特环境中，并且在其中存在了足够长的时间，足够多的代际，足以让必要的基因替换得以完成？是否确实有任何理由让我们相信人类婚姻体系的变化真的是由基因来控制的？

报告人反对我把基因拽到这场讨论中，而他在场的人类学同行们也都对他表示支持。他说，他并不是在谈论基因，而是在谈论一种社会行为模式。他的一些同行似乎对于仅仅是提到“基因”二字就感到很不自在。我试图说服报告人，其实正是他“把基因拽到”这场讨论中，虽然他的确并未在他的报告中提到过基因这个词。而这正是我要说明的观点：你不可能谈论着亲属选择或其他任何形式的达尔文主义选择，却不把基因拽进来，只不过你提到基因的方式可能是明确的也可能是隐含的。仅仅是猜测部落婚姻体系的差异可以由亲属选择来解释，我的人类学家朋友就已经以隐含的形式把基因拽进了这场讨论之中。很遗憾他没有明确指出来，因为如果他那样做了，就会意识到在他的亲属选择假说面前横亘着多么可怕的困难：要么他的一妻多夫部落得在不完全生殖隔离的状态下在那种独特的环境条件中生活成百上千个世纪之久，要么自然选择就必须曾经青睐于普遍产生的某一些基因，它们编程控制着某些复杂的“有条件策略”。讽刺的是，在那场关于一妻多夫制的学术报告会上，是我一直在试图证明我们所讨论的这种行为不应以“基因决定论”的视角来看待。然而因为我坚持要把亲属选择假说的基因本质明确化，我估计自己的形象就是一个着迷于基因的人，一个“典型的基因决定论者”，这个故事很好地说明了本章的主要观点：坦率地面对达尔文主义选择作用最基本的基因本质，这很容易被人误解为一种不健康的、先入为主的观点——用遗传论去解读个体的成长发育过程。

相同的偏见还会在另一种情况下普遍出现在生物学家心中，那就是：如果本来能够用生物个体这个层级的语言绕过基因的问题，却还是明确地使用带有基因的说法。“实施行为X的基因比不实施行为X的基因更受青睐”，这样一个表述有着近乎幼稚的、不专业的意味。有证据表明存在这样的基因吗？你怎么能只为了方便你的假说而凭空捏造出一个专门的基因来！“实施行为X的生物个体比不实施行为X的个体更适应”，这听起来就体面多了。就算不知道这是不是真的，这种说法可能也会被当作可以容许的推断而被接受，但是这两个句子在意思上是完完全全等价的。第二种说法并未说出什么第一种说法没说清楚的事情。然而，如果我们承认这种等价性，明确地谈论“为了”某种适应性而存在的基因，我们就是以身犯险了——因为“基因决定论”而备受指责的风险。我希望我已经在前文中成功地说明了：这种风险不是别的原因造成的，而纯粹是误解造成的。对于自然选择，一种明智的、无懈可击的方式是把它视为“基因选择论”，但是这个概念却被误解为强烈相信个体生长发育遵循“基因决定论”。任何人，只要能想明白适应性产生的过程细节，几乎一定就会以或明确或隐晦的方式想到基因——不过它们可能只是假设的基因。我们应以明确的方式而非隐晦的方式来表明基因是达尔文主义功能推断的基础，对此有很多值得说的，而这正是我在本书中将要展示的内容。因为这是一种好的表述方式，可以避免一些容易诱人上当的推理错误（Lloyd 1979）。在这么做的过程中，我们可能会给人以一种印象，觉得我们执着于基因，并执着于在当代传媒意识中基因所应背负的迷思包袱——然而这样的错误印象完全是出于人们自身的错误理由。但是，僵化的、按部就班的个体发育所代表的决定论是，或者说应该是离我们的想法十万八千里的。当然，就某一个社会生物学家而言，他可能是，也可能不是基因决定论者。他们可能是拉斯特法里派[a]教徒、震教[b]徒，或是马克思主义者，但是他们个人对于基因决定论的认识就如同他们个人对于信仰的认识一样，都与以下这个事实无关，即他们谈论自然选择时使用的是“为了某种行为的基因”这样的表述。

本章的大部分都建立在一个假设之上，即一位生物学家可能会想要推断某种行为模式在达尔文主义框架内的“功能”。这并不是说所有的行为模式都必须要有一种达尔文主义的功能。可能

a. 拉斯特法里派，源于牙买加的宗教运动，坚信黑人终将返回非洲故土。

b. 震教，起源于英格兰的宗教派别，贵格会支派，相信基督会再次现世。

会有一大类行为模式在选择中对于其生物个体是中性的，甚至有害的，不可能被视为是自然选择的产物。如果的确是这种情况，那么本章中的讨论就不适用于它们。不过，有一种表述是很合理的：“我对适应性很感兴趣。我不必把所有行为模式看作适应性，但我想要去研究那些是适应性的行为模式。”类似地，表达更喜欢研究脊椎动物而不是无脊椎动物，并不代表我们就相信所有动物都是脊椎动物。考虑到我们感兴趣的领域是适应性行为，那么当我们谈论感兴趣的研究对象的达尔文主义进化时，就不可能不预先为之假定一个基因基础。而用“为了X的基因”作为一种简洁的方式来谈论“为了实现X所需要的基因基础”，这是群体遗传学在半个多世纪以来的一种标准操作。

如果要问能够被认为是适应性的行为模式到底有多少，那就完全是另一个不同的问题了。它将是我们下一章的主题。

第 15 章

对于完美化的制约

无论如何，这本书都会包含大量的以达尔文主义来解释生物功能的逻辑。以前的苦涩经历提醒我，一名醉心于解释功能的生物学家很可能会被指责相信所有动物都是完美优化的结果，也就是被指责为一名“适应论者”（Lewontin 1979a,b; Gould & Lewontin 1979）——有时这种指责还带有一种强烈的情绪，会把那些更习惯科学争论而非观念争论的人吓一大跳（Lewontin 1977）。适应论的定义是“它探讨有关于进化的研究，在没有进一步证据的前提下就假定生物所有方面的形态、生理，以及行为都是通过适应产生的对于问题的最优解决方案”（Lewontin 1979b）。在本章的第一版草稿中，我说我想可能没有人能够真正成为一名极端意义上的适应论者，然而讽刺的是，我最近发现了一段莱文廷自己所说的话：“我认为所有进化论者都会赞同的一点是：实际上，不会有谁比生存在某一环境的生物做得更好。”（Lewontin 1967）似乎莱文廷此后就走上了前往大马士革的旅程[a]，所以要让他来做适应论者的代言人恐怕不太公平。实际上，近年来他与古尔德一起成为针对适应论的最有文采的、最强有力的批评者。那么我将选择凯恩作为适应论者的代表，他一直坚持他那篇犀利而又简洁的论文《动物的完美化》中的观点（Cain 1979）。

作为一名分类学者，凯恩攻击了对于“功能的”性状和“祖传的”性状之间的区分，前者的用词暗示着它不是可靠的分类指

a. 根据《圣经》中《使徒行传》的记载，十二使徒之一的圣保罗最初信仰犹太教，并极力迫害基督徒，在他一次前往大马士革加害耶稣门徒时，突然在城外被强光笼罩，听到了复活的耶稣的声音，之后失明长达三天，得教徒引领入城，并在神的治疗下恢复了视力，就此受浸，皈依了基督教。作者用此典故比喻莱文廷对于适应论态度的突然转变。

标，后者则暗示是可靠的（Cain 1964）。凯恩有力地反驳称：远古“设计图”上的那些性状，比如四足动物长有五指的四肢和两栖动物在水中生活的阶段，之所以会存在是因为它们在功能上是有用处的，而不是因为它们如人们常常所暗示的那样是无可逃避的历史遗迹。如果两组生物中的一组“在任何方面都比另一组更原始，那么它的原始性本身一定是对某种不那么特化的生活模式的适应，而它也的确能够成功地生活在这一模式之下；它不会仅仅只是一个表明效率低下的标志。”（Cain，p.57）凯恩对所谓的无用性状也持类似的观点，批评达尔文受到理查德·欧文[a]的影响，总是准备着去承认那些乍见之下感到吃惊的性状的无功能性：“没有人会认为幼狮身上的条纹或年轻黑鸟身上的斑点应该对这些动物有任何用处。”即便对适应论最极端的批评者来说，达尔文的这句评论在今天听起来也一定很是草率。事实上，历史似乎是站在适应论者一边的，因为在一些特定的案例中，他们已经一次又一次地击败了嘲笑者们。凯恩自己有一项与谢泼德[b]和其他选择论者合作的著名研究项目，他们研究了维持一种丛林蜗牛（*Cepaea nemoralis*）壳上条带形态多样性的选择压力。这项研究的开展，部分原因可能是受到了一件事的刺激：“人们自信满满地断言，对于一只蜗牛而言，壳上有着一条带状条纹还是两条带状条纹是一件无关紧要的事。”（Cain, p.48）“但是，最为引人注目的

a. 理查德·欧文，与达尔文同时代的英国比较解剖学家和古生物学家，对达尔文的进化论深恶痛绝，长年利用自己所拥有的博物学资源不遗余力地攻击达尔文的进化论。

b. 指菲利普·麦克唐纳德·谢泼德（Philip MacDonald Sheppard），英国遗传学家。

对于‘无用’性状的功能性解释或许来自曼顿[a]在倍足纲动物土线（*Polyxenus*）方面所做的工作，她的研究表明一种此前被形容为‘小饰品’（还有比这听起来更没用的吗？）的性状却几乎是这种动物生活的重心所在。”（Cain, p.51）

作为一种很有用的假说，甚至几乎是一种信仰，适应论无疑鼓舞了一些研究者做出了杰出的科学发现。冯·弗里希[b]（von Frisch 1967）对有威望的冯·赫斯[c]（von Hess）秉持的正统观念不屑一顾，通过对照实验令人信服地证明了鱼类和蜜蜂的彩色视觉。驱动他去做这些实验的原因，是他拒绝相信以下这类观念，比如说花朵的颜色是没有形成原因的，或者它只是为了取悦人们的眼睛。这些研究成果当然不能作为证据来支持适应论信仰的普遍正当性。每一个问题都应该根据其真相来逐一加以解决。

温纳[d]（Wenner 1971）对于冯·弗里希关于蜜蜂舞蹈语言的假说提出了质疑，这是件有价值的事情，因为他激发了 J. L. 古尔德（J. L. Gould 1976）的灵感，令后者以一种非常聪明的方式确证了冯·弗里希的理论。如果温纳更倾向于适应论者的话，古尔德的研究可能永远也不会进行了，但是温纳也就不会让自己错得如此离谱了。任何一个适应论者或许会承认温纳暴露了冯·弗里希最初实验设计中的缺陷是件很有助益的事情，但是也会如林道尔[e]

a. 指席德妮·曼顿（Sidnie Manton），英国昆虫学家。

b. 指卡尔·冯·弗里希（Karl von Frisch），奥地利动物行为学家。

c. 指卡尔·冯·赫斯（Carl von Hess），德国眼科医生，在彩色视觉原理等方面的研究中做出了贡献。

d. 指阿德里安·温纳（Adrian Wenner），美国昆虫学家。

e. 指马丁·林道尔（Martin Lindauer），德国动物行为学家。

（Lindauer 1971）所指出的那样，立即就想到一个基础性的问题：蜜蜂到底为什么要跳舞？温纳从未否认过蜜蜂会跳舞，也没有否认过这些舞蹈中包含着所有冯·弗里希所宣称的方向与距离方面的信息，他所否认的只是其他蜜蜂懂得去利用舞蹈中的信息。如果有某种动物实施的一种行为是如此消耗时间，如此复杂，纯靠概率几乎不可能实现，但结果却没有任何用处，那么这样的想法会让一名适应论者寝食难安。不过，适应论有利也有弊。我现在感到很高兴的是，古尔德做了他那些一锤定音的实验，至于原因则比较让我丢脸：即便我足够聪明，能够设计出这样的实验（这是件不太可能的事情），但我也会因为太过倾向于适应论，而不会为温纳的问题所困扰。我早就知道温纳肯定是错的（Dawkins 1969）。

适应论者的那些想法，如果不是盲目确信的话，还是会成为一种有价值的激励，产生在生理学上可以验证的假说的。巴洛[a]（Barlow 1961）意识到感官系统对于减少输入冗余的问题有着压倒性的功能需求，这令他对感官生理学中的一大批现象有了一种和谐的独特理解。关于功能的类似推理也可以应用于运动系统，或整体上应用于组织体系的等级系统（Dawkins 1976b; Hailman 1977）。适应论者坚定的信仰并不能告诉我们生理学上的机制是什么，唯有生理实验才能做到这一点。不过谨慎的适应论者的推理能够为我们提供建议，告诉我们在众多可能的生理学假说之中，哪些才是最有可能为真的，最应该优先予以研究。

前面我一直试着展示适应论有利也有弊，但是这章的主要目

a. 指赫拉斯·巴洛（Horace Barlow），英国生理学家、视觉神经科学家。

的还是要为对完美化的各种制约开列一张清单并予以分类，还要列出学生们在学习适应性的过程中应该谨慎前行的主要原因。在讨论我关于完美化的六大制约之前，先要来说说别人已经提出来的另外三个制约，不过我发现它们不是很有说服力。先说第一个吧，当代生物化学遗传学家当中关于“中性突变”的论战，不断在关于适应论的批评中被引用，但实际上两者毫不相关。如果存在生物化学家所说的中性突变，那就意味着，这些突变所引发的蛋白质结构上的任何改变对于蛋白质的酶活性没有影响。这就意味着，这些中性突变将不会改变胚胎发育的进程，也根本不会有任何表型上的效应——生物学家就生物整体而言所理解的表型效应。对于中性论的生物化学争论主要关心的是一个有趣而重要的问题：是否所有的基因替换都会有表型上的效应。关于适应论的争论则颇为不同，它关心的主要问题是：既然我们所研究的表型效应大到足以被观察到，并且就此提出问题，那么我们应该假设它是自然选择的产物。生物化学家的“中性突变”可不只是中性而已。只要我们这些研究粗陋的形态学、生理学以及行为学的生物学家去考虑这个问题，它们在我们眼中就根本不再是突变了。正是有着这样的思想，梅纳德·史密斯（Maynard Smith 1976）写道：“我把‘进化速率’解释为适应性改变的速率。在这种意义上，对一个中性等位基因的替换不会构成进化。”如果一位研究生物个体的生物学家看到一个由基因决定的表型差异，他就已经知道了自己不可能是在研究一个当代生物化学遗传学家所争论的“中性”。

然而，这位生物学家可能是在研究一种中性的性状，这在更早的一场论战中曾经被讨论过（Fisher & Ford 1950; Wright 1951）。

一个基因差异有可能在表型层面来显露自己，然而在选择问题上仍是中性的。但是像费希尔（Fisher 1930b）和霍尔丹（Haldane 1932a）等人所做的数学计算表明，人类对于某些生物学性状做出的“明显无用”的性质判断是主观的，不可靠的。例如，霍尔丹的研究表明，对于一个典型的种群做出一些合理的假设之后，弱到千分之一的一个选择压力只需几千代就可以让一个最初很罕见的突变被固定下来。这从地质学的标准来看是很短的时间。在前文提到的争论中，莱特[a]似乎被误解了（见下文）。虽然莱特建立了通过遗传漂变实现非适应性性状的进化这一思想，并被称为“休厄尔·莱特效应”，但他感到很尴尬（Wright 1980），“不仅仅因为别人在我之前就提出过一样的想法，还因为我自己最初是强烈拒绝这一想法的（Wright 1929），曾经说纯粹的随机漂变将‘不可避免地导致退化和灭绝’。我曾经把明显的非适应性分类学差异归因于基因多效性，不仅仅只是忽视了适应性上的重要性而已”。事实上，莱特曾经展示了漂变与选择的精巧融合将如何产生更优秀的适应性，超过了仅仅通过选择所产生的适应性。（pp.39–40）

第二种被提出来的针对完美化的制约，考虑的是异速生长的问题（Huxley 1932）：“对于真鹿亚科的鹿来说，鹿角尺寸增长的速度远超身体尺寸增长的速度……以至于更大的鹿就有着大得不成比例的鹿角。于是也就没必要给大鹿头上那极其巨大的鹿角找一个明确的适应性理由了。”（Lewontin 1979b）当然，莱文廷这段话说明了一些问题，不过我更愿意重新来表述一番。按照他

a. 指休厄尔·莱特（Sewall Wright），美国遗传学家。

这段话来看，异速生长速率应该是个常数，就好像这是上帝指定的不可改变的东西。但是，一个时间尺度上的常数也可能在另一个时间尺度上发生变化。异速生长常数是一个胚胎发育上的参数。与任何其他这样的参数一样，它可能受到基因改变的支配，并因此可能在进化过程中发生改变（Clutton-Brock & Harvey 1979）。这样来看，莱文廷的说法原来跟下面的说法相似：所有的灵长类都有牙，这只不过是个关于灵长类的事实，因此没有必要对于灵长类长着牙这件事给出一个明确的适应性理由。不过，他真正想要表达的可能是类似于下文的某种意思。

鹿已经进化出了一种发育机制，让鹿角的生长与身体尺寸的生长异速，两者之间有一个特定的异速生长常数。这个发育上的异速生长体系的进化很可能是在与鹿角的社会功能无关的选择压力下形成的：它可能刚好与已经存在的发育过程相协调，其中的方式我们还不清楚，除非我们能够对胚胎学中生物化学和细胞的细节有更多的了解。也许体形大的鹿有超大的鹿角在行为学上的后果施加了一个选择效果，但是这种选择压力很可能会在重要性上被其他尚不知道内在胚胎学细节的选择压力所淹没。

威廉斯（Williams 1966, p.16）将异速生长用于推断导致人脑容量增加的选择压力。他提出，在这个问题上，选择的首要重点是儿童早期对于他人所传授的相当于小学水平技能和知识的可接受性。“由此导致的选择作用针对的是尽早获得语言的能力，或许就会产生一个有可能诞生达·芬奇的人群，这是一种在脑发育方面的异速生长效应。”不过威廉斯并未把异速生长视为一种对抗适应性解释的武器。有人觉得他有一点是正确的，那就是不太忠诚于他那个关于脑过度生长的理论，而更忠诚于以下这个结论性的设问句中所阐述出来的普遍性原理："通过了解人类心智被设计出来的目的，能够极大地帮助我们理解人类的心智。对此有所期待难道不是一件合理的事情吗？"

对于异速生长所说的这些话，对于基因多效性也同样适用，也就是一个基因占据多个表型效应的现象。这是我在讨论我自己的列表之前想要排除在外的第三个关于完美化的制约。这一条在我前面引述莱特的话时已经提到过了。在此导致困扰的一个可能原因是，基因多效性在这场辩论中被双方都拿来当作武器了——如果那的确是一场真正的辩论的话。费希尔（Fisher 1930b）得出结论，一个基因的表型效应当中不可能任何一个都是中性的，所以说，一个基因的所有多效性效应都是中性的就更不可能了。另一方面，莱文廷（Lewontin 1979b）则评论说："性状的很多改变是多效性基因行为的结果，而不是对于性状本身的选择作用的直接结果。昆虫马氏管[a]的黄色本身不可能是自然选择的对象，因为那个颜色永远不可能被任何生物看到。而它实际上是红眼色素代谢的多效性后果，有可能是适应性的。"我对此没有什么实质性的不同意见。费希尔谈论的是对于一个基因突变的选择性效应，而莱文廷谈论的是一个表型性状的选择性效应。实际上，我之前讨论生物化学遗传学家对于中性的观点时所说的也正是这样的区分。

莱文廷对于基因多效性的观点与另一个问题有关，我应该在此先行讨论一下。这个问题是对于他所谓自然"缝线"——进化

a. 马氏管，昆虫体内与中后肠相通的细长盲管，最早由意大利显微解剖学家马尔切洛·马尔比基发现，相当于哺乳动物肾和膀胱的功能，可以从循环系统中产生含氮的原尿。

的“表型单位”的定义。有时一个基因的双重效应在理论上是无法分割的，它们是同一事物的不同侧面，正如珠穆朗玛峰曾有两个名字[a]，取决于你是从哪一侧去看它。一位生物化学家眼中的携氧分子在行为学家眼中可能就是红的生物色。但是也有一种更为有趣的基因多效性，其中的两种表型效应是可以分割开来的。任何基因的表型效应（相对其等位基因而言）并不是这个基因自己的私有物，而是要在它所起作用的胚胎环境共同帮助之下才能显现。这就有了充分的机会让一个突变的表型效应被其他的效应改变，也为一些出色的思想提供了基础，比如费希尔（Fisher 1930a）关于显性进化的理论，梅达沃（Medawar 1952）和威廉斯（Williams 1957）关于衰老的理论，以及汉密尔顿（Hamilton 1967）关于 Y 染色体嵌入的理论。在这样的联系之下，如果一个突变有一个有利的效应和一个有害的效应，选择作用没有理由不青睐于一个改造者基因，能够把这两个表型效应剥离开来，或者减弱有害的效应，同时增强有益的效应。正如在异速生长的例子中，莱文廷对于基因行为的观点太过静态了，将多效性当作基因自己的私有物来看待，而没有把它看作基因与其可被修改的胚胎环境之间的互动的结果。

所以，我要对幼稚的适应论做出我自己的评论，列出一个对于完美化的制约条件的列表。它的大部分与已有列表是相同的，包括莱文廷和凯恩的列表，以及梅纳德·史密斯（1978b）的，奥斯特和威尔逊（1978）的，威廉斯（1966）的，库里奥

a. 原文是 Everest，即埃佛勒斯峰，为英国皇家地理学会对珠穆朗玛峰的命名，为西方世界广泛采用。

（1973）的，等等。实际上，我们这些观点之间更多的是一致性，而非近来的各种评论之中所显现的争辩意味。我不应该纠结于特定的个案，除非是例证。正如凯恩和莱文廷都强调的，我们总体的兴趣不在于挑战自己的聪明才智，去为动物的某种特定的奇怪特性想象出一种可能的优势来。我们在这件事上的兴趣在于探究一个更加具有普遍性的问题：自然选择的理论能让我们去期待些什么？我的第一个对于完美化的制约是一个很明显的制约，大多数写作过适应性相关问题论文的人都对此有所提及。

时间滞后

我们今天所看到的动物很有可能是“过时的”，影响其建立过程的那些基因是在某个更早的时期为了应对与今天不同的条件而被选择出来的。梅纳德·史密斯（1976）对于这种效应给出了一种定量的测量，称为“滞后负荷”。他（1978b）引用了尼尔森的一项研究，证明塘鹅虽然正常情况下只下一个蛋，但当实验中加入额外的一个蛋时，它们仍然有相当的能力去成功地孵化两个蛋并养育这两只雏鸟。显然，对于拉克关于一窝雏鸟最优数量的假说而言，这个案例的出现有些尴尬。而拉克本人（1966）并不迟钝，想到了将“时间滞后”当作自己的出路。他提出，完全合理的一种可能性是：一窝塘鹅只有一只雏鸟的现象是在一个食物没那么充足的时期进化出现的，而至今还没有足够的时间让它们进化到去适应又一次发生了改变的条件。

对一个出了毛病的假说进行事后诸葛亮式的补救，这样的行为很容易引发别人的指责，被扣上不可证实的罪名，但是我发现这样的指责不仅仅是缺乏建设性的，简直就是虚无主义的。我们不是在国会，也不是在法庭上，不是在为达尔文主义进行辩护以获得针对反对者的辩论积分，或是站在辩论的另一方。除了少数一些真心反对达尔文主义的人以外——他们也不太可能读到这些，我们所有达尔文主义者在此所做的讨论从本质上都是为了探讨，我们应如何去说明当我们必须要解释生命的复杂性时，到底什么才是唯一有用的理论。我们所有人应该是发自内心地想要知道为什么当塘鹅明明可以下两个蛋时却只下一个，而非把这个事实仅仅当成一个争论点。拉克对于“时间滞后”假说的运用可能是事后诸葛亮，但是这仍旧是完全有可能合理的，而且也是可以被检验的。毫无疑问，如果走运的话，或许还有别的可能性也能被检验。梅纳德·史密斯的以下观点肯定是正确的：我们应该不去考虑“失败主义者”（Tinbergen，1965）以及无法检验的“自然选择又一次没把工作做完”这种解释，不能把它们当成最后的救命稻草，当成没有其他选择时的一种简单的研究策略。莱文廷（1979b）说过极为类似的话：“那么在某种意义上，生物学家被迫采用了极端适应论者的论调，因为其他的选择虽然在许多案例中无疑是可操作的，但是在特定的案例中却是无法检验的。”

回到时间滞后效应上来，由于现代人类已经急剧改变了许多动物和植物所处的环境，改变所用的时间跨度按照通常的进化标准几乎可以忽略不计，所以我们完全能够预期这样一种可能性，即过时的适应性相当常见。刺猬应对捕食者的反应是蜷成一个刺球，然而可悲的是，这种行为在机动车面前只能是螳臂当车。

外行的批评常常会提到一些现代人类行为中明显的不适应性状，比如收养或避孕，并且扔下一句质疑：“要是你能用你自私基因的理论来解释一下的话，就来解释解释吧。”显然，正如莱文廷、古尔德和其他人已经正确地强调过的那样，要是有足够的创造力的话就完全有可能像变戏法一样搞出一个“社会生物学”的解释、一个“有条理的故事”，但是我同意他们以及凯恩的意见，对于此类质疑的回答是一种无用处的练习，实际上甚至可能是有害的。收养与避孕就像阅读、数学，以及压力诱发的疾病一样，是一种动物的生活环境发生极端改变的产物，这个环境与其基因被自然选择出来的时候所面对的环境已经大不相同。质疑一个人造世界中的某种行为在适应性上的意义，这种问题压根就不应该被提出来。虽然一个傻问题只配得到一个傻答案，但是更明智的方式是根本不予回答，并解释清楚为什么不予回答。

关于这一点，我从 R. D. 亚历山大那里听到过一个有用的类比——飞蛾扑火，这对它们的广义适合度都是没有帮助的。但是在蜡烛被发明以前，暗夜之中小而明亮的光源要么是天体从光学意义上的无穷远处发出的光，要么就是在洞穴或其他封闭的空间中，透过小孔或缝隙射入的光线。后者立刻就让人想到了接近光源的一种生存价值，前者也暗示着一种生存价值，但是要间接得多（Fraenkel & Gunn 1940）。许多昆虫利用天体作为导向罗盘。由于这些光线来自光学上的无穷远处，所以是平行光，而一只昆虫只要与之保持一个固定的交角，比如说 30°，就能够在一条直线上前进。但如果光线不是从无穷远处发出的，就不是平行光，而一只仍以这样方式行动的昆虫就会飞出一条落向光源的螺旋线（如果飞行方向是锐角的话）或是离开光源的螺旋线（如果飞行方向是钝角的话），或是沿着环形轨道绕圈（如果飞行方向恰好与光线成 90° 的话）。那么，昆虫在烛火上的自我牺牲行为本身就没有了生存价值，因为根据上述理论，这不过是一个副产品，源自通过“假定”无穷远的光源来保持航向的有用习性。这个建立在假设上的推断曾经是没问题的，但是现在已经有问题了，因为选择作用有可能现在仍在起作用，改变着昆虫的行为。（不过也不是必然的。为了实现必要的改进所要付出的间接成本可能超出它们所能带来的益处。那些为了分辨烛火与星光而付出成本的蛾子，就平均而言可能不如那些从未试图付出成本去分辨的蛾子成功，不过后者也接受了自焚的低风险。）

但是现在我们已经在面对一个比简单的时间滞后假说更为微妙的问题。这是之前已经提到过的一个问题，即我们应该选择把动物的什么特性看作需要得到解释的单位？如莱文廷（1979b）所说：“进化动态过程中的‘自然’缝线是什么？进化之中表型的拓扑是什么？进化的表型单位是什么？”之所以会有烛火悖论，只不过是由于我们选择去界定蛾子行为特征的方式不同。我们问的是“为什么蛾子飞向了烛火？”但是被难住了。如果我们对这种行为的界定不同，改成问“为什么蛾子要保持与光线之间的固定角度（如果光线恰好不平行的话，就会附带着导致它们以螺旋线飞向光源的习性）？”那么我们就不会被难住了。

我们可以把人类男性同性恋现象当成一个更严肃的例子。表面来看，确实有少数男人更愿意与他们同性别的人而不是异性发生性关系，这一现象的存在对于任何简单的达尔文主义理论都构成了一个问题。有作者好心寄给了我一本同性恋内部流传的小册子，它那论述式的标题总结了这个问题：“到底为什么会有同性恋？为什么进化没有在几百万年前消灭‘同性恋习性’？”不经意间，那位作者发现这个问题太重要了，它真的动摇了达尔文主义关于生命的整套认识。特里弗斯（1974），威尔逊（1975，1978），特别是温里克[a]（1976）已经考虑过不同的可能性，认为同性恋行为可能在历史上的某个时期从功能上讲等同于无法生育的工蜂、工蚁，对他们来说，比个人的生育繁殖更有益处的是照顾别的亲人。我不觉得这个想法特别有可能是合理的（Ridley & Dawkins 1981），至少不会比“鬼祟男性”的假说更有合理的可能。后一种假说是，同性恋代表了一种“可供替代的男性策略”，用于获得与女性交配的机会。在一个居于统治地位的男性会保护他的配偶的社会里，一个被认为是同性恋者的男性将比众所周知的异性恋男性更有可能被居于统治地位的男性容忍，那么得益于此，低级别的男性或许就能够获得与女性秘密交媾的机会。

不过，我在此提出“鬼祟男性”的假说可不是将它当作一个有合理可能性的观点，而是为了让人印象深刻地意识到，要空想出一个此类解释是多么容易，又多么于事无补［Lewontin 1979b，莱文廷在讨论果蝇（*Drosophila*）表现的同性恋行为时用过同样的招数］。我想要说明的主要观点与此完全不同，也重要得多。这个观点又是与我们如何界定我们所想要解释的表型性状的特性有关的。

对于达尔文主义来说，同性恋当然是一个问题，但前提是有着基因元件来对应同性恋与异性恋个体之间的差异。由于这方面的证据还有一定的争议（Weinrich 1976），让我们暂且假设有这样的基因元件，以便我们的讨论。现在问题来了，存在一个基因元件对应于这种差异，或者用更普通说法，有一个基因（或几个

a. 指詹姆斯·温里克（James Weinrich），美国心理学家、性研究专家。

基因）是为了同性恋的目的而存在的，那究竟意味着什么？这是一个基础性的老生常谈的问题，更多的在于逻辑层面而非基因层面，即一个基因的表型“效应”是一个概念，它只有在环境的影响被确定之后才能有意义，而此处的环境要理解为包含了基因组中所有的其他基因。在环境 X 中“为了”A 的基因完全可能在环境 Y 中成为一个“为了”B 的基因。谈论一个给定基因与环境无关的绝对化的表型效应，根本就没有意义。

即便存在这样的基因，在今天的环境之中还能产生同性恋的表型，并不意味着在另一种环境下，比如我们更新世祖先的环境，它们还会有同样的表型效应。在现代环境中对应于同性恋的基因可能是一个在更新世为了实现某些完全不同的目的的基因，所以，我们有可能在这个问题上面对着一类特殊的“时间滞后效应”。一种有可能的情况是，我们试图去解释的这种表型可能在更早期的环境中根本就不存在，虽然这个基因当时是存在的。我们在这一节一开始所讨论的普通的时间滞后效应中，考虑的环境改变表现为选择压力的改变，我们现在加上了更为微妙的一点，即环境的改变有可能改变我们想要解释的那个表型特征的本性。

历史性制约

喷气发动机取代螺旋桨发动机的原因在于，前者在多数方面都更优秀。第一台喷气发动机的设计者是从一张干净的绘图板开始设计的。想象一下，如果限制他们要从一台已经存在的螺旋桨发动机上“进化”出喷气发动机来，每次只能更换一个零件，一个螺母一个螺母地换，一个螺钉一个螺钉地换，一个铆钉一个铆钉地换，那他们会搞出一台什么东西来？照此组装出来的一台喷气发动机将肯定是一台古怪的诡异装置。几乎无法想象一架用进化的方法来设计的飞行器有可能飞离地面。然而为了完成生物学意义上的类比，我们还要再加上一条制约条件——不仅仅最终的产品要能飞离地面，过程中的每一个中间状态的产品也必须要能飞起来，而且每一个中间状态都要比它的前一个中间状态更优秀。这样来看的话，别说期待着动物能够成为完美的，我们或许都要怀疑它们身上到底有没有任何东西可以正常工作。

上面这一段让我们联想到的场景是令人难以相信的，但是动物身上有些特性还要更加令人难以相信，这些特性就像是希思·罗宾逊[a]（或是古尔德文中提到的鲁布·戈德堡[b]，1978）笔下的那类漫画一样。我特别喜欢的一个例子是由约翰·柯里[c]教授向我提供的，有关喉返神经。对于哺乳动物，特别是长颈鹿而言，从脑到喉的最短距离断然不会绕过主动脉[d]后侧，然而喉返神经走的就是这条路。假设曾经有一个时期，在哺乳动物的远古祖先身上，这条神经起点与终点器官之间的直接路径就是要绕过主动脉的后侧。不久之后，当脖子开始延长的时候，这条神经绕过主动脉后侧的路径也要延长，但是为了绕路而导致的每一次长

a. 希思·罗宾逊（Heath Robinson）是英国著名卡通画家，经常描绘一类通过复杂系统来实现简单功能的装置。

b. 鲁布·戈德堡（Rube Goldberg）是美国著名卡通画家，经常描绘一类通过复杂系统来实现简单功能的装置。

c. 约翰·柯里（John Currey），英国生理学家。

d. 指心脏泵出携氧血液的血管，发自左心室，沿脊椎向下延伸。所以当连接脑与喉部的喉返神经要穿过它后方时，就一定会导致绕远的情况。

度延长都只造成了微小的代价。一个重大突变或许能够彻底重新布置这条神经的路径，但是其代价就是早期胚胎发育过程中的巨大动荡。如果回到泥盆纪，能有一位先知，一位像神一样的设计师，或许能够预见到长颈鹿的出现，并且把最初的胚胎中的那条神经设计成不同的路径，但是自然选择没有这样的预见性。正如悉尼·布伦纳[a]所评论的：不可能期望自然选择在寒武纪就青睐于某些无用的突变，只因为“它们可能会在白垩纪很有用处”。

比目鱼长着一张如同出自毕加索笔下的脸，它通过一种怪诞的方式把两边的眼睛扭转到了头的同一侧，形成一种独特的样貌。这是关于完美化的历史性制约的另一个惊人的证明。这种鱼的进化过程清清楚楚地写在了它们的解剖构造之中，以至于它成了一个绝佳的例子，可以塞到原教旨主义者的喉咙里，噎得他们说不出话来。同样的话也可以用到另一个奇妙的现象上，那就是脊椎动物眼睛里的视网膜似乎都被装反了。对光线敏感的“视细胞”都在视网膜的背面，而光线必须穿过连接“电路”，遭受不可避免的衰减之后才能抵达视细胞。假设有可能写下一段很长的突变序列，最终能够让眼睛的视网膜像头足纲动物[b]那样建构在“翻过来的正确一面”上，那么这种眼睛最终会稍稍有效一些。但是在胚胎期的重大动荡意味着巨大的成本，那么与修修补补得到的毕竟用着还不错的眼睛相比，此中间态阶段的眼睛将会很难得到

a. 悉尼·布伦纳（Sydney Brenner）是南非著名生物学家，在遗传密码和模式生物秀丽隐杆线虫的研究方面做出了开创性贡献，并因为后一方面的研究成果获得了 2002 年的诺贝尔生理及医学奖。

b. 头足纲动物，比如章鱼。

自然选择的青睐。皮腾德里赫[a]（1958）曾经就适应性的生物组织形式评论说它们是“用替代品修修补补拼凑出来的东西，是用可以拿得到的东西拼凑出来的，而当机会来敲门的时候被自然选择后知后觉地接受了，而非先知先觉”（也可见雅各布 1977 年发表的论文关于“修补”的内容）。

休厄尔·莱特（1932）对此提出了一个比喻，现在已经被称为“适应性景观”，表达了与前文同样的想法，认为青睐于局部最优的选择作用阻碍了进化向着终极优化或更为整体优化的方向前进。他所强调的一个重点多多少少有些被人误解了（Wright 1980），即遗传漂变起到了一定的作用，从而让物种的种系可以从局部最优的吸引力中逃脱出来，进而实现更为接近人类所认为的“那个”最佳解决方案。有意思的是，这与莱文廷（1979b）将漂变视为“适应性之外的替代方案”恰好相反。至于在多效性的讨论中，就没有这方面的悖论。莱文廷正确的地方在于，“真实种群的有限性导致了基因频率方面的随机变化，以至于有一定的可能性让有着较低繁育适应性的基因的组合也能在种群中被固定下来”。但从另一方面来看，同样正确的是，如果局部最优已经构成了实现完美设计的一个限制，那么这种程度下的漂变就倾向于提供一条逃脱的道路（Lande 1976）。于是，讽刺的结论出现了：一个自然选择中的弱点，理论上可能会增强一个种系实现最优设计的可能性。由于缺乏远见性，真正的自然选择是一种反完美化的机制，只会在莱特的景观之中拥抱那些小山包，而实际上也的确如此。强选择作用中间穿插一些松弛的选择作用

a. 指科林·皮腾德里赫（Colin Pittendrigh），英国生物学家。

以及漂变的时期，这样的混合体可能才是穿越山谷到达高地的正确配置。显然，如果“适应论”会成为一个辩论得分点，那么辩论双方从相反方向上都有得分的机会！

我自己的体会是，在此可能蕴含着历史性制约这部分真正悖论的解决方案。喷气发动机这个类比暗示着，动物应该是在鞭策之下随便凑合出来的滑稽的庞然大物，不稳定的形体中有着修修补补的老古董所留下的奇形怪状的遗迹。我们如何才能让这合理的推测与以下事实相协调，比如非洲猎豹令人赞叹的优雅体形，雨燕在空气动力学上的优美，以及竹节虫对于欺骗性细节一丝不苟的专注？甚至还有更令人印象深刻的，那就是对于同样的问题，不同的趋同进化给出的解决方案有着细节上的一致性，例如在澳大利亚、南非，以及旧世界上，哺乳动物的辐射进化存在着多重平行性。凯恩（1964）评论道：“到目前为止，达尔文和其他一些人常常会推断认为趋同进化永远不会一致到误导我们的程度。”但是，他接下来就给出了一些称职的分类学家也看走了眼的例证。越来越多目前还被视为应该是单起源的若干生物种类，现在正被怀疑具有多个不同的起源。

引用正面或反面的例证只不过是无意义地堆砌事实，我们需要的是有建设性的工作，在进化的背景下阐明局部最优与全局最优之间的关系。我们对于自然选择本身的理解需要得到一些补充，这是一项被称为“逃脱特异化”的研究，借由它我们就能使用哈迪[a]（1954）的表述了。哈迪曾经提出，幼态延续是一种对于特异化的逃脱。而在这一章中，在引述莱特的观点之后，我曾经强调

a. 指阿利斯特·哈迪（Alister Hardy），英国海洋生物学家。

了漂变在“逃脱特异化”中所扮演的角色。

在此，蝴蝶的米勒拟态或许是一个有用的案例研究。特纳[a]（1977）评论道：“在美洲热带雨林里的长翅蝴蝶当中（包括绡蝶、袖蝶、斑蝶、粉蝶，以及虎蛾），有六种迥异的警示图案。虽然所有带有警示图案的蝴蝶都属于这六种拟态‘环’中的一个，但这些环却是在美洲热带雨林的栖息地中一直共存的，并且始终保持着较大的差异。……一旦两种图案之间的差异太大了，大到靠一个单点突变无法从一个图案变到另一个图案去，那么趋同进化[b]实质上就变得不可能了，于是这些拟态环就会永远共存下去。”这是唯一一个可能在基因细节上已经快要全部研究清楚的“历史性制约”案例。它或许也能为“跨越峡谷”[c]在基因细节上的研究提供一个很有价值的机会。具体到蝴蝶米勒拟态的例子上来，包括一种蝴蝶从一个拟态环中脱离，然后被另一个拟态环的“吸引力”最终“捕捉”到。虽然特纳没有在这个例子中使用漂变作为一种解释，但是他做了一个颇为诱人的暗示：“欧洲南部的九斑蛾[d]（*Amata phegea*）……已经……把厄菲阿尔特[e]斑蛾

a. 指约翰·特纳（John Turner），英国生物学家。

b. 严格来讲，形成米勒拟态的过程是趋向进化（advergent evolution），而非趋同进化（convergent evolution）。虽然在两种进化中，各物种都没有直接的亲缘关系，但是趋同进化中的物种没有任何关联，甚至都不生活在同一块栖息地，是由于环境形成一样的性状。而趋向进化的各物种共享栖息地和捕猎者，形成米勒拟态能实现互相利用，往往是一个物种向着另一个物种的外观去进化。

c. 指跨越“适应性景观”中高峰之间的峡谷，即从局部最优前往全局最优。

d. 名为斑蛾，实际属于夜蛾总科。

e. 厄菲阿尔特（Ephialtes）是古希腊激进民主派政治家，以廉洁著称。

（*Zygenea ephialtes*）从斑蛾、同翅目昆虫等等组成的米勒拟态环中抓了出来，而在九斑蛾生活地域之外的欧洲北部地区，厄菲阿尔特斑蛾仍然从属于斑蛾的拟态环。”

在更为普遍性的理论层面，莱文廷（1978）评论道：“即便自然选择的力量是一样的，基因可能还是常常会有几种不同的稳定平衡状态。一个种群最终在不同基因构成的空间中选择哪一个适应性的峰值，这完全取决于在选择过程一开始的偶然性事件。……比如说印度犀牛只有一只角，而非洲犀牛有两只。角是适应性的结果，是为了对抗捕食者的保护措施，但是并非独角是专门适应印度环境条件的，而两只角是适应非洲平原的。由于起始时的发育系统多多少少有些不同，这两个物种在对同样的选择压力做出响应的时候才会采用些许不同的方式。”这个观点基本上是不错的，不过最好还要补充一点，即莱文廷对于犀牛角功能的重要性有着非典型性的“适应论者”的错误认识，这对于此处的讨论并非无关紧要的问题。如果犀牛角真的是一种对抗捕食者的适应性，那实际上很难想象为什么独角在对付亚洲的捕食者时更有用，而双角在对付非洲的捕食者时更有用。然而，如果犀牛角是一种对于物种内竞争和威吓的适应性，事实似乎也的确如此，那么完全有可能一只独角犀会在一块大陆上处于劣势，而一只双角犀在另一块大陆上遭罪。只要游戏是以威吓之名继续的（或是如费希尔在很久以前教导我们的，称为性吸引），那么无论种群中大多数采取的方式是什么，只需与其一致就能具备优势。具体的威吓展示及其相关的器官可能是任意的，但是任何个体如果由于突变而偏离了已经建立起来的习惯，那就只能承受悲伤了（Maynard Smith & Parker 1976）。

可用的基因变化

一个潜在的选择压力无论有多么强大也不一定会导致进化的发生，除非具备一个基因变化让这个选择压力可以发挥作用。“因此，虽然我可以争辩说在胳膊和腿之外再拥有翅膀对于某些脊椎动物来说可能会是一种优势，但是没有什么动物进化出了第三对附肢，大概是因为从来没有可用的基因变化。”（Lewontin 1979b）人们有理由不同意这样的观点，比如说，猪没有翅膀的唯一原因是选择作用从未青睐过这样的进化。当然了，我们在做如下这种建立在以人类为中心的常识基础上的假设时必须要特别小心：对于任何动物而言，长一对翅膀显然挺有用，即便不怎么经常会用到也是如此，所以在一个给定的种系中没有出现翅膀时，原因一定在于缺乏可用的突变。雌性蚂蚁如果恰好被培养为蚁后的话，就会长出翅膀来，但如果被培养成工蚁，它们就不会展现出生长翅膀这种能力来。更为惊人的是，很多昆虫物种的皇后都只会使用一次自己的翅膀，就是在婚飞中，然后就会采取极端的措施，把翅膀从根部咬断或折断，为它们在地下的余生做好准备。这证明，翅膀有成本，也有收益。

查尔斯·达尔文思想的精妙在他的一段讨论中有着令人印象极为深刻的展现，这段讨论是有关于海岛昆虫的无翅性与有翅成本。他的讨论与我们此处的内容相关的一个观点是，有翅的昆虫或许会有被吹到海上去的风险，于是达尔文（1859，p.177）提出，这就是为什么许多岛屿上的昆虫都有着缩小的翅膀。但是，他也注意到有一些岛屿昆虫却与无翅背道而驰，反而有着超大号的翅膀。

这与自然选择的作用是相当协调的。因为当一只新的昆虫来到岛屿上的时候，自然选择会让翅膀变大还是变小，这取决于能否有更多的个体在与海风的对抗中成功存活下去，或是通过放弃对抗海风，同时以很少甚至不再飞翔的代价存活下去。这就好像在海岸附近遭遇海难的船员所面临的情况一样：对于很会游泳的船员来说，如果他们有能力游得更远一些，那一定会更好；对于不太会游泳的船员来说，如果他们根本就游不了泳，只能困在遇险船只上，也算是好一些的结果。

虽然几乎可以听到人们齐声低吼“根本证明不了！同义反复[a]！只是有条理的故事而已！”，但是也很难找到更为干净利落的进化推导过程了。

回到猪是否曾经有可能进化出翅膀这个问题上来，莱文廷无疑正确的一点是，对于适应性感兴趣的生物学家没有余地去忽略突变性变化的可用性这个问题。诚然，事实是我们中的许多人虽然没有梅纳德·史密斯和莱文廷的那些关于遗传学的权威性知识，但与梅纳德·史密斯一样倾向于假设“某种适当类型的基因变化通常是会存在的”。梅纳德·史密斯做此假设的基础在于“除了个别的特例以外，人工选择总被证明是有效的，无论被选择物种是什么，被选择的性状是什么”。为梅纳德·史密斯所彻底接受的一个众所周知的案例是费希尔（1930a）关于性别比例的理论，

a. 同义反复的本义是指用不同的形式来重复表达同一个含义的修辞手法，在此处指一种不科学的定义或阐述概念的方式，即用一个与概念不同形式的表述来定义这个概念本身。

而这样的案例中似乎常常缺乏最优理论所需要的基因变化。养牛者要培育出高产奶量的、高产肉量的、体形大的、体形小的、无角的、抵抗不同疾病的，以及凶猛的头牛种系，这都是毫无问题的。对于乳品业来说，要是还能培育出有着性别偏差，雌性牛犊比雄性牛犊多的种系，那显然会有巨大的好处。所有就此进行的尝试无一例外都失败了，显然是因为所需要的基因变化并不存在。我知道这个现象时相当吃惊，甚至有些担忧。这大概反映了我自己的生物学直觉已经被误导到了什么程度。我更愿意把这种情况视为一个例外，但是莱文廷认为我们需要更多地去关注可用基因变化造成的限制问题，而这一点当然是对的。从这个观点来看，把人工选择作用在许多不同性状上时所遭遇的顺从或反抗的情况汇编到一起，那一定会很有意思。

与此同时，还是有一些常识性的东西可以说一说的。首先，利用可用突变的缺乏来解释某种动物为什么没有我们认为合理的某种适应性，这是合理的。但是这种讨论不能反其道而行之，例如，我们或许确实认为猪要是有翅膀的话会更好，并且认为它们没有翅膀只是因为它们的祖先从未产生过必要的突变。但是如果我们看到一种动物有一个复杂的器官，或者有一个复杂而耗时的行为模式，我们似乎会有强烈的理由去猜测这复杂度必定是由自然选择组装出来的。像我们已经讨论过的蜜蜂的舞蹈，或是鸟类“蓄蚁[a]”，竹节虫“摇动[b]”，鸥类移除蛋壳等习性，都是消耗时间、消耗能量的，而且颇为复杂。可行的假说认为它们必定有着达尔

a. 指一些鸟类把蚂蚁蓄于羽间的习性，被认为有助于驱除身上的寄生虫。

b. 指一部分竹节虫行进时有节奏地左右摇动身体的习性，被认为是为了模拟树叶的晃动，以增强拟态的真实性。

文主义的生存价值，这样的假说是极其有力的。在少数案例中，事实证明的确有可能找到其生存价值（Tinbergen，1963）。

第二个常识性的论点是，“没有可用的突变”这一假说在以下情况下会失去说服力，即当该物种的一个亲缘物种，或是该物种自身处于不同的环境中时，表现出了能够产生必需的基因变化的能力。我会在后面介绍一个案例，案例中一种叫平原爱沙蜂（*Ammophila campestris*）的掘土蜂的已知能力被用于阐明其亲缘物种大金掘土蜂（*Sphex ichneumoneus*）类似能力的缺乏。同样的讨论如果更精细的话，就可以用于任何一个物种身上。例如梅纳德·史密斯（1977，也可参见 Daly 1979）就总结出了一篇论文，提出了一个很欢乐的问题：为什么雄性哺乳动物不分泌乳汁？我们不必去了解他为什么认为雄性哺乳动物应该有此功能的细节，他有可能是错的，他的模型也有可能建错了，这个问题的真正答案可能只不过是雄性哺乳动物这样做的话没有回报。但这里的关键在于，这个问题与“为什么猪没有翅膀？”不属于同一类问题。我们知道雄性哺乳动物具备分泌乳汁所需要的全部基因，因为一个雌性哺乳动物的全部基因是从雄性祖先那里继承来的，也有可能再传给雄性的后代。基因上是雄性的哺乳动物通过激素处理实际上也能发育成为分泌乳汁的雌性。这就让下面这个论述不太可能成立了：从突变的角度来讲，雄性哺乳动物不分泌乳汁的原因只是在于它们从没“想过要去那么做”。（实际上，我打赌我能够培育出一个能够自发分泌乳汁的雄性品种，只要选择那些对于逐渐减少的激素注射有着越来越强的敏感性的个体就行。这将是对于鲍德温 / 沃丁顿效应的一次有趣实践。）

第三个常识性的论点是，如果我们所假定的基因变化主要是一个已经存在的变化的简单数量性扩展，这比一种激进的创新要更有可能成真。假定一只突变的猪有翅膀的残留物不太可能成立，但是如果假定一只突变的猪比现在的猪有着更卷曲的尾巴，这就不是什么不可能成立的事情了。我曾经在别的文章中详细说明过这个问题（Dawkins 1980）。

无论如何，我们需要一种更精巧的方式来处理这样一个问题：可突变程度上的差异化对进化带来的冲击到底是什么？对于一个给定的选择压力，到底有或没有可用的基因变化来做出回应，这样一个非此即彼的提问方式是不够好的，正如莱文廷（1979a）所做的正确表述："不仅仅适应性进化的质的改变的可能性受到了可用基因变化的制约，而且不同性状进化的相对速率也与各自基因变化的数量成正比。"我认为这一观点与前一节中所讨论的历史性制约结合在一起，就为我们的想法开启了一个重要的方向。这个观点可以用一个相当有意思的例子加以阐明。

鸟类用羽毛做的翅膀飞翔，蝙蝠用成片的皮肤做的翅膀飞翔。为什么它们不用同样的方式来生成翅膀呢？哪种方式是"最优的"？一名坚定的适应论者可能会回应说：鸟类必然是用羽毛更好，而蝙蝠用翼膜更好。一名适应论的极端反对者可能会说：对于鸟类和蝙蝠来说，很有可能羽毛的确都是比翼膜更好的，但是蝙蝠从未如此幸运，能够产生正确的突变。但是，还有一种介于两者之间的观点，我发现它比两种极端的观点更有说服力。让我们姑且向适应论者做出让步，承认如果有足够长的时间，蝙蝠的祖先可能也能够产生一系列的基因突变，足以让它们生出羽毛来。这句话的关键之处在于"有足够长的时间"。我们不是在不可能和可能的突变变化中做一个有或无的区分，而只不过是表述一个不可否认的事实：有些突变就数量而言比其他的突变更有可能发生。在这个例子中，哺乳动物的祖先或许已经同时产生了初级羽毛的突变和初级翼膜的突变。但是羽毛雏形的突变体（它们可能必须要经过尺寸较小的中间阶段）要显现出飞行的效应来会比较慢，翼膜的突变体则会相对快一些，于是翼膜翅膀早早就出现了，导致最终进化出了蝙蝠那种还算有效的翅膀。

这里体现的普遍性的观点与在适应性景观里已经论述过的很接近。在那个讨论中，我们考虑的问题是：选择作用阻止了种系从局部最优的魔爪中逃脱出来。而在此，我们让一个种系面临着两条可选的进化路径，比如说一条导向羽毛翅膀，另一条导向翼膜翅膀。带羽毛的设计可能不仅仅是全局最优的方案，而且也是目前的局部最优方案。也就是说，这个种系可能恰好就坐在休厄尔·莱特那幅景观中羽毛之峰的山坡下，只要取得必要的突变，它就将轻松爬上山。最终，根据这个有意思的寓言故事，这些突变可能已经出现了，但是也已经晚了——而这才是重点所在。翼膜突变来得比它们更早，而这个种系已经在翼膜适应性的斜坡上向上爬太久了，已经无法回头了。就像河流选择阻力最小的下山路线，因此总是蜿蜒流向大海，但绝对不会走一条直线，一个种系也是如此，其进化的历程总是根据任何一个给定时刻可用的基因变化来选择出某种效应来。一旦一个种系已经开始在一个给定的方向上进化，这本身可能就会关闭此前其他可用的选项，截断了去往全局最优的可能路径。我想要说明的是，缺乏可用的基因变化并不一定要到非常绝对的程度，才会成为完美化的重要制约，只需要数量上的一点阻碍就能产生显著的性质上的效应。那么，我在精神上对于古尔德和凯洛威（Gould & Calloway 1980）以下的表述是赞同的，他们引用了弗尔迈伊[a]（Vermeij 1973）一篇令人极其兴奋的关于形态多能性的数学研究论文，称："有些形态能够被扭曲、弯折，并用不同的方式加以替换，另一些形态则不可能。"不过我更愿意弱化这个"不可能"，把它表述为一种定量的制约，而非绝对性的壁垒。

麦基奇（McCleery 1978）在用令人愉悦的通俗易懂的方式介绍麦法兰（McFarland）学派的动物行为最优性理论时，提到了司马贺[b]关于"满足最低需求"[c]的概念可以作为优化方案的一种替代方案。如果优化系统的重点在于最大化某件事情，那么满足最低需求的系统只需做够即可。在我们这里，做够意味着做到足够活下去。对于这种"足够性"的概念，麦基奇仅满足于抱怨它并没有产生太多实验性的工作成果。我认为进化论令我们得以对此持更为负面的先验[d]性观点。活着的生命被选择出来，并不只是单纯因为其能够存活的能力，它们是在与其他活着的生命进行的竞争之中存活下来的。作为一个概念，"满足最低需求"的问题在

a. 指海尔特·弗尔迈伊（Geerat Vermeij），荷兰盲人古生物学家。

b. 司马贺（Herbert Alexander Simon），美国科学杂家、图灵奖得主、诺贝尔经济学奖得主，在认知心理学、计算机科学、经济学、科学哲学等诸多领域都有重要贡献，对于我国的计算机科学和心理学发展都有影响。他在 70 多岁时开始自学汉语。

c. 司马贺提出的一种决策方法，指在最优方案无法确定时，对可选方案一一筛查，直到可接受的最低目标得到满足。他认为这种决策方法对于由于缺少知识而无法对真实世界计算出最优方案时，可以有效地解决决策困境。

d. 先验的拉丁文 a priori 常用于逻辑、哲学及数学中，用以表示"在经验之前"就已经形成或存在的概念，即与经验无关的。此处指无须对"满足最低需求"做实际的实验或研究，即可以得出的结论。

于它完全把竞争因素给排除在外了，而这个因素对于所有生命都是基础性的。用戈尔·维达尔（Gore Vidal）的话来说：“成功尚不足够，必要他人失败才可。”

另一方面，“优化”又是一个不走运的词，因为它暗示其实现了工程师眼中的一种总体上的最优设计。它倾向于无视关于完美化的制约，而这正是本章的主题。从很多角度来讲，“改善化”这个词都表达了一种合理的中间路线，介于优化与满足最低需求之间。在此，优化意味着最好，改善意味着更好。在前文中，关于历史性制约，关于莱特的适应性景观，关于河流沿着最小阻力的路线前进，我们所考虑的那些论点都与一个事实有关，那就是自然选择总是在当前可用的选项中挑选更好的那一个。大自然不具备那样的远见，能够把一系列的突变组合在一起，让一个种系走上通往终极全局最优之路——哪怕它们可能会导致暂时的缺点。大自然无法克制自己不去青睐那些当前能够带来小小优势的可用突变，哪怕能够在以后才会出现的最优突变中获得更大的好处也是如此。就像一条河流，自然选择沿着遭遇最小阻碍的立即可选的连续路线来盲目地改善它向下流的路径。可以想象，由此得到的动物不是最完美的设计，甚至只是勉强度日而已。它是一系列历史改变的产物，每一次改变最多也就是代表着当时恰好是更好的那一个可选项。

成本与材料的制约

“如果对于可能性没有任何制约，那么最好的表型就将永远生存下去，对于捕食者而言将会是不可战胜的，在生育方面将会以无限的速率产卵，等等。”（Maynard Smith 1978b）“一位工程师面前的绘图板上如果放着一张白纸，那么他可能会为鸟类设计出一副‘理想的’翅膀，但是他会要求知道自己必须要在什么样的制约下工作。他是否被限制只能用羽毛和骨头？或者他是否可以用钛合金来设计骨架？他被允许在翅膀上花费多少成本？可用的经济投资中有多少必须被花到其他事情上，比如产卵？”（Dawkins & Brockmann 1980）在实际情况下，一位工程师通常会得到一份对于性能最低要求的明确指标，比如“这座桥必须能够承受10吨的负荷。……机翼在比最糟糕的湍流还要严重两倍的气流中也必须不被折断。现在去做你的设计吧，要尽可能节省”。最好的设计是以最低的成本满足指标要求（“满足最低需求”）的方案。任何设计如果能够获得比指定的标准还要“更好”的性能，那它很有可能会被退回，因为那就说明这个指定的标准有可能会以更低的成本来达到。

特定的指标规格是一种没理由的工作标准。安全裕量为什么是可能出现的最糟条件的三倍？这里面没什么神奇的原理。军用飞机的设计可能会比民用飞机有着更为冒险的安全裕量。事实上，工程师需要优化的事项能够汇总成对于一系列问题的金钱化衡量，包括人身安全、速度、便利性、大气污染等等，对每一个项目投放的资金量都要做出判断，也常常意味着争论。

在动物和植物的进化设计方面，没有判断，也没有争论，唯有这场演出的人类观察者们会争吵不休。不过，自然选择也必须要有在某种程度上与这些判断相等价的东西：被捕食的风险必须要相对饿肚子的风险以及与额外一个雌性交配的益处来权衡。对于一只鸟来说，用于制造振翅所需的胸肌的资源，也可能本可花在制造蛋上。无论过去还是现在，一个加大的脑都会让行为调控变得更为精细，以应对环境的细微改变，但是付出的代价就是在身体前端增加额外的重量，结果必然需要一条更大的尾巴来保持空气动力学的平衡，结果又……有翼的蚜虫不如同一物种中无翼的蚜虫多产（语出肯尼迪[a]与我的私人通信）。每一种进化的适应性都要有其成本，成本可以体现为失去了完成其他事情的机会。这一点的正确性就如同一句传统的经济学至理名言一样："天下没有免费的午餐。"

生物学货币的转化就是以某种像"生殖等价物"一样的通用货币来评估振翅肌肉、歌唱时间、对捕食者的警惕时间等问题的成本。当然，研究这种转化的数学问题可能会是非常复杂的学问。尽管一个工程师所面临的数学问题可以被简化（只要满足了那个无理由选定的最低阈值即可），但是生物学家却没有可能这么轻松。有极少数生物学家试图去努力解决此类问题的细枝末节（例如 Oster & Wilson 1978；McFarland & Houston 1981），他们应该得到我们的同情与赞赏。

另一方面，虽然这其中的数学问题是令人望而却步的，但我们并不需要数学就能推导出最重要的一点：任何对于生物优化的观点，如果否认了成本以及交易的存在，那就必然是错的。一名适应论者只看到了一种动物的身体或是行为的一个方面，比如只看到了翅膀的空气动力学性能，却忘记了翅膀的效率只有通过成本才能换取，而这个成本只有在这种动物的经济的其他某个方面才能感受得到。显然，这样的认识理应受到批评。不得不承认，

a. 指约翰·斯多达特·肯尼迪（John Stodart Kennedy），英国昆虫学家。

我们之中有太多人虽然从未实际否认过成本的重要性，却忘记了提及它们，或许甚至还忘了在我们讨论生物功能的时候考虑这些因素。这可能已经招致了一些针对我们的批评。在前面的一节中，我引用了皮腾德里赫的评论，称靠适应性形成的组织体系是“用替代品修修补补拼凑出来的东西”。我们一定也不要忘了，那还是一次又一次妥协之后的玩意儿（Tinbergen 1965）。

理论上讲，以下过程会是非常有价值、有启发性的：首先假设一种动物要在一组给定的制约条件下优化某样特性，然后努力去搞明白这些制约条件分别是什么。这是麦法兰和他的同事所称的“逆向最优”方法的一个受限制的版本（例如 McCleery 1978）。作为一个案例研究，我应该花些工夫来说说我恰好熟悉的例子。

道金斯和布洛克曼（1980）发现，布洛克曼研究的一种叫作大金掘土蜂的黄蜂有一种行为，连最幼稚的人类经济学家也可能会因此批评它是不适应环境的。掘土蜂个体似乎会犯一种“协和式谬误”，即对于一种资源价值的评估取决于它们已经在上面花了多少成本，而非它们未来能从其中得到多少。简要来说，有如下证据。独居的雌性掘土蜂用螫针挖掘好洞穴，再捕捉蝈蝈使其瘫痪，当作自己幼虫的食物。偶尔，两只雌性会发现它们正在用同一个洞穴做准备，它们通常会打一架来决定洞的归属。每一场战斗都要进行到失败者逃离这个区域，留下获胜者控制着洞穴，并占有双方所抓获的所有蝈蝈为止。我们定义一个洞穴的“真实价值”在于其中所含有的蝈蝈的数量。两只掘土蜂对于这个洞穴各自所做的“前期投资”以其放进去的蝈蝈的数量来做度量。证据表明，每只掘土蜂在一场战斗中持续的时间与其所做的投资成正比，而不是与这个洞的“真实价值”成正比。

这样的对策在人类心理学上也有很明显的体现。我们也是倾向于为了自己通过巨大努力才收获的私有物进行坚决的斗争。这一谬误的名字来源于一个真实的事件。每当有一个头脑清醒的关照未来前景的经济学家劝告人们放弃对于协和式超音速客机的开发时，一种支持这个完成了一半的项目继续下去的声音就会通过回顾的方式争辩说："我们已经在这上面花了这么多钱，现在已经无路可退了。"一种更常见的支持继续打仗的争辩给了这个谬误另一个名字——"我们的孩子不应该死得毫无价值"之谬误。

当布洛克曼博士和我第一次意识到掘土蜂有着类似的行为方式的时候，我必须要坦承，当时自己有一些不安，可能是因为我自己在过去的一些"投资"努力（Dawkins & Carlisle 1976; Dawkins 1976a）就是为了说服我的同事们相信一件事：心理学上表现出来的协和式谬误本身就是一个谬误！但是接下来，我们就开始更严肃地思考成本制约的问题。如果考虑成本制约的话，这种看似不适应的行为是否就可以成为一种优化从而得到更好的解释呢？于是问题变成了：是否有一种制约能够让掘土蜂的协和式行为成为它们在这种制约之下所能达到的最佳选择？

事实上，当时面对的问题远比这个还要复杂，因为还有必要将简单的最优性概念替换成梅纳德·史密斯的进化稳定策略概念，但是原则仍然是：采用逆向最优性方法可能还是有启发性价值的。如果我们能够证明一种动物的行为是一个优化体系在制约条件 X 下工作时所能产生的，可能我们就能用这种方法来了解动物实际上必须遵从的这种制约了。

在当前这个案例中，似乎相关的制约条件只有一个——感官能力。如果掘土蜂出于某种原因并不能数清楚洞穴里的蝈蝈数量，但是能够在某些方面给它们自己的捕猎努力进行计数，那么两个竞争对手就有了信息不对等的情况。每一只都只“知道”洞穴里至少包含有 b 只蝈蝈，其中 b 是它自己已经捕捉到的数量。它可能会“估计”洞里的实际数目要比 b 多，但是它并不知道具体多了多少。在这样的条件下，格拉芬证明可期待的 ESS 大概近似于最初由毕晓普[a]和坎宁斯[b]（1978）计算得到的那个所谓的“全面化的消耗战”。这里面的数学细节可以放到一边，就我们目前讨论的目的来说，关键在于一个扩展的消耗战模型所估计的行为，看起来将会非常像掘土蜂实际展示出来的协和式行为。

如果我们对于检验“动物会优化”这样一个普遍性的假说感兴趣，那么上述这种事后诸葛亮的推理就很值得怀疑了。通过对假说细节方面的事后修正，一个人总能找到一个与事实相符合的假说版本。梅纳德·史密斯（1978）对于这类批评的回应就与此有关：“在测试一个模型时，我们不是在测试‘大自然会优化’这样一个普遍性的观点，而是关于制约条件、优化标准，以及遗传性的特定假说。”在当前这个案例中，我们要做一个普遍性的假设，即大自然的确在制约之下优化，并且对于那些可能的制约条件的相应的特定模型进行测试。

之前提出的具体的制约条件是，掘土蜂的感官系统没有能力评估洞穴内所容纳的物品。这一点与同一种群的其他独立研究所呈现的证据是一致的（Brockmann，Grafen & Dawkins 1979；Brockmann & Dawkins 1979）。不过也没有理由将之视为一个永远

a. 指蒂姆·毕晓普（Tim Bishop），英国进化生物学家。

b. 指克里斯·坎宁斯（Chris Cannings），英国进化生物学家。

不变、不可反转的固定限制。可能掘土蜂能够进化出来评估巢内所含物品的能力，但是需要付出成本。人们长久以来就知道与大金掘土蜂有亲缘关系的平原爱沙蜂有能力每天对它们的每个巢穴的内含物都做出评估（Baerends 1941）。大金掘土蜂每次只准备一个洞穴，产一枚卵，然后用土壤把洞填好，让幼虫自己去吃洞里准备好的食物。与之不同的是，平原爱沙蜂是一种渐次式的积累者，同时为多个洞穴做准备。一只雌虫要同时照顾两到三只成长中的幼虫，每一只都处于一个彼此分开的洞穴中。它的几只不同幼虫的年龄是错开的，对于食物的需求也是不同的。每天早上，它要在一次特别的"巡视"中查看每个洞穴目前的存货。通过在实验中人为改变洞穴里的存货，巴兰兹[a]的研究表明雌虫会就此调整它一整天为每个洞穴补充食物的量，以应对它在早间巡查中发现的情况。尽管这种补充的行为要持续一整天，但是洞穴中的食物在一天中其他时间内的改变则对雌虫的行为没有影响。所以，雌虫在使用它的评估技能时似乎很吝啬，在早间巡查之后的其他时间里就把这技能给关上了，几乎就像是使用着一台价值不菲又非常耗能的设备。可能与这个有意思的类比一样，这种评估技能无论具体是什么，都有可能需要一定的间接运营成本，即便（据巴兰兹，私人通信）那只涉及了时间方面的消耗而已。

大金掘土蜂不是一种渐次积累者，倾向于一次准备一个洞穴的食物，那么它似乎应该比平原爱沙蜂要有着更少的洞穴评估需要。如果不去试图搞清楚洞穴里食物的数量，它不仅能节省一些运营成本——平原爱沙蜂似乎需要非常小心地去分配这样的运营

a. 指杰拉德·巴兰兹（Gerard Baerends），荷兰生物学家。

成本，还能把自己从最初的制造成本中解脱出来，不用去制造那些必要的神经和感官器件。或许，它能够从具备评估洞穴内含物的能力中获得一些微小的优势，但是只有在一种相对罕见的情况下才有用，那就是当它发现自己要与另一只掘土蜂竞争一个洞穴时。很容易想明白的就是，这个成本要大过收益，而选择作用也因此从未青睐过评估器官的进化。我认为，相对于“必要的突变变化从未出现”这样的假说，上面这个假说要更有建设性，也更为有趣。当然，我们得承认，前一类假说也有可能是真实情况，但是我更愿意只把它当成最后的救命稻草。

在一个层次上由于另一个层次的选择作用所造成的不完美

这本书所要解决的一个主要问题就是自然选择究竟在哪个层次上发挥作用。选择作用在生物群体的层次上时我们所应看到的适应性，会与选择作用在生物个体的层次上时我们所期待看到的适应性存在相当的差异。由此就可以得出结论，一名个体选择论者视为适应性的东西，可能在另一名类群选择论者看来不完美。这就是我认为古尔德和莱文廷（1979）的下述观点不太公平的主要原因：他们把现代适应论与霍尔丹用伏尔泰笔下的潘格罗士博士[a]命名的幼稚的完美论画上了等号。由于不认同存在对完美化的制约条件，一名适应论者便有了资本去相信一种生物的所有方面都是“通过适应而产生的对于问题的最优解决方案”，或者“对于一种生物在其环境中所做的事情，实际上不可能有谁会

a. 在法国著名哲学家、有着“法兰西思想之父”之称的伏尔泰所创作的讽刺小说《憨第德》中，潘格罗士博士是主人公在城里过着贵族生活时的老师，代表了一种莱布尼茨式的乐观主义。

做得比它更好”。然而这样一名适应论者会极其在意他所使用的像“最优”和“更好”这样的词汇的含义。实际上有许多种类的适应性解释，的确也有潘格罗士式的，而像大多数类群选择论的适应性已经被现代适应论者彻底抛弃了。

对于潘格罗士论者来说，证明某事是“有益的”（到底对谁或对什么有益却常常未加指明）就是对其存在性的充分解释。而另一方面，新达尔文主义的适应论者坚持要搞清楚选择进程的确切本质——如果它能导致进化出一种推定的适应性的话，尤其是，他会坚持用精确的语言来说明自然选择应该起作用的层次是什么。潘格罗士论者看到一种一比一的性别比例时，会认为这很好，因为这难道不是对于种群资源浪费的最小化吗？新达尔文主义的适应论者则会从细节上去考虑基因的命运（这些基因在父代身上发挥的作用导致了它们后代的性别比例的偏差），并且会去计算这个种群的进化稳定状态（Fisher 1930a）。潘格罗士理论在一夫多妻制的种群中就不再那么融洽了，在这样的种群中，雄性中的一小部分掌管着“后宫佳丽”，而其他的雄性只能坐在一群单身汉中间，消耗着整个种群几乎一半的食物资源，然而却对种群的繁衍根本做不出任何贡献。新达尔文主义的适应论者自有他的办法来跨过这道难题。这个系统的效率可能从种群的角度来看有着丑陋的低效率，但是从影响性状的基因的角度来看则是和谐融洽的，没有什么突变体可以在这件事上做得更好了。我的观点则是，新达尔文主义的适应论并非全能的、全面的信仰，并非对于所有问题都是最佳的解释，它只是把易于发生在潘格罗士理论中的大多数适应性解释都排除掉了。

若干年以前，一位同行收到了一位想要读研究生的学生发来的申请，希望能够从事适应性方面的研究。这名学生是作为有神论者成长起来的，当时并不相信进化论。不过他相信适应性，但认为适应性是由上帝设计的，设计目的是为了将益处给予……啊，说不出来了，不过这恰恰就是问题所在！或许人们会认为，这个学生相信适应性是由自然选择的还是由上帝产生的无关紧要，毕竟无论是因为自然选择，还是因为上帝，反正适应性都是“有益的”，难道就不能招收一位有能力的有神论学生来探索生物从中受益的具体方式吗？对此，我的观点是否定的，因为在生命的层级体系中，对于一个实体有益的事情可能对于另一个实体来说是有害的，而创造论没有给我们任何基础让我们可以去假设一个实体会愿意让另一个实体得到繁荣。顺带一说，这位信仰有神论的学生可能会在工作时突然停下来，奇怪上帝为什么花了很大的力气来为捕食者提供优美的适应性以捕捉猎物的同时，还要在另一方面给猎物以优美的适应性来妨碍捕猎行为。或许上帝就是喜欢观看这样的竞赛。回到主题上来，如果适应性是由上帝设计的，他可能是为了让动物个体受益（它的存活或是广义适合度，当然这两者不是一码事）而进行设计的，也可能是为了让物种受益，甚至让其他物种，比如让人类受益（有神论者常见的观点），还可能是为了让“大自然的平衡”受益，或是其他某些只有他自己才清楚的神秘莫测的目的。以上这些目的常常是互不相容的，互为替代关系的。所以适应性究竟对谁有益，这真的是一个至关紧要的问题。那些多配制的哺乳动物中的性别比例偏差现象，在一些特定的假说中是无法解释的，而在另一些假说中可能很好解释。一位适应论者如果在对于自然选择的基因理论有着恰当理解的框架之下工作，那么对于潘格罗士论者或许会认可的可能的功能方面的假说，这位适应论者只会赞同其中非常有限的一部分。

本书所要传达的一个主要信息是，出于许多目的，最好不要把选择发挥作用的层次认定为生物个体或是群体，或是任何更大的单位，而要选择基因，或是更小的基因片段。这个困难的话题要在后面的章节中进行讨论。在此，只要知道以下这一点就足够了，即在基因层次上的选择，能够产生在个体层次上明显的不完美。一个经典的例子是杂合体优势现象。哪怕一个基因在纯合体中会显示有害的效应，它在杂合体中由于有益的效应也肯定会被选择。作为结果，种群中的生物个体就会有一个可以预测出来的比例，必然会带着纯合体所造成的缺陷。普遍性的关键之处就在于此。在一个有性的种群中，生物个体的基因组是种群中所有基因几乎随机组合的产物。基因相对于其等位基因而接受选择，标准就是基因的表型。基因分布在种群之中的个体的身体里，遍布整个种群，传了一代又一代，而所有个体中的基因也因此被平均化。一个给定基因所具有的效应通常取决于与它共享身体的其他一些基因——杂合体优势只不过是这之中的一个特例。要选择好的基因，那么群体中存在一定比例的糟糕个体似乎是一个几乎无可避免的结果，这里的“好”指的是一个基因在统计学的身体样本中的平均效应，而这个好的基因在这些身体样本中取代了其他的基因。

只要我们还接受孟德尔式的随机重组作为给定和不可避免的条件，那么上述结果也将是必然的。威廉斯（1979）无法找到证据来证明性别比例是适应性进行精心调制的结果，他对此感到很失望，得出了一个很有洞察力的观点：

性别只是后代身上许许多多似乎由父母来控制的适应性中的

一员。比如说，在受到镰状细胞贫血影响的人类群体中，一个杂合体女性的带有显性 A 基因的卵子如果能够由带有隐性 a 基因的精子授精，或者反之，都会是有益处的，甚至终止纯合体胚胎的妊娠也是有益的。然而如果配偶也是杂合体，那么她就肯定要来一场孟德尔式的抽奖，即便这将意味着她一半的孩子会有显著降低的适应性。……在进化之中真正基础的问题可能只有在下述情况下才是可以回答的，那就是把每一个基因都视为与其他每一个基因有着终极的冲突性，甚至是同一个细胞里其他位点上的那些基因。对于自然选择，一个真正合理的理论最终必定还是基于自私的复制单元、基因，以及所有其他有能力偏差性地积累不同的变化形式的实体。

阿门！

由环境的不可预测性或“恶意性”造成的错误

无论一种动物对环境适应得多么好，这些环境条件也必须要看作一种统计意义上的平均水平。我们通常不可能在细节上应对每一个可以想象得到的意外事故，于是任何给定的动物将会因此常常被观察到犯下了“错误”——很容易就是致命的错误。这与已经提到的时间滞后问题不是一回事。时间滞后问题的出现是因为环境统计学特性的不固定性：现在的平均条件与动物的祖先所经历的平均条件是不同的。而这里要说的问题更加无可避免。现代的动物可能是生活在与祖先相一致的平均条件之下，但是两者面对的环境中每时每刻可能发生的事情在每一天中也是不同的，这些情况太复杂了，不可能进行精确的预测。

这种错误尤其是在行为方面常常会见到。一种动物更为静态的那些特性，比如它的解剖结构，显然是对长期平均条件适应的结果。一个动物个体的体形要么大，要么小，即便有需求也不可能眨眼间就发生改变。行为作为一种快速的肌肉运动，是动物全套适应性本领中的一部分，专门与高速调节有关。动物可以时而在这儿，时而在那儿，一会上树，一会入地，快速响应环境中的意外情况。这类意外情况的数量如果以其细节来界定，将会像国际象棋棋局数量一样，实际上是无穷的。就像下国际象棋的计算机（以及棋手）学会了把棋局分成一些具有普遍性的局面分类，那么这个数字就成为可以处理得了的数目了，那么一名适应论者所能期望的最佳结果就是：一种动物已经被编制好了程序，面对普遍性的意外情况的分类，相应地执行合适的行为，而这个数字将是一个可以处理得了的数目。实际的意外情况只能与这些普遍性的分类大致吻合，因此一定会有明显的错误发生。

我们看到的上树的动物，可能是来自一个很久以前的树居祖先的种系。那些祖先经历自然选择时所爬的那些树总体来说与今天的树差不多是一样的，那么那些当时有用的普遍性行为准则，比如“永远不要去一根太细的树枝上”仍然是有效的。但是任何单独一棵树在细节上必然与另一棵树不同。树叶的位置稍有不同，树枝折断的应力只能从其直径上做一个大致的预测，诸如此类。无论我们在信仰上是多么坚定的适应论者，我们只能期望动物是统计平均意义上的优化者，永远不可能对所有细节做出完美的预计与准备。

到此为止，我们已经考虑了环境在统计学意义上的复杂性，并因此而难于预测。我们还没有考虑它从动物的角度来看所具有的主动性的恶意。当猴子们在粗壮的树枝上胡闹的时候，树枝当然不可能突然显露出蓄意的恶意。但是“粗壮的树枝”也可能其实是一条伪装的巨蟒，那么我们的猴子所犯的最后一个错误就不是意外了，而是在某种意义上成为蓄意设计好的“阴谋”。猴子所处的部分环境是死的，或者至少对于猴子是否存在没什么区别，而猴子的错误就可以被归因于统计学上的不可预测性。但是环境的另一部分由活的东西构成，它们自己也适应了从猴子的牺牲中获取利益。猴子所处环境的这一部分就可以被称为有恶意的。

恶意环境造成的影响本身可能是难以预测的，其原因与前面一样，但是它们还引入了额外的危险，让受害者有更多的机会犯下“错误”。一只知更鸟喂养其巢中的杜鹃时就犯下了错误，这个错误从某种意义上大概可以说是一个不适应的错误。这并非如同环境中的非恶意部分在统计上的不可预测性所导致的那种孤立的、不可预知的事件，这是一种反复出现的错误，折磨着一代又一代的知更鸟，甚至在同一只知更鸟的生命中会发生好几次。这类案例总是让我们感到奇怪，为什么这些生物在进化的时间尺度上仍旧顺从于这些有悖于它们最佳利益的操控？为什么选择作用不干脆抹除掉知更鸟易受杜鹃欺骗的特性？我相信，这类问题以及其他许许多多问题终有一天将会成为基础，从中产生出生物学的一个新的分支——专门研究操控、军备竞赛，以及表型的科学。

尾注

第1章　为什么会有人呢？

第3页：……1859年之前试图回答这一问题的一切尝试都是徒劳无益的……

一些人，甚至是那些无神论者，都对辛普森这段引文有着抵触情绪。我承认，当你第一次读到这里时，一定觉得这段话听上去是那么庸俗、粗鲁与狭隘，有点像亨利·福特的名句“历史或多或少都是废话”。但是，抛开宗教性答案不谈（我很熟悉这些答案，所以请节省你们的邮票），当你真正开始回想前达尔文时代对诸如“人是什么？”“生命有意义吗？”“人生目的何在？”等问题的答案时，你所能想到的任何一个答案，除开其本身（一定的）历史价值以外，不都是一文不值吗？有些东西是完全错误的，而所有1859年之前对此类问题的答案都属此列。

第5页：我并不提倡以进化论为基础的道德观……

批评者们时常误以为《自私的基因》是在鼓吹自私乃是我们的生活准则！其他人，可能是因为他们仅仅读了标题或书的前两页，会认为无论我们喜欢与否，自私和其他一些阴暗面是我们天性中不可避免的一部分。如果你像其他很多人那样毫无道理地去认为基因的“决定性”是永远的——绝对而且不可逆，那么你就很容易落入这个错误当中。事实上，基因的决定性仅有统计学的意义（参见48—52页），“晚霞行千里”这句众所周知的谚语是一个很好的类比。从统计上来说，晚霞预示着次日是个晴天，但是我们不会为此下太大的赌注。我们很清楚地知道天气变化多端，会受到很多因素的影响。任何一次天气预报都可能被证明是错误的。那仅仅是一个统计学预报而已。我们并不会认为晚霞就一定代表第二天天气晴朗，那么我们同样也不应该认为基因真能确定些什么。没有任何理由能让我们相信基因的效果不能被其他因素影响甚至逆转。对于遗传决定论的详细讨论，以及为什么会有这些误解，请阅读《延伸的表型》第2章，以及我的论文《社会学：茶杯里的新风暴》（‘Sociobiology: The New Storm in a Teacup’）。我还曾因为声称人类从本质上来说都是芝加哥匪徒而被谴责！但是芝加哥匪徒这个比喻的关键点在于：

了解一个人成功的环境能够告诉你一些关于这个人的事情。这和芝加哥匪徒的哪个具体的品质没有任何关系。我同样也可以用一些其他的类比，例如一个已在英国国教会取得高位的人，或者一个被选入雅典娜神庙的人。在任何一个例子中，我比喻的主体都是基因而不是人。

我在《捍卫自私的基因》（'In Defence of Selfish Genes'）这篇文章里讨论了这一点以及一些其他字面上的误解。上面那段话就是从其中摘录的。

我必须补充一句，那些本章偶尔出现的政治性对白让我在1989年重新阅读的时候很不舒服。“最近几年里，还需要把这（需要克制自私的贪婪以防止整个组织的灭亡）给不列颠的工人们说多少次呢？”这句话让我听起来就像一名托利党党员。1975年，在我写这句话时，我投票支持的社会主义党政府正尽全力与23%的通胀做斗争，很显然他们会很关注有关高工资的要求。像我这样的评论可以在当时任何一位工党大臣的演讲中找到。现在的英国拥有了一个新右派政府，它将吝啬与自私抬高到了意识形态的高度，我的话因此被联想到带有一些龌龊的意味，对此我表示歉意。但这并不意味着我会收回我说过的话。自私的短见仍然会带来我所提及的那些不想要的后果，但是在现在，如果有人想要在英国找寻关于自私的短见的例子，他不应该将目光瞄准工人阶级。实际上，我也许根本不应该把政治评论这个担子压在科学作品上，因为它们过时得是如此之快。20世纪30年代那些关注政治的科学家的作品在今天都被他们那些过时的讥讽毁掉了，例如那些来自约翰·伯顿·桑德森·霍尔丹及兰斯洛特·霍格本（Lancelot Hogben）的作品。

第8页：……把头吃掉可能反而会改善雄性的性活动。

我是在一个同事所做的关于石蛾的研究讲座中第一次听说这种雄性昆虫的古怪事实的。他提到他希望能在人工饲养环境中使石蛾繁殖，但竭其所能，他始终不能让它们交配。这时候，坐在第一排的昆虫学教授咆哮着说道：“你没有将它们的头去掉？”就像这是一件如此浅显而不应该被忽略的事情一样。

第15页：……选择的基本单位，也就是自我利益的基本单位，既不是物种，也不是群体，严格说来，甚至也不是个体，而是遗传单位基因。

从我写下遗传选择性的宣言开始，我就在重新思考在长期进化的过程中，是否会偶尔出现一种更高层次的选择性。我得赶紧指出，我所谓的“更高层次”和“类群选择性”没有哪怕一丁点儿的关系。我指的是一些更微妙、更有趣的东西。我现在的感觉是，不仅仅某些个体对其他个体有着存活的优势，整个有机体的组合可能也会比其他的组合更容易进化。当然，我们这里提到的进化依然是老版本的进化，通过选择特定基因来完成。因为变异能影响个体的存活率和繁殖率，所以它们仍然受到欢迎。但一个新的在基本胚胎层面的关键变异却可能为今后数百万年的发散变异打开方便之门。一种在胚胎层面的更高层次的选择性使其本身更适应进化：一种朝向可进化性的选择。这种类型的选择性甚至可能积累并发展，而类群选择性达不到这一点。这些观点在我的论文《可进化性的进化》('The Evolution of Evolvability')里有详细论述，它们大部分是当我玩“盲眼钟表匠”时受到的启发，这个计算机程序能够模拟进化的很多方面。

第2章　复制因子

第19页：我的概括性叙述大概与事实不会相去太远。

我们有很多关于生命起源的学说。在《自私的基因》里，我只选择了其中之一来阐述我的主要观点，而不是不厌其烦地全都过一遍。但我并不想留下诸如这是唯一严肃的答案或这是最佳答案这样的印象。事实上，在《盲眼钟表匠》中，我刻意挑选了另一种学说来解释同样的问题，那是凯恩斯-史密斯的黏土学说。在两本书里，我都没有认同所选择的理论假说。如果我再写另一本书，我可能会利用机会尝试从另一个角度来解说，比如德国数学化学家曼弗雷德·艾根（Manfred Eigen）及其同事的理论。我一直以来试图强调的是学说里的那些基本要素。每一个成功的关于任意星球上生命起源的理论都需要有这些基本要素，特别是要有能自我复制的遗传实体这个概念。

第22页：“看哪！一个处女将要受孕……”

一些愤怒的读者致函质问我关于那部神圣的预言书把“年轻妇女”误译为“处女”的事情，并要求我给出答复。伤害宗教感情在现在是一件很危险的行为，所以我最好还是给出一个答复。其实对于那些不能经常在真正学术的脚注中得到满足的科学家来说，这是一件好事。事实上，这一点是研究《圣经》的学者都知道的，也并不会受到他们的反驳。《以赛亚书》中的希伯来词是**עלמה**（almah），这个词的含义肯定是年轻妇女，没有任何关于处女的暗示。如果想要表达处女，则应该使用**בתולה**（bethulah，模棱两可的英文单词“maiden”就展示了混淆这两个含义是多么容易）。这个“突变”发生于基督教以前的希腊文《旧约全书》，其中almah被译为**παρθένος**（parthenos），而后者的含义通常是处女。当马太（当然不是那位与耶稣同一时代的使徒，而是福音记录者在其后很久写作而成的）说“这一切的成就，是要应验主借先知所说的话：必有童女怀孕生子，人要称他的名为以马内利”(译自正统英译本)时，他引用了看起来是由希腊文《旧约全书》衍生而来的《以赛亚书》(因为15个希腊单词中只有两个不同)。在基督教学者中，大家广泛接受耶稣为处女所生这个故事是后来篡改的。这大概是由一些说希腊语的信徒带来的，以使这个（误译的）预言看起来是实现过的。在一些现代《圣经》版本中，《以赛亚书》里已经将这个词译为了“年轻妇女”（young woman），例如《圣经》英语新译本。在《马太福音》中，“处女”则被正确地保留了，因为在这里它们是由希腊原文翻译而来的。

第26页：在今天，它们群集相处，安稳地寄居在庞大的步履蹒跚的“机器人”体内……

这段华美的语言（一个罕见的，好吧，比较罕见的溺爱）被幸灾乐祸般地不断引用再引用，用来证明我狂热的“基因决定论”。其部分原因隐藏在对“机器人”一词流行却错误的理解中。我们正处于一个电子学的黄金时代，机器人不再是僵直死板与低能的，恰恰相反，它们已经有了学习能力、智力与创造力。讽刺的是，在1920年卡雷尔·卡佩克（Karel Capek）创造这个单词时，“机器人”其实就是指一个能有人类情感的机器，例如能够坠入爱河。那些认为机器人从定义上就比人类更加“确定”的人都有些思维混乱（除非他们是有宗教信仰的，在那种情况下他们可能会坚持认为比起机器，人类收到了来自神明的关于自由意愿的馈赠）。就像很多对我“步履蹒跚的‘机器人’”这段的批评者一样，如果你也不信教，那么你就该直面接下来这个问题。如果不是一个机器人（尽管这个机器人十分复杂），那么你究竟认为自己是一个什么？我在《延伸的表型》第15—17页讨论了所有这些内容。

这些错误被另一种有效的“变异”积累。正如从神学来看，耶稣由处女所生有其必要性，从恶魔学的角度来看，任何一个称职的“基因决定论者”都必须相信基因“控制”了我们行为的每一个方面也有着相同的必要性。那些基因复制者“创造了我们，创造了我们的肉体和心灵”（27页），这句话像意料中的一样被误引用［例如在由罗斯、卡明（Kamin）和莱文廷所著的《不在我们的基因里》（*Not in Our Genes*）里，以及之前的一篇莱文廷的学术论文中］，“它们控制着我们，身体以及思想”（强调是我加的）。结合我章节的上下文来看，我认为我想表达的显然是“创造”，而这与“控制”风马牛不相及。任何一个人都能看出这点来，这是一个事实，基因并没有像被批评为“决定论”那样强烈地控制着它们的创造物。每一次我们使用避孕措施的时候，我们都轻易地（好吧，相对轻易地）藐视着它们。

第3章　不朽的双螺线

第33页：……某一个基因做出的贡献和另一个基因做出的贡献几乎是分不开的。

这就是我对基因“原子论”的批评者的回答，同样的回答也能在107—111页上找到。严格地说这只是一个预言而非答案，因为其存在早于那些批评！非常抱歉我必须如此完整地引用我自己的文字，但是《自私的基因》中相关的段落似乎太容易被错过了！例如，在《照看团队与自私的基因》（‘Caring Groups and Selfish Genes’，《熊猫的拇指》中的章节）中，史蒂芬·杰·古尔德论述道：

> 没有基因来“定义”那些毫不含糊的形体特征，例如你的左膝盖骨或手指甲。身体不可能被细分为部件，而每个部件由一个单独的基因负责建造。成百的基因为制造大部分的身体组件做出了贡献……

古尔德在一篇对《自私的基因》的批评中写了这些话。但现在我们来看看我实际的文字（33页）：

> 制造人体是一种相互配合的、错综复杂的冒险事业，为了共同的事业，某一个基因做出的贡献和另一个基因做出的贡献几乎是分不开的。一个基因对人体的不同部分会产生许多不同的影响。人体的某一部分会受到许多基因的影响，而任何一个基因所起的作用都依赖于同许多其他基因的相互作用。

还有（48页）：

> 不论基因在世世代代的旅程中多么独立和自由，但它们在控制胚胎发育方面并不是非常自由和独立的行为者。它们以极其错综复杂的方式相互配合和相互作用，同时又和外部环境相互配合和相互作用。诸如“长腿基因”或者“利他行为基因”这类表达方式是一种简便的形象化说法，但理解它们的含义是重要的。一个基因，不可能单枪匹马地建造一条腿，不论是长腿或是短腿。构造一条腿是多基因的一种联合行动，外部环境的影响也是不可或缺的，因为腿毕竟是由食物铸造出来的！但很可能有这样的一个基因，它在其他条件不变的情况下，往往使腿生长得比在它的等位基因的影响下生长的腿长一些。

在之后一段里我又强调了这一点，拿化肥对小麦生产的影响类比。这似乎正是古尔德那么确定我是一个天真的原子论者的原因，但是他忽略了我的大段文字，而这些文字正是引出他后来坚持的那种相互作用主义的观点。

古尔德接下来写道：

> 道金斯将需要另外一个隐喻：基因核心小组，形成同盟，为加入一个盟约的机会而服从，找出大概的环境。

在赛艇的比喻中（50—53页），我已经精确完成了古尔德后来推荐的内容。尽管我们持有如此多的相同观点，但看看这个赛艇的段落，再想想为什么古尔德关于自然选择的主张是错误的吧。他认为自然选择“接受或拒绝整个生物体就是因为所有部件的集合是以一种很复杂的方式相互作用而产生了优势”。而真正关于“合作的”基因的解释应该是这样的：

> 基因被选择，不是因为它在孤立状态下的“好”，而是由于它在基因库中的其他基因这一背景下工作得好。好的基因必须能够和与之长期共同生活于一系列个体内的其他基因和谐共存，相互补充。（111页）

对基因原子论的批评者，我也在《延伸的表型》书中的第116—117页及239—247页写了一个更加完善的回应。

第38页：我采用的定义来源于威廉斯。

威廉斯在《适应性与自然选择》中的原话是：

> 我用基因这个词来表达“那个能够以可察觉的频率分离又重组的东西”……一个基因可以被定义为任何一种遗传信息，该遗传信息存在一个数倍于其内部变化速率的有利或不利的选择偏好。

威廉斯的书已经广泛传播，并且被正确地奉为经典，受到许多“社会生物学家”和社会生物学的批评者的重视。我认为很显然，威廉斯从没有认为他自己的“基因选择论”是在支持一些新的或革命性的东西，而我在1976年也同样没有那么做过。我们两个人都认为我们只是又一次地重复那些前人提出的基本原理，例如费希尔、霍尔丹和赖特这些20世纪30年代的新达尔文理论之父所提出的理论。尽管如此，可能是由于我们强硬的措辞，一些人还是很明显地对我们关于“基因是选择的基本单位”这个观点持反对意见，这包括休厄尔·赖特本人。他们最基本的理由是自然选择只能看到整个生物体，而不是它们体内的每个基因。我把对诸如赖特这种观点的回复写进了《延伸的表型》一书中，特别是该书的238—247页。威廉斯最新的关于基因是选择的基本单位这一问题的想法可以在《捍卫进化生物学中的还原论》('Defense of Reductionism in Evolutionary Biology')里找到，新的想法比以往都更加犀利。一些哲学家，例如赫尔（D. L. Hull）、斯特尼（K. Sterelny）和金切尔（P. Kitcher），以及汉普（M. Hampe）和摩尔根（S. R. Morgan）等，最近也对澄清选择的基本单位这一问题做出了有益的贡献。不幸的是，另外的一些哲学家却使其变得更迷惑了。

第 45 页：……作为遗传单位的个体因为体积太大、寿命太短，而不能成为有意义的自然选择单位……

效仿威廉斯，在我的主张，即一个单独的有机体不能够扮演复制因子在自然选择中的角色中，我在减数分裂上付出了很多琐碎的努力。我现在发现这只是事实的一半，另一半可以在《延伸的表型》的 97—99 页以及我的论文《复制因子和载体》('Replicators and Vehicles')中找到。如果那些琐碎的努力就是全部的话，一个无性繁殖的个体，例如一只雌性的竹节虫就会是一个真实的复制因子，一种巨型的基因。但是当一只竹节虫发生变化时，比方说少了一条腿，这样的变化是不会传递到后代的。基因则能够世代传递下去，无论是有性还是无性生殖。因此，基因才是真正的复制因子。以无性繁殖的竹节虫为例，整个基因组（它所有基因的组合）是一个复制因子，但竹节虫本身不是。一只竹节虫的躯体并不是前代的复制品。任何一代的躯体都是由卵开始，在其基因组的指挥下全新形成的。而这个基因组才是一个前代基因组的复制品。

所有本书的印刷本都会是一模一样的。它们都是复制品而非复制因子。之所以是复制品，不是因为它们互相复制，而是因为它们都复制于同样一块印版。它们并没有形成一个复制品的世系，没有哪些书是另一些书的祖先。但如果我们复印了一本书的一页，接下来又复印那个复印件，再复印那个复印件的复印件，这样一直下去就创造了一个复制品的世系。在这个书页的世系中，真实地存在着祖先和后代的关系。在这个世系中出现的任何一个新的污点，都会在其后代而非祖先中出现。一个这样的祖先 / 后代的世系就有着进化的可能。

从表面上来看，连续数代的竹节虫的躯体看上去像是组成了一个复制品的世系，但是如果你实验性地改变该世系中的一员（例如除掉一只腿），该变化不会在世系中传递下去。作为对比，如果你实验性地改变基因组世系中的一员（例如使用 X 光），该改变则会在世系中传递下去。这些改变，而非那些关于减数分裂的琐碎努力，才是单独个体并不是“选择的基本单位”，也不是一个真正复制因子这一说法的根本原因。大家早已公认拉马克主义遗传理论是错误的这一事实，恰好也是这个事实的重要结论之一。

第 53 页：另外一种理论为梅达沃爵士首创……

我被指责为什么将这个关于衰老的理论归功于梅达沃，而不是威廉斯（当然，这种指责并不是来自威廉斯本人或他指使的人）。的确，很多生物学家，尤其是在美国，大都是从威廉斯 1957 年的论文《多效性、自然选择，以及衰老的进化》（'Pleiotropy Natural Selection and the Evolution of Senescence'）中了解到这个理论的。同样，威廉斯也确实是在梅达沃之前详尽阐述了该理论。尽管如此，我自己的判断是基于梅达沃在 1952 年的《生物学中一个未解决的问题》（*An Unsolved Problem in Biology*）及 1957 年的《个体的独特性》（*The Uniqueness of the Individual*）中已经提出了该想法的核心概念。需要补充的是，我认为威廉斯对该理论的发展非常有助益，因为他为梅达沃没有明确强调的论断（“多效性”或“多基因影响”的重要性）做出了不可或缺的贡献。汉密尔顿最近在其论文《由自然选择形成的衰老》（'The Moulding of Senescence by Natural Selection'）中更进一步发展了这类理论。顺便说一句，我收到过很多来自医生的有意思的信件，但我发现没有任何一封来信评论了我关于“愚弄”基因对它们所在躯体的年纪的推测（54—57 页）。我仍然不认为这个想法非常肤浅，并且如果这是对的，难道不会很重要吗，比如在医学上？

第 57 页：性到底有什么益处？

性究竟有什么益处这一问题依然十分的诱人，尽管我们已经有了一些令人深思的答案，比如由盖斯林、威廉斯、梅纳德·史密斯和贝尔（G. Bell）所著的书，以及米肯德（R. Michod）和列文（B. Levin）编辑的一卷书。对于我来说，最激动人心的新想法来自汉密尔顿的寄生虫理论，杰里米·切法斯（Jeremy Cherfas）和约翰·格里宾（John Gribbin）在《多余的雄性》（*The Redundant Male*）一书中用非技术性的语言解释了该理论。

第 58 页：……多余的 DNA……看作一个寄生虫，或者最多是一个无害但也无用的乘客……（也见 240 页）

我认为多余的、未转译的 DNA 可能是自私的寄生虫。一些分子生物学家接受并发扬了这一观点［参见奥格尔与克里克以及杜利特尔（Doolittle）与萨皮恩扎（Sapienza）的论文］，而且用了一个吸引眼球的词语“自私的 DNA”。在《母鸡的牙齿和骏马的脚趾》（*Hen's Teeth and Horse's Toes*）一书中，古尔德提出了一个挑衅的（对我！）观点，他认为，不管自私的 DNA 这一概念的历史源头在哪儿，“自私的基因和自私的 DNA 在关于它们的解释的结构上几乎是一样的”。我找到了他在推理上的错误，但有趣的是他也很善良地告诉了我他是怎么找到我的错误的。在一段关于“还原论”与“等级制度”的开场白之后（和往常一样，我并不觉得这个是错的或是有趣的），他继续道：

> 道金斯的自私的基因在比例上增多是因为它们能够对身体起作用，协助身体应付生存问题。自私的 DNA 在比例上增多则是出于完全相反的原因——因为它对身体没有任何作用……

我注意到古尔德提到的区别，但我并不认同这就是根本。恰恰相反，我还是认为自私的 DNA 只是自私的基因整个理论中的一个特例，这也正是自私的 DNA 这一概念是如何发源的。（比起杜利特尔与萨皮恩扎，奥格尔与克里克引用的第 49 页那一段，自私的 DNA 是一个特例这一点，可能在本书的 235 页更加清晰。顺带说一句，杜利特尔与萨皮恩扎在他们的标题中使用的是“自私的基因”而不是“自私的 DNA”）。让我用如下的类比来回应古尔德。那些赋予黄蜂黄黑条带的基因在频率上的增加是因为这种（警告性的）色彩样式强力地刺激了其他动物的大脑。而赋予老虎黄黑色条纹的基因在频率上的升高则是“出于恰恰相反的原因”——因为按理说这种（隐秘的）色彩样式根本不会刺激其他动物的大脑。这实际上是有区别的，与古尔德的区别（在一个不同层面上）很类似。但这是一个关于细节的微妙区别。我们不可能想要去宣称这两个例子“在关于它们的解释的结构上几乎是一样的”。奥格尔和克里克在将自私的 DNA 与杜鹃的蛋类比时一举击中要害：杜鹃的蛋最终逃脱了检查，因为它们和宿主的蛋看上去几乎是一样的。

另外，最新版的《牛津英语词典》列出了“自私”的一个新的定义，即“对于一个基因或遗传物质，尽管对表型没有任何影响，仍然能够存在或传播”。这是对“自私的 DNA”的一个非常简洁的定义，其第二个支持引证也确实关注了自私的 DNA。然而在我看来，中间一部分，也就是“尽管对表型没有任何影响”，并不是很好。自私的基因可能对表型没有影响，但很多实际上会有影响。当然词典编纂者也可以说是为了将其含义限制在只用于表示那些不影响表型的“自私的 DNA”。但是，他们的第一个支持引证来自《自私的基因》，包含了那些确实影响表型的自私的基因。当然，我也许不应该对被《牛津英语词典》引用这种荣誉吹毛求疵！

我在《延伸的表型》中进一步讨论了自私的 DNA（156—164 页）。

第4章　基因机器

第64页：就功能而言，我们可以认为大脑和计算机是相类似的……

像这样的陈述很容易困扰那些望文生义的批评者。当然，他们是对的，大脑与计算机有着很多方面的不同。例如，大脑的内在工作方式就和我们用技术搭建起来的计算机有着很大区别。但这并不能削弱我关于它们功能相似的论述。就功能而言，大脑正是扮演了计算机的角色——处理数据、识别样式、短期和长期数据储存、协调操作等等。

当我们提及计算机时，我关于计算机的言论令人可喜地或令人恐惧地变得——看你怎么看——过时了。我在64页中提到“一个脑壳最多也只能塞进几百个晶体管”，但晶体管现在已经被整合进了集成电路。一个头颅里能够装下的晶体管等价物的数量在今天要数以十亿计。我也在68页提到计算机下国际象棋的水平足以媲美一个业余选手。现今，除了一些非常职业的选手，廉价家用计算机上的国际象棋程序已经能胜过所有人了。而世界上最好的程序正在与象棋大师进行一系列的挑战，例如，《旁观者》（*Spectator*）杂志的国际象棋通讯员雷蒙德·基恩在该刊1988年10月7日出版的杂志上写道：

> 一位知名选手被计算机击败现在似乎还能造成轰动，但可能不会持续太久了。迄今为止，挑战人类大脑的最危险的金属怪物被古怪地命名为“沉思”，毫无疑问这是在向道格拉斯·亚当斯（Douglas Adams）致敬。“沉思”最近一次出风头是在8月份于波士顿举行的美国公开赛上，它搅得现场人心惶惶。我手头还没有“沉思”的综合评分，该评分应该是对其在瑞士制公开竞赛的成绩的严格测试。但我注意到了它对战伊戈尔·伊万诺夫并取得了非常引人注目的胜利——伊万诺夫曾经击败过卡尔波夫！注意，这也许就是国际象棋的未来。

接下来是我们对该局的逐步重演。下面的文字是基恩对“沉思”第22步的反应：

> 精彩的一步……它的想法是让皇后占据中心……这个想法直接导致了这一场非常快速的胜利……这个惊人的结局……现在黑方皇后的侧翼已经因该皇后的侵入而被彻底摧毁了。

伊万诺夫对此回复如下：

一次令人绝望的尝试，计算机满不在乎地忽略了……最终蒙羞。“沉思”忽略了皇后的再次提子，转而突然将死……黑棋告负。

除了“沉思”是世界顶尖棋手这一事实，我觉得更令人惊讶的是评论员不得不使用的那些描述人类意识的语言。“沉思满不在乎地忽略了”伊万诺夫的“绝望的尝试”。“沉思”被描述为具有侵略性。基恩评论伊万诺夫的策略时用到了“希望”这个词，但他的语言却昭示着他应该也愿意将“希望”一词用于“沉思”的身上。就个人来说，也许我更希望一个计算机程序能够获得世界冠军。人类需要学会谦虚。

第 69 页：离我们 200 光年之遥的仙女座里有一个文明世界。

《仙女座的 A》与它的续集《仙女座大爆发》在描述那个外星文明的位置时出现了偏差，究竟是在那异常遥远的仙女座星系呢，还是像我所说的这样，就是在仙女星座其中一个较近的恒星旁？在第一本小说里，那个行星距我们 200 光年远，当然还在我们银河系内。而在续集中，同样的那个外星文明却被放在了仙女座星系，足足有 200 万光年远。读者们可以根据你们自己的兴趣来选择相信是 200 光年还是 200 万光年，这对我将要描述的故事不会有丝毫影响。

弗雷德·霍伊尔是这两本小说的合著者之一，也是一名卓越的宇航员以及我最爱的科幻小说《黑云》的作者。他在小说中显露的超凡的科学背景与他最近几本和魏克拉玛辛诃合著的书中的废话形成了强烈的对比。他们对达尔文主义的曲解（将其当作一个纯概率的理论）以及他们对达尔文本人恶毒的攻击对证明他们那个吸引人的（尽管不怎么可信）关于星际生命起源的推测毫无帮助。出版商们应该改变这个误解，即一个学者对某一领域的精通意味着他也是另外一个领域的权威。而在这个误解还没有消除之前，知名学者们应该抵御对其滥用的诱惑。

第 72 页：……战略以及适用于生计的各种诀窍。

对于现在的生物学家来说，用这种战略性的说法来描述一个动物、植物或者一个基因已经很普遍了。试想“把雄性动物视为下大赌注、冒大风险的赌徒，而把雌性动物视为稳扎稳打的投资者”，它们都有意识地提高它们胜出的概率。这类为了方便而选用的比喻通常是无害的，除非落入了那些没有能力理解其中含义的人，或是某些能力过高而只能曲解其含义的人手上，例如，我就找不到任何方法去理解一篇发表在《哲学》杂志上对《自私的基因》的批评文章。这篇文章由玛丽·米奇利撰写，第一句话就基本代表了全文主旨：“基因不可能是自私或不自私的，就像原子不可能嫉妒，大象不可能抽象或饼干不可能有着什么目的。”

我在该杂志下一期发表的《捍卫自私的基因》一文是对这篇高度过激的、有恶意的文章的全面回应。看上去一些人似乎多学了一些哲学工具，克制不住想要来展示他们在学术上的存在，尽管这毫无意义。梅达沃对“哲学小说”的评论提醒了我，“哲学小说”能够吸引到“一大群人，常常这些人都是受过良好教育的并且有着学术品位。但这些人却也受了超出他们辩证分析能力的教育”。

第 77 页：意识的产生也许是由于大脑对世界事物的模拟已达到如此完美无缺的程度，以致把它自己的模型也包括在内。

我在 1988 年吉福德演讲（Gifford Lecture）《微观的世界》中就讨论了大脑模拟世界这个想法。我依旧不清楚这对我们解决意识本身这个大问题有没有什么帮助，但我承认我很高兴看到它引起了卡尔·波珀爵士的注意，并在达尔文演讲（Darwin Lecture）中提及。哲学家丹尼尔·丹尼特提供了另一个关于意识的理论，推动计算机模拟这个隐喻更进了一步。为了理解他的理论，我们需要先了解两个计算机领域的概念：虚拟机，以及串行和并行处理器的区别。我接下来会先解释清楚这两个概念。

计算机是一台真实的机器，机箱里装着各式硬件。但是在任何一个特定时间，运行程序使得它看上去像是另外一台机器，一台虚拟机器。长期以来对于每一台计算机来说都是这样的，但现代“人机交互”计算机则将虚拟机这个概念生动地带入了每个家庭。在写这段话时，大家公认的交互型计算机市场上的领头羊是苹果的麦金塔。它的成功之处在于，其配备的软件套装使得原本操作困难且不符合人类直觉的机器看起来像是另外一种机器：一台专门为了适应人类大脑和手而设计的虚拟机器。被称为麦金塔用户交互界面的这个虚拟机也可以被看作一台机器。它有着可以按下的按钮，有着像高保真控制台那样可以调节的滑动条。但它是一台虚拟机，那些按钮和滑动条并不是由金属或塑料制成的，它们仅仅是一些屏幕上的图片，你也只是用一根虚拟的手指在屏幕上按下或滑动它们。作为一个人，你感觉能控制它，这是因为你已经习惯用手指来移动物品。我是一个资深的程序员，在 25 年里用过很多不同的电子计算机，我可以证明使用麦金塔（或其模仿者）与使用之前的计算机有着截然不同的感受。操作该虚拟机，你会感觉到一种无须费力、很自然的感觉，就如同它是你身体延伸出的一部分。该虚拟机使你能够仅仅依靠你的直觉，而无须查使用说明书进行操作。

我现在转向另外一个需要从计算机科学中引入的背景知识，也就是串行和并行处理器的概念。今天的电子计算机大部分都采用串行处理器。它们都有一个计算中心，所有的数据在被处理时都得通过这唯一的电子瓶颈。因为速度非常快，所以它们能够制造出一个能同时处理多个任务的假象。一个串行计算机就像一个国际象棋大师“同时”与二十个棋手对弈，但实际它只是在他们之间不断地轮换。和国际象棋大师不同的是，计算机在不同任务间切换得是如此的迅速与安静，以至于每一个使用者都产生了一个幻想，享受着计算机对自己的单独服务。然而，从本质上来说，计算机只是按顺序对每一个用户进行服务而已。

最近，随着对更高处理速度的要求，工程师们制造了真正的并行处理机器。我最近很荣幸去参观的爱丁堡超级计算机就是其中一员。它包含一个有着数百个“单板机”的并行阵列，每一个单板机都相当于一台现在的台式机。超级计算机的运行方式首先是获取提交的问题，将该问题分解成若干更小且能独立解决的任务，然后再将这些任务分配给单板机组。那些单板机则获得这些小问题，解决然后提交答案并申请一个新的任务。与此同时，其他的单板机组也汇报着它们各自的结果，这样一来，整个超级计算机就能以高于普通串行计算机几个数量级的速度找到最终答案。

我说过一台普通的串行计算机只需要将它的“注意力”在几个任务之间切换得足够快就能够制造出一个就像是并行处理器的假象。我们可以说在串行的硬件之上，存在一台虚拟的并行处理器。丹尼特认为人类大脑所做的恰恰相反。大脑的硬件部分本质是并行的，就像那台爱丁堡超级计算机。而大脑所运行的程序从设计上就是要产生一个串行处理的假象：一台基于并行架构的串行处理虚拟机。丹尼特认为，关于思考的主观影响中最显眼的就是“一件一件地来”，“意识流”，也就是流水般的自我意识。他相信对于多数动物来说，它们并没有这类串行的体验，都是直接使用原本的并行处理的模式。人类的大脑无疑也会直接使用其并行架构去处理很多保持复杂生存机器运转的常规任务。但是，在此基础上，人类大脑同样也进化出一台用来模拟串行处理器假象的程序虚拟机。头脑及其流水般的意识就是一台虚拟机，也就是一个用户友好地与大脑交流的方式，如同麦金塔人机交互界面是一个用户友好地与灰箱子里的计算机实体交互的途径。

当其他物种似乎对它们天然的并行机器满意的时候，为什么人类需要一台串行虚拟机这个问题还没有明显的答案。也许对于人类需要去做的一些更复杂任务有一些更基本的顺序在其中，或者丹尼特错误地将我们特殊化了。他进一步相信串行程序的发展已经成为一大文化现象。同样，这对我来说也不是那么显而易见。但我需要加一句的是，在我动笔之时，丹尼特的论文还尚未发表，我的评论只是基于他在伦敦 1988 年雅各布森演讲（Jacobsen Lecture）中阐述的信息。我建议读者们在他的论文发表后直接与丹尼特探讨，而非仅仅基于我这不完整的、主观的，可能甚至是润色过的评论。

哲学家尼古拉斯·汉弗莱也曾提出过一套诱人的假说来说明模拟能力的进化是如何导致意识产生的。在他的《内部的眼睛》(*The Inner Eye*)一书中，汉弗莱举出了一个很有说服力的例子来说明像我们或黑猩猩这样的高等社会性动物都必须变成专业的心理学家。大脑必须处理和模拟世界的很多方面，但是世界的大多数方面与大脑自身相比是如此简单。一个社会性动物生活在一个包含有其他动物的世界，这个世界里有潜在的伴侣、对手、伙伴与敌人。为了能在这样一个世界里存活并取得成功，你必须变得能很好地预测其他个体下一步要做些什么。与在一个社会性的世界里预测下一步要发生些什么相比，要知道一个没有生命的世界下一步要发生什么简直是小菜一碟。那些大学里的心理学家，运用着科学的方法，尚且不能很好地预测人类的行为，社会伙伴们却往往能通过面部肌肉的微小动作及其他一些微妙的线索，令人惊讶地擅长于读心以及猜测行为。汉弗莱相信这种“自然的心理学”技巧在社会性动物中得到了很好的进化，几乎相当于一个额外的眼睛或者另外一个负责分析的器官。这个“内部的眼睛”就是进化过的社会心理学器官，就像外部眼睛是一个视觉器官一样。

到此为止，我觉得汉弗莱的理由还是令人信服的。他接下来主张内部的眼睛是靠自我审视来工作的。每一个动物都审视它自己的感受和情感，借此去理解其他动物的感觉和情感。这个心理学器官依靠自我审视来工作。我不是很确定我是否同意这个观点能够帮助我们理解意识，但汉弗莱确实是一个睿智的作者，他的书很有说服力。

第 79 页：一个操纵利他行为的基因……

人们有时会为“导致”利他行为或其他一些表面看来很复杂的行为的基因感到不安。他们(错误地)认为在某种意义上行为的复杂度是编码在基因里的。其他基因都是编码蛋白质，怎么会有一个单独的基因来导致利他行为呢？但实际上所谓的基因“导致”了什么只是意味着如果这个基因发生一个变化，那么那东西会跟着产生一个变化。单个遗传性的变化，也就是细胞里遗传分子的某些细节的变化，就会导致原本就很复杂的胚胎发育过程产生变化，因而导致行为的变化。

例如，一个“导致”鸟类兄弟般利他主义的基因突变，一定不是单独地肩负起了一个全新的复杂行为模式的责任。相反，该突变会调节一些已经存在的，而且肯定很复杂的行为模式。这里最有可能的先驱者是家长行为。鸟类通常都会有复杂的神经装置来满足它们喂养和照看它们自己后代的需要。这实际上也是来自它们的祖先，然后经过了很多世代的缓慢的、一步一步的进化。(顺带说一句，对于操纵兄弟关爱的基因心存疑惑者总是前后矛盾的，他们为什么不对同样复杂的关于操纵家长关爱的基因产生怀疑呢？）这个之前就存在的行为模式——本例中的家长关爱——是受一个简单的经验法则调控的，例如“喂养巢里一切张着小嘴喳喳叫的东西”。那么负责“喂养弟弟妹妹”的基因则可以通过加速该经验法则的发育成熟时间来实现。一只携带有兄弟关爱基因突变的幼鸟仅仅是比正常鸟类提前激活其“家长”经验法则。它会把父母巢里的张口喳喳叫的东西——实际是它的弟弟妹妹——当作它自己巢里张口喳喳叫的它自己的孩子。远比不上发明一个崭新的复杂行为，“兄弟行为”可以通过在此前已经存在的行为的发育时间上进行一点小小的变化产生。和通常一样，谬误往往发生于我们对遗传的渐进性的遗忘。事实上适应性进化是通过小的、一步一步的对已经存在的结构或行为的改变产生的。

第 79 页：卫生品系的蜜蜂

如果这本书的初版就有脚注，那么肯定会有一个脚注来解释那些关于蜜蜂的结论并不是那么完美，就像罗森布勒自己小心翼翼得出的一样。按照该理论，在许多品系中不应该出现卫生品系特有的行为，但是实际上却出现了一个。按罗森布勒自己的话来说：“我们不可能忽略这个结果，无论我们多么想这样做，但我们这个基因假设是基于其他数据的。”一个可能的解释是那个异常的品系发生了一个突变，尽管这并不是那么可信。

第 82 页：我们可以把这种行为概括地称为联络。

我现在发觉我对这样处理动物联络的方式有些不满意了。约翰·克雷布斯和我在两篇文章里都主张大多数动物的信号都既不是有益的，也不是欺骗性的，更准确地说应该是有操作性。信号是一个动物利用另一个动物的肌肉力量的方式。夜莺的歌声并不包含信息，甚至连一点虚假的信息也没有。它是很有说服力的，催眠并且吸引人的演讲。在《延伸的表型》一书中我写了这类主张符合逻辑的结论，我也在本书第 13 章里简要介绍了部分内容。克雷布斯和我认为信号是通过我们所谓的读心术和操纵性相互作用而进化来的。关于整个动物信号的另外一个令人震惊的尝试来自阿莫兹·扎哈维。在第 9 章的一个尾注中，我以比本书第一版相比更加认同的语气讨论了扎哈维的看法。

第5章　进犯行为：稳定性和自私的机器

第91页：进化稳定策略

我现在更喜欢用下面这种简洁的方法解释ESS的关键概念。ESS就是与它的副本能很好相处的一种策略。理由如下：一个成功的策略是在整个种群中占大多数的策略。因此，它就倾向于遇到很多与它一样的副本。除非它能够很好地处理与自己副本的关系，否则它就很难胜出。这个定义没有梅纳德·史密斯的数学定义精确，而且因为这个定义事实上并不完整，所以它也没法取代他的定义。但它的优势在于从直觉上抓住了ESS的基本概念。

比起开始撰写本章之时，以ESS的方式来思考已经在生物学家之间变得更加普遍。梅纳德·史密斯本人在《进化与博弈论》(*Evolution and the Theory of Games*)一书中总结了截至1982年这一概念的发展。此领域的另一个主要贡献者杰弗里·帕克也写了一则稍微新一点的评论。罗伯特·阿克塞尔罗德的《合作的进化》运用了ESS理论，但是我不会在这里讨论它，因为我的两个新章节之一，《好人终有好报》，主要就是为了解释阿克塞尔罗德的观点而写的。在本书第一版之后，我自己也有关于这个主题的文章发表，名为“好的策略还是进化稳定策略？”(‘Good Strategy or Evolutionarily Stable Strategy?’)，还有一篇是接下来会被提及的关于掘土蜂的合作论文。

第98页……还击策略，在进化上是稳定的。

很不幸的是，这个陈述是错误的。在梅纳德·史密斯和普赖斯的原始文献中就有一个错误，而我在本章中重复了一遍。我甚至使这个错误更加恶化，因为我做出了一个很愚蠢的声明，宣称试探性还击策略“几乎”是一个ESS（如果一个策略“几乎”是ESS，那么它实际就不是，进而会被淘汰）。试探性还击策略之所以看上去和一个ESS如此相似，是因为在一群还击策略者中，没有任何其他策略做得更好。但是在一群还击策略者中，鸽子做得一样好，因为其行为和还击策略者的行为无法分辨。因此鸽子才能够插入该种群内。问题就出现在接下来发生的事上。盖尔（J. S. Gale）和伊夫斯（Revd L. J. Eaves）使用计算机模拟了一个动物种群多代的进化。他们发现模拟中真正的ESS其实是一个老鹰与恃强凌弱者的稳定组合。这并不是早期关于ESS的文献经过此类动态处理而发现的唯一错误。另一个很好的例子是我自己的一个错误，我会在第9章的注解中加以讨论。

第 99 页：遗憾的是，对于在自然界中各种活动所造成的损失以及带来的利益，目前我们知之甚少，不能够给出实际数字。

我们现在已经有了一些很好的关于自然界中利益及损失的野外测量结果，也已经被特定的 ESS 模型采用。北美的金色掘土蜂的数据就是其中最好的几个之一。掘土蜂并不是我们所熟悉的秋季蜜糖罐上画的群居黄蜂，后者只是为蜂群工作的雌性工蜂。每一只雌性的掘土蜂都是自行其是的。它整个生命都是为了为它的幼虫提供食物以及庇护而存在的。通常来说，一只雌蜂一开始会在树干中打出一个较长的圆孔，其底部则是一个挖空的洞穴。接下来她会出发去捕获猎物（对金色掘土蜂来说猎物就是蚂蚱或长角螽斯）。当它找到猎物时，它会先蜇伤猎物而使其麻醉，再将其拖回自己挖掘的洞穴内。在积累了四到五只蚂蚱之后，它会把卵产在最上面，然后将孔洞封死。卵进而孵化成幼虫，以那些蚂蚱为食。顺带说一句，把猎物麻醉而非杀死是为了防止其腐烂，使其在幼虫食用时仍然是活着的，因此也是新鲜的。正是因为类似的姬蜂也有这种可怕的习性才促使达尔文写道："我不能说服自己相信一个仁慈且万能的上帝会有意创造姬蜂这样明显故意以活的毛毛虫喂食幼虫的生物……"他也许也可以用法国厨师煮活龙虾以保持其风味作为一个例子。让我们回到那只雌性掘土蜂的故事，它是很独立的，除了在同一区域，还有很多其他的雌蜂也在独自地干着同样的事情，不过其中一些会直接占用其他蜂挖好的洞穴，而不是辛辛苦苦地再挖一个。

简·布罗克曼博士是在黄蜂领域的珍妮·古道尔（Jane Goodall）。她来自美国，和我一同在牛津工作，她带来了汗牛充栋般的数据，记录了两个完整种群生活中的几乎每一个事件，而这两个种群中的每一只雌蜂都有着单独的标记。这份记录是如此的完善，以至于能够很清晰地画出每一只黄蜂个体的时间预算。时间是一个经济学商品：在生活的某一方面花费了较多时间，能花在另一方面的时间就少了。格拉芬把我们叫到一起并教会了我们如何正确地思考时间损耗及繁殖利益。我们在新罕布什尔的种群的雌蜂间发现了一个真实的混合型 ESS 的证据，尽管我们在另一个密歇根种群里一无所获。大体来说，新罕布什尔的黄蜂们要么挖掘自己的巢穴，要么侵占其他黄蜂所挖的巢穴。根据我们的解释，因为有些巢穴被挖掘者遗弃因此是可用的，所以黄蜂能从侵占中受益。尽管侵占一个巢穴不需要付出太多努力，但侵占者很难知道该巢穴究竟被遗弃与否。那么接下来几天它都会面临双重占有的风险，也许到头来它回来时发现洞已经被封死，它所有的努力就都付之东流了——因为另外那个占有者已经产卵并且获得了所有的好处。如果在一个种群中侵入的数量过多，可用的洞穴就会变得稀少，双重占有的概率也会增高，这样就值得挖洞了。相反，如果许多的黄蜂都在挖洞，大量的洞穴使得侵占变得有利可图。在一个挖掘和侵占差不多有利的种群中会有一个临界侵占比例。如果实际比例低于该临界比例，自然选择倾向于入侵，因为可用的限制洞穴数量十分充足。如果实际比例高于临界比例，可用的洞穴就会产生短缺，自然选择也就会倾向于挖洞。因此，在种群中就维持着一个平衡。细致、定量的证据显示这是一个真实的混合型 ESS，每一个黄蜂个体都有挖洞或侵占的可能性，而不是混合了挖洞或侵占专家的一个群体。

第 104 页：……再精彩不过地展示了这种行为上的不对称性。

有一个来自戴维斯（N. B. Davies）的比廷贝亨关于“留驻者总是胜利”的实验更一目了然的例子。戴维斯研究的是帕眼蝶。廷贝亨的工作成果都是在 ESS 理论发现之前做出的，而我在本书第一版对 ESS 的解释都有些马后炮。戴维斯是在 ESS 理论的启发下开始构思他的蝴蝶研究的。他发现在牛津附近的怀特姆森林中，雄性蝴蝶个体都会保卫太阳的光斑。雌性都受到光斑的吸引，因此光斑就成了一个有价值的资源，值得为之而战。雄性的数量大于光斑的数量，剩余的雄性就在茂密的树冠处等待着它们的机会。通过捕捉雄性，然后再将它们一个一个地释放在一个光斑上，戴维斯发现无论先释放的是哪一只个体，它都会视自己为光斑的主人，而第二个抵达该光斑的则会被视作“侵入者”。毫无例外，所有的侵入者都会迅速地承认失败，让主人拥有对光斑的独自掌控权。在最后一个决定性试验中，戴维斯成功地“愚弄”了两只蝴蝶，让它们都认为自己才是主人而另一只是侵入者。只有在这种情况下，一场重大且长期的战斗才得以爆发。顺便说一下，为了简化问题，在上面所有例子中我都只提到了单独一对蝴蝶，但实际上，这当然是由很多对蝴蝶组成的具有统计学意义的样本。

第 107 页：似非而是的 ESS

詹姆斯·道森（James Dawson）先生在给《泰晤士报》(1977 年 12 月 7 日）的信中记录了另一个可能看上去是似非而是的 ESS 例证：“几年时间里，我注意到当一只海鸥将一根旗杆作为制高点时，总是会激起另一只海鸥试图降落其上的欲望，而这和两只鸟的体形大小毫无关系。”

关于似非而是的策略最令人满意的例子来自斯金纳箱里的家猪。该策略和 ESS 同样稳定，但是我们最好称之为 DSS（Developmentally Stable Strategy，发育上的稳定策略），因为这个策略是在动物自己的生存时间内出现的，而非进化意义上的时间。斯金纳箱里的动物会学会自己喂养自己，通过按下一个杠杆，食物就会被自动地运送到食槽之内。试验心理学家很习惯将鸽子或小鼠放入小型的斯金纳箱中，很快小动物们就能够学会通过按下那些精巧的小杠杆来获得食物作为回报。猪也能学会做同样的事，当然是在一个放大版的斯金纳箱中，按压的也是一个非常不精巧的猪鼻杠杆（我在很多年前看过一个相关的研究录像，我清晰地记得当时快要笑死了）。鲍德温（B. A. Baldwin）和米斯（G. B. Meese）利用斯金纳猪圈训练了几头猪，但故事稍微有些不同。他们将猪鼻杠杆放在猪圈的一端，食物分发器放在另外一端。因此，里面的猪就需要先按动杠杆，然后赶紧跑到猪圈的另外一端获取食物，然后跑回杠杆，重复之前的动作。这听上去还不赖，但鲍德温和米斯把猪成对地放入该装置。这样其中一只猪就有机会压榨另外一只了。"奴隶猪"就往返跑着按压杠杆，"主人猪"则坐在食槽旁边享受着刚分发的食物。每一对猪都形成了此类稳定的"主人 / 奴隶"的关系，一个工作和奔跑，另一个坐享大部分食物。

现在来揭晓为什么似非而是策略中"主人"和"奴隶"的标签全都是颠倒的。每当一对猪达到稳定状态时，最终扮演"主人"或"剥削者"的都是从其他方面看很顺从的那只。而所谓的"奴隶猪"，也就是做了所有工作的那只，是通常强势的那只。任何了解这些猪的人都会做出与之相反的预测，即那只强势猪会当主人，主要负责吃，而另外那只顺从猪应该是少吃多做的奴隶。

这种似非而是是怎么产生的呢？当你按照稳定策略的方式开始思考时，一切都迎刃而解。我们需要做的全部事情只是将时间由进化学尺度降到发育学尺度，也就是两个个体关系发展的时间尺度。"如果强势，就去坐享其成；如果顺从，就去杠杆工作"这种策略听上去好像可行，但不会是稳定的。那只顺从猪也许会按下杠杆，快速地跑回来，却发现那只强势猪的爪子就搭在食槽里，怎么也挪不开。这样那只顺从猪就会很快地放弃按压杠杆，因为得不到一丁点儿回报。但现在想想相反的策略："如果强势，就去杠杆工作；如果顺从，就去坐享其成。"这种策略将是稳定的，尽管这有着似非而是的结果，那只顺从的猪吃到了大部分的食物。对于强势猪来说，唯一需要达到的要求是当他从猪圈另一端跑回来时食槽内还能剩下一点食物。当它抵达时，它能够毫不费力地把那只顺从猪从食槽旁赶走。只要还有一点食物残渣来回报它，强势猪拉动杠杆的行为就会坚持下去，从而无意中填饱了那只顺从猪。这样那只顺从猪懒惰地斜躺在食槽旁边这一行为便也得到了回报。所以从整体"策略"来看，"如果强势去做奴隶，弱势去做主人"，双方都能够得到回报，该策略就成了一个稳定的策略。

第 107 页：……某种类型的优势序位。

特德·伯克（Ted Burk）在还是我的研究生的时候找到了进一步的证据证明蟋蟀里存在这类假的优势序位。他还发现一只雄性蟋蟀如果最近刚击败了另一个雄性时，它更有可能对一个雌性示爱。这应该被命名为“马尔博罗公爵效应”，因为马尔博罗公爵夫人的日记中有一篇如此记载着：“大人今天从战场上回来，等不及脱掉马靴就和我缠绵了两次。”《新科学家》杂志的下述报道也许能够提供另外一个名字，该报道描述了雄性激素睾酮水平的变化：“大赛前 24 小时网球选手的睾酮水平翻倍。赛后，胜利者的睾酮水平维持不变，失败者的则会降低。”

第 110 页：……ESS 概念的发明是自达尔文以来进化理论上最重要的发展之一。

这句话有点过了。我也许有些过激，因为当代生物文献对 ESS 概念有种普遍的忽视，特别是在美国。例如，这个概念根本就没有在 E. O. 威尔逊的巨著《社会生物学》中出现。这种忽视没有持续太长，所以我也能够更加公正地来看待这个问题，而非像个传教士一般。你没有必要非得用 ESS 语言，只要你想得足够清晰即可。但是 ESS 语言对你清晰的思考确是一大助力，特别是面对那些详细遗传信息并不明确的案例——而这在实践中占多数。有时候大家会说 ESS 模型假设繁殖都是无性的。这句话有点容易导致误解，因为无性很容易被假设为有性生殖的反面。ESS 模型的真相则是它根本不想让自己去关注遗传系统的细节。与之相反，它们用一种模糊的语调假设相似生相似。对于很多研究来说，这样假设足够了。事实上，这种模糊甚至可能是有益的，因为它能使大脑集中在关键之处，而非那些细枝末节，例如那些在个别案例中根本不可能弄清楚的遗传优势。ESS 思考方式作为一个反向思维模板最有用：它能帮助我们避免那些本来可能会使我们误入歧途的理论错误。

第 113 页：渐进的进化过程与其说是一个稳步向上爬的进程，倒不如说是一系列从一个稳定台阶走上另一个稳定台阶的不连续的步伐。

这个段落很好地总结了现在众所周知的间断平衡理论的一种表达方式。我很内疚地承认，就像当时英国的很多生物学家一样，当我在写我的推测时我完全忽略了该理论，尽管这个理论在 3 年之前就发表了。那之后，我变得有些急躁，在《盲眼钟表匠》一书中就能看出，我显得有些过分吹嘘间断平衡理论。如果这伤了某些人的心，我表示歉意。如果了解到至少从 1976 年起，我的心就已经摆正了这一事实，也许能够让这些人感到一丝欣慰。

第6章　基因种族

第119页：……我一直难以理解，为什么一些个体生态学家如此粗心，竟忽略了……

汉密尔顿1964年的文章没有被继续忽视。生态学家们对其从一开始的忽视到后来的承认这段历史使得其成为一个有趣的定量研究材料，一个研究将“觅母”放入觅母库的案例。在我第11章的注释里会追踪这个觅母的发展。

第119页：……我假定我们讲的是整个基因库中一些稀有的基因。

我们假设要讨论的基因在整个种群中是很稀少的，这能方便我们去解释相关性的测量问题，但做这样的假设却有些取巧，然而，实际上汉密尔顿最重要的成绩之一就是证明了无论该基因是稀少还是常见，他的理论都成立。这也是他的理论中大家都很难理解的一个方面。

我们很多人在处理相关性的测量问题时都会产生如下的困惑。一个物种的任意两个成员，无所谓它们是否属于同一个家族，通常90%以上的基因都是相同的。那么，当我们提及兄弟之间的亲缘关系指数是$\frac{1}{2}$或第一代堂兄妹之间的亲缘关系指数是$\frac{1}{8}$之时，我们的意思是什么呢？正确答案是在任何情况下，在那90%（或其他更准确的数值）的基因以外，兄弟之间还有$\frac{1}{2}$的基因是相同的。当然，一个种群的所有个体间也会有一种基础相关性，尽管这种相关程度会比较小。利他主义基因更容易在那些相关性比基础相关性更高的个体中找到，无论这个基础相关性有多大。

在第一版中，我通过选取稀有基因这一取巧的做法回避了这个问题。尽管这样做现在看来还没有问题，但始终是不够好的。汉密尔顿自己写到那些基因“在后代中是相同的”，但正如艾伦·格拉芬展示的那样，这句话本身就很令人费解。其他一些作者甚至根本就没有意识到这是一个问题。他们都只是简单地提到相同基因的绝对百分比，而这是一个确定的正向误差。诸如此类的轻率言论导致了一些严重的误解。例如，在对1978年出版的《社会生物学》一书进行激烈抨击的过程中，一位著名的人类学家试图论证如果认真看待亲属选择，那么我们可以预见所有人类都应该互帮互助了，因为所有的人99%的基因都是一样的。我在《关于亲属选择的12个误解》（'Twelve Misunderstandings of Kin Selection'，这个问题在其中排第5）中简要地回应了这个错误。另外11个误解也值得一看。

在《从几何角度来看相关性》（'Geometric View of Relatedness'）一文中，艾伦·格拉芬给出了可能是解决相关性测量问题的最终办法。但我不会在这里对其加以阐述。在另外一篇《自然选择、亲属选择和类群选择》里，格拉芬澄清了一个普遍而又重要的问题，即对汉密尔顿“广义适应性”概念的广泛误用。他还告诉了我们关于计算遗传相关性的代价与收益的正确及错误的方法。

第 123 页：……犰狳……如果有人能到南美去一趟，观察一下它们的生活，我认为是值得的。

关于犰狳我还没有听到过任何前沿进展，但对另外一组“克隆”动物——蚜虫的研究却传来佳音。长期以来，我们都知道蚜虫（也就是青梅子）既可以无性繁殖，也可以有性繁殖。如果你在某个植株上发现了一堆蚜虫，那么很有可能它们都是同一个母本的复制品。而旁边的植株上可能就是另一个母本的复制品了。理论上这种情况很适合亲属选择的利他基因的进化，但直到 1977 年，人们一直都没有发现蚜虫的利他主义实例。但就在那一年，青木滋之在日本的一个蚜虫种属内发现了一种不育的“士兵”，但那时我已经来不及将其加入书的第一版了。青木在此之后又在数个不同种属里都发现了相同的现象，并且他也有足够证据证明不同的蚜虫种群里至少有四个种群独立进化出了同样的现象。

下面就简要介绍一下青木的发现。蚜虫“士兵”属于一个完全不同的阶级，就像蚂蚁这类传统社会性昆虫里的阶级一样。它们是无法发育成熟的幼虫，因而是不育的。无论是外观还是行为，这些士兵都和它们那些非士兵的同伴不同，尽管它们有着完全相同的基因。士兵通常会比非士兵大：它们有一对超大的前肢，这使得它们看上去就像是蝎子；它们头顶还有一个朝前生长的尖角。它们运用这些武器与可能的捕食者战斗并杀死对方。在整个战斗中，它们很可能会死亡，但就算不死，我们仍然应该正确地认识到它们的遗传利他性，因为它们不可能生育。

回到自私的基因，这里有些什么启示呢？青木并没有清楚地指出是什么决定了哪些个体成为不育的士兵，哪些能够正常繁殖。但我们可以很肯定地说这是由于外部环境而不是基因上的不同。这很显然，因为任何一个植株上的不育士兵和正常蚜虫都携带有完全相同的基因。然而，肯定有一个负责根据环境变化在两种发育路线上切换的基因。为什么自然选择会倾向于这些基因，甚至不管它们中有一些会留在那些不育的士兵体内而不可能向下传递了？因为正是由于那些士兵，同样的基因才能够在可以繁殖的非士兵体内加以保存。这个原因和其他社会性昆虫一样（参见第 10 章），除了在其他社会性昆虫诸如蚂蚁或白蚁中，不育的“利他者”体内的基因只有统计学上的概率去帮助那些可以繁殖者体内相同的基因。蚜虫的利他者基因之所有享有这种确定性，而不是统计学的可能性，是因为蚜虫士兵和它们为之而战的可以繁殖的姐妹是克隆副本的关系。从某种意义上来说，青木的蚜虫为阐释汉密尔顿理论提供了一个最简洁的活体样本。

那么，蚜虫有资格进入真正的社会性昆虫俱乐部吗？传统上讲，那只是蚂蚁、蜜蜂、黄蜂和白蚁们的阵地，保守的昆虫学家会对其进行百般阻拦，理由例如它们没有一个长寿的老女王。进一步说，作为一个真实的克隆体，蚜虫们并不比你们体内的细胞显得更加的“社会化”。我们可以认为仅有一个的动物在以那株植物为食，只是碰巧它的身体分成了多个蚜虫。就像人体内的白细胞，其中一些蚜虫扮演起了特殊的防御角色。如果继续争辩，“真社会性”昆虫尽管不是同一生物体的一部分，仍然能够展开合作；而青木的蚜虫间的合作仅仅是因为它们都属于同一个“生物体”。我觉得这种文字游戏太无聊了。对我来说，只要你能够了解蚂蚁间、蚜虫间以及人体细胞间发生了什么，你可以随意决定它们是社会性与否。就我自己的喜好，我有充分的理由把青木的蚜虫称作社会性生物体，而非一个生物体的组成部分。因为一个蚜虫个体就能表现出很多单个生物体的关键特征，而一群蚜虫克隆的组合却没有这些特征。这个观点在《延伸的表型》中得到了拓展，相关章节是《重新发现那个生命体》，同样，现在这本书的新章节《基因的延伸》中有相关内容。

第 124 页：亲属选择肯定不是类群选择的一个特殊表现形式……

类群选择和亲属选择之间的混淆从来就没有消失过，反而可能愈演愈烈。我加倍地想要强调这一点，但有个小小的例外。由于不严谨的措辞，我在本书第一版 102 页开头留下了一个非常小的谬误。我在初版中写道（这是我这一版少有的几处文字上的改动之一）：“我们只是认为第二代的堂兄弟可以接受的利他行为相当于子女或兄弟的$\frac{1}{16}$。”正如 S. 奥尔特曼（S. Altmann）指出的那样，这显然是错误的。这个错误并不是我想要争辩的那个关键。如果一个利他主义动物有一个蛋糕想要分给它的亲戚们，没有任何理由相信它需要给每个亲戚一块蛋糕，也不可能保证蛋糕的大小是由关系的亲疏而决定的。事实上，这听上去可能有些荒谬，但该种群的所有成员，更别提其他种群，都至少是它的远亲。因此，它们每一个都应该来讨要一块仔细称过的蛋糕！与之相反，如果附近就有一个近亲，就没有必要去给远亲哪怕一点儿蛋糕。在其他一些复杂因素诸如回报递减法则的作用下，整个蛋糕都应该给予关系最近的那个亲戚。显然我想要说的是“我们只是预计第二代堂兄弟接收到利他行为的概率相当于子女或兄弟的$\frac{1}{16}$”（124 页），这也是现在书中所采用的话。

第 124 页：他有意识地把子女排除在外：他们竟不算亲属！

我表达了我的意愿，希望 E. O. 威尔逊能在未来的作品中改变他对亲属选择的定义，也包括把子女算作是“亲属”。我很高兴地在这里汇报——我并不是要说这是我的功劳——但在他的《论人的天性》里，那句有问题的短语，“除了子女以外”，终于被省略了。他补充道：“尽管亲属的定义包含了子女，但当我们使用亲属选择一词时，至少需要其他亲属也受到相关影响，例如哥哥，姐姐，或是父母。”这很不幸地成为现在生物学家通常用法的真实写照，也反映出很多生物学家缺少去理解亲属选择究竟是什么的勇气。他们还是错误地认为亲属关系是深奥且多余的，超越了通常意义上的“个体选择”。但并不是这样的，亲属关系严格遵从新达尔文主义的基本假设，就如同黑夜过后就一定是白天。

第 126 页：……这样复杂的运算……

亲属选择理论需要动物拥有超现实的计算能力这一说法是错误的。这一谬误在一代又一代的学生中不断地重演，没有一次减弱。犯错的还不仅仅是年轻的学生。如果不是被标榜为对“社会生物学”的“毁灭一击”，由著名社会人类学家马歇尔·塞林斯（Marshall Sahlins）所著的《对生物学的利用和滥用》（*The Use and Abuse of Biology*）一书还能继续默默无闻地体面存在着。下面引用的是讨论亲属关系是否在人类中同样有效的一段话，这段话好到让人不可能相信它是对的：

> 强调一点，由于缺少语言学上关于如何计算关系系数 r 的支持，这个认识论问题成了亲属选择理论的一个重大缺陷。世界上只有极少的语言有分数这个概念，例如印欧语系以及存在于近东和远东的一些古代文明。但对于所谓的原始人类来说，他们根本没有这个概念。猎手和采集者们通常不需要超过一、二、三的计数系统。我都避免去提及更大的问题，动物们该怎么去搞清楚 r（自己，第一代堂兄弟）$=\frac{1}{8}$。

这已经不是我第一次引用这个高度揭示性的段落了，我大概也就再引一下自己那无情的回复吧，下面的段落来自《关于亲属选择的 12 个误解》：

> 对塞林斯来说真可惜，他居然屈服于诱惑而“避免去提及”动物是如何“搞清楚”r 的。他想要嘲弄的这个非常荒谬的观点应该敲响他头脑里的警钟。一只蜗牛的壳是一个优雅的对数螺线，但蜗牛在哪里保管它的对数表呢？因为它眼睛里的晶体缺少对计算折射系数 m 的“语言学支持”，它又是怎么看对数表呢？绿色植物又是怎么“搞清楚”叶绿素的化学式的呢？

事实上，除了行为学以外，在你能想到的几乎所有生物学的方面，诸如解剖学、生理学，如果按塞林斯的方法你都会走入同样的死胡同。任何动物或植物躯体的发育都需要复杂的数学来精确描述，但这并不意味着动植物自身必须成为一个聪明的数学家。非常高的树木常常会在其树干底部像翅膀一样伸出巨大的板根。对任何一种树而言，树越高，板根就越庞大。大家广泛接受一个事实，即这些板根的形状和大小都接近于能够保持树木直立的最有效方案，然而一个工程师需要非常高深的数学知识才能够证明这一点。尽管树也缺乏相应的数学知识来做出计算，塞林斯或其他什么人也绝对不会来质疑板根背后的理论。那么为什么就要特别地对亲属选择行为提出这个问题呢？这显然不可能是因为这是行为学，而非解剖学。因为塞林斯对很多其他行为学的例子（我是指亲属选择行为以外）都会欣然接受，而不是提出他那个“认识论上的”反对意见。作为一个例子，你可以想象，在某种意义上说，我每接一次球，都需要做出那种经过复杂计算的解释（127 页）。人们会情不自禁地想：对于这些很满意自然选择理论的社会学家来说，仅仅由于他们学科历史上一些毫不相干的理由，就会不顾一切地想要专门去找到一些——哪怕一丁点儿——亲属选择理论的问题？

第 130 页：……我们必须考虑一下，动物在实际生活中是怎样估计谁是它们的近亲的……我们知道谁是我们的亲属，这是因为别人会告诉我们……

从本书动笔以来，整个亲属选择领域得到了长足的发展。包括我们自己在内，动物似乎都有一些巧妙的辨识亲属的能力，这往往依靠嗅觉。最近一本名为“动物中的亲属识别”（*Kin Recognition in Animals*）的书总结了到现在为止我们所知道的知识。由帕梅拉·韦尔斯（Pamela Wells）撰写的关于人类的章节指出上面那句话（……我们知道谁是我们的亲属，这是因为别人会告诉我们）需要进行补充：我们至少有强有力的证据证明我们能够运用多种非语言暗号，例如我们亲属的汗味。

对我来说，她开篇的引用就概括了一切：

all good kumrads you can tell
by their altruistic smell

e. e. cummings

除了利他主义，因为一些其他原因亲属们也需要能够认出对方。他们也许也需要在族外婚和族内婚之间找到一个平衡，就如你们将在下一个注释看到的一样。

第 131 页：……近亲繁殖能产生隐性基因的有害影响有关。（出于某种原因，很多人类学家不喜欢这个解释。）

一个致死基因会杀死它的携带者。就像其他隐性基因一样，一个隐性致死基因也不会产生任何作用，除非当两个碰到了一起。隐性致死基因之所以能够在基因库里存在，是因为大多数个体都只会携带一个拷贝，所以从不会受其影响。任何一个致死基因都是罕见的，因为一旦遇到了另一个致死基因就会导致携带者死亡。但我们的基因组内仍然布满了致死基因，因为它们还可以有很多不同种类。关于人类基因库里究竟潜伏着多少这样的基因还不是很清楚。一些著作认为平均每人体内有两个。如果一个随机的男性和一个随机的女性结合，绝大多数情况下他的致死基因不会和她的致死基因重合，这样一来他们的小孩就没事了。但是如果一对兄妹结合，或者一对父女，情况就大大不妙了。无论我携带的隐性致死基因在整个基因库里是多么罕见，也无论我姐姐的隐性致死基因在整个基因库里是多么罕见，我们俩有着同样隐性致死基因的可能性高得吓人。做做算术，当我和我姐姐结合之后，其结果是对于每一个我携带的隐性致死基因，我们每八个后代中就会有一个生下来就是死的或者早夭。顺便提一下，就基因层面来说，早夭比死胎更加具有致死性：因为死胎并不会过多地浪费父母宝贵的时间和能量。但是，无论你从哪个角度看，近亲结婚都不是一般地有害，它可能是灾难性的。主动乱伦回避的选择压力和任何自然界中产生的选择压力都一样强。

有些人反对达尔文主义对于乱伦回避的解释，但他们可能都没有意识到他们是在反对多么强大的一个达尔文主义案例。他们的辩解有时候是弱得近乎绝望的诡辩。例如，他们通常会说："如果达尔文主义选择真的让我们从直觉上就反感近亲繁殖的话，我们就不需要去禁止人们这样做了。这样的禁忌之所以存在，就是因为人们还是有近亲繁殖的欲望。因此，反对近亲繁殖的规则并没有'生物学上的'意义，而它纯粹是'社会性'的。"这个反对说辞和下面这个很像："汽车并不需要一个锁去控制引擎开关，因为门上已经有锁了。既然这样引擎锁肯定就不是用来防盗的，它们一定有着纯粹的宗教性的重要性！"人类学家们也很喜欢强调不同的文化有着不同的禁忌，因此就会有不同的关于亲属关系的定义。他们似乎认为这同样也削弱了达尔文主义者想要解释乱伦回避的强烈愿望。但人们或许可以同样认为性欲也不符合达尔文主义的适应性原则，因为不同的文化倾向于不同的性交体位。对我来说，人类中的乱伦回避和其他动物中的一样，都非常可能是很强的达尔文主义选择的结果。

糟糕的事并不仅仅局限于与遗传上和你关系太近的人交配，太远距离的族外婚也同样不好，因为不同支之间会有遗传不亲和性。最佳的中间距离很难准确地预测。你应该和你的第一代堂兄妹结合吗？与第二代或第三代堂兄妹结合呢？帕特里克·贝特森（Patrick Bateson）尝试询问日本鹌鹑倾向于一个怎样的距离。在一个名为阿姆斯特丹装置的实验设备中，研究者让鹌鹑们在迷你橱窗后的一排异性中挑选一个。它们大都挑选了第一代堂兄妹，而非亲兄妹或其他不相干的鹌鹑。进一步的实验显示，年幼的鹌鹑会记住同一窝里同伴的特征，在之后的生活中，会倾向于找具有类似特征的作为性伴侣，但它们不会找过于相似的。

鹌鹑看上去能够避免近亲繁殖，因为它们本身就对一起长大的兄妹们提不起兴趣。其他动物则是依靠遵守社会法则，一个社会性的驱逐法则。例如，青年雄狮会被它的父母从狮群里驱逐，因为它的雌性亲属对它还是很有诱惑力的。仅仅当它占有了另外一个狮群时，它才会交配。在黑猩猩和大猩猩的社会中，则是年轻的雌性去其他群体中寻找配偶。这两个驱逐法则以及鹌鹑的系统都能够在我们自己很多不同的文化中找到踪影。

第 136 页：由于它们不会受到同一物种其他成员的寄生行为之害……

对于大多数鸟类来说，这也许是对的，但是找到一些会寄生在自己种群的鸟类并不应该使我们太惊讶。其实我们在越来越多的物种里发现了这个现象，特别是现在，新的分子技术能够帮助我们确定谁和谁有关。实际上，自私的基因理论预测这种现象的发生频率要远远高于我们现在所知道的。

第 138 页：狮群中的亲属选择

帕克和普西（A. Pusey）挑战了伯特伦关于亲属选择是狮群合作的主要推动力这一观点。他们声称在很多狮群中，两头雄狮都是没有关系的。帕克和普西宣称至少互惠的利他主义可以和亲属选择一样作为狮群合作的一个解释。也许两边都是对的。我在第 12 章主要强调了只有当一开始就有足够临界数量的互惠者，互惠性才能够开始进化。这确保了一个潜在的伙伴有足够的机会可以成为一个互惠者。亲属关系可能是达成这一点最直观的途径。亲戚们自然就容易彼此相像，所以就算是在大的种群尺度上没法满足的临界频率，在家庭范围内仍然有可能得到满足。有可能狮群的合作开始于伯特伦提出的亲属效应，而这个开始就为互惠性的发展提供了必需的条件。这个关于狮群的争议只能够靠事实来解决，而事实从来就只能告诉我们关于一个个例的信息，而不是一个普遍的理论依据。

第 139 页：如果 C 是我的同卵孪生兄弟……

现在已经广为人知的是，一个同卵孪生兄弟理论上对你的重要性和你自己一样，只要确定真的是同卵所生。但大家却还不甚了解，对于一个一夫一妻的母亲，她对你也有着一样的重要性，如果你很肯定你的母亲会且仅会继续为你的父亲产下下一代，那么在遗传学价值上来看，你的母亲和你的同卵孪生兄弟，以及你自己，是一样的重要。把你自己想成是一个生殖后代的机器，那么你的母亲就是一个（亲）兄妹生殖机器，而亲兄妹和你自己的后代对你来说有着同样的遗传学价值。当然，这样想缺少了所有现实的考量。例如，你母亲比你年老，尽管这究竟使她比你更适合还是更不适合生育取决于很多情况——我们没法给出一个一般性法则。

这个主张需要假设你能够确保你母亲继续产下你父亲的孩子，而不是其他男人的。这种确信的程度取决于该物种的配偶系统。如果你是一个习惯杂交的物种中的一员，你显然不能确信你母亲的后代就一定是你的亲兄妹。就算是理想化的一夫一妻制，也会出现一个明显的不可逃避的问题致使你的母亲没有你自己合适——父亲可能死亡。无论愿望再美好，如果你的父亲死了，你的母亲也就不可能继续生产他的孩子了，不是吗？

好吧，根据一些事实她可以。这类现象能够出现的事实对亲属选择理论有着很大的意义。作为哺乳动物，我们已经习惯了在交配后经过一段固定且短暂的时间后才生育的概念。一个人类男子可以在死后成为父亲，但不可能是在死后超过9个月的时间（除非有精子库的低温冷藏技术帮忙）。但有许多种昆虫，它们的雌性能够在其体内终生储存精子，一年一年地放出一些来使卵受精。这通常会在它配偶死去很多年以后一直发生。如果你是这些物种中的一员，你可能就能很确定你的母亲会继续成为一个好的“遗传赌注”。一只雌性蚂蚁只会在它的生命早期进行一次婚飞。该雌性在交配之后就会失去它的翅膀，也就永远不会再交配了。尽管得承认，在很多蚂蚁种类里，雌性会在婚飞期间与很多雄性交配，但如果你碰巧是那些雌性始终奉行一夫一妻制的物种中的一员，你完全可以把你的母亲当作至少和你自己一样好的遗传赌注。作为一只幼年蚂蚁与作为一头幼年哺乳动物相比，最好的一点就是你不用在乎你的父亲究竟还是不是活着（事实上，他肯定已经死了）。你可以十分确信你父亲的精子还继续存活着，并且你的母亲还能继续为你生出亲兄妹来。

接下来，如果我们真的对兄妹关怀和诸如昆虫士兵现象的进化起源感兴趣的话，我们需要特别关注那些雌性能终生储存精子的物种。就像第10章讨论的一样，在蚂蚁、蜜蜂和黄蜂的例子中都有一个特别的基因特质——单倍二倍性。这也许预先就使它们更容易变得高度社会化。在这里我想要主张的是单倍二倍性并不是唯一的先决因素。终生储存精子这一习惯可能至少是一样重要的。在理想情况下，这让母亲变得和同卵孪生双胞胎有着同样的遗传学价值，也同样值得“利他主义式”的帮助。

第 140 页：……社会人类学家或许能够发表一些有趣的议论吧。

这句话现在使我尴尬难堪。我后来才知道，原来社会生物学家对“舅舅效应”不仅有话要说，他们中的很多人多年来不干别的只研究这个！我所“预测”的现象对很多文化都是一个经验事实，而人类学家们几十年前就完全知晓了。进一步来说，当我建议这个特定假说时，即“在不贞行为司空见惯的社会里，舅舅应该比‘父亲’表现出更多的利他行为，因为它有更大的理由信赖同这个孩子的亲缘关系”（140 页），我非常抱歉地忽略了一个事实，理查德·亚历山大早就提出过相同的建议。（在本书第一版的印刷后期，我加入了一个脚注说明了这一点）。该假说已经被亚历山大本人以及许多其他人根据人类学文献，使用定量的手法测试过了，也得到了肯定的结果。

第 7 章　计划生育

第 145 页：温–爱德华兹……又是这个类群选择论的主要鼓吹者。

比起其他的学术异端，温–爱德华兹的境遇要好多了。尽管犯了一个明显的错误，大家仍然认为他对启发人们认真思考选择原理做出了贡献（尽管我觉得这样做有些过头了）。他自己在 1978 年豁达地撤回了自己的主张，当时他写道：

> 现在，理论生物学家达成共识——想要做出一个可信模型让慢吞吞的类群选择打败迅猛的自私基因是不现实的，那些迅猛的自私基因能够带给每一个个体好处。因此我接受他们的意见。

尽管第二个想法看上去如此豁达，但很不幸他有了第三个想法：在他新书里又反悔了。

由于那些众所周知的原因，类群选择理论在现在比我第一版书出版时更不受到生物学家的青睐。请你不要介意地想想相反的场景：新生代已经出现，特别是在北美，他们到处散播“类群选择”一词，就如同在为新娘撒上五彩花瓣。这个词被随意地用到一些其他事物上，而这些事物原本（对我们剩下的人来说现在也是）就是另外一些东西，例如亲属选择。我知道对这种语言上的暴发户感到困扰是没有意义的。但是，关于类群选择的所有问题早在 10 年前就被约翰·梅纳德·史密斯完美解决了，所以现在发现我们两代人之间，两个国家之间，就因为这一常用语言而分隔开来让人很气恼。更加不幸的是，那些姗姗来迟的哲学家使得这个本来就很混乱的术语变得更加混乱。我推荐艾伦·格拉芬的《自然选择、亲属选择和类群选择》，这是一个将新类群选择相关问题梳理仔细、思路清晰的著作，我也希望这最终能解决混乱的问题。

第8章　代际之战

第163页：1972年，特里弗斯……巧妙地解决了这个难题……

特里弗斯在20世纪70年代发表的一系列论文是我在写本书第一版时得到的最重要的启发之一。他的观点也在第8章里占据了重要地位。他总算也出版了自己的书，《社会的进化》。我推荐这本书，并不只是因为其内容，这本书的风格也很好，在保证思路清晰、学术正确的同时，又有着一点玩世不恭的态度，还掺杂些许自传式的独白。我情不自禁地先要引用这样一句，该句是那么独特。特里弗斯在肯尼亚观察到两只处于敌对关系的雄性狒狒时，他用这样的文字来表达他的激动之情："还有一个原因使我这么激动，这是一次无意中对亚瑟做出的观察。亚瑟是一个男子汉气概十足的一流年轻雄性……"特里弗斯关于亲代-子代冲突的新章节使整个领域焕然一新。实际上，除了一些实际例子，他1974年的文章还真不用加什么了。该理论经受住了时间的考验。更加详细的数学和遗传学模型已经证实了，特里弗斯那大部分只是语言的论证完全符合现在人们接受的达尔文主义理论。

第178页：按他的说法，亲代总归占上风。

在他1980年的著作《达尔文主义及人类事务》（*Darwinism and Human Affairs*，第39页）中，亚历山大勉强承认他的主张是错误的，他声称在亲代-子代冲突中亲代获胜是完全符合基本达尔文主义假设的。他的毕业论文描述亲代在世代争斗中相对于它们的子代有着不对称的优势。但是现在在我看来，这一点也许可以通过另外一个不同的论点来支撑，该论点是我从埃里克·恰尔诺夫那里得到的。

恰尔诺夫当时正在写一些关于社会性昆虫以及不育阶层的起源方面的东西，但他的论据的作用其实更广泛，所以我要将其运用到一般的情况上来。试想一个一夫一妻制种群里的一只即将成年的幼年雌性，并不一定要是昆虫。它现在会面临一个两难境地，究竟应该离开然后试着生育自己的后代呢，还是留在父母的巢穴里帮忙照看更年幼的弟弟妹妹？基于该物种的繁殖习惯，它能很确定自己母亲会长期继续生育它的亲弟弟和亲妹妹。根据汉密尔顿的逻辑，这些弟弟妹妹对它的遗传学价值和它自己的后代是一样的。既然考虑到了遗传学关系，那这只年轻的雌性就应该不再纠结于这两种选择了；它不关心究竟是走还是留。但是它的父母，则会很关心究竟它做出怎样的决定。从它年长的母亲的角度来看，这个选择决定了它是有更多儿女还是孙辈。新的儿女的价值从遗传学上来说比孙辈要高一倍。如果我们把子代究竟是走还是留下帮助父母看作一个亲代与子代的冲突的话，在这场冲突里亲代显然很容易最终获胜，因为只有它们视其为一个冲突。

这就像两个运动员之间的一场较量，其中一个运动员如果赢了就能够获得1 000英镑的奖励，而他的对手无论输赢都能得到1 000英镑。我们可以预测到前一个选手会更加努力，如果两人本来就实力相当的话，那他很可能会赢。其实恰尔诺夫的观点比这个比喻还要强得多，因为无论他们的收益如何，全力以赴地进行一次比赛对很多人来说并不是一个很高的代价。那样一个理想化的奥林匹克对于达尔文游戏来说实在太奢侈了，在达尔文游戏里，在一个方面做出的努力就意味着在另一个方面会有所欠缺。就像是你在一场比赛中投入过多精力的话，你就很难赢得下一场比赛了，因为那时你已精疲力竭。

随着物种变化，条件也会有所不同，因此我们很难每次都预测出达尔文游戏的结果。但是如果我们只考虑最亲的基因相关性，并且假设一个一夫一妻的配偶制度（这样女儿才能够确信它的弟弟妹妹们是亲弟弟妹妹），我们可以推测出年长的母亲会成功地让它刚成年的女儿留下来帮忙。母亲会得到一切，而女儿自己不会有任何动力去反对母亲，因为对它而言，手上的选择并没有什么区别。

再一次强调，这是一个“其他条件一样”类型的主张。尽管其他条件经常都不会完全相同，恰尔诺夫的推论对于亚历山大或其他任何一个支持亲代操纵学说的人还是会有帮助。在任何情况下，亚历山大的实际论断都是会被采纳的——亲代要大一些、强壮一些等等。

第9章　两性战争

第185页：……那么彼此毫无血缘关系的配偶的利害冲突会激烈到何种程度呢?

像往常一样，开篇这句话隐含了“其他条件一样”这一前提。配偶显然很可能从合作中获得巨大收益，这会在本章一遍又一遍地出现。而且，配偶很可能是在进行一场非零和博弈，双方都能在合作中受益，而并非其中一个的获益就是另一个的损失（我会在第12章解释这个观点）。这也是本书中一个我过分着墨于生活中怀疑、自私一面的地方。在当时这看上去是有必要的，因为那时关于动物求偶的主流看法远远地倒向了另外一面。人们近乎普遍地抱持着一种毋庸置疑的假设，即配偶会毫不吝啬地互相合作，从未考虑过互相利用的可能性。在这种历史背景下，我这种看起来很阴暗的开篇语就可以理解了，但现在我会采取更加温和的语调。相似地，在本章最后我做出的关于人类性别角色的评论现在在我看来其语言也有些幼稚了。有两本书更深入地探讨了人类性别的进化，分别是马丁·戴利（Martin Daly）和马戈·威尔逊（Margo Wilson）的《性、进化与行为》（*Sex, Evolution, and Behavior*）以及唐纳德·西蒙斯（Donald Symons）的《人类性趣的进化》（*The Evolution of Human Sexuality*）。

第 187 页：……但雄性个体可以繁殖幼儿的数量实质上是无限的，这就为雌性个体带来了利用这种条件的机会。

现在来看，强调精子和卵子的大小区别就是性别的基础似乎有些误导作用。就算一个精子小而廉价，但要制造百万计的精子并成功地在所有的竞争条件下将它们注入雌性体内并不是一件轻松的事。我现在倾向于用如下方法来解释雄性和雌性之间的基本不对称性。

假设我们有两个性别，它们并不包含雄性或雌性的特征。我们用一种中性的方式将它们命名为 A 和 B。唯一需要注明的是任何一次配对都必须发生在 A 和 B 之间才行。现在，任何一只，无论 A 还是 B，都面临这一个抉择：用于与对手战斗的时间和精力就没办法用来照顾后代了，反过来也一样。它们俩中任何一个都需要在这两个矛盾的选择中找到一个平衡。我接下来要讲到的观点就是，A 们可能会与 B 们找到两个不同的平衡点，一旦达到，它们就很可能有了一个逐渐变大的区别。

假设两种性别的动物，也就是 A 们和 B 们，从一开始就有了不同。一个通过在后代上投资而获得成功，另一个则是在战斗（我用“战斗”一词来指代所有同性间的竞争）中付出努力而得到成功。一开始两性之间的区别还十分微小，因此我的观点就是存在一种固有的趋势使这种区别变大。好比 A 一开始由战斗带来的繁殖优势就比亲子行为带来的优势大，而 B 恰恰相反，亲子行为在它们这儿能带来比战斗稍微高一点的繁殖优势。举个例子来说，这就意味着尽管 A 当然也能从照顾后代中获益，但 A 中一个成功的照看者和一个不成功的照看者之间的区别，会小于 A 中一个成功的战士和不成功的战士之间的区别。在 B 群体中，则是完全相反的。因此，对于一定量的付出来说，A 会通过努力战斗来提高自己的优势，而 B 更可能把注意力从战斗转向照看后代。

因此在接下来的世代中，A 们就会比它们的父母们战斗得更多一些，而 B 会比它们父母们战斗得少些而多花一些时间照看后代。战斗能力最强的和最弱的 A

之间的区别将变得更大，而照看能力最强的和最弱的 A 之间的区别将变得更小。这样一来，通过在战斗方面付出努力，A 可以得到更多收益，而照看后代的收益变得更小了。随着世代更替，相反的事情也发生在 B 的群体中。这里的关键点是两性间一个微小的初始差别能够自我强化：选择可以发源于一个初始的、微小的不同，然后将其慢慢地变大，再变大，直到 A 变成了现在我们所说的雄性，B 则是我们所说的雌性。那个初始区别小到可以随机产生。当然，两性的初始条件也不大可能是一模一样的。

你可能会注意到，这个论点和那个关于原始配子早期分化出精子和卵子的理论很相似。该理论由帕克、贝克和史密斯首先提出，187 页也有相关讨论。刚才所讲的论点更加普通一些。分化出精子和卵子只是基本性别分化的一个方面。与把精子与卵子分化作为根本，然后将所有雄性与雌性的特征都归因其上相比，我们现在有了一个能以相同方式去解释精子与卵子分化以及其他方面分化的理论了。我们只需要假设有两个需要互相配对的性别，我们不需要知道关于那两个性别更多的信息。由这个最小化的假设开始，无论一开始两性是多么相同，我们都积极地期待它们会分化成两个专攻于相反且互补的生殖技能的性别。精子和卵子的分化只是这个更加一般的分化的一个征兆，而不是其原因。

第 198 页：让我们采用史密斯用以分析进犯性对抗赛的方法，把它运用于性的问题上。

我们的意图是要在一个性别内找到一个进化稳定的混合策略，并与另外一个性别的进化稳定的混合策略相匹配。梅纳德·史密斯自己又进一步地发展了这个观点，而艾伦·格拉芬和理查德·西布利（Richard Sibly）也独立地做了差不多的事。格拉芬和西布利的论文在理论上要更高深一点，而梅纳德·史密斯的更方便用文字解释。简要地说，他开始考虑两个策略，坚守（Guard）和离弃（Desert），供两性任意选择。正如我“羞怯 / 放荡和忠诚 / 薄情”的模型一样，有趣的问题在于，雄性的哪种策略组合与雌性的哪种策略组合在一起是稳定的？答案取决于我们对该物种特定经济状况的假设。有趣的是，无论如何改变经济状况假设，我们都得不到一个整体连续的定量变化的稳定解。该模型倾向于落入四个稳定解之一。这四个解都依据符合条件的物种来命名。它们是鸭型（雄性离弃，雌性坚守）、棘鱼型（雌性离弃，雄性坚守）、果蝇型（双方离弃）以及长臂猿型（双方坚守）。

还有些更有趣的东西。还记得第 5 章里 ESS 模型可以在两种结果之间任选其一，且两者同样稳定吗？好吧，这对于梅纳德·史密斯模型来说也是正确的。其中最有趣的一点是，对比其他策略对，那个满足这种结果的策略对在同一个经济情况下保持着共同稳定。举例来说，在一组情况下，鸭型和棘鱼型都是稳定的。究竟两个中哪一个最终胜出取决于运气，或者说得更准确一点，取决于进化历史上的偶发事件——初始条件。在另外一组情况下，果蝇型和长臂猿型则是稳定的。同样，在任何一个物种中，都是由历史偶然性来决定究竟哪一型最终胜出。但是没有任何情况能使长臂猿型和鸭型共同稳定，也没有哪种情况能使鸭型和果蝇型共同稳定。对亲和与不亲和的ESS进行这种“稳定对”（表示两种策略的组合）的分析能为我们重建进化历史提供一些有意思的结论。例如，它使我们相信在进化历史中，配偶系统中某些特定转换是可能的，其他的则不可能。梅纳德·史密斯通过简要枚举动物界的配偶方式来探索这些历史上的关系，其结论是这样一个令人难忘的反问：“为什么不是雄性哺乳动物负责哺乳呢？”

第 201 页：但实际上，像那种情况一样，不存在任何摇摆现象，这是能够加以证明的。整个体系能够归到一种稳定状态上。

我很抱歉这个论点是错误的。然而，这个错误很有意思，所以我在原文保留了这个错误，现在花一点时间来讲解一下。这和盖尔和伊夫斯指出的在梅纳德·史密斯和普赖斯的原始文献中的问题如出一辙。我这个错误则是由在奥地利工作的两位数学生物学家指出来的。他们的名字是 P. 舒斯特（P. Schuster）和 K. 西格蒙德（K. Sigmund）。

我已经正确地计算出了雄性中忠诚和薄情的比例，以及雌性中放荡和羞怯的比例。这些比例能满足两种类型的雄性都同样成功，两类雌性亦然。这实际上就是一个平衡态，但是我没有去检查这是否是一个稳定平衡。这个平衡态有可能更像是一个危险的刀锋，而不是一个安稳的峡谷。要检查其稳定性，我们就要看当平衡态被人为轻微扰动后会发生什么（推动一个立于刀锋上的球，你就再也找不到它了；推动一下峡谷中的球，它还会自己回来）。在我那个有着特定数值的例子中，雄性的平衡比例为$\frac{5}{8}$忠诚和$\frac{3}{8}$薄情。现在，如果群体中薄情者的比例随机升高到一个比平衡态稍高的数值会发生什么呢？为了使这个平衡态满足稳定及自我修正的标准，薄情者必须马上开始有稍差一些的表现。很不幸，正如舒斯特和西格蒙德指出的那样，这并不是实际情况。恰恰相反，薄情者开始变得更好了！它们在群体中的比例远非自我稳定，而是自我加强的。它们的比例会继续增高，但不是无限的，而是到某个点为止。如果你在计算机上动态模拟该模型，就像我现在所做的那样，你会得到一个无限重复的循环。具有讽刺意味的是，这和我在 176 页上假想的那个循环一模一样，但当时我觉得我只是用它来作为一个解说工具，就像鹰和鸽子一样。通过与鹰和鸽子类比，我非常错误地认为那个循环只是一个假说，也错误地认为该系统会真的达到一个稳定平衡。

舒斯特和西格蒙最后的不满言论说明了一切：

> 简要来说，我们能得出两个结论：
>
> (a)两性之间的争斗与捕食之间有着很多共同点；以及
>
> (b)情侣之间的行为就像月亮一样有着盈亏变化，并且像天气一样难以预测。
>
> 当然，人们在此之前并不需要用微分方程才能计算出这点。

第 205 页：……这种父方的献身精神……在鱼类中却很常见。这是为什么呢？

塔姆辛·卡莱尔本科时所做的这个关于鱼的假设现在由马克·里德利进行了比较测试，他彻底审视了整个动物界的亲代照看行为。就像卡莱尔的假说一样，他的论文也是一个伟大的创举，而且同样也是起始于本科时写给我的一篇短文。不幸的是，他没能找出有利论据支持该假说。

第 208 页：……某种不稳定的、失去控制的过程……

费希尔只是非常简要地描述过他关于性选择的失控理论，现在该理论已经由 R. 兰德（R. Lande）和其他人数学化了。这已经成为另外一个学科，但如果有足够的空间，该理论还是可以用非数学术语来解释的。但这需要整整一章来解释，所以我的《盲眼钟表匠》（第 8 章）就专门叙述了这个问题，因此我在这儿就不用赘述了。

相反，我会在这里阐述一个我从未在任何书中充分强调的关于性选择的问题。自然是怎样维持进化所需要的变种的？达尔文选择只有当存在足够基因变种的情况下才可能发生。比方说，你能够成功地繁育一种拥有更长耳朵的兔子。野外种群中的大多数兔子都会有一对中等大小的耳朵（这是根据兔子的标准描述的；当然以我们的标准兔子的耳朵都是非常长的）。一部分兔子会有着比平均值稍短的耳朵，一部分则更长一些。通过选取那些拥有最长耳朵的兔子进行杂交，你就能成功地增加它们后代的平均耳朵长度。但如果你继续在这些长耳兔中选择最长耳朵的进行杂交，终有一天你会发现需要的变种已经不复存在了。它们都拥有了“最长”的耳朵，进化会渐渐陷入停滞。在一般的进化中这种情况并不是一个问题，因为大多数环境都不会在同一方向上施加如此稳定而且毫不动摇的压力。对动物身体任何一部分来说，最好的长度通常都不意味着“无论平均值是什么，都要比平均值更长一些”。最好的长度一般都是一个固定值，比如 3 英寸。但是性选择却真的有这种追逐永远达不到的最优值的难题。雌性的偏好可能真的是去追求更长的雄性耳朵，无论现在该种群的耳朵已经多长了，这样变种可就真的不够用了。但性选择看上去似乎真的有效，因为我们确实能够发现那些荒诞夸张的雄性装饰物。我们似乎面临一个矛盾，我们可以将这个矛盾称为变种消失悖论。

兰德认为要解决这个矛盾得靠突变。他认为始终都会有足够的突变可以让选择继续进行。人们之前之所以对这种说法存疑，是因为对于一次一个基因来说，任意一个基因位点突变的概率都小到不足以解决变种消失悖论。兰德提醒我们，“尾巴”或是任何一个被性选择的东西都是受到不限定数量的众多不同基因的影响，最终结果都是由这些小的影响叠加而成的。更进一步说，随着进化的前进，这些相关联的不同基因的组合也会发生变化：新的基因会被加入这个影响尾巴“长度变种”的集合，旧的则会被淘汰。变异可以影响这个大型的动态变化基因集中的任何一个基因，于是变种消失悖论就自己消失了。

汉密尔顿对这个矛盾的解释有些不同。他用他如今回答大部分问题的方式来回答：“寄生虫理论”。回想一下兔子耳朵。兔子耳朵的最佳长度大概取决于很多声学因素，没有任何理由相信这些因素会随着世代更替毫不停息地向着同一个方向变化。兔子耳朵的最佳长度可能不是一个绝对的数值，但是选择仍然不可能让其向某一特定方向发展，甚至迷失于现有基因库能够轻易产生的变种范围之外。因此，根本没有变种消失悖论。

但现在来看看由寄生虫带来的剧烈波动的环境。在一个充满寄生虫的世界里，会有一个倾向于对其产生抵抗力的强大选择压力。自然选择会青睐那些最不易受到碰巧就在身旁的寄生虫伤害的兔子个体。关键点是，可能并不止那一种寄生虫出现。瘟疫来了又去，现在可能是黏液瘤病，下一年就有可能是兔子中的黑死病，再下一年是兔子的艾滋等等。然后，也许是一个10年的循环，又轮到了黏液瘤病，接着继续。或者是黏液瘤病毒自身进化出了能够破解由兔子经过逆向适应而得到的抵抗能力。汉密尔顿试想了这种逆向适应和逆向-逆向适应的无休止的循环，该循环倔强地对“最佳”兔子的定义进行不断更新。

所有这些要点在于，在疾病抵抗的适应和对现实环境的适应之间有一些很重要的区别。尽管对兔子的腿长可能有一个确定的“最佳值”，但是若从疾病抵抗的角度来说，是不存在一只明确的“最好的”兔子的。随着当下最危险疾病的改变，当下“最好的”兔子也会随之发生变化。寄生虫是唯一这样做的选择压力吗？比如说，捕食者与猎物又怎么样呢？汉密尔顿承认那和寄生虫很像，但它们并不像很多寄生虫一样进化得这么快，而且寄生虫比起捕食者与猎物更容易进化出具体到基因对基因的逆向适应。

汉密尔顿把寄生虫带来的循环挑战改造成为了一个大一统理论的基础，即他关于究竟为什么性选择会存在的理论。但这里我们只关心他用寄生虫来解决性选择中的变种消失悖论。他相信雄性间可以遗传的疾病抵抗才是雌性选择它们的最重要因素，因为疾病是如此恐怖，如果雌性能够有办法在潜在的配偶中找出患病个体，那么它们就会有巨大的优势。一个表现得像一个很好的诊断医生的雌性，只会选择最健康的雄性作为配偶，因而更可能让它的孩子获得健康的基因。现在，因为对“最佳兔子”的定义在不断变化，当雌性观察雄性时，就必须得有些重要特征让它们做出选择。总是会存在一些“好的”雄性和一些“差的”雄性。他们在几次选择之后不可能还都是“好的”，因为到时候寄生虫已经发生了变化，因而关于“好”兔子的定义也发生了变化。能抵御某一株黏液瘤病毒的基因并不能很好地抵御由变异带来的下一株黏液瘤病毒。瘟疫会这样不断地循环、进化，毫不停歇。寄生虫从不停止，所以雌性们也不能停下它们不懈寻找健康配偶的脚步。

当雄性被像医生一样的雌性仔细检查时，它们会如何反应呢？那些假装健康的基因会取得优势吗？可能一开始是的，但选择会导致雌性加强它们的诊断技巧，从健康个体中排除那些冒牌货。到最后，汉密尔顿相信雌性的诊断技巧会变得足够敏锐，以至于雄性不得不开始为它们的诚实做广告（如果它们真的做广告的话）。如果任何一个性广告在雄性中变得过于夸张的话，这一定是由于其本身就是一个健康的真实指标。雄性会进化得让雌性更容易看出它们是健康的——如果它们真的是的话。真正健康的雄性会很高兴宣扬该事实。不健康的个体当然不愿意，但它们又能做什么呢？如果它们不尝试去展示健康证书，雌性们肯定会对其得出最坏的诊断结论。顺带说一句，这里提到医生并不意味着雌性会对治愈雄性感兴趣，它们只对诊断感兴趣，并且这也不是一个利他主义的兴趣。我也假设我不需要为诸如“诚实”和“得出结论”这样的比喻道歉。

回到广告这一点上，这就有点像雄性被雌性逼着进化出了一个永远插在它们嘴里、能够让雌性清晰读数的医用温度计。这些“温度计”会是怎样的呢？好吧，想想雄性极乐鸟那不可思议的长尾巴。汉密尔顿的解释总体上来说更实在一些。鸟类的一个常见症状是腹泻。如果你有一根长尾巴，腹泻就很有可能弄脏它。如果你想要掩盖你被腹泻困扰这一事实的话，最好的办法就是避免拥有长尾巴。同理，当你想要广而告之你不存在腹泻这一事实的时候，最好的办法就是长出一个非常长的尾巴。那样的话，你尾巴很干净这一事实就变得更加引人注目。如果你根本就没什么尾巴，雌性们看不出它究竟干净与否，就只能得出最坏的结论。汉密尔顿可能不愿意自己来做出这个特定的关于鸟类寄生虫尾巴的解释，但这是他喜欢的解释方式之一。

我将雌性比作诊断医生，而雄性通过到处安放“温度计”来简化前者的工作。想一下医生用的其他一些诊断工具，例如血压计和听诊器，这样我产生了两三个对人类性选择的猜测。尽管我承认我发现它们的可靠性比不上趣味性，但我仍然会简要地讲一下。第一，一个关于为什么人类失去了阴茎骨的理论。人类阴茎勃起后会变得十分坚硬，以至于人们常常玩笑般地质疑里面竟然没有骨头。而事实上不少哺乳动物的阴茎里确实有着硬质的骨头，即阴茎骨，来辅助勃起。另外，这在我们的灵长类近亲中也很常见，就连我们最近的堂兄黑猩猩都有一块。尽管那是非常小的一块，而且它似乎也正朝着消失的方向进化着。似乎有这样一个趋势，即在灵长类中阴茎骨倾向于消失。我们人类，以及几种猴子，都已经完全失去了阴茎骨。所以，我们实际上失去了一个能让我们祖先很容易保持阴茎坚硬的骨头。相反，我们完全依靠一个水泵系统。尽管不大应该，但这感觉上的确是一个费力的、拐弯抹角的办法。而且，不幸的是，勃起可能失败，这直接影响了一个在野外生存的雄性的遗传成功率。最简单的一个补救方法是什么？当然非阴茎骨莫属了。因此，为什么我们不能进化出一个呢？曾经秉持“基因限制”论的生物学家不能再以“噢，需要的变种根本无法出现”这样的理由逃避问题。我们的祖先一直都有那样一块骨头，直到最近我们自己丢掉了它！为什么？

勃起在人类中完全是依靠血压。很不幸我们没有理由去相信勃起的硬度就像是医生的血压计，供雌性判断雄性的健康。但我们不只是吊在血压计这一棵树上。无论任何原因，只要勃起障碍成为某种疾病的先兆，无论是身体上还是精神上，这都可以成为使理论成立的一个版本。雌性所需要的只是一个可信赖的诊断工具。医生们不会在常规体检中做勃起测试——他们更喜欢让你伸出你的舌头。但已知勃起障碍是糖尿病及某些神经性疾病的先兆，更常见的原因是一系列心理因素——沮丧、紧张、压力大、过度疲劳、缺乏自信心等。（在自然界中，你可以试想低等级的雄性会有这种困扰。一些猴子用直立的阴茎作为一种威胁信号。）这并不是毫无道理，自然选择不断改善雌性的诊断技巧，雌性可以找出各种体现在语调上或埋藏在阴茎里的关于雄性健康的线索，以及他们处理压力的能力。但是一块骨头就能毁掉这一切！任何一个人都可以在阴茎里长出一块骨头，不需要他特别地强壮或健康。因此是雌性带来的选择压力迫使雄性失去了他们的阴茎骨，因为这样一来，就只有真正健康或强壮的雄性才能够做到真正坚硬的勃起，雌性也就能不受阻碍地做出诊断。

有一点可能会引发争论。那些施以选择压力的雌性又如何去知道她们感受到的硬度是来自骨头还是血压呢？我们从一开始就认为人类勃起可以造成有根骨头在里面的感觉，但我很怀疑雌性是否真的那么容易上当受骗。她们一样经受着选择，对她们而言，该选择不是失去某根骨头，而是增长判断力。而且别忘了，雌性能够知道那根阴茎没勃起时的样子，这个对比是如此鲜明。骨头不能收缩（尽管得承认它们可以伸缩）。可能正是阴茎这两种截然不同的状态保证了其血压式勃起广告的真实性。

现在轮到“听诊器”了。想想另外一个卧室里的梦魇：打鼾。这在现在可能只是一个小麻烦，但是在历史长河中，这可能就决定了生死。在一个寂静的夜晚，鼾声会变得非常响。它可能会把捕食者从很远的地方引到打鼾者和他的群体旁边。那么，为什么现在有那么多人打鼾呢？试想一群我们的祖先正在一个更新世的洞穴里睡觉，雄性都各自以一个不同声调打鼾，雌性则在一旁坐着，她们什么都不做，只是听着（我认为雄性更容易打鼾）。这些雄性有没有为这些雌性提供他们故意准备的、经过夸张的听诊器信息呢？鼾声精确的音质和音色是否能够成为诊断你呼吸系统健康的工具呢？我不是想说只有病了的人才会打鼾，相反，打鼾就像收音机的载频一样，无论何时都会响。这是一个为提高诊断精度调校过的工具，能反映出鼻子和咽喉的状况。雌性很明显会倾向于空荡的支气管所发出的清晰的小号般的声调，而不是充满病菌的喷嚏声。但我得承认我无法试想雌性会很适应这样的鼾声。当然，人们的直觉是那么不可靠。可能这至少能成为一个医生失眠时的研究项目吧。来思考思考吧，她可能也很想试试其他的理论哦。

请不要很严肃地对待这两个猜测。只有遵从了汉密尔顿关于雌性是如何试图挑选健康雄性的原理，它们才有可能是对的。可能最有意思的事情就是它们把汉密尔顿的寄生虫理论与阿莫兹·扎哈维的不利条件理论连上了线。如果你仔细地思考了我那阴茎假说的逻辑，就会明白雄性们因为失去了阴茎骨而变得有缺陷，而且这个缺陷还不是偶然发生的。而水压的广告之所以有效，完全是因为勃起有时会失败。达尔文主义的读者肯定注意到了“不利条件”意味着什么，并且他们可能会产生很大的怀疑。我请求他们在读完后面那个注解之前不要做出判断，那个注解将透过一个全新的视角来看待不利条件原理本身。

第 209 页：……扎哈维的……截然相反的“不利条件原理”。

在第一版里我写道：“我不相信这个理论，尽管我对它的怀疑并不像我初听到它时那么肯定了。”我很庆幸我添加了那句“尽管”，因为扎哈维的理论在现在看起来比我写下那段话时更合理了。几位受人敬仰的理论学家最近开始严肃对待该理论了。更让我担心的是，这包括了我的同行艾伦·格拉芬，他在之前被描述为“令人厌烦的永远觉得自己是对的”。他将扎哈维语言上的想法转化为数学模型并宣称模型是成立的。他并不像一些人那样对扎哈维进行着难解的滑稽模仿，而是直接将扎哈维的概念转化为了数学公式。我需要讨论一下格拉芬的模型最初的 ESS 版本，尽管他现在正致力于一个在某种意义上能超过那个 ESS 模型的全遗传学版本。但这并不意味着那个 ESS 模型就真的错了，而是说它是一个很好的近似模型。事实上，所有的 ESS 模型，包括本书中介绍的，都是指同一意义上的近似。

不利条件原理可能关系到某个个体试图判定另一个个体的某项品质这样的所有情况，但我们这里只讨论雄性对雌性放送的广告。这是为了让讨论更加清晰，因为只有这些时候那些性别代词才真的有用。格拉芬指出不利条件原理包含至少四种方式，它们是合格型不利条件（任何一个无视不利条件而存活下来的雄性一定有某方面的优势，所以雌性选择它们），展示型不利条件（雄性做出一些无谓的举动来展示它那本来隐藏着的能力），限制型不利条件（只有高质量的雄性才发育出的不利条件），最后一个格拉芬最喜欢的表达方式，他将其命名为策略选择型不利条件（雄性具有关于自身品质的私人信息，而不告诉雌性，然后用这个信息来决定是否产生一个不利条件以及这个不利条件多大比较合适）。格拉芬关于策略选择型不利条件的阐述对 ESS 分析有用。这里并没有对雄性所采取的广告手段有什么预先假设，即无所谓广告是代价昂贵的还是不利的。相反，他们能够自由地进化出任何一种广告手段，无论诚实与否，昂贵与否。但是格拉芬证明，就算有这样一个自由的开始，一个不利条件系统很可能趋于进化上的稳定。

格拉芬的初始假设包含了以下四点：

1. 雄性的品质是有区别的。品质并不是什么模糊或势利的概念，不像你在大学或社团中遇到的那种毫无思考能力的自满情绪（我曾经收到过一封读者来信，信中说道：“我并不希望你认为这是一封傲慢的信件，但我是贝利奥尔学院的一员。”）。对格拉芬而言，品质意味着雄性会分为好的和差的，对雌性而言，与好的结为配偶而避免差的能使它们得到遗传学上的优势。好的品质意味着诸如肌肉力量、奔跑速度、找到猎物的能力、搭建一个好的巢穴的能力。我们并没有将一个雄性最终的繁殖成功率包含入内，因为这受到雌性是否选择它的影响。在这里就引入雄性最终的繁殖成功率实际上是在回避整个问题，这是一个不确定是否能从模型里胜出的东西。

2. 雌性不能直接感知雄性的品质，只能依赖于雄性的广告。到现在为止，我们还没有做出任何关于广告是否诚实的假设。诚实是另外一个不确定是否能从模型里胜出的东西，这也是我们建立这个模型的目的。例如，一个雄性可以长出一个经过填充的肩膀，来捏造一个魁梧和强壮的假象。正是这个模型将要告诉我们这种虚假信号是否能在进化上稳定，或是自然选择会推行一套正直、诚实和可靠的广告标准。

3. 并不像雌性那样只能通过观察推断，雄性从某种意义上来说“知道”自身品质，然后它们会采用一种“广告”策略，一个根据它们品质定制的广告方案。像往常一样，“知道”并不意味着认知上的知道，而是假设雄性有能够根据其自身品质而开关的基因（而且获得这个信息的专属权并不是一个无理假设，雄性的基因往往深藏于它内部的生化环境中，远比雌性用来对它们品质产生响应的基因藏得要深）。不同的雄性会采纳不同的方案。例如，某个雄性可能会采纳“展示一个大小与我的真实品质成正比的尾巴”这样的方案，另外一个则可能采取相反的方案。自然选择可以从一群由基因控制选取方案的雄性里挑选，从而就有了一个调整方案的机会。广告的程度不一定要与真实品质成正比，事实上雄性可以选择完全相反的方案。我们需要的只是雄性应该被预设为肯定会选取某些方案来“反映”它们的真实品质，而且所选取的必须符合广告的要素——尾巴的长短，或者角的大小。这就是最终将趋于进化上的稳定的方案，也是我们想要利用这个模型找出的东西。

4. 雌性也有着相同的自由去进化它们自己的方案。对它们而言，方案应该是基于雄性广告的强度来挑选雄性（请记住它们，或更准确地说它们的基因，并没有雄性那样能观察雄性品质的特权）。例如，某个雌性可能会采纳如下方案：“完全相信雄性。”而另一个可能采纳“完全忽略雄性的广告”这样的策略，或者说另一个方案：“假设广告与实际恰恰相反。”

因此，我们的概念就是雄性的不同方案都是把品质与广告强度关联起来，雌性的方案则是把配偶选择和广告强度关联起来。对双方来说，方案都是持续变化并且由基因控制的。到现在为止，我们讨论了雄性可以选择任何将它们品质与广告关联起来的方案，雌性也可以选择任何将它们的择偶标准和雄性广告关联起来的方案。在所有这些可能的雄性与雌性方案中，我们试图寻找一对进化稳定的方案。这有点像我们通过“忠诚 / 薄情与放荡 / 羞怯”模型来寻找一个遗传稳定的雄性方案和一个遗传稳定的雌性方案。这里的稳定意味着共同的稳定，即只有其中一个方案与另一方案共存时才是稳定的。如果我们能够找到那样一对遗传稳定的方案，我们就可以研究它们，看看在遵守那样法则的雄性和雌性社会里，生活究竟是怎么样的，以及，会是一个扎哈维的不利条件世界吗？

格拉芬给自己的任务就是找到那样一对共同稳定的方案。如果我接手这个任务，我可能多半会拼命地在实验室运行计算机模拟程序。我会在计算机里放入一批采用不同方案把品质和广告挂钩的雄性样本，我也会在其中放入一批采用不同方案把择偶标准和雄性广告挂钩的雌性样本。然后我会让雄性们和雌性们在计算机里面游荡，碰到彼此，当雌性选择条件满足时结为配偶，将它们的雄性和雌性方案传给它们的儿子和女儿。当然，单个个体会依据它们遗传到“品质”而存活或者死亡。随着世代交替，每一个雄性方案和每一个雌性方案的命运变化就会表现为它们在整个群体中比例的变化。有空我就会去计算机里边看看有没有什么稳定的方案正在诞生。

这个方式从原理上说得通，但实践上却存在很大的问题。幸运的是，数学家们能够通过设立几个方程式然后求解得到相同的结果。这就是格拉芬所做的。我就不去重复他的数学原理了，也不去列出他那些进一步的更加精细的假设。相反，我会直接揭晓答案。他确实找到了一对进化稳定的方案。

所以，现在的最大问题是：格拉芬的 ESS 模型所构建的这种世界，是扎哈维会认同的不利及诚实的社会吗？答案是肯定的。格拉芬发现确实有个进化稳定的世界同时满足扎哈维世界的几个条件：

1. 尽管可以随意选择广告策略，雄性会选择正确反映它们真实品质的方案，无论这个方案是否会暴露它们很低的品质。换句话说，在 ESS 模型中雄性是诚实的。

2. 尽管可以随意选择应对雄性广告的策略，雌性最终会选择“相信雄性”。在 ESS 模型中，雌性对雄性有着理所应当的“信任”。

3. 广告是有代价的。也就是说，如果我们可以忽略品质和吸引力的影响，一个不做广告的雄性更容易成功（通过节省能量或者变得对捕食者不那么显眼）。广告是代价高昂的，正是由于它们有代价，所以雄性才选取了这样一个广告系统。之所以选择一个广告系统，是因为它实际上能够降低发布广告者的成功概率——在所有其他情况一样的前提下。

4. 广告的代价于越差的雄性而言越高昂。同样程度的广告带给一个孱弱雄性的风险远高于其带给一个强壮雄性的风险。低品质的雄性相对高品质的雄性来说承受着由昂贵广告带来的更大风险。

这些条件，特别是第 3 条，是纯粹的扎哈维式的。格拉芬展示了它们在合理情况下是进化稳定的，这看起来很有说服力。但那些影响了本书第一版的关于扎哈维的批评理由也同样有说服力，它们总结说扎哈维的观点不可能在进化中实现。我们对格拉芬的结论还不能高兴得太早，至少得等我们找出那些早前的批评究竟哪里——如果真有的话——错了。是什么假设使他们得到了一个不同的结论？部分答案似乎是他们没有让他们假想的动物有机会从诸多不同策略中做出选择。这通常意味着他们对扎哈维语言观点的阐述只是格拉芬列出来的前三种阐述——合格型不利条件、展示型不利条件、限制型不利条件——中的一种。他们都没有考虑过任何第四个版本，即策略选择型不利条件。其结果是要么他们根本无法实现不利条件原理，要么就只能在特殊的、数学抽象的情况下实现，这样对他们来说又没有了扎哈维式的矛盾感。进一步来说，不利条件原理的策略选择型阐述的关键特点在于，在 ESS 中，高品质的个体和低品质的个体都采取相同的策略："诚实的广告。"此前建模的研究者都假设高品质雄性和低品质雄性使用不同的策略，因此发展出不同的广告方案。相反，格拉芬在 ESS 模型中假设，同样都在打广告的高品质和低品质的雄性变得不同是因为它们都使用同样的策略——它们在广告中呈现出差别是因为它们都诚实地根据信号规则来反映它们的品质。

我们始终承认信号事实上可能就是一个不利条件。我们也始终理解尽管事实上是不利条件，但极端的不利条件仍然可能得到进化，特别是作为性选择的结果。扎哈维理论中也有我们都反对的观点，就是他认为选择之所以倾向于一个信号，完全是因为它对发出信号者是一个不利因素。这也是艾伦·格拉芬现在所维护的一点。

如果格拉芬是对的——我认为他是——这对整个动物信号研究都相当重要。这甚至可能导致我们对行为的进化形势的看法来一个大转弯，也可能导致我们对本书中讨论的很多观点的看法发生大的变化。性广告只是广告的一个类型。如果扎哈维-格拉芬理论正确的话，将会完全颠覆生物学家对同性对手间的、亲代与子代间、不同物种的敌人间的关系的看法。我发现这个前景很令人担忧，这意味着我们再也不能以常识为由而排除那些几乎疯狂到极点的理论了。如果我们观察到某个动物正在做一些很傻的事，比如遇到狮子后开始用头倒立而不是远远跑开，它有可能只是在对雌性炫耀。它甚至有可能是在对狮子炫耀："我是一个拥有如此高品质的动物，试图抓住我只会浪费你自己的时间。"（见 214 页）

但是，无论我认为一件事多么疯狂，自然选择总会带来一些其他的看法。当危机导致的广告效应上的增长超过危机带来的生命威胁时，一个动物甚至有可能在一群流着口水的捕食者面前表演后空翻。正是由于该姿势拥有危险性，它才更有值得炫耀的价值。当然，自然选择不可能倾向于无限的危险。当那种展示变成纯粹的有勇无谋的时候，它就会受到惩罚。一个危险或代价高昂的表演在我们看来也许很疯狂，但这真的与我们毫无关系，自然选择是唯一的审判官。

第10章　你为我搔痒，我就骑在你的头上

第 228 页：……实际上似乎只有在社会性昆虫中才可以看到这种现象。

我们曾经这么认为，可能是忘了裸鼹鼠。裸鼹鼠是一种无毛的、近乎失明的小型啮齿动物。它们生活在肯尼亚、索马里以及埃塞俄比亚干燥区域的大型地下巢穴中。它们似乎是哺乳动物世界的“真社会性昆虫”。珍妮弗·贾维斯（Jennifer Jarvis）是开普敦大学研究裸鼹鼠人工繁殖种群的先驱，肯尼亚的罗伯特·布雷特（Robert Brett）则进一步把研究延伸到了野外观察。美国的理查德·亚历山大和保罗·舍曼（Paul Sherman）也做出了更多关于人工繁殖种群的研究。这四个学者已经承诺会联合出版一本书，我就是热切等待此书的读者中的一员。当然，这种评论是建立在阅读了仅有的几篇发表的论文以及聆听了保罗·舍曼和罗伯特·布雷特的研究讲座的基础之上。我也很荣幸地应时任哺乳动物馆馆长的布里安·伯特伦的邀请，参观过伦敦动物园裸鼹鼠种群。

裸鼹鼠生活在纵横交错的地下洞穴中。一个种群通常有 70 到 80 只个体，但有时也能有上百只。一个种群所占据的洞穴网络总长度相当于 2 到 3 英里（约为 3.2 到 4.8 千米），而且一个种群一年内会挖出 3 到 4 吨的土。打洞是一个公共行为。前线工人在最前边用牙齿挖掘，将土壤交给后面的活体传送带，那是一条拥挤、喧闹的由半打粉红色小动物组成的传送带。一段时间后，前线工人会被它后面那个工人取代。

种群里只有一只雌性生育，这种情况会持续数年时间。贾维斯采纳了社会性昆虫的术语，将它命名为女王，在我看来的确应该这样做。这个女王只和两三个雄性结合。所有其他的个体无论什么性别都是不育的，就如同昆虫里的职虫。并且，就像很多种社会性昆虫一样，如果女王被研究人员取走，一些原本不育的雌性开始变得拥有生育条件，并为女王的位置展开战斗。

那些不育的个体被称作“职虫”，当然这也是足够公平的。职虫包含了两个性别，就如同白蚁那样（但和蚂蚁、蜜蜂和黄蜂不同，在它们中职虫都是雌性的）。裸鼹鼠工人实际需要做的事取决于它们的体形。贾维斯把最小的那些称为“普通职虫”，它们负责挖掘、运送泥土、养育幼崽以及让女王安心于生育。相对于同样大小的啮齿动物，鼹鼠女王有着更多数量的幼崽，就像社会性昆虫女王一

样。体形最大的不育者似乎除了吃喝睡就不干别的，中等体形的不育者则奉行中庸之道：裸鼹鼠们更像蜜蜂，有着连续的阶层，而不像很多种蚂蚁那样等级分明。

贾维斯最开始把那种体形最大的不育者称为游手好闲者。但它们真的什么都不做吗？有实验室和野外观测的证据显示它们是士兵，在有危机的时候保卫种群，蛇正是裸鼹鼠主要捕食者。它们扮演的角色也可能是像“蜜罐蚁”一样的“食物罐”（见 226 页）。裸鼹鼠是自食粪者，这只是用礼貌的方式描述它们吃彼此的粪便（当然不只吃这个，否则就会违背宇宙的规律）。可能那些大体形的个体的价值就在于当食物丰富时在身体内储存粪便，这样一来当食物匮乏时它们就相当于是紧急粮仓—— 一种粪便给养部门。

对我来说，裸鼹鼠最神奇的一点在于，尽管它们在很多方面都和社会性昆虫相似，但它们并没有像蚂蚁或白蚁里那样的带翅膀的年轻生殖者。它们当然也有生殖个体，但一开始这些生殖者并不会飞起来，把基因传播到一片新的土地上。根据现有信息，裸鼹鼠的种群扩张只会发生在原巢穴的旁边，继续扩展该地下洞穴系统。看起来似乎它们并没有像带翅膀的生殖者那样远距离传播个体。我的达尔文主义直觉对此很惊讶，这确实很让人怀疑。我的第六感告诉我某一天我们可能会发现一个由于某种原因到目前为止被忽略了的传播个体。去指望传播个体长着实体化的翅膀显然是不现实的！但它们可能会在很多方面为地上的生活而非地下生活做着准备。例如它们可能是长毛的而非裸的。裸鼹鼠并不像普通哺乳动物那样调节自己的体温，它们有点像“冷血的”爬行动物。可能它们通过社会化来调节温度——另一个与白蚁和蜜蜂的相似点。或者它们是利用任何一个好地窖都具备的恒定温度？与地底工人不同，我假想中的传播个体很可能会是通常意义上“恒温的”个体。试想，一些到现在为止还被划分为一个完全不同种类的已知多毛啮齿动物，有没有可能最终成为裸鼹鼠中尚不为人所知的哪一个阶层呢？

而且，这样的事情确实发生过，例如蝗虫。蝗虫是蚱蜢的变体，它们一般过着蚱蜢那种独居、神秘、隐居的生活。但在特定条件下，它们会发生彻底的变化——这往往也很恐怖。它们会失去自身的伪装而变得有着清晰的条纹。你几乎可以把这想象成一种警告。一旦发生改变，它们就会继续变下去，它们的行为也同样会改变。它们会放弃之前的独居生活而集结在一起，带来一种恐怖的征兆。从那传奇般的《圣经》里的蝗灾，到现代文明的今天，没有任何动物是如此可怕，以至于被当作了人类繁荣的摧毁者。那虫群数以百万计，这一收获者群体能够同时收割 10 英里（约 19 千米）宽的田地，它们有时候日行数百英里，每天能吞下 2000 吨的谷物，留下的只有饥荒和废墟。现在我们可以谈谈裸鼹鼠里可能存在的类似物了。一个独居个体与它的群居化身之间的区别就像是两个蚂蚁阶层之间的区别那么大。进一步来说，正如我们对裸鼹鼠中“失落的阶层”的假设，直到1921年，蚱蜢化身博士和它们的蝗虫怪人还被划分为两个不同种类的生物。

哎，但是时至今日这些哺乳动物专家看上去并不特别像会犯那样的大错。我还需要说的是在地表偶尔也能发现正常的、未变化的裸鼹鼠，可能它们旅行的距离超过了我们一般的想象。但在我们完全放弃“变形的生殖者”这一怀疑之前，蝗虫的例子也提供了另外一个可能。可能裸鼹鼠确实会产生变化的生殖者，但是要在特定条件之下——而这样的条件在最近数十年都没有发生。在非洲和中东，蝗灾仍然是很有威胁性的，正如《圣经》记录的那样。但是在北美，事情就不一样了。那儿的几种蚱蜢也能够转化为群居蝗虫。但是，可能是因为条件没达到，在20世纪北美都没有蝗灾发生（尽管另一种完全不同的虫灾，蝉造成的虫灾依旧在肆虐。令人困惑的是，美国人在口语中将蝉称作“蝗虫”）。然而，就算今天在美国发生一次真正的蝗灾也没有什么特别值得惊讶的：火山并没有熄灭，它只是休眠了而已。但如果不是我们还有世界其他地方的历史性的文字记录了这类信息的话，这就会令人恐惧和惊讶了。因为就众人所知，这些都只是一般的、独居的、无害的蚱蜢。裸鼹鼠会不会就像是美国蚱蜢一样，有能力产生出一个独立的传播阶层，但是使其产生的条件因为某种原因在这个世纪再也没出现过？19世纪的东非可能遭受着像旅鼠一样在地表迁徙的多毛鼹鼠群的灾害，但这没有为我们留下任何记录，或者可能它们已经被记录在当地部落的传说与史诗之中了？

第231页：……膜翅目雌虫同它的同胞姐妹的亲缘关系比它同自己子女的更密切。

这听上去有些矛盾，汉密尔顿为膜翅目这一特例提出的“$\frac{3}{4}$亲缘关系”这一难忘且精彩的假说，但这却使他那更加普遍与基础的理论陷入难堪。膜翅目$\frac{3}{4}$亲缘关系刚好简单到对于任何人来说都很容易理解，但又恰好难到每个人都很高兴自己理解了这个概念，并急切地想向其他人传播。这是一个好的“觅母”。如果你不是通过阅读了解汉密尔顿，而是通过酒馆里的对话，那么你很有可能除了单倍二倍性以外什么也听不到。现在每一本生物学教科书，无论其对亲属选择的讲解是多么简要，都会使用一段来讲“$\frac{3}{4}$亲缘关系”。被誉为关于大型哺乳动物的社会行为研究的世界级专家之一的同事曾经向我承认，多年以来，他都以为汉密尔顿的亲属选择就是这个$\frac{3}{4}$亲缘关系假说而已！这样导致的结果是，如果一些新的事实让我们对$\frac{3}{4}$亲缘关系假说的重要性产生怀疑，人们很容易认为这个证据就能推翻整个亲属选择理论。这就像是一个伟大的作曲家在谱写一部前所未有的长篇交响乐，但是在其中一个旋律的中间出现了一个破音，然后马上被一群街边小贩发现并给出一片嘘声。整部交响乐就被这一段旋律代表了。如果人们开始讨厌这段旋律，他们就认为自己讨厌整部交响乐了。

以琳达·加姆林（Linda Gamlin）最近发表在《新科学家》杂志上的一篇关于裸鼹鼠的文章为例，这篇文章从其他方面看都很有意义，但是文章的高水准为其中暗讽裸鼹鼠和白蚁以某种方式违背了汉密尔顿的假说的段落所破坏了，而这仅仅是因为它们不是单倍二倍体！很难让人相信该作者真的读过汉密尔顿的两篇经典论文，因为单倍二倍体的论述只在其50页中占了4页。她一定是通过第二手资料来了解的——我希望那不是《自私的基因》。

另外一个明显的例子和我第6章的注解中讨论的蚜虫士兵有关。正如在那里解释的那样，因为蚜虫形成同卵双胞胎的群体，所以很容易联想到它们之间会有利他主义的自我牺牲。汉密尔顿在1964年发现了这一点，但是在解释那奇怪的事实时遇到了些麻烦。以当时的了解来看，无性繁殖的动物没有任何利他主义行为的特别倾向。当发现蚜虫士兵时，这本该是一个与汉密尔顿理论完全和谐的声音。但是宣布此发现的第一批文章把它当作对汉密尔顿理论的一种挑战，蚜虫不是单倍多倍体！这是多么讽刺啊。

当我们把注意力转向白蚁时，讽刺的事情还会继续发生。白蚁也常常被视为汉密尔顿理论的瑕疵。汉密尔顿于1972年提出了一个非常睿智的理论来解释为什么它们变得具有社会性，这可以被看作单倍多倍体假说的一个聪明的类比。这个"循环近亲繁殖理论"（cyclic inbreeding theory）一般被归功于S. 巴茨（S. Bartz），但他是在汉密尔顿第一次发表相关论文7年之后才发明的这个理论。按照他的一贯个性，汉密尔顿已经忘记了是他自己第一个想出的巴茨理论，而我得把他自己的文章砸在他脸上才能使他相信这一点！毋庸讳言，这个理论本身是那么有趣，以至于我都有点后悔没能在第一版中讨论它。我现在来纠正这个失误。

我说过这个理论是单倍多倍体假说的一个聪明的类比。这句话的意思是：站在社会性进化的角度来看，单倍多倍体动物的关键特征在于，从遗传学角度上来说一个个体与它的亲兄妹比其与它的后代更亲一些。这就决定了它能留在父母的巢穴内并照顾弟弟妹妹，而不是离开巢穴生育自己的后代。汉密尔顿想出了一个理论来解释为什么对白蚁来说亲兄妹间的血缘关系可能也比亲代与子代之间的关系更近。近亲繁殖为这个问题提供了线索。当动物与亲兄妹结合后，它们所产出的后代变得更加具有遗传学上的一致性。任何一个实验小白鼠品系中的小白鼠都有着与同卵双胞胎一样的相似性。这是因为它们都是经过漫长的兄妹交配过程繁育出来的。它们的基因组变得高度纯合（专业术语）：它们每一个基因座上的两个基因几乎都是完全一样的，而且和其他所有该品系的个体在相同基因座上的基因都是一样的。我们很少在自然中见到长期的近亲繁殖式交配，但其中有一个重要的例外——白蚁！

一个典型的白蚁巢穴中会有一对王室夫妻：国王和女王。它们只与对方交配直到它们其中一个死去。到那时他或者她的位子就会被它们后代中的一员取代，并继续与剩下的父母之一进行近亲繁殖。如果王室夫妻双双死亡，它们就会被一对近亲兄妹夫妻取代，然后不断这样继续下去。一个成熟的群体很可能失去过很多国王与女王，因此几年以后后代很可能是极度近亲繁殖的结果，就像试验小白鼠那样。一个白蚁巢穴的平均纯合度和平均亲缘系数都会随着时间流逝而越积越高，王室生殖者也不断地被它们的后代或兄妹取代。但这仅仅是汉密尔顿论证的第一步，接下来才是精彩的部分。

任何一个社会性昆虫种群的最终产物都是一个新的带翅膀的生殖者，它会飞出父母的巢穴，交配并构建一个新的种群。当这些新的年轻国王和女王交配时，很大概率它们不会是近亲繁殖。事实上，似乎存在一个负责此事的特殊同步协定，一个区域里不同的白蚁巢穴都在同一天产生带翅膀的生殖者，似乎是为了鼓励远系繁殖。因此，考虑一下由A种群的年轻国王与B种群的年轻女王交配后的遗传学结果。双方都是高度近亲繁殖的产物，双方都相当于近亲繁殖的实验室小白鼠，但是，因为它们是经过了不同的、独立的近亲繁殖过程，它们在遗传学上是不一样的，就像是属于不同品系的近亲繁殖的小白鼠。当它们互相交配后，它们的后代会变得高度杂合，但也非常一致。杂合意味着大量基因座上的两个基因都是彼此不同的。一致性杂合就意味着几乎每一个后代都是以相同的方式杂合的。从遗传上来说，它们与它们的兄妹几乎是一样的，但同时它们仍旧是高度杂合的。

现在让我们跳过一段时间。新的种群在最初的王室夫妻的带领下茁壮成长，巢穴里充满了完全一样的杂合的年轻白蚁。想想当王室夫妻中的一个或两个死去时会发生什么。第一次近亲繁殖产出的世代将会比之前的世代更加具有多样性。无论我们考虑的是兄妹交配、父女交配还是母子交配，对所有情况来说原理是一样的，但考虑兄妹交配是最简单的。如果兄妹都是相同的杂合子，它们的后代将会有着高度的基因组合多样性。这符合最基本的孟德尔遗传学原理，这一基本原理对所有动植物都是一样的，而非仅仅对白蚁有效。当你将一致的杂合个体互相杂交或者将它们与亲代纯合体品系杂交，从遗传学上来看，就天下大乱了。其原因在任何一本基础遗传学教科书中都能找到，我就不多说什么了。从我们现在的角度来看，最重要的结果是在白蚁种群发展的这个阶段，某个个体在遗传学上与它的亲兄妹比与它的子女更亲。就像我在单倍二倍体的膜翅目中看到的一样，这正是进化出利他主义的不育职虫阶层的一个可能的先决条件。

但就算没有任何原因去期待个体们与它们的兄妹比与它们的后代更亲，也有很好的理由去期待它与两者一样亲。让这个观点成立所需的唯一条件就是要有一定程度上的一夫一妻制。在这一点上，以汉密尔顿的角度看来，最令人惊讶的是没有在更多的物种中出现照顾它们弟弟妹妹的不育工人。正如我们逐渐认识到的那样，更加广泛存在的是一种不育工人现象的稀释版本，被称为“在巢内帮忙”。在很多种鸟类和哺乳动物中，年轻个体会在离开种群组建自己的家庭之前，留在父母身边待上一两个季节，同时帮忙照看它们的弟弟妹妹。同样的基因也存在于弟弟妹妹的体内。假设受益者都是亲（而不是半亲）兄弟姐妹，从遗传上来说，给亲兄妹的每一盎司食物带来的收益和给后代相同的食物带来的收益是一样的。但这样的前提是其他条件都相同。如果我们想要解释为什么在巢内帮忙只发生于某些物种中，我们就需要审视那些不同点了。

例如，试想一种在中空树木中筑巢的鸟类。因为供应很有限，这些树十分宝贵。如果你是一只父母仍然健在的年轻小鸟，父母很可能占有着一棵这样的中空树木（至少最近它们曾经占有过一棵，要不然你就不会存在了）。因此你很可能生活在一个逐渐繁荣的中空树木中。在这个孵化场诞生的新生婴儿都是你的亲弟弟妹妹，从遗传上来说它们对你而言和你的子女一样亲。如果你独自离开，那么找到另一棵中空树木的概率很低。就算你找到了，你生育的后代们在遗传上来说也不会比你的弟弟妹妹们更亲。同样一份努力，投入到你父母巢穴的价值就会超过投入到建立一个你自己的巢穴。这些情况可能就更青睐兄妹关爱——“在巢内帮忙”。

除了所有这些，某些个体，或是每一个个体都会在某些时候，必须离开并寻找新的中空树木，或是其在该物种中的等价物。要使用第 7 章中“孵化以及照顾”的术语，其中一些必须负责孵化，否则就没有幼崽以供照顾了！这里要说的并不是“要不然该物种就会灭绝”，而是在一个由纯粹的照顾基因占主导地位的种群，孵化基因就会开始有优势。在社会性昆虫中，生育者的角色由女王和雄性来扮演，它们就是那些离开巢穴进入世界来寻找新的“中空树木”的青年。这也是它们为什么会有翅膀的原因，尽管在蚂蚁中工蚁并没有翅膀。这些生育阶层一生都有其特殊使命。那些在巢内帮忙的鸟类和哺乳动物则采用另外一种方式。每一个个体在生命中的某个阶段（大多是在第一个或前两个成年季）都会成为“工人”，这时它们会帮忙照看弟弟妹妹，而在其生命的其他阶段它都立志成为一名“生殖者”。

那上一个注解所描述的裸鼹鼠又怎么样呢？尽管它们的关注要点中并不包含实质的中空树木，但是它们的存在将这个关注要点或“中空树木理论”带向了极致。它们故事的关键就在于热带草原下食物供应的零散分布。它们的主食是地下的块茎。这些块茎可能会非常巨大也埋藏得非常深。这种植物的单个块茎的重量可能会超过 1 000 只裸鼹鼠的体重。一旦发现，就可以持续为该裸鼹鼠群提供数月甚至数年的食物。但问题就出在找寻这些块茎的过程中，因为它们随机散布在整个大草原地下。对于裸鼹鼠来说，找寻一个食物来源十分困难，但一旦找到什么都值了。罗伯特·布雷特曾经计算过，如果一只裸鼹鼠想自己去寻找那样一个块茎，它需要挖掘的距离可能会磨光它的牙。一个拥有数英里繁忙巡逻着的洞穴的大型社会性种群则是一个非常有效率的块茎矿场。每一个个体都因作为矿工团队的一员而获益。

一个由数十名工作者合作管理的大型洞穴系统就是一个类似于我们假想的“中空树木”一样的关注要点，一点也不逊色！如果你生活在这样一个繁荣的公共迷宫中，并且你的母亲仍然不断地在其中生育你的弟弟妹妹，那么事实上你想要离开并创建一个家庭的欲望就会很低。就算一些新生幼崽只是半个亲兄妹，“关注要点”理论仍然足够使年轻个体留在家中。

第 233 页：他们发现雌雄比例令人信服地接近于 3∶1 的比例……

理查德·亚历山大和保罗·舍曼曾写过一篇文章批评特里弗斯和黑尔的方法与结论。他们同意在社会性昆虫中偏向雌性的性别比例很常见，但是却不同意该比例是 3 ∶ 1。他们倾向于另外一个针对偏向雌性的性别比例的解释。就像特里弗斯和黑尔的解释，这个解释也是由汉密尔顿首先提出的。我发现亚历山大和舍曼的理由相当令人信服，但又不得不承认我内心觉得一个像特里弗斯和黑尔那么漂亮的工作不可能全是错的。

艾伦·格拉芬给我指出了另一个关于本书第一版对膜翅目性别比例讨论的令人担忧的问题。我在《延伸的表型》（75—76 页）一书中解释了他的观点。下面是一个简单的摘要：

> 在任何一个可以想到的群体性别比例中，那些潜在的职虫始终在照看兄妹还是照看子女中保持中立。因此我们可以假设群体性别比例是偏向雌性的，甚至假设它符合特里弗斯和黑尔预言的 3∶1 的比例，因为职虫与它的姐妹相对于与它的兄弟或任一性别的后代都要更亲，那么看起来在这样一个雌性偏向

的性别比例中，它应该“更愿意”照顾兄妹而不是子女：当它选择兄妹的时候，难道它没有得到最有价值的妹妹吗（外加一小撮无用的弟弟）？但是这个观点忽略了在这样一个雄性稀少的群体中雄性繁殖能力的巨大价值。职虫们可能和它的兄弟们并不那么亲，但如果雄性在整个群体中很稀少，每一个这样的兄弟都有相对更高的可能性成为未来世代的祖先。

第 244 页：如果一个种群所处的 ESS 地位最终还是驱使它走上灭绝的道路，那么抱歉得很，它舍此别无他途。

卓越的哲学家，已故的 J. L. 麦凯（J. L. Mackie）曾经关注过一个有趣的事实，即我的“骗子”与“傻瓜”种群可以同时达到平衡。“别无他途”可能是因为一个种群达到了一个导致其灭绝的 ESS。麦凯提出了另一种观点，某些类型的 ESS 比起另外的类型可能更容易导致灭绝。在这个特别的例子中，骗子和傻瓜双双达到进化上的平衡：一个种群可能会在骗子的平衡点稳定或者也可能在傻瓜的平衡点稳定。麦凯的观点是在骗子平衡点稳定的种群更容易走向灭绝。因此，就有可能存在一种更高层面的，“ESS 之间的”，对相互利他主义有利的选择。这可以发展成一个有利于一种类群选择理论的主张。与大部分类群选择理论不同，这个主张可能真的能行。我在《捍卫自私的基因》一文中说明了这个主张。

第 11 章　觅母：新的复制因子

第 251 页：我会将赌注押在这样一条基本原则上，即一切生命都通过复制实体的差别性生存而进化的定律。

我关于宇宙中所有生命都会按照达尔文主义进化的赌局现在在我的文章《普遍的达尔文主义》（‘Universal Darwinism’）及《盲眼钟表匠》的最后一章中得到了更完善的论证。我指出所有曾经出现过的达尔文主义替代物从原理上来说就不可能解释有组织的复杂生命。这是一个普遍性的论断，并不需要基于任何我们知道的生命的细节。正因如此，它常被一些平庸到认为操作一根热的试管（或冰冷的泥靴）就是做出科学发现的唯一方法的科学家批判。一个批评者抱怨说我的主张是“哲学性”的，就好像这是一种谴责。无论哲学性与否，事实是无论他还是其他人都没有在我的文章里找出任何问题，并且像我所做的这样的“原理上的”主张，并非和现实世界没有丝毫关系。这些主张可以比那些基于特定研究的主张更加有影响力。如果这些主张是正确的，那其中的理由就告诉了我们关于宇宙任何地方的生命的一些重点信息，而实验室里的或野外的研究都只能告诉我们在这里发现的那类生命的信息。

第 252 页：meme（觅母）

“觅母”这个词语似乎成了一个很好的觅母，它现在有着广泛的应用，并且已经在 1988 年入选未来版本《牛津英语词典》考虑加入的词汇列表。这使我在反复说我在人类文化方面的野心渺小到几乎不存在时更加不安。我真实的志向完全在另外一个方向上，我也承认这些志向有点大。我想要主张对于有着微小错误的自我复制实体，一旦它们诞生在宇宙任何一个角落，它们就有了几乎无限的能力。这是因为它们倾向于成为达尔文选择的基础，只要有足够的世代，达尔文选择能够逐渐地建造出非常复杂的系统。我相信在适当的条件下，自我复制因子们会自发地聚集在一起，建立能够带着它们运动以及能促进它们进一步复制的系统或者是机器。《自私的基因》前 10 章主要关注复制因子中的一种，即基因。我在这一章中讨论觅母是为了使复制因子更加一般化，也为了指出基因并不是这个重要类别中唯一的一员。我并不清楚人类文化环境是否真的拥有能使达尔文主义运转的要素，但通常这都是我的次要关注内容。如果读者选取这本书时觉得 DNA 分子并不只是满足达尔文主义进化理论的唯一实体，那么第 11 章就可能会获得成功。我的目的是把基因切得更小，而非重构一个关于人类文化的宏大理论。

第 252 页：……觅母应该被看成一种有生命力的结构，这不仅仅是比喻的说法，而是有学术含义的。

DNA 是硬件中自我复制的部件。每一个部件都会有一个特定的结构，该结构有别于其他竞争者。如果大脑中的觅母是基因的一个类比，它们必须是一个自我复制的脑部结构，一个能在不同大脑中重建自身的真实神经连接的形式。我总是觉得很难大声地说出这一点，因为我们对大脑的了解远逊于基因，因此我们必然对那样的大脑结构究竟是什么样感到很模糊。所以当我最近收到一份由德国康斯坦茨大学的胡安·德利厄斯（Juan Delius）所写的文章时，我感到十分地放松。与我不同，德利厄斯并不需要感到自卑，因为他是一名著名的脑科学家而我完全和脑科学不沾边。因此，我很高兴他能够勇敢地发表一个可能是觅母的神经硬件的详细图片来证明这一点。他所做的很多有趣的事情之一，就是以远比我更刨根问底的态度去探索觅母和寄生虫的类比，更准确地说，寄生虫在这里是指以有害的寄生虫为一个极端，以有益的“共生体”为另一个极端的整体。因为我自己对寄生虫基因对宿主行为的“延伸的表型”效应的兴趣（请看本书第 13 章以及《延伸的表型》的第 12 章），我很热衷于这个想法。顺便说一句，德利厄斯强调了觅母和它们的效果（“表型”）的清晰区别。他也反复强调了共适应的觅母组合体的重要性，其中觅母是根据它们的共同适应性而被选择的。

第 255 页：《友谊天长地久》（*Auld Lang Syne*）

“Auld Lang Syne”不知不觉地成为我所选择的例子中一个非常好的样板。这是因为传唱中几乎普遍都出现一个错误，一个变异。特别是现在，乐曲里的叠句总是被唱为“For the sake of auld lang syne”（为了友谊地久天长），其实伯恩斯（Burns）实际填的是“For auld lang syne”（为友谊地久天长）。一个觅母化的达尔文主义者立刻就想知道那插入的短语，“the sake of ”（了）究竟有什么“生存价值”。请记住我们并不是在找寻能让唱改版歌词的人们更好存活的方式，我们是在寻找能使这个变化本身在觅母库里能够更好存活的方式。每一个人都在孩提时代学会了这首歌，但他们并不是通过阅读伯恩斯的填词，而是通过在新年夜听到这首歌而学会的。在某个时间点以前，可能所有人都唱着正确的版本。“For the sake of ”肯定是以罕见变异的方式出现的。我们的问题是，为什么这个一开始罕见的变异传播得如此隐蔽，以至于它最终成了觅母库里的标准？

我觉得答案不难找到。“s”的嘶嘶声非常突出。教堂唱诗班的训练就是要发“s”时越轻越好，要不然整个教堂都是嘶嘶的回音。在一座大教堂里，你往往能在听众席的最后面听到站在圣坛上的神父的轻声私语，尽管这只是零星的“s”声。“sake”中的另外一个辅音“k”也是一样具有穿透力。试想有 19 个人都在正确地唱着“For auld lang syne”时，在房间某个角落，有一个人错误地唱着“For the sake of auld lang syne”。一个第一次聆听此歌的小孩很想加入合唱，但是他不清楚歌词。尽管几乎所有人都唱着“For auld lang syne”，但是“s”的嘶嘶声以及“k”的爆破声强势地占据了小孩的耳朵，当叠句再次响起时，小孩也开始唱起了“For the sake of auld lang syne”。这个变异的觅母就这样占据了另一个媒介。如果当时还有其他的孩子在场，或者是不熟悉歌词的成年人，他们很有可能在下一次叠句来临之时，也改为那个变异的版本。这并不是因为他们“偏好”那个变异的版本，他们真的是不知道歌词并且真诚渴望能够学会它。就算那些知道准确歌词的人愤愤地用他们的最高音量吼出“For auld lang syne”（就像我做的那样），但这个正确的歌词并没有十分突出的辅音，而就算别人不自信地低声吟唱变异的版本，他们的声音也能够很轻易地飘进大家的耳朵里。

一个与之相似的例子是《Rule Britannia》（统治吧，不列颠尼亚！）。该合唱正确的第二行歌词应该是“Britannia, rule the waves”（不列颠尼亚，统治这片汹涌的海洋）。尽管不是那么普遍，但它经常会被唱成“Britannia rules the waves”（不列颠尼亚统治着这片汹涌的海洋)。这里，这个觅母中冥顽不化的“s”的嘶嘶声同时被另外一种因素强化着。诗人詹姆斯·汤普森(James Thompson)用意应该是祈使式的(Britannia, go out and rule the waves! 意为不列颠尼亚，走出去统治这片汹涌的海洋吧！),或者是虚拟式的(let Britannia rule the waves，意为让不列颠尼亚来统治这片汹涌的海洋),但这句话非常容易就被当作陈述句(Britannia, as a matter of fact，does rule the waves，意为不列颠尼亚，事实上统治着这片汹涌的海洋)了。这个变异的觅母因此就比其取代的原始版本多了两个不同的生存价值：听上去更突出和理解起来更容易。

这个假说必须经过实验才能算是最终测验。我们应该可以故意地以一个非常低的频率将嘶嘶的觅母插入觅母库中，然后观察它凭借自身的生存价值散布开来。要不我们几个开始唱“God saves our gracious Queen”?

第 255 页：如果说觅母这个概念是一个科学概念，那么它的传播将取决于它在一群科学家中受到多大的欢迎。它的生存价值可以根据它在连续几年的科技刊物中出现的次数来估算。

如果这句话被理解为“吸引性”是决定是否接受一个科学观点的唯一标准的话，我就会开始厌恶这句话了，毕竟有些科学关键事实上是正确的，其他的则是错误的！它们的正确性和错误性都是能得到验证的，它们的逻辑可以用来仔细分析，它们真的不像是流行音乐、宗教或者是朋克发型。尽管有社会科学以及科学逻辑，一些差劲的科学观点依然被广泛传播，至少是在一定时期内广泛传播。有一些好的观点会在最终占领科学界之前蛰伏许多年。

我们可以在本书介绍的主要观点中找到一个这样先经过蛰伏然后快速发展的典型例子，即汉密尔顿的亲属选择理论。我觉得这是可以让我们试试通过清点期刊引用来测量觅母传播的想法的一个恰当的例子。在第一版中我指出(102页):“他在 1964 年发表的两篇有关社会个体生态学的论文，位列迄今为止最重要的文献之列。我一直难以理解，为什么一些个体生态学家如此粗心，竟忽略了这两篇论文(两本 1970 年版的有关个体生态学的主要教科书甚至没有把汉密尔顿的名字列入索引)。幸而近年来有迹象表明，人们对他的观点又重新感兴趣。”我在 1976 年写的这段话，让我们来追踪其后几十年里这个觅母的复兴吧。《科学引文索引》是一个非常奇特的出版物，在其中你能任选一个发表过的文献，然后通过一览表查询在特定一年里引用此文的文献数量。这是为了方便追踪某一特定主题的文献。大学任命委员会开始习惯于把其当作比较求职者科学方面成就的一个粗略和简便(过于粗略也过于简便)的方法。通过清点从 1964 年以来汉密尔顿文章每年的被引用次数，我们就大概能追寻到他的观点在生物学家意识里的发展（图一）。最初的蛰伏期是非常明显的，接下来在20世纪70年代，学界对亲属选择理论的兴趣有了一个显著的上升。如果真要确定一个上升的起始点的话，应一个觅母化的说法渐渐地成型，该说法认为对亲属选择理论的兴趣上升是因为1975年和1976年出版的一些专著导致的，而这幅图的拐点在1974年似乎使这个说法成为一个谎言。恰恰相反，这个证据可以用来支持另一个非常不同的假说，即我们总是会关注那些“正在流行”的、“它的时代已经来临了”的观点。从这个方面来看，这些70年代中期的书可能只是潮流的征兆而非是其根本原因。

很有可能我们面临的实际情况是一个在很早就开始的长期的、低起点的并呈指数级加速增长的潮流。验证这个简单的指数级假说的一个办法是使用对数刻度画出被引用次数的累计图。任何一个增长过程，如果增长速率与原先规模成正比的话，就被称为指数级增长。流行病的传播就是一个典型的指数级增长过程：每一个人呼出的病毒都会传染给其他几个人，这些人中每一个又会传染给同样多的人，因此被感染者的数量就会以一个越来越快的速率增长。指数曲线的特点就是当以对数刻度作图时，它会成为一条直线。尽管不需要以累计的方式去画出对数图像，但这样做比较常规也比较方便。如果汉密尔顿的觅母的传播真像是一个正在传播的流行病的话，累计对数图中的点都应该排列成一条直线。是这样的吗？

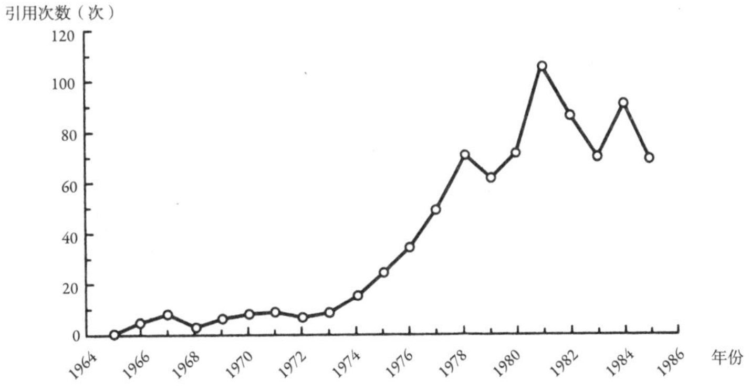

图一

图二中画出的那条直线就是统计意义上最拟合所有点的直线。1966年和1967年间的那个容易看见的显著上升应该可以被忽略，因为这是这类对数图像容易积

累出的一种不可靠的小数效应。因此尽管还需要忽略一些小的浮动，图中的线条还是一根很好的近似直线。如果接受了我的指数级诠释，我们所面对的就是一个单独的缓慢发展的影响力爆发。这个爆发从 1967 年开始到 1980 年结束。每一本书和论文都应被同时当作这个长期趋势的征兆及原因。

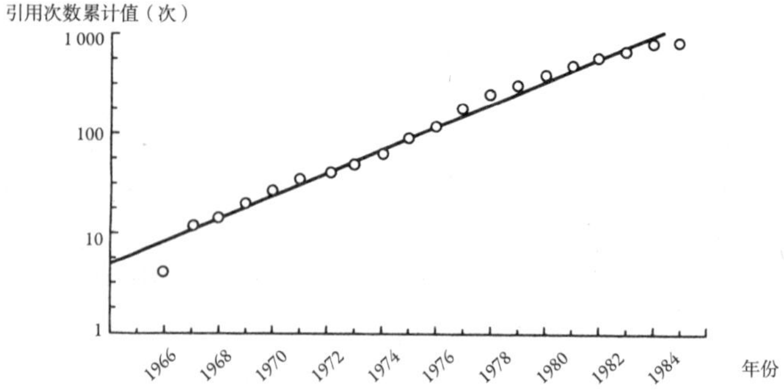

图二

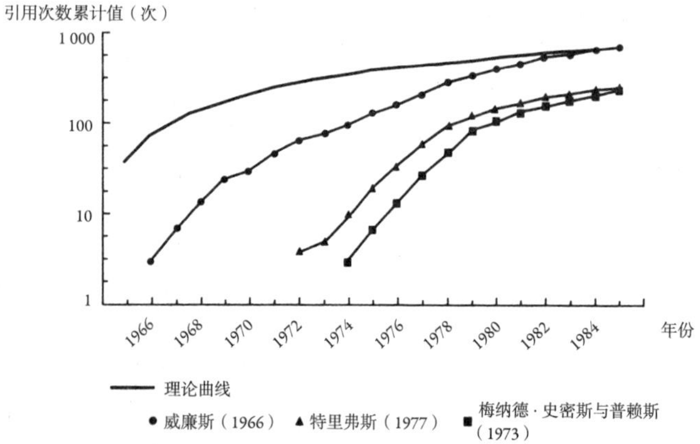

图三

顺便说一句，尽管人们几乎不可避免地会去这么想，但真的不要认为这样的增长曲线没什么大不了的。当然，就算是被引用次数每年以一个固定数值增加，任何一个累积曲线都还是会上升的。但是在对数刻度下，它们的增速会慢慢放缓，最终消失不见。图三最上面的实心曲线就代表着如果每年的被引用次数一定的话，我们将会得到的理论曲线（被引用次数取汉密尔顿的平均值，即每年 37 次）。这个逐渐平缓的曲线可以直接与图二中看到的直线相比较，后者代表了一个指数级的增长。所以这是在增长的基础上还有更多的增长，而非只有一个稳定的被引用速率。

其次，也许这并不是不可避免的，但有些人依然会忍不住想，难道科学论文的发表速率本身不是以指数级增长的吗？这样一来引用其他文献的机会也就随之以指数级增长了。又或许科学界本身的规模就在以指数级变大。为了证明汉密尔顿觅母真的有其特殊的地方，最简单的方法就是去画一些其他文献的同类图像。图三同样也展示了另外三个作品的对数累计被引用率（这三个也对本书第一版产生过巨大影响）。这包括威廉斯 1996 年出版的《适应性与自然选择》、特里弗斯 1971 年发表的关于相互利他主义的论文以及梅纳德·史密斯和普赖斯在 1973 年发表的介绍 ESS 想法的论文。这三个作品形成的曲线在整个时间段里都明显不是指数级增长的。然而，对这些作品而言，每年被引用次数也远非一致的，在某些时间段内它们依然可能是指数级增长的。例如，那根威廉斯的曲线在对数刻度下从 1970 年开始就接近于一条直线了，这意味着它也进入了影响力爆发的阶段。

我低估了特定几本书·对汉密尔顿觅母传播的影响。不过，对这个小小的觅母研究还有一个很明显的暗示性附注。就像“Auld Lang Syne”和“Rule Britannia”的例子一样，我们这也有一个明显的变异错误。汉密尔顿 1964 年发表的两篇论文的正确标题应该是“The genetical evolution of social behaviour”(《社会行为的遗传进化》)。在 20 世纪 70 年代中后期，包括《社会生物学》和《自私的基因》在内的一系列出版物都错误地将其引用成“The genetical theory of social behaviour”(《社会行为的遗传理论》)。乔恩·西格（Jon Seger）和保罗·哈维（Paul Harvey）找寻了这个变异觅母的最早的出现点，他们认为这可能是一个清晰的标记，就像是同位素标记一样，可以用来追踪科学影响。他们追溯到了 E. O. 威尔逊在 1975 年发表的有影响力的著作《社会生物学》，他们甚至为这个可能的起源找到了一些间接的证据。

正如我非常敬仰威尔逊的力作——我希望人们更多地去阅读原作而不要去读关于它的评论——关于他的书影响了我的书这一错误看法也使我义愤填膺。是的，因为我的书也包含了那个变异的引用——那个“同位素标记”——它看起来就像是在警醒我们至少有一个觅母从威尔逊传播到了我这里。这并不是特别令人惊讶，因为《社会生物学》抵达英国时我正在完结《自私的基因》，正是那个我可能正在完善我的参考书目的时间段。威尔逊庞大的参考书目就像是一个天赐之物，省去了我很多在图书馆中的时间。但当我偶然发现了我在1970年牛津讲座中发给学生的一个陈旧的蜡纸印刷的参考书目时，我的懊悔变成了狂欢。真的，上面写着“The genetical theory of social behaviour”，比威尔逊的出版物整整早了5年。威尔逊几乎不可能看过我1970年写的参考书目。这是毋庸置疑的：威尔逊和我独立地引入了相同的变异觅母！

为什么会发生这样的巧合呢？还是那样，就像对“Auld Lang Syne”进行分析一样，并不难发现一个合理的解释。R. A. 费希尔最著名的著作是 *The Genetical Theory of Natural Selection*（《自然选择的遗传理论》），这样一个简单的名字使其在遗传生物学家的世界里扎下了根。对我们来说，很难在听到前两个单词后不自觉地去加上第三个。我怀疑威尔逊和我都是这样错的。这对所有人来说都是一个愉快的结论，因为没有人会介意承认受到过费希尔的影响。

第259页：觅母存在于人的大脑中，大脑就是计算机。

我们能够很明显地预测，人工制造的电子计算机也终将成为自我复制类型的信息——觅母——的一个宿主。越来越多的计算机被连起来形成了一个错综复杂的信息分享网络。它们中很多是真正地通过电子邮件交互连接在了一起，其他的则通过它们的主人互相传递磁盘来分享信息。这是一个完美的能让自我复制程序繁荣并扩散的环境。当我在写本书第一版时，我很幼稚地认为一个不良的计算机觅母只会是发源于复制正确程序时自发性地产生的一个错误，也认为这是不大可能的。哎，那是多么天真的时代。由恶意程序员故意释放的“病毒”和“蠕虫”现在已经成了全世界计算机使用者熟悉的危害。过去几年里，据我所知我自己的硬盘就被两种不同的流行病毒感染过，我就不指出这两个病毒名称了，免得给它们龌龊幼稚的制造者们哪怕一丝龌龊幼稚的满足感。我说“龌龊”是因为我觉得他们的行为对我而言在道德上几乎和那些故意污染饮用水并为了偷笑病人而传播传染病的微生物实验室技术员没有区别。我说“幼稚”，是因为这些人心理上幼稚。设计出一种计算机病毒并没有什么聪明之处，任何一个半桶水程序员都能做到这一点，而这样的半桶水程序员在现实世界中随处可见，我自己就是其中一员。我甚至不屑于解释计算机病毒是怎么工作的，那太浅显了。

我不怎么清楚该如何战胜它们。一些非常专业的程序员很不幸不得不浪费他们的宝贵时间去写出检查病毒、杀灭病毒的程序（顺便说一句，医学疫苗接种的类似物已经很接近了，甚至已经到了注射“减活品系”病毒的程度），其危险在于引发军备竞赛，病毒防护能力道高一尺，新型病毒程序就会魔高一丈。到现在为止，大多数反病毒程序都是由利他主义者编写，也不收取任何费用。但是我预感到一个新型职业正在兴起——分化出和其他任何职业一样的一个赚钱的行当——“软件医生”。他们会背上一个装满诊断和治疗软盘的黑包随时待命。我使用了“医生”这个名字，但真正的医生是来解决自然的问题，而不是解决由人恶意制造出来的问题的。我所谓的软件医生，从另一方面来讲更像是律师，是来解决本不该存在的人造问题的。到现在为止，病毒制造者们如果真有任何可以察觉到的动机，那一定是他们感觉到了一种模糊的无政府主义。我向他们呼吁：你们真想为一个赚钱行当铺平道路吗？如果不是，停下对这些幼稚觅母的玩弄，把你们还凑合的编程才能用到一些正道上吧。

第 260 页：盲目信仰的人什么事都干得出来。

我收到了预想中的大量信仰受害者的来信，抗议我对其提出的批评。信仰是一个如此成功的根据自己的偏好施为的洗脑者，特别是对于孩子来说，很难打破对它的信念。但究竟什么是信仰？它是大脑中让人们在毫无支持性证据的情况下相信某事物的一个状态，无论该事物究竟是什么。如果有很好的支持性证据，信仰就有些多余了，因为证据将会使我们无论如何都会相信它。正是这一点，使得那经常重复的“进化论本身是一种信仰”变得如此可笑。人们之所以相信进化论，并不是因为他们无端地想要相信，而是因为那些大家都能接触到的大量的证据。

我说了“无论（信仰相信的）事物究竟是什么”，都意味着人们对完全疯狂、武断的事物有着信仰，就像是道格拉斯·亚当斯那引人入胜的《德克·金特利的全能侦探社》（*Dirk Gently's Holistic Detective Agency*）中的那个电子僧侣。他是专门为实践你的信念而造的，并且很在行。有一天我们碰到了他，他坚定不移地认为世界上所有的东西都是粉红色的，而不顾所有的证据。我并不认为一个个体所信仰的事物一定是疯狂的，它们有可能是也有可能不是。关键在于没有办法去确定它们究竟是不是疯狂的，也没有办法去喜欢一个信仰胜过另外一个，因为证据被明显地隔离开了。其实真正的信仰不需要证据这一事实就已经是它最大的美德了，这就是为什么我引用了多疑的托马斯的故事，这是十二使徒中唯一值得钦佩的一员。

信仰不能移山（尽管很多代的孩子都被严肃地告知了相反的事实并且相信了它们），但是信仰却能导致人们做出那样危险的愚行，因此在我看来信仰可以被看作一种精神疾病。它能让人们如此地坚信一个事物，甚至可能极端到不需要任何进一步的论证就能为其展开杀戮或者牺牲。基思·亨森（Keith Henson）创造了“觅母者”一词来指那些“被觅母占领以至于他们自己的存活都变得不重要了的受害者……你可以从来自贝尔法斯特或贝鲁特的晚间新闻中看到很多这样的人”，信仰的威力足以使人们对所有的怜悯、宽恕及人类美好的感受免疫。如果他们真的相信殉道者死后会升入天堂，信仰甚至能使他们对恐惧免疫。多么好的一个武器啊！宗教信仰需要在武器技术年鉴中占据一席之地，与长弓、战马、坦克和氢弹站在同一条线上。

第 264 页：在这个世界上，只有我们，我们人类，能够反抗自私的复制因子的暴政。

我结论里透出的乐观主义语调引起了那些觉得这和本书其他部分不一致的批评者的怀疑。某些例子中，批评者是一些教条主义社会生物学家，小心翼翼地保护着遗传影响的重要性。在另一些例子中，批评者来自一个近乎荒谬的相反的极端，那些左翼高级神父小心翼翼地保卫着最心爱的神学偶像。罗斯、卡明和莱文廷的《不在我们的基因里》里有一个专有的怪物叫作“还原论”，而所有最好的还原论者都被认为是“决定论者”，特别是“基因决定论者”。

> 大脑对于还原论者来说是一个确定的生物体，其性质就产生了我们观察到的行为以及从这些行为中领会到的思想状态或者意图……这样的观点是，或应该是，完全与威尔逊和道金斯的社会生物学原理相符的。然而，要采纳这个观点就会将这些原理引入一个两难境地。首先是争辩对于自由的人，人们觉得毫无吸引力（怨恨、教条化等）的行为是先天存在的。然后开始纠结于对犯罪行为的自由主义道德考量，因为这些行为像其他行为一样是生物上决定好的。为了避免这个问题，威尔逊和道金斯许下了一个自由的愿望，只要我们非常希望，我们就能够摆脱基因对我们的控制……这实质是回归到了难堪的笛卡尔哲学，一个二重性问题。

我认为罗斯和她的同事是在谴责我们在吃蛋糕的时候同时占有着它。要么我们必须是“基因决定论者”，要么我们就相信“自由意志”，我们不能两全其美。但是，在这里我相信我是为了威尔逊教授也是为了我自己而发声，只有在罗斯和她的同事眼中我们才是“基因决定论者”。他们没有理解的（很显然，尽管这很难确定）是我们完全有可能在相信基因对人类行为施加着统计意义上的影响的同时，也相信这样的影响是能够被改变的，比如被其他影响覆盖或逆转。基因肯定对任何一个经由自然选择而进化出的行为模式都有统计意义上的影响。罗斯和她的同事们大概都同意人类性欲是由自然选择进化而来的吧，就像很多其他经过自然选择进化的东西一样。因此他们就必须得相信存在着影响性欲的基因——就像影响其他所有东西的基因一样。然而他们显然也能够在社交上需要的情况下抑制他们的性欲吧。这和二重性有什么关系？当然没有。这个根本不存在的二重性对我提倡反叛的“反抗那些自私的基因的暴政”没有丝毫影响。我们，这里指的是我们的大脑，已经和我们的基因分开并足够独立去反抗它们了。就像已经提过的一样，我们每一次使用避孕套的时候就走出了反抗的一小步了。没有任何理由不相信我们能够进行更大的反抗。

参考书目

1. ALEXANDER, R. D. (1961) Aggressiveness, territoriality, and sexual behavior in field crickets. *Behaviour* **17**, 130–223.
2. ALEXANDER, R. D. (1974) The evolution of social behavior. *Annual Review of Ecology and Systematics* **5**, 325–83.
3. ALEXANDER, R. D. (1980) *Darwinism and Human Affairs*. London: Pitman.
4. ALEXANDER, R. D. (1987) *The Biology of Moral Systems*. New York: Aldine de Gruyter.
5. ALEXANDER, R. D. and SHERMAN, P. W. (1977) Local mate competition and parental investment in social insects. *Science* **96**, 494–500.
6. ALLEE, W. C. (1938) *The Social Life of Animals*. London: Heinemann.
7. ALTMANN, S. A. (1979) Altruistic behaviour: the fallacy of kin deployment. *Animal Behaviour* **27**, 958–9.
8. ALVAREZ, F., DE REYNA, A., and SEGURA, H. (1976) Experimental brood-parasitism of the magpie *(Pica pica)*. *Animal Behaviour* **24**, 907–16.
9. ANON. (1989) Hormones and brain structure explain behaviour. *New Scientist* **121** (1649), 35.
10. AOKI, S. (1987) Evolution of sterile soldiers in aphids. In *Animal Societies: Theories and facts* (eds. Y. ITO, J. L. BROWN, and J. KIKKAWA). Tokyo: Japan Scientific Societies Press. pp. 53–65.
11. ARDREY, R. (1970) *The Social Contract*. London: Collins.
12. AXELROD, R. (1984) *The Evolution of Cooperation*. New York: Basic Books.
13. AXELROD, R. and HAMILTON, W. D. (1981) The evolution of cooperation. *Science* **211**, 1390–6.
14. BALDWIN, B. A. and MEESE, G. B. (1979) Social behaviour in pigs studied by means of operant conditioning. *Animal Behaviour* **27**, 947–57.
15. BARTZ, S. H. (1979) Evolution of eusociality in termites. *Proceedings of the National Academy of Sciences, USA* **76** (11), 5764–8.
16. BASTOCK, M. (1967) *Courtship: A Zoological Study*. London: Heinemann.

17. BATESON, P. (1983) Optimal outbreeding. In *Mate Choice* (ed. P. BATESON). Cambridge: Cambridge University Press. pp. 257–77.
18. BELL, G. (1982) *The Masterpiece of Nature*. London: Croom Helm.
19. BERTRAM, B. C. R. (1976) Kin selection in lions and in evolution. In *Growing Points in Ethology* (eds. P. P. G. BATESON and R. A. HINDE). Cambridge: Cambridge University Press. pp. 281–301.
20. BONNER, J. T. (1980) *The Evolution of Culture in Animals*. Princeton: Princeton University Press.
21. BOYD, R. and LORBERBAUM, J. P. (1987) No pure strategy is evolutionarily stable in the repeated Prisoner's Dilemma game. *Nature* **327**, 58–9.
22. BRETT, R. A. (1986) The ecology and behaviour of the naked mole rat (*Heterocephalus glaber*). Ph.D. thesis, University of London.
23. BROADBENT, D. E. (1961) *Behaviour*. London: Eyre and Spottiswoode.
24. BROCKMANN, H. J. and DAWKINS, R. (1979) Joint nesting in a digger wasp as an evolutionarily stable preadaptation to social life. *Behaviour* **71**, 203–45.
25. BROCKMANN, H. J., GRAFEN, A., and DAWKINS, R. (1979) Evolutionarily stable nesting strategy in a digger wasp. *Journal of Theoretical Biology* **77**, 473–96.
26. BROOKE, M. DE L. and DAVIES, N. B. (1988) Egg mimicry by cuckoos *Cuculus canorus* in relation to discrimination by hosts. *Nature* **335**, 630–2.
27. BURGESS, J. W. (1976) Social spiders. *Scientific American* **234** (3), 101–6.
28. BURK, T. E. (1980) An analysis of social behaviour in crickets. D.Phil. thesis, University of Oxford.
29. CAIRNS-SMITH, A. G. (1971) *The Life Puzzle*. Edinburgh: Oliver and Boyd.
30. CAIRNS-SMITH, A. G. (1982) *Genetic Takeover*. Cambridge: Cambridge University Press.
31. CAIRNS-SMITH, A. G. (1985) *Seven Clues to the Origin of Life*. Cambridge: Cambridge University Press.
32. CAVALLI-SFORZA, L. L. (1971) Similarities and dissimilarities of sociocultural and biological evolution. In *Mathematics in the Archaeological and Historical Sciences* (eds. F. R. HODSON, D. G. KENDALL, and P. TAUTU). Edinburgh: Edinburgh University Press. pp. 535–41.
33. CAVALLI-SFORZA, L. L. and FELDMAN, M. W. (1981) *Cultural Transmission and Evolution: A Quantitative Approach*. Princeton: Princeton University Press.

34. CHARNOV, E. L. (1978) Evolution of eusocial behavior: offspring choice or parental parasitism? *Journal of Theoretical Biology* **75**, 451–65.
35. CHARNOV, E. L. and KREBS, J. R. (1975) The evolution of alarm calls: altruism or manipulation? *American Naturalist* **109**, 107–12.
36. CHERFAS, J. and GRIBBIN, J. (1985) *The Redundant Male*. London: Bodley Head.
37. CLOAK, F. T. (1975) Is a cultural ethology possible? *Human Ecology* **3**, 161–82.
38. CROW, J. F. (1979) Genes that violate Mendel's rules. *Scientific American* **240** (2), 104–13.
39. CULLEN, J. M. (1972) Some principles of animal communication. In *Non-verbal Communication* (ed. R. A. HINDE). Cambridge: Cambridge University Press. pp. 101–22.
40. DALY, M. and WILSON, M. (1982) *Sex, Evolution and Behavior*, 2nd edition. Boston: Willard Grant.
41. DARWIN, C. R. (1859) *The Origin of Species*. London: John Murray.
42. DAVIES, N. B. (1978) Territorial defence in the speckled wood butterfly (*Pararge aegeria*): the resident always wins. *Animal Behaviour* **26**, 138–47.
43. DAWKINS, M. S. (1986) *Unravelling Animal Behaviour*. Harlow: Longman.
44. DAWKINS, R. (1979) In defence of selfish genes. *Philosophy* **56**, 556–73.
45. DAWKINS, R. (1979) Twelve misunderstandings of kin selection. *Zeitschrift für Tierpsychologie* **51**, 184–200.
46. DAWKINS, R. (1980) Good strategy or evolutionarily stable strategy? In *Sociobiology: Beyond Nature/Nurture* (eds. G. W. BARLOW and J. SILVERBERG). Boulder, Colorado: Westview Press. pp. 331–67.
47. DAWKINS, R. (1982) *The Extended Phenotype*. Oxford: W. H. Freeman.
48. DAWKINS, R. (1982) Replicators and vehicles. In *Current Problems in Sociobiology* (eds. KING'S COLLEGE SOCIOBIOLOGY GROUP). Cambridge: Cambridge University Press. pp. 45–64.
49. DAWKINS, R. (1983) Universal Darwinism. In *Evolution from Molecules to Men* (ed. D. S. BENDALL). Cambridge: Cambridge University Press. pp. 403–25.
50. DAWKINS, R. (1986) *The Blind Watchmaker*. Harlow: Longman.
51. DAWKINS, R. (1986) Sociobiology: the new storm in a teacup. In *Science and Beyond* (eds. S. ROSE and L. APPIGNANESI). Oxford: Basil Blackwell. pp. 61–78.

52. Dawkins, R. (1989) The evolution of evolvability. In *Artificial Life* (ed. C. Langton). Santa Fe: Addison-Wesley. pp. 201–20.
53. Dawkins, R. (1993) Worlds in microcosm. In *Humanity, Environment and God* (ed. N. Spurway). Oxford: Basil Blackwell.
54. Dawkins, R. and Carlisle, T. R. (1976) Parental investment, mate desertion and a fallacy. *Nature* **262**, 131–2.
55. Dawkins, R. and Krebs, J. R. (1978) Animal signals: information or manipulation? In *Behavioural Ecology: An Evolutionary Approach* (eds. J. R. Krebs and N. B. Davies). Oxford: Blackwell Scientific Publications. pp. 282–309.
56. Dawkins, R. and Krebs, J. R. (1979) Arms races between and within species. *Proceedings of the Royal Society of London B* **205**, 489–511.
57. de Vries, P. J. (1988) The larval ant-organs of *Thisbe irenea* (Lepidoptera: Riodinidae) and their effects upon attending ants. *Zoological Journal of the Linnean Society* **94**, 379–93.
58. Delius, J. D. (1991) The nature of culture. In *The Tinbergen Legacy* (eds. M. S. Dawkins, T. R. Halliday, and R. Dawkins). London: Chapman and Hall.
59. Dennett, D. C. (1989) The evolution of consciousness. In *Reality Club* **3** (ed. J. Brockman). New York: Lynx Publications.
60. Dewsbury, D. A. (1982) Ejaculate cost and male choice. *American Naturalist* **119**, 601–10.
61. Dixson, A. F. (1987) Baculum length and copulatory behavior in primates. *American Journal of Primatology* **13**, 51–60.
62. Dobzhansky, T. (1962) *Mankind Evolving*. New Haven: Yale University Press.
63. Doolittle, W. F. and Sapienza, C. (1980) Selfish genes, the phenotype paradigm and genome evolution. *Nature* **284**, 601–3.
64. Ehrlich, P. R., Ehrlich, A. H., and Holdren, J. P. (1973) *Human Ecology*. San Francisco: Freeman.
65. Eibl-Eibesfeldt, I. (1971) *Love and Hate*. London: Methuen.
66. Eigen, M., Gardiner, W., Schuster, P., and Winkler-Oswatitsch, R. (1981) The origin of genetic information. *Scientific American* **244** (4), 88–118.
67. Eldredge, N. and Gould, S. J. (1972) Punctuated equilibrium: an alternative to phyletic gradualism. In *Models in Paleobiology* (ed. J. M. Schopf). San Francisco: Freeman Cooper. pp. 82–115.

68. FISCHER, E. A. (1980) The relationship between mating system and simultaneous hermaphroditism in the coral reef fish, *Hypoplectrus nigricans* (Serranidae). *Animal Behaviour* **28,** 620–33.
69. FISHER, R. A. (1930) *The Genetical Theory of Natural Selection*. Oxford: Clarendon Press.
70. FLETCHER, D. J. C. and MICHENER, C. D. (1987) *Kin Recognition in Humans*. New York: Wiley.
71. FOX, R. (1980) *The Red Lamp of Incest*. London: Hutchinson.
72. GALE, J. S. and EAVES, L. J. (1975) Logic of animal conflict. *Nature* **254,** 463–4.
73. GAMLIN, L. (1987) Rodents join the commune. *New Scientist* **115** (1571), 40–7.
74. GARDNER, B. T. and GARDNER, R. A. (1971) Two-way communication with an infant chimpanzee. In *Behavior of Non-human Primates* **4** (eds. A. M. SCHRIER and F. STOLLNITZ). New York: Academic Press. pp. 117–84.
75. GHISELIN, M. T. (1974) *The Economy of Nature and the Evolution of Sex*. Berkeley: University of California Press.
76. GOULD, S. J. (1980) *The Panda's Thumb*. New York: W. W. Norton.
77. GOULD, S. J. (1983) *Hen's Teeth and Horse's Toes*. New York: W. W. Norton.
78. GRAFEN, A. (1984) Natural selection, kin selection and group selection. In *Behavioural Ecology: An Evolutionary Approach* (eds. J. R. KREBS and N. B. DAVIES). Oxford: Blackwell Scientific Publications. pp. 62–84.
79. GRAFEN, A. (1985) A geometric view of relatedness. In *Oxford Surveys in Evolutionary Biology* (eds. R. DAWKINS and M. RIDLEY), **2,** pp. 28–89. Oxford: Oxford University Press.
80. GRAFEN, A. (1990) Sexual selection unhandicapped by the Fisher process. *Journal of Theoretical Biology*, **144,** 473–516.
81. GRAFEN, A. and SIBLY, R. M. (1978) A model of mate desertion. *Animal Behaviour* **26,** 645–52.

82. HALDANE, J. B. S. (1955) Population genetics. *New Biology* **18,** 34–51.
83. HAMILTON, W. D. (1964) The genetical evolution of social behaviour (I and II). *Journal of Theoretical Biology* **7,** 1–16; 17–52.
84. HAMILTON, W. D. (1966) The moulding of senescence by natural selection. *Journal of Theoretical Biology* **12,** 12–45.

85. HAMILTON, W. D. (1967) Extraordinary sex ratios. *Science* **156**, 477–88.

86. HAMILTON, W. D. (1971) Geometry for the selfish herd. *Journal of Theoretical Biology* **31**, 295–311.

87. HAMILTON, W. D. (1972) Altruism and related phenomena, mainly in social insects. *Annual Review of Ecology and Systematics* **3**, 193–232.

88. HAMILTON, W. D. (1975) Gamblers since life began: barnacles, aphids, elms. *Quarterly Review of Biology* **50**, 175–80.

89. HAMILTON, W. D. (1980) Sex versus non-sex versus parasite. *Oikos* **35**, 282–90.

90. HAMILTON, W. D. and ZUK, M. (1982) Heritable true fitness and bright birds: a role for parasites? *Science* **218**, 384–7.

91. HAMPE, M. and MORGAN, S. R. (1987) Two consequences of Richard Dawkins' view of genes and organisms. *Studies in the History and Philosophy of Science* **19**, 119–38.

92. HANSELL, M. H. (1984) *Animal Architecture and Building Behaviour.* Harlow: Longman.

93. HARDIN, G. (1978) Nice guys finish last. In *Sociobiology and Human Nature* (eds. M. S. GREGORY, A. SILVERS, and D. SUTCH). San Francisco: Jossey Bass. pp. 183–94.

94. HENSON, H. K. (1985) Memes, L_5 and the religion of the space colonies. *L_5 News*, September 1985, pp. 5–8.

95. HINDE, R. A. (1974) *Biological Bases of Human Social Behaviour.* New York: McGraw-Hill.

96. HOYLE, F. and ELLIOT, J. (1962) *A for Andromeda.* London: Souvenir Press.

97. HULL, D. L. (1980) Individuality and selection. *Annual Review of Ecology and Systematics* **11**, 311–32.

98. HULL, D. L. (1981) Units of evolution: a metaphysical essay. In *The Philosophy of Evolution* (eds. U. L. JENSEN and R. HARRÉ). Brighton: Harvester. pp. 23–44.

99. HUMPHREY, N. (1986) *The Inner Eye.* London: Faber and Faber.

100. JARVIS, J. U. M. (1981) Eusociality in a mammal: cooperative breeding in naked mole-rat colonies. *Science* **212**, 571–3.

101. JENKINS, P. F. (1978) Cultural transmission of song patterns and dialect development in a free-living bird population. *Animal Behaviour* **26**, 50–78.

102. KALMUS, H. (1969) Animal behaviour and theories of games and of language. *Animal Behaviour* **17**, 607–17.

103. KREBS, J. R. (1977) The significance of song repertoires—the Beau Geste hypothesis. *Animal Behaviour* **25**, 475–8.
104. KREBS, J. R. and DAWKINS, R. (1984) Animal signals: mind-reading and manipulation. In *Behavioural Ecology: An Evolutionary Approach* (eds. J. R. KREBS and N. B. DAVIES), 2nd edition. Oxford: Blackwell Scientific Publications. pp. 380–402.
105. KRUUK, H. (1972) *The Spotted Hyena: A Study of Predation and Social Behavior*. Chicago: Chicago University Press.
106. LACK, D. (1954) *The Natural Regulation of Animal Numbers*. Oxford: Clarendon Press.
107. LACK, D. (1966) *Population Studies of Birds*. Oxford: Clarendon Press.
108. LE BOEUF, B. J. (1974) Male–male competition and reproductive success in elephant seals. *American Zoologist* **14**, 163–76.
109. LEWIN, B. (1974) *Gene Expression*, volume 2. London: Wiley.
110. LEWONTIN, R. C. (1983) The organism as the subject and object of evolution. *Scientia* **118**, 65–82.
111. LIDICKER, W. Z. (1965) Comparative study of density regulation in confined populations of four species of rodents. *Researches on Population Ecology* 7 (27), 57–72.
112. LOMBARDO, M. P. (1985) Mutual restraint in tree swallows: a test of the Tit for Tat model of reciprocity. *Science* **227**, 1363–5.
113. LORENZ, K. Z. (1966) *Evolution and Modification of Behavior*. London: Methuen.
114. LORENZ, K. Z. (1966) *On Aggression*. London: Methuen.
115. LURIA, S. E. (1973) *Life—The Unfinished Experiment*. London: Souvenir Press.
116. MACARTHUR, R. H. (1965) Ecological consequences of natural selection. In *Theoretical and Mathematical Biology* (eds. T. H. WATERMAN and H. J. MOROWITZ). New York: Blaisdell. pp. 388–97.
117. MACKIE, J. L. (1978) The law of the jungle: moral alternatives and principles of evolution. *Philosophy* **53**, 455–64. Reprinted in *Persons and Values* (eds. J. Mackie and P. Mackie, 1985). Oxford: Oxford University Press. pp. 120–31.
118. MARGULIS, L. (1981) *Symbiosis in Cell Evolution*. San Francisco: W. H. Freeman.
119. MARLER, P. R. (1959) Developments in the study of animal communication. In *Darwin's Biological Work* (ed. P. R. BELL). Cambridge: Cambridge University Press. pp. 150–206.

120. MAYNARD SMITH, J. (1972) Game theory and the evolution of fighting. In J. MAYNARD SMITH, *On Evolution*. Edinburgh: Edinburgh University Press. pp. 8–28.
121. MAYNARD SMITH, J. (1974) The theory of games and the evolution of animal conflict. *Journal of Theoretical Biology* **47**, 209–21.
122. MAYNARD SMITH, J. (1976) Group selection. *Quarterly Review of Biology* **51**, 277–83.
123. MAYNARD SMITH, J. (1976) Evolution and the theory of games. *American Scientist* **64**, 41–5.
124. MAYNARD SMITH, J. (1976) Sexual selection and the handicap principle. *Journal of Theoretical Biology* **57**, 239–42.
125. MAYNARD SMITH, J. (1977) Parental investment: a prospective analysis. *Animal Behaviour* **25**, 1–9.
126. MAYNARD SMITH, J. (1978) *The Evolution of Sex*. Cambridge: Cambridge University Press.
127. MAYNARD SMITH, J. (1982) *Evolution and the Theory of Games*. Cambridge: Cambridge University Press.
128. MAYNARD SMITH, J. (1988) *Games, Sex and Evolution*. New York: Harvester Wheatsheaf.
129. MAYNARD SMITH, J. (1989) *Evolutionary Genetics*. Oxford: Oxford University Press.
130. MAYNARD SMITH, J. and PARKER, G. A. (1976) The logic of asymmetric contests. *Animal Behaviour* **24**, 159–75.
131. MAYNARD SMITH, J. and PRICE, G. R. (1973) The logic of animal conflicts. *Nature* **246**, 15–18.
132. MCFARLAND, D. J. (1971) *Feedback Mechanisms in Animal Behaviour*. London: Academic Press.
133. MEAD, M. (1950) *Male and Female*. London: Gollancz.
134. MEDAWAR, P. B. (1952) *An Unsolved Problem in Biology*. London: H. K. Lewis.
135. MEDAWAR, P. B. (1957) *The Uniqueness of the Individual*. London: Methuen.
136. MEDAWAR, P. B. (1961) Review of P. Teilhard de Chardin, *The Phenomenon of Man*. Reprinted in P. B. MEDAWAR (1982) *Pluto's Republic*. Oxford: Oxford University Press.
137. MICHOD, R. E. and LEVIN, B. R. (1988) *The Evolution of Sex*. Sunderland, Massachusetts: Sinauer.

138. MIDGLEY, M. (1979) Gene-juggling. *Philosophy* **54,** 439–58.
139. MONOD, J. L. (1974) On the molecular theory of evolution. In *Problems of Scientific Revolution* (ed. R. HARRÉ). Oxford: Clarendon Press. pp. 11–24.
140. MONTAGU, A. (1976) *The Nature of Human Aggression.* New York: Oxford University Press.
141. MORAVEC, H. (1988) *Mind Children.* Cambridge, Massachusetts: Harvard University Press.
142. MORRIS, D. (1957) 'Typical Intensity' and its relation to the problem of ritualization. *Behaviour* **11,** 1–21.
143. *Nuffield Biology Teachers Guide IV* (1966) London: Longmans. p. 96.
144. ORGEL, L. E. (1973) *The Origins of Life.* London: Chapman and Hall.
145. ORGEL, L. E. and CRICK, F. H. C. (1980) Selfish DNA: the ultimate parasite. *Nature* **284,** 604–7.
146. PACKER, C. and PUSEY, A. E. (1982) Cooperation and competition within coalitions of male lions: kin-selection or game theory? *Nature* **296,** 740–2.
147. PARKER, G. A. (1984) Evolutionarily stable strategies. In *Behavioural Ecology: An Evolutionary Approach* (eds. J. R. KREBS and N. B. DAVIES), 2nd edition. Oxford: Blackwell Scientific Publications. pp. 62–84.
148. PARKER, G. A., BAKER, R. R., and SMITH, V. G. F. (1972) The origin and evolution of gametic dimorphism and the male–female phenomenon. *Journal of Theoretical Biology* **36,** 529–53.
149. PAYNE, R. S. and MCVAY, S. (1971) Songs of humpback whales. *Science* **173,** 583–97.
150. POPPER, K. (1974) The rationality of scientific revolutions. In *Problems of Scientific Revolution* (ed. R. HARRÉ). Oxford: Clarendon Press. pp. 72–101.
151. POPPER, K. (1978) Natural selection and the emergence of mind. *Dialectica* **32,** 339–55.
152. RIDLEY, M. (1978) Paternal care. *Animal Behaviour* **26,** 904–32.
153. RIDLEY, M. (1985) *The Problems of Evolution.* Oxford: Oxford University Press.
154. ROSE, S., KAMIN, L. J., and LEWONTIN, R. C. (1984) *Not In Our Genes.* London: Penguin.
155. ROTHENBUHLER, W. C. (1964) Behavior genetics of nest cleaning in honey bees. IV. Responses of F_1 and backcross generations to disease-killed brood. *American Zoologist* **4,** 111–23.

156. RYDER, R. (1975) *Victims of Science*. London: Davis-Poynter.

157. SAGAN, L. (1967) On the origin of mitosing cells. *Journal of Theoretical Biology* **14**, 225–74.

158. SAHLINS, M. (1977) *The Use and Abuse of Biology*. Ann Arbor: University of Michigan Press.

159. SCHUSTER, P. and SIGMUND, K. (1981) Coyness, philandering and stable strategies. *Animal Behaviour* **29**, 186–92.

160. SEGER, J. and HAMILTON, W. D. (1988) Parasites and sex. In *The Evolution of Sex* (eds. R. E. MICHOD and B. R. LEVIN). Sunderland, Massachusetts: Sinauer. pp. 176–93.

161. SEGER, J. and HARVEY, P. (1980) The evolution of the genetical theory of social behaviour. *New Scientist* **87** (1208), 50–1.

162. SHEPPARD, P. M. (1958) *Natural Selection and Heredity*. London: Hutchinson.

163. SIMPSON, G. G. (1966) The biological nature of man. *Science* **152**, 472–8.

164. SINGER, P. (1976) *Animal Liberation*. London: Jonathan Cape.

165. SMYTHE, N. (1970) On the existence of 'pursuit invitation' signals in mammals. *American Naturalist* **104**, 491–4.

166. STERELNY, K. and KITCHER, P. (1988) The return of the gene. *Journal of Philosophy* **85**, 339–61.

167. SYMONS, D. (1979) *The Evolution of Human Sexuality*. New York: Oxford University Press.

168. TINBERGEN, N. (1953) *Social Behaviour in Animals*. London: Methuen.

169. TREISMAN, M. and DAWKINS, R. (1976) The cost of meiosis—is there any? *Journal of Theoretical Biology* **63**, 479–84.

170. TRIVERS, R. L. (1971) The evolution of reciprocal altruism. *Quarterly Review of Biology* **46**, 35–57.

171. TRIVERS, R. L. (1972) Parental investment and sexual selection. In *Sexual Selection and the Descent of Man* (ed. B. CAMPBELL). Chicago: Aldine. pp. 136–79.

172. TRIVERS, R. L. (1974) Parent–offspring conflict. *American Zoologist* **14**, 249–64.

173. TRIVERS, R. L. (1985) *Social Evolution*. Menlo Park: Benjamin/Cummings.

174. TRIVERS, R. L. and HARE, H. (1976) Haplodiploidy and the evolution of the social insects. *Science* **191**, 249–63.

175. TURNBULL, C. (1972) *The Mountain People*. London: Jonathan Cape.

176. WASHBURN, S. L. (1978) Human behavior and the behavior of other animals. *American Psychologist* **33**, 405–18.
177. WELLS, P. A. (1987) Kin recognition in humans. In *Kin Recognition in Animals* (eds. D. J. C. FLETCHER and C. D. MICHENER). New York: Wiley. pp. 395–415.
178. WICKLER, W. (1968) *Mimicry*. London: World University Library.
179. WILKINSON, G. S. (1984) Reciprocal food-sharing in the vampire bat. *Nature* **308**, 181–4.
180. WILLIAMS, G. C. (1957) Pleiotropy, natural selection, and the evolution of senescence. *Evolution* **11**, 398–411.
181. WILLIAMS, G. C. (1966) *Adaptation and Natural Selection*. Princeton: Princeton University Press.
182. WILLIAMS, G. C. (1975) *Sex and Evolution*. Princeton: Princeton University Press.
183. WILLIAMS, G. C. (1985) A defense of reductionism in evolutionary biology. In *Oxford Surveys in Evolutionary Biology* (eds. R. DAWKINS and M. RIDLEY), **2**, pp. 1–27. Oxford: Oxford University Press.
184. WILSON, E. O. (1971) *The Insect Societies*. Cambridge, Massachusetts: Harvard University Press.
185. WILSON, E. O. (1975) *Sociobiology: The New Synthesis*. Cambridge, Massachusetts: Harvard University Press.
186. WILSON, E. O. (1978) *On Human Nature*. Cambridge, Massachusetts: Harvard University Press.
187. WRIGHT, S. (1980) Genic and organismic selection. *Evolution* **34**, 825–43.
188. WYNNE-EDWARDS, V. C. (1962) *Animal Dispersion in Relation to Social Behaviour*. Edinburgh: Oliver and Boyd.
189. WYNNE-EDWARDS, V. C. (1978) Intrinsic population control: an introduction. In *Population Control by Social Behaviour* (eds. F. J. EBLING and D. M. STODDART). London: Institute of Biology. pp. 1–22.
190. WYNNE-EDWARDS, V. C. (1986) *Evolution through Group Selection*. Oxford: Blackwell Scientific Publications.
191. YOM-TOV, Y. (1980) Intraspecific nest parasitism in birds. *Biological Reviews* **55**, 93–108.
192. YOUNG, J. Z. (1975) *The Life of Mammals*, 2nd edition. Oxford: Clarendon Press.
193. ZAHAVI, A. (1975) Mate selection—a selection for a handicap. *Journal of Theoretical Biology* **53**, 205–14.

194. ZAHAVI, A. (1977) Reliability in communication systems and the evolution of altruism. In *Evolutionary Ecology* (eds. B. STONEHOUSE and C. M. PERRINS). London: Macmillan. pp. 253–9.
195. ZAHAVI, A. (1978) Decorative patterns and the evolution of art. *New Scientist* **80** (1125), 182–4.
196. ZAHAVI, A. (1987) The theory of signal selection and some of its implications. In *International Symposium on Biological Evolution, Bari, 9–14 April 1985* (ed. V. P. DELFINO). Bari: Adriatici Editrici. pp. 305–27.
197. ZAHAVI, A. Personal communication, quoted by permission.

第14、15章参考书目

Baerends, G. P. (1941). Fortpflanzungsverhalten und Orientierung der Grabwespe *Ammophila campestris* Jur. *Tijdschrift voor Entomologie* **84**, 68–275.

Barlow, H. B. (1961). The coding of sensory messages. In *Current Problems in Animal Behaviour* (eds W. H. Thorpe & O. L. Zangwill), pp. 331–60. Cambridge: Cambridge University Press.

Bishop, D. T. & Cannings, C. (1978). A generalized war of attrition. *Journal of Theoretical Biology* **70**, 85–124.

Boden, M. (1977). *Artificial Intelligence and Natural Man*. Brighton: Harvester Press.

Brockmann, H. J. & Dawkins, R. (1979). Joint nesting in a digger wasp as an evolutionarily stable preadaptation to social life. *Behaviour* **71**, 203–45.

Brockmann, H. J., Grafen, A. & Dawkins, R. (1979). Evolutionarily stable nesting strategy in a digger wasp. *Journal of Theoretical Biology* **77**, 473–96.

Cain, A. J. (1964). The perfection of animals. In *Viewpoints in Biology*, 3 (eds J. D. Carthy & C. L. Duddington), pp. 36–63. London: Butterworths.

Cain, A. J. (1979). Introduction to general discussion. In *The Evolution of Adaptation by Natural Selection* (eds J. Maynard Smith & R. Holliday). *Proceedings of the Royal Society of London*, B **205**, 599–604.

Clutton-Brock, T. H. & Harvey, P. H. (1979). Comparison and adaptation. *Proceedings of the Royal Society of London*, B **205**, 547–65.

Curio, E. (1973). Towards a methodology of teleonomy. *Experientia* **29**, 1045–58.

Daly, M. (1979). Why don't male mammals lactate? *Journal of Theoretical Biology* **78**, 325–45.

Darwin, C. R. (1859). *The Origin of Species.* 1st edn, reprinted 1968. Harmondsworth, Middx: Penguin.

Dawkins, R. (1969). Bees are easily distracted. *Science* **165**, 751.

Dawkins, R. (1976a). *The Selfish Gene.* Oxford: Oxford University Press.

Dawkins, R. (1976b). Hierarchical organisation: a candidate principle for ethology. In *Growing Points in Ethology* (eds P. P. G. Bateson & R. A. Hinde), pp. 7–54. Cambridge: Cambridge University Press.

Dawkins, R. (1979). Twelve misunderstandings of kin selection. *Zeitschrift für Tierpsychologie* **51**, 184–200.

Dawkins, R. (1980). Good strategy or evolutionarily stable strategy? In *Sociobiology: Beyond Nature/Nurture?* (eds G. W. Barlow & J. Silverberg), pp. 331–67. Boulder: Westview Press.

Dawkins, R. (1981). In defence of selfish genes. *Philosophy,* October.

Dawkins, R. & Brockmann, H. J. (1980). Do digger wasps commit the Concorde fallacy? *Animal Behaviour* **28**, 892–6.

Dawkins, R. & Carlisle, T. R. (1976). Parental investment, mate desertion and a fallacy. *Nature* **262**, 131–3.

Evans, C. (1979). *The Mighty Micro.* London: Gollancz.

Falconer, D. S. (1960). *Introduction to Quantitative Genetics.* London: Longman.

Fisher, R. A. (1930a). *The Genetical Theory of Natural Selection.* Oxford: Clarendon Press.

Fisher, R. A. (1930b). The distribution of gene ratios for rare mutations. *Proceedings of the Royal Society of Edinburgh* **50**, 204–19.

Fisher, R. A. & Ford, E. B. (1950). The Sewall Wright effect. *Heredity* **4**, 47–9.

Fraenkel, G. S. & Gunn, D. L. (1940). *The Orientation of Animals.* Oxford: Oxford University Press.

Frisch, K. von (1967). *A Biologist Remembers.* Oxford: Pergamon Press.

Goodwin, B. C. (1979). Spoken remark in *Theoria to Theory* **13**, 87–107.

Gould, J. L. (1976). The dance language controversy. *Quarterly Review of Biology* **51**, 211–44.

Gould, S. J. (1978). *Ever Since Darwin.* London: Burnett.

Gould, S. J. & Calloway, C. B. (1980). Clams and brachiopods—ships that pass in the night. *Paleobiology* **6**, 383–96.

Gould, S. J. & Lewontin, R. C. (1979). The spandrels of San Marco and the Panglossian paradigm: a critique of the adaptationist programme. *Pro-*

ceedings of the Royal Society of London, B **205**, 581–98.

Gregory, R. L. (1961). The brain as an engineering problem. In *Current Problems in Animal Behaviour* (eds W. H. Thorpe & O. L. Zangwill), pp. 307–30. Cambridge: Cambridge University Press.

Hailman, J. P. (1977). *Optical Signals*. Bloomington: Indiana University Press.

Haldane, J. B. S. (1932a). *The Causes of Evolution*. London: Longman's Green.

Hamilton, W. D. (1964). The genetical evolution of social behavior. I and II. *Journal of Theoretical Biology* **7**, 1–52.

Hamilton, W. D. (1967). Extraordinary sex ratios. *Science* **156**, 477–88.

Hamilton, W. D. (1972). Altruism and related phenomena, mainly in social insects. *Annual Review of Ecology and Systematics* **3**, 193–232.

Hardy, A. C. (1954). Escape from specialization. In *Evolution as a Process* (eds J. S. Huxley, A. C. Hardy & E. B. Ford), pp. 122–40. London: Allen & Unwin.

Hofstadter, D. R. (1979). *Gödel, Escher, Bach: An Eternal Golden Braid*. Brighton: Harvester Press.

Hoyle, F. (1964). *Man in the Universe*. New York: Columbia University Press, 24–26.

Huxley, J. S. (1932). *Problems of Relative Growth*. London: McVeagh.

Jacob, F. (1977). Evolution and tinkering. *Science* **196**, 1161–6.

Kempthorne, O. (1978). Logical, epistemological and statistical aspects of nature–nurture data interpretation. *Biometrics* **34**, 1–23.

Lack, D. (1966). *Population Studies of Birds*. Oxford: Oxford University Press.

Lande, R. (1976). Natural selection and random genetic drift. *Evolution* **30**, 314–34.

Levy, D. (1978). Computers are now chess masters. *New Scientist* **79**, 256–8.

Lewontin, R. C. (1967). Spoken remark in *Mathematical Challenges to the Neo-Darwinian Interpretation of Evolution* (eds P. S. Moorhead & M. Kaplan). *Wistar Institute Symposium Monograph* **5**, 79.

Lewontin, R. C. (1977). Caricature of Darwinism. *Nature* **266**, 283–4.

Lewontin, R. C. (1978). Adaptation. *Scientific American* **239** (3), 156–69.

Lewontin, R. C. (1979a). Fitness, survival and optimality. In *Analysis of Ecological Systems* (eds D. J. Horn, G. R. Stairs & R. D. Mitchell), pp. 3–21. Columbus: Ohio State University Press.

Lewontin, R. C. (1979b). Sociobiology as an adaptationist program. *Behavioral Science* **24**, 5–14.
Lindauer, M. (1971). The functional significance of the honeybee waggle dance. *American Naturalist* **105**, 89–96.
Lloyd, J. E. (1979). Mating behavior and natural selection. *Florida Entomologist* **62** (1), 17–23.
McCleery, R. H. (1978). Optimal behaviour sequences and decision making. In *Behavioural Ecology* (eds J. R. Krebs & N. B. Davies), pp. 377–410. Oxford: Blackwell Scientific.
McFarland, D. J. & Houston, A. I. (1981). *Quantitative Ethology*. London: Pitman.
Maynard Smith, J. (1974). The theory of games and the evolution of animal conflicts. *Journal of Theoretical Biology* **47**, 209–21.
Maynard Smith, J. (1976). What determines the rate of evolution? *American Naturalist* **110**, 331–8.
Maynard Smith, J. (1977). Parental investment: a prospective analysis. *Animal Behaviour* **25**, 1–9.
Maynard Smith, J. (1978a). *The Evolution of Sex*. Cambridge: Cambridge University Press.
Maynard Smith, J. (1978b). Optimization theory in evolution. *Annual Review of Ecology and Systematics* **9**, 31–56.
Maynard Smith, J. & Parker, G. A. (1976). The logic of asymmetric contests. *Animal Behaviour* **24**, 159–75.
Maynard Smith, J. & Ridpath, M. G. (1972). Wife sharing in the Tasmanian native hen, *Tribonyx mortierii*: a case of kin selection? *American Naturalist* **106**, 447–52.
Medawar, P. B. (1952). *An Unsolved Problem in Biology*. London: H. K. Lewis.
'Nabi, I.' (1981). Ethics of genes. *Nature* **290**, 183.
Oster, G. F. & Wilson, E. O. (1978). *Caste and Ecology in the Social Insects*. Princeton: Princeton University Press.
Pittendrigh, C. S. (1958). Adaptation, natural selection, and behavior. In *Behavior and Evolution* (eds A. Roe & G. G. Simpson), pp. 390–416. New Haven: Yale University Press.
Ridley, M. (1980). Konrad Lorenz and Humpty Dumpty: some ethology for Donald Symons. *Behavioral and Brain Sciences* **3**, 196.
Ridley, M. & Dawkins, R. (1981). The natural selection of altruism. In *Altruism and Helping Behavior* (eds J. P. Rushton & R. M. Sorentino),

pp. 19–39. Hillsdale, N.J.: Erlbaum.
Rose, S. (1978). Pre-Copernican sociobiology? *New Scientist* **80**, 45–6.
Rothenbuhler, W. C. (1964). Behavior genetics of nest cleaning in honey bees. IV. Responses of F1 and backcross generations to disease-killed brood. *American Zoologist* **4**, 111–23.
Schuster, P. & Sigmund, K. (1981). Coyness, philandering and stable strategies. *Animal Behaviour* **29**, 186–92.
Spalding, D. A. (1873). Instinct. With original observations on young animals. *Macmillan's Magazine* **27**, 282–93.
Symons, D. (1979). *The Evolution of Human Sexuality*. New York: Oxford University Press.
Taylor, A. J. P. (1963). *The First World War*. London: Hamish Hamilton.
Tinbergen, N. (1963). On aims and methods of ethology. *Zeitschrift für Tierpsychologie* **20**, 410–33.
Tinbergen, N. (1965). Behaviour and natural selection. In *Ideas in Modern Biology* (ed. J. A. Moore), pp. 519–42. New York: Natural History Press.
Tinbergen, N., Broekhuysen, G. J., Feekes, F., Houghton, J. C. W., Kruuk, H. & Szulc, E. (1962). Egg shell removal by the black-headed gull, *Larus ridibundus*, L.; a behaviour component of camouflage. *Behaviour* **19**, 74–117.
Trevor-Roper, H. R. (1972). *The Last Days of Hitler*. London: Pan.
Trivers, R. L. (1974). Parent-offspring conflict. *American Zoologist* **14**, 249–64.
Turing, A. (1950). Computing machinery and intelligence. *Mind* **59**, 433–60.
Turner, J. R. G. (1977). Butterfly mimicry: the genetical evolution of an adaptation. In *Evolutionary Biology*, Vol. 10 (eds M. K. Hecht *et al.*), pp. 163–206. New York: Plenum Press.
Vermeij, G. J. (1973). Adaptation, versatility and evolution. *Systematic Zoology* **22**, 466–77.
Weinrich, J. D. (1976). Human reproductive strategy: the importance of income unpredictability, and the evolution of non-reproduction. PhD dissertation, Harvard University, Cambridge, Mass.
Weizenbaum, J. (1976). *Computer Power and Human Reason*. San Francisco: W. H. Freeman.
Wenner, A. M. (1971). *The Bee Language Controversy: An Experience in Science*. Boulder: Educational Programs Improvement Corporation.
Williams, G. C. (1957). Pleiotropy, natural selection, and the evolution of senescence. *Evolution* **11**, 398–411.

Williams, G. C. (1966). *Adaptation and Natural Selection.* Princeton, N.J.: Princeton University Press.

Williams, G. C. (1979). The question of adaptive sex ratio in outcrossed vertebrates. *Proceedings of the Royal Society of London,* B **205**, 567–80.

Wilson, E. O. (1975). *Sociobiology: the New Synthesis.* Cambridge, Mass.: Harvard University Press.

Wilson, E. O. (1978). *On Human Nature.* Cambridge, Mass.: Harvard University Press.

Winograd, T. (1972). *Understanding Natural Language.* Edinburgh: Edinburgh University Press.

Wright, S. (1932). The roles of mutation, inbreeding, crossbreeding and selection in evolution. *Proceedings of the 6th International Congress of Genetics* **1**, 356–68.

Wright, S. (1951). Fisher and Ford on the Sewall Wright effect. *American Science Monthly* **39**, 452–8.

Wright, S. (1980). Genic and organismic selection. *Evolution* **34**, 825–43.

Young, R. M. (1971). Darwin's metaphor: does nature select? *The Monist* **55**, 442–503.

第 14、15 章术语表

《延伸的表型》主要是为了生物学家而写作的，他们并不需要一张术语表。但是在此我们要为这两章中出现的一些科学术语提供一个简要的解释，以便更多的读者理解书中讨论的内容。

适应（adaptation）

这个术语已经发展得多少有些远离了它在一般语言应用中的含义，即“修改”的近义。“蟋蟀的翅已经适应了（从其飞行的主要功能修改成为）歌唱的功能。”这句话含蓄地表达了蟋蟀的翅被专门设计用于歌唱，同时这样的句子也让“一种适应性”这个说法变得大概有了这样一层含义：某种生物的一种对其自身有某种“好处”的特性。何为好？为何好？为谁好？这些都是比较难回答的问题，而在《延伸的表型》中有着更为详尽的讨论。适应的例子有翅和眼。需要注意的重要一点是，适应只能从自然选择中产生。

适应性景观（adaptive landscape）

这是休厄尔·莱特（Sewall Wright 1932）发明出来的很有用处的比喻，以多维度可视化的手段将不同表型的生殖适应性比作一片景观，其中的山峰即代表了更高的适应性。一个种群的进化能够在这片景观中绘制出一条路径，它通过自然选择的作用，趋向于那些山峰（适应）。这一表述方式的一些变体也为进化生物学家和群体遗传学家所使用。

等位基因（alleles，**是** allelomorphs **的缩写**）

每一个基因都只能占据染色体上的一个特定区域，即它的基因座。在每一个给定的基因座上，种群之中都可能存在那个基因的某种替代形式，这些替代形式的基因就被称为那个基因的等位基因。《延伸的表型》强调了一点，即从某种角度来看，等位基因之间是彼此竞争的关系，因为在进化的时间尺度上，成功的等位基因相对同一基因座上的其他基因而言，将在种群中的所有染色体上获得数量上的优势。

异速生长（allometry）

指身体某一部分的尺寸与身体整体的尺寸之间的一种不成比例的关系。这一比较可以是在不同个体间进行的，也可以是在同一个体不同生命阶段之间进行的。

例如，体形大的蚂蚁趋向于有着相对特别大的脑袋（在人类中则是体型小的人），其脑的生长速率不同于身体整体的生长速率。从数学上来讲，身体某一部分的尺寸与身体整体尺寸的增速相比，有着指数级别的提高。

鲍德温 / 沃丁顿效应（Baldwin/Waddington Effect）

最初由斯波尔丁（Spalding）于 1873 年提出。这是一个主要为假说性质的进化过程（也称基因同化），通过这一过程，自然选择能够创造出一种假象，好像是遗传得到了某种后天获得的特性。获得对环境刺激做出响应的某种特性，这样的遗传趋势如果被选择作用青睐，那么就会导致进化出更强的针对同一环境刺激的敏感性，并最终从对这种环境刺激的需求中解脱出来。在《对于完美化的制约》一章中，我提出我们或许能够繁育出一种自发产乳的雄性哺乳动物，方法是对连续的一代代雄性施用雌性激素，并从中选择对于雌性激素有着越来越强敏感性的雄性个体。其中激素或是其他环境因素所扮演的角色，就是让潜伏的基因变化呈现出一种开放活跃的状态。

中心法则（central dogma）

在分子生物学中，中心法则是指以核酸为模板的蛋白质合成，但两者的关系不可能对调。更普遍地讲，中心法则是指基因对于生物躯体的形式施加了影响，但是躯体的形式永远不可能被转换回基因编码——后天获得的特性不可能遗传。

染色体（chromosome）

细胞中由基因组成的链，其中除了 DNA 之外，通常还有由蛋白质构成的复杂支撑结构。染色体只在细胞周期中的特定一些时刻才能在光学显微镜下观察到，但是它们的数量和线性度能够仅从遗传的事实中通过统计学的推理推断出来。染色体通常存在于躯体的所有细胞之中，不过在一个细胞中只有一小部分染色体处于活跃状态。在每个二倍体细胞中通常有两个性染色体以及一些常染色体（人类有 44 个常染色体）。

顺反子（cistron）

基因的一种定义形式。在分子遗传学中，顺反子有着精确的定义，依赖于一种专门的实验测试的结果。宽松地讲，它被用于指称负责编码蛋白质中一条氨基酸链的一段染色体。

进化稳定策略（evolutionarily stable strategy, ESS）

注意这里出现的是 evolutionarily 这样一个副词，而不是 evolutionary 这个形容词。此处使用形容词形式是一个常见的语法错误。这个概念所指的策略在一个由此策略支配的种群中运行得很好。这个定义捕捉到了这个概念直观的本质，但多少有些不够精确。要了解数学形式的定义，请参见梅纳德·史密斯的论述（Maynard Smith 1974）。

延伸的表型（extended phenotype）

一个基因对这个世界产生的所有效应。一如既往，要理解此处基因的“效应”，就要与其等位基因相比较来看。传统意义上的表型是这个概念的一种特殊形式，其中的效应被视为限定在基因所在的动物个体身上的效应。实践中，比较方便的处理方式是把“延伸的表型”限定在一定的情况之下，即表型的效应能够以正面或负面的方式影响基因的存续机会时。

基因漂变（genetic drift）

在生物一代又一代繁育的过程中，由概率而非选择导致的基因频度的变化。

基因型（genotype）

一种生物在一个或一组特定的基因座上的基因构成。有时也会宽松地使用这个概念来代表一种表型所对应的整个基因构成。

类群选择（group selection）

一种假说性质的自然选择过程，针对多个生物群体。常常被引用以解释利他主义的进化。有时也会被人与亲属选择混淆在一起。

遗传率（heritability）

一个经常被误解的术语。它是一个统计学数值，指明了在一个种群中由基因变化引起的表型特征的可变性所占的比例，与由环境或其他因素导致的可变性比例是相对的概念。

杂合体（heterozygous）

在一个染色体基因座上有不同等位基因的情况。这个概念通常被用于一个生物个体身上，此时指称一个给定基因座上的两个不同等位基因。更宽泛地说，它可能指称等位基因对个体内或种群内所有基因座平均之后的统计学上的整体异质性。

纯合体（homozygous）

在一个染色体基因座上有一致等位基因的情况。这个概念通常被用于一个生物个体身上，此时意味着这个生物个体在一个基因座上有两个相同的等位基因。更宽泛地说，它可能指称等位基因对个体内或种群内所有基因座平均之后的统计学上的整体同质性。

广义适合度（inclusive fitness）

这个概念是比尔·汉密尔顿（Bill Hamilton 1964）从数学上提出来的，是亲属选择理论的一部分。在这个理论中，一个个体的适应性是以与其共享同样基因的近亲的适应性来估算的。

亲属选择（kin selection）

一种对于基因的选择作用，选择的标准是那些导致个体对近亲有所助益的基因，其原因在于亲属之间有很高的可能性共享了这些基因。严格来说，“亲属”包括直系子代，但不幸的是，不可否认许多生物学家使用了“亲属选择”这个说法来明确指称除了子代之外的亲属。有时也有人把亲属选择与类群选择混为一谈，但两者在逻辑上不是一回事。不过，有些物种恰好以分隔开的亲属群体形式活动，那么这两者就顺带着合二为一，成为同一样东西——“亲属类群选择”。

基因座（locus）

染色体上被一个基因（或是一组可替换的等位基因）占据的位置。例如，可能会有一个决定眼睛颜色的基因座，其上可替换的等位基因编码着绿色、棕色和红色的眼睛。这个概念通常应用于描述顺反子的层次，也可指更小或更大的染色体片段。

孟德尔遗传（Mendelian inheritance）

非混合式的遗传，借助成对的分离的遗传因子（现在被称为基因）来实现，其每一对中的两个遗传因子分别来自亲代的两个个体。其在理论上的替代概念主要是“混合式遗传”。在孟德尔遗传中，基因作用在生物躯体上的效应或许会是混合的，但是基因自身不会混合，并且会完整地传递给子孙后代。

单源的（monophyletic）

一群生物如果全都是一个共同祖先的后代，且这个共同祖先也应该被划入这个群体中，那么它们就被称为单源的。例如，鸟类可能是一个单源的群体，因为所有鸟类最晚期的共同祖先很可能也被划分为鸟类。不过，爬行动物可能就是多源的，因为所有爬行动物最晚期的共同祖先可能不会被划分为爬行动物。

米勒拟态（Müllerian mimicry）

两种作为猎物的生物物种之间的一种拟态形式，两者有着同一种捕猎者，且都有着令捕猎者反感的味道，而两者之间相互模拟着对方的警示信号，比如蝴蝶的警示色彩。这两个物种并不需要是彼此有亲缘关系的。两个物种中的个体都会从拟态中受益，因为一个捕猎者一旦品尝过其中一种猎物的难吃味道，以后就会对两个物种都避而远之。随着时间推移，更多的物种也可能来模拟同样的警示信号，无论它们是否有亲缘关系，最终就会共同形成一个“拟态环”。

突变（mutation）

基因材料中一个遗传而来的改变。在达尔文进化论中，突变被认为是随机的。这并不意味着它们不是依照一定的原理而产生的，只是说突变不存在一种导向更强的适应性的明确趋势。更强的适应性只能通过选择作用才能产生，但是它需要突变作为变化的根本性来源，才能从这些变化中做出选择。

新达尔文主义（neo-Darwinism）

一个在20世纪中叶被创造出来的术语（实际上是再创造，因为这个词已经在19世纪80年代被用于指称完全与今天概念不同的一批进化论者）。这个概念的目的是要强调（在我看来是夸大了）达尔文主义的现代综合论与孟德尔的遗传学说之间的区别。这种区别于20世纪20年代和20世纪30年代产生自达尔文自己的进化论观点之中。我认为强调“新”的必要性正在减弱，而达尔文自己的说法，即“大自然的经济性”现在看来是非常现代的。

幼态延续（neoteny）

相对于性成熟的发育过程而言，躯体的发育速度在进化过程中逐渐减缓的现象。其结果就是，执行生殖行为的生物个体相当于其古代祖先的幼年时期。有假说认为进化历史中的一些关键阶段，比如脊椎动物的起源，就是来自幼态延续。

中性突变（neutral mutation）

一个与其等位基因相比既没有选择优势也没有选择劣势的突变。理论上来讲，一个中性突变可能在几代之后被“固定下来”（也就是说，在种群中的这个基因座上占据数量优势），这也是一种进化改变的形式。对于随机性的突变固定在进化中的重要性，学界存在着合理的质疑声音，但是对于突变固定在直接产生适应性方面的重要意义则不应该存在争议——一丝一毫都不应该有。

表型（phenotype）

一种生物显露出来的某种特性，是其基因与其发育成长时所处环境合力作用的产物。一个基因可能被说成是在某方面具有表型的表达，比如说眼睛颜色方面。在《延伸的表型》这本书中，表型这个概念被延伸了，涵盖基因差异所导致的一切功能性的重要后果，包括基因所在的躯体之外的事物。

多效性（pleiotropy）

一个基因座上的改变带来明显没有联系的不同表型改变的现象。例如，某一个突变可能同时影响眼睛颜色、脚趾长度和产乳量。多效性可能是一种规律，而非特例。由于我们知道发育过程的复杂性，所以多效性是一种完全可以预计到的结果。

多源的（polyphyletic）

参见“单源的”。

复制因子（replicator）

宇宙中任何可以复制自身的实体。

存续价值（survival value）

自然选择青睐于某一特性的程度。

魏斯曼学说（Weismannism）

这个学说认为永恒不灭的种系与容纳这些种系的自然演替的肉体之间存在严格的分隔。特别是，种系能够影响躯体的形态，但是反之则不行。参见中心法则。

野生型基因（wild-type gene）

或称野生型等位基因，是某个基因座上在一个种群中最为常见的等位基因。

评论集萃

为了公益

彼得·梅达沃
发表于《旁观者》(*The Spectator*),
1977年1月15日

每当在动物中发现表面上的利他主义或其他非自私的行为时，业余生物学家们，也包括越来越多的社会学家很容易被诱导，说这些行为是“为了物种的利益”才进化出来的。

以一个众所周知的谜题为例。数以千计的旅鼠以冲出悬崖掉落海里这种自杀方式来控制种群数量，很明显，它们比我们对控制种群数量的必要性有更多的认识。显然就算是那些最容易轻信的自然主义者也必须问问自己，这样的利他主义是如何成为该物种行为清单上的一项的。还得考虑到一个事实，在这个伟大的人口刑罚中，有益于这样做的遗传物质会和它们的携带者一起灰飞烟灭。然而，将这看作一个谜题，并不意味着否认遗传上自私的行为有时候可能会“表现”(就像临床医生所说)为无私或利他的行动。有利于祖母般溺爱的遗传因素和与之相反的冷漠无情相比，前者可能更容易在进化中盛行，因为慈祥的祖母们在自私地促进着存在于孙辈体内的她们自己的部分基因的存活与兴旺。

理查德·道金斯是正在崛起的一代最聪明的生物学家中的一员，他委婉且专业地揭穿了一些社会生物学关于利他主义进化的假象，但这并不意味着本书以披露为主，恰恰相反，这本书把以自然选择的遗传理论为代表的社会生物学的中心问题很有技巧地重组了一遍。另外，本书行文相当流畅，更不乏风趣与博识。与本书中出现的所有熠熠生辉的优秀生物学家一样，动物的“普遍可爱性”吸引着道金斯研究动物学。

尽管《自私的基因》的特性并不包括争论，但当道金斯在揭示某些书的虚伪之时，它就成为不可或缺的一环，这些书包括了洛伦茨的《论进犯行为》、阿德里的《社会契约》以及艾贝尔–艾伯费尔德（Eibl-Eibesfeldt）的《爱与恨》（*Love and Hate*）。“这些书的问题是它们的作者大错特错了……因为他们误解了进化的工作原理。他们做出了一个错误的假设，即进化中重要的是要对整个物种（或整个群体）有利，而不是对每个个体（或基因）有利。”

学童们的格言本上一打诸如“一只母鸡是一只蛋制造另一只蛋的方式”之类的警句，确实是有道理的。理查德·道金斯这样写道：

> 本书的论点是，我们以及其他一切动物都是各自的基因所创造的机器……我将要论证，成功基因的一个突出特性就是其无情的自私性。这种基因的自私性通常会导致个体行为的自私性。然而我们也会看到，基因为了更有效地达到其自私的目的，在某些特殊情况下，也会滋长一种有限的利他主义。上句中，“特殊”和“有限”是两个重要的词。尽管我们可能觉得这种情况难以置信，但对整个物种来说，普遍的爱和普遍的利益在进化论上简直是毫无意义的概念。

我们可能会哀叹这些真相，道金斯说道，但这并不能减少它们哪怕一丁点儿的真实性。然而，我们对遗传过程中的自私性了解得越清楚时，我们就越有资格去教导慷慨、合作以及其他所有为公益奉献的美德。道金斯也更加清楚地阐述了文化上或“外源性”进化对人类的特殊重要性。

在第 11 章也是最重要的一章里，道金斯对自己提出了一个挑战，去构建一个对所有进化系统都能够成立的基本原理——这甚至可能是由硅原子取代了碳原子的生物体，或者是像人类一样，很多进化都是由非遗传方式而实现的生物体。该原理就是，进化是通过复制实体的净繁殖优势而实现的。对于一般的生物体，在一般的情况下，该实体就是 DNA 分子中被称为“基因”的片段。对道金斯来说，文化传播的基本单位就是被他称作“觅母”的东西。在第 11 章中，他阐述了觅母的达尔文主义理论究竟是什么。

我想为道金斯这本令人兴奋的好书添加一个脚注：奥地利生理学家埃瓦尔德·赫林（Ewald Hering）在 1870 年首先提出，拥有记忆功能是所有生物的基本特征。他将他的基本单位称作“觅聂米”（mneme）——精心选择的一个忠于其语源的词汇。很自然，理查德·西蒙对这个主题的阐述（1921 年）完全是非达尔文主义的，所以除了成为一个历史插曲，现在它什么也不是。赫林的一个观点被与他对立的一个自然哲学家霍尔丹揶揄道：该观点就是，必有一个化合物拥有那些属性，我们现在知道它就是脱氧核糖核酸，即 DNA 所拥有的。

©《旁观者》，1977

自然的博弈

汉密尔顿发表于《科学》，
1977年5月13日（节选）

所有人都应该来阅读这本书，此书也的确适合所有人群。它使用绝妙的技巧描述了进化论的新面孔。最近有很多书籍，致力于以一种轻松、无碍的形式向公众传授新的生物学知识，但有时候那些知识却是错误的。在我看来，与那些书相比，本书更加严谨也更加成功。它成功地完成了那个看似不可能完成的任务，即使用简单、非技术性的英语来表达一些更深奥的、更数学的关于近期进化思潮的主题。以这些主题带来的宽广视角纵览这本书，它甚至能使很多自认为已经清楚的研究型生物学家感到惊讶和振奋。至少，他们会对这个评论者感到惊讶。再重复一次，这本书对任何人都是很容易阅读的，哪怕他没有任何科学背景。

就算不是故意去假冒内行，但当某人阅读一本领域与自己研究兴趣相似的畅销书时，他几乎都会情不自禁地去找碴：这个例子用得不好，那个观点太模糊了，这个概念是错的，很多年前就被弃用了。但本书令我无话可说。这并不是说这里面没有问题——这对于一个从某种意义上来说是现炒现卖的作品是不大现实的，而是指其中的生物学内容从整体上来看是朝向正确的方向的，其可能存在问题的论点也是非教条主义的。该作者对自己观点的谦逊表达缓和了很多批评，读者们总能在这里或那里找到这样一个让他们很开心的提议：如果他们不习惯给出的模型，他们应该能找出另一个更好的模型。能在畅销书中做出如此严肃的邀请生动地反映了该话题的新颖性。不可思议的是，那些还未得以验证的简单观点可能可以迅速地解决一些进化论里的古老谜题，而这样的可能性真的存在。

那么，进化论的新面孔究竟是什么呢？从某种程度上来说，这就像是对莎士比亚的一个新的阐述：尽在书中，却又视而不见。然而，我需要补充的是，出现问题的那些新观点在达尔文的进化论书卷中并没有它们在自然界中隐藏的那么深，我们更像是有个20年的时间差而不是100年。例如，道金斯从那些我们了解得比较清楚的变化多端的螺旋状分子起笔，但达尔文甚至不了解染色体或是染色体在生物繁殖过程中演出的奇异舞蹈。但就算是20年，这时间也已经长得足够令人惊讶了。

第1章概括地描写了这本书想要解释的现象，并展示了它们在哲学上以及实际上对人类生命的重要性。一些有趣的或惊恐的动物事例抓住了我们的注意力。第2章回到了原始汤中，聚焦第一群复制因子。我们看着它们增殖并变得日益精巧。它们开始为物质竞争，彼此之间战斗，甚至裂解或者吃掉对方。它们将自己以及它们的收获及武器都藏在一个防御围栏中。使用这些围栏并不只是使它们免受竞争者和捕食者的困扰，也是保护它们免受它们即将侵入的恶劣环境的影响，这样它们继续移动、定居，变成奇怪的形态，被泼洒在沙滩上、土地中，以及沙漠和无尽的风雪里。在这些长久以来生命不能存在的边界之中，原始汤被一遍遍地泼洒了数百万次，形成了一个异常奇特的模型多样性。终于，它们被泼洒成了蚂蚁和大象，山魈与人类。第2章总结道：考虑到这些古老复制者结合而成的一些终极后代，“保存它们正是我们存在的终极理由……今天，我们称它们为基因，而我们就是它们的生存机器。”

很有说服力并令人激动，读者可能会这样想，但是这真的非常新颖吗？好吧，到现在为止可能还不是，但是进化过程并没有停滞于我们的身体。更重要的仍然是那些能使生物在这拥挤的世界中存活下来的技能，这个世界有着超乎想象的微妙，微妙到远超生物学家们在陈旧的、过时的、为了物种利益而适应的模型中所能展望到的。大致来说，这本书剩余部分的主题正是这种微妙性。举一个简单例子，鸟类的歌声。这看上去似乎是一个非常没有效率的安排：一个天真的唯物主义者在研究鸫属中的一个种，探询它们是如何活过严酷的冬天、食物匮乏时期等问题时，他会觉得发现它们中的雄性会发出艳丽的歌声就如同降神会中真的降下灵魂那样不现实。（更进一步的思考会使他觉得，这个物种竟然存在雄性这一个事实同样是不现实的，而这实际上是这本书另一个主要话题：就像鸟类的歌声一样，过去我们对性的功能的论证太简单了。）然而在任何一个鸟类种群中，一整队的复制者都在提醒自己去为这样的表演做好准备。道金斯在某处引述了一个更加不同寻常的歌声，座头鲸的歌声能传遍整个海洋。但对这个歌声，我们的所知远比我们对鸫属歌声的了解要少，它们是干什么的，是向谁发出的？目前掌握的证据表明，它可能是对鲸类联合反抗人类的一首赞美诗——如果它真是，可能也对鲸有好处吧。当然，正是这些复制者队伍中的另外一队现在举办起了交响音乐会，这些声音当然有时也会穿越大洋——从空间上的身体位置来看的话。而这些身体本身又是由一些更加复杂的团队根据计划组装并运行的。如果道金斯是对的，魔法师用镜子做的事和自然所做的相比简直不值一提，除了冻结着的原始汤，自然根本没有任何有希望的初始原料。这本书将协助塑造一个新的面孔，这正是在这本书以及其他一些近期出版的书籍（例如威尔逊的《社会生物学》）中想要表达的生物学面孔。它闪耀着一种希望，这些生命中很遥远的细节可能很快就会被更完善地组合在一起，进而成为一个更加普遍的形式，这个形式会包含最简单的细胞壁，最简单的多细胞机体以及乌鸫的歌声。如果不是细节上的组合，这就将是一个基本要素的结合（有信仰的人和非马克思主义者可以将这句话颠倒过来，如果这样做更适合他们的话）。

然而，有一种印象需要避免，即认为这本书是门外汉或穷人的《社会生物学》。首先，它有很多原创概念，其次，通过着重强调威尔逊没有提及的社会行为的博弈论方面，它从某种意义上来说平衡了威尔逊的巨著。“博弈论”并不是一个非常准确的词，特别是在低层次的社会进化情况下，因为基因本身并不据理行动。然而，我们已经很清楚，在所有层面上博弈论与社会进化的概念结构都有着重要的相似性。这种互相间取长补短意味着这个领域非常新颖并且仍在发展中：例如，直到最近我才知道博弈论已经将一个概念命名为“纳什均衡”，这个概念大概可以对应于“进化稳定策略。”道金斯正确地处理了进化上的平衡性，这也同时成为他很多关于社会生物学新观点的重要基础。在任何社会环境下，社会行为中博弈型要素以及社会适应性都来自个体策略的成功，而一个个体策略的成功是建立在它能击败与该个体相互作用者所采取的策略的基础上。无论周遭情况如何，都要在一个给定的环境中攫取最大利益，这种对适应性的追寻会带来一些非常令人惊讶的结果。例如，与大部分动物的情况相反，如果必定有一方去做这件事的话，鱼类往往是由雄性去守卫卵和孩子。谁能想到这样一个重要问题可能取决于一个非常小的细节，即哪一个性别首先在水里释放它的配子。然而道金斯和他的同事利用特里弗斯的概念，解释了为什么那样一个时间上的细节，甚至可能就是几秒钟，就对整个现象是如此关键。再举一个例子，我们难道不会认为，因为有着雄性的照顾，在一夫一妻制下的鸟类中的雌性，会比多配偶制下的雌性产下更大的蛋吗？但事实恰恰相反。道金斯在他那有点危言耸听的关于“两性战争”的章节里，再一次运用了稳定性的概念解释了利用（在这个例子中是雄性所为），并一下就使得这个怪异的关系变得自然起来。他这个观点，就和他很多其他观点一样，还没有得到证实，因此还可能有其他的更加重要的原因。但是他给出的这个观点，从他全新的角度来看是非常明显的，所以这个观点值得我们注意。

在博弈论的教科书中你找不到任何的博弈，就如同你在现代几何中很难看到圆圈和三角一样，粗略一看都是些代数：博弈论从一开始就是一门技术型学科。因此，暂且不谈内在的细节，能够像这本书一样，在包含了如此多的博弈论情形之时不用到公式，这本身就是一个文学上的奇迹。那些博弈论的情形甚至包括了其外在感受与质量，更不用说内在细节了。费希尔在介绍他那本关于遗传的伟大著作时写道：“我没有任何一个努力是为了使这本书更加易读。”在那本书中，瓢泼大雨般的公式以及深奥且非常简洁的句子很快就把人们打蒙了，使他们陷入了沉默。阅读完《自私的基因》，我现在觉得费希尔可以做得更好，尽管必须得承认，那样他就得去写另外一类的书了。看上去似乎那些经典群体遗传学的构成要件都能在一篇散文中变得比之前更加有趣。（其实，霍尔丹在这方面做得比费希尔是要好一些，但他的书也没那么深奥。）但真正引人注目的是这个新的、更加社会学的研究生命要素的方法能绕过多少令人生厌的数学，这些数学主要是由在莱特、费希尔和霍尔丹带领下的群体遗传学主流群体带来的。当我发现道金斯分享同我一样的对费希尔的评论时，我感到非常惊讶，他把费希尔誉为“20 世纪最伟大的生物学家”（我认为这是一个非常罕见的评论），但我同样也惊讶于发现他几乎没怎么反复讲费希尔的书。

最后，在第 11 章中，道金斯开始了关于文化进化这一非常迷人的主题。他创造了“觅母”一词（meme，“mimeme”的缩写）作为文化上“基因”的等价物。就像很难去界定这个词的范围一样——这显然会比“基因”更难，尽管那已经够糟了，我推测这个词很快会成为生物学家的常用词，并且希望它也会被哲学家、语言学家以及其他专家运用。它可能会像“基因”一样融入日常对话之中。

基因和觅母

约翰 · 梅纳德 · 史密斯写于《伦敦图书评论》，1982 年 2 月 4—18 日。（节选自对《延伸的表型》的评论）

《自私的基因》不平凡的一点在于，尽管是按畅销书的类型来写的，却仍然为生物学做出了原创性贡献。进一步说，它本身的贡献是另类的。不像戴维 · 拉克的经典著作《罗宾的生活》

(*The Life of the Robin*)——同样是一个通俗形式的原创性贡献,《自私的基因》并没有提出任何新的事实。它也没有包含任何新的数学模型，实际上它根本就没有数学。它提供的是一个新的世界观。

尽管大家已经广泛阅读并欣赏了这本书，但它还是引起了深深的敌意。我相信，很多这样的敌意都是因为误解而来，或者更准确地说是因为多个误解才导致的。其中，最根本的就是没能理解这本书是要说什么。这是一本关于进化过程的书，它不关乎道德，或者政治，或者人类科学。如果你并不关心进化是怎么来的，并且不能理解为什么有的人会如此严肃地去关心一些和人类无关的事，那就不要读它：它只会导致你不必要的愤怒。

然而，假设你对进化很感兴趣，理解道金斯这样做的原因的最好办法就是去了解20世纪60年代到70年代进化生物学家们进行辩论的要点。这包含了两个相关主题："类群选择"和"亲属选择"。"类群选择"的辩论开端于温-爱德华兹，他认为行为适应是通过"类群选择"进化而来，也就是说，通过一些群体的生存和其他群体的灭绝……

在几乎相同时间，汉密尔顿提出了另外一个关于自然选择是如何实现的问题。他指出，如果基因导致了它的携带者牺牲自己的生命去拯救其他几个亲属的生命，比起没有做这样的牺牲，会有更多的该基因的拷贝制品会存在下去……为了定量地模拟这个过程，汉密尔顿引入了"广义适合度"这个概念……这不仅仅包含了一个个体自己的后代，而且还包含了另外的接受该个体帮助的亲属的后代，这会根据关系的远近亲疏而相应变化……

道金斯在承认我们欠汉密尔顿债的同时，也认为他错误地做出了保留拟合度这一概念的最后尝试，他觉得汉密尔顿应该更加聪明地去采用一个纯粹基因的眼光看待进化。他催促我们去注意“复制因子”与“载体”之间的根本区别。复制因子是指其精确结构在每次繁殖的时候得到复制的实体，载体则是暂时性的，并且不能被复制，但是载体的性质可以被复制因子影响。我们所熟悉的主要复制因子就是核酸分子，通常是 DNA 分子，它们是基因和染色体的组成部分。常见的载体则是狗、果蝇及人的身体。因此，假使我们观察到一个结构，例如眼睛，它是为了适应观察而出现的，我们就可能很有理由去问眼睛究竟是为了谁的好处而进化出来的。道金斯认为，唯一合理的答案是它是为了复制因子的更好发展而进化出来的。尽管像我一样，他非常偏向于以个体优势而非群体优势来作为一个解释，但他更应该偏向于以复制因子的优势至上。

本书第 1 章至第 11 章采用卢允中、张岱云两位先生的译文。因无法与权利人取得联系，敬请权利人与编辑联系（maxiaoling@citicpub.com），我们将按规定标准支付翻译费。特此致谢！

图书在版编目（CIP）数据

自私的基因 /（英）理查德 · 道金斯著；卢允中等译 . -- 北京：中信出版社，2021.4
（中信经典丛书 . 007）
书名原文：The Extended Selfish Gene
ISBN 978-7-5217-2978-8

Ⅰ. ①自… Ⅱ. ①理… ②卢… Ⅲ. ①基因－研究
Ⅳ. ①Q343.1

中国版本图书馆 CIP 数据核字（2021）第 048929 号

自私的基因
（中信经典丛书 · 007）

著　　者：[英] 理查德 · 道金斯
译　　者：卢允中　张岱云　陈复加　罗小舟　叶盛
责任编辑：马晓玲
出版发行：中信出版集团股份有限公司
（北京市朝阳区惠新东街甲 4 号富盛大厦 2 座　邮编　100029）
承 印 者：北京雅昌艺术印刷有限公司

开　　本：880mm × 1230mm　1/32　　印　　张：116.5　　字　　数：2798 千字
版　　次：2021 年 4 月第 1 版　　印　　次：2021 年 4 月第 1 次印刷
京权图字：01-2012-5589
书　　号：ISBN 978-7-5217-2978-8
定　　价：990.00 元（全 8 册）

扫码免费收听图书音频解读

知识大融通

21 世纪的科学与人文

CONSILIENCE

THE UNITY OF KNOWLEDGE

[美] 爱德华·威尔逊
著

梁锦鋆
译

牟中原
傅佩荣
校

中信出版集团 | 北京

目录

第一章	爱奥尼亚式迷情	1
第二章	学术的主要分支	9
第三章	启蒙时代	19
第四章	自然科学	65
第五章	阿里阿德涅之线	96
第六章	心灵	140
第七章	由基因到文化	181
第八章	人性的适应能力	236
第九章	社会科学	260
第十章	艺术和艺术的诠释	301
第十一章	伦理和宗教	342
第十二章	为的是什么？	382

注释 / 429

致谢 / 469

第一章

爱奥尼亚式迷情

我相信这就是爱奥尼亚式迷情的源头：
追求客观的真实性，而非神的显现，
这是另一种满足宗教饥渴的方法。
它的中心思想，正像
爱因斯坦所了解的，是知识的统一。
一旦某些知识
统一到一定的程度，
我们就可以了解我们是谁，
以及我们为什么会在这里。

我记得很清楚，自己被“统一的知识”这个梦想所吸引，是在 1947 年早秋。我那时 18 岁，从莫比尔（Mobile）到塔斯卡卢萨（Tuscaloosa）进入亚拉巴马大学（University of Alabama）就读，开始我大二的生涯。我那时是个初出茅庐的生物学者，有年轻人的热情，但缺乏理论和远见。我在家乡自学博物学，常常在书包里带上几本野外指南，独自一人走入森林，沿着小溪开始短途行程。我认为研究科学是在户外逗留的最佳方式，我这里指的是研究蚂蚁、青蛙和蛇类。直到现在，我仍然一本初衷。[1]

我的“启蒙时代”

我的知识世界是由林奈（Carolus Linnaeus，1707—1778）架构起来的。他是 18 世纪的瑞典博物学家，发明了现代生物分类法。林奈的分类系统看起来很简单。首先，他把所有植物和动物标本分成不同的“种”，然后把彼此类似的种集成一群，就成了“属”。比如，所有的乌鸦是一个属，所有的橡树也是。之后，你就给每个种取一个包括两部分的拉丁名。比方说，*Corvus ossifragus* 是鱼鸦（fish crow）的拉丁名，其中 *Corvus* 是属名，代表所有的乌鸦，*ossifragus* 则代表鱼鸦这个特定的种。

依照这个方式继续向上归类，类似的属就聚集成“科”，类似的科聚集成“目”，等等，一直到“门”；最后，在最上层有六个“界”：植物界、动物界、真菌界、原生生物界、原核生物界和古生菌界（archaea）。这就像军队系统：由男人（现在或许会加上女人）组成班，班组成排，排组成连，到了最上层，则是由参谋长联席会议共同指挥的三军。以上这些，也可以说是一个

18 岁年轻人心中的世界观。

那时候，我的知识水平已经达到 1735 年林奈的标准，或更正确地说（因为我那时对这位瑞典专家所知有限），是达到 1934 年彼得森（Roger Tory Peterson，1908—1996）的水平，当时这位伟大的博物学家的《野外赏鸟手册》（*Field Guide to the Birds*）第一版发行了。无论如何，这段林奈时期是我进入科学专业的开端。正如中国人所说的，“名定而实辨”。

后来我接触到进化论，于是骤然间（这个用词并不夸张）我对这个世界产生了全新的看法。这个领悟要归功于我的启蒙师长查莫克（Ralph Chermock），他是一位很认真的年轻助理教授，一个老烟枪，顶着康奈尔大学昆虫学博士头衔刚到亚拉巴马州。我喋喋不休地告诉他，自己要把亚拉巴马州的所有蚂蚁分门别类，他听完我的崇高理想之后，交给我一本迈尔（Ernst Mayr，1904—2005）在 1942 年写的《分类学和物种起源》（*Systematics and the Origin of Species*）。他说：“如果你想成为一位真正的生物学家，就读这本书。”

这本书很薄，书皮是蓝色的。它结合了 19 世纪的达尔文进化论和现代遗传学知识，是“新综合学说”（New Synthesis）的研究成果之一。这本书给出了博物学一个理论框架，大大扩展了林奈当初开创的知识事业。我的心智突然开了窍，打开一扇通往新大陆的门。我着了魔一般，不停地思考进化论对分类法和其他生物学的影响，以及对哲学与对几乎所有事物的冲击。以往静态的观念也开始像流体般滑动。我那些新萌芽的现代生物学家的想法，开始沿着一条因果相承的线索向前迈进，由造成基因变化的突变，到增加物种数目的进化过程，再到组成动物群（faunas，或译动物区系）和植物群（floras，或译植物区系）的各类物种。

在放大的尺度之下观看，这些现象就成了一串连续的事件。借着调整思想的时空坐标，我发现自己可以沿着生物组织的阶梯往上爬，由细胞中的微观粒子爬到覆盖山坡的森林。顿时，一股新的热情从我身上流过。那些我衷心喜爱的动物和植物，又重新回到这个大剧场来扮演主角了。博物学也由此被确认为真正的科学。

爱因斯坦的愿景

我体验到了"爱奥尼亚式迷情"（Ionian Enchantment）。这个新用词是我从物理学家兼历史学家霍尔顿（Gerald Holton，1922—）那里借来的，指的是一种相信科学具有统一性的信仰——这是一种比单单只有操作的命题更加深入、虔敬的信仰，它宣称世界是有规律的，同时可以用少数自然定律加以解释。[2] 这个信仰的起源可以追溯到公元前6世纪、爱奥尼亚群岛米利都的泰勒斯（Thales of Miletus，公元前640—前546，希腊哲学家）。这位传奇的哲学家在两个世纪之后，被亚里士多德推崇为物理科学的创始人。人们对泰勒斯比较具体的记忆是他的信仰：所有物质最终都由水构成。虽然他这个想法经常被人当作例子，用来说明早期希腊人的玄想有多么离谱，然而它真正的重要性，在于表达了有关"世界的物质基础和自然界的统一性"的哲学思想。

从泰勒斯那时开始，这种信仰就愈变愈复杂，现在已经成了支配整个科学的想法。近代物理学集中心力于统一自然界的所有作用力，包括电弱力、强力和万有引力。为了使这门科学具有

"完美"的思想体系，物理学家想要在理论上达成统一的愿望非常迫切，而且这门科学提供了占有相当分量的证据和逻辑，因此推崇统一理论的想法很难有所更改。但是，这个信仰的迷惑力也进一步延伸到其他的科学领域，少数人认为它同时向外扩展到了社会科学，甚至更进一步触及了人文学科，这点我在后面会加以解释。科学具有统一性这个观点并未停滞，它已经受过逻辑和实验的严密考验，也已经重复地被成功验证。它从来不会遭受任何能够扭转乾坤的溃败，至少到目前为止这种情况还不会出现，尽管根据科学方法的本质，这个观点的中心必定总是脆弱的。我在后面较恰当的地方会进一步讨论这个弱点。

爱因斯坦这位在物理学上建立统一理论的创造者，他的中心思想也是非常爱奥尼亚式的。这种远见可能正是他的特长。他在写给朋友格罗斯曼（Marcel Grossmann）的信中提到："能从直接观测时看似不相干的事件中，体认到这些复杂现象之间具有统一性，真是令人欣慰。"爱因斯坦在这里所指的，是自己能成功地把毛细血管的微观物理现象，和举世通用的重力的宏观物理现象相配合。他在生命后期的目标是，企图把所有的其他事件结合成一个精简的系统，包括把空间与时间、物理运动相结合，以及把重力与电磁场、宇宙论相结合。他努力地追求这个"圣杯"，但从来没有达到目标。

所有的科学家，爱因斯坦也不例外，都成了坦塔罗斯[3]一般的孩子，对那些看似够得到、实际上却拿不到的东西感到懊恼。从事热力学研究的人就是典型的例子。在过去数十年间，他们已经能够把温度降得愈来愈接近于绝对零度，在这个温度下，原子会停止所有的运动。1995年，当他们把温度降到绝对零度以上几十亿分之一度时，却产生了“玻色[4]-爱因斯坦凝聚”（Bose-Einstein condensate），这是物质的一种基本形态，超乎我们平常熟悉的气态、液态和固态。在这种状态下，原子几乎都可处在同一量子态。当温度下降时，压力上升，气体会凝结成液体，之后就形成固体，然后才出现“玻色-爱因斯坦凝聚”。然而，绝对彻底的绝对零度，就像一个存在于幻想中的温度，始终没法达到。

伊卡洛斯精神

从一个更适中的尺度来看，我发现，除了体验具有统一性的形而上学外，从严格遵守基本教义的宗教桎梏中解脱出来，也是一种美好的经验。我从小受到南方浸信会（Southern Baptist）的熏陶，在牧师坚定的手臂支撑下，被倒着浸入水中，由此获得再生。我熟知赎罪具有治疗的效用，信心、期望和善行的训诫对我也深刻入骨。我和其他数百万名教徒一样，知道救世主耶稣基督会为我带来永生。我比一般年轻人还要虔诚，把《圣经》从头到尾读了两遍。但是到了大学，在类固醇（steroid）的刺激下，我产生了青春期的叛逆情绪，对宗教抱定了怀疑的态度。我发觉自己很难接受，我们最虔敬的信仰竟是2 000多年前，由地中海东岸的农业社会在岩石上刻留下来的。《圣经》以喜悦的口吻描述2 000多年前这些人的集体屠杀战争，这与20世纪40年代亚拉巴马州的基督教文明之间有着强烈的对比，使我深深感受到认知矛盾的痛苦。对我而言，这好比启示录是古代原始人幻想出来的黑魔法似的。

我认为，一个爱人的神，如果用心思考，绝对不会背弃那些反对将《圣经》中的宇宙论照本宣科的人。对于在学识上有勇气力争的人，神应该给予嘉奖，这才算公平。雪莱会说，宁愿与柏拉图和培根一起被打入地狱，也不愿与巴莱和马尔萨斯一起上天堂。[5]然而最糟糕的是，浸信会的神学观完全不包容进化论的观点。《圣经》的作者显然没有看到神在世上最重要的启示！也许他们没法分享神真正隐秘的想法——也可能是我小时候牧师们在解释神的意旨上曾经犯了错误，虽然他们是爱人的好人。这些宗教上的矛盾和限制对我造成莫大的束缚，相形之下，自由显得尤其美好。我因此离开了教会，不是说我必然会成为无神论者或不可知论者（agnostic），只是不再身为浸信会教徒罢了。

但是，我不想整个去除对宗教的感觉。这种感觉是我与生俱有的，也在我生命中洋溢着创造的源泉。我同时保留了一些基本常识。也就是说，人类有归属团体的需求，乃因渴望一个比自身更远大的目标。由于受到人类心灵最深处需求的驱使，我们有义务把自己从尘埃中提升出来，我们必须想出一个可告人的故事，描述自己从哪里来，又为什么停留在这里。也许《圣经》是文学上第一部尝试解释宇宙存在的作品，并试图突显人类在其中的重要性；而科学又或许只是想继续利用具有较可靠测试基础的新知识，来达到相同的目标。若是如此，科学就某种程度而言，是一种解放了的宗教，而且它的规模正日益扩大。

我相信这就是爱奥尼亚式迷情的源头：追求客观的真实性，而非神的显现，这是另一种满足宗教饥渴的方法。这种竭力的追求几乎和人类文明一样古老，而且和传统宗教密切交织在一起，但是，它所追随的是一条很不相同的途径。它是一种禁欲主义者的教条，一种后天培养出来的爱好，是散布在坎坷地域里的各类探险的引导。它的目标在于借由解放人类心智，而不是借由对神的屈服，来拯救人的灵性——它的中心思想，正像爱因斯坦所了解的，是知识的统一。一旦某些知识统一到一定的程度，我们就可以了解我们是谁，以及我们为什么会在这里。

致力于追求这个信念的人即使不成功，也将获得宽恕。如果他们迷失了，也会再找到另一条路。人文主义信仰强调的是人们所做的努力，不论成败，只要是诚心的尝试，即使失败了，也值得回忆。古希腊人以一个具有极高度野心的神话，清楚表达了这个想法。代达罗斯（Daedalus）和他的儿子伊卡洛斯（Icarus）在逃离克里特岛（Crete）时，使用了他亲自用羽毛和蜡做成的翅膀。但伊卡洛斯不听父亲的警告，向着太阳一直飞去。太阳的高温把翅膀上的蜡融化了，伊卡洛斯也就掉入了大海。这是伊卡洛斯在神话中的结局。我们禁不住猜想：他难道是一个愚笨的小男孩吗？这样的结果是不是他为自己高傲的个性和在神面前的傲慢所付出的代价？我的看法刚好相反。我认为他勇往直前的勇气代表一种可贵的人类美德。因此，伟大的天文物理学家钱德拉塞卡在向启蒙导师埃丁顿公爵[6]致敬时说："让我们试试看，在太阳将我们翅膀上的蜡熔化之前，我们到底能飞多高。"[7]

第二章

学术的主要分支

科学和人文艺术是由同一台纺织机
编织出来的；我们可以从基因
进化到现代文化这整个悠久的历史中，
看到有关这台纺织机的起源、本质，
以及人类处境的一般诠释。
这种融通的因果诠释，
使得每一个单独的心智
能够快速而正确地从共同心智的
某部分前进到另一部分。

你很快就会了解到，为什么我认为17、18世纪的启蒙思想家一开始所提出的想法，绝大多数是正确的。他们认为物质世界是有规律的，知识具有它内在的统一性，以及人类进步的潜能是无限的。我们到现在仍然对它内而深信不疑，外而身体力行，而它在学识的推展上也具有极大的成果。无论是在过去还是未来，人类心智一向尝试达成的最高目标，是把科学和人文结合起来。目前哲学上不断出现的知识分歧以及随之而生的混乱现象，只是学术研究中人为造成的，并不能反映真实的世界。当初启蒙时代所提出的观念，现在已逐渐获得客观证据的支持，尤其是那些来自自然科学的证据。

融通的意义

“融通”（consilience）是学术统一的前提。我喜欢这个用词胜过“一致性”（coherence）一词，因为consilience很少被使用，所以仍然具有较准确的含义；coherence则同时包含几个不同的含义，其中只有一个代表“融通”。休厄尔[8]在1840年所写的《归纳科学的哲学观》（*The Philosophy of the Inductive Sciences*）一书中，第一次采用“融通”这个词，字面上的意义是：经由综合跨学科的事实和以事实为基础的理论，创造一个共同的解释基础，以便使知识融会在一起。他说：“当我们从一组事实归纳出的结果与从另一组不同事实归纳出的结果相符合时，归纳法才算达到了融通的阶段。这个‘融通’的现象是一种测试理论真实性的方法。”

自然科学所发展出来的研究方法，是建立或推翻融通的唯一方法——我必须立刻强调，我所指的并不是科学家努力的成果，或是局限于抽象的数学中，而是指能忠实地采用一些在探索物质世界时已经养成的极佳思考习惯。

我们相信科学以外的其他学术分支，也有可能达成融通。这个想法本身并非科学，而是一个形而上学的世界观，是一个为少数科学家和哲学家所分享的想法。它无法从最先建立的原理上经由逻辑推导来证明，也无法架构于一组确定的经验法则上，至少到目前为止，我们还没能构想出任何验证的方法。它最有力的支持，也只不过是来自以往自然科学上屡试不爽的成功记录的推演；最肯定的测试，则将是它在社会科学和人文学科上所显示的应用效果。学术融通这个想法最吸引人的，是它在学术探险上的发展潜能，以及让我们更确切了解人类处境的价值，即使只有些微的成功。

接下来，请允许我举例说明上述的想法。假设你画了两条线，相交成十字，就产生了四个区域（象限）。在其中一个区域，我们标上“环境政策”，另一个标上“伦理”，下一个标上“社会科学”，最后一个则是“生物学”。在直觉上，我们已经认为这四个领域彼此密切相关，在其中任何一个领域中进行的理性探讨，都会影响到其他三个领域内的思考。但是，不可否认，在当今学术界的想法上，这些领域却是各自独立的；每个领域都有它自己的研究人员、专门语言、分析模式和确认标准。这种划分的结果是混淆的，而培根早在四个世纪前就正确预见到这种类型的混淆会是一种最致命的错误：“每当我们将来自某一经验世界的推论或证据，运用到另一个经验世界时，就会出现这种混淆的现象。”

环境政策	伦理
社会科学	生物学

接下来，以十字的交点为圆心，画一系列同心圆（见下图）。

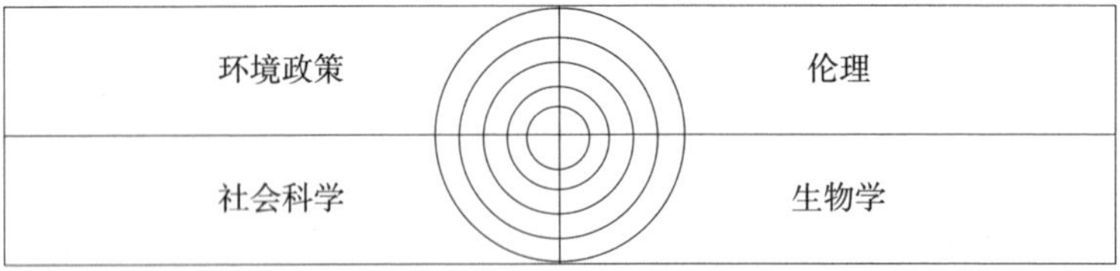

当我们穿过圆圈往内走向所有区域的交界点时，就会发现自己进入了一个愈来愈不稳定、同时方向变得混淆的区域。最靠近交界点的圆环，也是大多数真实问题存在的部位，正是最需要做基本分析的区域；然而，实际上，根本没有任何示意图存在，只能靠几个观念和说法作为我们的引导。我们只有凭借想象力，才能沿着顺时针方向，由一开始对环境问题的认识和对正确决策的需求，前进到依照道德标准来选择解决方案，接着再进一步探讨支持这些理性思考的生物基础，然后才有可能了解到，社会机构其实是生物、环境和历史的产物。由此，才能再回到环境政策的问题上。

现在我们来考虑下述这个例子。对于该采取什么政策才能有效维护世界上日益减少的森林保护区，政府的各个部门都对此感到十分困惑。既存可以用来达成协议的伦理准则并不多，而且这些准则是在不充分的生态学知识下建立起来的，就算我们具有充分的科学知识，对森林仍然缺乏长期判断的基础。有关永续收益的经济学，目前仍处于原始艺术的状态，也几乎没人探讨过自然生态系统对人类心理平衡的好处。

现在已经到了在真实世界里完成这个历程的时刻了。这并不是给知识分子增添乐趣的无聊练习题。除了知识分子与政治领袖，有知识的大众也必须能够自如地从上图圆圈或其他类似的圆圈的任一点开始，朝着不同的方向进行思考，我们才能够明智地选择政策。

跨领域融通

我们能不能在最内圈的区域里获得融通，好让忠实可信的判断能轻易地由一个领域传到另一个领域？这个问题相当于在质问：如果我们将不同的领域聚集起来，各领域的专家能不能达成共识，找到一组共同的抽象原则和能提供证据的明证？我认为他们能做得到。相信融通的存在是自然科学的基础，至少在研究物质世界的科学中，趋势是强烈指向观念上的统一。自然科学内各学科之间的界限正在逐渐消失，将被一些正在变化但具有内在融通的混合领域所取代。这些混合领域能跨越许多复杂程度不同的层次，从化学物理、物理化学到分子遗传学、化学生态学和生态遗传学。其中每一个新兴的专业都是一种单一焦点的研究，都是携带着新观念和先进科技的产业。

既然人类的行动是由具有实体因果关系的事件所组成的，那么为什么社会科学和人文学科不能与自然科学贯通起来？这样的结合又怎么可能不带来帮助？我们不能只说人类的行为具有历史性，而历史又是独特事件的显现，这个理由并不充分。无论是从星球还是从有机物的多样性来看，人类历史和物理学发展史，都没有根本上的差异。比方说，天文学、地质学和进化生物学这类基本上属于历史的学科，就是通过融通的原理，和其他自然科学相结合的。当然，历史学本身是学术上的一个基本分支，它有它独特的细节。但是如果我们能够在上万个像地球这样的行星上，记录上万个类似人类的历史，就可以从这些历史的比较研究中，得出经验法则与根据经验而产生的测试法，那么，用来解释历史趋势的史学法，也早就成为自然科学的一部分了。

这个有关融通的提议，可能会让一些专业哲学家坐立不安。对于我所提出的主题，他们会认为属于哲学范畴，应该用他们的语言和他们正式的思考框架来探讨。他们将给我套上一连串的罪名：综合异端（conflation）、简化主义（simplism）、本体论的化约主义（ontological reductionism，也译为本体论的还原论）、科学主义（scientism）和其他一些带着“主义”名称的官方罪名。面对这些罪名，我确实要承认有罪，有罪，有罪！现在让我们继续说下去。哲学在知性的综合（intellectual synthesis）上扮演了一个重要的角色，它让我们意识到许多世纪以来思想发展的连续性和威力，同时也帮助我们展望未来，给定未知事物某种形象，这向来是哲学被赋予的天职。

罗森博格（Alexander Rosenberg）是最出色的哲学家之一，他最近指出，哲学实际上只探讨两类议题：物理、生物和社会等科学所无法回答的问题；为什么科学没有能力回答这些问题。他的结论是：“当然，从长期来看，当所有事实都被考虑进来时，最后可能没有什么问题是科学无法回答的。但在目前，有些问题仍然是科学没法解决的。”[9]罗森博格这样的评论令人钦佩，既清晰、诚实，又具有说服力。不过，他忽略了一个明显的事实：科学家也具有和哲学家相同的判断力，可以决定还有什么仍有待发现，以及为何如此。在科学家和哲学家之间，从来没有出现过比现在更好的合作机会，尤其是当他们在生物学、社会科学和人文学科的交界面上相遇时。我们正迈向一个综合的新世纪，我们对学术融通的测试是目前学术界最大的挑战。至于哲学，这个冥想、研究未知的学科，则是一个正在逐渐缩小的“自治区”。我们的共同目标是把哲学尽可能地转变成科学。[10]

这个世界的运作方式如果真的支持知识融通的存在，我相信人类文化产业最终将可以归入科学的范畴，我所指的包括自然科学和人文学科（尤其是其中的创造性艺术）。这两个领域将是21世纪学术的两个主要分支，而社会科学的各个部门将继续细分，这个过程早已无情地开始，将使一部分社会科学变成生物学或生物学的延伸，而另一部分则和人文学科相结合。这些社会科学会继续存在，只是在形式上会发生极大的转变。在这个过程中，从哲学、历史到道德理性分析、比较宗教学和艺术诠释等的人文学科，都会向科学靠拢，并且有一部分会和科学结合。我在后面的章节里，会对这些主题做更多的讨论。

寻找学识的共性

我承认自然科学家所具有的信心常常显得过分傲慢。科学为20世纪提供了最大胆的哲学思考，它纯粹由人类的信仰搭建起来：人类相信，只要自己肯梦想、肯努力发现并解释事物，那么经由屡次梦想，重复不断地投身于新的领域，世界就会变得更清晰，我们对这个奇异的宇宙也会有更真实的了解，同时也将证实这些奇异性是有意义且彼此相关联的。

英国神经生物学家谢林顿[11]在1941年所写的经典著作《人与人性》（*Man on His Nature*）中提到，人脑就像一台施了魔法的纺织机，不停地编织着与外在世界相关联的图样，把一个图样拆散了之后又重新编织起来，发明出其他的世界，创造出一个缩小的宇宙。[12]这个知性社会所具有的共同心智，也就是世界的文化，是一台极为庞大的纺织机。它借由科学，获得刻画外在现实的巨大能力，远远超过任何个人的心智所能达成的；借由艺术，它也获得了架构起叙述、影像和节奏的方法，远比任何一个孤立的天才所产生的更具多样性。科学和人文艺术是由同一台纺织机编织出来的；我们可以从基因进化到现代文化这整个悠久的历史[13]中，看到有关这台纺织机的起源、本质，以及人类处境的一般诠释。这种融通的因果诠释，使得每一个单独的心智能够快速而正确地从共同心智的某部分前进到另一部分。

从教育的角度上来看，寻求知识的融通是重整日渐瓦解的人文学科结构的方法。文艺复兴和启蒙时代遗留给我们一个学识统一的理想，但在过去30年中，这个理想已经大半被抛弃。除了极其少数的例外，美国的大学和学院已经将它们的课程要求放宽，只包括一些副修科目和某些专门课程。虽然每个教育机构所提供的大学本科课程的平均数目增加了一倍，但是其中通识教育的必修课程所占的比例减少了一半以上。同时，科学方面的课程也受到了冷落。1997年，当我写这本书的时候，只有三分之一的大学和学院要求学生必须至少选修一门自然科学课程。[14]我们没法强迫学生在各个学术分支上选这些课或选那些课而更改这种趋势。不论结果是成功还是失败，我认为真正的改革都必须在学术研究和教学上，强调自然科学与社会科学、人文学科之间的融通。每一位大学生都应该具备回答以下问题的能力：科学和人文的关系是什么？这个关联对增进人类的福祉有什么重要性？

任何一位公众知识分子和政治领袖，也必须能够回答上述的问题。目前提交给美国国会审理的提案中，已经有一半涉及重要的科技议题；每天烦扰着人类的问题，比如最常出现的种族纠纷、军备增加、人口过多、堕胎、环保和区域性的贫穷，也都需要自然科学知识与社会科学、人文知识的融通才能够解决。只有当我们能够顺利地跨越各个领域的边界时，才可能对真实的世界产生清晰的看法，而不再透过某种意识形态和宗教教条的镜片观看事物，或受制于满足迫切需求的短视反应。

但是，绝大多数的政治领袖只接受过社会科学和人文学科的训练，对于自然科学不是所知有限就是一无所知。同样的现象也发生在公众知识分子、专栏作家、媒体采访人员和一些智库的专家身上。他们很小心且负责任地进行最佳分析，有时也能获得正确的结果；但是他们智慧的主要来源往往支离破碎，并且只偏重单方面的思考。

光凭学习各学科的片面知识，无法得到均衡的看法，我们需要追求这些学科之间的融通。这种统一过程很难达到，但是，我认为它终将是不可避免的。从知识上来看，这个想法很真实，也可以满足一些刺激，一些由人性中的绝妙部分所表现出的刺激。当各种学识间的思想差距变小时，知识的多样性和深度将会增加，主要是因为我们在各学科之间找到了一个基本的共性。追求知识融通之所以重要，还基于另一个原因：它为知识分子拟定了一个终极的目标，它担保在地平线之外将出现秩序，而不是混沌一团。我想我们迟早会愿意接纳这个探险行动，到地平线那端去寻求秩序。

第三章

启蒙时代

启蒙运动从来不是一场统一的运动，
它不是一条笔直的急流，
而比较像三角洲上曲折前行的河流
所构成的花边网络。
启蒙思想家经常为一些基本问题相持不下，
但他们意见重叠的部分
很广、很清晰，也很合乎理性，
都热切地想要去除世界上的迷信，
把人类心灵从缺乏人性的
枷锁中解放出来。

知识融通的梦想在启蒙运动初期首次展现，它是心智的伊卡洛斯式飞跃，跨越了 17、18 世纪。它运用世俗的知识为人类争取权利，并推动人类进步，这个远见是西方对人类文明最大的贡献。它为整个世界开启了现代的新纪元，我们都是这个梦想的继承人。然而，后来它失败了。

令人震惊的是，启蒙运动竟然失败了。像这样的一个历史阶段，会在什么样的时刻结束？不论实际原因是什么，当一个历史阶段的想法不再能支配人心时，它就结束了；这通常发生在战争或大革命之后。因此，了解启蒙运动的基本性质和导致它灭亡的弱点极其重要。这两个主题都和孔多塞[15]的生平密切相关。尤其是没有任何事件能像孔多塞过世的那一天——1794 年 3 月 29 日——那样代表了启蒙运动的结束。当时的情况十分微妙且具有讽刺意味。孔多塞被称为“进步规律”（Law of Progress）的先知。他以崇高的学识和具前瞻性的政治领导才能，似乎注定会在法国大革命中扮演法国的杰斐逊[16]。但是在 1793 年末至 1794 年初，当他正在书写启蒙运动的最终蓝图《人类精神进步史表纲要》（*Sketch for a Historical Picture of the Progress of the Human Mind*）一书时，却成为法律所追捕的逃亡者，而判他死刑的，正是他所忠心侍奉的政治信仰。

孔多塞的罪名是政治性的：激进的雅各宾派（Jacobin）指称他为吉伦特派（Gironde）成员，是一个过于温和理性的党派的成员之一。更糟糕的是，他曾经批评国民公会（National Convention）所制定的宪法，而国民公会恰好由雅各宾派主导。孔多塞在逃亡中被村民逮捕，并加以痛打折磨之后，死于法国皇后镇（Bourg-la-Reine）监狱的囚室地板上。而他如果当时没有死，必然会到巴黎当局接受审判。孔多塞的死因不明；事发当时，自杀并不被列入考虑，但是服毒自杀其实是可能的，因为他随身携带着毒药；另外，他也可能是因为受到严重创伤或心脏病突发而致死。不过，他至少避免了被送上断头台的命运。

启蒙运动的失败

像孔多塞这样的男男女女，在知识上为法国大革命提供了强而有力的支持。教育机会的增加，为这次革命做好了基本的准备工作，随后的导火索则是，平等权利是人类与生俱有的观念。然而，正当启蒙运动借由这种方式就要在欧洲政治中产生成效时，事情却出了大差错。那些起初看起来不重要的小矛盾，后来扩大成了不可收拾的溃败。卢梭[17]早在30年前，于著作《社会契约论》（*The Social Contract*）中首次提出的想法，后来激发出“自由、平等、博爱”这个群众口号。但是他为了达成这些目标，同时发明了致命的抽象观念：普遍意志（general will）。他说，普遍意志是一群自由人（free people）所一致同意的正义规范；而这群自由人只对社会福祉和其中每一个人的利益感兴趣。普遍意志如果达成，就会形成一个具有最高统治权的契约。这个契约“恒常不变、坚定不移，并且纯粹、无瑕……我们每一个人都要把本人和本人的权力一起交出，接受‘普遍意志’这个最高指示的管辖。在我们这个公共团体里，我们要把其中的每一个成员看作整体中不可或缺的一部分”。卢梭进一步表示：不服从普遍意志的人是离经叛道的人，应受到群众的必要制裁。此外，世界上没有其他的方法可以促成真正平等的民主制度，并让人类从无往不在的枷锁中解放出来。

1793 年，法国大革命爆发后，紧接着出现的恐怖统治由罗伯斯庇尔[18]所主导，他对普遍意志这样的想法有着极佳的理解。罗伯斯庇尔和他的雅各宾派成员在法国各地实施卢梭所谓的“必要制裁”，将那些反对新秩序的人即刻判刑或处决。有将近 30 万的贵族、神职人员、政治异己分子和其他一些捣乱者被拘禁，其中 1.7 万人在一年内死亡。在罗伯斯庇尔的世界观中，雅各宾派成员的目标是高贵和纯美的。1794 年 2 月，罗伯斯庇尔在被送上断头台前不久，以祥和的语调写道：“我们的目标是要和平地享受自由与平等的喜悦，这个在永恒正义统治下所产生的法规，已经深深烙印在人们的心中，甚至连那些对这些法规一无所知的奴隶和对这些法规加以否定的暴君也不例外。”

就这样，平等的思想和冷酷的高压政治轻易地共存，并且为后来的两个世纪继续造成困扰和不安。因此，那些不愿意献身于创造完美社会的人，宁愿在群众当中自我放逐，也不愿冒险忍受异己分子将遭受的迫害。那些蛊惑人心的煽动者以保护美德为名，来达成他们统一的目标：“我亲爱的同胞（同志、兄弟姐妹和乡亲），没有付出，焉能收获。为了达成高贵的理想，发动战争也许是必要的。”法国大革命缓和下来之后，这个原则被拿破仑和那些曾经参与大革命的士兵加以利用。这些士兵转变成主要的武装（grande armée），下定决心要以征服的方式来散播启蒙思想。但他们这种做法反而使欧洲多了一个不信任理性统治的理由。

事实上，理性从来不会取得统治权。启蒙运动之所以急速走下坡路，不仅是因为它被暴君当作借口，也是因为相反的知识立论正在兴起，而且这些立论经常是令人信服的。在启蒙运动的梦想中，自由的知识分子将建构一个有序而充实的世界；这样的梦想一开始时好像无懈可击，是所有人类本能所追求的一个目标。它的创造者包括柏拉图和亚里士多德[19]之后的最伟大的学者，展示出人类心智所能达成的崇高意愿。深具洞察力的历史学家伯林（Isaiah Berlin），曾经以下面的话正确表达了对这些学者的赞赏："18 世纪这些最有天分的思想家所表现出来的知识力量、诚实、清醒、勇气，以及对真理无私的热爱，至今仍然无可比拟。他们所属的时代，是人类生命史中极其美好、极其具有希望的阶段。"[20]但是，他们走得太远了，而且即使他们尽了最大的努力，仍然不足以产生预期中永续的成果。

启蒙哲学家孔多塞

启蒙运动的精神可以浓缩到孔多塞命运坎坷的一生中。他是法国最后一位启蒙哲学家（philosophe，特指启蒙运动思想家），这个头衔指的是 18 世纪献身于当代政治和社会问题的公众哲学家（public philosopher）。伏尔泰、孟德斯鸠、达朗贝尔、狄德罗、爱尔维修[21]以及孔多塞的启蒙导师——经济学家兼政治家杜尔哥[22]，这群知识精英在 1789 年之前都已经过世，同一群人中，孔多塞是唯一存活下来、目睹法国大革命发生的人。他献身于革命，并且徒然地尝试控制它恶魔般的势力。

孔多塞在 1743 年出生于法国最北端的皮卡第省（Picardy），一个来自多芬（Dauphine）的古老贵族家庭。多芬是法国东南部的一个省，法国王储，也就是国王的长子，所拥有的头衔"dauphin"就是源自这个省名。孔多塞所属的卡希塔（Caritat）家族是一脉相承的武士阶级，为传统上致力于兵役的贵族，社会地位优于高级文官。

孔多塞决定不像父亲那样做个军人，而是决定成为数学家，这令他的家人感到失望。16 岁时仍身为巴黎纳瓦拉学院（Navarre College）的学生的他，就公开宣读了他在数学上的第一篇论文。在数学这个领域中，一个人的天分在 20 岁之前就决定了。结果，孔多塞并不是第一流的数学人才，无法和同时代的伟大数学家欧拉和拉普拉斯[23]相比，但他的成就仍然足以让他在极年轻的 25 岁时就被选入科学院，并且在 32 岁时成为科学院的常任秘书。1780年，孔多塞38岁时，进入地位尊贵的法兰西学院（Academie Française）。在他的国家，这所学院是文学语言的仲裁者，在学术上也享有至高的推崇。

孔多塞在科学上的主要贡献，是与拉普拉斯一起首次将数学应用到社会科学上。他受到启蒙思想的启迪，认为数学和物理所发展出来的任何研究结果，都可以延伸应用到人类的集体行动上。他在 1785 年发表《论多数决的概率解析之应用》（*Essay on the Application of Analysis to the Probability of Majority Decisions*），是当今“决策论”（decision theory）的前身。以纯科学的眼光来看，这个理论并不是特别出色。要是和拉普拉斯发展出来的概率微积分以及它在物理上卓越的应用相比，孔多塞在数学上的贡献其实并不足道。同时，他也没有把他发明的技巧有效应用到政治行为的研究上。不过，他首先提出了一个观念：我们可以对社会行为进行定量分析，并且加以预测。这个想法对后来社会科学的发展造成了影响，尤其是 19 世纪早期社会学家孔德和凯特莱[24]的研究工作。

孔多塞曾经被称为“高贵的哲学家”，这不光是指他的社会地位，还包括他的个性和举止。他的朋友也称他为“大好人孔多塞”，这个称呼并不是讽刺的玩笑。莱斯比纳斯（Julie de Lespinasse）在贝尔香榭街（rue de Belle Chasse）主持的沙龙，是孔多塞最喜爱的一个。她在写给一位朋友的信中对孔多塞做了以下描述：“他的容貌甜美而宁静，举止简单而天真，展现出他灵魂上完美的特性。”

他对别人总是很仁慈大方，甚至对恶毒的马拉[25]也以相同的态度对待。马拉在科学上的野心没法得到满足，极欲看到孔多塞死亡。不论是为个人还是为集体，孔多塞都热衷于追求社会正义和福祉的理想。他冒着相当大的政治风险，反对法国的殖民政策，和拉斐特、米拉波[26]一起组成反奴隶组织——黑人朋友协会（Society of the Friends of the Blacks）。即使在恐怖统治时期，孔多塞已经藏身匿迹之后，他在这方面的言论仍然促成了国民公会废除奴隶制度。

孔多塞是个彻底的自由派，他追随英国哲学家洛克[27]的想法，相信天赋人权。他和同时代的康德[28]一样，找寻能够引导情感而不是顺从情感的道德规范。他与潘恩[29]一起创办革命杂志《共和党员》（*Le Républicain*），宣扬建立进步平等的国家这个理念。他后来写道：“迟早有一天，太阳将只照耀在自由人的身上，他们除了自己的理性之外，不再有任何其他的主宰。”

孔多塞学识渊博，有过目不忘的记忆力。对他而言，知识就是宝藏，应该毫无保留地撷取，并且自由分享。莱斯比纳斯深为他所着迷，特别赞赏他这方面的特质：“你可以和他聊天，读他所写的东西，和他谈论哲学、文学、科学、艺术、政治和法学。听完他所发表的言论之后，你会一整天对自己说上一百次：这是最让我惊讶和钦佩的一个人。他什么事都知道，就连最不合他胃口、与他专业无关的事情也知道；他知道……朝廷官员的族谱、与警察相关的细节、世上正流行的帽子的名称。实际上，没有什么事可以逃过他的注意力，他的记忆力极强，而且从来不会遗忘任何事情。”

进步是不可避免的

孔多塞的天分和个性，很快将他推入法国大革命前的巴黎上流社会，他也因此确立了“最年轻的启蒙哲学家”的名声。他喜欢从事综合性的工作，因此把启蒙运动后期的主要观点综合成前后连贯一致的总体（如果有任何综合总体称得上如此的话）。关于人类的本性，他强调后天培养。他相信人类的心智完全是由环境塑造成的，因此人类可以依其所好自由地塑造自身和社会。他也相信完美是可以达到的，坚称人类的生活质量可以无限度地改善。在政治上他百分之百倾向革命，反对宗教干政，赞成共和统治。他的想法和伏尔泰与其他想“摧毁祭坛但保留皇位”的人都不同。

在社会科学上，孔多塞推崇历史学，相信我们可以由阅读历史来了解现状，并预知未来。身为一位伦理学家，他深信人类种族统一的理想。虽然他是一个平等主义者，但是以现代的眼光来看，他并不主张多种文化并存；相反，他认为所有社会终将进化成欧洲这样的高水平文明。最重要的是，他是一名人道主义者，认为政治并非权力的来源，而是实践崇高道德规范的手段。

1789 年，法国大革命爆发，孔多塞骤然间脱离学术界，投身于政治。他连续两年被选为巴黎公社（Commune of Paris）的会员。1791 年，立法议会（Legislative Assembly）成立，他成为巴黎的代表。革命党员同志极力欢迎孔多塞，指任他为立法议会秘书之一，之后选他为副议长，最后为议长。1792 年 9 月，共和国（Republic）成立，国民公会取代了立法议会，孔多塞被选为恩河（Aisne）的代表，恩河是他的出生地皮卡第省的一个地区。

孔多塞在短暂的从政生涯里，一直尽量避免党派性的政治。他的朋友包括温和的吉伦特派和激进的山岳派（Montagnard，这个党派的议员在议会里都坐在较高的席位，换句话说，就是坐在“山头”上，所以得名）。但是一般都认为他属于吉伦特派，尤其是到了后来，山岳派被巴黎雅各宾派的激进派所吸引，从此他和吉伦特派的关系就更为密切。1793 年，人民革命推翻了吉伦特派，山岳派控制了国民公会。随后，在恐怖时期统治法国有一年之久的公共安全委员会（Committe of Public Safety），也落入山岳派手中。孔多塞就是在这段官员常遭暗杀的阵痛时期，由英雄变成了嫌疑犯，而且是由国民公会发出逮捕令的。

孔多塞听到自己将受拘捕的消息之后，逃往旧巴黎区的塞凡东尼街（Servandoni），寄宿在韦尔内（Vernet）夫人的公寓内，躲藏了 8 个月之久。1794 年 4 月，这个避难所被发现，朋友警告他可能即将遭受拘捕。于是他再次逃脱，有好几天像无家可归的人一样四处游荡，直到后来在莱因城被人识破而关入监狱为止。

孔多塞住在塞凡东尼街时，撰写了他最卓越的作品《人类精神进步史表纲要》。这是人类心智与意志的伟大成就。处于极不安全且没有书籍的情况下，孔多塞只能依赖他惊人的记忆力，撰写这本有关人类知识和社会历史的书。书中的内容呈现出一贯的乐观口吻，极少提到法国大革命，对巴黎街头的敌人也只字不提。孔多塞在著作中表示，社会进步是不可避免的，而战争和革命只是欧洲自我调整的一种途径。

他之所以能够如此宁静平和地为人类的未来做担保，是因为他深信，支配文化的定律和物理定律一样精确。孔多塞写道：我们只要能了解这些法规，就可以让人类沿着它命中注定的旅程，走向一个由科学和世俗哲学所统治而且具有更完美秩序的社会。他又说，这些法规可以从研究过去的历史中推导出来。

无论孔多塞的想法在细节上犯了多大的错误，以及他是多么无可救药地对人性充满了信心，借着坚信“历史是一个正在进化的物质过程”，他仍然对人类思想有着重大的贡献。他宣称：“支配宇宙现象的一般定律，不论是已知还是未知，都是必要而恒久不变的。这样的信念正是我们对自然科学信仰的唯一基础。那么，支配自然运作的原理为什么不能同样真实地被运用到人类学识和道德能力的发展过程上？”

当孔多塞写下这番话时，这个想法早已存在。帕斯卡尔[30]曾经把人模拟成一个永不灭亡、不断求知的个体；莱布尼茨[31]也曾经谈论到“孕育着伟大未来的现在”。孔多塞的朋友兼资助人杜尔哥，在孔多塞撰写《人类精神进步史表纲要》之前40年就写道：“人类史上的各个纪元可以由一系列的因果关系串联起来，世界的现状也和之前发生的所有状况相连接。因此，在哲学家的眼中，所有人类从一开始就如一个巨大的整体，和其中的每一个单独的个体一样，具有各自的婴儿期和各自的成长条件。”康德在1784年也对相同的观念提出初步看法。他特别注意到人类具有理性思考的特质，这项特质注定要在人类整体中表现出来，而不仅出现在单一的个人身上。

"进步是不可避免的"，这个观念在孔多塞死亡、启蒙运动结束之后，继续存在。它在各个不同的时代，以或好或坏的多种形式，直至今天都在施以重大的影响。在《人类精神进步史表纲要》一书最后一章"第十阶段：人类精神未来的进展"中，孔多塞对未来的远景表现出令人晕眩的乐观。他向读者担保这个光辉灿烂的过程正在向前行进：事事都将如意。他相信人类必将进步，从来不向人性中不易更改的消极面妥协。他告诉我们，当人类文明更上一层楼时，所有的国家都会享有平等，所有国家的人民也会拥有平等。科学会变得更繁荣昌盛，并且带领我们向前迈进。艺术会得到解放，散发出雄威和美丽的光芒。罪行、贫穷、对种族和对女性的歧视也将逐渐消失。通过科学医学的作用，人类寿命将无止境地延长。正当恐怖时期的外在阴影不断加重时，孔多塞这个大好人却得出了以下的结论：

> 人类的错误、罪行和不义的行为，仍在继续不断地污染地球。对那些深为这个现象感到忧伤并常常身受其害的哲学家而言，除了希望人类从桎梏中逃脱、从命运的主宰与敌人的阻碍中解放，而以稳当坚定的步伐沿着真理、美德和幸福的道路向前迈进之外，还有什么能带给他们更大的欣慰？这种对未来的憧憬，正是哲学家努力协助理性发展和保卫人类自由所得到的报偿。[32]

启蒙运动的精神

现代西方学术的传统以及大部分的文化内涵，都肇始于启蒙运动。虽然我们认为理性是人类的特征，只要稍加培养就会开花结果，但事与愿违。人类并不在乎理性思考，人类文化另有盘算。令启蒙运动衰退的原因至今依然存在，说明人类的动机就像迷宫般难以捉摸。尤其在目前这个令我们深感不满的文化寒冬里，值得质问的是：我们能不能重拾当初的启蒙运动精神——自信、乐观，有理想和远见。同时，站在相反的立场，我们也需要诚实地质问：该不该重拾启蒙运动精神？或者，它真如某些人所说的那样，在开始形成时，就携带了黑暗天使般的缺陷？它的理想主义是否导致了后来的恐怖统治，并且预示了随后一党专制的噩梦？如果知识真的可以融通整合，那么具有同种文化、同种科学的“完美”社会也许同样可以被设计出来，无论是法西斯主义、共产主义，还是神权统治的社会。

然而，启蒙运动从来不是一场统一的运动。它不是一条笔直的急流，而比较像三角洲上曲折前行的河流所构成的花边网络。当法国大革命爆发时，启蒙运动的历史已经相当悠久了。它在 17 世纪早期首先以科学革命的姿态出现，对欧洲学术发展的影响则在 18 世纪达到顶峰。启蒙运动的发起人经常为一些基本问题相持不下。许多人往往做出荒谬而与主题无关的研讨和揣测，例如，寻找存在于《圣经》中的密码，或是灵魂在人体结构中的位置。尽管如此，他们意见重叠的部分却很广、很清晰，也很合乎理性，足以用下述简单的特征来描述：他们都热切地想要去除世界上的迷信，把人类心灵从缺乏人性的枷锁中解放出来。

新发现带来的兴奋不停地推动他们前进。他们都认为科学能够显现出一个具有规律、可被了解的宇宙，并借此为自由理性的研讨打下一个持久的基础。他们认为天文学和物理学上所发现的天体完美性，可以作为人类社会的模型，并深信所有的知识可以大一统。他们信仰个人的人权、自然律，并相信人类具有无限的进步空间。他们尽量避免涉入形而上学，虽然解释上的缺陷与不完整性，有时会迫使他们不得不采用形而上学。他们抗拒组织性的宗教，轻蔑神的启示和教条。他们赞成或至少能够容忍为了维持民间秩序而成立的国家。他们相信教育和正确的理性思考会为人类文明带来极大的好处。有少数人和孔多塞一样，相信人类能够变得更完美，并且有能力建立起一个政治上的乌托邦。

我们还没有忘记这一群有理想的人物。其中最顶尖的人物只有不成比例的寥寥数个，是一小群以姓氏闻名于世的科学家和哲学家：英国的培根、霍布斯、休谟、洛克和牛顿，法国的笛卡儿和 18 世纪围绕在伏尔泰身边的启蒙哲学家，德国的康德和莱布尼茨，荷兰的格劳秀斯和意大利的伽利略。[33]

目前的趋势是把启蒙运动看作欧洲男性在过去一个时代中所建立起来的特殊思想架构。在不同时代下、不同文化中，其他心智也曾产生许多不同的思想架构，其中每一种都值得我们仰慕和虚心学习；启蒙运动时代的思想架构只是其中一种想法而已。对于这样的说法，唯一恰当的回答是：当然，在某种程度上，这是对的。尽管具有创造力的思想永远是宝贵的，而且所有的知识都有它的价值，不过从长远的历史发展来看，最重要的是这些思想的散播能力，而不是其中的特定观点。如果我们质问：是谁的思想播下了种子，培育出对当代人类最具影响力的伦理观和共同期望？是谁的想法造成历史上最主要的物质进步？又是谁的想法首先出现而至今仍然被人竞相仿效？那么，从这个角度而言，尽管启蒙运动起初的想法受到侵蚀，尽管它的某些假设前提不太健全，它却一向是西方世界高水平文化的主要思想源泉，它的影响力也正逐渐扩散到整个世界。

知识是没有基础的结构？

科学是启蒙运动的引擎。比较具有科学倾向的启蒙运动者，都赞成宇宙是物质受到明确定律的支配所呈现的规律现象。它能够划分成可测量并依照层级排列的实体，比方说，社会是由个人组成的，每一个人的大脑都具有神经细胞，而神经细胞又由原子组成。至少在原则上，我们可以把原子重新组合成神经细胞，神经细胞组成大脑，并把个人组成社会，视整体为一个由机制和作用力所组成的系统。如果你仍然坚持要有神灵介入，那么启蒙运动的哲学家会告诉你，把这个世界想象成神的“机器”。那些使我们无法看清物理世界的局限观念如果能够减少，将对人类各个领域的发展有所助益。因此，身处一个仍然受繁复事实牵累的时代，孔多塞呼吁人们以“分析的火炬”，照亮人类的道德和政治学。

这个梦想的总设计师不是孔多塞，也不是其他任何一位把这个梦想表达得很好的启蒙哲学家，而是培根。在启蒙运动的发起人之中，培根的精神影响力最为持久。在过去四个世纪中，他的精神让我们了解到，我们必须知道发生在自身四周与内心的自然现象，才能使人类走上自我改进的道路；而且当我们这么做时，必须认清命运掌握在自己手中，如果否定这样的梦想，我们就会重新步入野蛮时期。在学术上，培根质疑古典“细致”学习（classi-cal “delicate” learning）的可信度，中世纪的这种学习形式根植于古代文献和逻辑解释中。培根嘲讽并反对依赖经院哲学（scholastic philosophy），呼吁不要参考预定架构，要根据自然和人类特有的状况来研究自然和人类。他以卓越的洞察力观察人类的心理过程，发现“人类心智往往在匆忙的状态下，毫无选择地吸收对事物的第一印象，并加以珍惜，从此之后事情相继而生，当初所犯的错误会永远持续下去，而不加以修正”。这么说来，知识并不是好好架构出来的，而是“一个没有基础的伟大结构”。

> 当人们同意去赞赏并夸大错误的心智潜能而忽视或摧毁可能成真的真理时，我们别无选择，只能寻求较好的协助，从头开始，并在一个坚固结实的基础上重新培育，建立起科学、艺术和所有的其他人类知识。

在培根想象的所有可能的研究方法中，他认为最佳的是归纳法。这个方法是收集大量事实，然后从中探索模式。为了获得最高的客观性，先见必须愈少愈好。培根宣称，各种学科可以组成一个金字塔，以博物学为基础，之上是包含博物学的物理学，哲学则位于最顶端，用来解释之下的所有事件——不过，有时也许会以超出人类理解范围的权威和形式来解释。

科学哲学家培根

培根并不是有天分的科学家（他说：“我穿针引线的本领并

不是那么好。”)，也不是受过训练的数学家，却是创立科学哲学的优秀思想家。正如他的名言所说的，他犹如文艺复兴时期的人那样，所有知识都是他学习的对象。他在启蒙运动中更进一步地成为第一位分类学家，并成为科学方法的主要提供者。他是昭告新时代的号手，号召人类“在彼此之间制造和平，并集众人之力对抗万物的自然本质，突破并占领自然的城堡和防守区，由此扩张人类帝国的领土”。

他这番言论相当傲慢而无畏，但很切合他那个时代。培根生于 1561 年，是尼古拉斯·培根与安·培根（Nicholas and Ann Bacon）最小的儿子。他的双亲都接受过良好的教育，并且毫无保留地献身于艺术。在培根生平中，英国在伊丽莎白一世和詹姆斯一世的相继统治下，由封建社会磕磕绊绊地转变为民族国家，并萌生出殖民的力量；在这同时，英国刚创立了自己的宗教，中产阶级的势力也逐渐抬头。到了 1626 年培根去世时，北美的詹姆斯敦（Jamestown）已经成为殖民地，并且成立了第一个议会制政体，搭乘五月花号前去美洲的新教徒也在普利茅斯（Plymouth）安居下来。培根目睹了英语首次绽放出异彩。尽管他认为英语很粗俗，并且更喜欢使用拉丁文来书写，但他的英语能力属于大师级的。他生活在工业和文化的黄金时代，围绕在他身边的都是世界上极有成就的人物，最著名的有德雷克、罗利[34]和莎士比亚。

培根在一生中的每个阶段都享有高阶层的特权。他在剑桥的三一学院（Trinity College）受教育，这所学院因为亨利八世在数十年前所捐赠的土地而变得强盛起来。（一个世纪之后又成为牛顿的母校。）培根在 1582 年成为律师，两年之后被任命为议会议员。事实上他一出生就和王室很近。他的父亲是掌玺大臣，为英国最高司法首长。伊丽莎白一世很早就注意到这个小男孩，常常和他说话，喜欢他在学识上的早熟和举止上的稳重。她昵称他为“小掌玺大臣”。

培根一生都是忠诚的朝臣，他的政治信仰和运气与王室密切相关。在詹姆斯一世的任内，由于能言巧辨和明智的咨商，他的地位迁升到和他野心相当的高度：1603 年，詹姆斯一世登基时受封为爵士，之后连续被提名为首席检察官、掌玺大臣，并在 1618 年成为大法官。在最后一个公职任上，他被封为维鲁拉姆男爵（Baron of Verulam），之后不久又成为圣奥尔本子爵（Viscount St. Alban）。

培根一直和王室靠得非常近，最后的命运和飞蛾一样，因遭到王室之光的灼伤而几乎送命。培根的敌人想方设法加害于他，从他混乱不明的财产记录上找到摧毁他的关键点，最后在 1621 年成功地把他从大法官的席位上弹劾下来。培根也承认有罪，因为他在担任最高公职时收受贿赂——他称之为“礼物”。结果，他被罚缴了一大笔钱，被押送着走过叛国者之门（Traitor’s Gate），然后被监禁在伦敦塔内。但是，他并不就此屈服，立刻写信给白金汉侯爵：“我的好侯爵，请您今天就搞到保释我的令状……尽管我承认自己所受的判决合乎正义的标准，也符合改革的目标，但是自尼古拉斯·培根以来，我是接连五位大法官继任者当中最正直的一位。”

他的确一向如此，而且比这还要正直。培根在三天内就被释放了。从政的野心带给他的负担终于解除了，他晚年完全沉浸在令人满足的学术研究中。1626 年早春，培根为了测试他最钟爱的想法而在进行即兴实验时致死，真可谓死得其所。奥布里[35]

当时做了以下的报道：

> 当他和威瑟伯恩（Witherborne）医生搭乘马车去兜风，正要前往海格特（Highgate）时，雪花开始在地上堆积起来。培根爵爷突然间起了个念头，为什么雪不能像食盐那样用来保存肉食。于是，他们决定立刻做实验。他们下了马车，走到海格特山脚下一个贫穷妇人的住处，买了一只母鸡，让那位妇人清除掉内脏，然后在母鸡体内塞满雪，爵爷也亲自动手帮忙。这些雪立刻使他着了凉，生了重病，以致无法返回住处……

培根被送到附近阿伦德尔（Arundel）伯爵家中。他的病情一直很严重，最后极可能是因为患上了肺炎而死于当年的 4 月 9 日。

克服心智假象

培根追随内心真诚的召唤，重新成为一名极有远见的学者，也因此减轻了羞辱所带来的痛苦。就像他常被引用的名言："那些死于热诚追寻的人，就像在热血中受了伤，几乎感受不到任何疼痛。"他自认为一生当中对两件事物有极大的野心，二者彼此竞争，到最后，他后悔曾经在公职上投入太多时间，而在学术上造成同等的损失。他沉思道："在人生朝圣的旅途中，我的灵魂一直是个陌路人。"

他的天分虽然与莎士比亚不同，但程度不分上下。也有些人把他误认为莎士比亚。他在 1605 年《学习的进步》（*The Advance-*

ment of Learning）一书中，融合了高度的文学才华和对综合事物的热诚，这正是启蒙运动开始时最需要的两种特质。他在知识上的重要贡献，使他称得上是一名博学多闻的未来主义者。他提议学术不能只强记背诵古典文本，以及对古典文本进行理性演绎，而是必须直接和世界接触。他宣称，文明的未来在科学。

培根对科学的定义很广泛，和现今的一般观念不同，其中包括即将萌芽的社会科学和部分的人文学科。他强调，最新进的学习方法，是利用实验屡次验证知识。但是他所谓的实验不仅是现代科学所从事的控制与操作，也包括所有人类经由信息、农业和工业的发展而对世界造成的改变。他认为学术的主要分支是开放的，能够不断演进（他说："我不能给你任何承诺。"）；然而，他又雄辩滔滔，强调自己相信知识具有统一性。他反对从亚里士多德以来就一直盛行的风气：在学科间做明显的划分。然而幸运的是，他在必要时，也能对知识这项事业保持沉默，没有预测各大学术分支的最终发展结果。

培根虽然没有发明归纳法，但对归纳法做了详尽的解释，拿它来对应古典时期和中世纪的演绎法。所以，他仍然值得被授予"归纳法之父"的头衔，也因此闻名后世。培根所偏好的程序，不仅仅是单纯的事实列举，比如以下这个现代的例子："植物的花百分之九十是黄色、红色或白色的，而且会有昆虫来访。"他认为一开始是公正地描述现象，然后进一步收集各种现象的共性，找出中间层次的共性，再进一步找出更高层次的共性，比方说："花朵进化出经过特别设计的颜色和结构，以便吸引特定的昆虫，而且也只有这些昆虫可以给它们授粉。"培根的理性分析革新了盛行于文艺复兴时期的传统描述分类法，但并未预料到构成现代科学核心的理论、观念形成和对立假设的方法。

培根就心理学提出最具远见的看法，尤其是创造力的本质。虽然他不采用“心理学”这个词（因为这个词在 1653 年还没出现），但懂得心理学在科学研究和其他学术研究上极具重要性。他深刻感知发现过程的心路历程，也知道如何以最好的方式使这个心路历程系统化，并以最具说服力的方式来传达它的内涵。他写道：“人类对事物的理解并不是公正无私的，它同时受到人类意志和情感的影响，因此，科学研究可被称为‘个人期望下的科学’。”他并不是要我们透过情感的三棱镜，对真实世界产生扭曲的看法。我们仍必须直接拥抱真实的世界，并且毫无避讳地加以报道。但是，我们的描述最好和当初的发现过程一样，保有情绪上的生动活泼。大自然及其神秘感必然会像诗篇和寓言那样激发我们的想象力。培根后来建议我们用格言、插图、故事、寓言和模拟等方法，以清楚的画面把真相从发现者那儿传递给读者。他认为人类的心智“并不是蜡制的写字板。在蜡板上，你必须擦掉旧有的东西，才能写上新的；然而在人类心智上，除非你写上新的想法，否则无法抹去旧有的思绪”。

培根希望借由对心理过程的了解，改革跨学科的理性分析。他说，要当心“心智的假象”（idols of the mind），这是没受过严谨训练的思想家最容易犯的错误，是真正扭曲人性的三棱镜。其中，“种族（tribe）假象”使人类高估了混沌的自然界所具有的秩序，“洞穴（cave）假象”使人类受到个人特殊信仰和热诚的囚锢，“市场（marketplace）假象”使人类因为单纯的文字力量的诱导而相信不存在的事物，“剧场（theater）假象”则使人类毫不质疑地接受哲学信仰以及错误的论证。培根督促人们远离这些假象，观察周围世界的真面目，并且仔细想想如何以最佳的方法把真实经验传递给别人；你需要为此用上全身的每一个细胞。

笛卡儿坐标

我并不希望在这方面把培根的地位抬得太高，以至于把他塑造成了一个现代人。他完全不是那样。培根的年轻朋友哈维[36]是一位医生兼地道的科学家，他发现了血液循环的基本现象。他直截了当地指出，培根写哲学就像大法官在起草法令，他的语句是大理石上雕刻的铭文，毕业典礼上华丽的词藻。培根所构思的知识统一性，和目前所谓的"融通"观念相去甚远，并没有谈到要把跨学科的因果关系仔细而有系统地联系起来。他强调要建立一个共同的归纳探索方法，最好能通用于所有的学术分支。他在寻找一个最佳的方法，来表达我们所获得的知识。为了达到这个目标，他认为需要充分运用人文学科，包括艺术和小说，把它们当作发展和表达科学的最佳途径。依照培根广泛的定义，科学就应该是诗篇，诗篇就应该是科学。这个想法，至少在现代听来是悦耳的。

培根认为，改善人类处境的关键，在于受过训练且具备统一性的学习方式。他那堆积在著名图书馆内的众多著作，仍然值得一读，包括他常被引用的论文和格言，以及《学习的进步》、《新工具》(*Novum Organum*，1620)和《新大西岛》(*New Atlantis*，1627)。《新大西岛》是一个乌托邦式寓言故事，内容是关于一个建立在科学基础上的社会。培根刻意在大多数哲学和虚构作品中融入知识统一性的构想，他称之为"Instauratio Magna"，字面上的意思是“大复兴”，也可称之为“新开始”。

一小群具有影响力的公众人物，因为培根的哲学思想而提升了洞察力；他的想法也为数十年后壮观的科学革命做好了准备工作。直到今日，培根的想法仍然位于科技伦理的中心。他是一位伟大的人物，在必要时独自挺身而出，兼备只有在伟大学者身上才看得到的谦虚和天真的傲慢。在《新工具》这本书的书名之下，他要求出版社加印了以下几行文字：

维鲁拉姆的弗朗西斯

根据他的理性分析判断，

为了现在和未来世代的利益，

有必要让他们熟悉他的思想。[37]

我们心中留存下来的历史，都充满了神话故事中的典型角色。[38] 我相信这也正是培根具有吸引力以及能维持长久声名的原因之一。在启蒙运动的舞台上，培根是一位探险的先驱。他宣称新大陆正在等着我们，让我们开始艰苦的长征，启程迈向一个没有地图指引的地域。故事中的导师则是笛卡儿，他是代数几何和近代哲学的创始人，也一直是法国杰出的学者。笛卡儿和之前的培根一样，召集学者从事科学研究，年轻的牛顿也很快出现在其中。笛卡儿告诉我们该如何利用准确的演绎法来从事科学研究：切中每一个现象的核心，并记下现象的架构。他解释道，这个世界是三维的，所以让我们把自己对世界的观察，架构在这个三维坐标上。这个三维坐标现在被称为“笛卡儿坐标”。我们可以利用这个三维坐标来确定任何物体的长、宽、高，并经由数学运算来探讨物体的基本性质。为了实现这个想法的基本雏形，笛卡儿重建了代数符号，用它来解决复杂的几何问题，同时进一步探讨超越视觉三维空间的数学领域。

笛卡儿最重要的看法，是把知识视为一个由互相关联的真理所组成的系统，而且最终可以抽象化成数学。他说，在 1619 年 11 月的某个夜晚，这个想法通过一系列的梦境出现。不知道怎么回事，在一群混乱的象征符号（包括霹雳、书、一个恶魔和一个甜瓜）中，他看出宇宙是理性的，并且由因果关系所整合。他相信这个观念可以被应用到物理学、医学（包括生物学），甚至道德的理性分析上。就这个角度而言，他为知识统一的信念奠定了基础，并且对 18 世纪的启蒙思想具有很深刻的影响。

笛卡儿坚持，系统性的质疑是学习的首要原则。根据他的直觉，所有的知识都必须平摆开来，接受逻辑这个严谨架构的测试。他只允许自己保有一个无法否定的前提，也就是他的名言："我思故我在。"笛卡儿的质疑系统在现代科学中依然存在，这个方法是系统性地一一去除所有的可能假设，只留下一组公理，而根据这组公理，我们可以建立符合逻辑的理性思考，并且严谨地设计实验。

不过，笛卡儿对形而上学做了一个基本的让步。他终生信奉天主教，相信神绝对完美，神借由笛卡儿的心灵所展现的思考力量，就是明证了。在这个既定的想法支配下，笛卡儿提议把人类的心智和物质完全分开。这个策略容许他把心智搁在一旁，以纯机械的方式专心研究物质。他在 1637 年至 1649 年出版的著作中，提出了化约主义（reductionism），相信世界由一组物理零件组成，可以拆开来个别分析。化约主义和解析数学模型注定成为现代科学研究中最具威力的知识工具。[1642 年是思想史上极特殊的一年：笛卡儿刚出版《第一哲学沉思集》(*Meditationes de Prima Philosophia*)，又即将推出《哲学原理》(*Principia Philosophiae*)；伽利略过世，牛顿诞生。][39]

牛顿建立了秩序

当启蒙运动展开时，牛顿和伽利略跃升到相同的地位，被当作回应培根号召的人物当中最具影响力的英雄。牛顿是一位不断追求新视野、极具机智和才气的人，他发明微积分比莱布尼茨早，不过莱布尼茨使用的数学符号比较清楚，成为我们目前所采用的版本。微积分和相关的解析几何是物理学上最重要的两项数学工具，随后也被应用到化学、生物学和经济学上。牛顿也是极具创造力的实验学家，他领先体认到，科学上的一般定律可以经由巧妙地操控物理过程而获得。他在三棱镜的研究中，指出光的折射和颜色之间的关系，并进一步显示太阳光的复杂本质，以及彩虹形成的原因。这个实验和许多伟大的科学实验一样简单，任何人都可以很快地重复。让阳光透过三棱镜，其中具有不同波长的光线就会折射成由不同颜色构成的可见光谱；之后，这些可见光可以再透过三棱镜折射回去，产生太阳光。牛顿利用这个发现，建造了第一台反射式天文望远镜，这个极为卓越的仪器在一个世纪之后，由英国天文学家赫歇尔[40]加以改良，并应用至今。

牛顿在1684年用公式表示了与质量和距离相关的万有引力定律，接着又在1687年用公式表示了三大运动定律。这些数学公式是现代科学上的第一个重大突破。牛顿指出，根据力学的基本原理可以推导出哥白尼所假设的行星轨道，这些轨道先前已由开普勒证实是椭圆形的。牛顿的运动定律很明确，而且可以被应用到所有的非生物上，从太阳系到一粒细沙。他说，宇宙不仅具有规律，并且可以被理解。至少，神的壮观设计有一部分可以用简短的几行公式写在纸上。牛顿的成功，使笛卡儿的化约主义成为一种神圣的科学研究方法。

由于牛顿在以前由魔法所支配的混乱领域建立起了秩序，所以对启蒙运动造成极大的影响。诗人蒲柏[41]以著名的对韵赞美他：

自然和自然律隐藏在黑夜里，

上帝说："让牛顿出现！"之后便到处是光。

（Nature and Nature's laws lay hid in night:

God said, "Let Newton be!" and all was light.）

也许并不是"到处"，可能还没有达到那个境界。但是，万有引力定律和运动定律的建立是很重要的开端。这些定律使得启蒙学者开始思考：我们为什么不能在人类事务上也找到一个牛顿式的解答？这个想法发展成了启蒙运动进程的主要支柱之一。直到1835年，凯特莱才提出"社会物理学"（social physics），随后出现的"社会学"就是以此为基础的。同时代的孔德也相信，真正的社会科学不可置疑地必将出现。他说："既然人类不允许漫无边际地思考化学和生物学，何以要允许政治哲学上的恣意思考？"这个说法和孔多塞的想法相互辉映。人类毕竟只不过是极端复杂的机器，为何他们的行为和社会机构不遵守某些尚未定义的自然律？

中国科学的停摆

化约主义在这之后的三个世纪内接连成功。在当今，对构建物质世界的知识，它也许是最佳的途径，但是在科学肇始之时，它并不是那么容易被领悟。阿拉伯人以来自希腊的所有知识作为跳板，而中国学者所在的地理位置相形之下显得孤立很多，但仍然可以像阿拉伯人那样快速地汲取科学信息。由此看来，中国学者的学识能力与西方科学家旗鼓相当。从公元元年到 13 世纪，中国的文明远远超过欧洲。但是依据记载中国科学发展年谱的英国生物化学家李约瑟（Joseph Needham，1900—1995）的看法，中国科学研究的焦点始终摆在对事物的整体性质以及事物之间和谐而具阶级性的关系的研究上，从天上的星辰到地上的山岳、花朵与沙尘，无不如此。在这种世界观下，自然界的物体是不可分离的，并且会不断变化，而不像启蒙运动思想家所体认的那样彼此分立且持久不变。结果，17 世纪就出现在欧洲科学中的抽象过程和解析研究，却没有在中国出现。

为什么在中国的文明中，并没有出现像笛卡儿或牛顿这样的人物？这有它历史和宗教上的原因。中国人之所以不喜欢抽象的、编集成典的定律，主要是因为法家在思想统治上会带来不愉快的经验。法家是严格的法律制定者，在秦朝（公元前 221—前 207）由封建制转变为官僚制时在思想上主导中国。法家基本上相信，人是反社会的，必须以法律加以束缚，才能让国家安全地置于个人欲望之上。更重要的可能是，中国学者不相信在万物之上存在一位具备人类特质与创造特质的神。在他们的宇宙中，并不存在理性的造物主。因此，他们细致描述的事物并不遵守普适的原理，反而是按照宇宙的秩序，遵守特定的规则，并在这个规则之下运行。既然不迫切需要普适的原理（也就是神的旨意）这样的观念，也就无须寻找它们了。[42]

西方科学之所以能占据领导地位，主要是因为它采用了化约主义和物理定律来进一步理解超出人类感官所及的时空。但是，这样的发展使人类的自我形象和人类对宇宙其他部分的看法渐行渐远。结果，完整的宇宙真相似乎变得愈来愈离奇。统领20世纪科学的法宝是相对论和量子力学，它们是人类心智最奇怪的产物，由爱因斯坦、普朗克[43]和其他理论物理学先驱构思而成。他们在寻找一个可以量化而且外星人和人类都认同并因而独立于人类心智之外的真理。物理学家在这方面极为成功，但也发现如果没有数学的帮忙，人类的直觉是很有限的，他们发现要了解自然界相当困难。理论物理学和分子生物学则是后天获得的体验。科学进步的代价是让我们谦虚地认识到，真理的架构并不是人类心智可以轻易掌握的。这是利用科学来理解事物时所面对的基本信条：人类的存在和人类所具有的思维方式，是进化的结果，而不是进化的目标。

自然神论

现在，让我们会见这个如史诗般壮丽的舞台上的最后一个主角——心灵最深处的看守者。那些较为极端的启蒙运动时代的学者，深受科学唯物主义的影响，于是重新评估上帝本身。他们所发明的造物主，会服从它自己所建立的自然律，这样的信仰被称为“自然神论”（deism）。他们驳斥犹太教与基督教的“一神论”

（theism），不相信神无所不能，且对世俗事务深感兴趣，他们也反对天堂和地狱这种非物质的世界。少数较具勇气的人，则直接彻底地主张“无神论”（atheism），顶着冒犯虔诚信徒的危险，暗示宇宙的存在没有意义。但是，大多数人仍然采取中间路线，承认神这个造物主的存在，但是它只显现在它亲手创造的实体和过程当中。

自然神论至今一直坚持采取较缓和的形式，并颁发给科学家一个寻找神的执照。更准确地说，它促使一小部分人通过专业的沉思，为神（她？它？或他们？）的形象进行局部素描。它在另一个层面上具备物质性，但不具备人的特质。它也许是来自其他宇宙的从黑洞中跳出来的管理者，借着调整物理定律和其中的参数来观察自己的创作成果。也许，我们可以从宇宙诞生时所产生的宇宙背景辐射中，看到它模糊的面孔；或者，我们注定要在数十亿年之后的未来，当进化过程抵达最后的 Ω 点（omega point），完全的统一与完整的知识已达成，而且人类和外星生物交会聚集时，才会触及它。

我必须承认自己读过不少这样的描述，有些甚至是由科学家所撰写的，但是我认为这些描述都不具备启蒙运动的精神，令人极为沮丧，因为这正是神学家不断向我们灌输的想法：这个宇宙之外存在一个造物主，终将以某种方式显现。然而，撇开宗教思想家不谈，只有少数科学家和哲学家会对科学神学这种趣味性的胡扯采取严肃的态度。一个比较一致且有趣、同时又是理论物理学能力所及的做法，是尝试回答以下问题：一个由个别物质粒子所组成的宇宙，是不是只有在一组特殊的自然律和参数的支配下，才有可能产生？换句话说，人类的想象力既然能构想出其他定律和价值，那能不能因而超越可能的既存现象？任何的创世场景都可能只是我们想象得到的各种宇宙中的一部分。关于这个想法，据说爱因斯坦在沉思“新自然神论”（neo-deistic）时，曾经对助手斯特劳斯（Ernst Straus）表示：“我真正有兴趣的，是想知道神在创造这个世界的时候有没有选择的余地。”[44] 这方面的理性思考可以奇妙地延伸到“人择原理”（anthropic principle，亦称“人本原理”）的想法上；这个想法认为自然律必须设定得足够精确（至少在我们的宇宙中），以便创造出有能力质问这些自然律的生物体。

害怕科学的威胁

启蒙运动的自然神论和传统神学之间的争议可以概括如下。传统基督教的一神论是建立在理性思考和神所授予的启示上，这是两个想象所及的知识来源。根据这个看法，理性思考和神的启示之间不可能发生冲突，因为当两者相反时，神的启示总是占据较高的地位——当初罗马宗教法庭要求伽利略在正教教义和痛苦之间做出选择时，就是如此提醒伽利略的。相反，自然神论者赋予理性思考较高的制裁权，坚持一神论者要用理性思考来证明神的启示。

18 世纪的传统神学家在面对启蒙运动的挑战时寸步不让。他们反驳，基督教信仰不能自贬身价，向理性考验屈服。永恒不灭的真理若没有神的协助，就无法为人类的心智所了解。神会在它所挑选的时刻，以它所决定的方式显示这些真理来让我们了解。

既然宗教在日常生活中占有中心地位，一神论者对理性思考的反对态度似乎……嗯，似乎还算合理。18世纪的信徒认为在日常生活中同时相信理性推论和神的启示并没有什么困难。正因为实际上不存在任何迫切的理由需要相信一个新的形而上学，所以基督教神学家赢得了这场争论。这是启蒙运动第一次明显的挫败。

所以自然神论的致命缺陷并不在理性思考上，而在情感上。纯理性的思考因为不造成流血，所以没有吸引力。把神秘的神圣感去除之后的宗教仪式，往往失去了情感上的震撼力，因为参加仪式的人必须通过对更高权威的服从来满足对族群忠心尽力的本能需求。特别是在危险和悲剧性的时刻，非理性的仪式尤其重要。人类需要向一位不会犯错且仁慈的神明屈服，这是无法取代的需求，而这样的献身屈从将带来救赎。同时，对一个不会灭亡的生命力给予正式的肯定，也是无法被取代的，而这样的信仰投入将带来"超然界"（transcendence）。因此大多数人都很希望科学能够证明神的存在，但不去度量它的能力。

自然神论和科学也无法伸展到伦理学的范畴内。辉煌的启蒙运动并没有达成它的承诺，产生一个有客观基础的道德理性思考。即使具备伦理前提的永恒世俗领域真的存在，启蒙运动时代的人们的知识能力却似乎太过微弱、太过飘忽不定，以至于无法指出这个领域的所在。结果，神学家和哲学家各自坚持既有的立场，一者要把决定权交给宗教权威，另者则以主观方式仔细推演他们所知道的自然权利。除此之外，他们找不到其他更合逻辑的做法。那些几千年来被宗教神圣化的教条，多多少少好像行得通，而且我们无论如何也没有时间把它完全搞清楚。人们可以无限延迟对天国（或天体）的沉思，但是对日常生活中的生死问题无法如此。

除此之外，还存在一个反对启蒙运动的纯理性原因，这个原因至今依然存在。假设启蒙运动支持者最狂妄的宣称是正确的，以致科学家真的能够审视未来，并探知对人类最有利的行动方式，那么我们会不会掉入逻辑与预知命运的陷阱？启蒙运动的目标，就像之前的希腊人道主义，都具有普罗米修斯[45]式的创新精神。这个运动所产生的知识可以将人类从野蛮的世界中解放出来，但也可能产生相反的结果。如果科学在制定不变的自然律时提出的质问，削弱了神这个观念，那么人类有可能因此而丧失既有的自由。也许世界上只有一种“完美”的社会秩序，而科学家真的能够寻得到——或更糟糕的，错误地宣称他们找到了。于是，像哈德良长城[46]那样保护着人类文明的宗教权威将被破坏，紧接而来的将是极权主义意识形态下的野蛮行动。启蒙运动中世俗想法的这个黑暗面，在法国大革命中暴露了出来，最近也呈现在“科学的”社会主义者和种族主义者的法西斯主义理论中。

另一个令人担心的问题是：由科学所推动的社会，有可能会破坏神（或数十亿年的进化过程）在世界上建立起来的自然秩序。我们如果赋予科学太大的权威，它可能变成一个具有自我摧毁力的逆子。这个非神所创造的科技，其实是现代文化中一个极具威力且深得人心的形象。好莱坞的魔鬼终结者由金属制成，以微芯片控制，是一个与科学怪人雷同的恶魔，他们都报复性地摧毁他们的创造者，包括那些身穿实验室工作服、傲慢地预告科学将统治这个新时代的无知天才。暴风刮起，恶毒的突变物种四处蔓生，生命灭亡。国家之间以摧毁世界的科技互相胁迫。英国因雷达的发展而在第二次世界大战中得以自保，但在原子弹轰炸日本之后，就连英国的首相丘吉尔也担心“科学闪亮的翅膀”将把我们带回石器时代。

浪漫主义大放异彩

对那些长久以来畏惧科学会以浮士德[47]而非以普罗米修斯的面孔出现的人而言，启蒙运动对人类灵性的自由，甚至对生命本身，造成了极大的威胁。面对这样的威胁，我们有什么方法解决？反抗！回归凡朴的自然人，重新强调个人幻想和相信人类永不灭亡是重要的。经由艺术抵达更高的层次，或是推动一个浪漫革命（Romantic Revolution）以求解脱。华兹华斯[48]在1807年采用当时正在欧洲各地展开的运动中所采用的典型文字，激发出一种超越理性掌控的、更原始的、更宁静的存在的光环：

那把我们送到这儿来的永生海域，
我们的灵魂能够看见，
能在霎时间去往那里，
去看孩子们嬉戏游玩在海岸上，
去聆听那永远在翻腾的浩瀚的海洋。

随着华兹华斯的句子，“我们因为无法表达威力而喘息”，闭上眼睛：心灵向上飞扬，与距离的平方成反比的万有引力定律逐渐消失。心灵进入了一个无法用重量和测量来描述的境界。尽管我们无法否认由物质和能量所组成的宇宙具有局限性，但我们至少可以用最灿烂的蔑视将它忽略。无可否认，华兹华斯和19世纪上半期的英国浪漫主义诗人，创造了极其美丽的作品。他们用另一种语言来表达真理，并且将艺术和科学的距离拉得更远。

浪漫主义在哲学上也大放异彩，它着重反叛性，强调随心所欲、强烈的情绪和英雄式的远见。这个主义的实践者追求只有心灵才能感受到的美感，梦想人类将成为无限自然界的一部分。卢梭虽然常被归类于启蒙哲学家，但他其实是浪漫时期哲学运动的开创者，并且极具远见。对他而言，学问和社会秩序是人类的敌人。他在其著作中，包括1749年所写的《论科学与艺术》和1762年的《爱弥儿》，极力赞扬“睡着的理性”（sleep of reason）。他的乌托邦是一个极简化的国度，其中的人们抛弃书本以及其他与学识相关的物品，进而培养感官与健康方面的乐趣。卢梭说，人类本是存在于和平的大自然中的高贵野蛮物种，后来受到文明和学识的影响而变得腐败。宗教、婚姻、法律和政府是那些权威人士为了维护个人的利益而虚构出来的，一般的普通老百姓则为了这个高层次的卑鄙行为，付出邪恶和令人不快的代价。

当卢梭发展出这套极不正确的人类学架构时，由歌德、黑格尔、赫德和谢林[49]带领的德国浪漫主义哲学家，正开始重新将形而上学引入科学和哲学的领域，产生了所谓的自然哲学（Naturphilosophie）。这是由感觉、神秘主义和“半科学假设”（quasi-scientific hypothesis）混合而成的哲学。在这群诠释者当中表现得极为杰出的歌德，在一生中最想成为科学家。他对科学的野心胜过对文学，但文学才是他实际上具有不朽贡献的领域。他对科学这个观念，这个可以用来了解真实现象的方法，表现出了尊重。同时，他也了解科学的基本法则，并乐于声称，分析和综合应该像吸气和吐气那样自然地交替进行。他对牛顿力学所采用的抽象数学也有批评，并且认为物理学把解释宇宙现象作为目标，未免野心过高。他对实验科学家所使用的“技术上的小把戏”经常不屑一顾。其实，他曾经尝试重复牛顿的光学实验，但结果并不理想。

我们轻易地就原谅了歌德，因为他最终的目标毕竟是高尚的，简直是想把人类的灵魂和科学机器相结合。如果歌德生前就预见到历史将赋予他的评价为“伟大的诗人兼不入流的科学家”，他必定会非常难过。他在科学综合上的失败，是因为缺乏我们今天所谓的“科学家的本能”，就更别提具有必备的相关技巧了。微积分令他困惑，据说他也无法区分云雀和麻雀。但是他对大自然有一种发自灵魂深处的热爱，他宣称，我们必须对大自然培养出一种亲近而深刻的感觉。“大自然喜欢制造幻觉。她把人类笼罩在云雾里，驱使他们迎向光明。凡不肯参与幻觉的人们，她都报以暴君般的惩罚；凡接受幻觉的人们，她则衷心拥抱。热爱大自然是亲近大自然的唯一方法。”[50] 我可以想象，培根在哲学家死后进入的天堂里，不断以“心智的假象”来教训歌德，而牛顿则立刻失去了耐心。

浪漫主义与先验主义之对抗

德国卓越的浪漫主义哲学家谢林尝试以理性而非诗篇，将科学上的普罗米修斯和静止（immobility）结合起来。他主张宇宙万物具有人类所无法了解的统一性。事实本身最多只是真理的一部分；我们所感知到的，也只是连续变化的宇宙的片断。谢林因此下结论：大自然是有生命的，她是一个有创造力的灵魂，能够把进行认知的人和被认知的事物结合起来，并且随着理性了解和心灵感受的不断扩充，朝着彻底实现自我的最终状态迈进。

在美国，德国的哲学浪漫主义有新英格兰地区的先验主义

（transcendentalism）与之相互辉映。其中最著名的哲学家是爱默生和梭罗[51]。先验主义者极其反对杰克逊[52]任上充斥美国社会的商业主义。在他们的想象中，心灵世界完全建立在个人的性情和气质上。和欧洲的同僚相比，他们和科学较为投趣。在梭罗所写的《种子的信仰》（*Faith in a Seed*）和其他著作中，从博物学的角度描述了许多对自然界的准确观察。先验主义者中，甚至包括一位成熟而地道的科学家——阿加西[53]。他是哈佛大学比较动物学博物馆的馆长、美国国家科学院的创建委员，是一位地质学家兼动物学家，同时也是极具才气的演说家。这位伟大人物所采用的形而上学推演与谢林的类似，他推得宇宙是神心目中的形象。出现在他宇宙观中的科学神明，基本上和神学家讲的神明相同。1859 年，阿加西正当事业的高峰，对达尔文的《物种起源》（*Origin of Species*）一书的出现大为震惊。《物种起源》提出了自然选择（简称天择）机制的生物进化论，认为生命的多样性是一种自组装（self-assembling）的过程。阿加西当然是到大西洋沿岸的各大城市，在为他着迷的观众面前为神做辩护。他认为神不可能以随机突变和适者生存为依凭，来创造这个世界。我们的生命观一定不能从宇宙般的宏伟壮阔降格为池塘和树林里那些污秽的细节。他争论道，即便是以这样一种方式来思考人类处境，都是无法容忍的。

自然科学家在启蒙运动中遭遇了强大的反对势力后，多半都放弃了，不再探讨人类的心灵生活，而把这个领域让给哲学家和诗人，给予他们另一个世纪的时间来自由发挥。实际上，科学家的让步对科学发展而言是一个健全的抉择，因为它驱使研究人员脱离形而上学的陷阱。在整个 19 世纪，物理学和生物学知识以指数级的速度增长。社会学、人类学、经济学和政治理论等社会科学，也像暴增的公爵和伯爵头衔般相继兴起，企图占领介于基础科学和人文学科之间的领域。自然科学、社会科学和人文学科——目前所存在的学术三大分支，是在 17、18 世纪统一的启蒙思想中产生的。

启蒙运动虽然源自神学，并且对神学十分关注，但具有彻底背逆的世俗性，并借此将人类心智引入了自由的新境界。它把其他所有的事物都搁在一旁，包括各种形式的宗教信仰、政治权威和所有可想象的恐惧，将优先权让给自由探究的道德理念。在启蒙运动所描绘的宇宙内，人类所扮演的角色是永恒的冒险者。在这两个世纪当中，神似乎采取了一种新的口吻对人类说话。这一新口吻早在 1486 年就已经预示了，见于文艺复兴时期的启蒙哲学先驱米兰多拉[54]的祈祷文中：

> 我们所认识的你，不在天堂也不在人间，不会死亡也不会永生。你仿佛是自己的创造者和塑造者，以自由的选择和崇高的尊严，依照自己的爱好塑造自我形象。[55]

但是到了 19 世纪早期，这个辉煌的影像逐渐消失。理性遭受挫折，知识分子对科学的领导地位失去了信心，而知识具有统一性的可能也急遽下降。但是，启蒙运动的精神继续存活在政治理想主义和个别思想家的期望中。在之后的数十年，新兴的学派蓬勃冒出，就像从倒伏的树干上萌发出来的新芽，例如边沁和穆勒的效益主义伦理学（utilitarian ethics）、马克思和恩格斯的历史唯物主义以及皮尔士、詹姆斯和杜威的实用主义（pragmatism）。[56]然而，启蒙运动的核心议程似乎不再能继续了。前两个世纪根深蒂固地镶入思想家脑海的崇高观念，已经失去了大半的可信度。

科学却有它独特的发展。从18世纪早期开始，科学研究人员、科学发现和技术期刊的数目，每隔15年就会增加一倍，直到1970年前后，速度才开始平缓下来。[57] 科学不断地成功，使人们对“有规律、可理解的宇宙”这个想法重新建立起信心。这原本是启蒙运动的基本前提，首先由培根和笛卡儿提出，接着在数学、物理学和生物学上逐渐成长茁壮。但是，化约主义成为启蒙运动的主要科学方法并带来无比的成功后，阻止了复兴启蒙运动中所强调的知识“整体性”。正因为科学的信息是以几何级的速度在增加，大多数研究人员并不关心知识统一的问题，更不在乎哲学思维。他们认为会捉老鼠的猫就是好猫，为什么还需要在这些事情上做深入的沉思？对于18世纪末出现的一种充满了禁忌、有关心智物质基础的学说、一种被高呼为由生物学进入社会科学的渠道的论调，他们更是迟迟不予置评。

知识分工的结果

另一个比较谦逊的理由，也可以解释为什么当时对整体的大图景缺乏兴趣，因为科学家不具备必要的学识活力。绝大多数科学家只是为人所雇用，并且对未来抱有投机心态。这种状况在当今尤其如此。科学家都专注在自己的专业上，他们所受的教育并没能让他们对世界有较广泛的了解。他们尽可能以最快的速度完成必要的训练，以便达到学术前锋，从事自己的科学研究，因为在科学发展的前沿生活极为昂贵且不安。成果最丰富的科学家虽然拥有价值百万美元的实验室，却没有时间思考整体的大图景，而且认为那么做不会有任何帮助。美国国家科学院（The United States National Academy of Sciences）2 000 位院士佩戴在翻领上、象征一生成就的玫瑰徽章，正中央为金色，代表科学，周围的紫色则代表自然哲学。哀哉！大多数占据领导地位的科学家，眼光都盯在金色上。

因此，当我们发现物理学家不知道基因是什么，而生物学家以为弦论[58]和小提琴有关时，一点儿也不会惊讶。科学上所颁发的研究成果奖和荣誉奖，是根据个人的科学发现，而不是学术能力和智慧。这种现象在过去就已经如此。培根利用让自己晋升到大法官职位的政治技巧，亲自向英国王室索求基金来实施他的知识统一的计划，结果分文未得。笛卡儿正值盛名的高峰时，法国王室宫廷隆重地授予他一笔津贴，但是这笔钱从来没有进到他的账户。于是笛卡儿被迫前往“坐落在岩石和冰天雪地之间、四处是熊”但较为慷慨的瑞典宫廷，他到那儿后不久便死于肺炎了。

因为专业上的需求而把人当作原子般细分的现象，也发生在社会科学和人文学科领域。世界各地的高等教育学府中专家云集。能成为具有原创力的学者，等于成了一个高度分化的世界内的权威；就好比在加尔各答（Calcutta）这个多语系的世界里，每个语系也都有它的权威一般。当杰斐逊在 1797 年就任美国哲学学会（American Philosophical Society）的会长时，全美具有专业水平的科学家和他们在人文学科中的同僚，还能够全体一起舒适地在哲学礼堂的讲演厅内就座，而且大多能对整个学术界发表相当有水平的言论；当时的学术界相当小，还能够视为一个整体。今天，他们的后继者包括 45 万名具有科学和工程博士学位的学者，数量之多，甚至会使费城变得十分拥挤。一般而言，从事专业研究的学者并没有多大的选择，只能细分彼此的研究专业和研究进程，每人在各自分得的小块领域中进行研究。要成为成功的学者，就必须终生投身于研究细胞膜的生物物理学，研究浪漫时期的诗人、早期美国历史，或是其他一些很受局限的正式研究领域。

这种专业上的细分，更进一步反映在 20 世纪艺术和建筑的现代主义（modernism）风格上。艺术巨擘布拉克、毕加索、斯特拉文斯基、艾略特、乔伊斯、葛兰姆、格罗皮乌斯、赖特[59]和他们同僚的作品，是如此创新，表现手法是如此漫无边际，以至于无法利用传统方法归类。也许我们只能说：现代主义者不计代价，尝试要创新和引人注目。他们确认出传统的桎梏，并且在自觉的状况下将桎梏摧毁。许多艺术家为了探索人类的无意识，反对写实主义的表达方式。[60]

弗洛伊德既是科学家，又擅长文学，他带给这些艺术家许多心灵上的启发，我们可以恰当地把他和艺术家归为一类。由于心理分析所造成的影响，现代知识分子和艺术家的注意力，由社会政治转移到私人心理上。他们倾向于把自己领域内的每个课题，交给休斯克（Carl E. Schorske）所谓的“变化的无情离心机”（ruthless centrifuge of change）来处理，目的是要骄傲地宣称，20 世纪的上层文化可以从过去的历史中独立出来。他们并不是虚无主义者（nihilists），反而是在追寻一个新层次的秩序和意义；他们是彻底的实验学家，想亲自参与这个世纪科技和政治上的极端变化，并希望完全依照自己的方式来塑造其中的一部分。

这么一来，启蒙运动所遗留下来的自由思想，首先在浪漫主义时期就和人文学科脱了节，到了 20 世纪中期，完全丧失了借助科学来统一知识的希望。斯诺[61]在1959年的瑞德讲座（Rede Lecture）中所描述的两种文化——文学和科学，已经不再相互关联了。[62]

德里达的诡论

所有的运动都有趋于极端的倾向，这是我们目前大致的处境。蓬勃发展的自我实现运动，由浪漫主义发展到现代主义，现在又产生了哲学上的后现代主义[postmodernism，经常又称为后结构主义（poststructuralism），尤其是用在较为政治性以及具有社会含义的情况时]。后现代主义的论点和启蒙运动呈极端对立，两者的差别可以大致描述如下：启蒙思想家相信我们可以了解所有的事情，极端后现代主义者相信我们什么都不能了解。

哲学上的后现代主义者，是一群聚集在黑色无政府主义旗帜下打转的背道者。他们挑战科学和传统哲学的基础，主张真实世界是心智建立起来的一个状态，不是心智从体验中获得的结果。而最狂妄的建构主义（constructivism）主张，“真的”真实世界并不存在，人类心灵的活动之外并没有任何客观的真理，只有社会执政团体所散布的流行想法。伦理也不具备稳固的基础，因为每个社会都会创造出自己的一套规章，来保障他们这一批压迫势力的共同利益。

如果这些前提是正确的，那么每个文化所呈现的真理和道德规范都一样好，都有它自己特殊的地方。政治上的多样性也是合理的：在社区中，每一个种族团体和性取向，都该受到同等对待。这样的想法不仅应该得到包容，更值得获得社区的支持，并在教育章程中有强制性体现。这并不是因为它对社会具有普遍意义，而是因为它本身的存在。当然，以上说法的基础是：假设建构主义的前提是正确的。提倡这些想法的人声称，这些前提当然正确，否则就有傲慢顽固之嫌，而傲慢顽固可是人类的一种重要罪行。这种罪行之所以严重，是因为如果我们同意放弃后现代主义者反对宇宙真理存在的禁令，而一致赞同促进人类的共同利益，卢梭就复活了！

后现代主义可以更清楚地用“解构”（deconstruction）的过程来表达，这是文学批评所使用的一种技巧。它的基本前提是：每一位作家所表达的意义都是他所特有的，他真正的企图或对其他任何与客观真实世界相关的描述，没有一样能够确切地和他的文字相对应。因此，他所写的文章应该被那些同样唯我的评论家分析评论。在这之后，评论家的评论再进一步被“解构”，而对评论家评论的评论也将得到相同的待遇，这样的推演将永无止境。“解构”的创造者德里达[63]所陈述的准则“文本之外一无所有”，意义便在于此。至少，这是我细心研读他的著作以及他的辩护者和评论者的文章之后，所得到的了解。如果后现代主义极端的前提是正确的，我们永远无法确知德里达想表达的含义。相反，如果我的理解“正是”他想表达的含义，我们就不一定需要进一步考虑他的论点。这个谜一般的难题，我把它称作“德里达的诡论”，类似于“克里特岛人的诡论”（Cretan paradox，一个克里特岛人说：“克里特岛上所有的人都是骗子。”）这个问题虽然有待解决，但是我们不必觉得太迫切。

从德里达讲究修饰且带有愚民色彩的叙述中，我们其实不太确定他到底知不知道自己在说些什么。有些人认为他的写作就是个玩笑。他的文字学（grammatology）作为新“科学”，刚好和科学相反，由一种如梦境般不协调、粗俗又奇幻的片断组成，与文明世界其他地区所产生的心理及语言科学毫不相干。这就像一个不知道胰脏位置的人，宣称他可以靠信仰来治病一样。德里达最终似乎也意识到自己的缺陷，但他用卢梭的观点来宽慰自己，自以为是地把书和写作当作敌人；他引用卢梭在《爱弥儿》一书中提到的：“不平静的夜晚所做的梦，是赐予我们的哲学。或许你会说，我也是一个会做梦的人，这点我得承认，但是我能做到别人做不到的。我可以把我的梦只写成梦，让读者自己来发现，看看其中有没有任何东西适用于清醒的人。”[64]

关于理论的理论

科学家这群头脑清醒并且对自己清醒时所说的话负责任的人，并不觉得后现代主义有什么用途。相反，后现代主义者也对科学采取一种颠覆的姿态。在表面上，后现代主义者好像暂时接受引力场、周期表、天文物理，以及科学拿来套在物质世界上的其他枷锁，但是一般而言，他们只把科学文化视为另一种认知的方法，而且它多半是由欧洲和美洲的男性白人筹划而成的。

人们其实很想把后现代主义、神智学（theosophy）以及先验唯心论（transcendental idealism），一并丢进历史的古董柜里，但是，后现代主义现在已经渗透到社会科学和人文学科的主流里；这些学科把它视为一种后设理论（metatheory，也就是一种关于理论的理论）的技巧。学者用这种技巧分析为什么某些科学家会产生他们特有的想法，目的并不在于分析各门学科的主题，而是在于了解其中的文化和心理因素。分析家强调的是"根基隐喻"（root metaphor），也就是支配思考者心灵的影像，使他们由此设计出理论与实验。在以下的例子中，格根[65]解释了现代心理学是如何受到"人类是机器"这个隐喻的支配的：

> 不论个人的行为具有什么样的特征，机械论者（mechanist theorist）必定会把个人和个人所处的环境分开，把环境看作刺激或输入的来源，把个人看作依赖这些输入因素产生反应的个体，并把人类心智的领域看作是有结构的（由相互作用的成分组成），然后依照行为和输入的刺激之间的关联，把行为划分成单元，等等。

简单而直截了当地说：心理学有变成自然科学的危险。对那些希望心理学走上另一条道路的人来说（有许多学者的确这么想），格根的主张或许是可行的补救之道。他为心理生活提出其他或许危害较轻的"根基隐喻"，以供参考，譬如市场（marketplace）、编剧艺术（dramaturgy）和服从规则（rule-following）。[66]心理学如果没受到生物学太多的污染，在未来将可以包容无数的理论学家。

当这些多样的隐喻附加在种族多样性和性别二元论（gender dualism）之上时，为后现代主义学术研究事业创造出许多新的工作岗位，随后又借着政治化，使得新的学派与意识形态以爆炸性速度倍增。这些学派多半偏左，一般较为人熟知的后现代主义思想包括：非洲中心主义（Afrocentrism）、建构主义社会人类学（constructivist social anthropology）、批判科学（也就是社会主义科学）、深层生态学（deep ecology）、生态女权主义（eco-feminism）、拉康精神分析（Lacanian psychoanalysis）、拉图科学社会学（Latourian sociology of science）和新马克思主义（neo-Marxism）。除此之外，还有各式各样令人眼花缭乱的解构技巧和新时代整体主义（New Age holism）在四周环绕穿梭。

这些学派的信奉者在各自的游戏场里骚动不安，有时能得到卓越的结果，但多半时候则不然。他们总是倾向于使用过多的专业用语，而且语意不清。每个学派都以它独特的方式，向早在 17 世纪就被启蒙运动所抛弃的“庞然的奥秘界”（mysterium tremendum）靠拢，同时也呈现出相当多的个人焦虑。西亚拉巴（George Scialabba）对已去世的福柯[67]这位对思想史中的政治权力做精彩诠释的伟大学者，做出以下极富洞察力的描述：

> 福柯所探讨的，是现代认同问题这个最深刻也最无法确定的矛盾……在现代，有人不相信有神，也不相信有自然律或先验理性；有人亲眼见到权利这个物质利益以各种隐晦的方式，腐化甚至组成了我们以往所认同的每一项道德。对这些人而言，他们如何生存？又能牢牢抓住什么样的价值标准？[68]

的确，要如何以及凭什么生存？要解决这些令人困扰的问题，首先让我们从福柯和存在主义的绝望中走出来，考虑以下的经验法则：当哲学命题既令人混淆又无法进一步接受质疑时，就很可能是错误的。

向后现代主义致敬

如果我做得到，我会对福柯说，情况并不那么糟糕（我并没有要表现出自己比他高明的样子）。发现“宇宙创造之初，并没有考虑人类的存在”是一大震撼，不过我们一旦恢复过来就会看到：只要了解在长久的地质年代内产生的人类遗传规律，了解久远的历史在人类身上刻下的痕迹，我们就能找到人脑所能掌握的意识、所能承载的情感，以及我们希望能够分享的所有冒险经验和喜悦。人类的理性将因此进入新阶段，而人类的情感将展现出潜在的无穷多模式。真假将可以区分开来，而且很快地，我们也会深入了解彼此，因为我们是同一个物种，在生物学上具有类似的大脑。

另外，知识分子群体的逐渐瓦解与日益淡漠，确实值得警惕。对于关注这个问题的人，我的提议是：世上向来存在两种有原创力的思想家，一种看到不规律而试图创造规律，另一种则在遇到规律时试图创造不规律以示反抗。这两种人之间的摩擦正是促进学习的原动力，它经由一条曲折的前进轨道提升我们。在达尔文式的竞争中，赞同规律的观念总是得胜，理由很简单，因为真实世界就是以这种方式运作的。

无论如何，我在这里要向后现代主义者致敬。作为当今狂欢乱舞般的浪漫主义参与者，他们使文化变得更加丰富。他们对余下的我们说：也许，仅只是也许，你们是错的。他们的想法就像烟火爆炸后的火花，往四处发散开来，但是缺乏后续能量，很快就消失在漫无边际的黑暗中。然而，少数的火花会停留得长久些，照亮一些预料之外的物体。这是我们对后现代主义采取正面看法的理由之一，尽管它对理性思考造成了危害。另一个理由是，它解除了不愿接受科学教育的人的困扰。再一个理由是，它在哲学和文学研究上创造了一个小规模产业。尚有一个最重要的理由是，它永不罢休地批判传统学术。我们永远需要后现代主义，或是另一股相当的反抗势力。毕竟，有什么其他方法，能比继续不停地防御敌对力量，更能强化有组织的知识？穆勒曾正确地指出，当战场上没有敌人出现时，教师和学生都会在岗位上打瞌睡。同时，如果在某种特殊情况下，所有的证据和理由都和我们所相信的背道而驰，以致最关键的核心事物被摧毁，而所有事情都被贬低，只成为认识论（epistemology）上的一种混淆，此时，我们也将有勇气承认后现代主义者是正确的。同时，借着启蒙运动的最高精神，我们将重新开始。正如伟大的数学家希尔伯特[69]曾经说过的："我们必须知道，我们必将知道。"（Wir müssen wissen. Wir werden wissen.）正恰当地表达了启蒙运动所主张的人文精神。

第四章

自然科学

在科学发展之前，神秘主义是探知
未来世界最有效的方法；
尽管它能满足人类情感上的需求，
但成果却是零。
巫师施咒语或在圣山上绝食，
都不能召唤出电磁波谱；
就连最伟大的宗教先知也对它一无所知。
这不是因为神有所隐藏，
而是因为巫师和先知缺乏只有经过
努力学习才能获得的物理知识。

从任何一个合理的角度来评估知识的成就，启蒙时代的思想家对科学的信念都是对的。当今分隔人类社会的鸿沟不是种族或宗教，普遍认为是来自识字和不识字人们之间的差距；真正分隔人类的鸿沟是科学发展后和发展前的文化差异。要是没有仪器和积累的自然知识（物理、化学和生物学），人类仍将被关在认知的牢笼里，就像有智慧的鱼出生在深而幽暗的池塘里，不安地四处漫游，渴望接触外面的世界。他们想象出许多简单而可信的猜想和神话，好解释这个局限水域的来源，解释为什么会有太阳、天空和星星，以及他们自身存在的意义。但是，他们猜错了，总是错的，因为这个世界和我们日常的经验相距太远，没法仅靠想象来了解。

科学既不是哲学，也不是信仰系统。它由许多心智活动组合而成，受过教育的人们也逐渐把它当作一种思考习惯。它是历史上有幸发展出的一种具有启示作用的文化，同时产生了有史以来了解真实世界的最有效方法。

唯科学得以窥探

随着科学仪器的发展，人类已经突破以往的局限，并且极度扩大了对真实物质世界的了解。以往我们几乎是盲目的，现在则能实际看见。在科学发展前，一般常识认定可见光是宇宙唯一的发光能源，但经过学习，我们得知事实并非如此。相反，可见光只占电磁辐射极小的部分，由波长介于 400 到 700 纳米（十亿分之一米）的光波组成。整个电磁波谱的范围是由 γ 波（gamma wave）到无线电波，前者的波长比可见光短数万亿倍，后者则长数万亿倍。这整个电磁波谱范围内的辐射，不停地以差别极大的数量辐射到我们身上。但是如果没有测量仪器，我们完全不会知道这些辐射的存在，因为人类视网膜只能接收 400 到 700 纳米波长的光波。所以，若没有任何外在仪器的协助，大脑就认为只有可见光存在。

许多其他动物在这方面知道得比我们清楚。它们生活在不同的视觉世界里，看不到人类可见光谱中的某些部分，却对可见光谱之外的一些波长的光很敏感。蝴蝶利用 400 纳米以下的波长的光，由花瓣反射出的紫外线图样来寻找花朵，并且确定花粉和花蜜的所在部位。我们只能看到简单的黄色或白色花朵，但呈现在蝴蝶眼中的，则是明暗相间的同心圆以及零散的点。植物进化出这些图样，是为了引导传播花粉的昆虫找到花药和花蜜。

现在借助于适当的仪器，我们也可以以蝴蝶的眼光来观看世界。

科学家通过对电磁波谱的了解，已经能够进入动物的视觉世界，甚至能进到其他的领域。他们可以把任何波长的信息，转变成可见光和可听得到的声音，并且采用多种不同的能量来源，产生绝大部分的光谱。经由选择性地操纵运用某一段电磁波谱，科学家可以探测小于原子的粒子的轨迹，也可以观看遥远星系中星球的诞生，这些星球传来的光线，大概能够追溯到宇宙创始之初。他们（或更正确地说，应该是“我们”，因为科学知识普及全球）可以看见的物体，大小可能相差 10^{37} 倍，最大的星团相对于已知的最小粒子的倍数，就是在 1 后面加上 37 个 0。

我并不想显得不敬，但科学发展前的人类，不论具备多少天分，都不可能超越他们那个由常识所构成的一小圈知识，而猜到物质真实世界的本质。即使是其他如神话、启示、艺术、冥想或任何想得到的方法，也从来不会发挥功效。在科学发展之前，神秘主义（mysticism）是探知未来世界最有效的方法，尽管它能满足人类情感上的需求，但成果却是零。巫师施咒语或在圣山上绝食，都不能召唤出电磁波谱，就连最伟大的宗教先知也对它一无所知。这不是因为神有所隐藏，而是因为他们缺乏只有经过努力学习才能获得的物理知识。

这是歌颂科学神明的赞美诗吗？不！这是在赞美人类到现代才终于解放的独创性，以及原先就存在于我们每个人身上的潜能。同时，这也是在赞美“宇宙是可以理解的”这个幸运事件。人类最主要的成就是在毫无协助的状况下，能在这个被证实是极有规律的世界中寻得穿梭其间的道路。

人类非万物之灵

我们其他的所有感官功能都因为科学而扩大。以往我们是聋的，现在却听得见每一件事。人类听力的范围介于 20 到 2 万赫兹（空气每秒钟压缩的次数）。在这个范围之上，飞翔中的蝙蝠会在黑夜里发射出超声波脉冲，并借由翅膀接收回声来确认飞蛾和其他昆虫的位置。可能成为蝙蝠猎物的动物，大多也会把自己的听力范围调整得和蝙蝠发出的频率一样。他们一听到这个警告脉冲，就快速下沉，急转身潜逃，或是立刻往土里钻。动物学家在 20 世纪 50 年代以前，还不晓得有这样的夜间竞争存在，但现在，利用接收器、变压器和夜间摄影技术，他们可以洞察每个声响以及空中的每个动静。

我们甚至发现了完全和人类经验无关的基本感官。人类对电的察觉，间接来自皮肤上触电的感觉或是电所产生的闪光，但是非洲和南美洲的各种电鱼，包括淡水鳗、鲶鱼和象鼻鱼，却活在电流的世界里。他们背上的肌肉组织经由进化过程的改良，成了有机电池，能够在身体四周产生电场，而电能则由神经系统操纵。每当电场开关打开时，每条鱼都能够经由遍布全身的电场接收器来感受电能。当电场受到临近物体的干扰时，接收器上会产生一个电流阴影，电鱼就可以借此判断物体的大小、形状和活动方式。因此，电鱼可以在连续信号的引导下，在黑暗的水域中顺利地穿越障碍，逃离敌人或捕捉猎物，也能利用已编码的电流脉冲互相沟通。动物学家利用发电机和接收机，可以参与电鱼之间的交谈。他们能够像鱼那样，经由皮肤说话。[70]

从以上和其他无数的例子中，可以推出一个对了解人类处境很重要的非正式的生物进化规则：只要是我们想象得到的有机传感器，不论它从环境中接收到的信号是哪一种，我们都可以在某处找到拥有这项传感器的物种。这种多样性所呈现的无穷生命力，向人类有限的感官提出了质问：为什么人类这个理当被创造得至善至美（summum bonum）的物种，并不具备所有动物的能力，甚至更多的能力？为什么我们被带到这个世界时，身体已经“残缺”？

科学革命

进化生物学可以提供简单的回答。天择的定义是：不同基因组合下，会有不同的生存和繁殖形态。天择的作用只是提供生物体必要的能力。生物潜能会一直进化，直到生物体在它的生态区位（niche）上达到最大程度的适应为止，一点儿也不会再多。每个物种，每种蝴蝶、蝙蝠、鱼、灵长类，包括人类在内，都会占据一个特殊的生态区位。因此，每个物种都活在自己的感官世界中，而天择在形塑这个世界时，只受到过去历史状况的影响，以及被过去和现在时时发生的事件所支配。飞蛾的体量太小，且不易于消化，对体量庞大的灵长类而言，无法有效提供充足的能量，所以人类就没有进化出回声定位的能力来捕捉飞蛾。同时，我们也不居住在黑暗的水域内，所以也从来不必进化出能收放电流的感官。

简而言之，天择从未预先考虑未来的需求。这个原理可以很完美地解释许多现象，但是面对一个困难：如果这个原理举世皆准，那么天择如何在人类文明不存在之前，就预备了一个蕴含这个文明的心智？这是关于人类进化最神秘的问题：该如何解释微积分和莫扎特的出现？

我会在后面章节中扩展对进化的解释，也把文化和技术创新包含在内，以尝试回答这个问题。但目前请容许我将这个问题变得较温和些，只把自然科学的特殊性质当作一种历史产物来探讨。科学革命源自三个首要条件，也就是进化舞台上的三项幸运的事件：第一，那些最佳的心智具有无止境的好奇心和创造欲望。第二，人类与生俱来有一种潜能，能够把宇宙的基本性质加以抽象化。我们新石器时代的祖先已经具备这个能力，但这个能力的发展似乎超出了求生的需要（这也是一个基本的迷惑）。在 1600 年到 1900 年的三个世纪中，人类开启了科技的新纪元，但人类大脑并无法经由基因进化，而在这么短暂的时间内得以改良。

科学革命的第三个首要条件，正如物理学家维格纳[71]所言：数学在自然科学中不合理地有效。为了某种科学家和哲学家仍然无法了解的原因，数学理论和特定物理实验数据之间，竟然有着不可思议的紧密对应关系。由于这种对应关系如此紧密，人们相信数学在某种深入的层次上是科学的自然语言。维格纳写道："数学在自然科学中具有极大的用途，这件事本身几乎就是个谜，我们找不到合理的解释。'自然律'的存在一点也不自然，而更不自然的是，人类竟能够发现这些定律。数学这种语言能够恰当地架构起物理定律，这是我们既不了解又愧于接受的礼物。"[72]

量子电动力学

事实上，物理定律的精确性超越了文化间的差异。它们基本上是数学公式，没有中文、埃塞俄比亚文或玛雅文字的奥妙，也不会因名词的阴阳属性而有所变异。我们甚至有理由假设，任何先进的地外文明如果拥有核武器并且能够发射宇宙飞船，也必定发现了相同的物理定律。而且，他们的物理学可以根据点到点、集合到点、点到集合等对应关系，翻译成人类所具有的同等符号。

我们能最准确测量到的是电子。一个单电子小得几乎不能想象。在传统的认知架构中，物体是在三维空间移动，但当电子被抽象化成一组具有概率性分布的能量波后，几乎无法以这种传统方法来观测（一般量子物理中的现象大多如此。）但是，我们确知单电子带有 1.6×10^{-19} 库伦的负电荷，静止时的质量是 9.1×10^{-28} 克。由这些和其他一些可验证的数值，我们可以精确推导出电流、电磁波谱、光电效应和化学键结的性质。

统一这些基本现象的理论，是由图示和方程式所构成的量子电动力学（quantum electrodynamics，简称 QED）。量子电动力学把每个电子的位置和动量，当成空间中的一个波函数或一个离散粒子来处理，还进一步假设电子能随意发射和重新吸收光子（photon）。光子是无质量却带有电磁力的独特粒子。

在自然科学中，理论预测和实验数据最吻合的情况，来自电子所具有的一个特性：磁矩（magnetic moment）。磁矩所测量的是电子和磁场之间的作用力；更准确地说，电子在磁场中所体验的最大力矩，除以该电子所受的磁感应，就是磁矩。我们真正有兴趣的是旋磁比（gyromagnetic ratio），也就是磁矩除以角动量。理论物理学家预测旋磁比时，在计算中包括了两个因素：狭义相对论，以及光子发射、再吸收光子时所造成的微扰。量子电动力学预测这两个因素会使得计算出的旋磁比，和以往由古典原子物理学推导出的数值有些微的差异。

另一方面，原子科学家也独立作业，依照自己的方法直接测量旋磁比。他们以革新的技术，把单电子关在电磁瓶（magnetic-electric bottle）内，然后长期观测研究。他们由这个实验得到的数据，和理论预测的结果只相差千亿分之一。这个由理论学家和实验物理学家一起共同实现的准确度，相当于由旧金山向东发射一根针，并准确地预测，它会以比人类头发还细的误差，落在（与旧金山几乎同一纬度的）华盛顿附近的某一定点上。[73]

纳米科技

追寻像电子这样渺小的物体，是推动西方自然科学的原动力，也是一种本能。人类深为事物的基本单位所吸引，不断把物体拆开后，再组装回去。这种基本欲望可以追溯到公元前 400 年的原始科学。当时，留基伯（Leucippus）和他的学生德谟克利特（Democritus）首先猜测物质由原子组成，这个想法后来被发现是正确的。像这种把物体化约到微观单位的方法，在现代科学中已经圆满实现了。

显微镜解析能力的平稳进步，使我们能够直接经由视觉观察的协助，探索极端微小的物体。这项科技发展，满足了我们的第二项基本欲望：用肉眼观看整个世界。最有效的现代仪器，是出现在 20 世纪 80 年代的扫描隧道显微镜（scanning-tunneling microscope）和原子力显微镜（atomic force microscope）。它们几乎为分子内的原子键结提供了直接的影像。我们现在可以直接看到 DNA（deoxyribonucleic acid，脱氧核糖核酸）双螺旋的真面目，包括技术人员在准备这些分子试样时所碰到的各种特殊分子的扭曲和反转。这种视觉技术如果在 50 年前就存在，处在婴儿时期的分子生物学将以更快的速度成长。从事科学研究就和玩惠斯特牌[74]或桥牌一样，偷看一眼抵得过成千上万个上好招数。

我们目前之所以能够看到原子大小的影像，是因为科学家这三个世纪以来为了寻求科技发展的巅峰而不断在技术上创新的结果。显微镜源自 17 世纪后期列文虎克[75]的原始光学仪器，这台仪器所能观测到的细菌和其他物体，比肉眼所能辨别的东西要小几百倍。到了现在，显微镜所能显现的物体，已经又小上百万倍。

人们普遍喜爱切割与重组物体，这种喜好导致了纳米科技（nanotechnology）的发明。纳米科技能够制造出由相当少分子所构成的仪器，其中给人印象较深的新近成就包括：

◆拉马丁（Bruce Lamartine）和施图茨（Roger Stutz）在洛斯阿拉莫斯（Los Alamos）国家实验室，利用离子束蚀刻不锈钢针，制造了高密度只读存储器（ROM，read-only memory）。这些存储器内的线切得很细，宽度是一米的一千五百亿分之一。一个25毫米长、1毫米宽的针头上，就可以储存2G（two gigabytes）数据。这些针头没有磁性，所以储存的信息几乎是不可磨灭的。这个技术的发展仍然路途遥远，不过至少在理论上，我们已经可以利用原子来储存知识。

◆自从拉瓦锡[76]在18世纪进行化学研究以来，化学中一直存在着一个基本问题：当两种不同的反应物混合之后，其中的某一对分子需要经过多久，才能相遇并且形成键结？怀特曼（Mark Wightman）和北卡罗来纳大学的同僚，把混合溶液局限在一个极小的空间内，然后观察带有相反电荷的反应物分子接触时所产生的闪光。这个方法使化学家能够以空前的精确度来测量化学反应的时间。

◆在技术人员的指引下，分子大小的机器能够自我组装。在过去数年中，这个想法从理论角度来看一直是可能的；现在，研究人员已经开始从实用的角度来思考这个组装技术。其中最有发展前景的技术，是哈佛大学的怀特塞德斯（George M. Whitesides）和其他一些有机化学家所设计的自组装单分子层（self-assembled monolayer，简称SAM）。SAM由腊肠状分子构成，比如称为硫烷醇（alkanethiol）的长链碳氢化合物。这些分子从实验室制造出来之后，就被涂抹在金子的表面上。每个分子的一端具有吸附在金子表面上的性质，另一端则由不同性质的原子构成，能够指向外面的空间。如此一来，这些分子就像游行中的士兵那样排成行列，相同的分子产生了一层只有 1 到 2 纳米厚的分子层。接着，第一层分子之上可以置放另一种结构不同的分子，以产生第二层分子层，依次类推。当不同的分子逐一添加上去之后，就可以产生一个具有预期厚度和化学性质的多层胶膜。科学家最终的希望是合成简单的人工有机体，而 SAM 具有生物细胞膜的某些基本性质，所以可能是跨向最终希望的一步。虽然 SAM 离实际的生命现象还很遥远，却是生命基本成分的幻影。只要化学家能够正确组装出足够多的分子层，我们迟早能产生一个像样的活细胞。
77

理论

现代科学在学术上所造成的冲击，以及对于融通的世界观的重要性，可以总结如下。说到底，我们的大脑和感官系统以生物器官的形式进化，最终的目标在于保存基因和繁衍。但是它们只能引导我们穿过物质世界的一小块区域；掌握这一小块区域，只能满足我们的原始需求。科学仪器的使用则排除了我们这方面的障碍。而且，当科学充分发挥作用时，不仅能恣意使用仪器来延伸人类感官的范围，科学创造的过程还同时包含了另外两个部分：对数据的分类，以及采用理论来解释这些数据。当我们合并运用这两个部分时，就可以合理地处理仪器所扩增的感官经验。

科学如果没有理论，就没有任何事情可以理解，生命也是如此。人类基于本性，会把所有知识综合起来产生一个故事，并且从中重新创造整个世界。在这里，让我们暂且探讨一下“理论”（theory）这个主题。我们沉迷于自然世界所产生的美丽现象，比方说，我们的眼睛会迷惑于北极星轨迹所产生的缭乱视觉图像，以及植物根尖细胞分裂时的染色体分布样式。这两个现象所涉及的过程，对我们的生命也相当重要。但是，如果没有日心天文学（heliocentric astronomy）和孟德尔遗传机制（Mendelian heredity）的理论架构，这些现象就只是光线所形成的美丽图像而已。

“理论”这个词充满了令人混淆的多重含义。如果“理论”前面不加“一种”或“几种”，听起来好像很博学；在日常生活中，“理论”一词则显得被过度滥用且含义模糊。我们常常听人说：“这样或那样的宣称只是一个理论。”每个人都可以有一个理论，只要你愿意付钱，就可以在竞相吸引你的理论中，挑选你所喜欢的。伏都教（Voodoo）的巫师用鸡充当牺牲品来讨好死者灵魂的做法，是依照某个理论在进行；所有那些在寻找爱达荷州天空中基督再现异象的千禧年密教信徒们，也有他们的理论。科学理论也包含揣测，因此似乎也只是建立在沙堆上的猜想，遇水旋即崩塌。我怀疑，这也许是后现代主义者的一般观念；每个人的理论都有理由存在，也都很有趣。但是，科学理论在根本上极不相同。它的建立方式很特殊，一旦被证明是错误的，就立即被推翻，而且它如果注定是错的，愈早推翻愈好。“愈快犯错愈好”，是科学研究的准则。我得承认科学家往往爱恋他们亲手搭建起来的理论——我之所以知道，是因为我曾经也如此。他们有时会终生罔然地尝试建构自己的理论，也有少数人会把威望和学术政治资本浪费在这样的执着上。这种情况就像经济学家萨缪尔森[78]

有一次打趣时说的："丧事一桩接一桩，理论得以向前行。"

在探讨重要现象的伟大理论中，量子电动力学和天择进化论是两个成功的实例。理论中设定的东西，像光子、电子和基因，都是可以测量的。理论中的陈述也要接受质疑、实验的苛刻考验以及敌对理论的挑战。如果它们不具备这种脆弱的性质，就没有资格成为科学理论。最佳的理论是被"奥卡姆剃刀"（Occam's razor）削得细瘦的理论，这是奥卡姆[79]在14世纪20年代首先提出的看法，他说："采用较少的假设来描述理论，多了则是浪费。"高度的"节制"是评断优秀理论的标准。有了精简和经过测试的理论，我们就不再需要坐在马车里的太阳神来引领太阳穿越天空，也不再需要森林女神来使北半球山区的森林茂盛。我承认，这种作风并不支持新时代的玄想，但将带领这个世界走上正道。

不过，科学理论仍然是人类想象力的产物，是具有信息基础的想象。科学理论能够超越受它们掌握的知识，即使是人类以前从未料想到的事物，科学理论也能预测出它们的存在。科学理论会提出假设，训练有素地猜测未曾探讨过的课题，并定义其中的参数。最佳的理论所提出的最有效假设，可以干净利落地转换成能加以观测和实验的问题。各种科学理论和它们产生的假设，会竞相争取对自己有利的数据，这些数据等于科学知识生态环境中的有限资源。在这种喧嚣纷乱的环境中，能够存活下来的理论就成了达尔文进化论中的优胜者，继而被迎接纳入教条，刻入我们的心中，并引导我们继续向前探索物理真实世界中更多令人惊讶的事件，同时也会由此产生更多的诗篇。

科学的特性

简而言之，“科学是一种有组织、系统化的产业，它收集和这个世界相关的知识，并且把这些知识凝聚成可以验证的定律和原理”。我们可以利用科学的某些特性来区分科学和伪科学。第一是再现性（repeatability）：同样的现象接受其他独立方法的检测，则先前的解释如果不是得到支持，就是被新的分析和实验所推翻。第二是精简性（economy）：科学家企图将信息抽象化成最简单又最赏心悦目的形式，这两种特质合称为简洁（elegance）；同时，他们也希望以最小的力气产出最多的信息。第三是测量法（mensuration）：如果可以用举世皆准的量度恰当地测量事物，那么当我们对这些事物做广泛的推论时，就不会含糊不清。第四是启发性（heuristics）：最佳的科学研究能够刺激进一步的发现，而且往往是朝着一个不可预测的新方向；新知识也能对当初导致这个新发现的原理提供进一步的测试。第五，也是最后一点，为融通性（consilience）：在对各种不同现象所做的解释中，那些能够彼此关联且证实为具有一致性看法的解释，最有可能存留下来。

天文学、生物医学和生理心理学具备上述的所有条件；占星术、幽浮学（ufology）、神造论科学（creation science）和基督教科学，则不幸地完全不符合条件。我们不该忽略的是，真正的自然科学在理论和证据上会相互结合，以形成现代文明中不可磨灭的技术基础；伪科学则满足个人的心理需求（我在后面会解释原因），但缺乏提供技术基础的想法和方法。

化约主义的运作

科学上最锐利的工具是化约主义，它会把自然现象拆解成自然的成分。“化约主义”这个用词的确像手术刀和导尿管那样，带有某种枯燥乏味和侵略性的意味。科学评论家有时会把化约主义看作一种强迫性失调，并且会逐渐坠落到某种终结状态，最近一位作家把这种终结状态戏称为“化约性夸大狂”（reductive megalomania）。我们可以控诉这种描述是一种“误诊”。实际从事研究的科学家，主要任务是寻找一些可以接受验证的新发现，他们对化约主义有完全不同的看法：化约主义是科学研究上的一种策略，目的是在寻找入口，以便进入一个我们一无所知的复杂系统。科学家最终的兴趣在于复杂系统，不在于简单性，而化约主义只是了解复杂系统的途径。喜爱复杂性但不采用化约主义的是艺术，喜爱复杂性同时也采用化约主义的，就成了科学。

下面记载的是化约主义大多时候的运作方式，就好比出现在使用手册上的描述：

> 首先，让你的心智在系统中漫游，提出关于这个系统的重要问题，然后拆解这个问题，观察暗藏其中的元素与疑问。猜想有没有其他可能的答案，并把这些答案陈述出来，以便证据累积到合理的数量时，才可能明确地决定答案。如果碰到太多观念上的困难，就倒退一步，寻找另一个问题。当你终于找到可以探讨的问题时，尝试寻找模型系统，例如在粒子物理学中采用控制性发射系统，或在遗传学中采用快速繁衍的物种。有了模型，就可以轻易进行决定性的实验。让自己彻底熟悉系统——不，若能沉迷于系统更好，不问任何原因

地热爱所有细节，以及热爱自己对系统每一部分的感受。实验的设计必须让问题的解答在任何结果下都叫人信服，之后，再把结果运用到新问题及新系统上。在这条研究途径上，你可以从任何一点开始，要视别人已经在这条前后有序的道路上行进了多远而定。（你还得常常记住，给他们充分的信任。）

化约主义或多或少会遵循上述的方法，是一种基本而必要的科学活动。但是科学并不只是解剖和分析；由于受到哲学对重要性和价值的看法的影响，综合或整合也具有相同的重要性。就连研究主题最狭窄的研究人员，包括致力于找寻基本单位的学者，也随时都在思考复杂性这个问题。为了在研究上有所进展，研究人员除了自己研究的组织层次之外，也必须思考该层次与相邻层次之间交织的因果关系，比方说，由亚原子粒子想到原子，或由有机体想到物种。同时，他们必须考虑隐藏在这个因果网络背后的设计和推动力。因此，量子物理学可以介入化学物理学当中，来解释原子键结的形成和化学反应的发生。这些知识接着构成分子生物学的基础，并去除了细胞生物学的神秘感。

把聚合物敲成小碎块的背后有更深一层的含义，就是将某个组织层内的定律和原理，融入更普遍也更基本的层次内，这也称为化约主义。其中最强有力的表现形态是完全地融会贯通，也就是相信大自然是由简单且具有普遍性的物理定律所组成的，而且，其他所有定律和原理最终都可以化简为这些物理定律。这个先验的世界观，是许多科学唯物主义者（我承认自己也包括在内）的指路明灯和道路，但是它也可能是错的，至少肯定是一个过于简单的想法。在每一个组织层次中，尤其是活细胞及以上的层次，都存在某些现象需要新定律和新原理来做诠释，而无法借由较普遍的定律来做预测。其中也许有些现象是我们永远也无法掌握的，我们也许永远无法从较普遍的层次预测最复杂的系统。但这并不那么糟，科学研究中抽象的激奋感，正是来自这种如履薄冰的挑战。

学术这一行

尽管科学有它不完美的地方，却是人类最后抽出的一把石中剑。它以具有普遍性和规律性的唯物论发出的质疑，成为哲学和宗教上最重要的论题之一。它所采用的程序并不容易掌握，甚至难以概念化；也正因为如此，科学才发展得这么慢，而且多半是从西欧这单一地区发展出来的。科学工作相当困难，而且可能长期受挫。你必须具有一点强迫性性格，才能成为多产的科学家。你得牢记，新的想法多半平淡无味，并且经常是错误的；直觉上的灵感大多没有什么前景，它们在统计上的半衰期只有几个小时或几天。为了验证灵感而进行的实验通常很冗长，要花费大量的时间，而且往往只得到反面的结果，或得到模糊（更糟糕！）的结果。

许多年来，我都会这样冒昧地建议生物学的新博士：如果你打算走学术路线，每星期需要 40 个小时来教书和履行行政义务，除此以外，需要 20 个小时来进行像样的实验，之后还要投入另外 20 个小时来完成真正重要的实验。上述数字并不只是新兵训练营中的夸大其词，半数以上的科学博士的研究都面临胎死腹中的状况，最多发表一两篇文章之后，就脱离了原创性的研究。高压物理（这并不是双关语）的创始人布里奇曼[80]，用另一种方法来叙述这个指导方针："科学方法是毫无保留地拼尽全力。"

原创性的发现是最重要的。基本上，科学家并不是为了"了解"才从事"发现"，如哲学家怀特海[81]所做的观察，他们是为了发现才去了解。为了快速抵达科学的前线，参与新发现的领域，科学家只学习他们需要的知识，而经常对世界上其余的事物所知甚少，大多数的科学领域都是如此。他们就像散布在前哨的探子，以单独或小组的方式，在一块精选的狭窄区域内进行探索。两位科学家初次见面时开场白经常是："您做哪方面的工作？"他们已经知道彼此之间共同的关联。他们是探险的伙伴，朝着抽象世界的深处迈进；多半时候，他们对偶尔能捡到金块感到满足，但是更向往找到主矿脉。他们每天去工作时，都会下意识地想着："就在那里，我很接近了，可能就在今天。"

他们知道科学职业游戏手册上的第一条规则：在这个毫无顾忌实行精英政策的行业里，你如果有一项重要的发现，就可以成为真正成功的精英科学家。你会被编入教科书里，没有人能够夺走你的地位；你可以依赖桂冠坐享余生。但你当然不会只坐享余生，有足够冲劲做出重大发现的人，几乎都不会休息片刻。任何发现都会令人感到兴奋；踏上处女地的经验比任何感觉都让人愉悦，比任何迷药都让人上瘾。

如果你没有新发现，那么无论你在科学上做了多少研究，写了多少文章，你在科学文化中的角色都极小或微不足道。当然，人文学科的学者也从事发现工作，但是他们当中最有原创性、最有价值的研究，一般都是针对既存知识的诠释和解说。当一位科学家开始把科学知识加以归类、筛选其中的含义，尤其是当他并不属于那些知识的研究圈时，这位科学家就会被归类为人文学者。他可能是知识分子中的大天使，在科学之上展开宽广的翅膀，但如果没有自己的科学发现，他仍然不属于科学圈。科学生涯到头来得接受一个真正的测试，取决于下列句子能够填写得多成功：他（或她）发现……因此，自然科学的过程和产品之间存在一个基本的差异。这个差异可以解释，为什么这么多有成就的科学家心胸狭窄且愚蠢，又为什么这个领域中许多有智慧的学者，竟被认为是无足轻重的科学家。

但奇怪的是，科学“文化”微乎其微，至少从严格的部落意识来看是如此。很少有值得一提的仪式，顶多只有一些零散的偶像。不过，我们倒是听到很多关于势力范围和地位的争执。科学界的社会组织，最接近由小块封建区域所构成的联邦。在宗教信仰上，科学家中有少数是虔诚的基督徒，普遍则是强硬的无神论者。少数科学家是哲学家，大多则是知识上的旅行者，在局部地区内探索，希望能够碰上新的发现，且都为现在而活。他们对从事发现工作感到满足，往往在大学或学院教科学；对自己能跻身于这个待遇相对优渥、虽多有明争但总体上暗斗最少的职业领域颇为得意。科学家在个性上的差异和一般人类似。你如果随机取样 1 000 位科学家，就会发现从各个层面来观测，几乎包含了完整的人类样本：从宽容大方到具有掠夺性、从适应力佳到有心理问题、从随和到强迫性人格、从严肃到轻浮、从合群到隐居。有些人像 4 月份[82]处理报税单的会计师一样一板一眼，另外，少数人则经临床诊断证实为躁郁症患者（或者你也可以采用含义模糊的新用词，称之为两极型情感症患者）。

他们从事科学研究的动机也高低不一，可能为了升官发财，也可能为了高尚的目标。爱因斯坦在1918年普朗克60岁生日的庆典上，将科学家做了一个很好的归类。他说，科学殿堂内有三种人：第一种是从事科学研究，许多人是因为乐于享受自己具有优越的知识力量那种感觉；第二种是科学研究对他们而言像是一种运动竞赛，可以满足个人的野心；第三种是从事科学研究的人员，旨在达成实用的目标。但是对第三种人而言，“如果上帝的使者能够降临，把前两种科学家都驱逐出科学的庙堂，那么就只有少数人会留下，包括普朗克在内。这也正是我们喜爱普朗克的原因”[83]。

科学研究之路

科学研究从以下观点来看是一种艺术：不论你如何产生新发现，只要你的断言是真实的，而且能够被可靠地验证就可以了。一位理想的科学家在思考上要像诗人，做起事来要像簿记人员，同时我认为，他如果具有令人震撼的才华，在写作上也会像记者。就像站在空白画布前的画家，或是闭上眼睛回想旧时情景的小说家，他在想象中思索故事的主题和结局，以及问题和答案。就算他最大的成就只是看到了发展一个新仪器或新理论的需求，都可能足以推开一扇通往新研究领域的大门。

这种高层次的科学创造力与艺术类似，既视才华而定，也视自我形象而定。要成大业立大功，科学家必须满腹自信地往蓝色水域航行，暂时把陆地抛于脑后。他对冒险本身的评价也很高，并且牢记，在那些被人遗忘的文献注脚中，到处散布着具有才华但胆怯的人的名字。然而，他如果像绝大多数同僚一样选择停留在岸边，那他必须足够幸运，才能具备我定义中的“正常科学研究的最高智慧”：足够聪明，所以能看得到需要完成什么；但不过于聪明，所以在执行时无须忍受所谓的枯燥乏味。

科学家的研究风格是他做了学科选择之后的产物，并且进一步受到个人倾向和品位的限制。如果他是位地道的博物学家，就会恣意地四处漫游，有时经过林木茂盛的真实树林，或者，现今较普遍的是通过充满分子的细胞，来找寻人类尚未想象到的事物；他会具有猎人的本能。但另一方面，如果这位科学家是位数学理论学家，他心中就会对我们已知但仍极不明了的过程产生影像，把这个过程的结构化解成直觉所建议的基本成分，并且改写成图表和方程式。他为了进一步求证，会对实验学家说：尽管我们无法亲眼看到，但如果这个过程是这样进行的，那么这就是间接探测时需要用到的参数，以及可能用来解释结果的语言。

不同学科所采用的认可标准，差异也很大。分类生物学家只需要碰上一个不寻常的新品种，辨认出它的新特点，就算是一项重大的发现。1995 年，两位丹麦动物学家在龙虾嘴里发现了一种类似小型轮虫（rotifer）的物种，由此在动物界中建立了一个全新的门，成为第 35 个已知的动物门。生物化学家的领域与风格则完全不同，他们为了追踪荷尔蒙和生物体上其他重要分子的自然合成过程，往往得在实验室内利用酶的催化反应，来重现自然合成的步骤。实验物理学家与化学家相比，离人类的直接感官更远，因此也是各类科学家中显得最深奥的一群，举一个同样玄奥的例子：他们借由电子和原子核内质子的高能碰撞，来推导夸克（quark）的空间分布。

给科学新手一个建议：要找到并建立一个科学新发现，并没有固定的方法。把你所有的能力投入到研究主题，你所描述的程序必须也让别人可以重复。尝试在各种不同的情况下，重复观测某项物理事实，以不同的形式和做法进行实验，把想象中的因果关系建立起来，利用统计分析去除原假设（null hypotheses，也就是故意提出来威胁结论的假设），以逻辑的方式做推论，注意细节，并且仔细查证自己的结果是否和别人发表的一致。以上所有的行动，不论是单独进行还是组合起来，都是接受过考验、真正的科学武器的一部分。当研究工作即将告成时，你也要考虑向哪些读者报告自己的成果，计划在一个有信誉、有同行评审制度的期刊上发表你的结果。科学界具有一种严苛的特质：一个新发现要等到通过评审并且发表之后，才算存在。[84]

在相互竞争的假设中抉择

科学证据是累进的，是把一块块砖头似的证据，依据理论的蓝图，配上混凝土，艺术般结合搭建起来的。只有在极少数的情况下，单一理论才能以量子跃迁的方式改变我们的世界观，譬如天择理论和相对论。甚至连分子生物学的革命也是渐进的，它建立在物理学和化学之上，而非根本性地改变它们。

科学上的声论很少被视为一种定论，尤其是牵涉到观念时。但是，随着证据的累进、理论的巩固，某些知识确实会得到普遍的认同。随着理论的可信度步步升高，研讨会中的用词也会随之更改，从“这个理论有意思”到“有建议性”，再到“有说服力”，最后成为“极可信的”，之后，经过一段足够长的时间，就变成了“显然如此”。

并没有客观的标准可以评估理论的可接受程度，因为用来校对标准的客观外在真理并不存在。套用一句詹姆斯的话，我们所具有的只是一种“有根据的可论断性”（warranted assertibility），其中对现实的某些特殊描述会变得愈来愈符合科学家的要求，直到反对意见完全消失为止。正如数学家卡克（Mark Kac）曾经提出的，“证明”是叫讲理的人信服的方法；“严谨的证明”是叫不讲理的人信服的方法。

偶尔，我们也可能把科学方法浓缩成一种方法。最令人满意的方法，是以相互竞争的多种假设为基础，这又称为“强性推论”（strong inference）。这个方法只能在有限的条件下，适用于相当简单的过程，尤其适用于物理学和化学，因为在这些学科中，结果不易受到环境和历史的影响。我们知道被研究的现象会发生，但不能直接观测到，所以只能通过结果来猜测现象真正的本质。研究人员首先要设想出过程发生的每一个可能方式，也就是想出相互竞争的多种假设，然后设计出测试方法，只留下一个假设，其他的全部去除。

举一个在1958年发生的有名例子。当时，加州理工学院的梅塞尔森（Matthew Meselson）和史塔尔（Franklin Stahl），就是用强性推论的方法证明了DNA分子自我复制的步骤。我先说他们得到的结论：DNA双螺旋首先沿着长轴的方向分开，产生两条单螺旋；随后每条单螺旋再组配出相对的单螺旋，而产生另一条DNA双螺旋。其他可选择的假设则必须抛弃，譬如双螺旋的复制是整个一次完成，或是单链螺旋是被切散后才进行复制的。

接着再谈证明的方法。尽管它涉及技术上的应用，但在想法上精致简单。梅塞尔森和史塔尔提出现在回想起来是正确的问题之后，就设计了适当的实验，试图在相互竞争的假设中做一个选择。他们首先把在重氮同位素培养液中制造 DNA 分子的细菌，转移到含有正常氮的培养液中继续繁殖。随后，研究人员把细菌中的 DNA 分子抽取出来，置入氯化铯溶液中离心，于是 DNA 分子会随着氯化铯溶液的密度梯度而分布。细菌利用重氮原子制造的 DNA，会比相同细菌利用正常氮原子制造的 DNA 来得重，所以会降到氯化铯溶液的密度梯度的较下层。当分离过程达到平衡状态时，他们发现 DNA 会形成壁垒分明的带状分布，分布模式正好吻合“单螺旋分离后重新产生双螺旋”的假设。这个模式去除了另外两个具有竞争性的假设：整个分子会同时复制，以及分子会分解成零散的片断后才进行复制。

寻求客观真理的标准

科学是由这样的争论和证明过程拼凑而成的，即使在较为简洁的分子遗传世界中，也是如此。不过，我们也许可以在科学方法中找到一些共同的元素。我们是否能够设计出一个举世皆准且立见分晓的检验方法来测试科学上的假设，并且获取客观真理这个最终目标呢？目前的普遍看法是不能，也永远无法达到这个目标。大多数科学家和哲学家已经放弃追寻绝对的客观性而去搞别的事了。

我则不以为然，并且愿意冒着被指为异端的危险指出：上述问题的答案也可能是“可以的”。通过以经验为依据的调查，客观真理的标准或许是可以得到的。关键在于澄清我们目前仍不太了解的心智运作过程，以及改进科学在分析物质性质时所采取的破碎方法。

以下是我的辩词。在我们的大脑之外，存在着独立的真实世界，只有狂人和少数建构主义哲学家，才会对它的存在有所质疑。在我们的大脑内，则是依据感官输入和观念的自我组装来重新建构的真实世界。心智的构成是来自输入的信息和自我组装的过程，而不是来自大脑内的独立实体——套用哲学家赖尔[85]著名的贬损评语“机器中的幽灵”（ghost in the machine）。我早先提到，外在世界和它在人类心智上的表征，因为受到人类特殊进化过程的扭曲而出现了不协调的现象。也就是说，天择发展出大脑的目的，是为了在这个世界中求生存，只因为意外的巧合，才在生存需求之外，发展出进一步了解这个世界的能力。“科学家的正确使命，就是诊断和修正这种不协调的现象”，我们才刚开始朝这方面努力。尽管最执着投入的哲学家大力鼓吹我们要承认自己在这方面能力有限，但我认为，没有人应该假设客观真理无法获得。尤其是对那些在认识论中身任步兵角色的科学家而言，现在就放弃研究使命的重要根基，实在言之过早。

虽然有时这些想法好像只是狂妄的幻想，但是没有任何其他学术目标会比根据科学知识建立客观真理更为重要，更叫人畏惧，更令人敬佩。希腊哲学家曾经为这个想法长篇大论；之后，相同的想法又以现代的形式出现在18世纪启蒙运动的希望中，也就是期盼科学能够找出主导所有物质现象的定律。许多学者为这个想法而振奋，相信我们可以借此消除几千年累积下来的残迹，包括对人类自我形象造成妨碍的所有神话以及错误的宇宙观。启蒙运动的美梦在浪漫主义的诱惑下逐渐式微，但更为重要的是，在“心智的物质基础”这个对科学的承诺最重要的领域中，科学却无法实现。这两个挫折合并在一起对科学的发展具有极大的伤害：人类天性浪漫，迫切需要神话和教条的存在，而科学家却不能解释人类为什么有这样的需求。

逻辑实证主义

19世纪末，由于两派哲学理论的存在，人们对客观真理的梦想再度引燃。第一派是源自欧洲的实证主义（positivism），相信唯一可靠的知识是我们对感官经验的精确描述。第二派是源自美国的实用主义（pragmatism），相信真理是在人类行动中屡试不爽的事实。从一开始，这两派哲学的立场就和科学具有共生的关系。它们借由当时辉煌发展的物理科学，取得强而有力的支持；物理科学以正确实用的知识，让电磁发动机、X射线与化学试剂（reagent chemistry）成为可能，并借此为实证主义和实用主义辩护。

当逻辑实证主义（logical positivism）出现后，人类对客观真理的梦想达到了顶峰。逻辑实证主义是一般实证主义稍加改变后的产物，尝试以逻辑方法和语言分析来定义科学陈述中的精髓。虽然许多思想家对这个运动有所贡献，但是主要原动力来自维也纳学派（Vienna Circle），这是石里克（Moritz Schlick）在1924年创立、多半由奥地利的知识分子所组成的团体。维也纳学派的定期聚会一直延续到石里克1936年过世。随后，学派成员和相关人士纷纷因纳粹政权而解散，有些人则被放逐，移居美国。

1939年9月3日至9日，许多支持逻辑实证主义的学者聚集在哈佛大学，参加第五届国际联合科学大会（International

Congress for the United Science），其中包括许多目前在思想史上享有盛名的人物：卡纳普（Rudolf Carnap）、法兰克（Philip Frank）、朗格（Susanne Langer）、米塞斯（Richard von Mises）、纳格尔（Ernest Nagel）、纽拉特（Otto Neurath）、帕森斯（Talcott Parsons）、奎因（Willard van Quine）和萨顿（George Sarton）。会议前两天，德国入侵波兰，这个事件必定使当时的与会人士心神分散。正如拿破仑的宣战削减了当初启蒙运动的发展潜能，现在种族优越性这个伪科学理论竟引发了侵占他国领土的野蛮战争，这对人类理性的力量是更进一步的威胁与嘲弄。尽管如此，逻辑实证主义学者却继续坚持探讨下列想法：以理性获取的知识，是人类最大的希望。

他们接着质问：该如何提取科学本质中的精华？多年来，维也纳学派所推动的思想运动，在两个层次上发生了功效：第一个层次，它重新肯定了启蒙运动的中心思想，认为坚定不移的实在论（realism）最有利于人类目标的实现。卡纳普表示，没有了"保护者或敌人"，人类必须单靠自己的智慧和意志力去找寻方法，以超越存在。科学是我们可以利用的最佳工具，正如维也纳学派10年前所宣称的："科学世界观服务于生命，并转而成为生命的一部分。"

第二个层次上的影响为第一个层次的必备条件，是找寻一个可以评断科学知识的单纯标准。逻辑实证主义者认为，首先，每一个符号都应该代表某些真实现象，必须符合既定事实和理论所架构起来的整体结构，而不允许任何神示内容或漫无边际的笼统推论。其次，理论和事实必须步调一致。最后，我们还需要小心区分语言中的信息成分和情感成分。对上述各种目标而言，最重要的是能够验证——的确，某项科学陈述的真正意义通常蕴含在它的验证方法之中。如果上述指导原则能够逐渐改良，为人们所遵循，我们很快就会愈来愈接近客观真理。一旦如此，那些建立在无知之上的形而上学将会逐步倒退，正如吸血鬼面对高举的十字架一般。

纯数学——科学的基础

在剑桥聚会的逻辑实证主义者清楚，纯数学是通往圣杯的道路，而不是奖赏本身。数学虽然在架构理论上具有无可比拟的潜力，但却是逻辑上的同义反复。也就是说，数学上的结论完全是由它自定的前提推导出来的，而这些前提和真实世界不一定有关系。数学家首先发明引理（lemma）和定理（theorem），并且加以证明，再由此推导出其他引理和定理，如此相循而生，永无止境。其中有些定理和物质世界相吻合，有些则不然。最伟大的科学家，是那些具备令人眼花缭乱技巧的知识运动员，他们有时会发现一些观念，而开启抽象思维的新领域。结果证明，复数、线性变换（linear transformation）以及调和函数（harmonic function）是数学上最有趣也是科学上最有用的方法。

纯数学是描述所有可想象世界的科学，它是一个在逻辑上封闭的系统，但是在初始前提允许的条件下，可以朝各个方向无限延伸。我们如果有无穷的时间和计算潜力，就可以用数学来描述任何想象得到的宇宙。但是我们无法只依赖数学来获得关于我们所生存的这个特殊世界的信息。只有通过观测，我们才能得知周期表、哈勃[86]常数（Hubble constant），以及关于人类存在的其他所有明确的事物。这些事物在其他宇宙中也许不同或不存在，因为物理学、化学和生物学都会受限于我们这个宇宙的参数——这个宇宙也就是我们由银河系向外观测到的宇宙；这些参数构成了科学，描绘我们可触及的所有现象。

因为数学在自然科学中具有极大的绩效，它似乎像一支箭，指向客观真理这个终极目标。让逻辑实证主义者印象尤其深刻的，是量子力学和相对论中抽象数学理论与观测结果之间密切相关，这两项20世纪最伟大的成就，重新鼓舞了我们对人脑天生潜能的信心。想想看，人类，灵长目的一支，才刚走出石器时代的村落，就能正确预测出几乎无法想象且在日常经验之外的现象。理论学家因而推论，我们必定离客观真理的一般公式不远了。

但是逻辑实证主义者摸不着这个圣杯，他们跌跌撞撞并停止了前进。逻辑实证主义分析法虽然仍得到少数人的偏好，但普遍而言已经归入哲学研究的范围，就像古生物实验室的恐龙化石一样，人们之所以研究它，是为了寻找其灭绝原因。逻辑实证主义最后的舞台，是卡纳普极少为人所阅读的著作《明尼苏达科学哲学研究》(*Minnesota Studies in the Philosophy of Science*)。它的致命伤在于整个系统的关键性语义：创始者和跟随者无法同意彼此对语义的基本区分，包括事实和观念、经验归纳和数学真理，以及理论和推测的区隔。在这些烟雾笼罩下的二分法之外，他们对科学和非科学陈述的差别，看法也不一致。

知识、执着和勇气

在现代哲学家曾经推动过的哲思中，逻辑实证主义是最英勇也最齐心协力的一个。它的失败（或用更缓和的字眼来描述，它的缺点）在于它对大脑如何运作的无知。在我看来，这个缺点说明了整个故事。无论是哲学家还是科学家，都得采用极主观的看法，才能解释人类在观察和理性分析时的生理行为。这个现象在过去 50 年中并没有改进多少，人类正在积极探索心智领域，但其中大部分仍属未知。逻辑实证主义者所看重的科学思维过程，由最复杂的心智运作组成，而大脑本身即使只是在处理最简单的观念，也都会是一个混杂的场所。科学家的思维并不是线性的，他们做研究时会沿路构思观念、证据、意义、关联和分析方法，不按任何特殊秩序把一切分解为片断。诺贝尔经济学奖得主西蒙[87]曾经投入部分生命来研究观念形成的复杂性，他提出："创造性思维和一般较世俗的思维之间最主要的差别在于：一、它愿意接纳定义模糊的问题，并且逐渐为这些问题建立结构；二、它能在相当长的一段时间内，继续全神贯注于同一个问题；三、它对相关领域和可能相关的领域，具有广阔的知识背景。"[88]

一言以蔽之，就是：知识、执着和勇气。这个创造过程是一个不透明的混合体。也许只有通过仍然少见或不存在的回忆录公开自白，我们才能得知科学家实际上是如何寻得方法，找到可发表的结论。从某种角度而言，科学文献会蓄意误导人。正如小说比小说家本人来得精彩，科学报道在去除了混淆与卑鄙的想法之后，也比科学家本人来得完美。这些数量庞大、无法为人理解又无价值的东西，虽然不久将为人遗忘，却包含了大多数让科学成功的秘诀。

逻辑实证主义者渴望追求客观的科学知识，但这些知识的正规定义并不属于哲学问题，也无法依照他们的期望，从逻辑和语义分析中获得。它是一个经验性的问题，只能靠继续不停地探究思维过程本身的物质基础，才能加以回答。其中最有效的方法显然包括人工智能（artificial intelligence）的运用，这个方法在目前刚萌芽的人工情感（artificial emotion）领域及时辅助之下，才可以模拟复杂的心理运动过程。这个仿真系统将和快速成长中的大脑神经生物学相结合，包括在各种思考形态下，对活跃的脑神经计算网络进行高识别率的扫描。同时，分子生物学对学习过程的研究，也将带来重要的进展。[89]

如果我们能够对观念形成时确实发生的生物过程加以定义，也许可以设计出卓越的方法来探寻大脑及其外在的世界。这么一来，我们或许可以将自然界的事件和定律，与人类思维过程的物质基础做更紧密的结合。在这种情况之下，我们可不可能迈出最后一步，为客观真理设计出无懈可击的定义？也许不能。这样的想法是一种很大的风险，就像绝对主义（absolutism），又像危害科学和人文学科的美杜莎（Medusa，希腊神话中的蛇发女怪）。过早的肯定会比否定更具摧毁性。那么，我们是不是该准备放弃？绝不！靠着北极星航行总比在无意义的汪洋大海上漂流来得强。我想，当我们逐渐靠近前辈先师设下的目标时，心中会有数，尽管我们可能无法达到目标。从我们共有的简洁、美丽而深具潜能的想法中，从具备哲学实用主义最佳精神的智慧行为里，这个目标的光芒将耀现出来。

第五章

阿里阿德涅之线

当更多关联建立起来时，
各学科也就能更圆满地由上贯通到下，
由实体中最特殊的部位
一路贯通到最普遍的分子和原子。
但是，以相反的方向来建立融通性，
也就是由普遍到特殊，
相形之下却困难许多。
简单地说，分析阿玛林果要比
合成阿玛林果容易得多。

借助科学方法，我们已经获得一个远远超出人们早期梦想且完整的物质世界观。现在，这个伟大的冒险行动开始转向，改为向内探索我们自身。历经过去数十年的扩展，自然科学已经触及了社会科学和人文学科的边界。在这个领域中，指引冒险行动的融通性原理，必将遭到最严峻的考验。自然科学是相对容易的，社会科学和人文学科才是终极挑战。各个学科之间存在着不确定的相关性，其中带有讨好古希腊人的神话色彩，包括危机四伏的道路、英雄式的旅行以及带领我们返回家园的秘密工具。这些神话因素在数个世纪中，组合出了许多故事，其中包括克里特岛的迷宫，这个故事可说是“融通”的隐喻。

学术的迷宫

雅典的忒修斯（Theseus）是可以和大力士赫拉克勒斯（Heracles）相抗衡的斗士。他朝着克里特岛迷宫的中心走去，穿过每个走道，经过无数转折，且沿路松开阿里阿德涅（Ariadne）交给他的线团。阿里阿德涅是克里特岛国王米诺斯（Minos）的女儿，深深爱恋着忒修斯。在迷宫中隐秘走道的某处，忒修斯遇上了食人的人头牛身兽弥诺陶洛斯（Minotaur）。因为它，雅典每年要牺牲7名少男少女供奉给克里特岛。忒修斯徒手杀了弥诺陶洛斯，然后回头沿着阿里阿德涅给他的线走出了迷宫。

这个迷宫神话可能源自史前克里特岛和阿提卡（Attica）之间的冲突。人类在一个无迹可寻的物质世界里诞生，并永无止境地挣扎着想要对它有进一步的理解，而克里特岛的迷宫恰好反映出这个世界的神话象征。为了融通各个学科，我们需要阿里阿德涅的线团来贯穿其中。忒修斯代表人类，而弥诺淘洛斯则是我们自身危险的非理性部分。迷宫由经验知识所构成，靠近入口处的穿堂是物理学，之后分岔的走道，是所有探险者必经的途径；迷宫的中央深处像星云般密集的走道，贯穿着社会科学、人文学科、艺术和宗教。我们如果能够好好建立起事物间的因果关系，就有可能很快地转向，通过行为科学回头走向生物学、化学，最后抵达物理学。[90]

随着时日的累积，我们发现这个迷宫具有一个恼人的特征，使我们不可能对它完全掌握。虽然这个迷宫多少会有入口，但没有中心点，在迷宫的深处只有数目极大的终点。假设我们有足够的知识，能沿着线索由果往回推向因，也只能够从一个终点出发。真实世界这个迷宫就像是博尔赫斯[91]的迷宫，具有无穷的可能性。我们永远无法绘制出完整的地图，无法发现并解释其中的每一件事物。但是我们可以期望自己快速穿过已知的部分，由特定的区域往回走向一般的区域，同时依据人类精神，继续不停地记载行经的路线。我们具备了火炬和线团，能将各种线索连接成一个逐渐扩增的解释网络。

“融通”在定义上还具有另一个特征：在穿过迷宫中分岔的走道时，回头走比向前行来得容易。当我们一一建立解释片断由一个组织层次发展到下一个层次之后，就可以在许多终点处（比方说地质形态或蝴蝶种类）任选一个线索，然后循线索穿越因果关系的分岔点，并期待能够走回物理学上的定律。但是由物理学走到终点的反向旅程，却是极大的难题。离物理学的距离愈远，前一个学科所提供的可能性就会沿指数曲线上升。每增加一个因果解释的分岔点，都会使前行的线团长度倍增。生物学和物理学相比复杂得不可思议，同样，艺术又比生物学更为复杂。要想一路向前走到底似乎不可能，更糟糕的是，我们在出发前甚至无法预知，想象中的完整历程到底存不存在。

由入口到终点一路前行，复杂程度会急遽增加，这可以很清楚地在细胞生物学的教科书上看到。研究人员利用物理学和化学的化约原理，已极令人钦佩，且聪明地详尽解说了细胞的结构与活动，同时不给其他相竞的解释方法保留一丝余地。他们期望在不久之后，就能解释研究中的任何一种特殊细胞所发生的任何事件，能够把细胞拆成一个个细胞器（organelle），最后再把细胞器重新组合成整体。如此一来，他们就可以朝着迷宫入口处的简单区域迈进。但是，他们仍然抱着些微的期待，希望能够以物理学和化学方法预测任何完整细胞的特征。这样的做法是直接远离迷宫入口而朝着复杂程度渐增的区域迈进，和利用因果解释、反向地由迷宫内部朝着出口重建关联的做法相反。套用一句科学的神圣咒语：自然科学所做的诠释是必要而非充分的。因为特定细胞的细胞核和其他细胞器，以及它们的组成分子，具有太过独特的组合方式，同时，细胞与环境之间不停进行的化学交换过程也太过复杂了，以至于我们无法跨越观念上的障碍。除了这些特殊个体之外，还有 DNA 那跨越无数世代的历史传承。

简而言之，我们的兴趣在于了解细胞如何组成，以及什么样的进化历程会导致这种组成规则。为了达成这个目标，生物学家首先必须描述细胞内的复杂性，然后再将细胞拆开来研究。反其道而行是可以想象的，但是生物学家都认为这种做法极为困难。

由对蚂蚁沟通方式的研究来看化约与综合

把一个现象分解成元素（在此是把细胞分解成细胞器和分子），是经由化约而达成的融通。重新组合元素，则是经由综合达成的融通，尤其是再利用由化约获得的知识来预测自然界当初是如何构成的。这两个步骤组成的程序，是自然科学家做研究时一般采用的运作方法：由上而下用分析法跨越两三个组织层次，之后再由下而上用综合法跨越相同的层次。

以我自己研究中的一个普通例子来看，就可以简单说明这种运作程序。相隔一段距离的蚂蚁，会互相通告彼此的危急状况。当一只工蚁受到攻击，被压在地上或受到威胁时，离它几英寸远的同窝蚂蚁会感受到她的危机（我用“她”是因为所有的工蚁都是雌性的）而匆匆跑过去帮忙。这种紧急的求救信号可借由视线沟通，但是很少见，因为这类冲突经常在暗处发生，而且许多种蚂蚁都是盲目的。求救信号也可以经由声音传递；受攻击的工蚁会用腰部摩擦身体尾部，制造出尖锐的声音，或者上下反复摇摆身体来击地发声。不过，只有某些种类的蚂蚁会发出声音传递信号，而且只在特殊的情况下才使用。

20 世纪 50 年代，刚成为昆虫学家的我得知这些事实后，就猜想工蚁发出的紧急信号可能是化学性的。当时的研究人员把这种化学传信物质称为“化学释放物”（chemical releaser），也就是今日的费洛蒙（pheromone，亦称信息素）。为了测试自己的想法，我收集了红收获蚁（red harvest ant）和其他一些我对其有深入了解的蚁种。随后，我把这些蚂蚁放在一个人工蚁巢中，就好像儿童在建造蚂蚁窝那样，再利用立体显微镜和制造手表用的镊子，解剖刚受到迫害而死亡的工蚁，从中取出可能含有紧急求救信号的费洛蒙的器官。我拿一根细棒，利用棒尖把这些肉眼勉强可见的白色小块组织一个一个压碎，然后把棒尖伸入休息的蚂蚁群中。采用这种方法，我获知至少有两种腺体能够产生功效。其中一种位于工蚁下颚基部，另一种则在肛门附近。这些腺体所释放的物质会使蚂蚁像充电般绕着棒尖团团旋转，只有偶尔会暂停下来检查并扑咬压碎的组织。

我确实找到了费洛蒙的来源，但它们又是什么样的物质呢？我接着求助于化学家雷尼尔（Fred Regnier）。雷尼尔和我年纪相仿，刚开始专业生涯。他能够分析极小的有机样本，而对于推动蚂蚁沟通方式的研究而言，他这项专门技术是当时最需要的。雷尼尔利用当时最新的科技，包括气相色谱分析法和质谱分析法，确认出其中产生效用的物质是由简单的烷烃（alkane）和萜类化合物（terpenoid）混合而成的。他接着在实验室内合成了高纯度的相同化合物，并把少量样品放入蚁群中，我们观察蚂蚁的反应和我在初步实验中观察到的相同。因此，雷尼尔辨认出的腺状化合物，的确就是传递紧急信号的费洛蒙。

这个发现是了解更广泛、更基本的费洛蒙效应的第一步。我接着请一位年轻的数学家伯塞特（William Bossert）帮忙。（我们那时候都很年轻；年轻的科学家有最好的想法，更重要的是，有最多的时间。）这个问题的新奇感以及我所提供的微薄薪水吸引了伯塞特，他同意为费洛蒙的扩散过程建立物理模型。我们知道化学物质会由腺体的开口处蒸散出来，所以靠近开口处的分子密度，足以让蚂蚁直接闻到。产生这个现象的三维空间范围称为

“活化空间”（active space，亦称信息素作用区）。活化空间的大小和形状，可以通过已知分子的物理性质来加以预测，而且可以通过分子云从扩散到引起蚂蚁警觉所需的时间来加以验证。我们同时采用模型和实验来测量分子扩散的速度，以及蚂蚁对分子的敏感度，并由此合理地肯定了工蚁会散发费洛蒙来达成沟通的目的。

我们采取的分析步骤，正是科学研究中普遍使用的方法。这些步骤的依据，是几世代的早期科学家融通了各学科后所建立起来的学识。为了解答蚂蚁紧急传信的问题，我们采用化约法，把生物体这个特殊的组织层次，化简为更一般的分子层次。我们尝试使用物理学和化学来解释生物现象。很幸运，这次我们成功了。

采用相同方法进行的费洛蒙研究，在之后数十年中继续带来成效。分别独立作业的许多生物学家共同指出，蚂蚁采用许多类似于紧急传信的化学系统来组织群体。我们发现，蚂蚁的身体是由腺体构成的行动电池，充满了带有信号的化合物。当蚂蚁发出单一或一组含有不同成分的费洛蒙时，实际上是在告知其他蚂蚁：有危险，快过来；有危险，快散开；有食物，跟我来；有一个较好的筑巢场所，跟我走；我是和你同窝的蚂蚁，不是外来者；我是幼蚁。蚂蚁能发出的信号有 10 到 20 种不等，其中差异是根据蚂蚁的地位（例如兵蚁或次要的工蚁）和种类而定。这些味觉和嗅觉上的密码无所不在又极具威力，当它们一并发挥作用时，可以将整个蚁群结合成单一的运作单位。因此，每个蚁群可以视为一个超个体（superorganism），也就是一群传统的生物体聚集在一起，并如单一的大型生物体一样行动。这样的群体有如原始的信号网，大致上和神经网络雷同，扩大来看更好比百头海怪。只要碰触其中一只蚂蚁、碰触网络内的一条线，影响就会向外散发开来，波及群体所共有的智能。

有根据的推测

在上述研究中，我们跨越了四个层次：从超个体到生物体，到腺体和感官，再到分子。我们有没有可能转身朝反方向行进，在对蚂蚁的生物学一无所知的状况下，加以预测实验结果？是有可能的，至少就少数广泛的原理而言如此。

根据天择理论，费洛蒙分子在预期中应该具有某些特殊性质，所以生物体才能够有效率地加以制造和传递。另外再加上有机化学原理的考虑，我们可以推论，这样的分子可能含有 5 到 20 个碳原子，分子量则在 80 到 300 之间。尤其，那些具有警示功能的费洛蒙分子通常比较轻，并且具有相当大的量，比如每只蚂蚁能生产百万分之一克的警示性费洛蒙，而不是十亿分之一克。同时，相较于其他大多数费洛蒙，工蚁对警示性费洛蒙的反应也比较不敏感。这些特征组合起来，使警示信号能够快速传递，并且在危险不存在时很快消失。相反，我们可以预见，当蚂蚁由窝巢行进到食物所在地后再折回时，它们留在路途上的化学物质必定具有相反的性质。这些分子的特性将能够使信号长期保留，并且确保传递过程具有隐秘性。这种隐秘性是为了防止掠食者追踪信号，而猎取发送信号的蚂蚁。战争时期需要密码，而大自然正是个战场，千万别犯错。

如果你愿意，也可以把以上预测称为“有根据的推测”（educated guess），这个推测有资格被称为经由综合法而达成的融通。除了一些仍然令人迷惑的例外情形之外，这些推测都已经得到肯定。但是，生物学家仍然无法单凭物理学和化学方法来推测费洛蒙分子的结构，或是确认制造费洛蒙的腺体。因此他们无法在做实验之前，就担保某个信号会不会被特定的某种蚂蚁所采用。要达到这种精确程度，也就是要从靠近迷宫入口的物理学和化学，一直走到有关蚂蚁社会生活的终点，我们需要对蚂蚁种类的进化史以及蚂蚁所居住的环境，具备详尽综合的了解。[92]

简而言之，具有推测性的综合法极难达成。然而从另一方面看，我相信从相反的方向利用归纳法所做的解释，在某些情况下可以贯穿所有的组织层次，从而包含所有的学术分支。为了阐示这个想法，我现在尝试追踪一位魔术师的梦，一路走进单原子的世界内。

在魔术师梦中出现的巨蛇，是由真实生活中的真蛇转变而来的。我在这里提到蛇的图像并不是随意的；在梦和药物所引发的幻觉世界中，最常出现的野生生物就是蛇。这些轻易出现在祖鲁人（Zulu）和曼哈顿人脑中的巨蛇，是人类幻想中极具威力的图像；活生生的蛇转换成人类潜意识中闪烁不定的图像。根据每个梦幻者不同的文化和经验，想象中的巨蛇具有各种不同的形象：掠食者、恶魔、隐秘世界的守卫、上天的启示、死者的灵魂以及神祇。真蛇移动时左右摆动的身体和致命的攻击，使它们成为魔术中的理想物体。它们的形象所引发的情绪，介于畏惧、退缩和崇敬这三个点所定义的三角梯度中。真蛇只让人畏惧，梦中的巨蛇却让人动弹不得；做梦者在睡眠瘫痪的状态下，毫无摆脱梦中巨蛇的可能。

亚马孙河流域西部的热带丛林盛产蛇，并且种类繁多。与它们在梦里相对应的巨蛇形象，则在美洲印第安人以及梅斯蒂索人[93]的文化中，占有极重要的地位。巫师负责管控迷幻剂的服用，以及解释随后出现的巨蛇和其他幽灵形象的意义。厄瓜多尔的黑瓦洛人（Jívaro）服用“maikua”，这是从茄科有毒植物曼陀罗（Datura arborea）的绿色树皮中提取出来的汁液。战士喝下这种汁液，以召唤活在幽灵世界中被称为“arutam”的祖先。如果心有所求的人运气好，幽灵通常会以两条巨蛇的形象，从丛林深处出现。这种巨蛇在真实世界中的学名是亚马孙森蚺（*Eunectes murinus*，真游蟒属），是世界上最重的蛇，体型大到足以杀死人类。这些梦中巨蛇会朝向幻梦者蛇行，互相纠缠打斗。当它们来到 20 或 30 英尺（约 6 或 9 米）开外的地方时，黑瓦洛人必须跑向前去触摸它们。要不然，巨蛇就会像炸弹那样爆炸，然后消失。

黑瓦洛人接受启示之后不准告诉任何人，要不然魔法就会失去作用。当天晚上得到启示的人要在最近的河岸上睡觉，而祖先灵魂会以老人的形象在他梦中出现。老人会说：“我是你的祖先。就像我曾经活得很长久一样，你也将如此；就如我曾经杀人无数一样，你也将如此。”接着老人就消失了，同时他的灵魂会进入做梦者的身体。这名黑瓦洛人清晨醒过来后，会感觉自己更有勇气，并且带有一种优雅的气质。他的举止焕然一新，受到当地人们的注意。如果他愿意，可以带上鸟骨做成的肩饰，以象征 arutam 灵魂的力量。在古代，人们会视他为带领猎取人头行动的战士。

阿玛林果的梦中绘画

亚马孙河流域东南方约 800 千米处的秘鲁境内，住着一位阿玛林果（Pablo Amaringo）。他是一位梅斯蒂索巫师，也是艺术家。阿玛林果的美洲印第安祖先，是亚马孙和卡哈麦卡（Cajamarca）地区说科卡马语（Cocama）和盖丘亚语（Quechua）的种族，他承继他们的传统，能够念咒召来幻象，并以绘画的方式描述其中的情节。他选用的迷幻剂是乌卡亚利河（Rio Ucayali）区域广泛使用的"死藤水"(ayahuasca)，萃取自丛林中的爬藤卡披木（Banisteriopsis）。阿玛林果的梦幻中充满巨蛇，其中大多代表亚马孙河流域文化中的角色：成堆的神祇、森林幽灵、袭击动物和人类的掠食者、使妇人怀孕的精灵、湖泊和森林的主宰，有时弯弯曲曲的爬藤会自动变成动物的形状。

阿玛林果的绘画受当地希皮博人（Shipibo）丰富传统的影响，其中的巨蛇及其他真实或超自然的生物，都装饰着设计繁复的三原色几何图形。这些绘画也呈现出不喜欢留白的希皮博特色：空间中每一个部位都塞满了细节，这种绘画风格正好和亚马孙地区繁多得让人目瞪口呆的生物种类相互搭配。

阿玛林果画中的主题分散而具多样性，把幽灵、魔术师、古代美洲印第安神话中出现的奇幻动物，以及秘鲁的现代人物和工业发展中的事物都堆在一起。另外，画中还有船舰和飞机经过，甚至在热带雨林的树冠上还有飞碟悬留。这些图像超现实而令人困扰，不受任何正常感官知觉的拘束，是一种追寻戏剧化和叙事性的情绪表现。这种疯狂的图像显示出，人们在进入催眠状态和梦境时，任何隐喻和记忆片断都有可能溜入不设防的心灵，而变成故事的部分情节。

这些神圣的植物在化学家的分析之下，已经丧失了神秘感。它们的汁液中含有神经调节物质，如果大剂量服用，将使人进入兴奋、迷幻的状态。在这些主要效应之后，通常会紧接着出现昏睡或类似做梦的状态。黑瓦洛人的曼陀罗迷药，在结构上很接近生物碱阿托品（atropine）和莨菪碱（scopolamine）；梅斯蒂索人的迷药“死藤水”则含有 β-咔啉（beta-carbolines），而且巫师经常还会加入从另一种植物中提取出来的二甲基色胺（dimethyltryptamine）。这些物质会对精神产生作用，它们所产生的强烈图像刺激，足以打破受意识控制的一般思维过程。它们改变大脑的方式，就好比自然的神经调节分子在调节正常的做梦过程一般。这之间的差别是，人们在这些迷药的影响下，会进入半昏迷的催眠状态，而那些无法控制又十分鲜明、紧急的梦境，则不再局限于睡眠中。

我们很容易以屈尊俯就的态度，对待亚马孙河流域维吉塔利斯塔人（vegetalistas）的这类精神追求；就像我们也很容易以轻视的态度看待 20 世纪 60 年代和 70 年代中，崇拜滥用药物的精神领袖和术士的反文化的无知信仰。除了少数宗教狂热分子，今日已经没有人会相信已过世的药物滥用者宗教领袖利瑞（Timothy Leary），也没有人会记得卡斯塔尼达（Carlos Castañeda）和他一度著名的《唐璜的教诲》（*The Teachings of Don Juan*）。但是，我们不能忽视这类幻觉的重要性，它们显示出生物学和人类本性上的一些重要现象。数千年来，利用迷幻剂来增强内在觉察力的方法，曾经得到世界各种文化的广泛采用。西方文明长久以来一直认为，自然睡眠和药物导致的梦境是通往圣灵的大门，它们都出现在《新约》和《旧约》中最关键的时刻。比方说，《马太福音》第 1 章第 20 节中提到，当约瑟正思考马利亚的身孕，也就是马利亚怀着耶稣时，“有主的使者向他梦中显现”，告诉他马利亚所怀的是圣灵的后代。约瑟的见证是基督教信仰中的两个重要支柱之一，另一个则是耶稣的12个门徒所描述的基督复活的情景，也如梦幻一般。

斯威登堡（Emanuel Swedenborg，1688—1772）是18世纪的科学家兼神学家，他的追随者创立了新耶路撒冷教派。斯威登堡相信，梦带有神灵的秘密，神的话并不只局限于《圣经》内。如果我们在显微镜下找不着神圣的密码（这位瑞典著名的科学家很沮丧地发现了这个事实），那么它也许会在梦境中出现。斯威登堡建议采取睡眠不规律和睡眠不足的方法，来引发更鲜明、更多的图像。他的说法至少在生理学上是正确的，我猜，他必然也会乐于服用一剂强效的“死藤水”。[94]

梦的解析

我们接下来探讨魔术师、术士和巫师所做的梦。这些梦不仅是单一心灵的独特产物，更展现了人类所具有的一般特性。阿玛林果的艺术很值得用自然科学的方法来分析；他的画是测试科学融通性的一个例子，是极引人注目的文化片断。我们可以从复杂程度低于艺术灵感的生物层次，对它加以解释，并赋予它额外的意义。

在从事这样的分析时，科学家习惯寻找一些现成的因素作为敲门砖。为了达到这个目标，我从阿玛林果的绘画中，挑选了两项看来较容易解释的元素：梦境般的整体形象，以及其中惹人注目的巨蛇。

神秘主义和科学在梦境中交会。弗洛伊德清楚地看到两者之间的关联，提出了解析梦境意义的假设。他说，梦是无意识欲望的伪装。我们在睡眠时，“自我”会放松对“本我”（也就是本能）的控制，于是我们最原始的畏惧和欲望得以逃脱，并且呈现于有意识的心灵上。但是它们并不以赤裸裸的形式出现，而是像维多利亚时代的小说人物一般，会受到心灵压抑而变换成象征符号，才不致干扰睡眠。一般人不能寄望在醒来时能正确解释梦的含义。弗洛伊德认为，人必须依赖精神分析师的引领，以自由联想的方式解读梦中密码。当梦的解析完成之后，象征符号和幼时经验的关联就会变得一目了然。梦中的启示如果诠释正确，病人因为记忆上的压抑所造成的精神官能症（neurosis）和其他精神方面的干扰，就会因而减轻。

弗洛伊德把注意力集中在脑内隐藏的非理性过程，并提出无意识的观念，这对西方文化是一项重要的贡献。无意识的观念成为一种思想上的源泉，由心理学贯穿人文学科。但是，这个想法多半是错误的。弗洛伊德致命的错误在于不愿意测试自己的理论，让它们面对其他有竞争力的解释，然后再修正他的理论来包含矛盾的事实。他的命运也不佳。弗洛伊德剧本中的演员有本我、自我和超我，如果他当初猜对它们的基本特性，那么，这些演员以及它们在情绪压抑和移情作用上扮演的角色，可能已经顺利演变成现代科学理论中的组成因素了。达尔文的天择理论就是因此而成功的，尽管这位博物学家当初一点儿也不知道基因携带着特殊的遗传特征。到后来，现代遗传学才验证了达尔文在生物进化过程中的直觉。弗洛伊德在梦的解析上，面对的是比基因更复杂更难以捉摸的元素，用最温和的方式来说——他猜错了。

对做梦的本质有一个较具竞争性也较现代化的假设，那就是生物学上的活化综合模型（activation-synthesis model），是哈佛医学院的霍布森（J. Allan Hobson）和其他研究人员，在过去 20 年中创造出来的。我们对做梦时实际发生在脑内的细胞层次和分子层次事件愈来愈了解，而霍布森的模型便是由这些知识片断所组成的。

简单地说，做梦像一种疯狂的状态，会产生大量的视觉，却大半和真实无关，充满了情绪和象征符号，内容无规律可循，而变化形式具备无穷的可能。做梦很可能是大脑记忆库中，资讯重组编辑时所产生的副作用，而不像弗洛伊德所想象的，来自逃过大脑审核的野蛮情绪和隐藏的记忆。

活化综合假设背后的事实基础可以解释如下：在睡眠状态中，几乎所有的感官都关闭了，但脑干产生的脉冲会由内部活化有意识的大脑，刺激大脑急忙执行平常的功能，也就是产生能够连贯叙述的影像。但是因为缺乏由感官随时输入的资讯，包括身体移动时产生的刺激，此时大脑和外界的真实状况毫无关联。因此，它只能全力以赴，创造幻想。当有意识的大脑清醒过来，重新掌握了现实，所有的感觉和运动输入也都恢复时，大脑才回过头来审视这些幻想，欲给予一个合理的解释。这样的解释失败了，结果梦的解析本身反倒成了某种幻想。这就是为什么和梦相关的精神分析理论，以及神话和宗教中类似的超自然的诠释都在同一段时期内，让人在情感上能够信服，事实上却是错误的。

做梦的生理过程

我们对做梦的分子基础有部分的了解。当神经细胞内特定的化学传导物质，例如胺类分子、去甲肾上腺素（norepinephrine）和5-羟色胺（serotonin）浓度下降时，大脑就开始想睡觉。同时，另一种传导物质乙酰胆碱（acetylcholine）数量则会增加。这两种神经传导物质会同时冲击对它们特别敏感的神经细胞，并且相互处于平衡状态。胺类分子使大脑醒来，促发它控制感觉系统和随意肌；乙酰胆碱则将这些器官关闭。当乙酰胆碱的浓度上升时，大脑有意识的活动量就下降，身体其他的功能也会下降，除了循环、呼吸、消化作用，还有值得特别注意的眼球运动。在睡眠中，身体的随意肌会瘫痪下来，温度调节的功能也相对降低（所以身体冷的时候睡着会有危险）。

正常的夜间睡眠周期，刚开始时深而无梦，然后每隔一段时间睡眠就变浅，浅睡眠的总时数大约占整个睡眠的百分之二十五。在浅睡眠时期，人容易醒，而且眼球会在眼眶里飘忽不定地转动，这种情形称为快速眼动（rapid eye movement，REM）。这时，有意识的大脑受到骚扰，开始做梦，但是继续与外界刺激保持隔离。做梦是因为乙酰胆碱神经细胞狂乱地活化而引发我们所谓的PGO波。乙酰胆碱会在神经细胞相接处的细胞膜，引发电效应；电效应会由脑干顶端球茎状的神经中心脑桥（pons，PGO的P），向上传递到大脑主体中心的下方，再由此进入丘脑（thalamus，或称视丘）的膝状体（geniculate body，PGO的G），亦即视觉神经路径的主要开关所在。随后，PGO波继续前进，通向大脑后端的枕叶皮质区（occipital cortex，PGO的O），也就是整合视觉信息的部位。

大脑清醒时，脑桥也是控制动作的主要中心，所以当它经由PGO系统传递信息时，便同时错误地报告给皮质，身体正在移动；然而，身体其实是不动的，它实际上是瘫痪的。于是，具有视觉作用的大脑接着就开始产生幻觉。当大脑接收到脑桥送来的 PGO 波时，会从记忆库中抽出储存的图像和故事，并加以组合。做梦不受外在世界资讯的限制，又缺乏真正时空中的架构和连续性，所以大脑快速产生的图像常常是变幻不定的，而且是关于一些不可能发生的事件。我们会在空中飞翔，在深海里游泳，在遥远的外星球上行走，或者和死了很久的父母谈话。进进出出的，有人、野兽和无名的幽灵。其中有一些还反映出我们由 PGO 波中引发的情绪，一个梦接一个梦，我们的心情由平静变为恐惧、生气、淫乱、感伤、幽默、冲动，但大多时候只是焦虑。做梦的大脑组合事物的能力似乎是无止境的。而且，无论我们见到什么，都会深信不疑，至少在睡眠中是如此。对于我们在不自觉中猛然陷入的极其荒谬的事件，我们也很少质疑。有人曾经如此定义“疯狂”：无法在错误的选项中做抉择。我们在梦中是疯狂的，像狂人般在漫长无尽的梦境里遨游。

外界强烈的刺激可能突破睡眠中的感官障碍。这些刺激如果没弄醒我们，就会成为梦中的故事情节。比如，约 1.6 千米外发生闪电，雷声传入了我们的卧房。我们可能产生无数种反应，比如，我们可能梦到银行抢劫，一支枪开火，我们被击中。不，是另一个人被击中倒地，不，又错了——我们知道受到枪击的是我们自己，只是被别人的身体取代了。很奇怪，我们感觉不到疼痛。接着，情景又改变了，我们正穿过一条长廊，迷失了，焦急地想要回家。枪声又一次响起，这回我们醒了过来，紧张僵硬地躺在真实世界中，聆听真正的雷声从外面逐渐接近的风暴中传来。

在梦中，我们很少感受到身体上的不适，比如疼痛、晕眩、口渴或饥饿；少数人会发生呼吸暂停（apnea）——在睡眠中暂时停止呼吸。这种现象可能以窒息或淹死的图像出现在梦中。梦里也没有味觉或嗅觉，因为在昏睡的大脑中，这些感官的通道在乙酰胆碱的冲击下都关闭了。除非我们能在做梦后不久就醒来，要不然不会记得任何细节。百分之九十五到百分之九十九的梦会被完全遗忘；少数人甚至错以为自己根本不做梦。这种令人震惊的健忘症，显然是因为胺类神经传导物质的低浓度造成的；因为短期记忆转变成长期记忆时，需要这些分子的存在。

梦境与蛇

梦的功能是什么？生物学家通过对动物和人类的详细研究，暂时得到的结论是：大脑在睡眠中，会将清醒时学习到的资讯加以分类巩固。更进一步的证据显示，其中至少有一部分过程，尤其是经由反复练习而增进的认知技巧，会只局限在 REM 睡眠时期，也就是做梦时。乙酰胆碱本身的流程，也许是整个过程中极重要的部分。做梦能激发强烈的内在活动和情绪反应，这项事实促使部分研究人员提议，REM 睡眠具有更深奥的达尔文式功能。当我们做梦时，情绪会变得更深刻，求生和性活动方面的基本反应也会有所改进。

但是，神经生物学和实验心理学上的发现并不包括梦境。这些幻想难道只是暂时的疯狂，只是大脑在巩固所学时，产生的一些容易被遗忘的副作用的总和？或者，我们能够采用新弗洛伊德学派（neo-Freudian）的态度，探求组成梦境的象征符号所蕴含的深刻意义。既然梦境并不完全散漫无序，真理必定位于这两种假设之间。尽管梦的组合方式是非理性的，其中由细节所构成的资讯片断，却与 PGO 波所引起的情绪相符合。大脑很可能在遗传上天生倾向于形成某类图像和事件，这些资讯片断也许和弗洛伊德的本能冲动有些微相关，或者和荣格[95]心理分析中提到的原型（archetype）有一些连带关系。神经生物学也许可以使这两方面的理论变得更具体、更可验证。[96]

遗传倾向与进化一起导出了我在阿玛林果绘画中挑出的第二个元素：巨蛇。我们对这些夜间活动的生物的了解和对一般梦的本质的了解，在形式上刚好相反。正如我以上所做的解释，现在生物学家已经大致了解了梦是如何产生的；他们苦思出做梦时发生在细胞与分子层次的主要事件，而比较不确定的是，做梦能为人类心灵和身体带来什么好处。至于常常出现的巨蛇，我们的了解情况则刚好相反。生物学家对巨蛇图像的功能，已经有一个相当理想的运作假设，但是除了做梦时的一般机制之外，他们对图像在分子和细胞层次上的基础却一无所知。严密的运作机制之所以仍然保有神秘感，是因为我们不了解关于巨蛇图像的特殊记忆是如何在细胞层次中组合，以及如何受到情绪支配的。

我们对梦中巨蛇图像的了解，可以用生物学上的两种主要分析方法来说明：第一种方法会显露出近因（proximate cause），也就是现象的本质，以及产生这个现象的生理过程。这种近因上的解释，回答了生物现象“如何”作用，这往往发生在细胞或分子层次上。第二种方法则探讨现象“为什么”作用，这是它们的最终原因（ultimate cause），也就是生物体因为进化过程创造出的这些机制而享有的利益。生物学家的目标是同时找到近因和最终原因。概括地说，在梦境研究中，我们对做梦的一般近因知道得很多，但对它的最终原因少有了解；但是对于梦中的巨蛇图像，我们的了解刚好相反。

现在我要提出一份报告，说明蛇和人类之所以相关的最终原因。这份报告由许多动物和人类行为的研究文献拼凑起来，其中最主要的贡献来自美国的人类学家兼艺术史家孟德克（Balaji Mundkur）。旧大陆[97]灵长类，也就是人类所属的种系，对蛇有一种深刻而原始的畏惧。长尾黑颚猴（vervet）和其他长尾猴（guenon），比如在非洲的树上随处可见的长尾巴的猴子，碰到特定的蛇类时，会咂咂嘴发出特殊的紧急吼叫声。这些猴子显然具有优秀爬行类动物学家的本能，因为它们这种天生的反应，只针对有毒的眼镜蛇（cobra）、树眼镜蛇（mamba，俗称曼巴）和鼓腹毒蛇（puff adder，亦称宽蛇），而不会针对无害的蛇类。其他猴子会跑到吼叫者的身边，一齐观望入侵者，直到入侵者离开周遭环境为止。它们也天生会对老鹰产生紧急吼叫，使得整群猴子由树上争先恐后地匆忙逃下树，以避免危险。他们同时具有天生对豹吼叫的能力，导致猴群冲上树，躲到豹无法触及的树冠上。

一般认为，普通的黑猩猩和500万年前的人类前身具有共同的祖先。它们看到蛇类时，往往会有不寻常的焦虑反应，即使以前从来没有见到过蛇。它们会倒退到安全的距离，用眼光紧紧追踪入侵者的行动，并且以“哇！”的警告声通知同伴。这种反应在青春期会逐渐增强。

人类对蛇类也具有一种天生的厌恶感，而且和黑猩猩一样，这种感觉会在青春期逐渐增强。但是，人类的反应并不是无法改变的本能，而是一种心理学家称之为“先备学习”（prepared learning）的发展倾向。小孩很容易学会对蛇的畏惧，这远比不对蛇产生反应或感到亲近来得容易。在5岁以前，他们并不会有特别的不安。之后，他们就变得愈来愈谨慎。然后，如果有一两次不好的经历，比如一条蛇蠕动穿过附近的草地，或是一个吓人的故事，他们就会对蛇产生永久而深刻的畏惧。人类这种畏惧蛇的倾向，根深蒂固。其他常见的对黑暗、对陌生人或对巨大噪声的恐惧，在7岁之后就开始逐渐消失；但相反，随着年龄的增长，人类对蛇类的躲避倾向反而会加强。当然，这个倾向也可能朝反方向发展，变成学会如何毫无畏惧地对待蛇，甚至以某种特殊的形式来喜爱蛇。我还是小男孩儿时便如此，而且曾经慎重考虑过要成为一名专业的爬行类动物学家。然而，我对蛇的适应，是一种强迫且自觉的过程。人类对蛇的特殊敏感度，也同样容易放大成恐蛇症（ophidiophobia），这是一种极端的病理现象：当蛇靠近时，会引发恐惧，出冷汗，甚至出现反胃恶心的反应。

蛇神

还没有人探索过致使人对蛇厌恶的神经线路。我们不知道这个现象的近因是什么，只能将它归为一种“先备学习”；相对而言，我们对可能的最终原因却十分明了，那就是厌恶感所具有的求生价值。在人类历史中，某些种类的蛇曾经是造成疾病和死亡的主要原因。除了南极以外，每一块大陆上都产毒蛇。从大半个非洲和亚洲地区来看，每年每10万人中就有5人因为蛇咬致死。局部地区死亡率最高的纪录，在缅甸的一个省，每年每10万人中平均有36.8人被蛇咬死。大洋洲尤其盛产极毒的蛇，其中大多数是眼镜蛇在进化上的近亲。除非你是蛇专家，要不然在大洋洲最好远离所有的蛇，正如在世界各地，最好避免吃野生蕈类一样。在中南美洲，有一些为黑瓦洛人和维吉塔利斯塔巫师所熟知的剧毒蛇，包括巨蝮（bushmaster）、矛头蛇（fer-de-lance）和怒蛇（jaracara），这些是响尾蛇科毒蛇（pit viper）中最大、最具攻击性的种类。它们皮肤的颜色和花纹很像落叶，毒牙的长度足以穿透人的手掌。它们藏身于热带丛林的地面上，等待突击路过的小鸟和小型哺乳类动物，对经过的人也会防卫性地进行迅速的攻击。

活生生的蛇和梦中的巨蛇，说明了自然界的事物如何转换成文化的象征符号。几十万年来，毒蛇一向是导致人类受伤和死亡的主要原因。在这么长的一段时间内，大脑有足够的机会经由基因变化来产生“先备学习”的程式。人类经过痛苦的试错过程，确认哪些浆果有毒而加以避免；但是对于蛇所带来的威胁，人类的反应并不如此单纯，而是像人类以外的灵长类动物见到蛇类时所显示出的焦虑和病态的迷恋一样。蛇的图像又获得许多外加意义，它所激发的强烈情绪，也为世界各地的文化添加了丰富的色彩。巨蛇的形象常在恍惚状态和梦境中突然出现，它那邪恶的造型以及它的威力和神秘感，使它合理地成为神话和宗教的组成成分。

阿玛林果画中的图像可以追溯到数千年前。在法老王朝之前，下埃及[98]的国王是在布托（Buto）由眼镜蛇女神瓦吉特（Wadjet）加冕的。希腊则有巨蛇奥罗波若（Ouroboros），它会一边从尾部开始不断地吞食自己，一边从体内再生。对诺斯替教徒（gnostic）和几个世纪后的炼金术士而言，这个自我吞食的形象，象征了世界败亡和重生的永恒轮回。1865 年某日，德国化学家斯特拉多尼茨（Friedrich August Kekule von Stradonitz）坐在炉边打盹，梦到了奥罗波若，因而得到灵感，想出苯的分子结构：一个由 6 个碳原子组成的圆环，每个碳原子都和一个氢原子键结。有了这个苯环结构，19 世纪的一些最让人迷惑不解的有机化学，终于得到圆满的解释。在阿兹特克人（Aztec）的万神殿中，人头蛇身、佩戴羽毛装饰的羽蛇神（Quetzalcoatl）是统治清晨和夜晚星辰的神明，也因此主宰了死亡和再生。它发明历法，鼓励学习，而且是祭司的保护神。另一个蛇形怪物特拉洛克（Tlaloc），则是主宰雨和闪电的神。它的上唇和人类相似，由两个响尾蛇的蛇头组成。上述幽灵只可能在梦境和恍惚状态出现。[99]

生物学的时空尺度

巨蛇形象在心灵和文化上的重要性，超越了自然界的蛇类。我们可以把了解“它如何由地上的爬行类动物转变而来”的过程，视为穿过科学和人文边界地带的多种途径之一。我们先前计划从魔术师走到原子，现在我们已经跟着巨蛇的形象走了相当长的一段距离，接着我们将进到生物科学的领域。这里有较佳的地图，所以前进相对而言也容易些。在数百万小时的劳动和数十亿美元的支助下，生物医学研究获得了许多诺贝尔奖，也为我们指出了从身体和器官往下经过细胞走到分子和原子的科学道路。我们现在已经具有人类神经细胞一般结构的详细图解，也对神经细胞的放电和突触上的化学反应有部分的了解，并且可以采用物理学和化学原理来加以描述。我们已经将舞台准备好了，接下来要进攻最重要但无解的生物学问题：大脑中数千亿个神经细胞如何一起产生功效而生成意识？

我说这是最重要的问题，是因为宇宙内的已知系统中，最复杂的是生物系统，而所有生物现象中，最复杂的是人类的心灵。如果大脑和心灵在本质上是生物现象，那么我们必须仰赖生物科学，才能圆满结合所有的学术分支，上至人文学科，下至自然科学。生物学内的各个领域现在已经大致融通，而且程度上逐年增长，因为这个事实，结合各学科的任务也变得较容易些。接下来，我将解释这个现象是如何形成的。

生物科学间的融通，是建立在对不同时空尺度的透彻了解上。当我们由一个层次进到另一个层次时，例如由分子进到细胞，或由器官进到生物体，需要正确地安排时空上的变化。为了清楚表达我的想法，我要再度造访阿玛林果这位魔术师、艺术家和友善的生物体；这将是最后一次造访。假设我们可以加快或放慢自己和他相处的时间，同时可以将他体内和四周的空间扩大或缩小，那么，我们将进入他的房子，和他握手，然后，阿玛林果让我们看一幅画；这些动作会花几秒钟或几分钟。这个事实很明显，为什么要特别提出？如果用另一种方式来问，问题可能会显得较有意义：为什么这些熟悉的动作花去的时间不是百万分之一秒，也不是数月？答案是：因为人类由数十亿个细胞组成，而细胞之间的沟通则靠穿越细胞膜的化学物质和电脉冲来达成。和阿玛林果见面说话所涉及的一系列事件，都是历时数秒到数分钟的单元，而不是历时数微秒或数月。我们也许认为这个时间尺度很正常，而且多少把它当成我们所居住的世界内的标准。其实不然，乃因其中涉及我们和阿玛林果，而我们全都是有机的机器，所面对的则是有机体的时间。同时，因为我们用来沟通的工具所占的面积和体积，大小在数毫米到数米之间，而不是数纳米或数千米，因此我们那不受外界协助的心灵，就完全生活在一个有机体的空间内。

现在，假设我们获得了最佳的仪器可以观测阿玛林果的脑部活动（当然还要阿玛林果的许可！），并且在放大图像之后，可以看到其中最小的神经纤维。接着，我们看到了组成神经的细胞，最后还看到了分子和原子。我们观测到神经细胞的放电过程：当钠离子流入细胞膜时，横越细胞的电压则跟着下降。在神经细胞这个通道的每个点上，放电现象的发生只需要千分之几秒，然而它们所产生的电讯，也就是电压的下降，则以每秒几十米的速度快速沿着神经通道前进，跑得和奥林匹克的短跑选手一样快。现在，假设我们的视野只有原先的万分之一，而且事情因发生得飞快而看不清，神经细胞的放电过程，比来复枪的子弹更快速地穿越我们的视野。为了实际看到这个过程，我们必须录像，并且把放映速度调得足够慢，才能看到原先发生在数千分之一秒或更短时间内的事件——别忘了，我们观测者亦是人类，仍然处在有机体的时间尺度内。现在，我们进到了生化时间，如果要观测生化空间内的事件，就必须进入生化时间。

在这神奇的一刻，阿玛林果继续不停地说话，几乎丝毫没有察觉到我们在行动上加速了 1 000 倍所产生的变化。在他的时间尺度里，这段时间只够他说一两个字。接着我们把时空的转盘往反方向扭转，直到阿玛林果的整体形象再度出现，而他的话再度以可聆听的速度穿过我们的心灵。我们继续转动转盘，于是阿玛林果等比例缩小，踉踉跄跄地快速走出房间，就像早期默片中的演员。他这么做，也许是出自一种挫折感，因为我们现在已经像大理石雕像般地冻结住了。我们的视野继续扩大。让我们朝空中升腾，以扩增空间。我们的视野大到能够包含整个普卡帕城（Pucallpa），接着又包含了一大片乌卡亚利河谷（Rio Ucayali valley）。旧的房子消失了，又有新的房子出现。白天和夜晚混合成连续的黄昏，这是因为白天和黑夜的交替太快，超出了我们在有机体时间尺度下视觉的闪光融合频率（flickerfusion frequency）。阿玛林果变老了，去世了。他的子女变老了，也去世了。附近的热带丛林发生了变化。大树倒伏后，空地出现了，树苗随之发育，空地又消失了。现在我们已经进入了生态时间。我们继续转动转盘，时空继续放大。我们不再能分辨出单独的个人和其他生物体，只能看到模糊的种群，有巨蟒、死藤水、爬藤，以及秘鲁中部的人，同时，还可以看到这些种群的世代交替；对他们而言是一个世纪的时间，在我们看来只是一分钟。他们有某一部分的基因正在发生变化，比如种类和相对出现的频率。脱离了其他人类，也脱离了他们所具有的情绪之后，我们终于像上帝一般，看到了进化时空尺度中的世界。

借着这个时空尺度的观念，生物科学在过去的50年中变得融通了。根据在分析上所采用的时空尺度大小，生物学内的基本划分可以由上而下列为：进化生物学、生态学、有机生物学（organismic biology）、细胞生物学、分子生物学和生物化学。这个排列次序也是专业学会以及各学院和大学课程的组织根据。各科系间融通的程度，可以根据各科系的原则与其他科系的原则的相容程度来评估。[100]

生物学面临的挑战

生物学各个领域之间是密切相关的，这个想法很简单，但是在实际执行中，我们仍会遭遇到我在这章开始时提到的有关迷宫的困难问题。当更多关联建立起来时，各学科也就能更圆满地由上贯通到下，由实体中最特殊的部位（例如阿玛林果的大脑）一路贯通到最普遍的分子和原子。但是，以相反的方向来建立融通性，也就是由普遍到特殊，相形之下却困难许多。简单地说，分析阿玛林果要比综合阿玛林果容易得多。

利用综合法来达成融通的方法，经常被随意地称为“整体论”（holism）。这个方法所面对的最大的阻碍是，当我们由下往上沿着不同的组织层次前进时，所遇到的复杂程度将沿指数曲线上升。我已经描述过，光凭对细胞内分子和原子的零散的知识，我们无法预测整个细胞的功能。让我在这里进一步指出，这个问题有多么困难。我们即使对某种蛋白质的组成原子具有完全的认知，也不可能预测它的三维空间结构，但我们可以决定蛋白质中的氨基酸成分，而其中每个原子的位置也可以借由 X 射线结晶学准确测定出来。胰岛素是最简单的蛋白质之一，是含有 51 个氨基酸的球形分子。能够重建这个分子的结构，是化约主义生物学的许多成功事迹之一。但是反过来，若只知道这些氨基酸的排列顺序和其中的组成原子，并不足以预测出这个分子的形状为球形，也无法像 X 射线结晶学那样显示出分子的内部结构。

对蛋白质的形状做推测，原则上是可能的。高分子（macro-molecule）层次的合成是技术上而不是观念上的问题。解决这项问题，其实是生物化学上的一个重要课题，而具备这样的知识，将是医学上的重要突破。我们能以人工合成蛋白质，来抵抗引起疾病的生物体以及弥补酶的短缺，而且有些合成蛋白质可能会比天然的分子更为有效。但是，我们实际面对的困难，好像几乎无法克服。为了推测，我们首先得把所有邻近原子之间的能量关系综合起来。光要处理这些能量就令人畏惧，但接着还要加入分子内相距较远的原子之间的交互作用。塑造分子形状的作用力，构成了极其复杂的网络，其中包含数千项能量，而每一项都必须同时加以考虑，才能合成一个总体。有些生物化学家相信，为了要完成最后这个步骤，每一项能量的计算都必须达到目前物理科学还无法掌握的精确度。[101]

更大的困难出现在环境科学上。生态学在可预见的未来将面临莫大挑战，是把生态系统中的生物体组织拆开后再重新加以组合，尤其是河口和热带雨林这类最为复杂的生态系统。一个典型的栖息地上包含有数千种生物体，但是大多数的生态学研究一次只针对其中的一两种。研究人员受到实际需求的限制，被迫在研究中采用化约主义，只从整个生态系统中的一小部分着手。不过，他们心中却很清楚，每一种生物的命运是由其他几十或几百种生物的多样行为所决定的，比如光合作用、食叶、吃草、分解、狩猎或被捕食，或是在目标物种附近翻耕土壤。生态学家对这个原则十分明了，但是仍然无法准确推测出特定情况下的事件。相较于把大型分子中的原子重新排列的生物化学家，生态学家所面临的是无法测量的动态关系，而组成这些关系的物种组合多半仍属未知。

让我们看看生态学家在下述例子中所面对的复杂性。加通湖（Gatun Lake）是在 1912 年巴拿马运河建造时形成的，当时上涨的水位截断了一块高地。覆盖着常绿热带森林的这块孤立新生地，被命名为巴洛·科罗拉多岛（Barro Colorado Island），并成为一个生物研究站。在这之后的数十年当中，它成为同类生态系统中被研究最密切的一个。这个小岛的面积只有 17 平方千米，容不下美洲豹和美洲狮。这些大型猫科动物的猎物包括刺豚鼠（agouti）和无尾刺豚鼠（paca），以及貌似长耳大野兔和小鹿的大型啮齿类动物。在主要致命的掠食者不存在的情况下，这些动物的数目增加到原来的 10 倍。它们过度消耗食物，其中多半是从森林树冠层掉下来的大颗种子。结果，生产这些种子的树种，繁殖力和数量都降低了。这个效应向外继续扩张。那些种子太小而无法吸引刺豚鼠和无尾刺豚鼠的其他树种，会因为大种子树种的竞争力下降而获利。于是它们的种子大量散布，幼苗茁壮成长；大多数幼树都能达到成年的高度，并且进入繁殖年龄。不可避免地，专门依靠这些小种子树种存活的动物，会因而繁盛起来，捕食这些动物的掠食者数目会增加，寄生在小种子树种和相关动物身上的真菌和细菌，也会因此向外扩散。食用真菌和细菌的微型动物的密度会增加，而这类生物的掠食者也会相继增加……这个生态系统因为土地面积的局限，以及随后消失的肉食动物，而在整个食物网上造成循环不息的影响。[102]

难以掌控的复杂性

当今最大的挑战，是能对复杂的系统提供一个精确完整的描述，不仅细胞生物学和生态学如此，所有的科学也都如此。科学家已经将许多系统拆开来研究。他们认为自己对大多数的因素和作用力已经有所了解，下一项任务是将它们重新组合，至少是在描述整个系统主要特性的数学模型中重组。这方面的努力能有多少成果，要看研究人员由较普遍的组织层次进入较特殊的层次时，对突生现象（emergent phenomenon，亦称层展现象、涌现现象）的预测能力有多高。简而言之，这是对科学整体论的极大挑战。

物理学的论题是所有科学中最简单的，而且在某些方面已经展现了功绩。他们把氮原子这样的单粒子看作随机的，并且从中推导出这些粒子聚集起来时所呈现的行为模式。19 世纪麦克斯韦和波兹曼[103]推创统计力学（statistical mechanics），以古典力学描述组成气体的大量的自由运动分子，而正确预测出气体在不同温度下的运动状态。其他研究人员也同样在分子和气体这两个组织层次之间来回探索，更进一步以分子之间的作用力来定义黏力、热传导、相变以及其他的宏观性质。在下一个层次中，量子理论学家在 20 世纪初期，把电子和原子内部其他粒子的集体行为，与原子和分子的古典物理学相联结。过去一个世纪中，许多像这样的进展已经把物理学铸造成所有科学中最准确的。

超越传统的物理领域，在更高、更特殊的组织层次上，我们在综合上的问题也更加困难，几乎难以想象。有积体和物种这样的实体与电子和原子不同，它们具有无穷的变数。更糟糕的是，其中每一个变数在成长和进化的过程中，还会继续发生变化。想想以下这个例子：在一个有机体制造出来的供应自身需求的大量分子中，有一种简单而属于烷类的碳氢化合物，完全由碳原子和氢原子所组成。1 个碳原子只可能产生 1 种分子；10 个碳原子可能产生的分子有 75 种；20 个碳原子，可能有 366 319 种；40 个碳原子，就有 62 万亿种可能。这些碳氢化合物的长链上再加入氧原子，就产生了醇类、醛类和酮类，而且分子种类会随着分子大小更快速地增加。现在如果从这些分子中选出部分的集合，并想象它们能由许多不同的酶催化反应来合成，那么你所面临的复杂程度已经远超出目前所能想象的。

有人说，生物学家因为嫉妒物理学的发展而深受其苦。他们也建立了类似物理学的模型，由微观现象推演出宏观现象，但是发现这个模型很难和他们在真实世界中遭遇的繁复系统相吻合。尽管如此，理论生物学家还是很容易禁不住诱惑。（我承认自己也是其中之一，而且对自己所导致的败绩要负更多责任。）配备了复杂的数学观念和高速的计算机，生物学家可以对蛋白质、热带雨林和其他复杂系统做无数的推测。每当他们往上进入另一个组织层次时，就需要设计新的算法，采用一组有明确定义的数学运算来解决既定的问题。借由巧妙地挑选程序，他们可以创造出许多虚拟的世界，而这些世界能进一步进化成具有更高组织层次的系统。当他们漫游穿过类似克里特岛迷宫的计算机空间时，必然会遇到紧急的状况，发现有些复杂的现象无法经由基本的元素和程序来预测，而且并不在算法当初的构想范围内。但是，仔细看好！从中产生的一些结果，其实很像真实世界中的突生现象。

生物学家的希望逐渐升高，他们在一群具有类似想法的理论学家所组成的会议上，报告自己的研究结果。经过酌量的质疑和探索之后，大家都点头同意："是的，很有原创性，很令人兴奋，又很重要——如果这是真的。"如果这是真的……如果是真的。自大狂妄是他们的弱点，而他们所提出的远景则是他们的幻想。他们正站在一个突破性发展的边缘上！但是他们怎么知道自然界的运作程序和他们的计算机程序相同，亦或接近？许多程序可能是错误的，但仍能产生几乎正确的答案。生物学家尤其容易犯“矢志维护结论”的谬误：只因为某个理论能够产生正确的结果，就假设理论中的步骤必然和真实世界中的过程一致。这是错误的。

为了更进一步看清这点，让我们试着考虑画中的一朵花，它就像照片那样精细，也和真花一样美丽。我们心中会认为画中宏观的实体具有真实感，因为它和土地中生长出来的花朵一样。若从远距离看，我们可能很容易把真实物体和它的图像相混淆。但是这两种花的产生过程极其不同。画中花朵的微观成分是颜料细点，而不是染色体和细胞；它的发展途径储存在艺术家的大脑中，而不是储存在控制组织发育过程的 DNA 配方里。生物理论学家如何能确定，自己的计算机模拟并非只是另一幅描绘花朵的图画？

复杂理论

上述以及其他遍布于高层系统内的困难，并非没有受到关注。数个科学领域内的研究人员已经着手联合起来共同面对问题，他们结合成一个松散的研究社群，一般称这个领域为“复杂科学”、“复杂研究”，或是“复杂理论”。“复杂理论”是当中我认为最好的名称，可以定义为：找寻自然界用来展现众多组织层次共同特征的算法。根据复杂理论提倡者的宣称，组织层次的共同特征至少能提供一个探索指南，让我们在穿过真实世界的迷宫时，能够较快地从简单系统进入较复杂的系统。这些共同特征也可以帮助我们，在所有想象得到的算法中，挑选出符合自然界要求的。在最佳的情况下，它们也可能引入深奥的新定律来解释细胞、生态系统和心灵等现象的突生。

大致而言，理论学家已经把注意力集中在生物学上。这很合理，因为生物体和生物体的组合是已知系统中最复杂的，而且它们具有自我组织和适应的特质。一般而言，生命系统的自我建构是由分子到细胞、到生物体、再到生态系统，其中必然会显示出我们可以理解与复杂和突生相关的深奥定律。

复杂理论诞生于20世纪70年代，在80年代初期逐渐发展成熟，到了90年代中期则为激烈的争论所笼罩。其中具有争议的话题几乎和理论学家所期望解释的系统一样错综复杂。我认为可以这样切入问题的核心：绝大多数科学家的心神都很狭窄地集中在定义清晰的现象上，对复杂理论并不在乎，甚至还有许多人没有听说过这个理论。我们可以忽略这些不参与的科学家，要不然当代科学就成为一锅沸腾的争论了。在乎这个理论的人又可以分成三类：第一类由各式各样不同的怀疑论者组成，他们相信大脑和热带雨林都过于复杂，永远无法归纳出基本的程序，更别谈以预测的方式来重组整体现象。其中有些怀疑论者，甚至质疑复杂理论的深奥定律是否存在，或至少怀疑有没有任何深奥定律能为人类的心智所理解。

第二类是狂热的提倡者，由一帮大胆创新的复杂理论学家组成，最佳的例子是考夫曼 [Stuart Kauffman，《秩序的起源》（*The Origins of Order*）的作者] 和兰顿（Christopher Langton）。他们都在新墨西哥州的圣达菲研究院（Sante Fe Institute）从事研究，那里也是复杂运动非官方的大本营。他们不仅相信这些深奥定律是存在的，同时也相信它们就存在于附近的地平线上，等人来发现。他们提到这些定律中的一些基本成分已经在数学理论中出现，而这些数学理论采用了一些稀奇的观念，如混沌（chaos）、自我临界性（self-criticality）和适应景观（adaptive landscape）。很明显，这些抽象观念集中于探讨复杂系统如何先自我架构，然后又如何坚持度过了某段时间，最后才解体。架构这些理论的建筑师，倾向于使用计算机，沉浸于抽象观念中，对博物学了解甚少，但对非线性转换（nonlinear transformation）具有丰富的知识，并且自认为已经闻到了成功的气息。他们相信只要大量利用计算机辅助模拟来探索许多有可能存在的世界，终将找到必要的方法和原则，而超越传统的科学，包括当代生物学的大半领域在内。借此他们就可以对物质世界中较高层次的生产过程有所理解。他们渴望达成的目标是得到一组主要算法，借此快速穿过原子而直通大脑和生态系统，并使结果和真实世界相吻合。他们希望这个算法的存在，将使真实知识的必要性低上很多。[104]

第三类科学家所采取的态度，介于坚决反对和全盘支持这两个极端之间，而我也是其中一名不忠实的会员。我说自己不忠实，是因为我希望自己能够成为一个真正相信复杂理论的人：复杂理论学家在知性上的修养和朝气，给我的印象确实很深，也是我一心向往的。但是，我的心智无法（至少还没有）完全相信。我和其他许多温和的中间派人士一样，认为他们的研究途径是正确的，但也只不过是多少如此、也许正确罢了，离真正的成功还很遥远。他们彼此之间，也曾经为了一些重要的问题而产生怀疑和冲突。简单地说，这当中的基本困难在于缺乏足够的事实。复杂理论学家仍然没有足够的资讯可以一并纳入计算机空间内。他们一开始所采用的假设，显然需要更多细节的支持。他们目前的结论仍然太模糊、太一般性，只不过是收集一组隐喻罢了，而且他们所提出的抽象结论，并没有告诉我们多少真正的新东西。

混沌理论

复杂理论中最常被人引用的典范之一是“混沌边缘”（edge of chaos）。首先是一个具有完美内在秩序的系统，例如晶体，在观测过程中，这个系统不会有进一步的变化。在另一个极端状况下，如沸腾液体的混沌系统中，则没有多少秩序可以接受更改。能以最快速度进化的系统，必定介于这两者之间，更明确地说，是位于混沌边缘。这个系统虽然具有秩序，但是各部分之间的关联很松散，很轻易就能以单一或小组的方式改变。

考夫曼在他的 NK 模型中，把混沌边缘的观念应用到生命进化的过程中。N 是生物体内某类零件的数目，例如基因或氨基酸的数目；这些零件会影响生物体的存活和繁殖，以及生物体存留在后代身上的表征。K 也是相同生物体内同类零件的数目（基因或氨基酸），但这些零件的功能是在影响其他零件。比方说，这种单一基因并不会单独产生作用来引导细胞的发展，而往往以复杂的方式和其他基因一起行动。考夫曼指出，如果基因在产生效应时彼此之间完全相关，也就是 K 等于 N，那么生物种群中将很少或不会有进化现象发生，因为除非改变生物体的每一个遗传特性，否则没有任何特性会改变。在另一个极端情况下，也就是基因之间毫无关联，K 等于零时，则生物种群会处于进化的混沌状态。如果每一个基因都独立自主，生物种群将以几乎无穷尽的基因组合方式随机进化；在进化的时间尺度中，这个过程将永远无法变得稳定，生物体也无法以某一种具有适应性的形态安顿下来。当基因之间存有极少量的关联，也就是位于混沌边缘时，进化中的生物种群就能在一个适应性的高峰上安顿下来，同时能够相当轻易地朝着邻近的另一个适应性的高峰演进。例如，原本以种子为生的某种鸟类，也许能够转变成以昆虫为生，而热带草原的植物也许能够发展出在沙漠中成长的能力。考夫曼推论，混沌边缘提供了最佳的进化能力，也许物种会自动调整内部基因之间的相关性，以继续停留在最易变的适应区域内。

考夫曼已经把 NK 模型广泛应用到各种与分子生物学和进化生物学相关的问题上。他的论点和其他一流复杂理论学家类似，具有原创性，并且是针对许多重要的问题。这些理论第一次听起来好像不错，但是我身为一个熟悉遗传学的进化生物学家，从他们的理论中学到的东西却很少。当涉猎过考夫曼的数学公式和他刻意修饰的文章之后，我发现自己原先就已经知道其中大半的结果了，只是他的表达形式不同。从本质上说，复杂理论就像要重新发明车轮一样，只是采用晦涩的新语言，来重新创造早已列在生物学主流文献中的原理。NK 模型和重要的物理理论不同，并不会造成思想基础的转移，也不能预测任何可测量的数据。到目前为止，它们并没有我们在野地或实验室中用得着的任何东西。

即使我对这个单一事例提出了或许不太公平的个人意见，但这并不足以抹杀复杂理论学家的终极目标。他们推导出的一些基本观念，包括最引人注目的混沌理论和分形几何（fractal geometry），已经帮助我们了解极大一部分的物质世界。例如，英国生物学家兼数学家梅伊（Robert May）利用实际可行的微分方程，来推演实际观测到的植物和动物的种群变动模式。当种群增长率上升，或当环境放宽了对种群增长的限制时，种群内的个体总数会由几乎平衡的状态，转变成平稳起伏的周期。如果种群增长率和环境控制力继续改变，个体总数会产生较复杂的周期变化，随着时间的演进会出现数个高峰。到了最后，个体总数会落入混乱的区域，曲曲折折而无规律可循。种群混沌现象中最有趣的特征是，它可以来自真实生物体中具有确切定义的性质；这和以往的信念刚好相反，混沌模式并不一定来自环境中导致种群起伏的散漫作用力。在这个例子和其他许多复杂的物理现象中，混沌理论为自然界的运作提供了真正深奥的原理，它指出，有些极为复杂且看似无法理解的现象，可以经由系统中微小而可测量的变化来决定。

但是，问题又回来了。是什么样的系统，什么样的变化呢？这才是问题的关键。我们希望从理论中获得的，是关于事实细节的一般性和精确性，但复杂理论没有任何这样的成分，也不会引发具有同样价值的理论创新和实际应用。复杂理论还需要些什么，才能成功应用到生物学上？

创造人工生命

复杂理论需要具备更多的观测资料，而生物学可以提供这些资料。生物学有 300 年的历史，最近又与物理学和化学相结合，目前已经成了一门成熟的科学。但是，从事生物学研究的人可能并不需要采用特殊的理论来了解复杂性。他们已经把化约主义改进提升为高级艺术，同时开始在分子和细胞器的层次上，进行部分合成工作。尽管合成完整的细胞和生物体仍然超出能力范围，但他们知道自己有能力一步一步重建其中的某些成分。他们预言，创造人工生命并不需要过于华丽壮观的解释。大多数人相信生物体是机器，如果有足够的时间和研究经费，光靠物理学和化学定律就足以达成创造人工生命的目标。

用人工方法组成有生命的细胞将是登天之举，而不只是爱因斯坦式的时空革命。我们正快速地对真实生物体内的复杂性进行解剖分析，由此而生的结果将使每周的《自然》和《科学》期刊充满生动活泼的报道，同时耗尽人们对观念革命的需求。尽管壮观的跳跃式革命有可能突然发生，但是这群忙碌而饱食终日的研究人员，并不会焦虑迫切地期待它的来临。[105]

生物学家打开的机器，是一个令人晕眩的美丽创作，而氨基酸密码就坐落在它的中心位置。典型的脊椎动物大约具有 5 万到 10 万个基因。每一个基因是由 2 000 到 3 000 个碱基对（base pair，也就是遗传字母，genetic letter）所组成的长链。在活化的基因中，每三个碱基对可以转译成一个氨基酸。基因通过细胞内编排得无懈可击的种种化学反应，最后会转录成氨基酸序列，并折叠成巨大的蛋白质分子。脊椎动物大约含有 10 万种蛋白质，它们以核酸为密码，形成具有实质生命的蛋白质。这些蛋白质构成动物干重的一半，能够赋予身体外在形态，胶原蛋白腱（collagen sinew）可以维系整个身体架构，而肌肉能够用来活动身体。蛋白质还可以催化由它启动的所有化学反应，把氧输送到身体各个部位，武装免疫系统，并且传递信号，让大脑用来检查环境，并调节行动。

决定蛋白质分子该扮演何种角色的，并不只是它的初级结构（也就是它内部的氨基酸序列）；蛋白质分子的外形也会造成影响。每一种氨基酸序列都会以精确的方式自我折叠起来，好比纠结的线团，或是一张揉皱的纸张。整个分子的形状就像天空中的云朵，种类繁多。看到这些形状，我们很容易联想到凹凸不平的球体、甜甜圈、哑铃、公羊的头、翅膀张开的天使，以及拔取软木塞的开瓶器。

这个经由折叠在表面形成的凹凸起伏，对酶（也就是催化体内化学反应的蛋白质）的功能具有尤其重要的影响。蛋白质表面某处会出现由少数氨基酸组成的口袋或凹槽，称作活性部位（active site），它由其他的氨基酸结构加以巩固。只有具备极特殊形式的受质分子（substrate molecule）才能恰好纳入活性部位，并且接受催化作用。受质分子一旦以正确的方位进入了活性部位，活性部位的形状就会稍做变化，使这两个分子能更密切地结合，就像人们会晤时握紧的手。受质分子会在刹那间发生化学变化，继而立刻被释放。比方说，在蔗糖酶（sucrase）的催化过程中，蔗糖会被分解成果糖和葡萄糖，而产物一旦释放，酶的活性部位就会马上恢复原来的形状，但化学结构丝毫未变。借由进出酶的活性部位而产生的分子，大多数的产量都相当可观，一个单一的酶每秒钟可以处理 1 000 个受质分子。

我们该如何把所有这些一纳米长的分子和发生在毫秒钟内的化学反应，协调地组合成一个整体？生物学家下定决心要从底层开始，一个分子接着一个分子、一个新陈代谢过程接着一个新陈代谢过程地研究。他们已经着手收集必要的数据和数学工具，来模拟细胞整体，一旦成功，就能够了解所有的简单生物体，例如单细胞细菌、古生菌和原生生物。

亟待解决的问题

大多数生物学家在他们的细胞整合理论中，喜欢采用中间层次的模型——既不完全是数学，也不纯粹是描述，而是前载大量的观测资料并构思遗传网络。对于这种最新式的方法，鲁米斯（William Loomis）和斯腾伯格（Paul Sternberg）很好地抓住了精髓，并做了以下概括：

> 这个遗传网络上的每一个节点，都由基因或由基因的 RNA 和蛋白质所组成。节点之间的关联则依赖 RNA 和蛋白质之间彼此的调节与物理作用，以及每个基因内的顺式调控（cis-regulatory）DNA 序列。现代分子遗传技术使我们可以更快地确认出一个基因，并确定它的初级序列；接下来的挑战，是把基因和它们的产品进一步连接成具有功能的通道、线路和网络。分析调控网络，例如涉及信号转导（signal transduction）和转录调节级联（transcriptional regulation cascade）的网络，能够解说组合性的行动，比如应用到数位逻辑、类比数位转换、串音（cross-talk）和绝缘，以及信号整合的技术。虽然过去数十年来的生理学研究结果，已经提出生物体内存在复杂的网络成分，但我们对这些成分的了解，在规模和细节上将是前所未有的。当今的分子生物学研究多半集中在确认新成分、定义每一个节点上调节性的输入和输出，以及正确描述相关的生理调节程序。[106]

以上这一段文字所蕴含的复杂性，远远超出超级计算机、百万零件组成的太空船，以及人类科技的所有其他创作。科学家能不能采用微观的系统来解释上述这段文字？答案无疑是肯定的。尽管没有其他理由，而只考虑社会因素，答案也必然是肯定的。科学家的任务包括战胜癌症、遗传疾病和病毒感染，这些全都是细胞上的疾病，而科学家已经接受大量的资金准备完成任务。他们大致知道该如何着手进行，以便达成大众要求的目标。他们不会失败的。在历史中，科学和艺术是一样的，总是仰赖赞助者的保护和支持。

快速改良中的仪器，已经使生物学家能够探测到活细胞的内部，并且直接审视其中的分子结构。他们也发现了适应性系统用来自我组织的某些简单原理。最受人注目的简单原理包括：将弯曲的氨基酸长链折叠成形状特别且具备功能的蛋白质分子，以及细胞膜的强力过滤机制，以便选择进出细胞和细胞器的物质。科学家也正在寻求必要的计算能力，以模拟这些或其他更复杂的程序。1995 年，美国一个团队把两部卓越的英特尔计算机相连，创下了世界最快的计算速度，每秒钟能处理 2 810 亿次计算。美国联邦高效计算计划（U. S. federal high-performance program）已经将 20 世纪末的目标，提高到每秒钟执行 1 万亿次计算。在 2020 年之前，处理数据的计算机每秒钟有可能处理 1 000 万亿次计算，虽然我们会需要新的技术和新的程式设计方法，才能实现这样的高标准。到那个时候，即使没有复杂理论所预期的简化原理，我们也可能强行模拟细胞的机制，并且追踪其中的每一个活化分子和它的作用网络。[107]

科学家也预见，我们将初步了解完整的细胞如何自组装成组织以及整个多细胞生物体。1994 年，《科学》期刊的编辑发行是为了庆祝威廉·鲁（Wilhelm Roux）[108] 在一个世纪前开创了发育生物学（developmental biology），要求这个领域中的100位当代研究人员，指出这个领域中最主要而仍然无解的问题。依照问题的重要性，他们的反应顺序为：

一、组织和器官产生过程的分子机制。

二、产生过程和遗传进化的关联。

三、决定细胞特殊命运的步骤。

四、细胞间的信息传递在组织产生过程中所扮演的角色。

五、早期胚胎中，细胞自组装成组织的模式。

六、神经细胞之间建立起特殊的关联，以形成神经索和大脑的方式。

七、在组织和器官成形的过程中，细胞借以决定要分化或死亡的方法。

八、控制转录的过程用来影响组织和器官分化的步骤。（转录指的是传递细胞内DNA的信息。）

令人赞叹的是，这些生物学家认为，和以上主课题相关的研究正在快速向前推进，而且其中至少有某些研究已经快取得部分成果了。[109]

找出一般性的原理

假设在21世纪初期，分子和细胞生物学家的期望能够完全实现。再更进一步假设，研究人员能够成功地把人类细胞分解成组成成分，追踪其过程，并且准确地由分子层次向上模拟整个系统。最后假设，发育生物学家集体在组织和器官上的研究，也能享有类似的成果。到时候我们探讨心灵和行为等更复杂系统的时机就成熟了。毕竟它们也是同类型分子、组织和器官所构成的产物。

让我们想想看，这样的阐释能力如何才能获得。我们一旦对少数物种的有机化学过程有近似完整的了解，就可能把这种了解推广到其他无数的物种上，而了解生命如何繁殖和延续。沿用这种相互比较且具有整体观的生物学，我们可以大体了解生命，而这些生命可能存在于现今环境中，存在于早期的进化过程中，或存在于其他环境不同但仍可生存的星球上。我们在想象可生存的环境时，必须保持开放的态度，记住，藻类可以在南极的岩石中生长，微生物也可以在深海火山口沸腾的热水中茁壮成长。

在某个特定时刻，从大量的模拟过程中，极可能出现深刻、具有潜力并且和复杂性相关的原理。这些原理将显示出存在许多组织层次中守恒不变的算法，而且这些层次也包括想象中最复杂的系统。这些系统将能够自我组合，自我维生，不断产生变化，并且完美地进行繁殖。换句话说，它们是活的生物体。

到时候（如果这个时刻会来临，而我相信它会），我们将会具备真正的生物学理论，而不再只具备当今科学中对特殊生命过程的冗长描述。这个新的生物学理论所包含的原理，将加速我们对心灵、行为和生态系统的探讨。这些现象都是生物体的产物，因为极度复杂，也必将成为人类的最终挑战。

因此，重要的问题是：第一，是不是有一般性的组织原理，可以用来完整地重组出生物体，而不需要以强硬刻板的方式来模拟其中所有的分子和原子？第二，同样的原理可不可以用到心灵、行为和生态系统上？第三，有没有一套数学能够作为生物学的自然语言，而带来数学曾在物理上造成的良好功效？第四，即使发现正确的原理，真实资料必须有多详细，才能把这些原理应用到期望中的模型上？

对于这些问题，目前我们就像是朝着黑暗的镜子观望一样。有一天，《圣经》里的寓言终将实现，我们终将和所有的问题面对面——到时候也许就能够看清楚问题的完整面貌。无论如何，寻找上述问题的答案，将是对人类智识最高能力的一个考验。

第六章

心灵

心灵是一连串有意识和无意识的经验。
基本上它是一种密码，
代表感官印象以及对这些
感官印象的记忆和幻想。
其中的组成资讯，极可能是通过
向量密码的方式来搜集整理和抽取使用的，
这种方法能够提供方向和大小。

相信知识具备内在的统一性，是迷宫的本体；这个信仰最终是建立在以下的假设的基础上：每一项心理活动都有它的生理基础，并且和自然科学相符。心灵在融通知识的计划中极其重要，原因既基本又深奥得令人困惑：我们现在所知道以及未来可能知道的每一项和存在相关的事实，都是心灵的创作。

乍看之下，这种高层次的沉思和信仰好像比较偏向于哲学的范畴，而不是科学。但是历史表明，逻辑仅由内在思考触发，欠缺原动力，只能向前迈进一小段距离，而且经常是朝着错误的方向前进。自笛卡儿和康德以来，现代哲学史多半是由不成功的大脑模型所组成。这个缺陷并不能归咎于哲学家，他们已经尽力把自己的方法推演到了极限；这个挫败其实是大脑生物进化过程的必然后果。我们借由经验学到的有关普通进化过程和特殊心理活动的知识，都指出大脑这个组合机器的目标是求生存，而不是自我了解。这两个目标基本上截然不同，所以如果没有科学真知的协助，我们的心灵只会看到这个世界支离破碎的片断。对于世间种种，它只会照亮它必须了解的部分，以便存活到明日，而将其余的部分遗弃在黑暗中。数千个世代以来，人类继续生存和繁殖，从来不需要知道大脑这个机器如何运作。人类的适应能力往往来自神话和自我蒙骗，以及部落认同感和典礼仪式，而远多过客观的事实。

这正是直到今天人们对自己车子的了解要比对自己心灵的了解多的原因；这也同时说明了为什么我们对心理功能的基本解释，将会来自经验而不是哲学或宗教上的探索。要达成这个目标，我们需要亲身经历大脑内部的黑暗区，并且放弃以往的成见。我们必须放弃载我们来到这儿的船只，在岸边钻孔让它下沉或放火把它烧了。

大脑的发展

大脑约葡萄柚一般大小，体积通常在 1 到 2 夸脱（1 夸脱约为 1.238 升）之间，平均重量是 3 磅（约 1.36 千克），比方说，爱因斯坦的大脑有 2.75 磅重（约 1.24 千克），是一个由白色和灰色组织构成的头盔状器官。它的表面像清洁用海绵那样满是褶皱，黏度像果冻，足够硬，所以不至于摊散在脑壳的内层表面上，也足够软，可以用汤匙舀取出来。

大脑真正的意义隐藏在它的微观细节内。它内部的柔软物质，是由上千亿个神经细胞所精致连接而成的系统，其中每一个神经细胞大约是百万分之几米宽，并且以数百或数千个末梢和其他神经细胞相连。从 1722 年的莱布尼茨开始，哲学家就幻想着自己能够缩小到细菌般大小，而徒步在大脑的内部探索；如果这是真的，我们最终或许可能成功画出所有的神经细胞，并追踪到脑内的所有电路。但是光凭这些我们仍然无法了解整个系统的运作。我们需要更多的资讯，需要了解这些电路模式的含义，这些线路如何组装起来，以及了解一个最令人迷惑的问题：为了什么目的？

从我们对大脑遗传和发展过程的了解来看，它们复杂得几乎不能想象。到 1995 年为止，人类基因组数据库（human genome database）内所累积的资料显示，大脑的结构至少由 3195 个特殊基因决定，这个数目比决定其他组织或器官的基因多了百分之五十（目前估计，人类整个基因组内的基因总数为 5 万到

10 万）。[110] 人们现在才正开始研究，神经元（neuron，即神经细胞）在成长过程中，如何经由分子程序的引导而抵达指定的地点。总而言之，人类大脑是宇宙内已知物体中最复杂的——这里所谓的"已知"，是对人类大脑本身而言。[111]

化石记录证明哺乳类种系的产生是以快速的步伐进行的，但即使以这样的步伐为标准，大脑进化发展到目前形态的速度仍算相当快。在 300 万年当中，人类由非洲的类人猿祖先发展到结构上堪称最早的现代智人（Homo sapiens），大约是在 20 万年前。在这期间，大脑的体积增加了 4 倍，而其中大多发展出现在新皮层（neocortex）。这个部位能产生较高的心智功能，尤其包括语言和以符号为基础的产物——文化。

大脑发展的后果是产生了控制整个地球的能力。进步的人类，他们大型的球状头颅摇摇摆摆，不很安全地坐落在脆弱而紧密相连的颈部脊椎上。他们在陆上行走，在水中划桨，并且由非洲开始航行，穿过欧洲来到亚洲，除了无法居住的南极地区以外，随后又抵达了其他所有的大陆和海中岛屿。他们在公元前 1000 年，已经抵达了太平洋和印度洋中距大陆最遥远的岛屿。只有少数用手指数得出来的大西洋中部岛屿，包括圣赫勒拿岛（St. Helena）和亚速尔群岛（Azores），能够在这之后的数世纪中继续维持原始状态。

我必须承认，目前学术界并不流行采用"进化过程"（evolutionary progress）这个用词。之所以如此，其实有许多理由。这个已经耗费不少墨汁的矛盾用词，其实可以用语意上一个简单的区别来化解。如果我们所谓的"进步"，是指朝着一个既定的目标前进，像人类心里的意图所架构出来的目标，那么天择下的进化过程就称不上是进步，因为它并没有既定的目标。但是如果我们所谓的“进步”，指的是随着时间的推移，至少有某些后代会逐渐产生更复杂、更具控制力的生物体和社会，而且退化也可能同时存在，那么进化就成了明显的事实。从第二种观点来看，人类发展出高度智慧和文化的过程，属于整个生命发展史中四个重要阶段的最后一个。这四个阶段前后相接，每个阶段大约历时 10 亿年。第一个阶段是生命本身的开端，生命以细菌般的简单生物形式存在。第二个阶段发展出了复杂的真核细胞，这是由细胞核和其他具有膜状表面的细胞器所紧密组合成的单元。一旦有了真核细胞，接下来的第三阶段就产生了大型的多细胞动物，例如甲壳动物和软体动物，这些动物的行动受到感觉器官和中央神经系统的操控。最后一个阶段出现的，则是令大多数既存生命形式大感苦恼的人类。

心灵与认知的研究

探讨这个主题的当代科学家和哲学家，都赞同意识和理性过程所组成的心理活动，正是大脑功能的表现。他们排斥笛卡儿提出的心脑二元论（mind-brain dualism）。笛卡儿在 1642 年所著的《沉思录》(*Meditationes*）一书中推论：“心灵因为具备神圣的力量，不需要肉体便能够独立存在，肉体也能够脱离心灵而存在。”根据这位伟大哲学家的想法，与肉体无关的心灵是永不磨灭的灵魂，它存在于终将腐朽的肉体中的某个部位；他也建议这个部位可能是松果腺（pineal gland），为大脑基部的一个极微小器官。早期的神经生物学模型认为，大脑由全身各部位接收到信号之后，会将信号输入松果腺总部，再以某种方式翻译成有意识的思绪。这个二元论和笛卡儿时代的哲学和科学想法吻合，不但能够为宇宙提供唯物论的解释，还能保持相当安全的宗教虔诚。这个想法以各种形式存在，持续到 20 世纪末。

我们已经对大脑和它邻近的腺体做了充分的探索，但怎么也找不到一个特殊的部位，能够合理容纳不具物质形体的心灵。比方说，我们已经知道松果腺的作用是分泌褪黑激素（melatonin），以协调体内的生物钟和每日的运动节奏。不过，尽管科学家终于在 20 世纪 90 年代完全抛弃了心身二元论，却仍然无法确知关于心灵准确的物质基础。有些人深信意识经验具备独特的物理和生物性质，有待发掘。其中少数被同僚们戏称为神秘家（mysterian）的科学家，更相信意识经验太奇特、太复杂，永远无法为人所理解。

显然，这个主题无与伦比的困难程度，很轻易地就会导致这类的否定态度。甚至到了 1970 年，大多数科学家还认为，心灵方面的话题最好留给哲学家去讨论。现在，这个问题已经找到了自己的归属：介于生物学和心理学之间。借由新科技的强力协助，研究人员已经把原本的讨论结构转移到新的思考上。他们采用“神经细胞”、“神经传导物质”、“激素上升”和“再发性神经网络”（recurrent neural network）等语言来描述和表达。

这方面研究的前沿是认知神经科学（cognitive neuroscience），普遍又称为大脑科学。这个联盟的成员包括神经生物学家、认知心理学家，以及一群倾向于以经验为主的新派哲学家，这派哲学家有时又被称为神经哲学家（neurophilosopher）。他们的研究报告每周都发表在最优秀的科学期刊上；他们的理论和热烈的反对意见，也充斥在公开的评论性期刊上，例如《行为和大脑科学》（*Behavioral and Brain Sciences*）。他们撰写的许多大众化著作和文章，也列入了最佳的当代科学论丛之中。

这些现象是英雄时代（又常称作浪漫时代）的特征，是每一个成功的科学领域在年轻时期都会经历的发展。这个时期相当短暂，通常是10年或20年，很少会超过半个世纪。这期间，研究人员会深深着迷于新发现和可想象的未知，而且头一回能以有案可寻的方式，加以质问真正重要的问题：心灵活动是由什么样的细胞活动构成的？答案不是“创造”心灵，而是“构成”心灵，因为前一种说法太过模糊了。探索这个问题的先驱，是追逐范式的人。他们冒着危险，下了很大的赌注和敌对的理论学家竞争，并且愿意忍受挫败的痛苦。他们可以和16世纪的探险家相比。这些探险家一旦发现新的海岸线，就会沿着河流上溯到瀑布的源头，然后描绘粗略的地图，回家乡去乞求更多的探险经费。支持大脑科学研究的政府和私人单位，也正如过去数世纪的皇家地理委员会，都相当慷慨。他们知道探勘一块海岸地区，可能会开创历史，因为潜藏在内的处女地也许会纳入帝国未来的版图。

你可以依照自己的意愿，称这种冲动为一种西方式的冲动，说它以男性为中心，而且如果你觉得真的有必要，也可以把它贬为一种殖民主义。不过，我认为这种冲动是基本人性的一部分。不论它的来源在哪里，都推动了重要的科学进步。我有幸能在有生之年，亲眼看到分子生物学的英雄时代、地质学的板块构造理论，以及进化生物学的现代综合学说（modern synthesis）。目前，则轮到了大脑科学的发展。

探索活脑

大脑科学革命性发展的早期基础，是由19世纪的医生建立起来的。他们发现，大脑特定部位受创时会导致特殊的残障。其中最著名的例子或许要数1848年发生在盖奇（Phineas P. Gage）身上的事件。盖奇是一位年轻的建筑工头，负责带领一班人马铺设穿越佛蒙特州（Vermont）的铁道。他的工作中有一项是把露出地面的岩层炸开，好让铁道能直线行进。有一次，当盖奇把炸药塞入新开钻的孔道时，不料炸药提前爆炸，于是他用来封包炸药的铁棒像飞弹般朝他的头部射过去，由左颊穿入，从头顶穿出，带走了相当大一部分的前额叶大脑皮质，并且沿着弧线一直向前飞行了100多米后才着地。盖奇当时立即倒地，但很神奇地仍然活着。几分钟之内，他就坐了起来，甚至可以在旁人协助下行走，这期间他没有丧失意识。这个情景让所有的人都目瞪口呆，《佛蒙特信使报》（*Vermont Mercury*）把这个消息当头条报道，称之为"神奇的意外"。过了一段时间，盖奇的外伤痊愈了，他依然保有语言和理性分析的能力，个性却发生了极大的变化。早先，他是一个个性开朗、负责而有礼貌的人，是拉特兰–伯灵顿铁路公司（Rutland & Burlington Railroad）评价极高的雇员；现在，他成了习惯性的撒谎者，工作不负责，并且经常做出反复无常、自我伤害的举动。之后多年，人们继续研究脑部同一部位受创的病人，结果和盖奇不幸的事件所显示的一般结论相同：前额叶是控制动机和情绪平衡的中枢。[112]

两个世纪以来，充满了医学文献的各式逸闻中，有许多都在描述大脑局部受伤所导致的后果。这些资料使神经学家能够拼凑出一幅对照图，描绘大脑不同部位的功能。脑部所受的伤害包括物理创伤、中风、肿瘤、感染和中毒，这些病因所涉及的脑部范围可能很小，只能勉强观测到的定点也可能很大，比如大块切除脑部。依照病因所在的部位和大小，思想与行为也会受到各式各样不同的影响。

近年最引人注目的病例，就是发生在昆兰（Karen Ann Quinlan）身上的事件。1975 年 4 月 14 日，新泽西州的一个年轻女子在服下镇静剂安定（Valium）和止痛药达而丰（Darvon）之后，误饮了琴汤尼酒（gin and tonic）。这个组合听起来虽然不危险，却是昆兰致死的主要原因。昆兰从此陷入昏迷，直到 10 年后才死于严重的感染。尸体解剖显示她的大脑大部分完整无缺，这解释了为什么她的肉体能够存活，甚至能够继续维持清醒和睡眠的日常节奏。即使昆兰的双亲在全国的争议声中，安排医院把她的呼吸机拔掉，她的身体仍然继续活着。尸体解剖显示，昆兰的大脑所受的伤害是局部的，但极为严重：其中的丘脑像被激光烧尽般一扫而光。我们并不了解这个特殊的脑中枢为什么会腐朽。通常，当大脑承受严重的碰撞或中了某种毒时，一般反应是全面性地水肿；如果反应太过剧烈，就会压迫到控制心跳和呼吸的中枢，阻断血液循环，不久后，整个肉体就会死亡。

单单摘除丘脑，其后果是导致大脑死亡，或者更准确地说，是导致心灵死亡。丘脑位于大脑中心，由神经细胞构成的两团完全相同的卵形结构组成。它的功能就像转播站，能把嗅觉之外的所有感觉信息传送到大脑皮质，也因此传入有意识的心灵。就连做梦也是由通过丘脑线路的神经脉冲激发而生。昆兰因为用药而发生的意外事件，相当于炸毁了一个发电厂，由此发出的光线都灭了，她因此进入了一个永远没有机会再清醒过来的睡眠状态。她的大脑皮质却继续活着，等待接受刺激。但是，昆兰再也不可能具有意识，就连在睡梦中也不可能。[113]

以大脑创伤所导致的后果来从事大脑研究，虽然提供了极多的资料，却要仰赖偶发的事件。过去数十年当中，实验性的大脑手术大大改进了这种状况。神经外科医生按惯例会让病人处于有意识状态，以电流刺激他们的皮质来测试他们的反应。这样做的目的，是为了确认哪些组织是健康的，以免在手术中把它们切除了。这个测试的程序并不会令人感到不舒适，因为大脑组织虽然能够处理来自全身各部位的刺激，本身却不具备任何感受器。四处探测的探针所引发的并不是疼痛，而是各种感觉和肌肉收缩。当皮质表面某处受到刺激时，病人会体验到一些图像、音乐、不协调的声音和其他各种各样的感受。有时，他们也会不由自主地移动手指或身体的其他部位。

潘菲尔德（Wilder Penfield）和其他先驱在 20 世纪 20 年代和 30 年代，开始进行大脑手术实验，自此之后，研究人员已经把大脑皮质所有部位的感觉功能和运动功能记录了下来。但是从两方面看，这个方法却是受限的。它不能轻易穿透皮质，探测大脑内部的黑暗区域；它也不能观测随着时间变化的神经活动。为了达到这些目标，也就是产生大脑在工作时的整体连续图像，科学家向物理学和化学借来各式各样的复杂技术。由 20 世纪 70 年代开始，脑显像术（brain imaging，这类方法的总称）的发展就和显微镜一样，逐渐缩短每两幅图像之间的成像时间，不断趋向更精细的分辨率。科学家最终的希望，是观测个别神经细胞所组成的完整网络上的活动；他们希望看到一个包含整个活脑的连续图像。

资讯在大脑中传递

就算大脑这个机器仍然陌生得可怕，而且科学家只描绘出大脑线路的一小部分，但我们对大脑结构的主要特征已经有所了解，也得知了它们所具备的许多功能。在进一步探讨这些功能如何构成心灵的本质之前，我想很快地描述一下大脑的物质基础。

了解大脑的复杂性，就像了解任何其他的生物系统一般，最明确的方法是把它想成一个工程问题。如果要创造一个大脑，需要采用什么样的大原理？不论大脑结构的主要特征是经过事先深思熟虑还是经由天择盲目挑选所得的结果，大致上应该都是可以预测的。生物力学（biomechanics）的研究人员屡屡发现，经由天择形成的有机体结构，往往具备工程设计评断标准中的高效率。在比较微观的层次上，生化学家也赞叹酶分子能够精确而有效地控制细胞的作用。进化过程有如神的磨坊，慢慢地研磨，也正如诗人所说的，它们研磨得极其精细。

接着，让我们展开列有详细项目的清单，并且把大脑看成一组物理问题的答案。我们最好从简单的几何问题开始。既然我们需要大量的电路，而其中相连的单元又必须由活细胞构成，那么我们就必须生产相当大量的新组织，并且把它们纳入脑壳内。理想的脑壳应该是球状或接近球状，最主要的理由是，在具有相同体积的所有几何形状中，球状具备的表面积最小，因此外物进入大脑脆弱内部的管道也最少。另一个理由是，球状可以让较多的大脑线路紧密地摆在一起，所以线路的平均长度可以降到最低。

这不仅能提高信号的传递速度，也能降低线路在架构和维护上所需花费的能量。

既然大脑这个机器的基本单元是由细胞组成，这些单元最好延伸成弦状，而且可以同时作为接收站和同轴电缆。进化过程所产生的这种具备双项功能的细胞，其实就是神经元，又称为神经细胞或神经纤维。另一个更切实际的设计，是让神经细胞的主体接收来自其他细胞的脉冲。神经元可以经由轴突（axon）把自身的信号向外传递；轴突是神经细胞体向外的延伸，就像电缆一样。

为了加快速度，信号的传递是借由细胞膜去极化（depolarizalion）时所产生的放电效应。我们称这种现象为“神经元激发”。为了使神经元激发时具有精准性，轴突周围再包上一层绝缘体。实际上，这层绝缘体是脂肪性的白色髓磷脂膜（myelin membrane），正是大脑浅色色泽的来源。

为了高度整合，大脑必须具备极为错综复杂但精确的线路。大脑的组成单元是活细胞，要使细胞之间的衔接点倍增，最佳的方法是让轴突末端形成许多线状的延伸物，而且每一条延伸物都朝着其他许多神经细胞的主体延伸，并且传递信号。轴突产生的放电效应，会一路传送到它末端众多延伸物的尖端，之后再和接收细胞相接触。轴突末端分支的部分尖端会与接收细胞主体的表面接触，另一部分则与接收细胞的树突（dendrite）接触；树突是从细胞体向外生长出来的线状感受器分支。

现在把整个神经细胞想象成一只小乌贼。乌贼的身体萌发出一组触须（树突），当中有一支触须（轴突）比其他都要长很多，而且在末端又萌发出更多的触须。于是，乌贼的身体和较短的触须负责接收外来的信号，然后再沿着较长的触须把信号传给其他乌贼。人类大脑相当于相互连接的1000亿只乌贼。

细胞之间的相连处称为突触（synapse），或者更准确地说，应该包括相接点，以及隔在细胞之间的极细微空间。当释放的电流传达到某个突触时，会促使末端分支的尖端释放神经传导物质，而这类化学物质不是刺激接收细胞放电，就是抑制它们放电。每一个神经细胞都会经由轴突末端的突触，向成百或成千个其他细胞发送信号；同时，它也会经由细胞体和树突的突触，接收无数的类似信号。在每一刹那间，神经细胞若不是正沿着轴突朝别的细胞体发送信号，就是落入了沉寂。至于这两种情况哪一种会发生，要视这个细胞从所有输入刺激的细胞接收到的神经传导物质的总量而定。

大脑小宇宙

大脑的整体活动，也就是意识心灵所体验到的清醒程度和情绪变化，都深受神经传导物质在数万亿个突触内的浓度的影响。其中最重要的神经传导物质包括乙酰胆碱和数种胺类，如去甲肾上腺素、血清张力素和多巴胺（dopamine）。另外还有氨基酸（gamma aminobutyric acid，GABA，γ-氨基丁酸），以及令人惊讶的基本气体——氧化氮。其中一部分神经传导物质会激发它们所触及的神经细胞，另一部分则产生抑制的效果。还有另一类传导物质甚至两种反应都能引发，要视线路在神经系统中的位置而定。

神经系统在胎儿和婴儿时期发展时，神经元会像乌贼萌发触须般，把轴突和树突延伸到细胞的周遭。它们的连接点经由准确的程式设计与化学物质的指引，抵达目的地。神经元一旦坐落在某处，就会沉着地扮演它在信号传递中的特殊角色。轴突可能只延伸百万分之几米，也可能比这个长度要长个几千倍。树突和轴突末端分支可以任意采用多种造型，比如像冬天没有叶子的树冠，或像稠密的毛垫。它们单纯的功能所具有的美，让人心醉神迷，并忍不住要进一步揣测它们的潜力。伟大的西班牙组织学家卡哈尔（Santiago Ramón y Cajal，1852—1934）在1906年，因这方面的研究荣获诺贝尔奖，并写下他个人的经验："正如昆虫学家追求亮丽的蝴蝶，我则在灰质（gray matter）的花园里，集中心力猎取具有纤细优雅形体的细胞，那是神秘的灵魂之蝶。谁晓得，也许哪一天，这些蝴蝶翅膀的振动，将显示出人类心灵生活的秘密。"[114]

神经细胞的形状让生物学家感到十分满意，而它真正的含义则如下所述：神经元系统是一个具有方向性的网络，能接收并且播放信号。它们会和其他网络交换信号，以形成系统中的系统。有些地方的神经网络会形成圆圈，像蛇咬住自己的尾巴般，产生混响回波（reverberating circuit）。每一个神经元都与许多其他神经元的轴突末端分支相触，并且以民主投票的方式来决定自己该活化还是保持沉默。神经细胞采取类似摩尔斯密码的断奏（staccato）激发方式，把自身信息传递给其他神经细胞。每个细胞与其他细胞的连接数目、它向外伸展的模式以及它所采用的密码，决定了它在大脑整体活动中所扮演的角色。

现在，我们即将完成大脑的工程比拟。当你开始设计人类大脑时，应该考虑到另一个重要的最佳设计原则：把执行特殊功能的神经线路组合在一起，才能够增进信息传递的速度。在真实大脑中，这类组合的例子包括感觉转播站、整合中心、记忆模组，以及神经生物学家目前已经确认的一些情绪控制中枢。神经细胞体可以平面聚集，形成所谓的层（layer），或是以球状聚集成所谓的核（nuclei）。这类组合多半位于大脑表面或接近表面的部位，是由自身的轴突以及深入大脑内部组织的中间神经元（intervening neuron）连接而成。结果，聚集在一起的细胞体形成了灰色或淡褐色的大脑表面，也就是灰质层，大脑内部的轴突髓鞘（myelin sheath），则呈现白色。

在所有曾经存在的动物之中，人类的大脑容量占身体大小的比重最大。就灵长类而言，人类大脑的尺寸比例显然已经达到或十分接近体型上的极限。要是新生儿具有更大的脑部，保护大脑的头颅在通过产道时，对母亲和婴儿都会造成危险。就连成人的大脑尺寸，就机械角度而言都是危险的：头部是一个脆弱、内部充满液态物质的球体，由精细的骨骼和肌肉组成的颈部加以支撑平衡；头颅内部的大脑很容易受创伤，而心灵也很容易受到惊吓而造成残障。人类天生就倾向于避免暴力的肢体冲突，因为在进化过程中，我们的祖先已经以蛮力换来了智能，因此我们不再需要长有毒牙的下颚来捕捉和撕咬敌人。

大脑的体积在本质上原本就受到限制，因此我们必须找出其他方法能适合于记忆库，以及适合于较高层次的整合系统，以便产生有意识的思考。唯一的途径是增加表面积：把细胞平铺成一张宽大的纸张，然后再揉成一个球。人类的大脑皮质就是像这样的一张纸，面积大约 1000 平方英寸（约 0.64 平方米），每平方英寸上聚集了数百万个细胞体。这张纸被折了又揉地折叠成众多蜿蜒的山脊和裂缝，就好比日本折纸术一般，然后整齐地塞入约 1 夸脱大小的头颅腔内。

重要的发现

我们对大脑的结构还有什么可以多说的吗？如果有一位神圣的工程师，在不受人类生物历史限制的情况下设计大脑，他也许会选择依照自己的形象，塑造出一种生命有限但如天使般纯洁的生命体。想象中，这应该是有理性、有远见、有智慧、仁慈、不具背叛性、不自私而且无罪的生命体，也因此，他们应该是自己脚下美丽星球的最佳管理者。但是我们人类和这个形象截然不同，我们带有原罪，所以比天使更"优秀"。我们的优良品质，是经由长期艰辛的进化过程所赢得的。人类大脑是4亿年试错的结果；根据化石和分子的同源性，这个过程可以一路不间断地由鱼类追踪到两栖类、爬行类、原始哺乳类，再到和我们直接相关的灵长类祖先。大脑在最后的阶段，跃进到一个极端的新层次，准备好要产生语言和文化，但因为它具有古老的族谱，所以没法像计算机一般安装到空白的头颅当中。旧有的大脑被组合成一部本能的机器，新功能会随着心脏每次的跳动一一添加上去，但旧脑的功能仍然维持它的重要性。在紧急的状况下，新脑必须逐步加入旧脑的内部或外围，不然生物就无法世代相延地存活下来。结果，人性产生了：一种洋溢着动物的灵巧与情绪、结合了理性以及对政治、艺术的热情，创造出求生新技能的特质。

大脑科学家已经为这个心灵进化的观点做了最佳的论证。他们确认人类的热情和理性是不可分割的；情绪并不只是对理性的骚扰，而是其中极重要的部分。心灵所具有的混合特性，也正是它令人难以捉摸的原因。大脑科学家最困难的任务，是以物种的深远历史为背景，来解释大脑皮质的线路设计。除了上面我粗略总结出来的大脑结构成分，神圣工程师这位假设中的人物，对大脑科学家而言并不适用。既然他们无法由某些基本原理出发，推导出本能和理性之间的最佳平衡点，就必须逐步在大脑内部，找寻一个个控制线路的位置和功能。这方面的进展有赖于小发现的累积，以及谨慎的推论。以下列出的是研究人员至今的一些最重要的发现。

◆从鱼类到哺乳类等脊椎动物的脑部，可以分成后脑、中脑和前脑；人类大脑也保有这三个原始的部位。后脑和中脑又合称为脑干，形成头部后方隆起的部位。这个部位之上则安置着巨型膨胀的前脑。

◆后脑又由脑桥、延脑和小脑组成。它们共同的功能是调节呼吸和心跳，并协调身体运动。中脑控制睡眠和清醒，也能调节部分的听觉反射和知觉。

◆前脑的主要部分是边缘系统（limbic system），这是调节情绪反应、整合并传递感觉信息的主要交通控制系统。其中主要的中心有类扁桃体（控制情绪）、海马体（hippocampus，有时称为嗅皮质，控制记忆，尤其是短期记忆）、下丘脑（控制记忆、体温、性欲和饥渴）以及丘脑（探测体温和除了嗅觉以外的所有感觉，对痛觉敏感，并且协调某些记忆程序）。

◆前脑同时包括大脑皮质，这个部分在进化过程中增长扩充，而覆盖了大脑其余的部位。它是大脑意识的基础，负责储存并整理来自感官的信息，同时指挥随意肌的活动，并且整合语言和动机等较高层次的功能。

◆后加中脑（hind-plus midbrain）、边缘系统以及大脑皮质，这三个连续部位的主要功能可以简单地依序总结如下：心跳、心情、心外（heartbeat，heartstrings，heartless）。[115]

◆前脑的任何单一部位，都不是意识经验的所在。高层次的心理活动所涉及的线路，遍布在前脑的大部分区域上。以我们看到并说出颜色的过程为例，视觉信息会从视网膜的视椎和中间神经元穿过丘脑，传到脑后方的视觉皮质。这些信号通过神经元激发的模式，在每个步骤中转换成密码并重新整合，随后传到外侧皮质的语言中枢。结果，我们在看到红色后，就会说出“红色”。想想看，在这个现象中，模式与意义的关系不断增加，所以也会活化愈来愈多的脑部区域。模式和意义的关系愈是新奇复杂，活化的脑部范围也就愈广。能够借由这样的经验把关系学得愈好，这些关系就愈可能自动出现。之后，如果相同的刺激再度出现，脑部的活化程度就会降低，而其中涉及的线路也比较容易预测。于是这种程序就成了“习惯”。就上述的记忆形成途径而言，感觉信息是由大脑皮质传到类扁桃体和海马体，再传到丘脑，接着传到前额叶皮质（就在眉毛下方），之后传回原先的皮质感觉区储存。这一路下来，神经密码会根据大脑其他部位传来的信息，不断得到诠释和更改。

◆因为神经细胞极其微小，一个很小的空间内就可以装入大量的线路。下丘脑位于大脑底部，是主要的转接站和控制中心，但大小仅如蚕豆。（动物的神经系统小得甚至更难以想象。蚊子和其他极其微小的昆虫，在脑部携带着一系列关于复杂本能行为的指令，包括飞行和交配，但整个脑部的大小，用肉眼几乎看不见。）

◆人脑内某些特殊的线路发生故障时，往往会产生怪异的结果。大脑的顶叶（parietal lobe）和枕叶（occipital lobe）分别包含皮质上部与后部，如果这两个脑叶在表面下的特定位置受到伤害，就会引发一种被称为“面容失认症”（prosopagnosia）的罕见症状。这种病患者不再能借由面貌来辨识他人，但仍然记得他们的声音。同样奇怪的是，除了面孔以外，他们仍然能够单用视觉来辨认其他物体。

◆大脑内部也许有些中心，特别热衷于建构与感知自由意志。其中之一显然位于或靠近前扣带脑沟（anterior cingulate sulcus），位于大脑皮质的一个皱褶内。这个区域如果受损，病人会丧失保护自身福利的动机和应有的关怀。在任何时刻，他们的注意力都不会专注于特定的事物上，但是在被迫的情况下，他们仍然能够做出合理的反应。

◆其他复杂的心理过程，尽管涉及广泛的大脑区域，仍然极容易受到局部骚扰的影响。颞叶（temporal lobe）、癫痫病患者经常会发展出超级的宗教狂热，倾向于赋予所有大大小小的事情宇宙级的重要性。他们也有过度书写症（hypergraphia）的倾向，强迫性地以无规律可循的诗篇、书信或故事来表达他们的看法。

◆将感官知觉加以整合的神经线路也极为特殊。如果受测者接受正电子发射断层成像术（PET，positron emission tomography imaging，这是一个能够显示神经元激发模式的方法），并说出图片中动物的名称，他们的视觉皮质发亮的模式，会与他们区分物体表面上的细微差别时的模式相同。但是，当他们以默念的方式在心中说出图片中的工具时，神经活动就会转移到与手部或相关动作的皮质部位，譬如“书写”之于“铅笔”。

心灵密码

我到目前为止提到的事项，都是关于物理过程如何产生心灵。现在，让我们面对这个问题的核心，心灵是什么？大脑科学家对这个问题避重就轻是可以理解的。他们很明智，极少提出简单肯定的宣告式定义。大多数人相信，我们对产生心灵的因子之基本性质，已经有相当的了解，这些因子包括神经元、神经传导物质和激素。目前还未充分了解的，是神经线路所呈现的整体性质和神经线路处理资料以产生知觉、知识的方法——也就是认知。虽然尖端研究所发表的报告数目逐年增加，内容也日益复杂，但是我们仍然很难依据已知的部分来判断，还需要知道多少才能够产生一个持久有力的理论，来说明大脑产生心灵的过程。整体的合成法可能很快就会出现，但也可能在历经痛苦缓慢的数十年之后才到来。

尽管如此，专家还是禁不住要揣测心灵的基本性质。虽然，在这方面提出共同的意见要冒很大的风险，而我又不特别信任自己在诠释时所倾向的观点，但是，我认为自己已经由专家意见中重叠的部分，拼凑出足够的资料，而能够描绘出最终理论的可能面貌，如下：

心灵是一连串有意识和无意识的经验。基本上它是一种密码，代表感官印象以及对这些感官印象的记忆和幻想。其中的组成资讯，极可能是通过向量密码的方式来收集整理和抽取使用的，这种方法能够提供方向和大小。例如，特殊的味觉也许可以根据神经细胞的各种活动，分成不同程度的甜度、咸度和酸度反应。如果在大脑的设计中，每一种味觉又可以分成 10 个等级，这样的编码方式就能分辨1000（10×10×10）种不同的物质。

意识是由这类能并行处理巨大数目的密码网络所组成，当中有许多处理过程，是和每秒钟40次的神经细胞同步激发过程相连，使大脑能够同时记录多种感官印象。其中有一部分印象是真实的，不断由神经系统之外的刺激引发，其他印象则是从皮质记忆库中抽取出来。这些印象会共同创造出在时间上前后一贯的真实情节。然而，这些情节却是一种虚拟实境，和外在世界的图像可能相关，也可能相距无穷远。它们重新创造过去，并产生对未来的可能憧憬，并且以此作为未来思想行动的选择依据。这些情节是由大脑线路中密集而精细分化的模式所组成。当这些线路对外界刺激完全开放时，会和环境的各个部分形成相当好的对应，包括由感官观测所记录的身体各部位的活动。

大脑中有谁或什么东西在控制所有的这些活动？没有人，也没有任何东西。这些情节并不受大脑中某个部位的监督，而是自然地存在和发生。意识则是由这些情节组合而成的虚拟世界。套句丹内特[116]轻蔑的话：脑中甚至没有特定一个所在、没有一个笛卡儿剧院，可以让这些情节在其中连贯演出。我们看到的，尽是前脑各个特定部位之内与之间错综复杂的神经活动模式，这些部位包括大脑皮质，与其他具有认知功能的特殊中心，如丘脑、类扁桃体和海马体。大脑中并不存在一个叫作“自我”的总经理，负责把所有资讯汇集成为单一的意识流。实际上，大脑内部同时存在着多种活动，其中有些会对意识思想有片刻贡献，随后逐渐消失。意识就是由这类互助线路交织成的巨型聚合物，心灵则是具有自我组织能力的群体情节，其中每一个情节都各自萌生、成长、进化和消失，偶尔也会稍加逗留，以产生更多的思绪和身体活动。

记忆与回忆

神经线路并不像电路零件那样可以开关。至少，在前脑的许多区域内，它们是以平行转接的方式，由一个神经层次进到另一个神经层次，而每进到一个层次，就会将更多由密码组成的资讯加以归纳整理。若把我早先所举的例子做进一步的延伸，则投射在视网膜上的光能，会转换成神经激发的模式，再经由一系列中间神经元系统的转接，从视网膜经由丘脑的外侧膝状核（lateral geniculate nuclei），传回大脑后部的初级视觉皮质。视觉皮质细胞接收到已整合过的刺激之后，会加以总结来自视网膜不同部位的信息。这些细胞可以借由自身的激发模式，来确认特殊的点和线。这些由高层次细胞所组成的高层神经系统，还可以进一步借由多种输入细胞传送过来的资料，描绘出物体的形状和运动方式。这个模式借由某种未知的方式，和大脑其他部位同步输入的信号相结合，而产生有意识的完整情节。生物学家辛格（S. J. Singer）嘲讽地把这种现象描述为：我“连”故我在。（I link，therefore I am.）

意识的产生需要涉及天文数字般庞大的细胞数目，所以大脑在产生和保留复杂的动态图像上，显然具有能力上的限制。对这项能力的主要评估方法，有赖于心理学家对短期和长期记忆所做的区分。短期记忆是有意识心灵的一种预备状态，由所有现况和记忆中的虚拟情节组成，只能同时处理大约 7 个文字或其他符号，大脑需要大约一秒钟，才能完全把这些符号扫描完，然而在 30

秒内，它就忘记了其中大半的资讯。长期记忆则需要经过较长的时间来获取，但是它具有几乎无穷的容量，而且大部分可以终生保有。当大脑活化区域渐渐扩增时，有意识的心灵会由长期记忆库中召唤出资讯，暂时存放在短期记忆中。同时，大脑会以每个符号 25 毫秒的速度处理资讯，从这些资讯中浮现出来的各种情节则争相称霸。

当我们由长期记忆库中唤回特殊的事件时，其中特别的人物、事物和行动，会随着时间逐次引入有意识的心灵中。例如，我们很容易就可以重新唤起奥林匹克运动会上的片刻情景：点燃的圣火、跑步中的运动员以及欢呼的群众。长期记忆不仅能产生活动的图像和声音，还能借由当时体验到的相关观念来产生意义。火焰和热、红色、危险、熟的、性爱的激情以及创造性的行为相关，也可以通过特殊状况下的各种超文本式（hypertext）的关系路径，在记忆上建立起新的关联供未来取用。长期记忆中的关键或参考点，就是观念，其中有许多是由普通的语言文字来代表，但有些则不然。大脑由长期记忆库中召唤出的图像，若与之相关的事物很少，或根本没有，则这些图像只是记忆（memory）；图像如果具有相关事物，尤其是受到情绪线路的共振影响时，则是回忆（remembrance）。

反射动作与伪装

能够用符号引发回忆，是有机机器的超凡成就，它产生了所有的文化。但是，身体对神经系统的要求并不只是如此。体内数百个器官必须接受持续而准确的调节，任何严重的骚扰都会引发疾病或致死。心脏如果忘记了它的功能，只要 10 秒钟，就会让你像石头般倒地。器官的正常功能，是由脑部和脊椎内自动导航的固定线路所控制，其中的神经线路早在人类产生意识之前就存在了，那是几亿年来脊椎动物在进化过程中遗传下来的特征。自动导航的线路和较高层次的大脑皮质线路相比，显得较短也较简单，而且两者之间鲜少沟通。只有通过强化的冥想训练，自动导航线路才能偶尔受到意识的控制。

在自动控制的状态之下，尤其是在自律神经系统内拮抗因子（antagonistic elements）之间的平衡作用下，眼睛的瞳孔会自动收缩或扩张，唾液会增多或减少，胃部会搅动或安静下来，心跳会加快或平静，所有的器官都会因此而经历交替的状态。自律神经系统内的交感神经会激发身体采取行动；这些神经来自脊柱的中间部位，以释放神经传导物质去甲肾上腺素来调节受控的器官。相反，副交感神经在强化消化过程时，使整个身体放松；这些神经来自脑干和最底层的一段脊髓，而释放到受控器官的神经传导物质是乙酰胆碱，也就是引起睡眠的因子。

反射作用是快速的自动反应，由脊髓和大脑底部的短距离神经线路所引起。其中最复杂的是惊吓反应，身体会因而准备接受立刻的打击或碰撞。假设你受到附近极大声的噪音惊吓，比如车按喇叭、某人大叫或一只狗冲出来怒吼，那么你不假思考就会有所反应。你会闭上眼睛，头低垂，口张开，双膝轻轻绷紧。所有这些反应都是为了让你准备接受下一刻可能发生的猛烈情境。这种惊吓反应发生在一刹那间，远非有意识的心灵所能及，即使经过长期训练，有意识的模拟仍然无法具有这么快的速度。

从自动反应所扮演的基本角色来看，它们的确不太受有意识的意志力影响。这个古朴的原则甚至可以沿用到沟通情绪的表情上。自然真诚的笑容是由情绪引发的，来自边缘系统，有经验的观察者一看就能分辨得出。伪装的笑容则由大脑有意识的过程所架构起来，可以从无法掩饰的细微差别中加以区分：脸部肌肉的收缩会显示出些微不同的外形，向上弯曲的嘴角也有偏向一边的倾向。有经验的演员可以装出很自然的微笑，也可以借由人为引发适当的情绪来产生——这是体验派表演方法（method acting）的基本技巧。在一般用法中，笑容会因为当地文化的影响而有所变更，以便传达讽刺（闭嘴笑）、拘束的礼貌（浅笑）、威胁（凶狠的笑容）和其他许多细微的意思。

意识刺激生理反应

输入大脑的信息中，有许多并非来自外界，而是来自体内那些监视呼吸、心跳、消化和其他生理活动状态的感受器。比如饥饿感（直觉）涌现时，夹杂着理性思考；通过体内器官的反射作用和神经激素的循环，我们就会知道自己正在进食。

当有意识的情节受到外在刺激的推动和记忆中景象的引发而出现时，会进一步得到情绪的权衡和修正。情绪是什么？它是对神经活动的一种修饰作用，能使心理活动专注并且活跃起来。情绪是生理活动对资讯流程进行挑选的结果，能把身体和心灵的活动转移到较高或较低的层次，能够刺激产生情节的线路，并且挑选出具有特定结局的情节。中选的情节会符合本能所事先计划的目标，并且满足以往的经验。但是，当前的经验和记忆会不停地骚扰心灵和身体的状态。经由思想和行动，心灵和身体的状态可能会返回原状，或是前进到在新情节下构思出来的状况。这类动态过程具有对应的名称，代表几种基本的情绪：气愤、厌恶、畏惧、喜悦、惊讶。我们可以为每个情绪类别再划分出许多不同的程度，各个类别之间也可以相连而产生无数个微妙的组合。所以，我们会体验到各种感觉，或强或弱，或混淆或新奇。

理性思考如果没有情绪刺激的引导，将变得缓慢而终将瓦解。理性的心理活动并不是漂浮在非理性的活动之上，并且无法自我解放成为单纯的理性分析。尽管数学上有纯定理存在，但这并不是单纯的思维过程所导致的结果。科幻小说和生物神经学理论曾经提到把大脑置放在大缸中的幻想，以为如此一来，大脑就会脱离对它有所阻碍的肉体，在含有营养液的水浴中，自由探索心灵这个内在宇宙。但是，在现实中这并不会发生。大脑科学研究的所有证据都显示了相反的结果：棺木围拢的地狱等待着所有被唤醒的死者；在那里，回忆和幻想的世界逐渐消失，直到混沌仁慈地赠予我们遗忘的空白。

意识为了满足情绪上的需求，往往在激荡的感受中选择采取某种身体行动。这是心灵在创造和整理情节上所展现的特殊功能，经由这样的途径我们可以预测未来，并且选定行动的方针。意识并不是一个遥控中心，而是整个系统的一部分，和调节生理的神经与激素线路密切相连。意识会采取行动和反应来达到动态的平衡。在每种不同的情况之下，它都能精确地引起身体的变化，以维持健康平稳，并对时机做出回应。当挑战和时机结束之后，它又会帮助身体重新恢复当初的状况。

从以下的情节可以看出心灵和身体的互补，这是我由神经学家达马西奥（Antonio R. Damasio）的叙述中摘录出来的。假设某个夜晚你在四处无人的城市街道上行走，你的沉思被身后快步追上的脚步声所打断，于是你的大脑立即集中心神，产生了几个不同的反应情景：不去管它、身体变得僵硬、转头去面对，或是逃跑。结果，最后一个情景被选中了，你采取行动往街尾有灯光的商店奔跑。在这几秒钟之内，你的意识反应引发了自动的生理变化。儿茶酚胺（catecholamine）激素肾上腺素和去甲肾上腺素，会由肾上腺髓质分泌，进入血液循环系统而传到身体的各个部位。这会提高基础代谢率，把肝脏和骨骼肌肉中的肝糖分解为葡萄糖，以快速提供能量。心跳跟着加快，肺部的细小支气管继而扩张以容纳更多的空气，消化也减慢下来，使身体能够在不受任何阻碍的情况下，准备好迎接暴力行动和可能导致的伤害。

过了几秒钟（在危险的状态下，时间过得特别慢），事件好像发生了几分钟之久。所有变化所产生的信号，借着更多神经纤维的传导和血液中激素浓度的上升，传回到大脑。再经过几秒钟之后，身体和大脑一起以准确而事先规划好的步调行动。边缘系统的情绪线路也接着加入，于是覆盖整个心灵的新情节充满了惊骇的情绪，使大脑皮质立刻将注意力集中，关闭所有和即刻求生无关的思绪。

他终于跑到商店前，赢了竞赛。店里有人，而背后追踪的人也消失了。控制身体系统的群体组织，在接到有意识的大脑所传来的确切信息之后，开始缓慢恢复起初的平静状态。[117]

初级情绪与次级情绪

利用这个描述心理整体反应的故事，达马西奥建议说有两大类别的情绪存在：第一种是初级情绪（primary emotion），通常由天生或本能的反应所组成。除了确认某种基本刺激之外，初级情绪只需要极少量的意识活动。研究动物本能行为的学生称这类基本刺激为释放因子（releaser）——据说，它们能够启动那些早已编入程式的行为。就人类本身而言，这些刺激包括性诱惑、巨大的噪音、突然出现的庞大形体、蛇类的蠕动，以及心脏病发作或骨骼断裂时所引起的特殊疼痛。初级情绪由脊椎动物的祖先传给人类，之间的变化极小。这些情绪是由边缘系统的线路所激发，类扁桃体似乎是其中主要的整合和转接中心。

次级情绪（secondary emotion）则由生活上的私人事件所引起。和老朋友见面、谈恋爱、赢得升迁的机会或受到羞辱，都会引发边缘系统线路上的初级反应，但只有在大脑皮质最高层次的整合程序已经参与的状况下，这些反应才会发生。我们必须先知道谁是朋友或敌人，以及他们为什么采取某些行为。依照上述的解释，皇帝的恼怒和诗人的狂喜不过是一种精致的文化产物，改造自一种机制，即推动人类产生之前的灵长类前进的机制。达马西奥观察到："大自然具有修补匠的节俭技能，不是采用独立的机制来表达初级情绪和次级情绪，而是采用表达初级情绪的既有渠道，加以抒发次级情绪。"

代表情绪和其他心理活动过程的普通文字，和大脑科学家尝试用来进行严谨解释的模型之间，只能粗略地互相搭配。但是，这些被某些哲学家称为民俗心理学（folk psychology）的普通传统观念，却是我们进一步了解数千年文艺历史时所必备的，也因此可以把过去和未来的文化连接起来。为了达成这个目标，我在下面以神经科学为出发点，对心理活动中最重要的几项观念给出定义。

当神经网络的激发现象向外扩散，而使图像变得夸大并牵涉到情绪时，就会造成神经网络之间的关联，这也正是我们所谓的“意义”。在相互竞争的不同情节之间做选择，这就是所谓的“决策”。依据中选情节和本能状态、习得状态之间的吻合程度，又可进一步决定后续情绪的种类和强度。情绪如果以某种形式和强度持续存在，就成了“心情”。大脑能够产生新情节，并采用其中最具效率的，这就是“创造力”。若不顾现实状况与求生价值，而持续不断地产生情节，则谓之“疯狂”。

我为心理生活搭建的物质结构，将引起某些大脑科学家的争议，同时被某些人视为不当，这是综合推理不可避免的命运。我在挑选假设时，已经尝试以诚实代理人的身份，来找寻众多意见的重心，也就是证据最具说服力且最一致的假设。在这个喧嚣的领域内，要想包括所有值得尊敬的模型和假设，然后再清晰地逐一加以区分，需要有一本完整的教科书。毫无疑问，事实将证明我的某些选择极为低劣。面对这样的必然后果，我在此先向那些受到轻视的科学家道歉。我很乐意这样做，因为我知道，任何一位观察者草率的忽略，都无法贬低他们应得的褒奖。

科学无法传达感觉

以上的说法使我在这里的讨论更合乎情理。接下来我要描述更深入的问题；在这些问题没有化解前，心灵的物质基础不可能真正解决。公认最困难的一个问题是：主观经验的本质。最近，澳大利亚哲学家、心灵研究学者查默斯（David Chalmers）把关于一般意识的“简单”问题，和关于主观经验的“艰深”问题相比，借此提出一些合理的看法。第一组问题是简单的，就像爬勃朗峰（Mont Blanc）比爬珠穆朗玛峰来得容易一样，为心灵研究上的古典问题：大脑如何反应感觉刺激？如何把资讯归纳成模式？如何把模式转变成文字？认知过程中的这些步骤，每一个都是当前热门的研究主题。

接下来的艰深问题，令人更难以捉摸：上述的简单问题中提到的大脑物理程序，如何进一步产生主观的感觉？当我们说自己“体验”到某种红或蓝的颜色时，到底代表什么意思？或者用查默斯的话来描述：“体验到远处传来不可言喻的单簧管乐，体验到极端痛苦的挣扎，体验到快乐的火花或是忘我沉思时的片刻平静。所有的这些现象，都属于我所谓的意识的一部分。也正是这些现象，组成了心灵的真正秘密。”[118]

哲学家杰克逊（Frank Jackson）在 1983 年提出了一个假设的实验，用来阐述主观的思考为什么无法从自然科学研究中获得。让我们假设在两个世纪之后，有一位神经生物学家了解所有和色彩相关的物理学，以及产生色觉的所有大脑线路。但是这位科学家从来没有体验过任何颜色——让我们称她为玛丽。所以玛丽终生被拘禁于黑白的房间，不晓得别人看到红色或蓝色的情景是如何，也无法想象别人对颜色会有什么感受。根据杰克逊和查默斯的想法，意识经验的某些性质，无法由大脑物理功能方面的知识推导出来。

尽管哲学家在本性上会幻想出行不通的死路或化解不开的僵局，并且像校长一般尽忠职守地长篇大论，然而，艰深的问题在观念上往往很容易被解决。有什么物质上的描述可能解释主观经验？要回答这个问题，我们首先必须认定，玛丽不知道看到颜色会产生什么样的感受，也无法享受夕阳西下时色彩上的微妙差异。同理，她以及全人类完全无法了解蜜蜂探测到磁场时的感受，也无法知道一条电鱼沿着电场定位时脑中出现的想法。我们可以把电磁能量转译成我们能够探察的生物感觉形式：视觉和听觉，也可以扫描蜜蜂和鱼的感官与大脑，以阅读其中活化的神经线路。但我们不能像它们那样感觉，永远不能。就连最具想象力的人和最专业的观测者，也无法像动物一般思考，不论他们多么盼望或多么想要欺骗自己。

但是，能力不足并不是问题的真正关键。要明显区分出主观经验的特征，我们需要了解科学和艺术所扮演的不同角色。科学所观测的是，谁能感受蓝色和其他感官刺激，而谁不能，并且解释为什么有这些差别存在。相对而言，艺术则是在具有相同潜能的人群中，传播个人的感受。也就是说，科学解释感觉，艺术传达感觉。大多数人和玛丽不同，能够看到整个颜色的光谱，也可以经由前脑内混响的神经线路，来感受颜色的产生。具有色觉的人都会产生类似的神经模式，其中差异则来自个人不同的记忆和文化取向，但在理论上，这些差异也可以经由脑部活动模式加以区分。尽管玛丽足不出户，也可以了解由这些模式推导出来的物理原因，她也许会说："对，那就是其他人归类为蓝色的波长范围，而那些神经活动模式可以作为辨认和命名的工具。"如果蜜蜂和鱼类能够达到人类的智力水平，这样的解释对它们的科学家而言，也会同等清晰明了。

心灵手稿

艺术是人们向其他具有类似认知能力的人传递感觉的方式，但是我们如何确知艺术这种沟通方式足够精确，如何确定人们面对艺术作品时会确实产生相同的感觉？通过对许多艺术媒体所累积起来的反应，我们直觉地知道答案；我们也可以经由文字上对情绪的精细描述、评论分析，以及人性中带有细微差别但互相关联的大量数据得知。文化分享所扮演的重要角色，就是人文的核心。无论如何，我们可以在艺术引发共同感受的当儿，研究大脑和感觉系统的动态模式，科学将借此带来新的基本资讯。

当然，怀疑论者会说这是不可能的，科学数据和艺术永远无法互相转译。这样的反应是传统智慧下的产物，但是我相信这个想法是错的。重要关联的确存在：科学和艺术所具有的共同特性是传递资讯。从某个角度而言，科学和艺术采用的个别传达模式，在逻辑上可以看成是相当的。让我们假设以下的实验：有一群学者，也许是面临颜色挑战的玛丽所领导的一群人，已经由大脑的视觉活动模式，建立了一套符号式语言。他们的结果就像中文里的会意文字，其中每一个符号代表一种物体、一个过程，或一个观念。让我们称这个新的写作方式为“心灵手稿”（mind script），它可以翻译成其他的语言。心灵手稿的读者一旦增强阅读能力，就可以直接通过脑部显影技术来阅读心灵手稿。

当那些自愿充当实验品的人，心灵进入沉静平息的状态时，实验者会要求他们细述以往曾经发生的景象、召回梦中冒险的经历、默念诗篇、解数学方程式，或是回味一段旋律。在进行上述的活动时，他们神经线路上的激烈活动，可以利用神经生物学的技术加以显示。观测者在摊开的心灵手稿上看到的，并不是写在纸上的笔墨，而是活生生的组织内所产生的电流模式。这个程序至少能传递思考者的某些主观经验，也就是感受。观测者的回应则是大笑或哭泣，这个主观反应也可以经由他自己的心灵手稿传回来。借着观测大脑活动，这两个大脑就可以互相连接。

以这种方式，两个人无论是面对面隔着一张桌子，还是独自在各自的房间内，甚至在不同的城市中，都可以像有超感官的知觉（extrasensory perception，ESP，俗称第六感）般沟通。但是，这种沟通很肤浅。当第一位思考者瞄一眼他掩在手中的牌时，第二位思考者只需要神经图像的指引，就能知道牌面是什么；或是当第一位思考者在阅读小说时，第二位也能跟着阅读其中的叙述。

心灵手稿要和传统语言一样能正确传递，则有赖于使用者在文化上的共性。当文化重叠的部分很少时，稿本所能使用的单字可能只有 100 个；当重叠部分较广泛时，语词可能扩充到数千个。最有效率的稿本，可以表达出个人和特殊文化所固有的语调与华丽辞藻。

心灵手稿就像中国的书法，不仅是用来沟通现实与观念资讯的媒介，同时也是东方文明的伟大艺术形态之一。每一个汉字在美学和主观意义上都具有独特的微妙差异，可供书写者和阅览者分享。汉学家雷斯（Simon Leys）曾经就这个特质写道："书法所使用的丝绢或纸张具有吸水性：毛笔最轻微的笔触、最小滴的墨水，都会立即留下痕迹，无法更改，也不能消除。毛笔就像测度心灵的地震仪，对每一个按压、对手腕上的每一个回旋，都有回应。中文书法就如绘画般诉诸视觉，是一种空间艺术，也如音乐般在时间中展开，同时像舞蹈般发展出一系列随着节奏起伏的动态步伐。”[119]

自我与自由意志

但是我们仍然面对一个老问题：如果心灵受制于物理定律，在想象中又可以像书法般阅读，那么自由意志怎么可能存在？我所谈的并不是肤浅的自由意志，不是指不受周遭世界和人群的影响而自由选择自己的思想和行为，相反，我指的是不受自己身体、心灵的生理化学状态控制的自由。从自然主义的角度而言，自由意志更深层的含义是组成意识心灵的许多情节互相竞争的结果。最主要的情节能够激发情绪上的神经线路，并且对个人的沉思过程造成莫大的影响。它们赋予整个心智充沛的能量和集中力，并且指挥身体采取特殊的行动。表面上看来，做决定的本体好像是“自我”（self），但，什么是自我？

自我并不是存活在大脑内的一个无可形容的分离物体。相反，它是大脑情节中的主要戏剧角色。感觉位于身体之中，而身体产生心灵来治理所有的意识行动，所以自我必然存在于戏台中央，扮演重要的角色。自我和身体是无法分割的：尽管在情节的幻想里，自我具有独立性，但实际上无法和身体分隔；同样，身体在没有自我的情况下也无法存活很久。由于它们之间紧密地结合，我们几乎无法想象天堂和地狱里的灵魂没有那相当于身体形骸的奇幻对应物；我们还被教导说，就连耶稣基督和圣母马利亚，也都是带着形体升天的——他们的形体虽然具有超凡的神圣特质，但仍然是形体。如果自然主义者对心智的看法是正确的，就像所有的经验证据所显示的那样，同时灵魂这样东西也存在，那么神学家就面临了一个有待解决的新谜题：灵魂不属于物质，它存在于心灵之外，但无法和肉体分离。

自我是持续变化的戏剧中的一个角色，它对自身的行动缺乏全面的掌握。它并不只靠意识和纯理性选择来做决定，相反，决策时的大多数计算都是在无意识的状态下进行的——自我就像由牵线掌控而跳舞的傀儡。神经线路和具有决定性的分子程序，是在意识思考之外进行的。它们会把某些记忆存档而删除其他的，它们偏好联系和类比，并且会强化那些调节后续情绪反应的神经激素的循环。在帘幕拉起、戏剧上演之前，部分的舞台就已经安排好了，而剧本也已经大半完成。

这些已经准备好却隐藏着的心理活动，给人一种自由意志的错觉。我们对自己做决定时所采用的理由，经常只有模糊的概念，而且很少完全了解。有意识的心灵会把感知到的这类无知，当作有待解决的不确定因素，因而确保了自由意志的存在。然而，对于一个无所不知、完全投入于纯理性思考和固定目标的心灵而言，自由意志并不存在，就连那位赋予人类自由并在人类做了愚蠢选择时会表现不满的神，都避免拥有这种噩梦似的力量。

自由意志这个人类幻觉的副产品，似乎具有足够的自由意志推动人类的进步，以及提供给人类快乐。我们是不是应该就此罢休，不再进一步追问？不，我们不能。哲学家不会让我们这么做，他们会说：假如我们在科学的协助下，能得知所有的隐藏过程，到那时，我们是不是可以宣称特定个人的心灵是可预测的，所以心灵基本上是确实早已决定而缺乏自由意志？原则上，我们必须承认这是可能的，但只有在以下非常特殊的情况下才成立。如果在每个微秒内，我们在神经元、分子和离子的层次上，都能对组成思想的神经活化网络有所了解，那么就可能预期它们在下一微秒内的处境。但是，这样的理性分析若运用到普通的意识思想领域内，实际效果并不大，因为我们如果想要掌握、熟知大脑的运作过程，在这么做的同时，也必定引起大脑的变化。而且，数学上的混沌理论原理仍然成立。身体和大脑是由吵闹繁杂的细胞组成的团队，它们在微观上呈现出的不协调模式，是单纯的意识无法想象的。这些细胞随时都受到外在刺激的冲击，而这些刺激又是人类智慧无法事先预知的。任何一项事件都可能产生一连串的微观变化，最后导致新的神经活化模式。为了追踪这些因果相循的过程，我们所需采用的计算机将巨大得让人目瞪口呆，而且可以想象，操作过程将远比会思考的大脑本身更为复杂。尤其，心灵中的情景都具有无穷的细节，它们的内容会随着个人独特的历史和生理状况的演变而变化，我们如何能把这些资料一并输入计算机？

物理定律能够描述物体的运动和分子中的原子组合，但关于人类的思考，没有一个简单的决定性主张，能够像物理定律那样描述因果关系。我们既然无法完全了解并预测个人心灵，自我就可以继续充满热情地相信本身具有自由意志。这个状况很幸运，人类对自由意志具备信心，有利于生物体的调适，这种信心一旦丧失，心灵在宿命论的桎梏中，将逐渐颓废。因此，在有机体的时空中，对任何一个可以用来了解自我的感觉来说，心灵的确具有自由意志。

人工智能

最后，既然有意识的经验是物理现象而不是超自然现象，我们有没有可能人工创造出人类心灵？对这个在哲学上令人困扰的问题，我相信在原则上的解答是肯定的，但实际运作上则否，至少在未来的数十年甚至数世纪内，人工心灵的远景并不存在。

笛卡儿在三个世纪前首先考虑到这样的问题，他宣称人工的人类智慧不可能实现。他说，有两项绝对的标准总可以用来区分真实的心灵和机器："你不论在机器面前说什么，它都不会改变自己的回答，即使是最愚笨的人，也可以做到这一点。""对于出现在生命中的各种情况，机器也永远无法像我们这样，依据理性来行动。"

英国数学家图灵（Alan Turing，1912—1954）在1950年重新改良测试方法。在现在一般被称为图灵测试（Turing test）的探试下，一位诠释人员会向隐藏的计算机提出任何问题，而他唯一知道的是，有一个人或一部计算机会回答他的问题。如果经过一段相当长的时间之后，这位诠释人员仍然无法分辨和他对话的是人还是机器，他就输了，而机器的心灵就具有了相当于人类的地位。美国哲学家兼教育家艾德勒（Mortimer Adler）也提出了基本上相同的鉴别方法，不仅用来探究人工人种的可行性，同时也向整个唯物论哲学提出挑战。他说，在创造出这样的人工生命之前，我们无法接受一个完全以物质为基础的人类存在现象。图灵认为我们可能在数年内制造出人工人种，但艾德勒这位虔诚的基督徒，得到和笛卡儿一样的结论：这样的机器永远不可能存在。

当有人告诉科学家有些事情不可能发生时，他们习惯性的反应是着手去做，但他们的目标并不是在实验中找寻生命存在的最终意义；他们对这类宇宙性问题，最可能的回答是："你所提出的，并不是一个有答案的问题。"他们的工作是以稳定扎实、步步为营的方式，在宇宙中进行探索。他们得到的最大报偿，是偶尔攀登上几乎无法抵达的高峰，就像英国浪漫主义诗人济慈（John Keats，1795—1821）笔下"在达连湾的科特斯"（Cortez at Darien），在那儿朝着一望无际向外伸延的视野"做毫无拘束的臆测"。依照科学家的天生特质，开始一个伟大的历程要比完成它更美好；在理论上提出启蒙性的发现，比完成最后的修饰来得更重要。

人工智能（artificial intelligence）这个科学领域又简称为AI，是20世纪50年代第一台电子计算机发明后正式诞生的。在工作人员的定义中，这一领域在研究产生智能行为的必要计算，并尝试利用计算机来复制智能行为。半个世纪的研究工作产生了一些令人印象深刻的结果，有些程式能借由人类在认知过程中采用的几何对称规则，从不同角度下的特写镜头中，确认出物体和面孔。其他有些程式尽管品质很粗劣，但可以用来翻译语言，或依照累积的经验，归纳分类新的物品，这在做法上和人类心灵很接近。[120]

有些程式可以依据既定的目标，扫描并挑选可能的特殊行动。1996年，技术高超的下棋计算机"深蓝"（Deep Blue），虽在6个回合的国际象棋比赛中险些败给当时的世界冠军卡斯帕洛夫（Gary Kasparov），但赢得了"大师"的头衔。"深蓝"采用愚蠢的强迫算法，每秒钟以32个微处理器检视2亿个棋步。它最后输了，是因为无法像卡斯帕洛夫那样估量对手的弱点，从而筹划具有欺敌成分的长期策略。然而，到了 1997 年，程式重新改良后，“深蓝”险胜了卡斯帕洛夫：第一回合卡斯帕洛夫得胜，第二回合“深蓝”赢了，之后接连三回合平手，最后一回合则由“深蓝”得胜。[121]

我们继续在人类思考的各个领域内找寻模拟过程，希望能获得量子跃进式的进展。在进化计算（evolutionary computation）中，AI 程序设计师在进化设计中纳入类似有机生物体所具有的程序。他们首先提供计算机一系列解决问题的选择，然后允许计算机从中挑选并修改既有程式。利用这个方法，计算机就可以如细菌以及其他简单的单细胞生物一般地演变。我们还可以另外加入一个真正达尔文式的伎俩：在计算机中放入可恣意突变的因子以改变既存的程序，接着这些程序会竞相解决问题，比如获得更多的食物和空间。至于突变的过程会产生哪些新程式，以及其中哪个新生程式能成功存活，则不一定可预料。整体而言，这些计算机品种可以在人类设计师的预期之外发生演变。计算机科学家已经有能力创造出可突变的机器人，它们可以穿梭于实验室中，学习并归纳实际的资源，同时阻挠其他机器人达成目标。在这个层次上，机器人的程式不再和细菌的本能类似，而和构造简单的多细胞生物比较接近，如扁形虫（flatworm）和蜗牛。如果计算机科学家能够在 50 年内有所成就，他们所跨越的，就相当于数千万年的生物进化过程。

人工情绪

尽管具备了这些成果，没有一位热衷于 AI 的研究人员会宣称自己已经拥有地图，能够由扁形虫的本能通往人类的心灵。这个介于扁形虫本能和人类心灵的巨大鸿沟，要如何拉近？针对这个问题，有两派学说出现了，其中之一以麻省理工学院的布鲁克斯（Rodney Brooks）为代表，他采取的是由下而上的方法。在这个方法之下，程序设计师把达尔文式机器人模型推广到更高的层次，并且一路添增新的想法，精研科技上的发展。到了某个时刻，人类心灵的能力很可能就会突然出现了。另一个方法是采取由上而下的做法，这是 AI 的祖师、同时也是布鲁克斯在麻省理学院的同僚闵斯基（Marvin Minsky）较喜欢的做法。他的做法直接集中心力探讨学习和智能的最高层次现象，因为构思和建造机器时可以直接把这些现象纳入，而不必涉及进化步骤。

尽管舆论充斥着对人类能力限度的悲观论调，人类的天分却是不可预测的：它具有产生惊人进展的潜能。在不久的未来，我们至少可能粗略地模拟人类心灵，其中大脑科学的水平，必须复杂到足以完全了解心灵的基本操作方式，而计算机科技也必须发展到足以模拟心理活动。也许某天清晨我们醒来，会发现在《纽约时报》上报道了这类战绩，同时刊登的也许还有癌症的一般疗法，以及在火星上发现的生物体。但是，我对这类事件会不会真的产生怀疑，且相信绝大部分的 AI 专家也倾向于同意我的想法。其中有两个原因，分别是功能上的障碍和进化上的障碍。

功能障碍指的是，输入和穿梭于人类心灵中的资讯极为复杂。理性思考的出现，是由身体和大脑不断借助神经放电和血液中激素的相互交流而产生的，接着再受到情绪控制的影响而调节心理状态、注意力并选择目标。要用机器复制心理活动，仅仅具备完美的大脑科学和人工智能科技并不足够，因为从事模拟工作的先驱，必须先发明并安置一个全新的计算方式——人工情感（artificial emotion，AE）。

产生人类心灵的第二个障碍是进化障碍，即人类独特的遗传史。人类的一般本性，也就是人类精神上的统一特性，是在现已多半为人所遗忘的环境中，历时数百万年进化出来的产物。如果不详加注意人类本性的遗传蓝图，即使我们模拟出来的心灵极具威力，但也可能更接近于某种外星访客，而不是人类。

就算我们知道遗传蓝图是什么，甚至能够加以遵循，它也只是一个开端。人工心灵要具有人类的特性，就必须模仿单独的个人，在记忆库中填满一生经验，包括视觉、听觉、化学感受、触觉和运动感觉，这些全都背负着情感上的细微差别。另外还有社交，一个人必定会和无数人有学识或情感上的接触。有了这些记忆之后，还必须产生意义，也就是附加在程式每一个用词和感官资讯上的广大连接网。在以上任务还没完成之前，人工心灵必然无法通过图灵测试；任何一个由人类所组成的评审团，都可以在几分钟内揭露机器的伪装，要不然，他们也必将这个机器送入精神病院。[122]

第七章

由基因到文化

遗传学家给知识分子和决策者的赠言是：
先选出你想要推扬的社会，
然后再准备与它所具有的遗传率共存；
绝对不要反过来，
只为了改变遗传率而提倡某些社会政策。
如果想要得到最佳的结果，
栽培个人，而不是团体。

自然科学已经建立起一套因果相连的解说网络，由量子物理一直延伸到大脑科学和进化生物学。这个具有未知边际的因果网络中存在着间隙，而有些部分就像蜘蛛丝那样精致脆弱。科学的最终目标，是找到具有预测能力的综合法，但此综合法目前仍然处于早期发展的阶段，在生物学尤其如此。但我认为我们所知道的，已经足以让我们相信，所有自然科学间存在一个合理普遍的融通原理；这应该是个公平的说法。

这个解说网络现在触及了文化的边缘，已经抵达自然科学与人文社会科学之间的交界地带。对大多数的学者而言，这两个一般称为“科学文化”和“文学文化”的领域，仍然具有它们持久不变的外貌。从阿波罗式的明确规律到酒神狄俄尼索斯式的创造精神、从散文到诗篇、从大脑的左半皮层到右半皮层，这些领域之间的界限可以轻易地来回跨越；但没人知道该如何把一个领域内所使用的语言转译成另一个领域可用的语言。我们该不该尝试？我确信应该，而且是为了最好的理由：我们的目标既重要又有可能达成。接着让我们重新评估这个边界地带。

尽管上述观点曾经引起纷争，而且这些纷争必将继续产生，但是没有人能够否认，区分这两种文化是误解和冲突的长久源泉。斯诺在1959年发表的巨作《两种文化和科学革命》(*The Two Cultures and the Scientific Revolution*)，其中提到：“这种文化上的两极化，对我们所有人都是一种损失；无论是就我们人民的身份，还是就我们的社会而言。它同时也造成实用、学识和创造力上的缺失。”

这种两极化所导致的问题之一，是促使先天派与后天派之间的争论不断重复出现，并附带激发了关于男女性别、性取向、种族和人性本身极其枯燥乏味的争端。在今天看来，引起这些问题纷争的基本原因很明显，和当初斯诺在基督学院（Christ College）的讲台上反复沉思时所提出的理由一样：社会精英分子所接受的教育过于专业化。大众知识分子和紧跟在他们身后的大众传播专业人员，绝大多数都是接受过社会科学和人文学科的训练的。他们认为人性这个问题属于他们的知识领域，很难想象自然科学与社会行为或政策之间有什么关联。

自然科学家的专业被切割成狭窄的领域，又和人际关系极少关联，在这种情况之下，他们的确对探讨相同的主题欠缺准备。一位生化学家对法律理论和中国贸易又能有多少了解？“不论是自然科学家、社会科学家，还是人文学家，所有的学者都是由具有创造力的共同心灵所激发。”但是仅仅重申这个古老的口诀是不够的。学者的确都是具有创造力的同类，但缺乏共同的语言。

基因–文化协同进化

要将各大学术分支相结合，并且结束它们之间的文化战争，只有一个办法，就是不把科学文化和文学文化之间的界限看作划分地域的边界，而是看成宽阔且多半是未探究的领域，有待双方合作参与研究。我们因为对这个领域无知，才导致了双方的误解，并不是因为双方在做学问的心态上有基本的差异。这两种文化该共同分担起下述的挑战。

我们知道所有人类的行为基本上都需要经由文化来传播，我们也知道生物学在文化的起源和传播上具有重要的影响力，但是我们不明白，生物学和文化如何彼此作用，尤其是它们如何在所有社会中作用而产生共同的人性。最后要分析的是，人类总体来说长远而大半与基因有关的历史，是借由什么样的作用力才和人类广大社会最近的文化史相联结？我认为这个问题是探究两种文化关联性的核心。我们可以把它看作有待解决的问题，是社会科学和人文学科的中心问题，同时也是自然科学面对的重大问题之一。

目前，还没人能解答这个问题。但是，在1842年可没人知道进化的真正原因，在1952年也没人了解基因密码的本质，因此我们仍然有可能了解这个问题。有些研究人员甚至认为自己已经知道答案的雏形，我也是其中之一。这些人从生物学、心理学和人类学所提供的多种有利的立足点出发，构想出所谓的“基因–文化协同进化”(gene-culture coevolution)。这个观念的精华是：第一，在基因进化的同时，人类也相对应地添加了文化的进化；第二，这两种形式的进化过程互相关联。我相信，在过去20年中对这个理论有所贡献的大多数研究人员，都会同意我以下的原则概要：

> 文化由人类集体的心灵产生，其中的每一个心灵，又来自基因所架构的人类大脑。因此基因和文化是不可分割的，但是它们之间的关联具有某种弹性，而且大半还未被评估。这个关联相当曲折：基因采取了外遗传法则(epigenetic rule)，也就是神经元在认知发展过程中所遵行的途径和规则，个别的心灵就是借此而自我组合的。人类的心灵由生到死，都是靠着吸收既有文化中可获取的成分而成长，同时借由个人大脑天生固有的外遗传法则来进行选择。

早先为了证明完全的融通是可能的，我会以真蛇和梦中巨蛇为例；现在为了更具体地看清基因-文化协同进化，让我们再次看看这个例子。天生容易对蛇感到害怕或着迷，是一种外遗传法则；文化则是依据这种害怕和着迷的反应，创造出相关的隐喻和描述。过程如下：

> 文化身为基因-文化协同进化的一部分，在每个世代，都会在所有的个人心灵中重建。当口头文化得到文字和艺术的补充和支持时，文化的发展因而无限扩大，甚至可以隔代相传。然而外遗传法则具有特殊倾向的基本影响却持续不变，既是遗传的，也是无法根除的。

因此，由于受到与蛇相关的外遗传法则的指引，在亚马孙巫师的逸闻和艺术作品中占据卓越地位的梦中巨蛇形象，将继续不断地滋润他们世代相传的文化内容。

> 继承基因外遗传法则的人，比缺乏这些法则或具备较弱法则的人，更能在周遭的环境和文化中具有较佳的生存和繁殖状态。借由这种方法，并经过许多世代之后，较为成功的外遗传法则与造成这些法则的基因，将在种群中广为传播。结果人类就经由遗传上的天择，在行为上发生了进化，正如大脑结构和大脑生理上的进化一样。

在人类进化过程里，毒蛇几乎在所有社会中都是致命的重要原因。借由梦中巨蛇的形象和文化里的符号来加强我们对毒蛇的注意力，无疑也会增大我们的生存机会。

> 我们可以在下述的文字中，更清楚地看到遗传所带来的束缚

和文化所扮演的角色。某些文化规范比其他与其竞争的规范更容易生存和繁殖，这使得文化能够和基因并行进化，而且速度往往更快。文化进化的步调愈快，基因和文化之间的关联就愈松散，虽然不会完全断裂。文化借着精细调整后的适应能力，快速因应环境中的变化，但基因无法产生和传播相当的适应力。从这个层次来看，人类和其他所有动物基本上是有差别的。

最后，让我结束这个关于基因–文化协同进化的例子。在一个文化中，梦中巨蛇和其他巨蛇符号的出现频率，与环境中真实毒蛇的数量相关。然而，由于外遗传法则赋予巨蛇形象一种令人畏惧和着迷的威力，巨蛇很轻易地就具备了神话意涵。它们在不同的文化中，以医疗人员、传信使者、恶魔和神明等各种角色出现。[123]

进化与神迹

基因–文化协同进化是更广泛的天择进化过程的特殊延伸。生物学家普遍认为，在人类和其他所有有机体的进化背后，主要的推动力是天择。由于这个推动力，人类祖先脱离了类似黑猩猩的灵长类动物之后，在500万或600万年间就产生了智人。天择所推动的进化过程并不是一个松散的假设。我们对天择作用下的基因变化，已经一路了解到分子层次了。田野生物学家中有一批“进化观测者”，已经在动植物的自然种群中，观察了一个世代又一个世代的天择进化过程。这些结果往往可以在实验室内重复验证，甚至能够创造出新的品种，例如经由杂交和配种，让繁殖上原本隔离的物种交配。至于生物体如何通过结构、生理和行为上的特征来适应环境，也已经有大量的记载存在。人类从类人猿发展到现代人的化石记录虽然还欠缺许多细节，但是主要的轮廓已经相当完整，且具备极佳的年代记录。

简单地说，就像法国生物学家莫诺（Jacques Monod，1910—1976）重申德谟克利特（Democritus，公元前460—前370）的话，天择下的进化过程是借着机遇和必然性向前迈进的。[124] 相同的基因所具有的不同形式被称为“等位基因”（allele），而不同形式的产生是因为突变，也就是组成基因的DNA长序列上发生了随机变化。除了这种发生在DNA上的节点变化之外，通过有性生殖的DNA重组过程，每个世代都会杂交出新的等位基因。等位基因如果能够促进携带基因的生物体存活和繁殖，就会在种群中广为传播，如果不能，就随即消失。机遇性的突变是进化的物质基础；环境的挑战则决定哪些突变基因和哪些基因组合可以存活，想在变化无常的遗传黏土中进一步塑造出我们，就必须具备这样的条件。

只要经过足够多的世代交替，突变和重组过程就能在种群内的个体身上，产生几乎无穷尽的遗传变异。比方说，人类基因组内5万到10万的基因当中，只要有1 000个基因在种群中具有两种形式，可以想象得到的基因组合就有10^{500}种之多，甚至比可观测的宇宙所含有的全部原子还要多。[125] 因此，即使是就整个人类历史来考量，除了同卵双胞胎之外，任何两个人具有相同基因的可能性微乎其微。

每一代，亲代的染色体和基因都会重组，产生新的杂交体。

但是这种不断分裂和重组的过程本身，并不足以导致进化，真正具有持续引导作用的是天择。基因如果能使携带它的生物体更成功地存活并繁殖，那么通过结构、生理和行为特征，这个基因就能够一代一代增加自己在种群中的分布。同样的，具有较高存活率和繁殖力的种群，甚至整个物种，也会胜过与其竞争的其他种群或物种，而达到进化上相同的最终目标。

这种非人类所能掌握的力量，显然塑造了我们今日的形象。由组成分子到进化过程，生物学的所有面向都指出相同的结论。同时，尽管冒着带有防卫色彩的危险，我仍有义务指出，许多人宁愿采取特殊的神创论来解释生命起源，包括某些受过高等教育的人。1994 年，美国国家民意研究中心的报告指出，有百分之二十三的美国民众反对人类进化的观念，还有三分之一意见未定。这个分布模式在未来数年中，不可能发生重大的变化。我生于新教徒众多的美国南方，在强烈反对进化论的文化中成长，所以对这些想法也有同情和妥协的倾向。这么说吧，只要你相信奇迹，什么事都可能发生。也许上帝真的创造了所有的生物，包括人类在内，而且一举完成了每一件作品，而这一切也许都发生在几千年以前。但如果这是真的，上帝也同时在地球上留下了精细完美的错误证据。由南极到北极，遍布着这样的证据，致使我们得出以下的结论：第一，生命是一种进化现象；第二，这个过程花费了数十亿年的时间。当然，《圣经》告诉我们上帝不会这么做。《圣经》中的主人翁有时仁慈，有时威严，有时节制，有时暴怒如雷，也有时神秘莫测，但从来不玩把戏。

几乎所有熟悉细节的生物学家，都认为支持人类进化的证据强而有力，并且赋予天择主要的指挥角色。但是，我们在讨论进化时，还必须提到另外一个作用力。多半生物学家都同意，在相当长的一段时间内，DNA 的某些字母和它们所编码的蛋白质分子，会单单因为巧合而发生替代现象，这些变化以连续平稳的步调发生，我们可以借此测量进化中不同生物分支出现的年代。但是，这个被称为“基因漂变”（genetic drift）的现象，对细胞、生物体和社会等层次的进化却少有贡献。这是因为基因漂变所涉及的突变，已经证实是中性的，或几乎是中性的：对细胞和生物体这类较高层次的生物组织来说，它们造成的影响很小或不存在。

人类独有语言与文字能力

最可能准确描述基因-文化协同进化的说法是：天择在基因进化上，平行添加了文化进化，而且这两种进化形式互相关联。我们有时会认为，不论结局是好是坏，我们不仅受到基因的限制，同时还受到文化的局限。这个叫作“文化”的奇怪生物，到底是怎样的一样超级有机体？人类学家分析过数千个例子，应该具有优先作答的特权。对他们而言，一种文化是一个独立社会的整体生活方式，包括其中的宗教、神话、艺术、科技、运动和其他世代相传的所有系统知识。

美国人类学家克鲁伯（Alfred Kroeber，1876—1960）和克拉克洪（Clyde Kluckhohn，1905—1960）在 1952 年，把所有与文化相关的 164 种定义，融合成下述的单一定义：“文化是一种产物，具有历史性，包括观念、模式和价值，具有选择性，是学习而得的，以符号为基础，是行为和行为产物的抽象化。”正如克鲁伯早期宣称，文化同时是整体的：“它能够把隔离的单独成分

（多半是输入而来的成分），结合成多多少少具有适当功能的整体。”这些成分当中有一些是人工制品，但是这些实际物品除了能在活的心灵中成为一种观念之外，毫无其他重要性。[126]

强调后天教育的重要性，是20世纪社会学极为盛行的观念。从这个角度来看，文化已经和基因分离，而且独自成形。它具有独立的生命，就像火柴点燃的野火般快速成长；它已经获得突生的特性，不再和引发它诞生的基因与心理过程相关联。因此，“所有的文化都来自文化”（omnis cultura ex cultura）。

不论采不采用这个隐喻，不可否认的真理是：每一个社会都会创造文化，同时又被文化所创造。通过不断地修饰、装扮，交换礼物，分享食物和发酵饮料，以及听音乐和讲故事等活动，象征性的心灵共同生活得以成形，并且把群体所面对的外在现实统一成属于这个群体的梦想世界；不论是在森林、绿地、沙漠、冰天雪地或城市中，这些文化活动都能产生一个道德和礼仪的网络，把群体中的每一个成员都维系在相同的命运上。

文化的建构包含了具有生产力的语言，而组成语言的随意文字和符号，则是纯粹为了传达资讯而发明的。以此来看，人类是独一无二的。虽然动物的沟通系统有时也非常复杂，但它们既不是发明者，也不会把这个系统传教给其他动物。除了少数例外，例如鸟类的“方言歌”、动物的沟通都是本能，因此会不变地世代相传。蜜蜂的摇摆舞和蚂蚁带有气味的行踪，都含有象征性的元素，但是这些表演和其中的含义都受到基因严密的控制，无法借由学习加以更改。

在动物界中，类人猿最可能具有真正的语言能力。黑猩猩和大猩猩如果接受训练，知道如何以键盘发信号，就能够学会任意符号的含义。其中的冠军是坎齐（Kanzi），它是一只倭黑猩猩（bonobo），也就是侏儒黑猩猩（Pan paniscus），为人类至今观察过的动物中最聪明的一种。我第一次见到这位灵长类天才，是在亚特兰大的埃默里大学（Emory University）的耶基斯区域性灵长类动物研究中心（Yerkes Regional Primate Center），那时它还是一只早熟的年轻猩猩。坎齐一出生就接受鲁姆博夫（Sue Savage-Rumbaugh）及其同事的密切研究。当我和它嬉戏并且共享同一杯葡萄汁时，我被它的举止迷惑了。极不可思议，我发觉它和2岁大的小孩像极了。10多年后，正当我在写本书时，长大的坎齐已经学会很多单词，可以通过画有图形符号的键盘，并利用这些词表达它的希望和意图。它造的句子虽然在文法上有欠缺，用词却是正确的。譬如，在某个情况下，它会用“冰水走”（ice water go，表示“给我一些冰水”）这样的句子要到饮料。它甚至能通过聆听人类的交谈，学会将近150个英文单词，而不需要像牧羊犬或其他聪明的狗那样，得经过特定的训练才能学会许多技巧。有一次，鲁姆博夫指着附近的一只黑猩猩，对坎齐说：“坎齐，你如果把面具给奥斯汀，我就让你尝尝奥斯汀的玉米片。”坎齐很快把面具递给奥斯汀，并用手指着装玉米片的盒子。它对文字做出的行为是如此专注、特殊，而且频繁，不可能仅是巧合。尽管如此，坎齐只会使用人类所提供的文字和符号，他的语言能力还是无法超越人类儿童早期阶段的水平。

灵长类的学习与文化

就动物的标准而言，倭黑猩猩和其他类人猿具备高度的智力，但缺乏人类发明、使用符号语言的独特能力。另外，一般黑猩猩也具有类似人类的狡诈和虚伪，它们是动物界中最具有“马基雅维利[127]式智力”的专家。瓦尔（Frans de Waal）和一起工作的灵长类动物学者，在非洲旷野与荷兰的阿纳姆（Arnhem）动物园内进行观测，看到黑猩猩会结成同盟，也会解散同盟，会利用朋友，并且智取敌人。它们通过声音、姿势、身体行动、面部表情和竖立体毛来表达意图。虽然近似人类的有效语言能够带来极多好处，但黑猩猩从来不会自己创立类似的语言，或任何其他可能的符号语言。

其实，类人猿大多数时候是完全沉默的，灵长类生物学家加德纳（Allen Gardner）描述他在坦桑尼亚的经验：“在冈贝（Gombe），如果有一群包含各种年龄、不同性别的 10 只野生黑猩猩在一棵无花果树上安详地觅食，并不会发出什么声音，所以没有经验的观察者从树下经过时，完全察觉不到它们。”

相对而言，把人类称为“愚蠢聒噪的大猿”可能相当恰当。人类随时都以口头方式沟通，要他们说话比要他们闭嘴容易得多。当婴儿和成人一开始交流，成人为了鼓励他们说话，会采取一种缓慢、强调母音、在情绪上夸张而节奏单调的声调，也就是“妈妈语”（motherese）。接着，婴儿独处时会发出“婴儿语”（crib speech），由尖叫声、咕咕声和无意义的单音节组成，再过数月，他们开始以复杂的方式运用字词。早期的词汇或多或少和成人教他们的类似，但婴儿会不断改变、重组用语，再重复到叫人厌烦的程度。一般小孩在 4 岁之前就能掌握句型结构，到了 6 岁，词汇已经扩展为将近 1.4 万个单词，至少在美国是如此。相较之下，年幼的倭黑猩猩则是通过行动、声音，自由地玩游戏和试验，偶尔也会用到符号，但若想进步到坎齐的层次，目前仍然需要仰赖训练人员提供丰富的语言环境。

尽管类人猿缺乏真正的语言，但可不可能拥有文化？野外观察的证据显示，类人猿具有文化，许多观察家也得到相同的结论。野地的黑猩猩一般都会发明并使用工具，而且它们发明的种种特殊器具，通常只出现在当地的种群中，这和人类文化一样。比如，某一群黑猩猩是用石头砸开坚果，另一群则是以树干来敲开；某些群体会用树枝把蚂蚁钓出蚁巢，作为食物，其他群体则不会。而且，利用树枝钓蚂蚁的群体当中，有少数还会先剥去树皮。观察人员曾经看到一群黑猩猩，用钩状的长树枝拉下无花果树的枝条，以便摘取无花果。

根据这样的观察结果，我们很自然会认为黑猩猩也具备文化基础，只是和人类的文化相比，能力有所差别罢了。但是在采纳这个看法时，需要小心谨慎，因为黑猩猩的发明也许根本不是文化。少数证据显示，当黑猩猩看到别的黑猩猩使用工具时，也能很快学会使用相同的工具，但是它们很少准确模仿其他黑猩猩的动作，或清楚表露出它们了解这些动作的目的。有些观察者甚至宣称，这些黑猩猩只是借着观看其他黑猩猩来激发更多的活动。动物学家称此为“社群促进作用”（social facilitation），普遍出现在许多社会性动物的身上，包括蚂蚁、鸟类和哺乳类。尽管根据目前的证据仍然无法下结论，但单单是社群促进作用，加上操作手边物品时的试错过程，可能就足以引导非洲各地的黑猩猩种群发展出使用工具的行为。[128]

另一方面，人类婴儿的确能够进行准确的模仿，而且早熟的程度令人惊讶。举一个最极端的例子，刚出生 40 分钟的婴儿就会伸出舌头，随着大人的动作将头左右摆动。12 天大时，他们已经会模仿复杂的面部表情和手势。到了 2 岁大时，他们开始能够接受口头指示，使用简单的工具。[129]

总的来说，语言本能包括：准确的模仿、强迫性地喧嚣不休、对语法近乎自动地掌握，以及快速获得大量词汇的能力。这样的本能显然是人类独有的，可以用来区分人类。它是建立在一种其他任何动物都无法达到的心智能力上，也是产生真正文化的必备条件。如果能知道语言在进化过程中是如何产生的，将是一个极重要的发现。不幸的是，与行为相关的证据不会形成化石；数千年来所有营火边上的闲聊和充满表情动作的言谈，以及类似黑猩猩的祖先在语言上的进化步骤，都消失得无迹可寻。

古生物学家所具有的是骨骼化石，它们显示人类的喉部向下移动并且长度加长。同时，头颅内部构造显示，大脑语言区也可能发生了改变。在器物进化的证据上，人类也同时逐渐有所改进，由 45 万年前的祖先直立人（Homo erectus）对火的控制运用，到 25 万年前肯尼亚的早期智人建造的精良工具。16 万年之后，刚果出现了精致的箭镞和短刀，最后在 2 万到 3 万年前，欧洲南部出现精巧的图画和仪式用的服装配备。

器物文化的进化步调很有趣。我们知道，智人至少在距今 10 万年前，解剖学上所谓的结构就已经完全形成。从那之后，物质文化的进化开始时很缓慢，后来逐渐变快，之后爆炸性增长。一开始只有屈指可数的石制和骨制器具，当进化过程进展了百分之九十时，出现了农田和农村，之后，几乎在转眼间，天才般的复杂技术就产生了（例如，单单在美国，截至我写作本书时为止，就有 500 万项专利）。基本上，文化进化是沿着指数曲线上升。它留给我们一个谜：符号语言是何时产生的？它究竟又如何点燃爆炸性的文化进化？[130]

寻找文化单位

很不幸，这个人类古生物学上的谜题似乎没有答案，至少到目前为止还没有。为了追踪基因–文化协同进化的过程，我们最好暂缓重建史前记录的任务，而直接前进到当代人类大脑产生文化的过程。次佳的方法，我认为是找寻文化的基本单位。我们虽然还没有确认出任何这类的元素，至少还无法让专家普遍感到满意，但可以合理推导出它的存在和它所具备的某些特征。

集中心力寻找文化的基本单位，起初也许有矫饰和虚构之嫌，但是这种做法有许多先例。就本质来看，自然科学的伟大功绩来自以下的方法：把每一个物质现象简化成组成成分，再利用组成成分重组出现象的整体性质。比方说，高分子化学知识的进展，使我们能够确切定义和鉴别基因；研究种群生物学的基因基础，则使我们对生物物种有了更细致的了解。

这么说来，文化的基本单位到底是什么？为什么我们竟然可以假设它存在？让我们首先考虑加拿大神经科学家图尔文（Endel Tulving）在 1972 年区分出来的情节记忆和语意记忆（episodic and semantic memory）。情节记忆是通过时间，唤回我们对人和其他具体事物的直接“感知”（perception），就像在电影中看到的图像。语意记忆则是通过一组物体、观念与另一组物体、观念之间的关联，来唤回其中的“含义”（meaning），这个过程可以直接利用情节记忆中的图像，或利用代表这些图像的符号来达成。当然，语意记忆源自情节，而且几乎必然会促使大脑唤回其他的情节。但是，大脑极容易把重复出现的同类情节浓缩成观念，之后再用符号代表。所以“由这个方向前进到飞机场”变成一个飞机的黑影加上一个箭头，而“这是有毒的物品”变成画在纸箱侧面的骷髅头和一对交叉的骨头。[131]

我们已经区分了两种不同的记忆形式，接下来为了寻找文化的单位，要把语意记忆中的观念看成“节点”（node）或参考点，并且终将和大脑的神经活动相关。观念和它们采用的符号，经常是通过文字来传达。因此，要组织和传递复杂的资讯，须借由文字所组成的语言来完成。观念节点几乎总是和其他节点相连，因此回想其中某一个节点的同时，也会召唤出其他节点。这种关联能够聚集起相关的所有情感色彩，也正是我们称为“含义”的基本特性。彼此相连的节点会组成有层次的层阶，加以组织整理资讯而产生更多的含义。“猎犬”、“野兔”和“追赶”三个词是节点，其中每个词都象征一组多少类似图像的集合。“一只猎犬追赶一只野兔”，可以称为一个命题（proposition），它在资讯上的复杂程度位于节点之上。比命题更高一层的则是架构（schema）。典型的架构就如古罗马诗人奥维德（Ovid，公元前 43—公元 17）所描述的阿波罗追求达芙妮（Daphne）的故事：阿波罗就像一只挡不住的猎犬，追求着一只攫不住的野兔。后来当达芙妮这个同时代表野兔与观念的美女变成月桂树时，其中的矛盾终于得到化解，而我们也通过新的命题触及了另一个观念。

我相信不可阻挡的神经科学家，并不会碰到类似的矛盾。一旦时机成熟，他们就能通过神经活动模式的对照，掌握心理观念的物质基础。他们已经有直接的证据指出，在记忆搜寻的过程中，不同大脑部位的活化现象会向外扩散。研究人员同时普遍认为，大脑在归类储存新资讯时，也会涉及类似的过程。新的情节和观念会在边缘系统和皮质系统内广泛搜寻，与以往产生的节点建立关联，然后才能纳入记忆库中。这里的节点并不是在空间上与其他孤立中心相连的孤立中心，它们一般是由大量的神经细胞所组成的复杂网络，散布在大脑广大而部分重叠的区域。

比方说，假如有人给你一个你不熟悉的水果，你会自动依照它的外形、气味、味道，以及得到它的状况，把它归类。数秒钟内大量的资讯就活化了，不仅因为你在比较手中的水果和其他的水果，还因为你感受到了情感，回想起以往在类似情况下的发现，以及想起与这个水果相搭配的饮食风俗。这个水果，包括它所有的特征，将以一个名字呈现。让我们考虑一下东南亚盛产的榴梿，迷恋它的人把它当作最高级的热带水果。榴梿看起来像是长刺的葡萄柚，味道很甜并且像果冻一样入口即化；如果把它放在嘴外，闻起来则像下水道发出的恶臭。我向你保证，只要你尝过一片，一辈子都会拥有“榴梿”的概念。

文化的天然成分可以合理假设为语意记忆中按层阶排列的元素，由仍待确定的个别神经线路识别编码。文化单位的主张已经存在了 30 多年之久，不同的作者为这个最基本的元素冠以各样的名称，比如记忆符号（mnemotype）、观念（idea）、观念因子（idene）、弥母（meme，文化基因）、社会基因（sociogene）、概念（concept）、文化因子（culturgen）和文化类型（culture type）。其中采用最广、也是我投票赞成的冠军用词是“弥母”。这是 1976 年道金斯（Richard Darkins）在他深具影响力的《自私的基因》（*The Selfish Gene*，中译本由中信出版社出版）一书中所引入的用词。但是我建议把弥母的定义变得更狭窄些，并且多少和道金斯的定义有所不同。1981 年，理论生物学家拉姆斯登（Charles J. Lumsden）和我为了提出第一个完整的基因–文化协同进化理论，采用了这个新定义。我们提议文化的单位、现在的弥母，就是语意记忆中的节点，以及与它相对应的大脑活动。不论节点的层次是观念（最简单的可确认单位）、命题或架构，这个层次都会进一步决定人类的思想、行为或器物的复杂程度，因此节点能够一直自由地存在于文化中。[132]

我知道当神经科学和心理学向前迈进时，“节点即弥母”的概念，甚至是情节记忆和语意记忆的区分，都可能让位给更微妙复杂的分类系统。我也知道把文化单位纳入神经科学的范围，乍看之下好像是企图打击符号学（semiotics），也就是对各种沟通形式所做的正式研究。但是这种反对意见并不合理。我的阐述目的刚好相反，是想为“融通”这个中心计划建立可能性，也就是为符号学和生物学建立起因果关系。如果我们可以在经验上建立起这样的关联，那么未来关于语意记忆节点的发现，也会跟着赋予弥母更精确的定义。这样的进展将使符号学更丰富，而不是取而代之。

反应规范

我承认，采用“基因到文化”这种描述方式为观念基石，而企图在科学和人文之间搭建起桥梁，会给人一种虚无缥缈的感觉。怎可能有人敢说要用基因来设定文化？答案是，没有任何严谨的科学家曾经这么做。组成基因–文化协同进化的因果事件网络，比这复杂得多，也有趣得多。数千个基因设定了大脑、感官系统和所有其他的生理过程，而这些生理过程又与物质和社会环境发生作用，产生心灵和文化的整体性质，最后，自然环境再经由天择挑选出具有控制力的基因。

就基因-文化协同进化在生物学和社会科学上的含义来看，没有其他课题在学识上比它更重要。所有生物学家都在谈论遗传和环境之间的相互作用。除了实验室里采用的简单缩写之外，他们不会谈到基因会“引起”某种特殊行为，他们确实也没有这个想法。相反，他们的看法则认为行为是由文化产生，和大脑活动无关；但这两种看法同样没有意义。在目前为人所接受的解释当中，由基因发展到文化，也就是由基因发展到所有生命产物的原因，并不单是遗传因素，也不单是环境因素，而是两者之间的相互作用。

当然是二者相互作用，但我们需要更多的关于这类相互作用的资讯，才能了解基因-文化协同进化的现象。在身心互动学说（interactionism）中最具解说力的中心观念是“反应规范”（norm of reaction）。通过以下描述，可以轻易掌握这个观念。首先选定一个生物物种，不论是动物、植物，还是微生物，然后挑出一个或一组能够影响某一个特征的基因，接着列出这个物种能够存活的所有环境。选定的单个基因或一组基因所设定的特征，可能会因为不同环境而发生变异，也可能不会。这个特征在所有可存活的环境中的所有变异总和，就是那个或那组基因在那个物种身上的反应规范。

教科书上常以一个例子来解释反应规范：慈姑（arrowleaf）的叶形。慈姑是一种两栖植物。当它长在陆地上时，叶子就像箭头；当它在浅水中生长时，浮在水面的叶子像荷叶；当它整个沉入深水里时，叶子会发展成像鳗草（eelgrass）的缎带状，在水流中前后摆动。这个植物在不同环境下的变化如此之大，但在基因上并不存在任何已知的差别。这三种基本形态，是相同基因在不同环境中所表现出的变异，它们共同为这组决定叶形的基因设下了反应规范。换句话说，它们包含了这组基因在所有既知可存活的环境中，可能表现出的所有变异。

基因与环境造成的变异

同一个物种的变异，有些是来自不同个体的基因差别，而不仅是环境差异所引起的。在这种情况下，我们原则上仍然可以逐一为其中的每个基因或每组基因定义出反应规范。利用人类的体重，就可以说明特征差异与基因差异以及反应规范的关联。极多证据显示体形受遗传影响。一个人若因为遗传而具有容易导致肥胖的基因，仍可以经由节食而变苗条，但是当他不节食时，很容易变回原样。另一方面，天生苗条的人可能总是保持原样，只有在不断过度饮食或内分泌失调的情况下，才会变得肥胖。这两种人的基因具有不同的反应规范。在相同的环境中，包括相同的饮食和运动条件，他们会得到不同的结果。大家常听到的则是反过来的说法：那些在遗传上有差异的人需要不同的环境，尤其是不同的饮食和运动计划，才能产生相同的结果。

同一种基因和环境之间的相互作用，也出现在各种与人类相关的生物现象上，包括社会行为。美国社会历史学家萨洛韦（Frank J. Sulloway）在 1996 年出版的重要著作《天生的叛逆者》

（*Born to Rebel*）中指出，一个人在家中的排行会影响他在家庭动态关系中的角色，因此对个性形成影响极大。排行靠后的小孩儿对父母的角色和信仰最不认同，容易变得较有创造性，比老大更容易接受政治和科学上的改革。因此，在历史上，他们对文化变化的贡献平均比老大要多。他们这方面的成就，是因为他们会被独立且往往叛逆的人物吸引。一般而言，这个现象首先在家庭中出现，之后才在社会中出现。既然排行和基因差别没有任何直接的关联，那么影响发展过程的基因，可以说是在各种既存的环境区位中散布效果。萨洛韦提出的排行效应，实际上就是这些基因的反应规范。

在某些生物学范畴内，例如最基本的分子过程和大体解剖出来的结构，几乎每个人都是以相同的基因来影响特征，因此也具有共同的反应规范。在遥远的地质年代中，当这些共同的特征还在进化时，我们也许可以找到基因上的变异，但是天择让变异愈来愈小，最后几乎降到了零。比方说，所有的灵长类动物都有10个手指和10个脚趾，没有因为环境而造成差异。因此，这个基因的反应规范是确切的单一状态：10个手指和10个脚趾。但是在其他大部分范畴内，人类在基因上则具有相当程度的差异，甚至包括那些足够一致而可以视为共同文化的特征。为了让这些变异做最佳的运用，来维持健康、发展天分和发挥人类潜能，我们必须了解遗传和环境所扮演的角色。

我所谓的环境，并不只是人们见到的自己所存在的当前状况；片刻的印象并不够，我们所需要的，是产生生物学家和心理学家所使用的意义，也就是在生命各个阶段中逐步塑造身心的无数影响力。

我们不能像对待其他动物那样，在控制的状态下让人类交配并加以抚育，因此很难得到有关基因和环境相互作用的资料。只有相当少数影响行为的基因，能在染色体上确定其位置（我在后面会描述其中一些），然而这些基因在发展过程中发挥影响力的确切途径，却很少有人追踪。在这段过渡期，较受喜爱的相互作用测量值是遗传率（heritability），也就是特征变异中由遗传因素所导致的百分比。遗传率并不适用于个人，只能用在种群上。我们不能说："这位马拉松选手的运动能力有百分之二十来自他的基因，百分之八十来自环境。"但是就以下的假设例子，这样的叙述是正确的："肯尼亚马拉松选手在表现上的差异，有百分之二十是因为遗传，百分之八十则由于环境。"对那些想要对遗传率和变异数（variance，统计学家和遗传学家测量变异的数值）具有更精确定义的读者，我在这里附上相关的讨论：

> 扣除数学上的精细，遗传率可以由下述方式估计。从种群（population）中抽取个体为样本，以标准化的方法测量某项特征，比方说，以个人在跑步机上的有氧运动能力代表耐力。之后，测量样本中个体的变异，并估计其中有多少来自遗传，这个数值就是遗传率，而我们测量到的变异就是变异数。要得到变异数，首先计算出样本中所有个体的平均值，然后把每个人的分数减掉平均值，再把差额平方。变异数就是所有这些差额平方的平均值。

估计变异现象有多少是来自基因（遗传率），主要方法是比较同卵和异卵双胞胎。同卵双胞胎具有完全相同的基因；异卵双胞胎只有基因数目相同，其实他们与不同时间出生的兄弟姐妹一样，所以和同卵双胞胎相比，异卵双胞胎的长相总是不那么相似。因此，异卵双胞胎和同卵双胞胎之间的差异，可以用来估计遗传对整个特征变异的贡献。如果研究那些在婴儿时期就分开、由不同家庭所领养的同卵双胞胎，这个研究方法的效果还会加强。在这种情况下，这对双胞胎具有相同的遗传因子，但是在不同的环境中成长。我们还可以进一步采用复相关性研究（multiple correlation study），加以辨认环境的主要影响力，并且估计个别影响力对变异现象的贡献。

与遗传率共存

数十年来，在植物和动物培育上，遗传率一向是标准的测量值。通过1994年赫恩斯坦（Richard J. Herrnstein）和默里（Charles Murray）合著的《钟形曲线》（*The Bell Curve*），以及其他有关智力和个性遗传的普及丛书，遗传率最近在人类身上的应用，因为备受争议而吸引了许多注意力。这项测量值具有相当多优点，事实上是人类行为基因学的主干。但是它本身具有一些奇异的特性，为了在遗传学和社会科学之间建立融通，我们必须密切注意这些特性。第一项特性是所谓的“基因型和环境的相关”（genotype-environment correlation），这个特性能够超越人类先天生物上的限制，而增进人类的多样性，运作方式如下。人们不仅会依照天生的才气和个性来选择自己的角色，还会被能鼓励他遗传倾向的环境所吸引。他们的双亲具有类似的天生特质，很可能创造出特定的家庭气氛，从相同的方向培养子女发展。换句话说，基因会协助创造出特殊的环境，使自己在其中能够有更大的发挥。因此借着基因和环境的相互作用，社会终将产生更多样的角色。比方说，一个具有音乐才华的小孩，在大人的鼓励下，有可能很早就开始学习乐器，并且花很长时间练习；而他的一个同学本性喜欢寻找刺激，容易冲动并具侵略性，则会被开快车所吸引。第一个小孩朝着专业音乐家的方向成长，第二个小孩则朝向成功的赛车手（如果他能躲开麻烦的话）。也许这两位同学在天分和个性上的遗传差异并不大，但是这个差异所导致的不同的途径，使得差异的效果放大了。如果要用一句话来描述基因型与环境的相关，那就是：我们在生物体上测量到的遗传率，一旦与环境发生作用，就会增强我们在行为上测量到的遗传率。

我们对基因型与环境相关的了解，澄清了基因型与环境的相关中的第二项原则：并没有任何基因能使你弹好钢琴，也就是说，根本没有一个特殊的“鲁宾斯坦[133]基因”，能使你把钢琴弹得极出色。真正存在的一组基因，只能够加强手指灵活度、创造力、情绪表达力、注意力和注意力集中的时间，以及有效控制音高、节奏和音色的能力。所有的这些能力放在一起，就组成了特殊的人类才能，也就是美国心理学家加德纳（Howard Gardner）所谓的音乐智能（musical intelligence）。这样的基因组合，使有天分的孩童能够在适当的时刻掌握良机。他一开始尝试弹奏的乐器，很可能是从具有音乐才华的父母那儿得来的，随后的鼓励使他反复弹奏，并得到更好的回馈。不久之后，他就会全身心地拥抱这个他终将投注一生心力的中心事物。

遗传率的另一个重要特性，是它的弹性。只要改变环境，遗传所引起的变异百分比就会上升或下降。美国白种人的智商和可测量的个性特征所具有的遗传率，大多数在百分之五十左右，至少，比起零或百分之一百，它更接近百分之五十。（选择美国白种人是为了方便，以及为了取得均一的样本，以增加统计的可信度。）

我们希望改变上述的数值吗？我不认为如此，至少这不是主要的目标。让我们想象一个真正平等的社会，所有的孩童都在几乎相同的环境中受教育，并且在鼓励之中选择进入自己能力范围内的职业。这样一来，环境的变异会急遽下降，而天分和个性特征将持续不变。在这种社会里，遗传率会上升。同时，任何持续存在的社会经济阶层差异，将比以往更真实地反映遗传的结果。

另外，假设所有的孩童在小时候都接受能力测试，依据测试结果进入不同的教育轨道，目的是要引导他们进入最适合个人才华的职业。在这个“美丽新大陆”中，环境的变异会上升，而个人的天分保持不变。如果测试结果和环境确实能反映基因的变异，遗传率就会上升。最后假设一个采用相反政策的社会：结果的一致性高于一切。这个社会对有天分的孩童不加以鼓励，对反应较慢的孩童则提供密集的个人训练，目的在把每个人的能力和成就都提到相同的水平上。为了达到这个目标，环境需要特别的调整，所以遗传率会下降。

我们在这里提到这些理想化的社会（这些社会都比较集权），目的并不在于推荐，而在于澄清目前这个阶段的遗传研究具有的社会含义。要知道基因在现存社会中所引发的变异，遗传率是极佳的衡量法。但首先要确定基因的存在，这点非常重要。例如，直到20世纪60年代，人们仍然认为精神分裂症是父母（尤其是母亲）头三年对待小孩的方式所引起的。同时，直到20世纪70年代，自闭症仍然被视为一种环境失调症。感谢遗传率研究，我们现在才得以知道，基因在上述两项残疾中都扮演了极重要的角色。相反，人们曾经普遍地把酗酒的原因归于遗传，以致相关的遗传率研究在 20 世纪 90 年代之前，一直没有得到详细的探讨。我们现在知道，酗酒在男性当中只具有中等程度的遗传率，在女性当中则几乎为零。

除了少数的行为几乎完全受到遗传决定的之外，根据遗传率预测个人在既存和未来环境中所具有的能力，最多只是冒险的猜测。从我上述所举的例子中也同样可以看出，以遗传率来衡量个人或社会的价值是很危险的。遗传学家给知识分子和决策者的赠言是：先选出你想要推进的社会，然后再准备与它所具有的遗传率共存；绝对不要反着来，只为了改变遗传率而提倡某些社会政策。如果想要得到最佳的结果，栽培个人，而不是团体。[134]

找出基因图谱

我提出遗传学上的这些想法，是为了澄清后天派（nurturist）和先天派（here-ditarian）之间烦人的差别，并且尝试在它们之间建立共同的立足点。在达到这个目标之前，寻找融通性的工作将因意识形态上的无数争议而产生分歧，倡导不同政治和社会方针的对手也将互相攻击。后天派传统上强调环境对行为的影响，先天派则强调基因的重要性。[后天派有时又称环境主义者（environmentalist），但是这个头衔现在已经被环境保护者所采用；先天派不能称为自然主义者（naturist），除非他们要裸体举行会议。] 如果用较精确的遗传学观念重新定义，则后天派相信控制人类行为的基因具有范围非常宽大的反应规范，先天派则认为这个反应规范非常狭窄。从这个角度来看，这两种不同意见的差异只是程度上而不是形态上的。根据经验，如果这两个敌对流派能够采取相同的客观方法，就会彼此赞同而消弭差异。

后天派传统上也认为智力和个性的遗传率很低，先天派则认为这方面的遗传率很高。这个争议大致已经解决，至少对当今欧洲和美国的白种人而言，遗传率多半是百分之五十左右，确切值则因不同的特征而异。

后天派还认为，如果文化果真受到基因这条链条的束缚，这条链条也是很长的，因此不同社会的文化发展可以无限分歧。先天派则相信这条链条很短，因此不同的文化能够进化出共同的主要特征。在技术上，这个问题比前两个问题难掌握，但它的本质仍是经验性的，原则上可以解决。我马上会再回到这个问题上来，并举几个例子说明实际上如何获得解决方案。

但我们至少已经找到一些共同的结构基础。后天派和先天派一般都同意，文化差异可能几乎全都是历史和环境造成的。虽然特定社会中的个体具有十分不同的行为基因，但是利用统计方法比较不同社会时，行为基因的差异却被冲淡了。喀拉哈里沙漠的狩猎采集文化和巴黎文化显然不同，但这之间的差别主要来自历史和环境上的差异，并非遗传因素所造成。

我们对反应规范和遗传率的解说，虽然较偏技术性，并且有些枯燥，却是分离人类行为中遗传和环境因素的第一步，也因此对建立生物学和社会科学的融通，影响重大。逻辑上的下一步是定位出影响行为的基因。一旦找出基因在染色体上的相对位置，并且确知它们的表达途径，就可以更精确地追踪它们和环境之间的相互作用。一旦定义出许多这样的相互作用，就可以回过头来编织出整体，以尝试组成更完整的心理发展概观。

利用精神分裂症研究，可以说明人类行为遗传学的最新发展，包括其中仍然极为困难的基因图谱（gene map）。精神分裂症这个最普遍的精神病，只影响全世界人口的百分之一，症状具有极大的个人差异，但有一个共同的诊断特征：心理活动会不断地被现实所打断。在某些情况下，病人会相信自己是一位大人物（弥赛亚是很受欢迎的角色），或是狡狯、具有渗透力的阴谋集团所要打击的对象。在其他的情况下，他会产生幻听或幻觉，往往很怪异，就像完全清醒地处于梦境中。

1995年，几个独立作业的科学小组，在探讨精神分裂症的物理起源上获得了三项突破。加利福尼亚州大学欧文分校（University of California in Irvine）的神经生物学家发现，即将成为精神分裂者的胎儿在发育过程中，前额叶皮质上的某些神经细胞，无法和大脑其他部分进行正常沟通的神经细胞搭上线。尤其，这类神经细胞无法制造信使RNA（messenger RNA，简称mRNA），而神经传导物质GABA的合成却需要信使RNA的指引。GABA一旦欠缺，神经细胞尽管看起来很正常，却无法产生实际功效。由于某种未明的原因，这类的缺陷会使内部的心理架构，和外在刺激或普通的理性思考失去连接；大脑就像封闭在睡眠中，自己创造自己的世界。

同一年，康奈尔大学的另一个研究小组和英国的两个医学研究中心报告，他们首次直接观测到正处于幻觉中的精神分裂症病人的大脑活动。研究人员利用正电子发射断层成像术，在病人正常和发病时，观察大脑皮质和边缘系统的活化部位。其中一次，他们看到一位男性病人的大脑亮了起来，依照病人的自白，这时他心中出现了一颗与身体分离的头颅，大喊大叫着发号施令。大脑中引起最不寻常事件的区域是前扣带皮质，一般认为这个区域会调节大脑皮质的其他部位。前扣带皮质如果丧失功能，显然会降低大脑归纳外界资讯的能力，因而促使清醒的大脑产生非理性梦境般的虚构事件。

一个基因，一种疾病

精神分裂症的最终原因是什么？数年来，双胞胎和家族史研究的数据显示，这方面功能的丧失至少部分是因为遗传。早期尝试定位相关基因的研究并未成功；某些特殊染色体曾经短暂地被视为精神分裂症基因的所在，但是进一步的研究并不能得到同样的结果。1995 年，四个独立的研究团体利用先进的染色体图谱（chromosome map），对病人样本进行大规模的研究，至少在第六条染色体的短臂上，找到一个造成精神分裂症的基因。（为了便于参考，除了性染色体 X 和 Y 之外，人类其余的 22 对染色体都各自具有一个编码。）另两个研究小组无法确认这项成果，但是两年后当我在写这本书时，由于四个正面的测试结果所共同提供的有力证据，至少有一个精神分裂症基因存在的结论，已经获得广泛的接纳。[135]

这些最新进展和其他相关研究，已经扫清了通往最终认知的道路，不仅让我们了解了一种极重要的心理疾病，也使一项复杂的人类行为现出了眉目。虽然这类行为绝不能称为正常，但影响文化的进化。这些狂人的幻觉和远见，导致了世界上的某些暴政、宗教狂热和伟大的艺术作品的诞生。许多社会把精神分裂症看作神赐的福祉或恶魔附身的结果，这种针对极端怪异的现象所产生的既定反应，是社会文化的一部分。

不过，你当然会反驳，文化大半仍然是基于正常而不是疯狂的反应。为什么我们对爱、利他主义、竞争性和其他日常社会行为的成分，了解得这么少？答案在于遗传学研究有它因实际需要而产生的偏颇。研究遗传和发育的遗传学家，首先会观察单一突变所造成的巨大的、较易观察分析的效应。例如，在古典的孟德尔遗传学时期，学者研究的是可立即辨认的特征，例如果蝇的残翅和豌豆有皱褶的种子外皮，然而产生这些巨大的突变，恰巧也是具有伤害性的突变，正如任意大幅改造汽车发动机，会比小幅的改造容易使车子抛锚。巨大的突变几乎总会降低生存率和繁殖力。因此，具有开创性的人类遗传学研究，大半都和医学遗传学相关，就像先前例举的精神分裂症研究。

这种研究方法的实用价值是毫无疑问的。科学家对巨大效应的采用，已经多次在医学研究上带来重要的进展。超过 1200 种生理和心理失调症，已经个别与单一基因关联在一起，若按照字母的顺序排列，则是从阿尔斯可–史考特综合征（Aarskog-Scott syndrome）到泽尔威格综合征（Zellweger syndrome）不等。这个结果显示了 OGOD 原则，也就是“一个基因，一种疾病”（One Gene，One Disease）。OGOD 这个方法的运用非常成功，以致研究人员打趣地把科学杂志和主流媒体上报道的新发现，称为“当月疾病”。看看以下多样的例子：色盲、血友病、纤维化囊肿（cystic fibrosis）、亨廷顿病（Huntington's chorea）、视网膜母细胞瘤（retinoblastoma）、高胆固醇血症（hypercholesterolemia）、镰形细胞贫血症（sickle-cell anemia）、莱施–奈恩综合征（Lesch-Nyhan syndrome）。疾病的根源来自单一基因和多基因的变异，这得到极普遍的证据支持，甚至连抽烟也有可辨认的遗传因素。难怪生物医学科学家喜欢引用一句格言："所有的疾病都来自遗传。"

研究人员和执业医师对 OGOD 的发现特别欣喜，因为单一基因的突变必然有生化上相对应的指标，可以用来简化诊断过程。由于这个指标是一个缺陷，通常出现在突变基因转译之后的一系列分子反应中的某处，所以通常只要一个简单的生化测试，就可以加以显示。我们对采用仙丹妙药来校正遗传疾病，也抱持愈来愈高的期望，希望能以精妙、非侵入性的程序来更改生化上的缺陷，并去除疾病的症状。

基因表现因人而异

尽管 OGOD 原则在早期非常成功，但应用到人类行为上时，可能会导致严重的错误。虽然单一基因的突变确实经常引起某项特征的重大改变，但这并不表示，这个基因决定了受影响的器官或程序。一般而言，每一种复杂的生物现象，都得归因于多个基因。到底涉及多少个基因？为了得到这方面的资讯，我们必须由人类转移到小鼠。小鼠是重要的实验动物，生命短，而且在所有哺乳类动物中，我们对它具有最多的遗传知识，尽管如此，我们在这方面的知识仍然很琐碎。光是与小鼠毛皮质地有关的已知基因，就至少位于染色体上的 72 个位置。另外，至少有 41 种其他基因在发生变异时，会引起内耳平衡器官的缺陷，而导致病态的摇头和转圈圈的行为。

小鼠在遗传上所呈现的复杂程度，让我们体验到人类遗传学所面临的困难。人体内所有的器官和生化过程，以及其中定义狭窄的特征，都是由多组基因共同决定的，其中每组基因又在染色体上占据一系列不同的位置。非洲和欧洲人类祖先皮肤颜色的差异，被认定是由三到六组的此类“多基因”（polygenes）所决定。[136] 我们对这项特征和其他类似系统的基因组数的估计可能偏低，因为除了较容易探测与较具影响力的基因，对变异现象贡献较小的其他基因，可能有许多仍然未被发现。

多基因中的任何一个基因发生突变，都可能产生极大而有决定性的 OGOD 效应，或只引起小幅偏离平均值的现象。后一类突变现象经常出现，也因为如此，导致慢性抑郁症、躁郁症和其他失调症的基因，一直显得很深奥难懂。比方说，在爱尔兰被诊断为抑郁症的病人和在丹麦被诊断为抑郁症的病人，至少有部分的基因倾向是不同的。在这种情况之下，一个实验室在染色体上小心确认出来的基因位置，可能无法从另一个实验室同样小心的研究中求证。

环境中微妙的差异也可能歪曲经典的孟德尔遗传模式。有一个常见的效应称为“不完全外显率”（incomplete penetrance），也就是指，即使两个人具有相同的有效基因，但某种特征可能只出现在一个人身上，而不在另一个人身上出现，例如，同卵双胞胎中的一个患上精神分裂症时，另一个同时产生精神分裂的可能性只有百分之五十，尽管他们具有完全相同的基因。另一项效应则是基因表现的差异。有精神分裂症的人，在病症形式和强度上的差异也非常大。

总而言之，人类行为遗传学为基因到文化之间的途径，提供了很重要的关联。这个领域仍然处于婴儿期，在理论和技术上都面临着极大的困难。它所采用的研究方法，主要是传统的双胞胎研究，以及族谱分析、基因图谱和最近的 DNA 序列辨认法。这些研究方法目前只是粗略地结合在一起，如果它们能在心理发展研究的辅助之下继续合成新方法，比较清楚的人性基础概念，最后必将出现。

超级白蚁的伦理规范

目前，我们所知道（或更正确地说，我们认为自己所知道）的有关人性的遗传基础，可以用三个生物组织层次之间的关联来表达。我将依照由上而下的顺序加以陈述，由普遍的文化现象开始，再进到社会行为的外遗传法则，最后以重新审视行为遗传学作为终结。

美国人类学家默多克（George P. Murdock）在 1945 年的经典纲要中，列出了一系列文化的共性。当时受到研究的社会行为有数百个，全都记录在《人际关系区域档案》（*Human Relations Area Files*）中。根据默多克的定义，文化共性（cultural universals）所指的，就是其中每个社会内的社会行为和社会习俗。这个系列包括 67 种共性：年龄分级、运动、身体上的装饰、历法、清洁习惯的训练、社区组织、烹调、合作劳力、宇宙学、求偶、舞蹈、装饰艺术、占卜、劳力分工、梦的诠释、教育、末世论（eschatology）、伦理、民族植物学、礼仪、信仰疗法、家庭聚餐、取火、民间传说、食物上的禁忌、葬礼仪式、游戏、表情姿势、赠礼、政府、问候、发型、好客、住宅、卫生、乱伦禁忌、遗传法则、玩笑、亲族、亲族名称、语言、法律、运气迷信、魔术、婚姻、进餐时间、医疗、产科医学、处罚裁决、个人姓名、人口政策、产后照顾、怀孕的处理、产权、超自然现象的抚慰作用、青春期风俗、宗教仪式、居住规则、性爱限制、灵魂观念、阶层划分、外科手术、器具制造、贸易、访问、气候控制以及纺织。[137]

我们很容易排斥这些特质，认为它们和人类真正的本质无关，不是真正的遗传，只是某个具有高度智商和复杂语言的物种，在发展出复杂社会的进化过程中所必然产生的现象，和遗传倾向无关。但是这种解释方法很容易被反驳。让我们假设有一种白蚁，从物种的社会层次中进化出文明。就以非洲善于建立小丘的一种大白蚁（Macrotermes bellicosus）为例，它们在地下建立起城市般的蚁巢，每一个蚁巢中都有上百万个的居民。让我们提升它们以昆虫身份所建构的社会组织，使它们社会的基本性质变成一种由外遗传法则所引导的文化，就像人类文化一样。白蚁的这个六足昆虫文明，是建立在白蚁的本性基础上的，其本性包括始终保持单身并且不具繁殖力的工蚁、采食彼此的粪便以交换共生菌、利用化学分泌物（费洛蒙）进行沟通，以及例行的同类相食，也就是吃蜕皮和死亡或受伤的家属。我曾写过一篇符合白蚁群体精神的讲演稿，由白蚁领袖向群众发表，以增进超级白蚁的伦理规范：

> 自从我们的祖先大白蚁在第三纪后期的快速进化中，发展出10公斤重的体重和更大的脑袋，同时学会用费洛蒙来书写之后，白蚁的学术成就因此得以提高，伦理哲学也变得更加精益。现在我们可以精确地描述白蚁的道德行为规范。这些规范是不证自明而且举世皆准的。它们是白蚁的精神所在，包括：热爱黑暗，热爱土壤内部深藏的霉湿巢穴；在与

其他蚁群频繁的战争和贸易中，能把本群体的生命放在中心位值；接受生理阶级的划分；认同个人权力是一种罪恶（群体至上！）；给予拥有繁殖力的王族手足由衷的关爱；能从化学物品所编成的歌曲中获得乐趣；在蜕皮之后，能对采食蚁巢中其他巢友的粪便产生深刻的社会满足感和美学上的愉悦；对蚁食蚁的习俗感到狂喜，并且在生病或受伤时，乐意捐献自己的肉体（被吃比吃更有福）。[138]

文明来自遗传本性

支持人类文化共性的进一步证据，是来自旧大陆和新大陆的两种文明起源。这两种文明各自在隔离孤立的状况下进化，但在极广泛的细节上具有令人惊讶的共同点。这个“伟大实验”的第二阶段，发生在 1.2 万年前或更久以前，当时新大陆受到西伯利亚游牧民族的入侵，而那时的居民属于旧石器时代的狩猎采集者，极有可能形成了百人或人数更少的生活群体。之后的数个世纪中，他们朝南方扩展，穿过整个新大陆，从北极的冰原到达 1 万英里（约 1.6 万千米）外火地岛（Tierra del Fuego）的冰冷森林，沿路融入当地的土著部落，并且适应他们面临的每一种陆上环境。沿途有些社会演变出君权统治和帝国统治的制度，并具有极其类似旧大陆社会的基本架构。

1940 年，美国考古学家基德尔（Alfred V. Kidder）还只是一位对早期北美部落和玛雅城独具创见的学生，他总结出旧大陆和新大陆独立发展的文明史，用来说明人类的遗传本性。他说，在这两个不同的半球内，人类在一开始都像石器时代的原始人。他们首先栽培野生植物，使人口增加到足以形成村落，同时使社会群体复杂化，并发展出复杂的艺术和宗教，容许宗教领袖和政权统治者拥有神授的特殊权力。他们发明陶器，并且用植物纤维和羊毛编织成衣服。他们驯养当地的野生动物，作为食物和役畜。他们把金属制造成器具和装饰品，首先采用黄金和铜，接着采用青铜，也就是由铜和锡混合而成的坚硬合金。他们发明书写方法，用来记载神话、战争和贵族族谱。他们创造了世袭阶级，以便区分贵族、祭司、战士、技工和农夫。基德尔还指出："在新大陆和旧大陆中，我们都看到了神权的扩张并且与当时的权力相结合，或是自己名正言顺地成为统治者，为神灵建造巨型的神庙，并且以绘画和雕塑加以装饰。祭司和酋长都有精致的陵墓，墓中充满了为来世准备的丰富物品。同样的情形也出现在政治发展史上。在两个半球内，团体都会彼此结合，形成部族，联盟和征服会带来卓越的地位，帝国因而成长并且取得代表荣耀的物品。"[139]

尽管上述的共性给人极深的印象，但是把它当作证据来支持基因和文化的相关性，仍然有些冒险。虽然上述项目在各地极其一致地出现，不太可能仅出于巧合，但是在两个半球之间和之内的社会中，它们在细节上差异极大。同时，这些文明的特质散布得太广，并且在最近才出现，因此不太可能是经由遗传进化而产生，然后再通过狩猎采集者以某种形式携带穿越整个世界。如果认为有某类特殊基因能够产生农业、书写、神权和永垂不朽的陵墓，实在是有些荒谬。

从 1978 年出版《论人性》(*On Human Nature*) 以来，我一直在著作中表示，文化的来源具有曲折磨人的历程，由基因到大脑、感觉，再到学习和社会行为。我们所继承的神经生物特征，使我们以某种特殊的方式观看这个世界，学习某些行为，而不为其他行为所吸引。这种继承自基因的特征并不是弥母，不是文化单位，而是选择、发明并传递特定记忆元素的习性。

早在 1972 年，塞利格曼（Martin Seligman）和其他心理学家就已经对发展过程中的偏见，提出了准确的定义。他们称之为“有备学习”。通过这个观念他们指出，动物和人类天生就预备好要学习某些行为，而对其他行为有加以避免的倾向。许多与“有备学习”相关的案例，组成了外遗传法则的次集合。在生物学上，已经确认的外遗传法则广泛地包括了结构、生理、认知和行为发展上的各种遗传规律。它们是关于成长和分化的规则系统，能够创造具有完整功能的有机物。[140]

第二个有用的看法来自社会生物学，认为社会行为中的“有备学习”与外遗传法则的其他次集合相同，往往具有适应性：它借着改进生物体的生存和繁殖能力，而赋予生物体达尔文适应度（Darwinian fitness）。人类行为外遗传法则所具备的适应能力，并不单是生物或文化发展的结果，而是由两者微妙的表现所共同产生。研究人类社会行为外遗传法则最有效的方法之一，是在传统心理学中纳入进化过程的原则，因此，致力于研究这个主题的科学家，往往自称进化心理学家。这是一个由许多学科混合而成的领域，包括社会生物学和心理学。前者是以各种生物体为研究对象，包括人类在内，然后对社会行为的生物基础进行系统研究；后者则是对人类行为的基础所做的系统研究。随着我们对基因–文化协同进化的了解的增加，并且为了使事情更简单明了，同时在偶尔面对敌对意识形态时能够具备学术上的勇气，我们最好把进化心理学和人类社会生物学视为相同的学科。

初级外遗传法则

正如我在早期著作中所强调的：20 世纪 70 年代，动物和人类社会生物学的中心问题是利他主义（altruism）；现在，这个挑战已经多半由成功的理论和经验性的研究解决了。20 世纪 90 年代，人类社会生物学的焦点开始转移到基因–文化协同进化上。在这个新的研究阶段，对外遗传法则下定义是了解人性的最佳方法。从逻辑上来看，这样的强调似乎是不可避免的，因为基因和文化的关联必将在感官和大脑的设计中出现。在我们更了解并慎重考虑这个过程之前，遗传进化和文化进化的数学模型，将只具有极其有限的价值。

我相信外遗传法则和情绪一样，会在两个不同的层次上产生效用。初级的外遗传法则是自动化的过程，从感官对外来刺激的过滤和信号的转换，一直到大脑对外来刺激的感受和解释。这整个过程几乎不受以往经验的影响，即使受到影响，程度也很小。次级外遗传法则是整合大量资讯时的规律，它利用选定的感官、记忆和情绪片断，指引心灵采取某些弥母或明显的反应，做出符合遗传倾向的决定。区分这两个层次的外遗传法则，只是一种主观的判断，为了方便而已。中等复杂的外遗传法则也同时存在，因为较复杂的初级外遗传法则可以进级为较简单的次级外遗传法则。

所有的感觉都采用了初级外遗传法则，其中最基本的性质之一，是把连续的感觉切成分离的独立单元。比方说，人类一出生，视网膜上的视锥和视丘外侧膝状核上的神经元，就会把可见光的波长划分成四种基本颜色。同样的，在听觉上，大人和小孩都会自动把语言的发音划分成音素（phoneme）。由 ba 到 ga 之间有一系列连续的发音，但我们听起来并不连续，不是听作 ba，就是 ga；由 v 到 s 的发音变化，也具有相同的现象。

婴儿一出生，就天生具有对声音的反应，这会影响将来在社会中的生存和沟通。新生儿天生能区分噪音和乐音；4 个月大的婴儿较喜爱和谐的音调，有时会对走调的音做出厌恶的表情，好像是舌头上被滴了一滴柠檬汁那样。新生儿对巨大声响的反应又称为莫罗反射（Moro reflex）：如果声响由婴儿背后发出，婴儿首先会向前伸出双臂，像拥抱般慢慢将双臂拉拢，然后哭出声，之后才逐渐放松下来。出生 4 周到 6 周期间，莫罗反射就由惊吓反应所取代。[141] 我们在前面已经描述过惊吓反应，它是所有反射动作中最复杂的一种，并且会在生命中继续存在。在听到预料之外的巨响之后不到一秒钟，眼睛会闭上，嘴巴张开，头低垂，肩膀和手臂下沉，而双膝稍微靠拢。整个身体的姿势，好像要承受即将来临的暴力打击。

味觉上对化学物品的某些偏好，也是一出生或出生后不久就形成了。新生儿喜欢含糖的溶液胜过开水，而且具有特定的喜爱顺序：蔗糖、果糖、乳糖、葡萄糖。新生儿会排斥酸、咸或苦的物质，而且会以特殊的表情反映其中的每一种味觉。这些表情将持续终生。

初级外遗传法则会引导人类的感觉系统，处理的大半是听觉和视觉资讯。这个倾向和大多数动物刚好相反，动物主要依赖嗅觉和味觉。人类对视觉和听觉的偏好，也反映在词汇中不成比例的感官用词上。由英语、日语到祖鲁语和达科他语中的提顿语[142]，在世界上的语言中，描述感官印象的用词有三分之二到四分之三与听觉和视觉相关，其余少数字眼则用于形容其他感觉，包括嗅觉、味觉、触觉和对温度、湿度及电场的敏感度。[143]

次级外遗传法则

初级外遗传法则也利用对视觉和听觉的偏好，来建立婴儿期和童年早期的社会关系。实验显示，出生后 10 分钟，婴儿的注意力较容易集中在具有正常面孔的海报上，而不是具有异常面孔的设计上。两天之后，婴儿喜欢观望自己的母亲胜过其他不认识的女性。其他实验还显示出另一个同样令人惊讶的能力，婴儿可以区分母亲和其他妇女的声音。至于母亲，只要极短暂的接触，就能辨认出自己新生儿的哭声和身上的气味。[144]

脸部是非语言性视觉沟通的主要部位，也是影响心理发展的次级外遗传法则发生作用的主要区域。有些表情在各类人种中都具有相同的含义，尽管它们在不同的文化中曾稍有改变而表现出细微差别。加利福尼亚州大学旧金山分校的艾克曼（Paul Ekman）为了测试这个现象的普遍性，做了一个极好的实验。他把美国人害怕、憎恶、惊讶和高兴时的表情拍成照片，之后又前往新几内亚高地土著的村落中，趁他们讲故事而引发类似的感觉时，把他们的表情拍摄下来。其他文化的人看到这些特写镜头时，对这些表情的诠释可以精确到百分之八十以上。

在脸上，嘴是视觉沟通的主要工具。笑容尤其是次级外遗传法则作用丰富的部位。心理学家和人类学家发现，在各种文化中人类对笑容的使用，具有极类似的既定发展过程。婴儿在 2 到 4 个月大时，首度出现这种表情，而且通过这个表情，总能从关注的成人身上吸引到极多的关爱。环境对笑容的形成影响极少。南非喀拉哈里沙漠上狩猎采集部落王国的婴儿和美洲及欧洲的婴儿，得到的抚育条件极其不同。那儿的母亲在没有任何人协助或未服麻药的情况下生产，之后婴儿几乎总在成人身边，每小时喂好几次奶。而且，他们会尽早地严格训练婴儿坐、站和走路。然而，这些婴儿的笑容和出生在美洲及欧洲的婴儿一模一样，会出现在相同的时间，也具有相同的社会功能。笑容也会准时出现在聋盲婴儿的脸上；母亲妊娠时服用镇静剂沙利度胺（thalidomide）而导致的畸形儿，不仅又聋又盲，还残障到无法触摸自己的脸部，但仍然会准时出现笑容。[145]

人类一生当中，笑容主要用来传达友好和赞同的信息，除此之外还用来表达一般的喜悦。每一种文化还会根据笑容出现的形式和场合，赋予它特有的微妙含义。笑容可以带有讽刺和轻微的嘲弄，或用来隐藏困窘的感觉。但即使在这些情况下，笑容所传达的，也只是所有面部表情信息中的一小部分。在最高层次的心理活动中，复杂的次级外遗传法则是以拟物化（reification）的程序进行：想法和复杂的现象会先缩减成较简单的观念，再与熟悉的物体和活动相比较。人类学上有无数这方面的例子，在此以婆罗洲的杜松人（Dusun of Borneo）为例，杜松人把每一幢房子都拟人化为一个“身体”，具有手臂、头、腹、腿和其他部位。一幢房子只有朝着某个方位才算是“站”得好，如果建在山坡上，就是“上下颠倒”。从其他尺度来看，房子可以归为胖或瘦、年轻、年老或年久失修。房子所有的室内细节都具有极浓厚的意义，每一个房间和每一件家具都和历法、仪式、魔术及社会信仰相关。

拟物化是一个简捷的心理程序，为一个充满变动与细节的世界创造了秩序。它的表象包括人类采用二分法的本能，这是一种将一系列重要的社会现象一分为二的倾向。社会各处都把人分成在团体内和团体外、小孩和成人、亲族和非亲族、已婚和单身，同时也把活动分成神圣和亵渎、善良和邪恶。要从分类中的一组转入另一组，则需要通过入会仪式、婚礼、祝福、任命，以及各个文化所特有的通行仪式。

协助建立结构主义的法国人类学家列维-斯特劳斯（Claude Lévi-Strauss，1908—2009）和同一学派的其他作家指出，二元的本能受到先天法则相互作用的支配。他们通过神话故事，提出种种对立关系，比如男人-女人、族内通婚-族外通婚、天-地，认为这些是人类心灵必须面对和解决的矛盾。因此，死的观念必然牵引出生的观念，借着死亡是通往永生大门的神话而得以化解。在完整的结构主义说法中，二元对立（binary opposition）会进一步联结成更复杂的组合，文化也借此融合成完整的总体。[146]

结构主义者的看法基本上吻合以下的概念：心灵和文化是在自然科学和生物人类学中出现的。但是结构主义各阶级之间对于最佳的分析方法无法达成共识，他们的看法也因而减弱。他们的问题并不在基本概念上，而在欠缺与生物学和认知心理学之间的真实关联，至少这是我阅读了大量零散的文献之后得到的了解。这些关联也许会建立，并且可能产生良好的成果。[147]

外遗传法则的遗传基础

现在进入找寻人性的下一步：寻找外遗传法则的遗传基础。这个基础是什么？设定这个基础的基因又有多大变异？为了慎重起见，在回答这个问题之前，让我再度强调人类行为遗传学的整体限制。人类行为遗传学的研究正处于婴儿时期，仍然很脆弱，无法抵抗那些只为了伸张个人的意见而对这个学科态度不友善的评论家。只有从评估遗传率这个分析层次来看，人类行为遗传学才称得上是先进的学科。遗传学家利用复杂的统计技术，计算出基因在特征形成上的贡献比例。这些特征有许多，包括感觉的生理过程、大脑功能、个性和智力。他们得到一个重要的结论：人类行为中各式特征的变异，几乎都和遗传有某种程度的关联，因此是通过某种方式，受到人类基因差异的影响。这个发现应该不令人惊讶。就目前曾经研究过的动物来看，同样的结论也适用于它们的行为。

然而，遗传率的测量值并不能用来确认特定的基因；它也无法提供暗示，让我们了解由基因到外遗传法则所必经的错综复杂的生理发育途径。当今人类行为遗传学和社会生物学的弱点，主要在于只有少数相关的基因和外遗传法则为人所确认。但这并不能否定其他基因和外遗传法则的存在，它们只是还没在基因图谱上被指认出来罢了，原因是，这个层次上的人类行为遗传学技术相当困难。

这方面的例子较少，造成了另一个重要的成果。通常影响外遗传法则的基因和这些法则本身，会分别由独立作业的不同小组进行研究。这些研究人员很少把这些基因和相关的外遗传法则互相搭配起来，我们之所以对它们之间的关联有所了解，多半是靠运气。凭揣测，假设到目前为止已经发现了百分之一的相关基因和百分之十的外遗传法则，那么它们的搭配所占的百分比，将是以上两个百分比相乘后的数值这么小，只有百分之零点一。但是，目前这样稀少的搭配并不代表一种失败，反而是等待斩获科学新发现的良机。我们可以准确地预见，在这个介于生物学和社会科学交界处的领域内，即将出现一些对人类行为研究的最重要进展。

影响复杂行为的已知基因突变中，有一种突变会造成失读症（dyslexia），这是因为诠释空间关系的能力有缺陷而造成的阅读失能。另一项基因突变，会降低三项空间能力心理测验的结果，但是不影响语言技巧、感受速度和记忆能力等其他三项测验的结果。我们也发现了影响个性的基因。有一种突变能够引发攻击行为，但到目前为止只发生在荷兰的某个家族中。这个突变的基因位于X染色体上，显然会造成单胺氧化酶（monoamine oxidase）的欠缺。调节“打或逃”反应的神经传导物质，需要这个酶才能分解，但突变产生的偏差造成神经传导物质的累积，以致大脑一直维持在兴奋的状态，随时准备以暴力来回应低程度的压力。另一种比较正常的个性变异，是由“追求新奇感的基因”所引起的。这个基因的突变，会改变大脑对神经传导物质多巴胺的反应。带有这个突变基因的人在接受标准测试时，会表现出较易冲动、有好奇倾向和善变的个性。比起未突变的基因，这个突变基因和它帮忙制造的蛋白质受体具有较长的分子长度。追求新奇感的基因分布很广，在以色列和美国的各类不同种族团体中都侦测得到（但并不出现在芬兰人团体中）。另外其他多种基因变异也已被发现，这些变异会改变神经传导物质的新陈代谢和活性，但对行为的影响仍有待进一步研究。[148]

提出这些例子，并不表示我认为光凭逐一找出并列出基因，就可以建立人类行为的遗传基础。找出相对应的基因只是一个开始。大多数特征都受到多基因的影响，甚至包括智力和认知的最简单元素在内，而多基因是由散布在染色体不同部位的多个基因组成，会共同发挥效应。在某些情况下，多基因的效应只是简单的加成，因此一组多基因所含有的基因数愈多，就能产生愈强的成效，例如产生更多的神经传导物质，或更高浓度的皮肤色素。这种加成遗传性（additive inheritance）造成的结果正如其名，会使某个特征在整个人口中呈现典型的钟形曲线分布。其他多基因会一直相加，直到超过某个上限值之后，特征才会首次出现，糖尿病和一些心理疾病显然属于这个类别。最后，多基因可能具有相互抑制的作用：染色体某个部位的基因会抑制染色体另一个部位的基因。脑电图（EEGs，electroencephalogram）所显示的脑波模式，就是这种遗传方式所产生的一种神经现象。

人类行为遗传学将大放异彩

最后，事情还可以更复杂，我们还发现了基因多效性（pleiotropy），这是指单一的基因可以导致多种效应。人类身上的一个典型的基因多效性的例子，是引起苯丙酮尿症（phenylketonuria，PKU）的突变基因，症状包括氨基酸苯丙氨酸（phenylalanine）过多、异常的苯丙氨酸代谢产物、酪氨酸（tyrosine）短缺、尿液颜色变深、毛发颜色变淡、中枢神经系统因中毒而受损伤以及心智的不健全。

由基因到它们所导致的特征之间，是个错综复杂到似乎不可想象的过程。但是，这些过程仍然可以理解。人类生物学未来所探求的，多半会是基因对身体和心理发展过程的影响。如果目前的研究依计划进行，在21世纪的头20年当中，我们将目睹人类基因组的完整序列，而且绝大多数基因都会被定位。尤其是，遗传形式也将是科学可掌握的。控制每一种行为特征的多基因数目是有限的，产生大多数变异现象的基因数目往往在 10 个以下。而单一基因所产生的多重效应也是有限的。一旦分子生物学家能够追踪基因所引发的一连串化学反应，而神经科学家也能够描绘出这些化学反应最终导致的大脑活动模式，那么从基因到特征的过程，将具备更完整的定义。

在不久的将来，人类行为遗传学将循着两个矛尖所指的方向前进。第一支矛是心理疾病遗传性的研究，第二支矛则是性别差异和性取向的研究。大众对这两类研究都具有强烈的兴趣，而且它们都具有一个优点：所涉及的过程具有明显的表征，因此很容易独立测量。它们也符合科学研究的主要原则：先找到一个可以申请到经费的主题，然后动用你能张罗到的所有方法加以分析。

尽管性别差异研究在政治上会引起纷争，却是一个特别多产的领域。心理学和人类学的文献在这方面已经有极丰富的描述；它们的生物基础也已部分为人所知，有所记录的包括：胼胝体[149]和其他大脑结构，大脑活动模式，嗅觉、味觉和其他感觉，空间和文字能力，以及儿童时期的天生嬉戏行为。激素促成性别分歧，并导致以上特征在统计上的差异和重叠，对此我们已经有相当多的了解。在胎儿和儿童发育时期诱发制造这些激素的基因，也已经在 Y 染色体上定位了，称为“Sry”，代表 Y 染色体上的性别决定区域（sex-determining region）。当个体具有两个 X 染色体，而不是具有 X 和 Y 染色体时，Sry 就不存在，而胎儿的性腺会发展成卵巢，并且相继引发内分泌和心理生理的发展。这些事实也许不能满足每一个人意识形态上的渴望，却是另一种陈述方式：

不管我们喜不喜欢，人类就是一种生物。

非文字信号

到目前为止，我已经探究了基因-文化协同进化的大多数步骤，并且在证据允许的情况下，由基因绕到文化再回到基因上。这些步骤可以简短地总结如下：

基因指定了外遗传法则，也就是感觉和心理发展的规律，也是产生文化的动力和渠道。

文化有助于决定哪一些基因能够存活并且世代繁衍。

新生的成功基因会改变种群中的外遗传法则。

受到更改的外遗传法则会改变文化生成渠道的方向和有效程度。

以上一系列步骤中的最后一个，也是最重要最具争议性的一个问题，涉及了遗传的束缚力。经过整个史前时代，尤其到将近 1 万年前，现代人种的大脑已经进化成形，基因和文化的进化也已经密切相关。新石器时代社会的出现，尤其是文明兴起之后，文化的进化速度突然加快，使基因的进化相形之下好像暂停了。在这个文化进化以指数攀升的最后阶段，外遗传法则能够容许的不同文化分歧有多大？遗传的束缚力又有多紧密？这是非常关键的问题，而我们只可能找到部分答案。

一般而言，外遗传法则的束缚力强到足以显示出可见的约束力；即使在最复杂的社会中，它们也已经在人类行为上留下了不可磨灭的痕迹。但也许会让强硬的遗传派感到不舒服的是，在目前所知的外遗传法则控制下，文化已经进化出广泛的分歧现象。有时，文化中会出现某些降低达尔文适应度的特征，至少这种现象一度存在。的确，文化偶尔会疯狂发展，甚至摧毁那些孕育它的个体。

我们对外遗传法则转变成多样性文化的过程所知有限。要描绘这些知识，最好的办法是借由实例。我将举两个例子，一个相当简单，另一个则较复杂。

先说简单的。我们如果失去所有文字上的沟通，仍然还会有丰富的辅助语言可以沟通大多数的基本需要，包括身体的气味、脸红害羞和其他无法掩饰的反射反应、面部表情、姿势、手势和非文字的发声表达。所有的这些沟通方式会以不同的组合，且通常是无意识的意图，编成情绪和意图的真正字典。这些是我们灵长类的祖传能力，从语言产生之前一直持续至今，几乎毫无变化。虽然这些信号在细节上依文化而变，但它们具备的一些不变元素，显示出古老的遗传起源。例如：

◆雄甾烯醇（androstenol）是一种男性费洛蒙，集中在汗液和新鲜的尿液中。它们以麝香味或檀香味等名称为人所感知，在社交接触时会改变性吸引力或使气氛变得温和。

◆触摸对方是表示欢迎的方式，由下列的内在规则所调节：对同性的陌生人只触摸手臂，当熟悉感增加时才开始触摸其他的身体部位，对异性感到亲密时更是如此。

◆瞳孔放大是对别人的一种正面反应，女性尤其显著。

◆伸舌头与吐口水是表示反对的攻击姿态，以舌舔唇代表社交上的邀请，普遍用在挑逗时。

◆闭上眼睛、皱起鼻子，是一种表达反对的共同语言。

◆嘴角下垂、张开嘴、露出下排牙齿，是带有蔑视的威胁。

以上和其他的非文字信号，是了解基因-文化协同进化的理想课题。关于这些信号的解剖学和生理学知识，我们已经有许多了解；相较于文字信号，它们所对应的基因和大脑控制活动可能较为简单。通过一种信号在多个社会中的不同用法，我们可以观察到每一种信号因为文化进化而产生的意义变化。每个信号都有自己的变异程度和弹性，也因此在世界各地的文化中具有不同的微妙含义。也就是说，设定特定信号的基本结构的每一组基因，都有它自身的反应规范。

文化中的非文字信号，正等着我们从比较的观点来进行研究。眉毛的上下挑动，是一种具有中等变异程度的本能，也是德国人种学先驱艾贝斯费尔特（Irenaus Eibl-Eibesfeldt）所提供的许多例子之一。当一个人的注意力受到吸引时，他会睁大眼睛来扩大视野；当他感到惊讶，会把眼睛睁得非常大，同时明显地扬起眉毛。眉毛上扬已经普遍地仪式化成眉毛上下挑动（可能是由基因设定），成为社交上的邀请信号。这里所谓的仪式化，是指一项身体活动在某种情况下进化出特殊的功能。在上述的例子中，眼睛睁大和眉毛上扬进化成一种明显的典型形式，也就是用来沟通的眉毛上下挑动。这是基因-文化协同进化过程中的遗传部分。但是，基因-文化协同进化过程中的文化部分，也影响了眉毛上下挑动的动作，使它的含义在不同的社会中略有不同。在不同的社会和情况之下，这个动作会结合其他形式的肢体语言，以传达欢迎、挑逗、赞同、要求对方肯定、感谢，或强调文字信息等含义。在波利尼西亚（Polynesia）的文化中，它实际上是用来表达

“是”的意思。[150]

颜色认知来自遗传

我想举的第二个有关基因-文化协同进化的例子，是与颜色相关的词语，因为在较复杂的例子中，这是目前研究得最透彻的一个。科学家已经由设定颜色感觉的基因，一路追踪到表达颜色感觉的词汇。

颜色在自然界中并不存在，至少，并不是以我们自认为看到的形式存在。可见光是由连续变化的波长组成，先天并不具备颜色。色觉是视网膜上感光的视锥和大脑中与其相接的神经细胞，加诸波长变化上的结果。光能首先由视锥的三种色素所接收，这是生物学家依照细胞感光色素的种类，把它们分为蓝色细胞、绿色细胞和红色细胞。这些细胞吸收光能后激发的分子反应，接着转换成电信号，传到组成视神经的视网膜神经节细胞（retinal ganglion cell），和波长相关的资讯会在这里重新组合，然后沿着两个轴向分布开来。随后，大脑把其中一个轴上的资讯解释为由绿到红的色彩，另一个轴则是由蓝到黄，而黄色的定义为绿色和红色的混合。比方说，某一个特殊的神经节细胞也许会受到红色视锥输入信息的激发，但会受到绿色视锥输入信息的抑制。之后，借着这个神经节细胞送出的电信号的强弱，大脑就会知道视网膜接收了多少红色或绿色的光。大量的视锥和中间神经节细胞所传出的集体资讯，会往后传回大脑，穿过视交叉到视丘的外侧膝状核，也就是构成大脑中央附近转接站的一团神经细胞，最后再传到大脑最后端的初级视觉皮质上的一系列神经细胞上。

在数毫秒之内，已经编码为颜色的视觉信息就散播到大脑的不同部位。大脑会如何反应，要看它们召集到的其他信息和记忆而定。比方说，这类的许多组合所产生的模式，也许会使人想到代表这个模式的文字，就像："这是美国国旗，它的颜色有红、白、蓝。"在思考看似明显的人性时，最好记住以下的比较：你眼前飞过的昆虫可能接收到不同的波长，并且把这些波长拆解成不同的颜色，甚至没有颜色，根据昆虫的种类而定；如果这只昆虫会说话，它的文字可能很难翻译成我们的语言；它的旗帜也可能会和我们的旗帜大不相同，这得感谢它的昆虫本性（相对于人性而言）。

视锥内三种色素的化学特性是已知的，包括组成氨基酸以及氨基酸长链的折叠形状。控制这些色素的基因位于X染色体上，对于这些基因的DNA化学特性，以及引起色盲的基因突变化学过程，我们也都已有所了解。

因此，经由遗传我们已经相当了解分子过程，人类的感觉系统和大脑会把连续变化的可见光波长，分解成一系列多少是各自分立的单位，也就是我们所谓的可见光谱。若从生物观点上追根究底，这一系列单位的产生是任意的，只是过去数百万年内的一种可能的进化成果。但是就文化观点而言，这个光谱并不是任意的，因为它既然是遗传上的进化结果，就无法经由学习或命令加以更改，而人类文化中与颜色相关的所有事物，都是由这个单一过程衍生出来的。就一个生物现象而言，对颜色的知觉刚好和光的另一项基本特质成对比，那就是光线强度。当我们逐渐改变光线强度时，比方利用调光器把光线连续调强或调弱，我们会看到真实的连续变化过程；但如果我们使用单一波长的单色光，并逐渐改变波长，却见不到连续性。如果由短波长的一端走到长波长那一端，我们首先会看到一道宽阔的蓝带（至少看起来多少像蓝色），之后是绿色，接着是黄色，最后才是红色。

世界各地有关颜色的词语，都同样受到这个生物限制的影响。20 世纪 60 年代，加利福尼亚州大学伯克利分校进行一个著名的实验，伯林（Brent Berlin）和凯伊（Paul Kay）为了测试这个生物限制，找来分别以 20 种语言为母语的一些人，包括阿拉伯语、保加利亚语、广东话、希伯来语、泰国语、加泰罗尼亚语、伊比比奥语、策尔塔尔语和乌尔都语等[151]。这些自愿受试者必须以直接且准确的方式，描述他们的语言中有关颜色的词。他们首先观看孟塞尔阵列（Munsell array），这是一组分散的色块，由左到右随着光谱的颜色而变，由下到上则依亮度而变。之后他们再把自己语言中主要的颜色用词标在最接近这个用词含义的色块上。尽管各个语言所用的词在起源和声音上差异极大，但语言使用者所指出的位置相当密集，而且大致上与蓝、绿、黄、红等主要颜色相对应。

颜色词语因文化而异

20 世纪 60 年代晚期，有关颜色认知的实验显示，基因对学习偏好的强度影响极大，真令人惊讶。这个实验是由罗希（Eleanor Rosch）执行，她当时也在加利福尼亚州大学伯克利分校。罗希在找寻认知上的“自然类别”时，发现新几内亚的达尼人（Dani）并没有代表颜色的文字，而只会谈论“mili”（大致上代表暗）和“mola”（亮）。于是罗希提出以下的问题：如果让达尼的成年人学习颜色词语，他们会不会因为颜色用词与主要的天然色彩对应，而较容易学会？换句话说，文化上的创新是不是在某种程度上，会受到天生遗传限制的引导？罗希把68位自愿受试者分成两组。她给阵列中主要的色彩类别（蓝、绿、黄、红）创造一系列新的颜色用词，然后教给其中一组人员；教给第二组达尼人的，则是一系列位于中心之外的新用词，远离其他语言所指出的主要聚集区。第一组自愿受试者遵守颜色感知的“自然”倾向，第二组则相反，接受较不自然的颜色用词。结果，第一组的学习速度是第二组的两倍。如果有选择的余地，他们很容易就会挑选较自然的第一组的用词。

现在，还有一个问题必须回答，才能完成由基因到文化之间的转移过程。在既有的色觉遗传基础和它对颜色词语的一般影响下，颜色词语在不同文化之间的差异有多大？我们至少可以提供部分的答案。有些社会对颜色不太在乎，只用到基本的颜色分类；有些社会则对每一个基本颜色的色彩和强度，又做了极其细微的区分，也因此词语就扩延开了。

颜色词语的扩延是不是任意产生的？显然不是。伯林和凯伊在后来的研究中发现，每一个社会所使用的基本颜色用词从2种到11种不等，这些颜色是散布在孟塞尔阵列的4种基本颜色中的各焦点。用中文来说，全套颜色包括黑、白、红、黄、绿、蓝、褐、紫、橘、灰，而达尼语只用到其中的两种颜色，英语则另加了粉红（pink）成为11种用词。从采用简单分类的社会到采用复杂分类的社会，基本颜色用词的组合会以层级的方式增加，并且遵循以下的准则：

采用2种基本颜色的语言，用它们来区分黑白。

采用 3 种基本颜色的语言，包含黑、白、红。

采用 4 种基本颜色的语言，包含黑、白、红、绿或黄。

采用 5 种基本颜色的语言，包含黑、白、红、绿、黄。

采用 6 种基本颜色的语言，包含黑、白、红、绿、黄、蓝。

采用 7 种基本颜色的语言，包含黑、白、红、绿、黄、蓝、褐。

当紫、橘、灰这额外的 3 种基本颜色加入头 7 种颜色时，则没有任何先后顺序。

如果基本颜色用词的组合是任意的（显然不是如此），人类的颜色词语将是从数学上的 2036 种可能中，手忙脚乱地抽取出来的。但是根据伯林和凯伊的研究，它们多半只来自 22 种选择。

由某种层面看来，颜色基本用词的这 22 种组合，是弥母或是文化单位的变异结果，由色觉和语意记忆的外遗传法则所产生。简单地说，我们的基因已经设定我们会以特定的方式来看待不同波长的光，同时，我们又倾向于把这个世界拆成小单位，再用文字加以标识。所以，我们会以某个特殊的顺序，累积了 10 种（对英语来说为 11 种）基本的颜色单位。

但是，这还不是整个故事的结局。人类的心灵太微妙也太多产，不会只停留在设定不同波长的 10 个词语上。正如英国语言学家莱昂斯（John Lyons）所指，大脑对颜色的辨认，并不一定只会产生代表光波波长的用词。颜色用词经常还包括其他性质，尤其是质感、亮度、新鲜度和持久性。在菲律宾的马来–波利尼西亚语的分支哈努诺语（Hanunóo）中，“malatuy”指的是湿润闪亮的褐色表面，就像竹子刚切开时的颜色；“marara”指的则是类似黄色且变硬的表面，就像老的竹子。说英语的人倾向把 malatuy 翻译成褐色，把 marara 翻译成黄色，但是这样的翻译只捕捉到真正含义的一部分，而且也许是比较不重要的一部分。同样的，古希腊文中的“chloros”翻译成英文时，通常只简称为“绿色”，但它当初的含义显然是指绿叶的新鲜或润湿感。

大脑不停地在找寻意义，对于刺激感官与提供外界信息的物体和特质，也不断地在找寻其间的关联。通过外遗传法则这个有限的大门，我们渗入了那个世界。正如辅助语言和颜色词语的例子所显示的，文化来自基因，并且永远带有基因的痕迹。同时，通过隐喻和新含义的发明，文化也会具有自己的生命。为了掌握人类的处境，我们必须同时了解基因和文化，但不是以划分科学和人文学科的传统方式来分别了解，而是在认知人类进化这项事实的情况下，共同来了解它们。[152]

第八章

人性的适应能力

并没有任何证据显示，
旧石器时代的基因
在这段“开创的改革时期”消失了；
它们仍然留在原地，
继续制定人性的基本法则，
尽管它们跟不上文化的进化，
文化也无法将它们灭绝。无论好歹，
这些基因都已经把人性
带入了混乱的现代历史当中。

人性是什么？它既不是基因，也不是基因的最终产物——文化。人性是一种不同的东西，我们才刚开始寻找合适的描述方式。它是外遗传法则，也就是使文化进化朝某个方向发展，并因此联结起基因和文化的心理发展遗传规律。

人性仍然是难以捉摸的观念，因为我们对组成它的外遗传法则的了解还很粗浅。我在上一章举例说明的一些法则，只是从广大的心理境界中分割出来的片断。但是它们来自许多不同的行为类别，因此为人性的遗传基础提供了极具说服力的见证。让我们看看到目前为止曾经提到的各种例子：梦的迷幻性质、不可抗拒对蛇的畏惧、音素结构、味觉的基本偏好、母子连心的细节、基本的面部表情、观念的拟物化、无生命物质的拟人化，以及把连续变化的物体和程序划分为两种分立层级的倾向。除这一连串未刻意安排顺序的例子外，还有一个特别的例子，也就是把光线分成彩虹的颜色。这个例子使我们由基因一路进到词汇的发明，也为结合科学和人文的未来研究，奠定了基础。

有些外遗传法则是灵长类动物的特征，有数千万年的历史，包括色觉在内。其他一些外遗传法则是人类独具的特征，最多可能不过数十万年之久，譬如语言的神经机制。对人性的探寻，可以看作对外遗传法则的考古，注定会成为未来跨学科研究的主要部分。

达尔文适应度

目前生物学家和社会学家所了解的基因–文化协同进化过程中，与因果相关的事件是由基因开始，再传到细胞、组织，接下来影响大脑和行为。这个过程会与物质环境和既存文化发生相互作用，再更进一步影响文化的进化。但是，“基因通过外遗传法则对文化产生效应”这个先后过程，只是半圈，另外半圈是文化给基因带来的影响。基因-文化协同进化的第二个半圆所提出的问题是：文化如何协助挑选突变及重组的基因来作为人性的基础？

我用这么简单的方式来描述基因-文化协同进化，并不是想要提升“自私的基因”这个隐喻的地位，或贬低心灵的创造能力。基因虽然制定了大脑和行为的外遗传法则，但毕竟只是巨分子中的片断。它们没有感觉，没有牵挂，也没有目标；它们的角色是在高度结构化、内容丰富并且负责协调外遗传法则的细胞中，激起一系列化学反应；它们发号施令，可以延伸到分子、细胞和器官的层次上。在这个早期阶段，外遗传法则包括一系列连续的生理化学反应，之后是最高层次上感官系统和大脑的自我组成，也只有在生物体已经完全形成时，心理活动才会以突生的方式出现。大脑是生物最高层次的产物，受到生物体结构和生理上天生外遗传法则的限制，大脑能在充斥着混乱刺激的环境中产生功用；它能看、听、学习，并且计划自己的未来。因此，大脑也可以决定它基因的命运。在进化的时间内，大脑集体做出的许多决定，已经为人类的每一件事决定了达尔文式的命运，包括基因、外遗传法则，心灵沟通和文化。

能做出明智选择的聪明人，具有较高的达尔文适应度，也就是说，若从统计学角度来看，这些聪明人会比选择力差的聪明人活得长，也留下更多后代。若概括这个说法，就是“适者生存”，听起来好像是个同义反复——具有适应能力的能生存，能生存的则是有适应能力的。但是，其中表达的是自然界中无所不在且极具威力的繁衍过程。在旧石器时代数十万年的历史中，制定某些人类外遗传法则的基因数目增加了，并且在天择之下，以牺牲其他物种为代价而四处散播。人性就是经由这般艰辛的过程才组合而成的。

人类进化中真正独特且与黑猩猩和狼的进化都不相同的特点是：塑造人类的环境多半来自文化。因此，文化能通过建立特殊的环境来影响行为基因。在过去的世代中，能够对文化做最佳利用的人，就能享有最大的达尔文式利益，譬如在周围森林中搜索食物的采集者。这些人的基因在史前时代倍增，一点一滴地改造脑电路和行为特征，进而架构出今日的人性。在这个组合过程中，历史上的意外事件也扮演了一个角色，许多外遗传法则的特定表现也被证明具有自我摧毁性。但是概括而论，天择长期持续作用的平均效果，的确是人类进化的驱动力。人性具有适应性，至少在当初的遗传起源上是如此。

基因与文化进化相较劲

基因-文化协同进化听起来似乎有点矛盾：文化来自人类的行动，而人类的行动又同时来自文化。动物界中普遍存在着环境和行为的互动，若把人类的处境和这种比较简单的互动形式相比，矛盾就消失了。非洲大象食用大量的乔木和灌木，开辟了供自己生存的开放林地；白蚁消耗了残余的死亡植被之后，利用土壤和自己的分泌物建筑密封的蚁巢，并且产生一个湿润、含有高浓度二氧化碳的微气候，这正是它们生理上最能适应的环境。只要把部分的环境代换为文化，就可以想象出人类在更新世处于大象和白蚁的居住条件下时，是如何进化的。文化在严格的定义下是一种复杂的社会学习行为，而且显然只局限于人类社会，但是，基因和文化之间的互动，基本上与基因和环境之间的互动并没有什么两样。因此，文化来自人类的行动，而人类的行动又同时来自文化，这样的说法并不矛盾。

人性起源上的这个一般生物形象，使某些作家大不以为然，包括社会科学和人文学科中最具洞察力的一些学者。但我确信，他们误解了。他们误解了基因-文化协同进化的过程，而把它看成是僵硬的基因决定论。（基因决定论认为，基因支配文化形式根本是不足相信的观念。）我认为以下的论点能帮助他们消除合理的担忧。基因并没有明确指定繁复的传统，如图腾崇拜、长老议会和宗教仪式。据我所知，也从来没有任何一个严谨的科学家或人文学者，曾经提议过这种看法。建立在基因上的外遗传法则所构成的复杂组合，只是让人类倾向于发明和采用这些传统。如果外遗传法则具有足够的力量，受到影响的行为就会在各个社会中朝相同的方向进化。在文化进化过程中受外遗传法则影响而形成的传统，就是一般所说的文化共性，但在相同的情况下，也可能产生稀有的文化形态。反过来，我们也可以采用“发生遗传学”的描述方式，来表达这整个现象：制定文化共性的基因，具有极狭窄的反应规范；换句话说，只有在极少数的人类环境中，这类传统文化才不会出现。相对而言，那些会因应环境变化而产生许多稀有传统并导致文化多样性的基因，它们所具有的反应规范较宽广。

基因进化过程也可能朝另一个方向发展。我们如果完全除去外遗传法则的倾向，让制定法则的基因具有无限度扩张的反应规范，那么就会造成文化多样性的大爆炸。这在理论上的确有可能发生，但是这个现象的存在，并不代表文化和人类基因组不再相干，而只表示基因设计出的大脑，能够同样敏捷地学习并对所有的经验做出反应。这种没有倾向的学习如果真的存在，也不会抹杀基因-文化协同进化的过程，而只是此过程根据特殊的外遗传法则所形成的一种极为特殊的产物。不过这个讨论到目前为止一直是假设性的，因为我们还没有发现任何不具倾向的心智发展实例。我们对少数文化类别的测试，也显示出每一种文化类别中的外遗传法则，都具有某种程度的倾向。

历史上文化进化的速度极快，这个现象似乎暗示人类已经超出或多少压抑了基因的指示。但这个想法只是一个幻觉，古老的基因与它们所设定的行为外遗传法则仍然安然无恙。在智人和之前的能人（Homo habilis）、直立人和匠人（Homo ergaster，或译东非直立人）大半的进化过程中，文化进化的速度仍然很慢，可以和基因进化紧密相关。构成人性的基因和文化于这段时间内，在遗传方面可能是相称的。在更新世的数万年中，器物的演进几乎停止，因此使用这些器物的狩猎采集者所具有的基本社会组织，也可能是不变的。此时，当历史从上一个千年走入下一个千年时，基因和外遗传法则仍具有足够的时间与文化同步进化。但是到了旧石器时代后期，大约距今 4 万到 1 万年前，文化进化的步调加快了。在紧接而至的新石器时代，农业的发展更使文化进化的速度急遽上升。根据种群遗传学理论，大多数文化的变化已经加快到基因进化根本无法密切跟进的程度。但是并没有任何证据显示，旧石器时代的基因在这段“开创的改革时期”消失了，它们仍然留在原地，继续制定人性的基本法则。尽管它们跟不上文化的进化，文化也无法将它们灭绝。无论好歹，这些基因都已经把人性带入了混乱的现代历史当中。[153]

进化原理

因此，在评估人类行为的同时，把设定行为的基因列入考虑似乎是谨慎的做法。对于解释人性生物基础的企图，社会生物学（或达尔文式人类学、进化心理学，也可以是政治上可接受的任何名称）提供了重要的关联。它提出的都是进化理论架构内的问题，并因而迫使人类学和心理学方面的研究步入新的方向。它研究人类问题的主要方针，是从种群遗传学和生殖生物学的基本原理着手，预测具备最佳达尔文适应度的社会行为形式。接着，再根据民族学档案及历史记录中的数据，以及为了这个问题而新设计的实地测试，验证预测结果。其中有些测试是在尚未使用文字和一些极其传统的社会中进行，这些社会的保守习俗，可能和我们旧石器时代的祖先最接近。事实上，在澳洲、新几内亚和南美洲，仍有极少数社会保有石器时代的文化，因此人类学家对他们特别感兴趣。另外，有些测试采用了来自现代社会的数据。在这些社会中，快速进化的文化规范可能不再具备最佳的进化成就。这些研究全都大量采用各种分析技巧，包括具有竞争性的多重假设、数学模型、统计分析，甚至采用追踪基因和物种进化的定量程序，来重建弥母和文化传统的历史。

在过去四分之一个世纪中，人类社会生物学已经发展成庞大且技术复杂的课题。但是，其中主要的进化原理仍然可以归纳成某些基本的类别，我在下面将做简略的概述。“亲缘选择”（kin selection）是指天择在基因上发生作用时，选择标准不仅限于基因对携带者的效果，还包括基因对携带者的所有亲族的影响，包括父母、子女、手足、表亲，以及其他仍然存活并且能够繁殖或影响其他血亲繁殖的人。亲缘选择在利他行为的起源上尤其重要。以两姐妹为例，她们出自相同的父母，所以有一半的基因相同。其中一个姐妹为了帮助另一个而牺牲自己，或没有了自己的子女。结果，第二个姐妹所抚育的子女数目，是正常情况下的两倍以上。因为她的基因中有一半和她慷慨的姐妹相同，所以在基因适应性的层面上，牺牲者的利他行为得到了补偿。如果这类行为是基因引起的一种倾向，并且普遍发生，那么尽管这些基因促使个体放弃自身的利益，但依旧能够在种群中散布。

根据这个简单的前提以及我们对它的阐述，可以预测许多行为模式：利他主义、爱国主义、种族主义、遗产法规、收养方式和杀婴行为。其中许多预测是全新的，但大多数在测试之下都站得住脚。[154]

“亲代投资”（parental investment）指的是，亲代对待子代的行为能够增加某些子代的适应性，但往往牺牲亲代对其他子代的投资能力。基因会促成不同的投资模式，而不同的模式则会影响这些基因的适应性。某个选择可以让你拥有更多的子女，要不然你就只有较少的子女。这个想法已经衍生出生物上的“家庭理论”，使我们重新看待性别比率、婚姻契约、父母与子女的冲突、丧子之痛、虐待儿童和杀婴行为。我将在下一章再度探讨家庭理论，以便更充分地阐述进化分析在社会科学上的重要性。

“交配策略”（mating strategy）受到一个重要事实的影

响——女性在性活动上所冒的风险比男性大。这是因为女性只在有限的年龄段内拥有生殖力，而且每怀一胎都必须投入重大的资本。用质朴的话来说：一个卵子比一个精子有价值多了，因为一个精子为了赢得一个卵子，必须和其他数百万个精子相争。当一位母亲怀孕之后，在她剩余的生殖期就有相当长的一段时间，不再有进一步生育的机会，但一位准父亲能立刻让另一位妇女怀孕。科学家已经利用这个观念的微妙之处，成功预测了择偶和求偶的模式、性开放的相对程度、父职所带来的焦虑感、视女性为资源的做法和一夫多妻制（在过去，世界上至少有四分之三的社会认为拥有数位妻子是可接受的）。套用现在大众文学中为人所熟知的公式，男性充分发挥的性冲动，在坚持自信而冲动；女性的性本能，则在含蓄妩媚而挑剔。在预测中，男性比女性更容易受色情和卖淫媒体的吸引；在求偶过程中，男性会强调垄断性的性交权，并确认自己是父亲，而女性则一贯地看重资源和物质安全感的保证。[155]

“地位”（status）在所有复杂的哺乳类动物社会中，都占据中心的位置，包括人类社会在内。光是人类对地位的追求，不论是对身份、阶级或财富，都已经涵盖了人类社会行为中的大半类别。在传统社会中，个体的基因适应（genetic fitness）虽然不全与地位相连，但大致上皆是如此。尤其是酋长和专制的君主阶级，占据优势的男性很容易拥有多位女性，因而能产生较多的子女，数目往往不成比例。历史上有许多暴君（能恣意决定被统治者生死的独裁者）曾经操纵成百甚至成千的妇女。有些统治区则实行明确的妇女分配制度，比如秘鲁的印加人：一个小酋长依法律就配有 7 位妇女，治理 100 人的统治者能得到 8 位妇女，治理

1000 人的领袖可以有 15 位妇女，而伯爵和国王所拥有的妇女则不下 700 位，一般老百姓只能在剩余者当中挑选。在抚育孩子上，他们也同样占优势。在现代工业化国家中，地位和基因适应之间的关系较为含糊。相关数据显示，具有高等地位的男性通常活得较长，而且能和较多的妇女交配，但并不一定有较多的子女。

领土与协议

在部落和与部落相当的现代国家中，“领土的扩张和防御”是文化的一个普遍现象。它对生存和未来繁殖潜力的贡献，重要得不可想象，尤其是对部落领袖而言；部落中类似战争的紧急防御措施，也具有相同的重要性。海军少将迪凯特（Stephen Decatur，1779—1820），这位在 1812 年战争中英勇作战的英雄，曾经宣称：“我们的国家！愿她永远是对的；但不论对错，她都是我们的国家。”（但是，个人的攻击性也有达尔文式的限度，如迪凯特在 1820 年的双人决斗中身亡。）

在生物学家的定论中，地域性在社会进化过程中并不是无法避免的，许多动物完全没有这种行为。进化过程会出现地域性的本能，是因为某些重要的资源变成了“密度依赖因子”（density-dependent factor）。也就是说，种群密度会因为食物、水源、筑巢地和提供这些资源的土地面积的减少，而逐步下降。死亡率随之上升，出生率随之下降，或两者同时发生，直到两者速度多少达到平衡而种群密度平稳下来为止。在这种情况下，动物有进化出地域性的倾向。理论上的解释是，个体若在遗传上倾向于保护自身和所属社会团体的私有资源，就能把更多的基因传给下一代。

相反，有些物种的增长率下降，并不是因为资源有限，而是因为迁徙、疾病或遭到捕杀。这些非传统的“密度依赖因子”一旦变得极其重要而资源控制因此不再必要时，对领土的防御往往不会进化成遗传反应。

人类绝对是具有地域性的物种。既然在数千年的进化过程中，有限资源的控制一向攸关生死，对领地的侵略也就广为流行，并且引发谋杀的反应。谈论到战争起于文化，并且是可以避免的，就会让人有种安慰的感觉。可惜，这种传统智慧只有一半是真理。比较正确也更为谨慎的说法是：战争是基因和文化共同塑造的，只有透彻了解这两种形式的遗传在不同历史状况下的相互作用，才可能避免战争。[156]

“契约协议”（Contractual agreement）在人类社会行为中非常普遍，就如我们呼吸的空气，并不会吸引人的特别的注意力——直到它出现问题。但是基于下述的原因，契约协议值得我们予以专注的科学研究。所有的哺乳类动物在形成社会时都是以个人的利益为出发点，包括人类在内。哺乳类动物并不像蚂蚁中的工蚁或其他的社会性昆虫那样，愿意为共同的利益付出自己的体力和服务。相反，它们会以全部的精力，争取自己和亲族的利益。对哺乳类动物而言，社会生活的产生是为了提高个人生存和繁殖的成功率。因此，人类以外的哺乳类动物社会和昆虫社会相比，组织远较松散。这类组织的决定因素包括优势阶级、快速转移的联盟和血亲关系。人类已经放宽了限制，通过长期契约与其他人建立类似血亲的关系，由此增进社会的组织性。

契约的形成不只是文化的普遍现象，它是人类的一项特征，就像语言和抽象思维那样是人类所特有的，并且是经由本能和高度智能的结合而产生的。感谢加利福尼亚州大学圣塔巴巴拉分校（Santa Barbara）心理学家科斯米德斯（Leda Cosmides）和图比（John Tooby）在实验上的突破，我们现在才得以知道，契约的形成并不只是协议团体在共识之下单纯理性分析的结果。相反，探测诈欺行为的能力会发展得极为敏锐，并成为快速的计算能力。比起发现单纯的错误和估计别人利他行为的动机，人类察觉诈欺的能力还要更敏锐。而且当社会契约的花费和收益一旦确立，这个能力还会进一步引发一系列的计算程序。被欺诈的可能性比犯错、善事甚至利润更引人注意，它可以使人们情绪激动，并且是恶意的闲话和道德攻击的主要源头，但也正因为如此，政治经济的完整体系才得以持续。[157]

许多证据都支持基因适应的假设：分布最广的文化特征，会让偏向它们的基因具有达尔文式的优越地位。广泛分布的文化特征一般都对环境适应得较好，它们的存在也因为天择而符合进化的首要原理。不论有没有意识到，大多数人日常生活上的多半行为也似乎多少受到这些首要原理的引导。基因适应这个假设的真正价值，在于为人性提供一个深入的看法，也为学术研究开启了一个成绩丰富的新方向。

不过，基因适应假设也有许多弱点。它多半的缺陷并不来自证据上的矛盾，而是因为欠缺相关的信息。人类行为遗传学仍然处于婴儿阶段，因此普遍文化特征之下的特定行为和基因之间，几乎还看不到直接的关联；理论和事实之间的吻合，多半只是统计上的相关。少见的一个例外是前一章的例子：颜色词语和遗传学之间的成功关联。

我们对引导行为发展的外遗传法则也多半未加以探索，因此基因–文化协同进化的真正本质，在大多数情况下只是揣测的结果。外遗传法则是不是大脑的一种固定特殊功能，并因而形成动物本能？或者它们是一般化的理性程序，可以在极多的行为类别中发挥功能？不同的答案将使世界大不相同。目前所有的证据都显示，这两种狭义的和广义的外遗传法则同时存在。比方说，笑容的使用受到一组法则的严密管控，而另一组法则对地域性反应的管制则相当松散。但是，在对这类法则有较佳的记录和解析，并更了解它们如何引导心智发展之前，我们很难解释大多数行为类别中的巨大文化差异。

行为遗传学和行为发展的这些缺陷，主要是观念与技术上的深入问题，但迟早是可以解决的。除非新的证据举出，要不然目前探讨基因和文化关联的学科，最有可能具有自然的融通性，尽管支持这类研究的证据累积得很慢，而且支离破碎。要解决这个困难还有待生物学进一步的扩展，以及与心理学、人类学的结合。[158]

近交衰退

到目前为止，能最完整地测试基因适应假设的人类行为类别，是避免乱伦的行为。我们已经从各种不同的生物和文化层次中，获得了和这个现象相关的信息。这类行为举世皆准，或者几乎是如此，而且表现得清晰明了。在所有社会中，兄弟姐妹间和父母子女间的性行为都相当不寻常，由这类行为产生的孩子也极为稀少。同时，双方为了产生这类孩子而同意长期结合的例子，则几乎不存在。

目前对避免乱伦的解释，结合了基因和文化的进化，是社会生物学上一个直截了当的训练。兄弟姐妹间与父母子女间交配所产生的下一代中，有高百分比的遗传缺陷。为了避免这样的风险，人类会下意识地倾向于服从下述的外遗传法则：如果一个男孩和一个女孩在一起，其中有一个还不到30个月大，后来又在亲近的家庭环境中成长，也就是所谓的使用同一个尿桶长大，那么他们后来就不会对彼此产生性兴趣，反而会对这种想法有种厌恶感。这种情绪上的反感，加上许多社会都了解近亲交配的后果，使得乱伦变成文化上的禁忌，并且通过习俗和立法加以禁止。

乱伦可能产生有缺陷的孩子，我们目前对这项遗传学家称为“近交衰退”（inbreeding depression）的风险，已经有很深的了解。平均而言，在每一个人的23对染色体上，会有两个部位携带隐性的致命基因。这类致命基因几乎可以在染色体的任何部位出现，而且确切的数目和部位因人而异。每一对受影响的同源染色体中，通常只有一个染色体会携带致命基因，另一个则具备正常的基因，而正常基因可以抑制致命基因的效应。近亲交配的风险就在这个致命性上。当两个染色体同时在某个特定部位携带致命基因时，胎儿不是遭遇流产，就是死于婴儿期。

如果一位女性的染色体在这样的部位带有一个致命基因，又怀了兄弟的孩子。假设他们的父母之间没有近亲关联，那么这位女性所怀的小孩有八分之一的概率会死于胎儿期或婴儿期。如果她携带两个致命基因，则小孩的死亡概率为四分之一。除此之外，还有许多其他种类的隐性基因能够导致身体上的残疾和心理不健全。总之，乱伦产生的孩子夭折的概率，将近是正常交配产生的孩子的两倍，而得以存活的孩子中具有如侏儒症、心脏畸形、重度智障、聋哑、结肠扩大和尿道异常等遗传缺陷的概率，则比普通人高出 10 倍。

韦斯特马克效应

乱伦造成损害是普遍的现象，并不只在人类身上发生，同时也出现在植物界和动物界。容易受到中等或严重近交衰退危害的物种，几乎都会利用生物编程的方法来避免乱伦。类人猿、猴子和其他非人类的灵长类动物，则采用双管齐下的方法。首先，我们在研究 19 种社会性物种的交配模式中发现，所有年轻个体实行的模式，都相当于人类的异族通婚：它们在成年之前，就离开出生的团体而加入另一个团体。马达加斯加的狐猴和大多数新大陆和旧大陆的猴类当中，雄性会迁出；非洲的红疣猴、阿拉伯狒狒、大猩猩和黑猩猩当中，则是雌性离开；中南美洲的吼猴当中，则是两者都会离开。这些种类繁多、心急气躁的年轻灵长类动物，并不是受到具有攻击性的成年长辈的驱逐才离开团体的，而显然是完全出于自愿。

姑且不论这种行为最初的进化起源是什么，会如何影响繁殖的成功率，年轻的灵长类动物在性器官未完全成熟之前就迁离，都极大降低了近亲交配的可能性。然而，对近亲交配的抵御还有第二道防线来助阵，留在出生团体内的个体用这种措施来避免交配。在被仔细研究的非人类社会性灵长类动物中，包括南美洲的狨和獠狨、亚洲猕猴、狒狒和黑猩猩，成年雄性和雌性都会显示出“韦斯特马克效应”（Westermarck effect）：蔑视和排斥早期亲密相处的个体。几乎从来没有母子交配的现象出现过，而生活在一起的兄弟姐妹交配的频率，也远比和关系较远的个体交配的频率来得低。

上述这个本能反应，首先是在人类而不是猴类和猿类身上发现的，由芬兰人类学家韦斯特马克（Edward A. Westermarck, 1862—1939）在 1891 年的经典之作《人类婚姻史》（*The History of Human Marriage*）中首次提出，并且在这段时间内，得到愈来愈多资料的支持。其中最具说服力的资料，是斯坦福大学的沃尔夫（Arthur P. Wolf）对中国台湾地区童婚的研究。童婚早期在中国南部很盛行。男方家庭会收养一个没有血统关系的女婴，让两人以普通兄妹的关系一起成长，随后再让两人成婚。这种习俗的产生，似乎是当时极不平衡的性别比率和经济条件导致的极具竞争性的婚姻市场，而这是确保儿子能拥有配偶的方法。

由 1957 到 1995 年的近 40 年当中，沃尔夫研究了 19 世纪末 20 世纪初的 14200 位曾经被包办童婚的台湾妇女。统计资料还附带包括这些“小媳妇”以及她们的朋友和亲戚的个人面谈记录。

沃尔夫所进行的，是一个关于人类主要社会行为心理发展起源的控制实验，虽然控制条件并不是事先计划好的。童养媳和丈夫没有任何生物学上的关联，因此去除了遗传相似性可能引起的所有因素。但是他们在台湾人的家庭中，以兄妹般亲密的关系一起长大。

沃尔夫研究的结果毫无疑问地支持韦斯特马克的假设。这个未来新娘如果在 30 个月大前就被领养，往往会抗拒与既定的弟兄结婚。父母亲通常必须强迫这对夫妇圆房，有时还得采用体罚相威胁。这类婚姻以离婚收场的比率，是同一社区中一般正常婚姻形态的三倍；产生的子女数目比一般人少了将近百分之四十；

其中三分之一的妇女承认曾有外遇，而一般正常婚姻形态中只有百分之十的妻子有外遇。

沃尔夫通过一系列仔细交叉分析，发现了主要的抑制因素，乃是生命中头 30 个月亲密地共同生活的经验，这可以是配偶中一方或双方的经验。在这个重要时期内，两人的关系愈亲密愈长久，后来的抵抗也就愈强。沃尔夫的数据排除或减轻了其他可想到的因素所扮演的角色，包括领养经验、领养家庭的经济状况、健康、结婚年龄、手足纠纷，以及因为误把配偶当作真正兄妹而造成的乱伦厌恶感。

另一个同样是非事先计划的实验，也出现在以色列的集体农业屯垦区内。这里的孩子会在托儿所中一起被抚养长大，就像传统家庭中的兄弟姐妹一样亲密。人类学家谢佛（Joseph Shepher）和同事在 1971 年调查在这种环境下长大的年轻人所组成的 2769 桩婚姻，发现当中没有任何一桩婚姻是来自相同社区内从小生活在一起的成员，甚至找不到任何一件已知的异性性交案例，尽管社区内的成人并不特别反对。

这些例子以及许多从其他社会收集来的逸闻证据显示，人类的大脑在设计上服从一个简单的经验法则，不要对你在生命最早期就亲密的人产生性爱的兴趣。

韦斯特马克效应也和心理学上的分级效应原理（principle of graded effect）相符合。许多社会的证据都显示，在幼年早期的敏感阶段中关系愈亲密，就愈不可能产生异性性行为。因此，儿子在婴儿期对母亲的强烈依附感，使得母子乱伦最为稀有。第二少的事例是兄弟姐妹之间的乱伦，之后是亲生父亲对女儿的性侵害（我用“性侵害”这个词，是因为女儿本身很少自愿参与这样的行为），最后才是继父对继女的性侵害。

对乱伦的禁忌与容忍

上述的证据虽然展现出简洁而具说服力的概念，但是离避免乱伦的全盘解释仍然很远。我们还没有结论性的证据，可以证明韦斯特马克效应是源自天择作用下的遗传进化，但是，所有的征兆当然都是指向那里。避免乱伦能降低近亲交配，因而能产生更多健康的下一代。即使人们对童年玩伴的性反应只具有很低的遗传变异，也已经足以造成适应性的强烈变化，至少在种群遗传学理论上，已经足以使韦斯特马克效应在10个世代的短短时期内，由非常低的发生率发展成普遍现象。进一步的证据来自我们从其他灵长类动物身上观测到的韦斯特马克效应，包括我们现存的动物近亲黑猩猩在内。在这些动物之中的这个效应，无疑是来自遗传，而非文化。然而，仍然没有人尝试估量这项人类反应的遗传性，或试图找出设定这些现象的基因。

这项研究的第二个缺点是，我们对韦斯特马克效应确切的心理来源并不了解。我们也无法指出引发这项抑制作用的童年刺激是什么，不能确知它们是源自嬉戏、一起饮食、无可避免的互相攻击，还是其他较隐晦也许只存在下意识的感受。这些极具影响力的刺激可能来自任何或大或小的事物，可能来自视觉、听觉或嗅觉，而且不一定是普通成人的感觉可以了解的。依照生物学家的解释，本能具有一个特性，只要是真实生活中的相关事物所提供的简单暗示，就足以引发本能。在关键时刻出现的一种气味或一个身体接触，就会触发或抑制复杂的行为。

人类避免乱伦的故事，还因为第三道防线而变得更加复杂，那就是对乱伦的禁忌，这是借由文化传递的一组规章，禁止近亲发生性行为。许多社会允许甚至鼓励表亲之间的婚姻，尤其是当这种婚姻能够促进群体团结和巩固财富的时候，但禁止亲手足间或同父异母／同母异父的手足间建立婚姻。

这些禁忌是有意识地创造出来的，而不再是简单的本能反应；它的细节会因社会的不同而有极大的差异。在多种文化当中，它还牵涉到严格的亲族分类和异族通婚契约。在史前社会里，一般把乱伦视为与同类相食、吸血鬼和黑巫术相关，这其中的每一项行为本身都会受到惩罚，而现代社会则以立法的形式来防止乱伦行为。英格兰在克伦威尔（Cromwell）父子主政时期，也就是从 1650 年到 1660 年王政复辟这 10 年之间，乱伦是可以处死刑的。在苏格兰，这个行为直到 1887 年在名义上仍是该当死罪，尽管实际上最多只会被终身监禁，少有更严重的处罚。在美国，一般视乱伦为重罪，会处以罚款、监禁或两者并罚。对儿童的性侵害如果额外涉及乱伦，就更是令人痛恨。

历史记载的往往是例外事件，尤其是在记载人类的一般道德标准时。仍然有些社会对近亲交配有某种容忍度，包括印加、夏威夷、泰国、古埃及、苏丹的赞德人（Zande）、西非的达荷美共和国（Dahomey），以及乌干达的恩科勒人（Nkole）、布尼奥罗人（Bunyoro）和干达人（Ganda）。其中，每一个社会的近亲交配行为（或是在现今已经终止的过往例子）都有仪式相伴，并且只局限在王族或其他的上流社会团体。男性除了在近亲交配的安排中产生“纯种”的后代之外，还会有其他的女性伴侣，而生下异姓交配下的后代。主要的家庭是父系家庭，或者说，在过去是如此。对居高位的男性而言，要达到最佳的基因适应，是与亲姐妹交配，产生具有自己百分之七十五共同血统的后代，而不是平常的百分之五十；他们也会同时和其他没有遗传关系并较可能产下正常孩子的女性交配。根据完整的记录，公元前30年到公元324年间，当埃及受到罗马帝国统治时，老百姓之间也普遍存在兄妹成婚的现象。这是比较不容易解释的。这个时代的古代文献无可置疑地显示，有些兄妹确实可以毫无顾忌地具有正式的性关系。

弗洛伊德的反辩

乱伦禁忌再度带领我们进入自然科学和社会科学的边界地带。他们提出如下的问题：生物学上的韦斯特马克效应和文化上的乱伦禁忌，到底有什么关联?

有两个对立的基本假设，都在解释人类避免乱伦的行为；比较这两个假设，可以使我们更明确地了解这个问题。第一个假设来自韦斯特马克，我在此以合乎时代的语言加以总结，人们避免乱伦，是因为人性中存在外遗传法则，而且它们已经转译成一种禁忌。与此对立的是弗洛伊德的假设。当这位伟大的理论学家第一次听到韦斯特马克效应时，就坚持反对它的存在。他认为情况恰好相反：同一个家庭内的成员之间，具有原始而威力强大的异性性欲，而且不会受任何本能抑制作用的阻断。为了避免近亲交配行为的发生，以及因此对家庭维系力的严重破坏，社会才进而发明了禁忌。结果，弗洛伊德在他的伟大的心理学架构中发展出“恋母情结”。这是指儿子对母亲具有无法化解的性欲望，同时把父亲视为情敌而加以憎恨。弗洛伊德在1917年写道："人类优先的选择通常具有乱伦的成分，男人会渴望与母亲和姐妹发生亲密关系，这个从婴儿时期持续下来的倾向，需要通过强制的禁令加以防止，才能避免不良的后果。"

弗洛伊德从一开始就占上风，把韦斯特马克效应称为荒谬之言，并且声称自己发现的精神分析理论使这个效应更站不住脚。他同时大量引用英国人类学家、古典主义者和《金枝》（*The Golden Bough*）一书的作者弗雷泽（James G. Frazer，1854—1941）对韦斯特马克效应的反驳。弗雷泽推论道：如果韦斯特马克效应真的存在，就不需要禁忌。"我们实在很难了解，为什么深刻入骨的人类本能还会需要法律的强化。"在20世纪其余的大部分时间里，这个逻辑推论经常出现在教科书和学术评论中。

韦斯特马克对弗雷泽的回应很简单，也一样合乎逻辑。同时，支持他的证据也逐渐增加，但因为精神分析理论太占优势而被忽略。韦斯特马克说，任何人都会这样想：我对我的父母和兄弟姐妹一点性爱上的兴趣也没有，但偶尔还是会想想和他们发生性关系时会是什么感觉。不过，这个念头实在令人反感！乱伦是一种被迫而且不自然的行为。它可能会改变或破坏我和家人的其他关系，但这些关系对于维护我日常生活的福祉很有必要。发生在别人身上的乱伦，在我看来也同样让人反胃，而且显然也让其他人倒胃口，因此稀有的乱伦事例应该以不道德的罪名加以谴责。

尽管这个解释也许很合理，也有证据的支持，我们仍然很容易了解，为什么弗洛伊德和其他具有影响力的社会理论学家，会对韦斯特马克效应报以如此强烈的反应。因为它危及现代思想中的一个基本架构，并且质疑这个时代所推崇的一项重要的学术进展。沃尔夫很准确地描述了这个为难之处："弗洛伊德看得很清楚，如果韦斯特马克效应成立，他自己就错了。他必须否定儿童早期的亲密关系会抑制后来性吸引力的可能性，要不然恋母情结的基础就会崩溃，随之瓦解的还将包括他的人格动力说（personality dynamics）、对精神官能症的解释，以及他对法律、艺术和文明起源的宏观看法。"

韦斯特马克效应也动摇了其他学说。其中一个问题是，一般社会规章的存在是为了压抑人性，还是彰显人性？随之而来的问题也不能说不重要：乱伦禁忌对道德的起源有什么样的启示？正统社会理论认为，道德多半是由规范和习俗建立起来的传统义务和责任；韦斯特马克在有关伦理的著作中，则偏好相反的想法，认为道德观念是天生情绪引发的。

理性的选择

关于避免乱伦行为的争议在经验上是可化解的，至少在伦理理论的冲突上是如此。事实上，韦斯特马克或弗洛伊德都是正确的。目前的证据强烈偏向韦斯特马克的看法，然而乱伦禁忌不只是转嫁到个人偏好上的一种文化传统。人们也可以直接观察到近交的后果，至少能够模糊地认识到，有残障的孩子经常来自乱伦的结合。沃尔夫在斯坦福大学的同事达勒姆（William H. Durham），在世界上任意挑选了 60 个社会，搜寻其中的民族记录，查看他们对乱伦后果有什么样的了解，结果，其中有 20 个社会显示出某种程度的理解。例如，太平洋西北部的美洲印第安人特里吉特族（Tlingit）就直接指出，残疾的孩子经常是极近亲交配所产生的。其他有些社会不仅了解到这个事实，还同时发展出加以解释的民俗理论。斯堪的纳维亚的拉普兰人（Lapp）提出“坏血”是来自乱伦。波利尼西亚的提冠皮恩人（Tikopian Polynesian）则认为，乱伦造成的“死魔”会传到后代的身上。新几内亚的卡保库人（Kapauku）也具有类似的理论，相信乱伦的行为会导致罪人身上的重要物质败坏，并且传给孩子。印度尼西亚苏拉威西岛的托拉加人（Toradja of Sulawesi）的解释更为绝妙，他们说，如果具有冲突特质的人相交配，例如近亲之间，大自然会陷入混乱。

令人好奇的是，在达勒姆研究的60个社会中，虽然有56个社会的某个或数个神话中出现了关于乱伦的故事，但其中只有5个产生邪恶的效应。大多数反而具有正面的效果，尤其是创造出巨人和英雄。然而，即使乱伦在这些神话中不被视为异常，却仍然是特殊的。

总而言之，从人类避免乱伦行为的研究中浮现出来的，是一个包含重重阻碍的真实情节。首先是韦斯特马克效应，这是出现在所有已知灵长类动物身上的一种古老的去性欲现象，因此对人类而言也极可能是一种普遍效应。接着是灵长类动物的另一项普通特色，新生一代在性成熟之前会离群而去。这显现在人类身上，就成了青少年的焦躁不安和异姓通婚的习俗。然而，我们仍然不知道离群行为的心理动机，以及构成这种行为的外遗传法则。最后则是文化上的乱伦禁忌，这进一步强化了韦斯特马克效应和离群行为。这个文化禁忌似乎是从韦斯特马克效应中产生的，但在少数社会中，也可能是起因于观察到近亲交配所造成的毁灭性后果。

当韦斯特马克效应转译成乱伦禁忌时，人类似乎已经由纯本能的阶段进入了理性选择的阶段。但真是如此吗？理性选择又到底是什么？我认为理性选择是在不同的心理情结中挑选出一个以便在特定情况下能够满足最强势的外遗传法则。人类之所以能够成功地生存和繁衍数十万年，就是靠着这些法则以及它们的层层节制。避免乱伦的这个例子，或许说明了基因-文化协同进化是如何把所有的（而不是部分的）人类社会行为编成一张多彩的织锦的。[159]

第九章

社会科学

我已经可以想象，通过对人类事务
非理性部分的探索，我们能接续起
社会科学和自然科学的间隔。
如果这样的结合真能达成，
社会科学就能扩展时空范围，
并且获得丰富的观念；
结合是社会科学获增预测能力的最佳方式。

人们期望社会科学，包括人类学、社会学、经济学和政治学，能够带来一种了解生活和控制未来的知识。他们希望当社会选择某一项行动而不选择另一项时，自己能够预测出目前不存在但将来会发生的事件，而不只是等待命中注定的事件显现。

政治生活和经济的运作中心，是以假设这种预测能力存在为基础的。社会科学极其努力想达成这个目标，而且在运作上多半与自然科学不相关。它们如此独立行动的效果如何？如果把社会科学历年来的成就和可自由取用的信息相比较，成绩显然不明显。

如果把社会科学和医学相比，则很容易看清社会科学目前的地位。这两大领域都背负着重大而紧急的问题，比方说，医学科学家受到雇用，是为了治疗癌症、修正遗传上的天生缺陷，以及修补割裂的神经索。而社会科学家所背负的责任，则包括告诉我们该如何缓和种族冲突，如何把发展中国家转变成繁荣昌盛的民主社会，以及如何让世界贸易更加完善。这两个领域内的问题都极其繁复，部分是因为我们对问题的基本原因的了解非常少。

然而，医疗科学的进展却很惊人。它的基础研究已经出现许多突破，其他突破也随时可能发生，或许即将研制出愈来愈不具侵入性的仙丹妙药与疗法。数千个经费雄厚的研究团体与全球信息网相连，更是振奋人心。神经生物学家、病毒学家和分子遗传学家彼此了解，并互相鼓励，尽管他们在研究竞赛中仍为对手。

社会科学也有进展，但是相形之下极为缓慢，而且完全和医学不同，并没有受到信息交流和乐观精神的激励。即使最佳的合作也是无精打采的，甚至连独到的发现都经常被意识形态上的恶毒争议所掩盖。多半时候，人类学家、经济学家、社会学家和政治学家之间，无法互相了解和彼此鼓励。

社会科学与医学之差异

这两个领域的主要差别在于融通性：医学科学具备融通性，社会科学则不然。医学科学家具有分子和细胞生物学所建立起来的协调基础，在研究健康和疾病的因素时，会一路探讨到生物物理化学的层次。个别研究计划的成功，完全得看实验设计能够真实地反映出多少基本原理。研究人员努力保持这些基本原理在所有生物组织层次上的一致性，从整个生物体逐步降到分子的层次。

社会科学家和医学科学家一样，具备大量的真实信息，在分析上具备多样而复杂的统计技巧，也具备足够的知识。如果你询问这方面的首要思想家，他们大多会告诉你一切都很好，各种社会科学都很上轨道——大致上多少如此。但是，即使我们只是随意审视，也能明显看出社会科学家的努力因为不团结和眼光狭窄而乱成一团。而产生这种混乱的原因，已经愈来愈明显可见。对于能够统一并推动自然科学且具有等级排序的知识这个想法，社会科学家大多会加以嘲弄和排斥。社会科学划分成多个独立的团体，虽然各自强调专业上的用词必须准确，但是不同的专业很少采用相同的术语。很多社会科学家甚至对这当中产生的混乱气氛感到欣喜，错以为是一种创作的热情。有些人偏好党派性的社会激进主义，以理论协助个人的政治哲学。在过去数十年当中，社会科学家支持马克思列宁主义，或是最糟糕的社会达尔文主义——就像误入歧途的生物学家经常受到指责那样。当今各种派别所偏好的意识形态，包括自由放任的资本主义和极端的社会主义，另外一些派系所推动的后现代主义的相对主义（postmodernist relativism），则对客观知识这个观念本身提出质疑。

社会科学家很容易因为对种族的忠诚而身受束缚。许多被认为是社会理论的东西，仍然脱离不了开山鼻祖的掌控——若就科学领域的原理来看，这是一个坏征兆，因为人们遗忘创始者的速度通常是衡量科学进展速度的标准。布莱克本（Simon Blackburn）在《牛津哲学词典》（*Oxford Dictionary of Philosophy*）中提出极具启发性的例子："出自索绪尔的符号论（semiotics）传统，有时称为符号学（semiology）。令人困惑的是，在克里斯蒂娃的著作中，符号学这个用词是指自我（self）幼稚的非理性部分的流露。"[160] 接着，穿越冷僻的批评理论、功能主义（functionalism）、历史主义（historicism）、反历史主义（antihistoricism）、结构主义、后结构主义，到随后的马克思主义和精神分析论的"墓穴"（如果你不坚决反对的话），社会科学学术界中有极大一部分在20世纪中消失了。

上述的每一项主张对了解人类的处境都有一些贡献，而当中最佳的看法如果能够相连，就可以广泛解释社会行为，其效力至少像文字出现以前的创世神话一样，确信自己解释宇宙的方式是对的，同时具有某种内在一致性。然而，社会科学家从来无法（我不认为这个说法过于强烈）把他们的叙述建立在人类生物学和心理学的物理现实上，尽管文化必然是从这类现实中产生，而不是来自某个星际空间。

我同意任何批评家都应尽量谦虚。每个人都知道社会科学极其繁杂，在本质上，它们远比物理学和化学困难，因此它们才应该是硬科学。它们只是看起来比较容易，因为我们可以和其他人谈论社会科学，却无法谈论光子、胶子（gluon）和硫化基（sulfide radical）。也因为如此，社会科学的许多教科书都沦为平庸的劣质品。

这点正是社会科学所面临的矛盾。熟悉带来舒适，而舒适会滋养轻率的态度并且导致错误。大多数人相信自己能了解自己如何思考、别人如何思考，甚至了解制度如何发展。他们对人性的领悟来自常识，也就是基于通俗心理，若以爱因斯坦的定义来看，则是以 18 岁之前学到的所有东西为根基。然而这些领悟却充满了误解，而且只比希腊哲学家的想法高明一点点。一些先进的社会学家，包括使用复杂数学模型的专家，也同样对通俗心理感到满意，并且照例地忽视心理学和生物学上的科学新发现。这部分解释了为什么社会科学家会高估共产主义统治的威力，而低估了种族敌意的力量。当苏联“帝国”的解体犹如超强高压锅的盖子瞬间炸开，社会科学家感到震惊不已；接着，在苏联的影响力逐渐式微的状况下，这股释放出的能量竟引发种族冲突和民族主义战争，这再度让他们大感惊讶。他们也屡次错估了穆斯林原教旨主义这个由种族指引的宗教团体。在美国本土，他们不仅没有预见福利国家的瓦解，甚至也无法找出大家都认同的原因。简而言之，社会科学家整体都对人性的基础毫不关注，对它深远的起源也几乎全然不感兴趣。

关于上述的最后一点，社会科学的发展是因为历史先例强势的“遗产”而受阻。忽视自然科学，是社会科学开创者有意设计的策略，包括著名的涂尔干（Emile Durkheim，1858—1917）、马克思、博厄斯（Franz Boas，1858—1942）、弗洛伊德，以及他们的嫡系跟从者。他们的目标是把这些新生的学科，从生物学和心理学等基础科学中分离出来。无论从哪个角度看，社会科学在草创之初都还太原始，看不出会与自然科学有何关联。这种态度在一开始颇有成果，使社会学家可以不受自然科学的影响，而广泛地搜寻文化和社会组织内的模式，并且利用获得的初步证据，建立起社会行为的法规。但是在这个初创时期结束后，理论学家并没把生物学和心理学纳入考虑时，便犯了错误，这时如果还回避人性的根源，就不再有好处了。

文化相对主义

社会科学特有的另一个问题也阻挠了理论学家往自然科学的方向探讨，那就是政治意识形态。这个现象在美国人类学研究上尤其显而易见。博厄斯与他的两位著名学生本尼迪克特（Ruth Benedict，1887—1948）和米德（Margaret Mead，1901—1978），（正确地）认识到社会达尔文主义中隐藏着优生学和种族歧视，因而发起全面的反击。他们因为热衷于道德，所以摒弃了小心谨慎的态度，并且进一步把反对意见转向文化相对主义（cultural relativism）这个新的意识形态。大多数专业人类学家都对这个意识形态的逻辑思维有不同程度的贡献，它的内容可以表述如下：

> 我们不该假设在达尔文式的生存竞争中，“文明人”胜过“原始人”，并因而较为卓越。我们不该认为他们的差异源自基因，而不是历史环境的产物。另外，文化极其复杂，并受到它所源自的环境的影响，因此，认为文化是由较低层次进化到较高层次的想法，有误入歧途之嫌；同时，采用生物学来解释文化多样性，也是错误的妄想。

博厄斯和其他具有影响力的人类学家宣称，所有的文化都是平等的，只是具有不同的形式，并且深信这种说法会带来好处。他们在自己的船桅上钉着文化相对主义的旗帜。20 世纪 60 年代和 70 年代，这个科学信仰极力支持美国和其他西方社会在政治上实行多元文化主义（multiculturalism），也就是所谓的“身份政治”（identity politics）。这个主义认为各种民族、妇女和同性恋的次文化与主流文化同等重要，即使这个想法贬低了要统一国家文化的想法。美国联邦的座右铭“合众为一”（E pluribus unum），扭转成了“由一生多”。希望这个理想实现的人，会问一个相当合理的问题：如果认同政治能够提高公民的个人权利，又会有什么错误呢？许多人类学家的直觉因人道目的而加强，于是习惯上对文化相对主义的支持也就愈加强烈，对生物学的反对愈加坚决。

因此，没有生物学。但是这个推理在兜一个圈子之后又回到了源头——讥讽之前必然因而微笑。文化相对主义的出现，是为了反驳“种族之间会因为遗传而有行为差异”——不可否认，这个观念的确未经证实，而且在意识形态上极危险。接着，文化相对主义转为反对人性会基于遗传而统一。人类处境因而出现了很大的难题：将人类联合在一起的如果既不是文化，也不是遗传的人性，那会是什么？这个问题不能不解决，因为如果伦理标准是依文化而决定，而文化又无穷地多元且每一样都同等重要，那什么可以取消神权统治或殖民主义？或取消童工、虐待和奴役的政策？

人类学派的纷争

人类学对上述问题的迷惑反应，导致它当今内部分裂成两个同等重要的不同文化。生物人类学家试图把文化解释为一种人类遗传史的产物，而个体在当代历史的影响下所做的决定，则会使文化在每一代都有所更新。接传博厄斯衣钵的文化人类学家则持有对比鲜明的看法，认为文化是较高层次的现象，多半不受遗传史的影响，而一个社会与另一个社会之间的文化分歧也是永无止境的。生物人类学家的看法就像电影《星球大战》（*Star Wars*）中的异族人，具有不同的身体结构，但令人难以置信地被不可磨灭的人性所统一。文化人类学家的看法则比较像《天外夺命花》（*Invasion of the Body Snatchers*）这部电影的主角，虽具有人类的外形，却保有异族人的本性。[看法较正确的电影是《独立日》（*Independence Day*，又称 ID4），它正确指出，不属于人类的都是异族。]

现代人类学派系分立的状态，可以从美国人类学协会（American Anthropological Association）在 1994 年通过的决议看出来。他们一方面肯定“继续支持生物和文化上的差异”的理论，另一方面又坚持“抗拒把多样性生物化或同质化”的观点。他们对如何使这两个矛盾的目标互相妥协，并没有提出具体的方法。[161]

那么，人类学如何探讨多样性？我们要是找不到融通的解释，这个问题就没有解答，而两个派别之间的分裂也会继续加深。生物人类学家的注意力，会逐渐集中在遗传学和人类进化过程的重建上。文化人类学家则和自然科学愈离愈远，他们的学术研究已经进一步和人文学科相结合，把每一种文化看作一个独特的实体来分析，例如夸扣特尔人（Kwakiutl）、雅诺马米（Yanomamo）、新几内亚的卡保库人以及日本。他们认为自然科学推导出来的定律，不能预测或定义文化整体。有些人甚至离谱地采取极端的后现代主义观点，认为科学只是一种思维方式，是许多次文化中，一种受人尊重的、知性的次文化。[162]

标准社会科学模型

当今的社会学比起人类学来，距离自然科学更远。一般来说，社会学可以被定义成研究较复杂社会的人类学，尤其是指社会学家自身所属的那些社会；相反，人类学可以被定义成研究较简单、较偏远社会的社会学，也就是人类学家本身不属于的那些社会。美国家庭收入和离婚率的关系，是一个具代表性的社会学主题；人类学上的一个典型问题，则是苏丹新娘的财富有多少。

现代的社会学多半强调明确的测量和统计分析，但除了散布各地的异端分子，像华盛顿大学的范登伯格（Pierre L. van den Berghe）、迈诺特州立大学（Minot State University）的埃利斯（Lee Ellis）、德克萨斯州大学的罗伯瑞亚图（Joseph Lopreato）和普林斯顿大学的华莱士（Walter L. Wallace），其他学术界的社会学家在文化研究中，大都一直聚集在附件非生物化的一端。照埃利斯的说法，许多社会学家具有生物学恐惧症，也就是害怕生物学，并决定避开它。他们甚至也小心提防心理学。芝加哥大学的柯尔曼（James S. Coleman）是出色而有影响力的主流理论学家，善于采用自然科学的分析法，他在 1990 年表示："社会科学的主要任务是解释社会现象，而不是个人行为。在一些特例中，社会现象可能是个人行为的直接总和，但是多半情况下则不然。因此，我们应该把心力放在解释社会系统的行为上。这个系统可以小到只包含一对个体，或大到像社会，甚至是一个世界系统。最重要的基本要求，是把解说的重心放在系统这个单元上，而不是其中的个体或组成成分。”

如果我们以生物体取代上述的系统，细胞取代个人，而分子代替其他成分，就可以清楚看出柯尔曼的研究策略其实离自然科学多么遥远。他上述的文字变成：“最重要的基本要求，是把解说的重心放在生物体这个单元上，而不是其中的细胞或分子。”生物学如果采用这样断然的看法，就会一直停留在 19 世纪 50 年代。相反，生物学是一种在许多不同的组织层次上找寻因果关系的科学，上至大脑和生态系统，下及原子。我实在想不出为什么社会学不该具有类似的方针，建立一个由社会一脉相通到神经元的远大目标。

涂尔干在 1894 年发表的宣言《社会学研究方法规则》（*The Rules of Sociological Method*），对建立社会学研究的基础规则极有助益。但是在一个世纪之后，这个用来研究工业化社会而且层面狭窄的方法，几乎仍没有任何改变。哥伦比亚大学的尼斯贝特（Robert Nisbet）在诠释古典社会学时，看出这个领域的创始想法尽管极为辉煌，但其根源比较接近艺术而不是科学。尼斯贝特引用英国诗人里德（Herbert Read，1893—1968）的话，认为伟大艺术的理想目标并不只在满足个人需求，或代表哲学、宗教上的观念，而是通过一些“能够告诉我们关于宇宙、大自然、人类或艺术家本人”的影像，创造一个内部一致的合成世界。[163]

尼斯贝特认为社会学并不是自然科学的逻辑延伸，它的发展途径和启蒙运动后期的预言家所预期的不同。相反，社会学是西方社会思潮的主干创造出来的，其中包括个人主义、自由、社会秩序和变革。尼斯贝特观察到，许多社会学古典文献内所涵盖的，是为 19 和 20 世纪早期西欧的社会、经济和政治生活所精心规划的远景。“托克维尔（Alexis Tocqueville，1805—1859）和马克思，以及之后的滕尼斯（Ferdinand Toennies，1855—1936）、韦伯（Max Weber，1864—1920）、涂尔干和齐美尔（Georg Simmel，1858—1918）留给我们伟大的著作，包括《美国的民主》（*Democracy in America*）、《资本论》（*Capital*）、滕尼斯的《共同体与社会》（*Gemeinschaft und Gesellschaft*）和齐美尔的《城市论》（*Metropolis*）。其中一系列精彩的景致，就和当代更伟大的小说或绘画所描摹的一样独到感人。”现代社会学的主题，由社区和权威到地位和圣礼，最后再到异化，这些都是在人文主义的土壤上繁茂生长而成的。

社会学由科学和人文的片断组合而成，正因为这样荒谬的起源，今天它仍然保有“标准社会科学模型”（Standard Social Science Model，以下简称 SSSM）这个重要的思想据点，这是 20 世纪社会学理论的至高教条。SSSM 认为，文化是由能够塑造个人心智和社会机构的符号与意义所组成的复杂系统。这显然是正确的。但是，SSSM 同时也把文化看作独立的现象，无法化约成生物学和心理学元素，因此是环境和历史事件的产物。[164]

SSSM 以最单纯的形式，把直觉上很明显的因果关系上下颠倒了：人类心灵并不创造文化，它本身就是文化的产物。这种思维方式再度轻视或全然否定了人性的生物基础。与这个想法成极端对立的学说则是基因决定论的教条，相信基因决定了人类行为，因此最具摧毁性的人类特征是不可避免的，如种族歧视、战争和阶级划分。我们必须抵抗这种与 SSSM 成强烈对比的基因决定论，不仅因为它在事实上不正确，更因为它在道德上是错误的。

凭良心说，我从来没有碰到一位生物学家会相信上述定义中的基因决定论。相形之下，虽然在 20 年前，社会科学的严肃学者广泛接受 SSSM 这个极端论调，但是当今仍然持有这种看法的人已经很少了。然而，这两种相反意见的冲突，却成了大众文化感兴趣的话题，并不幸地因为新闻报道和大学教授的强调而持续不变。当这个话题以这种方式出现时，学者会立刻摆出旧有的防御姿态。混乱的状态继续支配着学术界，而气愤的情绪也持续燃烧。[165]

用不同的角度来诠释

够了！一个世纪以来的误解、西方学术史上有如第一次世界大战中凡尔登战役与索姆河战役的持久对峙状态，已经无路可走了；这项古老的文化战争游戏已经陈腐，现在正是停止敌对、形成联盟的时候了。在介于标准社会科学模型和基因决定论这两个强势理论之间的宽广中间地带中，社会科学和自然科学在本质上其实是兼容的。这两大学术分支将因联盟而受益，它们的因果解释模式将因此变得一致。

要达成这样的融通，我们必须首先确认，社会科学在描述和分析上都称得上是真正的科学，但仍不是真正的理论。社会科学在发展早期属于博物学或多半采用描述法的时候，具有和自然科学相同的特征。社会科学家从丰富的数据库中，整理归类出社会现象，在无意中发现了社区行为的模式，并且成功地追溯到历史和文化进化之间的相互作用。但是他们还无法建立因果解释的网络，来成功地贯穿不同的组织层次，由社会进到人类的心灵和大脑。正因为他们无法做这样深入的探索，所以仍然缺乏真正的科学理论。因此，尽管社会科学家经常提到“理论”，同时不停探索相同的物种和相同的组织层次，但仍然无法统一。

社会科学在探讨博物学时，经常使用“诠释学”（hermeneutics）这个词。这个用途局限的词源自希腊文“hermēneutikós”，意思是“精于解释”，也就是对文本的精密分析和诠释，尤其是针对《新约》而言。社会科学和人文学科的作者已经扩展了这个用词，把对社会关系和文化现象的系统化探讨也包含在内。对于其中的每一个议题，许多学者会从不同的观点和文化角度加以审视，理想的诠释通常需要很长的时间，甚至是整个世代的学术研究。人际关系很少能够拿来实验，所以社会科学家在鉴定这类研究的好坏时，一部分要看描述和分析的完整度，另一部分则有赖于研究这个主题的专家所具有的名声，以及专家之间达成共识的程度。最近数年来，他们也逐渐希望在情况允许的条件下，能采用自然科学的标准程序，也就是精确测量重复的样本，并对数据进行统计分析。[166]

上述的论点也是博物学研究中的最佳方法，这些方法仍然被生物学、地质学和其他自然科学分支广泛地采用。社会科学和自然科学具有一个共同的特征：尊重专家对真实信息的详细分析。从这个角度看来，巴厘岛宗教的诠释学，就类似于巴厘岛鸟类区系的博物学。

如果说博物学是所有科学的基础，那它为什么还称不上理论？主要原因是，少有人在解释现象时，会通过贯通相邻组织层次的因果网络。我们的分析是侧向进行而不是垂直进行的。在巴厘岛的例子中，博物学跨越广泛的文化内涵，但不是由大脑进到心灵再到文化，它也涉及许多不同的鸟类，但不是由单独的鸟类个体进到物种再到生态系统。只有当博物学跨越各组织层次、把既存的最佳知识串联之后，才可能产生科学理论。一旦学者能够提出具有竞争性并且可验证的假设来解释跨越不同层次的所有可能现象时，才可能创造出严谨的科学理论。

如果社会科学家和自然科学家一样，选定以严谨的理论作为终极目标，那么他们的成功，就要视他们能穿越多大的时空范围而定。这表示他们的诠释必须和自然科学的诠释联盟；这也同时告诫我们，除了喝鸡尾酒的嬉闹时刻之外，最好尽量避免著名哲学家罗蒂（Richard Rorty）所说的戏言。罗蒂把诠释学和认识论做对比，认识论是关于知识的系统性理论。他说："当我们对正在发生的事情具有全盘的了解但又希望以符号来延伸、强化、教导或'巩固'这个事件时，这是认识论。但是当我们对正在发生的事件不明了但老实承认时，这是诠释学……"[167]就我所知，罗蒂的诠释学并不代表一种学科或研究计划，"而只是在表达一种希望：希望认识论让位而空出来的文化空间不会被占满，并期望我们的文化可以不再感到需要约束和对抗"。简而言之，学者之间的讨论可以在不担心是否融通的情况下进行；大概也无须在乎严谨度。虽然这种让步受到后现代主义学者的欢迎，却是过早的投降，将使我们大量丧失学术调查研究所带来的力量和喜悦。学术研究的创造力可以借由任何调查方式，在出乎意料的情况下产生，但如果抗拒用因果解释把研究发现连在一起，研究发现的可信度也就下降了。这种做法显然是放弃了人类心灵到目前为止所发展出来的最有力工具——科学综合法。这种怠惰的态度贬低了知性的价值。

跨越学科的鸿沟

社会科学和自然科学的结合，到底会以什么样的形式出现？让我们考虑以下四种学科，它们的时空范围逐次扩大，而其中的实践者各自做出以下的描述。

社会学家以适度的傲慢说："我们感兴趣的是此时此地，尤其喜欢仔细分析特别复杂的社会生活和最近历史中的因果关系。我们与细节密切相关，自己也经常成为其中的一部分，沉浸于细节之中。以我们的经验看来，人类社会行为的变异似乎极大，也许具备了无穷的可塑性。"

人类学家回应道："是的，从你们的角度看来确实如此。但是让我们后退一步再看。想想，我们人类学家研究了成千种文化，其中许多是尚未使用文字和非工业化的，我们记录到的变异比社会学家经历过的还要大。但是我确信，人类行为的变异的可能范围还称不上是无限的。我们在其中清楚看到某些限制和模式。我们从文化进化的许多个别实验中获得了信息，包括数个世纪以来分别进行的实验，而这些信息也许可以让我们建立起人类社会行为的规律。"

没有耐心的灵长类动物学家插话道："没错，把简单社会和复杂社会相互比较后所得的信息，是社会科学的骨架和关键。但是，你们的构想需要用更广博的看法来表述。人类行为的变异的确极大，但还无法涵盖我们在类人猿、猴子和其他灵长类动物社会中发现的规律。这些规律是5000万年的进化过程所创造完成的，而不只是数千年。如果我们想要了解文化的起源，就应该观察这100多种在遗传上和人类最接近的物种，从中找到社会进化的原理。”

社会生物学家追加道：“是的，真正的关键在观察者的视野。那么，为什么不把它极尽放大？我这个学科是由生物学家和社会学家联手发展而成，探讨各种生物体之社会行为的生物基础。我晓得，主张生物会对人类行为影响的观念，已经引起极多争议，尤其是在政治领域。但是想想看，人类也许有独特的行为可塑性，并且可能是具备语言、自觉和远见的唯一物种，但即使把所有已知的人类系统合在一起，也只是数千种高度社会化的既存昆虫和脊椎动物系统的一部分。我们如果希望开创真正的社会行为科学，就必须跟踪这些生物体在数亿年中不同的进化，同时，若能体认到人类的社会行为终究源自生物进化，也会有所帮助。”[168]

社会科学中的每一个学科，只要能在大多数时候把其他学科置之脑后，就可以自在地掌握自己选定的时空范围。但由于缺乏真正的社会理论，导致社会科学和自然科学的沟通失败，甚至连自己内部也无法交流。社会科学和自然科学如果要结合，就不能如以往那般，按内容来划分学科，而必须根据学科各自涵盖的时空范围来定义。之后，还必须把各学科关联起来。

这种收敛的过程其实已经开始了。自然科学在过去数十年当中，借着自身内容的快速扩张，已经向社会科学靠拢，在分离的学科之间，也已经搭起了四座桥梁：第一座是认知神经科学，或称大脑科学，其中具备认知心理学的成分，而工作人员则是分析心理活动的物理基础，目标在解决意识思考之谜。第二座是人类行为遗传学，目前正处于早期阶段，寻找行为程序的遗传基础，包括探讨基因对心理发展取向的影响。第三座桥梁是进化生物学，包括研究杂交后代的社会生物学，其中的研究人员已经开始试着解释社会行为的遗传起源。第四座是环境科学。最后这个领域和社会理论的关联，也许乍看之下极微弱，但其实不然。人类的进化过程发生在自然环境这个剧场之中，而人类生理和行为也已经对自然环境适应得很好。因此不论是人类生物学或社会科学，都必须先把人类与自然之间这个坚固的基本架构纳入世界观，才可能获得圆满的解释。

拥有高明的预测能力

我们不难想象该如何在自然科学和社会科学之间安放踏脚石，并加以跨越。让我们就特殊的宏观社会事件来思考，例如美国市中心贫民区内家庭的瓦解、乡村人口大量涌入墨西哥市，或是法国中产阶级对欧元的抗拒。社会科学家对这类问题的探讨，一般会由传统的分析层次开始。他们会整理事实，利用图表和统计解释加以定量，并审视事件的历史背景。他们把特定的事件与其他地方的类似事件相比较，审视所在文化的限制和倾向，并由此决定事件是一般性的，还是当时当地的独特现象。根据这些信息，他们会凭直觉导出事件的发生原因，并且问：这个事件有什么含义？会不会继续发生？会不会再度出现？

现今大多数的社会科学家会就此罢手，开始写报告。但是未来的分析人员若能拥有融通的理论，就可以进行更深入的探讨，得到更丰富的了解，并具备更强的预测能力。在未来的数十年当中，最理想的情况是，社会科学家也把心理学的原理列入考虑，尤其是社会心理学。我所指的社会心理学，并不是单一个人或一个团队所产生的直觉，即使他们具有很高的天分，也不是与人类行为相关的民间信仰，即使这个信仰能满足人们情绪上的需求；我指的是，成熟、明确的心理学原理所产生的完整知识，简而言之，也就是常常受到社会科学家忽视的课题。

让我从这个点开始，为融通的研究提出一个完整的情节。未来的分析人员将充分了解，社会行为如何在既定的环境中，从个人情绪和意向的总和中衍生出来。他们也会知道，个人行为如何源自生物和环境的交互作用。他们对文化变迁的了解，会因为进化生物学观点的影响而有所增进；这个观点是把人类的行为看作遗传进化的产物。但他们在提出这个观点时也会很谨慎，避免假设基因是以简单的一对一方式来制约行为。相反，分析人员会采用较精微的公式更正确地传达同样的含义：行为受到外遗传法则的指引。

外遗传法则起初是一个生物学的观念，指生物体在遗传和环境的共同影响下发展。简单概括我在前两章中的论点，外遗传法则是感官系统和大脑天生的运作方式。它们是一种经验法则，可以让生物体在环境中面临问题时，迅速找到解决方法；使个体倾向于以天生的特殊方式来观看世界，并能够自动做出某些选择，而摒弃其他。在外遗传法则的影响下，我们看到的彩虹具有四种基本颜色，而不再是连续光谱。我们会避免与自己的兄弟姐妹发生性行为，能说出符合文法的句子，对朋友微笑，并在独处时对第一次见面的陌生人感到畏惧。典型的外遗传法则都是由情绪所激发，而且在所有的行为类型中，它们都能快速而正确地指引个体，产生有利于生存和繁殖的行为。但是，它们仍然可能导致各种不同的文化变异和组合。有时候，尤其是在复杂的社会中，它们不再促成个体的健康和福祉；它们所指引的行为也会出差错，而对个人和社会的最佳福祉造成伤害。

我已经可以想象，分析人员通过对人类事务非理性部分的探索，而沿着类似阿里阿德涅的线的因果解释路径，由历史现象步入大脑科学和遗传学。因此，他们即将能够接续起社会科学和自然科学的间隔。目前在这两个领域中，只有少数学者的预测是乐观的。但至少有相当数量的评论家，抱持反对看法。他们认为这种预测具有哲学上的缺陷，即使没有，至少在技术上也极难达成。然而，我所有的直觉都告诉我，它必将发生。如果这样的结合真能达成，社会科学就能扩展时空范围，并且获得丰富的新观念；结合是社会科学增获预测能力的最佳方式。

合作与冲突

社会科学的时空范围如何扩展？包罗万象的人类行为类别中，有许多都具有扩展这个范围的潜能，包括我在后面几章将会讨论的艺术和伦理行为。现在先考虑一个与社会科学紧密相关的例子：进化生物学家和心理学家在过去 30 年间（本书初版于 1997 年。——编者）发展出来的家庭基础理论。1995 年，康奈尔大学的埃姆伦（Stephen T. Emlen）重新建立了这个家庭理论，其中特别考虑了父母和长大成人的子女之间的合作与冲突关系。他的基本假设是基于天择的进化过程：合作和冲突是进化造成的本能，因为它们可以使具有这些态度的个体生存和繁殖得更好。埃姆伦在扩展假设和测试假设所架构出的理论时，采用了多位独立作业的研究人员所提供的数据，而这些人的研究对象包括世界各地的 100 多种鸟类和哺乳类动物。

埃姆伦的理论所预测的模式，与证据密切吻合。尽管证据中的数据全是关于动物的本能行为，但这些模式与社会科学和人文学科核心主干的相关性，很快就明显浮现出来：

> 对鸟类和人类以外的哺乳类动物而言，家庭基本上是不稳定的。但是，这个不稳定性在那些控制了高质量资源的动物身上，表现得最轻微。王朝只有在资源恒久丰富的地区才会兴起，而在其中，一个遗传谱系可以持续数个世代不衰。
>
> 家庭成员之间的遗传关系愈亲密，比方说父子相对于叔侄，则成员之间的合作程度就愈高。
>
> 借着这种合作关系，以及避免乱伦的一般本能，家庭成员的遗传关系会更加亲密，发生性冲突的频率也就愈低。
>
> 家庭成员之间的亲密度，也会影响冲突和义务的形式。正值生育期的男性如果不确定自己是父亲，就不会在下一代身上投入太多心力。如果一对配偶组成了家庭并成为父母，但后来父母中有一人死亡，那么相反性别的子女与存活的一方，就会因为自己配偶的地位而竞争。例如，父亲死后，生殖力仍然旺盛的母亲，可能因为儿子配偶的地位而与儿子发生冲突；儿子也可能阻挠母亲建立新的性关系。
>
> 这个与冲突和义务相关的模式，使具有继父或继母的家庭，比生物上完整无缺的家庭不稳定。继父母对继子女的投资比亲生父母少，许多物种甚至会杀害当前年轻的继子女，如果这样做可以促进其自身繁殖成功的话。尤其，当继父母属于主导地位的性别时，这样的做法更可能发生。
>
> 如果能带来比较大的好处，那么同一个家庭内共享生殖资源（使用来自家庭外的配偶）的可能就会增高，而家庭里的下

层成员就不必离开去自组家庭。当家庭成员在遗传上的关系非常接近，而且合作者是兄弟姐妹而不是父母子女时，这种容忍现象最容易发生。

这个已有文献记录的理论应用在人类身上时，当然必须对文化变化的巨大影响格外谨慎小心。文化变化所导致的传统差异，有时会大到足以包含特异乖戾的行为——除了特异乖戾，我们还能怎么样形容新几内亚的福尔人（Fore）食用过世亲人大脑的行为？这种行为使他们吃进了库鲁病（kuru，类似疯牛病）的致命物质，而在无知中死亡。但是，根据对避免乱伦行为的研究经验，动物的强势本能的确可以直接转译成人类行为的外遗传法则。幼发拉底河平原上的古代部落区，正等待着考古学家的挖掘，那里也是寻找文化古老历史最有效的地方；进化理论所扮演的实际角色，则是指出外遗传法则最可能的所在。[169]

经济学观点

社会科学当中，经济学在形式和自信上最类似自然科学，也最适合当作桥梁，来跨越社会科学与自然科学间的间隔。这个学科配备了数学模型，每年都受到诺贝尔经济科学奖的加冕，商业界和政府机关也赋予它强大的权力，使它的确合乎“社会科学皇后”的尊号。但是，它和“真实”科学之间的相似性经常只是表面的，并且是以极高的学识代价收买过来的。

透过历史背景，可以最清楚地了解经济学理论的潜力和代价。尼汉斯（Jürg Niehans）在其权威著作《经济学理论史》（*A*

History of Economic Theory）一书中，确认了主流经济的三个进化阶段。在18世纪和19世纪初的古典时期，经济学创始人亚当·斯密（Adam Smith，1723—1790）、李嘉图（David Ricardo，1772—1823）和马尔萨斯（Thomas Malthus。1766—1834）等人所设想的经济，是一个收入循环的封闭系统。经济系统在供需刺激的推动下，控制了世界的资源，并把资源转变成有利的结果。利伯维尔场经济学的中心主张，是在这个时期由亚当·斯密引入的。根据他的“看不见的手”的观念，当生产个体和消费个体能够自由追求自我的最佳利益时，经济状况就会向前推动，因而为整个社会带来最高的利益。

“边际主义时代”（Marginalist Era）从1830年开始，大约在40年之后达到高峰。在这个时代，经济学转为注意这只“看不见的手”的性质。在想象中，经济内部的活动可以划分成代理者所做的每一项决定，而代理者包括个人、公司和政府。在数学模型的协助下，我们可以检视代理者的活动；利用抽象、类似物理理论的架构，分析人员可以在虚拟的世界中，估计并预测生产和消费变化所造成的效应；利用微分方法，可以计算生产和消费极细微的“边际”变化所造成的经济变动。随着货源短缺情形和需求量的上升或下降，每一单位的新产品，例如金、油或住宅，价格也会随之上涨或下跌。整体而言，这些变化会通过复杂的交易网络，使经济走向或远离供需平衡的状态。

边际主义建立起微观经济学（microeconomics）的基础，而微观经济学的要义，则是利用精确的度量来表示经济变动。这些度量包括：“边际成本”，为生产额外一单位产品时，成本总额的增加量；“边际产量”，为额外一单位原料所带来的总生产量的增长量；“边际收益”，为卖出额外一单位产品时，总收入的增长量；“边际效用”，为消费额外一单位产品时所添增的满足感。边际经济学模型就像自然科学模型一样，容许其中的变量以单独或组合的形式发生改变，而其他变量则保持不变。如果很有技巧地玩弄这些变量，这类经济学模型可以呈现清晰的图像。然后古典时期的宏观分析进一步和边际主义时代的微观分析相结合，多是受到英国经济学家马歇尔（Alfred Marshall，1842—1924）在1890年撰写的《经济学原理》（*Prirciples of Economics*）的重大影响。依照凡勃伦（Thorstein Veblen，1857—1929）在1900年发明的用词，这个结合的产物就是“新古典经济学”（neoclassical economics）。

我们今日正处在这个新古典经济学时期，但同时存在的“模型建造时代”（era of Model Building），则把它带入完成的阶段。从1930年代开始，理论学家添加了线性规划（linear programming）、博弈论（game theory）和其他有力的数学与统计技巧，希望更精密地模拟经济世界。他们因为要求准确度，所以不停地重返有关平衡与失衡的主题，并尽可能忠实而明确地说明供需、工厂与消费者的动机、竞争条件、市场的变动和失败，以及劳力和资源的最佳利用方式。

经济模型的缺失

当今最先进的经济学理论，仍然是新古典理论的供需平衡模型。重点一直是严谨的。分析人员都会由衷地同意萨缪尔森的看法，这位极具影响力的20世纪经济学家认为：“经济学集中心力探讨的，是那些可以实际测量的观念。”

这句话涵盖了现今经济学理论的长处和短处。既然它的长处已经受到教科书作者和记者的大力赞扬，我在此只想讨论短处。两个标签就足以总结这些短处——牛顿式（Newtonian）和封闭性（hermetic）。之所以称之为牛顿式，是因为经济理论学家希望找到一般性的单纯定律来涵盖所有可能的经济状况。一般性是一个既合逻辑又值得追求的目标，只可惜，由于人类行为的天生特征，只有极少数的状况可能符合条件。正如单凭物理基本定律无法制造飞机一样，单凭一般性的平衡理论架构，也无法预见最佳甚至只是稳定的经济秩序。这个模型不成功的另一个原因是封闭性，也就是说，没有考虑人类行为的复杂程度和环境附加的限制。结果，虽然许多经济理论学家无疑是天才，但在预测未来经济时只得到一点点成功，并且还身受失败之困窘。

其中的成功事例包括：部分有效地稳定某些国家的经济。美国的联邦储备委员会现在已经具有足够的知识和权力，可以调节资金的流动，以防经济陷入悲惨的通货膨胀和萧条境地（我们如此相信）。另一项成就是，我们已经相当了解科技创新的原动力对经济增长的影响，至少回头看来大致如此。再一项成就是资本资产定价模型（capital-asset pricing model）的使用，这对华尔街有着重大的影响。

经济学家发表言论比保持沉默对我们更有利。但是，这些理论学家并不能确切回答关于社会总体经济的主要问题，包括最佳的国家岁入额度，国内收入和外汇收入的分布，最佳的人口增长与分布，每一个公民财务的长期保障，土壤、水、生物多样性和其他逐渐减少中的消耗性资源所扮演的角色，以及“外部性”（externality）的影响，例如全球环境质量的下降。世界经济就像一艘船，快速穿越一片地图上未标明又遍布危险浅滩的水域。没有一个大家都能接受的理论可以解释它的运作方式。经济学家所享有的尊荣，多半并不来自他们的成功记录，而是因为商业界和政府别无其他选择。

这并不是说经济学家最好放弃数学模型，改用直觉和描述的方法。使用模型具有极佳的优点，至少对自然科学而言是如此：它能迫使研究人员清楚定义出自己所采用的单位，譬如原子和基因，同时也能定义过程，例如运动和变化。一个模型如果构思良好，所采用的假设就没有被质疑的余地，而且它会列出重要的因素，并对其中的相互作用提出具有启发性的猜测。研究人员在自己设定的这个架构中，预测真实世界的现象，预测愈准确，结果愈理想。他随后会把自己思考的结果呈现出来，接受证据的验证或反驳。在科学研究中，没有什么比一个定义清晰又具有惊人预测力的模型更让人兴奋的了，同时，也没有什么比一个能够在细节上获得肯定的预测，获得更高的评价。

哈迪-温伯格原理

为了达成前述的目标，科学家一般会在理论中寻找四项特质，尤其是在数学模型中。第一项特质是精简：能用愈少的单元和程序来解释现象愈好。物理科学因为成功具备了精简性，所以我们今天不需要用燃素（phlogiston）这种虚构物质来解释木材的燃烧，或用不存在的以太（ether）来充填空间。第二项特质是普遍性：一个模型能涵盖愈多的现象，就愈可能是真的。在化学试剂中，由于周期表的存在，所以不必有每一种元素和化合物的个别理论，只要一个理论就可以精确地应用到所有的元素上。

下一项特质便是融通。一个学科中的单元和程序，如果能够和其他学科中已确认的知识相互验证，在理论上和应用上都会比较卓越。正因为如此，从 DNA 化学到化石定年，生物学各层次的每一项数据都显示，天择下的有机进化过程胜于神创论。上帝也许真的存在，也许对我们在这个小行星上所做的事感到欣喜，但是我们并不需要借用他精致的手来解释生物圈里的现象。最后，从上述所有的理论特质中推导出来的，是一个好理论必定要具备的另一个特质——预测性。那些持续存在的理论，能够准确预测许多现象，而这些预测又最容易通过观测和实验来验证。

在用这些标准来评估经济学理论之前，我认为必须先用这些标准来评估生物学的一个分支，而且这个分支所面临的技术困难必须和经济学一样，如此才算公平。族群遗传学所探讨的，是整个族群的基因和其他遗传单位的出现频率与分布。（比方说，一个族群可以是生活在一个湖中的某一种鱼的所有成员。）族群遗传学和经济学理论一样，累积了百科全书般大量的模型和方程式，它无疑是进化生物学中最受尊重的学科。族群遗传学的原始模型来自哈迪–温伯格原理（Hardy-Weinberg principle）或“定律”，也就是以基本孟德尔遗传学为基础的简单概率公式。哈迪–温伯格原理告诉我们，进行有性生殖的族群中，如果同一个基因具有两种形式或以等位基因的形式存在，例如控制不同血型或耳朵外形的等位基因，而且我们知道这两个形式在族群中所占的百分比，就可以精确预测出具有不同等位基因配对的个体的百分比。反过来，只要知道其中一种等位基因配对的百分比，我们就可以立即说出等位基因在整个族群中所占的百分比。下面的例子会解释这是如何运作的。不同人的耳垂不是与头侧分离，就是紧贴头侧，这项差别是由相同基因的两种不同形式引发产生的。让我们称耳垂分离的等位基因为 A，耳垂紧贴的为 a。耳垂分离是显性，耳垂紧贴是隐性。那么，族群中所有个体的基因组合都会属于下述三种情况之一：

AA：耳垂分离

Aa：耳垂分离

aa：耳垂紧贴

根据遗传学的传统，A 的出现频率定为 p（介于 0 和 1 之间，也就是零到百分之百之间）；a 的出现频率为 q。哈迪-温伯格原理的基础是孟德尔遗传学，以及卵子内等位基因与精子内等位基因在配对时的随机性。这个原理可以写成如下简单的二项展开式：

$p + q = 1.0$

$(p + q)^2 = (1.0)^2 = 1.0$

根据定义：$p + q = (p + q)^2 = p^2 + 2pq + q^2 = 1.0$

其中，p^2 是 AA 的出现频率，2pq 是 Aa 的，而 q^2 则是 aa 的。这个公式背后的基本原理如下：一个卵子含有 A 的概率是 p，进入卵子内的精子也一样，所以个体含有 AA 的概率（也就是出现频率）就是 p^2，同理也可以推出 pq 和 p^2。假设族群中有百分之十六（频率是 0.16）的成员耳垂紧贴，也就是说他们的等位基因对是 aa，那么根据哈迪-温伯格公式的预测，族群中有百分之四十的等位基因为 a（因为 0.4 为 0.16 的平方根），而百分之六十为 A；同时，百分之三十六（0.36 = 0.60 × 0.60）的个体具有 A 的组合，百分之四十八（0.48 = 2 × 0.4 × 0.6）具备 Aa 的组合。

哈迪-温伯格公式应用到真实世界时，有一些重要的附加条件。但这些条件并不会造成任何阻碍，反而使哈迪-温伯格公式变得更加有趣并有用：如果天择不偏爱特定类型的基因组合，如果族群中所有成员的交配都是随机的，以及如果族群无限大，那么，简单的哈迪-温伯格公式所做出的预测，就会完全正确。但是头两个条件的可能性不大，第三个条件则不可能发生。为了符合现实状况，生物理论学家“放宽”了这些条件，一次一个，并采取不同的组合方式。例如，他们把想象中的生物数目，由无穷大降到真实族群中实际存在的个体数目。一般而言，这个数目在 10 万到 100 万之间，依物种而定。之后，他们又把世代之间基因出现频率的概率变化纳入考虑。族群愈小，概率的变异就愈大。同样的原理也会支配丢铜板时出现正面或反面的概率，如果不作弊，重复一次丢 100 万个铜板，每次的结果几乎总是有一半为正面，一半为反面。然而如果一次只丢 10 个铜板，正反面各占一半的情况只会偶尔出现，而且平均每 512 次丢掷中，所有的铜板全部都是正面或全部是反面的情况会发生一次。

模型的变异性

现在把有性生殖当作掷铜板，每产生一个世代就如重新掷一次铜板。上一代到下一代之间随机的基因出现频率的变化，就是基因漂变所引起的进化。个体数目为 100 或更少的族群中，基因漂变的效力可能相当重要。统计测量值可以精确描述出基因漂变速度，并告诉我们大小相同的族群的大型样本会具有什么样的命运。这些测量值显示，基因漂变的主要效用是借由排除某些基因形式来降低变异性，这个效用再加上变化的随机性，使得基因漂变过程的创造力远不如天择。

模型一旦加入天择过程，就会降低基因漂变的效应，并使基因出现频率以可预期的速度，朝某个方向进行。族群遗传学家还利用了其他的方式使模型更复杂，并更近似大自然。例如，他们把交配设定为非随机的；把族群划分成不同部分，而且其中的个体会迁移、交流；或者，把性格特征安排成由一组基因而不是单一基因来决定。

族群遗传学家选定估算的假设之后，可以利用模型在虚拟世界中做出确切的预测。这些模型产生的结果，往往符合实验室小心操控下的动植物族群所具有的分布模式；但是，它们对大自然进化过程的预测结果极差。这个缺陷并不源自理论内部的逻辑，而是自然界本身的不可预测性所造成的。环境随时都在变化，所以遗传学家输入模型的参数数值，也随时都在改变。气候变化和天气造成的灾祸，一方面导致了某些族群瓦解，另一方面却使其他族群能够自由扩展和结合。旧有的掠食者和竞争者一旦消退，新的就会继而兴起；疾病侵扰栖息地；传统的食物资源消失，新的资源继而出现。

进化生物学家就像气象播报人员，对现实世界中的动荡不知所措。他们在预测小组基因和特征在数代之间的变化方面取得了某些成功，也能根据化石记录和理性重建的现存物种家谱，回头解释在长期进化过程中的许多重大改变和转折。但是对于未来的事件，他们极少能做出精确的预测。在回头预测过去的事件时，他们也面临同样的困难；也就是说，在找寻过去事件的遗迹和重建事件本身之前，他们也很难预测过去的事件，而必须等到生态学和其他环境科学充分成熟，并且拥有预测力、能够提供进化发生时完整而明确的背景之后，才可能达成目标。

社会科学尖端的经济学所面临的困难，也和族群遗传学与环境科学类似。它屡次遭受"外来冲击"，包括迫使模型参数上下变动的所有无法解释的历史事件和环境变迁，仅仅这些因素，就能牵制经济预测的精确度。除了最一般性的统计项目，经济模型无法预测市场行情什么时候会上涨或下跌，也无法预知战争和技术革新所引起的数十年一次经济周期的变化。它们既无法告诉我们，到底是减少税收还是降低国债能比较有效地提升个人所得，也无法解释经济增长会如何影响收入的分布。

经济学理论还受到第二个同样根本的困难的阻挠。与族群遗传学和环境科学不同，它欠缺了一致的基础单位和过程。另外，它还没有取得和自然科学之间的融通，甚至没有尝试取得。所有的分析人员都了解，总体的经济过程模式，是人类庞大数量的决策借由某种方式所引起的，无论这些决策是出自个人、公司成员还是政府机关。最精细的经济学理论模型，试图把这类个体经济行为转释为尺度较大的集体性测量值和模式，也就是广泛定义中的"经济体系"。在经济学和其他社会科学中，把个体行为转释为总体行为的做法，是分析上的主要问题。但是，这些学科对个人行为的真正本质和来源很少考虑。相反，这些模型架构者采用的知识大半来自民俗心理学，多半以人们的共同看法和赤裸裸的直觉为基础，而民俗心理学的使用，早已远远超出了适用范围。

这个缺陷并不是致命伤。经济学理论并不像地心说那样在架构上有缺憾，需要由观念进行改革。把个体行为转释为总体行为的最先进模型，所具有的方向是正确的，但是经济理论学家没有必要画地为牢，把自己的理论与严谨的生物学和心理学隔绝开来，包括其中经由详细的描述、实验和统计分析所导出的原理。我相信，经济学家这么做，是为了避免受到这些基础科学中极度复杂的现象的牵累。他们的策略是采用最少个体层次的可能假设来解决由个体过渡到总体的问题。换句话说，他们对精简性的要求过头了。经济学理论的目标也在产生能最广泛应用的模型，并且往往极端抽象，比应用数学练习题好不了多少；它把普遍性推演得太远了。这样严格的学术态度造成的结果，除了一组内在协调一致的理论之外，别无其他。虽然我认为经济学正朝着正确的方向发展，并且提供了一个楔子，可以让社会学理论明智地跟进，但是它的多半内容仍然是不恰当的。

理性选择原则

从芝加哥大学贝克尔（Gary S. Becker）的研究工作中，可以看出经济学理论的长处和短处。贝克尔因自己的研究工作而获得1992年的诺贝尔经济科学奖，因为“他把经济理论的范围延伸到人类行为的其他方面，这些方面即使在以前已被研究，也是属于其他的社会科学领域，如社会学、人口统计学和犯罪学”。贝克尔的成就在于，他比以往的经济学家更深入地探测人类好恶的来源。他看到大多数的经济学的推理都是建立在固有的假设上，也就是：人类会受到食物、居所和娱乐等基本生理需求的驱使。但是，贝克尔指出了其他的驱动力，例如住宅和家具的种类、餐厅种类，以及个人喜欢的娱乐形式，这些都在基本需求之外。对这些事物和更多其他事物的选择，会随着个人经验和超乎个人控制的社会影响力而改变。我们如果想对人类的行为提出完整的解释，这些选择的效用（也就是消费者所看到的价值）就必须纳入经济模型当中。

贝克尔的想法具有一个无可背逆的假设，那就是理性选择原则。这是早期经济学家引入的想法，是定量模型的基石。理性选择原则简单指出，人们会经由计算而采取能够为自己带来最大满足的行动。采用这个概念的经济学模型，多半只能探讨与个人狭窄利益相关的效用。贝克尔极力主张同僚应该把视野放宽，要包含其他社会科学所探讨的主题。他认为，经济学者应该考虑各种不同的欲望，譬如利他主义、忠诚、恶意和自虐。他主张，这些也是支配理性选择的影响力。

贝克尔和其他具有类似看法的经济学家，努力扩大正式模型的涵盖范围，并且对工业社会一些最令人烦恼的问题，提出了极具信心的看法。在犯罪学上，他们对不同等级的犯罪行动，提供了最佳的制止方法（当然是经济学上的方法）；这些犯罪行为包括死罪、持械抢劫、盗窃、逃税，以及违反商业管理和环境保护的法律的行为。在社会学上，他们评估种族歧视在生产和失业上所造成的影响，以及经济等级对婚姻选择的影响。在公共卫生上，他们也已经能分析香烟和管制药品的使用，因合法化和征税而受到的影响。

这些经济学家的模型具有精密的图表，为有关平衡的理论问题提供了分析性的解答。但是通过行为科学中既定的原理来判断问题则太过简化了，并且经常会让人误解。个人行为的选择归纳为少数选项，例如是否抽烟，是否与相同社会经济地位的人士成婚，是否冒险犯罪，或是否搬到相同种族的社区内。这些预测大多是“这种情况多些，那种情况少些”，且它们接近一些门槛，过此门槛，某些趋势便开始、逐渐消退或朝反向进行。预测一般来自模型建立者的常识直觉，也就是民俗心理学，随后再通过一系列正式的分析步骤，进一步肯定这个常识性的信仰。他们用斩钉截铁的技术语言告诉我们：香烟价格长期的上涨会比短期的抬高价钱，在一开始时更能有效地降低消费量；有钱人为了保有自己的财富，会想尽办法避免和穷人相遇并坠入爱河；能够到极受欢迎的餐厅进食会带给人们满足感，尽管竞争对手提供的价格和烹调技术也同样好。这类模型的前提很少受到仔细验证，结论也很少受到定量的实地数据的测试。它们的吸引力在于引擎颜色和巨大声响，而不是速度和目的地。

倾向心理学目标的分析家，例如贝克尔、谢林、赫舒拉发（Jack Hirshleifer）、阿马蒂亚·森（Amartya Sen）、斯蒂格勒（George Stigler）和其他具有类似兴趣的学者，研究目标是在强化微观经济学理论，并且从中预测出更正确的总体经济行为。这个目标显然令人钦佩，但如果想向前更进一步，他们和其他社会科学家就必须跨越社会科学和自然科学的分界，与生物学家和心理学家交流。正如贝克尔在诺贝尔奖获奖感言中提到的，他的贡献只是“诱导经济学家脱离有关自我利益的狭隘假设”，接下来，经济学家迟早必须从行为的标准社会科学模型（SSSM）中完全解放出来，并且慎重考虑人性的生物学和心理学基础。令人震惊的是，尽管反证堆积如山，大多数人仍然对以下的想法紧抓不放：照贝克尔的讲法，除了满足基本的生理需求之外，现代社会的人做决定时会“依据童年经验、社会互动和文化影响”，而显然不会受人性中外遗传法则的左右。这个看法导致了可悲的后果：即使是最富创意的模型，也会采纳民俗心理学。[170]

效用观念的普遍性

把心理学和生物学融入经济学和其他社会学理论，对后者只会带来好处。借由询问人们为什么最后会偏好某类选择，为什么事先就有如此的倾向，以及询问为什么、在什么情况之下，他们会依据这样的选择采取行动，研究人员就可以从个体的层面来审查并分析“效用”（utility）这个微妙的观念。除此之外，还有如何从个体转为总体的问题，这是指大量的个人决定转换成社会模式的整套程序。在这个问题之外，还有更广大的时空尺度架构下的共同进化问题，也就是生物进化会以某种方式影响文化发展，而文化也会反过来影响生物进化。人性、由个体转为总体、基因–文化协同进化，这些领域总体而言需要我们全力以赴地从社会科学跨越到心理学，然后再进到大脑科学和遗传学。

心理学和生物学的零散研究已经提供了证据，对效用观念的普遍性提出建言：

◆选择的类别，即思考和行为上时时都存在的主要活动，是显性的：同一个类别的需求和机会选择，会改变其他选择类别的强度。性爱、地位维护和嬉戏等类别的重要性排列次序，则似乎由遗传所决定。

◆有些需求和机会不仅具有抑制力，还具有先发制人的优先权。例如毒瘾和性占有欲能够绑架情绪，使注意力集中于单一目标，威力之大足以排除许多其他类别的活动。

◆相互竞争的情绪波动是理性计算的基础，而情绪之间的互动，则由遗传和环境因素的相互作用而得以化解。例如，避免乱伦行为的基础是强而有力的外遗传法则，同时因为文化禁忌而强化，或因为对个人经验渐增的特殊了解而受到抑制。

◆理性算计往往并不自私。比方说，为了某种复杂而且极不为人所了解的原因，一些最具威力的情绪，包括爱国主义和利他主义。另外，一直让人惊讶的事实是，百分比极高的人在注意到陌生人有危险的瞬间，愿意冒生命的危险伸出援手。

◆我们的选择会受到团体的影响，这是很明显的事实。但我们不太知道的是，同侪影响力对不同行为类别的作用差异极大。例如，着装样式几乎完全受同侪影响力的支配，而避免乱伦则大多不受影响。这样的差异是否具有遗传上的基础，并因而和进化历史相关？答案是很有可能。我们应该着手小心检验这个可能性。

◆外遗传法则会依照不同的行为类别来塑造决策过程，这种天生倾向会让人类在一开始学习时就偏好某些选择，之后再从中挑选出特殊的选项。平均而言，许多倾向是因年龄和性别而异。

关于决策的微妙心理生理因素，可以用生殖策略“r–K 连续模型”来阐示。当资源稀少而不稳定时，人们倾向采取 r 策略，偏好生许多小孩来确保其中至少有一些会存活；当资源丰富而稳定时，他们就倾向 K 策略，只生少数“高质量”的后代，并且给予保护和教育，使后代能够具有较高的社会经济地位。[r 这个符号在人口统计学中代表人口增长率（rate of population growth），当采用 r 策略时会变大；K 这个符号代表生态容纳量（carrying capacity），为人口停止成长时的人口值。] 在 r–K 连续模型之上还有一个一般倾向：具有社会权威的男性会拥有许多处于生殖期的女性，以借此提高自己达尔文式的竞争力。

凭借经验法则的错误

如果想全盘了解效用观念，就必须先把人类行为分解为生物学和心理学的基本元素，然后由下向上合成，而不是采取社会科学由上向下的推演或凭直觉知识的猜测。经济学家和其他社会科学家将在生物学与心理学中找到所需要的前提，以创造更具预测力的模型，正如研究人员当初也是在物理学和化学中，找到了提高生物学水平的前提一样。

社会学理论未来的发展，有赖于我们从心理生理学的角度来了解理性思维的过程。目前，主流的解释方式是上述的理性选择理论。这个理论来自经济学，随后才散播到政治学和其他学科。中心概念是：人类行为的最高指导原理为理性思考。人类会尽力检验所有的相关因素，并且逐一权衡每个选择可能带来的后果。他们会把投资、风险、情绪和物质报偿等成本与收益相加后才做决定，而他们所偏好的选择会带来最大的效用。[171]

但是这种写照并不足以描绘人类的思维过程。人类大脑并不是运算快速的计算器，但大多数决定必须在复杂的情节和不完全的信息下快速完成。因此，理性选择理论涉及了一个重要问题：多少信息才算足够？换句话说，在什么情况之下，人们才会停止思考而拿定主意？提供分界点的简单策略叫作“足够满意”（satisfice），这是苏格兰用词，由“满意”（satisfy）和“足够”（suffice）

组合而成。这个用词在 1957 年由卡内基梅隆大学（Carnegie Mellon University）的西蒙（Herbert Simon，1916—2001）引入心理学。“足够满意”是指，由短期中可以想到并可获得的机遇中，挑选出最令人满意的选择，而不是事先想出最佳的选择，然后再于其中寻找，直到找到为止。一个到了婚龄的男性，比较可能在已认识的未婚女性当中，因为“足够满意”而向其中最有吸引力的女性求婚，而不会为了一位想象中的理想伴侣而长期寻觅。

在“足够满意”和其他传统的理性选择观念之外，另外的策略是服从经验法则，技术上又称为“启发法”（heuristics）。这个观念首先由美国心理学家卡内基（Daniel Kahneman）和特沃斯基（Amos Tversky）在 1974 年提出。他们认为人们并不会在得失上精打细算，而是根据简单的线索，以及大多行得通的探索经验来行动。通过启发法，复杂的概率评估与预测结果的工作，就会化简为几项判断操作。

启发法通常很有用，也能节省大量的时间和精力，但是在许多情况下，可能导致系统上的大错误。比如，把启发法用在快速的代数运算时，就会发生所谓的“基点”（anchoring）。你可以比较下面两组相乘的数字，并且在 5 秒钟内猜出它们的乘积，就会了解什么是“基点”了。

$8 \times 7 \times 6 \times 5 \times 4 \times 3 \times 2 \times 1$

$1 \times 2 \times 3 \times 4 \times 5 \times 6 \times 7 \times 8$

尽管这两列数字完全相同，但大多数人会认为第一列的乘积比较大，因为他们从左往右读时，会以碰到的第一个数字为凭据来猜测。同时，他们也低估了两列数字的乘积。在卡内曼和特沃斯基的测试中，高中生对上列乘积的估计值平均是 2250，下列则是 512，然而两者的正确答案都是 40320。

这里，我再举一个启发法在统计领域内造成的系统错误的例子。大多数人在观察铜板的扔掷时，相信“正—反—正—反—反—正”这种正反面交替出现的顺序，会比“正—正—正—反—反—反”这种具有相同组成但整组重复出现的顺序，更可能发生。但实际上，两者具有相同的可能性。

为什么接受训练后可以了解微积分和统计学的心智，竟会犯下这么一致的错误？正确的答案可能来自遗传进化：数千个世代的进化是为了让大脑处理简单的数字和比例问题，而不是运用抽象、数量的理性思考来解决复杂的问题。由上述两个例子来看，启发法只是一种通俗数学。虽然这种通俗数学在解决正式的复杂计算时，无法得出正确的结果，但是在实际生活中很可能奏效，因为第一印象往往可以正确预告即将发生的事件。

原始思考的基础

相同的理由也可以解释启发法所造成的其他奇特错误。例如，你所熟悉的一道菜如果味道变了，你很可能不愿意食用，尽管其中的食材显然新鲜又营养。另外，在坠机事件发生之后，往来于城市间的旅客通常会改乘汽车，虽然他们知道陆上每英里路程的死亡人数，比空中的高出很多。这的确是非理性的选择，但也许是在遵守超高层次的启发法以避免危险。这两个实例也许可以这么翻译：不管数学概率定律告诉你什么，不要冒任何食物中毒的危险，并且远离其他人最近死亡的地点。[172]

进一步的研究或许会显示，大脑的运作有时类似计算机，企图使事物达到最佳状态，有时则受到启发法天生威力的支配，而快速下决定。不论这两种角色以什么样的方式混合，理性选择理论对许多社会理论学家而言，仍然是一条光明大道，但在心理学领域，它却是一个引起争论的话题。批评者认为，理性选择理论太依赖于以计算机算法和抽象的最佳解答为模拟，而不花心思了解真实大脑的特质。大脑是石器时代产生的器官，经过数十万年的进化，最近才投身于工业化社会的怪异环境中。证据显示了人类在文字使用前的文化中如何思考，以及人类在整个进化过程中可能采取的思维方式，但理性选择理论与这些思维方式并不一致。霍尔帕克（C. R. Hallpike）在《原始思维的基础》（*The Foundations of Primitive Thought*）一书中，总结出大脑的一些特质：凭直觉而遵从教条；受特殊情绪而不是物质因果关系的束缚；全神贯注于事物的精髓和蜕变，难以理解逻辑的抽象思维或各种可能的假设；倾向于使用语言来社交，而不是把语言当作一种观念上的工具；具备有限的定量能力，大多只能形成关于事物出现频率和稀有性的粗略印象；倾向于认为心灵有一部分源自环境，而且能够反过来把环境投射在心灵上，这使文字本身成为具有独特威力的实体。

现代工业社会的人们身上，也普遍具有文字出现以前人类所具有的相同特征，这点将立即可见，也应该是经济学家和其他社会学家的研究前提。这些特征在宗教信仰极虔诚且极少受教育的秘教成员身上，尤其明显。这些特征也散布在人文隐喻中，并使隐喻的含义更加丰富。不论你赞不赞同，它们都是现代文明的一部分。然而，系统化的逻辑演绎思维方式大多是西方文化的特殊产物，得来不易，且仍然罕见。我认为，当我们试着让逻辑演绎思维系统更加完美的同时，若能继续锻炼但永不舍弃旧有的思维方式，才是比较明智的做法。别忘了，它们是人性适应能力的一部分，使人类能够存活，并且生生不息，直到现在。[173]

全留给哲学家！

我必须承认，社会理论学家所面对的技术问题特别大，困难得令人震惊。有些科学哲学家已经举手投降，宣称介于自然科学和社会科学之间的边界地带太过复杂，不是当今的想象力所能掌握的，也可能是人类永远无法理解的一个领域。当他们质疑从生物学一路到文化层次的融通是否存在时，也把箭头指向可能成立的公式中所出现的非线性关系、各种因子之间呈二次方和三次方关系的交互作用以及随机性（stochasticity），并指向藏匿在挪威迈尔海峡（Great Maelstrom Sea）大漩涡中的其他种种怪兽。他们因而叹息：没有希望！没有希望了！然而，这正是哲学家应该做的工作。他们的任务是在更大的事物架构中，定义并解释科学的限制，而且在这个架构中，理性思考的所有维度，最好都留给——嗯，哲学家。对他们而言，承认科学没有学识界限是不适宜的，而且也不够专业。愈来愈少的社会学家会画地为牢，希望自己的文化研究能够躲过生物学之梦的侵扰，但是哲学家的疑虑，恰好又给了这些社会学家一股助力。

科学家本身很幸运，没有这种限制。以往的科学家在面对未知时，如果也是如此深思熟虑和谦虚，我们对宇宙的认识早在16世纪就停止了。哲学家吐露的警戒之言虽然必要，但我们应该自信能够与之抗衡，绝不能因它而毁灭。科学和技术能够进入现代化的阶段，正是借助这种对抗信念的支持，当然如果你喜欢，也可以称这种信念为一种盲目信念。我们必须记住，当初启蒙运动是死于哲学之手而不是科学之手。当然，哲学家对社会科学的悲观看法也可能是成立的，但我们应该视他们为错误的，加紧向前进步，这是发现事实的唯一方法。任务愈艰难，勇于承担任务的人也将获得愈大的奖赏。[174]

第十章

艺术和艺术的诠释

流传久远的艺术作品都极具人性，
尽管它们是来自个人的想象力，
甚至当创作者的幻想中
出现不可能存在的世界时，
他们所凭借的仍然是人类的根源。
正如幻想大师冯内古特所说的：
“艺术把人性置于宇宙的中心，
不论我们属不属于这个中心。”

从许多层面来看，要获得融通的解释，最有趣的挑战是如何由科学过渡到艺术。“艺术”在此所指的是艺术创作、个人产生的文学、视觉艺术、戏剧、音乐和舞蹈，其中的特质只能用真和美来形容，这已经是最好的用词了（而且也许永远不会有更好的用词）。

“艺术”有时也代表所有的人文学科，不仅仅包括艺术创作。根据1979—1980年度人文学科委员会（Commission on the Humanities）的建议，艺术还包括历史、哲学、语言和比较文学等主要科目，另外也包括法律学、比较宗教学，以及“社会科学中具备人文内涵并且采用人文研究方法的课题”[175]。尽管如此，艺术所具有的基本而直觉的创作含义，即“为艺术而艺术”（ars gratia artis），仍然是最广泛、最有用的定义。

沉思之后，我们对艺术产生了两个问题：历史中的艺术和个人体验到的艺术来自哪儿？又如何用普通语言来描述其中真与美的本质？这些问题是在对艺术进行诠释、学术分析和评论时的中心课题。诠释本身有一部分也是艺术，因为它不仅传达了评论者所具有的真实专业才能，同时也表达了他的个性和审美观。一个高水平的评论和它所批评的作品一样，能够启发灵感并具备其自身的特点。而且，就像我现在希望指出的一样，艺术也可以是科学的一部分，而科学亦为艺术的一部分。我们如果能够把历史、自传、个人自白和科学相互编织起来，就能对艺术做出更具权威的诠释。

上述这些冒犯的文字，根基仍然相当空泛，理所当然会受到反驳。虽然科学的进步是借由把一般现象归纳成可研究的成分，例如把大脑解剖成神经元，再把神经元分解成分子；但是，科学的目标并不在于降低总体的完整性。相反，科学程序的另一半，是整合元素以重新创造原始的整体。实际上，这也正是科学的终极目标。

我们也没有理由假设，艺术会因为科学的兴盛而衰退。正如杰出的文学批评家史坦纳（George Steiner）最近提出的：艺术并不如想象中那样，已经历西方文明的正午全盛时期而进入黄昏后的晦暗时期，并因而不再可能出现但丁、米开朗基罗或莫扎特这类的天才。[176] 我无法想象，艺术未来的原创力和光彩，会因为我们对艺术和科学创作过程的化约式了解，而产生本质上的极限。相反，科学和艺术的结合已经逾期了，但以诠释为媒介就可以达成结合的目标。科学和艺术在结合彼此的优点之前，都无法圆满尽善；科学需要艺术的直觉和隐喻力，艺术则需要科学提供新鲜血液。

人文学者应该去除对化约主义的厌恶感。科学家并不是只知道熔化印加黄金的16世纪的西班牙征服者。科学是自由的，艺术也是自由的。然而正如我先前讨论心理活动时所提出的，这两个领域尽管在创作精神上类似，但是各自的目标和方法极为不同。它们之间的互换，重点并不在混合并产生某种令人不舒服且不自然的形式，如科学艺术或艺术科学，而是通过科学知识和科学对未来特有的想法，来重新激发对艺术的诠释。诠释是科学和艺术之间产生融通解释的逻辑渠道。

艺术的张力

可选的好例子很多，但让我们考虑《失乐园》（*Paradise*

Lost）第四卷中的情节：英国盲人诗人弥尔顿（John Milton，1608—1674）以一连串令人昏眩的文字，把撒旦送入了天堂。这位首要恶犯和大窃贼跳过了无法穿越的荆棘丛和高墙，“化作一只鸬鹚”蹲在生命树的枝条上。他等待夜晚的降临，到时候就可以进入天真无邪的夏娃的梦中。弥尔顿在这里充分发挥了想象力，告诉我们人类即将失去的东西。这位栖息枝头的阴谋者，四周环绕着神所设计的完美环境：“水波荡漾的河流，滚滚流过满布珍珠和金沙的河床”，汇聚到“一湖中，湖岸周围盛饰着桃金娘，如同捧着一面晶莹的明镜”。这块神所赐福的绿洲里，到处长着“各色的花朵，还有无刺的玫瑰”。

弥尔顿创作《失乐园》时尽管已经失明，却仍然保有热爱生命的天性与细腻的感受，天生对丰富多彩的生活充满喜悦。从他以花园来模拟大自然的人性冲动中，就可以清楚看到这一点。但是，弥尔顿完全无法只靠想象大自然的和谐，就能得到满足。他试图以惊人的交响乐力量般的八行文字，描述天堂的神秘本质：

不公平的原野

传说古时候有个美丽的恩纳原野，
比花更美丽的普洛塞尔皮娜在那儿采花，
她自己却被幽暗的冥王狄斯采摘而去，
害得刻瑞斯历尽千辛万苦，
找遍全世界，
还有个甘美的达芙妮丛林，
在奥伦特斯河畔，
卡斯塔利亚灵泉之滨，
都无法与伊甸园相媲美。

怎可能有人期望自己能表达出混沌之初的创世心灵？但弥尔顿尝试这么做了。他把古希腊和古罗马的神话角色，原封不动地召唤到他的时代，随后再传到我们的时代。我在后面会提到，这些角色也反映了人类天生的心理过程。弥尔顿在美丽之中掺杂了悲剧的色彩，给我们一个无止境、富饶但同时即将腐败的世界。他把花园的美丽转变成普洛塞尔皮娜（Proserpine），而这位年轻女子终将被冥王狄斯（Dis）绑架到地府。普洛塞尔皮娜象征大自然的美丽，却因为神祇之间的冲突而被封锁在黑暗之中。她的母亲谷神刻瑞斯（Ceres），因为哀痛而无法履行义务，世界因此陷入饥荒。同时，阿波罗对貌美的达芙妮的眷爱，也没有得到回报；她为了躲避，把自己变成了花园中的一棵月桂树。

弥尔顿的用意在挑动他那个时代（17 世纪）读者的情绪。当时，有教养的人都受过希腊神话的熏陶。他利用情绪的对比来增加威力，比如相对立的美丽和黑暗、自由和命运、热情和拒绝。借着建立这种紧张的对比，弥尔顿带领我们穿越次等的天堂，在骤然间抵达神秘的伊甸园原型。弥尔顿的另一个扎实的技巧，与当权者有关；他不采用当代背景，也就是不以克伦威尔（Oliver Cromwell，1599—1658，英国革命家）、查理二世（1630—1685）和 1660 年的王政复辟为例，因他曾拥护革命及克伦威尔统治下的共和国，差点儿丢掉性命。他采用了描写另一个文明的古老文本，也就是在人们的记忆中历经数个世纪而不灭的古希腊和古罗马神话。他利用这些文献，传达了我们尚未被告知但必须了解其真实性的信息。

艺术创造力之挥洒

艺术在定义上的特质，是以情绪和感觉来表达人类处境，召唤出所有的感官知觉，并激发出秩序和混乱。然而，艺术创作能力从何而来？它并不是基于事实的冰冷逻辑，也不如诗人弥尔顿所相信的那样，是神指引下得来的思绪。没有任何明确的证据显示，撰写出像《失乐园》这种作品的天才，是由独特的火花所触发。以大脑显影技术测试音乐天才的实验，并没有找到任何奇异的神经生理特征；与其他没有音乐天赋的人相比，音乐天才所使用的大脑部位其实没有什么不同，只是涵盖的面积较广。[177] 历史也支持这个渐进的假设。在莎士比亚、达·芬奇、莫扎特和其他优秀的人才之下，是大批的部队，愈往下的部队所拥有的理解力也愈低，一直连续下降到只能勉强胜任的人。西方历史中的大师以及和其他高水平文化中的名家，全都具有卓越的知识、科学技术、原创力、对细节的敏感、野心、大胆和冲劲。

这些大师名家深深着迷于自己的工作，并且从内心深处为之燃烧。但他们也对天生的人性有直觉的了解，这使他们能够从所有人心中都会流过的平凡思绪中，挑选出具有威力的影像。他们的才华可能只比凡人高一些，但他们的创意对其他人而言是全新的。他们具备足够大的影响力和足够长的生命，所以能获得持久的名声；这不是魔术，也不是神的善行，只不过因为他们的潜力比较大，而其他天分较低的人所分享到的同样潜力比较小。这些大师名家累积了足够的起飞速度，于是才能够高飞于其他人之上。

每个人都具备艺术灵感，它会从人性这口井中自然流出，只是程度不一。艺术创作的目标是直接诉诸接受者的感觉，而不须经过分析和解释，因此，创造力是最圆满的人文表现。有长久价值的作品则是最忠于创造源泉的作品。由此来看，甚至连最伟大的艺术作品，也可以通过基本的层次来了解，那便是指引作品产生的生物进化外遗传法则。

历史性振荡的极端

然而，这种看待艺术的方式并不盛行。学术界的理论学家对生物学不太注意，而融通也不是他们所使用的辞藻。在某种程度上，后现代主义对理论学家的影响更大，这个具有竞争性的假设否定人类的共性。后现代主义如果被应用到文学批评上，最极端的方式就是解构主义哲学。解构主义哲学多半由德里达与德曼（Paul de Man，1919—1983）提出，认为真实是相反，也是依个人而定的。每一个人在面对不停变化的语言符号时，可以接受或拒绝，并由此产生自己的内在世界。世上不存在什么特权，也没有指导原则，来引导文学智慧的发展，而且，既然科学只是另一种观看世界的方法，我们便无法以科学来架构人性的地图，并且从中衍生出深奥的意义。读者所具有的只是无穷的机会，能够在自己建立起来的世界中，发表新的诠释和评论。解构主义者的一句名言是："作者已死。"（The author is dead.）

解构主义者追寻的是矛盾和模棱两可。他们所思考和分析的，是作者所忽略不提的部分。这些受作者忽略的元素容许他们从后现代主义的角度，提出个人的评论。具有政治意识的后现代主义者，则认为传统的文学经典只不过是认同统治者世界观的文集，尤其是认同西方男性白种人。

后现代主义者的假设并不符合实际证据，但他们乐于对心智运作研究的现有成果视而不见。然而，后现代主义之所以这么受欢迎，除了因为人们喜爱混乱之外，必然还有其他原因。要是与之竞争的生物学方法正确无误，那么后现代主义的广受欢迎，必定有其人性上的根基。艺术的后现代主义，无论说它只是一个“憎恨学派”（School of Resentment）[178]——如布鲁姆（Harold Bloom）在《西方正典》（*The Western Canon*）一书中所控诉的，或说它只是“阉人的诅咒”（eunuch's spite）——如诗人蒲柏（Alexander Pope，1688—1744）所写过的，都是低估了它，它还有其他的东西。而单单只靠着美国学界对法国蒙昧主义（obscurantism）的病态式崇拜，并不足以维持这个艺术后现代主义的热潮。后现代主义也涌现出一种革命精神，这股精神是来自一个真正的而不是解构后的事实：许多人（其中最明显的是女性）所具备的独特天分和情感生命，在过去数世纪中一直都被忽略，但现在已经开始在主流文化中充分表达出来。

我们如果相信过去25年（本书初版于1992年。——编者）中收集到的生物学和行为科学证据，那么女性与男性之间的遗传差异，就不仅在生殖器官的结构上。总的来说，女性和男性在许多社会经验立场上，会采取不同的意见，尽管在统计上，两性就整体而言具有相当大的相同部分。今天，女性发出了不同的声音，但是我并不把女权主义在社会、经济和创作改革层面上受人欢迎的胜利，看作后现代主义的单纯胜利。这个进展为人类开展了新的表达方式，并且解放了许多浅藏的天分，但是人性并不会因此爆炸成小碎片。我们反而具备了一个舞台，能够更完满地探讨一统人类的普遍特征。

从不同的角度来看，后现代主义也可以被视为文学世界观中历史性振荡的一个极端。美国伟大的文学批评家威尔逊（Edmund Wilson，1895—1972）在1926年指出，西方文学似乎有“义务”在新古典主义和浪漫主义这两个极端之间“振荡”。这个观念受到广泛的接纳。振荡周期始于启蒙时代的蒲柏、拉辛（Jean Baptiste Racine，1639—1699）和其他诗人，他们相信科学家眼中的规律世界。到了19世纪，反叛的浪漫诗人取得了上述诗人在群众中享有的尊望；浪漫诗人随后让位给福楼拜（Gustave Flaubert，1821—1880）和其他重返理性秩序的文人；这些文人接着又承让给反向的潮流，而这股反向潮流的具体表现则是法国象征主义者（French Symbolist）的现代主义作品，其中人物包括法国的马拉美（Stephane Mallarme，1842—1898）、瓦莱里（Paul Valery，1871—1945）以及他们在英国的同僚叶芝（Wiiliam Yeats，1865—1939）、乔伊斯和艾略特。威尔逊说，每一个极端迟早会成为“令人无法容忍”的支配形态，因此必然会回头走向另一个极端。

相同的振荡现象，也可以在继威尔逊之后最近才兴起的文学批评上看到。20世纪初期，学者们强调作者个人的经历和他们当代的历史。到了1950年代，新批评派（New Critics）则坚持把文本的意义完整牵引出来，而对作者的个人生平不太关注。他们同意康拉德（Joseph Conrad，1857—1924）的名言：“一件文学作品中的每一句话，应该都有它存在的理由。”1980年代，新批评派突然屈让于采用相反态度的后现代主义者。后现代主义者提出，要搜寻文本未掌握的部分，并且把文本整体解释为作者本身所建立的社会结构。诗人兼评论家特纳（Frederick Turner，

1861—1932）以极敏锐的态度，总结出后现代主义者的立场：即使处在生态危机的时代里，艺术家和诗人仍应该摒弃大自然的限制，并且忽视科学，抛弃艺术的形式和训练，以及他们自身文化中的巫师传统；不要再相信普遍一致的人性，而一旦从这种令人窒息的拘束中解放出来时，要转向探讨虚伪和愤怒，而不仅是探讨希望与其他令人振奋的情绪。根据特纳的看法，与后现代主义相反的潮流已经开始，“荷马、但丁、达·芬奇、莎士比亚、贝多芬和歌德的传统并没有灭亡，它正由后现代主义这块混凝土的隙缝中冒出头来”[179]。

威尔逊认为这个永不遏止的艺术周期，是现代心灵所承担的特殊痛苦，并希望这种振荡能够逐渐平缓。原则上，威尔逊比较偏爱综合，并钦羡罗素（Bertrand Russell, 1872—1970）和怀德海这两位出现于20世纪前半期的伟大文化统一者。他写道：我们嫉妒古典文学，因为它似乎达到了平衡，“古希腊悲剧诗人索福克勒斯（Sophocles，公元前495—前405）文本中的规律和逻辑，并未排除温和与暴力；同样的，古罗马诗人维吉尔（Virgil，公元前70—前19）的文字也未排除福楼拜所期望达成的目标。完全客观地重述事件的发生过程，并未使华兹华斯和雪莱摒弃他们想表达的神秘感、流动感、悲剧感和朦胧之美”。我猜想，威尔逊也会喜欢融通这个概念。[180]

创新是一种生物过程

阿波罗式和狄俄尼索斯式的冲动、冷静的理智相对于热情的放纵，这两种相反而驱使艺术和评论来回振荡的动力，能不能彼此妥协？我相信这是一个经验上的问题。它的解答要看天生的人性是否存在而定。由累积至今的证据来看，人性的存在不容置疑，而且既深奥又高度结构化。

我们如果接受这样的想法，科学和艺术诠释的关系就可以澄清如下：艺术诠释包含许多的层面，也即历史、自传、语言和美学判断，而这些层面的基础全都建立在人类心灵的物质过程上。在过去，许多具有理论倾向的评论家，已经借由许多不同的途径，试图进入这个隐秘的领域，包括最显著的精神分析法和后现代主义的唯我论（solipsism）。但这些方法大多是以无助的直觉来猜测大脑的运作方式，所以效果很差。在缺乏良好的物质知识作为罗盘指引下，这些人转了许多弯，进入了死胡同。想要勾画出大脑的运作图，并同时创造出持久的艺术理论，必定有赖于大脑科学、心理学和进化生物学所逐步形成的融通。在这个过程中，如果想要了解具有创造力的心灵，就需要科学家和人文学家联手合作。

这个合作目前尚处于早期阶段，很可能得到一个推论：创新过程是一种具体的生物过程，以繁复的神经线路和神经传导物质的释放为基础。它并不是某种万能的生产机器向外倾倒符号的过程，也不是来自非人为因素的任何魔咒。我们对艺术创造起源的了解，将大大改变我们对艺术创作的诠释。自然科学已经开始描绘心灵，包括创作过程本身的某些元素。虽然自然科学离最终目标仍然很遥远，但是不可避免，最终还是能够强化艺术的诠释。

1980 年代早期，当我和拉姆斯登在发展基因–文化协同进化的完整理论时，就已经得到相同的结论，我早先已经描述过了。人数渐增的一小群艺术家和艺术理论学家，从不同的出发点获得相同的看法，其中较出名的包括卡罗尔（Joseph Carroll）、库克（Brett Cooke）、迪萨纳亚克（Ellen Dissanayake）、科赫（Walter Koch）、斯托里（Robert Storey）和特纳。其中有些学者称自己的想法为生物诗学（biopoetics）或生物美学（bioaesthetics）。这些分析在独立的条件下，又得到德国动物行为学家艾贝斯费尔特（Eibl-Eibesfeldt）对人类本能所做的全球性研究的支持；其他方面的支持还包括美国人类学家福克斯（Robin Fox）和泰格（Lionel Tiger）对仪式和民俗的研究报道，以及人工智能领域中许多研究人员的成果。这些人对艺术创作的研究报告，集结在伯顿（Margaret Boden）的《创意心灵》（*Creative Mind*）一书中（这是一本极佳的导览书）。

目前所有的研究结果集合起来之后，可以用下列与基因–文化协同进化相关的陈述来表达：

◆ 在人类进化过程中，有足够长的时间容许天择塑造创新的过程。数千个世代的进化，足以让基因产生影响人类大脑、感官、内分泌系统和人类思想及行为的变异，并且导致个人在生存和繁殖成功上的差异。

◆ 在某种程度上，这其中的变异是具有遗传性的。正如当今所见，个人差别不仅表现在对文化的学习上，也表现在学习或回应特定事物的天生倾向上。这些倾向在统计上会表现出特殊的优势。

◆ 遗传进化的进行是不可避免的。天择偏好某些基因组合，由此塑造出外遗传法则，也就是组成人性的心理发展遗传规律。对于古老的外遗传法则，我目前已经描述过禁止乱伦的韦斯特马克效应，以及人类对蛇天生的厌恶感。另外还有一些起源较近的外遗传法则，出现时间也许距今不超过10万年，其中包括事先设定好而且进步快速的儿童语言能力发展步骤，以及某些艺术创作过程（这或许是合理的假设）。

◆普遍性或几乎具有普遍性的现象，会在文化进化的过程中出现。各种基本的外遗传法则具有不同的强度，所以某些思想和行为会比其他的更能有效地引发情绪反应，而且涉及幻想和创造性思考的频率也比较高。这些思想和行为使文化倾向于进化、发明出某些原型，也就是广泛重复出现的抽象观念和核心叙述，成为艺术上最常出现的主题。先前我已经提到过关于这种原型的例子，包括违反韦斯特马克效应的恋母情结悲剧，以及神话和宗教中的巨蛇形象。

◆艺术创作会自然地聚焦于某些形式和主题，架构过程却是自由的。原型所产生的大批隐喻，不仅构成艺术的一大部分，也构成了日常沟通的内容。隐喻是学习过程中大脑活化部位扩大的结果，是创造性思维的架构材料。隐喻会连接并协力增强不同领域的记忆。[181]

艺术把人性置于宇宙的中心

我相信，基因-文化协同进化是导致大脑进化和艺术源起的基本过程。这样的想法最吻合大脑科学、心理学及进化生物学的共同研究结果。但是，与艺术直接相关的证据仍然很缺乏。大脑和进化方面的新发现可能彻底改变我们的基本看法。这正是科学的本质，而这种不确定性，也使寻找科学和人文相关联的工作，具有更令人感兴趣的远景。

不过，我们可以满怀自信地说：日益增加的证据显示出一个具有整体结构并且极具威力的人性，而这样的人性管控了心灵的发展，并偏好较为传统的艺术观。艺术并不只是天才从历史情境和个人的特异经验中塑造出来的，这些天才的灵感源自人类大脑遗传起源的久远历史中，而且是恒久不变的。

虽然生物学在学术诠释上分量极重，但艺术创作本身永远无法被锁在生物学或任何其他科学之中，因为艺术扮演了一个独一无二的角色：借由巧妙手法增强美感和情绪反应，以传达人类经验中精微复杂的细节。艺术创作通过心灵直接沟通感情，并不试图解释这种影响力为什么发生。就这个特定的性质而论，艺术和科学恰好相反。

在讨论人类的行为时，科学是粗略而无所不包的，但艺术刚好相反，是细微而间质的。也就是说，科学的目标在于创造原理，把原理用到人类生物学上，以定义物种的独特性质；艺术则采用精密的细节来充实作品，并把物种的独特性质蕴含并彻底表现在作品之中。流传久远的艺术作品都极具人性，尽管它们是来自个人的想象力，却触及了人类进化过程所赋予人类的共性。甚至当创作者的幻想中出现了不可能存在的世界时，他们所凭借的仍然是人类的根源。正如美国幻想大师冯内古特（Kurt Vonnegut，Jr.）曾经指出的：艺术把人性置于宇宙的中心，不论我们属不属于这个中心。

大脑的遗传进化，赋予艺术数种特殊的能力。第一是能够轻松产生隐喻，并且自如地把隐喻由一个情节带入另一个情节。让我们看一下艺术本身的术语。英语中的“plot”一开始是代表“一个真实的地点”以及“建筑平面图”；之后变成导演的“情节安排”或“舞台布局”；随后又成为“行动”或“故事大纲”。在

16 世纪，“frontispiece”代表建筑物正面的装饰；之后成为书的扉页，而且通常装饰着代表某建筑物的人物；最后，则成为标题页之前的卷头插画。“stanza”在意大利文中代表公共的房间或休息场所，在英文中则借用来代表一节诗文，由四行或更多行文字组成，在排版印刷时每一节诗文之间会有间隔，就像一个个房间似的。[182]

毕加索效应

经过设计的大脑，在科学和艺术上都追求简洁，也就是从混乱的细节中，描绘出简约有力的模式。罗特斯坦（Edward Rothstein）这位受过数学和音乐训练的评论家，把科学和艺术的创作过程相比如下：

> 我们会从看似不同的物体开始，然后比较、寻找模式，并与已知的物体模拟。我们会把自己和物体之间的距离拉远，并且采用变换、投射和隐喻的方式，来产生抽象观念、定律和系统。正因为如此，数学愈来愈抽象而且有力，音乐也由微小的细节发展出巨大的结构，并从中获得威力。这种理解方式是西方思想的根基。我们所追求的知识，在远景上都具有普遍的一致性，但这些知识的威力则来自特殊的事件。我们采用的原理是可以分享的，但我们显露的细节则是独特的。[183]

现在我把上述的洞见和下述有关物理学创造力的独立报道相比。这段文字来自汤川秀树（Hideki Yukawa，1907—1981），他的专业是研究原子核的结合力，这使他成为第一位获得诺贝尔物理奖的日本人。

> 假设一个人不能理解某种事物，但他恰巧发现，这种事物和他较为了解的其他事物具有类似的性质，那么，通过比较这两种事物，他或许能够对以往无法了解的事物有所理解。如果他的理解是恰当的，而且没有别人曾经有过的相同的理解，那他就可以声称自己的想法具有真实的原创性。[184]

艺术和科学相似，都是从真实世界出发，随后向外触及所有可能的世界，最后才进入所有的想象世界。在这个过程中，艺术会把人类的存在投射在宇宙的每一件事物上。就隐喻的威力来推想，艺术创作也许是从所谓的“毕加索效应”开始的。毕加索的摄影师兼记录者布拉萨尔（Brassaï）的报道指出，毕加索在1943年曾经说过：“如果有人想要创造自己的形象，那是因为他发现这些形象在他四周出现，并且几乎已经成形，而且就在伸手可及之处。他会在骨骼上、在洞穴墙壁不均匀的表面上、在木头上，都能看到这些形象。其中，一个形象也许像一位妇女，一个可能像美洲野牛，另外一个可能像恶魔的头。”[185] 这些形象也可能来自贝特森（Gregory Bateson）和沃尔克（Tyler Volk）所谓的元模式（metapattern），这些圆圈、球形、边缘与中心、二元性、层次、周期、断裂和其他重复出现在自然界中的几何结构，为我们提供了容易辨认的线索，使我们可以辨认出较复杂的物体。[186]

单纯地看，进展是在石墙上用炭笔画线，或用蚀刻法在石头、骨头和木头上重新创造出能见的图像，是向前迈进了一小步。这蹒跚的第一步所尝试完成的，是模拟外在的自然界并赋予自然以人性。艺术史学家斯库利（Vincent Scully）观察到，在早期历史中，人们会建立神圣的建筑物来模仿山川和动物。这么做是希望能够从环境中吸取大自然的力量。斯库利认为，哥伦布发现新大陆之前，美洲最壮观的仪式场地是墨西哥中部的古城特奥蒂瓦坎（Teotihuacán）。“在那里，死者大道直通月神庙基部，月神庙之后则耸立着称为‘特南’（Tenan，我们的石头圣女）的高山。这座高山，泉水潺潺，具有金字塔的基本造型，中间凹陷。月神庙在造型上则模仿高山，但形状更强化、更清晰，也更几何化，这使月神庙看来更具威力，就好像能把山中的泉水引入山下的平原。”[187]

仍遵从遗传基本法则

模仿、几何化、强化：这是相当不错的三段公式，也是推动整个艺术发展的脉搏。不知为何，创新者就是知道该如何完成任务。他们从大自然中挑选出极具情感和美学威力的影像。随着历史的开展，艺术技巧地变得更加复杂，艺术家也能够把自己的感受投射到自然中。建筑设计者和视觉艺术者，在设计中采用理想化的人体特征，以及模仿人体而想象出来的神的影像。谦虚、敬仰、爱、忧愁、胜利和堂皇壮观，由人心激发出的所有情绪，都为抽象的影像所捕捉，并强加在活的和死的景观中。

艺术家虽然在选择细节时有很大的自由，但一般而言仍然忠实于美学的内在共性。蒙德里安（Piet Mondrian，1872—1944）在 1905—1908 年所画的《德伊芬德雷赫特的威尔特夫瑞登农场》（*The Farm Weltevreden at Duivendrecht*）系列中，在一栋幽暗的房屋面前，描绘了一排高而纤细的树木。树干之间的距离直觉上似乎是正确的，树冠上重复出现的镶边图案，很接近于现代脑电图监测表明的最能刺激大脑的图形。（我马上会进一步叙述。）画中的空间和水面的安排，也和最近心理学研究揭示天生最具吸引力的安排相符合。蒙德里安对这些神经生物方面的关联性一无所知（就算被告知，也可能不在乎），却以树列为主题，在10年中重复画了许多画，他感觉自己是朝着新的表达方式前进。他把弗美尔（Jan Vermeer，1632—1675）和凡·高（Vincent van Gogh，1853—1890）的影响置之脑后，发现并尝试使用立体主义（cubism）。他在1922年画的《树的第二习作》（*Study of Trees II*）中，把几棵树的树顶引入前景，俯视着围墙和其他只有骨架而不聚焦的结构。然而，所有的物体仍然形成平衡的组合，若以对大脑的吸引力来判断，这样的组合已经达到接近完美的标准。

蒙德里安同一时期内的其他树木系列作品，则愈加抽象，整体化成了迷宫似的交错线条，线条之间的空间捕捉到光和颜色的图案，由一个空间变化到下一个空间。整幅画的效果就像在树林里面朝上所看到的斑驳天空。画中的其他物体，包括建筑物、沙丘、堤防和海洋，也经过同样的转换。蒙德里安最后获得了纯粹抽象的设计，他为此庆贺道："不再与人类相关，不再具有任何特殊性。"从这个角度来看，蒙德里安在艺术上得到了解放。但这并不是真正的自由，而且我也怀疑他是否真的曾经希望获得这样的自由。他的解放仍然符合古老的遗传基本法则，那定义了人类审美观。[188]

我们从蒙德里安作品的演变看到的，并不是一个局限于西方文化中的产品。类似的过程也出现在亚洲的艺术和文字上。中国

3000 年前发明出来的象形文字，酷似于文字所代表的物体。今天，我们可以立刻在中国古文中辨认出日月、山川、人和动物、住宅和器具。就脑电图的标准而言，这些文字的复杂程度也已经趋向于最佳水平。象形文字经过数个世纪的演变后，形成了标准书写体中优雅的中式书法（karayo，唐样）。中式书法的早期版本传入日本之后，又产生新的形体，包括日本独具的和式书法（wayo，和样）。正如西方书法和中世纪手抄稿中装饰性的首字母，艺术赋予了书写文字独特的审美标准。[189]

不见斧凿痕，才是真艺术

艺术家和作家只凭直觉和无法轻易用公式来描述的敏感度，就知道该如何激发情绪和美感上的反应。他们运用了一个又一个的技巧，完全遵照“不见斧凿痕，才是真艺术”（ars est celare artem）的格言，把我们从诠释作品的欲望中引开。正如阿姆斯特朗（Louis Armstrong）谈及爵士乐时所提到的：如果你必须问，你就永远不会知道。相反，科学家则尝试着去了解。他们迫切想要告诉你所有的事情，并且要把每一件事情都搞清楚。但是，他们必须满怀敬意地等待着，直到帷幕落下或书本合上。

艺术变化无穷，总在找寻能够发挥最大效用的全新影像；而这些影像会深深烙在接受者的记忆之中，所以回头想起时，才能重温当初所受的冲击。在许多的例子中，我尤其喜爱纳博科夫（Vladimir Nabokov，1899—1977）的恋童癖小说《洛丽塔》（*Lolita*）的完美开场。洛—丽—塔：舌尖以三个步骤游走至上颚，在牙齿上敲三下，洛、丽、塔。纳博科夫以结构上的精确描述、押头韵的技法和诗一般的韵律，把人名、书名和小说情节一并沉浸于声色之中。

惊喜、机智和原创，刻画出令人难以忘怀的隐喻。诗人斯拜尔斯（Elizabeth Spires）也以另一种文学表达方式，叙述了俄亥俄州瑟科维镇（Circleville）圣何塞小学的一位修女，在某个下雪的冬天的早晨教神学课程的情景。课堂的主题是向初学者介绍末世论：

> 那些迷失的灵魂要花多长时间来赎罪？永恒般长久。永恒！她心中必定想着，我们如何以 11 岁的年龄，来想象永恒到底有多久？想象世界上最大的一座山，由坚硬的岩石组成，而每隔百年才会有一只小鸟飞过。小鸟翅膀的尖端会轻轻扫过山头，那么，永恒就像小鸟的翅膀把整座山磨平所需要的时间那么长。从此之后，我不再把地狱、永恒与火焰相连，它们转而与冰冷不变的影像共存。我想象蛮荒的冻原里出现了一座巨大的花岗岩山岭，山岭的阴影为自然景观披上一件外衣。[190]

神话中的原型

我们对人类心灵的创造力能有什么了解？我们可以在科学和人文的交界点上，找到方法来解释人类心灵的物质基础。科学提出的第一个前提是：人类是一种生物，诞生在天择支配下万物滋长的环境中。引申定理是：在遗传进化过程中，旧石器时代的人类在这种环境下的需求，会塑造出影响人类大脑功能的外遗传法则。

上述的前提和引申定理导出了下述的结果：文化是许多心灵在无数的世代中彼此交错、相互支持而产生的，它就像有机物般扩张，形成一个似乎具有无穷可能性的宇宙。但是，这样的扩张并不是在所有方向上都具有相同的可能性。在科学革命之前，每一种文化内经验知识的原始状态，都会强烈限制住那个文化本身，而文化进化也受到当地气候、水源分布和食物资源的影响。较不明显的是，文化的成长深受人性的影响。

说到人性的影响，就又把我们带回到艺术上。人性的外遗传法则会影响人类的创新、学习和选择过程，就像一个重心，会把心灵的发展拉往某个特定方向。在这个重心上，艺术家、作曲家和作家数个世纪以来已经建立起许多原型，也就是在预料中最可能表现在原始艺术作品中的主题。

由于原型出现的次数频繁，所以容易被确认，但不易通过简单的基本特征组合来定义。通过一组具有相同特征的例子，比较容易了解什么是原型。这种借由具体指明而得到定义的方法，在基本的生物分类上很有用，即使当某一类物种的基本特性仍然有争议时，也能提供相当的帮助。在神话和小说故事中，这类主观的范例组合大约只有两打，涵盖了绝大多数的原型，以下是其中最常被引用的：

肇始之初，人类是由神创造的，或由巨人交配产生的，或由泰坦神族（Titan）互撞而造成的。无论如何，他们都以特殊的形象出现在世界的中心。

族人迁居应许之地（或是世外桃源、神秘谷或新大陆）。

族人遭遇恶势力，为求生而陷入激烈的战斗，并在极恶劣的形势下获得了胜利。

英雄会下地狱，或被放逐于荒野，或在远方经历伊利亚特式危难。他的回程旅途是困难重重的长征，沿路经过许多令人畏惧的障碍，目的是完成他的命运。

世界会以悲惨的结局收场，比如洪水、大火、外星人的征服或神的报复，接着再由一群存活的英雄加以重建。

强大威力的源泉来自生命树、生命之河、贤者之石、圣赞、禁忌仪式和神秘配方。

具有滋养能力的女性被神化为大女神、伟大的母亲、圣女、圣后、大地之母和盖亚。

先知具有特殊的知识和心灵能力，只有具有接收力的人才能获得这样的能力。先知可能是年老的善男信女、圣人、魔术师或伟大的巫师。

处女具有纯洁的威力，是圣洁力量的使者，必须受到全力保护，然而有时或许为了讨好神灵或恶势力，而必须牺牲。

女性的性觉醒来自独角兽、温柔的野兽、极具威力的陌生人和魔术般的吻。

恶作剧之人（Trickster）能瓦解既有的秩序，从而解放热情，例如酒神、狂欢节的国王、永恒的少年、小丑、弄臣和聪明的傻瓜。

恶魔则会危害人类，以巨蛇状的魔鬼（盘踞在地狱底层的撒旦、龙、蛇发女妖）、有生命的泥人和吸血鬼的形象出现。[191]

艺术忠实地表达人性

如果艺术的发展受到天生的心理发展法则的引导，那么，艺术就不仅是传统历史的产物，也同时是遗传进化的结果。剩下来的问题是：遗传的影响力只是进化过程的副产品，是一种次要现象，或是能直接增进生存和繁殖的适应能力？如果这是一种适应能力，那又到底带来了什么样的好处？有些学者认为，艺术初创时期留下来的器物，会提供解答，而且借由现存狩猎采集文化中的器物和习俗，还可以进一步验证解答。

艺术的起源似乎就要出现了。人类最特殊的性质，包括极高的智力、语言、文化和对长期社会契约的仰赖，这些特质的组合，使早期人类在所有的竞争物种之中，具备了决定性的优越地位。但这些特质也要我们继续付出代价，包括惊奇地认识到自我、认识到自我存在的有限，以及认识到环境的混乱。

把人类从天堂驱逐出来的是这些启示，而不是对神的违背。人类是唯一必须承受心灵放逐之苦的物种。其他的所有动物虽然具有某种程度的特殊学习能力，仍是由本能所驱使，并因为环境中简单事件的引导而产生复杂的行为模式。类人猿也能自我认识，但没有任何证据显示它们能够沉思自我的诞生和最终的死亡命运，或是思考存在的意义——宇宙的复杂性对它们而言完全没有意义。类人猿和其他动物只会精巧地适应环境中它们赖以生存的部分，对其余部分则很少留意或毫不关心。

推动艺术诞生的主要影响力，是人类需要在智力所产生的混乱状态中添加一些秩序。人类心灵活动开始扩展之前，身为祖先的前人类也和其他动物一样地进化，借着本能反应来维持生命，并确保繁殖成功。当前人类具备了“人”的智力时，就能够在征兆出现之前先处理信息，而获得更大的利益。这些能力使他们能够采取较有弹性的反应，并且创造出有关遥远地区和遥远未来的心理情节。但是进化中的大脑无法靠一己之力转变成一般的智慧，它无法变成万能的计算机。因此在进化的过程中，动物的生存繁殖本能就转变成人性的外遗传算法。人类必须先安置好这些天生的程序，才能快速产生语言、性行为和其他心理发展过程。这些算法如果消失，人类将面临灭绝的命运；它们必须存在，因为人的生命并不够长，不足以通过一般化与未管控的学习途径来了解生命中的经验。然而，这些算法却像果冻般软弱——它们能够发挥适度的功能，但并不理想。原因是天择的步调很缓慢，需要经过数十或数百个世代，才能把旧基因替换成新基因，因此人类的遗传性没有足够的时间，可以处理高智力所发现的大量、新而特异的可能性。算法是可能建立的，但不够多、不够精准，无法对所有的可能事件做出最理想的自动反应。

艺术能够弥补这个隔阂。早期人类发明艺术，是试图通过巫术来表达并控制环境中丰沛的资源，形成统一的力量，并且控制生命中其他与生存繁殖最密切相关的影响力。通过艺术，这些影响力可以变成仪式，并且以一种新鲜、仿效现实的方式来表现。艺术的一致性，来自它们能忠实地表达人性和表达心理发展过程中受情绪支配的外遗传法则与算法。方法是挑选出最具刺激性的文字、影像和节奏，在正确的取舍下，忠实地表达出符合外遗传法则的情绪反应。当前的艺术仍然具备这种原始的功能，并且采用了相同古老的方法。至于质量的高低，则依作品带有多少人性、能够多准确地表达人性而定。我们极为相信，这正是我们所谓的艺术的真和美。

艺术是巫术！

大约在 3 万年前，人类利用视觉艺术把大型动物的形象带入了避难所。这类作品中最古老最复杂的，包括欧洲南半部洞穴里发现冰河期的壁画、雕刻和塑像。在过去一个世纪中，人们在意大利、瑞士、法国和西班牙等地发现了 200 多处这类洞穴，其中含有数千个图像。最近在法国肖维（Chauvet）发现的充满美丽壁画的洞穴，是所有洞穴中最古老的一处，位于罗讷河（Rhône）的支流阿尔代什河（Ardèche R.）的河谷。根据化学测试，这些壁画大约存在了 32410 年，正负误差是 720 年。最年轻的洞穴画廊是马格达林时期（Magdalenian Period）的壁画、雕刻和雕塑，出现于距今约 10 万年前，接近新石器时代早期。

洞穴壁画中最佳的动物素描，就是以现代的标准来看，也都非常精确美丽。这些素描具有简洁流畅的线条，有些甚至在某个方向上带有阴影，似乎是为了传达三维空间的感觉。这些素描好比当时当地的野外大型哺乳类动物指南，从狮子到猛犸（俗称长毛象）、从熊到马、从犀牛到野牛，大多数都已经绝种了。同时，这些素描并不只是抽象的形象，有的显然是雄性或雌性，或具有不同的年龄，其中少数雌性的腹部还因为怀孕而隆起。有些动物的毛皮可看出是冬季或夏季的，而肖维洞穴内的壁画上，两只性情暴烈的雄犀牛正抵角搏斗。

肖维洞穴的壁画年代古老，比它更古老的写实艺术很少见，在这种情况下，我们很容易轻率地推论，洞穴艺术家的技术可能是在几代之间快速发展形成的，但是这个想法可能不够成熟。根据遗传和化石证据，现代智人的结构在大约 20 万年前才进化出现，而在大约 5 万年前进入了欧洲。在随后的这段时间内，直到肖维洞穴的壁画出现为止，现代智人慢慢取代了某些人类学家眼中的特殊人种——尼安德特人（Neanderthal）。我们可以很合理地假设，在这段时期，当艺术家还没占据洞穴而画出现今发现的最古老的作品时，会先在其他表面上练习技巧和风格，只不过这些作品并没有留下来。许多早期的绘画可能是在户外的岩壁上进行的，这种做法仍然可以在当今澳洲和南非的狩猎采集部落中看到。结果，这些绘画在欧洲冰河期严酷气候的摧残下，并没有存留下来。

我们也许永远不会知道，欧洲岩洞中的艺术作品是在突然间变得成熟，还是经由数千年的点点滴滴的改进而趋于完美，但至少有许多强大的线索，暗示着这些作品“为什么”会产生。在许多作品中，动物四周有箭矛四处飞散，比如法国马赛附近的寇斯各（Cosques），就有百分之二十八的壁画是如此。在拉斯科（Lascaux）的壁画中，一支矛从一只野牛的肛门穿入，再由生殖器穿出。欧洲旧石器时代艺术探险和诠释的先驱步日耶（Abbe Breuil），在 20 世纪初对这种洞穴壁画，发表了最简单也最具说服力的解说。他说这些绘画是一种狩猎巫术，当时的人相信只要重创动物的形象、再杀害这些形象，那么当狩猎者实际到达野外，真正追捕猎杀动物时，就会具有更好的心理准备。

艺术是巫术，这让我们想到现代经常出现的一句话：艺术的目的是让人迷惑。步日耶的假设还受到另一个有趣的证据支持：同一块岩石表面会重复描绘着相同的动物。化学定年显示，在其中一个例子中，素描与素描之间相隔了数个世纪。原始画作之上也经常再画上相同的复制画作，在某些情况下，则是雕刻在骨片上。犀牛有重复出现的角，猛犸有多个头顶，狮子也有两三个完整的头部。我们永远无法得知当时艺术家的想法，但可以合理地揣测，重新复制相同的图像是为了符合新仪式的目的。这些仪式也许只是完整礼仪的一部分，并伴随音乐和舞蹈的早期形式。洞穴中还发现了许多骨头做成的笛子，仍然处于良好的状态，洗清后就可以立刻吹响。同时，洞穴中的壁画总是坐落在音响效果极佳的部位。

图腾动物的象征

狩猎巫术以不同的形式继续存在于今日的狩猎采集社会中，它是一种交感巫术（sympathetic magic），是科学出现前存在于人群中的一种几乎是全球性的信仰。人们相信通过对符号和图像的控制，可以影响这些图像所代表的物体。把针插入布娃娃的身体，或其他类似的邪恶巫术，是流行文化中最为人所熟知的例子。大多数的宗教礼仪也包含交感巫术的成分。阿兹特克人在祭祀主管雨和闪电的特拉洛克神（Tlaloc）时，当作牺牲品的孩童必须被迫流下眼泪，才能为墨西哥山谷带来雨水。基督教的受洗仪式可以驱除世上的恶，但为了净身、为了再生，人必须在羔羊的血中被清洗。

占星和超感知觉，尤其是意志力（psychokinesis），也是由巫师工具箱中的类似元素所架构起来的。对于交感巫术几乎是全球性的信仰，很容易解读。人类处在这样一个令人晕眩而充满威胁的世界中，当然会想尽办法获得力量，而艺术和交感巫术的结合，是相当自然的尝试。

和狩猎巫术相反的假设，则认为岩洞里的艺术图像所具有的目标简单多了：是为了教育年轻一代。也许这些图像真的只是彼得森的《史前旧石器时代欧洲的巨型哺乳类动物野外探寻手册》，然而，从这些图像学习到的动物种类不到一打，我们实在不了解，为什么这些动物形象会在同一块岩壁上重复描绘多次。让年轻学徒陪伴年长者到野地实地学习，不是会学得更好的狩猎技巧吗？这是现今狩猎采集部落所采用的方法。

动物艺术具有巫术性质的假设，也受到现存石器时代人类的行为方式的支持。其中的狩猎者对环境中大型动物的生活也极感兴趣，尤其是那些只能靠着追捕和突袭才能杀害的哺乳类动物。他们对小如野兔和豪猪、可以用陷阱或挖掘洞穴来捕获的物种，并不那么在乎，但往往会赋予巨型猎物特殊的心灵和能力，把人类自身凶暴的欲望归罪于并投射在这些动物身上。他们有时也会为自己杀害的动物举行安息礼。许多文化中的猎人会收集动物的头颅、爪掌和皮毛，当作纪念勇敢事迹的战利品。另外，图腾动物被赋予超自然的特质，并以艺术作品表示尊敬和推崇。图腾动物是团结族内成员的象征符号。它们的魂魄会驾临胜利庆典，同时目睹人们经历失败的黑暗时刻；它们提醒每一个人，世上存在高于个人并且永垂不朽的事物，而它们只是其中一部分。

图腾能够缓和争执，使部族中的不和与不满情绪因而平息，是真正权力的来源。因此，当我们发现冰河时期艺术中描绘精细的少数人类图像大多是头带雄鹿角、鸟头或狮头的巫师时，一点儿也不感到惊讶。神以动物化身来统治肥沃的新月地带（Fertile

Crescent）[192] 和中美洲的古老文明，似乎很合逻辑。这类交感巫术的效应还向外扩散，不管是狩猎采集部落，还是高等文明的团体或国家，都很容易采用图腾动物来反映自身最尊崇的价值。美式橄榄球的球迷最后也找到方法，组成自己的旧石器时代式部落，比如为底特律狮队、迈阿密海豚队和芝加哥熊队加油助阵。[193]

美感本能

艺术具有生物起源，这是一个可供验证的假设，与外遗传法则的真实性和由它而生的原型有关。这个假设具有自然科学的精神，也就是说，它是可测试、可推翻的，并且和生物学的其他部分融通。

那么，该如何测试这个假设？其中的一个方法是，从进化理论来推测艺术作品中最可能出现的主题和其背后的外遗传法则。这类几乎是举世皆准的主题确实存在，并且是大多数小说和视觉艺术的主要架构。也正因为这种普遍性，好莱坞的电影在新加坡也有很好的票房，而诺贝尔文学奖不仅会颁发给欧洲人，也会颁发给非洲和亚洲的作家。我们还不很清楚的是，为什么会这样，为什么心理发展过程会那么一致地把注意力集中到某些形象和叙述上。进化理论是预测其背后的外遗传法则一个极具潜力的方法，并能了解外遗传法则在遗传历史上的起源。

我早先已经举了一个重要的例子，说明如何把进化方法应用到避免乱伦和禁忌的研究中。导致这些现象的天生抑制反应，与历史记录中的神话和艺术共鸣。另一些反应可以把生物理论和艺术相连，包括父母和婴儿之间的亲密关系、家庭成员之间的合作与冲突，以及对领土的侵占和防御。

另一种全然不同的方法，也可以发掘影响艺术的外遗传法则。这种方法是使用神经科学和认知心理学的技术，直接找寻和艺术作品相关的外遗传法则。比利时心理学家斯梅茨（Gerda Smets）在1973年发表了一篇和“生物美学”相关的原创研究。研究中，她要求受试者观看各种不同复杂程度的抽象设计，同时记录下他们脑电图的变化。斯梅茨采用α波的去同步化（desynchronization）来测量受试者的清醒程度。α波去同步化是神经生物学的标准测量值。一般而言，α波去同步化的程度愈大，客观报告中受试者的心理兴奋程度愈高。斯梅茨发现，当设计中出现近百分之二十的重复性时，大脑反应会达到明显的高峰。这种设计相当于简单的迷宫、两个完整的对数螺线（logarithmic spiral），以及不对称的十字架所具有的规律性。百分之二十的重复效应似乎是天生的，新生儿也花最长的时间，盯着那些差不多含有相同规律性的图画。[194]

这个外遗传法则与美学和艺术有什么关联？它们之间的关联可能比表面上看起来更加密切。斯梅茨的测试中最能引发大脑注意的图案，虽然是由计算机产生的，看起来却相当类似于世界各地的中楣、格子形图案、徽标、出版社商标和标示设计上的抽象设计。它们的规律性和复杂程度，也很接近中文、日文、泰文、孟加拉文、泰米尔文（Tamil）和其他来源分歧的亚洲语言，同时还包括古埃及和玛雅的象形文字。最后，一些最受尊重的现代抽象艺术作品，也可能具有相同的最佳秩序的程度，好比蒙德里安的杰作。虽然神经生物学和艺术之间的关联很微弱，却为美感本能提供了有希望的线索。就我所知，目前还没有任何科学家或艺术诠释者，曾经对美感本能进行过任何系统性的探讨。

爱美乃天性

分析年轻貌美的女性面孔，是直接寻找美感外遗传法则的另一个方法。一个多世纪以来，我们已经知道许多面孔所混成的综合照片，比大多数的单一面孔看来更具吸引力。这个现象使人相信，理想上最美的面孔是所有人的平均，然而这个完全合理的结论只有一半是正确的。1994 年的新研究显示，较具吸引力的个别面孔混合产生的综合面孔，比事先未经挑选而加以混合的面孔更为美丽。换句话说，所有人平均后所得的面孔虽然美丽，但不是最美丽的。面孔上的某些比例大小，显然在美感上更为重要。这方面的分析随后产生了真正让人惊讶的结果。我们一旦找出主要的比例，再以人为方式夸大组合，结果会更进一步增加面孔的吸引力。如果把这个方法应用在欧洲白人和日本女性的面孔上，则对于英国和日本的年轻受试者来说，不论男女，都会产生相同的效果。其中最吸引人的特征包括相当高耸的颧骨、窄下巴、比例偏大的眼睛，另外，嘴到下巴和鼻到下巴之间的距离偏短比偏长更吸引人。[195]

只有小部分的年轻女性面孔会接近平均值。我们可预期这种现象会出现在极具遗传多样性的物种中，因为在每一个世代的家庭内和家庭间，面孔特征的精确组合都会更新。令人迷惑不解的倒是理想值和平均值之间的差异。只有少数（实际上极少）妇女能够达到理想值。如果较美丽的面孔可以导致更高的存活率和繁殖成功率，那么最美丽的面孔应该位于或接近于所有人的平均值。

这是具有平衡效果的天择过程理当产生的结果，因为如果偏离了理想值，不论是朝哪个方向，都不讨好，因此理想值会一直是进化过程中的标准。

要解释美丽的面孔为什么稀少，也许要用到所谓的超常刺激（supernormal stimulus）的行为现象。这是广泛出现在各类动物身上的现象，动物在沟通时喜欢比平均值夸张的信号，尽管夸张的信号在自然界中很少有。其中一个深具启发性的例子，是雌性银色豹纹蝶的吸引力。这是一种橙色带银斑的蝴蝶，从西欧到日本的树林空地中都可以找到。在交配季节，雄蝶会本能地借由独特的颜色和飞翔姿势来辨认同类的雌蝶。雄蝶虽然追着雌蝶飞，但并不是真正喜欢这些雌蝶。研究人员发现，具有机械翅膀的塑料蝴蝶复制品也可以吸引雄蝶。更令人惊讶的是，雄蝶会舍弃真正的雌蝶，飞向具有最大、最明亮且移动最快的雌蝶模型，然而这类雌蝶并不存在于自然环境中。

这些雄性豹纹蝶在进化上，似乎会偏好最强的刺激，而且没有上限可言。这种现象在动物界中很普遍。数年前，我在西印度群岛以变色龙做实验，发现雄性变色龙会对着照片中的同类热情地展现自己，尽管照片中的图像和小汽车一样大。其他研究人员也发现，银鸥（herring gull）看到画好的巨大木制模型卵时，会忽视自己的卵，尽管它们根本爬不上这些大木卵。

超常反应在真实世界中能够发生功用，是因为实验者创造的巨型怪物并不真的存在，所以动物可以安全地服从以下的外遗传法则："接受你所能找到的最大（或是最明亮、移动最明显的）个体。"雌性的豹纹蝶不可能是具有明亮发声翅膀的巨大昆虫，因为这样的昆虫无法找到足够的食物来渡过幼虫时期，在欧亚的林地中存活。同样的，大眼睛和身材苗条的女性可能比一般女性脆弱，尤其在怀孕生产的艰苦时期。但是，她们的体格特征可能代表年轻、纯洁和可能具有较长的生殖期，而这也许具有适应上的重要性。

女性最理想的吸引力并不落在分布曲线的中间位置，这跟人类其他的大多数社会行为来比并不奇特。全球的美容企业可说是在制造超常刺激。眼影和睫毛膏具有放大眼睛的效果，唇膏能使嘴唇丰满而明亮，胭脂在面颊上留下永恒的红润，粉饼则使皮肤光滑，使脸形改变得更接近于天生的理想状况，指甲油为手指添加血色，膨松染色的头发显得更为丰厚和青春。这些额外的功夫不仅在模仿自然的生理现象，以表现出青春和旺盛的生产力，还超出了正常的平均值。

同样的原理也可以解释男女身上的各种装饰。服装和其他饰品可以显示出穿戴者的精力，并且可以表现身份。比起艺术家在洞穴墙壁上描绘动物和穿戴艳丽的巫师，人们还要早数千年就已经把珠子钉在衣服上，把野兽的牙齿穿在皮带和头带上。这些证据指出，视觉艺术最初的画布是人体本身。

美国美学历史学家迪萨纳亚克提议，艺术的主要角色向来都在强调人类、动物和无生命环境中的某些特征。就如上述女性美的例子，人类在生物学上，天生就倾向于注意这些特征。这些特征是寻找心理发展外遗传法则的最佳着手点之一。

未知的秘密

艺术除了从看似混乱的日常生活中创造出秩序和意义外，同时还培养我们对神秘感的渴望。我们被那些在潜意识中漂进漂出的阴暗造型所吸引。我们梦想那些没有解答的问题、那些无法抵达的遥远时空。我们为什么如此深爱未知？答案也许存在于大脑开始进化的旧石器时代环境中。就人类情绪而论，我相信我们仍然处在那个时期。身为一位博物学家，我想以清晰的地理形象来思考世界的成形。

> 我们世界的中心是家园，而这个中心的中心是背靠岩壁的避难所。由避难所往外延伸，四方的道路上人来人往，路上的每一棵树、每一块岩石都为人所熟知。在这之外，还有许多向外扩张的机会。沿着河流向下走，穿过对岸的丛林走廊，可以在草地上搭建营地，那儿的野生动物和可食用植物四季生生不息。但这些良机和风险共存。我们可能在过于遥远的征讨中迷失了方向，风暴或许会降临。邻近的犯人、食人族、未完全发展出人形的动物等，可能会过来进行交易或发动攻击，而我们只能揣测他们的用意。无论如何，他们都是不可避免的困扰。另一边则是世界的边缘，看起来也许是一座山的正面，或是直落大海的悬崖峭壁。在那里任何事物都可能存在：龙、恶魔、神、天堂或永生。我们的祖先是由那里来的。我们所认识的精灵就住在附近，入夜后会出来活动。这么多让人无法了解的奇怪现象！我们所知道的只有一丁点儿，足以让我们存活，世界的所有其他部分却是秘密。

这个如此吸引我们的秘密到底是什么？它并不只是个有待解决的谜题，还远超出谜题的层次，那是一些我们仍然没法定形、仍然了解太少而无法将其分解成谜题来解决的现象。我们的心灵轻而易举而且极渴望地穿越可理解的熟悉现象，进入神秘的领域中。当今，整个地球已经变成我们的家园，全球信息网则成了由家园向外延伸的途径。但是，神秘的领域并没有消失，只不过撤退得更加遥远，首先从近景中淡出，接着再由远方山脉撤出。我们现在要到外星球上、到不可知的未来、到仍然受到嘲讽的超自然现象中，去找寻神秘感。我们祖先的已知与未知世界，继续不断地滋养人类的心灵。他们的创造女神——科学和艺术，悄悄说着：跟我们一起去探索，一起去发现吧！

现代部落的生活纪实

要试图了解古人的思考特质，我们并不需要完全依赖内省和幻想。人类学家仔细研究现代的狩猎采集部落，发现他们的生活方式和旧石器时代的祖先似乎很相似。研究人员记录了他们的语言、日常活动和对话，并对他们的思维过程做出合理的推论。

其中一项研究来自利本伯格（Louis Liebenberg），他对喀拉哈里沙漠中部说桑语（San）的狩猎采集者布须曼（Bushman）部落进行研究，尤其是非洲小国博茨瓦纳（Botswana）和纳米比亚（Namibia）的 Ju/wasi（!Kung）、/Gwi 和 !Xo 部族。利本伯格从自己和其他人类学家的研究中，尤其是李（Richard B. Lee）和西尔伯鲍尔（George B. Silberbauer）的研究，摘录出这些特殊民族即将消失的文化。

喀拉哈里的部落为了在资源稀少的沙漠中生存，必须小心地计划和行动。与当地地势和季节性生态现象相关的知识尤其重要，这些部落知道，领域内水源的分布是最重要的。利本伯格提到：

雨季时期，他们生活在坚果树林中临时出现的水塘边上，只采集离水源最近、最好吃又最丰盛的食物。随着时间的推进，他们就必须到较远的地方采集食物。他们通常在一个营地上停留数星期到数月，以营地为中心向外采集食物。旱季时期，这些种群则以长期的水源为根据地，愈来愈往远处采集食物。随着水源和食物之间距离的增加，维持生计所需的努力也跟着增加。

喀拉哈里的部落对于当地地理和生活所需的许多动植物十分专精。采集植物的通常是女性，但若男性狩猎不成功返家时也会顺便采集些植物。他们利用自己对植物的知识，辨认可食的种类，而且只采食必需的分量，所以环境中的自然资源因而得到保护。利本伯格继续说道：

他们避免把一个区域内的某一品种完全消耗殆尽，总是留下一小部分，才不至于破坏再生的可能。如果采集时发现了当地的稀有品种，他们也不会采食。

狩猎者对动物的生活细节，也有同等程度的专业了解。这些知识提供给他们捕捉大型动物的技巧：

当猎人发现新的动物行踪时，会估计动物的年龄和行动速度，并决定是不是值得跟踪。但是，茂密的丛林中可能找不到清楚的脚印，或者只能在结实的地面上找到拖行痕迹，追踪者就可能无法辨认动物的种类。在这种情况下，他们得沿着动物留下的踪迹前进，找寻其他的迹象，譬如遭受破坏的植被和拖行痕迹，直到找到清楚的脚印为止。他们可以重建动物当时正在做什么，并预测动物正往哪儿去。

正如无数个千年内的所有狩猎采集世界，喀拉哈里部落群的社会生活中心也是狩猎：

在夜晚围绕着营火讲故事的时间里，男人绘声绘色地描述最近和很久以前发生的狩猎经历。要找到动物，必须先收集有关动物活动的所有信息，这可以来自其他人的观察，也可以来自狩猎者本人对信号的诠释。猎人总会花好几个钟头讨论动物的习性和动作。

最理想的喀拉哈里部落群是由 50 到 70 个成员组成，生活中极为强调群体合作。由于团体中的每个人都必须背着私有物品，每年搬动好几次，因此个人很少累积生存上不需要的物品：

私有物品只限于个人衣服、男性的武器和工具，以及女性的居家用品。部落的领土和资产并不属于个人，而是由整个部落共同拥有。

为了维持团体的整合，所有人必须严格遵从礼仪和互惠原则：

虽然狩猎是狩猎采集部落维生的重要活动，但是成功的狩猎者必须表现出谦虚温和的态度，即使他很自然地会对自己感到满意。例如，在 Ju/wasi 族中，宣告自己捕杀到动物是自傲的表现，会受到强烈的劝阻。许多优秀的猎人可能长达数星期或数月不狩猎，这是因为猎人每一回成功之后都会停止狩猎，好让其他人也有表现的机会。

喀拉哈里的狩猎者在学习动物行为时是好学生，对于诠释动物行为却完全是拟人化的。他们强迫自己进入被跟踪动物的心灵，他们会想象，把想法投射在四周的环境中，同时也会类推：

> 他们认为动物的行为是理性的，并且受到以价值为基础（或反价值）的动机的支配。但其实，这些都是狩猎采集者本身和他们认识的人所具备的价值观。/Gwi 族人认为动物行为是受到“神”（N!adima）的自然规律的限制。他们认为每种动物都有行为上的特征，并受到习俗（kxodzi）的支配，而且具有特殊的语言文字（kxwisa）。他们相信，动物已经通过理性思考获得了特殊的能力。

既然我们知道使用文字前的人类对物质和非物质世界，以及对理性和非理性的诠释，都采取同等的态度，那么我们很容易就可以了解，他们如何创造出充满神话和图腾的叙事形式。接受神秘现象是他们的生活重心：

> /Gwi 族人相信某些动物具有超乎人类的知识。他们相信秃鹰知道狩猎者什么时候会成功，而且会在狩猎者的上空盘旋，因此被当作保证成功的好兆头。他们相信有些石羚（steenbok）具有神奇的力量，能够自我保护而不受猎人弓箭的伤害。他们也相信遁羚（duiker）能够施行巫术，抵抗动物中的敌人，甚至同类中的竞争者。另外，因为传说中的狒狒喜欢耍把戏和互相嘲弄，人们便相信狒狒能偷听猎人的谈话，并且设计捕捉猎物。[196]

生物尺度下的科学与艺术

文字产生前的人类所观察到的世界，事实上只是整个自然世界中很小的一部分。因此原始的人类心灵必须与神秘现象共处。对喀拉哈里和其他当代的狩猎采集者而言，日常的生活经验在不知不觉中就混成了神奇的环境。精灵住在树上和岩石间，动物会思考，而人类的想法也曾经由肉体的力量向外投射。

相对于我们以后可能具有的模样，现在的我们仍然很原始。狩猎采集者和受过大学教育的城市人一样，对维持四周生态环境的植物、动物和微生物等物种所知少于千分之一。他们对产生空气、水源和土壤的真正生物和物理作用力所知也极有限。即使是能力最强的博物学家，终其一生努力奉献于生态系统研究，最多也只能粗略地摸索出这个生态系统的模糊轮廓。

然而，知识中的大空隙已经开始被填补了，这是累积性的科学在文字世界中所具有的力量。人类学会之后会忘记，人类会死亡，甚至连人类建立起的最强而有力的学术机构也会日渐腐朽。但是，知识能代代相传，向全球扩散。任何一个受过训练的人，都能从知识中抽取出任何部分来扩充。借由这个方法，生态系统中的所有物种终将为人所探知，例如喀拉哈里沙漠生态系统，这些物种都会有学名，确认它们在食物链上的位置，而细胞和分子层次上的结构和生物现象也会得到进一步的分析。动物的本能行为会被简化成神经网络，然后再与神经传导物质和离子交换过程关联起来。如果生物学的历史是指导方针，那么所有的事实都会证明融通的存在。于是，在空间上，我们可以从分子一路解释到生态系统的层次；在时间上，则可以从微秒一直解释到千年的尺度。

一旦有了融通的解释，生物组织内不同层次的单元就可以重组出我们一般所看到的植物和动物整体，不是生化时间尺度下的一群极小、变化又快得让人看不到的分子，也不是生态时间尺度下缓慢变动的整个种群，而是局限在窄窄的生物时间尺度内的个别植物和动物，这也是身为生物体的人类所能意识到的时间尺度。

当我们在科学的引导之下，经历了壮观的时空旅程而再度回到这窄窄的生物时间尺度时，我们也回到了世界中的家园，那是大脑在进化过程中为我们准备好的。现在，如果能把科学和艺术组合起来，我们就什么都有了。

> 我心中的诗人，和我一起跨越神秘的地域。我们仍然可以是百万年幻想中的狩猎者。我们的心中充满了盘算和情绪；我们是满怀焦虑的唯美主义者。秃鹰再度盘旋头顶，尝试提醒我们所忽略和忘记的事情。我们如何能够确知秃鹰从不曾说话？又如何确定自己能了解这块土地上的每一件事？我们在附近发现了到处闪躲隐藏的小羚羊朝着树丛走去的行踪，我们该不该跟过去？充满诱惑力的神奇力量潜入心灵，就像血管中的药物。我们一旦接受它对情绪的力量，就会了解关于人性的一些重要因素，以及关于知识的重点：科学和艺术这两个火一般热烈的圈子，将在展开的时空中结合。

在较大的时空尺度中，通过所有的因果关联，古代世界的神话和热情能够以真面目出现。所有的地形轮廓、生长于其中的任何植物和动物，以及能够掌握这一切的人类智能，都可以视为物质实体，并因而能了解得更完整。但是这么做，并不表示我们抛弃了祖先的本能世界。在这个千变万化的世界中，我们如果能够把注意力集中在人类的特殊本性上，那么只要我们想要（其实我们迫不及待地期望着），就可以通过肇始之初就紧抓住我们的相同美感和神秘感，来参与艺术创作。科学的物质世界与狩猎者、诗人的感性之间，并不存在任何障碍。[197]

第十一章

伦理和宗教

道德行为的原始成分比旧石器时代的
仪式更为久远，
而宗教建立在伦理基础上，
可能向来都以某种形式支持伦理规范。
宗教拥有令人难以抗拒的影响力，
并不仅仅来自道德的认可，
但信仰若是盲目的，
不论表达方式有多么热情，
都不足以让人信服。

伦理从哪里起源？数个世纪以来的争辩可以总结如下：人类的伦理观念，如正义感和人权，不是独立存在于人类经验之外，就是由人类创造出来的。这两种想法之间的差异，并不只是学术界哲学家的研究课题。我们对这两个假设的抉择，可以完全改变我们对自己这个物种的看法，同时评估宗教的权威，并决定道德推论的方针。

这两种相互竞争的假设就像混沌汪洋中的两个岛屿，坚毅不动摇，也如生与死、物质和真空般不同。我们目前并不能凭纯逻辑来推论哪一种假设是正确的，只能靠信仰在两者之中选择。但是通过客观证据的累积，我们终将获得真正的解答。我认为不论从哪个层次来看，道德推论在本质上都和自然科学相通。

对于这两个前提中哪一个是对的，每一个有思想的人都有自己的意见。但两者之间的分野并不如一般所认为的那样，是区分信徒和世俗者的界限，而是介于先验主义者和经验主义者之间的差异。先验主义者认为，道德指导原则存在于人类心灵之外，经验主义者则认为，这些指导原则是人类心灵的精巧创作。选择信仰或不信仰宗教以及选择在伦理上相信先验主义或相信经验主义，是形而上思想中截然不同的两种决定。伦理上的先验主义者相信伦理独立存在，他们本身可以是无神论者，也可以假设神灵存在。同样的，相信伦理只是人类创作的经验主义者，也可以是无神论者，或相信有一个创世的神（但并不是传统上犹太教和基督教中制定律法的神）。我在下面用最简单的文字，总结伦理基础上的两个选择：

我相信道德价值独立存在，不论是否由神所创造。

我相信道德价值仅是人类所创造，至于神存不存在，则是另外一个问题。

神学家和哲学家几乎总是强调先验主义，由此确认伦理的正当性。他们追求自然律法中的神圣指导原则，这是由道德行为中不容置疑、不容妥协的独立原则组成的。基督教神学家跟随意大利神学家阿奎那（St. Thomas Aquinas，1226—1274）在《神学大全》（*Summa Theologiae*）中的推理，普遍认为自然律是神的意志之表现。在这样的看法之下，人类有义务通过理性分析发现自然律，并且把自然律纳入日常生活的例行事件中。具有先验倾向的世俗哲学家也许看起来和神学家极为不同，但实际上相当类似，至少在道德推论上是如此。他们倾向于认为自然律极具威力，所以对任何理性的人而言都是不证自明的，不论它最终的起源是什么。简而言之，先验主义不论是否把神列入考虑，基本立场都是相同的。

比方说，当杰斐逊依照洛克的想法从自然律中推导出自然人权法则时，他比较在乎自己采用的先验式说辞有没有说服力，而不在乎它们具有神圣还是世俗的起源。他在《独立宣言》中以一个先验式的句子融合了世俗和宗教的假设，也因此巧妙地做到了面面俱到："我们相信下面的真理是不言而喻的：人人生而平等，上天赋予每个人一些不可转让的权利，包括生存、自由和追求幸福的权利。"这一主张成为美国公民信仰的主要前提，成为林肯和金（Martin Luther King, 1929—1968）[198] 所挥舞的正义之剑，同时继续作为核心伦理，使美国境内的各民族团结在一起。

在先验主义与经验主义中抉择

自然律理论产生了如此令人信服的结果，尤其是当它们把神权列入考虑时，几乎把先验假设提升到无可置疑的地位。但是在这样高贵的成功中，也出现过令人震惊的失败。自然律理论曾经无数次被滥用，例如用来热烈拥护帝国的殖民政策、奴役制度和集体大屠杀的计划。在任何大规模战争中，总是有一方会认为自己挑起战端的理由，在某种形式上具有先验式的神圣意义。枢机主教纽曼曾经观察道："噢，我们因为热爱上帝而憎恨彼此。"

因此，我们如果能够更严肃地面对经验主义，后果也许会比较好。在经验主义者眼中，伦理是社会整体一致推崇的品行，并以道义规范的方式表现出来。这些规范由心理发展的遗传倾向所促成，也就是启蒙哲学家所说的"道德情操"（moral sentiment）；因此，这些法规在各种文化中相当一致，但同时又因为每种文化不同的历史背景，而发展出各自的明确形式。不论局外人对这些法规的评价是好是坏，它们都在文化的兴旺或衰退上，扮演了决定性的角色。

经验主义者的看法的重要性，在于它强调客观的知识。伦理规范能否成功，得看它对道德情操的诠释能有多么明智；因此，规范的构建者应该知道大脑如何运作，以及心灵如何发展。伦理的成功与否，也要看它是否能正确预测出特定行动与相反行动所造成的后果，尤其是当道德标准显得模棱两可时。这个条件需要大量知识，而且这些知识必须与自然科学和社会科学相融通。

因此，经验主义者认为，经由探索道德行为的生物基础，以及诠释它们的物质起源和倾向，就应该可以塑造出一个比以往更明智也更持久的伦理共识。目前科学已经扩展到开始探究深入的人类思维过程，这使得经验主义者提出的观点更有可能实现。

在先验主义和经验主义之间做抉择，将是下个世纪人类心灵挣扎的主题。道德的论据可能和目前一样，仍然集中在神学和哲学的特殊用词上，也可能转移到以科学为基准的物质分析上。至于最后会停留在哪里，就要看哪一个世界观被证明是正确的——至少，它会停留在较多人所接受的世界观。

先验主义和经验主义之争辩

现在到了掀底牌的时候。专精于道德论据的伦理学家在发表言论时，并不倾向于提出自己所依据的伦理基础，或是承认他们的基础有可能是错的。你很少看到论据过程以下面的简单陈述为开场白：这是我的前提，它有可能是错的。相反，伦理学家偏爱使用令人困扰的推演过程，由特殊到模糊，或反过来，由模糊到确凿的事件。我猜想，全部的伦理学家在内心可能都是先验主义者，只是很少以简单的宣告式语句如此表白。但我们也不能过于责怪他们，因为要解释难以名状的事物并不容易，他们显然也不希望自身的信仰被人清楚了解而有伤尊严。因此，他们一般都会对伦理的基础避重就轻。

说了这些之后，接着当然是试着表明我自己的立场：我是一位经验主义者。在宗教上我偏向于自然神论，但认为证明方面的问题多半属于天文物理。创造宇宙的宇宙神有可能存在（按照自然神论的看法），也许最终会以目前还没法想象的物质形式来证明，但这也可能是人类永远无法了解的事情。相反，对人类影响更大的事实是，能够指导生命进化、干涉人类事件的生物神（按照一神论的看法），正逐渐为生物学和大脑科学所击溃。

我相信，同样的证据会比较支持伦理具有纯粹的物质起源这样的说法，如此也符合融通的要求：关于大脑活动和进化过程的因果解释虽然不完美，但已经能以最少的独立假设和最高的精确度，涵盖最多关于道德行为的已知事实。这个观念虽然是相反，也就是说它是依个人观点而定，但未必不负责任。如果小心推演，经验主义可能比先验主义更直接且安全地把我们带往稳定的道德规范。你如果仔细想想，先验主义最终也是相对的。

当然，我唯恐忘记，我也许是错的。

为了使先验主义和经验主义的差别更鲜明，我为这两种世界观的支持者架构了一场辩论。为了加强两者的信仰，我把这位先验主义者设定为一神论者，而经验主义者则为怀疑论者。另外，为了尽可能公平起见，我会尽量就自己所知，从最严谨的神学和哲学论据中，摘录出两者的辩词。

先验主义者

在谈论伦理之前，让我先确认一神论者的逻辑思考，因为我们如果承认有一位制定律法的上帝存在，伦理的起源问题就立刻解决了。因此请大家小心考虑下述赞成一神论的观点。

我用你们自己提出的经验主义来攻击你们对一神论的反对。你们怎么能期望可以证明具有位格的神（personal God）并不存在？你们如何能解释，犹太教、基督教信徒和穆斯林3000年来的心灵见证？数亿的群众，包括工业化国家中高比例受教育的公民，都知道有一股看不见而感觉得到的力量在引导他们的生命。这方面的见证极其普遍。根据最近的民意测验，10 位美国人中就有 9 位相信位格神，相信它会答复人类的祈求，并且展现奇迹；而且 5 个人当中就有 1 个人，在测验前一年中至少体验到一次神的显现和指引。科学这个支持伦理经验主义的学科，如何能忽略普遍出现的见证？

经常有人提醒我们，科学方法的核心在于严格依据具有事实基础的逻辑，来推翻某些假设并赞同其他假设。有哪些事实证据可以否定位格神？光说我们不需要用神的观念来解释物质世界（至少是科学家所了解的物质世界），理由并不充分。科学家不能只是挥手打发掉一神论，这样所冒的风险太大了。证明神不存在是你们的责任，而不是相信神存在的人的责任。

恰当地说，神包含科学，但科学并不包含神。科学家会搜集数据并建立假设来解释特定的课题。为了尽可能扩展客观知识所涵盖的范围，他们会暂时接受某些假设而抛弃其他。但是这样的知识只包含真实的一部分，尤其，科学研究并不是为了探究人类心理经验中各种奇异现象。相对而言，神这个观念可以解释任何事情，不仅是可测量的现象，还有个人通过感觉和潜意识所感受到的现象，包括只能由心灵渠道进行沟通的神的启示。所有的心灵经验为什么都该在 PET 扫描下一目了然？神这个观念和科学不同，它所涉及的比我们所能探究的物质世界更丰盛。这个观念开启我们的心灵来接受物质世界以外的现象，教导我们如何触及那些只有借着信仰才能了解的神秘现象。

你们大可把自己的思想局限在物质世界中，其他人则晓得神包含了创世的最根本成因。如果不存在一个比自然律本身更具权威的制定者，那些定律又从何而来？对于神学所提出的至高无上的力量，科学并无法提供任何解答。换句话说，世界上为什么存在某些东西，而不是一无所有？存在的最高意义超乎人类的理解力，因此也在科学的研究范畴之外。

你也是一位实用主义者吗？我们之所以相信有超越一切的神在制定伦理规范也是出于极实用的原因。否定神这个起源，而假设道德规范完全由人类所制定，是很危险的主张。正如陀思妥耶夫斯基（Fyodor M. Dostoyevsky, 1821—1881）[199] 在书中对宗教法庭大法官（Great Inquisitor）的观察：如果没有神的统治，所有事情都可能发生，自由反而成了悲惨的事。支持这个警告的权威人士，至少包括当初启蒙运动时的思想家。他们实际上都相信神创造了宇宙，其中还有许多人是虔诚的基督徒，几乎没有人愿意让伦理落入世俗的唯物论之中。洛克曾说："对于否定神存在的人，我们丝毫不能容忍。对无神论者而言，维系人类社会的诺言、契约和誓词，并没有任何约束力和神圣价值。神的存在一旦被排除，尽管只是思想上的排除，所有的事物都将瓦解。"[200] 17 世纪的伟大物理学家胡克（Robert Hooke，1635—1703）在为新成立的皇家学会撰写概要文字时，很明智地警诫人们，这个极其精要的启蒙运动组织的目标，应该是"增进人们对自然事物、所有有用的艺术、产品、机械操作、引擎和实验发明的知识（而不是去探讨圣灵、形而上学、道德、政治、文法、修辞和逻辑）"[201]。

这种看法在现代的思想领袖和从事科学研究的小社群中，也颇为流行，而且因为人们对达尔文的生命进化论感到不安而相对加强。经验主义的基本假设，是把创世过程化约成随机突变和环境机遇的产物。就连萧伯纳这位公开宣誓的无神论者，也对达尔文主义感到绝望；他指责它的宿命论，它对美丽、智慧和荣耀的贬损，以及它对“物质是盲目组合而成的”这个抽象观念的推崇。许多作家甚至暗示，这种贫乏的生命观贬低人类不过是一种有智慧的动物，为纳粹的种族灭绝行为提供了知识上的支持；在我看来，这样的说法并非不公平。

因此，具有领导地位的进化理论在某些观点上必然犯了错误。虽然某些物种的基因变化形式，符合新达尔文主义所提出的机制，但是极其复杂的现代生物体，不可能只是由盲目的概率产生的。在科学发展史中，新的证据屡屡推翻流行的理论。科学家为什么要这般迫切支持自然进化的理论，而否定人类可能是一种充满巧思的设计？这真是令人不解。比起随机组合的方式，设计似乎更容易解释数百万种生物体的出现。

最后，若就人类心灵和不朽的灵魂来看（我不会害怕提起灵魂的），一神论更能带来无可抗拒的力量。难怪有四分之一或更多的美国人，会彻底反对任何形式的人类进化概念，即使是在解剖学和生理学上也是如此。科学若过度伸张，就成了一种傲慢。让科学留在适当的领域内，当作神赋予我们的礼物，以了解神的物质领域。[202]

经验主义者

一开始，我先坦承宗教对人类具有难以抗拒的吸引力，而且宗教信仰多半是有益的。宗教来自人类心灵最内部的核心，它培育爱、信心和至上的希望，而人类渴望从宗教获得保证。我想不出有任何事会比基督教的教义更震撼人心：为了让人类见证到所有的人类生命都是神圣的（甚至包括奴隶），神以人的形象显现，在死后又复活，并承诺授予每一个人永生。

但是宗教信仰的另外一面具有摧毁性，和最极端的唯物论相当。历史中曾经存在大约10万种信仰系统[203]，其中有许多引发了种族和部落之间的战争。尤其是西方三大宗教中的每一种，都曾在历史的某一刻与军事侵略行动共生，并因而扩展。伊斯兰教代表“屈从”（归顺），借由武力扩及大部分的中东地区、地中海周遭和亚洲南部。基督教以相同程度的心灵感召和殖民扩张手段，征服了新大陆。历史上的意外事件帮助了基督教：由于欧洲势力受到伊斯兰教阿拉伯势力的阻挡，无法东行，因而转向西行，占据了美洲，以十字架伴随刀剑，一次又一次地展开奴役和种族灭绝的行动。

基督教的统治者可以从犹太教早期的历史中，找到仿效的启发范例。如果我们决定相信《旧约》，那么以色列人就是因为神的指示，而彻底驱逐了应许之地上的异教者。“耶和华你　神既赐你为业，其中凡有气息的，一个不可存留。只要照耶和华你　神所吩咐的将这赫人、亚摩利人、迦南人、比利洗人、希未人、耶布斯人都灭绝净尽。”（见《申命记》第20章第16—18节）从约书亚攻陷耶利哥城（Jericho），到大卫攻打古代耶布斯人（Jebusite）的重镇耶路撒冷为止，超过100个城市为大火和死亡所吞噬。

我提出这些历史事实，并不是为了中伤当今的宗教信仰，而是想明确指出它们所支持的伦理系统与它们的物质起源。所有伟大的文明都借由征战向外扩张，其中受益最多的，是使这些征战正当化的宗教信仰。无疑，受政府支持的宗教信徒，在许多心理层面上总是感到十分满足，也能从征战时所遵守的野蛮教条中，进化出更具灵性的智慧。但是当今的每一支主要宗教，都是各种文化经过达尔文式竞争后的赢家，没有一支是因为容忍对手的存在而得以兴盛。通往成功的捷径，一向有征服国的支持。

为了公平起见，我先把事情的因果关系讲清楚。宗教的排外和偏执来自部落主义，也就是相信族内的人具有天生的优势和特殊地位。部落主义的存在并不是宗教的责任。相同的因素也可能产生集权的意识形态。纳粹主义中排斥异教徒的奥秘之体（corpus mysticum），基本上都是没有神的宗教教条，都是因为部落主义而出现，而并非是相反的因果关系。如果这种意识形态的信奉者不认为自己是精选的民族，不认为自己是在执行任务、是受邪恶敌人的包围并且是因为血统与命运上的权利而必须成为征服者，那么这种意识形态不可能受到如此热烈的拥护。沃斯通克拉夫特（Mary Wollstonecraft，1797—1851）[204]曾经正确地描述过男性优势："没有人会因为它是罪恶的而加以选择，只不过把它错认为喜悦，而以为那是他所追求的良善。"[205]这个说法也可以广推到所有的人类行为上。

一个部落如果想征战胜利，就需要成员为团体的利益牺牲，尤其是和竞争团体发生冲突时。这只是动物社会生活中的一个主要规则的表现。这个现象之所以会产生，是由于个人因为团体需求所承受的损失，会因为团体得胜而得到更多的个人利益补偿。符合人性的推论则是，信仰胜利的宗教和意识形态的无私穷人，会取代信仰失败的宗教和意识形态的自私富人。为了使人们在社会中有理由服从命令，人类文化创造了较理想的未来生活，保证给人们的报酬，可能是现世的乐园，或者是在天堂里复活。重复了一代又一代之后，对团体的服从和团体中的道德法规，成为牢不可破的官方教条和个人信仰。但这并不是上帝的旨意，也不是平白无故地从天上掉下来、不证自明的真理。它是社会化生物进化出来的求生必备工具。

就我看来，最危险的一种信念出于基督教精神：“我的诞生并非为了这个世界。”（I was not born to be of this world.）一旦有了等在一旁的第二生命，患难就变得较容易承担，尤其是加在别人身上的。自然资源可以耗尽，信仰的敌人可以猛烈抨击，而自杀式的殉道者更为人所赞扬。

这全都只是幻想吗？嗯，我迟疑着是要称之为“幻想”，或者更糟地采用怀疑论者的刻薄用词，称之为“高贵的谎言”。无论如何，我们必须承认，支持宗教的客观证据并不强。没有统计证据显示祈祷能够减少疾病和死亡，除了它也许能通过心理作用增强免疫力之外，要不然，整个世界早就不停地祈祷了。对阵的两批军队都有牧师祈祷保佑时，仍然会有一队被打败；当殉道者充满正义的脑袋被刽子手的子弹炸开时，他的心灵也将随之瓦解，那么接下来呢？我们能有把握地假设，数百万个神经线路会在非物质的状态下重新组合起来，好让有意识的心灵能够继续存在吗？

对末世的赌注应该像帕斯卡尔一样聪明：好好生活，但是接受宗教信仰。这位 17 世纪的法国哲学家分析得出，死后如果真有来生，信徒将具有进入天堂的门票，并且在两个世界中都活得最好。帕斯卡尔写道：“如果我输了，我会输得很少，但是如果我赢了，我将获得永生。”现在让我们暂时以一位经验主义者的立场来思考，用智慧把赌注转变如下：如果恐惧、希望和理性强迫你必须接受信仰，那么就接受吧，但是在对待这个真实世界时，要好像另一世界并不存在。

我知道真正的信徒会因为上述言论而感到受辱。他们的愤怒会降到那些直言不讳的异教徒身上，在最温和的状况下视他们为捣乱者，在最极端的情况下视他们为社会秩序的叛逆者。但是没有任何证据显示，具有相同社会经济地位的非信徒会比信徒不遵守法律，或成为生产力较低的公民，或较没有勇气面对死亡。根据 1996 年针对美国科学家所做的调查（科学家是社会中相当受敬重的一部分），其中百分之四十六的人是无神论者，百分之十四是怀疑论和不可知论者。只有百分之三十六的人希望获得永生，而且大多数人的希望都很温和。百分之六十四的人宣称完全不会希望获得永生。[206]

人类真正的性格，是从比宗教更深的源泉中产生的。它是社会道德准则的内化，外加个人所选择的信条，而且强韧得足以承担孤独和逆境的磨炼。这些原则凝聚成我们所谓的完整，照字面意思为综合的自我，这个自我可以做出让人感到满意和诚实的个人决定。性格又是德行的持久源泉。它独自存在，并激发其他人的景仰之情。它不是对权威的顺服，而且尽管它经常和宗教信仰一致，或受宗教信仰的影响，但并不是一种虔敬。

科学不是我们的敌人。它是人类所累积的有组织而客观的知识，它是为了联合具有共同见解的各地人们而设计出来的第一个媒介。它不偏向任何部落或宗教。它是建立一个真正民主的全球文化的基础。

你说科学无法解释心灵现象。为什么不可以？大脑科学对复杂心灵运作现象的分析，正不断地出现重要的进展。没有任何明显的理由指出，大脑科学不能适时地为组成精神思考的情感和理性分析，提供有形的解释。

你质问伦理戒律如果不是神的启示，那又从何而来？试着考虑经验主义者的另一种假设，他们认为伦理戒律和宗教信仰完全是人类心灵的物质产物。一千多个世代以来，这些戒律和信仰为那些服从部落信仰的人，带来更佳的生存和繁殖成功率。这段时间足够让外遗传法则（心理发展的遗传倾向）经由进化产生道德和宗教的情操。接受教条因此变成一种本能。

伦理规范是在心理发展的天生常规指引下，由人类共同达成的戒律。宗教则是神秘故事的组合，解释着人类起源、人类命运，以及人类为什么有义务服从某些特殊礼仪和道德规范。伦理和宗教信仰的生成是由下而上、由个人到文化，而不是由上而下、由神或其他非物质来源通过文化而加在人类身上。

先验主义与经验主义，哪一个比较符合客观证据？经验主义者以绝对的优势取胜。这个看法如果能被接受，道德论据就会更着重于社会选择，而不那么偏向于分析具有权威的宗教和意识形态。

其实在西方文化的启蒙运动中，这种转移就已经出现了，但是步调非常慢。部分是因为普遍缺乏足够的知识，无法判断道德上的抉择将会引起什么样的全面影响，尤其是长期的后果，譬如 10 年或更长的时间。对于我们自己和生存的世界，我们已经学到了许多相关知识，但仍然需要更多的知识才能变得完全明智。我们面临极大的危机时，总是禁不住要屈服于先验主义权威的诱惑，也许在短时间内这会带来较多的好处。我们仍然很容易接受教条，仍然很容易为神所着迷。

人们之所以抗拒经验主义，也因为它所采用的推论方式具有情绪上的弱点：很冷血。人们需要的不仅是理性，也需要能够提供见证的诗篇，而且在生命出现变化或其他极其重要的时刻，会渴望有一位优于自己的权威。大部分人都迫切期盼宗教仪式许诺的永生。

伟大的仪式能唤醒一个民族对历史的庄重回忆，并展示宗教的象征符号，这也正是仪式的持久价值。历史上所有高度发展的文明中，大多宗教形式都会出现在仪式里。宗教的象征符号则遍布文化的每一个角落，它们要经过数个世纪才可能被取代——如果真的被取代的话。

所以，你们也许会因为我以下所说的话而大感惊讶：如果有一天我们抛弃了我们所尊重的神圣传统，那将是令人感到悲哀的一天。若把美国公民忠贞誓词中的“在神的见证下”删去，将造成历史上悲剧性的错误。无论是无神论者，还是真正的信徒，让他们把手放在《圣经》上宣誓吧。我们也希望能继续听到“请神帮助我”这句话，并且请牧师、神父和犹太长老继续在仪式中为民众祈福。不管怎样，让我们仍然低头以示共同的敬意。当圣歌和祷文掠过我们全身，看清楚，与我们同在的是诗篇和部族精神。当各派宗教信仰的特质消失时，诗篇和部族精神将继续存在，或许存在得比对神本身的信仰更为持久。

但是，分享尊严并不需要放弃宝贵的自我，或遮蔽人类的真实本性。我们不应该忘记自己是谁。无论我们所举的是什么旗帜，我们的力量都来自真理、知识和人格。《圣经》告诉犹太基督教徒：骄傲带来毁灭。我不赞成，应该反过来说才对：毁灭带来骄傲。经验主义彻底颠覆了原来的话，并摧毁了令人晕眩的理论：

我们是神放在宇宙中心的特殊生物，是为了显示神的荣耀而存在的创世绝作。身为一个物种，我们可以感到骄傲，因为当我们发现自己是单独存在时，对众神的亏欠就极少。谦逊最好展现给人类同伴和地球上的其他生命，因为真正的希望全寄托在这些生命身上。如果真有神在关注，我们的发现以及独自倾全力取得的成就，必然已经赢得神的钦佩。

先验主义的谬误

我要再度坦承，上述经验主义者的论点其实也是我自己的。但这些意见并不新，可以追溯到亚里士多德的《伦理学》（*Nicomachean Ethics*）和现代时代的初期苏格兰哲学家休谟（David Hume，1711—1776）的《人性论》（*A Treatise of Human Nature*，1739—1740）。达尔文的《人类起源》（*The Descent of Man*，1871）则是首次用进化的观点阐释这个看法的著作。

至于宗教上的先验主义论点，则是我从小时候的基督教信仰中首次学到。从那时开始，我就一直不停地反省这些看法，而依据我的学术倾向和个性，我也不得不尊重这个古老的传统。

宗教上的先验主义，也受到具有基本相似性的世俗先验主义的支持。康德是历史上最伟大的世俗哲学家，他对道德的推论很像一位神学家。他争辩道，人类是独立的道德行为者，具有服从或违背道德律法的完全自由意志："人类具有自我决定的能力，不受任何感官刺激左右。"他说，我们的心灵在决定如何行动时，会受到绝对命令（categorical imperative）的影响。若摒除其他顾虑，这个绝对命令本身是好的，可以借由下述规则辨认出来：“只根据那些你希望成为普遍律法（universal law）的准则来行动。”最重要也最超乎经验的想法是，自然界中并不存在“该不该”这个问题。康德说，自然是一个由因果关系组成的系统，而道德的选择则属于自由意志的范畴，其中并没有任何因果关系。人类在进行道德选择时，已经超越了本能的局限，超越了自然的范畴，而进入一种只属于理性动物的自由领域。

康德简明的陈述给人一种舒服的感觉，但若以物质实体或可想象的实体来看，却完全不合理。正因为如此，即使康德的文笔不那么曲折，他的文章仍旧很难理解。康德的观念有时很令人苦恼，但并不是因为很深奥，而是因为它是错的。我们现在知道，他的论点和大脑运转的证据不一致。

现代伦理哲学创始人摩尔（G. E. Moore，1873—1958）在《伦理学原理》（*Principia Ethica*，1903）一书中，基本上也赞同康德的看法。他认为，为了确立伦理原则，道德推论不能涉及心理学和社会科学，因为它们只描述因果，无法阐述道德正当性的基础。因此，当我们由提供事实的“是不是”直接推论到确立规范的“该不该”时，就犯了逻辑上的基本错误，摩尔称之为自然主义的谬误。罗尔斯（John Rawls，1921—2002）在《正义论》（*A Theory of Justice*，1971）一书中，再度走上了相同的先验主义道路，他提出一个看似非常合理的前提：“正义”的定义为“公平”，而“公平”则被视为一种内在本有的善。如果我们对自己在生命中所处的地位一无所知，就会遵从绝对命令。但是罗尔斯完全不考虑人脑由何而来或如何产生功用。他并未提出任何证据，来证明“正义就是公平”，和人性相符，因而可以当作无所不包的前提。这个前提也许确实和人性相符，但除了盲目地试错来学习外，我们又如何能获知？

来自共同意志

我很难相信，如果康德、摩尔和罗尔斯知道现代的生物学和实验心理学，仍会以相同的方式思考。然而，我进行创作的这个世纪即将结束时，先验主义不仅在宗教信徒心中占据坚固的地位，同时还为无数的社会和人文学者所深信。这些人和之前的摩尔和罗尔斯一样，已经决定把自己的思想和自然科学隔绝。

许多哲学家会反应道：但是，等一下，你在说什么？伦理学家不需要那类的资讯。你们真的不能由“是不是”进到“该不该”。你们不能在描述了遗传倾向之后，就假设它是人性的一部分，并假设它可以转换成伦理规范。我们必须把道德论据列入特殊的范畴，并且在必要时以先验主义为指导方针。

不，我们不必把道德论据列入特殊的范畴，也不必采用先验的前提，因为把自然主义视为谬误，本身就是谬误，如果“该不该”不等于“是不是”，那还会是什么？如果我们能够专心研究伦理规范的客观含义，把“是不是”翻译成“该不该”就变得很合理。伦理规范极不可能是人类之外的一些行踪缥缈、等人揭发的信息，也极不可能是在心灵的非物质空间中振荡的独立真理，它们比较可能是大脑和文化的具体产物。从自然科学的融通观点来看，它们只是社会契约中的原则在强化后所形成的规定和命令，是社会成员热切希望其他成员能够遵守而自己也愿意为了大众利益而遵守的行为规范。人类的协议具有不同的尺度，从非正式的同意到公众的情绪，到法律，再到不可更改的神圣准则，而道德规则是其中较极端的一种。用不同尺度的协议来看“通奸”，可能出现下述的看法：

我们不要再继续下去了；我觉得不太对劲，这么做会带来麻烦。（我们也许不该这么做。）

通奸不仅会产生罪恶感，也是社会一般不赞同的行为，这是避免这么做的其他原因。（我们不该这么做。）

通奸不仅不受赞同，还违法。（我们几乎可以肯定自己不该这么做。）

神命令我们不可以犯这种道德上的罪。（我们绝对不该这么做。）

在先验主义的想法中，因果关系是由上向下的，由宗教上的“该不该”或自然律，借法律的途径下行到教育，最后才到个人的选择。先验主义的论点一般具备下述的形式：在自然的规律中，存在着神圣的或是本质上至高无上的原则，而我们比较明智的做法是学习它，并找出服从它的方法。罗尔斯因此在《正义论》中，开宗明义地提出了他认为无法变更的主张：“在一个正义的社会中，平等的公民必然是自由的。正义所保障的权利不受政治协商或社会利益计算的影响。”许多评论家清楚指出，这个前提应用到真实世界时，可能导致许多令人不愉快的结果，包括社会控制的加强和个人动机的低落。诺齐克（Robert Nozick，1938—2002）在《无政府、政府和乌托邦》（*Anarchy, State, and Utopia*，1974）中提出另一个非常不同的假设：“个人具有权利，而有些事情是任何人或团体（在不侵犯这个权利的状况下）所不能强加在个人身上的。这些权利强而有力，并可以伸展得很远，所以个人能够质询政府和政府官员可能做的事（如果有什么的话）。”罗尔斯的想法指引我们走向政府调节下的平等主义，而诺齐克的想法则指向政府极小化之下的自由主义。

在经验主义者的想法中，以上的因果关系则是相反，他们追寻的是可以客观研究的伦理推理的起源。他们认为个人具有的某些生物倾向，会导致某些选择。文化进化的过程使其中的某些选择强化成规则，进而成为律法，而且当这种倾向或趋势变得足够强烈时，就会成为神或宇宙自然规律中的命令。一般经验主义者所采取的原则具有下述的形式：强烈的天生感受与历史经验，会使人们偏好某类行为；我们曾经体验到这些感受，在权衡后果的轻重之后，同意遵守某些规章来表达这个经验。让我们对这个规章宣誓，投入个人的尊重，并且在违背规章时接受惩罚。经验主义者承认，道德规范的设计是为了服从人性中的某些欲望而压抑其他欲望。“该不该”并不是直接由人性翻译而成，而是一种共同意志，如果我们能对人性的需求和缺陷有更多了解，就可以让共同意志变得更明智、更稳定。经验主义同时体认到，新知识和新经验可能使承诺的力量消退，使某些信条不再神圣，旧律法因而废除，曾经受禁止的行为却得到解放。另一个体验是，基于相同的理由，我们必须设计新的道德规章，而且新规章可能随着时间的推移而变得神圣。[207]

囚徒困境

如果经验主义者的世界观是正确的，“该不该”就只是某种事实陈述的缩写，代表社会首先选择（或被迫挑选）某些行为，随后才将其列入规章。自然主义的谬误也因而化简为自然主义的困境。对这个困境的解答并不困难："该不该"是物质过程的产物。这个解答指出了一个客观了解伦理起源的方向。

一些研究人员现在已经开始探讨这类基本问题。大多数人赞成伦理法规源自生物和文化之间相互影响的进化过程。从某个角度来看，这样的想法复兴了18世纪英国经验主义者哈奇森（Francis Hutcheson）、休谟和亚当·斯密对道德情操的观念。

在现代行为科学的定义下，道德情操代表道德本能，依其所造成的后果而接受批判。因此，道德情操来自外遗传法则，也就是心理发展的遗传倾向。它们往往受到情绪的限制，并且影响人们的观念，以及由此做出的决定。道德本能的原始起源是合作和背叛之间的互动关系。任何物种在遗传进化的过程中，基本上需要有足够高的智能来判断和操纵这种互动关系所引起的紧张状况，才可能进一步塑造出道德本能。这种高层次的智能，正如我在前几章所描述的人类心灵，使我们可以为遥远的未来建立复杂的心理情节。根据目前所知，这种现象只出现在人类身上，或许也出现在人类近亲较高等的类人猿身上。

我们可以根据博弈论，假设早期的道德进化阶段，尤其是著名的"囚徒困境"（Prisoner's Dilemma）的解答。想想下面这个典型的两难困境。两位帮派成员因为谋杀罪名而被逮捕，并且分别受审。相当有力的证据显示他们有罪，但还不足以定罪。第一位成员相信自己如果坦白认罪，变成官方证人，将因此获释，而同伴则受到终身监禁。但他晓得同伴也有相同的选择，于是选择就成了难题。这两位帮派成员会不会同时背叛对方，因而都遭受严重的惩罚？他们不会，因为他们事先已经协商好了，如果被捕将保持沉默。他们这么做的原因，是希望受到较轻的惩罚，或一起避免惩罚。犯罪集团早已把这种计算原则变成了伦理规范：绝不能陷害其他成员，总是要做个男子汉。窃贼也有荣誉感。我们如果把帮派视为某种社会团体，它们的法规就像战时被俘的士兵所遵守的一样。他们的义务是，只能提供姓名、军阶和兵籍号码。

通过彼此合作解决难题的例子，不断在日常生活的各个角落以不同的形式出现。人们从中获取的各种利益，包括金钱、地位、权力、性、使用权、舒适和健康，这类较易获得的报偿，大多可以转译成达尔文式基因适应的一般底线：较长的寿命以及安全成长的家庭。

这种现象可能向来如此。设想一下，旧石器时代的一个狩猎团体，由五位男性组成，其中一位想要脱离其他人，独自去寻找羚羊。如果成功，他就能获得大量的肉食和兽皮，是留在团体内一起狩猎所获得的五倍。但是根据经验，他知道单独行动的成功机会很低，比五人一起小组行动的成功机会低很多。而且，不论他单独行动能不能成功，其他人都会因为成功机会降低而对他产生敌意。习惯上，团体内的成员总会待在一起，平均分享猎物。因此，这位有异念的成员决定继续留在团体内，同时保持良好的态度，尤其是当他成功捕杀到动物时。傲慢的自我夸耀会受人谴责，因为它摧毁了微妙的互惠关系。

道德本能的进化

现在假设，人类合作或背叛的倾向是可遗传的：某些成员天生就较易合作，其他人则不然。在这样的情况之下，道德倾向和到目前为止曾被人研究的心理特征，几乎都是一样的。被证明具有遗传性的特征中，和道德倾向最接近的是，别人受苦时所产生的同情心，以及婴儿和照顾人员之间的情感。[208] 关于道德倾向的遗传性，许多历史上的证据也显示出，团结合作的个体一般存活得较久，也能产生较多的后代。我们可以想到，在进化的历史过程中，促使人类产生合作行为的基因，将在人类族群整体中占优势。

当这类过程重复出现了数千个世代之后，道德情操将不可避免地从中产生。除了少数心如铁石的变态者（如果这种人真的存在），每个人都会鲜明地体验到各种道德本能，比如良心、自尊、后悔、同情、羞耻和道德义愤。这些本能使文化进化倾向于表现一般道德法则的常规，比如荣耀、爱国心、利他主义、正义、同情心、仁慈和赎罪。

天生的道德行为倾向的黑暗面，是对异族的恐惧和排斥。人与人之间的熟悉感和共同利益，在社会交易中扮演了极重要的角色，因此道德情操进化的结果是产生选择性。这一向如此，也将继续如此。人类很难信任陌生人，真正的同情心是长期缺货的商品，只有借由小心定义的契约和其他传统，部落之间才有可能合作。任何部落都很容易把自己想象成牺牲者，受竞争团体的阴谋陷害，而且当严重冲突发生时，也倾向于不把对手视为人而加以杀害。他们采用神圣的象征符号和仪式来巩固团体内的忠诚，而他们的神话中，则充满了战胜恶敌的史迹。

道德和部落主义这两种互补的本能，很容易被人利用，而文明进展使它们更是如此。一万年前（这只是地质年代中的一小段时光）农业改革在中东、中国和中美洲展开，人口密度比狩猎时期增加了十倍。家庭聚集成许多小小的村落，而因为族群中少数人口渐渐变成专业的工匠、商人和军人，所以劳动力开始细分。新兴的农业社会一开始是平等的，但后来就产生了阶级。当部落酋长和之后的政府因为农业盈余而兴旺起来时，代代相传的统治者和宗教阶级也因此夺得权力。旧的伦理规范转变成高压规定，而获得利益的总是统治阶级。大约就在这个时候，神制定律法的观念首次出现。神谕赋予伦理规范过高的权威，并且毫不令人惊讶地再度偏袒统治者的利益。

要客观分析这类现象，有技术上的困难，而人们打从一开始就抗拒从生物学的角度解释自己较高层次的大脑皮质功能，因此，对道德情操的生物学探讨只有一点点进展。尽管如此，19 世纪以后伦理学上的进展之小，仍是让人震惊不已。在科学的解说图上，人类最出色也最重要的特性竟然一片空白。我认为伦理方面的讨论，不应该环绕着当代哲学家所提出的独立假设；这些哲学家显然从不曾思考过进化的起源和人类大脑的物质运作。没有任何人文学科领域，比伦理学更迫切需要和自然科学相结合。

当人性的伦理维度终于能够接受生物学的全面探讨时，我们或许能证实，天生的道德论据的外遗传法则实际上并不会被凝聚成简单的本能，比如亲密关系、团结合作或利他主义。相反，这些外遗传法则极可能是由许多程式组合而成，其中连锁活动会带领心灵穿越各种具有微妙差异的情绪和选择。

上述这个尚未组织完全的心灵世界，乍看之下似乎过于复杂，不可能只是由自动的遗传进化过程所产生。然而所有的生物学证据都显示，单凭这个程序就足以产生围绕在我们四周的数百万种生命。每一种动物在一生中，还会进一步受到特殊且复杂的本能程序的指引；遗传学和神经生物学已经开始分析其中的许多本能程序。当这些例子全摆在我们面前时，推论人类行为也具有相同的起源，并非不合理。[209]

道德情操的生物学

现代社会目前所使用的混合道德推论方式，简单地说是一团混乱：它们是希腊神话中由各种怪异部位拼凑在一起的吐火兽（狮头、羊身、蛇尾）。旧石器时代的平等制度和部落本能，仍然稳固地继续存在。作为人性遗传基础的一部分，它们不能被取代。在某些情况下，比方说对陌生人和竞争团体快速产生敌意时，这些本能一般会变得不协调而且危险。在基本的本能之上，则是论证和规律所组成的上层建筑（superstructure），其中包含文化进化所产生的新制度。这些新制度反映出人类维系秩序和增进部落利益的尝试，它们太过变化无常，不容易为遗传进化的过程所掌握，因此还未出现在基因中。

这么说来，伦理学成为哲学领域中最常出现公开争论的学科，也就不足为奇了。同样的，以应用伦理学为基础的政治学，问题也层出不穷。这两个学科所包含的内容，都不足以称作真正的自然科学理论。伦理学和政治学缺乏能够验证人性的基础知识，因此不能从中产生因果预测和可靠的判断。当然，仔细关注伦理行为的深入来源，是谨慎的做法。这方面的知识中最大的空白，就是关于道德情操的生物学。我相信随着时间的推移，这个课题将为人所了解，只要我们能留意下列的主题：

- 道德情操的定义：首先借由实验心理学上的准确描述，接着再对基础的神经和内分泌反应进行分析。

◆道德情操的遗传学：最简单的方法是测量与伦理行为相关的心理和生理过程的遗传率，最后较困难的任务则是辨认出产生这些过程的基因。

◆道德情操的发展是基因和环境相互作用的产物。从两个层面进行这方面的研究最具有效益；以不同的文化以及各文化中个体的认知发展过程为背景，研究伦理系统的历史。这类研究在人类学和心理学上已经有所进展，在未来还会因为生物学的参与而进一步扩增。

◆道德情操的深远历史：它们一开始为什么会存在？可能是因为它在史前时期长久的遗传进化过程中，对人类的生存和繁殖的成功有所贡献。

综合上述几个研究路线，我们或许可以清楚地看到伦理行为的真正起源和含义，这么一来，我们就可以更确定地测量出，组成各种伦理情操的外遗传法则所具有的强度和弹性。有了这些知识，我们应该可以用更有智慧的方式调节古代的道德情操，并应用到快速变化的现代生活中。对于这样的生活，我们往往是在毫无选择且大都在不知不觉的状态下身陷其中。

接着，我们就可能为真正重要的道德论据问题找到新的答案。我们如何赋予道德本能以相对的重要性？哪一些道德本能需要受压抑？又压抑到什么程度？哪些需要法律和符号来合理化？道德规则又如何在极特殊的情况下，留待大众公开讨论，诉请裁决？我们可以从对道德的最新了解中，找出达成共识的最有效方法。没有人能够事先预测共识会具有什么形式，但可以明确预知达成共识的过程。它必然是民主的，并且能够减轻宗教和意识形态上的敌对冲突。历史必然会朝这个方向迈进，而人类天生过于聪敏，又具有太多意见，除了遵从历史的大方向之外，很难再遵从其他。关于变化的速度，我们可以很肯定地预测：变化会很缓慢，跨越数个世代，因为即使旧信仰被证明是错误的，仍然很难完全泯灭。

宗教力量

把伦理哲学和科学结合在一起的推理过程，也可以应用到宗教研究上。宗教就像一个超级生物体，具有生命周期，由出生、成长、竞争、繁殖到最圆满的时刻，最后大多数必定灭亡。在当中的每一个阶段，宗教会反映出对它们加以滋养培育的人类。它们表达了人类生存的基本规则：维持生命的必需品，最终必然是具有生物特质的。

典型的成功宗教往往是以秘教起家，随后威望和涵盖力会渐增，直到信仰圈子之外的人也能包容它。每个宗教的核心都存在一个创世的神话，解释世界如何开始和支持信仰系统的信众如何抵达宗教的中心。经常是自修到高层领悟境界的宗教大师，才能了解其中的谜、秘密指示和信条。欧洲中古世纪的犹太神秘哲学，亦即共济会（Freemasonry）的三级系统（trigradal system）和澳洲土著（Australian aboriginal）神柱上的雕刻，都是这类“天机”泄露的例子。宗教威力会由宗教中心向外扩散，聚集起改变宗教信仰的信徒，并把追随者与宗教团体绑到一起。同时也会设立圣地，让信徒可以在此对神祈求、举行仪式和目睹奇迹的出现。

不同宗教的虔诚信徒会以类似部落的形式相互竞争，极力抗拒敌对者对自己宗教的蔑视，并且推崇为了保卫宗教而自我牺牲的信念。

宗教的部落性根源和道德论据的根源很类似，而且可能完全相同。根据有关葬礼的证据，宗教仪式历史深远。在旧石器时代后期的欧洲和中东地区，人们似乎会把死者放在浅坟内，再撒上赭土或花，我们不难想象，在那里举行的仪式是为了召唤灵魂和神。但是根据理论推理和事实证据，道德行为的原始成分比旧石器时代的仪式还更为久远。宗教建立在伦理基础上，也可能向来都以某种形式支持伦理规范。

宗教令人难以抗拒的影响力，并不仅仅来自道德的认可。心灵这条潜伏的大河，是由广布的情绪支流聚集起力量，其中最重要的是求生本能，正如罗马诗人卢克莱修（Lucretius，公元前94—前50）所说的："地球上出现的第一件促使神产生的事，便是'畏惧'。"（Fear was the first thing on earth to make gods.）我们有意识的心灵渴望永恒存在，如果不能拥有不朽的肉体，那么，能够被纳入某个永生的整体也可以。任何事情都可以，只要能赋予个人生命意义，并以某种方式，让心与灵魂的短暂旅程，也就是圣奥古斯丁（St. Augustine，354—430）[210]所悲叹的短暂一天，延续到永远。

宗教力量的另一个来源，是对生命的理解和控制。信条与科学、艺术具有相同的创造源泉，目标是从神秘的物质世界中萃取出规律。为了解释生命的意义，宗教编造出部落历史中的神话，让宇宙中充满保护人类的神灵。超自然如果存在（我们如果接受它存在），就验证了我们所迫切渴望的另一个世界也同时存在。

宗教的重要同盟——部落主义，也赋予宗教极大的权威。祭司和牧师以沉重的声调恳求我们：相信神圣的仪式，成为永生力量的一部分，你也是我们当中的一个，你的人生展开之后，每一步都具有神秘的重要性，而我们这些深爱你的人，会举行庄重的仪式来纪念你的每一个阶段；最后一个仪式，将在你进入免于痛苦和畏惧的另一个世界时举行。

假设有一种文化没有宗教神话，那么也会很快被发明出来。事实上，宗教神话在历史上出现了数千次，这种不可避免性，是任何物种本能行为的指标。也就是说，尽管宗教是学习的结果，但仍是受情绪驱动的心理发展法则所指引进入的某些状态。称宗教为一种本能，并不表示宗教神话中有任何特殊的部分是不真实的，而只是认定宗教的来源比普通的习惯更为深入，而且一出生就由基因所设定的心理发展倾向所决定了。

我在前几章中已经讨论过，这类倾向是大脑遗传进化过程中预期会出现的一般后果。同样的逻辑也可以应用到宗教行为上，只是添加了部落主义这个曲折的想法。虔诚的信仰和目标所凝聚成的团体，在遗传选择上占有优势。即使其中个人为了维护共同的利益，有必要屈就自己并且冒生命的危险，但是比起采用其他方法的竞争团体，他们的基因更可能遗传给下一代。

种群遗传学的数学模型给这种利他主义的进化起源，提供了下列规则：如果利他主义的基因降低个人生存和繁殖成功的程度，低于团体因利他主义而提高的存活率，那么利他主义基因在竞争团体的整个种群中，就会出现得更频繁。用最简捷的方式来说：如果个人的牺牲能使个人的基因和团体受益，利他主义就会广为散播。

优越与屈服

现在让我进一步指出，关于伦理和宗教起源的经验主义理论，还有更深层的重要性。证据如果不支持经验主义，而强烈支持先验主义，将是人类历史上影响最深远的新发现，这对于愈来愈接近人文学科的生物学而言，将是一种负担。如果生物学上累积的客观证据支持的是经验主义，那么问题最多的人类行为学领域也会达成融通，其他各个领域也是。如果证据和经验主义的任何一部分矛盾，普遍性的融通则不成立，科学和人文基础上的分野，也将永远存在。

这个问题离解决之日还很遥远，但我说过，就伦理学而言，经验主义目前已经有很多的支持；但就宗教而言，支持或反对经验主义的客观证据较弱，不过至少仍然和生物学相符合。例如，伴随宗教幻境产生的情绪，显然具有神经生物学上的根源，至少，宗教狂热和某种大脑异常是相关的，这种人对于任何事情几乎都会附加上宇宙级的重要性，包括日常生活的琐事。总而言之，我们可以为一个具有宗教信仰的心灵想象出生物架构，然而单凭这些并不能推翻先验主义，也不能证明宗教本身不真实。

同样重要的是，大多数（如果不是全部）宗教行为可能是天择下进化的结果。这个理论大致上说得通，宗教行为中至少有某些方面是对神的信仰。赎价和牺牲就几乎是普遍存在于全球的宗教行为，是向占主导地位的生物屈服的表示。它们代表一种统治上的阶级制度，是有组织的哺乳类社会中普遍出现的特征。动物和人类一样利用复杂的信号，来宣传和维持自己在阶级制度中的地位，至于做法上的细节则随物种而异，但是我们仍然可以在各种物种之间看到一致的相似性。以下两个例子将说明这一点。

在狼群中，最具优势的狼走路会抬头挺胸，表现出一种“傲慢”的态度。它会打直腿，脚步不慌不忙，而且仰着头，竖着尾巴和双耳，并且顾盼自如地观望其他狼。这匹优势的狼若见到对手，会竖起毛发，掀起上唇，露出牙齿；对于食物和住所，它也具有最优先选择的权力。身为下属的狼则采用相反的信号。当它见到优势者时，会转身避免直接面对，垂下头、耳和尾，并使毛发服帖，也不会龇牙咧嘴。它的行动谦卑而小心谨慎，在受到挑战时会自动让出食物和空间。

恒河猴群中阿尔法雄性的行为态度，和最具优势的狼极类似。它会抬头竖尾，以一种从容而“尊贵”的风范行走，并且自在地观望其他猴子。它会爬到附近的物体上，处于比对手高的位置，受到挑战时则死瞪着对手，张开嘴巴以示侵略性（而不是惊讶），有时会以脚掌拍地表示自己已准备好要攻击。次等阶级的雄猴或母猴则以小心谨慎的方式行走，头和尾巴下垂，并避免直接面对阿尔法雄性或其他阶级地位较高的个体。除了扮出痛苦的表情外，这些猴子总是闭着嘴，受到挑战时会很快逃退，并且屈让空间和食物。而且如果是雄猴，还会拱手让出发情中的母猴。

我想指出的是下列的想法。来自另一个星球的行为科学家会立刻发现，动物的屈让行为和人类对宗教与官方权威的服从，具有非常类似的意义。他们同时会指出，表示服从的最复杂仪式是对神的信奉，神是人群中不可见又极具权威的成员。他们将正确推论道，智人不仅仅是在结构上刚由非人类的灵长类动物中进化分离出来，在社会行为基线上也如此。

无数的动物研究显示，本能行为并不因为文化变得复杂而模糊，取得优势地位的成员比较容易生存，而且终生的繁殖率也会比较高，这不仅适用于优势的个体，也适用于地位次等的成员。比起独立生存，这样的阶级划分可以让群体内的成员在敌人侵犯时获得较好的保护，同时取得较理想的食物、居所和伴侣。尤其是一个团体中的主从关系并不必然是永久不变的。优势个体会变弱而死亡，结果有些下属会因而升迁，并获得更多的资源。[211]

为神的爱所沉醉

倘若有人发现现代人类已经去除哺乳类动物旧有的遗传程式，而设计出分配权力的其他方法，将让人十分惊讶。所有的证据都显示人类并没有这么做；人类仍然带有灵长类动物的遗传因子，容易被自信而有魅力的领袖人物（尤其是男性）所吸引。这种天生倾向在宗教组织中特别强烈，所以这类领袖人物特别容易组织出秘教。他们如果能够说服别人，自己可以和最高权威的神（通常是男性）沟通，那么威望就会增加。当秘教演变形成宗教时，最高力量的形象会因为神话和礼拜仪式而强化。随着时日推移，当权的创教者和继承者被铭记在圣文中，不守教规的属下，则被称为亵渎者，同时被击溃。

但是，善于产生符号的人类心灵在任何情绪领域中，都不会满足地停留于类似猿猴的原始感觉，而会尽全力架构起一个在各方面都能带来最大回报的文化。在宗教上，我们有仪式和祈祷可以直接和神沟通，有其他教徒的安慰可以缓和无法忍受的痛苦，对不可解释的现象也有了解释，并且能与更广大而不可知的整体产生大海般的共鸣和交流。

最重要的是心灵的交流，由此可以产生对永恒的渴望；处于黑夜中的灵魂也可以展望一个通往光明的心灵历程。少数特殊的人在世期间，就可以进行这个历程。他们以某种方式在心中沉思，以达到更高层次的领悟境界，直到最后不可能再有任何进展时，就神秘地和整体融合在一起。许多伟大的宗教都有这种领悟境界，比如印度教的入定、佛教禅宗的顿悟、伊斯兰教神秘的苏菲派（Sufi）的归真、道家的无为和圣灵降临教派基督徒的重生。尚未使用文字前的文化中的巫师，在进入幻觉时也会有类似的体验。这些人明显感觉到的事情很难用文字描述（当我成为重生的福音教徒时，或多或少也有相同的感受），但美国女小说家凯瑟（Willa Cather，1873—1947）以一句话做了最接近的描述。凯瑟的《我的安东尼亚》（*My Antonia*）中的虚构人物说："那是一种沉浸在完满和伟大中的喜悦。"

那当然是一种喜悦，因为找到了神，或是进入大自然的整体，以及体会并捉住某些无法形容的美丽和永恒都会令人喜悦。数百万人都在找寻这种喜悦，要不然就觉得迷失，而且觉得自己在没有意义的人生中漂流。他们的困境可以用1997年的一个保险广告词来概括："到了1999年，你会死去，那么你现在要做什么？"他们会信仰既有的宗教，听任秘教的指挥，并且尝试新时代的流行药方。他们会把《赛莱斯预言》（*The Celestine Prophecy*）[212]和其他有关如何获得参悟的无聊尝试，推入畅销书排行榜。

也许正如我所相信的，这些现象全都可以用大脑回路和悠远的遗传历史来解释。然而，这种神秘地与大自然融合在一起的观念，却是人类心灵中非常真实的一部分，就连最笃信的经验主义者也不该轻易加以蔑视。这个观念已经在人类历史中存在了数千年，为先验主义者和科学家提出了最严肃的问题。我们质问：历史中的神秘主义者所历经的是什么样的道路？所抵达的又是什么样的目的地？

西班牙阿维拉（Avila）的神秘主义者圣特蕾莎（St. Teresa，1515—1582）在1563—1565年的回忆录中，细述了自己经由祈祷一步一步与圣灵结合的过程，没有其他人能把这个真实历程叙述得更清晰了。在叙述一开始，她就已经超越了一般祷词中的献身和祈求，而进入第二个阶段：宁静的祈祷。她聚集所有的心力，只求"让自己变成神的囚徒"。当神赐予她"伟大的祝福和恩惠之水时"，一种深刻的安慰和平安感受就降临到她身上，她的心灵从此不再过问世俗之事。

在祈祷的第三个阶段，圣特蕾莎的心灵"为爱所沉醉"，一心只惦记着这个掌握心灵并赋予心灵生命的神。

> 喔，我的主宰，看呀，现在的我就连写这段文字，都逃不出这种天堂似的疯狂状态……我恳求您，让那些必须与我交谈的人都因您的爱而疯狂，要不然就叫我不和任何人交谈，或命令我与世隔绝，或将我从这个世界中带走。

到了祈祷的第四个阶段，阿维拉的圣特蕾莎与圣灵神秘结合了：

> 我对任何事都没有了感觉，只有满足感……所有的感官都为这官能所占满，以致没有任何感官是自由的……努力追求神的灵魂，意识到一种极端甜美的喜悦，就好像它本身在冥思中完全消失了；即使尽力呼吸，穷尽身上所有力量，也无法将其唤回。灵魂已经溶解在神的灵魂之中，经由这个结合，

我终于体会到神所赐予的恩惠。[213]

最终理论之梦

对许多人而言，相信永生和先验主义存在的渴望极其强烈。先验主义能带来心理上的充实感和富足感，尤其是受到宗教信仰支持时，它感觉起来似乎是正确的；经验主义相形之下就显得枯燥而有所不足。在追求终极意义这件事上，先验主义会容易得多。正因为如此，即使经验主义在理性上已经胜利，先验主义却继续赢得人们的情感。当科学和宗教发生冲突时，科学往往能逐一击退教条的论点；但是效果并不明显。在美国，南方浸信会教徒就有 1500 万人，是偏向从字面解释《圣经》的最大教派，而美国人文主义学会（American Humanist Association）这个致力于世俗人文活动并相信自然神学的主要组织，却只有 5000 名会员。

如果历史和科学曾经给了我们任何教导，那就是热情和欲望与真理不尽相同。人类心灵进化的结果是信仰神，而不是相信生物学。在大脑进行进化的史前时代，接受超自然物体的存在为人类带来极多的好处，这与生物学成了强烈的对比，生物学是现代发展的产物，不受遗传程序的制约。不太令人舒畅的真理是，这两种信仰事实上并不相容。因此，那些渴望拥有知性真理和宗教真理的人，永远无法同时从两者中得到完全的满足。

神学为了解决这个难题，也像科学一样朝着抽象的领域演进。我们祖先所信仰的神，是神圣的人类。正如希腊历史学家希罗多德（Herodotus，约公元前 484—约前 425）所指出的，埃及人以埃及人代表神（而且经常具有尼罗河流域动物身体的一部分），而希腊人则以希腊人代表神。希伯来人的重要贡献在于把众神集中为单一个体耶和华——对沙漠部落而言，那是相当合适的一名长老，并且理性地阐述耶和华的存在。上帝是不容许被刻画成任何形象的，借此他们使得圣灵的存在变得更不可触知。因此《圣经》中提到，没有人可以见着耶和华的面孔，甚至是在燃烧的树丛中接近过耶和华的摩西。犹太人在某个时期甚至禁止读出它的真实全名。无论如何，这个一神论中的神无所不知，无所不在，和人间事物密切相关，这样的观念一直持续到今天，成为西方文化中主要的宗教形象。

在启蒙时代，愈来愈多的自由派犹太基督教神学家，希望把神学纳入更理性的现实世界，他们离开了神而成为一般的学者。17 世纪卓越的荷籍犹太哲学家斯宾诺沙（Baruch Spinoza，1632—1677）认为，神是一种遍存于宇宙中的超实体（transcendent substance），他宣称，神即自然（Deus sive natura）。由于在哲学上产生困扰，斯宾诺沙后来被逐出了阿姆斯特丹，犹太教将他开除教籍，附上一份写满各种诅咒的文件。尽管宗教异端可能招致危险，但是这种把神去除位格化（depersonalization）的做法平稳地一直持续到现今。对 20 世纪最具影响力的新教神学家之一的田立克（Paul Tillich）而言，具位格化的神（God-as-person）之存在并不是一种错误的主张，只是没有意义。当代最开放的思想家当中，许多人以“历程神学”（process theology）的观点来否认具体的神。这个最极端的本体论（ontology）认为，任何事物都只是整个天衣无缝、永无止境的复杂关系网络中的一部分，而神显现在每一件事物当中。

科学家是在经验主义运动下漫游的童子军，他们也无法逃避神的观念。赞成神这个想法的人，往往偏向“历程神学”的观点。他们提出这样的问题：当我们对时空和物质所构成的真实世界有足够的了解之后，这些知识会不会显示出创造者的存在？他们把希望放在追求最终理论的理论物理学家身上，这个最终理论称为“万有理论”（Theory of Everything，TOE），是由相关公式所组成的一个系统，可以用来描述物质宇宙中所有可测得的作用力。万有理论是一个“美丽”的理论，正如1979诺贝尔物理奖得主温伯格（Steven Weinberg）在他重要的著作《终极理论之梦》（*Dreams of a Final Theory*）中指出的，这个理论之所以美丽，是因为它的简洁，可以用最少的定律来表达可能存在的无穷复杂性；这个理论也具有匀称性，因为它在所有时空中都一成不变；它同时是必然的，一旦确定，没有任何一部分可以不动摇全局而更改。所有既存的次要理论都可以永久纳入万有理论当中，正如爱因斯坦在描述广义相对论时所说的：“这个理论真正吸引人的地方，在于逻辑上的完整性。如果从这个理论得出的任何结论都被证明是错误的，理论就必须被整个抛弃。只是修改而不摧毁整个理论架构，似乎是不可能的。”

最有数学头脑的科学家将能产生最终理论这个想法，似乎象征一种新的宗教欲望的兴起。霍金在1988年的《时间简史》（*A Brief History of Time*）[214]中，禁不住诱惑而宣称，这类科学成就将是人类理性的最终胜利，“因为到那个时候，我们就可以了解神的心灵了”。

嗯，也许吧！但是我心存疑虑。物理学家已经安置好了大半的终极理论。我们可以知道这个理论的行踪，我们大致上看得出它前进的方向。但是它不会具有宗教的显灵现象，至少撰写《圣经》的作者无法辨认出来。科学已经带领我们远离了一度笼罩西方文明的位格化的神，但科学无法满足我们本能上的饥渴，正如圣歌作者极其悲痛地形容：

人类像影子般过日子，徒然以傲慢的幻想自扰；他的宝藏，不知道有谁能够采集。主啊！现在什么能使我心安呢？我将希望放在你身上。

进化的诗篇

人类精神上的两难困境，本质上是因为遗传进化让我们准备好接受某种真理，我们发现的却是另一种。有没有方法可以解除这个难题，解决先验主义者和经验主义者在世界观上的冲突？

不幸的是，并没有解决的方法。再说，我们不能永远凭自己的喜好，在这两种意识形态之间任意抉择。从原子到大脑再到星系，宇宙是如何运作？这些知识是可累积也可验证的，而先验主义和经验主义世界观的假设，正接受这些知识的严格考验。历史上的残酷教训也让我们清楚地看到，某一组伦理规范其实比不上另一组——至少较不持久，宗教也是如此。某些宇宙观事实上比其他宇宙观不正确，而某些伦理规范也比较难奏效。

人性有它的生物基础，这和伦理、宗教相关。证据显示，因为这种生物基础的影响，人们能接受的伦理规范教育相当狭窄。人类在某种信仰系统中能够成长繁盛，在其他系统中则会凋谢死亡。我们必须确实了解其中的原因。

为了达到目的，我将冒昧地建议，如何解决不同世界观之间的冲突。生物学对复杂的人类行为所进行的研究，将继续测试道德和宗教信仰所具有的遗传进化起源。只要感官和神经系统是借由天择进化而成，或至少是来自另一种纯物质过程，那么经验主义者的解释就有所根据。如果我们在前几章所描述的基因-文化协同进化得到验证，也能进一步支持经验主义者的想法。

现在让我们考虑另一种可能。如果伦理和宗教现象的进化过程与生物学主张的方式不同，尤其是，如果这类复杂行为无法与感官和神经系统的物质事件相关，我们就必须舍弃经验主义的立场，而接受先验主义的诠释。

数个世纪以来，经验主义的主张已经扩及先验主义信仰中的古老领域。这个过程一开始进展得很慢，但是到了科学时代脚步就加快了。我们祖先亲身经历的神灵，首先逃离岩石和灌木，接着离开了远山。这些神灵现在住在星星上，最后也可能从中消失。但是失去了神灵，我们就无法生活了！无论人类变得多么理性，都需要一个神圣的故事，也必须感受某种较远大的生活目标。他们拒绝屈服于动物必死的绝望中，他们将继续在唱诗班的伴随下恳求："主啊！现在什么能使我心安呢？"他们必定会找一个方法，让祖宗的灵魂继续存活。

如果这个神圣的故事，不能以宗教宇宙学的形式出现，那么它将采用宇宙和人类的物质历史作为题材。这种趋势一点也不会贬损故事的神圣性。以诗篇重述真实的进化史诗，在本质上会和宗教史诗一样高贵。科学所发现的物质事实上比所有的宗教宇宙学综合起来，还具有更多的内容和更大的荣耀。人类的血脉可以追溯到久远的历史阶段，比西方宗教所想象的还要古老数千倍。这方面的研究带来了关于道德含义的重大启示，使我们认识到人类不仅仅是部落和种族的组合，还组成了单一的基因库，每一代的个体都从中而生，并融回其中以产生下一代。我们通过遗传和共有的未来目标，永久结合成一个物种，这是有事实基础的观念，我们可以从中得到关于不朽的提示，并且衍生出新的神话。

哪一种世界观能被大众接受？是宗教的先验主义，还是科学的经验主义？不同的结果将使人类对未来采取不同的主张。当我们还在深思这件事的时候，如果能够认清下述压倒一切的事实，将有助于达成某种程度的和解。从一方面来说，伦理和宗教仍然过于复杂，无法用当今的科学进行深入解释；从另一方面来说，它们远比大多数神学家迄今所愿意承认的，更接近于自然进化的产物。伦理和宗教是科学所面临的最有趣也可能是最让人感到谦虚的挑战，而宗教若想维持信誉，就必须找到某种方法来包含科学发现。宗教能具有多少权威，要看它能把多少符合经验知识的人类崇高价值编成法规，并变成持久的诗篇。这是提供令人信服的道德指引的唯一方法。信仰若是盲目的，不论表达方式有多么热情，都不足以令人信服。科学的角色是毫无保留地测试每一个和人类处境相关的假设，并且及时地揭示道德和宗教情操的坚固基础。

我相信这两个世界观相互竞争的最终结果，会使人类历史和宗教本身变得更世俗化。[215] 不论这个过程如何进展，都需要彼此尊重且开诚布公的讨论，以及坚定不移而严谨的治学态度。[216]

第十二章

为的是什么？

我们如果依赖人工替代品来维持
自身和生物圈的活力，
所有的事物终将变得脆弱；
我们如果抛弃其他生命，
必定使我们人类变得永远贫乏；
我们如果放弃遗传天性，
接受仪器辅助下的理性，
并且以进步为名，
将伦理、艺术和生命意义
屈服于散漫不经的习惯之下，
幻想自己如神一般尊贵，
而不受古老传承的束缚，
那么我们将变得什么也不是。

学者在讨论行为和文化时，习惯从他本行的角度谈论各种来自人类学、心理学和生物学的解释。但我一直主张，从本质上来讲，只存在一种解释。这个解释可以跨越时空和复杂程度的各种尺度，利用“融通”观念所具有的天衣无缝的因果网络，结合各学科中的不同事实。

数个世纪以来，融通这个想法一向都是哺育自然科学的乳汁，现在也完全被大脑科学和进化生物学所接受。这两个学科是结合自然科学与社会科学、人文学科的最佳桥梁。丰富的证据显示，融通的解释和学术各大分支的总体想法相符合，也没有任何证据能笃定地反驳这个主张。

融通世界观的中心思想认为，从恒星的诞生到社会机构的运作等所有可理解的现象，不论涉及的程序有多么冗长和曲折，都是基于最终可以化约成物理定律的物质过程。这个中心想法同时得到生物学家的支持，他们认为人类和其他所有的生命形式具有共同的祖先，因此彼此很类似。[217] 我们基本上具有相同的 DNA 遗传密码，可以转录成 RNA，再转译成具有相同氨基酸序列的蛋白质。我们的结构与旧大陆的猿猴类似。化石记录显示，与现代人最接近的人类祖先是匠人或直立人。[218] 由此看来，我们人类大约在 20 万年前源自非洲。在这之前和之后的数十万年间，我们所遗传的人性都在进化，而且现在仍然深刻影响着人类文化的演进。

这些想法并不会贬低历史偶发事件所扮演的决定性角色。小的意外事件可以造成大的变动。领导人物的性格可能导致战争或和平。一项科技发明可能改变经济状况。融通世界观的主要动力来自以下的想法：文化和文化所造成的人类独一无二的品质，只有与在自然科学的因果解释关联时，才能完全被理解。生物学尤其是科学中与文化最接近也最相关的一门学科。

跨越各领域间的空白

我知道这种化约主义在自然科学之外并不受欢迎，许多社会科学和人文学科的学者认为它是躲藏在圣坛后的吸血鬼。现在，让我赶快消除引起这类反应的亵渎形象吧！ 20 世纪即将结束，自然科学的注意力已经由找寻新的基本定律，转移到建立新的综合论（你也可以称之为“整体论”），以便了解复杂的系统。这也正是宇宙起源、气候史、细胞功能、生态系统的组合和心灵的物质基础等各类研究的目标。最有效的研究策略，是在各个组织层次间建立起一致的因果解释。因此，细胞生物学家要朝内朝下观看分子的组合，而认知心理学家则必须观测神经细胞的集体活动模式。如此一来，意外事件便是可以理解的。

没有人能反驳为何不能以相同的策略来将自然科学与社会科学、人文学科相结合。这两个领域之间的差别主要在问题所涉及的层面，而不在解决问题所采用的原理。人类处境是自然科学最重要的未知领域；相对而言，自然科学所揭示的物质世界，则是社会科学和人文学科最重要的未知领域。简单地说，融通的主张就是：这两个未知领域其实是相同的。

包含人类心理活动在内的物质世界地图，可以想象成由零散的地域组成，而地域之间则隔着大块空白；这些空白是未知的，但可以通过跨学科的研究加以探知。我在前面几章提到的想法，多半可称之为“空白分析”（gap analysis），也就是画出知识空白区域的位置、同时描绘出学者在探讨空白时所做的努力。[219] 这些空白最具潜力的是物理学最终的统一、活细胞的重建、生态系统的组合、基因–文化的协同进化、心灵的物质基础，以及伦理宗教的根源。

如果融通的世界观是正确的，跨越空白就像麦哲伦（Ferdinand Magellan，1480—1521）的环球航行，终得在整个现实世界环绕一周。但是这个看法也可能是错误的，这个探险行动可能是航行在无边无际的汪洋大海上。依照目前的研究进度，我们在数十年内就可以决定哪一个景象是正确的，但即使这个探险历程是麦哲伦式的，即使探索世界边缘的勇敢探险会渐渐走向终点，而物质存在的大致轮廓也得到相当好的定义，我们仍然只了解物质世界内部细节极小的一部分。各个学术领域仍会继续进行大量的探险行动。除此之外还有艺术，它不仅拥抱所有可能存在的物质世界，还涉及所有可想象的世界；这些可想象的世界不仅本质有趣，而且和神经系统相符，所以就人类独特的感觉而言也是真实的。

如果把自然科学的野心放在较广的架构上来看，也就是具有足够的一致性可以由单一的解释系统来了解那些多半仍未探究过的架构，那么科学家以外的人可能比较容易接受。当今的民意调查屡次显示，大多数人尊重科学，但也对它感到困惑不解——至少在美国是如此。他们不了解科学，反而较喜欢科幻小说，把幻想和伪科学当作刺激物，用来激发大脑的愉悦中心。我们毕竟还是旧石器时代追求刺激的原始人，喜欢《侏罗纪公园》胜过侏罗纪本身，偏爱 UFO 胜过天文物理学。

是冒险，也是机会

除了医学上的突破和太空探索中偶尔产生的高潮外，一般认为科学的生产力相当贫乏。身为一种在肉体和灵魂上对达尔文基本法则适应良好的灵长类动物，人类真正在乎的是性爱、家庭、工作、安全感、个人情感的表达、娱乐和心灵上的满足（不按特别顺序排列）。我相信大多数人误以为科学和这些必要需求几乎完全无关，他们假设社会科学和人文学科可以独立存在于自然科学之外，而且和人类比较相关；除了技术人员，谁会需要定义染色体？或了解混沌理论？

然而，科学并不贫乏。正如艺术，科学也是人类的一种宇宙资产，科学知识已经成为人类宝库中极重要的一部分。科学相当有把握地包含我们所知的物质世界。

自然科学如果能够成功与社会科学、人文学科相结合，高等教育中的大学文科将注入新的生命，即使只为了尝试完成这个计划，仍是值得努力的目标。我们应该帮助有专业倾向的学生了解，21 世纪的世界不会被那些只拥有资讯的人控制。感谢科学和技术的发展，人们才能以愈来愈低的单位成本，接触到愈来愈多的各种真实知识。知识的取得必然会变成全球性且民主的，而且不久后将在各处的电视和计算机荧屏上出现。之后呢？答案很清楚：综合。在快被资讯淹死的同时，我们迫切需要的是智慧。因此，能够在恰当时刻把正确资讯组合起来并进行严谨思考后做出明智的重要决定的综合者，将是未来主宰世界的人。

这一切都关乎智慧：长远来看，文明国家会依道德感和人类所有的需求和渴望，来比较和判断不同的文化，并尝试在这个全球化的部落中，建立起人类最高贵、最持久的目标。在尝试为大学文科注入新生命的努力中，最重要的问题是，人类特有的狂热行为具有什么意义和目标：我们是什么？我们从哪儿来？又如何决定往哪里去？为什么辛劳、渴望、诚实、美学、欣喜、爱恨、欺骗、卓越、高傲、谦虚、羞辱和愚蠢等特征统合起来，就可以定义出人类？神学长久以来一直霸占着这些问题，却给出了极糟的答案。神学概念的基础仍然局限于铁器时代的民俗知识，无法吸收现今真实世界中接受公开验证的大量知识。西方哲学也不能提供有效而可信的替代品；哲学曲折的方式和专业上的胆怯作风，已经使现代文化的意义破产。

因此，唯有毫不困窘和毫不畏惧地探讨人类存在的基本问题，由上到下以平实的语言分析陈述，并且逐次把问题重组成不同的探讨领域，使每一个组织层次的领域都能最有效地结合科学和人文，那么大学文科才会有未来。当然，这是非常困难的任务。但是心脏手术和搭建太空船也同样困难，有能力的人会着手工作，因为工作必须完成。那么，为什么我们对负责教育的专业，就该降低期望？大学文科成功与否，得看内容有多扎实，而各学科在证据允许之下又能有多一致。我发现自己很难想象，学院和大学可以不谈论学术各大分支之间的因果关联，就制定出合适的主要课程——这里的因果关系并不是一种隐喻，也不是一般解释不同学科的学者为什么会这样或那样想的二流揣测，而是实际物质的因果关系。前方等着后代的，是人们经常悲叹得不到的高度冒险，但也是个大好的机会。

与魔鬼进行交易

当然，融通世界观里仍存有一点地狱之火，而致力于其中人文核心想法的人，外表也似乎带有一点浮士德的影子。这些现象必须接受仔细的审视。魔鬼提供给了浮士德什么？而浮士德这位野心勃勃的医生又得到什么报偿？从英国剧作家马洛（Christopher Marlowe，1564—1593）的戏剧到歌德的史诗，魔鬼与浮士德的交易基本上相同：用世俗的权力和愉悦来交换你的灵魂。然而其中还是有所差异。马洛的浮士德因为错误的选择而遭受无可救赎的惩罚；歌德的浮士德却被拯救了，因为他不能从魔鬼许诺的物质享受中感到任何喜悦。马洛探讨的是新教徒对神的虔敬，歌德关心的则是人道主义的理想。

从我们对人类处境的观点来看，我们已经超越了马洛和歌德。今天与魔鬼进行的交易不止一项，而是两项。在这两项交易中，我们都必须做出坚决的选择，就像浮士德与魔鬼当初的交易一样。这两项交易同时阐释了对融通看法的价值。

第一项交易是浮士德式的选择。其实早在数个世纪前、当人类接受"进步棘轮"（Ratchet of Progress）时，这个选择就已经决定了：人类如果获得了更多的知识，就能增加人口并且改变环境，也因此他们需要更多的新知识来维持生存。在这个受人类控制的世界中，自然环境正逐渐萎缩，单位面积所能提供的能量和资源也相对降低，先进的技术已经成了人类最终的义肢。澳洲土著如果失去电力，几乎不受影响，但失去电力的如果是加利福尼亚州居民，将导致数百万人死亡。因此，人类和环境的关系为什么会发展成现今这样，并不只是口头上的问题。贪婪需要一个解释；

“进步棘轮”也应该经常重新检视，并且同时考虑新的选择。

第二项是魔鬼的承诺，来自第一项交易，同时奇妙地与启蒙运动当初的想法相呼应。魔鬼的承诺将在数十年后实现，内容是：你可以依照自己希望的方式改变人类的生物本性，但也可以不做任何变更。不论你选择哪一条路，遗传进化都会变成一个有意识、有选择力的过程，并把生命历史推入新的纪元。

不同种群的遗传差异

现在让我们审视一下这两项交易，同时考虑这两项交易所暗示的命运。为了保持逻辑上的一致，我们先看第二项交易。

在展望未来之前，先了解目前的处境会很有助益。遗传变化是不是仍然依照旧有的形式继续发生？或是文明已经使它完全停止了？更明确的问法是：天择是不是仍然驱动进化过程？是不是强迫我们的结构和行为必须为了满足生存和繁殖的需求，而朝着特定的方向改变？

正如对许多极复杂课题的回应，问题的答案既是肯定的，也是否定的。就我所知，没有证据显示人类的基因组正朝着新的大方向改变。或许你立刻会想到，使人类受难最多的人口过剩、战争、传染疾病的蔓延和环境污染等作用力，必然会以某种有方向性的形式推进物种进化。但是这些生存压力已经在世上存在了数千年，导致人口周期性下降，甚至摧毁和取代整个族群。我们期望看到的适应过程可能早已经发生了。因此，现代人类的基因，可能正反映着过去这些负面作用力所造成的必然后果。

比方说，我们这个物种并没有继续获取新的基因来增加或减少脑容量，或产生更有效率的肾脏、较小的牙齿、更多或更少的怜悯心，或者在身心上做重要的调整。一项毋庸置疑的全球性变化所造成的后果，影响并不太大：全世界种族特征出现频率的变化，比如肤色、头发的生长形式、淋巴球蛋白和免疫球蛋白等特征。这是发展中国家的人口快速成长的结果。1950 年的世界人口中，有百分之六十八分布于发展中国家；到了 2000 年，这个比例上升到百分之七十八。这么大的变化将影响既存基因的出现频率，但是就我们所知，其中的任何特征都无法重新塑造世界，也无法影响智力或人性的基础。

我们同时发现了局部地区的一些奇怪变化，例如圆形头颅的趋势。在过去一万年中，欧洲、印度、波利尼西亚到北美洲的广大地区，人类的头颅有变圆的倾向。人类学家记录了喀尔巴阡山和波罗的海之间波兰乡村地区人类头颅的变化，时间由 1300 年左右到 20 世纪早期，大约涵盖 30 个世代。这种变化主要是因为圆头的人具有稍高的存活率，而不是因为有圆头特征的种族大量流入波兰。这个特征具有部分的遗传基础，但其原因是它的更大的达尔文式成功，若有的话，是未知的。[220]

人们已经发现，不同局部地区的种群所具有的遗传差异，出现在血型、疾病抵抗力、携氧力，以及消化牛奶与其他食物的能力上。这些差异多半可以和局部环境中、已知条件下、较高的存活率和繁殖率关联在一起，至少暂时可以。可以消化牛奶的成人比率，是研究得最彻底的种群特征之一，在世世代代都依赖乳制品为生的种群中，这个比率也最高。另一篇有关局部适应倾向的报告，由一组苏俄遗传学家在 1994 年提出。他们发现，中亚炽热沙漠中说土库曼语（Turkmen）的民族，比世代居住在附近温带地区的民族，皮肤上的纤维母细胞（fibroblast，构成部分疏松性结缔组织的细胞）能产生较多热休克蛋白质（heat shock protein）。这项差异具有遗传基础，代表高热压力下较高的存活力。[221]

这些区域性的倾向当中，没有任何一项导致结构或行为的重大变化。如果开发程度较低的国家（好比当今的泰国）出生率下降到北美、欧洲和日本的一般水平，人口成长差异所造成的变化，甚至可能被证明是短暂的。

意向决定进化

人类最近的进化故事完全和天择无关，不是具有方向性的改变，而是通过移民和人种之间的交配所造成的人口均质化。人口一向具有流动性；部落和国家会侵占敌人的领土或周遭的土地，并经常吸纳附近的居民，偶尔也可能把他们完全消灭。如果按照时间顺序，翻阅欧洲和亚洲5000年来的历史地图，就是在翻阅种族领土变化的影片胶卷。当胶卷由某个时期转到下一个时期时，我们可以看到部落和国家的诞生，就像饥饿的阿米巴变形虫（amoebae）在二维空间中的扩张，之后当其他团体入侵时，原来的部落和国家又会被取代而消亡。

欧洲征服新大陆，把非洲黑奴运上岸之后，人种的混合显著加快。相较之下，19世纪欧洲在澳洲和非洲的殖民政策，只促进了小幅的人口均质化。到了最近，这个现象则因为工业化和民主制度的扩散而再度加快脚步。这两项现代化使人们焦躁不安，也使国际界限松弛了。虽然大多数种族仍然可以依地理差异而被区分开来，而城市中少数民族的居住地也可能继续存在数个世纪，但是反方向的发展趋势无疑是更强大的，同时也是无法逆转的。

人口均质化并不是一种全球性趋势，它往往能快速改变局部地区的人口，但不能把人类整体的进化一致推往某个方向。它主要的影响是逐渐消除以往的种族差异，也就是消除统计上用来区分种族的遗传特征差异，同时它也增加了个人特征在种群和整个物种内的变异。和以往相比，人类目前具有更多种肤色、面容、才能和其他受基因影响的特征，但是，世界不同地区民族的一般特征差异正逐渐缩小，而这些差异在一开始就不太大。

而遗传的均质化就像将溶液搅拌混合，液体内容剧烈变化，个体的基因重组出许多新产物，于是变异增加了，变异的极限向外延伸，新型的遗传天才和病症更可能出现。但是，基因这个最基本的单位大都不受干扰，它们的种类和相对数目几乎维持不变。

如果目前向外移民和种族通婚的速度持续数十或数百个世代，理论上可以消弭世界上各种群间的差异。北京的居民与阿姆斯特丹或葡萄牙拉各斯（Lagos）的居民就会在统计上没有什么不同。但是，这不是未来遗传趋势的关键问题，因为进化的规则即将发生重大的根本变化。多亏遗传学与分子生物学的进展，人类的遗传变化（进化）很快就不再受天择的引导，社会选择成为主要动力。人类掌握了自己基因组的完整知识后，不出几十年，只要有共识，就能选择进化的新方向，大步向前迈进。当然，未来的世代要是偏好过去那种遗传多样性的自由市场（维持种群间的遗传多样性）的话，也可以决定不采取任何行动，放任百万年来的遗产继续流传。

这个“意向决定进化”（volitional evolution）的前景——物种

可以决定自己的遗传前途（或进化前途）——使人类必须面对重大的理性与伦理选择问题，这是空前的挑战。这个困境的核心绝非科学狂想。医学研究人员为了了解疾病的遗传基础，已经开始认真绘制人类的5万到10万个基因图谱。[222] 生物学家已经利用无性繁殖的方式克隆出羊，若状况许可，同样的程序也必然可以应用在人类身上。感谢人类基因组解读计划（Human Genome Project）的推展，遗传学家才可能在未来10年或20年中，解读出我们36亿个DNA密码的完整序列。科学家同时也利用有限的分子工程技术进行实验，以替换DNA片断的方式，让基因朝我们所渴望的方向改变。另一项快速发展的生物科学事业，是对个体发展过程的追踪，由基因到蛋白质合成，之后到解剖学、生理学和行为上的最终成果。在50年内，我们不仅能相当仔细地了解自身的遗传特征，还可以了解基因如何与环境相互作用而产生人类，这是完全可能的。之后，我们更可以在任何组织层次修改创作，可能只是暂时更改而不变更遗传性，也可能是通过基因和染色体的突变而引起永久的变化。

这些知识只要有一半的进展（这似乎是不可避免的结果，除非大量的遗传和医学研究受到遏止）并且得到普及（这个问题较大），人类就可以登上如神的地位，控制自己的最终命运。人类如果这样选择，不仅能改变物种的结构和智能，还能更改组成人性核心的情绪和创造力。

人类进化三阶段

人类进化史可以明显划分成三个阶段，而基因组工程将属于最后一个阶段。在人属（智人是其中的最高表现）存在的 200 万年历史中，人类几乎都不知道有一种超微观的遗传密码在塑造自己。在过去 1 万年的历史中，人类仍然继续经历种族的分化，这多半是对局部气候条件的反应，正如人类在更遥远的过往中所经历的。

在第一阶段，当人类和其他生物体一起进化时，人类种群因为受到稳定选择（stabilizing selection）的控制，每个世代中导致疾病或不孕的突变基因都被去除了。这些有缺陷的等位基因只能以隐性的状态存在，也就是说，它们的效果会由配对的显性基因所取代。但是，等位基因若同为隐性就会导致遗传疾病，比如纤维化囊肿、泰–萨综合征（Tay-Sachs disease）与镰形细胞贫血症。这些带有两个隐性基因的人，年轻时就会死亡。稳定选择不停利用夭折的方式，把这类基因由种群中排除，使它们极少出现。

随着现代医学的进展，人类的进化已经进入第二阶段。愈来愈多的遗传缺陷可以被刻意修正或更改，即使基因本身维持不变，并以两个隐性等位基因的方式继续存在。例如，一直到最近，每一万个婴儿中还有一个会因为苯丙酮尿症（Phenylketonuria）而产生严重的心智障碍。研究人员发现，苯丙酮尿症由某个隐性基因所引起，当这对基因中的两个都是隐性时，就会阻碍常见氨基酸苯丙氨酸的正常代谢。这个氨基酸不正常代谢的产物会在血液中累积，并对大脑造成损害。医生从参考资料中获知这项基本事实后，现在已经能够通过让苯丙酮尿症婴儿食用不含苯丙氨酸的食物的方法，来完全消除病症。

类似苯丙酮尿症预防方法的例子愈来愈普遍，而且在未来数年内很快就会增加许多倍。这是人类第一次利用科学知识，有意识地掌握自己的遗传性，一次改进一个基因。这类进化效果会以愈来愈快的速度，使稳定选择对遗传的控制日益松绑，并增加人类整体的遗传变异。进化的第二阶段，也就是抑制稳定选择的阶段，才刚起步。有害基因的影响如果持续减缓，许多世代之后，种群层次上的人类遗传性将会发生明显的变化。当然，这种利益的出现，也会使我们愈加依赖准确而往往昂贵的医学疗程。智取基因的时代，也是医学义肢的时代。

但我们不用担心这种“去稳定选择”（destabilizing of selection）会发展得太远，因为人类进化的第二阶段是很短暂的。它不会延续足够多的世代，对人类整体的遗传性产生重要的冲击。这是因为带领我们进入第二阶段的知识，很快就会把我们引往第三阶段：意向决定进化。我们如果能够了解特定的缺陷是由什么样的基因变化所引起，并且一路了解到 DNA 密码核苷酸的变化，那么原则上，缺陷就可以永久修复。遗传学家正在努力实践这个称为基因疗法（gene therapy）的目标。以目前最先进的纤维化囊肿治疗计划来看，他们希望在把完好的基因引入病人的肺部组织之后，至少能恢复部分的肺功能。另一类在数年内可能被治愈的遗传缺陷，则包括血友病、镰形细胞贫血症和其他某些遗传性血液疾病。

人类存在的意义

基因疗法的早期进展的确很慢，但是它必然会加快脚步。人们已经对基因疗法投入太多希望，且投入太多资金，一定不会允许它失败。基因疗法一旦成为实际可用的技术，也将成为一种骇人的商业力量。已知的基因缺陷已有数千种，其中有许多会致死，而且每年还陆续发现更多。这类基因都存在于单一或成对的基因上，由世界上数千到数百万人所携带，平均每个人都会在染色体的某处，至少携带数个有不同缺陷的基因。大多数情况下，这类基因属于隐性，并且只在单一的基因上出现。基因携带者即使没有任何缺陷，他的小孩还是可能遗传到一对隐性基因，并引起显著的症状。基因修复一旦成为安全且负担得起的方法，人们对它的需求显然也会快速增加。

这个趋势在 21 世纪的某个时刻，将会出现一个完全受人类意志控制的进化时期。这个进展将产生新的伦理问题，也就是我曾经提到的浮士德式的选择：人们可以对自己和后代做多大的修改？想想看，你也许希望对后代做某些有益的修改，但是你的后代也可能是我的后代（如果你我在未来结婚生子的话）。在这种情况下，我们能否商讨出多大的 DNA 修改幅度才是合乎道德标准的？做决定之前，我们必须先在“修补明显的基因缺陷”和“改进正常的健康特征”之间画出一条重要的界线。以失读症这个缺陷为例（1994 年，科学家发现这个疾病是由第六条染色体的某个基因区造成的），在科学的想象中，严重的失读症只需要一小步的修正就可以变得轻微，再经过一个短程跳跃，学习能力就可以变得毫无缺陷，最后再一步就变成卓越的学习力。我患有轻微的失读症，称为视序障碍（visual sequencing disability），会习惯地颠倒数字的顺序（8652 很容易看成 8562），而且当别人拼读出一个个字母时，我总是很难了解（我会道歉，并请求对方把单词写下来）。我当然不想患有这个轻微但不便利的毛病。如果它是源自基因的缺陷，我也会希望当我还是个胚胎时它就已经被修正了。我的父母倘若知道，而且有能力改变，可能也早已同意并解决了这个问题。

上述的情况很合理，但如果改变基因是为了增进数学和语言能力呢？或是为了具有绝对的音感？成为运动天才？变成异性恋？以及适应计算机世界呢？用另一个全然不同的尺度来看，国家公民和所有人类可能选择让彼此变得更相似，以增加彼此的相容性。或者相反，他们也许会选择多样的才能和气质，使个人成为具有不同卓越表现的专家，从而彼此合作，变成高产能的社区。最重要的是，他们必然会追求更长的寿命；即使延长生命的工程只能发挥部分效用，都足以在社会和经济上造成巨大的变动。

根据科学目前的发展方向，未来的人类后代必将具有做这些选择的技术能力。目前我们还没有抵达意向决定进化的阶段，但是已经相当靠近了，值得好好思考一下未来的发展。智人是第一个真正自由的物种，即将摒弃创作人类的天择过程，而在我们的自由意志之外并不存在遗传命运，我们不再有指引行程的北极星了。从现在开始，进化在科学技术领域将逐渐受到伦理和政治抉择的影响，包括人性和人类潜能的遗传进展。经过长期的痛苦和自欺之后，我们终于抵达了这个关头，再不久，我们就必须深入地自我探讨，决定我们到底想要变成什么样。我们已经走过童年，即将听到魔鬼真正的声音。

我们也即将了解保守主义（conservatism）的真正含义。我采用的这个过度滥用的混淆用词，并不是指美国最近大多数保护运动所堕入的虔诚而自私的自由意志主义，而是指一种珍惜和维护资源的伦理、一种最佳的社区制度。换句话说，真正的保守主义是可以运用在人性和社会制度上的观念。

我预测未来的世代会对遗传采取保守的态度，除了补修残缺的基因之外，他们将抗拒其他的遗传变更。这么做是为了保有情绪和心理发展的外遗传法则，因为这些元素组成了人类的物质灵魂。其中的道理如下：情绪和外遗传法则的更改如果够大，人类就某方面而言也许会变得“更好”，但不再是人类了。取消人性的某些成分，而强调纯粹的理性，结果将形成一个以蛋白质为基础但结构糟糕的计算机。一个物种经过数百万年反复的试错，才定义出自身的存在，那又为什么要放弃？

这个问题已经超乎了未来主义（futurism）的范畴，因为它清楚显示出，我们打从一开始就对人类存在的意义一无所知。它也同时阐示，我们需要知道得更多，才能解答终极问题：为了哪个目的？或哪些目的？如果真有目的，人类这个天才又是否应该自我引导？[223]

双重智人特征

这个有关人类整体的意义和目标的问题，既紧急又迫切，即使不为别的，也得为了决定环境伦理。人类已经为自己创造出一个全球性问题，很少有人会质疑这点。没有人希望如此，但是我们的确是第一个能对地球产生物理作用、能改变地球气候的物种。这样的角色以往是保留给地质构造运动、太阳耀斑和冰河周期扮演的。我们人类也是从6 500万年前、一个宽10千米大小的陨石掉落在尤卡坦（Yucatan）附近而导致爬行类时代结束以来，最大的生命摧残者。因为人口过多，我们已经陷入食物和水源短缺的危机中，也因此面临了和浮士德非常类似的选择：是把我们腐败的冒险行为当作人口和经济增长不可避免的代价，还是进一步掌控自己，并找出新的环境伦理。

这个难题已经隐藏在目前的环境论辩中，它之所以出现，是因为人类相反的两个自我形象发生了冲突。第一个自我形象是自然主义者，认为我们局限在刀片般薄的生物圈内，其中可能出现一千个可想象的地狱，但只有一个天堂。我们想要重建的理想的自然，是一个能够孕育人类的特殊物质环境和生物环境。尽管这个世界有许多灾难和危险，但人类的身心已经适应了，这也是我们认为它很美丽的原因。从这个角度来看，智人确实遵从有机进化的基本原则：所有物种都喜爱和受吸引的环境，正是物种的基因当初组合时所在的环境；这称为“栖息地选择”（habitat selection）。在那个环境中，我们的基因设计让我们存活，并且心平气和。我们不可能找得到任何其他地方，或构想出任何其他家园，会比在被我们变更前的蓝色星球更美丽。

另一个是竞争的自我形象，持有豁免主义者（exemptionalist）的观念，这恰好也是西方文明的指导前提。这个观念认为人类存在于自然之外，并且能够主宰自然，控制其他物种的生态铁律并不会限制我们。没有什么限制是我们的特殊地位和才干无法克服而能够遏止人类扩张的，我们可以咨意改变地球，产生一个比我们祖先所认识的还要更好的世界。

对认真的豁免主义者而言，智人其实已经变成一个新的物种，我现在就可以给它一个新的名称：Homo proteus，也就是“善变人”。（Proteus，为希腊神话中的海神普洛透斯，善变容貌；另一个意思是生物学上的变形杆菌属。）在地球生命的分类中，这个假设的“善变人”具有下述的辨认特征：

有文化、有不可确知的弹性、极具潜能。具备求取资讯的渠道并受资讯驱动。几乎可以在所有的地方旅行，能适应任何环境。焦躁不安，人口愈来愈多。会考虑太空殖民。虽然对大自然目前的损失和所有消失中的物种感到懊悔，但认为这是进步的代价，并且和我们的未来不大相干。

下面是自然主义者对旧有的智人所列出的辨认特征，而我认为这是正确的：

有文化、具有不可确知的智能潜力，然而受到生物学的限制。从体型和情绪反应来看，基本上是一种灵长类物种（灵长目、狭鼻亚目、人属）。和其他动物比起来体型巨大、双足、多孔、湿软、多半由水组成。身体由数百万种相互调节的精细生化反应所控制。容易被少量的毒物和豌豆般大小的子弹所摧毁。生命期很短，情绪很脆弱。身心依赖其他地球生物。若想殖民太空则需要大量的补给线。正开始深深为大自然和所有其他物种的损失感到懊悔。

生物圈二号实验

人类想要从地球的自然环境中解放出来的梦想，在20世纪90年代初就接受了现实的考验。他们在亚利桑那州奥拉克尔（Oracle）沙漠地带，建立了一个3.15英亩（约1.27公顷）大的封闭生态系统——生物圈二号（Biosphere 2）。这个生态系统用大块玻璃建成，里面有土壤、空气、水分、植物和动物。它被设计成一个自动运转的小型地球，与母行星无关。计划人员合成雨林、热带草原、荆棘灌丛、沙漠、池塘、沼泽、珊瑚礁和海洋来模拟地球上的自然栖息地。这个生态实验室与外界的唯一联系是电力和信息沟通，对一个原始生态系统来说，这两项联系是合理的妥协。生物圈二号的设计和建造花费了2亿美元，囊括了最先进的科学知识与最尖端的工程设计。这个实验如果成功，就有希望证明在太阳系的任何地方，人类生命都可以独立存在于密封的透明圆形罩中，只要这个地方没有致命的高热或强辐射。

1991年9月26日，8位生物圈工作人员自愿步入了这个完全封闭的空间，把自己和外界隔离。在起初的一段时间内，事情都很顺利，但随后出现了一连串令人惊讶的问题。5个月后，生物圈二号内的氧气浓度开始下降，由当初的百分之二十一，下降到百分之十四。这通常是17 500英尺（约5 334千米）高度时的氧气浓度，低到不足以维持人体的健康。这个时候，为了让实验继续进行，他们只好由外界输入氧气。同一段时期内，二氧化碳的浓度遽升，尽管他们采用了人工循环措施；一氧化氮的浓度也增加到危害大脑组织的程度。

组成这个生态系统的物种也受到极大的影响，许多物种以惊人的速度减少，以至灭绝。25种脊椎动物中就有19种完全消失，所有能够传播花粉的动物也不见了。几种蟑螂、螽斯和蚂蚁的数目爆炸性剧增；设计来吸收碳元素的牵牛花、西番莲和其他攀藤植物也变得异常茂盛，威胁到其他植物的生存，包括作物，而需要人极辛劳地用手除去这些攀藤。

生物圈二号内的工作人员很英勇地面对难题，勉强在这个密闭空间内待足了当初预计的整整两年时间。就一个实验而言，生物圈二号一点也不算失败，它给我们许多教训，其中最重要的莫过于，我们这个物种和我们所赖以生存的环境，是很脆弱的。洛克菲勒大学的柯恩（Joel E. Cohen）和明尼苏达大学的蒂尔曼（David Tilman）是隶属另一个独立小组的资深生物学家，他们在审视这个计划的资料时，很感慨地写下这样一段话：“还没有人知道该如何设计出一个系统，能像自然生态系统那样免费支持人类生命。尽管地球充满了神秘和危机，它仍然是维持生命的唯一家园。”[224]

迫切的危机

豁免主义者因为忽视生命的脆弱，所以必然是错的。他们向前迈进的方式，就好像科学天才和企业天才能够解决一次又一次的危机，由此看来，他们也应相信全球性的生物圈衰退问题同样可以解决。这也许在未来的数十年内可能实现（较可能是数世纪），但是目前还看不出有任何可行的方法。生命世界极其复杂，不可能变成一个密封在人工空间中的地球花园里。没有任何一个已知的生物平衡系统（biological homeostat）是人类能够维持的。如果你不肯相信，就冒了把地球化为废墟、把人类变成受威胁物种的危险。

这样的危机到底有多么迫切？我想，它迫切得足以促使我们重新思考人类的自我保护的根本。我们目前的环境状况，可以总结如下：

全球的人口总数之大已经成了危机，并且将继续增加，直到在 2050 年以后达到高峰为止。从每人的生产力、健康状况和寿命来看，人类的整体状况是改善了，但是这样的改善消耗了地球的资产，包括自然资源和数百万年以来的生物多样性。人类的食物和水源供给，已经接近极限。人类和以往存在的任何物种都不同，它改变了地球的大气层和气候、降低并污染了地下水、使森林缩减而沙漠扩大。这些变化大多直接或间接地源自少数工业化国家，然而工业化被证明能够创造繁荣，且正得到世界其余地区的采用。这种仿效无法永久持续，至少不可能创造相同程度的消费和浪费。发展中国家的工业化即使只有部分成功，对环境的打击，已经足以使人口爆炸显得不足为道。

当然，有些人会把上述有关环境的概论称作大惊小怪。我衷心希望这个罪名是正当的，但不幸的是，绝大多数有地位的环境科学家，也认为这是有事实根据的观点。我所谓有地位的科学家，是指那些收集、分析数据并建立理论模型、解释结果的人，这些人发表在专业期刊上的论文，还得接受其他专家的审核，包括他们的对手；我所谓有地位的科学家，并不是记者、脱口秀节目的主持人，也不是思绪蓬勃的辩论家，即使这些人也讨论环境问题，而他们的意见甚至具有更广大的听众。这么说并不是想贬低他们的专业，他们也有独立的一套高标准，我只是在建议，如果人们想获得有关环境的真实资讯，有其他品质更好的资源可供商议。从这个角度来看，环境问题并不像媒体惯常报道的那般充满矛盾。

接着，让我们看看这些有地位的科学家在 20 世纪 90 年代中期所做的评估。他们的定量估计按照数学假设和程序而有所不同，但是大多落在某个范围之内。根据这个范围，我们可以有信心地预测未来的环境趋势。

1997年，全球人口已经达到58亿，并以每年9 000万人的速度继续增长。1600年，地球上只有将近5亿的人口；1940年则有20亿人。光是20世纪90年代所增加的人口，预计就会超过1600年的人口总数。全球人口增长率在20世纪60年代达到高峰之后，就一直下降。比方说，在1963年，每一位妇女平均生产4.1个小孩，到了1996年，这个数字下降为2.6。为了达到世界人口的平衡，每位妇女只能有2.1个小孩（多出来的0.1是为了包含儿童的死亡）。长期的人口总数对这个置换值（replacement number）极端敏感，从下述的预测就可以看出来。如果置换值是2.1，2050年地球上就有77亿人，并且会在2150年达到85亿人口的平衡点。如果是2.0，人口会在某一年达到78亿的高峰，然后在2150年降到56亿，也就是20世纪90年代中期的人口总数。如果是2.2，人口在2050年会高达125亿，在2150年达到208亿。如果2.2这个数值能够神奇地持续下去，人类的生物量终将和地球的重量相等，再经过数千年后，将以光速向外扩张，超过可见宇宙的总质量。尽管全球的出生率能够立即急遽下降，例如中国的独生子女政策，但人口并不会在一两个世代内就达到高峰。人口过度增长是必然的，因为我们已经有数目多得不成比例的年轻人，而他们都期望能够长生不老。[225]

地球能承载多少人？

这个世界能够无限期支持的人口是多少？专家的意见不一，但大多数人认为在40亿到160亿之间，真正的数目要看未来人类愿意接受的生活品质而定。如果所有人都同意成为素食者，不考虑牲畜所需的食物，目前所有的14亿公顷（约35亿英亩）可耕地，大约能养活100亿人。如果植物光合作用所吸取的将近40万亿瓦特的能量，能够全部转化为人类的食物，地球大约可以支持160亿人。在这样脆弱的世界中，其他的生命形态几乎全都必须排除。

即使在21世纪中期之前，人口能够达到100亿的平衡点，但由于不可抗拒的力量，世界其余地区大多仍然无法拥有目前北美、西欧和日本的中产阶级所享受的奢华生活。这是因为每个国家对环境的冲击是“乘积性”的。人类对环境的冲击具有复杂的形式，依赖复杂的PAT公式：人口数“乘上”每个人的富裕度（affluence，相当于消费额），再“乘上”用来支撑这个消费额的技术。[226] PAT值的大小可以从“生态足迹”（ecological footprint）看出来，也就是让一个社会成员具有现存技术所需的有产土地的大小。[227] 这个“足迹”在欧洲是3.5公顷（1公顷约等于2.5英亩），在加拿大是4.3公顷，在美国是5公顷，在大多数发展中国家则少于0.5公顷。在现存的科技下，若想把全球的生活水平提高到和美国一样，就需要再拥有两个地球。

即使美国北达科他州和蒙古多半都很空旷，也发挥不了什么作用，而今天世界上的58亿人口如果全被塞到大峡谷的一个看不见的角落里，也不会造成任何差别。我们感兴趣的是有产土地上“足迹”的平均大小，如果希望让较多的人享有还不错的生活水平，这个数值就必须降低。

假设世界其他地区的生活水平，可以提高到和最富裕的国家相当，并拥有现存的科技和目前的消费与浪费水平；这是在追求一个数学上不可实现的梦想。甚至，即使只是要拉平目前不平等的所得，也需要先缩小富裕国家的“生态足迹”。但这是全球市场经济的一个难题，因为市场中的主角也同时具有最大的军事力量，而他们在美丽的说辞背后，大多对其他人的苦难毫不关心。工业化国家中只有极少数人能完全认识到世界上穷人的处境有多么糟糕。

大致而言，世界上五分之一强的人口，约 13 亿，每天的收入低于 1 美元。另外 16 亿人每天只赚 1 到 3 美元。大约有 10 亿人的生活，在联合国的分类中属于绝对贫穷，他们连明天是不是能有食物都无法确定。每年有 1 300 万到 1 800 万人死于饥饿、营养不良所引起的并发症或其他贫穷因素，数目超过瑞典的人口总数，且多数是儿童。为了对这个问题有更清晰的看法，假设一下美国人和欧洲人听到下述事实时的反应：在未来的一年当中，整个瑞典人口，或苏格兰和威尔士加起来，或是新英格兰地区的人口，都将死于贫穷。[228]

耕地与水源的耗尽

当然，豁免主义者会说，新技术和自由市场经济景气的上升，可以解决这个问题。他们认为解决方法很直截了当：只要使用更多的土地、肥料和生产率较高的作物，并且更努力地改进分配过程就行了。当然，他们也鼓励更多的教育、更多的技术转移和自由贸易，并且不允许种族冲突和政治腐败。

这些当然都有帮助，而且应该优先考虑，但并不能解决地球资源有限这个主要问题。不错，世界上只有百分之十一的地表被人耕种，但已经包括了大多数的可耕地，剩余的百分之八十九多半用处有限，或毫无用处。格陵兰、南极、广大的北方针叶林地中的大部分和同样广大而极其干燥的沙漠，都是无法耕种的。残存的热带森林和热带草原可以开发种植，但会导致世界上大多数植物和动物的灭绝，而农业上的所得却很小。将近一半的未开发土地上的自然土壤并不肥沃，例如非洲撒哈拉沙漠附近百分之四十二的未开发土地和拉丁美洲百分之四十六的未开发土地。同时，已耕种的森林开发地因为侵蚀作用而流失地表土的速度，是永续经营下可允许速度的 10 倍。1989 年，土壤学家把世界上百分之十一的作物产地评列为品质严重下降。从 20 世纪 50 年代到 20 世纪 90 年代中期，每人可分得的作物产地面积降低了一半，由 0.23 公顷下降到 0.12 公顷，比四分之一个足球场还要小。相同的 40 年间，绿色革命以新改良的稻米和其他作物品种、较好的杀虫剂和更多的肥料和灌溉，使每公顷土地的产量剧增，并避免了饥饿所造成的广泛死亡。但是，这些科技也有极限。到了 1985 年，产量的增长率开始下降；再加上人口数无情地上升，导致了每人生产量的下降。下降趋势首先明显出现在发展中国家，在 1969 至 1971 年绿色革命的高峰期，这些国家百分之九十六的谷物需求可以自给自足，但 1993 至 1995 年下降为百分之八十八。到了 1996 年，预备人类紧急食物需求的谷物储存量，已经由 1987 年的空前最高值下降了百分之五十。20 世纪 90 年代初期，屈指可数的少数国家，就耗去了大于四分之三的世界谷物资源，其中包括加拿大、美国、阿根廷、欧盟和澳洲。

也许这些征兆全都会神奇地消失，要不然，这个世界要如何调适？也许沙漠和不可耕作的干燥草原，可以经由灌溉增加农业生产力，但是这个办法也有限度，已经有太多人在为太少的水源竞争。世界上许多干燥地区赖以维持农业的地下含水层，耗水的速度比雨水和径流渗入水层的速度还要快。奥加拉拉（Ogallala）的地下含水层是美国中部的主要水源，光在20世纪80年代，其中就有五分之一的面积地下水位下降了3米。现在，堪萨斯州、德克萨斯州和新墨西哥州，有100万公顷的地下水一半都枯竭了。其他国家的情况更糟，而且这些国家往往是最负担不起缺水的地方。北京的地下水位在1965到1995年之间下降了37米；阿拉伯半岛的地下水储量将在2050年之前耗竭，那里的一些油产丰富的国家正以淡化的海水补偿不足的水源——以珍贵的石油来交换。就全球而言，人类正在压迫极限；蒸发作用和植物蒸散作用释放到大气中的可用水分，有四分之一被用尽；河川和其他径流管道中的水量，则有半数以上被耗尽。2025年之前，世界百分之四十的人口会住在长期缺水的国度。在未来的30年中，新建立的水坝所保留的水源会增加百分之十，但困难并不会因此终止，因为在相同的时期中，人类人口预期会增加三分之一。

鱼资源短缺与气候变化

当人类耗尽土地之后，我们是不是要转向地球的最后一个未开发疆域——无边无际的大海？很不幸，我们无法这么做。大海不再是无边无际的，它已经为人类提供了大半资源。世界上的17个海洋渔场全都已经过度捕捞，只有印度洋的渔场产量还继续上升，但这个趋势注定会终止，因为我们无法永远维持目前的捕捞速度。包括著名的北大西洋鱼库和黑海在内的几个渔场，也惨遭商业暴跌的命运。世界的年捕鱼量在1950到1990年间上升了 5 倍之后，一直停留在 9 000 万顿左右。

海洋渔业史里所讲的，是愈来愈大的捕获量和愈来愈有效率的现场处理技术，以及借着开发更深层的鱼群而增加的渔获量。到了 20 世纪 90 年代，产量丰富的鱼池也加入了这个阵容，为总收获量添加了 2 000 万顿。但是这种称为“鱼贝类革命”的养殖业，也有它的限度。海洋鱼池的扩张侵占了红树林沼泽地，以及供近海食用鱼产卵的沿海湿地。淡水渔场有较大的成长潜力，但必须和传统农业竞争逐渐萎缩的河川和地下水源。

同时，依照生命的一般原理，所有的巨大干扰都是不利的；地球支撑不断扩张的人类生物量（biomass）的能力，也因为气候加速改变而变得更微弱。在过去 130 年当中，全球平均温度已经上升了 1 摄氏度。

目前有强烈的迹象显示，多半的气候变化源自二氧化碳污染，有些大气科学家甚至表示这是十分明确的迹象。关联在于温室效应：二氧化碳、甲烷和其他某些气体的效应，就像园丁所用的玻璃密室。这些气体容许太阳光透入，但把太阳产生的热能封闭在地表。我们对古老冰块中的气泡进行分析后得知，在过去 16 万年中，大气中二氧化碳的浓度和全球平均温度密切相关。因为目前燃烧石化燃料和摧毁热带森林，二氧化碳浓度更进一步提高到百万分之三百六十（360 ppm），成为 16 万年以来的最高值。

对于“人类活动导致气候变暖”的想法，几派科学家一直以合理的理由相互争辩。大气化学和气候变化是两个极其复杂的课题，而这两个课题的结合更使正确的预测变得几乎不可能达成。但是放宽限度之后，我们还是可以估计出气候的变化趋势与速度；这正是政府间气候变化特别委员会（Intergovernmental Panel on Climate Change，IPCC）的目标。这个组织由 2 000 多位科学家组成，他们在世界各地评估输入的资料，并且利用超级计算机建立未来气候变化的模型。这个模型必须考虑到一些较困难的变数，包括工业排放的硫酸盐气溶胶（sulfate areosol），因为它会抵消二氧化碳的温室效应；另一个困难变数则是海洋长期吸收的二氧化碳，这可能会使大气变化的计算无效，也可能导致局部气候变化难以掌握。

IPCC 科学家已经做出下列的整体评估。在 2100 年之前，全球平均温度会再上升摄氏 1.0 至 3.5 摄氏度（1.8 到 6.3 华氏度），这可能造成多种后果，但不太可能有任何人对这后果感到愉悦。海水的热膨胀以及南极和格陵兰冰块的溶化，将使海平面上升多达 30 厘米（约 12 英寸），为沿海国家带来困难；基里巴斯（Kiribati）和马绍尔群岛（Marshall Islands）这两个位于西大西洋的环状珊瑚礁岛屿国家，将面临部分消失的危机。降雨的分布也将有所改变，极可能如下所述：北非降雨量会大增，欧亚、北美、东南亚和南美太平洋沿岸的降雨量稍有增加，澳洲、南美大部分地区和南非的降雨量则相对降低。

终有池塘半满的一天

局部气候将变化多端，热浪出现的频率也会上升。平均温度即使只是些微上升，极端高温的例子也会增加许多，这纯粹是统计效应。如果常态分布曲线朝一个方向移动一点点，原来接近零的极端值的出现频率会相应地增高许多。（举另一个例子，如果人类的平均数学能力增高了百分之十，群众数学能力的变化可能并不显著，但是爱因斯坦就变得相当平凡了。）

既然云和暴风中心在海水温度上升到 26 摄氏度以上时才会在海洋上空产生，那么当全球平均气温增高时，发生热带气旋的平均频率也会上升。因此，美国东海岸这个人口密集的地区，将在春季遭受更多热浪，在夏季遭遇更多飓风。我们也可以预期，较热的气候区会朝南北极延伸，而且纬度最高的地区所发生的变化会最大。冻原生态系统可能缩小，甚至完全消失。农业也会受到影响，某些地区的变化可能是有利的，但其他地区则被摧毁。一般而言，发展中国家遭受的打击将比北方的工业化国家来得更大。许多自然生态系统可能消失，而其中的微生物和动植物在不能适应当地气候变动或不能快速迁徙到新栖息地的情况下，也将灭绝。[229]

我们如果对未来的资源和气候做总结，就会发现，人类正明显撞上的一堵墙，并不是矿物和能源的短缺，而是食物和水源的耗竭。由于愈来愈令人不快的气候变化，人类也将提早抵达这堵墙。人类就像是一个以逐渐消失的资本为生的家庭。豁免主义者给我们的忠告是：“我们的生活很好，并且愈来愈好。因为你如果看看四周，就会发现我们仍然在扩张，而且预算的增长也愈来愈快。不用担心明年，像我们这么聪明的人，总会找到方法的。一向如此。”然而，这个想法事实上带有很大的风险。

豁免主义者和我们当中大部分人一样，必须学习一个有关荷花池的数学谜题。把一片荷叶放入池塘，这片荷叶和它的所有后代每天都会由一片变两片。如果到了第 30 天，池塘就被荷叶完全铺满了，荷叶不能继续增长，那么，池塘只有半满的日子是哪一天？答案是第 29 天！

我们该不该赌一下？假设人类避开这堵环境之墙的机会，与撞上的机会相当，或者再好一点，平安过关的机会是正面冲撞的两倍，即使如此，把赌注压在平安过关上仍然是极糟糕的选择，因为赌桌上的赌注几乎包括了所有的事物。现在你只选择而不采取任何行动，也许可以节省一些时间和精力，但是你如果赌输了，代价将是毁灭。生态学和医学一样，误诊为有病只会引起一些不便，误诊为没病却会造成极大的危害。正因为如此，生态学家和医生一点也不喜欢赌博，即使他们必须赌，也总会站在小心谨慎的一边。我们不能错把忧心的生态学家或医生，当作拉警报的人而完全不理会。

即使是最佳的情况，21 世纪仍会面临环境上的瓶颈。结果，环境的改变所造成的冲击将引发新的历史，或许也可能导致全球性的历史重演。回到最早的历史阶段，我们可以看到地域性文明的瓦解，首先是美索不达米亚，之后是埃及，然后是玛雅，以及散布在各大陆上的其他文明，只有澳洲除外。人们大量死亡，而且往往死得极其悲惨。有时，他们也能够成功移民而取代其他民族，却使这些民族遭遇惨死的命运。

当容纳量饱和时

考古学家和历史学家努力发掘文明瓦解的理由。他们找到旱灾、土壤耗竭、人口过多和战争等因素，这些原因可以单独或以某种组合方式来解释文明的瓦解，且这些分析颇具说服力。生态学家又添加了另一个看法：当人口达到当地容纳量的上限时，既存的科技就无法再支持更多的人口增长。在这个时刻，人民的生活通常相当优裕，尤其是统治阶级，但是很脆弱。只要一场旱灾、地下水源耗尽或战争的爆发，就会使容纳量降低，死亡率继而上升、出生率下降（因为营养不良和疾病），直到人口降低到可维持的水平为止。[230]

卢旺达（Rwanda）最近的历史，正好可以说明这个容纳量原理。卢旺达是一块小而美丽的山区，一度还可媲美中非之珠乌干达。直到 20 世纪之前，卢旺达的人口密度一直相当有节制。图西（Tutsi）王朝统治胡图（Hutu）这个多数族群将近 500 年，胡图族在 1959 年革命时，许多图西人因此逃往邻近国家。1994 年冲突剧增，卢旺达陆军部队屠杀了 50 万以上的图西人和温和派的胡图人。图西军队“卢旺达爱国阵线”（Rwandan Patriotic Front）随后回击，占领首府基加利（Kigali），当图西人越过卢旺达乡间时，200 万难民先行逃往萨伊、坦桑尼亚和中非一共和国布隆迪（Burundi）。1997 年，重新被命名为刚果共和国的萨伊，强迫遣返大量胡图难民，在这样的动荡不安之中，成千人死于饥饿和疾病。

表面上看来，卢旺达的惨剧是因为种族敌对所激发的暴力造成的，媒体也是这么报道的。但这只有一部分是真实的，另外更深层的原因则来自环境和人口数量。从 1950 到 1994 年间，卢旺达因为较好的健康政策和暂时改善的食物供给，人口增加了 3 倍以上，由 250 万人增加到 850 万人。在 1992 年，这个国家的人口增长率世界第一，平均每位妇人拥有 8 个小孩。妇女生育得早，两胎之间间隔也很短。虽然这段时间的食物总供应量急遽上升，但很快就被人口增长给抵消和超越了。另外，土地面积代代分割，每人平均的耕地面积也因而下降，从 20 世纪 60 年代到 90 年代早期，单位人口的作物产量下降了一半。水源也被过度地使用，以致水文学家宣布卢旺达是世界上 27 个水源短缺国之一。为了解决人口问题，胡图族和图西族的少年士兵采取了最直接的可行办法。

卢旺达是世界的缩影。战争和民间冲突发生的原因许多，大多数和环境压力没有直接关系。但是一般而言，人口过多和由此造成的可用资源下降，却是在人们身边慢慢累积的易燃物。逐渐增强的焦虑和困难可以转变为敌意，而敌意可以再转换成道德侵犯，代罪羔羊有时是其他的政治或种族团体，有时则是邻邦。易燃物累积愈来愈多，只等待一个偶然的暗杀、领土侵占、残酷暴行或其他挑衅事件的引发。卢旺达是非洲人口过剩最严重的国家，它那身受战争残害的邻邦布隆迪，则是第二严重的国家。而海地和萨尔瓦多长期以来一直是西半球麻烦最多的两个国家，也被列入人口最密集的名单（世界上只有加勒比海五小岛国，能超越它们）。这两个国家的环境，也被认为是衰退最快的。

仰赖环境义肢

人口成长可以合理地称为地上的猛兽。我们要是能驯服这头猛兽，就能比较容易地通过环境的瓶颈。让我们假设，最后的几项古老的生殖禁忌能逐渐消逝，而家庭计划能随之普及，再进一步假设政府能采用相当于经济和军事政策上的诚意来制定人口政策，那么，全球人口的高峰值就可以低于 100 亿，并且由此下降。一旦人口开始负增长，人们的希望才有基础；如果这个目标无法达成，人类即使尽了最大的努力，仍会遭受挫败，而瓶颈也会密封成一面结实的墙。

人类最大的努力，将会包括许多天才为了修正过度拥挤的地球所设计出来的每一项新技术。目前已经有无数的技术正在研发。利用固氮酶（nitrogenase）把石油转换成食物，是其中一个遥远的可能；浅海地区的藻类农场则是另一个。借由控制下的核聚变反应或燃料电池（full cell）技术所产生的能量淡化海水，可能会减轻水源危机。也许当两极的陆架冰（shelf ice）因为全球增温而碎裂时，我们可以把这些冰山赶到干燥的海岸，从中取得更多的淡水，有了额外的能量和淡水，干旱的荒地就可能重新栽培农作。这种复耕地上如果种植“木草”（wood grass），可以进一步提升农作物产量；“木草”是一种生长快速、又能固氮的树种，可以用巨型的割草机来收割，新芽随后又会由割断的茎秆上冒出来。当实际需求增加时，许多的设计都会被尝试，而且有一些会成功。在风险资本和政府补助的刺激下，这些设计也会出现在全球的自由市场经济中，每一项发展都能降低短期经济灾难的危机。

但是要当心！每一项进展同时也是一种“义肢”，是一种人工设计，必须依赖进步的专业知识和持续密切的管理。它虽然替代了地球自然环境中的一部分，但也同时添增了自身的长期危机。透过生态学这个镜头来看，人类历史就像是由环境义肢所累积出来的；当这些人为程序愈来愈多并且互相衔接上之后，地球的容纳量将扩大，人类也会产生典型的生殖反应，继续扩张以填满增加的容纳量。这个交互上升的过程将不断发生。为了满足新的需求，人类以愈来愈多的方式操弄并支持环境，但环境也因此变得更加脆弱，需要日益复杂的技术不断地“关照”。

“进步棘轮”似乎无法回转。对于梦想旧石器时代宁静生活之自然平衡的尚古主义者（primitivist）而言，信息是：已经太晚了。放下你的弓和箭，也别再梦想采集野莓了，野地已经成了受威胁的自然保护区。对于环保人士和豁免主义者而言，信息则是：来合作吧。我们必须向前冲，尽力达成最佳的成果，心中可以有所顾虑，但对成功要有信心，我们对未来的希望可以用《亨利四世》（*Henry IV*）中霍兹伯（Hotspur）的话来表达：我愚蠢的主人，让我告诉你，这些荨麻中将生出危险，但我们如果摘下这朵花就会获得安全。

我们共同的目标，必然是为地球上恣意增长的人口扩充资源和改进生活品质，并且尽量不仰赖环境义肢。这个想法的本质，就是永续发展的伦理。永续发展的梦想在地球高峰会议（Earth Summit）上获得广泛的支持。这个具有历史意义的联合国环境与发展会议（United Nations Conference on Environment and Development，简称 UNCED），在 1992 年 6 月于巴西里约热内卢举行，与会者包括 172 个国家的代表，其中 106 位是政府首脑。他们为了建立一个永久维系世界秩序的指导方案，签署了一份有关气候变化和保护生物多样性的官方协定。他们也同意了第 21 号议程中的 40 项不具约束力的章程，为一般的环境问题提供了务实的讨论程序（尽管不能解决问题）。

然而，由于各国对自身利益的考虑，会中大多数的提议都因为政治争论而被破坏了。在这之后，全球合作只是国际场合上的修辞训练罢了。另外，会中提议筹措额外的 6 000 亿美元来实践第 21 号议程，而其中由工业化国家捐赠 1 250 亿美元给发展中国家的提议，也一直未曾实现。然而，原来只是环境保护精英分子梦想的永续发展原则，已经普遍为人所接受。到了 1996

年，至少有 117 个政府已经指派委员会去发展第 21 号议程中的策略。[231]

有欠考虑环境因素

地球高峰会议和其他全球性提议的成功与否，最终还是得看生态足迹下降了多少。在 2020 年前后人口高达 80 亿时，中心问题将是：我们需要多少具有生产力的土地，才能让世界上的每个人都拥有令人满意的生活水平。因此，凌驾于一切之上的环境目标将是缩小生态足迹，使脆弱的地球环境可以承受。

达成目标所需的科技，大多可以用两个观念来总结：第一个观念是“去碳化”（decarbonization），也就是把煤、石油和木料的燃烧，转换成对环境影响很小且基本上无穷尽的能源，比如燃料电池、核聚变、太阳能和风力。第二个观念是“去材料化”（dematerialization），也就是降低硬体体积和硬体所消耗的能量。以一个最令人振奋的当代例子来说，世界上所有的微芯片，可以全部放入资讯革命之初储放哈佛马克一号电磁计算机的房间内。[232]

除了实际的困难之外，环境实在论（environmental realism）还面临了一个最大的知识障碍：大多数经济学家的短视。第九章已经描述了新古典经济理论的褊狭本质，它的模型虽然是优雅地应用数学橱窗样本，但忽略了当代心理学和生物学所理解的人类行为。缺乏这些基础，他们的结论往往是在描述不存在的抽象世界。在处理消费个体的选择模式的微观经济学中，这种缺陷尤其显著。

但是，这个经济学弱点最令人担心的，是它通常不会将环境因素纳入考虑。地球高峰会议结束之后，许多科学家和资源专家收集了百科全书般众多的可验证数据，清楚指出人口过多和地球不健康的危险趋势，但最具影响力的经济学家所做的提议，仍然无视于环境的存在。他们的评估读起来就像成功经纪公司的年报。例如，以下是世界经济论坛（World Economic Forum）竞争力研究小组的领导人弗雷德里克·胡（Frederick Hu），针对深具影响力的《1996 年全球竞争力报告》（*Global Competitiveness Report 1996*）一书中的结论所做的解释：

> 在军事征服不被允许的情况下，国家继续增加财富和提高生活水平的唯一可行办法，就是经济增长……一个经济体系如果在下列三个领域内表现卓越，就是具有国际竞争力：丰富多产的输入资源，例如资金、劳动力、基础建设和技术；理想的经济政策，例如低税、少量的干涉和自由贸易；以及健全的市场制度，例如法律规章、对产权的保护。[233]

这个指示和经济期刊中可望出现的强硬派实用主义相互共鸣，适用于中度成长的独立国家。在未来 20 年当中，俄国（竞争力指数−2.36）和巴西（−1.73）如果想追上美国（+1.34）和新加坡（+2.19），弗雷德里克·胡的指示肯定是最佳的推荐政策。人类普遍的目标是在为每一个人创造更高品质的生活，对于这个无可指摘的目标，没有人能够质疑。法治的自由贸易与健全的市场运作，已经被证明是达成目标的方法。但是在未来的 20 年当中，全球人口会由 60 亿上升到 80 亿，而且多半会发生在贫穷国家，且在这段时间内，我们还会经历水源和可耕土壤的耗竭、森林的铲除，以及沿海栖息地的耗尽。地球目前已经处于一种危机的状态。如果中国大陆（竞争力指数–0.68）努力追上中国台湾地区（+0.96）和其他的亚洲小龙，会产生什么后果？我们很容易忘记而经济学家也不愿意过分强调：经济奇迹往往不是由内产生的。创造经济奇迹的国家，往往不仅消耗自己的物资，还消耗其他国家的，包括石油、木材、水源和农产品。科技和纸币的流通使商业加速全球化，并使物资变得更容易大量转移。日本的木制产品来自被摧毁的亚洲热带森林，而欧洲的石油，则来自中东日益减少的石油储存量。

国家的资产负债表（balance sheet）很少采用全成本核算（full-cost accounting），所以也不会包括自然资源的损失。一个国家可以砍光国境内的树木，采尽最有营利价值的矿源，竭尽渔业，侵蚀大部分土壤，用尽地下水，而把所有的收益算作收入，但不把任何损失当为成本。一个国家也可以污染环境，鼓励把多出的民众纳入城市贫民区的政策，但不需要把后果列入经常费用当中。

全成本核算已经取得经济学家委员会和财政部长的一些信任。生态经济学这个新兴的学科分支，也为推动经济的无形之手装上了绿色的大拇指。但是，这些影响力仍然微不足道。竞争力指数和国内生产总值 GDP 仍然具有吸引力，不会因为添加了环境和社会成本这类难以处理的复杂项目，就混淆了传统的经济理论。对于自以为是真实世界主人的自傲经济学家和商业领袖而言，现在该是承认“真的”真实世界存在的时刻了。我们需要采用新的增长指标来监测经济体系，必须充分测度自然世界和人类福祉，而不仅是经济生产。[234]

为了达到这个目标，我认为新的计算中一定要包含有效的保护伦理，也觉得自己有义务恳求大家如此思考。我们希望（当然我们也必须相信）人类这个物种能够走出环境瓶颈，并且以更好的状况再度出现。然而，当我们通过瓶颈时，还需要负起另一项责任：保护万物，尽可能保有与我们同行的其他生命。

生物多样性正面临困难，包括生态系统和生态系统中的物种，以及物种的基因。物种大量灭绝（mass extinction）已经相当普遍，尤其是包含绝大多数生物多样性的热带地区。最近灭绝的物种包括亚洲地区半岛上超过半数的淡水鱼种、菲律宾宿务岛（Cebu）14种鸟类中的半数，以及厄瓜多尔一个山脊上超过90种的植物。在美国的所有物种当中，估计有百分之一已经灭绝，另外百分之三十二则濒临危险。

环保专家因为看到危机，在过去30年（本书初版于1997年。——编者）当中，已经把注意力从熊猫、老虎和其他有魅力的动物身上扩大到整个栖息地，因为栖息地的损毁会危及其中许多物种的生存。

美国人所熟知的这类“热门地点”，包括夏威夷山区的森林、加利福尼亚州南部海岸的石南（heath）灌丛，以及佛罗里达州中部的沙质高地。世界上具有最多“热门地点”的国家可说是厄瓜多尔、马达加斯加和菲律宾，其中每一个国家内生物相当丰富的雨林，已经丧失了三分之二或更多，其余的地区也继续遭受打击。环保专家处理这个问题的逻辑很简单：只要把保护力量集中在这类地区，就可以用最低的经济成本保存最大的生物多样性。

如果在区域计划中，保护力量能够介入政治程序，拯救生物多样性的努力就能获得最广泛的群众支持。

全面的灭绝速度极难估计，但是生物学家借由多种间接的分析方法，已经获得普遍的共识：至少在陆地上，目前物种消失的速度是人类出现以前的 100 到 1 000 倍。大多数已知的伤害发生在热带雨林区。热带雨林虽然只占地球表面的百分之六，但包含了整个世界半数以上的植物和动物种类。由 20 世纪 80 年代到 90 年代，人类每年砍伐和燃烧既存雨林的速度，平均是百分之一，总面积相当于整个爱尔兰。栖息地如此大量地丧失，代表每年有百分之二十五或更多的森林物种会面临即刻或提前灭绝的厄运。这样的速度可以转换成多大的绝对数目？如果在大半未探索的森林中还存有 1 000 万种物种（有些科学家认为这是可能的），那么每年的损失量就有数万种；要是“只存有”100 万种，每年的损失仍然有数千种。

一块已知自然栖息地的面积，和其中可无限期生存的物种数目具有特定的关系；上述的推测值就是来自这个已知关系，但这个推测其实有可能偏低。毫无保留地消除自然栖息地是最容易测量的因素，也是灭绝的主要原因；引进具有侵略性的外来物种和外来物种所携入的疾病，是紧随其后的摧毁因素；对原生物种的过度收采则是最后的原因。

所有的这些因素以极复杂的方式一起发生作用。当你质问生物学家，某一个物种是因为哪一个因素而灭绝时，生物学家很可能给你一个“东方快车谋杀案式”的回答：它们全都参与了一把。[235] 一般出现在热带国家的摧毁过程，一开始是修筑通往野地的道路，例如在 20 世纪 70 年代和 80 年代穿越巴西亚马孙州隆多尼亚（Rondonia）的道路；随后，寻找土地的垦荒者蜂拥而入，砍尽道路两旁的森林，污染河川，引进外来植物和动物，并且猎食野生动物。许多原生物种因而变得稀少，有些则完全消失了。土壤在几年内就消耗殆尽，于是垦荒者往森林更深处一路砍伐、燃烧。

目前不断丧失的生物多样性，是 6 500 万年前中生代结束以来最大的损失。现代科学普遍认为，地球在那个时候受到一个或更多个巨型陨石的撞击，使得大气层变暗而大大改变了地球气候，并且造成恐龙灭绝，进化过程也由此进入下一个阶段——新生代，或哺乳类时代。我们目前所承受的灭绝之苦可以缓和（如果选择让它缓和的话），否则新生代将在 21 世纪终止，代之而起的新地质年代不会具有新的生物形态，而是以生物种类贫乏为其特征。这个新时代可以恰如其分地称为“荒生代”（Eremozoic Era），也就是孤独时代（Age of Loneliness）。

生物多样性维持不易

我从许多年来的生物多样性研究中发现，当人们面对物种灭绝的证据时，普遍会进入三个阶段的否认反应：第一阶段是为什么要担心？物种灭绝是自然的现象。在 30 亿年的生命历史当中，一直有物种在消失，但对生物圈并没有造成永久的伤害；进化的过程总是会产生新物种来取代灭绝物种。

这些说法都正确，但其中有个可怕的曲解。在中生代的剧变，以及之前的 3 亿 5 000 万年中依次出现的四次剧变之后，进化过程需要将近 1 000 万年的时间，才能恢复灾害前的生物多样性水平。当我们的后代面临这么长久的等待，并认识到我们只用了一生就造成了这么多的破坏时，一定会感到……该怎么说好呢？愤愤不平！

人们进入第二阶段的否认反应时，一般会质问，我们究竟为什么需要这么多物种？为什么要那么在乎？尤其大多数物种是臭虫、野草和蘑菇？我们很容易轻视地面上的爬行世界，忘记在不到一个世纪之前，当现代保护运动还没有开始时，世界各地的原生鸟类和哺乳类也遭受同样粗浅不成熟的忽视。现在，自然世界中小东西的存在价值已经极为清楚。最近对生态系统整体的实验研究，支持生态学家长久以来的猜想：生态系统存在的物种愈多，生产力就愈大，也就更能承担旱灾和其他环境压力。既然我们需要依赖有效的生态系统来澄清水源，滋养土壤，并且制造可呼吸的空气，显然就不能轻易抛弃生物多样性。

每一个物种都是进化的杰作，也是大量科学知识的来源，因为每个物种都能非常彻底地适应它的生活环境。目前的既存物种已经有几千到几百万年的岁数，它们的基因经过许多世代逆境的测试，已经设计出极其复杂的一系列生化工具，来帮助携带基因的生物体生存和繁殖。

正因为如此，野生物种除了能为人类创造出可居住的环境之外，它们的产物还能帮助我们维持生命。这些用途中少不了药品。美国药房销售的所有药物中，多于百分之四十的物质是从植物、动物、霉菌和微生物中提取出来的。比如阿司匹林这种全世界最爱用的药物，是由水杨酸（salicylic acid）衍生出来的，而水杨酸又是从一种绣线菊（meadowsweet）中发现的。然而，只有一部分物种的自然产物曾接受医疗效果方面的测试，大概少于百分之一的比例。这方面的研究亟待加强，以寻找新的抗生素和抗疟疾药物。目前最常使用的药物已经愈来愈缺乏效用，因为致病生物体的基因已经产生了抗药性，例如，普遍存在的葡萄球菌最近成了潜在的致命病原，导致肺炎的微生物也变得愈来愈危险。医学研究人员和快速进化的病原之间的军备竞赛，必将变得更加严重，他们必须求助于更多的野生物种，以便获取21世纪的医药军备。

尽管上述的事实都得到认可，第三阶段的否认仍然会出现：为什么现在就要赶快保存所有的物种？为什么不能把活标本先存放在动物园和植物园，以后再放回野地？严酷的现实是，对于已知既存的2.4万种哺乳类、鸟类、爬行类和两栖类，今天世界上所有的动物园最多只能维持2 000种；面对25万种植物，植物园就更加感到无能为力了。就保存少数濒临灭绝的物种来说，这些避难所无疑具有相当的价值，把胚胎冻结在液态氮中也很有帮助，但是这些措施很难解决整体问题。更困难的是，还没有人设计出一个安全的避风港，以收容昆虫、菌类和其他生态上极重要的小型生物。[236]

就算这些措施都能圆满完成任务，而科学家也准备好让物种重返独立生活，但是到时候，许多物种所需的生态系统可能已不复存在。光有光秃秃的土地并不足够，例如熊猫和老虎就无法在废弃的稻田里生存。只将所有的物种放在一起，是不是就能重新组合出自然生态系统？目前还做不到，至少以雨林这样复杂的群集来说还不可能。正如我在第五章的描述，这种困难度就好比以分子组成活细胞或以活细胞组成生物体一般。

未知的组合规则

为了更具体看清楚问题的范围，让我们假设热带地区的一个小国家，其中仅剩的雨林区即将被水力发电计划中的人工湖所淹没。不知道将有多少种世界上其他地方找不到的植物和动物，即将在水面下消失。束手无策！当地政治领导人下定决心认为需要电力，人民第一！到了最后紧急的数月，一组生物学家到处想办法拯救动物群和植物群。他们的任务是：在水坝完成前赶快收集所有的物种样本，并且把这些物种保存在动物园、植物园和实验室的培养液里，或是先把胚胎冷冻在液态氮中，然后再把所有物种放到另外的土地上，重组出新的群集。

这是如此先进的技术，即使有数千位生物学家，同时拥有10亿美元的预算，仍然无法完成。这些科学家甚至无法想象从何着手。每一小块森林都存有大量的生命：罗列在冗长名单上的主要生物群，也许包含300种鸟类、500种蝴蝶、200种蚂蚁、5万种甲虫、1 000种树木、5 000种真菌类、数万种细菌等。在许多生物群中，大量的稀有物种仍然是科学上的新发现，性质完全不为人所知，其中每个物种都具有特定的生物区位，需要处于特定的地点、特定的微气候，也需要特殊的营养、温度和湿度，才能确保生命周期中的每个阶段适时地依序发生。有许多物种与其他物种共生（symbiosis），除非彼此能够正确地组合在一起，否则无法存活。

即使生物学家能列出相当于曼哈顿计划[237]的动植物名单，也能把所有物种的培养组织分类保存，仍然无法重新组合出整个群集。想在世界上某个地区完成这样的任务，就像想用一对汤匙把打散的蛋重新组合起来一样。也许在数十年之后，这个任务终究可以达成，但是目前我们对于重新活化土壤的微生物学大多仍然一无所知，为花朵传播花粉的大多数动物和它们出现的正确时刻，也多半只能凭猜想来预料。物种必须依照顺序进驻栖息地，才能无限期地相互共存，但这个“组合规则”多半仍然属于理论范畴。

由这点来看，生物学家和保护学家基本上一致同意：以目前现有的知识保存万物的唯一方法，是在自然生态系统中维护万物。但自然栖息地是多么快速地缩减，连这么直截了当的解答也将成为负担沉重的任务。无论如何，人类必须找到办法挤过瓶颈，且不摧毁其他生命所仰赖的环境。[238]

我们为的是什么？

启蒙运动的精神在于相信我们可以完全凭自己的能力来认识事物，并且由认识中获得理解，由理解中做出明智的选择。这样的自信随着科学知识的成长而上升，这些科学知识也被包含在逐渐完备的因果诠释网络里。在这样的过程中，我们学到了许多关于我们人类的知识。我们已经比较了解人类从何而来，也比较知道人类是什么了。智人就和其余生命一样，也是自我组合而成的，因此，我们目前的处境并不是在任何人的指引、任何人的监督下造成的，而我们的未来也必须完全由自己决定。我们既然对人类结构有这样的了解，现在应该更有能力反省，决定前进的方向。

在这样的努力中，我们不能光说历史的过程太复杂，不适合采用化约法来分析。那只是世俗知识分子所举的白旗，相当于懒惰的现代主义者所提出的“神的意旨”。但就另一方面而言，现在若认真谈论终极目标，比如完美的绿化城市，以及用机器人远征最近的星球，也言之过早。只要能让人类在摧毁地球之前，快乐地安顿下来就够了。要度过眼前的数十年，仍需要进行许多严肃的思考。在不同的政治经济选择中，我们愈来愈能够确认出哪些可能具有摧毁性，我们也已经开始探讨人性的基础，并发掘出人类内在的最大的需求和需求的原因。我们正跨入一个新的存在主义纪元，但不是克尔凯郭尔和萨特[239]荒谬的旧存在主义。旧有的存在主义赋予个人完全的自主权，但新的存在主义则相信，只有通过全球分享的统一知识，才可能产生正确的远见和明智的选择。

在这所有的过程当中，我们将学到一个基本原则：伦理是最重要的。人类社会的存在和动物社会不同，它的基础是人类形成长期契约的遗传倾向，而这长期契约又通过文化进化出道德规章和法律。[240]契约形成的规则并不是上天赋予人类的，也不是由大脑机制中任意出现的，这些规则是经过数万或数十万年的进化而产生的，因为它们能使设定规则的基因存活，并且有机会在后代身上继续出现。我们并不是误入歧途的小孩，不是因为不遵守来自人类之外的指示而偶尔犯罪，我们是一群成人，能够发现哪些契约是生存必需的，而且也已经宣誓承认捍卫这些契约的必要。

追求知识上的融通，一开始看来似乎对创造力有所限制，然而事实刚好相反；利用统一的知识系统辨识未探索的真实领域，是最踏实的方法。它为已知的事物提供了清楚的地图，也为未来研究中最可能出现成果的问题，提供了一个架构。科学史学家在观察中往往看到，提出正确的问题比给出正确的答案更为重要。

一个不足为道的问题，答案也同样不足为道；然而一个正确的问题即使没有明确的答案，仍会导致重要的发现。因此，这类问题将永远存在于未来的科学探索和艺术想象的历程中。

我相信在寻找创新思想之路的过程中，我们也会同时得到关于生存的保护主义。值得我们反复询问的是，我们最深的根源在哪里？我们似乎是旧大陆中的狭鼻灵长类，是一种突然出现的聪明动物，在遗传上具有独特的起源，并且受惠于自己新发现的生物天分；同时，如果我们愿意的话，也可以拥有一个安全的家园。这一切又有什么意义？这就是全部的含义：我们如果依赖人工替代品来维持自身和生物圈的活力，所有的事物终将变得脆弱；我们如果抛弃其他生命，必定使我们人类变得永远贫乏；我们如果放弃遗传天性，接受机器辅助下的理性，并且以进步为名，让伦理、艺术和生命意义屈服于散漫不经的习惯之下，幻想自己如神一般尊贵，而不受古老传承的束缚，那么我们将变得什么也不是。

注释

1

由宗教经验进入科学合成思想的自传细节，我已在自传《博物学家》[*Naturalist*(Washington, DC: Island Press / Shearwater Books, 1994)，简体中译本由中信出版社出版，杨玉龄译] 中描述。

2

爱奥尼亚式迷情这个观念以及爱因斯坦对它的看法，都来自 Gerald Holton, *Einstein, History, and Other Passions* (Woodbury, NY: American Institute of Physics Press, 1995)。

3

坦塔罗斯（Tantalus）是希腊神话中，宙斯在凡间的儿子。由于触怒众神，被罚站在地狱的水池中。每当他口渴弯腰想喝水时，水就退去，让他够不着水面；等他站起来，水位又恢复正常。池边果树果实累累，但他每次伸手去摘，风就把树枝吹到他够不着的地方。他永远就这样站着，终年口渴肚饿，周围有许多食物，却永远不能吃喝。——译注

4

玻色（Satyendra Nath Bose，1894—1974），印度物理学家，与爱因斯坦发展出不朽的“玻色-爱因斯坦统计”。——译注

5

雪莱（Percy Bysshe Shelley，1792—1822），英国诗人，玛丽·雪莱（Mary Shelley）之夫。柏拉图（Plato，公元前 427—前 347），古希腊哲学家，提出理念论和灵魂不朽说，其哲学思想对西方唯心主义哲学的发展影响较大。培根（Francis Bacon，1561—1626），英国哲学家，主张自己动手做实验，勿被动观察；“知识就是力量”即语出培根。巴莱（William Paley，1743—1805），英国神学家、自然哲学家，曾任圣公会牧师，反对奴隶贩卖，主要著作有《论道德和政治哲学原理》、《自然神学》。马尔萨斯（Thomas Robert Malthus，1766—1834），英国经济学家，著有《人口论》。——译注

6

钱德拉塞卡（Subrahmanyan Chandrasekhar，1910—1995），原籍印度的美国天文学家，为人谦和。在 1932 年因为阐明白矮星的构造一举成名，为世界上数一数二的天文物理学家，获得 1983 年诺贝尔物理学奖。埃丁顿（Arthur Stanley Eddington，1882—1944），英国天文物理学家、数学家。——译注

7

埃丁顿公爵为了提倡科学研究中大胆冒险的精神，在 1920 年大英学会演讲中，叙述了代达罗斯与伊卡洛斯的故事。这个隐喻后来被钱德拉塞卡用在 *Eddington: The Most Distinguished Astrophysicist of His Time* (New York: Cambridge University Press, 1983）一书中，以描述其师埃丁顿公爵的研究风格。

8

休厄尔（William Whewell，1794—1866），英国剑桥大学三一学院科学家及哲学家。——译注

9

有关罗森博格对科学与哲学的看法，参见 *The Philosophy of Social Science*, 1st ed. (Oxford: Oxford University Press, 1988)，p. 1。

10

有关“科学哲学的本质”这个意见分歧、争论不休的领域，在 Werner Callebaut 所记载的访问和谈话 *Taking the Naturalistic Turn, or, How Real Philosophy of Science is Done* (Chicago: University of Chicago Press, 1993）中有很生动的描述。

11

谢林顿（Charles Scott Sherrington，1857—1952），1932 年诺贝尔生理学或医学奖得主，研究神经元功能。——译注

12

谢林顿谈到“施了魔法的纺织机”时说：“人类的大脑很快就变成了一台令人着魔的纺织机，由数百万个闪烁而过的梭，交织成瞬即消失的图案，每个图案都有它的含义，却从来不遵守任何规则，它们是由许多变化中的次级图案组合而成的和谐状态。”参见 *Man On His Nature*, the Gifford Lectures, Edinburgh, 1937–1938(New York: Macmillan, 1941), p. 225。

13

我首次谈论“长远的历史”这个介于史前史和传统历史之间的连续阶段，是在“Deep history,” *Chronicles*, 14:16–18(1990) 中。

14

有关美国境内对科学的无知，参见 Morris H. Shamos, *The Myth of Scientific Literacy* (New Brunswick, NJ: Rutgers University Press, 1995），以及 David L. Goodstein, "After the big crunch," *The Wilson Quarterly*, 19: 53–60 (1995)。有关美国通识教育史的资料，来自 Stephen H. Balch et al., *The Dissolution of General Education: 1914–1993,* a report prepared by the National Association of Scholars (Princeton, NJ: The Association, 1996)。

15

孔多塞（Marquis de Condorcet，1743—1794），法国数学家和哲学家，法国大革命时期立法会议中的吉伦特派。主要著作为《人类精神进步史表纲要》。——译注

16

杰斐逊（Thomas Jefferson，1743—1826），美国第三任总统，政治思想家。——译注

17

卢梭（Jean-Jacque Rousseau，1712—1778），法国思想家、文学家，其思想与著作对 18 世纪政治思想有极大的影响。法国大革命与 19 世纪的欧洲浪漫主义文学都受到他巨大的影响。他的第一本著作《论科学与艺术》，强调人性和社会的冲突，认为礼貌隐藏了人类的残忍、无情及心机，认为科学和艺术都没有表现出人类基本的需要，认为物质方面的进步实际上破坏了人与人之间的真正关系。在社会观方面，主张人们经协议订立契约，建成公民的社会。在教育观方面，提出"回归自然"，让儿童的身心自由发展。著有《社会契约论》（*The Social Contract*）、教育小说《爱弥儿》（*Émile*）和自传《忏悔录》（*Confessions*）等。——译注

18

恐怖统治（Reign of Terror）时期从 1793 年 9 月 5 日到翌年 7 月 27 日。罗伯斯庇尔，法国大革命时期雅各宾派领袖，领导雅各宾派专政的公共安全委员会（1793—1794），平定反革命叛乱，镇压其他党派，在热月政变时被逮捕并处死。——译注

19

柏拉图（Plato，公元前 427—前 347），古希腊哲学家。亚里士多德（Aristotle，公元前 384—前 322），古希腊哲学家，柏拉图的学生。

20

伯林对启蒙运动成就的赞扬，出现于 *The Age of Enlightenment, The Eigh-*

teenth-Century Philosophers (New York: Oxford University Press, 1979)。

21

伏尔泰（Voltaire，1694—1778），本名 Francois Marie Arouet，法国启蒙思想家、哲学家、文学家、戏剧家。主张开明君主制，两次被捕入狱，后被驱逐出国。著有《老实人》（*Candide*）、《哲学通信》（*Lettres Philosophiques*）等。孟德斯鸠（Baron de la Bréde et de Montesquieu，1689—1755），法国启蒙思想家、法学家、哲学家。反对神权思想和封建专制，提出立法、行政和司法三权分立学说。主要著作有《论法的精神》（*The Spirit of Laws*）、《波斯人信札》（*Persian Letters*）。达朗贝尔（Jean Le Rond d' Alembert，1717—1783），法国数学家、哲学家。狄德罗（Denis Diderot，1713—1784），法国启蒙思想家、唯物主义哲学家、文学家。与达朗贝尔合作了启蒙运动的伟大集体巨作：法国的《百科全书》。爱尔维修（Claude Adrien Helvétius，1715—1771），法国启蒙思想家、哲学家。否定上帝的存在，强调世界物质性，主张教育万能。主要著作有《论精神》（*De L'Esprit*）、《论人的理智能力和教育》等。——译注

22

杜尔哥（Anne-Robert-Jacques Turgot, Baron de Laune，1727—1781），法国经济学家，为法国国王路易十五、路易十六时的主计、财政大臣。——译注

23

欧拉（Leonhard Euler，1707—1783），瑞士数学家，在几何学、微积分、理论流体力学和数论等方面，都有开创性的贡献。著有《无穷小分析引论》、《微分学原理》和《积分学原理》。拉普拉斯（Pierre-Simon de Laplace，1749—1827），法国天文学家、数学家、物理学家，发展出概率理论、天体力学、毛细现象等。——译注

24

孔德（Auguste Comte，1798—1857），法国哲学家，实证主义和社会学创始人。凯特莱（Adolphe Quételet，1796—1874），19 世纪比利时数学家、天文学家，研究人类行为和寿命期望值的统计。著有《社会物理学》。——译注

25

马拉（Jean-Paul Marat，1743—1793），法国大革命时期雅各宾派领导人之一、国民公会代表。——译注

26

拉斐特（Marquis de Lafayette，1757—1843），法国大革命时期君主立宪派将

军。米拉波（Comte Mirabeau，1749—1791），法国大革命时期君主立宪派领袖之一。——译注

27

洛克（John Locke，1632—1704），英国哲学家、感觉论者、经验主义者。贬低本能，坚称经验是知识唯一的来源。著有《人类理解论》（*Essay Concerning Human Understanding*）。——译注

28

康德（Immanuel Kant，1724—1804），德国哲学家，启蒙时代初期的思想家，他将笛卡儿的理性主义与培根的实验主义两趋势纳入，为哲学思想发展揭开一个新纪元。——译注

29

潘恩（Thomas Paine，1737—1809），英裔美籍作家、政治科学家、宗教思想家，亦为美国独立战争时期的政论家。——译注

30

帕斯卡尔（Blaise Pascal，1623—1662），法国哲学家、数学家物理学家。——译注

31

莱布尼茨（Gottfried Wilhelm von Leibniz，1646—1716），德国数学家、哲学家、历史学家、物理学家，微积分发明人之一。——译注

32

我对孔多塞的描述来自 *Sketch for a Historical Picture of the Progress of the Human Mind*, by Jean-Antoine-Nicolas de Caritat, the Marquis de Condorcet 1743-1794; *The Centenary of Condorcet*, by Henry Ellis (London: William Reeves, 1894); *The Noble Philosopher: Condorcet and the Enlightenment*, by Edward Goodell (Buffalo, NY: Prometheus Books, 1994)。

33

霍布斯（Thomas Hobbes，1588—1679），英国政治哲学家。休谟（David Hume，1711—1776），苏格兰哲学家、无神论者，著有《自然宗教对话录》。牛顿（Issac Newton，1642—1727），英国物理学家、数学家，对近代重力学、力学、光学、微积分等科学均有极重要的贡献。笛卡儿（René Descartes，1596—1650），法国哲学家、数学家，是西方世界中最重要以及最有影响力的哲学思想家之一，被称为现代哲学和科学方法之父。创立解析几何。最著名的言论是：“我思故我

在。”(I think, therefore I am.)其中的“我”是“思想”，因此他认为思想可以延伸，即死后还能存在，可以说是站在了唯心论这一边。著有《方法论》《沉思录》《渴望灵魂》。格劳秀斯（Hugo Grotius，1583—1645），荷兰法学家和诗人，曾任荷兰省检察长，出使英王詹姆斯一世宫廷，著有《战争与和平法》，并确立国际法标准。伽利略（Galileo Galilei，1564—1642），意大利天文物理学家和数学家，现代力学和实验物理学创始人，最早用自制望远镜观察天体，证明地球绕太阳旋转，否定地球中心说，因而遭到罗马教廷宗教法庭审判。——译注

34

德雷克（Sir Francis Drake，1540—1596），英国航海家、第一位进行环球航行的英国船长，曾任舰队司令，击败来犯的西班牙无敌舰队，战功卓著。罗利（Sir Walter Raleigh，1554?—1618），英国探险家、作家，女王伊丽莎白一世的宠臣，早期美洲殖民者，因被指控阴谋推翻詹姆斯一世而被监禁在伦敦塔，后被处死。——译注

35

奥布里（John Aubrey，1626—1697），英国收藏家、作家，以生动、深入地刻画当代人物而闻名。——译注

36

哈维（William Harvey，1578—1657），英国生理学家，进行动物和人体的解剖，发现了心脏、血管和血液的功能。——译注

37

我在这里所描述的培根生平，来自他本人的著作以及许多二手数据，其中最重要的是 James Stephens, *Francis Bacon and the Style of Science* (Chicago: University of Chicago Press, 1975); Benjamin Farrington, *Francis Bacon: Philosopher of Industrial Science* (New York: Octagon Books, 1979); Peter Urbach, *Francis Bacon's Philosophy of Science: An Account and a Reappraisal* (La Salle, IL: Open Court, 1987); Catherine Drinker Bowen, *Francis Bacon: The Temper of a Man* (New York: Fordham University Press, 1993)。其中，Urbach 在一次颇受重视的分析中主张，培根提倡要在研究的所有阶段形成想象性的假设，而无须在研究开始时致力于收集资料。因此，Urbach 认为，相较于根据培根文本所做的传统诠释，培根其实更加现代。

38

我把启蒙运动的创始者比拟为历史探险中的神秘角色，是因为受到两本书的启发：其一为 Joseph Campbell, *The Hero with a Thousand Faces* (New York: Pantheon

Books, 1949)，其二为这本书在大众文化上的应用，Christopher Vogler, *The Writer's Journey: Mythic Structures for Screenwriters and Storytellers* (Studio City, CA: Michael Wiese Productions, 1992)。

39

有关笛卡儿的生平和成就，最近出版了一份极佳的报道，为 Stephen Gaukroger, *Descartes: An Intellectual Biography* (New York: Oxford University Press, 1995)。

40

赫歇尔（William Herschel，1738—1822），原籍德国的英国天文学家，1781 年发现天王星，1800 年发现红外辐射。——译注

41

蒲柏（Alexander Pope，1688—1744），英国诗人、小说家。——译注

42

李约瑟对中国科学的诠释来自 *The Shorter Science and Civilisation in China: An Abridgement of Joseph Needham's Original Text*, Volume I, prepared by Colin A. Ronan (New York: Cambridge University Press, 1978)。

43

爱因斯坦（Albert Einstein，1879—1955），1921 年诺贝尔物理学奖得主。普朗克（Max Planck，1858—1947），1918 年诺贝尔物理学奖得主。——译注

44

爱因斯坦对助手斯特劳斯说的话，引自 Gerald Holton, *Thematic Origins of Scientific Thought* (Cambridge, MA: Harvard University Press, 1988)。

45

普罗米修斯（Prometheus），希腊神话中的人物，因盗取天火给世人，而被宙斯锁在高加索山崖上，白天神鹰啄食其肝脏，夜间伤口愈合，第二天神鹰复来，但他始终坚强不屈。——译注

46

哈德良长城（Hadrian's Wall），罗马人保卫不列颠北疆的屏障，西起索尔威湾（Solway Firth），东至泰恩河（Tyne River）河口。于公元 2 世纪上半叶，奉罗马皇帝哈德良（Hadrian，76—138）之命建造。——译注

47

浮士德（Faust），德国中世纪传说中的人物，为获得青春、知识和魔力，向恶魔出卖自己的灵魂。——译注

48

华兹华斯（William Wordsworth，1770—1850），英国浪漫主义诗人，主张用平民化的口吻写诗，他的主题是自然界对人的思想及感觉的影响。1843 年被封为桂冠诗人。——译注

49

歌德（Johann W. von Goethe，1749—1832），德国诗人、作家，著有诗剧《浮士德》、小说《少年维特的烦恼》。黑格尔（Georg W. F. Hegel，1770—1831），德国古典唯心主义哲学家，提出系统的辩证法理论，其哲学成为马克思主义哲学的理论来源之一，主要著作有《哲学全书》、《逻辑学》等。赫尔德（Johann Gottfried von Herder，1744—1803），德国思想家、作家。谢林（Friedrich Wilhelm Joseph von Schelling，1775—1854），德国古典唯心主义哲学家，理想主义重要代表。——译注

50

歌德对无所不见的大自然所发的议论，引自 *Gesammte Werke, Goethe*, volume XXX (Stuttgart: Cotta, 1858), p. 313。英译本见 Sir Charles Scott Sherrington, *Goethe On Nature and On Science, second edition* (New York: Cambridge University Press, 1949)。

51

爱默生（Ralph Waldo Emerson，1830—1882），美国哲学思想家。梭罗（Henry David Thoreau，1817—1862），美国作家、诗人及实用哲学家，曾以先验主义原则生活过，以 1854 年出版的《瓦尔登湖》（*Walden*）一书成名。梭罗主张公民权利，反对黑奴制度，创立不抵抗主义，受爱默生影响极大。他在 1855 年决定去瓦尔登湖过自给自足的生活。梭罗住在爱默生拥有的湖边的一片土地上，自己搭了一间木屋，靠地上的产物及自己种的豆为生。《瓦尔登湖》一书含 18 篇散文，写出他对工作及闲暇的看法，极带有自然主义的色彩。另著有《种子的信仰》。——译注

52

杰克逊（Andrew Jackson，1767—1845），为美国第七任总统，任期为 1829—1837 年。——译注

53

阿加西（Louis Agassiz，1807—1873），“渐变论”倡导者、瑞士自然科学协会主席、哈佛大学著名古生物学家。——译注

54

米兰多拉（Giovanni Pico della Mirandola，1463—1494），意大利学者、柏拉图学派信徒。——译注

55

米兰多拉祈祷文的翻译，是相当令人喜欢的诗篇，出现于 *The Renaissance Philosophy of Man*, edited by Ernst Cassirer, Paul O. Kristeller, and John H. Randall, Jr. (Chicago: University of Chicago Press, 1948), p. 225。

56

边沁（Jeremy Bentham，1748—1832），英国哲学家和法学家，功利主义伦理学的代表，认为利益是行为的唯一标准和目的，每个人只关心自己的利益，就会达到“最大多数人的最大幸福”。主要著作有《道德与立法原理》、《道德义务论》等。穆勒（John Stuart Mill，1806—1873），英国哲学家、经济学家、逻辑学家、实证论者和功利主义者。主要著作有《逻辑体系》、《政治经济学原理》和《论自由》、《功利主义》。马克思（Karl Marx，1818—1883），第一国际的组织者和领袖，科学共产主义奠基者，生于德国，重要著作有《共产党宣言》，并与恩格斯合著有《资本论》。恩格斯（Friedrich Engels，1820—1895），德国社会主义哲学家，科学共产主义奠基人之一，与马克思合著有《资本论》。皮尔士（Charles Peirce，1839—1914），美国哲学家、逻辑学家、自然科学家，实用主义创始人，首次使用“实用主义”一词。詹姆斯（William James，1842—1910），美国哲学家、心理学家、实用主义者，为作家亨利·詹姆斯（Henry James）之兄。杜威（John Dewey，1859—1952），美国哲学家、教育家和心理学家，实用主义创始者之一。——译注

57

自 1700 年以来的科学进展，见 David L. Goodstein, “After the Big Crunch,” *The Wilson Quarterly*, 19:53-60(1995)。

58

弦论（string theory），一种新的高能物理理论，其中物质的基石为高维时空（高于三维的空间加一维时间）中的“弦”（string）。虽然它是万物理论（解释一切基本作用力与物质基石之统一理论）的候选者，但是至今未有任何实验或观测证据。——译注

59

布拉克（Georges Braque，1882—1963），法国画家，立体主义画派代表之

一，曾参加野兽派绘画运动，后又创作“拼贴画”。代表作有《弹吉他的男人》、《圆桌》等。毕加索（Pablo Picasso，1881—1973），西班牙艺术家。斯特拉文斯基（Igor Fyodorovich Stravinsky，1882—1971），俄国作曲家。艾略特（T. S. Eliot，1888—965），1948 年诺贝尔文学奖得主。乔伊斯（James Joyce，1882—1941），爱尔兰著名小说家，作品揭露西方社会腐朽的一面，多用“意识流”手法，著有《尤里西斯》。葛兰姆（Martha Graham，1895—1991），美国著名女舞蹈家、编导和教师，创造富有表现力的现代舞形体训练体系，主张用舞蹈动作揭示人的内心世界。格罗皮乌斯（Walter Gropius，1883—1969），德裔美籍建筑师、教育家，首创金属构架玻璃帷幕建筑。赖特（Frank Lloyd Wright，1867—1959），美国建筑师，重要作品有东京帝国饭店、古根海姆博物馆等。——译注

60

关于现代主义，请见 Carl E. Schorske, *Fin-de-Siècle Vienna: Politics and Culture*。Howard Gardner 以心理学家的角度检视现代主义，参见 *Creating Minds: An Anatomy of Creativity Seen Through the Lives of Freud Einstein, Picasso, Stravinsky, Eliot, Graham, and Gandhi* (New York: BasicBooks, 1993), p. 397。

61

斯诺（Charles Percy Snow，1905—1980），英国物理学家、作家。著有《两种文化与科学革命》。——译注

62

斯诺在著名的 *The Two Cultures and the Scientific Revolution* (New York: Cambridge University Press, 1959）一书中，表达了他对文学和科学分离的遗憾。这本书是根据他 1959 年的瑞德讲座演说而写成的。

63

德里达（Jacques Derrida，1930—2004），法国哲学家，他对西方哲理的评论，包含文学、语言学及心理分析学等范围。——译注

64

我坦诚自己对德里达的作品并不热衷，我的印象主要来自 *Of Grammatology*, translated by Gayatri Chakravorty Spivak (Baltimore: Johns Hopkins University Press, 1976); *Writing and Difference,* translated by Alan Bass (Chicago: University of Chicago Press, 1978); *Dissemination*, translated by Barbara Johnson (Chicago: University of Chicago Press, 1981)。由于德里达刻意的超现实风格，我的理解多来自译者在简介中的诠释。

65

格根（Kenneth J. Gergen），美国心理学家、作家，对于社会心理学影响深远。——译注

66

有关心理学的"根基隐喻"，见 Kenneth J. Gergen, "Correspondence versus autonomy in the language of understanding human action," in Donald W. Fiske and Richard A. Shweder, eds., *Metatheory in Social Science: Pluralisms and Subjectivities* (Chicago: University of Chicago Press, 1986), pp. 145-146。

67

福柯（Michel Paul Foucault，1926—1984），法国结构主义哲学家，以其调查社会运作之概念与规范而闻名于世。——译注

68

关于西亚巴拉对福柯的描述，见"The tormented quest of Michel Foucault," a reviews of *The Passion of Michel Foucault*, by James Miller (New York: Simon & Schuster, 1993), in *The Boston Sunday* Globe, 3 January 1993, p. A12。对于福柯的学术，包括他所提出的"知识考古学"(archeology of knowledge)，有一个早期且较完整的报道，乃 Alan Sheridan, *Michel Foucault: The Will to Truth* (London: Tavistock, 1980)。

69

希尔伯特（David Hilbert，1862—1943），德国数学家，发展无限维向量空间及算子，开创形式论（formalism），主导 20 世纪抽象观念的大师之一。在 1900 年提出 23 个未解的数学问题，引起 20 世纪许多数学家的兴趣。——译注

70

关于动物感官的许多教科书和其他介绍性文字，写得最好也最得到广泛使用的是：John Alcock, *Animal Behavior: An Evolutionary Approach*, fifth edition (Sunderland, MA: Sinauer Associates, 1993)。

71

维格纳（Eugene Paul Wigner，1902—1995），匈牙利裔美籍核物理学家，1963 年诺贝尔物理学奖得主，在原子核与基本粒子理论方面有卓越贡献，特别是发现并应用基本对称原理。——译注

72

参见 Eugene Paul Wigner, "The unreasonable effectiveness of mathematics in the natural sciences," *Communications on Pure and Applied Mathematics*, 13：1−14(1960)。

73

关于量子电动力学和电子性质的测量，来自 David J. Gross, "Physics and mathematics at the frontier," *Proceedings of the National Academy of Sciences, USA*, 85: 8371–8375(1988); John R. Gribbin, *Schrödinger's Kittens and the Search for Reality: Solving the Quantum Mysteries* (Boston: Little, Brow, 1995)。我用一根飞越美国的针来描述量子电动力学的准确性，这个例子得归功于 Gribbin。

74

惠斯特牌（whist），四人玩的牌戏，桥牌的前身。——译注

75

列文虎克（Antonie van Leeuwenhoek，1632—1723），荷兰显微镜学家，第一位观察到细菌与单细胞动物的人。——译注

76

拉瓦锡（Antoine Lavoisier，1743—1794），法国化学家，阐明了燃烧的本质，奠定了近代化学的基础。——译注

77

纳米科技的前景，以及扫描穿隧显微镜和原子力显微镜，出现于数位作者合著的 *Nanotechnology: Molecular Speculations on Global Abundance*, edited by B. C. Crandall (Cambridge, MA: MIT Press, 1996)；高密度只读存储器制造，出现于 *Science News*, 148: 58(1995); 化学反应的准确计时，出现于 Robert F. Service, "Getting a reaction in close-up," *Science*, 168：1846（1995）；如细胞膜的自组装单分子层，曾出现于 George M. Whitesides, "Self-assembling materials," *Scientific American*, 173: 146–157(1995)。

78

萨缪尔森（Paul Samuelson，1915—2009），1970 年诺贝尔经济学奖得主。——译注

79

奥卡姆（William of Occam，1285?—1349?），英国经院哲学家、逻辑学家，曾提出"奥卡姆剃刀"，亦即简化论题的原则。他认为："若无必要，勿增实体。"应把所有无现实根据的"共相"一剃而光。——译注

80

布里奇曼（Percy Bridgman，1882—1962），哈佛大学物理学家、科学哲学家，提出操作主义（operationalism），研究极端高压，获得 1946 年诺贝尔物理学

奖。——译注

81

怀特海（Alfred North Whitehead，1861—1947），英国数学家、逻辑观的哲学家。——译注

82

4 月 15 日是美国报税的截止日期。——译注

83

爱因斯坦向普朗克致敬的这段文字经常被引用，我不知道它的出处，但这段文字出现于 Walter Kaufmann, *The Future of the Humanities* (New York: Reader' s Digest Press, distributed by Thomas Y. Crowell, 1977)。

84

戴森（Freeman Dyson) 在 "The scientist as rebel," *The New York Review of Books*, 25 May 1995, pp. 31–32 中，对科学家的个性、弱点与科学家在研究上所追求的艺术般的成果，有详尽的探讨。他从物理学家的角度，对这方面提出独立的看法，我的许多看法都与他类似。

85

赖尔（Gilbert Ryle，1900—1976），英国哲学家，以在心智哲学方面的贡献和对笛卡儿学说的攻击知名。——译注

86

哈勃（Edwin Hubble，1889—1953），发现红移的美国天文学家，在 1929 年提出宇宙不断扩张的观念。根据许多星系的观测数据整理出一项规律，即距离地球愈远的星系远离地球的速度愈快，每个星系的退行速度与距离比几乎一致，这个比值称为"哈勃常数"（Hubble constant），通常记为 H。H 的单位可化约成时间的倒数，目前最佳观测值是 1/H 介于 115 亿至 196 亿年之间。——译注

87

西蒙（Herbert Simon，1916—2001），匹兹堡卡内基梅隆大学社会学家，1978 年诺贝尔经济学奖得主，曾参与人工智能研究。——译注

88

西蒙关于创造性思维的心理学出现于 "Discovery, invention, and development: human creative thinking," *Proceedings of the National Academy of Sciences, USA* (Physical Sciences), 80:4569–4571（1983）。

89

我对逻辑实证主义历史、内容的了解和对客观真理的追求，是基于许多文献、科学家和其他人士之间的非正式讨论而获得的，其中影响我最深的是 Gerald Holton, *Science and Anti-Science* (Cambridge, MA: Harvard University Press, 1993)， 以及 Alexander Rosenberg, *Economics: Mathematical Politics or Science of Diminishing Returns?* (Chicago: University of Chicago Press, 1992)。

90

数年来，针对克里特岛迷宫和阿里阿德涅之线，已经出现了各种各样的诠释。与我的诠译最接近但在主要看法上有些差异的，是 Mary E. Clark 的 *Ariadne's Thread: The Search for New Modes of Thinking* (New York: St. Martin's Press, 1989)。Clark 认为，迷宫就像人类的复杂环境和社会问题，而线团则代表用来解决问题的客观真理和现实想法。

91

博尔赫斯（Jorge Luis Borges，1899—1986），阿根廷诗人、散文家和短篇小说家。在南美洲创立极端论（Ultraism）。极端论始于第一次世纪大战后的西班牙及西班牙-美国系诗人，特点是不用传统的形式和内容，而用自由式的韵文、复杂的韵律和大胆的意象及象征主义。其作品基调孤独、迷惘、彷徨、失望，带有神秘色彩。——译注

92

有关蚂蚁沟通的细节，可以进一步参考 Bert Hölldobler 与我合著的 *The Ants*（1990）， 以 及 *Journey to the Ants: A Story of Scientific Exploration* (1994), (Cambridge, MA: Belknap Press of Harvard University Press)。

93

梅斯蒂索人（mestizo），印第安人与西班牙人的混血后代。——译注

94

黑瓦洛人召唤祖先的仪式出现于 Michael J. Harner, *The Jívaro: People of the Sacred Waterfalls* (Garden City, NY: Doubleday/ Natural History Press, 1972)。阿玛林果的梦境和艺术则出现于 Luis Eduardo Luna and Pablo Amaringo, *Ayahuasca Visions: The Religious Iconography of a Peruvian Shaman* (Berkeley, CA: North Atlantic books, 1991)。

95

荣格（Carl Gustav Jung，1875—1961），瑞士心理学家，苏黎世学派（Zurich School）盟主。——译注

96

目前我们对做梦生物学的了解来自 J. Allan Hobson, *The Chemistry of Conscious States: How the Brain Changes It's Mind* (Boston: Little, Brown, 1994）；以及同作者的 *Sleep* (New York: Scientific American Library, 1995）。目前我们对做梦的结构和生理学的许多研究，技术上的细节都总结在 "Dream consciousness: a neurocognitive approach," *Consciousness and Cognition*, 3:1–128 (1994)。最近对睡眠适应功能的研究，则出现在 Avi Karni et al., "Dependence on REM sleep of overnight improvement of a perceptual skill," *Science*, 256: 679–682 (1994)。

97

旧大陆（Old World），指东半球，包括欧、亚、非、澳各洲，尤其是指欧洲。——译注

98

下埃及（lower Egypt），习惯上是指埃及的尼罗河三角洲以及开罗南郊地区，是埃及的政治、经济和文化中心。——译注

99

活生生的蛇和梦中的巨蛇在梦境和神话起源上的关联，大都基于 Balaji Mundkur 的重要文献：*The Cult of the Serpent: An Interdisciplinary Survey of Its Manifestations and Origins* (Albany, NY: State University of New York Press, 1983），以及我在 *Biophilia* (Cambridge, MA: Harvard University Press, 1984）一书内容所做的些微修饰和延伸。

100

我第一次利用时空尺度的变化产生图像上的奇幻效果，是在 *Biophilia* (Cambridge, MA: Harvard University Press, 1984）一书。

101

关于"由组成原子的交互作用来预测蛋白质的结构"所面临的困难，S. J. Singer 在 1993 年 12 月的 American Academy of Arts and Sciences 会议中发表、但未出版的论文对我帮助极大。Singer 也很善意地阅读了我对这个难题的描述。

102

关于雨林中较高层次的交互作用，出自我的著作 *The Diversity of Life* (Cambridge, MA: Belknap Press of Harvard University Press, 1992）[中译本为《缤纷的生命》，金恒镳译（中信出版社）]。关于生态系统中高层之作用，一般来自 Peter Kareiv 在 *Ecology*, 75:1527–1559（1994）中编辑的特殊章节。

103

麦克斯韦（James Clerk Maxwell，1831—1879），英国物理学家，剑桥大学第一位实验物理教师，对电磁学和气体动力论有重要贡献，为电磁辐射理论的先驱。波兹曼（Ludwig E. Boltzmann，1844—1906），奥地利物理学家，是用数学方法描述气体的统计力学第一人，提出一个分子的气体常数（波兹曼常数）。——译注

104

关于圣达菲研究院这帮复杂科学的狂热提倡者的故事，请参阅《复杂》、《混沌碰上华尔街》二书。——译注

105

有关复杂理论的意义和目标，有一篇极出色的介绍文章，发表在 Harold Morowitz 所编的重要杂志 *Complexity*, 1:4–5(1995)。另外，Murray Gell-Mann 发表在同期期刊 pp. 16–19 的文章也相当精彩。20 世纪 90 年代，在这个课题上有许多完整的探讨，其中的最佳著作包括 Stuart A. Kauffman, *The Origins of Order: Self Organization and Selection in Evolution* (New York: Oxford University Press, 1993), 以及 Jack Cohen and Ian Stewart, *The Collapse of Chaos: Discovering Simplicity in a Complex World* (New York: Viking, 1994)。

106

鲁米斯与斯腾伯格对“细胞是一个遗传网络系统”的描述见“Genetic networks,” *Science*, 269: 649(1995)。他们的描述是根据 Harley H. McAdams 与 Lucy Shapiro 发表在同期期刊的另一篇较长、较具技术性的报道 (pp. 650–656)。

107

电脑的工作效率会以指数曲线上升，出现于 Ivars Peterson, “Petacrunchers: setting a course toward ultrafast supercomputing,” *Science News*, 147: 232–235(1995)，以及 David A. Patterson, “Microprocessors in 2020,” *Scientific American*, 273: 62–67(1995)。

108

威廉·鲁（Wilhelm Roux，1850—1924），德国解剖学家，被认为是实验胚胎学的创始人。——译注

109

细胞生物学家对细胞和有机物发展上最重要的问题所提出的意见，出自 Marcia Barinaga, “Looking to development’s future,” *Science*, 266: 561–564 (1994)。

110

根据 2001 年最新人类基因组图谱研究结果，人类基因数量约 3 万到 4 万个，

比预估的少很多。——译注

111

人类大脑发展过程中所涉及的基因数目来自 *Nature*, “The Genome Directory,” 28 September 1995, p. 8, table 8。

112

盖奇的例子与前额叶的功能，见 Hanna Damasio et al., “The return of Phineas Gage: clues about the brain from the skull of a famous patient,” *Science*, 264:1102–1105(1994)，以及 Antonio Damasio 的 *Descartes' Error*。

113

昆兰的例子与丘脑的功能，见 Kathy A. Fackelmann, “The conscious mind,” -*Science News*, 146:10–11(1994)。

114

见 Santiago Ramón y Cajal, *Recollections of My Life* (Memoirs of the American Philosophical Society, v.8)(Philadelphia:American Philosophical Society, 1937), p. 363。

115

这个极富诗意的区分，取自 Robert E. Pool, *Eve's Rib:The Biological Roots of Sex Differences* (New York: Crown, 1994)。

116

丹内特（Daniel C. Dennett），塔夫茨大学（Tufts University）认知研究中心主持人、哲学家。——译注

117

这个关于身体与心理互动的假设例子，摘自 Antonio Damasio 的 *Descartes' Error*。

118

关于大脑科学的艰深问题，在以下文章中多有解释：David J. Chalmers, “The puzzle of conscious experience,” *Scientific American*, 273:80–86 (December 1995)。Daniel C. Dennett 已经在 *Consciousness Explained* (Boston: Little, Brown, 1991) 一书中，彻底探索并独力解决了这个问题。

119

Simon Leys 对中国书法的诠释，出现在他对 Jean Francois Billeter, *The Chinese Art of Writing* (New York: Skira/ Rizzoli, 1990) 一书的评论中。这篇评论发表在 *The New York Review of Books*, 43:28–31(1996)。

120

人工智能的定义来自 Gordon S. Novak, Jr., *Academic Press Dictionary of Science and Technology*, edited by Christopher Morris (San Diego: Academic Press, 1992), p. 160。

121

关于利用人工智能来下棋，以及玩需要决定能力的游戏（比如国际跳棋、桥牌），参见 Fred Guterl, "Silicon Gambit," *Discover*, 17:48–56 (June 1996)。

122

许多从事大脑科学研究的一流科学家，已经把他们最近的成果写成大众读物。很幸运，其中最好的作品，包括了研究圈中成员所采纳的各种看法。其中对大脑结构以及与人类行为相关的神经和生化反应描述最好的著作，包括 Paul M. Churchland, *The Engine of Reason, the Seat of the Soul: A Philosophical Journey into the Brain*(Cambridge, MA: MIT Press, 1995); Francis Crick, *The Astonishing Hypothesis: The Scientific Search for the Soul* (New York, Scribner, 1994) [繁体中译本为《惊异的假说》，刘明勋译（天下文化）]； Antonio R. Damasio, *Descartes'Error: Emotion, Reason, and the Human Brain*(New York: G. P. Putnam, 1994); Gerald M. Edelman, *Bright Air, Brilliant Fire: On the Matter of the Mind*(New York: Basic Books, 1992); J. Allan Hobson, *The Chemistry of Conscious States: How the Brain Changes its Mind* (Boston: Little, Brown, 1994) [繁体中译本为《梦与疯狂》，朱芳琳译（天下文化）]； Stephen M. Kosslyn, *Image and Brain: The Resolution of the Imagery Debate*(Cambridge, MA: MIT Press, 1994); Stephen M. Kosslyn and Olivier Koenig, *Wet Mind: The New Cognitive Neuroscience*(New York: Free Press, 1992); Steven Pinker, *How the Mind Works* (New York: W W. Norton, 1997); Michael I. Posner and Marcus E Raichle, *Images of Mind* (New York: Scientific American Library, 1994)。当代对人类情感的研究，有一本由许多作者合著的书，做了详尽的回顾：Paul Ekman and Richard J. Davidson, ed., *The Nature of Emotion: Fundamental Questions*(New York: Oxford University Press, 1994)。

上述著作，在某种程度上，也深入探讨了当代对有意识经验的看法。神经生物学研究在哲学上开创的许多分支，是以下著名作品的探索中心：Patricia S. Churchland, *Neurophilosophy: Toward a Unified Science of the Mind-Brain*(Cambridge, MA: MIT Press, 1986); Daniel C. Dennett, *Consciousness Explained*(Boston: Little, Brown, 1991); Daniel C. Dennett, *Darwin's Dangerous Idea: Evolution and the Meanings of Life*(New York: Simon & Schuster, 1995); John R. Searle, *The Rediscovery of the Mind*(Cambridge, MA: MIT Press, 1992)。

Roger Penrose 在 *Shadows of the Mind: A Search for the Missing Science of Consciousness* (New York: Oxford University Press, 1994) 中论道，传统科学和人工电脑计算都无法解决人类心灵方面的问题。他预见，极端的新方法将在量子物理和细胞生理学的新观念中诞生。然而，只有很少的科学家，迫切觉得需要远离现今的研究路线，因为对目前而言，现今的路线已经带来许多戏剧化的进步。

有关当代意识研究的特别面向，则出现在 Margaret A. Boden, *The Creative Mind: Myths and Mechanisms*(New York: BasicBooks, 1991); Daniel Goleman, *Emotional Intelligence*(New York: Bantam Books, 1995); Simon LeVay, *The Sexual Brain*(Cambridge, MA: MIT Press, 1993); Steven Pinker, *The Language Instinct: The New Science of Language and Mind* (New York: W. Morrow, 1994) [繁体中译本为《语言本能》，洪兰译（商周）]。

我自己对人类心灵物质基础的看法，或多或少采纳了上述著作，而且我也咨询了其中的一些作者，以及其他大脑科学研究人员的意见。另外，我还采用了 *Behavioral and Brain Sciences* 期刊中卓越的回顾文章以及评论。

123

基因–文化协同进化的完整观念（和用词）是我和 Charles J. Lumsden 首度引入，见 *Genes, Mind, and Culture: The Coevolution Process* (Cambridge, MA: Harvard University Press, 1981) 以及 *Promethean Fire* (Cambridge, MA: Harvard University Press, 1983)。导致这个想法的主要模型是基因与文化之间的相互作用，建构者与建构时间为：1976 年 Robert Boyd 与 Peter J. Richerson；1976 年 Mark W. Feldman 与 L. Luca Cavalli-Sforza；1978 年 William H. Durham 以及我个人，1978 年。最近有关基因–文化协同进化的回顾报告，包括 William H. Durham, *Coevolution: Genes, Culture, and Human Diversity* (Stanford, CA: Stanford University Press, 1991); Kevin N. Laland, "The mathematical modeling of human culture and its implications for psychology and the human sciences," *British Journal of Psychology*, 84:145–169 (1993); Francois Nielsen, "Sociobiology and sociology," *Annual Review of Sociology*, 20:267–303(1994)。这些作者的贡献都是原创性的，每一个人都为协同进化周期中的不同阶段，增添了不同的重点和诠释。他们必定会对本书的简短解释中的某些细节提出质疑，但是我仍然相信，我的中心论点和一般的共同意见很接近。

124

Jacques Monod 在 *Chance and Necessity: An Essay on the Natural Philosophy of Modern Biology* (New York: Knopf, 1971) 一书的跋中，提到德谟克利特的一句话："宇宙万物都是偶然性和必然性的结果。"

125

关于人类基因总数最新的发现，请参见注 110。——译注

126

关于文化的定义，参见 Alfred L. Kroeber, *Anthropoloty, with supplements 1923–1933* (New York: Harcourt, Brace and World, 1933）；Alfred L. Kroeber and Clyde K. M. Kluckhohn, "Culture: a critical review of concepts and definitions" (Papers of the Peabody Museum of American Archaeology and Ethnology, Harvard University, v. 47, no. 12. pp. 643–644, 656) (Cambridge, MA: The Peabody Museum, 1952);Walter Goldschmidt, *The Human Career: The Self in the Symbolic World* (Cambridge, MA: B. Blackwell, 1990)。如果想知道"文化"一词在最近的大众文学中如何受到讹用，请见 Christopher Clausen, "Welcome to postculturalism," *The American Scholar*, 65:379–388（1996）。

127

马基雅维利（Niccolo Machiavelli，1469—1527），意大利政治思想家、历史学家、作家，主张君主专制和意大利统一，主张为达到政治目的，可不择手段。著有《君主论》。——译注

128

倭黑猩猩和其他类人猿的智力和文化本质（或缺乏文化的本质），是最近大半文献的主题。我在此提到的一些课题，在下列文献中有更详尽的描述：E. Sue Savage-Rumbaugh and Roger Lewin, *Kanzi: The Ape at the Brink of the Human Mind* (New York: Wiley, 1994); Richard W. Wrangham, W. C. McGrew, Frans de Waal, and Paul G. Heltne, eds., *Chimpanzee Cultures*(Cambridge, MA: Harvard University Press, 1994); Harvard University Press 所出版的 Frans de Waal 的两册总论：*Peacemaking among Primates* (1989) 与 *Good Natured: The Origins of Right and Wrong in Humans and Other Animals* (1998); Joshua Fischman, "New clues surface about the making of the mind," *Science*, 262:1517 (1993)。关于黑猩猩的沉默与人类的聒噪对比，见 John L. Locke, "Phases in the child's development of language," *American Scientist*, 82:436–445（1994）。另外，对语言和人际关系的评估，见 Anne Fernald, "Human maternal vocalizations to infants as biologically relevant signals: an evolutionary perspective," in Jerome H. Barkow, Leda Cosmides and John Tooby, eds., *The Adapted Mind: Evolutionary Psychology and the Generation of Culture* (New York: Oxford University Press, 1992), pp. 391–428。

129

关于婴儿早熟的模仿力，出自 Andrew N. Meltzoff and M. Keith Moore 的"Imitation of facial and manual gestures by human neonates," *Science*, 19:75–78(1977)，以及 "Newborn infants imitate adult facial gestures," *Child Development*, 54:702–709(1983)。

130

关于人类早期文化的近期考古学报告，见 Anne Gibbons, "Old dates for modern behavior," *Science*, 268: 1570 (1995)，以及 Elizabeth Culotta, "Did Kenya tools root birth of modern thought in Africa?," *Science*, 270:1116–1117(1995)。对现代物质文化的扩增所做的描述，出现于 Henry Petroski, "The evolution of artifacts," *American Scientist*, 80: 416–420 (1992)。

131

对于两种记忆的区分，源自 Endel Tulving in E. Tulving and Wayne Donaldson, eds., *Organization of Memory* (New York: Academic Press, 1972), pp. 382–403。

132

"弥母"这个文化单位的定义为语意记忆中的节点，出自 Charles J. Lumsden and Edward O. Wilson, "The relation between biological and cultural evolution," *Journal of Social and Biological Structures*, 8:343–359 (1985)。

133

鲁宾斯坦（Arthur Rubinstein，1887—1982），美籍波兰钢琴家，曾在世界各地巡回演出，以擅长演奏肖邦、布拉姆斯等作曲家的作品和西班牙音乐著称。——译注

134

反应规范与遗传率的简介，现在已经成为遗传学初级教科书的标准内容，它们也出现在一般的生物学教材中。较详尽的报道和应用，可以在下列参考资料中找到：Douglas S. Falconer and Trudy F. C. Mackay, *Introduction to Quantitative Genetics*, fourth edition (Essex, England: Longman, 1996)，以及 Robert Plomin et al., *Behavioral Genetics*, third edition(New York: W. H. Freeman, 1997)。对于最近的一些和人类行为特征的遗传率相关的重要研究，则总结于 Thomas J. Bouchard, Jr. et al., "Sources of human psychological differences: the Minnesota study of twins reared apart," *Science*, 250:223–228 (1990)。

135

关于精神分裂症生物基础的最新研究，总结于 Leena Peltonen, "All out for chromosome six," *Nature*, 378:665–666 (1995)，以及 B. Brower, "Schizophrenia: fetal roots for GABA loss," *Science News*, 147:247(1995)。另外，关于进入精神异常情境

时的大脑活动，见 D. A. Silbersweig et al., “Afunctional neuroanatomy of hallucinations in schizophrenia,” *Nature*, 378:176–179(1995)，以及 R. J. Dolan et al., “Dopaminergic modulation of impaired cognitive activation in the anterior cingulate cortex in schizophrenia,” *Nature*, 378: 180–182(1995)。

136

Curt Stern, *Principles of Human Genetics*, third edition(San Francisco: W. H. Freeman, 1973).

137

关于文化共性，见 George P. Murdock, “The common denominator of cultures,” in Ralph Linton, ed., *The Science of Man in the world Crisis* (New York: Columbia University Press, 1945)；另外，利用人类学和社会生物学的原则重新评估文化共性的卓越报道，则出现于 Donald E. Brown, *Human Universals* (Philadelphia: Temple University Press, 1991)。

138

我对白蚁文明社会的想象，为的是强调人性的独到之处，引自“Comparative social theory,” *The Tanner Lectures on Human Values*, v.I (Salt Lake City: University of Utah Press, 1980), pp. 49–73。

139

Alfred V. Kidder, “Looking backward,” *Proceedings of the American Philosophical Society*, 83:527–537(1940).

140

关于“先备学习”的原则，见 Martin E. P. Seligman and others, *Biological Boundaries of Learning*, compiled by Seligman and Joanne L. Hager (New York: Appleton-Century-Crofts, 1972)。

141

Luther Emmett Holt and John Howland, *Holt's Diseases of Infancy and Childhood*, eleventh edition, revised by L. E. Holt, Jr., and Rustin Mclntosh (New York: D. Appleton-Century, 1940).

142

达科他（Lakota），美国西部的一支印第安人，提顿（Teton）为其分支。——译注

143

C. J. Lumsden and E. O. Wilson, *Genes, Mind and Culture* (Cambridge, MA: Harvard University Press, 1981), pp. 38–40.

144

新生儿很快就会盯着母亲的面孔这项反应，首先由 Carolyn G. Jirari 实验所证实，报告出现于她的博士论文。这个实验在下文中得到引用：Daruel G. Freedman, *Human Infancy: An Evolutionary Perspective* (Hillsdale, NJ: L. Erlbaum Associates, 1974)；同时进一步得到肯定与延伸，见 Mark Henry Johnson and John Morton, *Biology and Cognitive Development: The Case of Face Recognition* (Cambridge, MA: B. Blackwell, 1991)。

145

跨越文化形态的笑容反应，见 Melvin J. Konner, "Aspects of the developmental ethology of a foraging people," in Nicholas G. Blurton Jones, ed., *Ethological Studies of Child Behavior* (New York: Cambridge University Press, 1972), p. 77。Irenäus Eibl-Eibesfeldt 的贡献则有 "Human ethology: concepts and implications for the sciences of man," *Behavioral and Brain Sciences*, 2:1–57(1979) 及 *Human Ethology* (Hawthorne, NY: Aldine de Gruyter, 1989)。本书的内容则引自 C. J. Lumsden and E. O. Wilson, *Genes, Mind, and Culture* (Cambridge, MA: Harvard University Press, 1981), pp. 77–78，少有变动。

146

有关拟物化和二元原则的描述，出自 C. J. Lumsden and E. O. Wilson 同注 123 一书的 pp. 93–95。其中有关婆罗洲杜松人的例子，源自 Thomas Rhys Williams, *Introduction to Socialization: Human Culture Transmitted* (St. Louis, MO: C. V. Mosby, 1972)。

147

以上有关人类社会行为外遗传法则的描述与分类，见 Charles J. Lumsden and Edward O. Wilson, *Gene, Mind, and Culture* (Cambridge, MA: Harvard University Press, 1981)。最近几年对这个法则的阐述，最容易为人所理解的有 *Irenäus Eibl-Eibesfeldt, Human Ethology* (Hawthorne, NY: Aldine de Gruyter, 1989); William H. Durham, *Coevolution: Genes, Culture, and Human Diversity* (Stanford. CA: Stanford University Press, 1991); Jerome H. Barkow, Leda Cosmides, and Hohn Tooby, eds., *The Adapted Mind* (New York: Oxford University Press, 1992)，尤见 Tooby and Cosmides, "The psychological foundations of culture," pp. 19–136。

148

失读症的遗传性，见 Chris Frith and Uta Frith, "A biological marker for dyslexia,"

Nature, 382:19–20(1996)。目前有一系列权威性评估文章，在探讨动物和人类行为遗传学的现状："Behavioral genetics in transition," *Science*, 264:1686–1736(1994)。引发攻击行为的基因，见 H. G. Brunner et al., "X-linked borderline mental retardation with prominent behavioral disturbance: phenotype, genetic localization, and evidence for disturbed monoamine metabolism," *American Journal of Human Genetics*, 52: 1032–1039 (1993)。关于追求新奇感的基因，出自 Richard P. Ebstein et al., "Dopamine D4 receptor (D4DR) exon Ⅲ polymorphism associated with the human personality trait of Novelty Seeking," *Nature Genetics*, 12: 78–80(1996)。

149

胼胝体（corpus callosum），在人和较高等哺乳动物中，连接两侧大脑半球的白色弓形神经纤维束。——译注

150

辅助语言的相关报告，见 Irenaus Eibl-Eibesfeldt, *Human Ethology* (Hawthorne, NY: Aldine de Gruyter, 1989), pp. 424–492。

151

加泰罗尼亚语（Catlalan）为西班牙东北部的方言；伊比比奥（Ibibio）为西非阿尔及利亚东南部的族群之一；策尔塔尔（Tzeltal）为墨西哥印第安人；乌尔都语（Urdu）则为巴基斯坦官方语言，也是印度共和国的主要语言之一。——译注

152

我在这里对颜色词语起源的描述，由许多资料组合而成，但多半来自最近出版的一系列重要文献：Denis Baylor, John Gage, John Lyons and John Mollon, *Colour: Art and Science*, edited by Trevor Lamb and Janine Bourriau (New York: Cambridge University Press, 1995)。关于跨文化颜色词语的研究，则修改自 C. J. Lumsden and E. O. Wilson, *Promethean Fire* (Cambridge, MA: Harvard University Press, 1983)。我也权衡（并且推荐）多位作者对于心理生理学的解释所做的非正式评论，虽然这类评论同时受到其他大多数学者的坚决反驳。这些文字出现在同僚间相互评论的回顾性期刊 *Behavioral and Brain Sciences*, 20 (2):167–228 (1997)。我要感谢 William H. Bossert 与 George F. Oster，他们计算出 11 种基本颜色所能产生的其他颜色词语的数目，包括最大的理论值，以及实际限制下可能出现的最大值。

153

关于人性和外遗传法则的角色，本书内的许多观点首先由 Charles J. Lumsden 与 E. O Wilson 在 *Genes, Mind, and Culture* (Cambridge, MA: Harvard University Press, 1981) 与 *Promethean Fire* (Cambridge, MA: Harvard University Press, 1983) 中提出。外遗传法则也是下面一书的主题：Jerome H. Barkow, Leda Cosmides, and John Tooby, eds., *The Adapted Mind* (New York: Oxford University Press, 1992)。

154

关于亲缘选择的起源和家庭论理，主要来自 William D. Hamilton 和 Robert L. Trivers，见 E. O. Willson, *Sociobiology: The New Synthesis* (Cambridge MA: Belknap Press of Harvard University, 1975）一书内的评论。它们也出现在之后的许多教科书和回忆性文章内，包括最近出版的 Laura L. Betzig, ed., *Human Nature: A Critical Reader* (New York: Oxford University Press, 1997)。

155

关于性别差异和交配策略，见 Laura L. Betzig, *Despotism and Differential Reproduction: A Darwinian View of History* (New York: Aldine, 1986); David M. Buss, *The Evolution of Desire: Strategies of Human Mating* (New York: BasicBooks, 1994); Robert E. Pool, *Eve's Rib* (New York: Crown Publishers, 1994)。

156

对领地的侵略是调节种群的一种“密度依赖因子”，这个观念首见 E. O. Wilson, “Competitive and aggressive behavior,” in John F. Eisenberg and Wilton S. Dillon, eds., *Man and Beast: Comparative Social Behavior*(Washintong, DC: Smithsonian Institution Press, 1971), pp. 183–217。关于部落冲突与战争的根源，若是尚未使用文字的社会，见 Laurence H. Keeley, *War Before Civilization* (New York: Oxford University Press, 1996），若是近代历史，则见 R. Paul Shaw and Yuwa Wong, *Genetic Seeds of Warfare: Evolution, Nationalism, and Patriotism* (Boston: Unwin Hyman, 1989); Daniel Patrick Moynihan, *Pandaemonium: Ethnicity in International Politics* (New York: Oxford University Press, 1993); Donald Kagan, *On the Origins of War and the Preservation of Peace* (New York: Doubleday, 1995)。

157

关于探测欺诈行为方面的证据，见 Leda Cosmides and John Tooby, “Cognitive adaptations for social exchange,” in Jerome H. Barkow et al., eds., *The Adapted Mind* (New York: Oxford University Press, 1992), pp. 163–228。

158

研究社会生物学和文化进化的传统方法，出现于极卓越的评论文集中：

Laura L. Betzig, ed., *Human Nature: A Critical Reader*(New York: Oxford University Press, 1997)。于 20 世纪 80 年代和 90 年代形成和发表的研究结果，大半出现在 *Ethology, and Sociobiology, Behavioral and Brain Sciences* 以及 *Human Nature* 等期刊中。另外，关于社会生物学的学术史和研究人类行为进化过程的其他方法，在下面一书中也有极犀利的分析：Carl N. Degler, *In Search of Human Nature: The Decline and Revival of Darwinism in American Social Thought* (New York: Oxford University Press, 1991)。

159

关于人类以及其他灵长类动物避免乱伦的行为，见极具权威的 Arthur P. Wolf, *Sexual Attraction and Childhood Association: A Chinese Brief for Edward Westermarck* (Stanford, CA: Stanford University Press, 1995)。使我们能够确认传统社会中近交衰退的证据，以及这个作用把韦斯特马克效应提升为乱伦禁忌的推论，见 William H. Durham, *Coevolution: Genes, Culture, and Human Diversity* (Stanford, CA: Stanford University Press, 1991)。

160

索绪尔（Ferdinand de Saussure，1857—1913），瑞士语言学家，他对于语言结构的看法，奠定了 20 世纪语言科学的基础。克里斯蒂娃（Julia Kristeva，1941— ），比利时裔法国精神分析家、评论家以及教育家，她以其建构主义语言学、精神分析学、符号论与女权主义的论著出名。——译注

161

美国人类学协会对人类多样性的起源所抱持的模棱两可的态度，出自 James Peacock, AAA President, "Challenges Facing the Discipline," *Anthropology Newsletter*, v. 35, no. 9, pp. 1, 3，如下："1994 年 5 月会议的参与者，包括各个部门的首脑和来自长期计划与财经委员会的代表。大会的附属委员会……分别并同时提出两个问题：人类学往何处去？美国人类学协会往何处去？与会人士确认要加强肯定 '继续支持生物和文化上的差异'，同时 '抗拒把多样性生物化或同质化'。同时，这个团体还表示，要以延伸和强化这些原理的相关性为目标。"

162

想从各种不同意见中更广泛地了解人类学的历史和评论，请参考 Herbert Applebaum, ed., *Perspectives in Cultural Anthropology* (Albany, NY: State University of New York, 1987); Donald E. Brown, *Human Universals* (Philadelphia: Temple University Press, 1991); Carl Z. Degler, *In Search of Human Nature: The Decline and Revival of Darwinism in American Social Thought* (New York: Oxford University Press, 1991); Robin Fox, *The*

Search for Society: Quest for a Biosocial Science and Morality (New Brunswick, NJ: Rutgers University Press, 1989); Clifford Geertz, *The Interpretation of Cultures: Selected Essays Self in the Symbolic World* (Cambridge, MA: B. Blackwell, 1990); Marvin Harris, *The Rise of Anthropological Theory: A History of Theories of Culture* (New York: Thomas Y. Crowell, 1968); Jonathan Marks, *Human Biodiversity: Genes, Race, and History* (Hawthorne, NY: Aldine de Gruyter, 1995); Alexander Rosenberg, *Philosophy of Social Science, second edition* (Boulder, CO: Westview Press, 1995)。

163

尼斯贝特对社会学根源的探讨，见 Robert Nisbet, *Sociology as an Art Form* (New York: Oxford University Press, 1990)。

164

"标准社会科学模型"（SSSM）这个备受欢迎的用词，由以下文献引入：John Tooby and Leda Cosmides, "The Psychological Foundations of Culture," in J A. Barkow et al., eds., *The Adapted Mind* (New York: Oxford University Press, 1992), pp. 19–136。这个用词在社会科学中仍然被广泛使用，从 *Open the Social Science: Report of the Gulbenkian Commission on the Restructuring of the Social Sciences* (Stanford, CA: Stanford University Press, 1996）一书极富结构主义风格的语气中，可以明显看出这点。这个模型的中心观念，由早期的许多作者所精心描绘出来，包括 *Human Universals* (Philadelphia: Temple University Press, 1991）一书作者 Donald E. Brown，以及下书的多位作者，Donald W. Fiske and Richard A. Shweder, eds., *Metatheory in Social Science: Pluralisms and Subjectivities*(Chicago: University of Chicago Press, 1986）。其中，Tooby 与 Cosmides 的评论是目前为止最完整也最具说服力的。他们也引入了"因果整合模型"（Integrated Causal Model，ICM) 来代表心理学、进化生物学与文化研究的关联。

165

在社会学的学术界中，关于生物学和心理学的异端邪说，由少数人所提倡，包括：Joseph Lopreato, *Human Nature and Biocultural Evolution* (Boston: Allen & Unwin, 1984); Pierre L. van den Berghe, *The Ethnic Phenomenon* (New York: Elsevier, 1981); Walter L. Wallace, *Principles of Scientific Sociology* (Hawthorne, NY: Aldine de Gruyter, 1983)。关于这个学科在古典时期的完整历史，见 Robert W. Friedrichs, *A Sociology of Sociology* (New York: Free Press, 1970）。在后来的模型建造时代，部分人尝试从经济理论的角度，把个人行为和社会模式连接起来，其中最典型的例子见 James S. Coleman, *Foundations of Social Theory* (Cambridge, MA: Belknap Press of Harvard University Press, 1990)。

166

Donald W. Fiske and Richard A. Shweder, eds., *Metatheory in Social Science: Pluralisms and Subjectivities*(Chicago: University of Chicago Press, 1986）一书中，从许多不同的角度描述了诠释学的观念，特别是其中的 Roy D'Andrade, "Three scientific world views and the covering law model," pp. 19–41， 以 及 "Science's social system of validity-enhancing collective belief change and the problems of the social sciences," pp. 108–135。

167

见 Richard Rorty, *Philosophy and the Mirror of Nature* (Princeton, NJ: Princeton University Press, 1979)。

168

我对自然科学和社会科学的拟人化描述，多少是基于我的早期文献："Comparative social theory," *The Tanner Lectures on Human Values*, v. I (Salt Lake City: University of Utah Press, 1980), pp. 49–73。

169

Stephen T. Emlen 对鸟类和哺乳类动物亲子关系的看法，见 "An evolutionary theory of the family," *Proceedings of the National Academy of Science, USA*, 92: 8092–8099 (1995)。

170

我对 Gary S. Becker 研究的诠释，是根据他的主要作品 *A Treatise on the Family* (Cambridge, MA: Harvard University Press, 1991)， 以 及 论 文 集 *Accounting for Tastes* (Cambridge, MA: Harvard University Press, 1991)。我也受益于 Alexander Rosenberg 的深刻见解：*Economics: Mathematical Politics or Science of Diminishing Returns?* (Chicago: University of Chicago Press, 1992)。但是，我们对经济学与心理学、生物学结合的远景，却与 Rosenberg 的看法极为不同。Rosenberg 比较悲观，其原因在内文中已有陈述。

171

理性选择理论经常以不同的名称出现在社会科学中，比如大众选择（public choice)、社会选择（social choice）和形式理论（formal theory）。这个理论的弱点最近得到探讨，尤其是它对抽象、完全不具数据的模型之依赖，见 Donald P. Green and Ian Shapiro, *Pathologies of Rational Choice Theory:A. Critique of Applications in*

Political Science (New Haven: Yale University Press, 1994)。

172

在启发法（也就是经验法则）的讨论中，人类利用直觉进行定量推理的例子，见 Amos Tversky and Daniel Kahneman, "Judgment under uncertainty: heuristics and biases," *Science*, 185:1124–1131(1974)。对这个观念的最新解释及其他个案，则出现于相同作者的："On the reality of cognitive illusions," *Psychological Review*, 103: 582–591 (1996)。

173

关于文字使用前的人类所具有的思维方式，见 Christopher Robert Hallpike, *The Foundations of Primitive Thought* (New York: Oxford University Press, 1979)。

174

对于以化约法来研究人类行为以及结合生物学和社会科学的整体计划，某些重要哲学家充满悲观的看法，参见 Philip Kitcher, *Vaulting Ambition: Sociobiology and the Quest for Human Nature* (Cambridge, MA: MIT Press, 1985)；以及 Alexander Rosenberg 的三本著作：*Philosophy of Social Science* (Boulder, CO: Westview Press, 1988); *Economics: Mathematical Politics or Science of Diminishing Returns?* (Chicago: University of Chicago Press, 1992); *Instrumental Biology, or the Disunity of Science* (Chicago: University of Chicago Press, 1994)。下面一书的作者所提供的看法，一般而言较有希望：James H. Fetzer, ed., *Sociobiology and Epistemology* (Boston: D. Reidel, 1985)，以及 Michael Ruse, *Taking Darwin Seriously: A Naturalistic Approach to Philosophy* (Cambridge, MA: B. Blackwell, 1986)。

175

1979—1980 年度人文学科委员会的报告，出版成书为 Richard W. Lyman et al., *The Humanities in American Life* (Berkeley: University of California Press, 1980)。

176

George Steiner 的话引自他在 Kenyon College 毕业典礼的讲词，见 *The Chronicle of Higher Education,* 21 June 1996, p. B6。

177

有关音乐天才的大脑发育，见 G. Schlaug and co-workers, "Increased corpus callosum size in musicians," *Neuropsychologia*, 33:1047–1055（1995）以及 "In vivo evidence of structural brain asymmetry in musicians," *Science*, 267: 699–701 (1995)。

178

Harold Bloom 对后现代主义的看法，引自 *The Western Canon: The Books and*

School of the Ages (Orlando, FL: Harcourt Brace, 1994)。

179

特纳的看法，见 "The birth of natural classicism," *Wilson Quarterly*, pp. 26–32 (Winter1996)。以历史背景为题，明晰地讨论后现代主义对文学理论的影响，见下列文献：M. H. Abrams, "The transformation of English studies," *Daedalus*, 126:105–131 (1997)。

180

有关文学的历史性振荡，见 Edmund Wilson, "Modern literature: between the whirlpool and the rock," *New Republic* (November 1926)。本文重刊于 *From the Uncollected Edmund Wilson*, selected and introduced by Janet Groth and David Castronovo (Athens, OH: Ohio University Press, 1995)。

181

有关艺术诠释及历史的生物学理论，以下文章具有卓越贡献：Charles J. Lumsden and Edward O. Wilson, *Genes, Mind and Culture* (Cambridge, MA: Harvard University Press, 1981); E. O. W1ilson, *Biophilia* (Cambridge, MA: Harvard University Press, 1984); Frederick Turner, *Natural Classicism: Essays on Literature and Science* (New York: Paragon House Publishers, 1985), *Beauty: The Value of Values* (Charlottesville: University Press of Virginia, 1991), *The Culture of Hope: A New Birth of the Classical Spirit* (New York: Free Press, 1995); Ellen Dissanayake, *What Is Art For?* (Seattle, WA: University of Washington Press, 1988), *Homo Aestheticus: Where Art Comes From and Why* (New York:Free Press, 1992); *Irenäus Eibl-Eibesfeldt, Human Ethology* (New York: Aldine de Gruyter, 1989); Margaret A. Boden, *The Creative Mind: Myths and Mechanisms* (New York: BasicBooks, 1991); Alexander J. Argyros, *A Blessed Rage for Order: Deconstruction, Evolution, and Chaos* (Ann Arbor: University of Michigan Press, 1991); Kathryn Coe, "Art: the replicable unit—an inquiry into the possible origin of art as a social behavior," *Journal of Social and Evolutionary Systems*, 15:217–234 (1992); Walter A. Koch, *The Roots of Literature* 及 W. A. Koch 所编辑的 *The Biology of Literature* (Bochum: N. Brockmeyer, 1993); Robin Fox, *The Challenge of Anthropology: Old Encounters and New Excursions* (New Brunswick, NJ: Transaction, 1994); Joseph Carroll, *Evolution and Literary Theory* (Columbia, MO: University of Missouri Press, 1995); Robert Storey, *Mimesis and the Human Animal: On the Biogenetic Foundations of Literary Representation* (Evanston, IL: Northwestern University Press, 1996); Brett Cooke, "Utopia and the art of the visceral response," in Gary Westfahl, George Slusser, and Eric S. Rabin, eds., *Foods of the Gods: Eating and the Eaten in Fantasy and Science Fiction*

(Athens, GA: University of Georgia Press, 1996); Brett Cooke and Frederick Turner, eds., *Biopoetics: Evolutionary Explorations in the Arts* (New York: Paragon Press, 1999)。

182

关于艺术的隐喻及文字的历史，见 John Hollander, "The Poetry of architecture," *Bulletin of the American Academy of Arts and Sciences*, 49: 17–35 (1996)。

183

Edward Rothstein, *Emblems of Mind: The Inner Life of Music and Mathematics* (New York: Times Books, 1995)。

184

Hideki Yukawa, *Creativity and Intuition: A Physicist Looks East and West*, translated by John Bestter (Tokyo: Kodansha International, distributed in U. S. by Harper & Row, New York, 1973)。

185

引自 Brassaï (本名 Gyula Halasz), *Picasso & Co.* (London: Thames and Hudson, 1967)。

186

次级模式原为 Gregory Bateson 所创，见 *Mind and Nature: A Necessary Unity* (New York: Dutton, 1979)，后来由 Tyler Volk 运用到生物学和艺术上，见 *Metapattems across Space, Time, and Mind* (New York: Columbia University Press, 1995)。

187

Vincent Joseph Scully 对创建进化观念的概念，整理在下列一书之中：*Architecture: The Natural and the Manmade* (New York: St. Martin's Press, 1991)。

188

许多著作讨论过蒙德里安的艺术演变，包括 John Milner, *Mondrian* (New York: Abbeville Press, 1992)，以及 Carel Blotkamp, *Mondrian: The Art of Destruction* (New York: H. N. Abrams, 1995)。关于神经生物学的诠释，则是来自我本人。

189

关于日本书法的历史，见 Yujiro Nakata, *The Art of Japanese Calligraphy* (New York: Weatherhill/ Heibonsha, 1973)。

190

Elizabeth Spires, *Annonciade* (New York: Viking Penguin, 1989).

191

以上列出的原型大多来自我的构思，其中包含的各种元素是从许多数据中收集来的，尤其是 Joseph Campbell 所著的 *The Hero with a Thousand Faces* (New York: Pantheon Books, 1949） 及 *The Masks of God: Primitive Mythology* (New York: Viking Press, 1959); Anthony Steven, *Archetypes: A Natural History of the Self* (New York: William Morrow, 1982); Christopher Vogler, *The Writer's Journey: Mythic Structure of Storytellers and Screen Writers* (Studio City, CA: Michael Wise Production, 1992); Robin Fox, *The Challenge of Anthropology: Old Encounters and New Excursions* (New Brunswick, NJ: Transaction, 1994)。

192

肥沃的新月地带是指中东与地中海盆地文明起源的区域，南以阿拉伯沙漠、北以亚美尼亚山脉为界，呈新月形，土地较邻近地区肥沃，故名“肥沃的新月地带”，此名因美国东方学家伯利斯坦德（James Henry Breasted，1865—1935）使用而普及。——译注

193

关于欧洲洞穴艺术和其他旧石器时代艺术作品的描述和诠释，引自 Ellen Dissanayake, *Homo Aestheticus: Where Art Comes From and Why* (New York: Free Press, 1992); Jean-Marie Chauvet, Eliette Brunel Deschamps, and Christian Hillaire, *Dawn of Art: The Chauvet Cave, the Oldest Known Paintings in the World* (New York: H. N. Abrams, 1996); Alexander Marshack, "Images of the ice age," *Archaeology*, July/August 1995, pp. 29–39; E. H. J. Gombrich, "The miracle at Chauvet," *New York Review of Books*, 14 November 1996, pp. 8–12。

194

Gerda Smets 的研究，见 *Aesthetic Judgment and Arousal: An Experimental Contribution to Psycho-aesthetics* (Leuven, Belgium: Leuven University Press, 1973)。

195

对最美丽的女性面孔所进行的实验研究，见 D. I. Perrett, K. A. May and S. Yoshikawa, "Facial shape and judgements of female attractiveness," *Nature*, 368: 239–242 (1994)。关于其他体型特征的研究报告，则出自 David M. Buss, *The Evolution of Desire* (New York: BasicBooks, 1994)。

196

关于喀拉哈里狩猎采集部落的描述，出自 Louis Liebenberg, *The Art of Tracking* (Claremont, South Africa: D. Philip, 1990)。另外，对澳大利亚旧石器时代和当代土著的描述，则见 Josephine Flood, *Archaeology of the Dreamtime: The Story of Prehistoric

Australia and Its People, revised edition (New York: Angus & Robetson, 1995)。

197

本章一些与艺术和评论相关的主题，尤其是神话的原型和科学与艺术的关联，在 Northrop Frye, *Anatomy of Criticism: Four Essays* (Princeton, NJ: Princeton University Press, 1957) 中有极卓越的描述。但是 Frye 没有把他所描述的主题和大脑科学及社会生物学相关联，因为这些学科在 20 世纪 50 年代尚未具备当今的形式。

198

金（Martin Luther King，1929—1968），美国黑人领袖、人权斗士，1964 年诺贝尔和平奖得主。——译注

199

陀思妥耶夫斯基（Fyodor M. Dostoyevsky，1821—1881），俄国大文豪，曾因参加革命团体被判刑流放。其作品反映小人物的痛苦，描写社会上的不平，对于人物异化心理刻画入微，主要作品有《白痴》、《罪与罚》、《卡拉马佐夫兄弟》等。——译注

200

洛克对无神论者的指责，出现于 *A Letter on Toleration*, Latin text edited by Raymond Klibansky and translated by J. W. Gough (Oxford: Clarendon Press, 1968)。

201

关于胡克对科学界限的言论，由 Charles Richard Weld 所引，见 *A History of the Royal Society, with Memoirs of the Presidents,* compiled from documents, in two volumes (London: John Parker, West Strand, 1848), vol. 1, p. 146。

202

我所提出的有关宗教先验主义的议论，来自我自己早年在南方浸信会传统中的经验，以及其他许多资料，包括 Karen Armstrong, *A History of God: The 4000-Year Quest of Judaism, Christianity, and Islam* (New York: Alfred A. Knopf/Random House, 1993); Paul Johnson, *The Quest for God: A Personal Pilgrimage* (New York: HarperCollins, 1996); Jack Miles, *God: A Biography* (New York: Oxford University Press, 1996)。

203

这里对人类历史中（10 万年）曾经出现的宗教数目的估计，来自 Anthony F. C. Wallace, *Religion: An Anthropological View* (New York: Random House, 1966)。

204

沃斯通克拉夫特（Mary Wollstonecraft，1797—1851），英国小说家，后更名为

玛丽·雪莱（Mary Shelly）。在1814年遇见年方21岁的雪莱，不顾家庭反对，私奔到法国成婚。雪莱早逝，她把雪莱的诗整理成册发表。她自己唯一的成名作是《弗兰肯斯坦》（*Frankenstein*），并被改编成了恐怖片。——译注

205

Mary Wollstonecraft, *A Vindication of the Rights of Woman* (Londan: J. Johnson, 1792).

206

关于科学家宗教信仰的调查，由Edward J. Larson and Larry Witham所主导，并发表在*The Chronicle of Higher Education*, 11 April 1997, p. A16。

207

关于道德行为的进化模型，与我在这方面的第一本著作《论人性》（*On Human Nature*, Cambridge, MA: Harvard University Press, 1978）中的推论类似，而且与本书第七与第八章中有关基因–文化协同进化的理论一致。

208

Robert Plomin et al., *Behavioral Genetics*, third edition (New York: W. H. Freeman, 1997).

209

关于"合作关系的进化过程"的基础，包括"囚徒困境"，来自Robert M. Axelrod, *The Evolution of Cooperation* (New York: BasicBooks, 1984)，以及Martin A. Nowack, Robert M. May, and Karl Sigmund, "The arithmetics of mutual help," *Scientific American*, June 1995, pp. 76–81。黑猩猩的原始伦理行为，包括相互合作以及对不合作者的处分，来自Frans de Waal, *Peacemaking Among Primates* (Cambridge, MA: Harvard University Press, 1989)，以及Good Natured, *The Origins of Right and Wrong in Humans and Other Animals* (Cambridge, MA: Harvard University Press, 1996)。

210

圣奥古斯丁（St. Augustine，354—430），罗马帝国主教、哲学家、基督教神学奠基人，著有自传《忏悔录》和对抗异教言论的《上帝之城》。——译注

211

哺乳类动物中关于优势度的沟通方式，广见于各种探讨动物行为的文献中，比如我的著作*Sociobiology: The New Synthesis* (Cambridge, MA: Belknap Press of Harvard University Press, 1975)。

212

《赛莱斯廷预言》（*The Celestine Prophecy*）一书作者为莱德菲尔德（James Redfield)。——译注

213

关于圣特雷莎神秘的祈祷经验，见她亲自撰写的 *The Life of St. Teresa of Jesus of the Order of Our Lady of Carmel*，由 David Lewis 翻译自西班牙文。Benedict Zimmerman 重新编订，与原始的自传相比，添加了注脚和引言，以第五版发行（Westminster, MD: The Newman Press, 1948）。

214

霍金（Stephen Hawking，1942—2018），英国理论物理学家，《时间简史》（*A Brief History of Time*）的作者。因身患肌萎缩性脊髓侧索硬化症（或称为卢伽雷氏症，Lou Gehrig's disease），而终日身陷轮椅上。——译注

215

我在这里对科学与宗教的关系所下的结论，取自我 1991 至 1992 年在哈佛神学院的 Dudleian 讲座，发表论文为 "The return to natural philosophy," *Harvard Divinity Bulletin*, 21:12–15。

216

本章中关于道德推论的基础，尤其是自然科学在定义经验主义者的世界观上所扮演的角色，可供参考的主要资料，依照作者姓氏首字母排列如下：Richard D. Alexander, *The Biology of Moral Systems* (Hawthorne, NY: Aldine de Gruyter, 1987); Larry Arnhart, "The new Darwinian naturalism in political theory," *American Political Science Review*, 89: 389–400 (1995); Daniel Callahan and H. Tristram Engelhardt, Jr., eds., *The Roots of Ethics: Science, Religion, and Values* (New York: Plenum Press, 1976); Abraham Edel, *In Search of Ethical: Moral Theory in Twentieth Century America* (New York: Brunswick, NJ: Transaction, 1993); Paul L. Farber, *The Temptations of Evolutionary Ethics* (Berkeley: University of California Press, 1994); Matthew H. Nitecki and Doris V. Nitecki, eds., *Evolutionary Ethics* (Albany: State University of New York Press, 1993); James G. Paradis and George C. Williams, *Evolution and Ethics: T. H. Huxley's Evolution and Ethics with New Essays on Its Victorian and Sociobiological Context* (Princeton, NJ: Princeton University Press, 1989); Van Rensselaer Potter, *Bioethics: Bridge to the Future* (Englewood Cliffs, NJ: Prentice-Hall, 1971); Matt Ridley, *The Origins of Virtue: Human Instincts and the Evolution of Cooperation* (New York: Viking, 1997); Edward O. Wilson, *Sociobiology: The New Synthesis* (Cambridge, MA: Belknap Press of Harvard University, 1975), *On Human Nature* (Cambridge, MA: Harvard University Press, 1978), *Biophilia* (Cambridge, MA: Harvard University Press, 1984); Robert

Wright, *The Moral Animal: Evolutionary Psychology and Everyday Life* (New York: Pantheon Books, 1994)。

关于“科学和宗教的关联”的许多观念和资料，学术界的来源包括 Walter Burkert, *Creation of the Sacred: Tracks of Biology in Early Religion* (Cambridge, MA: Harvard University Press, 1996); James M. Gustafson, *Ethics from a Theocentric Perspective, Volume One, Theology and Ethics* (Chicago: University of Chicago Press, 1981); John F. Haught, *Science and Religion: From Conflict to Conversation* (New York: Paulist Press, 1995); Hans J. Mol, *Identity and the Sacred: A Sketch for a New Social-Scientific Theory of Religion* (Oxford: Blackwell, 1976); Arthur R. Peacocke, *Intimations of Reality: Critical Realism in Science and Religion* (Notre Dame, IN: University of Notre Dame Press, 1984); Vernon Reynolds and Ralph E. S. Tanner, *The Biology of Religion* (Burnt Mill Harlow, Essex, England: Longman, 1983); Conrad H. Waddington, *The Ethical Animal* (New York: Atheneum, 1961); Edward O. Wilson, *On Human Nature* (Cambridge, MA: Harvard University Press, 1978)。

217

关于地球上所有生命因为有共同祖先而具有的遗传关联，下文提供了分子层次的详尽描述：J. Peter Gogarten, “The early evolution of cellular life,” *Trends in Ecology and Evolution*, 10:147–151(1995)。

218

关于早期人种进化出现代人的过程，许多作者做了回顾性文章，结集于 Goran Burenhult, ed., *The First Humans: Human Origins and History to 10000 BC*(New York: HarperCollins, 1993)。

219

“空白分析”一词，借用自生物多样性和生物保护研究。这个方法首先描绘出动植物的分布图，然后与生物保留区的地图重叠，并利用其中提供的信息挑选未来最佳的保留区。见 J. Michael Scott and Blair Csuti, “Gap analysis for biodiversity survey and maintenance,” in Marjorie L. Reaka-Kudla, Don E. Wilson, and Edward O. Wilson, eds., *Biodiversity II: Understanding and Protecting Our Biological Resources* (Washington, DC: Joseph Henry Press, 1997), pp. 321–340。

220

关于头形在过去千年中的进化问题，见 T. Bielicki and Z. Welon, “The operation of natural selection in human head form in an East European population,” in Carl J. Bajema, ed., *Natural Selection in Human Populations: The Measurement of Ongoing Genetic Evolution in Contemporary Societies* (New York:Wiley, 1970)。

221

关于热休克蛋白质最近进化的证据，见 V. N. Lyashk et al.,"Comparison of the heat shock response in ethnically and ecologically different human populations," *Proceedings of the National Academy of Sciences*, USA, 91:12492–12495(1994)。

222

关于人类基因总数的最新研究，请参见注 110。——译注

223

有关人类目前和未来的遗传进化，是由我的一篇文章修改而来："Quo Vadis, Homo Sapiens?," *Geo Extra*, no.1, pp. 176–179(1995)。

224

生物圈二号的实验结果，在下文中有讨论：Joel E. Cohen and David Tilman,"Biosphere 2 and biodiversity:the lessons so far," *Science,* 274:1150–1151(1996)。关于这次为期两年的探险的第一手资料，也由其中的两位研究人员出版了，Abigail Alling and Mark Nelson, *Life Under Glass: The Inside Story of Biosphere 2* (Oracle, AZ: Biosphere Press, 1993)。

225

最近关于人类人口增长的报告中，最完整、最具权威又普及大众的著作是 Joel E. Cohen 所写的 *How Many People Can the Earth Suppor?*(New York: W. W. Norton, 1995)。我们很难估计地球可以养活的人口总数，原因正如 Cohen 所说，在于食物生产技术所能达到的最高水准，以及人们可接受的平均生活品质。由此估计出来的上限值，取自 John M. Gowdy and Carl N. McDaniel,"One world, one experiment: addressing the biodiversity-economics conflict," *Ecological Economics*, 15:181–192(1995)。

226

PAT 公式由 Paul R. Ehrlich 与 John P. Holdren 所原创发展出来，并且已经得到广泛的讨论，见"Impact of population growth," *Science,* 171:1212–1217(1971)。Paul Ehrlich 曾说："这是一个粗略的近似法，因为相乘的三个因素并不是各自独立……这个公式对估计人口对全球所造成的冲击尤其有用。它用 AT 来取代以往必定会用到的每人能源用量 (per-capita energy)。"见 Denis A. Saunders et al.,"The scale of the human enterprise," *Nature Conservation 2: Reconstruction of Fragmented Ecosystems*(Chipping Norton, NSW, Australia: Surrey Beatty & Sons, 1993), pp. 3–8。

227

利用“生态足迹”测量环境受冲击的程度，始于 William E. Rees and Mathis Wackernagel, “Ecological footprints and appropriated carrying capacity: measuring the natural capital requirements of the human economy,” in AnnMari Jansson et al., eds., *Investing in Natural Capital: The Ecological Economics Approach to Sustainability* (Washington, DC: Island Press, 1994), pp. 362–390。

228

来自各个相关领域的 11 位重要科学家，曾经共同发表了一份关于人口和环境的重要文件：Kenneth Arrow et al., “Economic growth, carrying capacity, and the environment,” *Science*, 268:520–521(1995)。

229

总部设在美国华盛顿特区的 Wolrdwatch Institute，把全球环境的巨大资料库总结为最容易了解、最新也最易获得的报告，包括两份年刊：*State of the World* 以及 *Vital Signs:The Trends That Are Shaping Our Future*，由 W. W. Norton(New York) 出版，以及由机构自身偶尔出版的一些特论。环境科学家对现有资料所做的独立分析，也肯定了我所描述的趋势：“Land resources: On the edge of the Malthusian precipice?,” proceedings of a conference organized by D. J. Greenland et al., *Philosophical Transactions of the Royal Society of London, Series B*, 352:859–1033(1997)。

230

最近有许多作品在探讨文明兴衰与环境因素的关系，在此推荐 H. Weiss et al., “The genesis and collapse of third millennium North Mesopotamia civilization,” -*Science*, 61:995–1004(1993); Tom Abate, “Climate and the collapse of civilization,” *BioScience*, 44:516–519(1994)；以及格外包罗万象并深具生物学洞见的 Jared Diamond, *Guns, Germs, and Steel:The Fates of Human Societies* (New York:W. W. Norton, 1997)[中译本为《枪炮、病菌与钢铁》，谢延光译（上海译文出版社）]。

231

关于 1992 年联合国环境和发展会议的卓越报道，见 Adam Roger, *The Earth Summit: A Planetary Reckoning* (Los Angeles: Global View Press, 1993)。

232

有关科技和经济增长对自然环境的调节，见 U. S. National Research Council 的特别报告 *Linking Science and Technology to Society's Environmental Goals*, John F. Ahearne and H. Guyford Stever, co-chairs (Washington, DC: National Academy Press, 1996)。关于

特殊科技对环境的解答，见 Jesse H. Ausubel, "Can technology spare the earth?," *American Scientist*, 84:166–178 (1996)，以及多位作者所发表的 "Liberation of the Environment"，为 *Daedalus* 1996 年夏季号（此为 American Academy of Arts and Sciences 的刊物）。

233

Frederick Hu，"What is competiton?," *World Link*, July/August 1996, pp. 14–17.

234

以经济和环境的关联为主题的书籍和期刊，正在快速成长中。其中极为精彩的简介为 James Eggert, *Meadowlark Economics: Work and Leisure in the Ecosystem* (Armonk, NY: M. E. Sharpe, 1992); R. Kerry Turner, David Pearce, and Ian Bateman, *Environmental Economics: An Elementary Introduction* (Baltimore, MD: Johns Hopkins University Press, 1993); Paul Hawken, *The Ecology of Commerce: A Declaration of Sustainability* (New York: HarperCollins, 1993); Thomas Michael Power, *Lost Landscapes and Failed Economies: The Search for a Value of Place* (Washington, DC: Island Press, 1996)。

235

《东方快车谋杀案》(*Murder on the Orient Express*)，是侦探皇后克里斯蒂（Agatha Christie，1890—1976）1934 年的作品，描述发生在东方快车上的命案，私家侦探波洛抽丝剥茧找出的凶手其实为全列车上的 12 位乘客，死者因每人贡献一刀而毙命。——译注

236

有关保存生物多样性的道德论辩，参见我早期的作品 *Biophilia* (Cambridge, MA: Harvard University Press, 1984)，以及 *The Diversity of Life* (Cambridge, MA:Belknap Press of Harvard University Press, 1992) [中译本为《缤纷的生命》，金恒镳译（中信出版社）]；以及 Stephen R. Kellert 的 *The Value of Life: Biological Diversity and Human Society* (Washington, DC:Island Press/Shearwater Books, 1996) 与 *Kinship to Mastery:Biophilia in Human Evolution and Development* (Washington, DC:Island Press, 1997)。

237

曼哈顿计划（Manhattan Project），是美国于第二次世界大战末期研发原子弹的计划，大本营在新墨西哥州的洛斯阿拉莫斯（Los Alamos）。计划主持人是奥本海默（Robert Oppenheimer，1904—1967）。——译注

238

关于生物多样性和物种灭绝的思考，改写自我的两篇文章："Is humanity suicidal?," *The New York Times Magazine*, 30 May 1993, pp. 24–29，以及"Wildlife: legions of the doomed," *Time* (international), 30 October 1995, pp. 57–59。

239

克尔凯郭尔（Soren Kierkegaard，1813—1855），丹麦宗教哲学家，被视为存在主义哲学的创立者。萨特（Jean-Paul Sartre，1905—1980），法国哲学家、作家，存在主义代表人物，拒领 1964 年诺贝尔文学奖。——译注

240

有关社会最终的道德基础，见 Amy Gutmann and Dennis Thompson, *Democracy and Disagreement* (Cambridge, MA: Belknap Press of Harvad University Press, 1996)。

致谢

直到1997年退休为止，我在哈佛大学已经教了41年的基础生物学和中等生物学。在后20年间，这两门课被列入大学部人文和科学基础教材的一部分，目的在传授各大学术分支中的基础知识和思维方式。其中，我负责进化生物学，它是一个靠近自然科学与社会科学界限的学术站，也必然是拥有多样兴趣的学者们互相交流的聚会场所。我主要的研究兴趣，也包括了社会行为的进化过程，因此能够很自如地和学术界大半的专家谈论有关融通的关键争议。

我在写《知识大融通》的三年中，咨询了许多专家的意见，在此我几乎不可能完全列出他们的姓名。他们的兴趣广泛，从研究斯拉夫文学的学者，到美国众议院发言人；从诺贝尔物理学奖和经济学奖得主，到国际保险公司的总经理。碍于版面有限，我在此只能向那些阅读过此书部分章节的专家致谢。为了感激他们给我的珍贵帮助，我要声明：假若在本书出版（1997年9月）后仍存有错误，责任在我，与他们无涉。

Gary S. Becker（经济学）、Myra A. Mayman（艺术）、Rodney A. Brooks（人工智能）、Michael B. McElroy（大气物理）、Terence C. Burnham（经济学）、Peter J. McIntyre（进化）、Joseph Carroll（文学理论）、Matthew S. Meselson（分子生物学）、I. Bernard Cohen（科学史）、Harold J. Morowitz（复杂理论）、Joel E. Cohen（生态学）、William R. Page（通识）、Brett Cooke（文学理论）、Robert Plomin

（心理学）、William R. Crout（宗教）、William E. Rees（生态学）、Antonio R. Damasio（神经生物学）、Angelica Z. Rudenstine（艺术史）、Daniel C. Dennett（科学哲学、大脑科学）、Loyal Rue（通识）、Ellen Dissanayake（艺术理论）、Michael Ruse（通识）、George B. Field（物理学）、Sue Savage-Rumbaugh（灵长类动物学）、Newt Gingrich（通识）、S. J. Singer（分子生物学）、Paul R. Gross（通识）、James M. Stone（通识）、J. Allan Hobson（心理学）、Frank J. Sulloway（通识）、Joshua Lederberg（通识）、Martin L. Weitzman（经济学）、Barbara K. Lewalski（文学评论）、Irene K. Wilson（诗、神学）、Charles J. Lumsden（通识）、Arthur P. Wolf（人类学）。

最后，我要感谢 Kathleen M. Horton 在我曾经写过的所有书籍和文章（自 1966 年起）中，对文献的搜集和稿本的准备有极仔细和珍贵的贡献。我也对我的经纪人兼顾问 Taylor Williams 的商议十分感激，他协助了这个计划的实现。另外，我还要对 Knopf 出版社的编辑 Carol Brown Janeway 表示感谢，她给我重要的精神支持，帮助我在这个综合知识的过程中，平安地穿过一些危险而不可避免的暗礁。

谨向以下同意转载之资料来源致谢：

GEO Extra Nr. I: “Quo Vadis，Homo Sapiens” by Edward O. Wilson, reprinted courtesy of GEO Extra Nr. 1, Hamburg, Germany.

Harvard University Press: *Excerpts from Biophilia*; *The Diversity of Life*; *Genes, Mind, Culture; and Promethean Fire* by Edward O. Wilson, reprinted courtesy of Harvard University Press.

The New York Times Company: Excerpt from “Is Humanity Suicidal?” by Edward O. Wilson(The New York Times Magazine,

May 20, 1993), copyright © 1993 by The New York Times Company, reprinted courtesy of The New York Times Company.

David Philip Publishers(Pty)Ltd.: *Excerpt from The Art of Tracking: The Origin of Science by Louis Liebenberg*, Reprinted by permission of David Philip Publishers(Pty)Ltd., Claremont, South Africa.

Time International: Excerpts from "Legions of the Doomed" by Edward O. Wilson(Time International, October 30, 1995), Adapted by permission of Time International.

Viking Penguin and Elizabeth Spires: Excerpt from "Falling Away" from Annonciade by Elizabeth Spires, copyright © 1985, 1986, 1987, 1988, 1989 by Elizabeth Spires. Reprinted by permission of Viking Penguin, a division of Penguin Books USA Inc., and of Elizabeth Spires.

图书在版编目（CIP）数据

知识大融通：21 世纪的科学与人文 /（美）爱德华·威尔逊著；梁锦鋆译 . -- 北京：中信出版社，2021.4

（中信经典丛书 . 007）

书名原文：Consilience: The Unity of Knowledge

ISBN 978-7-5217-2978-8

Ⅰ. ①知… Ⅱ. ①爱… ②梁… Ⅲ. ①社会科学—研究 Ⅳ. ①C0

中国版本图书馆 CIP 数据核字（2021）第 048942 号

知识大融通：21 世纪的科学与人文
（中信经典丛书 · 007）

著　　者：［美］爱德华·威尔逊
译　　者：梁锦鋆
责任编辑：汪思涵
出版发行：中信出版集团股份有限公司
（北京市朝阳区惠新东街甲 4 号富盛大厦 2 座　邮编　100029）
承 印 者：北京雅昌艺术印刷有限公司

开　　本：880mm × 1230mm　1/32　　印　　张：116.5　　字　　数：2798 千字
版　　次：2021 年 4 月第 1 版　　印　　次：2021 年 4 月第 1 次印刷
京权图字：01-2015-5635
书　　号：ISBN 978-7-5217-2978-8
定　　价：990.00 元（全 8 册）

服务热线：400-600-8099
投稿邮箱：author@citicpub.com

扫码免费收听图书音频解读